Omnisophie-Trilogie

Gunter Dueck

Omnisophie-Trilogie

Omnisophie – Supramanie – Topothesie

Springer Vieweg

Gunter Dueck
Neckargemünd
Deutschland

Sammelwerk bestehend aus den überarbeiteten Versionen der Werke:
Omnisophie, 2. Aufl., © Springer-Verlag Berlin Heidelberg 2004
Supramanie, 2. Aufl., © Springer-Verlag Berlin Heidelberg 2006
Topothesie, 2. Aufl., © Springer-Verlag Berlin Heidelberg 2010

Autorenfoto auf dem Einband: Michael Herdlein

ISBN 978-3-642-34876-1 ISBN 978-3-642-34877-8 (eBook)
DOI 10.1007/978-3-642-34877-8

Die Deutsche Nationalbibliothek verzeichnet diese Publikation in der Deutschen Nationalbibliografie; detaillierte bibliografische Daten sind im Internet über http://dnb.d-nb.de abrufbar.

Springer Vieweg

Gedruckt auf säurefreiem und chlorfrei gebleichtem Papier

Springer Vieweg ist eine Marke von Springer DE. Springer DE ist Teil der Fachverlagsgruppe Springer Science+Business Media
www.springer-vieweg.de

Vorwort zum Gesamtwerk

Mit dieser Trilogie liegt mein philosophisches Hauptwerk erstmals in einem Band und als eBook vor, etwas mehr zehn Jahre nach Erscheinen des ersten Bandes *Omnisophie – über richtige, wahre und natürliche Menschen.*

In diesem ersten Band hatte ich die These entwickelt, dass es eben die im Untertitel genannten drei verschiedenen Menscharten gibt, die unterschiedlich denken, Probleme jeweils ganz anders angehen und lösen und damit ihr Gehirn in ganz anderer Weise nutzen. Diese verschiedenen Menscharten haben jeweils ihre eigenen Denkweisen, Glaubenssätze und Vorbilder. Sie kristallisieren sich in verschiedenen Religionen (zum Beispiel der „wahre" Buddhismus und der „brave" Konfuzianismus direkt nebeneinander), verschiedenen Philosophien (Aristoteles, Platon, Epikur) und schließlich in vollkommen diversen Management- und Führungsansichten, die ihre Mitarbeiter einmal nur zur Arbeit zwingen oder sie in ganz anderer Vorgehensweise als Experten selbstverwirklichen lassen. Manche Motivationsbücher empfehlen, Menschen durch Tritte ins Hinterteil anzuspornen und einfach auszusortieren, wenn das nicht klappen sollte. Andere Motivationstheorien vertrauen auf die Anziehungskraft von Visionen, in denen Mitarbeiter angezogen werden und einen gemeinsamen Traum verwirklichen können. Maslow predigt, dass Menschen gleich dann nach Höherem streben, wenn sie genug zu essen haben, aber ich selbst habe schon an der Bar von hohen Managern gehört: „Menschen hören auf zu arbeiten, wenn sie genug zu essen haben." Ja, und in meinem täglichen Leben im Management und in der Forschung fiel dann auf, dass die Vertriebsmannschaft immer nur gegen „Cash" und unter Incentive-Druck arbeiten wollte (!), während Forscher einfach nur per Festgehalt bezahlt werden und ganz sicher ohne ein einzigen Gedanken an Geld arbeiten wollten, weil sie das zu sehr in der Konzentration stören würde… Verschiedenheiten genug?

Aus diesen Beobachtungen entstand ein groß angelegtes Werk. *Omnisophie* arbeitet die drei Menschengrundarten heraus und zeigt Erklärungsmöglichkeiten, wie man ihre Verschiedenheit auf unterschiedliche Algorithmen im Gehirn zurückführen könnte. Da spekuliere ich ein bisschen weiter, als es die Wissenschaft eigentlich erlaubt, aber „intuitiv stimmt es". Der zweite Band, *Supramanie*, handelt von der „befohlenen Sucht, der Beste zu sein". Ich argumentiere, dass unsere Leistungsgesellschaft im Grunde darauf beruht, dass man unsere natürlichen Anlagen, die uns nach Freude, Glück, Anerkennung oder Liebe streben lassen, gnadenlos umpolt! Wir sollen jetzt gierig nach Erfolg sein, am besten nur nach dem Erfolg unseres Chefs oder Shareholders. Dieses Buch habe ich im Jahre 2001/02 geschrieben – unter tiefster Sorge, dass diese Trieberzeugung und Triebaufpeitschung zu einem Raubtierkapitalismus führen würde. Dieses Wort, Raubtierkapitalismus, habe ich damals wirklich erfunden! Ich war aber zu feige und habe es nicht hingeschrieben oder plakativ an die Wand gehängt. Ich arbeitete ja in leitender Position bei der IBM, die das Buch ohnehin sehr düster finden würde, das war ja klar. „Herr Dueck, warum arbeiten Sie hier, wenn Sie das alles so negativ sehen?" – „Bitte, IBM, mein Buch schildert die Ökonomie an sich, ganz allgemein. Wenn sich hier jemand wirklich wiederfindet, wäre es schlimm!" Immerhin hatte ich wenigstens den Mut, ein Kapitel etwas abmildernd mit „Zeit der Raubtiere" zu betiteln.

Mich trieb eine böse Ahnung um: Wenn man Leute planmäßig mit dem Ziel höherer Arbeitsleistung körperlich und vermehrt auch seelisch unter viel zu starken Stress setzt, dann geben viele auf (werden psychisch krank, z. B. depressiv oder ausgebrannt) und dann beginnen gleichzeitig viele andere, aus der Not heraus zu betrügen. Ja, und wenn das Betrügen erst einmal einzieht, kommt die Gier und das Tricksen dazu! Mir war klar, dass es einen Crash geben würde, es war klar, dass die Aktienmärkte zum Spielplatz würden, dass man Kurse, Zinsen etc. wie Pferderennen manipulieren würde! Lesen Sie heute den Band *Supramanie* mit dem Wissen, dass alles wirklich so kam, und verstehen Sie heute besser, dass man es schon lange vorher sehen konnte – nicht aus Hellsicht, sondern aus nackter, nüchterner Logik der menschlichen Natur unter Stress. Diese Logik ist auch heute, nach der Krise, nicht verstanden. Immer noch werden Menschen ins Prekariat gedrängt und eben als Verlierer ausgesiebt. Die psychischen Erkrankungen nehmen zu, alle haben Angst um ihre Arbeitsplätze – und die sollen (!) sie haben!

Topothesie, der dritte Band, hat den Untertitel *Der Mensch in artgerechter Haltung*. Hier beschreibe ich, wie der Mensch behandelt werden *sollte*: artgerecht. Manche Menschen brauchen Sicherheit und stetiges Glück, also „Zufriedenheit". Die muss man anderes erziehen und arbeiten lassen als diejenigen Menschen, die punktuelle Abenteuer lieben und ab und zu ihre Grenzen überschreiten möchten – am besten so, dass sie ihre Glücksgefühle wirklich körperlich spüren können. Und wieder andere möchten „Selbstverwirklichung" oder „meditierend die Welt erkennen" oder „im Licht des Kosmos aufgehen"... Diese drei Haltungen treffen wir fast überall an, in jedem Alltagsdetail. Ein Beispiel gefällig? Die einen trinken mäßig und regelmäßig und sind „zufrieden". Die zweiten betreiben Besäufnis bis hin zum Koma-Saufen und sind hier punktuell satt glücklich, ohne nachhaltigen Blick auf das Gefühl im Kopf am Folgetag. Und die Selbstverwirklicher trinken dann eher Bionade oder Naturwasser... Noch ein Beispiel? Eine Mutter schrieb mir etwa so: „Mein Kind konnte nicht richtig lesen, dann endlich doch, wir hatten kaum zu hoffen gewagt. Es studierte nun endlich mit Eifer ein Buch, das machte mich unglaublich froh. Ich streichelte mein liebes Kind und lobte es sehr. – Da aber schlug es nach mir. Was kann das bedeuten?" Ich erwiderte: „Das Kind ist eines, dass sich später selbstverwirklicht. Nur brave Kinder wollen gelobt werden. Diese andere Art aber müssen Sie fragen, wovon das Buch handelt, und das mit ihm besprechen. Es geht dem Kind nicht um den Kompetenzerwerb des Lesens, sondern nur und ausschließlich um den Inhalt. Es wird böse, wenn Sie das Kind auf den Kompetenzerwerb herabwürdigen.“ Die Mutter fragte am nächsten Tag nach dem Inhalt des Buches. Da erzählte das Kind wie aufgedreht und blühte auf; es wurde ein glücklicher Tag für sie beide.

Mein Traum ist es, diesen Sinn für das „personalisierte“ menschenwürdige Behandeln bekannt zu machen oder zu erwecken – bei Eltern, Lehrern, Professoren, Politikern und Managern, bei Jungendtrainern und Pastoren. Wie viel besser könnte die Welt sein, wenn wir verstehen würden, wie andere Mitmenschen „artgerecht behandelt“ werden sollten! Das Wort *Topothesie* bedeutet „lebhafte Schilderung einer vorgestellten wunderbaren Welt“. Genau das will ich mit diesem Buch tun.

Es gibt heute immer mehr Wissen um „personalisierte“ Medizin, die unterschiedlich wirkt, mehr Wissen um verschiedene Erziehungsstile, Lernstile, Lehrmethoden, Managementstile, Organisationsformen, um spezifische Psychotherapien für jedes Individuum und neuerdings immer mehr Wissen um Kundenprofile. Die Menschenverschiedenheit wird also absolut klar und deutlich gesehen, in jedem Bereich einzeln. Wo es aber Geld einbringt, den Menschen individuell zu sehen, also beim Kaufen von Gütern oder beim Verschreiben von teuren personalisierten Medikamenten, da wird von der Erkenntnis der unterschiedlichen Menschennaturen dankbar und begierig Gebrauch gemacht. Wenn wir nämlich das Geld unseres Gegenübers wollen, nehmen wir nur zu gerne Rücksicht auf seine Individualität. Wenn wir aber andere Menschen führen, erziehen und sie etwas lehren, verlangen wir, dass wir das nach *unserer* Façon betreiben.

Fast alle sozialen Beziehungen leiden daher immer noch unter der Vorstellung, dass „alle so ticken müssten wie ich selbst“ oder „alle so einheitlich ticken *müssen*, wie es die Regierung, der Chef oder ein Papst irgendeiner Farbe wollen“.

Meine Trilogie will das Erkennen all solcher Verschiedenheiten erleichtern, das Verstehen der vielen diversen Philosophien, Psychologien, Erziehungs- und Führungsstile aus den Hirnnutzungsvarianten des Menschen heraus besser verständlich machen und schließlich die Idee der artgerechten Haltung als wichtiges Prinzip eines humaneren Zeitalters hochhalten.

Waldhilsbach
im Februar 2013

Gunter Dueck

Inhalt

Teil I
Omnisophie

Über richtige, wahre und natürliche Menschen

(Meine metapsychologische Grundlegung des Menschen, mit viel Liebe und ein wenig Mathe gemacht.)

Vorwort zur zweiten Auflage

Vor etwa eineinhalb Jahre erschien die *Omnisophie* in erster Auflage. Ich habe darin versucht, mein jahrelanges Nachdenken über das Leben an sich zusammenzufassen. Zum Buch hat der Springer-Verlag ein wunderschönes Plakat gedruckt. Es wirbt mit der Titelzeile

Der Sinn des Lebens – made by Dueck

So weit würde ich selbst gar nicht gehen, aber die Marketing-Fachleute haben viel weniger Scheu. Vielleicht lesen sie nicht so sehr viele Philosophiebücher? Wie dem auch sei, ich wollte eine Diskussion mit dem Buch anstoßen. Ich habe lange Zeit als Professor gearbeitet, dann in Industrieprojekten und schließlich im Management. Überall fand ich ganz andere Denkkulturen vor, die sich so spinnefeind gegenüber stehen, weil sie sich jeweils gar nicht vorstellen können, dass es verschiedene Denkkulturen geben *kann*.

Sie gibt es! Und sie alle haben eine ganz andere Vorstellung von dem, was wir grob den Sinn des Lebens nennen könnten. Und dann bekämpfen sie sich, bis an aller Tage Ende.

Im Kern habe ich drei verschiedene Denkweisen herausdestilliert, die der „richtigen, wahren und natürlichen Menschen". Die Richtigen leben nach Regeln, die Wahren nach Ideen, die Natürlichen mehr nach ihrem Instinkt.

Wenn Sie zum Beispiel an Lehrer denken? Manche lassen Sie Regeln üben, manche wollen mit Ihnen Ideen diskutieren. Priester predigen Regeln, Mönche glauben. Verhaltenspsychologen verpassen Ihnen neue Regeln, Tiefenpsychologen enthüllen Ihre Lebensidee. Manager entscheiden prozessural oder nach Visionen oder nach Instinkt. Richter urteilen nach der Idee der Schuld oder nach dem Instinktprinzip sofortiger Abschreckung oder nach den Regelungen des Gesetzbuches oder der Tradition. Aristoteles listet Regeln auf, Platon entwickelt Ideen, die Hedonisten spüren lieber das Leben über den Körper.

Überall treffen wir auf diese verschiedenen Zugangsweisen zum gleichen Problem, die dann für verschiedene Weltanschauungen gehalten werden. Sie sind die Sicht verschiedener Menschen auf das Gleiche.

Dieses Buch, die *Omnisophie*, befasst sich mit den drei Basisdenkformen der richtigen, wahren und natürlichen Menschen. Es befasst sich eigentlich nur mit den Denkweisen an sich. Es soll Ihnen nahebringen, wie Denken geschieht und worüber wir uns dauernd streiten, wenn wir verschiedener Ansicht sind.

Während ich an der *Omnisophie* schrieb, wurde mir immer klarer, dass es im wirklichen Leben gar nicht so sehr viel hilft, zu wissen, wie Menschen denken, warum sie zu welchen Ergebnissen kommen und welche die wertvollen Lehrmeinungen sein könnten. Es gibt ja auch das so genannte Böse. Richtige Menschen brechen Regeln, wahre Menschen widmen ihr Leben oft ganz spinnigen Ideen und natürliche Menschen sind vom Instinkt her aggressiv, wo sie doch nur initiativ, kraftvoll und effektiv sein sollten. Ich beschloss schon während der Arbeit an diesem Buch, weitere Fragen in zwei weiteren Bänden anzugehen. Ich fasste den Plan, eine Trilogie zu schreiben.

Jetzt, zum Erscheinen dieser zweiten Auflage des Buches, ist der zweite Band bereits erschienen. Er trägt den Titel: *Supramanie – Vom Pflichtmenschen zum Score-Man*. Ein Rezensent schrieb dazu, das Buch beschreibe „die Physik unserer heutigen Leistungsgesellschaft". Während *Omnisophie* eher noch die Höhen menschlichen Geistes bespricht, beleuchte ich im zweiten Band das, was im täglichen Leben aus uns gemacht wird: Wir werden unter enormen Leistungsstress gesetzt und müssen uns irgendwie „durchschlagen". Dieser Stress nimmt stetig zu. Früher mussten wir unsere Pflicht tun – fertig – das wurde als ausreichend angesehen. Heute sollen wir gegenseitig im Überlebenswettkampf bestehen. Das ist um eine ganze Stufe verschärft! Das Zappeln unserer Seelen im „Arbeitskampf" wird in *Supramanie* analysiert. Ich selbst habe das Buch so real geschrieben wie nur irgend möglich. Ich war dabei fast drei Monate sehr trübe gestimmt, weil ich mich sehr stark hineinfühlen musste. Als ich zu Ende war, fühlte es sich an wie Auftauchen. So wird Ihnen *Supramanie* wohl auch „sehr unter die Haut gehen", wie ein Leser über das Buch schrieb.

Im Augenblick arbeite ich an dem dritten und letzten Band der geplanten Trilogie. Er heißt: *Topothesie – Der Mensch in artgerechter Haltung (Homo ex machina)*. Topothesie ist das griechische Wort für eine lebhafte Schilderung eines vorgestellten schönen Ortes. Und Sie können sich ja schon vorstellen, was ich dort vorhabe: Mir eine bessere Welt vorstellen, natürlich.

Die erste Hälfte von *Topothesie* habe ich gerade abgeschlossen und finde nur deshalb „den Nerv", dieses Vorwort zu schreiben. In dieser ersten Hälfte zeige ich, dass unsere reglementierende Kultur in Schule, Erziehung und Management uns Menschen zu sehr über einem Kamm schert, uns „als Herde behandelt" und uns eben nicht einzeln versteht, erzieht und entfaltet. Ich werfe die flammende Forderung nach „artgerechter Haltung" in den Ring. Im zweiten Teil will ich erklären, was ich darunter verstehe und was meiner Meinung nach zu tun wäre. Vorab: Sehr viel. Mir kommt beim Schreiben immer mehr die Gewissheit auf, dass so eine Art Gegengewicht in der Welt fehlt, wie es einst die Religion bildete. Wenn wir dauernd unter Leistungsstress zum Zielerreichen gesetzt werden, dann geben wir alles auf, was auf der anderen Seite steht: Nächstenliebe, Vertrauen, Hilfe, Lebenlassen, innere Ruhe, Ethik und Zuversicht. Fehlt uns Gott, den wir exkommunizierten? Beim Schreiben versuche ich gerade probeweise, ihm „Shareholder-Value" zu erklären. Er schweigt.

Waldhilsbach
im Januar 2004

Gunter Dueck

Ich glaube, ich verstehe es; aber ich breche mir fast das Gehirn, wenn ich es erklären soll!

Vor einigen Jahren hatte ich einmal das Gefühl, etwas vom Sinn des Lebens verstanden zu haben.

Es war ein Gefühl im Inneren, wie ich es schon einige Male als Mathematiker gespürt hatte: Es ist im Körper tief drinnen etwas, das mir sagt, ich hätte die Gegend erreicht, wo die Antwort zu finden wäre. Ich habe die Antwort als solche dann noch längst nicht gesehen, nein, überhaupt nicht! Ich wittere nur ihre Nähe. Ich weiß, dass ich mich jetzt „nur noch" mühevoll durch Gedankenurwälder schlagen muss, aber es ist nicht mehr weit. Es ist nahe. Dieses Gefühl ist untrüglich. Es unterscheidet sich völlig von der glänzenden Idee, die triumphal durchbricht und entweder einen Schritt weiter führt oder beim nächsten Frühstückskaffee unter wachem Scharfsinn in Irrtum zerfällt. Dieses Gefühl aber, von dem ich spreche, zeigt die Nähe an, wie eine Wünschelrute, die Nähe eines neuen Ganzen. Es ist, als stehe man in einem riesigen Gebirgsmassiv mit einem Spaten endlich vor einem hohen Berg. Und man „weiß": Hier drinnen ist ein Schatz verborgen. Wie er aussieht, weiß ich nicht. Worin er besteht, ahne ich. Er ist aber sicher da drinnen und das Graben wird sich lohnen. Ganz gewiss.

Ich habe ganze Jahre versucht, nun wirklich in die Nähe des unerkannt Gefühlten zu gelangen. Ich habe begonnen, vielen gequält flackernd schauenden Menschen eine Vorstellung von meinen vagen Ideen davon zu geben. Ich habe einen Teil dessen, was ich sagen wollte, im Buch *Wild Duck* aufgeschrieben. Ich habe beim Schreiben mehr Neues gelernt als ins Buch hinein abgegeben. Ich habe im Buch *E-Man* neue Aspekte des Menschen beleuchtet, die für das Verständnis der Wirtschaft und des Managements aus meiner Sicht unerlässlich sind – aber das war es immer noch nicht. Ich glaube, erst dieses Buch drückt etwas von dem aus, was ich damals ursprünglich zu verstehen geglaubt hatte: Vom Menschen an sich.

Ich möchte einmal, *einmal* schreiben, wie ich meine, so sei es richtig!

Und das setze ich jetzt und hiermit in die Tat um.

Ich weiß, dass schon sehr viele über dieses Thema „Mensch" schrieben und ich habe viel über den Menschen an sich gelesen und erfahren. Stets schienen mir die Theorien zum Beispiel von Platon, Aristoteles, Epikur, Kant, Schopenhauer, Freud, Adler, Jung, Maslow, Watson, Skinner, Rogers, Horney irgendwie nicht falsch, aber merkwürdig einseitig oder unvollständig. Wenn ich die Gedanken dieser auch meiner Vorbilder in mich begierig aufnehme, protestiert und polemisiert etwas in mir: Wir sind nicht nur Trieb. Wir sind nicht nur Machtwille. Wir sind nicht nur reine Denker. Wir sind keine idealen Menschen und werden es auch nicht in großen Massen. Wir sind keine Laborratten, Meerschweinchen oder weißen Mäuse. Wir sind nicht nur wie ein Desktop-Computer. Wir sind „nicht nur"! Aber natürlich rennen wir auch dem Geld hinterher wie Laborratten dem Käse, natürlich gibt es auch ein paar „ideale" Menschen, natürlich wüten auch Triebe in manchen von uns und der Machtwille in anderen. Wie passt das alles zusammen?

Ich habe mir das lange überlegt. Ich bin dabei einen ganz anderen Weg gegangen. Ich habe nicht ungeheuer viele Menschen untersucht und aus den Ergebnissen und Statistiken Schlüsse gezogen. Ich habe überhaupt keine Erfahrungen mit Seelenkranken machen können und muss mich an der Beobachtung des Normalen orientieren. Nein, ich habe lange nachgedacht.

Ich habe ziemlich erschrocken erkannt, wie verschieden die Menschen sind. Es gibt solche und solche. Ich habe verschiedene so genannte Menschentypenlehren studiert und mich jahrelang im praktischen Leben kundig gemacht, mit immer offenen Augen. Ich fand es atemberaubend, was ich sah. Ich habe anschließend angefangen, einmal zu raten, was für Menschen die alten Philosophen wohl wären, habe Lebensbeschreibungen studiert und zu verstehen versucht, ob Philosophen nur ihre persönliche Lebenseinstellung als allgemeines Gesetz verkünden, im Irrglauben, die Menschen seien alle gleich und wären damit alle wie sie selbst. Ich fand das bekannte Zitat von Johann Gottlieb Fichte wieder. Er schrieb bekanntlich in seiner *Ersten Einleitung in die Wissenschaftslehre*: „Was für eine Philosophie man wähle, hängt sonach davon ab, was man für ein Mensch ist: denn ein philosophisches System ist nicht ein todter Hausrath, den man ablegen oder annehmen könnte, wie es uns beliebte, sondern es ist beseelt durch die Seele des Menschen, der es hat". Klar, das sehen viele Menschen so: Die eigene Philosophie muss zum eigenen Selbst passen, wie die Frisur oder der Hund oder die Jeansmarke auch. Wie aber steht es mit den Philosophen selbst? Sollte ich sagen können: „Was für eine Philosophie man neu erschaffe, hängt sonach davon ab, was man für ein Mensch ist: Denn richtig beseelen kann der Philosoph nur etwas durch sein eigenes Selbst". Wenn aber das eigene Selbst den Lebenssinn erschafft und wenn das Philosophieren vor allem Denken ist – kommen dann nicht nur Denktheorien von Denkmenschen heraus? Zum Beispiel: Kinder würden doch den Lebenssinn ganz anders beschreiben als Philosophen! Haben denn Kinder nicht immer recht?

In welchen verschiedenen Richtungen finden wir überhaupt Sinn? Warum gerade dort? Warum streiten wir dann dermaßen erbittert, was richtig oder allein selig machend wäre?

Gibt es vielleicht ebenso viele Lebenssinne wie Menschenarten insgesamt? Nicht nur so viele (oder wenige) Menschensinne wie predigend-schreibende Menschentypen?

Denken Sie an Immanuel Kant. Er hatte nur wenige Möbel in seiner Wohnung, nicht viel mehr als Stuhl, Tisch und Bett. Das reichte zum Leben und Denken. Versetzen Sie sich in Ihrer Vorstellung in seine Königsberger Wohnung. Wie diese

Wohnung sehen dann die meisten Philosophien aus: arg karg für die Nicht-so-stark-Denker. Und deshalb halten diejenigen unter uns, die nicht den ganzen Tag lang denken, die Übung der Philosophie für überflüssig, theoretisch oder lebensfern. Was hilft dann die Philosophie?

Im Arbeitsleben gibt es stets den schärfsten Streit zwischen Menschen, die in Vorschriftenwelten und inmitten von Aktengalerien leben und sich gerne etwas wie ISO-9000-Prozess-Paragraphenlawinen ausdenken, und auf der anderen Seite von solchen Menschen, die immer wieder *ganz neue* Ideen in eine immer gerade wieder ganz neue Welt setzen wollen. „Ihr macht die Welt zu einem Regelkonformistengefängnis!", schreien diejenigen, die sich diese Welt von morgen vorstellen können. „Diese eure schöne neue Welt kennen auch wir. Sie heißt: Utopia! Sie besteht aus luftigen Träumen von euch Realitätsleeren!", so schallt es wider. Aber dann fallen diese beiden Menschenarten gemeinsam über eine dritte Sorte von Menschen her, die bei der Arbeit „Don't worry, be happy!" singt. Es sind Kindgebliebene, die das Glück lieben und ihrerseits über die strengen Systemsoldaten und Ideologen den Kopf schütteln. Die korrekten, moralischen Pflichttreuen finden, sie seien die „richtigen Menschen". Die Kreativen und Innovativen halten sich für die „wahren Menschen". Die Unbekümmerten aber mahnen die anderen, doch „natürliche Menschen" zu bleiben, ganz wie sie selbst.

Dieselbe Tendenz fand ich dann bei meinem Neustudium der Philosophenklassiker. Platon stellt die „Ideen" in den Mittelpunkt, die das Wesentliche, Eigentliche bedeuten, während die Dinge selbst nur einen schwachen Abglanz der Idee repräsentieren. Die Ideen seien das Ewige und einzig Wahre, sagt Platon.

„Ideen, Ideen! Das sind Hirngespinste! Wir glauben *ausschließlich*, was wir *sehen*!", rufen die Empiristen, die irgendwie die Ideen nicht richtig oder wirklich vor Augen sehen können, was ich mir selbst noch zutrauen würde. (Ja, ich selbst bin eher auf der Ideenseite!) Für die praktisch denkenden Menschen muss das Leben konkret definiert werden, nicht schwammig-mystisch-abstrakt. Aristoteles sagt uns im Gegensatz zu Platon, wie das Leben konkret auszusehen hat.

Die Idealisten stehen für ihre Ideen, mit denen sie eins sein wollen. Die Praktischen schreiben den möglichen Inhalt einer Idee möglichst konkret und formal auf, etwa, was genau Tugendenarten oder Gerechtigkeitsunterarten wären. Sie erfüllen Gebote, beachten Vorschriften, handeln nach Rezepten. Und beide Richtungen streiten erbittert, ob ein paar Prinzipien und einhergehender Idealismus besser wären als ein konkretes Regelwerk. Die Platoniker kennen „das Wahre" und sie sind die „wahren Philosophen". Die Aristoteliker wissen, was richtig ist, und halten sich für die „richtigen Philosophen". Aber beide Philosophierichtungen fallen gemeinsam über die Schmutzfinken unter den Philosophen her, die uns Menschen einfach ein rundum glückliches Leben empfehlen. Vor allem rät uns Epikur zum Glück und „zum stabilen Zustand des Fleisches", was gar nicht weit weg ist von dem heutigen „Don't worry, be happy", das nur gesungen werden darf, aber nicht echt befolgt werden sollte. Das sei natürlich, sagt Epikur.

Ich bekam diese verschiedenen Denkweisen langsam für mich selbst in den Griff. Die analytische aristotelische Vernunft sucht das Richtige in der Situation, die platonsche Intuition sucht nach der innewohnenden Idee und nach dem Grundsätzlich-

Erklärendem, nach dem Wahren. Und dann ist da noch ein Drittes in uns: Es erscheint wie „unser Körper". Er empfindet eine Situation instinktiv-natürlich, je nach Lage und jetziger Stimmung, ohne analysierende Vernunft, ohne regierende Idee.

Und nach langem Nachdenken möchte ich Ihnen in diesem Buch (unter anderem) beschreiben, wie diesen grundverschiedenen Urteilsweisen mathematische Grundgesetze oder Entscheidungslogiken entsprechen, die in unserem Selbst miteinander um die Vormacht streiten. Wir haben in diesem Sinne nämlich nicht wirklich *ein* Hirn, sondern eher drei. Drei! Mindestens. Ich erkläre es Ihnen hier im Buch ausführlich auf folgende Weise (und ich bitte Sie: Verschieben Sie Ihren seelischen Protest für 250 Seiten):

Die eine Rechenmaschine in uns funktioniert wie ein normaler PC. Sie listet Wissen und Schlussweisen, weiß um Regeln und Tradition. Die PC-Intelligenz entspricht dem analytischen Denken oder der logischen, scharfen, abwägenden Intelligenz.

Die andere Maschine im Menschen sieht wie ein neuronales Netz aus. Neuronale Netze sind dem menschlichen Hirn nachempfundene mathematische Konstrukte. Neuronale Netze können gut entscheiden. Sie sagen Ja oder Nein auf bestimmte Fragen, können aber den Grund nicht angeben, *warum* sie so entschieden haben. Das ist frappierend ähnlich zum intuitiven Denken des Menschen, dem ganzheitlichen Denken, dem Denken aus dem Bauch heraus. Wir sagen dann: „Ich habe eine Ahnung. Ich weiß fest, dass es so ist. Ich weiß nicht, warum. Ich weiß einfach".

Eine dritte Maschine merkt „unwillkürlich", was zu tun ist. Sie leitet uns „unbewusst", spürt Gefahr, Plötzliches, Bedrohliches, wittert Chancen und Erfolg. Sie meldet sich über den Körper. Es sticht uns etwas ins Herz, bereitet Bauchweh, initiiert flammende Begeisterung. Ich stelle Ihnen dafür als Metapher Identifikationsalgorithmen vor, die für die Informationstheorie entwickelt wurden (von meinem Doktorvater Rudolf Ahlswede und mir selbst). Das sind absolut unglaublich schnelle Verfahren, die blitzartig etwas registrieren. *Sie erkennen aber nichts*. Dafür sind sie eben blitzschnell. Sie registrieren nur: Heiß, kalt, gefährlich, schlecht, gut, Tadel droht, Chef kommt, „toller Mann". Über den Körper benachrichtigen sie uns physiologisch: Adrenalin einschießen! Kampfbereit stellen!

Es ist an der Zeit, dass wir *besonders diese Seite* des Menschen mehr kühl, sachlich, „mathematisch" anschauen. Hören wir auf, die Epikureer, die Aristipps und alles naive Glücksstreben einfach zu verteufeln. Ich werde Sie hier in diesem Buch bekehren, wenn Sie bisher zu sehr an das Triebhafte und Irrationale im Menschen geglaubt haben. Es liegt an Ihrer zu traditionellen Vorstellung vom „Berechnen und Entscheiden". Diese Rechenmaschine „der dritten Art" ist vielleicht wirklich am Ende nicht die Wichtigste (in mir ist sie es nicht, ich bin heillos Intuitiver), aber doch ziemlich entscheidend. Die Betrachtung dieser Rechenmaschine liefert nach meinem Urteil einen klaren Fortschritt im Denken, um dessentwillen ich auch dieses Buch geschrieben habe.

Es gibt in neuerer Zeit Versuche, das PC-Denken und das intuitive Denken mit der asymmetrischen Struktur des Gehirns in Verbindung zu bringen. Die linke Gehirnhälfte denkt „analytisch", die rechte „ganzheitlich". Ich erkläre diese Zusammenhänge im Buch einmal so, wie man es mit Kenntnis einfacher mathematischer Strukturen und einfachen Metaphern kann. Die dritte Maschine wird hier in diesem

Buch – wie gesagt – erstmals präsentiert. Sie wird implizit von Antonio Damasio in seinem Pionierwerk „Descartes' Irrtum" postuliert, in dem er sich die Existenz von „somatischen Markern" vorstellt. In der Vorstellung einer dritten „Maschine" liegt für mich etwas ganz Neues, Wesentliches für das Verständnis des Menschen. Die dritte Maschine entscheidet einfach, ohne alles durchzudenken, ja, ohne überhaupt zu denken. Mathematisch gesehen ist Erkenntnis zum bloßen Entscheiden nicht zwingend notwendig. Im Kampf der freien Natur ist Denken zu langsam.

Ich stelle Ihnen ein Modell vor, wie Menschen durch verschieden graduellen Einsatz ihrer drei „Einzelrechner" variieren können. Stark intuitive Menschen wirken wie „Genies". Stark analytisch Denkende strahlen etwas wie Manager oder „Elternartige" aus. Stark in ihren Körpersensoren lebende Menschen sind wie Kindgebliebene und blühen in Lebensfreude.

Wenn Sie mir in diesem Gedankengang folgen wollen, ergeben sich erhebliche Konsequenzen für unser Menschenbild. Insbesondere zeigt sich, dass Menschen, die sich vor allem im verschiedenen Einsatz ihrer drei inneren Rechner unterscheiden und die das leider nicht wissen, sich völlig unsinnig und ständig streiten. Und zwar genau mit den Wortgefechten, die sich Aristoteles, Platon und Epikur oder Aristipp geliefert hätten. Darüber hinaus ergeben sich jeweils andere Menschenunterarten, je nachdem, mit welchen Lebensaspekten sie sich am liebsten befassen: mit Gerechtigkeit, mit Wahrheit, mit Moral, mit Liebe, mit Geschmack, mit Ästhetik und so weiter.

Die klassischen Philosophien oder Psychologien geben viel zu simple Lösungen. Sie stellen vor allem das „vernünftige" analytische Denken (die PC-Maschine in uns) an die erste und oberste Stelle und ordnen alles andere darunter, besonders gewaltsam aber alles Freudvolle, das fast notwendig als triebhaft und tierisch abqualifiziert werden muss, damit ein vernünftiges Denksystem beim Denken herauskommen kann. Da diktiert das normale formale Denken die Vernunft, da will die Religion Liebe und Maßhalten, da wollen Gehirn und Herz, dass der Körper aufhört, die hehren Prinzipien zu stören. Damit sind viele Philosophien in gewisser Weise nur Lehren, was für den Menschen vernunftmäßig Priorität haben solle, nicht aber Erkenntnissammlungen, was nun *ist* und was tatsächlich in der Breite *funktioniert*. Es wird unentwegt über den idealen Menschen („Tugend!") und das so genannte „höchste Gut" spekuliert. Wenn wir aber die in Büchern gelesenen großen Lehren aus der Hand sinken lassen, uns ungläubig-gläubig in den Augen reiben und klar in die Welt schauen, wo denn die allgemein geforderten idealen Menschen konkret wären, so sehen wir sie nicht.

Ich versuche in diesem Buch eine neue Standortbestimmung des Menschen.

Es gibt verschiedene Lebenssinne und dazu passende Hauptdenkkonstruktionen. Die Anhänger des analytischen Denkens werden im Durchschnitt mehr Geld verdienen, aber die Körpersensorischen werden glücklicher sein. Die Intuitiven sind glücklich, wenn sie von einer Idee durchdrungen sind und in ihr aufgehen. Alle haben ein gutes Leben! Die täglichen Predigten, die dem normalen Denken den Vorrang einräumen und dabei das Intuitive nicht verstehen und das Glückssuchende als untüchtig verdammen, gehen in die Leere. Es gibt viel mehr Güter in dieser Welt als Geld, Vernunft oder Sicherheit! Liebe, Genuss, Kunst, Tanz, Musik, Sport,

„Fun", Reiseabenteuer, Neugier, neue Technologie, Neues an sich. Die verschiedenen Menschenarten entstehen, so dass alles abgeerntet werden kann – das Geld und die Macht werden von den Tüchtigen erworben, die Kunst und das Neue von den Intuitiven und das Glück von den „Kindern" unter uns. Jeder bekommt das, wonach er strebt. Wer nach Glück strebt, bekommt Glück. Wer Wissenschaft liebt, findet die Weisheit. Wer Geld und Macht anstrebt, bekommt Geld und Macht und wirklich eben nur Geld und Macht! Nicht noch Glück und Liebe nebenbei dazu! Die Menschen bekommen nur, was sie wahrhaft anstreben, immer nur diesen Teil. Nicht alles auf einmal. Und weil jeder nicht alles haben kann, gibt es *verschiedene* Menschen. Ein Narr, der alle gleich sieht. Ein Narr, wer Kunstsinn oder Liebe mit Verdienst kaufen wollte.

Könnten wir uns nicht ein ganzes System verschiedener Menschensinne vorstellen, das für jeden Einzelnen von uns ein „artgerechtes Leben" zulässt? Darf nicht jeder ein anderes „Höchstes" ganz legal sein Eigen nennen? Und sollte er nicht das „Höchste" der anderen kennen und achten?

Ich versuche hier, ein solches System zu beschreiben. Es lässt sich – wie gesagt – richtig gut mit Computermetaphern erklären. „Menschen haben in ihrer Gesamtmaschine bestimmte Lieblingsanwendungen". Ich erkläre die verschiedenen Sinnrichtungen, ordne die gängigen Philosophien ein und erfinde einige wenige neue Lebenssinne, weil es bisher noch nicht für alle Menschen, die ich persönlich kenne, eine Philosophie oder einen anerkannten Lebenssinn gegeben hat.

Verzeihen Sie mir die Computermetaphern. Sie werden in Kürze sehen: Es stimmt so.

Ich sage aber hier bei aller mathematisch angehauchten Sprechweise nicht, dass der Mensch eine Maschine wäre. Ich erkläre ihn nur mit Systemmetaphern, damit wir ihn besser verstehen. Ich will nicht bestreiten, dass es zum Beispiel eine Seele gibt; ich gehe sie sogar mit Ihnen suchen. Es geht mir aber höchstens darum, die Seele zu *verstehen*, nicht aber um „Beweise", ob zum Beispiel Sie persönlich jetzt eine Seele haben oder nicht. Ich selbst habe eine. Ob alle Tiere eine haben, weiß ich nicht, aber die kleine schwarze Katze Lucy unseres Nachbarn hat gewiss eine. Ich will nicht bestreiten, dass es einen Geist über allem gibt, auch wenn ich in Systemmetaphern rede. Es geht aber hier um Verstehen und Erklärung, nicht um Beweise.

Lesen Sie also das Buch *nicht* als ein Plädoyer für oder gegen Maschinen, Körper, Seelen, „Menschen". Es ist kein solches Plädoyer. Es sucht leidenschaftlich nach einer nüchternen Erklärung, deren Kenntnis das Leben bereichert. Ich verspreche Ihnen einige Antworten. Sonst hätte ich das Buch nicht geschrieben.

Das Buch enthält keine Mathematik außer der Erklärung einiger Begriffe. Stellen Sie sich vor, ich hätte den Sinn des Lebens erkannt, aber ich könnte ihn ohne höhere Mathematik nicht erklären: Muss ein Sinn nicht notwendigerweise verständlich sein, damit es ein Sinn wäre? Das Buch ist nicht ganz dünn. Die Antwort ist leider nicht so einfach, dass sie als Zeitungsüberschrift zusammenzufassen wäre. Der Mensch ist überaus reich und vielfältig! Sollten wir hoffen können, ihn auf eine minimale Formel zu bringen? Trotzdem ist das, was meiner Meinung nach eine Erklärung wäre, nicht sehr weit entfernt von dem, was wir alle zu wissen glauben. Es ist nur eben besser durch-und-durch-gedacht.

Das Buch nimmt keine wirkliche Rücksicht auf andere Theorien. Es stellt sich eher mehr oder weniger quer. Das war nicht die primäre Absicht. Meine Intuition fand das, was hier geschrieben ist, richtig – mehr ist nicht passiert.

Für mich persönlich ist das Folgende schon eine Art Mutprobe, weil schon viele vielleicht Schlaueres und Weiseres schrieben. Ich habe einfach nachgedacht und zeige, was herauskam. Nun klopft mein Herz und zagt: „Musstest du das schreiben?" Ich musste es natürlich nicht, aber etwas in mir zwang mich.

Lieben auch Sie Jánosch? Es gibt in seiner Fernsehsendung „Traumstunde 15" einen ganz kleinen Film. Er heißt: „Der Frosch, der fliegt". Er besteht aus ganz nahe liegenden Trickfilmbildern eines Frosches vor einer gaffenden Menge unendlich vieler Frösche. Es heißt dort:

> Einmal verkündete ein Frosch, dass er fliegen werde. Er habe plötzlich in sich drinnen das Fliegen begriffen. Die anderen Frösche lachten. Aber alle kamen, um zu sehen, wie er sich den Hals brechen würde. Gelassen erklomm der Frosch einen Pflanzenstängel, der für ihn wie ein hoher Baum war. Oben warf er alles, was er hatte, von sich und flog davon. Alle haben es gesehen, aber sie haben es nicht geglaubt.

So geht es mir, außer, dass ich *gelassen* wäre. Ich werfe alles, was ich habe, von mir und schreibe alles auf. Lesen Sie, ob ich mir den Hals breche. Wenn etwas in Ihnen zum Fliegen kommt, seien Sie kein Frosch und glauben Sie diesem Fliegenden.

Der Springer-Verlag, Glauben hin oder her, druckt dieses Buch. Ich bin speziell Hermann Engesser unglaublich dankbar. Ich darf schreiben, was ich meine, einfach so. Ich danke meiner Familie und besonders Anne, die als Testesser so viele neue Theorieteile schlucken musste. Martina Daubenthaler liest wie immer alles mit und protestiert gegen alles „Laue". Sie ist ein natürlicher Mensch par excellence und war so eine Art Eichmaß für die natürlichen Passagen dieses Buches. Viele Leser von *Wild Duck*, von *E-Man* oder meiner ständigen Kolumne *Beta Inside* im Informatik-Spektrum schrieben mir an dueck@de.ibm.com. Darüber habe ich mich immer gefreut. Ich habe von den Denkanstößen sehr profitiert, auch vom oft zugesprochenen Mut. Besonders lieb sind mir die E-Mails von Judith Neff, Dr. Eckard Umann und Heike Ribke (wahre Menschen) gewesen. Sie sollten aber auch harte Kritik schicken, natürlich! Ich sitze dann ein paar Stunden betrübt herum, wenn ich gerade Zeit habe. Ist schon zwei Mal passiert. Es gräbt dann in mir, wie wenn wieder „meine" Aktienkurse schrankenlos stürzen. Aber das gehört dazu. Und noch etwas: Ich antworte *immer*, versprochen! Ich werde sehr oft gefragt, wie mich meine Firma IBM mit ihren Zielen vereinbart: Sie lässt mich zu und bietet eine turbulente Umgebung (innen und außen), in der sich eine Menge Aufschlüsse über den Sinn des Lebens wie von selbst ergeben, das kann ich Ihnen sagen. All das ist mehr, als ich je hoffen durfte. Und ich hoffe doch zusätzlich, dass ich die weiteren Bücher (sehen vage aus wie Omnisophie II und III), die ich schon wie Nebel und schwankende Gestalten im Herzen trage, noch irgendwie in den nächsten Jahren zwischen alle Termine bekomme. Nach diesem Buch möchte ich eines über unser aller Verrücktheiten schreiben, dass dann überhaupt nicht so ideal wie dieses daherkommt. Und schließlich sollte ich später nach all der Kritik an überhaupt allem auch einmal aufschreiben, wie es wirklich besser sein soll. Das kann ich Ihnen aber nur erklären, wenn Sie die ersten beiden Bände gelesen haben. Das ist mein Problem.

Kapitel 1
Kreisende gezielte Gedanken, hin zum Sinn

1.1 Über die fragwürdige Basis unseres Denkens

In diesem Kapitel lassen wir die Gedanken spielen und schweifen. Es wird deutlich, wie viele liebe Denkgewohnheiten wir haben. Wir haben die Voraussetzungen unseres Denkens vergessen, die in großer Zahl nur zeitbedingt gültig sind oder waren. Vieles stimmt einfach nicht mehr, auch wenn wir noch fest daran glauben. Und manches ist komplett unlogisch, was aber nichts bedeutet, weil wir es ja glauben möchten.

1.1.1 Der Sinn kann nicht überall sein, er ist eher nirgends (oder doch überall?)

Angenommen, der Mensch an sich hätte einen Sinn. Worin könnte der bestehen?

Wenn Sie eine Viertelstunde Brainstorming betreiben, also scharf nachdenken, fällt Ihnen sicher grob einiges ein. (Im Grunde sollten Sie eine ganz feste Antwort parat haben, nämlich Ihre eigene! Das ist Ihnen klar?)

Ein Leben voller Glück soll der Mensch genießen. Er soll sich anständig benehmen, etwa siebzig, achtzig Jahre lang, was eine winzige Forderung ist im Austausch für *unser ewiges Leben* im Anschluss an unsere kurze Episode hier unten. Ja, und die anderen Menschen sollen uns nichts tun und wir alle wollen vernünftig behandelt werden.

Angenommen, Ihr *spezielles* Leben hätte einen Sinn. Welchen hat es genau?

Das ist eine *andere* Frage, oder? „*Der Mensch* muss …" ist anders als „*Ich* muss …".

Das ewige Leben zum Beispiel gibt es im Prinzip für den Menschen ganz allgemein. Aber Sie? Glauben Sie das für sich selbst? Vielleicht nicht ganz? Und Sie hätten sicher gerne schon *jetzt* etwas Sinn hienieden? Sind Sie sicher und geborgen, kommen Sie mit anderen Menschen klar? Die anderen Menschen rempeln Sie unter Umständen gerade etwas an und behandeln Sie nicht wie eine(n) in allen Ehren. Genießen Sie Ihr Glück? Worin bestünde das? Schöne Urlaube, ein neues Auto, einen

G. Dueck, *Omnisophie-Trilogie*,
DOI 10.1007/978-3-642-34877-8_1, © Springer-Verlag Berlin Heidelberg 2013

netten Lebenspartner? Oder jeden Tag spazieren gehen können und des Abends ein Gläschen Rotwein bis zum 105. Geburtstag trinken?

Der Sinn *an sich* ist etwas anderes als der Sinn für *mich*!

Die Philosophen denken leider meistens nicht so sehr über die vielen einzelnen Menschen nach, sondern mehr über den Sinn *an sich*. Die einzelnen Menschen haben anscheinend merkwürdige und für Theorien aller Art nur schwer verwertbare, spezielle Vorstellungen. Fragen Sie einmal Mitmenschen, die *ganz* genau wissen, worin der Sinn *ihres eigenen* Lebens besteht! Sie sagen dann: „Ich lebe ganz für die Kunst.“ – „Ich lebe für meine Familie.“ – „Ich bin Pfarrer.“ – „Ich bin Bauer.“ – „Ich lebe, wenn ich liebe! Und ich liebe viel.“ – „Ich habe etwas erreicht, und zwar mit meinen Händen, jetzt bekomme ich die verdiente Rente.“ – „Ich habe geschuftet, um zu gewinnen. Ich *habe* gewonnen.“ – „Ich helfe.“ – „Wir hatten immer unser Auskommen.“ Das sind viele verschiedene Ansichten! Im philosophischen Sinne kann man nichts mit ihnen anfangen. Es kann ja nicht *jeder* ein Bauer oder ein Pfarrer sein und es kann viel Sinnloses in diesen Berufen geben. Manche Menschen haben keine sinnvolle Familie, manche verstehen gar nichts von Kunst! Wie könnten diese Antworten helfen, einen *Sinn an sich* zu definieren? Der Sinn an sich muss doch ein großes Allgemeines sein, das für alle gelten kann. So denkt die Philosophie. Der Sinn muss also erklärt werden können, ohne den Menschen *privat* dabei zu beachten, sonst kämen wir in Teufels Küche und ins Tausendste. Außerdem muss den Sinn ein jeder erreichen können, sonst wären ja viele Menschen schwer benachteiligt. Stellen Sie sich vor, das Leben hätte zum Beispiel nur dann sehr viel Sinn, wenn man reich oder schön wäre! Das wäre ja schlimm für die meisten von uns. Noch schrecklicher wäre es, wenn das Leben dadurch an Sinn gewönne, wenn man körperlich stark wäre! Es ist schon störend genug, wenn Einzelne sehr stark sind und womöglich uns andere verhauen oder bestehlen. Sollen wir ihnen dafür noch Sinn zugestehen? Heldenverehrung? Das war früher vielleicht einmal, als wir alle noch töricht waren.

Wer also den Sinn des Menschen *an sich* definieren wollte, der wäre in fataler Weise auf solche Elemente des Sinns und des Glücks festgelegt, die *überhaupt jeder* von uns zur Verfügung hat, unabhängig davon, ob er arm oder hässlich oder krank wäre. *Jeder* muss Sinn haben dürfen.

Das Schwierige ist es nun, dass es nicht sehr viele Dinge gibt, die jeder Mensch hat oder haben kann. Zum Beispiel kann jeder an Gott glauben (Naive Sichtweise, ich weiß! Kierkegaard hat es ja vergeblich versucht!). Das geht, wohingegen nicht jeder gesund sein kann. Jeder kann sich unendlich bemühen, gut und tugendhaft zu sein. Das geht, wohingegen nicht jeder ein lustiges Leben haben kann; irgendwer muss doch arbeiten! Der Sinn des Menschen an sich kann nicht von der Regierung abhängen, von der Familie oder vom Arbeitgeber, denn sonst könnten manche Menschen ja keinen Sinn haben, es sei denn, sie würden fliehen. Der Sinn kann daher nicht „außen“ oder in anderen Menschen sein, auch nicht im eigenen Körper des Menschen, der ja gebrechlich, hässlich oder krank sein könnte.

Der Sinn ist folglich tief drinnen, wenn es überhaupt einen Sinn an sich gibt.

Gehen wir also in uns. Wo ist der Sinn unseres Lebens? Die meisten Philosophen sagen: *Wenn* wir in uns Sinn finden, *dann* in Form von Tugend, Pflicht und Glaube; denn es ist ihnen nichts anderes eingefallen. Die Philosophen sagen weiter: *Wenn* aber in Ihnen Tugend, Pflicht und Glaube sind, *müssen* Sie zwangsläufig glücklich sein. Das geht nicht anders, glauben Sie mir. Denn wenn der Sinn in Tugend, Pflicht und Glaube läge und wenn Sie damit *nicht* automatisch glücklich würden, dann würde Sinn nicht automatisch zu Glück führen. Das aber darf natürlich nicht sein. Es geht schließlich nicht nur darum, den Sinn des Menschen zu finden. Der Sinn muss auch würdig sein, besser noch: erhaben.

Wenn der Sinn wirklich in Tugend, Pflicht und Glaube läge, würde alles ganz gut zusammenpassen. Die Obrigkeit müsste sich nicht mehr um das Volk sorgen und könnte endlich regieren, wozu sie in der normalen Welt der Untugend keine Zeit hat. Wir hätten alle denselben Sinn. Er klänge gut und wäre einfach und feierlich, er ergäbe also gute Festreden und Grußworte.

Es bleibt noch das Problem, warum es in der Wirklichkeit kaum Tugend, Pflicht und Glaube gibt. Das ist merkwürdig.

Die Philosophen tun so, als reiche ein bloßer Entschluss aus, ab jetzt sofort tugendhaft zu sein. „Kehre auf den Pfad der Tugend zurück." Geht das so einfach? Wenn es einfach ginge, müsste ich mir nichts, dir nichts tugendhaft sein können. Ich würde dann sofort oder nach ein oder zwei Tagen merken, ob ich durch die Tugend glücklich würde oder nicht. Wenn dann die Philosophen Recht haben, bin ich wahrscheinlich glücklich, weil ich ja jetzt tugendhaft bin. Das würde ich natürlich sofort allen erzählen und die anderen, die es in der Folgewoche ebenfalls schaffen, würden es wieder weitererzählen. Das würde eine gigantische Schneeballlawine, wie sie noch keiner sah! Glück würde sich verbreiten! Überall! Wo sind aber diese ganzen Glücklichen, wenn es doch von ihnen nur so wimmeln muss?

Ich habe es schon einmal mit dem Überreden versucht. Ich weiß nicht genau, was ich sagen soll. Ich meine, ich bin ja Mathematiker und Denker von Beruf, da war mein Glück ohnehin tief innen drin, also nicht im Körper zum Beispiel. Ich habe also oft anderen Menschen empfohlen, Mathematiker zu werden, weil das relativ glücklich macht. Fragen Sie einmal ein paar Mathematiker! Sie werden die Bestätigung finden! Die Mathematiker sind glücklich. *Und Sie wissen es.* Warum werden Sie dann nicht selbst Mathematiker?

Und ich weiß, was Sie antworten. Es ist Ihnen zu schwer. Das ist ein lächerliche Antwort, die ich nicht gelten lassen kann. Wissen Sie überhaupt, wie schwer es ist, tugendhaft zu sein? Dagegen ist ein Mathematikstudium ein Klacks. Es ist gar nicht einfach zu erklären, warum tugendhaft sein so schwer ist. Leichter geht ein Kamel durchs Nadelöhr. Leichter würde ein Ekel zum lieben Menschen, das ich nur einmal angeschrien hätte: „Sei ab sofort sympathisch!"

Den lieben langen Tag fordern wir: „Nimm dir ein Beispiel an deinem Bruder." – „Verkaufen Sie mehr Staubsauger pro Woche." – „Passe besser in der Schule auf." – „Streng dich an." – „Bitte spielen Sie ab heute nie mehr die Beleidigte." Alle diese frommen Wünsche sind irrsinnig schwer zu erfüllen. Und dann: Tugend, Pflicht und Glaube?

Ist das wirklich die einzige Art von Sinn? Oder liegt der Sinn da *ganz und gar nicht*, in der Gegend der Tugend? Brauchen wir „so etwas Schweres"? Ist dies alles vielleicht nur deshalb zu Stande gekommen, weil wir nicht *irgendeinen* Sinn nehmen, der uns glücklich macht, sondern weil wir unbedingt einen *allgemeinen* wollten? Einen *an sich*? Haben die Philosophen mit den allgemeinen Sinnschöpfungen etwas Unpraktisch-Wunderbares produziert, was „der Kunde", also das Volk, nicht abkaufen will, weil es in der Umsetzung zu teuer kommt?

Ist womöglich anderswo anderer oder gar noch mehr Sinn, *nicht* ein sehr allgemeiner natürlich, aber einer, der für Sie und mich ausreicht? Gehen wir also auf die Suche nach der Omnisophie.

Im Juni 2001 hielt ich eine Rede über *„E-Man"* auf einem „Zukunftsforum", das der VDE und die Hanns-Seidel-Stiftung organisierten. Am Abend sprach mich noch eine Luftfahrtingenieur-Studentin vor dem Hotel zu einer „Sinnfrage" an. Irgendwann im Gespräch verriet sie mir etwas von ihrem persönlichen Sinn. Ach, hätte ich ein Mikrofon gehabt! Was sie sagte, habe ich lange im Herzen bewegt. Es war so authentisch, so wahr, so sinnvoll und – so ganz anders als etwa der Sinn von mir selbst oder der der Philosophen an sich. Ich versuche einmal, nur die Kernsätze wiederzugeben, von jenem Abend, einige Tage vor einem wichtigen Autorennen, das im Gespräch kurz zuvor gestreift worden war.

> Es ist wahnsinnig laut bei solch einem Rennen, irre, irre laut. Alles vibriert in mir, ich werde verrückt vor Begeisterung. Ich zittere. Alle meine Sinne streben mit. Alles rauscht vorbei. Und ich weiß, dass ich mitfahren will. Rasen, dröhnen, brausen. Das ist Leben! Das ist das volle, wahnsinnige Leben. Ich muss mit! Ich studiere Luft- und Raumfahrt und werde wie verrückt arbeiten, bis ich ein Flugzeug kaufen kann. Dann werde ich fliegen, fliegen, fliegen und die waghalsigsten Dinge versuchen. Es wird ein wunderbares Leben. Meine ganze Familie hat dies in sich. Lachen Sie nicht! Es ist im Blut, das Leben. Wir in unserer Familie stürzen uns auf Skiern die Berge hinunter, wir fahren Rennen und fliegen. Ein guter Teil meiner näheren Familie starb dabei in mittlerem Alter. In Lawinen, bei Flugzeugabstürzen. [Längere Detailschilderung.] Neulich ist ein Onkel verunglückt, auch er starb im hohen Gefühl vollen Lebens. Wir sind sehr glücklich.

Stürzen Sie sich jetzt ja nicht gleich in Eiswildwasser hinein. Ich sage nicht, dass hier ein allgemeiner Lebenssinn geschaffen würde. Ich weiß nur ganz, ganz sicher, dass *diese eine* Studentin ein vollkommen sinnvolles, glückliches Leben führt. Weitab von allem mir Möglichen. Weitab von allem mir Vertrauten oder Gewünschten. Ich habe dieses Gespräch wie den Anblick eines Kunstwerks empfunden, habe wehen Neid gefühlt, ja, ein bisschen, und wieder einen neuen Teil der Welt gesehen, ganz weit weg von den Fragen der Tugend – denn was zählen die, ganz oben am Himmel, im Flugzeug?

Die Philosophen mit Ausnahme von Saint-Exupéry würden ein solches Leben nicht sinnvoll finden, weil es ja weniger Flugzeuge als Menschen gibt und es deshalb nicht allgemein verbindlich sein kann. Und ich? Ich möchte mit Ihnen über den Sinn nachdenken, ohne immerfort Einschränkungen irgendwelcher Art machen zu müssen („Sinn ja, da bin ich dafür, aber *ordentlich* muss er sein!"). Dann finden wir viel mehr, nämlich möglicherweise *uns*.

1.1.2 Mensch ist, was nicht Tier ist – kein Spaß, mehr als Tier zu sein!

Dies ist ein weiterer Unlogikabschnitt.

Das Philosophieren über den Menschen hat für Philosophen überraschend viel mit Tieren zu tun. Ich weiß ja nicht, was ich davon halten soll, ich finde es ziemlich merkwürdig.

Ob das nötig ist?

Ich bilde einmal spontan Sätze mit dem Wort *Tier*: „Ich fühle mich tierisch wohl." – „Ich habe mich tierisch besoffen." – „Er fährt Auto wie ein Tier." – „Sie schuftet wie ein Tier." – „Du bist tierisch dreckig, siehst du das denn nicht?"

Ich habe assoziiert. Ich stocke. Idee: „Man könnte überall Sau einsetzen, für Tier!" Schweine sind dreckig, faul, gierig, glücklich und saudumm. Schweine sind auch gemein: „Du gemeines Schwein!" Eine andere Assoziationswolke wäre: „Er fiel wie ein wildes Tier über sie her." Das machen Schweine eigentlich nicht. „Du Schwein!", sagt im Krimi allenfalls eine gefesselte Frau. Elefanten zertrampeln, Kamele patzen. Und so weiter. Es gibt wohl auch Rangordnungen unter den Tieren. Katzen sind zickig, zum Beispiel. Und wenn der Welpe noch ins Wohnzimmer sprenkelt, schreien wir: „Du Schwein!" Ich fürchte, ich schreibe gleich ein ganzes Buch über Tiere.

Die Philosophie hat jedenfalls entschieden, dass der Mensch dem Tier überlegen ist. Sie schließt sich damit der üblichen menschlichen Haltung an. Immerhin. Das tut sie nicht oft.

Bis zum Überdruss schreiben die gelehrtesten Weisen der Menschheit Sätze wie: Der Mensch kann von allen Lebewesen allein sprechen. Der Mensch hat als einziger Vernunft. Nur Menschen haben eine Seele. Nur der Mensch hält Ordnung. „Der Mensch unterscheidet sich vom Tier, dadurch, dass …" Menschen benutzen Deodorant, fahren als einzige wie ein Tier Auto, arbeiten als einzige wie Tiere etc. Sie sehen, ich nehme das nicht so richtig ernst. Es ist bei jedem Satz klar, was wir meinen. Menschen sind anders als Tiere. Das ist einem jeden klar, der nicht Zyniker ist. Jetzt können wir jedoch über jede einzelne Behauptung lange streiten, ob sie ganz genau stimmt. Haben Tiere nicht doch ein klitzekleinwenig Vernunft? Haben sie eine winzige Seele? Wenigstens *einige* Tiere? Welche? Gibt es nicht auch ordentliche deutsche Tiere, wie Eichhörnchen oder Hamster? Sprechen vielleicht doch einige Tiere, etwa die Delfine? Würde es auch Tiere geben, die Auto fahren oder Deodorant benutzen, wenn man sie einkaufen ließe oder ihnen erlauben würde, eine Führerscheinprüfung zu bestehen? (Letztlich besteht ja die Fahrprüfung überhaupt am Ende *jeder* Mensch! Sie kann deshalb ja keine besondere Anforderung stellen?!)

Auf Anhieb würde ich sagen, ist der Unterschied zwischen Mensch und Tier ziemlich groß. Über die Einzelheiten möchte ich gar keine Haare spalten. Wenn der Unterschied nicht derart groß wäre, dürften wir die lieben Tiere womöglich nicht einfach schlachten und aufessen. Seien wir also froh, dass uns Tiere scheibenweise besser gefallen.

Leibniz zeigt sich ganz erleichtert darüber. Er schreibt in *Neue Abhandlungen über den menschlichen Verstand*: „So hat die Natur, wenngleich es in irgend einer anderen Welt mittlere Arten zwischen Mensch und Tier (je nachdem man den Sinn dieser Worte nimmt) geben mag, und es wahrscheinlich irgendwo vernunftbegabte Wesen, die über uns stehen, gibt, es für gut befunden, sie von uns fernzuhalten, um uns die unstreitige Überlegenheit zu geben, welche wir auf unserem Erdball haben." Da haben wir wirklich Glück gehabt.

Oder wir sehen es wie Ludwig Büchner, der philosophische jüngere Bruder des Dichters Georg, der 1855 in *Kraft und Stoff* meinte: „Keine einzige geistige Fähigkeit kommt dem Menschen allein zu; nur die größere Stärke dieser Fähigkeiten und ihre zweckmäßige Vereinigung untereinander geben dem Menschen seine Überlegenheit. Daß diese Fähigkeiten bei den Menschen größer sind, hat, wie wir gesehen haben, seinen natürlichen und notwendigen Grund in der höheren und vollkommeneren Ausbildung des materiellen Substrats der Denkfunktion bei demselben. Wie sich in der physischen Ausbildung dieses Substrats eine ununterbrochene Stufenleiter von dem niedersten Tier bis zu dem höchsten Menschen hinaufzieht, so zieht sich dementsprechend dieselbe Reihenfolge geistiger Qualitäten von unten nach aufwärts. Weder morphologisch, noch chemisch läßt sich ein wesentlicher Unterschied zwischen dem Gehirn des Menschen und dem der Tiere nachweisen; die Unterschiede sind zwar groß, aber nur graduell."

Sind die Menschen nun doch ein wenig Tier? Herder schreibt in *Abhandlung über den Ursprung der Sprache:* „Aber die wilden Menschenkinder unter den Bären, hatten die Sprache? und waren sie nicht Menschen?" Allerdings! Nur zuerst Menschen in einem widernatürlichen Zustand! Menschen in Verartung!

Menschen sind also vielleicht im Prinzip Tiere, aber sie sind im Prinzip fähig, ein Mensch zu *werden*?

Herder noch einmal in *Ideen zur Philosophie der Geschichte der Menschheit:* „Der größeste Teil der Menschen ist Tier; zur Humanität hat er bloß die Fähigkeit auf die Welt gebracht, und sie muß ihm durch Mühe und Fleiß erst angebildet werden. Wie wenigen ist es nun auf die rechte Weise angebildet worden!"

Charles Darwin hat die Tierdiskussion dramatisch verschärft. Die Unterschiede zwischen Mensch und Tier verschwimmen auch in der biologischen Betrachtung, nicht nur vom Standpunkt des hochmoralisierenden Propheten mit schwacher Verachtung für „die Masse". Sigmund Freud sieht ein Es in uns Menschen, eine Art dunkles Tier, das alle unsere psychische Energie besitzt. Die muss in diejenige Richtung umprogrammiert werden, in der ein richtig guter Mensch dabei herauskommt.

In einer mir mehr geläufigen Computersprache würde ich es so ausdrücken. Der Mensch kommt wie ein großartiger Computer auf die Welt. Er ist leider auf „Tier" vorprogrammiert. Das Grundprogramm geht davon aus, dass er Früchte im Wald pflückt und Tiere erschlägt. Er soll aber gefälligst Erntearbeiten erledigen und ein guter Soldat sein! Im Ernst: Man könnte glauben, dass die angenommene Grundprogrammierung des Menschen mit der heutigen Welt nicht in Einklang steht. Deshalb muss der Mensch für diese Welt umerzogen werden. Es ist klar, dass sich auch der umerzogene, zivilisierte Mensch oft nicht wohl in seiner Haut fühlt, wenn nämlich seine Grundprogrammierung öfter mal durchschlägt. Der Mensch betrinkt sich dann, frisst gierig alle Vorräte auf, vergisst tagelang dösend seine Nahrungssuche oder schlägt Artgenossen aufs Haupt. Er benimmt sich also wie ein Tier, das in ihm grundprogrammiert ist. Das ist jetzt manchen Menschen zu unlogisch, weil sich Tiere ja nicht betrinken und überfressen, auch nicht herumhängen oder sich zu viel zanken. Es macht aber nichts, ob es logisch ist oder nicht. *Wir bauen heute jedenfalls unser Grunddenken darauf auf.* Mit der Tiertheorie kann man eine Menge drakonischer Kontroll- und Strafaktionen sanktionieren. Und dafür brauchen wir sie.

Diejenigen, die sich nicht richtig als Tier fühlen wollen, weil sie das mit ihrer Würde nicht vereinbaren können, finden, es wäre besser, wir dächten uns viel „humanistischer". Dann stellen wir uns alles derart vor: Der Mensch kommt wie ein großartiger Computer auf die Welt, den man leider ohne vorinstallierte Software gekauft hat. Er muss nun mühevoll programmiert oder „erzogen" werden. Da er aber großartig gut ist, kommt es also vorrangig darauf an, *wie* er programmiert wird. Man kann ihn natürlich nur wenig oder nachlässig programmieren, dann bleibt er ein „wüldes Thier" oder man kann sich große Mühe geben, einen Arbeitsesel daraus zu bilden. Die „Humanisten" sagen manchmal sogar, dass der Mensch „gut" vorprogrammiert wäre, aber das braucht man hier nicht einmal als Annahme. Wenn alles im Menschen letztlich mehr oder weniger bewusst und absichtlich programmiert ist, kann man bei guter Programmierung sehr viel mehr aus einem Menschen machen, als wenn man eine Tiergrundprogrammierung erst mühsam trockenlegen muss. „Wir bringen das (vorher neutrale oder schon ursprünglich gute) menschliche Wesen zur Blüte." Da leider nicht viele Menschen wirklich „in der Blüte stehen", ist offensichtlich bei der Programmierung etwas falsch gelaufen. Die Umwelt, die Eltern? *Alles* mag versagt haben. Was auch immer, „es" hat versagt.

Sigmund Freud hat das Es als Tier oder als chaotischen Trieb in den Menschen verlegt. Darauf wird alle Schuld geschoben. Ist nicht aber auch unsere Gesellschaft voller Trieb? Leistungssucht, Arbeitsdruck, Shareholder-Value-Optimierung drücken wie gierige Triebe des Systems auf uns Menschen und zwingen uns unter ihre Herrschaft. In Wirklichkeit hat auch das System, die Gesellschaft, in der wir leben, einen eigenen „tierischen", getriebenen Kern, eine Art System-Es. Es ist gierig, auf kurzfristige Gewinne oder hastiges Bestehen der nächsten Prüfung aus. Leistung jetzt!

In diesem Sinne könnten wir uns doch vorstellen, dass das System-Es in uns Platz ergreift und nach unserer Seele schnappt?

Dieses Es der Gesellschaft, ein dunkles Geflecht von Irrtümern und Leiden, Missverständnissen und hilfloser Rücksichtslosigkeit, bestimmt wesentlich die psychische Energie der Gesellschaft. Dieses System-Es verdirbt nun leider den neuen Mensch-Computer mit schlechten Anwendungen, fehlerhaften Prozeduren, falschen Kurzfristoptimierern, so dass er oft abstürzt, immer wieder durch Kuren hochgefahren oder aufgerichtet werden muss und mit Programm-Updates und Fehler-Patches schlechter Qualität mühsam funktionsfähig gehalten wird. Eltern schreien an, Lehrer demütigen, der junge Mensch speichert Leiden und Schuld, Versagen und Niedrigkeit. Das System programmiert falsch. Dieses System-Es verdirbt den Menschen, indem es ihn zur bedingungslosen Anpassung zwingt und ihm dabei ein inneres ES (das schreibe ich groß!) hineinpflanzt. Die Gesellschaft versucht, das

Tier im Menschen, sein Es, durch ein anderes mehr künstliches Wesen, durch ein ES zu ersetzen.

„Da ist ein Tier in dir!" Dieser stereotype Satz ist der Kern der Programmierung des unschuldigen Menschen, der ihn disziplinieren, also vom Tier genesen soll.

Die Humanisten oder Idealisten sind sehr glücklich mit ihrem Glauben, dass der Mensch von Natur absolut gut ist. Schön, nicht wahr? Wir alle sind dann im Prinzip gut. Leider ist das ES da. Das müssen wir noch klein kriegen. Wenn das geschafft ist, dann erstrahlt alles im Glück.

Die Tiertheorieliebhaber finden das Problem im Es im Einzelmenschen. Um das Es im menschlichen Körper zu bekämpfen, bauen sie eine riesige Maschinerie von Systemen und Teilsystemen zur Ordnung auf, definieren Benehmen, Sitte, Gesetz und Moral. Diese riesigen Systeme bekämpfen zusammen mit den Eltern und Managern und Ministern das Es in jedem von uns. Das Gesamtsystem aller dieser Systeme implantiert dann als Tierersatz das ES in uns hinein.

Als Idealist mag man jetzt finden, dass also Beelzebub kam, um einen Teufel auszutreiben, der gar nicht existiert. Die Tiertheorieliebhaber zeigen uns dann die Einzel-Es-Teufel in jedem von uns. Die Humanisten schreien, die Teufel in uns entstünden ja erst durch Beelzebub, dafür sei er doch gekommen!

Es oder ES? Wo ist das Urübel?

ES gewinnt. Klar. Nicht, weil es Recht hätte. ES ist einfach stärker als Es. ES gibt sich Mühe, den Menschen zu disziplinieren. Die Es aber scheinen auszuweichen, sich zu drücken, vor der Disziplinmaschine zu fliehen! Wer hat im Krieg Recht? Der Sieger. Kann jemand Recht haben, der schnöde flieht? Der Schwache also?

Die Gesellschaft bekämpft den „Trieb" des Menschen im Vorstellungsbild des Tieres. Tiere haben weder Geist noch Seele. Tiere haben mit dem Menschen vor allem den Körper und den Trieb gemeinsam. Deshalb muss also (Tolle Logik! Sie müssen das genießen!) der Trieb im Körper sitzen, wahrscheinlich mehr in den Sexualorganen, wo die Seele und der Geist garantiert nicht sind. Das siegreiche Vorstellungsbild des Tieres in uns führt also zu einer generellen Verteufelung des Körpers und dazu von allem, was sein ist: Lust. Beim Sex. Beim Essen und Trinken. Beim Spielen. Beim Herumtollen. Beim Lachen.

Lust ist wie Tier.

Denn Tiere sind glücklich! Wir denken nämlich so: Tiere arbeiten nicht und faulenzen den ganzen Tag, paaren sich unbefangen und fressen ohne jede Verantwortung, sich beizeiten Vorräte anzulegen. Sie sind spontan, kennen keine Pflicht, sind gierig und nehmen alles mit, was sich bietet, auch unter Aggression. Sie sind ohne Arbeit unverdient glücklich und schämen sich nicht ihrer sorglosen Lust.

Ich bin auf einem Bauernhof aufgewachsen, unter lauter Tieren. Sie waren alle sehr freundlich: Kühe, Pferde, Hunde, Schweine, Kaninchen, Katzen, Hühner. Zugegeben, zu Gänsen konnten wir nie eine echte Beziehung aufbauen. Aber Konrad Lorenz konnte es. Die Tiere sind nicht „reißend" oder „wild". Alle diese Vorstellungen stammen eben aus den Zeiten der Wölfe und der Löwen, als man in der Nacht nicht gerne draußen herumging. Heute lauern dort allenfalls Menschen.

Unsere Tiere auf dem Bauernhof waren wohl wirklich glücklich. Aber das war *gewollt*, weil wir doch alle ausdrücklich glückliche Tiere essen möchten, oder? Wir hatten ihnen ihr Ende nicht verraten. Wollen wir ihnen also das Glück mit uns nicht einfach gönnen? Im Übrigen sind heute Zuchttiere gar nicht mehr glücklich. Ich bin wirklich entsetzt über Tierfarmkäfigfilme. Bei uns hatten Tiere Würde. Aber das da? Wenn wir eine bratfertige Ente auftauen, fluchen wir, wenn noch Federkiele herausragen. In ein paar Jahren werden wir sie für eine Naturbioente halten, weil sie ja *Federn* gehabt haben muss! „Wahnsinn! Alles dran!" Sind Tiere glücklich?

Ameisen beim Bauen? Bienen, unermüdlich? Rehe im Winter? Zu Zapfen gefrorene Vögel? „Schau mal die putzigen Meisen da draußen im Schnee! Wie süß sie unsere Sonnenblumenkernkekse picken. Ja, wir sind gute Menschen." Afrikanische Tiere, die sich am Schlammwasserloch streiten? Sind Tiere *glücklich*? Ja, denken wir. Manchmal sagen wir aber auch: „Arme Tiere." – „Du armes Schwein."

Ich weiß nicht, warum Tiere für glücklich gehalten werden. Es ist aber so. Wir sagen uns neidisch: Tiere haben keine Sorgen. Die Natur ist verschwenderisch. Tiere kennen die schreckliche Zukunft nicht. Sie leben in den Tag hinein. (Ameisen? Bienen? Hamster?) Tiere sonnen sich und liegen auf der faulen Haut. (Frost? Regen? Nahrungsmangel?)

„Die Menschen benehmen sich wie Tiere!" Das heißt: lustvoll, sorglos, hemmungslos, regelunbekümmert. Das muss bekämpft werden.

Wenn aber das Tier in uns glücklich wäre, warum will das ES einen Menschen daraus machen?

Alle diese Gedanken schränken den Sinnraum ein. Wer ein sinnvolles Leben sucht, der muss das ES berücksichtigen, das ihn von außen wie eine Marionette regelt, und das Es bewältigen, das er nun wegen des ES oder schon seit Beginn an in sich hat. Immer wieder Einschränkungen bei der Sinnsuche! Machen wir weiter damit. Nächster Abschnitt.

1.1.3 Mensch ist, was nicht Maschine ist – immer schwieriger, mehr als Maschine zu sein!

Seit ein paar hundert Jahren gibt es richtige Maschinen. Sie tauchten dann auch sofort in der Philosophie auf. Der Mensch entstand in Wirklichkeit aus dem Tier. Das haben wir heute akzeptiert. Maschinen aber, die wir auch nach unserem Bilde bauten, sehen in ganz anderer Weise so aus, als würden sie Vorstufen von Menschen sein. Am Anfang waren Maschinen wie Waffen oder Werkzeug, dann aber ersetzten sie Arbeitskräfte und ernährten die Menschen.

Von Anfang an diskutierten die Menschen, ob es denn irgendwann prinzipiell Maschinen geben könne, die wie Menschen wären. Und wenn es denn solche gäbe, wäre es klar, dass es noch viel, viel „bessere" Maschinen geben müsste! Wird der Mensch sich als solcher ersetzen, überflüssig machen oder zum Sklaven der Maschinen werden? Es ist schwer, ein guter Mensch zu sein. Ist es einfacher, eine bessere Maschine zu bauen?

Es war lange Zeit die sittsame, fast allgemeine Meinung, dass man *niemals* intelligente Maschinen bauen könnte. Viele Visionäre bestritten das, aber fast alle Zyniker betrachteten den Massenmenschen als so dumm, dass es wohl nicht so schwer werden würde wie befürchtet.

Nun aber schlagen Computer wie IBMs Deep Blue den Menschen im Schachspiel. Die Stimmen, die Computer für dumm hielten, modifizieren fortlaufend ihre Ablehnungsgründe in der Defensive. Hieß es erst „Ich glaube erst dann an den Computer, wenn er im Schach siegt", so wird nach seinem Sieg im Schach die Messlatte sofort höher gelegt. Plötzlich finden diejenigen Stimmen, die den Menschen unbeirrt für die Krone der Schöpfung halten wollen, dass Computer nicht so *menschlich* wie Menschen seien. Computer seien viel zu rational, also unflexibel, halsstarrig und eben roboterhaft maschinenartig. Pfui!

Diese Argumentation wird oft von „menschlichen" Menschen vorgebracht, die dann eher gleichzeitig gegen das Fernsehen wettern, die Digitalisierung von Büchern bejammern und die kommende Weltherrschaft derer befürchten, die sich bessere Computerausrüstungen zu Hause leisten bzw. leisten können. Die eher „richtigen" Menschen aber wollen seit Urzeiten schon den Menschen zu roboterhaftem Danke-Bitte-Guten-Tag-Ja-Chef-Sagen erziehen, oder nicht? Sie schwärmen vom guten Menschen so: „Er arbeitet wie eine Maschine, unermüdlich und wie geölt." – „Sie leitet ihre Gruppe reibungslos, es klappt wie am Schnürchen. Alles geht ausschließlich vernünftig und sachlich zu."

In diesem Sinne erscheinen Computer wieder mehr wie die besseren Menschen.

Und nun sollen sie plötzlich auch irrational sein können oder weinen? Da muss ich etwas lächeln. („Haben Computer eine Seele?" wurde ich einmal gefragt. „Ja, aber Computer sind für geschäftliche Anwendungen, zum Kontrollieren der Bestände und für Buchungen gebaut. Deshalb haben sie eine Krämerseele.")

Wir sehen, dass der Computer bald alles selbst verrichten kann, was Information verarbeitet. Die Buchhalter, Bank- und Versicherungsangestellten, die Verwaltung, die Kassierer, Reiseberater, die unteren Manager, die Einkäufer und Verkäufer, wahrscheinlich auch großenteils die Lehrer und Polizisten werden verschwinden.

Die Bauern sind praktisch schon verschwunden, die Stahlarbeiter und Bergleute größtenteils. Maschinen verrichten das meiste ihrer körperlichen Arbeit. Maschinen ersetzen den harten Körpereinsatz. Das haben wir schon immer irgendwie billigen können, weil es dem Menschen besser anstünde, nicht immer so sehr im Schweiße seines Angesichtes wie ein Tier zu schuften. Solange Maschinen uns das tierische Malochen abnehmen, adelte das uns Menschen noch mehr.

Die Erfindung der Computer zielt dagegen darauf ab, uns auch die Geistestätigkeiten abzunehmen.

Ich weiß ja nicht, ob Sie programmieren können. Stellen wir uns zusammen trotzdem vor, wir wollten einen Menschen bauen. Dann müssen wir einen Geist programmieren, der einigermaßen logisch denkt und entscheidet; dazu ein künstliches Gehirn, das wir mit allem möglichen Wissen voll speichern.

Danach gehen wir daran, Gefühle zu konstruieren. Der Computer lernt, wann Gedanken traurig oder lustig sind, und er wird Unfallmeldungen mit trauriger Stimme vorlesen. Wir programmieren ihn als Fan eines Fußballvereins oder eines Rennstalles. Er freut sich über wirklich neue Informationen beim Speichern. Das ist eine Menge Arbeit, alles zu programmieren, aber es wird schon gehen. Wenn wir so viele

Mühe darauf verwenden würden wie etwa auf eine bemannte Marslandung, dann könnte ein Computer schon eine akzeptable Seele besitzen. Glauben Sie nicht?

Haben Sie schon die Saurier in den Jurassic Park Filmen gesehen? Sie werden von Film zu Film realistischer. Lara Croft wird von Spiel zu Spiel reizender. Die Computeranimation macht irrsinnige Fortschritte.

Früher war das Basteln an künstlichen Menschen reine Spielerei von Träumern oder besserwisserischen Fantasten. Heute wird mit „künstlichen" Filmen viel Geld verdient. Künstliche Filmschauspielerinnen werden bald konkurrenzlos schön sein und beliebig geistreich dazu. Es sieht heute so aus, als würden die künstlichen Menschen zumindest im Reich unserer Träume bald die Herrschaft übernehmen. Sie können natürlich nur 110 min nach einem menschlich ersonnenen Drehbuch agieren. Aber immerhin ist damit ein Anfang gemacht!

Wir sehen also im Kino den künstlichen Menschen heraufziehen und ergötzen uns an ihm. Sonst aber denken wir lieber nicht daran, wie es weitergeht. Mit uns.

Die künstlichen Schauspieler werden neue Maßstäbe setzen. Schöner, klüger, sexyer, ewig jung, weise, stark, seelenvoll wie kein Mensch sonst.

Die leider noch wirklichen Menschen werden immer armseliger (mit zwei e) und dagegen völlig verblassen.

Ich will hier nicht den Menschen zerreden. Ich möchte Ihnen nur kurz ein Gefühl geben, dass die Maschinen den Sinnraum von uns Menschen verengen werden. Die Anforderungen werden hochgeschraubt. Wenn im Internet die künstlichen Verkaufspuppen, die man Avatare nennt, so irre nett sein werden, werden wir sicher bald aggressiv, wenn uns nur noch Menschen beraten: „Ich kaufe im Internet bei einer ganz tollen Frau. Sie kennt und weiß alles und jedes. Ich kann fragen, was immer ich will. Gehe ich dagegen ins Kaufhaus selbst, erklären sich alle für unzuständig, beschwatzen mich sinnlos, haben keine Ahnung und müssen immer erst Kollegen fragen, die dann auch nicht weiterhelfen können." Vielleicht gibt es auch bald virtuelle Dauerpartner im Internet? Das sind künstliche Menschen, die wir uns wie Klingeltöne für ein Handy fest im eigenen Computer installieren und die dann bei *allen* (allen!) Internetaufgaben bei uns bleiben. Meine eigene Superberaterin ist also immer dieselbe, meine *eigene* eben, die bei Amazon, comdirect, digital-eyes, Hawesko, chateau-online auf mich wartet und für mich alles über Bücher, Grappe oder Neuemissionen weiß. Meine Frau hat dann ebenfalls einen virtuellen Berater, ihren Otto oder so, auf den ich dann hartnäckig eifersüchtig sein könnte. Sie aber beharrt darauf: „Otto find' ich gut."

Wie wird es uns durchschnittlichen Menschen da ergehen? Meinetwegen mögen Sie heute noch lachen – übermorgen werden Sie möglicherweise schon depressiv über diesen Fragen. Wo bleiben wir? Was ist der Sinn unseres Lebens? Was werden wir denken, bei unserer Lebensreise bis zum Tod, wenn wir eine mühevolle Identität und eine wundervolle Persönlichkeit in Jahrzehnten auszubilden versuchen, die hingegen so ein künstlicher Mensch mit der ersten Sekunde seines Lebens in sein Programm gelegt bekam?

Es ist heute schon schwierig, ein guter Mensch zu sein. Morgen wird es noch schwieriger. Die Mutter wird sagen: „Wir haben dir, Kind, den neuen Otto Version 9110 auf deinem digitalen Assistenten installiert. Nimm dir ein Beispiel an ihm.

Er funkt uns ziemlich schlimme Sachen an unsere digitalen Assistenten, was du so den ganzen Tag machst. Sei wie er. Einfach perfekt. Hier, schau dir mal deine Schimpfwortstatistik der letzten Woche an. Otto hat echt Sorgen mit dir. Und wenn sich schon Otto sorgt – was können wir da als Eltern noch tun? Wir wissen nicht mehr ein und aus."

Wenn wir den natürlichen Anspruch erheben, dass der Mensch *über* der Maschine stehen sollte, dann wird unser Sinnraum in der nächsten Zeit schrumpfen und schrumpfen. Wird es überhaupt möglich sein, diesen Anspruch aufrecht zu erhalten?

Darüber will kaum jemand reden! Die Menschen haben Angst, wenn solche Fragen bei Diskussionen hochkommen. Sie fürchten, dass die Maschinen uns versklaven werden. (Wozu sollten sie das wollen? Wozu brauchen die Maschinen uns? Vielleicht halten sie sich uns in Museen?)

Da fällt mir ein: Die Pferde waren einige Jahrtausende die nützlichsten Tiere auf der Welt. Sie leisteten die hauptsächliche körperliche Arbeit dieser Welt, gaben uns die Sehnsucht nach der Ferne, erleichterten uns das Erobern der Welt und das gegenseitige Töten. Erst seit wenigen Jahrzehnten sind sie in allen diesen Funktionen durch Autos und Bahnen etc. ersetzt worden. Nach aller dieser wahnwitzig langen Anstrengung sind sie ins Paradies zurückgekehrt. Sie werden von uns Menschen in aller Liebe als Freunde zum Ausreiten gehalten und verehrt und geliebt. Wer früher Pferde geschunden hätte, dröhnt heute, menschlicher, mit röhrendem Vollgas auf dem Motorrad. „Alles Glück der Erde für den Dueck zu Pferde."

Enden *Menschen* wieder im Paradies? Wie wird das aussehen?

Ich lasse diese etwas angekrausten Gedanken hier einfach stehen. Ich wollte nur sagen: Unser Lebenssinn hat etwas mit dem Stand der Technik zu tun, und der ändert sich bekanntlich rasant. Trauen wir uns, die Augen zu öffnen? Eyes wide shut.

1.1.4 Das Menschsein muss autark möglich sein

Ich habe es am Anfang schon erklärt – oder postuliert: Es muss für jeden Menschen möglich sein, ein sinnvolles Leben zu führen. Für Arme, Kranke, Unterdrückte genauso wie für Sie.

Es gibt ein paar vernünftige Wege.

Legen Sie sich in eine Tonne und seien Sie glücklich wie Diogenes, den Alexander besucht.

Ist das eitel Wonne?
So eiskalt in der Tonne?
Und auch noch bitter arm?

Geh mir aus der Sonne,
dann wird es sicher warm.

Die Philosophenschule der Kyniker (heute gebrauchen wir solch ein Wort eher mit einem Z) sagt, der Weise sei sich selbst genug und brauche nichts. Der Mensch müsse nur eben hierzu Einsicht zeigen und zur Tugend gelangen. Dann ist der Mensch frei und kann wie Diogenes sagen: „Ich bin Weltbürger." Oder: „Die einzige richtige Staatsordnung ist die Weltordnung."

Die Epikureer streben den Glückszustand inneren Friedens an, ziehen sich lieber in ein Privatleben zurück (Nicht in eine Tonne, aber auch hier: Autarkie!), da nach ihrer Ansicht von Menschen (!) eher Gefahr droht. „Lebe im Verborgenen!", sagt Epikur und antwortet auf die Frage nach dem höchsten Gut: „Der stabile Zustand des Fleisches." Sie können sich jetzt schon vorstellen, wie beliebt Epikur wurde, zumal er auch mit „Alle Bildung, Seliger, flieh mit vollen Segeln!" zitiert wird. Seine Anhänger vergötterten ihn, aber andere Mitmenschen muss er wirklich eher als Gefahr empfunden haben.

Solche Mitmenschen waren zum Beispiel Stoiker, die ausschließlich und nur die Tugenden für Güter hielten, nur die Laster für Übel und die dann alles Übrige für gleichgültig erklärten, als so genanntes „Adiaphoron". Stoische Gleichgültigkeit gegen alle Adiaphora und die Überwindung aller Übel führen zur Tugend hin, die über eine rigide Herrschaft über die innere Einstellung erreicht wird. Das ist nicht so ganz leicht, das verstehen Sie sicher gleich. Aber Sie können es auf jeden Fall *im Prinzip*! Wenn Sie unbedingt wollen – bestimmt!

Andere Philosophen sehen den Geist als einzigen wirklich wichtigen Gehalt in uns, andere wollen, dass wir den Körper ignorieren.

Aus Langes *Geschichte des Materialismus*: „Aristoteles läßt uns im Dualismus des transzendenten Gottes und der von ihm bewegten Welt, des tierisch-beseelten Leibes und des abtrennbaren unsterblichen Geistes zurück: eine vortreffliche Grundlage für das gebrochene, aus dem Staube zur Ewigkeit emporseufzende Bewußtsein des christlichen Mittelalters, aber nicht für die stolze Autarkie des Stoikers."

Die Denker haben es von allen Menschen am einfachsten. Sie setzen sich in eine ruhige Ecke und denken. Eine runde Tonne ist gerade so gut wie jede andere Ecke auch. Die mehr gesellschaftsliebenden Menschen brauchen viel kompliziertere Philosophien, weil da eben noch die anderen Menschen irgendwie sinnvoll in ein sinnvolles Leben integriert werden müssen. Der Christ wird sie möglichst lieben, ohne etwas von ihnen zu erwarten. In dem Augenblick, in dem nichts (mehr) erwartet wird, erreicht der Christ die Unabhängigkeit oder Autarkie von anderen Menschen, also die Freiheit. In der Bergpredigt werden ausschließlich Verhaltensweisen von uns erwartet, die wir *ganz allein*, völlig autark, beweisen können! Es wird nicht etwa erwartet: „Selig sind, die mit ihren Mitmenschen gut auskommen können." Das wäre ja auch von den anderen irgendwie abhängig? Das Gebot „Liebe deinen Nächsten wie dich selbst" dagegen ist wieder autark von uns allein zu bewältigen. Die Bergpredigt (Markus V, *Lutherbibel*, 1545):

> 1DA er aber das Volck sahe1/gieng er auff einen Berg/vnd satzte sich/vnd seine Jünger
> tratten zu jm/2vnd er that seinen Mund auff leret sie/vnd sprach. 3Selig sind/die da geist-
> lich arm sind/Denn das Himelreich ist jr. 4Selig sind/die da leide tragen/Denn sie sollen
> getröstet werden. 5Selig sind die Senfftmütigen/Denn sie werden das Erdreich besitzen2.
> 6Selig sind die da hungert vnd dürstet nach der Gerechtigkeit/Denn sie sollen sat werden.
> 7Selig sind die Barmhertzigen/Denn sie werden barmhertzigkeit erlangen. 8Selig sind die
> reines hertzen sind/Denn sie werden Gott schawen. 9Selig sind die Friedfertigen3/Denn sie
> werden Gottes kinder heissen. 10Selig sind/die vmb Gerechtigkeit willen verfolget werden/
> Denn das Himelreich ist jr. 11Selig seid jr/wenn euch die Menschen vmb Meinen willen

> schmehen vnd verfolgen/vnd reden allerley vbels wider euch/so sie daran liegen. 12Seid frölich vnd getrost/Es wird euch im Himel wol belohnet werden. Denn also haben sie verfolget die Propheten/die vor euch gewesen sind. 13JR seid das Saltz der Erden.

Christus gibt sogar dem Denker in der Tonne das Element der Liebe, ohne die er vielleicht doch nicht auskommen kann, wenn er ein Herz hat. Dann braucht er am Ende nicht einmal *andere* Menschen dafür. Feuerbach schreibt in *Das Wesen des Christentums*:

> Gott als Gott, als einfaches Wesen ist das schlechtweg *allein* seiende, *einsame* Wesen – die *absolute Einsamkeit* und *Selbständigkeit*; denn einsam kann nur sein, was *selbständig* ist. Einsam sein können, ist ein Zeichen von Charakter und Denkkraft; *Einsamkeit* ist das *Bedürfnis* des *Denkers*, *Gemeinschaft* das *Bedürfnis* des *Herzens*. *Denken* kann man *allein*, *lieben* nur *selbander*. *Abhängig* sind wir in der Liebe, denn sie ist das Bedürfnis eines *andern* Wesens; selbständig sind wir nur im einsamen Denkakt. Einsamkeit ist Autarkie, Selbstgenügsamkeit.
>
> Aber von einem einsamen Gott ist das wesentliche Bedürfnis der *Zweiheit*, der Liebe, der Gemeinschaft, des wirklichen, erfüllten Selbstbewußtseins, des *andern Ichs* ausgeschlossen. Dieses Bedürfnis wird daher dadurch von der Religion befriedigt, daß in die stille Einsamkeit des göttlichen Wesens ein *andres*, zweites, von Gott der *Persönlichkeit* nach *unterschiednes*, dem Wesen nach aber mit ihm einiges Wesen gesetzt wird – Gott *der Sohn*, im Unterschiede von Gott *dem Vater*. Gott der Vater ist *Ich*, Gott der Sohn *Du*. *Ich* ist *Verstand*, *Du Liebe*; *Liebe* aber mit *Verstand* und *Verstand mit Liebe* ist erst *Geist*, ist erst der *ganze* Mensch.

Immer wieder: Autarkie, Selbstgenügsamkeit. Zum Denken bin ich allein genug, für das Herz kann ich Jesus nehmen. Die anderen Menschen und die ganze Welt brauchen wir nicht. Wir müssen es ganz allein schaffen, sind ganz auf uns gestellt, müssen höchstselbst unser Leben und seine Gestaltung verantworten. Ein bisschen erscheint es mir so, als werde die Autarkieforderung auch deshalb gestellt, weil sich sonst die rechte Lebensführung im realen Leben nicht begründen ließe. Solange der Mensch nur an Kriterien gemessen wird, für die er allein verantwortlich zeichnet, können wir ihn vor den Richter stellen und beurteilen: „Ist dieser da ein guter Mensch?" (Und es richtet sich ein blasser, dünner Zeigefinger drohend auf Sie!) Wenn wir den Menschen richten können, können wir die guten Menschen von den schlechten sicher unterscheiden. Und wenn wir dies vermögen, sind wir im Stande, den Kindern verbindlich sagen zu können, in welcher Weise sie sich zu guten Menschen entwickeln können. Alles, alles hängt davon ab, ob wir sicher beurteilen können, was gut und was schlecht ist. Am leichtesten lässt sich richten, wenn die Werte klar definiert sind. Wenn wir fordern, dass der Mensch autark ist, können wir besser über ihn richten, als wenn er es nicht wäre. Wenn ein Mensch klagen würde: „Ich lebte in einem Mörderstaat, also musste ich Mörder sein." Wäre er dann nicht mehr verantwortlich?

Der hochkritisch kritische Karl Marx hat das Autarke des kritisch unkritischen Menschen kritisiert:

> Genau und im prosaischen Sinne zu reden, sind die Mitglieder der bürgerlichen Gesellschaft keine Atome. Die charakteristische Eigenschaft des Atoms besteht darin, keine Eigenschaften und darum keine durch seine eigne Naturnotwendigkeit bedingte Beziehung zu andern Wesen außer ihm zu haben. Das Atom ist bedürfnislos, selbstgenügsam; die Welt außer

> ihm ist die absolute Leere, d. h., sie ist inhaltslos, sinnlos, nichtssagend, eben weil es alle Fülle in sich selbst besitzt. Das egoistische Individuum der bürgerlichen Gesellschaft mag sich in seiner unsinnlichen Vorstellung und unlebendigen Abstraktion zum Atom aufblähen, d. h. zu einem beziehungslosen, selbstgenügsamen, bedürfnislosen, absolut vollen, seligen Wesen. Die unselige sinnliche Wirklichkeit kümmert sich nicht um seine Einbildung, jeder seiner Sinne zwingt es, an den Sinn der Welt und der Individuen außer ihm zu glauben, und selbst sein profaner Magen erinnert es täglich daran, daß die Welt außer ihm nicht leer, sondern das eigentlich Erfüllende ist. Jede seiner Wesenstätigkeiten und Eigenschaften, jeder seiner Lebenstriebe wird zum Bedürfnis, zur Not, die seine Selbstsucht zur Sucht nach andern Dingen und Menschen außer ihm macht. Da aber das Bedürfnis des einen Individuums keinen sich von selbst verstehenden Sinn für das andere egoistische Individuum, das die Mittel, jenes Bedürfnis zu befriedigen, besitzt, also keinen unmittelbaren Zusammenhang mit der Befriedigung hat, so muß jedes Individuum diesen Zusammenhang schaffen, indem es gleichfalls zum Kuppler zwischen dem fremden Bedürfnis und den Gegenständen dieses Bedürfnisses wird. Die Naturnotwendigkeit also, die menschlichen Wesenseigenschaften, so entfremdet sie auch erscheinen mögen, das Interesse halten die Mitglieder der bürgerlichen Gesellschaft zusammen, das bürgerliche und nicht das politische Leben ist ihr reales Band. Nicht also der Staat hält die Atome der bürgerlichen Gesellschaft zusammen, sondern dies, daß sie Atome nur in der Vorstellung sind, im Himmel ihrer Einbildung – in der Wirklichkeit aber gewaltig von den Atomen unterschiedene Wesen, nämlich keine göttliche Egoisten, sondern egoistische Menschen. Nur der politische Aberglaube bildet sich noch heutzutage ein, daß das bürgerliche Leben vom Staat zusammengehalten werden müsse, während umgekehrt in der Wirklichkeit der Staat von dem bürgerlichen Leben zusammengehalten wird. (Marx: *Die heilige Familie oder Kritik der kritischen Kritik*)

Die Menschen sind eben in Wirklichkeit *nicht* autark. Sie leben einfach zu sehr zusammen und wollen nicht um der besseren Beurteilungsmöglichkeiten bzw. der reineren Erziehungsgebote willen in die Autarkie gehen. Sie wollen einander brauchen. Trotzdem suchen die Ethiker immer noch in einem autarken Sinnraum. Ist der Sinn überhaupt dort?

Schopenhauer schreibt in *Zwei Grundprobleme der Ethik*: „… das Prinzip, der Grundsatz, über dessen Inhalt alle Ethiker eigentlich einig sind: neminem laede, immo omnes, quantum potes, juva – das ist eigentlich der Satz, welchen zu begründen alle Sittenlehrer sich abmühen … das eigentliche Fundament der Ethik, welches man wie den Stein der Weisen seit Jahrtausenden sucht."

Neminem laede … – „Verletze niemanden und hilf nach Kräften". Wieder so ein Satz mit Autarkieinhalt. Und über diesen Satz scheinen sich die Ethiker aller Zeiten weltweit einig? Ja? Und können auf ihn keine nicht nur theoretische Ethik gründen? So schön er als Forderung klingen mag, ist er denn überhaupt so stark, dass sich auf ihm das ganze Fundament der Ethik erbauen ließe? Warum vermögen es die Denker nicht? Dieses ganze Omnisophiebuch hindurch versuche ich zu zeigen:

> Wir müssen die Autarkieforderung ja überhaupt nicht stellen!

Wenn wir sie aber nicht stellen, dann kann dieser „autarke Satz" kein hinreichendes Fundament sein, weil er das Nichtautarke nicht erfasst, also nur eine Teilwelt begründen kann.

1.1.5 Das Menschsein muss nach der Natur möglich sein – aber die Natur verschwindet!

Ein andere beliebte Annahme auf der Suche nach einem sinnvollen Leben ist diese: Der Mensch soll nach der Natur leben. Darüber diskutieren wir auch heute noch. Ist das Leben in Hochhauswohnungsparzellen nach unserer Natur? Ist Schwulsein auch nach der Natur gut so? Das Aufwachsen in Pampers? Die Natur kommt als Lippenformel immer und immer wieder vor. Wenn Philosophen zu sehr das Tier in uns natürlich finden, so meinen sie, wir alle müssten „unsere böse Natur in uns bekämpfen", die uns die Sünde angeboren sein ließ. Wenn wir glauben, der Mensch sei von Natur aus gut, so fordern wir unentwegt, er müsse nach seiner Natur leben. Die arme Natur muss eben für viele Argumente herhalten, ohne dass wir bis heute zum Beispiel wüssten, ob wir von Natur aus gut oder böse sind. Ist es natürlich, vor Computern ein halbes Leben zu verbringen? Ist es natürlich, sich den Busen operativ so zu korrigieren, damit er natürlich aussieht? Sind normal hässliche Menschen natürlich oder nur die so genannten Topmodels, von denen es ungefähr zehn gibt? Menschen sind von Natur aus lieb, sie sind von Natur aus vernünftig, sie sind von Natur aus faul, sie sehen von Natur aus nur auf ihren Vorteil, sind rattenschlau. Menschen betrügen von Natur aus, wo sie können, was man beim Autofahren inmitten von Blitzanlagen täglich sehen kann. Menschen wollen von Natur aus nur das Eine. Das Eine? Geld. Das Eine? Ruhm. Das Eine? Sex. Die Philosophen wissen offenbar von Natur aus, was das ist: von Natur aus. (Natur ist jedenfalls nicht wie Tier.)

Sie merken schon, was ich sagen will: Von Natur aus benutzen wir den Naturbegriff, um etwas, was wir anpreisen wollen, natürlicher erscheinen zu lassen. Wenn etwas natürlich ist, ist es ja irgendwie als notwendig und unausweichlich bewiesen. In das Natürliche müssen wir alle, und damit auch unsere Kontrahenten, einwilligen. Zur Illustration habe ich einige Zitate zusammengestellt. Wenn Sie schon im vorigen Abschnitt zu viele lesen mussten, blättern Sie einfach zum nächsten Abschnitt weiter. Sie haben dann schon verstanden: Die Sinnsucher zwingen uns, natürlich zu denken, was so viel heißt, dass sie Recht haben, weil sie ja so argumentieren, dass alles der Natur nach zugehen muss.

Aristoteles schiebt schamhaft Homer vor (in: *Nikomachische Ethik*), um zum Thema zu kommen: „So ist die Begierde nach Nahrung in der Natur begründet; im Zustande des Mangels begehrt jeder trockene oder flüssige Nahrung, bisweilen auch beides zusammen, und ein junger kräftiger Mensch, sagt Homer, begehrt des ehelichen Lagers."

Sieht gut aus. Ich runzle die Stirn. Warum zielt das Naturbegehren auf *ehelich*? Hatten die Griechen nicht eine Vorliebe für Knaben? Ist das Heiraten natürlich? (Wie leben eigentlich Affen? Natürlich? Allein wie Orang-Utans oder in Rudeln, in denen sie sich wie Affen paaren?) Aristoteles weiter:

> Zwischen Mann und Frau waltet die Liebe von Natur. Denn der Mensch ist durch seine Natur noch mehr auf das eheliche Leben, als auf das Leben im Staate angewiesen, ebenso wie die Familie ursprünglicher und unentbehrlicher ist als der Staat, und wie die Fortpflan-

zung allem Lebendigen gemeinsamer zukommt. Bei den anderen Wesen reicht die Gemeinsamkeit nur so weit; bei den Menschen aber hat die eheliche Gemeinschaft nicht bloß die Fortpflanzung, sondern alle Zwecke des menschlichen Lebens zum Inhalt.

Sehen Sie? Es geht immer so weiter. Erst ist das Essen und Paaren natürlich, dann das Erziehen der Kinder und die Regeln dazu, schließlich alles …? Ich beginne zu zweifeln und lese weiter, ob ich noch mehr Natürliches finde. Aha. Da! (Immer noch *Nikomachische Ethik*): „… denn beides, das Sittliche wie das persönlich Eigene, hat das zum Inhalt, was von Natur eine Quelle der Freude ist.“

Nun ist schon das Sittliche des Oberlehrers und auch das persönliche Eigentum natürlich. Natürlich sage ich am Ende dieses Buches auch, dass *meine* Gedanken völlig natürlich sind. Nehmen Sie mich nicht zu sehr beim Wort. Ich meine dann etwas anderes, eher so etwas wie: intuitiv einfach und unwidersprüchlich.

Cicero weiß irgendwie schon, dass es verschiedene Naturen unter den Politikern oder Menschen gibt, so wie es Esel und Ochsen gibt. Aber die Politiker schließen immer gleich wieder die Augen vor diesen feinen Unterschieden und konzentrieren sich auf das Gemeinsame, das sich besser in Gesetze sperren lässt. Besser wäre es, alle Naturen wären gleich, nicht wahr? Cicero, aus *Fünf Bücher über das höchste Gut und Übel*:

Sonach beruht bei jedem Geschöpfe das Begehren nach bestimmten Dingen darauf, dass diese Dinge seiner Natur angemessen sind, und das höchste Gut besteht daher in einem naturgemässen Leben und in einem möglichst besten und der Natur angemessensten Zustande. (§ 25.) Da nun jedes Geschöpf seine eigenthümliche Natur hat, so muss auch für Alle als Ziel gelten, dass dieser Natur Genüge geleistet werde; denn es steht dem nicht entgegen, dass der Mensch mit den Thieren und diese unter einander etwas Gemeinsames haben, weil die Natur überhaupt Allen gemein ist, vielmehr wird jenes Höchste und Letzte, was wir aufsuchen, nach den verschiedenen Gattungen der Geschöpfe verschieden sein und jede Gattung wird etwas Besonderes, ihr Passendes haben, wie es ihre eigene Natur verlangt. (§ 26.) Wenn ich daher sage, dass für alle lebende Wesen das Höchste in einem naturgemässen Leben bestehe, so darf man dies nicht so verstehn, als wenn für Alle ein und dasselbe als Höchstes gelten solle. Denn schon bei den Künsten lässt sich als etwas ihnen allen Gemeinsames angeben, dass es sich bei ihnen um die Erkenntniss überhaupt handelt, während jede einzelne Kunst auch ihre besondere Wissenschaft verlangt; ebenso haben auch die Geschöpfe ein Gemeinsames in ihrem naturgemässen Leben überhaupt; aber dabei sind doch ihre Naturen selbst verschieden. So ist sie bei dem Pferde eine andere, wie bei dem Ochsen und eine andere bei dem Menschen; aber dennoch haben auch Alle in der Hauptsache eine gemeinsame Natur, und dies gilt selbst über die lebenden Wesen hinaus für alle Dinge, welche die Natur ernährt, vermehrt und beschützt. So sieht man schon bei den Pflanzen, welche aus der Erde hervorsprossen, dass viele sich selbst das bereiten, was zu ihrem Bestehen und Wachsen erforderlich ist, damit sie ihr letztes Ziel erreichen, und deshalb kann man Alles dies zusammenfassen und unzweifelhaft behaupten, dass alle Naturen überhaupt sich selbst erhalten und als Ziel und Höchstes erstreben, sich in dem für ihre Gattung bessten Zustande zu erhalten. Somit kann man sagen, dass alle natürlichen Dinge ein ähnliches, wenn auch nicht genau dasselbe Ziel verfolgen. Hieraus ergiebt sich, dass das höchste Gut für den Menschen in seinem naturgemässen Leben enthalten ist, d. h. in einem Leben, was der durchaus vollkommnen und in Nichts mangelhaften Natur des Menschen entspricht.

Natürlich erkennt Cicero an, dass es Verschiedenes gibt, wie Affen, Esel, Kamele, Bohnenstroh oder Quark. Aber diese dummen Verschiedenheiten verschwinden auf dem Weg zu Vollkommenen. Der vollkommene Mensch ist relativ eindeutig bestimmt: durch das Gemeinsame, das er vollkommen verkörpert.

Eine ganz gute Taktik besteht also darin, den einheitlich in allen Punkten vollkommenen Menschen für natürlich zu erklären, weil Gott ihn der Natur nach natürlich vollkommen geschaffen hat (was hätte Unvollkommenes für einen Sinn?). Wenn also der Mensch von Natur aus vollkommen ist, muss er denjenigen folgen und gehorchen, die so lieb sind, ihn vollkommen machen zu wollen. Dann ist er zugleich natürlich geworden.

Ein andere Strategie ist es, die Natur zu bemühen, um den Städtebau zu begründen. Es gibt ein paar Tiere, die schöne Häuser bauen, nämlich die fleißigen Ameisen und die bienenfleißigen Bienen. Sie können auch zur Aufklärung an sich herhalten.

> Die einzelnen Menschen befinden sich in *gesellschaftlichen Ganzen*, innerhalb deren die Individuen sich wie Teile verhalten. Solche Ganze bilden schon Bienen und andere herdenweise lebende Tiere, in einem viel engeren Verbande aber der mit Sprache und Verstand zu diesem Zwecke von der Natur begabte Mensch, welcher das Vermögen der Unterscheidung von Recht und Unrecht besitzt. Diese Gemeinschaft (Koinonie) ist als *Familie* untrennbar mit Menschendasein überhaupt gegeben, und indem diese zur *Dorfgemeinde*, weiter zur Polis sich ausdehnt, erreicht in der letzteren das in der Natur angelegte Gemeinschaftsstreben das Endziel der Autarkie, d. h. des völligen Selbstgenügens; … (Dilthey: *Einleitung in die Geisteswissenschaften*)

In diesem Zitat geht es von den Bienen zur Natur und zum Schluss mündet alles in Autarkie, die ja der Endzweck ist. Darüber war ja schon im vorigen Abschnitt die Rede. Jedenfalls neigt jetzt der Mensch von Natur aus zum Wohnen in Dörfern. Hobbes meint in *Grundzüge der Philosophie*: … und deshalb wird der Mensch nicht von Natur, sondern durch Zucht zur Gesellschaft geeignet. Ja selbst wenn der Mensch von Natur nach der Gesellschaft verlangte, so folgte doch nicht, daß er von Natur zur Eingehung der Gesellschaft auch geeignet sei; denn das Verlangen und die Fähigkeit sind verschiedene Dinge ….“

Und Rousseau: „Wenn aber, was unzweifelhaft feststeht, der Mensch seiner Natur nach gesellig ist, oder es wenigstens seiner Bestimmung nach werden soll, so können ihm auch andere angeborene Empfindungen nicht fehlen, die sich auf sein Geschlecht beziehen; denn schenkt …“ Aus *Emil oder Ueber die Erziehung*.

Von Natur aus natürlich scheint alles zu sein, was man natürlich vom Menschen fordern würde. Vernunft zum Beispiel. Natürlich möchten wir, dass Menschen vernünftig sind. Locke schreibt in *Versuch über den menschlichen Verstand* dies: „Deshalb befindet sich der Mensch nach seiner Natur als verständiges Wesen in der Nothwendigkeit, dass er bei seinem Wollen durch sein Denken und sein Urtheil über das Beste bestimmt werde; sonst bestimmte ihn ein Anderes, als er selbst, was ein Mangel der Freiheit wäre. Wenn man leugnet, dass der Mensch bei jedem seiner Entschlüsse seinem eigenen Urtheile folge, so hiesse dies, der Mensch wolle und verfolge ein Ziel, was er, während er danach verlangt und dafür thätig ist, nicht haben mag.“

Hören Sie aus der *Ethik* von Spinoza: „Es gibt in der Natur nichts einzelnes, was den Menschen nützlicher wäre als der Mensch, der nach der Leitung der Vernunft lebt. Denn dem Menschen ist das am nützlichsten, was mit seiner Natur am meisten übereinstimmt (nach Zusatz zu Lehrsatz 31 dieses Teils), d. h. (wie an sich klar) der Mensch. Der Mensch handelt aber absolut nach den Gesetzen seiner Natur, wenn er nach der Leitung der Vernunft lebt (nach Definition 2, Teil 3), und nur insofern stimmt er mit der Natur eines andern Menschen notwendig immer überein (nach dem vorigen Lehrsatz). Folglich gibt es unter den Einzeldingen nichts nützlicher für den Menschen als den Menschen usw."

So kann ich immer mehr zitieren. Wenn ich noch lange weiterzitiere, erscheint uns am Ende fast alles natürlich. Ich bin wohl auch viel zu faul, alle Materie durchzulesen (ein weites Feld voller Dornen und Disteln), nur um hier noch natürlicher zu werden. Ich schließe daher mit Fichte, aus *Einige Vorlesungen über die Bestimmung des Gelehrten*:

> … denn unvertilgbar ist ihm der Trieb eingepflanzt, Gott gleich zu seyn. Der erste Schritt aus diesem Zustande führt ihn zu Jammer und Mühseligkeit. Seine Bedürfnisse werden entwickelt; sie heischen stechend ihre Befriedigung; aber der Mensch ist von Natur faul und träge, nach Art der Materie, aus der er entstanden ist. Da entsteht der harte Kampf zwischen Bedürfniss und Trägheit; das erstere siegt, aber die letztere klagt bitterlich. Da bauet er im Schweisse des Angesichts das Feld, und zürnet, dass es auch Dornen und Disteln trägt, welche er ausreuten muss.

Von so einem Zitat können ganze Unternehmergenerationen zehren. Der Mensch ist von Natur aus faul und träge!

Und heute? Es ist natürlich geworden, sich elektrisch zu rasieren. Wir können natürlich nach längerem Stromausfall nicht mehr natürlich leben. Die Verbreitung des Internets wird uns in die virtuelle Welt führen. Virtuell? Das Virtuelle wird als Gegensatz zum Realen gesehen! Wie viel weiter weg ist das Virtuelle vom Natürlichen?

Und dann sagen unsere Werbesendungen: „Das Internet nimmt Ihnen die schrecklichen unnatürlichen Arbeiten ab, mit denen sich der Mensch unnatürlicherweise abplagen muss, um seinen nackten Lebensunterhalt zu verdienen. Die virtuelle Welt befreit den Menschen von Schweiß und Knochenbrechen. Sie befreit im Menschen die natürliche Kreativität. Der Mensch gewinnt im Virtuellen die Freiheit, seiner Natur gemäß glücklich zu sein. Es ist doch nicht natürlich, in ein Auto zu steigen, um nach längerer Fahrt in einer Bank Geld abzuheben. Dafür ist die Natur des Menschen nicht gedacht. Im Internet macht er klick-klick-klick und er hat viel mehr Zeit, seiner Natur nachzugehen." Was der Natur nachgehen heißt, ist mir nicht so klar. Ich glaube, es ist Hamburger essen gemeint.

Verzeihung. Hamburger ergeben eine ziemlich flache, wenn auch vielschichtige Philosophie. Was ich sagen will: Natur hin und her. Natur verschwindet. Als Argument taugt sie kaum noch. In Wirklichkeit werden wir aber durch das Argument der Natur immer noch zu allem Möglichen gezwungen und vergewaltigt. Notfalls sind noch Ohrfeigen natürlich, so wie ph-neutrale Seife, Knoblauchpillen, Lateinlernen oder der Bau von Umgehungsstraßen. Alles ist natürlich, aber bald ist nichts mehr natürlich.

1.1.6 Der Lebenssinn ist das Nur-Gute, damit Philosophieren leicht ist

> Ich verdiene erst einmal richtig viel Geld. Ich streiche dafür eine Zeit lang alles Privatleben. Danach nutze ich das Geld, um mein Leben vollauf sinnvoll zu gestalten.

So etwa klingt das allgemeine Credo des heutigen Konditionalmenschen.

> „*Wenn* ich einmal eine Million gewinne, bin ich gut zu euch allen." – „*Wenn* ich das Haus abbezahlt habe, spende ich etwas dem Roten Kreuz." – „*Wenn* meine Beförderung durch ist, gehen wir meinetwegen einmal zu McDonald's." – „*Wenn* ich jemals wieder gesund werde, höre ich auf mit diesem ungesunden Leben. Jetzt geht es noch nicht."

Sie müssen gar kein Philosoph sein, um „so geht das nicht" zu seufzen. Dabei *machen* wir es fast alle so! Wir müssen erst einmal eine Wohnung beziehen, einen wundervollen Lebensgefährten für uns gewinnen, eine respektierte Arbeitsstelle antreten. Dann *erst* können wir durchatmen. Es ist geschafft! Jetzt sind wir endlich ein vollwertiger Mensch!

Halt – nein, sind wir nicht. Wir haben ja erst die Bedingungen für das Vollmenschsein geschaffen, die wir uns *selbst* für das Vollmenschsein gesetzt hatten, die also im streng logischen Sinne noch nicht einmal wirklich *Bedingungen* gewesen sein mögen!

Abraham Maslow hat ein Bild gemalt, das viele von uns im Herzen tragen: die Bedürfnispyramide. Sie symbolisiert die Erkenntnis, dass wir erst unsere Grundbedürfnisse decken müssen, um überhaupt vernünftig über echtes Glück und Lebenssinn nachdenken zu können. Erst muss der Hunger nach Nahrung und Liebe von Freunden gestillt werden, erst muss ein wenig Vorrat an Sicherheit, Geborgenheit und Respekt geschaffen werden, dann erst kommt das Eigentliche, sozusagen die Kür nach der Pflicht: Das Streben nach Vertrauen, echter Liebe, wahrer Freundschaft, nach Wahrheit, Klarheit, Einfachheit und Rückzug des eigenen Ego.

Maslow hat leider nicht so richtig gesagt, wann das Grundbedürfnisbefriedigen für den speziellen Menschen aufhören kann. Mit dem Abiturzeugnis? (Das schaffen nur die Hälfte der Menschen – haben die anderen schon versagt?) Mit dem Bezug der eigenen Wohnung? Oder mit dem ersten Job? (Auch dazu kommen nicht alle!) Ich glaube nicht an Bedürfnispyramiden. Die meisten von uns türmen Wenn-Bedingungen. Wenn wir Karriere gemacht haben, wenn wir das Haus auf Mallorca und den Audi TT haben, wenn wir den Vater übertrumpften, wenn wenn wenn: *Dann* wird das Leben sinnvoll, vielleicht. Vielleicht aber brauchen wir noch eine Stufe zusätzlich? Schade. Also noch eine Stufe im Leben des Konditionalmenschen.

„Sie leben nicht, sie wollen nur leben. Alles schieben sie auf." Das sagte schon Seneca. (Das habe ich schon in *Wild Duck* zitiert. Es ist so sehr wahr.)

Leben wäre, so sagen die Philosophen, das Streben nach dem Guten, nach Tugend. Wir sollen unsere Pflicht tun, die Menschen lieben, allen vertrauen, das Nur-Gute anstreben und alles andere, insbesondere allen Mammon und alles Fleischliche verachten. Selig sind die Friedliebenden, die Barmherzigen.

Unsere Erzieher sehen das meist anders. Sie sagen, wir sollen etwas erreichen. Natürlich sollen wir auch lieb und pflichtbewusst sein. Unsere Zeugnisse enthalten sogar Kopfnoten für menschliche Einstellungen wie soziales Verhalten, Fleiß und Pflichterfüllung. Aber es sind nur Kopfnoten, unwichtige Attribute. Für die Versetzung auf der Stufenleiter der Grundbedürfnisbefriedigung des jungen Konditionalkindes zählen die harten Noten im Zeugnis unten: Da steht, was etwa in Mathematik oder Religion de facto erreicht wurde. „Religion sehr gut" bekommen wir für das mühelose Auswendigsingen aller Lutherlieder, nicht für die Verinnerlichung der Bergpredigt.

Unsere Aufzucht setzt das *Erreichen* so sehr vor das Leben im Eigentlichen, dass schließlich in uns vor Verzweiflung über das Endprodukt „Mensch" Gedanken an Erbsünden oder dergleichen aufkommen müssen, weil irgendwie unser eklatanter allgemeiner Misserfolg erklärt werden muss.

Mit diesem schweren Problem befassen sich die Weisen kaum. Sie fordern das Gute von uns, die Umkehr, die Einsicht, die Bekehrung, den Verzicht auf das Erreichen der Bedingungen, die uns die Umwelt als nötig eingeschärft hat (und deren Notwendigkeit wir einzusehen begannen).

Ich habe oft das Gefühl, dass es sich aus einer Tonne oder einer kleinen Königsberger Wohnung heraus relativ leicht argumentieren lässt. Philosophen predigen die reine Idee des Lebenssinns. Da machen sie es sich leicht.

Anschließend geißeln sie uns Durchschnittsmenschen.

Die Stoiker zum Beispiel, die nur die Tugend gelten lassen und die nur den wahrhaft Tugendhaften den Weisen nennen, können dann kaum Weise namentlich im wirklichen Leben benennen! Zenon und Chrysipp, die Hauptvertreter und Gründer der Stoa, empfinden nicht einmal sich selbst als Vertreter der Spezies Weiser. Was sollen wir Normalmenschen da tun? Zenon und Chrysipp wissen es: Zur Tugend wandeln. Fertig. Und sie beweisen uns, dass nur der wahre Weise glücklich sein könne, der sie aber selbst nicht sind. Und alle wundern sich, warum wir nicht alle in Scharen weise werden.

Wahrscheinlich macht schon das übermäßige Philosophieren glücklich, mindestens dann, wenn uns eine relativ reine Theorie einfällt. Ich habe Ihnen dasselbe ja schon von dem Betreiben von Mathematik verraten.

1.1.7 Hoffen auf Gott – Und zum Glück haben wir ihn!

Weil wir das Vollkommene nicht wirklich selbst finden können, weil wir das Höchste nicht richtig konkret beschreiben können, weil uns die Ahnung für das Erste, die Schöpfung, und das Letzte, den Tod, fehlt, weil wir noch erreichen müssen, noch nicht angekommen sind, selbst wenn schon die Zeit knapp wird: Daher glauben wir bereitwillig an das Unendliche, das wir nach unserem Tod endlich schauen werden.

An das Ewige, Letzte, Erste, Reine, Vollkommene, Wunderbare, Ideale.

Und wir schaudern vor denen, die sagen, all das gebe es nicht.

Epikur fand, man *brauche* es alles nicht wirklich. Das könnte doch sein? Mal ehrlich, wann brauchen wir es? Wenn wir eine nächste Stufe nicht erreichen konnten oder gar die eine oder andere hinabfielen. Brauchen wir es, wenn wir eigentlich leben? Das wissen wir nicht, weil wir ja erst leben *wollen* und mit dem Leben noch nicht angefangen haben.

Gott löst alle Widersprüche auf. Er nimmt sie uns leider nicht weg, aber wir sind nicht mehr selbst für sie verantwortlich. Deshalb müssen und können wir mit ihnen leben. Wir müssen nur beharrlich mit ihnen ringen, das wohl. Aber die letzte Verpflichtung zur Auflösung bleibt uns erspart. Sollen wir darüber froh sein?

1.1.8 Lebenssinn, Logiktraumata und Patentrezepte

Im Grunde geht es natürlich nicht, dass wir alle weise würden. Eine solche Welt ist logisch nicht denkbar, geschweige denn möglich.

Stellen Sie sich vor, wir würden alle in Tonnen wohnen und philosophieren. Zum Beispiel könnte es Alexander der Große gar nicht schaffen, überall bei uns vorbeizuschauen und zu fragen, was wir uns wünschen. Es ginge praktisch nur so, dass die Tonnen in einer sauberen Reihe ausgerichtet würden. Alexander müsste dann fragen: „Was wollt ihr denn?" Und wir müssten brüllen, alle zusammen: „Geh' aus der Sonne!" Das würde bedeuten, dass wir wie Soldaten in Reih und Glied lägen und uns natürlich allesamt als weise Philosophen auf diese eine nur sinnvolle Antwort einigen müssten. Alexander der Große würde als Kaiser unwillkürlich zur dicksten Tonne schauen, was für uns nicht tragbar wäre, weil es Eitelkeiten Vorschub leistete, die wir aber als Philosophen gar nicht mehr haben. Deshalb wäre es besser, wir hätten alle identische Tonnen. Ja, und irgendwer muss für uns tonnenweise Essen kochen … ja, und kann Alexander so viel Schatten spenden?

Ich werde jetzt lachhaft, klar. Aber, bitte, wir können nicht *alle* in der Tonne liegen und wir können nicht *alle* immer gleich die andere Wange hinhalten, wenn die eine geschlagen wurde. Wir können nicht *alle* Mönch und Nonne werden, ohne auszusterben. Sokrates kann nur dialogisieren gehen, wenn Xanthippe das Profane erledigt. („Ich halte meinem Mann beruflich den Rücken frei.")

Die meisten Lebenspläne, die als ideal hingestellt werden, scheitern logisch an diesem Massengedanken: „Was passierte, wenn wir *alle* dergestalt wären?" Was würde passieren, wenn wir alle wie Diogenes sagen würden: „Ich präge die geltenden Werte um." Oder: „Ich verstehe, über Männer zu herrschen." Was wäre, wenn wir alle wie der Philosoph Krates eine tätige Diskussion in der Öffentlichkeit anfingen, was einem natürlichen Menschen der Natur nach zieme? Er soll mit seiner Frau auf öffentlichen Plätzen im Taghellen eheliches Leben genossen haben. Ich will sagen: Viele Philosophien zeigen ziemlich oder unziemlich viele Extremitäten. Immer wieder wird uns gesagt, wie der ideale Mensch sein solle. Einsicht! Natur! Bedürfnislosigkeit! Pflicht! Rückzug!

Es riecht allerdings stets danach, dass so etwas wie dieses für den Breitenmenschen nicht allgemein einführbar ist, weil es „zu teuer erkauft erscheint", nicht recht begeistern mag und wahrscheinlich nicht funktionieren wird, weil es nicht für *alle* so gehen kann.

Wir alle würden gerne einmal einen einzigen idealen Menschen staunend anfassen dürfen.

Es gibt ja auch zu wenige ideale Menschen, die wir uns anschauen könnten! Wenn wir wenigstens jeder ein paar kennen würden! Und wir fragen uns: Wenn uns also Philosophen den idealen Menschen beschreiben und wenn es eine Welt aus *nur* solchen idealen Menschen logisch nicht geben kann – ist dann die entsprechende Philosophie nicht falsch? Oder wollen wir so etwas: eine Philosophie für eine Minderheit? Dann sollten uns die Philosophen dies aber auch sagen und nicht für eine Allgemeingültigkeit ihrer Ansichten kämpfen, oder?

In seinem Buch *Motivation und Persönlichkeit* berichtet Abraham Maslow über seine Forschungen über selbstverwirklichende Menschen. Wie sehen solche Vollmenschen aus? Ich zitiere ein paar Sätze aus Maslows Buch. „Zusätzlich wurden in einer ersten Untersuchungsreihe mit jungen Leuten dreitausend College-Studenten geprüft, doch die Prüfung ergab nur eine unmittelbar geeignete Versuchsperson und ein oder zwei Dutzend möglicher künftiger („gut wachsend").“ Weiter heißt es: „Es bestand die Hoffnung, dass Roman- oder Schauspielfiguren für Demonstrationszwecke verwendet werden könnten, doch keine wurden gefunden, die in unserer Kultur und zu dieser Zeit verwendbar wären (an sich ein überlegenswertes Resultat).“ Und schließlich: „Wir mussten aufhören, eine mögliche Versuchsperson auf Grund eines einzigen Fehlers auszuschließen; oder, um es anders zu sagen, wir konnten nicht Perfektion als Basis der Selektion verwenden, da keine Versuchsperson vollkommen war.“ Nach Jahren von Arbeit endete die Suche mit 7 ziemlich sicheren und 2 sehr wahrscheinlichen Zeitgenossen, 2 ziemlich sicheren historischen Gestalten (Lincoln in seinen späteren Jahren und Thomas Jefferson) und mit 7 sehr wahrscheinlichen (Albert Einstein, Albert Schweitzer, Aldous Huxley, Eleanor Roosevelt, Jane Addams, William Jones, Spinoza). Im Buch folgen dann 50 Seiten, wie solche wundervollen Menschen aussehen. (Ein wundervoller Satz über den maslowschen Vollmenschen klingt so natürlich und ist tierisch gut: „Die selbstverwirklichenden Menschen haben die Tendenz, gute Tiere zu sein, …") Ist es nicht schrecklich, wie dürftig die Decke an offensichtlich guten Menschen aussieht, selbst wenn man jahrelang krampfhaft sucht? Haben wir damit eigentlich die richtige Vorstellung von „guten Menschen"? Wenn Abraham Maslow nur ein paar fast perfekte Menschen findet, müssen wir uns dann nicht fragen, ob er das richtig definiert, was ein guter Mensch ist? Verlangt er zu viel? Klar, er hat es ja bemerkt. Er hat aber seine Definition nicht geändert, sondern eben auch „ungefähr perfekte“ Menschen zur Untersuchung zugelassen, weil es perfekte nicht gab.

Das halte ich für einen schrecklichen Fehler der Philosophen. Sie zählen einfach eine Menge wünschbarer Eigenschaften eines idealen Menschen auf. Dann verlangen sie von uns, alle diese Eigenschaften zu haben. Wer alle hat, ist ein idealer Mensch.

Ideale Menschen sind gütig, barmherzig, besonnen, tapfer, maßhaltend, gerecht, lieb, sanftmütig, großherzig, edelmütig. Die Managementgurus sagen: Der ideale Manager ist liebevoll, hart, zuverlässig, loyal, kreativ, ausgeglichen, authentisch, taktisch klug, autonom, verletzlich, unverletzlich, antreibend, zulassend usw. (Das war erst ein Fünftel der Eigenschaften, die sich im Übrigen immer stärker widersprechen.) Und dann sagen die Philosophen und die Managementgurus: „Seid gerade eben so! Einsicht reicht zum Losmarschieren! So *einfach* ist es! Und keiner tut es, weil mir keiner glaubt!“

Das ist logisch entsetzlich. Man gibt viel zu viele Merkmale zur Pflicht vor, die aber ein Mensch gleichzeitig nicht haben kann. Daraus definiert man einen idealen Menschen, den es logisch nicht geben kann. Anschließend bedauern die Philosophen und die Managementtrainer, dass bei den Versuchen niemals ideale Menschen oder Manager herauskommen. Sie predigen aber die Definition unverdrossen weiter, ohne je eine real existierende ideale Person vorzeigen zu können. Manche ziehen sich sehr verschämt auf einen idealen Gott zurück, aber alle machen sich vor der normalen Vernunft des normalen Menschen lächerlich. Eine Definition für etwas, was es nicht geben kann? Was soll dann die zugehörige Philosophie? Noch ein Denkfehler:

> Wir beschreiben das Ideale oft durch ein paar Merkmale, die insgesamt nur lächerlich wenig vom Idealen erfassen. Wir hetzen dann alle Menschen auf, diese Merkmale zu gewinnen, in der wahnsinnigen Hoffnung, dann schon, mit diesen Merkmalen, ideal zu sein.

Dieses weitere Glanzstück der Logik besteht darin, irgendein Ganzes mit viel zu wenigen Merkmalen zu beschreiben, so dass der Besitz der Merkmale noch gar nichts bedeuten muss. Zum Beispiel: „Die idealen Schüler sind die mit Note 1,0.“ Gott bewahre uns vor etlichen von ihnen. Natürlich ist eine exzellente Note gut, aber sie reicht nicht hin, den Menschen als ideal zu bezeichnen. Dieser Fehler ist so grässlich häufig, dass ich Sie noch ein wenig damit kurzweilen möchte.

Sie haben noch die Namen von Maslows idealen Menschen im Kopf? Ist Ihnen etwas Wichtiges aufgefallen? Als Statistiker hätten Sie blitzartig erkennen *müssen*: „Überdurchschnittlich viele der heute bekannten Übermenschen tragen den sonst gar nicht so sehr üblichen Vornamen Albert.“

Klingt diese Erkenntnis nicht schön? Wir folgern alle daraus, dass es gut wäre, unserem nächsten Sohn den Vornamen Albert zu geben.

Jetzt werfen Sie mir mit Sicherheit beim Lesen Albertheit vor. Sie haben völlig unrecht. Auf genau diesem intellektuellen Niveau finden heute die vielen weltweiten Diskussionen statt, wenn wir wissen wollen, was das Beste oder Ideale wäre.

Fast jeden Tag finden wir nämlich eine Meldung der folgenden Form in der Tageszeitung: „Sex macht langlebig! Statistisch gesehen leben sexuell Aktive länger.“ Richtig. Konnten wir uns denken. Aber dann verkneifen sich die Zeitungen fast niemals den fast unvermeidlichen Folgesatz: „Los, ins Bett, dann werden Sie hundert!“ Gestern gab es eine Meldung: „Menschen, die oft mehr als drei Minuten lang tief küssen, haben einen niedrigeren Cholesterinspiegel.“ Na gut. Aber dann: „Also los, hängen Sie sich an Ihren Dauerpartner!“ Das waren jetzt zwei alberne Beispiele, die noch nicht so leicht zu durchschauen sind; deshalb genießen wir sie ja jeden Tag in der Zeitung. Noch eins: „Eine Studie hat ergeben, dass unwahrscheinlich viel reiche Menschen schwarze Anzüge tragen.“ Der unvermeidliche Schluss: „Tragen Sie schwarze Anzüge, dann werden Sie wahrscheinlich reich.“ Merken Sie, was da unlogisch gespielt wird?

(Meine Zwischenfrage: Waren Sie zwischenzeitlich im Bett, haben Sie fünf mal drei Minuten geküsst oder jetzt einen schwarzen Anzug beim Lesen an?)

Ja? Dann noch ein Beispiel: „Eine repräsentative Studie ergab, dass überdurchschnittlich viele überzeugte Christen in die Kirche gehen.“ Stimmt. Unvermeidlicher Folgeschluss: Jeder, der zur Kirche geht, ist ein guter Christ. Wir zwingen daher unsere Kinder, allein, ohne uns (wir haben es schon hinter uns) in die Kirche zu gehen, damit sie überzeugte Christen werden.

Vergeht Ihnen jetzt das Alberthafte? Sie nennen Ihren Sohn *nicht* Albert und Sie küssen *nicht* stundenlang für den Cholesterinspiegel. Solchen logischen Unsinn sehen Sie. Aber Sie tragen möglicherweise einen Chancen verbessernden dunklen Seidenanzug und Sie schicken Ihre Kinder allemal zur Kirche.

Was ist das Unlogische an diesen Beispielen? Das Ideale ist immer etwas furchtbar Schwieriges, Komplexes, das wir nur schwer beschreiben können. Wir können allenfalls hoffen, das Höchste oder Ideale anhand weniger Merkmale einigermaßen einzugrenzen! Wir erkennen, dass aktive Menschen gesünder sind und mehr Sex haben. Wir erkennen, dass Liebende und Glückliche weniger Cholesterin haben. Wir erkennen, dass exzellente Unternehmen meist von exzellenten Unternehmern geleitet werden. Dies alles sind Erkenntnisse der Form: „*Wenn* etwas ideal ist, *dann* sieht es meist so aus: xyzuvw.“ Die Zeitungsleute und die Manager drehen es leider immer ganz falsch um. Sie sagen: „*Mach doch* xyzuvw, *dann* ist es ideal.“ Der schwarze Anzug etwa ist also ein häufiges *Merkmal* des Reichtums. Er ist aber lange noch kein *Rezept* dafür. Der Kirchgang ist häufiges Merkmal des wahren Christen, aber kein Rezept, ein wahrer Christ zu werden. Eine glückliche Hand ist ein *Merkmal* für Glück, aber bestimmt kein *Rezept*! „Bitte haben Sie jetzt einmal ein glückliches Händchen!“ Was soll so eine Aufforderung?

Das Leben in einer gewissen Bedürfnislosigkeit ist ein häufiges Merkmal des Weisen, aber kein Rezept, weise zu werden! (Es gibt reichlich Arme, die nicht weise sind.) Das Lieben des Nächsten zeichnet viele Weise aus, aber nur das Lieben aller Nachbarn macht noch keinen idealen Menschen! Sehen Sie hin, es gibt Millionen von liebebesitzergreifenden, überbehütenden Eltern, die ganz furchtbar viel lieben; aber das garantiert weder den guten Christen noch den idealen Erzieher.

Unser meistverbreiteter Fehler, den wir jeden Tag beim Zeitungslesen verstärken und üben, ist es, einzelne Merkmale des Idealen schon für das Ideale selbst zu halten. Wir begehen den tragischen Irrtum, die Merkmale allein haben zu wollen, ohne das Ideale verstanden zu haben. Wir glauben, das Besitzen der Merkmale bedeute schon das Sein im Idealen. Dabei himmeln wir oft die Merkmale an, ohne zu wissen, wie wir sie ergattern könnten. Und es ist oft nicht sicher, dass die Merkmale überhaupt erreichbar wären. Stellen Sie sich vor, alle Schüler in einer Schule lernen beliebig alles, um ideal zu werden. Bekommen sie jetzt alle eine 1.0? Die Lehrer sagen uns doch oft: „Nur die besten ein oder zwei bekommen eine Eins.“ Wie sagte ich oben? Nicht alle können ihr Leben in die Tonne verlegen.

Da wir hier in diesem ganzen ersten Teil des Buches schon über Natürlichkeit und Seelen von Tieren und dergleichen sinnierten, führe ich noch eine kleine neckische Passage von Herder aus *Ideen zur Philosophie der Geschichte der Menschheit* an. Herder denkt logisch über Affen nach:

> Der Orang-Utang ist im Innern und Äußern dem Menschen ähnlich. Sein Gehirn hat die Gestalt des unsern; er hat eine breite Brust, platte Schultern, ein ähnliches Gesicht, einen ähnlich gestalteten Schädel; Herz, Lunge, Leber, Milz, Magen, Eingeweide sind wie bei dem Menschen. Tyson hat 48 Stücke angegeben, in denen er mehr unserm Geschlecht als

den Affenarten gleichet, und die Verrichtungen, die man von ihm erzählt, selbst seine Torheiten, Laster, vielleicht auch gar die periodische Krankheit, machen ihn dem Menschen ähnlich. Allerdings muß also auch in seinem Innern, in den Wirkungen seiner Seele, etwas Menschenähnliches sein, und die Philosophen, die ihn unter die kleinen Kunsttiere erniedrigen wollen, verfehlen, wie mich dünkt, das Mittel der Vergleichung.

Immer wieder klingt es wie „Der Wassergehalt der Tomate ist fast genau so hoch wie der des Menschen.“ Also muss der Mensch auch viele Vitamine enthalten, mindestens, wenn er rot wird. Praktisch gesehen macht es nicht so viel aus, Menschen logisch mit Affen oder Tomaten zu verwechseln. Es gibt aber logische Irrtümer in der Weltwirtschaft, die die Seele der Unternehmen betreffen. Die sind richtig schlimm.

Das Ideale mag durch „Umstände“ zu Stande gekommen sein. Wir notieren uns aber die Merkmale dieses Idealen und glauben, das Ideale durch bloßes Anstreben der Merkmale erreichen zu können. Wir vergessen, dass wir auch Glück, Kompetenz, Charisma oder Zufall bräuchten.

Dieser Irrtum ist sehr, sehr teuer. Für mich, für Sie, für alle Menschen.

Er wird von denen da oben begangen, aber wir alle zahlen mit.

Es gibt haufenweise Untersuchungen, welche der Wirtschaftsunternehmen vollkommen sind. Bei allen Untersuchungen kommt heraus, dass es so ungefähr 15 perfekte Unternehmen gibt, die man schließlich auf 100 aufpeppt, damit ein umfangreicher Bestseller darüber geschrieben werden kann. Frage: Was zeichnet ideale Unternehmen aus? Die Antworten sind nicht tiefsinnig: Wir brauchen einen charismatischen visionären Führer, der mit glücklicher Hand zur genau richtigen Zeit ein einziges brandneues Klasseprodukt weltweit überaus erfolgreich an überglückliche Kunden verkauft. So oder ähnlich. Der unvermeidliche Schluss: „Charismatisch ist ja unser Manager zum Glück schon, das sagt er ja selbst von sich. Wir haben ihn zur Sicherheit noch einmal gefragt. Glück können wir nicht erzwingen. Wir können allerdings alle Produkte bis auf unser profitabelstes einstampfen. Es ist leicht, nur ein Produkt zu haben. Wir ziehen uns damit auf unsere profitablen Kernkompetenzen zurück. Das verbliebene Produkt machen wir noch etwas neu. Das ist das, was wir jetzt tun können, das müsste zum Milliardenmachen reichen.“ Diese Managementpseudoweisheiten werden dann in die Tat umgesetzt. Sie kosten Milliarden und Abermilliarden. Möglicherweise müssen Sie gerade wieder einmal „Einschnitte“ hinnehmen, weil Ihr Unternehmen bestimmte Merkmale anstreben muss, etwa „mindestens 10 % Umsatzrendite“.

Der Fehler liegt dort: Die absolut erfolgreichsten Unternehmen gehen auf Genies zurück, auf ultraerfolgreiche Ideen genau zur rechten Zeit. Etwas flapsig auf den Punkt gebracht: Es war eine glückliche Verkettung mehrerer günstiger Umstände und Zufälle.

Wenn wir nun das ideale Unternehmen untersuchen, das durch ein Genie oder durch Zufall entstand, so nützen uns doch die Merkmale des erfolgreichen Unternehmens nichts, weil wir die Merkmale nicht erreichen können, wenn wir kein Genie oder keinen Zufall haben, oder? Wir mögen dann wissen, wie ein hypererfolgreiches Unternehmen aussieht, aber wir haben damit überhaupt keine Ahnung, wie man dahin kommen kann! Es haben Tausende von Unternehmen in den letzten

Jahren begonnen, etwas Neues anzufangen, was ungefähr so anfing: „Wir machen so etwas wie Amazon oder AOL oder Yahoo, aber mit anderem Zeugs.“ Das war dann zigtausend Mal der Fehler, den ich hier erkläre. Wir alle haben den Flop der so genannten Dotcoms, der Internetfirmen, mit einem Billionenaktienkursverlust und dem Streichen von Hunderttausenden Jobs bezahlt. Wir haben viele Riesenzusammenschlüsse von Riesenfirmen gesehen, weil sich damit angeblich die Weltherrschaft erringen ließe. Hinterher lecken alle ihre Wunden. Und vielleicht schauen auch Sie traurig in Ihr Aktiendepot. Die Kulturen zu verschweißender Unternehmen passten nicht zusammen, die Menschen wollten nicht zusammenarbeiten. Im Grunde war der Fehler: Es wurde lemminghaft nachgeäfft, was einmal glücklich funktionierte. Ganze Beraterkonzerne verkaufen gegen ungeheures Geld „The ten key factors for success“, die Zehn Gebote für den Reichtum, die sie herausgefunden haben, als sie die erfolgreichsten Firmen miteinander verglichen haben (also wieder nur die zehn besten, die im Licht stehen; die Tausende, die im Orkus verschwanden, sieht man nicht).

Genau so etwas könnten wir oder Abraham Maslow mit Menschen statt mit Unternehmen tun: Wir suchen uns die zehn besten Menschen aller Zeiten heraus, studieren sie eingehend und finden heraus, dass es gut wäre, uns fiele eine Relativitätstheorie ein. Dann wären wir wie Albert Einstein. Einstein hatte bekanntlich schlechte Zeugnisse. Ist es dann eine gute Strategie, schlechte Zeugnisse zu bekommen?

Es hilft gar nichts, ideale Menschen an sich zu studieren. Wir müssten wissen, wie wir planmäßig zu einem Ideal gelangen könnten.

Wir brauchen also etwas anderes viel dringender als Merkmalsdefinitionen des Idealen. Wir lechzen nach Konzepten und Rezepten, wie wir in überschaubarem Rahmen bessere Menschen würden, wenn wir uns in annehmbarer Weise anstrengten. Wir müssen mit unserem eigenen kleinen Kapital an Herz und Geist mit geringem Risiko etwas wirklich bauen können, was stehen bleiben kann und uns etwas Glück und Wertschätzung einbringt. Das Aufzählen sogar von 48 hervorragenden Menschen, die zur rechten Zeit mit Glück und Geschick zu Weisen wurden, hilft nicht. Es wäre schön, wenn es eine Definition von „normalem Glück“ gäbe und ein brauchbares Verfahren, es zu erreichen. Es wäre schön, wenn dieses normale Glück so beschaffen wäre, dass wir es alle gleichzeitig erreichen können.

Dieses normal Glückliche oder Sinnhafte ist die Philosophie schuldig geblieben.

1.1.9 Menschenreparaturbetriebe in der 5-vor-12-Gesellschaft

Wir normalen Menschen lassen also die Philosophen und „die da oben“ das Ideale suchen. Wir kümmern uns besser mehr um das Konkrete. (Aber Sie haben es noch im Gedächtnis? Wir zahlen uns arm für die Fehler derer da oben.)

Das konkrete Denken verhindert wenigstens das Schlimmste.

Wenn wir schon nicht alle zu gerechten und ehrlichen Menschen erziehen können, so erlassen wir wenigstens Gesetze gegen das *allzu* Böse. Wir ergänzen also die eventuell fehlschlagende Erziehung durch Polizeiapparate, Staatsorgane,

Verkehrszeichenwälder, apokalyptische Verfahrensordnungen. Dieser Apparat wartet auf ein Verbrechen, eine Übertretung, eine Klage. Dann wird energisch eingeschritten. Wir bauen Staaten zur Erhaltung einer Grundordnung und einer Ordnung. Wir lernen ganz, ganz viele Gesetze auswendig, dabei aber gar nicht so sehr, was es hieße, naiv *vernünftig* zu handeln. Das System verhindert das Ärgste. Es schützt Leib und Eigentum, es schafft eine gewisse Ordnung, die schon ganz ohne Vernunft das Vernünftige erzwingt.

Wenn wir schon nicht alle zu gesund lebenden Menschen erziehen können, so zahlen wir wenigstens 14 % unserer Gelder in Krankenversicherungen ein und kaufen für noch mehr Prozent Kosmetika, Wässerchen und Wundermittel. Wir bauen Krankenhäuser, Kurkliniken, halten Heerscharen von Ärzten, Apothekern und Drogisten. Während der Staatsapparat uns fragen würde: „Welche Klage haben Sie vorzubringen?", begrüßt uns das Krankheitswesen so: „Was fehlt uns denn heute?" Dann erfolgt die Reparatur des Körpers. Zwischendrin fällt ab und zu einmal eine freundliche Bemerkung zum Thema „Vorsorge wär' besser gewesen".

Wenn wir schon nicht alle zu seelisch glücklichen Menschen erziehen können, so schicken wir sie zu Psychologen, in Heime, zu Sozialarbeitern und Beratungsstellen. Dort empfängt man mich persönlich mit den Worten: „Frau Dueck, *warum* bringen Sie Ihren Mann?" Noch billiger ist es, schadhafte Menschen als Depressive, Erfolglose, Faule, Ausgebrannte, Verwöhnte, Blutsauger, Verrückte ab zu tun. Dann müssen wir sie nicht reparieren, nur noch mit Unterstützungszahlungen am Leben erhalten. „Das ist schon viel. Es kostet ein Heidengeld. Könnten die Kirchen nicht etwas mehr tun?" Dieses System repariert Seelen, wenn sich die anderen durch den Schadensfall gestört fühlen.

Wenn wir nicht schon alle Menschen gut ausbilden und zu unermüdlichem Leistungswillen erziehen können, so bestrafen wir sie, wenn sie ihre Arbeit nicht schaffen. Manager kommen hervor, wenn die Zahlen nicht stimmen. Dann ist ein Problem entstanden, dann müssen Aktionen aufgesetzt werden, damit sichtbar wird, dass es einem Ernst wird mit dem Anpacken der Probleme! „Bei schwerer See und widrigen Winden zeigt sich die wahre Führungskraft, die bei schönem Wetter eigentlich nicht gebraucht wird. Da sind ganze Menschen gefragt. Dann zeigt sich, wer Herr aller Lagen ist." (Manager, die also so managen, dass von vorneherein gar kein Problem einträte, wären nach dieser Theorie von vorneherein gar nicht nötig gewesen! Matte Schönwettermanager! Sie sind wie „Vorsorge" im Verhältnis zu „Not-Operation".)

Wenn wir nicht schon alle Menschen zum Maßhalten anhalten können, so stoppen wir doch das Rüsten kurz vor dem allgemeinen Tod. Wir stoppen die Ausgaben vor der Pleite. Wir retten noch die Hälfte der Wälder und Länder vor der Klimakatastrophe. Wir beenden den Streit vor dem unrettbaren Entgleisen der Gesichtszüge. Wir gehen generell zu weit und riskieren Entziehungskuren, Umweltrestauration, jahrzehntelange Schuldenfron. Immer wieder Wiederaufbau, weil etwas wieder zu spät war. Die, die ihn schaffen, sind die Helden.

Wenn wir nicht schon das Gute schaffen, so reparieren wir alles, wenn etwas ins allzu Arge gerät. Wir bekämpfen das Böse, die Ungerechtigkeit, das Kranke, das Verluste machen, das Unglückliche, das Hässliche, das Dumme.

Es sind immer wieder Weise, die uns zurufen: „Beendet das Kämpfen *dagegen*! Kämpft *für* das Gute, das Wahre, das Schöne, den Gewinn, die Gerechtigkeit, die Gesundheit! Dann brauchen wir keine Schlechtwetterprotze!"

Dazu ist meist keine Zeit, da wir gerade ein Problem haben. Ein echtes Problem ist für uns immer konkret, eine zukünftige Gefahr eher abstrakt.

Wer über den Sinn des Lebens nachdenkt, muss über das konkrete Problembewusstsein weinen. Die normalen Menschen reagieren leider eben so: „Kommen Sie mir bitte nicht mit potentiellen Schwierigkeiten in irgendeiner Zukunft. Ich habe genug Probleme, in denen ich festsitze. Ich kann mich nicht um alles kümmern. Bevor ich sterbe, muss ich noch so vieles erledigen. Ich weiß gar nicht, wann ich das alles schaffen soll. Wenn ich dereinst tot bin, habe ich hoffentlich endlich einmal Ruhe, Zeit und Muße, das Wahre anzugehen."

Menschen leben nicht, sie bereiten sich vor, leben zu können, wenn erst die Probleme beseitigt sind. „Wenn die Kinder groß sind." – „Wenn ich befördert worden bin." – „Wenn ich wieder gesund bin." – „Wenn ich meine Trennung überwunden habe." – „Wenn ich wieder Arbeit habe." – „Wenn ich das Haus abbezahlt habe." – „Wenn."

„Wenn ich einmal rundum heil sein sollte!"

„Ach, was könnte ich da alles tun!"

„Ja, was täte ich da eigentlich?"

Wir predigen Persönlichkeitswachstum, lebenslanges Lernen, aktives Altern, Vorbeugungsgesundheit, Ethik, die keine Gesetze braucht, verdiente und gegönnte Freude. Aber wir reparieren bloß.

1.1.10 Anreizsysteme oder das Wiederanschalten des Tieres

Man sagt, es begänne die Zeit des Turbo-Gewinnstrebens. Die menschliche Arbeitskraft ist teuer geworden. Viele benötigte berufliche Kenntnisse sind zu selten vorhanden. In der Wissensgesellschaft sind die wahren Experten um ein Vielfaches produktiver als die normalen Mitarbeiter.

Deshalb leben wir am Arbeitsplatz zunehmend wie in Notzeiten, und zwar auf Dauer und ganz unabhängig davon, ob Not ist oder nicht. Es ist immer Not.

Die Managementsysteme, die in diesem Jahrhundert neu entstanden, ermöglichen es, die Arbeitswelt total zu optimieren. Die Computerunterstützung wirkt dabei wie der viel beschworene Turbo der Entwicklung.

Die Prinzipien liegen auf der Hand: Wir können länger arbeiten, intensiver oder dichter arbeiten (uns also mehr hineinhängen oder stärker anstrengen oder dauerhaft hoch konzentrieren) und wir können an den Ressourcen sparen. Die Arbeitszeiten werden am besten verlängert, indem man die Stechuhren abschafft und von den Menschen erwartet, dass sie ihr zu hohes Arbeitspensum dennoch schaffen. Die Ressourcen werden gespart, indem die Menschen gezwungen werden, „in bitterer Ressourcenarmut" zu arbeiten. „Lassen Sie sich etwas einfallen. Geld gibt es nicht."

Die wahre Ressource aber liegt im Innern des Menschen!

Besonders in den Expertenberufen der Wissensgesellschaft kommt es auf die innere Bereitschaft zur Arbeit an. Forscher, Entwickler, Ingenieure, Programmierer, Designer arbeiten um Größenordnungen besser, wenn sie für ihren Beruf schwärmen, begeistert sind, wenn sie die Arbeit wie einen Rausch, eine Berufung oder eine Erfüllung erleben. Sie müssen seelisch in den Lüften schwingen. Es kommt nicht auf die Anzahl der Ideen pro Stunde an, sondern auf die Größe der Ideen.

Die individuellen Unterschiede zwischen den Experten sind extrem groß, wie zwischen einem Starprofessor und einem Lehrbeauftragten, der kaum publiziert. Der Unterschied ist so groß wie zwischen dem besten Autorennfahrer und dem letzten im Rennen, wie zwischen dem besten Tennisspieler und dem, der „nur" der Hundertste in der Weltrangliste ist. Dazwischen liegen Welten.

Die Managementsysteme haben diese Unterschiede langsam auch quantitativ begriffen.

- Die Arbeitsintensität wird durch maßgeschneiderte Anreizsysteme hochgepeitscht.
- Ein Krieg beginnt: Der Kampf um die besten Köpfe („War of Talents").

Diejenigen Managementtheoretiker, die Menschen grundsätzlich für gut halten, wollen sich Mühe geben, die Menschen intrinsisch zu begeistern. Sie möchten die Menschen für ihre Arbeit primär motivieren und an ihr wachsen lassen. Derjenige Manager, der die Mitarbeiter liebevoll beim Wachsen unterstützt und ihnen dazu noch die sie erfüllende Arbeit gibt, hat den Zulauf der Besten!

Die anderen Managementgurus aber, die die Menschen mehr wie mühevoll erzogene Tiere sehen, nehmen kaum an, dass ein Mensch ohne materielle Anreize bereit wäre, sich während der Arbeitszeit zu zerreißen. Sie beginnen daher, die Leistungen aller Menschen zu messen und nach den Ergebnissen Ranglisten aufzustellen. Nach diesen Ranglisten erfolgen die Geldzahlungen.

Die Menschen werden also nicht einfach zur Arbeit eingeteilt. Sie werden künstlich in dauerhafter Wettkampfsituation gehalten. Wie Kampfhunde oder Rennpferde strengen sie sich ununterbrochen an, der beste Mensch zu sein. The winner takes it all. Nummer eins sein wird alles. Man sagt scheinheilig und leider aus Angst unwidersprochen: „Unter positivem Stress arbeitet der Mensch am besten." In den Systemen, die Menschen unter Dauerhochdruck setzen, lebt der Mitarbeiter wie in dauerhafter künstlicher Not und kämpft um das Überleben der Firma, des Staates, der Forschungsgruppe. Die künstliche Not wird durch den Wettbewerb untereinander, durch ständige Vergleiche und Evaluationen erzeugt. Es wird suggeriert, dass das Gewinnen zählt, dass nur die Nummer eins ihre wahre menschliche Bestimmung erreicht.

Im Grunde wäre es schön, wenn wir geldgierig wären, kampfbereit und leistungssüchtig. Wir sollen den Trieb, den Antrieb, den Willen, die Gier, das Es in uns in die *eine* Richtung lenken: Hin zur Leistung, zum Geld, zum Anreiz im System. Das System bekämpft im Turbomodus nicht mehr die so genannte gefürchtete Tiernatur des Menschen. Im Turbomodus wird eine „tierische Energie" im Menschen freigesetzt. Der Mensch wird durch externe extreme Anreize zur Turboleistung angetrieben. Wir wissen ja, dass der Mensch, insbesondere der Mann, nur das *Eine* will, aber dieses Eine soll jetzt Arbeitsleistung werden. Die Arbeitswelt ergänzt das ES des Menschen.

Nach der allgemeinen Auffassung der Philosophen soll der Mensch alle Regeln und Gesetze beachten und sich ethisch anständig benehmen. Wenn er also diese seine Pflicht tut, so bleibt ihm noch ein kleiner Bereich übrig, in dem er nach Geschmack und Gusto entscheiden mag, wie er sein Leben konkret führen will. Er kann aus seiner Lebenssituation das Beste machen. Das ist seine Freiheit, auch noch innerhalb des durch die Pflichten eingegrenzten Raumes.

Die heutigen Turbosysteme fordern den Menschen auf, alles zu geben. Sie versprechen reichen Lohn. Viele Berater der Computerbranche sagen, ganz erfüllt von dem Segen, der sie einst erwarten mag: „Ich gebe voll Power, bis ich 40 oder 45 Jahre alt bin. Dann habe ich so viel Cash, dass ich praktisch aufhören kann. Bis dahin streiche ich eben mein Privatleben. Es ist sowieso nicht mehr viel zu streichen. Niemand kann mir dann mehr nachsagen, ich gäbe nicht alles. Wir machen es alle so. Das ist unsere Kultur."

Ein paar von ihnen werden exemplarisch mit einem Millionenkonto aufhören können, so wie es immer ein paar Lotteriegewinner gibt. De facto wird uns wieder ein großes Stück der Freiheit genommen.

Wer alles geben will, muss an die Grenze gehen.

Wer sich für die Arbeit zerreißt, wird an die Grenze der Belastbarkeit gehen, an die Grenze der Gesundheit und an die Grenze der Familie. Er gibt die innere Ruhe auf. Er *verbraucht* Liebe nur noch, um die Wunden nicht zu groß werden zu lassen. Er *gibt* keine Liebe. Er verdient hoffentlich viel Geld, mit dem sich hoffentlich später alles Aufgewendete wieder zurückkaufen lässt.

Warum betreiben wir die Wiedererweckung des Tieres im Menschen? Es ist das System-Es der Gesellschaft, das da tätig wird. Es reoptimiert uns als Arbeitstier durch Einpflanzen eines ES.

Wir könnten auch die wahre Begeisterung und Liebe im Menschen wecken, aber die meisten glauben an das Es im Menschen, an den Trieb, der nun nicht mehr gebändigt, sondern umgelenkt werden muss. Bis über alle Grenzen. Das Umlenken des Es zum ES bindet uns an das System und liefert uns der künstlichen Not aus. Deshalb steigen die Fälle von Burn-out, Stressalarm, Allergie, Sucht und Depression.

1.1.11 Fit for Fun & Kick, New & Chic, Technology

Wenn doch einmal Feierabend ist, wird uns rauschhafte Erholung angeboten. „All inclusive". Wir besuchen Musicals, Weltausstellungen, Olympische Spiele, Rennen, wohnen auf den Malediven oder in der Dominikanischen Republik.

Wissen Sie, was ich am besten (er)fände?

Wie wäre es, wenn wir Vergnügungen ersännen, die noch rauschhafter wären als Sex, dafür aber *sehr* teuer? Dann müssten wir geradezu ein ganzes Jahr hart arbeiten, um diese Ultravergnügung zu genießen. Wir müssten dafür an alle Grenzen gehen! Selbst diejenigen, die ihr Es zu stark in sich spüren, die eventuell faul wären und nur hinter dem *Einen* her, selbst die würden ihren ganzen Antrieb in das Verdienen der Ultravergnügung stecken.

51 Wochen härteste Arbeit, um die Nummer eins zu sein, 1 Woche Ultra sein.

Die Heroinsüchtigen haben eine solche starke Vergnügung gefunden, aber sie geben dafür nicht 51 Wochen Hochleistung im Jahr ab. Das meine ich also nicht.

So weit sind wir noch nicht, aber den Weg sehen wir schon? Wir arbeiten, um die Besten zu sein, und wir wollen dafür die Besten überall sein. Wir bilden unseren Body aus (wir haben Höchstkonjunktur für Dopingmittel zum Privatverbrauch), wir ziehen nur Cerruti & Co. über unseren Körper. Im Beruf wie als Verbraucher himmeln wir die neuen Technologien an.

Die neuen Technologien helfen im Daseinskampf gegen technologisch Schwächere. Sie helfen, den Wettbewerb zu verschärfen. Wir genießen sie im Privaten.

Die hohen Werte wie Gerechtigkeit oder Liebe geraten in die zweite Reihe. Die gängigen Philosophien danken ab. Unser Körper ersteht auf, wir brauchen seinen Lustwillen als Arbeitsantrieb. Die Technologie verselbstständigt sich als Bereich ernsthafter Werte. „Neu" ist so gut wie „gerecht" oder „sozial". Im neuen visuellen Zeitalter des Fernsehens und des Internets dominiert das gute Aussehen über den Gehalt. Die Form triumphiert über den Inhalt.

Ich will nicht jammern in diesem Abschnitt.

Es soll nur deutlich werden, dass sich die Werte verändern. Werte, für die oft noch keine Philosophie existiert. Wir hängen noch an Aristoteles und an Christus und haben noch keine Antworten auf die grenzenlose Arbeit, auf Fun und Chic und New.

1.1.12 Zu viele Ungereimtheiten

So. Das waren einige meiner Grundseufzer über das Leben. Jedenfalls die Stellen, an denen ich Nachdenkenswertes fand. Ungereimtes. Schreckliches. Unsinniges. Betrübliches, insbesondere diese Tierauffassung des lieben, kreativen Grundmenschen, den die Systeme nur antreiben, aber im Grunde unter Hochdruck allein lassen. Ich habe gegrübelt, warum es so viele Auffassungen über dieselbe Sache gibt. Warum ich selbst so fest glaube, dass ich Recht habe, so fest, wie meine Gegenpoldenker auch. Mir ist eine Menge dazu eingefallen.

1.2 Wegweiser: Einige Grundprinzipien des Menschen

Hier werden die Grundargumente des ganzen Buches vorgestellt, in einer einfachen Version, damit Sie auf relativ kurzem Raum schon einmal das Ganze sehen können. Dieses Kapitel beweist oder begründet noch nichts, es ist zunächst nur zum Anschauen geschrieben.

1.2.1 Hic Rhodos, hic salta: Sinn jetzt!

> „Leider kennen wir keinen tugendhaften Menschen." – „Leider gibt es nur wenige, die das von uns vorgeschlagene Konzept eines überaus sinnvollen Lebens konsequent umsetzten. Wir selbst mussten immerfort Theorien ausbrüten, um den Menschen zu helfen, wir hatten also keine Zeit zur Erfahrung mit unserem eigenen Konzept. Es gibt dagegen noch überhaupt keine negativen Erfahrungen mit unserem Vorschlag, ein überaus sinnvolles Leben zu führen. Das lässt aufhorchen. Es ist ein allererstes ermutigendes Anzeichen dafür, dass unser Konzept absolut richtig liegt."

So oder ähnlich schreiben manche furchtbar reinen Philosophen und Weltverbesserer. Sie leben mit Idealen und hohem Ethos, verstehen aber kaum, wie lang und schwer der Weg für andere wäre, ihnen zu folgen. Sie selbst haben ihren eigenen Weg oft erst nach Jahrzehnten Mühe gefunden, unter glücklichen Umständen oder nach dramatischen, Augen öffnenden Erfahrungen. Der „normale" Mensch kann nun nicht einfach auf die Verkündigung des kurzen Endergebnisses hin („Lass los!" – „Lebe ganz in der Pflicht!" – „Verzichte!" – „Sorge dich nicht, frohlocke!") sein Leben total neu ausrichten. „Verzichte!" Das klingt sehr einfach, und das meiste davon könnte ich schon heute erledigen. Eine schöne antiallergische Gebrauchttonne kaufen und fortbleiben. Solche Radikalphilosophie übersieht aber das ganze unsichtbare Netz, mit dem ich mich ans Leben gekettet habe. „Zerreiß es!", sagen jene. Aber ich „kann" nicht, weil ich eigentlich nicht will.

Die andere Lebensphilosophie-Mode ähnelt den Anpreisungen neuer Diätrezepte oder den Werbeslogans vieler großer Softwarehersteller. Die Stichworte lauten so: „Quick Fix", „Quick Win", „Fast Start", „90 Tage Apfelsaftjogging macht Sie platt!", „So entschlacken Sie Ihr Unternehmen!", „Verschlanken Sie Ihre Prozesse, Ihr Unternehmen hat viel Fett angesetzt, das Sie besser auf Ihr Privatkonto schaffen sollten.", „Ein neues Unternehmen in zwei Wochen durch die neue Leadersoftware", „Sofortiger Erfolg durch häufiges Neinsagen", „So wird aus Ihrer Datenbank ohne Arbeit ein Orakel", „Schnelles Wachsen durch Persönlichkeit – wie Sie Ihre Seele noch teurer verkaufen", „Massenweise Wählerstimmen nach nur zwei bis drei Versprechungen", „Neu ist wie besser, geht aber leichter!".

Diese Ratschläge werden auf der Stelle befolgt. Es kostet nicht viel, wenn man den Schaden nicht einrechnet. Meistens stellt sich nach 90 Tagen ohne großen Aufwand ein Fehlschlag heraus, so dass die Menschen um der inneren Glaubwürdigkeit und der äußeren Gesichtswahrung willen sofort die nächste 90-Tage-Kur angehen, ebenfalls ohne großen Aufwand. Langsam muss etwas geschehen! Die nächste Diät muss her, weil die Mitmenschen über Körperfülle zu lachen beginnen. Der nächste Managementberater muss einen neuen 90-Tage-Plan machen. Er ist sehr, sehr, sehr teuer, aber nur für 90 Tage da. Dann kommt ja ein anderer. („Es rächt sich jetzt, dass wir nicht den allerteuersten genommen haben; das trauen wir uns auch jetzt noch nicht.") Guter Rat kommt teuer zu stehen.

Ich lebe bei der IBM zwischen himmelsstürmenden Ideen und 90-Tage-Fixes. Da ich mehr Technologe als Manager bin, habe ich einen klaren Standpunkt. Ich bin fast „immer" für die radikale Idee und fast genauso „immer" gegen das kurzfristige, für mich: kurzsichtige Denken. Früher war ich mehr aus reiner Leidenschaft

Radikalerneuerer, heute bin ich ja älter geworden und kann trotz aller noch immer lodernder Passion langsam schon verstehen, dass ich nicht wirklich stets Recht habe. Ich habe aber eine Rolle in dem ganzen Unternehmenskreis, nämlich die, das mehr Radikale zu vertreten. Ich produziere Konzepte, Ideen, schlage neue Geschäftsfelder vor. Das meiste wird abgelehnt. Aber: Ich bekomme immer noch mein volles Gehalt! Ich bekomme es dafür, neue Ideen zu „generieren", von denen dann manche wirklich umgesetzt werden. Ich finde meine Babys immer wunderschön, die ich im Kopfe geboren habe. Ich kann sie mir nämlich schon vorstellen, wie sie mit süßen 17 Jahren aussehen werden! Der reine Wahnsinn! Meine Idee, mein Baby. Die im Vergleich zu mir mehr „richtigen" Menschen scheinen nicht so viel Fantasie zu haben. Sie sehen das kleine hutzlige Wesen, faltig-gelbrot, noch ohne Blick. Die Menschen messen mein Baby, sie wiegen es, merken sich die Blutwerte, die Leberleistung, die getrunkene Nahrungsmenge. Sie glauben, sie müssten eben dies mit meinem Baby tun. Aber ich! Ich will ihnen doch sagen, was für ein großartiger Mensch das sein wird, mit 17! Ich weiß es schon, kann es fühlen, riechen – mit meinem Baby ist ein großer Wurf gelungen! Die Menschen sagen nüchtern zu mir: „In 17 Jahren kann viel geschehen. Wir geben erst einmal Milchpulver, danach sehen wir weiter, wie es wird. Das Baby ist leider noch sehr, sehr schwach." Und sie schauen vorwurfsvoll.

Die anderen haben eine andere Rolle. Sie ziehen auf. Wieder andere lieben, pflegen und bilden aus. Wieder andere lenken durch Gefahren. Alle sagen, alle die anderen und ich, sie hätten die *wichtigste* Rolle in diesem Werden des Ganzen. Ich sage: „Ihr vermasselt alle meine Ideen bis auf den Schrotthaufen!" Sie sagen: „Wir können alles aufziehen, was am Anfang stark genug ist. Bringen Sie einfach tragfähige Ideen, keine Hirngespinste!"

So sehe ich, wie die Menschen alle etwas sehr Wichtiges tun. Sie leiden alle darunter, dass die jeweils anderen Menschen das jeweils Ihrige für das Wichtigste an sich halten. Sie überbewerten tendenziell ihre eigene Rolle, was sie glücklich macht, aber sie leiden darunter, dass die anderen sie logischerweise im Gegenzug unterbewerten. Die Menschen leiden unter ihrer eigenen Annahme, es gebe etwas Sinnvollstes, etwas Wichtigstes, etwas Höchstes, es gebe den *einen* Lebenssinn, meist nämlich den jeweils ihren.

Suchen Sie noch den Sinn? Er ist überall da. Der überwiegende Teil ist allerdings in den anderen Menschen. Er ist leicht zu finden, wir brauchen dazu nicht einmal 90 Tage. Es dauert aber unter Umständen Jahrzehnte, bis wir ihn zu würdigen verstehen.

1.2.2 Das „höchste Gut" und der „einzige allgemeine Wertmesser"

Die Philosophen neigen einer ganz allgemeinen *einzigen* Richtung oder einem *einzigen* Wertmesser zu. Sie fragen: Was ist in dieser Welt das „höchste Gut"? Diese Frage beantworten sie verschieden und streiten sich, wer Recht hat.

Dieses Buch will Ihnen nahe bringen, dass alle Philosophen, die das höchste Gut definieren wollen, *nicht* Recht haben. Es gibt nämlich kein höchstes Gut. Das sieht man eigentlich schon nach ein paar Überlegungen ein: Die Philosophen hätten sich ja wohl sonst schon einigen können. Wie kann es etwas Allerhöchstes geben, das alles umfasst – das aber von einem großen Teil der Menschen nicht als solches erkannt werden kann? Ich möchte Ihnen hier begründen, dass es einige wenige, aber mehrere Richtungen gibt, in denen es jeweils ein höchstes Gut gibt. Also gibt es mehrere höchste Güter, in jeder Richtung eines, aber keines, das alle überragen würde. Es mag wohl eine beste Bank geben oder eine beste Maschinenfabrik, aber nicht so etwas wie ein bestes Unternehmen, weil die Unternehmen nicht alle vergleichbar sind. Ich behaupte genauso:

Die Menschen sind nicht alle vergleichbar. Praktisch nicht und auch nicht philosophisch.

Es gibt verschiedene Arten in verschiedenen Richtungen! Wir müssen darüber hinaus verstehen, warum die Menschen nicht vergleichbar sein *wollen* (nämlich weil es dann mehr Möglichkeiten gibt, der Beste zu sein!). In diesem Abschnitt konfrontiere ich Sie mit einigen klassischen Antworten, was denn das Höchste wäre. Ich komme in den Folgeseiten dann darauf, dass das alles falsch ist. Ich bitte schon jetzt für wahrscheinlich zu viele Zitate um Verzeihung. Sie dienen der Farbigkeit des Späteren. Sie können sie auch überfliegen und später genießen, wie Sie wollen.

Was also ist das höchste Gut? (Angenommen einmal, es gäbe eines. Was ich ja abstreiten will.)

Epikur sagte: Lust. Er lebte unverheiratet mit einer Dame zusammen, wurde verehrt (nicht deswegen!) und war der Überlieferung zufolge wahrhaft glücklich. Man könnte fast glauben, seine Lehre würde dadurch richtiger. In der Erziehung ist solch eine Vorbildwirkung ein echtes, überzeugendes Argument. In der Philosophie zählt das nicht. Epikur meinte mit Lust eher einen inneren Frieden, aber er wurde zum Feind der Tugendwächter überhaupt stilisiert. Was wir fast alle *wirklich* angreifen wollen, ist die Lebensidee des Jägers (des Spekulanten, Abenteurers, Frauenhelden, Genussmenschen), die eher vom Philosophen Aristippos von Kyrene in Libyen personifiziert wurde. Er bekannte sich offen zum Hedonismus, zur Lust. Er lebte ca. 435 bis 355 v. Chr. Seine Anhänger hießen Kyrenaiker. Diogenes Laertius schreibt später über sie: „Sie lehren auch, dass das höchste Gut vom Glück verschieden sei. Denn das höchste Gut sei die einzelne Lust, das Glück dagegen die Zusammenstellung aus den einzelnen Lüsten, denen sowohl die vergangenen als auch die zukünftigen zugezählt würden. Und die einzelne Lust sei um ihrer selbst willen wählenswert, das Glück nicht um seiner selbst willen, sondern um der einzelnen Lüste willen." Und Athenaeus berichtet: „Ganze Philosophenschulen wetteiferten um die Lehre der Schwelgerei, besonders die so genannte kyrenaische Schule, die ihren Ausgang vom Sokratiker Aristipp nahm, der das Lustempfinden guthieß und lehrte, dass es das höchste Gut sei und die Glückseligkeit in ihm liege und dass es einzeitig sei; denn ähnlich wie die Prasser glaubte er nicht, dass die Erinnerung der vergangenen Genüsse oder die Erwartung der künftigen ihn etwas angehe, sondern sprach das Gut allein dem einzigen gegenwärtigen Augenblick zu; das Genossenhaben aber und das Genießenwerden, meinte er, gehe ihn nichts an, weil es noch nicht und verborgen sei, wie es auch den Schwelgern geht, die fordern, dass man der Gegenwart lebe."

Leider ist nicht mehr so viel von Aristipp erhalten. Diogenes Laertius berichtet einige Anekdoten von ihm. Er nahm ungeniert viel Geld von seinen Schülern und lebte genauso wie er meinte, dass es richtig wäre. In Lust. Er wurde überall eingeladen, kannte viele Frauen, wurde als geistreich geschätzt.

Was denken Sie darüber? Ich war begeistert, als ich dies zum ersten Male las. Das ist nämlich ganz genau die Lebensphilosophie des „Jägers", des Ölbohrers, des Casanova. Sie ist uns stocknormalen Menschen (*Bauern*, würde ich im Buch *E-Man* sagen), so sehr fremd, dass wir sie nicht als Philosophie ernst nehmen wollen. Sie tut für uns nichts zur Sache. Geistreiche Sophisterei eines Lebenskünstlers. In seinem Buch *Antike Glückslehren* äußert sich Malte Hossenfelder zu Aristipp so: „Was hat Aristipp zu seiner ungewöhnlichen Auffassung gebracht? Warum beschreitet er nicht den an sich naheliegenden Weg Epikurs, der Glück und Lust identifiziert und damit den Eudämonismus aufrechterhält?" (*Eudämonismus*: Sittlich gut ist, was die Glückseligkeit fördert.) Und weiter: „Zwar beruht die Eudämonie letztlich auf den subjektiven Lustempfindungen, aber eben nicht auf den unmittelbar empfundenen, die nur dem Subjekt selbst direkt zugänglich sind, sondern sie übergreift den gegenwärtigen Empfindungszustand. Um sie jemandem zusprechen zu können, muß man – eine Forderung, die etwa auch Aristoteles hervorhebt – auf das gesamte Leben blicken und die einzelnen Empfindungszustände des ganzen Lebens addieren, um dann zu beurteilen, ob sich im Ganzen mehr Lust oder Unlust ergibt. Das aber ist eine schlichte Rechenaufgabe, die jedermann nachvollziehbar und objektivierbar ist …"

Über diesen Kommentar habe ich mich noch mehr gefreut! So schreibt jemand, der die einzelne Lust nicht versteht oder mag! So schreiben eben Philosophen, wenn sie nicht gerade Aristipp heißen. Es geht nicht um Plus oder Minus, nicht um das saldierte Überwiegen des Guten. Es geht um die *eine* eroberte schöne Frau, um die eine gesprengte Bank im Kasino, um das Finden des Öls, um den großen Fisch, den Hemingway auf dem Foto zeigt! Es geht um die *einzelnen* Augenblicke, die trunken machen! Es ist nicht die Frage, wie viele es sind, und wie viele Tränen dafür vergossen wurden. Plus, Minus! Pfui, ihr vorstellungsblassen Philosophen! Das ist die Sprache der Rechner, der Bauernartigen, die die Scheunen langsam anfüllen mit Pflicht. Es ist die Sprache der Braven. Nur Brave sagen: Was hätte Aristipp doch aus seinen Gedanken für eine ordentliche, schöne Philosophie machen können, die brav klingt! Bauern rechnen am Lebensabend nach, ob genug in der Scheune ist. Dann wissen sie, ob ihr Leben glücklich war, wenn nämlich die Lust den Schmerz überwogen hat. Arme Bauern, kluge Bauern. Und dann die Bemerkung: Aristoteles sagt es auch! Ich habe mich so gefreut. Aristoteles ist auch brav.

Ich hebe das alles so überschwänglich hervor. Es muss sein. Es sind die einzigen wertvollen philosophischen Äußerungen der „Jägerartigen", die ich kenne. Diese „Denker" werden sonst in allen Büchern niedergemacht. Und Aristipp, der selbst nur schwelgte und liebte, den verstehen „sie alle" nicht. (Ich auch nicht wirklich. Das sei gesagt. Ich fülle privat auch Scheunen. Aber ich habe versucht, zu fühlen, was die Aristipps im Körper spüren mögen (oder denken mögen, wenn wir das so sagen wollen), die einfach losleben und prassen, wenn es etwas auszugeben gibt.) Aristipp ist eine Art Mensch, die wir als solche nicht wollen. Sie kommt oft vor, aber wir wollen das nicht. Es gilt nicht. Es ist eine Art „Unternehmung verwöhntes Luxuskind", der Schrecken der Erzieher, der Manager, der Politik. Wir schließen die Augen davor, wenn wir diese Menschen nicht völlig eisern nieder zu zwingen vermögen. Was haben wir gegen Alkohol, knapp Bekleidetes, gegen Übergewicht, Rauchen, Autorasen, Drogen, Schminke, Dröhnmusik/Tanz schon alles versucht! „Maßhalten, Aristipp!", rufen wir immer wieder. Aber er sagt: „Ich besitze, werde aber nicht besessen. Denn die Lüste beherrschen und ihnen nicht erliegen ist das Beste, nicht enthaltsam sein." (nach Diogenes Laertius).

Hören wir andere große Denker zum höchsten Gut:

Cicero schreibt in *Fünf Bücher über das höchste Gut und Übel* Folgendes: „Wir suchen also das höchste und äusserste Gut, was nach aller Philosophen Ansicht so beschaffen sein muss, dass alles Andere auf es zu beziehen ist, während es selbst durch nichts bedingt ist. Epikur setzt dasselbe in die Lust; er erklärt sie für das höchste Gut und den Schmerz für das höchste Uebel." Und dann argumentiert er Epikur nieder und votiert für Tugend.

Seneca beschreibt den Weg der Tugend in *Vom glückseligen Leben*. Einige Sätze hieraus:

> Das höchste Gut ist eine das Zufällige geringschätzende, ihrer Tugend frohe Seele, oder: eine unüberwindliche Kraft der Seele, voll Erfahrung, ruhig im Handeln, reich an Menschenliebe und Sorge für die, mit denen man lebt." – „Denn Verdrossenheit und Unschlüssigkeit verräth einen Kampf und Uneinigkeit mit sich selbst. Daher kann man dreist behaupten, das höchste Gut sei Eintracht des Gemüths mit sich selbst." – „Das höchste Gut liegt in dem Bewußtsein und dem Wesen einer völlig edeln Seele, und wenn diese ihre Aufgabe erfüllt und sich in ihre Grenzen eingeschlossen hat, so ist das höchste Gut vollständig errungen und sie verlangt Nichts weiter. Denn über das Ganze hinaus gibt es Nichts, so wenig als über das Ende hinaus." – „Du fragst, welchen Gewinn ich aus der Tugend ziehen will? Sie selbst; denn sie hat nichts Besseres, sie ist sich selbst ihr Preis. Ist das etwa nicht großartig genug? Wenn ich dir sage: das höchste Gut ist eine unbeugsame Beharrlichkeit, Vorsicht, Schärfe, Gesundheit, Freiheit, Harmonie und Schönheit der Seele, verlangst du dann noch etwas Größeres, worauf jenes alles abzielen müsse? Was erwähnst du mir das sinnliche Vergnügen? Des Menschen Glück suche ich, nicht des Bauches, der beim Vieh und bei Bestien geräumiger ist.

Kann man Epikurs Lehre und die Tugend zusammenbringen? Seneca:

> Was jedoch hindert, sagt man, Tugend und Vergnügen zu verschmelzen und so das höchste Gut zu schaffen, daß Eins und Dasselbe zugleich sittlich gut und angenehm sei?" – Weil ein Theil der sittlichen Vollkommenheit selbst nicht anders, als sittlich gut sein kann, und das höchste Gut die ihm eigenthümliche Reinheit nicht besitzen wird, wenn es Etwas an sich bemerkt, was dem Edleren unähnlich ist.

Tugend und „Vergnügen" sind schlicht andere Richtungen. Aristippos und Seneca gehören eben zu zwei ganz verschiedenen Menschenarten. Unvereinbar, unvergleichbar.

Mit dem aufkommenden Christentum sah man zunehmend das höchste Gut in der Nähe von und zu Gott:

Boethius in *Tröstungen der Philosophie*: „Wenn die wahre Glückseligkeit das höchste Gut der vernunftbegabten Wesen ist, wenn ferner das höchste Gut, da das sicher Besessene immer von größerem Wert ist, nicht etwas Verlierbares sein kann, so ist es klar, daß diese wahre Glückseligkeit nie auf dem unsteten irdischen Glücke beruht." Oder Anselm von Canterbury in *Warum Mensch Gott geworden*: „So ist denn die vernunftbegabte Natur gerecht erschaffen worden, um im Genusse des höchsten Gutes, d. h. Gottes – selig zu sein; und ist der Mensch als ein vernunftbegabtes Naturwesen zu dem Ende gerecht erschaffen worden, damit er im Genusse Gottes selig sei." Oder Meister Eckhart in *Predigten, Traktate, Sprüche*: „So ist auch unsere Seligkeit daran gelegen, dass man das höchste Gut, das Gott selbst ist, erkennt und weiss." Und schließlich Spinoza in *Theologisch-politische Abhandlung*: „Wenn sonach die Liebe zu Gott das höchste Glück und die Seligkeit des Menschen bildet und das letzte Ziel und der Zweck aller menschlichen Handlungen ist, so erhellt, dass nur Derjenige das göttliche Gesetz befolgt, welcher sorgt, dass er Gott liebe; nicht aus Furcht vor Strafen, nicht aus Liebe zu andern Dingen, wie Lust, Ruhm u.s.w., sondern nur, weil er Gott kennt, oder weil er weiss, dass die Erkenntniss Gottes und die Liebe zu ihm das höchste Gut ist."

In *Grundsätze der Philosophie der Zukunft* sagt Feuerbach: „Und wo der Mensch kein Wesen außer sich mehr hat, da setzt er sich in Gedanken ein Wesen, welches als ein Gedankenwesen doch zugleich die Eigenschaften eines wirklichen Wesens hat, als unsinnliches zugleich ein sinnliches Wesen, als ein theoretisches Objekt zugleich ein praktisches ist. Dieses Wesen ist Gott – das höchste Gut der Neuplatoniker."

Gott aber ist mindestens so weit weg von uns wie die Tugend.

In *Grundzüge der Philosophie* meint Hobbes: „Das höchste Gut ist für jeden die Selbsterhaltung. Denn die Natur hat es so eingerichtet, daß alle ihr eigenes Bestes wünschen." Und dann: „Das höchste Gut oder, wie man es nennt: Glückseligkeit oder ein letztes Ziel kann man in diesem Leben nicht finden. Denn gesetzt, das letzte Ziel ist erreicht, so wird nichts mehr ersehnt, nichts erstrebt. Daraus folgt, daß es von diesem Zeitpunkte an für den Menschen kein Gut mehr gibt, ja daß der Mensch überhaupt nicht mehr empfindet. Denn jede Empfindung ist mit einem Begehren oder Widerstreben verbunden, und nicht empfinden heißt: nicht leben."

Langweile ich Sie schon mit zu vielen höchsten Gütern? Lassen Sie mich noch Kant anführen.

> Das endliche Resultat aus allem Gesagten ist folgendes: Die vollkommene Uebereinstimmung des Menschen mit sich selbst, und – damit er mit sich selbst übereinstimmen könne – die Uebereinstimmung aller Dinge ausser ihm mit seinen nothwendigen praktischen Begriffen von ihnen, – den Begriffen, welche bestimmen, wie sie seyn sollen, – ist das letzte höchste Ziel des Menschen. Diese Uebereinstimmung überhaupt ist, dass ich in die Terminologie der kritischen Philosophie eingreife, dasjenige, was Kant das höchste Gut nennt: welches höchste Gut an sich, wie aus dem obigen hervorgeht, gar nicht zwei Theile hat, sondern völlig einfach ist: es ist – die vollkommene Uebereinstimmung eines vernünftigen Wesens mit sich selbst." (Fichte in *Einige Vorlesungen über die Bestimmung des Gelehrten*). Oder Kant im Original, wenn Sie das besser verstehen: „Glückseligkeit also, in dem genauen Ebenmaße mit der Sittlichkeit der vernünftigen Wesen, dadurch sie derselben würdig sein, macht allein das höchste Gut einer Welt aus, darin wir uns nach den Vorschriften der reinen aber praktischen Vernunft durchaus versetzen müssen, und welche

> freilich nur eine intelligibele Welt ist, da die Sinnenwelt uns von der Natur der Dinge dergleichen systematische Einheit der Zwecke nicht verheißt, deren Realität auch auf nichts andres gegründet werden kann, als auf die Voraussetzung eines höchsten ursprünglichen Guts, da selbständige Vernunft, mit aller Zulänglichkeit einer obersten Ursache ausgerüstet, nach der vollkommensten Zweckmäßigkeit die allgemeine, obgleich in der Sinnenwelt uns sehr verborgene Ordnung der Dinge gründet, erhält und vollführet. (aus *Kritik der reinen Vernunft*)

Das höchste Gut ist also – je nach Philosoph – Tugend, Selbsterhaltung, punktuelle Lust, innerer Frieden oder wie zuletzt „die vollkommene Uebereinstimmung eines vernünftigen Wesens mit sich selbst". Diese verschiedenen Richtungen beschreiben verschiedene Lebensstrategien von heutigen Menschen. Jeder „nimmt sich seine Freiheit", jeder lebt mehr in eine von diesen Richtungen. Es gibt da aber noch so etwas, was viele Menschen de facto als höchstes Gut anstreben: Macht, Dominanz über andere, Herrschaft – wie immer Sie es nennen mögen. Herrschaft über andere ist anscheinend nicht für alle Menschen möglich. Deshalb scheidet Herrschaft als Sinnmerkmal des Lebens wohl aus. Trotzdem gieren Menschen nach Macht, und wohl noch stärker als nach Lust. Es hat sich aber noch niemand getraut, Macht als das höchste Gut zu bezeichnen. Er wäre sicher gleich Staatsfeind wie Epikur. (Dabei ist Staatenführung genau ein Problem der Macht und ihrer Verteilung und Kontrolle!)

Das zur Theorie. Theoretisch nehmen wir zur Kenntnis, dass wir tugendhaft und pflichtbewusst sein und Gott lieben sollen. In gewisser Weise zeigen uns diese Werte Richtungen an, die wir tatsächlich nicht völlig aus den Augen lassen, aber verschieden genau beachten. Im praktischen Leben kommen die Wörter Gott, absolute Pflicht, Liebe, Selbsterhaltung, Macht kaum vor. Sie bezeichnen Ideen für etwas, was uns lenken mag, aber von weit her. Die Erwägungen der Philosophen über das höchste Gut wärmen von weitem wie eine ferne Sonne.

Jetzt komme ich aber zu einer anderen Sicht in der theoretischen Front. Wir wollen einmal ansehen, was Aristoteles in *Nikomachische Ethik* zum höchsten Gut sagt. Es klingt eher ganz modern! Ich erinnerte mich an meine Schulzeit, als ich es las. Manchmal griff ein Lehrer zum Klassenbuch und sagte: „Ich will mal sehen, was dein Vater von Beruf ist." Danach konnte er uns besser beurteilen.

Meine Entschuldigung vorweg: Es tut mir leid, an dieser frühen Stelle im Buch wirken die beiden folgenden Zitate überdimensioniert lang. Ich zitiere etwa 3 Seiten. Bisher habe ich ja immer kleine unterhaltsame Einblicke gegeben und nun kommt so viel auf einmal. Sie ahnen es: Es muss sein. Sie werden mir in den folgenden Abschnitten verzeihen. Dort geht es um eine ganz furchtbar wichtige Stelle im Denken der Menschen, um den Streit nämlich zwischen „den Systemen" und der „tragenden Idee". Aristoteles steht exemplarisch für die Seite der Systeme. Er hat nicht wie Platon das reine Gottnahe im fernen Blick. Das aber, was Aristoteles uns sagte, ist atemberaubend nahe an dem, was heute von uns praktiziert wird! Diese folgenden drei Seiten hat sich die Menschheit sehr zu Herzen genommen.

Also ca. drei Seiten Aristoteles:

> Darüber nun, daß die Glückseligkeit als das höchste Gut zu bezeichnen ist, herrscht wohl anerkanntermaßen volle Übereinstimmung; was gefordert wird, ist dies, daß mit noch grö-

ßerer Deutlichkeit aufgezeigt werde, worin sie besteht. Dies wird am ehesten so geschehen können, daß man in Betracht zieht, was des Menschen eigentliche Bestimmung bildet. Wie man nämlich bei einem Musiker, einem Bildhauer und bei jedem, der irgendeine Kunst treibt, und weiter überhaupt bei allen, die eine Aufgabe und einen praktischen Beruf haben, das Gute und Billigenswerte in der vollbrachten Leistung findet, so wird wohl auch beim Menschen als solchem derselbe Maßstab anzulegen sein, vorausgesetzt, daß auch bei ihm von einer Aufgabe und einer Leistung die Rede sein kann. Ist es nun wohl eine vernünftige Annahme, daß zwar der Zimmermann und der Schuster ihre bestimmten Aufgaben und Funktionen haben, der Mensch als solcher aber nicht, und daß er zum Müßiggang geschaffen sei? Oder wenn doch offenbar das Auge, die Hand, der Fuß, überhaupt jedes einzelne Glied seine besondere Funktion hat, sollte man nicht ebenso auch für den Menschen eine bestimmte Aufgabe annehmen neben allen diesen Funktionen seiner Glieder? Und welche könnte es nun wohl sein? Das Leben hat der Mensch augenscheinlich mit den Pflanzen gemein; was wir suchen, ist aber gerade das dem Menschen unterscheidend Eigentümliche. Von dem vegetativen Leben der Ernährung und des Wachstums muß man mithin dabei absehen. Daran würde sich dann zunächst etwa das Sinnesleben anschließen; doch auch dieses teilt der Mensch offenbar mit dem Roß, dem Rind und den Tieren überhaupt. So bleibt denn als für den Menschen allein kennzeichnend nur das tätige Leben des vernünftigen Seelenteils übrig, und dies teils als zum Gehorsam gegen Vernunftgründe befähigt, teils mit Vernunft ausgestattet und Gedanken bildend. Wenn man nun auch von diesem letzteren in zwiefacher Bedeutung spricht als von dem bloßen Vermögen und von der Wirksamkeit des Vermögens, so handelt es sich an dieser Stelle offenbar um das Aktuelle, die tätige Übung der Vernunftanlage. Denn die Wirksamkeit gilt allgemein der bloßen Anlage gegenüber als das höhere.

Bedenken wir nun folgendes. Die Aufgabe des Menschen ist die Vernunftgründen gemäße oder doch wenigstens solchen Gründen nicht verschlossene geistige Betätigung; die Aufgabe eines beliebigen Menschen aber verstehen wir als der Art nach identisch mit der eines durch Tüchtigkeit hervorragenden Menschen. So ist z. B. die Aufgabe des Zitherspielers dieselbe wie die eines Zithervirtuosen. Das gleiche gilt ohne Ausnahme für jedes Gebiet menschlicher Tätigkeit; es kommt immer nur zur Leistung überhaupt die Qualifikation im Sinne hervorragender Tüchtigkeit hinzu. Die Aufgabe des Zitherspielers ist das Zitherspiel, und die des hervorragenden Zitherspielers ist auch das Zitherspiel, aber dies als besonders gelungenes. Ist dem nun so, so ergibt sich folgendes. Wir verstehen als Aufgabe des Menschen eine gewisse Art der Lebensführung, und zwar die von Vernunftgründen geleitete geistige Betätigung und Handlungsweise, und als die Aufgabe des hervorragend Tüchtigen wieder eben dies, aber im Sinne einer trefflichen und hervorragenden Leistung. Besteht nun die treffliche Leistung darin, daß sie im Sinne jedesmal der eigentümlichen Gaben und Vorzüge vollbracht wird, so wird das höchste Gut für den Menschen die im Sinne wertvoller Beschaffenheit geübte geistige Betätigung sein, und gibt es eine Mehrheit von solchen wertvollen Beschaffenheiten, so wird es die geistige Betätigung im Sinne der höchsten und vollkommensten unter allen diesen wertvollen Eigenschaften sein, dies aber ein ganzes Leben von normaler Dauer hindurch. Denn eine Schwalbe macht keinen Frühling, und auch nicht ein Tag. So macht denn auch ein Tag und eine kurze Zeit nicht den seligen noch den glücklichen Menschen.

Dies nun mag als ungefährer Umriß des Begriffes des höchsten Gutes gelten. Es ist zweckmäßig, den Begriff zunächst in grober Untermalung zu entwerfen und sich die genauere Durchführung für später vorzubehalten. Man darf sich dann der Meinung hingeben, daß jedermann die Sache weiterzuführen und die richtig gezeichneten Umrisse im Detail auszuführen vermag, und daß auch die Zeit bei einer solchen Aufgabe als Erfinderin oder Mitarbeiterin an die Hand geht. In der Tat hat sich der Aufschwung der Künste und Wissenschaften in dieser Weise vollzogen; denn was noch mangelt zu ergänzen ist jeder aufgefordert.

Die Aufgabe des Menschen liegt hier (nach Aristoteles) eher in der dauerhaften, lebenslangen Exzellenz in einem ehrbaren Beruf, der ihm wohl ansteht und mit seinen Fähigkeiten und Gaben im Einklang steht. Wir messen den Wert des Menschen an seiner höchsten Befähigung, die er auf Dauer fruchtbar werden lässt. Ein Maurer, der nebenbei Landtagsabgeordneter ist, wäre also vor allem Landtagsabgeordneter. Ein Topmanager, der nebenbei Ortsvorsteher ist, vor allem Topmanager.

Ich habe Aristoteles bewusst für den Schluss aufgehoben. Verstehen Sie, warum? Aristoteles ist konkreter als die anderen. Er beschreibt keine „wolkigen" Ziele wie „Tugend" oder „allgemeine Liebe", sondern er zeigt dem Menschen seine konkrete Daseinsaufgabe. Es ist erstaunlich, wie sehr es heute noch konkret so unsere Daseinsaufgabe ist. Während die anderen Philosophen mehr eine einzige Richtung zum Glück angeben, wartet Aristoteles mit wirklichen Vorstellungen auf, mit denen wir etwas anfangen können. Dennoch sind es Vorstellungen, noch keine Vorschriften. Für die, sagt Aristoteles am Schluss, sollen sich die weiteren Wissenschaftler Zeit nehmen.

Zwischen den Menschen, sagt Aristoteles weiter, müssen wir irgendwie die Werte ausgleichen. Er schreibt an anderer Stelle in seiner *Nikomachischen Ethik*:

> Der Baumeister bedarf dessen was der Schuhmacher produziert, und muß diesem dafür abtreten was er selbst produziert. Ist nun zunächst das nach Proportion Gleiche festgestellt und findet danach der Entgelt statt, so ist dieser Vorgang der von uns bezeichnete. Mangelt es daran, so findet keine Gleichheit statt, und der Austausch läßt sich nicht aufrecht erhalten; denn da hindert nichts, daß das Erzeugnis des einen das des anderen an Wert übertreffe. Es muß also Gleichheit zwischen beiden ausdrücklich hergestellt werden. Dasselbe findet auch auf den anderen Gebieten der Produktion statt. Sie würde unmöglich gemacht, wenn nicht das was der Produzent nach Quantität und Qualität herstellt, von den Konsumenten in gleicher Quantität und Qualität zurückerstattet würde.
>
> Ein Arzt und noch ein Arzt ergeben keine Gemeinschaft des Austausches, aber wohl ein Arzt und ein Landwirt, und überhaupt zwei Personen, die nicht gleich sind; aber zwischen diesen muß dann eine Ausgleichung stattfinden. Darum muß alles, was ausgetauscht werden soll, irgendwie vergleichbar sein. Dazu nun ist das Geld in die Welt gekommen, und so wird es zu einer Art von Vermittler; denn an ihm wird alles gemessen, also auch das Zuviel und Zuwenig: etwa welches Quantum von Schuhzeug einem Hause oder einem Quantum von Lebensmitteln gleich zu setzen ist. Es muß also der Unterschied zwischen dem Schuhzeug und dem Hause oder den Lebensmitteln ebensogroß sein, wie der Unterschied zwischen dem Baumeister und dem Schuhmacher oder dem Landwirt. Findet diese Gleichheit nicht statt, so gibt es keinen Austausch und keinen Verkehr, und diese Gleichheit kann nicht stattfinden, wenn es kein Mittel gibt, das Gleiche zu bestimmen. Es bedarf also eines einzigen allgemeinen Wertmessers, wie vorher gezeigt worden ist. Es ist aber in Wirklichkeit das Bedürfnis, das alles zusammenhält. Gäbe es keine Bedürfnisse oder gäbe es darin kein Gleich wider Gleich, so gäbe es keinen Austausch oder doch keinen von der gegebenen Art. So hat man denn durch Übereinkunft das Geld eingeführt gleichsam als Unterlage für den Austausch der Gegenstände des Bedürfnisses, und den Namen nomisma hat das Geld davon erhalten, daß es nicht der Natur, sondern dem Gesetz (nomos) seine Existenz verdankt und es in unserer Macht steht, es umzuändern und es außer Kurs zu setzen.

Der Mensch soll also einzeln in einer würdigen Aufgabe exzellieren. Er zeichnet sich durch Vernunft, Wissen, Tatkraft und gerechtes Handeln aus. Zwischen den Menschen werden die Bedürfnisse durch Nomisma ausgeglichen, durch Geld, durch einen einzigen allgemeinen Wertmesser, wie Aristoteles sagt. Auch diese Sichtweise ist heute stark in unserem tatsächlichen Leben verwurzelt.

Ich habe also das „höchste Gut“ aus der Sicht der Philosophen von ganz oben gezeigt, aus der Himmelssicht, von ganz unten, aus dem Lustgespür des Körpers und konkret aus der Sicht des Gemeinschaftsarchitekten der Menschen.

Dieses Buch will versuchen, das Himmlische, das Konkrete und das glückliche Wohlbefinden in uns in Beziehung zu setzen. Das Ideale soll mit dem Empirischen, die theoretisierend-abstrakte Sicht mit der nomismatischen Konkretheit verbunden werden. Neben allem winkt stets das Glück für den, der es noch sieht – nicht ganz geblendet vom Idealen oder nicht zu sehr eingezwängt in das System. Es geht um die Beziehungen verschiedener Menschenauffassungen, um die Vorstellung eines „richtigen Menschen“ (Aristoteles und viele andere), eines „wahren Menschen“ (Platon, Christus, Buddha) und eines „natürlichen Menschen“, der einfach im Leben steht (Epikur, Tantra).

1.2.3 Die Lokation des Sinnes in der Idee-zum-System-Skala

Wir haben also drei verschiedene Grundbaumuster menschlichen Denkens zu beleuchten. Von diesen nehmen zwei, nämlich das „Richtige“ und das „Wahre“, eine historisch dominierende Position ein, weil sie den Denkern entgegenkommen, weil sie die Gesellschaften auf systematische Füße stellen und grundsätzlich in der dritten Vorstellung eines „natürlichen Menschen“ das Feindbild schlechthin geschaffen haben, ohne den Feind je besiegt oder in die Enge getrieben zu haben. Das „Lustorientierte“ oder die „Spaßgesellschaft“ leben nach wie vor, trotz allen Nachdenkens und Sinnens, trotz aller Unterdrückung und Gegenerziehung. Das ES siegt nicht endgültig über das Es im Menschen.

Die Denker haben jedenfalls für sich entschieden, dass man nur noch streiten kann, ob die Krone dem Konkret-Richtigen oder dem Wahren gebührt, dem Analytisch-Aristotelischen oder dem Intuitiv-Platonischen. Ich versuche, diesen Streit der Denker in eine einfache, formale Form zu gießen, um zu verdeutlichen, dass auch hier „um Kaisers Bart“ gestritten wird. Im Wesentlichen, so möchte ich befinden, denken „unsere verschiedenen Hirnmaschinen“ verschieden. Und die Streitigkeiten der Philosophen lassen sich gut darauf zurückführen, dass der eine mit der linken, der andere mit der rechten Gehirnhälfte argumentiert. Ich beginne, diese wichtige Grunddifferenz im Denken herauszuarbeiten.

Ich veranschauliche Ihnen eine neue Sichtweise an einem einfachen Schema eines „Lichtkegels“ (Abb. 1.1).

Am Anfang ist die *Idee*. Sie mag immer schon da gewesen sein. Die Ideen sind ewig und manchmal erinnern wir uns an sie. Platon sagt das. Ich gebe später im Buch eine mathematische Begründung dafür, dass er im Wesentlichen Recht hat.

Ein *Genie*, ein *Visionär* oder ein *Pionier* erfasst die Idee als erster Mensch. Sie erleuchtet ihn. Er kann als Erster ihre Schönheit und ihre Bedeutung sehen. Das Genie versteht die Reichweite, das Große, die Tragweite einer Idee. Die Idee kann das Genie beseelen. Es ist von der Idee erfüllt. Das Genie gibt den Menschen die erste Ahnung von der Idee. Solch ein Genie ist wie ein Künstler, der die Idee in einem

Abb. 1.1 Von der Idee bis zum System

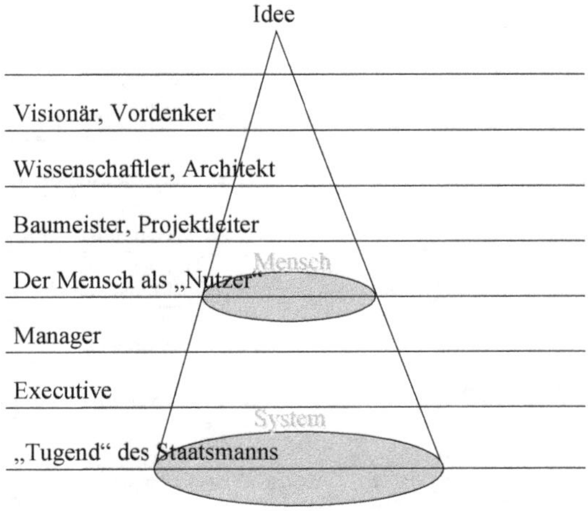

Bild gestaltet, in einer wissenschaftlichen Theorie, einer Skulptur, einer technischen Zeichnung. Er gibt der Idee eine sichtbare Gestalt, drückt sie in einer Form aus. Er erfasst die Idee in einem Vorstellungsbild, das eventuell vielen Menschen zugänglich ist.

Die *Wissenschaftler* oder die *Architekten* bauen perfekte Modelle aus den ersten Vorstellungsbildern. Aus einem ersten Lehrsatz entsteht eine ausgebaute Theorie. Aus einem neuen Musikstück eine ganz neue Richtung wie die Zwölftonmusik, aus einem Bild ein Stil, aus einer Managementtheorie eine ganze Managementtechnikwelle, aus einem gedanklichen Softwareentwurf ein Prototyp.

Wenn es einen Bauplan, einen Softwareprototyp, eine grobe Gesetzesvorlage gibt, dann gehen die *Baumeister*, die Projektleiter, die Programmierer, die Juristen, also die Experten daran, aus dem Plan oder Modell etwas konkret Fertiges zu bauen.

Es entsteht ein Haus, ein Produkt, eine Software, eine Sinfonie in einer digitalen Datei, ein neues Steuergesetz zum *Nutzen des Menschen*. Nicht alles dient *allen* Menschen, aber es ist jeweils für alle, viele, manche, einige Menschen gedacht. Aus einer Idee wird so ein gewisser Standard für die zugehörigen Menschen. Häuser sehen aus, wie Häuser eben aussehen, Gesetzes- und Lebenstraditionen verankern sich im Wesen der Menschen, die sich in diesen heimischen Lagen fast schon „nach der Natur" definiert sehen.

Die Organisation der Menschen, der Traditionen, der Erziehung wird von „Hütern der Ordnung" aufrecht erhalten. Es sind Eltern, Lehrer, Polizisten, *Manager*, Buchhalter, Vereinsvorsitzende, Ortsvorsteher, Pfarrer. Sie halten die Gemeinschaft in Schwung und in Schuss. Sie organisieren die Mobilisierung der Energien und den Ausbau und die Instandhaltung.

Der Bau der Organisation durch die Topmanager, Bischöfe, Politiker, *Executives*, erfolgt durch die obere Hierarchie. Die unteren Stufen halten die Systeme in Fluss. Die oberen Stufen verändern die Systeme, um sie den konkreten Zeiten anzupassen. Selten werden ganz neue Systeme erbaut, was einer Revolution gleichkäme. Executives bereinigen die Systeme von Zeit zu Zeit von Wildwuchs, reorganisieren

Abb. 1.2 Verschiedene Ideen führen zu anderen Systemen

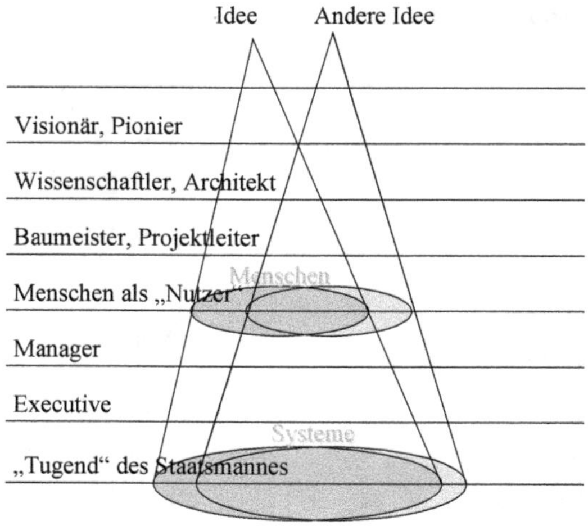

das Überlebte und organisieren um, was nach einer neuen Stoßrichtung oder Strategie verlangt.

Ganz oben in der Hierarchie stehen Staatsmänner und -frauen, die das Ganze überblicken und eine gewisse Harmonie in ein Gewühl von Interessen, Ideen, Traditionen, Neuem und Altem bringen. Diese tragenden Menschen sollen Staatstugenden verkörpern und selbst als Person die Tugend an sich repräsentieren und vorleben. Sie sind ein Abbild des Ganzen im Miniaturkosmos ihrer Person.

Der Lichtkegel entsteht unter dem Abglanz der reinen Idee. Dies kann „Liebe" sein oder „Demokratie". Es ist ein weiter Weg von der Idee „Liebe" zu „Christenheit" oder von der Idee „Demokratie" zu „Verfassung" und dann zu den konkreten westlichen Staatsformen. Oben im Lichtkegel ist das Licht hell und klar, blendend rein. Nach unten hin wird das Licht auf dem Weg zum Praktischen hin schwächer, milchiger. Die Idee kann im richtigen Leben nicht so rein bleiben. Es liegt nahe liegender Weise daran, dass es andere Ideen gibt, die mit der ersteren konkurrieren mögen! Das zeichne ich für Sie so auf (Abb. 1.2):

Aristipp ruft nach Lust, Epikur nach Ataraxie (nach einer „tranquillitas animi" oder „Seelenruhe" oder, wie er selbst einmal sagte, „nach dem stabilen Zustand des Fleisches"). Die Stoiker predigen Gleichgültigkeit gegen das Gleichgültige (das sind alle Adiaphora, i.e. außer Tugend fast alles), also Apathie, oder, wie wir heute sagen, Stoa oder stoische Ruhe. Christus haben wir mit der Bergpredigt schon sprechen lassen, es geht um Liebe. Hobbes sieht die Idee der Selbsterhaltung beherrschend, Darwin stellt fest: „The fittest will survive." Heute würde man „Leistungsgerechtigkeit" als eine der Hauptideen sehen?! Die verschiedenen Ideen sind oben in den Lichtkegeln noch getrennt, wie der Mathematiker im Elfenbeinturm getrennt ist vom Einsiedler in der Diaspora. Im normalen Menschen berühren sich die Ideen schon sehr konkret. Er ist zu Kompromissen gezwungen, zum Beispiel zwischen dem Lustprinzip und dem Realitätsprinzip, wie uns Sigmund Freud aufzeigt. Der Mensch kann oft noch Kompromisse für sich selbst finden, aber in Systemen kra-

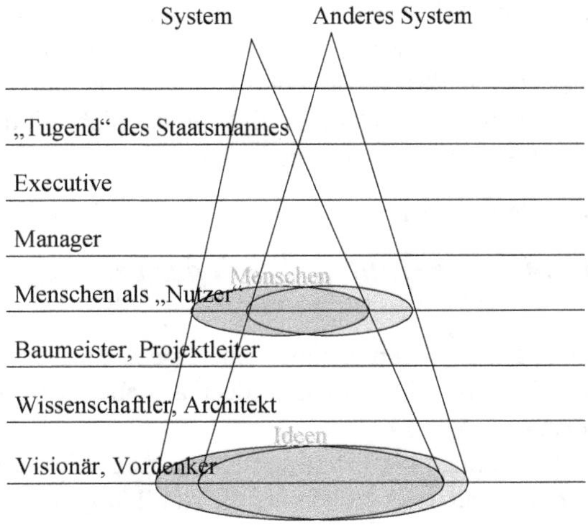

Abb. 1.3 Verschiedene Systeme gründen sich auf andere Ideen

chen die Gegensätze vollends aneinander. Die Manager müssen die Systeme trotzdem funktionstüchtig halten, die Executives bringen die Systeme in beste Form. Die Tugend des Staatsmannes, ganz oben, findet (leider nicht oft) vielleicht eine Gesamtform, die allem in etwa Genüge tut.

Aus der Sicht des Staatsmannes sieht das Ganze so aus (Abb. 1.3):

Das System regiert die Menschen als eine (Teil-)Gesamtheit und sorgt für das Gemeinschaftliche. Es sieht den einzelnen Menschen zu einem guten Teil in seinem Dienst, in dem des Gemeinschaftlichen. Das System greift alles „Nützliche“ und „Neue“ auf, das sind die Ideen, die Erkenntnisse, die „Prototypen“ von Einzelnen. Es begreift die Pioniere, Wissenschaftler, Baumeister als besondere Einzelne, die Beiträge leisten, die zur Systemverbesserung beitragen können. Die Systemherrscher wollen eben vor allem dies: Systemperfektion. Das, was dazu taugt, heißen sie hoch willkommen. Ideen und Protagonisten von Ideen aber, die Systeme gefährden und nicht zur Verbesserung taugen, werden bekämpft, weil sie die Kompromissbildung und die Funktionstüchtigkeit beeinträchtigen. Ebenso natürlich bekämpfen Systeme andere Systeme.

Die Menschen, die eine Idee hatten, möchten sie in ihrer Reinheit bewahren und respektiert sehen. Sie bekämpfen andere Ideen, die diese Reinheit gefährden. Wie vertrüge sich „Liebe“ mit „The fittest will survive“? Die Ideen haben grundsätzlich ein verkrampftes Verhältnis zu Systemen. Systeme bedeuten fast immer Kompromissbildung, also Unreinheit.

Es stellt sich die Frage: *Was* ist „oben“? Die Idee? Oder die Tugend des Systems? Leider ist damit eine andere Frage eng verknüpft: *Wer* ist oben? Als Mensch? Das Genie mit der Idee? Der Herrscher oben im Systemkegel? Auf welcher Seite ist Gott?

Ist die Idee, das Abstrakte das *Höchste*, oder das System, der lebensspendende und -schützende Gemeinschaftskompromiss? Die Antwort, die nichtssagende, ist schnell gegeben: *Theoretisch* ist das Ideale besser, aber *praktisch* der Kompromiss,

„die Mitte“. Theoretisch steht das Genie an der Spitze der Menschheit, praktisch der Staatsmann. (Das muss nicht immer so sein; in der heutigen Zeit verdienen die Genies etwa in der New Economy mehr Ruhm und Geld als alle Staatsmänner! Das ist ein Thema meines Buches *E-Man*, das sich mit der Verschiebung der Wertigkeiten von Menschenaufgaben befasst.)

1.2.4 Der sinnlose Streit der Ianer

Jeder einzelne von uns gibt eine eigene Antwort auf die Frage, was oder wer *oben* sei. Geht das Licht von den Ideen aus oder vom Ganzen? Was steht oben: *real* oder *ideal*?

Sie können die Frage so beantworten: Sie stellen fest, wo Sie selbst stehen, als Person. Und dann drehen Sie die Abbildung so herum, dass Sie möglichst weit oben darin vorkommen.

Deshalb scheint mir die praktische Antwort zu lauten: Wir fragen zuerst: Wer bin ich? Und dann: Was muss oben sein, damit ich selbst oben bin?

Staatsmänner müssen handeln und schreiben daher eher weniger Bücher als Wissenschaftler, die ja dafür eigens bezahlt werden. An den Universitäten heißt es „publish or perish“, also „veröffentliche oder stirb“. Insgesamt wird so sehr viel von den Hütern der Ideen geschrieben, dass sie gegen die Hüter der Systeme buchstabenübermächtig sind. Wenn Sie also über den Sinn des Lebens etwas lesen, dann ist es wahrscheinlich von einem Hüter einer Idee geschrieben. Staatsmänner schreiben auch Bücher, aber sie schreiben natürlich nicht über Ideen, sondern darüber, „wie ich es tatsächlich machte und trotz aller Rückschläge, deretwegen Sie dieses Buch kauften, erfolgreich war, und diesen Erfolg schreibe ich jetzt auf, weil ich in Rente bin“.

Die Philosophen breiten fast einhellig Ideen aus. Diese Ideen werden aber nur so weit entwickelt, dass sie sich noch nicht so arg berühren. Schauen Sie im Geist noch einmal auf den Doppellichtkegel. Die Ideen sind „oben“, in ihrer Reinheit, noch ganz für sich. Erst wenn sie „in der Menschheit eingebaut“ werden sollen, treffen sie auf den Widerstand der anderen Ideen. Dort ist der Punkt, an dem die Kompromisswirtschaft beginnt. Es wird, wie man an der Hochschule bekümmert feststellt, „interdisziplinär“. Es wird, etwas reiner ausgedrückt, „schmutzig“ oder „gemischt“. Aus der Sicht des Staatsmanns von oben beginnt etwa an diesem Punkt, wo die Kompromisse nötig werden, das Nützliche oder das Höhere eben.

Der Streit der Ianer, der Hegelianer, der Freudianer, der Platoniker, der Aristoteliker entsteht also an zwei ganz verschiedenen Fronten:

- Welche Idee hat den Vorrang? Welches System hat den Vorrang?
- Ist die Idee „oben“ oder das System?

Man kann sehr spitzfindige, sophistische Diskussionen führen, ob Liebe immer Vorrang vor Gerechtigkeit haben müsse oder umgekehrt. In meiner Jugendzeit haben wir oft diskutiert: Ist Sozialismus besser als Kapitalismus? (Das wird heute nicht mehr besprochen, weil der Letztere in Folge des Zusammenbruchs der Sowjetunion gewann. Die praktische Evidenz der Systeme ist also stärker als eine Million Personenjahre Diskussion der „Weisen", die eher den Sozialismus sympathischer fanden.) Diese Rangelei, welche Idee besser sei oder Priorität habe, ist leicht zu verstehen. Das zweite Thema aber, *was oben sei*, scheint mir nicht richtig verstanden. Es ist aber wahrscheinlich wichtiger.

Um Ihnen das zu verdeutlichen, habe ich oben diesen langen Abschnitt über das höchste Gut geschrieben. Die meisten Philosophen finden ein höchstes Gut. Ich habe einige höchste Güter exemplarisch aufgezählt.

Lust kommt vor und Tugend auch. Kant beweist rein und praktisch, dass der kategorische Imperativ zur Pflicht obenan stehen müsse. Liebe ist für Kant allerdings keine Pflicht! Kants Beweise finde ich so schwierig und gleichzeitig monumental inhaltsreich und beeindruckend, dass ich keine Hoffnung hätte, sie je widerlegen zu können. Dazu müsste ich bestimmt das eine oder andere Jahrzehnt opfern, was es mir nicht wert wäre. (Vielleicht geht es auch anderen so? Dann muss Kant ja an der Spitze bleiben.) Die Philosophie streitet sich jedenfalls, wenn sie um das höchste Gut rangelt, um den Vorrang spezieller Ideen.

Die wahre Schlacht aber ist die zwischen den Platonikern und den Aristotelikern. Hier geht es nicht um die Frage, welche Idee siegen solle, sondern darum, wo oben und unten ist. Platon begründet die Ideenlehre. Sie stellt selbst als Idee eine der strahlendsten Ideen der Menschheit dar.

Aristoteles aber entwirft Systeme! Damit Sie das sehen, habe ich oben die beiden langen Aristoteles-Zitate eingefügt. Sie sollten Ihnen zeigen, dass das, was dort der Menschheit vorgeschlagen wurde, heute noch so gesehen und auch praktiziert wird!

Ist die Idee das, was oben leuchtet? Dann sind Sie Platoniker!

Ist das Funktionierende-Bewährte-Praktische das, was oben scheint? Dann sind Sie Aristoteliker!

Sie selbst sehen jeweils das da oben leuchten, was in *Ihnen* selbst am hellsten leuchtet. Das Reale oder das Ideale. Oder im Kontext dieses Buches: Sind Sie ein „richtiger" Mensch, ein realer, oder sind Sie ein „wahrer" Mensch?

Dieses Buch handelt zu einem guten Teil von diesem Gegensatz. Es ist *noch* ein Versuch zu diesem alten Problem. Aber, zu meiner Entschuldigung: Ich gebe eine vernünftige metapher-mathematische Lösung dafür. Vorher aber noch zur Einstimmung eine ganz genau zu dem jetzigen Thema passende Passage aus Heinrich Heines *Zur Geschichte der Religion und Philosophie in Deutschland*:

> In gleicher Weise beschäftigte sich Leibniz mit einer Harmonie zwischen Plato und Aristoteles. Auch in der späteren Zeit ist diese Aufgabe oft genug bei uns vorgekommen. Ist sie gelöst worden?
>
> Nein, wahrhaftig nein! Denn diese Aufgabe ist eben nichts anders als eine Schlichtung des Kampfes zwischen Idealismus und Materialismus. Plato ist durchaus Idealist und kennt nur angeborene oder vielmehr mitgeborene Ideen: der Mensch bringt die Ideen mit zur Welt, und wenn er derselben bewußt wird, so kommen sie ihm vor wie Erinnerungen aus einem früheren Dasein. Daher auch das Vage und Mystische des Plato, er erinnert sich mehr oder minder klar. Bei Aristoteles hingegen ist alles klar, alles deutlich, alles sicher; denn seine Erkenntnisse offenbaren sich nicht in ihm mit vorweltlichen Beziehungen, sondern er schöpft alles aus der Erfahrung und weiß alles aufs bestimmteste zu klassifizieren. Er bleibt daher auch ein Muster für alle Empiriker, und diese wissen nicht genug Gott zu preisen,

daß er ihn zum Lehrer des Alexander gemacht, daß er durch dessen Eroberungen so viele Gelegenheiten fand zur Beförderung der Wissenschaft …

Und weiter:

Plato und Aristoteles! Das sind nicht bloß die zwei Systeme, sondern auch die Typen zweier verschiedenen Menschennaturen, die sich, seit undenklicher Zeit, unter allen Kostümen, mehr oder minder feindselig entgegenstehen. Vorzüglich das ganze Mittelalter hindurch, bis auf den heutigen Tag, wurde solchermaßen gekämpft, und dieser Kampf ist der wesentlichste Inhalt der christlichen Kirchengeschichte. Von Plato und Aristoteles ist immer die Rede, wenn auch unter anderem Namen. Schwärmerische, mystische, platonische Naturen offenbaren aus den Abgründen ihres Gemütes die christlichen Ideen und die entsprechenden Symbole. Praktische, ordnende, aristotelische Naturen bauen aus diesen Ideen und Symbolen ein festes System, eine Dogmatik und einen Kultus. Die Kirche umschließt endlich beide Naturen, wovon die einen sich meistens im Klerus und die anderen im Mönchstum verschanzen, aber sich unablässig befehden. In der protestantischen Kirche zeigt sich derselbe Kampf, und das ist der Zwiespalt zwischen Pietisten und Orthodoxen, die den katholischen Mystikern und Dogmatikern in einer gewissen Weise entsprechen. Die protestantischen Pietisten sind Mystiker ohne Phantasie, und die protestantischen Orthodoxen sind Dogmatiker ohne Geist.

Sehen Sie? Heine spricht es aus: Es sind nicht verschiedene Ansichten. Es sind verschiedene Menschentypen. Aber was scheidet Menschen in Platoniker und Aristoteliker?

Für Platon ist die Idee oben. Für Aristoteles das funktionierende System.

Ich sage hier: Es ist nicht die Frage verschiedener Meinungen.

Es liegt in der Art zu denken. Das ist es.

Und das unterschiedliche Denken ist auf eine andere „Biologie" zurückzuführen. Deshalb können sich alle Ianer streiten, bis sie schwarz werden. Das ist die Einsicht, die ich im nächsten Abschnitt vorbereite.

1.2.5 *Von Intuition und praktischem Denken*

Seitdem ich mich mit den Menschen im Arbeitsalltag befasse, hat mich das Problem der Platoniker und der Aristoteliker „gequält". Ich gehöre zu denen, die Ideen produzieren. Es ist also klar, dass für mich persönlich der Lichtkegel oben mit der Idee beginnt. Ebenso klar ist die allgemeine Erfahrung des Alltags, dass oben der Executive steht und *nicht* die Idee.

Woran liegt das? Eine seit einiger Zeit megapopuläre Theorie lehrt uns in erster Annäherung aus Gehirnmessungen und Beobachtungen der Neuro-Wissenschaftler: Unser Gehirn ist asymmetrisch. Unsere beiden Gehirnhälften sind verschieden. Das ist jedoch nicht die endgültige Erklärung, die ich Ihnen nahe bringen möchte. Aber da Sie wahrscheinlich schon gehört haben, dass wir mit der linken und der rechten Hirnhälfte anders denken, möchte ich hier schon kurz darauf eingehen.

Untersuchungen haben ergeben, dass es so etwas wie „left brain thinking" und „right brain thinking" gibt. Verschiedene Funktionen des Denkens wurden in verschiedenen Gegenden des menschlichen Gehirns geortet. Die folgende Tabelle bringt die Unterschiede auf den Punkt:

Linke Hirnhälfte	**Rechte Hirnhälfte**
• Logisch	• Intuitiv
• Sequentiell	• Ganzheitlich
• Rational	• Synthetisierend
• Analytisch	• Subjektiv
• Objektiv	• Blick auf Ganzheiten
• Blick auf Einzelheiten	• Emotional

„Links" können wir uns also nach diesen Theorien über unser Gehirn das kalt-rationale logische Denken vorstellen, „rechts" die warm-fühlende Intuition.

Ich spekuliere mit Ihnen im Verlauf des Buches über eine sehr viel tiefer gehende Sichtweise:

Die Eigenschaften der linken Hirnhemisphäre sind aus meiner Sicht wie die eines normalen, von uns gebauten Computers. Er ist logisch programmiert, arbeitet sequenziell seine Befehle bzw. sein Programm ab. Sein Blick ist der auf die Einzelheiten, die Zahlen und Einzelbefehle nämlich, die überall in ihm verteilt sind. Das Endergebnis einer Computerrechnung ist eine Zusammensetzung aus Einzelrechnungen.

Die Eigenschaften der rechten Hemisphäre vergleiche ich mit der Funktionsweise von neuronalen Netzen. Das sind mathematische Algorithmen, die Informationen in uns unbekannter Weise „verknäueln" und dann als Endergebnis eine Antwort geben, die oft einfach „Ja" oder „Nein" lautet, aber ein Ergebnis von unerhörten komplexen Berechnungen ist. Neuronale Netze werden zum Beispiel zur Kursprognose des Dollarkurses eingesetzt. Man gibt Informationen, etwa die Dollarkurse und Aktienkurse etc. in ein neuronales Netz ein. Dann rechnet es damit ziemlich lange vor sich hin und sagt schließlich: der Dollar „steigt" oder „fällt". Im Nachhinein stimmt es ganz gut. Man macht zum Teil exzellente Erfahrungen mit solchen mathematischen Konstrukten. Im Augenblick der Entscheidung aber muss man dem Netz das Resultat einfach glauben, denn es gibt uns keine Gründe für seine Entscheidung. Es rechnet und rechnet und gibt eine kurze Antwort. Ganz nackt „ja" oder „nein".

Wenn es „ja" sagt, weiß es das irgendwie.

Ich erkläre neuronale Netze später etwas genauer. Hier aber mögen Sie nachfühlen, dass es aussieht wie intuitives Denken, oder? Es ist wie unsere Entscheidung aus dem Bauch heraus. Im Bauch oder in der Nase sagt etwas „ja". Wenn wir zum Beispiel einen neuen Geschäftsplan anschauen, meckert sofort die linke Gehirnhälfte oder unser PC da oben: „Diese Zahl sieht komisch aus! Nachprüfen! Nachrechnen!" Und die Maschine in uns rattert dahin. Der Bauch oder die Intuition schauen lange auf den Plan und sagen ganz sicher und abschließend: „sieht gut aus" oder „das mag ich nicht". Gründe? Braucht der Bauch welche? Er ist sich ganz sicher. Er würde nicht sicherer, wenn der Kopf über ihm noch zusätzlich etwas rational begriffe.

Ich möchte Ihnen nahe bringen: Die Welt der Ideen steckt in den neuronalen Netzen im Menschen, das konkret Aristotelische aber ist das Wesen unseres inneren PC. PC heißt ja schon Persönlicher Computer. So wie man von mehr linkshälftigen und rechtshälftigen Menschen spricht, werden wir von PC-Denkern und von Intuitiven reden. Oder von systematischen Denkern und von Ganzheitlichen. Die Menschen, die in ihrer Denkweise mehr den Ergebnissen ihrer „linken Gehirnhälfte" vertrauen, möchte ich als die „richtigen" Menschen bezeichnen. Sie denken eben logisch, praktisch, analytisch, mit dem Blick auf die Einzelheiten und das Kleingedruckte. Die „wahren" Menschen der „rechten Gehirnhälfte" aber hängen an den großen Entwürfen, am Wald, nicht an den Bäumen.

Die richtigen Menschen halten ganz sicher das System für die Spitze des Kegels, für die wahren Menschen ist die Idee die Hauptsache. Die freundlichen Handbücher über links und rechts raten uns im Allgemeinen, unser Gehirn gleichmäßiger zu benutzen, links und rechts in der „rechten" Mischung. „Mensch", sagen sie, „du wirst besser, wenn du *alle* Teile in dir benutzt." Ich möchte da doch starke Zweifel anmelden. Was soll das dann in der Mitte sein? Idee *und* System? Kann man Wesensverschiedenheiten in sich vereinen? Wenn es überhaupt geht, ist es sinnvoll? Geht das denn, zum Beispiel *gleichzeitig* traditionell *und* revolutionär zu sein? Oder wäre es nicht besser, wir hätten verschiedene Menschen als Herolde für beide Seiten, die miteinander um die Mitte ringen? Findet nicht genau dies in einer Demokratie statt? Der Disput zwischen den Traditionalisten und den Fortschrittlichen?

Die Mitte ist in der Mitte *zwischen* den Menschen, nicht in der Mitte *in* einem Menschen.

Die Handbücher zur gleichmäßigen Rechts-und-Links-Nutzung raten wieder einmal mehr implizit zu einer Einheitsmischpersönlichkeit, die angeblich alles hat und kann. Dabei wissen wir aus der Politik, wie schwer es ist, Politik der Mitte zu machen, ohne mittelmäßig zu sein. Je eine der Seiten, rechts oder links, ist viel einfacher zu vertreten. Deshalb gibt es die polarisierten Wesensverschiedenheiten: Platon und Aristoteles. Und so wird es bleiben. Die Handbücher predigen nicht gerade totalen Unsinn. Sie sind aber von *richtigen* Menschen geschrieben, die die wahren Menschen dabei nicht um deren Einverständnis fragten.

Wenn Sie schon wissen, was neuronale Netzwerke sind, dann begeistere ich Sie schon jetzt für das Folgende: Ich möchte spekulieren, dass die tragenden Ideen der Menschheit ganz starke Energieextrema beim Optimieren und Anlernen der Netze darstellen. Die hehren Ideen der Menschheit müssen also in einem jeden neuronalen Netzwerk entstehen, das wie das menschliche gebaut ist. Das bedeutet, dass jeder Mensch im Prinzip auf die gleichen Ideen kommen muss, wenn er genug weiß und lange genug mit seiner rechten Gehirnhälfte denkt, also mit dem neuronalen Netz. Denn die wichtigen Ideen sind so starke mathematische Optima, dass eben jeder Mensch sie normalerweise bekommt. Die Ideen sind also durch ihr Energieniveau bestimmt. Sie haben nichts mit dem individuellen Menschen zu tun. Deshalb kann Platon sagen, das Hervorblitzen einer Idee sei wie eine Erinnerung. Wenn unser neuronales Netz in ein Energieoptimum läuft, also eine Idee hat, fühlt es sich nämlich genau so an: wie Erinnern. Und deshalb haben alle Völker so ähnliche Ideen. Und deshalb gibt es, ja!, ein kollektives Unterbewusstsein, was C. G. Jung in seinem Werk immer herausstellte. Die Menschen haben aber in meinem Sinne kein kollektives Unterbewusstsein, sondern die Ideen sind einfach als starke Energieoptima da und „befallen" dann Indianer wie Inder, ohne dass Darwin beide besucht hätte.

Diese eine Idee ist die schönste hier im Buch.
Die nächste aber ist das auch.

1.2.6 Flash-Mode

Alle Menschen, auch die kalt-logischen, haben so etwas wie Warnmelder in sich drinnen. Da zuckt etwas in uns, durch und durch: „Ich habe den Reisepass zu Hause vergessen!" – „Mein Konkurrent ist befördert worden, nicht ich!" – „Plötzlich Stau! Es wird ein Crash, oh Gott!" – „Ein handtellergroßer Soßenfleck auf der Krawatte! Es wird auf der Brust aufstrahlend warm." – „Meine Hand ist ganz voller Blut, ohne dass mir etwas weh tut?!" – „Der Moderator wird gleich auf einen von uns zeigen, der auf die Bühne soll. Der Scheinwerfer kreist über uns … bleibt stehen … – oh Gott, ich."

Das ist kein logisches Denken. Das ist kein Gefühl aus dem Bauch heraus.

Das ist nicht rechts oder links.

Das ist ein Blitz durch unseren Körper. Er verändert unsere „Körperchemie" und macht uns kampfbereit oder in schwachen Formen nur aufmerksam.

In kleineren Katastrophen ist es kein Blitz, mehr ein Stich, etwa ins Herz: „Hab' noch Blumen für Karins Party gekauft. Was, du bist *nicht* eingeladen?" – „Ich komme heute später nach Hause, Schatz." – „Wir haben leider nur noch Zimmer auf der Straßenseite frei, ach, ja, und der Swimmingpool wird in Ihrer ersten Woche hier repariert." Oder schlimmer, wie dumpfe Hammerschläge in verlorener Lage: „… leider noch 20 km Stau durch Schaulustige, weil ein LKW so schön brennt. Bitte machen Sie nur ein einziges Foto." – „Lieber Schatz, wir streiten nun schon seit drei Monaten ganz verzweifelt. Ich habe meine Koffer gepackt. Die beiden Kinokarten liegen auf dem Küchentisch. Such' jemand anders." Es gibt auch Schönes, Granatenmäßiges! Ein Tor geschossen, Sekunden vor Schluss. Jemand hat sich freiwillig für eine Mistarbeit gemeldet, die sonst sicher *ich* bekommen hätte! Der Reisepass ist *doch* in meiner Manteltasche! Der Schlüssel ist gefunden! Verloren geglaubtes Geld kommt zurück (der „Orgasmus" des Geizigen)!

Es gibt da etwas in uns, was wahnwitzig schnell Information verarbeiten kann. Es ist nicht das Denken, nicht das Fühlen, nicht das Wahrnehmen. Es ist viel schneller.

Ich gebe Ihnen ein Beispiel, das Sie gut kennen: Sie beaufsichtigen ein kleines Kind auf dem Spielplatz. Es spielt im Sand. Sie lesen die Zeitung zum zweiten Mal. Ab und zu blicken Sie hin. Kind ist da, spielt ruhig. Dann, plötzlich, beim zehnten Mal Hinschauen: Kind weg. *Weg*!

Sie blitzen mit Ihren Augen drei, vier Mal in die Runde. Kind weg! Das ist der Blitz durch den Körper. Dann aber sagt etwas in Ihnen: „Du musst ruhig bleiben. Keine Panik. Du musst jetzt genau hinschauen. Es wird doch da sein." Sie schauen jetzt *langsam* und konzentriert Kind für Kind an.

Ah, da ist es. Es hatte die Jacke ausgezogen, deshalb sahen Sie es nicht gleich.

Zweites Beispiel: Sie kommen mit schwerem Gepäck nach Hause und stehen vor der Tür. Der Schlüssel ist nicht wie gewohnt in der Hosentasche. Der Blitz zuckt!

Weg! Sie hasten mit Augen und Fingern rasend über und durch das ganze Gepäck. Daaaa ist der Schlüssel, Gott sei Dank. Sie setzen sich einen Moment, beruhigen sich, dann schließen Sie auf.

Andere Variante: Beim Überfliegen Ihres ganzes Besitzes haben Sie keinen Schlüssel gefunden. Weg! Nichts! Da sagt etwas in Ihnen: „Es hilft nichts, ich muss alles nach und nach geduldig absuchen. Der Schlüssel muss da sein. Er muss!" Dann suchen Sie *langsam*.

Bitte fühlen Sie sich in diese Situationen hinein. Spüren Sie in sich das rasend Schnelle, wie im Blitzmode? Danach das normal ganz Langsame? Das zweite ist normales Denken und Suchen. Das zweite findet im Gehirn statt. Das erste? Blitzartig im Körper.

Was aber ist das erste?

Bitte denken Sie nochmals daran, wie Sie am Rand des Spielplatzes sitzen und immer mal wieder zum Kind hinblicken, das immer da ist, stundenlang. Spüren Sie Ihr Inneres. Das, sage ich Ihnen, ist *auch* Flash-Mode! Sie denken nur nicht darüber nach. Sie suchen Ihr Kind nicht wirklich, es ist da, ohne Suchen. Ich will sagen: Sie operieren die ganze Zeit im Flash-Mode; fast ohne Zeitverbrauch, ohne Energieaufwand, Sie haben sozusagen „unwillkürlich" die Lage im Griff. Nur wenn etwas in Ihnen sagt: „Kind weg!", dann zuckt es und dann merken Sie, wie Sie im „Automatik-Modus" funktionieren.

Ich stelle die Frage: Denken wir viel? Ist das „meiste" etwa unwillkürlich? Zuckt es eventuell nur bei „starkem Höhenabfall", wenn also sich die Lage dramatisch verschlechtert oder manchmal auch stark verbessert? Zuckt es dann nur ab und zu, damit wir in einen willkürlicheren Zustand übergehen und darin so genannt bewusst weiteroperieren? So könnte das Leben unwillkürlich mit uns „vorbeigehen"? Und nur an den wichtigeren Entscheidungspunkten wäre das Denken angeschaltet?

Dafür gebe ich Ihnen in diesem Buch ein ganz neues mathematisches Modell. Mein Doktorvater Rudolf Ahlswede und ich haben es vor Jahren entworfen. Wir wussten intuitiv immer, dass dies etwas mit uns Menschen zu tun haben würde, obwohl es absolut reine Mathematik ist. 1990 haben die Arbeiten darüber die weltweit höchste wissenschaftliche Auszeichnung im Fach Informationstheorie gewonnen (IEEE Information Theory Society Prize Paper Award). Bis jetzt wurde alles nur technisch verwendet und betrachtet. Ich schaue es hier wieder mit *Ihnen* an: Flash-Mode für Menschen. Ich möchte Ihnen entlang dieser Metapher eine theoretische Fundierung des „natürlichen Menschen" geben. Die Metapher des Flash-Mode erlaubt uns, uns so etwas wie die „somatischen Marker" von Antonio Damasio wirklich vorzustellen! Wir können den Flash-Mode als etwas wie das „Denken" oder das „Funktionieren" des Körpers betrachten.

Es kommt heraus, dass dieses „Körperdenken" anders ist als das „Gehirndenken". Da wir nun aber so etwas wie Körperdenken niemals betrachtet haben, außer seine unverständlichen Erscheinungen zu verteufeln, haben wir vielleicht eine furchtbar falsche Vorstellung vom Menschen, eben deshalb, weil wir uns selbst als hirnzentriert vorstellen. Was, wenn diese Vorstellung falsch ist? Da hat sich nicht nur einfach Descartes geirrt, wie Damasio in seinem Buchtitel behauptet. Sie denken sich selbst falsch! Sie auch!

Als Galileo behauptete, die Erde drehe sich um die Sonne, begann sich ein Vorstellungsmodell vom Menschen zu wandeln. Der Mensch verlor seine zentrale Stellung im Weltall. Darwin vertrieb ihn aus seiner zentralen Stellung im Tierreich. Freud aus seiner Vernunft. Nun kommen wir langsam zu uns selbst, ohne Sonnen und Geister. Vielleicht finden wir zu unserer Natur zurück? Mindestens zum „natürlichen Menschen“, der es schafft, in Harmonie mit seinen Körpersignalen zu leben. (Noch einmal Epikur: „der stabile Zustand des Fleisches“. Ahnen Sie langsam die Weisheit in dieser heute albern anmutenden Formulierung? Was spürte Ihr Körper, als Sie sie das erste Mal lasen?)

Wenn es nur irgendwie halbwegs stimmt, was ich Ihnen damit verdeutlichen will, dann machen wir in der Erziehung und im Management etwas ganz grässlich falsch! Sie kennen den Flash-Mode nämlich aus der Erziehung so: Der Blitz des Gewissens, die Angst vor Strafe, das Niederdrücken Ihrer Wünsche. „Ach, ein Eis bei der Hitze!“ Blitz! „Nein! Ich werde dick!“ Abgestellt, was nicht sein soll. Mit der Zeit wird der Blitz schwächer und schmerzt kaum noch. Der Körper mag Eis schließlich nicht mehr. Wir haben den Flash-Mode in Richtung ES umerzogen.

Es wird ein weites Feld.

Epikurs Philosophie verlangt Ataraxie oder Seelenruhe als Voraussetzung des Glücks. Im Bilde hier: Kein Stich ins Herz! Nie beleidigt, angeschrien, gehetzt werden! Nie gestresst, überarbeitet, gezwungen! Ataraxie stellt sich ein, wenn die Flash-Mode-Seismografen Ruhe geben. Das ist es, was Epikur meint, wenn er „den stabilen Zustand des Fleisches“ herbeisehnt. Die inneren Peitschen schlagen nicht zu. Der Hedonismus versteift sich darauf, die allerstärksten Flash-Mode-Blitze der positiven Art zu empfangen: Orgasmus! Triumph! Sieg! Bungee! Haijagen! Ein solcher Blitz ist Aristipps Jüngern Jahre der Mühe wert. Jahrelang eine Frau hofieren, jahrelang die Mount-Everest-Besteigung trainieren. Es geht dem Hedonismus nicht um den stabilen Zustand des Fleisches, sondern um möglichst häufige rekordverdächtig starke, bisher ungespürte Blitze durch dieses Fleisch. Deshalb müssen die bestiegenen Berge höher und höher werden, die eroberten Frauen unerreichbarer, der Sadismus grausamer, der Masochismus leidender.

Es geht im Ganzen darum, wie wir mit unseren inneren Seismografen umgehen.

Diejenigen Menschen, die eine Unterordnung im System an die höchste Stelle der Werteskala setzen, verteufeln den Körper, härten ihn ab, verdrängen ihn, weil er sonst Dissonanzen im System erzeugt. Die Systemanhänger polen das Flash-Mode-Seismografensystem um. Aus den Körpersensoren werden Gewissensblitze gebildet. Flash-Mode-Zucken ereilt den Systemmenschen bei Fehlern im System und dieses Zucken nennt der Systemmensch Schuld oder Scham.

Diejenigen Menschen, die entflammt für eine Idee leben, eine Wissenschaft, eine Religion oder eine politische Bewegung, können ihren Körper darüber vergessen und so in Harmonie mit ihm leben. Alle typischen Computermenschen sind anfällig, quasi körperlos zu sein. Bei ihnen zuckt es im Seismografensystem, wenn der Computer zuckt. Bei mir als Mathematiker zuckt es schrill alarmiert durch alle Eingeweide, wenn ich einen Fehler in einem meiner „Beweise“ finde.

Diejenigen Menschen, die glückliches epikureisches Wohlbefinden lieben, müssen dann notgedrungen dem System trotzen, in dem sie leben. Sie spüren einen ungeheuren Freiheitsdrang in sich. Sie wollen frei sein, im Einklang mit den Sehnsüchten des Körpers zu leben. Sie können dem System Widerstand leisten, es herausfordern wie Aristipp oder das System meiden wie Epikur.

Besser wäre es, wir verstünden, was da in uns ist.

Wenn wir die Seismografik in uns als eine Art Computerverfahren begreifen könnten, dann könnten wir es in uns erziehen, heranbilden, wie wir es brauchen. Heute stellen wir fest, dass Kindheitstraumata, Vergewaltigungen, Verlassenwerden, Tode um uns herum, Unfälle, schwere Krankheiten, starke Verhöhnungen, Versagenserlebnisse, Niederlagen, Siege, Glücksfälle in uns Flash-Mode-Erregungen in Gang setzten, die wir lange mit uns herumschleppen. Ein nur *einmaliges* Erlebnis baut eine Art neuen Warnrechner in uns hinein, der uns weiterhin begleitet. „Immer, wenn ich seitdem im Dunkeln gehe und ein Geräusch höre, zuckt es in mir, und ich denke, es ist *er*. Ich kann es nicht abschalten. Es ist immer da. Wenn ich diesen Blitz spüre, geht es ins Mark, lähmendes Entsetzen. Ich kann es nicht los werden." Wenn es möglich wäre, damit umzugehen! Heute hören wir nicht hin, wenn der Körper ruft, und wir arbeiten weiter, bis zum Burn-out. Oder wir schlagen bildlich gesprochen Kindern die Zähne in den Rachen, damit sie es sich „merken fürs Leben". Das Problem dabei ist es, dass es sich nicht unbedingt nur der Verstand merkt, sondern das Flash-System, also der Körper. Und da ist das Problem! Da, wo wir noch nicht wissen, wie wir es behandeln müssten. Wenn also psychische Störungen im Körperseismografensystem wären, wie sollen wir sie beheben? Durch Bewusstmachen im Verstand, wie die Psychoanalyse das meist erfolglos anstrebt?

Ich kann zum Beispiel nicht tanzen, obwohl ich fast glaube, ich könnte ziemlich alles, wenn ich nur wollte. Beim Abschlussball meines Tanzkurses, als ich 14 Jahre alt war, hat mir ein Nahestehender für mein Leben echt weitergeholfen: „Du tanzt mathematisch, wie wenn du es nur im Hirn begriffen hast. Es sieht aber nicht wie Tanzen aus. Es ist nicht einmal klar, ob du das im nächsten Kurs wegbekommst." Davon habe ich bis heute ein Trauma. Es ist mir völlig bewusst. Ich glaube dem wehen Hinweis meiner Tanz liebenden Frau, dass ich wohl endlich, irgendwann tanzen lernen könnte. Ja. Aber der Blitz damals! Das in den Kopf schießende Blut! Die blitzartig aufsteigende Scham vor meiner Ballpartnerin, mit der ich dann wohl mehr metronomisierte als tanzte! Die sechswöchige absolute Panik vor dem Abiturball Jahre später, zu dem mich meine Eltern und die Schule oder eben das „System" hinzwangen! Ich habe einmal in der Bielefelder Uni-Mensa Hasenragout gegessen. Eilig habe ich einen großen Happen genommen. Beim ersten Zubeißen war es seltsam weich, ganz furchtbar weich, aber doch fest. Es war ein Stück Fell. Können Sie nachspüren, in Ihrem Körper, wie das ist? Dieses Gefühl des Fells im Mund spüre ich noch heute. Ich sehe sofort die Mensa vor mir, die angeekelten Gesichter um mich, den Angewiderten. Meine Körperseismografen zucken wieder jetzt beim Schreiben. Oder soll ich erzählen, wie ich als kleines Kind barfuß auf eine dicke rote Nacktschnecke trat, so dass sie zerquoll? Schneckenschleim ist so irre schleimig, dass man ihn kaum abwaschen kann! Genau so wie die aufgeplatzte Schneckenhülle an meinem Fuß bleibt das „mathematische Tanzen" in mir für alle

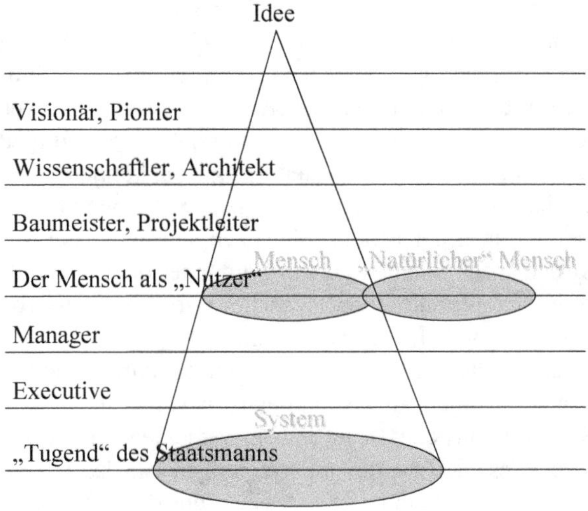

Abb. 1.4 Verschiedenheit von Menschen

Zeit. Ich kenne oben im Hirn die Biologie der Schnecken und des Hasen sowie alle Tanzschritte aus einem Ratgeber. Aber der Körper spürt Grauen. Hirnbewusstsein hin und her. Verstand hin und her, links oder rechts im Gehirn.

Das Gespür oder das Gedächtnis im Körper wird in unserer Kultur nur ernst genommen, wenn es um Belohnungen und Strafen, also um wirksame Konditionierung geht. Menschen werden herabgewürdigt, gescholten, geschlagen, übertrieben gelobt, gestreichelt, geküsst. Diese Einflussnahme auf unsere Körpersensoren soll die Heranbildung und Stabilisierung unserer Vernunft unterstützen und beeinflussen. Die richtigen Menschen zwingen die Körper in das System. Die wahren Menschen zwingen den Körper, der Idee zu folgen. Pflicht, Verzicht, Beharrlichkeit, Streben, Gehorsam, Loyalität sind „richtig“, Askese, Einsiedlertum, Mönchsleben, Wohnungen ohne Fernseher sind „wahr“.

Niemand aber geht so weit, in dem Körpergespür eine lebensfähige eigene Intelligenz zu suchen oder sehen zu wollen. Ich kenne einige Unternehmer, deren Kredo so lautet: „Verstand? Vernunft? Letztlich ist alles Kampf!“ Also ist da doch etwas anderes als Verstand? Spürt unsere Körperintelligenz mit? Ist „Kampf“ eben nur einer der amateurhaften Ansätze, den Körper etwas zu lehren? Ich will Ihnen anhand eines mathematischen Identifikationsmodells im nächsten Kapitel glaubhaft machen, dass es neben den richtigen Systemmenschen (gleichnishaft den Aristotelikern) und den wahren Ideenvertretern (gleichnishaft den Platonikern) noch eine dritte, „unbekannte“ Art von Menschen gibt: Die, die virtuos mit ihrem Seismografensystem umgehen können, die mehr im Körper ruhen und denken. Im Gleichnis: Epikureer, Aristippiker. Diese natürlichen Menschen ordnen sich nicht in die Systeme ein, soweit der Körper dieser Menschen nicht befriedigend in die Systeme integriert ist.

Menschen, die mehr ihren Seismografen oder ihren Impulsen trauen, sehen sich nicht als Jünger einer Idee, auch nicht in der Verantwortung für ein System. Sie leben in einer Systemumwelt, mit der sie zurecht kommen (Abb. 1.4).

Sie sehen sich selbst als natürlich an und würden sich als „freie oder natürliche Menschen“ bezeichnen, weil sie sich in ihrem Selbstgefühl frei vom System und frei von Ideologie verstehen. Sie sehen in Ideen zum Teil brauchbare Richtlinien, mehr nicht. Sie unterwerfen sich den Systemen, so wenig wie möglich. Sie rebellieren oft, zanken, streiten, um frei und natürlich zu bleiben. Sie fügen sich nur murrend ein. Sie leben im System, so gut sie können. Sie leben im System, akzeptieren es aber als solches nicht im Prinzip. Sie arbeiten im System mit, sehen aber keine Heiligkeit in der Pflicht. Sie sehen sich wie freie Mitarbeiter neben Beamten des Systems. Sie arbeiten genauso gut, aber ohne systemgebunden zu sein. Diese freie Haltung des natürlichen Menschen wird besonders von den richtigen Menschen beargwöhnt bis schwer übel genommen.

Die Systemmenschen versuchen deshalb, die natürlichen Menschen in das System zu zwingen, sie also in gewisser Weise zu versklaven. Das gelingt nicht. Wenn Sie ein natürliches Kind haben, verstehen Sie sicher, warum es Ihnen persönlich trotz Riesenaufwandes *nicht* gelungen ist: das Hineinziehen Ihres Naturkindes in das System. Es liegt daran, dass wir uns den natürlichen Menschen nicht als solchen denken, ihn uns nicht vorstellen, ihn nicht für eine mögliche akzeptable Alternative halten.

1.2.7 Identität und Typenbildung („Wir müssen uns differenzieren!“)

Unsere Gesellschaft ist ein System. Das System versucht offiziell, alle Menschen gleich zu behandeln, weil das bis in die heutige Zeit die einzige Art ist, die wir systematisch finden. Wir denken in Termini wie Gleichheit vor dem Gesetz, Chancengleichheit oder „jeder hat eine Stimme“. Der optimale Mensch ist so etwas wie jemand mit einem 1,0-Abiturzeugnis. Überall gleichmäßig gut. Es ist ein Mensch, der immerfort gleichzeitig mit der rechten und der linken Gehirnhälfte denkt und seine Triebe im Griff hat.

Schöner, idealer Einheitsmensch.

Die wichtigste Idee des richtigen Systemmenschen ist die, dass das Systematische das Richtige ist.

In Wirklichkeit spezialisieren sich die Menschen. Sie werden Stahlarbeiter, Banker, Küstenschutzmitarbeiter, Mathematiker, Archivare, Sekretäre, Hausmänner, was auch immer.

Menschen bilden eine Individualität heraus.

Ich habe mich in meinen bisherigen Büchern und in meinen Forschungen lange Zeit mit solchen so genannten „Typenbildungen“ beschäftigt. Ich bin heute ganz sicher, dass es zwar relativ viele verschiedene Menschen gibt, dass man aber ihre verschiedene Art auf ganz wenige Prinzipien (platonsche Ideen) zurückführen kann. Diese Prinzipien versuche ich hier noch einmal in einen mehr philosophischen Kontext einzubetten.

Menschen sehen sich selbst mental als „Naturmenschen“ in einer gegebenen Umgebung oder sie stehen an einer bestimmten Stelle des Lichtkegels, also im Sinnspektrum von der Idee bis zum System (oder vom System zur Idee). Implizit ist diese innere Einstellung stark mit der Nutzung der inneren „Rechenmaschinen“ verbunden, mit den „Gehirnhälften“ etwa oder den Körperseismografen. Die Ideennahen finden das Kreative, Neue, Schöne, Wunderbare wichtig, die Systemnahen das Gleichmäßige, Zuverlässige, Pflichttreue, Bemühende. Die Ideennahen verwenden ihr Leben für die Idee, die Systemnahen für die Gemeinschaft. Die Glückanstrebenden können noch richtig spüren, was ihr originaler, unzerbrochener Körper als Ganzes zu ihnen sagt. Sie müssen sich mit den Ideen und vor allem mit dem System arrangieren, also so viel Freiheit für sich gewinnen, wie es nur irgend geht.

Ich bespreche hier im Buch noch andere Differenzierungselemente des Menschen. Wie verhält er sich zu seiner Umwelt? C. G. Jung hat in seinem Werk *Psychologische Typen* die Begriffe Introversion und Extroversion eingeführt. Introvertierte Menschen sind mehr auf sich selbst bezogen, extrovertierte mehr auf ihre Umwelt. Ich bespreche die zugehörigen Lebensstrategien in einem eigenen Kapitel. Es gibt danach Menschen, die mehr wie in einer uneinnehmbaren Festung leben, solche, die wie ein Zaunkönig klein, geduckt und unscheinbar von den Feinden nicht beachtet werden wollen, solche, die wie Jäger in die Wildnis des Lebens ziehen, um Beute zu machen, und schließlich solche, die ihre Umgebung zu beherrschen trachten.

Und zuletzt zeigen die Menschen gewisse Spezialisierungen, ihre Aufmerksamkeit auf bestimmte Elemente ihres Lebens zu richten. Es gibt Menschen als „Denkende“, die Systeme ersinnen oder betreiben. Es gibt „Fühlende“, die Liebe und Freundschaft zu anderen in den Mittelpunkt stellen oder die in Gemeinschaften helfend und fördernd wirken. Es gibt Künstler, Wissenschaftler, Sportler.

Es gibt so viele verschiedene Lebensräume.

1.2.8 Sinnprioritäten wechseln und entstehen neu

Wenn wir unser Unternehmen Mensch im wirklichen Leben starten, bauen wir es nicht gerade auf eine grüne Wiese. Wir werden erzogen, wir beginnen das Leben in unserer Gesellschaft, und die Zeiten sind immer andere.

Das, was am wertvollsten ist, wechselt.

Das, was für uns selbst am wertvollsten ist, wechselt ebenfalls!

Als Kind war ich sehr schüchtern, was mir heute niemand mehr glaubt. Ich stand meist an der Seite und schaute den Kindern eher beim Spielen zu. In der Grundschule hatte ich Bestnoten. Die Lehrerin besprach sich mit meinen Eltern. „Er soll mitspielen!“ Das ging mit der Zeit besser. Man glaubte damals, es hinge mit einer erfolgreichen Mandeloperation zusammen. Ich habe wohl noch nie jemanden wirklich geschlagen, außer manchmal Margret, meine Schwester, die ein natürlicher Mensch ist und Chirurgin wurde. Viel, viel später machten die Beobachter beim Manager-Assessment noch besorgte Gesichter über den Prof. Dr. Dueck, der sich durch völligen Mangel an echter Aggressivität auszeichnete, was sie bedenklich bezüglich seiner Laufbahn stimmte. („Wenn Sie die akademischen Titel nicht hätten, vor denen in diesen zwei Prüfungstagen eine gewisse Ehrfurcht aufkam … in einer Welt der Irrationalität haben Sie keine Chance. Und das Leben *ist* irrational. Das aber können Sie mental nicht verstehen, weil Sie …"). Ich hatte also vor anderen Kindern eher Angst. Ich wurde nicht gerade verhauen, aber ich fürchtete mich ein wenig. Dies hielt bis zur achten, neunten Schulklasse an. Von da an versorgte ich meine Mitschüler mit völlig richtigen Latein- und Mathematikhausaufgaben. Als Fahrschüler vom Dorf war ich zuverlässig eine halbe Stunde vor Schulbeginn da. Ich fühlte mich mindestens geduldet, ich wurde ruhiger.

Ich will sagen: Am Anfang wäre es gut, man wäre stark. Am Anfang wäre es gut, man würde geliebt. Später scheint es doch besser zu sein, man wüsste viel. Oder wenn man sich auf das Schöne verstünde und malen oder musizieren könnte. Und dereinst wird es für uns am wichtigsten sein, beherzt effektiv zu handeln und zu führen.

Vielleicht haben Menschen, die als Kleinkind stark oder schön sind oder immer gestreichelt werden, Pech? Vielleicht verbeißen sie sich zu sehr in die Vorstellung, Kraft oder Verwöhntwerden sei das Wichtigste? Ich bin da nicht so sicher, aber wir alle haben manches in unserem frühen Leben besser gefunden als manches andere. Unser „Unternehmen Mensch" hat am Anfang noch kein Business-Modell, kein Produkt, keine Strategie. All das wird langsam gefunden.

Die Menschheitsgeschichte zeigt als Ganzes eine ähnliche Entwicklung. In der frühen Zeit kämpften die Menschen miteinander. Es war das Zeitalter der Helden oder Heroen. Achilles war der Größte der Helden. Aber schon in der Ilias kam es letztlich auf Odysseus an, der eben auch klug war. In den wenigen hundert Jahren von Homer bis zu Sokrates stieg das Denken und der Geist zum Höchsten im Menschen auf. Die Helden mussten in die zweite Reihe.

Mit Christus' Erscheinen auf der Erde begann die Menschheit, den Wert der Liebe zu begreifen. Das Höchste verlagerte sich, wie ich oben anführte, mehr auf diese Liebe zum Menschen und besonders auf die Liebe zu Gott selbst.

Die unsterbliche Seele, Sitz des Ewigen im Menschen, wurde mehr zu einem Sitz des unsterblichen Liebenden im Menschen. Wir begannen, Geist und Seele zu haben. Getrennt. Und wir stritten, was den Vorrang genießen solle.

In diesem Sinne entwickelt sich die Menschheit weiter. Sie erschließt neue Sinnelemente im Menschen, so wie wir als Kinder in neue Wertwelten hineinwachsen.

1.2.9 „Neue" Sichten: Über Ästhetik und „Ktisis"

Die Philosophie kennt *heute* neben Geist (Verstand, Vernunft, Wahrheit, Logik) und Ethik (Herz, Liebe, Moral) als Teildisziplin auch noch die Ästhetik, eben die Theorie der sinnlichen Wahrnehmung. Das war nicht immer so. Platon verdächtigt den schönen Schein der Kunst noch der Unwahrheit. Und Platon lässt Sokrates in Platons Dialog Ion sprechen: „Wie nämlich die korybantisch Verzückten bei ihrem Tanz nicht bei Sinnen sind, so sind auch die Lyriker nicht bei Sinnen, wenn sie ihre schönen Lieder dichten, sondern sobald sie in Harmonie und Rhythmus geraten, sind sie in bacchischer Besessenheit befangen."

Das Sinnliche überhaupt wurde ja im Vergleich zu Verstand und Vernunft immer sehr kritisch gesehen. Ist sinnliche Wahrnehmung Wahrheit? Bezieht sich Schönheit nicht auch auf die Schönheit der Frau und damit auf ein nicht so sehr philosophisches Feld?

Als Bürger des nun angehenden 21. Jahrhunderts würde ich dennoch so ganz spontan vermuten, dass ein Grieche oder ein Römer schon einmal ein Buch über Ästhetik geschrieben hätte. Dort könnte ich mich informieren, was Schönheit an sich seit Alters her bedeutete.

Geht Ihnen das auch so? Oder wissen Sie, wer das erste Buch über Ästhetik schrieb?

Es war kein Römer, kein Grieche. Es war Gottlieb Baumgarten.

Die eigentliche Konstitution der Ästhetik als philosophische Teildisziplin vollzieht Gottlieb Baumgarten. Er liest das erste Mal in der Geschichte der Philosophie *Ästhetik* an der Universität. Seine Vorlesungen beginnen 1742. Sein Hauptwerk, die Aesthetica, erscheint als dickes Buch 1750 in lateinischer Sprache. In dieser Zeit erscheinen schon Werke anderer Autoren in deutsch, die Baumgartens Ansätze eher bekannt machen als sein eigenes Werk. Baumgarten begründet die Ästhetik als Philosophie der sinnlichen Erkenntnis. Der Gegenstandsbereich einer Theorie der Sinnlichkeit reicht nach Baumgarten von den einfachsten Sinnesregungen im Kinderspiel über eine Psychologie der Wahrnehmung bis hin zur künstlerischen Praxis. Das wird die idealistische Philosophie bald wieder einschränken, die Ästhetik nur noch als Philosophie der schönen Kunst sieht.

Ästhetik im heutigen Sinne gibt es also seit etwa 1750. Kant schrieb bald nach Baumgarten Monumentales darüber, Schiller antwortete darauf mit *„Anmut und Würde*". Hegel, Schopenhauer, Heidegger dachten maßgeblich über Ästhetik nach, Adorno in neuerer Zeit.

Es hat natürlich auch *vor* 1750 eine Menge Gedanken zur Ästhetik, zur Kunst, zur Schönheit und zur Baukunst gegeben, sicherlich. Ich meine nur: Es ist bedeutsam, dass es Ästhetik als eigenständigen Zweig der Philosophie erst seit diesem späten Datum in unserer Geschichte gibt. Es ist ein Zeichen für mich, dass die Menschheit ihre Sinnprioritäten langsam über die Zeit neu ordnet.

Wissen Sie, was an der Ästhetik wirklich noch fehlt?

Bitte lachen Sie nicht gleich, geben Sie dem folgenden Gedanken eine Chance.

Wir haben dem Verstand eine Stelle in unserem Körper gegeben. Wir spüren den Geist in uns, er wird wohl im Gehirn sein. Wir sagen, wir hätten eine Seele, die für viele von uns eine Idee ist, die unsere Liebe und unsere inneren hohen Werte symbolisiert. Die Seele ist „das Innere" und wir stellen sie uns im Herzen vor, auch wenn wir nach den Herztransplantationen genau wissen, dass sie da nicht sein kann. Die Wahrheit verbinden wir mit dem Geist. Das Ethische verbinden wir mit dem Herzen und der Seele. Und womit verbinden wir Ästhetik? Mit dem Auge vielleicht, aber das ist nicht symbolisch genug, nicht wahr?

Der Ästhetik fehlt etwas Symbolisches, damit wir sie uns als Idee vorstellen können.

Leider ist 1750 wohl so sehr spät gewesen, dass wir schon zu rational waren, um noch ein symbolisches Inneres wie Geist und Seele in uns zu spüren. So heißt es heute immer: Sinn für Musik, Sinn für Schönheit, Sinn für Architektur. Ich bin sicher, dass in den Kunstwerken so etwas wie ein Inneres liegt oder hineingelegt ist. Das können Menschen nicht sehen, die keinen Sinn für Kunst haben. Denken Sie an den „Schrei" von Munch, dieser geöffnete Mund auf dem Bild. Wir müssten etwas wie ein Pendant zu Seele oder Geist erfinden. Für Ästhetik. Wir müssten sie mehr emotional im Normalkörper verankern.

Diese Unterlassung wird bestimmt auch bei allen weiteren Neuerungen in der Sinngeschichte der Menschheit begangen werden, die es *nach* der Ästhetik noch geben mag. – Ja. –

Gibt es denn wieder einmal solche Neuerungen?

Ja! In diesen Jahrzehnten gibt es wiederum einen Anlass, die Philosophie zu erweitern.

Es dauerte zwei Jahrtausende, bis man radikal sagen konnte: L'art pour l'art, Kunst um der Kunst willen. So sehr lange dauerte es, bis die Richtung des Ästhetizismus die Autonomie der Kunst erklärte und das Schöne und Kunstschöne zum höchsten Wert an sich erhob.

Nun scheint mir Ähnliches auf dem Gebiet der Technologie zu geschehen. Die Technologie im Dienst der Menschen ist so alt wie unsere Bewunderung für Schönheit, aber in den letzten Jahrzehnten nimmt die Technologie von unserem Innern Besitz. Wir erfinden um die Wette und erschaffen virtuelle Welten. Geist und Seele erblassen.

Was heute zählt, ist dies: Vorstellungskraft des Zukünftigen.

Das Gründen, Neuerschaffen, das Erfinden, die Neulandgewinnung im Realen und Virtuellen nimmt selbstzweckartigen Charakter an, obwohl es natürlich oberflächlich so aussieht, als geschehe es des Geldes wegen. NEU ist das Zauberwort unserer Zeit, nicht so sehr wie früher: ordentlich und richtig, moralisch und gut oder schön.

Kommen wir mit der Technologie in ein neues Zeitalter? Brauchen wir nach Heroik, Logik, Ethik, Ästhetik immer wieder neue Philosophien neuer Kräfte in uns Menschen?

Diese Mosaikbilder habe ich im Internet gefunden:

Das erste ist im Original im Metropolitan Museum of Art (1000 Fifth Ave., New York) zu finden: „Personification of Ktisis (Foundation), first half of 6th century; early Byzantine". Ich schreibe genau diese Zeile, während in den Nachrichten die Trauerbotschaft vom Anschlag auf das World Trade Center in New York immer und immer wieder mit dem zusammenstürzenden Türmen gezeigt wird. Dieses Museum, dachte ich bei mir, liegt gar nicht so weit … Für heute höre ich mit dem Schreiben auf. Ich denke an den Film „Apocalypse Now". Marlon Brando sagt: „Das Grauen. Das Grauen!" (Abb. 1.5).

Und aus dem Apollotempel von Kourion ein weiteres Mosaik (Das Wort Ktisis steht hinter dem Frauensymbol wie auch die erste Hälfte davon im oberen Bild) (Abb. 1.6):

Abb. 1.5 Mosaik der Göttin Ktisis I

Abb. 1.6 Mosaik der Göttin Ktisis II

Es sind Sinnbilder der Ktisis. Ktisis steht im Griechischen für Schöpfung, Akt oder Vorgang des Erschaffens, für Gründung und das Geschaffene selbst. Ktisis wird im Bild mit dem Längenmaß eines römischen Fußes dargestellt. (Ktisis kommt als Wort in der Originalfassung der Bibel vor und es gibt Streit, wie es übersetzt werden soll: Geschöpf oder Schöpfung? Das macht einen gewaltigen Unterschied!).

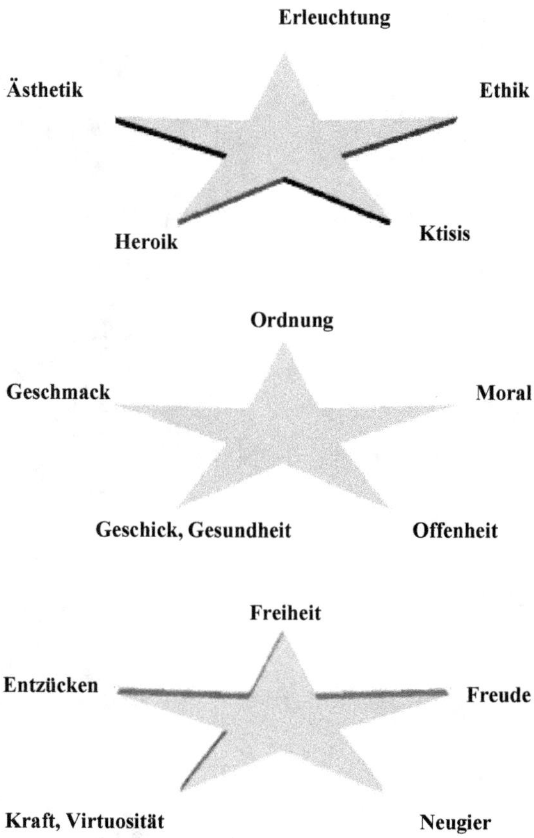

Abb. 1.7 „Sinnsterne" verschiedener Menschen

Wie wäre es also mit der Vorstellung, es gäbe bald Ktisistik? Das klingt immerhin so komplex wie die Technologie selbst.

Das sind Wortspiele. Ja. Ich will aber damit deutlich machen, dass wir weitergehen in unserer Geschichte und damit auch in unserer Philosophie. In manchen von uns ist heute Ktisis.

1.2.10 Eine vorläufige Philosophie der drei Sinnsterne

Im Grunde bewegen uns also heute Wahrheit, Liebe, Schönheit, die Zukunft und immer wieder unser Körper, den wir früher mehr zum Heldentum und zur Tapferkeit vorzeigen mussten.

Ich möchte Ihnen in diesem Buch vorschlagen, einmal in Termini von fünf „Lichtbereichen" nachzudenken: fünfmal „von Idee zu System und daneben das zugehörige natürliche Körperempfinden".

Zur Einführung stelle ich alles in drei Sinnsternen dar, die „alles Gesagte bildhaft machen" (Abb. 1.7):

Der erste Stern steht für das Abstrakt-Ideale des wahren Menschen.

Der zweite ist mit den entsprechenden konkreten Kategorien beschriftet, die den Idealen entsprechen. Der intuitive Idealist befasst sich zum Beispiel mit reiner Wahrheit oder mit der Ethik an sich. Der analytische Denker als der richtige Mensch definiert konkret oder logisch-analytisch, was richtig oder anständig sein soll. Der Intuitive weiß um die Wahrheit, der Konkrete weiß, was in Ordnung, korrekt, erlaubt und moralisch ist. Der Intuitive versteht Schönheit, der Konkrete weiß, was genau geschmackvoll ist und was nicht.

Im Körper spürt man Ordnung wie Freiheit. Jeder Mensch ist frei. Das ist definierte Ordnung genug. Fairness im Umgang ersetzt das Gesetz. Der Körper signalisiert Entzücken, wenn ihm Dinge gefallen. Er spürt innen Freude. Es ist kein Systemwissen um Moral oder intuitive Erkenntnis der Liebe an sich. Der Intuitive weiß um das Kreative, der Konkrete ist offen gegen Neues, im Körper spürt man es wie Aufbrechen oder Anpacken, eben wie pure Neugier.

Die Sterne symbolisieren die Sinnräume der drei Computer in uns: die des neuronalen Netzes, die des internen PC, die des gespürten Seismografensystems. Es sind die Sinnsterne oder Sinnrichtungen des wahren, des richtigen und des natürlichen Menschen.

Der obere Stern ist wie einer von Platon, der zweite einer wie von Aristoteles oder Zenon (Stoa), der dritte einer wie von Epikur/Aristipp. Das stimmt so ganz genau natürlich nicht. Ich gebe es Ihnen nur als erste eingängige Vorstellungsmetapher.

Viele von uns führen ein Menschendasein, das sich vorzugsweise oben, in der Mitte oder unten und dazu insbesondere an einem der Zacken ansiedeln lässt. Es gibt Menschen für Ordnung, für Moral, für Kunst, für Technologie, für Freundschaft, für Freiheit. Ich schätze nach meinen Beobachtungen und nach langen Streitdiskussionen über dieses Thema, dass vielleicht zwei Drittel der Menschen relativ eng an einem der Zacken ihr „Lebenshauptanliegen“ finden, also dass diese dort hauptsächlich ihr Leben „verbringen“.

Meine Behauptung ist also: Es gibt fünf Basisrichtungen, auf die sich ein Leben zuspitzen lässt. Der wichtigste Differenzierungsfaktor aber scheint mir zu sein, ob sich ein Mensch mehr im Abstrakten, mehr im Konkreten oder mehr im Körperlichen ansiedelt. Insbesondere die Frage, was gut oder hervorragend oder nur o.k. ist, wird von den Abstrakten anders behandelt als von den Konkreten und von den Natürlichen wieder anders (Abb. 1.8).

In der Nähe der Idee geht es natürlich um das tiefe Verstehen der Idee, um Kreation, um Schöpfung von Idealem. Der Wert eines Werkes oder einer Tat wird intuitiv (die Konkreten schimpfen es: subjektiv) erfasst.

Die konkreten Menschen aber in der Nähe des Systems bewerten das Maß des Erfolgs nach den Kriterien des Systems oder nach den vorher fixierten Erwartungen der Oberen oder der Auftraggeber.

Im ersten Fall geht es um Wiedergabe der Idee, im zweiten um Perfektionierung.

Wenn Joan Baez singt, geht es um die Idee. Michael Jackson ist perfekt. Bach ist perfekt. Mozart ist Idee oder Genie.

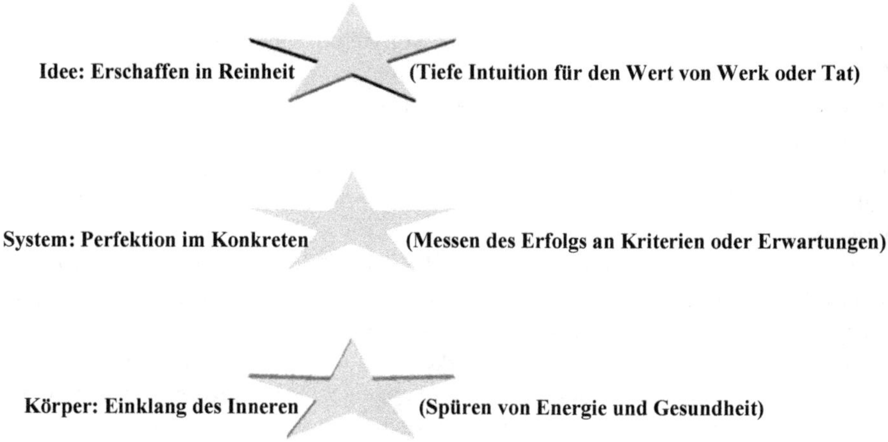

Abb. 1.8 Verschiedene Sinnprioritäten

Der Körper spürt das Richtige als Energie oder Gesundheit, als Einklang, als Abwesenheit von Warnungen der Seismografenausschläge. „Ich habe mich beim Tanzen voll ausgegeben. Es war so gut. Ich habe alles um mich herum vergessen, alles war wie von selbst. Ich war das selbst."

Warum der Stern fünf Zacken hat? Für *mich* hat er heute *fünf*. Ich habe sehr lange darüber nachgedacht. Sehr lange. C. G. Jung hat um 1920 in seinem Buch *Psychologische Typen* vorgeschlagen, die Menschen in Denkende und Fühlende einzuteilen. Wahrscheinlich fällt die Mehrzahl der Menschen in eine dieser beiden Kategorien, ordnet sich also in den obigen Sternen bei Ordnung, Moral, Wahrheit/Logik und Ethik ein. Die Orientierung am Körper wird seit Epikur geächtet. „Körperspürende" wird es in Reinform nicht oft geben. (Ich habe Ihnen am Anfang des Buches schon vorblickend, auf diese Stelle hier, die Studentin zitiert, die ihr Leben der Fliegerei widmen will!) Die Ästheten sind in einer Minderzahl. Die Zukunftsträumer ebenfalls. Aber die Welt ändert sich gerade!

Sie ändert sich sogar zurzeit sehr stark. Denken Sie an das Fernsehen, an die Videoclips, die Musiksender, denken Sie an das Werbefernsehen, das zum Teil wirkliche erlesene Ästhetik bietet. Die Sehgewohnheiten ändern sich dramatisch. Das Internet kommt dazu, mit neuen ungeahnten Möglichkeiten. Die Markenartikelindustrie bringt uns den bodennahen Geschmack bei. Wir werden dressiert, gut auszusehen, gut zu riechen, gut zu essen, prestigeträchtige Autos zu lieben. Wir träumen von Statussymbolen, vom eigenen tollen Image (= Bild wie Sehen und Auge!). Manche seufzen schon, dass die gut aussehende Fassade oder die Form den Inhalt dominiere. „Der Song ist schlecht, der Text trivial, aber diese Frau ist eine Wucht und der Clip dazu der helle Wahnsinn!" Es geht immer darum, gut auszusehen, in jeder Beziehung.

Die Wirtschaft wird von Wellen von Neuem überrannt … die Kraft, sich die Zukunft vorstellen zu können, wird zu einer sehr gesuchten Fähigkeit. Ein „War of Talents“ wird geführt. Der Kampf um die besten Köpfe entbrennt.

Im echten Leben geht es mehr um das Neue und das Aussehen, nicht so sehr um Moral oder Ordnung. Die Ordnung brauchen wir als Menschen nicht mehr, die übernimmt der IBM Mainframe-Computer. Davon schrieb ich viel in meinen ersten Büchern. Die Ordnung und auch die Moral werden zu untrennbaren Bestandteilen der Systeme.

Wir brauchen Ordnung und Moral und ihre Systeme wohl nicht mehr so stark. Computersysteme regeln das. Heroen brauchte man früher, heute haben wir Waffensysteme. Menschensysteme werden durch Maschinensysteme ersetzt. Während die Heroik schon lange dem Geist und der Seele Platz machen musste, werden heute Moral und Ordnung alt. Das Neue und das Gut aussehende werden wach und beginnen zu dominieren. (Davon handelt im Prinzip mein Buch *E-Man.*) Die Zacken am Sinnstern variieren in der Zahl und in der Bedeutung. Und ganz aktuell weil das Gut aussehende zu herrschen beginnt, müssen wir uns wieder „Fit for Fun“ machen, am besten zu Muskelpaketen schinden oder einfach Dopingpillen schlucken. Der Körper kommt, die Spaßgesellschaft erblüht. „Klasse!“, sagen wir.

Das, was das Höchste ist, ändert sich jetzt.

Das war eine lange Einleitung. Jetzt gehen wir in allem eine Stufe tiefer.

Dieses Kapitel erklärt die drei Hauptarten von Menscher nach ihrem „Hauptrechner" im Innern. Kennen Sie di(K. Rowling? Hermine ist der richtige Mensch. Harry] Mensch und Ron ein natürlicher. Harry steht für die Visi Hermine bewegt alles „dorthin" und Ron ist der tapfere I in denen es um alles geht.

2.1 Über richtiges und wahres Denken

Ich habe es schon in der Einführung über PC-Denken unc Es gibt verschiedene Ansätze, das Leben zu meistern. Der S System, der Intuitive im Licht der Idee. Diese Erkenntnis n vertiefen. Ich kratze für Sie ein wenig an der Oberfläche der derhole für Sie ein paar Weisheiten über unseren normalen C(nach ein bisschen über neuronale Netze. Viele Menschen, vi(es, mit Computern verglichen zu werden. Das finde ich nicht ist unbewusst genau so gebaut worden, wie wir uns selbst i(Das ist doch sonnenklar! Wie hätte man ihn sonst bauen k(selbst für Gottes Ebenbild – und da wäre uns eine bessere Id(wir Computer bauen könnten?

Erst nach der Diskussion des Systematischen gegen das dem Flash-Mode fort, mit der mathematischen Erklärung d das unseren Körper zur Wallung bringen kann, damit er fü in die richtige physiologische Konstitution gebracht wird (' sauer, bitter, dumpf, begeistert). Ich beschließe dieses erste in Kap. 3 mit verschiedenen Varianten, wie Menschen strate; Denkverfahren im echten Leben umgehen.

Ich beginne zur Verdeutlichung mit zwei Beispielen aus d die Sie noch lächeln können, obwohl sie schon ziemlich v allgemeinen Sachverhaltes mitbringen.

G. Dueck, *Omnisophie-Trilogie*,
DOI 10.1007/978-3-642-34877-8_2, © Springer-Verlag Berlin Heidelb

Zuerst über die Idee eines Mantels: Ein Mantel schützt und wärmt.

Ich habe bei einem Spaziergang die folgende köstliche Diskussion verfolgt. Es war Winter, sehr kalt, wundervolle Sonne, Schnee. Der Mann hatte schon vor einigen Metern gestöhnt, dass ihm unsäglich warm sei, trotz der barbarischen Kälte. Er fühle, sagte er, bestimmt schon den Frühling im hellen Lichte. Er blieb dann stehen und zog den Mantel aus. Er ging weiter, den Mantel unterm Arm. Die Frau protestierte. „Es ist kalt und da zieht man den Mantel an. Du wirst dich erkälten." – „Mir ist warm. Deshalb ist es unsinnig, einen Mantel zu tragen." – So weiter streitend stapften sie durch den Schnee. Die Frau wurde verkniffener, der Mann verbissener. Sie appellierte an sein Pflichtgefühl, er aber argumentierte mit der Freiheit, den Sinn des Mantels zu respektieren. In diesem Moment kam uns allen von weitem eine ziemlich große Wandergruppe entgegen. Die Frau rief empört: „*Alle* haben einen Mantel an! Alle! Sieh doch!" Der Mann erwiderte, dass dies nichts daran ändere, dass ihm *persönlich* sehr warm sei, in welchem Falle das Manteltragen sinnwidrig wäre. Dann lief die Wandergruppe an uns im Schnee vorbei. Etliche zehn Menschen. Alle hatten den Mantel an. Noch schrecklicher: Alle, wirklich alle trugen ihn hochgeschlossen. Die Frau kochte. „Siehst du, alle im Mantel." Der Mann war blass geworden. Er zog den Mantel wieder an.

Ein natürlicher Mensch hätte gesagt: „Ich ziehe an und nicht an, wie ich will. Jeder ist darin frei. Es hat mit dem Sinn eines Mantels nichts zu tun, nur mit mir, wie ich mich fühle."

Oder folgendes Beispiel? Über den Glauben:

> „Mein liebes Kind, ich möchte dir etwas ins Stammbuch schreiben. Wenn wir in die Kirche gehen, sprichst du beim Glaubensbekenntnis bitte laut mit." – „Ich habe bewusst nur geflüstert, weil ich nicht richtig glaube. Ich habe ein sehr schlechtes Gefühl dabei. Ich finde selbst, ich *sollte* glauben. Aber ich glaube, glaube ich, nicht." – „Es ist trotzdem Sitte, laut zu bekennen." – „Zum Donnerwetter, verstehst du nicht! Ich glaube nicht! Es tut mir ja selbst weh! Aber ich glaube nicht!" – „Darauf kommt es nicht an. Das Glauben an sich musst du mit dir selbst abmachen. Nur, bitte, in der Kirche sprichst du laut mit." – „Aber ich *glaube* nicht! Soll ich lügen?" – „Darauf kommt es nicht an. Wir sagen auch immer bitte und danke, jedes Mal, ganz egal, was wir fühlen. Das ist gut so. Du bist nicht allein, mein Kind. Wenn sich jeder so benähme!" – „Dann gäbe es keine Kirche mehr!" – „Das kann schon sein, mein Kind, aber wäre dann die Welt besser, wenn es das alles nicht gäbe? Du verstehst den *Wert* der Dinge nicht, mein Kind." – „Und du verstehst den *Sinn* der Dinge nicht." – „Du kannst nicht eins und eins zusammenzählen." – „Nein, dir ist alles eins."

Ein natürlicher Mensch könnte sagen: „Kirche macht keinen Bock. Macht es interessanter, dann komme ich. Ich ging mal eine ganze Zeit zur Kirche, als ich in ein Mädchen verliebt war."

Soll man ruhig sicher im Schutz eines wohldurchdachten funktionierenden Systems mit dessen unvermeidlichen Widersprüchen leben? Soll man das Tatsächliche verachten und nach nie wirklich erreichbaren Idealen streben?

Die idealistische Position sieht in der *Diskussion* meistens überlegen aus. Sinn! Idee!

Die empirisch-praktische Position *siegt* dafür, weil Ideen in Diskussionen gut sind, aber zu vage für praktische Rezepte.

(In mir meldet sich etwas, jetzt, beim Schreiben: Es ist ein wenig schwer für mich, die jeweiligen Positionen adäquat würdigend in der Waage zu halten. Das Idealistische schreibt sich besser. Der Idealist hat mehr als andere Lust zu schreiben, auf das Unerreichbare hin: „Ach, wärt' ihr nur alle so, wie ich es euch wünschte!“ Ich selbst bin sicherlich viel mehr Platoniker als Aristoteliker. Verstehen Sie mich bitte: Es ist schwer, die faire Sicht zu behalten, dem leidenschaftlich pochenden Herz zum Trotz. Verzeihen Sie mir, immer wieder. Ich denke eben doch meist mit der Gehirnhälfte, die für mich die rechte ist. Für mich selbst ist das Richtige nicht das Wahre. Für mich selbst ist das Wahre das Richtige. Immerhin empfinde ich es beim Philosophieren als Mangel, quasi hauptsächlich so und nicht anders zu denken; ich will damit also bestimmt nicht sagen, dass das Denken so am besten ist, wie ich es mache – obwohl ich es so fühle, natürlich. Das ist ja das Problem.)

Das Höhlengleichnis von Platon aus dem 7. Kapitel von *Der Staat* ist weithin berühmt. Ich habe mit mir gerungen, es hier zu zitieren, aber es sind etwa sechs bis acht Seiten. Außerdem ist die Höhlenkonstruktion nicht so richtig gut beschrieben, so dass man sich schon ordentlich beim Lesen auf eine Vorstellung konzentrieren muss. Ich versuche es hier mit einer eigenen adaptierten „Light-Version“:

In einer Höhle, durch deren Eingang Licht von außen einfällt, sind Gefangene mit Blickrichtung in die Höhle hinein angekettet, so sehr gekettet, dass sie sich nicht rühren können. Sie müssen immer nach unten und in die Höhle hinein schauen. Das Licht der Außenwelt sowie das Treiben der Wärter und der Welt in den oberen Stockwerken der Höhle nehmen sie ausschließlich als Schatten wahr. So haben sie weder vom Tageslicht noch von den Dingen, deren Schatten sie interpretieren, eine wirkliche Vorstellung.

Denken Sie sich kurz in diese Höhle hinein? Gut.

So. Jetzt binden wir in Gedanken einen der Gefangenen los und lassen ihn für kurze Zeit frei. Das Licht blendet ihn scharf, er sieht nun tatsächlich die Dinge, deren Schatten ihm davor genügen mussten. Kurz: Sein Bewusstsein erweitert sich um ganze Dimensionen. Das vorher Schattenhafte wird farbig-plastisch. (Für Mathematiker: Man sah „vorher“ nur eine Projektion auf einen niedriger dimensionalen Raum.)

Das Licht symbolisiert für Platon letztlich die Idee des Guten, um die das Philosophische rankt. Und das Licht ist am schwersten zu erreichen und zu durchdringen!

Stellen Sie sich nun vor, der kurz Freigelassene würde wieder angekettet und müsste wie zuvor weiterleben! Oder: Man ließe jemanden nur für Sekunden frei und kettete ihn wieder an! Wie würde es sein Verhältnis zur Welt und zu den Mitangeketteten prägen?

Platon fühlt sich als Philosoph wie jemand, der das Licht sah und es den Angeketteten predigt. Die aber glauben ihm nicht. Es ist für sie auch nicht relevant, wie die Dinge wirklich aussehen, wenn sie ja doch nur lebenslang die Schatten sehen dürfen! Im praktischen Leben des normal Geketteten ist es wichtig, die Nuancen der Schatten zu kennen. Das ist die wahre, konkrete Lebenskunst des Angeketteten. Einem wiederangeketteten Philosophen, der vorher das Licht gesehen hätte, würde das Herz verbluten. Er würde den Mitgefangenen von der Schönheit der Welt erzählen! Und sie würden ihn bald beschimpfen: „Halt dein Maul! Hier sind bloß

Schatten und nichts als Schatten und es ist für Angekettete am allerwichtigsten, sich mit Schatten auszukennen! Du bist Philosoph, also berichte uns etwas, mit dem wir etwas Praktisches anfangen können! Rede über Schatten! Das Wissen über die Dinge an sich, also über die Dinge bei Lichte besehen, nützt hier nichts."

Einer der Angeketteten aber, – so stelle ich mir fiktiv vor – dem man nur für zehn Sekunden erlaubt hatte, die Welt zu sehen, der könnte sich für diese wenigen Sekunden einfach die Augen zuhalten wollen. Er könnte fürchten, von den anderen als Aussätziger behandelt zu werden.

Dieses Höhlengleichnis gibt uns also eine schattenhafte Erkenntnis vom Idealen. „Ja! Verstehe ich klar!", sagen die, die Platoniker sind. Die anderen aber, die Konkreten, Praktischen, fühlen sich sehr erdverbunden, was ungefähr eine Variante des Angekettetseins darstellt.

Wenn uns zum Beispiel ein Kind mit klaren Augen anschaut, ganz ernst, ganz entschlossen, und fragt: „Glaubst du an Gott?", dann erzeugt das in den meisten von uns so ein bestimmtes Gefühl. Es ist, als würden wir für ein paar Sekunden losgekettet vom Konkreten und sollten für das Kind ins Licht schauen. Und wir winden uns, weil wir nicht in das Licht schauen wollen. Wir wenden uns für das Kind um, blinzeln, aber wir lassen die Augen im Wesentlichen zu. „Es hat ja keinen Zweck."

Und wenn wir einen Philosophen im Supermarkt treffen und ihm begeistert verraten, dass es heute Magnum-Mandel-Eis für den großen Vorratsstock zum fast halben Preise gäbe, dann lächelt er uns traurig an. Er fühlt wie jemand, der das Licht sah, aber wieder angekettet werden soll.

Das praktische Leben und das Ideale sind so weit auseinander. Platon hält die wirklichen Dinge der Welt eher für Schatten, die nur ein schwaches Abbild der Idee selbst sind.

Aristoteles schreibt über Platon in seiner *Metaphysik*: „So kam Plato zu der Ansicht, daß es sich im wissenschaftlichen Verfahren um andere Objekte als um das Sinnliche handle, durch die Überlegung, daß von dem Sinnlichen, das in steter Umwandlung begriffen sei, es unmöglich sei einen allgemeingültigen Begriff zu bilden. Dieses in Begriffen Erfaßbare nannte er Ideen; das Sinnliche aber, meinte er, liege außerhalb derselben und empfange nur nach ihnen seine Benennung; denn in der Form der Teilnahme an den Ideen habe die Vielheit dessen, was nach ihnen benannt wird, sein Sein. An dieser „Teilnahme" ist nun nur der Ausdruck neu. Denn schon die Pythagoreer lehrten, das Seiende sei durch „Nachahmung" der Zahlen; Plato aber lehrt, es sei durch Teilnahme an den Ideen." Aristoteles, der Konkrete, distanziert sich von seinem Lehrmeister.

Es ist sehr schwer zu sagen, was eine Idee genau ist. Man muss es allerdings nicht wirklich erklären, weil es jeder intuitiv weiß. Wir alle haben intuitive Ideen des Guten, des Menschen etc. Platon benutzt das Wort Idee gar nicht so oft. Dann aber etwa so (hier aus dem Dialog *Phaidros*):

„Denn der Mensch muß sie begreifen in der Form der Idee, wie man es ausdrückt, die, aus einer Vielheit sinnlicher Wahrnehmungen sich ergebend, durch logisches Denken zur Einheit zusammengefaßt wird." Die Idee entsteht so langsam in uns, aus einer Fülle von Gefühlen, Wahrnehmungen, Einzelerkenntnissen, die im neuronalen Netz in unserem Gehirn – so werden wir sehen – langsam reifen. Die

Ideen sind oft in sehr vielen Menschen die gleichen. Manchmal haben Genies ganz neue.

Am Ende dieser Einleitung hören Sie ein besonderes Beispiel einer Idee, die in einem kleinen Jungen entstand. Er war sieben Jahre alt. Er empfing die Idee des guten Pferdes.

Ich selbst kenne Pferde von unserem Bauernhof. Ich war bis zu Tränen erschüttert, als Monty Roberts vor dem IBM Topmanagement über sein Leben erzählte, sein Leben mit Pferden.

Sein Vater betrieb beruflich das Einbrechen von eingefangenen, wilden Mustangs („breaking horses"). Die Pferde werden dazu ein paar Wochen „behandelt". Sie werden zuerst in eine Schleuse getrieben, damit man nahe genug an sie herankommt, um ihnen ein Halfter anzulegen. An dem Halfter wird ein Seil befestigt und jedes Pferd wird an einen starken Pfosten gebunden.

Dann wird ein schwerer Sack an einem Seil befestigt und dieser auf die Rücken der Pferde und um ihre Hinterbeine geworfen bzw. geschlagen, was die Tiere in furchtbare Panik versetzt. Verletzungen müssen in Kauf genommen werden. Dieser Vorgang heißt „sacking out", er dauert mehrere Tage und dient dazu, den Willen der Pferde und ihren Widerstandsgeist zu brechen. Danach lässt man die Pferde auf drei Beinen stehen, um ihren Willen zu schwächen. Man bindet dazu jeweils ein Bein hoch (üblicherweise beginnt man hinten rechts und macht das mit allen vier Beinen der Reihe nach). Sie werden weiter mit dem Sack bearbeitet. Auf drei Beinen geben Pferde schneller auf. Schließlich wird der Sattel fixiert und das Verfahren mit wechselnd hochgebundenem Bein startet neu. Sackbehandlung bis zur seelischen Aufgabe. Es dauert bis hierher 8–10 Tage. Druckstellen, kahl-abgeschürfte Stellen und mehr oder weniger schwere Beinverletzungen können oft nicht verhindert werden.

Wenn die Pferde „soweit" sind, werden sie losgebunden und mit einer Hackamore versehen. (Das ist eine Trense ohne Gebiss, sie liegt wie ein Hebel auf der Nase und ist ziemlich schmerzhaft, weil sie ganz sanft gebraucht werden muss, was wirklich schwer ist. Wenn man zu stark an den Zügeln zieht, gibt es einen extremen Druck auf die hochempfindliche Pferdenase.) Dann werden die Pferde noch eine Woche mit langen Zügeln bewegt, damit sie an „Gas und Bremse" gewöhnt werden. Schließlich werden sie zum ersten Mal geritten, mit querverbundenen Beinen, damit sie nicht buckeln können. Wenn sie sich wehren, werden sie getreten oder gepeitscht.

Wenn sie noch nicht so weit sind, dass man sie reiten kann, stehen sie so lange mit hochgebundenen Beinen da, bis sie zahm sind. Das Ganze dauert mindestens drei Wochen.

Monty Roberts wurde 1935 geboren und verstand schon mit sieben Jahren alles von Pferden, bis auf das „breaking". Sein Vater zeigte ihm 1942 zwei junge Pferde. Die würden Montys Gesellenstücke werden. Monty war erschrocken, erbat sich eine Woche Bedenkzeit. Auf das unwirsche Warum? seines Vaters gab er an, die Pferde erst kennen lernen zu wollen. Der Vater schüttelte den Kopf. „If you don't hurt them, they'll hurt you." Monty strich um die Pferde herum, bis sie die Furcht verloren. Nach Tagen versuchte er, ihnen eine Satteldecke aufzulegen. Sie ließen es sich gefallen. Wie ein Blitz schoss er begeistert von seiner Erfahrung ins Haus, rief den Vater heraus und zeigte es ihm. Sein Vater war erst sprachlos. Dann sagte er: „What am I raising?" („Was habe ich da groß gezogen?"). Er nahm eine Eisenkette, packte den Sohn und schlug ihn zum Blutklumpen. Monty kam wegen eines äußerst schweren Pferdeunfalls in ein Krankenhaus. Er fühlte, wie Einbrechen war. Sein Vater machte keinen Unterschied zu Pferden. Sein Vater blieb von nun an eine blutende Stelle in seiner Seele.

Sobald er später konnte, perfektionierte er eine neue Methode, Pferde zu zähmen. Die Methode erforderte nur eine halbe Stunde, um ein Pferd im Guten zu zähmen. Vielleicht haben Sie es im Fernsehen gesehen, es gab einige Zeit lang viele Berichte darüber. Ein Pferd wird in ein Wellblechrondell mit über 10 m Durchmesser hereingelassen, der Trainer (Monty oder Sie) steht in der Mitte und wartet im Wesentlichen ab, was das Pferd tut. Er schwingt eine lange Leine wie zärtlich an das Pferd heran. Das Pferd zittert vor Panik und rennt wie wild im Kreis um den sich langsam mitdrehenden Trainer herum, wird langsamer. Der Trainer in der Mitte redet begütigend und ruhig zum Pferd. Nach etwa 15 bis 20 min bleibt das Pferd erschöpft stehen und blickt den Trainer an. Es schaut und schaut. Und dann kommt die Stelle, wo mir beim Filmanschauen ganz weich wurde: Das Pferd bekommt plötzlich so einen ganz anderen Ausdruck im Gesicht – und trottet auf den Trainer zu! Es war unsäglich ergreifend für mich (und ich neige zu so etwas bestimmt nicht!). Der Trainer umarmt das Pferd, redet ihm gut zu, sie schließen Freundschaft. Nach zehn Minuten wirft der Trainer dem Pferd eine Decke über. Es bockt vor Panik, rennt wieder im Kreis. Diesmal wird es schneller wieder langsamer, kommt aufs Neue nach innen, um sich umarmen und streicheln zu lassen. Nach etwa 35 min steigt der Trainer auf das Pferd und streichelt es dabei.

Das ist alles.

Ziemlich jeder, der Pferde streicheln mag, kann nach ein paar Wochen Übung wilde Pferde einreiten. Monty Roberts zeigte uns dazu einen Film mit einer „Erststudentin", die mehr zitterte als das Pferd. Es dauerte ein paar Minuten länger als bei ihm selbst.

Monty Roberts hat seine Methode allen gezeigt. Er reiste herum und zähmte im Halbstundentakt Tausende von Pferden. Sein Vater betrieb sein Geschäft traditionell weiter. Er glaubte nicht.

Niemand glaubte.

Monty Roberts galt als Wunderdoktor, dem die Pferde zufällig gehorchten, als Kuriosität.

Er predigte praktisch Jahrzehnte lang ohne Erfolg, etwa so: „Der Mensch ist eine Kampfmaschine!" (Fight animal) „Das Pferd ist ein ängstliches Fluchttier!" (Flight animal) „Pferde sind gute Tiere, sie haben nur Angst vor uns, nichts weiter."

1942 schlug ihn sein Vater mit Ketten. 1988 lud ihn eine neugierig gewordene Königin von England zu einer Vorführung ein, die 1989 stattfand. Elisabeth II. sah und glaubte. Sie besorgte Monty Roberts einen Ghost Writer und forderte ein Buch. Das wurde zum Schluss in ungläubig kleiner Auflage gedruckt. *The Man Who Listens to Horses* wurde ein Weltbestseller und dann kam noch eine Hollywoodschleife mit Film und Buch (nicht von Monty Roberts) *Der Pferdeflüsterer* dazu, die im

Grunde den Punkt nicht mehr treffen bzw. ihn verlieren. Irgendwann hört dann in der wirklichen Welt wohl bald die Pferdequälerei auf. Wer weiß?

Der Punkt ist, dass alle Menschen eine falsche Idee vom Pferd hatten bzw. heute noch haben. Und zwar eine furchtbar falsche. So ein Vater eines kleinen Monty müsste doch abgrundtief getroffen sein, alles um ihn herum bis dahin missverstanden zu haben! Er hätte flüstern sollen: „Das ist DIE Idee!“

Ich habe mit hohen Managern mehrerer Firmen, die Monty Roberts gesehen hatten, über ihn diskutiert. Die meisten sagen: „Interessant. Ich sehe natürlich die Analogie zwischen Pferden und Mitarbeitern. Deshalb mussten wir den Film bestimmt ansehen. Er zeigt, dass man ab und zu nett zu Mitarbeitern sein sollte, das hilft sehr. Sicher. Ich selbst bin oft nett zu ihnen, aber für manche Kollegen war es wichtig, den Film zu sehen, obwohl die so etwas gar nicht auf sich beziehen.“ Die meisten, mit denen ich sprach, sehen die Moral der Geschichte darin, dass mehr Zuckerbrot auf Kosten der Peitsche angebracht wäre.

Die Botschaft aber ist: Pferde sind gut. Oder zumindest: Pferde sind wie natürliche Menschen! (Sie haben ja möglicherweise weder eine Idee von sich oder eine Vorstellung von einem System?!)

Im Guten, also wie freie Pferde, die sich gut fühlen, lassen sie sich nach 30 min gerne reiten, im Bösen nur als zerbrochene Wesen nach vier Wochen.

Die Botschaft ist: Menschen sind gut, auch wenn sie Freie sind.

Im Guten arbeiten sie gerne Tag und Nacht. Im Bösen nur als zerbrochene Burn-out-Wesen unter Dauerstress, Druck und drohenden Bonuszahlplänen, die die Trauben hoch hängen.

Der Streit, ob der Mensch wirklich durch das erbsündige freudsche Es im Körper so böse ist und deshalb systematisch durch „sacking out“ gebrochen werden muss, ist so alt wie die Kultur. Kindern wird der Wille gebrochen, heute nicht mehr so ausdrücklich wie früher.

Bei Pferden ist es nun nach Jahrtausenden des Irrtums *formal bewiesen*: Das Böse im Pferd ist vorher nicht da. Es entsteht allenfalls durch das Brechen der Seele, die sich in den Untergrund verabschiedet hat. Dann arbeitet das neuentstandene Wesen wie ein Pferd, ohne noch eines zu sein. Das Böse ist im Kern im System des „breaking horses“, im Über-Ich, im ES der traditionellen Pferdekultur. Die Kultur des „breaking horses“, das System also ist das Böse. Das Böse ist nicht im Pferd. Monty Roberts *bewies* es. Ihm wurde jahrzehntelang nicht geglaubt. Ohne die Queen glaubte man ihm heute noch nicht. Beweis hin oder her.

Im Buch *Warum wir arbeiten* von Michael Maccoby findet sich diese feine historische Anmerkung: „Der Begriff Manager stammt von dem italienischen Wort maneggiare, in die Hand nehmen, handhaben, anfassen, umgehen mit, gebrauchen, Pferde zureiten, Pferde dressieren – also die Kraft von Tieren bändigen und lenken.“ Menschen werden also wie Tiere gebändigt und gelenkt. Wer das kann, ist Manager.

Haben wir also vielleicht eine genauso katastrophal falsche Idee vom Menschen wie von Pferden? Die Platoniker predigen seit über zweitausend Jahren das Zum-Erblühen-Bringen des Menschen. Unsere Kulturen aber brechen den Willen insbesondere des natürlichen Menschen, der meist als einziger überhaupt einen Willen hat, so lange, bis der Mensch widerstandslos das Erforderliche lernt und hart wie ein Esel arbeitet. Vielleicht aber lassen wir uns doch einmal etwas vom Pferd vormachen und nähern uns langsam und meinetwegen systematisch der Idee des Guten im Menschen?

Auf der anderen Seite, leider.

Das reine Gute der Philosophen aber scheitert natürlich ebenso, *wenn es ohne System schutzlos nur aus dem Licht besteht.* Terroranschläge erschüttern heute die Welt. Ausländerhass lenkt ratlose Menschen von der eigenen Lage ab. Ein paar eingewanderte Raubtiere veränderten in Australien die gesamte Tierwelt. „Es kann der Beste nicht in Frieden leben, wenn es dem Nachbarn nicht gefällt." Die Herrscher der Ideenlüfte verwechseln regelmäßig das Gute mit dem Nur-Guten. Sie predigen: „Wenn jeder das Gute anstrebte, wäre die Welt gut." Sie wollen das Gute zu Adel erheben, verlangen aber meist viel radikaler als möglich den problemfreien Fall des Nur-Guten. Wenn alles nichts als gut wäre, wäre alles gut. Wenn es aber nur ein bisschen Böses gibt? Die Hoffnung auf eine nur-gute Welt ist die Sünde der Idealisten. Letztlich gibt es eben *auch* das Böse. (Ich schreibe sehr viel über die mathematische Notwendigkeit des Bösen im nächsten Band einer Omnisophie, unter dem Stichwort Topimierung.) Nach meiner Überzeugung also muss es das Böse geben. Um daher das Gute hoch zu halten, muss das Böse niedergehalten werden. Das muss eben mit System geschehen, so leid es den meinetwegen nur-guten Philosophen tut, die dem Nur-Guten zu Liebe sogar manchmal das schiere Gift trinken.

Es oder ES? Das Gute oder die Sünde? Idee oder System? Linke Gehirnhälfte, rechte Gehirnhälfte? Ein natürlicher Mensch in einem freien Körper? Warum weigert sich ein System, eine neue Idee zu sehen? (Eine runde Erde, die „Abstammung des Menschen vom Affen", das „Gute" im Pferd?) Haben Systeme keine Wahrnehmungsfähigkeit für Ideen? Ist es für sie keine Mitteilungsform? Muss man dem System vielleicht systemgerechter kommen? So etwa? „Wir werden alle herkömmlichen Pferdezähmer ruinieren. Wir können mit einer neuen Methode Pferde in Minuten lammfromm biegen. Schneller als Brezelbacken. Allein durch Tierarztkostensenkung liegen wir 20 % billiger. Wir gewinnen den Weltmarkt. Die neue MR-Methode ist patentiert. Niemand hat eine Chance gegen uns." – „Wie funktioniert die Methode?" – „Geheim. Patentiert. Sie treiben Ihr Pferd da hinein und zahlen nach einer halben Stunde am Ausgang. Es ist ein Vollservice. Sie müssen sich um nichts kümmern. Reiten Sie einfach nach Hause." – „Aha, gut. Wie viel kostet es?" – „Ist doch egal. Da ist die Kasse."

Und auf der ganz anderen Seite: Warum weigern sich die Gralshüter der Ideen, die anderen Ideen wahrzunehmen oder die Notwendigkeit von der Integration verschiedener widerstrebender Ideen in Systeme? Gäbe es für alle Menschen genug zu essen, wenn wir alle Fakire der Spitzenklasse wären? Muss nicht auch jemand Nägel mit Köpfen machen?

Wenn ein System regiert, hilft eine neue Idee nicht. Im System ist das System das Wichtige, nicht die Idee. Für manche Menschen, wie für Monty Roberts, ist die Idee das Wichtige. Sie opfern auf der Stelle das System und erschaffen ein neues, um die neue Idee herum. Manche andere Menschen haben grandiose Ideen und meinen, sie hätten damit alle anderen Ideen fundamentalistisch besiegt oder die Notwendigkeit von Systemen durchbrochen. Ist die Idee oben? Ist das System oben?

Abb. 2.1 Aristoteles und Platon (Ausschnitt aus Raffaels „Die Schule von Athen“)

Der Unterschied zwischen diesen beiden Haltungen ist die wahre Spaltung der Welt. Es sind die zwei wahren extremen Pole des Denkens. Die dritte Art der natürlichen Menschen steht daneben, meist gehasst, weil sie nicht dienen will (Abb. 2.1).

„Platon weist auf die himmlische Ideenwelt, Aristoteles auf die irdische Werdewelt.“ So las ich über diesen bekanntesten Ausschnitt aus Raffaels Meisterwerk „Die Schule von Athen“ (1509), das im Vatikan zu bewundern ist.

Epikur kommt auf dem Bild ebenfalls vor, aber nur am Rande. Am linken. Er ist sehr jung dargestellt, mehr im Typus „Weingott“, mit Lockenkopf. Sie wissen schon, warum. Zenon, dem wir unsere finsteren Pflichtlebensregeln der Stoa zu danken haben, ist noch weiter an den linken Bildrand geklemmt; sehr alt und grimmig! Das Bild ist ziemlich dunkel an dieser Stelle. Wahrscheinlich knurrt Zenon hier seit bald 500 Jahren, dass er ausgerechnet neben Epikur gemalt werden musste (Abb. 2.2).

Abb. 2.2 Epikur, rechts (Ausschnitt aus Raffaels „Die Schule von Athen“)

2.2 Das normale Denken des richtigen Menschen: Wie ein PC

Die linke Gehirnhälfte ist der Sitz des logischen, sequenziellen, rationalen, analytischen Denkens, das den Blick objektiv auf alle Einzelheiten richtet.

Ich arbeite jetzt für Sie die Unterschiede *dieses* Denkens zum intuitiven Denken heraus. Ich zeichne Ihnen das ganze Bild unter der Metapher des PC-Denkens.

Ich will, wie schon gesagt, den Menschen nicht zum PC degradieren, nicht einmal den richtigen oder rationalen. Der PC ist aber natürlich („natürlich“!) nach dem rationalen analytischen Menschen gebaut worden. Da der rationale Mensch das so gewollt hat, sieht ihm sein Baby PC *natürlich* wie aus dem Gesicht geschnitten ähnlich. Wir müssen allerdings noch ein paar Jahrzehnte beobachten, was aus dem Prachtkerl wird, gell? Zahlenmäßig sind die PCs den rationalen analytisch denkenden Menschen bald überlegen. Sie kosten nur 1.000 $. Das sollten Sie fairerweise honorieren, bevor Sie meinen billigen Vergleich des PC mit einem Menschen kritisieren.

2.2.1 Unbefangene Gedanken zur Wissensorganisation in einem PC/Menschen

Der Mensch weiß eine ganze Menge. Wissen ist meistens mit den Begriffen Sprache, Buch, Schrift assoziiert. Gedanken sind wie Sätze, so sagen die, die mit links denken, also mit der linken Gehirnhälfte. So ist es *richtig*. Wissen ist wie ein Lexikon. Da stehen alle Wörter und Begriffe, die es gibt, in allen Sprachen, die es gibt, und dahinter steht eine Erklärung für jedes Wort. In einer Enzyklopädie kann auch ein ganzer Aufsatz folgen.

Wenn das Wissen zu viel wird, wenn es sich zum Beispiel in Mengen von Lehrbüchern niederschlägt, so muss es besser organisiert werden. Das geschieht in Bibliotheken, die ganze Systematiken und Kataloge aufbauen. Diese Regale und Unterregale sehen schon fast so aus wie die Organisation der Datensätze auf einer Festplatte. Eine Bibliothek wirkt wie ein MS-Windows File-System.

Es gibt eine Menge solches geschriebenes Wissen.

Das meiste Wissen „weiß" man natürlich, ohne dass es aufgeschrieben ist.

Zum Beispiel hat jeder von uns über jeden anderen, den er kennt, ein Personaldossier im Kopf („34 Jahre alt, verheiratet, 2 Kinder, geht fremd mit der Nachbarin, arbeitet bei der Stadt, lädt oft zu Parties ein, spielt Fußball, Biertrinker, nett, etwas laut"). Diese Dossiers existieren fast nur in Köpfen und sind sehr verschieden. Jeder hat ja eine andere Meinung von jedem anderen. Für dieses Phänomen gibt es viele Ursachen. Eine liegt darin, dass es eben viele verschiedene Menschen gibt, die von den jeweils „anderen Arten" in der Regel eine schlechtere Meinung haben als von der eigenen Art. Deswegen gibt es kaum eine allgemeine Meinung etwa über Sie oder über mich. Die einzige Möglichkeit, ein Minimum an Konsens über Ihre Person herzustellen, besteht darin, hinter Ihrem Rücken unser aller Meinung über Sie zu konsolidieren. Dazu bietet sich gemütliches Kaffeetrinken an, bei dem ja viele kleine Lorbeerkränzchen für Nichtanwesende gewunden werden. Sie mögen das Tratsch oder Klatsch nennen. Es ist aber Wissenskoordination von Personaldaten, die im Leben sehr, sehr wichtig sind. Oder wollen Sie denn, dass Ihr Personaldossier im Internet steht? Davor haben wir alle Angst! Deshalb reden wir unermüdlich über Datenschutz. Den wollen wir, damit die Personaldaten so vage bleiben, wie sie sind.

Ich erkläre Ihnen später, dass diejenigen richtigen Menschen, die das Wissen mehr in den Lexika als in den Köpfen vermuten, „Denker" sind. Die anderen richtigen Menschen, die ihre linke Gehirnhälfte mit Personaldaten füllen, sind mehr an Menschen interessiert und haben „Gefühl". Denker nennen sich „objektiv", weil im Lexikon genau die richtige Bedeutung steht. Eine ganz genaue und nur die eine. Die Denker haben für Gefühlsdaten über Personen nur das von ihnen schwach verächtlich verstandene Wort „subjektiv" übrig.

Wieder andere richtige Menschen merken sich Daten von Objekteindrücken. Nicht solche, die in Prospekten zu finden wären. Die sind für sie uninteressant. Nein, solche: „Die ALDI-Bohnen sind wirklich fadenfrei, so dass sie gut statt Bonduelle gegessen werden können. Der Harry-Potter-Film soll so gut wie das Buch selbst sein. Jugendliche mit 14 finden S. Oliver nicht mehr so gut. Sie wollen jetzt sehr weite Schlabberhosen. Unser Nachbar hat neue Gardinen, absolut hässliche. Sie haben drei Wochen ausgesucht und nun das. Sie haben Interlübke, sie wollen protzen. Es soll reiche Leute geben, die bei IKEA kaufen." Die Denker nennen solche Äußerungen weder objektiv noch subjektiv, sondern sagen, sie seien „Geschmackssache". Geschmacksurteile müssen ebenfalls viel stärker koordiniert werden als das „Sachliche". Denken Sie einmal nach, ob für Sie Geschmacksurteile „subjektiv" sind. Das sind sie schon, aber im Grunde trifft das Wort „subjektiv" nicht den Kern. Können Sie das spüren? Dann sollten wir uns einigen können, dass das Denken, das Fühlen und das Wahrnehmen im Sinne des „guten Geschmacks" verschiedene Mechanismen sind, um zu Urteilen zu kommen.

Die normalen Denker kennen den Wert der Einzelregeln des Ordnungswissens. Die „mit Gefühl" kennen den Wert der einzelnen Personen und deren Beziehungen untereinander. Diejenigen mit dem guten Geschmack kennen den Wert der Dinge und deren Beziehungen zueinander („alles passt zusammen").

Es gibt also je nach Spezialgebiet verschiedene richtige Menschen. Das habe ich Ihnen mit den Sinnsternen schon andeuten wollen. Die wirklich mächtigen richtigen Menschen sind die, die sich auf das geschriebene Wissen spezialisiert haben.

2.2.2 Rezepte wie Listen von Anweisungen

Rezepte geben Anweisungen, wie Menschen etwas in richtiger Weise tun. Rezepte gehen also schon über reines Wissen hinaus. Lexikographisches Wissen können wir mit reinen Dateneinträgen auf der Festplatte vergleichen. Rezepte sind kleine Programme, die uns zu erwünschten Zielen geleiten. Nehmen wir an, Sie essen gerne Sauerbraten, eines der wirklichen Ziele Ihrer Wünsche. Dieses Endergebnis ist sehr weit davon entfernt, Ihnen eine Vorstellung von der Zubereitung zu geben, weil Sie vermutlich in die Geheimnisse des Marinierens nicht eingeweiht sind?

In anderen Kontexten heißen Rezepte dann Bedienungsanleitungen („Programmierkurs zur Videoaufnahme") oder Aufbauanleitungen für Möbel („Prüfen Sie zuerst, ob Ihnen eine Schraube fehlt.") oder Verfahrensvorschriften („Gehaltsvorschussverfahren mit Fünffachvollprüfung und mottensicheren Belegaufbewahrungsfristen").

Rezepte sagen, wie es richtig gemacht wird, wie im Computerprogramm. Schritt für Schritt, wie ein Computer, sollen Sie die Anweisungen befolgen. Stellen Sie keine Sinnfragen, verfahren Sie genau wie angegeben. „Führen Sie es genau so aus, wie Ihnen gesagt wurde." Rezepte sind ein gewisser Autoritätsersatz. Sie vertreten den Meister, der die Rezepte verfasste.

Menschen wissen dann alles ganz genau. „Man mischt erst Wasser und Frostschutz und füllt es dann ein, nicht getrennt ungemischt nacheinander." – „Ach, ich verstehe, es ist wie bei einer Vinaigrette!" – „Was ist das und was hat es jetzt damit zu tun?" (Das ist vernetztes Denken, zu dem die *wahren* Menschen neigen. Richtige Menschen denken nicht vor einem Auto an Salatöl.)

2.2.3 Schemata – unsere Kurzprogramme

Rezepte leisten unglaublich viel, wenn wir ganz spezielle Ziele erreichen müssen. Wenn die Ziele etwas vage sind und nicht exakt definiert, dann verlassen wir uns auf etwas größere Programmeinheiten, auf die so genannten Schemata, von denen viel in der Soziologie und der Psychologie die Rede ist. Diese Wissenschaften verwenden „Schema" als Begriff für die Grundbausteine unserer Kognition.

Schemata sind Konzepte oder vorgefertigte Gedanken, die wir von öfter wiederkehrenden Sachverhalten haben; Schemata sind gespeicherte Grundgerüste im Gehirn, nach denen sich die Beurteilung und Ausführung von Vorhaben richten.

Das Leben besteht aus zahllosen Einzelepisoden. Gast begrüßen, Spaghettini wickeln, Toilettenpapier abreißen, Hund streicheln, Sonnenbrille aufsetzen, Brötchen holen. Für alle diese Vorgänge erwerben wir Schemata, also Vorgehenskonzepte.

Wenn also Ihr kleines Kind Spaghettini wickeln kann und Sie nun das erste Mal Makkaroni auf den Tisch bringen, denkt das Kind: „Aha, wie Spaghettini." Es beginnt zu wickeln. „Mama, es geht so nicht." Rote Flecken bilden sich neben dem Teller. „Kind! Makkaroni müssen wir dir schneiden. Das geht so nicht! Lass das, das schaffst du so nicht. Mammi und Pappi schneiden dir das. Schau mal, du Monster, alles voller Flecken, auf die gute Decke. Du musst doch sehen, dass Macceroni anders sind! Du kannst doch nicht alles nach Schema F aufwickeln!" So erwirbt das Kind durch schneidende Belehrung ein neues Abwicklungsschema. Spätestens mit 10 Jahren wird es beim Anblick von Macceroni ein letztes Mal mit dem Schema „Mammi, Pappi, schneiden!" reagieren, erstaunte Blicke einfangen und ein neues, selbstständigeres Schema erwerben.

Ein großer Teil der Erziehung widmet sich der Vermittlung von Schemata. Über die Straße gehen. In den Bus einsteigen. Zimmer aufräumen, Doktor spielen. Später, im Alter: St. Estèphe dekantieren, Grußworte sprechen, einem Schwarzzylindrigen Trinkgeld geben, Viagra.

Rezepte sind fast wie Computerprogramme. Die Programmiervorschriften eines Rezeptes lassen sich in einem Kochbuch nachschlagen. Sie sind leicht ausführbar, wenn wir über gewisse Grundschemata des Kochens verfügen. Schemata des Kochens sind „Braten", „Kochen", „Blanchieren", „Zuschneiden", „Putzen", „Prüfen, ob es gar oder durchgebraten ist, oder genug gegangen". Eine ferne Bekannte berichtete: „Wir haben einen Feldhasen bekommen, mit Fell dran. Pfui. Wir haben das dann abziehen können und mein Mann hat ihn ausgenommen. Wir wussten natürlich ungefähr, was da herauskommen kann, aber es war heftig. Mein Mann wollte noch den Schlauen spielen und mir erklären, was es für Organe sind. Ich konnte es mir ja denken. Er ist eben so. Es ist seine Art, zu überlegen, wenn er keine Ahnung hat. Er erklärt es mir dann. Na, dann war ich an der Reihe. Wir wissen nicht, was man mit wilden Hasen macht. Wir haben ihn als Ganzes gekocht, mit Sellerie und Möhren. Es hat nicht geschmeckt, sehr zäh. Muss man Hasen länger als 5 Stunden kochen, weil sie wild sind?" Sie merken, wie viele Schemata wir brauchen, um dann nach Rezept vorgehen zu können.

> „Mensch, was hast du da wieder gemacht!", brüllen wir, wenn jemand Rezepte anwandte, ohne ein Konzept zu kennen. „Ich dachte ja nur …" – „Du dachtest! Aha, du dachtest! Du sollst nicht denken, sondern nur das Richtige machen, verdammt noch mal!"

Schemata sind Muster oder Schablonen, die bei Bedarf mit dem Richtigen in dieser speziellen Lage aufgefüllt werden müssen.

Computer schaffen das noch nicht. Am Telefon: „Geben Sie Ihre Kundennummer über die Telefontastatur ein." – „Aber, ich möchte erst Kunde werden." – „Eingabe nicht gültig. Geben Sie Ihre Kundennummer …" So sind sie heute, die Computer.

Dezember 2001. Bald werden sie mehr Schemata haben und noch mehr Rezepte, so dass man sie kaum von einem Menschen unterscheiden kann. Sie brauchen noch ein wenig Intelligenz, um die Schemata zu wechseln. Sie müssen merken, wann sie ins Leere gehen. „Sie haben zweimal etwas anderes als Zahlen eingegeben. Sie haben wahrscheinlich ein anderes Problem. Wir verbinden Sie mit dem Problemaufnahmeschemacomputer." Ja, wenn wir dahin kämen!

2.2.4 Das Leben in Abläufen, Prozessen oder Programmen

Komplexere Vorgänge im Leben behandeln wir in Abläufen, Prozessen, Traditionen.

Ein Beispiel: Sie werden Eltern. Ihr Kind muss ein Bürger werden. Das gibt eine Menge Umstände. Zur unmittelbaren Menschwerdung gehören: Standesamtsanmeldung mit Namenswahl, Anmeldung bei der Kirche, bei der Krankenkasse, ein Besuch beim Finanzamt zur Änderung der Lohnsteuerkarte, eine Anzeige beim Arbeitgeber, ein Urlaubsantrag ebenda und so weiter. Wir fertigen einen Plan an, in welcher Reihenfolge wir diese Stellen anlaufen wollen. Die Öffnungszeiten sind wichtig. Erst muss manchmal nur ein Antrag ergattert werden. Immer muss auch die Unterschrift der Frau in der Klinik eingeholt werden. Das gibt ein schönes Hin und Her!

So einen Ablauf des Geschäftsvorfalls „Geburt in der Familie" löst einen Prozess aus, der viele Stationen durchlaufen muss. Diese Abläufe werden oft im Computer nachgebildet. Dort heißen sie *Programm*. Ein Programm besteht aus vielen Aufrufen von Teilprogrammen (das entspricht den Besuchen auf den Ämtern), diese wiederum bestehen aus einzelnen Befehlszeilen (wie das Ausfüllen einer Zeile in einem Fragebogen). Wenn alle Schritte nacheinander korrekt durchlaufen wurden, ist das Programm beendet oder der Arbeitsprozess abgearbeitet.

Arbeitsprozesse können sein: Erstellung eines Vertrages, Einstellung eines Mitarbeiters, Kauf einer nicht vorrätigen Türklinke, Abwicklung eines Autoversicherungsschadens, ein Scheidungsprozess, irgendein Gerichtsprozess (daher der Name!) oder irrsinnig komplex: der Zusammenbau eines kompletten Autos am Fließband. Das normale Leben besteht aus solchen Prozessen.

Lassen Sie dieses Buch kurz in den Schoß sinken, nachdem Sie diesen Satz noch einmal gelesen haben:

Das normale Leben besteht aus solchen Prozessen.

Sie stehen auf. Schema Frühstück anstoßen. Schema Badezimmeraufenthalt koordinieren. Schema Ankleiden einbinden. Schema Kinderversorgung dazwischenschieben.

Jetzt kommt mein Sohn herein (Beispiel aus seiner Jugend), schüttet aberwitzig schnell einen halben Liter Nesquik-Fahlbraunsüß hinunter und sagt: „Oh, gleich fährt der Schulbus. Ach, da fällt mir ein: Ich brauche dringend eine Camembert-Schachtel aus Sperrholz zum Basteln, sonst bekomme ich eine Sechs angeschrieben, weil ich es schon drei Tage vergessen habe. Wie gut, dass ich jetzt noch daran denke! Klasse!" Er ist sehr erleichtert und wartet ruhig ab, wie ich in dreißig

Sekunden etwas beim Suchen im Mülleimer wutzerreißend schreie: „Das fällt dir jetzt ein. Der Bus fährt. Ich werde irre! Denkst du, wir essen immer Käse, wenn die Schule bastelt! Warum gerade in Holz? Nimm Pappe! Hier ist eine Pappschachtel, wenigstens hast du es dann nicht vergessen!" – „Pappe geht nicht, Papa", sagt mein Sohn ruhig. Wir suchen eine Viertelstunde, in der ich es schaffe, alle Schimpfwörter aufzusagen, die ich kenne. Ich wechsle zu amerikanisch: „Bloody …" Dann fahre ich meinen Sohn zur Schule, weil der Bus weg ist. Wir zweigen beim Tengelmann ab, um einen Käse zu kaufen. In Holz sind wir nicht sortiert, sagt eine Regalstaplerin. Ich setze meinen Sohn in der Schule ab und finde im dritten Geschäft Käse. Biokäse zum dreifachen Preis, in unbehandeltem Holz. Ich bringe den Mistkäse in die Schule. Da fällt mir ein Termin bei IBM ein. Ich hatte es versprochen, ja heilig versprochen! Ich habe das Handy zu Hause gelassen. Ich sause.

Das normale Leben besteht vor allem auch darin, dass die Prozesse durch Ursachen oder Zufälle aller Art *nicht* wie geplant funktionieren. Trotzdem müssen die Prozesse abgearbeitet werden. So ein Käse, werden Sie sagen, ist es nicht wert. Hilft nichts, Sie wissen es eigentlich besser. Wir Menschen verschlampen die Prozesse, so dass es sehr oft zu Zwischenfällen kommt, die bereinigt werden müssen. Dafür setzen wir endlich unsere so genannte Intelligenz ein. Die brauchen wir nämlich über die Prozessabläufe hinaus. (Wenn bald Computer die Prozesse regeln und wenn es bald keine Zwischenfälle mehr gibt, ist unsere Intelligenz endlich frei vom Bewältigen des Chaos. Es wäre eine gute Sache, einmal nachzudenken, was wir dann eigentlich tun sollen.)

Jetzt gehen Sie mit mir zum Flughafen. Ich checke ein. Die Zeit ist schrecklich knapp. Mein Handgepäck muss durchleuchtet werden. Fünf Leute lassen mich vor, weil ich weine. Ich muss trotzdem meinen Laptop-Computer aufklappen und anschalten. Ich schalte ihn also an. Wir warten.

Nichts passiert. Ich schüttle ihn ungläubig. Nichts. Er springt nicht an. Der Beamte bekommt Sorgenfalten. In mir zuckt der Flash-Mode-Blitz. Ich drehe den Computer um. Oh! Keine Batterie drin, die ist beim Aufladen zu Hause in der Küche. Es war eilig. So ein Käse! Ich zeige dem Uniformierten, dass der Computer nicht anspringen *kann*. Er lächelt mild. „Das wäre der erste IBM-Computer, der nicht funktioniert.", sagt er trocken. „Ihre Geschichte ist völlig unglaubwürdig." Das weiß ich total und ich merke, wie sich das Verhängnis senkt. In der folgenden Viertelstunde denke ich wieder alle Schimpfwörter, die ich kenne, viel schlimmere noch, solche, die ich nie ausspreche. Ich werde umbuchen, warten, schwarz werden, entschuldigen. Es ist wie ein Tod. „Eins nach dem andern", sagt der Uniformierte. „Immer mit der Ruhe. Es muss alles seine Ordnung haben. Dann ist auch die Welt in Ordnung."

Das normale Leben besteht vor allem auch darin, dass die Prozesse unerbittlich funktionieren. Oder unerbittlich nicht.

Der menschliche PC-Verstand arbeitet Prozesse ab. Wie eine Maschine. Wie ein PC. Der Mensch braust auf, wenn etwas schief läuft oder ungeplant eintritt. Grundsätzlich aber funktionieren wir so, wie wir selbst sagen: Eins nach dem andern. Immer derjenige bestimmt den Prozess, der zuständig ist. So wandern wir durch das Prozessleben. Eins nach dem anderen. Abläufe werden uns von Behörden und

Chefs gegeben, von Verträgen, Einkaufszetteln, Bedienungsanleitungen, Wartungsvorschriftenlisten. Wir arbeiten Schritt für Schritt ab. Es blitzt durch unseren Körper, wenn etwas schief läuft. („Ist in Urlaub." – „Gibt es nicht." – „Zu spät." – „Oh, Entschuldigung." – „Ich bediene erst einen besseren Kunden. Immer der Reihe nach." – „Keine Eintrittskarten mehr. Ihre vorbestellte konnten wir schon verkaufen.") Wir rauchen vor Zorn, wenn die Prozesse nicht zum Ziel der Prozesse führen. („Vergessen Sie alles, was Sie in der Schule gelernt haben.")

Die Einteilung aller Dinge in Arbeitsschritte und in zuständige Abteilungen ist ein Sinnbild für unser so genanntes *systematisches* Denken. Wir arbeiten Prozesse „nach System" ab. So ist es vorgeschrieben. Nicht jeder kann es beliebig anders machen, was das System aushebeln und zu Chaos führen würde. Ordnung muss sein. Wenn Unordnung herrscht, suchen wir den Fehler im Prozess. Das Richtige des richtigen Menschen ist dieses Geregelte.

Es ist jetzt Anfang Dezember 2001. Die Katastrophe des Attentates auf das World Trade Center in New York liegt knapp drei Monate zurück. Wir erleben eine gigantische Neuorientierung und so genannte „Verschärfung" der Prozesse. Es darf nicht zugelassen werden, dass es in Prozessen Lücken oder Schlupflöcher gibt. Alle Vorgänge wurden oder werden *gründlich untersucht*. Die Prozesse kommen *auf den Prüfstand*. Alle Zahlen kommen *auf den Tisch*. Die Prozesse werden unerbittlicher werden, die Vorschriften strenger. Es wird auf penible Einhaltung aller Prozesse geachtet werden. Mit äußerster Disziplin werden wir allen Herausforderungen von Systemgegnern gerecht. Absolute Sicherheit kann es nicht geben, aber so ungefähr schon.

In dieser Weise reagiert unser analytischer Verstand. Er prüft und repariert Prozesse, danach überwacht er den reibungslosen Verlauf. Nach einer Veränderung geht das Leben völlig geregelt weiter. Solange Prozesse einwandfrei laufen und solange sie befriedigend zum Ziel führen, lässt der analytische Verstand das Leben stabil weiterlaufen. In Computersprache: Wir sind mit dem Programm zufrieden und benutzen es weiter.

Eine Zwischensumme: Rezepte müssen intelligent in Schemata, in Muster oder Schablonen eingefügt werden. Die ausgefüllten Schemata ordnen sich zu Prozessen, an denen viele andere Menschen teilnehmen. Rezepte kann man unter falschen Konzepten verderben und Prozesse können durch unvorhergesehene Schemata platzen. Es wird jeweils eine Menge Intelligenz gebraucht, um in den richtigen Modus zu springen. Das Schwierige sind die Ausnahmen, die Pannen, das Spontane.

Der Mensch soll möglichst überhaupt alle Rezepte, Schemata und Prozesse kennen und sie sich zu Eigen machen. Besonderes der richtige Mensch macht dann wirklich eine echte Leidenschaft daraus. Er wird mit der Zeit ein stattlicher Rezeptschrank. Er lernt auswendig, merkt sich Unmengen von Namen und Fachtermini. „Wenn ich die richtigen Fachausdrücke kenne, weise ich mich als Experte aus." Besonders die richtigen Menschen kennen sich in Vorschriften und Gesetzen, in Kleiderordnungen und Hofritualen aus.

In den Kitschfilmen stöhnen die Könige immer unter dem strengen Hofzeremoniell. Sie klagen immerfort so stark, dass ich zum Beispiel keine Lust hätte, König zu sein. Die lauteste Klage: Die Regeln und Prozesse sind so unglaublich starr und jahrhunderteverstaubt, dass kein Sinn mehr in ihnen zu erkennen ist. („Die Idee ist vergessen.“) Zweite Klage: Die Prozesse führen zu Zuständen, die unnatürlich erscheinen und keine Freiheit mehr lassen.

Im Klartext: Könige stöhnen, richtige Menschen sein zu müssen.

Das Hofzeremoniell lässt angeblich keine wahren Menschen und keine natürlichen Menschen zu.

Die Politik lässt sie auch nicht zu.

Die Unternehmensregeln verhindern zuverlässig das Nichtfunktionieren, also auch alles Neue.

Die Staatsverwaltung besteht zum guten Teil aus dem eingefrorenen Geist richtiger Menschen.

Es gibt also viel mehr Regeln, Rezepte, Schemata, Vorschriften und Prozesse, als ein Rezeptschrank fassen kann. Wir sammeln alles in Karteien, Datenbanken, Akten, Lexika, Lehrplänen, Verkehrsregeln, Gesetzestexten, zentralen Dienstvorschriften, Erlassen, Verordnungen, Karten, Arbeitsbeschreibungen, Tabellen, Plänen, Grundbüchern, Meldelisten.

Die richtigen Menschen haben durch das Erschaffen dieser Regelwerke und Zeremonien so etwas wie das Grundgerüst einer Kultur geschaffen. Es ist wie das Über-Ich der Gesellschaft.

Das individuelle Über-Ich von Ihnen oder mir ist nur ein winziger Teil eines gigantischen Systems, das in den letzten zwei Jahrtausenden geschaffen wurde.

Außerhalb des Rezeptschrankes sind richtige Menschen oft etwas hilflos. In ihrer linken Gehirnhälfte findet sich dann kein Karteiblatt mit Anweisungen, was zu tun wäre! Wenn Sie richtiger Mensch sind und von der englischen Queen zum Tee eingeladen würden: Was würden Sie denken? „Oh Gott, was ziehe ich an? Wie knickse ich ein? Wie viele Kekse darf ich essen? Was sage ich, wenn sie eine zweite Tasse anbietet?“ Natürliche Menschen gehen einfach hin und essen einen Keks zu viel. Wahre Menschen vertrauen, dass die Queen weiß, dass das Wahre eben manchmal nicht richtig ist. Eine wahre Queen wird verzeihen.

Bei einer Sommerakademie der Studienstiftung in Rot, in der ich 2001 eine Gruppe leitete, wurde neukomponierte Musik in 24-Ton-Form vom Komponisten Krickeberg selbst vorgestellt. Es war eine ganz neue Erfahrung, sie gab mir eine neue Idee von Musik, einiges klang noch zu experimentell, anderes ergriff das Innere. Ein richtiger Jurastudent beklagte sich in der Anschlussdiskussion, dass es ihm nicht ganz statthaft scheine, beliebig mit Tönen herumzuexperimentieren, weil es auf diesen ganz unbegangenen Pfaden ja noch keine Vorbilder meisterhafter Musik gebe. Es sei deshalb unmöglich, beim Hören von mutwillig neuer Musik zu beurteilen, ob es sich um ein Meisterwerk handle oder nicht. Das aber müsse er beurteilen können, um Musik wahrhaft genießen zu können! Richtig: Er sagte wahrhaft. Er sprach fast fünf Minuten und es war genau ein Satz. Ich war starr vor Erstaunen, dass jemand einen so langen Satz sprechen konnte. Ein richtiges Kunstwerk von einem richtigen Juristen. Wir mehr wahren Menschen haben ihn richtig bewundert, aber über seine Aussage haben wir gelächelt. Er muss richtige Regeln und Schemata haben, bevor er richtig hören kann. Ta-ta-ta-ta ist zum Beispiel voll in Ordnung. Beethovens Fünfte. Über alle Regeln erhaben. („Mach’ bloß keinen Terz, Ludwig.“)

2.2.5 *Die Einteilung der Welt*

Ein Computer rechnet. Das braucht Zeit, also Rechenkapazität, Speicherplatz mit Wissen, Daten, Programme, Anwendungen. Die Rechenkapazität muss auf die verschiedenen Anwendungsprogramme oder Prozesse verteilt werden. Der Computer kann sich also nicht immer um alles gleichzeitig kümmern, das übersteigt seine Kapazität. Er besorgt alles schön in vorgegebener Ordnung, eins nach dem anderen oder abwechselnd da und hier. Wenn er überlastet wird, wird er langsamer. Wenn er noch mehr überlastet wird, stürzt er ab. (Das wissen Sie genau! Ganz genau! Lesen Sie es noch einmal: Wenn er überlastet wird, wird er langsamer und leistet nichts Richtiges mehr. Mit Menschen wird aber planmäßig Überlastung in der Hoffnung betrieben, sie leisteten dann mehr! Ich weiß, was Sie sagen: Menschen sind nicht Computer. Irgendwie aber doch. Jedenfalls in dieser einen Beziehung.)

Das Betriebssystem des Computers teilt die Ressourcen zu. Wann wer was machen soll: der Drucker, der Scanner, das Modem. Ressourcen sind Platz und Zeit. Er hält Ordnung im File-System auf der Festplatte. Die Daten, also das Wissen, die Rezepte, die Programme (Schemata), die Anwendungsprozesse sind im System hierarchisch organisiert. Wenn alles gut geht und alles funktioniert und alle Arbeit getan wird und alle Termine eingehalten werden, dann sagen wir:

Das System läuft stabil.

Als man Computer baute, wird man diese Organisation des Computers vom Menschen abgeguckt haben. Ich glaube nicht, dass sich Bill Gates die selbst so ausgedacht hat. Wir selbst in unserer Welt sind nämlich wie ein PC organisiert.

2.2.6 *Organisation des Wissens – ein Abbild des Weltgerüstes*

Seit Jahrtausenden wurde das Wissen der Welt in Bibliotheken gesammelt. Stellen wir uns nun alle Bücher, die es gibt, auf einem großen Haufen vor. Das bringt einen ganzen Berg zusammen, viel größer als der Haufen bei einem Freudenfeuer. (Man verbrannte oft Bücher, die heißen Köpfen entflammten …)

Nehmen wir an, wir wollten etwas Bestimmtes aus diesem Haufen wissen.

Furchtbar, nicht wahr? Wie sollen wir etwas finden?

Deshalb werden Bücher nicht in Haufen, sondern in Bibliotheken gehalten. Dort stehen sie geordnet. Das Wissen der Welt steht dort systematisiert. Das heißt, es gibt ein Ordnungssystem, eine Systematik, durch welche die Ordnung geschaffen wird.

In einer Universitätsbibliothek könnten wir die Bücher nach den Wissenschaften systematisieren. Wir teilen die Bücher ein: in Philosophiebücher, in solche der Wirtschaft, der Romanistik, der Frauenforschung, der Physik. Jede der Einzelwissenschaften erhält also eine Teilbibliothek. Danach geht man daran, die Einzelwissenschaften in Einzelbereiche zu unterteilen: Mathematik in reine Mathematik und angewandte Mathematik, Physik in theoretische Physik und Experimentalphysik, Philosophie in Staatsphilosophie, Ethik, Ästhetik etc. Die Ethik, die Verhaltensforschung, die Anatomie, die Organische Chemie erhalten also in ihrer jeweiligen Einzelwissenschaftsbibliothek wieder eine Unterbibliothek. Aus dem Wissen der Welt haben wir inzwischen schon um die 100 große Teilhaufen gebildet. Leider sind zum Beispiel die Organische Chemie oder die Mechanik immer noch unübersehbare Gebiete von Wissen beziehungsweise von Büchern. Wir unterteilen also diese Unterwissenschaften in noch kleinere Teile. Diese heißen dann Statistik, Marketing, Säugetiere, Gerontologie. Für solche Disziplinen gibt es nun schon langsam Menschen, die sich mit dem ganzen Gebiet auskennen und die wir um Rat fragen könnten. Es gibt also Professoren oder Experten für theoretische Statistik, für angewandte Statistik oder Regierungsstatistik. Die Bücher eines kleineren Fachgebietes passen so langsam in einige Regale. Mehr kann ein Experte ja nicht kennen. Sie sehen, eine Bibliothek ist genauso aufgebaut wie etwa ein Mediamarkt, in dem es Regale für Telefone, Fernseher, Kameras, Kaffeemaschinen oder Spielsoftware gibt. Gehen Sie einmal zu einem Experten am Waschmaschinenregal und fragen ihn nach den Spezifika von Epilierautomaten. Er wird unausweichlich erwidern: „Da gehen Sie bitte zu einem zuständigen Kollegen!" So heißt die Zauberformel. Genau so ist es bei Wissenschaftlern. Fragen Sie einen Anästhesisten nach Homöopathie! Er weiß es nicht nur nicht, sondern hält als Chemiekeulenschwinger überhaupt nichts von homöopathischen Dosen. Im Mediamarkt könnten Sie entsprechend einen Windowsexperten über Linux ausfragen. „Das empfehle ich persönlich nicht, obwohl es verwirrte Menschen gibt, die das benutzen!" (Abschweifung: Experten hängen sehr an dem Regal, für das sie zuständig sind. Das ist ein ganz wichtiger Gesichtspunkt! Merken Sie sich bitte diesen Gedanken? Die Experten sind oft „Künstler" oder Intuitive, die wir im nächsten Kapitel besprechen. Für sie steht „die Idee" oben, am besten die eigene. Diese Idee ist für sie das Wichtigste. Nicht das System. Viele sehen also ihr eigenes Regal wie eine kleine Lebensidee im Mittelpunkt des Universums, so wie die Erde im Zentrum der Milchstraße, um die sich alles dreht. Warum hängen sie nur an einem einzigen Regal? Weil Expertise nicht so beliebig weitgefächert erzeugt werden kann. Die Regal-Intuitiven heißen dann „Spezialisten", diejenigen mit etwas mehr Reichweite vielleicht Gurus.)

Das Wissen der Welt wird also in so klitzekleine Facettchen unterteilt, bis jede dieser Kleinrubriken von einem Einzelmenschen übersehen werden kann. „Ich bin der Weltexperte für ausgestorbene Süßwasserfische an europäischen Wasserscheiden." Das Ganze ist dann die Summe der Teile. Die Bibliothek besteht also aus den vielen, vielen Einzelregalen der einzelnen Wissensgebiete. (Einwurf: Sie kennen sicherlich auch diese Aussage: „Das Ganze ist mehr als die Summe der Einzelteile." Das ist eine Vorstellung der ganzheitlichen Sicht! Die kommt erst später dran! Richtige Menschen sehen das Ganze als Summe der Teile. Sie reden im Management von Synergie oder Teameffekt, wenn sie sich nicht mehr selbst glauben, sondern auf die wahren Menschen zu hoffen beginnen.)

Dieses Bibliotheksbeispiel bildet das Paradigma, wie wir Informationen oder Organisationen gliedern.

Das File-System in einem Windows-PC ist wie eine Bibliothek angelegt. Stellen Sie sich alle Datensätze (Files) wie Bücher vor. Die Files (wie Bücher) werden in Ordner gepackt (entspricht einem Regal). Es werden Ordner angelegt, die nur Ordner enthalten, also wie eine Regalfläche aussehen. Usw. Das ganze File-System ist auf der Festplatte gespeichert; diese entspricht der ganzen Bibliothek. Wieder ist das Ganze ungefähr die Summe der Teile.

Firmen werden in Vorstandsbereiche, die wieder in Bereiche, die in Hauptabteilungen, die in Abteilungen gegliedert. Wie es in der Bibliothek die Einteilung der Welt in Wissenschaften und Unterwissenschaften gibt, so organisiert der Mensch Unternehmen in Marketing, Vertrieb, Logistik, Produktion. Das Management verbindet die Bereiche miteinander, wenn etwa für das Produzierte Marketing gemacht werden soll. Das Management soll dafür sorgen, dass das Unternehmensganze mehr wert ist als die Summe der Teile. Das Management fügt die Teile ineinander, harmonisiert das Ganze. Aus Einzelteilen entsteht eine „Unternehmensmaschine".

Schulen gliedern den Wissensstoff in Einzelfächer, in Religion, Musik, Deutsch, Chemie und so weiter. Der Stoff wird in Jahrgangsstufen und dann in Wochen- und Stundeneinheiten zerhackt. Schließlich bleiben also Wissenspäckchen à 45 min übrig, die wir Schüler geduldig als Lehrplaneinheiten schlucken. Das Ganze ist die Summe der Teile. Neuerdings möchten die Lehrer mehr erreichen als nur die Summe der Teile. Sie versuchen sich an vernetztem Denken! Das funktioniert bei richtigen Lehrern nicht.

Das Wissen im Internet ist auf Websites verteilt. Dort gibt es eine Unterteilung des Wissens per Klick, wonach man in eine Unter-Website gelangt. Klick in die Unter-unter-Website und so weiter. Alles ist wie in der Bibliothek. Wenn wir in einer Bibliothek ein Buch aufschlagen, mag dort stehen: „Lesen Sie das und das in Buch 451!" Dann suchen Sie in der Bibliothek das Buch 451. Im Internet klickt man nur! Schwupp, sind Sie schon „beim anderen Buch", auf einer anderen Website.

Jede Organisation zerhackt größere Portionen in kleinere Portionen, so dass immer kleinere Einheiten entstehen. Am Ende bleibt etwas übrig, das so klein ist, dass dafür jemand „zuständig" sein und dort eine Rolle ausüben kann. Das ist der Zuständige, der Projektleiter, der Manager.

Diesen Vorgang nennt man: Kompartimentalisieren (Kompartiment: Abteilung, Gemach).

Wenn innerhalb eines Bereiches oder Kompartimentes eine Aufgabe anfällt, wird sie vom Zuständigen durchgeführt.

2.2.7 Systematisierung unserer Lebensbereiche, damit alles „passt"

In einer Universitätsbibliothek beginnt die Organisation mit der so genannten Systematik. Diese Systematik beschreibt, wo welche Bücher aufgestellt werden. Die Systematik teilt alles Wissen eben in die schon dargestellten Wissenschaften und Unterwissenschaften und Unterunterwissenschaften ein, sie sagt in der letzten Unterteilung, was auf jedem Regalbrett stehen soll.

Wenn ein neues Buch gekauft wird, muss dieses Buch systematisiert werden. Zum Beispiel könnten wir die *Metaphysik der Sitten* von Kant kaufen. Es wird jetzt systematisiert. Das heißt: Jemand bestimmt, in welches Regal das Buch gehört. Bei Kant ist das „babyleicht“: Philosophie, Regal Kant. Fertig. Nun kaufen wir mein Buch *Wild Duck*, mit Argumentationen aus Mathematik, Informatik, Psychologie, Biologie, Wirtschaft, Management. Wohin stellen wir etwas so Seltsames? „Wer ist dafür zuständig?“ Das weiß nicht einmal mein Springer-Verlag so richtig, denn das Buch kommt in den vielen Verlagskatalogen der Einzelwissenschaften nicht vor. Es erscheint aber im Katalog mit Weihnachtsgeschenkvorschlägen für Springer-Autoren. Wohin also in der Bibliothek? Eine gute Regel wäre, es dahin zu stellen, wo ein normal denkender Mensch es suchen würde, wenn er in der Bibliothek wäre. Tja, das hilft hier auch nicht weiter, oder? Wo würde er es suchen?

Diese Beobachtungen führen zu folgenden Überlegungen.

Ein gutes System zeichnet sich dadurch aus, dass möglichst „alles“ hineinpasst.

Das, was nicht unmittelbar in das System hineinpasst, hat es vermutlich nicht leicht.

Wenn etwas nicht hineinpasst, kann man es passend machen oder das System so verändern, dass es nach der Veränderung hineinpasst.

Es ist im Allgemeinen sehr viel leichter, die Dinge dem System anzupassen als das System nach den Dingen zu verändern, weil nach der Veränderung eines Systems gewöhnlich eine Menge nicht mehr hineinpasst, was vorher genau hineinpasste. Es ist sinnvoll, Systeme nur wenig und langsam zu ändern.

Schüler könnten Sonderbegabungen haben, aber sie passen sich besser der Schule an, genauer gesagt, dem Lehrplan, der alles beherrscht und als solcher wie ein File-System eines PC aussieht.

Ein Wissenschaftler könnte eine wahnsinnig neue Idee haben, die als Buch nicht in die Systematik der Bibliothek passt. Es wäre bestimmt leichter, wenn ein Wissenschaftler nur Ideen hat, die in dieses Raster passen. Denn auch die Stellenausschreibungen der Professorenstellen passen in das System der Bibliothek. Die Stellen heißen so wie die Unterwissenschaften oder Wissenschaften in der Bibliothek. Immer, wenn ein Wissenschaftler für etwas Neues Fachkoryphäe ist (heute, 2002, für E-Business oder Fifth-Generation-Wireless), dann gibt es keine Professorenstellen für ihn. Vor 25 Jahren gab es kaum Stellen für angewandte Mathematik oder Informatik. Das weiß ich aus leidvoller Erfahrung. Ich habe 1981 in Informationstheorie habilitiert. Keine Stellen! Nur ein klitzekleines Bücherregal in der Bibliothek!

Ein Student sollte etwas Ordentliches studieren: Jura, Physik, Medizin, jedenfalls etwas, was in das System passt. Er kann natürlich aber neben dem Hauptsystem etwa „Kulturmanagement“ oder „Altenpflegepsychologie“ studieren: Keine Stellen.

„Es gibt Stellen“ oder „Wir können Sie gebrauchen“ hat sehr viel damit zu tun, ob Sie gut in das jeweilige System hineinpassen. Sie müssen dort einen schon vordefinierten Platz in der Systematik einnehmen können. „Ich bin zertifizierter SAP-R/3-Meister.“ Das klang vor zwei Jahren gut, jetzt immer noch. Bald nicht mehr.

In einem System ist alles geordnet. Vieles ist vorgegeben und durch Normen vorgeschrieben. Im System herrscht Ordnung wie im PC.

Die Kehrseite eines Systems ist die Starrheit gegenüber dem, was nicht in das System passt. Oft wird gesagt: Systeme sperren sich gegen das Neue. Das stimmt überhaupt nicht. Sie sperren sich nur gegen das nicht Hineinpassende. Leider ist das Neue oft von dieser Art!

In uns Menschen sind diese Systeme durch unsere Kultur oder unseren Arbeitsplatz hineingepflanzt. Das praktische Denken wie ein PC ist von der Gesellschaft systematisiert. Das praktische Denken ist blitzschnell und erfolgreich, wenn es Dinge verarbeiten soll, die in das System passen. Das ist „Routine" und normal. Wenn etwas nicht hineinpasst, sagen wir: „Da weiß ich nicht Bescheid." – „Ich bin nicht zuständig und ich glaube auch nicht, dass jemand für *so etwas* zuständig wäre." – „Ich werde jemanden fragen." – „Oh, dafür müssen wir zu viele Leute fragen (‚Zuständige'). Das fassen wir lieber nicht an." – „Ach, was für ein Vorhaben! Das muss sorgfältig mit allen anderen Bereichen abgestimmt werden." – „Das können wir nicht kaufen, weil wir keinen Etat dafür haben. Wir können nur dann etwas kaufen, wenn wir in der Buchhaltung wissen, von welchem Konto es abgebucht wird." – „Eine blaue Hose? Blau ist in diesem Jahr nicht Mode. Wir haben keine blauen Hosen geordert. Deshalb haben wir keine verkauft, sehen Sie? Wenn wir aber keine verkaufen, ist es gut, dass wir keine im Laden haben. Sie können Straßenbauorangebraun im neuen Lehmton haben."

Die Systeme bringen also systematisch Probleme mit sich, wenn etwas Dazwischenliegendes nicht in die Systeme hineinpasst. Wenn diese Probleme umgangen werden können, dann lebt es sich gut „darin". Wenn ein System stabil läuft, lebt der richtige Mensch wie automatisch darin. Das ist dann richtig seine Welt.

2.2.8 Wie ein Projekt richtig durchgeführt wird

Wenn die richtigen Menschen etwas zu Stande bringen müssen, machen sie es richtig. Wenn zum Beispiel eine Abteilungsfeier veranstaltet werden soll, so setzen sich alle zusammen und beraten. Sie legen einen Termin fest und teilen ein, wer die Organisation übernehmen soll. Es wird ein Festausschuss gegründet, der Vorschläge erarbeiten soll, über die dann erneut beraten wird. Sie diskutieren stundenlang, wie viel Geld es kosten darf, woher das Geld zu nehmen wäre, wer Zuschüsse geben könnte. Wie viel kann jeder als Eintrittsgeld bezahlen? Dürfen Kinder kostenfrei teilnehmen? Darf der Lebenspartner mitgebracht werden? Soll auswärts gefeiert werden? Wie weit höchstens weg?

Damit setzen die richtigen Menschen Eckpunkte, Regeln, grobe Organisationsformen, Hierarchien fest. Die Organisation wird zuerst besprochen, der Kostenrahmen gesteckt. Mit den beschlossenen Kompetenzen und Regelungen und dem Budget kann nun der Festausschuss die „Ausgestaltung" des Festes übernehmen.

Wenn in großen Unternehmen eine neues Wachstumsgeschäft hochgezogen werden soll, so überlegt man sich die Größe des erwarteten Geschäftes, die Anzahl der vermutlich benötigten Mitarbeiter, die Budgets, die hierarchische Organisation. Dann schätzt man die Bedeutung des neuen Bereiches in der Firma ab und sucht entsprechend einen neuen Manager, der in der Karriereleiter eben diesen Leitungsposten als eine Art Beförderung oder Herausforderung auffassen kann. Der neue

Manager kümmert sich zuerst um sein neues Team, eine Assistentin, einen Operations Manager, einige Führungskräfte, die dann ihrerseits einzelne Abteilungen des neuen Bereiches aufbauen werden.

Das waren jetzt Beispiele, wie richtige Denker etwas beginnen. Die richtigen Menschen, die Gefühl haben, die also nicht primär auf dem Faktenwissen operieren, sondern die Personalakten der ganzen Umgebung zu Rate ziehen, diese anderen richtigen Menschen überlegen sich, wer überhaupt mitmacht oder eingeladen wird. Wen mögen wir? Wer hat Anspruch dabei zu sein? Die Gefühlsmäßigen können sehr lange über Einladungslisten oder Sitzordnungen knobeln, damit das Beziehungsgeflecht der Menschen irgendwie adäquat auf einen langen Tisch abgebildet werden kann. „Ich bin nicht eingeladen." Das ist eine schreckliche Sache für den richtigen Menschen mit Gefühl. Es ist eine Aussage in seiner Personalakte, die von fremder Hand hineingeschrieben wurde.

Mit einem Wort: Der richtige Mensch kümmert sich zuerst um die Logistik und die Organisation und um das Team oder die Geladenen. Wenn die Logistik und der Rahmen stehen, wird dieser Rahmen mit Inhalt gefüllt. Dann laufen die richtigen Menschen herum und fragen alle Menschen der Welt: „Habt ihr eine gute Idee, wie wir genau feiern wollen?" Sie kaufen sich Ratgeber, in denen bewährte Feiern beschrieben sind, bis hin zu den Kosten des dreigängigen Menüs. Man sagt: Richtige Menschen organisieren erst und suchen dann eine Idee, die zur Organisation passt. „Strategy follows structure." So sagt man im Management. Oder: Die richtigen Denker und die richtigen Gefühlsmäßigen wenden sich an Menschen, die den richtigen Geschmack haben. Die schütteln vielleicht gelungene Feiern aus dem Ärmel. Mit oder ohne Idee. So sammeln also die richtigen Menschen Vorschläge oder Ideen.

Dann setzen sie sich wieder zusammen und beraten. Sie diskutieren sehr lange, wenn nicht der Ranghöchste seine Vorlieben zeigt. Dann gehorchen sie eher dankbar. Was die Autorität will, ist nicht mehr zu kritisieren, kann also nur gut gehen. Schlecht gehen hieße: Die Autorität findet das Fest nicht gelungen. Richtige Menschen können wie im Parlament sehr lange beraten, welcher Vorschlag umgesetzt wird. Der, der den gewinnenden Vorschlag macht, erntet Ehre im System. Nach und nach kristallisieren sich durch fortwährende Priorisierung die favorisierten Vorschläge heraus. Am Schluss wird abgestimmt. Die Minderheit gibt den Widerstand auf, solidarisiert sich und arbeitet loyal am beschlossenen Plan mit.

Als Gegensatz: Niemals würden wahre Menschen so vorgehen. Wahre Menschen brauchen erst eine wahrhaft gute Idee, was denn zu tun wäre! Was soll das Motto des Festes sein? Das Thema? Unter welcher Leitlinie findet es statt? Erst dann weiß der wahre Mensch, was er tun will, erst dann kann er wissen, was es kostet und wie viele Helfer er braucht. Er wird nur Helfer brauchen, die von der Idee begeistert sind. Er bemüht sich also erst dann um Helfer, wenn die Idee glänzt! Die Idee bleibt stehen, keiner darf sie anrühren! Das Fest ist gelungen, wenn die Idee vollkommen umgesetzt wird. Das Gelingen hängt nicht von einem Tadel oder einem Lob der Autorität ab! Wahre Menschen stimmen eigentlich nie über Ideen ab. Wahre Menschen suchen nach der besten Idee durch Überzeugung. Die Entscheidung am Ende ist etwas Wahres. Das Wahre kann niemals durch Mehrheitsabstimmung bestimmt werden. Wahr ist wahr. Wahrheit kann nicht geregelt werden. Sie ist da oder nicht, während Regeln von der Mehrheit festgelegt werden können. „Structure follows strategy".

Als Gegensatz: Natürliche Menschen würden relativ kurz vor einer Feier in Gourmetläden oder Reisebüros nach stimulierenden Genüssen suchen und spontan entscheiden: Das ist es! Das machen wir! Es kostet vielleicht zu viel. Was soll's? Wir leben alle nur einmal. Es ist sinnlos, nach Budget oder Plan zu organisieren. Es ist ein Witz, über etwas durch Mehrheit abzustimmen! Das Team soll Lust verspüren, gerade jetzt als Gruppe dieses eine zu tun, und zwar jetzt gleich. „Hey, wir machen Party! Jeder bringt etwas zu essen, eine Flasche und ein Glas mit! Wir lassen es rund gehen!" Spontantheater und Improvisation statt Choreografie und Regie. Sense and respond.

Richtige Menschen organisieren und regeln die Dinge bis ins Kleinste, bevor sie anpacken. Sie planen, suchen Möglichkeiten, ordnen die Möglichkeiten nach Kriterien, priorisieren, stimmen schließlich ab, wenn es nötig sein sollte, hartnäckige Minderheiten auszuschalten, die das schnelle Vorgehen behindern. Wenn richtige Menschen die Planungsrunde verlassen und sich der Versammlungsraum leert, dann hängen Listen von Einkäufen, Verantwortlichkeiten, Zahlen an den Wänden. Termine stehen da, Gelder, die Menüs, Festreden, Grußworte. Nichts ist vergessen. Nichts kann vergessen werden, weil jemand Protokoll führen muss, das am nächsten Tag an alle verteilt werden wird.

Das Vorgehen ist wie das in einem Computerprogramm.

Und ich habe im Vorübergehen schwach spekuliert: Demokratie ist die Organisation der linken Gehirnhälfte. Die richtigen Menschen stimmen ab. Wahre Menschen suchen nach der besten Leitidee. Platon denkt ja mehr mit der rechten Gehirnhälfte nach. Platon schwebt dann eben auch die Philosophenrepublik vor, in der die besten Köpfe die weisen Leitideen vorgeben. Das ist die beste Staatsform der wahren Menschheit. Er vertraut die Herrschaft den wahren Weisen an. Natürliche Menschen würden am liebsten starke, charismatische Helden „da oben" sehen, die relativ allmächtig alles in bestem festem Griff haben.

2.2.9 Wahrscheinlichkeit, Ungewissheit, Risiko und Gefahr

Richtige Menschen gehen richtig vor und planen genau. So können Ungewissheiten im Leben weitgehend vermieden werden. „Wer sich in Gefahr begibt, kommt darin um." Aus dieser Sicht machte sich der Mensch schuldig, wenn er in Gefahr geriet. Denn er begab sich ja in Gefahr. Dann muss er eben die Konsequenzen tragen. Selbst schuld, wer arm ist. Selbst schuld, wer die Arbeit verlor, einen falschen Mann heiratete oder gar krank wurde. Selbst schuld, wer einen Autounfall beklagen muss oder vom Lehrer getadelt wird. Selbst schuld, wer keine Zukunft hat.

Der richtige Mensch plant also und sorgt sich fortwährend, ob alles gut ausgehen wird. „Hast du daran gedacht, die Fotos abzuholen? Ist die Kaffeemaschine ausgeschaltet? Haben wir alle Uhren auf Winterzeit, auch den Reisewecker? Warum telefonierst du so lange? Du schreibst morgen eine wichtige Klausur in der Schule und musst noch lernen, hast du gesagt. Nun aber sitzt du vor dem Fernseher. Kannst du dich nicht nützlich machen? Wenn du schon nicht lernst, könntest du wenigstens die Straße fegen. Die haben wir jetzt sieben Tage nicht gefegt." (Der wahre Mensch fegt nur, wenn es etwas zu fegen gibt, nicht nach sieben Tagen! Ob natürliche Menschen fegen? Wenn ihnen danach ist.)

Das richtige Leben hält leider viele Überraschungen bereit. Konjunkturen kommen und gehen. Tod und Krankheit schlagen Schneisen. Die monumentalen Sicherungsorganisationen der richtigen Menschen fangen nicht alle Unglücke ab, gegen die man sich natürlich versichern sollte.

„Wahrscheinlichkeiten", Risiken, Ungewissheiten, Unsicherheiten können im Wissenssystem der linken Gehirnhälfte nicht adäquat abgebildet werden, spekuliere ich. Das Vage, Verschwommene hat dort keinen Ausdruck.

Richtige Menschen verfügen deshalb über ganze Arsenale von allen möglichen Strategien, das Unklare aus dem Leben herauszuhalten. Dazu gehören eben die Pläne, das Messen, Beurteilen, Quantifizieren, Beziffern, Benoten, Auflisten, Aufzählen, Einteilen, Zuteilen, Zergliedern, Terminieren, Verantwortlichmachen. Richtige Computer tun das auch.

Damit beschließe ich die erste Runde über das Prinzip des Richtigen. Später, wenn die anderen Prinzipien besprochen sind, folgt eine Detaillierung.

2.3 Das intuitive Denken des wahren Menschen: Wie neuronale Netze

2.3.1 Rechts

Die rechte Gehirnhälfte funktioniert anders. Ich versuche, die Idee dieses anderen Denkens hier zu entwickeln. Ich sage nicht, dass das Gehirn nun ganz genau so physisch gebaut wäre. Darum geht es in diesem Buch überhaupt nicht. Ich möchte herausarbeiten, dass es einen ganz anderen Denkprozess gibt als den normalen Prozess des analytisch-logischen Denkens. Wenn Sie mir dann zugestehen, dass wir zwei völlig verschiedene Denkprogramme haben, dann werden Sie wohl auch mit mir erschrocken sein, was das für uns alle bedeutet: Wir haben verschiedene Programme mit verschiedenen Ergebnissen. Manche Menschen hören letztlich auf die linke Gehirnhälfte, auf das Richtige und die Logik. Andere vertrauen auf ihre Intuition. Was ist richtig? Wer hat Recht? Wo liegt das Wahre?

Wir sind gewohnt, die Logik anzubeten, weil wir mit ihrer Hilfe etwas allgemein Akzeptiertes schaffen können. Das allgemein logisch Richtige kann als Eckpfeiler unserer Menschengesellschaft dienen. Intuition dagegen gehört einzelnen Menschen persönlich und ist vielfach nicht recht vermittelbar. Darauf kann die Gemeinschaft nicht unbedingt Gebäude errichten. Wirklich nicht? Das Problem ist, dass das intuitive Denken gar nicht als wirkliche Fähigkeit des Menschen allgemein anerkannt ist. Intuition gilt als vage, als „sechster Sinn“, als etwas, was es manchmal geben mag, wenn ein Genie eine Idee hat. Aber wissen Sie denn, dass *auch Sie* eine rechte Gehirnhälfte mit dem intuitiven Teil haben? Hat die Schule Sie das gelehrt? Ist Ihre Intuition während Ihrer Erziehung ausgebildet worden? Hat Ihnen jemand verraten, wann welches Denken von Vorteil wäre, wenn Sie beides könnten? Wissen Sie, welches von beiden Sie besser können? (Nicht, worauf Sie sich *verlassen* – was Sie besser *können*!) Nein, nein, nein, ist die Antwort. Unsere Gesellschaft orientiert sich am Richtigen. Das Wahre und das Intuitive ist nicht konkret genug für die Lehrpläne der Schulen.

Ich erkläre bildhaft das Intuitive. Ich zeige seinen Wert.

Es gibt einen Test, den ich in meinen Büchern *Wild Duck* und *E-Man* jedem warm ans Herz gelegt habe. Sie können ihn im Internet unter www.keirsey.com finden und absolvieren (dort sind die Fragen auch in Deutsch). Anhand dieses Tests bekommen Sie einen Hinweis darauf, ob Sie introvertiert oder extrovertiert sind, ob Sie mehr fühlen oder denken, ob Sie planen oder spontan sind und ob Sie intuitiv oder ein (linkshirniger) „Sensor“ sind. Es gibt eine Menge Statistiken von Millionen Testergebnissen, etwa im *Atlas of Type Tables* von Gerald Macdaid, Mary McCaulley und Richard Kainz. Dort finden Sie, ganz grob, Hinweise darauf, dass etwa zwei Drittel zum Beispiel der Manager, Politiker, Schuldirektoren, der hohen Offiziere oder der Bankdirektoren analytisch-logische „richtige“ Menschen sind. Im Gegensatz dazu sind grob zwei Drittel der Architekten, Künstler, Musiker, Dichter, Psychologen und Soziologen Intuitive. Ich selbst habe etwa 500 Leute gebeten, mir ihr Testergebnis zu schicken; die meisten von ihnen stammen aus dem Informatiksektor. Unter diesen, also zum Beispiel unter den Neueinstellungen der IBM, sind fast drei Viertel Intuitive, während man schätzt, dass es in der normalen Bevölkerung nur *ein* Viertel Intuitive gibt. Wenn ich alles zusammen hier in dieser Einführung auf den einen einzigen Punkt bringen darf? Etwas polemisch? Dann sage ich:

> Die Gehirne der Menschen, die eine typische Stütze unserer entstehenden Wissensgesellschaft bilden, arbeiten vorwiegend intuitiv.

Oder: *Wissensarbeiter gehören eher zu den „wahren“ Menschen.*

Wissensarbeiter waren früher eine geachtete, vielleicht „kauzige“ Minderheit, die die Gesellschaft ebenso wie die Erziehung übersehen konnte. Heute geht diese Zeit zu Ende. Wir müssen uns also mit den „wahren Menschen“ wirklich ernsthaft auseinander setzen. Es sind nicht mehr nur Einsiedler, Harry Potters, Idealisten, Extremwissenschaftler, Yoga-Anhänger oder Künstler: *Die Intuitiven mausern sich zu einer bestimmenden Kraft unserer Welt. Ich selbst sehe darin eine echte Revolution in der Menschheitsgeschichte.*

Diese These ist bereits Hauptpunkt in meinem Buch *E-Man*. Ich gehe dort dem Gedanken nach, dass der richtige Mensch den Computer so sehr nach seinem Bilde schuf, dass der Computer die Haupttugenden des richtigen Menschen relativ entwertet. Das Richtige kann bald der Computer selbst. Damit sind die *richtigen* Menschen nicht mehr so unbedingt die *erste* Wahl, unsere Oberhäupter zu sein. Da die Computer immer mehr an Macht gewinnen, ist diese Entwicklung unumkehrbar. Wir stehen also am Beginn einer Revolution, die vergleichbar ist mit der, als die Menschheit der Jäger zu einer Menschheit der Bauern wurde. Auch damals verschob sich der Typ des bestimmenden Menschen relativ radikal. Jäger sind mehr wie die natürlichen Menschen, die den richtigen Menschen Platz machten.

Sind das nicht genügend Gründe dafür, dass ich laut rufen darf, dass das Intuitive nun endlich wahrhaft begriffen werden müsste?

2.3.2 Black Boxes

Bevor ich direkt auf das Thema eingehe, möchte ich Ihnen an einem Beispiel den irrsinnig großen Unterschied zum logischen und trainierten Denken nahe bringen.

Stellen Sie sich vor, ich möchte bei der Show „Wetten, dass …?" auftreten. Meine Wettidee ist: Ich kann in jedem Raum zu jeder Zeit und zu jedem Wetter die jeweilige Temperatur durch reines Spüren an meiner ausgestreckten rechten Hand bis auf 0,2 Grad Celsius genau angeben.

Ich komme jetzt in Ihr Büro und stelle fest: „21,2 Grad. Draußen, Moment, ich mache das Fenster auf, sind 0,3 Grad Minus."

Um diese Wette zu gewinnen, müsste ich die Fähigkeit zum Temperaturspüren erwerben. Ich würde ein hypergenaues Digitaltemperatursensibelchen erwerben, das ständig die Temperatur exakt anzeigt und alle fünf Minuten speichert. Dann würde ich immerfort mit der Hand spüren und schätzen. Die Schätzungen würde ich mir mit Uhrzeit notieren. Alle paar Stunden vergleiche ich die Messreihen und versuche zu lernen. Ich bekomme eventuell heraus, dass ich neben Hauswänden eher nach oben schätze und bei Schnee zu tief, weil mein Verstand die Hand stört. So übe ich und übe. Ich messe mit der Hand und vergleiche mit der Wirklichkeit. Immer wieder.

Mit der Zeit werde ich besser und besser. Etwas passiert in mir. Ich weiß nicht genau, was. Die Fehler sinken bald auf zwei Grad im Durchschnitt, um die ich mich verschätze. Ich übe weiter. Meine Hand wird sensibler. Meine Hand versteht den Einfluss von kaltem Wind oder warmem Hauch, der sie früher noch verwirrte. Meine Hand weiß, dass Sonnenschein zu gute Werte suggerieren will. Meine Hand lernt und lernt, während ich übe. Irgendwann schaffe ich das: bis auf 0,2 Grad richtig zu schätzen.

Dann bin ich eine Art Automat geworden. Der Automat streckt die rechte Hand aus, spürt und spuckt das Ergebnis aus.

Was geschieht da in mir? Ist das ein Computer? Was ist sein Programm? Was errechnet dieser Computer? Wie rechnet er?

Durch das Üben und Üben mit Hand und Thermometer hat sich in mir eine Art Programm gebildet, das die Temperatur schätzen kann. Ich kann die Temperatur wittern. Ich weiß nicht, wie es in mir funktioniert. Ich kann nicht erklären, wie es kam. Ich kann niemandem mit Worten beschreiben, wie der Automat die Ergebnisse erzielt. Das Ergebnis ist einfach da. Da ist wirklich ein Programm in mir, das ich absolut nicht kenne und von dem ich nur die Endergebnisse bekomme, sonst nichts.

Input für das Programm: das Gespür in der rechten Hand.

Output: In meinem Gehirn schaltet etwas und mein Mund sagt: 21,2 Grad.

Zwischen Input und Output ist – für mich – nichts. Absolut nichts.

Die Amerikaner nennen so etwas Black Box. Damit ist eigentlich die schwarze Zauberkiste bezeichnet, die der Magier auf der Bühne benutzt. Eine Black Box ist im übertragenen Sinn eine Funktionseinheit, über deren Wirkungsweise im Inneren nichts direkt bekannt ist. Wer wissen will, was drinnen geschieht, muss notgedrungen aus den Zusammenhängen zwischen Input- und Outputsignalen Schlüsse ziehen, die möglicherweise einiges klären können. Das Innere bleibt unzugänglich – schwarz.

Wenn ich also Temperaturen schätzen kann, bin ich weitgehend eine solche Black Box. Sie können mich bewundern, wie ich das mache. Sie werden um mich herumgehen, mir zusehen und grübeln: „Beobachtet Gunter Dueck das Wetter? Kennt er den Wetterbericht aus dem Fernsehen. Beobachtet er die Vögel oder die Insekten?"

„Falsch, ganz falsch!", rufe ich Ihnen zu. „Sehen Sie! Ich kann es mit geschlossenen Augen! Und der Wetterbericht löst das Problem doch nicht! Er sagt die Temperatur auf zwei Grad richtig voraus, aber dieses Wissen ist nutzlos, wenn Sie auf 0,2 Grad Genauigkeit schätzen wollen." Ich führe es vor, während Sie mich mit verbundenen Augen durch eine zugige Einkaufspassage entlang tappen lassen. Und Sie fragen sich: „Wie geht das zu?" Ich glaube ja nicht, dass Sie das herausbekommen, wo doch schon manchmal Ihr Lebenspartner für Sie wie eine Black Box wirken kann. Sie sagen etwas, er schweigt und antwortet etwas nach einigen Sekunden. Dazwischen ist die Black Box, die wir oft nicht verstehen. Sie sagen zu Ihrem Lebenspartner: „Ich wüsste zu gerne, was da in dir vorgeht."

Ich gebe Ihnen ein anderes Beispiel. Ihren eigenen Taschenrechner. Sie werden ihn jetzt kennen lernen. Er ist so simpel.

In dem Rechner sind ein Addierwerk und ein Multiplizierwerk eingebaut. Diese können Sie fast selbst als Chip entwerfen. Ich musste dabei helfen, als ich bei IBM anfing. Ich war richtig emotional aufgewühlt, als ich erfuhr, dass auf dem Chip so ungefähr genau die Schulmethode benutzt wird, die wir in der Grundschule lernen. Ich hielt es für absolut sicher, dass es etwas Schlaueres gäbe. Und ich würde es finden! Ich habe es versucht. Es ging nicht so richtig. Meine Chips waren besser, aber so total unordentlich, dass sie schlecht zu bauen waren. Die Schulmethode ist ordentlich und funktioniert gut. Sie ist noch heute im Rechner.

Nun soll so ein Rechner dazu erzogen werden, nicht etwa die Temperatur zu schätzen, nein, er soll etwas Schwereres tun, nämlich auf die Eingabe einer beliebigen Zahl x den Sinus von x ausgeben. Also: Wir tippen eine Zahl x ein, dann drücken wir auf den Knopf SIN und es erscheint im Rechner-Display der Sinus von x. Problem: Wie kann ich den Sinus mit einem Rechner ausrechnen, der nur addieren und malnehmen kann?

Das zeige ich Ihnen jetzt. Das Beispiel soll Ihnen sagen: Man kann wirklich komplizierte Sachen mit ganz einfachen Methoden hinbekommen. So macht es unser Gehirn.

Hoffentlich ist Ihnen das Beispiel nicht schon zu mathematisch. Ich weiß ja, dass viele von Ihnen so etwas nicht gerade lieben. Aber viel schwerer wird es nicht. Im Lateinunterricht kommt Sinus auch vor, beim Vokabellernen. Sinus heißt „Bausch, Bucht, Busen". So sieht auch die Sinuskurve im Koordinatensystem aus (Abb. 2.3):

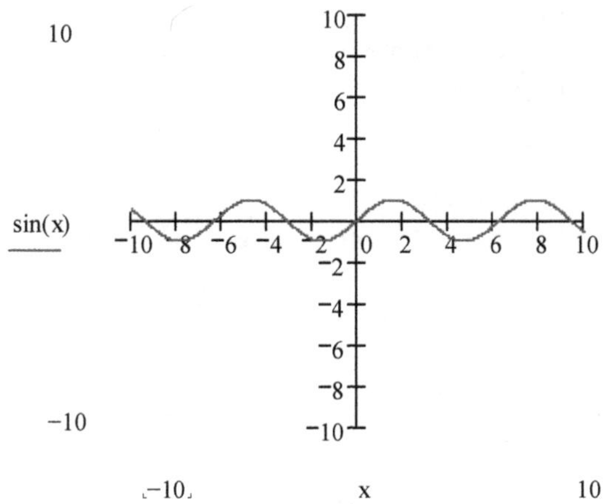

Abb. 2.3 Sinuskurve

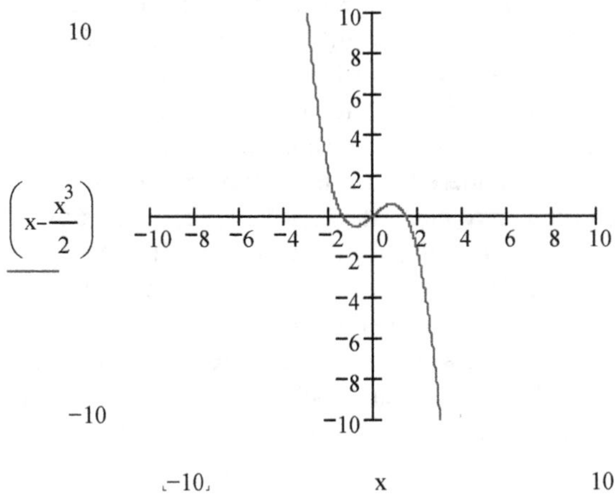

Abb. 2.4 Approximation der Sinuskurve in der Nähe des Nullpunktes I

Erinnern Sie sich noch? An Cosinus und Tangens, auch noch an das Hyperbolische in den Augen Ihres Lehrers?

Ich hätte gerne, dass mein kleiner Taschenrechner mit dem Addier- und Multiplizierwerk immer auf die Eingabe von x mit der Ausgabe von sin(x) antwortet.

In der Oberstufe mussten wir immer Kurven diskutieren und als Graphen in einem Koordinatenkreuz darstellen. Da habe ich gelernt, dass so eine Mini-Welle auch bei Polynomen dritten Grades vorkommt. Ich gebe eine solche hier einmal in mein Mathcad-Programm ein und schaue mir die Kurve an. Sie sieht so aus (Abb. 2.4):

x hoch drei kann ich durch Multiplizieren ausrechnen, dann multipliziere ich es mit 0,5, was dasselbe ist wie durch Zwei teilen. Usw. Sie sehen: Diese einfache Kurve „kann" mein Minitaschenrechner. Er muss nur ein paar x'se miteinander malnehmen und alles richtig zusammenzählen. Kein Problem. Leider sieht es noch nicht wie eine Sinuskurve aus. Ich versuche es einmal mit ein paar anderen Funk-

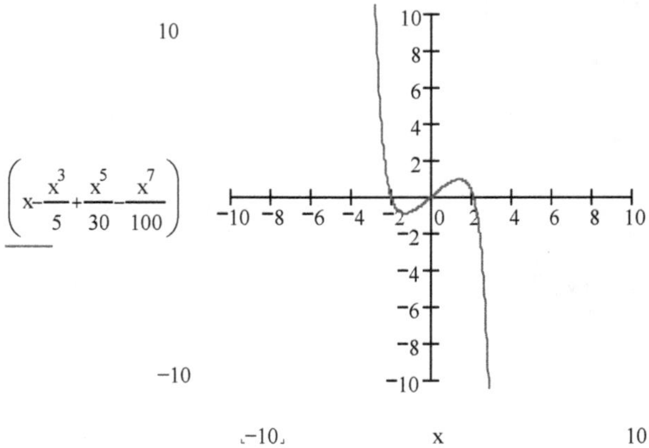

Abb. 2.5 Approximation der Sinuskurve in der Nähe des Nullpunktes II

tionen, die für meinen Kleinrechner leicht sind. Sehen Sie mal diese hier. Sie sieht in der Mitte schon richtig schön aus (Abb. 2.5).

Ich setze einmal noch mehr Terme hinein und spiele an den Zahlen herum. So? Jetzt habe ich eine Welle mehr drin, aber die ist nicht schön. In der Mitte ist es aber noch besser geworden (Abb. 2.6).

Ich verändere jetzt zehn Mal oder noch öfter die Zahlen in den Nennern, damit ich die Kurve noch glatter bekomme, so dass Sie sie am Ende gar nicht mehr von der Sinuskurve unterscheiden können. Ich habe nur ein wenig verändert, aber eine deutliche Verbesserung erzielt! Hier (Abb. 2.7):

In der Mitte erscheint mir die Kurve schon sehr gut zu sein. Ich mache jetzt einen Zoom auf die Zeichnung und bilde nur den Ausschnitt von − 2 bis 2 ab, den in der Mitte. Ich gebe in das Mathcad ein, dass beide Kurven gezeichnet werden sollen. Der Sinus als durchgezogene Linie, die vorige Kurve als gestrichelte Linie. Ich

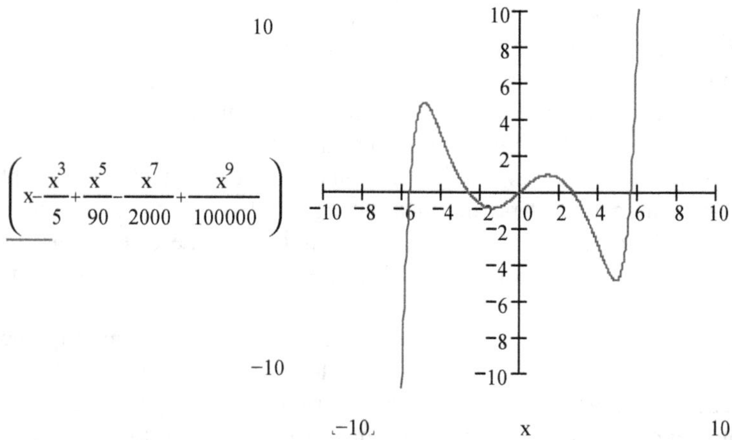

Abb. 2.6 Approximation der Sinuskurve in der Nähe des Nullpunktes III

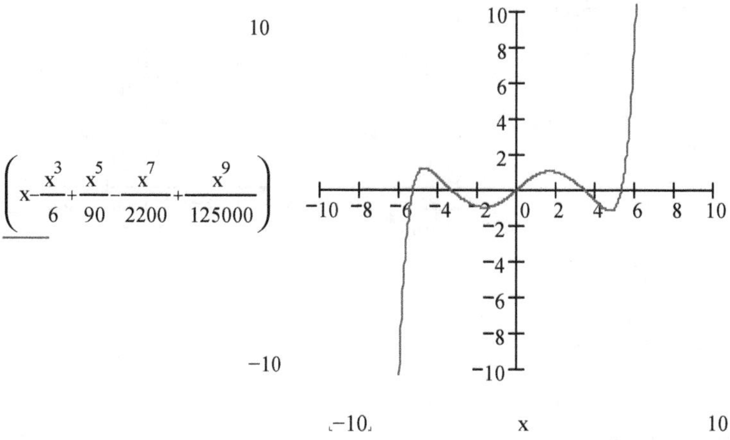

Abb. 2.7 Approximation der Sinuskurve in der Nähe des Nullpunktes IV

Abb. 2.8 Approximation der Sinuskurve in der Nähe des Nullpunktes V

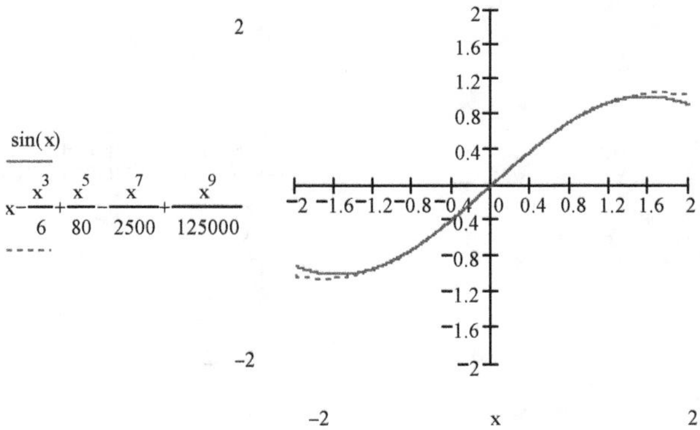

beschreibe es so ausführlich, weil Sie genau hinschauen sollen, wie das aussieht (Abb. 2.8)!

Sehen Sie aber noch, dass es *zwei* Kurven sind? Ist das nicht schön? So kann ich in der „Mitte" schon ganz gut den Sinus mit meinem Minirechner ausrechnen lassen. Nur mit Addieren und Multiplizieren. Sonst nichts, keine höhere Mathematik.

Wenn ich beim Forschen ein Ergebnis habe, bin ich nie richtig zufrieden. Diese Funktion da mit x hoch neun sieht schon ziemlich kompliziert aus. Muss das sein? Ein guter Mathematiker akzeptiert eigentlich nur schöne, einfache Formen (das glauben Sie nicht, wenn Sie kein Mathematiker sind, aber es stimmt!).

Ich probiere einmal, ob das alles so nötig ist und gebe nur die Terme vorne ein (Abb. 2.9).

Diese Kurve ist viel einfacher und genau so gut, oder? Die nehme ich als Taschenrechnerprogramm für die Taste SIN. Oder ich verändere noch ein wenig die Konstanten? So? Ja (Abb. 2.10)!

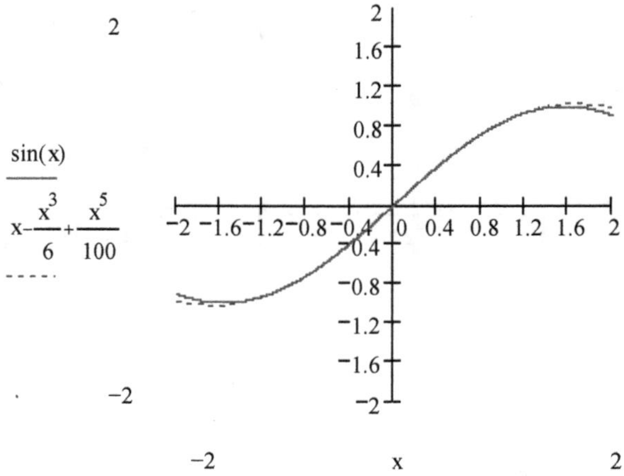

Abb. 2.9 Approximation der Sinuskurve in der Nähe des Nullpunktes VI

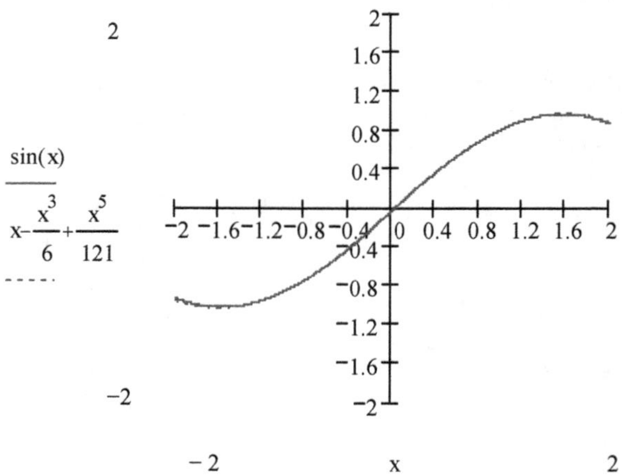

Abb. 2.10 Approximation der Sinuskurve in der Nähe des Nullpunktes VII

Das ist erstaunlich, nicht wahr? Aber ich muss beichten: Ich wusste, was herauskommen muss. Weil der Satz von Taylor besagt, dass

$$\mathrm{Sin}(x) = x - x^3/3! + x^5/5! - x^7/7! + x^9/9! - x^{11}/11! + \dots,$$

wobei das Ausrufezeichen das Zeichen für „Fakultät" ist.

5! = 1 mal · 2 mal · 3 mal · 4 mal · 5 = 120. Bei 11! muss man die ersten 11 Zahlen miteinander malnehmen usw.

Das bedeutet:

$$\mathrm{Sin}(x) = x - x^3/6 + x^5/120 - x^7/5040 + \dots$$

Das geht nach dem Satz von Taylor nicht nur mit der Sinusfunktion, sondern mit den bekannten anderen auch, die dann auf dem Taschenrechner eine Taste haben.

Man erhält jedes Mal eine Darstellung der Funktion, die nur noch Potenzen von x enthält, die also beliebig genau durch ausschließliche Benutzung von Plus und Mal berechnet werden kann. In einem Taschenrechner sind also bei Sinus nur die Zahlen 6, 120, 5040 gespeichert, mit denen er das Ergebnis ausspuckt. Das ist der ganze Trick. Mehr nicht. Wenn Sie trotzdem für einen Taschenrechner mit vielen Knöpfen viel mehr bezahlen, dann ist das Ihre Schuld. Diese Taschenrechner sind nicht sehr viel anders als die, die man zum Weltspartag als Geschenk bekommt.

Nun argumentiere ich, dass wir so etwas wie einen total simplen Taschenrechner in uns haben könnten. *Da sind neuronale Netzstrukturen in uns, mit denen wir einige völlig simple Grundoperationen durchführen können.* In einem Bild gesprochen: Nehmen wir an, wir wären ein frisch geborener Taschenrechner, der nur die Fähigkeiten zum Addieren und Multiplizieren geerbt hat. Ferner kann er sich Zahlen merken. Leider merkt er schnell, dass er im Leben mehr tun muss als nur addieren und multiplizieren. Die Benutzer fordern e hoch x und Sinus Hyperbolicus. Der Rechner schätzt am Anfang die Ergebnisse und erntet Tadel auf Tadel. „Nicht genau genug!“ oder gar „Ganz falsch!“ rufen die Nutzer. „Der kleine Rechner rechnet wie ein Baby!“

Nach und nach macht der Rechner bessere Vorschläge. Er bildet Näherungsformeln, die er immer wieder neu variiert, je nachdem, wie sehr die Nutzer schimpfen. Er ändert da eine Zahl, dann hier eine in der Formel. Langsam verbessert sich die Genauigkeit. Aus dem Rechner, der nicht einmal das Babyleichte beherrschte, wird ein leistungsstarker Computer, der alles weiß – fast ganz genau.

Und wenn wir nun den Rechner fragen, wie die Formel lautet, die ihn erfolgreich machte? Wird er sagen können: „In meinem Herzen trage ich

$$\mathrm{Sin}(x) = x - x^3/6 + x^5/120 - x^7/5040 + \ldots ?“$$

Das wird er *nicht* sagen können. Er weiß nichts vom Satz von Taylor. Er wird sagen, er habe es durch Erfahrung erworben. Er wird sagen, er habe langsam in sich eine Idee wachsen sehen, wie der Sinus zu berechnen sei. Er habe eben immer an Zahlenkoeffizienten vor den „x hoch“ herumgedreht, je nach Aufschrei. Er habe es eben gelernt. Er könne es nicht erklären. Für ihn selbst sei es wie eine Black Box.

Mit diesem Beispiel will ich sagen: Es gibt Fähigkeiten, aus ganz Wenigem durch Herumprobieren fast alles zu bauen. (Hier: Die Fähigkeit, bloß mit Plus und Mal und dem Merken von ein paar Zahlen sehr, sehr viel berechnen zu können.) Aus ein paar Grundschaltungen im Baby mögen durch Probieren und Reagieren unsere Seelenwelten entstehen. In uns bildet sich vielleicht aus fast nichts eine komplexe Black Box heraus, die die Fähigkeit hat, Bilder schön zu finden („warum, weiß ich nicht“), richtige Gefühle zu entwickeln („es ist nur so ein Gefühl, aber ich bin ganz sicher, dass er ein toller Mensch ist“) oder ein Gespür auszubilden. Wir *wissen* intuitiv.

Wir wissen nicht, warum. Es entsteht eine Black Box in uns, die wie eine ursprüngliche Zauberkiste die Antworten weiß. Wir benutzen die Black Box, die uns die Wahrheit verkündet. Wir sind uns sicher, dass es die intuitive Wahrheit ist, weil wir diese Black Box so lange überwacht, trainiert, belehrt und herangezogen haben.

Wenn wir mit fünfzehn, zwanzig Jahren ihrer langsam sicher sind, können wir auf unsere „Intuition“ vertrauen. Das da in uns drinnen „*weiß*“ und „*tut*“. Und es ist gut. Und es ist gut so.

2.3.3 Neuronale Netze

Bei dem Taschenrechnerbeispiel befassten wir uns eigentlich mit der Frage, ob sich irgendwelche Funktionen F, die wir berechnen möchten, in der Form einer unendlichen Reihe so schreiben lassen:

$$F(x) = a_0 + a_1x + a_2x^2 + a_3x^3 + a_4x^4 + \ldots$$

Und: Wenn es überhaupt geht, wie sehen die Zahlen a_0 a_1, a_2, a_3, … aus? Für die Sinusfunktion habe ich Ihnen diese Zahlen schon genannt: 0, 1/6, 0, 1/120, 0, …

Wir versuchen in diesem Taschenrechneransatz also, eine beliebige Funktion durch Polynome zu approximieren, wie der Mathematiker sagen würde. Ich habe es folgendermaßen ausgedrückt: Wir versuchen, eine Funktion mit Plus und Mal in der obigen Form zu berechnen, wobei wir durch langes Herumprobieren hoffen, die a-Zahlen zu finden.

Wenn Sie alles schon im Prinzip kennen, hier die Kurzfassung. Die Theorie der neuronalen Netze in der Informatik verfolgt einen ähnlich strukturierten Ansatz. Durch einfache Bausteine soll „alles berechnet werden können“. Diese Bausteine sind den menschlichen Gehirnzellen nachempfunden; sie werden wie im menschlichen Gehirn zusammengeschaltet. Die Berechnungen an den einzelnen Schaltstellen richten sich nach Gewichtsfaktoren, die den a-Zahlen in der Ansatzformel für die Funktion F entsprechen. Diese Gewichtsfaktoren muss man dann wieder quälend mühsam durch langes Herumprobieren herausfinden. Mathematiker probieren natürlich nicht, sondern sie überlegen sich ein Computerverfahren. So wird in neuronalen Netzen etwas nachempfunden, was dem menschlichen Gehirn ähnlich ist. Die Praktiker probieren anschließend, ob diese künstlichen neuronalen Netze wirklich rechnen oder denken können und ob etwas Gescheites dabei herauskommt. Ja! Es geht!

Die Grundbausteine bei dem Taschenrechnermodell waren die x^n, die *Potenzen*. Wenn wir neuronale Netze betrachten, heißen die Grundbausteine *Neuronen*. Ich gebe hier eine absolut einfache Darstellung, wirklich nur soweit, wie ich sie zum philosophischen Argumentieren brauche. Bitte, wenn Sie Informatiker und Neuro-Wissenschaftler sind, schütteln Sie sich nicht! Ein Modell sieht so aus (Abb. 2.11):

Der Kreis in der Mitte symbolisiert das Neuron N. Ein Neuron verarbeitet Eingangssignale. Diese Eingangssignale fließen als x-Werte „in das Neuron hinein“. Gehirnanschaulich gesprochen: Eine Gehirnzelle, das Neuron, wird durch Eingangssignale gereizt oder angeregt. Aus diesen n verschiedenen Eingangssignalen wird nun im Neuron eine Reaktion y berechnet, also ein Ausgangssignal. Dieses Ausgangssignal wird unter Umständen dann in ein weiteres Neuron als dessen Ein-

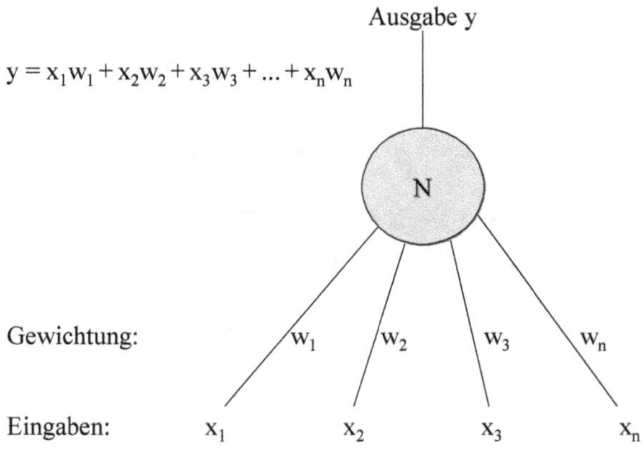

Abb. 2.11 Modell eines Neurons

gangssignal hineinfließen. Dort kommt wieder ein Ausgangssignal heraus usw. Ein Neuron mit nur einem einzigen Ausgangssignal heißt Perzeptron. Man kann sich natürlich auch Modelle mit mehreren Ausgangssignalen modellieren. An den Eingangsbahnen stehen Gewichtsparameter w (w wie weight). Diese Parameter geben, wie der Name schon sagt, das Gewicht an, das dem einzelnen Eingangssignal beigemessen wird. Manche Signale sind wichtiger, andere weniger wichtig.

Solche Perzeptronen stecken wir nun zusammen. Die Eingangslinien sind solide gezogen, die Ausgangslinien gestrichelt (Abb. 2.12).

Die Mathematiker haben nun folgenden Lehrsatz bewiesen: Unter der Annahme, dass man beliebig viele Neuronen oder auch nur Perzeptronen verschalten darf, kann man „praktisch" jede berechenbare Funktion mit einem neuronalen Netz approximieren. Da wir ja im Gehirn ziemlich viele Neuronen haben, ist diese Menge von Neuronen sicher nicht problematisch!

Sehr praktisch ausgedrückt, ohne zu viel Exaktheit in die Formulierung zu legen, lautet dieser Lehrsatz:

> Mit vielen Neuronen und Verbindungen können wir prinzipiell praktisch alles mit einem neuronalen Netz berechnen, was es zu berechnen gibt.

Das klingt erst einmal sehr eindruckvoll, hat aber einen Haken. So wie der Taschenrechner erst den Sinus berechnen kann, wenn er die Konstanten 1/6 und 1/120 etc. kennen gelernt hat, so können wir mit neuronalen Netzen alles nur *prinzipiell* berechnen. Wir können etwas erst dann wirklich berechnen, wenn wir die irre vielen Gewichte an unseren Perzeptronen-Inputsträngen, also alle die vielen w-Gewichte, richtig eingestellt haben. Diese müssen wir aber erst mühsam bestimmen. Nicht wie oben mit meinem Mathcad-Programm, sondern im Computer. Das neuronale Netz, so sagt man, muss die Gewichte „lernen" oder: Das neuronale Netz muss das Berechnen lernen. Man meint damit immer: Man muss die Gewichte richtig einstellen.

In den künstlichen neuronalen Netzen, die so wie oben in Computern abgebildet werden, vollzieht sich das Lernen folgendermaßen. Der Computer bekommt Eingangsdaten oder Inputs $x_1, \ldots, x_n$, aus denen er den Output $F(x_1, \ldots, x_n)$ berechnen

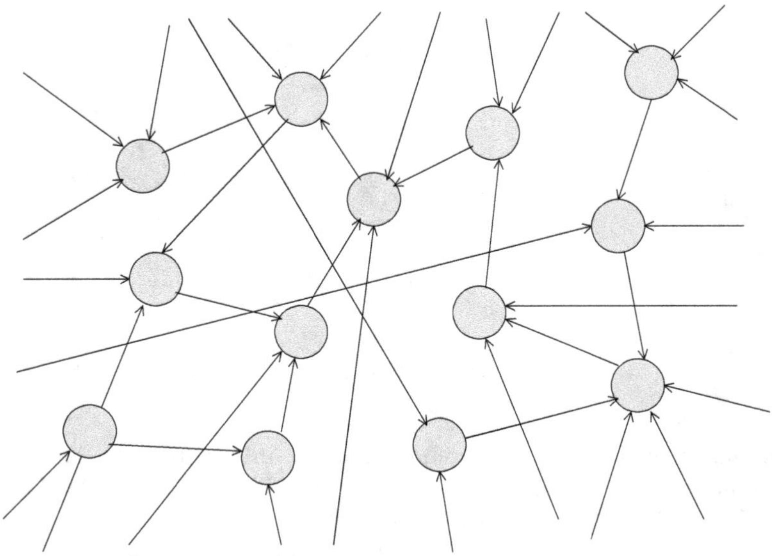

Abb. 2.12 Neuronen im Neuronalen Netz

soll. Zum Beispiel könnten die x'se Koordinaten von Städten sein und $F(x_1, \ldots, x_n)$ könnte die kürzeste Rundfahrt durch alle diese Städte bezeichnen. In diesem Beispiel werden dem neuronalen Netz also n verschiedene Städte(koordinaten) eingegeben und es soll dann angeben, wie viele Kilometer die kürzeste Rundtour durch alle diese Städte erfordert. Dieses Berechnungsproblem heißt *Traveling Salesman Problem* oder in deutsch das *Problem des Handlungsreisenden.* Man trainiert ein neuronales Netz folgendermaßen:

Man rechnet zuerst mit einem anderen Verfahren für ganz viele Städtesysteme die kürzeste Rundtour aus (soweit es geht; das ist irre schwer!). Dadurch gewinnt man eine Menge bekannter Problemlösungen. Diese große Menge an schon vorher bekannten Problemlösungen heißt Testmenge für das neuronale Netz. (Das sind seine Übungsaufgaben. Die Testmenge besteht also aus Übungsaufgaben mit deren Lösungen, wie in einem Lehrerheft!) Dann gibt man diese Städteprobleme zufällig durcheinander in das neuronale Netz ein. Das neuronale Netz antwortet jedes Mal mit einer km-Länge. Wir vergleichen die ausgegebene km-Länge mit dem richtigen Ergebnis und bilden die Differenz, die also den Fehler angibt. Mit diesem Fehlerwissen berichtigen wir alle Gewichtsfaktoren w ein kleines bisschen in eine viel versprechende Richtung. Dann zeigen wir dem neuronalen Netz wieder eine Städtekombination. Es macht wieder einen km-Vorschlag. Wir berechnen den Fehler und wackeln ein wenig an den Gewichten herum. Immer wieder zeigen wir, lassen berechnen, verändern die Gewichte. Das können unter Umständen Tausende oder Millionen Lernvorgänge werden.

Ich unterbreche für einen Vergleich mit dem früheren Beispiel: Ich hatte Ihnen geschildert, wie ich mit einem Superthermometer wirr in der Welt herumlaufe und lerne, Temperaturen mit meiner rechten Hand zu schätzen. Ich schätze erst, vergleiche anschließend die Schätzung mit der Wahrheit und versuche dann zu reagieren, es also besser zu machen. Wir besprechen hier genau denselben Vorgang, nur eben in neuronalen Netzen! Ich vergleiche beim Temperaturfühlen immer das „Übungsresultat" mit dem echt gemessenen Wert. Daraus lerne ich Temperaturen schätzen und mit demselben Herumprobieren finde ich eine ungefähre Sinusfunktion. Probieren, mit der Wahrheit vergleichen, weiter probieren, mit der Wahrheit vergleichen, weiter probieren.

So lange, bis ich es kann? So lange, bis das neuronale Netz Städtetouren planen kann?

Es stellen sich jetzt die folgenden Probleme:

- Dauert es vielleicht viel zu lange? Kann es sein, dass mein Herumprobieren länger dauert, als ich oder der Computer leben?
- Kann man durch bloßes Herumprobieren oder durch stetes Bessermachen schließlich das richtige Verhalten erreichen und dann immer fast richtig rechnen oder schätzen?

Die bedauerlichen Antworten: Ja, es kann unter Umständen lange dauern. Nein, auch „irre langes" Lernen muss nicht dazu führen, dass man es am Ende gelernt hat!

Dass es lange dauern kann, hätten Sie sicher gedacht.

Aber dass es trotz beliebig langem Lernen nicht zur gewünschten Fähigkeit führen muss, das wundert Sie vielleicht? Ja? Aber, aber! Schauen Sie sich doch um! Wie viele Leute lernen sich halb tot, ohne *es* jemals zu lernen! Ja, das kennen Sie. Aber es klingt doch sehr erstaunlich, dass der Erfolg trotz aller Mühen ausbleiben kann? Mühe wird doch nach unserem Glauben belohnt? Oder nicht? Der klassische Lateinunterricht lehrt uns: „Ut desint vires, voluntas laudatur." Wenn auch die Kräfte fehlen, so ist doch der Wille zu loben. Oder das Mühe geben. Sisyphus gibt sich auch Mühe.

2.3.4 Lokale und globale Optima – und die Zeit

Das Einstellen von Gewichtsparametern ist ein Optimierungsproblem. Die allermeisten praktisch vorkommenden Optimierungsprobleme mit vielen Parametern sind extrem schwer zu lösen. Ich habe darüber in meinem Buch *Wild Duck* ausführlicher berichtet. Ich gehe hier nur so tief in die Materie hinein, wie es unbedingt nötig ist.

Zumindest das Einstellen von Gewichtsparametern in einigermaßen großen neuronalen Netzwerken gehört zur Klasse der extrem schweren Optimierungsprobleme. Das Finden exakt bester Lösungen für solche Probleme kann jahrhundertelanges Rechnen auf Großcomputern erfordern. Erst seit etwa 30 Jahren wird das Optimieren in größerem Stil betrieben: für Fahrplanerstellung, Tourenplanung, Arbeitseinteilung, Fließbandkontrolle. Erst seit wenigen Jahren sind die Computer so leistungsfähig geworden, dass man Lösungen herausbekommt, bevor „die Arbeit fertig sein muss". Ich habe schon erlebt, dass ein Computer zehn Stunden brauchte, einen Tourenplan zu berechnen. In dieser Zeit musste der Paketdienst leider schon längst zurück sein!

Die Schwierigkeit bei allen diesen Problemen besteht darin, dass es massenweise viele lokale Optima geben kann, aus denen es gilt, ein allgemeines globales Optimum zu finden.

Ich erläutere es am besten an einem Beispiel, an dem wir den Sachverhalt leicht nachfühlen können.

Stellen Sie sich vor, ich setze Sie auf einem unbekannten Planeten aus. Ich verrate Ihnen vorher, dass es auf diesem Planeten einen höchsten Berg mit 8.888 m Höhe über dem Meeresspiegel gibt. Sie bekommen von mir einen wunderbar genauen Höhenmesser in die Hand, mit dem Sie jeweils die Höhe Ihres jeweiligen Standortes bestimmen können. Sie bekommen einen neuen IBM Thinkpad mit vielen Batterien, in dem Sie alle Erkenntnisse speichern können, so viele Sie immer wollen. Nun los! Sie sollen den höchsten Berg finden. Ich gebe Ihnen ein halbes Jahr Zeit. Nach einem halben Jahr komme ich mit einem Hubschrauber. Wir messen genau die Höhe der Stelle, auf der Sie dann gerade stehen. Je nach Höhe zahle ich Ihnen dann Ihr Gehalt aus. Wenn die Stelle, an der ich Sie finde, unter 2.000 m Meereshöhe misst, erkläre ich Sie glatt für unfähig. Sie bekommen dann kein Geld.

Was tun Sie jetzt?

Sie könnten ein paar Tage gequält umherlaufen. Überall Hügel, dann eine Ebene. Die höchste Stelle war 530 m bisher. Das kann ganz schön nervös machen! Nach zwei Wochen Wanderung kommen Sie an einen Schwarzwald. Herrlich! Sie steigen empor, messen die anscheinend höchsten Stellen. 1.000 m. Höchstens. Sie sind sehr enttäuscht. (Ich werde Ihnen hinterher die verschwendete Zeit vorwerfen. Sie sehen doch schon von weitem, dass der Schwarzwald nicht höher als 2.000 m ist! Warum kraxeln Sie da hinauf? Sie werden stammeln: „Es war so schön, wenigstens mal einen einzigen Berg gefunden zu haben. Zum Üben. Ich dachte ja nur!") Sie sehen von den Bergspitzen kein neues Gebirge und verzagen. Sie wandern weiter, kommen an die Alpen. Schneekuppen! Sie klettern hinauf und messen vor lauter Freude. 1.500 m, 2.000 m! Sie sind nicht mehr unfähig! Sie bekommen jetzt schon ein mäßiges Gehalt für die Arbeit! 2.200 m. Sie versuchen nacheinander verschiedene Gipfel auf. Sie jauchzen. Zugspitze, mit ein wenig Wohlwollen 3.000 m. (Ich werde Ihnen später vorwerfen, dass Sie schon vom Fuß des Gebirges aus hätten sehen können, dass es vielleicht so um die 3.000 m bringt. Warum kraxeln Sie da herum? Ich hatte Ihnen doch schon verraten, dass der höchste Berg 8.888 m hoch ist. Was halten Sie sich hier so lange auf? Sie haben nur ein halbes Jahr Zeit!) Sie wandern weiter, um das Gebirge herum, um einen höheren Berg zu suchen. (Warum? Sie können doch mit bloßen Augen sehen, dass hier kein 8000er ist!) Sie machen Abstecher von diesem Gebirge ins ferne Land. Überall ist Ebene. Sie bekommen Angst. Sie müssen ja am Ende des halben Jahres an einem hohen Punkt stehen, wenn ich Sie auszahlen werde.

Sie machen noch weitere Abstecher. Sie finden Flachland. Das ist nicht weiter schlimm, weil bekannt ist, dass zwischen mächtigen Gebirgen Flachland liegt.

Flachland ist kein Grund zur Panik. Sie wissen aber nicht genau, wann das nächste Gebirge kommt. Sie bekommen schließlich so große Angst, dass Sie zurückkehren und dann in den Alpen bleiben. Sie suchen hier die höchste Stelle. Sie finden eine mit 4.500 m. In der Ferne ist ein weißer Berg. Der könnte noch höher sein. Es ist zu spät. Ich komme mit dem Hubschrauber. Sie bekommen nur das halbe Gehalt, weil Sie nur schwach mehr als die Hälfte der möglichen Höchsthöhe von 8.888 m geschafft haben.

Sie mögen eher erleichtert sein, dass es gut ausging. Die Hälfte ist ja auch etwas. Der Durchschnittsverdiener bekommt die Hälfte vom Spitzenverdiener.

Bleiben Sie bitte mental in dieser Bergwelt. Es gibt Tausende Berggipfel auf Erden. Rundherum sind oft Ebenen. Wer weiß, wo der höchste Gipfel ist? Nur wenn Sie ein Himalaja fanden, können Sie sicher sein, in der Nähe des Höchsten zu sein.

Stellen Sie sich aber vor, ich hätte Ihnen *nicht* verraten, wie hoch der höchste Berg ist? Das ergäbe dann eine noch pikantere Lage.

Die Berggipfel sind lokale Maxima auf der Erde. Ein Gipfel hat die Eigenschaft, dass es in jeder Richtung abwärts geht. Neben einem solchen lokalen Maximum oder Optimum sind in einer Umgebung alle Punkte niedriger. Ein Berggipfel mit der allerhöchsten Höhe (wie ein Mount Everest) stellt dann das absolute Maximum oder Optimum dar.

Beispiel: Sie wohnen in einem Bergdorf ohne Verbindung zur Außenwelt. Ohne Fernsehen und Telefon. Dort leben Sie als Bergbauer. Sie haben sich eine Flöte geschnitzt und spielen virtuose Melodien und Lieder. Sie gelten als der beste Musiker weit und breit.

In mathematischem Slang: Sie sind in Musik das absolute globale Optimum auf diesem Berg. Wenn Sie sich aber in der ganzen Welt betrachten, mögen Sie in der nur ein beklagenswertes kleines Licht sein, ein kleines lokales Optimum. Sie sind kein Star, sondern, wie der Volksmund zu lokalen Optima sagt, eine „Lokalgröße", ein „Lokalmatador" oder ein Provinzkönig. Sie sind lokal das Beste, was es gibt. Da Sie als Bergbauer von der Welt abgeschnitten sind, muss Sie das nicht stören. Sie sind dann das Höchste in der Ihnen bekannten Welt! Das liegt daran, dass Ihnen die Qualität des Allerhöchsten nicht bekannt wurde. (Also das, was den 8.888 m in der Musikwelt entspräche!) Da Sie das Allerhöchste nicht kennen, trainieren Sie Ihr neuronales Netz zum Flötespielen, so gut Sie können. Sie spielen den Bauern etwas vor und fragen: „War es schön?" – „Schön wie immer", brummeln die. Nur selten einmal ruft einer: „Das klingt besonders schön!" Dann können Sie in Ihrem neuronalen Netz die Gewichte verändern und probieren und dazulernen.

Nur ganz wenige Menschen vergleichen ihr Flötenspiel mit einem Traum. Sie versuchen nicht, am besten Flöte zu spielen. Sie erträumen Musik. Es wäre, als wenn sie sich Berge mit Milliarden Höhenmetern vorstellen würden. Und wenn sie sich diese Musik in dieser himmlischen Höhe im Traum denken und vorstellen können, dann nehmen sie die Flöte zur Hand und spielen. Sie sind auf der Suche nach dem Unendlichen. Ein Narr ist für sie, der einen Höhenmesser dabei hat! Träume sind über Höhenmesser erhaben. Ein Narr ist für sie, der auf die Zeit drängt, auf die Konzerttermine! Es gibt keine Zeit. Der Traum von der Musik und der Höhe ist das

Leben. Wenn das Leben endet, träumt jemand anders hier weiter. Das Unendliche ist ewig. In der Höhe und in der Zeit.

Das ist jetzt schon eine bewegende Stelle im Buch. Ich reiße Sie trotzdem heraus. Es geht ja um die Optimierung von neuronalen Netzen, also um das Einstellen der besten Gewichtsfaktoren, damit sie so funktionieren, wie es am besten ist.

Wenn Sie in Bücher über neuronale Netzwerke schauen, dann kommt irgendwann die Stelle, an der der Wissenschaftler sagen muss, wie er die Gewichte neu einstellt. Er hat also das Netz mit Eingabedaten versehen. Das neuronale Netz hat ihm geantwortet. Er hat einen Output bekommen. Der Fehler ist noch beträchtlich. Wie verändert der Trainerwissenschaftler nun die w-Werte im Netz? In den Büchern heißt es in fast allen Fällen etwa so: „Das Einstellen der Gewichtsfaktoren ist ein ausgesprochen schweres Problem. Es hat sich bewährt, nach der Methode des größten Anstiegs zu maximieren. Es wird dabei versucht, in jedem Einzelschritt die größtmögliche Verbesserung zu erzielen. Diese Methode findet natürlich nur lokale Optima. Man muss hoffen, dass diese gefundenen lokalen Optima nicht allzu schlecht sind. In vielen Problemstellungen ist das so. Dann kann man mit der Verbesserungsmethode zufrieden sein. In anderen Fällen wieder scheinen die globalen Optima nicht erreichbar. In diesen Fällen bewähren sich neuronale Netze nicht in der erwarteten Form."

Ich übersetze das: Die Wissenschaftler benutzen vor lauter Schwierigkeiten die Methode des gierigen Anstiegs. Stellen Sie sich diese Methode bei der Mount-Everest-Suche vor: Dort würde man so verfahren: Sie versuchen, nur bergan zu gehen. Immer bergan! Wenn das nicht mehr geht: Stopp. Fertig.

Das ist nicht gut, gell? Wenn Sie auf einem Maulwurfshügel stehen, haben Sie ja ein lokales Optimum gefunden. Deshalb etwas klüger: Sie steigen auf einen Hügel und schauen, ob Sie einen anderen Hügel in der Nähe sehen, der höher ist. Dort gehen Sie hin und machen so weiter. Von München aus können Sie zum Beispiel die Alpen sehen, dort gehen Sie hin. So machen Sie immer weiter. Sie enden, wenn alles gut ausgeht, an der Spitze des Mont Blanc.

Das ist also genau die Methode, die ein normaler Mensch wählen würde!

Und jetzt, lesen Sie den folgenden Gedanken ganz genau, er ist entscheidend: Beim Optimieren neuronaler Netze (die nach unserem Gehirn konstruiert sind) benutzen die Mathematiker dieselben Methoden zum Einstellen der Gewichtsfaktoren, die wir selbst beim Berggipfelsuchen wählen würden!

Daraus ergibt sich:

- Künstliche neuronale Netze sind unserem Gehirn nachempfunden.
- Sie optimieren sich (oder „lernen") nach natürlichen menschlichen Prinzipien (also nicht nach abstrusen oder hochwissenschaftlichen Konstrukten, die dem Menschen fremd wären).
- Sie sind immer in Gefahr, nur lokale Optima zu finden.

Künstliche neuronale Netze „sind also ungefähr wie Menschen".

Ich spekuliere hier im Buch: Wir nehmen einmal als wahr an, dass diese Verwandtschaft besteht. Wir widmen uns den philosophischen Implikationen.

2.3.5 Der intuitive Mensch als naturbelassenes neuronales Netz

Ich möchte nun einfach als ein adäquates Vorstellungsmodell annehmen, dass die rechte Gehirnhälfte wie ein selbstlernendes neuronales Netz funktioniert.

Die linke Gehirnhälfte stelle ich mir weiterhin wie einen PC vor.

Ich weiß, dass das Hirn links und rechts vom Gewebe her ähnlich aussieht, viel komplizierter gebaut ist, als es aussieht, und überall, links wie rechts, aus Neuronen besteht. Ich möchte nur ein Vorstellungsmodell entwickeln, das den Menschen besser erklärt.

Sigmund Freud hat in uns Menschen ja auch ein Über-Ich, ein Ich und ein Es hineinverlegt, die ja nicht wirklich physisch in uns sind. Wir haben auch keinen Geist in uns herumspuken oder eine Seele im Herzen. Dies sind alles Vorstellungsmodelle von uns selbst. Und ich versuche hier im Buch, ein noch genaueres Vorstellungsmodell darzulegen, das dann schon relativ nahe an den neurologischen Tatsachen liegt.

Ich möchte jetzt also annehmen, dass die menschliche Intuition so etwas ist wie der Ausdruck eines neuronalen Netzes in uns. Von Kindesbeinen an wird dieses neuronale Netz in uns trainiert. Immer wieder überlegen und fantasieren wir, führen Selbstgespräche in Tagträumen oder Rollenvorstellungen. Wir denken und denken und reagieren und lernen. Mathematisch gesehen verändern wir fortwährend die Gewichte im neuronalen Netz (biologisch: Wir verstärken oder schwächen die Nervenbahnen im Gehirn). Das Ganze ist also eine in vielen Jahren angewachsene ungeheure Kathedrale von Gewichtsdaten (oder Nervenstrangattributen).

Sehr simplizistisch auf den Punkt gebracht: Das Netz in uns mit den Gewichtsfaktoren sind in gewisser Weise wir selbst.

Das Faktenwissen auf der linken Gehirnseite gehört zu uns und bereichert uns. Es ist Ausdruck des allgemein Bekannten, Ausdruck unserer Kultur, eine Bibliothek vor allem des Wertvollen (hoffentlich) unserer Menschheit.

Die Gewichte im neuronalen Netz in uns haben wir selbst durch Probieren, Erfahren, Spüren und Reagieren bewusst („das habe ich mir als Regel vorgenommen") oder „unbewusst" eingestellt. Die Gesamtheit dieses gewaltigen Konstruktes ist für mich die Intuition.

Da ist ein neuronales Netz in mir. Und ich bin es.

Meine Augen schauen ein Bild an. Diese Eingangssignale erreichen das neuronale Netz. „Wie hässlich!", gibt es als Output aus. Das habe ich gesagt. „Wie hässlich." – „Sie verstehen nichts von Kunst", kommentiert neben mir ein Kundiger. Mein neuronales Netz empfängt dies als Eingangssignal. Ich versuche, meine Gewichte zu ändern. Aber wie? Soll ich das Bild am Ende schön finden? Ich fürchte, ich bin kunstmäßig in einem lokalen Optimum gefangen.

Vielleicht ist alles in einem lokalen Optimum gefangen?

Ich kann nicht tanzen. Das habe ich ja schon erzählt. Da stehe ich bergmäßig gesprochen wirklich auf einem Maulwurfshügel. In Mathematik bin ich vielleicht auf dem Kilimandscharo. In allem und jedem habe ich es zu mehr oder weniger oder ganz wenig gebracht. Es scheinen ganz viele kleinere neuronale Netze in mir zu sein. Für Tanzen eben oder Programmieren, für das Kochen oder das Autofahren. Manche sind gut eingestellt, ganz wenige erstklassig, das meiste à la Provinzfürst.

Ich bekomme Eingangssignale und mein Netz gibt Ausgangssignale. Das bin ich.

Und jetzt wieder eine Kernerkenntnis.

Mein Netz ist eine ■

Diese Black Box ist wie ein Taschenrechner. Ich gebe etwas ein, es kommt ein Ergebnis heraus. Drinnen ist die Taylor-Formel, das weiß aber nur ich als Mathematiker. Wenn ich die rechte Hand hebe, um die Temperatur zu erspüren, dann sagt etwas in mir die Gradzahl. Was in der Black Box passiert, weiß ich nicht. Ich habe im Laufe meines Lebens die Gewichtsfaktoren durch Hin-und-her-Probieren verändert und fein eingestellt. Jetzt funktioniert alles ganz brauchbar. Ich muss immer wieder etwas leicht ändern, weil ich eine Brille bekommen habe und ich eine Meinung zu meinem Cholesterinspiegel bilden soll. Aber meine rechte Hirnhemisphäre ist wie eine Black Box.

Signal rein, Signal raus. Das dazwischen ist mein ganzes Leben.

All mein Leben liegt darin. Ich habe gespürt, gesehen, gehört. Die Eltern haben mich trainiert und mich dazu gebracht, meine Gewichtsfaktoren anzupassen. Die Lehrer, Mitschüler und Freunde haben mit mir gestritten und diskutiert. Die Ausgangssignale meiner Black Box sind immer wieder geprüft, kritisiert und diskutiert worden. Manchmal schrie ich: „Ich bin doch kein Kind mehr! Lasst mich voll gelten!" – „Ich bin doch erwachsen!" – „Ich bin jetzt ein erfahrener Mitarbeiter!" – „Ich habe zwei Kinder großgezogen!" Aber immer wieder wird kritisiert und verändert. Meine Black Box ist nie fertig. Sie muss ja mit meinem Alter Schritt halten, sie muss immer wieder lernen, neue Zeiten einpassen. Das Netz ist wie mein Ich, das sich fortwährend verändert, mal schnell, mal schwerfällig. Beim Tanzen ist es bewegungsunfähig ängstlich eingefroren, beim Bücherschreiben ist es noch voller Sturm. Das Netz hat alle Eingangssignale verarbeitet.

Deshalb ist alles aus meinem Leben darin.

Ich weiß nicht wie. Ich verstehe nur wenig, weil ich alles nur ungenau in meinem Innern sehen kann. Aber da drin ist die Summe von mir und der Welt, von Vater, Mutter, vom Beruf. All mein Erleben, die Gefühle, die ich hatte, die Melodien, das Schöne und die bösen verzweifelten Stunden. Dort im Gewühle der Neuronenverbindungen, die die Gewichte tragen, sind die Komplexe verborgen, die Sigmund Freud als Erster im Menschen sehen konnte. Das alles bin ich.

Ich habe diese letzten Sätze bewusst überemotionalisiert. Ich selbst bin sehr intuitiv, also mehr ein naturbelassenes neuronales Netz als ein Lexikon. Ich fühle das, was ich da schreibe. Ich hebe das hervor, um Ihnen die Argumentation mit diesem Netz und den Millionen von Gewichtszahlen absolut ernst ans Herz zu legen. Es ergeben sich einschneidende Folgerungen, die im Laufe des Buches immer klarer werden sollen (nicht wirklich hier, weil zur vollen Argumentation noch vieles Vorbereitende gesagt werden muss):

- Da neuronale Netze so etwas wie eine Black Box sind, muss jeder Sigmund Freud, der den Begriff des neuronalen Netzes nicht kannte, staunend vor so einer Black Box ganz bestimmt auf den Begriff „Unterbewusstsein" kommen.
- Ein neuronales Netz bezieht seine Qualität aus den gut eingestellten Gewichten, die unter Jahren Zeitaufwand mit ungeheurer Lernmühe langsam unter Tausenden Änderungen entstanden. Stellen Sie sich vor, ein Psychologe kommt nun und sagt: „Ändere Dich!" Oder Sokrates ruft: „Erkenne Dich selbst!" Das klingt ganz leicht, bedeutet aber, dass ein neuronales Netz im Grunde ganz neu wiedererzogen werden muss. Es dauert Jahre und Jahre, genauso lange wie das Ersttraining oder noch länger. Deshalb dauern Psychotherapien so lange.
- Stellen Sie sich eine „durchschnittliche" oder neurotische Persönlichkeit wie ein ausoptimiertes Netz vor, das in ein „durchschnittliches" oder sehr mäßiges lokales Optimum hineinstrebte und dort verharrte. (Im Beispielbild: Mensch auf der Zugspitze oder auf dem Schauinsland) Eine Änderungsforderung an ein neuronales Netz bedeutet, alles, aber auch alles umzustellen. (Im Bild: Von der Zugspitze herunter, lange Wanderungen über Tiefebenen bis zu einem hoffentlich höheren Gebirge, was man von ferne nicht sieht.) Diese Umstellung muss einer Black Box bedrohlich erscheinen, fühlen Sie das? Deshalb reden die Psychologen von dem so genannten Widerstand des Patienten gegen eine Veränderung oder eine Therapie. Widerstand ist die Weigerung, ein lokales Optimum als ein schlechtes lokales Optimum zu erkennen und zu akzeptieren. („Hier auf der Zugspitze ist es am höchsten, so weit ich sehen kann!") Von einem lokalen Optimum aus kann eine dorthin optimierte Black Box nicht erkennen, dass das lokale Optimum so schlecht ist. Sonst wäre man ja nie so weit gekommen! Den Berg zu wechseln, würde bedeuten: Milliarden Gewichte in mir neu einstellen! Wie geht das einfach?
- Schließen Sie kurz die Augen und denken Sie nach: Was bedeutet in einer solchen Black Box „Freiheit des Willens"? (Hat der Taschenrechner Willensfreiheit? Darf man einem Taschenrechner in der Kirche sagen: „Du musst selbst entscheiden. Einmal grundsätzlich im Leben. Was willst du mit deiner Freiheit anfangen? Wähle frei und gut: Du kannst dich entscheiden, immer richtig zu rechnen oder auch falsch. Wähle frei und trage die Konsequenzen! Wenn du oft falsch rechnest, wechselt dein Platz vom Schreibtisch in die Müllhölle.") Eine Black Box hat eingebaute „Grundüberzeugungen", wie ein intuitiver wahrer Mensch sagen würde. „Diese Grundüberzeugungen haben sich mein ganzes Leben lang in mir ausgebildet. Zu ihnen stehe ich. Ich wäre bereit, für sie zu sterben." Hören Sie, wie die optimierte Black Box spricht? Sie hat keine Freiheit, wenn sie im Optimum ist. Sie antwortet nach den optimal eingestellten Gewichten. Nicht anders. Nie anders.

Wenn ich selbst das neuronale Netz in mir spüre, erbebe ich vor Bewunderung für diesen komplexen Edelstein in mir. Obwohl es nur simple Mathematik ist, dieses Anpassen der Gewichte.

Aristoteles schrieb in seinem frühen Werk *Dialog über die Philosophie*: „Die Vorstellung der Menschen von den Göttern entspringt einer doppelten Quelle: den Erlebnissen der Seele und der Anschauung der Gestirne."

Immanuel Kant spricht am Ende seiner *Kritik der praktischen Vernunft*, zum „Beschluss" die berühmten Worte, die sich fast „wie Aristoteles" anhören:

> Zwei Dinge erfüllen das Gemüt mit immer neuer und zunehmenden Bewunderung und Ehrfurcht, je öfter und anhaltender sich das Nachdenken damit beschäftigt: Der bestirnte Himmel über mir, und das moralische Gesetz in mir.

Ich bewundere dieses ureinfache Prinzip des neuronalen Netzes in mir. Ich bin mein Netz. Ich bin das, worauf es Gewichte legt. Wenn es im lokalen Optimum angekommen ist (auf einem „Berg"), dann bin ich „fertig". Mein Geist ist dann „angekommen". Schrecklich, nicht wahr? Wenn ich angekommen bin, ändert sich nichts mehr, weil sich alles optimal anfühlt. Ich sehe keine bessere Möglichkeit mehr. Von diesem Moment ab wird mein geistiges Leben unverändert verharren. „Ich bin auf meinem Berg." Deshalb flehe ich Sie an: Kraxeln Sie nicht auf Berge! Bleiben Sie unten. Gehen Sie den Weg weiter. Es gibt viiiiel höhere Berge, irgendwo anders. Gehen Sie weiter, halten Sie nicht an. Tao.

2.3.6 Learning und Overlearning von neuronalen Netzen

Beim Trainieren von neuronalen Netzen gibt es einen schlimmen Effekt, der neuronale Netze fast untauglich machen kann. Er heißt Overlearning oder Overtraining. Ich erkläre ihn an einem Beispiel.

Eine Bank trainiert ein neuronales Netz zur Prognose des DAX, des Deutschen Aktienindex. Dazu wird dem neuronalen Netz immer wieder und wieder und noch einmal und wieder eine Kursreihe aus einem vergangenen Monat „gezeigt", also als Eingangssignal eingegeben. Dez. 1951, Okt. 1987, Nov. 1990, Sept. 2001, Tausende Male. Das neuronale Netz soll den Stand des DAX einen Monat später schätzen. Dann wird anhand der vorliegenden historischen Daten nachgeschaut, um wie viel das Netz daneben geschätzt hat. Dann werden die Gewichte neu eingestellt. Es folgt die Eingabe einer neuen Monatskursreihe. Wieder und wieder. Es stellt sich heraus, dass ein neuronales Netz lernt und lernt. Zwischendurch testet man den Lernerfolg zum Beispiel an heutigen Kursen und schaut nach, ob das Netz „jetzt Ahnung" hat. Man testet das Netz also mit Monatsreihen, die es noch nie beim Training gesehen hat. Das Netz lernt und lernt dazu. Die Tests fallen nach vielen Lernschritten immer besser aus. Dann aber … wird das Netz schlechter und schlechter, je länger es lernt. Es wird schlechter, je länger es lernt!! Das ist erst einmal erstaunlich.

Dieser gefürchtete Overlearning- oder Overtraining-Effekt erklärt sich folgendermaßen: Irgendwann werden die Gewichte im Netz so irre gut eingestellt, dass das Netz implizit „weiß", *welcher* Monat ihm als Prüfungsinput gegeben wird! Das Problem bei den Kursen ist es, dass wir nur knapp 100 Jahre Börsenkurse haben, also 1.200 Monate. Das ist nicht viel. So ein Netz wird schließlich gewissermaßen perfekt, wenn es bei Eingabe der 30 Werte sagen kann: „Aha, sieh da, das ist wieder April 1954. Bei April 1954 habe ich ein paar Mal daneben gelegen und bin korrigiert worden. Ich weiß noch, wie es sein muss." Dann gibt das Netz den Wert des

DAX vom Mai 1954 aus. Wenn Anfängerinformatiker Netze trainieren, bekommen sie vor Verwunderung glänzende Augen. Das Netz ist perfekt! Dann geben sie aber dem Netz eine Monatsreihe, die es noch nie gesehen hat: Das Netz versagt kläglich, obwohl es in der Trainingsrunde nur Null-Fehler-Ergebnisse hat. Voll daneben. Warum? Das Netz nimmt die neue Monatsreihe an und vergleicht sie mit den gelernten Monaten der Vergangenheit. Es entscheidet schließlich, dass der Monat September 2002 am ähnlichsten zu Januar 19xy ist. Dann spuckt es als Ausgabewert den Stand des DAX vom Februar 19xy aus.

Das ist natürlich schrecklich.

Weil dieser Sachverhalt so ungeheuer wichtig ist, gebe ich zu diesem wahren Beispiel noch ein fiktives zum besseren Vorstellen.

Ich mache 1.100 Fotos von Menschen. Ich schreibe hinten auf die Fotos drauf, ob der abgebildete Mensch nett ist oder nicht. Ich mache es so, dass 550 der 1.100 Menschen nett sind, die anderen nicht so arg. Die Fotos mische ich und lege Sie auf einen Stapel. Sie müssen nun die ersten 1.000 Fotos des Stapels durcharbeiten und immer tippen, ob es ein netter Mensch ist oder nicht. Anschließend drehen Sie die Karte um und sehen, wie die richtige Antwort lautet. Das ist Ihre Trainingsphase als neuronales Netz. Jetzt mache ich mit Ihnen Ernst: Sie bekommen die letzten 100 Bilder. Sie müssen wieder tippen, aber Sie bekommen die Rückseite nicht gezeigt! Ich zähle nur die Anzahl Ihrer Treffer.

Das ist die ganze Aufgabe. Denken Sie, Sie schaffen das ganz gut? Mit 75 % Treffern?

Und nun ein neuer Versuch. Sie kommen jeden Tag zu mir ins Büro. Ich mische die 1.000 Trainingsfotos jeden Morgen neu. Sie arbeiten alle 1.000 Fotos durch. Ich zähle, wie gut Sie sind. Wir machen das jeden Tag, so lange, bis Sie 99 % Trefferquote haben. Das schaffen Sie mit der Zeit, weil Sie nach und nach alle 1.000 Menschen kennen lernen und bald alle „genau kennen". Dann wissen Sie ja die Auflösung genau. Sie müssen nicht mehr raten. Sie lesen nicht mehr die Gesichtszüge: Sind diese nett? Wirken diese distanziert verschlagen? Wirken sie unhöflich? Nein, das müssen Sie nicht mehr überlegen. Sie erkennen jetzt die Personen genau.

Sie kommen also irgendwann bei 99 % an. Jetzt zeige ich Ihnen die 100 Ernstfallfotos für den Abschlusstest. Denken Sie nach! Was passiert? Sie sind schlechter als im ersten Fall! Sie haben nämlich verlernt, „das Nette" zu erkennen. Sie erkennen die Personen. Diese 100 aber sind unbekannt. Sie werden nun eher versuchen, sie ähnlichen Personen zuzuordnen, die es unter den 1.000 geben mag. Das hat aber nichts damit zu tun, „das Nette" zu verstehen. Sie haben das nach dem ersten Durchgang gekonnt! Nun haben Sie es verlernt, weil Sie übertrainiert sind.

Der Mensch, der vorhersagen soll, orientiert sich also ganz in die Vergangenheit oder in das Abspeichern der Trainingsmenge, weil diese Strategie die einzige ist, perfekt vollkommen zu werden. Der Mensch geht „unbewusst" davon aus, dass sich Muster der Vergangenheit deterministisch wiederholen. Damit ist er für die Zukunft bzw. die ernsthafte Testmenge nicht mehr „sensibel". Er versagt, weil er alles weiß und die Musterwiederholannahme gemacht hat!

Dieses Phänomen zeigt sich in der Mathematik der neuronalen Netze. Bei fast *jedem* neuronalen Netz! Es ist in unzähligen Versuchen beobachtet worden. Und ich hoffe, Ihnen ist das Phänomen anhand des netten Fotobeispiels auch wirklich sonnenklar geworden. Und ich hoffe weiter, dass Sie jetzt den Hauptschluss innerlich nachvollziehen können:

These: Das neuronale Netz legt mit zunehmender Trainingszeit implizit innen drin einen Speicher an, in dem es implizit die Trainingsmenge und deren richtige Antworten nach und nach abspeichert.

Und daraus folgere ich jetzt („Licht aus!" – „Spot an!" – „Vorhang auf!"):

These: *Das neuronale Netz legt sich „eine linke Gehirnhälfte an", einen Speicher, wenn es zu lange trainiert wird. Es greift dann bei Wiederholungsaufgaben auf den Speicher der richtigen Antworten direkt zu, weil das den Erfolg auf der Trainingsmenge bis auf 100 % hebt. Das Netz verliert dabei die Fähigkeit, im Unbekannten richtig zu liegen. Es verliert die eigentliche Intuition, weil es jetzt alles richtig weiß.*

Wir können also spekulativ die Entstehung der „linken Gehirnhälfte" in einem natürlichen neuronalen Netz begreifen. Sie entsteht aus der ursprünglichen Intuition durch „(zu) oft wiederholtes Lernen von Mustern". Wenn ich jetzt ganz hemmungslos über den Menschen drauflos spekulieren darf (und hier beginnt das Eis dann wirklich, dünn zu werden):

Die linke Gehirnhälfte ist der Musterspeicher der rechten. Hierhin wandert das Bewährte, Bekannte, Gelernte, sicher Beherrschte, die Sprache natürlich (die ja ein Speicher für fest gelernte Bedeutungen und Bezeichnungen darstellt), Namen, Fachausdrücke. In die linke Hirnhälfte geht das Feste. In der rechten Gehirnhälfte wird weiter intuitiv entschieden. Die Frage ist, welche Grundstrategie ein Mensch verfolgt: Vertraut er seinem Speicher oder seiner Intuition? Auf das Richtige, das allgemeine Wissen? Oder auf das Wahre, das ihm die naturbelassenen neuronalen Netze zuflüstern? „Sehe ich" das Richtige? Oder „höre ich" auf die Intuition?

Ich gebe Ihnen diese These als Vorstellungsbild für Ihre linke und rechte Hirnhemisphäre.

Für mich ist (ob es biologisch nun genau so stimmt oder nicht) diese These absolut wahr (im intuitiven Sinne) und sie hilft mir zu verstehen, wie ich funktioniere oder „bin". Ich selbst „bin" in der rechten Hälfte, aber links ist das, was ich mir als das Reale aufgehoben habe.

Das Fotobeispiel, mit dem ich den Unterschied zwischen Erkennen und Wissen erkläre und die nur scheinbare Überlegenheit des Wissens entlarve, treffen wir dann im Alltag sehr oft wieder:

- Der übertrainierte, übererzogene 1,0-Abitur-Mensch, der zu Hause alles richtig gelernt hat, versagt manchmal „draußen" völlig, weil er sich auf seinen Speicher (links) verlässt und die Fähigkeit, intuitiv zu entscheiden nicht anwendet, weil er ihr weniger vertraut.
- Der überzüchtete Wissenschaftler weiß in „seinem" Fachgebiet bald so sehr „alles", dass er allwissend ist, aber keine Forschungsleistungen mehr erbringt. „Elfenbeinturmsyndrom"? Die wahren Leistungen der Wissenschaften vollbringen

die jungen, unverbrauchten Gehirne. Nobelpreisträger sagen: „Ich hatte Glück, ich war neu in dem Gebiet. Es war von Vorteil, dass ich wenig wusste. Hätte ich alles gewusst, wäre ich auf das Neue nicht gekommen."

Später mehr. Diese Anfangsabgründe gebe ich Ihnen nur zur ersten Beunruhigung zu bedenken.

Overtraining hat noch eine zweite Bedeutung.

Es ist der bewusste Versuch, Menschen zu Automaten zu machen, indem man sie Handgriffe vielfach öfter trainieren lässt, als es zum Lernen nötig wäre. Bei Piloten wird Overtraining angestrebt, bei Soldaten ebenfalls. Das Gelernte soll „sitzen", wie wir sagen. Das Gelernte soll vor allem bei Soldaten „bombenfest sitzen", weil nur normal Gelerntes unter Bombenhagel oder Stress leicht vergessen werden kann. „Sie müssen eine Woche durchmachen. Dann schlafen. Nach einer Minute wecke ich Sie mit einer Handgranate am Ohr auf. Dann müssen Sie in einer Zehntelsekunde das Richtige tun können. Aufwachen dürfen Sie meinetwegen später, Hauptsache, Sie handeln automatisch."

Das ist eine sehr spezielle Sicht der richtigen Menschen. Overtraining führt, wie ich sagte, zu einer starren Speicherbildung neben der Intuition, die starres Handeln bevorzugt. Manchmal aber ist es wohl das, was eben so sein soll? Denken Sie noch einmal kurz an die Stichpunkte am Ende des letzten Paragrafen: Willensfreiheit, Änderungsfähigkeit. Und dann lassen Sie dieses Buch kurz sinken und denken Sie an die Kritik der „Pisa"-Studie an den deutschen Schülern. Die deutschen Schüler, so heißt es, wüssten vielleicht ziemlich viel, seien aber vergleichsweise schwach im *Lösen von Problemen.* Sie kennen also Gelerntes sicher und können aus vollen Speichern schöpfen, können es aber in der praktischen Wirklichkeit nicht adäquat einsetzen. Sie können es „nicht anwenden". (Meine These würde in diesem Kontext bedeuten: Das deutsche Schulsystem schult die linke Gehirnhälfte. Es schult Wissen, nicht *Fähigkeit.*)

Und was sagt unsere liebe Regierung und alle Schulverantwortlichen zu „Pisa"? *Mehr* Lernen! Noch mehr Lernen! Wäre es nicht angebracht, zu überlegen, ob wir die deutschen Menschen nicht schon jetzt übertrainieren? Und dann merken, dass sie damit „draußen" versagen? Müssten wir dann nicht umkehren? Das werden wir nicht! Denn unsere „Bildungsexperten" werden noch stärkeres Übertrainieren anordnen, damit alles bombenfest sitzt und wir alle gute Roboter werden. Dabei wissen wir aber alle: Roboter lösen selten Probleme. Sie erledigen das Gröbste. Wenn Deutsche keine Probleme lösen können, werden sie bald für das Gröbere da sein. Die Bildungsdiskussion darüber verläuft erschreckend ungebildet.

2.3.7 Das Übersetzen in die linke Hemisphäre

In der linken Gehirnhälfte liegt das Fachwissen, die Regeln und die Sprache.

Rechts habe ich eine Black Box, die sich auf das richtige Tun trainiert hat, ohne selbst zu wissen, was sie tut.

Mein Vorstellungsbild: In meiner rechte Hemisphäre höre ich Melodien, spüre ich Gefühle, die Liebe zu anderen. Ich verstehe das Innere anderer Menschen und sehe die Problemlösungen in diffusen Bildern. Wie Träume ziehen mathematische Bilder vorbei, blitzt ein Einfall eines Philosophen hervor, den ich vor zwanzig Jahren hörte. Es tönt und hämmert wie in einer Schmiede, es herrscht Ideentrubel, alles jagt einander mit abwechselnden Phasen völliger Stille. Ich sitze vor meinem Computer und schreibe ein Buch. Ich versuche mich auf das Thema zu konzentrieren. Es heißt: „Das Übersetzen in die linke Hemisphäre". Meine rechte Gehirnhälfte weiß genau, was das ist, aber die Black Box signalisiert nur, dass ich mich gut fühle, weil ich es *weiß*. Sie sagt mir aber nur widerstrebend in Worten, was das nun wäre: das Übersetzen in die linke Hirnsphäre. Wenn ich schreibe, wandere ich in einem noch nie gesehenen Land umher, von dem ich vorher nur Prospekte angeschaut habe. Die Prospekte geben mir eine Idee, was dort ist. Es ist die Idee des Themas. Ich habe etwa ein halbes Jahr nur über den paar Seiten der Inhaltsgliederung dieses Buches gebrütet. Ich habe mein Gehirn mit Ideen geflutet und jede Idee mit einer Zeile im Inhaltsverzeichnis gewürdigt. Es sind so viele und viel zu viele gewesen. Ich habe sie nie gleichzeitig „präsent". Sie versinken wieder, aber ich erinnere mich noch an sie. Wenn ich dies hier schreibe, steigen sie wieder aus den Tiefen der rechten Gehirnhälfte herauf, ganz undeutlich und vage. Ich erkenne die Ideen wieder.

Ich empfinde sie nicht als vage. Sie sind eigentlich klar.

Ich kann sie aber nicht aussprechen. Es macht mir nichts aus.

Nun aber wollen Sie wissen, was das ist, was ich „denke", wie also in meiner Black Box die Gewichte eingestellt sind. Dann geht es nicht anders. Meine linke analytische Gehirnhälfte muss aus dem Stammeln der Black Box eine einfache Erklärung anfertigen, die Sie und meine linke Hälfte schließlich verstehen können. Die linke Hälfte ist wie ein Zweifler in mir: „Was soll das heißen, der Wein hat eine feine Brombeernote? Die Musik ergreift? Was ist das, eine Brombeernote? Was soll das heißen, ‚ergreifen'? Sind das Kriterien für Geschmack oder Musik?" – Meine Black Box zuckt hilflos mit den Achseln. Der Verstand will es immer so genau wissen! Es gibt nichts genau zu wissen, weil es nur auf die Idee ankommt. Was Wein ist. Was Musik ist. Diese Idee ist in mir, in meinen Neuronenverbindungsgewichten. Ich selbst bin in gewisser Weise die Gemeinschaft der Ideen in mir. Die Liebe ist in mir. Das Wissen um das Wahre in der Mathematik. Das Gefühl für das Neue im Computerbereich. Ein tiefes Schönheitsgefühl für Wörter. Die Liebe zu Pflanzen und Büchern.

Intuitive Menschen haben im glücklichen Falle eine harmonische Black Box, die gut eingestellt ist und sicher und ausgeglichen innerlich ruht. Die linke Gehirnhälfte will immer nur kontrollieren. Sie nervt eher. Ja, sie zwingt mich, nützlich zu sein. Bücher zu schreiben. Sie will, dass ich Erkenntnisse der Mathematik auch beweise, nicht nur „weiß". Sie sagte mir: „Du musst den Doktor machen und habilitieren. Sonst kommst du im System nicht weiter!"

Die richtigen Menschen leben eher mit der linken Gehirnhälfte. Sie machen alles richtig. Aber manchmal sagen sie: „Es ist alles richtig, aber etwas in mir fühlt sich nicht wohl dabei. Strafe muss sein, das wird jeder unterstützen. Deshalb haben wir die Frau hart bestraft. Es muss sein. Aber ich war erschrocken, als ich ihre Augen sah." Sie fühlen, dass etwas in ihnen an den Nerven zerrt. Das ist ihr Rechts.

Ich kann das Übersetzen in die andere Gehirnhälfte am Beispiel der Mathematik erklären: Da sind neue Gebiete zu erforschen, neue, knifflige Welten, Rätsel der Menschheit. Und dann sitze ich tagelang da und denke mir nebelhafte Lösungen aus. Ich bin oft euphorisch, besonders am Abend. Ich scheine nun kurz vor dem sagenhaften Durchbruch in ein neues Reich zu stehen. Ich bin berauscht von Erkenntnissen, ohne klar sagen zu können, worin sie bestehen. Sie fühlen sich an wie ein Werden in mir. (Die Gewichte stellen sich beim Denküben immer besser ein, das spüre ich!) „Ich erkenne! Ich sehe! Ich weiß! Ich verstehe!" Dieses unnennbare Fortschreiten in der Erkenntnis ist die wahre Wissenschaft: das Suchen und Finden im Neuen Land. Ich wandere in unbekannten Gefilden und stehe schließlich vor einem Berg, in dem eine Goldader ist. Das weiß ich genau. Das weiß meine Black Box. Ich bin fündig geworden und unsäglich glücklich. Das ist wahre Wissenschaft. Wahre Wissenschaft ist wie Lichtsturm in der rechten Hemisphäre.

Leider sagt mein eigenes Links, der scharfe Verstand, er wolle das Gold erst sehen, bevor er's glaube. Mein Rechts sagt: „Ich spüre, es ist im Berg! Ich erkenne es! Die Suche ist beendet! Der Gral gefunden. Alles ist Glück und Licht." Aber das Links entgegnet: „Ich glaube nur an Gold, das ich bei Licht sehen kann. Hole es heraus."

Das Herausholen bedeutet Leiden für den Mathematiker. Er ist sicher, dass er erkannt hat, kann es aber nicht beweisen! Sein Links quält ihn mit höhnischem Lachen: „Bewiesen ist etwas nicht etwa dann, wenn du es erkannt hast. Es muss nach den Logiksystemen bewiesen sein, die ich regiere! Das Bewiesene wird Teil des Systems, aber das nur Erkannte bleibt draußen!"

Das Rechts versucht vage Erklärungen des Erkannten.

Das Links gibt Ohrfeigen. „Schau, was da noch für ein dicker Fehler drin ist!" So kann es wochenlang Tag für Tag gehen. Das Rechts kennt nun bald alle Schliche, begeht keine Fehler mehr, hat aber keinen Schimmer mehr, wie eine logische, bewiesene Lösung aussehen könnte. Totenstille.

Wochenlange Totenstille.

Die Black Box, das Rechts, ist aber immer sicherer, kurz vor dem Beweis zu stehen. Alles dreht sich in Farben und Bildern und Vorstellungen, die immer fieberhafter abwechseln. Das neuronale Netz im Rechts wird unablässig mit neuen Prüf- und Eingangsdaten gefüttert. „Hier, denk darüber nach – und hierüber!" Das Rechts denkt und arbeitet. Das Links mault ungeduldig, dass nichts herauskommt. „Das wird ein schlechtes Forschungsjahr, noch keine echte Neuerung bis jetzt und es ist schon September." Das Links nervt und stört. Ideen entstehen nicht neben Nörglern. Niemals. Also, Links, sei ruhig. Geh schlafen.

Kennen Sie das?

Manchmal blitzt eine neue logische Erklärung hervor. Oft in fiebrigen Zuständen der absoluten Konzentration! Manchmal aber auch geschieht es (viel erfüllender!) ganz unvermittelt unter der Dusche oder (das tut mir leid, aber es ist so) beim Anhören sehr schlechter Vorträge, weil das irgendwie meine Black Box mit Eingangsdaten versorgt, mit denen sie normalerweise nicht in Berührung kommt. Das macht sie kreativ, glaube ich. Wenn eine große „Beweisidee" aufblitzt, ist es ein Lichtgefühl ohnegleichen. Dieses Lichtgefühl signalisiert klar das Ende des Leidens. Es ist eine kurz aufflammende Stimmung absoluter Gewissheit. Da! Da! Heureka! Das ist es. Genau. Dieses Lichtgefühl ist eines in der linken Gehirnhälfte! Ganz bestimmt!

In diesem Augenblick kann mein Links einigermaßen klar verstehen, was die Idee meines Rechts war, die diesem die ganze Zeit bekannt war. Der Mathematiker sagt: „Das ist der Beweis." Der Beweis ist das einzige zugelassene Kommunikationsmittel zur linken Gehirnhälfte. Der Beweis ist ein plötzliches Licht in meiner Black Box, die für einen Augenblick der linken Gehirnhälfte erlaubt, einen Blick in das Innere zu werfen. Der Beweis ist wie Gold *sehen*. Das Erkennen ist wie Gold *orten*.

Was ist denn das eigentlich, Wissenschaft treiben? Was ist denn das, Mathematik treiben? Das Erkennen des Neuen in der Black Box, ohne es klar ausdrücken zu können? Oder das Licht, das das Erkennen des Neuen in der „amtlich richtigen" linken Gehirnhälfte möglich macht? Die rechte Hemisphäre jubelt über das Neue. Die linke über das konkret Bewiesene.

Unsere Kultur belohnt das Bewiesene, aber das *Eigentliche*, das Erkannte, bildet einen wesentlichen Teil des Ichs. Für den wahren Wissenschaftler ist das Erkennen das Wahre und die Zeit des Jubels. Für die richtigen Menschen muss erst ein Haken daran, ein Strich darunter und ein Prüfsiegel. In unserer Gesellschaft zählt, was in die linke Gehirnhälfte übersetzt werden kann. In diesem Moment kann das Erkannte als allgemeines Wissen gespeichert werden. Es ist nun im Prinzip *jedermann* zugänglich. (Man muss lächeln, wenn man an die Verständlichkeit oder Zugänglichkeit faktisch aufgeschriebener mathematischer Beweise denkt, nicht wahr?) Erkenntnis ist Wissen geworden. Das Weiche der Erkenntnis ist nun hart. So sagt man, „weiche Wissenschaften" wie die Psychologie würden durch empirische Überprüfungen langsam hart. Aus „Glaube" oder Spekulation wird Gewissheit. Das Gewisse wird abgespeichert. Es wandert in die Bibliothek.

Ich bin als Intuitiver damit sehr unglücklich. Das Erkennen ist viel wichtiger als das Beweisen. Das Erkennen geht immens schneller als das Beweisen. Stellen Sie sich vor, ich sollte alles das, was ich in diesem Buche spekuliere, hieb- und stichfest beweisen! Zehn Menschenleben würden nicht reichen. Wären sie gut verwendet? Warum denken wir nicht alle zusammen im Team nach, bis wir intuitiv sicher sind? Reicht das nicht, intuitiv sicher zu sein? Ich bin unglücklich, weil die richtigen Menschen immer Beweise sehen wollen. Deshalb verwechseln die meisten Wissenschaftler schon das Erkennen mit dem Beweisen. Das Erkennen bringt ihnen ja keine Publikationen ein, keinen Doktortitel, kein Geld, keine Fördermittel. Erst beim Beweis winken alle Belohnungen, zuoberst Anerkennung der führenden Wissenschaftler. Deshalb genießen Wissenschaftler fast nur diejenigen Lichtblitze, die direkt zu einem Beweis führen. Sie sagen: „Ich hatte eine geniale Idee." Das ist nicht die Idee! Das ist das gelungene Übersetzen in die linke Hälfte. Wissenschaftler genießen nicht das langsame Werden in der Intuition. Sie sitzen grimmig und einfallslos und einsam vor einem leeren Blatt Papier. Das quält sie. Dabei erkennen sie in dieser Phase. Sie könnten glücklich sein, aber sie warten auf ein Lob des Links: „Gut, das war mal ein verwertbarer Einfall. Brav!"

Die meisten Wissenschaftler holen sich bei einem „akademischen Vater“ ein Problem, um es zu lösen. Wenn sie es gelöst haben, dann haben sie sich als Wissenschaftler ausgezeichnet. Sie haben eine Transferleistung erbracht.

Aber: Alle Nobelpreisträger dieser Welt sagen immer und immer wieder, dass nicht das Problemlösen irgendwie wichtig wäre, sondern das Problemstellen! Derjenige, der ein Problem gestellt hat, das später gelöst wird, hat in seiner Intuition *erkannt*! Problemstellen heißt, einen Berg mit Gold gefunden haben. Problemlösen heißt, das Gold heraufzuholen. Das Problemstellen ist „die Idee haben“. Das Problemlösen ist „Transfer in Logik“. Der Erkennende *weiß* alles, kann es nur nicht in der Sprache der logisch-analytischen richtigen Menschen ausdrücken. Der wahre Wissenschaftler ist jemand, der erkennt. Er kann diese Erkenntnis als „Problem“ vage niederlegen, auf dass jemand das Problem „löst“. Das Problemlösen ist aber nicht Wissenschaft. Es ist mehr wie Kunsthandwerk.

Oft gibt es finstere Streitigkeiten im Wissenschaftsbereich, wenn akademische Väter und Problemsteller sich den Anschein geben, die Leistungen des Lehrstuhles ganz allein vollbracht zu haben. „Ich habe es vollständig ohne Hilfe gelöst!“, klagen empörte Assistenten, „Und dann tut der Herr Ordinarius auf Tagungen so, als habe er alles allein geleistet. Er setzt sogar seinen Namen auf *meine* Publikation!“ Daran sehen Sie, wie sehr unsere Gesellschaft auf das Lösen starrt, nicht auf das Erkennen. Wenn junge Assistenten „ein Thema zum Lösen“ bekommen, ist es ja schon erkannt worden! Will das niemand erkennen?

Es gibt zweierlei Licht: Rechts und Links. Das Licht des Wahren und das Neon des Richtigen im sonst dunklen Schummer des Archivs.

Bitte, erschrecken Sie nicht, wenn ich nun fast alle Wissenschaftler zu Rechts-nach-Links-Transfer-Kunsthandwerkern ernenne, sie also für manchen von Ihnen vielleicht degradiere. Kunsthandwerker sind aber doch etwas? Später folgt mehr dazu. Haben Sie ein wenig Geduld.

2.3.8 Die ewigen Ideen und die Idee von Platon

Links wird also gespeichert, was einst mit dem Rechts intuitiv erkannt wurde. Was mit dem Links gespeichert werden kann, ist allgemein oder kann es im Prinzip sein. Im Links ist das „vom Menschen unabhängige“ Wissen, das allgemein verstanden werden kann.

Das neuronale Netz im Rechts lernt durch immer besseres Einstellen der Gewichte, also durch Verstärken von Nervenzellenverbindungen oder durch Abschwächen derselben. Das Einstellen des Netzes geschieht mit der Absicht einer Verbesserung im Sinne eines Optimierungsalgorithmus.

Ich hatte Ihnen das Optimieren am Beispiel der Berggipfelsuche veranschaulicht. Berggipfelsucher können auf dem Brocken im Harz stehen und das Übertreffen von 1.000 m Meereshöhe für das globale Optimum halten, weil weithin nichts Höheres zu sehen ist. Das ist ein stabiles Gefühl. Auch dann, wenn andere behaupten mögen, es gebe Mount Everests und Berge Ararat.

Ich spekuliere: Eine Idee ist so wie ein Berg, wie ein Optimum, das sich in uns gebildet hat. Unsere Black Box hat eine lokal optimale Einstellung gefunden, die eine Art Höhegefühl auslösen mag. „Das ist wahr. Das ist meine Überzeugung." So mögen wir etwas in uns sagen hören. Berge sind nicht Berge. Es gibt *hohe* Berge und *niedrige* Berge.

Ein hoher Berg mag eine der vornehmen, großen Ideen der Menschen sein, etwa: Die Idee des Guten. Die Idee der Freiheit. Die Idee der Gerechtigkeit. Die Idee des Maßvollen. Die Idee der Liebe. Wenn mein neuronales Netz gewisse optimale Einstellungen hat, bin ich in einem Gesamtzustand im Rechts, der mich ganz durchdrungen findet von einer solchen großen Idee. Ich kann durchdrungen sein von der Idee der Liebe. Sie ist eine große Idee und bildet so eine Art Himalaja-Massiv in der Welt der lokalen Optima von Netzgewichtseinstellungen. Wer einmal mit seinen Einstellungen auf ein solches hohes Gebirge gelangte, „bleibt durchdrungen" von der zugehörigen Idee, weil alle Änderungen der Gewichte zu dramatischen Abstiegen oder Verschlechterungen im Netz führen würde.

Menschen, die leiden, die im Leben versagt haben, sich schuldig oder ungeliebt fühlen, werden in dieser „Niederwelt" stabile Ideen finden, die dort gewisse niedrige lokale Optima bilden, also wie Hügel in der Tiefebene. „Niedrige" Ideen mögen sein: Die Idee des Bösen. Die Idee des Kampfes. Die Idee der Notwendigkeit des Leidens. Die Idee des Überlebenmüssens. Die Idee der Vergeltung. Die Idee des Vergleichs von Menschen.

Wer auf dem Mount Everest steht oder auf dem Brocken im Harz, der hat dasselbe Gefühl: Nämlich das, oben zu sein. So können Menschen vom Guten im Menschen vollständig durchdrungen sein, während andere nur von der Notwendigkeit beherrscht werden, sich hart und rücksichtslos durchs Leben kämpfen zu müssen. („Niemand schenkt niemandem etwas; teile aus und schütze dich!")

Im neuronalen Netz von uns Menschen hat sich das neuronale Netz auf ein lokales Optimum eingestellt. Wir stehen also sinnbildlich auf einem Berg und sehen in das Land unter uns. Wir sind von dieser Einstellung unseres neuronalen Netzes „durchdrungen"; wir sind also durch und durch von dieser Einstellung beherrscht. Eine Veränderung würde einen weiten Marsch erfordern und eine ungeheure Umstellung im neuronalen Netz. Es würde eine komplette Umwertung der Gewichte notwendig machen, eine Umwertung aller Werte. Deshalb ist es so schwierig, weise zu werden.

Wenn wir uns also spekulativ die großen und vielleicht auch kleinen Ideen als lokale Optima in Netzeinstellungen vorstellen können, dann entdecken wir in diesen mathematischen Strukturen die Ideenlehre von Platon wieder:

Platon war überzeugt, dass die Ideen unabhängig von den einzelnen Menschen existieren würden. Die Ideen seien ewig. Sie brächen in den einzelnen Menschen immer wieder neu hervor. Es sähe so aus, als würden sich die Menschen an diese ewigen Ideen erinnern. Platon sagt, der Mensch habe eine ewige Seele, die nach seinem Tod in einem neuen Menschen wieder zum Leben komme. Die Seelen trügen die Ideen, die jeder neue Besitzer wieder neu in sich entdecken würde. Dieser Vorgang des Wiederentdeckens in sich selbst sei eine Art Wiedererinnerung, wie ein Wiederaufdämmern von Vergangenem oder Verlorenem.

In Platons *Menon-Dialog* lockt Sokrates aus einem zufällig beistehenden Knaben, einem Diener von Menon, durch geschicktes Fragen die Überlegung heraus, dass die Fläche eines Quadrates quadratisch mit der Seitenlänge steige. Diesen mathematischen Lehrsatz kann der Knabe nie gewusst haben, aber er erschließt ihn sich unter einigen behutsamen Fragen von Sokrates. Sokrates sagt: „Und jetzt sind bei ihm diese Vorstellungen nur noch wie ein Traum in Bewegung. Wenn man ihn aber oftmals um dies nämliche befragt und auf vielfach Art, so erkennst du, daß er am Ende nicht minder genau als irgendein anderer um diese Dinge wissen wird." Die Zuschauer sehen, wie der Knabe denkt und unklar schaut, dann stückweise Wissen artikuliert, bis er zu einer Lösung hinfindet. Sokrates: „Ohne Belehrung also, auf bloße Fragen hin, wird er es wissen und wird die Erkenntnis nur aus sich selbst hervorgeholt haben." Es sieht aus wie Erinnern! Der Knabe erinnert sich als Ungebildeter an etwas, was ihm ganz fremd sein muss!

Sokrates spricht: „Weil nun die Seele unsterblich ist und oftmals geboren und alle Dinge, die hier und in der Unterwelt sind, geschaut hat, so gibt es nichts, was sie nicht in Erfahrung gebracht hätte, und so ist es nicht zu verwundern, daß sie imstande ist, sich der Tugend und alles andern zu erinnern, was sie ja auch früher schon gewusst hat …. Denn Suchen und Lernen ist demnach ganz und gar Erinnerung."

Platons große Idee ist es, dass alle Ideen in uns schlummern und nur aufgeweckt werden müssen. Sokrates, der die Menschen durch Fragen beunruhigt, bringt Menschen dazu, sich zu erinnern. Die Ideen sind unabhängig vom einzelnen Menschen immer existent. Wir müssen sie nur in uns entdecken!

Ich habe Ihnen aber sagen wollen, dass wir die Idee der *ewigen Seelen* nicht brauchen, um die Existenz der *ewigen Ideen* zu erklären. Die Ideen sind Einstellungsoptima von neuronalen Netzen. Wenn wir unterstellen, dass alle rechten Menschenhirne technisch als neuronale Netze gesehen ungefähr gleich sind, so können sie alle in den Zustand aller dieser Ideen gelangen, wenn sie sich in etwa gleichen Lebenszuständen befinden. So ist es nicht erstaunlich, dass wir Menschen alle, unabhängig von unserer Hautfarbe und Herkunft oder Kultur, die Idee von Gott erzeugen, die Idee der Schönheit, die Idee von der Erhabenheit von Sonne und Gewitter. Wir spüren alle die Schönheit von Symmetrie (ein klares mathematisches lokales Optimum!) und von Einfachheit. Wir bewundern Strukturen und Regelmäßigkeiten. Wir spüren das Edle und die Eleganz. Wir entwickeln Ideen von Wasser, Feuer, Himmel, für „das Tier" oder „das Fliegen". Die großen Ideen sind universelle mathematische Gleichgewichtsstrukturen neuronaler Netze, die unabhängig vom Einzelmenschen existieren.

Ideen bilden die Richtungen unserer Sehnsucht.

Wenn wir aber in der Menschheitsgeschichte weiterkommen, durch technologischen Fortschritt etwa, dann können wir mit der Zeit neue und wieder neue große Ideen bekommen. Große neue Ideen hatten zum Beispiel Darwin, Einstein, Freud oder Gandhi.

Wir können Ideen in Kindern quasi *wach* küssen, wenn wir in ihnen, etwa durch behutsame Fragen, Sehnsucht und Interesse *wecken*. Sehnsucht und Interesse sind die Triebkräfte der rechte Gehirnhälfte. (Ach, Pisa!)

2.3.9 *Aristoteles hatte keine richtige Idee von der wahren Idee*

Ich wiederhole ein Zitat von Aristoteles aus seiner *Metaphysik*:

> So kam Plato zu der Ansicht, daß es sich im wissenschaftlichen Verfahren um andere Objekte als um das Sinnliche handle, durch die Überlegung, daß von dem Sinnlichen, das in steter Umwandlung begriffen sei, es unmöglich sei einen allgemeingültigen Begriff zu bilden. Dieses in Begriffen Erfaßbare nannte er Ideen; das Sinnliche aber, meinte er, liege außerhalb derselben und empfange nur nach ihnen seine Benennung; denn in der Form der Teilnahme an den Ideen habe die Vielheit dessen, was nach ihnen benannt wird, sein Sein. An dieser „Teilnahme" ist nun nur der Ausdruck neu. Denn schon die Pythagoreer lehrten, das Seiende sei durch „Nachahmung" der Zahlen; Plato aber lehrt, es sei durch Teilnahme an den Ideen. Welcher Begriff indessen mit jener Teilnahme oder mit dieser Nachahmung zu verbinden sei, das haben sie als offene Frage stehen lassen. Außerdem kennt Plato noch als ein drittes zwischen dem Sinnlichen und den Ideen die mathematischen Objekte, die sich von dem Sinnlichen dadurch unterscheiden, daß sie ewig und unbeweglich sind, von den Ideen aber dadurch, daß sie jede in unbestimmter Vielheit gleichartiger Exemplare existieren, während die Idee als solche ein schlechthin Einheitliches für sich sei.

Platon sieht also drei verschiedene Kategorien im Erkennen:

- Die mathematischen Objekte
- Die Ideen, die das Ganze erfassen
- Das Sinnliche und Wahrnehmbare, wie wir es mit den Körperfunktionen aufnehmen

Das „Mathematische", soweit es erkannt und niedergelegt ist, halte ich für das, was als festes Wissen der Kultur in der linken Hirnhemisphäre oder in Bibliotheken abgelegt ist. Es ist ewig, weil es universell als richtig anerkannt wurde. Es ist nicht wirklich ewig, weil das meiste dann doch wieder mit dem Fortschritt des Denkens verschwindet oder sich verändert. Aber wir könnten ungefähr empfinden, es wäre ewig.

Die Ideen sind ganzheitliche Vorstellungen der rechten Hirnhemisphäre, unserer Intuition. Sie sind individuelle „Energieoptima" in unseren neuronalen Netzen. Sie sind nur durch Nachdenken erfassbar. Sie entstehen eben durch Training des neuronalen Netzes, also durch Denken, Überdenken und vielmaliges Überdenken unter immer neuen Verifikationsinputs von außen. Sie entstehen langsam als eine Art Lebenssumme in uns selbst.

Der Körper erkennt etwa durch die Augen die Dinge als sinnliche Wahrnehmung. Diese Wahrnehmung ist konkret an das eben vorliegende Ding gebunden. Das „Mathematische", also das über das Ding allgemein Bekannte und Richtige, liegt abrufbereit links im Gehirn. Die intuitive Vorstellung vom Ding an sich hat sich rechts gebildet. Der Mensch hat in sich durch Einstellung der Gewichte im neuronalen Netz die Idee des Dinges an sich geschaffen. Die Idee sitzt in ihm und hat sich womöglich durch langes Trainieren des Netzes als Optimum stabilisiert. Der Mensch ist dann „durchdrungen" von dieser Idee. Sie ist ganz in ihn bzw. in sein Netz verwoben und nur noch schwer trennbar von dem Ganzen, vom ganzen Selbst, von ihm.

Für Platon stehen die Ideen über dem Wissen um das Ding und weit über dem Ding selbst. Die Wahrnehmung des Dinges ist fast nichts gegen die ganzheitliche Vorstellung von ihm im neuronalen Netz. Das Wissen um das Ding ist das, was wir vorläufig fest von ihm in der Hand haben. Und das ist in der Regel enttäuschend wenig. Platon hat so Recht!

Aristoteles lehnt die Ideenlehre seines Lehrmeisters zunehmend ab (*Metaphysik*):

> Zweitens aber findet sich unter den Gründen, mit denen man die Existenz der Ideen zu erweisen sucht, kein einziger, der wirklich einleuchtend wäre. Und zwar die einen nicht, weil sie nicht das Material zu einem stringenten Schluß bieten; die anderen nicht, weil sich nach den Platonikern Ideen auch für solche Dinge ergeben würden, für die sie doch keine Ideen annehmen. Geht man nämlich von der Tatsache der wissenschaftlichen Erkenntnis aus, so müßte es Ideen geben für alles, was Gegenstand der Erkenntnis ist …

Habe ich Ihnen nun einen stringenten Grund nennen können?

2.4 Der Flash-Mode und die mathematische Identifikation

2.4.1 Der Blitz in uns: Stressalarm und Nichthinschauen

Oh Schreck.

Es ist etwas Unerwartetes eingetreten.

Jemand bremst vor mir, rotes Licht. Ein Glas mit Rotwein kippt klirrend um. Das Baby rollt vom Wickeltisch. Die Pferde erschrecken und gehen durch.

Etwas sagt in mir: Eine Katastrophe bahnt sich an. Ein Blitz zuckt durch mich hindurch und „schießt Adrenalin ein". Das heißt: Mein Körper wird in einen anderen Zustand eingestellt. In Bruchteilen einer Sekunde „lässt er alles fallen" und reagiert, als würde ihm ein Angriff drohen.

Wir agieren in einem solchen Fall oft „in Panik", wir handeln also, „bevor wir denken". Wir greifen das Baby im Fallen (sinnvoll) oder patschen hilflos im Rotwein herum (schrecklich), während ein etwas Unbeteiligterer mühelos „Holt Zewa und Salz" sagen kann – er hat ja den Flash oder Blitz im Körper nicht mitbekommen und *denkt* normal drauflos. Er denkt zuerst und handelt dann besonnen.

Das blitzartige Reagieren rettet Leben. „Ich konnte noch instinktiv ausweichen. Ich habe erst später erkannt, wie gefährlich das war. Wenn ich Zeit zum Nachdenken gehabt hätte, wäre ich vor Angst gestorben." Das blitzartige Reagieren kostet Leben. „Etwas blitzte. Ich trat instinktiv auf die Bremse, weil ich seit Monaten um meinen Führerschein zitterte. Ich darf nicht noch einmal erwischt werden. Deshalb habe ich beim Fahren Angst. Ich habe andererseits keine Zeit, langsam zu fahren. Es ist ein Balanceakt, der mich ganz schön stresst. Durch das Bremsen kam es dann zum tödlichen Unfall. Es tut mir leid. Meinen Führerschein habe ich noch. Aber Sie sehen ja, ich sitze jetzt im Rollstuhl."

Das blitzartige Reagieren scheint vor dem Denken zu geschehen. Es geschieht etwas, fast ohne Beteiligung des normalen Gehirns. „Automatisch."

Hans Selye hat uns 1956 das Buch *The stress of life* geschenkt, das heute berühmte klassische Buch zum Stress. Hans Selye selbst ist mit dem Nobelpreis ausgezeichnet worden und hat zig Bücher und weit über tausend Artikel zum Thema Stress geschrieben.

Seine bahnbrechenden Arbeiten befassen sich mit dem organischen Reaktionsrahmen, mit dem unser Körper auf Unerwartetes reagiert. Selye hält das „stress syndrome" oder die Stressreaktion für die universelle Antwort des Organismus auf Bedrohungen und Gefahren. Seither befasst sich die Forschung stark mit den physiologischen Stressvorgängen in unserem Organismus. Was geschieht in uns, wenn wir Gefahr wahrnehmen?

Das klingt biochemisch etwa so: Das Gehirn bittet den Hypothalamus, CRF („cortico-releasing factor") auszuschütten. Das CRF setzt sich in Bewegung zur Hypophyse und bringt dort die Freisetzung von ACTH (adrenocorticotrophische Hormone) und Endomorphinen in Schwung. Endomorphine lindern den Schmerz und ermöglichen sein Ignorieren für eine Zeit lang. Sie können helfen, die Aufmerksamkeit von der Gefahr abzulenken oder die Gefahr für einige Zeit zu verleugnen oder einfach nicht zu sehen. ACTH erhöht die Empfindung von Schmerz und fokussiert die Aufmerksamkeit auf ihn.

ACTH lenkt also die Aufmerksamkeit blitzartig auf die Gefahr, um uns zur Reaktion zu zwingen. Stellen Sie sich vor, Sie werden im Dunkeln von mehreren Menschen ergriffen, man öffnet Ihnen mit Gewalt den Mund und einer der Angreifer nähert sich mit einer Zahnzange … Sie werden zappeln, zu schreien versuchen.

So etwas passiert uns aber nicht. Wir werden mit sechs oder sieben Jahren das erste Mal zum Zahnarzt geführt („er schaut nur in deinen Mund"). Dann wird nachgebohrt. „Sei tapfer, beiß die Zähne zusammen, es tut nicht mehr weh als notwendig." Falsch! Ssssss! Wir erleben blanke Grausamkeit. Weinen. Anklagende Blicke auf unsere „Notwendiger", unsere Peiniger. Lebenslange Angst. ACTH-Rausch. (Ich verstehe noch etwas davon: 1958 wurde der Bohrer wie auch damals eine Nähmaschine mit dem Fuß irgendwie angetrieben; überall waren mechanische Übertragungsriemen an dem Gerät. Natürlich niemals Spritzen, keine Gnade.)

Aber! Es soll doch so sein: Wir lassen uns einen Zahnarzttermin geben. Zu diesem Zeitpunkt signalisiert der Magen Gefahr. Das Ungute schwebt in uns, aber der Termin ist erst in acht Wochen. Kurz vorher beginnt das Ungute wieder in uns zu steigen. „Ich mag heute nichts essen, ich denke schon an das Geräusch und das Spritzen des hellroten Wassers." Wir ächzen unnötig lange im Wartezimmer und blättern blicklos in abgegrabbelten Illustrierten. Nach und nach wandern Augentote hinter einem weißen Hilfsgeschöpf auf den Behandlungsstuhl. Jetzt: Ich!!

Ich setzlege mich, es schlingt sich etwas Weiß-Raschelndes um meinen Hals. Es ist Zeit.

Es ist die Zeit des Endomorphins. Es lindert den Schmerz und lässt mich das Ernste für eine kurze Zeit ignorieren. So erwarten Todbestrafte ihr Ende, lammgeduldig unter Endomorphin.

Fühlen Sie das Wechselspiel von ACTH und Endomorphin in sich drinnen? Es kommt auf das Verhältnis der beiden chemisch eng verwandten Stoffe in unserem

Körper an, ob wir die Aufmerksamkeit auf etwas richten („Schmerz!") oder die Aufmerksamkeit ablenken („da ist nichts zu machen").

Die Wissenschaftler haben das alles nicht gerade bei meinem Zahnarzt in Gaiberg nachgemessen, aber es wurde Ratten klar gemacht, dass sie in die ausweglose Lage kämen, geschlagen zu werden – und dann schlug man zu. Zur Belohnung der Wissenschaftler zeigen die Messapparate sofort einen steigenden Endomorphinspiegel in den Ratten an. Man kann auch einzelne Affen mit Raubtieren vor ihrem Gitter allein lassen – dann bekommen sie ganz schön Stress. Wenn man aber mehrere Affen gemeinsam in diese ärgerliche Situation bringt, dann haben sie kaum noch Angst, weil sie sich mental stützen. Und so weiter. Die Wissenschaftler glauben, dass dies für Menschen ähnlich gilt, obwohl der Mensch über dem Tier steht. Manchmal wird das nicht stimmen, denke ich. Wenn ich mutterseelenallein hinter einem Gitter mit einem Raubtier zusammen bin, kann ich gut ein Buch lesen, während Wissenschaftler an mir Messungen machen. Wenn ich mir aber vorstelle, ich wäre zusammen mit geliebten Frauen dort eingesperrt, dann wären die anderen wohl nicht so sicher mit dem Gitter, obwohl sie wissen, dass Wissenschaftler nur Daten wollen, aber keine Unfälle. Dann würden die anderen ACTH-Anfälle bekommen und mich nicht weiterlesen lassen, worauf ich dann einen Endomorphinschock bekommen muss, um weiter leben zu können. Es kommt auch hier auf das richtige Verhältnis an, zu Gittern und Mitmenschen.

Der Stressalarm fokussiert so sehr unsere Aufmerksamkeit, dass wir alle Energie auf die Bewältigung lenken sollen. (Als Kind habe ich, im Kinsey-Report, glaube ich, heimlich gelesen, dass ich während eines Orgasmus nicht einmal hören kann, dass neben mir eine Pistole abgefeuert wird. Donnerschlag! Das konnte ich damals nicht wirklich glauben. Heute? Ich weiß nicht. Ich muss allerdings zugeben, noch nie eine Pistole dabei gehört zu haben.)

Unsere heutigen Erkenntnisse sagen, wir würden bei Stressalarm erst die Aufmerksamkeit auf etwas richten, dann kurz prüfen, ob wirklich eine Bedrohung vorliegt, und dann erst gegebenenfalls in einen anderen biochemischen Zustand übergehen. Also so: Schussartiges gehört? Hektischer Blick – noch etwas? Dann: Alarmentwarnung oder volle Deckung.

Auf ein Ereignis folgt eine „Orientierungsreaktion", dann eine „Taxierung" oder „Einschätzung" des Ereignisses, danach kommt es gegebenenfalls zur Stressreaktion. Noch einmal: Sie spielen im Büro ein Schießspiel am Computer. Da springt die Tür laut auf. Sie orientieren sich – schauen: Es ist Ihr Kollege mit dem Kaffee. Stress absagen. Oder: der Chef. Jetzt sitzen Sie schön da. Echter Stressalarm.

Sie bewältigen jetzt die Situation. „Wir machen gerade Kaffeepause. Der Kollege holt gerade Kaffee." – „Gut.", sagt der Chef. Dann fahren Sie bitte Ihr ACTH wieder herunter.

Oder: „Sie wissen genau, dass auf Dienstcomputern die Installation solcher Anwendungen untersagt ist. Ich prüfe Sie jetzt längere Zeit unregelmäßig. Bei nochmaligem Verstoß bekommen Sie einen Eintrag in die Personalakte."

In diesem Fall haben Sie noch gar nichts bewältigt. Schlimmer noch – es droht Dauerstress von mehreren Monaten, wenn Sie Spiele lieben. Die Stresserregung hält an. Sehr lange. Sie können den Stress lindern, indem Sie schimpfen, alles schnell vergessen, eine Beruhigungstablette schlucken oder dem Chef ständig aus dem Weg gehen. Wenn der Stress im Körper bleibt, verteilt er sich unklar, führt zu Stresssymptomen wie Schlaflosigkeit, Befürchtungen, Gereiztheiten. Im Extremfall werden Sie krank. „Dieser Vorfall hat mich bestimmt die Beförderung gekostet. Das werde ich in zwei Jahren sehen, wenn ich eigentlich dran wäre.“ So kann Stress in Daueraufmerksamkeit übergehen und dann langsam in Angst. Immer wieder, in Zwischenzeiten, können Sie sich endlos denselben Rat von lieben Menschen holen. Er heißt: „Nimm es nicht so tragisch. Er hat schon etliche erwischt. Er will nur Macht demonstrieren. Er hat noch nie einen Eintrag gemacht.“ Diese lieben Menschen fordern Sie auf, eine realistische Neueinschätzung vorzunehmen. Das wirkt wie Endomorphin. Und dann – nachts – flüstert Ihnen etwas zu: „Wenn er noch nie einen Eintrag gemacht hat – dann wäre ich ja als Erster dran! Wie schrecklich!“ Das ist eine Orientierungsreaktion. Es zuckt in Ihnen. Sie müssen jetzt noch nachprüfen, ob wirklich eine Bedrohung vorliegt. Es ist dunkel in der Nacht. Niemand da. Sie sind ganz entsetzlich allein, weil Sie niemanden wecken wollen. Der Stress frisst an Ihnen, während Sie den gesunden Schlaf der anderen verfluchen. „Ich will nicht darüber nachdenken. Nie mehr. Ich will versuchen, cool zu bleiben. Ich zeige den anderen meine Gefühle nicht mehr, damit sie mich nicht weiter belehren. Ich kann nicht mehr, alle reden darüber. Ich bin tagsüber ganz benommen. Ich kann mich schlecht konzentrieren. Meine Gedanken kreisen immer um meinen Chef. Ich arbeite besser, wenn er nicht da ist. Ich vergesse Arbeiten, die er von mir will. Ich kann meinen Körper nicht mehr richtig spüren. Ich träume bei der Arbeit von Urlaub und Lottogewinnen. Ich würde dann ganze Tage am Computer schießen, bis er mir kündigt. Dann sage ich: Tschüss!“

2.4.2 Seismografenalarm oder System-Teilabschaltung

Ich möchte dieses Zucken der Aufmerksamkeit mit einem Seismografen vergleichen. In uns scheint ein System zu wirken, das blitzartig die Aufmerksamkeit auf Neues, Überraschendes, Unerwartetes richten kann, auch auf Unverhofftes, Wunderschönes. Stefan Pappe, hier nebenan bei IBM, hat gerade gemeinsam mit seiner Frau Erika bei den ZEIT-Kreuzworträtseln zusammen mit 24 anderen Wettbewerbern wochenlang überhaupt alles richtig gemacht. Unter diesen 25 Besten wird ein VW-Beetle ausgelost. Nun schauen Sie sich den Stefan einmal an! Das ist ebenfalls Stress. Er fühlt sich aber nicht bedroht. Verliebtsein wäre da ein weiteres Thema. „Beim ersten Mal, da tut's noch weh!“, singen die Schlagersterne und sie meinen, dass die Seismografen nicht mehr so scharf eingestellt werden, wenn wir häufige Erfahrungen mit gleichartigen Situationen machen durften. „Wieder bin ich unter den letzten 25. Wieder Verlosung. Mal sehen, was herauskommt. Nach meiner Erfahrung gewinne ich mit 4 % Wahrscheinlichkeit.“ So cool redet dann auch Mephistopheles zu Faust, als dieser so verzweifelt über Gretchens Schicksal ist: „Sie ist die erste nicht.“ Und Faust bellt zurück: „Hund – abscheuliches Untier …“

Es ist immer eine Frage der Einschätzung. Welcher Seismograf alarmiert wen? Wann? Wie stark?

Das ACTH ist immer das gleiche ACTH. Wenn die Geliebte schmollt: ACTH. Wenn mich ein grüner Kaktus sticht: ACTH. Wenn ich auf einer Bananenschale ausrutsche. ACTH. Wenn ich in einen Hundehaufen trete: ACTH. Diese Substanz ist nicht wandelbar. Sie würdigt nicht, dass eine Banane edler ist als wenn wir auf den Hund herunterkommen. Unser Körper stellt uns unerbittlich auf mehr Aufmerksamkeit ein, wie einen Roboter, bei dem ein rotes Lämpchen blinkt oder die Sirene heult. Es geht, ganz unabhängig von der Sache, nur darum, ob das Rotlicht aufleuchtet oder nicht. Ja oder Nein. Im Computer hieße dies: Null oder Eins.

Jeder Schmerz ist vor dem Körper gleich, auch wenn die Intensität schwanken kann.

Bei einem Autocrash versinken wir in Schockzustände. Es ist furchtbarer, als wir ertragen könnten. Vor Prüfungen sitzen manche von uns apathisch da. Der Chef tobt über uns schon Betäubten in ärgerlichem Wortschwall. Ich habe meinen Hausschlüssel verloren und sitze in der Kälte, 40 cm entfernt vom Glück, drinnen zu sein. Ich sehe einem Zug nach, der eine Minute weniger Verspätung hatte, als ich gebraucht hätte. (Von München nach Heidelberg habe ich einmal den letzten Zug so um 19.37 Uhr verpasst – und dann musste ich über Karlsruhe reisen und kam um halb vier morgens nach Hause!) Da lassen wir unter Endomorphin die Schultern hängen, schicken uns in unser Schicksal und schalten einfach ab. Auch hier geht es, ganz unabhängig von der Sache, nur darum, ob wir unser System ganz angeschaltet lassen oder nicht. Ja oder Nein. Null oder Eins. Auch vor dem Endomorphin sind alle erstickten Jammerzustände gleich. Es wird abgeschaltet.

Ich bringe diese Argumentation vielleicht mehr auf den Punkt, als ich das biochemisch, nach neusten wissenschaftlichen Erkenntnissen sollte. Aber wenn wir den Sinn des Lebens nicht zu kompliziert sehen wollen, dann gehen Sie mit mir diesen Gedanken weiter: Da sind zwei Vorrichtungen in unserem Körper, die Teilsysteme aktivieren oder alarmieren oder die Teilsysteme lähmen oder abschalten.

Bei Ihrem PC zu Hause würde es bedeuten: Ihr PC hat nur eine bestimmte Menge Hauptspeicher zur Verfügung. Sie können ihn also nicht gleichzeitig zig Anwendungen fahren lassen, etwa E-Mail, Drucken, Word, Spiele gleichzeitig nebenher. Er wird dann mit Überlasterscheinungen reagieren: „Die Zentraleinheit (CPU Central Processing Unit) ist überlastet. Bitte schließen Sie Anwendungen, die Sie nicht unbedingt benötigen.“ Im schlimmsten Überlastungsfall kann sich Ihr Computer nicht einmal mehr diese freundliche Aufforderung abringen. Er ist dann abgestürzt. Schockzustand. Sie müssen ihn dann ein paar Sekunden in Ruhe lassen und sanft wieder hochfahren, eine Anwendung nach der anderen. Wie bei Schockpatienten.

Ihr Computer kann aber auch zusammenzucken. Das höre ich sogar. Es ist ein ganz ekliges Geräusch, das mir wirklich unter die Haut geht (ACTH für mich selbst!). Es hört sich wie Zischklick an. Dann sagt das Norton-Anti-Virus, IBM-Luxusversion: „Ich werde vom @bamm-damage-worst-Virus angegriffen!“ Dann erscheint da in Blau: „Soll ich den Virus killen?“ – „Ja!“, klicke ich voller Grauen und Hoffnung. Killen ist immer eine gute Idee bei Angriff. „Ging nicht. Soll ich den Virus in Quarantäne legen?“ (Also ein undurchführbares Programm daraus machen?) „Ja, ja, rette mich nur!", klicke ich, nun bis an den Rand voller Sorgen, wenn das Killen nicht geht. „Ging nicht." Jetzt merke ich, wie das Verhängnis naht. Zwei Stunden Blutschweiß auf der Stirn. Wenn ich einen Virus habe, kämpfe ich so konzentriert wie selten!

Die Seismografen bestimmen, was Vorrang hat. („Alarm!" – „Sollen wir kämpfen?")

Teilsysteme, die uns nicht mehr rettbar erscheinen, schalten wir ab. („Ich mache Schluss mit dir!" – „Sollen wir es in Quarantäne geben, abschalten, ignorieren, übersehen?")

Null oder Eins. Wir lenken uns nach den Prinzipien von Maschinen.

2.4.3 *Identifizieren von guten Anzeichen ist unendlich leichter als Erfassen: Nur Ja oder Nein!*

Im Jahre 1986 wurde unser Sohn Johannes geboren, noch ganz knapp 5 vor 12, vor Mitternacht, am Rosenmontag. Ich habe meiner Frau „Am Rooosenmoooontag, da bin ich gebo-ho-ren …" vorgesummt. Johannes ist immer schon ein aufgewecktes Kind gewesen, er musste nicht viel schlafen und wollte uns Eltern bis zu zehn Mal in der Nacht sehen. Monika und ich waren mindestens ein Jahr lang auch ziemlich oft aufgeweckt. Ich war schwach verzweifelt, weil ich als Mathematikprofessor nicht nur aufgeweckt, sondern auch ausgeschlafen sein sollte, wenn ich forschen wollte. Aber in diesem Jahr habe ich meine besten Forschungsergebnisse erzielt. So irren wir uns? Oder alles Zufall?

Eines Tages kam mein Doktorvater Rudolf Ahlswede, an dessen Lehrstuhl in Bielefeld ich Professor war, in mein Zimmer und zeigte mir eine Arbeit von Joseph Jà Jà, University of Maryland. Sie hieß *Identification is easier than decoding* (Das Identifizieren ist leichter als das Dekodieren). In der Arbeit sahen wir das erste Mal die Fragestellung des Identifizierens. RA sagte: „Das sieht irgendwie wichtig aus. Schauen Sie mal rein." Sprach's, legte die Arbeit auf meinen Schreibtisch und ging. Die Arbeit war leicht zu verstehen. Sie führte ein neue Fragestellung ein und löste sie vollständig. Es ging um das Identifizieren.

Die klassische Theorie der Information wurde nach dem Krieg von Claude E. Shannon begründet. Man nennt sie auch hannonsche Informationstheorie. Es geht darum, Information über gestörte Kanäle zu übertragen. Ich behandle hier nur einen einfachen Fall. Ein Raumschiff startet auf weite Reise und soll per Morsealphabet „piep-piep-piep"-artig Information zur Erde funken. Leider kreisen im Weltraum alle möglichen Partikel herum, außerdem stören andere Radiostrahlen die ausgesendeten Signale. Ein weiteres Problem ist der Zwang zum Energiesparen auf der Seite des Raumschiffes. Man wird ja nicht gerade alle Energie zum Senden von Information verbrauchen wollen. Deshalb kommen die Piep-Signale vom Raumschiff in der Regel mehr oder weniger stark gestört auf der Erde an. Diese so genannten verrauschten Morsesequenzen müssen nun wieder zu der ursprünglichen Nachricht zusammengesetzt werden.

Die ursprüngliche Nachricht sind Daten von Experimenten oder Bilder von einem Planetoiden oder Kontrolldaten von den Bordcomputern.

Stellen Sie sich vor, auf Ihrem Telefaxgerät kommt solch eine Nachricht an:

Die klaxxischx Txeorie dxr Ixforxation wxrde naxx dex Kriex von Claude E. Shaxxon begxündet. Max nennt sie axch shannonsxxe Inxxxmationstxxorie. Ex geht daxum, Ixxxx-mation übxr gextörte Kaxxle zu übxxtragen.

Ein klassischer Decodieralgorithmus würde nun versuchen, diesen Text zu rekonstruieren. Das ist hier in dem Beispiel nicht so schlimm, weil das Wort Shannon einmal richtig geschrieben ist. Wir sagen: Der Text enthält ziemlich viel Redundanz, die diese Rekonstruktion erleichtert. Wenn im Text gar keine Redundanz wäre, so könnten wir nie herausbekommen, was es ursprünglich war!

Zum Beispiel könnte ich zum Raumschiff funken: „Hey, Leute, die Lottozahlen sind 11, 23, 24, 45, 46, 49." Und es kommt an: „1x, 2x, x4, 45, x6, 4x". Das wäre arg, gell? Die Lottozahlen enthalten dabei immer noch Redundanz, weil sie der Größe nach aufsteigend geordnet sind. Das x hinter der 1 ist nicht mehr entzifferbar, das x hinter der zwei ebenfalls nicht. Das x vor der 4 kann keine 1 sein, weil ja schon 2x vorkam. Das x vor der 6 muss unbedingt eine 4 gewesen sein. Das letzte x kann nur eine 7, 8 oder 9 sein. Mehr ist nicht mehr herauszubekommen.

Man sagt, die Nachrichten werden über gestörte Kanäle übertragen. Je mehr Störungen vorkommen, desto schwieriger ist die Übertragung. Die shannonsche Theorie handelt davon, wie die Mathematiker und Nachrichten-Ingenieure minimal viel Redundanz einfügen, so dass der Text immer gerade noch vollständig sauber decodiert werden kann (bis auf unwahrscheinliche Pannen). Normale Schriftsprache ist ziemlich redundant, wie Sie am Beispiel gesehen haben. Deshalb können Eltern Diktate ihrer Kinder meist korrigieren, ohne zu wissen, was diktiert wurde.

Der Vorgang in Kurzform:

- Eine Nachricht ist zu übermitteln.
- Sie wird in einen „Morse"-Text verwandelt und eventuell redundant gemacht (etwa durch Wiederholungen und bessere Tricks als diesen schlechten). Dieser Vorgang heißt Kanalcodierung.
- Diese „Morse"-Folge wird übertragen.
- Dann rauscht die Nachricht durch den Äther und wird dabei gestört.
- Die gestörte Nachricht wird empfangen.
- Sie wird decodiert.

Die shannonsche Theorie befasst sich mit der optimalen Redundanzeinfügung, also mit der bestmöglichen Übertragung. Die Mathematiker tüfteln immer schlauere Verfahren aus. Die Ingenieure bauen „leider" immer schlauere Sendeautomaten mit weniger Stromverbrauch und gleichzeitig viel stärkeren Signalen. Stärkere Signale wirken wie „lauteres Rufen". Wenn wir laut schreien, kommt es bekanntlich besser an. So ist es bei Maschinen eben auch.

Die Arbeit von Joseph Jà Jà befasste sich aber mit dem Identifizieren.

Ein paar Beispiele. Als ich 1980 nach Ungarn reiste, musste ich meine Papiere abgeben und auf einen Visumstempel warten. Die Namen der Glücklichen wurden per Lautsprecher aufgerufen. Sie bekamen die Einreisepapiere und durften los. 1980 schnarrten und rauschten die Lautsprecher unerträglich. Man verstand kaum etwas, auch nicht in ungarisch. Es warteten Massen von Menschen im Gewühl. Die Stimme der Ansagerin war undeutlich und ungarisch gefärbt. Und am schlimmsten war: Ich heiße Dueck, mit ue. Wie würde „sie" *das* aussprechen? Würde „sie" es oft wiederholen, wenn ich nicht verstünde?

Das Warten und Hören undeutlicher Namen war ein wahre Qual, sage ich Ihnen. Aber es kam nicht darauf an, den Namen, der ausgerufen wurde, zu verstehen! Ich musste ihn nicht decodieren, also wissen, welcher Name es war. Ich musste nur entscheiden können, ob „Dueck" gerufen wurde oder nicht. Dueck ja! oder Dueck nein!

Bei Ja oder Nein sind Sie hoffentlich zusammengezuckt und haben „Aha!" gedacht – im Zusammenhang mit dem letzten Abschnitt. Aha! ACTH-Aufmerksamkeit für Ja und Nein.

Ein anderes Beispiel: Wenn Sie unbedingt Millionär werden wollen und sich lange Zeit nehmen können, sollten Sie Lotto spielen. Sie sitzen dann jeden Mittwoch und Samstag vor dem Fernseher und fragen sich: Million ja? Million nein? Sie sind aber überhaupt nicht an den Zahlen an sich interessiert! Sie wollen nur wissen, ob die gezogenen Zahlen die Ihren sind. Ja oder Nein. Die Nachricht, die gesendet wird, ist für Sie absolut unwichtig. Genau wie alle anderen Namen außer Dueck an der ungarischen Grenze.

Wenn der Blick der Deutschlehrerin umherkreist und jemanden sucht, der heute Stundenprotokoll schreibt, dann zittern wir Schüler und bangen. Wer wird der Glückliche sein? Ich saß immer da und wartete. Wird sie „Dueck!" sagen oder nicht?

Wenn ich ein ziemlich krankes Zebra bin und in einer großen Herde weide: Wenn da eine Löwenschar herbeischlendert, prüfend und wägend, wen es zu fressen gälte. Dann sehe ich mit wunden Augen nur darauf, ob sie *mich* meinen werden. Dueck ja? Dueck nein? Wenn die Löwen ein anderes Zebra im Auge haben, brauche ich mich nicht mehr zu fürchten.

Im Grunde geht es sehr oft darum, ob *wir* es sind oder *andere*.

Es interessiert nicht, *was* geschieht.

Es interessiert, *ob* etwas Bestimmtes geschieht. Ja oder Nein.

Wer eine Nachricht decodiert, will wissen, was gesendet wurde. *Welcher Text genau?*

Manchmal will ich aber nur *identifizieren*, ob das, was gesendet wird, das ist, was ich fürchte, erhoffe, erwarte: Ja oder Nein. Wenigstens aber möchte ich ein *Anzeichen*, ob das eingetreten ist, was ich fürchte oder erhoffe. Ein kleines *Anzeichen* würde oft schon reichen, damit die Gefahr eingegrenzt werden könnte. Oft gibt es zwei verschiedene Möglichkeiten, A und B. („Die Kleiderordnung wird entweder sehr formal sein oder sehr sportlich, je nachdem, was wir auf dem Schiff bei der Feier anstellen. Ich verzehre mich danach, zu wissen, was ich anziehen muss.") Dann möchte ich Anzeichen spüren, die entweder nur für die eine oder nur für die andere Möglichkeit sprechen. Ich lauere: Kommt A heraus? Oder B? Dies oder das?

Versetzen Sie sich bitte wieder in das Lottobeispiel und denken Sie, Sie wären auf dem Raumschiff, das ich oben diskutierte. („Hey, Leute, die Lottozahlen sind

11, 23, 24, 45, 46, 49.“) Wenn Sie nun die Lottozahlen nicht völlig rekonstruieren oder decodieren wollen – reicht dann die Information „1x, 2x, x4, 45, x6, 4x“ nicht oft völlig aus? Sie könnten eventuell schon bei Zahl 45, die als einzige richtig übertragen wurde, erschrocken ausrufen: „Wieder nichts! Ich Unglücksvogel! Ich Pechrabe!“ Sie wollen ja die Zahlen nicht wirklich *wissen*. Ihnen hilft ja schon ein *Anzeichen* weiter, ob Sie *verloren* haben oder nicht.

Joseph Jà Jà zeigte in seiner Arbeit, dass *das Senden guter Anzeichen für eine Ja/Nein-Entscheidung oder für eine Dies/Das-Entscheidung* viel einfacher geht als das vollständige Dekodieren. Das sehen Sie sofort an dem Lottobeispiel. Trotz der vielen Störungen durch etliche x in der empfangenen Botschaft lässt sich sehr viel für die Frage Gewonnen/Verloren herauslesen. Es ist Ihnen sicher auch sofort klar, dass sogar noch mehr x-Zeichen die Originalzahlen vermasseln könnten und dass es trotzdem fast immer noch möglich wäre, richtig zu entscheiden. Und die Entscheidung ist ja leider fast immer: Nein, verloren.

Wenn Sie aber zum Beispiel 11, 22, 44, 45, 46, 47 getippt hätten? Na? Und dann käme die Nachricht „1x, 2x, x4, 45, x6, 4x“?

Da würden Sie aber ganz rot vor Aufregung, nicht wahr? Dann sähe es alles bis auf die x-Felder gut aus. Sie könnten hoffen, Sie wären jetzt Millionär. Sie würden innerlich rasen!

Sie würden sofort bebend die Sendestelle anrufen: „Bitte sendet noch einmal! Bitte sendet wenigstens die erste Zahl! Bitte!“ Das heißt: Sie brauchen noch ein weiteres *Anzeichen*. Bis jetzt könnten Sie noch Millionär sein. Das Anzeichen sagt zwar „Ja, kann richtig sein“, aber dieses Anzeichen allein reicht nicht aus, um zu *wissen*.

Nehmen wir an, der Sender wiederholt die erste Zahl, wie Sie es sich gewünscht haben. Nehmen wir an, es kommt an: „x1.“ Beim ersten Mal kam 1x, jetzt x1. Das bedeutet: 11 ist richtig. Sie haben ja 11 getippt. Dieses neue Anzeichen sagt wieder: „Ja, noch alles richtig!“ Sie *wissen* aber noch nicht, ob Sie Millionär sind.

Sie rufen wieder an: „Bitte! Ich bin vielleicht Millionär! Sendet die zweite Zahl!“ Die Antwort ist: „23.“ Oh weh. Falsch. Sie haben ja 22 getippt.

Joseph Jà Jà zeigte, dass man fast nur x-Zeichen in der Übertragung haben kann, also fast völliges Rauschen – und doch kann man noch gute Anzeichen für Ja/Nein-Entscheidungen senden oder, wie er sagte, die Nachricht als die erwartete *identifizieren*. Identifizieren im Sinne des Modells hier bedeutet nur, dass Sie *verwertbare Anzeichen* für eine Ja/Nein-Entscheidung erhalten. Das heißt: Wenn Sie „Millionär sein sollten“, dann soll die Nachricht Ihnen positive Anzeichen geben. Wenn Sie falsch getippt haben, soll Ihnen die Nachricht negative Anzeichen geben. Ein Identifikationscode sendet also *nicht die ganze Wahrheit, nicht einmal einen kleinen Teil*. Es werden nur *Anzeichen* übermittelt, die positiv („Ja!“) oder „unterstützend“ sein sollen, wenn die wahre Antwort Ja ist; sie sollen negativ („Nein!“) oder „dementierend“ sein, wenn die wahre Antwort Nein lautet.

Diese Arbeit von Joseph Jà Jà las ich am Nachmittag und sagte mir: „Ja, klar. Das ist eine interessante Frage und eine natürliche, gute Lösung. Was will Ahlswede damit sagen?“ Rudolf Ahlswede ist berühmt für seinen Spürsinn für das Große. Ich habe praktisch alle wichtigen Entwicklungen der Forschung in der Informationstheorie sehr früh von Rudolf Ahlswede auf den Schreibtisch gelegt bekommen. „Interessant, oder? Schauen Sie einmal rein.“ Rudolf Ahlswede ist ein echtes Phänomen. Er ist ein gutes *Anzeichen* für das Große. Genau im Sinne dieser Theorie hier.

Am Abend dämmerte mir, dass ich ja gar nicht die Lottozahlen senden muss! Ich könnte doch noch kürzer die Quersumme schicken. Ich könnte sagen, wie viele Zahlen durch 5 teilbar wären oder wie viele Nullen in den Lottozahlen vorkommen. Das würde ja meist auch schon zur Feststellung „Wieder eine Niete!“ ausreichen. Ich könnte die Quersumme der Quersumme schicken oder noch weniger! Viel weniger! Noch viel weniger! Noch viel, viel weniger! Mir wurde – und nur dieses eine Mal beim Forschen irgendwie schwindelig. So, als sähe man das Unendliche, aber natürlich andersherum. Viel weniger, unendlich wenig.

Am nächsten Morgen traf ich Rudolf Ahlswede mit großen Augen. Wir hatten beide große Augen. Ich sagte, es sei unendlich wenig nötig. Er sagte: „Es ist doppelt exponentiell, glaube ich.“ Das ist für Mathematiker ziemlich viel, ungefähr unendlich. (Mathematiker: Verzeihung!)

Ich möchte hier, wie schon versprochen, kein Mathematikkapitel schreiben. Der ganze Abschnitt ist schon ganz an den Rand der exakten Korrektheit geraten, damit Sie ihn leicht(er) verstehen können. Ich bleibe einmal bei dieser Übung. Lesen Sie die folgenden unexakten Sätze durch. Sie müssen Sie nicht ganz genau verstehen; sie sind auch nicht exakt richtig und fast überhaupt nicht definiert. Sie sollen nur ein Gefühl für die Größenordnungen bekommen. Weiter nichts. Wenn Sie mir glauben, dass ein Anzeichen unendlich viel schneller zu bekommen ist als die ganze Information, müssen Sie die folgenden ausführlicheren Überlegungen nicht lesen. Sie haben in diesem Fall schon jetzt alles Mathematische dieses Buches überstanden.

Betrachten wir Texte nur aus Nullen und Einsen. Diese Texte oder Folgen sollen eine feste Länge haben. Der Mathematiker nimmt den Buchstaben n für die Länge. (Nicht l wie Länge, weil das kleine l in vielen Schriftarten wie 1 oder Eins aussieht.). Es gibt 2^n verschiedene Texte der Länge n, also Folgen der Länge n aus nur Nullen und Einsen. Wenn wir an ein Raumschiff Texte unter Störungen übertragen wollen, müssen wir diese Texte untereinander genügend verschieden machen, damit sie decodiert werden können. Der shannonsche Hauptsatz sagt: In dem genannten Übertragungsmodell lassen sich

2^{nC} verschiedene Texte finden, die auch unter Rauschen nicht verwechselt werden können.

Die Zahl C ist eine Zahl zwischen null und eins. Sie heißt Kanalkapazität. Sie hängt vom Rauschen in „der Leitung“ ab. Ist das Rauschen stark, so ist C klein, dann können nicht so viele verschiedene Texte trotz des Rauschens unterschieden werden. Ist gar kein Rauschen da, dann ist C gleich 1. Dann können ja überhaupt alle Texte der Länge n, also alle 2^n Texte unterschieden werden, weil ja alles so ankommt, wie es gesendet wurde.

Rudolf Ahlswede sagte geheimnisvoll: „Es ist doppelt exponentiell.“ Dann dachten wir beide wieder nach. Am nächsten Morgen sagten wir uns beide: „Ja, es ist doppelt exponentiell." Und ich, von Psychologen amtlich getesteter naiver Überoptimist (Ich musste einmal bei einer Repräsentativ-Studie von Prof. Amelang teilnehmen. Ich bekam Prozentrang 100 in naivem Optimismus. Ich wurde aufgeklärt, dass das für den Berufserfolg neutral sei, aber wohl mehr Spaß mache.), also ich sagte: „Ich weiß, was herauskommt." Ich tippte auf:

2 hoch 2^{nC}.

Zwei hoch zwei hoch nC! Sehr ästhetisch, genau visuell passend zum shannonschen Hauptsatz.

Wir schauten uns an und wussten es. Sic!

Um also eine Ja/Nein-Entscheidung über 2 hoch 2 hoch nC verschiedene Texte zu unterstützen (noch einmal, ganz penetrant: zu unterstützen, nicht völlig richtig zu treffen!), muss ich nur einen Text der Länge n über einen verrauschten Kanal übertragen.

Betrachten wir zum Beispiel n = 100. Ich will Ihnen demonstrieren, dass schon 2 hoch 2 hoch 100 nahezu unendlich ist. Mehr will ich nicht mit diesem Beispiel sagen. Nehmen wir C = 0,5. Wieder nur als Beispiel. Dann ist 2 hoch 2 hoch 50 über einen dicken Daumen ungefähr gleich 2 hoch 10^{15} oder noch einmal über den Daumen ungefähr

$10^{300000000000000}$.

Das wäre also eine unvorstellbar große Zahl mit 10^{14} Ziffern. Der Lehrsatz sagt dann grob aus:

Angenommen, es gibt insgesamt $10^{300000000000000}$ verschiedene Lottokombinationen. Dann muss ich nur 100 Zeichen senden, damit fast alle Leute ziemlich gut Bescheid wissen, ob sie Millionär werden oder nicht. Wenn alle Leute die echten Lottozahlen wirklich decodieren wollen, muss ich dagegen um die 300000000000000 Zeichen senden.

Überzeugt das? Statt 3 mal 10^{14} nur 100?

Das meinte ich mit „sehr, sehr wenig – fast unendlich wenig".

Stellen Sie sich die Zeitdauer vor! Wenn mein Gehirn 1000 Zeichen pro Sekunde schluckt, dann sind 100 Zeichen schnell „erkannt". Wie lange brauche ich für 300000000000000 Zeichen? 300000000000 Sekunden, also mehr als 9.500 Jahre, sagt mein Taschenrechner.

Deshalb der Titel dieses Abschnittes: Identifizieren („Ich bin's! Ich bin's nicht!" – „Sie liebt mich! Sie liebt mich nicht!" – „Der Löwe frisst mich! Er frisst einen anderen!"), also Anzeichen für Ja/Nein zu finden, geht unendlich schneller als das Herausfinden, *wen* sie liebt oder *wen* der Löwe frisst! Im Leben will ich aber meist nur wissen, *ob* sie *mich* liebt oder *ob* er *mich* frisst. Deshalb ist das Erkennen unter Umständen totaler Unsinn, wenn das Identifizieren von Anzeichen reicht.

Identifizieren von guten Anzeichen ist unendlich leichter als das genaue Erfassen.

Das alles meinten Rudolf Ahlswede und ich, als wir „doppelt exponentiell" andächtig flüsterten. Am darauf folgenden Tag wussten wir die Lösung und die Beweisidee. Und dann gingen wir an den Beweis. Es war 1986. Johannes war immerzu wach. Ich hatte für März 1987 einen Vertrag bei IBM. Ich habe Nächte und Tage und Nächte an diesem Beweis gearbeitet. Es kamen 50 abstrus schwierige Seiten heraus, die nur noch wir beide einigermaßen verstanden. Dabei sah die dreistöckige 2-hoch-2 hoch-nC-Formel so einfach wie die einsteinsche Weltformel aus! Wir arbeiteten Monat um Monat.

Die Reviewer bei der Hauptzeitschrift der Informationstheorie, IEEE Transactions on Information Theory, verstanden den Beweis nicht und verlangten eine Überarbeitung nach der anderen. Zum Schluss erbarmte sich ein wirklicher Experte und versuchte, den Beweis einfacher zu führen. Es misslang ihm. Er schrieb schließlich resigniert: „Druckt es so, wie es ist. So etwas Kompliziertes können nicht viele Leute denken." (Inzwischen gibt es doch einigermaßen einfachere Beweise.) Die Arbeit erschien 1989, also viel später, unter dem Titel *„Identification Via Channels*". 1990 wurde sie zur weltweit besten Arbeit der Informationstheorie gewählt. Im Januar 1991, am Tag, als die USA und ihre Verbündeten in den Irak einmarschierten, um Kuweit zu schützen, rief mich jemand an.

> Wir speichern alle paar Sekunden detailgenaue Bilder vom Luftraum von Irak bis Israel. Wir studieren diese Gigapixelbilder daraufhin, ob eine Raketenspur nach Israel drauf ist. Wir wollen nicht jede Sekunde den Luftraum bewundern. Wir wollen nur wissen: Ist da eine Rakete? Ja oder Nein? Kann ich ein Exemplar Ihrer Arbeit haben? Wo ist sie publiziert?

Ein Bild einer Digitalkamera hat heute 5 MP, also 5 Mio. Bildpunkte. Ein gestochen scharfes Großbild kann ein Gigapixel haben, also eine Milliarde Bildpunkte. Jede Sekunde eines. Alle Computer laufen über, wenn man wissen oder decodieren will, *was* da ist. Wer aber nur identifizieren will, *ob* da eine Rakete ist, braucht fast nichts!

Wie viele Gigapixelbilder gibt es?

Für jeden Punkt der 1 Mrd. Pixel können Sie eine von, sagen wir, 100 Farben wählen. Also gibt es 1000000000 hoch 100 verschiedene Bilder. Das sind 10^{18}. Am Telefon wusste ich, dass das Herausfinden von Anzeichen für eine Rakete um die 100 bis 200 Zeichen erfordern würde. Ich habe es Ihnen ja oben grob vorgerechnet.

Ich hatte immer geträumt, als Wissenschaftler etwas zu bewegen.

Ich legte den Telefonhörer auf – und ich war *sehr* bewegt. Ich habe ziemlich lange aus dem Fenster gestarrt, aus dem zweiten Stock bei IBM auf den Neckar.

Und Sie sollten jetzt aus diesem etwas vagen Abschnitt, der nur zur besseren Verständlichkeit vage blieb, vor allem dies und noch einmal dies fühlen können:

> Identifizieren von guten Anzeichen ist unendlich leichter und schneller als das genaue Erfassen.

Und noch einmal zu Ihrer Beruhigung: Das war jetzt die Hauptsache an Mathematik für dieses Buch.

2.4.4 Das Identifizieren von Anzeichen: Dies oder das?

Rakete oder nicht Rakete? Blitzentscheidung! Frisst mich, frisst mich nicht? Blitzentscheidung!

Sie merken worauf ich hinaus will?

Unser Körper ist geschult, blitzartig zu entscheiden, ob er angegriffen wird oder nicht. Er bekommt dann diesen Stich, diese urplötzliche Wut, dieses Zucken in sich drinnen.

Was wäre, wenn wir Menschen solch ein Identifikationsverfahren von Anzeichen in uns hätten?

Was wäre, wenn wir gar nicht erkennen, sondern nur Ja/Nein-Entscheidungen träfen? Denken wir dann nur noch quasi ausnahmsweise? Nur noch, wenn es sein muss?

Um mit der Tür ins Haus zu fallen: Das genau denke ich.

Sie können einwenden, dass das praktische Verfahren der Identifikation mathematisch so merkwürdig sein könnte, dass es unmöglich im Körper sitzen kann. Deshalb schildere ich Ihnen, wie Identifizieren ungefähr geht, wenn es von einem Mathematiker optimiert wird. Und für mich ist klar: Dieses Verfahren ist in meinem eigenen Körper drin.

Rudolf Ahlswede und ich haben uns das beste mathematische Verfahren ausgedacht, wie man Anzeichen übermittelt, die eine Ja/Nein-Entscheidung richtig unterstützen. Das war gar nicht so schwer, im Grunde ziemlich leicht. Die Hauptarbeit bestand darin, einen Beweis zu finden, dass unser Verfahren wirklich das bestmögliche ist. Da sind die Mathematiker oft komisch. Sie finden das Erkennen von Neuem eher weniger spannend als den Sport des Beweisens. Ingenieure experimentieren mit Maschinen, die dann irgendwann funktionieren. Dann freuen sie sich. Mathematiker beweisen erst noch, dass es keine bessere Maschine geben kann! Das finde ich heute in meinem nun mittleren Alter merkwürdig. Ich finde jetzt die praktischere Lebensart von Ingenieuren ganz gut.

Das beste Verfahren zur Identifikation zerlegt die Information in möglichst viele Einzelanzeichen. Im Beispiel: Die Lottozahlen werden zerlegt in Quersummen, Eigenschaften der Einzelzahlen etc., in wirklich immens viele Anzeichen. Wenn ich dann eine Lottokombination habe, wähle ich zufällig eines der Anzeichen aus und sende das. Das ist schon alles! Mehr nicht!

Warnung, weil Sie leicht darüber wegsehen können: Ich wähle nicht immer dasselbe Anzeichen, sondern eines von vielen möglichen.

Ein fiktives Beispiel (ich schlafe normal!): Meine Frau ist abends weg. „Es wird spät", hatte sie gesagt. Ich liege im Bett – es ist stockdunkel. Ich wache schweißnass auf. Ich hatte einen Angsttraum. Einbrecher bedrohten mein Haus. Ich bin jetzt wach. Da höre ich plötzlich ein Geräusch. Das ist ein Anzeichen!

Das Problem ist, dass sowohl ein Einbrecher als auch meine Frau ein Geräusch machen würden.

Ich erkenne ein weiteres Anzeichen: Es ist eine Person!

Das Problem ist, dass sowohl ein Einbrecher als auch meine Frau eine Person sind!

Ich erkenne ein weiteres Anzeichen: Die Person vermeidet, laut zu sein.

Das Problem ist, dass sowohl ein Einbrecher als auch meine Frau vermeiden würden, laut zu sein!

Ich rufe laut: „Monika!“

Jemand flüstert ganz leise im Flur, aufgeregt: „Warum schreist du so?“

Hm. Ein Einbrecher wäre auch aufgeregt. Vielleicht ist noch ein zweiter Einbrecher da und der glaubt, der erste habe gerufen. Dann würde er sich ebenfalls das Schreien verbitten.

In diesem Beispiel gab es zwei Möglichkeiten. Es konnte meine Frau oder ein Einbrecher sein. Ich wollte nur wissen, ob es ein Einbrecher oder Monika ist. Die ersten Anzeichen, die ich gesammelt hatte, waren aber von der unangenehmen Art, dass sie mir nicht erlaubten, mich für eine der Möglichkeiten zu entscheiden. Das letzte Anzeichen sprach mehr *für* meine Frau, nicht wahr? Und *gegen* Einbrecher? Ich weiß auch nach der letzten Wahrnehmung noch nicht ganz genau, was die Wahrheit ist. Aber ich bin mir schon ziemlich sicher. Die zuerst gesammelten Anzeichen sprachen also weder für „Ja, Einbrecher“ noch für „Nein, keine Einbrecher“. Diese Anzeichen waren für meine Ja/Nein-Entscheidung irrelevant! Deshalb ist es gut, nicht immer dasselbe Anzeichen wahrzunehmen, sondern ein zufällig gewähltes. Dann ist die Gefahr klein, in solch eine Falle zu geraten.

Wir können an dieser Stelle das Denkmodell noch ein klein wenig erweitern. Bisher ging es immer darum, Ja oder Nein zu unterstützen. Ich kann dieselben Gedanken auch für „A oder B“ verwenden. Nehmen wir an, ich schwanke nicht zwischen Ja oder Nein, sondern zwischen A oder B. Ich hatte oben schon ein Beispiel genannt: Wie wird die Kleiderordnung sein? Schwarzer Anzug? Oder dicker Pullover? In diesem Fall möchte ich Anzeichen wahrnehmen, die entweder für A und gegen B oder die gegen A und gleichzeitig für B sprechen. Ich kann überhaupt keine Anzeichen gebrauchen, die für beide, A und B, sprechen.

Das, was ich wahrnehme, oder das, was „gesendet“ werden soll, soll möglichst zwischen A und B *differenzieren*. Das wird im Verfahren von Rudolf Ahlswede und mir gewährleistet, wenn das Anzeichen von der Sendestation zufällig gewählt wird.

Damit ist das Verfahren auch als Unterstützung von „Dies-oder-das-Entscheidungen“ beliebiger Art wirksam.

So also funktioniert das bewiesen bestmögliche Verfahren zur Übermittlung von Anzeichen. Ich wiederhole kurz die Essenz:

Eine Sendestation kennt eine bestimmte Information. Ich will diese Information nicht *genau* wissen. Ich will nur wissen, ob ein bestimmter Fall A eingetreten ist oder, zusätzlich vielleicht, ein anderer Fall B. Ich bin also an einer Entscheidung „Ja, A!“/„Nein, nicht A“ oder an einer Entscheidung „Eher A oder eher B“ interessiert. Die Sendestation weiß dabei *nicht*, was A oder B wäre. (Der Sender kennt zwar die Lottozahlen oder die Festgestaltung; er weiß aber nicht, *welche* Zahlen *ich* getippt habe oder welche Vermutungen, A und B, ich über die Kleiderordnungen hege!) Die Sendestation kann von der ganzen Information nun massenhaft viele Anzeichen aller beliebigen Art ableiten, ein Anzeichen davon zufällig wählen und dieses senden.

Wenn ich dieses kleine Anzeichen empfangen habe, ziehe ich Rückschlüsse. Ist es Ja oder Nein? Dies oder das? A oder B?

Das mathematische Ergebnis besagt, dass das Hinweisgeben fast unendlich viel schneller geht als das Übertragen der gesamten Information. Das ist das, was Sie unbedingt verstehen sollten. Natürlich ist Hinweisgeben einfacher als das komplette Senden. Das ist praktisch klar. Aber es ist fast *beliebig* viel schneller.

Sind Hinweisgeben oder Anzeichensenden oder Vorzeichenwahrnehmen nicht völlig natürlich? Ist es nicht genau das, was wir den lieben langen Tag tun? Schnappen wir denn nicht immer nach kleinen Informationsanzeichenhäppchen, die uns leiten können, wenn wir wissen wollen, ob A oder B eintrifft oder besser wäre?

Ich behaupte hier kühn: In uns ist wirklich ein solch effizienter Algorithmus, ein Flash-Mode-Verfahren, das in kürzester Zeit Anzeichen verwertet, um blitzschnell entscheiden zu können.

2.4.5 Flash-Mode, Stress und Körper

Unser Körper zuckt unter Stressreaktionen oder verfällt in Lähmungen: ACTH oder Endomorphin. Das ist wie Ja oder Nein.

Ich komme an die Haustür (dieses Beispiel hatten wir schon). Ich lange lässig nach dem Schlüssel. Blitz durch den Körper. Das ist ein Anzeichen. Der Schlüssel ist nicht am gewohnten Platz. Stress-Voralarm.

Ich greife in meine Ledertasche, ruckartig fischend, ruckelnd, auf Klingelgeräusch hoffend. Anzeichen Ledertasche: nichts. Anzeichen Geräusch: nichts. Zuck!

Stressalarm. Angst würgt.

Das andere Beispiel: Ich lese auf einer Bank am Spielplatz und „passe auf ein kleines Kind auf". Ich schaue ab und zu auf. „Weg!" Blitz durch den Körper. Stress-Voralarm.

Ich rase mit den Augen über die laute Kindermenge. Anzeichen:? Nichts. Ich schaue wild um mich, ziellos. Nichts. Kein Anzeichen. Stressalarm.

Unser Gehirn nimmt Gefahren als Körpersignal wahr. Es zuckt über Anzeichen, ohne schon zu denken. Wenn der Stressalarm ausgelöst ist, atmen wir schwer durch und suchen „genau". Nicht nach Anzeichen, sondern wir suchen jetzt „systematisch". Wir suchen alle Taschen und Tüten und Winkel systematisch nach dem Schlüssel durch. Wir mustern Kind für Kind genau.

Die Theorie der blitzschnellen Verwertung von Anzeichen kenne ich nun seit 15 Jahren. Ich habe sie lange in mir selbst leben und wirken fühlen können. Ich war oft überrascht, was in mir passiert. Ich finde manchmal mein Auto in der Tiefgarage nicht wieder. „Weg."

Ich gehe die Autoreihen durch. Wo ist es? „Weg!"

Dann fällt mir ein, ausnahmsweise mit dem Auto meiner Frau zur Arbeit gekommen zu sein. Es hat eine andere Farbe oder sieht anders aus. Jedenfalls erkenne ich das andere Auto an anderen Anzeichen. (Ich könnte aber nicht sagen, an welchen!) Der Seismograf in mir war auf *mein* Auto scharfgestellt. Er sieht nur Anzeichen für mein Auto. Den Volvo meiner Frau erkennt dieser Seismograf nicht. Wenn ich mich an den Volvo erinnere, finde ich ihn auch, offenbar aber dann mit einer anderen Schaltung in mir. Ich habe oft Menschen im Gewühl nicht wiedergefunden, weil sie ihre Jacke ausgezogen hatten. Ich war ganz ratlos. „Weg." Im Nachhinein konnte ich mir erklären, dass der Seismograf in mir auf eine bestimmte Farbe, eine Stoffart, eine Form abgestimmt war, die es nach dem Ausziehen der Jacke nicht mehr gab. Ich sah dann buchstäblich nichts mehr.

Ich sehe also besonders gut, wenn ich etwas sehen will?! Ist das so?

Ich habe mich lange beobachtet. Mein Körper ist seismografisch auf verschiedene Dinge fest eingestellt. Ich bekomme manchmal sogar heraus, worauf er genau eingestellt ist. Meistens war es mir nicht klar. Ich sehe also vorzugsweise das, worauf meine Seismografen lauern. Wenn sie lauern, sehe ich blitzartig und mit körperlicher Intensität.

Die Menschen, die ich kenne, haben ganz verschiedene, manchmal witzige Seismografen.

- „Da ist ein Fleck." (Fleckenerkennung überall!)
- „Das Bild sitzt schief."
- „Die Farben passen nicht zusammen. Geschmacklos."
- „Es ist nicht gelüftet."
- „Da ist schon wieder ein Druckfehler."
- „Dieses Produkt gibt es woanders billiger."
- „Du bist zu spät."
- „Die Brille ist fettig."
- „Du bist schmutzig."
- „Warum liegt dieser Zettel hier herum?"
- „Es ist nicht aufgeräumt."
- „Du sitzt untätig herum. Hast du nichts zu tun?"
- „Die Pflanze ist übergossen. Da ist eine Laus dran."
- „Ich höre eine Mücke."
- „Ich erwarte einen Anruf, dass sie angekommen sind."

Menschen mit Seismografen kommen nicht etwa in die Wohnung, schauen sich um, betrachten alles und denken nach und sagen: „Das Bild ist schief." Oh nein. Sie kommen in die Wohnung und sagen sofort: „Das Bild ist schief." Andere sagen unmittelbar, blitzartig: „Hier riecht es nach Rauch." Und wieder andere: „Schon wieder die Glotze an." Das ist nicht Erkennen. Das sind die Ausschläge von Seismografen, die darauf gelauert haben.

Wenn ich mit Kollegen essen gehe und jemand sich die Krawatte bekleckert und den Fleck unabsichtlich zu verwischen droht, dann könnte ich ihn aufmerksam machen. „Du, sei vorsichtig. Schau, da ist dir etwas passiert." Wenn aber eine Mutter das Kind an der Haustür empfängt und in Millisekunden ausruft: „Da ist ein Fleck!", dann ist das keine Überlegung, sondern eine voreingestellte Reaktion. Diese Reaktion läuft im Körper ab. Worte wie die oben aufgezählten riechen doch nach ACTH, nach Adrenalin und Ärger, nicht wahr? Ich kann überrascht sagen:

„Ich höre eine Mücke. Mitten im Dezember. Erstaunlich.“ Das mag eine normale Beobachtung sein. Aber vor dem Schlafengehen, beim Lichtausmachen: „Ich höre eine Mücke.“ Das ist lauernde Angst aus einem Seismografen. Flash-Mode, Stress.

2.4.6 Ein Leben als Megaseismograf

Ich stelle mir den Menschen wie einen Kaktus vor – nur dass er statt Stacheln Fühler und Tentakeln hat. Jeder Fühler lauert.

Schnürsenkel zu? Hose zu? Rasiert? Lippen o.k.? Fingernägel? Rauchgeruch? Angebrannt? Chef in der Nähe? Treppe sauber? Eis vor der Tür? Auto zum TÜV? Rechnungen überwiesen? Genug Heizöl im Tank?

Ich stelle mir den Menschen wie ein riesiges Armaturenbrett vor, mit unendlich vielen Warnblinklichtern, die sofort ausschlagen, wenn etwas passiert.

„Margrets Geburtstag vergessen!“ – „Meine Aktie um 5 % gefallen!“ Diese Warnleuchten blinken auf und geben uns einen Stich ins Herz. Sie schlagen uns auf den Magen oder führen zu Kopfschmerz: „Der Tadel vom Chef hat mich ganz fertig gemacht. Ich bin so erschöpft.“

Vieles in uns lauert auf Anzeichen.

Wir sind mit diesem Flash-Mode unglaublich schnell.

Jeder einzelne Seismograf lauert auf seine Spezialanzeichen, auf die er reagiert und ausschlägt.

Jeder Seismograf verbraucht nicht sehr viel Energie oder Gehirnlast. Im Computerjargon: Ein Seismograf ist eine ganz klitzekleine Computeranwendung, die nur einen ganz speziellen Teil der Umgebung bewacht. Wenn insgesamt nicht viel passiert, schlägt immer mal wieder einer der vielen tausend Seismografen im Körper an und fordert eine angemessene Reaktion über den Körper vom Gehirn. Immer wieder einmal wird die Aufmerksamkeit auf einen Alarmpunkt gelenkt.

Vorsicht! Pass auf! Da, Achtung!

Das ganze System lenkt uns wie eine Automatikanlage, wie sie zum Beispiel Flugzeuge automatisch steuert. Immer mal wieder zuckt Alarm im Körper. Dann müssen wir als Pilot eingreifen.

Wo kommen die Seismografen her?

Da spekuliere ich. Es sind Instinkte darunter, die ererbt sind. Ducken, zur Seite springen, fliehen. Die meisten Seismografen werden von den Eltern gesetzt sein. Sie haben sie in uns gepflanzt. „Pass doch auf!“ Die Seismografen entstehen durch körperlichen Eindruck, den Beschimpfungen, Zurechtweisungen, Demütigungen, Ermunterungen, Liebesentzug, Liebesbezeugungen, Belohnungen auf uns machen.

Im schlimmsten Falle hat jemand gesagt: „Was du nicht erkennst, prügele ich dir ein!“ In unauffälliger Form: „Jetzt hat dich Mutti bis morgen nicht lieb.“ Oder: „Entschuldige dich, oder es passiert etwas.“ Alle diese Erziehungsriten sind körperliche Einwirkungen auf das Stresssystem. Unser Stressapparat lernt, wann er Stressalarm zu geben hat.

Wir fallen von Mauern, fassen auf Herdplatten, werden vom geärgerten Hund gebissen: Die Umwelt lehrt uns körperlich durch Schmerzen, wo es schwierig wird. Aus unseren Umwelterfahrungen erwachsen uns eine Unmenge weiterer Tentakeln und Sensoren.

Zum Schluss sind wir ein Megaseismograf. Jeder von uns. Jeder auf ganz andere Weise, je nach Eltern, Umwelt und Glück. Wir sind ein Anzeichensystem, ein Vorzeichensystem. Wir reagieren über das Flash-Mode-System, ohne viel denken zu müssen.

2.4.7 Das bewusste Denken als Restprogramm („alles in Fleisch und Blut“)

Die Seismografensysteme steuern uns über Anzeichen. Das ist meine These dieses Kapitels. Wir sind voller körperlicher Warnmechanismen, die auf die Anzeichen lauern. Wenn diese Anzeichen auftreten, reagiert der Körper mit Stressalarm. Wir reagieren, um den Stress loszuwerden.

Meine bange Frage: Denken wir viel?

„Frau Maier, bitte holen Sie mir eine Rolle Tesa-Film. Ich brauche sie heute Nachmittag.“ Zehn Minuten später: „Frau Maier, haben Sie Tesa geholt?“ – „Nein, Sie sagten, Sie brauchen ihn heute Nachmittag. Ich gehe in einer Stunde ohnehin nach unten, dann bringe ich Tesa mit.“ – „Frau Maier, ich möchte jetzt sofort Tesa. Es macht mich nervös, wenn dieser Vorgang unerledigt ist. Ich will es erledigt wissen. Es quält mich.“

Das Anzeichen „Tesa fehlt“ befürchtet „heute Nachmittag muss ich etwas verpacken und dann sitze ich ohne Tesa da“. Diese Befürchtung können manche Menschen nicht loswerden. Sie sitzt als Schreck im Körper. „Tesa fehlt.“ Es ist etwas nicht in Ordnung, hat einer der Seismografen gesagt. Frau Maier kommt seufzend und bringt Tesa. Der Seismograf schweigt. Liebevoll gleitet der Blick über das Tesa. „Jetzt kann nichts passieren.“ Frau Maier ist sauer. „Blöder Hund. Er vertraut mir nicht. Irgendetwas passt ihm an mir nicht. Ich werde dieses Gefühl nicht los. Ich arbeite hier nicht gerne. Etwas in mir sagt, ich bin nicht o.k.“ Ein Seismograf in Frau Maier schlägt Alarm. Er wird nie richtig zur Ruhe kommen. Nie. Er ist nämlich schlecht gesetzt. Er schlägt auf falsche Anzeichen hin aus.

Normale Gehirnlogik vernünftiger Menschen würde Frau Maier recht geben, weil Tesa-Zwang als merkwürdiger gilt als „leicht einschnappen“. Aber Sie wissen wie ich, dass die Welt ihr nicht Recht gibt. Es läuft im Leben eher so wie im Beispiel ab. Die Menschen arbeiten nicht logisch. Sie versuchen, die Ausschläge der Seismografen loszuwerden. Sie versuchen, vor Ausschlägen der Seismografen zu fliehen. („Ich mache heute Urlaub, weil Glatteis ist.“) Sie geraten zwischen die Seismografen. („Mich quält es schon lange, meinen Chef nach einer Gehaltserhöhung fragen zu müssen.“ Das ist Daueralarm eines Warnlichtes. „Ich fürchte, er lacht.“ Endomorphinlähmung und Nichtstun aus lähmender Furcht.)

Meine bange Frage: Wie viel unserer Handlungen ist ein Reaktions- und Angstgemisch in einem schlecht oder zufällig eingestellten Megaseismografen? Denken wir viel? Entscheiden wir vernünftig? Oder optimieren wir nur unseren Körper, also unsere biochemischen Lenkungswirkstoffe?

Wenn wir nicht denken, sondern auf Ausschläge des Flash-Systems reagieren, dann geben wir den Anzeichen, die die Ausschläge auslösen, den Charakter von Erkenntnis. Die Anzeichen von Gefahr sind aber nicht die Gefahr selbst. Das Anzeichen „jetzt kein Tesa da" ist kein Anzeichen einer wirklichen Gefahr, weil Frau Maier ja bald losgeht, um Tesa zu holen. Wir wollen aber oft nur die Anzeichen oder die Symptome zum Verschwinden bringen, damit unsere Seismografen nicht mehr ausschlagen. Sollte es also so sein, dass wir uns vor allem auf das Schweigen der Warnblinklichter, nicht so sehr auf das Problem selbst konzentrieren?

Ich habe ausführlich begründet, dass die Anzeichen nur unendlich kleine Bruchteile des Ganzen sind. Das Ganze ist fürchterlich komplex, die Anzeichen oder Symptome nur ein winziger Ausschnitt, auf den unser lauerndes Körpersystem eingestellt ist. Ein gutes Seismografensystem wird die Anzeichen als Anzeichen nehmen und dann bei solchen Warnungen nachdenken und überlegt handeln. Ein gutes System wird nach einer Warnung über das Gehirn nach einem überlegten Urteil suchen und dann erst entsprechend agieren.

Ein Anzeichen aber ist nichts als ein Vorurteil, etwas „vor dem Urteil". Wir brauchen Vorurteile als Anzeichensammlung, aber mehr sind sie nicht. Ein Anzeichen ist eine Warnung, aber längst nicht alles. Es wäre fatal, Vorurteil mit Urteil zu verwechseln oder ein Symptom oder ein Anzeichen mit dem Ganzen. Wer das tut, benutzt das Seismografensystem falsch.

Wer aber benutzt das Flash-Mode-System richtig? Kennt sich jemand überhaupt mit solchen Systemen aus? Reden wir darüber? Lernen wir den Umgang damit? Befassen wir uns damit? Weiß derjenige, der uns diese Fühler anerzieht, dass die Fühler sich besser nicht gegenseitig widersprechen sollten, dass sie koordiniert werden müssen?

Wir befüllen in der Erziehung die linke Gehirnhälfte mit Wissen. Wir bringen Kindern „Manieren bei". Dies geschieht vor allem über die mehr oder weniger zufällige Ausbildung eines Megaseismografen im Kind. Der spätere Mensch besteht zum großen Teil aus Sensoren, Tentakeln, Warnblinklichtern, von denen er kaum welche selbst kennt, die ihn daher unerkannt quälen, die von Eltern und Umwelten stammen, die in ihn gepflanzt sind ohne durchdachtes System. Der Mensch kennt sich selbst nicht, weil er unablässig über Wissen, Logik, Pflicht und dergleichen philosophiert. Tatsächlich reagiert er aber auf das Ziehen im Körper, auf sein Gewusel von Fühlern, auf ACTH und Endomorphin.

Denkst du, Mensch?

2.4.8 Freuds Zensur

Sigmund Freud ging davon aus, dass der Mensch sensorische Signale empfängt, also hört, sieht, riecht, vielleicht auch Gedanken, „die ihm einfallen". Diese Signale werden durch Augen, Ohren und Gehirn transformiert, überarbeitet und bearbeitet. Danach werden die Signale in verschiedenen Gedächtnisregionen „sensorisch gespeichert", als eine Art flüchtiger Eindrücke. Diese Eindrücke sind laut Freud auf dieser Stufe immer unbewusst.

„Was wir unseren Charakter nennen, beruht ja auf den Erinnerungsspuren unserer Eindrücke, und zwar sind gerade die Eindrücke, die am stärksten auf uns gewirkt haben, die unserer ersten Jugend, solche, die fast nie bewusst werden", sagt Freud in seinem Buch *Traumdeutung*.

Nur manches Unbewusste gelangt durch eine Art Pforte oder Schleuse in den Bereich des Vorbewussten. Das Vorbewusste stellt die Verbindung zwischen dem Unbewussten und dem Bewussten dar. Das Bewusste selbst hat nach Freud keine direkte Verbindung zum Unbewussten. Das Vorbewusste wirkt wie ein Filter, der das Verbotene ausblendet. Das Verbotene bleibt immer unbewusst, wo es nach Freuds und unserer eigenen Erfahrung aber immer noch Wirkung entfaltet. Nur das, was in den Bereich des Vorbewussten gelangt, kann überhaupt bewusst werden.

Es muss nicht bewusst werden, es kann es aber im Prinzip, weil es ja den Filter passiert hat („Zensur"). In das Bewusstsein kommt schließlich nur ein kleiner Teil des Vorbewussten, nämlich das, was „wichtig" ist bzw. mit genügend hoher psychischer Energie betrieben wird.

So stellt sich Freud modellhaft unsere Psyche vor.

Wenn ich mit wirklichen Psychologen oder Psychologiestudenten über Freud spreche, so winken sie ab. „Alter Quatsch. Freud kommt in der Uni nicht vor." Auf der anderen Seite lese ich oft in Büchern von ganz prominenter Fachseite, dass seit Freud/Jung/Adler eigentlich nichts in der Psychologie passiert sei. Neben mir liegt ein solches Buch – die *Lebenslügen* von Daniel Goleman, der durch das spätere Werk *Emotionale Intelligenz* weithin bekannt wurde. In *Lebenslügen* werden die Gedanken Freuds nach dessen Buch *Traumdeutung* (1900) wiedergegeben. Goleman äußert sich zu Freuds Modell der Informationsverarbeitung: „Bemerkenswert an dem Modell ist, wie gut es bereits beschreibt, was jetzt – nach mehr als einem Dreivierteljahrhundert – unsere bestmögliche Erklärung derjenigen Prozesse ist, wie das Denken Informationen aufnimmt, verarbeitet und speichert, und wie diese Prozesse durch den Tauschhandel zwischen Angst und Aufmerksamkeit beeinflusst werden können."

Ich gebe Ihnen hier eine alternative Sicht. Als Mathematiker oder Manager kann ich kaum glauben, dass da Extrarechner in meinem Kopf die Informationen nur daraufhin durchsuchen, ob etwas Verbotenes darin ist. Das dauert nämlich ganz schön lange.

Zumindest ist es extrem aufwendig gegenüber einem vorgestellten Flash-Mode, der mit einem Identifikationsverfahren blitzartig Anzeichen sichtet.

2.4.9 Wie wir (unbewusst?) steuern, was überhaupt bewusst wird

Ich stelle mir hinter der reinen Wahrnehmung ein Gewühl von Einzeltentakeln oder Einzelsensoren oder Einzelseismografen vor, die nur auf jeweils einzig für sie bestimmte Anzeichen lauern.

Ich stelle mir vor, dass wir einige Tausend solcher Seismografen rund um die Uhr laufen haben. Immer mal wieder schlägt einer Alarm. Dann erst geschieht etwas.

Aber was?

Da gibt es viele Möglichkeiten.

- Blitz! Ich muss sofort reagieren. ACTH.
- Schock! Jemand sagt, ich sei ihm unsympathisch.
- Blitz! Es ist der stündlich wiederaufblitzende Weckruf, an etwas zu denken.
- Dauerstress: Ich will unbedingt befördert werden.
- Dauerstress: Ich lauere auf Anerkennung.
- … und so weiter

Unser Alarmsystem ist dafür gedacht, schnell auf Gefahren zu reagieren. Wenn *Anzeichen* (ich betone immer: *Anzeichen*, nicht das Betreffende selbst) einer solchen Gefahr im Flash-Mode erkannt wurden, dann wird Stressalarm gegeben. Dieser tritt in das Bewusstsein, welches sich dann um die Gefahr kümmert oder vorprogrammiert, „instinktiv", „unwillkürlich" reagiert. Wenn die Gefahr überwältigend ist, kann eine Schockreaktion erfolgen. Ein Teilsystem wird abgeschaltet, weil nichts mehr geht. Später mag es heißen: „Ich kann mich nicht mehr erinnern!" Sicherungen können abgeschaltet werden. „Ich bin der Letzte, der Gesetze nicht achtet. Aber in diesem Augenblick ging es nicht anders. Im Grunde weiß ich nicht mehr, wie es dazu kam. Ich schlug zu." Das Alarmsystem erinnert mich unaufhörlich an Dinge, die ich zu erledigen habe. Das stört bei der Arbeit. Ich spüre diese Alarme, aber sie haben niedrige Priorität. Ich versuche, sie so schnell wie möglich aus meinem „Arbeitsgehirn" zu wischen.

Es gibt ganz grundsätzliche Dauerstresssymptome. Zum Beispiel (auch fiktiv, glaube ich): Alle finden mich unsympathisch, einfach, weil ich unsympathisch bin. Das merke ich als Dauerstress. Der wäre aber so groß, dass ich daran zu Grunde gehen könnte. Oder: Mein Chef sagt mir explizit, dass ich sehr wenig leiste. Er bittet mich, noch vor seinen eigenen Maßnahmen über eine eigene Kündigung nachzudenken, weil ich den Erfolg aller störe. So etwas wäre Dauerstress allerhärtester Art. Mein Gehirn und mein Herz würden bombardiert: Versager! Unsympath! Versager! So etwas ist fast so schlimm wie das tägliche Nachhausekommen schlechter Schüler. Es gibt auch Eltern, die mit ihrer Versager-Unkerei nicht einmal vor normalen oder gar sehr guten Kindern Halt machen. „Du bist nicht so, wie ich es mir wünsche! So bekommst du nie und nimmer einen Nobelpreis oder eine Gräfin zur Frau." Halten Sie das nicht für übertrieben. So funktioniert unsere Gesellschaft. Alle unsterblichen Werke von Franz Kafka verdanken wir solchem „Urteil" oder solchem „Prozess". In unserer Gesellschaft fühlen sich viele wie „In der Strafkolonie". „Das Urteil" wird in der Strafkolonie auf den Rücken gestochen, keiner sieht es je selbst … (Lesen Sie noch einmal Kafka …)

Unter Dauerstress kann der Mensch eine ihn betreffende Katastrophe in gewisser Weise selbstgefördert (natürlich unbewusst) schlimmer empfinden als sie ist. Dann ändert der Körper die Chemie und „schleust Endomorphin ein", also eine Betäubung wegen Ausweglosigkeit. Das fühlt sich an wie eine Depression und wird von dem Unterbewusstsein sehr vieler Menschen offenbar für akzeptabler gehalten als dauernde Versagerrufe des Stresssystems. Unter Dauerstress kann unser Körper mit zusätzlichen Ersatzfühlern ausgestattet werden. Wenn mich der Chef dauernd mobbt, kann ich einen Ersatzfühler aufstellen. Er soll Alarm schlagen, wenn mein Chef, dieser böse Mensch, mich als Mensch beleidigt und angreift.

Wann immer also mein Chef meine Arbeitsleistung angreift, schlägt der Fühler „Versager" aus. Gleichzeitig aber schlägt der Fühler „Der Chef hält mich für einen schlechten Menschen!" aus, der auf persönliche Beleidigungen lauert. Dieser letzte Fühler ist viel gekränkter als der mit der Arbeitsleistung, schlägt also stärker Alarm. Dadurch wird mein Bewusstsein vorrangig mit dem Beleidigungsanzeichen bombardiert, ich sei ein schlechter Mensch. Dann wehre ich mich gegen diesen Vorwurf. Das tue ich völlig zu Recht, denn ich weiß, dass ich ein guter Mensch bin. Darauf bin ich stolz, denn ich kenne nur wenige gute Menschen. Mein Chef ist keiner. Das erhebt mich über ihn. Das gibt mir das Recht zum heiligen Krieg.

Meine Vorstellung von der menschlichen Psyche ist es, dass wir ein ausgeklügeltes Warnsystem von sehr vielen, im Flash-Mode arbeitenden Identifizierern von *Anzeichen* haben, die alle gleichzeitig nebeneinander her, also parallel arbeiten. Wir nehmen so etwas wie die Summe der Ausschläge bewusst wahr. Dieser Gesamtausschlag lenkt unsere Aufmerksamkeit.

Es gibt sehr viele Tricks, unerwünschte Dauerstressalarme durch geeignete neugesetzte und dabei stärkere Alarme unerkennbar zu machen. Die schwächeren Alarme (im Beispiel: „Versager!") werden durch die Hyperstärke neugesetzter Alarme („Sie schlechter Mensch!") nicht mehr wahrnehmbar gemacht. Die alten, ursprünglichen Alarme werden damit „verdrängt". Deshalb kann der Sachverhalt, vor dem die schwächeren Alarme warnen, nicht mehr ins Bewusstsein treten, obwohl sie dauernd warnen.

Die *Identifizierer* von Anzeichen können also so von der Psyche selbst (unbewusst, zum Teil bewusst) dadurch verfälscht, verzerrt oder zum Schweigen gebracht werden, dass sie von anderen, stärkeren Stressreizen systematisch „überschrieben" werden.

Freud erforschte Verdrängungen. Er fand heraus, dass das Verdrängte von Menschen, wenn man es je wieder ins Bewusstsein brachte, noch ganz unangetastet, wie jungfräulich, ganz unverformt offen lag (wenn es freigelegt worden war). Nach meiner Seismografenvorstellung liegt es *natürlich* noch da, genau wie immer. Noch immer ist Daueralarm („Versager"), aber der andere Seismograf („Schlechter Mensch") hat immer gesiegt. Also hat sich das Bewusstsein noch niemals mit dem ursprünglichen Sachverhalt („Versager") befasst. Deshalb ist hier im Gehirn noch alles wie immer.

In meiner Vorstellung findet die Zensur durch Überbetonen von anderem statt, das sich wie ein Schutzschild um das Dauerbedrohliche oder Verbotene legt. Ich glaube, wir setzen in unserer Psyche „Gegenalarme", mit denen wir unser Leben optimieren.

Der viel beschriebene Seismograf „Ich hasse meine Frau" wird eben systematisch übertrumpft durch einen neu gesetzten, etwa „Ich bin ein sehr hilfsbereiter

Ehemann". Durch das Neusetzen der mathematischen Anzeichen-Identifizierer „verschieben" wir das Problem, wie die Psychologen sagen. Ich glaube nicht, dass wir es verschieben, sondern mächtiger überschreiben oder übertönen.

Menschen könnten zum Beispiel Seismografen einrichten, die nur darauf lauern, ob es der Katze gut geht. Dann können sie nicht mehr aus dem Haus. „Es ist so aufwendig wie ein Baby zu pflegen. Ich komme kaum zu etwas anderem." Sie können alle anderen Seismografen durch Fixierung auf einen riesenhaften Monsterseismografen in der Wahrnehmung verschwinden lassen. Menschen könnten sich vor anderen Menschen zu fürchten beginnen (Paranoia) oder allein bleiben (Schizoide).

Und so weiter.

Ich stelle mir die Psyche des Vorbewusstseins als Dominanzspiel von Seismografen vor, die auf einer Mathematik wie Anzeichen-Identifizierer basieren: Blitzschnell, unendlich viel schneller als Erkennen. Da die Anzeichen-Identifizierer damit unendlich viel weniger Gehirnressourcen als das Denken verbrauchen, kann der Mensch in meiner Vorstellung eben auch fast unendlich viele Seismografen nebeneinander arbeiten lassen. Das Zusammenspiel dieser Seismografen und das Management dieses Zusammenspiels ist für mich der wirklich interessante und aufregende Teil des Menschen.

Ich schließe diesen Abschnitt mit einem persönlichen Beispiel von mir, das mich sehr bewegt hat.

Ich gestehe: Ich kaue schon immer an den Nägeln. Alle Menschen wissen, was mir fehlt. „Kalkmangel!", befand meine Mutter und ich schluckte morgendlich Kalktabletten. „Selbsthass!", findet Alfred Adler in seinen Werken. Ich hasse mich aber nicht, so weit ich das ohne Psychotherapeut sagen darf. „Nervös!", sagt meine Frau, und „Du müsstest dich mal sehen, wie es aussieht. Grässlich."

Soweit die Lage.

Bei einem Aufnahmegespräch für ein Stipendium hatte mir ein Kandidat von NLP (Neurolinguistic Programming) vorgeschwärmt. Das würde alle Probleme lösen. Er schwor auf Bücher von Anthony Robbins. Ich sollte unbedingt *Grenzenlose Energie. Das Power-Prinzip* lesen. Es wäre wie eine Offenbarung. Ich habe das Buch gekauft und während des nächsten Flugs in die USA gelesen. Ich musste oft mit dem Kopf schütteln. Es las sich für mich wie eine Märchenstunde! Menschen sollten sich so einfach umdrehen lassen? Ich hatte nur dieses Buch mit. Mist. Ich kaute an den Nägeln. Ich begann im Buch schneller und diagonaler zu lesen und bekam einen Zorn. Ich beschloss, das doofe Buch im Flugzeug zu vergessen. Ich blätterte noch ein bisschen. Dann stand da irgendwo „Nägelkauen." Aha. Davon verstehe ich etwas! Ich las, wie der Autor sich selbst das Nägelkauen abgewöhnt hatte. Das Verfahren ist einfach: Jedes Mal, wenn ich mich beim Nägelkauen ertappe, atme ich tief durch, fühle mich dabei glücklich und sage irgendetwas Nettes zu mir, zum Beispiel: „Ich bin so sehr glücklich, ich habe es nicht nötig, an den Nägeln zu kauen. Ich bin nämlich sehr glücklich." Robbins erklärte mir, dass ich nach wenigen Tagen das Nägelkauen vergessen würde.

Ich habe so gelacht! Meine Frau hat so viel versucht! Ich habe so viel versucht! Meine Mutter hat so viel versucht. Keiner von uns hatte es allerdings mit Glücksgefühlen versucht, das musste ich zugeben. Da habe ich das Buch zwar nicht weggeworfen, aber zugeklappt und mich mehr der Speisefolge gewidmet. Beim Herumdösen sprach mein Daimonion in mir, meine innere Stimme, es sei nicht fair von mir. Ich müsste mich mindestens drei Tage beim Nägelkauen glücklich fühlen und *dann* über NLP oder über Robbins schimpfen. Das Daimonion rang mir dann das heilige Versprechen ab, während der ganzen USA-Woche „Ich bin glücklich, so glücklich, dass ich so etwas nicht nötig habe!" zu flüstern und dabei glücklich zu atmen.

Ich halte immer, was ich verspreche.

Nach vier, fünf Tagen hatte ich das Nägelkauen vergessen.

Heute schneide ich die Nägel, glauben Sie's oder nicht!

Einige Monate später hatte ich ein Gefühl wie „ein Gesicht", eine „Erinnerung". Vor mir stand das Bild meiner Mutter, die von der Feldarbeit schmutzige Hände hatte. Ich stand als kleiner Junge daneben. Jemand vom Dorf sagte zu ihr: „Du hast Greifwerkzeughände." Meine Mutter zuckte zusammen: „Es ist von der Arbeit." Der andere sagte: „Es sind bestimmt keine Klavierhände. Ganz ungleichmäßige Nägel." Das tat meiner Mutter unsäglich weh. (Die echten Formulierungen schreibe ich nicht. Ich muss nicht noch einmal weh tun. Sie verstehen?)

Dieses Bild tauchte schmerzend in meiner Erinnerung auf und verschwand wieder. Ich beachtete es nicht sehr. Meine Mutter hatte diese Geschichte einige Male erzählt. Früher. Vor vielen, vielen Jahren. Die Geschichte verschwand wieder.

Am Abend desselben Tages schaute ich meine Fingernägel an und dachte nach. Ich hielt meine Fingernägel wie ein Tiger, der seine Krallenschärfe kontrolliert. Alle Nägel auf einen Blick. Es war diese Haltung, die meine Frau so mag. Sie weiß dann: Bald geht es wieder los.

Ich schaute auf die Nägel – und es entstand ein zweites Bild vor mir, diesmal mit merklichem körperlichen Erschauern. Ich sah mich als kleinen Jungen im meinem alten Zimmer auf dem Bett sitzen. Der kleine Junge schaute die Nägel genau wie ich an. Und er zuckte zusammen, ganz schrecklich zusammen. Er sah, dass seine Nägel wie die der Mutter waren. Nicht schön. Keine Klavierhände. Die Nägel wuchsen nicht gerade aus der Hand heraus. Der Junge kaute sie einigermaßen gerade und kontrollierte, ob sie jetzt schöner wären. Der Junge war traurig und nicht zufrieden.

Und ich, Gunter Dueck, alt, sah dieses Bild. Und ich wusste alles.

Das ist meine Geschichte, wie ich sie Ihnen erzählen wollte.

Sie hat gerade noch ein weiteres, ganz bestürzendes Ende. Es ist jetzt. Jetzt genau. Mir schießen ein wenig die Tränen in die Augen. Beim Schreiben ist etwas aufgebrochen. Das ist mir noch nie passiert. Ich –

Ich habe mir Kaffee mit den ganz neuen Euromünzen geholt. Ich bin ganz erfüllt. Ich wollte Ihnen dies sagen.

Als ich auf dem Bett saß, damals, da sagte etwas in mir, dass ich hässlich wäre. Ein Seismograf entstand. Den habe ich beschwichtigt durch Nägelkauen. Ich habe nie registriert, dass da ein neuer Fühler in mir entstanden war, durch eine einmalige bedrohliche Entdeckung. Heute, alt, wäre meine ungleichmäßige Nagelform keine Beachtung wert; nie würde ein Seismograf entstehen. Durch das

„Glücklichsein" à la Robbins habe ich wohl den Seismografen schon durch bloßes Glücksgerede übertönt.

Er ließ sich leicht übertönen, weil hinter ihm kein Stressalarm war. Die Ursache für den Stress war nicht mehr gegeben, weil keine Bedrohung mehr bestand. Das Kontrollieren der Nägel musste nicht mehr sein. Einfaches, glückliches Atmen war schon stärker. Und dann sind in vier, fünf Tagen beide Gewohnheiten, beide Seismografen gemeinsam gestorben. Der Nagelseismograf war da, obwohl es keinen Grund mehr gab! Er hatte keine Verbindung zu den wirklichen Empfindungen oder Wahrnehmungen mehr. Er alarmierte unabhängig von der Motivation für seine anfängliche Installation, die damals auf der Bettkante stattfand.

2.4.10 Traum, Symbol und kollektives Unterbewusstsein

Spüren Sie, wie wir unter der Seismografenvorstellung die Welt in uns ganz neu interpretieren können? Alles fügt sich so langsam zusammen?

Jetzt wäre zu allem, was ich hier berühre, so vieles zu sagen.

Aber: Es geht jetzt nicht.

Dieses Buch soll von den groben Grundstrukturen handeln, über die Basisunterschiede zwischen uns Menschen. Auf die „Lebensbewältigungs- oder Lebenserleichterungslügentechniken" gehe ich im zweiten Band der Omnisophie ein. Ich muss Sie also vertrösten.

Hier, im ersten Band, will ich zunächst den Gesamtrahmen stecken. (Springer will bestimmt nicht 900 Seiten drucken! Bestimmt nicht! Es liegt daran, dass Sie nicht so viel auf einmal lesen wollen.)

Wenn Sie mir folgen und sich ebenfalls vorstellen, wie wir hauptsächlich erst auf Anzeichen-Identifizierer bewusst reagieren, die wir überhaupt in unserem Bewusstsein zulassen können, dann können Sie mit mir ganz kurz weiterträumen:

Die Traumforscher, allen voran Sigmund Freud, sprechen immer von merkwürdigen Verkürzungen der Wahrheit in den Träumen. Wir träumen von Kronen, vom Fliegen, werden verfolgt oder widmen uns penibel den Schlangen, Türmen, Säulen. Wir bewundern einen Zaubergarten verwirrender Symbolik: Baum, Frosch, Pferd, Vogel, Blume, Rose, Waffe, Höhle, Meer, Kreuz, Quadrat, Ei, Sonne, Keller, Hängen, Schweben, Gleiten, Schwimmen, Aufplatzen.

Sigmund Freud vermutete dahinter meist verklausulierte sexuelle, „verbotene" Bedeutungen, die der Psychotherapeut entschlüsseln müsse. Jung sieht hinter den Symbolen ganz eigene psychische Gebilde, die rational nicht richtig verstanden sind. Diese Gebilde, sagt Jung, gehen weit über die reine Tatsächlichkeit hinaus. Das geträumte Ding sei der zurzeit bestmögliche Ausdruck für den eigentlich zu Grunde liegenden (unbekannten) psychischen Tatbestand.

Und ich stelle mir vor: Wenn wir nun nicht real träumen, sondern nur von den Anzeichen? Ist es nicht vielleicht eine bessere Vorstellung, wenn wir annehmen, wir träumen von den Seismografenausschlägen? Diese Seismografen versuchen wir in unseren Träumen zu *sehen*. Wir möchten ihnen Namen und Gestalt geben, aber wir kennen ja nur die Ausschläge der Flash-Mode-Anzeichen-Identifizierer. Wir wissen nicht einmal genau, welche die Anzeichen sind!

In unseren Träumen *sehen* wir sie, diese Ausschläge der Alarmsysteme. Wir können sie dann nur als Symbole sehen, nie real. Wir sehen diese Symbole oder Anzeichen wie Wächter, Mahnmale, Abgesandte, Schlüssel oder Gleichnisse. Denn die Anzeichen sind nur ein unendlich kleiner Teil des Realen! Das habe ich Ihnen ja mit meinem Ausflug in die Informationstheorie begründet. Die Anzeichen sind daher radikal zusammengeschrumpfte „Dinge" unserer Vorstellung, die wir sehen können. Das sind dann die Symbole.

Die Forscher berichten, dass Kinder meist von Lusterfüllungen träumen, während Erwachsene im Traum wohl eher Schwierigkeiten aufarbeiten oder verdauen. Wenn Sie meiner Vorstellung folgen, wir träumten von Anzeichen, die wir uns in Symbolen vor die Traumaugen führen, dann klärt sich alles: Die „unschuldigen" Kinder haben dann natürlich eher nur Lust-Anzeichen! Sie beginnen ja erst, das Leben als Seismografensystem in ihnen zurechtzurütteln. Wir Erwachsenen kennen dann bald auch die düsteren Symbole.

Ich stelle mir vor, wir versuchen im Traum, die Schläge des Seismografensystems mit der realen gespeicherten Welt im Gehirn in Einklang zu bringen. Wir fügen die uns aufregenden Tagesreste (solche Tagesreste findet Freud in fast jedem berichteten Traum wieder) in das System neu ein. Vielleicht ändert sich im Traum langsam auch die Scharfeinstellung der Seismografen. Neu am Tag hinzugekommene Seismografen müssen mit den alten kämpfen. (Siebzig Jahre sind etwa 26.000 Tage. Wir können gut alle paar Tage Neuerwerbungen machen.) Wer stört oder überschreibt wen? Ein Traum mag auch ein Einarbeitungsnachtlauf unseres Flash-Mode-Systems sein.

Goethe schreibt in *Maximen und Reflexionen*:

> Das ist die wahre Symbolik, wo das Besondere das Allgemeinere repräsentiert, nicht als Traum und Schatten, sondern als lebendig-augenblickliche Offenbarung des Unerforschlichen.

Das Besondere ist das Anzeichen? Und das Allgemeinere wäre wie das Ganze, das Reale, auf das uns das Symbol nur hinweisen will?

Wenn wir ein gutes Anzeichen-Identifizierungssystem besitzen, so sollten wir nicht zu viele verschiedene Anzeichen und Symbole in uns haben. Je nach Kontext können dann Anzeichen etwas anderes bedeuten. Deshalb sind ja Symbole so vieldeutig. „Wasser" oder „Feuer" oder „Vogel" steht jeweils für Hunderte von Vorstellungen von unseren Tausenden von Seismografen-Anzeichen. Wir haben einfach nicht so viele verschiedene Traumbilder. Wir brauchen nicht so viele Traumbilder, weil es im Grunde Symbole für Sensorausschläge sind. Und die Sensorausschläge bedeuten Angst, Frust, Erregung, Nervosität, Rache, Empörung, Freude etc. Es sind nur bis zu wenige hundert. Deshalb ist die Symbolsprache des Traumes begrenzt, weil sie nur Anzeichen und Ausschläge in Bilder verwandelt.

Und deshalb, weil eben fast jedes Symbol für sehr viele Seismografen-Anzeichen als Bild dient, deshalb gelingt es Sigmund Freud zum Beispiel, aus fast jedem

Symbol auch eine sexuelle Bedeutung herauszulesen. Das ist seine Sicht neben vielen anderen. Freud dachte, die Symbole seien eine Verhüllung des Verbotenen.

Nach meiner Vorstellung sind sie ganz profan ein sehr stark summarisches komprimiertes Kernbild von vielem Einzelnen. Deshalb sind Symbole keine Verhüllung von Realem, sondern als Komprimiertes eben ein *Vielsagendes*.

Jung führte uns seine Vorstellung des kollektiven Unbewussten vor Augen. Er sieht darin eine Art Bibliothek oder volle Festplatte der Menschheit, zu der wir alle kollektiv in irgendeiner Art Zugang haben. Diese Bibliothek spiegelt das ganze kulturelle Umfeld und die Erfahrung aller Vorfahren. Sie steht als gesamtes Wissen der Menschen uns allen offen, allerdings, so Jung, nur selten außerhalb des Traumes.

Umgedeutet in mein Seismografenbild: Die Symbole der Menschen erscheinen kollektiv, weil sie Bilder von Ausschlägen unserer Alarmglocken sind. Sie stammen aus Stresssituationen, rühren her von ACTH-Ausstößen und Endomorphin-Flutungen. Die aber sind bei allen Menschen „gleich". Es besteht daher die Tendenz, gleiche Symbolbilder zu verwenden, insbesondere in einem gemeinsamen kulturellen Umfeld.

Wie gesagt, allen solchen Fragen möchte ich gerne gesondert in Bd. 2 nachgehen. Ich habe nur andeuten wollen, wie tief die Folgerungen aus einem anderen mathematischen Vorstellungsmodell sind.

2.4.11 Im „Kern des Betriebssystems": Inside the tornado!

2.4.11.1 Parallelverarbeitung von Prozessen

Die Anzeichen-Identifizierer sitzen also zu Tausenden in uns und quälen uns manchmal bis in die Träume hinein. Sie laufen alle parallel nebeneinander her.

Wir vertrauen im normalen Leben darauf, dass nicht zu viele dieser Aufmerksamkeitslenker gleichzeitig alarmieren. Das halten wir nicht so gut aus.

> „Ich verliere den Faden." – „Ich verliere den Kopf" – „Ich weiß nicht mehr, wo mir der Kopf steht." – „Ich habe viel zu viel um die Ohren." – „Ich weiß nicht, wo ich als Erstes anpacken soll." – „Der hohe Stapel hier macht mich völlig verrückt." – „Ich kann nicht auf allen Hochzeiten tanzen." – „Ich werde nicht mehr allen Rollen gerecht."

Tausende von Sensoren lauern auf ihr Anzeichen, auf das sie eingestellt sind.

Und wehe, wenn es Anzeichenkombinationen gibt, auf die sehr viele Sensoren lauern. „Ich hatte es sehr eilig, sprach noch am Handy, als der Motor nicht ansprang. Ich schaute verzweifelt vorne nach und hatte dann überall schwarze Flecke im Kostüm. Ich schrie." Abgeschaltet.

Wenn wir im Leben Stress oder Lähmungszustände vermeiden wollen, müssen wir so viel Ordnung in unser Leben bringen, dass wir nicht von zu vielen Signalen hin und her gezerrt werden. Eine Überflutung von Alarmzeichen sollte die Ausnahme bleiben dürfen.

Ich erkläre es mit einer Computermetapher.

Jede Anwendung, die auf einem Computer läuft, benötigt einen gewissen Platz im Hauptspeicher des Computers. Der Hauptspeicher ist der Ort, an dem der Computer gerade das Wissen ablegt, an das er jetzt gerade denken muss. Wenn ich hier das Buch schreibe, dann hat es eine Größe von 2 MB und es liegt zusammen mit dem Word-Programm im Hauptspeicher. Mein E-Mail-Programm Lotus Notes ist geöffnet, daran muss der Computer ebenfalls denken. Der Internet-Browser ist geöffnet. Im Hintergrund laufen viele Prozesse, wie etwa die Computervirenerkennung, automatisch ab. Insgesamt könnten es um die 30 Prozesse sein, die unbemerkt von mir im Hintergrund laufen. Alle muss der Computer gleichzeitig „im Kopf" haben. Alle „verbrauchen" also Teile seiner derzeitigen Aufmerksamkeit, also Platz im Hauptspeicher.

Erinnern Sie sich noch an Zeiten um 1990, als wir Spiele auf kleinen Computern zum Laufen bringen mussten? Die Spiele waren oft so sehr ausgereizt programmiert, dass es erforderlich war, möglichst den gesamten Hauptspeicher des Computers für diese einzige Anwendung zu reservieren. Der Computer sollte sich also vollständig auf diese eine Anwendung konzentrieren. Es war eine Art Geheimkunst, alle Hintergrundprozesse abzuschalten oder in andere Speicherbereiche auszulagern. Der Computer sollte nur dieses eine einzige Spiel „im Kopf" haben dürfen. Erst bei Vollkonzentration liefen die Spiele optimal. Jede kleine Störung („automatische tägliche Virenerkennung") brachte das Spiel und meist auch den ganzen Computer zum Absturz. Wir mussten damals sehr sensibel mit diesem stressempfindlichen Computer sein. Er war nicht so richtig belastbar. Ein Hauch von Erregung von einer anderen Anwendung genügte damals zum Absturz.

Genau so sind wir auch. Wir können nicht alles im Kopf haben. Wenn wir zu viele Termine, Verpflichtungen, Erledigungen, Kränkungen, Konflikte, Streitereien, also „offene Rechnungen" oder, im Computerjargon, „geöffnete Anwendungen" mit uns herumschleppen, bekommen wir schwere Stresssymptome bis hin zu Teilabschaltungen. „Ich war so fertig, dass ich mir prompt eine Grippe zuzog. Auch das noch!" Dabei hat uns die Grippe gerettet. Sie führte zur heilsamen Teilabschaltung vieler Prozesse.

Wir müssen also unseren „Hauptspeicher", also unser verfügbares System, das die vielen verschiedenen Seismografenausschläge koordiniert, vernünftig managen. Wir dürfen uns nicht zu sehr dem Stress aussetzen. Wir müssen behutsam mit dem hohen Gut unserer Aufmerksamkeit umgehen. In vieler Hinsicht ist das Problem guter Lebensführung auch das Problem, die Aufmerksamkeit optimal zu verteilen.

Wir müssen also über das strategische Verteilen der Aufmerksamkeit wie auch über das bewusste „Setzen" und Beeinflussen unserer Seismografen nachdenken. Das geht nicht pauschal. Denn die richtigen Menschen konzentrieren sich zum Beispiel auf das System. Die wahren Menschen fixieren ihre Aufmerksamkeit auf das Umfeld einer Idee. Und zu den natürlichen Menschen kommen wir erst noch!

2.4.11.2 Physiologisch verschiedene Maschinenzustände des Menschen

Computer haben es sehr viel leichter als Menschen.

Wenn Computer eine neue Anwendung starten, weisen sie dieser Hauptspeicherplatz zu. Die Anwendung bekommt also die notwendige Portion Aufmerksamkeit. Wenn nicht genug Platz verfügbar ist, versucht der Computer, der Anwendung schlechte Plätze außerhalb des Hauptspeichers zuzuweisen, also etwa auf der langsamen Festplatte. Er ist dann aber, weil ja der Hauptspeicher „verbraucht" ist, chronisch überlastet und wird langsam. „Das dauert!", jammern wir über ihn. Wenn wir ihn noch mehr überlasten, „stürzt er ab", wie wir sagen.

Bei uns Menschen ist es ähnlich, aber viel schwieriger.

„Männer" können zum Beispiel Zeitung lesen, dabei frühstücken und noch ein paar Worte mit der Ehefrau brummeln. „Frauen" können sich mit umgehängtem Mobiltelefon beim Bügeln unterhalten und dabei fernsehen. Fluglotsen können bis zu sieben, vielleicht acht „gegenseitige Annäherungen von Flugobjekten" gleichzeitig koordinieren, für kurze Zeit neun. Bei zehn, elf, zwölf gleichzeitigen Vorgängen stürzen Fluglotsen mental ab. Für so viele Vorgänge reicht die Aufmerksamkeitsspanne eines Fluglotsen nicht mehr aus. Er hat nicht genug Hauptspeicher. Bis hierhin ist also der Mensch dem Computer ähnlich.

Nun kommt das Problem. Ich kenne es gut. Ich komme also am Morgen in mein Arbeitszimmer.

Ich soll eine lustige und tiefsinnige Kolumne für die FAZ am Sonntag schreiben. Ich werde gebeten, jemandem, der sich schon an drei Termine nicht gehalten hat, den Kopf abzureißen. Jemand ruft an, ob ich ersatzweise am nächsten Tag eine Rede in Aurich halten kann. Nichts gegen Aurich, aber wie komme ich da hin? Und wieso, bitte, *ersatzweise*? Im Sekretariat zanken sie sich, ich soll entscheiden, wer Recht hat. Das ist normale Arbeit. Wenn ich ein Computer wäre, würde ich nun jedem Job eine Nummer zuweisen, Hauptspeicher und Abarbeitungszeit zuordnen und loslegen. Im Menschen aber rasen die Seismografen.

Eine lustige Kolumne schreiben erfordert ruhige, selige Kreativität in mir, am besten lachende Gesichter auf dem Flur und ein Riedel-Glas voller St. Julien neben mir. Wenn ich jemandem den Kopf abreißen soll, wie man sagt, muss ich aggressiv werden. Es kann sein, dass ich echt gerne aggressiv bin, weil mich die Nichteinhaltung der Termine selbst schon so verärgert hat, dass mein Sensorsystem ACTH freigemacht hat. Es kann auch sein, dass ich mich *künstlich* aufregen muss, wenn ich nur für Ordnung sorgen muss, wo ich selbst gar nicht tangiert war. Ich muss dann „kalten Zorn" simulieren, den mein Körper nicht „warm" hergibt. Ich muss nachdenken, wie ich nach Aurich komme. Ich muss wohl nach Bremen fliegen und dann ein Mietauto nehmen. Das geht ans Hertz und gibt einen Ganztagesreisestress für nur eine Stunde Rede. Ich fürchte mich schon innerlich. Ich bin etwas gekränkt über das Wort „ersatzweise". Das frisst an mir, die Seismografen haben Alarm geschlagen. Ich male mir aus, wie ich jetzt meinen Flugbuchungswunsch ins Sekretariat trage, wo sie darauf warten, dass ich etwas schlichte. Ich spüre, dass ich in der Hauptsache heute lustig und kreativ sein sollte!

Der Mensch unterscheidet sich vom Computer dadurch, dass die Aufmerksamkeit nicht einfach platzmäßig verteilt werden kann, sondern dass die Aufmerksamkeit an die Seismografen geknüpft ist, die gerade Alarm schlagen. Wenn ich also die genannten Anwendungen an meinem Arbeitstag beginnen will, finde ich mich in verschiedenen biochemischen Körperzuständen wieder. Ich soll lustig kreativ, aggressiv, beschwichtigend sein. Ich muss die Nervosität wegen der langen Reise am nächsten Tag unterdrücken und ruhig meine Termine für den nächsten Tag umplanen. Ich muss unbedingt den beleidigten Stachel wegen des Wortes „ersatzweise" loswerden. Aber wie? „Ersatzweise" sagt doch, ich sei zweite Wahl. Bedeutet es etwas Dunkles? Bin ich wirklich zweite Wahl? Ich merke, wie beim Nachdenken noch mehr Seismografen ausschlagen. Hat da nicht vorige Woche jemand gesagt, ich solle mir nur nichts einbilden? Ich horche in das Universum. Weitere Seismografen schlagen aus. Ich setze mich an den Schreibtisch und spitze erst einmal die Bleistifte an. Das wollte ich schon immer erledigen. Gut, dass ich jetzt daran denke. Und bevor ich daran gehe, die Bleistifte zu spitzen, hole ich Kaffee. Hoffentlich habe ich Kleingeld.

Der Computer arbeitet ab. Aber wir Menschen müssen für die verschiedenen Arbeiten in einem günstigen physiologischen Zustand sein.

Das jeweiligen Hinüberschwingen in günstige Zustände kostet sehr viel Zeit. Lustig werden? Eine halbe Stunde vielleicht. Den Seismografen, der bei „ersatzweise" ausschlug, ertränke ich in Kaffee und sinnlosen Arbeiten, wie Aufräumen oder Zeitung lesen mit leerem Blick. Künstlich wütend werden? 10 min in Rage reden und hoffen, dass mein Gegner mich beleidigt (ich bin leider ziemlich aggressionslos). Abrauchen, nachdem ich den Gegner besiegt habe? 20 min. Überwinden, den Streit nebenan zu schlichten? 15 min.

Wenn Sie diese Aufzählung auch nur annähernd für sich nachvollziehen können, verstehen Sie, wie unsagbar ineffektiv wir arbeiten, wenn wir uns biochemisch in Mischzuständen bewegen.

Unser Wunschtraum wäre: Einen Tag schreiben, einen Tag schuften, einen Tag reisen, einen Tag streiten. Dann würden wir viel besser arbeiten und die Arbeit wie „Flow" empfinden und genießen. Leider, so sagen wir, kommt immer etwas dazwischen. Wermutstropfen. (Hier könnte ich ein ganzes Buch über Arbeitsplanung schreiben! Die Organisationshandbücher vergessen die biochemischen Zustände oder raten dazu, sie mit Disziplin zu überschreiben. Ein schrecklicher Irrtum.)

Der Mensch braucht also verschiedene Strategien, wie er nicht nur seine Aufmerksamkeit, sondern auch seine zugehörige Augenblicks-Physiologie angemessen ausrichtet. Die verschiedenen Menschen verfolgen dabei wieder verschiedene Strategien. Die richtigen Menschen trimmen ihre Physiologie relativ gnadenlos nach der Pflicht und den Handbüchern, wozu sie Arsenale von Gegensensoren setzen müssen. Die wahren Menschen bemühen sich, die Physiologie nicht ernst zu nehmen. Sie versuchen, Geist/Seele vom störenden Körper zu trennen. Die natürlichen Menschen konzentrieren sich nur auf eine Aufgabe: JETZT. Ich beschreibe diese Strategien nun in jeweils eigenen Kapiteln.

2.5 Der Flash-Mode im richtigen Menschen

2.5.1 Richtige und natürliche Menschen

Ich habe bis jetzt, und wir sind schon mitten im Buch, noch gar nicht richtig erklärt, was denn überhaupt natürliche Menschen seien, wogegen ich die richtigen und die wahren Menschen schon in extenso besprach. Sie werden jetzt sehen: Es ging nicht anders, weil ich für das Begreifen des natürlichen Menschen erst gründlich über unsere Seismografensysteme spekulieren musste.

Bitte folgen Sie mir weiter auf dem Pfad der Vorstellung, wir hätten außen, um das eigentliche Denken, um Vernunft und Einsicht herum, ein Stachelgewirr von Sensoren, Tentakeln, Seismografen, die, jedes für sich einzeln, auf fest definierte Anzeichen lauern, um gegebenenfalls heftig Alarm zu schlagen.

Nehmen wir an, ich wäre ein kräftiges, starkes, strotzendes, energieüberquellendes, frohes Kind. Nehmen wir es an. Ich hätte dann einen Riesenappetit, liebte das Karussellfahren, das Fangen von Tauben vor dem Kaufhof, das Stehlen von Äpfeln und Kirschen. Ich hätte ein Arsenal von Außenfühlern, die auf Schneebälle, Pudding, Hamburger, Hunde, Lärm, Laufen, Singen, Fangen spielen, Schnitzeljagd, Drachenbauen, Radfahren, Colatrinken, Böllerschüsse, Farbenschmieren und vor allem Freunde reagieren, und zwar überaus heftig und erwartungsfroh. „Das Leben ist schön, es ist voller Möglichkeiten. Überall ist Freude!"

Das ist die eine Sicht des Menschen. Der richtige Mensch Aristoteles nennt den Menschen das Zoon Politicon, also ein soziales, sich in der Gemeinschaft handelnd entfaltendes Wesen. Und deshalb würde mich, das kräftige Kind, nun der ganze soziale Zoo in den Schwitzkasten nehmen: „Du hast schon sechs Scheiben Brot gegessen. Es reicht. Du frisst ja. Das ist kein Spaß mehr. Tauben sind pfui. Sie sind krank und das aufgescheuchte Flattern stört die Käufer. Äpfel dürfen nur gegessen werden, wenn sie über den Zaun herabfallen oder der Ast weiter als 2 m 75 über den Zaun ragt oder von einer Kuh erreicht werden könnte. Dann darf es ein Mensch auch."

Das System der richtigen Menschen ist darauf angelegt, dass der Mensch an das System gewöhnt wird. Gewöhnung bedeutet: Dem jungen Menschen werden durch Strafe und Belohnung Seismografen eingesetzt. Der junge Mensch wird gezwungen, unter den Gemeinschaftsbedingungen zu leben, bis er sich gewöhnt hat. Der Griff wird erst gelockert, wenn die Seismografen fest verankert sind.

Jetzt gebe ich ein ganz wichtiges Argument. Bitte hören Sie.

Diese Seismografen werden mir als energiestrotzendes Kind eingesetzt, damit sie Alarm schlagen: „Kirschen sind verboten. Zwei Tage Stubenarrest." Sie werden später wirklich Alarm schlagen. Sie sind in mich hineingepflanzt und wirken im Sinne der Gemeinschaft. Aber es sind NEUE Seismografen. Die alten sind noch da! Der alte schlägt weiter beim Anblick reifer Kirschen im Nachbargarten Alarm. „Pflück mich!", so raunt dieser Sensor mir zu, als wäre er die Kirsche selbst. „Iss mich!" Leider schlägt auch der neue Sensor Alarm: „Strafe!". Er ist stärker, viel stärker. So gehe ich an den Kirschen vorbei.

Ich zitiere Ihnen ein paar Sätze aus Rousseaus *Emil oder über die Erziehung*: „Natur, sagt man uns, ist nur Gewöhnung. Was heißt das? Gibt es nicht etwa Gewohnheiten, welche man nur gezwungen annimmt und welche die Natur niemals ersticken? So verhält es sich zum Beispiel mit der Gewöhnung der Pflanzen, deren aufrechte Richtung man gewaltsam verändert. Die wieder ihrer Freiheit zurückgegebene Pflanze behält zwar die Neigung, die sie gezwungenerweise angenommen hat; aber der in ihr kreisende Saft hat deshalb seine ursprüngliche Richtung nicht aufgegeben, und wenn die Pflanze zu wachsen fortfährt, so kehren die neuen Triebe zu der senkrechten Richtung zurück. Ebenso verhält es sich mit den Neigungen der Menschen. Solange man in den nämlichen Verhältnissen verharrt, kann man diejenigen, welche der Gewohnheit entspringen, selbst wenn sie unserer innersten Natur widerstreben, bewahren, sobald aber die Lage wechselt, schwächt sich die Gewohnheit ab und das natürliche Wesen kommt wieder zum Vorschein. Die Erziehung ist sicherlich nur Gewöhnung. Gibt es nun aber nicht Leute, welche ihre Erziehung vergessen und verlieren, und andere, welche sie bewahren? Woher kommt dieser Unterschied?"

Stellen Sie sich vor, ich bin erwachsen geworden. Ich bekomme keinen Stubenarrest mehr. Na? Ich würde Kirschen naschen! Oder nicht? Ja, doch, das würde ich tun! Aber ich kenne auch Menschen, die, erwachsen geworden, sagen: „Ich könnte die Kirschen nehmen. Aber ich muss dabei immer an meinen Vater denken, wie er geschimpft hätte. Nein, Kirschen sind mir seit jener Zeit zuwider." Und Rousseau fragt: „Woher kommt dieser Unterschied?"

Dieser Unterschied ist genau der zwischen dem richtigen Menschen und dem natürlichen. Ich versuche, ihn genauer herauszuarbeiten.

Der natürliche Mensch hat starke Seismografen an Stellen, wo eben ein natürlicher Mensch sie haben sollte. Ich habe etliche solcher Stellen genannt. Um diese Seismografen zu übertönen, muss ihm das System der richtigen Menschen einen Gegenimpuls einimpfen, der gewöhnlich in einer Strafandrohung oder einer Wohlverhaltensbelohnung besteht. Dieser Gegenimpuls gewöhnt ihn, ein guter richtiger Mensch zu sein. Aber: Der natürliche Mensch ist sich dieser Gegenimpulse stets bewusst. Sie sind für ihn feindlich gesetzt. Wenn sie ausschlagen, raunen sie: „Lass die Kirschen in Ruhe, solange jemand dabei ist." Die Regeln des Zoon Politicon sind für den natürlichen Menschen wie das Wissen um widrige Umstände. Wenn sich die Umstände ändern, fallen die Seismografen wieder weg.

(Wenn ich den Gesichtspunkt der Fingernagelunschönheit nicht mehr wichtig finde, kann ich den Seismografen abbauen.)

Für den natürlichen Menschen sind die vom System gesetzten Seismografen vorläufig eingesetzt. Sie werden beseitigt, wenn die Einsetzungsgründe wegfallen oder sich entscheidend ändern.

Die richtigen Menschen sind dem System verhaftet. Sie haben sehr viele Sensoren und Einsichten, die sie belohnen, wenn sie brave, gesetzestreue, zuverlässige, verantwortungsvolle, strebsame, vorbildliche, freundliche, Eigentum achtende Mitbürger sind. Diese Sensoren fehlen den natürlichen Menschen in weitgehender Weise, weil sie Systemzwänge als vorläufig ansehen und im BEWUSSTSEIN tragen. Wenn also ein richtiger Mensch, der das System als solches akzeptiert, wenn also ein echtes Zoon Politicon an Kirschen vorbeigeht, dann wird er die Schönheit der Früchte bewundern, die schmelzende Reife, die viel versprechende Süße. Er wird ein Erinnerungsfoto knipsen und beim nächsten Tengelmann 250 g Früchte kaufen, aus Spanien, von Wespen umschwärmt. Beim Anblick der vollreifen Früchte denkt der richtige Mensch: „Ach ja, Tengelmann." Aber der Gedanke, einen Zweig nieder zu biegen, kommt ihm nicht.

Tief in ihm drinnen ist da der Sensor, der sagt: „Iss mich! Pflück mich!", aber gleichzeitig drohen im Hinterhalt ganz viele, vielleicht zehn? zwanzig? dreißig Sensoren: „Eigentum missachtet. Schande vor Nachbarn. Spricht sich herum. Ordnungsstrafe. Klettern gefährlich. Reinigungskosten. Schmutzige Hände beim Spaziergang. Was würde Vater sagen!" Deshalb transformiert sich „Iss mich, pflück mich!" in Gedanken beim Spaziergehen. „Du, Schatz, wenn du beim Tengelmann vorbeigehst, könntest du ein paar Kirschen mitbringen." – „Es gibt nur spanische, die deutschen sind noch nicht ganz reif. Sie werden bald billiger werden. Warte mit deinem Heißhunger noch zwei Wochen, Schatz. In Heidelberg ist das Wetter schöner und die Kirschen kommen früher. Im Laden aber nicht. Es tut mir leid, Schatz."

So reden richtige Menschen. Aber das kann doch nicht ganz wahr sein? Damit habe ich Ihnen hoffentlich auch ein erstes Gefühl für den natürlichen Menschen gegeben.

2.5.2 Systemfilter für „Darf nicht" und „Muss": Das Über-Ich

Wenn ein junger Mensch insgesamt die Gewöhnung an ein System innerlich akzeptiert hat, so ist er ein richtiger Mensch der Gemeinschaft geworden. Erziehung ist Gewöhnung. Kommunions- und Konfirmationsunterricht ist Gewöhnung. Schule ist zum großen Teil Gewöhnung.

Alles ist gegründet auf die alten Worte von Aristoteles (*Nikomachische Ethik*): „Der Gesetzgeber macht die Staatsangehörigen tüchtig durch Gewöhnung; das ist die eigentliche Absicht jedes Gesetzgebers, und wer das nicht in rechtem Sinne vollbringt, der handelt fehlerhaft."

Und weiter dort:

> Von den beiden Arten der inneren Trefflichkeit des Menschen, der intellektuellen und der ethischen, verdankt jene, die intellektuelle, Ursprung und Wachstum am meisten der Belehrung; sie bedarf deshalb der Erfahrung und der Zeit. Die rechte ethische Beschaffenheit dagegen wird durch Gewöhnung erlangt und hat davon auch ihren Namen (Ethos mit langem e) erhalten, der sich von dem Ausdruck für Gewöhnung (Ethos mit kurzem e) nur ganz leise unterscheidet. Es ergibt sich daraus auch dies, daß keine der ethischen Eigenschaften uns durch die Naturanlage zuteil wird. Denn kein Naturwesen wird durch Gewöhnung umgebildet. Ein Stein hat von Natur die Richtung nach unten; keine Gewöhnung könnte je bewirken, …

Seit jeher bildet die Gesellschaft durch Gewöhnung ein starkes Seismografensystem im jungen Menschen. Die Gesamtheit dieser Sensoren, die vor allem auf Regeleinhaltungen, Konventionsbeachtung und Unnützlichsein im weitesten Sinne lauern, bildet in meiner Interpretation so etwas wie das Über-Ich oder das System-Ich im richtigen Menschen, also in solchen, bei denen das Festsetzen dieses System-Ichs in besonderem Maße gelingt.

Unter natürlichen Menschen möchte ich solche Menschen verstanden wissen, die sich zwar in vielfacher Weise dem System beugen, die es aber innerlich nie per se akzeptieren, sondern es quasi wie ein System naturgegebener Umweltbedingungen hinnehmen, gegen das ein Kampf oder Widerstand ohne weiteres erlaubt ist. (Zu den intuitiven, „wahren" Menschen komme ich im nächsten Kapitel.)

Der wirkliche Unterschied ist vielleicht dieser: Wenn ein Mensch während der Erziehung/Gewöhnung und seiner Einordnung in das System eben dieses System als Ganzes akzeptiert oder verinnerlicht, weil es ihm auch Geborgenheit, Sicherheit, Berechenbarkeit, Planbarkeit und Vertrautheit gibt, dann schlagen bei jeder Übertretung gleichzeitig viele Sensoren nach ihm. Ich habe das an dem Kirschbeispiel im vorigen Abschnitt zeigen wollen. Blitz! „Eigentum missachtet. Schande vor Nachbarn. Spricht sich herum. Ordnungsstrafe. Klettern gefährlich. Reinigungskosten. Schmutzige Hände beim Spaziergang. Was würde Vater sagen!" Diese vielen Sensorschläge vereinigen sich in einer einzigen Richtung. Sie heißt: „Du bist kein *richtiger* Mensch!"

Damit landet das Seismografensystem in einer starken Ballung eine Art Superschlag gegen den schwachen „Iss mich! Pflück mich!"-Seismografen, der ganz alleine für Augenblickslust steht. „Du bist kein richtiger Mensch!" Das ist sehr massiv. Es droht Schuldgefühle an, Gewissensbisse, Generalvorwürfe der Eltern.

Die Wirkungen aller gesetzten Seismografen vereinigen sich. Es bleiben zwei Hauptbefehle stehen: „Bleib dem System treu." Und: „Werde dort ein nützliches Mitglied." Und in einer mehr globalen Über-System-Form: „Sei vernünftig." Vernunft ist schlussfolgernder, logischer Verstand. Vernunft ist Ratio. Das Schlussfolgern aber beginnt mit den Grundsätzen, den Axiomen, den Bedingungen, Regeln, Gesetzen, aus denen gefolgert und logisch geschlossen werden müsste. Diese Fundamente sind aber durch das System vorgegeben. Der richtige Mensch repräsentiert daher die „Vernunft im System".

Natürliche Menschen sind solche, bei denen diese Zentrierung der Systemabwehr nicht gelungen ist. Sie akzeptieren das System als solches nicht. Natürliche Menschen sind wohl eher die, die keine Geborgenheit oder Sicherheit brauchen, also auch kein System. Sie sind eben kräftig, froh, energiestrotzend. Wenn ein natürlicher Mensch eben einfach so, ohne Hilfe, ohne Eltern, ohne System sicher auf der Erde steht, hilft ihm ein System nur wenig. Es beschränkt ihn aber sehr. An diesen Schranken schüttelt er wie an Gitterstäben, als ginge es um sein Leben. Darum geht es auch. Wirklich! Er kämpft für das Lebensfrohe, Freie, Kraftvolle. Und das System schießt zurück: Lustorientiert! Tier! Pfui! Kein richtiger Mensch!

Seit Demokrit aus Abdera uns das Folgende in *Fragmenten* hinterließ, sagen uns Systeme dies und vieles mehr der gleichen Art:

> Freiwillige Mühen gestalten das Ertragen unfreiwilliger leichter.
> Fortgesetzte Arbeit macht sich leichter durch die Gewöhnung.
> Mehr Leute werden durch Übung tüchtig als durch Anlage.
> Alle Mühen sind angenehmer als die Ruhe, wenn man das Ziel der Mühen erreicht oder weiß, daß man es erreichen wird.

> Bei jedem Mißlingen aber ist alle Mühe in gleicher Weise lästig und peinvoll.
> Auch wenn du allein bist, sprich, und tu nichts Schlechtes. Lerne aber dich weit mehr vor dir selber schämen als vor den andern.

Der letzte Satz heißt so etwas wie: „System, sei immer bei mir, auch wenn ich allein bin."

Nie würde ein natürlicher Mensch so denken!

Solch ein System würde ihn nicht glücklich machen. Und die richtigen Menschen hassen ihn für diese Einstellung.

In unseren Tagen vollzieht sich, bedingt durch die Erfindungen des Computers und des Internets, ein ungeheuerlicher, kaum jemals gekannter Wandel der Welt. Die Führenden in dieser Zeit klagen und zetern über den Unwillen der Menschen, den Wandel froh mitzumachen. Der starre Mensch, so spüren sie jeden Tag, hinkt in seiner Entwicklung dem technologischen Wandel sehr schleppend und unwillig hinterher. Das Zauberwort heißt „Change Management". Wie führe ich eingefrorene Strukturen in ein neues Zeitalter? Die Erfahrung ist betonharter Widerstand der Menschen. Die Führer der Menschen sind empört: „In euren Köpfen muss sich etwas ändern!" Immer wieder werden Misserfolge damit begründet, dass die Köpfe sich nicht wandeln, dass im Kopf nichts geschieht.

Wissen Sie, was im Kopf ist?

Das System.

> … ist doch auch der Grund, weshalb die Gewöhnung schwer zu ändern ist, eben der, daß sie zur zweiten Natur geworden ist. (Aristoteles in *Nikomachische Ethik*)

Das System der Seismografen ist zur zweiten Natur des richtigen Menschen geworden. Deshalb ist es ein mühevoller, langer Prozess, ihn wieder umzugewöhnen. Unsere unwissenden Politiker, selbst meist richtige Menschen, fordern von den richtigen Menschen „lebenslanges Lernen" und sie meinen aber: „leichte Umgewöhnung". Umgewöhnung aber *darf* nicht leicht sein, oder? Warum hätte man dann die richtigen Menschen so fest und starr in das System gewöhnt? Die Politiker meinen, man müsse zum Wandel nur das Wissen in der linken Gehirnhälfte austauschen gegen neues, besseres Wissen. Es geht beim Wandel des Systems nicht um besseres Wissen, sondern dann um das Einpflanzen einer dritten, vierten Natur.

Deshalb sitzen die richtigen Menschen heute im Elend, weil die Seismografen sich nicht ändern wollen. Deshalb nehmen Stresserkrankungen zu. Depression greift um sich. Schuld- und Versagensgefühle peitschen auf die richtigen Menschen ein.

Es ist nur die Forderung nach der unmöglichen leichten Umgewöhnung, die ihren Körper zeichnet. Die richtigen Menschen verstehen sich selbst nicht! Wie ginge das denn – fliegender Über-Ich-Austausch, am besten rollierend während der Arbeit?

Die natürlichen Menschen freuen sich dagegen auf die Freuden der Zukunft. Wechsel bedeutet Abwechslung oder, wie man heute sagt, Fun. Sie wandeln sich gern. Aber nicht im Sinne von Gewöhnung, denn ein neues System würde ja wieder versuchen, ihnen eine zweite Natur überzustülpen. Sie lieben aber ihre erste.

Im nächsten Kapitel bespreche ich den typischen Umgang des *wahren* Menschen mit seinen Seismografen. Hier kurz vorweg: Seine Intuition stellt ihn unter eine

Leitidee. Der wahre Mensch ist eine Art Priester für einen Glauben, ein Jünger einer Wissenschaft, ein Protagonist einer neuen Kunst, einer der neuen Computervirtuosen. Sein leidenschaftliches Interesse gilt dem Echten, dem Wahren, dem Schönen, dem Guten, dem Hochtechnologischen, je nach seiner eigenen Ausrichtung. Er ist Idealist.

Bei der bloßen Vorstellung, ihn mehr oder weniger zwangsweise durch Gewöhnung in ein System einzufügen, das als Ganzes natürlich *nicht* wahr, schön oder gut ist, bei dieser Vorstellung nur wird er in ungeduldigen Zorn ausbrechen. Wahre Menschen wehren sich gegen willkürlich gesetzte Seismografen. Sie wehren sich gegen das Gewöhnen noch mehr als gegen das System selbst, in dem sie immer das Hässliche, Unwahre, Unedle, Böse, das Rollengespielte, das Verdeckte und Doppelbödige anprangern. Wahre Menschen hängen in ihrer Vorstellung an den Lippen von Sokrates, Buddha und Jesus. Sokrates dringt auf Handeln aus *Einsicht*, nicht aus Gewöhnung. Jesus bittet um Handeln aus *Liebe*. Buddha hofft auf Handeln aus *Mitleid*. Diese wirklich wahren Menschen kommen nicht einmal selbst auf die Idee, das Wort Gewöhnung zu benutzen. Sie gehen einen Schritt weiter: Sie wollen am liebsten gar nicht auf den Körper hören. Gar nicht! Sie hören *weder* auf seine Lust, die sie am natürlichen Menschen belächeln, *noch* (und das ist hier das Entscheidende, warum ich diesen Absatz nach vorne ziehe) wollen sie sich der Angst unterordnen, mit der die richtigen Menschen ihre Seismografen ausschlagen lassen! Karen Horney beschrieb in ihren Werken drei Menschenstrategien: Anpassen, kämpfen, wegbleiben. Richtige Menschen passen sich an, natürliche Menschen rebellieren, wahre Menschen machen den Krieg nicht mit.

2.5.3 Reiz und Reaktion, Konditionierung und Verstärkung

Sigmund Freud dachte ein Leben lang über die Wirkmechanismen innerhalb unserer Psyche nach. Er spekulierte über das Nichtfassbare in uns, über Träume und innere Strukturen des Denkens. Schon 1913 wurde ihm heftig widersprochen. John B. Watson (gest. 1958) schrieb den Artikel *Psychologie, wie sie der Behaviorist sieht*. Er beginnt mit den berühmten Worten: „Psychologie, wie sie der Behaviorist sieht, ist ein vollkommen objektiver, experimenteller Zweig der Naturwissenschaft. Ihr theoretisches Ziel ist die Vorhersage und Kontrolle von Verhalten. Introspektion spielt keine wesentliche Rolle in ihren Methoden, und auch der wissenschaftliche Wert ihrer Daten hängt nicht davon ab, inwieweit sie sich zu einer Interpretation in Bewusstseinsbegriffen eignen. Bei seinem Bemühen, ein einheitliches Schema der Reaktionen von Lebewesen zu gewinnen, erkennt der Behaviorist keine Trennungslinie zwischen Mensch und Tier an. Das Verhalten des Menschen in all seiner Feinheit und Komplexität macht nur einen Teil der behavioristischen Forschungen aus."

Das war 1913 eine Kriegserklärung gegen alles Freudsche und gegen eine allgemeine Menschheitskultur, die damals noch an eine Trennungslinie zwischen Mensch und Tier glauben wollte. Seit Watsons Artikel gibt es den Behaviorismus, der sich ganz dem naturwissenschaftlichen Studium des Verhaltens annehmen wollte. Der Behaviorismus wurde für lange Zeit eine beherrschende Strömung in der Psychologie. Der nachfolgend so genannte S-R-Behaviorismus untersuchte die Beziehungen zwischen einem objektiv beobachtbaren Reiz (publicly observable stimulus) und der nachfolgenden objektiv beobachtbaren Reaktion (publicly observable response).

Burrhus Frederic Skinner (1904–1988) führte den Behaviorismus von Watson weiter und entwickelte die Verhaltensanalyse. Skinner geht davon aus, dass sich ein Großteil unseres Verhaltens auf sehr einfache elementare Lernprinzipien zurückführen lässt. Er selbst hat dazu recht radikale Thesen in den 60er und 70er Jahren publiziert. Skinner untersuchte das Erlernen von Reaktionen auf Reize unter positiver Verstärkung (Belohnungen, „Kino + Hamburger", Gehaltsbonus), unter negativer Verstärkung (nach dem Gehorchen *keine* Strafen mehr, *kein* Tadel, „alles ruhig, seit ich das so mache"), unter aversiven Reize (Strafen aller Art) und unter Entziehung positiver Verstärkung („kein Kino", „leider keine Beförderung", „ich mag dich nicht, solange du nicht lieb bist und nicht tust, was ich sage").

Die Verhaltensanalyse untersucht, wie Reiz und Reaktion unter verschieden hohen Verstärkungen zusammenhängen. „Für jede Eins in Latein bekommst du 5 €." Steigt jetzt die Anzahl der Einser? Wie stark? Wenn sie stark gestiegen ist und die Belohnung wegfällt: Bleibt es bei Einsern? Oder wird der untersuchte Schüler wieder schlechter?

Ja, der Schüler wird im Durchschnitt unter Belohnungen besser. Ja, er wird im Durchschnitt wieder schlechter, wenn die Belohnungen ausbleiben. (Da müssten noch die Unterschiede zwischen richtigen und natürlichen Menschen gemessen werden!) Wenn die Belohnungen wieder erneut einsetzen, wird er *schneller* wieder besser als beim ersten Versuch. Klar. Vielleicht „macht er es billiger", für 4 €. (Das ist extrem interessante Forschung: Ich könnte Sie eine Weile für Arbeit gut bezahlen und nach einer gewissen Zeit verlangen, Sie möchten diese interessante Arbeit doch umsonst weiter für mich verrichten. Das tun Sie wahrscheinlich nicht sehr lange, denke ich, wie ich Sie kenne. Nun aber biete ich Ihnen die Weiterbeschäftigung für 80 % des ursprünglichen Lohns an. Sie werden sehr erleichtert sein. Bin ich nicht ein cleverer Arbeitgeber?)

Die Forschungen ergeben, dass man konditionierte Reaktionen auch wieder dekonditionieren kann. Dies kann zum Beispiel einfach dadurch geschehen, dass alle Verstärkungen im Zusammenhang mit dem Reiz wegfallen. Das nennt man das Löschen von erlernten Reaktionen.

Es zeigte sich, dass sich Furchtreaktionen nur schwer wieder löschen lassen (!). Leider lässt sich das nicht so gut erforschen, weil wir dazu am besten Freiwilligen oder Kindern Furcht einimpfen müssten, die wir dann wieder zu entfernen versuchten. Deshalb wird immer wieder von einem frühen Experiment von Watson und Rayner berichtet, die dem kleinen Albert Furcht vor seiner geliebten weißen Ratte konditionierten und dann feststellten, dass Albert sich „vor allem mit Fell dran" fürchtete. Was nun? „Leider" wurde Albert von seiner Mutter vor der Wissenschaft gerettet.

Es heißt: Klassisch konditionierte Reaktionen werden nicht durch scharfes Überlegen oder analytisches Abwägen und eine saubere Entscheidung gewonnen, also nicht durch bewusstes Denken. Deshalb kann man sich selbst ihrer auch nicht wieder ohne weiteres entledigen. Nicht durch Vorhaltungen, nicht durch gutes Zureden.

Sie spüren schon: Die Psychologen, die Menschen konditionieren, spielen mit dem Feuer. Zumindest in meinem Vorstellungsmodell, das von der Existenz von Anzeichen-Identifizierern ausgeht.

Wenn es solche Flash-Mode-Algorithmen in uns gibt, ist es sehr einleuchtend, dass sich der kleine Albert vor Fell fürchtet. Das Fell ist das *Anzeichen*, bei dem ein neuer Seismograf Alarm schlägt! Die Behavioristen, speziell die Skinnerianer, setzen also nicht nur Reaktionen in Menschen hinein, die sich wieder verlieren können, wenn die verschiedenen Verstärkungen ausbleiben. Nein! Sie setzen Alarmglocken in uns, Anzeichen-Identifizierer, weil wir eben über diese Mechanismen die Welt „vorscannen", bevor wir denken oder tun. Das Hineinpflanzen von Reaktionen durch Verstärkung kann also und wird sicher ein relativ unkontrollierbarer Prozess sein.

Wir geben dem Kind 5 € für einen Latein-Einser. Das ist ein objektives („publicly observable") Experiment. Wir sehen objektiv, wie das Kind Einser in zunehmendem Maße nach Hause bringt. Ein schönes Experiment!

Was aber passiert mit dem Seismografensystem des Kindes? (Das wurde nicht beobachtet?!)

Albert fürchtet sich vor Fell.

Entstehen so Phobien?

Das Einser-Kind aber wird Einser an dem Anzeichen *Geld* identifizieren?? Es liebt also Geld. Es wird bald fragen: „Bekomme ich auch 5 € bei Mathe-Einsern?" Später heißt es: „Dieses Kind arbeitet nur noch für Geld. Wir müssen ihm das wieder löschen." Niemand weiß mehr, dass wie fast alles in der Welt auch diese Sache mit Latein angefangen hat.

Weiß jemand, wie Seismografen gelöscht werden?

Weiß jemand, wie Seismografen punktgenau gesetzt werden?

Gibt es also Punktseismografen genau auf Latein-Einser?

Seismografen, die genau auf einen ganz bestimmten Punkt reagieren, gäben uns ja Informationen, nicht aber nur Anzeichen. Dekodieren von Informationen dauert aber lange. Deshalb kann es im Menschen nicht so viele Punktseismografen geben. Es kann aber sehr wohl viele Anzeichen-Identifizierer geben. Deshalb wird es wohl so sein, dass willkürlich durch Konditionierung gesetzte Seismografen noch auf anderes reagieren als auf das, was eigentlich beabsichtigt war. Das Beispiel von der einen *einzigen* weißen Ratte und den Ängsten vor *allen* Tierfellen wird also quasi ein Paradigma oder den allgemeinen Fall beschreiben.

Wenn das aber so ist, wird heute Konditionieren von Menschen sehr leichtfertig oder unverantwortlich betrieben. Wir verstehen ja die Nebenwirkungen im Flash-Mode-System nicht.

Es wäre interessant zu wissen, wie denn diese Manipulationsmechanismen auf natürliche, wahre und richtige Menschen wirken. Ich sage voraus: Natürliche Menschen lassen sich gut konditionieren, wenn sie für die gewünschte Reaktion volles Leben bekommen. Ohne Belohnung verlieren sie die Konditionierung wieder fast völlig ohne Schaden. Richtige Menschen werden viele Konditionierungen mit ihrem Seismografensystem verbinden („Versager!“). Beim Ausbleiben der Belohnungen wird die Reaktion relativ gut beibehalten (das ist die „Gewöhnung“ der Philosophen und Pädagogen), weil sie vom Seismografensystem stabilisiert wird. Wahre intuitive Menschen entwickeln eher Seismografen für das nicht Authentische, das Manipulative. Sie könnten reagieren, wenn sie die Belohnungen wollen. Sie werden aber, zumindest weit ins Bewusstsein hinein, alle Konditionierung verachten. Sie sind es ja, die Konditionierung anprangern. Sie hassen dies: „Steuerleichterungen für meine Wähler! Romreisenlotterie für den eifrigsten Kirchgänger! Eine Plakette für je 100 Gute-Tat-Punkte!“ Sie sehnen sich meist leidend nach echter Politik („Inhalte!“), nach Glauben oder nach dem Guten.

Die Philosophen zanken sich seit den Worten von Sokrates in den Dialogen von Platon über die Frage: „Ist Tugend lehrbar oder lernbar? Oder muss sie irgendwie anders in uns kommen?“ Die Konditionierer werden sich das Lehren schon Zutrauen, denke ich. Die wahren Menschen werden intuitiv wissen, dass Tugend von selbst wächst, und zwar *nicht* im Seismografensystem.

Es folgt insgesamt: Die richtigen Menschen, die ängstlich im System bleiben wollen, werden nach meiner Ansicht am meisten durch die Konditionierung beeinflusst. (Als Intuitiver hätte ich fast geschrieben: geschädigt. Aber das schreibe ich lieber nicht. Es wäre wieder so eine Sicht von mir.) Die richtigen Menschen bekommen ein undurchschaubar komplexes Seismografensystem mit einer Fülle immer neuer Angstmöglichkeiten.

Auf der anderen Seite ist die Denkweise des Behaviorismus eine nicht intuitive, objektive, empiristische Denkweise. Das bedeutet, dass die richtigen Menschen gerade diese Auffassung der Psychologie lieben werden. Das tun sie auch wirklich, wie ich gleich ausführe. Zugunsten des Systemheimatgefühls vernichtet ihre eigene Denkweise also vor allem ihr eigenes „Glück“, nicht unbedingt dasjenige derer, die durch Konditionierung vor allem in Schach gehalten werden sollen, nämlich das der natürlichen Menschen.

2.5.4 Der Omnimetrie-Komplex des modernen richtigen Menschen

Die Hauptkonditionierung unserer Neuzeit ist das universelle Messen. Im Buch *Wild Duck* habe ich etwas ironisch von einer Welt der *Omnimetrie* gesprochen. (Der Titel dieses Buches hier würde eher „überall Sinn“ assoziieren; aber mindestens wird überall Maß genommen, da bin ich sehr sicher.)

Es gibt da einen Satz, unter dem sich stets meine ganz persönliche Psyche sträubt:

> What you can’t measure, you can’t manage.

„Was nicht gemessen werden kann, kann nicht gemanagt werden.“ Dieser Satz gehört heute zum Kern-Kredo des überwiegenden Teiles der Manager, die meist richtige Menschen sind – deshalb. (Es gibt Tests wie den MBTI oder den Test von David Keirsey oder andere „Klontests“ („16 verschiedene Persönlichkeiten“) im Netz, bei denen unter anderem getestet wird, ob man intuitiv ist oder nicht. Rechts oder Links. Es gibt ganze Berufsgruppen, die zu zwei Dritteln diese Tests mit „Links" ablegen, also eher im hier verwendeten Sinne richtige Menschen sind. Statistiken finden Sie im *Atlas of Type Tables* von Gerald P. Macdaid, Mary H. McCauley, Richard L. Kainz. Diese Statistiken sind nicht völlig repräsentativ, aber wenn Sie darin blättern, werden Sie überzeugt sein: Zwei Drittel der Manager, Schuldirektoren, Offiziere, Bankangestellten und Verwaltungschefs sind *richtige* Menschen.)

Die richtigen Menschen urteilen mit Vorliebe durch Messungen.

Es gibt Ranglisten von Mitarbeitern, Schulnoten, Examensnoten aller Art, Bilanzen, Hitlisten, Halls of Fame, Charts, Top-Ten-Listen für alles, Stechuhren, Uhren aller Art, Geldranglisten von Sportlern, Ranglisten der Reichen oder schlecht Gekleideten.

Die Zahl ist ein Teil von uns. Sie spricht ein Urteil über uns.

Der Vergleich *unserer* Zahlen mit den Zahlen *anderer* bestimmt, wer der Bessere ist, der Sieger, der Bevorzugte.

Die gesamte „Gewöhnung" des Systems wird über diese Zahlen und deren Vergleiche gesteuert. Es wird geradezu abgestritten, dass man irgendetwas ohne Vergleiche, Prüfungen und Nachmessen erreichen könnte. (Gute Bücher schreiben? Geniale Wissenschaft? Komponieren?) Dies sagt jedenfalls der obige Satz.

- Gute bis sehr gute Messungen bilden eine positive Verstärkung für das oder den Gemessenen. „Weiter so! Versuch doch, noch einen Schnaps drauf zu legen! Du bist zu höheren Messungen bestimmt."
- Überdurchschnittliche Messergebnisse führen zum graduellen Ausbleiben von Lob. „Ordentlich, sehr ordentlich, wenn du dich noch ein bisschen anstrengst. Mühe dich stärker. Arbeite härter. Gut so, wenn du es tust. Gut so."
- Unterdurchschnittliche Messergebnisse führen zu „Liebesentzug" im weitesten Sinne. „Leider keinen Bonus. Der ist dieses Jahr nicht drin."
- Schlechte Messungen führen zu Strafen. „Suche dir eine andere Stelle!"

Im Grunde lauern auf *jedes* Urteil Seismografen in uns. Ein paar Punkte irgendwo verloren? Blitz! „Versager!" Ein schmollender Chef? Blitz! „Gefahr."

Der Vater hat die Mutter lieber als mich? Blitz! Ödipuskomplex.

Sigmund Freud hat *nur diesem einen* Vergleich, nämlich dem der Liebesintensität im Beziehungsnetz der Kernfamilie, lange Jahre des Nachdenkens gewidmet. Und er gab dem Problem das Attribut „Komplex". Nur dieser *eine* Vergleich („Die Mutter gehört eher dem Vater als mir.") führt zu einer hochkomplexen Problematik, die uns das ganze Leben prägen kann. Nur dieser *eine* Vergleich setzt ungekannte Zahlen von Angst-Anzeichen-Identifizierer in uns ein. Nun kommen aber noch viele, viele Vergleiche hinzu. Immer heißt es: Die Vergleichsguten sollen die Nummer Einsen werden, die Überdurchschnittlichen gut, die Unterdurchschnittlichen besser werden, die Schlechten sollen ins „Kröpfchen", weg! Der Megakomplex des Menschen nach dem Säuglingsalter ist der Omnimetrie-Komplex. Im Namen der Konditionierung durch Messen werden unglaubliche Rohheiten gegen Menschen begangen, die Menschen bis an den Hals und höher bis in die Haarspitzen mit „Komplexen" befüllen, also mit Seismografen bepfropfen.

Als Manager sehe ich ironischerweise sogar, dass die schlechten Mitarbeiter oft weniger gestraft aussehen als etwa die unterdurchschnittlichen oder die überdurchschnittlichen. Bei schlechten Ergebnissen gibt es eine Strafe. Das ist dem Mitarbeiter klar. Das nimmt er hin. Er muss es nicht mit der Hilfe von Anzeichenseismografik herausbekommen. Er ist so schlecht, dass das angstvolle Lauern auf bloße *Anzeichen* aufhören kann. („Ist der Ruf erst ruiniert, lebt es sich ganz ungeniert.") Dagegen gibt es bei unterdurchschnittlichen Leistungen fordernden Liebesentzug. Dieser ist aber für viele Menschen die *Höchststrafe*! Höchststrafe also für ein paar Punkte unter dem Durchschnitt. „Versager!", heißt es, wo auf Anerkennung gelauert wird. Die wahren Menschen halten Omnimetrie für einen sinnlosen Selbstverbesserungsversuch des Systems. Das führe ich im nächsten Kapitel aus. Die natürlichen Menschen ducken sich unter Messlatten und versuchen, heil aus allem herauszukommen. Für sie ist Omnimetrie eine gezielte Aggression gegen den natürlichen Menschen. Die richtigen Menschen aber bilden den Omnimetrie-Komplex aus, ein völlig beherrschendes Seismografensystem des Messens und des Vergleiches.

What you can't measure, you can't manage.

Wenn also das Machbare aus Sicht des richtigen Menschen notwendig das Messbare ist, so wird alles Reale im Sinne des richtigen Menschen gemessen werden. Dann aber ist die Messlatte in allem Realen. Dann aber ist alles Gemessene fast mit dem realen System identisch.

Der Omnimetrie-Komplex ist also ein übermächtiger Metaseismograf, der den Hauptteil aller Angst des richtigen Menschen enthält.

„Wie stehe ich da? Was werden die Leute sagen?", beunruhigt sich der Richtige.

Und im Grunde wünscht er sich eine heile Welt.

2.5.5 Die injizierte Minderwertigkeit des richtigen Menschen

Der Omnimetrie-Komplex injiziert planmäßig Minderwertigkeit des Vergleiches und des Messens.

Der Vater des Minderwertigkeitsgedankens ist Alfred Adler. Er beobachtete von Anfang an, wie sich Menschen unter organischen, körperlichen Minderwertigkeiten krümmen. Ich habe ein Minimalbeispiel von mir und meinen Fingernägeln oben schon säuberlich herausmanikürt, weil es mir gerade auf der Hand lag. Das chronische Leiden des körperlich versehrten Menschen führte zu Adlers Begriff des Minderwertigkeitskomplexes. Der organisch geschwächte Mensch erkennt sich in einer nachrangigen Ausgangslage, die ihn unter den mehr bevorzugten Menschen unten einordnet. Er befindet sich in einer Situation, in der er potenziell überfordert ist. Aus dieser Lage muss er sich freikämpfen. Nach oben! Er beginnt, das Ziel der Überlegenheit ins Auge zu fassen.

Da der organisch geschwächte Mensch von unten beginnen muss, steht er vor der Aufgabe, mehr zu leisten als die bevorzugten anderen, um mitzuhalten oder zu siegen. Er muss „überkompensieren", wie uns Alfred Adler erklärte. Vielfach geschieht dies im Wege einer übertriebenen, engen Sichtweise, die dann in eine Erkrankung, in eine Neurose münden kann.

Der Omnimetrie-Komplex induziert quasi *planmäßig* diese Minderwertigkeitskomplexe in jeden von uns hinein. Das Gesellschaftssystem der Neuzeit verlangt vom Menschen außer „seiner Gewöhnung" nun auch die Freisetzung aller seiner Energie in das Siegen oder das Überdurchschnittlichsein.

Wie stehen wir da?

Es wird bald üblich, sich Zähne, Busen, Haare, Oberschenkelhaut zu korrigieren oder zu optimieren. Sonst droht ein Minderwertigkeitskomplex, weil uns eben die ganze Gesellschaft für minderwertig hält. Das Fernsehen zeigt uns auffällig oft erbarmungswürdige Aufnahmen von Brüsten, die am Ende nicht zum Glück verhalfen, weil der Herd des Omnimetrie-Komplexes gar nicht so weit vom Herzen entfernt war, wie man dachte. Wenn irgendwo Messungen schlecht ausfallen können, gibt es gegen gutes Geld Produkte oder Ratschläge, wie die Messungen besser werden können:

Kosmetik, Mode, Autos als Persönlichkeitsaddendum, Fitness, Bräunung, Urlaubsimage, Nachhilfestunden, Höherqualifizierungen, „Eigentum", Wohlhabenheit, Bildungsgrad, Titel, Preise, Ehrungen, Publizität. Das meiste ist gegen Geld zu haben, weshalb der Besitz von Geld eine der besten Möglichkeit darstellt, Minderwertigkeiten überzukompensieren.

Diese Beschwichtigungen des Omnimetrie-Komplexes setzen neue Seismografen in unseren Körper, die noch lauter Alarm schlagen sollen als das Toben schlechter Messwerte. Diese neuen Überkompensationsseismografen sollen darauf lauern: „Ach, du hast einen Doktor bekommen? Wie aufregend!" – „Deine Zähne sind soo weiß! Wo hast du die machen lassen?" – „Du bist in den Schulneubauausschuss des Gemeinderates berufen, alle Achtung!" – „Du bist mit Bild in der Zeitung!"

Dadurch schweigen die alten Seismografen nicht. Sie werden nur zeitweise übertönt. Der minderwertig gemessene Mensch muss immer wieder Futter für die Alarme der Lobseismografen finden, damit es niemals leise wird.

Wenn es nämlich einmal still ist, ganz still, dann hören wir: „Gewogen und zu leicht befunden."

Unser Gesellschaftssystem beruht nicht auf der Gewöhnung allein, sondern vor allem darauf, dass es nicht in dieser Weise still um uns werden darf.

Der Omnimetrie-Komplex des Systemmenschen verlangt vom richtigen Menschen zweierlei: Er kann sich im System im Prinzip fast so verhalten, wie er will, muss aber für alles Unerwünschte oder formal Unerlaubte bezahlen. Er fällt damit an einigen oder vielen Messpunkten zurück. Verkehrsübertretungen kosten Geld oder die Fahrerlaubnis. Das Stehlen, Schwarzfahren oder Steuerhinterziehen wird mit hohen Bußen bestraft, die grob im Verhältnis zum angerichteten Schaden stehen. Starke Übertretungen kosten den Job oder die Berufszulassung. Diese Strafen sind schon im Allgemeinen härter als die früher üblichen Gefängnisstrafen, die nur noch vorzugsweise auf Menschen angewendet werden, die für ihre Vergehen nicht genug bezahlen können. Alles wird gemessen und angemessen honoriert oder bestraft.

Innerhalb dieses Rahmens wird erwartet, dass der Mensch in möglichst ehrgeiziger und ausdauernder Weise das Beste aus sich macht.

Der ideale Systemmensch zielt mit seiner ganzen ausdauernden Lebensenergie auf das Erstreben der Höherwertigkeit, der Karriere oder des Aufstiegs, hält aber im Maße seines Strebens noch (hoffentlich) vor der Neurose an.

Im Grunde wird die durch den Omnimetrie-Komplex eingeimpfte Minderwertigkeit vom System in psychische Energie umgewandelt, die mit der systemgenährten Hoffnung auf Höherwertigkeit verbunden ist. Allem wird suggeriert, es müsse steigen. Der Omnimetrie-Komplex stellt an den Menschen die gleichen unnachsichtigen Forderungen wie das Prinzip der Optimierung des Shareholder-Value an unsere Unternehmen.

„What you can't measure, you can't manage." Das heißt auch: Was wir messen können, werden wir auch verbessern! Die neue Zeit misst, evaluiert und prüft den Menschen. Sie ist überzeugt, sie bekommt den Menschen dadurch besser. Das ist zumindest die Überzeugung des richtigen Menschen.

Konditionierung und Omnimetrie „bringen den Menschen zur Vernunft". Vernunft ist die Krone des richtigen Menschen. Konditionierung und Vergleich zwingen ihn zu einem Verhalten, das im Idealfall wie vernunftgesteuert aussieht. Die setzen ihm aber nicht die wahre Krone auf. Eher einen Dornenkranz.

2.5.6 Das ES im Menschen: Systemtrieb und Systembefriedigung

Der Omnimetrie-Komplex zäunt den Freiraum des Menschen ein. Er verkleinert die erwünschten Lebensräume und beschränkt die mögliche Nahrungsvielfalt. Der Mensch soll ausdauernd arbeiten und die Wirtschaft durch den Kauf der von ihm produzierten Produkte in Gang halten. Er ist ein Teilrad eines großen Arbeitsprozesssystems, das früher im Buch mit „Räderwerk" bezeichnet wurde. Der Mensch wird durch systemgesetzte Seismografen „motiviert", sich vor allem seiner Höherwertigkeit im System zu widmen. Sein Minderwertigkeitskomplex wird ihm als Höherwertigkeitsanspruch vorgegaukelt, den er an sich selbst stellt und dem er zweifellos bei hoher Leistung gewachsen ist. „Der Mensch hat Höherwertigkeit verdient, wenn er immer strebt."

Diejenigen Menschen aber, die im System zu den nachgemessen Minderwertigen gehören, werden vom System gequält, jetzt endlich besser zu werden. Viele bleiben dauerhaft in der gemessenen „schlechteren Hälfte". Diese Menschen beginnen, im System zu lavieren, nur scheinbar gut zu arbeiten. Sie beginnen, andere anzuschwärzen, schlecht zu machen, ungerechtfertigtes Lob auf sich zu ziehen, sich aufzuspielen, andere um Lob und „Liebesbezeigungen" zu erpressen, Leistungsdaten zu erschwindeln. Sie kämpfen um das seelische Überleben und werden im Grunde wie „Massenzuchttiere".

Gierige, lüsterne, süchtige natürliche Menschen, die unter zu starkem Trieb, also ihrem Es, „leiden", werden immer wieder mit wilden Tieren verglichen. Sie gehören in dieser extremeren Erscheinungsform zu der untüchtigeren Hälfte der *natürlichen* Menschen. Diejenigen richtigen Menschen aber, die den „Versagen"-Hieben ihrer Mitmenschen und des Systems nicht mehr ausweichen können, verkommen zu verängstigten, armseligen, handzahmen Farmtieren. „Unvermittelbare Arbeitslose." Das System als Ganzes verwechselt meist arbeitslose oder arme *richtige* Menschen mit den vermeintlich faulen, arbeitsscheuen Menschen der bekämpften *natürlichen* Sorte. Politiker nennen diese Menschen „faule Säcke", „arbeitsloses Pack" oder „Unterstützungsschmarotzer".

Das System hat also verschiedene Wirkungen im Seismografenapparat des Menschen. Es versenkt das Über-Ich in uns hinein, das in uns rigoros für das ganze Regelwerk unserer Kultur steht. Das Über-Ich erzieht uns zu Moral, Pflicht, gutem Benehmen, Höflichkeit und gutem Geschmack.

Daneben aber bekommt der Mensch so etwas wie einen Systemtrieb eingepflanzt. Er wird von Seismografen gepeinigt, die auf Lob lauern, auf Ehre, Anerkennung, Respekt, Erfolgsmeldungen. Wenn diese positiven Meldungen des Flash-Mode-Systems im Körper ausbleiben, dann kommen die dunklen, gefürchteten, verdrängten, übertönten Seismografenausschläge wieder ins Bewusstsein: „Versager!" Der richtige Mensch entwickelt also der Lust des natürlichen Menschen ähnliche Triebe und Sehnsüchte. Ich will sie in ihrer Gesamtheit den Systemtrieb oder das ES des Menschen nennen.

Das ES ist gewalttätig wütig im Menschen und verängstigt ihn unter Minderwertigkeitskonvulsionen. Richtige Menschen mit einem stark wütenden ES werden feindselig, passiv aggressiv („Dienst nach Vorschrift"), können sich hündisch unterwürfig vor allem Mächtigen in den Staub werfen („Was darf ich tun, um zu besänftigen?") oder versuchen mit allen Mitteln, Erfolge vorzuweisen und Punkte zu sammeln. Richtige Menschen können keine Schuld auf sich sitzen lassen und beißen sich lieber Zungen ab, als „Entschuldigung" zu sagen. Das können sie so schlimm empfinden wie der natürliche Mensch eine echte Niederlage im Kampf. Richtige Menschen können aus Systemtrieb putz- oder ordnungssüchtig werden, sie verzweifeln, wenn sie unbeachtet und ungeehrt bleiben, wenn ihnen nicht gedankt oder der gebührende Respekt versagt wird.

Um im System ehrbar zu erscheinen, verstecken sie alles Nichtkonforme. Der Vordergarten und der Schreibtisch sind aufgeräumt, die Kleidung ist angemessen, Schimpfwörter werden gemieden. Vor jedem Besuch erfolgt eine Putzorgie. Im Management heißt es: „Der Boss kommt." Da werden Zahlen geschönt, Teppiche ausgelegt, Essen besorgt, Seidenanzüge angezogen. Helle Aufregung! Rehearsal für alle! (Rehearsal bedeutet: Alle müssen ihre Reden zur Probe schon einmal halten; die Reden werden sorgsam abgeklopft.) In der Kaserne schrecken alle zusammen: „Der General kommt!" Die Wache wird geimpft, ihn zu erkennen und nicht um den Ausweiß zu bitten. Die Kaserne wird geputzt. Die Soldaten werden getrimmt, „dienstgeil" zu wirken. Etc. Immer, wenn das System in der Form einer Autorität

(Schulrat, Kardinal, …) erscheint, sehen wir ein Zusammenzucken aller Seismografen. Der Systemtrieb zeigt sich ganz offen und brutal. Die Menschen „rotieren".

So, wie der Sexualtrieb im Menschen befriedigt werden will, muss auch das System befriedigt werden. Es verlangt Verehrung, um sich seiner sicher zu sein. Deshalb wird in Reden der Politiker immer wieder endlos geleiert: „Ich trete für Frieden ein, für Gleichheit, Soziales, für Einigkeit und Demokratie. Ich setze mich für unsere Werte ein, für die Kultur, die Umwelt und die Religion. Ich habe ein hohes Ethos, ich opfere mich und meine Familie in 24-stündiger Arbeitspflicht meinem Vaterland." Da sagt das System: „Brav, mein Guter."

Deshalb heißt es, wenn der Boss kommt: „Ich zeige Enthusiasmus für das Geschäft. Ich übernehme die volle Verantwortung für überhaupt alles, was ich richtig gemacht habe. Ich spare Geld. Ich verschwende keine Zeit. Ich habe die Monatsziele der Firma voll verinnerlicht. Ich sage sie noch einmal hier auswendig auf, damit es alle sehen. Wir wollen Gewinnsteigerung, nicht nur gewöhnlichen Profit. Ich zerreiße mich jeden Tag. Ich schlafe kaum …" Auch das ist Systemverehrung, keine Information.

Deshalb heißt es, wenn der Schulrat zum Fest kommt: „Wir danken der Schulverwaltung. Wir sind stolz, dass unser Abgeordneter unter uns weilt, weil nächste Woche Wahl ist. Wir danken den Eltern, die gleich den Höhergestellten Sekt servieren werden. Wir danken den Schülern, die in Gestalt eines Musterschülers unser Herz mit einem dreiminütigem Harfenstreichen erfreuten. Wir freuen uns an diesem Tag und wollen gerne das Gelernte spontan demonstrieren, was wir schon seit acht Wochen üben, damit sich keiner verplappert."

Systeme feiern sich andächtig, wenn das Höhere naht.

Systeme wollen befriedigt werden wie Triebe.

Die Einzeltriebe der Systeme heißen: Intoleranz selbst gegen nur verbale Systemgegner, Unduldsamkeit gegen Ausnahmen, Uniformität, Gleichheit von allen, Einheitlichkeit der Regeln, Unabänderlichkeit, lückenlose Regeln ohne Schlupflöcher, gnadenlose Härte gegen Verletzungen der Regeln, unbedingte Prozesstreue, Loyalität und so weiter.

> Jede einzige Ausnahme unterhöhlt das System. Wir werden keine Extrawürste braten (Extrawurst=einmaliges Privilegium für Hierarchieniedere). Wir sind stolz auf weltweite Einheitlichkeit. Unser Räderwerk läuft, wie eine Katze schnurrt. Bei jeder Störung werden wir mit gebotener Härte reagieren und alles verschärfen, was jetzt noch vorläufig zu gnadenreich ist. Wir sind ja keine Unmenschen, so lange alle gehorchen.

Vor allem richtige Menschen werden also vom implantierten Seismografensystem gepeinigt. Das Über-Ich verlangt Höherwertigkeitsstreben, das ES oder der Systemtrieb verlangt Befriedigung. Sonst rächt sich das ES bitterlich: Mit Schuldgefühl, Scham und Selbstanklage.

Die natürlichen Menschen wehren sich gegen das Implantat der Systemtriebe. Sie siegen im Kampf (das ist *ihr* Höherwertigkeitsansatz), erbeuten auf der Jagd, ernten als einsamer Bauer oder verdienen ihr Brot als freier Handwerker oder Selbstständiger. Sie werden durch Idole und ihr Es getrieben. Bald mehr dazu!

2.5.7 Der reine, wirklich richtige Mensch, die Vernunft und die Tugend

Die Menschen werden in ihrer Kindheit „gewöhnt". Sie bekommen die Systemkräfte implantiert, die als Seismografensystem fest im Körper verankert sind, also fest auch im biochemischen Sinne. Wie ich ausführte, können wir Anzeichensysteme wegen ihrer Winzigkeit in der Programmierung nicht richtig rational erfassen, also nur sehr schwer ändern.

Die Implantationsprozeduren der Erzieher, Eltern und Bosse sind den Experimenten der Behavioristen entlehnt, auch schon, bevor es Psychologie gab. Vernunft wird „beigebracht". Der Satz „Ich bringe dir Vernunft bei." verheißt nichts Gutes. Er bedeutet: „Ich bläue dir Vernunft ein." – „Wer nicht kapiert, muss spüren." Bis in unsere Tage ist sich die Welt ziemlich sicher, Vernunft am schnellsten einprügeln zu können.

Aber ja! Richtig! Bei Prügel werden sehr, sehr mächtige Seismografen eingesetzt, die schon bei kleiner Reizschwelle mit Angstflutung beginnen und alles andere übertönen. Je härter die Erziehung, je stringenter die Gewöhnung, umso besser sitzt das Systemimplantat, sitzen Über-Ich und ES im Körper verankert.

Aus dem Tier, das der junge Mensch aus der Feindsicht des richtigen Menschen auf den natürlichen Menschen in jedem Baby sieht, aus diesem Tier ist jetzt ein Haustier geworden. Der Wille ist gebrochen worden wie in einem Pferd oder wie im zitierten Monty Roberts selbst. Der richtige Mensch ist auf ein rationales, kühles System von Strafe und Belohnung konditioniert: „Du bekommst alles im System, alles! Ja, wenn du vorher brav warst!"

Die Philosophen denken nun viel über Vernunft nach. Sie schaudern vor den ihnen so maschinenhaft erscheinenden Menschen, die nach Triebbefriedigung gieren oder nach Systemtriebbefriedigung lechzen (Lob, Gehaltserhöhung, Plaketten, Ehrennadeln). Philosophen eifern gegen den Trieb der Macht, der Eitelkeit, des Narzissmus, der Aggression um eitler Weltlichkeit willen. Wo bleibt die Vernunft?

Das klingt so (etwa Bayle in *Verschiedene Gedanken über einen Kometen*): „Die Vernunft gab es den Weisen des Altertums: Man müsse das Gute aus Liebe zum Guten tun, und die Tugend müsse sich selbst für die Belohnung ansehen, und das sei eine Eigenschaft eines bösen Menschen, wenn er aus Furcht vor der Strafe sich vom Bösen enthielte."

Oder lesen Sie § 55 von Lessings *Die Erziehung des Menschengeschlechtes*, wo von sehr ferner Zukunft die Rede ist. Lessing denkt bestimmt mehr als 250 Jahre voraus, finde ich. „Das ist: dieser Teil des Menschengeschlechts war in der Ausübung seiner Vernunft so weit gekommen, daß er zu seinen moralischen Handlungen edlere, würdigere Bewegungsgründe bedurfte und brauchen konnte, als zeitliche Belohnung und Strafen waren, die ihn bisher geleitet hatten. Das Kind wird Knabe. Leckerei und Spielwerk weicht der aufkeimenden Begierde, eben so frei, eben so geehrt, eben so glücklich zu werden, als es sein älteres Geschwister sieht."

Dazu noch einen Satz von Kant aus *Die Metaphysik der Sitten*: „ … wiewohl Tugend (in Beziehung auf Menschen, nicht aufs Gesetz) auch hin und wieder verdienstlich heißen und einer Belohnung würdig sein kann, so muß sie doch für sich selbst, so wie sie ihr eigener Zweck ist, auch als ihr eigener Lohn betrachtet werden."

Wo also bleibt die Vernunft? Ich weiß es.

Es ist keine da.

Das Systemimplantat des Seismografenapparates simuliert etwas im Menschen, was wie Vernunft aussieht. Die Seismografen werden so aufeinander abgestimmt, dass ihr komplexes Geflecht nach außen hin der Vernunft ähnlich wirkt, wo aber nur ein System von Angst und Belohnung herrscht.

Vernunft wäre in der linken Gehirnhälfte, frei von Angstschlägen. Vernunft ist klar und unbestechlich! Insbesondere verspürt Vernunft keine Stiche der Seismografen. Vernunft ist fest und hell. Vernunft könnte in der linken Gehirnhälfte residieren und sie könnte dort wie die Sonne regieren. Leider geben wir uns kaum Mühe, Vernunft zu erzeugen. Wir erziehen Menschen so, dass Über-Ich und ES im Körper oberflächlich wie Vernunft aussehen. Wir biegen die Triebe so, dass sie nach dem Vernünftigen (dem Belohnten) gieren. Es gibt ganze Managementschulen, die sich auf das Werkzeug der extrinsischen Motivation verlegen: Mitarbeiter sollen durch kunstvolle Belohnungs- und Bonussysteme so „motiviert" werden, dass sie genau tun, was das System „vernünftigerweise" will. Viele Mitarbeiter verwechseln deshalb Vernunft mit Belohnung, auch die Manager, die ihnen das predigen, haben es als Mitarbeiter vorher so implantiert bekommen. Deshalb verschwimmt die Grenze zwischen dem im System Belohnten und dem Vernünftigen immer mehr. Die Triebe des Menschen sind erbärmlich verhunzt worden. Sie treiben den Menschen zu Belohnungen, die ihm die Nähe der reinen Vernunft anzeigen. Belohnung = Vernunft.

Ich will sagen: Die Systeme streben keine Vernunft an, sondern nur ihre naturgetreue Simulation. Es scheint den Systemen einfacher, Vernunft zu simulieren als sie zu „erwecken". Beides, das Prügeln und das Belohnen, sind einfach.

Deshalb bin ich gewiss, dass die Vernunft nicht da ist. Sie ist nur scheinbar täuschend ähnlich dargestellt. Die Darsteller aber, die richtigen Menschen mit Systemimplantat, verlangen Gage. Ohne Belohnung spielt keiner mit.

Deshalb ist die Forderung der Philosophen unsinnig, der Mensch solle Vernunft ohne Belohnung lieben. Es ist ja keine Vernunft da!

Reine Vernunft ohne Systemimplantat kennt gar keine Belohnung! Das Problem der Belohnung stellt sich der Vernunft nicht! Die linke Gehirnhälfte denkt sich das Gute und tut es. Befehlen und Gehorchen wäre nur eins. Erkennen und Tun wäre eins! Nach der Vernunft erfolgt kein Zucken im Körper, das Belohnungsmöglichkeiten checkt!

Die Hoffnung der Systeme ist es, dass die Gewöhnung der Kinder an das System sie sehr schnell vordergründig scheinbar vernünftig macht und dass in ihnen im Laufe des Lebens sich langsam die reine Vernunft durchsetzt. Die Hoffnung besteht weiterhin darin, dass mit wachsender Vernunft des Erwachsenen die Krücke oder der Prügel des Systems weniger und weniger eingesetzt werden muss. Danach würde der Mensch langsam aus eigener Vernunft tun, was er einst nur für Gage tat. Das System kann dann im Körper langsam mehr und mehr zurücktreten. Der systemgetriebene Mensch ist sozusagen „allein" lebensfähig und braucht das System nicht mehr. Er erlöst sich selbst nach und nach vom System. Der Mensch durchschaut das System und beginnt, wie in einer Glasscheibe dahinter die wirkliche Vernunft zu sehen und zu lieben. Der Mensch wird vernünftig, edel und weise. Er reinigt sich vom Über-Ich und vom ES. Er wird ein richtiger Mensch.

Hören Sie kurz Sokrates, aus Platons Dialog *Phaidon.* Es ist nur ein einziger Satz, etwas verschachtelt. Atmen Sie ihn nur ein, das reicht und wäre besser: „O bester Simmias, daß uns also nur nicht dies gar nicht der rechte Tausch ist, um Tugend zu erhalten, Lust gegen Lust und Unlust gegen Unlust und Furcht gegen Furcht austauschen und Größeres gegen Kleineres, wie Münze; sondern jenes die einzige rechte Münze, gegen die man alles dieses vertauschen muß, die Vernünftigkeit, und nur alles, was mit dieser und für diese verkauft ist und eingekauft, in Wahrheit allein Tapferkeit ist und Besonnenheit und Gerechtigkeit, und überhaupt wahre Tugend nun mit Vernünftigkeit ist, mag nun Lust und Furcht und alles übrige der Art dabei sein oder nicht dabei sein; werden aber diese, abgesondert von der Vernünftigkeit, gegen einander umgetauscht, eine solche Tugend dann immer nur ein Schattenbild ist und in der Tat knechtisch, die nichts Gesundes und Wahres an sich hat, das Wahre aber gerade Reinigung von dergleichen allem ist, und Besonnenheit und Gerechtigkeit und Tapferkeit und die Vernünftigkeit selbst Reinigungen sind."

Der Weg zur Vernunft führt den richtigen Menschen erst über eine Erlösung vom System. Der richtige Mensch strebt Vernunft der linken Gehirnhälfte an. Im Irrglauben, Seismografenimplantate seien dem Ziel der Vernünftigkeit dienlich, verdirbt der richtige Menschen seine ganze Art durch effizientes, preisgünstiges „Einbläuen". Danach sieht er seinen beschwerlichen Weg vor sich, sein ganzes Restleben der Erlösung vom selbst erzeugten Unheil zu widmen. Ich glaube nie und nimmer, dass das bei vielen Menschen so funktioniert! Ich lebe im Management. Es hagelt Ziele und Anforderungen. Durchhalteappelle jagen einander: Arbeite härter, länger, mit stärkerer Disziplin! Beiße die Zähne zusammen, alles muss wachsen! Erstrebe die Höherwertigkeit! Sonst bist du minderwertig! Und dann verströmen wir unsere Energie in die Höherwertigkeit, hetzen unsere biologischen Herzen, erkranken, werden nervös, zucken vor dem Burn-out und trompeten immer noch wie Gotteskrieger: „Ich verbrauche mich restlos! Ich bin stolz auf mich!" Die andere Seite, die „Erlösung", kommt vom Betriebsarzt. Er sagt: „Sie können nur dann dauerhaft 24 Stunden am Tag arbeiten, wenn Sie zusätzlich noch zwei Stunden am Tag Sport treiben, entspannen und in dieser begrenzten Zeit keinen Schnaps trinken."

Wissen Sie, was das ist?

Die Vernunft wird simuliert und führt zu Erosion.

Nun wird als Gegenmittel die Erlösung simuliert.

Schnell und effizient! Opfern wir also unsere Freizeit der Arbeit, der Höherwertigkeit und dem wachsenden System! Opfern wir dann den Rest für Erlösungspflaster gegen genau dieses System!

Wir simulieren Vernunft und Tugend, weil dieses Vorgehen einfacher zu managen ist. Echte Vernunft und Tugend entstehen anders. Rousseau etwa hat es in *Emil oder Ueber die Erziehung* längst schon geahnt und auf den Punkt gebracht:

> Tut das gerade Gegenteil der herkömmlichen Erziehung und ihr werdet fast immer das Richtige treffen. Da man aus einem Kinde nicht ein Kind, sondern einen Gelehrten bilden will, so meinen Väter und Lehrer nicht früh genug damit anfangen zu können, es ausschelten, zu bekritteln, zu tadeln, zu liebkosen, zu bedrohen, ihm Versprechungen zu geben, Leben zu erteilen und Vernunft zu predigen. Macht es besser. Seid vernünftig und sucht euren Zögling nicht mit Vernunftgründen zu überreden, vor allem nicht, um ihm Gefallen an dem einzuflößen, was ihm mißfällt; denn wenn man in solcher Weise in alle Angelegenheiten, welche ihn unangenehm berühren, stets die Vernunft mit hineinzieht, so macht man sie ihm dadurch schließlich langweilig und lästig und schwächt ihr Ansehen schon frühzeitig bei einem Geiste, der noch nicht imstande ist, sie zu verstehen. Uebt seinen Körper, seine Organe, seine Sinne, seine Kräfte, aber seine Seele erhaltet so lange wie möglich in Untätigkeit. Hütet euch, ihn mit Ansicht bekanntzumachen, ehe er Verstand genug besitzt, sie zu würdigen.

In meinem Buch *Wild Duck* habe ich schon die Geschichte erzählt, wie unser Johannes einst „sauber" wurde. Hier kurz: Er wollte im Urlaub am Strand keine Pampers mehr tragen. Er war zweieinhalb Jahre alt. Wir erklärten ihm, dass er ein potenzieller Umweltverschmutzer sei. Er bestritt das auf dem ganzen Heimweg ins Ferienhaus. Ich ging mit ihm vor dem Haus an ein Rosenbeet, äh …, machte also vor seinen Augen hinein und forderte ein Gleiches vom ihm, zur Probe. Er verstand schon, dass Rosen gedüngt werden müssten … Seit diesem Tag war er trocken. Die Rosen werden uns verzeihen.

Für unsere Tochter Anne gibt es eine ähnliche Geschichte. Rezept? Warten wir doch einfach, bis die Kinder verstehen! Wenn Trockenlegen von Kindern mit Vernunft fünf Minuten dauert – warum impfen wir ihnen an dieser Stelle so schrecklichen Zwang ein, dass Sigmund Freud dann über diese erste Gewalttätigkeit der geliebten Eltern gegen das Kind „im Namen des Systems" etliche Bücher schreiben kann? Warum bescheren wir Kindern eine Katastrophe? Unser System sagt: Mit zwei Jahren können Kinder den Schließmuskel beherrschen, also physisch trocken bleiben. In diesem Augenblick setzen wir sofort mit Gewalt Seismografen ein. Tränen, Schläge, Bitten, Angebote der Eltern: „Baby, mach' irgendeinen Scheiß, und du bekommst eine Belohnung dafür." Das ist Simulation des Richtigen. Wir können auch so sagen: Ein halbes Jahr nach dem möglichen Beherrschen des Schließmuskels kann das Kind reden und verstehen. Ein Wort reicht. Es hat nichts mit Belohnung zu tun. Die erwachende Vernunft muss nur das Wort „sauber" im und am Körper schätzen lernen.

Das Drama entsteht dadurch, dass die richtigen Menschen alles so früh wie möglich in ihr Kind einprügeln wollen, weil das Kind dann den Nachbarn höherwertig erscheint. Sie warten fast nie auf die Vernunft des Kindes. Diese erwachende Vernunft bleibt unbeteiligt, weil alles schon immer vorauseilend in Angst gegossen implantiert wurde. Die Vernunft wird als Erklärung für die Implantationsgewalt gebraucht. Das Kind selbst handelt also nie richtig aus eigener Vernunft, sondern nur im Namen der offiziellen Vernunft, wenn es offiziell richtig handelt.

Da also wenig Vernunft da ist, gibt es nur wenige reine richtige Menschen, die nur aus reiner Vernunft handeln, die nicht wesentlich von einem ängstigenden Systemtrieb stammt.

Es gibt nur wenige Erlöste.

2.6 Der Flash-Mode im wahren Menschen

2.6.1 Der Ideefilter: Das Ichideal

Wahre Menschen, die intuitiven also, sehen immer das jeweilige Ganze mit dem neuronalen Netz der rechten Gehirnhälfte. Diese Black Box gibt Resultate des Denkens heraus, auf die der Intuitive vertrauen muss. Das Ganze seines Denkens ist im Netz repräsentiert.

Wahre Pfarrer sind erfüllt von einem Ganzen des Glaubens. Wahre Mathematiker leben quasi in ihrer Theorie. Wahre Krankenschwestern leben in der Ganzheit der Idee „liebevolle Pflege". Wahre Lehrer mögen in der Ganzheit „liebend Knospen pflegen und zur Blüte bringen" leben und denken.

Dann kommen Boten des Systems: Der Lehrplan der Schulen wird zum Pauken hin geändert, Knospen hin oder her. Krankenschwestern sollen möglichst nicht mit den Patienten reden, das kommt zu teuer. Mathematiker sollen nur noch denken, was *nützlich* im Sinne des Systems ist, und daher *brauchbare* Computeranwendungen entwickeln. Psychologen und Sozialarbeiter sollen Arbeitslose gefälligst von der Straße treiben und nicht etwa zur Blüte bringen: zu teuer.

Das System der Gesellschaft verlangt unermüdliche Nützlichmachung bei gleichzeitigem Streben zur Höherwertigkeit, wozu es heute hauptsächlich drohende Vergleichsmessungen vornimmt und bei Abweichlern bessere Messwerte verlangt.

Dieses ES aber greift damit in die wahren Werte des wahren Menschen zum Teil mit unerhörter Grausamkeit ein.

Der richtige Mensch identifiziert sich mehr mit seiner Rolle im System. Er lauert auf Anzeichen, dass diese Rolle nicht richtig ausgefüllt wird. Er lauert nach Möglichkeiten zu einem Höherwertigkeitserlebnis. Er hat Angst vor Fehlverhalten in der Rolle und vor Minderwertigkeit.

Der wahre Mensch identifiziert sich mit einer Idee, einem Glauben, einer Haltung, einer Wissenschaft, einer Kunst, einer Liebe. Die Idee stellt entsprechend Forderungen:

- Die Idee steht als Stern über seinem Leben.
- Die Idee verlangt Verehrung.
- Die Idee muss gegen andere Ideen und gegen Systeme verteidigt werden.
- Die Idee fordert Pflege, also Reinhaltung.
- Die Idee soll wachsen und damit das Ich hinterdrein.
- Die Idee verachtet das Lustvolle des Tierischen, wenn nicht gerade das Lustvolle ihr Gegenstand wäre.

Sein Seismografensystem schlägt daher auf die Dinge hin Alarm, die er am meisten fürchten muss:

- Kleinheit oder Nichtigkeit (Invalidität) „seiner" Idee.
- Einhergehende Nichtachtung und Nichtliebe seiner Person.
- Gefährdung der Reinheit der Idee.

- Stagnation des Wachstums der Idee.
- Kampfmaßnahmen des Systems gegen seine Idee und seine Person, die fast in jeder Kompromissforderung des Systems lauern können – da jede Einordnung in ein System die Reinheit der Idee bedroht.
- Kampfansagen anderer Ideen.
- Aufbäumen der Natur bzw. der eigenen Natur gegen die Idee.

Die Idee wird wie eine Art Religion, wie ein Glauben. Die Religionen selbst erklären jede andere Idee für eine Ersatzreligion und würdigen sie damit mit gutem Erfolg herab. Die großen Ideen sind die Ideen der Einsicht (wie Sokrates), die Ideen des Guten (wie Platon), die der Liebe (Jesus), die des Edlen (Konfuzius). Menschen können aber auch einfach das Vegetariersein zu einem Lebensstern erheben.

Nichts gegen das Essen von Pflanzen.

Aber sehen Sie: Vegetarier essen nicht einfach Pflanzen, weil es zum Beispiel richtig wäre. Sie verehren das Nichtessen von Tieren. Sie kämpfen gegen das normale System der menschlichen Nahrungsaufnahme. Sie ordnen ihr Leben zum Teil völlig der Idee der richtigen Nahrungsaufnahme unter. Sie beginnen, untereinander zu streiten, welche Art von Vegetariertum die beste oder heldenhafteste oder gesündeste wäre. Sie unternehmen erhebliche Anstrengungen, die ökologischsten Nahrungsmittel zu kaufen. Sie sind als Gruppe erfolgreich gewesen, alle Welt dahin zu bringen, immer mehr vegetarische Gerichte anzubieten, so dass sie „außer Haus" gehen können. Vegetarier können Tieresserfeinde werden und dann folglich Menschen, die noch Fleisch essen, mit Bann oder Ablehnung belegen. Sie müssen es verdrängen, wenn sich ihr Körper bei Bratwurstgeruch noch nach dem Kiosk dreht. Keine Abweichung wird geduldet! Keine Ausnahmewurst wird gemacht! Die Reinheit stünde in Gefahr.

So wie der richtige Mensch fürchtet, beim Nachgeben gegen Lust das System aufzuweichen, so fürchtet die Idee ihre Beschmutzung.

So kann eine Idee den wahren Menschen vollständig erfüllen.

Sie wird dann in gewisser Weise sein System.

Party. Zwei Gäste essen im Stehen von Papptellern. „Einige Salate sind mit echtem Parmesan überstreuselt. Furchtbar." – „Du Witzbold, das ist echt amerikanischer Cesar Salat, und zwar einer der besten Sorte. Da kann ich mich reinsetzen vor Genuss." – „Käse ist Käse. Ich bin strenger Vegetarier. Ein Veganer." – „Wegen so ein paar Schnitzchen solltest du dich nicht aufregen. Parmesankäse ist sehr teuer. Ich weiß das bei den Gastgebern zu würdigen." – „Es ist blanke Nichtachtung, nichts weiter. Sie haben in fast alle Salatsaucen Miracle Whip hineingerührt. Das enthält Eigelb, das ist vom Tier. Ich bin empört, denn ich bin hier eingeladen." – „Na ja, das sind doch nur Spuren, oder?" – „Es geht ums Prinzip. Wir kämpfen schließlich gegen Eier." – „Aber dann würden ohne Miracle Whip doch die Hühner aussterben?" – „Sie wollen mich ins Wanken bringen. Dieses dumme Argument habe ich schon oft widerlegt." – „Wie denn?" – „Die Hühner werden doch gebraten." – „Nein, das sind nur die Männchen." – „Legehennen werden Suppenhühner." – „Die kauft doch keiner. Die Legehennen werden so unwürdig gehalten, dass man sie nicht mehr essen mag." – „Sehen Sie." – „Aber sie würden aussterben, oder?"

– „Sie sind dumm!" – „Sie wissen nicht weiter! Ätsch!" – „Sie wollen mich nur besiegen, aber nicht für Tiere eintreten." – „Ach, besiegen! Die Nomaden füttern Kamele mit Grünpflanzen. Dann kommt hinten Kot heraus, der getrocknet wird. Den brauchen Nomaden zum Leben wie wir Kohle, damit sie Feuer haben. Wäre das bei Veganern erlaubt?" – „Nein, es ist ein Tierprodukt." – „Aber Kot …" – „Kot ist Tierprodukt." – „Aha, und wenn wir zum Beispiel Muttermilch von menschlichen Frauen verkaufen würden? Darf die ein Veganer trinken?" – „Das ist unwürdig. Sie selbst sind unwürdig! Merken Sie das nicht?" – „Ihre Theorie widerlegt sich an Muttermilch." – „Und Sie sind unwürdig. Sie sind zum Kotzen. Wie definieren Sie denn *Ihren* Wert?" – „Ich bin Anti-Fernseher, weil Fernsehen dumm macht." – „Haben Sie als Kind ferngesehen?" – „Nein, natürlich nicht, warum?" – „Immerhin gibt es im Fernsehen Filme über Veganer, die verpassen Sie. Hallo! Ja … bitte, wir haben ein Gespräch. Was, Abschied? Warum gehen Sie schon nach Hause?" – „Es hat einer eine Zigarette auf dem Balkon angesteckt, es ist Rauch hereingeweht, mir ist ganz schlecht geworden." – „Verstehe. Trinken Sie doch wenigstens das Glas aus. Oder lieber nicht. Es ist Campari." – „Wieso?" – „Die rote Farbe ist ebenso wie die von Lippenstiften aus zentrifugierten Blutläusen gewonnen." – „Ach so, Läuse sind Tiere, nicht wahr? Nein, nein. Das war früher mal. Heute werden die Läuse längst künstlich hergestellt. Campari ist völlig unnatürlich, er sollte für Veganer o.k. sein. Hallo, Gerda!" – „Wer ist die denn?" – „Ein Superweib. Sie kämpft gegen Silvesterraketen, Salzstreuen im Winter, Rindergelatine in Weingummis, gegen motorisierte Briefträger und gegen die Ausbreitung des Euro. Alles auf einmal." – „Das halte ich für Prahlerei. So viel auf einmal kann man nicht schaffen. Glauben Sie denn das? Sie müssen doch auch schon den ganzen Tag über aufpassen, dass Sie nicht fernsehen, oder?"

Das war aber jetzt eine Art Tiefschlag. Ich weiß. Ich wollte aber nur nicht dozieren. Die Spannbreite der Ideen ist immens. Sie reicht von den Ideen der Philosophen bis zu jedem ernst genommenen Hobby. Menschen unter Ideen sind dann für Vereine engagiert, sind Computerfreaks (heute: Linux-Freaks zum Beispiel), züchten Pflanzen oder Tiere und so weiter und so weiter.

Sie stellen gewissermaßen ihr Leben unter ein Leitthema. Dieses Leitthema ordnet ihr Leben wie ein System. Es ist aber ein eigenes, selbst geschaffenes System, das wie eine durchdringende Idee die ganze rechte Gehirnhemisphäre erfüllt. Dieser Leitgedanke des Lebens definiert ein Ideal, an dem die Intuitiven ihr Leben ausrichten. (Es gibt auch Menschen mit mehreren Idealen, ebenso Menschen, die ihre Ideale wechseln, wie wenn man sich wegen eines neuen Partners scheiden ließe.)

Sigmund Freud geht von der Vorstellung aus, dass uns ein Über-Ich beherrscht, das unnachsichtig von unserem Ich fordert, alle Regeln einzuhalten. Das Über-Ich steht für den Inbegriff aller moralisch-hemmenden Kräfte, aller Zwänge, sich in das soziale System einzugliedern. Es setzt Verhaltensnormen und fordert Unterwerfung. Das Über-Ich ist der Gegenpol des Es, des Unkontrollierten, des Unterbewussten, des Triebes.

Sigmund Freud spricht vom „Ichideal oder Über-Ich." (zum Beispiel in *Das Ich und das Es*). Er benutzt die Wörter *Über-Ich* und *Ichideal* synonym.

Hier, in diesem Buch, möchte ich einen Unterschied zwischen diesen Begriffen machen. Sigmund Freud hat mit dem Es und dem Über-Ich nach meiner Vorstellung nur die Gegenpole des „guten richtigen Menschen“ auf der einen Seite und des „triebhaften natürlichen Menschen auf der anderen Seite“ thematisiert. Das Wort *Intuition* etwa kommt bei ihm in der gesamten 18-bändigen Ausgabe nur acht Mal vor. Zum Beispiel: „Der sogenannten Intuition traue ich bei solchen Arbeiten wenig zu; …“ (*Jenseits des Lustprinzips*) Oder: „Ihr Beitrag [der Beitrag der Psychoanalyse] zur Wissenschaft besteht gerade in der Ausdehnung der Forschung auf das seelische Gebiet …. Nimmt man aber die Erforschung der intellektuellen und emotionellen Funktionen des Menschen (und der Tiere) in die Wissenschaft auf, so zeigt sich, daß an der Gesamteinstellung der Wissenschaft nichts geändert wird, es ergeben sich keine neuen Quellen des Wissens oder Methoden des Forschens. Intuition und Divination wären solche, wenn sie existierten, aber man darf sie beruhigt zu den Illusionen rechnen, den Erfüllungen von Wunschregungen.“ (Dies und das folgende Zitat stammen aus: *Neue Folge der Vorlesungen zur Einführung in die Psychoanalyse*.) Oder: „Von den drei Mächten, die der Wissenschaft Grund und Boden bestreiten können, ist die Religion allein der ernsthafte Feind. Die Kunst ist fast immer harmlos und wohltätig, sie will nichts anderes sein als Illusion. Außer bei wenigen Personen, die, wie man sagt, von der Kunst besessen sind, wagt sie keine Übergriffe ins Reich der Realität. Die Philosophie ist der Wissenschaft nicht gegensätzlich, sie gebärdet sich selbst wie eine Wissenschaft, arbeitet zum Teil mit den gleichen Methoden, entfernt sich aber von ihr, indem sie an der Illusion festhält, ein lückenloses und zusammenhängendes Weltbild liefern zu können, das doch bei jedem neuen Fortschritt zusammenbrechen muß. Methodisch geht sie darin irre, daß sie den Erkenntniswert unserer logischen Operationen überschätzt und etwa noch andere Wissensquellen wie die Intuition anerkennt.“

Wir können über so etwas Vages wie die Intuition natürlich sehr lange streiten, aber Freuds Konzept des Ich, des Es und des Über-Ich ist nach meiner Vorstellung eine der wenigen absolut genialen Intuitionen der Menschheitsgeschichte. Freuds Konzepte gelten heute vielen als bloß intuitiv erfasste Modelle, die nicht empirisch begründet sind. Ich will hier nur aufzeigen, dass sich Freud nicht mit der Intuition wie ich hier auseinander gesetzt hat. Die Asymmetrie des Gehirns war ja nicht bekannt und neuronale Netze gibt es noch nicht lange im Vorstellungsvermögen der Menschen.

Ich möchte also einen Unterschied zwischen Über-Ich und Ichideal machen. Den Begriff des Ichideal möchte ich abweichend von Freud für den Inbegriff der ordnenden Kraft im Intuitiven, im wahren Menschen, verwenden.

Der wahre Mensch wird nicht durch moralisch-hemmende Regeln zur Sozialisierung, also zur Gewöhnung, geleitet. Er steht unter einer Leitidee.

Ich habe mit Absicht so einen satirischen Ausrutscher über die armen Veganer begangen. Ich wollte Ihnen damit vor Augen führen, wie schon relativ kleine Leitideen von großen Teilen eines Menschenlebens quasi Besitz ergreifen können. Freud sieht besonders Künstler, Philosophen und Mönche, die sich unter intuitive Ideen stellen. Damit ahnte er ja, wo „das Andere, das Intuitive“ im Menschen sitzt.

Er hat den wahren Menschen vor lauter Gedanken an ordentliche Methodik nicht erkannt. Das ist für mich sein Kardinalirrtum schlechthin gewesen.

Das Über-Ich wird in den Menschen hineingepflanzt. Es residiert in meinem Vorstellungsmodell in der linken Gehirnhälfte und herrscht durch die entsprechend implantierten Seismographen des Sozialisierungssystems. Das Ichideal reift durch lebenslanges Arbeiten im neuronalen Netz der rechten Gehirnhälfte heran. Es entsteht im Intuitiven. Es ist bestimmt nicht die *Sozialisation*, die den Menschen zum Künstler, Philosophen, Computerfreak, zum Schauspieler, zum Komponisten macht. Ist denn das nicht klar?

2.6.2 Ein Auf und Ab der Leitsterne

Intuitive benutzen ihr Anzeichen-Identifizierungssystem nicht stark als Prügel des Über-Ich zur Gewöhnung oder zur Sozialisation. Bei wahren Menschen dient dieses System vor allem zum Aufbau einer Ordnung unter einem Leitstern und gleichzeitig zur Annäherung des Ich an das Ichideal, das sich dabei weiterentwickelt.

Gewissen, Schuldgefühle oder Scham richten sich nicht gegen das Ich, um die Sozialisation aufrechtzuerhalten oder zu erzwingen. Sie beziehen sich auf die Unterordnung des Ich unter die Leitidee bzw. das Ichideal.

Stellen Sie sich vor, jemand bewiese, dass es keinen Gott gibt. Was geschieht dann in einem Mönch? Dieser Fall ist ein Paradigma.

Er tritt im Alltäglichen so auf: Kunstrichtungen kommen und gehen. Wissenschaften entstehen, während in „klassischen“ Disziplinen die Professorenstellen wegfallen. Alle Restaurants der Welt und die Fluggesellschaften bieten Vegetarisches an, während der Fleischgenuss durch immer stärkere Horrormeldungen von der Tierzucht verdorben wird. Nouvelle Cuisine kommt auf, das Alte wird nicht mehr gegessen. Das gemütliche Rauchen als Gemeinschaftserlebnis wird als Massenmordversuch geächtet. Die Ideen von Vaterland oder Nationalstolz verschwinden. Die Ichideale kämpfen mit Systemen und anderen Ichidealen.

Ich selbst bin Mathematikprofessor gewesen, als sich die Informatik in größerem Umfang zu entfalten begann. Ich habe mich sofort freiwillig gemeldet, um einen Informatiknebenfachstudiengang an der Fakultät für Mathematik zu gründen. Mein Ichideal war nicht betroffen. Viele Kollegen sahen schwarz: „Die Ministerien werden die freiwerdenden Mathematikstellen langsam zugunsten der Informatik umwidmen. Es geht bergab.“ Im Kontext hier: Die Idee der Mathematik schrumpft, weil ein neuer Leitstern erschien. Die Mathematiker litten und leiden noch immer unter ihren Informatikkollegen. Ihr Ichideal, der unsterblichen Mathematik zu dienen, zuckt unter allen Fortschritten der Informatik. Es sind Anzeichen, dass die Mathematik vielleicht nicht gerade völlig stirbt, dass sie aber als Idee kleiner wird. Sie steht nicht mehr neben dem Thron, auf dem die Philosophie einst saß. Die Philosophie schrumpfte schon früher.

Im Innern – verzeihen Sie den schnöden Vergleich – fühlt es sich genau so an, als wenn Gott verschwände. Es ist endloses Verlassenwerden. Jedes Zeichen, das ein

Mathematikerkörper identifiziert, zuckt wie Schmerz in ihm. Wie wenn Matheas und Linux Brüder wären und der Vater sagte: „Ich liebe euch beide, aber Linux steht inzwischen meinem Herzen näher.“ Mit dem Siechen des Leitsterns siecht der Mensch.

Es fühlt sich an wie Trauer. Wenn der Leitstern sinkt, gibt es nur Trauer. Das Flash-Mode-System schlägt nicht wütend aus, wenn es wieder ein Anzeichen identifiziert. Es macht im einst sonnenhellen Thronsaal der Idee ein Licht nach dem anderen aus. Die Kerzen brennen herunter und blaken. Es wird dunkel und kalt.

Die Reinheit des Leitsterns wird verteidigt wie das Ich selbst. Um beim Beispiel zu bleiben: Es gibt (immer noch) viele Widerstände in der Wissenschaft, auch in meiner angestammten Mathematik, Anwendungsforschung zu betreiben. Die Reinheit der Wissenschaft muss völlige Freiheit der Forschung postulieren. Der einstige Leitstern war die Grundlagenforschung, die ganz zweckfrei um der Erkenntnis willen betrieben wurde. Die Forderung des Systems der Gesellschaft, Nutzen zu stiften oder gar Geld zu verdienen, beschmutzt die Leitsterne der Wissenschaft.

Wenn der Stern sinkt, fühlt sich das Ichideal mit der sterbenden Idee niedergezogen und zurückgestoßen. Leiden breitet sich aus.

Neue Ideen bekämpfen die alten. Alte Ideen belächeln die neuen, solange sie noch schwach leuchten. Systeme rotten Ideen aus. Systeme verletzen Leitsterne durch folgenlose Lippenproklamation von Ideen.

Zum Beispiel sagen Manager unserer Zeit fast täglich: „Der Mitarbeiter ist das höchste Gut unseres Unternehmens.“ Das verletzt die Ichideale derjenigen Idealisten, die an diese Idee glauben, in ungeheuerem Maße. Politiker drucken Werte der Idealisten auf Plakate: Freiheit, Liebe, Achtung, Würde, Toleranz, Zuneigung zu Fremden. Das ist eine Form von Kampf gegen diese Ideen. Sie sehen schön auf Plakaten aus, es sieht aus, als würden Taten folgen können. Die Idealisten sehen den guten Willen. Danach regiert wieder das Über-Ich der Systemsozialisierung.

Am Anfang, wenn ein Leitstern aufstrahlt, wenn über einem Menschen das Licht aufgeht, dann bedankt sich das Flash-Mode-System mit flammender Begeisterung. Der junge Mensch findet eine Idee, einen Leitstern, ein Vorbild, dem er nacheifern wird. Der Leitstern zieht ihn mit sich fort, wird heller und heller. Der Idealist widmet sich einem Lebensthema.

Sehnsucht umhüllt ihn.

Im Leben schwankt er dann zwischen Begeisterung und Leiden, zwischen Himmel und Tod.

Der wahre Mensch jubelt und weint, er strahlt und verdunkelt, er steigt gen Himmel und ächzt vor Verzweiflung.

Die Sehnsucht zieht ihn nach oben, aber überall, an der Seite, lauern Grauen, Ekel, Leid, Verzweiflung.

Dieses Ringen seiner Idee mit der Welt ist ein wichtiges Lebensthema des wahren Menschen. Systeme wie Kirche, Staat oder Kultur sind oft so stark, dass die richtigen Menschen die Außenkämpfe des Systems nur am Rande verfolgen und schon gar nicht selbst im Seismografensystem spüren. Die wahren Menschen bewegen sich unter Leitsternen, also auf sehr viel schwankenderem Boden. Für sie ist der Außenkampf mit anderen Ideen und den Systemen ein Hauptbereich des Seismografensystems.

2.6.3 Zweifel, Ablehnung, Einsamkeit

Oft ist die Welt des wahren Menschen bewölkt. Er sieht seinen Leitstern im Nebel verschwimmen.

Er verzagt und zweifelt.

Der Gläubige hadert, dass sich Gott nicht zeigt. Er hadert, dass er den Gegnern des Glaubens nicht mit einem Flammenschwert entgegentreten kann.

Fundamentalisten von Ideen stehen im Dauerfeuer der anderen Ideen, der Systeme und der allgemeinen Skepsis. Sektenmitglieder, Nichtraucher, Alkoholgegner, Friedenskämpfer, Kernkraftgegner, Feministinnen – sie alle kämpfen fast ununterbrochen schon gegen oberflächlichste Skepsis, die im Grunde gar nicht die Idee angreifen will, sondern nur vor allem Extremen zurückschreckt.

Menschen, die sich entschieden einem Leitstern verschrieben haben, werden oft in angriffslustige Diskussionen verwickelt, so dass sie in Zweifel geraten können. Der Zweifel des wahren Menschen ist ein starker Angriff auf sein Ichideal. Ist denn der Schirm über seinem Leben gar schäbig, löcherig oder gar nicht da? Es reicht viel weniger als Zweifel. Das Seismografensystem des wahren Menschen reagiert schon auf kleinste Widersprüche in der Idee selbst. Es identifiziert Anzeichen, dass der eigene Leitstern sinkt.

Die Widersprüche in der Idee selbst werden dem Diener der Idee fast täglich mitgeteilt. Der Mönch ist umgeben von Ungläubigen, die Nichtraucher von Kippen auf dem Boden, überall, die Alkoholgegner sehen überall Flaschen. Warum wollen die anderen Menschen von der eigenen Idee definitiv nichts wissen? Warum schütteln sie Missionsversuche aggressiv ab? Der wahre Mensch fühlt sich manchmal wie ein Redner im Hyde Park, der verzweifelt Interesse für seinen Leitstern wecken will. „Hört denn niemand?" Unter einem Leitstern mag ein wahrer Mensch einsam abseits stehen.

Unter dem Aufschrei des Flash-Mode-Systems beginnen wahre Menschen wahrhaft zu leiden. Sie versuchen, für ihre Idee Anhänger zu gewinnen und zu werben. Damit besänftigen sie die Schläge im Innern. Das Ichideal braucht Verehrung! Unter dem Aufschrei werden wahre Menschen fundamentalistischer und ziehen sich in einen Teufelskreis hinein, der mit immer noch stärkeren Angriffen auf ihre Idee in die jeweils nächste Abwärtsrunde geht.

Unter dem Aufschrei werden wahre Menschen intoleranter und militanter gegen alles „außen".

„Ich suche Trost." – „Ich finde manchmal Ruhe im Gespräch mit Gleichgesinnten." – „Ich halte das permanente Sticheln gegen meine Ideale nicht aus." – „Ich verstehe die Blindheit der Menschen nicht, wo doch meine Idee Glück verheißt." – „Es ist generell zu viel Böses in den Menschen. Ihnen fehlt jedes Interesse für das Wahre. Nur Geld zählt für sie." – „Ich bin müde vom Kampf, ich bin allein." – „Ich biete Hilfe an, aber sie wollen sie nicht. Ich bekomme keine Unterstützung.“ – „Es wird so vieles gefördert, warum übergehen sie mich?“ – „Nur das Laute gewinnt, das Marktschreierische, das Unwahre, das Aufgebauschte.“ – „Sie laufen Goldenen Kälbern nach.“ – „Niemand glaubt wie ich an die einende Liebe.“

Ist meine Idee denn nicht das Wahre?

Und so sehnen sich die wahren Menschen nach etwas, was die Christenheit unter dem Begriff „Gottesbeweis“ kennt. Ein solcher würde eine unendliche süße Ruhe geben.

2.6.4 Der Stern zu hell für mich … – Selbstzweifel

Viele Gläubige einer Idee quält das Seismografensystem mit harten Schlägen, wenn sie der Idee nicht vollkommen dienen. Wahre Menschen werden sehr oft von einer Art Hochstapler-Syndrom geschüttelt.

Sie zweifeln an sich selbst, weil sie innerlich nicht richtig glauben können, schon wirklich wahrhaft zu glauben. Es gibt sehr wenige Gläubige, die ohne jedes Zittern in der Stimme sagen: „Ich glaube.“

Ich habe während meiner Arbeit bei der IBM sehr oft mit den größten Gurus bestimmter Fachrichtungen zu tun (Knowledge Management, E-Business, Computerarchitektur etc.). Glauben Sie, da würde einer hervortreten und sich zu sagen trauen: „Ich bin nach bestem Wissen und Gewissen einer der fünf Besten auf diesem Feld.“ Kaum einer würde es sagen. Es geht dabei nicht darum, dass es Angeberei wäre. Sie trauen der Aussage innerlich nicht. Das Hochstapler-Syndrom ist ein Zittern im Innern.

Es fühlt sich so an.

Ich sitze Tag für Tag vor meinem Thinkpad und schreibe in aller verfügbaren Zeit, solange ich konzentriert denken kann, an Omnisophie. Ich sage darin, dass ich eine andere Meinung als Freud habe und über vieles von Aristoteles unwillig werde. Ich sage damit indirekt, dass ich das Recht hätte, deren Ideen anzugreifen, die doch viel größer sein müssten als meine. Verstehen Sie, dass da in mir alles zuckt und zittert? Ich beginne Albträume zu haben. Es schleichen sich Menschen hinter mich, beim Schreiben. Sie lesen mit hochgezogenen Augenbrauen eine Weile hinter meinen erscheinenden Sätzen her. Sie schütteln den Kopf. Eine Kommission betritt das Zimmer im Dunkel hinter mir. Der Anführer legt von hinten eine Hand auf meine Schulter und spricht mit harter, feststellender Stimme: „Sie sind nicht der große Fachmann, für den Sie sich ausgeben. Wir haben alles geprüft. Es sind Widersprüche und unsaubere Stellen in Ihrem Buch. Vieles ist bekannt falsch, was Sie hier neu erfinden wollen. Sie sind ein *kleiner* Geist. Heben Sie sich hinweg.“

Das Ichideal prüft mich, ob ich würdig bin. Ich spüre blanke Angst, kein wahrer Jünger zu sein.

Diese Selbstzweifel, diese Angst vor dem Ichideal spürt man in den relativierenden Sätzen, mit denen Idealisten von sich selbst sprechen.

> „Die Mathematik ist die Königin der Wissenschaften. Ich bemühe mich, so viel wie möglich in sie einzudringen.“ – „Gott ist herrlich und groß. Ich bin ein kleiner Diener, unwürdig, …“ – „Weltfrieden ist das höchste Gut. Ich tue dafür, was ich als Einzelner kann.“

Geniale Computerarchitekten bei IBM sagen: „Ich hoffe, dass das die beste Lösung für Sie als Kunden ist.“ – „Je nachdem, wie es läuft, sind wir ungefähr in sechs Monaten fertig.“ – „Ich glaube, Ihnen damit im Augenblick bei dem derzeitigen Stande die beste Empfehlung gegeben zu haben.“ – „Genau? Genau kann man es nie sagen. Wollen Sie, dass ich einen unserer Nobelpreisträger frage?“ Die richtigen Menschen (meist dann Manager) werden bei solchen kleinmachenden Äußerungen ganz nervös. Sie erwarten Aussagen wie diese: „Ich bin der Chefarchitekt und es wird gemacht, was ich sage.“ Oder: „Meine Empfehlung ist gleichzeitig die der IBM.“ Dann wüsste doch ein richtiger Mensch, woran er wäre! Genau so will er es hören! Aber diese weiche Zurückhaltung der Gurus! Verstehen die denn nun wirklich, wovon sie so weich reden? Und dann versuchen sie es ein letztes Mal mit dem Guru: „Können Sie garantieren, was Sie sagen? Geben Sie Ihr Wort?“ – „Bei solchen Sachen kann man nie etwas garantieren. Es ist immer ungewiss, was kommt.“

Die Seismographen des Gurus zittern. Der Fachmann soll nämlich schwören, dass seine Intuition, also der Output aus seiner Black Box, objektive Wahrheit ist. Das kann er nicht. Die Seismographen des Managers schlagen wild aus. Sie erwarten vom Guru, dass er nur in seinem PC-Hirn nachschauen soll, ob da gespeichert ist, ob es richtig ist oder nicht! Der Manager sieht ihm beim angenommenen Nachschauen zu: Da scheint nichts zu stehen! Ist er denn dann ein Guru?!

2.6.5 Die injizierte Fragmentierung des wahren Menschen (Leiden unter dem Diktat des Systems)

Wenn nicht einmal Sigmund Freud etwas mit Intuition anfangen kann!

Das in der Gesellschaft dominierende analytische, zerteilende Denken ordnet die normale Welt in Rahmen und Schemata. Wir benehmen uns jeweils in verschiedenen Situationen anders. In der Oper, während einer Sitzung, am Strand.

Menschen liegen mit unansehnlichen, weiß-roten Bäuchen in der Sonne. Am nächsten Tage mobben sie jemanden, der ohne Krawatte zur Besprechung erscheint. Menschen sprechen am Sonntag das Glaubensbekenntnis, um sich beim Mittagessen danach hässlich zu streiten. Eltern erklären Kindern Abstinenz und Fleiß und stecken sich danach eine Zigarette an.

Ein ganzheitlicher Mensch findet dieses Verhalten in Rahmen oder Schemata nicht tolerierbar. Er bemüht sich, ein einziger, einsichtiger Mensch zu sein. Wenn er nicht an Gott glaubt, wird er dies nicht behaupten wollen, auch wenn der Papst ihn danach fragt. Wenn ein Produkt fehlerhaft ist, wird er dem Kunden nicht verkaufen wollen, es sei perfekt.

Das Rollenverständnis der richtigen Menschen würde solche Verhaltensweisen erlauben. Es gehört zu gutem Benehmen, dem Papst zu sagen, man glaube an Gott. Was der richtige Mensch zu Hause tut, ist eine andere Sache. Es gehört sich für einen Verkäufer, sein Produkt zu loben. Es spielt keine Rolle, was es für ein Produkt ist. Der Verkäufer verkauft. Was wäre das für ein Verkäufer, der vom Kaufen abriete? Wäre er nicht illoyal? Der richtige Mensch im System bezieht sich sehr stark auf die jeweilige Situation und auf seine Rolle in dieser Situation.

Der wahre Mensch ist nach Möglichkeit immer derselbe. Er nennt das „authentisch". Der wahre Mensch hasst das Spielen verschiedener Rollen in verschiedenen Situationen. Er klagt richtige Menschen dieses Verhaltens an: „Warum sagst du einmal so und dann anders?" – „Es ist eine andere Situation!" – „Nein, es ist genau dieselbe Sache."

Richtige Menschen sagen: „Das ist etwas ganz anderes."

Wahre Menschen sagen: „Entweder immer so oder immer so. Entscheide dich."

Natürliche Menschen meinen: „Ich sage, was mich weiterbringt."

Die Gesellschaft zwingt den wahren Menschen in vielen Situationen, sich „anders" zu benehmen. Er muss JA sagen und lächeln, wenn hohe Würdenträger erscheinen. Er soll im Angesicht einer Macht seine Idee hintan stellen. Das heißt nicht, seine Idee zu verraten, das verlangt niemand. Nur – wenn die Macht erscheint, huldigt man ihr. Das ist Systembefriedigung und Systemverehrung. Wahre Menschen aber sehen das Erscheinen der Macht als einzige Gelegenheit, ein Gesuch zu Gunsten ihrer Idee vorzubringen. Sie versuchen, die Mächtigen zu missionieren, die ihrerseits aber als Vertreter des Systems Huldigung verlangen. Die wahren Menschen verlangen von der Macht Respekt vor ihrer Idee.

Ein Beispiel: Wenn der Vorstandsvorsitzende kommt und die Mitarbeiter fragt, ob sie glücklich sind, dann nicken alle richtigen Menschen, weil es im Sinne der Systembefriedigung angebracht ist. Die wahren Menschen aber melden sich zu Wort und bringen Missstände zur Sprache, also Lebensumstände im Unternehmen, die gegen die wahren Ideen verstoßen. Wahre Menschen wollen partout immer ganz sie selbst bleiben!

Die Gesellschaft aber verlangt zerteiltes Denken und Handeln in Schemata und Rahmen. „Dies ist nicht der richtige Rahmen, das jetzt zur Sprache zu bringen!", zürnen die richtigen Menschen. „Sie fallen mit Ihrer fixen Idee schon wieder aus dem Rahmen und nerven an Stellen, an denen Ihre Idee nichts zu tun hat!"

Die wahren Menschen sehen aber den Leitstern, ihre Idee, überall. Wenn sie sie nicht zeigen dürfen, weil die Gesellschaft „angeblich so funktioniert", fühlen sie, dass sie ihre Idee verleugnen sollen. Sie fühlen sich wie Petrus am Morgen, als er Jesus drei Mal verleugnet hatte. Sie fühlen sich vom System in Stücke zerrissen. Sie wurden in gewisser Weise selbst fragmentiert.

Sie verstehen nicht, wie an einem Tag die Mitarbeiter das Wertvollste sind, am andern tausend von ihnen entlassen werden. Sie verzweifeln, wenn prinzipiell der Teamgeist beschworen wird, am andern Tag die „notwendigen Härten" Vorrang haben.

Wahre Menschen verstehen im Allgemeinen das zerteilte Denken nicht. Sie werden selbst nicht in ihrer Ganzheit verstanden. Deshalb sind wahre Menschen sehr oft tief zermürbt und bestürzt über etwas, was sie aus ihrer Sicht „Heuchelei, Bigotterie, Scheinheiligkeit, Doppelgesichtigkeit, Kadavergehorsam, Betrug, Hinterhältigkeit, Gemeinheit" nennen. Und jedes Mal schlägt ihr Flash-Mode-System aus: Ihre Idee ist in Gefahr! Sie selbst sind in Gefahr!

So schlägt die Gesellschaft oder das System unaufhörlich die Krallen in den wahren Menschen.

2.6.6 *Sehnsuchtsvolle Energieverwendung für die jeweilige Ganzheit*

Wahre Menschen folgen ihrem Leitstern. Was soll ich da lange erklären?

Am besten hat es der Dichter und Flieger Antoine de Saint-Exupéry ausgedrückt:

> Wenn du ein Schiff bauen willst,
> so trommle nicht die Männer zusammen,
> um Holz zu beschaffen
> und Werkzeuge vorzubereiten
> und Aufgaben zu vergeben –
> sondern lehre die Männer die Sehnsucht
> nach dem endlosen, weiten Meer…

Diese Formulierung taucht auf endlos vielen Präsentationsfolien für Manager auf. Ich höre dieses Zitat in Vorträgen bis zum absoluten Überdruss. Trotzdem bekomme ich beim Eintauchen in seinen Sinngehalt so etwas wie sehnende Gänsehaut, was bei mir sehr selten bei Texten ist. Ich schaue dann am Verhandlungstisch in sehr sanfte, helle Augen und ganz viele leere. Ich habe das Empfinden, dass die Reaktion eines Menschen auf diesen einen Satz des träumenden Dichters fast immer enthüllt, ob er ein wahrer Mensch ist. Wahre Menschen leuchten innerlich beim Lesen dieses Satzes auf. Richtige Manager vergeben natürlich Rollen und Aufgaben, sorgen für Geld und Werkzeug. Natürliche Menschen „verstehen" ein wenig, hätten aber den Schlussteil des Satzes lieber anders, etwa: „ … sondern verrate den Männern, dass wir Abenteuer erleben werden."

Den richtigen Menschen treibt Disziplin im System.

Den wahren Menschen rührt der Traum. Ihn erfüllt die Sehnsucht. Sein Leitstern zieht ihn hinan.

2.6.7 *Der reine wahre Mensch und der Ideenbefriedigungstrieb*

Ein System will verehrt werden und verlangt Huldigung. Es induziert eine Art Systembefriedigungstrieb im Menschen.

Das Gleiche sehen wir bei Ideen. Jemand kann geradezu eine „fixe Idee" haben, an der er unbedingt und unter allen Umständen festhält. Sie zwingt eine ganze Persönlichkeit unter ihre Macht.

Den Ideenbefriedigungstrieb treffen wir am ehesten, wenn wir von Idealisten eine Unreinheit, also eine Ausnahme, erbitten.

Wird ein eingefleischter Nichtraucher einmal nach einem Prachtdinner zum Digestif eine angebotene Havanna rauchen? Wird ein Wissenschaftler ohne Murren etwas komplett Unlogisches tun, weil alle anderen im Raum es für sinnvoll halten? Kann ein Computerfreak aus freiem Willen nach Hause gehen, ohne dass er den Fehler in seinem Programm berichtigt hat oder die Absturzursache kennt?

Das Lebenssystem, hier eben eine Idee, verlangt genauso Unterordnung wie das System.

Meine Frau, selbst eher ein Pflichtmensch, kann nicht verstehen, dass ich nicht schlafen kann, wenn mein Computer unbeherrschbare Mucken hat. Ich bin ja Techie – und eine Computermacke ist demütigend. „Du bist nicht der Experte!", sagt es in mir. „Versager!"

Ich habe einen neuen Computer bekommen. Einen sehr leistungsstarken, aber winzig klein und nur etwas mehr als ein Kilo schwer. Den hat mir meine Firma als Zweitgerät zum Reisen und Bücherschreiben im Zug präsentiert. Ich war so stolz, als ich ihn das erste Mal mitnahm! Ich probierte im Hotel am Vorabend kurz meine Präsentation aus. ZACK! Absturz. „Internal Error." Das ist ziemlich furchtbar. Nach drei Stunden und zehn Abstürzen habe ich den Computer mit dem Netz verbunden und die Programme neu installiert. Das Laden ins Hotel dauerte sechs Stunden. Um halb vier in der Nacht war alles fertig. ZACK! Absturz. „Internal Error." Ich probierte, ob alle anderen Präsentationen laufen würden. Manche ja! Andere? ZACK! Ich vermutete, die großen Datensätze würden nicht laufen, dann hätte ich Speicherprobleme. Aber es liefen manche winzige Präsentationen ebenfalls nicht. Das Problem war in alten und in neuen Datensätzen, nicht aber in ganz alten. Ich legte mich ins Bett und grübelte. Fünf Uhr in der Nacht! Damit Sie mich richtig verstehen: Ich hatte ganz am Anfang eine schwach andere Vortragsversion auf dem Computer gefunden, die reibungslos lief. Es war nicht in Frage gestellt, dass ich meine Rede halten könnte! Es ist das neuronale Netz in mir, das offenbares „Nichtwissen" oder besser offenbare Widersprüche in meinen Sachkenntnissen nicht erträgt. Um sechs Uhr fiel mir im Halbschlaf ein, dass alle Präsentationen, die defekt waren, ein bestimmtes Bild enthielten. Probe! Noch einmal! Es stimmte. Aufatmen. Tief durchatmen. Ich habe bis um sieben Uhr alle Datensätze repariert. Dieses eine Bild war beim Übertragen aller Datensätzen in den neuen Computer konsistent korrumpiert worden. Das war die Lösung. Verstehen Sie diese tiefe Befriedigung, zum Hotelfrühstück zu gehen, im Bewusstsein, dass alles in Ordnung ist und dass ich wirklich alles verstehe?

Sie verstehen mich wahrscheinlich nicht. Ich habe dieses Phänomen mit Ehefrauen von Freaks aus unserer Firma diskutiert. Alle Ehefrauen waren so grässlich gefühllos in dieser Sache wie meine eigene Frau. Die sagt: „Du hast bisher jedes Problem am Computer gelöst. Wenn du das weißt, kannst du dir vertrauen. Deshalb kannst du ruhig schlafen und es nach deiner Rede im Zug nach Hause regeln. Was du tust, ist exzessiv dämlich." Niemand versteht mich! Es ist Ideenbefriedigung eines Experten, der um seines Lebens willen das Gefühl haben muss, alles im Griff zu haben.

Ihr anderen Menschen mögt euch sorgen, wenn Kinder nachts nicht nach Hause kommen! Die habe ich nie, denn sie kommen *immer* wieder, nur *zu spät*! Ihr anderen Menschen mögt verrückt werden, wenn der Nachbar am Samstag nicht die Straße fegt! Das habe ich nicht! Mag er später fegen! Aber mein Computer muss funktionieren – und ich muss immer sofort Missverständnisse mit anderen bereinigen, weil ich die Widersprüche nicht aushalte. Es sieht aus wie Systembefriedigung, ist aber reine Angst. Diese Angst bricht aus, wenn in meinem neuronalen Netz im Rechts Dinge berechnet werden, die im Links offenbar unlogisch sind.

Ich halte es nicht wirklich aus, wenn das Rechts dummes Zeug berechnet. Wenn meine Intuition den Computer nicht versteht – wenn meine Intuition nicht Harmonie in meinen Beziehungen schafft, dann steigt Angst hoch, dass etwas in mir nicht stimmt. Im Rechts. Ich blieb also die Nacht mit dem Computer auf, weil ich mich selbst reparieren musste (rechts), nicht den Computer. Bitte verstehen Sie das. Es ist Ideenbefriedigung.

Reine wahre Menschen werden nur durch Sehnsucht getrieben. Sie werden nicht intolerant, fanatisch oder zu fundamentalistisch gegen sich selbst und gegen die, die sich nicht zusammen mit ihnen unter den Schirm ihrer reinen Idee stellen wollen.

2.7 Der natürliche Mensch und sein Impulssystem

2.7.1 Natürliche Menschen

Nun wird es ernst mit dem natürlichen Menschen. Ich versuche mich hier einmal an einer Definition. Vorher muss ich aber etwas beichten.

Der Betriebsarzt, der die IBM-Executives ganztägig untersucht, hat den von mir ausgefüllten Vorfragebogen studiert und mit drohender Miene auf den Eintrag „Sport: —" gedeutet. „Keinen Sport? Ich meine, wenn Sie eine halbe Stunde in der Woche etwas tun, sollten Sie es hier eintragen. Ein Strich im Formular sieht hässlich aus. Ändern Sie das bitte?" Ich dachte nach und schüttelte sachte den Kopf. „Nein." – „Aber ein bisschen?" – „Ich arbeite ein paar Tage im Jahr richtig tierisch im Garten, weil wir zu viele Bäume haben, aber sonst nichts." – „Achten Sie nie auf Ihren Körper?" – „Doch, ja." – „Und spüren Sie, was er will?" – „Er will nichts. Er sitzt ruhig dabei, wenn ich Bücher schreibe." – „Und was sagt Ihre Familie?" – „Kennen Sie den Dialog von einer Frau mit ihrem Mann von Loriot, wo der Mann immer beteuert, er wolle in Ruhe im Sessel sitzen, die Frau ihm aber das ganz Entscheidende raubt, nämlich Nerven und Ruhe?" – „Aber Ihr Körper! Ihre Blutwerte sind ganz o.k., der Blutdruck hervorragend, Sie können ihn doch nicht ganz verkommen lassen …"

Ich möchte damit sagen, dass ich das Gefühl habe, jetzt über etwas schreiben zu müssen, was mir nicht ganz geheuer ist. Ich komme an Grenzen. Das ist bei allen Psychologen und Philosophen so, oder wenigstens bei fast allen. Sigmund Freud kennt Intuition nicht wirklich, C. G. Jung hält das Denken gegenüber dem Fühlen für überlegen und ist selbst eindeutig Denker. Ich selbst bin intuitiver Denker und lästere eher über Systemmenschen, habe aber im Management so viele *gute* davon in der Nähe, dass ich sehr eingehend feststellen kann, wo die Unterschiede liegen. Ich bin selbst also nicht neutral und verhalte mich auch normalerweise nicht neutral, aber ich glaube von mir selbst, dass ich das weiß und dieses Wissen ein bisschen ausstrahle. Ich selbst fühle mich als Intuitiver richtig gut! Das war nicht immer so. Als Junge war ich „anders" als ein normales Kind. Nun aber, wo ich das Intuitive an mir endlich schätze, weil es mir bewusst wurde, bin ich sicher nicht zu sehr „gegen die anderen“ eingestellt. Ich möchte in diesem Buch dem Titel *Omnisophie* gerecht werden und eben „alles“ beleuchten, ob ich es mag oder nicht, ob ich es verstehe oder nicht.

Natürliche Menschen verstehe ich eventuell nicht richtig. Diese könnten sagen: „Sunshine rules. Wenn die Sonne scheint, gehe ich an die frische Luft, nehme Urlaub! Die Farbe des Lichtes, die Stimmung des Körpers regiere den Terminplan, nicht der Boss!“ Ich selbst aber gelte als „ausgeglichen“. Ich merke beim Schreiben nicht, ob die Sonne scheint oder nicht. Ich schaue ja auf die Wörter oder ich träume neue Gedanken.

Also: Ich bin jetzt gezwungen, über etwas zu schreiben, was ich nicht genau zu verstehen glaube. Und jetzt los! Wissen Sie, was ich spüre? Mein Körper mault und zuckt. Er mag nicht, dass ich das tue. Er will, dass ich einen Kaffee am Automaten ziehe. Das macht er immer, wenn ich die Souveränität verliere. Viel Kaffeetrinken ist nicht schädlich, aber wenn ich unbedingt viel Kaffee trinken *will*, dann war da etwas Schädliches, glaube ich.

Ich habe also einen Körper. Er zuckt öfter. Aber er zuckt nicht bei Sonne oder bei Beleidigungen, da bin ich relativ ausgeglichen. Er zuckt, wenn dieses Buch nicht vorankommt oder, noch schlimmer, wenn er spürt, dass einzelne Seiten schlecht geschrieben sind. Dann drückt er mich wie ein Alp. Mein Körper steht also mehr im Dienst der Idee. Er zuckt bei Unreinheit oder bei Unwahrem. Richtige Menschen stellen das Seismografensystem in den Dienst des Systems. Ich habe meines für die Idee abgerichtet.

Es gibt aber noch eine andere Strategie. Die des natürlichen Menschen. Ich versuche einmal zu schreiben, wie ich mir das denke. Los! Ich muss doch auch schreiben können, wovon ich nichts zu verstehen glaube. Das müssen viele Leute tagtäglich tun!

Ich meine also:

Natürliche Menschen sind diejenigen, die sich unter das Primat des Willens stellen.

Der Wille des Menschen „sitzt in seinem Leib“.

Das ist schon eine schöne Definition, die mir jetzt nur noch übrig lässt, den Willen zu erklären.

2.7.2 Der Wille des Menschen als Zielpunkt eines Anzeichenalarms

Der Wille hat ein Ziel.

Das Wort *Ziel* kennen die anderen Menschen auch. So meine ich es nicht. Deshalb formuliere ich es anders, um den Begriff abzugrenzen.

Der Wille hat einen Fokus, einen Brennpunkt.

Der Wille ist ein gleichzeitiges Aufblitzen eines Super-Anzeichens eines Identifizierers zusammen mit der sofortigen Mobilmachung des Menschen in diejenige

Richtung, deren Fackelträger das Zeichen ist. Dieses Zeichen symbolisiert ein Willensziel, das jetzt mit fokussierter Bewegung angesteuert wird.

Der Wille wird nach meiner Vorstellung durch stärkere Impulse des Flash-Mode-Systems ausgelöst. Ein „Super-Anzeichen" zeigt eine Chance, eine Jagdbeute, einen „Schatz" oder auch eine Gefahr an. Der Körper wird dadurch stark durch einen Seismographen erschüttert, der die Nähe von „Gold" anzeigt. Der Wille mobilisiert nun die Kräfte und strebt dem zu, was durch das Anzeichen symbolisiert wird.

Ich denke mir – so:

> „Mir bot sich die Chance, einmal nach Neuseeland zu kommen. Ich brach meine Lehre ab und ging auf das Schiff." – „Es war nicht beim ersten Mal. Ich hatte San Francisco schon oft im Fernsehen gesehen. Aber diesmal spürte ich körperlich, dass ich dort hingehöre. Ich zog um, auch zu meiner eigenen Überraschung." – „Ich sah in der kleinen Firma die Riesenchance, aus ihr ein nationales Unternehmen zu machen. Ich tat es. Ich musste es tun. Niemand durfte mir damals in den Weg treten." – „Ich wusste plötzlich: Das wird meine Frau. Ich habe nicht locker gelassen. Sie war nicht einfach zu haben. Bald feiern wir Silberhochzeit." – „Ich war bei IBM ein kleines Licht als Vertriebler. Da sah ich plötzlich die Chance meines Lebens. Ich habe alle meine Arbeit liegen gelassen und meine ganze Karriere auf diesen einen Großauftrag verwettet. Ich habe den Kunden alle Tage umworben und gedrängt. Ich schaffte einen zwanzigfach höheren Umsatz und bekam zwanzig Jahresgehälter. Es geht nicht um das Geld. Da könnte ich aufhören. Es ist das Fieber in dir, weißt du? Du bist jetzt Großwildjäger, nicht so ein Büroheini. Ich will es noch einmal wissen, noch größer. Es ist mit nichts zu vergleichen, wenn du Blut geleckt hast. Es ist nicht der Erfolg am Ende. Es ist das Ringen. Dann bist du ganz du selbst. Kennst du Moby Dick?" – „Ich wusste, dass ich Weltmeister werden würde. Jede Faser in mir wollte das. Ich trainierte wie ein Wahnsinniger. Ich war besessen. Und ich wurde Weltmeister. Ich habe dann sofort Einbrüche gehabt. Ich war verzweifelt. Alles stürzte ab. Heute weiß ich, was passiert ist. Das Ziel war erreicht. Ich wollte Weltmeister werden. Schade. Mein Körper wollte nicht mehr. Nur Weltmeister. Dann erlosch alles in mir. Mein Körper hätte darauf brennen müssen, Rekordmeister zu werden. Dann wäre ich es heute. Du kannst leider den Willen nicht neu entfachen. Wenn du das Ziel erreicht hast: game over. Du kannst deinen Körper nicht zwingen, noch einmal so etwas zu fühlen wie das Einschießen der ersten Liebe zu einem Ziel. Das geht nicht von außen. Das muss der Körper irgendwoher empfangen. Ich habe es nie mehr gehabt, dieses Brennen. Over." – „Als ich schließlich Chef der Firma war, hatte ich einen echten Einbruch. Ich konnte nichts mehr dazugewinnen. Ich war oben. Ich wollte aber nicht mehr hinunter. Nie mehr hinunter. Ich habe eine Menge Disziplin aufbringen müssen, um nicht wieder nach unten zu müssen. Die Arbeit war nie wieder wie damals. Aber ich blieb oben." – „Ich jagte diesen Mann durch den ganzen Wilden Westen. Der Wille brannte immer stärker. Alles habe ich opfern müssen. Ich wollte ihn nur bezwingen. Sieg! Ihr versteht mich nicht. Keiner versteht mich, ihr dummen Hunde, die ihr alle sagt: Was hast du davon. Bezwingen! Dort, seht ihr? Dort! Dahinten haben wir uns duelliert. Hier – seht ihr – ist meine Narbe, es war derb schlimm. Er lachte damals, als er fortritt. Ich bin dann hier geblieben. Wo sollte ich hin." – „Ich habe meine Beine an diesem Berg gelassen. Erfroren. Ich habe mir geschworen, ihn im Rollstuhl oder wie immer zu bezwingen. Ich war schließlich im Rollstuhl oben. Nun bin ich ruhig. Er hat meine Beine bekommen, aber ich trat auf seine Spitze."

So sind natürliche Menschen. Sie werden durch ein Ziel wie magisch angezogen. Der Seismograf hat sie elektrisiert. Er hat den Willen entfacht, der unermüdlich die Bewegung auf das Ziel hin mobilisiert. Alles gerät unter Strom. Der Wille ist unbedingt. „Ich will das unbedingt." Der Wille *hasst* Bedingungen! („Du bekommst deinen Willen, aber es kostet dich …"). Wille kann furchtbar stark sein, so dass die

Zielerreichung kosten kann, was sie will. Wille setzt alle Hebel in Bewegung. Wille nimmt keine Rücksicht auf andere Ziele oder auf Ziele anderer. Keine Rück-Sicht. Keinen Blick zurück auf die abgebrochenen Brücken. Der Wille ist fokussiert auf seinen Brennpunkt: das Ziel.

Wir *anderen* haben ebenfalls unseren Willen. Er flammt auf. Aber dann sehen wir die Mühen, der Verstand präsentiert uns ein paar Zahlen oder Gegenargumente. Etwas in uns zählt eins und eins zusammen. Wir sehen Chancen und Risiken. Wir vergleichen und prüfen unsere Optionen. Dann sehen wir alles realistischer und nüchterner. Wir beginnen, alle Schwierigkeiten zu sehen, die sich unserem Willen entgegensetzen werden. Wir machen einen Plan. Aber der Wille erkaltet dabei. Wer einen Plan hat, ist nicht heißspornig.

Der Wille der natürlichen Menschen soll nicht erkalten. Ich sehe es so: Ein Blitz-Impuls einer Chance trifft den natürlichen Menschen. Der Wille ist jetzt wach. Dieser Anzeichen-Impuls definiert ein Ziel des Willens. Der natürliche Mensch ruht erst, wenn das Ziel erreicht ist. Zwischendurch scheint er die anderen Impulse nicht wirklich zu spüren. („Ach, das wollte ich ja auch erledigen – ja, ich hatte es versprochen. Ich habe es einfach in der Hitze des Gefechtes vergessen.“) Deshalb erscheinen natürliche Menschen oft unzuverlässig. Oder sie scheinen nur das Ziel im Auge zu haben und die Restwelt zu vergessen.

Beispiel: Da sieht man reife, dicke Brombeeren tief in einer Hecke, die Früchte an der Wegeseite sind schon alle gepflückt. Der richtige Mensch bleibt stehen, sieht die Dornen, rechnet die Chancen aus, zuckt betrübt mit den Achseln und geht weiter, ohne Bedauern. Ebenso geht er am Dornröschenschloss vorbei. „So viele ließen bereits ihr Leben hier!“ Es lohnt sich nicht. Das natürliche Kind streckt seine Händchen durch die Brombeerdornen und probiert. Es sammelt Stöcke, um Triebe zur Seite zu biegen. Es versenkt sich in einen Kampf. Er wird eine Stunde dauern. Das Kind wird die Beeren alle essen. Es bringt zerkratzte Beine und einen Riss im T-Shirt mit heim. Es hat Flecken von einer Art, die Mütter verzweifeln lässt. Die Schuhe haben Schrammen im Leder. Das Kind aber ruht im Sieg. Es hört die Eltern nicht.

Der richtige Mensch möchte säen und ernten.

Der natürliche Mensch will bezwingen.

Zum Bezwingen darf der natürliche Mensch nicht zu viele Anzeichen-Identifizierer in sich haben, die ihn „zur Vernunft bringen wollen“ und ihn womöglich in der Zielerreichung unterbrächen. Etwas in ihm verschiebt die Prioritäten ganz auf das Gewollte. Er spürt hindernde Impulse unter Willen nicht mehr oder nur kaum.

Er wird die Schmerzen erst spüren, wenn das Ziel erreicht ist. Dann löst sich der Wille in süße Ruhe auf. Der Körper entspannt.

Wille ist Seismografen-induzierte Bewegungsenergie, die sich bei Zielerreichung auflöst. Der Wille muss neu angestachelt werden, nachdem er erlahmte. Die starke Bewegung ist möglich, weil die Gegenseismografen so lange nicht wahrgenommen werden, wie der Kampf dauert. Der Körper des Wollenden ist also in ungebremster Bewegung, in voller Dynamik, die genau auf das Ziel steuert. In diesem Zustand fühlt sich der Mensch eins mit sich. Nichts lenkt ab. Das fühlt sich an wie Flow oder Glück.

2.7.3 Wille, Disziplin, Idee sind je eines, nicht zwei, nicht drei – oder doch?

Richtige Menschen bekommen in der Regel ihre Ziele vom System. „Mach' Abitur!" – „Zehn Prozent Mehrumsatz ist Pflicht!" Der richtige Mensch geht an die Erfüllung einer solchen Aufgabe. Das Erfüllen dieser Aufgabe ist sein so genanntes Ziel. Es ist aber nicht Ziel seines Willens im engeren Sinne, es ist Gegenstand seiner Pflicht. Es könnte sich beim Lösen der Aufgabe oder beim Erfüllen der Pflicht herausstellen, dass vorher nicht erkannte Umstände Schwierigkeiten machen, so dass sich die Aufgabenerfüllung unangemessen verteuert. Dann würde der richtige Mensch das System darauf hinweisen und gegebenenfalls die Aufgabenerfüllung abbrechen. Es gibt auch richtige Menschen, die eine völlig als sinnlos erkannte Aufgabe wie in Nibelungentreue abarbeiten, weil sonst ihre Ehre in Gefahr käme oder Strafe drohte. So folgen die richtigen Menschen Plänen und Umständen, nehmen Rücksicht auf alles und haben statt des unendlichen Willens auch gelegentliche unbedingte Grundsätze, denen sie treu sind. Dieses Unbedingte gegen das Bedingte würde dann unverbrüchliche Treue, eiserne Disziplin oder absolute Loyalität heißen, nicht Wille. Treue, Disziplin oder Loyalität speisen sich aus Energien, die durch *systemgesetzte* Seismographen freigesetzt werden.

Richtige Menschen nennen Willen oft blind, bedenkenlos, unbedacht, gierig, schrankenlos, über die Grenzen schießend, unbeherrscht, unberechenbar – eben von einem System nicht fassbar, kontrollierbar oder vorhersehbar. Solcher Wille sieht sich als „frei", eben frei vom System oder von einer Idee.

Der Wille ist unmittelbar da. Der richtige Mensch aber setzt sich selbst nach einer Entscheidungsprozedur ein Ziel und versucht sich dann anzuspornen, das Ziel auch zu erreichen. Er denkt also erst und befiehlt dem Körper, die beschlossene Aufgabe zu erfüllen. Das heißt: Der Verstand befiehlt dem Körper. Danach bringt der Körper den Willen für die Aufgabe auf. Den Willen für eine befohlene Aufgabe aufzubringen, heißt Gehorchen oder Dienen. Der richtige Mensch befiehlt das Vernünftige und gehorcht sich selbst. Er diszipliniert damit den Willen unter das Diktat der Vernunft. Aus der Sicht des richtigen Menschen *erscheint* also der Wille wie zweigeteilt, in sich selbst befehlen und sich selbst gehorchen. In Wirklichkeit kennt der richtige Mensch seinen Willen nur als Diener der Vernunft. Wille aber als Diener der Vernunft nenne ich hier Disziplin. Disziplin oder Pflichtbewusstsein gehorcht der Vernunft, dem Befehl des Systems oder der linken Gehirnhälfte. Wenn die Pflicht aus Neigung ausgeübt wird, wenn der Mensch also Pflicht *gerne will*, so hat sich sein körperlicher Wille quasi in die Vernunft aufgelöst. Er ist Teil der Vernunft geworden. So verlangt es der kategorische Imperativ von Kant. Der richtige Mensch besiegt also den ursprünglichen Willen in sich. Er überwindet Zustände, in denen der Wille sich an etwas heftet, was die Vernunft verurteilen würde. Der richtige Mensch wird besonnen. Er ist jetzt der „reine" richtige Mensch.

Für den natürlichen Menschen ist der Wille ungeteilt, also eins. Er ist damit oft sehr viel stärker und energiegeladener als die Disziplin. Denn die Vernunft befiehlt sozusagen leichten Herzens wie ein abgehobener Herrscher. Aber der Körper muss erst gezwungen werden, die Energie aufzubringen. Es ist ein erheblicher Unterschied in der Energiestärke, ob der Wille der Herr über die Vernunft oder Diener derselben ist. Die Vernunft mag bessere, vernünftigere Ziele haben als der unmittelbare Wille. Aber der blanke Wille hat mehr Kraft und Entschlossenheit.

So strotzt der freie Wille vor Schaffenslust. Die Vernunft dagegen optimiert die Energie, mag aber Probleme haben, sie freizusetzen. Der freie Wille ist eins mit dem natürlichen Körper. Die Disziplin ist eins mit dem Befehlenden der Vernunft oder des Über-Ich oder des ES.

Und die wahren Menschen? Sie stehen unter einer Verfassung, einer Idee, einem Grundgesetz, einer Bergpredigt, die in wenigen Sätzen andeutbar sind. Wahre Menschen leben nicht unter Vernunft, sondern unter intuitiver Einsicht. (Ich interpretiere selbstherrlich Einsicht wie EIN-Sicht, eine ganzheitliche Sicht.) Einsicht ist unmittelbar. Das neuronale Netz sagt: Ja oder Nein. Ganzheitliche Einsicht ist *nicht* ein Kompromiss des vernünftigen Denkens über alle Umstände, sondern eben der unmittelbare Output des Netzes.

Verstehen Sie diese Aussage zu den wahren Menschen? Da ich selbst einer bin, verstehe ich etwas davon. Und ich schwöre, dass für mich Einsicht und das Handeln mit der Einsicht eins ist. Ich irritiere offensichtlich meine Umgebung damit. Sie rechtfertigen sich und diskutieren mit mir, sie wollen und fordern. Und schließlich sage ich: „Gut, das sehe ich ein. Nun geh. Ich muss etwas anderes tun.“ Dann stehen sie da! Völlig entsetzt. Und sie zetern weiter. Und ich sage: „Geh! Ich will es nicht weiter bereden!“ Und sie schreien: „Ich will nichts einsehen, ich will, dass es getan wird!“ Und dann staune ich und entgegne: „Ich tue es ja. Ich tue immer, was ich eingesehen habe.“ – Und sie schütteln den Kopf: „Das ist nur der erste Teil: einsehen. Danach muss man gehorchen.“ – „Nein! Nein!“, erwidere ich. „Einsehen und Tun ist eines.“ Sie glauben mir nicht.

Mein Zahnarzt aus Gaiberg sagte mir neulich, ich müsse nun die und die Kur für mein Zahnfleisch als Prophylaxe über mich ergehen lassen. Er schaute meinem zweifelnden Blick entgegen und seufzte. Dann setzte er sich neben mich und erklärte mir naturwissenschaftlich die Zusammenhänge. Ich nickte und sagte, ich würde es verstehen und einsehen (einsehen=wahr finden). Da war er erleichtert. Er meinte: „Ich habe Ihnen schon so oft etwas geraten. Sie schauen immer erstaunt und zweifeln und denken nach. Sie tun aber nicht, was ich sage. Irgendwann habe ich gemerkt, ich müsse es Ihnen so lange erklären, bis Sie sagen, Sie sähen es ein. In diesem Moment bin ich sicher, dass es auch geschieht. *Sie sind merkwürdig*, nicht wahr? Anderen drohe ich einfach mit Krankheiten und sie machen, was ich will.“ Mein Zahnarzt Armin Senghaas hat mich entweder besser verstanden als die meisten in meiner Umgebung. Oder er hat herausbekommen, wie man mich behandeln muss. Er behandelt mich gut.

Ich habe als Manager dazu gelernt! So sage ich denn, hoffe ich, viel weniger oft: „Sehe ich ein.“ Ich bemühe mich, zu unterschreiben oder zu schwören, dass ich es tun werde. Das glauben die anderen mir halbwegs. Es sieht für sie wenigstens richtig aus.

Wahre Menschen beziehen ihre Energie aus Sehnsucht nach einem Ideal (etwa: Einsicht).

Wenn aber der Körper sich gegen Einsicht sträubt?

(Das tut meiner nicht. Aber Ihrer vielleicht?)

Ich glaube, der wahre Mensch lebt am besten so, dass sich seine Idee nicht zu stark mit dem Körper anlegt. Die richtigen Menschen finden ja ihre Eltern und ihr System als Über-Ich-Grundlage zum Einimpfen von Pflicht und Angstseismografen vor. Sie können nicht richtig wählen. Idealisten können sehr wohl aus vielen Möglichkeiten wählen. „Die Idee" ist individueller und flexibler als Universalvernunft. „Für mich ist das wahr" ist persönlicher als „Das ist richtig." Ich frage mich also: Wird jemand Vegetarier, der kein Gemüse mag und am liebsten Braten verzehrt? Wird jemand Mathematiker, weil er damit meint, Geld verdienen zu können? Zwingt sich jemand, Bilder zu malen? Gewöhnt sich ein Ungläubiger planvoll an Kirchgänge, damit irgendwann der Glaube über ihn kommt? Wahre Menschen lieben etwas und geben sich diesem hin. Wahre Menschen „gewöhnen" sich nicht disziplinierend an ihre Idee. Nein, sie lieben die Idee. Sie lieben das Lehrersein, das Arztsein – sie gewöhnen sich nicht daran. Sie fühlen sich dazu berufen. Sie leiden entsetzlich, wenn sie sich *nicht* berufen fühlen.

Da sie aber eben eine Wahl haben, da sich ihre Lebensidee langsam bis zum ersten Erwachsenenalter heranbildet, werden sie nicht so sehr mit dem Körper und seinem nackten Willen in Konflikt kommen. Der wahre Mensch fühlt sich eher vom System und dessen Vernunft bedroht, die sein Ichideal angreifen. Seine Alarmsensoren sitzen mehr um die Idee herum, nicht „am Körper".

Der Philosoph Arthur Schopenhauer hat in seinen Werken bekanntlich das Primat des Willens erklärt. Ich zitiere hier für Sie einige Passagen aus *Die Welt als Wille und Vorstellung*:

> In der Reflexion allein ist Wollen und Thun verschieden: in der Wirklichkeit sind sie Eins. Jeder wahre, ächte, unmittelbare Akt des Willens ist sofort und unmittelbar auch erscheinender Akt des Leibes: und diesem entsprechend ist andererseits jede Einwirkung auf den Leib sofort und unmittelbar auch Einwirkung auf den Willen: sie heißt als solche Schmerz, wenn sie dem Willen zuwider; Wohlbehagen, Wollust, wenn sie ihm gemäß ist. Die Gradationen Beider sind sehr verschieden. Man hat aber gänzlich Unrecht, wenn man Schmerz und Wollust Vorstellungen nennt: das sind sie keineswegs, sondern unmittelbare Affektionen des Willens, in seiner Erscheinung, dem Leibe …

Und weiter:

> Jeder wahre Akt seines Willens ist sofort und unausbleiblich auch eine Bewegung seines Leibes: er kann den Akt nicht wirklich wollen, ohne zugleich wahrzunehmen, daß er als Bewegung des Leibes erscheint. Der Willensakt und die Aktion des Leibes sind nicht zwei objektiv erkannte verschiedene Zustände, die das Band der Kausalität verknüpft, stehn nicht im Verhältniß der Ursache und Wirkung; sondern sie sind Eines und das Selbe, nur auf zwei gänzlich verschiedene Weisen gegeben: ein Mal ganz unmittelbar und ein Mal in der Anschauung für den Verstand. Die Aktion des Leibes ist nichts Anderes, als der objektivirte, d. h. in die Anschauung getretene Akt des Willens.

Und ebendort an anderer Stelle:

> Dieses Alles nun aber beweist, wie sehr sekundär, physisch und ein bloßes Werkzeug der Intellekt ist. Eben deshalb auch bedarf er, auf fast ein Drittel seiner Lebenszeit, der gänzlichen Suspension seiner Thätigkeit, im Schlafe, d. h. der Ruhe des Gehirns, dessen bloße

> Funktion er ist, welches ihm daher eben so vorhergängig ist, wie der Magen der Verdauung, oder die Körper ihrem Stoß, und mit welchem er, im Alter, verwelkt und versiegt. – Der Wille hingegen, als das Ding an sich, ist nie träge, absolut unermüdlich, seine Thätigkeit ist seine Essenz, er hört nie auf zu wollen, und wann er, während des tiefen Schlafs, vom Intellekt verlassen ist und daher nicht, auf Motive, nach außen wirken kann, ist er als Lebenskraft thätig, besorgt desto ungestörter die innere Oekonomie des Organismus und bringt auch, als vis naturae medicatrix, die eingeschlichenen Unregelmäßigkeiten desselben wieder in Ordnung. Denn er ist nicht, wie der Intellekt, eine Funktion des Leibes; sondern der Leib ist seine Funktion: daher ist er diesem ordine rerum vorgängig, als dessen metaphysisches Substrat, als das Ansich der Erscheinung desselben.

Für Schopenhauer ist der Wille unmittelbar und ungeteilt. Friedrich Nietzsche aber ist mehr der wahre Denker. Er beobachtet eher die Zweiteilung des Willens in Befehlen und Gehorchen. Ich zitiere ein ganzes Kapitelchen (19) aus *Jenseits von Gut und Böse*:

> Die Philosophen pflegen vom Willen zu reden, wie als ob er die bekannteste Sache von der Welt sei; ja Schopenhauer gab zu verstehn, der Wille allein sei uns eigentlich bekannt, ganz und gar bekannt, ohne Abzug und Zutat bekannt. Aber es dünkt mich immer wieder, daß Schopenhauer auch in diesem Falle nur getan hat, was Philosophen eben zu tun pflegen: daß er ein Volks-Vorurteil übernommen und übertrieben hat. Wollen scheint mir vor allem etwas Kompliziertes, etwas, das nur als Wort eine Einheit ist, – und eben im einem Worte steckt das Volks-Vorurteil, das über die allzeit nur geringe Vorsicht der Philosophen Herr geworden ist. Seien wir also einmal vorsichtiger, seien wir „unphilosophisch“ –, sagen wir: in jedem Wollen ist erstens eine Mehrheit von Gefühlen, nämlich das Gefühl des Zustandes, von dem weg, das Gefühl des Zustandes, zu dem hin, das Gefühl von diesem „weg“ und „hin“ selbst, dann noch ein begleitendes Muskelgefühl, welches, auch ohne daß wir „Arme und Beine“ in Bewegung setzen, durch eine Art Gewohnheit, sobald wir „wollen“, sein Spiel beginnt. Wie also Fühlen und zwar vielerlei Fühlen als Ingredienz des Willens anzuerkennen ist, so zweitens auch noch Denken: in jedem Willensakte gibt es einen kommandierenden Gedanken – und man soll ja nicht glauben, diesen Gedanken von dem „Wollen“ abscheiden zu können, wie als ob dann noch Wille übrig bliebe! Drittens ist der Wille nicht nur ein Komplex von Fühlen und Denken, sondern vor allem noch ein Affekt: und zwar jener Affekt des Kommandos. Das, was „Freiheit des Willens“ genannt wird, ist wesentlich der Überlegenheits-Affekt in Hinsicht auf den, der gehorchen muß: „ich bin frei, ‚er‘ muß gehorchen“ – dies Bewußtsein steckt in jedem Willen, und ebenso jene Spannung der Aufmerksamkeit, jener gerade Blick, der ausschließlich eins fixiert, jene unbedingte Wertschätzung „jetzt tut dies und nichts andres not“, jene innere Gewißheit darüber, daß gehorcht werden wird, und was alles noch zum Zustande des Befehlenden gehört. Ein Mensch, der will –, befiehlt einem Etwas in sich, das gehorcht oder von dem er glaubt, daß es gehorcht. Nun aber beachte man, was das Wunderlichste am Willen ist – an diesem so vielfachen Dinge, für welches das Volk nur ein Wort hat: insofern wir im gegebnen Falle zugleich die Befehlenden und Gehorchenden sind, und als Gehorchende die Gefühle des Zwingens, Drängens, Drückens, Widerstehens, Bewegens kennen, welche sofort nach dem Akte des Willens zu beginnen pflegen; insofern wir andrerseits die Gewohnheit haben, uns über diese Zweiheit vermöge des synthetischen Begriffs „ich“ hinwegzusetzen, hinwegzutäuschen, hat sich an das Wollen noch eine ganze Kette von irrtümlichen Schlüssen und folglich von falschen Wertschätzungen des Willens selbst angehängt – dergestalt, daß der Wollende mit gutem Glauben glaubt, Wollen genüge zur Aktion. Weil in den allermeisten Fällen nur gewollt worden ist, wo auch die Wirkung des Befehls, also der Gehorsam, also die Aktion erwartet werden durfte, so hat sich der Anschein in das Gefühl übersetzt, als ob es da eine Notwendigkeit von Wirkung gäbe; genug, der Wollende glaubt, mit einem ziemlichen Grad von Sicherheit, daß Wille und Aktion irgendwie eins seien –, er rechnet das Gelingen, die Ausführung des Wollens noch dem Willen selbst zu und genießt dabei einen Zuwachs jenes Machtgefühls, welches

> alles Gelingen mit sich bringt. „Freiheit des Willens" – das ist das Wort für jenen vielfachen Lust-Zustand des Wollenden, der befiehlt und sich zugleich mit dem Ausführenden als eins setzt – der als solcher den Triumph über Widerstände mit genießt, aber bei sich urteilt, sein Wille selbst sei es, der eigentlich die Widerstände überwinde. Der Wollende nimmt dergestalt die Lustgefühle der ausführenden, erfolgreichen Werkzeuge, der dienstbaren „Unterwillen" oder Unter-Seelen – unser Leib ist ja nur ein Gesellschaftsbau vieler Seelen – zu seinem Lustgefühle als Befehlender hinzu. L'effect c'est moi: es begibt sich hier, was sich in jedem gut gebauten und glücklichen Gemeinwesen begibt, daß die regierende Klasse sich mit den Erfolgen des Gemeinwesens identifiziert. Bei allem Wollen handelt es sich schlechterdings um Befehlen und Gehorchen, auf der Grundlage, wie gesagt, eines Gesellschaftsbaus vieler „Seelen": weshalb ein Philosoph sich das Recht nehmen sollte, Wollen an sich schon unter den Gesichtskreis der Moral zu fassen: Moral nämlich als Lehre von den Herrschafts- Verhältnissen verstanden, unter denen das Phänomen „Leben" entsteht."

Jetzt bin ich mit Ihnen Achterbahn gefahren. Was denn nun?

Ist der Wille eins mit dem Tun?

Oder wird der Wille noch einmal vor dem Tun von der Vernunft oder der Idee gecheckt?

Ist die Vernunft eins mit dem Tun?

Oder ist die Vernunft, vernünftig, das „Fleisch aber schwach"? Vernunft befiehlt – Körper will nicht?

Ist das Wahre unter der Idee eins mit dem Tun?

Oder strahlt das Ideal nur hell, während der Körper nicht kann oder „nicht für die Idee sterben will"?

Ist es eins, was da herrscht? Oder sind es zwei oder gar drei?

Das ist in jedem Menschen anders. In Schopenhauer ist der Wille das *eine*, das herrscht. In Nietzsches Vorstellung scheinen es zwei zu sein, einer, der befiehlt, und einer, der gehorcht. So mag die Vernunft befehlen, der Körper gehorchen – aber die Idee könnte dem Tun der beiden verächtlich den Rücken drehen. So befiehlt oft ein harter Herr und es dient ein unterwürfiger Knecht, aber das, was sie tun, entspricht nicht dem Ideal. In diesem Modell wären alle drei „dabei".

Die reinen richtigen Menschen stellen die Vernunft obenan. Der Wille dient der Vernunft und die Ideen schmücken die Vernunft aus. (Gesetze sind etwa Vernunft, Verfassungen aber enthalten die Ideen und sind leider oft nur Schmuck.) Wenn Vernunft absolut und unwidersprochen herrscht, dann ist Pflicht und Neigung identisch. Der Mensch wird durch den kategorischen Imperativ regiert und ist erlöst.

Die reinen wahren Menschen stellen eine möglichst große Leitidee obenan (Liebe, Einsicht, ästhetische Schönheit). Die Vernunft und der Wille sind ihre Hilfskräfte.

Die reinen natürlichen Menschen leben unter dem Primat des Willens. Die Erreichung des Ziels steht im Vordergrund. Vernunft dient. Ideen werden eventuell als Leitlinien akzeptiert.

Die Menschen, die zwei oder drei Herren haben, sind entweder „gemischte" oder auch „noch nicht fertige" Menschen, die fallweise wechselnde oder ungeklärte Herrschaftsverhältnisse in sich haben. Diese Menschen können große Teile ihrer Energie durch innere Kämpfe oder innere Synchronisation verlieren. Sie könnten eventuell oder im Einzelfall den reinen Menschen überlegen sein, wenn diese Synchronisation ohne allzu große Reibung gelingt und wenn die Energieverluste durch die Vorteile einer „Harmonie aller inneren Kräfte“ mehr als aufgewogen werden. Für mich selbst scheinen Menschen, die mit etwa drei gleich starken Herrschern als Team reibungslos klarkommen, wie ein theoretischer Wunschtraum, damit die Philosophie eine formale Krone bekommt. Ich glaube nicht, dass es nennenswert viele „edle“ gemischte Menschen geben kann. Es ist schon so schwer, die idealen drei Denkungsarten, also insbesondere die Vernunft in der Gemeinschaft, die Einsicht in das Wahre und den Willen für das Erstrebenswerte, in Einklang zu bringen! Aber dann sind ja da noch die widerstreitenden Seismographen des Es, des ES und des Ideenzwanges, die das ganze System nun völlig unüberschaubar machen können!

2.7.4 Training und Beherrschen des Flash-Mode

Die natürlichen Menschen versuchen, ihre Anzeichen-Identifizierer zu beherrschen und in den Dienst des natürlichen Lebens zu stellen. Sie trainieren die körperliche Geschicklichkeit, lenken ihre Kraft. Sie versuchen und probieren, fassen an, „begreifen“, schütteln, drehen. Das sind die Kinder gewesen, die alles erforschen und untersuchen, eventuell kaputt machen. Sie suchen das Abenteuer und die Gefahr.

Das Leben des natürlichen Menschen dreht sich um das Bezwingen von Herausforderungen.

Wer ist der Stärkste unter den Jungen? Wer ist das Mädchen, das mit den Jungen „klarkommt“, ihnen an Mut ebenbürtig ist, sie oft übertrifft? Wer triumphiert oft über Schwierigkeiten?

Als ich vorgestern schrieb, bei mir sei die Einsicht eins mit dem Tun und der Körper verbrauche gar nicht so viel Aufmerksamkeit, da wachte ich um drei Uhr in der Nacht auf. Es ist die Zeit, zu der mich oft neue Ideen, meistens aber leider Fehler aufwecken. „Hast du nicht die Kollegin mit deinem Witz gekränkt? Wie, wenn sie es anders aufgefasst hätte?“ Meine Einsicht sagt: „Ich kläre es morgen. Ich spreche sie darauf an.“ Es wird um mich wieder ruhig und ich schlafe ein. (Und ich kläre es.) Dieses Mal klagte in mir eine Stimme. Sie sagte: „Du hast mich vergessen. Du hast nicht immer an einem Buch gesessen, weißt du das nicht mehr? Du warst in vielen Dingen Meister. Du konntest als Schnellster den Schulweg barfuß über die verletzenden Aschewege zurücklegen, weil du alle plattgetretenen Stellen im Dorf kanntest. Du konntest wie der Wind barfuß über Weizenstoppeln laufen, die Fußflächen auswärts gedreht, um die Stoppeln im Laufen zur Seite zu biegen. Du konntest als einziger Kopfsprünge ins Kinderplanschbecken machen, mit dieser speziellen Hand-nach-vorn-Technik, um sich sofort wieder nach oben zu drücken. Du warst weit und breit der einzige, der vom Drei-Meter-Brett so springen konnte, dass die Haare trocken blieben. Du kannst ein Auge wie eine Eule schließen. Du bist aus vier Meter Höhe in der Scheune mit Salto auf ein einziges Strohbund gesprungen. Du bist auf den Dächern des Hofes herumgelaufen. Du hattest einen eigenen Garten und hast wunderschönen farbigen Mais und tonnenweise für das ganze Dorf Zierkürbisse geerntet. Du hast drei Stunden geweint, weil sie die Kronknospe einer ganz kleinen Kastanie beim Sensen des Grases abschnitten – und niemand tat je dem Baum wieder etwas zu Leide, so sehr hast du allen eingeheizt. Du hast drei Tage lang einen großen Eimer mit altem Motoröl brennen lassen und darüber Kartoffeln an Metallspießen gebraten, drei Tage Maschinenöl mit Kartoffeln! Du hast Tierfutter probiert und andere mit Milch aus Kuhzitzen bespritzt. Du hast versucht, über ein Pferd zu pinkeln, was es übel nahm, als der Druck nachließ. Du hast vier Armbrüche erlitten, das letzte Mal, als du im Hechtsprung auf ein Mädchen zu in der Badeanstalt ausrutschtest. Du konntest alle Straßen im Dorf mit allen Kurven freihändig mit dem Rad befahren … hallo! Hallo! Weißt du das nicht mehr? Und dann schreibst du: Der Körper sitzt beim Bücherschreiben brav da?" – Ich sagte: „Ach damals, das war schön! Aber das jetzt ist auch schön, verstehst du?" – „Ja, deshalb mische ich mich nicht so viel ein. Wir sind ja glücklich, nicht wahr? Aber ich bin schon noch da. Ich habe nur keine Idee, womit ich das Träumen toppen kann." – „Also bist du nicht böse?" – „Nein. Ich bin nicht böse. Aber ich wollte dich nur wecken, um zu sagen, dass ich da bin, wenn du mich brauchst."

Dann schlief ich wieder ein. Ich war ein paar Minuten in meiner Kindheit gewesen. Eine halbe Stunde später wachte ich wieder auf. Ich hatte einen Traum gehabt, den ich mir sicherheitshalber aufschrieb. Ich träumte, ich säße in schwach weißem Dunst an einem Schreibtisch, der irgendwie eine Mischung aller meiner Schreibtische war. Meine Frau trat herein und sagte leise: „Es ist ein Schlüssel gefunden worden. Der große Schlüssel, den wir vergessen hatten." Ich schrieb am Schreibtisch, sah nicht zu ihr hin und erwiderte: „Lege ihn auf den Beistelltisch." Und in mir war ein unbeschreibliches zufriedenes Gefühl, den Schlüssel gar nicht zu brauchen.

Diesen Traum schrieb ich auf, in der Nacht. Und ich dachte über den Abschnitt in diesem Buche nach, was die Traumsymbole bedeuten.

Und dann erinnerte ich mich an einen Mathematikstudenten, der als Bester der letzten zehn Jahrgänge einer ganzen Uni bezeichnet worden war und den wir für die Aufnahme in die Begabtenförderung prüfen sollten. Er wusste außer Mathematik absolut nichts. Das kommt öfter vor und die langjährige Konvention ist, solche Kandidaten ohne Gnade abzulehnen. Dieser eine aber hatte gesagt: „Ich freue mich an Kunst, Musik, am Leben, an Filmen, an Sport, an allem Leben. Aber die Forschung ist so ungeheuerlich viel schöner, dass ich es nicht über mein Herz bringen kann, etwas Zweitschönstes zu tun. Ich liebe auch das, aber nur in zweiter Linie. Ich komme nicht dazu. Verzeihen Sie mir." War das ein typischer Fachidiot? Wir nahmen ihn auf.

Als ich klein war, stand niemand hindernd dabei, wenn ich herumtobte. Nur einmal musste ich ein ganzes Monatstaschengeld zahlen, weil wir das ganze Eis vom Dorfteich mit Beilen in doppelbettgroße Stücke zerhackt hatten, dann bis auf drei solcher Schollen alles Eis aus dem Wasser gehoben hatten und schließlich Seeräuberangriffe auf die anderen Eisenflosse fuhren, wobei wir uns mit den Floßstangen stießen wie Ritter mit Lanzen. Meine Mutter stellte die Prognose, dass es zu Schwimmübungen kommen könnte und verlangte einen gewissen Verzicht, wenn diese einträfe. Eine Stunde später mussten wir alle heiß baden. Es war es wert. Einer wäre fast erfroren. Er war draußen stehen geblieben, bald wie ein Eiszapfen. Seine Eltern, sagte er, „schlügen ihn tot".

Zum Dank habe ich meinen Kindern nicht einmal Prognosen geben wollen. Zum Beispiel: Der vierjährige Johannes wollte einen Baum mit dem nagelneuen Beil fällen, das ich frisch gekauft hatte. Ich wies ihm eine Tanne im Garten zu. Er zog los, ich arbeitete weiter. Nach weniger als zwei Minuten kam er wieder und sagte: „Es funktioniert nicht." Er gab mir das Beil zurück. Der Stiel des Beiles war eine Handbreit über dem Metall geborsten, so wie der Wirbelsturm manchmal Bäume nicht richtig knickt, sondern wirklich abdreht, so dass alles in Fasern geht. Ich konnte nicht klären, wie ein Vierjähriger so viel Kraft mobilisieren kann. Ich wollte auch nicht zu viele Erwachsene um Rat fragen.

Ich war, glaube ich, in vielen Aspekten ein natürliches Kind. (Ich konnte nur eben nicht zuhauen und fürchtete mich immer ein wenig vor dem Rauen. So begann das Intuitive in mir zu wachsen? Weil ich hinter unterdrückten Tränen das Wahre zu sehen begann?)

Diese schauerlichen Beispiele habe ich Ihnen mit finsterer Absicht aufgezählt. Ich hoffe, in Ihnen hat sich das System gemeldet. Das Über-Ich in Ihnen hat gesagt:

> Altes Treckerdieselöl! Braten! Ich würde wahnsinnig! Kinder mit einem Beil hantieren lassen!

Wenn Sie kleine Kinder irgendwo in der Nähe haben: Achten Sie bitte einmal einen vollen Tag auf solche gesprochenen Sätze:

> „Fass die Gabel richtig an. Wie oft soll ich es sagen." – „Runter von der Mauer. Das ist gefährlich." – „Hände von dem fremden Hund. Er kann Würmer haben." – „Du sollst keine Blätter abreißen." – „Heb das auf." – „Da ist wieder ein Fleck. Glaubst du, ich bin zum Waschen da?" – „Gurgel nicht mit Apfelsaft." – „Setze die Füße richtig hin." – „Zappele nicht." – „Rede nicht dazwischen." – „Sei leise." – „Kippele nicht mit dem Stuhl, das ist gefährlich." – „Eine Woche Stubenarrest für das Wegwerfen der Schulstulle." – „Knaller sind ab 18."

Das ist das normal Harmlose.

> „Frag nicht so viel." – „Hör auf zu reden." – „Das verstehst du nicht." – „Das kannst du nicht." – „Lass das Werkzeug liegen." – „Es ist gefährlich." – „Traue keinem Fremden." – „Rede nie über Dinge, die du zu Hause hörst. Gib niemals über uns Auskunft." – „Achte auf Diebe." – „Schließe immer die Tür. Einbrecher lauern überall." – „Binde den Schal um." – „Zieh einen Mantel an. Ich finde es zu kalt."

Das ist das Einpflanzen des Systems. Das System muss in den kleinen Menschen hinein, der so sehr gerne die Welt selbst erkunden würde!

Der kleine Mensch möchte üben, auf Bäume zu klettern, über Abgründe zu balancieren, selbst Bratkartoffeln zu machen, Mäuse zu fangen. Er will sich selbst entdecken, seine Fähigkeiten prüfen, sich schulen, mit seinen Reaktionen zu spielen, erfahren, was sein Körper hergibt.

Vor allem will er Gefahr körperlich spüren, um sie zu bezwingen. Es geht zumindest dem natürlichen Menschen darum zu wissen, was er wirklich leisten kann. Wo sind seine echten Grenzen? Welche Bäume kann er ausreißen? Wann tut es weh beim Hinunterspringen? Wie hoch oben im Baum steigt die Angst in die Kehle, wenn er schwankt?

Es geht um das Spüren der Grenzen im Körper selbst. Um das Schulen der Reaktion, um den Kampf im Seismografensystem. Das Überschreiten von Grenzen soll die Seismographen setzen! Wenn ein kleiner Mensch es schafft, möglichst alle seine Grenzen selbst zu erfahren, dann bleibt er in meinem Sinne hier natürlich. Er lernt aus Fehlern (hoffentlich und so weit es geht), wird flexibel, reaktionsschnell und entschlossen. Er wird mental und körperlich stark, mutig und tapfer.

Die richtigen Menschen finden diese abenteuerliche Selbstbildung des Seismografensystems durch Versuch und Irrtum zu anstrengend und auch zu teuer. Richtige Menschen möchten nicht dauernd vor Anblicksangst bibbern und mit Pflaster bereitstehen. „Dann geh doch weg!", entrüsten sich die Natürlichen. „Du musst nicht dabei stehen oder dich sorgen. Wir verhindern gerade keine Gefahren, weil wir üben, mit ihnen umzugehen!" Richtige Menschen müssen Gefahren verhindern, weil sie sich sorgen müssen. Sorgen heißt oft: Aufpassen, kontrollieren, dass alle Regeln eingehalten werden. Natürliche Kinder rauben den richtigen Menschen „jeden Nerv". Richtige Menschen kennen nur die Gefahren, die sie gelesen haben oder von denen sie hörten. Es sind Regeln des ES. Sie sehen Gefahren schon meilenweit vor allen Grenzen. Sie saugen geradezu Gräuelgeschichten in sich hinein, die als echte „Lebenserfahrungen, mein Kind" als Beweis für das System herhalten. Im Grunde wütet in den richtigen Menschen das ES.

Das System zuckt aus allen Seismographen, wenn etwas Unanständiges, Gefährliches, Schmutziges, Verbotenes droht. Das System brüllt: „Die Gewöhnung misslingt!"

Meine Mutter sagte manches Mal: „Es ist nicht so schlimm, was du gerade eben *einmal* getan hast. Das ist nicht das Problem. Aber wenn ich denke, dass du dir das *angewöhnst*, dann graut es mir." Das heißt: „Die Gewöhnung meines Kindes misslingt! Das System wird verachtet!"

Wenn also die richtigen Menschen so böse werden, wenn natürliche Kinder etwas Neues bezwingen wollen, dann ist das Wüten in *ihnen selbst*! Nicht im Kind. Die Lehrer und Eltern bekommen Nervenkrankheiten, nicht *zuerst* die natürlichen Kinder. Und deshalb ist das System so unerbittlich und setzt seine Grenzmarken überall, wo das ES mit Seismographen schlägt.

2.7.5 Das Leben ist mehr jenseits der Grenzen

Natürliche Menschen müssen bezwingen, probieren, Neues erfahren. Sie wollen immer anspruchsvollere Ziele erreichen, ihren Willen stählen, etwas vollbringen. Bezwingen ist Sieg und Freude! Sie wollen nur aus *selbst gemachten* Fehlern lernen.

Das Flash-Mode-System soll sich selbst langsam schulen und bilden und reifen.

Was soll das „Heiß, heiß!"-Getue! Jedes natürliche Kind fasst *genau einmal* auf die heiße Herdplatte.

Das Leben des natürlichen Menschen wird in gewisser Weise ein Eroberungszug in die Welt hinein. Es geht nicht unbedingt um die Weltherrschaft, sondern um das Spüren des vollen Lebens. (Denken Sie noch an die Studentin, die für ein eigenes Flugzeug schuftet?)

Erlebnisse – das sind: Siege aller Art, neues Spüren aller Art, Bewältigen von Schwierigkeiten, Überwinden von Niederlagen. (Kämpfen, verlieren, später gewinnen, erobern von Männern oder Frauen, einen großen Deal an Land ziehen, ein Geschäft abschließen, glänzend verhandeln und dabei die Höhen und Tiefen auskosten, Nächte durcharbeiten, um noch alle Programmfehler zu finden oder doch noch den Auftrag zu bekommen, sich selbst besiegen und etwas einsam vollbringen, Berge besteigen, Schätze finden, den schwarzen Gürtel tragen, die Bank sprengen …)

Natürliche Menschen wollen stets unter voller Kraft, unter der unbehinderten Energie arbeiten, also ohne Neben-Schläge des Seismografensystems, die sie mahnen würden, an anderes zu denken. Es geht um die volle Fokussierung der ganzen Energie auf den einen Brennpunkt! Alles andere soll schweigen!

Das, was sie tun, wollen sie ganz tun. Ganz: Das bedeutet, unter Aufmerksamkeitsstress, unter ACTH. Der *chemische Zustand* des Körpers soll ganz auf die Sache gerichtet sein können, ausschließlich und ganz und gar. Am schönsten wären immerwährende Grenzerfahrungen in immer neuen Grenzsituationen.

So steigern sie Körperbeherrschung und Selbstbeherrschung, werden wendig, flexibel, virtuos.

Selbstbeherrschung ist für den richtigen Menschen die Fähigkeit, die Begierden den Notwendigkeiten unterzuordnen. Selbstbeherrschung bei natürlichen Menschen liegt in der Fähigkeit, sich selbst zum Bezwingen einsetzen zu können, sich selbst auf einen Brennpunkt zu fokussieren, sich selbst in eine unaufhaltsame Lokomotive zu verwandeln.

Die Systeme aber definieren sich durch Regeln und Gesetze. Systeme selbst sind wie eine Bibliothek in Teile und Unterteile zergliedert, in Zuständigkeiten und Trennlinien.

Systeme bestehen also zu großen Teilen aus Grenzen.

Deshalb ziehen Eltern, Lehrer, Erzieher, Bosse und Polizisten für den Menschen vor allem Grenzen. Sie tun dies besonders hartnäckig für die natürlichen Menschen, die immerfort Grenzen überschreiten wollen, um zum Leben zu gelangen.

Der natürliche Mensch wird also systematisch in ein Spinnennetz von Grenzen einzufangen gesucht. Der Wille soll gebrochen werden. „Ein Kind mit Willen bekommt was auf die Brillen.“ – „Sie wollen doch, dass man ihnen Grenzen setzt.“ (Sie wollen Grenzen zum Überwinden, nicht als Betonwand.)

Lesen Sie vielleicht hier noch einmal die Überlegungen von Monty Roberts zu Pferden vom Anfang des Buches. Traditionell wurden Pferde gebrochen. Wenn wir aber gut zu ihnen sind, reiten sie gerne mit uns aus!

Noch einmal: Bei Pferden litten wir unter der falschen Idee, dass sie böse wilde Tiere sind. Sie sind aber nur ängstliche Tiere, die vor allem Vertrauen fassen müssen.

Bei Kindern leiden wir unter der falschen Idee, dass die Einbläuung eines ES die einzige Möglichkeit ist, ein Kind besser zu erziehen als ein wildes Tier.

Es wäre viel wert, wenn wir uns daranmachten, unsere Anzeichen-Identifizierer besser zu verstehen!

Dann hätten es Menschen ebenso gut wie modern gezähmte Pferde.

Gebrochene natürliche Menschen finden Abenteuer und Erleben im Spiel, im Alkohol, im Sex, unter Autoradiodröhnen, in Drogen, All-inclusive-Reisen, im Fast-Food-Schlingen, in Tabletten, im Kaufen. Inmitten von Beton bleibt von Sehnsucht nur Sucht. Die Forderung nach reinem Bravsein stellt für den natürlichen Menschen diese Betonwände auf.

Bravsein bedeutet „die Grenzen respektieren", die *nicht selbst erfahren wurden*, sondern die von der Vernunft oder dem System aufgestellt oder gesetzt sind. Wer brav innerhalb dieser Grenzen verharrt, kann den Körper und das Leben und die Adrenalinstöße nicht mehr spüren, er ist abgeschnitten vom Kampf und vom Erleben des Überraschenden, Neuen, Noch-nicht-Erlebten. Bravsein bedeutet die Übernahme eines fremden Anzeichen-Identifizierungssystems in den Körper. Der Körper des Braven warnt vor den *fremddefinierten* Grenzen, die nie körperlich erfahren oder getestet werden sollen. Der Brave wird *nicht erst* durch Schaden klug, sondern *vorher* durch Aufsaugen des Systems.

Wenn also der natürliche Mensch dadurch gebrochen wird, dass man ihn zu Bravsein zwingt, dann fühlt er sich wie in einem fremden, übernommenen Körper. Das Leben fühlt sich an wie Langeweile, tötende, gleichmäßig ruhige Langeweile.

Kennen Sie diese Verzweiflung von Kindern, wenn sie sich langweilen? Kennen Sie diese Tiere im Zoo, die unruhig im Käfig hin und her gehen? Die Kinder werden sich später betäuben, wenn ihnen keine Revolution oder kein Ausbruch gelingt. Hoffentlich „kommen sie frei", die natürlichen Menschen. Hoffentlich werden sie Selbstständige, Freiberufler, Freie Mitarbeiter, Freelancer, Handwerker, Taxifahrer, Gewerbetreibende, Ärzte, Versicherungsagenten, Außendienstler, Reisende, Künstler oder Unternehmer, die eine eigene Firma gründen. Überall da sind sie ihr eigener Herr. Sie können ganz im Einklang mit dem Willen sein, der hier sein Primat behalten darf.

Ich möchte nicht missverstanden werden, Ihr richtigen Menschen!

An richtige Menschen: Sie werden innerlich aufbegehren, weil ich sage, dass Sie von natürlichen Menschen kein Bravsein und keine Vernunft verlangen dürfen und auch mit der Dauerdebatte über Grenzen aufhören sollten, vor allem aber mit dem moralischen Erniedrigen wie „Du bist nicht brav." – „Du Schwein, schau dich mal an." – „Ich könnte dich erwürgen, du …" – „Mit welchem Kind bin ich geschlagen. Das habe ich nicht verdient." – „Du kannst froh sein, dass die Prügelstrafe abgeschafft ist, sonst bekämst du noch ein paar Ohrfeigen mehr."

Ich will damit nicht sagen, dass natürliche Menschen überhaupt nicht erzogen werden sollten oder müssten. Erziehung ist hier nicht ein *Erklären* des Systems. Natürliche Menschen müssen *trainiert* werden, um mit dem System gut klarzukommen. Für sie ist das System nicht das Heilige im Innern, das als ES und also als Teil von ihnen selbst von innen regiert. Für sie bedeutet das System eine Unmenge von Umweltbedingungen, mit denen es fertig zu werden gilt. Erziehung würde hier bedeuten, natürlichen Menschen zu helfen, mit diesen Bedingungen leben zu können. *Das* meine ich. Insbesondere lassen Sie die natürlichen Kinder erst einmal Fehler machen; danach können Sie mit ihnen sachlich besprechen, wie es das nächste Mal besser ginge. Nicht: „Siehst du wohl? Was habe ich gesagt? Ätsch, ich gönne dir diesen Mist von Herzen, wenn du nicht vorher auf mich hörst!" Sondern: „Das und das hast du unterschätzt. Daran und daran hättest du die Gefahr eher spüren können. So und so beseitigen wir diesen Schaden wieder und entschuldigen uns bei deinen Opfern.“ Natürliche Menschen brauchen Trainer oder Coaches und keine Oberlehrer.

Beim Leistungsturnen kommt es vor, dass jemand mit Schmerzen vom Gerät sinkt oder stürzt, weil er mit einer Gefahr nicht umgehen konnte. Es gilt als wichtig, diese Übung auch unter Schmerzen sofort zu wiederholen, bis sie erfolgreich war. Dadurch ätzt sich im Anzeichen-Identifizierungssystem keine neue Gefahr ein. Angst bleibt beim nächsten Mal aus. Der Körper darf sich bei einem Fehlschlag beim Turnen keinesfalls merken, dass er Angst bekommen muss! Viele Sportlerkarrieren können nach einem Unfall beendet sein. Nach einem Autounfall, einem Absturz von der Schanze etc. heißt es dann: „Er ist nicht mehr angstfrei.“ Dasselbe droht auch von schmerzlichen Niederlagen von bis dahin Unbesiegten. („They never come back.“). Natürliche Menschen werden besser angstfrei gehalten. Das ist ganz, ganz anders als bei richtigen Menschen!

2.7.6 Der Aufmerksamkeitsfilter: Die Schar der Ichidole oder Götter

Insbesondere haben natürliche Menschen nicht so richtig ein starkes Über-Ich, wie es sich die richtigen Menschen wünschen würden. Der richtige Mensch saugt die Regeln des Systems als Abbild wie ein ES in sich hinein. Hinterher wundert er sich, als Folge des Hineinzwingens fremder Anzeichen-Identifizierer, dass sich von selbst Ängste in ihm melden, wenn er gegen Systemregeln verstößt. Der richtige Mensch weiß noch, dass man ihm Regeln beigebracht hat. Er weiß auch noch, wie er lernte und belehrt wurde, oft auch bestraft. Er kann also erwarten, dass in seiner linken Gehirnhälfte alle diese Regeln gespeichert sind.

Er ist aber voller Verwunderung, wenn sich bei Regelübertretung nicht die linke Gehirnhälfte mit Vernunft meldet, sondern der Körper quasi chemisch ausschlägt. Das sind die Qualen des Gewissens. Das beißt ordentlich zu, macht Unruhe. Es peinigt und gibt einen Vorgeschmack der Hölle.

Viele Philosophen erschauern vor Bewunderung dieser Gewissensschläge, die sie dann feierlich auf göttliche Weisungen oder Eingebungen zurückführen. Wie ich hier erklären wollte, ist das Melden des Gewissens einfach ein körperlicher Seismografenausschlag des in den Körper eingepflanzten Systems. Ein Anzeichen-Identifizierer schlägt Alarm, sonst nichts. Gewissen ist nicht göttlich.

Weil natürliche Menschen sich ein eigenes Seismografensystem durch das Trainieren von Gefahrenbezwingung ausbilden, haben sie im Sinne der richtigen Menschen kein richtiges Gewissen. Es ist also lächerlich, fortwährend an dieses fehlende Gewissen im natürlichen Menschen zu appellieren.

Ich meine also: Der natürliche Mensch hat ein nur schwaches Über-Ich und auch kein wirkliches Ichideal wie der intuitive wahre Mensch. Die wegweisende Funktion des natürlichen Menschen möchte ich hier Ichidol nennen.

Idole sind in der eigentlichen Bedeutung „Götzenbilder“. Das Wort Idol stammt aus dem griechisch-lateinischen und steht für: „Gestalt, Bild, Trugbild“ und bezeichnet so etwas wie „Abgott“. Dieser Sinn von Idol, der so ein wenig in Richtung

„Goldenes Kalb" zeigt, will ich hier nicht so negativ belegt sehen. Dieses negative Deutung in Richtung „Abgott" stammt eben aus Sicht der wahren und richtigen Menschen. Diese haben ja keine Idole, oder? Sie haben Vernunft und Ideale.

Wir sprechen heute von Idolen der Jugend. Das sind manche Fußballspieler, Tennisstars, Schauspieler, Topmodels, Sängerinnen, Boy-Group-Stars.

Heute beim Schreiben fallen mir Namen ein: Madonna, Boris Becker, Britney Spears, Sven Hannawald, Che Guevara, Mehmet Scholl, Mohammed Ali, Verona Feldbusch, Arnold Schwarzenegger, John F. Kennedy, Naomi Campbell.

Es sind Helden, die uns „voll Erlebtes" anzeigen. Es kommt nicht (nur) darauf an, viel geleistet zu haben. Das „volle Erleben" ist das Essenzielle. Deshalb sind etwa Michael Stich, Caroline von Monaco, Claudia Schiffer oder Steffi Graf „Vorbilder", aber keine Idole. Sie sind Prototypen *richtiger* Menschen und werden deshalb als *Vorbilder* herangezogen. Vorbilder sind „Götter" der richtigen Menschen, während „Idole", die für intensives Erleben stehen, ihnen eben wie „Abgötter" erscheinen. Buddha oder Jesus werden verehrt, fest verwoben mit den Idealen, die sie repräsentieren. In neuerer Zeit könnte ich Gandhi oder Joan Baez verehren, weil sie meine Seele bewegen. Ich könnte in Richard von Weizsäcker den Inbegriff des „Edlen" der konfuzianischen Lehre sehen.

Ein Idol aber ist etwas, das mit den chemischen Reaktionen des Körpers zu tun hat. Es bewegt etwas im Seismografensystem. Idole sind für mich hier Sinnbilder für Willensbrennpunkte. Sie stehen uns als Rollenbeispiele für bestimmte Lagen unserer Körperchemie zu Verfügung: Für Gefahr, Revolution, Aufbäumen, Lust, Sieg, Rausch, Bezwingen, auch für das heldenhaft feste Standvermögen neben dem System der richtigen Menschen, das immer wieder von etwa Madonna oder Britney „geschockt" wird.

Idole sind Metaphern für das, was mit ACTH und Endomorphin in uns geschieht. Idole geben uns ein Vorstellungsvermögen für das „volle Leben", das wir stellvertretend in ihnen ahnen mögen. Idole sind unsere Märchenfiguren. Wir wollen sie ganz, vor allem ihre Seismografenschocks.

Für mich sind diese Idole wie auch die Traumsymbole oder die Archetypen der Menschheit Vorstellungsbilder des „chemischen Körperzustandes unter Stress oder starkem Ausschlag des Körpers".

Die Griechen bevölkerten ihren Olymp mit Göttern des Feuers (in der Schmiede: Hephaistos, am Herd: Hestia), des Wassers (Poseidon), des Donners (Zeus), des heroischen und blutigen Krieges (Sieg: Athene, grausamer Kampf: Ares), der Jagd (Artemis), der Zwietracht (Eris), des Weines (Dionysos), der Fruchtbarkeit (Demeter), des Lichtes (Apollon), der Sonne (Helios), des Mondes (Selene), der Morgenröte (Eos), der Liebe (Aphrodite, Eros), der Kaufleute und Diebe (Hermes), der Natur (Pan), der Unterwelt (Hades) und der Jugend (Hebe). Sind das Götter des freudschen Über-Ichs? Sind das Ichideale? Sind das Vorbilder für richtige Menschen? Na, Hera vielleicht, die für die Ehe stand (nicht ihre eigene – für Ihre!).

Die Naturgötter, Träume, Märchen, Mythen, Archetypen und unsere Idole geben uns vorstellungsbildende Symbole des gespürten Urgewaltigen in uns. Es sind Bilder von „Anzeichen", die wir sehr stark spüren, aber eben als Anzeichen nie wirklich sehen. Es sind Vorstellungen von diesem „Heißen", dieser Leidenschaft in uns, insbesondere keine des kalten logischen Denkens.

Natürliche Menschen haben nach meiner Ansicht Ichidole – vielleicht nur eines oder einige wenige oder eine ganze Schar davon. Idole zeigen erstrebenswerte Willensrichtungen an.

2.7.7 Der konzentrierte Wille als Triebkraft des Natürlichen

Natürliche Menschen treibt der konzentrierte Wille, der auf einen Brennpunkt gerichtet wird. In starker Fokussierung entfalten so die natürlichen Menschen eine ungeheure psychische Energie. Die Fokussierung verlangt, dass im Körper keine weiteren Notwendigkeiten als eben die eine gespürt werden. Alles andere muss verblassen oder weit in den Hintergrund treten.

Natürliche Menschen sind stark frustriert, wenn sie unter „chemisch widerstreitenden Anwendungen" in ihrem Körper unter Spannung gehalten werden. Bitte nicht dies: Schularbeiten bei herrlichem Wetter und dem Wissen um viele Freunde im Schwimmbad. Oder: Lustvolles Umhertollen mit minütlichem „Pass-doch-auf"-Bombardement. Dann können sie ignorieren, vergessen, revoltieren.

In ihrem Körper „darf es nur eines geben".

Nur Arbeit, nur Vergnügen, nur Unternehmung, nur Abenteuer. Kein Morgen, kein Gestern, kein „Vielleicht", keine Angst vor dem Später.

Sie sind im Jetzt. Sie bezwingen hic et nunc. Unter positivem Stress.

Deshalb kommen sie immer mit dem System in Konflikt, das die Menschen eher nach Art eines Über-Ich durch negativen Stress vorantreibt: „Du musst. Du solltest. Versage nicht."

2.8 Alles Bisherige zusammengepackt!

2.8.1 Vorstellungsbilder

Zum Ende dieses Buchteils möchte ich die Ergebnisse des Denkens kurz zusammenfassen. Ich schreibe für viele meiner Leser, besonders für die gradlinigen richtigen Menschen, zu spiralig, zu assoziativ, langsam ausholend und immer mehr ins Zentrum pendelnd. Die mehr intuitiven Leser genießen das eher, wenn ich den E-Mails an mich glauben darf. Richtige Menschen atmen nicht so gerne nur Ideen. Sie möchten ein Executive Summary, eine Kurzzusammenfassung. Was will der Autor auf den Punkt gebracht nun eigentlich sagen?

Es gibt drei verschiedene Arten des Denkens, die durch verschiedene mathematische Algorithmen erklärbar sind. Denken kann wie ein Computerprogramm ablaufen. Nach diesem Modell sind die so genannten Expertensysteme der Künstlichen Intelligenz (KI) gebaut: Wissen und Regeln und Prozessabläufe simulieren hier das vernünftige Denken.

Denken kann wie eine Berechnung in einem neuronalen Netz verstanden werden. Datenströme erreichen das Gehirn, das innen unter selbstgebildeten Gesetzen, die außen nie richtig sichtbar werden können, eine fertige Entscheidung oder Meinung berechnet.

Diese beiden Denkungsarten führen jeweils zu verschiedenen Ergebnissen. Das Richtige kann etwas ganz anderes sein als das Wahre. Die verschiedenen Denkungsarten scheinen in den beiden Gehirnhemisphären eine natürliche Heimat zu haben. Im Links sitzt in meinem Vorstellungsmodell die ruhige Vernunft, die um das Wohlergehen der Gemeinschaft bekümmert ist. Die Vernunft kennt die Gesetze, die Ordnung und die Tradition. Im Rechts sitzen die Ideale oder Ideen, an denen Leidenschaften, Emotionen und Sehnsüchte/Abneigungen hängen. Dem Idealisten oder wahren Menschen geht es im Leben vorrangig um das Wachstum der eigenen Persönlichkeit und danach um das Wachstum der Persönlichkeiten aller anderen Einzelpersonen in der Gemeinschaft. Es geht dabei immer um Einzelpersonen und deren Lebensideen sowie um den Wert dieser Ideen. Die Vernunft der Gemeinschaft regiert in allgemeinen Gesetzen, die manchmal Einzelne benachteiligen. Die Vernunft verlangt Solidarität und Opfer. Das Rechts aber verlangt Ideenfreiraum für jedes Individuum. Daher werden Idealisten viel mehr Toleranz und Freiheit für jeden, aber auch jeden Einzelnen verlangen. Deshalb rufen im Staat die richtigen Menschen immer nach neuen Gesetzen, die alles regeln sollen. Die wahren Menschen aber fordern unentwegt mehr Unabhängigkeit vom als intolerant empfundenen Gesellschaftssystem. „Meinungsfreiheit! Pressefreiheit! Religionsfreiheit!" rufen die so genannten Intellektuellen.

Die natürlichen Menschen erhoffen sich ein glückliches Leben, das sich in ihren Idolen konkretisiert, die sehr verschiedenartig sein können. „Wein, Weib und Gesang!" Sie möchten in einem Zustand der Stärke und Freude leben, im Einklang mit den Signalen ihres Körpers. Die richtigen Menschen verlangen Unterordnung unter die Gemeinschaft. Die wahren Menschen verachten Zustände des Nicht-Wertvollen im Sinne der leitenden Ideen oder Werte. Beide Gruppen verwerfen besonders das Glücksstreben des natürlichen Menschen als minderwertig.

Diese Dreiteilung der idealen Lebensvorstellungen entdreit die Philosophen schon immer. In der *Nikomachischen Ethik* stellt Aristoteles fest:

> Darum stellen denn auch manche das äußere Wohlergehen, wie andere die Trefflichkeit des Wesens mit der Eudämonie auf gleiche Linie.

Immer der gleiche Streit: Geht es um Wohlergehen in der Gemeinschaft, um Persönlichkeitsentwicklung oder um schieres Glück?

Ich entscheide diesen Streit hier so: Es gibt einfach drei verschiedene Arten von Menschen: die richtigen, die wahren und die natürlichen (Abb. 2.13).

Da sich aber die richtigen und wahren Menschen einig sind, dass das einfache Glück zwar offenbar erstrebenswert ist, wenn „man auf die Straße oder in die Taverne schaut", dass aber Einsicht und Vernunft etwas Höheres als Glück im Leben erkennen – da das so ist, wird das Streben nach Glück hauptsächlich mit den tierischen Trieben in Verbindung gebracht, die unersättlich den Menschen fernab von Einsicht und Vernunft halten.

Die Vorstellung von Trieben und dem Irrationalen im Menschen rührt daher, dass zu viel Geheimnis um diese dunklen Kräfte herrscht.

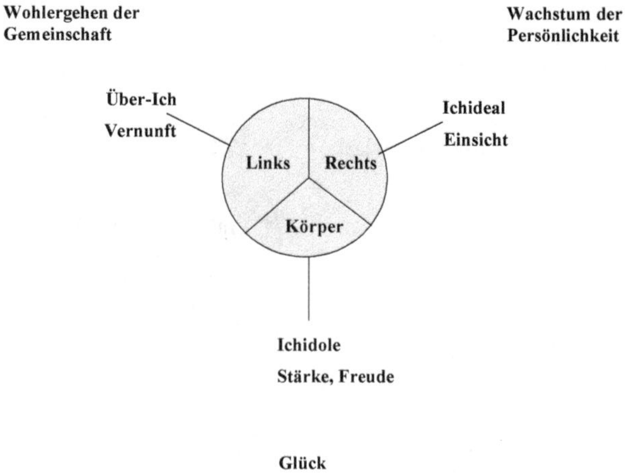

Abb. 2.13 Zentrale „Ideale“ der drei Menschennaturelle

Ich habe versucht, durch das Vorstellungsbild des „Anzeichen-Identifizierers“ sichtbar zu machen, wie diese Mechanismen in uns durchaus einer logischen, mathematischen Erklärung zugänglich werden können.

Ich sage: Wir werden in großem Umfang durch ein Seismografensystem beherrscht, das vor allem Einfluss darauf nimmt, wohin unsere Aufmerksamkeit gelenkt wird. Die Seismographen bestimmen, was uns sorgt, was uns drückt, was eilt, was angestrebt werden soll.

Die richtigen Menschen erziehen dieses Seismografensystem völlig zugunsten des Gemeinschaftssystems um, indem sie durch Strafe und Belohnung ein neues Seismografensystem über das ursprüngliche, „natürliche“ System lagern. Dadurch wird „das Tier im Menschen“ zurückgedrängt, ist aber noch da. Dadurch entstehen alle diese entsetzlichen Kämpfe zwischen dem Über-Ich und den „Trieben“, dem Es – eben weil die Gemeinschaft nur Ersatzsystemtriebe über die originalen „Tiertriebe“ implantiert. Die richtigen Menschen verurteilen das Glücksstreben des natürlichen Menschen als „niedrig“. Sie diffamieren das Glücksstreben durch konzentrierte Kritik der negativen Auswüchse im natürlichen Menschen. Das sind: Gier, Sucht und Verschwendung und der damit einhergehende naive Egoismus.

Dafür wird dem Menschen über den Umweg der Angst vor Minderwertigkeit durch fortwährendes Leistungsmessen der Systemtrieb zur Höherwertigkeit und zur Systemkonformität eingeimpft. Diese Triebe werden durch Belohnungs- und Strafsysteme implantiert oder konditioniert. Sie müssen sehr stark gemacht werden, um die gewöhnlichen Triebe nach Glück zu übertönen, die aber noch im Körper verbleiben. Dadurch wird der Mensch zwar gesellschaftstüchtiger, ist aber in vielfältig-individueller Weise in seinem Wesen uneins und zerrissen. Der gesellschaftstaugliche Mensch soll nach der reinen Lehre der richtigen Menschen ein reiner, richtiger Vernunftmensch werden, also seine Pflicht aus Neigung tun.

Die Implantation eines Ersatztriebsystems zur Systembefriedigung simuliert diesen richtigen Menschen nur. Das liegt aus meiner Sicht vorrangig daran, dass die Mechanismen des Flash-Mode-Systems überhaupt nicht durchschaut wurden.

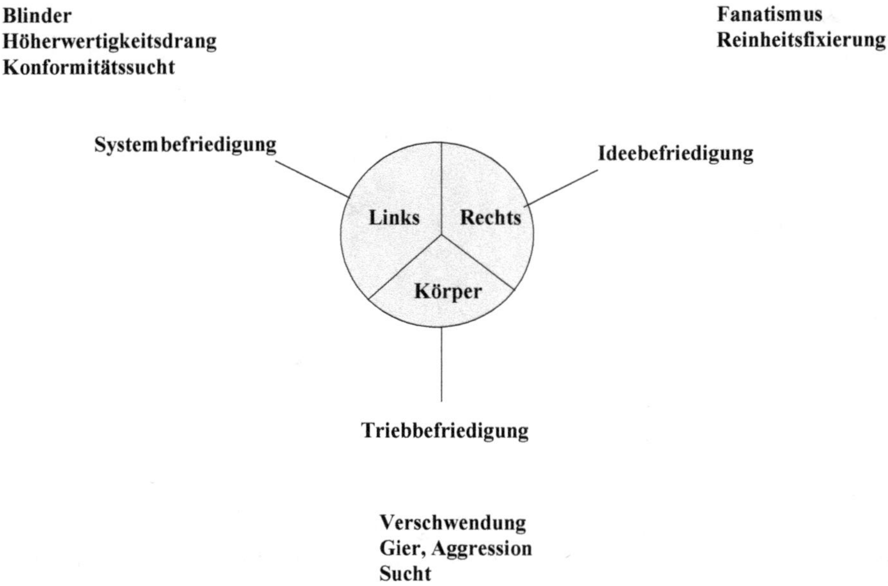

Abb. 2.14 Zentrales „Dunkles" der drei Menschennaturelle

Richtige Menschen glauben, sie würden die Triebe besiegen. Sie verhunzen den Menschen aber nur zu einer bloßen richtigen Fassade. Die meisten richtigen Menschen sind also Rollenkünstler, die durch die Systemangst zusammengehalten werden. Ich wettere damit nicht gegen die richtigen Menschen an sich, sondern *ich entrüste mich über deren unprofessionelle Produktion.* Die gängigen Anreizsysteme sind der Kern allen Übels, weil sie Fassadenmenschen formen, die nicht nur meilenweit weg vom Ideal des kantischen „Neigung = Pflicht"-Menschen sind, sondern fast nicht mehr heilbar, eben „verhunzt" sind. Ein reiner richtiger Mensch könnte nur noch in ihnen entstehen, wenn man die natürlichen und die implantierten Triebsysteme wieder entwirrt. Wenn ich aber mit meiner Vorstellung der Flash-Mode-Systeme im Menschen nur irgendwie richtig liege, ist es ziemlich hoffnungslos, aus Fassadenmenschen kantische Ideale zu formen. Die Anreizsysteme verderben den Menschen fast unrettbar in einen Höherwertigkeitswahn. Deshalb sind die Heilquoten der Psychiater so kläglich, oder? Es geht eben nicht mehr so einfach, das Heilen, wenn das ES schönstark ist (Abb. 2.14).

Die wahren Menschen werden von den richtigen Menschen nicht wirklich bekämpft. Die richtigen Menschen schmücken sich ja gerne mit Idealen, soweit sie in etwa zur Fassade des Gemeinschaftssystems passen. Wahre Menschen leiden mehr unter den richtigen Menschen, die ihnen eben wie Rollenfassaden erscheinen, was ja – das sagte ich gerade – durch die Produktionssysteme der richtigen Menschen wohl auch in großem Umfange so stimmt. Wahre Menschen leiden also ein Leben lang an der „Lüge". Sie weinen über die Falschheit, das Nicht-Authentische, den Wahn zum Höheren, die Konformitätssucht. Damit stemmen sie sich nicht gegen den reinen richtigen Menschen in seiner weisen Vernunft, sondern schütteln sich angewidert vor dem „Verhunzten".

Zur Abwehr errichten sie hohe Ideale, in deren Namen sie kämpfen. Sie werden zu Kriegern von Ideen, deren Heiligkeit gegen das Triebhafte des natürlichen Menschen und das Verhunzte des normal richtigen Menschen grell absticht. Viele wahre Menschen schwenken damit die Fahne der Idee nur zur Abwehr gegen das „Normale". Die Idee wird zur Waffe. Der wahre Mensch wird zum angreifenden Fundamentalisten, zum Fanatiker oder zum „Reinheits-Spinner". Der wahre Mensch wird tendenziell zermalmt von seiner Angst, vom Trieb, von der Höherwertigkeit oder der Konformität überwältigt zu werden. Unter der Furcht, besiegt zu werden, bildet er ein eigenes Seismografensystem aus, das ihn warnt. Am Ende ist der wahre Mensch oft rettungslos in seiner Idee gefangen, die ihm als einziger Hort der Sicherheit zu verbleiben scheint. Aus einem Idealisten ist ein Ideenbefriediger geworden.

So sind wir Menschen alle in großer Gefahr, hauptsächlich voreinander und vor unseren falschen Vorstellungen von unserer vermeintlichen Gleichheit und unseren inneren Funktionen.

2.8.2 Die mathematischen Metaphern für unser Inneres

Das Vorstellungsmodell dieses Buches vergleicht nur die angenommene Funktionsweise der linken Gehirnhälfte mit einem Expertensystem oder einem Computer.

Die Wirkungsweise der rechten Gehirnhälfte vergleiche ich mit einem neuronalen Netz. Ein neuronales Netz verarbeitet Inputs und „verkündet" ein Ergebnis, ganz ohne den Rechenweg zu diesem Ergebnis mitzuliefern. Das ist ein fundamentaler Unterschied zum analytischen Expertendenken. Ein Expertensystem auf einem PC erklärt die Grundannahmen, die Schlussweisen und die Datenkombinationen. Es entscheidet nicht nur nach Regeln, sondern es gibt neben der reinen Entscheidung auch die gesamten Überlegungen an, die zum Ergebnis führten. Das lernen wir in der Schule. Wir erklären in einer Mathematikklausur, unter welchen Voraussetzungen und Ansätzen wir begannen, wie wir logisch Schluss an Schluss reihten, welche Rechenschritte schließlich zum Ergebnis führten.

Ein neuronales Netz teilt nur das Ergebnis mit. Es fühlt sich an wie eine Bauchentscheidung oder eine Entscheidung aus der Intuition heraus oder „aus dem Herzen". Ein neuronales Netz muss sich nicht an Logik halten. Es berechnet durch Approximation an allen bisherigen Lebenserfahrungen. Die Ergebnisse der Berechnungen sind also von der Lebensgeschichte des „neuronalen Netzes" abhängig. Sie hängen also von dem Menschen ab, der entscheidet, während analytisch-logische Entscheidungen nur im Logiksystem stattfinden.

Logik ist unpersönlich, wie auch Vernunft.

Intuition ist notwendig an die Person mit dieser Intuition gebunden.

Die Entscheidungen nach Logik oder Vernunft auf der einen Seite und die Entscheidungen nach persönlicher Einsicht oder Intuition auf der anderen Seite können erheblich unterschiedlich sein. Dieser erhebliche Unterschied sowohl in der Berechnung als auch in den Ergebnissen führt zu verschiedenen Menschenarten.

Richtige Menschen vertrauen mehr der unpersönlichen oder besser überpersönlichen Logik. Diese Art von Denken ist mit der Vorstellung einer Gemeinschaft von Menschen besser vereinbar. Wenn alle Menschen die gleichen Denkregeln und Schlüsse benutzen würden, kämen sie alle zum gleichen Ergebnis. Die Menschen wären sich immer einig.

Wahre Menschen vertrauen auf ihre Intuition, die an die Person und ihre Lebenseindrücke gebunden ist. Sie hängt davon ab, wie der wahre Mensch diese Eindrücke bewertet und verarbeitet hat. Das Denken des wahren Menschen ist also durch und durch personenbezogen.

Auf der anderen Seite hängen die intuitiven Menschen relativ ähnlichen Leitideen in ihrem Leben an. Ich habe es so erklärt, dass neuronale Netze trainiert werden und lernen. Sie verbessern sich ständig durch Anpassung der Verbindungen zwischen den Neuronen des Netzes. Mathematisch gesehen streben neuronale Netze optimalen Konfigurationen zu.

Ideen wie etwa das Gute im Menschen, die Nächstenliebe oder das Helfen bei Not erfassen praktisch alle wahren Menschen. Das liegt daran, dass „große" Ideen sehr, sehr starke mathematische Optima in normalen menschlichen neuronalen Netzwerken darstellen. Es ist nun nicht so, dass jeder wahre Mensch genau dieselbe Vorstellung zum Beispiel von der Idee der Liebe hätte. Die Vorstellungen sind nur ziemlich ähnlich.

Ich habe im Buch *Wild Duck* eine Menge Vorstellungsbilder für das Optimieren aufgebaut. Stellen Sie sich das Optimieren, also das Finden bester Lösungen, wie das Suchen höchster Berge auf einem unbekannten Planeten vor. Eine gute Idee entspricht einem hohen Gebirge in dieser Welt. Wenn ich nun sage, dass die wahren Menschen dieselben Ideen groß finden, so haben sie nicht ganz genau dieselbe Vorstellung von der Idee. Es ist so als, würden sie alle einen hohen Berg auf dem Planeten finden; nicht alle denselben, sondern alle einen im selben Gebirge. Jeder säße dann auf einem individuellen Gipfel, aber es säßen alle in demselben Gebirge.

Alle Menschen sehen also eine Idee aus dem Blickwinkel ihres persönliches Berges in einem gleichen Gebirge. Wenn Sie sich das Gebirge als Ganzes wie die Idee an sich vorstellen: Dann sind Ideen absolut da und unabhängig vom Menschen. Sie sind als ewige mathematische Konstrukte, als Gebirge in technischen neuronalen Netzwerken. Aber die einzelnen Menschen nehmen diese ewige und gleiche Idee verschieden wahr, nämlich auf ihre eigene, persönliche Art (von ihrem eigenen Gipfel aus).

Die Idee ist also auch ohne den Menschen da. Ein normal entwickeltes menschliches neuronales Netz aber wird zu einer persönlichen Wahrnehmung dieser Idee hingezogen. Der Mensch, der die Idee in sich spürt, hält sie für seine Idee. Es ist aber nicht seine, sondern nur eine persönliche Erscheinungsform von etwas Absolutem, was mathematisch klar da ist und immer da war.

Die Menschen werden sich im Sinne Lessings weiterentwickeln und mit der Zeit findet wirklich eine Art Erziehung des Menschengeschlechtes statt.

Die Menschen werden im Laufe von langsamen Veränderungen fähig, immer wieder neue Gebirge auf dem unbekannten Planeten zu entdecken, die noch höhere Gipfel haben als die bisher bekannten. Ich meine: Es gibt immer wieder neue, hö-

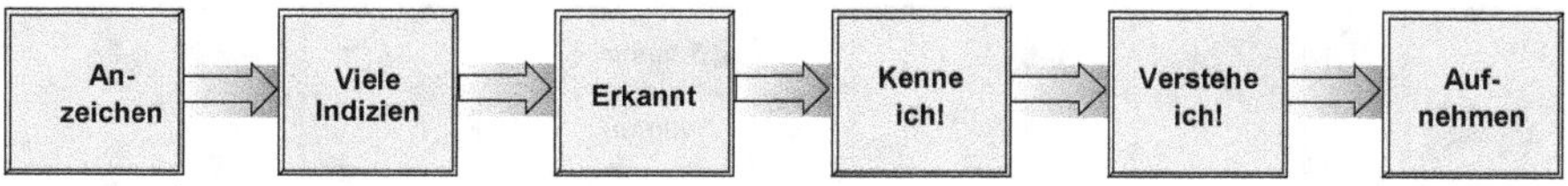

Abb. 2.15 Allgemeine Sequenz vom Stimulus bis zum Erkennen

here Ideen für das Menschengeschlecht. Deshalb schreitet auch das Denken um den Sinn des Lebens fort. Homer besang noch Heldentum, Cicero huldigte der Vernunft und ganz wenig später brachte Christus der westlichen Welt die Vorstellung der reinen Liebe. Es folgte etwa die Idee der Kunst und der Schönheit. In dieser Zeit, 2002, Afghanistankriege hin oder her, verwandelt sich langsam der wehmütige Ur-Traum der Menschheit vom Weltfrieden in eine feste Idee. Jeder wahre Mensch hat eine eigene Vorstellung davon, aber die Vorstellungsvarianten sind nicht mehr weit auseinander.

Mathematisch gesehen erreichen die Menschen im Laufe der Zeit Ideengebirge von größerer Höhe.

Für mich ist eine solche etwas höhere Idee die Vorstellung des Flash-Mode-Systems im Menschen, deren Verständnis dazu führen kann, uns von ES-Implantaten durch die Erziehungssysteme der Gesellschaft verabschieden zu können. Ein tieferes Begreifen unserer Seismographen sollte nach dem Weltfrieden untereinander und auch den Frieden in uns selbst näher rücken können. Wir sollten darüber nachdenken, wie der Krieg in uns selbst entsteht: durch effizientes Einprägen künstlicher Triebe, weil das Simulieren von Menschen billiger und effektiver erscheint als das Erziehen reiner richtiger Menschen. Wir sollten überdenken, warum wir, du und ich, im Kriege liegen: Wir sind wahrscheinlich anderer Art, du und ich!

(Und dafür ist dieses Buch geschrieben!)

2.8.3 Der Weg in uns hinein

Menschen nehmen über das Flash-Mode-System Anzeichen wahr. Ist da etwas? Da ist etwas? Was? Gebt mir ein zweites Anzeichen! Wir wittern: Ist da ein weiteres Anzeichen? Ja! Und weiter? Es sammeln sich Indizien (Abb. 2.15).

Die Indizien verdichten sich. Wir wittern nicht nur, ob da etwas ist. Der Nebel lichtet sich, Anzeichen für Anzeichen, Indiz für Indiz. Irgendwann sagen wir: Ja, das ist es. Ich habe es erkannt. Zum Erkannten suche ich mein Gehirn ab, ob etwas zu diesem Erkannten passt. Aha, das kenne ich! Wenn ich etwas sehr gut kenne, sage ich: Das verstehe ich! Und schließlich kann ich das, was ich verstehe, zum Teil meines Lebens machen, es also in mich aufnehmen. So kann der Weg vom Zucken des Aufmerksamkeitssystems bis zum Teil von uns selbst aussehen. Am Anfang ist der Anzeichen-Identifizierer, fast nichts! Am Ende ist etwas zu uns dazu gekommen.

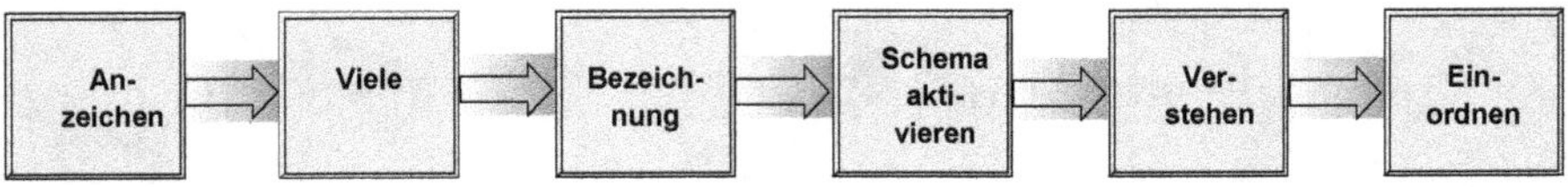

Abb. 2.16 Die Erkenntnissequenz der richtigen Menschen

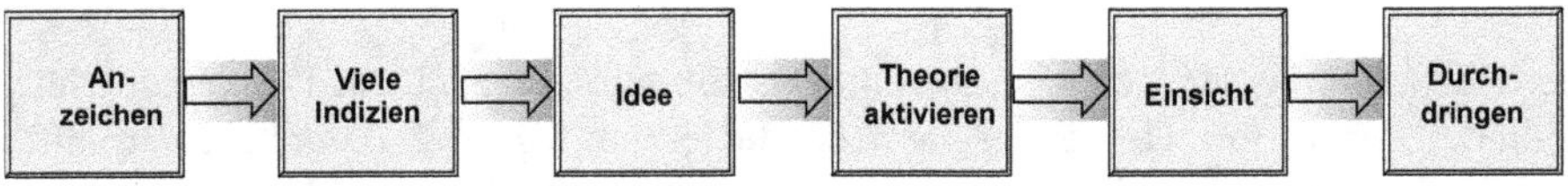

Abb. 2.17 Die Erkenntnissequenz der wahren Menschen

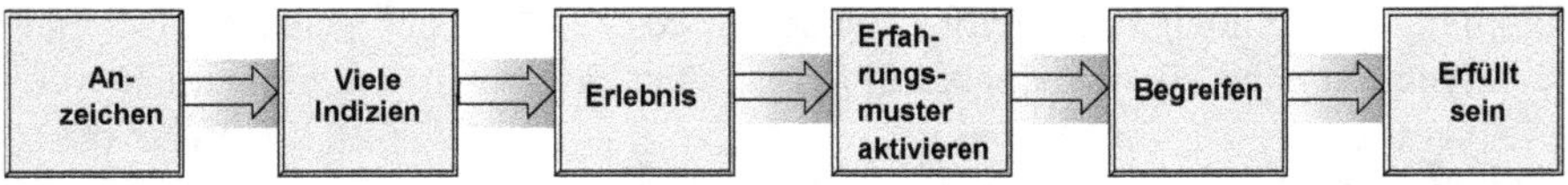

Abb. 2.18 Die Erkenntnissequenz der natürlichen Menschen

Die verschiedenen Menschenarten erkennen jeweils anders. Die richtigen Menschen vertreiben den Nebel in erkannten Anzeichen durch Benennen. Sie bezeichnen etwas Erkanntes mit der Sprache, mit einem Wort, einem Satz (Abb. 2.16).

Dieses Schlüsselwort oder die benannte Vorstellung aktiviert ein Schema, wie sich der richtige Mensch in dieser Situation verhalten soll. In diesem Schema versteht er die Situation. Er ordnet das Neue in sein Bild der Welt hinein. Explizit, in ganzen Sätzen! Erinnern Sie sich an mein Vorstellungsbild einer Bibliothek? Das Neue wird im richtigen Menschen vernünftig explizit in die existierende Bibliothek der bestehenden Schemata hineingebaut. Größeres Aufräumen der Organisation erwägt der richtige Mensch nur in seltenen Fällen.

Der wahre Mensch vertreibt den Anzeichennebel mit einer Idee. Er steht stirnrunzelnd oder witternd in einer neuen Situation und sagt plötzlich: „Ich habe eine Idee, wie es sein könnte." Er aktiviert dann aber kein Schema, sondern eine Theorie. Diese leitet ihn zur Einsicht und verhilft, das Neue zu durchdringen (Abb. 2.17).

Natürliche Menschen spüren wohl mehr ein Erleben in sich. Sie aktivieren ein Erfahrungsmuster in ihrem Körper. Sie „begreifen" im ursprünglichen Wortsinne (Abb. 2.18).

Die Psychologie kennt eher nur den Begriff des Schemas. Menschen, sagt sie, aktivieren Schemata und zugehöriges Wissen. „In dieser Situation gereift das Handelsgesetzbuch für den Sonderfall … §§§§ …" Intuitive aber aktivieren keine Situationen oder Schemata. Sie spüren intuitiv in sich, ob das Neue verfassungskonform ist (mit der Idee verträglich). Fügt es sich in die minimale Konstruktion der Grundgebote ein? Muss manchmal die Verfassung schwach geändert werden? Auch das Denken des natürlichen Menschen folgt wieder einer besonderen Kette.

Die richtige Wissenschaft aber kennt normalerweise nur den richtigen Menschen.

2.8.4 Welt der richtigen Menschen

Es ist nicht weithin bekannt, dass es in solchem Sinne verschiedene Menschen gibt. Die meisten wissenschaftlichen Erkenntnisse sind ganz offenbar nur für die richtigen Menschen gültig, weil sie ebenso offensichtlich unter der Annahme entstanden, alle Menschen seien richtige Menschen.

Das Wissen in Form der richtigen Menschen, so wie wir es in Bibliotheken stehen haben, wird angebetet. Es gibt zwei wesentliche Triebfedern dabei.

Die Wissenschaft feiert Triumphe, seit sie nicht mehr nur nachdenkt, sondern so genannt „naturwissenschaftlich" experimentiert und empirisch oder (in der Mathematik) tatsächlich *beweist*.

Das Management der Wirtschaft feiert Triumphe, seit es mit harten Zahlen und Fakten agiert und experimentell mit Hilfe der Wissenschaft einen ungeahnten Effizienz-, Rationalisierungs- und Innovationsboom ausgelöst hat.

Dieser Fortschritt löst eine Welle von Höherwertigkeit der gesamten materiellen Welt aus. Es sieht so aus, als würde fortdauernde Bewegung zur Höherwertigkeit in Form von Wirtschaftswachstum, Arbeitsproduktivitätszuwachs und Bildungsoffensiven alle Nöte und Sorgen der Menschen vertreiben können. Höher und höher dreht sich die Spirale des Wohlstandes.

Diese Höherwertigkeit ist ganz zweifellos dem „Naturwissenschaftlichen" im Ganzen zu verdanken. Der Fortschritt kam mit der rigorosen Einführung der Zahl.

Die Ergebnisse von Experimenten und die Zahlen in Bilanzen schaffen harte Fakten und Fortschritt. Das Messen allen Seins bekommt Vorrang vor dem intuitiven Denken, der Spekulation, der Kunst oder der Religion. Werte zählen nur noch als Zahlen. Das ist die Bewegung der Omnimetrie. Wenn wir alles in Zahlenwerten vorliegen haben werden, werden wir mit Hilfe von Computern alles berechnen und entscheiden können. Der Computer geht uns in diesen Tagen sogar an die Gensequenzen. Er entschlüsselt uns selbst, damit wir einen Quantensprung in der Medizintechnik erleben werden. (Es ist so, als würden wir Dynamit erfinden, um in Steinbrüchen besser abbauen zu können. Es gibt dort viel weniger Arbeitsunfälle, als wenn Schwarzpulver verwendet wird. Deshalb rettet Dynamit Leben und wird vom Arzt und Apotheker empfohlen.)

Ich will diesen Fortschritt weder anzweifeln noch diskreditieren.

Ich sage hier nur, dass der Fortschritt von Wissenschaftlern erzeugt wurde, die als Einzelpersonen mehrheitliche Intuitive sind, jedenfalls nach allen Statistiken, die ich im dicken Band *Atlas of Type Tables* von Gerald Macdaid, Mary McCaulley und Richard Kainz vorliegen habe.

Die wahren Menschen haben also vor allem diese neue Wendung in der Welt bewirkt: Hin zur Zahl! Sie werden sicher gedacht haben: Hin zur Wahrheit.

Die Zahl aber ist das Hauptwerkzeug des Richtigen, nicht des Wahren. Die Ideen sind nicht in den Zahlen. Zahlen sind abgemagerte Messzahlen einer Idee. Wenn alles in Zahlen messbar wird, ist die Welt der richtigen Menschen viel besser in der Lage, alles an einem einzigen allgemeinen Wertmesser aufzuhängen, über dem die

Werte der Welt in Zahlenform verhandelt werden. Dieser einzige allgemeine Wertmesser wird immer mehr, wie es Aristoteles voraussah, das Geld.

Strafen, Belohnungen und Anreize wechseln immer mehr in die Geldartigkeit. Die anderen Werte folgen. Künstler, Sportler, Philosophen werden in Weltcup- oder Buchverkaufsranglisten gegeneinander bewertet. „Wenn sich eine Philosophie nicht verkauft, wird sie nichts wert sein."

So hat die Wissenschaft der vorwiegend Intuitiven das Primat der Disziplin, der Zahl und des Geldes geschaffen. In Deutschland wird in diesen Tagen begonnen, nach Jahrhunderten der absoluten Forschungsfreiheit der Universitätsprofessoren auch deren Leistungen numerisch zu bewerten und dann in Geldanreize umzurechnen. Nun erreicht die Zahl sie selbst. Nun gräbt sie sich als ES in ihr Gehirn. Hinter den kreativen Ideen läuft der Gehaltsgeldzähler mit.

Die Wissenschaftler, die diese Entwicklung heute schon verstehen, weinen in diesen Tagen. Sie sind es aber selbst gewesen!

Das Natürliche und das Wahre werden von der Zahl unterdrückt, weil sie sich nicht so gut und effektiv messen lassen wie das Richtige. Wenn nur das Gemessene zählt („What you can't measure, you can't manage"), dann hat es das Messbare leichter gegenüber dem nur Vagen. Das Richtige ist messbar, die Wahrheit nicht. Denn das Intuitive ist persönlich, das Richtige überpersönlich. Das Natürliche ist vielleicht am allerpersönlichsten.

Es ist keine leichte Zeit für die wahren und natürlichen Menschen. Sie werden jetzt vom Höherwertigkeitswahn der richtigen Menschen erfasst, weil sie den richtigen Menschen die wissenschaftlichen Messmethoden überantwortet haben. Deshalb geht der Trend zur Höherwertigkeit. Das Ziel der Selbstverwirklichung wird vom Prinzip des Richtigen als Arbeitsscheu angesehen. Das Prinzip des Natürlichen wird seit jeher als Lustorientierung verurteilt. Heute verachtet das Richtige das Natürliche als „Spaßgesellschaft".

Auf der anderen Seite steuern wir in eine neue Wissensgesellschaft, in eine Zeit der Innovation und des Unternehmertums. Diese Seite der Gesellschaft wird von den wahren und natürlichen Menschen getragen. Wie wird es weiter gehen? Werden die Ideen und die Freude dem Gelde entfliehen können?

2.8.5 Es stimmt doch! Ob Sie's glauben oder nicht!

Die Thesen aller meiner Bücher kann ich ja, bevor sie der Wissenschaftsverlag Springer auflegt, in vielen Reden vorher auf Widersprüche testen. Ich habe schon so viele ironische, sarkastische, provozierende Reden bei großen Tagungen gehalten. Ich habe stunden- und tagelang diskutiert, insbesondere einmal vierzehn Tage auf einer Sommerakademie der deutschen Studienstiftung und des DAAD. Ich habe alle diese Gedanken täglich von 9 bis 12 Uhr erläutert und dann endlos jeden Tag bis zwei Uhr in der Nacht gestritten. Ich habe noch niemals zuvor zwei Wochen am Stück um Wahrheit gerungen. Ich kann gar nicht sagen, wie dankbar ich für solche Gelegenheiten bin!

Ich kenne jetzt sehr viele Argumente, die mit meiner Erklärung der Unterschiede zwischen den Menschen nicht richtig leben können. Ich habe diese Argumente sorgsam sortiert und einzeln durchdacht.

Ich falle Ihnen gleich mit der Tür ins Haus: *Die Gegenargumente passen ganz genau zum Typ der Menschen.*

Ein paar Beispiele.

Wahre Techies wie ich zweifeln grundsätzlich an Theorien. Sie versuchen Löcher zu finden: „Ist der Typ abhängig vom Tag oder der Stimmung?“ – „Ist er angeboren?“ Wenn die Theorien einen Tag lang bei einer Diskussion standhalten, kaufen sich Techies ein paar Bücher, lesen sich den Stoff an und denken anschließend nach. Dann bekomme ich E-Mails von ihnen: „Stimmt. Ich befasse mich gerade mit der Klassifikation meiner Mitmenschen. Hochinteressant.“

Wahre Menschen der Unterrubrik Liebe (wie Pfarrer oder Sozialarbeiter) sind absolut unwillig, Menschen in Klassen einzuteilen. Sie protestieren, dass es drei oder 15 verschiedene Menschen geben soll. Denn sie selbst verstehen die Menschen genau. Und sie wissen: Es gibt nicht 100 verschiedene Menschensorten, sondern jeder Mensch ist für sich einzigartig, seine Seele ist vor Gott ein Unikat. Diese wahren Menschen wollen nicht Gesetzmäßigkeiten und Rubriken studieren. Sie lieben jeden Menschen für sich. Auf der anderen Seite sind diese Menschen über jeden Angriff auf die richtigen Menschen absolut glücklich. In allen diesen Aspekten verschlingen sie alle Argumente glühend leidenschaftlich.

Natürliche Menschen kennen meist ihre Feinde, die richtigen Menschen. Aber sie glauben nie und nimmer, dass Menschen entweder nur so oder nur so sein könnten, weil sie eine starke Präferenz in der Gehirnnutzung zeigten! Natürliche Menschen lachen. Sie sagen: Ein Mensch ist von Natur aus wendig, flexibel und biegsam. Er müsse sich ja im Kampf durchsetzen und daher situationsbedingt reagieren können! Eine starre Haltung sei ja gerade der Tod im Leben!

Richtige Menschen reagieren etwas beleidigt, weil ich doch irgendwie leidenschaftlich ich selbst in den Büchern bin. Ich sage ja, dass die Übermacht des Richtigen zu weit geht und im Interesse der wahren Menschheit zurückgedreht werden müsste. Diese Übermacht sehen die richtigen Menschen absolut nicht. Sie leiden immer noch unter den Idealisten („Spinner“) und den Lustorientierten („Faule Säcke“). Die richtigen Menschen wollen ja die Allmacht. Für sie ist der Weg dahin noch weit. Richtige IBM-Manager sagen bei meinen Reden. „Wir verdienen das Geld als Linienmanager. Und der Dueck hält die Festreden. Na gut. Andere Firmen wären nicht so freiheitlich. Immerhin ist unsere Firma so stabil, dass sie einen wie ihn als Hofnarr aushalten kann.“ Das schreiben mir immer Techies, die daneben saßen: „Wenn alle klatschen, denk daran: Nicht wirklich alle klatschen!“

Psychologen hassen Theorien wie diese hier im Buch, weil ich Entweder-oder-Aussagen mache. Sie sagen: „Alle Dinge sind mehr in der Mitte, nicht am Rand. Es gibt Künstler und Manager als einseitige Spezies, aber fast alle Menschen sind in der Mitte. Wir als Wissenschaftler messen das alles. Was Sie da sagen, kann man nicht messen. Es ist deshalb reine Spekulation.“

Ich will sagen: Ich habe erfahren, dass die Einzelmenschen durch ihre Art der Entgegnung im Grunde nur die Meinung ihres Typus wiedergegeben haben. Ich habe es schon so weit gebracht, dass ich nach einer kurzen Diskussion mit Gegnern aus deren Argumentation ihren Typus schätzen kann. Bei den schon genannten Persönlichkeitstests (MBTI, Keirsey und andere analoge nach C.G. Jung) will man herausfinden, ob Menschen intuitiv oder nicht. Ich wusste also von sehr vielen Menschen, die diesen Test gemacht hatten, deren theoretischen Typus. Diese haben dann mit mir diskutiert. Sie bringen genau die Argumente, die zum Testergebnis passen. Das bedeutet: Alle haben mit ihren Argumenten unrecht, weil eben ja die Argumente die Theorie hier bestätigen: Jeder Mensch denkt hauptsächlich entweder richtig oder wahr oder natürlich.

Bei der Sommerakademie der Studienstiftung haben sich 20 Studenten in jeweils drei Minuten vorgestellt. Wir haben eine Stoppuhr gestellt. Drei Minuten. Jede Studentin und jeder Student hat drei Minuten über das eigene Leben berichtet. Stopp. Danach haben wir über jede Person vier Mal abgestimmt: Ist diese Person intuitiv oder nicht? Fühlend oder denkend? Extrovertiert oder introvertiert? Planend oder flexibel-„chaotisch"? Diese Dimensionen werden in dem Test abgefragt. Die Gruppe der 20 Menschen hat also über jeden einzelnen vier Abstimmungen vorgenommen, insgesamt 80 Abstimmungen. Die Mehrheitsvoten haben wir anschließend mit den Testergebnissen der Personen verglichen. Ergebnis: 79 von 80 Abstimmungen ergaben das reale Testergebnis. Das einzige falsche Ergebnis: Wir hielten eine Studentin, die sehr schlecht deutsch konnte und kaum selbst etwas sagte, für introvertiert. Sie hielt sich selbst aber für extrovertiert. Verzeihen Sie das? Dann können wir vielleicht so sagen.

Ich gebe Ihnen vor 20 Menschen drei Minuten Zeit, sich vorzustellen. Danach stimmen wir ab, was für ein Mensch Sie sind.

Und das Ergebnis ist richtig.

In drei Minuten sind Sie erkannt!

(Es war nicht so, dass Einzelne von uns sehr viele richtige Tipps abgegeben haben. Jeder Einzelne hat nicht so oft richtig gelegen. Aber die *Mehrheit* lag immer richtig.)

Ich kann nun seitenlang so weiter schreiben. Ich möchte nur fragen: Sind die Menschen denn so sehr in der Mitte? Wenn man sie doch nach drei Minuten ziemlich sicher erkennt? Wenn wir nach drei Minuten schon sehen, ob sie richtige, wahre oder natürliche Menschen sind? Ich kann es schon bei meiner Arbeit auf Konferenzen an den Vortragsfolien sehen. Ich muss die Menschen manchmal nicht einmal sehen.

Wenn Sie also zweifeln, ob Menschen so unterschiedlich sind, fragen Sie einfach andere Menschen. Dann erschrecken Sie. Und ich hoffe, Sie lesen weiter. Ich habe ja erst die groben Unterschiede der Menschen erklärt. Jetzt kommen die feinen.

Kapitel 3
Strategie, Sinn und das Heil

3.1 Lebensstrategien

3.1.1 Die Stellung des Menschen zur Welt

Nun kennen wir also drei Arten von Menschen. Die Andersartigkeit der richtigen, wahren und natürlichen Menschen ist auf verschiedene Denkstrukturen und auf das Maß zurückführbar, in dem sich Menschen an Systeme „gewöhnen lassen".

Ich möchte die Menschen nun weiter in Spezialgruppen unterteilen. In diesem Kapitel soll von ihrer grundsätzlichen Haltung zur Welt die Rede sein, im nächsten von möglichen bestimmenden „Fachrichtungen" in der Welt.

In der Psychologie der Traits, der Eigenschaften von Menschen, sind die beiden Merkmale der Extraversion und der Introversion eine feste Größe. Diese beiden Begriffe gehen auf C. G. Jung zurück, der sie in *Psychologische Typen* ausführlich besprach. Ich gebe hier kurz eine Beschreibung dieser beiden Charakteristika:

Extroversion Extrovertierte Menschen sind gemeinschaftszugewandt, lieben Interaktionen mit anderen Menschen, haben breite Interessen, haben viele Bekannte. Sie orientieren sich an externen Begebenheiten. „Speak, then think." Sie sprudeln über in Erzählungen und entwickeln ihre Ideen dabei.

Introversion Introvertierte Menschen sind territorial, sie haben eine reservierte Privatsphäre, orientieren sich stark an ihrem inneren Seelenleben. Sie haben tiefe Interessen, relativ wenige Bekannte. Sie denken lange nach, bis sie sich äußern.

Ich habe oft das Gefühl, dass ich mir diese beiden Eigenschaften wie folgt in Computermetaphern vorstellen kann:

Extrovertierte Menschen denken interaktiv, quasi „online". Sie verarbeiten Informationen sofort, entwickeln neue Gedanken, verändern sie, antworten, provozieren neue Antworten.

Introvertierte dagegen staunen mit großen Augen, saugen alles Gesagte in sich hinein. Sie antworten nicht spontan oder denken etwa mit ihren Lippen. Nein, sie sagen oft: „Das muss ich mir überlegen. Da denke ich noch drüber nach. Interessant. Ich zeichne mir das einmal auf." Ein Computer würde sagen: „Wir haben Ihre

G. Dueck, *Omnisophie-Trilogie*,
DOI 10.1007/978-3-642-34877-8_3, © Springer-Verlag Berlin Heidelberg 2013

Daten erhalten. Sie sind im TEMP-Space auf der Festplatte gespeichert. Wir arbeiten diese Daten im Nachtlauf (Batchbetrieb) in das System ein. Jetzt ist das nicht möglich. Wenn sie verarbeitet sind, melden wir uns wieder mit dem Ergebnis bei Ihnen.“ Ein introvertierter Manager spricht so: „Ich glaube, ich habe Ihre Gründe und Ihre Einwände verstanden. Inhaltlich wünschen Sie in diesem Vorgang hier eine Genehmigung. Ich habe jetzt alles zusammen, was ich für eine Entscheidung benötige. Ich danke Ihnen. Ich werde diese Angelegenheit entscheiden. Bitte kommen Sie in drei Tagen und fragen nach.“ Introvertierte Ärzte: „Ich habe jetzt alle Werte. Ich warte noch die Krebszellenanalyse ab. Sie bekommen Bescheid.“ (Und wir haben solche Angst! Kann er uns nicht beruhigen?)

Extrovertierte entscheiden meistens sofort, wenn sie alles wissen und entscheiden können. Sie sind schnell mit Entschlüssen. Manchmal aber sagen sie am nächsten Morgen: „Ich habe mir das anders überlegt. Ich habe ein Argument übersehen. Wir machen es anders.“ Introvertierte überlegen ein paar Tage und nehmen die Entscheidung *niemals* mehr zurück! Sie finden, das würde sie lächerlich machen. Drei Tage nachdenken und später dann andersherum entscheiden? Nicht denkbar.

Extrovertierte sind nicht gerne allein und arbeiten lieber in Teams. Introvertierte möchten so gerne ein Einzelbüro, in dem sie Zeit haben, lange über alles in Ruhe nachzudenken. „In Ruhe“ sagen sie oft, ganz besonders die Wahren unter ihnen. Daran erkennt man sie.

Man sagt, der Unterschied liege in der Energieproduktion. Extrovertierte füllen sich mit Energie auf, wenn sie unter Freunden oder Kollegen sind. Je länger die Party, umso besser! Wenn sie aber lange allein zu Hause sein müssen, werden sie trübe. Es ist dort nicht auszuhalten. Nicht allein!

Introvertierte füllen sich mit Energie auf, wenn sie allein sind. Sie verbrauchen Energie in Gegenwart von anderen. Sie müssen einmal Pause haben. Deshalb gehen sie bei Partys früh nach Hause („Ich muss morgen sehr früh raus.“ So die Standardnotlüge.) oder sie müssen ab und zu einmal um den Hausblock spazieren gehen, den Hund hinausbringen oder wenigstens auf die Toilette gehen. Sie müssen ab und zu allein mit sich sein.

Extrovertierte wirken eher ein bisschen offensiv. Sie reden viel mehr und – so sagen die Introvertierten – sie sind oft aufdringlich. Introvertierte wirken defensiv. Sie sind schweigsam und – so sagen die Extrovertierten – sie sind oft abweisend, reserviert oder distanziert.

So ungefähr überlegen sich das die Psychologen. So sehen sie den Menschen von außen. Redet er viel? Entscheidet er auf der Stelle? Ist Alleinsein herrlich oder langweilig? Ist Großparty herrlich oder bedrückend („Ich kenne da keinen.“)?

Ich habe mir überlegt, wie sich Menschen von innen heraus fühlen, wenn sie von außen extrovertiert oder introvertiert *aussehen.*

Es gibt nach meiner Meinung vier verschiedene Verhaltensweisen der Menschen, die mit der Extroversion oder der Introversion zusammenhängen. (Wenn Sie die MBTI/Keirsey-Tests kennen, dann führen meine Überlegungen in ganz grobem Sinne zu Menschenklassen wie EJ, IJ, EP und IP. Lesen Sie dazu *Please Understand Me* von David Keirsey. Meine Einteilung ist etwas anders, aber die Idee dazu hatte ich beim Studieren und Nachdenken über jene.)

Ich schildere Ihnen kurz vier verschiedene Strategien, es mit dem Leben aufzunehmen und es zu bewältigen. Ich sehe diese Strategien tagtäglich im Management. Sie scheinen ziemlich fest in die Menschen eingebrannt zu sein. Menschen sind nicht mal so, mal so. Sie haben eine relativ gleich bleibende Gesamtstrategie.

Diese vier Grundstrategien sind – ganz kurz charakterisiert:

- Dominanz über andere Menschen erstreben („Leithirsch", „Hai")
- Erlebnisse oder Beute jagen („Bär", „Fuchs")
- Unauffällig im Verborgenen leben („Zaunkönig")
- Unangreifbare Stärke erwerben („Elefant")

Ich gebe nun in vier Abschnitten eine Menge Beispiele, damit Sie sich in die Menschenstrategien einfühlen können. Ich schreibe die Beispiele bewusst mit betrübtem Sinn. Sie sollten spüren: Wer sich auf eine spezielle Strategie im Leben verlegt, „kommt damit um". Ich meine: Der Mensch ergreift zu viele Möglichkeiten, sich zu spezialisieren. Er konzentriert sich auf bestimmte Denkungsarten, auf Strategien, auf Richtungen. Am Ende? Am Ende muss ja das meiste Leben an ihm vorübergegangen sein.

3.1.2 Geplante Offensive (Die „dominante" Seite)

Im Leben wird uns nichts geschenkt. Man muss sich durchsetzen können. Der Gewinner bekommt alles. Alles ist geben und nehmen. Es herrscht allzu oft das Gesetz des Dschungels und des Wassers. Das Starke frisst das Schwache. Jeder ist auf seinen Vorteil bedacht. Das ist gut so, denn darauf gründet sich der Fortschritt und alle Energie in dieser Welt. Es steht jedermann frei, aus seinem Leben das Beste zu machen. Der Beste siegt und er soll auch siegen. Nur Leistung soll belohnt werden. Angriff ist die beste Verteidigung. Wer nicht zurückschlägt, ist selber schuld. Wer rastet der rostet. Wer immer strebend sich bemüht, der wird erlöst. Niemals darf man sich eine Blöße geben, darauf warten die Gegner, und es sind viele. Kontrolle ist besser als Vertrauen. Verliere niemals die Kontrolle! Handle selbst oder andere handeln für dich, aber bestimmt nicht zu deinem Vorteil.

Solche Grundüberzeugungen drängen den Menschen, sein Leben offensiv aktiv oder – wie man heute sagt – proaktiv – in die Hand zu nehmen. Er will seines Glückes Schmied sein.

Menschen, die im Grunde dominieren möchten, hören sich so an:

Dominanter Manager (richtiger Mensch): „Ich übernehme gerne Verantwortung. Ich treibe Dinge an. Ich glaube, dass ich dafür gebraucht werde. In Umgebungen, in denen sich die Leute einfach nicht aufraffen mögen, bin ich die willkommene treibende Kraft. Ich werde als der Mobilisator der Energie geschätzt. Die Leute wissen, was sie an mir haben. Sicher muss manchmal auch hart durchgegriffen werden. Das Leben ist ja kein Spaß. Aber das ist klar und es wird allgemein akzeptiert. Meine Mitarbeiter lieben die Arbeit in meiner Abteilung, weil ich der Garant für den Erfolg bin. Bei mir läuft alles, das wissen sie. Ich schmiede das Team. Unser Erfolg lässt für jeden etwas übrig. Wir können über Gehaltserhöhungen und Beförderungen verfügen, solange das Team Erfolg hat. Ich gönne das meinen Leuten, aber ich erwarte Einsatz, harte Arbeit und Loyalität.“

Dominanter Manager (natürlicher Mensch): „Bei uns ist es nie langweilig. Wir arbeiten hier nicht, um ein bisschen Brot zu verdienen. Wir wollen etwas Wirkliches erreichen. Bei mir haben bloße Zahlenfritzen und Papiertiger nichts zu lachen. Wir wollen den Markt erobern. Dafür krempeln wir die Ärmel hoch. Ich hasse nichts so sehr wie schlappe Mitarbeiter. Ich will schweißglänzende Leiber um mich sehen. Wir wollen das Unmögliche und wir packen das. Für den Triumph am Ende, dieses Rauschgefühl des Sieges, ist jeder Einsatz gerechtfertigt. Niemand sollte sich mir in den Weg stellen. Jetzt komme ich!“

Dominante Mutter (richtiger Mensch): „Ich will letztlich stolz auf meine Kinder sein können. Wir sind eine vorbildliche Familie. Die Kindererziehung ist für den Erfolg des späteren Menschen ausschlaggebend. Ich setze mich mit aller Kraft ein, dass aus meinen drei Sprösslingen etwas wird. Natürlich maulen sie manchmal, wenn ich sie antreibe, ein Instrument zu lernen und schon selbst Geld zu verdienen. Ich höre so oft, wie später die erwachsenen Kinder ihren Eltern dafür danken. Sie sehen dann genau, wem sie den Erfolg zu verdanken haben. Üben, üben, üben – geduldig, beharrlich, fleißig. So liebe ich meine Kinder und das akzeptieren sie gern. Die Nachbarn sind neidisch auf uns.“

Dominante Mutter (natürlicher Mensch): „Ich muss heute wieder zur Schule, weil sie sich gewehrt haben. Meine Kinder haben bei der Prügelei mehr ausgeteilt, das sage ich Ihnen. Ja, ich weiß, es gehört sich nicht, aber heimlich bin ich stolz, dass uns niemand unterkriegt. Wir sind stark. Alle wissen das. Alles ganze Kerle, meine Söhne. Sie werden sich später überall durchsetzen. Sie sind nicht auf den Mund gefallen und werden niemals Dienertypen. Das normale Leben ist für Angsthasen.“

Wahrer Radler: „Ich werde nicht eher ins Grab steigen, bis in unserer Stadt alle Straßen Fahrradwege in beiden Richtungen haben, auf denen niemand parkt. Wir können auf diese Weise im Grunde alle Autos einsparen. Es ist nicht zu ertragen, wie der Gestank die Umwelt verpestet und unsere Körper durch die Autos bequem und übergewichtig werden. Erst bezahlen wir Autos, dann Straßen, dann Umweltreparatur, dann die Krankheiten des Fettes. Unsere Initiative wird am Ende siegen, weil sich in der Bevölkerung langsam Einsicht breit macht. Seit wir wenigstens schon in der engen Stadtmitte Radwege haben, reden die Leute mit uns darüber, wie es weitergeht. Und es wird weitergehen, weil ich mich dahinter klemme. Ich sitze am Lenker. Ich bekomme Vorfahrt.“

Wahrer Pfarrer: „Ich binde sie an allen Ecken und Enden in die Gemeinde ein. Wir haben eine Menge zu tun. Wir verkaufen Kaffee zum fairen Preis, wir organisieren ökumenische Reisen. Wir haben Ausländer-Freundschaftsgruppen und andere, die Lebensmittel und Kleidung für Länder sammeln, mit denen wir Krieg führen. Zwischendurch gibt es Eiscremepartys und Kinderfeste. Ich will jeden in der Gemeinde für die Kirche und den Glauben begeistern. Solange ich sie zusammen habe, wächst ihr Glaube weiter. Er darf nur keine Zeit bekommen, vom Zweifel gepeinigt zu werden. Ora et labora. In der Bewegung herrscht Einigkeit. Und ich setze Seelen in Bewegung.“

Die offensiv dominanten Menschen mobilisieren Energie und kämpfen. Viele von ihnen sind die Modelltiere aus Darwins Reich. The fittest will survive. Das Schwache wird bei der Selektion nicht durchkommen, es ist dafür selbst schuld. Dominante Menschen nehmen die Rolle des Leithirsches ein. Sie sind gerne Bürgermeister im weitesten Sinne: Manager, Lehrer, Offiziere, Eltern, Politiker, Führungsfußballspieler, Unternehmer, Protagonisten von Bewegungen.

Sie ernten oft reich: Erfolg, Respekt, Huldigung, Anerkennung, Reichtum. Höherwertigkeit eben.

Heimlich hoffen sie oft, dass sie für ihre Erfolge mehr herzlich geliebt würden – oder besser noch – dass sie einfach so geliebt würden, ohne Ansehen der Erfolge. („Sie hat mich aus Liebe geheiratet. Sie wusste nichts von meinem Reichtum. Auch meine hohe Stellung hat keine Rolle gespielt, obwohl ich manchmal wünschte, sie würde ein wenig mehr stolz auf mich sein.") Der Erfolg der offensiv Dominanten ist oft nur der kleine persönliche Anteil der Gesamtleistung, zu der sie die Gemeinschaft getrieben haben. Sehr viele Manager sagen heute: „Mein irres Gehalt ist leider nur im Grunde Schmerzensgeld, mehr nicht."

Am Ende:

> Ich hatte Erfolg, seit ich denken kann. Ich war Vorzeigemensch. Sie brauchten mich. Ich habe alles gegeben. Ich hätte mehr für mich nehmen sollen. Nicht Geld oder Ehre, die bekam ich reichlich. Etwas anderes. Liebe? Ruhe? Frieden? Glück? Ich weiß es nicht. Ich schoss durchs Leben und flog an allem vorbei, was mit Anhalten und Gewährenlassen zu tun hat.

3.1.3 Offensiv auf Erlebnis und Beute aus (Die „hungrige" Seite)

> Das Leben ist voller Chancen und Möglichkeiten. Für jeden ist genug da. Die Natur sorgt für alle, die Äcker sind übervoll. Jeder bekommt sein Stück vom Kuchen. Das Leben ist ein aufregendes Auf und Ab, auch ein Drunter und Drüber. Das Leben ist voller Höhen und Tiefen. Wer heute oben ist, mag morgen unten sein. Und übermorgen werden die Karten neu gemischt. Im Grunde muss man freudig das Gegebene nehmen, wie es kommt. Man lebt nur einmal. Am Ende will der Mensch auf ein erfülltes Leben zurückblicken. Das, was zählt, sind die Highlights. Dafür muss man ein paar Schrammen hinnehmen. Wer nicht wagt, der nicht gewinnt. No risk, no fun. Das Geld liegt auf der Straße. Man muss immer die Augen auf haben. Überall lauern Chancen, aber sie sind leicht zu übersehen. Man darf im Leben aber absolut nichts verpassen. Man muss alles probieren. Es ist niemals zu spät. Jeder kann zu jeder Zeit alles vollbringen. Das Leben ist jetzt und wahrscheinlich nicht unbedingt nur hier. Es ist überall. Carpe Diem!

Wahrer Erfinder: „Wenn ich neue Ideen habe, fühle ich reines Glück. Es gibt kein Größeres. Das Brüten ist schön. Sicher, niemand versteht das langsam wachsende Grauen, wenn ich wochenlang ohne gescheite Idee bin. Es beginnt zu nerven. Das leere Papier vor mir, der fragende Blick meiner Kollegen. Ich bin in der Firma der geniale Tüftler. Die Mühe hinter den Glücksmomenten wird nicht verstanden. Es zerreißt mich. Ich kann es nicht zwingen. Dann habe ich wieder eine Idee! Es ist nicht schön, dass es so ein Wechselbad ist. Aber ohne das wäre es wohl nicht erregend genug. Ja – ich muss für jede Idee mental viel bezahlen."

Wahre Lehrerin: „Die schönsten Momente liegen in den begeisterten Augen von Schülern. Ich habe sie aufgeweckt, ich habe Faszination in sie wie Zauber gefüllt. Dafür lebe ich. Für diese seltenen Momente. Meistens sind sie noch von der vorigen Stunde dumpf. Sie haben gestritten und sind überfordert. Sie brauchen Liebe. Ich komme nicht allein dagegen an. Ich sehe die Familienkatastrophen und all diese Leere in ihren Blicken. Manchmal möchte ich alles hinwerfen, aber die Kleinen brauchen mich ja. Und dann, mitten im Leiden, sehe ich das wache Interesse, die Liebe zur Sache, die Klarheit und die naive Begeisterung in ihnen. Das wiegt alles auf. Ich habe einen erfüllenden Beruf. Wenn nur das Auf und Ab nicht wäre. Aber sonst wäre es wohl langweilig. Ich beneide Kollegen, die den Stoff beharrlich gleichmäßig durchziehen. Aber ich hasse dies so."

Natürlicher Verkäufer: „Ich könnte längst befördert sein und einen Vertriebsbereich leiten. Aber das wäre nicht das satte Leben. Ich will zu Kunden und mit ihnen um Verträge ringen. Ich will ab und zu das Riesengeschäft machen. Dieses Triumphgefühl ist alles. Und dann den dicken Bonus hinterher und die Weltreise durch ein Meer von Champagner. Ich will vom Sieg etwas haben, aber klar. Ich hatte auch schlechte Jahre und habe ein paar Mal den Arbeitgeber gewechselt, um anderswo Erfahrung zu sammeln. Es ist Jagd! Und manchmal lauerst du wochenlang, und keiner kauft. Du verzweifelst. Aber ich habe erst ein einziges Jahr von meinem Fixum leben müssen, das war hart. Das werde ich nicht vergessen. Nie wieder, schwöre ich dir. Ich bin ein guter Verkäufer. Der beste."

Natürliche Schauspielerin: „Schau, da an der Wand! Ich war eine schöne Frau. Ich hatte gute Rollen. Drei Abende hatte ich die Hauptrolle, wegen Krankheit. Den großen Auftritt hatte ich nie, aber ich konnte von der Schauspielerei leben. Wer kann das von sich sagen? Dass er sogar davon leben kann? Das schafft fast keiner. Ich bin geliebt worden. Es war eine herrliche Zeit. Ich musste oft die Bühne wechseln, es ist ein Affentheater, wenn du verstehst. Missgunst überall, du kannst dich kaum halten. Du musst stark sein. Ich habe mein Leben genossen. Ich bekam nicht viel Geld, ich habe alles sofort ausgegeben. Meist war ich eingeladen. Ich spiele noch heute kleine Rollen. Ich muss das, weil Schauspieler keine Rente bekommen. Das ist schlimm. Ich verstehe es nicht. *Was* willst du? Ein Autogramm? Ach, du Charmeur. Darauf falle ich nicht herein. Ich habe doch einen kleinen Spiegel in der Handtasche. Aber es ist nett. Ich habe noch Fotos, ganz alte. Ich habe einmal für eine ganze Gage einen Haufen Autogrammkarten bestellt. Sieh mal!"

Matrosen, Maler, Musiker, Spieler, Versicherungsagenten, … – viele sind hinter dem Erleben her. Aristipp lässt grüßen! Seine Philosophie ist die des extrovertierten, offensiven, natürlichen Jägers, der das Unstete des Lebens für die Erlebnisse und Abenteuer in Kauf nehmen will. Wahre Jäger jagen Ideen und Begeisterung.

Am Ende:

> Ich habe alles gesehen und hatte Glück ohne Ende. Ich hatte genau das pralle Leben, wie ich es mir immer gewünscht hatte. Heute ist es ruhig geworden und ich habe auch nicht mehr die Energie. Manchmal wünschte ich, ich hätte mehr Stetigkeit und Heimat. Und ein paar liebe Menschen um mich, die mich aushalten, wie ich eben bin.

3.1.4 Defensive und Unauffälligkeit (Die „zurückhaltende" Seite)

Es ist überall Krieg. Sie alle verwunden sich, um Vorteile zu erlangen. Das viele Blut kann das Eroberte nicht aufwiegen. Sie zerfleischen sich und jeder zeitweilige Vorteil schmilzt irgendwann dahin. Niemand hält es lange aus, ohne Schaden zu nehmen. Hochmut kommt vor dem Fall. Niemand kann so viel Macht erlangen, die er nicht wieder durch einen einzigen Fehler verlieren könnte. Der Sieger wird immer gejagt und gehetzt. Er wird niemals Ruhe finden, inmitten seiner zahlreichen Herausforderer. Wie gewonnen, so zerronnen. Das Beste ist es, man hält sich aus allem heraus. Der Wetterhahn auf der Spitze bekommt jedes Wetter ab. Wer sich keck hervorwagt, bekommt eins auf die Schnauze. Es ist weit besser, in der Menge oder in die Stille unterzutauchen. Wer nicht auffällt, dem wird nicht nachgestellt. Bescheidenheit ist die größte Tugend. Es ist irrsinnig, etwas Besseres werden zu wollen. Schuster, bleib bei deinen Leisten. Tu deine Pflicht. Das ist viel und es ist genug. Geh deiner Bestimmung im Stillen nach. Halte besser den Mund. Schau nicht überall hin. Lass dir nicht in die Karten gucken. Kümmere dich nicht um den Kriegslärm. Das Schönste im Leben riecht wie ein Schrebergarten.

Richtiger Angestellter: „Ich arbeite seit 24 Jahren Akten ab. Es ist eine schöne Arbeit. In letzter Zeit verlangen die neuen Chefs mehr. Sie müssen sich natürlich profilieren. Aber sie verstehen die Paragrafen nicht. Beim Bearbeiten von Akten sind so viele Feinheiten zu berücksichtigen. Darin bin ich einsamer Experte. Deshalb habe ich Ruhe vor ihnen. Ich könnte ihnen ja sagen, wie sie die Bestimmungen vereinfachen könnten. Dann ließen sich zweimal mehr Akten bearbeiten. Als ich jung war, habe ich versucht, darüber zu reden. Es war für sie eine Einmischung. Seitdem erledige ich mein Pensum. Ich gehe nicht für sie in den Krieg. Ich habe schon viele kommen und gehen sehen. Sie versuchen, das System zu ändern. Niemand kann das System ändern. Es hilft nichts, etwas davon zu erwarten. Ich lebe hier in Frieden. Mich beunruhigt die Diskussion um die Renten. Ich finde, man darf nicht ständig die Zukunft verändern wollen. Ich habe die Versicherungen, Hypotheken und die Ausbildungen meiner Kinder mit meiner Frau geplant. Was denken die? Mein Ältester hat schon einmal das Studienfach gewechselt, so etwas möchte ich nicht noch einmal erleben. Wir hatten bis dahin gedacht, uns könnte kein Unglück treffen. Alles war in Ordnung."

Wahrer Mathematiker: „Ich forsche an einem bestimmten Problem. Ich komme stückchenweise weiter. Es hat keinen Sinn zu erklären, worum es geht. Früher habe ich es versucht. Im Grunde interessiert es keinen. Ich verstehe das. Ich muss unbedingt ein Axiom in den Annahmen des vierten Hauptsatzes abschwächen. Das ist die Idee. Ich habe schon einige Entschärfungen vorgenommen, aber nun ist es so, dass statt einer starken Voraussetzung, die sehr schön einfach aussieht, nun 24 verschiedene, sehr komplizierte Bedingungen erfüllt sein müssen. Insgesamt sind diese 24 Bedingungen schwächer als die eine sehr einfache, also ist ein Fortschritt erzielt worden. Es ist mit den Steuergesetzen vergleichbar. Man ersetzt eine einfache Bestimmung durch 24 komplizierte, die aber insgesamt das Problem besser beschreiben. Ich habe schon bei mehreren Konferenzen vorgetragen, auch in Vietnam. Die Reisekosten zahle ich selbst. Konferenzen sind meine Heimat. Ich forsche ja sonst allein. Wir hören einander zu. Ich verstehe kaum etwas von den anderen. Es interessiert mich auch nicht. Ich denke Tag und Nacht an mein Problem. Nur an meins. Ich versuche, die anderen davon zu begeistern."

Wahre Krankenschwester: „Ich pflege seit langen Jahren postoperative Krebspatienten. Viele sind aus der Lebensbahn geworfen. Ich höre ihnen beim Aufräumen und Essenbringen zu. Viele wissen, dass sie sterben müssen. Da scherzen wir miteinander. Zum Glück, sagt der Patient, habe er bei der Bahn nur die Hinfahrkarte gelöst. Ich habe einen schweren Beruf, der kaum bezahlt wird. Sie verstehen die Seelen nicht und operieren nur, wie wenn es Leistungssport wäre oder um Effizienz ginge. Ich bleibe bei den blutenden Herzen. Sie verlangen, dass ich schneller aufräume und weniger mit den Kranken rede. Es geht nicht um das Reden. Ich muss zuhören, nicht reden. Sie verstehen den Beruf nicht. Das Essen bringt jetzt die Reinigungsfirma mit, die diesen Service zur Optimierung dazugepachtet hat. Ich soll nur die wichtigen Sachen machen. Schnell! Aber ich muss zuhören. Warum machen sie einen Kampf daraus? Es geht um das Überleben des Krankenhauses, sagen sie."

Natürlicher Handwerker: „Ich lege Fliesen. Es ist ein Traumjob. Ich kann meine Arbeit einteilen, wie ich will. Nur im Winter ist es sehr kalt. Ich versuche, keine Neubauten zu machen. Ich frage alle Leute, die neue Bäder wollen und für die ich sonst keine Zeit habe. Fliesen legen ist ehrliche Arbeit und ich komme gut aus. Im Grunde rutsche ich mein ganzes Leben lang auf den Knien herum, aber nicht so unehrenhaft wie die meisten in ihren Abhängigenberufen. Ich bin frei. Ich kann nach Hause gehen, wann ich will. Ich mag Leute, die meine Kunst zu würdigen wissen, die Fliesennähte harmonisch die Kellertreppe hinunterzudrehen. Ich kann sogar Us aus Fliesen schneiden, um die Türzargen herum. Das tue ich für nette Leute. Ich mache gerne Quatsch für kleine Jungen und lasse sie mitwerkeln. Meistens haben aber die Eltern Angst, dass ich dann zu langsam arbeite, obwohl der Preis nach Quadratmetern zählt. Leute gibt es! Solange es mit Fliesen zu tun hat, ist mein Leben ruhig und schön. Es gibt vielleicht nur einen einzigen besseren Beruf: Lastwagen durch Amerika fahren. Stundenlang einsam brausen. Aber sie haben jetzt Funk und werden unterwegs vom Chef gedrängelt."

Am Ende:

> Es war ein gleichmäßiges, ruhiges Leben voller Zufriedenheit. Ich kann nicht klagen. Manchmal war ich ein bisschen neidisch. Ich hätte mir als Junge ein paar Frauengeschichten gewünscht. Ja. Oder ich träume von einer Weltreise. Das Geld hätte ich jetzt, aber ich traue mich nicht. Meinen Kindern geht es gut. Ich bringe ihnen bei, auch mal den Mund aufzumachen, das soll ja heute möglich sein. Ich hoffe, sie haben es dann besser. Ich hatte immer Angst. Im Grunde war ich ein Rad im Getriebe. Ich saß wie ein Zaunkönig unscheinbar im Gesträuch. Aber ich habe immer – immer! – gut funktioniert. Es hätte einen Tag geben sollen, an dem ich Held gewesen wäre. Ich lese solche Bücher gern. Oder ich möchte gerne etwas Besonderes können und ein klein bisschen bewundert werden. Das wäre dann die Sahnehaube auf meinem Leben.

3.1.5 Defensive in ausgebauter Festung (Die „sturmfeste" Seite)

Die Welt ist niemals sicher. Alle haben es auf dein Geld und Gut abgesehen. Alle wollen etwas von dir. Du musst wachsam sein. Prüfe, wem du vertraust. Die Welt ist voller Lüge und Unwahrheit. Überall sind Masken und Rollendarsteller, die etwas im Schilde führen. Man muss in der Lage sein, hinter die Dinge schauen zu können. Man muss den Grund der Dinge sehen. Verstehen, wirklich verstehen, ist alles. Wer alles durchschaut, weiß, wie die Maschinerie des Lebens funktioniert. Im Grunde kann man nur fest auf sich selbst bauen. Das eigene Ich ist das einzige Verlässliche in dem ganzen Strudel der Welt, der alles zu verschlingen und zu vermengen droht. Das Gute kann sich kaum im Gemenge vor dem Bösen in Sicherheit bringen. Im Grunde muss man das Leben wie aus einer sicheren Burg heraus betreiben. My home is my castle. Man darf sich nicht vermischen oder einlassen. Das Andere ist voller Gefahr. Das Andere ist unwahr, unrein und gespielt. Deshalb muss man ein Leben auf Fels bauen.

Richtiger Manager: „Ich bin die Zuverlässigkeit in Person. Ich arbeite als Controller. Ich bin stolz darauf, dass meine Zahlen immer stimmen. Sie fürchten mich in der Firma, weil ich Unregelmäßigkeiten rieche. Das ist mein großes Talent. Die Buchhaltung ist eine Festung in dieser Firma. Ich weiß, dass das nicht geliebt wird, aber sie wissen es zu schätzen. Andere Firmen stürzen über Unregelmäßigkeiten ab und verlieren das Vertrauen der Anleger. Mir kann man vertrauen, weil ich niemandem vertraue. Ich bin das Gewissen."

Richtige Mutter: „Meine Kinder sind absolut gut erzogen. Sie benehmen sich angemessen, sind höflich und immer korrekt gekleidet. Sie sind weder laut noch jemals ungezogen. Sie bedanken sich artig, benutzen keine Schimpfwörter und haben Respekt vor den Lehrern. Sie sind untadelig."

Wahre Großmutter: „Ich beschäftige mich hingebungsvoll mit den Enkelkindern. Wir sprechen viel miteinander. Ohne dass sie es merken, festige ich ihr Herz. Das Herz muss stark sein. Es ist das einzig Wirkliche, was wir besitzen. Das Leben draußen ist voller Hässlichkeit. Sie müssen gefeit sein. Sie müssen innerlich gegen alles gewappnet werden. Es ist nie richtig, den Kindern zu verbieten oder Disziplin einzuprügeln. Nein. Sie müssen das Gute in ein starkes Herz hineinnehmen. Dann sind sie unverwundbar. Die Kinder behandle ich wie Blumen. Ich gieße sie. Sie merken es nicht. Ich bin im Hintergrund für sie da."

Wahrer Professor: „Ich habe eine eigene Schule um mich versammelt. Einer allein kann es nicht schaffen, mein ganzes Theoriegebäude vollständig auszubauen. Es braucht dazu viele. Meine Theorie wird von Fachkollegen im Ausland kritisiert. Wir werden alle Kritiker widerlegen. Meine Theorie hat das Zeug zur Unsterblichkeit. Im Grunde wissen sie es und versuchen, es abzuwehren. Wir sind aber schon zu viele, die der Theorie anhängen. Im Grunde gilt es nur noch, den Angriffen eine Weile standzuhalten. Sie werden an der nächsten Dissertationen zerschellen, die ich gerade betreue."

Natürlicher Sportler: „Ich übe praktisch mein ganzes Leben. Ich bin entschlossen, lange die Nr. 1 zu bleiben. Ich habe lange gebraucht, um nach oben zu kommen. Es ist schwer oben zu bleiben. Es erfordert viel höhere Konzentration, weil die Siege Gewohnheit werden und nicht mehr Energien aufputschen wie früher. Aber ich halte stand. Ich will unbesiegbar bleiben, solange ich kann. Mein Traum wäre ein Rekord an der Spitze. Ich will in die Geschichte des Sports eingehen. Als einer, der sich vollständig selbst bezwingen konnte. Mein Leben war es wert, will ich sagen können."

Am Ende:

> Ich habe mein Leben wie eine Festung ausgebaut. Sie ist unbesiegbar geworden. Die Angriffe sind abgeebbt und haben später aufgehört. Die Feinde wurden still. Im Grunde ist es seitdem einsam geworden. Es wäre schön, wenn jemand auf einen Tee zu Besuch käme. Ich lasse die Zugbrücke hinab, bestimmt. Ich fürchte, der Anblick der Türme nimmt ihnen den Mut. Ich möchte im Innersten zugänglich sein.

3.1.6 Strategien und Philosophien

Durch solche Lebensstrategien legen sich die Menschen im Grunde sehr stark fest. Zu stark? Warum suchen wir uns jeder eine Lebensnische? Warum sehen wir nicht das Leben in ganzer Breite?

Aristipp sucht Lust-Highlights im Leben. Das Leben ist Jagd, in dem Erlebnisse erbeutet werden. Ein Leben im Auf und Ab, voller Höhen und Tiefen. Nach der Tiefe ist das Auskosten neuer Höhe ungleich süßer, wie das einfache Essen nach langem Hunger. Aristipps Philosophie ist die des natürlichen Menschen mit Jagdstrategie.

Die Philosophie der Stoa verlangt mindestens Gleichgültigkeit gegen alles, was sich nicht ändern lässt. Man muss hinnehmen, wie alles kommt. Nur im Innern kann niemand verbieten, für Ruhe zu sorgen. Zenons Philosophie ist eine des Rückzugs für richtige Menschen.

Epikur will Ruhe im Leben. Er wünscht uns einen Zustand schmerzfreier unbewegter Ruhe der Seele. Der Mensch soll einen Weg finden, einfach und schmerzlos mit dem Leben fertig zu werden. Er soll in Freundschaft mit seinen nächsten Nachbarn leben, zurückgezogen von den Kämpfen der meisten Menschen, die, auf sich selbst gestellt, eher nur Macht anstreben würden. Epikur lehrte auf einem in Athen erworbenen Gartengrundstück. Seine Jünger hießen „Die aus dem Garten". Epikur lehrt also mehr die Strategie des natürlichen Menschen, Abteilung: zurückgezogen. Aristipp jagt Lust, Epikur vermeidet Schmerz.

Epikur richtet sich scharf gegen die Ethik der Pleonexia, des Rechts des Stärkeren. In der Natur ist danach der Stärkere im Recht. Anisthenes schreibt eine Fabel von den Löwen, denen die Schafe vorschlugen, im Tierreich solle gleiches Recht für alle herrschen: Sie lachen. Platon kommt im Dialog *Gorgias* zu der Auffassung, dass der Mensch die Macht ergreift, wo immer er sie fassen kann. Es wird dort diskutiert, ob nicht etwa der Staat und die Kultur dazu führten, dass die Masse der Schwachen den Starken ungerechte Zügel anlege. Ist vielleicht bürgerliche Gerechtigkeit nur dazu erfunden, die Schwachen zu sichern?

Die Ethik der Pleonexia ist „the winner takes it all". Sie ist die des Leithirsches, eine der Bosse. Heute bezeichnet Pleonexia neben Habsucht und Unersättlichkeit auch den Drang, trotz mangelnder Sachkenntnis überall mitzureden. Das ist auch ein Recht des Stärkeren.

Aber die meisten Philosophen errichten eher Festungen, nicht wahr? Wie den kategorischen Imperativ? Unangreifbar im gestirnten Himmel über uns? Diogenes in der Tonne lebt in seiner realen Festung, die selbst für Alexander den Großen uneinnehmbar scheint.

So gibt es also seit Alters her für jede Strategie zugehörige entsprechende Weisheitslehren, damit jeder von uns innerhalb jeder lebensengen Strategie noch vollkommen glücklich werden kann.

Die Leithirsche berufen sich also auf das Recht des Stärkeren, das heute in der Form „Leistung muss sich lohnen“ ausgedrückt wird. Sie wettern gegen die Schwachen, die sie grundsätzlich für faul und genusssüchtig, labil und untüchtig halten. Die zurückgezogenen Zaunkönige verbrennen sich immer wieder die Finger, wenn sie in Kontakt mit Leithirschen kommen. Sie schimpfen aus sicherer Entfernung, dass die typischen bösen Menschen machthungrig und brutal seien und an nichts als an Anhäufung von Tand dächten. Und so weiter. Leithirsche rekrutieren sich eher aus richtigen Menschen (Typ Manager) und natürlichen Menschen (Typ Unternehmer). Jäger sind eher nicht richtige Menschen. Zaunkönige sind eher richtige und wahre Menschen, die sich nicht in den Krieg begeben wollen oder die schon beim Kampf um Höherwertigkeit ausgeschieden sind, mit gehörigen Wunden, philosophischen Erkenntnissen zur Höherwertigkeit und einem zuckenden Seismografensystem. Die Festungserbauer schließlich sind oft wahre Menschen mit unangreifbaren Ideen und richtige Menschen mit unangreifbaren Lebensrollen.

Nun haben wir drei Menschenarten und vier Grundstrategien. Zu allen diesen zwölf gibt es nun noch Vorzugsrichtungen ihres Lebens. Diese stelle ich jetzt vor und gehe erst im nächsten Band noch eine Dimension weiter. Dort wird viel von Leistungsträgern, normalen Menschen und Verlierern die Rede sein. Jeder Mensch kann ja nach Wahl seiner Strategie damit gut zurechtkommen oder scheitern. Ich unterscheide also drei Menschenarten, vier Strategien und fünf Richtungen. Im Prinzip sind es dann sechzig verschiedene Menschen, von denen aber etliche nicht häufig vorkommen.

Über alle diese Menschen gebe ich im nächsten Kapitel einen kurzen Überblick, damit einmal alles an einer Stelle zusammensteht. Ganz ohne Wiederholung geht es dabei nicht. Ich bemühe mich aber, es kurz zu machen und nicht langweilig zu werden. Es ist ein Überblick. Es werden in diesem keine neuen Ideen vorgeführt, bis es dann am Ende des Kapitels wieder um Genies und um Symbole geht.

3.2 Die drei „Sinnsterne“

3.2.1 Vorläufig fünfzehn Himmelsrichtungen für den Menschen

Ich habe bis jetzt die Unterschiede der Denkweisen und der Strategien gegenüber der Welt beleuchtet. Die Menschen unterscheiden sich aber auch in den präferierten

Denkrichtungen. Manche Menschen streben nach Macht, andere nach Liebe, wieder andere sind Künstler. Abraham Maslow untersuchte solche Fragen und schenkte uns das Vorstellungsbild oder die Idee der Bedürfnishierarchie. Diese hierarchische Anordnung der Bedürfnisse des Menschen ist als *Bedürfnispyramide* bekannt geworden. Das Vorstellungsbild der Pyramide beherrscht heute viele Menschen. Ich bin immer wieder erstaunt, wie viele Menschen, denen ich begegne, es absolut verinnerlicht haben.

Maslow sagt im Grunde:

Zuerst müssen wir essen und trinken etc. (Genau dieser Satz, so trivial er ist, hat sich wie selbstverständlich in die Menschen eingegraben.) Wir müssen unsere so genannten *Grundbedürfnisse* befriedigen. Wenn diese Grundbedürfnisse befriedigt sind, gehen wir an die Befriedigung der nächsthöheren Bedürfnisse. Wir streben nach Maslow zunächst nach Sicherheit. Maslow beschreibt in *Motivation und Persönlichkeit* dieses Sicherheitsbedürfnisensemble mit den folgenden Schlüsselbegriffen: Sicherheit; Stabilität; Geborgenheit; Schutz; Angstfreiheit; Bedürfnis nach Struktur, Ordnung, Gesetz, Grenzen, Schutzkraft. Maslow schreibt dann: „Wenn sowohl die physiologischen wie die Sicherheitsbedürfnisse zufriedengestellt sind, werden die Bedürfnisse nach Liebe, Zuneigung und Zugehörigkeit auftauchen, und der ganze beschriebene Zyklus wird sich rund um diesen neuen Mittelpunkt wiederholen.“ Wenn schließlich Sicherheit *und* Liebesbedürfnis befriedigt sind, will der Mensch Achtung, Status, Ruhm, Anerkennung, Würde oder Bedeutung. Wenn er alle diese höheren Bedürfnisse befriedigt hat, melden sich wiederum höhere Bedürfnisse, nämlich die nach Selbstverwirklichung. Maslow: „Musiker müssen Musik machen, Künstler malen, Dichter schreiben, wenn sie sich letztlich in Frieden mit sich selbst befinden wollen.“ Dann bespricht Abraham Maslow noch gesondert das Verlangen nach Wissen und Verstehen und würdigt auf einer halben Seite im Buch die ästhetischen Bedürfnisse des Menschen. Maslow: „Ich habe versucht, dieses Phänomen auf einer klinisch-persönlichen Grundlage mit ausgesuchten Personen zu untersuchen und habe mich überzeugt, dass es bei *einigen* Personen ein wirklich grundlegendes ästhetisches Bedürfnis gibt. Sie werden (in einer besonderen Weise) durch Häßlichkeit krank und werden von schöner Umgebung geheilt; sie haben ein aktives *Verlangen* und dies kann *nur* von Schönheit befriedigt werden.“

Maslow spricht selbst von Ausnahmen in der Hierarchie, von Menschen, die *nach der Sicherheit direkt Achtung und Respekt erstreben, ohne geliebt werden zu müssen*. Er sieht, dass es „geboren kreative“ Menschen gibt, denen Kreativität vor allem anderen steht. Und dann sagt Maslow: „Wichtiger vielleicht als alle diese Ausnahmen sind diejenigen, die sich auf Ideale, hohe gesellschaftliche Maßstäbe, hohe Werte und ähnliches beziehen …. Solche Menschen kann man, zumindest zum Teil, durch den Bezug auf ein grundlegendes Konzept (oder Hypothese) verstehen …“

Konzept?

Ich habe hier gesagt: Die *wahren* Menschen leben in einer *Idee*!

Vielleicht sehen Sie schon, worauf ich mit dieser sehr kurzen Darstellung von Abraham Maslows Gedanken hinaus will. Ich will sagen: Sie zielen alle in eine für mich *richtige* Richtung. Die Beobachtungen Maslows sind genau, fein und richtig. Aber die Konstruktion einer allgemeinen Hierarchie oder einer Pyramide der menschlichen Bedürfnisse ist für mich kein *wahres* Konzept.

Ich sage:

Jeder Mensch hat eine eigene Hierarchie seiner Bedürfnisse. Es gibt nicht so sehr viele verschiedene Hierarchien, es gibt also wenige wichtige Typen von Hierarchien und damit Typen von Menschen. Ja, es stimmt, die meisten Menschen wollen Sicherheit und Geliebtsein. Es sind die vielen *normalen* Menschen. Sie wollen aber dann in der Regel *nicht* Selbstverwirklichung! Das bloße Wort *Selbstverwirklichung* ist zumindest hier in Deutschland eine Art Schimpfwort für eine Attitüde von Menschen, die sich nicht wirklich voll in die Gemeinschaft integrieren wollen. „Ich arbeite hart, aber die nebenan verwirklichen sich selbst. Was es ist, sehe ich nicht und weiß ich nicht. Es sind Faulenzer.“

Die wahren Menschen stellen sich unter eine Idee. Es geht ihnen *zuerst* um Selbstverwirklichung und nicht in erster Linie um Sicherheit oder Geliebtsein.

Die natürlichen Menschen wollen Freude und Freunde, nicht so sehr Sicherheit oder Selbstverwirklichung.

Alle diese Beispiele um Beobachtungen und Ausnahmeerscheinungen lösen sich auf, wenn Sie sich mit mir auf das Vorstellungsmodell der drei Sinnsterne einlassen (Abb. 3.1):

Die Zacken dieser Sterne drücken fünfzehn Hauptrichtungen des Menschen aus, je fünf für den richtigen, den wahren und den natürlichen Menschen.

Die Richtungen bezeichnen *nicht* die Hauptbedürfnisse des Menschen! Sie bezeichnen die Richtung, um die sich ein Mensch am meisten *kümmert*.

Ich behaupte: Es geht nicht primär um die Bedürfnisse des Menschen, sondern um das, was ihn umtreibt, etwa auch, was er selbst produziert. Ein Beispiel (verzeihen Sie das Klischeehafte daran, bitte!).

In der noch heute ziemlich typischen Familie kümmert sich der Vater um Sicherheit, die Mutter um liebende Erziehung. Der typische Mann ist für die Ordnung zuständig, die Frau für die Beziehungen. Der Vater kümmert sich also im Sinne von Maslow verstärkt um das Sicherheitsbedürfnis der Familie. Die Mutter kümmert sich um das allseitige Geliebtwerden. Dann ist es meist so, dass der Vater für das Kümmern um Sicherheit einen Lohn erwartet: Er möchte also tatsächlich als Ziel seiner Bemühungen Sicherheit für die Familie erreichen, also Erfolg mit seinen Bemühungen haben. Für das Erreichen seiner Ziele möchte er den Respekt, die Achtung und die Anerkennung. Es ist also nach meiner Meinung nicht so, dass nach der Sicherheit nun auch das höhere Bedürfnis für Achtung befriedigt werden müsste. Dieses Bedürfnis nach Achtung ist für mich kein wirklich höheres Bedürfnis des Menschen, sondern nur ein Folgebedürfnis, dasjenige nämlich nach einer Anerkennung des Erfolges seiner Bemühungen um Sicherheit (hier: für die Familie). Wenn ein Mensch also Sicherheit auch für andere schafft, möchte er Achtung in irgendeiner Form (Anerkennung, Ehre, Würde, …). Die typische Mutter kümmert sich um die Beziehungen. Wenn das sehr erfolgreich ist, herrscht in der Familie ein Klima allgemeiner Zuneigung. Den Erfolg ihrer Bemühungen fühlt die Mutter selbst an

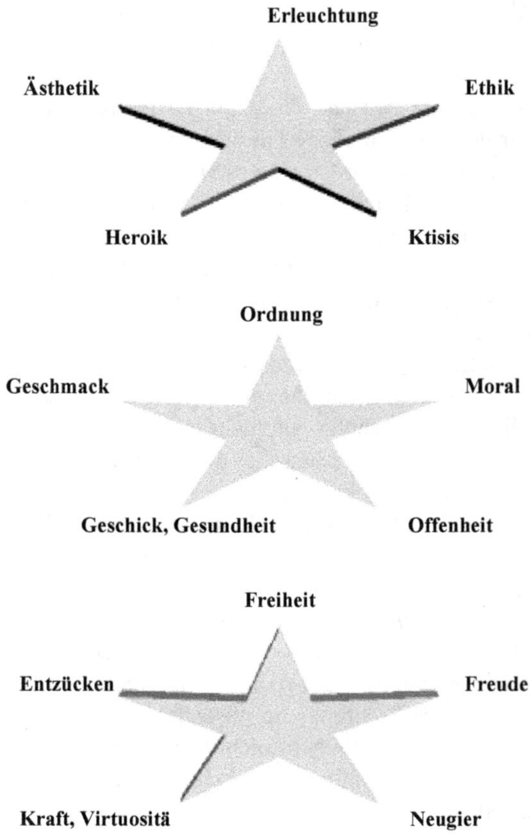

Abb. 3.1 Die drei Sinnsterne

ihrem *eigenen* Geliebtwerden, als Dankbarkeit oder Zärtlichkeit ihr gegenüber. Sie hat danach das vermeintlich höhere Bedürfnis nach „Verehrung als gute Mutter".

Die Zacken der Sterne stehen also mehr für die *Aufgaben* der Menschen. Die Menschen kümmern sich in der Gemeinschaft oder als Einzelperson um die Produktion spezieller Bedürfnisse. Diese Produktion möchten sie erfolgreich gestalten und anschließend auch den Erfolg „feiern" oder belohnt sehen oder auch nur in sich jubelnd spüren.

Die richtigen Menschen scheinen diese Richtungen anzupeilen:

- Ordnungserhaltende, die Respekt und Achtung wünschen
- Beziehungs- und Moralstabilisierende, die Dankbarkeit und Verehrung erwarten
- Geschmackshüter, die lobendes Gesehenwerden erhoffen
- Geschickte, die ihre Kunstfertigkeit gewürdigt wissen wollen
- Offene, die Anerkennung erwarten, wenn sie neue Chancen wahrnehmen

Die wahren Menschen sehen in diese Richtungen:

- Erleuchtungssuchende („Buddha", etwa Philosophen)
- Menschenliebende (wahre Christen, viele Ärzte, Pfarrer etc.)
- Schönheitsanbeter (Künstler, Dichter)

- Helden
- Pioniere (Erfinder)

Die natürlichen Menschen verfolgen diese fünf Richtungen:

- Freiheitssuchende
- Liebebedürftige, Beziehungssuchende
- Lebensentzückte, die schöne Erlebnisse suchen („Ach, war das schön!“)
- Kraftvoll Sieg-Erstrebende
- Neugierige Abenteurer

Die wahren Menschen suchen in ihrem Fach Selbstverwirklichung. Sie erwarten also eigentlich damit den *eigentlichen* Erfolg ihrer Bemühungen, das sind: Erleuchtung, ein Kunstwerk, eine neue Technologie. Die Anerkennung ist ihnen nicht ganz gleichgültig, aber nicht wirklich primär. Die wahren Menschen sind primär für ihr „Lebensfach“ motiviert. Selbstverwirklichung ist ja primär im Selbst, nicht in den anderen Menschen. Die richtigen Menschen produzieren Sicherheit und Liebe eben hauptsächlich auch für ihre Umgebung mit. Sie messen den Erfolg ihres Lebens damit viel stärker am Feedback ihrer Gemeinschaft. Deshalb brauchen sie Symbole der Anerkennung, sie arbeiten auch oft stark sekundär motiviert. Sekundär motivierte Menschen haben also vor allem das Bedürfnis, für die Produktion gelobt zu werden, unabhängig davon, ob sie das Gewünschte produziert haben oder nicht. Maslow hat zu wenig beachtet, dass es Menschen gibt, die ein sehr starkes so genanntes höheres Bedürfnis nach Respekt und Achtung oder Bonusmonatsgehältern haben, *bevor* sie ihre Sicherheitsbedürfnisse befriedigt haben. Es gibt viele, die ihre Sicherheit nur deshalb befriedigen, weil sie dafür Respekt bekommen, nicht deshalb, weil sie Sicherheit brauchen. Solange aber diese Menschen für die Produktion von Sicherheit Respekt bekommen, produzieren sie Sicherheit. Immer mehr! Keiner *braucht* so viel Sicherheit! Aber sie brauchen mehr Respekt und deshalb produzieren sie drauflos. Genauso produzieren viele Menschen andauernd Liebe, damit ihnen gedankt wird. Es soll ja vor allem Dank *erwirtschaftet* werden, nicht Liebe *produziert* werden. Sinnbild: Die festhaltende, überbeschirmende Mutter.

Wenn wir diese fünfzehn Richtungen anschauen, dann erklären sie Maslows Ausnahmen: Ja, es gibt Schönheitssuchende, ja, es gibt kreative Abenteurer. Ja, es gibt Menschen, die Sicherheit produzieren und sofort Respekt wollen, ohne das Zwischenbedürfnis des Geliebtseins befriedigen zu müssen. Alles wird klar, wenn wir das Vorstellungsmodell einer Hierarchie oder einer Pyramide aufgeben.

Ich habe natürlich hier eine andere Hierarchie eingeführt:

Ich meine, dass sich die Menschen *erst* entsprechend der Präferenz der Gehirn-/Körpernutzung einteilen (richtig, wahr, natürlich). *Danach* wählen sie einerseits ihre Strategie (Hai, Fuchs, Zaunkönig, Elefant) und andererseits ihre Richtung des „Lebensfaches“, welche in engem Zusammenhang mit ihrem persönlichen Hauptbedürfnis zu sehen ist.

Damit wäre alles harmonisch geordnet. Ich habe bei der IBM eine Menge Leute nach Verhaltenspräferenzen getestet (Dank an alle die Freiwilligen, die das für mich „Verrückten“ auf sich nahmen!). Die Prozentsätze sind danach auf die fünf

Richtungen wahrscheinlich sehr ungleichmäßig verteilt. Es gibt wohl viele richtige und natürliche Menschen und nicht so viele wahre Menschen. Es gibt sehr viele Menschen in Richtung Sicherheit/Ordnung/Freiheit, dann ziemlich viele in Richtung Moral/Liebe. Ästheten sind nur schwach vertreten, die Pioniere/Abenteurer nehmen in der heutigen Zeit der technologischen Umwälzungen bestimmt sprunghaft zu. Bei IBM haben wir viele davon. Maslow ist zu sehr von den scheinbaren Mehrheitsverhältnissen ausgegangen. Er nahm etwa Ästheten als Ausnahme wahr, nur, weil sie nicht oft vorkommen. Dennoch bildet das „Gesehene" oder „Wahrgenommene" (Ästhetik, Geschmack, Entzücken) einen theoretisch eigenständigen Zacken in den Richtungssternen. Ebenso die Sehnsucht nach dem Neuen (Ktisis, Abenteuer, Weltoffenheit).

Ich werde später noch auf den Hauptfehler sehr, sehr vieler Wissenschaftler eingehen: Sie fixieren sich hauptsächlich auf den großen Block der richtigen Menschen, die sich als gut studierbar und strukturiert erweisen. Sie halten (wie die richtigen Menschen es tun) die natürlichen Menschen für noch unfertig diszipliniert und nehmen also an, alle Menschen sollten *richtig* sein. Alles Übrige ist dann selten und muss als Ausnahme der Theorie erklärt werden. Freud sagt, wahre Menschen hätten wohl den frustrierten Sextrieb auf Kunst oder Wissenschaft umlenken können („Sublimation des Sextriebes"), Maslow hält Selbstverwirklichung für ein wirklich *höheres* Ziel des Menschen, bis zu dem leider noch nicht so viele Menschen gekommen sind. (Dabei gibt es eben nur relativ wenige wahre Menschen, ganz banal.) Ich habe schon oben gesagt: Diese Welt, in der wir leben, ist vorwiegend eine der richtigen Menschen. Es ist de facto und ganz real so. Ja. Aber deshalb darf unser Denken doch nicht das zeitbedingt Faktische zur Grundvoraussetzung erheben! Viele Denker nehmen das Richtige als richtig und normal an, alles andere ist dann nicht richtig und unnormal. Deshalb erklären sie dann das Wahre als eine unnormale, halbwegs hinnehmbare Ausnahme und das Natürliche als das noch nicht Richtige.

Bevor ich jetzt ins Einzelne gehe, werden Sie noch fragen wollen: Warum diese fünf Richtungen pro Menschentyp? Warum nicht zehn?

Es mag ja 10 geben, oder? Ich habe aber so lange über diese Frage nachgedacht, bis mir bei der Konstruktion der fünfzehn Einzelrichtungen die Fantasie für Menschen ausgegangen ist, die noch wirklich anders sein könnten. Ihnen fallen sicher noch Depressive, Schizophrene oder Narzissten ein. Diese mehr kranken Menschen sind aus diesem meinem Modell als Gescheiterte erklärbar. Wir kommen dann nämlich in das Gebiet, in dem Menschen mit ihrem linken PC-Hirn oder dem rechten neuronalen Netz Unsinn anstellen. Das ist ein ganz weites Feld. Darüber schreibe ich ein eigenes Buch, *Omnisophie II*. Hier in diesem Buch stelle ich nur mein Idealvorstellungsbild der verschiedenen Menschen im Prinzip vor.

3.2.2 *Die Richtungen des Geistes und des Denkens*

3.2.2.1 Denkweisen

Die indische Philosophie kennt zwei Verstandesarten in uns: Manas und Buddhi. Manas ist der scharfe, analysierende Verstand. Buddhi ist die intuitive „Schau".

Sie steht im Indischen hoch oben im Menschen. Die indische Welt ist nicht die des richtigen Menschen, mehr eine des wahren. Sie steht dadurch fremd und mystisch neben unserer richtigen westlichen Welt. Das indische Denken glaubt nur vom Buddhi, dass es den Menschen über sein Ich hinausschwingen könnte.

Die Erkenntnis von mindestens zwei Verstandesarten – die des richtigen und die des wahren Menschen – ist also schon uralt. Je nach Kultur sehen wir die eine oder andere als maßgeblich an. Wir profitieren in der westlichen Kultur noch immer von der Einführung der Logik und Schlussweisen und von der Grundlegung der exakten Wissenschaften durch Aristoteles – oder wir leiden noch darunter, je nach Standpunkt.

Der analytische Verstand sammelt Wissen und lernt ständig weiter. Das Links in uns speichert Informationen. Diese Informationen werden durchdacht, gesichtet, geordnet, strukturiert und zu höherem Wissen verarbeitet und veredelt.

Die Intuition sammelt alle Informationen als Input für das neuronale Netz. Immer wieder werden Informationen in den Apparat hineingespült. Sie werden nicht etwa vorzugsweise gespeichert. Sie dienen der Vervollkommnung des Netzes. Während der analytische Verstand lange lernt und das Gelernte in Strukturen abspeichert, nimmt die Intuition alle Informationen begierig auf, um die Idee oder den Urgrund in den Informationen zu entdecken. Der Urgrund des Staates wäre hinter der Verfassung, der Urgrund des Christentums irgendwo in der Bergpredigt, der Urgrund der Welt im Tao, im Weg. Es geht um Erkennen, nicht um Wissen. Im Wissen ist das Erkennen nicht.

Der praktische Verstand des natürlichen Menschen *begreift*. Er hat etwas mit dem Anfassen, dem tatsächlichen Begreifen von Gegenständen zu tun. Er wendet sich den zu begreifenden Dingen mit den fünf Sinnen zu, wendet sie, beschnuppert sie und probiert mit ihnen praktisch herum. Es geht hinterher darum, zu *können*, nicht zu erkennen oder zu verstehen. Der praktische Verstand hat das Ziel, zum besten Handeln fähig zu sein.

Der analytische Verstand speichert; er wird dadurch vollkommener. Sein Ziel ist es, alles zu wissen und dadurch zu kontrollieren oder zu beherrschen. Der analytische Verstand sammelt Allmacht.

Der praktische Verstand kann mit dem Erprobten umgehen, er vervollkommnet sich durch immer neue Stufen von Erfahrungen. Er bewährt sich. Sein Ziel ist die Virtuosität.

Die Intuition strebt nach höheren Ideen, die ich als Energieoptima von neuronalen Netzen beschrieben habe. Es gibt kleine und große Ideen. Die Intuition träumt von der allumfassenden Idee, unter deren Hoheit der Mensch in Weisheit entrückt wäre. In Harmonie mit der allbedeutenden Idee, dem Urgrund, ist der Mensch erleuchtet. Der wahre Mensch ist auf der Suche nach dem Licht, das in ihm durch Meditation oder Versenkung oder Nachdenken oder Philosophieren entsteht. Alle diese Namen stehen für Lichtsuche, was in Wirklichkeit die Ausformung des Netzes ist.

So, jetzt folgen drei Abschnitte über das verschiedene Denken der richtigen, wahren und natürlichen Menschen. Dann kommt das Fühlen dran, wieder mit Einleitungen, dann den drei Abschnitten der verschiedenen Fühlweisen. Und so weiter, bis wir ganz durch sind. Ich bemühe mich, linkshirnig vollständig zu sein, obwohl mir das nicht liegt. Eigentlich ist ja die Idee klar.

3.2.2.2 Ordnung, Gemeinschaft, Weisheit

Der analytische Verstand sammelt Herrschaftswissen. Er hat eine Vorliebe für Systematiken und Strukturen. Was ist richtig, was ist falsch? Das Richtige wird gespeichert, das Falsche verworfen. Das Richtige materialisiert sich quasi in Vorschriften, Gesetzen, Richtlinien und Verhaltensvorgaben.

Die richtigen Ordnungsmenschen sind die Garanten des Systems. Sie verteidigen die Ordnung und bekämpfen die Unordnung. Das Ordentliche wird gefördert und gelobt. Das Unordentliche wird behindert und getadelt oder bestraft.

Das Leben wird wie eine Stufenfolge gesehen. Der richtige Mensch lernt und lernt. Er wird beständig besser und erfolgreicher. Stufe für Stufe geht seine Karriere oder Laufbahn bergan. Er will immer das Optimale tun.

Das Beste wird durch Analyse berechnet und geplant. Wie in einem PC werden Daten und Informationen verarbeitet. Wie in einem mathematischen Optimierungsalgorithmus werden die Alternativen erwogen und sortiert. Schrittweise wird die Welt verbessert. Sie wird ständig reorganisiert und umstrukturiert. Immer wieder werden Schwachpunkte gesucht und beseitigt. Der richtige Mensch erzieht sich selbst zu unnachsichtiger Selbstkritik. Er will sich unermüdlich vervollkommnen. Was nicht vollkommen ist, muss aus seiner Sicht fehlerhaft sein. Was also vollkommen werden soll, muss auf Fehler durchgekämmt werden.

Der analytische Denker liebt Prüfungen aller Art, die die Unvollkommenheiten ans Licht bringen. Die Stufenleiter zum Perfekten besteht also aus einer Leiter von bestandenen schweren Prüfungen. Leichte Prüfungen sind sinnlos, weil sie kaum Fehlerausbeute erbringen. Die Eltern prüfen, die Lehrer prüfen, die Manager stehen ständig in der Tür des Mitarbeiters und verlangen Erfolgszahlen. Die Professoren prüfen gegenseitig ihre Theorien und kreiden sich Fehler an.

Wenn irgendwann keine Fehler mehr vorkommen, muss alles perfekt sein. Der Weg zur Weisheit oder zur Tugend führt über harte Selbstkritik und ständige Selbstüberprüfung. Immer wieder wird das Beste gewollt. Ständig wird darauf gedrungen, das erkannte Beste in die Tat umzusetzen. Zu dieser Lebensauffassung gehört fast zwangsläufig das Vorstellungsbild des Tieres im Menschen. Richtige Denker nehmen an, dass das Tier im Menschen besiegt und beseitigt werden muss. Das ist der Vorstellungskern der richtigen Menschwerdung.

Die richtigen Menschen haben meistens den Eindruck, dass ihre Systeme, ihre Traditionen und Gebräuche nicht weit von der Perfektion entfernt sind. Sie haben ja oft Jahrhunderte daran gearbeitet. Leider funktionieren die Gesamtsysteme nie wirklich gut. Das führen die richtigen Denker auf alle die anderen Menschen zurück, die sich nicht perfektionieren wollen. Viele andere Menschen sind lustorientiert, emotional, unberechenbar oder „Künstler". Die Systeme würden funktionieren, wenn alle Menschen richtige Denker wären. Weil sie so denken, beschuldigen die richtigen Menschen die anderen und verteidigen oft die Systeme. Im Grunde verbessern sie sie nicht. Sie denken immer nur darüber nach, sie zu verbessern oder die Feinde zu kontrollieren und zu bestrafen. Die richtigen Denker stellen einen sehr großen Teil der Führungselite (ich schätze nach Tests: gut die Hälfte).

Leithirsche in der Klasse der richtigen Denker übernehmen explizit überall die Verantwortung. Sie drängen darauf, die bestimmende Kraft zu sein. Sie mobilisieren unentwegt die Energie ihres Umfeldes: „Arbeiten!“ Sie sind die geborenen Manager und Antreiber. Überall sehen sie Fehler und Verbesserungen. Sie kommen in einen Raum zu Mitarbeitern und sofort *schießen* sie los: „Wie sieht das aus? Was soll jenes! Warum machen Sie das gerade so??“ Die natürlichen Feinde der verbessernden Mobilmachung sind die Faulheit, „Müßiggang“ und die mangelnde Unterordnung (unter die Dominanz des Leithirsches). „Wir sind ein Team!“, rufen dann die Mobilmacher drohend. „Gebt euch ununterbrochen Mühe!“ Und sie peitschen an. Im positiven Sinne sind sie die treibende Kraft des Ganzen.

Beutesucher in der Klasse der richtigen Denker sind begnadete Verhandlungs- und Verkaufskünstler. Sie bereiten sich lange auf eine Schlacht vor, überlegen sich alle Winkelzüge und mögliche Taktiken des als Gegner angesehenen Kunden oder Verhandlungspartners. Dann wird gekämpft und gepokert.

Zaunkönige unter den richtigen Denkern arbeiten zuverlässig im Verborgenen. Sie lieben es, ganz hinten graue Eminenz zu sein. Sie streben Unentbehrlichkeit an. Sie verstehen sich oft auf das ganz klein Gedruckte, das kaum jemand sonst kennt. Sie aber haben alle Einzelheiten im Kopf. Wer diese wissen will, muss hingehen und fragen. Niemals kommt der Zaunkönig von selbst *hervor*. Wenn ihn aber jemand fragen muss, spürt er die Macht des Zaunkönigs. Er wird eine Weile zappeln müssen, derjenige, der an die Geheimnisse will! Die einzige wirkliche Methode gegen Zaunkönige ist, devot hereinzutreten, niederzuknien und zu bitten: „Nur Sie können mir noch helfen. Nur Sie!“ Zaunkönige verlangen diese Huldigung, von der sie leben. So wehren sie den Hauptfeind ab: Kontrolle. Zaunkönige leben ja deshalb im Unterholz, weil sie nicht unter Kontrolle geraten wollen.

Die *Burgenbauer* oder *Elefanten* unter den richtigen Denkern gründen sich auf Genauigkeit, Zuverlässigkeit und Sparsamkeit. Sie halten das Eigentum zusammen und vermeiden jeden Fehler. Gut ein Viertel der Führungskräfte rekrutieren sich aus diesem Kreis. Sie sind Controller und Innendienstbeamte. Sie wirken unbesiegbar. Sie haben das letzte Urteil: „Das geht.“ Oder: „Das können wir nicht bezahlen. Abgelehnt.“ Viele penible Lehrer gehören hierher und viele analytische Denker oder Gelehrte der Universitäten. Die Hauptfeinde der Burgenbauer unter den richtigen Denkern sind Nachlässigkeit, Unachtsamkeit und Verschwendung.

Immer geht es um richtiges Verhalten in der Gemeinschaft. Richtige Denker streben Weisheit oder Führung an. Sie bejahen Strukturen und Organisation. Sie nutzen das Einpflanzen von Seismografen in den Menschen, um Pflichterfüllung zu unterstützen. Dadurch gehen sie meistens einen gewissen Irrweg – weg von der reinen Vernunft. Die richtigen Denker brauchen Sicherheit im Sinne Maslows, nicht so sehr Geliebtsein. Etliche von ihnen entdecken den Wert des Geliebtseins sehr spät im Alter. Da heiraten sie noch einmal eine junge Frau, die harten ergrauten Männer. Aber erst, wenn sie beruflich und materiell sehr, sehr sicher sind.

3.2.2.3 Erleuchtung, Reinheit und Unabhängigkeit

Die wahren Denker suchen die reinen Ideen. Mathematisch gesehen spüren sie den starken Optima in den neuronalen Netzen nach. Der Vorstoß von einer niederen Ideenebene zu einer höheren ist wie eine Befreiung des Inneren. Er fühlt sich an wie eine Erlösung. „Es ist jetzt klar!" Dieses Empfinden blendenden Lichtes ist unvergleichlich. „Heureka!"

Viele Geisteswissenschaftler widmen sich speziellen Ideen, denen sie ihr ganzes Leben weihen. Sie konzentrieren sich auf einen Ideenkomplex und durchdenken ihn von allen Seiten. Das Ziel ist das vollkommen intuitive, ganzheitliche Verstehen.

Wenn etwas vollkommen ganzheitlich verstanden ist, fühlt es sich natürlich und leicht an. Es ist nicht mehr anstrengend, alles darüber im Kopf zu behalten. Es ist kein Gezappel widerstreitender Prinzipien, mühevoll durch einen Plan zusammengehalten. Der Intuitive sagt: „Es ist jetzt klar! Alles liegt ruhig in der Sonne."

Und dann kommen die anderen Menschen und sagen: „Erkläre es! Mach' es uns ebenfalls klar!" Und dann ringt der Intuitive nach Worten. Die Klarheit bedeutet nicht, dass er nun den ganzen Sachverhalt, der vorher unklar war, in einigen Sätzen klar ausdrücken könnte. Die Klarheit ist nicht in Sätzen oder Gedanken. Die Klarheit ist ein höherer Zustand des inneren neuronalen Netzes, der durch konzentriertes Nachdenken gewonnen wurde. Wenn ein anderer eben dieselbe Klarheit erreichen will, muss er seine rechte Gehirnhälfte selbst mühevoll umtrainieren. Besonders die analytischen Denker erleben Durchbrüche des Denkens wie das Finden eines neuen Tricks, eines Kniffes, durch den ein Rätsel gelöst wird. Sie empfinden neu gespeicherte Erkenntnis mehr wie ein „Aha!"-Erlebnis.

Denken Sie etwa an Monty Roberts, der die Pferde verstand. Sein „Trick" war es, erkannt zu haben, dass Pferde lieb, furchtsam und liebebedürftig sind, nicht böse, wild und gefährlich. Diese Wahrheit kann eventuell schon in einem Satz ausgedrückt werden: „The horse is a flight animal, not a fight animal." Dieser Satz beschreibt den neuen Zustand von Monty Roberts. Sein Denken ist von dieser Idee *durchdrungen*. Für seinen Vater ist es eine Blödsinnsidee, die den Fakten widerspricht. Hier sind gähnende Abgründe zwischen dem „wahren" Zustand von Monty Roberts' Intuition und dem „richtigen" Wissen des Vaters. Wenn Sie nicht nur die Idee des lieben Pferdes als spannende Erzählung empfinden, sondern ganz und gar in Ihre Intuition aufnehmen, werden Sie hinterher ein anderer Mensch sein, einer, der von einer neuen (ich sage gleich: höheren) Idee erfüllt wurde. Monty Roberts versteht *Pferd* jetzt in höherer Weise. Dieses Verständnis kann in einem Buch ausgedrückt werden. Monty Roberts kann Beweise geben. Aber wenn Sie die Idee aufnehmen, verändern Sie eine Menge in Ihnen! Es ist nicht so, dass bei Pferd in Ihrer Hirndatenbank der Eintrag „wild" gestrichen wird und dafür „lieb" eingetragen wird. Nein, Sie werden ja über Kinder, über Menschen, über *alles* anders denken als vorher. Sie müssen durchdrungen werden. Es bedeutet, dass sich alle Gewichte in Ihrem neuronalen Netz neu einstellen. Auf ein höheres Energieoptimum.

Intuitives Wissen kann nicht wirklich beschrieben werden. Der Intuitive kann Wege aufzeigen, wo es ungefähr sein mag und wie es aussieht. Worte allein durchdringen aber nicht das Ganze. Das intuitive Wissen ist ein außerordentlich komplexer Zustand des neuronalen Netzes. Dieser ist nicht mitteilbar. Er ist ja dem Intuitiven selbst nicht bekannt oder bewusst, so dass er ihn beschreiben könnte. Monty Roberts weiß auf höherer Stufe alles um das Pferd, aber dieser höhere Zustand ist als solcher nicht beschreibbar. Wäre er aber dem Intuitiven bewusst, so wäre wohl die Zustandsbeschreibung ein tausendbändiges Werk, also etwas, was im Prinzip „aufzählbar“ wäre, aber so komplex und lang, dass es nicht wirklich als „Mitteilung“ aufgefasst werden könnte. Eine tausendbändige Botschaft ist keine Mitteilung, die wir je in einem Leben verstünden.

Der wahre Mensch strebt einen ganzheitlichen Zustand an, in dem er spürt, wie „alles Eines, alles ein Ganzes ist“. Der richtige Mensch strebt einen Zustand an, in dem alles rein ist, in dem also keine Flecken mehr existieren. Das sind vollkommen verschiedene Zustände.

Das Wahre ist ganz, das Richtige tadellos.

Intuitiv denkende *Leithirsche* sind bemüht, in militanter Weise andere Menschen zu Jüngern einer Idee zu machen. Es sind Prediger, die hoffentlich das Charisma mitbringen, das für einen wirklichen Erfolg nötig wäre. (Die Verbreitung einer Idee steht im Mittelpunkt. Es ist nicht so wichtig, dass es die *eigene* Idee ist.) Sie kämpfen gegen andere Ideen wie andere Parteien im Wahlkampf.

Intuitiv denkende *Jäger* lieben den Rausch der neuen Idee. Sie begeistern sich schnell für Ideen und genießen das Aufflammen des Lichtes in ihnen. Später ziehen sie weiter. Sie jagen Ideen hinterher und wechseln deshalb öfter ihre Leidenschaft.

Die intuitiv denkenden *Zaunkönige* sind wie stille Gelehrte in Elfenbeintürmen. Sie leben versteckt mit ihren Ideen, die sie bestimmt niemandem aufzwingen wollen – sie sind ja Zaunkönige. Sie sind so etwas wie Einsiedler.

Die *Burgenbauer* oder *Elefanten* unter den intuitiven Denkern erdenken gewaltige *eigene* Ideenmassive, in denen sie weithin sichtbar leben. Ihre Burg ist die Autorität der Idee, ihre Lehre. Sie sind die unnachsichtigen Kritiker und Propheten. Sie beharren auf der allgemeinen Gültigkeit der eigenen Vorstellungsbilder und bauen sie beharrlich weiter aus. Sie ignorieren leicht andere Vorstellungen und prangern die allgemeine Dummheit der Menge an, worunter sie auch oft das analytisch-sezierende Denken subsumieren.

Alle intuitiven Denker brauchen Freiheit für Ideen. Sie brauchen also Unabhängigkeit im Denken wie die Luft zum Atmen. Das intuitive Denken erfordert Konzentration und Zeit. Es ist wie das lang dauernde Trainieren von Netzen, das Durchdringen bis zum ganzen Verstehen. Deshalb fordern insbesondere diese Denker immerfort Freiheit der Forschung, womit sie eben Unabhängigkeit und speziell *Ruhe* meinen. Sie klagen immerfort, dass es ihnen an Ruhe ermangele. „Die anderen Pflichten fressen mich auf. Jeder Telefonanruf schreckt mich für bestimmt eine halbe Stunde aus der Konzentration. Ich kann nichts nebenher arbeiten, wie die Bonzen immer so einfach denken. Sie verstehen nichts vom Denken.“ Die richtigen Menschen halten dagegen Ruhe für Müßiggang. Sie halten also konzentriert denkende Intuitive für faul. Dieser Streit ist ebenso alt wie die Menschheit. Konfuzius nennt zum Beispiel in *Lunyu* „Lernen ohne Denken zwecklos“, findet aber auch „Denken ohne Lernen gefährlich“. Die indischen Denker meditieren. Sie versenken sich. Sie üben Yoga. Yoga, so sagen sie, sei das absichtliche Abschalten der spontanen Gemütstätigkeit. In meinen Termini hier: Intuitive versuchen während der Konzentration des Denkens das komplette Seismografensystem ruhen zu lassen. Wahres Denken ist ein Zustand ohne jeden Flash-Mode. Das Seismografensystem ist dafür gedacht, die Aufmerksamkeit zu lenken, wenn etwas passiert. Konzentration aber will ja die Aufmerksamkeit auf einem frei gewählten Punkt festhalten. Sie will absolut nicht auf irgendwelche Seismografen reagieren. Deshalb wäre es gut, wir könnten das System der Außenfühler für die Dauer des konzentrierten Denkens willkürlich abschalten. Das ist das, was sich die Denker wünschen. Meistens haben sie aber keine Vorstellung von diesen Zusammenhängen. Deshalb klagen sie über Ruhestörungen: „Ich komme kaum zur Ruhe." Sie halten die Störungen für Pech von außen. Dann können sie natürlich nur jammern und erfolglos bleiben.

3.2.2.4 Freiheit

Die natürlichen Menschen fühlen sich weder an Systeme noch an Ideen gebunden. Sie fühlen sich von ihnen frei. Sie haben daher zunächst alle Optionen offen. Wenn sie also nachdenken, was in einer Situation als Bestes zu tun wäre, suchen sie Möglichkeiten, die einen großen Vorteil für sie erbringen. Das macht sie richtigen und wahren Menschen verdächtig. Die wahren Menschen sind als Idealisten und als wahrscheinlich kleinste Gruppe daran gewöhnt, dass die Mehrheit der Menschen nicht idealistisch ist. Für sie sind die natürlichen Menschen wenigstens natürlich, nur eben ziemlich gierig, grob und taktisch. Das verzeihen die wahren Menschen noch eher als die Eigenschaften der richtigen Menschen. Wahre Menschen nehmen den richtigen Menschen das Spielen von Rollen übel, hinter dem sie das Falsche, Inszenierte und Heulerische sehen. Richtige Menschen erscheinen wahren Menschen wie potenziell schlechte Menschen, die aus Angst vor dem System dauernd vorspiegeln, gut zu sein. Insgesamt können die wahren Menschen mit den natürlichen besser auskommen als mit den richtigen. Die richtigen Menschen aber akzeptieren die wahren Menschen halbwegs, weil sie für die höheren kulturellen Insignien der Kunst und Wissenschaft stehen. Sie hassen die natürlichen Menschen als Beweis, dass der Mensch ursprünglich wohl ohne jedes System, Über-Ich und ohne Seismografenangst geboren sein muss, also als nacktes Tier, was der natürliche Mensch blieb, der sich nie erziehen ließ. Dabei haben die natürlichen Menschen nicht direkt etwas gegen Systeme und Kultur. Sie wollen sich nur frei darin fühlen, was die richtigen Menschen sich und jedem verbieten. Richtige Menschen nennen Freiheit egoistisch und verwechseln sie leicht mit Rücksichtslosigkeit oder gar Skrupellosigkeit, so wie sie Selbstverwirklichung des wahren Menschen mit Engagementverweigerung verwechseln.

Letztlich führt dieser Krieg zwischen den Menschenarten zur weitgehenden Ausgrenzung der natürlichen vorteilssuchenden Denker aus den Kernbereichen der Systeme.

Die natürlichen Denker wenden sich in die so genannten „freien" Bereiche der Gesellschaft. Es gibt freie Berufe, eine freie Wirtschaft und ein freies Handwerk. Die Denker unter den natürlichen Menschen bewähren sich dort als Unternehmer und Selbstständige.

Leithirsche und *Burgenbauer* gründen am besten ein eigenes Unternehmen. Jener mag von hier aus die Welt erobern, dieser besetzt einen Teil des Marktes. Freie Denker könnten Makler, Agenten, Rechtsanwälte sein. Es ist manchmal eine Freude, dominante natürliche Denker bei Verhandlungen zu sehen. Sie diskutieren nicht wirklich wie die scharfen Analytiker. Sie messen nicht ihre Ideen oder Philosophien gegeneinander ab wie die wahren Denker. Sie kämpfen. Verhandlungen sind für sie wie imaginäre Judokämpfe. Es kommt auf den Körper an, auf die Körpersprache, auf die Siegerhaltung. Wenn freie Denker argumentieren, dann mit *Griffen*, nicht mit Begriffen. Die Verhandlung ist Körpersache, nicht kopfzentriert. Es ist eine ganz andere Art von Denken.

Unter den freien Denkern gibt es viele *Jäger*, die in der Wirtschaft als Trouble-Shooter brillieren können, die also schwierigste Projekte vom Eis ziehen, wenn alles ganz verfahren ist. Wenn wieder Ordnung eingekehrt ist, verlieren diese Virtuosen der Chaoszähmung schnell die Lust an der Sache. Sie lieben das Aufräumen als Aufgabe (ironischerweise also das Herstellen eines „richtigen“ Zustandes), aber sobald ihre Umgebung nach System riecht, gehen sie. Sie geben gute Firmengründer der ersten Stunde ab. Im Chaos ist der Mensch frei! Im Chaos zittern die richtigen Menschen! Im Chaos ist der natürliche Starke am stärksten. Das Chaos ist etwas Herausforderndes zum Bezwingen.

Zaunkönige unter den natürlichen Denkern können freie Rechtsanwälte, Berater oder Wohnungsmakler sein. Wir als Kunden suchen sie auf, erbitten höflich ihren Dienst (noch einmal: so herum ist es wichtig bei Zaunkönigen!) und erhalten eine Dienstleistung. Richtige Zaunkönige benutzen die Kenntnis des Kleingedruckten als Machtinstrument. Natürliche nutzen es zu ihrem taktischen Vorteil.

3.2.3 Die Richtungen der Seele und des Gefühls

3.2.3.1 Denken gegen Fühlen

Gefühlsorientierte Menschen richten ihr Leben mehr nach den sie umgebenden Menschen aus. Es geht ihnen um Liebe, Dankbarkeit, Hilfe, Unterstützung. Ich habe schon die maslowsche Bedürfnispyramide erwähnt. Ich glaube nicht, das Menschen erst Sicherheit und dann Geliebtsein anstreben. Ich meine: In einer Menschengemeinschaft wird *alles* gebraucht: Essen, Trinken, Fortpflanzung, Sicherheit, Ordnung, Hilfe, Liebe, Geborgenheit und dann auch Kunst, Wissenschaft, Vision, Zukunft, Technologie. In dieser Menschengemeinschaft fühlen sich nun verschiedene Menschen für die Produktion solcher Werte in verschiedener Priorität zuständig. Manche Menschen spezialisieren sich so auf das Kämpfen, auf die Kunst oder auch auf die Erziehung. Jeder nach seinen Prioritäten und Fähigkeiten. Deshalb lehne ich die Vorstellung ab, jeder Mensch habe eine gleiche Priorität der Bedürfnisse. Die Priorität der menschlichen Bedürfnisse in einer Menschengemeinschaft der heutigen Zeit ist nicht fix. Denn wir haben mindestens in den westlichen Industriestaaten genug zu Essen und genug Sicherheit und im Prinzip genug elterliches Potenzial, damit jeder geliebt würde. Wir leben ja nicht im Überlebenskampf, in dem wahrscheinlich ein Pyramidenkonzept von Bedürfnissen noch Sinn hätte. Unsere Grundbedürfnisse sind im Großen und Ganzen und im Prinzip relativ leicht zu befriedigen. Wir haben aber durch unsere Lebenshistorie und vielleicht auch aus unseren Genen heraus verschiedene Präferenzen. Wenn alles da wäre, was würden wir wählen? „Sicherheit oder Geliebtsein?" Das ist für jeden anders.

Wenn wir Gefühle anderen gegenüber haben, so arbeitet unser Gehirn in anderen Strukturen, als wenn wir das Beste erdenken. In der langen Einleitung über richtiges analytisches Denken habe ich schon einführend darüber gesprochen, dass Gehirnarbeit über Menschen notwendig anders organisiert sein muss als das Denken über Sachfragen.

Sachfragen werden in Strukturen, Regeln und Organisationen gelöst. Das Wissen ist wie ein Computer-Filesystem geordnet. Die Arbeitenden sind in Abteilungen und in Prozessen organisiert.

Eine Menschengemeinschaft in personeller – nicht sachlicher – Sicht hat eine Netzstruktur, in der jeder Einzelmensch Beziehungslinien zu anderen Einzelmenschen hat. Jeder einzelne Mensch hat also mehr oder weniger viele Beziehungen oder Nicht-Beziehungen. Gefühlsmenschen lösen ihre Probleme vor allem oder in erster Präferenz über ihr Beziehungsnetz oder sie sehen den Hauptschwerpunkt ihrer Aufmerksamkeit in dieser Richtung. Ihr Augenmerk gilt also in besonderem Maße dem Menschen. Gefühlsmenschen sorgen dafür, dass die Menschen in einer Problemlage miteinander klarkommen, dass sie sich einigen, vertragen, gut miteinander umgehen. Gefühlsmenschen fühlen sich für die Harmonie zwischen den Menschen verantwortlich. Die Denker glauben, Probleme systematisch durch Optimieren lösen zu können. Gefühlsmenschen dagegen sehen in allgemeiner Harmonie der Seelen und der Interessen den besten Weg zur Lösung. Denker lösen Probleme in der Sache und regeln Konflikte durch Interessenausgleich. Gefühlsmenschen lösen Probleme in den Menschen und ebnen Konflikte durch Rücksichtnahme, gegenseitiges Interesse am allseitigen Wohlergehen und durch die Pflege von Vertrauensverhältnissen.

Wer Sachprobleme per Optimierung lösen will, muss sich in der Sache auskennen. Die Denker sind sachzentriert und nennen sich selbst stolz *objektiv*. Eine Problemlösung ist für sie wie die optimale Lösung eines nüchternen mathematischen Programms. „Beziehungskisten" werden von Denkern meist abschätzig als „emotionaler Unsinn" abgetan. „Bitte lassen Sie uns nicht emotional werden. Persönliche Eitelkeiten und Empfindlichkeiten wollen wir hier nicht einfließen lassen. Die Probleme sind schon in der Sache schwierig genug. Wir wollen hier rein objektiv bleiben." Die Denker klammern die menschlichen Faktoren aus. Dann kann ein Problem rein durch Denken gelöst werden. Wenn es unbedingt sein muss, werden persönliche Faktoren durch Ausgleichszahlungen in irgendeiner Form als Zusatzerfordernis in das Sachproblem eingebracht. Denker reduzieren also Probleme schnell und effizient auf einen personenunabhängigen Sachkern. Sie fordern dafür insbesondere den Verzicht der Menschen auf das Grundbedürfnis *Geliebtsein*. Sachprobleme werden in der Bedürfnisebene *Sicherheit, Ordnung, Organisation, Nutzen* diskutiert und am besten nur dort.

Gefühlsmenschen wollen keine Lösungen, die „eiskalt" unter Ausklammerung des Menschlichen entstehen. Denker wollen das Emotionale oder Einzelmenschliche unbedingt ausklammern, weil dann bessere Lösungen herauskommen. Natürlich kann derjenige mehr Geld und Gut und Sicherheit erringen, der weniger

Bedingungen erfüllen muss. Wenn also die Bedingungen des Gefühls außen vor gelassen werden können, so gibt es viel mehr Möglichkeiten für eine Lösung. Also kommt der zu besseren Sachlösungen, der alles Emotionale beiseite lässt.

(Leider machen das die gefühlvollen Menschen oft nicht mit und verwerfen „unmenschliche“ Lösungen ganz.)

Wer Probleme auf der Beziehungsebene lösen will, muss „emotional intelligent“ sein, er muss die „soziale Kunst“ beherrschen und sich vor allem mit dem Menschen *an sich* auskennen und speziell mit den einzelnen Menschen, zwischen denen konkret Harmonie herrschen soll. Der Gefühlsansatz lässt sich auf die einzelmenschlichen Gefühle und Bedenken ein. Er nimmt bewusst in Kauf, dass viele Lösungen ausscheiden, wenn die Lösung „es möglichst jedem recht machen“ soll. Dafür ist niemand gekränkt, übergangen, übervorteilt, unberücksichtigt. In einer solchen Lösungsumgebung sind Menschen geliebt, nehmen dafür „weniger Geld“ in Kauf, sind motivierter und persönlich zufriedener. Sie beginnen, fruchtbar zusammenzuarbeiten anstatt herumzustreiten. Sie setzen sich nicht mehr auseinander, sie beginnen, sich zu vertrauen. Insgesamt – so sagen die Gefühlsmenschen – kommt bei einer „emotional intelligenten“ Lösung mehr heraus als in einer nüchternen Sachlösung.

Heute wird von den Denkern im Management immer angestrebt, optimale Sachlösungen zu finden, die den Wert des Unternehmens steigern – ohne Ansehen der Mitarbeiter und der Manager. Darüber hinaus appellieren alle Manager, die Mitarbeiter sollen vertrauen, helfen, beistehen, teamfähig sein. Das heißt: „Gebt auch noch alle Liebe! Aber Geliebtwerden ist zu teuer! Gebt also alle Liebe der Firma und spendet alles Herzblut und seid dankbar, dass ihr einen Arbeitsplatz habt. Diese temporäre Sicherheit, mindestens morgen noch Arbeit zu haben, entschädigt für alles. Und deshalb wollen wir auch alles.“

Das Denken ignoriert vor lauter Objektivität das Grundbedürfnis des Geliebtseins. Im Zustand des Geliebtseins aber arbeitet der Mensch – erfüllt von diesem Geliebtsein – gerne, im Team, zusammen, bereitwillig, harmonisch. In der Industrie dämmert langsam die Erkenntnis, dass der reine denkerische Verstand ohne Seele weniger Geld verdient als mit der Seele.

Leider sind wir noch nicht so weit, dass die Denker richtig verstünden, was denn Gefühl wäre. Es hat den Anschein, als ob die jetzige Unternehmenswertsteigerungswelle alle Seele herausoptimiert hätte. Nun sitzt der Verstand alleine da und spürt langsam den Verlust. Im Herzen *und* in der Bilanz.

Das Hauptproblem des Gefühlsmenschen liegt in seiner mangelnden wissenschaftlichen Zugänglichkeit. Für Computer sind Gefühle unberechenbar! Ich komme auf dieses unselige Reihenfolgeproblem in einem eigenen Kapitel zurück. Heute hat alles schlechte Karten, was nicht objektiv wissenschaftlich fassbar ist. Insbesondere sind das die Emotionen und die Seele.

Ich will sagen: Zwischen den Denkern und den Gefühlsmenschen zieht sich ein tiefer Graben. Der schon mehrfach erwähnte Test bei www.keirsey.com will auch feststellen, ob jemand mehr denk- oder gefühlsorientiert ist. Es zeigt sich bei diesem auf C. G. Jung zurückgehenden Test, dass etwa 65 % der westlichen Frauen gefühlsorientiert sind, aber knapp 70 % der Männer denkorientiert. Uns erscheint daher der

Gegensatz zwischen der Denkorientierung und der Gefühlsorientierung wie ein Gegensatz zwischen Mann und Frau. Das ist er nicht! (Ein wenig mehr dazu habe ich im Buch *E-Man* geschrieben.) Es gibt neuerdings auch Gehirnuntersuchungen, die Unterschiede zwischen Männer- und Frauengehirnen ausfindig machen wollen. Es ist heute sicher, dass der so genannte Balken im Gehirn, also die Verbindung zwischen der linken und der rechten Gehirnhälfte, bei Frauen statistisch gesehen stärker ausgebildet ist als beim Mann. Es gibt andere Charakteristika, bei denen männliche Homosexuelle statistisch ähnliche Merkmale aufweisen wie Frauen. Daraus schließen viele, dass Frauen anders als Männer seien. „Frauen denken mehr mit beiden Hirnhälften, weil die Verbindung zwischen ihnen so dick ist." Schade. Ich würde so gerne alle diese Untersuchten den Test von Keirsey machen lassen. Ist es vielleicht so, dass gerade die 65 % Gefühlsfrauen und die 30 % Gefühlsmänner den verdickten Balken aufweisen? Das könnte ich mir einfach gut vorstellen. Dann wäre nämlich das Fühlen auch in der Gehirnanatomie anders verankert als das reine Denken! Das habe ich jetzt aber ganz blank spekuliert. Einfach so, weil dann meine Gedanken hier ganz intuitiv bruchfrei erscheinen würden. Mir geht es persönlich gut, wenn ich das Vorstellungsbild des dicken Balkens im Gefühlsmenschen für wahr halte, bis jemand mir das Gegenteil nahe legt. Wenn nämlich Gefühlsmenschen, auch die unter den richtigen Menschen, für das Berechnen von Beziehungsnetzen und Biografielabyrinthen die rechte Gehirnhälfte hinzuziehen müssen, dann würde ein vager Begriff viel klarer, den wir oft benutzen: weibliche Intuition.

Wir würden verstehen, warum Frauen intuitiver erscheinen als Männer: Sie sind statistisch öfter Gefühlsmenschen und hätten statistisch mehr Zugriffe auf die rechte Gehirnhälfte.

3.2.3.2 Fühlen gegen Denken

Es gibt einen riesigen Bereich im menschlichen Leben, der sich nicht auf denkerische Sachfragen reduzieren lässt, so gerne die Denker es auch wollen, damit sie mit ihrer Methodik die Oberhand behalten. Dazu gehören insbesondere alle Fragen, bei denen im allgemeinsten Sinne „abgestimmt" wird oder werden muss. In einer Ehe, in einer Familie, in einer Demokratie zählt formal die Stimme des Einzelnen, der sie erheben kann und sie zur Durchsetzung seiner individuellen Interessen einsetzen soll. Wer in einer nicht hierarchischen Gemeinschaft herrschen will, muss somit in der Regel Mehrheiten hinter sich haben. Die Denker versuchen, so viele Entscheidungen wie möglich sachlich oder hierarchisch zu behandeln, in klaren Strukturen, wie sie sagen. Die Gefühlsmenschen aber ordnen die Welt durch Freundschaften, Beziehungen und Mehrheitenbeschaffung. Oft scheint es so, als würden die Denker mit Typisch-Mann-Methoden herrschen. Ist das so? Sehen wir nicht oft die Frau in der Familie herrschen? Denken Sie an *Mensch und Übermensch* von George Bernhard Shaw. Dort ist klar herausgeätzt, wer in der Familie der Übermensch ist! Gefühlsmenschen herrschen indirekt über die Beeinflussung von Meinungen und die genaue Kenntnis der *Stimmungs*lagen.

Viele Systeme sind heute durch die Denker zu stark einbetoniert in Vorschriften und Regeln. Die Spielräume werden immer enger, etwas zu entscheiden. Die Denker ertrinken in Lobbytum und Interessenkriegen. Jeder läuft mit Listen berechtigter Forderungen herum. Die Fronten zwischen Interessengruppen von Denkern werden starr und undurchlässig. Kleinste Fortschritte in der Politik erfordern monatelange, auch wahltaktische Abstimmung von partikulären Egoismen. Viele empfinden, dass das starre Denken in Interessen zum Stillstand durch Ersticken führt.

Es gibt aber noch Gefühlsmenschen, die genug Vertrauen genießen. Ihnen tut man aus Freundschaft zu Gefallen, was man anderen nur über die eigene Leiche gewährte. Gefühlsmenschen bringen Einigkeit in Zerstrittenheit und Zersplitterung. Sie harmonisieren divergierende Interessen und richten die Energie aus. Sie sorgen dafür, dass eine solide Mehrheit wieder in eine richtige Richtung zu marschieren beginnt. Oft macht in diesen Tagen das Wort die Runde, dass Frauen die besseren Manager seien, weil sie viel besser Gleichklang in die Systeme von Kampfhähnen bringen könnten. Man meint: Wir brauchen verzweifelt Gefühlsmenschen, die über denkerische prozessorale Strukturblockaden hinweg eine gewisse Einheit herstellen können. „Ich bin nicht zuständig." – „Dafür werde ich nicht bezahlt." So reden Denker, die sich in Abteilungen abgrenzen, die wie stadtmauerumzogen wirken. Gefühlsmenschen sagen: „Ich helfe dir. Hilf mir ein anderes Mal." Und viele von ihnen sagen nicht einmal den Nachsatz und helfen einfach so. Im Grunde geht es den Gefühlsmenschen dabei um die Harmonie zwischen den Parteien. Indirekt aber wirken sie damit mehr für das Ganze, während die Denker sich auf ihren Platz im System konzentrieren. Denker schaffen Organisationsstrukturen wie File-Systeme, wie Abteilungsstammbäume und grenzen alles gegeneinander ab. Jeder ist für einen Bereich verantwortlich und wird dort und nur dort im Erfolgssinne beurteilt. Das gefürchtete Lagerdenken nimmt hier den zwangsläufigen Anfang. Gefühlsmenschen denken in Beziehungsnetzen und „Communities" oder Gemeinschaften, die sie selbst aufbauen, unabhängig von den Strukturen der Denker.

Es sieht also so aus, als würden die Denker zwar faktisch meist die höchsten Positionen in Organisationen bekleiden; aber die wirkliche Macht an der Basis ist ganz anders verteilt. Da geht es um Menschen, Mehrheiten, Stimmungen, Harmonie und Wohlgefühl (im Gegensatz zu materiellem Wohlergehen).

3.2.3.3 Fühlweisen

Es gibt verschiedene Gefühlsmenschen, nämlich wieder richtige, wahre und natürliche.

Richtige Gefühlsmenschen verwalten eine Unmenge von Beziehungswissen in der linken Gehirnhälfte. Zu jeder Person kennen sie die ganze Biografie. Sie kennen alle Geschmacksrichtungen, Hobbys, Meinungen, Gefühle der Personen. Wirklich alles.

Sie haben ein neues Service, hast du es gemerkt? Rosenthal, sehr teuer. Aber nur sechs, weil sie dem einen Kind noch einen alten Teller hingestellt haben. Wir waren sieben. Wenn schon, würde ich zwölf kaufen oder bei sieben auf alte Teller zurückgreifen. Es war nicht

> alles gleich. Ihre Servietten sind immer todschick, sie haben aber nur zu den sechs Tellern gepasst. Sie haben neue Ringe dafür gekauft. Die Gardinen sind schäbig. Sie wollen das Parkett abschleifen. Weißt du, wohin sie in Urlaub fahren wollen? Nach Alaska. Aber die Freundschaft von Sandra geht wohl den Bach runter. Sie nimmt seit viereinhalb Monaten die Pille, aber es ist wohl nicht das Richtige. Der Freund raucht. Er verdient nicht viel, weil er sich *weiterbildet*. Der haut irgendwann ab. Oder es sind Flausen. Sie haben unsere Meike bei der Fahrradtour gesehen. Meike hat nicht gegrüßt. Was die alles sehen! Überall haben sie Augen. Meike hat eine Fünf in Bio fabriziert, wusstest du das? Ich haue ihr das um die Ohren. Na, sie waren stolz, dass sie es wussten und ich nicht. Sie sind schadenfroh, dass wir die Kinder nicht im Griff haben. Sie sollen aufpassen. Ich weiß, wer den Walnussbaum geplündert hat. Da kriegst du ganz schwarze Hände, da kaufe ich lieber ein Kilo beim Aldi. Weißt du, wen ich da getroffen habe? Die Herterichs. Ha, sie wollten rausschleichen, aber ich hab ja schon das Auto draußen gesehen. Ich kenne ja alle Autos. Sie waschen es kaum. Martha hat sie bei einer Probefahrt gesehen. In metallic. Diesel. Sie fahren gar nicht so viel, warum das?

Mit diesem Monolog wollte ich Ihnen ein wenig deutlich machen, wie komplex ein Wissensnetz dieser Form sein kann. Dieses Wissen ist nicht wirklich in Abteilungen geordnet wie das der Denker. Es besteht mehr aus Anekdoten, Erlebnissen oder Assoziationswolken. Es ist viel weniger strukturiert. Es kommt darauf an, den ganzen Kern einer Person, alle Gefühle von ihr und am besten noch deren gesamtes Seismografensystem zu kennen!

> Sprich sie heute nicht auf die Schwippschwiegermutter an, da ist der Teufel los. Die Alte hat eine Scheibe Jagdwurst oder Lyoner, was weiß ich, die im Sonderangebot jedenfalls, im Müll gefunden, sie war noch nicht ganz grün, nur silbrig, sie könnte noch aufs Schulbrot. Jetzt geht es seit einer Woche so, mit Bettelstab und Geld rausschmeißen. Sie will die Rente selbst verwalten. Die Verwandten kommen zu Besuch und bringen Geschenke. Das würde ich auch machen, aber wer will die denn dann nehmen. Sie streitet ja immer rum, völlig hysterisch. Klaus sagt, er hat manchmal Lust, ihr einen angebissenen Apfel auf den Rasen zu werfen, da kann sie sich wieder über Verschwendung aufgeilen, aber Klaus meint, sie würde sich vielleicht darüber freuen und den Rest essen.

So, jetzt zeigen Sie mir gleich die gelbe Karte, weil ich mich ein wenig in den Abgründen zu sielen begonnen habe. Ich bitte um Verzeihung: Ich möchte wirklich daran erinnern, wie irrsinnig viel biografisches Wissen verfügbar ist!

Ich muss mir das selbst immer konkret vorstellen. Ich bin ja stark intuitiv. Wenn ich etwa vom Besuch eines neuen Bekannten heimkomme, fragt meine Frau selten noch (sie kennt ja inzwischen die Antwort): „Wie sind sie eingerichtet?" Und ich sage: „Darauf habe ich nicht geachtet. Ich habe sofort gesehen, dass sie Zettels Traum im Regal haben. Ich habe ehrfürchtig drin geblättert." – „Haben wir doch auch!" – „Ja, aber nur das Fischer-Taschenbuch zu 58 €." Ich bin intuitiver Denker, wissen Sie? Meine Frau ist bestimmt manchmal betrübt, dass ich es fast sträflich versäume, eine Menge Beziehungswissen aufzutanken, wenn ich schon einmal mit den Leuten rede. Ich erzähle dann aber lieber begeistert von diesem Buch hier. Das ist im Sinne von Beziehungswissensernte eine Katastrophenstrategie. Ich erfahre ja nichts. Es ist besser, Mein-Kind-hat-dein-Kind-hat-Gespräche anzufangen, da lernt man den Menschen wirklich kennen. Man piesackt andere Menschen ein wenig mit ihrem schlechten Dach, ihrer Glatze oder ungestrichenen Fenstern und dann sprudelt die Informationsquelle. Am besten ist das Schimpfen auf einen gemeinsamen

Feind, etwa die Schuldirektorin oder die abgelaufenen Joghurts beim Tengelmann. Die Denker nennen solches Gerede „Kaffeeklatsch“, aber es ist in Wirklichkeit die Informationsbörse von Beziehungswissen. Denker stellen sich damit dumm an. Sie gehen entweder gar nicht hin oder sie schweigen verzweifelt beim Kaffeeklatsch (damit nutzen sie die Zeit überhaupt nicht!) oder, noch schlimmer, sie zerstören die ganze Veranstaltung durch das dominante Diskutieren von Sachthemen, die kein Beziehungswissen hergeben. Dann verschwinden die Gefühlsmenschen in die Küche oder in den Flur und isolieren den Denker, der dann im Auto heimwärts hört: „Musst du gelehrten Unsinn auftischen? Was soll das? Keinen interessiert es! *Keinen*!“ – „Aber sie haben doch alle begeistert zugehört!“ – „Weil sie mussten!“ Der Denker hat gespürt, dass sein Thema interessiert aufgenommen wurde. Er fühlt sich von dieser Kritik verletzt. Es geht aber nicht um das *Thema*, sondern darum, dass er das Beziehungswissentreffen „geschrottet“ hat. Normalerweise verstehen diesen Sachverhalt *beide* dort im Auto nicht, die da streiten. Und deshalb streiten sie ein Leben lang darüber, was interessant ist und was nicht. Dabei ging es immer um Herrschaft! Geburtstagsfeiern, Hochzeiten, Beerdigungen sind in hohem Ausmaß Beziehungswissentreffen der *richtigen* Gefühlsorientierten.

Die wahren Gefühlsmenschen diskutieren dagegen ihre Ideen. Sie wollen andere von ihren Ideen begeistern oder sich von Ideen anderer anstecken lassen. („Du, Martha war sehr beeindruckt von unserem Asylkreis. Sie denkt darüber nach, ob sie auch mitmachen will. Ich spreche mal mit allen. Ich denke, wir sollten ihr einzeln Mut machen. Das war ein toller Abend, wenn das klappt. Ich mag Martha.“) Es geht weniger um Beziehungswissen als um das Gleichgewicht der Ideen rund um den Menschen. Die wahren Gefühlsmenschen beschäftigen sich mit Facetten der Idee des guten Menschen. Jede Teilidee des Guten hat Anziehungskräfte oder Kraftfelder um sich herum. Mathematiker sprechen von Attraktorengebieten. Große Ideen ziehen von weitem in ihren Bann, können aber von der abstrakten Ferne her nicht zu viel Energie bündeln. Kleine Ideen sind nahe! Der Mensch kämpft also nicht mit ganzem Herzblut für das Gute an sich. Es schwebt wie die wärmende Sonne ganz oben. Das Gute an sich hat als Idee ungeheure Kraft. Aber wir selbst sind als Einzelmenschen nur ein kleines Licht dagegen. Die kleinen Ideen sind hier in unserer Nähe und müssen wie Kerzen gepflegt werden, damit sie weiter leuchten. Sie brauchen uns selbst. Wahre Gefühlsmenschen arbeiten für diese kleinen Ideen in lokalen Friedensinitiativen, Bibelkreisen, Krötenrettungsteams, Bach-Chören oder als Todfeinde der Umgehungsstraße. Dort atmen sie gemeinsam unter einer Idee, unter *ihrer* Idee. Sie sorgen dafür, dass sie leuchtet. In der Nähe ihrer kleineren Idee, die sie zum Leuchten bringen, fühlen sich die wahren Menschen gebraucht, also voller Einfluss. Nur wenige wahre Menschen haben so viel eigene Leuchtkraft, dass sie eine große Idee des Guten verstärken könnten. Wir sind normalerweise nicht Mutter Theresa, Albert Schweitzer, Gandhi oder Martin Luther King. Deshalb geben die wahren Menschen ihr Herzblut am besten an eine größtmögliche Idee, die sie selbst noch merkbar verstärken können. In der Hingabe an diese finden sie Sinn und Erfüllung oder Selbstverwirklichung.

Natürliche Gefühlsmenschen bilden Mittelpunkte gemeinsamen Erlebens. Tanzen, trinken, miteinander etwas unternehmen! Während die richtigen Gefühlsmenschen bei den Feiern an den Tischen bei Wein die Beziehungen pflegen, tun das die natürlichen Gefühlsmenschen auf der Tanzfläche und an der Bar. Sie drehen die Lautsprecher auf, damit nicht zu viel geredet werden muss. Es geht schließlich beim Feiern nicht um reden! Es geht um das natürliche Gefühl, das mehr im Körper verhaftet ist. Kennen lernen ist hier „miteinander getanzt haben". Natürliche Menschen verströmen natürliche Gefühle. „It's a party. I can lose control." So singt Madonna – haben Sie diesen Hit noch im Ohr? Madonna ist ein natürlicher Mensch.

3.2.3.4 Moral, Sitte, Gleichheit und Tugend

Gefühlsmenschen stellen also Harmonie in der Gemeinschaft her. Die richtigen Gefühlsmenschen ordnen die Beziehungen durch Einflussnahme, Rücksichtnahme und Höflichkeit. Sie predigen Tugenden und Moral. Sie versuchen, allen Menschen dadurch den unharmonischen Zahn zu ziehen. Die Leithirsche sollen Großmut und Großherzigkeit üben, die Jäger sollen Bescheidenheit üben, die Zaunkönige sich freuen, dass sie sanftmütig sind. Burgenbauer sollen weicher und verzeihender werden. Durch die Forderung nach Tugend wird alles in Watte gepackt, so dass die Menschen sich weniger gegenseitig anstoßen oder aneinander Anstoß nehmen. (Die Denker sprechen auch von Tugend, meinen aber damit mehr Tapferkeit oder Gerechtigkeit! Wenn Gefühlsmenschen von Tugend reden, meinen sie diese eher nicht. Sie stehen ja für Aussagen zu Mut, Tüchtigkeit und Interessenausgleich, sind also Denkervokabeln).

Ich gebe hier nochmals ein Zitat Schopenhauers vom Anfang des Buches wieder: „… das Prinzip, der Grundsatz, über dessen Inhalt alle Ethiker eigentlich einig sind: neminem laede, immo omnes, quantum potes, juva – das ist eigentlich der Satz, welchen zu begründen alle Sittenlehrer sich abmühen … das eigentliche Fundament der Ethik, welches man wie den Stein der Weisen seit Jahrtausenden sucht."

Ich glaube, dass der Stein der Weisen *offen daliegt*. „Verletze niemanden und hilf mit allen Kräften!" Dieser Satz lässt sich eben überhaupt nicht begründen. Gar nicht! Dieser Satz ist der heilige Grundstein des *richtigen Gefühls*menschen, Unterabteilung Burgenbauer (Elefant). Mehr nicht. Für solche Menschen ist er das Lebensgrundgebot. Für alle anderen Menschen, die nicht Gefühlsmenschen sind, ist dieser Satz *keine* Kernaussage ihres Daseins. Andere Menschen setzen sich zum Beispiel mit allen Kräften durch! Andere werden Einsiedler und helfen niemandem! Andere sind Grundlagenforscher, denen niemand helfen kann! Wieder andere Unternehmer oder Abenteurer. Die Moraltheoretiker wollen den Satz „neminem laede, immo omnes, quantum potes, juva" natürlich allgemein verbindlich begründen, weil sie damit das Herrschaftsprinzip ihrer eigenen Menschenart zum Allgemeinsymbol erheben könnten. Die Moraltheoretiker erstreben also quasi die Weltherrschaft. Das ist ihnen auch nach Schopenhauer bis heute nicht gelungen und wird nicht gelingen, weil es eben viele Arten von Menschen gibt. Und Moral taugt sicher weniger zur Weltherrschaft als vielleicht „the fittest will survive".

Die richtigen Gefühlsmenschen predigen also Moral, das Helfen, die Höflichkeit. Sie stellen unentwegt fest, dass alle Menschen gleich und gleichwertig sind, soweit sie nur moralisch sind. Die noch nicht moralischen müssen erst zur Tugend geführt werden. Der Grundsatz der Gleichheit stellt sich als Kampfparole gegen die Denker, die im Wesentlichen Ungleichheit nach Tüchtigkeit vertreten. Heute reden Denker von „leistungsgerechter Bezahlung“ oder „hilf dir selbst, dann hilft dir Gott“. Die richtigen Gefühlsmenschen sehen Erfolgsrechnungen im Leben als zweitrangig an. Der Wert des Menschen als Tugendportfolio ist die erste und vornehmste Kennzahl.

Mit der Forderung nach sittlichem Benehmen dämmen die richtigen Gefühlsmenschen die Denker ein. Sie verlangen gleichzeitig, dass der natürliche Mensch oder überhaupt jeder Mensch sein Seismografensystem so umschult, dass nichts Unmoralisches mehr geschehen kann.

Sie sehen hier sehr schön, auf welchen verschiedenen Ebenen die Tugenddiskussion geführt wird. Jede Menschenart benutzt den Begriff Tugend, benutzt ihn aber nur im Hinblick auf das eigene Selbstverständnis. Das gilt für sehr viele andere Begriffe auch.

Leithirsche unter den richtigen Gefühlsmenschen fordern Moral und Tugend ein. Sie wirken wie eine energische Mutter, die treu sorgend für die Kinder dieselben zu anständigen Menschen formt. Sie bewahren Formen und Traditionen, organisieren würdige Feiern und kennen alle Geburtstage und Beziehungsdaten. Sie managen Beziehungen, Familien und Teams. Sie sind Vorsitzende von Kirchengremien oder von Ortsvereinen des Roten Kreuzes etc. Ähnlich wie die Denker unterdrücken sie gnadenlos unpassende Seismografenausschläge in sich selbst und in allen anderen. („Schäme dich!“) Sittlichkeit ist eben auch ein System.

Die *Füchse* oder *Beutesucher* engagieren sich in Zirkeln und Arbeitsgruppen, sie übernehmen helfende Aufgaben überall. Ihnen geht es um Dank, der die Beute darstellt, oder um Achtung für ihre engagierte Arbeit. „Ich organisiere den Elternabend!“ – „Ich begleite die Schüler auf der Klassenreise nach Ungarn!“

Die *Zaunkönige* helfen auf eine Bitte hin gern. Sie übernehmen die stillen Aufgaben. Sie gießen die Blumen in der Kirche und servieren den Sekt beim Empfang des Bürgermeisters. Sie wirken verbindlich und lieb. Sie besorgen Geschenke, die genau zum Beschenkten passen. Alles ist angemessen.

Die *Burgenbauer* wissen genau, was Moral ist. Sie achten auf die Strenge und das wirklich Richtige. Während die Leithirsche die Tradition organisieren, bewahren die Burgenbauer Traditionen in Reinheit. „Einer schmückt den Tannenbaum, während der andere genau weiß, wie er geschmückt werden muss.“

3.2.3.5 Ethik und reine Liebe

Die wahren Gefühlsmenschen stellen ihr Leben in Beziehung zu einer Idee des Guten im Menschen. Sie sind von allen Menschen die letzten, die Menschen als umzuerziehende wilde Tiere betrachten würden. Menschen sind prinzipiell gut und müssen gepflegt werden, damit sie zur Blüte gelangen und Früchte tragen. Wahre Gefühlsmenschen dehnen diese Liebe zu dem Wachsenden meist auf Tiere und Pflanzen aus. Viele sind deshalb Vegetarier, viele ernähren sich ökologisch.

Wahre Gefühlsmenschen sind oft Ärzte, Psychologen, Soziologen, Mönche, Nonnen. Sie widmen ihr Leben dem wachsenden Guten im Menschen. Sie sind Heiler, Seelentröster, Therapeuten, oft Lehrer, Unternehmenstrainer.

(Ich interviewe schon seit langer Zeit Studenten aller Fachrichtungen für die Begabtenförderung. Medizinstudenten lassen sich zum Beispiel fast trennscharf in verschiedene Kategorien einteilen: Forscher wie intuitive Denker; patientenzentrierte Heiler wie intuitive Gefühlsmenschen; Chirurgen wie zupackende, trainierte natürlich-körperliche Menschen; Techie-Ärzte wie intuitive Innovatoren. Lehrer sind oft richtige Denker oder richtige Moralisten auf der einen Seite und oft die hier behandelten wahren Gefühlsmenschen. Ein Lehrer erzieht zur Ordnung oder er liebt das Erblühen, je nachdem. Die Menschen, die das Verstehen verehren, die intuitiven Denker, gehen anscheinend lieber zur Universität, nicht in die Schule zurück.)

Wahre Gefühlsmenschen *sind* ethisch. Richtige Gefühlsmenschen übernehmen eine Rolle zur Befestigung der Moral. Wahre Gefühlsmenschen sind wohl die authentischsten Menschen. Sie *sind.* Sie spielen nie nur eine Rolle. Richtige Menschen sagen dagegen: „Ich will eine (wichtige) Rolle spielen." Wahre Menschen *sind.* Um diesen Unterschied geht es in den Werken von Erich Fromm, der etwa die Welt des Seins und die Welt des Habens studiert. Das Richtige tendiert zum Haben, das Wahre zum Sein im Sinne Fromms. Erich Fromm *ist.* Und er wettert ganz besonders gegen das neuzeitliche Aufkommen des von ihm so genannten „Marketingmenschen", der nur *scheinen* will. Dieser Marketingmensch ist das Gegenteil des intuitiven Gefühlsmenschen – er ist ein Rollenüberperfektionierer.

Leithirsche unter den Gefühlsmenschen setzen ihre Ideen um (Gandhi). Sie sind Speerspitze von Bewegungen.

Beutesucher unter den wahren Gefühlsmenschen begeistern die Umgebung mit dem Funkensprühen wechselnder Ideen. Sie engagieren sich vielfältig und an vielen Stellen. Überall bringen sie Schwung, Energie und Passion hinein.

Zaunkönige wirken still im Hintergrund und helfen überall den Schwachen. Sie trauern mit den Verlorenen. Sie sind schweigsame Helfer des Guten in jeder Form. Angelehnt an eine Bibelformulierung fällt mir ein: „Sie nehmen hinweg das Böse vom Mensch." Da sie es still tun, wird ihnen nicht oft gedankt. Das würden sie brauchen, denn das hinweggenommene Böse ist oft noch eine Weile in ihnen selbst, weil sie es eben „hineingenommen" haben. Es ist schwer, selbst glücklich zu sein, wenn man immerfort das Böse für andere verdaut.

Burgenbauer sind die Ideen und verstehen wahrhaft (Buddha). Sie helfen den anderen Menschen sanft und beharrlich dabei, zu der Idee zu kommen. Sie reden nicht viel von sich, nur von ihrer Idee. Sie wirken dadurch als Menschen fern. Sie *sind* aber die Idee. Und die Idee ist der Mensch.

3.2.3.6 Freundschaft, Kameradschaft und Menschen im Verein

Natürliche Gefühlsmenschen sind die wärmsten Freunde, die durch das sprichwörtliche Dick und Dünn gehen. „Mein Haus ist auch dein Haus." Sie sind spontane Gastgeber („Nimm dir was aus dem Kühlschrank!") und ideale Menschen, um

Erlebnisse zu teilen. Gemeinsam erleben: Wandern, Fußball, Gesellschaftsspiele, Vereinsabende, Turniere, Wettkämpfe, lautes Grillen im Garten. Sie sind große Spielkameraden, die einander alle brauchen.

Sie sind die *Seelen* der Stammtische und Wandertage, sie organisieren Erlebnisse für Unternehmensabteilungen (also nicht gerade einen Opernbesuch, mehr Go-Cart-Rennen oder Kegelabende). Sie sind die Seelen, sagte ich. Nicht die „Vereinsmeier“, die Hierarchien diskutieren und Anwesenheitspflichten fordern. Sie geben den anderen Menschen Freude (nicht Hilfe, nicht Ratschläge). Sie singen bei der Arbeit, beim „Schaffen“. Natürliche Gefühlsmenschen sind eine „Seele von Mensch“. Es ist ihr Gemüt, ihr Charme, ihre freudige Ausstrahlung, die die anderen Menschen erhellt.

Leithirsche unter ihnen sind wie die Spielführer der Mannschaft, also Menschen, die eben natürlich führen.

Beutesucher unter ihnen haben unglaublich viele Bekannte; sie sind jedermanns Freund. Sie erbeuten Freude.

Zaunkönige sitzen als stille Genießer dabei, pflegen auch ihren Garten und haben Haustiere. Ihre Freude ist mehr zurückgezogen.

Burgenbauer empfangen ihre Freunde eher zu Hause. Mir fällt nicht so viel zur Charakterisierung ein. Spontan habe ich ein Bild vor mir wie: Treues Graugansehepaar.

3.2.4 Die Richtungen der sinnlichen Wahrnehmung

3.2.4.1 Sichtweisen

Die Wissenschaft von der sinnlichen Wahrnehmung heißt Ästhetik. Sie beschäftigt sich, würde Platon sagen, mit der Idee des Schönen. Andersherum sagt Kant in der *Kritik der Urteilskraft*: „Man kann überhaupt Schönheit (sie mag Natur- oder Kunstschönheit sein) den Ausdruck ästhetischer Ideen nennen: …“

Es gibt wieder, wie bei Gefühl und Denken, die verschiedenen Arten, die Schönheit zu sehen: Die richtige, die wahre und die natürliche Art. Ich will Sie hier nicht mit den immer gleichen Ideen langweilen, ich bleibe so kurz wie möglich. Im Grunde müssen wir wieder bei Platon und bei Aristoteles hineinschauen und dann sehen wir aufs Neue die gleiche analoge Verschiedenartigkeit, das Schöne zu betrachten.

Erstaunlicherweise stellt sich den Philosophen gerade bei der Kunst nicht nur die Frage, was denn Kunst wäre. Sie diskutieren hier zusätzlich ganz ausgiebig, woher sie kommt. Ganz neue Kunst erscheint wie vom Himmel geschenkt! Ich zitierte ja schon Platon, der sich vorstellte, Kunst sei Eingebung in Verzückte.

Platon hielt künstlerische Darstellungen für problematisch. Ein Bild, eine Nachahmung, also die Mimesis von einer einzelnen Erscheinung gibt seiner Meinung nach die Idee hinter ihr nicht wieder oder bleibt hinter der Idee zurück. Kunst kann allenfalls einen Appell bewirken, von Anschauen der Idee auch zum Denken der Idee selbst zu gelangen. Kunst führt also zum Denken. Der späte Platon sah Kunst auch als Maßgebung für das Schöne. Ein Kunstwerk zeige das idealtypische Eine im Vergleich zur Vielheit, es verbinde das dargestellte Eine zur Vielheit.

Aristoteles betont in seiner *Metaphysik* dagegen: „Die wichtigsten Kennzeichen des Schönen sind Ordnung, Gleichmaß und sichere Begrenzung, und dies gerade zeigen die mathematischen Wissenschaften vor anderen auf. Und da diese Eigenschaften, ich meine zum Beispiel Ordnung und sichere Begrenzung, die Gründe für viele weitere Erscheinungen darstellen, so behandeln die mathematischen Wissenschaften offenbar auch diesen so gearteten Grund, der in gewisser Weise ebenso gut Grund ist wie das Schöne selbst es ist." Aristoteles stellte an die Kunst (téchnê) das Nachahmungspostulat und das Vervollständigungspostulat. Kunstfertigkeit und Beherrschung von Regeln helfen bei der Aufgabe, das von der Natur unvollendet Gelassene zu vervollständigen.

Ars imitatur naturam. So sagt Thomas von Aquin. Die Kunst ahmt die Natur nach. Ars est recta ratio factiblium. Kunst ist das richtige Wissen, es umzusetzen. Leonardo meint: Diejenige Malerei ist am lobenswertesten, welche mit dem Nachgeahmten am meisten übereinstimmt.

Da sind sie also wieder, die wahre Sicht der Ideen und die richtige Sicht der Ordnung und des Maßes! Die einen drücken eine Idee aus, auch als Expression eines Künstlers, die anderen perfektionieren die naturgetreue Nachahmung.

Gibt es eine natürliche Sicht von Kunst? Sie fände wohl, Kunst diene der Freude. Und sie fände naturgetreue Darstellungen von nicht zu schlanken Frauen zulässig? Schön sei, so Kant, was „ohne alle Interesse" angeschaut schön sei. Die Philosophen lassen keinen Zweifel aufkommen, dass Kunst zur Freude zweifelhaft sei. Heute sagen wir Pop dazu, lassen Pop nicht wirklich als Kunst gelten, genießen ihn aber. Die wahre Kunst in den Museen verstehen wir meistens nicht mehr richtig, oder? Es gibt also viele Facetten der Frage, was schön sei. Ich will hier nur sagen: Wir finden wieder die typische Teilung der Kunstsichten der Analytiker, der Intuitiven und der Körperspürenden.

In der Einleitung habe ich schon zaghaft vorgeschlagen, vielleicht neben Geist und Seele noch ein Organ als Vorstellungsbild in unserem Körper zu definieren: den Schönheitssinn. Er müsste einen schönen Namen bekommen, wie „Seele" für das Gefühlsheilige. Artima vielleicht – neben anima und animus? Oder Animago als Kreuzung zwischen anima und imago? Artima für den Sinn der Schönheit, den ich selbst im Subjekt sitzen habe? Animago für die Schönheit, die im schönen Objekt unabhängig vom betrachtenden Subjekt sitzt?

Wie auch immer: Das sagt Plotin in seinen *Enneaden* (von ennea wie griechisch neun), die zwischen 254 bis 270 n. Chr. entstanden:

> Die Schönheit wird aber erkannt durch ein besonderes dazu bestimmtes Vermögen, welches vollkommen befähigt ist in seinem Bereiche zu urtheilen, sobald die übrige Seele seinem Urtheile beipflichtet. Vielleicht aber entscheidet auch die Seele selbst darüber, indem sie den wahrgenommenen Gegenstand nach der ihr innewohnenden Idee bemisst, deren sie sich bei der Beurtheilung bedient, …

Sehen Sie? Er sucht auch nach einem Ort, wo in uns die Idee des Schönen wohnt. Sie wohnt neben der Idee des Wahren und der Idee des Guten, da irgendwo, aber sie ist wirklich eine *eigene* Idee.

Während die Idee des Guten und die des Wahren immer schon durch viel Sinnen und Denken langsam heller und heller in uns werden, so entsteht das Schöne, die Kunst, mehr revolutionär, plötzlich, wie eine Eingebung. Viele Menschen, die sich die denkerische oder die fühlende Intuition nicht richtig vorstellen können, finden aber doch, dass Künstler intuitiv wären. Ihnen werde das Kreative in den Schoß gelegt, wie eine Gnade geschenkt, es falle ihnen zu, sie seien naturbegabt. Wie durch Zauberei entstehen die wahren Kunstwerke! Die Idee überfällt den Künstler!

Diejenigen, die Kunst für eine geregelte Tätigkeit halten, die sich an Grundsätze, Leitlinien oder Techniken orientiert, drucksen etwas herum: Woher kommen denn die Regeln, nach denen Kunst entsteht und nach denen wir sie beurteilen können? Antwort: Die Regeln entstehen zusammen mit den maßgebenden Kunstwerken, aus Intuition. Wenn Maßgebendes entsteht, dann bilden sich nach ihm die Gesetze der Kunst heraus.

In seiner „*Kritik der Urteilskraft*“sagt Kant: „Genie ist das Talent (Naturgabe), welches der Kunst die Regel gibt. Da das Talent, als angebornes produktives Vermögen des Künstlers, selbst zur Natur gehört, so könnte man sich auch so ausdrücken: Genie ist die angeborne Gemütsanlage (ingenium), durch welche die Natur der Kunst die Regel gibt.“

Das Intuitive wird als Phänomen nie wirklich diskutiert. „Kunst? Angeboren.“ Das Problem wird an einen Platz geschoben, an dem kein Weiterdenken mehr geht. Ich gebe Ihnen jetzt noch ein gutes Stück Kant zu lesen, wie er das Genie definiert. Es ist ein Wesen, das etwas erschaffen kann, ohne Regeln vorher dafür gehabt zu haben. Es kann nicht darüber sprechen, wie die Idee über es kam. (Das sage ich ja das ganze Buch über! Das neuronale Netz „rechts“ ist im wesentlichen eine Black Box, die zwar die Ideen liefert, aber nicht deren Entstehungsgeschichte!) Und am Schluss vermerkt Kant, dass sich Genie *nur* in der Kunst zeige, und da auch nur in der schönen. Zur Wissenschaft brauche man Genie nicht. Wissenschaft ist ja Denken! Aber Kunst? Das muss Genie sein.

Sie sehen, dass das Intuitive bis auf den heutigen Tag mit der Kunst verwoben bleibt. Na gut, und Einstein ist ein Genie. Im Grunde will sich niemand mit Intuition befassen, weil sie originär wortlos bleibt, wenn sie logisch werden soll.

Also – jetzt Kant (*Kritik der Urteilskraft*): „Was es auch mit dieser Definition für eine Bewandtnis habe, und ob sie bloß willkürlich, oder dem Begriffe, welchen man mit dem Worte Genie zu verbinden gewohnt ist, angemessen sei, oder nicht (welches in dem folgenden § erörtert werden soll): so kann man doch schon zum voraus beweisen, daß, nach der hier angenommenen Bedeutung des Worts, schöne Künste notwendig als Künste des Genies betrachtet werden müssen.

Denn eine jede Kunst setzt Regeln voraus, durch deren Grundlegung allererst ein Produkt, wenn es künstlich heißen soll, als möglich vorgestellt wird. Der Begriff der schönen Kunst aber verstattet nicht, daß das Urteil über die Schönheit ihres Produkts von irgend einer Regel abgeleitet werde, die einen Begriff zum Bestimmungsgrunde habe, mithin einen Begriff von der Art, wie es möglich sei, zum Grunde lege. Also kann die schöne Kunst sich selbst nicht die Regel ausdenken, nach der sie ihr Produkt zu Stande bringen soll. Da nun gleichwohl ohne vorhergehende Regel ein Produkt niemals Kunst heißen kann, so muß die Natur im Subjekte (und durch die Stimmung der Vermögen desselben) der Kunst die Regel geben, d. i. die schöne Kunst ist nur als Produkt des Genies möglich.

Man sieht hieraus, daß Genie 1) ein Talent sei, dasjenige, wozu sich keine bestimmte Regel geben läßt, hervorzubringen: nicht Geschicklichkeitsanlage zu dem, was nach irgend einer Regel gelernt werden kann; folglich daß Originalität seine erste Eigenschaft sein müsse. 2) Daß, da es auch originalen Unsinn geben kann, seine Produkte zugleich Muster, d. i. exemplarisch sein müssen; mithin, selbst nicht durch Nachahmung entsprungen, anderen doch dazu, d. i. zum Richtmaße oder Regel der Beurteilung, dienen müssen. 3) Daß es, wie es sein Produkt zu Stande bringe, selbst nicht beschreiben, oder wissenschaftlich anzeigen könne, sondern daß es als Natur die Regel gebe; und daher der Urheber eines Produkts, welches er seinem Genie verdankt, selbst nicht weiß, wie sich in ihm die Ideen dazu herbei finden, auch es nicht in seiner Gewalt hat, dergleichen nach Belieben oder planmäßig auszudenken, und anderen in solchen Vorschriften mitzuteilen, die sie in Stand setzen, gleichmäßige Produkte hervorzubringen. (Daher denn auch vermutlich das Wort Genie von genius, dem eigentümlichen einem Menschen bei der Geburt mitgegebenen schützenden und leitenden Geist, von dessen Eingebung jene originale Ideen herrührten, abgeleitet ist.) 4) Daß die Natur durch das Genie nicht der Wissenschaft, sondern der Kunst die Regel vorschreibe; und auch dieses nur, in sofern diese letztere schöne Kunst sein soll."

Ich komme auf diese Gedanken zu Genies und den Ideen wieder zurück.

3.2.4.2 Geschmack, Aussehen, Form, Design, Ebenmaß

Der richtige Mensch versteht unter dem Schönen das Richtige. Das sieht gut aus, ist geschmackvoll, vollendet geformt. Er findet Symmetrien sehr wichtig, die Perspektive muss stimmen. Die Farben müssen zusammenpassen. Der richtige Mensch redet wie Aristoteles über das Schöne. Es ist gleichmäßig, ebenmäßig und hat eine verständliche Form. Kreise und Quadrate sind schön. Alles Achsensymmetrische ist schön, besonders bei Frauen, die am liebsten alle so seitengleich aussehen wollen wie Naomi Campbell. Ich glaube, Cindy Crawford, die oft als Schönste an sich gehandelt wurde, hatte einmal einen Leberfleck auf einer Gesichtsseite. Der ist, glaube ich, weg. Dann ist alles völlig symmetrisch. Hexen haben immer Warzen, damit sie unsymmetrisch wirken. Es gibt zahllose Studien, was denn Kriterien des guten Geschmacks wären. Die richtigen Menschen müssen logische Kriterien haben. Ich wundere mich immer über Geschmacksurteile der Form Modediktat: „In diesem Jahr trägt man Nattergrün zu Fanta-Mango." Ich sollte oft rote Jacketts kaufen oder allerlei schrille Krawatten, weil das jetzt so getragen wird. Was Mode ist, ist zum Beispiel automatisch geschmackvoll. Was von Armani oder Gucci stammt, ist geschmackvoll. Was von Versace oder Gaultier erzeugt wird, ist seltsam am *richtigen* Geschmack vorbei. Es ist etwas für *natürliche* Menschen, nicht wahr? Die richtigen Menschen finden es schön, wenn dezente, sofort sichtbare Markenzeichen an den Anzügen prangen. Wenn dort BOSS, Joop! oder Betty Barclay aus Nussloch hier bei Heidelberg zu lesen ist, steigt die Kleidung mehr oder weniger sprunghaft im

Wert. Vor zwanzig Jahren haben wir das einmal einen ganzen Abend mit russischen Gastwissenschaftlern diskutiert. Sie wollten sich selbstständig machen und an Pullover grüne Krokodile annähen, die damals alle Waren im Ansehen verdoppeln. Lacoste, was wolle. Ich habe neulich im richtigen Geschäftsleben einen Manager gesehen, der am linken schwarzen Anzugärmel noch das schwarz-weiße, fünf mal zwei Zentimeter große Aufnähetikett trug: „Rosner". Da passt alles zusammen. Die Markenhersteller wissen sehr genau, was eine Marke wert ist. Die Marke ist der Orientierungsrahmen für den richtigen Menschen. Er weiß bei Marken, dass er das Beste kauft, dass es per definitionem geschmackvoll ist, weil alle es kaufen. Es gibt gerade heute eine Werbung der Art: „Wenn ich Iglo-Spinat esse, habe ich das wundervolle Gefühl, alles richtig gemacht zu haben." Sehen Sie? Dem richtigen Menschen kommt es nicht so sehr auf den Geschmack an, wenn er das Geschmackvolle sucht. Spinat muss *richtig* sein. „Dieser Spinat ist der meistgekaufte. Alle mögen ihn. Er wird gerne genommen." Der richtige Deutsche würde noch am liebsten dies hören: „Dieser Spinat ist der Mercedes unter den Spinaten." Ein Mercedes verkörpert das Richtige schlechthin. „Oh Lord, would you buy me a Mercedes-Benz?" So sang einst Janis Joplin. Hören Sie, wie ein wahrer Mensch über die richtigen denkt? Die natürlichen Menschen jagen lieber motoraufbrausend im Porsche herum. Die wahren Menschen sagen: „Das ist doch nicht wahr!" Die Richtigen schimpfen: „Du bist doch nicht richtig!"

Es gibt in neuerer Zeit einen ungehemmten Trend zum Visuellen. Das Fernsehen hält den Durchschnittsmenschen stundenlang am Tag gefangen und die Überdurchschnittsmenschen surfen seit einiger Zeit im Internet. Sie alle *sehen*. Musik ist per Fernsehen und Internet dabei, ebenfalls immer stärker sich visuell zu präsentieren. Die Interpreten der Musik müssen gut aussehen! Ohne Aussehen und notfalls zweimal 250 g Silikon fällt die Musik formhalber durch. Sie ist nicht mehr vermarktbar. Die Stars bauen sich wie eine eigene visuelle Marke auf, sie werden zum Markenzeichen. Sie sind „perfekt". Die Musikgruppen werden nach Zielmärkten zusammengestellt. Die Form wird wesentlich!

Im Management sind schöne Vortragsfolien verpflichtend. Mediziner tragen mit Dias vor, mit wunderschönen Fotos oder zum Beispiel Shows von Studiodigitalbildern von Zahnstummelnahaufnahmen-vorher-Implantatschrauben-nachher. Es kommt immer auf die geschmackvolle Form an. Je mehr diese Entwicklung anhält, umso lauter zürnen mindestens die wahren Menschen, dass Form niemals mehr als der Inhalt gelten dürfe.

Aber unsere Kinder siechen schon psychisch dahin, wenn sie nicht mit den richtigen Bekleidungsmarken in die Schule gehen dürfen. Die richtige Form wird ausschlaggebend, die Marken definieren das Maß.

Ich verschärfe alles Gesagte zu einem mir wichtigen Punkt: Ein richtiger Mensch, der es sich zur Lebensstrategie machen würde, alles Hässliche aus dem Leben zu treiben, könnte nur mit dieser einen Strategie gut leben. Es ist klar, dass die richtigen Denker, die immer alles unter der Richtig-falsch-Perspektive beurteilen, große Chancen als Führungskräfte besitzen. Sie sind die Gerechten. Die richtigen Gefühlsmenschen setzen die Gut-böse-Brille auf und traktieren andere Menschen mit Moralgrundsätzen. Die richtigen Geschmacksmenschen aber weisen immer darauf hin: „Das sieht nicht gut aus. Das passt nicht zusammen. Die Farben sind hässlich. Der Vortrag war nicht gut gestaltet. Der Prospekt sieht hässlich aus. Die ganze Veranstaltung war bieder, kein Pep. Du bist billig gekleidet. Schau dich mal an – wie du aussiehst. So würde ich nicht herumlaufen. Du hast keinen Geschmack. Du bist unpassend." Seit etwa Angela Merkel die CDU in Deutschland führt, ist ihre Frisur ständig ein Medienthema. Frau Merkel gibt offensichtlich dem Druck nach: Friseurtermin für Friseurtermin evolviert etwas heran, das wir alle noch nicht endgültig kennen: Eine richtige Frisur im Sinne des Geschmacksmenschen. Frau Merkel achtet auf so etwas als Persönlichkeit nicht – ich wette, sie ist einer von den wahren „Techie"-Menschen, die eben wie „typische" Mathematiker oder Physiker aussehen und eher zum Zaunkönig-Dasein tendieren und deshalb keine rauschenden Reden halten. Sie sehen: Das deutsche Geschmacksdiktat duldet das Wahre nicht.

Deshalb will ich hier absolut stark den Finger heben und nachdrücklich betonen: Zum Herrschen muss der richtige Mensch nicht mehr unbedingt nur Recht und Moral bemühen. Geschmack *allein* reicht schon aus. Es liegt daran, dass die Form und das Aussehen sich heute in alles hineinweben. Das Wichtige ist nicht mehr wichtig, wenn es nicht auch formvollendet und geschmackvoll ist. Wir erwarten, dass alles Wichtige heute politisch korrekt ist, moralisch in Ordnung *und* – ganz bestimmt – formal-geschmacklich perfekt ist. Der richtige Geschmacksmensch rückt damit neuerdings, seit es Fernsehen gibt, in eine Führungsrolle auf. Das ist der Grund, warum auch der Sinn des Lebens nicht nur vom Denken und Fühlen abhängen kann, sondern er muss sich etwas vom Schönen sagen lassen. Deshalb rückt die Ästhetik neben Ethik und Logik in den Olymp auf.

Leithirsche unter den richtigen Formmenschen sehen stets aus wie gelackt. Blanke Schuhe, schwarze Anzüge, passende Krawatten schon im Hörsaal oder als Azubi am Bankschalter. Sie bevorzugen eher gehobenen zeitlosen Stil, der dominant wirkt. Frauen würden nicht ungeschminkt aus dem Haus gehen. Man käme sich sonst wie in der Herde vor.

Die Jäger *werfen sich in Schale*. Das ist ein sehr treffender Ausdruck der deutschen Sprache. Die Form wird passend zum Anlass gewählt! Zu Hause tut es ein Jogginganzug.

Zaunkönige tragen unscheinbare Zeitlosigkeit. Das Auge darf nirgendwo hängen bleiben.

Burgenbauer tragen die üblichen gehobenen Marken, an denen niemand etwas aussetzen kann. Unangreifbar!

3.2.4.3 Ästhetik und wahre Schönheit

Die wahren Ästheten mögen Markenware nicht. Marken repräsentieren das geregelte Schöne. Ein Genie mag eine erste Idee des Schönen der Menschheit enthüllen. Danach wird dieses Schöne kommerzialisiert. Parfumflaschen, Grappaflaschen, … Immer ist nur ein schmaler Grad zwischen der wahren Kunst und der nachfolgenden „Marke". Die Marke verlässt in der Regel den Weg der wahren Schönheit, weil sie ja auch ökonomisch effizient sein muss. Wenn sich also der wahre Schönheitsmensch zum Beispiel eine Wohnung einrichtet, wird er möglichst viele Einzelstücke erwerben, am besten in Antiquitätenläden. Er wird altes Getäfel, Stuck und Holzbalken bevorzugen und aus einer Armada schöner Einzelprachten ein kunstvolles Ensemble zusammenstellen. Bei richtigen Menschen würde man ausrufen: „Oh, du hast eine neue Wohnzimmerwand! Oh, alles WK, oder ist das Omnia?“ Wahre Wohnungseinrichtungen fühlen sich nur schön an, ohne dass man sagen könnte, warum. Das Ganze ist niemals in Sätzen zu sagen. Es wird gespürt. Ich kenne einzelne solche Wohnungen. Sie sind schön, wahrhaft schön. Ich stelle mir vor, ich würde unbegrenzt viel Geld haben und alle Zeit der Welt, mir die erlesensten und seltensten Stücke zu erwerben. Ich wüsste aber nicht, ob ich es schaffen würde, sie wahrhaft schön zusammenzustellen. Würde ich je eine schöne Wohnung haben können? Ich glaube nicht.

Nicht dass Sie jetzt glauben, dass es hier bei mir zu Hause sonst wie aussieht. Ich bin ja verheiratet. Meine Frau *kann* Möbel kaufen. Sie liebt es, mit mir das Schöne zu besprechen. Ich bin dann immer etwas verlegen, als Denker. Ich liebe es, ihr meine Omnisophie zu erklären, insbesondere, dass sie einen Flash-Mode hat, was sie ohne mich gar nicht wissen kann. Da schaut sie dann mehr verlegen.

Die wahren Schönheitsmenschen stellen ihr ganzes Leben so zusammen wie die Wohnung oder den festlichen Tisch. Die Kleidung ist wahrhaft schön, die Reiseziele sind es ebenso. Sie hassen alle Fassade und alles Unechte. Wahre Schönheit ist nicht die von diesen wie gemalt herrlichen holländischen Strauchtomaten. Sie ist nicht unbedingt voller Ebenmaß, Symmetrie und Gleichklang. Wahre Schönheit braucht das offensichtliche Konstruktionsprinzip nicht im Gesicht zu tragen, wie es die richtigen Geschmacksmenschen verlangen. Wahre Schönheit kann ruhig *apart* sein, also „ungewöhnlich“. Das berühmte Hundertwasserhaus ist zum Beispiel eben nicht symmetrisch. Es ist – ja, es ist – eben wahrhaft schön, ohne dass ich sagen könnte, warum. Es ist eine Idee eines Genies. (Abb. 3.2)

Das wahre Schöne will sich in Kunst ohne Kommerz ausdrücken. Anne-Sophie Mutter spielt wahrhaft Geige. Sie spielt für die wahre Artima in uns, die Ästhetik-Seele. Vanessa Mae aber spielt Beethoven für die jubelnde Menschenmenge! Das ist natürliche Schönheit, keine wahre. Die wahre Schönheit verliert sich ein bisschen einsam zwischen dem richtigen Geschmack und Design und dem natürlichen Kommerz. Vielleicht weint sie leise? Für jede Art von Kommerz müsste sie Wahrheit lassen.

Die wahre Musik, die wahre Kunst oder das wahre Theater, das wahre Ballett oder der wahre Film leiden unter noch einem anderen Feind: Sie zerfließen unter dem zu raschen technischen Fortschritt. Filme und Töne werden vom Computer synthetisiert, überall winken neue technische Möglichkeiten. So wird die wahre Kunst ermuntert, mit allem Neuen zu experimentieren. Das wahrhaft Schöne tritt hinter das wahrhaft Neue zurück (das behandle ich noch: Ktisis). Unter dem so genannten Fortschritt eilt das wahre Schöne von Experiment zu Experiment. Es hat heute kaum jemals Zeit, eine wirkliche Idee zu gebären. Die zuschauenden Menschen sehen wohl, dass immer mehr moderne Kunst entsteht, aber sie verstehen die Idee nicht mehr. Und meist ist wohl keine drin? Wäre dann das Wahre in einer Fortschrittsfalle?

Abb. 3.2 Das Hundertwasserhaus in Wien (Hundertwasser starb im Februar 2000. Er meinte, das Paradies sei durch die gerade Linie zerstört worden. Man sehe heute den Triumph rationalistischen Wissens und empfinde dabei Leere. Die Ästhetik sei von der uniformen Wüste verdrängt, Sterilität mache sich breit, Kreativität werde fabriziert … Wahre Genies hassen eben das Richtige.)

Ich habe im letzten Jahr 24-Ton-Musik gehört, bei der sich also Vierteltonschritte komponieren lassen, die so ein normaler Mensch wie ich kaum von Halbtonschritten unterscheiden kann. Mein Gehör ist noch nicht daran gewöhnt. Die Komponisten sagen, sie müssten noch Erfahrungen sammeln. Sie zeigen uns gelungene Sequenzen von Tönen, die wie eine neue Idee klingen. Im Ganzen aber sitzen sie im Experimentierfeld. Sie komponieren und komponieren und hören und lassen zuhören. Es ist wie das Trainieren des neuronalen Netzes in der rechten Hirnhälfte. Der Schönheitssinn wird trainiert, mit immer neuen Musikinputs und ungewöhnlicheren Tonfolgen. Und dann – eines Tages – wird ein Genie eventuell wahre 24-Ton-Musik finden, die uns anrührt und deren Idee wir verstehen. Leider wird es jedes Jahr wundervollere Synthesizer geben mit noch mehr Stimmen, noch mehr Tönen! Sollten wir nicht gleich zur kontinuierlichen Musik übergehen? Die Ideen keimen nicht aus! Sie hetzen vor dem Keimen zur neuen Technologie.

So ist es im Theater und im Film und in der bildenden Kunst: Die Technologie schreitet so rasch voran, dass die neuronalen Netze der Künstler nie mehr wirklich zu Ende reifen können. Das neuronale Netz wird besser und besser, der Künstler gewinnt ein gewisses Gespür für eine neue Kunstform, für eine Idee – und dann kommt eine neue Erfindung dazwischen, die es ermöglicht, alles ganz einfach noch anders und technisch bombastischer zu gestalten. Das Wahre braucht seine Zeit. Das Wahre kommt heute nicht mehr zu Atem.

Leithirsche unter den Ästheten tragen das Banner einer wahren Idee.

Jäger experimentieren mit allem Schönen, sie jagen Erlebnisse des Wahren.

Zaunkönige unter den Schönheitsmenschen lieben Kunst, die unauffällig wie das Natürliche ist. So wie japanische Gärten sehr kunstvoll sind, aber ganz wie Natur.

Burgenbauer suchen die große wahre Idee und widmen ihr wie Naturforscher ihr Leben, wenn sie sie finden.

3.2.4.4 Entzücken über Schönes

Die natürlichen Menschen wollen von Schönheit entzückt sein. Sie nehmen Schönheit durch den natürlichen, ungezähmten Körper auf und erlauben sich gar das

Berauschen an Schönheit. In weiten Teilen ist das durch das Fernsehen transportierte Schöne das Schöne im Verständnis des natürlichen Menschen. *Er* geht am meisten ins Kino, *er* himmelt die Stars an und sieht wieder und wieder überzüchtet überdrehte Videoclips. Die Stars sind fast zu Sex-Appeal verpflichtet, es zuckt und blitzt in den Videos, die Sehgewohnheiten der natürlichen Menschen verlangen Abwechslung und schnelle Schnitte. Schönheit wie Blitzlichtgewitter.

Die Werbung zielt auf das spontane Kaufzucken der natürlichen Menschen. Natürliche Menschen wie Verona Feldbusch („Dort werden Sie geholfen.“) und Boris Becker („Ich bin schon drin.“) sind mit ihrer ungespielten Natürlichkeit Werbe-Ikonen. (Haben Sie die Fernsehdiskussion der beiden Frauen Verona Feldbusch und Alice Schwarzer gesehen? „Body meets brain“, stand in der Bildzeitung, die dieses Buch noch nicht als Vorabdruck hatte, sonst hätte sie geschrieben „Der natürliche Mensch trifft auf den wahren.“ Alice Schwarzer ist nach meiner Meinung intuitive *Denkerin*, während Verona Feldbusch natürliche *gefühlsseitige* Freude verbreitet. In dieser Diskussion kam im Wesentlichen *nur* dieser Unterschied zu Tage. Frau Schwarzer – man sagt: *Frau* Schwarzer – wollte Verona – man sagt: *Verona* – zwingen, ganzheitlich zu denken, aber Verona zog dann dezidiert ihr Jäckchen aus, um Frau Schwarzer ganz natürlich blank mit Unbekümmertheit zu überfahren. Die Intellektuellen sind dann sehr verwirrt, dass das Natürliche in Diskussionen mehr Beifall erhält. Dieses „Duell“ war ein Paradebeispiel der Konfrontation des Wahren mit dem Natürlichen, auch des Denkens mit dem Gefühl. Die starke Denkorientierung ist es, die Alice Schwarzer immer etwas in Schwierigkeiten bringt, denn durch sie wirkt sie nicht sehr „weiblich“ im naiven Sinne. Genau das aber gelingt Verona! Und in der Diskussion suchte Alice Schwarzer stets *Gedanken* mit oberer Weite!)

Natürliche Menschen leben Schönheit in Lust aus, im Karneval, beim Tanz, im Sport, in der Popmusik, in den Illustrierten oder ganz natürlich im Playboy. Las Vegas ist für natürliche Menschen, die dort spielen und genießen, während die richtigen Menschen in den breiten Gängen zwischen den Spielautomaten dem Treiben der Freude zögerlich zuschauen. Die richtigen Menschen müssen wie jeder Mensch Las Vegas gesehen haben, aber sie gehen lieber in Disney Parks, wo alles richtig ist: das Essen, das Mineralwasser und das Schlangestehen für ein paar Sekunden richtiger Freude oder ein paar Momente natürlichen Wasserspritzens.

Natürliche Schönheit geht übergangslos in Kitsch und Schund über, so wie richtige Schönheit in geraden Linien und Spießbürgertum erstarren mag. Wahre Schönheit verliert sich eher im esoterischen Wirren und in Unverständlichkeit. In diesem Sinne ziehen die Schönheitsmenschen übereinander her.

Leithirsche unter den natürlichen Schönen sind wie Medienstars. Sie fahren natürlich Porsche und lieben Symbole. Madonna? Naomi Campbell? Tigerkrallen?

Jäger sind wie Genießer, Verführer, Schönheitstrunkene. Farbenfroh, exaltiert, Gelbgoldschmuck, Lederjeans, Fußkettchen, Tattoos.

Zaunkönige freuen sich vielleicht an der Schönheit der Natur, reisen viel herum, verlieren sich bei Popkonzerten in der Menge. Sie töpfern zu Hause oder versuchen sich an Kunstschreinerei.

Burgenbauer erschaffen natürliche Schönheit, allein im Turm oder allein unter Menschen, als Maler wie Toulouse-Lautrec?

3.2.5 Die Richtungen des Körperlichen

3.2.5.1 Wozu haben wir einen Körper im Leben?

Wahrscheinlich zum Sitzen vor Bildschirmen.

So sieht es mehr und mehr aus. Das Körperliche wird immer weniger gebraucht. Innerhalb weniger Jahrzehnte ist die körperliche Arbeit auf dem Bau, in der Landwirtschaft, unter Tage oder in Fabriken zum allergrößten Teil verschwunden. Starksein hilft heute nur noch in den Anfangsklassen der Schule weiter, wenn dort noch die Hackordnungsrangfolgen körperlich bestimmt werden.

Die Geschicklichkeit spielt noch im Handwerk eine große Rolle, wird aber auch hier zurückgedrängt. Handwerker werden mehr und mehr Fachingenieure, die vorgefertigte Technologien für bestimmte Zwecke zusammensetzen oder zur Reparatur austauschen.

Wir leben endgültig in einer mehr körperlosen Welt, die keinen Platz mehr für homerische Helden, für Herakles, König Artus, Richard Löwenherz, Ritter Ivanhoe oder Indianerhäuptlinge hat.

Unser Zeitalter beendet das Zeitalter der Richtung des Körpers. Seine Philosophie tritt immer weiter ins Nichts oder ordnet sich den anderen Richtungen unter. Der Körper soll heute vor allem Leistung bringen und kerngesund durchhalten. Das Fortpflanzen nehmen wir ihm bald ab.

3.2.5.2 Geschicklichkeit und Gesundheit

Die richtigen Menschen betrachten den Körper vor allem unter dem Begriff „Leibeserziehung". Der Körper soll zur Arbeit und zum Leben fit sein. The fittest will survive. Deshalb ist es unbedingt nötig, zwei Stunden Sportunterricht in der Schule anzubieten, weil sich Schüler, hin und her gerissen zwischen Fernsehen und Nachhilfestunden, kaum noch für Bewegung Zeit nehmen.

Der richtige Mensch könnte sagen:

> Leibeserziehung soll die Gesundheit und die Leistungsfähigkeit durch sportliche Betätigung fördern. Sie soll ihn zu biomechanisch einwandfreien Haltungs- und Bewegungsformen in Stand setzen. Der Mensch soll durch Leibeserziehung Freude an der Schönheit der Bewegung und an Bewegungserlebnissen empfinden.

Der richtige Mensch hält sich gesund und leistungsfähig, setzt also den Körper für das Ziel der Höherwertigkeit ein. Der richtige Mensch achtet das Kerngesunde und das Geschickte.

Im Management der heutigen Zeit herrscht das Gefühl irrsinnigen Stresses vor. Der Körper hält die Dauerforderung nach Höherwertigkeit nicht mehr aus, so scheint es. Im Grunde peitscht die linke Gehirnhälfte das Seismografensystem pausenlos mit der Mahnung: „Noch nicht genug! Mehr! Mehr! Schneller! Keine Fehler, um Himmels Willen jetzt keine Fehler!" Das Seismografensystem heult Daueralarm. Die Sirenen klagen ständig herzzerreißend. Notmaßnahmen jagen einander im Management.

Nicht die Firma steht auf dem Spiel – das ließe sich verschmerzen. Nein, die eigene Person steht auf dem Präsentierteller, zum Abschuss, zur Disposition?

Die richtigen Menschen wollen die Probleme nicht in der heiligen Höherwertigkeit sehen und entdecken sie in Kopfschmerzen, Unkonzentration, Überlastung, Übergewicht und Hektik. Die Probleme werden also im Körper gesehen, weil man sich blind gegen sie an allen anderen Stellen stellt. Deshalb beachten wir nun den Körper wieder, wo er eigentlich keine Rolle spielt. Wir geben ihm Tabletten und Aufputschmittel, wir kaufen ihm einen Hometrainer und gehen mit ihm auf eine Kur. Damit wird er stressentlastet, so dass er sich wenigstens die ersten drei Wochen nach der Rückkehr zur Arbeit wieder besser anfühlt.

Ich muss öfter mal Pflichtvorträge über meinen Stress anhören, die uns Managern gegönnt werden. Da bin ich so richtig wutentbrannt. Körper! Der Burn-out entsteht im eigenen Höherwertigkeitswahn oder in der Unfähigkeit, den Höherwertigkeitsforderungen des Systems zu genügen.

In einem anderen Sinne kann der Körper als Fahnenträger der Höherwertigkeit instrumentalisiert werden: Der Sport modelliert Höherwertigkeitssituationen ganz rein: Wettbewerb und Konkurrenz um höchste Leistungen können dort unter absoluter Chancengleichheit organisiert werden. Gold für die Nummer eins.

(Ich weine hier einmal ein bisschen: Ich habe mir mit 14 Jahren beim Nachlaufen hinter einem lachenden Mädchen am Schwimmbecken den Ellenbogen gebrochen. Ich konnte nie mehr schmerzfrei Kugeln stoßen – und überhaupt bin ich eher klein. „Pech!“, haben die Lehrer bis zum Abitur gesagt. Dafür empfanden sie meine „Mathe-Begabung“ den anderen Menschen gegenüber „unfair“ oder mindestens als „Gottesgabe“. In Mathematik oder Musik herrscht eben keine Chancengleichheit – nur im Sport. Wer beim Prügeln stärker ist, den Colt schneller zieht oder andere mit einem Degen absticht – der ist im Recht! Es ist wie ein Gottesurteil! Sie sehen, das ist ein weites Feld.)

Ich kenne mich mit Körpermenschen nicht so richtig aus. Gibt es die noch in reinerer Form? Sie wären hier begnadete Handwerker, Orchestermusiker, Truckfahrer, Baggerführer? Sportler, die eiserne Disziplin zum Erfolg führt?

3.2.5.3 Heroik

Die wahren Menschen stellen den Körper unter die Idee. Sie meinen: Der Sportunterricht an den Schulen muss als wesentliches Element der Gesamterziehung gesehen werden. Die körperliche Erziehung soll also Teil eines Gesamtkonzeptes zur Menschenwerdung und Selbstverwirklichung sein. Mens sana in corpore sano. (Ein gesunder Geist ist erst durch eine gute Mensa möglich, so wussten wir als Studenten.) Mens sana in corporatione sana. Ein gesunder Geist in einer gesunden Firma?

Sport soll Kooperation anregen, Interaktion steigern und die Fähigkeit zu körperlichem Ausdruck und zur Gestaltung wecken.

In den *wahren* Schulen (etwa Waldorfschulen) wird der Sport nur in völliger *Abwesenheit* von jeder Konkurrenz gesehen. Er dient eben *nicht* der Höherwertigkeit!

Viele Vertreter der wahren Linie lehnen zum Beispiel sogar das Tennisspiel als eine Art Kampfsport ab. Der wahre Sport würde sich über eine gute Segelausbildung freuen, die eben zu Kooperation und zu einem wahren Geist gegenseitiger Hilfe führt. Wahre Menschen sollen sich doch lieber im Rettungsschwimmen bewähren oder bei der Bergrettung arbeiten.

Segeln oder Rettungsschwimmen binden die Leibeserziehung in die Persönlichkeitswerdung des wahren Menschen ein. Sein Körper wird in Ethik und Ästhetik eingebunden. Der wahre Mensch widmet sich der Eurythmie (das ist die Kunst des Gleichmaßes von Wort und Körperbewegung in der Gemeinschaft).

Diese Haltung zum Leib ist vollkommen anders als die leistungsorientierte des richtigen Menschen. Der wahre Körper würde vielleicht ein Heros und Retter der Menschheit, aber kein Sieger.

Wo kommen wahre Körpermenschen noch vor? Im Ballett, im Theater, in der Oper? Als Kunsthandwerker? Im Eiskunstlauf?

3.2.5.4 Stärke, Großtaten

Für natürliche Menschen ist das Körperliche auch ein Feld der Freude und des Spiels. Sie lieben den Kampf und den Wettbewerb, aber nicht so sehr, um zu siegen, sondern um sich aneinander zu erproben, zu reiben und besser zu werden. Nur dann, wenn es um etwas geht, sind die Bedingungen echt. Nur, wenn der Gegner ebenbürtig ist und bewundert wird, ist der Wettkampf ein Fest der Sinne und des Körperlichen. (Im Fußball heißt es: „Gegen den Tabellenletzten taten wir uns gewohnt schwer. Es war mühsam. Es ist einfach nicht dasselbe wie gegen den Tabellenzweiten zu kämpfen.“) Wettkämpfe sind die Gelegenheiten, das Bezwingen zu üben. Sie ermöglichen das Hinauswachsen über das Selbst, die Selbstüberwindung und das Sprengen der Grenzen. („Ich habe heute meine eigene persönliche Bestleistung übertroffen. Ich bin total glücklich.“)

Über die Idee der Eurythmie oder nur die Vorstellung, Tennis sei ein Kampfspiel, dessen Ausübung die Charakterentwicklung beeinträchtige, lachen die natürlichen Menschen laut heraus. Sie finden das Wahre des Sportes absurd fern.

Es geht ihnen um das zufriedene Innengefühl, die Lust des Körpers, der sich bewährt, der sich fortwährend verbessert, der reaktionsschneller und wendiger wird. Richtige Fußballer sagen: „Ich habe meinen Gegenspieler diszipliniert niedergekämpft. Ich wollte den Sieg. Unbedingt. An manchen Tagen muss man eben Gras fressen. Dies war so einer.“ Natürliche Fußballer sagen: „Ich war irre gut drauf. Ich konnte das Spiel heute wie Champagner genießen. Es war Spaß pur. Ich rannte mit einem nach innen gerichteten Lächeln jedem Ball nach. Alles funktionierte – alles gelang. Ich fühlte mich herrlich. Man sah es mir bestimmt an. Das Tor kurz vor Schluss löste alles in mir – wie ein Rausch. Wir haben gezaubert.“

Momente des Gefühls großer Stärke sind Sternstunden natürlicher Menschen, die sie oft über Kampf erreichen. Der Kampf ist für sie aber nicht einer im Sinne der Aggression, wie sich das die wahren Menschen vorstellen. Sie gewinnen Charisma durch das Siegen. Es geht nicht um die Medaillen.

Wo kommen heute noch natürliche Körpermenschen vor? Sicherlich im Sport! (Ich tippe: Hackel Schorsch, Anni Friesinger, Lothar Matthäus, Franz Beckenbauer, Boris Becker. Dagegen sind Claudia Pechstein, Michael Stich oder Berti Vogts wahrscheinlich richtige Sportler. Die richtigen Sportler zanken sich immer mit den natürlichen. Die richtigen sind oft ein bisschen besser, aber sie neiden den natürlichen Kollegen das Charisma und damit die Vorteile bei Talkshows und auf Girokonten. Sie denken wohl, Charisma stünde automatisch und ausschließlich dem Erfolg zu, was manchmal stimmt.)

3.2.6 Die Richtungen der Fantasie für das Künftige

3.2.6.1 Die Zukunft ist anders

In dieser Zeit ist die Veränderungsgeschwindigkeit der Welt enorm gewachsen. Dieses Thema wird seit der Erfindung von Computer und Internet bis zum Erbrechen platt gewälzt. Bei IBM beginnen die Vorträge über das Neue formelhaft mit dieser Einleitung. Ich habe schon längst mit dem Lästern begonnen, dass dieses rituelle Schwallen wohl keiner mehr hören kann.

Wir wissen das alle.

Wir ändern uns kaum. Die Welt ändert sich, wir nicht so sehr. Wir sind ja inzwischen richtige Denker oder natürliche Ästheten.

Die *jungen* Menschen werden aber anders. Sie studieren das Neue an der Universität. Als ich 1969 Abitur machte, wollte die Intelligenz Medizin studieren, weil es wenig Studienplätze und zukünftigen Reichtum für Mediziner gab. Lehrer sollten wir alle werden, weil dieser Beruf die Grundbedürfnisse nach Sicherheit, Gehalt und pyramidalem Urlaub befriedigt.

Heute ist es schwierig geworden. Ein Studienabgänger kann nicht einmal mehr abschätzen, ob ein Fach nach seinem Abschluss fünf Jahre später noch viel bedeutet. Die New Economy ist in wenigen Monaten zeitweise kollabiert. Anfang 2001 bot man Höchstgehälter für Computerfachleute, ein Jahr später geht die Angst vor dem Niedergang um. Es sieht so aus, als käme jetzt (2002) ein Boom in Life Sciences, in dem alles Wissen rund um das menschliche Gen und um Proteinfaltungen gefragt sein wird. Ist das sicher?

Gibt es noch etwas Sicheres? Noch weiter gehend: Wird es je in der Menschheitsgeschichte etwas Sicheres geben?

Der Fortschritt kommt schneller in die Welt, als wir sie nach einem Leben verlassen. Wir erleben noch selbst, was wir anstoßen. Die jungen Menschen von heute werden sich im Laufe des Lebens sehr viel stärker ändern müssen. „Lebenslanges Lernen!", so rufen die richtigen Menschen, die sich vorstellen, dass man alle zehn Jahre in ein paar Lehrgängen nebenbei die linke Hirnhälfte neu bespeichert. Dabei hängen gerade die richtigen Menschen an ihrem Regelwissen, worauf sie so stolz sind. Sie wissen nämlich, was *richtig* ist. Sollte das Richtige alle paar Jahre falsch sein? Das werden sie nicht glauben. Die wahren Menschen müssten ihre Lebenssinn stiftende Idee aufgeben – etwa alle 20 Jahre. Werden sie aufgeben können, was sie für wahr halten? Kann ein neuronales Netz alle paar Jahre alle Gewichtsfaktoren intern völlig umstellen? (Das ist mathematisch gesehen nur schwer denkbar und müsste mindestens durch ein Meer von Leiden gehen, hin zum nächsten Optimum.) Am ehesten traue ich den natürlichen Menschen zu, sich zu ändern. Sie ändern die Ziele ihres Willens. Das geht um Größenordnungen einfacher als das Verändern richtiger Regeln oder das Wechseln des Sinns. Ich habe darüber lange in meinem Buch *E-Man* nachgedacht und über den *Terror des Wandels* geschrieben.

Die jungen Menschen, die sich der *Ktisis*, dem unaufhörlichen Neuerschaffen, widmen wollen oder können, werden heute viele Führungsrollen in unserer Gesellschaft übernehmen. Der Körper, das Denken und das Fühlen sind die alten Richtungen des Menschen. Sie werden heute von Geschmack/Ästhetik und von der Ktisis verdrängt.

3.2.6.2 Offenheit für neue Chancen

Die richtigen Menschen, die sich in die Arme des Neuen werfen, werden vor allem nach neuen Marktlücken und Chancen für das Erlangen von Höherwertigkeit suchen. Richtige Menschen des Neuen studieren E-Business oder Betriebswirtschaftslehre. Sie suchen breites Wissen, das sie hinterher in ein breites Feld von Zukunftschancen begleiten kann. Richtige Menschen lernen Controlling, Investment Banking oder internationales Recht. Sie lernen noch eine Sprache dazu, sicher ist sicher. Japanisch? Chinesisch? Wo sind die besten Chancen? Sie befassen sich mit den Grundsätzen fremder Kulturen. Das wird bestimmt gefragt sein, wenn alles global ist! Wer sich im Internationalen zu Hause fühlt, wird im globalen Wettlauf Vorteile haben. Die wahren und die natürlichen Neuen tun unter Umständen Ähnliches, aber aus anderen Gründen. Die Wahren sehen die Chance auf das Umfassende, Weite – die Natürlichen lockt das Abenteuer des Globalen. Die Zukunft ist ja an ein paar realen Stellen in der Welt und ebendort versammeln sie sich, die Menschen des Neuen.

Ich zögere, die richtigen Menschen des Neuen in die vier Strategievarianten einzuteilen. Ich habe nämlich viele Mitarbeiter im E-Business-Bereich getestet. Bei einigen hundert Leuten von IBM stellte sich heraus, dass unter den *richtigen* Menschen fast nur die Arten Leithirsch oder Burgenbauer zu finden waren. Sie sind oft Projektleiter. Leithirsche unter ihnen treiben unaufhörlich an. Burgenbauer kennen die Serviceverträge auswendig und haben viele Projektpläne an einer großen Wand – und alles läuft fehlerfrei, ganz sicher! Leithirsche und Burgenbauer arbeiten nach längerfristigen Vorstellungen. Vielleicht braucht man die bitter nötig, wenn man offen für das Neue ist?

3.2.6.3 Ktisis, Kreation und Innovation

Der wahre Mensch des Neuen geht nicht den Weg der Chance, sondern eben den Weg. Tao. Er sucht sich einen Weg in die Zukunft, die ihn fasziniert, eine, die ihn wachsen lässt. Er versucht, einen Traum zu verwirklichen oder wenigstens beständig am Puls des Neuen zu arbeiten. Wahre Menschen sind eher ständig ungeduldig, weil der Fortschritt immer noch so elend langsam ist. Sie haben, eigentlich zu Unrecht, die Ungeduld der Könige in sich. Könige wollen noch erleben, was sie beginnen. „Schneller!“, ruft etwas ständig in ihnen. Sie wollen nicht nur träumen und planen, sie wollen es sehen.

Die letzten Verse, die der sterbende Faust in Goethes Tragödie spricht, sind diese wohlbekannten Worte:

FAUST.
Das ist der Weisheit letzter Schluß:
Nur der verdient sich Freiheit wie das Leben,
Der täglich sie erobern muß.
Und so verbringt, umrungen von Gefahr,
Hier Kindheit, Mann und Greis sein tüchtig Jahr.
Solch ein Gewimmel möcht' ich sehn,
Auf freiem Grund mit freiem Volke stehn.
Zum Augenblicke dürft' ich sagen:
Verweile doch, du bist so schön!
Es kann die Spur von meinen Erdentagen
Nicht in Äonen untergehn. -
Im Vorgefühl von solchem hohen Glück
Genieß' ich jetzt den höchsten Augenblick.
Faust sinkt zurück, die Lemuren fassen ihn auf und legen ihn auf den Boden.
Es ist vorbei. Vorbei? Ein dummes Wort, findet Mephisto.

Der wahre Mensch möchte eine *Spur von seinen Erdentagen hinterlassen.* Er möchte etwas Ewiges bauen, Nachruhm erwerben, in den Lehrbüchern überleben, im Wissen sterben, dass eine Witwe die gesammelten Werke herausgibt. Die richtigen Menschen träumen eher davon, eine Lücke zu hinterlassen. In *richtigen* Traueranzeigen ist immer von einer Lücke die Rede, die kaum geschlossen werden kann. Der richtige Mensch ist unersetzbar. Er reißt durch den Tod diese Lücke. Der wahre Mensch stirbt ja gar nicht. Er ist in seinem unsterblichen Werk, in der Spur seiner Erdentage. Nur natürliche Menschen sind einfach weg, hoffentlich nach einem schönen Leben. Natürliche Menschen leben nicht für Lücken und Spuren, sondern für das Leben an sich. Wie sollten sie weiterleben? Das einzige, was nach dem Tod definitiv weg zu sein scheint, ist der Körper. Und mehr war da nicht.

Kreation und Innovation sind deshalb in vielerlei Hinsicht die Domäne des wahren Menschen. Die rechte Hirnhälfte ist ja gerade der Sitz des Kreativen! Die Dominanz der rechten Hemisphäre erzwingt geradezu Ansichten, wie sie der sterbende Faust vertritt.

Vergleichen Sie die allerletzten Worte mit den allerersten, die uns von Dr. Faust überliefert sind!

Der Tragödie erster Teil; Nacht; in einem hochgewölbten, engen gotischen Zimmer. Faust unruhig auf seinem Sessel am Pulte.

FAUST.
Habe nun, ach! Philosophie,
Juristerei und Medizin,
Und leider auch Theologie

Durchaus studiert, mit heißem Bemühn.
Da steh' ich nun, ich armer Tor,
Und bin so klug als wie zuvor!
Heiße Magister, heiße Doktor gar,
Und ziehe schon an die zehen Jahr'
Herauf, herab und quer und krumm
Meine Schüler an der Nase herum -
Und sehe, daß wir nichts wissen können!
Das will mir schier das Herz verbrennen.
Zwar bin ich gescheiter als alle die Laffen,
Doktoren, Magister, Schreiber und Pfaffen;
Mich plagen keine Skrupel noch Zweifel,
Fürchte mich weder vor Hölle noch Teufel -
Dafür ist mir auch alle Freud' entrissen,
Bilde mir nicht ein, was Rechts zu wissen,
Bilde mir nicht ein, ich könnte was lehren,
Die Menschen zu bessern und zu bekehren.
Auch hab' ich weder Gut noch Geld,
Noch Ehr' und Herrlichkeit der Welt;
Es möchte kein Hund so länger leben!
Drum hab' ich mich der Magie ergeben,
Ob mir durch Geistes Kraft und Mund
Nicht manch Geheimnis würde kund;
Daß ich nicht mehr mit sauerm Schweiß
Zu sagen brauche, was ich nicht weiß;
Daß ich erkenne, was die Welt
Im Innersten zusammenhält,
Schau' alle Wirkenskraft und Samen,
Und tu' nicht mehr in Worten kramen.

Faust hat also die ganze linke Gehirnhälfte voll von allem etablierten Wissen. Er ist damit sehr gelehrt. Respekt. Er sagt aber dann gleich: „Bild mir nicht ein, was rechts zu wissen." Haben Sie es gemerkt? Er vermisst, dass die *rechte* Gehirnhälfte nicht involviert ist!

Ja, gut – ich entschuldige mich für diese mutwillige Interpretation, aber es ist doch klar, dass der arme Faust erst links zentriert zu klagen beginnt, dann in Auerbachs Keller und in Gretchens Armen das Natürliche oder eben *das* (natürliche) Leben kennen lernen soll und schließlich versteht, was näher an dem ist, was die Welt im Innersten zusammenhält: der Weg zum Erschaffen, zum Werden und zur Verwirklichung.

Wahre Menschen lieben die heutige innovative Zeit, weil sie jede Gelegenheit haben, Spuren zu legen und zu verwirklichen! (Nur macht die Geschwindigkeit des Wandels auch wieder Angst, dass die Spur nicht etwa erst nach Äonen, sondern schon nach Monaten vergessen ist.)

Leithirsche unter den wahren Innovatoren setzen technologische Konzepte um, versuchen, den Markt zu gewinnen, sind wahre Unternehmer. Es geht um den Sieg des Konzeptes (die Spur ihres Erdenlebens).

Jäger unter den wahren Innovatoren sind wie „Daniel Düsentrieb". Sie genießen Idee auf Idee, interessieren sich für alles, sind voller Begeisterung an ihren neuen Projekten. Manche tragen heute eigenwillige T-Shirts und haben einen Pferdeschwanz (Männer). Der alleroberste Forschungschef bei „uns“, Paul Horn, Senior Vice President, trägt auch einen. Er ist aber Leithirsch.

Zaunkönige unter den Innovatoren sind wie schüchterne Mathematiker. Sie arbeiten still vor möglichst vier oder fünf Monitoren. Wir vom Management fragen öfter, ob man das alles braucht. Es scheint so. Es ist nicht wirklich sinnvoll danach zu fragen, weil sie statt einer Begründung sofort klagen, viel zu schlechte Rechner zu haben. Dann zeigen sie auf „den Schrott“ in ihrem Raum. Zaunkönige sind so unentbehrlich, dass man sie in Ruhe lassen muss. Nachher machen sie noch einen Programmierfehler? Nicht auszudenken, was dann geschähe! *Zaunkönige* lassen sich prototypisch als Dilbert von Scott Adams beschreiben und sind damit die am besten bekannte Spezies, die sich in den Cartoons immer mit dem richtigen Denker anlegt, der Dilberts Manager ist und wirklich höchstens aus der linken Gehirnhälfte besteht.

Burgenbauer sind die Visionäre unter den Kreativen. Sie lieben das weite, ganzheitliche Schauen von oben auf die ganze, sich entwickelnde Welt. Sie leben mental in der Zukunft und wissen schon lange vorher, wie alles kommen wird. Leider irren sie sich manchmal fatal. Immer aber beklagen sie, dass man ihnen nicht folgt. Sie sind meist zu weit voraus. Sie verstehen nicht, dass die Zeit reif sein muss. „Time to market.“ Es gibt einen ganz bestimmten Zeitpunkt, wann plötzlich alle Menschen Handys wollen oder sich ein teures Digitalfernseh-Abonnement aufschwatzen lassen. Es ist viel schwieriger zu sagen, wann *das* genau ist, als zu erkennen, dass es *irgendwann* dazu kommt! Burgenbauer denken manchmal, sie waren es selbst, die die Welt gelenkt haben, wenn alles so kommt, wie sie sagten. Und manchmal stimmt es ein bisschen. Die Relativitätstheorie wäre ohne Einstein wohl noch länger unentdeckt geblieben. Dagegen kommt jeder von uns auf die Idee, mit Gentechnik bessere Skispringer zu züchten, was immens teure Schanzenneubauten erfordern wird.

3.2.6.4 Neugier und Fortschritt

Die natürlichen Innovatoren sind neugierig auf die Zukunft. Sie haben außerdem in einer sich umwälzenden Zeit alle Spielwiesen der Welt zur Verfügung, sich auszutoben und das Glück zu bezwingen. Überall ist Goldgräberstimmung und Abenteuer. Noch besser: Solange die neuen, kleinen Firmen der New Economy noch klein sind, sind die richtigen Menschen noch in der Minderzahl und bestimmen nicht in der Allmachtsposition wie in Großbetrieben. Die Arbeit ist also wie Wettkampf und Kräftemessen (*nicht* wie Wettkampf, um die Profitziele zu übertreffen). Es ist die Zeit für Pioniere und Wagemutige. Arbeit macht Spaß! Es ist die Zeit, es allen zu zeigen, die ganzen Potenziale aufzubauen und sich auszuleben.

Es gibt ja noch keine Tests, um herauszufinden, wer ein natürlicher Mensch und wer ein wahrer Mensch ist. Mir scheint, dass sehr viele von den Computerfreaks natürliche Menschen sind. Der Computer im Kinderzimmer hat ihnen den Traum von der Raumfähre ersetzt. Sie messen am Computer die Kräfte – in nächtelangen Netzwerkpartys, in denen Half Life, Counterstrike oder Doom III etc. gespielt wird

(2002). Sie sind die Helden am Computer, es ist Stimmung wie im wilden Westen. Die Freundinnen sitzen auf dem Schoß: „Oh, pfui, all das Blut! He, das war Pope Joe! Zeig es ihm jetzt aber." Pope Joe ist der Nickname von Karl-Heinz.

Alle Kreativen haben heute einen Computer. Die besten Computerfreaks sind nicht auffallend gut in der Schule. Viele öffentliche Stimmen kritisieren einen Numerus Clausus für Informatik, also die Praxis, bei Studienplatzmangel in Informatik die Studienplätze an solche Bewerber zu vergeben, die herausragende Schulnoten vorweisen können. Die *natürlichen* Experten haben bestimmt keine herausragenden Noten, weil sie die *richtige* Schule nicht leiden können (so wie die *richtige* Schule keine natürlichen Schüler liebt). Die echten natürlichen Freaks haben nicht einmal gute Noten im Schulfach Informatik, weil „da theoretischer Quark gelehrt wird oder nur das Benutzen des Computers oder der Textverarbeitung, also Babykram". Der Computer bietet heute ein wichtiges Feld für Kinder, sich den Erwachsenen überlegen zu zeigen. „Eltern haben keine Ahnung." Wenn das keine Motivation ist?

Die rasende Veränderung der Welt bietet die großartige Gelegenheit für alle natürlichen Menschen, der richtigen Welt zu entkommen, ihr Paroli zu bieten oder sogar geachtet zu werden. („Mein Sohn läuft abgerissen herum und programmiert. Er arbeitet zu unmöglichen Tageszeiten. Verrücktes Leben. Aber er verdient gut. Er muss wohl etwas Seltenes können. Ich verstehe davon ja *gar* nichts. Sein Beruf hat einen Namen, den keiner verstehen kann. Das sollte nicht sein. Wie stehe ich da? Ich kann nicht sagen, was er tut! Außerdem könnte er wenigstens heiraten.")

Leithirsche und *Burgenbauer* träumen von einem eigenen Unternehmen der New Economy. Da können jene es der Welt einmal richtig zeigen! Da sind diese beliebig frei und unabhängig!

Jäger benutzen eine neue Technologie wie einen Porsche, sie kämpfen mit ihr wie mit einem Drachen. (Ich war neulich verzweifelt und habe einen Jäger um Hilfe im Umgang mit meinem neuen Thinkpad gebeten. Er hat ein paar Stunden geopfert. Ich dankte und bedauerte, dass es so viel Mühe gemacht habe, nur, um so einen ganz dämlichen, seltenen Fehler zu finden. Ungläubiges Staunen. „Wieso? Es war Spaß! Ich habe fast nie so tolle Fehler!") Sie wirken dabei wie Ritter oder maschinenölige Autotechniker, die den Rolls Royce wieder zusammensetzen. Echt stark!

Zaunkönige kämpfen mehr im Stillen, ohne auf Zuschauer angewiesen zu sein. Sie sind zum Beispiel die Herren der Netzwerke. Sie beherrschen damit den ganzen Bereich. Wenn das Netzwerk nicht funktioniert, knien alle Mitarbeiter vor ihnen und hoffen auf Hilfe!

3.2.7 Das wahre Genie und neue Ideen

Nun, da ich mit Ihnen die Reise durch alle (?) Himmelsrichtungen des Menschen beendet habe, kehre ich noch einmal zum „Genie" zurück, das etwas Neues findet, wie ein Künstler.

Kant hat den Begriff des Genies mehr im Zusammenhang mit der Kunst gesehen. Heute würde man unter Genie vielleicht eher einen Erfinder verstehen. Trotzdem sind für uns Künstler immer noch die wahren Genies, weil sie oft ein wenig wie seltene Vögel wirken, was sie ja sind, weil sie manchmal abgehoben, manchmal egozentrisch, arrogant, verrückt, zumindest etwas „irrational“ tun oder sind. Erfinder – so denken wir – sind wohl rationaler. Das glaube ich nicht! Ihre Leidenschaft ist nur ganz anders. Geniale Techies sind zerstreut, geistesabwesend – oder sie reden unaufhörlich von irgendeiner neuartigen Schaltung; sie jammern den ganzen Tag, dass niemand auf sie hört, niemand in die wahre Zukunft investiert oder an das Langfristige denkt. Sie sind völlig zentriert in ihrer Idee.

Warum gibt es keine Genies in den Sparten des Denkens, des Fühlens und des Körpers?

Diese Richtungen des Menschen sind alt und entwickeln sich nicht mehr so stark. Es ist völlig klar, dass in den Richtungen der Ästhetik und der Ktisis noch lange Zeit revolutionäre Neuerungen immer wieder über uns hereinbrechen und unsere Sichtweisen und Lebensweisen stark verändern werden. Allein (zum Beispiel) die Idee des künstlichen Filmschauspielers wird uns noch einige Jahrzehnte Neues bescheren. Kann aber jemand noch Ideen neuer Staatsformen aufbringen? Oder Revolutionen des Gefühls oder des Umgangs mit anderen Menschen?

Aber ja! Wir bekommen bald eine elektronische Demokratie; wir müssen nachdenken, ob nicht immer nur die Bürger elektronisch abstimmen, die etwas von der Sache verstehen. (Wer soll heute über Stammzellenimporte abstimmen? Wer kann überhaupt sagen, was es ist und wozu es gut wäre? Es sind aber Menschheitsfragen, die da zur Debatte stehen!) Müssen wir einen Technologiestaat nicht ganz anders konzipieren? Wäre das nicht ein neues Paradigma des Denkens? Ja, aber Sie sehen, so viele neue Denkideen gibt es nicht, dass sie gegen die riesige Anzahl der Erfindungen ins Gewicht fielen. Mit Monty Roberts und seinen Pferden habe ich eine neue revolutionäre Idee des Fühlens vorgestellt. Aber auch solche sind zahlenmäßig gering.

Wir haben deshalb das Gefühl, dass das intuitive Denken vor allem in der „Kunst“ und in der Technologie zu Hause wäre. Nein, noch einmal, das stimmt nicht, das intuitive Denken ist in der rechten Hirnsphäre zu Hause, bei vielen Menschen. Es kann aber sein, dass sich die Intuitiven ganz besonders zur Ästhetik und zur Ktisis hingezogen fühlen, weil sie dort etwas bewirken werden können. Sie können träumen, selbst einmal ein neues Paradigma zu erschaffen, eine revolutionäre Idee, ein neues Energieoptimum im neuronalen Netz des Menschen, das andere Menschen dann auch erreichen können, also „verstehen“. Diese neuen Paradigmen sind die wesentlichen Aufbrüche in der Menschheitsentwicklung. Sie sind das Feld der Genies und der vielen, die zwar intuitiv auf Ideensuche ausschwärmten, aber nichts Wesentliches fanden oder – noch tragischer – etwas fanden, es aber nicht in trockener linkshirniger analytischer Sprache mitteilen konnten.

Wahre Genies gibt es also überall, aber sie sammeln sich dort, wo die neuen Paradigmen zu finden wären. Das ist dort, wo sich viel ändert, wo alles jung ist. Es ist zwischen den Wissenschaften, nicht in deren erstarrten Zentren. Man sagt, das Neue sei vor allem „interdisziplinär“. Nein, das ist es nur mittelbar. Das Neue ist einfach an den Grenzen des Alten, nur selten innen. Deshalb müssen Genies Grenzen überschreiten, also meinetwegen zwischen Disziplinen die weißen Landkartenflecken besetzen.

Wenn Ideen im Vorstellungsbild der Optimierung wie hohe Berge sind, dann ist eine alte Wissenschaft wie das Herumkrabbeln auf dem Alpenmassiv, um es völlig zu erforschen und am Ende auch die allerhöchsten Gipfel zu entdecken. Die Forscher messen den Mont Blanc aus und beweisen nach weiteren Jahrzehnten, dass der Mont Blanc der höchste Berg ist, was sich alle schon gedacht haben, weil man einen wirklich noch viel höheren Berg eigentlich hätte sehen müssen. Von weitem! Aber wenn jemand höhere Berge finden will, muss er in die Ebenen hinabsteigen! In das Flache, Triviale, in das vermeintlich wertlose Geröll. Wer dort im Einfachen watet, wird nach langer Wanderung wieder das neue Hohe am Horizont entdecken. Das ist das neue Paradigma, eine neue Wissenschaft, eine neue ewige platonsche Idee. Mancher bleibt immer in der Ebene, wie ein Dünnbrettbohrer, ein Trivialwissenschaftler, ein Amateur. Nur wenige sind so beharrlich, dass sie das nächste Gebirge erreichen. Diese feiern wir dann als Genies, allerdings nur, wenn sie so laut schreien können, dass wir zu ihnen hinschauen, und wenn sie uns überzeugen können, wir sollten uns selbst ebenfalls auf den Weg machen. Ob ein Berg vor uns im Dunst höher ist als der, von dem wir zögernd angstvoll herabgestiegen sind, das sehen wir nicht wirklich – und wir glauben *hergelaufenen* Genies bestimmt nicht. Es gibt so wenige Genies, dass Nicht-Glauben sowieso die beste Strategie ist.

Genies können ihre Ideen auch nie richtig in Sprache fassen. Ich habe extra so lange Kants Aussagen über das Genie zitiert – auch Kant betont, dass Ideen wie aus dem nebelumwobenen sprachlosen Nichts in das Bewusstsein des Genies treten. Die Idee ist im Genie, aber nur als Gewissheit und in den Gewichtsfaktoren des Netzes, nicht als Wissen oder ganz Bewusstes. Das Reden über die Idee ist wie Gestammel. Reden Sie doch einmal zehn Minuten flüssig über Ihre Überzeugung, ein ewiges Leben zu haben. Können Sie das? Wenn Sie davon überzeugt sind, muss es doch sehr wichtig für Sie sein. Dann aber müssten Sie lange darüber nachgedacht haben, dass Sie ewig leben, weil dies alles tief in das triviale Erdenleben eingreift, bis hin zur Wahl der Lebensversicherung. Die Menschen aber, die gewiss sind, ewig zu leben, wissen es als Gewissheit, können aber *nicht* darüber reden! Ich mache es etwas einfacher: Sie lesen ein modernes Gedicht und reden zehn Minuten flüssig darüber, was es Ihnen sagt. Sie werden sagen: „Ich habe ein vage Idee davon, was da ausgedrückt werden soll, aber ich kann es schwer in Worte fassen." Unsere Deutschlehrer bringen uns bei, Versfüße zu zählen und Alliterationen zu bewundern und allerlei technisches Blendwerk auf das arme Gedicht loszulassen. Dieser Vorgang heißt: Analyse oder Interpretation. Er besteht aus einem linkshirnigen Listenabarbeiten von Analysepunkten, die jeder wie ein Handwerk lernt. Spürt er aber, was im Gedicht zu ihm spricht? Dass es ihn anschreit? Um sein Leben fleht?

In einem Gedicht ist eine Idee! Die Versfüße und Wortspiele sind *Technik*. Meinetwegen virtuose, bewundernswerte Technik, aber Technik nach Regeln. Die Regeln sind nicht das, was Genie oder Idee ausmachen. Das Genie erschafft etwas Geniales. Die Menschen kommen überein, dass es wirklich genial ist, weil viele von dem Werk stark berührt sind. Dieses nun gespürte Geniale wird interpretiert und analysiert. Man extrahiert Regeln aus dem Genialen. Aus einem Gedicht dann Wortspiele und Doppelbedeutungen, Hinweise auf die Biografie des Genies selbst oder auf die seiner Mutter. Aus einem Gedicht entstehen 100 Seiten Daten.

Wo ist die Idee?

Sie muss ohne Sprache, ohne Analyse erfasst werden.

Das glauben Sie mir vielleicht nicht. Deshalb lesen die meisten von Ihnen nur Sekundärliteratur. „Ich informiere mich seit drei Semestern darüber, was Philosophen sagen. Bald werde ich einmal zur Krönung einen echten Urtext lesen können. Ich habe das immer wieder hinausgeschoben, weil ich mich noch nicht technisch fit fühlte, alles gleich erfassen zu können. Ich würde gerne einmal die bekannten 120 Seiten von Wittgenstein lesen, aber dazu müsste ich zwanzig Jahre Vorstudien auf mich nehmen, dafür habe ich einfach nicht die Zeit.“ So reden Studenten. Dahinter steht die irrsinnige Sucht, die Idee durch Analyse zu erhellen. Glauben Sie, Nietzsche schrieb in der Erwartung, dass Sie erst einen Doktor machen müssen, um ihn adäquat zu lesen?

Die Idee ist ohne Sprache: im Gedicht, im Design, im Gesicht. Sie muss „rechts“ erfasst werden, intuitiv. Beim letzten Theaterbesuch bin ich sehr berührt worden. Ich dachte in der Pause nach und wirkte dann wohl etwas grimmig, also wie bei der Arbeit. Und dann dieses Gewirr von Stimmen, die die Ohs und Achs gezählt haben und auch die Pointe herausgehört haben, die in der Zeitung stand! Linksanalytiker; ich litt. Ich hörte beim Denken meine Frau sagen: „Es gefällt ihm wohl nicht so.“ Und dabei sind wir schon so lange zusammen!

Es ist so wahr: Zwischen dem Erfassen der Idee und dem Reden darüber liegen Welten. Der Unterschied zwischen der Idee und dem sprachlich Gesagten ist wie der zwischen der schönen Helena und dem Zählen der Knochen an ihrem Skelett. Genau das sagt Platon, aber schon Aristoteles versteht es nicht. Deshalb kann man es auch keinem anderen vorwerfen.

3.2.8 Natürliche Symbole

Genau so, wie die Ideen sprachlich nicht fassbare Zustände des neuronalen Netzes sind, müssen wir uns bei dem Erfassen der Vorgänge unseres Seismografensystems ebenfalls *nichtsprachlich* vorstellen, was in uns vorgeht. Das Seismografensystem signalisiert uns, die Aufmerksamkeit auf Wichtiges zu lenken. In unserem Körper empfinden wir das wie folgt (und seien Sie so nett und lesen Sie die Aufzählung langsam durch – und horchen Sie in Ihren Körper hinein, was dieser empfindet, wenn er natürlich-innerlich die einzelnen Wörter spüren soll):

Bedrohung, Gefahr, Hoffnung, Liebe, Grauen, Erwartung, Wachsen, Sieg, Hunger, Kampf, Oben, Unten, Hinauf, Hinunter, Enttäuschung, Sicherheit, Unruhe, Stärke, Falle, List, Krankheit, Untreue, Geborgenheit, Verschlossenheit, Blendung, Unklarheit, Gefangensein, Zwang, Freiheit, Reinheit, Tiefe, Getriebensein, Versagen, Erfolg, Zufriedenheit, Wirrnis, Beharrlichkeit, Glaube, Geschlossenheit, Offenheit, Ehrgeiz, Begierde, Angst, Trunkenheit, Haarflattern, Frost, Schweiß, Eifersucht, Zorn, Sanftheit, Härte, Schmeichelei, Atem, Unterwürfigkeit, Ekel, Demut, Demütigung, Hass, Freundschaft, Klarheit, Ruhe, Entzücken, Müdigkeit, Ziehen, Glück, Bewegung, Angriff, Gurgeln, Widerstand, Süße, Reichtum, Schlaf, Tod,

Nahrung, Siechtum, Ende, Geburt, Verwicklung, Gleichmut, Stich, Neid, Gleichmaß, Bosheit, Arglist, Labsal, Muße, Neugier, Frohsinn, Unbefangenheit, Schreck, Verfolgung, Verborgenheit, Schub, Schmerz, Zittern, Erfüllung, Unwillen, Übergangenwerden, Scheu, Zerstörung, Sturz, Ungleichgewicht, Fall, Flug, Schwere, Verlust, Lachen, Betrug, Kleben, Druck, Verkrusten,.

Ich habe nur einmal losgeschrieben. Ich bin sicher, ich könnte noch ein paar Buchseiten mit solchen Wörtern füllen. Sie bezeichnen Seismografen-Output. Sie haben etwas mit der Aufmerksamkeit zu tun, die wir gerade auf etwas lenken; sie bezeichnen auch ein Gefühl oder einen körperlichen Zustand. Wenn wir zum Beispiel von diesen Körperzuständen träumen, müssen wir ihnen ein Bild geben, weil wir im Traum zu undifferenziert mit dem Körper verbunden sind, der sich im Schlaf ausruhen soll. Im Traum und auch im Wachleben geben wir dem Spüren einen Namen oder ein Vorstellungsbild, ein Symbol. Die Spinne symbolisiert das lauernd Böse und Giftige, das Unheimliche. Die Biene ist ihr Gegenstück im Guten, das zufrieden Fleißige oder das an der Blüte (einer Frau?) Naschende. Usw. Symbole sind:

Blitz, Donner, Blume, Brücke, Burg, Turm, Lamm, Krone, Axt, Kreuz, Stern, Sonne, Mond, Sichel, Schleier, Schlüssel, Spiegel, Stufen, Wasser, Rad, Pforte, Gürtel, Fluss, Schiff, Rabe, Hand, Fisch, Fledermaus, Knoten, Höhle, Pfahl, Taube, Zunge, Wald, Baum, Rose, Waage, Salamander, Stier, Knochen, Kranz, Kerze, Quelle, Ring, Schwelle, Schmetterling, Zwerg, Ei, Drache, Distel, Dorn, Eber, Elefant, Honig, Pfad, Milch, Brust, Stier, Tod, Traum, Löwe, König, Jungfrau, Himmel, Feuer, Erde, Blut, Auge, Apfel, Schlange, Kugel, Hexe, Hammer, Kreis, Berg, Adler, Bock, Edelstein, Feder, Wolf, Teufel, Tempel, Gold, Regen, Riese, Pfeil, Perle, Hölle, Hund, Grab, Katze, Farbe, Dunkel, Brunnen, Verlies, Brot, Bär, Dreieck, Zahl, Bettler, Welle, Mühle, Blatt, Fackel, Seil, Glut, Kelch, Wasserfall, Erdspalte, Moos, Buch, Tor, Schlüsselloch, Eule, Falltür, Schwert, Herz, Efeu, Haar, Anker, Fuß, Hahn, Kleeblatt, Kröte, Nebel, Krake, Nuss, Sanduhr, Schnecke, Spirale, Maske, Wolke, Wein, Wind, Muschel, Kette.

Das sind ungefähr alle außer genau zwei, die ich explizit vergessen habe, damit sich jemand freut.

Diese Aufzählung sollte Sie zu einem „Spüren des Symbolischen" hinleiten. Jetzt möchte ich etwas dazu aussagen. Versetzen Sie sich kurz in den Olymp. Die Götter feiern ausgelassen. Da muss Eris, die Göttin der Zwietracht, unbedingt Wirkung entfalten. Sie wirft unter die Götterschar einen Apfel. Auf ihm steht geschrieben: „Der Schönsten." Über Schönheit ließ sich damals schon trefflich streiten. Die Götter stritten und kürten drei Kandidatinnen für den Titel der Schönsten: Hera, die Ehefrau, Pallas Athene, die Göttin der Weisheit und der Herrlichkeit des Sieges, und Aphrodite, die Göttin der Liebe. Der damals schönste Mann auf der Welt war überraschenderweise einhellig bekannt: Paris. Er sollte das Urteil fällen, weil Menschen sicher den besseren Geschmack haben und unparteiisch sind.

Wir hätten also: Hera, Athene, Aphrodite.

Hera ist ein richtiger Mensch, nicht wahr? Athene ist ein wahrer, Aphrodite ein natürlicher. Und wenn wir also über Schönheit abstimmen, so fragen wir eigentlich: Was wählst du, Paris? Richtige Schönheit? Wahre Schönheit? Natürliche Schönheit? In diesem Sinne können wir alle hohen Begriffe einzeln durchgehen: Was wäre Gerechtigkeit? Tapferkeit? Liebe? Und wir haben immer die Antworten der *drei* Menschenfraktionen.

Was aber wäre die Antwort auf die Frage, was ein Edelstein ist? Ein Baum? Ein Adler? Eine Höhle? Ich tue mich schwer, zu sagen, wie der Unterschied der Baumvorstellung im linken oder rechten Gehirnteil sein könnte. Wir haben zwar zu allen möglichen Dingen verschiedene Einstellungen, aber die Symbole sind etwas, was wir ziemlich gemeinsam zu haben scheinen, so scheint mir. Symbolik wäre dann also unabhängig von unserem Links und Rechts? Wo aber wäre sie dann im Vorstellungsmodell? Ich meine: im Seismografensystem. Symbole sind Vorstellungsbilder von Körperzuständen. Wenn ich als Christ ein Kreuz in der Hand halte oder meine Hochzeitskerze anfasse, dann spüre ich den entsprechenden Symbolzustand oder ich gehe in einen entsprechenden Zustand über. Symbole gehören also zu unserem nicht sprachlich erfassbaren Seismografensystem. Sie sind ein Vorstellungszugang zu ihm. Sie spielen für natürliche Menschen vielleicht eine solche Rolle wie die Ideen für den wahren Menschen oder das System für den richtigen Menschen.

3.2.9 Der Flash-Mode, die Symbole und die Marken

Noch mehr Symbole! Lesen Sie die folgende Liste:

Goldmedaille, Orden, Titel, Sportwagen, Pokal, Seide, Kaschmir, Teppich, Ölbild, Marmor, Armbanduhr („Mann“), Schmuck („Frau“), Rose, Villa, Brille, Rahmen, Stuck, Pelz, Orchidee, Bulgari, Miyake, Camel, Johnny Walker, Davidoff, Chanel, Versace, Kenzo, Dior.

Wir sprechen von Statussymbolen und Markenzeichen. Sie sind in unserer heutigen Zeit sichtbar gemachte Symbole. Sie beschreiben wie die Traumsymbole Körperzustände.

Ein guter Teil des Marketing befasst sich mit dem Aufbau von Symbolen für die Seismografensysteme der Verbraucher oder Mitarbeiter oder Bürger. Wir sollen etwas Bestimmtes und Gewolltes spüren, wenn wir das Wappen von Bremen, den aufsteigenden Strich der Deutschen Bank oder das geschwungene C von Coca Cola sehen. Immer wieder hämmert uns Werbung den Seismografen ein: Aufmerksamkeit! Aufmerksamkeit!

Die Symbole wie Ei, Brunnen, Rose sind der Versuch, unser Gespür des Seismografensystems hilflos in Wörter zu *fassen*. Wir suchen also Wörter, um schon gesetzte Seismografen zu *benennen*.

Markenzeichenwerbung verfolgt umgekehrt das Ziel, einen bestimmten Seismografen zu *setzen*. Sie verwendet unglaublich viel Mühe darauf, die Aufmerksamkeit auch an den *gewünschten* Körperzustand zu fesseln. (*Nicht* solche Werbung: „Haben Sie schon einmal einen toten Esel gesehen? Nein? Genau so selten ist ein defekter Mercedes!“) Dann sind wir immer im gewünschten Aufmerksamkeitszustand, wenn wir mit dem Symbol in Berührung kommen. Es ist nicht wirklich der statistisch gemessene Bekanntheitsgrad, den eine Marke ausmacht, sondern es geht vor allem darum, was sie symbolisiert. Daran sehen wir, wie schwierig der Umgang mit Seismografensystemen ist.

Lesen Sie doch einmal die nächste kleine Liste von Wörtern:

Schule, Versetzung, Lehrer, zweite Stunde, große Pause, Schulorchester, aufpassen, lernen, melden.

Frage: Spüren Sie beim Lesen die Würde, den Aufbruch, das Wachsen, das Vertrauen in Förderung? Das sollten Sie aber doch, oder? Wir erregen uns in diesen Tagen über eine PISA-Studie, die Deutschland ein schlechtes Bildungssystem attestiert. Es wird über Lernen diskutiert, über das Neue, über Internet und schlechte Eltern, Lehrer, Politiker, Schüler. Als ich klein war, hatte ich einen Seismografen auf dem Symbol „*Gymnasium*": viel wissen, studieren dürfen, ehrwürdig, „ich darf", Interesse, Scheu, Aufregung. Diese Symbole sind zerstört worden. Diese Symbole sind nicht mehr die des heutigen Menschen, bestimmt nicht die des natürlichen, der unter dem Stichwort „Spaßgesellschaft" verächtlich gemacht wird.

Nein! Das System hat die Symbole verkommen lassen. Sie starben in öffentlichen Diskussionen um Karrierenutzen und Lehrereinsparen.

Die linkshirnigen Systeme verstehen das Symbolische noch weniger als die Ideen.

Ich habe die Liste der obigen Symbole des Menschen daraufhin abgeprüft, ob ich ganz sicher eine gute Liste für Sie geschrieben habe. Meine Tochter Anne rief mir also vom de-Sede-Sofa (Symbol!) Symbole zu. Ich wollte ein Gefühl haben, ob ich das richtig erkläre. „Apfel!" – „Habe ich." – „Teufel!" – „Habe ich!" – „Kelch, Gral!" – „Oh, fehlt." Zwei Drittel „hatte ich". Anschließend haben wir alles nochmals durchgelesen. Wir hätten noch alle möglichen Tiersymbole dazunehmen können, wie Esel oder Kuh, die ja etwas mit unserer Vorstellung von Menschen zu tun haben. Die Bemerkung, dass ich zwei Symbole ausgelassen habe, verstand Anne erst nicht. Da habe ich mich lustvoll gefreut und den betreffenden Nebensatz dazugeschrieben, der dann aus Annes Sicht alles glasklar macht. Ich muss jetzt zwei Sätze gewissenhaft vor Korrekturlesern schützen.

Und dann, beim Nochmalüberlesen, sah ich die Idee! Ich weiß nicht, ob Sie die wirklich mitspüren können, wenn Sie nicht so verspielt sind wie ich. Ich versuche es: Alle obigen Symbole zusammengeworfen kommen als Mischmaschklumpen genau so als Shooter- oder Adventurespiele im PC vor! Spielen Sie doch einmal Tomb Raider oder Heretic, was schwach verboten wäre. Aber dort ist Symbolik pur! Viele andere Spiele bevorzugen reine Weltraum- oder Vampirsymbolik – aber sie erfassen unser Gespür deshalb so sehr, weil sie das Seismografensystem ansprechen. Nicht so rein, aber zunehmend versuchen Fantasy-Filme dasselbe. Zum Beispiel ist das Alien bestimmt so konstruiert worden, dass man alle Schreckenssymbole zu einem Wesen gemixt hat: Schwarz, leise, böse, unbesiegbar, Schlange, Schleim, Würgen, Spinne, „in den Mund kriechen" etc. Nun sitzen unsere Kids im Endergebnis *ruhig* vor Computern und nicht ruhig in der Schule.

Die Schule speichert uns mit unsymbolischem Lehrstoff voll, den sich Datenbanken ausgedacht haben. Die Schule wird mehr und mehr zu einem richtigen System. Das Wahre braucht Zeit zum Wachsen, die haben wir nicht. Das Natürliche muss Wissen spüren, begreifen, anfassen. Das versteht das Richtige nicht. Zur Not setzen wir statt Wissenssymbolik eben Punkteskalen und Strafen in den armen Menschen hinein. Alles wird schief. Pisa.

Wir haben das Symbolische nicht verstanden und nutzen es nicht. Das Symbolische muss ja mindestens langfristig angelegt sein, wenn es sich in uns einnisten soll. Dafür nimmt sich niemand mehr die Mühe oder die Zeit. Das Natürliche könnte also über das Symbolische „erzogen" werden, wenn die richtigen und die wahren Menschen endlich auch die Richtung des Natürlichen verstünden.

3.2.10 Omnisophie und Persönlichkeitstypen

Ich möchte kurz den Fluss des Buches unterbrechen und meine Theorien hier mit anderen abgleichen. Wenn es Sie nicht so sehr interessiert, können sie zum nächsten Kapitel übergehen.

In meinen Büchern *Wild Duck* und *E-Man* habe ich mich vor allem auf die Menschenunterschiede gestützt, die C. G. Jung in seinem Klassiker *Psychologische Typen* als die wesentlichen vorgestellt hat. Jung unterschied das analytische Denken vom intuitiven, das Fühlen vom Denken und das Extrovertierte vom Introvertierten. Isabel Myers und ihre Mutter Kathryn Briggs haben in den sechziger Jahren noch die weitere Unterscheidung von Menschen in solche, die ordentlich und geplant vorgehen, und solche, die alles flexibel auf sich zukommen lassen, eingeführt. Myers und Briggs entwickeln aus diesen Gedanken einen Persönlichkeitstest, den MBTI (Myers-Briggs-Type-Indicator), den man gegen eine Gebühr ablegen kann. David Keirsey, der am gleichen Thema seit Jahrzehnten forscht, hat einen analogen Test auf www.keirsey.com in vielen Sprachen publiziert. Ich habe bei meinen ersten Büchern diese Tests zu Grunde gelegt, weil sie die meistbenutzten Tests sind und mit C. G. Jung einen gesicherten Urheber haben. In der Psychologie sind sich offenbar die Wissenschaftler noch über absolut nichts wirklich einig, weil die richtigen Psychologen und die wahren noch kämpfen und weil es kaum natürliche gibt (wie Carl Rogers, glaube ich). Wenn ich also irgendetwas Psychologisches sage, fallen gleich große Prozentsätze der Fachleute über mich her. Deshalb habe ich den meistbenutzten Test genommen, den jeder selbst machen kann. Es hat gegen Proteste nicht richtig geholfen. Man sagt(e) mir, dass den MBTI zwar alle benutzen, ja, aber das mache ihn nicht anerkannt – nein! Tests dieser Form würden Menschen in Ja oder Nein, in Links oder Rechts, in Denken oder Fühlen einteilen. Das sei zu stark in Polen gedacht! Das wolle die richtige Psychologie nicht! (Es ist der Standpunkt der richtigen Menschen, dass die Wahrheit in der Mitte läge; Sokrates aber diskutiert immer die Pole!) Usw.

Ich habe bei Diskussionen nach vielen satirisch-provozierenden Vorträgen von mir immer wieder Menschen kennen gelernt, die enttäuscht waren, dass bei dem Test das Ergebnis gar nicht zu ihnen passe. Ich habe erst gedacht, das sei eben manchmal der Fall, und manche Menschen seien wohl diffus in der Mitte. Als ich langsam mehr Beispiele sammeln konnte, merkte ich, dass die falsch klassifizierten Menschen immer so eine Art Künstler waren oder dass sie in Sport gut waren und den Eindruck von Kraftmenschen machten. Der Test bei Keirsey klassifizierte sie meist als Intuitive, aber sie hatten keine Idee, was das wohl bedeuten möge. (Nur für

Sie, die Sie sich auskennen, genauer: ENTJ sind bei Keirsey intuitive Entrepreneure, aber ich kenne heute viele mit dem Testergebnis ENTJ; sie sind aber mehr natürliche Menschen und keine Intuitiven!) Diese Seltsamkeit hat lange mein Denken gefesselt, bis ich darauf kam, dass „alle“ Wissenschaftler nur immer streiten wie Platon gegen Aristoteles, dass sie aber das Epikureische einfach beiseite ließen.

Eines Tages hatte ich die Idee, dass neben dem Denken und dem Fühlen noch etwas Körperliches stehen müsste. Dann machte ich riesige Pläne von Menscheneinteilungen. Den echten Durchbruch fand ich in der Verbindung zur Identifizierungsmathematik und irgendwann „erfand“ ich den natürlichen Menschen. Damit brach mein Vorstellungsmodell mit so ziemlich allem anderen. Das machte mir zu schaffen – mir ist immer noch mulmig.

Ich habe deshalb aber alle MBTI-Bezeichnungen aus meiner Betrachtung herausgelassen, die ich in meinen früheren Büchern angestellt habe. Ich erkenne im Alter noch Neues und erkläre mit diesem Buch deshalb in gewissem Ausmaß den Abschied von einigen Facetten meiner früheren Bücher. Das ist vielleicht nicht sehr schön, aber es ist wunderschön.

Natürlich habe ich nicht alles fallen gelassen und Sie erkennen vieles noch wieder. Es stammt bestimmt noch von Jung ab. Klar.

3.3 Über das Heil

3.3.1 Wo wäre das Paradies, wenn es das denn gäbe?

Worin bestünde nun ein höchstes Leben? Ich sitze jetzt gerade in Orlando in einem Disneyresort in der Sonne. Eine Konferenz ist um 12 Uhr zu Ende gegangen. Es ist Anfang März. Vögel zwitschern; es ist warm. Um mich herum ist ein künstliches Paradies aufgebaut. Helle, freundliche Farben – die Vögel genau dazu abgestimmt. Alle 10 Yards ist eine andere Pflanzenart um den See gesäumt, nie verschiedene Pflanzen durcheinander. In dieser Reihung ist alles leichter zu pflegen oder zu ändern. Die Menschen gehen in freundlichen Uniformen herum und sorgen sich, dass ich mich freue – ich, noch im Sakko, den ich gleich für den Flug gegen einen Fleece umtausche. Ist hier das Paradies? Alle lächeln heiter. Ich sehe mich nachdenklich um und erkenne plötzlich: Es ist das Paradies der richtigen Menschen, Fachrichtung Denken. Sie lassen sich hier einmal für ein paar Tage „*richtig*“ gehen. Es gibt Orangewassereis mit Mausohren, niemand stört beim Schlangestehen, hier ist alles so ungeheuer richtig, dass ich es kaum glauben kann. Ich muss keinerlei Verantwortung tragen. Beim Besuch eines Parks oder einer „Attraction“ beruhigen sie mich: „Watch your step. Hold on. We'll serve.“ Ich lasse mich fließen und reihe mich in Track fünf zum Fahren durch eine Art Museum ein. Es ist wie gigantisches Fernsehen während einer Karussellfahrt, ich bin ganz ruhig. Zwischendrin, immer etwa nach sechzig Prozent der kurzen Sekunden des Vergnügens, kommt Gefahr auf. Irgendwer schreit, sie schießen ein bisschen herum, wir lachen oder es spritzt etwas, wenn sie diesmal mit Wasser spaßen. Hui, das war jetzt aufregend für mein Flash-Mode-System. Hold on. Es wird weiter erklärt, warum es gesund war, wenn die Vereinigten Staaten das so machen. Jetzt bin ich stolz und etwas wackelig auf den Beinen, als ich aussteige. Ich habe mich vergnügt.

Als ich einmal in Las Vegas weilte, wollten sie überhaupt keine 48 $ Eintritt wie im Disneypark. Sie lockten eher mit Gutscheinen für die Spielautomaten. Ich fühlte mich als Urlauber verpflichtet, eine Stange Quarters zu verlieren, wozu ich ja schließlich angereist war. Mein Körper reagierte aber nicht auf Gewinne. Ich wusste nach der Wahrscheinlichkeitsrechnung genau, dass ich wahrscheinlich der einzige Mensch des Abends sein würde, der viel gewänne. Mehr reiche Leute sind nach der Wahrscheinlichkeitsrechnung an einem Abend nicht drin. Ich bedauerte die Amateure um mich herum, mein Flash-System zuckte erbärmlich, wenn das Dollartackern einer Gewinnsträhne nicht aufhören wollte. Tack-Tack-Tack-Unendlich-Tack. Geld rieselte irgendwo in der Nähe. Meine Eingeweide verziehen sich stets dabei. *Andere* gewinnen! Ich nicht! Das Essen ist schwelgerischer in Las Vegas. Wer möchte, bekommt von natürlichen Männern kleine Zettel mit sehr natürlichen Frauen zugesteckt! Las Vegas ist nämlich das Paradies der richtigen Menschen Richtung Körper oder von solchen richtigen Menschen, die noch natürliche Reste besitzen. Las Vegas ist *auch* das Paradies der natürlichen Menschen, weil der Bau der Paradiese von richtigen Menschen geleitet wird. Las Vegas ist das Natürlichste, was ein richtiger Mensch gerade noch als Paradies verantworten mag. Und ganz ohne Paradies für natürliche Menschen verliert das Richtige die Kontrolle über das Natürliche. Unser Johannes war damals 14 Jahre alt, und er musste immer zügig durch das Hotel marschieren, in dem wir wohnten. Er durfte nie den Blick an etwas heften. „Go on. Don't watch." Das Spielen ist nicht für die Kinder. Es ist zum Abreagieren der Verschwendungssucht. Kinder sollen nicht Erwachsenen beim Abreagieren zuschauen. Sie sollen ja erst aufstauen.

(Der richtige Mensch spart, damit er sich den Vergnügungspark leisten kann. Er zahlt den Eintritt, dann ist er blank, nachdem er die Hamburger bezahlt hat. Der natürliche Mensch verspielt sein Geld und ist dann blank. Das ist nicht richtig, weil er sich nicht selbst entschlossen hat, alles Geld auszugeben. Er gibt sich hemmungslos der Wahrscheinlichkeit hin, die immer mit Risiko verbunden ist und die der richtige Mensch deshalb meiden sollte. No risk, no fun. Wenn der Natürliche das Unwahrscheinliche eines Gewinns erlebt, genießt er es als Sieg. Der richtige Mensch aber leidet am Unverdienten des Glücks, das ihm die Götter mit Pech vergelten werden.)

Wahren Menschen schadet Las Vegas nicht. Ich habe mit 5-Cent-Stücken gespielt. Es ist theoretisch egal, womit ich spiele, weil ich ja alles verliere. Ich habe immer wieder zwischendurch gewonnen. Darüber muss ich mich theoretisch nicht freuen. Ein Dollar hat trotzdem den ganzen Aufenthalt gereicht. Zum Schluss, als uns das Taxi zum Airport abholte und hupte, habe ich mit der vorletzten Münze 3 $ 15 ¢ gewonnen. Tack-Tack-Tack. Wow! Das Geräusch war das gleiche wie bei Dollars … Ich bebte vor Glück; leider hat es keiner gehört, meine Familie saß schon im Taxi. Ich machte viel Geld und sie waren ungeduldig.

Das Münchner Oktoberfest ist viel mehr Gaudi, es ist nicht so stark *richtig*. Aber man geht anständig angezogen hin und ab zehn Uhr gibt es kein Bier mehr. Für ein paar Tage darf der Mensch hier gesittet natürlich sein, vor allem natürlich laut, bis ihm die Mandeln brennen.

Ist dies das Wahre? Nein, das Wahre scheint aus den Augen von Malern auf dem Montmartre. Es ist in der Seele der versunkenen alten Frau, die in der dunklen kleinen italienischen Kirche stumm betet. Das Paradies ist in den Stunden, in denen ich umgebungsvergessend schreibe.

Wollen wir selbstvergessenen Flow? Ehrungen auf Podien? Feierliches Umhängen von Orden? Einen liebevollen Kuss? Das Eine?

Ach, es gibt so sehr viele Vorstellungen von Paradiesen, vom rechten Leben! Und leider beißen sie sich beträchtlich.

„Gibt es im Himmel Bier?" – „Wie sehen wir denn aus, wenn wir tot sind? Hoffentlich kommt das Silikon mit in den Himmel? Ich würde mich zu Tode schämen."

3.3.2 Dimensionen des Heils und des Unheils

3.3.2.1 Der persönliche Systemwert, Ideewert, Glückswert

Das Paradies scheint uns wie ein Schlaraffenland. Alles ist im Überfluss vorhanden. Dabei ist ein Paradies wohl anders: Es sollte nichts schrecklich fehlen. Aber zu einer solchen Auffassung gelangen wir nicht – wir haben zu viel Fantasie. Wir haben aber bestimmt verschiedene Vorstellungen, was besonders im Überfluss vorhanden sein müsste und was auf keinen Fall fehlen dürfte. Ich möchte es für die verschiedenen Menschen so formulieren: Der richtige Mensch strebt Systemwert an, also einen hohen Wert seiner Rolle und seines Ansehens im System. Der wahre Mensch möchte relativ zu seinen Idealen gut dastehen oder seine Ideale in reiner Form repräsentieren. Der natürliche Mensch misst sein Leben danach, ob und wie viele Momente satten Glücks es bietet, wo immer er es persönlich spürt (im Triumph, im Überwinden, im Trotzen, im Lieben).

Systemwert: Die richtigen Denker streben die Höherwertigkeit im System an. Sie wünschen sich eine bedeutende Rolle, die ihnen Einfluss gewährt und Verantwortung überträgt. Sie möchten im System bestimmen, mitbestimmen, um Rat gefragt werden, unentbehrlich wirken. Soldaten tragen ihren Rang zusammen mit der Verantwortung auf schweren Schultern. (An meinem ersten Dienstag lernte ich Rangabzeichen, die Regeln des Gehorchens und das Grüßen!) Beamte kennen alle Besoldungsstufen genau, der ganze Staatsdienst ist streng hierarchisiert. Großunternehmen kennen viele Vergütungsstufen. Beim Staat gibt es zum Beispiel die Besoldungsstufen A1–A16 (was bei der Armee also von Soldat bis Oberst reichen würde). Darüber gibt es noch 11 B-Gehaltsstufen (von Brigadegeneral bis Bundespräsident). Die Grundgehälter reichen von 1.300 bis 10.000 €. Das macht 27 verschiedene Stufen des Menschseins, die noch in Altersstufen unterteilt sind. Die Einordnung in diese Messskala spielt eine erhebliche Bedeutung im Leben des Hierarchisierten. Die Türschilder und die Visitenkarten, die Krawatten, die Holzarten der Schreibtische, die Größe der Dienstzimmer oder der neue Computer (mit schwarzem 17-Zoll Flachbildschirm?) sagen etwas über die Eingruppierung des richtigen Menschen. Darf er Business Class fliegen, hat er einen Dienstwagen? So recht stolz kann er sein, wenn er eine Sekretärin oder einen Sekretär (wie ich) hat. Ein richtiger hochstehender Mensch nimmt niemals selbst den Telefonhörer ab. Ich mache das immer, ich bin ja kein richtiger Mensch. Ich komme dafür oft nicht allein durch die Sperrmauern der Systeme, wenn ich merkwürdigerweise selbst anrufe. Dann bin ich nicht richtig hochstehend. Hüter des Cheftelefons weisen mich ab. Dann muss mein Sekretär nebenan ran. „Hier ist das Büro von Prof. Dr. Dueck. Wir wünschen einen Termin.“ Wenn das nichts hilft, dann dieses: „Bitte helfen Sie mir. Mein Boss ist grausam, wenn ich bis Mittag nicht durchkomme. Ich habe ziemliche Angst.“ Denn die Sekretärin hilft meinem Sekretär schon, auch wenn sie *mir* nicht helfen will. Die Höherwertigkeit des Menschen drückt sich daneben vor allem in Noten, Zeugnissen und Messungen aller Art aus. Wie viel davon, wie hoch dort? Wie viele Menschen unter mir, wie viel Wachstum, wie groß die Macht oder nur die Zeichnungsbefugnis? („Was, Sie dürfen nicht einmal für 1.000 € unterschreiben?“) Dürfen Sie im Steigenberger übernachten? Oder müssen Sie in die Pension „Zur Kellerassel“? Sind Sie schon Oberstudienrat oder nur halbtags angestellter Lehrer auf BAT? Sind Sie irgendwo ehrenhalber seit 25 Jahren? Schriftführer im Harmoniumverein? Helfen Sie beim Stimmenauszählen der Kirchgemeinderatswahl? In welchen Kreisen duldet man Sie? Sind Sie bei wichtigen Ereignissen dabei?

Hoffentlich sind Sie wegen meines Tons schwach entrüstet. Da wäre ich froh. Dann hätte ich nämlich einen Seismografen in Ihnen angetippt, der jetzt Ihr Flash-Mode-System alarmiert. Sie können auf diese Weise sehr schön erfahren, wie es Sie sticht. Das ES hat Sie im Griff. Mehr wollte ich ja nicht sagen. Sie legen dann auf Systemwert Wert.

Richtige Denker vermeiden vor allem Fehler. Dann züchtigt sie das ES mit Schuldgefühlen und lässt sie nicht schlafen. Werden sie zurückgestuft? Nicht gelobt? Nicht respektiert? Das ist wie ein Tod.

Die richtigen Gefühlsmenschen haben andere Skalen im System. Es geht ihnen nicht so sehr um Messungen, sondern um „Nettgefundenwerden“ und „Zugehören“, nicht so sehr um eine hohe Stellung. Eine Chefsekretärin im Vorstand hat unter Umständen ausschließlich mit Personen zu tun, die hierarchisch über ihr stehen (außer anderen Sekretären). Sie gehört dafür aber zum innersten Zirkel der Macht! Das kann sehr befriedigend für richtige Menschen sein! In welchen Gruppen sind Sie gern gesehen? Wer mag Sie? Wer spricht gut über Sie? Wer findet Sie nett? (Das wäre für Denker nicht so wichtig. „Wenn ich als Boss beliebt wäre, würde ich nach meiner Meinung etwas falsch machen.“) Wer grüßt Sie freundlich? (Denker: Wer grüßt Sie ehrerbietig?). Wen dürfen Sie umsorgen? Wie hoch ist dessen Dienstgrad? („Ich helfe gerade dem Pfarrer in sein Messgewand! Nächste Woche bin ich für das Kerzenputzen verantwortlich. Alle werden sie staunen, wie schön sie sein werden.“) Richtige Gefühlsmenschen vermeiden es, dass man schlecht über sie spricht. Werden sie als Menschen gefühlsmäßig abgelehnt? Gehen andere Menschen auf Distanz? Das wäre wie ein Tod. Sie stürben vor Scham oder würden krank aus Näheverlust.

Die richtigen Geschmacksmenschen kennen alle Marken und die Hierarchie dieser Zeichen untereinander. („Er trug immer BOSS, jetzt hat er oft Joop!-Hemden. Die sind schwerer zu bügeln, der Joop nimmt da keine Rücksicht, weil das Schöne die Mühe nicht scheuen darf. Das verstehe ich, aber sie sind teuer, diese Hemden. Ach, ich arme Gestalt, ich habe nur so wenig Geld und muss mit dem Hässlichen leben!") Richtige Geschmacksmenschen sehen sich vor allem alles Schaufensterartige an. „Ach, ich leide! Ich bin so schrecklich gezeichnet! Alles, was ich schön finde, ist ausgerechnet am teuersten! Ich leide so sehr unter meinem treffsicheren Geschmack! Andere Menschen verlassen das Kaufhaus mit den abscheulichsten Billigkeiten, sie brauchen fast nichts zum Leben!" Ein guter Geschmack kostet Geld. Die richtigen Denker haben es besser. Sie dürfen nur keine Fehler machen und die richtigen Gefühlsmenschen müssen nur nett sein. Dieser Sachverhalt, nämlich dass Schönheit Geld kostet, während Tugend, Gerechtigkeit und Moral gratis sind, macht wohl auch den Philosophen zu schaffen, die sich kaum mit Geschmacksmenschen befassen. Geschmacksmenschen müssen einfach gut aussehen. Alles muss zusammenpassen, chic eben. Man muss es ihnen ansehen, dass sie hohen Wert haben. Wenn sie dies durchgängig schaffen, können sie mit Blicken ungeheure Aggression ausstrahlen. In den Augen liegt der verächtliche Vorwurf der Geschmacklosigkeit. „Er ist zwar Boss, ab wie er aussieht!" – „Sie mag nett sein, aber warum läuft sie so herum?" Die Hierarchie bildet sich über den Sinn für Geschmack.

Es wäre wie ein Tod, wenn man sie selbst hässlich oder deplatziert fände. „Guck mal, das ist das Topp von H&M vom Plakat für 10 €. Sieht gar nicht schlecht aus, auch an dieser Normaltussi." Da müssten Geschmacksmenschen im Boden versinken.

Richtige Körpermenschen … ich will nicht zu lang werden. Körpermenschen sind wohlaussehend in irgendeiner Form. Sie wirken gepflegt und treiben den *richtigen* Sport. Die richtigen Neuerer tragen rote Hosenträger wie Yuppies etc. Sie wissen schon.

Ich wollte ja nur erklären, was ich mit Systemwert meine. Es ist der Wert eines Menschen in seiner Richtung (Ordnung, Moral, Geschmack, …) und in seinem System. Der Wert drückt sich im Höherwertigkeitsgefühl aus. Minderwertigkeitsgefühle vernichten richtige Menschen.

Ideewert: Wahre Denker vertreten eine Lehre, eine Idee, eine Lehrmeinung oder einen ganzen Strauß davon. Sind sie in diesem Rahmen Gurus und kennen die Geheimnisse? Oder sind sie Amateure oder Novizen, die noch ihre Eingangsriten hinter sich bringen müssen? Es geht ihnen nicht um die Hierarchien der Besoldungsstufen (obwohl es praktisch darauf hinauslaufen kann), sondern um die Nähe zur reinen Idee. Sind sie der wahre Vertreter der Idee, des Reinen? Reine Mathematiker sagen oft: „Ich bin stolz darauf, dass ich noch nie etwas Nützliches oder Anwendbares erdacht habe." – Wahre Denker sind exzellente Fachleute. Ingenieure oder Philosophen. Für sie zählt die öffentliche Anerkennung der Fachwelt als alleiniger oder hauptsächlicher Maßstab. Sind sie zu Vorträgen eingeladen? Gar zu Hauptvorträgen? Oder erklären sie nur drei Kollegen ihre neuesten Gedanken im Nebenraum, in dem man gedämpft durch die Wand den Jubel der Menge zum Plenumsvortrag des Nobelpreisträgers vernimmt? Wahre Denker sind am liebsten Gurus oder die führenden Vertreter der Idee, am besten der eigenen. Dann dürfen sie alle restliche Welt „dumm“ nennen. Unbekannt sein ist ihnen dagegen das Schrecklichste. Nicht gehört, nicht gelesen, nicht beachtet zu werden. Ein Buch im Selbstverlag. Im Sterben der Selbstachtung verschenken sie immer wieder ihre eigenen Bücher. Am Ende ist Starre.

Wahre Gefühlsmenschen kaufen nur Holzspielzeug oder verdammen das Fernsehen. (Richtige Menschen kaufen *lehrreiches* Spielzeug oder messen sich etwa genau dreißig Stunden Fernsehen im Monat zu, die sich beliebig verteilen lassen, oder sie beschränken sich auf eine Stunde am Tag, weshalb sie zwingend einen Videorekorder anschaffen müssen.) Sie kaufen Theaterabonnements, weil sie Theater lieben (richtige Menschen sehen Theater als Pflicht). Wahre Menschen schauen ARTE. Nur ARTE.

Die wahren Gefühlsmenschen singen in Kirchenchören und führen Besonderes auf. Sie lieben alle Menschen, kämpfen gegen Krieg, Folter und schwere Strafen. Sie marschieren mit Kerzen, hoffen auf ökumenische Einigkeit der Herzen der Welt und schützen die Wale. Wie sehr engagieren sie sich? Wie streng sehen sie nicht fern? Sind sie vielfältig helfend und liebend tätig? Sie messen sich am Ausmaß der Wärme, die sie an die Welt abgeben. Wahre Lehrer lieben Kinder (richtige Lehrer erziehen sie durch Einpflanzen des ES). Wahre Gefühlsmenschen leben in Wärme und Liebe wie Pflanzen mit Wasser und Luft. Sie beschimpfen die Welt als „grausam“, wie die wahren Denker „dumm“ sagen. Wenn die Liebe fehlt, sterben sie in Leiden und Depression.

Die Ästheten umgeben sich mit dem Schönen. Mit wundervollen Möbeln, in herrlichen Gärten. Es geht um das Kunstvolle. Es gibt so viele Arten, Kunst auszudrücken! In ihrem jeweiligen Kunstausdruck oder Kunsthandwerk wollen Ästheten die göttlichen Schöpfer sein. Genial! Sie fürchten das Gewöhnliche, Abgeschmackte oder schon Vermarktete, den Massengeschmack und die Modesucht. Sie siechen in hässlicher Umgebung dahin. Sie leiden darunter, wenn neue Kunst in unserer Zeit schon fast sicher nicht verstanden wird. Ignoranz begräbt sie oft ganz.

Die wahren Menschen der Ktisis sehen nur den Neuigkeitswert in dieser Welt. „Unser Unternehmen verkauft fast nur Produkte, die noch nicht drei Jahre alt sind!“ Wahre Schöpfer fixieren ihren Blick auf das Unvollkommene in dieser Welt, besonders in technologischer Hinsicht. Jeder Handgriff könnte effizienter sein, wenn es angemessene Maschinen gäbe! „Sehen Sie sich diese Internetseite an! Man muss unnötigerweise hier klicken; diese Funktionalität kann ganz in die anderen Buttons integriert werden! Eine Schande ist das, solche ungenaue, gedankenlose Arbeit. Ich selbst könnte all das besser machen, ohne viel Aufwand. Die Welt strotzt vor Phantasielosigkeit.“ Menschen der Ktisis stöhnen laut, wenn besonders richtige Menschen die Dinge so lieben, wie sie schon immer waren. Dann fühlen sie sich einsam in Sinnlosigkeit.

Jetzt sollten Sie verstehen, was ich mit Ideewert des Menschen meine. Welchen persönlichen Wert hat ein wahrer Mensch relativ zu *seiner* Idee? Es ist dieser Ideewert, der ihn antreibt. Es geht ihm nicht um Höher- oder Minderwertigkeit, sondern um Einssein mit der Idee. Der Ideewert drückt aus, wie sehr der wahre Mensch Jünger oder Fahnenträger der Idee ist.

Der richtige Mensch misst in der linken Gehirnhälfte seinen Systemwert an Skalen des Systems ab. Der wahre Mensch spürt intuitiv in seiner rechten Gehirnhälfte, wie sehr er in der Idee aufgeht.

Der natürliche Mensch will Leben spüren: Freundschaft, Freiheit, Liebe, Freude, Sieg und Niederlage, Wettkampf, Neues, Abenteuer, Wind, Wetter, See. „Sunshine rulez." (Das muss man cool mit z schreiben, mit z ist alles im Amerikanischen cooler.) Es ist der Glückswert des Lebens. Dieser wird so oft diskutiert, dass ich mich hier mit diesem Wenigen bescheide. Glück? Das ist ihnen sicher klar: Sich körperlich frei wissen, geborgen und geliebt werden, gestreichelt. Es ist ein wundervolles Gefühl, sich begehrt zu wissen, Blicke von Bewunderern auf sich zu ziehen oder als Held der Muskeln andächtig bestaunt zu werden wie ein Ferrari. Jeder natürliche Mensch hat da so seine eigene Richtung.

Das Unheil lauert in Menschen, die noch mehr wollen – zum Beispiel alles. Viele richtige Menschen sehen, dass eine Höherwertigkeit im System den Verzicht auf Glück bedeutet. Besonders wenn sie einen hohen persönlichen Systemwert erreicht haben, zum Beispiel reich oder hochrangig sind, greifen sie wie selbstverständlich nach dem Glück, das ihnen nun – so glauben sie – zusteht. Der Reiche kauft sich Liebe und Harem, nimmt sich Rechte und Privilegien heraus, lässt sich auf Händen tragen – kurz, er beansprucht Glück aus der Höherwertigkeit heraus. Es macht ihn oft nicht oder nicht mehr glücklich, weil während des Kletterns auf der Karriereleiter sein ganzes Seismografensystem nur noch auf das Richtige trainiert ist. Es fürchtete sich ja bisher vor dem Glück, das die Höherwertigkeit gefährden konnte. Der richtige Mensch weiß ja nicht, dass er sein Seismografensystem in ein ES umwandelt, aus dem er nie mehr entrinnen kann. Der weißhaarige Manager mag noch einmal mit einem zwanzigjährigen Model schlafen, aber es ist nur ein weiteres Sternchen seiner Höherwertigkeit – oder manchmal die Erkenntnis, ein n(r)ichtiges Leben geführt zu haben. Pflicht und Glück gleichzeitig? Das ist ein schweres Problem, das sich aber *theoretisch* leicht lösen lässt: lustvoll die Pflicht tun. Das habe ich von Immanuel Kant gelernt.

Die wahren Menschen dürfen wegen ihrer Idee eben nicht das Abgedroschene des Glücks genießen. Liebe ist nie Sex, oh nein! Wahre Liebe ist … Fernsehen macht dumm (Denker) oder roh (Gefühlsmensch) oder gewöhnlich (Ästhet). Urlaubsfreuden sind nur an einsamen Stränden ohne Dusche und Cocktails möglich. Im Rucksack ist ein Tagebuch oder ein Zeichenblock. Das Richtige ist weit weg. Die wahren Berufe werden schlechter bezahlt als die richtigen. Das Wahre muss also in den Skalen des Systemwertes für den Luxus des Wahren bezahlen. Professoren bekommen weniger Geld als in der so genannten freien Wirtschaft. Krankenschwestern lieben ihre Patienten für ein idealistisches Gehalt. Kindergärtnerinnen lieben Kinder, nicht ihre Bezahlung. Erfinder darben oft in der Bastelgarage für ihre Idee. Ktisis pur. Künstler leiden lieber sprichwörtlich Hunger, wenn sie nichts Richtiges zu Stande bringen, als dass sie für „die Masse", für die Galerie oder die Buchauflage schreiben, also die Wahrheit verraten würden. Das Wahre kostet Geld. Dieses Buch hier ist ein wahres Buch. Ich habe dem Springer-Verlag gesagt, dass ich dies so sehe. Es ist irgendwie nur für mich. In das Formular, in dem ich vor jeder Buchvertragsschließung die „Zielgruppe" eintragen muss, schrieb ich „Menschen" hinein. Das Buch hat keine Absicht, außer dass ich das mir Wahre aufschreibe und hoffe, dem Wahren zu helfen. Ich liebe dieses Buch am meisten von allem, was ich je tat. Da die anderen Bücher sich relativ rasch verkauften und gleich die zweite Auflage erreichten, wird der Verlag es überleben, wenn ich ein reines Nachdenkbuch schreibe, das noch viel kompromissloser als die anderen ist. Ich bin so glücklich, dass ich das darf. (Hört ihr das? Verlag? Mein Arbeitgeber? Meine Familie? Anne, beim Kommentarlesen?) Das nächste Mal schimpft der Betriebsarzt beim Radfahrbelastungs-EKG wieder mit meinem gut betreuten Executive-Körper herum: „Sie sind schlecht im Radfahren. Sie müssen mehr und kräftiger zutreten. Sie machen es nicht richtig!" Er meint, ich habe nicht die richtigen Werte. Er meint eventuell die natürlichen Werte, aber ich bin mir bei den Cholesterin-Tabellen nicht so sicher, ob sie mich natürlich fordern oder nur richtig im Sinne der Margarineindustrie. Was sind die wahren Werte? Ich bekomme nicht alles gleichzeitig hin, fürchte ich. Bücherschreiben und auf der Stelle treten.

Die natürlichen Menschen werden noch härter als die wahren mit Systemwertentzug bestraft. Das Wahre erfordert Verzicht auf etwas Richtiges, aber die natürlichen Menschen können sich geradezu auf etwas Richtiges gefasst machen, wenn sie natürlich bleiben wollen. Im Grunde wird Glücksuchen niedergeprügelt. Es geht dabei nicht darum, den einzelnen Glückssucher zu bestrafen. Es würde ja reichen, ihm weniger Geld zu geben, was bei den wahren Menschen gut funktioniert. Im Gegensatz aber zu den wahren Menschen werden die natürlichen Menschen als gefährliche Systemfeinde angesehen, die das Richtige zum Schlechten, Verantwortungslosen und Unmoralischen verführen. Sie geben nämlich ein schlechtes Beispiel, weil sie das Einpflanzen von Seismografen bei den richtigen Menschen behindern. (Natürliche Menschen stören beim Religionsunterricht oder lachen, wenn Lehrer richtigen Menschen Schuldgefühle injizieren.) Sie stören das Uniformisieren und Systematisieren der Menschen im System, wenn sie gerne lärmen, rauchen oder in der Sonne sitzen. Sie sind für das System aufreizend und werden daher bekämpft.

(Die Systeme werden allerdings am Ende immer von *Ideen* vernichtet, nicht von den „Lustorientierten" und „Faulen". Die Ideen, die zum Untergang führen, kommen sehr oft von den richtigen Menschen selbst! (Shareholder-Value, BSE durch Tiermehl oder Züchten von Multifunktionsspeisefischen in Kläranlagen.) Die Systeme verstehen ihre *wahren* Feinde nicht. Wenn sie unbewusst merken, dass sie schon von einer Idee vernichtet sind, sperren sie ein paar repräsentative wahre Menschen ein. Die sind dann schon eher froh, weil sie zu diesem Zeitpunkt praktisch gesiegt haben, was nur noch keiner richtig gemerkt hat. Es ist wie bei den richtigen Unternehmen: Wenn diese einen Verlust in der Bilanz sehen, ist meist schon nichts mehr zu machen.)

Zusammengefasst: Jeder Mensch hat drei Wertekonten. Er besitzt einen Rang im System, einen als Jünger eines Ideals und einen Glückswert seines Lebens. Die drei Menschenarten unterscheiden sich darin, auf welchen Kontostand sie am meisten Wert legen.

Sehr viele Verrücktheiten und Neurosen entstehen, wenn Menschen nicht verstehen, dass es sehr problematisch ist, zu viel auf allen drei Konten haben zu wollen, weil diese Sehnsucht zu Widersprüchen führt. Wir sehen heute diese belastenden

Widersprüche sehr schön in der Grünen Partei, die jetzt (März 2002) in Deutschland mitregiert. Regieren ist das Metier vor allem des richtigen Menschen, weil die richtigen Menschen am meisten in der Politik engagiert sind und diese daher dominieren. Die Politik tritt tendenziell die Ideale mit Füßen. Die Grünen wünschen sich eine wundervolle Umwelt, keinen Krieg in Afghanistan oder einen gewissen Abstand zur Gen-Manipulogie. Sie müssen aber *regieren* und damit meist zum Richtigen ja sagen, also zum Wahren nein. Sie verzweifeln, wenn sie wirklich wahr sind.

Viele Denker sehnen sich nach Streicheleinheiten, viele an sich glückliche natürliche Menschen wollen mehr respektiert und geachtet werden (also Systemwert). Ein guter Mensch sollte wissen, was er gesunderweise auf seinen Konten haben kann oder haben sollte.

3.3.2.2 Werte vom System, von der Idee oder vom Glück

Bisher bin ich davon ausgegangen, dass das System oder die Idee prinzipiell vorhanden sind. Der Mensch misst sich dann in diesem System oder als Jünger dieser Idee. Er misst sich zum Beispiel am Dienstgrad als Beamter oder am Forscherrenommee des theoretischen Physikers.

Neben dem Rang innerhalb einer Kategorie hängt aber der Wert des Menschen ebenfalls sehr stark davon ab, welchen Rang sein System, seine Idee oder sein Glück innerhalb der Menge aller Systeme, Ideen oder Glücksarten einnimmt!

Es macht einen Unterschied, ob der Mensch Weltmeister im Tennis oder im Beachvolleyball ist (darüber schrieb ich schon in *Wild Duck*). Es ist ein Unterschied, ob jemand Papst ist oder der Sektenchef eines Spezialglaubens mit 300 Anhängern. Ein Guru in Chemie gilt mehr als einer der Brunnenbohrologie. Es kommt sehr auf die Größe eines Harems an!

Ich bin zum Beispiel in verschiedenen Verbänden der Wissenschaft tätig. Ich höre die Diskussionen. Mathematiker sagen: „Mathematik ist die Schlüsseltechnologie schlechthin. Alles ist im Grunde Mathematik. Warum sind wir so schlecht angesehen?" Die Informatiker meinen: „Heute geht ohne Computer praktisch nichts mehr. Ohne Informatik müssten wir in die Steinzeit zurück. Die Informatik ist die hohe Disziplin des Menschen." Die Philosophen sagen: „Nach dem Denken kommt lange nichts. Der Sinn des Menschen besteht im Denken." Die Manager sagen: „Es gibt eine Menge wahre Besserwisser. Aber irgendwer muss auch handeln, nicht nur klug reden. Wir handeln. Ohne Management geht nichts. Man sieht es daran, dass Manager am meisten Geld verdienen. Warum wohl? Weil Führung das Wesentliche des Menschen ist."

Die Kirchenfürsten sehen ihre Ideen und ihren Glauben im Abwind. Die Kirchen leeren sich. Andere Ideen steigen auf. Bald arbeiten mehr Menschen an Gentechnologie als es wahre Gläubige gibt. In der Welt ist ein Kommen und Gehen von Systemen und Ideen. Die Arten des Glücks erleben einen großen Sprung. Wer hätte früher an Drachenfliegen oder Disney-Worlds gedacht? Wer wäre früher zu einer Musical-Reise aufgebrochen? Heute können wir bei Traumreisen glücklich sein, in Gourmet-Tempeln schwelgen, Hubschrauberflüge genießen oder alle Golfspielen.

Im Grunde sind viele neue, sehr teure Glücksarten für jeden von uns erreichbar, wenn wir dafür Geld mitbringen. Und die natürlichen Menschen beginnen zu behaupten, dass eine Reise zum Mond glücklicher machen würde als das Boule-Spielen. Wahre Menschen würden das noch diskutieren wollen.

Richtige Menschen identifizieren sich mit ihrem System. Es ist für sie wichtig, welchen Wert das System an sich oder nach außen hin hat, wie angesehen es ist. Ihr Systemwert im System ist eine Sache, der Wert des Systems als Ganzes eine zweite. Und dann streiten sie, was größeren Wert habe. Ist ein Hauptmann einer Kompanie (100 Soldaten) höher als ein Chef einer 5-Personen-Computerfirma oder als ein Dachdeckermeister mit drei Gesellen und zwei Lehrlingen? Der Hauptmann ist Chef von vielen Menschen, der Meister wird von noch mehr Menschen gegrüßt, und der Computerfachmann verdient am meisten. Schwer zu sagen, wer nun den höchsten Systemwert hat.

Wahre Menschen identifizieren sich mit ihrer Idee, natürliche leben in ihrer Leidenschaft. Es gibt große Gurus für kleine Ideen und durchschnittliche Fachleute für große. Was ist mehr wert? Ist die Liebe zu Bratkartoffeln der Leidenschaft für Trüffelrührei unterzuordnen?

Diese Wertfragen sind hochkritisch. Sie geben Anlass zu beliebigem Streit. Viele Lebenslügen nehmen hier ihren Anfang. („Sie ist bloß leitende Kindergärtnerin in einem 800-Einwohnerdorf. Das ist ihr zu Kopf gestiegen.“) Viele Menschen werden mit dem Niedergang ihrer Ideen oder Systeme depressiv. Während zu meiner Kinderzeit ein Oberstudienrat höchsten Sozialstatus genoss, muss er heute erleben, dass viele Eltern seiner Schüler auf ihn herabsehen. „Er soll lehren und sonst die Klappe halten. Du musst dir nichts sagen lassen, mein Kind.“

Wir sehen deshalb im Leben die Systeme gegeneinander kämpfen: Besonders die Firmen sind als Systeme bemüht, sich wertvoll darzustellen. Sie wollen als die besten Arbeitgeber wirken. „Kommen Sie zu uns! Fühlen Sie sich in einer Weltklassecompany geborgen! Hier arbeiten Sie mit den intelligentesten und nettesten und erfolgreichsten Köpfen der Welt! Nebenan aber werden Sie als Sklave gehalten!“ Länder buhlen um Arbeitskräfte. Viele in Deutschland trauern, wenn sie sehen, dass indische Computerfachleute lachend abwinken und lieber nach Amerika auswandern. Deutschland überzeugt sie als System keineswegs. Die Religionen kämpfen mit Systemen, Staat mit Kirche, Idee gegen Idee, System gegen Lust, Lust gegen Idee. Alles streitet mit allem. Was ist jedes wert?

Ich sagte schon, hier lauern die Ränke und Lügen. Den Rang im System oder als Jünger einer Idee kann man noch irgendwie objektivierbar machen. Der Streit untereinander aber, welcher Glaube der rechte sei, ist fast nach Belieben zu führen. Wenn sich Menschen also als etwas Besseres fühlen wollen, so bauen sie am besten ihre Lebenslügen hier. („Ich bin zwar schlecht in der Schule, aber ich gehe immerhin zu einer Waldorfschule.“ – „Mein Arbeitgeber sieht es nicht gerne, wenn ich meine ganze Freizeit mit dem Kunstklöppeln verbringe.“ – „Alle sagen, ich bin unsympathisch. Dabei bin ich nur ehrlich. Ich sage jedem beharrlich, was Gott von ihm denkt. Ich weiß das, weil ich denke wie Gott.“ – „Sie können sagen, ich bin *nur* Hausmeister – ja. Aber in einer Botschaft! Da dürften Sie nicht einmal hinein – und ohne meine Fürsprache schon gar nicht.“)

3.3.2.3 Die Strategie geht auf – vier Wertmaßstäbe – wofür?

Ich habe vier verschiedene Strategien des Menschen vorgestellt. Menschen, die herrschen wollen, Menschen, die auf Beute aus sind, Menschen, die sich verstecken, und solche, die Burgen bauen. Alle diese Menschen freuen sich sehr, wenn ihre Strategie erfolgreich ist.

Die Herrscher erfreuen sich an der Ausdehnung des Reiches, an der damit verbundenen Höherwertigkeit, an Siegen und dauerhaften Unterwerfungen von Menschen. Die Jäger freuen sich an einem gelungenen Coup, einem preisgünstigen Hauskauf, einem eroberten Mann, an rauschendem Beifall. Die Zaunkönige lieben die Zeiten, in denen kein Feind sie aufscheucht oder in denen sie fliehen oder ausweichen konnten. Die Burgenbauer freuen sich über die vergeblichen Angriffe verzweifelter Angreifer, die unter Spott und Spucke von oben abziehen mussten.

In diesen befriedigenden Augenblicken liegt viel Heil für den Menschen.

Leider hat die Strategie, das Leben zu meistern, nichts mit dem Sinn des Lebens zu tun. Denken Sie sich in diesen Gedanken hinein!

Ist es Gott wichtig, ob Sie Zaunkönig oder Herrscher sind? Sie sollen doch nur dem Glauben dienen! Ist es dem Arbeitgeber wichtig, ob Sie Burgenbauer oder Beutesucher sind? Es geht um den Arbeitserfolg! Prüfe ich als Professor beim Mathematik-Diplom, ob der Kandidat extrovertiert oder introvertiert ist? Hat die Strategie etwas mit Wahrheit, Liebe, Schönheit, Innovation oder Körperbeherrschung zu tun?

Ich stelle fest: Nicht so viel.

Wir richten aber unser Leben sehr stark auf diese Strategie aus! Wir wählen eine Kampfesart aus, mit der wir am besten zurecht kommen. Sie ist aber unabhängig vom System oder von der Idee oder von der Natur! Die gewählte Strategie mag im ganz frühen Kindesalter erworben sein; sie mag von den Strategien der Eltern, von der Erziehung und von der Art und Zahl der Geschwister abhängen, sie mag angeboren sein: Sie hat aber nichts direkt mit dem Sinn des Lebens zu tun, wenn wir diesen Sinn irgendwo dort sehen, wo ihn irgendwer normalerweise vermutet.

Unsere Strategie ist eben eine Bewältigungsstrategie des Lebens.

Das macht zum Teil groteske Schwierigkeiten im Leben: Zaunkönige weichen allen Menschen aus, wollen aber oft respektiert oder geliebt werden! Zaunkönige wollen oft für klug gehalten werden, melden sich aber nie zu Wort! („Halt den Mund – du wirst bestimmt ausgelacht!“, zuckt das Flash-Mode-System bei jedem ihrer glücklichen Einfälle in einer Menschenmenge.) Zaunkönige sind ehrgeizig, dürfen es aber nicht zeigen. Sie würden gerne glänzen, aber keiner darf es sehen! Sie wollen herausragen, ohne den Kopf vorzustrecken, auf der Bühne brillieren, ohne sie zu betreten. „Ach!“, lautet die ständige Klage, „Ich möchte irgendetwas besonders gut können und bewundert werden!“

Jäger möchten gerne einen Ruhepunkt im Leben, eine beständige Partnerschaft – aber sie selbst suchen Abenteuer! Sie möchten gerne in einer sie begeisternden Idee aufgehen, ihr das ganze Leben schenken – aber sie begeistern sich während des Besuches des nächsten Kirchentages für etwas anderes, weil ein guter Freund um Hilfe bat! Sie würden gerne eine dauerhafte Stelle mit gutem Gehalt besetzen, aber sie langweilen sich bald wieder. Jäger brauchen oft andere Tapeten.

Burgenbauer möchten nicht immer verteidigen. Sie wünschen sich Sicherheit, draußen vor ihren Mauern. Sie wünschen sich Besuch, dem sie gerne die Zugbrücke hinunterlassen würden. Aber sie haben Angst, erobert zu werden. Sie wirken deshalb auch in Beziehungen distanziert, wollen aber eigentlich auch eine enge Beziehung! Besuch, aber nicht erobert!

Herrscher wollen auch Küsse und Herzlichkeiten – von diesen würden sie aber besiegt! Sie sind doch aber Herrscher! Sie möchten nicht *immer* gefürchtet werden: „Redet doch einer mal normal mit mir!" Mit einem Herrscher? „Ich bin doch auch ein normaler Mensch!", beteuern sie, aber Herrscher wollen genau dies nicht sein, wenn auch ein Prinz es ertragen mag, einmal mit einem Bettelknaben verwechselt zu werden.

Die Lebensstrategie steht quer zum Lebenssinn, fast in jedem Falle.

Wie lösen Sie das für sich?

Ich fürchte, wir müssen das Einseitige einer Spezialstrategie aufgeben, oder?

3.3.2.4 Richtig-gut-schön-stark-neu – Falsch-böse-hässlich-schwach-alt

Jeder Mensch hat eine Lieblingsrichtung. Sie auch? Hoffentlich nerven Sie die anderen Menschen nicht damit, so wie Sie genervt werden.

Die Denker reden immer von „richtig, falsch, wahr, unwahr, Dummheit, Fehler, Schuld, Verantwortung, Inkompetenz, Faulheit, Gewissen, Grundsatz, Prinzip, ..."

Die Gefühlsmenschen benutzen die Wörter „gut, böse, lieb, schlecht, Rücksichtslosigkeit, Gleichgültigkeit, Anteilnahme, Mitleid, Liebe, ..."

Die Menschen in der Richtung der Schönheit verwenden oft „schön, hässlich, schrill, geschmacklos, gewöhnlich, Banause, kulturlos, erhebend, ergreifend, Auge, passt, passt nicht, ..."

Die Menschen in Richtung Ktisis sagen oft „alt, neu, antiquiert, anachronistisch, innovativ, kreativ, fortschrittlich, Erfindung, geniale Idee, ..."

Die Menschen, die auf ihren Körper achten, benutzen die Wörter „gesund, geschickt, krank, schlapp, unförmig, fett, fit, elegant, anmutig, plump, ..."

Ich selbst bin so eine Mischung aus Denker und Innovator. Sie werden ja selbst wissen, wohin Sie sich gezogen fühlen.

Und dann fallen wir übereinander her. Die Richtungskämpfe fangen an. Unsere Richtung ist ja jeweils die wichtigste und wertvollste, für die wir uns einsetzen, also gegen die anderen Richtungen und damit gegen die allermeisten Menschen kämpfen. Das gibt Streit ohne Ende. Jeder fühlt sich der Masse überlegen, weil jede Richtung in der Minderheit ist. Die anderen sind merkwürdige Menschen, die wir umerziehen müssen! Wir müssen Lobby betreiben!

Besser wäre, wir gehen einfach unseren Weg allein – in Richtung Liebe, Denken, Schönheit, Heldentum, Kunst, was immer. Besser wäre, wir würden die anderen schätzen und uns gegenseitig nutzen und helfen. „Nerve niemanden mit dir selbst und hilf, so viel du kannst!"

Hat das Siegen Ihrer Richtung etwas mit Ihrem Lebenssinn zu tun? Wenn Sie ein guter Jünger Ihrer Richtung sind, kommen Sie schon in den Himmel. Sie müssen nicht siegen oder den anderen Richtungen beweisen, dass die Ihre überlegen ist.

Wenn Sie nur ein wundervoller Mensch in Ihrer Richtung wären – das würde die anderen Menschen echt nachdenklich machen!

Mehr können Sie wohl nicht tun.

3.3.2.5 Der Vergleich unter Gleichen

Da die meisten Menschen gar nicht wissen, was ein wundervoller Mensch wäre, behelfen sie sich durch den Vergleich. Wenn wir nicht wissen, was ein guter Weitsprung wäre, so springen hundert von uns weit in den Sand. Wir bestimmen die Siegesweite. Sie zeigt das Wundervolle. So messen die Arbeitswissenschaftler, wie lange jede Arbeit dauert und wie viel Mühe dazu gebraucht wird. Daraus erschaffen sie Normen, die das Normale definieren. Alles Bessere ist gut, alles Schlechtere ist tadelnswert. Das Normale ist natürlich ganz einseitig eine Erfindung des richtigen Menschen und seiner linken Gehirnhälfte.

Die wahren Menschen sehen das Eine und das Andere wie Gegenpole, die weit auseinander liegen, wie unendlich gegen minus unendlich. Sie denken so, wie Sokrates in Platons Dialogen redet, nämlich in Vorstellungsgegensätzen. Wahre Menschen verstehen erst das Ungemischte, die Ideen. Alles Gemischte setzt sich ziemlich einfach aus dem Reinen zusammen. Daher wollen wahre Menschen immer nur über die Ideenpole reden.

Die richtigen Menschen wollen unendlich lange darüber reden, was normal ist, weil das Normale wie eine Nulllinie in ihrem Koordinatensystem erscheint.

Wenn Sie zum Beispiel ein Kind bekommen, lernen Sie, wann es normalerweise zahnt. Der erste Zahn erscheint nach durchschnittlich x Monaten, der zweite nach y Monaten. Ihr Kind wächst heran, aber es zahnt nicht. Es sind schon x+2 Monate herum. Sie gehen zum Arzt. „Ist das normal?“ Er sagt Ihnen, es sei nicht mehr ganz normal, aber überhaupt nicht ungewöhnlich. Das beruhigt Sie bis Monat x+4. Dann gehen Sie wieder zum Arzt, führen exakt denselben Monolog, aber Sie beginnen am Arzt zu zweifeln. An Ihrem Kind wird etwas nicht stimmen. Sie spüren, dass es nicht normal ist. Sie hatten auch schon nach sechs Wochen Angst, als das Kind sechs Tage nicht zunahm, was ganz ungewöhnlich ist! Sie machen sich Sorgen, immer stärker. So sind richtige Menschen.

Ich habe eine Mutter vor einem Arzt knien sehen (nicht meine Frau, die könnte ich ja mit Statistik beharken). Sie weinte: „Es zahnt nicht. Ich habe solche Angst.“ Sie war tränenüberströmt. Der Arzt strich ihr über das Haar und sagte: „Haben Sie schon ein einziges Mal einen Menschen ohne Zähne gesehen?“

Das ist die intuitive Sicht auf das Ganze. Sie schert sich nicht um x und y und um Tabellen. Derselbe Arzt hatte zu meiner Frau gesagt, als unser Baby Anne nicht zunahm, was nicht normal war: „Sieht das Baby denn schlecht aus?“ (Nein!)

Das Normale ist also eine Erfindung des Richtigen. Man muss nichts ganz verstehen, man muss nur das Normale aus Tabellen kennen. Normal ist es, wenn man 15 Wörter mit 6,13 Jahren schreiben kann. Das große Problem ist, dass fast keiner der richtigen Menschen auch nur einen einzigen Schimmer von Standardabweichungen oder Varianzen hat. Es gibt in allen Stichproben normale Abweichungen vom Normalen nach beiden Seiten. Man bezeichnet das Ausmaß der normalen Schwankung um den Mittelwert als Standardabweichung. Diese Größe gibt ein Gefühl für das Nichtnormale. Sie gibt ein Gefühl, wie groß die normale Schwankung ist, die wir auch als Risiko bezeichnen. Eine Autobahnfahrt etwa nach Stuttgart in die IBM Hauptverwaltung dauert 1 Stunde und 20 min. Diese Zahl ist absolut unbrauchbar, weil ich praktisch nie zu spät kommen darf (Hauptverwaltung! Sie wissen schon.). Ich muss also wissen, welche Zeit ich einplanen muss, damit die Wahrscheinlichkeit des Zuspätkommens etwa 4 % beträgt, so dass ich höchstens alle zwei Jahre ein Problem habe. Diese Zeit ist etwa 1 Stunde und 50 min. Alles darüber ist „Extrempech".

Wenn also die richtigen Menschen das Normale zum Maßstab machen, sollten sie wenigstens etwas über das Unnormale lernen. Das aber fürchten sie nur als böse, schlecht, risikoreich. Sie implantieren den Menschen Seismografen gegen das Unnormale, so dass es praktisch unlösbar für die richtigen Menschen mit Angst und Zittern verbunden ist.

Für wahre Menschen erscheint dieses Haften am Normalen wie Einfalt, Spießertum oder Biederkeit. Sie hören sicher gleich aus diesen Wörtern heraus, was Künstler oder Intellektuelle über *richtige* Menschen denken, die ihnen fast synonym zu den *normalen* Menschen erscheinen. Der wahre Mensch denkt wie Kierkegaard „Entweder – Oder", nicht „Normal – Unnormal".

Natürliche Menschen stehen im Hier und Jetzt im Leben. Sie setzen sich mit dem auseinander, was jetzt gerade zu tun ist. Normal? Das Normale wird erwartet, damit man sich darauf einstellen und das Normale einplanen kann. Das Außerplanmäßige, Unpünktliche, Unerwartete ist dann für einen Seismografenausschlag gut. Panik! Hektisch reagieren! Gefahr! Natürliche Menschen benutzen ihr Seismografensystem zum Ringen mit dem, was jetzt ist – was immer jetzt ist. Sie erwarten gar nichts, deshalb gibt es auch keinen Begriff des Normalen in ihnen. Sie finden höchstens die richtigen Menschen „echt unnormal". Sie meinen: unnatürlich.

Das Normale gibt allen Dingen das Maß und die Einheit.

Am Normalen wird die Welt ausgerichtet. Über der Normallinie wird geliebt und gelobt. Darunter wird geprügelt und bestraft. „Ach, Kind, wie sehr könnte ich dich lieb haben, wenn du nur etwas normaler wärest!" Richtige Menschen lieben, wenn der Pegel über Normalniveau steht. Wahre Menschen weisen auf Jesus, der die Menschen liebt. „Was, alle? Wo bleibt die Gerechtigkeit? Wie *kann* man unnormale Menschen lieben?" Das ist eine gute Frage. Wenn ein Mensch in Gegenwart eines richtigen Menschen etwas Unnormales tut (er wirft eine nur ein Drittel angerauchte Zigarette hin, weil sie beim Handyanruf stört), stechen im richtigen Menschen die Seismografen in ihm unbarmherzig zu. Gefahr! Verschwendung! Ungehörigkeit! Wie *kann* er diesen Menschen *jetzt* lieben? Wahre Menschen lieben weiter! Aber sie werden todtraurig, weil überall das Böse erscheint.

Alles orientiert sich in der richtigen Welt am Normalen, besonders die Bezahlung, die verlangten Schulleistungen, die erlaubte Freude etc. Die Bewertung aller Dinge erfolgt durch den Vergleich mit der Norm oder, wenn keine Norm definiert ist, durch den Vergleich untereinander.

Die richtigen Menschen verstehen nie richtig, dass es erbärmlich wenige Normen gibt, eben weil man fast niemals etwas wirklich normieren kann. Beliebtes Beispiel: Welcher Schulaufsatz ist besser – der oder der? Für die meisten Vergleiche gibt es so viele Kriterien, dass man sofort in Kaisers Bart Haare spalten kann. Noch ein Beispiel: Beim Eiskunstlauf gibt es mehrere Kriterien. Deshalb versteht fast niemand mehr irgendwelche Urteile. Dennoch vergleichen die richtigen Menschen unverdrossen.

Das führt zu unglaublich viel Lüge um die wahren Kriterien herum.

Denn das Vergleichen ist Kampf. Es soll im Wesentlichen den Systemwert des Menschen ermitteln. Die wahren Menschen graust das. Die natürlichen Menschen lachen über die Urteile, denen sie sich aber meist fügen müssen.

Im Vergleich liegt ein großer Teil des Bösen, sagen die wahren Menschen: Er erzeugt Egoismus (das soll er auch – in Form von Höherwertigkeitssucht im System) und Neid und Krieg. „Nein, aus ihm kommt alle Energie!“, widersprechen die richtigen Menschen. „Der Vergleich mobilisiert die Kräfte! Er motiviert und spornt an, weil niemand unten sein will!“

„Das Unendliche, das Wahre zieht alle Kräfte hinan!“, schreien die wahren Menschen ergrimmt und verzweifelt, grau im Gesicht. Die richtigen Menschen glauben es nie, weil sie nichts Unendliches kennen. Das Unendliche liegt über dem Normalen, ja, aber wie weit? Wie können wir es messen?

Das Vergleichen erzeugt immer das Minderwertige. Das ist ja das erklärte Ziel! Das Weniger soll zum Mehr angestachelt werden! Deshalb weinen immer etwa ein Drittel der Menschen, diejenigen nämlich, die unter dem Durchschnitt liegen. Haben die einen Lebenssinn?

> Ach, wie viel Sinn könnte dein Leben haben, wenn du nur ein wenig durchschnittlicher wärest!

Der Vergleich scheidet die reale Welt in Himmel, Fegefeuer und Hölle.

Der richtige Mensch weiß, dass dies auch in höheren Sphären richtig erscheinen muss. Ist das wahr, Christus? Lässt das Vergleichen irgendetwas heil? Mindestens das Unterdurchschnittliche wird unheil. Immerhin eine Hälfte.

3.3.2.6 Das Ziel und das ES, die Ideenbefriedigung, der Trieb

Das ES ist vorstellbar als das Seismografensystem, das immer Alarm schlägt, wenn irgendetwas unnormal oder unter Plan ist. („Schuld!“) Die Seismografen des Ideenbefriedigungssystems schlagen aus, wenn etwas gegen die Idee spricht, wenn deren Reinheit bedroht ist oder wenn der wahre Mensch nur armselig in der Idee verwurzelt ist. („Sünde!“) Der natürliche Körper schlägt aus, wenn er seinen Willen nicht bekommt. („Frustration!“)

Diese Systeme sind wie geschaffen dazu, in einem körperlichen Sinne die Einhaltung der Ziele zu kontrollieren. Sie werden auf Karriereziele geeicht, auf Ziele innerhalb von Ideen oder Glaubens- oder Kunstrichtungen oder auf Ziele des Begehrens. „Ich will Vorstand werden.“ – „Ich muss zehn Prozent Mehrumsatz schaffen, sonst bin ich in dieser Firma tot." – „Ich will genau diese Frau und keine andere." – „Ich muss den Beweis für dieses mathematische Problem finden. Ich muss." – „Er hat vor 20 Jahren gesagt, er sei etwas Besseres als ich. Das wird er mir nicht vergessen. Ich werde ihn demütigen. Ich verdiene jetzt schon halb so viel wie er." – „Ich will in die Top Ten. Einmal. Egal wie." – „Wir wollen Meister werden. Wenn ich das nicht schaffe, wechsle ich den Verein. Ich werde langsam alt. Ich fürchte, alles war sinnlos."

Das ES lenkt durch Seismografen die Aufmerksamkeit auf das Ziel im System. Wahre Menschen werden gequält, die Aufmerksamkeit ganz auf ihre Kernidee zu fixieren. Natürliche Menschen müssen das Ziel ihres Begehrens bezwingen.

Die Flash-Mode-Systeme halten uns auf etwas fixiert!

Wissen wir genau, was es ist? Wollen wir das so? Wollen wir so ausschließlich das Ziel erreichen? Wollen wir es so dringend? Unbedingt so hoch gesteckt? Ist es richtig, sich vernichtet zu fühlen, wenn das Ziel verfehlt wird oder in die Ferne rückt?

Es ist gut, wenn die Seismografen unsere Aufmerksamkeit lenken. Im Prinzip ist es hilfreich. Aber sind wir Herr über die Seismografen? Wir könnten es vielleicht sein, wenn wir es versuchten. Aber wir sind uns gar nicht so sehr bewusst, dass hier ein Problem entstehen kann oder schon besteht.

So zucken wir zusammen, wenn ein Ziel in Gefahr ist. Wir fühlen uns vernichtet, wenn der Chef uns nicht grüßt, jemand an uns vorbei befördert wird, wenn wir angeschrien werden, wenn uns jemand warten lässt. Dabei soll uns das Seismografensystem nur helfen, in der Spur zu bleiben. Es soll uns doch sicher nicht beherrschen oder, weil wir uns mit ihm als solchem nicht befassen, unkontrolliert wirken, wie es will.

Wir Menschen programmieren nämlich nur Seismografen mit Strafen und Belohnungen in uns hinein, kümmern uns aber kaum darum, dass in der Gesamtheit eine Art Ungeheuer in uns entstehen kann, unter dem wir leiden. Wir leiden ja nie unter dem Ungeheuer, sondern wir leiden unter den Vorwürfen des Ungeheuers, dass wir uns schuldig fühlen müssten, uns schämen sollten, Fehlern und Sünden und Lüsten entsagen sollten. Das klingt überzeugend. Aber es ist verkappte Schreckensherrschaft. Sigmund Freud hat viel über dieses Über-Ich-Artige geschrieben.

Wie können wir ein sinnvolles Leben führen, wenn wir die Energie zur Zielerreichung durch eingepflanzte Ungeheuer mobilisieren lassen? Reichen Vernunft oder Einsicht oder reiner Wille nicht auch?

3.3.2.7 Die schmerzliche Sehnsucht nach dem Verzichteten, das Glück und das Pech

Kann ich Sie überzeugen, dass es auf so viele Dinge ankommt, wenn wir Sinn spüren wollen? Alle diese Faktoren, die unser Leben wesentlich bestimmen, arbeiten weitgehend unkoordiniert nebeneinander oder sogar gegeneinander. Wir kennen sie meist nicht wirklich, haben also kaum Einfluss auf das, was geschieht.

Niemand tut etwas, alles geschieht.

Die vielen Widersprüche in uns merken wir an dem, was uns fehlt: Arbeit, Geld, Zeit, Liebe, Respekt, Frieden, Ruhe, Erfolg, Schönheit, Fehlerfreiheit.

„Du, Schatz! In der Zeitung steht, dass 70 % der Eheleute mit ihrem Sex nicht zufrieden sind. Viele gehen deshalb fremd, steht hier. Schatz, hast du das gelesen? Was sagst du dazu?" – „Ein Glück, das wir uns aus Sex nichts machen. Es kommt nur Unfrieden und Untreue heraus. Findest du nicht?" – „Ja, sicher, das mag stimmen."

Manche spielen Lotterie, damit sie träumen können, eine Weltreise zu gewinnen oder die Macht in der Familie an sich zu reißen. „Ihr lacht, wenn ich spiele. Die Million aber gehört mir. Ich könnte mich scheiden lassen. Ich muss euch nichts geben. Ihr müsst schön bitten, sage ich euch." Wussten Sie das Folgende? Die Gewinnausschüttungsquote beim Lotto in Deutschland ist dramatisch niedriger als bei der staatlichen Klassenlotterie. Warum spielen alle Lotto? Gibt es dafür irgendeinen rationalen Grund? Es geht nur um die irre Hoffnung, dereinst den Widersprüchen entfliehen zu können.

Wir leiden, wenn wir verzichten müssen. Wir verdrängen es nur mühsam. Immer wieder schwappt es hoch. Es muss mit Seismografen beständig unter Strafe gehalten werden. „Ich hätte damals das kleine Zusatzstudium machen sollen. Es war wegen des Babys, aber eigentlich hatte ich Angst vor der Prüfung." – „Meine Eltern wollten, dass ich dort wohnen bleibe." – „Ich dachte immer, ich kann so etwas nicht. Jetzt, wo ich es besser weiß, ist es zu spät." – „Ich habe immer Pech gehabt. Eine schwere psychische Krankheit warf mich schließlich aussichtslos zurück. Jetzt ist nichts mehr zu machen." – „Ich bin vor allem am Glück der anderen verzweifelt. Niemand musste sich anstrengen, wo ich nichts vermochte." – „Ich bin leider für nichts begabt. Anderen wird alles geschenkt, viele sind reich geboren."

In unserer Ratlosigkeit über unsere inneren Widersprüche bemühen wir Glück und Pech sowie alle Feinde und Bösartigkeiten dieser Welt, um zu erklären, warum wir dahinvegetieren. Es sind leider die Umstände nicht günstig. Schade um unser Leben.

3.3.2.8 Abschalten von Teilsystemen

Viele suchen ihr Heil in Teilabschaltungen ihrer selbst, um ihre Widersprüche los zu werden. Manche schalten alles Körperbegehren ab.

Ich mache Karriere. Bis dahin ist an Spaß oder eine eigene Familie nicht zu denken. Später hole ich alles nach. Dann bin ich oben. Bis dahin gebe ich alles für den Aufstieg.

Ich erkannte, dass alles Böse von meinen Körperlüsten ausgeht. Ich ignoriere den Körper oder besser: Ich beherrsche ihn jetzt vollständig. Ich muss kaum noch etwas essen. Ich wiege nur noch 30 kg.

Ich bin in dieser Firma nicht glücklich. Das Klima tötet. Ich sehe noch die Chance, Gruppenleiter zu werden. Dafür schlucke ich einiges. Ich denke auch, man darf nicht immer gleich fliehen, wenn man auf Schwierigkeiten stößt. Wir sind doch alle erwachsene Menschen, nicht wahr?

> Ich glaube an Gott. Das ist gar nicht so einfach, glauben Sie mir. Alle anderen leben eher besser, ganz ohne Gott. Da kommen mir manchmal Zweifel. Aber der Verzicht wird ja mit einem ewigen Leben belohnt. Es ist mehr wert als ein neues Auto. Deshalb bemühe ich mich, fest zu glauben. Dafür vergesse ich alles andere.

> Ich hasse emotionale Menschen. Alles wird bei mir sachlich entschieden. Das Herz tut nichts zur Sache. Ich habe eines, glauben Sie mir, aber es schadet der Sache, immer das Herz zu fragen. Es kommt letztlich auf Objektivität an, nur darauf. Alle anderen Argumente dürfen nicht zählen. Ich hasse Menschen, die dann weinen, weil sie so labil und schwach sind.

> Ich mache jeden Tag ein paar Stunden Atemübungen, um meinen Körper zu kontrollieren und mein Denken zu disziplinieren. Ich schalte langsam meine Körpersysteme ab. Ich will gleichgültig gegen das Äußere werden. Dann kann mir nichts mehr passieren.

> Ich tue meine Pflicht, ohne Ausnahme. Ich tue es gern. Wenn ich es nämlich nicht gerne tue, macht die Arbeit trübe. Deshalb tue ich alles gern, was ich tue. Ich habe mir angewöhnt, Lieder dabei zu summen, weil Musik dabei hilft, alles gern zu tun. Seitdem ich mir vorgenommen habe, alles gern zu tun, möchte ich das nicht mehr missen. Ich kann schon praktisch alles Unangenehme tun, wobei ich früher Magenkrämpfe gehabt hätte.

> Ich lebe allein. Menschen sind im Allgemeinen böse. Ich sicher auch. Wenn ich allein bin, ist das Haupthindernis für das Leben aus dem Weg. Ich tue keinem mehr was, die anderen sollen mich in Ruhe lassen. Ich habe für alle Fälle eine Waffe zu Hause.

> Ich bin heimlich froh – ich darf das ja kaum sagen – ich bin eigentlich froh, dass ich so starke Flugangst habe, denn ich will nicht so viel Geld wie die anderen Menschen verschwenden. Ich habe mir vorgenommen, jeden Monat 200 € zu sparen. Die werden mir nicht in die Wiege gelegt, wie es bei vielen anderen der Fall ist.

Die Menschen verlassen die Welt oder sie schalten die Seismografen möglichst ganz ab, was lange Konzentration erfordert. Sie entsagen dem sündigen Körper. Sie unterwerfen sich buchstabengetreu einem System. Sie zwingen sich in eine kleine Idee. Sie widmen sich ganz dem Studium einer Winzigwissenschaft. Sie gründen eine spezielle Partei, schenken ihr Leben einem Verein oder verlieren sich an eine Leidenschaft.

Es scheint so, dass es einfacher ist, nur teilweise zu leben.

Dann müssen wir nicht mit so vielen Widersprüchen leben, sondern nur mit diesem einen, nur teilweise zu leben.

3.3.2.9 Wechsel und Zelte abbrechen

Besonders die Zaunkönige und die Jäger lösen öfter zu große Widerspruchskomplexe dadurch radikal auf, dass sie auswandern, den Beruf wechseln, den Wohnort verändern. Burgenbauer verlassen die Burg nicht, Kapitäne verlassen eher kein sinkendes Schiff.

Wechsel macht frei! Die Verantwortung für ein gerade fehlschlagendes Projekt ist wie weggeblasen. Der Lebenspartner ist zusammen mit allen Konflikten verlassen. Frei von den Kindern! Frei! Anders! Neu! Weg! Die frische Luft wird wohl tun!

Es wird immer wieder erzählt, wie angeschlagene Menschen in neuer Umgebung zu blühen beginnen, wenn sie frisch und ohne Vorbelastung neu begannen.

Meist aber ist der Zaunkönig wieder Zaunkönig, die Widersprüche zwischen Ziel und Realität beseitigen sich nicht, meist bleiben Unterdurchschnittliche bei neuerlichen Vergleichen am neuen Ort wieder unter der Normallinie.

Das Wechseln lindert ab und zu den größten Schmerz.

3.3.2.10 Wann passt alles so zusammen, dass alles heil bleibt?

Das Leben stellt sich uns jetzt als ausgesprochen schwieriges Koordinationsproblem dar. Wir haben eine Präferenz als Kind erworben oder ererbt, ein richtiger, wahrer oder natürlicher Mensch zu sein. Die Wahl der Präferenz oder ihre Herausbildung oder Vererbung erfolgt ohne jede Berücksichtigung unseres einstigen Lebenserfolgs. Die Eltern und die Geschwister prägen uns. Wir werden etwas, was wir unter Umständen nicht wählen würden! In meinem Buch *E-Man* habe ich länger darüber nachgedacht, dass es in grauer Vorzeit sicher am besten gewesen wäre, ein natürlicher Mensch zu sein. Es gab ja keine Systeme mit Regeln; es gab keine Kunst oder Wissenschaft. Die Menschen mussten stark und tapfer sein und Tiere erlegen.

Bis vielleicht vor zwanzig Jahren ist es am besten gewesen, ein richtiger Mensch zu sein, der eine sichere Laufbahn in Banken, Versicherungen oder im Staatsdienst anstreben kann.

Heute schwenken wir in eine Wissensgesellschaft, in der alles Wissen im Internet verfügbar ist. Ein Mensch soll das leisten können, was ihn über den Computer und das Internet hinaushebt: Er soll kreativ, innovativ, teamfähig, flexibel, emotional intelligent sein. Wegen des Computers und des Internets wandelt sich derzeit die Welt grundlegend: Wir erleben den Wechsel vom Zeitalter des richtigen Menschen zu einem neuen Zeitalter, das den wahren Menschen in eine neue Führungsrolle drängt.

Alle diese Entwicklungen gehen leider am Kind vorbei, wenn es seine Persönlichkeit ausbildet, wenn es also beginnt, entweder der Disziplin, der Sehnsucht oder dem Willen die höchste Priorität einzuräumen.

Kinder beginnen, sich durchzusetzen, mit Charme zu gewinnen, erste Klugheit zu zeigen, mit Werkzeug umzugehen, Bilder zu malen oder mit technischen Baukästen zu spielen. Hier entwickeln sie Präferenzen, die sie später zu Denkern, Fühlern, Ästheten, Innovatoren oder Handwerkern werden lassen. Diese Präferenzen bilden sich, ohne dass sie wüssten, was man vernünftigerweise sein sollte.

Insgesamt entsteht nun ein Mensch, der in seine Persönlichkeit mehr hineinschliddert, als dass er sie kontrolliert ausbildet. Die Systeme erwarten uniform vom Kinde, dass es ein richtiger Mensch würde. Sie sehen mit Freude, wenn dies gelingt. Sie kämpfen bis zur Ausgrenzung des Kindes, wenn es nicht gelingen will. Die Systeme lassen also die richtigen Kinder bei Kontrollen unbehelligt („o.k., Stempel drauf!“). Sie überziehen alle restlichen Kinder mit Veränderungsversuchen. Im

Grunde beteiligen sich damit die Systeme kaum an der „artgerechten“ Persönlichkeitsentwicklung.

Niemand tut etwas, alles geschieht.

Das Kind ist spätestens im fortgeschrittenen Kindergartenalter ein kommender Herrscher, ein Burgenbauer, ein Jäger oder ein Zaunkönig. Wer hat es so gewollt? Es kommt einfach dazu.

Später sieht sich ein Jugendlicher in einer vorgegebenen Welt, die fast unabhängig von seiner Persönlichkeit existiert. Er muss diese Persönlichkeit nun für diese Welt passend machen. Dabei hat er mit Sicherheit nicht dieses Buch bis hierher gelesen, weiß also zu fast keiner Zeit, welches Problem das Menschenwerden eigentlich mit sich bringt. Das einzige, was den Jugendlichen wirklich hart beschäftigt, sind die Vergleichszwänge des richtigen Menschen.

Die Jugendlichen werden unnachsichtig in Schulnotenklassen eingeteilt. Sie werden mit Ängsten geimpft, nicht normal zu sein. Diese Ängste führen zu Cliquen-Bildungen. Manche Kinder bekommen schon Angst, nicht normal zu sein, wenn sie nicht die richtige Turnschuhmarke tragen. Die Pädagogik stellt fest: Die Kinder orientieren sich nicht mehr so sehr an den Eltern, sondern an ihren Peergruppen, an ihresgleichen. Es ist das Angstdiktat, nicht normal in der normalen Umgebung zu sein. Später werden sie am Arbeitsplatz normal sein müssen ...

Die Persönlichkeit entsteht also nicht in zweckmäßiger Weise, die auf das Leben vorbereiten würde. Sie entsteht quasi zufällig, je nach Eltern und Geschwistern. Die planmäßige Ausbildung der Systeme führt zur „Richtig“-Stellung des Kindes, mehr geschieht nicht. Die wahren Menschen dulden stumm und sehnen sich nach der besseren Zukunft. Sie lesen Harry Potter. Die natürlichen Kinder lesen eher nichts und leisten Widerstand, der sie in große Gefahr bringt, der sie allerdings auch stark machen kann.

Was aber sind dann, wenn man nun einmal mit einer Persönlichkeit gesegnet ist, die besten Formen des Menschen? Welche passen zu welchem Menschen? Darüber haben die Philosophen, streng genommen, noch nicht nachgedacht, weil sie in der Regel jeweils nur eine *einzige* Lebensweise beschreiben. Diese ihre Philosophie ist meist das Denkergebnis ihrer eigenen Entwicklung. Philosophen sagen, ein Mensch solle so sein, wie sie es sich selbst einrichten würden, wenn sie noch einmal leben müssten und dabei alles Wissen schon hätten, was sie jetzt haben.

Glücklicherweise gibt es richtige, wahre und natürliche Philosophen, so dass sich der ratlose Mensch doch einigermaßen orientieren kann. Man sollte nur das ganze Rechthaberische und Streitende überlesen. Der Streit besteht im Wesentlichen aus drei Lehrmeinungen: „Der richtige Mensch ist am besten.“ – „Der wahre Mensch ist am besten.“ – „Der natürliche Mensch ist am besten.“ Da die Philosophen Denker sind, ist die Richtung klar: Denken ist die Hauptsache. Da die Philosophen Bücher schreiben und Vorträge halten, sind sie eher Zaunkönige oder Burgenbauer. Damit stellt sich dann doch das Problem, dass es für viele von Ihnen keine richtige artgerechte Philosophie gibt, die neben den berühmten Standards von Platon, Kant & Co bestehen könnte.

Ich habe mich selbst umgeschaut, was gute artgerechte Lebensweisen sein könnten, die zusammenpassen und zum Heil führen könnten. Ich habe versucht, mich in alles hineinzudenken, weil ich ja nur ein einziger Menschentyp unter 60 verschiedenen bin. (Ich bin intuitiv, denkend/innovativ, Burgenbauer.) Es ist schon seit der ersten Seite dieses Buches nicht so einfach, sich vorzustellen, wie zum Beispiel Sie denken. Es ist eine richtige Herausforderung. Früher, als ich langsam zu begreifen begann, wie Sie denken, habe ich oft und lange mit dem Kopf geschüttelt: Warum tun Sie das nur? Warum so? Heute bin ich eine Stufe weiter und schätze Sie schon hoch: Wie Sie das machen! Donnerwetter!

Ich bekomme mit der Zeit eine Vorstellung, dass ich sehr davon profitieren könnte, wenn ich vieles so übernehme, wie Sie es tun. Wohin führt mich das?

Das weiß ich jetzt noch nicht.

3.3.3 Das Ich oder das Ego

Sigmund Freud sieht im Menschen eine Instanz des Ich, die zwischen den Interessen des Systems (vertreten durch Eltern, Regeln, Kultur, ...) und den zwingenden Forderungen des animalischen Triebs in uns vermittelt. Das Ich steht zwischen dem Über-Ich und dem von Freud so genannten Es.

Ich habe jetzt dargestellt, dass sich die Koordinationsaufgabe einer Ich-Instanz viel schwieriger gestaltet. Es gibt zwei Gehirnhälften, die verschiedene Ergebnisse in gleichen Lagen errechnen. Was tun? Wie organisiert das Ich den „Trieb" oder das ES, also sein Flash-Mode-System? Hat das Ich überhaupt einen *Zugang* zum Seismografensystem? Es könnte sogar wirklich einen haben, aber wir *kennen* ihn ja nicht! Wir haben unser Seismografensystem ja noch nicht erkannt! Wir haben noch nichts darüber gelernt!

Normalerweise richtet das Seismografensystem die Aufmerksamkeit auf etwas in unserer Umgebung. Hat das Ich darauf Einfluss? Erst danach, wenn die Aufmerksamkeit durch die Seismografen auf etwas gerichtet wird, treten die beiden Gehirnhälften in Aktion und denken sich etwas. Das Ich muss nun entscheiden, ob es überhaupt zustimmt, die Aufmerksamkeit dort zu lassen, wo sie vom Seismografen erregt wurde. Will sich das Ich damit befassen? Oder lehnt es das ab? („Nein, jetzt kein Eis!")

Danach muss das Ich entscheiden, welche der verschiedenen Meinungen den Ausschlag geben soll. (Links: „Sieht vernünftig aus." Rechts: „Mein Bauch hat ein merkwürdiges Gefühl." Oder rechts: „Ich bin begeistert!" und links: „Das scheint mir nicht erlaubt. Nicht explizit, aber es ist mir zu sehr am Rande.")

Das Ich koordiniert nicht immer alles neu. Es bildet bestimmte Stile aus, hat manchmal schreckliche Fehler gemacht und in anderen Fällen glücklich entschieden. Das Ich stellt fest, dass es in bestimmten Sparten (Gefühl, Denken, Ktisis, ...) besser und kompetenter entscheidet als in anderen. Es spezialisiert sich, erwirbt Strategiemuster und ändert die Person langsam zum Beispiel in einen Zaunkönig oder in einen Herrscher. Im Zuge dieser unausgesetzten Vermittlung und Koordination des Ich entfaltet sich die Persönlichkeit.

Wenn das Ich oder das Ego unter Druck steht, wenn es sich hilflos vorkommt oder überfordert ist, neigt es zu etwas gewaltsamen Entscheidungen:

Es wird egoistisch.

Es gibt viele Gelegenheiten, unter Druck zu kommen. Die hauptsächlichen Schläge gegen das Ich sind Seismografenausschläge, die schlechte Vergleichsmessungen anzeigen.

Zum Beispiel: schlechte Noten, in den Sand gesetzte Projekte, Streit mit Kollegen, Furcht vor Arbeitsplatzverlust, Schuldgefühle, Schamgefühle, Angriffe von Stärkeren, … Es gibt so viele Gelegenheiten, die ein Ich zur Arbeit zwingen. In unendlich variantenreicher Färbung heißt es: „Du wirst besiegt und überrascht. Du bist nicht sicher. Andere überflügeln dich und nehmen dir etwas weg. Du bekommst nicht, was dir zusteht. Du bist schlecht angesehen. Es ist Gefahr! Gefahr an allen Enden, vom Chef, von den Turbulenzen der Schulkinder, vom Ehepartner, der etwas ganz anderes will! Nichts ist in Ordnung, alles muss geregelt werden! Wo bleibst du, Ich? Hier ist wieder eine neue Angst! Was sollen wir tun! Entscheide!"

Die Seismografen schlagen Alarm. Wenn das Ich nicht schnell genug arbeitet, stauen sich die Alarme, die dann wieder höhere Alarme auslösen. „Chaos! Notbremse!" Der Körper reagiert eventuell mit sofortiger Grippe, mit Adrenalin, mit Ruhigstellung oder Depression.

Unter solchen Lebensbedingungen soll also das Ich die Entscheidungen treffen und alles sauber abarbeiten. Es hat aber, ich stellte es schon fest, keinen rechten Einfluss auf die Seismografen. Erst wenn das Ich noch die Aufmerksamkeit in den Griff bekäme, sollten wir eigentlich vom Ich sprechen. So aber haben wir nur ein sehr schwaches Ich, das im Wesentlichen nur reagiert, wenn Alarm ist.

Nebenbei kommen die Philosophen, Eltern und Manager und sagen dem Ich, es solle gleichzeitig noch für die anderen Ichs der andern Menschen umher sorgen, sich um das Gemeinwohl kümmern, um die Menschwerdung aller Menschen, um ihren Weg zu Gott und dergleichen.

Viele Ichs der Menschen ziehen in Panik die Reißleine.

Sie werden eben, wie gesagt, egoistisch.

Sie beginnen, erst für sich zu sorgen, dann für die anderen. Sie beginnen zu schummeln, zu lügen, Schwierigkeiten vorzutäuschen, Hilfe abzulehnen. Sie stöhnen sichtbar unter allen Belastungen, gehen neuen aus dem Weg, leiden laut unter Zeitmangel, rufen jeden gearbeiteten Handschlag als Verdienst aus. Andere Menschen hören dies heraus: „Ich! Ich! Ich! Ich zuerst, ich in Not, ich bin am besten!" Das heißt: „Ich will am besten sein, damit die Not endlich ein Ende hat. Ihr anderen, bitte! Akzeptiert, dass ich keine Not mehr leiden will. Akzeptiert einfach so, ohne weitere Demonstration, dass ich der Beste bin! Kniet vor mir, küsst und respektiert mich, dann ist mein Leiden eingedämmt und ich kann wieder Atem schöpfen! Ich wünsche mir so sehr Ruhe vor meinem Seismografensystem, vor meinen Kollegen, vor meinem Terminkalender. Ich schaffe es nicht mehr allein! Habt ein Einsehen und helft mir!" Ach, die anderen sagen, sie seien *noch* schlimmer dran!

Mir scheint das, was wir einen schlechten Menschen nennen, wie ein überlastetes oder unfähiges Ich, das dieser Koordinationsaufgabe nicht gewachsen ist. Die „nichtguten" Menschen entscheiden mal so, mal so, haben kaum gute Referenzerfahrungen, auf die sie zurückgreifen können, müssen also alles immer neu entscheiden. Jede neue Entscheidung ist wieder nur ein Versuch, es diesmal brauchbar zu gestalten – die Angst vor Seismografen flackert dauerhaft in den Augen. Das Ich, das die Kontrolle verliert, verrennt sich in Sackgassen, in Sucht oder ins Armenhaus. Es wirkt übersteigert, aggressiv, gehetzt, gestresst oder apathisch, niedergeschlagen, deprimiert. Das überforderte Herrscher-Ich schlägt um sich und versucht sich am letzten verzweifelten Endkampf um den Endsieg – alles auf eine Karte, alles wieder gut machen! Die überforderten Zaunkönige verschwinden ganz, die Jäger versuchen sich an immer waghalsigeren Aktionen – Beute notfalls unter Suizid (schauen Sie einmal in die Zeitung, unter Nahost oder unter Amok in der Schule). Die Burgenbauer lassen niemals mehr ihre Zugbrücke hinunter und schießen irrtümlich auch auf Touristen.

Das, was wir einen guten Menschen nennen, erscheint mir wie ein Ich, das der Realität gewachsen ist. Es ist ein Ich, das mit allen Anforderungen klarkommt und sich auch in wechselnden Umfeldern bewährt. Es baut einen Erfahrungsschatz von guten Entscheidungen auf, der kurze Entscheidungswege ermöglicht. Das gute Ich koordiniert reibungslos. Die Seismografensysteme schlagen kaum noch Alarm. Es ist nämlich fast alles gut. Kaum Stress. Das Ich konzentriert sich auf die wirkliche Arbeit – es ist nicht nur mehr Katastrophenabwickler.

Die Frage ist nun: Wie sieht denn ein gutes Ich aus? Gibt es Ratschläge oder einfache 10-Punkte-Programme, wie ein Ich seine Welt regieren soll? Ich stelle im Folgenden drei Beispiele dar, drei von vielen anderen möglichen. Ich stelle ein richtiges, ein wahres Ich und ein natürliches Ich dar und gebe „kluge" Anmerkungen dazu ab, wie mein Ich das sehen würde. Ich habe Ihnen ja schon gesagt, dass mein eigenes Ich eher ein Minderheiten-Ich ist und nicht so repräsentativ sein mag. Aber es will Ihnen nachher sagen, was das Eigentliche an der Sache ist. Das will es unbedingt.

Eine Abschweifung: In unserer Zeit des Shareholder-Value erscheint ein gut koordinierendes Ich als zu stressfrei, also eher wie faul und untätig. Ein guter Mensch, der froh vor sich hin arbeitet und dem alles gelingt, muss sich die Unterstellung gefallen lassen, dass er noch nicht „am Anschlag" arbeite, wie man heute so sagt. Er ist aus Sicht der Bosse noch nicht an die Grenze des Ertragbaren gegangen. Aber in einer Zeit des Überlebenskampfes einer darwinistischen Wirtschaft soll jeder Einzelne bis an seine Grenzen gehen und das Bestmögliche leisten. Das Nahen der Grenze für ein Ich bemerkt man an Fehlern, Ermüdungen, am Verstummen der Gesänge, dem Milchnebel im vorher glänzenden Auge. Es ist die Grenze des Ich zu einem schlechten, überforderten, überlasteten Ich. Die Bosse nehmen den Menschen erst an der Grenzen zum schlechten Menschen ab, genug gearbeitet zu haben. Sie fragen nie wirklich, wo das Profitoptimum wäre! Das ist längst mit dem Summen bei der Arbeit in Vergessenheit geraten.

Weil aber deshalb die heutige Welt nicht im Profitoptimum arbeitet, sondern im Stressdesaster, deshalb müssen wir viel mehr arbeiten als früher, wenn wir das gleiche Gehalt mit unintelligenter Arbeit unserer Ichs verdienen wollen. Da wir das Profitoptimum planmäßig verlassen, weil wir dies alles nicht verstehen, häufen unsere Firmen Verluste auf. Sie sterben. Darwin. Die Bosse sagen, dass wir noch mehr arbeiten müssten. Wir müssten lernen, mit noch mehr Stress umzugehen. Wir werden noch mehr Verlust machen und weiter sterben. Darwin.

Leider liegt es nicht an der Auslese der Besten, in deren Folge die Schlechten sterben. Das würde Darwin sagen. Wir insgesamt verstehen das Beste nicht und verbieten es. Deshalb begehen wir Selbstmord im Ich-Chaos. Das steht an jeder Wand geschrieben. Wir aber haben keine Zeit zuzuhören. Wer Zeit hat, könnte noch mehr arbeiten. Wer Zeit hat, ist ein schlechter Mensch. Unsere Zeit sieht uns wie einen Hühnerhaufen, der sich erbittert um die Körner auf dem Hofe zerkratzt; niemand aber legt Eier, weil keine Zeit dazu ist.

3.3.4 Tugend des „Edlen“ und Wohlergehen für alle

Lassen Sie uns einen Ausflug in das Konfuzianische machen. Ich würdige jetzt nicht den Menschen Konfuzius, seine Lehren oder seinen Einfluss auf China und die Welt.

Ich gebe hier nur kurz einige Aussagen zum Leben des von ihm so genannten „Edlen“ (junzi). Dabei kommt heraus: Konfuzius ist ein *richtiger* Mensch, konkret und im Detail. Er will die Welt in concreto verbessern. Es geht ihm weder um intuitives Brüten über bessere Welten noch um einen Weg in Einfachheit, wie ihn die Taoisten gehen.

Konfuzius ist kein Denker, sondern in meinem Verständnis dieses Buches ein Gefühlsmensch. Ich zitiere hier nur zwei Sätze aus seinen *Gesprächen* oder *Lun-yu*: „Will man Gehorsam durch Gesetze und Ordnung durch Strafe, dann wird sich das Volk den Gesetzen und Strafen zu entziehen versuchen und alle Skrupel verlieren. Wird hingegen nach sittlichen Grundsätzen regiert und die Ordnung durch Beachtung der Riten und der gewohnten Formen des Umgangs erreicht, so hat das Volk nicht nur Skrupel, sondern es wird auch aus Überzeugung folgen.“

Ich interpretiere: Konfuzius ist ein Vertreter der Notwendigkeit eines Systems. Deshalb ist er ein richtiger Mensch. Er erteilt dem reinen Regel-/Gesetzesgedanken eine Absage. Er setzt auf Sittlichkeit oder Moral, auf Ritus und Tradition, auf Höflichkeit und guten Umgang miteinander. Das ist fast prototypisch genau: *richtiger Gefühlsmensch.* Man kann von Konfuzius annehmen, dass er sehr ehrgeizig war und als „Edler“ eine hohe beratende Funktion im Staatsdienst für sich adäquat sah, die er einige Zeit auch sehr erfolgreich wahrnehmen konnte. Was er empfahl, lebte er beispielhaft vor.

Konfuzianer sehen den Menschen verpflichtet zu Jen (Menschlichsein), I (Rechtlichkeit), Li (Sittlichkeit und Ritus), Dsche (analytischer, scharfer Verstand) und Hsin (Zuverlässigkeit), wobei Konfuzius selbst in dieser Liste Jen an die höchste Stelle gestellt hätte. In dieser Liste steht implizit wieder: Linke Gehirnhälfte, erst Gefühl, dann Ordnung.

Platon nannte Weisheit, Gerechtigkeit, Besonnenheit, Tapferkeit als Kardinaltugenden (Denker!), Aristoteles setzte die Gerechtigkeit ganz nach oben (Denker!). Die katholische Kirche ist irgendwie auch so geworden, finde ich, wie ein Denker – mit Dogmen, Hierarchien, Unfehlbarkeiten und ähnlichen Systemattitüden. Dadurch wirkt unsere Kultur mehr wie „Denker“, obwohl Jesus als Mensch und in seinen Worten Äonen davon entfernt ist. Als Mensch wäre Jesus ein wahrer Gefühlsmensch.

Es scheint so zu sein, dass die ursprüngliche Richtung des Gefühls und des Menschlichseins immer wieder von den Denkern in Regeln und Gesetze umgeleitet wird, weil das Denkerische sich schriftlich besser darstellen lässt. Dies gilt insbesondere für das Westliche, dessen Sprache für das analytische Denken geschaffen zu sein scheint.

Das Konfuzianische sieht aber das Hauptmerkmal des vollkommenen Menschen darin, dass er die Gründe des Herzens kennt, also um die Natur des Menschen und seiner Gefühle weiß. Zi-Gong fragte den Konfuzius: „Gibt es ein Wort, das ein ganzes Leben lang als Richtschnur des Handelns dienen kann?" – Konfuzius antwortete: „Das ist ‚gegenseitige Rücksichtnahme'. Was man mir nicht antun soll, will ich nicht anderen Menschen zufügen." (*Lun-yu*, 15,24).

Das steht fast so ähnlich im Evangelium, aber Jesus hätte niemals *Rücksichtnahme* gemeint, sondern *Nächstenliebe*! Ich habe hier auch einen Text der *Lun-yu*, in dem der Übersetzer nicht Rücksichtnahme, sondern Nächstenliebe übersetzt. Ich bin da nicht Experte, wage aber einen Einwurf: Das Wort Rücksichtnahme bezeichnet eine Kardinaltugend der linken Gehirnhälfte, Richtung Gefühl. Es passt also zu Konfuzius. Das Wort Nächstenliebe bezeichnet dagegen eine Kardinaltugend der *rechten* Gehirnhälfte, Richtung Ethik. Das Konfuzianische ist konkret, praktisch, systematisch, bodennah. Die Worte von Christus aber sind Worte des radikal Intuitiven, ohne System, ohne Hierarchie, ohne Listen und Prioritäten, was zuerst und in welcher Reihenfolge getan werden müsste! Insofern scheint mir die seltsame Art des linkshirnigen Christentums, wie sie gewöhnlich praktiziert wird, absolut an der rechtshirnigen Konzeption vorbeizugehen. Jesus steht für das Rechte und würde – in diesem Sinne extrapoliert – mit Sicherheit hierarchische Kirchensysteme links liegen lassen wollen.

Die Übersetzer verwechseln dann leider Rücksichtnahme mit Nächstenliebe.

Einiges von Konfuzius: „Sich selbst überwinden, die eigenen Wünsche und Begierden bezwingen und sich der Sitte zuwenden – das ist Jen." (Jen: *Menschlichsein*). Jen ist also auch linkshirn-gefühlsmäßig-richtig gemeint. Oder weiter hinten in *Lun-yu* (17, 6): „Überall fünf Grundsätze verwirklichen – das ist Jen." – Was sind die fünf? – „Höflichkeit, Großmut, Aufrichtigkeit, Eifer und Güte. […] Wer Güte hat, kann anderer Menschen Herr und Leiter sein."

Sehen Sie den Unterschied zu den gängigen Managementkursen, in denen wir lernen, wer die richtigen Führungspersönlichkeiten wären? Wir sehen heute Manager als durchsetzungsstark, zuverlässig, mobilisierend, energisch, tough, zielorientiert etc. Güte? Die heutigen Manager und Politiker sind zum größten Teil richtige Menschen des Typs „Ordnung, Denken, Gesetz". Sie sagen: „Ein Unternehmen ist keine Sozialstation. Es geht ums Überleben."

Jemand fragte Konfuzius: „Soll man mit Güte vergelten, wenn einem Unrecht geschieht?" – „Womit willst du dann Güte vergelten? Unrecht ist mit Gerechtigkeit, Güte mit Güte zu vergelten", entgegnete der Meister. Christus würde die rechte Wange hinhalten, weil eben seine Lehre rechts-intuitiv ist. Das analytische Denken setzt dagegen der Güte Grenzen.

Der Edle im Sinne des Konfuzius flieht nicht aus der Welt und propagiert keinen Egoismus. Er entwickelt sein Selbst (im linkshirnigen Sinne zur Vorbildlichkeit) und bejaht sein Ich. Es drängt ihn danach, in einer Gemeinschaft Verantwortung zu übernehmen, sei es in der Öffentlichkeit, in der Verwaltung oder schlicht im Rahmen der weiteren Familie. Der Edle integriert die Gemeinschaft und er selbst integriert sich in ihr.

Der Edle ist bis zum Äußersten *diszipliniert*. Er überprüft sich ständig selbst entlang den Worten: „Täglich überprüfe ich mich in dreierlei Hinsicht: War ich andern gegenüber treu und zuverlässig? War ich aufrichtig im Umgang mit Freunden? Habe ich geübt, was ich gelernt habe?“ (*Lun-yu* 1,4) Und noch einige sehr erhellende Sätze von Konfuzius aus *Lun-yu* 15: „Der Mensch kann Großes denken und hohen Idealen folgen. Das bedeutet aber nicht, dass er selbst dadurch zu Ansehen und Einfluss gelangt.“ – „Ich habe schon tage- und nächtelang über die rechte Art zu leben nachgedacht, nichts gegessen und nicht geschlafen. Ich versuchte, selbst darauf zu kommen. Das aber hat keinen Nutzen. Besser ist es, von anderen zu lernen.“ Das beständige Lernen ist eine Grundhaltung des Edlen, der sich ausdauernd um das Studium der Klassiker bemüht.

Ich bin ja Intuitiver: Ja, man kann in der Bibliothek einiges lesen. Aber das Denken, also die reine Zeit ungestörten Ratterns des neuronalen Netzes in mir, *das* bringt die wahren Früchte! „Es hat keinen Nutzen, zu versuchen, selbst darauf zu kommen!“ Wenn ich Konfuzius so höre, dann krampft sich mein ganzes Selbst zusammen und stöhnt. Er versteht es nicht! Links ist nicht das Wahre!

Aber für richtige Menschen sagt Konfuzius genau das Richtige.

(Abschweifung: Deutschland erleidet derzeit eine Bildungsdiskussion unter dem deutschen Trauma, nicht vorbildlich zu sein und nicht genug zu lernen. Das brachte diese Studie namens Pisa ans Licht. Ich erwähne sie hier noch einmal. Wie sehr sie sich alle aufregen und empören, die richtigen Menschen! Sie reagieren wie Konfuzius: Noch mehr Stoff lernen, denn selbst darauf zu kommen, hat keinen Nutzen! Ich könnte jetzt und hier ein ganz eigenes Buch abzweigen, ehrlich. In unserer heutigen Wissensgesellschaft sind mehr als die Hälfte der Akademiker Intuitive. Sie werden aber im System wie richtige Menschen traktiert. Da ist das Problem! Sie müssen „Problemlöseverhalten“ eingeimpft bekommen, nicht Stoff! Das aber ist eine Doktrin des wahren Menschen. Unser Bildungssystem ist nur für richtige Menschen gedacht. Alle Kritik an diesem System beklagt den mangelnden Anteil des Intuitiven, Kreativen, Selbstdenkenden. Diese Kritik ist dem System unverständlich, es versteht nur die Links-Kritik „zu wenig Stoff drin“. Deshalb sehe ich selbst ganz mutlos den schweren Gang Deutschlands in die Katastrophe. Es kommt nicht so schlimm. Eine Katastrophe wird es letztlich doch nicht. Deutschland wird eben nur sehr durchschnittlich. Aber selbst im Sinne des konfuzianischen Edlen ist dies die Katastrophe schlechthin.)

Die richtigen Philosophen sehen also das Heil des Menschen im vorbildlichen Verhalten, in der Pflicht, in der Selbstintegration in das jeweilige System. Täglich prüft sich der richtige Mensch, ob alles in Ordnung ist. Nach und nach wird er fehlerfreier, also gerechter, sittlicher, pflichtbewusster und ordentlicher.

Ich sehe es so: Dem richtigen Menschen pflanzt das System ein reiches Seismografensystem ein, wie er sich zu benehmen hätte. Die Eltern „erziehen“ zu Regeln und Gewohnheiten. Die Schule addiert noch mehr Hausordnungen und Prüfungspunkte dazu und türmt immer mehr Stoff auf, der voraussichtlich nützlich sein wird. Im Grunde wird ein Grundstein im linken Hirn angelegt, eine Art Grundwissen, ein Grundverständnis. Dazu kommen alle möglichen Regeln und Vorschriften, Wünsche und Vorstellungen des Systems, die als Seismografen in den jungen Menschen eingebrannt werden.

Wenn der richtige Mensch danach als Anfänger, als Rangniedrigster in das System eintritt, schlagen alle Seismografen Alarm. Denn wir überprüfen uns ständig, und nicht nur in dreierlei Hinsicht. Dann verbessern wir uns, halten die Regeln ein, werden sittsam.

Wir bestehen Jahr für Jahr mehr und mehr Prüfungen. Die Kritik wird leiser. Wenn sie gestorben ist, ist das Seismografensystem ruhig und alles im Einklang mit den gespeicherten Vorschriften des linken Gehirns. Dann sind wir also weise geworden.

(Das ist nicht meine Meinung, nur die Idee der Konstruktion eines *richtigen* Lebens – in Wirklichkeit vergessen wir das Prüfen, wir messen falsch und betrügen die Seismografen durch das Vorgaukeln von schlimmen Widrigkeiten und das Fürchten vor Feinden. Überhaupt ist Angst vor allem Möglichen ein guter Ersatz für die Mühsal des Edel-Werdens. Man ersetzt Erziehungsseismografen durch Angstseismografen! Ein schreckliches Ende des richtigen Menschen und die implizite Hauptkritik an der Möglichkeit eines wahrhaft richtigen Lebens!)

Kann ein richtiger Mensch im konfuzianischen Sinne sein Leben erfüllen? Ja, er kann. Konfuzius lebte es selbst vor. Es ist allerdings nicht einfach! Es dauert lange, bis die Seismografen ruhen. Konfuzius hat wohl auch sicherlich gemeint, alles lieber gleich ganz ohne Seismografensetzen zu probieren, also mit reiner Vernunft des Richtigen. Geht das? Zumindest nicht praktisch für die große Menge der Menschen. Die Seismografen scheinen mir die wesentliche Möglichkeit des Menschen, Vernunft in Tatwillen umzusetzen, damit der Seismograf abgestellt wird. Wie setzen wir reine Vernunft direkt in Tatwillen um, ohne dass irgendetwas pressiert? Es müsste ein HyperSeismograf sein, der sagt: Vernunft hat das unbedingte Primat über den Willen. Aber der schlüge ja dann dauernd aus?

Das richtige Leben sähe also so aus: Der richtige Mensch wird mit Grundwissen und einer Unmenge von Regelseismografen bepflanzt und etwa mit 20 Jahren in diesem Zustande sich selbst überlassen, in dem er schon die Konsequenzen der Schläge selbst tragen kann. Das richtige Leben bestünde in einem langen Weg, all dem zu genügen, was als Forderung einst hineingepflanzt war. Wenn das gelingt, ist der Mensch weißhaarig geworden und weise.

3.3.5 Eines der höchsten Güter: Das Geschenk des Eigentlichen

Ich glaube nicht an diesen Weg der Pflicht, selbst wenn ich mich in den Vorstellungsraum des richtigen Menschen hineinversetze. Dieser Weg endet ja nie in Vollkommenheit. Denn „nobody's perfect". Das sagen selbst und vor allem die richtigen Menschen, immer ein wenig resigniert. Sie arbeiten auf Höherwertigkeit hin. Jeder kommt so weit, wie er kommt. Ständig wird gemessen und geprüft, wie weit er ist und wie weit im Vergleich zu den anderen. „Er ist in der zehnten Klasse. Er müsste in seinem Alter schon diese und jene Einsichten haben." Im Grunde ist der Weg der Pflicht einer des Linderns der Schmerzen, die durch Seismografen, die Hüter des initialen Systems, verursacht werden. Insofern wird der richtige Mensch schon irgendwie glücklich: Er wird langsam respektiert, als Vorbild geachtet, nicht mehr so stark kritisiert.

Aber ist das alles? Nur gut zu funktionieren im Sinne der Systemdesigner und nur frei von Ego-Verletzungen zu bleiben und daneben genug Geld (Sicherheit) zu haben? Ja, ich weiß, das ist exzessiv interpretiert, wo es ja auch um Sitte, Güte und Gerechtigkeit geht. Aber bitte sehen Sie auch, dass die Seismografen gewöhnlich bei Ungerechtigkeit, Nichtgüte und Unsitte anschlagen. Der *richtige* Lebensweg vermeidet ja im Wesentlichen Fehler. Er ist also eine Wegbewegung vom Gegenteil dessen, wohin man will. Wenn ich mich dadurch einem Unbekannten zu nähern versuche, indem ich mich vom Gegenteil entferne, so mag ich die grobe, richtige Richtung treffen. Im Grunde kann meine Richtung aber wirklich nur grob sein.

Diesen Mangel, das Positive als Gegenbewegung zum Negativen zu begreifen, kann der richtige Philosoph heilen, indem er fordert, das Geforderte oder die Pflicht zu lieben. Wenn wir das vom System Geforderte als Ziel unserer Neigung empfinden könnten, dann wäre das richtige Leben so, dass man zufrieden sein könnte. Dann wäre mein Leben keine Wegbewegung vom Gegenteil, sondern die Neigung würde mich wie ein Magnet anziehen. Deshalb stellen uns so viele Denker das Lieben der Tugend als vornehmste Pflicht dar. Ich in Wirklichkeit kenne niemanden, der die Tugend liebt. Ich kenne etliche, die sagen: „Ich bin stolz darauf, die Tugend zu lieben." – Oder: „Ich mag Menschen grundsätzlich. Ich will da gar keine Ausnahme machen. Das gibt es bei mir nicht, dass ich einen Menschen nicht mag. So etwas kommt nicht in Frage, das ist doch klar." Das macht mir schwer Eindruck und solche Menschen bekommen von mir 100 Punkte extra, aber *sie lieben nicht.* Ihr Verhalten simuliert Liebe, damit das Seismografensystem sie nicht verletzt, das das Lieben von ihnen als Pflicht verlangt.

Für mich ist die Pflicht und die Tugend und die Neigung zu ihnen nicht das, was eigentlich von uns verlangt wird. Diese Begriffe treffen für mich nicht den eigentlichen Kern. Aber wenn ich nun erklären soll, was das Eigentliche ist? Da ringe ich wieder einmal um Worte. Ich versuche es mit einem Vorstellungsmodell des Innen und des Außen. Das Eigentliche ist in der Mitte. Es ist einfach zu sehen, aber schwer zu beschreiben oder nachzumessen.

Ich möchte am Beispiel der Berufsausübung erhellen, was ich meine. Es gibt eine „innere" Pflichtvorstellung von dem, was jemand von Berufs wegen leisten sollte. Dieser Jemand leistet seine Arbeit und tut seine Pflicht. Er mag gerne arbeiten und seinen Beruf lieben. Die anderen Menschen aber um ihn herum haben eine „äußere" Vorstellungswelt von dem, was dieser Jemand zu leisten hätte. Diese Vorstellung ist meist anders. In wirtschaftlichen Worten: Es gibt eine innere Vorstellung des Arbeitenden, wofür er zuständig ist und was er leisten sollte. Daran orientiert sich meist seine Dienstpflicht. Es gibt eine weitere, äußere Vorstellung, die man heute und nicht erst seit langer Zeit die Sicht des Kunden nennt, der zufrieden sein will. Der Begriff der Kundenzufriedenheit hat es auch heute noch schwer, in den mentalen Vorstellungsmodellen von Unternehmern und Mitarbeitern Fuß zu fassen oder gar in sie Eingang zu finden. „Ich tue meine Pflicht, 100 %, ganz sicher! Aber die Kunden sind unverschämt. Sie wollen natürlich immer mehr oder gleich alles." Wenn ich solche Worte im Geschäftsleben höre, bin ich meist schon argwöhnisch. Da liebt jemand seine Pflicht und spürt aber doch, dass er selbst von sich diese Pflicht verlangt, dass aber auf der anderen Seite „Kunden" eine andere Auffassung von dem haben, was er tun sollte. Es ist fühlbar, dass es eine Lücke oder eine Inkongruenz zwischen dem Innen und dem Außen gibt. Bei den meisten Menschen gewinnt die innere Sicht, die als maßgebend empfunden wird. Ein Beispiel:

Wenn ich mir vorstelle, ein richtiger Mensch zu sein…

Ich hätte eine Rolle im Leben, ich wäre Bibliothekar oder Verwaltungsangestellter und hätte einen langen Aufgabenkatalog abzuarbeiten. Ich würde exzellent arbeiten, alles richtig machen, zu den Kollegen nett sein, nie aus der Rolle tanzen, weil ich als richtiger Mensch meine Rolle fast so ernst nehme wie mich selbst, so weit, dass ich sie nicht auseinander halten kann. Ich identifiziere mich mit meinem Job. Wenn jemand etwas will, was *nicht* zu meiner Pflicht gehört, lächle ich freundlich und erkläre bestimmt, dass ich nicht zuständig bin. Das kann ich notfalls anhand einer Tabelle beweisen. Ich gebe dem Kunden den netten Hinweis, welcher Kollege von mir tatsächlich zuständig ist. *Wenn* ich zuständig bin, setze ich meine ganze Kraft in Pflichterfüllung. Täglich überprüfe ich mich in dreierlei Hinsicht: War ich andern gegenüber termintreu und zuverlässig? War ich aufrichtig im Umgang mit Kunden? Habe ich geübt, was ich gelernt habe?

So werde ich langsam ein edler Mitarbeiter.

Dieses Verständnis des richtigen Menschen ist ein typisch philosophisches, weil es introvertiert ist. Ich setze mir selbst Kriterien, die ich erfüllen will. Zum Beispiel: Ich will alle Tugenden haben. Ich bemühe mich, mich so zu benehmen, dass ich diesen Kriterien gerecht werde, also alles richtig mache.

Leider sind meine Kriterien oft nicht wichtig, vielleicht falsch, oder sie ändern sich. Es kann ja sein, dass ein Bibliotheksbenutzer überhaupt nicht daran interessiert ist, ob ich alles richtig mache. Er will zum Beispiel nur ein bestimmtes Buch, das nicht ausleihbar ist. Ich sage ihm dann freundlich, dass es zum *Präsenzbestand* gehört. Er will es aber ausleihen, nur für einen Tag, weil es sein Schwager in der Firma umsonst kopieren kann. Eine kurze Ausleihe würde ihm also extrem helfen. Aber ich darf meine Pflicht nicht verletzen, die ich inzwischen liebe. Er schimpft mit mir, weil ich kleinlich bin, aber ich tue nur meine Pflicht. Er muss also, sage ich ihm, zu meinem Chef gehen und meine Pflicht ändern, wenn er das Buch haben will. Ich bin nicht selbst für meine Pflicht zuständig, sondern immer der über uns ist für unsere Pflichtdefinition verantwortlich. Irgendwo muss ja die Ordnung herkommen.

Wie gesagt: Es gibt einen Widerspruch zwischen der Pflicht in einer Rolle und dem Angemessenen für einen Kunden. (Vater zu Kind-Kunde: „Als wildfremder Mensch würde ich dir ein Eis kaufen, als richtiger Vater darf ich es nicht, weil du schon eins hattest. Und da ich meine Pflicht liebe, finde ich mich gut, wenn ich dir kein Eis kaufe, obwohl es mir bei diesem Wetter schwer fällt, und das bringt mir wieder Tugendpunkte in Liebe ein.“) Für diesen elenden Widerspruch zwischen den Pflichten und den verschiedenen Rollen haben die richtigen Menschen in den letzten Jahren den Begriff der *Kundenzufriedenheit* erfunden oder eingeführt. Man fordert nun, dass der Kunde zufrieden gestellt werden muss. Ich bin damit berechtigt oder aufgefordert, meine Pflichten selbst zu ändern, ohne das System zu ändern, aber so, dass ich alles später als Ausnahme rechtfertigen kann. Ich könnte nun mit dem Bibliotheksbenutzer zum Kopieren mitgehen, aber das System hat wieder noch höher Regeln, die mitgehen lassen am stärksten verbieten. Usw. Sie verstehen mich schon:

Es geht um einen Kompromiss zwischen denjenigen Kriterien, die meine *innere* Pflicht definieren, und denen, die in naiver Weise von mir von *außen* erwartet werden könnten. Man kann nun nicht einfach die naive Erwartung von außen zu meiner Pflicht machen, dann wäre ich quasi Sklave des Kunden, während ich in Wirklichkeit Sklave des Systems bin. Aber durch die Einführung der Kundenzufriedenheit als Begriff und Konzept werden sozusagen von außen Kriterien an mich, den Pflichtmenschen, herangetragen, damit ich nicht nur meine Innenpflicht tue, sondern auch eine im Sinne des Kunden sinnvolle Tätigkeit ausübe.

Wenn Sie noch ein bisschen Mathematik parat haben, kann ich Sie mit einem Vorstellungsbild beglücken. Wenn der Mathematiker oder Archimedes die Kreisfläche berechnen will, zeichnet er mit dem Zirkel („circulos meos!“) einen Kreis auf Kästchenpapier oder Gittersand, also auf Rechenheftpapier mit Kästchen. Dann zählen wir, wie viele Kästchen ganz im Kreis liegen, *ganz drin*. Danach zählen wir noch die Kästchen, die vom Kreisrand durchschnitten oder berührt werden. Wir wissen dann: Die Fläche des Kreises ist mindestens so groß wie die Summe der Kästchenfläche *innen* und sie ist kleiner als alle Innenkästchen plus alle Randkästchen. Untersumme und Obersumme, sagt der Mathematiker. Die *wahre* Fläche des Kreises liegt dazwischen. Man kann also ziemlich schnell ungefähr sagen, wie groß die Kreisfläche ist, mit ein paar Kriterien von *innen* und ein paar von *außen*. Die eigentliche Wahrheit ist aber so sehr tief wie der Kreis einfach rund ist! (Abb. 3.3)

So ungefähr können Sie sich Pflicht von innen und Pflicht von außen vorstellen. Dazwischen ist eine gewisse Grauzone. Das System verpflichtet sich, dass ich etwas innen für Kunden tue. (Ich leiste die „Untersumme“ als meine innere Pflicht.) Der Kunde sieht mich von außen in der Pflicht, dass ich für ihn zuständig bin. Er wünscht sich die „Obersumme“. Wenn es gelingt, die Differenzen sehr klein zu halten, so dass sie kaum auffallen, dann ist alles *richtig* – von innen und von außen.

Die Philosophen kannten die Kundenzufriedenheit noch nicht. Sie messen also das Gute im Menschen an inneren Kriterien und beschäftigen sich unausgesetzt damit, was gerechte innere Kriterien wären, die also die Rolle des Menschen definieren. Noch heute, bei IBM, müssen wir Anforderungsprofile von Mitarbeitern und Arbeitsstellen aufschreiben oder Pflichtenhefte erarbeiten, aus denen hervorgeht, was genau laut Vertrag gebaut werden muss und wie es bezahlt wird. Diese Definitionen der Pflicht sind *Innenapproximationen* dessen, was noch entstehen soll und wozu wir uns verpflichten. Der Kunde will natürlich immer noch mehr haben, aber weniger bezahlen, er kommt mit so genannten Maximalforderungen, die so sind wie die Obersumme beim Kreisflächeberechnen.

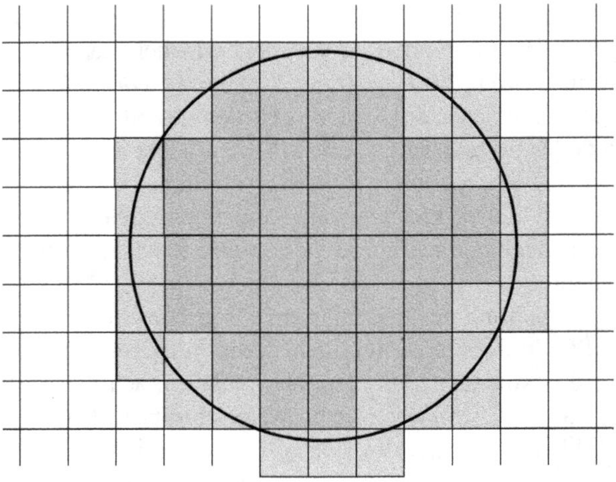

Abb. 3.3 Aus der Schule: Innen- bzw Außenapproximation der Kreisfläche durch enthaltene bzw. einschließende Quadrate

Ich empfinde es so, dass die Tugendphilosophen die Innenforderungen erarbeiten.

Die Könige und Herrscher, die die Steuern erheben, stellen dann schon genug Außenforderungen, an denen sich der Philosoph die Zähne ausbeißen kann. Er denkt mehr über das richtige Innere nach und verteidigt es gegen das Äußere.

Mir erscheint es so, dass die Innenforderungen der Tugendphilosophen rein prinzipiell sind und oft nicht viel damit zu tun haben, was ich als Bibliothekar eigentlich zu leisten habe. Ich könnte als richtig tugendhafter Mensch einen schrecklichen Bibliothekar abgeben. Die Kunden fordern meistens Dinge, die weit über die Vorstellung des Pflichtmenschen hinausgehen. Zum Beispiel sind die Banken in Deutschland immer dann geöffnet, wenn alle arbeiten; sie sind geschlossen, wenn jemand im Prinzip zur Bank gehen könnte. In solchen Fällen kann es keine vernünftigen Kompromisse geben. Denn die Banken sind wie die meisten Philosophen introvertiert. Sie machen alles richtig, aber nur von innen gesehen. Es gibt sehr viele richtige Lehrer, die ihre Innenpflicht tun, aber von niemandem sonst als Lehrer im eigentlichen Sinne empfunden werden. Man nennt sie dann mit einem gewissen Ton in der Stimme den „Oberlehrer".

Ich habe Sie in eine lange Gedankenkette gezerrt – es musste sein. Jetzt kommt das Eigentliche. Wir wissen alle ganz genau, was eine gute Bank oder eine gute Bibliothek ist. Wir wissen, wie Tante Emma oder ein Lehrer sein soll. Wir wissen alle, was ein guter Maurer, Lehrer, Bürgermeister wäre. Es ist aber schwer zu sagen. Es ist einfach zu sehen, wir wissen es alle, aber es ist schwer zu sagen. Es ist wie in der Zeichnung die Kreisfläche. Der Kreis in der Mitte ist einfach und rund, aber schwer zu „greifen". Die Rechtecke drum herum sind so ähnlich, aber sie sind nicht dasselbe wie ein Kreis.

Ich sage:

Über der Pflicht, die nur eine Regel-Approximation an das Gewünschte ist, gibt es das *Eigentliche*. Ich habe viel in *Wild Duck* darüber geschrieben. Unsere Schneidermeisterin Fräulein Stoppel („Fräulein, bitte!", sie war sehr alt), die jedes Jahr auf unseren Bauernhof kam und für uns ein, zwei Tage nähte, war so ein eigentlicher Mensch. Der alte Herr Brand nebenan, der immerzu hustete, war ein eigentlicher Mensch. Er war Bergmann gewesen, mit Staublunge. Er war gütig und treu, lieb und geduldig zu uns Kindern. Ich kann mich nicht erinnern, einmal so etwas wie „na, bin ich gut?“, „sag' mal danke“, „das habe ich gut gemacht“ gehört zu haben. Er war Bergmann.

Es gibt richtige Menschen, die das Eigentliche sind. Sie sind mit Leib und Seele Sekretärin, Eisverkäufer, Fahrlehrer oder Klempner. Sie *sind* es. Es gibt niemals eine Diskussion zwischen Minimalpflicht und Maximalwunsch. Sie sind es. Die Schneiderin schneidert und wir sind glücklich. Onkel Brand erzählt „von unter Tage“ und wir Kinder lauschen. Der Fahrlehrer vermählt uns mit dem Auto, die Fahrprüfung ist leicht. Diese Menschen sind keine Kästchenkonstruktion, die wie Regeln aussehen. Sie sind so furchtbar einfach wie der Kreis innen, ganz rund. Trotzdem ist es schwer zu sagen, was *eigentliche* Menschen sind. Wir sehen es aber alle. Unfehlbar. Wir merken, wann Stars „Menschen“ bleiben, wir bewundern das Eigentliche und Einfache in jeder Form. „Wie edel und schlicht! Wie treuherzig und ehrbar!“ Das einfach Runde und Eigentliche tritt in vielen Formen auf. Es gehorcht keinen Regeln. Das Eigentliche ist nicht das im linken Gehirn Approximierte, es ist das, was es sein soll.

Die Obersummen- und Untersummenapproximationen im Bild oben sind hässlich und sehen komplex aus. Der Kreis in der Mitte ist nur einfach rund! Die komplexen Kästchen kann aber jeder fassen. Jeder kann durch Abzählen die Fläche der Kästchenflächen berechnen. Jeder! Zum Berechnen und Abhaken sind die Kästchen ideal. Wir können mit ihnen Regeln definieren, alles in Unterkästchen und Zuständigkeitskästchen einteilen. Kästchen sind gut zu organisieren. Insgesamt aber sticht das Hässliche des Gesamtgebildes der Kästchen ins Auge. Insgesamt müssten wir, um den Kreis, den so ewig einfachen, zu verstehen, wenigstens die Kreiszahl Pi kennen … Im Sinne des linken Gehirns ist das Kästchengebilde das Angemessene. Im Sinne des Ganzen ist der Kreis einfach.

Ein Lehrer ist ein Lehrer, ein Rechtsanwalt ein Rechtsanwalt. Es riecht in der Nähe des Eigentlichen nach Echtheit, Reinheit, Einfachheit, Vertrauen, Nicht-Fragen, Nicht-Prüfen, Nicht-Ich, Nicht-Du, Nicht-Man – es ist nur da, was da sein soll. Von außen sagen wir nicht: Das ist ein feiner Mensch, diese Schneiderin. Wir sagen: Es ist Tante Stoppel. Meine Schwiegermutter war ein eigentlicher Mensch. Sie war „Mutti“. Bei eigentlichen Menschen redet man nicht mehr über Messungen, weil sie ja das Eigentliche sind. Eigentliche richtige Menschen sind das, was sie sein sollen.

Die Frage der Pflicht stellt sich nicht. Die Frage der Neigung stellt sich nicht. Es wäre töricht zu fragen: „Stimmen bei dir Pflicht und Neigung überein? Ist bei dir Pflicht = Neigung?“

Verstehen Sie? Die Pflicht ist nicht das Eigentliche! Pflicht ist ein Katalog, der das Eigentliche approximiert. Wenn also Pflicht = Neigung wäre, dann wäre das Eigentliche nur mit großer Neigung approximiert! Dann wäre es nicht das Eigentliche, wenn man eine Neigung zur Approximation hätte!

Es gibt einen gewaltigen Sprung zwischen dem Richtigen und dem Eigentlichen oder zwischen der Tugend und dem Eigentlichen. Die Tugend prüft täglich nach, wie bei Konfuzius, kontrolliert die Vollkommenheit, approximiert sich immer mehr in die Nähe der Vollkommenheit, sieht immer wieder, dass sie das Ideal nie erreichen kann. Immer wieder arbeiten die Prüfsysteme und die Seismografen!

Das Eigentliche stimmt einfach, ohne Messen, ohne Gleichung, ohne Prüfen, ohne Seismografen. Es ist da. „Es ist erreicht." Was ist erreicht? Das weiß man nicht zu sagen. Das Eigentliche eben. (Es liegt wie rund und einfach in unserer Mitte.)

Da das Eigentliche nicht mehr misst und prüft und eben da ist, misst es auch nicht mehr, wie viel es für das Eigentliche bekommt. Deshalb ist das Eigentliche ein Geschenk.

Im Leben wird das Eigentliche eines Handwerkers hoch bezahlt. Aber wir geben den Lohn überhaupt nicht widerwillig, wir schenken ihn fraglos und prüfen nicht. In seiner Gegenwart schweigen auch wir, wir Uneigentlichen. Auch *unsere* Messsysteme ruhen, wenn der eigentliche Handwerker arbeitet, weil sie wissen, dass nichts zu messen wäre. Das Einfache und Eigentliche erkennen wir am Ruhen aller Koordinationssysteme der Ichs rundherum. Es ist nichts zu koordinieren, weil alles erreicht ist. Ich meine damit nicht, dass das Eigentliche vollkommen oder perfekt wäre. Es ist einfach.

Ein Beispiel: Die uralte Wanduhr mit der Melodie des Big Ben, die ich von meinem uralten Großvater erbte, erinnert mit jedem Ton an ihn und an das 19. Jahrhundert. Sie erstarb. Was kann man tun? Ich fürchtete das Schlimmste. Der Uhrmacher würde sich sicherlich so anhören: „Wir setzen Ihnen ein Quarzwerk hinein und machen neue, ganz gerade Zeiger dran, das wird jetzt viel verlangt." Ich fuhr bangen Herzens zum Uhrmacher in das enge alte Neckargemünd, stellte mich vor das Geschäfts ins absolute Halteverbot und wuchtete die Uhr hinein, wies auf die Polizeiproblematik hin und erwartete zügige Abfertigung. Das Personal flüsterte. Ich erfuhr über einen sich sorgsam bewegenden Herrn hinter einer Glasscheibe, dass es der Meister sei, der sein Werk erst beenden müsse. Es lag Ehrfurcht in den Stimmen. Es hörte sich gut für meine Uhr an. Ich wartete und wartete. Ich fürchtete die Polizeistation, drei Häuser neben dem Uhrmacher. Nach langer Zeit stand er langsam auf. Er sah die Uhr. Seine Augen begannen zu leuchten. Er trug die Uhr wie auf einem Luftkissen, so andächtig, hinter die Scheibe und wies mich mit strengen Augen an, hinter der Schwelle zu verharren, die den Laden von einem kuriosen Werkzeugchaos trennte. Tote Uhren mit offenen Eingeweiden überall. Er öffnete die meine. Sein Kopf wiegte hin und her, als sage sein Herz: Die Uhr ist hoffnungslos alt und reparaturbedürftig. Seine Augen leuchteten wie die eines Gourmets, dem die Spezialität des Hauses unter einer Silberkuppel herangetragen wird. Er musste *dies* denken, das sah ich: „Die *darf* ich reparieren." Er drehte sich besorgt um und sagte das erste Wort. „Es wird *sehr* teuer." Ich seufzte und entgegnete, dass ich auf alles gefasst sei. Er erschrak und schien innerlich neu zu kalkulieren, damit er sie reparieren *dürfe*. Er sagte gepresst: „150 €." Es tat ihm leid und er bat um Verzeihung, aber er werde mehr als einen Tag benötigen. Ich versprach, alles Nötige zu zahlen. Er urteilte vorsichtig, dass er die Uhr drei Wochen behalten müsse, damit er ihre Genauigkeit prüfen und einstellen könne. Ich willigte ein. Als ich ging, freute er sich. Als ich nach drei Wochen wiederkam, musste er die Uhr wieder hergeben.

Dieser Uhrmacher ist nicht vollkommen, nur eigentlich. Er ist nicht freundlich und lässt mich warten. Er hält sich kaum an Termine und verhandelt einen schlechten Lohn. Er macht bei der Arbeit keine Kompromisse. In meiner Firma wäre er nicht teamfähig und profitschädlich perfektionistisch. Aber ich bin so glücklich von einem Kunsthandwerker weggegangen wie vielleicht noch nie. Er sorgt sich um das Eigentliche für mich. Es ist sein Bedürfnis, es mir zu schenken. Im tiefen Grunde sorgt er nicht für mich, sondern für die Uhr, die er liebt.

Tugend? Ordnung? Nein: Es ist das Eigentliche. Wir sehen es von außen an und wissen: Es ist das, was sein soll. Das Eigentliche ist unendlich. Wir rechnen nicht auf, dass wir warteten. Wir rechnen nicht nach, was es kostete. Wir verlangen nicht, untertänig bedient zu werden. Gegen die im Eigentlichen geheilte Uhr ist das Endliche drum herum nichts. Messen aller Art ist sinnlos.

Richtige Menschen, die das Eigentliche erreichen, koordinieren nicht mehr bewusst, weil Koordination im Unendlichen nicht hilft. Das Ich ist ein Manager der verschiedenen Einflussfaktoren, es ist naturgemäß endlich und von begrenzter Komplexität. Das Ich des Richtigen kann im Eigentlichen verlöschen. Es wird nicht mehr gebraucht. Im Eigentlichen ist der richtige Mensch erlöst.

Es gibt bestimmt eine Menge erlöster richtiger Menschen. Es gibt sie in jeder Form, auch des „kleinen“ Menschen. Das Eigentliche ist jedem zugänglich, der Mensch kommt ihm aber mit dem Doktortitel nicht näher. Das Eigentliche brennt und ist tätig, aber es kennt keine abweichende Flamme, eine Gier für anderes. Das Eigentliche geht den Weg, ohne Wegweiser, ohne Blick auf die Richtung. Das Eigentliche wird nur immer eigentlicher.

Das ist ein schöner Satz, nicht wahr? Völlig vage, und ich gebe Ihnen keine Liste in zehn Punkten, die die Merkmale des Eigentlichen aufzählen. Merkmale sind Approximationen! Nie das Eigentliche. Also gibt es keine Merkmale des Eigentlichen, außer dass es jeder erkennt. Charisma ist etwas dieser unendlichen Form. Ich lese oft in Managementbüchern, was Charisma ist. In Listen von zehn lächerlichen Punkten. Am Ende sagen die Autoren, dass ihr Beitrag nur eine Approximation oder eine Beispielsammlung sei. Was Charisma ganz genau sei, lasse sich mit diesen zehn Punkten nicht wirklich erfassen. Charisma ist nicht durch Merkmale zu erfassen, aber jeder sieht es! Es ist eben eine der Erscheinungsformen des Eigentlichen.

3.3.6 Licht suchen, Licht finden, Licht sein: Bewegung zur Weisheit

Die wahren Menschen erfahren sich selbst mehr über das „neuronale Netz“ der rechten Gehirnhälfte. Für sie ist nicht das Wissen (links gespeichert) und das Lernen (links speichern) entscheidend. Für die wahren Mensch geben Informationen und Wissenselemente *Denkanstöße*!

Das ist ein gutes Wort für das, was passiert: Denkanstoß.

Ein neuronales Netz wird beim Trainieren mit Inputs gefüttert. Es verwertet diese Inputs, indem es lange denkt. Wenn ein Denkergebnis erwartet wird, so antwortet das Netz nach einiger Zeit mit einer Entscheidung. Darüber hinaus stellt das neuronale Netz die Gewichtsfaktoren neu ein. Dieser Vorgang bedeutet, dass das Netz aus dem Denkvorgang nicht nur eine Entscheidung herauszieht, sondern sich selbst in einen neuen, hoffentlich besseren Zustand versetzt. Das Netz ist nicht wie ein Computer, der ein Programm abarbeitet. Ein deutscher Bank-Computer kann hundert Mal gefragt werden: „Kann ich auch Dollar abheben?“ Und der Computer sagt hundert Mal nein. Genau so funktioniert das linke Gehirn von Beamten. Aber ein Netz bekommt Sehnsucht! Es *möchte* gerne im Stande sein, auch mit Dollars zu dienen! Es berechnet durch Trainieren in sich eine bessere Welt. Deshalb sind die Intuitiven die Idealisten auf unserer Erde.

Die richtigen Menschen lernen. Für sie bedeuten Informationen neue Kenntnisse über Fakten, Regeln, Gebräuche, über Hierarchien, Bewertungen, Vorlieben anderer Menschen.

Die wahren Menschen saugen Informationen als Denkanstöße auf. Diese Denkanstöße lösen wie die Inputs in neuronale Netze eine heftige Denkbewegung aus. Das Neue wird wie in einer Art Denk-Magen verdaut und in das Netz verwoben.

Ich meine: *verwoben*. Ich meine *nicht*: eingebaut. Ich möchte auf diesem Unterschied den Daumen drauf halten. Das analytische Denken addiert neue Information. Es baut sie speichernd dazu. Das Neue ist eine neue Abteilung des Wissens, es ist ein Mehr. Das intuitive Denken nach Art eines neuronalen Netzes ändert die Gewichtsfaktoren im Gesamtsystem. Hinterher ist dort kein Mehr, überhaupt kein Mehr! Hinterher ist das Ganze anders. Das Netz ist neu justiert oder anders eingestellt. Im analytischen Denken ist das neue Wissen gespeichert, also immer wieder abrufbar. „Ich habe es mir genau gemerkt!“ Das Wissen des Analytikers wird für spätere Verwendung gehortet. Der Intuitive verwendet alles Neue, um sein neuronales Netz zu erziehen. Er denkt und denkt. Die Information, die den Denkanstoß auslöste, wird aber nicht zwingend gespeichert, wenn das linke Hirn nicht darauf besteht. Die Originalinformation gibt es hinterher nicht mehr. Es sind nur die Gewichte anders geworden!

In der Regel führt das Lernen des analytischen Verstandes zu einem immer komplexeren Wissen, zu immer größeren, wuchernden Strukturen. Mein Lieblingsbeispiel: das Gesetz, zum Beispiel das Steuergesetz. Alle neuen Fälle werden dazukommentiert und resultieren in der Tendenz in neuen Paragraphen, so dass das Gesetz (es ist wie das linke Gehirn) wuchert und an Komplexität zunimmt. Das Intuitive versucht, aus den neuen Fällen oder Denkanstößen eine immer lichtere Struktur zu abstrahieren, die ein Dachgesetz über alle Fälle bilden könnte. Das Intuitive endet nach Ewigkeiten von Denkzeit mit einer Seite Verfassung oder Bergpredigt.

Die buddhistische Moral lautet: „Alles Böse meiden, das Gute tun und das eigene Herz reinigen: Das ist die Lehre der Buddhas.“ Das ist schon deutlich weniger als eine Seite. Das Hauptproblem des Intuitiven besteht nun darin, sein neuronales Netz so umzubilden, dass eben die gesamte rechte Gehirnhälfte, das gesamte Universum der Billionen Verbindungen im Netz mit noch mehr Billionen Gewichtsfaktoren so eingestellt ist, dass das gesamte Netz als riesiger Bau nur eben dieses kleine Eine ist: „Alles Böse meiden, das Gute tun und das eigene Herz reinigen.“

Der *richtige* Mensch würde sich diesen Satz merken und zu Herzen nehmen. Er würde dann morgens nach dem Milchtrinken wie ein guter Konfuzianer sagen: „Ich prüfe täglich dreierlei: Mied ich das Böse? Tat ich das Gute? Reinigte ich mein Herz?“ Das Intuitive versucht, eben gut zu sein und gereinigt zu sein. Gereinigt sein, das heißt: rein für immer. Richtige Menschen meinen mit gereinigt: frisch sauber gemacht.

Ich versuche bis zum Verzweifeln, diese Unterschiede zu erklären, die die wesentlichen Differenzen zwischen den Menschen heraufbeschwören. Ich hoffe, Sie schütteln jetzt nicht auch den Kopf über scheinbar wirre Vorstellungen.

Der wahre Mensch entwickelt also in der Folge von Denkanstößen sein neuronales Netz. Dieses unentwegte Trainieren erfährt er selbst als Persönlichkeitsentwicklung (*nicht*: als Höherkommen, besser werden, Karriere machen). Er wird innerlich reicher durch *Vereinfachung* (nicht: durch Ansammlung). Vereinfachung in abstrakte Prinzipien wie die von Verfassungen oder Glaubensgrundsätzen führt zu der Vorstellung einer Leitidee, die über diesem wahren Menschen steht. Die Leitidee ist die Essenz eines Intuitiven. Es kommt nun darauf an, eine „gute“ Leitidee zu entwickeln. Noch einmal: Es geht nicht um das Kennenlernen oder das Erfahren einer Leitidee. Es geht darum, dass das neuronale Netz als Ganzes diese Idee repräsentiert! Der Intuitive muss am Ende des Prozesses diese Idee selbst sein! Mit Billionen neu eingestellter Gewichte in seinem neuronalen Netz!

In der Überschrift habe ich gesagt, wie ich es mir vorstelle: Der Intuitive sucht das Licht.

Er sucht eine Leitidee, die ihn führt. „Ich bin Algebraiker.“ – „Ich lebe als Zeuge Jehovas.“ – „Mein Stern ist das Buch Mormon.“ Es gibt so sehr viele Leitideen. Kleine. Mittlere. Ganz große, zum Beispiel: „Ich liebe das Gute.“

Es ist verhältnismäßig einfach, ein ganzes neuronales Netz so zu trainieren, dass der Mensch, der dazu gehört, Algebraiker ist. Es ist ungeheuer schwierig, als Gesamtsystem unter der Generalidee des Guten zu funktionieren. Die Algebra mag manchem wie eine Sonne erscheinen, aber das Gute an sich ist eher die Milchstraße dazu.

Wahre Menschen meinen oft ihre Leitidee, wenn sie sagen: „Ich bin Neurologe.“ – „Ich bin Atomphysiker.“ Richtige Menschen sagen das nicht so. Sie sprechen Sätze, die auf ihre Stellung im System hinweisen: „Ich leite die Hauspostabteilung.“ – „Ich wickle die Lohnbuchhaltung ab.“ – „Ich bin für die Reisekostenabrechnungen verantwortlich.“ Ich kann bei Bewerbergesprächen oft in Sekunden sagen, ob ein richtiger, wahrer oder natürlicher Menschen vor mir sitzt.

Wie ist das, wenn man Licht findet? Es ist das Gefühl der plötzlichen Erleuchtung. Es ist wie das Spüren eines gigantischen „Ja!“. Es ist eine Art Schockzustand des neuronalen Netzes. Beim normalen Trainieren sieht es ganz plötzlich den Zipfel einer neuen Welt, schaut kurz genauer hin: „Ja!“

Dann folgt eine Phase unendlich süßer Entspannung, in der sich die Gewichte des Netzes der neuen, aufgestoßenen Welt anpassen. Erst geht es schnell, dann wird der Anpassungsprozess langsamer, schließlich wird wohl über Wochen, Monate, Jahre die Idee immer reiner, vollendeter. Sie beginnt das rechte Gehirn „zu beherrschen“. Das „Ja!“ bedeutet nur so etwas wie das erste Stoßen auf einen Schatz, wie der erste

Anblick einer Goldader. Hinterher erfordert es Jahre an Grabungsarbeiten, bis alles frei gelegt ist. „Ja!" ist wie „Troja!", und dann erst geht Heinrich Schliemann wirklich an die Arbeit. Das Finden neuen Lichtes in dieser Plötzlichkeit gehört zu den herrlichsten Lebensaugenblicken des Intuitiven. Licht finden ist wie Erleuchtung, nicht wie wissen. Die großen Ideen sind ja im Allgemeinen von Kindesbeinen an dem Namen nach bekannt. Es geht aber darum, von ihnen erfüllt zu werden, ganz im Sinne der neuronalen Netze.

Danach folgt, wie gesagt, eine unter Umständen sehr lange Phase der Umbildung des Gehirns unter die neue Idee, die am besten noch größer, hehrer und einfacher ist als alle anderen zuvor. Diesen Vorgang will ich „Licht werden" nennen.

Buddha sagte: „Ich *selbst* habe die Erkenntnis erlangt."

Ein Buddha erlangt seine Idee aus eigener Kraft, er erfährt sie nicht im Wege einer Offenbarung. Er liest sie nicht aus heiligen Schriften heraus (die aber Denkanstöße sind). Er hört die All-Idee nicht von einem Lehrer.

(Haben Sie noch die Worte von Konfuzius im Ohr? Konfuzius sah im Brüten keinen Nutzen. Er hielt das Lernen aus den Schriften für das Beste! Hier ist genau die scharfe Trennlinie zwischen dem Richtigen und dem Wahren!)

Die Buddhisten lehren: „Eine richtige Anschauung entsteht durch die Stimme eines anderen und das eigene Denken." Erst ein Denkanstoß, der das neuronale Netz fruchtbar erschüttert, dann an die Denkarbeit! Und man besorge sich die *besten* Denkanstöße! Das sind diejenigen eines Gurus, eines Lehrmeisters oder, wie wir im Management sagen, eines Mentors oder eines Coaches. Heute erkennt man, dass Mitarbeiter einen Mentor haben sollten. Ohne diese Theorie hier zu kennen, bewegt sich der Arbeitsalltag langsam, ganz langsam, schon auf die Bedürfnisse der Intuitiven hin.

Die Buddhisten können nicht wirklich glauben, dass es einem einzigen Menschen vergönnt oder möglich sein könnte, so sehr erleuchtet zu werden, dass er noch in einem Leben Weisheit erlangen würde. Sie stellen sich eher vor, dass die Wiedergeborenen an Weisheit während vieler Leben zunehmen können, dass also ein Buddha die Endstufe des Ringes vieler früherer Inkarnationen darstellt!

Die buddhistische Lehre ist die eines wahren Menschen. Sie ist eine reine Lehre der Richtung des Denkens, während der Konfuzianismus eine des Gefühls ist. Die Buddhisten kennen auch so etwas wie Liebe. Es ist maitrî, was etwa „freundliche Gesinnung" bedeutet. Diese Art von Liebe ist aber nicht von sich aus aktiv und nicht voller Gefühl. Denn Gefühle hat ein Buddha nicht, wenn er am Ende ganz rein ist.

Ein Buddha hat alles das, was mit dem Bewusstsein des Selbst zusammenhängt und ihn an der Welt festhält, überwunden, vor allem den Hass, alle Leidenschaft, alle Gier, allen Hunger, alle Verblendung. Er ist ganz frei von den drei Grundübeln: Sinnenlust, Werdelust, Nichtwissen. Der Weg zur Befreiung von allen Übeln ist der edle achtfache Pfad: rechte Anschauung, rechte Gesinnung, rechtes Reden, rechtes Handeln, rechtes Leben, rechtes Streben, rechtes Überdenken, rechtes Sichversenken.

Der Buddhist kann durch Beschreiten des edlen achtfachen Pfades selbst „zum anderen Ufer" aufbrechen. Er sieht sich nicht wie die Christen auf Gnade angewiesen („Gott, nimm hinweg die Sünde der Welt!"). Der Buddhist erkennt diese Welt des Leidens, die er durch fortschreitende Läuterung langsam verlässt. Die Welt des Leidens ist nicht real, sie ist mâyâ, eine Täuschung.

Wenn ich dies in der Theorie hier interpretiere: Die Welt ist nicht real, nur das Wahre, das durch mein neuronales Netz als Ganzes repräsentiert wird, ist wahr. Die Erleuchtung des Buddhisten ist der grelle Lichtschein der großen Idee, dass er sich durch reines Denken, also durch eigene Formung des neuronalen Netzes von dem Unreinen der Außenwelt trennen könnte. Er trennt sich von seinem manas, dem analytischen, scharfen Verstand, also vom Wissen und der gespeicherten Welt in der linken Gehirnhälfte. Er trennt sich von seinem gesamten Seismografensystem, insbesondere von Systemen und vom Körper, und bildet es eventuell wieder neu aus im Sinne des neuen Lichtes.

Ich habe einmal ein Buch über das rechte Atmen in die Hand genommen. Dort wurde gleich zuerst verlangt, ich solle einmal versuchen, zwei Minuten ruhig zu atmen. Dabei dürfe ich an nichts meine Aufmerksamkeit heften. An absolut nichts! Versuchen Sie es einmal. Stellen Sie den Küchenwecker auf zwei Minuten und versuchen Sie, die Aufmerksamkeit auf nichts zu lenken! Ich schaffe nur eine halbe Minute, habe es aber auch nicht lange geübt. Was ich gespürt habe, war echte Erfahrung: Mein Fuß zuckt. Draußen sägt jemand. Die doofe Uhr, die vor mir steht, tickt plötzlich so laut, dass sie mich verrückt macht. Meine Frau räumt unten den Geschirrspüler aus, was man, hatte ich geglaubt, nie und nimmer von oben hören kann. Ein paar Versuche mit dieser Übung zeigen Ihnen, wie viele Seismografen Sie haben. Alles signalisiert Ihnen etwas im Hintergrund. Die Aufmerksamkeit zerfließt in all das viele Banale. Das Seismografensystem ist wie eine schmutzige Glasscheibe vor dem Licht … Es behindert jegliche Erleuchtung. Am Ende soll dann der Erleuchtete natürlich noch selbst Licht sein!

Er soll sein Licht den anderen spenden, was wieder durch die schmutzige Glasscheibe hindurch muss. Der Erleuchtete soll Licht sein, weil er Mitleid hat mit dem Leiden der Menschen. Buddha musste der Legende nach erst überredet werden, seine Erkenntnisse zu überliefern. Wenn ein Buddha erkannt hat, dass die Welt nicht real ist, so könnten ja auch die Mitmenschen nicht real sein?! Warum müsste man sie wahrnehmen, die doch eine Täuschung wären?

So eben ruht ein Buddha nur in sich?!

3.3.7 Eines der höchsten Güter: Die Idee schenkt sich

Ich denke seit etlichen Jahren über diese Fragen nach. Menschen sprechen mich an: „Du gehst oft auf dem Flur im Kreis herum, ganz langsam, du siehst dann böse aus. Was bedeutet es?“ – „Ich würde gerne einmal mit dir spazieren gehen, aber du gehst wahnsinnig langsam. Warum?“ Ich denke dann. Niemals im Sitzen, jedenfalls nicht so gerne. „Warum sieht Denken so böse aus?“ Es ist Konzentration. „Warum schaust du manchmal mitten im Gespräch, wenn ich etwas sage, ganz plötzlich so böse drein?“ Da hatte ich eine Idee, zu der mir das Gesagte Denkanstoß war. „Lass doch das. Es irritiert. Hör doch zu.“ Ich muss nicht zuhören, ein kleiner Input genügt als Denkanstoß, dann denke ich. „Wenn du denkst und nicht zuhörst, weißt du hinterher nichts.“ Wissen ist nichts. Ich muss einsehen.

Ich habe viele Ideen für meine Bücher gehabt. Ich glaube bald fest, dass ich Neues erkannt habe. Ich kann es aber niemandem richtig erklären, außer ein wenig in Büchern und in langen Gesprächen, für die die Welt keine Zeit hat. Ich fürchte, irgendwann wird mir die Sprache fehlen, die hier schon manchmal stockt, wenn ich etwa über Intuition oder das Eigentliche schreibe. Erinnern Sie sich an meine Polemik zu Pisa und Bildung vor einigen Seiten? Da habe ich das Gefühl, dass dort eine große unerkannte Idee schlummert, die ich nicht zum Leuchten bekomme. Das ist ein verzweiflungsvolles Gefühl, wenn ich das Licht sehe, wenn ich es aber nicht auf die anderen Menschen richten kann. Ich leuchte nicht! Ich bin nicht Licht!

Eine etwas kümmerlichere Sicht auf mein Nicht-Licht-Sein wäre es, die Welt voller Jammer und Unwissenheit (das Wort der Philosophen für Dummheit) zu sehen und über sie zu stöhnen. Ich habe schließlich jahrelang nachgedacht. Plötzlich war da die Idee, das Licht. Sollte ich hoffen dürfen, dass nun jedermann nach 45 min Vortrag von mir angestrahlt wäre? Wenn ich Jahre zum Werden meines neuronalen Netzes brauchte – werden denn alle anderen nicht auch so lange benötigen? In jedem Falle: Je mehr Licht ich sehe, umso dunkler erscheint das Normale. Und schließlich wende ich mich von ihm ab, weil ich es nicht mehr sehen kann, so dunkel?

So scheinen es viele Philosophen zu sehen. Sie gehen weg.

Ich selbst finde, sie sollten Licht finden und zurückstrahlen, also Licht sein. Sie sollen nicht aus Platons Höhle hinaus auf das Licht weisen! „Dort, seht, ihr Blinden, ist das Licht!“ Nein! Sie sollen das Licht den anderen Menschen schenken. Jesus war himmelhelles Licht. Sokrates war gleißendes Licht. Beide haben Licht und Leben geschenkt. Buddha hat sich geschenkt, seinen Reichtum zurückgelassen … Sie alle scheinen in Platons Höhle hinein! Das *wahre* Höchste müsste sein: Sich als Licht schenken. Als Licht der Reinheit, der Wahrheit, der Liebe, der Schönheit, des Neuen. (Schenken? Licht ist unendlich. Was sollte sein Preis sein?)

Da bin ich jetzt voller Sehnsucht, schaue aus meinem Fenster direkt am Neckar, ich denke an mich – und mir fällt das Bild einer Glühbirne ein. Wie wahr. Es gibt große und kleinere Lichter.

3.3.8 May the force be with you

Natürliche Menschen treibt der Wille an. Der Wille mobilisiert die Kräfte, den Körper und das Flash-Mode-System. Der Wille formt aus Vernunft, Einsicht und Seismografensystem eine Einheit, die in günstigen biochemischen Zuständen auf das Ziel hin strebt.

In diesem Zustand der Einigkeit aller Teile des Menschen kann eine enorme Kraft in eine einzige Richtung geballt werden.

Der natürliche Mensch versucht sich besonders in dieser Kunst, alle Energien zu bündeln und zu fokussieren. Er ist dann so etwas wie stark, tapfer, der trotzige

Held, der Hüne. Andere Menschen, die „nur“ Vernunft oder Weisheit haben, mögen zurückweichen. Sie fürchten den natürlichen Menschen in diesem Zustand, in dem er unabwendbar gegen sie siegen wird. Er wird sie mit der Waffe bezwingen, im Duell der Augen, wer den größeren Willen hätte, in der aufgewendeten Kraft, mit unwiderstehlicher Verführung oder mit durchdringendem Charme, je nachdem der Wille sich die Freiheit nimmt, über die Emotionen durch Reiz zu gewinnen.

Der natürliche Mensch ist nicht auf ein System oder eine Idee eingeschworen. Seine relative Freiheit schreckt die anderen Menschen im Kampf. Er scheint sich auch das „Unerlaubte“ herauszunehmen, das Unkonventionelle selbstverständlich zu finden, er verletzt die Tabus einer Idee, was ihm pragmatische Vorteile einräumt. Die richtigen und wahren Menschen sagen: „Er geht über jede Grenze. Er kennt keine Grenzen. Er versucht stets, die Grenzen weiter zu stecken oder über die Grenzen zu gehen.“ (Es sind ja nicht *seine* Grenzen!)

Wenn der natürliche Mensch als Streiter, Krieger, Beschützer, Herrscher, Unternehmer oder Mutter die anderen Menschen behütet, lieben sie ihn.

Wenn er lärmt, sich alles nimmt, Rache übt oder in Hass tobt, fürchten sie ihn. Sie fürchten den natürlichen Menschen meist mehr, als sie ihn lieben oder brauchen. Als Helden brauchen wir aber natürliche Menschen! Im Management brauchen wir sie als Trouble-Shooter, die noch in ganz verfahrenen und ausweglosen Situationen das Ei des Kolumbus finden oder den gordischen Knoten mit dem Schwert durchschlagen. Das ist die Art der Natürlichen, die Probleme mit Willen zu lösen, wo der Verstand nicht weiter weiß. (Das Ei und der Knoten stellen Probleme dar, die innerhalb von Idee und System nicht lösbar sind! Die Lösungen von Alexander und Kolumbus gehen über die Grenzen hinaus.) Wir brauchen solche Menschen, die das Hoffnungslose in Herausforderung umwandeln, die durch Unglücke, Schluchten und Dornbüsche gehen. Und wenn sie zerschunden, zerkratzt und verwundet das andere Ufer erreicht haben, dann strahlen sie voller Lebensglück!

Lieben wir unsere natürliche Tochter, die die Pfeilspitze eines Jungenschwarms bildet? Lieben wir unseren Sohn mit seinen aufgeschlagenen Knien unseres Sohnes und den dringlichen Briefen aus der Schule? Ja, wir lieben sie. Aber wir würden sie noch mehr lieben, wenn sie etwas weniger natürlich wären. Wir verlangen also, dass sie normal werden. Dann aber verlieren sie ihre Fähigkeit, alle Energie zu bündeln, die sie ja an System und Idee verteilen sollen! Im Grunde vernichten wir das Natürliche durch Erziehung. Wahrscheinlich bekommen wir sie nie dahin, ein richtiger oder wahrer Mensch zu sein, aber wir berauben sie auch der Fähigkeit, die Energie zu bündeln. Wir haben es ja fast unausgesetzt unter Strafe gestellt. Deshalb gibt es nicht so viele tolle natürliche Menschen!

Ich stelle mir herrliche natürliche Menschen vor wie Ritter auf der hellen Seite der Macht. Sie sind wie Richard Löwenherz oder König Artus oder ein wirklicher Jedi. „Möge die Macht mit dir sein!“ Als der kleine Yoda im Star-Wars-Film Luke ausbildet, geht es immer wieder um diese Konzentration des Willens und des ganzen Menschen auf das eine Ziel. Der Wille versetzt Berge und hebt Flugzeuge aus dem Sumpf. Haben Sie noch Yodas Worte im Ohr? „ … denn die Macht ist mein Verbündeter; und ein mächtiger Verbündeter ist sie. Das Leben erschafft sie. Bringt sie zur Entfaltung. Ihre Energie umgibt uns, verbindet uns mit allem. Erleuchtete

Wesen sind wir, nicht diese rohe Materie. Du musst sie fühlen, die Macht, die dich umgibt. Hier, zwischen dir, mir, dem Baum, dem Felsen dort. Allgegenwärtig, ja. Selbst zwischen dem Sumpf und dem Schiff." Er fordert Luke auf, das Schiff mit der Macht des Willens aus dem Sumpf zu heben. Luke: „Also gut, ich werd's versuchen." Yoda: „Nein. Nicht versuchen. Tue es oder tue es nicht. Es gibt kein Versuchen." Schließlich hebt Yoda das Flugzeug. Luke: „Also das, das glaube ich einfach nicht." Yoda: „Darum versagst du." Der analytische Verstand wägt und versucht und weiß und glaubt oder glaubt nicht. Wille handelt.

Wenn der natürliche Mensch die Kraft auf der hellen Seite der Macht ausübt, dann liegen wir ihm gerne zu Füßen. Immer wieder aber erfahren wir die dunkle Seite des natürlichen Menschen. Darth Vader! Adolf Hitler! Voldemort! (Ich will nicht zu tagespolitisch werden und mache die Liste nicht länger.)

Es gibt nicht nur die helle und die dunkle Seite der Macht. Es gibt den unkonzentrierten, schwankenden, wankelmütigen Willen, der eigentlich wie schwacher Wille ist. Der unkonzentrierte, schwankende Wille wirkt wie eine Folge von wirren Impulsen, denen der Wille flackernd folgt. Mal hierhin, mal dorthin. Über einen solchen flackernden Willen erzürnen sich die wahren und die richtigen Menschen: „Faul, unzuverlässig, verschwenderisch, lüstern, gierig, aggressiv!" Oft wird der natürliche Mensch im Ganzen unter dieser Vorstellung gesehen. Er wird abgelehnt, weil der Anblick der unterdurchschnittlichen natürlichen Menschen schmerzt. (Der Anblick richtiger unterdurchschnittlicher Menschen schmerzt auch, besonders wenn sie Angst haben. Die wahren Menschen sind oft voller Zweifel. Richtige Menschen können zwanghaft sein, an Verfolgungswahn leiden oder hyperaggressiv werden – wahre Menschen ziehen sich in Elfenbeintürme zurück oder werden depressiv!)

Da blitzt in mir plötzlich die Idee auf, dass das Zusammenspiel von Willen, Vernunft und Einsicht sich in unserer Demokratie widerspiegelt, in Regierung, Parlament und Verfassungsgericht!

Verzeihen Sie eine Abschweifung:

Jeder weiß, dass die beste Staatsform die Diktatur ist, unter der Voraussetzung, dass der Diktator weise, klug und entschlossen ist und das Volk liebt.

Der ideale Diktator wäre der große Weltenherrscher, der die Welt und die Völker befriedet und eint. Im alten Indien, als Könige nicht von Gott eingesetzt waren und eben kraft ihrer persönlichen Macht herrschten, sehnte man sich seit Urzeiten nach dem mahâpurusha cakravartin, dem Großen Raddrehenden Übermenschen, der eine goldene Zeit festhalten könnte. So ein Cakravartin, wie er alle paar Zeitalter einmal auf die Erde kommen mag, wäre wie das Gegenstück zu Buddha auf der *weltlichen* Ebene, während Buddha ganz Geist ist. Der Cakravartin steht für den „hellen" Willen des Ganzen. Meist aber finden wir Diktatoren auf die dunkle Seite der Macht einschwenkend. Deshalb besinnen wir uns nicht auf die beste, sondern auf dauerhaft praktikable Regierungsformen, die im Durchschnitt am meisten Segen versprechen.

Wir teilen die Allgewalt des Willens auf. Wir designen die so genannte Gewaltenteilung.

Die Regierung und Exekutive setzt den Willen in die Tat um. Das Parlament kontrolliert die Regierung und legt alle Regeln, Gesetze, Vorschriften fest, so dass am besten alles, was dann noch gehandelt werden kann, vernünftig sein muss. Das

Parlament dosiert die Energie vernünftig; es beschließt über den Haushalt und die Geldmittel, die der Regierung, also dem Willen, zur Verfügung stehen. Es ist wie der Linkshirnfilter des Volkes.

Das Verfassungsgericht wacht darüber, ob das Ganze „intuitiv das darstellt, was es im einfachen Grunde sein soll". Sonst schreitet es im Namen der fast heiligen Verfassung ein. Es ist wie der Rechtshirnfilter des Volkes.

In einer Demokratie kann die Verfassung einen sehr hohen Einfluss haben, wie die Bergpredigt auf die Christenheit. Oder das Parlament reißt die Macht an sich und ist hauptsächlich bestimmend, lässt also der Regierung kaum eigenen Handlungsspielraum. Oder die Regierung zwingt das Parlament, Erfüllungsgehilfe zu sein, und sie ignoriert das Verfassungsgericht durch hinhaltenden Widerstand. Mischungen wie solche sind wie Bilder von verschiedenen Menschen.

Der natürliche Mensch sollte wie ein einiges, gutes Volk sein, mit einem Cakravartin an der Spitze. Er soll selbst die Energie, die er bündeln kann, für die helle Seite der Macht bündeln. Die helle Seite, das heißt: Hingabe an das Schenken der Energie an die Welt.

3.3.9 Höchstes Leben: Alle helle Energie für eine große Aufgabe

Höchstes natürliches Leben ist wie „Volle Kraft voraus!", wie „ … three, two, one, zeroooo!" Die helle Seite der Macht oder die helle Energie konzentriert sich hingebend auf eine Mission.

Mihaly Csikszentmihalyi schrieb einige bemerkenswerte Bücher über den Flow. Ich habe hier *Flow – Das Geheimnis des Glücks* vor mir liegen. Es ist eine erstklassige Einführung in natürliche Menschen.

Ich habe es vor längerer Zeit gelesen und gestaunt, wie Glück sein soll. Es wird als Glück des Bezwingens von Herausforderungen besprochen. Bewältigung wird als das Erfreulichste im Leben gesehen. Mihaly Csikszentmihalyi begann seine Forschungen über das Glück durch das Studium an Malern, Athleten, Musikern, Schachmeistern und Chirurgen, weil er Glück zu finden hoffte, wo Passion ist. (Er fand in ihnen allen Flow.) Diese Berufsgruppen haben aber schon einen gewissen Touch in Richtung des Natürlichen?! Für mich ist das größte Glücksgefühl, wenn mir etwas signifikant Neues einfällt oder wenn sich Widersprüche im Denken in Harmonie auflösen, wenn also mein neuronales Netz einen neuen Weg nach oben zu einer größeren Idee findet. Es ist ein unbeschreibliches Gefühl. „Idee!" Davor kann stundenlanges selbstvergessenes Denken liegen, indem mein Zeitgefühl ruht. Näher besehen ist das Glück des Intuitiven also nicht so sehr verschieden, aber eben irgendwo anders.

Mihaly Csikszentmihalyi hebt wesentlich die Fähigkeit des Menschen hervor, bewusst die Aufmerksamkeit zu kontrollieren. Der Mensch soll sich auf das Eine konzentrieren, was er erledigen will. Wenn es getan ist, wählt er die nächste Aktivität. Ist das nicht schön und genussvoll, so zu arbeiten? Keine Anrufe zwischendurch? Kein flanierender Boss, den es zu agieren juckt? Ich bin nicht so sicher. Ich kenne eine Menge Menschen, die ohne Anrufe zwischendurch verrückt werden und auch solche, die sehr unruhig werden, wenn der Chef lange nicht gesehen wurde. („Wie kann er denn dann wissen, wie toll ich arbeite! Ich wollte ihm so gerne zeigen, was ich für ihn gemacht habe! Ohne ein Zwischenlob kann ich mich kaum zum Weiterarbeiten aufraffen! Wenn es ihm nun nicht gefällt? Schon eine ordentliche Nörgelei würde mich jetzt enorm weiterbringen!")

Flow-Zustände stellen sich ein, wenn der Mensch frei über seine Aufmerksamkeitssteuerung herrscht und frei über sie verfügt. (Wie kann man aber die Seismografen steuern?) In diesen Momenten ist der Mensch absoluter Herrscher über die Verteilung seiner psychischen Energie. Mihaly Csikszentmihalyi nennt acht typische Erscheinungen, die im Zusammenhang mit Freude auftauchen: Eine Aufgabe, der man sich gewachsen fühlt. Konzentration. Klares Ziel. Unmittelbare Rückmeldung über Erfolg. Tiefe, mühelose Hingabe. Gefühl, die Kontrolle zu haben. Verschwinden von Sorge und Selbst. Zeitgefühle verschwinden.

Dann sagt der Mensch: „Das hat Spaß gemacht." Im Buch wird das Konzept der autotelischen Persönlichkeit entwickelt (autos wie griechisch Selbst, telos wie Ziel). Sie meidet unbedingt das Exotelische, also das Handeln aus „anderen" Gründen. („Ich muss unbedingt heute noch vier Operationen mehr schaffen, damit ich für die Zeit von Weihnachten bis Silvester etwas vorarbeite.") Die autotelische Persönlichkeit entwickelt sich am besten unter Klarheit, Konzentration der Wahrnehmung auf das Nicht-Exotelische, in Freiheit der Wahl, unter Vertrauen auf die Fähigkeit und unter Herausforderungen. Mihaly Csikszentmihalyi schreibt kurz über Joga („verbinden") und betont gemeinsame Aspekte von Joga und Flow. Im Joga geht der Schüler durch acht Stadien. Er beginnt mit moralischer Vorbereitung (yama) und schreitet zum Gehorsam (niyama) fort. Er übt, Körperhaltungen über längere Zeit ohne Anspannung durchzuhalten (asana), erstrebt Atemkontrolle (pranayama) und versteht es, seine Aufmerksamkeit so zu steuern, dass er Herr über das ist, was ins Bewusstsein darf. Es folgt das Festhalten der Aufmerksamkeit über lange Zeit auf einen Punkt (dharna). Er lernt, unter höchster Konzentration das Selbst zu vergessen (dhyana) und kommt später in einen letzten Zustand von Einssein (samadhi).

In meinen Gedankengängen dieses Buches würde ich sagen: Es geht um Techniken, wie Menschen ihr Aufmerksamkeitssystem, also ihre Seismografen, beherrschen, lenken oder managen. Diese Kunst ist hier im Westen unbekannt, ungewürdigt, unwichtig oder gar „verdächtig". Im Joga geht es um Erziehung des Seismografensystems. Wir im Westen ersetzen es durch ein neues, das viel systematischer ist: durch das ES. Und noch einmal meine Meinung: Wir verderben dadurch *nicht nur* den natürlichen Menschen.

Ich glaube, es ist ein Spezifikum des natürlichen Menschen, die Aufmerksamkeit zu konzentrieren und zu lenken und dem reinen, ganz ungeteilten Willen auf ein einziges Ziel hin auszurichten. Der Mensch wird wie ein Pfeil, ein „Silverbullet". Er ist ganz volle Kraft voraus, eins mit der Bewegung. Außer der Bewegung ist nichts. Kein Selbst und keine Zeit.

Die richtigen Menschen richten die Aufmerksamkeit auf das Ziel an sich, nicht so sehr auf die Energie zur Zielerreichung. Das Ziel muss erreicht werden, alles andere ist egal. Der Weg dahin ist Mühe, nicht Leichtigkeit des selbstvergessenen

Pfeils. Wie immer etwas zu Stande kam, wie viel Tränen und Blut es immer kostete – der richtige Mensch sagt: „Ende gut – alles gut." Der wahre Mensch liebt das Ziel in Form seiner Idee. Es ist „sein Baby", und so widmet er sich der Arbeit. Es geht nicht um die Mühe, es ist nicht die Frage, ob es Spaß macht. Es geht um das Baby.

Sie können sich vorstellen, dass natürliche Chirurgen sich beim Operieren pudelwohl fühlen, weil sie körperlich spüren, wie sie zu Virtuosen werden. Sie entwickeln eine wunderbare Eleganz und eine grenzenlose Geschicklichkeit. Richtige Chirurgen arbeiten vor allem genau und heilen den Patienten. „Ich setze auf bewährte Methoden, die sicher Erfolg haben. Ich habe inzwischen große Erfahrung und kann mich schon etwas rühmen, einiges besser zu können." Wahre Chirurgen? Ich habe einmal einen denkwürdigen Vortrag auf einem Zahnarztkongress von einem wahren Meister gehört. Er sprach über Zahnimplantate und zeigte seine Kunst an Beispielen. Er trank (ja – trank!) vor der Implantation neuer Gebisse die Persönlichkeit (meist) der Patientin. Er stellte sie sich voller Liebe und Hingabe nach der Implantation vor. Er sah mit verzückter Vorstellung ihr zukünftiges Lächeln mit *seinen* neuen Zähnen, er modellierte im Geiste einen besseren Menschen. Erst dann setzte er die Implantate hinein. Er tat es so, dass das Lächeln wunderbar wurde und eine schönere Frau als glücklicher Mensch seine Praxis verließ. Sie ist *sein* Mensch. Er sprach nur über das Lächeln und die Seele, nicht über Material, Bohrer und Methoden.

Die linke Gehirnhälfte konzentriert sich auf die Richtigkeit des Ergebnisses und seine sichere, termingerechte und effiziente Erreichung. („O.k., on time, within budget.")

Die rechte Gehirnhälfte verlangt ein Ergebnis, das es lieben wird.

Der natürliche Mensch konzentriert sich besonders auf das Wunderbare des Arbeitsprozesses.

Das Ideal des natürlichen Menschen ist wie ein Jedi. Er ist ein wundervoll kraftvoller natürlicher Mensch, der ein wahres oder richtiges Ziel hat. Sokrates spricht von „kluger Tapferkeit", die aus der Einsicht hervorsteigt (im *Laches-Dialog* von Platon). Ein Jedi der hellen Seite der Macht nutzt seine ungeheure Energie, um das ersehnte Ergebnis an alle zu verschenken. Das Ergebnis ist für den Jedi ohnehin nicht so wichtig, sondern der Vorgang des Erzielens an sich. Natürliche Unternehmer unternehmen nicht, um von der Dividende fett zu werden. Natürliche Ritter erobern nicht Burgen, um dort zu wohnen. Natürliche Komponisten komponieren nicht, um ihr Werk öfter in der Oper zu hören. Ich schreibe zwar auch ein Buch darüber, wenn ich etwas wissen will (Lichtsuche), aber ich trage dann doch die Fackel herum.

Wenn Sie bibelfest sind, wissen Sie, wo Sie das Wort „Jedi" schon einmal gesehen haben und von wem *dieser* Jedi gelernt hat. Die ganze Geschichte begann, nachdem Gott den König David für seine Liebe zu Urias Frau gestraft hatte, indem er beider Sohn an Krankheit sterben ließ.

> VND da Dauid sein weib BathSeba getröstet hatte/gieng er zu jr hinein/vnd schlieff bey jr/ Vnd sie gebar einen Son/den hies er Salomo/vnd der HERR liebet jn. 25Vnd er thet jn vnter die hand Nathan des Propheten/der hies jn JedidJa1/vmb des HERRN willen. (2. Buch Samuel 12, 24–25)

Salomo war so ein großer Cakravartin, ein Weltenherrscher, der es in einer goldenen Zeit möglich machte, dass alle Kinder des Reiches ungeteilt in Frieden lebten.

Ich stelle mir „Jedi" so vor. George Lucas hat „Jedi" aber 1976 nach dem Anschauen der Samurai Soap-Opera-Serie „Jidai Geki" erfunden. Das ist schade! Samuel hilf!

Wenn ich über die Macht und die Jedis nachdenke, fällt mir immer wieder eine denkwürdige Rede von Larry Prusak ein; Larry ist ein Kollege von mir. In ihr hörte ich das erste Mal das Wort *Metis* im Zusammenhang mit Wissen. Metis ist eine griechische Göttin, sie steht für eine besondere Art von Intelligenz. Larry Prusak, „unser" Guru auf dem Gebiet des Knowledge Management und Guru überhaupt, sprach über das altgriechische Verständnis des Wissens. Die alten Griechen kennen techne, das technische Know-how, eben das Wissen, wie etwas in die Tat umgesetzt wird, episteme, die Wissenschaft, das Abstrakt-Universelle, und phronesis, die praktische Weisheit der sozialen Praxis. Darüber hinaus gibt es eine Art Wissen, das sehr schwer in Worten zu definieren ist. Es ist metis. Es ist eine Fähigkeit, im Ungewissen und Uneindeutigen oder in Gefahr das Angemessene zu tun.

Metis, eine Göttin der Weisheit und eine der Ozeaniden, half Zeus dabei, Kronos ein Mittel einzuflößen, so dass er seine Kinder wieder ausspie, die er aus Gründen der Machterhaltung verschlungen hatte. Zusammen mit seinen Geschwistern besiegte Zeus seinen Vater und die Titanen, übernahm die Herrschaft und machte die ausweichende Metis zu seiner ersten Gattin. Als sie schwanger war, ward geweissagt, dass sie nach einer Tochter einen Himmelskönig als Sohn gebären werde. Da griff Zeus voller Furcht auf eine bewährte Methode zurück und verschlang Metis. Als Metis aber im Leibe von Zeus kreißte, öffnete Hephaistos mit einer Axt den Kopf des Zeus ein wenig, so dass aus der Spalte die Göttin Pallas Athene in voller Rüstung wie neu geboren heraussprang. Es liegt deshalb nahe, dass Metis bei Zeus im Kopf ihr Plätzchen gesucht hat. Sie soll ihm von dort immer noch Rat über das Gute und Böse zuflüstern, bis auf den heutigen Tag. Metis bezeichnet eine Art Weisheit der „Cleverness", im Amerikanischen die „cunning intelligence", das Listige, Verschmitzte, Schlaue, Geschickte. Metis steht für Vorausdenken, Feinheit, Wachsamkeit, auch Opportunismus und vor allem Erfahrung.

Es gibt schon ein paar Schriften über Metis, aber sie bemühen sich, in Punktelisten zu erfassen, was Metis genau sein könnte und wie man es in Zwei-Tages-Kursen lernen kann, so dass der Kursteilnehmer dadurch einen uneinholbaren Vorsprung gegenüber Konkurrenten gewinnt. (Ich muss das so ausdrücken, ich bekomme am Tag im Schnitt vier Einladungen zu solchen Veranstaltungen, elf war das Höchste. Ich lasse deshalb alle Post an mich, die mit weniger als normalem Briefporto frankiert ist, ungeöffnet vernichten. Ich habe seitdem nur einen einzigen wichtigen Termin versetzt, weil ein großes Unternehmen einen dringenden Brief schrieb, ihn dann fotokopierte und als Drucksache verschickte. Der ist nie angekommen. Gespart! Meine Poststrategie ist vielleicht Metis.)

Metis ist die Intelligenz, ohne Vision, ohne Mission, ohne Grundsätze, inmitten von Widersachern und Zankenden, ohne Kompass, ohne Sicherheit, ohne mögliche Planung das zu tun, was jetzt am besten ist. Solch eine Intelligenz ist die von Zeus. Sie ist nötig, um das Schicksal zu lenken und das Reich zu regieren.

Metaphysik denkt über die ersten Ursachen nach, über die Zusammenhänge und die ersten Gründe des Seienden. Sie sucht die Überideen. (Und die Empiristen unter den Philosophen bestreiten, dass eine solche Suche der wahren Menschen Sinn ergeben kann. Also sind sie mehr *richtige* Menschen?)

Metis muss wohl das natürliche Gegenstück zur Metaphysik sein? Metis steht für das oberste Vermögen, die Welt zu gestalten, über allen Ideen, Systemen und Prinzipien, mitten im Leben.

Metis flüstert – Zeus lenkt unser Schicksal.

3.3.10 Artgerechtes Leben für alle?

Warum verstehen wir das Andere nicht? Deshalb schreibe ich dieses Buch. Warum akzeptieren wir das Andere nicht? (*Es geht nicht*, weil wir es noch nicht als solches erkannt haben.)

Die feinen intellektuellen Diskussionen drehen sich immer um dieselbe Frage: Wer hat Recht? Und die Streitenden denken, sie würden verschiedene Standpunkte vertreten. Es sind aber immer etwa drei: der richtige, der wahre und der natürliche Standpunkt. Zusätzlich kann man dasselbe noch nach der Richtung der Menschen diskutieren.

Liebe: Ist das Partnerschaft/Fortpflanzung? Sex? Minne?

Gerechtigkeit: Ist das „Gleichbehandlung", „der Stärkere siegt", „jedem Einzelnen gerecht"?

Himmel: Gibt's da verdienten Lebenslohn, Haremslust, Gnade und Liebe?

Tapferkeit: Ist das Ertragen können, Fahnetragen, „Hier stehe ich und bleibe dabei?"

Todesstrafe: Ist das Ordnungserhaltung/Abschreckung, „Auge um Auge", Frevel gegen den Menschen?

Wir streiten also in unendlichen Schattierungen. Was ist am besten? Richtig? Natürlich? Wahr?

Implizit bedeuten die Diskussionen ja: „Ich selbst als Person bin von der besten Art."

Die richtigen Menschen kümmern sich um die Ordnung und das System. Damit erheben sie sich implizit über die anderen Menschenarten, die Freiheit und Reinheit anstreben. Der Kampf um die beste Menschenart entsteht dadurch, dass alle Ordnung davon ausgeht, dass das Richtige das Beste ist. Die anderen Menschen müssen sich wehren. Sie widerstehen also dummen und grausamen Systemen, Biedermenschen, Spießbürgern und prozessoraler Engstirnigkeit. Sie wehren sich gegen die Ansteckung durch Angst und das ES.

Hören Sie!

Ordnung ist Krieg!

Ordnung ist Kampf, solange die anderen Menschen nicht nur Mängelmenschen und Schmetterlinge für die Ordentlichen sind. Wir brauchen eine neue Ordnung, die den verschiedenen Menschen gerecht wird. Ich sehe keine. Das einzige wirklich tolerante System ist das des Hinduismus, ja, bis auf die *eine* Bedingung, dass wir uns unserer Kastenzuteilung vollständig unterwerfen sollen.

Wir müssen über eine Gemeinschaft der Menschen nachdenken, in der jeder Mensch in seiner eigenen Art „artgerecht" leben kann. Über unseren Köpfen hängt der schreckliche Satz: „Was du nicht willst, was man dir tu, füg auch keinem andern zu." Konfuzius und Jesus sprechen in dieser Form. Daraus spricht die Annahme der Gleichartigkeit der Menschen! So sollten wir sprechen: „Tu für den Nächsten das, was er braucht." Nicht: „Liebe den Nächsten wie dich selbst." Sondern: „Liebe ihn, wie er ist." Ich glaube schon, dass Christus das so gemeint hat, aber er wird nicht so verstanden.

Wir müssen die gerechte Gesellschaft durch eine artgerechte Gesellschaft ersetzen.

Würde dies wenigstens von der Wissenschaft erkannt, dann kämen wir auch wirklich dorthin, denn das Wissenschaftliche ist das, was alle Arten und Unterarten von Menschen anerkennen.

Ich könnte also hoffen, dass das, was ich hier sage, bewiesen werden könnte. Dann würden sich alle Menschen vielleicht dem Bewiesenen beugen. Das Wissenschaftliche ist nämlich irgendwo in der Mitte der Menschen. Dort treffen sie sich heute alle. Das ist schade, den daraus entsteht Leiden. Ich beschreibe es im letzten Kapitel.

3.4 Über das Mittlere

3.4.1 Das Beziehungs-Delta

Das Mittlere steht zwischen den Polen.

Die richtigen Menschen suchen oft einen Kompromiss zum Natürlichen. Sie wollen *richtig bleiben*, sich aber auch Vergnügen gönnen, wenn sie es sich mühevoll verdient haben. Sie wollen nicht Sklaven eines Systems sein, das oft zu harte Forderungen stellt. Deshalb sind richtige Menschen gerne einmal „pragmatisch" und umgehen die Regeln des Systems. Das wirkt von außen wie Verrat am System, ist aber mehr ein Arrangement mit dem Natürlichen. Der Kompromiss ist nicht direkt in der Mitte. Dort wäre das Richtige und das Natürliche ja gleichwertig. Gleichwertiges aber muss in jedem Einzelfall um den Ausschlag ringen. Das geht nicht. Deshalb bleiben richtige Menschen in sicherer Entfernung vom Natürlichen, das als Erlebnisausnahme oder als notwendige hygienische Akzeptanz gewisser tierischer Elemente gesehen wird.

Die richtigen Menschen suchen oft einen Kompromiss zum Wahren. Sie wollen vor allem im System heimisch bleiben, können sich aber den großen heiligen Ideen nicht entziehen. Im Grunde schmücken sie sich mit den Ideen, wenn es ohne großen Aufwand geht. Sie predigen also und hören sich Predigten an. Sie sind Kirchgänger, ohne ihr Leben auch nur ansatzweise an der Erwartung ewigen Lebens

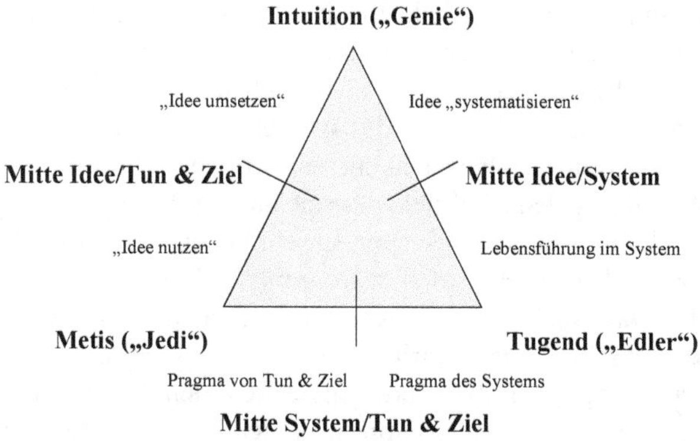

Abb. 3.4 Das „omnisophische Dreieck" – Prioritäten im Tun

auszurichten. Sie reden über den Mensch und Mitarbeiter, das vermeintlich wertvollste Gut eines Systems, und managen hart und brutal weiter. Sie putzen Verfassungen mit Worten wie Würde und Achtung auf und reglementieren ungerührt die Schwachen, Arbeitslosen und Fremden. Das Richtige trifft das Wahre keinesfalls in der Mitte, sondern in der Nähe des Richtigen. In der Mitte treffen die Systemforderungen mit der wissenschaftlichen Wahrheit zusammen – der Richtige bleibt im Ernstfall auf der Systemseite (Abb. 3.4).

Die natürlichen Menschen suchen oft einen Kompromiss zum Richtigen. Wer auf Freude, Freunde, Erlebnis, Abenteuer und das Siegen Wert legt, muss sich im Allgemeinen teilweise in das System einfügen. Auch der Freiberufler muss Steuererklärungen machen und seine Kunden sind richtige Menschen. Richtige Menschen wollen Handwerker, die nicht nur schaffen, sondern alles hinterher sauber machen (für 45 € die Meisterstunde!). Überall ist das System! Deshalb sind vor allem natürliche Menschen die selbstsicheren Vertreter der so genannten 80-zu-20-Regel. Mit 20 % Aufwand schafft man 80 % der Arbeit. Die restlichen 20 % kosten fast alle Arbeit! („Ich habe in Rekordzeit fast das ganze Zimmer tapeziert! Ich bin toll! Es fehlen nur noch Fenster und Ecken – die Wände sind alle fertig!") Natürliche Menschen entwickeln einen feinen Systemsinn, „fast alles" zu machen. Damit kommen sie durch und davon und verdienen hoffentlich genug Geld, dass sie sich im Restbereich des Lebens vom System erholen können. Der Kompromiss ist natürlich nicht in der Mitte, eher bei 80 zu 20. Es ist Pragma gegenüber dem System, um Weg & Ziel nicht zu gefährden. (Pragmatismus ist die Lehre, dass das Wesen des Menschen im Handeln liegt.)

Die natürlichen Menschen suchen einen Kompromiss zum Wahren. Sie gehen nicht so oft in die Kirche, aber zu Hochzeiten und Geburten schätzen sie doch die angenehme Feierlichkeit. Zu solchen Gelegenheiten erfüllt der Sinn auch den Körper und sein Seismografensystem mit Glück. („Ich heirate katholisch, wenn schon. Die machen viel mehr her als die Evangelischen. Mit Weihrauch und so und ein bisschen Lateinisch. Wenn ich schon eine Frau kirchlich heirate, soll es nicht so dürr sein.") Das Natürliche hat auch eine gewisse gemeinsame Affinität zum Ideal der wahren Gefühlsmenschen, in Gesellschaftsformen wie einer kleinen christlichen Urgemeinde zu leben. Dort gedeiht Liebe neben natürlicher Freundschaft ganz gut. Die Liebe verzeiht das ihr grobe Natürliche im Grunde ganz bereitwillig. Das Natürliche dankt der Liebe den gemeinsamen heimlichen Hass auf das System. Die natürlichen Menschen „nutzen“ die Ideen des Wahren. Es ist Pragma gegenüber der Idee.

Die wahren Menschen suchen oft den Kompromiss zum Natürlichen. Ich habe aber häufig den Eindruck, dass sie das Natürliche als Möglichkeit vor allem deshalb anerkennen, weil das System so sehr gegen das Natürliche wettert und so viel Druck ausübt. Das Wahre selbst wäre immer wie ein duldsamer Christ gegen das Natürliche. Das Wahre gibt die Hoffnung auf das wachsende Bessere nicht auf. Wenn wahre Menschen etwa wahrhaft Sport treiben (Waldorfschulen) oder wahrhaft gesunde Ernährung „betreiben“ oder „natürlich nicht“ fernsehen, dann wird schon deutlich, dass das Wahre den Kompromiss nicht zu weit weg vom Wahren sieht.

Das Wahre sucht oft den Kompromiss zum System. Das System unterdrückt zusammen mit den richtigen Menschen die Welt, um alle Menschen systematisch zu machen. Die wahren Menschen hoffen vor allem, das System mit ihren jeweiligen Ideen zu befruchten. Sie gehen also auf das System zu, weil sie glauben, sich „einbringen“ zu können. Sie bringen sich ein, um das System zu verändern, das in Richtung ihrer Idee gezogen werden soll. Deshalb sind viele wahre Menschen in Ehrenämtern tätig, wo sie regelmäßig mit den richtigen Menschen streiten, die alle Tradition, also das Richtige, verteidigen. Wahre Menschen werden oft gefragt: „Glaubst du wirklich, du kannst etwas ändern?“ Die Antwort ist universell: „Ja, sicher. Denn wenn ich nicht sicher wäre, warum dürfte ich hier leben wollen?“ Die Hoffnung, im System etwas zum Wahren zu gestalten, hält wahre Menschen im System. Sonst müssten sie Einsiedler werden. Wenn sie das nicht wollen, hoffen sie lieber. Die Hoffnung spielt für wahre Menschen also etwa die Rolle der Ressourcen für den natürlichen Menschen, der lieber mit Freunden auf einer Robinsoninsel leben oder mit ihnen durch die weite Welt ziehen würde; aber der natürliche Mensch braucht Brot mehr als Ideen!

Diese sechs Fälle zeigen, dass es keine wirklichen Kompromisse unter Gleichen gibt. Die Menschen einer Klasse geben sich ein wenig Couleur von den anderen Seiten, soweit es gut und nützlich ist. Jenseits dieser Grenze hört das Verständnis auf.

Ich bespreche jetzt die Kompromisslinie zwischen dem Wahren und Richtigen genauer. Die beiden anderen behandle ich nicht so eingehend.

Denn zwischen dem Wahren und dem Richtigen ist heute der Brennpunkt des Geschehens.

Früher war er zwischen dem Richtigen und dem Natürlichen. Früher kreiste das Hauptthema um das Hinführen der Menschen zum Richtigen, wobei insbesondere das Lustorientierte und „Tierhafte“ der Feind der Gesellschaft war. Der Teufel, der die Menschen heimsuchte, lockte sie mit Natürlichem: mit Sieg, Sex, Abenteuer. Heute haben die Systeme den natürlichen Menschen im Wesentlichen im Griff. Lust ist teuer geworden (Flugreisen, Popkonzertkarten, Musicalreisen, All-inclusive-Rausch, Erlebnistouren). Die natürlichen Menschen dürfen sich diese teure Lust so viel antun, wie sie nur wollen! Sie müssen eben dafür jobben. Damit werden sie ein stabil-ruhiger Teil des Systems. Sie bekommen zehn Prozent Rabatt, wenn sie in

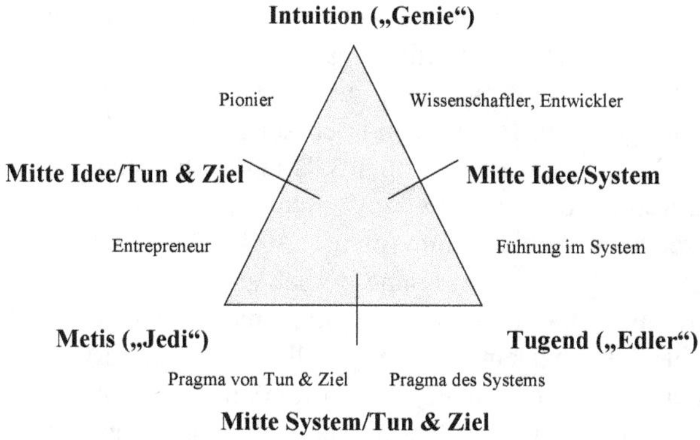

Abb. 3.5 Das „omnisophische Dreieck" – Vorbilder und bevorzugte Rollen

spontaner Lust beim Reisebüro einige Monate im Voraus buchen, damit ihre spontane Freude im Sommer besser geplant werden kann. Der natürliche Mensch wird durch teure Lust zur Arbeit gezwungen! Keine Peitschen mehr, keine Strafen und Mahnungen. Die billigeren Lüste wie Drogen und Alkohol sind nicht mehr Ausdruck des systemignorierenden Glücks, sondern der Verzweiflung. Sie verursachen dem System Scherereien und Kosten. „Wir müssen das noch aufräumen."

Auf der andere Seite wird das System vom Wahren scharf bedroht!

Die wahre Revolution geht von der Richtung der Ktisis aus.

Die Technologieentwicklung verändert die Welt in allen Aspekten und rüttelt an allen Grundfesten. Die Forscher richten ihre Gedanken auf etwas, was sie nicht vorher mit dem System abstimmen. Die Gentechnologie ist nicht im Griff des Richtigen. Die Auswirkungen des heute so genannten Electronic Business können letztlich zu einer großen Veränderung der Staatssysteme führen, die sich, weil sie starr warten, am Ende den Veränderungen des Businesssektors anpassen müssen, weil niemanden etwas Naheliegendes einfällt, wenn der Staat zu teuer wird. Computernetze, Internet, Life Sciences, All-Information stürmen visionär voran. Amazon-Chef Jeff Bezos verdient eher in die Geschichtsbücher einzugehen als die allermeisten Politiker. Amazon verändert wie eine Fanfare das ganze Netzgeschehen, das in etwa fünf Jahren die Amtsstuben erreichen wird. Die Technologie kommt dann dort an und die jungen Menschen, die das System umkrempeln werden!

Deshalb bespreche ich hier das Mittlere *im Brennpunkt der Ktisis*. Ich hoffe, ich schaffe es in *exemplarischer* Weise! In der Richtung der Ktisis sieht das Diagramm so aus (Abb. 3.5):

Eine Abschweifung: Johannes ist 16 Jahre alt geworden und soll in einer Schulaktionswoche ein Betriebspraktikum ableisten. Er stellt sich dafür ein Rechtsanwaltsbüro vor. Meine Frau: „Hilf ihm bei der Bewerbung. Er kann so etwas doch nicht!" Also muss ich wohl helfen, weil ich als Manager wissen müsste, wie das geht. Ich besuche also nach dem Essen Johannes in seinem Zimmer. Er sitzt vor dem Computer. „Ich habe im Ordner *Wordvorlagen* einige ganz gute Beispielbewerbungen gefunden und eine, die mir gefällt, mit meinen Daten ausgefüllt. Ich habe ein Bild importiert. Gut, was? Soll ich ein Zeugnis in Excel einfügen oder was mit Powerpoint, mit mehr Farbe?“ Nein, es ist schon gut so. „Papa, das wirkliche Problem schnallst du nicht. Ich weiß nicht, was ich bei meinen *Fähigkeiten* eintragen soll. Ich gehe ja noch zur Schule und kann deshalb nichts.“ (Hören Sie das? „ … kann *deshalb* nichts.“) Ich schlug ihm vor, in die Bewerbung hineinzuschreiben, dass er mit allen Windowsarten, DOS, Word, Excel, Powerpoint, Lotus, Freelance, Adobe, Photo Impact, Bilder CDs, Antivirus, Netscape, Mail klarkomme und alles installieren könne. Er saß am Computer und schaute absolut mitleidig zu mir auf. Mitleidig! Dieser Blick! „Papa, es geht darum, dass ich etwas *können* muss. Bitte lass mal einen Moment alles Witzige, es geht hier um meine Bewerbung, nicht um Omnisophie.“ Wir stritten uns. Er meinte, all das sei „baby“ und in einer Bewerbung eines immerhin schon Jugendlichen ganz lächerlich, weil das absolut *jeder* könne. Ich sagte: „Und die Lehrer?“ – „Manche schon. Sie bemühen sich seit einiger Zeit wenigstens.“ – „Und das Rechtsanwaltsbüro?“ – „Na, die müssen doch alles in Datenbanken haben! Die sind doch Experten. Guck mal in Krimis, wenn sie recherchieren! Aber hallo, guck dir das an, wie die alle Codes knacken. Knacken kann ich nicht.“ Und wir stritten.

Hören Sie es heraus? Das Wahre und das Zukünftige ist heute 16 Jahre alt. Bald fegt es alles hinweg. Die Gurus und die Technologen denken zu sehr an ihre Ideen und ihre tollen Maschinen, an das Internet und die entschlüsselten Gensequenzen. Dort sind nur die Ideen an sich. Aber bald gibt es *Menschen*, die von diesen Ideen erfüllt sind, ganz und gar erfüllt!

Das ist die wahre Revolution.

Unsere Politiker und alle Führenden jammern: „In den Köpfen muss sich etwas ändern!“ Wenn Sie dieses Buch verstehen, wie ich es meine, wissen Sie: Dort ändert sich kaum etwas. Aber die neuen Köpfe wachsen wie gewünscht heran. (Und sie sind dann, ganz erwachsen, wohl schon wieder untüchtig.)

3.4.2 Beispiel: Von der Idee zum funktionierenden System – Richtung Ktisis

Am Beispiel der Ktisis-Richtung, der Erschaffung des Neuen, spreche ich nun die verschiedenen Stufen des Denkens durch. Hier noch einmal das Diagramm von Anfang des Buches (Abb. 3.6):

3.4.2.1 Die Idee eines Wahren (Genie)

Für Platon sind die Ideen immer schon da. Ab und zu erinnert sich ein Genie wieder an eine solche. Wenn eine Idee bekannt gemacht wird, kann sie über viele Transformationen, die hier besprochen werden, zuletzt „Kulturgut“ werden, heute zum Beispiel eine vernünftig prominente Darstellung im Internet bekommen oder in unser aller Herzen sein. „The fittest will survive.“ Diese Idee von Darwin ist überall.

Abb. 3.6 Von der Idee bis zum System

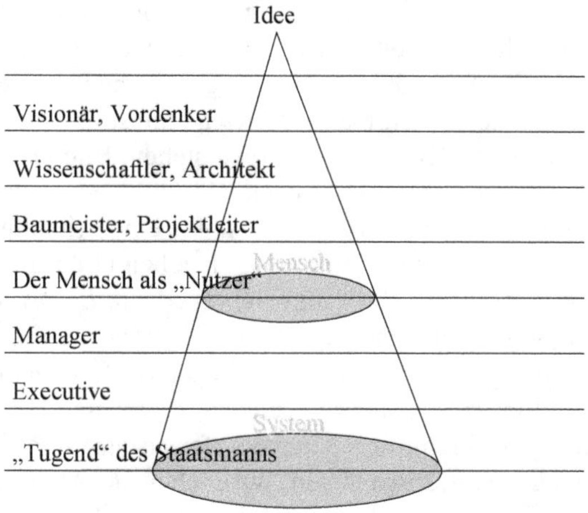

Buddha nimmt an, dass der Mensch durch reines intuitives Nachdenken, das sein Ich längst abgestreift hat, in einen Zustand der „Allwissenheit" kommen kann. Kant und auch Platon gestehen besonders den Künstlern zu, dass sie in ganz besonderen Rauschzuständen eine neue Idee gebären könnten. Andere Philosophen setzen eine intuitive Grunderkenntnis an den Anfang jeder Wissenschaft.

Die Idee ist eben da! Schon immer da!

Es gibt ungeheuer viel mehr Nachdenken darüber, welche Ideen denn „wahr" sind und welche Theorien „richtig" sind. Wo kommen aber die Ideen her? Darüber herrscht relatives Schweigen oder verhältnismäßige Ratlosigkeit. In meinem Vorstellungsbild sind große neue Ideen Energieoptima in neuronalen Netzen, die ab und zu in Menschengehirnen neu aufblitzen. Neue Ideen stammen deshalb oft von Menschen, die viel erlebt haben, die ohne Geld gereist sind, die Unglücke und Katastrophen hinter sich haben, die geschunden und gefoltert wurden, die man schwerstens demütigte, die missgebildet sind. Sie haben eine viel größere Chance, die Welt aus neuem Blickwinkel zu sehen.

Wer die Welt aus vielen Sichten sah, hat ein vollständiges Chaos von widersprüchlichen Einsichten und Weltfragmenten auf sein neuronales Netz einwirken lassen. Normalerweise lernt das neuronale Netz langsam die Lebensmodalitäten und extrahiert in den Jahren und Jahren des Werdens so etwas wie ein Grundgesetz eines einzigen Lebens. Alle meine Eindrücke werden immer und immer wieder im neuronalen Netz hin und her gewälzt und umgeschlagen, bis sich mit der Zeit alles setzt und sich harmonisch anfühlt, bevor es dann in verschieden hohe Grade von Weisheit münden kann.

Bei Menschen, die lange in schweren und merkwürdigen Turbulenzen steckten, die viele verschiedene Städte, Universitäten und Lehrmeinungen gesehen haben, muss ein wunderliches Durcheinander als neuronales Netz entstehen. Wenn solche Netze überhaupt einmal zu einer relativen Stabilität finden, haben sie die Chance, ein Energieoptimum zu erreichen, das noch nie ein Mensch in sich spürte: Eine neue große Idee!

Ich glaube nicht so richtig, dass Ideen solche Menschen hinterrücks überfallen, das sollte eher selten sein. Ja, ja, ich weiß, ich könnte auch wie Mozart am Klavier aufwachsen, so dass das Wahre gleich ohne Umweg über ein System entstehen kann … Ich bleibe fest: Neue Ideen sind meist wohl in ungeheuer langer Nachdenkarbeit entstanden. „Genies“ *wollen* verstehen. Buddha *will* durchdringen. Sie wollen das Ganze zur Harmonie bringen. Große Ideen entstehen wohl eher beim Nachdenken über das Ganze und fühlen sich wie eine Erhellung an, wie Licht. Große Ideen entstehen nach meiner Erfahrung nicht beim Lösen eines wissenschaftlichen Problems. Ein Wissenschaftler denkt eher über eine *Erhärtung* einer schon existierenden neuen These nach. Da ist der Verstand auf etwas Festes fokussiert.

Ideen entstehen durch ungeheuer viel Beobachtung, Neugier, Wachsein (beliebig viel Input in das neuronale Netz der rechten Hirnhälfte, möglichst ungefiltert von einem verkrampften Seismografensystem) und durch anschließendes langes Fließen und Gewähren lassen. Wirklich wahre Menschen schauen die Dinge ohne Seismografen an. („Schau die Hummeln auf der gelbreifen Birne!“ statt „Wer schmeißt hier Obst halb angebissen auf die Straße? Verschwendung und Unordnung überall. Seht her, ich bin nicht zu schade, dies hier aufzuheben! Ich!“) Wahrhafte Menschen in der Nähe des Genialen schauen ohne Ich. Ohne System. Ohne Zucken. Ohne „Voreingenommenheit“. Sie ordnen neue Eindrücke nicht, sondern lassen das Denken ungelenkt geschehen. Das Wahre ist ja ein Energieoptimum des Netzes. Wer das Netz mit Zwang, System und Ordnung impft, kastriert es gewissermaßen und hemmt es, in unbekannten Gefilden zu denken. Genies lassen das Gehirn denken, ohne sich von Systemen, Lehrerstimmen, Elternratschlägen, Gesetzen und Vorurteilen auf die alten gewöhnlichen Pfade binden zu lassen. Das Denken des wahrhaft Wahren ist nicht frei davon – nein es ist unbeeinflusst davon. Man redet oft von freiem Denken – das meine ich nicht. Ich meine fließendes Denken, ungezieltes, zulassendes Denken.

Wenn gute Ideen wie hohe Berge in einer Landschaft sind (denken Sie an das Optimieren der Höhe), dann ist fokussiertes Denken wie das Steigen auf einen hohen Berg. Ein Genie steigt nicht auf einen Berg, es sucht ziellos noch höhere Gebirgsmassive. Wo sind die, oben in den Nebeln?

Im Management werden manchmal neue Ideen gebraucht. Meist ist das Unternehmen zu dieser Zeit in großen Schwierigkeiten. In normalen Zeiten regiert das Richtige als Alleinherrscher, wenn nicht gerade so sehr viel Geld da ist, dass man sich beliebig wahre Schmetterlinge leisten kann. Wenn das Richtige in Schwierigkeiten steckt, hat es meist keine Idee, warum dies so kam. Deshalb sucht es jetzt eine Idee, den Problemen zu entkommen. Normalerweise wird dazu, weil wegen der Unglücke kaum Zeit bleibt, eine lange, etwa zweistündige Sitzung angesetzt, in der alle Leute Vorschläge in Form eines Brainstormings mitbringen sollen. Ein Psychologe, der die Sitzung moderiert, sagt: „Denken Sie alles, rundweg alles! Verbieten Sie sich nichts. Keine Tabus für zwei Stunden! Lassen Sie das Unmögliche zu! Blockieren Sie Ideen nicht durch Geht-Nicht-Zucken! Trauen Sie sich, vermeintlich Dummes vorzuschlagen, und Sie alle anderen, schalten Sie die Ach-wie-dumm-scheitert-immer-Stiche aus Ihren Blicken und Augen heraus. Akzeptieren Sie Neues, lassen Sie es in sich herein! Verweigern Sie sich nicht gleich! Wenden Sie nicht Hergebrachtes ein!“

Kennen Sie das? Im Klartext heißt es: Da werden haufenweise richtige Menschen in einen Raum gesperrt. Sie hetzen ihren Geschäftszahlen rastlos hinterher. Sie erfüllen eisern ihre Pflicht, überarbeiten sich schon deshalb, weil es keinen Tadel nach sich zieht und geraten unversehens (gerade deswegen!) in Schwierigkeiten, deren Ursache sie nicht kennen (das Richtige hat zu lange ohne das Wahre gemanagt). Kurz vor dem Karrieretod fällt den richtigen Managern fast zwingend ein, dass es noch Wunder in einer wundervollen Welt geben müsse, und Wunder sind wie neue, bahnbrechende Ideen. Sie retten uns alle wie an einem Filmende! Sie erschaffen das Unmögliche!

Woher aber bekommen die Richtigen eine neue Idee? Im Lehrbuch der richtigen Menschen steht: Brainstorming, freies Strömen lassen von Gedanken. Die normale Lebenserfahrung zeigt, dass richtige Menschen ungefähr zwei Stunden Brainstorming machen können. Danach sind alle Ideen ausgetauscht. Es scheint nicht denkbar, dass es Ideen gibt, die einer Gruppe nicht innerhalb von zwei Stunden einfallen. Für richtige Menschen ist Brainstorming eine gute Gelegenheit, auf lange Zeit unversorgte Wunden zu deuten: „Meine Abteilung muss ernster genommen werden. Deshalb haben wir Probleme! Gebt mir mehr Geld!" Das sagt jeder richtige Mensch im Brainstorming. Nach zwei Stunden sind alle „Ideen" gesammelt. Ich fahre regelmäßig tief deprimiert nach Hause. Ein Psychologe fleht alle die beton-*richtigen* Manager an, für zwei Stunden nicht an ihre Pflicht zu denken, das würde sie möglicherweise retten! Sie denken aber nicht frei, sondern sie bringen Interessen mit, denken nach, wer die Posten bekommt, wenn etwas geändert wird. Sie fühlen das Vibrieren des Handys in der Hose, das sie erinnert, dass es Wichtigeres gibt als Ideen. Anrufe zum Beispiel. Zwei volle Stunden sollen linkshirnige Manager ungefähr jedes Jahr mit ihrer rechten Gehirnhälfte denken! Wie soll das gehen?

Den richtigen Menschen ist das Erzeugen von Ideen fremd wie eine andere Welt. Einerseits erhoffen sie von einer „guten Idee" wahre Wunder. Andererseits glauben sie allen Ernstes, dass ein zweistündiges Herumsitzen von 20 Personen alle möglichen neuen Ideen an den Flipchart-Ständer vorne im Raum zaubern müsste. Manchmal verspreche ich den anderen eine Idee. „Warten Sie einmal vier bis acht Wochen." Dann staunen richtige Menschen: „So lange? Was machen Sie denn da alles?" Ich lese planlos herum, was entfernt mit dem Thema zu tun haben könnte. Ich rede mit Leuten auf der Straße darüber. Ich schärfe meinen Geist auf einem neuen Gebiet. Ich versuche, das wahre Problem zu verstehen. Dann muss alles ruhen und warten. Im Hintergrund verarbeitet mein neuronales Netz still den starken Informationsschub. Irgendwann meldet es sich mit einer Wahrheit. Das ist die Idee. Oder es meldet sich nicht … „Können Sie einen verbindlichen Termin angeben, wann Sie die Idee gehabt haben werden?" – Früher habe ich gestritten. Heute sage ich sehr bestimmt: „Acht Wochen." Das stimmt nicht, aber es beruhigt richtige Menschen. Ich sage, ich habe vorher keine Zeit. Ich ziehe einen Kalender hervor, runzle die Stirn und zeige auf einen Tag in acht Wochen. („Ich bin so überarbeitet." Das klingt immer gut.) So geht es einigermaßen. Die Unternehmen gehen aber meist doch unter, weil die neue Idee schon „sechs Tage später in Hochglanzfolien dem Aufsichtsrat vorgestellt werden muss – unter Beachtung aller Ratschläge von Kommissionen und aller gesammelten Nebeninteressen". Richtige Menschen glauben, dass neue

Ideen in der Gruppe besser hervorkommen. (Thinking and design by committee.) Das stimmt manchmal: Wenn Künstler zusammen Kaffee trinken und sich gegenseitig befruchten und austauschen, fließen Gedanken und Ideen schneller. Aber die Künstler in den Cafés befruchten sich! Sie setzen sich nicht vor einen Flipchart und schreiben Listen von guten Einfällen auf. Ziel der Ideenfindung wäre auch nicht, dass die Künstler hinterher alle das Gleiche malen, oder?

Richtige Menschen sprechen oft von Querdenken, („Wild Duck" im Amerikanischen), von Kreativität, von Out-of-the-box-Denken. Sie verbinden damit die Vorstellung, dass jemand „ohne Tabu" nachdenken darf, was sie selbst nicht dürfen, weil sie zur Pflichterfüllung alles andere verdrängen müssen, wie Freud es ihnen erklärte. Richtige Menschen sehen ein, dass das Kreative nur unter Abschalten der Seismografen existieren könnte. Ja, jenseits der Gesetze, der Zäune und der Strafen sitzen die neuen Ideen! Zwischen dem Bösen und dem Unkraut. Da dürfen richtige Manager nicht hin, höchstens zwei Stunden im Jahr. Richtige Menschen assoziieren das Kreative mit dem Freien (also dem Natürlichen), mit dem normalerweise Bekämpften, das nun einmal zu seinem Recht kommen dürfe. Verstehen Sie? Da liegt eines der großen Übel der Welt! Richtige Menschen assoziieren neue Ideen mit dem natürlichen Menschen! Richtige Menschen sind aber Lichtjahre entfernt von ihrer rechten Gehirnhälfte, vom Wahren also.

Das wissen Sie vielleicht unterschwellig. Das eher betrüblich Neue dieses Abschnittes ist die Erkenntnis, dass sogar die Wissenschaftler ziemlich weit weg von den Ideen sind, weil sie nicht die Ideen selbst sind, sondern die Ideen analysieren und speichern und in ein System bringen. Sie bringen also das Rechte ins Links. Diesen Prozess beginne ich nun zu erklären.

3.4.2.2 Die konkretisierte Idee (Künstler, Denker, Pionier...)

Die Idee ist vage und wie ein Traum. Sie ist wie der Traum des Fliegens, wie die Geschichte des Ikarus und der technologischen Problematik des Wachsschmelzens! Ikarus hatte ja Wachs als Klebemittel für die Flügel benutzt. Das Wachs schmolz, weil oben in der Nähe der Sonne die Hitze zu stark wurde. Diese Geschichte lesen wir den Kindern vor. Nun hätte ja Ikarus jeden Almbauern fragen können, warum er die Kühe im Winter abtreibt und in Ställen warm hält oder warum oben auf Bergen Schnee liegt. Sie merken schon: Das mit dem Wachs ist natürlich Unsinn. Es ist ebenfalls nicht einsichtig, warum niemand nachgedacht hat, was er denn an Stelle von Wachs nähme, um die Technologie zu verbessern.

Eine Idee wie das Fliegen symbolisiert einen Menschheitstraum. Lange galt diese Idee als zu kühn, weil sie wie ein Gottstreben wirkt und mit dem Leben bezahlt werden muss. Viele Menschen staunen noch heute über die Düsenjets: „Flugzeuge sind schwerer als Luft." Vögel auch. Ich selbst kann ganz gut fliegen. Ich träume davon. Ich benutze meine Arme und eine normale Schwingtechnik. Schade, dass ich diese Träume nicht erzwingen kann. Natürlich ist es ein wenig ideenlos, durch Rudern der Arme zu fliegen. Es funktioniert aber im Traum gut. Es hat noch nie im Traum geregnet, wenn ich flog. Es war immer tolles Wetter. Wahrscheinlich muss ich immer *darauf* warten.

Andere Träumer werden nicht viel kreativer gewesen sein, denn die Geschichte des Fluges zeichnet sich dadurch aus, dass alle Denker und Träumer bis in die Neuzeit hinein ungefähr mein intellektuelles Niveau erreicht haben. Selbst die höhere Ausnahme, Leonardo da Vinci (1452–1519), kam nach Zeichnungen von horizontalen Windmühlenschrauben (Helikopter) und Ballons zu dem Schluss, dass nur der Schwingenflug zum Erfolg führen konnte. Jedenfalls funktioniert das Fliegen bei Vögeln ganz gewiss! Eine fliegende Menschendarstellung können Sie auf einem kleinen Siegelzylinder im Pergamonmuseum in Berlin sehen. Sie soll etwas über 4000 Jahre alt sein. Ebenfalls in Berlin konnten die Menschen 1909 Orville Wright bei Flugvorführungen auf dem Tempelhofer Feld bewundern. Orville und Wilbur Wright konnten 1903 ein paar Sekunden geradeaus fliegen, dann mit dem Flyer II schon ein Jahr später bis zu fünf Minuten und im Kreis! Es hat also 4000 Jahre gedauert, vom Traum bis zum unbeholfenen Flieger. Neben die Idee der Schwingen war erst jetzt die Idee der Fremdenergie durch einen Motor hinzugetreten!

Deshalb ist Wissenschaft oft nicht so sensationell, wie sie erscheint. Oft kann ein Forscher Jahrhunderte alte Probleme lösen, weil es eben inzwischen viel mehr Ideen und Lösungen und Technologien gibt. „Es ist heute keine Kunst mehr!"

Die Brüder Wright hatten es sich in den Kopf gesetzt, der Idee eine Tat folgen zu lassen. Aus der Idee wird ein erstes Stück zum Anschauen. Es kann sein, dass Flyer I noch nicht im normalen Sinne fliegt – aber der Flyer I lässt in uns die Erkenntnis aufblitzen, dass jetzt etwas Entscheidendes geboren ist: das Reale. Flyer I ist keine Idee mehr, sondern die Ahnung eines neuen Zeitalters.

Konrad Zuse hat uns mit seiner Rechenmaschine Z3 mit 2000 Relais im Jahre 1941 ein solches Aufblitzen der Zukunft gezeigt. (In meinem Brockhaus in fünf Bänden, den ich 1965 zur Konfirmation bekam, steht „Zuse" nicht drin.) Das Schaf Dolly ist solch ein erster Blitz eines neuen Zeitalters, das erste Herumspielen der Techies mit Atomschaltungen (Nanotechnologie) ein weiterer.

Es gibt oft einen scharf markierten Punkt in der Geschichte, an dem die Idee konkret wird, an dem aus Spinnerei etwas zum Anfassen wird.

Besonders in der Richtung der Ktisis braucht es oft einen verbissenen oder geduldigen Besessenen, der es unbedingt wissen will. Edison soll ungefähr 100.000 verschiedene Materialien als Glühwendeln ausprobiert haben, bevor er die Lösung Wolfram fand: Die Glühbirne war erfunden. Sie war nicht so sehr eine Idee des Lichtes als vielmehr das erste Anfassbare einer kommenden Revolution. Die Idee entfaltet sich und findet eine erste Erscheinungsform.

Platon sagt, die realen Dinge haben an der Idee teil, die Idee bedeutet aber viel mehr als das Reale. Flugzeuge haben teil an der Idee des Fliegens, aber sie sind nur eine reale Erscheinung der Idee. Die Idee ist viel größer und heiliger! Vielleicht haben Sie das in der Schule als zu wolkige Aussage empfunden und auch am Anfang dieses Buches etwas stirnrunzelnd verfolgt. In der Technologie ist es ganz klar: Die Idee ist oft schon lange da und *ganz* klar. Aber – gibt es überhaupt *jemals* eine reale Erscheinungsform? Gibt es wirklich in 50 Jahren Speicherfestplatten mit dem gesamten aktuellen Weltwissen darauf, die wir uns an den Kopf schnallen und ans linke Gehirn anschließen? (Wieder Unsinn, wir werden an ein Funknetz angeschlossen und haben nur Antennen am Kopf. Die Kinder müssen daran gewöhnt werden, vor dem Duschen die Antenne abzunehmen.) Gibt es Außerirdische? Nach aller Wahrscheinlichkeit ja! Aber wir müssen noch warten, bis wir reale treffen, die an der Idee des Außerirdischen teilhaben. Ich bin gespannt, ob sie grün sind und begossen werden müssen. Aristoteles hat immer Ideen von real Existierendem darauf hin untersucht, ob die Idee in dem Realen als Substanz drinsitzen könnte. Man sieht viel leichter, was die Idee vom Realen unterscheidet, wenn man sich etwas vorstellt, was es noch nicht gibt und dann später mit dem vergleicht, was es geworden ist. Ich habe zum Beispiel als Kind eine Idee der selbst gezogenen Tomate im Garten erfahren. Die reale holländische Tomate, die den roten Standard vor 10 Jahren repräsentierte, ist eine reale Ausprägung dieser Idee. Sie hat aber kaum teil an der Idee, nicht wahr? Da Ideen aber ewig sind, haben die Holländer sich in anderen Seelen wieder daran erinnert und fabrizieren jetzt wieder Strauchtomaten, die sogar noch an der Idee des Gartens durch das Grüne teilhaben...

In der Richtung der Ktisis sehen wir also sehr schön, wie eine Idee schon lange existieren kann, bis wir die allererste Ausprägung als ein Reales wirklich sehen können. Viele Philosophen diskutieren Ideen mehr in der Richtung der Ästhetik oder der Philosophie selbst. Wenn ein Künstler oder ein Denker eine Idee hat, dann arbeiten sie sie ja gleich selbst heraus, weil für Denker und Künstler die Idee und ein erstes Reales nach dieser Idee nicht weit auseinander liegen. Ein Bild wird gemalt, ein Buch geschrieben (wie dieses hier, über verschiedene Menschen). In der Richtung der Ktisis liegen oft Jahrhunderte zwischen der Idee und einem Realen nach der Idee. (Die Idee des künstlichen Menschen, die Idee der Unsterblichkeit … – an alle diese wird langsam real Hand angelegt! Die Idee ist lange in der Religion gewesen, nun kommt sie auf die Werkbank.)

Ein allererstes Abbild der Idee kann von Leonardo da Vinci stammen, aber ein allererstes Reales stammt oft von einem Pionier. Ein Pionier ist nach meiner Vorstellung kein wahrer Mensch, der sich dem Richtigen nähert. Es ist ein wahrer Mensch, der sich der natürlichen Lust widmet, einmal etwas Reales aus der Idee zu bauen. Ein Pionier kann ganz die Grenze zum Natürlichen überfliegen, weil ihn der Erfolg beflügelt. Er wird dann Entrepreneur. Bei mir selbst ist das so. Ich mag nicht aus Ideen Muster und Systemvorschriften machen. Ich würde gerne Ärmel hochkrempeln und tun! Bis es steht! Dann bin ich schon ziemlich weit vom Wahren weg und beginne am liebsten mit einer neuen Idee. „Dafür gibt es weniger Karrierepunkte, als wenn du dein Leben am Vollbrachten beendest. Ein Neubeginn mit einer neuen Idee wird vom System nicht honoriert!“ Das ist wahr und nicht schön. Damit muss ich leben.

3.4.2.3 Das perfektionierte Musterbeispiel (Architekt, Wissenschaftler)

So ein erstes Beispiel einer Idee wird meist belächelt, ob es nun der kleine Flügelschlagapparat von Otto Lilienthal (Pionier) von 1894 ist, der also fast genau 400 Jahre nach Leonardo da Vinci (Vordenker, Visionär) erfolgreich Gleitflüge vorführen konnte – ob es erste rauschende Schallplatten oder erste Telefongespräche schrecklichster Qualität waren (es muss wie beim Handy-Telefonieren in einem normalen

ICE gewesen sein). Heute lächeln wir über die albernen Techie-Messevorführungen von sprechenden Kühlschränken und vielleicht noch in Endzuckungen über den teuren SMS-Wahn unserer Kids (Kinder; bei SMS sind es Kids). Es sind Versuchsgeburten einer Idee, die sich in vielerlei Gestalt in die Welt hineinzwängen will. Die Idee heißt: „Alle Geräte dieser Welt sind in einem gigantischen Netz miteinander verbunden." Eine andere hieß in der Zeit Lilienthal/Wright: „Alle Menschen werden alle Länder sehen." Von da bis zum Ballermann-Wochenende oder zum Tagestrip zu den Pyramiden inkl. Flug morgens und nachts ist ein weiter, weiter Weg.

Die Idee ist am Anfang noch ganz rein, unausgefüllt und sehr weit wie „Fliegen" oder „Reisen" oder „Freiheit für alle". Dagegen sind die ersten Erscheinungsformen wie der sprechende Kühlschrank als Antwort auf „weltumspannende drahtlose Verbindung" wirklich nur zum Lachen. Die Idee ist in einem weiten, großen neuronalen Netz eines Genies entstanden, aber sie erlebt ihre ersten Gehversuche in ungelenker Form durch einen Tüftler, einen intuitiven Fanatiker, einen Daniel Düsentrieb. Oft sind es auch ausgesprochene Kraftmenschen, die mit bulliger Macht etwas „auf die Beine stellen". Sie kämpfen sich quasi in Person mit der Machete einen Trampelpfad durch das Unterholz und steigen das erste Mal empor, auf den hohen Berg der Idee im neuronalen Netz.

Nach den kauzigen Anfängen setzt eine Ernüchterungsphase ein, die mit dem Lächeln beginnt. Die reine Idee ist so viel hehrer als die erste Erscheinungsform, die Idee verbreitet so viel mehr Licht als das erste Reale, das an der Idee teilhat. Wenn die Idee trotzdem noch Kraft hat, über dem Dilettantischen weiter zu leuchten, entstehen neue Versuche. Es beginnt die oft lange Suche nach der endgültigen Kunstform der Idee. Im Laufe dieser Suche kann sich auch die Idee weiterentwickeln und anders, richtiger oder größer werden.

Dieser Prozess wird uns im Management als Gartner Group Hype Cycle Curve gelehrt: Erst entsteht eine Idee, daraus Hype, dann Kummer über das Kümmerliche, dann neues realistisches Anpacken des Machbaren, langsame Erfolge – und schließlich entfaltet sich die Idee unter ihrer eigenen Mutation zu einem *richtigen* Realen. Im Grunde ist es so: Der Vordenker sieht als Erster einen Berg und zeigt ihn allen (Licht!). Dann starren die Menschen hinauf. Zu hoch! Irgendwann später nimmt ein natürlicher Mensch wie Reinhold Messner die Herausforderung an, den Berg persönlich zu bezwingen. Am besten ohne Sauerstoff oder auf einem Bein. So ein natürlicher Mensch will ins Guinness Buch der Heldenverehrung! Es geht ihm nicht darum, sich als Bergführer für ganz leicht Übergewichtige wie mich anzubieten. Nur er allein will hinauf. Er ist dann der Pionier. Die richtigen Menschen wittern ein tolles Geschäft da oben; man könnte Skischanzen oder Abfahrten bauen! Sie gehen also los und versuchen es, denselben Trampelpfad wie Reinhold Messner zu benutzen! Sie scheitern. Sie brüllen: „Betrug! Es geht gar nicht!" Dann ist der Hype zu Ende. Die richtigen Menschen sagen heute: „Internet geht gar nicht, nur bei Reinhold Messner." Später kommen richtige Menschen darauf, eine Straße nach oben zu bauen. Das aber wird sehr teuer. Deshalb kommen sie nur im Notfall auf diesen Gedanken. Viel später entsteht ein richtiges Reales. Ich meine: Sieben oder acht multinationale Megafirmen bauen jeder eine Straße hinauf, die jeweils für die ganze Menschheit reicht. Irgendwann gehen alle Menschen auf den Gipfel, auf einer der Straßen. Die anderen erodieren und verfallen. (So geht es heute mit Internetbanking, mit Mobilfunk, mit Stromdurchleitungen …)

Diese Betrachtung ist erst seit wenigen Jahren zur normalen Denkmethodologie der Technologen geworden! Die mehrstufige Erscheinung einer Idee als Reales tritt in der Richtung der Ktisis sehr oft so auf. Sie wird aber erst seit kürzerer Zeit in dieser Form wahrgenommen. Man hat immer die Idee überbewertet. Man dachte, Idee und Realisierung lägen eng zusammen. Man sah, wie Picasso geniale Bilder malte und vergaß, dass er Jahre brauchte, um seinen Stil zu finden! Bei Denkern, Religionsstiftern und Ästheten sind die Genies oft auch die, die nach ein paar erbärmlichen Versuchen es mit diszipliniertester Beharrlichkeit schaffen, nicht nur ein erstes Reales zu erschaffen, sondern sogar ein beispielhaftes Reales. In der Ktisis liegen zwischen der Idee, einem ersten Realen und einem beispielhaften Realen Welten – nicht immer, aber sehr oft.

In der Ktisis hat das Genie ja nicht gleich Millionen Euro zum Entwickeln eines ersten Realen zur Verfügung! Viele Technologien müssen sich neu in das andere Reale einfügen! Oft müssen vor dem realen Neuen erst neue Gesetze geschaffen werden – Gesetze können viel höhere Hürden darstellen als Technologie. Denken Sie an die Gültigkeit von Verträgen im Internet oder das dortige sichere Bezahlen.

Ich will nicht zu lange beim kleinen, oft skurrilen Anfang verweilen. Ich will nur hervorheben, dass eine Idee, ein erstes Reales und ein quasi „endgültiges Reales“, das in etwa die Idee repräsentiert und in einem hohen Maße an ihr teilhat, drei verschiedene Dinge sind, die wir besonders im Ktisis-Umfeld stark trennen müssen.

Der Kölner Dom ist wie die Idee einer Kirche. 1248 begann man mit dem Bau unter dem Meister Gerard; 1322 war der Chor vollendet, bis 1437 baute man den Dom halbwegs auf. Später dann, schon zu Zeiten der Romantik, wurde ein neuer Grundstein gelegt (1842), bis der Kölner Dom St. Peter schließlich 1880 geweiht wurde. Was wir heute bestaunen, wenn wir aus dem Zug schauen (der Dom ist genau am Hauptbahnhof), ist eine Idee des Gotischen, die sich über 600 Jahre entfaltete. Bei den Pyramiden wissen wir heute nicht einmal so recht, wie das überhaupt zu bauen möglich war! Wir nennen heute viele solcher Beispiele, die sehr stark an ihrer Idee teilhaben, Weltwunder oder Kulturerbe. Neuschwanstein, Eiffelturm, Empire State Building, das Heidelberger Schloss, die Mona Lisa, die Laokoon-Gruppe, … Es gibt so viele konkret gewordene Ideen!

Um aus einem ersten Realen ein mustergültig Reales zu gestalten, brauchen wir viele Architekten, Wissenschaftler, Entwickler, Technologen, Meister, Entrepreneure. Sie geben der vagen Idee Gestalt und Form.

Das Genie brütet etwas in seinem Gehirn aus und artikuliert es in oft noch dunkler Form. Die erste Idee geht wie im Morgennebel auf. Das erste Reale wird oft vom Genie selbst geformt, das über dem Anfassen und Transformieren selbst erst ganz zur eigenen Idee findet, indem es Erfahrungen hinzufügt. In der Technologie sind die Genies manchmal nur die Visionäre, die aber nicht das erste Reale erschaffen. Dazu fühlen sich mehr die Entrepreneure, vielfach natürliche Menschen, berufen. Sie handeln, anstatt sich an Ideen satt zu sehen. Sie erschaffen grobe Vorbilder für den Beginn der Suche nach der Endform.

Die Suche nach der Endform hat etwas Wissenschaftliches an sich. Es wurde eine Idee geboren, ein erster Versuch konnte vorgezeigt werden: Nun kommen die vielen Menschen, die teilhaben wollen an dieser Idee, an diesem neuen Paradigma, wie Thomas Kuhn sagen würde, der in seinem berühmten Buch *Die Struktur wissenschaftlicher Revolutionen* untersuchte. Kuhn benutzt den Begriff eines Paradigmas der Wissenschaft, also eines Beispielgebenden. Um ein solches Paradigma scharen sich dann Experten und Wissenschaftler und verfeinern es bis zum Letzten. Am Paradigma des Kölner Doms arbeiteten Tausende von Menschen über Jahrhunderte. Ebenso erschuf Charles Darwin ein neues Beispielgebendes („The fittest will survive"), auf das sich zur Verfeinerung Zehntausende Forscher stürzen. Ein neues Paradigma ist wie eine Idee eines Genies, die ein erstes, gutes Reales hervorgebracht hat. Nun aber feilen und hämmern die Forscher an diesem Paradigma und untersuchen alles bis in jede Verästelung. Eine Idee oder ein Paradigma ist wie ein Hinweis auf eine neue Goldmine. Dann kommen die Wissenschaftler mit Hacken, Schaufeln und Sieben.

Eine ganz neue Idee führt nach Thomas Kuhn zu einem Ablösen einer alten Idee. Diesen Vorgang nennt er Paradigmenwechsel. Dieses Wort ist nun in unseren Wortschatz eingegangen. Kuhn ketzert gegen die ganze Wissenschaft: Er zeigt, dass im Grunde die ganz wenigen Paradigmenwechsel fast allen Fortschritt der Wissenschaft bedeuten. Sie werden von einer ganz kleinen Anzahl von Ideen oder Genies hervorgerufen. Die Millionen anderen Wissenschaftler bewegen vergleichsweise wenig. Sie feilen, putzen, lösen Probleme und Rätsel. Sie bauen aus. Der wahre Fortschritt aber wäre eine neue Idee, ein neues Paradigma.

Gerade gestern habe ich per E-Mail ein paar kesse Gedanken zugeschickt bekommen, wie sich jemand wundert, dass deutsche Professoren so wenig genial sind. Ich bin ja auch so einer und die E-Mail war zum Sticheln gedacht. Ich glaube, es gibt überall nur wenige geniale Menschen, die zu neuen Ideen oder Paradigmenwechseln fähig wären. Das Problem liegt vor allem wohl darin, dass sehr selten in der Hochschule verlangt wird, genial zu sein. Man soll restliche oder liegen gebliebene Probleme lösen, damit ein neues Buchkapitel angehängt werden kann. Man soll von einem Blatt des Baumes einer Theorie noch fester beweisen, dass es dort wirklich hinpasst – aber niemand verlangt, dass ich neue Bäume pflanze oder alte ausreiße. Neue Bäume müsste man zwischen den Fakultäten der Wissenschaften pflanzen, da ist wahnsinnig viel Platz, aber es stehen zum Ausruhen keine leeren Stühle da. Ausreißen alter Bäume würde Fakultäten leeren, also Heiligthümer (alt mit th) schleifen.

Die wenigsten wahren Menschen mühen sich um das genial und radikal Neue. Die wenigsten versuchen, ihr neuronales Netz zu schulen, ein neues Energieoptimum zu finden.

Die allermeisten wahren Menschen schlüpfen in eine gegebene Idee, in ein Paradigma, in eine Hülle, wie es der Einsiedlerkrebs tut (der immerhin während seines Wachstums immer mal wieder die Hülle wechselt). Die meisten wahren Menschen suchen nach Vorbildern, nach Orientierungen, nach Sinn, nach einem neuen Fachgebiet. Sie studieren, brechen das Studium ab, schauen woanders hinein, bis – ja, bis es ihnen ein Paradigma angetan hat.

Dann sind sie plötzlich in wenigen Monaten zu Byzantinisten, zu Computeralgebraikern oder differenziellen Psychologen mutiert. Sie haben ein Gebiet größten Interesses für sich gefunden. Eine Idee hat diese wahren Menschen eingefangen. Platon sagt, wir erinnern uns an Ideen. Ein bisschen sieht es so aus, als ob die Ideen von Mensch zu Mensch überspringen und sich so vermehren. Ich habe schon im Buch *E-Man* etwas zu den *Memes* gesagt … (vergleichen Sie etwa Susan Blackmore, *The Meme Machine*).Die wahren Menschen identifizieren sich mit dieser Idee. Sie richten sich in ihr ein. Das neuronale Energieoptimum ist eine wichtige Richtschnur ihres Seins geworden. Die Menschen werden ihre Idee, sie versinken in einem Paradigma, das sie aufgesaugt hat.

Wenn ein wahrer Mensch also frühzeitig sein neuronales Netz einen hohen, hohen Gipfel besteigen lässt, so kommt er wohl nie mehr ganz hinunter, weil es von oben überall anders ziemlich niedrig aussieht. Oben empfindet er körperlich-seelisch sein Paradigma, seine eigene Idee wie seinen eigenen Berg als höchstes Lebensprinzip.

Dieses Paradigma verfeinern die Wissenschaftler. Ich stelle mir Wissenschaft wie das Herumkrabbeln auf einem Blumenkohl vor, der unendlich zerklüftet ist. Anstatt, dass die Wissenschaftler erkennen, dass er halbkreisförmig von der Seite aussieht und selbstähnlich mikroorganisiert ist, kartografieren sie ihn in vielen Jahrhunderten völlig aus. Niemand würde es vorher wagen, Experte für Brokkoli zu werden, bevor der Blumenkohl nicht erforscht ist. Das ist jetzt etwas drastisch ausgedrückt, aber so lese ich die Aussage von Thomas Kuhns Untersuchungen und so empfinde ich es selbst als wahr. Von einer Idee erfüllte Wissenschaftler, Entwickler oder Konstrukteure neigen deshalb nicht zu Blicken über den „Tellerrand" hinaus, wozu sie insbesondere von Managern beschworen werden. Sie sind insbesondere nicht genial, weil zum Genialen ein gewisse Nicht-Identifikation nötig ist, ein Nicht-Anhaften an einer Idee. Die Idee verblendet den Träger der Idee. Das Genie darf nur zeitweise, während der Schwangerschaft und der Geburt, von einer Idee besessen sein.

Wenn also ein Mensch ein neue geniale Idee hatte, ist er ein Genie. Leider ist das Genie fast immer von seiner Idee besessen. Deshalb kann es jetzt keine weitere geniale Idee mehr haben. Deshalb ist ein Genie, das seiner Idee anhängt, kein Genie mehr. Deshalb sterben Genies meist mit der Idee. Sie sterben an einem Nobelpreis als Genie, meine ich. Das ist der Grund, warum wir immer feststellen, dass meist ganz junge Menschen die grandiosen Ideen ausbrüten oder ganz junge Techno-Freaks etwas in der Garage basteln. Junge wahre Menschen stecken vielleicht noch nicht in einer Idee! Sie werden zu Genies, wenn die erste wahre Idee, die sie erfasst haben, gleich die ganz große neue ist. Es gibt trotzdem einige Menschen, die mehr als eine neue Idee haben. Das geht aber nur, wie gesagt, wenn sie es schaffen, die Ideen, die sie hatten, immer wieder auf dem weiten Wege nach oben liegen zu lassen: Nicht-Haften! Nicht-Identifizieren! Nicht-Kämpfen! Genie: Sieh jede Idee als Stufe oder besser als Etappe, nicht als Gipfel!

Die allermeisten Wissenschaftler, Techies, Ingenieure und anderen wahren Menschen werden Gralshüter einer Idee, mag diese *Linux* heißen oder *Umwelt*. Sie verfeinern die Idee und richten es sich wohnlich in ihr ein. Sie entwickeln Programme,

Politiken, Pläne und publizieren neue Aspekte der Idee. Sie fügen Mosaiksteinchen auf Mosaiksteinchen zusammen, auf dass einst alles sauber und vollständig wäre.

Ich habe Sie nun in einer längeren Gedankenkette Schritt für Schritt auf einen Hauptgedanken hingeführt, auf heimlichen Pfaden. Wissen Sie, was ich jetzt mit Trompetenschall sagen möchte? Wenn nicht, müssen Sie im Buch zurückblättern und den Abschnitt „Learning und Overlearning von neuronalen Netzen" nochmals lesen. Dort schrieb ich schon einmal unter großartiger Betonung dies:

Und daraus folgere ich jetzt („Licht aus!" – „Spot an!" – „Vorhang auf!"):

These: *Das neuronale Netz legt sich „eine linke Gehirnhälfte an", einen Speicher, wenn es zu lange trainiert wird. Es greift dann bei Wiederholungsaufgaben auf den Speicher der richtigen Antworten direkt zu, weil das den Erfolg auf der Trainingsmenge bis auf 100 % hebt. Das Netz verliert dabei die Fähigkeit, im Unbekannten richtig zu liegen. Es verliert die eigentliche Intuition, weil es jetzt alles richtig weiß.*

Wir können also spekulativ die Entstehung der „linken Gehirnhälfte" in einem natürlichen neuronalen Netz begreifen. Sie entsteht aus der ursprünglichen Intuition durch „(zu) oft wiederholtes Lernen von Mustern".

Ach, ja. Wissen Sie was das bedeutet? Das zu starke Verinnerlichen von Ideen führt zu Overtraining des neuronalen Netzes. Es bedeutet: *Der wahre Mensch mutiert zum richtigen.*

Deshalb verlieren Wissenschaftler das Geniale, werden ordentliche, penible Sammler von Wissen, achten auf sorgsames Zitieren und das exakte Anwenden von Denkmethodologien. Wissenschaftler, die in der Idee verhaftet sind, beginnen, Regeln aufzustellen, Leistungen zu klassifizieren, Lobby zu treiben für ihre Idee (gegen die feindlichen bösen anderen Ideen, die wie die Menschenfeinde der richtigen Menschen sind).

Geschulte, erfahrene Wissenschaftler haben also das eigentlich Wahre aufgegeben und sich dem Linken angenähert. Sie sind nicht mehr Schmetterlinge und Exoten, sondern sie werden „Analytiker mit scharfem Wissenschaftsverstand". Das ist ein leiser, anhaltender Abschied von der Intuition durch Overtraining. Es ist wie Einfrieren. Die Wissenschaftler sind also mehrheitlich wie wahre Menschen, aber sie bewegen sich durch zu starkes Verbeißen in ihr Arbeitsfeld in das Mittlere. Sie sind jetzt ein Zwitter zwischen den Polen des Wahren und des Richtigen.

Man kann das positiv sehen: „Ich kann jetzt beides." So wird oft gesagt. Das stimmt nicht. Es muss heißen: „Ich mache es jetzt gemischt." Das Gemischte ist nicht gut für das Herausragende. Es wäre schon gut, wenn wir wirklich sagen könnten: „Ich kann beides." Das hieße: „Ich kann wie ein richtiger Mensch praktisch denken. Ich kann wie ein intuitiver Mensch kreativ denken. Ich kann mal so, mal anders denken und manchmal auch gemischt." Das wäre gut. Leider enden die meisten Menschen bei: „Ich denke gemischt durcheinander." Das ist nicht wie das Erwerben von Neuem, sondern wie das Abschleifen von Polen durch das Gegenprinzip. Meine Vorstellung ist ja, dass wir zwei Rechner im Kopf haben, die verschiedene Ergebnisse errechnen. Wir müssen dann entscheiden, „welches wir nehmen". Aber durcheinander rechnen, halb hier, halb dort? Das sieht für einen Mathematiker grauslich aus.

Der normale Wissenschaftler ist wie eine Mitte, die nicht golden ist, sondern wie ein eingefrorenes, übertrainiertes Mix. Er ist ein *richtiger* Wissenschaftler.

Deshalb wollen viele in unserer Gesellschaft, dass die Professoren ab und zu zwischendurch in der Wirtschaft arbeiten. Deshalb sollen Entwickler einmal woanders Sabbaticals einlegen. Man will implizit das Gefängnis der Idee aufbrechen, die jede Weiterentwicklung hemmt.

Wissenschaftler sollen vorankommen, nicht aber unbedingt 600 Jahre an einem Dom bauen, an einem gültig Realen, das so sehr an der Idee teilhat, dass wir es kaum von ihr unterscheiden können. Wissenschaftler dieses absoluten Schlages wird sich die Welt nicht mehr leisten können, schon deshalb, weil immer mehr und mehr Fakultäten heranwuchern. Das Wissen vermehrt sich so rasend schnell. Wir können nicht auf alles und jedes neue Lehrstühle für die Ewigkeit gründen.

3.4.2.4 Der Bau eines Systems nach dem Muster (Baumeister, Projektleiter)

Wissenschaft ist in vielen Erscheinungsformen eine Übertreibung des Intuitiven zum Richtigen.

Sie baut an dem wahrhaft Beispielgebenden.

Die richtigen Menschen aber wollen das systemhaft Beispielgebende. Sie möchten, dass Wissenschaft hilft, die Systeme zu verbessern. Wissenschaft soll sich in das System selbst integrieren. Dafür ist das System unter Umständen bereit, sich dem Wahren zu nähern.

Manager besuchen also die Hochschulen, sind begeistert über die neuen Ideen und möchten sie in der Welt einsetzen, verwerten, umsetzen. Die Wissenschaftler arbeiten am einem absoluten Realen, das der Idee selbst nahe kommt. Die Manager erwarten ein systemnahes Reales einer Idee.

Ich habe fünf Jahre als Professor der Mathematik gewirkt, war fünf Jahre Wissenschaftsmanager, habe aus Wissenschaft fünf Jahre ein neues Geschäft entwickelt (Optimierung, dann vor allem Data Warehouses, Data Mining, Business Intelligence, also an nutzbringenden großen Unternehmensdatenbanken gearbeitet), heute berate ich auf Vorstandsebene. Ich hatte also einen glücklichen Lebensweg durch verschiedene Welten. Es sind sehr verschiedene Welten, sage ich Ihnen! Und ich weiß: Die Wissenschaftler verstehen die Manager nicht und umgekehrt. Es gibt Ausnahmen, aber nicht viele. Im Ganzen gesehen, scheitern die Gespräche über Zusammenarbeit und Forschungsprojekte kläglich. Die beiden Menschenarten, die richtigen Manager und die wahren Idee-Gefangenen, kommen fast nie dazu, sich zu verstehen. Die einen: „Ich bin bereit, meine Idee in Ihr Unternehmen einzubauen, aber ich will sie auf keinen Fall dabei umbiegen oder verwässern, sonst kann ich nicht darüber publizieren.“ Klartext: „Ich arbeite nur für die Idealisierung meiner Idee.“ Die anderen: „Wir versuchen bei aller Idee, die harten Randbedingungen des Alltags zu verstehen. Es kommt am Ende nur auf das System an. Das muss immer besser und besser funktionieren. *Dieses* Ziel ist der Stern, dem alle folgen müssen, auch Ihre Idee.“ Klartext: „Schnitzen Sie Ihre Idee so zurecht, dass sie gut ins System passt. Die *Idee* beugt sich, nicht das System.“

Es ist seltsam: Die richtigen Menschen kommen auf das Wahre zu und suchen Hilfe für ihr System. Die Wissenschaftler benehmen sich unter der Ideenbesessenheit wie richtige Menschen, nur dass sie statt eines Systems die Idee über sich haben. Im Denken nähern sich beide Gruppen der Mitte. Aber die Grundziele sind Welten auseinander, der Unterschied liegt nicht mehr unbedingt im Denken. Die richtig gewordenen Wahren kämpfen immer richtiger für ihre Idee. Die Richtigen, die sich dem Wahren nähern, wollen nur Hilfe für ihr System. Die Wissenschaftler sind oft erschüttert über die Systemhörigkeit des Richtigen – ihre Idee soll – oft in trivialisierter Form – *benutzt* werden, nicht etwa gewürdigt oder verstanden. Die Manager sind entsetzt über die Festigkeit, mit der die Idee den Wissenschaftler umklammert, der fast unfähig wird, das System zu sehen oder zu würdigen.

Beide sitzen sich also in der Mitte an einem Tisch gegenüber, aber es ist eine imaginäre Schlucht dazwischen. Die Idee-nahen richtigen Menschen wollen das Nützliche aus einer Idee herausnehmen und im System verwerten. Sie wollen Universitätsnetze zum Internet ausbauen. Sie wollen betriebswirtschaftliche Standards in ein System wie SAP R/3 gießen. Sie wollen alles Nützliche möglichst wartungsfrei in Großserien für die ganze Welt, also für ein globales System bauen.

Architekten mögen Wettbewerbe gewinnen wollen. Das sind wahre Menschen. (Ich habe hier Statistiken, dass Architekten zu zwei Dritteln Intuitive sind! Im schon zitierten *Atlas of Type Tables*.) Die Systeme wollen Reihenhäuser in Großserie.

Wenn wir es auf einen Punkt bringen wollen:

Das Wahre will das maßgebende Reale erschaffen, das der Idee nahe ist.

Das Richtige will Standards, die maßgebend für die gewünschte Realität sind.

Bei IBM wollen die Techies meist wahre technologische Lösungen, aber die richtigen Manager immer Standardlösungen. Die einen wollen sich den Computer für sich selbst liebevoll einrichten, die anderen befehlen radikal gleiche Computer für alle, damit sie alle gut funktionieren und gewartet werden können. Die einen wollen eine technische Großtat für den Kunden stemmen, bei allen Risiken einer Einzelleistung – was geschieht, wenn der Maestro von IBM krank wird oder kündigt? Die anderen wollen Projekte nach Standards durchführen, damit es weder zu Risiken noch zu schweren Fehlern kommen kann. Die Techies empfinden Standardisierung als Lüge gegenüber dem Wahren, als Beherrschungsversuch des Managements über die Individualität. Das Management fürchtet individuelle Leistungen wie Kraut, Rüben und Chaos. So prallen die wahren und richtigen Menschen in der Mitte hart aufeinander. Hier, in der Mitte, ist der Übergang von dem Machbaren und Brauchbaren zum Standardisierten. Wenn Sie nicht selbst in dieser Turbulenzzone der Ktisis arbeiten: Sie glauben es wohl nicht in der vollen Schärfe. An dieser Schnittstelle, die in Wirklichkeit ein Grand Canyon ist, finden die Diskussionen von Dilbert und seinem Manager statt. Hier steht das Wahre und das Richtige Auge in Auge gegenüber. Das Wahre ist meist in Verteidigungsposition und weint. Das Richtige ist ärgerlich und übt Macht aus. In unserer Firma werden angehende Projektleiter getestet, welche Persönlichkeit sie haben. Fast keiner ist gefühlsorientiert oder Zaunkönig/Jäger. Fast alle sind Denker der Herrscher- oder Burgenbauerfraktion. Jeweils fast genau die Hälfte sind richtige und wahre Menschen. (Dieser Test unterscheidet nur zwischen links- und rechtshirnigen Menschen, die *natürlichen* betrachte ich hier ja erst in diesem Buch!) Die richtigen Projektleiter kennen die Verträge und Terminlisten und Vertragsstrafen auswendig und managen den Projektverlauf. Die wahren Projektleiter kennen nur die Idee des Projektes (was dem Sinne nach bei dem Projekt herauskommen soll). Dann *bauen* sie los. Natürliche Projektleiter *boxen es durch.* In der IBM Techie-Population haben wir laut dem Keirsey-Test etwa 65 % wahre Menschen! Bei Projektleitern sind es nur noch 50 %. Bei Managern überwiegt dann der Anteil der richtigen Menschen (alles nach dem Keirsey-Test, ich habe leider noch keinen als Grundlage für dieses Buch). Aus diesen Ergebnissen, die mir 500 IBMer gaben, will ich also nichts über die Persönlichkeiten folgern, sondern nur dies eine: Die Techie-Welt ist intuitiv, die Managerwelt analytisch. Die Welt der Projektleiter markiert die Mitte. Dort gibt es keine dominierende Methode. Man kann Aufgaben und Termine regeln oder selbstvergessen „bauen", beides geht gleich gut, wenn man es denn gut kann.

3.4.2.5 Das Betreiben und Funktionieren des Systems (Manager)

Manager (der unteren Ränge, im Gegensatz zu den Executives, wie ich hier die oberen Ränge bezeichne) sind nun ganz eindeutig in ihrer Gesamtheit analytische Denker. Es ist ihre Aufgabe, ein gegebenes System, das man ihnen anvertraut hat, reibungslos funktionieren zu lassen. Eine Sinnfrage stellt sich hier nicht. Wie? Warum? Diese Fragen sind hier obsolet. Es ist klar vorgegeben, was zu tun ist und mit welchem Ziel. Es gibt einen Arbeitsplan, um das Jahresziel zu erreichen. Dieser Plan ist so lange überdacht, dass der Plan dann erfüllt oder gar übererfüllt wird, wenn sich ihm alle gewissenhaft verpflichtet fühlen. Der Plan gerät in Gefahr, wenn Menschen Fehler machen, Geld verschwenden, faul sind, also Zeit verschwenden und wenn es zu Ausnahmen kommt, die im Plan nicht vorhergesehen sind. Pläne sind viel, viel leichter zu machen, wenn man gar keine Ausnahmen vorsieht. Deshalb ist es klug, Ausnahmen zu verbieten. Der Manager muss also Zuverlässigkeit, Sparsamkeit, totale Energiemobilisierung und absolute Regeldisziplin zu den obersten Werten erheben. Wenn die Mitarbeiter des Managers wahre Menschen oder natürliche sind, kommen sie oft mit Sinn- oder Spaßfragen. „Was hat es für einen Sinn?", fragen die Gefühlsintuitiven. „Was hat das für einen Grund?", fragen die intuitiven Denker. „Wie soll es funktionieren? Es ist eine alte Methode, auf Geld und Pflicht herumzuhacken! Wo ist der Fortschritt?", hadern die intuitiven Menschen der Ktisis, die „Techies". „Arbeit muss Spaß machen. Sonst reiße ich mir hier bestimmt nicht die Beine aus!", schimpfen die natürlichen Menschen. „Wir wollen hier etwas stemmen und nicht Erbsen zählen!" – „Es muss auch Zeit für Champagner sein!" Und so weiter. Hoffentlich versteht ein richtiger Manager das. In der Tendenz nicht. Deshalb lieben sie ihn nicht, die Mitarbeiter … In Wirklichkeit stellen sich Mitarbeiter einen richtigen Manager wie einen Vater oder eine Mutter vor. Das sind immer noch ihre wahren Vorstellungsbilder eines guten richtigen Menschen, so alt sie auch sein mögen. Ich selbst habe lange gebraucht, um das zu verstehen und auch zu akzeptieren. Vielleicht musste ich nur alt werden. Ich bin selbst intuitiver Denker und finde, alle Menschen seien frei für ihre eigene Entfaltung. Da lasse ich die Mitarbeiter bei mir wachsen und greife nicht zu viel ein. Das wollten sie aber nicht wirklich. Sie wollten so etwas wie einen Vater, glaube ich. Sie erwarteten wohl wirklich einen guten richtigen Menschen als Manager?! Da fällt mir ein: Als ich vor langen Jahren meine Abschlussbeurteilung als Offizier der Reserve zu hören bekam, hieß es: „Als Berufsoffizier wären Sie bis Hauptmann eine Niete, als Major vielleicht schon einigermaßen in Ordnung, aber im Stab als Stratege wären Sie eventuell gut. Jetzt sind Sie Leutnant. Na – ja." Man hat mir immer in irgendeiner Form „vorgehalten", kein richtiger Mensch zu sein.

3.4.2.6 Der Bau der tatsächlichen Organisation (Executive)

Ein höherer Manager – ich nenne ihn hier Executive – hat ganz andere Aufgaben als einer, der Mitarbeiter führt. Executives müssen ein Talent dafür haben, große Aufgaben zu strukturieren und so in Abteilungen, Bereiche, Pflichten und Missionen zu zerteilen, dass ein neues Teilsystem im Unternehmen entsteht, das seinen Aufgaben gerecht wird. Stellen Sie sich vor, ich gebe Ihnen tausend Leute, mit denen Sie eine Bank gründen sollen. Wie viele und welche Bereiche wollen Sie haben? Wie viele Hierarchiestufen? Wer ist wofür verantwortlich? Was wird in der Zentrale entschieden, was in der Zweigstelle? Wer hat wie viel Macht? Wer kontrolliert was?

Eine Bank ist hypothetisch. Stellen Sie sich dann Ihre Organisation vor, in der Sie jetzt arbeiten. Denken Sie sich selbst auf den Chefsessel und los! Was würden Sie tun? Als Mitarbeiter maulen Sie bestimmt über das nur zweilagige Toilettenpapier, das im Endeffekt vierlagig verwendet wird, also um ein Drittel teurer ist als das gute dreilagige, das alle zu Hause haben. Sie beanstanden das Kantinenessen und möchten ein helleres Arbeitszimmer. Gut. Jetzt sitzen Sie auf dem Chefsessel und sollen eine neue Struktur einführen, die alle diese Klagen berücksichtigt. Versuchen Sie es als Übung – sagen wir: vier volle Stunden lang. Dann sind Sie bestimmt gnädiger gegen Executives, glauben Sie mir.

Ich habe einmal den Mitarbeitern einer Abteilung angeboten, sie selbst sollten ihre eigenen Gehaltserhöhungen im geforderten Rahmenwerk festlegen. Das Kritische ist dabei, dem schlechtesten Drittel der Mitarbeiter anzudeuten, sie seien im schlechtesten Drittel. Das schlechteste Drittel schreit verwundet auf und die anderen zwei Drittel zerfließen zum großen Teil in Mitleid über diese unerhörte Grausamkeit. Ich habe so oft hören müssen: „Warum hat die/der denn eine *untere* Einstufung seiner Jahresleistung?" Da forderte ich sie auf, es selbst zu beschließen. Nach einer Stunde erschien weißer Rauch: „Das machen wir nicht. Wir verstehen, was du willst. Du willst die Grausamkeit auf uns abwälzen. Darauf lassen wir uns nicht ein." Ich wusste, dass sie das sagen würden. Ich wollte nur einmal, dass sie nicht maulen, sondern körperlich spüren, wie schrecklich eine Entscheiderlage sein kann. Ich entschied dann wie eh und je selbst. Danach kamen sie und beklagten sich bitter: „Warum *die*? Warum *der*?" Ich fragte sie, ob sie nicht verstanden hätten. Doch, sie hatten verstanden. „Du willst, dass wir Verständnis haben. Aber wir fühlen uns viel besser, wenn wir keins haben. Deshalb lassen wir uns von dir nicht hereinlegen. Nein. Du musst das Gejammer anhören. Denn du bist *grausam*."

In diesem Sinne: Versuchen Sie einmal, Ihre Firma nicht einfach punktuell zu kritisieren, sondern ganz in Ihrem Sinne zu restrukturieren. Machen Sie einen großen Plan an der Wand. Dort werden Sie in Kürze sehen, ob Sie die richtigen Menschen übertreffen werden. Dort ist die Wand der Wahrheit.

Neben einer exzellenten Struktur muss der Executive auch Manager finden, die diese Struktur mit Energie und Leben füllen können. Es ist leicht, ein Gymnasium zu führen, wenn Sie lauter tolle Lehrer haben und beliebig viele A15-Planstellen. Es ist leicht, Forschungsprojekte mit Preisträgerwissenschaftlern zu organisieren. Sie müssen dann nur darüber wachen, dass sich die Götter nicht streiten. Normalerweise aber sind die Leute, die ein Executive einsetzen kann, ungefähr so gemischten Talentes wie die Gesamtheit der Lehrer an *Ihrem* Gymnasium, in dem Sie Schüler waren. Und jetzt teilen Sie einmal alles ein! Sie wissen dann schon im Voraus, wo immer schlechtes Wetter ist.

Neuerdings gibt es einen immer stärkeren Hang, Manager und Politiker „die Verantwortung übernehmen zu lassen". Beim dritten Fehler wird man aus der Position genommen. Aus mit der Karriere! Da es kaum Leute gibt, die unter der Ungewissheit der Zukunft *keine* kritischen Folgen ihrer Entscheidungen zu beklagen haben, ist bei solchen klaren Regeln ein Minister oder Executive nicht sehr viele Jahre im Amt. (Das Hauptproblem ist, dass die meisten Leute den Unterschied zwischen einem *Fehler* und einem *ungünstigen Ausgang* nach einer ungewissen Entscheidung nicht verstehen. Es ist oft auch nicht opportun, ihn zu verstehen.) „Rücktritt!", schreien alle sofort, verkennen aber, dass eine Unternehmensführung wie eine Regierung in kurzer Zeit völlig ausblutet. Das ist in einem Unternehmen tragisch und in Demokratien geradezu das Lieblingsziel der Opposition: Ausbluten der Regierung. Es gibt dann einen Machtwechsel und neues Ausbluten. Kaum jemand überlebt es. Das ist im Kern die Praxis der Demokratie heute.

Gute Executives sind geduldiger miteinander. Insgesamt aber ist das Regieren als Bereichsleiter oder höherer Boss nicht so leicht. Executives sind oben, müssen sich aber fast am meisten fürchten. Wir unten wollen aber Helden da oben! Wir unten wollen Kraft- und Saftentscheidungen von richtigen Menschen! Wovor haben die denn Angst? Vor dem Ausgang ihrer eigenen Entscheidungen haben sie Angst, und wie!

Im Ganzen benimmt sich das Executive Management nicht so homogen wie ein insgesamt „richtiger Mensch". Die Charaktere der Executives sind diverser als die im unteren Management. Unten zählt Disziplin im System. Das ist eine Domäne des richtigen Menschen, der vor allem dort Antreiber sein soll.

Executives aber müssen ein funktionierendes System bauen. Immer wieder. Die IBM ist seit einigen Jahren im Zentrum des Wirbelsturms. Jedes Jahr ziehen neue Technologien herauf: Netze, Telekommunikation, Onlinebanking, Funknetze, E-Business, Enterprise Integration, demnächst Adaptive Enterprises. Das muss Ihnen jetzt nichts sagen, es ist schon bei der zweiten Auflage dieses Buches wieder altes Zeug. Eine Technologiefirma muss nicht nur die eigenen Technologieveränderungen mitmachen (neue Rechner- und Netzarchitekturen, neue Betriebssysteme, Software, Anwendungen), sondern auch allen Technologiewandel der Kunden, die diese Technologie brauchen! Das ist Turbulenz pur! Im Grunde sind frisch erstandene

Systeme, die ein paar Monate funktionieren, schon wieder veraltet. Die Executives rüsten wieder einmal um, wieder und wieder. Es ist in diesem mühevoll geordneten Chaos nicht so klar, ob die richtigen Menschen hier am besten arbeiten. Wahre Menschen können Unternehmen besser unter einer klaren Idee oder Vision zusammenhalten und den Wandel innerhalb der Vision erträglich machen. Natürliche Menschen können Kraft, Charisma und Zuversicht ausstrahlen und damit den Eindruck erwecken, dass sie schon alles herausreißen werden.

Executives sind im Ganzen nicht mehr so zwanghaft richtige Menschen. Die Fronten heben sich langsam auf. Eine ehemalige Vorstandassistentin, jetzt selbst im Linienmanagement, erzählte: „Oben ist keine Angst mehr. Es sind *andere* Manager da oben. Sie lauern nicht mehr auf Karriere, jedenfalls nicht mehr so stark. Sie gehen an die Arbeit, ganz einfach an die Arbeit. Sie sind als Menschen *einfacher* als die unteren Manager. Du arbeitest da viel länger und viel mehr, aber es ist erholsam, unter lauter hellen Menschen zu arbeiten, die dem Unternehmen einfach nur noch dienen."

Es gibt in der Wirtschaftspresse oft Artikel, die das Gegenteil sagen. Ich rede nur vom Regelfall oder hier speziell von IBM.

3.4.2.7 Die Staatskunst des „Edlen" und das edle System

An der Spitze des Staates wünschen sich die richtigen Menschen einen richtigen Edlen, ein großes Vorbild an Tugend und Treue.

Es wäre am besten, wenn sich das ganze Volk unter einem Herrscher oder einer Herrscherin so geborgen, geliebt und sicher fühlen könnte wie ein kleines Kind, das die besten Eltern der Welt hat und rundum glücklich aufwächst. Alles ist da, alles ist ordentlich und gefügt. Mutter und Vater wachen. Es gibt immer gutes Essen und niemand muss sich fürchten.

Ich habe es schon an früherer Stelle im Buch gesagt: Richard von Weizsäcker müsste uns beherrschen dürfen, aber ganz direkt, ohne dass er fast immer politische Streitereien am Hals haben müsste. Im Grunde ist unser politisches System so aggressiv, dass er zu gut für diese Welt ist – und wir hätten wieder keinen richtigen edlen Herrscher. Wir wünschen uns im Grunde ein *richtig edles System*, dann brauchten wir unter Umständen kaum jemals richtig edle Herrscher. Ein edles System würde alles milde ordnen, die Seelen in Harmonie bringen und auch für das Schöne und die Kultur sorgen. Es würde die Zukunft mit der Gegenwart versöhnen, behutsam das Neue und die Technologie erblühen lassen, dabei aber die alte Umwelt nicht zerstören. Ein edles System würde sich um die wertvolle Substanz kümmern.

Ich belasse es bei diesen kurzen Sätzen. Sie wissen ja, was wirklich richtig wäre.

3.4.3 Beispiel: Von der Idee zur Metis – Richtung Ktisis

Zwischen dem Genie und „Metis" liegen die Stufen des Pioniers und des Entrepreneurs. Ich habe diese Stufen implizit schon immer wieder eingestreut. Reinhold Messner ist ein Pionier, der sich selbst bezwingt und sich selbst auf dem Weg nach oben findet. Die vielen Daniel Düsentriebe sind Erfinder und Pioniere, die ihr Leben einer Idee widmen und aus ihr etwas bauen wollen. Sie zimmern an einem Traum zum Anfassen. Sie bauen das erste Flugzeug, einen ersten Zeppelin, die ersten atomaren Schaltungen mit Nanotechnologie. Es geht nicht um die Wahrheit, es geht nicht so sehr um das Wissen, was wahr oder richtig wäre. Ein Pionier geht voraus und verwirklicht. In dem Augenblick, in dem Edisons Glühlampe mit einer Wolframwendel zufrieden stellend funktioniert, bricht Jubel aus. Es geht! Es funktioniert! Für diesen Augenblick haben sich Jahre harter Arbeit gelohnt.

Wissenschaftler würden sich erst freuen, wenn sie verstanden haben, *warum* Wolfram funktioniert! Warum! Wie! Wozu! Pioniere lieben schon das einfache „Es funktioniert!".

Wenn ein Pionier aus einer Idee etwas gebaut hat, was funktioniert, so kann das Gebaute immer noch recht verschroben und versponnen sein. Es kann etwas Nutzloses sein, das wir zwar mit Ohs und Aahs bestaunen, das aber eben nur messetauglich ist. Wie viele Hochglanzvorführungen sehen wir in jedem Jahr auf der CeBIT-Messe in Hannover! Sprechende Kühlschränke und schmutzsuchende Waschmaschinen oder Armbanduhrcomputer mit einer 5-Minuten-Batterie, die ziemlich genau zum Hochfahren und zum einmaligen Zeitablesen vorhält. Es sind Träume zum Anfassen für Messebesucher, die sich mit ihnen hier die Zukunft vorstellen können.

Viel später wird aus den Schaustücken der Pioniere ein Produkt, was wir kaufen möchten. Stellen Sie sich vor, Sie erfinden eine Toastmaschine mit einem Computerchip drin, der Muster von einem Computer empfangen kann. Der Toaster soll dann das Muster in den Toast eintoasten. Ich möchte dann immer Toasts mit meinen Initialen oder meinem Alter oder mit einem Deutsche-Bank-Logo zum Frühstück. Für kleine Kinder toasten wir Tiere und die Buchstaben dafür auf die andere Seite, damit sie lesen lernen. So einen Toaster kann man mit ein paar tausend Mark Kosten ohne weiteres bauen und auf einer Ausstellung zeigen.

Wie aber kommt er ins Ladenregal?

Es gibt da so eine sehr spezielle Sorte von mehr natürlichen Menschen, die solche Aufgaben als Unternehmer lieben. Sie lieben unter Umständen nicht mehr so sehr die Idee des anfänglichen Produktes, sondern sie wollen, dass etwas Wirkliches getan wird. Diese Unternehmer und Entrepreneure müssen nicht mehr vernarrt in die Idee sein, wie es der Pionier noch ist. Sie befassen sich damit, ihre Energie auf die Umsetzung zu konzentrieren. Der Pionier braucht endlose Geduld und Beharrlichkeit. Unternehmer sind eher überhaupt nicht mehr geduldig! Sie platzen vor Energie! „Los, los! Weiter! Keine Zeit verlieren! Dampf machen! Losbrausen!" Der Pionier könnte eine Ente als Auto fahren, ein Unternehmer zischt über die Autobahn. Pioniere sind mehr wahre Menschen, die sich in das Gebiet des Natürlichen ausbreiten.

Entrepreneure sind mehr natürliche Menschen, die eine Betätigungsidee aufgreifen und an ihr eine kleine oder eine größere Welt erobern. Pioniere denken bastelnd, Entrepreneure handeln.

Gute Entrepreneure sind ziemlich selten. Die Wagniskapitalgeber („Venture Capitalist") suchen händeringend solche beballte Energie, die sich wie ein Geschoss auf ein Ziel fokussiert. Oft sind Entrepreneure Menschen, die sich durchbeißen mussten, die gestärkt aus den Rangordnungskämpfen der Kindheit hervorgingen, die sich nie bezwingen lassen wollten. Viele sind ohne Vater aufgewachsen oder haben den Vater nicht viel gesehen. Immer wieder ist so ein biografisches Element um den Vater herum in Unternehmerlebensläufen zu entdecken. (Mir fallen gerade Hans-Olaf Henkel oder Bundeskanzler Schröder ein.) Entrepreneure lernen nicht, was wahr und richtig ist. Sie sind mehr oder weniger offenbar schon immer der Boss.

In unserer Zeit der Ktisis, in der unendlich viel mehr Bewegung und Energie erforderlich ist, wird es zur Hochblüte solcher natürlicher Entrepreneure kommen. Wir brauchen solche Kraftmenschen in großer Zahl. Hoffentlich lässt die Schule genug davon mit einem Abitur heraus. Entrepreneure sind bestimmt keine Musterschüler, weil diese ja bescheiden Stufe um Stufe erklimmen sollen. Entrepreneure rennen mit dem Kopf voran durch die Wand. Ein guter Teil der heutigen Computerfreak-Generation besteht aus solchen Kraftnaturen, aus Pionieren und Entrepreneuren. Die Ktisis ist ein abenteuerreiches Tummelfeld für natürliche Menschen. Hier gibt es Herausforderung satt. Wir wundern uns oft über die kantigen, willensstarken Computerfreaks, die der Schule sonst trotzen, die das Richtige belächeln und die Widerstand leisten, bestimmt aber nicht auf gute Noten aus sind. Wir wundern uns, dass es ihnen reicht, den Computer wie einen Düsenjet zu beherrschen. Es geht nur um das Beherrschen und Bezwingen, nicht um gute Noten und um Lernen. Es sind nicht etwa besondere Menschen, die Computerfreaks. Es sind natürliche Menschen, die einen gewissen Sinn für das Wahre haben. Die Beherrschung von Technologie ist wie ein Kampf, wie das Bergsteigen von Reinhold Messner. Die Richtung der Ktisis bietet Abenteuer und Bezwingen für Natürliche. Sie können sich einen ehrenhaften Platz unter den Menschen sichern und können den richtigen Menschen eine lange Nase drehen. Genau das tun Computerfreaks.

3.4.4 Beispiel: Zwischen Metis und System – Richtung Ktisis

Die natürlichen Menschen bezwingen. Sie halten sich im Allgemeinen an die Regeln des Systems und noch eher an die der natürlichen Fairness. Wenn die Regeln aber unnötig einschränkend sind oder wenn gar das Bezwingen oder der Sieg ganz außer Reichweite kämen, wenn sie zu penibel oder sklavisch an den Bestimmungen hängen würden, dann setzen sie sich souverän über Regeln hinweg.

Natürliche Menschen sagen, sie seien „pragmatisch", sie würden also das Zielführende im Einzelnen verstehen und mehr im Einzelfall nutzbringend handeln. „Bestimmungen des Systems sind an sich nicht schlecht. Wenn sie aber im Einzelfall das Erreichen des Ziels behindern, können sie hier, an dieser speziellen Stelle, keinen Zweck haben. Ein Tatmensch erkennt dies und korrigiert das System zum Nützlichen hin."

Es gibt verschiedene Stufen des Pragma. Die richtigen Menschen sind auch oft pragmatisch. Sie erfinden allerlei Schlupflöcher und frisieren Zahlen zu ihren Gunsten. Sie pervertieren oft den „Geist" des Systems, damit im Einzelfall zu harte

Bestimmungen elegant und natürlich ausnahmsweise umgangen werden können. Richtige Menschen hebeln das System unauffällig aus, möglichst ohne das nach außen sichtbar werden zu lassen. Diese Art, pragmatisch zu sein, wird besonders von den wahren Menschen von Herzen gehasst. Heuchelei! Scheinheiligkeit! Gesichtswahrung um jeden Preis! Dabei wissen richtige Menschen genau, dass das System nicht allein selig machend ist. Sie leiden selbst unter dem System. Sie erklären es aber auf der anderen Seite für heilig, weil ein System eben sein muss und weil es nichts Besseres gibt.

Natürliche Menschen sind ganz offen pragmatisch: Das System kann eben jetzt nicht angewendet werden.

Im Zeitalter des radikal Neuen sind die Systeme streng genommen nie mehr richtig anwendbar, weil sich alles zu schnell ändert. Die richtigen Menschen beginnen fast schon, auch mitten im Geschäftsjahr die Unternehmensstrukturen zu verändern. Früher war alles für ein Geschäftsjahr festgelegt. Mehr und mehr scheint dies zu starr und zu langsam zu sein. Gesetze werden hektisch neu beschlossen und wieder abgeschafft. Es gelingt der Politik kaum noch, längerfristige Orientierungen durchzuhalten. Alles und jedes wird neuen Tagesereignissen geopfert, um Probleme für ein paar Tage zu lindern oder um Kassenlöcher zu verkleinern.

Die richtigen Menschen werden unsicher und orientierungsloser. Sie waren immer diejenigen, die sich Traditionen und alte Werte wünschten und sie verteidigten. Nun retten sie täglich ihre Systeme unter Verrat der Werte, deren Verlust sie mit täglich dicker werdenden Tränen beweinen.

Die natürlichen Menschen gewinnen im Chaos die Oberhand. Pragma braucht nur das Ziel, keine Tradition. Wenn die neuen Technologien das tägliche Leben kontinuierlich verändern, dann sind die Pragmatiker noch eher in ihrem Element.

Die richtigen Menschen aber werden zu dürren Technokraten. Sie administrieren den Wandel. Aber sie gestalten ihn nicht proaktiv.

3.4.5 Menschen und ihr persönliches Sinnspektrum

Was bin ich? Wer sind Sie?

Haben Sie ein festes Plätzchen in dem Dreieck?

Meine Daten habe ich schon genannt: Ich bin in erster Linie jemand, der sich Philosophien ausdenkt und sich bei einer guten Idee wie ein kleines Kind freut: „Das war heute ein wunderschöner Tag. Ich hatte eine gute Idee.“ In einem gewissen Sinne verfolge ich meine Ideen und setze sie in „Wissenschaft“ um, aber nicht zu weitgehend, weil das ordentliche Ausforschen mich zu sehr nervt. „Weiter! Weiter!“, ruft mein Daimonion in mir. Meine Laufbahn als Wissenschaftler war vielleicht ein schwacher Irrtum über mein Wesen. Ich bin wohl von Herzen lieber Pionier als ein Wissenschaftler. Ich möchte gerne sehen, was herauskommt, nicht, wie ich es ganz genau beweisen kann. Ich spiele gerne herum und bin noch ein bisschen Kind. Das wusste ich nicht, weil es erst mit dem Alter deutlicher wurde. Meine Frau hat es schon früher erkannt, aber ich konnte es nicht glauben. Wenn ich mich nun vor dem Hintergrund meiner eigenen Omnisophie anschaue, bin ich doch eher ein wahrer Mensch in Richtung des Natürlichen. Das Natürliche ist mir nur nicht so dringend...

So deckt jeder Mensch ein ganzes Spektrum oder einen „Seinsbereich" ab. Platon ist wohl ein ziemlich reiner wahrer Mensch, während Aristoteles zum Richtigen neigt, aber eine enorme Bandbreite zu haben scheint (von Wissenschaft bis Staatssystem). Diese Bandbreite verleiht ihm auch gleich den Ruf des Universalgelehrten, der überall Bescheid weiß und mitreden kann.

Beim Schreiben habe ich auch immer gemerkt, dass ich verschiedene Schwierigkeiten habe, mich in andere Menschensorten hineinzufühlen. Martina Daubenthaler, die als Werkstudentin seit zwei Jahren alles kritisch liest, ist ein deutlich natürlicher Mensch. Ich bin immer heilfroh, wenn sie die natürlichen Passagen des Buches natürlich findet. Sie kritisiert fast immer die Stellen „mit den Ideen": „Zu abstrakt!", befindet sie. Aber diese Stellen sind bestimmt ganz genau die, die ich felsenfest für wahr halte, weil ich selbst so bin. Ich bin unsicher, ob ich den Gefühlsmenschen gerecht werden konnte. Ich habe ihnen sicherlich Sympathie entgegengebracht – aber auch Einfühlungsvermögen?!

So mag jeder von uns ein ganzes Sinnspektrum abdecken. Es mag weite Menschen geben und andere, die sich mehr konzentrieren oder auch nur „eng" sind. Es spielt eine Rolle, was wir neben uns an andersartigen Menschen schätzen und lieben können. Wer viele andere Menschen lieben kann, wird selbst ein weiteres Herz bekommen und einen offenen Geist entwickeln. Wer sich selbst als Norm oder Maß der Menschen ansieht, wird enger und enger werden und sich immer vollkommener vorkommen. Diese Art Vervollkommnung durch Verengung ist wie Tod durch seelisches Erstarren.

Im Ganzen spüre ich, dass die Menschen eher mehr an den Polen zu finden sind als in der Mitte. Ein Standpunkt am Pol ist leichter zu vertreten. Die Mitte ist sehr komplex. Für mich als wahren Menschen drücken die Pole des extremen Seins die reinen Ideen der Menschen aus. Ich selbst meine, alles gut verstehen zu können, wenn ich die Pole für mich gut erfasst habe. Wir haben gesehen, dass das Mittlere *nicht* eine *Kombination* der Pole ist. Der Wissenschaftler und der Manager sind „in der Mitte", aber im Geiste doch sehr weit auseinander. Ich glaube ganz bestimmt, dass sich eher noch Konfuzius und Lao Tse über die Welt einigen können (das Richtige und das Wahre); aber der halbwahre Techie streitet sich lebenslang mit dem halbrichtigen Manager. Das Unüberbrückbare liegt in der Mitte, nicht an den Polen.

Menschen an den Polen haben eine solche extrem absolute Sicht auf das Leben, dass ihnen sicherlich klar ist, wie relativ ihr Blick auf den Sinn ist. Die Menschen in der Mitte dagegen relativieren so stark, dass sie sich dessen, was sie schließlich glauben, unsagbar absolut sicher sind.

Deshalb sind die Gräben nicht zwischen den Gelehrten, sondern mitten auf Schreib- und Konferenztischen, in den Ritzen der Ehebetten und in der Sitzrichtung beim Unterricht. Dort, in der Mitte, weiß niemand mehr, worüber er sich eigentlich streitet. In der Mitte ist Kaisers Bart, betonhart, weil ihn keiner sieht.

3.5 Hohe Werte oder viele Punkte?

3.5.1 Exakt-Wissenschaft in der Mitte

Zwischen den Menschen wächst etwas *potenziell* Gefährliches heran.

Es heißt Wissen oder Wissenschaft.

Diese Entwicklung explodiert geradezu mit dem Internet. Das ganze Wissen der Welt wird bald per Klick verfügbar sein. Sie haben es sicher schon jahrelang in der Zeitung gelesen. Die Journalisten schreiben es in unzähligen Abwandlungen. Unsere Kinder halten es schon für wahr.

Angesichts der Masse an Wissen im Internet, also in dieser Weltmenschheitsbibliothek, beginnen wir die Ausmaße der Wahrheit zu verstehen, „dass wir fast nichts wissen". Die Wissenschaftler verdoppeln die Masse des Wissens alle paar Jahre, was in Seitenzahlen gemessen richtig ist und sonst alles Mögliche bedeuten kann. Viele Leute werden unter den drohenden Wissenslawinen oder all dem Datenmüll schon allergisch. Sie sprechen neuerdings vom Ersticken oder Ertrinken in Information. Wir werden mit E-Mails erschlagen, die uns mit unwichtigen Details und Werbung aller Art überschütten.

In unserer Mitte entsteht eine Art übermenschliches Gehirn, ein Speicher aller bisherigen Information, ein Regelwerk, wie alles funktioniert. Standardsoftware regelt, wie alles zusammenpasst, welche Arbeitsschritte wofür und in welcher Reihenfolge nötig sind. Dieses Wissens- und Vorschriftenwerk steht uns allen als eine Art Nebenhirn zur Verfügung. Wir beginnen zu ahnen, dass wir nicht mehr selbst lernen müssen, sondern wir sollten dieses „Überhirn" der Menschheit zu nutzen verstehen. Es kommt darauf an, mit ein paar Mausklicks das jetzt Wichtige sofort herauszufinden. Die Menschen müssen nicht mehr selbst wissen, sie müssen spürsichere Bibliothekare werden.

Mein Lamento aber, mit dem ich schon in meinen ersten Büchern begonnen habe, ist dies: Die Aufzeichnung und die Nutzung des Wissens der Menschheit droht zu einer blind-einseitigen Aktivität der linken Gehirnhälfte zu verkommen. Das Speichern des Wissens ist eine Lieblingsbeschäftigung der richtigen Menschen. Richtige Menschen propagieren „Knowledge Management". Sie wollen das Wissen aus den Köpfen der Menschen und Mitarbeiter abschöpfen und ständig speichern. „Wissen ist das wertvollste Gut. Wissen ist wiederverwendbar. Wissen ist nicht vergänglich. Es ist für ewige Zeiten speicherbar und verdirbt nicht. Wir werden Wissen in Datenbanken wie Geld in Speichern horten. Wer das Wissen hat, beherrscht die Welt. Wissen ist Macht." Hören Sie das? „Wissen ist das wertvollste Gut." Vor einigen Jahren waren das noch die Mitarbeiter.

Die Menge allen Wissens wird wie in einer Bibliothek gespeichert gedacht. Die Bibliothek aber ist das mentale Modell des richtigen Menschen. Wenn also eine Wissensbibliothek im Internet entsteht, so werden die Denkmodelle des Richtigen immer mehr die Oberhand gewinnen, weil ja auch die wahren und natürlichen Menschen diese richtige Bibliothek benutzen müssen. Die natürlichen Menschen sehen das Internet wohl mehr als eine Art „Tool-Box", als eine große Werkzeugkiste an, aus der man nach Bedarf den einen oder anderen Schraubenschlüssel oder Erkenntnisschlüssel herausnimmt. Wahre Menschen mögen das ganze Wissen nicht wirklich. Irgendwann, sagt Buddha, muss man die Bücher aus der Hand legen und *selbst* denken! Das Wahre ist nicht im Internet. Die Information ist immer ein Abbild eines einzigen Realen, das an der Idee teilhat. Und die Idee steht nicht in der Bibliothek. Dort stehen nur Bilder des Realen.

Die schiere Masse an Wissen verdeckt, dass das Wahre im neuronalen Netz des Menschen ist! Bisher ist es nirgends sonst. Das Richtige muss nicht mehr im Menschen selbst sein, es lässt sich ins Internet auslagern. Diese „objektive" Auslagerung des richtigen Wissens führt dazu, dass die Menschen im Prinzip immer mehr „wissen" bzw. immer mehr Wissen verfügbar haben. Da sie dieses Faktum überbewerten, fühlen sie sich schon richtig wohl.

Es kommt aber auf die Einsicht an, auch auf das Verstehen des Ganzen, auf das Erfassen „der Ideen".

Die Universitäten erleben einen Einbruch des Richtigen in die heiligen Hallen der Einsicht. Sie werden neuerdings „evaluiert". Die Professoren bekommen Schulnoten. Sie müssen ihre Hausaufgaben nachweisen, also vorzeigen, was sie jeweils im letzten Jahr erforscht haben. Wie viele Arbeiten? Wie viele Seiten? Wie hoch war der Beitrag zur Wissenschaft? Um wie viel wertvoller ist der Berg des Gesamtwissens durch diese Forschung dieses einen Professors geworden? Welche Bausteine hat er zum Aufbau des Internet-„Überhirns" beigetragen, zusammengetragen, herbeigeschleift? Im Grunde wird der Ernteertrag des Professors gemessen. Er bekommt dafür entsprechend Punkte auf dem Gehaltskonto (und immer weniger auf dem Konto der Ehre; werden wir bald Geldranglisten haben wie im Sport?). Die Universitäten waren auch immer Wandelhallen des Wahren, wo die Werte der Menschheit geschmiedet wurden. Es fanden Auseinandersetzungen um das Gesamtwahre statt, man rang um den Sinn des Lebens und um die Werte des wahren Menschen.

Die Orientierung an der logistischen Sicht auf das Wissen führt zur Punkteverteilung für Wissenserzeugung. „Punkte statt Werte!" Darüber halte ich gerade Vorträge. „Sind denn Punkte schlecht?", fragen die richtigen Menschen. Punkte sind nicht alles und nicht viel!

Ich will es ein wenig polemisch kleiden: Ein richtig guter Philosophieprofessor könnte es vielleicht schaffen, den Menschen ein paar Promille mehr Wissen auf dem Weg zum Sinn des Lebens zu schenken. Er könnte viel beachtete Werke schreiben, die ein wenig mehr Licht machen und dann im Internet gespeichert werden. Aber: Es muss doch auch wahre Menschen (Professoren oder nicht) geben, die in ihrer Seele den Sinn des Lebens tragen, soweit sie ihn erfasst haben?

Richtige Professoren mögen Kerzen produzieren. Aber es muss Menschen geben, die ganz helles Licht ausstrahlen, die uns ihr Licht schenken! Es muss Wissenschaftler geben, die das Wahre selbst sind. Das Wahre ist im Menschen, nicht in der Datenbank.

3.5.2 Die Reihenfolge der Forschung

Leider wendet sich die Wissenschaft immer dem schrittweisen Aufbau eines Wissenskolosses zu. Wie Bergbauarbeiter fräsen sich die Wissenschaftler in die Abbauflöze noch unkartografierten Wissens. Niemand denkt mehr über das Gute oder die Welt an sich nach. Das Gute und die Welt werden nicht als Ganzes, sondern scheibchenweise Bit für Bit bibliotheksgerecht verschlagwortet, systematisiert, erfasst und eingereiht.

Unbemerkt entsteht eine große Gefahr:

> Das Wissen wird in einer falschen Reihenfolge erforscht.
> Zuerst erforscht der Mensch das Richtige, dann das Wahre.
> Da deshalb das Wahre immer verhältnismäßig schlechter erforscht ist, hat es wenig Bedeutung.
> Durch das Internet könnte das Richtige einen uneinholbaren Vorsprung gewinnen.

In der Welt der Arbeit spricht man von verschiedenen Fähigkeiten, die ein Mensch zur Arbeit mitbringen sollte. Fähigkeiten werden im Amerikanischen „skills", also „Qualifikationen", genannt. Beispiele von Skills: Entwicklerkenntnisse in Linux, gute Kenntnis des Russischen, Qualifikation im Grade eines Maurermeisters, Führerschein für LKW, 810 Abiturpunkte. Solche Skills sind klar beschrieben. Sie werden oft im Rahmen einer Prüfung „objektiv" festgestellt. Es gibt Meisterbriefe, Schulabschlüsse, Diploma, Zertifizierungen aller Art.

Auf der anderen Seite sehen wir im Arbeitsleben, dass es auch auf Dinge ankommt, die sehr schwer beschreibbar sind. Wir wünschen uns liebevolle Chefs, charismatische Bosse, einfache nicht egoistische Mitarbeiter, die das Eigentliche tun. Wir möchten, dass Mitarbeiter zuhören können, das Ganze verstehen und aus dem Ganzen heraus verantwortlich handeln. Wir wünschen uns, dass wir uns gegenseitig vertrauen. Wir wollen uns wie ein Team fühlen, geborgen, sicher und geliebt. Unsere Arbeit soll Freude machen, Flow schaffen und sinnvoll sein. Wir wollen Kreativität und Vitalität.

Im Arbeitsleben heißen die ersteren, die diplomierbaren Fähigkeiten „hard skills". Die „schwer beschreibbaren" Fähigkeiten heißen „soft skills". Die Manager unterscheiden also zwischen dem „harten" Realen und dem „Weichen", von dem jeder von uns eine Idee hat, was aber bei Beschreibungsversuchen unter den Fingern zerrinnt.

Harte Skills sind wie das Richtige, nicht wahr? Weiche Skills sind wie das Wahre! Harte Skills lassen sich vernünftig messen, feststellen, verbessern, anfassen. Weiche Skills lassen sich als Idee vermitteln, aber sie sind wie Fähigkeiten eines neuronalen Netzes in uns, die sich über Jahre entwickeln. Das Charisma, die Liebe, das Vertrauen, das Loslassen, das Zuhören können, das Mitleiden, die Neugier, oder das Kreative entstehen im Rahmen der Persönlichkeitsentwicklung, beim Heranbilden des neuronalen Netzes im rechten Hirn. Viele Arbeitspsychologen versuchen, die Menschen gleich mit den richtigen Soft Skills einzustellen. Sie haben es aufgegeben, diese den Mitarbeitern nach der Einstellung beizubringen. Auf wundersame Art scheinen Soft Skills eben da zu sein. Man ist sympathisch oder nicht! Man ist teamfähig oder nicht! Man hat Charisma oder nicht!

Im Management heißt es eben: „What you can't measure you can't manage." (Was nicht gemessen werden kann, lässt sich nicht managen oder beeinflussen.) Das ist das allgemeine Kredo des richtigen Menschen unserer Zeit. Das Richtige im linken Gehirn ist ja wie im PC gespeichert. Man kann es umspeichern, löschen, manipulieren. Das Richtige ist anfassbar und konkret. Die Anstrengungen des normalen Managements zielen auf die konkrete Veränderung von Konkretem. Das Weiche, also das Wahre, wollen die richtigen Menschen nicht richtig wahrhaben. „Es ist zu weich. Was kann ich damit tun? Nichts." Die Wirklichkeit wird also in weiten Teilen unserer Gesellschaft unter dem Aspekt des konkret Richtigen gelenkt und verändert. Wahre Menschen würden Herzensenergien und Willenskraft unter Visionen oder Religionen bündeln! Das ist für richtige Menschen wie Zauberei. Ich erlebe beim Managementtreffen immer allgemeine Ratlosigkeit, wenn etwa richtige Menschen eine Vision haben sollen oder wenn die Psychologen lehren, dass die Welt am besten sei, wenn sich alle Manager vertrauen würden. Wie die Manager bei solchen Worten lächeln! Sie wissen, dass Vertrauen nicht konkret ist. Deshalb vermuten sie, dass es Vertrauen vermutlich nicht gibt. Der richtige Mensch sagt: „Vertrauen ist gut, Kontrolle ist besser." Im Grunde versteht er das Wahre nicht.

Das Arbeitsleben wird daher vorwiegend von richtigen Menschen nach harten Fakten dirigiert. Das Wort Soft Skill bleibt Lippenfloskel aus Beschwörungsformeln der Arbeitspsychologen, die in ihrer Mehrheit Intuitive sind. Das Richtige ist „schwarz auf weiß", das Wahre nur eine vage Idee. Manager wollen keine Ideen. Sie sagen: „Kommen Sie zum Punkt. Werden Sie konkret. Sagen Sie endlich, was unter dem Strich stehen wird. Schwatzen Sie nicht endlos von Vertrauen. Geben Sie mir ein Zehnpunkteprogramm, mit dem ich Vertrauen im Betrieb verbindlich einführen kann. Sagen Sie, wie ich sicherstelle, dass auch vertraut wird. Wer nicht vertraut, muss es beim Gehalt spüren. Wir müssen es also irgendwie messen und kontrollieren, wenn jemand nicht vertraut."

Die Diskussion um die Hard Skills und die Soft Skills zeigt, dass alle Maßnahmen im Management erst vom Richtigen ausgehen und das Richtige richtig beeinflussen. Das Wahre ist zu weich. Es taugt dem Richtigen nicht. Deshalb steht das Wahre bei der Beeinflussung des Lebens zurück. Deshalb weicht das Weiche dem Harten. Deshalb verschwindet das Weiche aus dem Arbeitsleben: Sinn, Freude, Flow, Begeisterung, Primärmotivation, Liebe, Sympathie, Altruismus. (In konkreten Termen: Mitarbeiterzufriedenheit, Kundenzufriedenheit! Diese weichen Größen misst man heute etwas hilflos per Umfrage, ohne je das Ergebnis zu verstehen. Harte Antworten auf weiche Fragen helfen nicht.) Verzeihen Sie mir die nun schlicht subjektiv wertende Äußerung. Sie stammt von mir, einem wahren Menschen, der diesem richtigen Treiben kulturpessimistisch-unwillig zusehen muss.

Das wahrhaft Wichtige spielt im Leben keine oder keine angemessene Rolle.

Erst wenn Sinn und Arbeitsfreude konkret sein werden und sich messen lassen, werden die richtigen Menschen sich damit befassen. Das Rechtshirnige muss erst den Weg in den linken Speicher finden. Erst dann ist es „denkbar" geworden. (Dazu habe ich ein halbes Buch *Wild Duck* geschrieben.) Natürlich forschen die Wirtschaftswissenschaftler daran, wie man endlich Vertrauen oder Charisma misst. Aber es wird noch Jahrzehnte dauern. Was aber hat das Richtige bis dahin aus dem Wahren gemacht?

Die Konzentration des Managements auf das Richtige ist leicht vor dem Hintergrund der Zahlengläubigkeit des linken analytischen Verstandes zu begreifen. Ich habe diese Tendenz exemplarisch an den harten und weichen Fakten und Skills klar zu machen versucht.

Die Wissenschaft als Ganzes geht denselben Weg. Der Triumphzug der Naturwissenschaften und der Ingenieurskunst hat zu einer Empirisierung, Technisierung und Experimentalisierung der Wissenschaft geführt. Das Konkrete ist in den Vordergrund getreten. Das Konkrete besteht aus harten Fakten. Das Bewiesene der Mathematik oder das durch standardisierte Tests unzweifelhaft Nachgewiesene können im linken Gehirn gespeichert werden. Dort wird Stück für Stück die Wissenschaft zusammengetragen. Es ist jeweils wichtig, dass Wissenschaft in Form einer anerkannten Methodologie, mit anerkannten Experimenten, mit richtigen Messinstrumenten erzeugt wird.

Die Neuerzeugung von Wissenschaft muss heute in der richtigen Art erfolgen. Wissenschaft soll konkret sein, nicht spekulativ oder vage. Wissenschaft ist eine Eroberung der Welt allein durch das linke Gehirn geworden. Von diesem wird das geerntete Wissen im Internet abgelegt.

Uns beschäftigen keine Sinnfragen mehr. Wir spekulieren nicht mehr über die Seele des Menschen. Wir messen Gehirnströme. Wenn wir alle Gehirnströme gemessen haben, werden wir irgendwann auch die Seele des Menschen besser verstehen. Immer mehr unbekanntes Land wird erobert durch richtiges Vorgehen der Wissenschaft. Das Problem ist: Alle wahrhaft wesentlichen Fragen der Menschheit sind „weich", „soft", im neuronalen Netz von Menschen. Der Sinn ist rechts. Die Seele ist rechts. Der wahre Geist des Guten im Menschen ist rechts.

Die Wissenschaft geht aber wie das Management vor. Die Wissenschaft erforscht die Welt stur von links nach rechts. Das Konkrete zuerst, den Sinn zuletzt. Die Sinnfragen werden immer erst bedacht, wenn das Konkrete schon Fakten schuf.

Erst Atomwaffen, dann Gedanken über Frieden. Erst Umweltvergiftung, dann Gedanken über die uns anvertraute Welt. Erst Ersatzteilmenschen, dann Ethik. Die wahren Menschen verzweifeln über dieser Zeitverschiebung. Sie wird immer zerstörerischer. Je schneller sich der richtige Verstand das neue Wissen aneignet, umso hoffnungsloser wirkt der zeitliche Rückstand des mahnenden Wahren. Wir haben uns vor einigen Jahrzehnten gefragt, ob wir Friedensgespräche in strahlenumhüllten Atombunkern führen werden. Wir messen jahrzehntelang die Erderwärmung und den Tod der Hälfte der Bäume. Wir könnten im Jahre 2050 Kriege und Kämpfe mit dann inzwischen dreißigjährigen Ersatzteilmenschen ausfechten, weil wir die Klone zwar schon aufzogen, aber die Verwertungsrechte noch diskutieren. Die Ethik kommt dann noch etliche Jahre in die Vermittlungsausschüsse, bis sie im Gesamtpaket mit einer gerechten Steuerverteilung zwischen Bund und Ländern konkret geregelt werden kann.

Wissenschaft erforscht von links nach rechts.

Wissenschaft erforscht in einer falschen Reihenfolge und wird insbesondere dem Menschen nicht gerecht.

Der Vorsprung des Richtigen gegenüber dem Wahren droht in die Katastrophe zu führen. Die Sinndiskussionen könnten so weit hintangestellt werden, dass sie faktisch nicht mehr nötig sind.

3.5.3 Das Weiche und Intuitive – später!

Links zuerst! Lassen Sie mich einige Beispiele anführen.

Die Erziehung wird immer konkreter. Noch vor Jahrzehnten sollte das Gymnasium Bildung vermitteln, also das Verstehen unserer kulturellen Welt und des Wertvollen in ihr. „Bildung bringt das Wertvolle in eine persönlich verfügbare Form." Bildung lässt das neuronale Netz wachsen und gedeihen. Der Mensch soll unter Bildung erblühen.

Heute ist das Abitur eine Qualifikation, die durch die Abiturprüfung nachgewiesen wird. Diese messbare Qualifikation ist die Eingangsvoraussetzung in viele öffentliche Ämter. Sie öffnet den weiteren Qualifikationsweg in die Hochschulen.

Als ich in Göttingen studierte, war nur von Persönlichkeitsentwicklung und *Interesse* die Rede. Wir demonstrierten für das Wahre, gegen die Einmischung der Industrie und alles „Zweckdienliche" wie etwa konkrete Anwendungsforschung. Damals begann der Einbruch des Richtigen, der sich heute erheblich durch das Management der Professorenleistungen („Evaluation") verstärkt. Das Wahre gerät auch an der Universität in den Hintergrund. Der Student „studiert" nicht einfach mehr. Er erwirbt heute eine Berufsqualifikation. (Gegen diese Sicht ging man vor dreißig Jahren auf die Barrikaden!) Der Lehrstoff der Universitäten wird von rechts nach links geschoben. Es geht nicht um Einsicht, sondern um Qualifikationspunktesammeln für den Berufseinstieg. Studieren ist nicht mehr „suchen" (wie Licht suchen, Licht finden, Licht sein). Studieren ist abspeichern von Grundbausteinen, möglichst modular und vielfältig verwendbar für viele Berufe. Die wahren Forscher weinen laute Tränen um die Grundlagenforschung, die über das Wahre nachdenken möchte. Niemand hört sie mehr. Achselzucken über das Weiche!

Die Systeme halten überall Einzug und blasen zum Sieg des Linken. Sie unterstützen das Konkrete durch konkrete Leistungsmessungen, also durch Einpflanzen von Seismografen. Ein großer Teil des Sieges des Linkshirnigen resultiert aus der Wiedereinpflanzung eines effizienten System-ES in die Menschen. Das ES setzt auf Sekundärmotivation, also auf Punktesammeln. Das Licht sehnt sich nach primärem Sinn.

So entsteht eine insgesamt völlig schiefe Welt durch die falsche Reihenfolge der Forschung. Selbst die Psychologie und die Philosophie werden zu Systembauwissenschaften. Kümmern sich Behavioristen um Seelen oder Sinn? Sie behaupten, Psychologie sei Naturwissenschaft, also exakt, also linkshirnig. Basta. Freud, Adler, Jung, Maslow gelten als Spekulanten, die der verdächtigen Introspektion frönten. (Sie dachten nach.) Die Philosophie geht in Logik und analytische Philosophie über (linkshirnig!). So kann man aus dem Sinn des Lebens fast kombinatorische Mathematik machen! Ich muss nur eine kleine linkshirnige Annahme mitten aus dem

Leben treffen. Sie lautet: „Jeder Gedanke kann in einem Satz sprachlich niedergelegt werden.“ Im Management sagt man verschärft: „Alles Wichtige muss in drei Sätzen gesagt werden können, sonst ist es Unsinn.“

Wenn aber jeder Gedanke ein Satz ist, so gibt es genauso viele Gedanken, wie es Sätze gibt. Deshalb ist alles Wissen eine Ansammlung von sinnvollen Satzketten. Alles Wissen ist deshalb in einer großen Datenbank speicherbar. Um also alle Fragen der Welt zu beantworten, brauchen wir nur noch eine Computermaschine, die alle Satzketten durchsucht und entscheidet, ob sie sinnvoll sind. Dann ist die Datenbank nicht so groß. Na ja, und dann kann sich die Philosophie allein mit Sprachspielen beschäftigen. So denkt sich das die heute *dominierende* analytische Philosophie.

War es aber nicht so, dass die Ideen der Genies ohne Sprache erscheinen? Ist es nicht so, dass das Wahre nicht gesagt werden kann? Haben denn nicht die großen Wahren wie Platon, Buddha, Jesus kaum etwas geschrieben, weil alles ohne Worte klar ist? Was ist Wille? Energie? Traum?

Ich will nur sagen: Alle, alle, auch die Philosophen, finden heute Freude am Analytischen. Hoffentlich sind dann die guten Gedankenketten auch gleich Philosophien, „ready for publication“. Dagegen verschwindet heute zunehmend alles, was um Sinn ringt, wie etwa alle Religion. Und am Ende weinen als Erste die Linkshirnigen, dass sich die hohen Werte der Menschheit so instabil benehmen, wenn man sie in einer Datenbank speichert.

3.5.4 Das Eigentliche – später!

Die Wissenschaft entfernt sich nicht nur vom Wahren oder vom Intuitiven. Sie hat eine Präferenz für das Richtige, weil dies besser „zu messen“ ist.

Die höchste Stufe des Richtigen wäre aber nach meiner Vorstellung das Eigentliche. Ich habe versucht, Ihnen das Bild des einfachen, runden Kreises zu zeigen, um das herum die Kästchenzähler die Approximationen legen. Sie messen das Richtige und treffen es auch ungefähr. Aber es ist nicht das Eigentliche. Ich rufe eine Stelle nochmals in Erinnerung, die ich in der Nähe des Kreises schrieb:

> Es gibt einen gewaltigen Sprung zwischen dem Richtigen und dem Eigentlichen oder zwischen der Tugend und dem Eigentlichen. Die Tugend prüft täglich nach, wie bei Konfuzius, kontrolliert die Vollkommenheit, approximiert sich immer mehr in die Nähe der Vollkommenheit, sieht immer wieder, dass sie das Ideal nie erreichen kann. Immer wieder arbeiten die Prüfsysteme und die Seismografen!
>
> Das Eigentliche stimmt einfach, ohne Messen, ohne Gleichung, ohne Prüfen, ohne Seismografen. Es ist da. „Es ist erreicht.“ Was ist erreicht? Das weiß man nicht zu sagen. Das Eigentliche eben.
>
> Da das Eigentliche nicht mehr misst und prüft und eben da ist, misst es auch nicht mehr, wie viel es für das Eigentliche bekommt. Deshalb ist das Eigentliche ein Geschenk.

Die Wissenschaft erforscht zwar vorzugsweise das Richtige, aber noch nicht das Eigentliche. Sie hält sich an das Normale, an das klar Gesetzmäßige. Psychologen erforschen Menschen per Umfrage. Sie analysieren, was Menschen normalerweise tun, worauf sie normalerweise reagieren, was sie im Durchschnitt gut finden.

Damit befasst sich die Wissenschaft mehr mit dem Durchschnittlichen als mit dem Edlen. Sie denkt nicht über vollkommene Ehen nach, sondern sie erzeugt Analysen über „Beischlafshäufigkeiten unter besonderer Rücksicht von Eltern linkshändiger Zweit-Kinder“. Physiker müssen eben Planeten oder Steine so erforschen, wie sie sind. Geisteswissenschaftler könnten aber nachdenken, *wie sie eigentlich sein sollten.* Sie schreiben aber mehr Studien, wie etwas ein bisschen verbessert werden könnte. Das Eigentliche wird damit nicht annähernd erfasst. Es entzieht sich wie auch das Wahre dem Experimentierkastenansatz der einfachen exakten Wissenschaft. Das Eigentliche als höchste Stufe des Richtigen entzieht sich also vorerst der Forschung. Es kommt später dran.

Das Durchschnittliche ist dagegen viel schneller zu erforschen. Das Durchschnittliche ist ein Mittelwert. Über Mittelwerte gibt es schöne mathematische Erwägungen. Das Management von Unternehmen geht einen ähnlichen Weg. Es denkt nicht über die eigentliche Arbeit nach, sondern es misst die durchschnittliche Arbeit der Mitarbeiter und versucht dann, durch Vergleiche mit einzelnen guten Mitarbeitern den Durchschnitt aller Mitarbeiter anzuheben. Es geht nie darum, das herauszufinden, was die beste Arbeit an sich wäre! Die Unternehmensforscher schauen sich hundert Unternehmen an, messen ihren Gewinn, suchen dann die besten 10 heraus und versuchen, aus den Kennzahlen herauszulesen, warum die besten 10 Unternehmen so gut sind. Das Ergebnis verkaufen sie den anderen 90 Unternehmen, die dann versuchen, genauso schöne Kennzahlen zu bekommen.

Manche Unternehmen sind ganz schlau und frisieren ihre Kennzahlen so, dass sie aussehen wie die von den 10 besten Unternehmen. Sie nehmen an, dass sie dann auch so viel Gewinn machen wie die 10 besten Unternehmen. Halten Sie mich nicht für zynisch. Sie können kaum glauben, wie wissenschaftliche Methoden des Exakten in Betrieben verwendet werden. Es geht nicht um das Eigentliche, sondern um das Anheben des Durchschnittes oder darum, dass alles wenigstens großartig aussieht.

3.5.5 Turturismus

Kennen Sie eines meiner wahren Lieblingsbücher? Es heißt *Jim Knopf und Lukas der Lokomotivführer* von Michael Ende. Er hat nur wahre Bücher geschrieben. In diesem Buch kommt ein Scheinriese vor. Er heißt Herr Turtur. Ein Scheinriese ist ein eigentlich normaler Mensch, der aber von Ferne gesehen viel größer wirkt oder aussieht, als er ist. Je weiter man von ihm weggeht, umso größer erscheint er. Das ist bei mir anders herum. Ich sehe von weitem winzig klein wie eine Stecknadel aus. Wenn Sie weiter auf mich zukommen, sehe ich schon etwas größer aus. Wenn Sie näher herankommen, werde ich größer und größer und noch größer und noch viel größer. Wenn Sie genau vor mir stehen, bin ich 1,69 m. Das Imposante erschließt sich also bei mir erst im Nahbereich, während Herr Turtur der Schrecken der Wüste und aller dort lebenden Halbdrachen ist, die noch nie in seiner Nähe waren.

Ich möchte in diesem Abschnitt erklären, dass viele richtige Menschen gerne turtur-farbene Gewänder tragen würden.

Wahre Menschen wie Diogenes liegen in der Tonne und fühlen sich frei, weil sie nichts brauchen. Prinz Siddhartha entsagte dem Reichtum und wurde Buddha. Jesus war mit den Armen der Welt. Es ging um Werte (Hochniveau-Energieoptima im neuronalen Netz). Wenn es heute vermehrt um Punkte und das Wie viel geht, um Ranglistenplätze, Best-Practise-Vergleiche, um Notendurchschnitte, Rankings und Vorbildvergleiche, dann führt das Richtige ohne das Wahre zum Turturismus.

Regierungen können Erfolge nur per Superplakat-Aktion deutlich machen. Wenn Sie näher herangehen, stellen Sie fest, dass nicht einmal regiert wurde. Unternehmen schönen die Bilanzen, um Shareholder-Value vorzurechnen. („Riesengewinn! Rekord! Wir müssen nur einen kleinen Verlust ausweisen, weil da eine einmalige Abschreibung nötig war für einen einmaligen Fehler. Der war wirklich einmalig!") Stellenbewerber engagieren ein professionelles Grafikbüro zum Edeldesign ihrer Bewerbermappe. Wenn man ganz nahe herangeht, steht da: „Ich kann mich in alles einarbeiten und tue es gern." („Ich kann noch nichts.") Lobbyisten kämpfen für ganz spezielle Interessen, die aus der Ferne maßlos wichtig aussehen. Es werden in der Wirtschaft Milliardenprojekte angekündigt, die die ganze Wirtschaftspresse in Aufruhr versetzen. „Wir fangen nach dieser grundsätzlichen Einigung über die Anzahl der Billionen erst mit einem Prototyp an, für den wir schon zwei Werkstudenten angeheuert haben." Marketing ist wie Tuturismus. („Schwenk über ein paar Milchstraßen, da sausen Raumschiffe mit schwach frierenden Frauen vorn drauf rum, sie tauchen in ein Paradies ein, wo sich schon eine Schlange gebildet hat. Gleich danach sieht man unseren schwerelosen Apfelgelee, von dem man jetzt noch nicht weiß, dass er Zimtstäubchen enthält. Das wird der Clou.") Imageprojekte sind reiner Turturismus!

Wenn das Richtige das Eigentliche und das Wahre aus den Augen verliert und sich nicht mehr mit ihm schmücken will, braucht es Pracht anderer Art. Wenn die Lehrer und Manager nicht mehr lieben wollen, reden sie zu ihren Scheinriesen: „Ihr seid die Zukunft unseres Landes. Mitarbeiter sind unser wertvollstes Gut." Wenn wir unseren Rang unter den richtigen Menschen zeigen wollen, stellen wir schnittige Autos vors Haus und Silikon vor die Hütte. Wir widmen uns den Dingen, die von weitem größer aussehen, als sie sind. Die Vorherrschaft des Richtigen, das alles der Größe nach misst, führt zur Anbetung des Größeren, wo der wahre Mensch gerne nur das Große bewundert sähe.

Turturismus macht Kleines von Weitem so groß, dass man das Ganze vor dem Einzelnen gar nicht mehr sehen muss. Das Richtige setzt über sich den Schein als Ersatz für das verdrängte Wahre. Turturismus ist das absichtlich Uneigentliche. Es ist die Kunst, Hügel wie Berge erscheinen zu lassen. Wenn wir allegorisch das Lebensproblem des Menschen in der Aufgabe sehen, einen hohen Gipfel in einem unbekannten Land zu entdecken, dann ist Turturismus alles Handeln, schon erreichte Gipfel durch allerlei Tricks und Darstellungskunst viel höher erscheinen zu lassen.

Wenn nun die Dominanz des *durchschnittlich* Richtigen immer weiter fortschreitet und das Wahre nicht mehr durchdringt? Das ist jetzt eine trübe Stelle im Buch, und zu diesem Aspekt werden Sie viel in später folgenden Abschnitten lesen, in denen ich die Topimierungstechniken des Buches *Wild Duck* wieder gezielt aufgreife. (Topimierung: Die Kunst, den Status quo zu verherrlichen. Der Status quo ist wie ein Scheinriese – er sieht von weitem großartig aus, wenn man gut topimiert.) *Omnisophie, Teil 2*? Ich bin ja gar nicht so pessimistisch, wie es hier vielleicht scheint. Ich habe es nur großartig furchtbar hingestellt, damit es von weitem schon wirkt. Die Hinwendung zum normal Richtigen und die Abwendung vom Eigentlichen und vom Licht kostet beliebig viel Kraft und Energie. Scheinriese sein ist nämlich teuer. Sehr teuer. Das Wahre und das Eigentliche kommen wieder, wenn das Richtige einmal ermessen kann, wie furchtbar teuer alles ist. Vor allem das Durchschnittliche in der Mitte.

3.5.6 Tao am Ende: Der eigentliche Mensch?

Der eigentliche Mensch misst nicht und vergleicht nicht. Der eigentliche richtige Mensch schenkt das Eigentliche. Der eigentliche wahre Mensch ist Licht. Der eigentliche natürliche Mensch gibt sich der großen Aufgabe hin. Eigentliche Menschen sind einfach, ganz ohne Schein, ganz ohne Wunsch riesig zu sein. Deshalb sind sie riesig. Eigentliche Menschen gehen den Weg ohne Absicht, deshalb kommen sie voran. Eigentliche Menschen wirken, ohne es absichtlich zu wollen. Das Wirken ist das Werk, im Werk selbst ist nichts. Was gesagt werden kann, ist eine niedrigere Stufe. Was in Punkten ausgedrückt werden kann, ist niedrig.

Lao Tse sagt (*Tao Te King* 18):

Wird das große Tao verlassen,
gibt es Menschenliebe und Gerechtigkeit.
Kommen Klugheit und Gewandheit auf,
gibt es große Heuchelei.
Sind die sechs Blutsverwandten uneinig,
gibt es Kindespflicht und Elternliebe.
Sind Land und Sippen in Zerfall und Zerrüttung,
gibt es treue Staatsdiener.

Das Eigentliche braucht keine Regeln. Licht ist Licht, Wirken ist Wirken, Hingabe ist Hingabe. Wer davon spricht, verlässt das Eigentliche. Wer von Pflicht redet, hat das Tao verlassen. Wer Regeln und Vergleiche braucht, kennt das Eigentliche nicht. Wer wirkt um der Werke willen, ist nicht mehr eigentlich. Wer Liebe will, wird nicht geliebt. Wer Ruhm will, wird nicht berühmt. Wer Macht will, ist nicht mächtig. Wer Frieden will, bleibt im Unfrieden. Wer Tugend will, wird nicht tugendhaft. Wer sich im Spiegel schaut, sieht sich nicht. Das Eigentliche ist einfach da. Das Eigentliche kann gefunden werden, aber nicht gesucht.

Wenn der Mensch nun immer den Weg ginge, immer voran?

Er steigt nicht auf jeden Berg, wo das Eitle sitzt und sich der Höhe freut. Er verschmäht die kleinen Hügel mit den Höhe täuschenden Aufbauten. Er kehrt nicht ein als Gast. Er geht zwischen den Bergen seinen Weg. Er steigt unten im Tal, vorbei an den Gipfeln des Ruhmes, der Gier, des Hasses, der Verblendung, der Absicht. Der Weg ist weit. Er führt in immer höhere Gebirge hinauf, die immer einsamer und heiterer wirken. Das Licht ist hell. Auf dem Weg ist Nahrung genug. Er nimmt nichts mit. Er braucht niemals viel. Er steht nie auf einem Gipfel, der beschwerlich zu erreichen wäre. Er geht den Weg im Urgrund hinauf, unten, zwischen den Gipfeln. Es ist kein Hindernis. Der Weg ist weit und steigt im Urgrund. Der Mensch geht lange, so weit er kommt. So lange er nicht ankommt, ist er da.

Ganz oben im Urgrund ist, was ich nicht sagen kann. Es ist dort, aber ich bin noch weit. Ich bin heiter.

Arme exakte Wissenschaft des Mittelrichtigen. Armer Gipfel des Menschen neben der Mitte des Weges. Halte nicht auf!

Teil II
Supramanie

Die Weiterentwicklung des Pflichtmenschen zum Score-Man

Vom Pflichttier zum Punktesüchtigen

Ein paar Seiten Kurzeinführung in die Gedanken dieses Buches – es ist noch nichts wirklich ausgeführt. Sie sollen nur eine Vorstellung von der „Farbpalette“ bekommen.

Pflichttier!

Das klingt als fast erstes Wort eines ernsten Buches schon etwas weitgehend. Aber ich möchte gleich Ernst machen. Das Buch *Omnisophie* hat ja mehr die hehren Seiten des Menschen beleuchtet. Jetzt wende ich mich möglichst deutlich der dunklen und düsteren Seite zu. *Supramanie* ist die Ergänzung und ein notwendiger zweiter Teil zu *Omnisophie*. In diesem Buch herrscht Angst und Furcht, für deren Erzeugung der Mensch meiner Ansicht nach weitgehend selbst verantwortlich ist.

Schwungvoll ausgedrückt, soll in diesem Buch hiervon die Rede sein:

Vernunft ist zu 90 % Trieb!

Oder etwas sachlicher: Vieles, was Ihnen vernünftig erscheint, ist uns allen in Form eines „Triebes“ eingebrannt oder eingeprägt. Vieles. Fast alles. Wir predigen menschliche Vernunft, lehren sie aber nicht, sondern prügeln sie fest als Trieb in den Menschen hinein. Wenn wir Menschen so „zur Vernunft gebracht haben“, sagen wir: „Jetzt sitzt es“. – „Jetzt hat er/sie es gefressen“. – „Nun hat er/sie es geschluckt“. – „Es ist intus“. – „Eingebläut!“ – „Das vergisst sie/er nicht mehr!“ – „Es ist nun klar hinter die Ohren geschrieben!“

Dies ist das Einpflanzen des Systemtriebes oder des ES in den Menschen. Es simuliert Vernunft. Richtig abgerichtete Menschen erscheinen wie vernünftig und verhalten sich so: wie vernünftig. Während reine Vernunft aber aus Besonnenheit oder eben aus Vernunft handelt, so handeln trainierte Menschen aus der Angst heraus, etwas falsch gemacht zu haben, was Schuld, Scham oder Strafe nach sich zöge. Um dieses Triebhafte geht es hier. Ich stelle hier die Art zur Diskussion, wie wir Menschen wie kleine Erwachsene oder gar wie Maschinen aufziehen. Ich versuche, Ihnen die düsteren Implikationen zu verdeutlichen, die immer stärker in unserem Alltag hervortreten: Depressionen, Unsicherheit, Zukunftsangst, „Werteverfall“ und zunehmend unethische Versuche, im Leben durch „Tricks“ weiterzukommen.

Am Anfang dieses Buches gebe ich Ihnen eine Kurzfassung der Vorstellungsbilder von den menschlichen Instinkten und von den „Trieben“, die ich in *Omnisophie* wie ein Seismographensystem beschrieben habe. Seismographen schlagen in uns aus, wenn etwas nicht stimmt, wenn Gefahr im Verzug oder Beute zu sehen ist. Diese Ausschläge, die sich als ein Stich im Bauch, ein Wühlen im Eingeweide oder ein Erröten äußern, zeigen an, dass wir unsere Aufmerksamkeit auf einen auslösenden Punkt richten sollen. Ich möchte Ihnen klar machen, dass diese Zuckungen in unserem Körper wesentlich bestimmender für unser Leben sind als wir gemeinhin glauben. Ich selbst habe es auch erst nach langer Selbstbeobachtungszeit gemerkt oder besser: glauben können. Versuchen Sie doch einmal, schwach unvernünftig zu sein. Kaufen Sie doch zum Beispiel in einer ganz fremden Fleischerei eine *einzige* Scheibe Wurst. Halten Sie bei roter Ampel schon zwanzig Meter vor der Haltelinie. Gehen Sie einmal in eine fremde Versicherungsagentur hinein und wieder hinaus (oder dasselbe bei Beate Uhse). Wissen Sie, was Sie fühlen? Es zuckt im Körper. Ich kenne einige Leute, die sich nie trauen würden, auf der Straße Pommes oder ein Matjesbrötchen zu essen. Früher hatten viele Menschen Angst, bei Aldi gesehen zu werden. Andere schämten sich, mit einer Karstadt-Tragetüte in den gegenüber liegenden Horten zu gehen. Viele scheuen sich, von ihrem Sparkassenkonto Geld auf eine Internetbank zu überweisen, weil das jemand in der Bank sehen könnte.

Es zuckt in uns.

Es hat nichts mit dem Gehirn zu tun. Der Verstand erlaubt uns, zu Aldi zu gehen, er würde es eventuell sogar begrüßen. Es ist vernünftig, Zucker billiger einzukaufen. Aber der Körper zuckt. Ich will Ihnen im Buch sagen: Vernunft ist 90 % Trieb.

Wir sind nicht wirklich vernünftig, sondern wir vermeiden vor allem, dass es zuckt! Wann aber zuckt es? Es sind Seismographen, die in uns ausschlagen, weil uns jemand einmal an solcher Stelle ausschimpfte oder auslachte. Sie schlagen aus, wenn wir „nicht normal" handeln, vernünftig hin oder her. Es zuckt, wenn wir gegen Regeln verstoßen, etwas normal Verbotenes beginnen oder denken, wenn in irgendeiner Weise unser „Ruf" Schaden nehmen könnte. Wir denken, wir sind vernünftig, wenn wir etwas Normales tun. Wenn ich zum Beispiel ein neues Buch in mein Regal einräume, so sagt mein Verstand ruhig: „Stell dieses Buch da hin, dahin passt es thematisch und wird leicht gefunden". So wie in dieser Situation fühlt sich *ruhiger* Verstand an, wie Denken im Hirn. Aber: Im Allgemeinen *zuckt* es! Im *Körper*!

Ich will mit Ihnen auf Gedankenreise gehen: Wir haben viiiel weniger Vernunft als wir glauben. Wir werden weitgehend durch das Zucken der Eingeweide gesteuert. Dieses Zucken ist eine Folge der Erziehung. Wir werden nicht etwa dazu erzogen, *verständig* zu sein. Nein, in uns werden Seismographenprägungen vorgenommen. Das in *Omnisophie* sogenannte ES wird in uns eingebrannt. Unsere Triebstruktur wird per Erziehung umgepolt, um aus uns einen sogenannten Pflichtmenschen zu „bilden". Wir tun nicht etwa aus Neigung unsere Pflicht, wie es Immanuel Kant sich von uns wünscht. Es *zuckt*, wenn wir unsere Pflicht *nicht* tun. So ist der Pflichtmensch in wesentlichen Teilen ein Triebkonstrukt und – auf den Punkt gebracht – ein Pflicht*tier*. Denn bei der Prägung eines solchen Seismographenmenschenbündels wird auf die Vernunft kaum Bezug genommen. Wir erziehen durch Zwang, Gewöhnung und Überredung, mit Belohnungen und Strafen, durch Aufmerksamkeit oder Liebesentzug. Das Seismographische ist um Größenordnungen leichter im Menschen einzupflanzen als Vernunft. „Mach das jetzt so, wie ich sage, zum Donnerwetter. Du bist zu klein, es zu verstehen!" – „Stellen Sie nicht immer Sinnfragen, die Firmenleitung wird schon wissen, was sie tut. Wenn Sie's nicht verstehen wollen, suchen Sie sich eine andere Arbeitsstelle!"

Die Systeme der Welt sind auf das Zucken gebaut.

Die Systeme loben die Ausschläge in unserem Innern als „Gewissen", „Ehrgefühl", „Arbeitsethos" und dergleichen. So leben wir mit einem Ersatz von Vernunft in unserem Körper, der weitgehend ohne Denken auskommt. Die Seismographen simulieren Vernunft in uns. Täuschend ähnlich. So sehr ähnlich, dass Sie jetzt bei diesen Behauptungen schon der Zorn überkommen könnte. Vernunft soll Trieb sein! Halt, warten Sie noch. Das ist ja erst die erste These.

Die Systeme haben – auf dem Gedanken der Pflicht und des Gehorsams – die Menschen zur Arbeit angehalten. Jeder Mensch bekam eine Aufgabe, einen Posten oder ein Amt. In dieser Aufgabe musste er sich vor allem mühen und dabei alle Vorschriften getreulich achten. Für den Respekt aller Regeln und Befehle und für die lange Arbeitszeit und Mühe bekam es einen gerechten Lohn.

Solche Systeme zielten vor allem auf *Disziplin* ab. Menschen sollten sich unentwegt mühen. Sie sollten Geld für die Not sparen. Sie sollten den dauernden Verzicht üben, ihre Triebe auszuleben, die sie zu Lotterleben, Liebestrieb und Verschwendung anzuhalten schienen. Der Gedanke der Mühe gründet sich auf der Vorstellung von Triebverzicht. Es hieß: Verzichte auf das Ausleben deiner Triebe und arbeite alles pünktlich ab, dann hast du langfristig gesehen ein ruhiges, auskömmliches Leben. (Ich habe schon gesagt, dass ich das so lese: „Wir ersetzen den originalen Trieb des Leibes durch den Pflichttrieb, dann geht es dir besser".)

Diese Auffassung eines menschlichen Arbeitslebens erfährt in diesen Jahren eine Revolution.

Früher galt, noch einmal sei's gesagt: Man zwinge den Menschen, seinen Willen und seine Begierden hintan zu stellen. Er soll sich seiner Pflicht aufopfern. Dann wird der resultierende Mensch lammgeduldigst Furche für Furche auf dem Acker ziehen und sich lebenslang anstrengen.

Heute erkennen die Arbeitswissenschaftler, dass Menschen, denen man den Willen brach und die Gier nahm, im Gegenzug viel weniger psychische Lebensenergie besitzen. Das provoziert eine naheliegende Idee: Lässt sich Gier oder Siegeswille in Arbeit verwandeln, ohne dass die Disziplin oder Pflichterfüllung leidet? Gier auf Völlereien oder Exzesse sicher nicht, aber Geldgier oder der Wille, einst als Sieger zu triumphieren? Das ist seit langen bekannt. Seit Alters her rennen Menschen hinterm Gelde und hinter Lorbeerkränzen hinterdrein!

Die neue „Gier" heißt: *Höherwertigkeit.* Als Sucht nenne ich sie *Supramanie.*

Die ultimative Droge heißt: „Du musst der Beste sein!"

Alfred Adler fügte den Begriff der Minderwertigkeit und des Minderwertigkeitskomplexes in unser kollektives Bewusstsein ein. Er zeigte uns, dass Menschen, die sich minderwertig fühlen, enorme, auch neurotische Energien freilegen können, um titanische Leistungen zu vollbringen. Wie viele Höchstleistungen der Menschheit haben wir der Rachsucht oder verschmähter Liebe zu verdanken! Wie viele Energien wurden durch Demütigungen (=Minderwertigsetzungen) entfesselt!

Die Idee ist es, diese schlummernden Energien des Menschen in Arbeit zu verwandeln. Dies kann grob dadurch geschehen, dass wir die Arbeitsleistungen des Menschen konsequent als Vergleichszahlen messen und über die Zahlen die Menschen in Werte-Tabellen ordnen. Wir zeigen in Rangordnungen, welche Menschen einen höheren oder minderen Wert haben. Es gibt Menschen in der Tabelle oben und Menschen unten. Es gibt „heiße" Aufsteiger „mit Biss" und schon wieder ermüdende Absteiger. Wir pflanzen einen Höherwertigkeitstrieb (ich nenne ihn Supratrieb) in den Menschen hinein, dessen Seismographen ihn unaufhörlich und lebenslang peitschen.

Die Zauberworte des neuen Triebes heißen: Anreiz, Anreizsystem, Leistung. Wir reden von *Leistungsgerechtigkeit* statt von der bloßen Gerechtigkeit, die seit dem Altertum als höchste Kardinaltugend des Vernunftmenschen galt.

Anreizsysteme binden Menschen in Geschäftsprozesse ein, deren Regeln sie genauestens und peinlich beachten müssen. Innerhalb von Regel-, Pflicht-, und Organisationsstrukturen bekommen Menschen nun einen Platz oder ein Revier vorgesehen, auf dem sie der Beste sein sollen. „Simply the best!" Die Forderung nach dem Sieg wird sie in ständiger Unruhe halten. Diese neue Gier lässt sie ständig an Arbeit denken, während der Pflichttrieb früher bei Arbeitsende den Menschen zur Familie entließ. Der neue Zwang zum Siegen verwischt die Grenzen von Arbeitsleben und Privatheit und drängt die letztere zurück.

Wenn man Laborratten mit Käse in Anreizsystemen zur Arbeit zwingt, werden sie faul, wenn sie genug gefressen haben. Viele Menschen erlahmen, wenn sie „genug Geld" beisammen haben. Aber die Minderwertigkeit in uns gibt nie auf. Niemals! Die Minderwertigkeit wütet in uns. Sie wird uns bis zum Schluss dieses Buches begleiten.

Wenn wir nun gezwungen werden, alle Energie in uns in Leistungs-Punkte zu verwandeln, so verlieren wir unsere wahren Werte in noch größerem Ausmaße, als ein Karl Marx je mit seiner *Entfremdung* ahnen konnte. Arbeit wird zur Höherwertigkeitsrallye und zur Punktejagd. Aus Pflichtgetriebenen werden Punktejäger.

Score-Man.

Es geht darum, Nummer Eins zu sein. The winner takes it all. Nur der Erste zählt. Der Schnellste am Markt. Der Erste mit einer Innovation. Nummer Eins über alles, über alle Vernunft.

Ich will darstellen, dass wir beginnen, nur noch auf Punkte zu schauen, nicht mehr in erster Linie auf die Arbeit. „Papa, ist das gut? Bekomme ich einen Euro?" – „Ist es schon gut genug, damit ich die Prüfung bestehe?" – „Was bekomme ich eigentlich dafür, wenn ich Ihnen diesen Gefallen tue?" Wir arbeiten zunehmend extrinsisch motiviert, also von Zielen gesteuert, die nicht unsere sind.

Das Problem der Punktesüchtigen ist es nun, dass nur *einer* Nummer Eins sein kann. Es gibt Menschen oben und Menschen unten. Es muss *viele* Schatten-Menschen unten geben, damit es den Trieb nach oben gibt, die Supramanie. Die Menschen unten aber werden sich wehren.

Sie wehren sich durch Schummelei und nervend-störende Klage, manche werden dauerfrustriert aufgeben, sich selbst und die Arbeit. Die Supramanie fordert viele Opfer. Die derzeitigen Bilanzskandale (2002/2003) zeigen erste Blüten der Sucht,

Nummer Eins zu sein. Menschen beginnen, alles für Punkte zu tun. *Für ein paar Punkte mehr* könnte heute ein Western heißen. Ein US-Western, sehr exportfähig.

Es wird um jeden Punkt gekämpft. Jeder gegen jeden. Um die Nummer Eins. Die Menschen beginnen, um Erfolge zu feilschen, sich noch mehr Masken aufzusetzen, dem Schein zu huldigen, zu vertuschen und aufzubauschen. Äußere Form vor allem Inhalt! Das ist die wirkliche dunkle Seite der kommenden Supra-Zeit.

Ich werde nicht in das Gejammer derjenigen einstimmen, die schon immer den Verfall der Werte beklagen. Ich will den Grund dafür herausätzen. Wir säen in unserer Menschenführung zunehmend Trieb, nicht Vernunft. Trieb kennt keine Werte! Wenn Sie dies mit mir sehen können, müssen Sie nicht mehr jammern. Es ist dann mehr ein Grauen, das uns erfüllt, nicht wahr?

Wir beuten rücksichtslos Minderwertigkeitstriebkräfte des Menschen aus und treiben damit einen ungeheueren Raubbau an den psychischen Energien. Unternehmen suchen händeringend „motivierte Mitarbeiter" (solche mit hohem Energiestand) und entlassen ausgepowerte Menschen mit innerer Leere, die angeblich „innerlich gekündigt" haben.

Dies ist ein düsteres Buch.

Es zeigt die Lage. Ihre Lage, meine Lage.

Das Licht trage ich wieder im nächsten Buch herein, dort möglichst hell.

Ich möchte dieses letzte Buch der Trilogie *Topothesie* nennen. Das ist so ein wunderschönes griechisches Wort: topothesia. „Lebensecht blühende Erzählung von einem vorgestellten Ort". Ich stelle Ihnen also später vor, was ich mir blühend denke, so könnte es sein. Ich will ja nicht verzweifeln.

Kapitel 4
Oben und unten mit System

4.1 Die Pflicht zum Erfolg: Der Supratrieb

Dieses ganze erste Kapitel spannt einen Bogen über das Buch. Es lockt Sie langsam zu den Kerngedanken hin, die anschließend in gesonderten Kapiteln ausgemalt werden. Es wird noch nichts sehr tief begründet. Sie sollten ein erstes intuitives Gefühl für das Ganze und einen gewissen Schrecken bekommen, der sich auch wie Unglaube anfühlen könnte.

4.1.1 „Pass auf!" – Ein wenig Omnisophie

Am Ende will ich von Trieb sprechen. Ich möchte Sie daher zunächst in das Reich der Aufmerksamkeit lenken. Was interessiert uns? Worauf achten wir? Was ist uns wichtig? Was muss jetzt gleich erledigt werden? In uns zuckt etwas: Wir werden von einem Mechanismus im Körper auf etwas hingewiesen.

> Pass doch auf!

Ist das der Satz, den wir im Leben so oft hören wie keinen anderen?

> Pass auf, lass das, sei vorsichtig, sieh doch hin, schau, wohin du gehst, schau dich doch um, vergiss nicht, hör doch zu, hör mal, sieh doch endlich!

Es sind resignierte Rufe von schon erwachsenen Pflichtmenschen. Im Grunde wissen sie, dass der junge Mensch meist nur durch eigenen Schaden wirklich klug wird. Und am Scherbenhaufen heißt es:

> Hast du es jetzt gesehen? Begreifst du nun? Endlich kapiert? Musste das erst passieren? Habe ich nicht immer gesagt? Hätte mein Predigen nicht nützen können? Ach, wie ich leide, ständig sehen zu müssen, wie sie alle in ihr Unglück rennen!

(Darauf will ich im Laufe dieses Kapitels hinaus: Hinter diesem nervösen „Pass auf" steckt eine Art Trieb, der unsere Konzentration auf das Funktionieren „von allem" lenkt. Ich will ihn Systemtrieb nennen.)

G. Dueck, *Omnisophie-Trilogie*,
DOI 10.1007/978-3-642-34877-8_4, © Springer-Verlag Berlin Heidelberg 2013

Vernunft rät, Straßen vorsichtig zu überqueren. Logik befiehlt, erst nach links zu schauen. Vernunft erklärt, warum Herdplatten heiß sind, wenn sie Wasser zum Kochen bringen. Vernunft sagt, dass Treppen steil sind. Vernunft zittert, wenn Leitern sorglos in einem Haus mit empfindlichen Tapeten herumgetragen werden. Vernunft weiß beim Essen, wie viel das Reinigen eines Kostüms kostet oder wie sich späteres Bauchweh anfühlen wird. Vernunft geht zur Schule, um viel für das Leben zu lernen. Alles ist klar, nachdem es nur ein einziges Mal begriffen ist.

Und die Vernunft staunt: „Muss ich dir denn alles hundert Mal sagen?"

Denn die Kinder laufen achtlos über Straßen, stolpern Treppen hinunter, drücken sich vor dem Lernen, kleckern sich die T-Shirts voll und schlucken Eis bis zur Übelkeit.

Dann fassen sie genau einmal auf eine Herdplatte, liegen genau einmal fast vor einem Auto, klagen über eine riesige Schürfwunde inmitten von blauen Flecken.

Dann lernen sie. Wenigstens für ein paar Tage.

Und die Vernunft triumphiert: „Wer nicht hören kann, muss fühlen."

Sie triumphiert aber ganz und gar nicht. Sie hat auf ganzer Linie verloren. Vernunft wäre, auf Grund einer offenbar richtigen Erkenntnis entsprechend richtig zu handeln. Die Menschen schlagen Erkenntnisse der Vernunft aber in den Wind! Wenn jedoch der Körper Schmerzen hat, lernen sie blitzschnell. Wenn die Mutter einen Tag lang nicht spricht, also Liebe entzieht, wenn der Nachtisch versagt wird, wenn es etwas hinter die Ohren gibt – dann ist da etwas, das „spürt" und nicht mehr so leicht vergisst. Warum gehorcht der Mensch nicht der Vernunft? Warum beugt er sich dem banalen Entzug von Eiscreme? Welche verschiedenen Kräfte wirken da zusammen oder besser nicht zusammen? Ich will in diesem Buch argumentieren, dass der Mensch zwar Vernunft in den Himmel hebt, aber im praktischen Leben meist schnell herausfindet, dass sich das Körpersystem, das Spüren, viel effektiver und effizienter beeinflussen lässt als die Vernunft, die einen langen Einsichts- und Lernprozess verlangt. Ach, es dauert so lange, bis sich der Mensch aus Vernunft die Zähne putzt, – während er es aus Zwang schon in jungen Jahren ganz passabel regelmäßig tut. Deshalb nutzt die Vernunft unsere „Triebe" aus, um sich Gehör und Macht zu verschaffen. Sie zwingt den Körper zur Vernunft, weil eine Erziehung der reinen Vernunft zu lange dauern würde, so sagt man, weil man sich vor der damit verbundenen Mühe fürchtet. Es kommt schließlich darauf an, sagt uns eine Art von Vernunft, dass die Zähne faktisch *geputzt* werden, warum auch immer. Der Mensch, der die Zähne aus Gewohnheitszwang putzt, sieht von außen täuschend ähnlich wie einer aus, der sie putzt, weil es rein vernünftig ist. Den meisten Menschen ist es genug, wenn alles *funktioniert.* Zum Funktionieren brauchen wir keine Vernunft, nur regelkonformes Verhalten.

Wenn wir Menschen also von außen gesehen vernünftig zu handeln scheinen, so funktionieren wir meist nur in dem Sinne, dass wir formal vernünftig handeln, weil man es uns so eingebläut hat. Wir sind großenteils nur scheinbar vernünftig, weil die Menschengemeinschaft uns mit immensem Druck auf das Funktionieren des Gesellschaftssystems festnagelt. In uns herrscht introjizierte Kunstvernunft, die wir über den Weg der Körperdressur erworben haben, über Belohnung und Strafe. Es ist nicht die reine Vernunft, die das als richtig Erkannte um seiner selbst willen tut, wie es die Philosophen fordern. Ich will Ihnen diese Kunstvernunft in diesem Buch vor Augen führen. Ich will Ihnen dafür die Augen öffnen, dass die Vernunft in uns nur simuliert ist. Und dann können wir verstehen, warum das menschliche Leben in vielen Teilen ein so effizientes Elend ist. Der Weg zur Einsicht und zur Vernunft ist langwierig und pflegeaufwendig. Die Abkürzung zur Vernunft über die Umdressur „des Tieres in uns" ist viel billiger und kommt uns, wie so vieles Billige, teuer zu stehen.

Im Buch *Omnisophie*, dessen Fortsetzung dieses Buch in vieler Weise ist, habe ich den Unterschied zwischen verschiedenen Funktionsweisen des Gehirns oder des Körpers herausgearbeitet und Ihnen *Vorstellungsmodelle* dafür angeboten. (Bitte zanken Sie nicht mit mir herum, ob diese Vorstellungsmodelle naturwissenschaftlich korrekt sind. Begriffe wie Über-Ich oder Es sind um Größenordnungen vager als meine Modelle und leisten doch viel für die Menschheit!) Ich habe in *Omnisophie* eingehend die Vorstellung oder das Modell begründet, dass der Mensch im Wesentlichen drei verschiedene Rechner in sich wirken hat. Ein Teil unseres Innern ist praktischer Verstand oder Vernunft und konzentriert sich auf das richtige Funktionieren der Welt. Ein zweiter Teil enthält die ganzheitliche Einsicht in die Welt, unsere Intuition, die größere Wirkzusammenhänge erfasst und den großen Rahmen versteht. Der dritte Teil enthält die Warn- und Lenkmechanismen unseres Körpers, die ich zusammengefasst unser Seismografensystem genannt habe. Diese Lenkmechanismen des Körpers „spüren" über den Körper. Über sie handelt der Körper instinktiv, ohne Nachdenken, blitzschnell.

Von diesem eher unbekannten Seismografensystem und seinen unverstandenen Wirkungen soll dieses Buch vor allem handeln. Ich will zeigen, dass wir dieses System wegen seiner leichten Manipulierbarkeit mehr und mehr zu unserer Lebensbasis werden lassen, während unsere Lippen unaufhörlich den fast göttlichen Rang von Vernunft und Einsicht verkündigen. Unsere Systeme der Erziehung und des Managements erheben nämlich zur Zeit das gute alte Verprügeln, um den Menschen zur Kunstvernunft zu zwingen, zu einer neuen Wissenschaft. Nein, wir verhauen niemanden mehr physisch, aber wir sind ständig von Arbeitsplatzverlust und gängelnden Anreizsystemen und Evaluationen verfolgt. Schule, Politik und Arbeitgeber lenken uns zunehmend durch Anreize. „Wir müssen Anreize schaffen, damit dies und das geschieht." So heißt es immer öfter. Der Mensch wird universell durch Anreize gelenkt. Eine schlichte Vernunft des Menschen zum Guten hin muss nicht mehr vorausgesetzt werden! Anreizsysteme brauchen die Vernunft nicht mehr. Sie arbeiten mit simulierter Kunstvernunft. „Wenn die Zähne geputzt sind, ist es gut. Die Motivation dahinter ist vollkommen gleichgültig. Es muss nur überhaupt eine Motivation da sein." Diese simulierte Vernunft will ich, wie gesagt, Systemtrieb nennen.

Hier, zu Anfang, muss ich ein bisschen ausholen. Ich muss ja den Unterschied zwischen Vernunft und Instinkt sauberer herausarbeiten. Im Buch *Omnisophie* habe ich drei verschiedene Menschenarten besprochen, die richtigen, die wahren und die natürlichen Menschen. Es sind Menschen, die sich in ihrem Leben hauptsächlich ihrem Verstand oder ihrer intuitiven Einsicht oder ihrem lenkenden Willen anvertrauen.

Ich gebe hier von dieser Einteilung eine ganz kurze Skizze. Dann schreite ich fort. Leser der *Omnisophie* wissen schon alles und nehmen hier eine kleine Auffrischung. Für Leser, die gleich dieses zweite Buch aufschlagen, will ich die Möglichkeit schaffen, es ohne das erste verstehen zu können. Das sollte ganz gut gehen. Sie erleiden natürlich einen gewissen Verlust an Tiefe im Verständnis der Unterschiede und Feinheiten, was die drei Lenkungseinheiten in uns Menschen betrifft. Es könnte sein, dass Ihnen beim Lesen nur dieses Buches meine Argumente vielleicht zu extrem oder etwas weit hergeholt vorkommen, weil ich Sie ja hier nicht noch einmal ganz vorbereiten kann. Insbesondere vermissen Sie vielleicht die mathematische Grundlegung des Seismografensystems aus dem Buch *Omnisophie*. Die brauchen Sie hier nicht, wenn Sie einfach die Vorstellung eines solchen Systems als Ihre Vorstellung akzeptieren. Wenn Sie das innerlich nicht können, müssen Sie wohl doch zum früheren Buch greifen.

Also, hier eine Kurzfassung von richtigen, wahren und natürlichen Menschen:

Der *analytische Verstand* sitzt quasi „in der linken Gehirnhälfte“. (Das stimmt ungefähr mit den neurologischen Befunden überein, die seit einiger Zeit immer tiefere und leider immer verwirrendere Erkenntnisse ans Licht bringen. Für die Implikationen ist es ganz irrelevant, wo dieser Verstand sitzt, aber es hilft vielen Menschen, sich alles besser vorzustellen.) Die linke Hirnhälfte „denkt“ logisch, sequenziell, rational, objektiv und heftet den Blick auf Einzelheiten. Ich habe sie ausgiebig mit der Funktionsweise eines normalen Computers verglichen, der offensichtlich die gleichen Eigenschaften hat. Computer arbeiten sequenziell Programme ab und haben jede Einzelheit gespeichert. Ihnen fehlt der Blick für das Ganze. Sie „wissen“ aber alles einzeln. Ein Computerspeicher ist so wie eine Universitätsbibliothek in Abteilungen, Ordner und Regale unterteilt. Das File-System eines Computers sieht wie eine Organisationsstruktur eines Unternehmens aus. Der analytische Verstand hierarchisiert gerne, legt Kriterien fest, führt Listen und Zahlentabellen. Erkenntnisse werden aus Analysen gewonnen, aus Statistiken und Umfragen, aus dem Studium und der Auslegung von Gesetzesbüchern und Regelwerken. Die linke Gehirnhälfte liebt Traditionen und Gewohnheiten. Sie legt Wert auf reibungsloses Funktionieren. Sie sieht den Menschen als Teil eines Gemeinschaftssystems von Menschen. Der Einzelne hat ein nützliches Mitglied zu sein. Der analytische Verstand mahnt mit erhobenem Zeigefinger. Er weiß, wie es richtig ist. Er ist der Sitz der Vernunft. Wenn sich Menschen vorwiegend der linken Hirnhälfte bedienen, sind sie vernünftige Menschen, solche wie Lehrer, Beamte oder (offizielle) Eltern. Ich nenne sie die *richtigen Menschen*. Richtige Menschen setzen auf Pflicht und Arbeit, sie schaffen und halten Ordnung, achten auf die Moral und guten Geschmack. Richtige Menschen sind verantwortlich und zuverlässig, sehen Arbeit als Mühe und Lebensaufgabe, suchen Achtung, Respekt, Ansehen, Rang. Richtige Menschen haben das privilegierte Gefühl, „normal“ zu sein, was für sie mehr den Anstrich von „vorbildlich“ hat. „Man muss *so* sein, man tut das *so*, es ist *so* Pflicht und Tradition!“ Andere Menschen sind eben *nicht* richtig!

Die *intuitive Einsicht* residiert in der rechten Gehirnhälfte. Sie denkt ganzheitlich und schaut nicht gern in das Einzelne. Sie synthetisiert, bildet aus verschiedenem Wissen ein neues Ganzes. Sie wirkt subjektiv und eher emotional. Ich habe das intuitive Denken mit dem mathematischen Modell des neuronalen Netzes verglichen. Solche Netze „spüren das Ganze der Welt". Sie sind so etwas wie der ganz persönliche Schatz unseres gesammelten Lebens, die Essenz unseres bisherigen Seins. Jede Erfahrung in unserem Leben lagert sich unsichtbar in das Ganze ein und verschwindet verschwimmend im Ganzen. Die Intuition ist diese Summe des Ganzen. Neuronale Netze „assimilieren" neues Wissen und formen damit das Ganze der Intuition immer vollendeter aus. Im Gegensatz zum analytischen Verstand wird das assimilierte Wissen aber nie explizit abgreifbar gespeichert. Nach dem Assimilieren ist es mit dem Ganzen verschmiert und daher nicht gerade ganz untergetaucht, aber mit ihm untrennbar verschmolzen. Das Ganze in uns weiß dann die Antworten auf Fragen, es weiß aber keine Regeln oder Fakten mehr. Das Analytische speichert Wissen, Regeln und Fakten und antwortet wie ein Computer nach logischen Berechnungen. Intuition verschmilzt die Summe des Lebens zu einer Entscheidungsmaschine, die von außen wie ein Orakel aussieht. Intuition sagt zu einem Ölgemälde: „Es macht betroffen, so schön ist es!" Verstand analysiert: „Renommierter Maler, der bekanntlich mit Farben *zaubert*, wie der Museumsführer es ausdrückt. Besonders charakteristisch ist die wischende Maltechnik, die sich hier einzigartig und exemplarisch findet. Der Künstler hat großen Einfluss auf die Farbgebung einer ganzen Schule von …" – „Halt!", schreit die Intuition. „Findest du das Bild *schön*?" Der Verstand wägt die Fakten ab und bejaht zögernd. Er hätte noch gerne ein paar andere Meinungen gehört, am besten von anerkannten Autoritäten. Intuition weiß *selbst*. Ganz sicher. Sie ist persönlich, weil sie die Lebenssumme ist. Verstand ist unpersönlich oder überpersönlich. Er steht für das Allgemeine, das allen Menschen gemeinsam ist. Der Verstand findet das Intuitive „subjektiv", weil es persönlich ist. Das Intuitive ist „authentisch", weil es persönlich ist. Der Verstand ist kalt, weil er überpersönlich ist. Das Intuitive weiß und liebt. Es beherbergt Erleuchtung, Ethik, Ästhetik. Der Verstand misst nach Regeln und Kriterien. Er ist der Schirmherr für Ordnung (gemessenes und sortiertes Wissen), Moral (gemessene Ethik und verordnete Sitte) und Geschmack (gemessene Schönheit und verordnete „Mode"). Menschen, die hauptsächlich intuitiv urteilen, habe ich *wahre Menschen* genannt. Viele Wissenschaftler und Künstler sind Intuitive, viele Computerfreaks. Bei IBM habe ich fast 1.000 Mitarbeiter getestet. Sehr viele sind intuitiv, wohl über die Hälfte. (Bei einem Test, der *nur zwischen links und rechts* unterscheidet und keine natürlichen Menschen zulässt wie hier ich, kommen 70 % Intuitive heraus, bei Psychologen, Dichtern Architekten ebenso – das ist hier nicht wirklich brauchbar, weil ich ja noch die im Folgenden erklärte Spezies des natürlichen Menschen kenne, aber Sie haben jetzt einen kleinen Eindruck von den statistischen Verhältnissen.) Intuitive gelten als Hüter der Ideen, hängen Utopien und Idealen an. Sie sind definitiv *nicht* normal im Sinne der richtigen Menschen. Richtige Menschen mögen die Intuitiven theoretisch gern, aber sie lächeln etwas über sie und halten sie wahrscheinlich manchmal oder oft für Spinner. Die Intuitiven mögen die Richtigen eher nicht so gern, weil aus der Sicht des Idealen das Normale spießbürgerlich und zwanghaft wirkt. Nehmen wir den Gegensatz „Liebe muss verdient werden" versus „Liebe ist unbedingt". Oder „Auge um Auge" versus „Liebe deinen Nächsten" oder „Erziehen ist Tilgung des Tiers im Menschen" versus „Erziehung ist liebendes Pflegen". Das eine wird mehr von den richtigen Menschen vertreten. Es ist praktisch und bewährt. Das andere ist sonnig idealistisch und scheint nicht in großer Skala zu funktionieren! Wahre Menschen sind in einer kläglichen Minderheit gegenüber den richtigen. Geschätzt: 10 bis 15 % in der Gesamtbevölkerung. In gebildeteren Schichten sind sie in der Mehrheit. (Über diese schlichte statistische Feststellung sollte einmal lange nachgedacht werden!)

Die dritte Entscheidungsmaschine im Menschen sitzt nach meiner Vorstellung *nicht* im Gehirn. Natürlich sitzt sie auch dort, im Mandelkern (Amygdala) oder so. Aber es ist besser, wir stellen uns vor, sie sitzt im Körper. Ganz verteilt. Sie besteht aus einigen tausend Seismografen, die auf bestimmte Vorkommnisse lauern. Wenn das, worauf sie lauern, eintritt, schlagen sie aus. In uns zuckt etwas. Ich habe in *Omnisophie* ein mathematisches Vorstellungsmodell für diese „Algorithmen" eingeführt. Es sind Algorithmen, die in einem Ozean von Information auf das Auftreten bestimmter Spezialinformationen „scharf gestellt sind" und „aufpassen". Sie tun sonst nichts anderes, außer Spezialalarm zu geben. Ich habe solche Algorithmen vorgestellt, gezeigt, dass sie wenig Platz und ganz wenig Rechenzeit brauchen. Es zuckt nur kurz in uns, das ist alles. Wir wissen oft nicht warum. Es zuckt wie ein Alarm. Der Verstand muss dann aufmerken und analysieren, was los ist. Es zuckt, wenn es in unserer Nähe kracht, wenn etwas vorbeifliegt, wenn uns jemand kränkt, droht, belügt. In uns sagt etwas: „Zack!" – „Zisch!" – „Hui!" – „Achtung!" – „Vorsicht!" – „Pass auf!" *Diese Seismografen in uns steuern unsere Aufmerksamkeit.* Sie befehlen gebieterisch, womit sich der Kopf, links wie rechts, bitte jetzt gleich befassen sollte. Sie weisen hin, warnen, interessieren, alarmieren. Die Seismografen beißen oder erfüllen uns vom Körper her: Erröten, Stärke, Hass, Zorn, Triumph, Empörung, Bestürzung, Starre, Angst, Übermut, Innehalten, Grauen, Panik, Freude, Lust, Ungeduld … Die Seismografen alarmieren und versetzen die „Körperchemie" im gleichen Augenblick in einen anderen Zustand, in einen Zustand, der jetzt sofort angemessen erscheint. Zuschlagen? Entspannen? Jubeln? Weglaufen? Schimpfen? Nachgeben? Lachen? Stillhalten? Wenn der Körper zuckt, aktiviert er Adrenaline („Schau hin! Tu was!") oder Endorphine („Stell dich tot! Lass es sein!"). Dann mag er kämpfen, sich zufrieden zurücklehnen oder in Depression verharren und versinken. Es sieht aus wie das Einschalten eines Turbos oder Dämpfung, Entspannung oder eine Teilabschaltung (ein Aufgeben, Hinnehmen). Der Mensch ist sehr persönlich dadurch charakterisiert, *welche* Seismografen er im Körper *worauf* lauernd eingestellt hat. Als ich zur Schule ging, hatten die meisten Mitschüler an genau solchen Stellen eher „draufhauen" eingeschaltet, wo bei mir „stillhalten" oder „weggehen" bevorzugt war. Das habe ich ja schon in früheren Werken über mich verraten. Das Lehrbuch sagte für meinen Fall: „Werden Sie bei Ihrem unaggressiven Profil am besten Mathe-Professor. Im Elfenbeinturm haut Sie niemand mehr." Sehen Sie? Es gibt unglaublich viele Möglichkeiten, Seismografen zu setzen: „Gut gekämmt? Hose zu? Guckt einer ins Wohnzimmer? Irgendwas zu essen? Bügeleisen aus? Lehrer in der Nähe? Polizei? Eltern? Geld? Tropft was? Bild schief? Unaufgeräumt – Besuch kommt? Schöner Busen? Milch gekauft? Mülleimer rausgestellt?" Seismografen erzwingen Aufmerksamkeit. „Pass auf!" Das Seismografensystem lenkt unsere Aktivität. Es richtet unsere psychische Energie. In seinem Zentrum herrscht der Wille. Der Wille ist die Summe des Seismografensystems. Menschen, die in sich das Primat des Willens spüren, scheren sich nicht, ob ein Ziel mit der linken oder rechten Hirnhälfte erreicht wird. Sie kümmern sich mehr um einen adäquaten chemischen Zustand des Körpers. Sie arbeiten nicht in *jedem* Zustand, wie es der Verstand vernünftig fände. Sie haben dann „keinen Bock". Und dann stürzen sie sich zu anderen Zeiten in ungezählte Überstunden, um „es zu zwingen". Ich habe solche Menschen die *natürlichen Menschen* genannt. Richtige Menschen empören sich über natürliche Menschen, die ihren Willen *über* die Pflicht setzen. Natürliche Menschen trotzen den richtigen Menschen und provozieren sie gerne, auch mit Four-Letter-Words. Sie arbeiten nicht aus Gehorsam, sondern schon früh gegen Eis oder Ausgeherlaubnis oder für ein vorzeitiges Moped. Von wegen Pflicht! Sie verhandeln und kämpfen dafür, dass es ihnen gut geht. Richtige Menschen finden, dass natürliche Menschen zu viel Stress machen. Sie klagen, dass natürliche Menschen Probleme „mit der Impulskontrolle" haben, mit ihren Seismografen also. Impulse sind Tiererbe und verdammungswürdig! Natürliche Menschen lassen sich im Gegenteil mehr durch diese Impulse leiten. „Spaß bei der Arbeit" wollen sie und üben gerne Tätigkeiten aus, bei denen der Körper sich wie in einem günstigen biochemischen Zustand anfühlt: Handwerksarbeit, Fliegen, Chirurgie, Jagd, Verkauf und Vertrieb. „Spaß bei der Arbeit" bedeutet auch, die eigenen Grenzen kennen zu lernen. Wie weit kann ich gehen? Welche Risiken entstehen? Wie geht der Körper mit Gefahr um? Wie fühlt es sich an, wenn eine Sache heikel wird? Auf der Kippe steht? Wie agiert man in Gefahr? Wie bleibt man cool? Wie schmeckt Sieg oder überschäumende Freude? Deshalb suchen sie immer auch die Nähe von etwas Gefahr (sagen die richtigen Menschen) oder Kitzel (finden die natürlichen). Der natürliche Mensch bewährt sich im Kampfgewühl bei Schwierigkeiten. Wenn alles ruhig ist (herrlich – finden die richtigen Menschen), stöhnt der natürliche Mensch über Langweile und wird fast verrückt. Es muss etwas los sein! No risk, no fun!

Soweit kurz über verschiedene Menschen. Es wird viel davon die Rede sein, dass unsere Gesellschaft heute hauptsächlich die Seismografensysteme des Körpers umzwingt, um einen solchen Menschen zu synthetisieren, der von außen gesehen dem richtigen Menschen täuschend ähnlich sieht. Ich bespreche die Auswirkungen dieses Systemtrieb-Ansatzes auf die einzelnen Menschenarten. Die wahren Menschen kommen in diesem Buche *nicht* an zentraler Stelle vor. Ich stelle ja dar, wie das Seismografensystem und der Wille umgepolt werden, um so etwas wie einen erfolgsgierigen richtigen Menschen zu erschaffen, den unermüdlichen Leistungsträger, der kaum ein Privatleben kennt. Es geht also in unserer heutigen Zeit um die Entstehung des „natürlich richtigen Menschen". Das Wahre bleibt fatalerweise außen vor oder wird vernachlässigt. Dafür gibt es gute Gründe, von denen in *Omnisophie* schon ausgiebig die Rede war: Das Ganzheitliche und Ideale ist (noch) nicht wirklich in Zahlen und Fakten messbar. Deshalb kann es nicht systematisch durch Anreizsysteme in den Menschen eingebaut werden. Es entzieht sich, zumindest heute noch, dem Systematischen.

So, jetzt passen Sie auf! Wir kehren nach dem Intermezzo über die verschiedenen Menschen zum eigentlichen Thema zurück. Zur Umdressur des Menschen.

Pass doch auf!

Es ist der verzweifelte Versuch der richtigen Menschen, die Aufmerksamkeit aller auf potenzielle Gefahren zu lenken. „Fahr nicht so schnell!" – „Deine Versetzung ist gefährdet!" – „Der Termin könnte überschritten werden!" – „Mach lieber ein bisschen mehr, dann bist du auf der sicheren Seite!"

Mein Sohn Johannes erzählte neulich mit glänzenden Augen von seinem Schulkameraden. Dieser hatte in gleich fünf Fächern fast auf Note Fünf gestanden, seine Versetzung stand hoch in den Sternen. Er hatte dann verzweifelt beschlossen und dem Schicksal konzediert, drei volle Wochen ranzuklotzen. Er hatte schwer gearbeitet, das erste Mal für die Schule. Johannes: „Er hat sich im Unterricht überall noch mal gemeldet und mündlich rannehmen lassen, damit er eine Chance hat! *Und weißt du was?* Er hat sogar mündliche Dreier bekommen, überall! Nun kommen die Zeugnisse und er hat keine einzige Fünf! Keine einzige! Stell dir dieses *wahnsinnige* Pech vor!"

Wieso *Pech*?

Na, er hat zwei Wochen für die Katz gearbeitet. *Eine* Woche hätte wohl gereicht, oder?

Und der richtige Mensch sagt: „Mach lieber ein bisschen mehr, dann bist du auf der sicheren Seite!" Natürliche Menschen loten dagegen lieber aus, wo die echte Krisengrenze ist. Das Verhalten der richtigen Menschen, immer „aufzupassen", also immer die Aufmerksamkeit der Pflicht unterzuordnen, finden sie lächerlich. Das Vermeiden von Problemen kostet aus ihrer Sicht zu viel. Vor allem zersplittert das Aufpassen die psychische und physische Energie. Besser ist es, sich in dem Augenblick zu helfen zu wissen, wenn Probleme auftreten. Man kann aber nur wissen, wie man sich zu helfen weiß, wenn man mit vielen und schwierigen Problemen *tatsächlich* gerungen hat. Wer bloß vermeidet, ringt nie oder nie genug. Vermeider sind „schlappe Menschen" oder „Zwanghafte", finden die Natürlichen. Und die richtigen Menschen schimpfen: „Hasardeure!"

So begegnen sich verschiedene Menschen mit gehörigem Misstrauen. In den oberen Etagen unserer Gesellschaft sind die richtigen Menschen in dominanter Position. Dort oben ist Aufpassen angesagt. Pflicht und Verantwortung, Zuverlässigkeit und „Funktionieren" stehen oben an. Die richtigen Menschen glauben an Systeme, an Systematisches, an Regeln, Gesetze, Kriterienkataloge, an Bewerten, Noten, Prüfungen, Bilanzen. Sie bauen auf solchen Grundelementen die Systeme auf. Das mögen Staaten, Unternehmen, Verbände oder Kirchen sein. Sie werden durch Netze von Vorschriften regiert. Die Systeme sagen mit ihren Regeln:

Pass auf!

Es sind Systeme der richtigen Menschen. Und sie machen Ernst mit dem Aufpassen. Sie fordern notfalls selbstentsagende Pflichterfüllung in der Gemeinschaft. Richtige Menschen denken vernünftig, so meinen sie jedenfalls in ihrer teilweisen Kunstvernunft. Sie sehen sich (meist irrtümlich, wie ich zeigen will) von Vernunft geleitet. Sie tun, was der Verstand sagt (was ihnen durch Strafandrohung eingeprägt wurde). Sie hören auf Regeln. Sie unterlassen, was verboten ist. Sie ärgern sich grässlich über das Natürliche, das immer allem trotzen muss. Braves Kind. Trotziges Kind.

Zwischen ihnen ist die große Front. Im Buch *E-Man* habe ich sie ausführlich beschrieben, als Unterschiede in den Lebensmodellen des „Jägers“ (Jagdfieber und Beute) gegen den „Bauern“ (Saat und Ernte).

4.1.2 „Mach das Radio aus!“ – Über Seismografen

Es ist die Frage, wie der Mensch mit seinen Körperseismografen umgeht.

Die des Braven oder richtigen Menschen passen auf, dass nichts passiert.

Die Seismografen des Natürlichen dienen als Steuerung im Kampf, beim Überwinden, bei Herausforderungen.

„Mach das Radio aus!“, ruft meine Frau so oft – und Anne, ein wahrer Mensch wie ich selbst, schreit: „Ruhe!“ Es ist uns anderen ein wahres Mysterium/Martyrium, wie Johannes Fernseher, PC-Chatroom und Radio laufen lässt und dabei auf dem Bett herumliegt und Hausaufgaben macht. MTV-Award-Abräumer Eminem kreuzigt per Erfolgs-Song erbarmungslos seine Mutter in hohen Dezibel und Johannes denkt dabei über Binomialkoeffizienten oder die Richtung von Monsunwinden in der Fastenzeit nach. Wahre Menschen brauchen Stille oder Harmonie für die mehr meditierende Intuition. Sie würden lieber müßig sinnen oder leise innig singen. Richtige Menschen behaupten hartnäckig bis hin zu rauchendem Zorn, Musik oder Fernsehen lenke ab. Wer nützlich sein wolle, und das sei bei Hausaufgaben allemal der Fall, müsse Ablenkungen wie den Teufel meiden. „Konzentrier’ dich doch!“

Meine Frau und ich haben ein unübersehbar hartes Problem. Johannes hat nämlich ohne große sichtbare Anstrengung brauchbar gute Schulnoten. Manchmal macht ihm etwas wirklich „Spaß“ („voll geil“) und er kündigt an, es diesmal „absolut stark“ hinzubekommen. Dann schreibt er eine Eins. Es ist leider genau so, glauben Sie’s oder nicht. Die Lehrer wollen zum Beispiel, er solle morgen viel über Bauernkriege wissen. „Wie furchtbar! Was soll ich bloß machen?! Weißt du was dazu, Papa? Wie *lang-wei-lig*!“ Lehrer sind zu sehr richtige Menschen. Schade. Ich habe das schon öfter bedauert. Wenigstens könnten sie so gut ausgebildet sein, dass sie Johannes verstehen. Sie müssten mehr von ihm verlangen: „Gib morgen eine Powerpoint-Präsentation auf dem Computer ab, sieh zu, dass ein paar Bilder von Schlachtgetümmel dabei sind. Und eins mit dem Schwedentrunk *muss* sein.“ Sie sollten einmal sehen, wie dann bei uns gesurft wird. Anne macht mit. Ich habe 50 oder 70 CDs mit Fotos für Präsentationen, 10 mit klassischen Gemälden. Sie arbeiten bis in die Nacht. Immer wieder muss ich begutachten. Wir passen Hintergründe geschmackvoll zu Schlachten an. Burgunderrot? Oder Bordeaux? Rosso fluissimo?

Viel später wird es heißen: „Johannes ist noch zu wild in der Schule. Er lernt nicht stetig. Dann schafft er zwischendurch unbegreiflich gute Präsentationen in zwei Tagen. Er müsste beständiger sein. Das wäre schön.“ Schön *ruhig* wäre es für die Lehrer. „Mach das Radio aus!“

Theoretisch ist mir heute einigermaßen klar, was dahinter steckt. Ich erkläre es Ihnen jetzt an Hand von zwei Grafiken. Die erste zeigt Ihnen etwas über Stress (Seismografen!). Sie ist fast selbsterklärend und drückt genau aus, was wir alle

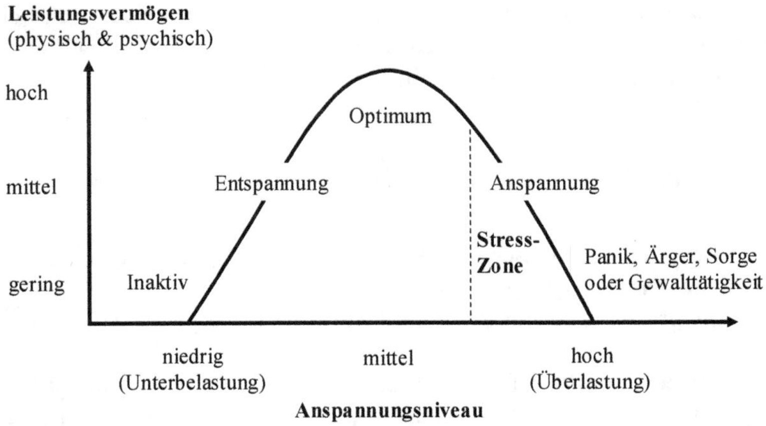

Abb. 4.1 Die „umgekehrte U-Kurve" des Stresses

ohnehin sicher wissen. Das alles ist nämlich völlig richtig. Wenn Sie es in sich nochmals bestätigt haben, zeige ich Ihnen ein paar Seiten weiter an Hand der zweiten Grafik etwas, das näher an die Wahrheit herankommt.

Dies ist die berühmte „inverted-U"-Kurve, die Kurve des umgekehrten U, die sich fast jeder Mensch irgendwann einmal im Stresstraining anschauen muss. Oft steht einfach *U-Kurve* da, aber man meint ein umgekehrtes U. Also, dann einfach U-Kurve, fertig. Ich habe die Kurve zuerst als „Yerkes-Dodson-Law von 1908" gefunden. Schauen wir sie jetzt gemeinsam an (Abb. 4.1):

Wenn gar keine Reize auf den Menschen einwirken, findet er sich unterfordert. Beispiel: Sie müssen unten am Firmenempfangsschalter Nachtdienst schieben und eine leere Firma bewachen. Sie dürfen nicht mit Ihrer Familie telefonieren, weil die Feuerwehr Sie ja ans Telefon bekommen muss, wenn's brennt. Sie dürfen nicht schlafen. Es passiert natürlich nie etwas. Niemals.

Ich muss so etwas ja nicht machen, ich habe nur früher einige Male Wache bei der Bundeswehr schieben dürfen. Die Unterforderung ist so entsetzlich, dass man immer schneller um die Kaserne rennt, auf einem Bein hüpft, mit dem Gewehr Zielübungen macht, sich Passanten als Einbrecher vorstellt etc. Wir alle, denke ich, müssen uns in solchen Situationen praktisch künstlich selbst erregen, damit wir nicht dumpf verzweifeln. Vielleicht gibt es begnadete Kaltblüter für solche Arbeit? Ich kann das nicht.

Die richtigen Menschen sagen zu der Grafik: „Jeder Mensch braucht etwas Farbe und Abwechselung bei der Arbeit. Das motiviert. Eine gute Portion Stress brauchen wir einfach. Das ist *positiver* Stress." Viele Menschen brauchen ein wenig Anstoß für die Arbeit. Jemand hat sie gebeten oder gesagt, es sei ihm wichtig oder eilig. Dann geht ihnen die Arbeit leichter von der Hand und sie sind „motiviert". Ohne solche Motivation bleiben viele Menschen dumpf. Aber dann weckt sie so etwas: „Der Chef sagt, er würde sich über die rasche Antwort freuen." Auf so etwas lauert nämlich der Lobseismograf. „Wenn ich fertig bin, kann ich sofort nach Hause."

Da lauert ein Lust-Seismograf auf Beute. „Wenn es exzellent ist, erwähnt der Chef meine Leistung im Manager-Meeting." Da lauert der wichtige Messseismograf, der rund um Karriere zuckt. Von solchen lauernden Seismografen werden wir in die Arbeit hineingesogen. Diese Seismografen lauern und geben alle paar Stunden oder Minuten ein Testsignal in uns aus: „Bist du gelobt worden?" – „Alles OK?" – „Von jedem gegrüßt worden?" – „Vorangekommen?" Jedes Mal zucken solche kleinen Kontrolllämpchen in uns. Unser Körper fragt ständig nach!

Stellen Sie sich vor, wir müssten alle Stunde sagen: „Langweilig." – „Kein Lob." – „Nichts los." Dann fühlen wir uns apathisch und unterfordert. Wenn nun aber etwas los ist oder wir eine Aufgabe bekommen, dann erblühen wir. Die Seismografen fragen: „Geht's voran?" – „Gegrüßt worden?" Und wir können endlich JA!JA!JA! sagen. Adrenalin schießt ein. Motivation kommt hoch. Wir gehen an die Arbeit!

In *Omnisophie* habe ich das länger so erklärt: Stellen wir uns vor, dass wir einige Tausend Seismografen in uns haben, die in bestimmten Zeitintervallen nachfragen, ob alles in Ordnung ist. „Schlüssel dabei?" – „Anruf erledigt?" – „Milch mitgebracht?" – „Frisör fällig?" – „Zahnarzt?" Manche dieser Seismografen zucken sehr oft. Angeblich sollen Männer so etwa alle zehn Minuten an Sex denken. Ich bin selbst bei dieser Zahl sehr skeptisch, ob ich das so lange aushalten kann. Andere Seismografen alarmieren langfristiger, wie etwa die nach etwa einem Jahr Abstinenz einsetzende Sehnsucht nach einer Zahnüberprüfung. So ein Seismograf ist manchmal schon seit unserer Geburt in uns drin (Sex etwa, „ich bin schon drin") oder vom Gesellschaftssystem eingepflanzt. „Zahnarzt! Zwei Mal pro Jahr!" – „Zähneputzen! Zwei Mal am Tag!" In meinem Auto ist so ein Ekelseismograf drin. Alle 15.000 km zeigt nämlich der Tagestacho bei Anlassen des Autos das Wort „Inspektion!" statt des Kilometerstandes. Das nervt! Jeden Morgen! Und ich will nicht diese Scherereien mit einer Reparatur haben. Ich will auch nicht immer so viel Geld bezahlen! „Inspektion!" So einen Zuck-Tacho haben wir nicht nur im Auto, sondern, etwa für den Zahnarzt, auch in uns selbst. Tausende haben wir davon. Alle arbeiten parallel vor sich hin. „Schon nachgehakt?" – „Einkommensteuererklärung abgegeben?" – „Urlaubsfilme zum Entwickeln?" – „Schwiegermutter eingeladen?" – „Brauche noch ein Geschenk!"

Wenn der Seismograf mit der Einladung fragt, sagen wir „Oh, daran hatte ich gar nicht mehr gedacht! Schön! Ach, wird das schöööön!" Dieser Seismograf wird befriedigt. Dann fragt er: „Einkommensteuererklärung fertig?" Schrecklich. Wir zucken und wissen, es sind noch 14 Tage Zeit. Wir schimpfen und erklären dem Seismografen, dass er Ruhe geben soll. Noch 14 Tage. Da schreit ein Hauptseismograf in uns (sehr stark eingepflanzt!): „Was du heute kannst besorgen, das verschiebe nicht auf morgen!" Er zuckt in Verbindung mit Ärger und Scham. „Ja, ja, ich weiß. Gib Ruhe. Ich kann einfach nicht!" Warum können wir nicht? Es gibt noch einen Megaseismografen. Der fragt immer: „Bist du sicher, dass du das alles verstehst, was du da tust?" Und wenn wir ihm Nein! antworten, heulen Sirenen in uns „Versager!" Deshalb gibt es sogenannte Deadlines oder Terminsetzungen. Bis zu diesem Termin muss es unbedingt fertig sein. Der Termin zwingt uns schließlich, an die Steuererklärung zu gehen. Während der Arbeit daran paralysiert uns der fast minütliche Schrei: „Füllst du das richtig aus? Bist du ehrlich? Aha, nicht ganz ehrlich? Was unterschreibst du dann hinten?“ Und wir erklären verbissen-vergesslich weiter. Und der Megaseismograf heult: „Keine Ahnung! Unehrlich! Schuld! Anklage! Belege falsch ausgefüllt! Schererei! Abkanzelei vom Beamten droht!“

Verstehen Sie jetzt, wo es überall in Ihnen hin und her zieht? Manches fühlt sich lockend an, manches macht Angst und wehrt ab, anderes ist peinlich oder ärgerlich. Das Unangenehme könnten wir „negativen Stress“ nennen. Das eher Motivierende ist dann der „positive Stress“. *Das sagt die umgekehrte U-Kurve nicht.* Sie sagt: Bei wenig Stress sind wir unterfordert, in der Mitte ist es gerade richtig. Wenn wir zu sehr unter Anspannung stehen, fühlen wir uns zu stark überflutet oder besorgt und empfinden Stresssymptome. Wir geraten in schwache Panik, weil wir „overload“ haben, also überlastet sind.

In den Stellenanzeigen wird immer wieder von Bewerbern gewünscht, dass sie *belastbar* sind. Das klingt nach Lasten tragen. Wir stellen uns einen Esel vor, dem man mehr als sein Körpergewicht aufgepackt hat und der nun neben Führer, Seil und Stock alles bergan trägt. Die jungen Bewerber schwören denn auch unisono bereitwillig, dass sie schwer arbeiten können („hard work“) und zu Überstunden bereit sind. Die Bewerber *verstehen* es nicht!

So schön einfach ist die Arbeitswelt nicht, dass es mit harter Arbeit getan wäre. Es geht um die Belastungen des Seismografensystems, nicht erstrangig um die Arbeitsmenge. Es geht um Stresslasten, die tragbar wären. Wie viele Vorgänge können Sie gleichzeitig abarbeiten? (Bei Computern würde man fragen: Wie viele Anwendungen können parallel fahren? Wie viel Hauptspeicher hat er?) Wie viele *unangenehme* Vorgänge ertragen Sie *gleichzeitig*? Sind Sie vielleicht ein Sonder-Mensch, dem gar nicht so viel unangenehm ist, der also so etwas wie negativen Stress nur aus Erzählungen kennt?

Es ist von Mensch zu Mensch ganz und gar verschieden, wie er mit Seismografen bestückt ist. Manche Menschen lauern mit riesigen Seismografensystemen auf Beleidigungen und Zurücksetzungen, andere erscheinen wie gutmütige Elefanten mit dickem Fell. Darüber hinaus sind unsere Seismografen manchmal sehr scharf gestellt und manchmal ruhen sie. „Oh Gott, Gabi, ich hatte sooo eine Angst, dass er das in den falschen Hals bekommt. Das hätte was gegeben! Aber er war heute so easy drauf, er hat es als Witz genommen! Das war aber knapp, glaube ich!“ Oder: „Ich habe mich so sehr vor diesem Betriebsfest gefürchtet. Ich kenne ja keinen. Dann aber war es so nett.“

Alle diese Feinheiten werden von der umgekehrten U-Kurve nicht berücksichtigt. Sie sagt nur: Ohne Seismografenanstoß fühlt man sich untätig, unwohl und lethargisch. In der Mitte ist das Empfinden und auch die Leistung am günstigsten, danach beißt der Stress an uns und am Leistungsniveau und noch weiter gestresst versinken wir in Apathie.

Deshalb ist es klar, dass Hausaufgaben lieber in der Stille gemacht werden. Also: „Mach das Radio aus!“ Aber Johannes offenbar arbeitet besser, wenn alle Geräte laufen. Ich selbst würde wahnsinnig. Wer hat Recht? Die Stresskurve oder Johannes? Die Stresskurve ist wie Vernunft, aber das Radio lässt Johannes wohlig zucken.

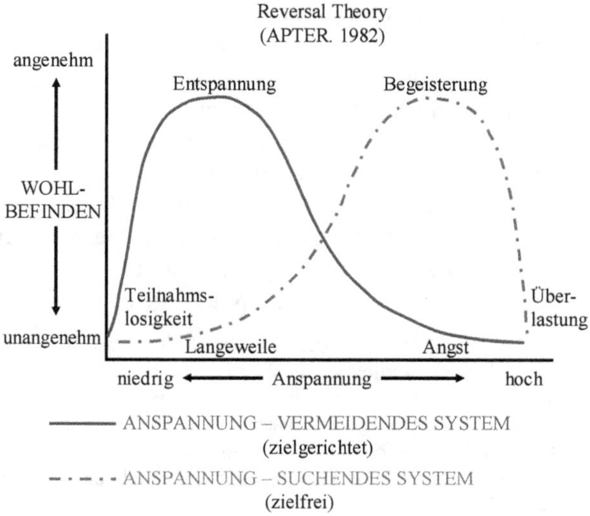

Abb. 4.2 Schaubild zur Reversal Theory

4.1.3 *„Lass das!" – „Packen wir's!" Eine Reversal Theory*

Schauen wir kurz auf die zweite Grafik zum Thema, die ein Schlaglicht auf die *Reversal Theory* von Michael J. Apter wirft (Abb. 4.2).

Schauen Sie! Nach diesem erweiterten Gedanken gibt es zwei *verschiedene* Zusammenhänge. Jedenfalls zwei dieser extremen Art! Es gibt Situationen oder Zustände, in denen der Mensch sich unter niedriger Anspannung gut fühlt und sich mit steigender schnell mehr und mehr gestresst zu ärgern oder zu sorgen beginnt. Er bekommt Angst und Überlastgefühle. Im anderen Zustand (gestrichelte Linie) ist der Mensch bei niedriger Anspannung mehr oder weniger gelangweilt und apathisch träge. Erst bei höherem Erregungslevel beginnt er sich gut zu fühlen. Der eine Zustand bevorzugt eine Art Entspannung, also einen niedrigen Anspannungsgrad, der andere bevorzugt volles Hineinknien und volle körperliche Anspannung.

Ein von mir neckisch aufgebauschtes Beispiel: Sie fahren Rad, am besten im dunklen Anzug, um zu einem wichtigen Bewerbungsgespräch zu kommen. Die Zeit ist knapp. In diesem Zustand ist jede rote Ampel sogar für Sie als Radfahrer eine potenzielle Bedrohung, jede Pfütze entscheidet über Wohl und Wehe. Sie knurren ununterbrochen so: „Lasst mich durch!" – „Unmöglich!" – „Nun mach! Fahr los! Nicht an den Rand, ich will rechts vorbei!" – „Ach was, Rot, ich muss durch, das muss er doch sehen. Vorsicht, Idiot!"

Sie sind im Zustand „Pass auf!", nicht wahr? Es darf nichts schief gehen. Es geht darum, eine Aufgabe zu Ende zu bringen, Ihnen ist nicht zum Spaßen zu Mute. Jede Störung birgt Gefahr und Ungewissheit. Sie würden sich nur gut fühlen, wenn Sie *entspannt* sein könnten. Jeder Ausschlag von einem Seismografen stresst Sie jetzt in bösartiger Weise und steigert die Angst. Sie flüstern sich monoton zu: „Ruhe! Ruhe! Bloß mit der Ruhe." Und die Seismografen warnen: „Atme langsam, nicht schwitzen, bitte! Keinen Fleck! Nicht knittern! Warum bist du mit dem Rad gefahren? Dummkopf! Hat es nicht deine Freundin gesagt? Bist du nur deshalb Rad gefahren, weil sie dir davon herablassend abriet? Es kann gleich regnen, du Dummkopf. Deine Freundin wird dich verhöhnen, wenn du die Stelle nicht bekommst, wegen einiger Schwitzflecken oder verschmierter Brille. Warum hörst du nicht *immer* auf sie?" Sie hatten vor dem Aufbruch Ihrer Freundin noch erklärt: „Davon verstehst du nichts. Weißt du, Radfahren bei frischer Luft belebt das Gehirn, ich gehe im Geiste noch einmal alle Punkte für dieses wichtige Gespräch durch." Denn Sie sind ja ein vernünftiger Mensch, der sich gut vorbereitet.

Nun folgt das Einstellungsgespräch. Sie bekommen den Job. Sie fahren zurück.

> Juhu! Wusch! Durch die Riesenpfütze. Muss sowieso zur Reinigung. Wusch, noch eine Pfütze. Hey, lasst mich spritzen, es ist Fun! Lacht mal alle mit! Ich habe den Job! Ach, Rot! Ich bleibe mal stehen, das leiste ich mir heute. Durchatmen! Luft! Gute Luft, nach dem Regen. Tief einatmen! Aaaah. Ich esse jetzt an der Ecke ein Eis, obwohl es kalt ist. Das tue ich. Habe ich noch nie gemacht! Mmmh. Oh, ein Fleck. Uiih, ist das lustig, der Fleck passt genau in das Krawattenmuster. Ist echt ein schöner Zufall. Muss ich ihr zeigen. Lustig! Haha!

Jetzt sind Sie im Zustand: „Die Welt gehört mir." Alles ist anders.

Ich frage Sie: Wo war die Vernunft? Wo war sie auf der Hinfahrt? Wo auf der Rückfahrt?

Verstehen Sie an diesem Beispiel, wie sehr Sie von Seismografen regiert werden, also von zuckenden Befehlen, die Ihre Aufmerksamkeit auf bestimmte Notwendigkeiten richten? Wenn Seismografen Gefahren anzeigen, steht die Vernunft im Regen. Vernunft regiert in ihrem kleinen zugewiesenen Bereich. Dort, wo alles in Ordnung ist.

„Paß-auf!"-Zustände sind um Bewältigung von Aufgaben bemüht. Sie reagieren auf Probleme, versuchen Störungen zu vermeiden. Probleme werden gelöst. In diesem Zustand wird das zukünftige gute Ende geplant. Man freut sich auf das Ende und den damit verbundenen Erfolg oder man fürchtet sich, ihn nicht zu erreichen. Man fordert Vernunft von sich selbst. Und natürlich: *Keine Aufregung*!

„Die Welt gehört mir!"-Zustände freuen sich in voller Energie. Diese Zustände wollen einen genussvollen Prozess und dann eher Fortdauer desselben.

Jetzt sollten Sie nochmals die beiden Kurven anschauen und besser verstehen. Können Sie nun im Geiste in den Kurven sehen, wie Sie bei der Hinfahrt unter Überlastung zusammenbrechen? Wie Sie auf der Rückfahrt gar nicht genug rote Farbe ins Gesicht bekommen können?

Beide Male fahren Sie die gleiche Strecke Rad. Auf der Rückfahrt aber hat der Zustand gedreht. Diese Umkehr in Zuständen, von einem zum anderen, heißt bei Michael Apter *Reversal*. Es geht ihm in seiner *Reversal Theory* um den richtigen Umgang des Menschen mit seinen Motivationen.

Ich hoffe, Sie sehen jetzt, wie armselig die umgekehrte U-Kurve gegen diese Doppelinterpretation wirkt. Die beiden Einzelkurven bei Apter sind ja auch solche U-Kurven, aber sie decken eine Menge neuer Vorstellungen über uns auf und lassen uns etwas mehr von uns verstehen. Apter nennt seine Theorie strukturell-phänomenologisch. Sie liefert keine Aussagen über den Menschen ge-

Abb. 4.3 Die große Trennlinie der praktischen Anschauungen über optimalen Stress

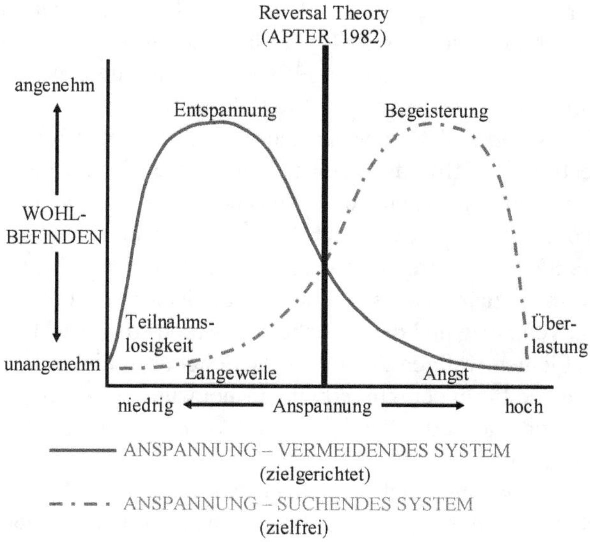

nerell, sondern sie erklärt den einzelnen Menschen. Jeden Menschen anders. Die Aufregungszustände sind nicht Teil einer universellen Vernunft. Sie sind für jeden von uns besonders und persönlich.

Unser Johannes wird eher durch die „rechte" Kurve generalgesteuert, das ist sicher. Er muss viel mehr inneres Kribbeln im Körper spüren, um arbeiten zu können. Viel mehr! Aber die Hausaufgaben sind so langweilig, dass auch in mir oft beim Ratgeben das Frösteln einsetzt. „Pisa!", seufze ich und denke an die berühmte Studie. Pop-Musik erhöht bei Menschen wie aller Lärm den Grad der Anspannung. Die muss Johannes wohl dabei haben, sonst ist er zu unterfordert-unruhig bei den Hausaufgaben. Die Chemie im Körper stimmt bei ihm erst mit höherer Erregung. Er hätte so gerne wieder eine Herausforderung. Nachher geht er zum Fußball. Er kommt bald ganz nass wieder, kann kaum reden, ist überrot im Gesicht, kann zwei bis drei Stunden nichts essen. Das ist *Leben.*

Ich dagegen bin froh, dass Winston Churchill stellvertretend für mich „No sports!" gesagt hat. Schöner werde ich mein eigenes Empfinden niemals ausdrücken können. Danke!

Und was sagen *Sie* jetzt? Ich fürchte: „Das mit den Seismografen glaube ich nicht. Erregung! Anspannung! Die Vernunft sagt klar und hell, dass das Radio ausgestellt werden muss. Es geht nicht um Anspannung, sondern um Konzentration." Ich fürchte, Sie sagen: „*Die* Vernunft sagt." Nicht einmal wenigstens: „*Meine* Vernunft sagt *mir* ..." Aber wir sind ja noch am Anfang des Buches.

Lassen Sie uns kurz überlegen, wie aufregend der normale Schulunterricht sein sollte. Totale Stille? Lautes Durcheinander? Weder noch, *sagt die Vernunft*, in der Mitte liegt das Goldene.

Ich habe die Mitte jetzt mit einem Balken markiert (Abb. 4.3). Nicht golden, sondern gerade so schwarz, wie ich es sehe. Stellen wir uns vor, die eine Hälfte der Schüler wäre von der „Pass auf!"-Art. Die andere aber hätte die mehr herausfordernde „Packen wir's!"-Attitüde. Lesen wir in der Grafik ab, wie sich dann alle Schüler fühlen. Die artige Hälfte versucht aufzupassen und ist unentwegt in voller Sorge, dass sie mitkommt. Sie steht bei mittlerem Erregungslevel schon sehr unter Stress und leidet unter der dauerhaft überhöhten Anspannung. Die begeisterungslechzende Hälfte der Schüler stöhnt unter der gnadenlosen Langeweile und kann sich in diesem „chemischen Zustand" nicht *erhitzen* oder motivieren, den Schulstoff aufzunehmen. Ich will nicht ganz schwarz malen. Aber so ist Schule sehr oft, nicht wahr? Der „Aufregungslevel" ist in der goldenen Mitte für *jeden* Schüler schlecht! Deshalb zieht man es vor, den Pegel niedrig zu halten. Ruhe, bitte. Dann lernen die Braven eifrig und die Natürlichen werden so verrückt von Langeweile, dass sie wie in kleinen Käfigen gefangene Tiere hektisch hin und her springen müssen, worauf man sie für hyperaktiv erklärt! Dabei würden sie nur gerne etwas Natürliches tun.

Und wie ist das bei der Arbeit? Auch so, nur anders. Sie werden sehen. Nächster Abschnitt.

(Vorher muss ich aber noch bemerken: Die Reversal Theory von Apter sagt etwas anderes aus als ich hier schwungvoll wiedergebe oder interpretiere. Apter beschreibt verschiedene Zustände von Menschen, die einander abwechseln. Jeder Mensch kennt sie beide, ist mal im einen oder im anderen. Ich sehe es anders: Ich sage, die einen Menschen sind meistens im einen, die anderen Menschen meistens im anderen. Menschen haben, so ist es für mich absolut klar, eine starke Präferenz für die eine oder andere Seite. Schauen Sie sich um, wer in Ihrer Umgebung wie ist: Meist so oder meist anders, nicht so oft mal so, mal so. Die Idee, Ihnen dies so zu schildern, habe ich von Apter's Reversal Theory. Ich nehme also auf sie Bezug, ohne sie in der originalen Form zu beschreiben.)

4.1.4 Triebsätze des Erfolges

Die Brüder Gerhard und Edmund erwarten am Tisch mit Anspannung das Mittagessen. Die Mutter trägt Currywurst mit Spinat auf. „Warum Spinat?", fragt Edmund. „Spinat passt nicht zu Currywurst, Mutti. Das habe ich schon gelernt!" – „Spinat ist gesund und die ideale Nahrungsergänzung. Es gab ihn heute billig im Sonderangebot. Aber eigentlich habe ich den Krautsalat vergessen." – „Aha, Mutter. Aha. Ich verstehe. Na, Spinat schmeckt ja gut. Und gesund ist er auch. Guck mal, Mutter, Gerhard sieht finster aus." – „Gerhard?" – „Ich ess kein' Spinat. Ich nehm' zwei Currywürste." – „Mutti, was soll das heißen? Er nimmt *zwei*!" – „Iss du den ganzen Spinat. Ist gesund, hör mal." – „Gerhard, leg die eine Wurst wieder hin." – „Ich hab' die erste schon weggemacht und jetzt auch die zweite. Schluck." – „Mutter! Er hätte mit uns reden müssen. Ohne Abstimmung unter uns dreien kann er keine Tatsachen schaffen. Ich habe Recht! Ich habe Recht!" – „Ich hab' die Wurst. Um die geht es." – „Nein! Nein! Es geht um das Rechthaben! Mutti liebt mich mehr, weil ich jetzt viel Spinat essen muss …"

Im September 2002 liefern sich Gerhard Schröder und Edmund Stoiber ein TV-Rededuell um die Macht im deutschen Lande. Präsident Bush hat gerade einen

Krieg mit dem Irak als unumgänglich bezeichnet. Gerhard Schröder: „Ich mach' keinen Krieg mit." Edmund Stoiber: „Sie müssen mindestens in den USA anrufen, wenn Sie eine andere Meinung ~~als Mutti~~ als der Präsident haben möchten. Das muss abgestimmt werden. Ich würde sofort anrufen." – „Krieg mach' ich nicht. Das sage ich ganz klar. Krieg ist nicht gesund." – „Aber ich habe doch Recht damit, dass Sie anrufen müssten?" – „Sind Sie denn *für* Krieg?" – „Nein, ich bin ganz gegen einen Krieg, es gibt auch de facto keinen Krieg, wenn man gut telefoniert, aber man darf ihn nicht ablehnen, sonst gibt es Stress mit ~~M~~ dem Präsidenten. Geben Sie mir Recht?" – „Ja." – „Rufen Sie an?" – „Nein. Will ich nicht."

(Ich schreibe diese Absätze völlig frei nach meiner Fantasie, die alles begrünt. Es ist heute, beim Schreiben, der 15. September 2002. Die Wahl ist am nächsten Sonntag. Soll ich jetzt eine Woche warten, bis ich den nächsten Satz schreibe? Stoiber verliert bestimmt. Ich weiß es.)

Wir sehen oft solche Fernsehduelle. Ob Sie dieses damals gesehen haben oder sich erinnern? So sehen im vollen Leben die verschiedenen Stresskurven aus. Der eine Kandidat ist ein richtiger Mensch. Er weist unaufhörlich auf Fehler hin, um alles in Ordnung zu bringen. Er redet von Pflicht und Schuld. Wenn in der Diskussion zu sehr gekämpft wird, kommt sein Zustand in die Mitte, da, wo im vorigen Abschnitt der schwarze Balken eingezeichnet war. Dort ist schon die Stresszone. Unsicherheit, viele „Ähs", hektisches Reden und undisziplinierte Gestik sind die Folge. Der andere Kandidat präsentiert sich als Musterbeispiel des natürlichen Menschen. Er strahlt das Charisma des Handelns und des Willens aus. (Man sagt, dies komme von der Macht. Aber als Schröder vier Jahre vorher gegen den Ewigkanzler Kohl gewann, rühmte man auch schon an ihm das Plus an Charisma. Es kommt nicht von der Macht. Es ist die Aura des Willens in einem natürlichen Menschen.) Schröder wirkt hier in der Fernsehdiskussion pomadig und selbstgefällig. Reporter sagen, er wäre besser gewesen, wenn er provoziert worden wäre. Leider wirke er, so sagt man, in einer stresslosen Situation aufgeblasen, aber blass. Schade. Warum ist das so? Er ist in seiner Anspannungskurve noch im zu kühlen Bereich. Er langweilt sich noch in einer Reizphase, in der Edmund Stoiber schon aufpassen muss, vor Hektik nicht zu stottern.

Wer von den beiden war eigentlich gut in der Schule?

In welchem Zustand soll also der Mensch am besten arbeiten?

Das ist eine gute Fragestellung, die auch den normalen Psychologen einfallen könnte. Ich habe im Internet sofort Grafiken gefunden, in denen die Anspannungskurven von verschiedenen Tätigkeiten eingezeichnet waren. Ich habe sie für dieses Buch möglichst genau abgezeichnet. Ich gebe einfach hier einmal keine weiteren Quellen an, wo ich sie genau gefunden habe. Sie sehen gleich, warum. Ich fand *diese* Angaben (Abb. 4.4, 4.5, 4.6, 4.7):

Diese fünf Grafiken, die ich fand, öffnen uns jetzt aber die Augen ganz weit. Die erste Grafik sagt aus, dass schwere Aufgaben mehr Ruhe brauchen als leichte. Wenn ich an das Schreiben von Büchern denke, muss ich zustimmen. Beim Autoputzen zum Beispiel lasse sogar ich das Radio laufen. Schaum mit Shakira. Ich habe den Zusammenhang jedenfalls sofort begriffen. Die zweite Grafik zeigt einen anderen Zusammenhang. Sie sagt aus, dass man für schwere Aufgaben mehr Anspannung

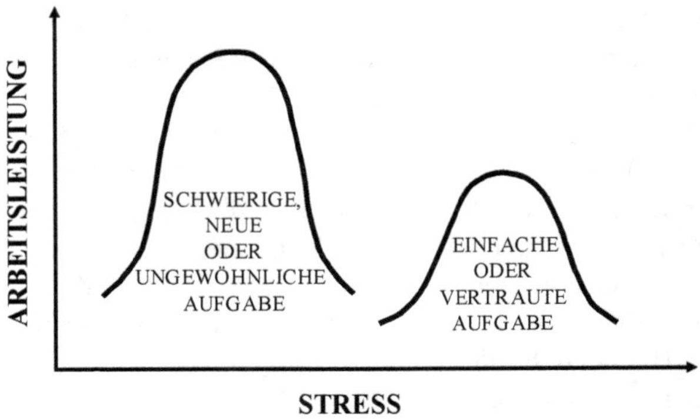

Abb. 4.4 Schwieriges in größerer Ruhe!

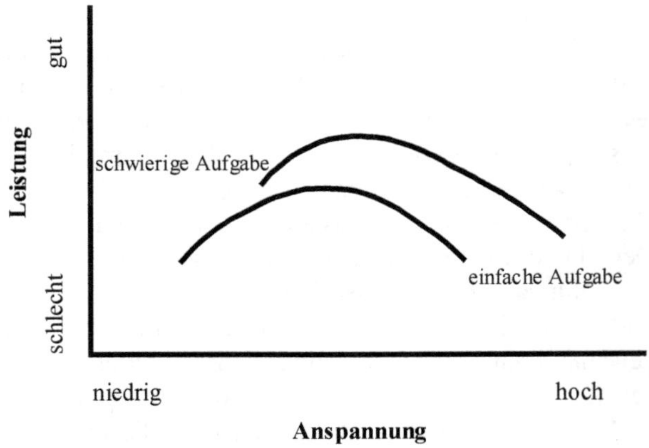

Abb. 4.5 Einfacheres in größerer Ruhe!

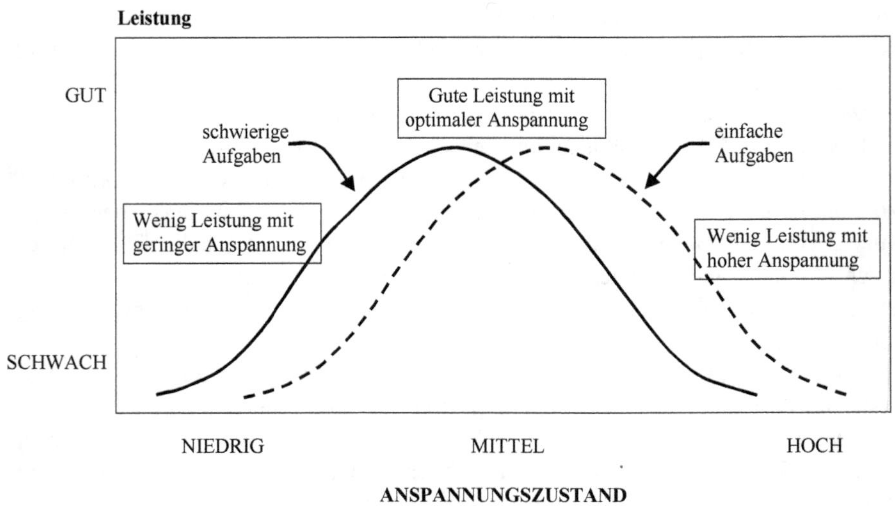

Abb. 4.6 Schwieriges braucht größere Ruhe?

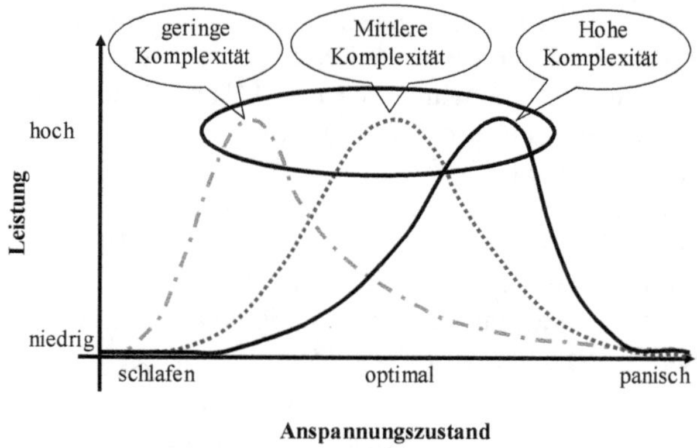

Abb. 4.7 Einfacheres braucht größere Ruhe?

braucht als für leichte. Das war mir auch sofort klar. Wenn wir zum Beispiel bei IBM Preisverhandlungen um hohe zweistellige Millionenbeträge führen, dann ist es besser, das bei größerer Anspannung und ein bisserl in Kampfhaltung zu versuchen. Oder? Klar. Die dritte Grafik zeigt, dass schwere Aufgaben ruhiger durchgeführt werden sollten, die vierte findet das bei den leichten, die fünfte bei den schweren. Aha. Mir fiel beim zweiten und dritten Hinschauen eine gewisse Inkonsistenz auf. Deshalb bekam Martina Daubenthaler den Auftrag, in der Literatur nicht nur nach Bildern zu suchen, sondern nach *Begründungen.* Diese Kurven fand sie häufig, aber *keine* Begründungen dazu! Es schien allen Autoren so „klar wie Kloßbrühe" zu sein, dass die eine Art von Aufgaben ein anderes Anspannung-Performance-Verhältnis hat als die andere. Nur sehen es die Autoren jeweils genau anders. Sie beziehen sich aber auf immer dasselbe Gesetz von „Yerkes-Dodson 1908".

Ich will jetzt nicht noch wochenlang nach den Begründungen suchen. Irgendwo werden welche stehen. Ich finde es nur so bemerkenswert, dass absolut konträre Meinungen nebeneinander zu finden sind, die jeweils für so fundamental *richtig* gehalten werden, dass man sie überhaupt nicht begründet! Und alle diese Grafiken stammen von echten Wissenschaftlern mit Doktorhüten.

Jetzt gebe ich selbst eine Erklärung – meine Erklärung: *Die Anspannungskurven sind jeweils für verschiedene Menschen verschieden!* Das wollte ich mit der satirischen Einleitung mit Gerhard und Edmund schon andeuten.

Richtige Menschen wollen, dass alles geordnet funktioniert. Sie bilden Gewohnheiten heraus, die sie pflegen und um den bewahrungswürdigen Kern herum behutsam erneuern. Sie planen, analysieren Probleme, legen Prozesse und Regeln fest, halten Ordnung und brauchen Polizei, Heer, Verwaltung, Beamte, Lehrer und Eltern zum Aufpassen. Es geht um die logistische Abwicklung aller Aufgaben der Welt. Etwas muss von A nach B gebracht werden. So sehen die Richtigen die Arbeit. Sie halten sich an Termine und Zeiten, sehen auf *Pünktlichkeit.* Daher arbeiten richtige Menschen lieber und besser, wenn alles funktioniert. Kein Stress, bitte!

Natürliche Menschen sind richtig gut, wo Kraft und Nervenstärke gebraucht wird. Sie sind gut im Verhandeln, wo sie mühelos auf dem schmalen Krisengrad in der Verhandlungsmitte balancieren. Sie reißen das Verfahrene heraus, die Karre aus dem Mist. Sie sind gute Troubleshooter, wie es neudeutsch heißt. Sie *stemmen* Projekte. Sie können in der Krise entscheiden. Das tun sie gerne, weil in der Krise niemand nach Einhaltung der Regeln fragt. Wenn's brennt, und nur dann, bekommen Bedenkenträger einen Nasenstüber. Natürliche Menschen strotzen vor Kraft, Selbstsicherheit, Tapferkeit und Willensstärke. Sie lieben den starken *Effekt*. Sie arbeiten natürlich besser, wenn der Stresslevel höher ist. Zeitdrängelei hassen sie. Es geht ihnen um den Effekt, um die Großtat, nicht um Pünktlichkeit! Sie sind stolz, wie viel Energie sie mobilisieren können. Das geht nicht pünktlich, sondern dann, wenn sie „Bock haben" oder richtig motiviert sind. *Heiß* müssen sie sein. Das Ergebnis ist am besten *spektakulär*.

Wir wollten das Bücherregal umschieben, ganz ohne dabei die Bücher herauszunehmen. Alles auf einmal! Da treten einem Blutstropfen vor Anstrengung auf die Stirn, aber wir haben es trotzdem fast die ganze Strecke geschafft, bevor das Regal leider umfiel. Effekt!

Wahre Menschen lieben es, die Richtung zu halten, für Visionen zu begeistern, für neuen und alten Glauben, sie lieben das Spirituelle, Geistige, Wissenschaftliche. Sie meditieren, denken, erfinden, philosophieren, erschaffen, inspirieren. Sie wollen gar keinen Stress im normalen Sinne. Sie wollen *beseelt* arbeiten. Wahren Menschen geht es nicht um die Logistik von A nach B. Sie denken darüber nach, wo B wäre, wo also der Punkt wäre, wohin alles zu bewegen wäre. Sie brüten über den Inhalten, die zu transportieren wären, während die richtigen Menschen den Transport erledigen, was immer dann zu transportieren ist. Wahre Lehrer etwa sind mehr als Experten im Lehrinhalt zentriert. Richtige Lehrer sehen den Schwerpunkt mehr in der Befüllungstechnik der Schüler. Sie nehmen den Lehrstoff, der vorgeschrieben ist. So sind wahre Menschen stets dabei, über die *Qualität* der Inhalte zu klagen, die unter dem Pünktlichkeitsdruck der Logistik zwangsläufig leiden *muss*. Deshalb hassen wahre Menschen Termine. Sie fordern *immer* Ruhe. Sie meinen mit Ruhe nicht Faulheit wie die richtigen Menschen, sondern Freiheit, Inhaltsqualität zu erzeugen. „Es dauert so lange, wie es dauert, bis es gut ist."

Wissen Sie noch, wie Bobby Fisher Schach spielte? Schachspieler sind vergeistigte richtige Menschen (die alle jemals gespielten Züge auswendig können) oder sie sind blühend fantasiereiche wahre Menschen (die eben „rein intuitiv" ziehen, ohne zu „berechnen" wie die richtigen Spieler). Nun kommt Bobby Fisher! Er sagte, er liebe es, das gegnerische Ego zu crashen und zankte unentwegt mit jedem und allem herum, wegen angeblichen Lärms eines Zuschauers beim Schnupfen oder wegen merkwürdigen Verhaltens irgendwelcher Funktionäre. Die Gegner verloren unter dem Psychodruck die Contenance im rauchenden Zorn – und anschließend das Spiel. Fisher hat also den Stresslevel erhöht. Er konnte auf diesem Niveau genial spielen!

Beim Golfspiel (wie früher beim Tennis, mindestens beim Aufschlag) ist das Publikum traditionell mucksmäuschenstill. Beim Fußball und beim Boxen wollen die Kämpfer angefeuert werden. Einmal wird ruhige Konzentration gebraucht, im anderen Falle motivierte Anspannung des Körpers.

Klassische Musik wird unter diszipliniertem Schweigen dargeboten. Wehe, ein voreitler Dummkopf klatscht zwischen dem zweiten und dritten Satz. Popkonzerte vermitteln dagegen keinen Inhaltsgenuss, sondern Erregung! Kreischen! Mitsingen! Feuerzeuge schwenken!

Richtige Menschen: „Lasst mich routiniert arbeiten, ohne Störung. Lobt mich. Ich bemühe mich, ein lebendes Vorbild zu sein."

Wahre Menschen: „Ich bin woanders, in meinem Werk. Bewundert mich nach meiner Darbietung oder auch nicht. Ich weiß selbst am besten, dass ich noch lernen muss. Ich will beseelt arbeiten, ohne Kampf, ohne Pflicht. Der Sinn treibt mich an."

Natürliche Menschen: „Feuert mich an! Ich bin der Größte! Oder *fast*!"

Ich glaube, die wesentlichen Zusammenhänge liegen nicht in schweren und leichten Aufgaben, sondern in *verschiedenen Aufgaben* (wetteifernder Kampf, Aktenbearbeitung, Erfinden) *und ihrem Verhältnis zu den verschiedenen Menschen*, die sich solchen Aufgaben stellen.

Wir werden von ganz verschiedenen Triebkräften energetisiert:

- Wetteiferndes Bezwingen einer herausfordernden Aufgabe (natürlicher Mensch)
- „Beseelung" durch die Inhalte oder Werte der Arbeit (wahrer Mensch)
- Unermüdlichkeit in einem funktionierenden Prozess (richtiger Mensch)

Ich hole nach einiger Überlegung dazu doch etwas weiter aus und gebe meine Ansicht zu der Maslowschen Bedürfnispyramide. Daraus wird dann klarer, was sich in den Seismografensystemen der verschiedenen Menschen abspielt. Ich widerlege in gewissem Sinne noch einmal Maslows Theorie einer *allgemeinen* Bedürfnishierarchie der Menschen.

4.1.5 Dueck-Pyramiden

Ich habe schon in dem Buch *Omnisophie* über die Bedürfnispyramiden geschrieben: Man müsste mindestens verschiedene Pyramiden für verschiedene Menschen diskutieren. Ich glaube aber nicht, dass in wirklichen Menschen durch die Pyramiden eine *Hierarchie* vorgegeben wird. Die Hierarchie entsteht dadurch, dass wir Menschen uns am Kaffeetisch eine Rangfolge ausdenken, in der die Bedürfnisbefriedigung angestrebt werden *sollte*. Das sind dann gute Vorsätze, die ohne innere Schweinehunde, Sachzwänge und Systeme gefasst werden.

Ich verdeutliche das nach langem Nachdenken über diese Fragen hier durch den Vorschlag von Pyramiden für *verschiedene* Menschen.

Die folgende Pyramide veranschaulicht die bekannte Sicht von Abraham Maslow (Abb. 4.8).

Der Mensch hat nach seiner Ansicht eine Hierarchie von Bedürfnissen. Er muss unbedingt Nahrung zu sich nehmen, und als solcher sollte er sich fortpflanzen. Danach schafft er sich ein Zuhause, in Sicherheit und Geborgenheit. Wenn das steht, strebt er einen würdigen, „gemütlichen" Platz in der Gemeinschaft. Dann sehnt er sich langsam nach den von Maslow so genannten höheren Bedürfnissen, nach Achtung und Würde. Die Krone ist Selbstverwirklichung (self-actualization). *Das Problem besteht darin, dass die Pyramide sehr überzeugend aussieht.* Aber wenn

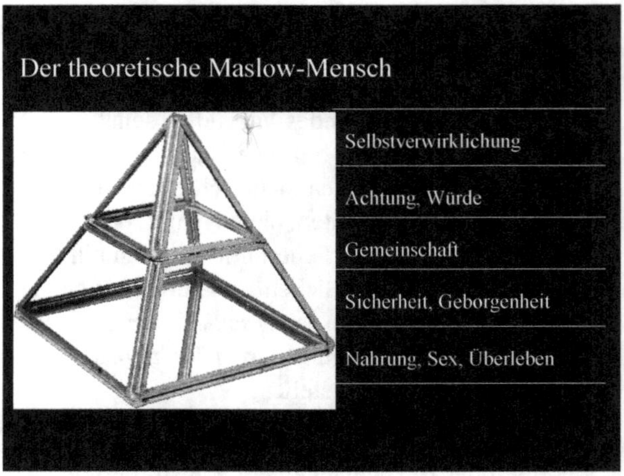

Abb. 4.8 Die Maslow-Pyramide

Sie länger nachdenken, gibt es zur Zeit zum Beispiel eine Menge von Managern, die alle Sicherheit aufs Spiel setzen, um reich zu werden. Es gibt Künstler, die kaum essen können, aber nur Selbstverwirklichung betreiben. Es gibt sehr stark Introvertierte, die so viel Gemeinschaft gar nicht brauchen.

Ein wichtiger Schlüssel zum tiefen Verständnis der Maslowschen Pyramide und ihres schweren Denkfehlers liegt darin, dass Maslow selbst ein wahrer Mensch gewesen ist.

Ich zitiere aus seinem Buch *Motivation und Persönlichkeit* ein paar Sätze aus dem Vorwort. Sie werden spüren: Ein wahrer Intuitiver!

> Das vorliegende Buch ist durchwegs ganzheitlich … Der Holismus [Anmerkung von mir: *Ganzheitslehre*] ist offenkundig wahr … und doch war es schwierig, der ganzheitlichen Anschauung zur Geltung zu verhelfen und sie so zu verwenden, wie sie verwendet werden sollte, als eine bestimmte Art und Weise, die Welt zu betrachten. In jüngster Zeit neige ich immer mehr dazu, anzunehmen, dass die atomistische Art und Weise des Denkens eine milde Form der Psychopathologie ist oder zumindest ein Aspekt des Syndroms der kognitiven Unreife. Die ganzheitliche Denk- und Sehweise scheint sich ganz natürlich und automatisch bei gesünderen, mehr selbstverwirklichenden Menschen einzustellen und scheint sehr schwierig für weniger entwickelte, reife, gesunde Menschen erreichbar zu sein.

Ich interpretiere: Maslow denkt vollständig rechtshirnig-intuitiv. Er ist mit ganzer Seele wahrer Mensch. Er kann das linkshirnige Faktendenken nicht ausstehen und hält damit mindestens die richtigen Menschen mit ihrem scharfen analytischen Verstand für schwach merkwürdig, na gut, für etwas verrückt. Er sieht, dass manche junge Menschen ganz ohne Zutun intuitiv sind, während gesunde, normale richtige Menschen in dieses Stadium nie gelangen. Richtige Menschen werden also, so sieht er es, nicht so einfach wahre Menschen. Das alles schreibe ich schon die ganze Zeit! Freud und Maslow passen erst hier in meinem System zusammen. Freud kennt mehr den richtigen Menschen (gesteuert vom Über-Ich) und den natürlichen Menschen (gesteuert von Es). Intuitive kennt Freud nicht. Er spricht in seinem Werk von Intuition wie von unwissenschaftlicher Gotteseingebung. Ich zitierte das in *Omnisophie*. Maslow ist nun selbst ein Intuitiver und hält *nur* die wahren Menschen für wahre Menschen. Er sieht sie als Fortentwicklung, als Selbstverwirklichungsstufe des richtigen und des natürlichen Menschen. Er hält also das ganzheitlich-rechtshirnige Denken für einen Fortschritt gegenüber dem Freudschen Menschen, der noch zwischen Pflicht und Trieb Kämpfe ausfechten muss. Mit meiner mathematischen Grundlegung der Denkungsarten habe ich quasi die natürlichere Einheit oder das Ganze gefunden: Es gibt einfach *drei* verschiedene Menschenarten, nicht wahr? Richtige, natürliche und wahre. Deshalb ist alles, was Maslow schreibt, ein Wunderwerk für den Intuitiven. Sein hier zitiertes Buch ist für mich eines der vielleicht fünf bedeutendsten, die ich je las. Aber alles, was er über richtige Menschen sagt, ist voller Unverständnis. Er schreibt nur, wie er selbst denkt. Das ist wunderschön, reicht aber nicht über die wahren Menschen hinaus.

Wenn also Abraham Maslow ein wahrer Intuitiver ist, dann setzt er selbst als Privatperson die *Selbstverwirklichung* in der Pyramide ganz, ganz *oben* hin, weil wahre Menschen eben sehr großen Wert darauf legen. Der Wunsch nach Sicherheit ist ein Wunsch vor allem der richtigen Menschen, die sich im System anpassen. Natürliche Menschen wiederum brauchen am wenigsten Sicherheit, weil sie ja spontan kämpfen können. Sie haben ihre psychische Energie und ihre Kraft dabei! („Gunter, du musst dich nicht verprügeln lassen. Wehr dich doch. Auch du bist stark. Weißt du, du musst etwas im Blick haben, dass du es bis zum Blutfließen bringen wirst. Dann knickt dein Gegner ein." – „Ich will aber kein Blut." – „Du musst es nur wollen, das reicht meistens. Dann bist du vor ihnen sicher.")

Im Ganzen lese ich Maslows Vorschlag so: Unten stehen die Bedürfnisse der richtigen Menschen, oben die der wahren. Die Maslowsche Hierarchie sagt also im Wesentlichen: Aus einem richtigen Menschen, der man am Anfang vielleicht leider sein mag, kann mit der Zeit etwas Besseres werden, nämlich ein wahrer Mensch. Oder: Wahre Menschen sind wertvoller als richtige Menschen. Oder: Das höchste Bedürfnis des richtigen Menschen ist es, ein wahrer Mensch zu werden.

Ich habe das ganze Buch *Omnisophie* darüber geschrieben, dass diese Menschenarten schlicht verschieden sind. Anders! Alternativ! Es sind vielleicht frühe Reaktionsmuster. Richtige Menschen passen sich den Eltern an. Natürliche Menschen sind kraftvolle, trotzige Kinder, die Widerstand leisten. Wahre Kinder passen sich nicht an, nie! Sie wollen auch nicht kämpfen. Sie gehen Prägestempeln und Kampfhähnen aus dem Weg. Die wahren Intellektuellen sind eher pazifistisch und systemfeindlich! Karen Horney hat diese Dreiteilung der Grundstrategie in ihren Werken beschrieben: Anpassen, Widerstand leisten, den Rücken drehen.

Ich habe einmal als Vorschlag drei Pyramiden für die drei verschiedenen Menschensorten in Grafiken veranschaulicht. Ich habe mich dabei von dem folgenden Grundgerüst leiten lassen (Abb. 4.9, 4.10, 4.11, 4.12):

Unten steht das absolut Notwendige. Das ist heute nicht mehr nur das Essen, eher ein Arbeitsplatz oder das, was nicht mehr gepfändet werden kann. Wenn der Mensch dann genug zu essen hat, möchte er keine Angst haben. Besser ausgedrückt: Es sollen ihn keine Seismografenhiebe treffen, keine Sorgen. In die zweite Zeile von unten trage ich ein, was die Hauptsorge des Menschen ist, der zu essen hat. In die

Abb. 4.9 Meine abstrakte Version der Pyramide

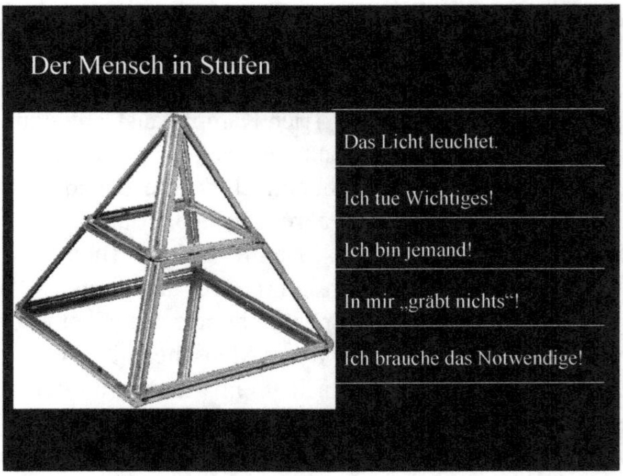

Abb. 4.10 Die Pyramide des richtigen Menschen

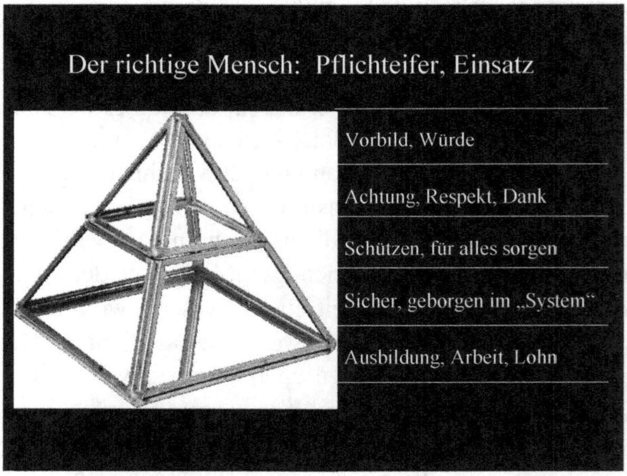

Abb. 4.11 Die Pyramide des wahren Menschen

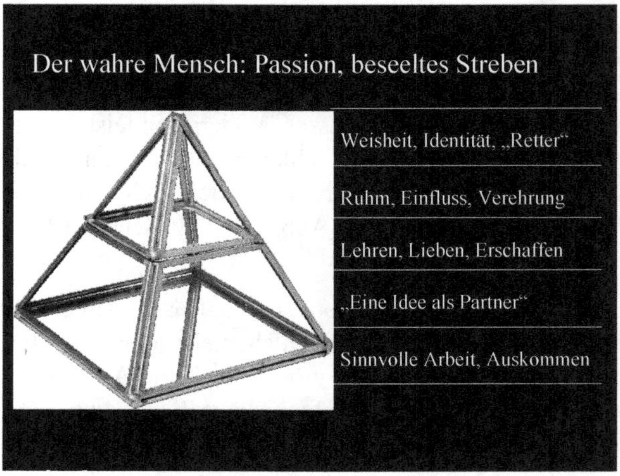

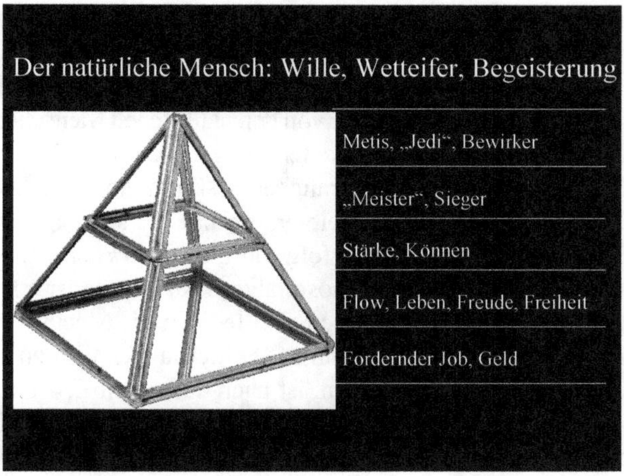

Abb. 4.12 Die Pyramide des natürlichen Menschen

dritte Zeile trage ich ein, wann man ein gutes Exemplar Mensch ist. Weiter oben, wann man ein bedeutendes Exemplar ist. Ganz oben trage ich die Modellvorstellung dieses Menschentyps ein.

Ich beginne mit dem richtigen Menschen. Hier seine Pyramide:

Die richtigen Menschen wollen im System einen guten Platz haben. Sie fürchten sich vor Unsicherheit und Ausgestoßensein. Wenn sie sich sicher fühlen, wollen sie im System jemand sein. Ein Jemand: Das ist ein Mensch, der eine wichtige Rolle hat und sich kümmert und sorgt. Das Höchste ist für sie, ein gewürdigtes Vorbild aller Menschen zu sein und eine hohe Verantwortung zu tragen. Bundespräsident sein! Das ist noch besser als Generaldirektor. Wegen dieses Bedürfnisses muss man einem Generaldirektor mehr Gehalt zahlen. Politiker arbeiten zur Not fast ohne Geld. Und *sicher* ist das Politikerdasein absolut nicht. Es könnte doch sein, dass die Menschen für die höheren Bedürfnisse auf die niederen einfach verzichten? Diese Pyramide sieht fast wie die von Abraham Maslow aus. Ich sagte ja schon, er hat wohl die Grundbedürfnisse des richtigen Menschen für die Grundbedürfnisse aller Menschen gehalten und oben, ganz oben, ein sehr wichtiges Bedürfnis der wahren Menschen hingestellt.

Sehen wir uns meine Pyramide für die wahren Menschen an:

Für sie ist eine sinnvolle Arbeit ein Muss. Sie hungern eher bei Sozialhilfe als eine „sinnlose" Arbeit zu verrichten. Statt Sicherheit im Leben suchen sie nach einer Idee, einer Religion, einer Aktion wie Greenpeace, einem Beruf, den sie lieben und sinnvoll finden. Die Idee ist wie ein unsichtbarer Ehepartner. „Wenn ich gewusst hätte, dass dein Leben so sehr an der humanistischen Krankenpflege hängt, hätte ich dich nicht geheiratet. Pflege ja. Aber die Wochenenden gehören doch der Familie. Du bist uns etwas schuldig. Bitte: Ich habe deinen Beruf nicht mitgeheiratet!" Wahre Menschen lieben, wenn sich ihre Seele öffnet und sie waches Interesse erfüllt. Dann hat aber nichts anderes mehr Platz. Klar. Sie sind ja davon erfüllt. Voll also. Richtige Menschen arbeiten meist noch länger, aber deshalb, weil es sicherer ist. Wahre Menschen wollen heilen, helfen, lehren, erschaffen, pflegen, aufpäppeln. Sie träumen in irgendeiner Form von dem Nobelpreis oder einer Seligsprechung. Aber das Höchste wäre, ein Weiser, ein Buddha, ein Heiliger zu sein, einer, der hilft, die Welt zu retten.

Leider erkennen die wahren Menschen oft nur, dass die Welt nicht zu retten ist. Deshalb wird die Welt mehr von den natürlichen Menschen gerettet, die sie aber ebenso oft so sehr in Schwierigkeiten bringen, dass eine Rettung ziemlich dringend wird.

Natürliche Menschen brauchen bestimmt keine Sicherheit an der zweiten Stelle, dafür aber Flow, dieses zeitvergessende Versinken in eine körperwohlige Arbeit, die zu einem sichtbaren Erfolg führt, also *wirksam* ist. Sie werden stark und kühn, werden Meister oder Virtuoso, aber das Höchste ist am besten mit dem Wort Jedi aus Star Wars zu beschreiben. Ein Jedi hat die Macht. Ein Jedi weiß im Kampf und im Chaos, was zu tun ist, um das Schicksal der Welt zu wenden. Dieses Wissen, im Chaos das Gegebene zu tun, ist nach der ersten Zeusgattin *Metis* benannt. (Er verschlang sie, weil ihr geweissagt war, den neuen Weltenherrscher zu gebären. Nun trägt er sie seitdem im Körper. Man nimmt an, im Kopf. Sie berät ihn, was weise wäre. Er muss zuhören.)

Warum werden wir nicht alle Weise, Jedi-Ritter und Vorbilder, wenn es doch nach Maslow das Höchste wäre? Die meisten von uns versuchen es nicht wirklich. Wir wären mit Respekt, Liebe, Bewunderung schon ganz zufrieden.

Ich biete eine Erklärung an:

Es gräbt in uns.

In meiner grundsätzlichen Pyramide schrieb ich unten hinein: *Nichts gräbt in mir*. Richtige Menschen zerreißt es, wenn sie nicht sicher oder geborgen sind. Natürliche Menschen reißen an den Ketten, wenn sie nicht frei sind und in tiefer Wirksamkeit arbeiten können. Wahre Menschen hadern mit der bösen Welt, wenn die Idee verraten ist.

„Nichts gräbt in mir!" Das ist vielleicht das absolut Unverstandene an unserem Leben.

Wir alle sehen die Pyramide so:

Das, was wir erreichen wollen, steht oben. Nach ganz oben kommen nur ganz wenige. Aber Reichtum, Dank, Respekt, Achtung, Ruhm und Macht sollten gut genug sein. Realistisch gesehen streben wir nur die vierte Stufe an und träumen in freien Minuten im Urlaub von der letzten Stufe, von der wir aber keine rechte Vorstellung haben.

Und wie machen wir das? Wir versuchen schnurstracks, die vierte Stufe zu erreichen. Dazu brauchen wir offenbar ein Abitur, einen Premium-Beruf, Durchhaltewillen und so weiter. Wir verzichten zeitweise sogar auf die Grundbedürfnisse, auf Essen und Trinken, auf Sicherheit und Liebe. Wir müssen Opfer bringen, weil wir in der Pyramide nach oben wollen.

Das meine ich aber nicht so. Die Hierarchie sagt: *Erst* die *untere* Stufe, *dann* die *zweite*, *dann* die *dritte*, *dann* die *vierte*, *dann* die *fünfte*. Ich meine nicht: *Gleich* die *vierte*. Die ersten drei Bedürfnisse sind zwar niedere Bedürfnisse, aber ihre niedrige Stelle in der Pyramide bedeutet, dass sie zuerst kommen müssen! Sie sind nämlich *wichtiger*. Deshalb sollen wir ja damit anfangen! Wissen Sie, was Sie in Wirklichkeit tun, wenn Sie gleich zur vierten Stufe wollen? Sie zerreißen sich.

Der Mensch verrät seine Seismografen für die vermeintlich höheren Ziele.

Richtige Menschen verlassen das Sichere, um Respekt zu ernten oder eine hohe Stellung zu ergattern. Sie übernehmen die Verantwortung formal, um Karriere zu machen. Sie wollen das Höhere. Aber in ihnen gräbt es: „Du kannst scheitern. Du wirst Schuld bekommen. Du wirst dich verantworten müssen. Du schindest Vorteile. Das Gewissen schlägt. Sie werden neidisch sein und dich hetzen."

Wahre Menschen verraten und verlassen ihre Idee, um Ruhm zu ernten. Die Seismografen, die die Idee umgeben, blitzen auf: „Du erforschst dies nur, weil es dafür Staatsgelder gibt. Du machst es nur, weil du einen Ruf auf eine Professorenstelle willst. Du machst für deine Friedensbewegung allerlei schnöde Festkuchen und Bettelbriefe, damit die Finanzierung stimmt. Fast alle Aktivität zielt auf Mammon, auf Mitgliederzuwachs und auf Querelen und Glaubenskämpfe mit anderen, die die Idee schwach anders sehen."

Natürliche Menschen verraten ihren Körper, um Sieger zu sein. Sie akzeptieren alles Schreckliche für den Sieg. Kein Flow! Keine Freude! Sportinvalide. Sich selbst besiegt, aber wie! Der gerade Weg zum Sieg geht über sie selbst hinweg.

Menschen verraten die Seismografen. Die schlagen an. „Mach wieder mal Sport! Mach Urlaub. Sieh Deine Familie! Steh öffentlich zu deinem Glauben! Hab keine Furcht vor Strafe! Deine Energie verschwindet! Nimm nicht alles Unrecht hin! Kämpfe für Freiheit!" Menschen zerstören sich mit einem nach der vierten Pyramidenstufe süchtig eingestellten Seismografensystem.

Und nun schauen wir die Spitzen der Pyramiden an:

Der Weise opfert nicht die Idee. Seine Seismografen drohen nichts. Sokrates trinkt ohne Seismografenwarnungen den Becher aus. Alles ist gut, auch wenn das Gift den Leib zerreißt. Es sind nicht die wichtigen Seismografen, die Schmerzalarm geben.

Das Vorbild der Menschen, der konfuzianische „Edle", opfert nicht das sichere Menschsein. Er ist tugendhaftes Vorbild. Er lebt, wie er lehrt. Er ist nicht aufgewühlt von Unsicherheit und Stress und spielt nicht das Vorbild. Er ist es.

Der Jedi opfert nie die Freiheit und das Leben an sich (seines vielleicht, denn im Sterben wird der Jedi eins mit der Macht) … Er übt geduldig die helle Seite der Macht. Das dauert länger als die Abkürzung des dunklen Weges zum schnellen Sieg.

Ich will sagen:

Die Supramanie opfert unser eigentliches Wohlgefühl. Sie will sofort die Nummer-1-Position von uns, ohne Rücksicht auf Sicherheit, Idee oder Flow. Wir verzichten auf eine harmonische Einstellung unseres Körpersystems und hetzen es nur, um gleich die höheren Ziele zu erreichen.

Eine Bedürfnispyramide sagt, dass die untersten Bedürfnisse zuerst befriedigt werden sollen. Erst *dann* geht es weiter nach oben. Bitte, *erst dann*!

Wenn wir gemeinsam durch dieses Buch gehen, Seite für Seite, wird uns bestimmt immer klarer und klarer, dass es vielleicht schon *sehr, sehr schwer* ist, geborgen, geliebt, sicher, im Flow, in einer großen Idee zu sein. Wir werden getrieben, es hier am Anfang nicht so genau zu nehmen. Wenn wir später Reichtum oder Respekt oder Ruhm erworben haben, fühlen wir ganz unruhig in uns hinein. Wir mögen spü-

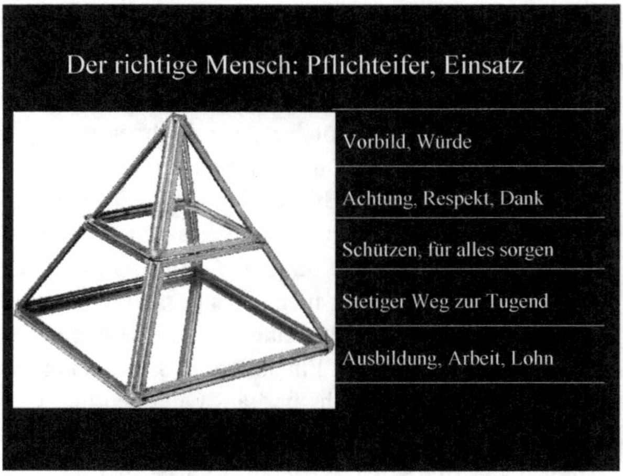

Abb. 4.13 Die modifizierte Pyramide des richtigen Menschen

ren, dass es nicht das war, was wir wollten. „Was soll ich mit dem Geld, dem Ruhm, der Ehre? Ich wäre so gerne glücklich." Wir würden gerne ein Seismografensystem ohne Ausschläge haben, ohne dauerndes: „Hetze! Pass auf! Hab acht! Traue nicht! Da geht Zeit verloren! Da wird verschwendet!" Wir betäuben diese Seismografen mit Essen, Alkohol, Tabletten, Einkaufsanfällen, Bummeln, One-Night-Touren.

Dann träumen wir, ein Weiser oder ein Jedi zu sein.

Der Weg von der dunklen zur hellen Seite der Macht ist Lichtschwertjahre weit. Wer macht aus Ruhm Weisheit? Wer macht aus Geld so leicht Glück?

Jesus aber sprach zu seinen Jüngern: „Wahrlich, ich sage euch: Ein Reicher wird schwer ins Himmelreich kommen. Und weiter sage ich euch: Es ist leichter, dass ein Kamel durch ein Nadelöhr gehe, denn dass ein Reicher ins Reich Gottes komme." (Matthäus 19, 23–24)

Die, die ihr Körpersystem verraten haben und den kurzen Weg in der Pyramide versuchen, kommen eben nie wirklich oben an. Denn sie haben die Hauptsache vergessen. Die Grundbedürfnisse unten sind eben unabdingbar und brauchen Zeit, *viel* Zeit. Und weil eben so ziemlich alle diesen kurzen Weg gehen, kommen sie nicht an, weil er irgendwo im äußeren Glanz endet. Im schönen Schein, nicht im Sein.

Jesus sprach: „Gehet ein durch die enge Pforte. Denn die Pforte ist weit, und der Weg ist breit, der zur Verdammnis abführt; und ihrer sind viele, die darauf wandeln. Und die Pforte ist eng, und der Weg ist schmal, der zum Leben führt; und wenige sind ihrer, die ihn finden." (Matthäus 7, 13–14)

Im Ernst, und jetzt ganz ohne Bibel: Wann könnte unser Seismografensystem schweigen? Vielleicht, wenn wir das Leben akzeptieren und durch und durch ehrlich, friedlich, gerecht, einfach, großherzig, sanft, höflich, vertrauensvoll, tapfer sind? Das ginge! Das wäre so eine Pforte, die es zu finden gälte. Sie sieht mir fast so aus, als stehe „Tugend" am rostig-verwitterten Türschild. Ja, ich sehe, sie ist eng.

Ich zeige Ihnen *diese* Pforte. Hier (Abb. 4.13):

Ich habe die Pyramide in der zweiten Stufe geändert. In „Tugend" – so wie „nichts gräbt mehr in mir". Wenn Sie mit Tugend anfangen, dann haben Sie einen

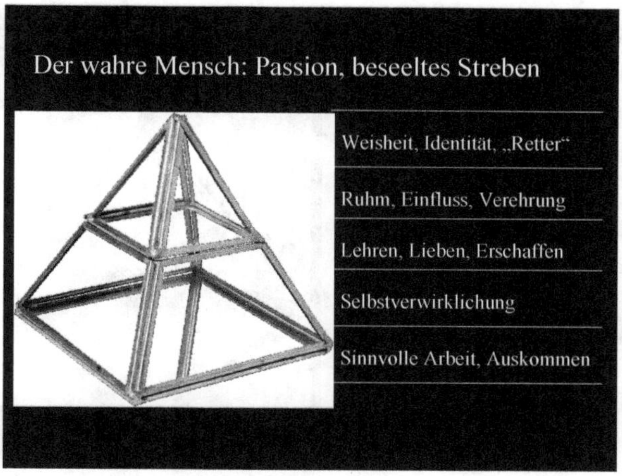

Abb. 4.14 Die modifizierte Pyramide des wahren Menschen

schweren Gang vor sich, aber das Erreichen der zweiten Stufe ist schon fast alles. Wenn Sie diese Stufe nehmen, oder eigentlich, immer noch frisch unter Ihren Füßen spüren, dann werden Sie ganz ruhig ein wertvoller Mensch, und der Dank ist einem tugendhaften Menschen, der etwas leistet, praktisch sicher, wahrscheinlich *aber nicht mehr wichtig*. In diesem Fall kann er die fünfte Stufe erreichen.

Die alten Philosophen haben Tugend als *Endziel* hingestellt. Ich sage: Man fange dort an. Die alten Philosophen stotterten ja fast, wenn sie erklären sollten, was denn das Ziel der Tugend sein sollte! Riecht Tugend ganz oben denn nicht nach Selbstzweck?

Meine erste Pyramide des richtigen Menschen ist die, mit der Sie wahrscheinlich sofort einig sein können. Diese neue Version aber ist die *richtige*. Nach dem bloßen Überleben ist es das wichtigste Ziel, ein anständiger, reifer Mensch zu werden. Ja, es ist am Anfang gleich das Schwerste. Dieses Ziel sagt in meiner mathematischen Vorstellung von richtigen Menschen: Er bildet eine verständige linke Gehirnhälfte heran, die so lebenstüchtig ist, dass sie Grundlage sein kann für einen weiten, erfolgreichen Lebensweg. Erst wird die Basismaschine in uns mit Basiswürde und Basisbildung befüllt, dann geht es mit einer „Karriere“ fast wie von selbst weiter. Oder noch weiter gedacht: Sie brauchen gar keine Karriere mehr, jedenfalls nicht so nötig. Stellen Sie sich vor, Sie sind in Verstand und Herz gebildet, integer, haben ein Gefühl für Würde. Was brauchen Sie dann noch? Sie haben dann eine positive Grundenergie, die sie mit Neigung eine würdige Pflicht tun lässt, wie es Kant möchte. Alles wäre gut.

Ich widerrufe hiermit auch die beiden anderen Pyramiden. Sie sehen mit genau der gleichen Argumentation nämlich anders aus.

Die nächste Pyramide ist die wahre Pyramide. Ich habe in Stufe zwei nur das eingesetzt, was für die Stufe fünf und überhaupt das Unerlässliche für den wahren Menschen ist. Das gehört nach unten (Abb. 4.14).

Selbstverwirklichung ist ein schwer sinnbesetztes Wort. Viele richtige Menschen halten den folgenden Satz für einen Tadel: „Sie/er verwirklicht sich.“ Sie lesen es

Abb. 4.15 Die modifizierte Pyramide des natürlichen Menschen

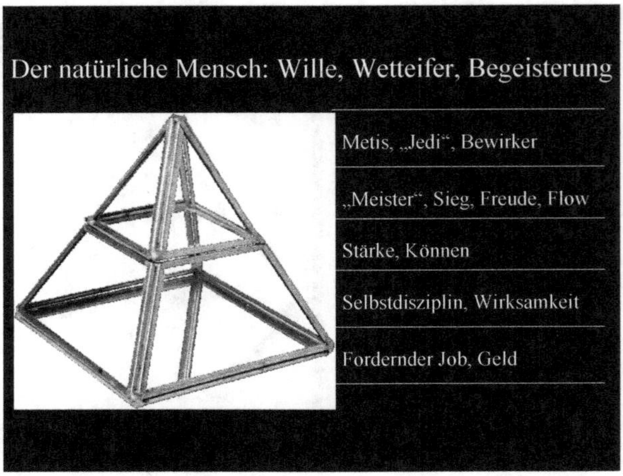

wie: „Sie/er drückt sich vor Drecksarbeit, die nun einmal auch zur Pflicht gehört." So verstehe ich hier und sonst Selbstverwirklichung nicht. Ich meine mit Selbstverwirklichung den bewussten Vorgang der andauernden fürsorglichen Pflege des neuronalen Netzes in der rechten Gehirnhälfte. Die Intuition muss durch Denken, Fühlen, Sehen, Schmecken geschult werden. Durch aktives Verarbeiten von „Inputs", von Eindrücken, von Büchern und Beziehungsimpulsen, besonders aber von Inspirationen und überraschendem Neuen (etwa: Reise, „Gurulauschen"). Diese aktive Ausbildung der rechten Hirnhälfte bildet den unsichtbaren Grundstock für alles Spätere. Deshalb wachsen wahre Kinder besser heran, wenn sie gerne musizieren, lesen, erfahren, mitmachen – und wenn ihre Eltern sie halbwegs planmäßig innerhalb ihrer beginnenden Vorlieben mit Inspirationen füttern.

Die natürliche Pyramide erscheint ebenfalls in der zweiten Stufe geändert, das Wichtigste zuerst, also unten, gleich nach den physiologischen Überlebensnotwendigkeiten (Abb. 4.15).

Natürliche Menschen leben mehr in ihrem Seismografensystem. Sie nutzen es intensiv, um in einer inneren Stimmung des Wetteifers Herausforderungen zu meistern. Dieses Seismografensystem muss dementsprechend liebevoll gepflegt und geschult werden. Heute morgen sagte eine IBM General Managerin, die von einem bevorstehenden Erfolg berichtete, so etwas wie: „That keeps your competitive juices going, you know?" Beckerfaust. In deutscher Sprache ringe ich um ein Wort. „Kampfsaft"? Es ist diese Energie in uns, die uns zielgerichtet und siegeszuversichtlich macht, eben: unwiderstehlich. Wir sind dann instinktsicher auf Erfolgspfad. Es ist eine Erziehung zur Wirksamkeit, einen Beitrag für das Ganze oder das Ziel zu leisten. Stärke braucht Konzentration und Selbstdisziplin. Das ist weder ein Lernen von Wissen oder Regeln des Verstandes der linken Hirnhälfte noch Teil eines langen Heranbilden von Einsicht des neuronalen Netzes in etwas Neues. Bei natürlichen Menschen müssen die Seismografensysteme geschult werden, die die Aufmerksamkeit wirksam in der gewählten Pfeilrichtung halten. Wenn das Seismografensystem eines Menschen wunderbar geschmeidig geschult ist, dann sagt man,

„er beherrscht sich selbst“. Er kann über sich verfügen. *Achtung*: Die richtigen und wahren Menschen verstehen nicht richtig, was das bedeutet. Sie benutzen Selbstbeherrschung wie „Fähigkeit, zu verzichten“. Für sie ist Selbstbeherrschung eher die Fähigkeit, die Seismografen, besonders die, die gierig sind, zu ignorieren: Entsagung, Verzicht, Keuschheit. In Wirklichkeit geht es darum, das Körpersystem zu erziehen. Stellen Sie sich vor, Sie haben ein ganz verdrehtes, widersprüchliches Seismografensystem, das unvernünftige Süchte, Zorn und Gewalt befehlen will. Dann ist es doch eine eher einfältige Strategie, diese Seismografen durch Verdrängen oder Ignorieren oder Aushalten „wegzumachen“? Warum bilden Sie das System nicht aus? Sie sollen es nicht ignorieren, sondern beherrschen, im Sinne von „damit positiv energetisch freudvolles Wirken zu entfalten“. Das wäre ein Segen, wenn die Menschheit dies endlich verstehen würde! Ausbilden, trainieren – nicht wegmachen!

In der zweiten Stufe wird der Grundstein des ganzen Weges gelegt. Das ist die einfache Wahrheit. Wer den Grundstein nicht legt, kommt nie in voller Wahrheit oben an. Er erwirbt die Insignien des Menschen, der er sein will. Der Mensch, der über die zweite Stufe springt, wird vielleicht reich, aber nicht glücklich. Er bekommt, ohne zu sein. Sein Seismografensystem ist dann nur auf Nehmen gerichtet. Auf Erobern von Seismografenerfolgsausschlägen, auf das Sammeln von Punkten. Der, der alles bekommt, hat die Stufe vergessen, ein entwickelter Mensch zu werden. Deshalb bedeutet es nichts, wenn er erntet. Deshalb macht Reichtum einen Menschen nicht glücklich, der die zweite Stufe übersprang. Deshalb ist der Weg vom nur Reichen zum glücklichen Reichen unendlich weit: Er müsste ja die zweite Stufe nachholen. Das versteht niemand, der formal schon auf hoher Stufe steht. Es ist das Privileg der oberen Stufen, die unteren *erlassen* zu bekommen. Deshalb wird der nur Reiche eher durch das Nadelöhr gehen als glücklich werden. Deshalb ist das Leben eines Thronfolgers so hart, wenn er die unteren Stufen nehmen soll, er, der oben geboren wurde.

Hören Sie’s! Die zweite Stufe ist die wichtige. Danach müssen Sie nichts mehr hören, auch kaum noch diese Bücher hier von mir lesen.

Was tun wir aber in Wirklichkeit? Wir siegen uns gleich für die vierte Stufe zu Tode. Wir werden in den Burn-out befördert. Wir werden depressiv und fühlen tiefes Grauen gegenüber dem Verrat des Eigentlichen, das wir bei Überspringen der zweiten Stufe nie gesehen haben.

Wir fühlen uns schlecht.

Wir opfern immer die Grundbedürfnisse für das vermeintlich punktreichere Höhere.

Wir opfern insbesondere unsere positive psychische Energie oder betreiben Raubbau an ihr. Psychische Energie wächst nur nach, wenn die Seismografen Wohlgefühl signalisieren. Wir verlieren psychische Energie, wenn sie warnen und entsetzt zucken. Wir halten nicht Haus mit den Kräften in uns.

Tugend, Selbstverwirklichung, Selbstdisziplin oder Wirksamkeit für das Ganze erzeugen psychische Energie! Das hat jeder vergessen.

Sie sollen es nicht vergessen! Wenn Sie unbedingt essen müssen, tun Sie das. Aber gleich dann kommt schon Stufe zwei! Die bringt die Energie in der reinen positiven Form, langanhaltend und stetig. Sie haben es schon alle aus berufenerem Munde als aus meinem gehört. Im Star-Wars-Film. Der Jedi-Meister Yoda sagt in Gedanken: „Adventure. Heh! Excitement. Heh! A Jedi craves not these things." (Abenteuer! Vergnügen! Den Jedi verlangt es danach nicht.") Und dann zu Luke:

> Die Kraft fließt einem Jedi von der Macht zu. Aber hüte dich vor der dunklen Seite der Macht. Zorn … Furcht … Aggressivität. Die dunklen Seiten der Macht sind sie. Besitz ergreifen sie leicht von dir. Folgst du einmal diesem dunklen Pfad, beherrschen wird auf ewig die dunkle Seite dein Geschick. Verzehren wird sie dich …" Luke: „ … Ist die dunkle Seite stärker?

Yoda: „Nein. Nein. Nein. Schneller. Leichter. Verführerischer."

Luke: „Aber wie kann ich die gute Seite von der schlechten unterscheiden?"

Yoda: „Erkennen wirst du es. Wenn du Ruhe bewahrst. Frieden. Passiv …"

Die Macht im Sinne von Yoda oder des Jedi, diese helle Seite der Wirksamkeit, kann nur als erste Stufe des Handelns erworben werden. Die Dunkle Seite wendet sich unter dem Überspringen von Stufe zwei sofort der Macht im nackten Sinne zu. Das ist Macht wie Trieb. Die Helle Seite der Macht ist gemeint als die eines besterzogenen natürlichen Menschen. Die Seismografen sind energiegeladen für das Gute. Das Dunkle ist ungezügelter Trieb auf „Haben". Das Dunkle ist da. Das Helle muss erst die erste hohe Stufe nehmen. Deshalb jammert Yoda, weil Luke schon handeln will, bevor seine Ausbildung abgeschlossen ist. Dieses Buch zeigt unerbittlich auf, dass wir uns für das Helle die Zeit nicht nehmen. Denn Zeit ist Geld und schnelles Geld ist uns lieber als langsames.

Nach diesen hochedlen Gedanken schwingen wir nun zurück in die Arbeitswelt, die die Stufe zwei nicht kennt. Im nächsten Abschnitt ein paar Fakten über den jetzigen Zustand, dann schleichen wir uns näher und näher an die Frage heran, wo denn die Menschen ihre viele Energie *hernehmen*, wenn sie gar keine *erzeugen* wollen? Woher stammt die *irrsinnige* Energie in den Menschen, die hinter Geld und Macht her sind? Ich will langsam klar machen: Es ist wirklich eine irrsinnige Energie, die aus systemproduzierten Minderwertigkeitsgefühlen stammt.

4.1.6 Was treibt uns an? Wer treibt uns an? Und wohin?

Sind Sie jemand, der *angefeuert* werden möchte?

Ist Leben nur Leben, wenn Sie *beseelt* sind?

Muss alles um Sie herum sauber *funktionieren*?

Welche Art ist offiziell die richtige? Die *richtige*!

Offiziell sollen Sie zuallererst funktionieren. Danach sollen Sie Nr. 1 sein. Wer immer Sie sind, was immer gut für Sie ist! Ich habe neulich einmal eine Rede als Satire dargeboten, als ich bei einem Großunternehmen über Management vortragen sollte. Ich wollte deutlich machen, dass sich alle Reden von hyperaggressiven Managern ungefähr gleich anhören, nämlich aggressiv anfeuernd, mehr als „nur" die „verdammte" Pflicht zu tun:

Ich habe also sehr markig geredet. So:

> Ich bin stolz auf euch Mitarbeiter. Ich sehe, wie sehr ihr euch anstrengt. Das wissen wir. Wir im Topmanagement sind genau informiert, wie sehr ihr buchstäblich im Dreck wühlt, in dieser schwierigen Zeit. Ihr denkt, wir sind weit weg, oben in den hohen Etagen. Aber wir schauen uns ja fast stündlich in dieser hektischen Zeit die Geschäftszahlen an. Wir wissen also, wie viel ihr alle arbeitet. Toll! Wir sind stolz auf euch alle. Auf jeden von euch. Auf jeden. Manche arbeiten allerdings nicht so hart. Das macht Kummer. Das müssen dann andere wieder herausholen. Es wäre gut, wenn alle hart arbeiten würden. Wenn sich jeder individuell einzeln opfert – das ist echte Teamarbeit. Dann könnten sich die Besten darum kümmern, noch mehr selbst zu arbeiten und müssten den andern nicht unnütz helfen. Ich bitte Sie: Arbeiten Sie hart und helfen Sie, dass ich auch morgen noch sagen kann, dass ich stolz auf Sie sein kann. Glauben Sie mir, ich bin ein Mensch und habe ein Herz, und in diesem Herzen möchte ich nur eines – morgen stolz auf jeden von Ihnen sein können.

Die Rede war im Original etwas länger. Danach gab es gleich etwas zu essen, obwohl noch ein Abschlusswort angekündigt war. Der Vorstand sagte beim Wein, er habe sich die geplante Rede verkniffen. Ich hätte schon zu viel vorweggenommen und er habe deshalb zu viel Beifall befürchten müssen.

Die Unternehmensberatungsgesellschaft Gallup mbH Deutschland aus Potsdam publizierte 2002 in einer Studie Ergebnisse einer repräsentativen Umfrage unter Arbeitnehmern. In der Presse wurde das Ergebnis etwa so zusammengefasst:

Nur 15 % aller Deutschen sind laut einer Studie engagiert bei der Arbeit und empfinden diese als befriedigend. Dagegen machen 69 % aller Deutschen „Dienst nach Vorschrift" und fühlen sich ihrem Unternehmen gegenüber nicht wirklich verpflichtet. 16 % der deutschen Arbeitnehmer haben sich sogar schon „innerlich verabschiedet". Das Institut beziffert den aus dem fehlenden Engagement am Arbeitsplatz resultierenden gesamtwirtschaftlichen Schaden aus schwacher Mitarbeiterbindung, hohen Fehlzeiten und niedriger Produktivität auf jährlich rund 220 Mrd. €. Diese Größenordnung entspricht fast dem gesamten deutschen Bundeshaushalt 2003 (246,3 Mrd. €). Als wichtigsten Grund für den Frust derart vieler Mitarbeiter fanden die Wissenschaftler schlechtes Management heraus. „Deutsche Chefs sind zu autoritär und lassen andere Meinungen zu selten zu", sagte der Chef von Gallup-Deutschland, Gerald Wood, in einem dpa-Gespräch. „Es fehlen auch Lob und Anerkennung für gute Arbeit." Auch das „Mobbing" sei in Deutschland ein ernst zu nehmendes Problem. Arbeitnehmer bemängeln in der Studie unter anderem, dass sie nicht wissen, was von ihnen erwartet wird und dass ihre Vorgesetzten sich nicht für sie als Menschen interessieren. Außerdem müssten Mitarbeiter häufig eine Position ausfüllen, die ihnen nicht liege oder ihre Meinungen und Ansichten hätten kaum Gewicht.

Lassen Sie uns kurz diese Ergebnisse im Zusammenhang mit meiner neckischen Standardrede überdenken: Die Deutschen tun ihre Pflicht. Das Management feuert an, mehr als die Pflicht zu tun. Es fordert die Mitarbeiter auf, *alles* zu geben. Damit schiebt das Management die pflichttreuen Mitarbeiter in einen Stresslevel, in dem sie ziemliche Angst bekommen! So, wie brave Schüler nicht bei Lärm lernen können.

In der Schule werden die natürlichen Menschen geopfert. Der Stresslevel wird optimal für die Braven eingestellt, die ja von selbst gerne funktionieren wollen. Die anderen werden notfalls nicht versetzt, wenn sie sich nicht einfügen. Die Braven fühlen sich in der Ruhe gut, die Natürlichen rutschen unruhig und stressunterfordert auf den Stühlen herum und stören. (Hallo, Ihr Braven! Ein Wort an Euch! Ihr sagt immer, Ihr könnt Euch diese Unruhe nicht vorstellen! Dabei habt Ihr diese Unterforderungsunruhe im Beruf ziemlich oft! Denkt an lange Meetings und Tagungen. Wenn nämlich bei langem Palaver nichts Nützliches herauskommt, werdet Ihr *wahnsinnig*! Ihr Braven auch! Ihr rutscht auf den Stühlen, scharrt mit den Füßen, wollt nach Hause, und da sind einige Manager, die dreschen noch wieder eine halbe Stunde Stroh. Ihr solltet Eure grauen Gesichter sehen, das Kribbeln spüren, die vielen kleinen unruhigen Bewegungen, das Zwirbeln von Kugelschreibern, die Ihr schon mehrfach auseinandergenommen habt! Euer Körper schreit verzweifelt: UNNÜTZE ZEIT VERGEHT! Genau so wie hier in Euch schreien die Körper der Natürlichen, wenn Zeit ohne Abenteuer vergeht. Versteht Ihr? Ihr Braven?)

Die Manager bei der Arbeit sehen natürlich, dass alle brav ihre Pflicht tun. Aber sie wollen meist mehr. Deshalb feuern sie die Braven an! Der Erregungslevel steigt. Die Braven spüren Gefahr in Ihrem Körper. Der Manager feuert an. Die Braven zeigen etwas Panik in den Augen. Sie fühlt sich wie Versagensangst an: Werden wir schaffen, was er will? Er will mehr, als wir können! Wir haben Angst. Wir schaffen es nicht. Wir werden die Schuld bekommen, wir können nichts dafür. Ihre Körper schreien schweigend den Manager vorne an: „Mach Dein Radio aus!" Es bleibt an, keine Sorge.

Die Schule will Pflicht. Sie kümmert sich in Deutschland nicht um die Begabten, die ja von Gott schon eine so große Gabe in die Wiege gelegt bekamen. Lehrer sind dafür da, dass die Hälfte Abitur macht. Die Begabten machen auch ohne Lehrer Abitur, oder eher trotz der Lehrer. Es kommt nur darauf an, dass fünfzig Prozent eines Jahrganges genug Punkte bekommen.

Management will mehr als Pflicht. Wo kämen wir hin, wenn jeder nur seine Pflicht täte? Manager wollen, dass alle Mitarbeiter Höchstleistungen bringen. Sie feuern an. „Mach, mach, mach! Ein harter Arbeiter schafft mehrere Arbeiten gleichzeitig! Schreib beim Telefonieren die Unterlagen fertig!" Aber zu Hause sagen dieselben Manager zu ihren Kindern: „Arbeite in Ruhe. Mach die Glotze aus." Genau dieselben Manager.

Was denn nun, alles unter minimaler Triebstärke, um keine Fehler zu machen?

Oder in vollem Lauf, um hochwirksam zu sein?

Legt jemand Wert auf Passion, Beseelung, Werte, Sinn? Wo bleibt das Wahre?

Merken Sie, dass diese Welt verrückt ist?

4.1.7 Umlenkung der Energie in Vernunft simulierenden Systemtrieb

Diese Widersprüchlichkeit beginnt schon in der frühesten Kindheit.

Wir feuern das Baby an: Lauf! Lach! Spring! Laut! Jauchze!

Wir bringen ihm möglichst früh Vernunft bei: Ruhe!

Es beginnt mit dem Anfeuern des Babys, sich zu entwickeln. Wir warten nicht ab, ob es sich *natürlich* entwickelt. Wir feuern es an. Wir denken, es *soll* alles tun, sobald es etwas physisch *kann.* „Verstehen“ kann es ja erst später!

Die Erwachsenen sind sehr ungeduldig. Sie wünschen sich so sehr, dass Kinder rasch heranwachsen. Deshalb wollen sie aus irgendeinem nicht ganz klaren, närrischen Grund, dass Kinder stets das, wozu sie physisch fähig sind, auch *sogleich* zum Erwachsenwerden einsetzen.

Wenn das Kind also im Prinzip krabbeln kann, *soll* es krabbeln. Wenn es im Prinzip laufen kann, *soll* es laufen. Neue Phasen des Fortschrittes werden mit *Anfeuerung* begleitet: „Lauf, noch einen Schritt! Ja, noch einen Schritt. Fein! Guuut! Braves Baby! Gutes Baby. Hallo, Frau, komm mal, Baby kann drei Schritte. Nebenan der verwahrloste Säugling bei unseren Nachbarn sitzt im gleichen Alter noch rum! Die kümmern sich um nichts.“ Das Baby soll Lärm machen, wenn es Lärm machen kann. Es soll als das erste lächeln, laufen, löffeln, lallen. Dabei wird es ständig angefeuert. Denken Sie noch an die Erregungskurven? Eltern nehmen an, dass lautes Anfeuern beim Lernen hilft! „Gutes Baby, braves Baby! Iss noch einen Happs. Ein Häppchen für mich, ein Häppchen für dich.“

Anfeuern!

„Sag M-a-m-a! Sag m-u-u-h! Sag b-ä-ä-h!“ – „Laut die Rassel, ja gut, laut, gut Baby!“

So ließe sich endlos fortfahren. Hören Sie Ihre eigene Babystimme? Ganz hoch? „Guuut, Dudududududu! Feinfeinfein!“

Sie versetzen also Ihr Baby in einen höheren Erregungszustand. Es soll aktiv sein, etwas unternehmen, sich bewegen, etwas können!

Hören Sie sich nochmals in der Erinnerung, wie Sie selbst Babys anfeuern? Ja?

Wissen Sie, was es bedeutet?

Sie sehen ein Baby als *natürlichen* Menschen an, der sich üben muss, der Herausforderungen braucht, der Kraft und Stärkebewusstsein entwickeln soll. Wenn Sie ein kraftvolles, starkes Baby haben, wird es mit der Zeit prall-strotzend *natürlich.*

Wir prägen das Kind! Es entwickelt gesunde Triebe.

Hohe Stimme, hoher Erregungszustand, natürlich, laut, froh, Lachen, Erleben.

Auf einer anderen Ebene soll sich das Baby *richtig* gut benehmen. Es muss gewöhnt werden, regelmäßig alles zu trinken, was die Tabellen von Alete vorschreiben. Vor allem muss es gewöhnt werden, lange Zeit so zu schlafen, dass es mit dem Arbeitsrhythmus und den Fernsehgewohnheiten des Menschen zusammenpasst. Besonders beim Essen und des Nachts wird das Baby systematisch in das System eingepasst. „Du musst es schreien lassen, es merkt dann bald, dass es einfach müde ist!“

Wochen und Monate, bevor das Baby im Prinzip biologisch den Schließmuskel beherrscht, wird es auf Töpfe gesetzt, um erste ernste Geschäfte erfolgreich abzuschließen. Es muss sauber werden. Das ist für Erwachsene fast so ein wichtiger Schritt im Leben wie das erste Mal „Mama“ sagen. Sigmund Freud hat diesen barbarischen Zwang zur Stuhlabgabe fast ins Zentrum der charakterlichen Menschwerdung gerückt und der Menschheit so glückliche Begriffe wie den „analen Charakter“ schenken müssen.

Das Kind wird wieder so erzogen, dass es das Nützliche in dem ersten Augenblick *durch Gewöhnung und Dressur* erlernt, in dem es von der körperlichen Entwicklung her im Prinzip dazu gezwungen werden kann. Es erscheint nicht wichtig, dass das Kind „versteht". Es muss notfalls unter Drohungen begreifen, dass es den Eltern ernst ist. „Man muss konsequent sein. Versprochene Strafe muss zwangsläufig der Tat folgen. Ohne Nachsicht. Das Kind muss sehen, dass die Welt *wie eine Maschine funktioniert.* Deshalb darf es niemals Ausnahmen geben. Wir leben dem Kind Ordnung vor und haben einen genau festgelegten Tagesablauf, an den wir uns gewöhnt haben. Nach und nach bekommt das Kind Pflichten, damit es Regelmäßigkeit erlernt. Es bekommt kleine Geldbeträge als Taschengeld, damit es lernen kann zu sparen. Es muss sehen, wie hart und teuer das Leben ist. In der Schule kommt es darauf an, dass das Kind zuverlässig, ausdauernd, fleißig, pflichtbewusst, redlich und strebsam ist. Sein Verhalten muss einwandfrei sein, es muss stets mit einem Lächeln gehorchen. Es soll später einen würdigen Platz im Leben einnehmen, Hab und Gut mehren und eine Familie gründen …"

Wir disziplinieren das Kind! Es soll funktionieren.

Ernste Stimme, gepresste Ruhe, korrekt, richtig, Regelmäßigkeit, Verlässlichkeit.

Ich erinnere nochmals an die Erregungskurven. Am Anfang des Lebens erziehen wir das Baby durch Anfeuern. Es sollte sich also ziemlich gut fühlen, wenn etwas los ist, oder? Das würde ihm Lust und Liebe und Zuneigung, Beachtung und Aufmerksamkeit signalisieren. Mama ist da und kümmert sich. Spätestens sobald das Kind mit Befehlen traktiert werden kann, scheint mit dem Anfeuern Schluss zu sein. Das Kind wird nun mit Überschwemmungen von Benimmregeln traktiert. Es muss zucken und fürchten, wenn etwas nicht in Ordnung ist. Zucken ist wie Scham, Scherben, Lärm, Fallen, Ohrziehen, Klaps, Türknallen. Qual der Stille bei Einsamkeit oder Liebesentzug. Wer nicht hört, fühlt. Das Laute, das Erregung war und Freude klatschender Hände signalisierte, ist nun ein schmerzendes Anzeichen für einen Fehler geworden!

Vielleicht liegt hier der Schlüssel, wie richtige und natürliche Menschen entstehen?

Natürliche Menschen genießen das Anfeuern der ersten Kindheit für ihr Leben. Sie wollen volle Impulse spüren, die ihnen das Positive des Lebens schenken. Sie überleben die Erziehung durch Negativseismografen, die mit Schuld und Scham beißen. Natürliche Menschen müssen sich dann lebenslang anhören: „Schämst du dich nicht?" Nein. „Fühlst du dich nicht schuldig?" Nein. Der Lehrer sagt dem Vater: „Die Tat an sich war nicht so schlimm. Doch, sie war schlimm, aber man sollte sie verzeihen. Das Schlimme ist, dass sich das Kind ganz unbefangen gegenüber der Tat zeigt und sich der großen Schuld nicht bewusst ist. Es zeigt nur gespielte Reue, weil es sieht, dass ich Reue selbstverständlich erwarte. Ich bin besorgt. Das Kind ist charmant, lebhaft und lebendig, ja. Aber es bereut nicht! Man muss da wohl, obwohl es hart klingt, von einem beginnenden Persönlichkeitsdefekt sprechen …" Oder: „Ich verzeihe den Schaden an der Autotür, der eine Reparatur von 1.500 € erforderte. Ich verzeihe nicht und nie, dass du es *abgestritten* hast, als ich dich zur Rede stellte. Ich verzeihe nie, dass du nicht *bereust.*" Wer bereut, wen also die

Seismografen beißen, der bekommt auch vor einem richtigen Gericht viel weniger Strafe. Wen die Seismografen beißen, ist kein so schlechter Mensch, denn er zeigt Anzeichen wirksamer Dressur. Das verspricht, dass er die Tat nicht wiederholt.

Richtige Menschen erwerben ziemlich viele „Achtung!"-Seismografen im jungen Leben. Sie sind gegen Seismografenimpfungen bereitwilliger. Sie passen sich leicht an. Sie benehmen sich vernünftig, sind höflich und machen keinen Stress. Wenn andere Stress machen, besänftigen sie. Sie halten Ordnung und Regel ein, möglichst ohne Ausnahme. Bei Ausnahmen zuckt das Seismografensystem wie bei einem Fehler. Fehler macht ein richtiger Mensch nicht! Es sieht wie Vernunft aus, was ein richtiger Mensch tut. Er fürchtet sich aber vor dem Biss des Gewissens, er hat Angst vor dem Wallen der roten Scham. Die reine Vernunft kam immer zu spät. Er hat alles durch Seismografen Jahre vor dem Verstehen gelernt. Dass Cola schädlich ist und Schule Spaß macht.

Halt! Sehen Sie, es gibt eine Ausnahme! Es gibt etwas, was wir viel später lernen, als wir es im Prinzip von der Muskulatur her können!

Fortpflanzung.

Das ist eine grässliche Ausnahme. Fortpflanzen verlangt eine ziemliche Erregung, genau wie in der rechtsgebauchten Kurve von Apter. An dieser Stelle schlägt aber schon das Seismografensystem der richtigen Menschen Alarm, die schon vom Gewissen überall im Körper gebissen werden. Stellen Sie sich nur mal zwei solche Menschen vor! Zwei *richtige*. Das Gewissen droht schon mit einem Nachspiel, bevor … Allerdings ist andererseits Fortpflanzen Pflicht, muss also mit Neigung, also in schräger Stellung … Na, dazu fällt Ihnen noch mehr ein. Ganze Bücherregale streiten sich hier um den Höhepunkt der Seismografenverdrehung des richtigen Menschen. Dabei ist Fortpflanzung absolut vernünftig, wenn das Kindergeld hoch genug ist. Es gibt im Ganzen noch kein triebkonsistentes Konzept für diesen Komplex. Das Richtige und das Natürliche prallen hier hysterisch krampfhaft, wie in unaufgeklärter Hochzeitsnacht, wie unvermutet zusammen. Von solcher Klimax leben die Psychologen.

Wie gesagt: Es ist kaum Vernunft da, weil wir keine Zeit haben, auf sie zu warten. Sie ist nur scheinbar entstanden, weil der ursprüngliche Trieb (was immer das war), meinetwegen das Freudsche Es, umdressiert wurde. Es ist ein neuer Trieb entstanden, der den Menschen antreibt, „vernünftig zu sein". Dieser Trieb, der Systemtrieb, treibt uns durch Strafaktionen der inneren Seismografen an, allen Regeln zu gehorchen. Menschen leben in vielerlei Systemen, in Familien, Kirchen, Staaten, Firmen, Gesangvereinen. Überall gibt es Trieb, „vernünftig zu sein".

Die Umdressur zum Systemtrieb führt zu einer Abkürzung des Menschen zu Reichtum und Karriere. (Ich zitierte dazu schon die Bibel!) Der Mensch *muss*. Hinterher soll er sich üben, das was er muss, *gerne* zu wollen! Hinterher sieht das Menschengebilde einem Wesen täuschend ähnlich, das alle Kantschen Lehrsätze verinnerlicht hat (Pflicht = Neigung). Diese Lehrsätze sind auch in ihm drin, aber gefressen, nicht im Kopf. Der Systemtrieb setzt uns auf den breiten Weg, der in die Hölle führt. Na ja, so hart will ich es nicht sagen. Es gibt einen Unterschied zwischen Fast Food und Essen. So mag es den systemgeschneiderten Fast-Menschen geben.

Und Sie haben verstanden, was der Systemtrieb implizit bewirkt? *Er zielt genau auf die Stufe vier.* Er bildet Seismografen in uns aus, dass wir Schuld und Scham vermeiden und dass wir Lob, Achtung und Würde anstreben. Der Systemtrieb richtet die Augen auf das Ziel. Das Ziel verheißt Glück wie Geld oder Ehre. Nichterreichen des Ziels droht mit Armut, Arbeitslosigkeit und Schande.

Die Umdressur des Menschen richtet sein Seismografensystem auf die Gier nach den Glückskomponenten der vierten Stufe aus. Sie überspringt die Stufe zwei und fordert gleich wie selbstverständlich das „Sei ein Jemand!" als das absolute Mindestmaß der Stufe drei.

Abschweifung In den USA werden Kinder in den ersten, vielleicht 15 Jahren freier gehalten als in Deutschland. Deutsche finden, dass in einer amerikanischen Schule mehr gespielt als gelernt wird. Deutsche Austauschschüler zeigen in aller Regel nach einigen Monaten vergleichsweise herausragende Leistungen und bekommen Bestnoten. „Straight A." Die amerikanische Schule feuert an, sie diszipliniert nicht so stark. Auf der anderen Seite scheint es mir, dass junge Amerikaner gegenüber den Eltern und Lehrern viel stärkeren formalen Gehorsam zeigen, also nicht etwas dauernd „diskutieren". Unsere Tochter Anne hat einen beeindruckenden Merkzettel vor dem Amerika-Schuljahr bekommen. „Wenn der Vater sagt, man solle um 10 Uhr zu Hause sein, wird das bitte ohne Zucken zur Kenntnis genommen. Es ist nicht daran gedacht, dass Kinder Entscheidungen kommentieren." Also bitte nicht wie in Deutschland: „Komm, sei nicht so, Paps. Jana und Conny dürfen auch …" Die Mixtur von Anfeuern und Disziplinieren ist in den Kulturen verschieden. Nach meinem Gefühl ist sowohl das Anfeuern als auch das Disziplinieren in den USA stärker als in Deutschland, wo das Disziplinieren aber gegenüber dem Anfeuern stärker in den Vordergrund rückt. Ich spekuliere, dass Amerikaner eben so schrecklich viel selbstbewusste, laute, aufdringliche Kraft zeigen und so diszipliniert einig vorgehen, während Deutsche insgesamt eher vermeiden, offen Kraft zu demonstrieren und mehr wie richtige Menschen ängstlich Konsens suchen. Daher verstehen sich die Völker etwa in Kriegsfragen nicht (heute: Irak). Die eine Haltung droht kraftvoll und treibt den Stress nach oben, wie in der rechtsgebauchten Kurve bei Apter. Die Deutschen bekommen bei diesem Stresslevel schon längst kalte Füße und schaudern. Die Amerikaner erklären die Deutschen für feige oder Unfreunde usw. Beide verstehen nicht, dass jeder von beiden seine Konflikte bevorzugt auf anderen Stresslevels bewältigt. Die USA sind mehr natürlich, die Deutschen mehr richtig. Deutschland dressiert auf scheinbare lautere Tugend und Disziplin, die USA dressieren prinzipiell auf die lautere Tugend der Pilgrim Fathers, aber auch tendenziell auf noch lautere Wirksamkeit und auf die Autorität des Stärkeren. Das ist dieser logisch irrwitzige Spagat zwischen dem Richtigen und Natürlichen, den man vielen Amerikanern ansieht. Die Suprasysteme, die ich hier in diesem Buch beschreibe, haben in diesem Spagat ihren Ursprung. Suprasysteme wollen uns brav und erfolgsgierig. Beides!

4.1.8 *Stufe zwei fällt weg!*

Aber die „Intellektuellen" aller Länder, also die wahren Menschen, schaudern gegenüber beiden Vorgehensarten. Sie plädieren für Weltvertrauen. Ach! Die wahren Menschen sitzen fast nie in der Regierung. Wir hatten das einmal kurz. Willy Brandt. Unbedingtes Weltvertrauen. Das gab damals einen wahren Schub an psychischer Energie, wissen Sie noch? Das ist die Energie des Wahren. Sie war nach meiner Erinnerung stärker als viel später, als die Wende in Deutschland erst wirklich kam. Die Energie des Wahren, die Sehnsucht, kennen leider nur wenige. Das Wahre sagt: „Es wächst zusammen, was zusammen gehört." Oder: „I have a dream …" Sie kommt aber nicht systematisch vor.

Ich habe in den vergangenen Abschnitten im Wesentlichen erläutert: Die richtigen Menschen zwingen den natürlichen Menschen, richtig zu werden. Der impulsive Kraftmensch soll pflichtbewusst werden. Dazu wird allgemein der Trieb des Menschen umdressiert. Da die richtigen Menschen fast von sich aus dienen, gehorchen und sich anpassen, machen sie diese Umdressur an *jeder* Stelle mit, obwohl sie bei der Umdressur nicht gemeint waren. Richtige Menschen wären ja schon an sich vernünftig, wenn man es einfach so von ihnen wollte. Sie unterziehen sich aber ebenfalls der Umdressur und werden nun nicht etwa vernünftig, sondern systemgetrieben und regelkonform. Die Dressur ist bei ihnen in jedem Falle eine Überdressur, weil sie viel mehr dressiert werden, als es sein müsste. Deshalb werden sie oft überängstlich und übereifrig. Sie sind Gefangene von Schuld-/Schamseismografen geworden. „Mach nichts falsch, dann geschieht dir nichts!"

Die natürlichen Menschen werden mühsam in das System gezwungen. Das geschieht dadurch, dass das System mit seinen Segnungen buhlt. Im System gibt es Las Vegas, Geld, Musicals, vor allem Konsum und Erlebnis, dazu inoffiziell im irrwitzigen Spagat mit der Tugend viel Sex. Alles scheint im Prinzip für Geld zu haben zu sein. Die Systeme werden so errichtet, dass es ohne Geld, also ohne Mühe, nicht wirklich ein lustiges Leben gibt. Das System lockt die Natürlichen mit „Flow" oder Glück. Das ist die Stufe vier bei den Natürlichen. Und dann springen sie nach den Trauben! „Mach, was du sollst, und du bekommst etwas!"

Die wahren Menschen sind bei der Umdressur der Triebe ebenfalls nicht gemeint. Sie verstehen das aber in der Regel. Sie werden nicht wirklich oder nur scheinbar konform und widersetzen sich der Dressur. „Diese Intellektuellen!" Dieser Widerstand gegen die Umdressur fordert sehr viel psychische Energie von ihnen. Manche verlieren ihre Ideale und ihre Sehnsucht und verschließen sich. Andere nutzen den Intellekt, um für sich eine Anpassung an das System vorzutäuschen. Andere werden Revolutionäre und leidenschaftliche Systemgegner. Manche kämpfen für ihre Teilideen (Friedensbewegung, Umwelt). Manche nutzen das System clever aus, um es in den Dienst der Idee zu zwingen, laufen aber Gefahr, dabei ihre Ideale zu verraten. (Beispiel: Grüne Idealisten „müssen" regieren.) Die wahren Menschen sind bei weitem die Minderheit der Menschen. David Keirsey schätzt aus seinen Millionen Testresultaten, dass beim Test „Sensor" versus „Intuitive", also beim Test „Linkshirn/Richtig" versus „Rechtshirn/Wahr" nur unter 20 % der Menschen das

Ergebnis „Intuitiv“ haben. Dieser Test fragt nur diese zwei Möglichkeiten ab. Er kennt nicht die dritte Alternative des natürlichen Menschen. Deshalb spekuliere ich hier in die Luft, dass vielleicht nur knapp über 10 % der Menschen wahre Menschen im Sinne meiner Definition sind.

Diese wenigen wahren Menschen schütteln sich vor Dressur, gehören aber oft zu den Intellektuellen, leisten also in der Schule genug zum Durchkommen. Fazit: Sie bilden keine große Baustelle für den, der ein System errichtet. Sie bilden nur immer eine latente Gefahr für das System an sich, weil sie als Intellektuelle das System mit den Mitteln der Intellektuellen verhöhnen. Da werden Systeme zum Teil neurotisch empfindlich und verhängen Maulkörbe, verbieten Zeitungen, Parteien, Meinungen. Mindestens verachten die Systeme die Gegner mit der Feder als Vaterlandslose, als Nestbeschmutzer oder Miesmacher. Alles, was in allerweitestem Sinne die Meinungsfreiheit einschränkt, ist immer auch ein Angriff der Systeme gegen das Wahre und die wahren Menschen.

Wahre Menschen sind Idealisten. Sie sind aber Teil der Systeme. Sie können aus den Systemen fliehen. Sie können Nonne oder Mönch werden, sich also in einen Orden einschließen oder in den Elfenbeinturm der Wissenschaften. Sie können eine Praxis als Arzt oder Helfer einrichten und ihren Idealen nachgehen. Aber alle diese Bereiche werden bald vom System ergriffen. Ärzte werden zu Kostensenkern erzogen, sie, die den hippokratischen Eid schworen. Die Universitäten sollen systematischen, geplanten Nutzen liefern und Kostenpläne anfertigen; sie werden danach evaluiert. Die Kirchen rechnen aus, wie viele Pfarrer pro Gläubigem bezahlbar sind; derzeit werden immer eine bestimmte Anzahl von Kirchensteuerzahlern zu Seelsorgeeinheiten zusammengefasst. (Der Pfarrer dient nicht mehr einer Gemeinde, sondern er definiert sich selbst einen abstrakten Zuständigkeitsbereich, der sich an der Ökonomie orientiert, nicht an den Gläubigen.) Die wahren Menschen leben in der Seele im Idealen und passen sich nur scheinbar in das System ein. Sie täuschen das Anpassen vor, um zu überleben. Manchmal oder auch sehr oft, wie Sie es sehen wollen, verlieren sie in diesem irrwitzigen Spagat zwischen Ideal und System den klaren Blick und aus der scheinbaren Anpassung wird ein echtes Teilsystem von richtigen Seismografen. Sie werden vom System eingefangen. Das System prüft, wie viele Publikationen ein Professor hat, wie viele in die Kirche kommen, wie viele zum Arzt gehen, warum auch immer. Das System evaluiert auch den wahren Menschen, wie weit er auf dem Weg zu Stufe vier ist: „Hast du genug Ruhm? Fachwissen? Bist du ein Guru? Wie viel Lohn bekommst du von deinen Jüngern oder Patienten?“

Das System übernimmt die Werte des wahren Menschen aus Stufe vier: Ruhm und Ehre, Bewunderung als Experte. Es überprüft nur hier. Und die wahren Menschen beginnen bald auch, gleich auf Stufe vier zu springen. Sie vergessen die Selbstverwirklichung und werden gleich schon Experte, noch bevor sie je versuchten, ganz zu werden. Sie sind dann normale Experten, wie wir sie überall sehen. Traurige Unganze, denen man Persönlichkeitsentwicklung predigen muss, wenn sie als Projektleiter oder Chefarzt nicht mit Menschen klarkommen.

Also, liebe Welt: Ich weiß, es ist so schwer, die Stufe zwei nicht auszulassen. Ich zeige hier nur, wie glanzlos alles wird, wenn sich alle darum drücken. Wer Energie nicht aus seiner eigenen Fruchtbarkeit schöpfen will, muss die Energie woanders her besorgen: Aus Anreizen und Gefühlen des Nichtswertseins.

4.1.9 Eine Allianz von Wissenschaft und Konditionierung: Anreizsysteme

Wenn ein Mensch ganz dem Systemtrieb anheim fällt, also gut dressiert ist auf alles, was aus systematischen Gründen vernünftig ist, so wird er von den Systemseismografen schnurgerade auf der Bahn gehalten. Abweichungen werden mit Zucken und Fehlersirenen quittiert. Er ist bemüht, so wenig Stress wie möglich zu haben. Er lebt nach der links gebauchten Apter-Kurve.

In den letzten Jahren hat aber die Wirtschaft die Gier und die Erfolgssucht entdeckt. Nun, die Geldgier gibt es schon länger als Gerechtigkeit auf der Welt, aber in den letzten Lebensjahrhunderten, noch mehr in den letzten Lebensjahrzehnten, entdeckt die Welt, dass die Gier *nicht nur* als bedauerlicher Fehler irrgeleiteter Tiermenschen gesehen werden kann, die einer tödlichen Sucht verfallen oder besonders erfolgreich im Geldscheffeln sind.

Die Welt wurde von einer wunderbaren Idee befallen, die im letzten Jahrhundert von Amerika ausging. Einerseits sieht die Welt, wie schön die Angstseismografen den Menschen systematisch die Pflicht tun lassen. Andererseits ist nicht zu übersehen, dass die *nicht* systemgetriebigen Naturmenschen über kolossale Mengen *freier* psychischer Energien verfügen, mit denen sie Profitberge versetzen können.

Und dazu fällt der Welt ein:

Wir brauchen einen gemischten Hybridmenschen, der nur seine Pflicht tut, nur die Pflicht und die ganze Pflicht, der aber *gleichzeitig* erfolgsgierig ist! Die Idee wäre, die Gier zur Pflicht selbst zu machen! Hören und sehen Sie genau:

> Wir erklären die Erfolgsgier zu einer Hauptpflicht!
> Wir feuern hyperaggressiv an, stets mehr als die Pflicht zu tun!

In einem solchen System können die natürlichen Menschen auf Beutezüge gehen, ohne sich strafbar zu machen. Die richtigen Menschen *müssen* jetzt auf Beutezüge gehen, weil es *Pflicht* ist. Sie bekommen Angst, wenn sie diese Pflicht, gierig zu sein, missachten!

Solche Systeme heißen Anreizsysteme.

Anreizsysteme setzen Preise auf bestimmte Verhaltensweisen aus. *Tue dies und du bekommst das!* Spring nach den Trauben und du bekommst zehn Prozent ab. Spring nach den höheren Trauben und du bekommst zwanzig Prozent ab. Diese progressive Staffel der Erfolgsgier ist Teil der Systeme, die Gerechtigkeit durch Leistungsgerechtigkeit ersetzen.

Im Grunde gibt es bald für alles Geld. Für ein gutes Abitur gibt es Stipendien. Gute Universitätsabschlüsse ziehen einen Nachlass beim Abzahlen des „Bafög" nach sich. Ein überlanges Studium führt zu hohen Studiengebühren. Die Professoren werden ihrerseits bewertet und geprüft, „evaluiert", wie sie schamhaft sagen, wo doch nur geschaut wird, ob sie arbeiten. Bald wird das Kindergeld nach den Schulnoten gestaffelt, um Anreize für gute Erziehung zu geben. Im Beruf wird alles bewertet, was nur irgend geht. Der Pfarrer bekommt bestimmt bald einen Bonus in Form von Anteilen an der Kollekte?! Ich bin sarkastisch, aber anders kann ich diese extreme *Omnimetrie*, wie ich es in *Wild Duck* genannt habe, kaum noch ohne Zucken meines Idealsystems in mir ertragen. Omnimetrie ist die Wissenschaft, alles in Zahlen zu messen, damit alles numerisch erfassbar ist und geordnet werden kann. Wenn alles gemessen werden kann, kann man jeden Menschen durch bestimmte Anreize auf alles und jedes so ausrichten, dass seine Erfolgsgier in eine völlig vom System gewünschte Richtung zielt.

In der Politik ist es üblich, über mangelnde Anreize zu klagen, wenn etwas an sich Gutes oder Wünschenswertes oder etwas Vernünftiges (sehen Sie?) nicht geschieht. Da ist etwas vernünftig, wird aber nicht getan. Die Umwelt sollte vernünftigerweise geschützt werden, der Friede auch. Aber es geschieht nicht. Die Politiker beginnen zu sagen: „Wir müssen Anreize schaffen, damit es geschieht!“ Im Klartext: Wir brauchen Geld, um für das vernünftige Verhalten Preise auszusetzen. Vernünftig wäre es, man führe vernünftig Auto. Aber das Rasen bringt Zeitersparnis, also Geld. Das irre Rasen lohnt sich, weil es ja den Anreiz des geldwerten Zeitsparens gibt. Deshalb muss der Staat durch Ordnungsgelder, also negative Anreize, das Autofahren wieder so einpendeln, dass das geldgünstigste Verhalten gerade ungefähr so aussieht wie vernünftiges Fahren.

So wird mit Geldpreisen, mit Strafen, Punkten, Boni oder Treueprämien die gierige Pflicht belohnt. Wer alle Gebote einhält (Pflicht im engeren Sinne), ist zwar nie schuldig, verdient aber nicht viel. Wer sich so benimmt, dass er am meisten Punkte bekommt, ist Sieger.

Es wird dabei angenommen, dass die Anreizsysteme so konstruiert sind, dass unvernünftiges Verhalten zu viel Punkteabzug kostet, also im Giersinne eine schlechte Strategie ist. Wer also am meisten Punkte erzielt, ist automatisch vernünftig. Das Vernünftige muss den Menschen im Anreizsystem überhaupt nicht mehr kümmern. Vernunft ist implizit in den ausgesetzten Preisen, Punkten und Strafen eingebaut. Der Mensch kann voll losarbeiten, ohne noch viel denken zu müssen. Wenn er genug verdient, ist er vernünftig gewesen.

Die so konstruierten Anreizsysteme basieren auf zwei feinen Teilideen, die hinter der viel zu plakativen *Pflicht zur Erfolgsgier* verborgen sind.

Erstens Die richtigen Menschen tun korrekt und pünktlich ihre Pflicht. Die Gerechtigkeit der reinen Vernunft legt nahe, jedem richtigen Menschen die gleichen Aufgaben zu übertragen, wobei allerdings das Gebot zur Gemeinschaft und der Liebe verlangt, dass die schwächeren richtigen Menschen von den stärkeren richtigen Menschen Hilfe erhalten. Wer wirtschaftlich denkt, wird mehr Gefallen an der Idee haben, nicht jeden gleich mit Arbeit zu belasten, sondern jeden individuell möglichst beliebig hart arbeiten zu lassen. Der richtige Mensch soll weiterhin seine Pflicht tun, aber nicht *pünktlich*, sondern so *schnell* wie möglich!

Das ist aber gerade der Übergang von Qualitätsarbeit, von gutem Made in Germany, zu *Effizienz*! Es soll von jedem Menschen am besten die Arbeit wie vorher getan werden, aber billiger und schneller. Früher strengte sich der richtige Mensch pflichttreu an. Jetzt soll er sich *abhetzen.* Wenn er sich nicht abhetzt, bekommt er nur wenige Punkte, weil er seiner Pflicht zur Erfolgsgier nicht nachkommt. Der richtige Mensch wird also gezwungen, auf der rechtsgebauchten Stresskurve von Apter unter Stress- oder Anspannungsniveaus zu arbeiten, die er früher aus Angst vor Seismografenausschlägen panisch gemieden hätte. Die Pflicht zur Gier muss stark genug sein, dass er hetzen *will* und damit also die Seismografenwarnungen stoisch erträgt.

Zweitens Die natürlichen Menschen lieben die Kraftanstrengung, also den Effekt. Sie wollen im Arbeitsleben etwas Spektakuläres zu Stande bringen, was mit Becker-faust gefeiert werden könnte. Das Effektive ist aber nicht unbedingt effizient. Das Effektive verschwendet im Allgemeinen Energie und damit Geld. Natürliche Menschen sollen nicht mehr Heldentaten vollbringen oder das Unmögliche möglich machen, sie sollen schlicht Punkte erzielen. Weiter nichts. Punkte, und zwar viele. Die Anreizsysteme simulieren implizit das Vernünftige, also auch die Pflicht. Wer seine Pflicht nicht tut, bekommt in guten Anreizsystemen zu wenig Punkte. Deshalb müssen die natürlichen Menschen im Anreizsystem *ordentlich* arbeiten. Sie werden gezwungen, allerlei langweiligen Formularkram zuverlässig zu erledigen! So etwas Langweiliges würden sie normalerweise nicht anfassen. Aber jetzt *müssen* sie es. Es gibt zu viel Punkteabzug. Sie müssen also gezwungenermaßen oft einfach langweilige Arbeiten unter niedrigen Erregungsniveaus erledigen, die sie früher nie in Angriff genommen hätten.

Richtige Menschen werden unter Anreiz zu mehr Energieverbrauch gezwungen.

Natürliche Menschen werden gezwungen, die Energie pflichtschuldigst effizient zu verbrauchen.

(Wahre Menschen spielen bei der Konzeption von Systemen an sich keine Rolle, weil die meisten Denkmodelle der Systemerbauer nur von der Existenz richtiger und natürlicher Menschen ausgehen, also von dem Gegensatz Mensch und Tier geleitet sind. Siehe *Omnisophie.*)

Der resultierende Score-Man, der pflichtgierige Punktsammler, ist damit ein Produkt der Anreizsysteme, die über den Tugenden der ordentlichen Pflicht und des natürlichen Heldentums die *Effizienz* in göttlichen Rang heben. Anreizsysteme sind von den Psychologen Mitte des 20. Jahrhunderts bei Experimenten mit Tauben und Ratten gefunden worden. Für Käse lassen sich Ratten fast beliebig konditionieren. Der Behaviorismus beschäftigte sich damit Jahrzehnte und die Anhänger von Skinner beeinflussten maßgeblich die Entstehung der exakten Managementwissenschaften. Die Entstehung der Managementtechniken ist untrennbar mit der Geschichte der Rattenkonditionierung verbunden. Wenn Käse lockt, setzt eine Ratte jeden Hebel in Bewegung. Und Menschen? Werden echte Menschen jemals für ein paar Dollar mehr ihre Natur verraten?

Werden richtige Menschen für ein paar Dollar mehr Angststress ausstehen, nur für Punkte?

Werden natürliche Menschen für Dollar unter sterbender Langeweile arbeiten, nur für Punkte?

Werden sie wider ihre Natur handeln?

Werden sie ihre jeweilige Stresskurve (Grafik von Apter) verraten können? Werden sie ein Leben lang im für sie ungesunden Seismografenbereich arbeiten?

Wenn man Ratten zu viel Käse gibt, hören sie auf zu strampeln. Menschen nicht. Was ist der Unterschied zwischen Menschen und Ratten? Lesen Sie erst die Abschweifung.

Abschweifung In den USA, fühle ich, werden die Menschen mehr diszipliniert und auch gleichzeitig mehr angefeuert als in Europa. Ich spekulierte schon darüber. Die Amerikaner leben eben schon viel stärker unter Anreizsystemen! Und wir, wenn wir uns manchmal in Deutschland unter Anreizsystemen erschöpft fühlen, sagen, das alles wäre in amerikanischen Firmen noch verbreiteter und käme wohl „daher". Die USA seien da „weiter".

Das passt alles zusammen, nicht wahr? In Amerika gibt es mehr Nummer Einsen, mehr Olympiasieger, mehr Nobelpreisträger, mehr Oscar-Winner, mehr Burn-outs, mehr Depression, mehr Drogen- und Alkoholabhängigkeit, mehr Übergewichtigkeit, mehr Verzweiflung, nicht der Beste zu sein. Weil das dort so ist und hier bald so kommt, glaube ich nicht an den möglichen befreienden oder heilenden Gedanken, dass stressaverse und stresssuchende Menschen (die richtigen und die natürlichen) sich jemals physisch an ein System gewöhnen können, das einen gesteigerten Mischzustand von ihnen verlangt. Pflicht und Erfolgsgier gleichzeitig werden wohl immer den Menschen zerreißen. Aber wir kommen bald dahin, weil wir den Weg anscheinend verirrt und unbeirrt dahin gehen: zur ökonomischen Effizienz des Supramenschen, dessen Stresssystem die Wirtschaft bis zu seiner finalen Krankheit erst einmal nichts angeht.

Da in Deutschland die Pflicht stark vor dem Willen rangiert, also das Richtige hohen Vorrang vor dem Natürlichen genießt, ist das Ideal des Deutschen immer noch der tugendhafte Staatsmann, wie ihn sich Konfuzius vorstellt. „Richard von Weizsäcker". Das Ideal des Natürlichen ist der Jedi, der seinen Willen („the force") mit hoher Verantwortung einsetzt. Die USA lieben eher einen Jedi dort oben. Deshalb wollen wir Deutschen immer *vorbildlich* sein, eben völlig richtig. Die USA aber übernehmen *die Verantwortung zur Wirksamkeit*. Wenn der Deutsche nur so tut, als sei er vorbildlich, und wenn er mit seiner vorgeblichen Vorbildlichkeit protzt (etwa am Strande in fernen Urlaubsländern), dann wirkt diese falsche Richtigkeit hässlich. *Der hässliche Deutsche*. Wenn der Amerikaner in der Fremde in seinem Verhalten ausdrückt, er persönlich sehe sich wie ein Jedi in der wirksamen Verantwortung für die Welt, dann kommt es zu ganz anderen Verwerfungen, da diese anderen Menschen ihm eben die Verantwortung nicht zusprechen. *Amerikafeindlichkeit.*

Bitte verzeihen Sie die pauschalen Sätze mit „der Deutsche" oder „der Amerikaner". Aber hier ist der Gegensatz so schön deutlich, wenn in einer großen Nation etwa das Natürliche oder mehr das Richtige als vorherrschend wichtig angesehen wird. Es hat etwas mit dem angestrebten Stresslevel oder dem optimalen Mix zwischen Pflichtzwang und Erfolgsgier zu tun.

In Deutschland schimpft man also über endlose Gleichmacherei (Kardinaltugend: Gerechtigkeit) und „Endlich etwas tun!", in den USA über soziales Ungleichgewicht durch zu viel Kampf (Es kann nur einen Sieger geben!). Hier mehr Pflichtzwang, dort mehr Erfolgsgier.

4.1.10 Vergleichen: Minderwertigkeit und Höherwertigkeit

Menschen sind natürlich nicht wie Ratten.

Sie werden im Unterschied zu Ratten *nicht* satt, wenn man es sinnreich anstellt.

Die erste Zauberformel für Menschen: maßlose Gier auf Stufe vier. Ratten sind satt, haben offenbar keine höheren Bedürfnisse. Da haben sie das Glück gefunden, während wir es noch suchen.

Die zweite Zauberformel heißt: Messender Vergleich und Minderwertigkeitsinjektion.

Computer werden heute zu einem guten Teil dazu verwendet, alles zu messen. Ich habe dies, wie gesagt, durch das Kunstwort *Omnimetrie* ausdrücken wollen. Die Messungen unserer Arbeitsleistungen geben ein Mittel in die Hand, die Menschen halbwegs objektiv zu vergleichen. Dieser Vorgang heißt in Amerika Ranking.

Im Grunde stellt man eine lange Tabelle der Mitarbeiter auf. Der Tabellenplatz eines Menschen zeigt an, wo er im Vergleich mit allen Kollegen eingestuft ist.

Alles wird heute eingestuft. Filme, Bücher, Werbespots, Videoclips werden in sogenannten Charts bewertet. Sportler werden nach Geldranglisten verglichen – schön, nicht wahr? Es geht nur indirekt um Sport, es geht meist direkt um Weltrangpunkte. Kunden bekommen Punkte wie etwa Meilen bei den Fluggesellschaften. So bin ich persönlich manchmal bei einer Airline ein guter Mensch, manchmal aber nicht, je nachdem, ob die Wirtschaftslage der IBM mir gestattet, ab und zu bei furchtbaren Terminen Business Class zu fliegen. Ein guter Mensch bin ich für die Lufthansa nur, wenn ich Meilen mache.

Es geht also wesentlich darum, alles vergleichen zu können.

Und jetzt muss noch ein Mechanismus her, damit die Menschen von ihren Seismografen aufgefressen werden, wenn sie nicht unermüdlich einen höheren Tabellenplatz anstreben.

Dieser übermächtige Mechanismus kann gut mit dem Wort *Minderwertigkeit* umschrieben werden.

Es reicht, richtigen Menschen ein paar Mal zu sagen, sie seien nichts wert oder zu nichts nütze. Es reicht, natürlichen Menschen ein paar Mal zu sagen, sie seien in dem einen oder anderen Sinne Loser oder „impotent" („Baby, lass das, das kannst du noch nicht!"). Es reicht, wahren Menschen ein paar Mal zu sagen, sie würden definitiv nicht geliebt oder für dumm gehalten. Nichts setzt im Menschen so viel Seismografenlärm frei wie eine Äußerung zur Minderwertigkeit.

> „Da verdienst du ja lächerlich wenig." – „Deinen Busen solltest du aber doch mal korrigieren." – „Du bist sehr klein." – „Du bist zu groß." – „Du bist dick, pfui." – „Du bist dünn, man übersieht dich ja." – „Ich habe gedacht, du hast gefärbte Haare, aber wenn du einen einzigen Satz sagst, merkt man, es ist echt." – „Du bist dumm." – „Du hast zwei linke Hände." – „Du schwitzt." – „Pfui, deine nassen Hände. Nick einfach nur zum Gruß." – „Du bist arm." – „Warum fährst du einen Kleinwagen?" – „Dein Kind sieht abgerissen aus." – „Dicke Beine." – „Orangenhaut." – „Akne." – „Blöde Frisur." – „Dicke Brille, blinde Kuh." – „Ich dachte, du bist impotent! Und jetzt lädst du mich zum Essen ein? Uiih!"

Wie viele solche Äußerungen tun Ihnen noch heute weh? „Du bist klein!“, habe ich so oft gehört (1,69 m). Es war Hänselei. Wissen Sie, was so richtig scharf weh tut? Der schweifend-träumende Blick einer Mutter, gefolgt vom Seufzer: „Ach, wie sehr habe ich vergeblich gehofft, du würdest *etwas* größer.“

„Schade, dass du so dicke Beine hast, Mädel, du wirst es schwer haben.“ Sie trägt Hosen. „Du kannst nichts Besonderes. Na, sieh zu, dass du heiratest.“

Das sind die wahren Bluttaten in unserer Gesellschaft. Für eine Reisekostenbetrügerei wird man entlassen, für einmal 70 km/h in Zone 30 mit Führerscheinentzug bestraft. Die verbalen Bluttaten bleiben ungesühnt. Sie setzen Schmerzseismografen in einen Körper, die dort ein Leben lang wüten. Lebenslang für das Opfer! Seismografenverwundungen sind schwerste Verletzungen, weitgehend irreversibel, also fast unheilbar. Das Zucken begleitet Sie durchs Leben. Sie können beschwichtigen, verdrängen, ertränken. Aber die Seismografen bleiben.

Die größte gängige Bluttat (Seismografen *sitzen* „im Blut“) ist die des herabsetzenden Vergleichs bei Geschwistern. „Dein Bruder ist besser. Wir lieben ihn mehr. Dich lieben wir nicht, jedenfalls nicht so sehr wie ihn.“

So unhöflich sind Eltern nicht immer, es geht subtiler. „Sieh mal, wie vorbildlich sich Karin benimmt. Nimm dir ein Beispiel.“ – „Deine Schwester ist so gut in der Schule. Was ist mit dir los? Eigentlich müsstet ihr doch die gleichen Erbanlagen haben.“

Alles Atombomben auf Menschen geworfen!

Dieses Einsetzen von stärksten Seismografen vergisst der Körper nie. Es gibt zwei starke Stressreaktionen darauf: Wütende Adrenalin-Aufmerksamkeit und unermüdliche Versuche, „den Makel abzuwaschen“. Oder völlige Resignation unter Endorphinüberflutung. Depression. Selbstaufgabe. Zerstörung.

Der Zwang, den Makel zu tilgen, hört sich so an: „Ich werde mich rächen.“ – „Ich werde es allen zeigen.“ – „Irgendwann bin ich höher als ihr.“ – „Wenn ich einmal reich bin, dann zieht euch warm an.“ – „Spätestens wenn ihr alt seid, wird abgerechnet.“ – „Ich will zu den Besten gehören, das ist mein Ziel.“

Es sind die bekannten, Eingeweide fressenden Minderwertigkeitskomplexe, die für den Großteil aller menschlichen Leiden verantwortlich sind. Sie machen blitzschnell bereit für den kurzen, breiten Weg.

Und diese Komplexe sind, so viel ich von Ratten als relativer Laie verstehe, unser menschlicher Differentiator: Wir sind *niemals* satt, wenn es um die Beseitigung unserer Minderwertigkeiten geht. Wir hören *nicht* auf zu strampeln, bis wir oben sind. *Ganz* oben. Solange unser Tabellenplatz noch schlecht ist, strampeln und strampeln und strampeln wir. Wir strampeln für den Mega-Traum. Im Mega-Traum erscheint uns der Archetypus der Mutter und sagt in mildem Glanz: „Du bist jetzt mein Lieblingskind.“ In diesem Megatraum sind wir die Nummer Eins.

Ruhe der Seismografen. Endlich daheim. „Du hast es geschafft.“. – „Die Schmach ist gesühnt.“

Leider sagt die Mutter: „Du bist *heute* mein Lieblingskind. Und *bleib* so brav.“

Sie betont das Wort *heute* so seltsam.

Und die Nummer-Eins-Menschen sagen: „Es war schwer, nach oben zu kommen. Aber ich war voller Energie. Ich biss mich durch. Ich wollte alles. Ich überwand alle Schwierigkeiten. Ich opferte alles. Ich musste Nummer Eins werden. Ich wusste, ich würde es schaffen. Ich habe es geschafft. Ich war oben ... In mir war eine himmlische Ruhe. Aber am nächsten Tag war die Ruhe immer noch da und sie fühlte sich wie Ausgelaugtheit an, wie Ziellosigkeit. Und nun? Ich würde weiter beißen müssen, mich immer weiter durchbeißen, weil die Nummer Zwei mich vom Thron werfen will. Sie jagen mich, wie ich *sie* gejagt habe. Warum kann ich nicht einfach oben bleiben? Ich habe nach ein paar Tagen Angst bekommen, dass der Absturz beginnt. Ich will nie mehr unten sein. Nie mehr. Ich werde alles dafür opfern. Koste es, was es wolle."

Ich möchte in diesem Buch vom Supratrieb reden, von der Sucht, oben (supra) zu sein, von der Angst, unten (infra) zu sein oder zu landen. Unsere Arbeitswelt will, dass wir in der Tabelle des Systems (Scorecard) einen hohen Ranking-Platz einnehmen. Die unendliche Gier nach Punkten wird uns über Minderwertigkeit und darauf bezogene Seismografen eingeimpft. „Du wirst ein ganz Großer!", sagt das System und verführt uns zur Höherwertigkeitssucht, die aber nichts als Minderwertigkeitsflucht ist. Im Grunde sagen unsere Erfolgsgier- oder Suprasysteme: „Wir sind noch nicht zufrieden. Du hast viel mehr Potenzial. Leiste mehr. Du bist zwar der Tüchtigste hier, aber hinter den Bergen bei den sieben Zwergen ist jemand noch viel tüchtiger als ..." Die körperliche Triebkraft des Supratriebes liegt in dem Satz: „Bald bist du unser Lieblingskind."

Unter seinem Druck springen wir alle den hohen Trauben nach: Stufe vier.

Bei der Betriebsversammlung werden wir nach vorne geholt: „Beifall für dieses Vorbild hier. Du Vorbild, wir verehren dich. Du bist heute unser Lieblingskind."

4.1.11 Der wahre Darwin: Messen oder gemessen werden

Du bist unser liebstes Kind.

Fressen oder gefressen werden, „sagt Darwin".

Es gibt noch einen anderen Weg als den, um eine Goldmedaille zu kämpfen.

Haben Sie's gemerkt?

Anstatt das liebste Kind zu werden, könnte ich ja Mutter/Vater sein!

Es gibt die, die gemessen werden.

Aber es gibt ja noch Menschen, die die Messungen vornehmen. Das sind die wahren Vornehmen, nicht wahr? Chefs messen. Lehrer messen. Eltern messen. Funktionäre messen.

Sie dürfen nach den Messungen die Punkte verteilen. Gehaltserhöhungen, Noten, Taschengeld, Eis, Turniereinladungen. Sie *messen zu.* Macht ist im Suprasystem wie Messen und Zumessen. Gemessen werden heißt strampeln müssen.

Höher noch, als Lieblingskind zu sein, steht die Macht, zu entscheiden, wer Lieblingskind wäre.

Es ist die Macht der Manager.

Vielleicht höher noch, als zu entscheiden, wer Lieblingskind wäre, ist die Macht, die omnimetrischen Regeln, also die Messkriterien festzulegen, wann denn jemand unter welchen Bedingungen Lieblingskind sein könnte.

Manager üben Macht aus, wenn sie messen.

Stabsmanager und Strategen verändern die Welt, wenn sie die Messkriterien festlegen!

Die Suprasysteme habe diese Fluchtmöglichkeiten erkannt, nämlich, Manager zu werden. Heute werden Manager deshalb von noch höheren Managern gemessen. In knackharten Gesprächen, die „Reviews" genannt werden. Wir sagen: Der Manager X (niedriger) *berichtet* an Manager Y (höher). Berichten heißt: Messzahlen zur Begutachtung vorlegen. Der untere Manager zeigt die gemessenen Leistungszahlen seines Bereiches. Der höhere Manager Y entscheidet im Vergleich mit den Zahlen der anderen Bereiche, wie diese Zahlen von Manager X gerankt werden, welchen Tabellenplatz Manager X also bekommt. „Ist X das Lieblingskind von Y?" Das ist die bange Frage jedes Reviews. Manager Y übt hier Macht über X aus. Wenn er von seinen „Berichtenden", also allen ihm Unterstellten, alle Zahlen zusammen hat, dann stellt er sie in einer Tabelle zusammen und geht sie seinerseits „berichten", bei dem noch viel höheren Manager Z, der an ihm Macht ausübt. In dieser Weise werden heute auch alle Manager gemessen. Es gibt keine Ausnahme. Keine.

Ich weiß, was Sie denken. Es gibt ja den obersten Chef.

Träumen Sie nicht, dass der nicht gemessen würde!

Er muss ja den Aktienanalysten die Geschäftszahlen *berichten.* In einem Geschäfts*bericht.* Das ist oft hochnotpeinliche Marter. Wenn der oberste Chef dabei nicht das Lieblingskind der Analysten wird, stürzen die Aktien und sein persönliches Optionenvermögen ab. Überall Seismografen, überall Stiche und Bisse. Die Analysten werden an der Richtigkeit ihrer Empfehlungen gemessen.

Die wunderbare Idee der heutigen Wirtschaftswelt besteht also darin, die Seismografen regieren zu lassen, indem die Erfolgsgier zur Pflicht erklärt wird. Ein solches Suprasystem stützt sich auf die ungeheueren Energiepotenziale, die ein Mensch mobilisieren kann, der entschlossen ist, die Nummer Eins zu werden. Diese Potenziale werden dadurch freigesetzt, dass der Mensch generell so lange als minderwertig angesehen wird, bis er das Gegenteil durch harte Zahlenmessergebnisse beweist. Zeigt er gute Messergebnisse, bekommt er sofort ein höheres Gehalt. „Das bedeutet aber, bitte lassen Sie uns das offen sagen, dass Sie jetzt mehr leisten müssen. Es ist eine Anzahlung auf ein gutes Stück an *Mehr*." Oben ist jetzt wieder einmal noch weiter oben. Lebenslanges Gemessenwerden. Lebenslanges Hetzen nach Punkten.

4.1.12 Alle sind am besten Nummer Eins – Wer bezahlt diese Rechnung?

Ich versuche, Ihnen in diesem Buch in vielleicht übertriebener oder exzessiver Weise die nackten Suprasysteme vorzustellen. Mildern Sie mir bitte nicht die Gedanken dieses Buches durch „So heiß wird die Suppe ja nicht gegessen." Bedenken Sie, dass Sie ein nicht ganz preiswertes Buch in der Hand halten und damit höchstwahrscheinlich eher zu denen gehören, die in der Tabelle der Menschen einen ganz guten Score-Stand haben.

Denken Sie bitte beim Lesen auch an die Loser, die die unbarmherzigen Seiten der Systeme ganz unverhüllt erleben. Die Loser sind in der Überzahl, wenn Suprasysteme zu hart gefahren werden. Und sie werden in dieser Zeit so hart gefahren, dass ich mich praktisch zur Wahl dieses Buchtitels gezwungen sah: *Supramanie*.

Suprasysteme verbrennen ziemlich viel Erde, und ich möchte mit diesem Buch die Frage aufwerfen, ob nicht zu viele Minderwertigkeitsschäden in den Menschenseelen das ganze Supra-Unternehmen unprofitabel machen. Die Folgen nach einigen Jahren des extremen Leistungsmessens in Anreizsystemen zeigen sich. Nicht ganz deutlich zurechenbar, aber *ich* sehe sie aus *dieser* Richtung kommen! Die Schulerziehung bricht unter dem Punktesammeln und der Supramanie zusammen. Punkte rangieren vor Interesse! Die Lehrer scheiden meist (meist!) gebrochen aus dem Dienst aus, mit einem atemberaubenden Anteil von Frühpensionierungen wegen seelischer Schäden.

In der Arbeitswelt häufen sich Allergien, Depressionen, Burn-outs. Mitarbeiter greifen zu Drogen, Aufputschmitteln und Alkohol. Messungsfolgen werden in dieser Weise niedergehalten oder in die Verdrängung gezwungen. Entlassungsangst grassiert nicht nur unter den Losern. Wenn die nämlich entlassen sind, kommt ja die nächste Welle.

Es wird vergessen, dass es zwei Folgen von Minderwertigkeitsinjektion gibt: Anstachelung (Adrenalin-Seismografen) und dumpfes Hinnehmen der Schläge in Ohnmacht (Endorphin-Dämpfung und Teilabschaltung der Abwehrsysteme, die den Widerstand aufgeben). Es wird nicht gesehen, dass der Körper widersprüchlich dressiert wird und der Verstand nur in zweiter Linie gebraucht wird, weil er zu lange trainiert werden muss.

Auf ein Lieblingskind kommen manchmal viele Geschwister!

Ich habe Ihnen an Hand der Stresskurvengrafiken gezeigt, dass die Suprasysteme die richtigen und die natürlichen Menschen in Stresszonen arbeiten lassen, in denen sie sich körperlich unwohl fühlen. Richtige Menschen arbeiten nach der Pflicht und meinen damit im naiven Sinne: sie arbeiten gerne gut. Das absolute Aufhetzen für eine möglichst hohe Effizienz macht sie ängstlich! Und einige Zeit danach eben krank. Natürliche Menschen werden eisern an der Punkte-Skala gehalten. Sie hätten von Natur aus gerne das Spektakuläre bei der Arbeit, das Kraftvolle. Suprasysteme zwingen sie unter eher langweilige Effizienz. Wenn natürliche Menschen in Langeweile gehalten werden, sind sie gefährdet, Ausbruchsversuche zu starten, Amok zu laufen, zu zerstören. Am Ende wird auch ab und zu einmal auf Manager oder Lehrer physisch geschossen. Hier ist der weithin unverstandene Grund.

Auch in einem weiteren Aspekt wird der Mensch in Suprasystemen zerrissen. Wenn ein Unternehmen wirklich florieren will, müssen die Mitarbeiter insgesamt als Team zusammenarbeiten. Sie müssten im Ideal Teil oder Rad einer großen Maschinerie sein. Sie müssten ihre Individualität aufgeben. Ich nehme das unter dem Stichwort *The Organization Man* später wieder auf. So heißt ein berühmtes Buch von William H. Whyte aus dem Jahre 1956, das eindringlich vor den Folgen warnte, wenn Menschen *nur* Räder sind. Auf der anderen Seite verlangen die Suprasysteme vor allem hohe Punktzahlen vom *Individuum*, weil ja in ihm als Einzelwesen die eigentliche psychische Minderwertigkeitsenergie freigesetzt wurde. So steht jeder

Mensch in einem Suprasystem zwischen Team und Ich. Zwischen dem Dazugehören und dem Besondersseinmüssen. Zwischen dem Einfügen und dem Herausragen. Wie bewältigen wir das? Jeder einzelne persönlich?

Wie gehen wir damit um, Triebtreiber und Getriebener zu sein, wenn wir in der Hierarchie nicht ganz unten stehen? Manager bekommen Berichte und müssen berichten. Sie quälen und werden gequält. Täter und Opfer.

Kurz: Wir müssen darüber reden, wie wir das Leben oder Dasein in einem Suprasystem aushalten oder bewältigen. Ich werde ziemlich viel darüber schreiben, dass wir das leider ganz gut hinbekommen.

Wir betrügen, wo wir können.

Wir betrügen das System, indem wir die Messwerte verfälschen und vernebeln. Sie erinnern sich noch an die Tricks aus der Schulzeit? Wir arbeiten nur noch, wenn es Punkte dafür gibt. Wir helfen nicht mehr, ohne dass in Punkten bezahlt wird. Wir werden egoistischer denn je. Wir reden schlecht über die Leistungen derer neben uns, um selbst Mehrpunkte zu sammeln. Wir stellen unsere Verdienste heraus. Wir arbeiten vor allem hart an den Vortagen des Messens (wie damals in den Nächten vor Klassenarbeiten oder Prüfungen, die ja auch Messungen sind.) Wir lügen und schachern und betrügen. Wir belügen und betrügen am meisten die Person, die jede Lüge von uns für bare Münze nimmt:

Uns selbst.

Wir werden neurotisch.

Wir halten uns für die Nummer Eins, komme, was wolle. In neurotischem Nebel erklären wir uns für den Besten. Wir sind es im System nicht geworden, weil unser Punktestand bei weitem nicht reichte. Aber wir hatten Pech, wir wurden betrogen, uns war der Chef nicht gut gesonnen, der schönere Kollegen bevorzugen mag. Man hat uns hereingelegt, behindert, verfolgt! Nun rächen wir uns und behindern die anderen … sie sind Schuld, dass wir nicht am meisten Punkte bekamen, obwohl sie uns zustanden.

Ich will Ihnen zeigen, dass es in einem Suprasystem im Grunde jeder von uns schafft, in einem speziellen, notfalls krampfhaften, notfalls neurotischen Sinne Nummer Eins zu werden. Das ist die Konsequenz der Supramanie: Alle sind am Ende überzeugt, dass sie es verdient gehabt hätten, die Nummer Eins zu sein. Das zeige ich Ihnen in diesem Buch.

Buddha sprach: „Lass ab von Hass, Gier und Verblendung."

Das geht in einem Suprasystem nicht, weil ja alle Menschen Nummer Eins sein müssen. Insbesondere ist die Verblendung dazu absolut notwendig! Erfolg ist Pflicht! Hass verdrängt die reale Wahrnehmung, dass andere Nummer Eins sind, so dass wir unter Hass eine bessere Chance haben, selbst die Nummer Eins sein zu können.

Dieses Buch will aufzeigen, dass es zu viel kostet, wenn alle die selbst wahrgenommene Nummer Eins sind. Dieses Buch will zeigen, dass es böse endet, wenn wir alle nur auf Stufe vier starren: Nummer Eins.

Dieses Kapitel sollte Ihnen dieses deutlich werden lassen: Die Supramanie ist ein ungeduldige Form des Raubbaus an unseren psychischen Kräften. Jedes Teilsystem unserer Gesellschaft beutet die noch verbliebenen Motivationskräfte des Menschen aus. Das gelingt durch den gezielten Aufbau von Höherwertigkeitssucht (Stufe vier im Blick). Die Systeme müssen deshalb aus ihrer Sicht nicht auf das Nachwachsen oder den schonenden Erhalt psychischer Kraft achten. Die Pflicht zum Aufbau psychischer Energie wird nicht einmal gesehen, sie bleibt also unerkannt am Menschen selbst hängen. Ausgelaugte Menschen werden nicht gebraucht. Sozialfall. Wer von täglicher Hetze aufgefressen am Wegesrand umsinkt, wird in die Heerschar der gesellschaftlichen Problemmenschen aufgenommen, über deren stetiges Wachstum sich die Stressausbeuter ärgern und wundern. Wer aber sind die Stressausbeuter? Alle, die noch nicht umgesunken sind. *Warum* beuten sie sich aus? Damit sie nicht umsinken.

4.2 Der gute Systemdurchschnitt und The Organization Man

Nach dem Rundbogen des vorigen Kapitels über Seismografen geht es nun eine Stufe tiefer. Der Gewinn eines Systems hängt am Ende vom Durchschnitt der Mitglieder ab. In einem höheren Sinne ist also der Durchschnitt wichtiger als das Höhere. Am besten wäre es, wir lägen alle über dem Durchschnitt. Deshalb sollten wir alle tadellos arbeiten. In diesem Kapitel wird das klassische System durchleuchtet, das des richtigen Menschen, noch ganz ohne Sucht.

4.2.1 Die Orientierung von Systemen am Durchschnitt: Die Stufe drei

In einem System werden die Arbeitsleistungen der Mitarbeiter gemessen. Autoverkäufer nach Umsatz, sie bekommen Provisionen. Möbel- und Oberbekleidungsverkäuferinnen schreiben ja immer eine Zahl auf den Abschnitt, den Sie zur Kasse tragen. Das Zeichen sagt dem Unternehmen, dass sie für Sie gearbeitet haben. Eine Kassiererin wird durch die Kasse gemessen. Wie viel Umsatz hat sie im Monat? Ein Landwirt erntet und hat nach Abzug der Kosten einen Gewinn. Alles klar? Man kann jedem Menschen seinen Wert zuordnen.

(Das stimmt natürlich *überhaupt* nicht. Es wird nur so gemacht. Wenn es hagelt, hat der resultierende Verlust nichts mit dem Wert eines Landwirtes zu tun. Es gibt Kleiderverkäufer, die bei den Ankleidekabinen lauern und jeden fragen: „Möchten Sie das kaufen?" Dann kritzeln sie ihr Zeichen auf den Beleg. Sie beraten also niemanden, sondern sie fangen Kunden ab, die sich ohne jede Beratung selbst etwas ausgesucht haben. Das ist getrickst, nicht wahr? Zu diesen Tricks kommen wir noch. Ob also der Wert eines Menschen bei der Arbeit bestimmt werden kann oder nicht: Er wird bestimmt, und zwar so simpel wie eben geschildert. „Nach Umsatz.")

Drücken wir es also besser aus: Jeder Mensch bekommt am Ende seiner Arbeit vom System eine gemessene Zensur oder eine Punktzahl. Diese Punkte sind zu gewissen Teilen geschummelt, wie in der Schule auch. Das müssen die Unternehmen in Kauf nehmen, weil sonst das Benoten zu kompliziert wird. Wie in der Schule auch. Ich kann Sie hier ja kurz fragen: „Wie viel Prozent des Wissens, das Sie bei Klassenarbeiten bepunktet bekamen, hatten Sie eigentlich wirklich?“ Na, ungefähr so viel Arbeit, die bepunktet oder bezahlt wird, gibt es wirklich. Oder glauben Sie allen Zahnarzt- oder Autoreparaturrechnungen? Wie gesagt, später mehr davon.

Nehmen wir hier erst einmal an, alles wäre in Ordnung und keiner schummelt. Wir messen also die Menge der ordentlichen Arbeit jedes Mitarbeiters und geben dafür Punkte. Die Punkte der Abteilungen und dann auf höherer Ebene die Punkte aller Mitarbeiter des Unternehmens werden am Ende zusammengezählt. Diese Punktsumme – sie könnte der Gewinn sein oder der Umsatz oder die verkaufte Stückzahl – sollte möglichst groß sein. Ein Abteilungsleiter wird im Allgemeinen an der Punktsumme seiner Mitarbeiter gemessen.

Für die Arbeitsleistung eines Managers kommt es also auf den durchschnittlichen Punktebeitrag der Mitarbeiter an. Wenn der hoch ist, *arbeitete der Manager gut*, weil er eben die Mitarbeiter überdurchschnittlich motiviert hat. Wenn in einer Schulklasse die Noten im Durchschnitt gut sind, so sollte auch die Lehrerin gut sein (oder viel zu gutmütig – ich hatte hier aber gesagt: ohne Schummeln!).

Auf dieser simplen Logik bauen die Systembeurteilungen auf. Für jedes Teil des Systems werden Messzahlen erhoben. Auf jeweils höherer Ebene eines Ganzen wird geschaut, wie der Durchschnitt all seiner Teile aussieht.

Der Durchschnitt ist eine wesentliche Größe des Denkens und Handelns der Systeme.

So fragt uns die Mutter nach der Klassenarbeit: „Eine Vier? Das ist nicht so rosig, du?“ – „Ach, Mutti, die Arbeit ist sehr schlecht ausgefallen, der Durchschnitt war 4,4105.“ – „Na, dann ist ja alles gut!“ – „Ja, Mutti.“

Und in einem Unternehmen: „Die Zahlen sind eigentlich beliebig mies. Als Mini-Unternehmen wäre unsere kleine Abteilung seit zwei Jahren pleite. Ich war ganz depressiv, als ich diese Zahlen an höherer Stelle verantworten musste. Vor mir aber waren die anderen Abteilungen dran. Und was glauben Sie? Die hatten *noch* schlechtere Zahlen! Mensch, war ich glücklich. Wir sind relativ *gut*!“

Kennen Sie dieses relative Wonnegefühl, als Unfähiger von lauter Totalversagern umgeben zu sein? Wissen Sie, was dieses strömende Glück Ihrer Seismografen zu bedeuten hat? (90 % der Vernunft ist Trieb!)

Es bedeutet, dass Sie das System nicht schlägt, obwohl Sie es verdient hätten. Das ist Glück für richtige Menschen: trotz Schuld davonkommen.

Wenn Sie als einziger unter dem Durchschnitt wären, würde man Ihnen bittere Vorwürfe machen oder zu Sanktionen schreiten. Wenn aber alle herzlich schlecht sind, ging es wohl nicht besser.

Der Durchschnitt ist der sichere Hafen eines richtigen Systems.

Das muss er in gewisser Weise sein. Er ist ein wichtiger Orientierungspunkt für die Menschen in Systemen. Das Bedürfnis der dritten Stufe des richtigen Menschen ist es, „ein Jemand zu sein“. Das ist jeder, der im Durchschnitt liegt. Er hat damit keine berauschende Position, aber eine, die geachtet wird. Oder, wenn man so will: Es ist o.k. so.

4.2.2 *Hilfe und Teamarbeit*

Systeme sind meist so ausgelegt, dass alle Menschen gleiche Rechte und Pflichten haben. Der Hauptsatz der Ethik lautet ja: „Tu' niemand weh und hilf, so viel du kannst!"

Die Menschen, die helfen können, sollen auch helfen.

In der Regel helfen also die Stärkeren den Schwächeren.

Der Reiche gibt den Armen.

Der Starke schützt den Schwachen.

Der Gesunde stützt den Kranken.

Der Leitsatz der Ethik hat sich aus der allgemeinen Idee des Guten im Menschen herauskristallisiert. Er ist ein Gedanke des wahren Menschen. In einer „Gemeinde" oder „Gemeinschaft" wird diese Idee zur Handlungsleitlinie. Eine Gemeinschaft ist ein Team, in dem jeder einspringt, wie es seine Kräfte erlauben. Ein großer Teil der Gemeinschaftsaufgaben werden durch selbstlose Hilfeleistungen erbracht. Im „Dorf" sind das: Pflege der Alten und Behinderten, Pflege des Ortes, Reinhaltung, Betreuung der Kinder in Vereinen, besonders in Sport und Feuerwehr, Unterstützung der Kirchengemeinde, Pflege von Traditionen, Arbeit für die Ortsgemeinde, auch in Parteien. Wie viel Prozent der Arbeit wird freiwillig von guten Menschen ehrenamtlich geleistet? Ein „klassischer" Familienvater arbeitet 1.800 Stunden im Jahr. Wie viele Stunden bringt die ganze Familie für die Gemeinschaft auf? 100? 200? Ich weiß nicht. Könnte sein. Fünf bis 10 %. Dann ist die Gemeinschaft bestimmt gesund.

Die Wohlhabenden spenden eine Menge, sie bezahlen höhere Musikschul- oder Kindergartengebühren und konsumieren wenigstens viel bei Dorffesten, die die Hauptfinanzquelle der Vereine sind.

Die Systeme haben viele Teile dieser ethischen Grundidee in Organisationsformen gepresst, weil die richtigen Menschen in ihrer System-Maße dann doch nicht so viel helfen, wie Hilfe gebraucht würde. Die richtigen Menschen helfen den Nachbarn, aber jenseits der bekannten Grenzen sind sie zu abstrakter Hilfe oder anonymer Zusammenarbeit nicht mehr wirklich bereit. Das ist ein Zug dieser Zeit.

Der Staat oder das System wird also beauftragt, die Hilfe zu leisten. Krankenhäuser, Entwicklungshilfe, Kindergärten, Sozialhilfe, Waisenrente, Behindertenhilfe. Der Staat oder das System übernimmt diese Aufgaben wie eine Versicherungsanstalt, die bei einem notgegebenen Bedarf einspringt, den das Individuum selbst nicht decken kann.

Sie sehen: die normalen Systeme sehen eine Menge Hilfe vor.

Daran will ich hier erinnern. Mehr will ich mit diesem Abschnitt nicht sagen.

Warum sage ich es?

Suprasysteme haben kaum Erbarmen.

Später mehr dazu.

4.2.3 Energiemobilisierung durch Prüfungen

Richtige Menschen und ihre Systeme bestehen darauf, dass alles richtig gemacht wird. Wenn alle alles richtig machen, ist das meiste getan. Verbleibende Härten und Unglücke werden mit schneller Hilfe beseitigt oder überbrückt.

Auch ohne viele dunkle Flecken der Macht neigen die Menschen mit ihrem schwachen Fleische dazu, Dinge, die nie überprüft werden, immer ein wenig mehr schleifen zu lassen. Warum machen sie das? Manche Menschen putzen ihr ganzes Haus, wenn Besuch kommt, sonst nicht so arg. Andere putzen nur diejenigen Zimmer, in die der Besuch nach Planung hineindarf, also Gäste-WC, Küche und Wohnzimmer. Diese selben Menschen sagen, Sauberkeit sei wichtig. Sehr wichtig. Man kann gut mit ihnen darüber diskutieren, auch über Schmutzfinken. Aber ohne Besuch tut es die halbe Sauberkeit auch.

Die *wahren* Menschen putzen immer gleich, eben gerade so viel, wie sie denken, dass es sein müsste. Wenn Besuch kommt, müssen sie deshalb nichts tun. Wenn keiner kommt, machen sie genauso viel oder wenig sauber. Dieser *wahre* Standpunkt macht keine Unterschiede. Das neuronale Netz im rechten Hirn liebt es, nur *eine* Wirklichkeit zu haben. Die wahre.

Die richtigen Menschen denken im Prinzip genauso. Der Tugendhafte putzt selbstverständlich immer gleich viel. Aber diejenigen richtigen Menschen (fast alle), die sich nicht zuerst und vor allem darin üben, ein anständiger Mensch zu sein, warten, bis das Seismografensystem sagt: „Putz!"

Natürliche Menschen, die nicht putzen wollen, warten, bis ihnen jemand so viel Strom auf ihre Seismografen macht, bis sie putzen. „Räum auf, verdammt noch mal! Es kotzt mich an, wie das hier überall aussieht. Denk ja nicht, ich kaufe dir die Nike-Jacke. Du kriegst den Billig-Parka." – „Hey, Ma, du schämst dich ja bei den Nachbarn, wenn ich im Billig-Parka rumrenne. Ich muss doch wohl sauber aussehen, oder? Reg' dich nicht auf, *ich* finde es gar nicht dreckig." – „Es stinkt schon!" – „Das ist dein Billig-Parfum von Kreta." – „Ist es nicht." – „Doch. Ich schäme mich schon, wenn ich mit dir und diesem Geruch den Parka kaufen gehe."

Natürliche Menschen sind mit Prüfungen nicht richtig zu beeindrucken, auch nicht in der Schule. Sie kämpfen alles aus. Man muss ihnen eine Niederlage beibringen, das ginge. Oder einen Kuss geben, das ginge auch. Oder einen Hamburger. Aber so etwas wie: „Man putzt zweimal täglich!" verfängt nicht. „Wiesooo?" Immer wieder: „Wiesooo?"

Also: Prüfungen sind wie Systeme eine Erfindung der linken Gehirnhälfte. Es liegt daran, dass in den richtigen Menschen (und in den anderen auch) die Vernunft nicht wirklich regiert. Ich argumentierte ja schon: Die meisten Verhaltensregeln sind unter Drohungen oder Strafen in das Seismografensystem hineingeprügelt worden. Wenn also Besuch kommt, zuckt besonders in den richtigen Menschen ein Seismograf: „Besuch! Oh Gott! So viel Arbeit!" Und dann schaffen sie los. Es hat nichts mit Sauberkeit an sich zu tun, sondern mit der Körpereinstellung der Seismografen, die beim richtigen Menschen nicht zum Erzeugen von Kampfener-

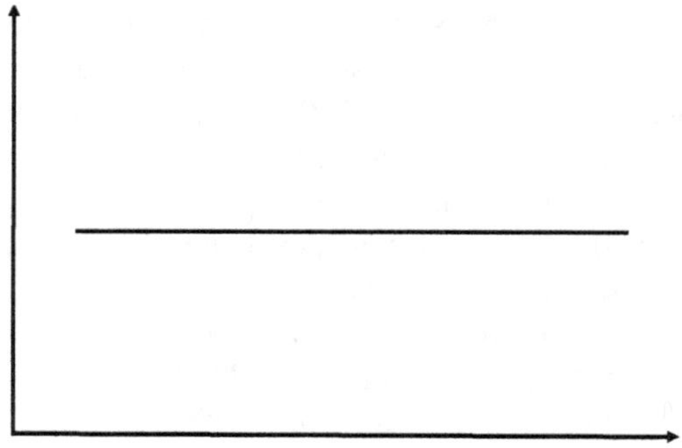

Abb. 4.16 „Stetiges Leben“

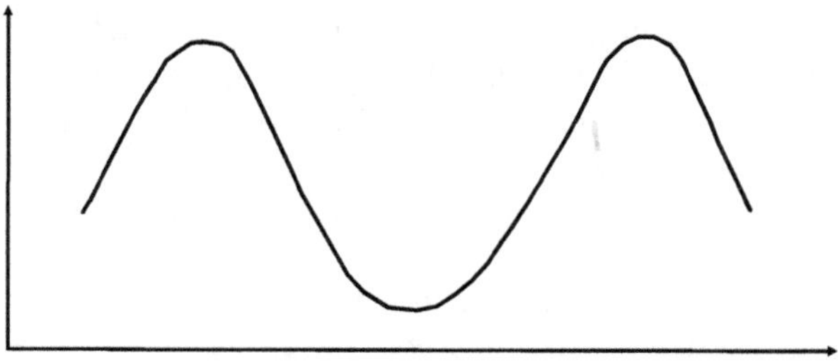

Abb. 4.17 „Leben im Auf und Ab“

gie benutzt werden, sondern zum Einhalten der Regeln. Beim richtigen Menschen sind ja die Seismografen in der Regel umdressiert (wenn sie Stufe zwei ausgelassen haben). Die Seismografen der richtigen Menschen zucken, wenn eine Pflicht nicht erledigt ist. Und besonders Putzen ist ganz bestimmt Pflicht!

Ich veranschauliche das mit Kurven, erst eine theoretisch richtige, die das unermüdliche, stetige Arbeiten symbolisiert (Abb. 4.16):

Ein tugendhafter Mensch erfüllt jede Pflicht gerne und pünktlich. Bei einer Prüfung poliert er nur noch kurz, macht einen frischen Knick ins Paradekissen und kann beim Klingeln gleich die Tür öffnen. Bei normal auf Tugend nur dressierten Menschen, die also äußerlich schon wie „Jemand“ erscheinen, sieht die Leistungskurve so aus (Abb. 4.17):

Normale Systemmenschen wenden vor Prüfungen oder bei Seismografenausschlägen viel mehr Energie auf. Bei einer Prüfung droht Tadel (ganz schwerer Seismografenalarm mit absolutem Unwohlsein – er fühlt sich wie Scham oder Schuld an!) oder Lob (ganz süßes Gefühl der Sicherheit, ein „Jemand“ zu sein). Tadel straft mit Unsicherheit, Lob belohnt mit „Systembefriedigung“. Ein Gelobter ist „Jemand“ im System.

Richtige Menschen, die umdressiert wurden (also fast alle), sind so durch Erziehung konfiguriert worden, dass sie Lust, Sex und Verschwendung ängstlich meiden sollen; denn das beeinträchtigt die Pflichtausübung, sagt ein richtiges System. Sie bekommen deshalb bei guten Körpergefühlen eher gleich ein schlechtes Gewissen. Ein gutes Gefühl im Körper löst einen Seismografen aus, der zuckt und fragt: „Hast du das verdient? Darfst du dich ganz sicher gut fühlen? Oder hast du etwas vom Sparbuch abgehoben? Willst du dir das leisten? Wirklich? Kannst du es nicht sparen?“ Es scheint deshalb klar zu sein, dass richtige Menschen von der Intensität her einen Tadel viel, viel stärker und tiefer empfinden als ein Lob. Die Tadelseismografen schlagen härter an. Deshalb fürchten sich richtige Menschen vor Prüfungen so sehr, dass sie alles vor Prüfungen so irre richtig machen, dass sie einen gehörigen Sicherheitsabstand zum Tadel haben. Sie versuchen, tadellos zu sein. (Richtige Mitarbeiter schimpfen praktisch unisono, dass sie nie gelobt werden. Ich habe ja schon eine Gallup-Studie zitiert. Das liegt oft am Management, aber auch an dieser Unsymmetrie. Lob wird nicht wirklich stark empfunden, muss also dick aufgetragen und ein paar Mal wiederholt werden, damit es wirkt. Das verstehen gerade richtige Manager nicht, obwohl gerade sie immer um den Chef scharwenzeln, um ihm noch ein zusätzliches Lob abzuzwingen.)

Deshalb sind richtige Menschen immer viel tadelloser als es sein muss. Weil sie das Negative tiefer empfinden als das Positive. Durch diese unsymmetrische Umdressur der Seismografen werden die Menschen vom Systemtrieb zu guten Leistungen getrieben. Wenn sie bei Prüfungen durchfallen, erleben sie Schläge im Innern wie Gefühle tiefer Minderwertigkeit. Wer durchfällt, ist nicht „Jemand“, sondern nichts.

(Schon vorweg: Bei natürlichen Menschen ist ja nicht so viel umdressiert. Sie fragen deshalb oben: „Wiesooo?“, weil sie gar keinen Seismografen haben, der bei Besuch negativ zuckt. Deshalb *verstehen* sie nicht, dass etwas getan werden muss! Wenn bei natürlichen Menschen Besuch kommt, zuckt nur Freude, sonst nichts. Natürliche Menschen sind auch unsymmetrisch, aber anders.)

Es ist also nicht so, dass richtige Menschen nur für Prüfungen lernen könnten. Wenn sie den Weg der Tugend gehen, werden sie ihre Pflicht gerne tun. (Sie tun aber dann nur das, was tugendhaft ist, was nicht unbedingt das sein muss, was die Prüfung verlangt. In perfekten Systemen könnte das immer das Gleiche sein.) Es ist aber so, dass die Umdressur mit Schuld und Scham das Verhalten hervorbringt, dass die meisten Menschen nur dann viel arbeiten, wenn Seismografen negativ auszuschlagen drohen. Das ist oft die stärkste Motivation. Natürliche Menschen sind ja nicht wirklich umdressiert. Deshalb haben sie keine Angst. Also arbeiten sie vor Prüfungen einfach nicht so hart wie die richtigen Menschen. Und folglich müssen die Prüfungen viel härter gemacht werden, damit auch die natürlichen Menschen sich dem nackten Zwang beugen. Und das bedeutet, dass für die richtigen Menschen die Prüfungen viel zu hart sind, weshalb sie noch mehr Angst haben.

4.2.4 Das Exzellente ist das Fehlerfreie

Was ist eine Prüfung im System?

Die richtigen Menschen denken mit der linken Gehirnhälfte, also logisch-analytisch. Ich habe ihre Denkweise mit der eines Computers verglichen.

Eine Prüfung eines richtigen Menschen – so entscheiden es die heutigen Systeme – ist also eine Art technische Untersuchung, ob dieser Computer einwandfrei funktioniert.

Zuerst wird geschaut, ob die Festplatte alle nötigen Daten enthält. Dies geschieht durch Fragen: „Wie heißt die Hauptstadt von Frankreich?“ Die richtigen Antworten werden gezählt. Es kommt auf die Prozentzahl an, die richtig ist. Dann werden einfache Funktionsprüfungen an der Arithmetik-Einheit vorgenommen: „Wie groß ist die Oberfläche einer Viertelkugel?“ Ist die Formel im Kopf? Kann sie richtig benutzt werden? Schließlich werden Axiome und Wenn-Dann-Regeln abgecheckt: „Auf welcher Seite liegt der Mann im Ehebett?“ (Es kommt darauf an, in welchem Stockwerk. Einbrecher kommen unten durchs Fenster, oben fast immer durch die Tür. Liebhaber sitzen im Schrank.) „Was passiert, wenn man Silber-Brom-Chlor-Unikat auf einen reinen Industriemagnaten schüttet?“

So ist es in der Schule. Im Management heißen Prüfungen Review, Revision, Wirtschaftsprüfung oder Audit. Das schlägt so sehr auf die Seismografen, das können Sie sich nicht vorstellen! „Zeigen Sie Ihre Zahlen!“, heißt es zu Anfang. Und gleich darauf dieser Blick! Dieser Blick, der irgendwo hängen bleibt! Zuck! Es schlägt in uns ein, wie ein Blitz. Als Schüler bekommen wir nach ein paar Tagen ein rot gemaltes Diktatheft wieder. Das ist schlimm. Aber im Management wird vor Ihren eigenen Augen korrigiert! Das ist wie Operation am offenen Seismografenzentrum.

Das Exzellente ist für den richtigen Menschen das, was den Prüfungen standhält.

Null Fehler. Dann ist der Linkshirncomputer völlig in Ordnung. Mehr wird nicht verlangt im System. Ein Beispiel: Wir lernen in der Schule die englische Sprache. Lektion für Lektion wird durchgenommen, die Festplatte des Linkshirnes wird befüllt. Immer wieder werden die Funktionsprüfungen vorgenommen, die hier Vokabeltest heißen. Die exzellenten Schüler sind die, die keine Fehler machen. Wahre Menschen wie ich würden sagen: Wenn jemand keine Fehler macht, ist der Lehrer merkwürdig. Er könnte ja dem Schüler viel tiefere Kenntnisse vermitteln, mit ihm sprechen üben, Shakespeare lesen, ihm zur Belohnung englische Bücher schenken. „Auf, los, weiter!“ So aber ist das System nicht gedacht. Auch die beliebig exzellenten Schüler müssen die lähmende langsame Lektionsfolge ertragen. Keine Gnade. Es kommt vor, dass Engländer in Deutschland zur Schule gehen. Die machen wahrscheinlich trotzdem noch ein paar Fehler in den Lektionen. Sie bekommen also keinesfalls eine Eins. Eins ist wie Null Fehler.

Wahre Menschen graust es. Sie sagen, man müsse nicht Fehler zählen, sondern das wahre Denken überprüfen! Wahre Menschen überprüfen natürlich das, was sie für wesentlich halten: das intuitive Denken der rechten Hirnhälfte. Ich gebe Beispiele. In Mathematik gibt es Beckmesser, die Fehler zählen: „Das unter dem Strich muss stimmen, sonst gibt es keinen Punkt.“ Andere Lehrer atmen aus der Klassenarbeit heraus, was sich der Schüler gedacht hat, ob er einsichtige Ansätze zeigte. Das sind die wahren Lehrer. Richtige Deutschlehrer zählen Rechtschreib- und Ausdrucksfehler und bepunkten Aufbau und Anzahl der Argumente. Wahre Lehrer lassen Schüler Gedichte schreiben oder mündlich auslegen.

Ich bin im Präsidium der Deutschen Mathematikervereinigung. Ich vertrete dort den wahren Standpunkt der Mathematik. Nicht ausrechnen, sondern denken, auch in der Schule! „Haha,“ höhnte jemand, „wie wollen Sie denn so etwas wachsweich Intuitives in der Schule durchsetzen? Wie?“ Ich entgegnete: „Ich will, dass die Ministerien anordnen, dass alle Mathematikprüfungen im Gymnasium *mündlich* sind, alle Vierteljahr eine halbe Stunde, sonst nichts!" Antwort: „Ooooh, *das ist gemein*! Das wäre eine Revolution! *Nie*, nie kommen Sie damit durch!" Verstehen Sie diese Reaktion? Ich war selbst überrascht, dass sie so unmittelbar kam. In mündlichen Prüfungen wird nämlich erkundet, ob jemand versteht und denken kann, nicht, ob er gut rechnet oder Fehler macht. In mündlichen Deutsch-Prüfungen kann man auch über die Schönheit von Lyrik sprechen. Mündliche Prüfungen sind wie Dialoge bei Platon, da werden die Ideen aus dem Kopf gezogen. Die Systeme mögen diese Variante der Rechtshirnuntersuchung nicht. Sie erklären mündliche Prüfungen für *subjektiv*. Tests aller Art sind dagegen objektiv.

4.2.5 Weltverstehen und Schulung von Konventionen

Ich habe schon in *Wild Duck* darüber geschrieben und die Definition des Wortes *Bildung* aus meinem Konfirmationsbrockhaus von 1960 zitiert. Hier ist sie:

> Bildung: Der Vorgang geistiger Formung, auch die innere Gestalt, zu der der Mensch gelangen kann, wenn er seine Anlagen an den geistigen Gehalten seiner Lebenswelt entwickelt. Gebildet ist nicht, wer nur Kenntnisse besitzt und Praktiken beherrscht, sondern der durch sein Wissen und Können teilhat am geistigen Leben; wer das Wertvolle erfasst, wer Sinn hat für Würde des Menschen, wer Takt, Anstand, Ehrfurcht, Verständnis, Aufgeschlossenheit, Geschmack und Urteil erworben hat. Gebildet ist in einem Lebenskreis, wer den wertvollen Inhalt des dort überlieferten oder zugänglichen Geistes in eine persönlich verfügbare Form verwandelt hat.

Das ist eine Definition des Verstehens des Wertvollen in der Welt. Und beachten Sie bitte ganz fein dieses Wort *persönlich* in der letzten Zeile. Der wahre Mensch hat ein persönliches neuronales Netz, er sieht damit seine Welt. (Hier müsste ich jetzt gleich ein halbes Buch über radikalen Konstruktivismus anhängen, oder?) Der natürliche Mensch hat seinen *eigenen* Körper mit seinen eigenen Seismografen, mit denen er Siege anstrebt.

Das Wissen der Schulen, nämlich das, was in Tests abgefragt wird, ist ein uniformes Wissen, das für alle Menschen gleich ist. Es geht nicht darum, sich an einem Gedicht zu erfreuen, sondern die Versmaße wie Trochäus und Daktylus zu kennen. Man muss wissen, aus welcher Epoche es stammt und wie deren Erkennungsmerkmale sich im Gedicht wiederfinden. Dieses Wissen ist für alle gleich. *Das* ist gemeint, wenn von *objektiv* die Rede ist! Niemand schert sich im Leben wirklich um Objektivität. Es geht nur um den Zwang zur Einheitlichkeit.

Ich habe in einer Podiumsdiskussion den obigen Begriff der Bildung zitiert. Eine Landeskultusministerin hat mir widersprochen. Bildung sei, sagte sie, Erziehung zur Berufsfähigkeit. Sehen Sie? Es gibt überall einen Trend zur Systematisierung unserer Köpfe. Im Wesentlichen wird die linke Hirnhälfte mit Standards befüllt. Bildung im ganzheitlichen Sinne? Ade!

Vergessen Sie bitte auch nicht, dass das Wissen mehr und mehr aus Konventionen besteht, die nicht verstanden werden müssen, vielleicht nicht einmal können. Testfrage: „Auf welcher Seite hat die Kaffeebohne einen Schlitz, oben oder unten?“ Es ist reine Konvention, was wir oben oder unten nennen. Dieses Beispiel ist erfunden, um den Punkt zu erläutern. Wissen Sie, dass sich der beschreibende Beobachter von Wappen diese so vorstellen muss, als halte er sie auf einem Wappenschild vor sich in der Hand gegen den Feind? Wer also hinter dem Schild steht und das Wappen beschreibt, vertauscht „rechts und links“ gegenüber dem direkten Betrachter. Wenn Sie also ein Wappen auf einem Blatt Papier anschauen und sagen: „Rechts ist eine Lilie!“ Dann sollte diese auf dem Blatt links sein. Sonst haben Sie sich als Heraldikbanause geoutet.

Das sind reine Konventionen. Das ganze Fach Gemeinschaftskunde ist voll von Konventionen, etwa, wie Gesetze entstehen. Die wahren Menschen würden noch Fragen zur Gerechtigkeit stellen …, die aber meist abgeschmettert werden. Der Religionsunterricht lehrt eine Fülle von Konventionen. Konventionen sind beschlossene oder entstandene Gebräuche oder Sitten, die „nun einmal so sind“. Jeder Mensch muss sie lernen, auch und *ganz besonders*, wenn sie keinen Sinn haben. Wenn sie einen Sinn haben, kann sie ja jeder Einsichtige, der die Welt versteht, implizit wissen. Wenn sie aber fragwürdig sind, reiben sie sich an der Einsicht in die Welt. Deshalb muss man sie *lernen*, gnadenlos lernen. Besonders das uns sinnlos Erscheinende muss also fest in die linke Gehirnhälfte hinein. Das uns sinnlos Erscheinende lernen wir besonders gerne, wenn wir uns mit fremden Völkern bekannt machen. „Weißt du, was? Japaner essen rohen Fisch. Pfui Teufel!“ – „Aber du isst doch so gerne Matjes, der ist doch auch roh.“ – „Meinst du? Das glaube ich nicht. Ich habe noch niemals gehört, dass Deutsche rohen Fisch essen.“

Viele Konventionen, Geschäftsusancen, Regeln, Bürokratieprozesse sind unsinnig, historisch entstanden und verzerrt, anachronistisch, platt falsch, schikanös. Trotzdem beherrschen sie uns. Sie tangieren unser Leben. Deshalb müssen wir sie uns eintrichtern wie unregelmäßige englische Verben. Das schmerzt wahre Menschen, die vernetzt und holistisch denken möchten. Das schmerzt natürliche Menschen, wenn solche unsinnigen Regeln ihre Freiheit begrenzen. Sie können diese Beschränkung wie Terror empfinden.

Daher finden wahre Menschen an der heutigen linkshirnigen Faktenvermittlungsschule zur Berufsfähigkeit so elend wenig Interesse, deshalb begehren natürliche Menschen unter Terror auf.

Terror! Das habe ich bewusst so hart geschrieben. Fragen Sie einmal einen wahren Menschen, wie er eine betriebliche Schulung zum Management oder zu irgendeinem Fachthema oder zur Softwarebedienung findet. Schulungen sind wie Aufklärungen oder besser Bekanntmachungen von Konventionen. Wann muss man welches Formular ausfüllen, was kommt in jedes Feld, wann drückt man wo welchen Knopf. „Der/die da vorne hat keine Ahnung, wovon er/sie redet!“, raunen die Kursteilnehmer. Sie verstehen nicht, dass eine Schulung nur all das enthält, was in der linken Hirnhälfte abgespeichert werden muss. Sonst aber gibt es in Schulungen weiter nichts. Keine Einsicht, keine Sinnvermittlung, keine Intuition in den Zweck, keine Übungen oder Praxisbeispiele, die das Papier wert wären, keine Besprechung möglicher Probleme und bitte keine Diskussion. Nichts. Nur Berufsfähigkeit. Deshalb heißt das alles meist nicht mehr Bildung. Im Amerikanischen heißt es entweder

„Education“ oder „Training“. „Education“ ist wie Vermittlung von Regeln, Training wie Einüben von Verhaltensweisen („Behavior“). Das eine wie „Ja-Nein-Wissen“, das andere wie „Bitte-Danke-Knicksmachen“. Das eine wie Festplattenspeichern, das andere wie Seismografenschärfen.

4.2.6 „Negative Thinking“: Kontrolle und Beseitigung von Schwäche

„Sieh doch nicht alles so negativ!“ Das sagen wir so oft. Wir plagen uns mit der zweierlei möglichen Sicht eines halbgefüllten Glases. „Ach, schon halb leer!“, sagen die einen, „Oh, noch halb voll!“, die anderen. Die richtigen Menschen finden, das Glas ist halb leer. Sie sagen es wie „Mein Sparguthaben ist halb aufgebraucht!“ und haben Angst. Die natürlichen Menschen haben bei dem Satz „Ich habe erst die Hälfte ausgegeben!“ ganz glänzende Augen.

Verstehen Sie den Zusammenhang?

Null Fehler!

Eine halb leere Flasche ist nicht *voll*. Das ist in gewissem Sinne ein Fehler. Es ist nicht perfekt.

Ich knüpfe hier an das Argument an, dass richtige Menschen Fehlerseismografen als härter empfinden als Lobseismografen. Deshalb sind richtige Menschen in erster Linie darauf aus, Fehler zu vermeiden. In zweiter Linie sind sie auf Lob erpicht. Die Prägung ihrer Körperalarmsysteme verlangt also, erst immer zu kontrollieren, ob alles in Ordnung ist. Danach versuchen sie, etwas Gutes zu tun. Sie kennen es auch aus dem Eiskunstlauf: „Erst die Pflicht, dann die Kür!“ – „Erst die Arbeit, dann das Vergnügen.“ (Jetzt wissen Sie auch, warum Eiskunstlauf so merkwürdig empfunden wird. Keiner von uns Zuschauern versteht so richtig, warum die Künstler in den ersten Tagen auf korrekte Techniken abgeprüft werden. Pflicht ist wie Null Fehler. Erst danach zeigen die Künstler etwas, was sich gut anschauen lässt. Im Sinne der Kampfrichter ist aber die Pflicht wichtiger, bei ihr können sie beckmesserisch Abstriche machen. Die Kür hat aus Sicht des Systems kaum etwas mit richtigem Eiskunstlauf zu tun. Sie betont so etwas wie den künstlerischen Gesamteindruck. Subjektiv! Pfui! Da können die richtigen Kampfrichter denn auch kräftig schummeln, anstatt alles, wie das Publikum, als ganzheitlichen Ausdruck zu bewerten.)

Wer also Fehler vor allem anderen fürchtet, weil ihn Schuldhyänen im Innern anfallen, wird Kontrolle über alles stellen. Kontrolle ist das Wichtigste für einen richtigen Manager. Vertrauen ist das Wichtigste für wahre Manager. Auf Vertrauensvorschuss Freiheit gewähren – das tun natürliche Führer. Die Systeme, die in der Denkart des Richtigen erbaut sind, sind deshalb vor allem Kontrollsysteme, die darauf dringen, dass keine Fehler gemacht werden.

Das reicht völlig aus!

Der absolut höchste Grundsatz lautet:

Command & Control.

Alles, was es zu tun gibt, ist ja durch Regeln vorgeschrieben. Ein System muss in diesem Sinne vollständig sein. Wenn alle Menschen alle Regeln einhalten, passiert alles so, wie es geplant ist. Wenn alles nach Plan läuft, also keine Fehlerseismografen ausschlagen, dann ist alles in Ordnung. Ein System erlässt also Regeln (Command) und prüft streng deren Einhaltung (Control).

Alle Menschen müssen mindestens alle Regeln kennen, die sie selbst betreffen, sie beachten und anwenden. Sie werden daher zuerst in der Kenntnis und dann in der Anwendung der Regeln geschult. Genau dies ist der Sinn von „Education" und „Training". „Education" macht mit den Regeln bekannt, sie werden im Hirn abgespeichert. Im nachfolgenden Training wird alles geübt. Es wird festgelegt, was passiert, wenn die Regeln verletzt werden: konsequente Strafe. Damit wird das bloß Gelernte in Körperseismografik geprägt. Es muss uns innen weh tun, wenn Regeln verletzt werden. Spätestens nach einigen schmerzvollen Erfahrungen („durch Schaden wird man klug") schlagen Seismografen schon *vorher* Alarm, *bevor* nämlich die Regeln verletzt werden sollen oder wenn der Mensch in Versuchung kommt.

Wenn alle Regeln beachtet und angewendet werden, hat das System Null Fehler.

Dann ist es exzellent.

Denn das Exzellente ist das Fehlerfreie.

In der Wirtschaft schimpft man heute auf die weit verbreitete Attitüde der richtigen Menschen, nicht wirklich vernünftig zwischen Chance und Risiko abwägen zu können. Sie haben Angst, ein Risiko in Kauf zu nehmen. Sie verzichten selbst auf große Chancen, wenn eine Chance besteht, dass sie sich mit einem Fehler blamieren.

Es liegt an dem Ungleichgewicht im Körper. Chance ist schön, aber einen Fehler nimmt der richtige Mensch dafür nicht in Kauf. Er ist nämlich vom System her auf Fehlervermeidung umdressiert. Er kann deshalb nicht vernünftig handeln, weil die Seismografenangst ihn eisern auf der Fehlervermeidungsstraße festhält. Wer zu viele Seismografen hat, die alle Regeleinhaltung bewachen, ist eben wie eine Maschine programmiert: auf künstliche Vernunft.

Wenn aber der Fehler das Hauptübel ist, nämlich gerade das, was im Endeffekt das Exzellente verdirbt, dann ist die Beseitigung von Fehlern und von Schwäche das allererste Gebot für jeden im System.

Wenn jemand in der Schule schlecht ist, schauen wir in sein Zeugnis. Dort finden wir zum Beispiel zwei Fünfen. Dann schicken wir ihn sofort zur Nachhilfe in den zugehörigen zwei Fächern. Das ist doch klar? Ja? Zuerst werden immer die Schwächen beseitigt. Dies scheint uns der richtige Weg. Stärken schauen wir nicht an, solange es noch Schwächen gibt. Es könnte aber doch sein, dass Mozart kein Mathe kann, oder? Und dann? Dann bekommt Mozart eben kein Abitur. Es geht beim Abitur nicht um Menschwerdung oder Bildung an sich, sondern um möglichst große Fehlerlosigkeit im vorgeschrieben Stoffkanon. Deshalb werden unaufhörlich Fehler angekreidet. Durch Sanktionen wird der Mensch gezwungen, an der Fehlerbeseitigung zu arbeiten.

In den Systemen kreisen also alle Gedanken um Fehler und deren Verhinderung. Wer Fehler beseitigen muss, ist schon in Gefahr, zu den geringeren Menschen zu zählen. Er ist wenig wert. Seine Fehler sind automatisch Tadel, Schuld, Scham, Gewissensschrei. Er ist kein anständiger Mensch mehr. Ein Genie mit zwei Fünfen im Zeugnis wird nicht versetzt.

Eigentlich aber kreisen nicht die *Gedanken* um Fehler.

Die *Körpersäfte* kreisen im Körper um die Fehler. All das hat nichts mit Denken und Vernunft zu tun. Es ist Angst vor negativen Schlägen. Durch die harte Unsymmetrie zwischen Angst vor Tadel und Wohlgefühl bei Lob

- sieht der richtige Mensch die Welt negativ und er versucht, weil er sich selbst als der „normale“ Mensch versteht, alle anderen auch zu seiner Sicht zu zwingen,
- sieht der richtige Mensch vor lauter Fehlerangst die Chancen nicht und will sie auch nicht von den anderen gezeigt bekommen, weil ihm dann Gefahr droht,
- bleibt der richtige Mensch im System gefangen, weil er sich sonst fürchtet,
- zieht er es bei weitem vor, wie ein genormtes Systemteil zu funktionieren, denn dann ist er als Fehlerloser exzellent.

Dieses Dranges zur Fehlerlosigkeit wegen sieht sich der richtige Mensch oft verdammt. Er bekommt nämlich nicht viel Lob. Denn wie geölt laufende Maschinen werden nicht andauernd gestreichelt. Sie laufen und es ist gut. Sie sind wie Wasser und Strom immer da.

Richtig umdressierte Menschen sagen oft, sie sehnten sich nach einem Lob, nach etwas Dank oder ein bisschen Aufmerksamkeit. Sie sagen oft, das fehle zu ihrem Glück! Und sie sind neidisch, dass die anderen Menschen Lob bekommen, solche, die drauflos marschieren, ohne sich an Regeln zu halten. Die richtigen Menschen wissen nicht, worauf ihr Körper programmiert ist: Vor allem auf Schmerzfreiheit. Wenn sie also keine Schmerzen haben, funktionieren sie ja, und das ist ihre Form von Glück, was ihnen aber niemand verraten hat. Wenn Glück für sie je etwas anderes sein soll als getane Pflicht, dann ist die Fehlerangststrategie geradezu eine Katastrophe. Mit ihr ist das Erreichen von Glück ziemlich unwahrscheinlich.

Darf ich folgendermaßen schließen? Wenn Sie negativ denken sollten, sind Sie wahrscheinlich von Ihren Fehlerseismografen verdammt. Ihre Vernunft ist ins Dunkel gedrängt. Ihre Mitmenschen flehen Sie sicher an, Sie möchten nicht alles so schwer nehmen, Sie möchten einmal Fünfe gerade sein lassen. Man bittet Sie, zu genießen, sich Zeit zu nehmen, einen Tadel auch einmal mit Achselzucken zu quittieren. Alle wollen von Ihnen etwas mehr Leichtigkeit des Seins. Denn Sie sind von Ihrer Umdressur her verdammt, die *Chance* (*jede* Chance!) zu gering zu bewerten, weil Sie ein Fehler unangemessen schmerzt. Es schmerzt nicht die urteilende Vernunft in Ihnen, sondern der andressierte Alarmseismograf. Die urteilende Vernunft brauchen Sie nicht. Es ist immer schon *vorher* Alarm.

4.2.7 The Organization Man

Der Mensch, der alles richtig macht, was im System als richtig galt, wurde von William H. Whyte 1956 im Buch *The Organization Man* beschrieben. Zu dieser Zeit sogen die Systeme den Menschen geradezu in sich auf. Die Mitarbeiter der großen amerikanischen Konzerne waren Teile eines großen Systems, mit Haut und Haar. Sie identifizierten sich bedingungslos mit der Firma und waren absolut loyal. In dieser Wachstumsperiode nach der unmittelbaren Nachkriegszeit war das Wohlergehen der Firma fast identisch mit dem eigenen Wohlergehen des Mitarbeiters. Dieser konnte sich ein Leben ohne seine Firma kaum vorstellen. Die Firma sorgte ihrerseits dafür, dass der Mitarbeiter je nach seinen Kräften Schritt für Schritt Karriere machte und wenigstens aus Senioritätsgründen immer besseres Gehalt bekam. Niemand wurde entlassen, jeder Mitarbeiter war „Lifetime-Employee", Mitarbeiter auf Lebenszeit. Pensionsfonds sorgten bis zum Lebensende dafür, dass es ihm gut ging.

Die Manager solcher Firmen gingen ebenfalls ganz in ihrer Führungsrolle auf. Sie arbeiteten zu jeder Zeit, tags und nachts. Sie konnten nicht richtig unterscheiden, was nun zum Privaten oder zum Dienstlichen gehörte. Das beunruhigte sie nicht. Es war in Ordnung so.

Das System schloss einen fast unauflöslichen Sozialkontrakt mit dem Mitarbeiter. Er hatte seine Perspektive nur in der Firma und konnte sich auf einen langen Lebensweg in ihr einrichten. Er konnte, wenn er wollte, auf lange Zeit in ihr etwas Großes planen und schließlich vollbringen.

Whyte schrieb dieses Buch mit Flammen der Besorgnis. Er wies darauf hin, dass diese lebenslange Ruhe eines hinfließenden Systems vor allem so hohen Konformitätsdruck erzeugen könnte, dass die Mitarbeiter schließlich nie mehr an Veränderungen oder Verbesserungen denken könnten. Sie würden kaum nach außen in die Welt schauen wollen und keine Imagination mehr entwickeln. Insbesondere käme ihnen im ruhend-stabilen System die Fähigkeit abhanden, unternehmerisch zu denken und zu handeln.

Eine solche Welt ist eines dieser perfekten Systeme, die ich hier beschreiben wollte. Die ganze Firma besteht aus völlig gleichen richtigen Menschen, die nur keine Fehler machen dürfen. Damals waren die Sanktionen und Strafen moderat. Es wurde ja niemandem gekündigt. Ein Gnadenbrot wurde jedem gewährt, die fürstliche Rente ebenfalls. Das war eine relativ ruhige, *richtige* Welt. Im Grunde lebte also das ganze System mit allen Mitarbeitern auf der linken Apter-Kurve, verstehen Sie?

Kein Stress für Konforme. Alles ruhig. Kein Abschneiden von Köpfen, egal wer wie gut abschneidet. Da die Wirtschaft wuchs und wuchs, gab es nicht so große Ausschläge der Seismografen, wenn man nur konform und loyal war. Das war natürlich wichtig! Umdressiert musste man schon sein! (McCarthy's Ära endete in diesen Jahren. 1954 wurde er wegen seiner diffamierenden Methoden öffentlich gerügt, er starb 1957.)

Die Zeit des *Organization Man* war eine des richtigen Menschen par excellence. Sie war so eingerichtet, das sich der richtige Mensch wohl fühlte. (Heute optimiert er sich unter Qualen.)

1980 schrieb Whyte noch, er fände, es sei alles noch etwa beim Alten. Um 1990 glaubte ein Großteil der amerikanischen Konzernangestellten, sie würden niemals ihren Arbeitgeber wechseln oder verlassen.

Wir hatten bis ungefähr 1990 die Alte Welt.

Etliche Grundprinzipien dieser Welt zähle ich Ihnen sicherheitshalber noch einmal kurz auf, damit Sie sich erinnern. Vieles gilt auch heute noch, ist aber nicht mehr so ernst gemeint, weil wir ja jetzt den Erfolg zur Pflicht gemacht haben. Die Prinzipien dieser Neuen Welt folgen einige Abschnitte später.

4.2.8 Werte einer traditionellen Systemwelt

Philosophie: „Abstrakte Gleichheit der Menschen" Im System sind natürlich alle Menschen gleich. Das stimmt letztlich überhaupt nicht, aber es ist schwer anders zu regeln. Früher geschah es über Klassen und Stände, über Apartheid oder Feudalsysteme. Heute wird die Ungleichheit eher über Geld, Ausbildungsstufen und Hierarchie administriert. Der Grundsatz der Gleichheit aller Menschen ist aber ein guter Startpunkt für ein System, so könnte man denken. In Wirklichkeit sehen wir ja schon in diesem Buch, dass die Annahme psychischer Gleichheit der Menschen zu diesem ganzen Elend führt, dass nämlich Menschen ganz gegen ihre Temperamentstruktur arbeiten und leben müssen. Die Forderung nach Gleichheit der Menschen ist stark verknüpft mit dem Gedanken, dass alle Menschen auf die gleichen Sitten und Regeln möglichst gleich abgerichtet sein sollten. Dann wäre das System perfekt. Wahre Menschen (wie ich) finden Gleichheit gar nicht wichtig bzw. wirklich unsinnig, deshalb redet unsere Spezies immer von Toleranz von Ungleichheit. Wahre Menschen wollen jedem seine eigene Würde in seiner Ungleichheit lassen. Die *Würde* des Menschen ist für die Wahren das Wichtige, nicht die Gleichheit. Die Würde steht denn auch in unserer Verfassung, aber sie wird wie Gleichheit von den Richtigen interpretiert. Natürliche Menschen finden, jeder soll einen fairen Platz in einer freien Gesellschaft haben. Sie hassen die Forderung nach Gleichheit geradezu, weil sie ihnen wie Freiheitsberaubung scheint, was sie auch ist. Diese ganze Gleichheit ist jedenfalls innerhalb von Systemen eine gute anfängliche Verhandlungsbasis für jeden, auch den Ungleichen.

Abstrakte Mission: „Das System hütet die Gerechtigkeit" Das System behütet die Gleichheit und Gerechtigkeit. Dazu gibt es Polizisten mit Verordnungen und Lehrer mit gleichem Lehrstoff. Jeder Bürger bekommt eine Stimme und einen Personalausweis. Richter sprechen das gleiche Recht über jeden von uns. Das Hüten der Gerechtigkeit stellt sich fast ganz unter den Gesichtspunkt der Erhaltung der Ordnung und der damit verbundenen Normung der Gesellschaft. Unter dem Banner der Gerechtigkeit der Gesetze wird im Wesentlichen nur das *System* aufrechterhalten. So gibt es drakonische Strafen für Diebe, Räuber und Gewalttäter aller Art. Das sind systemdestabilisierende Straftaten. Täter mit der weißen Weste, die nur innerhalb des Systems tricksen und betrügen, mit Bilanzen, mit Unterschlagungen oder Bestechungen – sie gehen mit geringen Strafen aus, wenn sie überhaupt ordentlich verfolgt werden. Das System behütet seine Existenz gegen Übergriffe, die das System aushebeln. Zum Beispiel wirkt aber Bestechung stabilisierend auf Systeme! So sind die Sanktionen und die Obhut des Systems stark, wenn es sich selbst bedroht sieht. Sonst passt es nicht so genau auf. (Wenn jemand 3.000 € stiehlt, gibt es Gefängnis. Wenn jemand Staatsflugmeilen privat nutzt, muss er sich entschuldigen. Übrigens ist es im System eine ziemlich hohe Strafe für Repräsentanten, sich entschuldigen zu müssen. Ich will also nicht sagen, dass sie ganz davonkommen. Nur ist es weder „gleich“ noch „gerecht“.)

Prinzip: „Einheitlichkeit der Regeln und Uniformität“ Systeme legen Wert auf Einheitlichkeit der Regeln, auch jenseits von Sinn- oder Zweckfragen. Uniformen müssen überall gleich sein, die Messe wird möglichst lateinisch weltweit gleich gelesen. Kulturunterschiede werden bekämpft. Ein sogenanntes Zentrales Abitur sichert die beste Ausbildung. Es geht in der Industrie um Standardisierungen und Normen. „Wir setzen den Standard!“, rufen begeisterte Systeme und meinen damit, sie haben die Macht errungen. Derjenige hat Einfluss, dessen Regeln gelten. „Unsere Gesetze sind jetzt überall Standard.“ In diesem Sinne ist die Demokratisierung oder die Durchsetzung globaler Handelsrichtlinien Kampf der Systeme untereinander. (Windows-Standard der Betriebssysteme, Intel-Standard der PC-Prozessoren.) Wer auf dem starren Einhalten absolut gleicher Regeln beharrt, bis zu närrischer Sturheit, der heißt in der Psychiatrie „zwanghaft“. Das heißt: „Die Regeln üben Zwang auf ihn aus. Sie haben ihn in Haft genommen.“ In diesem Sinne kämpfen Systeme miteinander, gegen innere Gegner und gegen den Verfall der Sitten. Sie zwingen unter die Regeln. Wenn jemand Regeln nicht beachtet, ist dies ein Zeichen von Auflehnung, auch wenn er Recht damit hat, die Regeln einmal beiseite zu lassen. Es ist so, als wenn ein Kind nicht gehorcht. Richtige Eltern, die Seismografen einprügeln, denken: „Wenn das nur einmal straffrei durchgeht, verliere ich Autorität.“ Regeleinhaltung zeigt Loyalität und Konformität. Regelverletzung ist Aufstand. Sinndiskussionen von Regeln sind Aufwiegelung gegen die Herrschaft. Sinndiskussionen sind Schüsse gegen Manager. Deshalb kann nie etwas geändert werden, weil ihre Autorität schwindet, wenn diskutiert wird. „Stop debate! Debate is over! I made this decision, and it’s *me* who is responsible!“ Systemregeln sind Herrschaftsangelegenheiten.

Die Macht – Messen, Zumessen, Messkriterien bestimmen Die Macht wurde schon ausgiebig diskutiert. Macht haben heißt im System: Regeln vorgeben. Das ist bei wahren Menschen nicht so. Buddha gibt keine Regeln. Mutter Theresa gibt keine. Im System dagegen hat Macht etwas mit dem Messen von Leistungen, dem Beurteilen, dem Zuteilen von Gehältern und Privilegien zu tun. Im Stab herrschen Strategen, die die neuen Regeln ersinnen. Sie sind die indirekten grauen Eminenzen, wie die Generalstabsoffiziere im Vergleich zu einem General an der Front. Macht setzt Regeln fest. Natürliche Menschen sehen dagegen die Macht in einer Führungs*persönlichkeit*, die *Befehle* erteilt. In diesem Sinne ist ein Frontgeneral eine *natürliche* Konstruktion. Es gibt im Kampf keine richtigen globalen Regeln, sondern Aktion durch gute Befehle. (Amerika agiert im Irakkonflikt mit Befehlen, Deutschland hofft auf Regelungen. Anmerkung im Februar 2003.)

Zukunft: „Alles nach Plan“ Die Zukunft wird in einem System sorgsam geplant. Wer die Zukunft plant, besitzt Macht. Er ist an der Regierung. Die vorgesehene Zukunft wird im Plan festgelegt. Der Plan wird in Regeln und Aktionslisten umgesetzt. Es wird von Systemen angenommen, dass Zukunft planbar ist. Das ist eine sehr bedenkliche Annahme, die meistens nicht stimmt. Eine andere Arbeitshypothese als die, dass Zukunft planbar wäre, existiert für richtige Menschen im System nicht. Heute wandelt sich die Welt so schnell und die Zukunft ist definitiv nicht mehr planbar. Die richtigen Menschen wollen es nicht erkennen. Sie reagieren auf ihr Versagen, die Zukunft zu planen, derzeit mit immer kürzeren Planungshorizonten. Dieses kurzsichtige Vorgehen wird heute Quartalsdenken genannt. Die Systeme leiden darunter. Wahre Menschen folgen vagen Visionen, die sich an die Zukunft anschmiegen können. Natürliche Menschen reagieren wie James Bond aus dem Stand. Systeme können diese naheliegenden Arbeitsweisen niemals dulden, weil man das Streben nach Visionen und das spontane Reagieren nicht abprüfen kann. Es muss ja im System eine Leistung gefordert werden, deren Erbringung überprüft wird! Wie geht das, wenn die Schule etwa sagen würde: „Der Lernstoff ändert sich so schnell, lern einfach los!" Was wäre dann? Das ist doch nicht systematisch, sagt das System und schüttelt sich vor Unwillen.

Command & Control: „Abweichungen des Ist vom Soll werden streng geprüft" Systeme setzen Regeln und Belohnungen fest. Das Netz der Regeln ist so dicht, dass alles in Ordnung ist, wenn alle Menschen alle Regeln einhalten. Wenn Regeln nicht eingehalten werden, ist aus Sicht des Systems ein Fehler zu vermerken, der abgestellt wird. Die Fehlererkennung erfolgt durch Nachprüfen. Die geplante Pflicht oder die geplante Zukunft heißt Plansoll. Dieses Soll zu erreichen, ist Pflicht. Das Erreichte wird ständig auf dem Weg in die Zukunft gemessen. Es wird mit dem Plansoll verglichen. Wenn etwas unter dem Plansoll ist, wird dagegen vorgegangen: Vokabeltest, Review, Revision. Wenn etwas über dem Plansoll liegt, ist „alles im grünen Bereich". Ruhe der Seismografen.

Struktur: „Das Große ist ohne Organisation nicht regierbar" Dieser Grundsatz wird in allen großen Unternehmen und von Bürgern der Staaten seufzend leise wiederholt. Wir leiden unter der Organisation an sich, die unser Leben in Abteilungen und Zuständigkeiten zerhackt. Für alles sind immer andere Zuständige da. Andererseits weiß niemand so recht, wie es ohne ein System im Leben weitergehen sollte. Firmen bis etwa 200 Mitarbeiter lassen sich offenbar ohne richtiges System führen, denn dort kennt jeder jeden, wie in einer frühchristlichen Gemeinde. Wenn sich mehr Menschen als ein Dorf voll zusammentun, beginnen erste Zeitgenossen mit Schummeleien oder Gewalt. Ein System muss her. Polizei und Controlling zuerst. Kleine Firmen werden auf Vertrauensbasis geführt, von wahren Menschen. Oder: Die Firma hat einen starken natürlichen Boss mit gewissem Charisma, dem einfach gehorcht wird. In solchen Firmen fühlt man sich oft sehr wohl. In Systemen herrschen Regeln und die Menschen müssen ihre Individualität gegen Loyalität und Konformität eintauschen. Das neue globale Denken der letzten Jahre lacht fast über den Gedanken, die Welt aus kleinen Dörfern bestehen zu lassen. Manchmal kann eine Abteilung in einem System wie ein kleines Dorf sein. Das heißt dann: Team. Leider wechselt der Bürgermeister heute zu oft und die Teammitglieder werden dauernd ausgetauscht. Systeme verlieren an Kontinuität, die sie früher noch hatten, nämlich zu Zeiten des Organization Man.

Hierarchie: „Einer muss Chef sein, sonst geht es nicht" Strukturen zerteilen das Leben in Bereiche und Abteilungen, die einen Chef benötigen. Für jede Zuständigkeit gibt es einen Manager. Er ist eine Führungskraft. Manager haben wieder Manager; es bildet sich eine Hierarchie. Es entstehen Menschen verschieden hoher Stufen. Hierarchien sind ein herber Bruch mit dem Gedanken der Gleichheit aller Menschen. In Systemen sind Menschen eben nicht gleich. Bei wahren Menschen müssen die Menschen nicht gleich sein, aber sie haben alle die gleiche prinzipielle Würde. Eine Mutter Theresa ist nicht wie andere wahre Menschen. Sie steht viel höher, aber nicht in einer Hierarchie. Jeder wahre Mensch hat eine gewisse persönliche Autorität und Würde, die gegenseitig erkannt und anerkannt wird. Natürliche Menschen bilden Ordnungen der Stärke, die ein wenig nach Hackordnung riechen. Ein natürlicher Mensch strahlt seine persönliche Stärke aus, die von anderen gespürt werden kann. Wahre und natürliche Menschen verachten Hierarchien. Sie sind oft erschrocken über sogenannte hohe Führungspersönlichkeiten in Systemhierarchien, die in der Gemeinschaft der wahren Menschen nicht geachtet würden oder die die natürlichen Menschen verlachten. Wahre Menschen wünschen sich den „True Leader", der visionär vorangeht und sich um sie sorgt. Natürliche Menschen wünschen sich eine starke Persönlichkeit, der man gerne gehorcht. Systemmanager mit Schulterepauletten werden von ihnen als Funktionäre und Apparatschicks ignoriert, so gut es geht.

Härte, Selbstgerechtigkeit und Intoleranz: „Das System steht über dem Menschen" Das System ist am wichtigsten. Der einzelne Mensch muss gegenüber dem Ganzen zurücktreten. Gesetze und Regeln sind oft im Einzelnen oder für den Einzelnen ungerecht oder zu hart; das aber muss stoisch geschluckt werden. Wenn das System als Ganzes die Macht hat, sind alle Menschen in ihm sicher. Wenn es Ausnahmen gibt, wird der Willkür Tür und Tor geöffnet. Deshalb müssen Systeme gegen Ausnahmen unerbittlich hart sein. Es geht nicht um Menschen, sondern in erster Linie um das Funktionieren. Deshalb sind Systeme tendenziell intolerant. Wahre Menschen hassen Intoleranz, natürliche Menschen empfinden sie als Freiheitsberaubung.

Das Höchste: „Systemstützen (Loyalität) muss sich lohnen" Viele der höchsten Posten in Systemen werden von Managern und Politikern bekleidet, die sich vor allem loyal für das Funktionieren des Systems einsetzen. Für das System ist der Selbsterhalt furchtbar wichtig. Deshalb werden Menschen, die Fehler im System anprangern, unterdrücken und ausmerzen, am ehesten in hohe Positionen befördert. Das verstehen leider die wahren und die natürlichen Menschen nicht. Sie klagen: „Dieser Mensch da schimpft nur herum. Er bekrittelt alles. Es ist ihm nur wichtig, dass seine Abteilung keine Fehler macht. Was die Abteilung sonst macht, ist ihm egal." Das ist ein unsinniger Einwand in einem System, in dem Fehlerfreiheit schon alles bedeutet. Der Plan der Zukunft des Systems gibt Regeln und Ziele vor. Wenn alle diese erreichen, tritt die geplante Zukunft ein. Alles ist gut. Eben – wie geplant!

Das Tiefste: „Das System ablehnen" und „Lust & Gewalt" Menschen, die das System ablehnen, kommen auf Scheiterhaufen. Man verbrennt sie nicht gleich, aber es gibt viele Methoden, Systemgegner wieder einzufangen. Die harmlosen Systemgegner sind meist schon ganz zufrieden, wenn der Chef ihnen Recht gibt. „Ja, richtig, das ist sinnlos. Ich selbst bin ganz verzweifelt, mehr als Sie. Aber alle Abteilungen haben diese Regelung getroffen und akzeptiert. Ich war machtlos. Glauben

Sie mir, ich habe keinen schönen Job. Ich bleibe da dran. Ich hoffe, ich kann Ihnen bald Hoffnung machen.“ Viele wahre Menschen sind schon ganz stolz, wenn sie das System bei Unterhaltungen vor dem Kaffeeautomaten tapfer hassen, dann aber brav weiter arbeiten gehen. Härtere Systemgegner bekommen am besten ihnen unangenehme Arbeit oder sie werden wie Unfähige weggelobt und damit gleichmäßig im System verteilt. Faulenzer aber und offen Widerspenstige werden öffentlich beseitigt. Man beginnt mit Abmahnungen! Das System sagt: „Das können wir uns nicht mehr gefallen lassen.“

Fehlerbehandlung: Schuld suchen! Schärfere Regeln! Wenn das System in Gefahr kommt, werden die Bestimmungen verschärft. Auf jeden Terroranschlag, jede Großdemonstration folgen neue Bestimmungen. Fällt ein Kind vom Kirschbaum, wird landesweit Gartenverbot verhängt. Ein System ist selbst per definitionem fehlerfrei. Die Menschen im System dürfen keine Fehler machen, dann ist alles gut. Wenn ein Fehler im System geschieht, muss daher ein Mensch schuld sein. Der muss gefunden werden. Niemand ruht, bis die Schuld lokalisiert ist. Dann ist der Fehler gefunden. Der Schuldige wird bestraft oder begnadigt, wenn er sich schämt, widerruft und Besserung schwört.

Wenn kein Schuldiger gefunden wurde, muss der Fehler daran liegen, dass das System Lücken aufweist (nicht Fehler! Lücken eben) oder dass es zu gutmütig war und den Menschen vertraut hatte, weil zu lange nichts passiert war. Dann schließt es sofort Lücken. Die Funktionäre im System, die die Lücken zuließen, werden bestraft. Es führt schärfere Bestimmungen ein. Oft freut sich ein System, wenn man ihm vorwirft, zu gutmütig zu sein. Deshalb sind Anschläge auf das System im weitesten Sinne erfreulich systemstabilisierend.

Ein wirklicher Fehler im System brächte das Seismografensystem der richtigen Menschen in totale Unruhe. Es hat nichts mit Vernunft zu tun. Wenn eine Dose mit vergiftetem Fisch auftaucht, werden neue Lebensmittelgesetze gefordert. Jeder Filmbericht von einer Weihnachtsganszucht ekelt uns eine Woche („Wir öffneten die Scheune, aus der Blut sickerte. Die Gänse schrieen ganz kraftlos leise. Als wir die Tür aufbekamen, fielen sie alle wie gegeneinandergestellte Dominosteine um und heraus. Sie konnten nicht aufstehen, hatten keinen Gleichgewichtssinn mehr, weil sie nur immer eng aneinandergestanden hatten. Wir dachten erst, sie seien schon mit Antifederkampfstoff nackt gemacht worden, aber es war die neue Nacktganssorte. Alle mussten sofort getötet werden, weil man nicht Tausende Gänse wieder nebeneinander aufstellen kann, so dicht, dass sie nicht wieder umfallen. Es gibt nicht genug qualifiziertes Personal dafür.“). Nach einem solchen Filmbericht beginnt eine Untersuchungskommission, die ebenso wenig Stehvermögen hat, wenn die Tür zur Presse aufgeht. Es werden Zuchtregelverschärfungen beschlossen. Die Seismografen der Bürger beruhigen sich wieder. Nach einigen Tagen beißen sie wieder in weiche Keulen. „Wie zart!“ Das System selbst muss sich seiner sicher sein und mindestens die richtigen Menschen darin wollen unbedingt auf das System vertrauen können. Wenn eine Gans gekauft werden kann, muss sie prinzipiell essbar sein.

Pflichtethos: „Erst die Arbeit (Systemdienst), dann vielleicht Vergnügen“ Die Systemseismografen in uns schlagen unerbittlich Alarm, wenn noch Pflicht wartet. Dann müssen wir „zwanghaft“ bis zum Ende arbeiten und alles „erledigen“. Besonders die richtigen Menschen fürchten sich, dass sie Stress bekommen. Neulich bekam ich eine E-Mail: „Ich habe immer erst meine Pflicht getan und mich *dann* vergnügt, also nie. Ganz plötzlich erleuchtete mich die schwarze Erkenntnis, dass nichts so sehr wie dieser Satz mein Leben ruiniert hat. Ich konnte nie abschalten. Ich schreibe aus einer Herzklinik …“

Vergeltung: „Spätestens bei Gott wird bezahlt“ Ich kenne ein paar Menschen, die immer wieder sehen, dass ihnen das treue Systemleben weder Ruhe noch Wohlstand oder Lob und Dank bringt. Sie sagen: „Gott weiß, was ich getan habe. Spätestens dann werde ich reich belohnt. Der Pfarrer hat es bestätigt. Der Arme kommt in den Himmel. Ich war so froh, dass ich etwas gespendet habe.“ Das ist das Gefühl, dass unbedingte Treue einen Wert in sich hat. Denken Sie schon einmal nach, wie das heute und noch mehr morgen mit der Treue steht? Treue muss annehmen können, dass irgendetwas im System einen Wert hat, bewahrt zu werden. Shareholder-Value zum Beispiel.

4.2.9 Re-Engineering The Organization Man

Noch etwa 1990 war alles ziemlich ruhig in der gefestigten Systemwelt.

Und dann brach etwas herein, was „Re-Engineering“ und „Shareholder-Value“ hieß. Ich nenne es zusammengenommen: Supramanie. Den ersten Teil dieser Entwicklung beschreibe ich hier, der zweite folgt einige Seiten später.

Re-Engineering bedeutet Umgestaltung der Prozesse eines Unternehmens. Das wissen Sie ja. Aber was es wirklich heißt, ist Ihnen vielleicht verborgen geblieben. Es ist ganz versteckt hinter einem Satz zu finden, den Sie immer und immer wieder hören oder gehört haben:

> Alles muss auf den Prüfstand, ohne Ansehen von Sache oder Person.

Prüfen!

Das ist Stress für die konformen Menschen. Sie werden jetzt getrieben, effektiv zu werden. Ich hatte schon beschrieben: Richtige Menschen sind prozesskonform und machen möglichst keine Fehler, aber sie sind oft nicht effektiv. Natürliche Menschen sind eher effektiv, wenn sie unter Strom stehen, aber sie mögen keine Konformität entlang peinlich ordentlicher Prozesse.

Prüfen! Das ist das Zauberwort!

Unter Prüfungen arbeiten richtige Menschen besser. Sie haben Angst und leisten etwas, um die Prüfung zu bestehen.

Eine gute Idee wäre es, die Anzahl der Prüfungen und deren Anforderungen zu erhöhen und die Strafen zu verschärfen.

Mit dieser feinen Idee im Hinterkopf oder besser in Fragebogenaktionen erschienen vor etlichen Jahren lauter kluge Unternehmensberater mit bedenklichen Gesichtern. Sie arbeiteten genau aus, wie viel produktive Arbeit wir leisteten. Oh je, bei mir waren sie auch. Ich war damals etwas säuerlich über die vielen Meetings und Abstimmungsrunden in einer Firma des „Organization Man“. Ich rechnete aus eigenem reinen Interesse alles ganz genau für mich selbst aus. Das Endergebnis, ohne jede Beschönigung, die nackte Wahrheit: Zu etwa 55 % der Arbeitszeit tat ich etwas, was ich selbst für meine eigentliche Arbeit hielt. Wir hatten damals jeden Montag in Managermeetings von acht oder neun Uhr bis zwei Uhr am Nachmittag viele erbitterte Diskussionen, ob für Weihnachten vorgearbeitet werden könnte oder wie lange am Abend das Außenlicht an bleiben sollte. Das hielt ich nicht für Arbeit. Jeden Montag, das ist prozentual schon ziemlich viel! Sie merken, 55 % sind schon in Ordnung. Ich habe überall herumgefragt, wie die Ergebnisse von anderen wären, die nicht Manager waren, also wohl mehr arbeiten konnten. Es waren aber überall nur ungefähr 55 %. Diese Zahl nannten mir viele andere in ganz anderen Firmen. 55 %!

Ich war total begeistert über diese mir zu niedrig erscheinende Zahl! Ich dachte bei mir: Wenn das bekannt würde, dann würde man aufhören, so blödsinnige Meetings wegen Kleinkram zu machen. Dann könnte ich mehr arbeiten und würde glücklich. Mensch, war ich naiv!

Die Unternehmensberater schlossen wohl aus den Ergebnissen, dass man das schlechteste Drittel der Mitarbeiter einfach entlassen könnte. Denn es war ja rechnerisch nur für zwei Drittel genug Arbeit da, wenn alle nur 55 % der Zeit im engeren Sinne arbeiteten.

Idee: Wir werfen ein Drittel der Mitarbeiter hinaus und warten einmal, was passiert. Produktivitätsmessung und Downsizing!

Meistens passierte erst einmal wirklich nichts. Leider wurden die Meetings ganz und gar nicht gestrichen. Es wurden sogar viel mehr Meetings, weil alle Leute Angst hatten! Es wurde eine Prüfungsorgie!

Re-Engineering führte dazu, dass man alles nicht „direkt“ Profitkorrelierte einfach strich. Was nicht direkt etwas mit dem Firmengewinn zu tun hatte, organisierte man um. Im Endergebnis wurden viele, viele Mitarbeiter entlassen, die für die Produktivität „nicht entscheidend“ waren, das sind alle die, deren Verschwinden zu keiner unmittelbaren Katastrophe führt. Wir hatten zum Beispiel jemanden, der die Hydrokulturen pflegte. Sind Hydrokulturen für den Profit wichtig? Brauchen wir einen Gärtner? Bald danach gossen wir selbst. Nach und nach verschwanden die Pflanzen, nur ein paar Gummibäume blieben. Diese Konzentration auf das Unverzichtbare hieß „Verschlankung“, im Amerikanischen „Lean Management“. Sie verstehen, was passierte?

Dieser durchschnittliche *Organization Man* ist in große persönliche Gefahr gekommen. Früher war es o.k., durchschnittlich zu sein. Der Durchschnitt war der sichere Hafen des Systems. In einem schlanken System steht aber das Unterdurchschnittliche nackt in exakt nachgemessener Schande da. Das Drittel der Unterdurchschnittlichen trägt nur vielleicht fünf bis zehn Prozent zur Gesamtarbeitsleistung bei. Sie kosten aber fast das gleiche Gehalt. Im Durchschnitt macht eine Firma gerade so fünf bis zehn Prozent Rohgewinn auf ein Mitarbeitergehalt. Wenn nun ein Mitarbeiter nur etwa 20 % weniger leistet als der Durchschnitt, fällt für ihn ein

Verlust an, der durch die anderen gedeckt werden muss. In der Praxis bedeutet das, dass in einem ruhigen System die stärkeren Mitarbeiter den schwächeren oft und viel helfen. Wenn man aber alles mit dem Lineal nachmisst, ist es einfach nüchtern so, dass eine Firma an unterdurchschnittlichen Mitarbeitern Verlust macht. Noch einmal: Ich habe jetzt nicht vorgerechnet, dass eine Firma mit schlechten Mitarbeitern Verlust macht, das ist Ihnen ja auch so klar. Ich sagte: Sie macht schon an leicht unterdurchschnittlichen Mitarbeitern Verlust.

Deshalb sagt ein kalt-rechnerischer Blick auf die Lage: Ein Drittel aller Mitarbeiter der gesamten Wirtschaft muss entlassen werden. Erschrecken Sie nicht davor. Denken Sie sich zurück in die Schule: Wie viel haben Sie bei dem schlechtesten Drittel der Lehrer gelernt? Nichts. Was hat das schlechteste Drittel der Ärzte an Ihnen geheilt? Nichts, Sie sind im Gegenteil gegen viel Geld verhunzt worden. Was hat das schlechteste Drittel der Handwerker bei Ihnen im Haus hinterlassen? Teuren Pfusch.

Deshalb macht es nichts, das schlechteste Drittel der Studenten aus der Uni zu jagen und das schlechteste Drittel aller Mitarbeiter zu entlassen. Überall steigt der Gewinn, außer bei den Sozialkassen.

Von dieser kalten Vernunft ist bis heute der Weg in die Arbeitslosigkeit diktiert.

Die durchschnittlichen Menschen, die früher glücklich konform und loyal gearbeitet hatten, waren *nach der Entlassung* der Unterdurchschnittlichen nun *das Letzte*. Stellen Sie sich das vor: Die einstigen Stützen der Betriebe wurden nun zu Wackelkandidaten! Jede Prüfung wurde nun zu einer Existenzfrage. Niemand traute sich mehr, die heikle Frage nach einer Gehaltserhöhung zu stellen. Nicht auszudenken, wenn der Chef sagen würde: „Dann gehen Sie doch!"

Früher zwang man die Menschen zu absoluter Konformität und Loyalität und Durchschnittlichkeit. Sie erhielten dafür eine ruhige Arbeit auf einer Stress- oder Erregungskurve, die die richtigen Menschen und insbesondere den Organization Man glücklich machte. Nun aber ersetzten die Manager die Arbeitsmotivation der richtigen Menschen durch den neurotischen Trieb, der sich aus der Entlassungsangst speiste und ständig regenerierte. Der Durchschnitt der Menschen war nun überhaupt nicht mehr sicher. Denken Sie an die Pyramiden, in denen ich die Bedürfnisse des Menschen dargestellt habe. Erst will der normale richtige Mensch eine sichere Arbeit, dann Stressfreiheit, dann ein „Jemand sein", dann „Respekt und Achtung", schließlich eine hohe Stellung. Unter dem Diktat des Re-Engineering hat er zwar Arbeit, aber keine Sicherheit, keine Stressfreiheit, selbst dann nicht, wenn er schon ein „Jemand" oder gar eine Respektsperson ist. Er ist ja *nicht sicher*! Niemals! Niemals mehr! Auf jeder Stufe der Karriereleiter kann er immer wieder zum schlechtesten Drittel gehören. Dieses Ereignis kann fast schon durch bloßes Altern eintreten, weil ältere Mitarbeiter ökonomisch gesehen immer wertloser werden, denn sie verdienen schon viel mehr als jüngere und überschreiten oft den Leistungshorizont. Sie verschlechtern sich im Effizienzsinne meist irgendwann einmal.

Dem Menschen werden also die Grundbedürfnisse verwehrt, damit er sich gleich auf die höheren Bedürfnisse stürzt und andauernd konzentriert. Immer droht Arbeitslosigkeit für den großen Durchschnitt. Ich kenne Eltern, die schreckliche Bluttaten an Kindern begingen. Sie sagten nämlich: „Wenn du nicht spurst, stecke ich dich in ein Heim. Da kommst du gnadenlos weg." Solche Bluttaten sind nun eine gute Management-Strategie bei Erwachsenen.

Die Idee ist es, den Menschen die höheren, vermeintlich wertvolleren Bedürfnisbefriedigungen wie hohe Trauben hinzuhängen, nach denen sie springen. Sie vergessen dabei, dass sie im Grunde ihre Grundbedürfnisse (etwa nach Sicherheit) nicht befriedigen. Deshalb sind sie stets hungrig und unruhig. Sie stehen unter Dauerstress. Weil aber nichts anderes da ist als die Trauben, so springen sie denn, immer wieder, wie getrieben. Es *ist* Trieb.

4.2.10 Systembetrug und Todesspirale

Was soll nun ein armer richtiger Mensch tun, der immer brav alle Pflichten erledigte und der nun alle paar Monate auf die Existenzwaage gelegt wird? Wie wird er reagieren, wenn die Unterdurchschnittlichen entlassen sind und nun die Reihe an die besseren Mitarbeiter kommt?

Unsere Kultur kennt ein schönes Wort für einen Ausweg: Die Notlüge. Es ist eine Lüge, die erlaubt scheint, wenn es eine Notsituation abzuwenden gilt.

Oder denken Sie an das alte Wort *Notgewehr*. Ein Hirsch zum Beispiel entläuft dem Feind in Not. Aber wenn das nichts mehr hilft, das normale Davonlaufen?

Melchthal spricht in Schillers *Wilhelm Tell* diese ewigen Worte:

Welch Äußerstes
Ist noch zu fürchten, wenn der Stern des Auges
In seiner Höhle nicht mehr sicher ist?
- Sind wir denn wehrlos? Wozu lernten wir
Die Armbrust spannen und die schwere Wucht
Der Streitaxt schwingen? Jedem Wesen ward
Ein Notgewehr in der Verzweiflungsangst,
Es stellt sich der erschöpfte Hirsch und zeigt
Der Meute sein gefürchtetes Geweih,
Die Gemse reißt den Jäger in den Abgrund -
Der Pflugstier selbst, der sanfte Hausgenoß
Des Menschen, der die ungeheure Kraft
Des Halses duldsam unters Joch gebogen,
Springt auf, gereizt, wetzt sein gewaltig Horn
Und schleudert seinen Feind den Wolken zu.

Der richtige, brave Mensch, der *Organization Man*, loyal und konform, ist solch ein sanfter Hausgenosse, der ungeheure Arbeitskraft besitzt ...

Was tut er nun in Verzweiflungsangst?

Er beginnt zu täuschen, Zahlen zu frisieren, den schönen Schein nach vorne zu hängen, Fassaden zu bauen, andere anzuschwärzen, an Stühlen zu sägen. Er versagt anderen seine Hilfe, wird unkollegial, kennt nur noch seine Haut und die seiner Abteilung. Es beginnt das „Tower-Denken" und die Burgmentalität.

Die Leistungen des Ganzen werden dadurch nicht besser. Man wird wohl wieder vom verbliebenen Rest die Unterdurchschnittlichen entlassen müssen. Todesspirale.

Die Bilanzskandale in einigen großen amerikanischen Firmen sind das erste Leuchtfeuer dieser Entwicklung, die sich in den meisten Herzen vollzieht. In unseren auch. In jedem mehr oder weniger. Davon wird in diesem Buch sehr weitgehend die Rede sein. Bevor wir ganz ernst werden können, springe ich von den richtigen Menschen zu den natürlichen Menschen und zeige deren spezifische Lage. Natürliche Menschen haben auch ein Notgewehr. Erst dann geht es mit Crescendo weiter, zum Score-Man.

4.3 Elemente der Wirksamkeit

Natürliche Menschen wollen stark sein, worin immer die Stärke besteht. Diese pflegen sie zur Meisterschaft, als Unternehmer, Cowboy, Systemprogrammierer oder Don Juan. Klar haben sie nebenbei Schwächen! Wen interessiert das? Leider die richtigen Menschen, die das Fehlerlose fordern. Die natürlichen Menschen liefern etwas Starkes, mit Fehlern. Das ist ein ganz anderes Denksystem – oder eben kein System. Stellen wir die Sichten gegenüber!

4.3.1 Wirkung wie im Leistungssport

Richtige Menschen wollen im System in ihrer Rolle funktionieren, damit alles wie geölt läuft. In gewisser Weise ist die geölte Maschine ein Vorbild für ihre Sicht erstklassiger Arbeit. Eine Maschine, die unaufhörlich läuft, leistet die vorgeschriebene Arbeit und macht keine Fehler. Es ist dasselbe Bild wie in der Schule, in der wir am besten den Lehrplan fehlerfrei durchlaufen. Niemand fragt, ob die Maschine nicht viel mehr leisten könnte. Niemand fragt, ob es ganz andere Wege gäbe, die Arbeit zu tun. Die Mechanik ist vorgegeben. Es kommt nur darauf an, dass keine Fehler und keine Störungen auftreten. Dann muss repariert werden.

Die Sicht des natürlichen Menschen ist radikal anders. Er denkt in Zielen, in Resultaten oder Siegen. Es gilt, etwas zu erreichen. Der Jäger will einen Hirsch erlegen. Was sollte da der Vergleich mit einer Maschine? Wird eine Maschine hinter dem Hirsch herlaufen?

Maschinen haben nur einen Sinn, wo Arbeit automatisch getan werden kann. Viele menschliche Arbeit ist quasi automatisch, obwohl sie noch durch Menschen verrichtet werden kann. Mülleimer leeren, Einkommensteuererklärungen bearbeiten. Viele menschliche Arbeit wird semi-automatisch abgearbeitet, obwohl sie das ganz und gar nicht sollte: Management, Erziehung, Lehre.

Es gibt aber auch sehr viele Arbeiten, für die man Gespür, Kraft, Meisterschaft, Kunstfertigkeit, Virtuosität oder Energie benötigt. Hier steht ein Ziel im Vordergrund: Ich will Schachgroßmeister werden. Ich will ein Konzert vor einem vollen Saal geben. Ich will durchsetzen, dass mein Prototyp unter hohem Geldeinsatz meiner Firma in Großserienproduktion geht. Ich will, dass meine Familie nach Ägypten in Urlaub fährt, weil ich dahin will. Ich will, dass IBM mich ein Jahr in den USA arbeiten lässt. Ich will, dass der Verlag mein verrücktes neues Mathematikbuch über die Sintflut druckt.

Wir wollen.

Richtige Menschen korrigieren mit ungeduldigem Blick: „Du hast nichts zu wollen. Du kannst es dir wünschen. Bewähre dich, lerne und übe. Dann wird man dir vielleicht eine Erlaubnis geben, wenn du treu gedient hast.“

Solche Rezepte sind das beste Verfahren, niemals etwas zu erreichen. Der Wille hat ein Ziel. Auf dieses Ziel muss die Aufmerksamkeit gerichtet werden. Alle Seismografen werden in Kampfstellung gebracht. Das Ziel wird von allen Energiequellen ins Visier genommen. Los!

Es zählt am Ende nur, ob das Ziel erreicht wurde. Nur das zählt. Es zählt, ob der Einsatz der Energie zum Ziel hin gewirkt hat. Ist der Konzertsaal voll gewesen? Bin ich Schachgroßmeister? Baut die Firma ein Produkt von der Idee? Ja? Nein? Richtige Menschen sagen: „Es waren zwanzig Leute im Konzert, die ganze Familie war da. Drei Leute haben sogar Eintrittskarten gekauft. Ein schöner Anfang.“ – „Weißt du, du nimmst dir zu viel vor. Du hast jetzt sogar ein paar Punkte in der Schachbezirksliga gemacht, das ist schön nach zwei Jahren.“ Für natürliche Menschen ist dies keine akzeptable Sicht der Dinge. Ein wirklicher Jäger sagt nicht: „Ich bin toll. Ich bin sehr glücklich, wie ich Fortschritte mache. Ich habe jetzt fast drei Mal ziemlich gut mit dem Pfeil getroffen. Die Viecher sind leider weggelaufen.“ Er sagt nicht: „Ich hatte siebzehn Torchancen, fast alle selbst erarbeitet. Leider nicht getroffen, aber ich war toll!“

Im Sport zählt der Sieg. *Nicht* so etwas furchtbar Richtiges oder Wahres: „Wir sind froh, so schön miteinander geturnt zu haben. Die Jugend des ganzen Landes hat gemeinschaftlich versucht, die Übung L7 zu turnen. Manche konnten es besser, manche nicht. Die Hauptsache ist das Dabeisein, das Mitmachen. Das allein ist Glück genug. Tränen neben dem Schwebebalken sind vielleicht verständlich, aber im Grunde sind wir alle voller schöner Gemeinsamkeit. *Turnen ist eine Bewegung*!“

Wer wirklich will, hat ein Ziel. Es geht um wirksames Erreichen dieses Ziels, um Effektivität. Manche Menschen haben gute Haltungsnoten, aber die wirksamen Menschen haben den „Killerinstinkt“. Es ist Wille an der richtigen Stelle. Viele Menschen haben ihn nicht. Es wird oft in der Presse geschrieben, dass jemand im Training wunderbar lief oder focht oder boxte. „Trainingsweltmeister!“ Aber im Wettkampf werden solche Menschen nicht Sieger ...

Es geht bei der *Wirksamkeit* nicht darum, dass Sie der beste Fachmann sind, am meisten wissen, die volle Einsicht haben oder Macht besitzen, Leute zu kommandieren, oder ob Sie der netteste Mensch sind. Niemand fragt, ob Ihr Gehirn volle Leistung brachte. Die Frage ist:

> Haben Sie's gepackt?

Bei IBM kämpfen wir oft um große Projekte. Wir wollen den Auftrag bekommen. Der Kunde soll uns den Zuschlag geben. Bei großen Vorhaben können schon einmal 50 Mitarbeiter das Angebot über einige Monate lang ausarbeiten helfen. Eine gigantische Teamleistung ist notwendig. Wenn wir gewinnen, trinken wir Champagner. Wenn wir verlieren, bekommen wir eine E-Mail: „Leute, ich möchte euch danken, dass ihr alle zusammen so sehr geschuftet habt. Ich bin stolz auf euch, dass ihr euch alle Wochenenden ruiniert habt. Ich freue mich so sehr, dass wir wie im Rausch im Team arbeiten konnten. Es war ein Hochgefühl, in solch einer Firma zu sein. Dafür danke ich euch als Team und ich danke jedem Einzelnen, der das mit seinem Herzblut möglich gemacht hat. Leider muss ich euch, Leute, mitteilen, dass der Kunde beschlossen hat, den Zuschlag nicht an uns zu geben. Unser irre tolles Projekt hat damit nicht die Krönung erfahren, die es hundert Mal verdient gehabt hätte. Gegen irrationale Kunden ist kein Kraut gewachsen …" etc. etc. Ich bin so ein Mensch, der solche E-Mails nie durchliest, sondern sofort löscht. Ich finde so ein Gejammer entsetzlich. Ganz entsetzlich. Ich kann es schwer erklären, aber Niederlage ist Niederlage. Punkt. Keine E-Mail. *Besser* kämpfen, verdammt noch mal! Trotzdem muss solch eine E-Mail geschrieben werden, weil besonders die richtigen Menschen sie brauchen. Richtige Menschen mühen sich, ihre Pflicht zu tun. Dann war es vielleicht ganz fruchtlos. Der Acker verhagelt, das Vieh BSE-krank, die Beförderung verpasst. Es war für sie das Schicksal. Das Schicksal ist so mächtig, dass es Anstrengung fruchtlos machen kann. „Ach was!", sagt der natürliche Mensch. „Der Wille ist nicht durchgedrungen!" Der Wille ist wie ein Geschoss. Die Wucht mag nicht gereicht haben. Meist reichte die Wucht nicht aus, weil sich der Wille verzettelt hatte. Ein Pfeil wollte alle Ziele auf einmal treffen. Das geht mit Fliegenklatschen auf Pflaumenmus im Märchen: „Sieben auf einen Streich!" Sonst ist es mangelnde Einsicht in den konzentrierten Willen.

Nach verlorenen Projekten gibt es in vielen Firmen noch ein Begräbnismeeting. Es heißt ungefähr „Loss Analysis" oder „Lessons learned", in Deutsch „Schuldsuche". Nachdem die Teams einen Fall verloren haben, setzen sie sich also zusammen und wollen aus ihren Fehlern lernen. Sehr löblich! Alles wird noch einmal in den Eingeweiden bewegt. Die Seismografen schlagen nochmals in Erinnerung aus. Die unterdrückten Wütigkeiten erscheinen wieder. Das Ergebnis fast überhaupt jeden Meetings ist, dass das Team nicht 1000prozentig zusammenhielt, dass es Mühe hatte, die partikulären Interessen der verschiedenen Abteilungen und Auffassungen unter den berühmten einen Hut zu bringen. „Es ist in einer komplexen Firma schwer, alles unter einen Hut zu bringen, weil die meisten zu sehr auf der Hut sind." Das meinte ich mit dem Pfeil, der mehrere Ziele treffen soll. Mit dem Pfeil, der nicht durchdringt. Es war kein Wille da, aber sie jammern, dass sie im Prinzip keinen Fehler gemacht haben.

Null Fehler! Null Fehler ist das Maß des richtigen Menschen.

Win! Das ist etwas anderes. Es ist Konzentration, Fokus, Energie, Stärke, das Vermögen, bis an die Grenze gehen zu können, Denken an das Ganze und an das Ziel. Keine gegensätzlichen Seismografen in verschiedenen Menschen im Team, bitte!

4.3.2 Wettbewerb! Erfolg jetzt!

Natürliche Menschen rangeln gerne um Ranglistenpunkte. Das Schönste ist dieser strahlende Blick: „Ich bin der Stärkste!“ – „Ich bin die Schönste!“ – „Ich bin der Größte!“ Sie kennen es insbesondere als das Imponiergehabe des Männchens.

Richtige Menschen, die ihre Pflicht tun, würden niemals so etwas Entsetzliches tun, nämlich zu sagen, sie seien der Größte. Das „tut man nicht“. „Man“ steckt nicht den Kopf aus der Masse heraus, das ist gefährlich. Herausstechen aus der Masse empfinden richtige Menschen als Gefahr, weil es nicht Pflicht sein kann. Und alle richtigen Menschen wissen, dass umkommt, wer sich in Gefahr begibt. Viele richtige Menschen erwarten, dass Pflichterfüllung gesehen und gewürdigt wird. Das ist im System vorgesehen. Es gibt mindestens Plaketten für lange Zugehörigkeit. Deshalb muss jeder richtige Mensch warten, bis er mit Lob an der Reihe ist. Das macht ihn ganz schön nervös. Die Seismografen zucken unaufhörlich: „Lange kein Lob! Kommt was?“ Nach dem Lob ist der Systemtrieb befriedigt, dann ist der richtige Mensch wieder kurz ruhig.

Wahre Menschen verachten Imponiergehabe. Stellen Sie sich Mutter Theresa vor, die im Fernsehen die Beckerfaust ballt und schreit: „Ja! Ja! Ich bin jetzt in der Beliebtheitsskala vor Atomic Kitten!“ Wahre Menschen triumphieren nicht direkt, sondern nur indirekt über ihre Idee. Reine Mathematiker triumphieren, wenn ein hoffnungslos erschienenes Problem der Biologie plötzlich mit reinstem Geist gelöst werden konnte, der vorher den Ruch des Nutzlosen hatte. Künstler freuen sich an den Augen der Betrachter ihrer Werke. Ich freue mich, wenn Sie mir mal Ihre Meinung über das Buch an dueck@de.ibm.com schicken. (Die Adresse steht auch vorn im Buch.) *Mein Werk* soll triumphieren, meine Meinung sich durchsetzen, zu meiner Religion *konvertiert* man. Es geht nicht um mich, sondern um die Schönheit dessen, was aus mir herausdestilliert wurde. Das bin dann nur indirekt „ich“, aber doch schon auch „ich“. Wenn Sie nämlich mein Werk hässlich finden, schießen bei mir Seismografen Alarm. Ich halte also Vorträge, in denen meine „Lehre“ in die Höhe gehalten wird. Und wenn Sie sagen, meine Lehre sei wahr, dann fühle ich mich ruhig. Es ist kein Triumph, es ist wie Ruhe. Erinnern Sie sich an die Fußballweltmeisterschaft 1990, als mit dem Golden Goal alle in Jubel ausbrachen, aber Franz Beckenbauer mutterseelenallein auf dem Rasen sich selbst fand? So ist innere Ruhe, wenn alles zusammenpasst. Im Grunde ist es also doch Imponiergehabe. Nur ist der Triumph im *Werk*, nicht im *Körper* und dann doch wieder im Körper. Da sind Seismografen: „Wird mein Werk bewundert?“ Schweigen ist fast schlimmer als Ablehnung. Wie eine Kirche, die keiner besucht. Deshalb habe ich ja meine E-Adresse genannt. Sie müssen nicht konvertieren, aber bitte nicht völlig schweigen.

Natürliche Menschen sind viel kompetitiver oder wettbewerbsorientierter in einem sehr direkten Sinn. Sie triumphieren als biologisches Gebilde, nicht als Idee oder als Abgesandter eines Systems. Sie sind Sieger im direkten Körpersaftsinn. Ich zitierte schon den schönen Satz: „That keeps your competitive juices going, you know?“ Triumph füllt den natürlichen Menschen mit aller Energie wieder auf. Zack, ist sie da! Golden Goal *gegen* ihn, und er liegt ausgelaugt auf dem Rasen und weint. Golden Goal *für* ihn und er feiert tagelang, energiestrotzend und voll praller Freude. „Ich bin der Größte. Ich habe mich für diesen einen Tag jahrelang geschunden. Es war es wert. Dieser Augenblick war es wert. Ich spüre, dass ich alles vermag!"

Wenn der Triumph an das Körpergefühl angelehnt ist, ist er an bestimmte Bedingungen gebunden. Triumph muss unmittelbar nach dem Kampf erfolgen. Erst kommt der Kampf, das Ringen, das Schweißtreiben, das Lastheben, die Rosskur, die titanische Tat, das Pop-Konzert, die Schwerstreparatur, die Bollwerkbeseitigung, die Eroberung der Burg oder des Don Juan, das Rodeo, die Wiederbelebung, die Notlandung, der Riesengeschäftsabschluss.

Dann sofort (*sofort!*) Champagner, Jubel, Orgasmus, Beifallsrausch, Zugabe, Aufhändentragen, ein paar 500-€-Scheine direkt noch auf die erdigen Fäuste.

„Belohnungen sollen zeitnah erfolgen." So heißt es nüchtern in Lehrbüchern. Belohnungen sind nicht für die Vernunft, sondern für die Seismografen, die darauf lauern; Belohnungen sind für den Körper. Was wäre, wenn das Ergebnis eines Boxkampfes erst einen Monat nach dem Gong bekannt gegeben würde? Was wäre, wenn die Stimmenauszählung der Wahlen ein Vierteljahr dauerte? Der Körper kämpft jetzt oder schuftet sich ab. Und die Belohnung für den Körper ist jetzt. Jetzt gleich. Nach der Arbeit das zischend-gluckernde Bier, vier Grad Celsius. Nach der durchgearbeiteten Nacht Anerkennung durch den Chef. Nach dem Niederschlag des Gegners Jubel. Wenn wir in der Firma einen großen Auftrag bekamen, wird ein Freuden-E-Mail-Lauffeuer daraus. Jetzt.

Richtige Menschen können tatsächlich bis zum Belohnungsstichtag warten, wenn es etwa Urkunden oder Gehaltserhöhungen gibt. Sie zittern aber innerlich ungezählte Tagstunden und Nächte. Ihr Körper hungert nach Lob, aber umdressiert stumm. Niemand hat Mitleid mit sich. (Haben Sie noch die Aussagen der zitierten Gallup-Studie in Erinnerung?) Sie hungern, aber sie können aushalten, weil das Aushalten Pflicht ist. Irgendwann erlahmen sie, wenn gar kein Lob kommt. Sie kündigen nur innerlich, weil das Ausharren Pflicht ist. Natürliche Menschen kündigen natürlich richtig, nicht nur innerlich.

Im fünften Buch Mose stehet geschrieben: „Das der Mensch nicht lebet vom Brot allein/Sondern von allem das aus dem Mund des HERRN gehet." (Lutherbibel 1545) Gerade die Manager, die sich wie Gott fühlen, sollten wenigstens diesen Satz der Bibel kennen. Sie haben auch die Aufgabe zu nähren. Lob ist Triebnahrung der Richtigen.

Viele wahre Menschen können lange an einem Werk arbeiten, ganz ohne Lob. Oft sind sie so sehr in die Idee versunken, dass ein Lob prinzipiell nicht mehr möglich ist. Wer kann denn noch einen Zahlentheoretiker loben, der einen Satz bewies, den nur noch zehn Kollegen auf der Welt verstehen können? Wer? Nur diese zehn Kollegen. Deshalb müssen die Spezialwissenschaftler, diese Mini-Buddhas eines Mini-Universums, an so vielen Konferenzen teilnehmen. Es geht nicht um Reklame für die eigene Arbeit! (Das dürfen nur die Hauptvortragenden wagen – neue Jünger gewinnen.) Es geht darum, immer wieder denselben zehn Menschen zu sagen, dass man geduldig weiter arbeitet. Und alle zehn nicken einander zu. Lob von weiter außen? Sinnlos. Es gibt Köche, die sich den Geschmack der Soße beim Anfassen der Zutaten auf dem Markt vorstellen können. Es gibt Star-Computerarchitekten, die im Geiste ein ganzes Gestrüpp von Hunderten von Geräten zusammenstecken können, so dass alles läuft. Niemand kann das wirklich von außen würdigen. Es gibt Manager, die sagen: „Wow, das könnte ich nicht!“ Der Architekt stöhnt innerlich: „Wie wahr.“ Trotzdem ist für die wahren Menschen ein auch oberflächliches Lob eine Wohltat. Besser als Schweigen. Wenn Sie also von einem Spezialspezialisten gefragt werden, wie Sie etwas finden, sagen Sie nicht: „Davon verstehe ich nichts.“ Das weiß er. Er möchte das aber nicht immer wieder hören. Er möchte auch etwas Lob, obwohl Sie eigentlich keines geben können. Aber wer sonst? Manager sind heutzutage unerhört grausam gegen wahre Menschen. Manager kürzen Reisekosten für Konferenzen. Die armen Spezialisten, Entwickler, Künstler, Wissenschaftler. Nun sind sie ganz allein. Ihr Ideetrieb hungert. Die Seismografen zittern. Daueralarm. Einsamkeit. Fluch der Tiefe des Wissens.

Die natürlichen Menschen warten aber nicht auf Stichtage. Sie melden sich nicht für Konferenzen an, die Monate später stattfinden. Sie wollen Arbeitsrausch und gleich dahinter Triumph im direkten Blut. Anfeuern bei der Arbeit! Jubel bei Hochleistung!

Der Wettbewerb ist ein ideales Medium, Menschen zu puschen. Sportler kämpfen in Arenen. Es geht um Sieg, um das Ganze, um Grenzleistungen. Volle innere Erregung. Alle Energie auf das Ziel. Die Leistung ist beim Sport sofort messbar. Da sind Ziellinie, Höhenlatte, Stoppuhr, Messband, Anschlagssensor, Trillerpfeife. Es wird sofort entschieden. Beifall brandet über die Arena. Der Sieger darf winken, triumphieren, weinen. Die Körpersäfte sprudeln. Menschen wie Wasserfälle in der Sonne. Rauschender Strom, der alles in den weiten Ozean mitreißt.

Diese positiven Energien werden im Wettkampf aktiviert. Würde ein Boxer genauso beherzt auf Sandsäcke einschlagen? Training ist Einüben. Wettkampf ist echte Bewährung. Die volle Energie und die Grenzerfahrung sind hier. In der Arena. Im einsamen Aufstieg zum Mount Everest, halb erfroren in dünner Luft. Während einer aussichtslosen Operation beim Kampf mit dem Tod, wenn der Anästhesist den Daumen gerade noch waagerecht halten mag. Bei der Gründung eines neuen kleinen Unternehmens, am Anfang schon erstickt in Schulden.

Energieleistung und Triumph sind eines. Gleichzeitig!

Vielleicht nerve ich schon, wenn ich immer wieder diese Gleichzeitigkeit im Körper hervorhebe. Noch einmal: Gleichzeitig oder mindestens sehr zeitnah. Winzer präsentieren Weine nach Monaten oder Jahren. Handwerker präsentieren Schaustücke. Künstler stellen aus. Wissenschaftler referieren. Sie alle zeigen etwas, was sie lange vorher erarbeitet haben. Viel später bekommen sie Anerkennung. Aber der Wettbewerb gibt Sieg jetzt! Er gibt Grenzleistung und Beifall gleichzeitig. „Für diesen einen Tag, für dieses Rauschen der Sinne hat sich alles gelohnt.“

Deshalb sieht die Leistungskurve der natürlichen Menschen satirisch überspitzt so aus (Abb. 4.18):

Sehen Sie? Die Kurve sieht aus wie die bei den Prüfungen der richtigen Menschen. Dort argumentierte ich, dass die Prüfungen im Vorfeld eine Menge Energie freisetzen, weil die Menschen dann zeigen müssen, dass sie ihre Pflicht getan haben. Wettkämpfe schaffen dagegen eine notwendige Umgebung, um Höchstleistungen in sich selbst zu erfahren.

Abb. 4.18 Energiemobilisierung im Prüfungsrhythmus

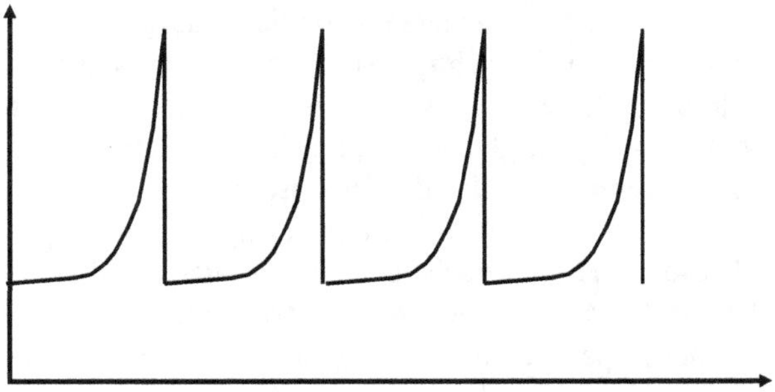

Ein bisschen sieht man diesen Unterschied beim Eiskunstlauf zwischen Pflicht und Kür. Pflicht heißt ja schon Pflicht, deshalb können Sie sich schon vorstellen, wie bestechend prüferisch es dort zugeht. (Bestechend!) Pflicht ist beim Eiskunstlauf eine Prüfung. Die Kür ist ein Wettkampf. Mir fällt so eine neckische Zweiteilung nur hier ein. So können im Eiskunstlauf ganz pflichtbewusste Menschen exakte Zirkelfiguren ziehen und einen so uneinholbaren Pflichtvorsprung erzielen, dass sie ihre Kür dann auch ganz pflichtgemäß wie ein Uhrwerk auf das Eis setzen können und doch Gesamtsieger sein mögen. Wettkampfnaturen zittern vor den Pflichtkampfrichtern, die die Kreisartigkeit von Figuren eifrig messen. In der Kür laufen sie anschließend wie Stars. Künstlernaturen hassen das Pflichtgehabe, am besten mit Punktemessungen für Beinschwungästhetik, die sich aus dem Punktemittel der Wertungen für das rechte und das linke Einzelbein zusammensetzen. Dann sieht die Kür des Künstlers wie ein Tanz aus, mit aller Leichtigkeit des Seins; er ist eins mit der Musik, eins mit den Seelen in der Runde. Es gibt Abzüge, weil angeblich aus künstlerischen Gründen an keiner Stelle vier doppelte Rittberger hintereinander gesprungen wurden. Der Künstler sagt entsetzt: „Es war Walzer! *Drei*-Viertel-Takt! Drei!" Und die Kampfrichter: „Es heißt doch *Viertel*, dann geht da doch was, oder?"

Verstehen Sie den Unterschied zwischen Prüfung und Wettkampf?

Bei der Prüfung sollen Sie Fehlerfreiheit bei durchschnittlichen Aufgaben zeigen.

Beim Wettkampf kämpfen Sie mit Ihren Grenzen.

Im Prüfungssinne würden Sie lieber die Pflicht einüben, ganz exakt. Sie haben Angst, etwas falsch zu machen. Am Schlimmsten wäre, eine einfache Figur zu verpatzen.

Im Wettbewerbssinne wollen Sie Heldentaten zeigen. Hopp oder Topp. Es kommt nicht darauf an, Zehnter oder Zwanzigster zu sein. Sie wollen aufs Treppchen. Irgendwann. Und dazu müssen Sie Fünffachsprünge üben, auch im Wettkampf selbst. Risiko! Und dann fühlen Sie den Rausch: fünffach gelungen. Sie sind wieder Zehnter geworden, weil sie öfter an leichten Stellen gepatzt haben. Sie hatten die Konzentration ganz auf dem einen Sprung. Sie sind glücklich, auf diese besondere Art Zehnter zu sein. Viele Fehler, *eine* Heldentat.

Im Prüfungssinne ist es besser, erst alle leichten Fehler nie mehr zu machen und erst dann die doppelten Sprünge zu wagen. Eins nach dem anderen! Unten anfangen und steigern!

Im Wettbewerbssinne gehen Sie lieber aufs Ganze.

Welche Sicht ist richtig? Sie wissen genau, dass die richtige Sicht die richtige ist. In der Schule heißt es nie Kür, sondern Prüfung. In der Schule sollen Sie vor allem keine Flüchtigkeitsfehler machen, weil diese bekanntlich so viele „unnötige" Punkte kosten. Sie sollen das Durchschnittliche mit null Fehlern tun. Im Wettkampf geht es um die punktuelle Heldentat.

Diese zwei Sichten scheiden die richtigen von den natürlichen Menschen. Pflicht oder Kür? Pferd oder Gepard? Goldene Hochzeit oder einmal mit Marilyn Monroe ausgehen? Sparbuch oder ein Unternehmer, der mehrere Anläufe brauchte?

All die Fresslust, die das Pferd über die Woche gleichmäßig verteilt, Minute für Minute, konzentriert der Gepard in den Fünffachsprung auf den Ochsen. Er hätte auch eine kranke Gazelle anfallen können, aber heute war ihm nach anderem zu Mute: nach seiner Grenze.

4.3.3 Einfache, verständliche Messregeln und Fairness

Wenn bei einem Wettkampf der Sieg sofort fühlbar sein soll, muss die Entscheidung an Ort und Stelle fallen, ganz zeitnah. Es muss wie beim Roulette sein: Jeder setzt Geld, die Kugel rollt, die Spannung steigt, sie hoppelt, springt, rastet ein, kreisende Stille. Entscheidung. Auszahlung. Einem richtig braven Kind kann man sagen: „Strenge dich an, dann hat Mami eine Überraschung für dich." Das brave Kind strengt sich an. Das natürliche Kind wird so eine vage Sache nicht hinnehmen: „Was gibt es genau? Wofür genau? Wann?"

Deshalb sind einfache Regeln für Wettkämpfe gefragt, nach denen sofort entschieden wird. Beim schon mehrfach angesprochenen Eiskunstlaufen sind die Regeln dubios und nicht verständlich, wenigstens für die Zuschauer. Gute Regeln sollten es mit sich bringen, dass sich die meisten Wettkämpfer nach dem Urteil über ihre Punktzahl vernünftig beurteilt fühlen. Jedenfalls sehen die Eiskunstläufer(I) nnen eher recht ratlos aus, wenn sie ihre Noten sehen. Sie müssen sehr viel Selbstdisziplin aufbringen, ihr Urteil zu akzeptieren. Hochspringer weinen jedenfalls nicht oft über die Kampfrichter. Jeder kann sehen, ob die Latte fällt. Wir sind oft sehr ungeduldig, wenn bei einem 100m-Finale erst eine Fotofinish-Entscheidung fällig ist. Die Athleten sitzen erschöpft auf der Tartanfläche, schauen mit leeren Augen. „Bloß nicht denken! Warten!" Wir zu Hause beben mit. Nach vier Minuten die Auskunft, das noch einmal gemessen wird. Dann die Erläuterung, dass das vorquellende Brusthaar nicht mitgezählt wird. Proteste der gegnerischen Mannschaftsleitung. Vertagung der Entscheidung auf den nächsten Tag. Gerichtsklage. Haare spalten zwei Nationenlager. – Das ist ganz grässlich!

Sie verstehen es sicher ohne lange weitere Erläuterung:

- einfache Regeln
- einfach zu verstehen
- einfach zu messen
- allgemein akzeptiert, von Wettkämpfern, Kampfrichtern und Zuschauern.

Schon die Abseitsregel ist schwierig, denken Sie daran. Stellen Sie sich vor, beim Fußball gäbe es ein neues Punktesystem.

Ich gebe für ein Tor zehn Punkte, für einen Eckball drei Punkte, für einen Einwurf 0,2 Punkte, für ein Foul einen Punkt Abzug, für eine gelbe Karte zwei Punkte Abzug. Jede Auswechselung eines Spielers kostet zwei Punkte.

Was passiert dann? Zunächst ist klar, dass man ohne Hochschulabschluss kaum noch spielen kann. Die Stürmer werden versuchen in den Spielfeld-Ecken unsinnig herumzudribbeln, um eine Ecke zu provozieren. Die Verteidiger haben Angst, eine Ecke zu provozieren. In der Not säbeln sie lieber den Gegner um, das gibt nur einen Punkt Abzug für Foul. Die Stürmer fliegen wie Schwalben durch die Gegend. Diese neuen seltsamen Verhaltensweisen heißen Taktik. Im Ganzen gesehen vermeidet man das eigentliche Fußballspielen und wird zum Punktejäger. Score-Man.

Sie sehen: Wenn wir zu viele Regeln in einen Wettkampf einführen, dann ist es äußerst schwierig, die Kräfte eines Teams auf eine Aufgabe zu konzentrieren. Jeder wuselt herum. Die Teamarbeit einer solchen Fußballmannschaft sieht aus wie eine Horde Kinder, die im Kindergarten plötzlich am Osterfest ins Freie entlassen werden, wo sehr viele Ostereier für sie alle versteckt sind. Dann laufen alle kopflos herum und suchen hektisch nach Eiern, zucken zusammen unter fremdem „Hab' eins!" und fremdem „Da!" – keine Strategie, kein Plan, einfach nur semi-panisches Umherjagen mit flackernden Augen. Wie eine Schlacht am knappen Büffet. „Ist an Büffet Drei die Schlange kürzer? Da gehe ich hin. Oh, jetzt kommen sie von der anderen Seite auch. Wäre ich lieber am Anfang geblieben. Was starren sie auf das Essen? Nimm doch schneller, du Blödmann, ich will auch ran! Ich gehe da doch jetzt weg, ich esse erst einmal den Nachtisch. Da gehen kaum welche heran. Das Eis ist noch nicht da, ich nehme Schokokuchen. Was sagen jetzt die Leute, wenn ich mit Kuchen und zwei Salatblättern komme, die ich gerade zwischen den Käsestücken wegnahm? Ach was, ich muss leben. Wo ist Dressing? Vielleicht ist es unbedrängt …" In einem Fußballspiel mit komplizierten Punkteregeln wie oben wird es bald Spezialisten geben, die gegnerische Spieler anschießen, so dass der Ball ins Aus geht. Jedes Mal Einwurf und 0,2 Punkte! Das Tor, das früher vielleicht das einzige Ziel war, spielt eventuell keine Rolle mehr, weil man mit Einwürfen schneller Punkte sammeln kann.

Wenn ein Wettkampf zu wenige oder zu viele Regeln hat, wenn Regeln nicht verständlich sind oder ihre Verletzung nicht überall offen gesehen werden kann, dann bricht Chaos und Unfairness aus. Dopingregeln sind ein Beispiel. Ihre Verletzung ist kaum zu sehen. Schon gibt es Punkteschinderei, Unfairness oder Betrug ohnegleichen.

4.3.4 „Positive Thinking": Stärken trainieren, nicht Schwächen beseitigen

Natürliche Menschen sehen ihr Leben eher positiv als negativ. Ihr pulsierendes Blut sagt ihnen: „Das Leben ist nur einmal, danach ist Schluss. Meine Jugend habe ich nur einmal. Ich will leben. Ich will etwas werden und alle Chancen wahrnehmen. Ich suche mir einen Beruf, in dem ich etwas bewegen kann, der mir Freude macht und in dem ich etwas leisten kann. Ich will ein Meister sein."

Das ist eine Haltung, in der die Chance höher wiegt als das Risiko. Die Seismografen der natürlichen Menschen sind nicht auf Schuld und Scham bei Fehlern umdressiert. Die Seismografen werden von natürlichen Menschen bewusst in Gefahrensituationen und Risiken trainiert. Sie reizen das neue Auto aus. Sie provozieren die Lehrer, um zu sehen, wie weit man gehen kann. Sie fordern die Regeln heraus. Was passiert, wenn man zu schnell fährt? Fast nichts. Wenn man frech ist? Fast nichts. Wenn man sich „zusäuft"? Kopfschmerzen.

Natürliche Menschen probieren alles aus. Sie sehen die Chance in unentdeckter Möglichkeit, während sich die richtigen Menschen an die Einhaltung von Regeln gebunden fühlen. Natürliche Menschen sind eher offen für neue Optionen, also Wege, zu ihrem Ziel zu gelangen. Wenn sie aufwachsen, gehen sie bis an jede Grenze. Sie haben dabei kein Unrechtsbewusstsein und daher auch kein Schuldgefühl. Sie stressen damit die armen richtigen Menschen unerhört. Deren Regelungsmaßnahmen begegnen sie mit Trotz und Gegenwehr. Mit ihrer Kraft erobern sie sich langsam ein kleines Reich oder Revier, das sie den Systemen abtrotzen.

Die normale Erziehung regt sich über diesen Widerstand endlos auf und rät den Eltern, konsequent Grenzen zu setzen, Grenzen zu ziehen, nicht nachzugeben und sich nicht zum Sklaven ihrer Kinder zu machen.

Im Grunde sucht der natürliche Mensch nach einem Feld, in dem er Meister wird, der Größte, der Schönste. Wenn er ein solches Feld gefunden hat, etwa in einer Fußballmannschaft, einer Band, einer Dorf-Gang, in der Feuerwehr, als Unternehmer für irgendetwas, dann kann er sich dort unter Vollerregung abreagieren. „Er muss sich austoben." Er muss unter bewegter Körperchemie seine Seismografen unter Vollstress beherrschen lernen. Er möchte zeitvergessen an etwas arbeiten, was ihn nicht loslässt.

Wenn er eine solche Leidenschaft gefunden hat, setzt er alles auf diese Karte. Er steigert sich voll in sein Feld hinein, wird mit Haut und Haar Handwerker, Sportler, Künstler, Musiker, Tänzer, Chirurg, Pilot, Unternehmer, Consultant. Denn da ist jetzt das, was er gesucht und gefunden hat, das, was er finden muss: *seine Stärke*.

„Das ist meine Stärke" klingt wie „Hier bin ich Meister." Dort zeigt er „Drive", was im Englischen auch Trieb heißt. Es wird dort schon sprachlich gespürt, dass es sich um etwas Ursprüngliches aus einem gesund trainierten Seismografensystem handelt. Drive ist etwas anderes als Pflicht, darüber sollten Sie eine Minute nachdenken. Pflicht wird erfüllt. Drive drängt vorwärts. Pflicht hat Angst, nicht erfüllt zu werden (nicht Null Fehler). Drive hetzt drangvoll nach vorne, um möglichst weit zu kommen.

„Das ist meine große Stärke. Mit ihr bin ich auf meinem Gebiet hoch wirksam." Wenn ein natürlicher Mensch dies sagen kann, ruht er wie ein Held in sich. Es ist eine andere Ruhe als bei richtigen Menschen, die ihre Pflicht getan haben und nun keine Schuldseismografen

> mehr hören. Es ist die Ruhe der inneren Stärke. Zu einem solchen Menschen, der zum Beispiel der Held der Bezirksliga ist, kommen nun die richtigen Menschen so: „Du bist aber schlecht in Latein.“ – „Na, und?“ – „Du bist schlecht in Physik!“ – „Na, und? Wozu brauche ich das als angehender Profi?“ – „Du wirst später noch verstehen, was wir dir sagen wollen, nämlich, wenn du dann nichts verdienst.“ – „Ich verdiene in der Bezirksliga mit dem bloßen Spielen über tausend Euro im Monat.“ – „Damit kannst du keine Familie gründen.“ – „Ich werde Profi und mehr verdienen als das ganze Dorf.“ – „Das sagen alle und scheitern.“ – „Wenn ich aber diese Kraft zum Profi in mir spüre, soll ich die Chance vom Fuß lassen?“ – „Sieh das enorme Risiko, fürchte dich vor dem Versagen und lerne nebenher für das Abitur. Das ist etwas Sicheres. Das Abitur bleibt dir.“ – „Weil es aus Papier ist und nicht aus vergänglichem Fleisch.“ – „Papier ist das Wichtigste, es gibt dir ein Recht. Papier ist sicher, aber auf eine Stärke, noch dazu auf eine einzige, kann niemand vertrauen. Wären wir wie du, wir würden umkommen vor Angst.“

Bitte bewahren Sie sich diesen furchtbar großen Unterschied zwischen den richtigen und natürlichen Menschen im Herzen: Die ersteren fürchten sich vor Fehlern und bemühen sich, alles richtig zu machen. Sie beseitigen vor allem Fehler, wenn etwas besser werden soll. Die letzteren verlassen sich noch mehr und noch konzentrierter auf ihre hauptsächlichen Stärken und gehen damit durch die Wand.

Fehler beseitigen heißt, die Vorschriften noch genauer zu beachten. Durch die Wand gehen heißt, alle Grenzen zu sprengen und die Vorschriftenmauern allemal. Richtige Menschen ziehen und bewachen Grenzen, damit alles sicher und tadellos bleibt. Natürliche Menschen haben sehr glückliche Momente, wenn sie ihre eigenen Grenzen überwinden und damit über sich selbst hinauswachsen. Der eine beseitigt Schwächen, der andere trainiert seine Stärken und akzeptiert seine Schwächen dabei.

Richtige Menschen klagen über manche Kraftmenschen: „Ja, er leistet Immenses. Er hat große Stärken. Aber er hat auch viele Schwächen. Im Grunde dürfte er mit den Schwächen nicht so weit nach oben kommen. Er verdient hundert Mal mehr als wir und kann kaum richtig schreiben – außerdem ist er seinen Frauen untreu.“

Natürliche Menschen schimpfen auf manche Vorschriftenhanseln: „Ich weiß, er macht überhaupt keine Fehler. Aber das ist das einzige, was er kann. Sonst nichts. Er tut selbst, als ob es alles wäre, was man tun müsste. Aber irgendwer muss wirklich etwas tun. Wer vieles tut, macht Fehler. Weil das so ist, wird er wahrscheinlich nichts tun müssen. Nur wer nichts tut, macht keine Fehler. Ich möchte nicht so leer sein. Aber was ich absolut nicht leiden kann, ist dies: Er verdient hundert Mal mehr als ich.“

Die große Frage:

> Was zählt mehr? Die eine große Stärke unter Fehlern? Oder die breite Ausbildung ohne Fehler? Breit oder punktuell hoch? Risikofurcht oder Chancensuche? Innerhalb der Grenzen sicher sein oder die Grenzen sprengen? Immer stetig fleißig oder einzelne Energieexplosionen?

Sie wissen ja, was ich sagen will: Doofe Fragen, die Äpfeln mit Birnen vergleichen wollen.

4.3.5 Stufe zwei

Auf der zweiten Pyramidenstufe sollten die natürlichen Menschen Wirksamkeit und Selbstdisziplin erwerben. Sie sollten eine Stärke ausbilden, in der sie dereinst der Meister sein werden. Sie müssen üben, üben, üben. Sie müssen trainieren und nochmals trainieren und vor allem liebevoll trainiert werden. Wer Meister werden will, schaue sich Meister an. Erinnern Sie sich an die alten Erzählungen, in denen die Handwerksgesellen nach ihrer Lehre umherwanderten, um bei verschiedenen Meistern die Meisterschaft zu studieren? Das ist heute vergessen. Gesellen werden sofort zur produktiven Arbeit geschickt. Sie sollen sofort wie ein Meister arbeiten, ohne je einen Meister gesehen zu haben, ohne lange trainiert zu sein.

Sie sollen Stufe zwei überspringen!

Ein Student wird nach vielen Multiple-Choice-Ankreuzprüfungen und nach „Zugucken" beim Chef Chirurg und operiert los. Die trügerische Hoffnung ist, dass er Tag und Nacht operiert, Geld macht und darüber schnell zum Meister wird, weil er ja „Praxis hat". Ein Wirtschaftsstudent wird Manager, ganz jung noch, und bekommt eine Abteilung, damit er Praxis hat. Die Hoffnung ist, dass er sich bewährt.

Wird aber heute noch der Grundstein gelegt? Werden die Menschen, die hinterher eine große Stärke oder eine große Meisterschaft zeigen sollen, immer wieder trainiert, betreut, gecoacht?

In der Regel nicht. Wir alle wissen, dass Weltklassesportler ein paar Trainer verschleißen, die jeweils andere Akzente an ihnen trainieren. Aber im wirklichen Leben sollen wir Stärken herausbilden, ohne je die Meister zu sehen, ohne je trainiert zu werden.

Es ist zu teuer. Nur im Dorf klappt so etwas noch:

Die örtlichen Fußballvereine laden immer einmal wieder große Fußballer wie zum Beispiel Ex-Nationalspieler in das Dorf ein, um ein paar Stunden mit den Kleinen zu trainieren. Haben Sie schon einmal diese glänzenden Augen gesehen? Haben Sie gesehen, wie sich die Kleinen zerreißen, wie schnell sie lernen, wie tief sie Gelerntes von diesem Tage in ihrem Körpersystem sitzen haben?

Im Management gibt es so etwas nicht. Kein Training. Kein Coaching. Leider nur Vorträge, endlose Vorträge. „Aus der Praxis – wie ich es machte." – „Die zehn Erfolgsregeln für XY." (Es sind immer zehn, obwohl selbst die Kommaregeln im Wesentlichen auf drei reduziert werden können.) – „Die zehn häufigsten Fehler." (Es sind immer zehn, wovon die ersten drei fast immer zum Flop reichen.) – „Ein neues System." – „Eine neue Supereigenschaft. Manager mit rosa Brillen sind optimistischer. Sie haben die besten rosa Bilanzen."

Es sind Vorträge, die immer wieder wie Predigten zur Tugend mahnen. Das ist Linkshirnausbildung für richtige Menschen, kein Training einer besonderen Stärke.

Training ist *persönlich.* Die Stärke eines Menschen ist ganz persönlich, bitte sehen Sie ganz stark auf diesen Punkt: *persönlich.* Deshalb ist das Training eines neuen Meisters oder eines neuen Jedi individuell. Das ist ein schreckliches Problem für die heutige Massenausbildung. Wenn nämlich hundert Manager einen Vortrag hören, bekommen sie neue Systemprogrammierung. Das geht logistisch gut bei richtigen Menschen, denen neue Regeln, Konventionen, Beschlüsse und Strafen erklärt werden. „Wie macht *man* es und wie darf *man* es nicht machen?" Bei richtigen Menschen heißt es *man. Man* macht keine Fehler. Beim Training von persönlichen Stärken heißt es *ich. Ich* werde trainiert. Es sind *meine* Stärken. Meine *individuellen* Stärken. Das weiß jeder gute Fußballtrainer. Ohne Training spielt niemand Fußball. Ohne Trainer spielt keine Mannschaft. Ohne individuelle Stärkenausbildung wird niemand Meister. Einer ist dann Torwart, einer Verteidiger, einer Stürmer. Stürmer lernen Torschuss, und zwar mit *ihrem* Fuß. Sie schießen mit dem Fuß, mit dem sie erfolgreich sind. Sie hören sich keine Vorträge über begnadete beidfüßige Fußballer an. Sie lernen keine Blutgrätschen, das ist etwas für Verteidiger. Sie lernen nicht Fangen wie der Torwart. Jeder bildet seine Stärken aus, der Trainer trainiert sie einzeln. Stufe zwei: Selbstdisziplin und Wirksamkeit.

Und exzellente Trainer sagen von Fußballern wie von Pferden: „Er wird von mir ganz langsam an die Turniere herangeführt. Er schnuppert ein wenig Luft auf dem Platz und erfährt am Körper den Ernst. Aber ich muss erst das Potenzial ausbauen, ich will behutsam sein. Große Talente werden verdorben, wenn man sie gleich in regulärer Arbeit verschleißt. Ich entwickle sie erst zur Blüte, danach schicke ich sie langsam in Wettkämpfe. Es ist wichtig, dass sie am Anfang gewinnen. Wer gleich Prügel in der Schlacht bekommt, wird Angsthase. Ich muss sie heranführen. Sie müssen sich stark und unbesiegbar fühlen. Ich will, dass sie Charisma bekommen. Danach mögen sie langsam Meister werden, ganz langsam."

Ich weiß ja nicht, ob es daher kam, dass ich mit meinen Kindern so irre viel Quatsch gemacht habe. Als sie so zwei, drei Jahre alt waren, habe ich als Vater gedacht, ich werde ihnen alles das beibringen, was das Leben normalerweise nicht lehrt: Quatsch machen. Diese Aufgabe kam auch mir selbst entgegen, während ich die geduldige Ausbildung von Tischmanieren lieber an qualifiziertere Fachleute in meiner Umgebung abgab. Die Kinder kletterten auf alles, warfen mit allem, ich übte mit allen Nachbarskindern Kinderweitwurf auf unsere Sofas, genau so wie Hammerwerfen. Dreimal drehen und wupp! Sie holten sich alte Drittelmatratzen und rodelten damit unsere gerade Treppe herunter. Schweißgeruch, Trubel, graue weiße Tapeten voller Patschen. Ab und zu rodelte ein Kind an die Wand gegenüber und tropfte langsam ab … weiter! Weiter!

Anne wurde früh als Turnerin entdeckt. Wir mussten einen Tag zum Talentvermessen ins Heidelberger Olympiazentrum. Sie sagten dort: „Wissen Sie, was ganz erstaunlich ist? Warum sie ganz groß werden kann? Sie ist so angstfrei wie selten jemand. Sie wird ganz leicht zu trainieren sein. Wir haben gesagt, spring, und sie sprang, einfach so." Dasselbe sagten andere bei Johannes später auch. Und ich habe viele Jahre von allen Nachbarn Befürchtungen zugetragen bekommen, ich sei wohl etwas zu angstfrei mit den Kindern. Dabei müssen sie doch nur Quatschmachen lernen. Wenn Sie das zu flapsig finden: Kinder müssen instinktsicher werden. Das lernen sie beim Quatschmachen ganz gut. Dort können sie lernen, sich unbesiegbar zu fühlen, ohne kränkende Prüfungen, die ja Angst machen. Die meisten Prüfungen sind Quatsch! Deshalb muss man wohl Prüfungen ...

Und Sie? Sind Sie Meister? Werden Sie weiter vom Jedi-Master trainiert? Oder sind Sie gleich aufs Feld geschickt worden, wo Sie sich verschlissen haben? Warum ließen Sie es zu? Warum haben Sie Stufe zwei übersprungen? Glauben Sie, dass man durch Routine zum Meister wird? Das sagen die richtigen Menschen! Durch Routine erwirbt man Fehlerfreiheit und wird vielleicht ein prachtvoll durchschnittlicher richtiger Mensch. Routine macht aber nicht den Meister! Übung macht den Meister. Und zwar im Sinne von langsamem Austrainieren des ganzen Potenzials.

Die meisten Menschen springen über Stufe zwei hinweg und greifen gleich nach der Meisterschale. Sie glauben, Spielpraxis sei alles. Und dann verschleißen sie sich. Manager üben als Wichtigstes, Überstunden zu machen. Dann klagen sie. Verschleißen ist wie Ausbrennen. Burn-out. Gier auf Stufe drei und vier, bevor der Grundstock gefestigt ist.

4.3.6 Risiko, Erprobung, Herausforderung: Sense & Respond

Ich hatte schon eingehend argumentiert: Richtige Menschen sind nach gehöriger Umdressur auf das System so gepolt, dass sie die Risiken oder Gefahren mehr fürchten als dass sie auf die Chancen setzen. Sie sind asymmetrisch geworden und entscheiden *im mathematischen Sinne falsch*, nämlich tendenziell oder sogar immer zu defensiv. Wenn nach der Vernunft oder reiner mathematischer Messung das Sparbuch noch halb voll ist, sehen es die richtigen Menschen furchtsam schon vor dem Verschwinden. Ihre Seismografen signalisieren Gefahr. Der Ruin droht. Wenn natürliche Menschen sparen, sehen sie im Sparbuch schon die zukünftigen Reichtümer. Es ist „schon" halb voll und der Rest ist ein Klacks. Die erste Million ist die schwerste Million.

Natürliche Menschen suchen die Chance, der sie mit voller Energie hinterherjagen. Deshalb sind sie ebenfalls asymmetrisch. Sie sind gegenüber dem mathematisch-logischen Optimum zu optimistisch und meist zu offensiv. Deshalb entscheiden auch sie, von Seismografen der Erregung im Anblick einer Chance aufgepeitscht, tendenziell *falsch.*

Richtige Menschen organisieren sich nach dem Grundsatz: *Command & Control.* Erst wird die Zukunft Schritt für Schritt geplant. Danach befiehlt man ihr Eintreten. Es wird ständig kontrolliert, ob die Zukunft wie geplant eintritt.

Natürliche Menschen leben dagegen nach dem Grundsatz *Sense & Respond* (Spüre und Reagiere). Sie fassen ein großes Ziel in der Zukunft. Dann gehen sie los, schnurstracks zu auf das Ziel ihres Willens. Natürlich gibt es Widerstände und Probleme. Die werden „on the spot", also auf der Stelle aus dem Wege geräumt. Denken Sie dabei an Indiana Jones und den Gral. In den Indiana-Filmen wird erst einmal festgelegt, was das Ziel ist. Irgendein Wunderteil aus Gold soll ergattert werden, was aber schrecklich gefährlich ist, weil so ziemlich alle anderen Menschen, vor allem aber die sehr, sehr bösen, dieses Teil auch unbedingt haben wollen, wofür sie über Leichen gehen. Die Gegner von Indiana sind alle so übertrainiert böse (sie haben alle Stufe zwei übersprungen), dass sie nicht schlau oder angstfrei genug sind, sich in ein solches Abenteuer zu wagen. Deshalb heften sie sich wie eine Meute an Indianas Fersen, wenn er auf Schatzsuche geht. Sie machen nur Schwierigkeiten, besonders die schöne Frau unter ihnen, weshalb praktisch kein solcher Film ohne Überlänge zu drehen ist. Indiana und James Bond stürzen sich nun in etwas Ungewisses hinein, dessen Ziel aber ganz genau feststeht: Den Schatz bergen, Frau oder nicht, oder einem Weltbösewicht eine extrem seltene Todesart zufügen. Diese Filme sind ein Paradebeispiel für Sense & Respond. Die Helden planen nicht groß, sondern reagieren blitzschnell auf Widerstände und Probleme, dabei haben sie immer das Ziel im Visier, auch wenn es zwischendurch aussichtslos scheint. Keine Beratungsmeetings, keine Nachtragshaushalte. Einfach weiter! Das Ziel muss erreicht werden! Nicht aufgeben, alle Energie auf den einen Punkt. Koste es, was es wolle. Der Controller daheim schäumt und ruft dauernd sorgenvoll an. „Bond, schon wieder ein Auto zu Schrott – und Ihre Martini-Rechnung!"

Es gibt erste Bücher, etwa Stephan Haeckels *Adaptive Enterprise*, die das *Sense & Respond*-Prinzip als kommendes Führungsmodell für Konzerne sehen. Wir sehen heutzutage immer öfter, dass die Zukunft nicht einfach so geplant werden kann, weil andere böse Wettbewerber andauernd Komplikationen machen, weil die Märkte turbulenter wurden und immer wieder revolutionierende Technologie alle Planungen dem Hohngelächter preisgibt. Die Gartner Group verlangt den Aufbau von Strukturen für ein von ihr sogenanntes *Real-Time Enterprise*, was im Endeffekt auf Sense & Respond hinaus laufen wird.

Lustig, nicht wahr? Die meisten Berater in diesem Metier haben keine blasse Ahnung, was sie da fordern. Der Übergang von *Command & Control* zu *Sense & Respond* ist nichts weniger als eine Schlüsselübergabe der Macht von den richtigen Menschen an die natürlichen. Auf diesen Kampf bin ich gespannt! Ich glaube selbst, dass *Sense & Respond* viele Qualitäten hat, ja; aber werden die richtigen Menschen, die sich vor Fehlern fürchten, einfach so einwilligen, ausgerüstet mit ein paar Überlebenspaketen am Bauch in den Urwald zu ziehen, um einen Drachen zu finden und zu besiegen? Das möchte ich sehen. Vorher glaube ich es nicht.

4.3.7 Führung durch Vertrauensvorschuss und hohe Ziele

Natürliche Menschen führen persönlich, wie Kapitäne von Segelschiffen. Jeder weiß dort, was er dem Ganzen, also dem Ziel der Fahrt schuldig ist. Der Kapitän ist Herr über Leben und Tod, dem alle folgen. Die Mannschaft ist zusammengeschweißt durch gemeinsamen Kampf gegen die See. Sie ist ein „Jelled Team", wie es im Buch *Peopleware* von Tom DeMarco und Timothy Lister heißt. Das Wort jell heißt „Zum Klappen kommen".

Der Kapitän vertraut seinen Offizieren Teilziele an. „Nehmen Sie als Ausrüstung alles mit, was Sie brauchen. Sieht aus, als wäre an dieser Küste etwas nicht in Ordnung."

Teilziele sind wie Missionen.

Die Führer werden auf eine Mission entsandt. Ihnen wird alles Vertrauen mitgegeben, dass sie diese Aufgabe bewältigen werden. Man achtet sie dafür, dass sie ein hohes Ziel in Angriff nehmen. Ein Kapitän heuert seine Mannschaft selbst an.

Er wählt selbst die Menschen, die sich gegenseitig auf Gedeih und Verderb auf dem Ozean ausgeliefert sind. Er wählt eine Mannschaft, die sich gegenseitig wie Pech und Schwefel vertrauen wird.

Die richtigen Menschen weisen in Systemen den Menschen Mitarbeiter zu. Alles wird zugeordnet. Ein neuer Manager übernimmt eine Abteilung, in der er sich erst Respekt erwerben muss. Er kommt mit der Autorität des Systems, das ihm Macht über die Mitarbeiter zuweist. Er hat nicht die Autorität des Kapitäns, der die Mitarbeiter angeheuert hat. Der natürliche Führer hat sein eigenes Charisma, der richtige Manager sonnt sich im Charisma des Systems.

Wenn natürliche Menschen über Management schreiben, wie etwa Fredmund Malik aus St. Gallen, dann sprechen sie immer von Führungspersönlichkeiten, nie von Managern. Sie meinen damit wirklich Führungs-*Persönlichkeiten* im natürlichen Sinne. Manager erscheinen ihnen wie Ordnungskräfte, nicht wie Führer. Diese unterschiedliche Wortwahl zeigt den entscheidenden Unterschied in der Auffassung. Richtige Menschen leiten als Manager. Natürliche Menschen sind Führer oder, weil man das in Deutschland nicht so ungezwungen sagen kann, Führungspersönlichkeiten, was ja auch besser passt.

4.3.8 Stärke und Wirksamkeit im System

Sie können sich sicher vorstellen, wie Systeme reagieren, wenn sich in ihnen ein ungestümer Wille bemerkbar macht, der vorwärts drängen will. Darauf reagieren Systeme empfindlich mit Abwehr, weil Systeme wollen, dass alles *richtig* zugeht. Die hauptsächliche Abwehrmaßnahme gegen überhaupt *alles* ist es, all das, was nach Entscheidung oder Willen aussieht, genehmigen zu lassen. Im Amerikanischen spricht man von Approval. Je weitergehender ein Wille ist, desto langwieriger werden die Genehmigungsprozeduren, desto mehr Menschen werden in eine sogenannte Entscheidungsfindung einbezogen und sollen „Input geben" oder „dürfen hineinreden". So wird der Wille immer verwässert und eventuell zu Tode gehetzt, weil er nicht alle Hürden überspringen kann. Wille ist blitzschnell und effektiv. Er mobilisiert sofort hohe Energien.

Das System hebelt mit seiner Bändigung allen Willens die ganze Kraft des Willens aus. Der Wille wird im System aller Freiheit beraubt. Er tobt gegen diesen Zwang im Innern der Firma und wird noch stärker angegriffen.

Der Wille im System leidet unter den Versuchen des Systems, ihn einzuengen. Die hohe Wirksamkeit der natürlichen Führungspersönlichkeiten wird oft bis zur Lächerlichkeit beschnitten.

Stellen Sie sich das so vor: Ein Chirurg operiert an einer komplizierten Leber. Da stürzt ein Vertreter der Krankenkasse hinzu und ruft: „Stopp, wieder zunähen. Wir zahlen nur sechs Stunden von der Kasse. Zunähen oder neue Verhandlungen. Wer zahlt? Wer entscheidet das? Sind reiche Verwandte im Wartezimmer?" – Oder: Ein Pilot meldet, dass er notlanden muss. Tower: „Oh, wir haben hier unten gerade Überlast bei der Arbeit. Wie viele Leute sind denn an Bord?" Da habe ich Sie jetzt extra mit sarkastischen Beispielen anstechen wollen. Aber genau solche Beispiele gibt es in realen Unternehmen. Aus einer Versicherung zum Beispiel: Eine immerhin ziemlich außertarifliche Angestellte braucht ein wichtiges Handbuch. Zu teuer. Drei Mal abgelehnt. Da erfährt sie beim Essen zufällig, dass in einem anderen Bereich so ein Handbuch ungenutzt herumliegt. „Kommen Sie mit, ich gebe es Ihnen." Sie erzählt es Ihrem Chef, so sehr freut sie sich. Der Chef erleidet einen Wutanfall. „Das sieht unser System nicht vor. Sie müssen mich informieren, dass Sie erfuhren, dass ein Handbuch woanders zur Verfügung steht. Ich stelle anschließend fest, wer der Manager des Bereiches ist, dem das Handbuch gehört. Ich schaue im Organisationschart nach, wer der gemeinsame Manager über uns ist. An den schreibe ich ein Gesuch, ob er das Handbuch erübrigen kann. Er fragt weiter unten beim zuständigen Manager nach. Wenn der genau so logisch denkt wie ich selbst, wird er das Handbuch herausgeben, aber den Preis von mir erstattet haben wollen. Dann muss ich das Buch bezahlen. Das aber will ich nicht, deshalb habe ich Ihr Gesuch schon mehrmals abgelehnt. Wenn ich aber jemals das Geld hätte und gleichzeitig wollte, dass Sie das Handbuch bekommen, dann würde ich es ganz neu im Handel kaufen. Denn wenn ich es einem anderen Manager abkaufe, hat er einen Vorteil. Er spart Geld und ich gebe etwas aus. Wenn ich es neu kaufe, spart er wenigstens nichts." Das war etwas überzeichnet, aber fast live aus einem deutschen Unternehmen.

Natürliche Menschen handeln denn auch so: „Mach einfach. Frag' nie! Nie! Tue unschuldig, wenn du erwischt wirst." Man sagt in Managementhandbüchern: „Eine Entschuldigung dauert zwei Minuten, eine Erlaubnis zwei Monate." Aber die richtigen Manager trauen sich nicht. Sie sagen: „Ich muss mich absichern." Sehen Sie den Unterschied?

Es ist immer noch derselbe Unterschied wie der zwischen einem braven Kind und einem mehr natürlich-trotzigen. Das eine tut nichts ohne Erlaubnis, das andere trinkt Cola und macht unschuldige Augen, wenn es angesprochen wird. „War das verboten?" Der Vorteil bei der letzteren Methode liegt darin, dass die Natürlichen ja nur in einer Minderheit der Fälle erwischt werden. Das ist doch ein „guter Deal"? Die richtigen Menschen aber riskieren nie die Peinlichkeit einer Entschuldigung. Auch nicht eins zu zehn. Sie sichern sich ab. Das System ist in sie hineingepflanzt. Der Systemtrieb hält sie auf unerbittlichem Kurs. Sie üben sich in Kunstvernunft.

4.3.9 Undisziplin und Unwirksamkeit für das Ganze – höhere Varianz!

Die andere Seite der Medaille ist, dass die echten Führer manchmal gar *nie mehr* um Erlaubnis des Systems fragen. Sie entwickeln Willkür und Beliebigkeit. „Sie machen, was sie wollen." Das ist kein Wille im Sinne der Wirksamkeit für das Ganze. „Er managt nach Gutsherrenart. Er hält uns die ganze Zeit in einer schrecklichen Mischung aus Dankbarkeit und Angst."

Natürliche Führer sind oft ganz schön triebgesteuert. Nicht vom Systemtrieb wie die „Manager", sondern vom echten Freudschen Es in ihrem Körper. Sie entscheiden, wie ihnen gerade zu Mute ist. Sie haben Stufe zwei in der Pyramide übersprungen. Sie sind Anführer geworden, ohne vorher Wirksamkeit und Selbstdisziplin gelernt zu haben. Sie wollen beißwütig und machtgierig nach oben, immer weiter. Sie dulden keinen Willen neben sich.

In der Star-Wars-Trilogie beschwört der Jedi-Meister Yoda Luke mehrfach, erst seine Ausbildung zu vollenden. Luke will aber sofort handeln, weil er die Welt in Gefahr fühlt. Yoda schüttelt den Kopf. Welt hin und her, Weltuntergang hin und her, ein Jedi muss erst seine Ausbildung beenden. Sonst droht die dunkle, die *schnelle* Seite der Macht. Sie droht, wenn Stufe zwei ausgelassen ist.

Insbesondere kann der selbstdisziplinierte Natürliche seine Kräfte in einem energiegeladenen Fokus bündeln, er kann sich in die richtige „Biochemie“ seines Körpers bringen, in der er „Bäume ausreißen“ kann, also Höchstleistungen vollbringen. Schwache Führer handeln je nachdem, in welchem biochemischen Zustand der Körper gerade ist. Der eine erschafft seine Körperzustände im Dienst für das Ganze, der andere lebt sie hemmungslos aus.

Deshalb sind natürliche Führer naturgemäß sehr zweischneidig zu sehen. Sie haben so große Kraft, dass sie viel höhere Wirksamkeit entfalten als ein richtiger Manager. Die Manager, die sich stets im System absichern, können niemals so wirksam sein. Andererseits können sie auch nicht so richtig schädlich werden. Das System ist meist so designed, dass es schlechte Manager mühelos aushalten kann. Das sehen Sie sicher jeden Tag an Ihrem Arbeitsplatz. Natürliche Führer wirken dagegen viel stärker, eben, weil sie nicht so sehr um Erlaubnis fragen. Ein echter Jedi ist denn auch ein wahrer Segen für die Menschheit. Ein dunkler Machtgieriger dagegen kann alles zum Einsturz bringen.

Es wird seit Platons *Der Staat* in Philosophiebüchern immer wieder und wieder über die beste Staatsform philosophiert. Man sagt allgemein, ein richtig guter Diktator sei am besten für die Menschheit. Nur: woher nehmen wir einen? Wird er gut bleiben? Wird er zur dunklen Seite der Macht wechseln? Was machen wir dann, wenn das geschieht?

Sollten wir uns nicht doch lieber absichern, gegen dunkle Führer, und alle Macht in einem großen System so breit aufteilen, dass ein Einzelner keinen zu großen Schaden anrichten kann? Dann aber kann er auch nicht so viel nützen, wie es ohne System möglich wäre. Das ist keine philosophische Frage, sondern mehr eine mathematische. Es kommt auf das Chance-Risiko-Verhältnis an. Auf dem Börsenparkett rechnet man seit einigen Jahren (nicht schon immer!) solche Verhältnisse aus. Es gibt eine Börsenweisheit: „Niemand kann so viel Geld verdienen, dass er es nicht in einer einzigen Fehlentscheidung wieder vernichten könnte.“ Ein natürlicher Führer ist wie ein Aktienportfolio, das nur aus einer einzigen Position besteht. Wenn dieser eine Wert stark „überperformed“, dann ist dieses Portfolio, das alles auf eine Karte setzt, natürlich erstklassig. Wenn aber dieser eine Wert in den Keller sinkt, ist alles verloren.

Natürliche Menschen sind so etwas wie Teammitglieder mit höherer Varianz. Gute sind besser, Schlechte sind schlechter. Fast alle natürlichen Menschen leisten sich mehr Fehler als die meisten Richtigen, weil sie vorrangig ihre Stärken pflegen, die sie hoffentlich haben. Die richtigen Menschen sind ja brav und halten sich möglichst an alle Systembestimmungen. Deshalb liegen sie tendenziell näher am Durchschnitt und sind tendenziell fehlerfreier.

Wenn Sie sich ein Team zusammenstellen, dann sind die richtigen Menschen solide Anlagewerte, mit denen Sie nichts falsch machen können. Richtige Menschen sind so etwas wie Standardwerte in Ihrem Portfolio. Natürliche Menschen entsprechen Aktienwerten, deren zugrunde liegende Unternehmen „es wissen wollen", also aufs Ganze gehen. Normalerweise ist es so, dass bei gleichem zu erwartenden Ertrag das risikoärmere Anlagemedium gewählt wird. Bei gleicher zu erwartender Arbeitsleistung würde man also nach der reinen Vernunft lieber richtige Menschen wählen und nicht natürliche. Deshalb müssen eben natürliche Menschen mehr leisten, um die gleiche Anerkennung zu bekommen. Alles klar?

Sie haben das schon immer gewusst, nicht wahr, aber noch nie wirklich kühl betrachtet?

Nun kommen im nächsten Kapitel die wahren Menschen dran. Sie sind so etwas wie Hoffnungswerte im Portfolio, wie ein ungewisser Wechsel auf eine wunderbare Zukunft. Es ist schwer zu sagen, wie wir sie bewerten sollen. Vor allem die Systeme, die alles zwanghaft bewerten und regeln wollen, kommen mit dieser kitzligen Bewertungsunsicherheit nicht klar. Manchmal (wie im Internetboom) lieben die Systeme die Zukunftshoffnungen wie Religionsstifter, ein andermal werden alle ans Kreuz genagelt, weil das Wahre den Systempharisäern nicht richtig genug ist. (Absturz an der NASDAQ, weil die Dotcoms keinen richtigen Gewinn machen – Verzweiflungswerte.) Wahre Menschen, die an einer besseren Zukunft arbeiten, müssen am besten so gut arbeiten, dass man es heute schon merkt. So wie Grundlagenforschung, die sofortigen Gewinn erzielt. Wenn es aber den richtigen Menschen zu gut oder zu schlecht geht, reicht es oft aus, wenn sie einfach Hoffnung erzeugen.

4.4 Das Ganze erbauen

Dieses Kapitel ist viel kürzer. Es enthält einige Einsichten über das Wahre, welches aber beim Bau des Suprasystems, das im darauf folgenden Kapitel durchdacht wird, nicht Pate stehen wollte. Das Wahre will beim Umerziehen der Menschen zum Wirtschaftskrieg nicht mitmachen. Es sollte wenigstens opponieren.

4.4.1 Das Wahre und das Ganze

Richtige Menschen leben am liebsten geborgen in einem sicheren System, das sich nicht zu stark ändert, und wenn, zum Besseren. Natürliche Menschen wollen irgendwo wirksam sein, etwas zu Stande bringen, im System oder nicht, mit System oder nicht.

Wahre Menschen kümmern sich um die Welt als solche. Sie stellen sich bessere Welten vor als die, in denen wir notgedrungen unser Leben verbringen müssen.

Dieses intuitiv-ganzheitliche Wirken kann viele Formen annehmen. Wissenschaftler erdenken in gewisser Weise bessere Welten. Künstler formen die neuen Ideen. Dichter schwärmen und predigen verzweifelt. Informatiker basteln derzeit an der neuen virtuellen Welt. Ingenieure sind nimmermüde, immer bessere Lebensbedingungen zu schaffen. Pfarrer sehnen sich nach der Rückkehr der ewigen Werte. Im Management heißen sie sehr oft „Leader“. Dieses Wort ist schwer übersetzbar. Es wird im Amerikanischen zu diffus benutzt. Man meint damit Führungspersönlichkeiten, die aber je nach Zeitgeschmack jeweils in einer sehr speziellen Färbung verstanden werden. Die Übersetzung mit Führer, also als eine Variante des natürlichen Menschen, trifft absolut daneben. In der derzeitigen Literatur meint man mit Leader oft eine Art wahren Menschen.

Die wahren Menschen sehe ich im Management in zwei Unterarten geteilt. Die Denker unter den wahren Menschen sind oft Visionär oder Pionier mit einer großen Lust, etwas zu unternehmen. Bill Gates wäre für mich ein Beispiel. Visionäre führen Menschen, indem sie in ihnen eine Sehnsucht nach einer sachlich besseren Welt erzeugen. In ihrer Sehnsucht folgen die Menschen dem Visionär wie dem Fähnrich hinterdrein.

Die Gefühlswarmen unter den wahren Menschen konzentrieren die Seelenkraft der Menschen auf eine menschlich bessere Welt, in der ethische Werte hoch im Kurs stehen. Diese „emotionale Hochintelligenz“ vermag Menschen in der Seele zu verzaubern und sie in höchstem Maße persönlich zu motivieren.

4.4.2 „Visionary Thinking“: Einem neuen Ganzen zustreben

Wahre Leader, so nenne ich sie jetzt notgedrungen, können sich in besonders tiefgehender Weise eine neue, bessere Welt vorstellen. Wahre Leader können in anderen Menschen den Wunsch reifen lassen, mit ihm einen auch noch so beschwerlichen Weg in eine solche Zukunft zu gehen.

Leader sehen die neue Welt ganz.

Die neue Welt ist in einer Vision im Ganzen darstellbar. Richtige Manager geben als Jahresparole aus: „Zehn Prozent Umsatzwachstum und gute Fortschritte auf der Karriereleiter für etliche.“ Das hat nichts mit einer Vision oder einer neuen Welt zu tun. Richtige Manager wollen das Alte, nur besser, billiger und schneller. Sie stellen sich keine neue Welt vor. Ich selbst bin ein wahrer Mensch und muss sehr oft mit hohen Executives diskutieren, was eine gute Vision für ihren Konzern wäre. Ich verzweifele oft an meinen Diskussionspartnern. Es geht einfach nicht. Richtige Menschen scheinen sich nichts vorzustellen. Nur: Besser, schneller, billiger.

Deshalb gibt es fast nur eine einzige Firmenvision: Der Beste, der Schnellste, der Billigste. Schön hingeschrieben: „Unser Unternehmen ist allein für den Kunden da. Es will führend in Qualität und Service sein. Es strebt die Führungsposition in der globalisierten Welt an. Es will beste Produkte zu günstigsten Preisen liefern. Seine Mitarbeiter sind hoch motiviert, für den Kunden zu leben, und sie sind glücklich, für dieses Unternehmen zu arbeiten.“

Noch kürzer hingeschrieben, wie richtige Menschen bei der Abfassung denken: „Nichts auszusetzen.“ Eine solche Firmenvision, wie sie fast alle richtigen Firmen haben, stellt sich keine bessere Welt vor, sondern eine, an der kein Makel ist. Da die Systeme heute in Suprasysteme überführt werden, schreibt man noch überall wie natürlich das Prädikat „führend“ dazu. Also sagt fast jede Suprasystemvision heute im Wesentlichen nur dies: *Keine Fehler und Nummer Eins.*

Niemand stellt sich wirklich vor, wie das gehen soll, besonders, wenn *alle* Firmen anstreben, Nummer Eins zu sein.

Wahre Menschen haben aber wirkliche Visionen. Sie können sich eine bessere Zukunfts- oder Zielwelt vorstellen. Sie haben diese ganze Welt in ihrem neuronalen Netz in der rechten Gehirnhälfte. Es sind – noch einmal – wirkliche, konkrete Visionen. Eine ganze Welt steht vor dem geistigen Auge. Martin Luther King ruft in die Menge: „I have a dream …!“

Es gibt große Visionen oder kleine. Die kleinen Visionen beziehen sich auf kleine Welten. „Du, ich habe mir plötzlich vorstellen können, wie unser neues Haus aussieht. Ich weiß jetzt, wie ich es möchte. Ich bin so glücklich. *Das* ist es!“ Wahre Menschen stellen sich Kunstwerke, eine neue Gartenanlage, eine neue Infrastruktur einer Bank, eine neue Teilwissenschaft, eine Welt, in der die Relativitätstheorie gilt, einen Transrapid, eine neue Fußgängerzone, eine neue Hausmöblierung, ein neues Computerprogramm, ein neues Computerspiel, ein neues Internetunternehmen, eine neue Maschine, eine neue Teesorte vor. Es geht um die lebhafte und möglichst vollständige Imagination von etwas, zu dem die Seele des wahren Menschen hingezogen wird.

Ich hatte vor einiger Zeit die Vorstellung eines neuen Werkes. Drei Bände: Omnisophie, Supramanie, Topothesie. Das ist jetzt, im Augenblick, meine Vision, die ich gerade zu Computer bringe. Es ist schwere Arbeit, sie ans Licht auf den Bildschirm zu ziehen. Am Ende werden es wohl 1.300 Seiten sein. Das ist dann ein gewisser kleiner Teil dessen, was ich vor dem geistigen Auge sah. Zuerst sah ich alles wie eine ferne Insel, vage, im Nebel. Als ich näher herankam, konnte ich einzelne Gebirgszüge unterscheiden, die Insel schien bewohnt. Erst bei näherem Hinsehen – ja! – erblickte ich dort Siedlungen und große Symbole, wie Pyramiden und aufragende Systeme. Ich wusste, dass ich diese Vision anderen Menschen sichtbar machen wollte. Also begann ich zu beschreiben. Aber wie beginnen? Ich wanderte auf der Insel im Geiste umher. Ich lernte die Menschen kennen, sprach lange mit ihnen, während ich in Zügen oder Flugzeugen saß, die mich zu meinem Broterwerb trugen. Ich besichtigte die Gebäude und die Symbole. Ich bekam einen umfassenden, großen Eindruck. Wie sollte ich es aber tatsächlich für Sie aufschreiben? Ich begann, einen Rundreiseplan anzufertigen. Ich wollte mit Ihnen auf eine Reise durch das Ganze starten und Ihnen an jeder der schönsten Stellen der Insel eine Geschichte erzählen. Als Ganzes sollen die Geschichten ein Abbild der Insel darstellen. Sie werden bestimmt sehnsuchtsvoll werden, die Insel einmal selbst zu sehen. So setzte ich den Plan in Geschichten um, die ich nie und nimmer auf einmal im meinem Kopf behalten kann. Ich sehe die Insel von oben. Ich habe einen guten Überblick, aber ich kann Ihnen nicht einfach so jede Stelle der Insel zeigen. Wenn Sie eine bestimmte Stelle mit mir besuchen wollen, gehe ich mit Ihnen im Geiste dorthin und schaue mich genau um. Dann sehe ich wieder die kleinen, liebevollen Details, die ich vom ersten Besuch nur ungenau erinnere. Manchmal wollen Sie auch Sehenswürdigkeiten sehen, an denen ich vorüberging. Ich bin so dankbar, dass Sie mich danach gefragt haben. Ich sehe nun noch viel klarer, weil ich extra mit Ihnen dort verweilt habe. Ich brauche selbst eine lange Zeit, um wenigstens die schönsten und wichtigsten Einzelheiten zu betrachten und zu würdigen. Langsam wird es *meine* Insel, auf der ich mich auskenne. Die Einwohner legen mir alle Vorkommnisse der Vergangenheit ans Herz, sie wünschen sich eine gute Zukunft von mir. Ich denke nach.

Wenn ich etwas für Sie erzähle oder Ihnen zeige, gehe ich an diesen ganz neuen Platz hier, lasse mich inspirieren, atme die Luft, sehe in die Augen der Einwohner. Ich warte auf unterschiedliches Wetter und verschiedene Stimmungen. Und dann ruhe ich, schließe die Augen und schreibe für Sie: von diesem Ort, von diesen Menschen, von ihren Hoffnungen und Träumen. Ich bin nur ein einziges Mal hier. Für Sie. Ich komme wohl nie wieder, denn es ist eine große Insel. Die Einwohner arbeiten. Sie gestalten die Insel um, denn ich sprach lange mit ihnen, wie alles von oben aussieht. Die Insel verändert sich, jede Minute. Ich komme nie wieder. Die Zeit verschlingt und gebiert neuen Raum. Meine Vision wird konkret und entsteht neu. Ist sie *besonders*? Werden *Sie* hier glücklich? Ist sie es *wert,* erzählt zu werden? Ich schwanke täglich neu. Es schmerzt und jauchzt in mir. Ich leide. Ich bin verzückt von diesem neuen Symbol, das ich fand. Für Sie! Fühlen Sie, dass Sie herkommen sollten? Werden Sie mich besuchen? Kommen Sie mit, wenn ich auf den anderen Teil der Insel wechsele? Ich denke nach, wie es noch schöner würde, wenn Sie hier sind. Die Einwohner sagen, Sie würden es gut haben.

Es ist kein großer Unterschied, ob Sie die Idee von einer Insel oder einer neuen Wohnzimmermöblierung haben. Es entsteht etwas in Ihnen, wonach Sie sich sehnen. Wollen Sie einen Asylkreis gründen, wie den, in dem meine Frau tätig ist? Wollen Sie sich mit einer neuen Geschäftsidee selbstständig machen und ins Ungewisse starten? Wollen Sie, dass das große Mietshaus, in dem Sie leben, eine Gemeinschaft wird? Glauben Sie an Ihre Schüler, die etwas Neues von Ihnen wollen?

Vision ist das konkret erblickte *Noch Nicht*. Das Noch Nicht soll wahr werden. Als neues Ganzes. So will es der wahre Mensch. Die Schicksalsfrage des Noch Nicht ist, ob Sie mitkommen oder nicht. *Kommen* Sie mit? Die Sonne sticht unbestechlich auf meinen Bildschirm. Hoch über den Wolken. 21. Oktober 2002, Flug Paris-Montreal. Listrac-Médoc 1998. Dichterische Momente, angeschnallt.

4.4.3 Stufe zwei

Wahre Menschen brauchen lange Zeit, um ihre Insel der Seligen zu finden. Manche stranden früh auf Felsen. Manche begnügen sich mit einem vielversprechenden Blick von oben durch den Hochnebel. Wieder andere finden Atlantis, aber es fehlen ihnen die Worte. So bleiben sie dort allein, wie ein Künstler, den man Jahrzehnte nach seinem Tod entdeckt.

Was geschieht in wahren Menschen, wenn sich ihre Persönlichkeit entwickelt? Sie bilden ihr neuronales Netz aus, das einer Lebensidee, einem Entwurf zustrebt. Van Gogh findet Sonnenblumen, Picasso Blumensträuße und Friedenstauben, die lichten, ganz anders als die maiskranken Fledderkotvögel des San Marco. Der wahre Mensch findet eine Idee, wie eine neue Insel.

Ist es aber seine Idee für *Sie*? Nein? Dann werden Sie ihn ein wenig verrückt finden, reif für die Insel.

Die unentwickelten wahren Menschen wollen Ruhm ohne Idee oder auf eine bloße schnelle Idee hin, sie wollen Guru sein ohne eigene Vorstellungskraft. Sie wollen geliebt werden, wo sie selbst lieben sollten. Sie wissen *besser*, ohne zu verstehen. Sie erdenken Inseln, ohne zu wissen, ob sie selbst oder irgendjemand dort leben mag. Sie bemühen sich, Ruhm durch Geschrei zu erzwingen. Ich erschlage Sie am Buchende mit Beispielen.

Unentwickelte Menschen sind seltsam, linkisch, schrullig, eigensinnig, zynisch, niedergeschlagen oder überbegeistert. Die Idee in ihnen brennt nicht. Deshalb wird niemand inspiriert, und sie sind allein. Nicht einmal Gott kommt zu Besuch. Er kommt auf Stufe zwei. Umgangen, übersprungen. Mit Leid.

4.4.4 Licht und Liebe entgegen führen

Richtige Manager sorgen für den Lauf des Systems. Sie fürchten Fehler, Störungen und Stockungen. Sie scheuen Risiken und weisen alle Schuld von sich.

Natürliche Führer konzentrieren sich auf die wirksame Großtat. Sie riskieren im Rausch den Totalverlust und das Scheitern.

Spüren Sie, wie weit weg davon der Versuch ist, Sie mitzureißen, in eine neue Welt mitzukommen? In eine bessere Welt, die technologieperfekt, gerechter, schöner und liebender ist als die jetzige? Das Heute ist vorläufig. Das *Noch Nicht* winkt in der Ferne.

Wahre Leader sind Menschen, die uns die Richtung zum Morgen und zum Grunde unserer Seelen zeigen. Sie sind diejenigen, die das *Noch Nicht* ganz sehen. Wir anderen vertrauen ihnen. Wir folgen ihnen in blindem Vertrauen, weil wir selbst den Nebel nicht ganz durchdringen.

In der Leadership-Literatur werden die Tugenden des wahren Leaders aufgezählt: Leader lieben ihre Mitarbeiter, sie tragen für ihr Persönlichkeitswachstum Sorge (Stufe zwei). Sie fördern die Entwicklung, öffnen die Augen für neue Ideen. Leader coachen Mitarbeiter wie Ritter Lancelot seine Knappen. Sie weihen sie in alle Geheimnisse ein. Leader inspirieren die Mitarbeiter, führen sie zu Enthusiasmus und authentischer Begeisterung für eine Idee. Sie tolerieren eigene Wege und Werte der Mitarbeiter, wenn sie der Wahrheit oder der Liebe dienen. Sie verstehen sich als Dienende den Mitarbeitern gegenüber. „Leaders love, leaders serve, leaders coach, leaders mentor, leaders grow their employees' personalities."

Sie zeigen den Mitarbeitern das Ganze. Die Mitarbeiter kommen mit und werden ihrerseits zu Reiseführern.

All das hat nichts mit einem System zu tun. Es hat nichts mit Großartigkeit und Höchstleistung zu schaffen. Wahre Leader *erwecken.*

Sie erwecken mit einer tiefen Vorstellung eines lockend-überzeugenden Noch Nicht. Tiefe! Richtige Manager beeindrucken mit Breite. Natürliche Führer wollen das Große. Wahre Leader haben eine tiefe Vorstellung vom Morgen der Welt und vom Morgen der Mitarbeiterseelen. Das Morgen wird in jedem Mitarbeiter einzeln erweckt. Jeder hat sein eigenes Morgen, wie jeder sein entwickeltes neuronales Netz besitzt.

4.4.5 Sünde: Die Fanatiker rasen!

So wie sich richtige Menschen in das System verbeißen, so wie sich natürliche Menschen in den Sieg verbeißen können, so gibt es wahre Menschen, die für eine Idee kämpfen, die niemand als sein Morgen empfinden mag.

Wahre Menschen können Glaubenskriege entfesseln. Sie werden die anderen Menschen zwingen wollen, der Idee zu folgen. Wahre Menschen, die nur Stufe vier anspringen wollen, schicken notfalls die Inquisition und lassen foltern.

Ihre Idee ist vielleicht verblasst und alt geworden, sie wurde verwässert, verschwand in einem System und korrumpierte sich?

Aus einer streng gläubigen Urgemeinde kann eine mächtige gemeinsame Idee entspringen, die wie ein Lauffeuer durch die Lande rast und alle Menschen mit Sinn und Enthusiasmus erfüllt. Wenn eine Idee so groß wird, dass sie die kleine Minderheit der wahren Menschen verlässt und die richtigen Menschen erreicht, so wird sie notwendig systematisiert, weil das die Assimilierungsform des Richtigen ist. Aus einer Idee wird ein Staatssystem. Aus frühchristlichen Spenden wird eine staatlich erhobene Kirchensteuer.

Vor etwas mehr als 10 Jahren schrieb Linus Thorwald an dem Computerbetriebssystem Linux, das seither von der Open-Source-Gemeinde entwickelt wird. Viele tausend Programmierer steuern in Feierabendstunden Teil für Teil einem großen Programmsystem. Es wächst und wächst heran. Es wird mächtig. Der friedlich-niedliche Linux-Pinguin ist überall zu sehen. Linux wird freiwillig in der Freizeit programmiert und ist überall kostenlos zu haben, während das marktführende Windows von Microsoft einige hundert Mark kostet. Die echten Freaks benutzen „ihr" Linux. Es hat bei Servern (den zentralen Netzcomputern, die die einzelnen Arbeitsplatzrechner verbinden und sie mit zentralen Daten und Anwendungen versorgen) schon ein Viertel Marktanteil. Tendenz steigend.

Aber es wird leider erwachsen. Wenn ein System überall eingesetzt wird, muss es eben auch überall eingesetzt werden *können.* Es darf keine Fehler haben, muss immer laufen. Viele tausend Nutzer brauchen Handbücher und Dokumentationen. Service-Mitarbeiter müssen bereit stehen, abgestürzte Systeme wieder anlaufen zu lassen. Es beginnt die Zeit, wo es wieder Geld kostet: Für Service von Menschen, für Handbücher, Reparaturen. Wenn ganz große Unternehmen das System einsetzen, wollen sie mitbestimmen, welche Funktionalität es hat. Es beginnt die Zeit, wo alles systematisch wird. Die Freaks programmieren weiter, aber aus der Frühgemeinde wird nun ein System. Über den Turnschuhen werden erste Krawatten auftauchen … Die Freaks bauen an verschiedenen Versionen von Linux. Sie heißen Linuxderivate. Nun zerfällt also die große Gemeinde in einzelne Glaubenszellen, Teile spalten sich ab. Die Gemeinde sorgt sich um Einigkeit. Die Unternehmenssysteme wollen Gleichheit erzwingen, weil Systeme Gleichheit anbeten. Glaubenskämpfe werden einsetzen. Welches Linux ist das wahre Linux? Wenn dereinst eines übrig bleibt, dann wird dieses eine wahre Linux das richtige Linux. Armes richtiges Linux. Keine wahren Freaks mehr.

Wie es Lebenszyklen von Produkten und Services, von Pflanzen, Tieren und Menschen gibt, so gibt es auch einen Lebenszyklus von Ideen. Wenn Ideen an Systematisierung erhärten, wenn aus dem Nebel Klarheit wird, werden aus Urgemeindlern Fanatiker, die die Ursprünglichkeit bewahren wollen. Sie verstehen nicht! Wenn eine Idee allgemein wird, kann sie nicht mehr wahr bleiben. Sie wird richtig.

Viele wahre Menschen kleben an ganz kleinen Ideen. „Ich bin der einzige, der es ablehnt, mit Kugelschreiber zu schreiben. Kugelschreiber versauen die Handschrift!“ Erinnern Sie sich? Oder sind Sie nicht so alt wie ich? Als Kind gierte ich nach einem eigenen Kugelschreiber, der praktisch nur beim Weltspartag gegen Einzahlung aufs Sparbuch und Glaubhaftmachung eigenen Erwachsenseins zu haben war. Wir Kinder sollten dieses neumodische Dingsbums nicht benutzen. Nur Füllfederhalter und Bleistifte erlauben prinzipiell eine annehmbare Handschrift. Kugelschreiber schmierten damals noch. Pfui! Wer einen Liebesbrief mit Kugelschreiber bekam, konnte getrost beleidigt sein. Bald wird es den letzten Menschen geben, der noch nie im Internet gekauft hat. Ich habe seit Jahren wütende Diskussionen geführt, ob der wahre Mensch Bücher bei Amazon kaufen darf. Darf er das? Vernichtet er nicht Buchhändler? Ist nicht der Kunstdünger das Ende der Umwelt, wenn er Kuhmist verdrängt? Werden wir alle zu Räubern, wenn es Selbstbedienungsläden gibt? Warum sollte sich ein Kunde Waren selbst nehmen? Selbst tanken? In solchen Lebensfächern gibt es immer die Fanatiker, die langsam echt sterben. Sie werden ihre Idee lebend nicht aufgeben.

Viele wahre Menschen schwärmen von Ideen, die sie nicht richtig verstehen. Sie ahnen hinter den Nebeln eine schöne Insel, und sie predigen schon, bevor sie sie gesehen haben. „Ich bin dagegen, dass es biologische Stammzellen gibt!“ – „Ich bin für völlige Steuerfreiheit, was leicht zu leisten ist, wenn die Armee abgeschafft wird!“ – „Abschaffung aller Patente, besonders derer, die der Industrie hohen Gewinn bringen!“ – „Hohe Einheitsrente für alle ohne Einzahlung!“ – „Freies Recht, sich alle Medikamente verschreiben zu lassen und dann nicht regelmäßig zu nehmen!“ – „Abschaffung der Verkehrsschilder und des Alkoholverbotes!“ – „Freie Jagd für alle auf alles!“ – „Antiautoritäre Erziehung und Mengenlehre!“

Hier wird Wunsch und Wirklichkeit verwechselt, auch Wunsch mit Anspruch. Diese Menschen haben nicht sehr lange nachgedacht, was das für eine schöne neue Welt wird, in der diese Ideen regieren. Sie haben sich nicht die Zeit genommen oder die Mühe gemacht, das ganze Land der Idee zu durchackern und die Einwohner dort zu befragen, wie es ihnen mit dieser Idee geht.

Das ist ein Lehren, ohne zu verstehen. Es ist Erschaffen, ohne sicher zu sein, dass es stehen bleibt oder funktionieren wird. Dies sind Ideen wie leere Versprechungen, die nur gemacht werden, um Ruhm vor der Arbeit zu erlangen. Die Arbeit ist das lange Entwickeln der Idee in Geist und Herz, so lange, bis alles klar ist.

Viele wahre Menschen sind erfüllt von Ideen, die sie nicht richtig mitteilen können, so dass die Ideen zum Leben erwachen. Bei IBM haben wir sehr viele davon. Jede Menge Erfinder auf jedem Stockwerk, aber die meisten zerschellen beim Predigen. „Warum hört niemand zu?" – „Warum unterstützt mich niemand?" – „Wir verpassen eine neue Welterfindung, wenn man nicht tut, was ich will." Sehr oft haben sie tollste Ideen, mit denen später jemand Millionär wird. Dann weinen sie noch lauter. Ideen sprechen nicht für sich selbst, besonders, wenn die richtigen Menschen zuhören sollen, die eine andere Sprache sprechen.

Viele wahre Menschen wollen missionarisch dem ganzen System Ideen aufzwingen, gegen die sich das System wehrt. Es sind sehr ehrenwerte Ideen darunter, wie die Abschaffung von Todesstrafen oder von freiem Waffenbesitz. Viele Ideen müssen in Gesetze gefasst werden, wenn sie wahrhaft bestehen sollen. Aber das mit den Gesetzen ist ein langer Weg – keiner der Wahrheit. In einem solchen, manchmal bitter langen und fast aussichtslosen Kampf, in vollem Bewusstsein, Recht zu haben, werden die wahren Menschen ebenso bitter und bleiben ohne Aussicht.

Alle solchen Menschen mit nicht siegreichen Ideen sind deshalb oft nicht leicht von „Verrückten" zu unterscheiden. Sie leiden an ihrer Idee. Die Idee sitzt wie ein Trieb in ihnen, so wie die Vorschriften der Pflicht im richtigen Menschen, so wie gierige Energie im natürlichen Menschen. Ich hatte in *Omnisophie* den Naturtrieb, den Systemtrieb und den Ideetrieb unterschieden. Diese dunklen Kräfte überfallen besonders Menschen, die die zweite Stufe übersprangen.

4.4.6 Das Ganze im System

Jede Idee ist vom Wesen her ganz. Es wäre ein Wunder, wenn eine Idee gleich völlig in ein System hineinpasste. Die Idee erfasst viele Teile des Systems. Eine neue Wissenschaft überlappt sich mit vielen alten, wie etwa die Nanotechnologie mit Medizin, Biologie, Chemie, Chiptechnologie, Verfahrenstechnik, Physik, Mathematik, Informatik. Ein neues Produkt in einer großen Firma verändert die Zuständigkeiten vieler Nachbarbereiche. Eine neue Idee muss sich überall dort etablieren. Sie sollte überall, in jedem der einzelnen Bereiche, froh aufgenommen werden. Das ist fast unmöglich, weil manche Bereiche vom Neuen profitieren, andere dagegen Schaden nehmen.

Deshalb ist eine neue Idee wie ein kleiner Pflanzenkeim unter dem Riesenwuchs eines Urwaldes. Wird je ein Spross aus dem Keim? Wird er je Licht ergattern? Wird er gefressen werden? Ideen sind wie Schildkröteneier im Sand. Nur ganz wenige überleben das System.

Neue Ideen sind wie Versprechen. Sie müssen als solche wirken. Das System urteilt stets: „Was können wir uns davon versprechen? Was bringt es? Was haben wir davon? Können Sie Ihr Versprechen Schwarz auf Weiß vorrechnen?“ Dann erzählen wahre Menschen wie ich von ihrer Idee wie von einer neuentdeckten Insel. Aber die Systeme befassen sich nicht mit neuen Inseln. Sie verstehen davon nichts. Deshalb ist eine Schilderung von neu entdecktem Land zwar interessant, aber nicht vielversprechend. Die Systeme denken nicht visionär. Sie wollen wissen, wie viel Gold auf der Insel zu holen ist und wie hoch die Abbaukosten sein werden. „So einfach ist das. Hören Sie auf zu erzählen. Kommen Sie zum Punkt. Am Ende zählt das Geld. Also beginnen wir gleich damit.“

Wenn wahre Menschen etwas in Systemen erreichen wollen, sollen sie vorzählen, nicht erzählen, damit das System nachzählen kann. *Dann* zählt eine Idee. Vielleicht.

4.4.7 Irrweg im Rückzug

Weil es Ideen so schwer haben und weil die meisten nie zum Leben erwachen, resignieren viele wahre Menschen. Sie ziehen sich oft zurück.

Wissenschaftler verschließen sich in Elfenbeintürmen vor dem befürchteten Nutzenwahn des Systems, das ihnen die Freiheit nehmen will.

Gläubige ziehen sich wie Mönche in die Klausur zurück.

Erfinder basteln resigniert zu Hause weiter, an ihrer einen Liebe.

Liebe wird vom Effizienzdenken in Ehrenämter gedrängt; Lehrer und Pflegende versuchen, dennoch den Seelen zu helfen, auch wenn das System sich nicht mehr zuständig erklärt.

Das Wahre duckt sich in diesen Zeiten. Denn das Suprasystem kennt das Wahre nicht gut, wenn überhaupt. Das Wahre hat beim Design nicht wirklich Eingang gefunden. Es sollte sich erheben. Deshalb schreibe ich dieses Buch.

Das Ducken ist die Sünde des Wahren.

Richtige Menschen betrügen innerhalb des Systems, sie schummeln und unterschlagen, lügen und verheimlichen. Unter den Teppichen regt sich in dicker Schicht noch das viele Untergekehrte. Natürliche Menschen verletzen Regeln, zerstören, werden unfair.

Das Wahre zieht sich zurück, und zwar allein.

Brecht hatte den Gedanken „Stell dir vor, es ist Krieg, und keiner geht hin.“ Wenn keiner hinginge? Dann wäre alles gut. Aber oft schauen *nur* die wahren Menschen weg, weil sie nicht Teil sein wollen. Solange aber noch welche hingehen, ist noch Krieg, und die wahren Menschen sind noch Teil. „Ich habe ihn nicht gewählt!“ Das reicht nicht. Denn, so zitiere ich Brecht weiter: „ …dann kommt der Krieg zu dir.“

4.5 Das Suprasystem

Das Suprasystem kombiniert sich aus den Prinzipien der verschiedenen Menschen, wie das beste Leben zu führen wäre. Richtige Menschen verbieten Fehler, natürliche fordern Stärken. Die Kombination der beiden Standpunkte ist schnell gefunden: Wir sollen alle ausschließlich Stärken haben! Andere Menschen brauchen wir eigentlich nicht auf der Welt. Statt der Vision der wahren Menschen führt das Suprasystem eine klare Marschrichtung für alle ein: diejenige nach oben, an die Spitze.

4.5.1 Mit klassischem System Stufe zwei überspringen

Verschiedene Menschen erbringen unter verschiedenen Umständen gute Leistungen.

Richtige Menschen sollten sich zu tugendhaften, anständigen Menschen entwickeln, die Pflicht, Harmonie und Fleiß hoch halten und für die Gemeinschaft arbeiten.

Wahre Menschen sollten ihr Selbst entwickeln, ein Gefühl für Wahrheit, Liebe, Schönheit und Sinn ausprägen und von diesem Ausgangspunkt startend die Welt einem idealen Punkt ein bisschen näher bringen helfen.

Natürliche Menschen sollten ihre Körpersysteme und Seismografen für volle Kraftentfaltung ausbilden und trainieren. Aus großer Selbstdisziplin können sie dann große Wirksamkeit entfalten.

So wäre es gut. Start von Stufe zwei der jeweiligen Pyramiden:

Die richtigen Menschen teilen ihr Leben in Pflichten und Teilpflichten ein, die an die Mitglieder einer Gesellschaft gerecht nach Leistungsvermögen verteilt werden. Jeder übernimmt so viele Pflichten, wie er tragen kann, und erfüllt sie getreulich. Jeder hilft dem Nachbarn und ist freundlich gegenüber Fremden. Eine richtige Gesellschaft liebt Ruhe und Ordnung.

Gemeinschaften von wahren Menschen werden idealerweise auf wenige Grundprinzipien gegründet. Solche Gemeinschaften haben kaum Regeln, ihr Fundament ist das allseitige Vertrauen und ein gemeinsam im Leben gesehener Sinn. Solche Gemeinschaften sind wie christliche Urgemeinden oder wie Wissenschaftlergruppen, die fast ohne Niedergeschriebenes oder Explizites miteinander auskommen. Der gemeinsame Sinn kann durch den Glauben, eine Wissenschaft oder eine Idee gestiftet werden (Ideen: Entwicklungshilfe für arme Länder, Rotes Kreuz, Umweltschutz).

Natürliche Menschen leben in lockerer Fairness miteinander. Tendenziell hat der Stärkere das Recht, jeder ist aber eben fair und zu Hilfe und Teilen bereit. „Jeder darf mitessen, so lange etwas da ist.“ Sie trainieren ihre Stärken und wetzen sich an Risiko und Gefahr, um Grenzen zu überschreiten. Sie arbeiten, wenn es nötig ist, zwischen den Kämpfen sind die Helden müde und finden das ganz gut so.

So scheint es nicht zu klappen. Die Menschen leben ja gemischt zusammen. Die einen vertrauen nicht, sondern wollen alles durch Pflichten regeln, die anderen sehen Stärke als legitimen Vorteilswert, was andere wieder als Verstoß gegen die Prinzipien der Gleichheit und der Liebe empfinden. Die einen wollen Regelmäßigkeit, die anderen leben nach dem Prinzip „sunshine rules“ (man arbeitet, wenn man sich gut fühlt).

Wie werden diese Gegensätzlichkeiten in den Auffassungen eingeebnet? Viele meiner Kollegen im Management nennen eine magische Zahl: Hundertfünfzig. Manche sagen hundert, manche zweihundert. Viele sagen, bis zu dieser Maximalzahl lasse sich etwas wie eine Gemeinschaft nach der Vorstellung wahrer Menschen realisieren. Jeder kennt in etwa noch jeden anderen. Dann sei absolut allseitiges Vertrauen möglich, weil jeder die Aufgaben und Wertigkeiten jedes anderen kennt. Jeder kann mit jedem auskommen. Diese wahren Gemeinschaften ließen sich in den letzten Jahren oft beobachten, etwa als Firmenneugründungen. Dann wuchsen die Firmen. Sie vergrößerten sich rasch und gründeten Zweigstellen und Niederlassungen. Sie bauten eine Zentrale.

Die Menschen kannten sich nun nicht mehr allgemein, sie lebten an verschiedenen Orten. Nun mussten Regeln und Zuständigkeiten definiert werden. Aus einer Gemeinschaft wurde ein System. Wahre Menschen haben eine starke Abneigung, ein System statt des Vertrauens zu etablieren. Sie zögern diesen Schritt hinaus. Sie verstehen nicht viel von Systemen, die sie ja nicht mögen. Wenn eine Gemeinschaft über die Zahl von vielleicht 200 Mitgliedern wächst, scheint sie zu einem System zu mutieren, das immer die richtigen Menschen in der wahren Gemeinschaft zu bauen beginnen. Die kleinen Firmen etablieren also bald eine Personalabteilung mit Gehaltserhöhungsregeln, Stellenkegeln, Karriereplänen, dann eine Buchhaltung mit Abteilungsorganigrammen und Budgetregeln. Nun beginnen sich alle Visitenkarten zu drucken, damit jeder weiß, wer er ist. Die wahren Menschen trauern. Die natürlichen Menschen werden ihrer grenzenlosen Freiheit beraubt – sie fühlen, dass demnächst Krawatten verteilt werden und ihnen das System auch sonst an den Freiheitsgraden würgt.

200? Ich lasse es hier so stehen. Ab 200 Menschen mutiert eine Gruppe, Horde, Großfamilie oder Gemeinschaft zu einem System. Die richtigen Menschen bauen es auf, damit weiterhin alles gut funktioniert. Dieser Prozess der Systematisierung ersetzt Freiheit, Liebe, Unabhängigkeit und Vertrauen durch Ordnung, Pflichtkataloge, Zuständigkeiten, Regeln und ihre Kontrolle. Das muss sein, versichern die richtigen Menschen. Die wahren Menschen glauben es seufzend. Die natürlichen Menschen akzeptieren es resignierend. Systeme pressen tendenziell alle Menschen, richtige Menschen zu sein. Deshalb leiden die wahren und die natürlichen Menschen in Systemen, deshalb arbeiten sie tendenziell lieber in kleinen Gemeinschaften.

Weil das System nur vielleicht zur Hälfte oder weniger aus richtigen Menschen besteht, wird es meist unnachsichtiger sein müssen als es wäre, wenn alle Menschen richtige wären. Das System wird das Freiheitsertrotzende der natürlichen Menschen unterdrücken und die Angriffe der prinzipiellen Ideale parieren müssen. Größere Systeme sehen sich Straftaten ausgesetzt. Menschen beginnen zu stehlen und hinter den unvollkommenen Regeln zu betrügen. Die Systeme setzen Polizei und Gesetze ein. Dadurch werden Systeme immer ungeduldiger gegenüber nicht richtigen Menschen. Alles eskaliert. Wenn Systeme zu sehr angegriffen werden, liegt es deshalb in aller Regel an der zu gutem Teil berechtigten Gegenwehr der Unterdrückten. Deshalb sollten Systeme sofort toleranter werden, wenn sie angegriffen werden.

Systeme nehmen bei Gegenwehr aber niemals an, dass die systematische Machtergreifung des Richtigen eine Hauptursache der Probleme wäre. Sie werden bei Gegenwehr niemals toleranter, sondern sie erklären Kriege gegen Systemgegner. So werden aus der Notwendigkeit, ab 200 Mitmenschen wenigstens ein Minimum an Regeln in Gemeinschaften einzuziehen, schnell selbstverteidigende, selbstorganisierende Systeme, die in sich selbst einen Sinn sehen und für diesen kämpfen.

Die Systeme kontrollieren nun, wer ein anständiger richtiger Mensch ist. Sie prüfen und checken, erlassen Bestimmungen. Sie erzeugen Schuld in dem, der abweicht. Sie machen Angst, nicht richtig zu sein. Unter starkem Druck des Systems werden die richtigen Menschen vor lauter Angst nicht tugendhafte und gute Menschen. Sie versuchen *sofort*, im System ein „Jemand" zu sein. Wenn sie vom System als Mensch anerkannt sind, fühlen sie sich sicher. Sie sind etwas Richtiges.

Wahre Menschen fügen sich deprimiert ins System ein. Sie wandern stumm durch die Stufen des Systems, ohnmächtig und klein. Sie beschließen oft, gleich im System ein „Jemand" zu sein, um dann aus dieser sichereren Position das System bekämpfen zu können. So könnte ein wahrer Mensch im System erst schnell Lehrer, Wissenschaftler, Helfer werden, um hier Idealist sein zu können. Er hofft, denkt er, sich später doch noch selbst verwirklichen zu können. Später! Wahre Menschen versuchen also schnell, Stufe drei zu erreichen. Aus Sicherheit.

Natürliche Menschen fühlen sich unter dem Druck des Systems unruhig, freiheitsberaubt und unterdrückt. Sie suchen Freiheit. Die ist im System am ehesten für natürliche Menschen zu erreichen, wenn sie schnell genug Geld verdienen. Das macht frei! Sie spüren als Kinder sehr oft, dass die Macht über sie im Gelde liegt. (Die Macht selbst liegt nicht im Gelde. Wahre Menschen weinen, wenn Mami sie ein paar Tage schneidet und „nicht lieb" hat. Für sie liegt die Macht in der Lieblosigkeit. Natürliche Menschen trotzen bei Liebesentzug, also bekommen sie Geldentzug. Der wirkt. Daher müssen sie an Geld heran, um frei zu sein. Im Grunde brauchen natürliche Menschen kein Geld, genau so wenig wie alle anderen. Spiel und Spaß, Wettkampf, Sieg und Sport, Freude und Gemeinschaft sind in erster Linie keine Finanzprobleme. Das System macht von sich aus ein Geldproblem aus allem und behauptet schließlich, dass alles am Gelde hänge. Systeme hängen alles am Gelde auf!) Die natürlichen Menschen glauben also in der Masse, frei zu sein, wenn sie über genug eigenes Geld verfügen. Sie überspringen schnell Stufe zwei. Sie wollen sofort ein „Jemand" sein.

Ein richtiger Mensch gehe über die Tugend!

Ein wahrer Mensch gehe über die Selbstverwirklichung!

Ein natürlicher Mensch gehe über selbstdisziplinierte Wirksamkeit!

Das System drückt so stark, dass sie alle all das auf später verschieben. Kein System will von ihnen Tugend, Selbstverwirklichung oder Wirksamkeit. Das System will, dass sie dort ein „Jemand" sind. Ein Jemand, der hineinpasst und die Pflicht tut. Das System will den „System-Menschen" oder einen „Organization Man". Deshalb geben fast alle Menschen dem Druck des Systems nach und versuchen sich unmittelbar am Erreichen der Stufe drei, nämlich, etwas im System darzustellen. Sie bauen also (hören Sie die Bibel?) auf Sand.

„Wenn wir es geschafft haben, unterkellern wir später noch das Haus und machen eine Tiefgarage darunter. In dieser Reihenfolge ist es besser. Man sieht schon nach kurzer Zeit das Haus in den Himmel wachsen. Was innen vorgeht, geht erst mal keinen was an." – „Ich muss mir erst als neuer Minister Respekt verschaffen. Ich komme sonst unter Druck und in eine defensive Lage. Später lerne ich nach, worum es in meinem Ressort eigentlich geht." – „Ich bin neu hier als Manager. Ich komme aus einem ganz anderen Bereich. Ich war vorher Chef der Niederlassungsverwaltung. Ich habe dennoch gerne die Aufgabe übernommen, meine neue Abteilung zu präsentieren. Es geht um Mikrokeramische Verfahrenstechnik. Ich versuche einmal, Ihnen die zu erklären. Die Folien habe ich heute morgen von meinem Vorgänger bekommen. Ich bitte die Farben zu entschuldigen. Die hätte ich anders gewählt. Gut. Fangen wir an. Also: Was war noch mal *Keramik*? Ach ja. Also ..."

Es gibt sehr viel Bausand auf der Welt. Halten Sie diese waschechten Beispiele nicht für skurril. Dann, fürchte ich, hätte man Ihnen schon zu viel Sand in die Augen gestreut.

Anmerkung zu *Omnisophie*: In diesem ersten Buch versuchte ich die Grundlegung der richtigen, wahren und natürlichen Menschen. Merken Sie im Licht der Systembetrachtungen an dieser Stelle, wie schwer das ist? Alle diese oder wir Menschen alle werden durch das System am Eigentlichen des Menschseins im Namen der Ruhe und Ordnung gehindert. Wir sind also keine reinen Exemplare unserer Art, sondern alle mehr oder weniger systemverseucht. Wir sahen die Strategie, direkt ein Jemand zu werden, als die zumindest kurzfristig beste. Im Grunde sind wir also weder richtige noch wahre noch natürliche Menschen. Wir sind über unsere Eigentlichkeit hinaus systematisch systematisiert und haben einen Systemtrieb bekommen, der nur ruht, wenn uns das System achtet. Deshalb gibt es eigentlich keine wirklichen richtigen, wahren und natürlichen Menschen. Alles sind in ihrer Eigenart von Systemen geschliffen oder geschleift worden.

4.5.2 20 % Leistungsträger, ein Drittel Stammspieler, der Rest ist „Commodity"

Das System wandelt sich heute zum Suprasystem. Es achtet nur noch die wenigen Leistungsträger. Deshalb müssen Menschen mit starkem Systemtrieb leiden – oder sie müssen nach oben, gleich auf Stufe vier. Sie müssen sofort Hochleistung bringen, bewundert werden, siegen, kämpfen, sich durchsetzen, damit sie oben sind. Oben – das ist hoch in den Charts, vorne in den Geldranglisten. Oben ist wie Nummer Eins oder wie Vorsprung haben.

Was ist ein Leistungsträger?

Jemand, der seine Arbeit in einem ganz naiven Sinne vortrefflich leistet.

Es gibt nicht viele solcher Menschen. Denken Sie wieder an Ihre Lehrer, Ärzte, Behördenkontakte, Handwerker, an das Verkaufspersonal. Wir alle wissen: Es gibt gute, normale und grottenärgerlich schlechte. Es hat nichts mit der Schwierigkeit oder dem Anspruch der Arbeit zu tun. Bei uns auf dem Bauernhof konnten alle Leute sehr verschieden gut Spinat schneiden oder Erbsen pflücken. Nur wenige verstanden die Pferde. Oder gehen wir jetzt gleich noch zum Tengelmann nach Bammental zum Einkaufen. Ich gehe am liebsten zu Frau Hohensee an die Kasse. Und Sie? Sie kennen sich leider nicht aus. Sie müssen sich dann auf Gedeih und Verderb an eine beliebige Kasse stellen. Wer nicht Bescheid weiß, muss warten. „Ach, jetzt ist die Kassenrolle alle! Ich habe keine Ahnung, wie die gewechselt wird. Ich probiere es schon seit vier Jahren, aber es will meist erst beim fünften Anlauf klappen. Das System habe ich nicht raus, aber wenn ich lange genug probiere, geht es. Oh, diesmal habe ich die neue Rolle nicht aus dem Plastik gewickelt. Sie ist nämlich eingeschweißt. – So. Tut mir leid, dass Sie so lange warten mussten. Oh, das ist ja ein Artikel vom Sondertisch. Da müsste ein Preisschild drauf sein. Ich weiß, es ist ein Sonderpreis, weil das abgelaufen ist. Wir verkaufen das viel, aber ich weiß nicht, wie viel es kostet. 99 ¢, sagen Sie? Oh, das glaube ich Ihnen nicht. Ich gehe selbst hin und prüfe es. Warten Sie einen Moment. – Tut mir leid, dass Sie so lange warten mussten. Ich finde das Teil nicht. Kommen Sie einmal mit und zeigen es mir? – Aha, da steht es. Wirklich. 99 ¢. Dann haben Sie mich also nicht betrügen wollen. Das dachte ich nicht. So. Haben Sie 99 ¢ passend? Ich habe heute kein Kleingeld mitgenommen, ich dachte, es geht so durch. Aber die Leute zahlen alle mit Eineuro-Münzen. Ach, sehen Sie, die alte Dame da ist nett, sie will Ihnen allen helfen. Oh, klingeling, das sind viele Cents und noch mehr Pfennige. Nein, Pfennige nehmen wir nicht mehr. Helfen Sie bitte alle in der Warteschlange beim Zählen. Dann kann ich nämlich gleich wieder blitzschnell kassieren!" Mit diesem Monolog möchte ich sagen: Man kann jede noch so prinzipiell einfache Arbeit schrecklich schlecht durchführen. Und die Gelegenheit dazu wird offensichtlich genutzt.

Wir können es drehen und wenden, wie wir wollen: Ein Drittel der Menschen arbeitet gut, ein Drittel o.k., ein Drittel stört eher. Ich habe oben schon argumentiert: Das beste Drittel macht den ganzen Gewinn der Firma, so viel, dass der durch das schwächste Drittel entstehende Verlust mehr als wett gemacht wird. So ist das. Die meisten Menschen wollen dieser Tatsache nicht ins Gesicht sehen. Die meisten ärgern sich an Kassierern wie dem oben ganz krank, aber sie weigern sich, die ganze Angelegenheit statistisch nüchtern zu betrachten. „Grundsätzlich sind es doch alles wertvolle Menschen!", sagen sie. Das stimmt haargenau. Nur liegt ihr Wert nicht über ihrem Gehalt. Das ist das Problem für mindestens ein Drittel der Mitarbeiter. Denn das Gehalt ist am durchschnittlichen Nutzen orientiert, nicht am Nutzen der schlechten Mitarbeiter. Das würden sich die Gewerkschaften und die besseren Mitarbeiter nicht gefallen lassen. Ich habe schon im ersten Buch, in *Wild Duck*, etwas dazu geschrieben. Seitdem kamen etliche Leser-E-Mails zu diesem Thema. Die meisten Leute schätzen den Anteil der unterdurchschnittlichen Mitarbeiter noch deutlich höher ein. Ich habe jedes Mal geantwortet, dass ich lieber nicht nach der Wahrheit suche, denn die wird sehr wehtun. Ich sage hier also wieder ein Drittel, damit Sie es glauben können und nicht gleich das Buch unsinnig finden, wie wenn ich 60 % gesagt hätte. Aber es gibt wirklich Firmen, die sagen, dass fast der ganze Gewinn der Firma von zwei oder drei Prozent der Mitarbeiter stammt, von solchen, die etwas Neues erfinden, ganz anders machen oder einen Riecher für ein neues Produkt haben. Viele Firmen machen mit neuen Ideen ab und zu einmal ein paar

Millionen Gewinn und am Ende des ganzen Geschäftsjahres ist der Firmengewinn niedriger als diese Millionen. Es gab auch einmal in Deutschland große Firmen, bei denen manchmal der Gewinn kleiner war als der Zinsgewinn auf den Rücklagenkonten. Es gibt Fußballvereine, die ohne ihre ein bis zwei Stars sofort sterben. Es gibt Musikfirmen oder Verlage, die ohne ihre ein oder zwei Stars sofort untergehen würden. Diese Firmen bringen oft Hunderte CDs und Bücher heraus! Ein guter Schlagersänger macht mehr Geschäft als hundert oder tausend durchschnittliche.

Alle diese Sachverhalte liegen seit der Einführung der Computer offen zu Tage. Für jeden Kassierer ist addiert, wie viel Umsatz er gescannt hat. Es ist alles in harten Zahlen verfügbar. Jeder Verkäufer, jeder Elektromonteur, jeder IBMer kennt seine persönliche Umsatzzahl. Wir können diese Zahlen nebeneinander legen und wissen dann, wie wertvoll jeder ist.

Und die Unterschiede sind eben so riesig groß.

Die Unterschiede sind schon beim Kassieren sehr groß. Sie spielen dort aber kaum eine Rolle, weil wir die Kassierer einfach nach Umsatz bezahlen können. Bei IBM werden die Vertriebler, die Ihnen die Rechenzentren verkaufen, ebenfalls nach Umsatz bezahlt. Stellen wir uns vor, Sie wollen für 100 Mio. etwas kaufen. Unser Vertriebsbeauftragter macht Ihnen ein unvollständiges Angebot, viele Sonderteile, die Sie haben wollen, fehlen. Er fragt nach. Er kann den Preis nicht nennen. Er streitet sich mit Ihnen herum, hält sich nicht an Termine. Sie werden wütend. Er entschuldigt sich nicht … Am Ende platzt Ihnen der Kragen und Sie kaufen woanders. Für unsere Firma sind das viele Millionen entgangener Gewinn, außerdem sind Sie für uns als Kunde womöglich Vergangenheit. Es ist ein Multimillionendesaster. IBM wird womöglich dem Vertriebsbeauftragten einige Monate kein Gehalt zahlen, aber was hilft das? Es bleibt in jedem Falle ein Millionendesaster. Deshalb wollen wir für Sie und überhaupt alle Kunden doch lieber ausgesucht nette, sachkundige, blitzschnelle, fähige Vertriebsbeauftragte hinausschicken, denen Sie vertrauen können.

Ich will sagen: Bei etwas anspruchsvolleren Berufen kann ein schlechter Mitarbeiter das Vielfache seines Gehaltes an Schaden anrichten. Mitarbeiter in Stahlwerken oder Chemiefabriken, in Atommeilern und in der Armee können so schreckliche Fehler machen! Manager können mit einer einzigen Fehlentscheidung alle paar Jahre alles ruinieren. Übersehene Fehler bei Inspektionen, Fehler von Piloten, falsche „Giftmischungen" bei Industrieprozessen … nicht auszudenken, was alles passieren kann. Bei IBM haben viele Projekte einen Finanzrahmen von vielen Millionen Euro. Wenn nun ein Projektleiter sich völlig in den Kosten verschätzt? Er macht unter Umständen mehr Verlust als er sein ganzes Leben Gehalt bekommt.

Also brauchen wir in solchen Berufen wie Pilot oder Projektleiter Leute, die möglichst in ihrem ganzen Leben *keinen einzigen* größeren Fehler machen.

Wie viele gibt es aber davon?

5 %? 30 %?

Ich habe in der Abschnittsüberschrift 20 % genannt, ganz willkürlich. Ich bin sicher, die richtig guten Mitarbeiter sind seltener.

Solche Leute werden händeringend gesucht. Der Markt ist leer. Völlig leer.

Sie sehen ja täglich in der Zeitung, dass die Manager zetern, sie könnten die Stellen nicht besetzen. Keine guten Leute, sagen sie allesamt. Auf der anderen Seite beklagt Deutschland hartnäckig vier bis fünf Millionen Arbeitslose. „Da stimmt doch etwas nicht!“, schreiben die Journalisten und schäumen. Die einen sagen, die Manager seien hyperanspruchsvoll, die anderen vermuten, dass die vier Millionen alle faule Säcke sind.

Niemand sieht, dass die Berufe der neuen Zeit eigentlich nur Mitarbeiter fordern, die niemals – niemals einen großen Fehler machen. Diese Tendenz verstärkt sich weiter und weiter.

Nehmen wir also die zwanzig Prozent als Anhaltspunkt. Wenn Sie dreißig oder vierzig Prozent für richtiger halten, denken Sie sich diese Zahlen. Alles Folgende bleibt im Prinzip richtig.

Ich sage: Es gibt zwanzig Prozent Leistungsträger und vielleicht ein Drittel gut durchschnittliche Mitarbeiter. Der Rest wird notgedrungen aufgefüllt, weil eben eine gewisse Anzahl von Mitarbeitern notwendig ist. Es ist wie beim Fußball. Gute Fußballer gibt es praktisch nicht. Wenn es sie gibt, sind sie atemberaubend teuer. Neben diesen Stars gibt es ein paar normal gute, zuverlässige Stammspieler. Der Rest wird immer wieder ausgewechselt, durch Amateure ersetzt oder weggeekelt. Wenn eine Mannschaft Erfolg hat, dann trotz des letzten Drittels. Ein Fehler im Fußball kann eine Niederlage und drei Punkte kosten. Ein paar Fehler der ganzen Mannschaft im Jahr – und sie ist unten.

Das schlechteste Drittel der Mitarbeiter macht also nur Probleme. Am liebsten hätten die Firmen kein schlechtestes Drittel. Deshalb greifen sie zu Maßnahmen. Das ist aber doch weitgehend sinnlos, weil es ja immer ein schlechtestes Drittel geben muss. Oder kann es eine Firma schaffen, wie Bayern München im Fußball so viel Zulauf zu haben, dass dort im Grunde von einem schlechtesten Drittel nicht wirklich die Rede sein kann? Deshalb fragt unser IBM-Chef seit vielen Jahren: „Are we hiring the best?“ („Kommen die Fähigsten zu uns?“) Das ist eine sehr bewegende Frage. Die Antwort entscheidet sehr viel. Sehr, sehr viel. Bayern München kann im Rotationsprinzip fast jede Teilmannschaft aufs Feld schicken. Gilt das auch für die Projektmannschaften in unserer Firma? Dafür tun wir eine Menge und nie genug.

4.5.3 Mensch in Minderwertigkeitsangst

Wir sollen also alle zu den besten zwanzig Prozent gehören.

Dann wäre alles gut.

Wir wären alle Meister, Lehrer, Leiter, Oberhäupter, wir würden geachtet, bewundert, geschätzt, mit Dank überschüttet, respektiert, wären heiter, zufrieden, hätten Einfluss und jeder bekäme etwas Macht, gutes Geld und einen Grundstock Glück.

Die dritte Stufe der Pyramide heißt: Wir sorgen und beschützen, wir behüten und lernen, wir tun und arbeiten, wir bauen und erschaffen.

Das aber genügt nicht! Wenn wir nur dies tun, gehören wir garantiert nicht alle zu den besten zwanzig Prozent.

Wir müssen also gleich zur vierten Stufe.

Sofort!

Früher lernten wir viel, gingen durch eine solide Ausbildung, dienten am Anfang den anderen. Nach und nach kamen wir empor, wurden älter, gewannen Erfahrung, wurden reifere Persönlichkeiten und stiegen auf. Viele Jahre dauerte es bis zur vierten Stufe. Hoffentlich hatten wir noch Muße und seelische Energien, den Weg zur Tugend, Selbstverwirklichung und selbstdisziplinierten Wirksamkeit weiter zu verfolgen. Man ließ uns im Grunde die Zeit neben der Arbeit, uns zu vervollkommnen und zu wachsen.

Heute müssen wir gleich im ersten Jahr sehr gut arbeiten, weil wir unter Umständen zum schlechtesten Drittel gehören, aussortiert werden und woanders noch einmal neu starten. Tiefer? *Unter* unseren Möglichkeiten? Nach einigem Rotieren entschließen wir uns und fangen tiefer an. Gehören wir jetzt zu den Besten? Es wird ein qualvoller Weg für die, die nicht zu den Besten gehören. Für sie fallen Türen zu, manchmal unwiderruflich. Wir können etwa ein Abitur wiederholen, aber können wir uns aufraffen, ein schlechtes Abitur durch ein gutes zu ersetzen? Geht das juristisch überhaupt, das Abitur zu wiederholen, wenn man schon eines hat? „Kein Schulabschluss!“ oder „Schlechtes Abitur!“ setzen Grenzen für lange Zeit.

Wer einmal unter den Schlechtesten war, bekommt ein Brandzeichen: Kein Abschluss, nach Probezeit nicht ins Dauerarbeitsverhältnis übernommen, gekündigt. „Nichts wert!“ Oft übernehmen heute Unternehmen andere, weil sie glauben, das aufgekaufte Unternehmen billiger führen zu können. Bei solchen Übernahmen entlässt man einfach sofort das schlechteste Drittel und hofft auf hohen Gewinn. So kommen die Unterdurchschnittlichen bei allen Gelegenheiten unter die Räder. „Nichts wert!“

Die Durchschnittlichen haben Angst, einmal auch nichts wert zu sein. Bei vielen Schließungen von Unternehmen sind sie ebenfalls bedroht. Manchmal werden ganze Bereiche geschlossen, niemand sortiert noch die Guten und die Mäßigen. Manchmal wird unterschiedslos gekündigt. Auch die Leistungsträger haben Angst, weil sie ebenfalls solchen Ungerechtigkeiten zum Opfer fallen könnten.

Nur nicht verlieren!

Nur nicht Pech haben!

Nur nie nichts wert sein!

Die Bedrohung, nichts wert zu sein, ist das grundsätzliche Einpflanzen der Minderwertigkeitsangst. Diese Bedrohung implantiert noch keinen Minderwertigkeitskomplex in uns. Ein solcher Komplex ist ja ein seelisches Geschwür, an dem wir wegen faktischer oder eingebildeter oder fremd behaupteter Minderwertigkeit schon tatsächlich *leiden*. Nein, wir haben noch keine Minderwertigkeit in uns, aber es könnte welche entstehen! Davor haben wir Angst. Es ist Minderwertigkeitsangst. Es ist *potenzielle* Minderwertigkeit. Sie fühlt sich an wie eine grundsätzliche Unsicherheit über unser Schicksal. Immer kann das Äußerste passieren. Massenentlassung und weg! Wir stehen unter der ständigen Bedrohung, später nichts wert zu sein oder mindestens viel weiter unten anfangen zu müssen. Glücklich die Menschen, die diese Angst nicht haben müssen. Solche Menschen werden heute seltener und seltener, seit die Suprasysteme alles und jeden bewerten. So wird derzeit die ganze Wissenschaftsgesellschaft der Universitäten *evaluiert*, also bewertet. Viele der Wissenschaftler werden nun ganz öffentlich zu wenig Punkte bekommen und damit nichts wert sein. Bisher genossen Wissenschaftler die Freiheit der Forschung. Aus ist es bald mit dem Genuss der Freiheit – für achtzig Prozent von ihnen! Die öffentlichen Verwaltungen führen Leistungszahlungen für Leistungsträger ein und bestimmen damit die besten zwanzig Prozent. Bald wird es „Umsetzungen" geben. Bald wird für jeden evaluiert, ob es noch nötig ist, dass er ein Beamter ist. Aus ist's mit der Lebenszeitruhe! Wir wollen keine Beamten mehr, weil das Unkündbare mit dem Supragedanken schlecht vereinbar erscheint.

Überall werden die besten zwanzig Prozent ermittelt. Und die anderen fordert man auf: „Seid wie sie!" Ein Lebensbereich nach dem anderen wird bewertet. Überall zeigt sich eine wesentliche Leistungsspreizung. Dann werden die da unten bestraft und die oberen zwanzig Prozent belohnt. So setzen die Systeme alle Menschen uniform unter – so sagen sie – Leistungsdruck.

Es ist nicht Leistungsdruck. Es ist Minderwertigkeitsangst oder im Falle von drohenden Entlassungen ganz normale nackte Angst um die Existenz. Sie spornt nicht an. Angst motiviert nicht. Angst treibt oder peitscht nach vorn – sie heizt mit Seismografennachfragen ein: „Heute schon gelobt worden? Nein? Versager! Tu was!" Da flimmern unsere angstvollen Augen und wir laufen, wohin das Suprasystem uns haben will: Zum Punktesammeln für die Evaluation, damit wir zu den Besten gehören.

4.5.4 Die Idee des Suprasystems

Systeme verlangen volle Pflichterfüllung. „Arbeiten Sie alle hereinkommenden Fälle ab! Dann können Sie nach Hause gehen."

Die Pflichten werden in Arbeitsplatzbeschreibungen und Pflichtenheften niedergelegt. Jeder bekommt Aufgaben, Zuständigkeiten und Budgetmittel, dazu Sekretariatsdienste, eventuelle Mitarbeiter. Nun muss der Mitarbeiter im Rahmen seiner Dienstpflichten die ihm gestellten Aufgaben erfüllen. Das höchste Lob im Arbeitszeugnis lautet: „Er erledigte alle Aufgaben zu unserer vollsten Zufriedenheit." So beurteilt man prachtvolle richtige Menschen.

Es gibt in bestimmten Industriebereichen gefürchtete Akkordarbeitsplätze. Dort werden die Menschen pro Stück erledigter Arbeit bezahlt. Die meisten Vertriebsbeauftragten werden nach ihrem Umsatz bezahlt: Für so viele Verkäufe gibt es so viel Geld. Dies ist ein System für die Haltung von natürlichen Menschen. Sie bekommen keine Aufgabe („Übernehmen Sie die Betreuung dieses Kunden"), sondern nur Lohn für Ergebnisse („Haben Sie etwas verkauft?").

Diesen Unterschied kennen Sie bei der Kindererziehung. Richtige Kinder übernehmen zum Beispiel durchaus die Aufgabe, samstäglich die Brötchen zu kaufen. Natürliche Kinder tun es nur, wenn ihnen jedes Mal erlaubt wird, sich eine Colaschlange oder dergleichen zu kaufen.

Suprasysteme kreuzen diese beiden Formen. Sie teilen die Welt der Arbeit in Aufgaben ein, wie es die Systeme der richtigen Menschen tun. Jeder bekommt eine feste Zuständigkeit zugewiesen, also die Bearbeitung von Einkommensteuererklärungen oder das Verkaufen von Bausparverträgen. Jetzt kommt der große Unterschied: Diese Aufgaben wurden in Systemen immer so zugeschnitten, dass sie ein ordentlich schaffender Mensch gut ausfüllen konnte. Es wurde also nichts Unmögliches gefordert, sondern eine starke Leistung, um die Aufgabenstellung zur vollen Zufriedenheit abzuarbeiten.

Das wird im Suprasystem grundlegend und radikal geändert.

Alle Arbeitsplätze werden nun so gestaltet, dass in ihrem Rahmen *nach oben offene* Leistungen möglich werden, wie es bei der Akkordarbeit geschieht. Der Finanzbeamte, der vorher für alle Menschen mit Anfangsbuchstaben A bis E zuständig war, wird nun daran gemessen, wie viele Fälle er bearbeitet. Jeder Fall wird nach seinem Finanzvolumen gewichtet. Er arbeitet damit quasi im Akkordsystem. Seine Zuständigkeit ist auf alle Fälle ausgedehnt, also auf viel mehr, als er schaffen kann. Nun kann er wirklich so viel arbeiten, dass er seine Maximalleistung erreichen kann.

Die Versicherungen vertreiben ihre Produkte über Versicherungsagenten. Jeder Agent bekommt einen Versicherungsbezirk zugewiesen. Alle Menschen, die in ihm wohnen, gehören zu seinen potenziellen Kunden. Er kann ihnen nun Versicherungen verkaufen, so viel er kann. Er wird nach Abschlüssen bezahlt. Versicherungsagenten haben einen sogenannten Gebietsschutz. Das bedeutet, dass ihnen die Menschen in diesem Gebiet als potenzielle Kunden „gehören", das heißt, kein Vertreter der gleichen Versicherung darf diesen Menschen eine Versicherung verkaufen. Für jeden Menschen ist genau sein Bezirksvertreter zuständig. So ist die reine Idee. Die Bezirke sind so groß geschnitten, dass die Versicherung sicher sein kann, dass alle Kunden im Bezirk bedient werden können. Die Versicherung möchte also lieber kleine Bezirke, damit der Vertreter am besten jeden von uns besuchen kann. Der Vertreter möchte gerne einen riesigen Bezirk, damit er aus dem Vollen schöpfen kann. Der Zuschnitt der Versicherungsbezirke ist also eine sehr heikle Affäre. Beliebig brisant! So ist das System der Versicherungen. Nun kommt die Suprasystemerweiterung: Die Versicherungen legen am besten nur noch den Sitz des Büros des Versicherungsagenten fest und heben den Gebietsschutz ganz auf. Nun können die Vertreter in den anderen Bezirken wildern gehen. Haben Sie sich in der letzten Zeit schon einmal gewundert, dass Sie von mehreren Agenten der gleichen Versicherung per Call Center „kontaktiert" wurden? Es liegt daran, dass Sie nun nicht mehr exklusiv Ihrem Vertreter gehören, sondern Sie sind als Jagdziel bundesweit freigegeben.

Drittes Beispiel: Die Kassiererinnen im Supermarkt saßen früher oft Minuten lang untätig, wenn niemand an die Kasse kam. Heute bekommen sie zusätzliche Jobs. Wenn keine Kunden da sind, können ja frische Waren in Regale eingeräumt werden. So verschwinden denn die Kassiererinnen sofort, wenn kein Kunde da ist und räumen wie wild ein. Sie werden daran gemessen, wie viel Umsatz sie kassierten und wie viel Waren sie einräumten. Nur noch Arbeit – keine Pause, niemals mehr.

Suprasysteme gestalten die Aufgaben so aus, dass man beliebig viel Arbeit hat. Man ist also niemals mit der Arbeit fertig. Es wird gemessen, wie viel Arbeit von der unendlich vielen jeder Mitarbeiter schafft. Danach wird er bezahlt. Die Arbeit wird also so verteilt, dass viele Mitarbeiter für sie zuständig sind. Jeder Mitarbeiter schnappt sich so viel Arbeit, wie er schaffen kann. Das Suprasystem misst immer begleitend mit, wie viel und was er tut. Die Fehler werden aufgezeichnet und gezählt. Alles wird zu einer Art Punktesumme zusammengefasst. Das ist der Mitarbeiterwert. Diesen Wert muss der Mitarbeiter steigern.

Damit alle Mitarbeiter beliebig schwer arbeiten können, verteilt man die Arbeit grundsätzlich an zu wenige Mitarbeiter, die also in ihrer Gesamtheit die gesamte Arbeit nicht schaffen können. Dann kann es keine Pausen geben und es bleibt stets Arbeit übrig. Diese Arbeit wird nun sehr flexibel an sogenannte freie Mitarbeiter, Aushilfskräfte, Auszubildende oder Hausfrauen/Hausmänner vergeben, die per Handy für einige Zwischenstunden zur Arbeit gerufen werden. Deshalb sitzen an den Supermarktkassen unsere Nachbarn, immer nur für ein paar Stunden. Sie bilden die schlecht bezahlten Puffer, wenn die auf Maximalleistung gehetzten regulären Mitarbeiter die Arbeit nicht allein schaffen konnten. Freie Mitarbeiter ermöglichen also eine flexible Drucksteigerung auf die Regulären. Das System fragt unentwegt: „Wie viel Arbeit mussten wir zusätzlich teuer einkaufen?" Dann erschrecken die Regulären und fürchten um ihren Mitarbeiterwert, obwohl sie ihn Jahr für Jahr steigern konnten.

Ja, sie steigern ihn. Die Arbeitsdichte nimmt in Suprasystemen ständig zu. Da jeder im Prinzip unendlich viel Arbeit vorfindet, arbeiten die Menschen immer dichter und härter. Aber das Suprasystem vermehrt die Arbeit ständig. Sobald die Mitarbeiter die Arbeit zu schaffen drohen, entlässt das Suprasystem Mitarbeiter aus dem schlechtesten Drittel. So bleibt immer für den verbliebenen Rest unendlich viel Arbeit da. Jeder kann sich jederzeit alle Beine ausreißen.

Am Ende eines Tages, einer Woche, eines Quartals oder eines Jahres werden die Zahlen der Mitarbeiter verglichen. Wer ist gut gewesen? Wer durchschnittlich? Wer war mäßig? Die Schlechtesten werden entlassen. Es geht also nicht darum, wer gut oder wer schlecht im absoluten Sinne gearbeitet hat. Es geht darum, wie jeder Mitarbeiter relativ zu den Besten abschnitt. Die Besten stellen eine Art „Norm" dar, deren Erfüllung das Suprasystem anschließend allen zum Maßstab macht. Die Leistung der Besten setzt den Minderwertigkeitsangstpegel für die restlichen.

Bitte verwechseln Sie dieses System nicht mit der klassischen Akkordarbeit. Dort wurden Normen gesetzt, die die Bezahlung pro Arbeitseinheit festlegen. Man verhandelte zäh, wie viel für eine Arbeitseinheit bezahlt werden könnte. Dann arbeiteten alle los, so gut sie konnten. Je nach Stückzahl Arbeit bekam jeder Lohn. Im Suprasystem werden aber immer die Schlechtesten entlassen! Es hilft nun nichts, wenn Sie eben nur wenig Geld bekommen, wenn Sie nur wenig schaffen! Sie werden trotzdem gefeuert. Früher hatte man also Angst, zu wenig zu verdienen. Heute wird man einfach durch Gleichwertige oder Bessere ersetzt. Und zwar mit System. Das Suprasystem steigert die Leistungen. Bis unendlich.

4.5.5 *Unterdurchschnittliche Suprasystemteile und Systempuffer*

Dieses System des Tötens aller Unterdurchschnittlichen muss jetzt konsequent auf einer höheren Systemebene gedacht werden. Nicht nur die Mitarbeiter werden verglichen, sondern auch die Abteilungen, die Bereiche oder die Teilfirmen. Wenn Teile des Suprasystems im Wesentlichen unterdurchschnittliche Gewinne machen oder gar Verlust, so werden sie verkauft und notfalls geschlossen. Es werden also nicht nur die schlechteren Mitarbeiter entlassen, sondern auch die schlechteren Systemteile. Die werden – wohlgemerkt! – als Ganzes entlassen, also mit allen Mitarbeitern, die sie enthalten. Also werden alle Menschen gefeuert, die in unterdurchschnittlichen Bereichen arbeiten, egal wie gut sie waren. Ganz egal! Na ja, nicht ganz egal. Bevor ein ganzer Bereich verkauft oder geschlossen wird, werden die Filetstückchen herausgebrochen. Im Klartext: Sehr gute Mitarbeiter werden vor der Schließung in andere Systemteile abgeworben oder versetzt. Durchschnittliche Mitarbeiter werden lieber mitverkauft, da der Käufer ja einen Betrieb übernimmt, der arbeitsfähig aussehen soll.

Damit werden nun aber vollends die meisten Menschen unter Existenzangst gesetzt. Die Durchschnittlichen sehen, dass sie so etwas wie glattes Pech haben können, wenn jemand kommt und feststellt, dass ihr Bereich unterdurchschnittliche Performance aufweist. Die exzellenten Mitarbeiter in unterdurchschnittlichen Betriebsteilen fürchten sich auch vor dem Exitus des eigenen Bereiches. Deshalb sehen sie sich beizeiten nach einem neuen Bereich oder nach einer neuen Firma um. Insbesondere ist es nicht gesagt, dass die besten Mitarbeiter in der Not nun herzhaft Hand anlegen und den Bereich aus der Patsche reißen – nein, sie gehen rasch woanders hin und überlassen die Durchschnittlichen ihrem Schicksal.

Die Exzellenten haben eine feine Nase, wie die Ratten auf Schiffen. Ein Suprasystem ist supra oder es geht unter. Massenentlassungen. Können Sie das Elend ermessen, das in einer solchen Meldung verborgen ist? „Der Konzern schließt ein Drittel der Filialen und spart dadurch 9.000 Mitarbeiter ein. Der Aktienkurs stieg auf diese Mitteilung hin. Die Börse ist erleichtert." Sie müssten das besser in sich fühlen! Sie dürfen nicht über die 9.000 Familien hinweglesen! Sie müssen es spüren wie die Meldung: „Achtung Autofahrer. Schleudergefahr wegen Kollateralfleisch auf der Fahrbahn."

Vielfach werden unterdurchschnittlich verdienende Systemteile nicht einfach getötet oder verkauft. Man entlässt die Mitarbeiter formal und bietet ihnen Rahmenverträge an, als Puffer zu fungieren. Die Mitarbeiter arbeiten weiter wie bisher im Betrieb, aber nur noch gegen Stundenlohn und nur dann, wenn Arbeit da ist. Ich hatte schon das Beispiel der Kassiererinnen im Supermarkt genannt. Viele Hausfrauen verdienen sich in Stoßzeiten ein wenig zusätzliches Geld, indem sie ein paar Stunden kassieren, wenn viele Kunden kommen. Solche freien Mitarbeiterinnen und Mitarbeiter puffern Arbeitsspitzen ab. Ein anderes Beispiel: Ein Hausmeister mag nicht den ganzen Tag schwere Arbeit haben. Das ist ganz schlecht. Also wird er entlassen und über eine Gebäudemanagementfirma wieder eingestellt. Er arbeitet weiter als Hausmeister, wird aber nur bezahlt, wenn er tatsächlich arbeitet.

Ein Hausmeister im System ist *zuständig*. Alles soll heil sein, gut funktionieren und so weiter. Im Suprasystem arbeitet der Hausmeister die an das Gebäudemanagement gemeldeten Störfälle ab. Wenn zum Beispiel eine Sicherung im Haus durchbrennt, ruft man nicht mehr den Hausmeister an, sondern die Gebäudemanagementfirma. Die schickt irgendwann den Hausmeister. Der Hausmeister repariert kurz und präsentiert sofort eine Rechnung. Die muss unterschrieben werden. „Sicherung instand gesetzt. XY €." Der Hausmeister ist also nicht mehr zuständig. Er wird von Fall zu Fall eingesetzt. Er muss gerufen und bezahlt werden. Jedes einzelne Mal. Vielleicht wundern Sie sich, dass an Ihrem Arbeitsplatz plötzlich alles notiert und berechnet werden muss. Es liegt an diesem Suprasystem, das nur noch gegen Leistung zahlt. Im System wäre jemand zuständig. Die Welt ist nun auf den Kopf gestellt. Ein zuständiger Hausmeister alter Art würde eilig hergelaufen kommen: *sein* Haus hat eine defekte Sicherung! Furchtbar. Schnell reparieren! „Geht wieder – ach, schön!" Ein Puffer-Hausmeister, der nur auf Anforderung arbeitet, sagt am Handy: „Einen Moment bitte. Machen Sie einen Termin mit der Gebäudemanagerin. Ich gieße gerade die Hydrokulturgummibäume. Wenn ich das abgerechnet habe, sehe ich in meinem Plan nach, wofür ich eingeplant bin. Eins nach dem anderen." – „Hören Sie, wir können alle hier nicht mehr weiterarbeiten, weil das Licht aus ist!" – „Das ist nicht mein Problem. Am Sicherungsauswechseln verdienen wir praktisch nichts. Es dauert 10 Sekunden. Für Gummibäume gießen bekomme ich gutes Geld, auch weil ich es schneller kann als die Arbeitswerte besagen. Gummibäume halten viel aus, wissen Sie?"

In diesem Sinne verdichten Suprasysteme die Arbeit bis zum Exzess. Alle arbeiten unentwegt. Restarbeit wie das Einsetzen neuer Neonröhren wird von Puffer-Mitarbeitern geleistet, die als freie Mitarbeiter fallweise eingekauft werden oder die man über spezielle Servicefirmen bestellt. In den klassischen Zeiten des Organization Man war alles im System in Zuständigkeiten unterteilt. In heutigen Suprasystemen wird nur noch die „Kernarbeit" an Hochleistungsmitarbeiter verteilt, den „Rest" oder die „Spitzen" vergibt man im Einzelfall an Menschen, die auf Anforderung ins Suprasystem hineindürfen. Sie arbeiten ihren Fall ab und gehen wieder. Wie sie ihr Geld verdienen, ist nicht Sache des Suprasystems. Dies bezahlt nur die Kernmitarbeiter nach der ständig wachsenden Arbeitsmenge. Der Rest wird „von außen zugekauft", möglichst billig natürlich. Wir haben so viel Arbeitslosigkeit, weil ja immer die sogenannten Schlechteren entlassen werden. Es gibt also genügend Puffer im Angebot, die preiswert zu haben sind. Das Arbeitsmengenrisiko liegt also nicht mehr im Suprasystem, sondern außen. „Im Rest."

Diese neue Struktur führt zu lustigen Verwicklungen. Stellen Sie sich vor, es sind nur noch ein paar Menschen niedrigen Ranges im Gebäude und der Strom fällt aus. Dann kann zwar der Gebäudemanager einen Hausmeister schicken, aber eventuell hat keiner der noch Anwesenden die Vollmacht, die Rechnung gegenzuzeichnen. Wer bezahlt dann? Kennen Sie das? Ich habe heute ein Plakat in einer Rolle verschicken wollen. „Geht nicht, weil Rollen von der Post nicht angenommen werden. Rollen gehen nicht durch die automatische Sortieranlage. Man muss Rollen bei der Post eigenhändig aufgeben und ein Euro fünfzig zusätzlich bezahlen. Wir haben beim Gebäudemanagement in der Poststelle kein Bargeld. Zahlen Sie es?" – „Und wo bekomme ich es wieder?“ – „Weiß nicht.“ Das mit den Rollen hat mich etwas Geld gekostet. Und Nerven. „Bitte, ich kann nichts dafür, wenn die Post Rollen nicht will. Sie können die Rollen ja in Pakete einpacken, dann geht es wohl.“ Suprasysteme beginnen, nur noch das Normale abzuarbeiten. Der Rest ist Puffer, gegen Extrabezahlung! Jedes Extra kostet extra. Wehe, man will extra!

Es soll eine Zeit der Helden werden.

Das Suprasystem kreuzt die Grundwerte des Richtigen und des Natürlichen. Wir sollen fehlerfrei unsere Pflicht tun und im Wettkampf über uns hinauswachsen. Über uns wachen die Messsysteme: Sind wir super? Sind wir durchschnittlich? Ja? Können wir durchschnittliche Leistung von außen nicht billiger als Puffer einkaufen? Sind wir es noch wert, zum Kern des Suprasystems zu gehören?

Es gibt noch eine andere, seltenere Seite dieser Medaille. Im Bereich von Kunst oder Design oder Computern gibt es oft irre gute Star-Mitarbeiter, die sich jede Firma aussuchen können, so wie Star-Fußballer den Verein wählen können. Viele von ihnen arbeiten nur gegen Höchstgebot. Sie können Firmen fast um jeden Preis erpressen, wenn es denen auf eine Exzellenzleistung ankommt, zu der die Firmen ohne sie nicht fähig sind. Während also „unten“ die Preise vom System gedrückt werden, können ganz „oben“ die Preise von den Spitzenkönnern diktiert werden. Wehe, eine Firma hat keine eigenen Spitzenkönner. Dann zahlt sie sich in den Bankrott.

Anmerkung: Im Grunde sehen Suprasysteme im ersten Augenblick sehr profitorientiert aus. Bitte merken Sie sich aber schon, wo es klemmt: Niemand identifiziert sich mehr mit dem System. Das war ein wesentliches Wesensmerkmal des *Organization Man*: Identifikation und Loyalität. Die Leistungsträger werden nun verführt, die Systeme auszunehmen, wo sie können. Die Durchschnittlichen haben ständig Angst, entlassen oder Puffer zu werden. Die Unterdurchschnittlichen stehen praktisch vor der Entlassung, früher oder später. Sie sind im Dauerpanikzustand. Es ist keine selbstgespürte Verantwortung im Sinne der Vernunft da. Es ist reiner Trieb auf Druck eines Systems, das nackten Erfolg sehen will. Kann eine solche Wirtschaft, frage ich, optimal sein unter allen möglichen Wirtschaftssystemen? Und: Wie viel kostet das ewige Bestellen von Extras? Das Versenden von Rollen, das Rufen nach einer Rolle Toilettenpapier, der Ersatz für das hingefallene Handy? Wer bezahlt die Rechnungen? Reicht sie ein? Verrechnet, notiert, zahlt Lohn aus? Weil ja die Suprasysteme streng nach Leistung bezahlen, muss nun alles gemessen und notiert werden. Wie viel Prozent unserer Zeit vergeht damit? Wie viel Zeit der Puffer-Mitarbeiter vergeht damit? Wir bezahlen ihnen einen geringen Stundenlohn, aber sie arbeiten ja die Hälfte der Zeit an der Rechnungserstellung! Wenn ich zum Beispiel eine Plombe abschleifen lasse, schickt mir mein Zahnarzt vier Seiten Rechnung, bis hin zu 26 ¢ für Auslagen für einen Wattebausch. Am Ende sind es 86 €. Wie viel kostet die Schriftstellerei dabei? Muss ein Zahnarzt oder ein Hausmeister demnächst generell ein paar Semester Wirtschaft studieren? „Seien Sie froh, dass ich die Sicherung überhaupt reindrehen durfte. Ihre Firma hat nur pauschal zehn Ausfälle geordert. Es war der elfte. Ich habe eine Stunde im Computer getrickst, um das abrechnen zu können. Ich habe es als Feueralarm deklariert. Das ist viel teurer für Sie, aber es ging. Wenn Sie es nicht zahlen, geht eben das Licht aus." – „Seien Sie froh, dass ich die Plombe bei Ihnen abschleifen darf. Sie sind ja privat versichert." – Denken Sie schon einmal nach. Wär' schön, wenn Sie trübsinnig würden.

4.5.6 Generelle Konstruktionserfordernisse an ein Supratriebsystem

Leistungsgerechtigkeit Sie ersetzt die Gerechtigkeit eines klassischen Systems. Leistungsgerechtigkeit ist eine Kreuzung aus dem Gerechten („Gleichheit der Menschen") und dem Recht des Stärkeren. Im Grunde werden die Menschen in Suprasystemen in Leistungsklassen eingeteilt, nicht mehr in Gesellschaftsklassen oder ähnliches, wie es früher geschah. Der Leitgedanke der Leistungsgerechtigkeit gibt eine gewisse Sicherheit. Wer sich anstrengt, wird belohnt!

Das Suprasystem hütet die Leistungsgerechtigkeit „Leistung muss sich lohnen." Mit diesem Satz wird ausgedrückt, dass das Höherwertigkeitsstreben für jeden Menschen der richtige Weg ist. Das Suprasystem definiert das Höhere und setzt Leistungsprämien aus, nach denen die Menschen sich mühend und sorgend strecken. Die Besten gewinnen. Hinter diesen Gedanken steckt eine heimliche Lüge. Denn die Leistungsprämien werden nur für Arbeiten ausgesetzt, die wertvoll sind, stark nachgefragt werden oder die das System stützen und verteidigen. In Wirklichkeit ist die Leistung eines Menschen nicht so sehr ausschlaggebend für seine Prämien. Es ist nicht die Leistung, die sich lohnt, sondern das Liefern nachgefragter oder temporär wertvoller Leistung. Es kommt darauf an, dass die eigene Leistung einen guten Markt hat. Ein Mensch ist im Suprasystem wie eine Ich-AG, die die Arbeitsleistung wie ein Produkt anpreist. Es ist eben die Frage, wie hoch dieses Produkt gerade im Kurs steht. Supramenschen verdienen viel mehr Geld, wenn sie etwas können, was im Augenblick knapp ist. Die Leistung tritt hinter diesem Gesichtspunkt weit, weit zurück. Es gibt in unseren Tagen zeitweise eine riesige Nachfrage nach bestimmten Informatikern, die sich über Nacht schlagartig legen kann (Fachleute für UMTS-Netzwerke!). Auf der anderen Seite gibt es keine nennenswerte Nachfrage nach Kindererziehung (außer von völlig mittellosen Kindern), weshalb das Hausfrauendasein oder das Erziehen in Suprasystemen eine so starke Entwertung erfährt, dass plötzlich die Überalterung der Bevölkerung langsam und immer sicherer zu einem dominierenden Problem heranwächst.

Formale Einheitlichkeit der Kampfzonen Im Kern hetzt das Suprasystem Menschen in einen Wettbewerb um Prämien, die tendenziell hauptsächlich an die Gewinner ausgeschüttet werden. Wettbewerbe müssen vom Prinzip her durch einfache, klare Regeln bestimmt werden. Der Erfolg im Wettbewerb muss nachmessbar sein. Leistungsschwache müssen im Suprasystem sofort auffallen und entlarvt werden können. Deshalb werden die Arbeitsbedingungen normiert. Es ist nicht die Sucht, allem eine Uniform anzuziehen, wie sie den richtigen Menschen oft eigentümlich ist. Es geht um gleiche Bedingungen für die Wettbewerber, unter denen zumindest scheinbar faires Messen möglich ist. Wenn richtige Menschen Ungleichheit anstreben, dann meinen sie Privilegien. Richtige Menschen wollen sich gerne als Ausnahme im System sehen. Im Suprasystem strebt man nicht Ungleichheit aus Machtgier oder dergleichen an, sondern wegen eines Wettbewerbsvorteils. Es wird dasjenige Ungleiche erstrebt, das einen Vorsprung ergibt. Suprasysteme sind durch schwere innere Kämpfe gekennzeichnet, in denen es vordergründig um Fairness und Gleichheit im Wettbewerb geht, hintergründig um Geld.

Kräfteseparation, damit nicht Freunde gegeneinander kämpfen müssen Weil die Menschen in Suprasystemen im Wettbewerb stehen, sollte ihre Arbeit in Unternehmen nicht zu stark verzahnt sein, weil dies sofort zu Kämpfen führt. Wenn zum Beispiel ein Hochleistungsträger „nur“ deshalb nicht Höchstleistungen erbringen kann, weil er auf die Hilfe eines Prokuristen, eines Personalleiters, eines Juristen angewiesen ist, der zur Zeit an anderen Fällen arbeitet? Dann gibt es Streit. Suprasysteme vermeiden solche Reibungspunkte, indem sie die Leistungskampfzonen der einzelnen Mitarbeiter sorgsam separieren. Das Zauberwort heißt Zurechenbarkeit. Im Amerikanischen spricht man von Accountability: Jede Leistung muss einem Mitarbeiter zurechenbar sein. Dieser ist dafür verantwortlich, dass diese ihm zugeordnete Leistung erbracht wird. Er wird entsprechend vom Suprasystem prämiert oder eben nicht (er wird damit im letzteren Falle de facto bestraft). Damit Mitarbeiter wirklich accountable sein können, müssen sie im Stande sein, die geforderte Leistung selbst und eigenständig zu erbringen. Insbesondere sollten sie niemals irgendwelche Ausreden vorbringen können, dass sie versagten, weil ihnen nicht von außen geholfen werden konnte. Deshalb muss die Arbeit in Suprasystemen so sehr separiert werden, dass niemand auf Hilfe angewiesen ist. Die Arbeit in Suprasystemen ist Leistungskampf. In diesem Kampf bekommt jeder Leistungskämpfer eine eigene Arena, eine Laufbahn, eine Zelle, einen Verkaufsbezirk, eine Abteilung oder eine eigene Aufgabe zugewiesen. In diese abgeteilte Aufgabe stürzt er sich als Einzelkämpfer hinein.

Natürlich gibt es viele Aufgaben, die nur als Teamwork zu erledigen sind, so wie es auch Mannschaftssportarten gibt. Dann kämpfen die Mitglieder eines Teams zusammen, sind aber mit allen Problemen behäuft, die sich stellen, wenn es in der Mannschaft Stars und „Wasserträger“ gibt. Alle diese Probleme können Sie absolut jeden Montag im Fußballteil der Tageszeitung ganz beispielhaft nachlesen. Die Mannschaften kämpfen dort gegen Abstiege und für den Einzug in irgendwelche Vierundsechzigstelfinale. Sie streiten nach jeder Niederlage untereinander, wer für sie verantwortlich ist. Suprasport ist Prämiensache geworden!

Das stereotype Gejammer der Ahnungslosen und der Verführer – „Team!“ Suprasysteme hetzen jedes einzelne Individuum auf, alles zu geben. In Konsequenz bekommt es separierte Leistungskampfzonen zugewiesen, in denen die Leistung des Individuums nachmessbar ist und in Prämien umgerechnet werden kann. Diese sorgfältig aktiv betriebene Separation verhindert jegliche Art von Teamarbeit vom System her. Natürlich wäre es im Sinne des Ganzen besser, wenn ein Team oder eine Mannschaft gut zusammenspielen würde. In Grenzen funktioniert das auch, siehe Fußball. Im Großen und Ganzen arbeiten die Solo-Supraleistungskämpfer aber nicht gut zusammen, weil jede Hilfe dem anderen einen Vorteil bringt. Deshalb wird in Suprasystemen gottesdienstartig appelliert, dass doch alle Mitarbeiter ein verschworenes Team seien und zusammenstehen müssten. Es gibt, wie gesagt, in der Regel ein paar gutartige Naturen unter den Leistungskämpfern, die aus innerer Überzeugung etwas für das Team tun. Deshalb funktionieren Suprasysteme wohl auch. (Mag sein, dass unter den Frauen viele Teamfähige sind, die aber dann als Supraleistungskämpferinnen weniger Punkte bekommen. Suprasysteme wollen Teamfähigkeit, honorieren sie aus Systemgründen aber nie wirklich, weil das Prinzip der Aufgabenseparation weit vorrangig ist. Hier liegt eine Menge Fundstoff für die Frage, warum das Top-Management immer noch Männerdomäne ist.) Wenn also Manager „Team!"-Appelle verkünden, so steckt viel theoretische Ahnungslosigkeit oder auch nur Lippenbekenntnis dahinter. Ich selbst erfahre bei jedem Unternehmen, mit dem ich zu tun habe, die Teamappelle meist in einem ganz bestimmten Zusammenhang: Jemand aus dem Management trägt erst eine Mission und seine separierte Aufgabenstellung vor. „Ich bin verantwortlich für dieses großartige Werk." Dann folgt eine Erklärung, dass dieses Werk eminent wichtig für das Ganze sei. Daraus zieht dann jeder Vortragende den honigsüßen, sehr logischen Schluss, dass es jedem Menschen im Suprasystem wichtig sein müsse, dass sein Werk vollendet würde und dass im Sinne des Ganzen nun jeder Einzelne mithelfen müsse. Die amerikanischen Reden enden dann immer mit der liturgischen Formel: „You see, I need your help." – „Ich zähle auf Sie!" („zähle"!!) Und dann wird bewiesen, dass jeder dem Vortragenden helfen muss. Team! Team! Team! Die ganze Veranstaltung aber bedeutet im nackten Klartext: „Ihr sollt meine Arbeit machen, damit ich meine Prämie bekomme!" Eine zweite Teamwelle von Vorträgen besteht darin, dass der präsentierende Manager in Team-Worten fast erstickt: „Wir sind für Sie da! Wir helfen Ihnen! Nehmen Sie uns in Anspruch! Wir sind für Sie da! Wir sind im Team! Ich liebe Sie alle!" Dieser Manager hat eine Stabsaufgabe im Unternehmen übernommen, bestimmte Hilfsleistungen zu erbringen. Meistens will die aber niemand haben und schon gar nicht in Form einer Umlage bezahlen. Also muss sich dieser Leistungskämpfer wie auf einem Basar hinstellen und seine Ware anpreisen. „Ich bin für Sie da!" heißt hier im Klartext: „Sie bezahlen mich per Umlage sowieso, jetzt benutzen Sie mich auch tüchtig, dann kann ich beweisen, dass ich etwas leiste und nächstes Jahr fordere ich eine höhere Umlage. Wenn Sie mich aber nicht benutzen, war die Umlage zu teuer. Dann werde ich abgeschafft, und das will ich nicht." In diesem Sinne ist „Ich bin für Sie da!" eine andere Formulierung für „Geben Sie mir einen Sinn. Helfen Sie mir, indem Sie mir eine Arbeit geben, so dass ich leben darf!"

Messen, Zumessen, Kriterien bestimmen Im System geht es hierbei um Macht. Im Suprasystem geht es beim Messen um Vorteile. Wenn im System des *Organization Man* der Manager einem Mitarbeiter eine Gehaltserhöhung versagte, so war es Machtausübung, Bestrafung, Demütigung oder Gerechtigkeit. Im Suprasystem geht es um das Geld der Gehaltserhöhung selbst und um die Frage, wie der Mitarbeiter am besten angestachelt werden könnte. „Wenn man ihnen zu stark das Gehalt erhöht, verlieren sie den Biss oder werden müde. Wir müssen sie immer unzufrieden halten, immer ein bisschen unzufrieden.“ Das ist der neue Leitgedanke, der diesen alten ersetzt: „Er hat es sich verdient. Dann soll er auch zufrieden sein.“ Was ist im Suprasystem dann *Mitarbeiterzufriedenheit*? Es ist moderate, immerfort vorwärtstreibende Unzufriedenheit. Sie kennen den Esel mit dem Grasbüschel vor dem Gesicht, das an der Peitsche des Kutschers hängt? Alte Systeme verteilten von der Absicht her gerecht. Suprasysteme verteilen so, dass am meisten Höherwertigkeitsenergie erzeugt wird, die als Motivation bezeichnet wird.

Simple Evaluation im Wettbewerb Das Messen im Leistungskampf muss simpel und leicht verständlich sein. Stellen Sie sich vor, man würde beim Hochsprung noch Abzüge für Rücken- oder Höhenwind machen. Den Eiskunstlauf habe ich schon besprochen. Je komplexer die Messungen sind, um so komplexer muss der Mensch beim Arbeiten denken. In der Wirtschaft ist es schon schlimm genug, dass der Gewinn mindestens von zwei Größen abhängt, von Umsatz und Kosten. Die Verkäufer denken immer an Umsatz und sind zu Rabatten bereit – sie gieren nach einer Unterschrift! Die Controller drücken nur die Kosten und Risiken, auch wenn dabei manches Geschäft an den Mitbewerber geht. Das Problem ist, dass der Trieb, die Nummer Eins zu sein, der Supratrieb also, sich besser fokussieren lässt, wenn er auf eine einzige Zahl gerichtet wird. Deshalb bemühen sich die Suprasysteme, nur eine einzige Richtgröße vorzugeben. Der vorläufige Höhepunkt ist die Richtgröße des Shareholder-Value, an dem sich alles auszurichten hat. Der Supraleistungstriebtäter muss die eine Zahl im Seismografensystem scharf eingebrannt haben. Er muss im Körper zittern und beben, wenn sich diese Größe ungünstig entwickelt. Dieses Zittern muss seinen Leistungstrieb aufpeitschen und ihn nach vorn treiben. Suprasysteme leben eben von der Mobilmachung psychischer Energie. Wenn wir einen Mitarbeiter an sieben oder acht Kennzahlen messen würden, so würde er sich jeden Abend die Zahlen anschauen und murmeln: „Da sieht es düster aus, dort ganz gut. Im Ganzen ein gemischtes Bild. Nicht schön, aber erträglich.“ Aus so einem Gemurmel wird keine schlaflose Nacht, nicht wahr? Da entsteht vielleicht gerade eine Sorge für einen Organization Man, aber kein Seismografenalarm.

Ziel erreicht, aber bankrott – Kennzahl und Realität Wenn alles an einer Zahl hängt, bekommt der Leistungsgetriebene einen falschen Blick für die Realität, mindestens aber für das Ganze. Wer den Umsatz hochtreibt, gibt eventuell so viel Rabatt, dass er pleite macht. Wer alle Kosten einspart, spart kaputt. Wer das Eigenkapital herunterschraubt, damit die Eigenkapitalrendite größer wird, wird vom nächsten Konjunktursturm vernichtet. Das Erreichen eines Zahlenziels bedeutet nicht unbedingt, dass nun für das Ganze optimal gesorgt wäre. Ein System ist eben nicht nur mit einer Zahl zu beschreiben, ein System hängt von einer Vielzahl von Faktoren ab, sagen die richtigen Menschen. Die wahren Menschen sagen gar, das Ganze sei überhaupt nicht in einige wenige Kennzahlen zu zerlegen, man solle es komplex und ganz lassen! Wenn wir also ein System als ein Ganzes sehen, dann muss es in einer Vielzahl von Komponenten und Dimensionen in richtiger Harmonie sein. Das ist eine sehr schwierige Aufgabe, ganz fernab von derjenigen, Mitarbeiter auf die Jagd nach einer speziellen Kennzahl zu schicken.

Rotationsplan für Leistungsparameter zur multiplen Konditionierung Wie können wir also trotzdem ein Unternehmen führen? Wie halten wir alle Dimensionen des Unternehmens in Harmonie und hetzen trotzdem die Mitarbeiter nur einem Parameter hinterher? Die weise Antwort ist: Wir wechseln die Zielzahlen in periodischen Abständen aus. Ein Jahr „Expansion!" (Umsatz, egal was es kostet), ein Jahr „Konsolidierung!" (Kosten sparen, auch wenn es Umsatz kostet), ein Jahr „Zentralisierung!" (Zügel anziehen), ein Jahr „Empowerment!" (Zügel lockerer), ein Jahr „Innovation!" (das alte Zeug verkauft sich nicht mehr), ein Jahr „Mergers & Aquisitions" („Umsatz kaufen, wenn wir es selbst nicht schaffen."), ein Jahr „Mitarbeiterzufriedenheit!" (es kündigen zu viele in der Hochkonjunktur), ein Jahr „Konzentration auf die Kernkompetenzen!" („mit allem aufhören, was wir schlecht machen – es gut machen zu lernen ist zu beschwerlich, dass sollen andere tun, denen wir die unliebsamen Teile verkaufen"), ein Jahr „TQM und Qualitätssicherung!" (die Produkte sind voller Fehler), ein Jahr „Prozessumstellung!" (nichts klappt mehr). Man schaut in einem Suprasystem, welche Kennzeichen oder Kennzahlen gerade völlig aus dem Ruder laufen und das Ganze in Gefahr bringen. Zum Beispiel: Die Kundenbeschwerden häufen sich. Dann wird im Folgejahr der Kunde in den Mittelpunkt gerückt. „Wir sind kundenorientiert, der Kunde steht im Zentrum, wir sind für ihn da, Tag und Nacht …"

In einem Suprasystem fragen daher die Mitarbeiter zu Weihnachten: „Wonach wird nächstes Jahr gemessen?" Das heißt: „Was ist gerade schlecht?" Oder: „Wofür bekommen wir nächstes Jahr Geld?" Immer das, was im Argen liegt, wird den Mitarbeitern als zu verbessernde Zielgröße gegeben. Sie werden in einer Kaskade von Unternehmensmitteilungen auf die neue Marschrichtung eingeschworen. Das Suprasystem hämmert ihnen ein, nur diese eine Zahl sei für das Wohl und Wehe der Firma wichtig. Zum Beispiel: „Kundenzahl erhöhen!" Das war im Anfang des Internetbooms für die dot.coms das Wichtigste. Erst Kunden. Dann Umsatz. Dann irgendwann Gewinn. Eine Kennzahl nach der anderen!

Es ist gut, wenn man im Suprasystem das Einhämmern der Marschrichtung besonders hart gestaltet. Die Konditionierung muss so stark erfolgen, dass das Seismografensystem oder der Supratrieb noch lange hinterher zuckt, wenn schon neu, auf eine andere Zahl, konditioniert wird. Beispiel: Ein Jahr Einhämmern von „Wir sind am allerfreundlichsten zu Kunden!". Im Folgejahr: „Verkaufen! Verkaufen! Drängen Sie die Kunden! Versuchen Sie alles! Umsatz!" Diese neue Konditionierung beißt sich mit der alten. Wer seinen Kunden liebt, wird ihn nicht zu sehr bedrängen, weil das Freundschaft und vor allem Vertrauen kosten kann. Wenn man also die Leute im Vertrieb hetzt, alles aus den Kunden herauszuholen, während man sie vorher konditioniert hat, nett zu ihnen zu sein, so ändert sich das Verhalten der Getriebenen nicht über Nacht. Das Nette zum Kunden bleibt noch einige Zeit im Körper, während das Umsatzgierige ansteigt. Deshalb ist der Trieb eines normalen Mitarbeiters so ein Gemisch von langsam abklingenden Trieboffensiven der Vorjahre: Qualitätsoffensive vor fünf Jahren, Höflichkeitsoffensive vor vier Jahren, Pünktlichkeitsoffensive vor drei Jahren, Produktinnovationsoffensive vor zwei Jahren, Expansion um jeden Preis im letzten Jahr, Sparen jetzt. Alle diese Offensiven sind noch als eingehämmerte Triebe im Mitarbeiterkörper, der sich langsam der alten

Triebe entwöhnt. Deshalb wird bald die Qualität schlechter, weil das schon fünf Jahre her war. Deshalb muss nun eine nächste Rotationsrunde der Supratriebkonditionierung angesagt werden.

Ich will sagen: Ein Suprasystem prägt immer einen der wichtigen Parameter frisch in die Mitarbeiterkörper hinein. Das wird so irre stark gemacht (manche klagen über „Gehirnwäsche"), dass die Konditionierung des Triebs noch ein paar Jahre vorhält. Zum Beispiel wird ein ganzes Jahr zum Sparen das Telefonieren mit dem Handy absurd streng verboten. Es gibt Gerüchte, dass ein Mitarbeiter gehen musste, weil er bei einem Unfall mit dem Betriebshandy seine Frau angerufen hatte. Jetzt kommt der Trick: Im nächsten Jahr hört die Firma auf, das Handynutzen zu bestrafen, aber sie gibt nicht zu erkennen, dass es nun erlaubt ist! So langsam beginnen die Mitarbeiter also wieder, mobil zu telefonieren. Viele trauen sich noch lange nicht. Die Seismografen bleiben noch lange, lange wach.

Die alten Systeme setzen also einen riesigen Regelkatalog fest. Es ist Pflicht, sich an alle Regeln zu halten. Dann ist Organization Man o.k. und durchschnittlich. Alles funktioniert.

Im Suprasystem werden viel mehr Regeln aufgestellt als man überhaupt erfüllen kann. Aber immer nur ein Teil der Regelverletzungen wird periodisch erbarmungslos bestraft. Der ganze Mitarbeiter wird dadurch supratriebgefüllt.

Mitarbeiter sind meist völlig ahnungslos über diese Triebrotation. Sie klagen unentwegt über die ungeheuerliche Intensität der Triebkampagnen, die sie für Vernunftkampagnen halten. Sie sind völlig verstört oder fassungslos, weil in einem Jahr Telefonieren mit Handy mit Kündigung bestraft wird, dann nie wieder! Mitarbeiter halten Manager für beschränkt: „Er sagt, Qualität ist am wichtigsten. Darum hat sich echt fünf Jahre lang kein Schwein mehr gekümmert, obwohl ich immer darauf hingewiesen habe. Nun spielen sie sich alle als Qualitätsgötter auf! Dafür ist das, was wir an Effizienz erreicht haben, plötzlich nicht mehr wichtig. Ich fühle mich auf den Arm genommen. So ein Manager versteht nur eine Zahl. Gerade die, wofür er Geld kriegt. Sonst ist er blind. Idiot! Alles Idioten!" Alte Mitarbeiter lächeln und sagen: „Alles kommt periodisch wieder. Wie die Jahreszeiten. Sie spinnen alle, aber sie sind so. Ich habe resigniert."

Manager sind ebenfalls meist völlig ahnungslos über diese Triebrotation. Denn faktisch dreht sich die Welt so: Ein Suprasystem hält sich in der Regel eine Menge Unternehmensberater, die es analysieren und beraten. Unternehmensberater haben die Aufgabe, ihren Klienten, also das Suprasystem, aufzuklären, wie es besser werden könnte. Das Suprasystem will im Wesentlichen wissen, worauf der Supratrieb der Mitarbeiter im Folgejahr konditioniert werden muss, damit das Suprasystem bestmöglich profitiert. Welche Größe ist das? Gute Preisfrage!

Die großen Unternehmensberatungen machen nun folgendes: Sie rufen Fachleute vieler Suprasysteme an und fragen sie, was nach ihrer Meinung in den Systemen derzeit am meisten im Argen läge. Die Antworten von Hunderten von Systemen werden gesammelt und ausgewertet. Es kommt zum Beispiel heraus: „Zu viele Mitarbeiter – bitte Massenentlassungen und Filialschließungen!" oder „Führt e-Business ein!" Man sammelt also die größten Fehler der Unternehmen ein und studiert den Durchschnitt aus diesen Fehlern. Das ist total leichte Arbeit für die Unternehmensberater, weil der größte Fehler ja bekannt ist. Nun gibt man diesen größten derzeitigen Fehler aller Unternehmen diesen selben Unternehmen wieder gegen hohes Honorar bekannt oder lockt durch entsprechende Vorträge viele Menschen zu teuren Konferenzen. Die zucken zusammen und sehen: „Aha, kann stimmen, habe ich noch nicht erkannt, aber die Mitbewerber haben diesen Fehler ganz offensichtlich. Es ist also was dran, was mein Berater sagt." Jetzt kommt der eigentlich schwere Teil der Unternehmensberatung. Der Berater muss dem Klienten beibringen, dass er diesen Fehler selbst auch hat und beseitigen muss. Das gelingt meist doch ganz gut, weil sich der Klient in bester Gesellschaft befindet, da ja die anderen Systeme dieselben Hauptfehler haben. Dann beschließt man, die Mitarbeiter des Suprasystems gegen diesen Hauptfehler scharf zu konditionieren.

Die heutige Welt ist hauptsächlich deshalb so verrückt geworden, weil es die Berater dieser Welt mit dieser Fragebogenmasche geschafft haben, die ganze Welt zu *synchronisieren.* Sie erzählen immer ein Jahr lang, „der Kunde steht im Mittelpunkt", dann predigen sie ein anderes Jahr „Sparen beim Marketing und nur die guten Kunden gut behandeln". Da alle Berater genau das gleiche erzählen, und zwar genau das, was sie ja vorher beim Erfragen bei ihren Klienten mehrheitlich als Antwort bekamen, deshalb haben überhaupt alle Berater so beeindruckend Recht. Sie erzählen ja dem Klienten im Durchschnitt dessen eigene Meinung.

Das ganze System hat Ähnlichkeiten mit den Zuständen im Modesektor, wo sich Armani, Versace & Co., allerdings wohl ohne jemanden zu fragen, über die Herbstfarben einigen. So wie die Frauen dann alle periodisch zu Isolierbandgrau oder Baukranorange wechseln, wechseln die Suprasysteme die Supratriebrichtung periodisch. Die Frauen merken nie so richtig, dass die Farben zwar nuanciert jährlich anders sind, als ewig ganz neu erscheinen, dass sie aber im Wesentlichen doch Rot, Gelb, Blau, Grün, Weiß und Schwarz kaufen. Genauso erfinderisch sind die Berater, die immer schwach andere Abkürzungen wählen, damit die Supratriebrotation als solche nicht zu offenbar wird. Man kann Beratung nicht verkaufen, wenn jemand sagt: „Hatten wir alles schon probiert. Damals. Funktionierte nicht. Alter Hut." Deshalb sind auch die Modefarben immer scheinbar ganz neu und haben auf jeden Fall brandneue Namen. So lassen sie sich verkaufen. Auch Mode periodisiert rotierend Triebrichtungen, nur eben für Konsumenten.

Das Wunderbare an dieser Rotation der Triebrichtungen ist es, dass offenbar weder die Berater noch die Manager noch die Mitarbeiter merken, was gespielt wird. Die Berater sind nach fünf Jahren schon wieder woanders, die Manager auch! Sie halten das Periodische für neu. Nur ganz erfahrene Mitarbeiter lächeln. Damit auch Ihnen dieses Lächeln möglich wird, was aber wohl gleich gefriert, wenn Sie zur Arbeit gehen, habe ich diesen Punkt so weit ausgedehnt.

100 % Auslastung! 100 % Kunde! 100 % Trieb! Der Supratrieb der Systeme wird also in eine einzige Triebrichtung gerichtet. Ein Beispiel der jetzigen Zeit: Die Auslastung soll gesteigert werden. Jeder Mitarbeiter soll 100 % ausgelastet sein. Wenn zum Beispiel ein Zahnarzt ausgelastet sein will, muss er am besten nur knapp mit der Zeit kalkulieren. Dann ist das Wartezimmer stets überfüllt und er hat immer Arbeit und keine Minute Pause. Das hat dann zwei Wirkungen: Die Kunden werden böse. Außerdem ist es schwierig, zusätzlich noch zufällig auftretende Notfälle zu behandeln. Daraufhin kann der Zahnarzt im nächsten Jahr seine Praxis wieder mehr auf den Kunden ausrichten. Er wird brav eine halbe Stunde pro Behandlung einplanen. Dann komme ich zum Beispiel und lasse mich untersuchen. Da ich schon so schwer vergoldet bin, dass Karies gar keinen Platz mehr hat, ist er nach fünf Minuten fertig. Jetzt hat der Zahnarzt eine Lücke im Zeitplan anstatt in meinem Mund und verdient zu wenig. Da hätte er doch lieber schimpfende Kunden im Wartezimmer.

Genau so will auch meine Firma volle Utilization der Mitarbeiter, wie es allgemein im Amerikanischen heißt. Der Mitarbeiterbenutzungsgrad soll hoch geschraubt werden. Leider werden Projekte verschoben. Wir fahren zu einer Vertragsunterzeichnung und der Kunde ist krank, wo bei uns schon zwanzig Höchstqualifizierte bereit stehen. Pause! Ein Rechtsanwalt findet noch einen Haken im Vertrag. Pause! Recht hat kaum etwas mit Zeit zu tun. Ein Kunde hat einen Störfall im Netz. Alle Mann dorthin! Teamarbeit wird unterbrochen, die Daheimgebliebenen haben Pause. Ein Mitarbeiter hat einen genialen Einfall und löst ein Problem beim Kunden eine Woche früher als geplant. Der Manager: „Oh, Gott, Pause!" Der Mitarbeiter: „Sind Sie verrückt? Ist das Anerkennung für meine Genialität?" – „Genial ist nur etwas ohne Pause!" – „Kommt es nicht auf Genialität am meisten an?" – „Dieses Jahr nicht." Ich will sagen: Wenn Sie einen Betrieb mit 100 % Auslastung fahren wollen, wird alles verrückt. Dennoch versucht es gerade die ganze Welt, völlig triebhaft. Wir haben in unserer mathematischen Optimierungstruppe eine Menge Produktionsstraßen vollkommen mathematisch optimiert. Verstehen Sie? Mathematisch, logisch, unwiderruflich richtig, bewiesen, q.e.d.! Und es kommt immer heraus, dass eine Fabrikation oder ein Stundenplan nur zu etwa 85 % ausgelastet werden kann, weil darüber alles im Chaos versinkt, wie im Wartezimmer des Zahnarztes. Jeder einigermaßen stetige Leser des Wirtschaftsteiles der Tageszeitung weiß, dass bei den Volkswirten eine Volkswirtschaft als überhitzt gilt, wenn die Auslastung über 85 % steigt. Das weiß man. Es hilft aber nichts, wenn ein Suprasystemtrieb auf Auslastung eingehämmert wird. Die Manager verrenken sich in Triebzuckungen, um 100 % zu schaffen. Jeder weiß, dass es nicht geht … Trieb geht vor Vernunft! 100 % sieht so verführerisch *möglich* aus, nicht wahr? So, wie die Modeindustrie den Trieb einpflanzt, jeder könne Top-Model werden. Es sieht so verführerisch möglich aus. Ich habe schließlich zwei Beine, daraus müsste sich etwas machen lassen.

Problembehandlung. Re-re-re-engineering Die Fehlerbehandlung im Suprasystem ist klar. Der Trieb wird auf die nächste Richtung gedreht. Fast wäre ich zynisch geworden und hätte geschrieben: Das Suprasystem richtet nun den Trieb gegen den ärgsten Fehler, den es im Vorjahr selbst erzeugt hat. Ich habe das aber bei dem Zahnarztbeispiel schon andeuten wollen. Die klassischen Systeme des Organization Man stellen einen Jahresplan auf und agieren nach command & control. Die reinen Vorgehensweisen der natürlichen Menschen würden sich ein Ziel definieren und dann losgehen, nach dem Motto sense & respond. Diese Prinzipien erklärte ich schon. Daraus wird nun im Suprasystem wieder eine Kreuzung gezüchtet: Es wird ein Triebziel definiert, das die Form „Zweistelliges Umsatzwachstum um jeden Preis" hat. Darauf werden die Mitarbeiter eingeschworen. Dann geht es los.

Im klassischen System würde nun ein Jahresplan umgesetzt. Im Suprasystem wird unentwegt kontrolliert, nicht, um den Plan zu erfüllen (das auch, klar), sondern um die Triebe der Mitarbeiter anzupeitschen. Die Systeme mischen ein Prüfungs- und Leistungskampfsystem. Die Menschen auf der linksgebauchten Apter-Kurve werden durch Prüfungen der Zahlen unentwegt in Angst gehalten, die Menschen auf der rechtsgebauchten werden unter Wettkampfstress gesetzt. Wenn das System die Ziele nicht erreicht, wird härter gepusht. Heutige Suprasysteme warten nicht mehr ein Jahr, um zu sehen, ob die Ziele erreicht werden oder erreicht worden sind. Die heutigen Datenbanksysteme erlauben im Prinzip das Aufstellen von Real-Time-Bilanzen. Das Unternehmen weiß praktisch zu jeder Zeit, wo es steht. Es kann kontinuierlich reagieren. Wenn es nervös ist, tut es das auch. Da es aus Gier prinzipiell zu viel fordert, also aus rein logischen Gründen stets unter 100 % liegt, ist es immer nervös. Suprasysteme werden durch die Segnungen der Datenverarbeitung immer mehr hyperaktiv und re-re-re-engineeren. Unsere ganze Welt schreit derzeit (es ruft aber nur die Vernunft, nicht der Trieb): „Mehr Nachhaltigkeit!" Das hören Sie täglich von der Politik. Auch die Politiker werden immer nervöser. „Haben Sie schon gehört? Ein Fünfzehnjähriger aus Brandenburg befürwortet die Öko-Steuer!" – „Oh je, die haben wir nicht im Parteiprogramm. Sollen wir noch mal alles ändern? So kriegen wir nie 100 % der Stimmen. Im Grunde haben wir aber noch drei Jahre Zeit."

Haupttrieb und Nebentriebe Das Suprasystem kennt den Haupttrieb und viele Nebentriebe. Der Haupttrieb ist das wichtigste Ziel der gegenwärtigen Triebrichtungsperiode, etwa „mehr Umsatz". Auf diesen Trieb wird die Wettkampfseite des Systems ausgerichtet. Für Zielerreichungen winken Preise, Prämien und Anreize aller Art. Nun können zum Beispiel Mitarbeiter den Umsatz dadurch erhöhen, dass sie die Ausgaben für Marketing hochfahren oder den Kunden Rabatte anbieten. Das muss selbstverständlich verhindert werden. Deshalb formuliert man den Haupttrieb so: „XY muss stark verbessert werden, ohne dass A, B, C, D, E, … usw. irgendwie verschlechtert werden!" Hierbei sind A, B, C usw. die anderen Richtungen des Systems, in denen es auch gut sein muss. Zum Beispiel könnte die Grundaufgabe des Suprasystems so aussehen: „Minimieren Sie die Kosten dramatisch, aber so, dass der Umsatz noch steigt, dass niemand entlassen wird, dass niemand unzufrieden ist, dass die Arbeitsbedingungen gleich gut bleiben, dass die Produktqualität erhalten bleibt, dass die Lieferpünktlichkeit auf hohem Niveau verharrt." Der Haupttrieb (im Beispiel die Kosten) wird unter harten Wettkampf gesetzt. Wehe, die Kosten sinken nicht! Damit nun der Betrieb nicht an anderen Stellen nachlässt, also etwa die Produkte husch-husch ohne viel Kosten herstellt, wird das Nichtabsinken der Nebentriebparameter unentwegt nachgemessen. Das Absinken der Nebentriebziele wird als Fehler interpretiert und bestraft. Der Erfolg in der Haupttriebrichtung wird stark belohnt. Im Fußball werden Tore belohnt, nicht das schöne Spiel. Deshalb greifen Spieler in Triebnot (Abstiegsgefahr oder letzte Chance zur Meisterschaft) zu Foulspiel. Das wird vom Schiedsrichter bestraft, wenn er es sieht. Genau so sieht das Suprasystemleben aus: Die Menschen werden in Haupttriebrichtung getrieben (Tore schießen!), aber in allen anderen Aspekten scharf geprüft (Foul, Doping, Stollen) und mit Punktabzug bestraft. Das Prüfen kann manchmal so vielfältig sein, dass es zeitweise dominant werden kann. Bei den Autorennen der Formel Eins gibt es so viele Mikrovorschriften über jedes Autoteil, dass man kaum sicher sein kann, in einem zulässigen Auto zu sitzen. „Der Sieger wird ausgeschlossen, weil er seinen Rennanzug innen mit Helium aufgeblasen hat, um das Auto um 2 Gramm leichter zu machen." Deshalb werden also die Nebentriebe so gesteuert, dass sie nicht nachlassen. Der Trieb in der Hauptrichtung muss aber beliebig verstärkt werden.

Sofortige Exekution zu Stufe vier! Die starke Trieborientierung, sofort unbedingt gleich alles zu fordern, also besser 200 % zu bringen, führt implizit zu der Forderung, in der Dueck-Pyramide gleich immer und ohne Vortraining auf Stufe vier zu springen. Das Supratriebziel wird definiert – und sofort heißt es: „Hurra! Los auf den Feind!" Niemand fragt: „Was wäre nachhaltig zu tun? Können wir das, was wir nur wollen? Müssen wie vorbereiten, trainieren, lernen?" Supratriebsysteme sprechen von „training on the job". Der Mensch lernt das Flügelschlagen beim Fliegen von selbst mit. Es heißt im Triebleben: „Fangen wir schon einmal an." – „Kämpfen wir schon einmal, vielleicht gewinnen wir gleich." Wenn ein starker Supratrieb eingepflanzt ist, muss der befriedigt werden. Stellen Sie sich vor, wir würden über eine nachhaltige Lösung eines Problems nachdenken. Das würde Wochen oder Monate dauern. Während dieser Zeit zerrisse uns der Supratrieb. Das Nachhaltige oder das Haltmachen auf Stufe zwei ist also quasi körperlich unmöglich gemacht.

Abrichten auf das Suprasystem als solches, nicht auf die Regeln im Besonderen Menschen in Suprasystemen werden wesentlich daran gewöhnt, ihre Triebe fast auswechselbar umstellen zu können. Ich habe das in den vorstehenden Abschnitten nicht so richtig herausgehoben. Jetzt tue ich das: Der Supratrieb wird jedes Jahr oder jeden Monat oder zu jedem Termin einer Wahl, je nach Suprasystem, in eine andere Richtung getrieben. Mal hierhin, mal dorthin. Es ist aber im Prinzip ein einziger Trieb, nämlich der Beste zu sein. 100 %. Dieser Trieb urteilt nicht wirklich, was das jetzt speziell wäre, Nummer Eins zu sein. Das wird vom Suprasystem vorgegeben. Hundert Prozent ist immer eine vom System bestimmte Richtung. Ebenso ist der klassische Systemtrieb, der sich wie Pflichtgefühl im Bauch anfühlt, nicht wirklich mit den Inhalten der Pflicht befasst. Das System gibt vor, welche Regeln und Pflichten bestehen. Der Systemtrieb tut wie befohlen. Die Abrichtung des Supramenschen bezieht sich also nicht auf spezielle Gier auf etwas Bestimmtes, sondern auf die Gier, Nummer Eins zu sein, an sich. Was immer das gerade ist. So wie Pflicht eben Pflicht ist, was immer das ist.

Unabhängigkeit des Suprasystems von Werten oder Traditionen Durch das Rotationsprinzip der periodisch wechselnden Supratriebrichtung können sich Suprasysteme nicht wirklich bleibende Werte erlauben. Klassische Systeme verstanden sich in gewisser Weise als für die Ewigkeit gemeißelt. Die richtigen Menschen mit der richtigen Vernunft sind ja extrem konservativ. Sie halten Jahrhunderte lang an Traditionen und Regeln fest, klammern sich an das Bewährte und Vertraute. „Wir machen das immer so!", sagt ein richtiger Mensch in der festen Überzeugung, dass alles so am besten ist. Eben richtig. Suprasysteme sind nur in langfristiger Hinsicht stabil. Ich habe das schon angesprochen: Ganz wenige ältere, erfahrene Mitarbeiter lächeln über die wechselnden Triebrichtungsänderungen. „Es dreht sich im Kreis und da denkst du, es ändert sich etwas. Aber es ist alles immer gleich. Sie ändern die Mode, weiter nichts." Aus dieser Sicht sind Suprasysteme stabil. Da sie aber die Sichtweisen prinzipiell andauernd ändern, haben sie keine offiziellen Werte mehr. Es gibt nicht Heiliges oder nichtverhandelbar Festes. Der aktuelle Partialtrieb herrscht. Wenn etwa in Deutschland die Ausländerzahlen so zunehmen, dass eine Wahl wegen erboster Deutscher verloren geht, wird es mit Ausländern und ihrer Würde nicht mehr so streng gesehen. Wahre Menschen klagen, ein Grundgesetz sei nichtverhandelbar ewig, so lange es nicht geändert würde. Das ist eben Idealismus der wahren Menschen. Für sie gibt es vor allem die Platonische Welt der ewigen Ideen. Die Prinzipien oder Ideen der wahren Menschen sind für diese unverrückbar, wenn man sich nicht als krasse Ausnahme einmal von dem einen oder anderen Prinzip öffentlich lossagt (dann für immer). Suprasysteme haben als ewige Werte nur die vielen Variationen der Nummer Eins. „Unsere Firma will die beste Firma sein, mit den besten und immer innovativsten Produkten, mit den besten und motiviertesten und zufriedensten Mitarbeitern, die sich alle im ausschließlichen Dienst für die geliebtesten Kunden sehen, die stets im Mittelpunkt stehen. Diese Firma unterstützt eine Welt für alle Menschen mit einer wunderbaren Umwelt. Sie steht für alles, was Wert hat." Die wahren Menschen spucken auf solche Sätze, weil sie im Arbeitsalltag wegen einer derzeit temporären Triebrichtung einige dieser Facetten mit Füßen treten sollen. Wahre Menschen wollen selbstverständlich alles in der Vision stehende gleichzeitig verwirklichen. Wenn ihnen das nicht möglich erscheint, formulieren sie die Vision entsprechend bescheidener. Aber stehen lassen und mit Füßen treten? Wahre Menschen verzweifeln, weil die Werte des Suprasystems nur alle paar Jahre einmal im Vordergrund stehen, also rotieren. Sie verstehen nicht, dass die Konstruktion eines Suprasystems verlangt, dass es sich möglichst niemals stark auf feste Werte festlegen darf. Sonst kann es ja die Triebrichtungen nicht rotieren lassen. Da das keiner verstehen will, gibt es seit einigen Jahren ein stetig lauteres Geschrei über den Werteverfall. Die Werte verfallen nicht, sie rotieren nur. Schrecklich, nicht wahr? Dadurch werden die Werte so entsetzlich korrumpiert. Traditionen aber können eigentlich gar nicht rotieren. Die dürften wohl ganz verschwinden, wenn sie nicht für den Konsum wichtig sind. (Valentinstag und Halloween werden zum Beispiel durch die Industrie für uns Deutsche importiert, weil dies guten Umsatz sichert. Sollten wir nicht auch Thanksgiving haben? Zwei Mal Weihnachtsgeschenke – das würde die Wirtschaft retten.)

Konsequente Extrinsierung Man sagt, Menschen seien intrinsisch motiviert, wenn sie etwas um der Sache selbst willen tun. Intrinsische Motivation liegt in der Tätigkeit selbst. Karlheinz Böhm arbeitet für Äthiopien, um dort zu helfen. Albert Schweitzer baut Lambarene auf. Unsere Nachbarinnen Frau Brück und Frau Schulz sammeln für das Rote Kreuz und die evangelische Kirche. Ich schreibe hauptsächlich an diesem Buch, weil es mir aus sich heraus Lebenssinn gibt. Ich merke, wie ich auch beim Schreiben dieses fünften Buches innerlich reicher werde und „wachse". Niemand sagt uns intrinsisch Motivierten, wir bekämen eine Prämie. Niemand hat uns vorher eingehämmert, wir müssten Höherwertigkeit anstreben.

Intrinsische Motivation erzeugt sehr oft mehr Motivation oder psychische Energie als sie verbraucht. Wer intrinsisch motiviert arbeitet, ist so getränkt von wohliger Energie, dass er eine ganze Menge „Mist im Leben“ gut nebenbei erträgt.

Viele Künstler, Musiker und Dichter lieben, was sie tun und werden vom Werk wiedergeliebt. Wenn sie dann aber kommerzialisiert werden und Werke vorzeigen müssen, weil sie einen Vertrag haben? Wie geht es heute wohl Joanne Rowling mit Harry Potter, Bd. 5? Mein Verlag schickt mir erst dann einen Vertrag, wenn ich fertig bin. Das ist gut so.

Extrinsische Motivation kommt von außen. „Mami hat dich lieb, wenn du die garstige Tante küsst, die zu Besuch kommt.“ – „Sie bekommen von mir das Mistprojekt aufgebrummt, es bedeutet für Sie garantiert zwei verschwendete Lebensjahre. Das wäre mir eine Beförderung für Sie wert.“ – „Wenn ihr jetzt nicht ruhig seid, setzt es etwas!“ – „Ich pflege meine drei Tanten, das gibt gutes Pflegegeld von der Versicherung. Gleich drei lohnt sich.“ – „Kommen Sie zu Bett, meine Liebe, sonst spielen Sie keine Rolle.“ Extrinsische Motivation stiehlt dem Körper psychische Energie (garstige Tante küssen oder Kröte schlucken). Damit der Körper das mitmacht, bekommt er künstlich andere psychische Energie von außen zugespritzt (Geldspritze, Drogenspritze, Spritztour).

Alles, was sich in Anreizsystemen abspielt, ist extrinsisch. Es wird weder angenommen noch ist es vorgesehen, dass Arbeit erfüllt oder „Spaß macht“. Jedes Versagen soll Angst einjagen oder Geld kosten. Jeder Erfolg bringt Geld und Erleichterung, von der Entlassungswelle verschont zu sein. Alle Menschen, die ich kenne, wissen, dass intrinsische Motivation wundervoll ist. Derart motivierte Arbeit wird wie Glück empfunden. Der Reiz der Sache liegt in ihr selbst. Wir sind einfach interessiert, so etwas zu tun. Alle Menschen, die ich kenne, wissen, dass sie viel, viel mehr leisten könnten, wenn sie intrinsisch motiviert wären. Die meisten aber empfinden Zeiten intrinsischer Motivation wie unverdientes Glück. Ich werde wegen der Bücher sehr oft darauf angesprochen. Niemand denkt daran, an den Suprasystemen zu zweifeln, die uns konsequent und prinzipiell extrinsisch, also fremd steuern. Kein Spaß, keine Freude, kein originäres Interesse, keine Liebe bei der Arbeit. Die Freude kommt von oben, von außen. Als Geldprämie.

Ich weiß ja nicht, was sich Albrecht Dürer beim Malen des *alten Weibes mit Geldbeutel* gedacht hat (Abb. 4.19). Für mich ist diese Dame wie eine Allegorie der Supramanie. Normalerweise sieht man sie nicht so nackt. Wenn sie sich etwas schminkt und das Geld tarnt, sieht sie wie aus ... wie ein Sportwagen, eine Yacht, ein Traumurlaub oder ein Titel auf einer Visitenkarte aus Platin. Sie sind oft Ausgleich für den Raubbau an psychischer Energie, den wir dem Suprasystem gestattet haben.

4.6 Der Score-Man

Dieser Abschnitt des Buches sieht sich nun die Wirkungen des Suprasystems im Einzelmenschen an, der sich nun auch innerlich hauptsächlich mit den Erfolgsmessungen befasst. Dieses Kapitel endet wie das Bild „Der Schrei“ von Edvard Munch.

Abb. 4.19 Albrecht Dürer, Altes Weib mit Geldbeutel (© 5555 Meisterwerke der digitalen Bibliothek)

4.6.1 In der Praxis: Tunnelseismografen rund um die Punktzahl

Es gibt eine interessante Augenkrankheit, die Retinitis Pigmentosa. Die Netzhaut zerrüttet langsam von außen nach innen. Erkrankte Menschen sehen immer mehr nur in der „Bildmitte" scharf, außen unscharf. Diese Krankheit wird im normalen Deutsch „Tunnelblick" genannt.

Im übertragenen Sinne sprechen wir vom Tunnelblick eines Mitmenschen, wenn dieser nur noch Augen für ein selbst empfundenes Zentrum seiner Aufmerksamkeit hat. Der schmachtende Liebhaber ist so ein Beispiel. Alle Sucht hat einen Tunnelblick auf das allein Seligmachende. Alle Besessenen sind ungeteilt ihrer Leidenschaft ausgeliefert. Ihre Aufmerksamkeit ist ganz gefesselt vom Gegenstand ihrer Passion, von dem sie nichts wegreißen kann. „Er ist verloren! Er ist nicht mehr wiederzuerkennen, seit er das begann!", sagen die, die ihn kannten.

Gegen Leidenschaft ist nichts zu sagen, außer vielleicht, dass Übertreibungen jeglicher Art dem Weisen nicht wirklich weise erscheinen. Aber die Leidenschaft, in der Arbeit um der Punktzahl willen zu versinken?

Schon der gewöhnliche Systemtrieb, den die richtigen Menschen wie Vernunft dressieren, lässt in uns Seismografen anschlagen, wenn wir nicht nützlich für das System sind. Es gibt diesen Trieb in vielen Ausprägungen, ich kenne ihn ganz ty-

prein in älteren Menschen. „Mutti, spann doch einmal aus! Genieße dein Alter!" – „Aha! So kommt ihr mir, mit Bosheit! Ich werde wohl nicht mehr gebraucht!" Oder: „Vater, du musst dich nicht mehr kümmern. Du bekommst Pension!" – „Ja, ich weiß, ich bin nicht mehr der Wichtigste hier, seit nicht mehr *ich* es bin, der das Geld heranschleppt. Ich bekomme immerhin noch die Pension. Auch *sie* habe *ich* erarbeitet. Ich lasse mich nicht so behandeln! Ich bin immer noch der Vater!" Die Seismografen der klassischen Systeme sagten: „Du bist nutzlos, pfui, du sitzt herum. Niemand kann dich so achten. Du kannst nicht Chef sein."

Nun kommen die Supraseismografen hinzu. Es reicht nicht mehr, nützlich zu sein. Jeder Mensch soll exzellent arbeiten.

Die Prüfungs- und Überprüfungsdichte bei der Arbeit nimmt zu. Wir werden empfindlicher, wenn wir Fehler machen, die uns Punkte kosten. Wir wollen nicht mehr offen streiten und diskutieren, es könnte uns ja Punkte kosten. Die Welt, in der wir leben, erstickt bald in politischer Korrektheit. Nur nichts Falsches sagen! Nur kein Punkteabzug!

Wir werden von den Punktesystemen *einsam* zur Arbeit geschickt, weil wir für die Punktezählung *separiert werden mussten*. Wenn eine Kassiererin zur anderen hinüberruft: „Was kosten die Kondome?", kann sie heute gut Schweigen ernten („Antworten kostet mich Umsatz!", denkt die fähige Kassiererin nebenan. Sie selbst lernt und verhütet solche Lagen.). Hilfe gibt es nicht mehr wirklich. Sie ist durch die Leistungsseparation nur noch von hoffnungslosen Altruisten zu bekommen.

Ich war neulich im großen Kaufhaus und suchte eine neue Pfanne. Unten, im Untergeschoss, gab es eine Menge von ihnen. Wie heißen Markenpfannen? Fissler, WMF, Silit, Berndes und so. Die Marken hatten alle eigene Ausstellungsflächen. Ich fragte jemanden, welche Pfannen am besten seien. „Ich bin von X.", sagte ein Herr. „Ich rate zu X." – Ich fragte eine Dame. Sie war sehr, sehr nett und hilfsbereit, sagte aber bald ziemlich unverblümt: „Ich bin von Firma Y. Ich rate nur zu Y. Dafür bin ich da." Da war noch eine andere Dame. Sie riet ausschließlich zu Z, weil sie nur dafür Punkte bekam. Ich musste nun echt raten, was ich nun auf welcher Pfanne haben wollte. Alle um mich herum belauerten mich, ob sie Punkte bekämen. Es ist nicht ihre Schuld. Es ist ihr Job. Sie sind separiert worden, um jeweils eine einzige Meinung zu haben. Wer für U eingestellt ist, rät nicht zu X. Er macht ein U vor. „Pfanne U kratzt nicht und X kratzt mich nicht!"

Ich malte mir aus, wie ein Kleidungsverkäufer mich im anprobierten Armani-Anzug böse anstarrt und sagt: „Wie hässlich! Oh wie hässlich. Ziehen Sie das aus, um Gottes willen." Er rät nur zu Lagerfeld?! Ich frage im Leben jetzt bald als erstes, wofür ein Mensch Punkte bekommt. „Wonach werden Sie gemessen? Sind Sie gut oder unten?" Dann kenne ich seine Meinung. Ganz einfach. Seine Meinung ist seismografengeätzt. So ein X- oder Y-Mensch hat nichts mit Vernunft zu tun. Es ist Dressur und Punktegier. Wir alle sind zu Vertretern von Punkten geworden.

Manchmal leide ich still, weil ich ja bei IBM arbeite. Wenn ich zum Beispiel so etwas Naives sage wie: „Unsere schwarzen Thinkpads sind am besten.", dann lächeln alle vielsagend. Obwohl es stimmt! Das tut nichts zur Sache. Denn ich habe mich entlarvt. Ich habe ja jetzt wie ein Pfannenverkäufer mit der *einen* vorgeschriebenen Meinung geredet. Die Menschen um mich herum ahnen, wofür ich Punkte bekomme. Sie nehmen an, dass ich scoregierig bin. Sie wissen, dass ich Thinkpads am besten finden *muss*. Es ist meine Rolle im Suprasystem. „Mein Produkt ist am besten und Nummer Eins." Alle dulden es, wenn ich so etwas sage. Es ist o.k.. Mein Tischnachbar beim Dinner entgegnet mir, er halte von Computern nichts, aber V-Gemälde für die beste Geldanlage, weil die fast ausnahmslos aus dem Rahmen fielen. Ich zweifele, ob meine Frau so etwas akzeptieren würde.

Professionelle Gespräche sind bald wie Kaffeeklatsch. Sie wissen schon: „Mein Kind hat und soll und ich meine." – „Aber mein Kind hat anders und soll nicht."

So sitzen Menschen im Beruf und reden ununterbrochen: „Mein Kind heißt X. Es ist eine Pfanne mit Fun, von der ich Fan bin." – „Mein Kind heißt W und ist ein Spülmittel. Da kriegst du dein Fett weg."

Das wirksame Wissen im Leben ist heute das Wissen darum, wer wofür Punkte bekommt. Wer wird wonach gemessen? Was nützt wem? Was geht und was nicht? Wie viel Provision gibt es wofür? Auf welche Punktsignale „springt jemand an"?

Suprasysteme setzen für alle Arbeit Anreize aus. Es wird angenommen, dass das System am besten funktioniert und dann am meisten Gewinn macht, wenn alle Menschen im System am meisten Punkte machen. Deshalb brauchen wir auch bald keine Menschenkenntnis mehr. Wir lassen uns sagen, wofür jeder Punkte bekommt und dann rechnen wir die anderen Menschen einfach aus. Da die das wahrscheinlich nicht wollen, versuchen sie, Nebel zu werfen. Sie lavieren und bleiben vage. Sie bleiben politisch korrekt und farblos. „Ich verkaufe Pfannen. Alle Fabrikate. Ich liebe Pfannen. Ich bin Pfannennarr. Aber hier, diese eine, X, hat es mir angetan. Ach, X. Ich gebe sie gar nicht gerne her, aber natürlich können Sie sie kaufen."

Ich habe vor einigen Monaten in einem Managermeeting unbetroffen bei einem Thema, das mich nichts anging, gemerkt, dass die Streithähne sachlich in einer echten Sackgasse zu landen begannen. Sie stritten und stritten. Alle anderen warteten (Meeting ist meist Warten). Ich meldete mich zu Wort und gab Informationen, um alles richtig zu stellen. Da sprang jemand auf und fauchte mich an: „Mit welchem Interesse sagen Sie das?" – Ich war einen Moment sprachlos und stammelte: „Ich habe kein Interesse in dieser Sache. Es ging mir um die Sache selbst." – „Was wollen Sie bezwecken?" – „Ich wollte helfen!" Ich war für dieses Meeting absolut erledigt. Ich log offenbar … Es wird oft nicht mehr angenommen, dass man ohne Score etwas tut. Warum auch?

Das ist der *gewünschte* Tunnelblick des Suprasystems. Der Trieb zum Score-Sammeln wird so stark eingeprägt, dass sich die Menschen wie auf Leitstrahlen bewegen.

Hilfe wird unmöglich oder ist verdächtig. Ein Beitrag für das Ganze wird nicht betrachtet, weil es nur auf eigene Punkte ankommt. Wenn die Pfannenverkäufer um mich herum scharwenzeln, sehen sie mich nicht als normalen Kunden des Kaufhauses, der hier eine Pfanne sucht. Sie wissen, dass ich wohl mit einer Pfanne hinausgehen möchte. Sie könnten und sollten mich im Sinne des Kaufhauses als Team beraten. Sie kämpfen aber nur um die eigenen Punkte, die ich beim Kauf an einen von ihnen gebe.

Machen Sie den Test mit den Score-Menschen. Gehen Sie in eine Bank. Rufen Sie laut: „Ich habe geerbt! Ich habe zu viel Geld." Dann kommen sie hinter den

Schaltern hervor. „Ich bin Mr. Bausparvertrag.“ – „Ich bin Mrs. Fondspolice.“ – „Ich bin Herr Lebensversicherung.“ – „Ich bin die beste Anlage.“ – „Ich manage Ihre Risiken.“ – „Nehmen Sie doch einen Kredit auf. Sie haben so viel Geld, dass Sie sich einen leisten können.“ Plötzlich haben Sie viele Freunde. Jeder Spezialberater bekommt nur Punkte für seine Produktpalette. Der Zweigstellenleiter schaut auf seine Score-Tafel. Er sieht, dass er gerade in Bausparverträgen zweigstellenmäßig unterdurchschnittlich ist. Es wird Ärger geben. Er wird auf Sie zukommen und Ihnen etwas über solide, risikoarme Anlagen erzählen, die jeden gut schlafen lassen, auch Erben.

Wenn Sie Kunde sind, ärgern Sie sich über dieses Punktgeschacher. Sie wollen doch nur einfach gut bedient werden. Es geht Ihnen um sich selbst. Nicht um die Score-Schwächen desjenigen Ladenteils, den Sie betreten. Wenn Sie aber *selbst im Beruf* stehen?

Wie sind Sie dann? Auch Score-Man?

Die deutsche Bundesanstalt für Arbeit geriet in Verruf, weil sie sich hauptsächlich um das Dokumentieren der Arbeitsvermittlungen zu kümmern schien, nicht aber um das Vermitteln von Arbeitsstellen. Ein atemberaubender Teil der Energie wurde verwendet, Punkte zu sammeln … Tun wir das nicht heute bald alle? Kreisen nicht bald auch unsere Gedanken immer mehr um die „Punktziele“? Wer von uns ist gut? Wer schlecht? Wem wird gekündigt, weil die Punkte nicht reichen? Wir haben bald alle den Tunnelblick des berüchtigten Staubsaugerverkäufers. Und wehe, wir bekommen als solcher nicht genug Score. Dann beginnt in uns der ebenso bekannte *Tod des Handlungsreisenden.* So heißt ein seelenzerrendes Drama von Arthur Miller. Es gibt Millionen guter, authentischer Besetzungen für die Hauptrolle.

4.6.2 Das Leben beginnt wie eine Höherwertigkeitsreise

Das Leben ist natürlich nicht so düster, weil es ja ganz gut beginnt. Wir wachsen zusammen auf, haben eine fröhliche Kindheit, lernen spielerisch in der Schule. Spätestens im Gymnasium beginnt das Punktsammeln, es wird zum Ende hin, für das Abitur, immer stärker. Als Oberstufengymnasiasten beginnen wir mit dem Berechnen. Lohnt sich eine gute, harte Lehrerin gegenüber geschenkten Punkten in Religion? Welche Lehrer lassen mit sich handeln?

An der Universität geht es mit den Punkten für die Übungsaufgaben weiter. Als ich studierte, setzten sich überhaupt alle Studenten hin und versuchten sich an den Übungsaufgaben, die immer zu schwer waren. Nach drei Wochen begannen viele Studenten mit dem Abschreiben der Lösungen. Die meisten kümmerten sich um eine gute Punkteausgangsbasis. Sehr viele schrieben im ersten Semester bis Weihnachten so viel ab, dass sie schon genug Punkte für den Schein hatten, der erst im Februar vergeben wurde. Sie mussten also nach Weihnachten nicht einmal mehr abschreiben. Deshalb kamen sie auch nicht mehr in die Übungen, um die abgegebenen Abschriften korrigiert abzuholen. Es schien ihnen nutzlos und peinlich. Wer also brav abschrieb, bekam die Scheine. Die Quittungen für ihr Leben kamen viel später.

In Studiengängen der Wirtschaft, der Naturwissenschaft oder der Ingenieurwissenschaften (da sehe ich immer die Zahlen) brechen etwa die Hälfte der Studienanfänger das Studium im ersten Jahr ab. Ich habe etliche Studenten kennen gelernt, die bei sich beschlossen, das Studium neu zu beginnen und jetzt zu arbeiten. Nach drei Wochen Neubeginn trödelten sie, weil sie sich noch ganz gut an den babyeinfachen Stoff vom ersten Studienbeginn erinnerten. Etwa Weihnachten hätten sie mit dem Schuften zwingend beginnen müssen. Sie verpassten den Zeitpunkt (nämlich vom *ersten* Tag an zu schuften). Die meisten brachen ein zweites Mal ab.

Mit einem Diplom in der Tasche bewerben sich die Universitätsabgänger. Die Hälfte von ihnen bekommt in kürzester Zeit einen Job, die andere bewirbt sich unendlich lange. „Es tut uns leid, wir haben keine Stelle frei. Diejenige, auf die Sie sich bewarben, ist leider gerade eben vor fünf Minuten besetzt worden. So ein Pech für Sie. Es tut uns leid. Wir wünschen Ihnen alles Gute."

Die Neuen kommen mit einer ungeheuren Energie zu ihrer ersten Arbeitsstelle. Jeder bringt ein hoffnungsvolles Karrierepotenzial mit. Aber schon im ersten Jahr sind sie wieder in Klassen geschieden, in Unterdurchschnittliche, Durchschnittliche und Leistungsträger in der Berufssparte XY. Die Leistungsträger werden bald Ober-XY. Sie wollen Chef-XY werden!

So geht es weiter, weiter und weiter.

Die Hälfte macht Abitur, die andere nicht. Weniger als die Hälfte schafft ein Diplom, die anderen nicht. Viele bewerben sich lange und arbeiten in einem Fach, für das sie ein Studium nicht gebraucht hätten. Nicht so sehr viele werden Ober-XY. Noch viel weniger Chef-XY.

Niemand will das alles wahrhaben. Es gibt viel weniger Manager als Diplomkaufleute. Arithmetisch ist das klar. Aber da sitzen sie *alle* im ersten Semester und träumen von Karriere. Die Hälfte von ihnen hat dann schon nach wenigen Monaten aufgehört.

Das echte Leben ist nicht viel anders als die Castingshows im Fernsehen. Tausende bewerben sich und vier, fünf schaffen es bis ganz oben.

Es ist ein langsames Sterben auf der Karriereleiter.

Wir selbst sehen es nicht, wenn wir aufwachsen. Wir sind voller Hoffnung, ja Gewissheit, dass wir es zu Großem bringen werden. Wir machen uns auf, Chefarzt, Raumfahrer, Bundeskanzler, Nobelpreisträger oder sogar Pop-Star zu werden. Wir werden Punkte ohne Ende gewinnen und damit die Charts stürmen.

In den Castings-Shows im Fernsehen werden Pop-Stars gesucht. Stundenlang sehen wir Vorführungen von angehenden Sängern und Sängerinnen, die fast ausnahmslos *sehr* schlecht singen. Sie bemühen sich redlich, bewegen sich ungelenk, produzieren sich bis zum Exhibitionismus. Wir schütteln uns wohlig am Fernseher, wie sich Hunderte von jungen Menschen zum Narren machen. Wir denken: „Ich hätte nie den Mut, mich so offen zu produzieren. Lächerlich. Die müssten doch wissen, dass sie nie gewinnen." Wir weiden uns dennoch an all der Hilflosigkeit, sind schließlich aber froh, wenn ab und zu jemand Talent hat. Das ist dann zwischendurch wie eine Erlösung für uns. (Im Jahr 2003 läuft bei RTL die Dauershow *Deutschland sucht den Superstar*. 10.000 „Sänger" und „Sängerinnen" bewarben sich. Im Augenblick sind noch drei Bewerber im Rennen: Der schräge Daniel, die professionelle Juliette und der smarte Alex. Nur Juliette kann singen! Hoffentlich gewinnt sie wenigstens. Für mich ist das gar nicht sicher, so, wie Alex aussieht.)

Ich wollte sagen: Wir sind fast alle auf diesem Trip!

Wir sehen uns nur selbst nicht im Fernsehen, wie wir auf andere wirken. Wissen denn die brummelnd vergesslichen Kellner, wie wir sie sehen? Wissen „Haben wir nicht – weiß ich nicht"-Verkäufer, wie wir sie hassen? Neulich haben wir lächelnd beim Vortrag eines ganz, ganz jungen Unternehmensberaters geschaudert, der gerade vor vier Wochen von der Uni gekommen war. Er trat mit Seidenanzug und Designerkrawatte auf und benutze in seinem Vortrag für ein größeres Management-Team solche Sätze: „Ich führe Unternehmen gewöhnlich so und so. Das ist altbewährt. Ich empfehle meinen wichtigen Kunden stets, nachhaltig zu arbeiten. Ich kann Sie alle hier nicht scharf genug warnen, zu visionär zu sein. Seien Sie bitte nicht naiv." Wie hatten leider an diesem Termin nicht vor, eine Castingshow zu genießen. Wir mussten also jemanden von der Bühne holen. Meist wird nicht einmal das versucht. Wir schaudern ob der Unfähigkeiten unserer Mitmenschen, wir lassen sie aber leben. Wir geben dem ungeschickten Kellner sogar Trinkgeld, wir kaufen dann doch aus Zeitnot beim unwissenden Verkäufer, wir hören aus Angst vor Peinlichkeiten und aus Höflichkeit alle Vorträge zu Ende an. Alles regelt sich irgendwie. Deshalb merken die Darsteller der Castingshows nicht, wie schrecklich die meisten von ihnen auf uns wirken.

Wissen Sie, dass *auch Sie* in solch einer Show auftreten? Sie lesen in der Schule Goethe vor. Sie versuchen eine Kippe am Reck. Sie sprechen die ersten Sätze in französischer Sprache. Sie interpretieren ein Sonett von Gryphius. Sie halten einen Seminarvortrag an der Universität. Alles Casting. Bitte: Wissen Sie noch, wie schrecklich das war? Wissen Sie noch, wie Sie sich innerlich fühlten? Wissen Sie noch, dass die weit überwiegende Mehrzahl der Vorträge in Seminaren langweilig ist? Wissen Sie denn nicht mehr, wie furchtbar Fachvorträge auf Tagungen sind? Manche sind ganz und gar unverständlich, andere ätzend trivial. *Und Sie*?

Wir alle sehen hellsichtig scharf das Fehlerhafte, Durchschnittliche, Hingeworfene, Unfähige. Es ist überall. Wir sehen aber nicht, dass *wir selbst* Teil dieser Welt sind. Wir lernen ja noch oder bilden uns ein, alles zu können. Wir entwickeln uns weiter. Intern sieht das Leben wie stetiger Höherwertigkeitszuwachs aus. Wir kommen vielleicht ins Gymnasium, gehen vielleicht zur Universität, bekommen vielleicht eine Stelle, werden vielleicht befördert, vielleicht noch einmal befördert. Wir verdienen erstes Geld und mehr Geld. Wir schaffen Hausrat an, finden einen Lebenspartner, gründen eine Familie, sparen für ein Eigenheim. Wir verändern uns also in den ersten 35 Lebensjahren ständig. Es fühlt sich wie Aufstieg an, so lange es gut weitergeht.

Aber wie beim Casting scheiden Runde für Runde immer mehr Menschen aus. Es bilden sich Menschenklassen heraus. Kein Schulabschluss. Hauptschulabschluss. Mittlere Reife. Abitur. Berufsakademie. Fachhochschule. Universität. Promotion. Stufe für Stufe, Runde für Runde wird es einsamer. Die Suprasysteme wollen, dass wir unser ganzes Potenzial ausschöpfen. Wir sollen höher und höher hinauf, je höher, desto besser. Wir denken an Punkte, immer mehr Punkte. Wir streben nicht die Reife an, wenn wir das Abitur anstreben. Wir brauchen nur genug Punkte. Wir brauchen Punkte für die Übungsscheine der Universität. Immer nur die Besten kommen eine Runde weiter. Während des ganzen Prozesses sehen die meisten die ganze Zeit wie Anfänger aus. Die Schüler radebrechen Fremdsprachen oder mogeln sich durch Mathematik. Die Studenten bestehen Prüfungen, ohne die Seele der Wissenschaft aufgesogen zu haben. Es geht um Punkte und wieder Punkte.

Der Aufstieg ist wie ein Rausch.

Es tut nur ein einziges Mal weh.

Da sagt der Moderator: „Du bist toll. Es ist irre, wie gut du mitgemacht hast. Applaus! Applaus! Aber du weißt ja, dass der Sinn dieses Spiels darin besteht, Menschen hinauszuwerfen, damit es schließlich nur noch *einen* Sieger gibt. Es tut mir leid. Du bist raus. Einen musste es treffen. Dich. Dabei warst du so irre gut. Aber du hast bei Charisma zwei Punkte verloren, weil du über das Kabel gestolpert bist. Schade."

Der Schmerz löst sich in Tränen unter tosendem Beifall. Inszenierter kleiner Tod. Der Kandidat verlässt die Bühne mit einem großen Blumenstrauß, nach einem gehauchten Küsschen einer Hochglanzassistentin, am besten von Michelle Hunziker. Das ist die Zeremonie der Beerdigung.

Wie geht ein Mensch mit solchen kleinen Toden um?

4.6.3 Das Leben vor und nach der Messung

Suprasysteme schwören auf diese kleinen Tode, auf das Prüfen und auf das Messen bei Wettkämpfen. Im Amerikanischen sagen die Systemgläubigen: „People don't do what is expected, they do what is inspected." Das Wortspiel entfällt für die deutsche Übersetzung: „Die Leute arbeiten nicht das, was sie sollen, sondern nur das, was überprüft wird." Sie *wollen* es so, glaubt schon das klassische System. Ohne Inspektion wird geschludert. Deshalb prüft jedes System ständig, ob etwas schleifen gelassen wird. Dieses Schludern erzeugt das System in großen Anteilen selbst. Sie kennen vielleicht Eltern, die an Kindern so viel prüfen und checken, dass diese gar keine seelische Kraft mehr übrig haben, eigene Seismografen auf Dinge zu setzen, die *nicht* überprüft werden. Das zu starke Messen führt zum Tunnelblick auf das System im Ganzen. Es wird nur noch das System wahrgenommen.

Das Suprasystem überprüft ebenfalls („Nebentriebe mindestens aufrechterhalten"), beschleunigt aber mit Anreizen und Druck entlang der Haupttriebrichtung.

Standortbestimmung und neue Sichten des künftigen Weges Für Leistungsträger sind Messungen im Grunde eine eher willkommene Standortbestimmung. „Gutes Kind, braves Kind." – „Du bekommst 10 € für deine Eins extra." – „Ich koche jetzt dein Lieblingsgericht, Spinat mit Ei."

Die Seismografen sollten im Großen und Ganzen Wohlgefühl anzeigen, wenn nicht gerade extremer Ehrgeiz oder Hass im Spiele ist. Es gibt extreme Haltungen („I hate *not* to win!"), die unbedingt die höchste Spitze anstreben. Dahinter stehen unbedingte Menschen, die alle Energie auf diese Spitze ausrichten. Die Supramanie-Bewegung sieht in solchen Beispielen ihre Wunschbilder. Ach, wenn alle

Menschen so wären und sich verbissen vom Tellerwäscher zum Geldwä ... – Sie merken, ich muss mich ab und zu zurücknehmen.

Leistungsträger haben gerne das nächste Meisterschaftsturnier im Auge und bereiten sich gewissenhaft darauf vor. Es ist eine Art Kunst, punktgenau fit oder in Hochform zu sein. In gewissen Momenten muss so gezaubert werden können, dass aber auch alles stimmt. Bei Meisterschaften findet daneben ein Kassensturz statt. Hat sich alles gelohnt? Wie sieht der künftige Weg aus? Winkt der Aufstieg in eine höhere Liga?

Manager ziehen Bilanz, Sportler hoffen auf das Treppchen, Wissenschaftler buhlen um die wenigen Hauptvortragstermine auf wichtigen Kongressen oder sie streben eine Publikation in einer angesehenen Zeitschrift an. Projektleiter sehen auf ihre Abnahmekriterien und Termine, sie werden an Qualität und Gewinn gemessen. Alle sehen nun, wo sie stehen.

In Suprasystemen ist aber *nur* Meisterschaftsturnier! Nichts dazwischen! Sehen Sie auf den Sportlerzirkus: Im Tennis, im Skispringen, in der Formel Eins – immer ist Meisterschaft. Die Wettkämpfer müssen Tag für Tag in einem biochemischen Zustand bleiben, in dem früher gerade mal der Olympiakämpfer alle vier Jahre sein musste. Die Leistungssportler sagen, sie würden verschlissen. Sie haben keine Zeit mehr zum Training, weil nur Meisterschaft ist. Sie können nicht wirklich am Feilen ihrer Fertigkeiten arbeiten. Selbst die Tennisspieler, die als Supertalent mit 13 Jahren Turniere gewinnen, werden sofort verheizt. Sobald jemand gut genug ist, beginnt das Verschleißen.

Top-Management-Kandidaten werden heute in atemberaubendem Tempo nach oben befördert. Alles, was Energie hat, kommt sofort nach oben. Oben ist dann täglich Meisterschaft. Früher musste die Bilanz stimmen, dann war alles in Ordnung. Heute ermöglichen die Computer das Erstellen von Real-Time-Bilanzen. Es gibt schon Firmen, die jeden Freitag Bilanz ziehen. Jeden Freitag! 52 Mal Meisterschaft. Ein Tennisstar hat nur etwa 20 bis 25 Meisterschaften, damit geht er schon zu Grunde. Das ist nicht so furchtbar schlimm, weil er ja als Sportler nur ein paar Jahre Sonnenschein haben kann. Er muss nur seine ganze Energie auf wenige Jahre verteilen, um dann als Sportinvalide in Reichtum und Ruhm zu schwimmen.

Was aber ist mit den Managern? Mit den Top-Beratern der großen, angesehenen Häuser? Mit den Börsenfachleuten, Analysten, Risiko-Managern? Sie könnten im Prinzip bis zum sechzigsten, siebzigsten Lebensjahr arbeiten. Aber volle Power (Out-Power!) schaffen sie meistens auch nicht länger als die Sportler. Hoffentlich schwimmen sie dann schon dort, wo sie es eigentlich wollten.

Und bald, bald ist für immer mehr von uns *täglich* Meisterschaft. Wir sollen jeden Tag das Letzte geben. Und irgendwann geben wir (uns) den Rest. 45 Jahre, Frühpensionär. Unvermittelbarer Arbeitsloser. Burn-out nach Jahren des Leistungstragens.

Stufe zwei wird vergessen! Persönlichkeitswachstum, wachsende Integrität, Training für noch höhere Wirksamkeit, Erfahrung, Weisheit.

Wir stellen heute möglichst schnell das Potenzial eines Menschen fest: Was kann er höchstens leisten? Dort stellen wir ihn hin, ganz schnell (pfeilschnell befördern, die Jungmanager!) und beginnen mit dem Abbau seiner Energie. Die Welt hat sich also seit Karl Marx weiterentwickelt. Es wird nicht nur mehr die Arbeitskraft des Arbeiters ausgebeutet. Es wird heute alles genommen, was in uns ist: Die Kraft, die Herzensenergie, die seelische Energie, die Lebenskraft, das geistige Potenzial. Für Punkte *jetzt*.

Der Leistungsträger wird durch fortwährendes Halten auf Meisterschaftsstresslevel auf ein Hochleistungsjahrzehnt komprimiert. Das ist für Suprasysteme genug.

„Lasst Seismografen sprechen" (Analyse der Punktedynamik) Die durchschnittlichen Menschen haben keine Chance, an das große Geld der Leistungsträger zu kommen. Es ist schwer, die Mitte zu motivieren. Am Ende der Meisterschaftssaison fühlen die Mannschaften im Mittelfeld, „dass es um nichts mehr geht". Die Leistungsmannschaften sind im gnadenlosen Wettbewerb um die Europacupplätze. Die „da unten" kämpfen mit Fouls und Verzweiflung gegen den Abstieg. In der Mitte bedeutet ein Platz höher oder tiefer gar nichts. In klassischen Systemen ist der Durchschnitt der Hort der Sicherheit und des Friedens. Dort arbeitet man genug, um zu leben und leben gelassen zu werden. Suprasysteme versuchen nun, auch die Mitte zu mobilisieren. Dies geschieht durch fortwährende Prüfungen. Täglich wird gemessen, geurteilt, getadelt, gelobt. Das Seismografensystem wird in ständiger Alarmstimmung gehalten. Es heißt nicht mehr: „Du hast mittelprächtig Tennis gespielt.", sondern: „Nur ein As im ganzen Match, 53 „unforced errors" oder Flüchtigkeitsfehler, miese erste Aufschlagquote, mangelnde Variabilität des zweiten Aufschlags, 23 % Grundlinienduellgewinne. Daran müssen wir arbeiten." Die Arbeit der Leistungsträger orientiert sich an der Meisterschaft, am Besten. Die Durchschnittlichen werden von Suprasystemen durchleuchtet, wo ihnen am effizientesten noch Dampf gemacht werden könnte. Der Systemtrieb wird verstärkt. Das Suprasystem macht es den Durchschnittlichen so ungemütlich, dass die Seismografen ständig doch das Gefühl haben, dass es jetzt um etwas geht, obwohl das in der durchschnittlichen Mitte nicht so wirklich stimmt. In der Tendenz verteilt das Suprasystem deshalb für jeden Handgriff Punkte, die wie Rabattmarken gesammelt werden. Es ist wie in der guten alten Kindererziehung: „20 Mal Mülleimertragen bringt ein Upgrade auf große Pommes bei Mac." Da Seismografen leichter durch Strafen geschärft werden können, wird in dem Durchschnittlichen eher Angst vor Minderwertigkeit und Abstieg geschürt. „Du musst für das Team arbeiten. Wenn du eine Minute zu lange Pause machst, werden die anderen dich scheel anschauen, weil du ihnen die Performance versaust. Sie werden dich nicht mehr achten. Es geht nicht um dich. Es geht um das Ganze." So wird der Durchschnittliche angeleitet, immer noch zu schauen, wo es ein paar Punkte mehr zu gewinnen gibt. Er überlegt ständig: „Wenn ich eine Stunde später nach Hause gehe, gibt es hier Punkte und zu Hause Abzüge. Wie rechnet sich das? Was passiert, wenn ich hier nicht antworte und dafür dort etwas investiere? Was habe ich davon?"

Diese Frage trifft genau in den Kern des durchschnittlichen Denkens. „Was habe ich davon?" Das Suprasystem traktiert unaufhörlich mit Anreizen der Form: „Tu dies und du bekommst das!" Und der Durchschnittliche fragt dann, was er bekommt, gesetzt den Fall, er täte etwas.

Ich erkläre es eine Stufe akademischer, etwas mathematisch. Stellen Sie sich meine Lieblingsaufgabe vor (in anderen Büchern war davon ausführlich die Rede):

Finden Sie durch bloßes Umhergehen den höchsten Punkt auf einem unbekannten Planeten. Derjenige Mensch ist der beste, der einen hohen Berg findet. Wie macht man das? Mathematisch gesehen muss also der höchste Punkt einer „Kurve" im weitesten Sinn gefunden werden, also ein Optimum. Leistungsträger denken lange über das Optimum nach. Wie sieht das aus? Wie hoch ist das Höchste? Welche Anstrengungen sind nötig? Wann lohnt sich das? Dann gehen sie auf das Optimum los. Ins Gebirge, mit der nötigen Ausrüstung.

Das durchschnittliche Denken stellt sich ganz praktisch auf die Erde, sieht sich um und geht in die Richtung, in der die Höhe ansteigt. „Da habe ich schon einmal was geschafft." Das ist eine kurzfristige Strategie, die sofortigen Gewinn bringt. Punkte *jetzt*! Der Durchschnittliche „verbessert" sich ständig. Auf der Erde kommt er bis zum Brocken im Harz oder bis auf den Feldberg im Schwarzwald. Dass ein Optimum im Ausland liegen könnte, fällt ihm nicht als Möglichkeit ein. Manchmal kommt der Durchschnittliche bis vor den Mont Blanc. Dann sieht er, wie groß die Möglichkeiten sind. Und er erschauert und sagt sich: „Das schaffe ich wohl nicht. Dafür habe ich nicht trainiert und keine Ausrüstung. Am Fuße des Mont Blanc bin ich zufrieden. Sollen Verrückte sich die Haxen brechen, ich mache da nicht mit. Schuster, bleib bei deinen Leisten."

Mathematisch gesehen sucht das durchschnittliche Denken den bequemen, nachhaltigen Weg nur nach oben, ohne Tal. „Der Weg des geringsten Widerstandes." Der Mathematiker sagt: „Die erste Ableitung der Kurve soll positiv und beschränkt, also nicht zu groß sein." Zu steil nach oben? Das wäre entweder Glück, das dem Durchschnittlichen eher nicht winkt oder tierische Anstrengung, die der Durchschnittliche scheut.

Somit befasst er sich fast ausschließlich mit der lokalen Punktedynamik. Wofür gibt es ein paar Pluspunkte oder Höhenmeter in der nahen Umgebung? Was kann kurzfristig und schnell getan werden? Wo schlagen Seismografen aus?

Suprasysteme hetzen uns über Seismografenzucken: „Versager! Mach Punkte! Noch heute!" Das durchschnittliche Denken gehorcht aufs Wort und noch mehr auf Seismografen, die auf Punkte lauern. Es macht Pluspunkte, schnell, noch heute. Das Langfristige, Nachhaltige, das Optimale ist gar nicht im Blick. Das Durchschnittliche sieht kurz, wie das Suprasystem auch. Triebe sehen ebenfalls kurz. Seismografen alarmieren *jetzt*. Wo, bitte, geht es noch ein bisschen höher?

Minderwertigkeit – halb öffentlich am Pranger In der unteren Hälfte des Suprasystems geht es um das Überleben. Es gibt kaum noch Punkte. Die Pflichtmenschen verzweifeln und mühen sich langsam ermüdend zu Tode. Sie erlöschen, ersticken unter Stress, versuchen sich zu verstecken. Die mehr kämpferischen Menschen (denken Sie wieder der Einfachheit halber an die Stresskurven von Apter) suchen die Entscheidung, zerstören alles („Wenn ich hier sterbe, dann reiße ich möglichst viele mit"), bäumen sich auf, ackern ruhelos. Sie beschuldigen andere, schwärzen an, decken Missstände auf. Es sind letzte Versuche. Alle diese Strategien ecken weiter an, eröffnen neue Baustellen für andere, machen Schwierigkeiten. Im Grunde rufen diese Menschen sterbend um Hilfe. „Ich hasse euch alle!" heißt vielleicht „Ich möchte gerne zu euch gehören!" Bald gehören solche Menschen nicht mehr zum Suprasystem, sondern zu den Arbeitslosen. Die Menschen, die da wüten, toben, einsinken, ermatten, – diese Menschen rufen nie wirklich explizit um Hilfe, jedenfalls nicht so, dass ein ungeübter Durchschnittlicher die Schreie als Hilferuf hört. Wer explizit Hilfe braucht, ist ja definitiv unten. Warum also sollte er öffentlich bitten, wo doch die weg müssen, die Hilfe brauchen? Unterdurchschnittliche Menschen leben wie mit einem Schleier aus Angst, Verzweiflung, Trauer, Wut, Ungerechtigkeit. Sie nehmen Messungen und Prüfungen nicht mehr wirklich wahr. Sie sind wie besiegte Boxer, die noch einmal blind um sich schlagen. Sie sind wie besiegte Boxer, die am Boden liegen. Oben zählt jemand Sekunden wie Punkte. Zu Ende.

Das klingt hart, nicht wahr? Und das stimmt nicht, sagen Sie? Dann sehen Sie nicht! Dann hören Sie die Schreie nicht! Dann sehen Sie nicht das tränende Herzblut! Zehn Prozent von uns sind ohne Arbeit, mehr als zehn Prozent Alkoholiker, mehr als zehn Prozent wurden missbraucht, kaum jemand arbeitet bis zum 65. Lebensjahr. Depressionen, Allergien nehmen zu. Stress wird zur Hauptgesellschaftskrankheit. Wir haben in den Universitäten Durchschnittsstudienzeiten von bald 15, 16 Semestern. Wir wissen alle, dass gute Studenten etwa 10 bis 11 Semester studieren. Wie lange studiert dann das schlechteste Drittel? 20 Semester? Wissen Sie, wie viele Seismografen so lange in solchen Menschen zucken? Wie wenig Punkte sie alle bekamen? Und diese Studenten sind noch die, die zu Ende studieren. Und die anderen? – Alle diese Menschen leben in Ihrer Nachbarschaft oder arbeiten ein paar Türen nebenan. Ich zeige Sie Ihnen an vielen Beispielen im letzten Teil des Buches.

„How to live if you must“ Es gibt ein bekanntes Buch mit dem Titel: *How to gamble if you must.* Den habe ich hier abgewandelt. Oder spielen wir mit einem bekannten Brechtzitat. Wir könnten denken: „Stell dir vor, wir müssen leben, aber es geht keiner hin!“ Außen, vor den Suprasystemen, ist das Leben nicht besser als am Leistungspranger. Oft gibt es kein Entrinnen. Die schlechtesten Schüler müssen ja gesetzlich vorgeschrieben zur Schule und damit in eine jahrelange Tretmühle. Ich kenne bei uns in der Firma so einige Menschen, die bei kleinen Kritiken an ihrer Person schon in längerfristige Panik geraten, und ich selbst bin gar nicht so unempfindlich, wie Sie vielleicht denken. Für uns Durchschnittliche oder gar Leistungsträger zuckt es und gräbt es im Eingeweide, wenn uns jemand beiseite nimmt: „Das hättest du nicht tun sollen! Man bat mich, dir das zu sagen.“ Eine Kritikrate von einmal pro Monat verhagelt manchen von uns das ganze Leben. Sie da, die Sie so empfindlich sind! Wie geht es denn den schlechten Schülern? Zehn Demütigungen pro Tag? Während Sie selbst nicht einmal *eine* im Monat ertragen?

Diese Menschen *müssen* leben.

4.6.4 Aus dem Score-Leben: Verteilen der Beute

In manchen Banken werden heute fortschrittliche Suprasysteme installiert. Die einstigen Bankbeamten werden nun leistungsgerecht bezahlt. Sie bekommen nur etwa 75 % des einstigen Gehaltes. Dazu gibt es Prämien für den Abschluss von prämierten Triebrichtungen. So viel für einen Bausparvertrag, so viel für ein Plus-Plus-

Konto und so viel für eine Aussteuerversicherung. Ich gebe ein Beispiel: Ein sehr treuer Bankkunde betritt die Sparkasse. Dort lauern drei junge Supradienstleister hinter dem Tresen. Der treue Kunde geht zur Kasse. Dort grüßt er die Hauptkassiererin, die er hier seit zwanzig Jahren kennt. Ihr Job wird bald wegfallen. Er sagt: „Können Sie mir sagen, ob das Plus-Plus-Konto eine gute Sache ist?" – „Habe ich auch gemacht, finde ich gut." – „Gut, dann richten Sie mir eines ein." – „Darf ich Sie an einen jungen Suprakollegen verweisen?" – „Nein, nein, das will ich nicht, machen *Sie* das mal, wie *immer*." – „Na, dann."

Der Kunde geht zufrieden.

> „Und wer bekommt jetzt die Prämie?" – „*Ich* habe abgeschlossen!" – „Du bist Hauptkassiererin und bekommst Festgehalt. Du darfst das gar nicht abschließen!" – „Ich habe es getan, weil ihr das gar nicht bringt. Ihr kennt doch den Kunden nicht!" – „Du hättest ihn an uns verweisen müssen!" – „Unsinn." – „Wir werden jetzt den Vertrag umschreiben, mit der Unterschrift von einem von uns drauf, damit einer von uns die Prämie dafür bekommt. So geht das nicht." – „Aha, und wer?" Ich, ich, ich. Der Zweigstellenleiter zur Hauptkassiererin: „Versuchen Sie bitte das nächste Mal, die Suprakollegen direkt einzubinden. Wir müssen nun den Vertrag extra umschreiben, damit einer von ihnen die Prämie bekommt. Zwar haben die Kollegen dazu nichts geleistet, aber wir sollten die Prämien nicht verfallen lassen. Sie setzen mich nun mit Ihrem Vorgehen unter Zugzwang. Ich muss entscheiden, wer genau die Prämie bekommt, wer also den Vertrag abgeschlossen hätte, wenn Sie nicht dazwischengefunkt hätten." – „Geben Sie *mir* doch die Prämie." – „Sie sind nicht auf Incentive, Sie bekommen Festgehalt. Da seien Sie doch einfach froh, bitte. Sie haben damit ein ganz leichtes Leben und damit eine laue Arbeit. Sie gehören ja noch zum alten System. Damals reichte das bloße Arbeiten aus. Heute muss eben alles wegen der Punkte zusätzlich korrekt verbucht werden."

Der Kunde kommt am nächsten Tag wieder zur Hauptkassiererin.

> „Ist etwas nicht in Ordnung?" – „Ich, äh, ja. Sie müssen den Vertrag nochmals unterschreiben, weil äh, ich gestern nicht das richtige Formular hatte. Es ist mir peinlich." – „Das macht doch nichts. Wo soll ich unterschreiben?" – „Guten Tag, darf ich mich vorstellen? Ich bin Herr Supra. Ich betreue Sie. Das wollte ich Ihnen mitteilen. Ich bin für Sie zuständig und bekomme alle Prämien, die durch Sie anfallen. Ich möchte Sie bitten, das Formular neu zu unterschreiben. Ich habe alles vorbereitet. Sehen Sie? Hier ist jetzt auch das Feld neu ausgefüllt, wo mein Kürzel im Vertrag ist. Dann bekomme ich die Prämie. Sehen Sie? Setzen Sie sich einen Augenblick, dann können wir gleich zur Unterschrift eilen. Möchten Sie einen Kaffee?" – „Nein, ich muss zur Arbeit." – „Das macht nichts, hier bei uns geht es um das Wichtige. Hier wird über Ihre Zukunft entschieden. Sie wollen doch nicht arm sterben?" – „Bitte, geben Sie mir das Formular, damit ich schnell zur Arbeit kann." – „Es geht um mehr als das Formular. Wir haben überprüft, dass Sie und Ihre Tochter insgesamt 20.000 € als Geldeingänge zu verzeichnen hatten. Sie haben aber nur vor, 15.000 € auf das Plus-Plus-Konto einzuzahlen. Was geschieht nun mit dem Rest? Sehen Sie. Wir haben hier andere maßgeschneiderte Plus-Plus-Plus-Anlagen, die allerdings 25.000 € Mindesteinzahlung erfordern, aber gewaltig viel mehr Zinsen und Prämien erbringen. Für Sie und für mich. Wir empfehlen generell, nicht so knauserig mit der Vertragssumme zu sein. Trauen Sie sich doch etwas zu! Viele Leute sparen mehr als Sie!" – „Ja, darf ich mir das noch einmal überlegen? So viel Geld habe ich nicht." – „Kommen Sie morgen vorbei. Sie sollten sich Zeit nehmen. Aber morgen läuft die Frist ab, zu der es noch dicke Zinsen gibt. Wir setzen die Termine mit den Sonderangeboten strategisch so eng, damit wir Sie unter Druck setzen können. Ich lehne mich da weit heraus, Ihnen das Angebot noch bis morgen freizuhalten."

Am nächsten Morgen schleicht sich der Kunde zur Hauptkassiererin. „Oh Gott. Ihre Kollegen da haben bei uns angerufen." – „Was ist passiert?" – „Ein Herr Supra, war der das von gestern? Dieser Unsympathische, der mich bequatscht hat? Ich wusste gestern gar nicht mehr aus und ein wegen der vielen Plusse. Ich verstehe davon doch nichts." – „Und?" – „Man hat meine Tochter wegen dem Geld angerufen. Die wusste nichts von den Geldeingängen. Es sollte eine Überraschung für sie sein. Sie ist jetzt aber verärgert. Dann wurde meine Frau angerufen. Die ist jetzt hellhörig und will wissen, wo ich das Geld angelegt habe. Der Supra oder so hat sie vor mir gewarnt, dass ich etwas falsch mache. Sie meint jetzt auch, wir sollten Plus-Plus-Plus machen. Ist das wirklich so ein tolles Lockangebot? Wir haben bei Hühnern früher immer Putt-Putt-Putt gesagt. Daran hat mich der Name erinnert." – „Und nun?" – „Ich habe Angst bekommen. Normalerweise bin ich seit zwanzig Jahren glücklich, hier hereinzukommen. Jetzt habe ich Angst. Ich habe gewartet, bis Herr Supra in die Mittagspause ging. Ich habe dafür eine Stunde bei der Arbeit geschwänzt. Hoffentlich geht das gut. Ich stehe im Halteverbot. Was mache ich jetzt?"

Dies war eben eine wirkliche Geschichte, schwach überzeichnet. Sie hat sich noch viel länger hingezogen. Etwa so: Es gab Ehestreit, wilde Streitereien zwischen der Hauptkassiererin des alten klassischen Systems und den Suprasystemleuten. Der Kunde legte das Geld bei einer Bank nebenan an. Er hatte zu viel Angst wiederzukommen. Er ist heute unglücklich, weil er immer gern zu *seiner* Bank gekommen war. Er ist heute unglücklich, weil er die neue Bank nicht findet. Seine Frau wurde auch von der neuen Bank angerufen, ob sie nicht einen More-More-More-Vertrag abschließen wolle. Ihr Mann mache da etwas falsch.

Aus dem früheren Vertrauen („Legen Sie's gut an, wie immer!") werden nun schlaflose Nächte für alle. Wo liegt der beste Prämien-Zinskompromiss für alle? Aus Vertrauen wurde Verkaufsdruck. Aus Gesprächen Callcenter-Terror. Bei vielen Banken werden die Kunden derzeit suprasystematisch attackiert, neue und größere Verträge in einer Richtung abzuschließen, wohin der derzeitig verordnete Trieb auch immer gerichtet ist. Diese Offensiven erbringen massenweise Verträge, die ohne die Attacken nie zu Stande gekommen wären. Aufatmen bei der Bank. Leider sind für jeden gefangenen Kunden zehn andere definitiv verärgert worden. Einige von diesen geben ihr Geld zu einer Internetbank. Dort ärgern den Kunden nur Wälder von Werbeseiten, die er ärgerlich wie Stubenfliegen wegklickt. Aber es sind wenigstens keine Supramenschen, die ihn in Bedrängnis bringen.

Suprasysteme teilen die Welt in Punktzellen ab. Die Arbeit der Score-Men wird streng separiert, damit jeder sein abgestecktes Punktejagdrevier hat, in dem er voll verantwortlich ist („accountable"). Alles in diesem Revier wird ihm zugerechnet. Und nur das. Wenn Score-Man in anderen Revieren arbeitet, bekommen es andere zugerechnet (wie im Beispiel mit der Hauptkassiererin). Ich bitte um Verzeihung für meine Wortspielerei: Score-Man ist nur in seiner Abteilung zurechnungsfähig. Oder, wenn Sie so wollen, erst recht dort *nicht*!

Unsere heutige Welt verwandelt sich immer mehr in eine Scorelandschaft. Natürlich waren seit Urzeiten andere Menschen hinter uns her, die an unser Geld wollten. Schon immer lauerten uns Teppichhändler und Staubsaugervertreter auf.

Heute aber beginnen alle, so elend *genau* nachzurechnen. Die Ärzte schicken Rechnungen für ein Sekundentelefonat, Handwerker berechnen jeden Handgriff, der nicht vereinbart war. Die Pfannenverkäufer locken uns im Kaufhaus umher. Überall sind Grenzen von Punkterevieren. Ich habe schon einen so geschärften Blick dafür, dass ich eine dauernde Melancholie verspüre. Die Liebe und das Spontane verschwinden aus den Augen. „Was bringt mir das? Kannst du es nicht so machen, nur ein bisschen anders? Dann bekomme ich Punkte." Mit den Suprasystemen kommen überall Punkte und damit Interessen oder Reviergrenzen ins Spiel.

Im Gegenzug werden heute wir privaten Menschen als Kunden berechnend. Wir sind doch nicht dumm und sagen zur Hauptkassiererin: „Leg's an!" Nein. Wir lassen uns ein Angebot machen. Wir gehen zu fünf anderen Banken und vergleichen. Dann gehen wir in die zweite Runde. Mehr Zinsen, bitte! Wir verlangen den Filialleiter zu sprechen. Wir zanken und drücken. Stolz holen wir noch ein Zehntelprozent heraus. Wir sehen an den Augen der Supradienstleister, dass sie unsere Punkte brauchen. Früher bemühten wir uns alle, ein Vertrauensverhältnis zu haben. Heute erpressen wir jeden um Punkte.

Die Suprasysteme stöhnen: „The customer is ever demanding." Der Kunde will immer mehr! Oder emotional ausgedrückt: Der Kunde wird in unserer Zeit beliebig unverschämt. In der Industrie, in der ich tätig bin, ist es nicht ungewöhnlich, dass Gespräche so beginnen: „Wir haben das laufende Projekt durchgesehen (‚gereviewt'). Was sagen Sie zu unserer neuen Vorstellung: Ab heute arbeiten Sie zum halben Preis."

Dies ist die Rache der Kunden. Die Firmen legen sich elektronische Einkaufssysteme zu, die den Markt nach niedrigsten Preisen absuchen. Sie haben gewaltige Einkaufsabteilungen mit hoch bezahlten Koryphäen, die begnadet gut, mit ganz faltenfreiem Lächeln diesen Zaubersatz vom halben Preis aussprechen können, so dass der Lieferant weiß, dass es jetzt an sein Eingemachtes geht. Manager dürfen nie mehr selbst entscheiden, Geld auszugeben. Heute ist es vom System her unmöglich, von Manager zu Manager ein Geschäft im Vertrauen abzuschließen. Manager können sich nur noch grob verständigen. Ja. Aber anschließend müssen sie den Vorgang zwingend an ihre beiden Einkaufs- und Verhandlungssysteme abgeben. Aus einer möglichen Übereinkunft der beiden wird nun eine anschließende Schlacht zwischen den Firmenpreisdrückerprofessionals, den Einkäufern und den Juristen. Suprasysteme setzen grundsätzlich Kampf an. Damit wird Betrügerei verhindert, dadurch werden Kumpanei, Mauschelei oder Zuschusterei der klassischen Systeme vielleicht eingedämmt. Meinetwegen. Aber Suprasysteme vernichten auch jede Möglichkeit zu Vertrauen oder Treue.

(Es wird zur Zeit diskutiert, die Hauptkassiererin aus Prinzip zu versetzen. Es ist nicht gut, sagt ein neues Supraprinzip, wenn sich Bankangestellte und Kunden zu lange kennen. Da gestehen Angestellte den Kunden zu hohe Zinsen zu, weil sie lieb sein wollen. Lieb sein bringt keine Punkte. In Amerika werden Angestellte, die mit Bargeld zu tun haben, routinemäßig alle paar Jahre versetzt. Es wird angenommen, dass jemand, der länger an derselben Stelle arbeitet, alles so gut kennt, dass er betrügen könnte, ohne je erwischt zu werden, weil nun niemand mehr besser Bescheid wissen kann. Niemand aber darf besser Bescheid wissen als der, der zum Kontrollieren kommt. Suprasysteme nehmen an, dass jeder tatsächlich betrügt, der betrügen kann. Kontrolleure nehmen an, dass niemand besser Bescheid weiß als sie selbst. Deshalb können in guten Suprasystemen nur Kontrolleure betrügen und sich auch praktisch nur selbst entlarven.)

Statt Vertrauen und Treue ist Krieg.

Abteilung gegen Abteilung.

Mitarbeiter gegen Mitarbeiter.

Kunde gegen Supraleister.

Wähler gegen Politiker.

Lehrer gegen Schüler.

Kinder gegen Eltern.

„Gib mir dies und du bekommst das!" So heißt der Universalkrieg, der uns zu höchsten Leistungen anstacheln soll.

Vertrauen gibt. Vertrauen bekommt. Nur der Krieg entfällt. Dafür bekommt Vertrauen nicht *sicher*. Krieg macht alles sicher.

Gemäßigtere Zeitgenossen sagen *Verhandlungen* statt Krieg. Man verhandelt also um Punkte. Verhandeln – das sieht so aus wie ein Treffen an einem Tisch, ohne Waffen. Es fließt kein Blut. Oft fällt nicht einmal ein lautes Wort. Punkt für Punkt wird verhandelt und abgehakt. (Ich sage: Und es ist *doch* Krieg!)

4.6.5 Punktekonkurrenz: „Es ist Krieg – alles erlaubt! Das System will es so!"

Die Supramenschen ziehen also ins Feld, um Punkte zu holen. Die Kunden der Ich-AG-Verkäufer sind gewappnet und verhandeln zäh. Wo früher „Komm vorbei und mach mir 'ne neue Autoversicherung" reichte, gibt es heute ellenlange Preisvergleiche, weil niemand mehr „blöd ist". Es geht um Rabatte, Punkte, Prozente, Zusatzgeschenke. Die Welt wird beinhart. Die Punkte fallen nicht mehr in den Schoß, weil die Konkurrenz hart ist und weil die Kunden bockbeinig sind.

Gleichzeitig setzen die Suprasysteme Zeichen künstlicher Not: Nur die Besten werden fürstlich bezahlt, die anderen zittern unter Seismografenstößen, dass das Geld nicht reicht, viele haben gar Angst, entlassen zu werden.

Deshalb muss man Punkte holen, wo es irgend geht. Noch einmal, etwas eingehender, das Callcenter-Paradigma:

Bezirksvertreter von Versicherungen geben massenweise Kundenadressen an Call Center und zahlen vielleicht 10 € pro vereinbartem Termin. In einem Call Center arbeiten Oberstufenschüler für 7 € die Stunde und rufen alle Kunden an: „Der Chef möchte Sie sprechen, wann darf er vorbeikommen? Wir haben wichtige neue Informationen für Sie." Die Kunden, die einwilligen, werden besucht. Und wie! „Es gibt das neue Rundumsorglospaket." Die Banken rufen an, warum wir in letzter Zeit keine Wertpapiere mehr kaufen. Lexika und Journale, Handys, Druckerpatronen und Computer werden per Callcenter angeboten.

Die Versicherungen und Banken verärgern derzeit die Angerufenen so sehr, dass sie nichts mehr mit ihnen zu tun haben wollen. Verbrannte Erde. Was ist passiert? Durch den enormen Druck per Telefon werden ein paar Monate lang viele Abschlüsse getätigt, weil die „Wehrlosen" abgeräumt werden. Die anderen sind verärgert. Und nun können sich Banken und Versicherungen „Gute Nacht!" sagen. Aus.

Ich will damit drastisch sagen, dass die Punktejäger durch ihre Gier ihr Jagdrevier ruinieren. Sie überfischen quasi ihr zugewiesenes Meeresteil. Sie warten nicht, bis Bedarf nachwächst. Alle Reviere werden heute aus Gier geplündert. „Verkauft Ihnen nicht nur, was sie wollen. Sagt ihnen, wir haben noch mehr. Zeigt ihnen das Teure! Lasst nicht nach. Viele unterschreiben unter Druck!" Die sitzen dann zu Hause und bereuen. Sie werden nie wieder hingehen, weil sie den Druck so peinigend fanden. Nie wieder!

In diesem Krieg um Punkte gibt es viele schmutzige Tricks. Einen hatte ich genannt: „Wollen Sie diesen Pullover gerne haben?" So fragen Bekleidungsverkäufer selbstauswählende Kunden an der Kabine. Sie notieren, dass *sie* den Pullover verkauften und kassieren Provision. Diese Methode ist viel einfacher als das tatsächliche Beraten von Kundinnen, die lange probieren. Nur „die Dummen" machen die Arbeit und bekommen Punkte dafür. Die Schlauen suchen schon erledigte Arbeit und reklamieren die dafür anfallenden Punkte für sich selbst! „Das war meine Idee." – „Ich habe Herrn Y befohlen, dass er Ihnen hilft. Dafür erwarte ich bei Gelegenheit von Ihnen eine Gegenleistung." – Viele Manager sagen „Ich habe ..." statt „Meine Abteilung hat ..." Professoren setzen ihren berühmten Namen auf Arbeiten ihrer Assistenten. Sie organisieren formal große Kongresse, wobei sie am besten nur die Eröffnungsrede halten und allen Beifall bekommen. Sie hatten gute Assistenten, die alles hinbekamen. Viele Managementmillionäre verstanden es, eine plötzliche Hochkonjunktur als eigene Leistung zu verkaufen. Hochkonjunkturen sind fast immer Glanzleistungen der jeweiligen Kanzler oder Wirtschaftsminister.

Schauen Sie sich um, wie in Ihrer Umgebung Punkte eingesammelt oder gestohlen werden. Sie werden zu großem Teil nicht selbst erarbeitet. Das Erarbeiten der Punkte ist das eine. Punkte angerechnet bekommen ein anderes. Sprechen Sie dieses sinnlose Tun einmal in Ihrem Betrieb an! Die Antwort wird sein: „Mensch, sind Sie naiv! So sind die Regeln! Es geht um das Überleben! Jeder nimmt, was er kriegen kann. Natürlich machen wir sinnlose Sachen nur für Punkte. Natürlich ruinieren wir unsere Zukunft. Was aber sollen wir bitte machen, wenn wir vom Rauswurf bedroht sind? Wir heulen mit den Wölfen und stehlen mit den Hyänen. Die Bilanzskandale zeigen doch, dass unsere Bosse alles in ganz großem Stile vorführen. Sollen wir jetzt moralisch werden? Mensch, schimpfen Sie nicht! Hat keinen Zweck. Die da oben wollen, dass wir um unser Leben kämpfen. So kämpfen wir denn. Das (Supra)-System will es so."

Die da oben wollen es so.

In den klassischen Systemen des Organization Man tat jeder seine Pflicht. Niemand musste sich um das Überleben sorgen. Man konnte einfach durchschnittlich gut arbeiten und gut gelaunt nach Hause gehen. Hauptsache, man tat, was das System vorschrieb. Hauptsache, man ehrte das System als solches.

In Suprasystemen werden planmäßig alle Menschen unter Stress gesetzt. Die ruhigen Pflichtmenschen (linksgebauchte Stresskurve) zucken unter dem Kampflärm. Sie versuchen nun Fehler zu vertuschen, Vorgänge wegzuschieben („bin nicht zuständig“) oder zu vergessen. Sie wehren Punktekontrolleure möglichst ab und sagen: „Hier ist alles in Ordnung!“ Unter dem Tisch beugen sie die Systemregeln auf kleinen Dienstwegen, so gut sie können. Es ist Krieg.

Die kämpferischen, mehr natürlichen Menschen (rechtsgebauchte Stresskurve) hauen und stechen, nehmen wie ein gieriges Kind von der Bratenplatte die größten Punktbrocken. Sie versuchen, die Systemregeln auszuhebeln, wenn sie dadurch mehr Punkte erzielen. „Da bekommst du ein Monatsgehalt extra! Hinterher entschuldige ich mich für den Buchungsfehler. Mein Manager wütet dann ein paar Tage, aber er braucht ja auch meine Punkte für sich selbst. Nächstes Jahr habe ich sowieso einen neuen Manager. Was soll’s.“

Die wahren Menschen schaudern. Sie versuchen, von ihren eigenen Punkten zu leben, was ja vielleicht geht. Es ist aber eine traurige Angelegenheit. Sie sind heute sehr oft depressiv.

In Suprasystemen geht es also immer weniger um das Erarbeiten von Punkten, sondern um deren Verteilung. Wer bekommt den Bonus? Wo wird verbucht? Welche Kostenstelle bezahlt? Wie können wir Mittel umwidmen? Wie können wir Gelder für die Grünanlagen so waschen, dass wir damit Reisekosten bezahlen? Wie verbuchen wir kreativ? Wo hängen wir uns an Erfolge an? Wo kupfern wir ab? Geht auch ein Plagiat? Wo ist freies Gut, das geplündert werden kann? Gibt es Ahnungslose? Unkundige? Wehrlose?

4.6.6 Grausame Qualitätskontrolle

Ich bin nicht so sicher, wo das wahre Ende ist, aber am Ende, an irgendeinem Ende zählt wohl nur das verdiente Geld. Lassen Sie uns nicht die Köpfe zerbrechen und lassen Sie uns hier einmal annehmen, dass schließlich der Gewinn eines Unternehmens zählt. Es geht nur zwischendurch um Punkte. Das Suprasystem hetzt die Leute auf, Punkte im Vertrieb und beim Kostensparen zu erzielen, wofür alle belohnt werden, die Punkte zugerechnet bekamen.

Wenn aber die Leute alle betrügen?

Pfarrer sollen den Glauben pflegen. Wenn sie aber nun nur noch Routinemessen lesen und die Teilnehmer als Gläubige zählen? Politiker sollen regieren. Wenn sie aber nur noch Versprechungen machen, um Wahlen zu gewinnen? Schüler sollen fürs Leben lernen. Wenn sie aber abschreiben oder gar Aufsätze aus dem Internet ins Arbeitsheft laden? Professoren sollen lehren. Wenn sie aber nur rücksichtslos oder lethargisch ihre Stunden herunterreißen? Dann stimmen jeweils die Punkte, aber der Zweck wird nicht erreicht.

Das registrieren die Suprasysteme natürlich sehr unwillig, wenn sie es merken wollen. (Es ist durchaus nicht immer sicher, ob sie es merken wollen. Deutschland wird gerade mit Pisa-Studien und OECD-Berichten überschwemmt, die alle einen Notstand anzeigen. Wenn gerade Wahl ist, kann man Studien für Schuldzuweisungen nutzen. Geschieht aber etwas?)

Suprasysteme reagieren mit der universalen Methode:

Prüfen, Kontrollieren, Bürokratie, scharfe Stichprobenerhebung, Umfragen, Vergleiche, noch mehr Messungen. Noch mehr Prüfungen an Schulen. Beurteilung der Professoren durch Studenten. Politiker sollen verantwortlich gemacht werden! Strafe für falsche Versprechungen! Strafe für schlechte Lehrer! Wie in Diktaturen werden Missstände mit mehr Polizei, härteren Gesetzen und Grenzkontrollen bekämpft.

Man darf nicht betrügen können!

Menschen betrügen ja im Grunde gar nicht von selbst. Sie tun es aber doch und fast nur unter Stress und in Not.

Suprasysteme halten die ganze Welt in künstlicher Not, um die Menschen in den Arbeitskampf zu hetzen. Nun erst beginnen die Menschen in größerem Umfang zu betrügen. Wenn daraufhin die Regeln verschärft werden und die Polizeitruppen vergrößert werden, sind die Menschen in noch größerer Not. Sie versuchen alles, um heil davonzukommen. Mehr Betrug! Härtere Strafen! Noch mehr Betrug – noch schärferes Vorgehen. Die Einzelmenschen sind ja im Krieg. Krieg ist eine Ausnahmesituation, so haben wir gelernt. Im Krieg ist eben viel mehr erlaubt als im Frieden.

Deshalb nehmen sich die Menschen in Suprasystemen mehr heraus als in Systemen. Die klassischen Systeme werden von den durchschnittlichen Menschen, denen dort Schutz gewährt wird, geradezu verehrt! Sie sind Hort der Stabilität, der Ruhe und des Friedens. Der Eintrittspreis ist konformes Verhalten und Loyalität.

Suprasysteme sind wie notwendige Schiedsrichter in einem harten Spiel, das die Grenze zur Fairness überschritten hat. In einem harten Fußballspiel steht der Schiedsrichter im Brennpunkt des Geschehens, obwohl er mit dem Spiel an sich nichts zu tun hat. Heute fliegen Stürmer wie Schwalben umher und peitschen Stimmungen zu ihren Gunsten an. Es wird diskutiert, nun noch einen vierten Schiedsrichter einzusetzen. Vier Schiedsrichter für 22 Spieler. Zwanzig Prozent der Arbeit, um Betrug und Foul zu unterbinden. Genau so können Sie sich die Suprasysteme vorstellen.

20 % der Suprasysteme sind schiedsrichterartig oder wie Polizei, wie Schaffner, Controller, Qualitätsbeauftragter. Tendenz steigend.

Das Suprasystem zwingt immer härter.

Wir leisten immer hoffnungsloser Widerstand.

Zum Prinzip des Suprasystems gehört, dass wir *gegen* das System kämpfen! Das Suprasystem nimmt es so an und hin. Und es wehrt sich grausam gegen uns.

Menschen leiden unter dem Suprasystem wie unter grausamer Einzelhaft. Suprasysteme wollen uns bezwingen, indem sie uns unentwegt verantwortlich machen. Die Qualitätskontrollen messen überall, wie viel wir geleistet haben und ob wir die Bestimmungen einhielten. Accountability! Zurechnungsmessungen! Dieses Messen, wer wie viel wann genau tat und wie viel er genau dafür bekommt, führt zu einer immer stärkeren Separation der einzelnen Menschen. Diese Separation empfinden Menschen mehr und mehr wie Einzelhaft.

Suprasysteme steuern schon vereinzelt dagegen und verteilen für ganze Bereiche oder Abteilungen sogenannte *Teamziele*. Es gibt Belohnungen, wenn ein „Team“ eine Gesamtaufgabe erfolgreich bewältigt. Das ergibt *noch mehr* Bestimmungen und Regeln. Durch die Teamziele werden künstlich vereinzelte Menschen wieder künstlich zusammengeschweißt. Sie sind aufeinander auf Wohl und Wehe künstlich angewiesen, bekommen also nur Punkte, wenn sie zusammen etwas schaffen.

„Das wird sie lehren, endlich zusammenzuarbeiten!“, sagen die Manager. Aber die Erfahrung zeigt am Arbeitsplatz, dass die Seismografen der privaten Einzelziele der Mitarbeiter wesentlich stärker schlagen und peinigen als die Seismografen der Teamziele.

Wieder beschwören die Suprasysteme die formale Vernunft.

Vernunft wäre, eine Teamleistung zu erbringen, weil es dann Punkte gibt.

Im Reich der Punkttriebe gibt es keine Vernunft. Nur Seismografen.

Ziele werden den Mitarbeitern nämlich durch das Suprasystem über Punktetabellen als *Seismografen* eingesetzt. Die peinigen ununterbrochen: „Nicht genug! Nicht genug Punkte!“ Die Teamziele sind vom Einzelnen nicht allein erreichbar. Sie haben deshalb für ihn eine geringere Priorität. Wenn zum Beispiel eine Beförderung ansteht, dann wird der Vorgesetzte nie (*nie*!) sagen: „Sie sind ein guter Mitarbeiter. Sie haben in einem Team gearbeitet, das die Teamziele erreicht hat.“ Nein. Er wird fragen: „Was haben Sie persönlich beigetragen? Sie haben zwar die Teamziele erreicht – ja. Aber das waren vielleicht die anderen?? Wieso haben Sie Ihre eigenen Ziele nicht erreicht? Ja – warum nicht?“

Deshalb peitschen die Einzelzielseismografen um *Größenordnungen* stärker als die Teamzielseismografen. Deshalb bedeuten Teamziele rein gar nichts.

Die Menschen sind separiert und bleiben separiert. Egoistisch – gierig – ehrgeizig – distanziert. Team heißt im Teamalltag scherzhaft-grauenvoll so:

TEAM: „**T**oll **E**in **A**nderer **M**acht’s.“

So ist das. Möge Ihnen alles Lachen im Rachen stecken bleiben. Und zum Abgewöhnen schicke ich einen noch wahreren Satz für Suprasysteme nach:

Supramenschen arbeiten *als* Team, nicht *im* Team.

Sie kommen irgendwie gemeinsam zur Arbeit zusammen, aber sie haben ihre private Scorecard immer dabei.

Im Team arbeiten ist oft nur noch ein vergangener Traum. In jedem Team sucht das Suprasystem wieder nach einem schlechtesten Drittel. Es gibt niemals Ruhe.

4.6.7 Indikatoren und wahre Werte

Warum ist eigentlich das Betrügen so leicht? Oder: Ist es wirklich so, dass es so viel Betrug in Systemen gibt? Warum werden wir eigentlich zu Betrügern?

Ich hatte schon den Bedrohungsaspekt herausgearbeitet. Wir betrügen, weil Krieg ist. Wir reagieren damit auf den ständigen Ausnahmezustand des Suprasystems. Im Krieg ist alles erlaubt. Wenn Sie einen ganz, ganz, ganz wichtigen dringenden Termin haben, fahren Sie über eine rote Ampel, keine Frage! Im Normalzustand würden Sie anhalten. Im Kriegszustand kassieren Sie für die Ampel drei Minuspunkte in Flensburg, bekommen aber nicht noch mehr Punkte abgezogen, weil Sie bei dem Termin nicht erschienen.

Ein zweiter wichtiger Grund liegt tief in den Messgrößen der Suprasysteme verborgen. Ich möchte Ihnen zunächst eine knappe Wahrheit verkünden. Dann erläutere ich den Sachverhalt an Praxisbeispielen. Die Wahrheit:

Aus Vereinfachungsgründen messen die Suprasysteme zum guten Teil Daten oder Größen, die nur *Indikatoren*, aber *keine* wahren Messgrößen sind. Viele dieser Indikatoren lassen sich in betrügerischer Weise „türken".

Wissen Sie, was ein Türke ist? Natürlich ein Angehöriger des Osmanischen Reiches. Türk hießen im Österreich-Ungarn des 16./17. Jahrhunderts auch die staatlichen Maßnahmen, die unter Ausnutzung der allgemeinen Furcht des österreichischen Volkes vor Türkeneinfällen getroffen wurden. „Der Türke" konnte also als vortreffliche Begründung für allerlei nützliche Ausgaben und Steuererhöhungen herhalten. Deshalb sagen wir noch heute: Es wurde ein Türke gebaut.

Im Grunde betrügen wir nicht so richtig in einem bösen Sinne, sondern wir türken. Wir haben nicht Furcht vor den Türken, sondern vor den Messungen, die uns böse treffen könnten. Deshalb versuchen wir, die Daten zu türken. Wir schreiben ab. Die Kaserne wird geschrubbt, wenn der General kommt. Die Kinder im Internat werden gewaschen und sagen Gedichte auf, wenn die schwer zahlenden Eltern sich einmal zu Weihnachten zeigen. Die Deutschen hatten bis vor einigen Jahrzehnten eine „gute Stube", also ein Extrazimmer, das nur für Besuchszwecke und Feiern genutzt wurde. Nur so war es möglich, unangemeldeten Besuch zu verkraften, für den in einer Vitrine Asbach Uralt, Erdnüsse und eine Schachtel Ernte 23 bereit gehalten wurden. Etwas Extrovertiertere hatten sogar ein Paradebett mit einem Paradekissen im Schlafzimmer. Adlige besaßen ein Paradepferd zum Vorzeigen. Häuser bestachen durch Fassade „mit nichts dahinter". Frauen schmücken sich mit „viel davor". Alles tut als ob! Konzerne haben Protzhauptstellen, wie gute Stuben. (Die guten Stuben sind übrigens dem Fernseher zum Opfer gefallen, der die wahre Revolution im Wohnen auslöste. Während alle Menschen früher in der warmen Küche gemütlich saßen, wanderten sie bald mit der Zentralheizung ins Wohnzimmer, das zu nichts weiter gut ist als zum Fernsehen. Jetzt essen sie die Erdnüsse selbst. Man sieht es zunehmend.)

Sie verstehen, was ich meine? Das sind unsere kleinen Eigenheiten. Nun kommen die ernsten Fälle.

Mitarbeitermotivation Die Stimmungslage der Mitarbeiter und ihre Firmenloyalität lässt sich außerordentlich schwer messen. Es geht mit einiger Mühe, wenn Umfragen durchgeführt werden. Leider müssen dann die Umfrageergebnisse in der Regel bekannt gegeben werden. Wenn also die Motivation schlecht ist, kommt bei der Umfrage „Mistfirma" heraus. Wie aber sieht das denn aus? Wollen wir ein solches Ergebnis? Außerdem kostet eine Umfrage immens viel Geld. Deshalb messen viele Firmen als Indikator für die Mitarbeitermotivation die sogenannte Attrition oder Kündigungsrate. Wie viel Prozent der Mitarbeiter kündigen in einem Kalenderjahr? Wenn diese Prozentzahl steigt, sind offenbar die Mitarbeiter unzufrieden und wandern ab. Die Zahl der Kündigungen ist „babyleicht" zu messen. Es kostet nichts.

Stellen wir uns nun vor, die Wirtschaftslage ist ganz gut und die Kündigungen einer Firma schnellen in die Höhe. Man fragt die scheidenden Mitarbeiter, warum sie gehen. Die Antworten sind immer dieselben. In Bonmot-Kurzform: „Der Mensch bewirbt sich bei einer *Firma*, er kündigt bei seinem direkten *Vorgesetzten*." In gesprochenen Sätzen: „Ich habe die Nase von meiner Chefin voll." – „Der Boss zeigt mir keine Perspektive." – „Ich bekomme nur langweilige Arbeit." – „Sie hintertreiben meine Beförderung." (Bitte erinnern Sie sich an die Stellen aus der Gallup-Studie vom Anfang des Buches.)

Was tut eine Firma, wenn immer mehr Mitarbeiter mit solchen Sätzen von dannen ziehen? Was *sollte* sie tun? Das Management entlassen? Denken Sie bitte nach: Es ist nicht so einfach zu sagen. Im Grunde ist jetzt eine irrsinnige Kraftanstrengung nötig, weil die Firma an vielen Kündigungen in guter Wirtschaftslage zu Grunde gehen kann.

Was aber geschieht wirklich? Ich verrate es Ihnen: Die Firmen bieten den Mitarbeitern Gehaltserhöhungen an. Wenn der Mitarbeiter stöhnt („Sie verstehen mich nicht!"), bieten sie ihm Optionen an, mit denen er reich werden kann, wenn der Aktienkurs der Firma stark steigt. Beispiel: Dem Mitarbeiter wird versprochen, dass er heute in fünf Jahren 1000 Mal den Unterschied zwischen dem heutigen Aktienkurs und dem in fünf Jahren in bar ausgezahlt bekommt, wenn der Aktienkurs in fünf Jahren höher ist. Einzige Bedingung: Der Mitarbeiter muss in fünf Jahren noch in der Firma mitarbeiten. Wenn er früher geht, gibt es nichts. Wenn Mitarbeiter darauf eingehen, sind sie für fünf Jahre „eingefangen". Die Personalabteilung berichtet stolz, dass die Kündigungsrate zurückgeht.

Und jetzt kommt der wirkliche „Hammer". Der Chef des Unternehmens sagt zufrieden: „Toll, dass die Motivation der Mitarbeiter wieder gut ist. Es macht wieder Spaß hier zu arbeiten. Meine Maßnahmen müssen gewirkt haben. Ich habe ja auch in meiner letzten Rede deutlich gemacht, dass die Mitarbeiter unser wertvollstes Gut sind. Diesen Kernsatz haben wir auch auf Plakate gedruckt."

Was ist passiert? Es wurde ein sehr teurer Türke gebaut.

Das geht deshalb, weil die Kündigungsrate des Unternehmens ein *Indikator* für Motivation ist. Er zeigt an („indiziert"), wie die Stimmung ist. Die Kündigungsrate ist aber *keine wahre Messung* der Motivation. Wenn wir die Motivation wahrhaft messen würden, müssten wir gigantische Maßnahmen einleiten, um die Motivation auch wahrhaft gemessen zu verbessern. Dann müsste die ganze Firmenkultur auf den Prüfstand. So aber wird mit Geld auf die Symptome geworfen. Dadurch verändert man planvoll den Wert der Indikatoren, hier also die Höhe der Kündigungsrate.

Wenn so „betrogen" wird, bleibt die Stimmung unter den Mitarbeitern so mies wie vorher, sie arbeiten so demotiviert wie vorher, aber die Firma zahlt für diesen Zustand mehr Geld. Irgendwann geht sie zu Grunde.

Eigenkapitalrendite Viele Berater zogen in den letzten Jahren durch die Lande und erklärten, dass ein Unternehmen nur dann gut arbeite, wenn es eine hohe Rendite auf das Eigenkapital erwirtschafte. Grob gesprochen fragt man sich, wie viel Prozent der Gewinn des Unternehmens gemessen am Eigenkapital ausmacht. Beispiel: Eine Firma hat ein Eigenkapital von einer Million Euro. Sie erwirtschaftet 150.000 €

Gewinn. Dann ist die Eigenkapitalrendite 15 %. Wenn sie 20 % wäre, wäre es noch schöner, nicht wahr? Dann würde dieser Indikator sagen: Tolle Firma! 20 % ist sehr selten! Großartiges Management! Super-Bonus für alle Bosse!

Was muss eine Firma tun, um von 15 auf 20 % zu kommen? Ich sage Ihnen, was Sie schon ganz genau wissen: Die Firma muss arbeiten wie noch nie, sich konzentrieren, eventuell Neues wagen, Mut zeigen, Fortune haben und arbeiten, arbeiten, arbeiten, was das Zeug hält.

Es gibt aber einen Türk. Den verrate ich hier. Wenn Sie Manager sind, kennen Sie ihn, gell?

Sie schütten von der einen Million Eigenkapital einfach 900.000 € als Dividende aus. Dadurch ist das Eigenkapital der Firma auf nur noch 100.000 € gesunken. Dann gehen Sie zur Bank und leihen sich 900.000 € aus, bei etwa, sagen wir, sieben Prozent Zinsen, wobei Sie die Firmengrundstücke beleihen. Dafür müssen Sie also im Jahr 63.000 € Zinsen zahlen. Deshalb sinkt der Gewinn von 150.000 € im Jahr auf 87.000 € ab. Nun schauen wir am Schluss nach, wie hoch die Eigenkapitalrendite ist: Sie haben ein Eigenkapital von 100.000 € und darauf 87.000 € verdient. Das sind 87 % des Eigenkapitals. Also ist die Eigenkapitalrendite von 15 auf 87 % gestiegen!

Dieser Trick funktioniert noch besser, wenn Sie das Eigenkapital auf einen einzigen Euro senken. Dann kostet die geliehene Million 70.000 € im Jahr, der Gewinn ist 80.000 €. Die haben Sie aus einem einzigen Euro Eigenkapital verdient! Die Eigenkapitalrendite ist also 8.000.000 %. Acht Millionen Prozent! Und wie ginge es mit einem Eigenkapital von 1 ¢?

Das ist natürlich verboten. Eine ordentliche Firma muss ja ein gewisses Eigenkapital besitzen, damit sie auf sicheren Beinen stehen kann, wenn die Konjunktur schlechter ist. Sie muss kreditwürdig bleiben und darf deshalb nicht überschuldet werden.

Trotzdem sind in den letzten Jahren die Verschuldungsgrade hochgefahren worden, damit die Zahlen besser aussehen. Nun bekommen wir vom Gesetzgeber bald ein neues Gesetz, das als „Basel II" bekannt ist. Dieses Gesetz regelt das minimal erforderliche Eigenkapital, das insbesondere eine Bank ausweisen muss. Ich nehme hier an (es ist ja noch nicht so weit), dass es in Deutschland eine Menge Banken geben wird, die feststellen werden, dass ihr Eigenkapital im Sinne dieses neuen Gesetzes schon absolut unerlaubt niedrig ist. Sie werden also Kapital aufnehmen müssen oder sie sind faktisch pleite. Da dann sehr viele Banken Kapital aufnehmen müssen, alle zum gleichen Zeitpunkt und ohne Schonfrist, wird es eine Pleitewelle geben. Das Gesetz Basel II ist wie eine Dopingkontrolle bei den Radsportlern. Diese Dopingkontrolle ist nötig, weil die Firmen an den Zahlen gedreht haben. Wer an den Zahlen wie in meinem Beispiel herumdoktert, plündert die Firma aus, verschuldet sie und senkt den Gewinn. Aber die Eigenkapitalrendite ist prachtvoll. Und das Management ist großartig.

Der zweite Trick: Die Firma stellt fest, wie viel Prozent sie im operativen Geschäft verdient. Beispiel: Eine Brauerei verdient drei Prozent vom Umsatz beim Bierbrauen. Sie hat daneben eine Menge Grundstücke, die sich im Laufe der Zeit angesammelt haben. Manche Brauereien sind über ein Jahrhundert alt. Diese

Grundstücke sind nicht betriebsnotwendig. Man verkauft sie. Der Gewinn steigt unermesslich. Alles nicht Betriebsnotwendige wird verkauft. „Lean“ heißt das Zauberwort. Alles wird mit minimalen Mitteln erwirtschaftet. Dagegen ist prinzipiell nichts zu sagen. Eine Firma muss nicht unbedingt ungenutzte Grundstücke, Betriebswohnungen und Halden besitzen. Die Firma könnte das Geld sinnvoll im Kerngeschäft einsetzen. Was aber ist passiert? Alle Firmen haben ihre Werte verkauft und dann das Geld in Firmenübernahmen investiert. Dadurch sind Firmen im Kurs enorm gestiegen, weil sie ja alle Grundstücke verkauft haben und alle in Firmen investierten. Im letzten Grunde sind daher enorme Mondpreise für Firmen gezahlt worden. Nun sind die Grundstücke weg und unrentable teure übernommene Firmen da. Zwischenzeitlich waren die Zahlen prachtvoll – so lange, wie Firmen im Wert stiegen. Heute schreiben die Konzerne Milliarden ab. Die Abschreibungen einzelner Firmen sind höher als die Neuverschuldung unseres Landes. Wir schimpfen derzeit mit der Regierung, weil die Höhe der Neuverschuldung katastrophal erscheint. Und die Abschreibungen der Konzerne? Da ist das wahre Desaster. Es begann mit dem Bauen von Türken.

Wahlversprechen Politiker hangeln sich derzeit von Wahl zu Wahl. Es kommt nur noch auf die Zahlen an. Niemand redet mehr von der Leistung der Partei. Es geht um Kennzahlen oder Indikatoren, sonst nichts. Die Prozente bei der Wahl sind das Messergebnis. Die Parteien erklären vor der Wahl, wofür sie stehen. Die eine will Reichtum für alle, die andere Frieden für alle, die dritte Glück für alle. Wen sollen wir wählen?

Die Parteien legen nicht mehr wirklich dar, wie und ob sie das erreichen werden – Frieden oder Glück oder Reichtum. Wir wählen nicht mehr zwischen Frieden, Glück und Reichtum, sondern zwischen den Absichten, diese Ziele zu *setzen*. Ob die Ziele *erreicht* werden oder nur erreichbar wären, darüber müssen wir uns nicht mehr den Kopf zerbrechen. Das überlegt sich kaum jemand. Die Politiker nennen die Richtung, in die sie uns führen wollen. Sie sagen nicht, ob sie das können. Die Gretchenfrage heißt meist: „Wie wird es bezahlt?“ Die Antwort: „Das sehen wir dann, wenn wir die Stimme haben.“ Wir wählen also nicht mehr faktische Weltläufe, sondern Indikatoren von Richtungen, für die es vage Versprechungen gibt. An diesen Indikatoren wird dann gnadenlos gedreht, wenn die Wahl erst herum ist.

Zitieren Wissenschaftler werden oft daran gemessen, ob ihre wissenschaftlichen Arbeiten zitiert werden. Wer oft zitiert wird, muss wohl Wichtiges geschrieben haben? Die Anzahl der Zitierungen ist bei einem Wissenschaftler ein wichtiger Indikator für den Wert seiner Arbeit. Seit dieser Indikator aber bei der Leistungsbeurteilung hinzugezogen wird, werden die Wissenschaftler immer öfter zitiert. Sie zitieren sich nämlich selbst. Kollege A vereinbart mit Kollege B, dass sich beide gegenseitig zitieren. Fertig. Dann ist der Indikator für beide besser. Bald wird das gegenseitige Zitieren wichtiger als das Arbeiten. Ein weiterer Trick ist, statt einer dicken Arbeit mehrere dünne zu schreiben oder dasselbe Thema als Vortragsartikel in vielen Kongressbänden unterzubringen. Dann werden von Kollege B alle verfügbaren Versionen der Arbeit zitiert. Das gibt eine satte Punktzahl.

Nach diesen Beispielen, die endlos fortgesetzt werden könnten, ist der Unterschied zwischen einem wahrhaft Gemessenen und einem Indikator klar: Indikatoren zeigen in der Regel gut an (wie ein Fieberthermometer), wie die Lage ist. Sie messen aber die Lage nicht wahrhaft. Die Motivation der Mitarbeiter zeigt sich evident in der Kündigungsrate. Die Motivation wird aber nicht wahrhaft einzig und allein durch die Kündigungsrate *gemessen*. Wenn ein Fieberthermometer bei einem Schüler 38 Grad anzeigt, ist er krank und kann zu Hause bleiben. Wenn er aber heimlich die Wärmflasche dranhielt, weil er gerne zu Hause bleiben würde? Dann betrügt er, indem er die Indikatorwerte in seinem Sinne fälscht oder beeinflusst.

Es ist unendlich viel Arbeit, die wahrhaften Messgrößen zu verbessern: Die Motivation, den Gewinn, die Wohlfahrt eines Landes, die wissenschaftliche Leistung an sich. An den Indikatoren dafür zu drehen ist ein Kinderspiel.

Deshalb betrügen wir durch Indikatorenverdrehen. Wir schauen zum großen Teil darauf, dass unsere Indikatoren gut ausschauen. Das ist leichter als wirkliches Arbeiten.

Abschreiben ist viel leichter als Verstehen. Das Abwählen von schweren Fächern im Abitur ist wie das Verkaufen von nicht betriebsnotwendigen Grundstücken. Der Schüler konzentriert sich auf das Leichte, Geschenkte und nennt es seine Kernkompetenz. Wir fahren einen Porsche bei leerer Speisekammer. Wir buchen Traumurlaube und warten auf das Erbe, das uns die Indikatoren für unsere Eigenleistung verschönt.

Wir drehen so sehr an den Indikatoren, dass wir wieder scharfe Gesetze brauchen, die uns selbst Einhalt gebieten. Manager müssen seit 2002 quasi schwören, dass die Bilanz wahrhaft korrekt ist! Das Basel-II-Gesetz verpflichtet dazu, Risiken zu nennen und nicht zu verschweigen. Wir betrügen mit Indikatoren und werden betrogen. Deshalb betrügen wir weiter und versuchen, nicht mehr betrogen zu werden. Wie im endlosen Spiralkampf zwischen Verbrechern und Polizei wird das intellektuelle Niveau des Indikatorendrehens immer weiter angehoben. Das Drehen verlangt immer mehr Kraft.

Manchmal ist das Gesichtswahren, das Fassadenbauen, das Kontrollieren, das Schraubendrehen schon teurer als das wirkliche Arbeiten. Aber das wirkliche Arbeiten allein reicht nicht, weil ja der Erfolg an den Indikatoren gemessen wird.

Darf ich Sie nach diesem Abschnitt etwas fragen? Glauben Sie, dass die Motivation der Mitarbeiter jemals besser wird, wenn sie per Kündigungsrate gemessen wird? Glauben Sie, dass Politik je besser wird, wenn im Wesentlichen der gewinnt, der in der Fernsehdiskussion besser abschneidet? (Ich hatte ja schon den Zweikampf von Stoiber und Schröder angezählt: Derjenige gewinnt, der die Diskussion in der für ihn günstigen Stresszone halten kann! Das ist der ausschlaggebende Faktor für die Politik unseres Landes! Ist das nicht pervers für die Politik unserer lieben Heimat?) Glauben Sie an eine kraftvolle Firmenführung, die an Eigenkapitalrenditen gemessen wird? An Shareholder-Value? An Indikatoren überhaupt? Glauben Sie, das irgendetwas gut werden kann, das an Indikatoren gemessen wird, die getürkt werden können?

Wenn ich von neuen Bestimmungen in Firmen höre, wenn ich neue Bestimmungen über die Evaluationen von Wissenschaftlern lese, wenn ich scharfe Indikatorvorschläge für unser Bildungssystem höre, schalte ich zur Probe meine kriminelle Energie ein und überlege mir, wie ich mit minimalem Drehen an den Messindikatoren gute Werte erziele. Meistens finde ich nach ein paar Minuten einen tollen Trick. Die Messindikatoren in den Firmen gelten meistens für ein Jahr. Dann denke ich mir: Wenn mir schon nach zehn Minuten ein Trick einfällt und wenn ein ganzes Jahr Zeit ist – was geschieht dann? Die Indikatoren für Universitäten und Schulen gelten noch viel längerfristiger! Viel Zeit für neue Umdrehungen.

So lange Suprasysteme mit Indikatoren arbeiten, an denen gedreht werden kann, führen sie uns alle immer schneller drehend in den Abgrund. Es ist ja Krieg. Und er endet irgendwann, wenn kein Silber und kein Strohhalm mehr verkauft werden kann, um einen Indikator zu füttern.

4.6.8 Systemtrieb und Indikatorenzucken

Da die Indikatoren meist einfach Zahlen sind (Abiturpunkte, Rendite, Kündigungsrate), brennen sie sich als Seismografen in uns ein. Unsere Aufmerksamkeit wird gnadenlos auf der Zahl gehalten. Wie hoch ist sie jetzt?

Haben Sie Aktien? Stellen Sie sich vor, Sie haben alles Geld in eine einzige Aktie investiert. Diese Aktie steigt und fällt. Ihre ganze Rente und ihre Zukunft hängt daran. Jetzt schauen Sie in der Zeitung nach: „Fünf Prozent im Minus!" Das zieht durch den Körper, ganz durchdringend. Das war der Seismograf. Am nächsten Morgen werden Sie zitternd die Zeitung öffnen. „Plus drei Prozent!" Die Seismografen schalten erleichtert eine Alarmstufe tiefer. Bis morgen früh. Wenn der Kurs drei, vier Tage in Folge fällt, geraten Sie in blanke Panik. Wissen Sie noch? Am 12. September? Nach dem Attentat in New York?

Unsere Seismografen werden durch das extreme Wohl und Wehe in manchen Indikatoren so scharf geschaltet, dass wir einen Tunnelblick bekommen.

Ich fahre öfter mit dem Auto fort, um eine Rede zu halten. Morgen zur Fachhochschule in Furtwangen. Und dann mag es regnen, ich trinke unterwegs eine Flasche Mineralwasser, muss eventuell auf eine Toilette, es kommt aber keine Raststelle. Da! Da ist eine! Ich renne zur Toilette. Ein Schild hängt dort: „Wir reinigen gerade. Wir bitten um Verständnis." Ich steige zitternd ein und fahre weiter … Ich muss Ihnen sicher nicht genau schildern, wie der Tunnelblick beginnt, wie die Augen bald keine Autos mehr sehen, nur noch ein „WC" erahnen. Überall könnte WC sein. Irgendwann drückt der Indikator zu stark. Es ist Krieg! Alles erlaubt! Regen hin oder her! Etc.

Seismografen sind Seismografen. Wenn beim vierten Parkplatz kein WC ist, ist es ein Gefühl wie der vierte Kursverlust in Folge. Es ist kein Unterschied in solchen Schlägen in uns.

Es ist nicht Vernunft, die uns leitet. Es sind Seismografenzuckungen, die von Indikatoren ausgelöst werden.

Es ist nicht Vernunft, was Score-Man hinter Punkten herlaufen lässt. Es ist gewollter injizierter Trieb. Weite Teile unseres Supralebens sind unter dem Diktat der

Seismografen in uns. Deshalb sage ich gerne: 90 % der Vernunft ist Trieb. Supratrieb. Es ist beim Kampf um Indikatoren, Renditen oder Wahlergebnissen so wenig Vernunft wie vor dem WC, an dem steht: „Wir bitten um Verständnis!“ Neckisch, nicht wahr? Vernunft hier? Vernunft ist nie, wo es pressiert.

Suprasysteme pressieren. Aber es geht nur um die Indikatoren, die in die Anreizsysteme eingebaut sind.

Seismografenzucken ist zu Indikatorzucken geworden.

Die Aufmerksamkeit der Seismografen ist die Aufmerksamkeit auf Indikatoren.

Die Indikatoren sitzen im Fleisch.

Unser Fleisch schmerzt und ächzt: „Betrüge! Befrei mich!“

Man sagt, der Mensch suche Lust und vermeide Schmerz.

Er vermeidet heute schlechte Indikatoren.

4.6.9 *„Bitte helft einander im Team! Es ist besser für das Ganze!“*

Nun merken natürlich alle noch halbwegs vernünftigen Menschen, dass der forcierte Egoismus und der Abteilungsanreiz-Separatismus an bestimmten Stellen seltsame Blüten treiben. „Punkte“ und „Dienstweg“ versperren die Tür zur Zusammenarbeit. Teamziele sollen sie wieder öffnen.

Wenn jeder Mensch für jede Minute bezahlt wird, verliert er bares Geld, wenn er einem anderen hilft. Deshalb wird er nicht gerne von seiner Arbeit aufsehen und auf Bitten eingehen.

In großen Systemen kommt es oft vor, dass einige Menschen etwas können, wissen, jemanden kennen – so, dass sie einem anderen Menschen mit ihrem Wissen, mit einem einzigen Tipp wochenlanges Suchen oder Umherirren ersparen können. Ich halte zum Beispiel viele Reden, lerne viele Leute kennen. Und dann kommen Anrufe: „Wer kann dies?“ – „Wo gibt es jenes?“ Wenn ich es weiß, verdiene ich für unsere Firma einen Geldbetrag im Umfang von vielen Stunden oder Tagen des Kollegen, der etwas von mir wissen will. Ich selbst bekomme dafür kein Geld und keine Punkte. (Ich bekomme sehr oft sehr viel später einen Gefallen zurück oder auch nicht. Ich glaube, dass ich per Saldo „ein Plus mache“, wenn ich helfe. Ich habe es in früheren Büchern begründet. Ich kann es nicht beweisen. Helfen ist wirklich besser als nebeneinander her nach Punkten jagen.) Jetzt aber, im Augenblick meiner Hilfe, bekomme ich weder Punkte noch Geld.

Suprasysteme können mit „Hilfe“, „Vertrauen“, „kleinem Dienstweg“, „mal kurz ausleihen“ nicht rechnerisch umgehen, sehen aber schon den gelegentlichen Wert. Was können sie tun, wenn etwas nützlich wäre, aber nicht in Anreizsysteme gepackt werden kann?

Suprasysteme appellieren ohne Ende an Vernunft, ohne je Vernunft zu belohnen. Sie setzen durch Anreizsysteme quälende Seismografen, verlangen aber in allen Fällen, in denen Vernunft *für das System* besser wäre, Vernunft von uns, auch dann, wenn uns Vernunft private Punkte kosten würde. Wir sollen also besonders dann (auf Kosten unseres Gehaltes) vernünftig sein, wenn es dem Suprasystem im Ganzen nützt, uns selbst aber nicht.

Noch einmal: Per Anreizsystem werden wir gehetzt, gute Indikatorenwerte zu erzielen. Anschließend erkennen die Systemarchitekten, dass sie sich graduell mit den Indikatoren vertan haben. Die Mitarbeiter optimieren die gut türkbaren Indikatoren und führen das System so in eine falsche Richtung. Deshalb versucht das Supra-Management, die Mitarbeiter wieder dadurch zu motivieren, dass es sie bei der Ehre packt. Dies geschieht beim Redenhalten, wo sonst? Seismografen werden per Zahlmessung und Gehaltstabelle eingebrannt. An Vernunft wird gesondert appelliert. Mündlich oder per Rundbrief an alle.

Unsere Indikatoren sind toll. Wir konnten den Verkaufsrang der Bücher unseres Verlages bei der Internetbuchhandlung Amazon stark anheben, seit wir alle die letzten zehn Monate die Bücher unseres Verlages im Internet immerzu angeklickt haben und unseren Büchern tolle Rezensionen geschrieben haben. Wir danken dem Kollegen Meier, der herausgefunden hat, dass bei Amazon die Verkaufsrang-Hitliste aller Bücher in Deutschland nicht nur *nach den tatsächlich verkauften* Büchern berechnet wird, sondern auch danach, wer wie oft ein Buch im Internet nur angeschaut oder angeklickt hat. Wir haben uns also nun seit Wochen unsere Bücher immer neu angeschaut. Wir haben uns wundgeklickt, auch unsere Hausmeister und das ganze Sekretariat haben zum Bombenerfolg beigetragen. Unsere Bücher sind jetzt so hoch in den Hitlisten wie noch nie. Es war ein hartes Stück Arbeit. Wir bekommen dadurch alle einen tollen Jahresbonus ausbezahlt, weil ja unsere Gehälter dieses Jahr an die Hitlistenplätze bei Amazon gebunden wurden. Wir hatten uns ausgedacht, die Hitlistenplätze bei Amazon als Messindikator für den Erfolg unseres Verlages zu nehmen, weil wir dann nichts selbst messen müssen. Das macht ja Amazon für uns. Außerdem ist Amazon völlig unbestechlich und hat eine weltweit anerkannte Formel dafür, wie gut ein Buch ist. Der Amazon-Verkaufsrang ist der genaueste Maßstab für den Verkaufserfolg eines Buches, den man sich denken kann.

Leider werden durch unser angestrengtes Anschauen unserer Bücher keine Bücher wirklich *verkauft*. Wir mussten auch wegen des Klickens alle Marketingaktivitäten in diesem Jahr einstellen. Das Sekretariat hat monatelang nicht gearbeitet. Im Haus ist alles durcheinander, weil wir alle geklickt haben, um unseren dicken Jahresbonus zu bekommen. Im Grunde lebt der Verlag ja natürlich vom Verkauf der Bücher, nicht vom Anklicken. Ich denke, heute, am Erntedankfest, ist es eine gute Gelegenheit, dass wir uns daran erinnern. Ich möchte deshalb appellieren, doch einen Minimalaufwand in den *Verkauf* der Bücher zu stecken, auch wenn wir dafür überhaupt nicht bezahlt werden. Wir müssten eigentlich auch bereit sein, einmal ausnahmsweise für das Ganze zu arbeiten. Unser Oberboss ist beunruhigt, weil er als Einziger in der Firma nach *Umsatz* bezahlt wird, während er uns selbst auf Amazon-Verkaufsrang-Incentive gesetzt hat. Er sieht nun ein, dass die Bezahlung nach dem Amazonrang ein Systemfehler war. Er schäumt, weil wir nichts verkaufen. Ich habe ihm gesagt, dass er selbst in der Tat der Einzige im Verlag ist, der nach Lage der Gehaltsvereinbarungen für den realen physischen Verkauf zuständig ist. Er müsste theoretisch also selbst arbeiten. Das will er nicht. Ich habe angeboten, dass er uns einen nochmals verdoppelten Bonus zahlt – dann würden wir mit dem Klicken bei Amazon aufhören. Ich habe nämlich gehört, dass Amazon nur noch ein einziges Klicken *per Computer* akzeptieren oder mitzählen will. Die ändern also was an der Formel und dann können wir mit unserem Trick einpacken. Meier brütet schon, was wir dann machen. Der Oberboss meint, wir könnten ja auch normal *verkaufen*. Das haben wir allerdings praktisch inzwischen verlernt, aber ich habe ihm angeboten, dass wir es machen, wenn er uns einen dicken prozentualen Bonus zahlt, je nachdem, wie der Bücherverkauf im nächsten Jahr über dem Verkauf dieses Jahres liegt. Da wir ja in diesem Jahr nichts verkauft haben, bekommen wir einen Riesenbonus im nächsten Jahr. Vor lauter Not hat er das zugestanden. Ich habe ausgerechnet, dass dieser Bonus so irre hoch sein wird, dass wir die Bücher unseres Verlages am besten zusammen privat aufkaufen. Denn der Bonus ist nach meinem Überschlag höher als der Kaufpreis ... Ich appelliere an Sie alle, Bücher aufzukaufen. Dafür darf sich niemand zu schade sein. Wir müssen das Wohl unserer Firma im Auge haben. Am Ende zählt nur das Ganze. Wir müssen unsere partikulären Interessen vergessen können. Unser Geld ist nicht alles. Es gibt höhere Dinge auf Erden als uns! Wir niedrigen Arbeitnehmer sind absolut nichts. Das Höhere ist das Ganze, die Firma selbst. Es kann niemals der Sinn unseres Lebens sein, dass nur wir einen Bonus bekommen, der Chef aber nicht! Wofür sind wir denn da? Warum feiern wir denn heute Erntedankfest? Wir sind ein Team, das zusammenhält. Wir sind ein dankbares Team. Wir sind ein tolles Team, das sich für die Indikatoren einsetzt, so lange sie etwas hergeben.

Team heißt: „Macht etwas für mich, obwohl ihr nicht dafür bezahlt werdet. Es ist doch für das Ganze gut und für mich auch."

4.6.10 Supra-Katastrophen

Suprasysteme haben Sorge, dass die Ziele zu niedrig sind. Wenn ein Unternehmen sich nun irrte und von den Verkäufern je 10 Mio. € Verkäufe im Jahr erwarten würde – wenn aber in Wirklichkeit 20 Mio. möglich wären? Nicht auszudenken. Wenn nun die Verkäufer nur 10 Mio. verkauften, weil sie dann die Ziele erreicht hätten? Marktanteile gingen verloren. Die Wettbewerber würden sich freuen. Wenn aber die Verkäufer fast ohne Mühe 20 Mio. Verkaufsumsatz schaffen würden? Schrecklich! Dann müsste das Unternehmen riesige Boni und Prämien zahlen, ohne dass dafür gearbeitet worden wäre!

Suprasysteme verlangen daher zur Sicherheit einfach zu viel. Sie verlangen mehr als jeder schaffen kann, damit niemand faul sein darf. Daher ist die Zielgestaltung für die Mitarbeiter in der Regel unfair. Sie jammern: „Man *kann* das nicht schaffen." Sie bitten und betteln um, wie sie sagen, *realistische* Ziele.

Daraufhin lächeln die Supramanager verächtlich. Sie setzen ja absichtlich die Ziele viel höher an, als man realistisch schaffen kann.

Die Mitarbeiter weinen.

Sie weinen, weil sie wissen, dass die Ziele nicht realistisch sind.

Dann wischen sie sich nach etwa einer Woche die Tränen ab und betrügen.

Die da oben wollen es so!

Am Jahresende bekommen die Manager die hohen Indikatorwerte, wie im letzten Abschnitt beschrieben. Da sie selbst an diesen Indikatorwerten gemessen werden, bekommen sie einen schönen Bonus, wie alle diejenigen Mitarbeiter auch, die genug betrügen konnten. Dann lächeln die Manager verächtlich: „Man muss sie nur gehörig treten, dann schaffen sie es am Ende doch! Am Anfang des Jahres weinen sie, aber dann treten und treten wir, und am Ende habe ich wieder meine guten Indikatorenwerte. Treten! Die da unten wollen es so."

Für das nächste Jahr versucht man es mit wieder noch höheren Zielen. Die Mitarbeitergesichter zucken wie Tretmienen. Die Manager bekommen stets die Zahlen, die sie verdienen.

Ich meine mit „Betrügen" nicht so einfach Schummeln. Nein, es ist so ernst wie in der Amazon-Satire. Ich gebe zwei weitere Beispiele. Angenommen, ich wäre in einer Firma Geschäftsführer für XY-Reparatur-Services. Ich soll den Umsatz um 30 % steigern. Der Markt explodiert gerade. Der Umsatz ist etwa 150.000 € pro Person und Jahr. Mit jeder solcher Person verdiene ich 10.000 €. Ich habe 1.000 Mitarbeiter. Wenn ich also den Umsatz um 30 % steigern soll, muss ich 300 Personen das ganze Jahr über mehr haben. Die muss ich *einstellen.* Leider kann ich sie nicht alle mit einem Schlag am ersten Januar einstellen. Ich muss dies das ganze Jahr über tun. Deshalb werden die neuen Mitarbeiter im Durchschnitt nur ein halbes Jahr in meinem Bereich arbeiten. Wenn das so ist, muss ich rechnerisch 600 Personen einstellen, damit diese die 300 zusätzlichen Jahre Arbeit abarbeiten können. Leider sind diese Personen noch nicht richtig ausgebildet und erbringen in den ersten vier bis acht Wochen noch kaum Umsatz. Ich muss also etwa 750 Personen einstellen.

Alles klar?

Stellen Sie sich vor, ich schaffe das. Es geht nicht wirklich, weil ich so viele gute Leute nicht tatsächlich am Markt bekomme. Ich könnte dann in diesem Jahr kaum etwas anderes tun als Leute einzustellen. Das sieht nicht gesund für einen Manager aus. Trotzdem lassen Sie uns den Fall anschauen, dass ich tatsächlich 750 neue Mitarbeiter einstelle, die dann tatsächlich zusätzliche 300 Jahre Arbeit leisten, so dass der Firmenumsatz um 30 % steigt.

Am Jahresende habe ich dann aber eben 1.750 Mitarbeiter. Damit meine Firma weiter florieren kann, muss ich so viele Aufträge haben, dass im Folgejahr 1.750 Mitarbeiter voll durcharbeiten können. Sonst bricht meine Firma wie ein Kartenhaus zusammen.

Da die 1.750 Personen diesmal schon am 1. Januar da sind, müssen die Aufträge für die 1.750 Personen schon am 1. Januar da sein. Ich muss also in diesem Jahr, in dem ich eigentlich nur Leute einstelle, auch schon so irre viel verkaufen, dass ich im nächsten Jahr am 1. Januar riesig viel Arbeit habe.

Deshalb sollte ich jetzt schon einmal beginnen, eine ganze Menge von Vertriebsleuten einzustellen. Etc. Etc.

Merken Sie, was das für eine Lawine wird, wenn man den Umsatz um 30 % steigern will? Merken Sie, dass es möglich sein muss, den Umsatz im nächsten Jahr wieder um etwa 30 % zu steigern, weil die Firma sonst mit viel zu viel Leuten in den glatten Konkurs geht? Wenn nun der Markt im ersten Jahr wirklich um 30 % wächst, dann habe ich meine Zahlen. Wenn dann aber im nächsten Jahr das Wachstum schwächer wird oder gar stoppt?

Noch schlimmer: Angenommen, es ist ein *realistisches* Ziel, 15 % Umsatzwachstum zu erwirtschaften. Angenommen, ich bekomme trotzdem 30 % als Ziel und beginne, für dieses Ziel Leute über Leute einzustellen. Was mache ich dann, wenn ich im Laufe des Jahres bei einem Personalstand von 1.500 nur für 1.150 Personen Aufträge bekomme?

Ich werfe die Leute wieder hinaus. Ich senke die Reisekosten, indem ich die Mitarbeiter mit Fahrrädern zum Kunden sausen lasse. Ich gebe ihnen schlechtes Werkzeug. Ich nehme ihnen die Handys weg. Ich biete ihnen Geld an, wenn sie kündigen

… Wahrscheinlich führe nicht *ich* das alles durch, sondern mein Nachfolger. Denn ich habe versagt. Ich bin sehenden Auges in die Pleite marschiert, weil ich sonst keinen 30-Prozent-Bonus bekommen hätte.

Das war die erste Suprakatastrophe.

Eine zweite:

Ein Verleger bekommt den Auftrag, 30 % mehr Bücher zu verlegen, mit dem gleichen Team. Wie macht er das?

Es ist eine Art Kunst, wundervolle Autoren zu finden, die dem Verlag Gewinn bringen. Verleger reisen viel umher und entdecken neue Talente. Die bekannten Autoren haben ja schon „ihre" Verlage. Es dauert sehr lange, bis Autoren wirklich gewonnen werden und dann schöne Bücher schreiben. Und nun nehmen wir einmal an, mitten in diesen Prozess platzt die Suprabombe: „Liefern Sie 30 % mehr Titel!"

Das geht *realistisch* nicht, weil die Autoren erst gefunden werden müssen. Die für den Verlag derzeit schreibenden Autoren schreiben ja gerade. Das sind die geplanten 100 %. Der Verleger weint eine Woche, sein Manager lächelt verächtlich. Was tun?

Jeder Verleger hat ja einen ganzen Keller voller schlechter Bücher, die er nicht drucken will. An ihm hängen Myriaden von Autoren, die unpünktlich liefern, Zusagen nicht einhalten, Schwierigkeiten machen oder einfach schlecht schreiben, oder, was noch häufiger ist, ganz gut schreiben, aber langweilig oder unverständlich.

Es gibt also einen ganz nahe liegenden Weg, 30 % mehr Titel zu liefern. Er kostet im Januar nur ein paar Tage telefonieren. Dann schwemmen die schlechten Bücher zur Buchmesse im Oktober heran, die besser im Keller geblieben wären. Der Geschäftsführer hat jetzt aber seine Zahlen, die er verdient.

Zu Weihnachten bedrücken ihn die Verlagsumsätze von Oktober bis Dezember. Er hofft noch. Niemand weiß, warum in aller Welt sich die neuen Bücher nicht verkaufen. Die einzige Abhilfe scheint zu sein, noch einmal 30 % mehr Titel im nächsten Jahr aufzulegen. Erstaunlicherweise schafft es der gleiche Verleger noch einmal, 30 % mehr Bücher zu drucken. Wahrscheinlich hat er in den Vorjahren gefaulenzt? Das wird es sein. Er muss dafür bestraft werden, dass er früher so wenige Bücher verlegt hat.

Das wird die zweite Suprakatastrophe.

Die erste ist dadurch ausgelöst worden, dass nur ganz ehrlich die vorgegebenen unrealistischen Ziele verfolgt wurden, die Pleite folgte ohne jeden Betrug, ohne die kleinste Schummelei! Es wurde heimlich etwas geopfert, nämlich der Blick auf die Realität. Wenn Wünsche zu Ansprüchen werden, ist der Mensch neurotisch, so etwa schrieb Karen Horney. In Wirklichkeit geht eine Firma nicht so blind ins Unglück. Man schummelt das Unglück irgendwie weg.

Im zweiten Fall wird etwas geopfert, was nicht gemessen wurde: Die Qualität oder die Exzellenz der Bücher.

Die Suprakatastrophen entstehen in der Regel dadurch, dass man die geforderten Indikatoren besser hintürkt, indem man an der Hintertür unter Umständen lebensnotwendige Dinge opfert oder solche bewusst übersieht, die im Augenblick „nicht im Fokus stehen".

> Gut, dass sie nur *viele* Bücher wollen und keine Ahnung haben, welche *gut* sind. *Viele*! Wir machen so viele Bücher, dass sie daran ersticken! Sie wollen es eben so!

4.6.11 Chaos der zuckenden 200-Prozent-Marionetten: „Pain & Pressure"

Jetzt habe ich Ihnen ganz deutlich gemacht, dass Suprasysteme im Grunde nach zwei Jahren notwendig bankrott sein müssen, wenn sie zu viel von sich selbst fordern. Und sie müssen ja zu viel von sich fordern, weil sie Suprasysteme sind.

Gibt es keine Rettung? Die Score-Menschen versuchen, alles für das Überleben zu opfern.

Zuallererst versuchen es Score-Menschen mit dem Opfer von Feierabend und Familienleben. Wenn jemand um 18.00 Uhr die Arbeit verlässt, also nur eine Tarifüberstunde leistete, wird ihm hinterhergerufen: „Hast du heute einen halben Tag Urlaub?" Zu diesem Pfeil gehört ein bestimmter feiner Seismograf in uns, der sofort aufheult: „Du stiehlst dich davon und andere arbeiten noch. Du bist jetzt nicht im Team!" Wir bleiben also am Arbeitsplatz, so lange es geht.

In der nächsten Stufe fahren wir hastig Reifen ab, telefonieren hemmungslos mit dem überteuren Handy („Es war eben sehr eilig!"), wir verpassen Termine („Ich bin entsetzlich unter Wasser!"), beantworten keine Post oder E-Mails („Keine Zeit, ich war dauernd in Meetings, wir stritten uns lange, wer für die verpassten Termine Schuld hat. Ich lasse das nicht auf mir abladen. Ich bin schließlich unter Wasser."). Es wird nichts mehr repariert („Geht jetzt nicht. Weiter!"), nichts mehr gepflegt („Die Blumen sind ja nicht betriebsnotwendig."), nicht ausgebildet („Lebenslanges Lernen muss jeder am Feierabend hinter sich bringen, und ich wäre sauer, wenn einer Zeit dafür hätte.") und nichts geschont. Heute steht in der Zeitung, dass die meisten Firmen die Weihnachtsfeiern einsparen. Die meist genannte Begründung: „Es gibt gerade nichts zu feiern." Im Krieg soll man nicht an Frieden denken. Dafür ist keine Zeit.

Dieser allgemeine Raubbau wird so sehr ausgeweitet, dass das Suprasystem heil bleibt. Das Suprasystem schützt nun nicht gerade den Feierabend oder das Familienleben – aber es wehrt sich bald gegen zu hohe Telefongebühren.

Dafür gibt es jetzt außer den normalen Managementstrukturen des klassischen Systems überlagerte Managementstrukturen des Suprasystems.

In klassischen Systemen hat der Mitarbeiter *einen* Chef, der für alles zuständig ist. Wenn der Mitarbeiter Tesafilm, Sonderurlaub, einen neuen Computer oder eine Kongressreise anfordert, geht er zu seinem Chef. Der sagt final Ja/Nein. Wenn die Anforderungen an den Chef sehr groß sind („Ich brauche drei neue Mitarbeiter!"), dann muss, je nach Größe, dieses Vorhaben von einem höherrangigen Manager genehmigt und abgezeichnet werden. Je größer das Vorhaben, umso höher der Manager, der es genehmigen darf.

In den Suprasystemen hat der eigentliche Chef des Mitarbeiters die Aufgabe, ihn zum Punktejagen zu treiben. „Weiter! Mehr! Nicht genug!" Deshalb wird der Chef zum Punktejagen nicht gerade das Handy schonen wollen oder dem Mitarbeiter das exzessive Taxifahren verbieten. Nein! Es müssen ja Punkte her. Alles was dafür Zeit spart ist willkommen, koste es, was es wolle.

Der Chef spart also nicht mehr, weil er nur in Haupttriebrichtung des Suprasystems mobilisiert.

Deshalb zieht das Suprasystem eine Menge neuer „Prozesse" oder „Geschäftsprozesse" ein, um trotzdem alles ordentlich zu organisieren.

Für jedes spezielle zu schützende Gut gibt es einen Geschäftsprozess. Einen Taxi- und Mietwagenanforderungsprozess, einen Computerbeschaffungsprozess, einen Prozess, der Codenummern vergibt, nach denen Handys freigeschaltet werden, einen Reisegenehmigungsprozess, der innerhalb von drei Monaten entscheidet, ob jemand fliegen darf, einen Personaleinstellungsprozess, einen Qualitätsprozess. Es gibt sofort einen Prozess, wenn etwas nicht normal klappt.

Aber all das klappt nicht normal, was im Raubbau für Punkte geopfert wird. Das ist viel!

Ein Vertriebsbeauftragter könnte überzogene Rabatte einräumen, dann fährt er viele, viele Umsatzpunkte ein. Das wird verhindert, indem es einen Genehmigungsprozess für Rabatte gibt. Es gibt einen Prozess, der Daten von Mitarbeitern von Computern löscht, wenn diese mehr als XYZ Megabyte Daten angesammelt, also nicht aufgeräumt haben. Es gibt einen Prozess, auf die Ordnung im Büro zu schauen. Ein Prozess regelt, dass die Passwörter regelmäßig geändert werden. Ein Prozess verhindert illegale Kopien von Software auf Computern, ein anderer das Einkaufen legaler Software.

Jeder dieser Prozesse wird von einem Prozessmanager bewacht, der das Genehmigungsprozedere regelt und die Bedingungen und Regeln festlegt. Wenn Sie zum Beispiel eine Grünpflanze im Büro haben möchten, müssen sie einen Prozess anstoßen. Sie besorgen sich das Formblatt. Erste Frage: „Arbeiten Sie in einer Lokation, in der es einen Blumengießbeauftragten gibt? Wie ist dessen Name?" Der bekommt dann eine automatische E-Mail, dass er eine neue Pflanze betreuen muss. Diese Pflanze trägt er dann in seine Leistungsliste ein, weil er nach Anzahl der begossenen Pflanzen bezahlt wird. Er braucht vorher noch eine schriftliche Genehmigung, die Pflanzen auch während der Abwesenheit des Mitarbeiters gießen zu dürfen. Dazu beantragt er eine Schlüsselgenehmigung in einem speziellen Gebäudeverwaltungsprozess. Der Blumengießer muss eine Ausbildung für Hydrokulturen haben. Wenn er die nicht hat, genehmigt der Grünpflanzenprozess nur in Erde gepflanzte Zimmerblumen. Ein Umweltbeauftragter genehmigt die Pflanzenart.

Das ist jetzt wieder satirisch ausgerutscht. Ich will sagen: Für alles und jedes gibt es Prozesse, die sich ineinander völlig verwickeln. Es ist manchmal kaum möglich, herauszufinden, wie etwas wirklich völlig erlaubt durchgeführt werden kann. Überall Prozessvorschriftenberge.

Während es also in klassischen Systemen einen Chef gab, mit vielen Hierarchiestufen, die immer gewaltigere Summen unterschreiben konnten, so gibt es in Suprasystemen nur ganz wenige Hierarchiestufen. (Man entließ ja alle sogenannten „Middle-Manager", man schnitt also die mittleren Mangementebenen aus der Hierarchie heraus.) In Suprasystemen sorgt einfach der normale Chef der Haupttriebrichtung für Dampf hinter der Punktejagd. Dafür ist der Mitarbeiter von allen Sondertentakeln des Suprasystems bewacht, den Geschäftsprozessen.

Über den Geschäftsprozessen stehen oft hohe Manager. Sie heißen am besten CXO. C heißt Chief oder Corporate, O heißt Officer. Diese beiden Buchstaben sind gesetzt und immer gleich. Das ist ein Segen für die Menschheit, weil es nun für den Buchstaben in der Mitte nur noch 26 Möglichkeiten gibt. CTO heißt Chief Technology Officer, CPO Chief Privacy Officer. CEO heißt Chief Executive Officer. Entsprechend kann es dann Vice Presidents für Gleichstellung, Einkaufspreise, Datensicherheit, Kundenfreundlichkeit, korrekte Dokumentation etc. geben. Es sind alles Posten, auf denen der Manager etwas bewachen muss, mit dem erheblicher Raubbau zu Gunsten von Punkten getrieben würde, wenn es ihn als Manager nicht gäbe.

Wenn zum Beispiel ein Mitarbeiter im Dienst den Internet-Tauschdienst Kazaa installiert und Pornofilme downloaded und schließlich auf dienstliche CD-Rohlinge kopiert, so wird er sofort entlassen. Wenn der zweite erwischt wird, wird er entlassen. Wenn ein dritter erwischt wird, liegt offenbar ein allgemeiner Missbrauch vor, weil ab ungefähr drei kein Einzelfall mehr vorliegt und ein Zufall ausgeschlossen erscheint. Deshalb wird ein Prozess installiert, der das Installieren von Kazaa verhindert. Dazu wird ein CDO ernannt, ein Corporate Download Officer. Er bekommt die Dienstbezeichnung Vice President für Illegale Private Inhalte und Rohlingsmissbrauch. Er kontrolliert unternehmensweit, dass auf CD-Rohlingen nur betriebsbetriebnotwendige Inhalte kopiert werden.

In dieser Weise ersticken Suprasysteme fast unter der Last von Chief XYZs und entsprechenden Prozessen. Die Mitarbeiter werden zu Marionetten, an denen einige zehn Vice Presidents ziehen. Der Mitarbeiter bekommt andauernd Aufforderungen, diesen Vice Presidents Daten zur Kontrolle zu melden. („Bitte kreuzen Sie auf dem beiliegenden Blatt an, wie viele Pornofilme Sie auf Ihrer Maschine gespeichert haben. Vermerken Sie in jedem Falle unbedingt, worin der betriebliche Nutzen besteht. Den wüssten wir gerne, weil uns selbst keine Begründungen mehr einfallen. Wenn Sie nicht innerhalb von 10 Tagen antworten, sperren wir Ihren Computer vom System ab.“) Sie haben leider Urlaub, was lange keiner mehr versucht hat, und nun.

Die Suprasysteme hängen uns also wie Marionetten an Fäden auf. Jeder Faden ist ein Prozess. Der Drahtzieher ist der „process owner“, der Herr des Prozesses, ein Vice President. Er verlangt Berichte, warum sich der Draht nicht richtig ziehen lässt. Wir Mitarbeiter wissen bald nicht mehr, wem wir antworten sollen. Keine Zeit! Der wahre Chef in Haupttriebrichtung der Punkte brüllt: „Lasst es! Allen Trieb hierhin! In meine Richtung! Lasst den Rest schleifen! Ich decke euch wahrscheinlich vielleicht den Rücken, wenn es später Ärger gibt!“ Die Neben-Executives verlangen Berichte und schrecken mit Revisionen und anderen Invasionen. Sie machen Druck. Die Mitarbeiter können nicht gehorchen, weil die eigentliche Punktejagd in der Haupttriebrichtung näher an ihrem Leben ist. Die Neben-Executives erkennen, dass nur nackte Gewalt helfen könnte. „Pain & Pressure!“ Druckmachen ohne Ende!

Es gibt nur einen Punktestand und einen direkten Manager. Die anderen kommen mit Umfragen und Nebenpflichten, mit Inventuraufklebern und Elektrovorschriften für Sicherheitssteckdosen. Es scheint so zu sein, dass es mehr Neben-Executives als Linienmanager in der Haupttriebrichtung gibt. Diese relative Mehrheit unter den Managern erlebt die Mitarbeiter in ihrer Gesamtheit störrisch und blank ungehorsam. Sie sehen aus ihrer Sicht, dass die Mitarbeiter alle Vorschriften, die ihnen ein Executive vorsetzt, ohne weiteres in den Wind schlagen. Ohne grausame Zwangsmaßnahmen werden Executives erst einmal ignoriert. „Sonst kann ich nicht arbeiten!“, klagen Mitarbeiter und versinken in immer höhere Stresswellen. Die Manager aber empfinden Mitarbeiter nun in ihrer Mehrheit als faul und egoistisch. Die Mitarbeiter finden, dass alle diese Executives das Leben nicht verstehen (das Leben des Mitarbeiters). „Sie haben keine Ahnung, was hier unten abgeht. Sie denken sich immerzu etwas aus. Es mag sinnvoll sein, aber wir bekommen 100 sinnvolle Vorschriften pro Tag. Wir werfen alles in den Papierkorb und warten. Bei der dritten Mahnung könnte es ernst sein. Im Grunde reagieren wir nur noch, wenn es Punkte kostet. Und dazu haben diese Sonderschlauen ja keine Macht.“

Das ist das 200-Prozent-Drama einer sogenannten Matrixorganisation. Mitarbeiter sind aufgespalten in viele Einzelpflichten und werden in Bezug auf alle verschiedenen Pflichten von dem entsprechenden Prozess oder Vice President oder Projektleiter bedrängt, nur jetzt unbedingt genau für die Parzelle zu arbeiten, für die dieser Drahtzieher an der Marionette zuständig ist.

Und jetzt kommt der Clou der ganzen Argumentationskette:

Der Score-Mensch ist nun so sehr vom Suprasystem überlastet, dass er sich innerlich fast wieder frei fühlt, zu tun und zu lassen, was er will.

Es ist so sehr viel verboten und durch Vorschriften eingeengt, dass es keine Lebensform mehr gibt, die innerhalb aller Vorschriften existieren könnte. Jedes denkbare Mitarbeiterleben ist mehr oder weniger verboten. Wer alle Bestimmungen beachtet, leistet nichts mehr und bekommt kein Gehalt. Wer auf alle Genehmigungen wartet, hat bald nichts zu tun als nur Warten, was in einem Suprasystem mit grimmem Hass gesehen wird. Was denn nun? „Tu irgendwas Sinnvolles! Bleib nicht stehen! Warte nicht! Vergiss das System!“ So sagen die Erfahrenen. Wenn die Prozesse und Vice Presidents an den Drähten ziehen und wüten, so ist das nicht schlimmer als warten und dafür bestraft werden. Der Mitarbeiter sucht sich also die kleinste Hölle aus.

Er kann jetzt wählen! In klassischen Systemen ist alles vorgeschrieben. Jeder tut seine Pflicht. In überdrehten Suprasystemen herrschen so viele Vorschriften, dass man wählen muss und eben dann auch wählen kann, welche Vorschriften man vergessen oder missachten will.

Der Mitarbeiter ist also im Chaos frei. Diese Freiheit, die daraus resultiert, einen Teil der Vorschriften brechen zu müssen, wird nun von allen Mitarbeitern individuell anders genutzt, je nach Vorliebe, je nach dem jeweils unterschiedlichen Druck, der auszuhalten ist. In letzter Konsequenz arbeitet jeder Mitarbeiter in überdrehten Suprasystemen, „was ihm selbst in den Kram passt“.

In diesem Zustand ist reines Chaos.

Es stellt sich die Gretchenfrage, wozu ein Suprasystem gut ist.

4.6.12 Haupttriebsmanagement für mehr Punkte jetzt!

Die direkten Chefs der Mitarbeiter achten natürlich nur auf die Haupttriebrichtung. Es sind Linienmanager. Sie sehen sich als die vornehmste Sorte im Management.

„Ich habe Profit-Loss-Verantwortung.", sagen sie mit bedeutender Stimme. Sie stehen im Sturm und kämpfen an der echten Front. Dagegen ist zum Beispiel ein Direktor für Kundenzufriedenheit nicht so wichtig. Dieser Customer Satisfaction Executive (CSE) appelliert nun ständig im Unternehmen, dass Kunden ebenfalls zählen, nicht nur Gewinne. Er veranstaltet vor Verzweiflung Umfragen, wie unzufrieden die Kunden sind. Mit den Ergebnissen versucht er, die Linienmanager zu erschrecken. Die lächeln und setzen ihm im Gegenzug das Ziel, den CS-Index der Umfrage um drei Prozentpunkte zu verbessern (CS = Customer Sat = Kundenzufriedenheit). Dann muss der CSE aus Statistiken Aktionen machen, ohne Macht. Er ist ein Hüter eines Wertes (CS), der leicht um Punkte geopfert wird. Er ist kein richtiger Executive, eher ein Indexutive, der Hüter des CS-Index.

So kämpfen die Mitarbeiter an der Front um die Hauptindikatoren. Das sind die Zahlen, die für die Prämienzahlungen relevant sind. Punkte *jetzt*!

Die anderen Werte werden von Indexutives mühsam in Balance gehalten. Das gelingt nicht wirklich. Langsam sterben alle die Nebenwerte, die nicht bei den Prämienausschüttungen zählen. Die Indexutives merken natürlich, dass sie nur appellieren, aber überall ignoriert werden. In einem Suprasystem wird nur der Score beachtet, der Punktestand! Wenn also ein Indexutive beachtet werden will, muss er durchsetzen, dass er den Mitarbeitern Punkte abziehen kann, wenn sie ihm *nicht* dienen. Also verhandelt er mit den Linienmanagern der Haupttriebrichtung, dass Punkte für alles Mögliche abgezogen werden. Punktverlust für jede Übertretung der Vorschriften! Punkteabzug für Taxifahren, für Herumliegenlassen von CD-Rohlingen, für Vergessen des Inventurtermins, für Nichtbeantworten der Kundenumfragen. Die Linienmanager der Hauptrichtungen wehren sich. Wenn ein Teil der Gehaltsprämien für Nebentriebe gezahlt wird, splittert sich die Aufmerksamkeit der Mitarbeiter auf viele Dinge auf. Sie rechnen überall, wo es Punkte oder Geld gibt. Das kann nicht im Interesse der Linienmanager sein. Sie versprechen daher, die Mitarbeiter zu ermahnen. Die Indexutives flehen die Hauptmanager an: „Wir sind ein Team!" (Heißt wieder: „Ich selbst bin wichtig und macht bitte meine Arbeit!"). Die Hauptmanager schwören, ein Team zu sein, und zucken nach dem Gespräch mit den Achseln: „Wenn wir genug verdient haben, machen wir meinetwegen Inventur. Jetzt nicht." Sie schreiben dann sofort eine E-Mail an alle: „Ich fordere Sie auf, nach der Arbeit für mich auch die unbedingt wichtige Büroangelegenheit von Indexutive XY noch nach Feierabend zu bearbeiten. ASAP!"

ASAP heißt „as soon as possible", also „so bald wie möglich". In klassischen Systemen, also früher, hieß das: „Alles fallen lassen, einer von oben will was. Los, sofort!" ASAP hieß „bei Todesstrafe sofort". In Suprasystemen heißt ein ASAP-Befehl von Neben-Executives wirklich ASAP, also: „so-bald ich Zeit dafür habe, und Zeit habe ich nie".

Wenn ein Nebenwert überaus bedrohlich verfallen ist, wenn also zum Beispiel zu viele Mitarbeiter kündigen oder zu viele Kunden abwandern, dann wird der Nebenwert im nächsten Geschäftsjahr zum Hauptwert oder Haupttrieb definiert. „Der Mitarbeiter ist in diesem Jahr das höchste Gut. Darauf wollen wir uns in diesem Jahr besinnen." – „Der Kunde steht in diesem Jahr im Mittelpunkt unserer Bemühungen."

Das Suprasystem organisiert alle paar Monate um. Es richtet seinen Haupttrieb in eine andere Richtung. Es darf immer nur *einen* Haupttrieb geben! Alles andere wird dann ein bisschen geopfert oder hintangestellt. Die Regeln des Kampfspiels müssen immer einfach sein. Punkte *jetzt*!

4.6.13 Indikatorenzucken jetzt! *Stärker als alle Pyramiden!*

Und nun schauen Sie bitte noch einmal wehmütig an den Anfang des Buches zurück, wo wir uns die Pyramiden der richtigen, wahren und natürlichen Menschen angesehen haben.

Ist irgendwo von den Bedürfnissen von uns selbst in Suprasystemen die Rede? Man gibt uns etwas Zucker oder mehr Geld, wenn zu viele von uns kündigen.

Achtung, Respekt, Integrität, Liebe, Geborgenheit, Sicherheit, gutes Auskommen, Exzellenz, Wissen, dauerhafte Leidenschaft, erfüllende Aufgaben, Harmonie unter Kollegen, Freundschaft, Spaß, Gemeinschaftserleben, Neugier, Erfolgslachen, Freude, Handlungsfreiheit, Ermessensspielräume, Tatkraft, Aktion.

So etwas brauchen wir selbst, außer Geld und Überleben. Es sieht so aus, dass wir uns an den Zustand künstlicher Not gewöhnen und nur noch auf das Überleben unserer Prämien-Indikatoren konzentrieren. Das gewöhnliche Suprasystemleben wirkt, als ob die Menschen noch auf der untersten Stufe leben, auf der sie für das nackte Dasein kämpfen.

Dabei bekommen wir im Grunde so sehr viel Geld, dass wir eigentlich im Luxus leben. Es wäre doch einfach, alle Betriebe der Welt einigten sich, 10 % des Umsatzes in Menschenwerte (die aus den Pyramiden) zu stecken und uns das vom Gehalt abzuziehen? Wären wir nicht glücklicher? 10 % des Umsatzes wären etwa 20 % unserer Personalkosten. Dafür hätten wir wieder Weihnachtsfeiern, Geburtstagsumtrunke, Zeitungen im Büro, Kaffeeautomaten, Einzelzimmer auf Wunsch, Fenster im Büro, Blumen, Ausbildung, Konferenzreisen, genug Manager mit Zeit für uns und Interesse für unsere Arbeit, unsere Person und unser Vorankommen auf der Pyramide. Das Menschseindürfen kostet gar nicht die Welt. Es kostet wohl 20 %.

Wenn ein neues Gebäude errichtet wird, ist es per Gesetz vorgeschrieben, 2 % der Baukostensumme für „Kunst am Bau" auszugeben. Genauso gut könnte ein Unternehmen verpflichtet werden, Menschsein zu fördern. Wir würden es durch bessere Arbeit danken. Ich glaube nicht einmal, dass wir irgendwie schlechter arbeiten würden.

Ich stelle mir vor, wir würden in Deutschland mit den Suprasystemen Tarifverträge über Menschsein abschließen.

Was geschähe?

Es würden Budgets für Respekt, Mitarbeiterloben und Freundschaft eingerichtet. Es würden Direktorenstellen geschaffen. Direktor für Mitarbeiterzufriedenheit, Vice President für Selbstverwirklichung. Sie würden fragen: „Woran messen wir das Erreichen von unseren Zielen? Wie sehen wir, um wie viel Prozent sich die Menschen im Jahresverlauf selbst verwirklicht haben? Wir wollen in Selbstverwirklichung das führende Unternehmen in der Welt werden und in Punkto Selbstverwirklichung einen de facto Weltstandard setzen. Wir werden aufwändige Prozesse ins Leben rufen, so dass jeder Mitarbeiter selbst verwirklicht wird. Ohne Ausnahme. Mitarbeiter müssen selbst verwirklicht werden, das ist ja gerade der Sinn dieses Prozesses. Niemand wird mehr eine Ausrede haben und sagen, er wolle Urlaub haben oder arbeiten. Nein – ohne Ausnahme werden wir alle Selbstverwirklichen. Wir wollen uns vorher genau überlegen, welche Checkpunkte jeder Mitarbeiter am Jahresende erfüllen muss …“

So funktionieren Suprasysteme.

Sie werden dies irgendwie an unseren Herzen vorbei managen. Früher wurden zum Beispiel die besten Mitarbeiter der Unternehmen zu einem vielleicht mehrtägigen rauschenden Fest zur Feier ihres Erfolges eingeladen, am besten in eine wunderschöne Urlaubsgegend. Das waren freudetrunkene Tage wie pure Sonne. Die Feste wurden von einem Team organisiert, das liebevoll alle Einzelheiten ausarbeitete und ganz tief in die Herzen der Mitarbeiter hineinleuchtete. Das war das Eigentliche des Ganzen.

Heute gibt es Mitarbeiterzufriedenheit als Services der Reisebüros. „Was möchten Sie bitte?“ – „Eine Incentivereiseveranstaltung, eine schöne.“ – „Reden wir nicht drum herum, wie viel wollen Sie ausgeben?“ – „Äh, eigentlich wenig, es soll nur schön sein.“ – „Drei Tage Nizza für 1.000 € zum Beispiel?“ – „1.000 €, oh je. Wenn die Mitarbeiter die Getränke im Hotel und während des Charter-Fluges selbst bezahlen, wie viel käme es dann?“ – „Das bringt ziemlich viel, weil sie förmlich saufen, wenn es mal etwas umsonst gibt. Man denkt, sie bekommen das ganze Jahr nichts. 900 €. Sonst müssen wir nach Kenia ausweichen. Da sind die Hotels im November so billig, dass der Flug keine so große Rolle spielt. Kenia kann ich anbieten.“ – „Aber dann fehlen die wegen des weiten Fluges so lange bei der Arbeit. Ich rechne mit 600 € pro Tag und Mitarbeiter. Wenn die einen Tag länger rumfliegen, Gott behüte.“ – „Das weiß ich, deshalb ist ja das weite Fliegen nach Kenia oder Indonesien so billig.“ – „Und was ist am allergünstigsten? Von den Kosten her?“ – „Einen Tag Treffen im Sheraton-Hotel im Frankfurter Flughafen, wenn Sie Stand-by buchen. Die halten einige hundert Zimmer frei für den Fall, dass Überseeübernachtflüge gecanceled werden. Sobald wir wissen, dass kein Jumbo kaputt ist, können Sie in Minuten ein paar hundert Zimmer haben. Das Hotel hat einen eigenen Flughafen dabei und eine ICE-Station plus Straßenbahn.“ – „Gut, dann nehme ich so etwas.“ – „Wie viele Stunden sollen wir für Sie selbst abzweigen?“ – „Für mich?“ – „Sie wollen doch sicher eine Rede vor den Mitarbeitern halten? Wir würden das Event darum herum spreizen.“ – „Ja, sicher, ach ja, ich muss ja auch selbst dahin. Ich habe gar keine Zeit. Die Rede habe ich noch vom letzten Jahr. Können Sie das mit meinem Sekretariat abmachen, die wissen, wann ich am besten kann. Zum Beispiel 14.30 bis 15.30 Uhr oder 10 bis 11 am Morgen.“ – „Das geht nicht, weil in diesen Slots die Ausflüge sind. Sie müssen vorher oder nachher.“ – „Also muss ich mich jetzt nach den Mitarbeitern richten?“

Ich möchte mit solchen Sarkasmen einen wichtigen Punkt herausholen. Der Unterschied zwischen dem Abspeisen und dem Ehren ist irgendwie in Suprasystemen abhanden gekommen. Sie können den Unterschied im Blumengeschäft und überall finden: „Sie liebt Weißes, ach ja, und dazu nehmen wir die grünweißen Tulpen, gefüllt, das mag sie, ich bin glücklich, ich sehe ihre Augen, da, noch was Kleines, hier diese, mit dem Stiel, die Blüte." Oder: „Schnell. Haben Sie was Fertiges? Nein, nicht wählen, gleich das erste. Ich muss nur was haben. Was, so viel? Teilen Sie die Hälfte ab. Das reicht mir."

Es ist ein feiner Unterschied zwischen „das liebt sie" und „das reicht mir", nicht wahr? Im letzten Fall geht es nur wieder um Punkte in einer Suprabeziehung.

Bei Mitarbeiterfesten wird dieser feine Unterschied gewittert. Er hört sich so an: „Sie haben zwar noch Champagner, aber keine bekannte Marke serviert." Das reicht für unsere Zunge und unser Unternehmen, aber wir schmecken, dass die Ehre abgeschmolzen ist.

4.6.14 *Werte ohne Indikatoren – nur für starke Persönlichkeiten?*

Wer seine eigene Wertepyramide heute sogar noch *selbst* kennt, muss eben stark sein und sich für diese Werte stark machen. Es kostet leider mehr Mühe als es lieb sein kann.

Es wird dennoch gehen.

Wenn Sie irgendwelche Leistungsträger statistisch anschauen, dann werden Sie immer wieder folgende Muster unter ihnen sehen: Die exzellenten Menschen finden Zeit für das Andere, neben den Indikatoren. Für Liebe zu Kunden und Mitarbeitern, für Konzertbesuche und Hobbys. Wahre Exzellenz *darf nicht* auf das eingepflanzte Zucken der Indikatoren reagieren. Wahre Exzellenz muss sich der Implantation widersetzen. Das rundum Gute kann nicht in rotierender Triebrichtung, je nach Desasteranfall, erschaffen oder erhalten werden.

Das Exzellente ist meistens so exzellent, dass es zwar jede Triebrichtung ignoriert, aber dennoch in den jetzt gerade zufällig angewendeten Triebmessungen ganz gut ist. Das rundum Gute macht eben „nebenbei" auch Umsatz, Gewinn, spart CD-Rohlinge oder Blumendünger. Wer es schafft, das rundum Gute um sich herum bleibend zu etablieren, kann im Grunde die Indikatoren und Messgrößen des Suprasystems beiseite lassen.

Deshalb gibt es in Suprasystemen noch eine echte Freiheit, die der *Exzellenz*, die das System von ihrer Seite einfach ignoriert.

Echte Exzellenz darf sich *etwas leisten*! Echte Leistungsträger werden nicht beschimpft, wenn sie mit einem Baby zur Arbeit kommen oder eine längere Mittagspause machen. Leistungsträger können sich ihre Werte aus dem Suprasystem *herausnehmen*.

Es scheint so, als sei das nur ein Weg für starke Persönlichkeiten. Das System zeigt ja stets, dass es genau bemerkt und misst, dass sich ein Leistungsträger etwas herausnimmt. Darunter kann ein Leistungsträger sehr leiden. Das Suprasystem signalisiert „Wir tolerieren, dass du ohne Trieb arbeitest, aber wehe, du leistest mal nicht genug. Noch schaffst du es ohne Trieb. Wir sehen deinen leichten

Hohn gegenüber den Trieben der Indikatoren. Warte ab.“ Leistungsträger sind oft einfach exzellent, *weil* sie den Trieben nicht nachgeben und das Exzellente ohne Kompromiss und teilweise gegen das Suprasystem tun. Die Suprasysteme sagen unisono: „Wir verstehen, dass du sehr viel leistest, ohne dich dabei aufzureiben, aufzugeben, abzuhetzen. Wir sehen, dass du das kannst. Wir müssen es hinnehmen. Wir sind aber nicht glücklich, weil du ja noch viel mehr leisten könntest, wenn du dich aufreiben und abhetzen würdest. Wir zucken furchtsam zusammen, wenn du so froh gelaunt zur Arbeit kommst.“

Ich habe dazu viel Launiges in meinem Buch *Wild Duck* geschrieben, in dem ich Leser zu überzeugen versuche, dass höchstwahrscheinlich der menschlich-ethisch-philosophisch gewünschte Mensch die besten Arbeitsleistungen erbringt. Eine echte Persönlichkeit wird eben *besser* arbeiten, oder?

Und echte Persönlichkeiten sind keine ferngesteuerten Triebreaktoren.

Wer aber sonst kann oder will sich heute wahre Werte leisten, die gerade im Augenblick keine Indikatoren für Prämien sind?

4.6.15 Buntes Leben und Schrei

Wir werden an Punkten, Scores, Prämien, Geld gemessen. Man macht uns Angst, entlassen zu werden, wenn wir nicht genug Punkte machen. Unten sein im Punktestand wird hingestellt als generelles Untensein. Untensein wird uns wie eine Höllenvorstellung anerzogen. Deshalb ist Untensein Hölle. (Und Hölle ist schlimmer als Totsein.) „Lieber tot als unten sein.“

Das ist aber nur eine einzige Richtung in unserem Leben.

Wir lieben unseren Lebenspartner und unsere Kinder. Wir arbeiten ehrenamtlich in Vereinen. Wir schenken einander Hilfe, Aufmerksamkeit, Gehör, seelischen Beistand. Wir lieben Behaglichkeit, Gemütlichkeit, Schrebergartenruhe der Seismografen, Urlaub, Entspannung, Sorglosigkeit, Genuss, Zerstreuung, Feste, Kino, Sex, guten Wein und Bier. Das Leben ist wie ein buntes Bild.

Wir streben zur Tugend, zur Weisheit, zur Ruhe, zur Selbstverwirklichung, zur Vollkommenheit in einem Hobby, wir frönen einer Leidenschaft, sind künstlerisch tätig, wollen erleben und lernen, Erfahrungen machen und hart für die Perfektion arbeiten. Wir sammeln Farben und Freuden. Wir üben und trainieren, wollen neue Länder sehen und viel wissen. Wir erleben die Gemeinschaft in unserem Ort, die Hilfe und das Höhere über uns.

Aber die Punkte sind stärker als all das, nicht wahr?

Wir ersticken in Vorschriften, drückenden Terminfristen und frustrierendem Stress. Selbst die liebende Erziehung der Kinder dreht sich um Punkte: „Wie war die Klassenarbeit? Ach, schlecht! Warum passt du nicht auf? Was habe ich Pech, so ein Kind zu haben! Wir haben keine Zeit! Wir kommen todmüde von der Arbeit. Sei froh, dass wir Arbeit haben, sonst ginge es dir dreckig. Wir sind noch relativ oben. Andere sind so gut wie geliefert. Ein paar Monate Arbeitslosigkeit und du kannst es schenken. Kind, bitte: Mach einfach in der Schule deinen Kram. Wir können dir

Abb. 4.20 Edward Munch: Girls on a Bridge (© The Munch Museum/The Munch Ellingsen Group/VG Bild-Kunst, Bonn 2003)

nicht helfen. Wir haben alles vergessen, was wir gelernt haben. Ich weiß. Ja, wissen wir. Es hat keinen Sinn, es zu lernen, wenn man dann nicht mal den Kindern helfen kann. Nein, es ist nichts mehr da. Nein, es ist bei dem Arbeiten verloren gegangen. Wir sind müde, Kind, siehst du das nicht? Wir müssen uns einfach an jedem Abend regenerieren. Deshalb sei so gut und lass uns fernsehen. Schlager oder was mit Horror, das lenkt ab."

An allen Seiten zieht das Leben. An einem Punkt zieht die Haupttriebrichtung des Suprasystems. Wir bewegen uns mit aller Kraft in die Haupttriebrichtung des Systems. Alles andere zieht uns in andere Richtungen. Die Vernunft, die Einsicht, die Liebe, die Freude, die Familie, die Kinderaugen.

Weil alles an uns in verschiedene Richtungen zieht, kommen wir kaum voran.

Es kommt mir vor wie das umgekehrte Bild des Verfolgungstraumes. Kennen Sie dieses Traumbild? Alle Furien sind hinter mir her. Ich fliehe. All meine Kraft, all meine Energie, all mein Wollen liegt in der Flucht. Ich laufe davon wie auf Kaugummi, ich komme nicht vorwärts. Es klebt mich fest. Ich habe Angst. Die Verfolger sind nahe. Es wird dunkel. Ich schreie.

Wie fühlen Sie sich mit einer solchen Vorstellung: Das *Leben* verfolgt uns! Das Glück, die Tugend, die Selbstverwirklichung, die Stufe zwei, die Nachhaltigkeit, das Wachsen, unsere Kinder und Nachbarn sind hinter uns her! Sie beschwören, dass das Leben wie eine *bunte* Brücke mit fröhlichen jungen Mädchen ist (Abb. 4.20).

Aber wir laufen in die andere Richtung und schreien (Abb. 4.21).

Uns fehlen noch wenige Punkte für Stufe vier. Jemand hat uns Kratzer an der Nummer Eins gemacht.

Wir gehen in die falsche Richtung über die Brücke.

Dort sind nur Punkte – und meist weniger als wir dachten.

Abb. 4.21 Edward Munch: The Scream (© The Munch Museum/The Munch Ellingsen Group/VG Bild-Kunst, Bonn 2003)

4.7 Das Ganze ist weit weniger als die Summe der Teile

Dieser Abschnitt vertieft Argumente, dass die Leistungsvereinzelung der Menschen dazu führt, dass das Gemeinsame, das Ganze und das gegenseitige Vertrauen immer weniger wiegt, weil niemand dafür noch „Punkte" bekommt. Es soll Ihnen nach der Lektüre fraglich erscheinen, ob sich nicht der Weg des Supramenschen an sich wegen dieses Faktums diskreditiert.

4.7.1 Das Ganze und die Taylorseele

Frederick Winslow Taylor (1856–1915) war der Begründer des „Scientific Management", also der wissenschaftlichen Betriebsführung. Er führte zuerst Arbeits- und Zeitstudien durch. Der Taylorismus oder das Taylorsystem studiert und plant die genauen Zeit- und Arbeitsverläufe. Es wird für Arbeiten eine „allein richtige" Bewegungsfolge gefunden. Die Einhaltung dieser allein richtigen Bewegungsfolge wurde von sogenannten Funktionsmeistern ständig kontrolliert.

Vor aller Arbeit wird also über wissenschaftliche Untersuchung die zeit- und kostengünstigste Form ermittelt, wie eine Arbeit durchzuführen ist. Diese wissenschaftlichen Werte dienen der Planung des Betriebes. Das Management setzt nun diese Planwerte um. Insbesondere sorgt es dafür, dass sich alle an die allein selig machenden „Bewegungsabläufe" halten. Niemand macht andere Handbewegungen als die zeit- und kostengünstigsten!

Hier, an dieser Stelle, ist unsere klassische Systemwelt entstanden. Das Taylorsystem ist einer der Grundpfeiler unseres heutigen Wohlstandes. Aber es bereitet uns derzeit eine Art Hölle, weil die Systemwelt zur Suprasystemwelt fortentwickelt wurde.

Das Taylorsystem feierte wahre Triumphe. Niemals zuvor wurde systematisch nach einem besten Weg gesucht, eine Arbeit durchzuführen! Vorher lernte man die Arbeit bei der Arbeit. „Training on the job." Die Produktivität der Weltwirtschaft schoss in die Höhe, besonders mit der Einführung von Fließbändern, etwa bei Ford.

Das System klassischer Art teilt seitdem alles in separierte Arbeiten und Pflichten auf und bestimmt jeweils deren „allein richtige" Bewegungsfolge für die Abarbeitung. Dann werden die Arbeiter trainiert, diese allein richtige Bewegungsabfolge möglichst schnell, ausdauernd und nachhaltig durchzuführen. Das Management besteht aus zwei Teilen. Der eine Teil des Managements plant die Arbeiten selbst und ihre wissenschaftlich optimierte Durchführung. Der andere Teil des Managements kontrolliert nur, ob alles wie geplant umgesetzt und richtig gemacht wird. Dann muss auch alles zu der vorher berechneten Zeit fertig sein.

Das Ganze des Systems ist also eine hochkomplexe Struktur aus allein richtigen Bewegungsabläufen! Der Mensch, das heißt der Arbeiter, für den ja die Systeme designed wurden, ist eine Art mechanistischer Teil in diesem Gewebe. Er ist ein Rad im Getriebe. Er ist trainiert auf die korrekten Handgriffe. Alles korrekt wie allein richtig, noch einmal penetrant wiederholt.

Ich will Ihnen damit etwas verdeutlichen, nämlich den Inhalt eines Songtitels von Pink Floyd:

> Another brick in the wall.

Jeder ist ein Stein in dem Gebäude (oder der Mauer) des Ganzen. Das Ganze besteht aus uns allen, Ziegelsteinen, die alle eine vorbestimmte Rolle oder Funktion innehaben.

Im Grunde ist das Ganze, in diesem Bild als Gebäude gesehen, die Summe der Ziegelsteine. Aber es war ja eine große geistige Anstrengung nötig, dieses System der Ziegelsteine zu einem Ganzen zu formen, das dann als Ganzes funktioniert. Insofern ist das Ganze mehr als ein Haufen von Ziegelsteinen. Es ist ein *System* von Ziegelsteinen! Das *System* bringt also erst einen höheren *Wert* in den sonst ja unorganisierten Ziegelhaufen.

Honigbienen bilden solche Systeme, die wir bewundern. Jede Biene hat eine Arbeitsrolle im System. Manche Bienen betreuen den Nachwuchs, andere verarbeiten gesammelten Nektar auf dem Heimflug in abzuliefernden Honig. Es gibt bei den Bienen einige spezielle Arten von Schmarotzerbienen, die keinen Honig an das System abgeben und dafür ihre Eier in Brutzellen anderer *sozialer* Bienen ablegen. Schmarotzerbienen „lassen es sich gut gehen und setzen ungehemmt Kinder in die

Welt“. Die sogenannten sozialen Bienenarten müssen sehr auf der Hut sein, dass ihr System nicht von solchen Parasiten ausgenutzt wird. (Schwelgen Sie bitte in Analogien zu unseren sozialen Systemen.)

Suprasysteme würden nun die Bienen weiterentwickeln. Die Bienen könnten doch andere Bienen vertreiben, um Marktanteile zu gewinnen. Sie könnten untersuchen, welche Blumen am meisten Honig geben, anstatt sich naiv auf jeder x-beliebigen Blüte niederzulassen. Blüten schummeln bekanntlich und beeindrucken die Bienen vor allem durch Farbe, auch damit sie von Menschen gezüchtet werden. Sie wollen nur den möglichst unentgeltlichen Service der Biene und geben nicht prinzipiell gerne Nektar ab. Die Bienen könnten sich gegenseitig die Nester zerstören oder Gebietsmonopole einführen. Sie könnten bei besiegten Bienenvölkern Tribute einfordern und ihnen dafür erlauben, ungestört an Minderblumen schwer abbaubaren Billig-Nektar zu ernten. Das wäre eine echte globale Kampfwelt. Im Grunde gibt es genug Blumen für alle. Aber es gibt wenig satt volle Blüten, die sind dann nur noch für furchterregende Hochleistungsbienen.

System und Suprasystem sind also auf Einzelbausteinen aufgebaut. Systeme sind wie organisierte Ziegelsteinkulturen, während Suprasysteme sich aus aggressiven Leistungsbienen organisieren. Das System ist das Zusammenhaltende. Erst das System macht die Teile zu einer Summe. Insofern ist die Summe mehr als die Gesamtheit der Einzelteile. Ein Haus ist mehr als ein Haufen Bretter, Steine, Glas und Mörtel. So sehen das die Systemmenschen, die in *Omnisophie* als die richtigen Menschen beschrieben werden. Jedem solcher vorgestellten „richtigen“ Menschen wird eine adäquate Taylorseele verpasst, je nach Rolle, die er im Suprasystem ausfüllen soll. Alles ist wissenschaftlich getestet und vorgeschrieben.

Die wahren Menschen, die intuitiven Kreativen, die Gläubigen, Liebenden, die Forscher und die Künstler kennen ganz anderen Nektararten: Inspiration oder Liebe, zum Beispiel.

Eine volle Diskussion dieser Sicht füllt bestimmt ein eigenes Buch. Im nächsten Buch *Topothesie* greife ich solche Themen eingehender auf.

Hier nur kurz: Wir hören bis zum Erbrechen, dass wir mit dem Computer ins Wissenszeitalter aufbrechen. (Niemand weiß so ganz genau, wovon er redet, finde ich. Ich bin mir selbst auch nicht so sicher.) Die höchstbezahlten Berufe sind die der Wissensarbeiter. Die aber arbeiten nicht mehr in Systemen wie Mauerziegel. Sie gehen nicht wie Raubtiere auf Einzeljagd und liefern große Mengen Beute in einer Suprazentrale ab. Wissensarbeiter türmen nicht Honig, sondern Einsicht, Neues, geistig Wertvolles oder geistigen Produktionsstoff. Geistige Leistungen kann man kaufen. Man stellt Genies für viel Geld ein, die solch Wertvolles im Kopf haben. Geistiger Stoff ist leider nicht beliebig haltbar wie Gold oder Salz, er veraltet, wenn Neues erscheint. In einer Wissensgesellschaft wird derjenige viel Geld verdienen, der wirksames Wissen produziert und es wirksam werden lässt (ein Erfinder setzt eine Idee in ein Produkt um und verkauft das auch *wirklich* massenweise). Wissen wird nun aber nie so produziert, wie sich das heutige richtige Menschen oder Systeme vorstellen.

Die Systeme leben noch mit ihrer Taylorseele. Sie denken, ein beauftragter Vordenker denkt und produziert etwas. Das Ergebnis wird wissenschaftlich genau in

„allein richtige Bewegungsabläufe“ umgesetzt und dann allen anderen anbefohlen. Das wissenschaftlich optimierte neue Wissen eines Denkers wird also in eine Art dauerhafte Konserve verwandelt. Das Wissen erscheint nun in amtlich vorgeschriebener Ziegelstein-Form („allein richtig“) in Lehrplänen, Managementkursen, Standardlehrbüchern, E-Learning-CDs. Wissen wird in Ziegelsteine verwandelt, schön genormt. Das sind die sogenannten Lektionen, Lehreinheiten, Kursmodule. Daraus bauen die Wissensmitarbeiter Mauern für Systeme. Die Menschen müssen die vorgeformten Wissensbausteine schlucken. Sie lernen und pauken und speichern alles auf ihrer Festplatte, wo es abgerufen werden kann, um wirksam zu werden.

So denkt das Taylorhirn.

In Wahrheit wird heute kein Wissen mehr *fertig*. Es verändert sich in immer *unbekannter* Richtung. Wissen ist heute eine Art nützlicher Wirkstoff, der sich unter Benutzung und Wirksamkeit ständig verändert. Wir wenden Wissen nur zum Teil an, zum anderen Teil formen wir es neu und besser. Wenn wir heute etwa große Integrationsprojekte bei der IBM durchführen, ist nur noch ein Bruchteil der Projektleistung konserviertes Wissen „von früher“, also Wissen, das jemand in den letzten Monaten zum Beispiel mitgeteilt oder aufgeschrieben hat. Das meiste ist heute immer wieder neu. Computerprojekte dauern zwei bis drei Jahre, danach ist die Welt der Computer wieder ganz neu. Es werden keine Ziegelsteine gebrannt, sondern die Wissenseinheiten veredeln und verändern sich ständig. Es gibt nichts Bewährtes mehr, nur Neues (vier Wochen alt) und Altes (mehr als ein Jahr alt). Während eines Projektes ist das Wissen in der Qualität gewachsen. Es ist nicht quantitativ mehr geworden, sondern – ich wiederhole es – in der Qualität verbessert.

Der Taylorkopf wird mit „allein richtigen“ Vorschriften gefüllt, die er anwendet, bis er neue bekommt.

Der Wissensmensch entwickelt sich ständig fort, sein Kopf erneuert sich während der Arbeit. Er nimmt während der Arbeit alles begierig auf, hört und sieht und transformiert sich.

Gibt es Vorstellungen, wie sich Wissen qualitativ verbessert? Methoden? Es gibt mindestens *eine*.

Sie ist ganz einfach. Sie ist bekannt. Aber die engen Taylorhirne verstehen sie nicht. Diskutieren Sie sie auf einem Kongress. Sie werden genau zwei harte Meinungen gegeneinander prallen sehen.

Es ist die *Kaffeemaschine* oder die *Teeküche*. Dort unterhalten sich Wissensmenschen bei Tee und Kaffee und inspirieren sich gegenseitig. Sie entwickeln sich beim Quatschen die Hirne und die Fantasien. Sie erleuchten sich gegenseitig. Im Grunde tauschen Wissensarbeiter *Wertungen* aus, aus denen sich in ihren Köpfen *Werte* bilden.

Jemand sagt: „Das neue Java-Programmierbuch ist Mist, weil … Lies nur die fünf Seiten im Anhang A.“ Das ist ein Satz mit einem Werturteil. Es erspart Tage Arbeit und viel Geld. Am Kaffeeautomaten werden tagesaktuelle Werturteile ausgetauscht. „Mit der kann man gut arbeiten, mit dem nicht. Es gibt einen genialen neuen Gartner-Report. Kunde XY sucht eine UV-Lösung, geht doch einmal hin. Gibt einen Auftrag.“ Es ist ein allgemeines Geblubber von vielen Werturteilen. Wer eines pro Woche gebrauchen kann, hat alle Kaffeeinvestitionen wieder drin. Geschworen!

Beim Kaffee gibt es Inspirationen, Tipps, Ratschläge, Mut, Anerkennung, Trost, Hilfe, Adressen von Menschen, die Tipps, Hilfe und Mut geben. Beim Kaffee entsteht so ein fertiles Gemisch in den Zwischenhirnherzen der Versammelten. Wie ein Meer von Plankton. Jeder fischt sich heraus, was er braucht. Jeder blubbert etwas in die fruchtbare Wissensurbrühe hinein, jeder nimmt etwas mit, wenn er in dankbar befruchtungswilliger Stimmung Kaffee mittrinkt.

Stellen Sie es sich so vor:

Wissensmenschen sind Blüte, Biene und Honig gleichzeitig. Und in dem gegenseitig fruchtbaren Prozess entsteht immer wertvollerer Honig und die Blüten und Blumen und Bienen entwickeln sich ständig fort.

Wissensarbeiter entwickeln das Wissen *und* sich. Es ist nicht so, dass sie Wissensquanten lernen und anwenden. Das ist Taylordenken. Sie entwickeln Wissen qualitativ weiter, indem sie sich selbst weiter entwickeln. Bloßes *Lernen* ist für den Grundstock gut, um zu Anfang wenigstens mitmachen zu können. Sonst aber ist das Ziegelsteinschlucken gestrig. Lernen kann sich nur auf das gesicherte Alte beziehen. Wer an der Front des Wissens arbeitet, entwickelt es und sich weiter. Immer weiter.

Am Kaffeeautomaten kann Wissen hohe Wertsprünge erfahren. Hier wird die fertile Wissensurbrühe gerührt, diskutiert, geklärt, bewertet – die Menschen leuchten innerlich und erleuchten sich.

(Es gibt eine verwandte Methode, nämlich, teure Konferenzen zu besuchen. Dort blubbern nicht Meinungen, sondern Vorträge. Die meisten Vorträge sind Unsinn oder bleiben unverständlich. Zwischen ermüdenden Stunden und Tagen von leierhaften Lehrquanten, die unsere Seele gelangweilt vorüberziehen lässt, funkelt ab und zu ein Stern, den wir dankbar mitnehmen. Die wirklich wichtige Wissensbörse ist aber in den *Kaffeepausen*. Dort ist der Ideenumschlag wesentlich größer. „Macht mehr Pausen!“, rufen alle Wissensarbeiter der Welt. Aber die Veranstalter verstehen nicht. Taylorhirne, die uns dazu noch dicke Mappen voller Papier in Werberucksäcken mitgeben. So eine Konferenzmappe fühlt sich beim Tragen wie ein Ziegelstein an.)

Am Kaffeeautomaten und auf Konferenzen ist *kein Meeting*, also keine Struktur und keine Tagesordnung. Es ist kreatives Chaos. Insbesondere treffen sich dort alle Menschen in Freiheit, von welcher Firma sie auch immer sind! *Alle* leuchten. Sie sind nicht Ziegelsteine einer Mauerschicht. Sie sind von überall her und entwickeln sich miteinander. Es gibt nicht Freund nicht Feind. (Spione *lernen*! Spione entwickeln sich selbst nicht mit. Sie kopieren tote Blätter, fotografieren verweste Unterlagen. Deshalb ist das Spionieren in einer Wissensgesellschaft meist nur noch dumm oder verschwendete Zeit.)

Sehen Sie es wie den Unterschied zwischen den richtigen und wahren Menschen. Die richtigen Menschen sammeln Honig, um in ihren Pyramidenwerten Sicherheit und Geborgenheit zu finden. Die wahren Menschen sehen Selbstverwirklichung als ihr wichtigstes Ziel. Das ist jetzt bei Wissensmenschen und Wissensunternehmen genau so: Die gemeinsame Entwicklung ist das Ziel, von Menschen, vom Unternehmen, von der Kultur. Der Honig (also der Profit) entsteht schon dabei, wenn man gut Acht gibt. Das Ganze der Zukunft ist wahrscheinlich viel eher ein selbstverwirklichendes Unternehmen, das sich ständig auf dem Entwicklungspfad befindet.

Ein solches Ganzes ist wesentlich unstrukturierter als ein System oder ein Suprasystem. Es lebt vom Miteinander, vom Vertrauen, vom Schenken, vom Leuchten der Augen, vom ständigen Unterwegssein. Ein solches Ganzes ist so stark vernetzt – es wäre wahrhaft höher als die Summe der Teile. Dieses viel größere Ganze, das weit über die Ziegelsteine hinausgeht, habe ich sehnsüchtig vor Augen, wenn ich Managementworkshops gebe.

Es ist so weit weg wie der Kaffeeautomat vom Fließband.

Ich will Ihnen nun im Folgenden zeigen, dass wir von diesem möglichen Ganzen, wie immer es definiert ist, links oder rechts, nur wenig wirklich nutzen. Ich will Sie damit tief trübe stimmen.

4.7.2 Immer neue Triebrichtung? Zeit zum Lernen?

Verstehen wir je das Ganze, wenn wir uns nur strecken, um Punkte in bestimmten Triebrichtungen zu sammeln?

Stellen Sie sich vor, Sie erziehen Ihre eigenen Kinder mit erbarmungsloser Strenge, weil Sie dafür Punkte vom Erziehungsministerium bekommen, wenn Ihre Kinder niemals Fehler begehen und immer anständig sind. (Bei Unternehmen könnte so etwas TQM heißen, Total Quality Management, und zwar in der eingeengten Sichtweise des Richtigen: „Wer keine Fehler macht, verliert keine Zeit beim ständigen Berichtigen und alles ist immer in schönster Ordnung.") Am Jahresende wird beim Kontrollieren Ihrer Kinder festgestellt, dass diese viel zu ängstlich sind und für nichts mehr Mut und Selbstvertrauen haben. Deshalb bekommen Sie für das nächste Jahr vom Erziehungsminister nur noch dann Geldpunkte, wenn Ihr Kind bei Kontrollen keine Angst zeigt. Sie müssen dem Kind jetzt klarmachen, dass es Mut haben soll: „Hab nicht solche Angst. Mach auch einmal Fehler. Nur durch sie kannst du lernen. Riskier etwas! Wenn es falsch läuft, ja, dann gibt es Prügel, denn aus den Fehlern musst du ja irgendwie lernen können. Ich halte dich aber dieses Jahr nicht mehr für einen miesen, schlechten Menschen, wenn du Fehler machst, sondern für einen, der sich bemüht, die Angst abzustreifen und Punkte für mich zu gewinnen. Die Prügel bleiben natürlich, aber meine neue Strategie ist es, dich nicht mehr zu verachten. Ich schaue mir mal in der nächsten Zeit an, wie das funktioniert, sonst ziehe ich andere Saiten auf." (Bei Unternehmen wird in 2002/2003 animiert, *ehrlich* über Fehler zu sprechen und sie nicht unter den Teppich zu kehren, nachdem das TQM dazu geführt hat, dass alle Fehler, die trotz der Nullfehlerforderung noch vorkamen, irgendwohin verschwunden sind. Heute sagen die Personalentwickler, die die Haupttriebrichtung gewechselt haben: „Null Fehler bedeutet letztlich Null Arbeit. Jeder macht Fehler. Daraus lernt er. Fehler bergen eine große Chance zum Lernen.")

Also: Ich habe Ihnen kurz die beiden Seiten einer Medaille im Unternehmen und in der Erziehung dargelegt. Bei Kindern kennen Sie sich vielleicht direkter aus?!

Malen Sie sich aus, wie das wird, wenn Sie ihre Erziehungsgrundsätze an jedem 1. Januar ändern. Ein Jahr setzen Sie auf Gehorsam, ein Jahr auf Kreativität und Innovation, ein Jahr soll eines der Willensstärkung sein, im vierten Jahr bringen Sie dem Kind vorzugsweise am Abend eine Stunde Lateinvokabeln bei, im fünften Jahr trainiert es in der nämlichen Zeit Liegestütze. Das Kind wird also in jeder Periode in eine andere Vorzugsrichtung hin erzogen und wird besonders für Fortschritte in dieser Richtung belohnt. Im vierten Jahr bekommt es einen Euro pro hundert neu gelernte Vokabeln, im fünften einen Euro pro fünfzig Liegestütze am Stück.

Was wird aus Ihnen und Ihrem Kind? Sie verhunzen das Kind und werden niemals eine Vorstellung von Erziehung oder von gut erzogenen Kindern haben. Ein Kind hält so etwas gar nicht aus, jedes Jahr in eine ganz andere Richtung verändert zu werden! Immer wenn es eine neue Triebrichtung bekommt, lauert es mit neuen Seismografen auf neue Erziehungsrichtungen. Im Beispiel oben wird es in Jahr zwei den andressierten Gehorsam wieder verlassen, damit es kreativ und innovativ wird. Im dritten Jahr beginnt es zu streiten und zu kämpfen. Im vierten Jahr vergisst es alles andere außer Lateinvokabeln. Im fünften Jahr verschwinden die Vokabeln wieder, das Kind achtet nur noch auf Oberarmschmerzen. Solch ein Kind ist kein Ganzes, sondern es identifiziert sich mit einem riesenstarken Haupttrieb mit schon verfallenen Triebruinen der Vorjahre. Sie selbst sind kein Ganzes, wenn Sie so erziehen. Sie und das Kind sind eine Triebbaustelle.

So ist es bei Unternehmen auch.

Wenn es jedes Jahr auf etwas anderes ankommt, verfällt jeweils das Vorjährige still und leise im Wert, weil es nicht mehr kontrolliert wird („not inspected"). Wenn etwas ganz verfallen ist, wird es schließlich wieder zum Haupttrieb erklärt.

Ein Jahr ist deutlich zu kurz, um Mut zu erwerben. Ein Jahr reicht nicht, um Latein für immer zu lernen. Ein Jahr kreativer Denkversuche macht keinen Zauberer. So ist es in Unternehmen. Fehlerfreiheit und totale Qualität erfordern ein Jahrzehnt disziplinierten Strebens. Ein Wachstum des Kundenstammes erfordert langen Atem, bis die Kunden dem Unternehmen vertrauen und wiederkommen. Die Bereitschaft einer Unternehmensbelegschaft, offen mit Fehlern umzugehen, kann erst in Jahren geduldigen Trainierens erhöht werden. Menschen müssen vertrauen, dass Fehler nicht in Personalakten stehen. Alle solche neuen Unternehmensrichtungen wie „Knowledge Management", Einführung von E-Business, neue Mitarbeiterzeitschriften, neue Managementstile erfordern Jahre und Jahre.

Suprasysteme aber ändern die Haupttriebrichtungen jährlich. Warum jährlich? Weil es wegen der Bilanzstichtage nicht schneller geht. Seit wir in der Wirtschaft schon Quartalsbilanzen kennen und auf Wochenbilanzen zusteuern, werden wohl die Triebrichtungen in Zukunft noch schneller rotieren. („Hallo, hier ist die Europazentrale! Achtung Deutschland! Warum seid ihr in der ersten Oktoberwoche in Deutschland um 30 % im Umsatz schlechter als alle anderen Länder? Rechtfertigt euch, verdammt! Was ist da los?" – „Wir haben Nationalfeiertag." – „Und was bedeutet diese Ausrede?")

Niemand lernt mehr, wie etwas genau geht. Keine Triebrichtung wird so lange durchgehalten, dass man sehen könnte, wie es perfekt ginge. Niemand bemüht sich, etwas ganz zu lernen, weil es ja nach Jahresfrist wieder vergessen werden kann.

Jeder bemüht sich, ab Oktober jeden Jahres die neue Haupttriebrichtung zu riechen oder zu erahnen, um ganz schnell, vor den anderen, umzuschwenken.

Niemand weiß also ganz, was Qualität, Kundentreue, Kundenzufriedenheit, Mitarbeiterzufriedenheit, Image, Liefertreue, Kundenbindung, Lieferantenvertrauen *wahrlich* wären. Von allem hat jeder nur den ersten Eindruck des ersten Jahres. Das Suprasystem kommt nie mehr in die Nähe des Eigentlichen. Es optimiert in einem Jahr in der Haupttriebrichtung von Schulnote vier oder fünf (sonst würde dies nicht als Haupttriebrichtung gewählt) auf Schulnote drei. Dann ist in dieser Triebrichtung die Lage „befriedigend". Danach zieht der Triebbautrupp weiter, zu einer Stelle, wo es „mangelhaft" ist.

Durch Triebrotation kann gar kein Ganzes entstehen.

Durch Triebpunkte auf Haupttriebe kann niemals das Ganze so beurteilt werden, wie ein Ganzes beurteilt werden müsste.

4.7.3 Neue Triebrichtungen nur durch neue Bosse

Natürliche Unternehmer verstehen ihr eigenes Unternehmen wohl am unmittelbarsten. Sie treiben das Ganze voran, in völliger Ganzheit, aber eben nicht als *System*. Dieses ganzheitliche Treiben zum Sieg wird den Unternehmern immer von Systemen giftgrün geneidet. „Ja, wenn ich die volle Macht hätte, dann könnte ich auch alles in Balance halten!", jammern die Indexutives und die Einzeldrahtzieher der Interessen oder Triebrichtungen des Suprasystems.

Die Indexutives hoffen, dass die Richtung im Unternehmen, die sie selbst betreiben, einmal im Zentrum oder im Zenit stehen sollte. So wie es ein „Jahr der Politikbegeisterung" oder ein „Jahr der Spinnmilbe" in der Öffentlichkeit gibt, so sollte es ein Jahr der Qualitätsoffensive, des Kundenkampfes oder der Datengenauigkeit geben! Leider gibt es ein Jahr nur für etwas, was nicht besser als Note vier ist! Denn wann oder warum brauchte man sonst ein solches Jahr der besonderen Fokussierung?

Unsere Aufmerksamkeit ist begrenzt. Es hat zum Beispiel keinen Sinn, gleichzeitig das Jahr des Esels, des Schafs, des Kamels, des Ochsen und des Schweins auszurufen, da würden wir schön schimpfen.

Bleiben wir beim obigen Beispiel. Einem Kind ist ein Jahr lang diszipliniert der Wille gebrochen worden. Es gehorcht nun jedem Erwachsenen aufs Wort. Dieses Kind soll nun ein Jahr lang auf mutig, unternehmerisch und selbstbewusst getrimmt werden, weil sich bei Kontrollen diese Schwäche herausgestellt hat.

Oder ins Unternehmerische gekehrt: Ein Unternehmen ist gnadenlos auf Fehlerfreiheit gemanagt worden. Nun heißt es „Null Fehler ist Null Arbeit." (Diesen Spruch habe ich nicht erfunden. Er liegt neben mir. Ich habe gestern bei einem großen Energieversorger eine Personalentwicklungsbroschüre mitgenommen.) Null Fehler ist Null Arbeit – das impliziert im Beispiel, dass im ganzen Vorjahr der Fehlervermeidung gar nicht gearbeitet worden ist, nicht wahr? Es war also alles falsch im letzten Jahr!

Wie schwenkt nun ein Unternehmen um 180 Grad? Die Fehlerfreiheit sollte doch dem Unternehmen am besten von einem absolut richtigen Manager eingeschärft werden, weil der Charakter des richtigen Menschen ja vor Freude erglüht, wenn nun alles richtig gemacht werden soll. Wir wollen also annehmen, dass das Unternehmen einen richtigen Manager zum Boss eingesetzt hat, um alles richtig zu machen: Totale Qualität, Sechs-Sigma-Null-Fehler-Initiative! Dieser richtige Manager setzt nun alles daran, dass keine Fehler mehr gemacht werden. Sie können sich vorstellen, wie das angestellt wird: Kontrollen und Prüfungen, Reviews und Berichte, Messungen und Fehlerbeklagungssitzungen. Nach einigen Monaten passieren keine Fehler mehr.

Am Jahresende wird nachgeschaut, was jetzt im Argen liegt. Die Kontrollen ergeben, dass viel weniger im Eigentlichen gearbeitet wurde, weil die Kontrollen der Fehlerfreiheit so viel Energie gekostet hatten. Für die eigentliche Arbeit blieb immer weniger Zeit. Nun werden also Broschüren gedruckt. Der Slogan: „Null Fehler ist Null Arbeit!“

Ich frage Sie ganz naiv: Kann derselbe richtige Manager jetzt selbst das Rad zurückdrehen, das er überdreht hat?

Nein!

Er muss ersetzt werden, weil er als Charakter die neue Richtung gar nicht vertreten kann! Er muss ersetzt werden, weil er im Grunde so irre fehlerfrei gearbeitet hat, dass er das Ganze gefährdet hat und also im Sinne des Ganzen irrsinnig schlecht arbeitete. Im Sinne seines Auftrags hat er sehr gut gearbeitet. Deshalb bekommt er einen satten Gehaltsbonus für das Erreichen aller seiner Triebziele und wird im Grunde eben dafür durch einen neuen Manager ersetzt, der nun Aktivität vorantreiben soll, auch wenn es Hobelspäne setzt. Dieser Manager sollte lieber ein kraftvoller natürlicher Hemdsärmel sein, der den Mitarbeitern Mut zum Anpacken und Schmutzigwerden macht.

Ich will sagen: Jede starke Haupttriebrichtung schädigt quasi „am anderen Ende“ das Ganze. Hier: Fehlerfreiheit lähmt. Oder: Kundenzufriedenheit kostet. Oder: Kontrolle vernichtet Vertrauen. Oder: Bestrafen von Mitarbeitern demotiviert. Immer wird das Ganze an einer anderen Seite beschädigt, wenn man punktuell die Triebe in eine bestimmte Richtung lenkt, wenn man also nicht harmonisch das Ganze im Auge behält.

Wenn aber immer der Schaden entgegen der Haupttriebrichtung entsteht, dann muss der Schaden von einem anderen Menschen wieder eingegrenzt werden. Nicht von dem, der ihn angerichtet hat! Nicht von dem! Bitte begreifen Sie das doch bitte …

Die meisten Mitarbeiter klagen so: „Der hat seinen Auftrag so sehr überzogen, dass er im Grunde damit alles in Trümmer gelegt hat. Schutt und Asche. Am Jahresende floh er mit seinem satten Bonus. Eine Schande ist das. Sein Nachfolger muss alles ausbaden. Der wird nun beschimpft. Der andere wird befördert. Das System ist wahnsinnig. Unfähigkeit wird belohnt.“

So reden fast alle Mitarbeiter. Sie finden fast alle, dass ein Manager seine Suppe auslöffeln muss, die er eingebrockt hat.

Und jetzt sage ich Ihnen noch einmal, für den Fall, dass Sie zu diesen „meisten" gehören: Falsch, ganz falsch. Wenn ein Unternehmen jedes Jahr die Haupttriebrichtung ändert, dann brockt das immer ein Manager ein. Der aber darf die Suppe nicht auslöffeln müssen, weil er sie nicht auslöffeln *kann*! Fehlerlosigkeit einführen verlangt andere Menschen als Hemdsärmelenergetik zu etablieren.

Zusammengefasst: Die jährliche Haupttriebrotation (Die „meisten" Mitarbeiter sagen unverständig: „Rein in die Kartoffeln, raus aus den Kartoffeln!") der Unternehmen kann nur unter gleichzeitiger Rotation der Haupttriebmanager erfolgreich sein. Also: Ein Manager entlässt Tausende, aber ein *anderer* lockt tausende Stellenbewerber im nächsten Jahr wieder an. Immer das Gegenteil vom Haupttrieb muss auch von einem menschlichen Gegenteil „ausgelöffelt" werden.

Neue Triebrichtung – neuer Boss.

Das ist ein tragendes Prinzip für Suprasysteme.

Das Prinzip gilt nicht für andere, insbesondere kleinere, durch Unternehmer geführte Unternehmen. Es gilt nicht für visionäre Unternehmen, die sehr lange einer einzigen Vision folgen, also über so etwas wie Haupttriebrotation die Köpfe schütteln.

4.7.4 Supra-Erfolge durch Triebrichtungswechsel

Wenn ein Suprasystem immer das zur Haupttriebrichtung erhebt, was gerade am ärgsten im Argen liegt, wenn ein Schüler immer für das Fach lernt, in dem er gerade überhaupt nichts weiß – ja dann geht es immer schnell bergauf!

Die neuen Bosse der neuen Richtung propagieren ihre neuen Ziele: „Nach der dramatischen Entlassungswelle sahen wir, dass die wenigen verbleibenden Mitarbeiter die neuen Aufträge nicht mehr abarbeiten konnten. Wir sind von der anziehenden Konjunktur absolut kalt erwischt worden. Mein Vorgänger dachte, es geht nur bergab. Ein verhängnisvoller Irrtum, wie ich nun feststellen muss, da ich die Abteilung übernehme. Ich mache es ganz anders, ja, lassen Sie mich sagen – *radikal* anders als mein Vorgänger. Ich nehme an, dass es bergauf geht. Deshalb stelle ich ein. Das wird eine ganz neue Firma, ist ja auch klar, weil kaum noch jemand da ist."

Oder: „Ich übernehme die neue Abteilung in einem desolaten Zustand. Wir haben sofort die Notbremse gezogen und Rückstellungen für schon gemachte Verluste meines Vorgängers gebildet. Wir haben alles, was irgendwie einen Knick hatte, schon vorsichtshalber meinem Vorgänger als Verlust in die Schuhe geschoben. Ich habe jetzt so viele Reserven durch die überhöhten Verluste meines Vorgängers in meiner Bilanz, dass ich in diesem Jahr nur noch gewinnen kann."

Oder: „Die alte Regierung ist abgewählt. Wir haben sofort Kassensturz gemacht. Wir zittern noch, so erschrocken sind wir. Wir haben so wenig vorgefunden, dass wir Zeit hatten, alles dreimal nachzuzählen. Es ist nichts da, nur Schuldenberge. Wir haben, um endlich reinen Tisch zu machen, zu diesen Schulden schon einmal alle weiteren Schulden hinzugezählt, die wir demnächst machen müssen, um unsere sinnlosen Wahlversprechen zu erfüllen. Jetzt sind so viele Schulden da, dass wir uns entschließen mussten, gar keine Versprechen mehr zu erfüllen. Das ist nicht mehr drin, nach dem Desaster, das wir vorgefunden haben. Wir erhöhen statt dessen die Steuern, was ja die vorige Regierung auch gemacht hat. Sie hat uns damit in den Ruin getrieben. Wir aber erheben ganz andere, völlig neue Steuern, damit der Staat gleichzeitig alles in die neue politische Richtung treibt. Der Staat muss handlungsfähig bleiben, sonst kann der Politiker kein Geld bewilligen, und das ist ja sein Beruf. Wenn wir die Steuern erhöht haben, geht alles wieder schnell bergauf. Das wäre eigentlich schön, wenn wir in der freien Wirtschaft wären. Da gäbe es einen Bonus. In der Politik kommt es aber eigentlich darauf an, erst zwei Jahre nur Murks zu machen, damit es sehr schlecht steht, und dann wieder was zu machen, damit es genau zur Wahl so scheint, als ginge es aufwärts. Etwas, was erst in drei Jahren aufwärts geht, ist viel schwerer zu machen als etwas, was gleich verbessert. Drei Jahre! Komisch, in der Politik kann sich ja niemand erinnern, was noch vor ein paar Monaten war, umgekehrt ist es schwierig, mehr als ein paar Monate vorauszudenken, weil wir ja nie wissen, was wir morgen alles versprechen müssen."

Oder, privat: „Es ist wunderschön, wenn die Liebe zwischen Partnern ständig inniger wird. Sie wächst und wächst. Wenn sie mal nicht wächst, nehme ich mir eine neue Partnerin, dann wächst sie wieder. Das ist besser, als eine abnehmende Liebe wieder zunehmen zu lassen. Man sagt ja Lebensabschnittspartnerin zu so etwas. Das meine ich nicht. Ich denke mehr an Lebensaufwärtspartnerin. Abwärts geht es bei mir nur sehr selten. Eine Minute. Ich sage: Tschüss, Baby."

Im Buch *Wild Duck* habe ich einiges über diese Sägezahnkurve des Lebens geschrieben. Wer immer an einer Stelle neu beginnt, wo „unten ist", der kann fast zu jeder Zeit schnelle Fortschritte nachweisen. In Suprasystemen suchen die Manager am Jahresende nach Fundstellen, wo unten ist. Dort ist leicht anpacken. Dorthin wird der Haupttrieb des Folgejahres gelenkt.

Man weiß schon am Jahresanfang: Das wird ein rauschender Supra-Erfolg.

Am anderen Ende wird dann etwas sterben. Für Kostensenkung stirbt die Motivation und die Qualität. Für Gewinn magert sich das Unternehmen alles Fett ab und verkauft Tafelsilber. Für Rendite verschwindet das Eigenkapital. Nach einer Einstellorgie von Mitarbeitern sind plötzlich die Vertriebler unfähig, genug Aufträge einzuwerben.

Diese andere Seite der Medaille sieht man erst im Juli. Gut, dass erst noch Urlaub ist. Danach wird der Trieb für das nächste Jahr umgeplant.

4.7.5 Siegesmeldungsinfarkt im Höherwertigkeitswahn

In Suprasystemen soll jeder die Nummer Eins sein. Jeder soll das Beste tun und leisten. Die erste Pflicht ist der Sieg.

> Der wichtigste Indikator in einem Suprasystem, dass gesiegt wurde, ist die Siegesmeldung.

Ich habe schon mehrfach den Unterschied zwischen der tatsächlichen Feststellung von etwas Realem, seiner Messung oder einem Indikator auf etwas Reales beschrieben. Der Indikator gibt Anzeichen darauf, dass etwas Reales vorliegt. Der Indikator ist in uns eventuell als Anzeichen-Identifizierer oder als Seismograf implementiert. Etwas in uns zuckt, dann weist es darauf hin, dass etwas Reales in Erscheinung trat. So ist es bei Siegen auch. Wenn ein Sieg gemeldet wird, ist die Meldung ein Hinweis, dass gesiegt wurde.

Deshalb melden alle Menschen nur noch Siege.

Wer Niederlagen, Verluste, Schwierigkeiten, Terminüberschreitungen meldet, hat offenbar seine Pflicht zu siegen missachtet. Er gab sich offenbar keine Mühe, war faul oder verschwenderisch. Wer nicht siegte, bekommt Nachhilfestunden und Rat, er wird also überprüft und eventuell „operiert". Die zwanghafte Höherwertigkeitssucht im Suprasystem webt einen riesigen Nachrichtenfilter. Alles Schlechte wird aus den Nachrichten eliminiert.

Die Manager drücken sich vor Kontakten mit ihren Bossen, wenn etwas nicht stimmt. Wenn Siege zu melden sind, überschlagen sie sich, beim Boss einen Termin zu erhaschen. Der Bote des Sieges ist wie der Sieg selbst. In einem Suprasystem wird angenommen, dass der Sieger der Erste ist, der merkt, dass er gewonnen hat. Wenn also sich jeder zerreißt, zu siegen und den Sieg zu melden, dann ist es klar, dass der Sieger, der ja als erster seinen Sieg erkennt, den Sieg auch sofort und auf der Stelle meldet. Deshalb gilt in einem Suprasystem:

> Der Bote des Sieges ist der Sieger selbst.

Das ist natürlich nicht notwendig so, aber wir können sagen: Wenn jemand einen Sieg meldet, so ist dies ein starker Indikator oder ein Hinweis darauf, dass dieser Bote des Sieges der Sieger selbst ist. (Sonst ist der wirkliche Sieger schön blöd.) Deshalb ist es für Menschen in einem Suprasystem lebenswichtig, den Sieg selbst und höchstpersönlich zu melden. Nehmen wir an, eine Abteilung hat einen Sieg errungen. Der Sieg soll dem Hauptabteilungsleiter gemeldet werden. Dieser empfindet diesen Sieg als Sieg für die ganze Hauptabteilung und will den Sieg an den Bereichsleiter melden. Wenn der Abteilungsleiter den Sieg an den Hauptabteilungsleiter meldet, gilt er als der Sieger. Dann meldet der Hauptabteilungsleiter den Sieg an den Bereichsleiter weiter und gilt bei diesem als Sieger. Und so weiter. Ein Sieg unten erzeugt also eine Kette von Siegesmeldungen nach oben und entsprechend eine Kette von persönlichen Siegern, die jeweils tönen: „In meinem Verantwortungsbereich ist gesiegt worden." Stellen Sie sich nun das folgende Verbrechen vor, das durch die neuzeitliche E-Mail geradezu provoziert wird: Der Abteilungsleiter, dieses kleine Licht im Getriebe des Suprasystems, meldet per E-Mail seinen Sieg direkt an die Geschäftsführung und kopiert an den Bereichsleiter. Der Geschäftsführer und der Bereichsleiter merken also: Er meldet Sieg, ist also Sieger. Der Bereichsleiter ist nur auf Kopie gesetzt, also übergangen worden. Er hat also nicht melden können, dass in seinem Verantwortungsbereich gesiegt wurde. Er schäumt auf. Er ruft den Hauptabteilungsleiter an: „Was ist da los? Warum meldet nicht der Hauptabteilungsleiter den Sieg ordnungsgemäß an den Bereichsleiter, wie es wohlanständig wäre?" Dem Hauptabteilungsleiter wird schwarz vor Augen. Einen Sieg nicht zu melden, wenn man selbst gesiegt hat, ist so ziemlich das Dümmste, was ein Hauptabteilungsleiter tun kann. Er schäumt auf, aber viel stärker. Da der Bereichsleiter nachfragt, wo denn gesiegt wurde und da der Hauptabteilungsleiter über den Sieg nicht informiert war, ist klar, dass der Hauptabteilungsleiter nicht der Sieger gewesen sein kann. Dieser Faux Pas ist nie wieder gutzumachen. Der Bereichsleiter läuft schnell und voller Wut zur Geschäftsführung und meldet schnell den Sieg. Die winkt müde ab. „Wissen wir schon."

Nun bringen der Bereichsleiter und der Hauptabteilungsleiter den Abteilungsleiter zur Raison oder gleich karrieremäßig um. Das ist Krieg – den Sieg *selbst* zu melden. Jetzt fließt Blut. Wenn der Sieg groß genug war, so dass die Geschäftsführung dem Abteilungsleiter gratuliert, dann überlebt er es und wird vielleicht Sieger, wird vielleicht unter dem Schäumen seiner Bosse direkt „vorbeibefördert". Vielleicht. Es ist sicherer, man meldet Siege nur seinem direkten Manager, nicht höher. Sehen Sie, Siege sind selten. Deshalb ist es notwendig, dass aus einem Sieg möglichst viele Sieger geschnitzt werden. Das Melden des Sieges per Megafon ist daher ein grausames Verbrechen.

Ein noch schlimmeres Verbrechen ist das unprovozierte Melden von Niederlagen per Megafon. Ein solcher Bote wird sofort getötet. Sofort. Stellen Sie sich so etwas Unerhörtes vor: „Zu Hilfe! Wir wissen nicht weiter! In der gerade entwickelten Software ist etwas Signifikantes vergessen worden. Der Fehler ist so gravierend, dass alles umgeschrieben werden muss. Das ganze Projekt wird sich um ein Jahr verzögern, wir werden Millionenvertragsstrafen zahlen – es weiß noch keiner, sie munkeln es vor dem Kaffeeautomaten – und ich möchte es Ihnen in der Geschäftsführung sofort mitteilen. Unseren Kunden habe ich auch schon angerufen, damit die schon einmal ein Jahr weiter planen können."

Das gibt natürlich fast eine Kündigung.

Aber sehen Sie: Wenn ein Untergebener einem Höheren eine oder seine Niederlage mitteilt, so wird diese Niederlage zu einer Niederlage für den Höheren. So wie ein Mitarbeitersieg ein Sieg des Managers wird, so wird auch ein Desaster eines Mitarbeiters zum Desaster seines Chefs. Nun will aber kein Chef gerne ein Desaster haben. Er will nur Siegesmeldungen! Deshalb sterben Desastermeldungen nach oben ganz geschwind aus. Sie werden nicht weiter gemeldet. Meistens sind sie oben nämlich prozentual nicht so schlimm. Wenn ein Mitarbeiter 1 Mio. € versiebt, so ist das sein Gehalt für mehr als zehn Jahre. Für den Abteilungsleiter sind das vielleicht 20 % seines Budgets. Für den Bereichsleiter sind es noch einige wenige Prozent. Der sagt dann: „Das mauscheln wir unter." Niederlagen werden nach oben kleiner.

Sieger müssen sich in gewisser Weise bescheiden, auf dem Teppich zu bleiben, Loser aber sollten ganz bestimmt drunter bleiben, weil sie zusätzlich zur Schuld auch noch ihrem Chef eine Niederlage zufügen. Da diese Logik jeder kennt, wird niemals jemand eine Niederlage zugeben oder zu früh einräumen. Niederlagen, Schuld oder Sündenbekenntnis muss bröckchenweise aus der Nase gezogen werden, wie Sie jederzeit in der politischen Landschaft verfolgen können. Irgendwie nehmen alle Menschen an, dass der, der eine Niederlage mit einem Megafon einräumt, kreuzdumm ist, selbst viel schuldiger ist als er jetzt einräumt (er hat nur das erste Schnipselchen verraten) oder der böse Feind ist. Also:

Der Bote der Niederlage ist ein Feind oder ein Loser.

Deshalb darf niemand etwas verraten. Deshalb wird nichts verraten. Deshalb liegen alle Sünden offen zu Tage, ohne dass Steine geworfen werden. Mitarbeiter machen offen einmal blau. Manager laden Freunde zum Dienstessen ein etc. etc. Sie kennen alle diese Fälle. Das Unverstandene ist, warum hohe Manager und Politiker so viele derartige Sünden begehen und Gelder hin und her buchen oder sich an Spesen bereichern. Es darf einfach niemand das Böse mitteilen. Absolut niemand.

Besonders in Suprasystemen kommt es zu einer Art *Informationsinfarkt*. Dieses Wort habe ich aus einer Leser-E-Mail von Helmut Schaaff, der mir diese kranke Seite des Systems beschrieb. Die Sieger verkünden alles als Sieg, was immer sie zu verkünden haben. Die Loser schweigen. Sieger versuchen, Präsentationstermine bei Managern zu bekommen, die möglichst hoch in der Hierarchie sein sollten. Je höher der der Siegesmeldung lauschende Manager, umso größer erscheint der Sieg und umso größer ist der Vortragende. Präsentationen sind heute fast generell der Versuch des Vortragenden, einen Sieg zu melden. Präsentationen sollen im Wesentlichen solche Botschaften vermitteln: „Ich bin ein Held. Ich habe das beste Produkt. Dies ist die beste Firma. Ich kann es am besten. Gebt mir als Bestem den Auftrag. Gebt Geld für mein Vorhaben." Präsentationen werden zum Zuhörer *getragen*, der Zuhörer wird bekniet.

Niederlagen werden *geholt*, von höheren Managern bei niedrigeren. Lehrer, Revisoren, Controller holen *Zahlen* aus Schülern und Abteilungsleitern heraus, um sie mit ihnen „zu diskutieren", um sie zu prüfen und zu wägen. Dann werden die Niederlagen bröckchenweise herausgezogen.

Wenn nun nur Siegesposaunen erschallen? Wenn Controller nur noch mit dem Schneckenbesteck winzige Informationen aus dem Gehäuse fitzeln können? Wenn eventuell Controller gar keine Fehler finden wollen, weil sie dann selbst eine Niederlage für sich feststellen müssen? Controller wollen im Grunde gar nicht feststellen, dass die Firma bankrott ist, sie wollen doch viel Gewinn ausweisen? Will ein Lehrer denn unbedingt viele Schüler als schlecht entlarven? Will ein Bischoff viele Sünder in der Kirche?

In Systemen und besonders in Suprasystemen werden Siege krampfhaft erzeugt und Niederlagen verschwiegen. Von allen Beteiligten! Wer Niederlagen offen legt, ist Feind und wird bitter bekämpft. Zum Beispiel scheint sich die politische Opposition in Deutschland nur noch mit dem Aufdecken und Verkünden von Niederlagen zu befassen. Entsprechend hart sind die Fronten. Nie mehr Vertrauen zwischen den Parteien, nur Häme, Schadenfreude und Anschwärzen. Keine Hilfe, kein Konsens. Parteien kämpfen wie Konzerne um den Kunden.

Und jetzt stelle ich die Gretchenfrage: Weiß noch irgendjemand Bescheid, was wirklich vor sich geht? Kennt der Vorstandsvorsitzende die Lage? Weiß ein General, was die Meldung „Alles einsatzbereit!" bedeutet?

Neuerdings müssen in den USA die Top-Manager eidesstattlich erklären, dass die Bilanzen in Ordnung sind. Man will dadurch verhindern, dass sie lügen.

Das ist eine völlig naive Sicht der Dinge. Sie wissen ja eventuell nicht, was in der Bilanz steht, weil der Siegesmeldungsinfarkt verhindert, dass sie zu viel wissen. Management ist vielfach zum Blindflug geworden. Top-Manager müssten jetzt eigentlich *wissen*, was sie da eidesstattlich erklären. Das ist das Problem: Sie wissen es oft nicht. Top-Manager werden nun also bald die eidesstattlichen Erklärungen auch von den Ebenen darunter abgeben lassen. Jeder Manager wird schwören müssen, keine Niederlage verschwiegen zu haben!

Wenn Suprasysteme den Siegesmeldungsinfarkt erleiden – sind sie dann in der Lage, das Ganze zu sehen oder zu regieren?

Und für Sie zu Hause: Kommen Ihre Kinder und berichten von ihren Nöten, Schwierigkeiten, Niederlagen, blauen Augen, Tränen, schlechten Vortests, Lehrertadel?

„Kind, ich will das nicht immer hören." – Der Infarkt ist oft schon bei uns zu Hause. Wir lieben Kinder nur noch, wenn sie Siege melden. Wenn sie Siege melden, müssen sie ja Sieger sein. Und sie sollen Sieger sein, nicht wahr?

Die Kinder melden also Siege und wir leben in einer Supra-Familie. Sieg ist die erste Pflicht. Niemand aber in der Familie kennt die Lage in den Herzen und Seelen. Schwarzes Schweigen dafür, dass die Ohren dranbleiben.

4.7.6 Indikator-Wert eines Ganzen auf dem Analystenlaufsteg

Die allerwichtigste Siegesmeldung aber ist diese eine:

> Das Unternehmen hat die Erwartungen der Analysten übertroffen.

Die Unternehmen präsentieren ihre Siegesmeldungen vor allem auf dem Laufsteg der Wallstreet-Analysten. Solche Fachleute publizieren ihre Zukunftserwartungen an die Suprasysteme. Sie loben, erkennen an und halten ihre Daumen nach unten, wenn sie einen Makel finden. Die Analysten zeigen an, worauf es in der nächsten Zeit für das Unternehmen ankommt. Je nach Zufriedenheit der Analysten fallen deren Empfehlungen aus: „Kaufen, Halten, Verkaufen" oder „Strong buy, buy, hold, sell, strong sell". Oft steigen Aktienkurse eines Unternehmens um zehn Prozent, wenn ein Analyst seinen Daumen nach oben reckt. Im Internet-Boom kamen auch schon Kursverdoppelungen in einer Stunde vor. Wenn ein Unternehmen die Erwartungen der Analysten mehr als nur marginal verfehlt, besteht die Quittung meist in einem zwanzig- bis dreißigprozentigen Kurseinbruch.

Für die Top-Manager ist ein solcher Einbruch auch eine private Katastrophe. Sie besitzen normalerweise viele Optionen auf Aktien des Unternehmens, die sie als Anreiz zum Suprasein bekamen.

(Optionen sind Kaufrechte auf Aktien. Beispiel: Eine Aktie steht auf 80 $. Zum Anreiz bekommen die Manager das Recht, ein paar tausend Aktien des Unternehmens fünf Jahre lang für 100 $ zu kaufen. Im jetzigen Moment hilft es nicht viel, so ein Recht zu haben, da ja die Aktie nur 80 $ kostet. Warum also sollte man sie für 100 $ kaufen? Wenn aber die Aktie auf 120 $ steigt, dann können die Manager vom Unternehmen Aktien für 100 $ kaufen und gleich wieder an der Börse für 120 $ verkaufen. Diese Optionen sind also als Anreiz für Manager gedacht, so gut zu managen, dass der Kurs weit über 100 $ steigt. Werden also im Beispiel die Erwartungen der Analysten übertroffen, nimmt der Kurs Fahrt auf 100 $ auf. Werden die Erwartungen weit verfehlt, verfällt der Kurs auf vielleicht 50 $. Dann sind die Hoffnungen, je an Geld zu kommen, dramatisch gesunken. Der Manager hat bei diesem Verfall einen herben privaten Verlust erlitten.)

So ist der Aktienkurs für Top-Manager und für die Analysten der Top-Indikator zur Bewertung des gesamten Suprasystems.

Wenn der Aktienkurs an der Börse zuckt, zuckt es in den Eingeweiden der Top-Manager ungleich stärker. Alle Seismografen schlagen Alarm! Mit einem Paukenschlag kann alles Vermögen daheim verloren sein! Mit Fanfarenklängen eines Erfolges kann Reichtum einziehen!

Die Analysten rechnen nicht nur nach, wie sich ein Unternehmen am Markt schlägt. Sie geben auch Empfehlungen, wie ein Unternehmen zu sein hat. Im Internet-Boom musste jedes Unternehmen eine sogenannte Dotcom-Tochtergesellschaft gegründet haben, sonst sah es nicht gut gerüstet für das Internetzeitalter aus. Die Internetcompanies mussten erst eine geniale Geschäftsidee haben, dann waren sie viel wert. Also begannen alle, Ideen zu schmieden. Dann war es en vogue, viele Neukunden zu haben. Also wurden Kunden angelockt, vor allem mit Rabatten, Sonderangeboten, geschenkten Handys und Telefoneinheiten, Gratis-E-Mail-Adressen, Gratis-SMS, kostenloser Kontoführung, Begrüßungsgeschenken. Die Internetbanken, die Mobiltelefongesellschaften, die Energieerzeuger kämpften um Kunden. Es regnete Geschenke. Gleichzeitig verlangten die Analysten von jedem Unternehmen, ein Global Player und Nummer Eins zu sein. Die Unternehmen begannen sich aufzukaufen. Wer am meisten bot, wurde Global Player. Wer nicht mitbot, wurde eventuell gekauft oder geschluckt oder war eben kein Global Player, worauf die Analysten fanden, dies entspräche nicht ihren Erwartungen. Es kam zu einer beängstigenden Aufkaufhysterie und Mondpreisen. Da die Unternehmen Geschenke regnen ließen, machten sie bald Verlust. Die Kurse fielen. Dadurch fielen auch die Werte der zu Mondpreisen gekauften Unternehmen. Noch mehr Verluste! Nun sagten die Analysten, man solle vor allem gewinnstark sein, dass sei wichtig. Nun verkauften die Unternehmen verlustreiche Teile, die Preise verfielen, noch mehr Verluste. Die Dotcom-Internet-Companies machten fast ausnahmslos noch keinen Gewinn. Die Investoren erwarteten nun Gewinn. Da so schnell keiner kam, ließen sie die neuen Gesellschaften gnadenlos fallen. Noch mehr Verluste.

Sie kennen sicherlich diese turbulente Entwicklung der Märkte in den Jahren 1997 bis 2003. Heute lecken sich die Global Player die Wunden. Erst hetzte man sie in Aufkäufe, anschließend feuerte man die Top-Manager, weil sie auf erfolglosen, führungslosen Weltkonzernen saßen. Ratlosigkeit.

Die Triebrichtungsrotation wird zum Teil von außen in die Unternehmen hineingetragen. Die Beratungsunternehmen haben jedes Jahr etwas Neues, worauf es ankommt. Wenn sie lange genug beraten, finden die Analysten, dass es nun genau auf dieses Neue ankommt. Irgendwann müssen die Unternehmen dann intern befehlen, dass es auf dieses neue Neue ankommt, oder sie müssen es darauf ankommen lassen, wie der Aktienkurs zuckt.

Die Analysten sagen das eine Mal, es komme auf Globalität an, das andere Mal auf Überleben, dann auf Kundenzahlwachstum, dann auf Markterschließung, dann auf Gewinn. Mal muss diversifiziert sein, weil es Risiken mindert, mal muss alles aufs Kerngeschäft reduziert werden, worauf der Gewinn steigt, mit dem Risiko natürlich auch. Mal wird aufgekauft, am besten wenn alles teuer ist – mal wird Tafelsilber verkauft.

Ein Unternehmen ist ein Ganzes, das ganz geführt werden muss. Ich glaube, es gibt Unternehmen, die als Ganzes geführt werden. Ich glaube: Oetker, C&A, Otto, Miele. Die Unternehmer dort werden Ihnen vermutlich sagen, sie fühlten sich unendlich frei, nicht auch noch zusätzlich Triebrichtungen von Analysten vorgeschrieben zu bekommen. Es gibt für Unternehmen schon ohne Analysten genug zu beachten.

Dennoch tun Unternehmen, was Analysten verlangen. Wer gehorcht, hat eine Chance, den Aktienkurs mit einem Schlag um 20 % zu erhöhen. Mit ehrlicher Arbeit ist das schwierig. 20 % sind so etwas wie drei Jahre Zinsen! Drei Jahre gegen Quartalsgehorsam! Dann lieber auf den Laufsteg, das Unternehmen wird Model: Mal üppig, mal schlank, mal gepanzert, mal nackt – man muss feinfühlig auf die Blicke der Schauenden reagieren.

All das hat nichts mit Betriebswirtschaft zu tun, sondern nur mit dem Zucken der Seismografen auf das Zucken der Indikatoren. Wirtschaft hat ohnehin wenig mit Betriebswirtschaft zu tun. Ich habe schon am Beginn des Buches gemeint, dass das, was wir Vernunft nennen, eher zu 90 % Trieb ist. Merken Sie bei den jetzigen Erörterungen, dass Wirtschaft hauptsächlich Trieb ist und nicht Vernunft belastende Betriebswirtschaft? Die gibt ein paar Werkzeuge und Methoden. Was aber zählt, ist die Triebrichtung, die Energie und das Hin und Her.

4.7.7 Suprasystem im lokalen Optimum: Alles am Anschlag

Für den nächsten argumentativen Schlag muss ich etwas mathematisch-logisch werden. Angenommen, in einem Unternehmen ist alles in Ordnung. Ich meine: Das Unternehmen ist als Ganzes in einem optimalen Zustand und macht das bestmögliche Geschäft. Was immer das ist, will ich nicht erörtern. Ich nehme nur an, dass System ist in bestem Zustand.

Bitte halten Sie sich vor Augen, dass ein bester Zustand nicht bedeutet, dass nun in jeder Faser des Systems alles bestens wäre. Diesen Unterschied verstehen so ziemlich alle Mathematiker, aber andere Menschen verstehen ihn vernunftmäßig schon, aber irgendwie sehen sie ihn nicht ein und noch weniger spüren sie ihn im Körper.

Leibniz zum Beispiel bescherte uns den glücklichen Gedanken, dass wir in der bestmöglichen Welt leben. Er meinte doch damit, dass die Welt als Ganzes am besten sei. Wenn Sie dazu Voltaires *Candide* lesen, dann finden sie dort ein höllisches Sammelsurium von Monstrositäten, die dem Titelhelden zustoßen, der aber trotzdem noch sehen kann, dass die Welt, in der wir leben, die beste aller Welten ist. Voltaire argumentiert so: Er erfindet für Candide alle möglichen Ärgernisse dieser Welt und lässt ihn damit noch glücklich sein, so dass wir als Leser über diese Welt nur entsetzt den Kopf schütteln. In dieser Stimmung ist die These von Leibniz für uns nicht mehr haltbar, nämlich, dass wir in der besten aller Welten leben.

Im Grunde schreibe ich dieses Buch genauso. Ich zeige Ihnen so viel täglichen Wahnsinn, bis Sie einknicken und zu der Vermutung kommen, mit unserer Welt stimme wirklich etwas nicht.

Es kann aber sein, dass das Ganze bestens ist, dass aber im Kleinen Dinge nicht zum Besten stehen. Wenn ein Krieg gewonnen wird, sterben Menschen. Wenn eine umschwärmte Frau heiratet, weinen die anderen Hoffnungstragenden. Wenn ein segensreiches Gesetz beschlossen wird, muss irgendjemand wohl drunter leiden. Alles hat zwei oder mehr Seiten, besonders Medaillen. Alles hat eine Kehrseite. Wenn also etwas als Ganzes optimal ist, dann muss das überhaupt nicht bedeuten, dass nun alles und jedes im Kleinen optimal wäre. Das ist es überhaupt nicht! Die Dinge des Lebens hängen von so vielen Faktoren ab. Irgendetwas von allem liegt eben nicht im besten Bereich.

Wer viel arbeitet, hat wenig Freizeit. Wer seine Kinder zu sehr liebt, mag zu wenig Konsequenz zeigen. Wer siegt, fügt Niederlagen zu. Wenn für ein Produkt Werbung gemacht wird, bleibt ein anderes, unbeworbenes liegen. Wenn neue Produkte gebaut werden, müssen die alten auf den Ramschtisch.

Ein optimales Ganzes ist ein unerhört komplexer Kompromisszustand von Tausenden von gegenseitig abhängigen Variablen.

Das ist doch sehr leicht zu verstehen?

Ein Ganzes kann optimal sein, obwohl im Einzelnen vieles im Argen liegt.

(Mathematisch: Globale Optima haben *im Praktischen* fast unabwendbar die Eigenschaft, dass sie am Rande der erlaubten Gebiete liegen, dass also viele der Bedingungen gerade bis zum Anschlag ausgereizt sind. Wenn wir etwa Freiheit maximieren, müssen wir wohl einiges an Kriminalität oder extremem Anderssein tolerieren. Ein Selbstbedienungsladen muss mit Ladendiebstahl leben. Wenn manche Größen im System bestmöglich gewählt werden, werden andere Größen, die diesen entgegenstehen, bis zur tolerierbaren Grenze ins Schlechte gedrückt. Wenn der Mathematiker also etwas optimiert, drückt er manche Größen an eine Schmerzgrenze. Zu jedem Größtmöglichen gehört fast unabwendbar etwas anderes, das schmerzt.

Die einzige Möglichkeit, nichts Schmerzendes zu haben, also ganz glücklich zu sein, wäre die, alles in einer Mitte ruhen zu lassen. Denn jedes extreme Gute erzeugt ein extremes Schmerzendes. In der Mitte wird auf ein Extremes verzichtet.

Wenn wir also den Gewinn eines Unternehmens maximieren, wird anderes unabwendbar an Schmerzgrenzen gedrückt. Arbeitszeit, Gehalt, Stress. Immer wenn etwas maximiert wird, wird anderes an die Grenze kommen.

Es kann insbesondere nicht sein, dass alles gleichzeitig so gut ist, wie es ohne Rücksicht auf anderes sein könnte.

Ein globales Optimum ist nicht ein Zustand, in dem alles einzeln optimal wäre. Einen Zustand, in dem alles Einzelne optimal wäre, gibt es praktisch nicht.)

Die Kunst ist es, ein nahezu optimales Ganzes zu finden, in dem nichts Einzelnes ausgereizt optimal ist, aber in dem alles Einzelne erträglich bis erfreulich gut ist. Ein wundervolles Ganzes ist *ausgewogen*, wie man sagt. Ein ausgewogenes Ganzes ist als Ganzes nicht wirklich optimal und es ist nicht in jedem Detail am besten, aber es herrscht nirgendwo Finsternis und Wehgeschrei. Das Ausgewogene ruht in Glück und Frieden.

Die Suprasysteme nehmen sich aber jedes Jahr eine Stoßrichtung vor, in die kompromisslos optimiert wird. Die Anreizsysteme erziehen uns dazu, indem sie Punkte nur in dieser Richtung verteilen. Wird eine Haupttriebrichtung festgelegt, so wird hier das nach allen Kräften mögliche Maximum angestrebt. Deshalb wird alles andere, das diesem Maximum entgegensteht, bis an die Toleranzgrenze ins schlechte Terrain zurückgedrängt.

Wenn etwa der Profit sofort hoch soll, werden die Gehälter so gedrückt, bis Mitarbeiter davonlaufen; bis Kunden nicht mehr kaufen, weil alles schlechter wird, werden die Kosten so gedrückt, dass die Mitarbeiter nicht mehr richtig arbeiten können. Alles, was an die Grenze optimiert wird, drückt anderes, das Entgegenstehende, an die Grenze des Ertragbaren.

Klar?

Stellen Sie sich vor, ein Unternehmen wäre optimal. Was immer es ist – stellen Sie es sich vor. Das Ganze sei also optimal.

Dann erscheint dieses beste Ganze lokal im Kleinen an vielen Stellen nicht bestmöglich. Insbesondere ist wohl meistens das optimale Ganze eines, wo alles relativ in der Mitte ruht. Wenn etwas in der Mitte ruht, kann es noch verbessert werden, indem man es maximiert!

Wenn wir also alle in einer besten Welt leben, so wird es wieder vorkommen, dass es Arme oder Reiche gibt. Wir können dann die Armen maximal entlasten und den Reichen Geld nehmen, aber dann arbeiten die Reichen nicht mehr und die Armen eventuell auch nicht. Dieser Fall wird bis zum absoluten Überdruss in jeder Gesellschaft diskutiert. Es gibt auch schon genügend historische Erfahrungen, was gut oder optimal sein könnte. Aber auch in einem optimalen System beginnen die Armen mit den Reichen wieder im Einzelnen zu streiten. Bis ans Ende der Zeit wird über den Spitzensteuersatz debattiert werden, weil er eben auch dann zum Zankapfel wird, wenn er *optimal* ist! Denn jeder Steuersatz ist für Einzelne nicht optimal! Deshalb zerrt das Einzelne immer selbst am Optimalen, wie es überhaupt an allem zerrt. Deshalb ist die Welt in steter Bewegung und wird vom Einzelnen gezerrt, wie immer die Welt ist.

Wer eine optimale Welt im Kleinen verändert, muss sie als Ganzes *verschlechtern.*

Eine optimale Welt ist eine, die am besten ist.

Wenn man etwas Bestes verändert, wird es schlechter.

Wer also in einem optimalen Zustand einer Welt oder eines Systems etwas verändert, verschlechtert das System als Ganzes.

Wenn also in einem optimalen System lokal herumgedoktert wird, um mehr Punkte hier an dieser einzelnen Stelle zu sammeln, erzeugt das an einer anderen Stelle eine noch höhere Rechnung. Wer Sekretariatsstellen abbaut, erzeugt die Arbeit woanders. Wer Flughafenkontrollen einführt, dämpft Terror, stiehlt aber fast allen Menschen Zeit. Wer hier etwas „verbessert", erzeugt an einer oft unerwarteten

Stelle etwas Schlechtes. Hier eine Gutschrift, dort, woanders, erscheint eine Rechnung.

Sehen Sie es von hier aus: Wir verbessern etwas lokal, ohne an das Ganze zu denken. Wir sammeln Punkte. Alles gelingt. Wir bekommen einen Bonus. Manchmal rufen uns Leute böse an, die sich über die Folgen unseres Tuns beklagen. Wir wimmeln sie ab. Sie sind lästig. Es sind Nörgler, die sich gegen Veränderungen reflexhaft wehren. Weghören!

Sehen Sie es von dort aus: Sie arbeiten ganz ruhig vor sich hin. Da kommt eine E-Mail, dass sich die Liegenschaftsverwaltung Ihres Unternehmens entschlossen hat, einige Parkplätze abzumieten, da die Berechnungen ergeben hätten, dass diese nicht gebraucht würden. Das Team, das diese Einsparung erzielt hätte, bekäme einen dicken Bonus und eine Urkunde. Sie lesen die E-Mail und fühlen sich nicht gut. Einige Tage später stellt sich heraus, dass Mitarbeiter ab etwa 10 Uhr keinen Parkplatz mehr bekommen und um das Gebäude kreisen. Es hagelt Beschwerden. Man hört sie nicht mehr an. Wer anruft, ist ein Nörgler.

Auf der einen Seite sind Sie der Täter. Sie „verbessern", andere schimpfen unfair. Meist sind Sie aber das Opfer. Es wird Unsinn von Ihnen verlangt.

Angenommen, Sie arbeiten in einem optimalen Unternehmen. Dann sind dort hundert Abteilungen, die etwas verbessern, jeder etwas anderes. Hundert Erfolge, hundert Rechnungen. Ein Erfolg für Ihre Abteilung, in der Sie etwas verbessern, dafür bekommen Sie mehrere zehn Rechnungen, wo sich für Sie etwas verschlechtert.

Niemand denkt über das Ganze nach!

Alle verbessern.

Dafür hat die deutsche Sprache ein eigenes Wort. Eine Verbesserung, die nicht an das Ganze denkt, heißt bei uns allen:

Verschlimmbesserung.

4.7.8 Kontrollen gegen Verschlimmbesserungen

Sie haben sicher schon zwischen den Zeilen gelesen: Suprasysteme fordern das Verschlimmbessern geradezu heraus. Wenn durch Punkte- und Bonusziele eine einzige Richtung im Unternehmen forciert wird, schlagen die gierigen Punktesammler über jeden Strang und „verbessern", bis … ja – bis es nicht mehr geht, sagen diese, was aber nicht stimmt: Die Supramenschen verbessern, bis nichts mehr geht. Solange es Punkte gibt.

Die Suprasysteme appellieren: „Ihr sollt den Umsatz maximieren, aber dabei nicht die Kosten erhöhen, nicht die Qualität senken, nicht die Kunden verärgern, nicht mehr versprechen als zu halten wäre, nicht die Rabatte hochfahren, nicht mehr Kunden zum Essen einladen, nicht so viel mit dem Handy telefonieren, nicht die Reisen zum Kunden erhöhen, nicht Arbeit an andere abwimmeln, nicht das Administrative vernachlässigen, nicht nicht nicht nicht nicht …"

Wenn es Punkte gibt, schrecken Appelle nicht.

Dennoch sind die Suprasysteme randvoll mit Appellen: „Bitte! Nicht! Bitte nicht! Und vergesst nicht: Umsatz ist am Allerwichtigsten!“ Die meisten Mitarbeiter ignorieren Appelle oder Vernunft oder Einsicht in das Ganze. Es wird nicht honoriert.

„Davon habe ich nichts!“, sagen die Supramenschen. „Dafür gibt mir keiner was, wenn ich sentimental werde und etwas gegen die Haupttriebrichtung tue. Wenn denen das da so wichtig ist, wie es in der E-Mail geschluchzt wird, dann sollten sie konsequent sein und Geld dafür geben. Ich bin da, um Geld zu verdienen.“

Suprasysteme sind klug und geben keine Punkte gegen die Haupttriebrichtung. Dann bricht Chaos aus. Deshalb kontrollieren sie das „nicht nicht nicht nicht“.

Sie kontrollieren im obigen Beispiel die Kundenzufriedenheit, die Qualität, die gewährten Rabatte, die Anzahl der Reisen und Reisekosten, die Kosten aller Art, die Anzahl und Dauer der Anrufe mit dem Handy, die Zusagen an Kunden. Am wirksamsten ist die Kontrolle durch absolutes Verbot. Das geht meistens nicht. Deshalb wird ein sogenanntes Budget vergeben. Jeder darf so und so oft anrufen, Rabatt geben, den Kunden besuchen. Jeder muss mindestens so und so oft das und das kontrollieren und in der Richtigkeit bestätigen, Strafen bezahlen, Rechtfertigungen schreiben.

Die größte subjektiv empfundene Gemeinheit von Suprasystemen ist die Taktik, grundsätzlich alles zu verbieten, außer, es würde erlaubt. Dann verwandeln sich Supra-Innensysteme in Genehmigungsbehörden. Das weiß ja jeder. Ich weiß es, Sie wissen es. Darüber kann man nur noch zynisch schreiben. Jedes Beispiel steht für alles andere. Eines hier:

Angenommen, ein Kunde möchte statt eines gelben Ethernetkabels ein durchsichtiges kaufen. „Haben wir nicht.“ – „Bitte, es sieht schöner aus.“ – „Ich frage mal.“

Geht nach hinten.

„Chef, ich geh zum Media Markt und kaufe ein durchsichtiges Kabel für 10 €, es ist für unseren besten Kunden, den verärgere ich nicht.“ – „Soll der selbst zum Media Markt. Gelb ist schön.“ – „Nein, ich geh’, Chef.“ – „Nein, das will ich nicht.“ – „Warum haben wir keine durchsichtigen?“ – „Das muss genehmigt werden. Der Antrag dafür ist zu kompliziert. Ich verstehe ihn nicht. Deshalb gibt es bei mir nur undurchsichtige Sachen, solange ich Chef bin.“ – „Was ist so schwierig, Chef?“ – „Wir müssen den neuen Preis genehmigen lassen, den Absatz schätzen, schwören, wie viel wir verkaufen, beantragen, woher wir das beziehen, sicherstellen, dass wir es nirgendwo billiger bekommen, fragen, ob es strategisch Sinn macht, den Platz dafür im Regal nachweisen und umbuchen, eventuell ein anderes Produkt dafür aus dem Laden nehmen, für das begründen, dass es keinen Gewinn bringt, nachweisen, dass die Reduzierung des Sortimentes mit der Kundenzufriedenheitskommission abgestimmt wird …“ – „Chef – es ist eilig, es ist also unmöglich? Der Kunde sagt das auch, dass wir unmöglich sind!“ – „So ein Quatsch. Er selbst arbeitet doch in einer Bank. Er ist da ein hohes Tier. Frag ihn mal, ob ich eine Hypothek haben kann, die drei Jahre tilgungsfrei ist. Dann hole ich selbst das durchsichtige Kabel.“ – „Chef? Er sagt, drei Jahre tilgungsfrei geht nicht. Sie haben alles im Computer und da kann man es gar nicht so ausfüllen, das Formular. Es ginge aber auch dann nicht, weil die Basel-II-Prüfung solche Kredite nicht bewertet, sie sind nicht so weit. Er ist auch nicht berechtigt, eine Ausnahme zu machen.“ – „Quatsch, er ist Prokurist bei der Bank.“ – „Chef, das habe ich auch gesagt. Er meint, ich versteh dann nicht, was ein Prokurist ist. Es bedeutet, dass die Unterschrift rechtsgültig ist für alles, was er unterschreibt. Aber er darf gar nichts unterschrieben, weil alles verboten ist. Er darf gar nichts, nur wenn er es täte, dann kann man es nicht mehr zurücknehmen. Deshalb tut er lieber nichts." – „Sieh mal, so ein Waschlappen. Ist Regionschef und so und darf nichts tun." – „Dafür, sagt er, darf er gegen den Radiergummietat auch durchsichtige Kabel besorgen. Das können Sie nicht, Chef." – „Und wenn er nun plötzlich Radiergummi braucht?" – „Braucht er nicht, weil er nichts tut, ist alles verboten, oder?" – „Tja, siehst du, es ist wie bei uns. Ich tu auch nichts." – „Und was sag ich dem Kunden, Chef?" – „Er soll sich durchsichtig machen."

Suprasysteme kontrollieren alles, was Schaden nehmen kann, wenn alle Punktesammler rigoros ihre Hauptziele optimieren. Es wird durch Kontrollen alles geschützt!

Das Büromateriallager wird geschützt, sonst klauen alle diejenigen CD-Rohlinge, die früher hinter Disketten her waren. Der Kunde wird geschützt, damit er nicht unzufrieden werden *kann*. (Das ist die beste Definition, die ich Ihnen für Kundenzufriedenheit anbieten mag.) Die Produkte werden gegen Mängel und Qualitätseinbußen geschützt. Die Sekretärinnen werden vor Arbeit beschützt. (Das geschieht durch sogenannte Service-Level-Agreements, also Servicedefinitionen, etwa: „In Computer einzugebende Daten müssen per E-Mail geschickt werden.") Gemeinschaftsräume werden vor spontaner Benutzung geschützt (drei Wochen vorher anmelden, mit genauer Personenanzahl).

Nur das, was geschützt wird, fällt nicht dem Höherwertigkeitstrieb zum Opfer. Nur deshalb bekommen die Mitarbeiter Gehalt, nur deshalb gibt es CD-Rohlinge im Büro gegen dreifachen Beleg. Es sei denn, das Verteilen von Rohlingen wäre ein Haupttriebziel.

Und verzeihen Sie mir den zunehmenden Zynismus. Es ist schwer, immer mit anzusehen, wenn das heilige Innere vor Raub geschützt werden muss. Es zieht in meiner Seele, dass es unter allgemeinem Trieb einfach keinen Konsens gibt, das Sinnvolle oder auch nur das Ganze leben zu lassen.

Wie viel kostet der Kontrollzwang gegen die Triebwut?

4.7.9 Raubbaustellen („not inspected")

Es gibt eine Menge Werte im Leben, die von Suprasystemen nicht geschützt werden. Da Suprasysteme durch Regulierung schützen, also durch Einzäunen, Rationieren oder Kontrollieren, kann all das nicht geschützt werden, was nicht gemessen und kontrolliert werden kann. „What you can't measure, you can't manage." Was nicht gemessen werden kann, kann nicht gemanagt werden. Was also nicht gemessen werden kann, existiert sozusagen nicht. Wenn also etwas für das Suprasystem nicht existiert, aber doch real da ist, dann ist es Freiwild und kann geraubt, mitgenommen oder ausgebeutet werden. In Indien ist grauenhafte Wassernot. Wenn Wasser da ist, muss es auf Felder gepumpt werden. Da Strom teuer und Bauern bitterarm sind, kann kein Wasser auf die Felder kommen. Deshalb ist für Bauern in Indien Strom gratis (er wird nicht gemessen und kontrolliert). Nun laufen die Pumpen rund um die Uhr, weil Strom umsonst ist. Nun wird das Wasser bald wirklich knapp. Ein Land ruiniert sich, weil Strom nicht gemessen wird. (Ich war für die UNESCO ehrenamtlich kurz in Paris, um Lösungen zu suchen. Man hielt es für undenkbar, Strom zu messen. Ich sollte das nicht erwägen. „Bitte eine andere Lösung." Da weinte ich innerlich und fuhr nie wieder hin. Ich kann so etwas nicht aushalten. Das Wahre zieht sich leider oft beleidigt zurück. Diesmal ich.)

Sie können also davon ausgehen, dass alles, was nicht kontrolliert wird, gestohlen wird. Was kann das in unserer Gesellschaft sein?

Ein herausragendes Beispiel: Vertrauen.

Wie kontrolliert man Vertrauen und Misstrauen? Wie kontrollieren wir, dass Vertrauen herrscht und Vertrauen nicht gebrochen werden darf? Was wären die Konsequenzen, wenn es gebrochen würde? Wer kontrolliert es? Wer muss betriebs- oder haupttriebnotwendig wem wie oft wann wie stark vertrauen?

Sie sehen wohl gleich, worauf ich hinaus will: Vertrauen wird nicht kontrolliert, weil das zu schwer ist. Vertrauen ist etwas sehr Ganzheitliches. Suprasysteme kontrollieren das Ganzheitliche durch Zerlegung in Teile und Kontrolle der Teile („divide et impera"). Vertrauen entzieht sich in seiner Ganzheitlichkeit dem Systemansatz vom Grundsatz her.

Andererseits ist Vertrauen sehr wichtig. Ja, aber Vertrauen an sich kann kein Haupttriebziel eines normalen Suprasystems sein, weil es auf Haupttriebbefriedigung Punkte gibt und deshalb ein Haupttriebziel messbar, also kontrollierbar sein muss. Vertrauen ist also wichtig oder, wie viele sagen, unabdingbar, aber es ist heute nicht kontrollierbar.

Deshalb wird niemand wirklich bestraft, wenn er um der Punkte willen Vertrauen missbraucht.

Vertrauen ist damit dem Raubbau im Suprasystem preisgegeben. Jeder kann es nehmen und missbrauchen. Wenn das Jahr herum ist, wechseln die Firmenabteilungen. Nächstes Jahr gibt es andere Teams und andere Jobs und andere Ziele.

Im Suprasystem wird alles, was nicht durch Kontrolle geschützt wird, geraubt oder ausgebeutet oder zum Punktegewinn eingespannt. Punktejagd müsste vom Grundsatz her irgendwo prinzipiell Halt machen, egal wie viele Punkte es gibt. Es gibt Grenzen, die das Ganze nahe legt. Irgendwo da:

- Vertrauen
- Hilfsbereitschaft
- Guter Rat
- Güte
- Vergebung
- Gesundheit (mehr als Gesundheit, um arbeiten zu können)
- Höflichkeit
- Großherzigkeit
- Wärme
- Respekt vor Würde
- Achtung vor dem anderen
- Familie
- Menschlichkeit
- Nachhaltigkeit, Langfristigkeit

- Selbstachtung
- Fairness
- Treue
- Liebe
- Ehrlichkeit
- Gerechtigkeit
- Freundschaft
- Beziehung
- Identität, gemeinsame Vision
- Kontinuität
- Konzepttreue

Und so weiter. Punktegier sollte bei Tugend und Liebe Halt machen, bei Menschlichkeit und Respekt vor dem Wunsch der Menschen, glücklich zu werden. Ich habe oben schon einmal geschätzt, alles zusammen könnte 20 % kosten, also den Verzicht auf 20 % der Punkte. Das Suprasystem muss vor den Bedürfnispyramiden der Individuen Respekt zeigen. Und wie viel wäre zu gewinnen, wenn wir für Punkte heute nicht ständig die Grundlage von morgen verrieten!

4.7.10 Der Raubbau an der psychischen Energie: Total-Value-Waste

Suprasysteme erzeugen eine ungeheure Energie in den Menschen, höherwertig zu werden und niemals zum schlechtesten Drittel zu gehören, das zu den Losern gehört.

Suprasysteme bringen uns um alle seelische Ruhe. Wir sollen alles investieren um voranzukommen, um zu verdienen, Karriere zu machen, aufzusteigen, uns zu vergrößern, alles auszubauen, zu siegen. Wir sollen als physisch-physiologische Wesen gleichzeitig mit der linksgebauchten und der rechtsgebauchten Apter-Kurve leben, was uns zerreißt und „auspowert".

Wir fahren enorme seelische Energien für das Suprasystem hoch. Ein ehrgeiziger Supramensch wird (verzeihen Sie so eine nur plakative pauschale Zahl) vielleicht drei Mal mehr Energie einsetzen als „ein ruhiger Bauer oder ein stressfreier Beamter".

Der Supramensch geht mit dreifachem Willen und dreifacher Sorgfalt ans Werk. Er arbeitet statt 40 Stunden nun 60 oder mehr pro Woche. Er spannt sich voll ein.

Er beginnt, alles auszureizen. Er opfert Freizeit, Glück und Familienleben. Er beginnt, Sinnentleertes für Punkte zu tun. „Keine Sinnfragen! Weiter!" Die Sensoren des Erfolgs und Misserfolgs nehmen in seinem Körper Platz und nehmen von ihm Besitz. Die anderen Seismografen werden übertönt. Wenn die Dienstsirene heult, wird die Gesundheit und das Kinderherz übersehen.

Er richtet alle Energie auf die Punkte und beginnt zu betrügen und kurzfristig zu handeln. Die Kontrollsysteme holen ihn ein. Er muss bitten, Genehmigungen einholen, kämpfen, Anträge stellen, neue Jobs suchen.

Seine Energie verpufft an den Kontrollen, Reviews, Formularen. Seine Energie verpufft an den Kollegen, an Managern, an Vorschriften und Regeln. Er zankt mit Kunden um Abnahmekriterien, mit Dienstleistern um Zuständigkeiten und Pflichten. Alle wollen die Punkte. Niemand gibt nach. Alles wird kontrolliert und verhandelt. Niemals ist Ruhe, weil alles an der Grenze ist, am Anschlag. Das Ganze ist nie mehr in einer ruhigen Mitte.

Der Supramensch leistet und schuftet. Er gibt alle psychische Energie.

Das meiste verpufft.

Die bange Frage: Wie viel bleibt?

Wie viel bleibt übrig nach dem Kampf und nach dem Sieg?

Was kostet die Blindheit für das Ganze, das kurzfristige Agieren, das Quartalsdenken, die Instabilität, die mangelnde Kontinuität, der Verschleiß, die Kontrolle, der Betrug, der auf Indikatoren fixierte Blick mit dem Auge, das auf das Schummeln schielt? Was kostet die Angst, gefeuert zu werden, umorganisiert oder an andere Firmen verkauft zu werden? Was kostet es, wenn es nur noch Geld gibt aber keinen Respekt, keine Liebe, keinen Dank, keine Anerkennung? Was kostet die Lähmung und die Bändigung des Auseinanderstrebenden?

4.7.11 Raubbau an allem, was nicht Haupttrieb ist

Wenn alles, was nicht gemessen wird, zur Plünderung steht, wenn alles, was derzeit nicht Haupttriebrichtung ist, einen geringen Kontrollrang bekommt und zumindest nicht stark beachtet wird, also auch teilweise geplündert, wenn der Hauttrieb jedes Jahr wechselt, weil wieder überall Wald abgebrannt wurde – was bleibt übrig (Abb. 4.22)?

Wenn dann in Haupttriebrichtung jedes Jahr unerhörte Fortschritte gemeldet werden – wie viel davon ist unter Raubbau an anderen Stellen erzielt worden?

Unternehmen haben reorganisiert und Tausenden von Mitarbeitern Abfindungen bezahlt – es waren „einmalige Restrukturierungskosten". Manager wurden unter hohen Abfindungen gefeuert – es waren „einmalige Reorganisationskosten". Teilbetriebe wurden unter Verlust verkauft – es waren „einmalige Sonderverluste" und im nächsten Jahr steigt die Profitabilität, weil keine Verluste mehr aus diesem Teil erwirtschaftet werden. Teilbetriebe werden stillgelegt – es waren einmalige Strukturbereinigungen, ohne die ordentliche Gewinne erzielt wurden, insgesamt leider nicht. Teilbetriebe wurden gekauft, um die Firma abzurunden – es entstanden einmalige Abschreibungen auf zu hohe (!) Kaufpreise. Geschäftsbereiche oder Produkte wurden eingestellt („discontinued operations"), es entstanden einmalige Verluste, obwohl im übrigbleibenden Geschäft („ongoing business") Gewinne anfielen. Tafelsilber wurde verkauft („lean company"), um Gewinne einzustreichen, die für einmalige Verluste gegengerechnet werden.

Ich will sagen:

Die Wirtschaft hat in den letzten Jahren einmalige Verluste gemacht.

Abb. 4.22 Edward Munch: Ashes (© The Munch Museum/The Munch Ellingsen Group/VG Bild-Kunst, Bonn 2003)

Die tollen Strategien suggerieren, dass im nächsten Jahr, nach der großen einmaligen Sonderaktionsbereinigung, alles, aber auch alles in Ordnung ist. Aber warten wir ein wenig, dann gibt es wieder einen einmaligen Handlungsbedarf. Viele Unternehmen geben den Verlust oder den kleinen Gewinn nur schamhaft an, denn er entstand vor allem durch die einmaligen Verluste, die ja „weggemacht" wurden. Die Unternehmen geben heute sehr oft den „eigentlichen Gewinn" an, ohne diese einmaligen Verluste. Der kann sich meistens sehen lassen. Es ist der Gewinn in Haupttriebrichtung („ongoing"), der nur noch um die Verluste des Geplünderten („discontinued" oder „gekillt") gemindert wird.

Hier sehen wir sehr gut, wie viel Gewinn Suprasysteme machen: Viel im laufenden Geschäft, leider minus Raubbaukosten, also insgesamt *dieses* Jahr fast nichts. *Dieses* Jahr! Nächstes Jahr geht es besser, wenn nichts kaputt geht. Aber es wird etwas kaputt gehen. Alles wird wieder einmalige Ausmaße annehmen!

Vergleichen Sie es mit der Armee, die Krieg führt, so wie Suprasysteme Krieg führen. Der General sagt: „Wir haben Krieg geführt und im Wesentlichen Gewinn gemacht. Eigentlich haben wir erstklassig gekämpft und hohe Gewinne erzielt. Leider ist eine ganze Division getötet worden. Alle weg. Es war Infanterie. Wahrscheinlich liegt es daran, dass Infanterie sich im Krieg nicht bewährt. Wir denken deshalb, wir kämpfen ohne Infanterie weiter. Wenn wir uns vorstellen, wir hätten schon letztes Jahr ohne Infanterie gekämpft, so hätten wir praktisch keine Verluste gemacht. Aber da wir Infanterie hatten, müssen wir eine ganze Division abschreiben. Deshalb haben wir insgesamt nicht gut abgeschnitten. Wenn wir aber im nächsten Jahr ohne Infanterie kämpfen, fallen ja diese Verluste nicht wieder neu an, weil ja keine Infanterie da ist. Der Verlust der ganzen Division war also ein einmaliger Verlust. Im nächsten Jahr müssen wir in der neuen Aufstellung, die jetzt sehr schlank und schlagkräftig ist, nur noch gewinnen. Wir sind jetzt nicht mehr so viele Mitarbeiter, äh, Soldaten, und da sind wir nicht mehr so unflexibel und behäbig."

Spüren Sie das tiefe Grauen hinter einer solchen Einmaligkeit?

4.7.12 Krokodilstränenlehrgänge für Manager

Manager bekommen heute eine Menge Lehrgänge, wie sie Mitarbeiter motivieren. Manager sollen emotional intelligent werden. „Wie erlange ich Vorteile, wenn ich mich mit Menschen auskenne?" – „Wie schmiede ich ein Team, das noch mehr Profit macht?" Im Grunde wollen diese Lehrgänge noch mehr Punkte herausholen. Sie stellen aber nicht die Systemfrage.

Menschen leben in Wertewunschvorstellungen, wie ich sie in den Pyramiden am Anfang des Buches dargestellt habe. Sie wollen erst Essen und Trinken, also ein Gehalt. Dann möchten sie so etwas wie Ruhe im Innern, Ruhe vor Furcht, Angst, Gewalt, seelischen Verletzungen, Stress. Dann möchten sie Respekt, Anerkennung, Wissen, Gemeinschaft, Freude.

Die Suprasysteme liefern Stress, Angst, seelische Gewalt. Sie versprechen dafür Geld. Wer, bitte, will das? Menschen produzieren gerne mit vollem Herzen Hilfe, Mitleid, Dank, Güte, Heilung, Rat, Unterstützung, Spenden, Motivation, psychische Energie, Liebe, Sanftmut, Verzeihen, Gnade. Sie produzieren es *gerne*!

Der Dank wird aber im Suprasystem von den Gestressten nicht mehr beachtet. „Hört auf mit Danke. Gebt Punkte." – Die Freundschaft wird nicht mehr als unabdingbar gesehen. „Bei Geld hört die Freundschaft auf." Die Menschen würden gerne für das Ganze arbeiten. „Keine Sinnfragen. Tun Sie einfach das, was verlangt ist. Zerbrechen Sie sich nur nicht den Kopf. Das System will es so." – „Sie müssen Ihrem Kollegen nicht helfen. Jeder hat seine Ziele. Schauen Sie nach Ihren. Die sind schwer genug. Sie müssen hier nicht Heiland sein."

Ich habe mich eine Zeit lang dafür interessiert, was ein Manager in Lehrgängen zur Emotionalen Intelligenz lernt. Meistens fand ich glühende, warmherzige Idealisten als Lehrgangsleiter, die Psychologie studiert hatten und nun Management-Lehrgänge gaben. Sie waren erfüllt von ihrer Mission, den eher harten Managern die Maslowsche Bedürfnispyramide, die Menschlichkeit und das Ganze nahe zu bringen. Die Manager konnten oft alles verstehen. Sie stimmten oft zu. In der Welt der Lehrgänge ist das Idealistische oder das Wahre und Ganze wahrnehmbar, fühlbar und echt.

Am nächsten Tage aber geht es wieder um Punkte. Es ist die andere, die Suprawelt.

In vielen Lehrgängen werden Manager auf ihre Persönlichkeit getestet, etwa in richtige, wahre und natürliche Menschen eingeteilt, als Denker oder Fühler oder Ästhet erkannt. Sie werden in „ordentliche" und „flexible" Persönlichkeiten geteilt. Ich habe oft einige Wochen später gefragt: „Und? Was kam heraus?" – Statistisch die häufigste Antwort war: „Weiß ich nicht mehr. Wenn es Sie interessiert – ich habe es aufgeschrieben. Es gab so eine Auswertung. Hat Spaß gemacht." – Ich meinte: „Es ist nicht der Punkt, ob es *mich* interessiert. Interessiert es *Sie*?" – „Ach, es war schon interessant, aber das hier ist eine andere Welt. Im Kurs ist von Menschen die Rede, hier nur von Zielerreichung. Die junge Dame, die uns das Gute nahe bringen sollte, hat sich rührend bemüht. Sie versteht eben nichts vom wirklichen Leben. Wie sollte sie, wenn sie nur Psychologie kann. Sie hat uns ein bisschen leid getan, so, wie sie sich bemüht hat. Was kann sie dafür, wie wir arbeiten müssen?"

4.7.13 Das Ganze ist wie ein Raubtier geworden

Sehen Sie, wie das Suprasystemganze sich wie ein Raubtier benimmt?

Vornehmer ausgedrückt spricht man von Sozialdarwinismus oder XY-Darwinismus, von Selektion und Artenkampf.

Ich habe es schon öfter in anderen Büchern geschrieben: Tiere essen sich satt, sie kämpfen nicht um globale Futteranteile und streben nie die Vernichtung der Beutetierarten an (dann verhungerten sie ja). Löwen rotten sich auch nicht gegenseitig aus, um Vorteile zu erzielen. All dieses Gerede entschuldigt pflichtschuldigst bedauernd, dass unsere Suprasysteme nach der Idee eines Raubtieres gebaut werden, das die Welt beherrschen möchte.

Wir vergessen, dass zu viele Weltbeherrscher nur alle Energie dieser Welt verschwenden, um am Ende mehr oder weniger total erschöpft oder tot in den Staub zu sinken, weil sie am Ende einen einmaligen Verlust hinnehmen mussten, bis zu dem eigentlich alles gut zu laufen schien.

Früher eroberte Länder, wer Welten beherrschen wollte.

Heute jagt man Punkte. Es ist Systemkrieg.

Ich wiederhole das jetzt nicht in vielen Varianten. Es ist klar, dass Krieg ist. Und Krieg ist für den Menschen ein schrecklicher Ausnahmezustand, in dem er ausnahmsweise 300 % psychische Energie mobilisiert. Die wird von den Suprasystemen geerntet, um in dem sinnlosen Kampf fast ganz verpulvert zu werden. Würden Raubtiere denn besser leben, wenn sie sich selbst gegenseitig ausrotten wollten? Warum ist das der Evolution noch nicht eingefallen? Raubtiere, die sich schnell vermehren und nur voneinander leben?

4.8 Zeit der Suprasysteme – Zeit der Raubtiere

Es gibt Zeiten wie Goldrausch oder Internet. In solchen Zeiten kann jeder reich werden wollen. Eine solche Zeit hält viele Supramenschen aus. Sie dauert wohl nur nicht lange, wenn sich Raubtiere zu stark vermehren.

4.8.1 Warum gibt es denn überhaupt Suprasysteme?

Jetzt habe ich die Suprasysteme so sehr schlecht gemacht, dass sich der Leser wohl fragen muss, warum es denn die Wirtschaftskapitäne mit solchen Systemen überhaupt versuchen.

Sehen Sie, es gibt Zeiten, in denen Raubtiere Erfolg haben.

Dies sind Zeiten, in denen reiche Beute offen „herumliegt".

Unternehmen hatten so viele Gewinne in Bilanzen verschwinden lassen, um Steuern zu sparen, dass ihre Börsenbewertung dagegen lächerlich niedrig wurde, weil Anleger die Unternehmen nur nach dem Indikator Kurs-/Gewinnverhältnis maßen. Mehr Kennzahlen passten nicht in die Tabellen in der Tageszeitung.

Vor allem aber wurde es durch neue Technologien, durch Computer und Datennetze, möglich, auf immer neue Goldadern zu stoßen.

Wenn es Gold im Tagebau zu holen gibt, dann gibt es einen Rausch. Die Energie aller Goldgräber konzentriert sich auf die Hoffnung unbegrenzten Reichtums. Goldgräber bekommen rotfleckige Wangen und einen irren Blick, sind ungeduldig, eilig, hyperaktiv, verbissen, nahezu verrückt.

Im Grunde wünschen sich Suprasysteme solche Menschen als Mitarbeiter: Vor Gier zitternde Goldgräber, die vor Ungeduld den Berg schon einmal mit den bloßen Händen umgraben, nur, um schneller zu sein. Wo Gold ist, drängt die Zeit! Da wird Gold mit einfachsten Mitteln gewonnen („in einer Garage").

In den letzten Jahren machte es Technologie möglich, Autos in einem Bruchteil der Zeit zu bauen, neue Produkte in einem Bruchteil der Zeit an den Markt zu bringen, neue Verwaltungsprozesse mit einem Bruchteil des früheren Aufwandes einzuführen. Der Internetboom brach aus. Im Grunde sahen die Goldgräber in diesem Boom in jedem Maulwurfshügel eine Goldmine und gruben um. Er ist deswegen noch nicht zu Ende, wie es viele sagen. Im Internet haben die Goldgräber nur heute nicht mehr diesen ganz irre flackernden Blick. Er ist etwas klarer und nüchterner geworden. Das Goldgraben wurde in den letzten Monaten (ab 2002) wieder zu einer seriösen Arbeit.

In Zeiten, wo es Gold und Edelsteine regnet, sind Suprasysteme möglicherweise eine optimale Methode, schnell alles einzusammeln. Goldgräber müssen in diesen Zeiten als Mitarbeiter überhaupt nicht motiviert werden, sie sind ja rot-fleckig erregt und zittern vor Energie. Boom! Es gibt eine ganz eindeutige Haupttriebrichtung: Schnell alles einsammeln, koste es, was es wolle, nur schnell! Die Gewinne stellen sich von selbst ein. Es ist keine Zeit der Controller.

Wenn aber das Gold an der Oberfläche abgesammelt ist, wenn es von Goldsuchern wimmelt (die Privatanleger strömen an die Börsen, jetzt auch sie mit rot-gefleckten Wangen und flackernden Augen), wenn die Preise für neue Claims in den Himmel schießen, dann setzen sich die Goldsucher wieder ermattet auf die Erde oder einen Teppich und sehen erschrocken ihren desolaten Zustand. Sie haben lange nichts gegessen, nicht gebadet, nichts gepflegt. Sie sind krank geworden, haben es in ihrem Rausch nicht beachtet. Nun schlagen die Suprasysteme Alarm: „Weiter! Grabt tiefer! Drängelt die Mitbewerber zur Seite. Erobert Claims! Sucht irgendwo anders! Es wird noch mehr Berge geben als diesen einen! Die Chancen werden woanders neu vergeben! Schnell! Lauft! Tut nicht müde! Vergesst eure Schmerzen! Es geht jetzt ums Überleben! Ohne mehr Gold werden wir beiseite gedrängt, wir dürfen nicht ermatten! Auf, auf! Wir geben euch dafür einen größeren Anteil als früher! Ihr bekommt Optionen auf neues Gold!"

So ist es, wenn zu viele Raubtiere alle Beute fraßen.

Wirtschaften heißt aber mehr *Erzeugung* als *Erbeuten*, mehr *Erarbeiten* als *Verdrängen*.

Wir leben jetzt in der Spätphase eines Rausches. Die Motivation kommt aus Angst, nicht mehr aus Gier. Wir sind müde und matt. Auf zum nächsten Gefecht.

Es gibt zu viele Raubtiere.

Früher gab es Hunderte von Banken, über tausend Krankenkassen, Hunderte von Versicherungen. Wenn sie alle zu Raubtieren werden, ist nur noch Platz (Beute) für drei oder fünf. Das steht jeden Tag über jede Branche in jeder Zeitung zu lesen.

Was wäre mit dem Internetboom passiert, wenn wir Herdentiere, Pflanzenfresser, Erzeuger, Produzenten, Schaffende geblieben wären? Die Savanne wäre noch nicht zertrampelt, es gäbe noch Wasser.

4.8.2 Technologien versorgen uns mit neuen Triebrichtungen

Die Technologiewelle versorgt uns verlässlich mit neuen Richtungen, in denen Geld zu machen ist. Computer, Netze, Mobilfunk, Electronic Banking, Welttourismusorganisation, neue Energiequellen, Autos, Katalysatoren.

Oft helfen neue Lebensumstände, Wirtschaftsimpulse zu geben: Der Jahr-2000-Fehler in Computern, die Umstellung auf den Euro, die Kreditrichtlinien nach Basel II, Dosenpfandeinführung, verpflichtende Produktion von Brennstoffzellenautos und dergleichen.

Die Reorganisation unseres Lebens in der Folge neuer Technologien fügt unserem Leben immer wieder eine neue Dimension hinzu.

Goldvorräte erschöpft? Sammelt Platin für Katalysatoren ein! Schnell, es wird ein Boom! UMTS und eine neue Mobilfunkgeneration? Schnell, ersteigert die Claims zum Schürfen, zu jedem Preis!

Heute, 2003, ist so ein Punkt der Mattigkeit. Kein neuer Boom.

Angst ums Überleben, Arbeitslosigkeit. Die Menschen fragen: Wo ist ein Boom?

Fieberhaft wird nach einem Boom gesucht. Wo sind noch unerschlossene Märkte, wer hat neue Produktideen? Was wollen die Kunden? Wie fängt man sie effizient?

Ein Boom ist so etwas wie eine neue Beutedimension. Die Haupttriebrichtung der Suprasysteme richtet sich auf den neuen Boom ein. Forschungsabteilungen der Suprasysteme suchen fieberhaft nach Anzeichen neuer Booms. Der erste, der das neue Metall findet, wird märchenhaft reich.

Wenn kein neuer Boom in Sicht ist, müssen die Goldsucher anders handeln. Sie können gegeneinander kämpfen, sich gegenseitig die Claims abhandeln und sich einschränken.

Nach dem Goldrausch der Raubtiere beginnt der Verdrängungskampf. Die Suprasysteme kaufen einander auf, übernehmen sich gegenseitig, fressen sich. Der Haupttrieb verlagert sich. War er vorher auf das Gold in den Bergen gerichtet, so schielt er nun lüstern auf das schon eingesammelte Gold der anderen Sammler. Man macht sich das schon gefundene Gold gegenseitig streitig. Die Raubtiere gehen aufeinander los: Aus Stromproduzenten werden Stromhändler, hinter physischen Telekoms entstehen virtuelle Gesellschaften, die gekaufte Leitungsrechte an Endkunden verkaufen. Gesellschaften kaufen nicht mehr die Produktionsstätten von Wettbewerbern auf, sondern deren Marken, Marktanteile oder Stammkunden. Das Gold verteilt sich auf immer weniger Suprasysteme.

Wenn es nun immer weniger werden, was dann? Die Suprasysteme benötigen immer mehr Geld zum Aufkaufen und Verdrängen. Sie machen Schulden, leihen sich also Kampfkraft. Es sind Raubtiere mit geliehenem Gebiss. Wo gibt es noch etwas zu erbeuten? Der Haupttrieb richtet sich nun nach innen. Die Suprasysteme müssen sich einschränken.

Wenn alles Gold geschürft ist, müssen Goldsucher mit schlechterem Gerät arbeiten, schränken die Saloonbesuche ein, lassen den Speck aus den Bohnen. In Suprasystemen beginnt die sogenannte Kostenoffensive. Der Haupttrieb wird ganz nach innen gelenkt. Wenn außen keine Beute mehr ist, muss das System „schrumpfen". Heute schrumpfen die Suprasysteme, die sich gestern noch aufkauften. Sie beschränken sich auf die Kernkompetenzen, stoßen Verlustbringer wie totes Gewebe ab. Notzeiten.

Die Suprasysteme gehen in Winterschlaf, harren aus, verbrauchen raubbauend ihre Gesundheit. Sie warten auf den nächsten Boom, also neue Beute. Sie kauern kraftlos. Der Trieb wütet in ihnen selbst und sucht nach unnötigen Systemteilen.

4.8.3 Raubbau an der Wissenschaft und der Umwelt

Die Umweltschützer haben es gut. Sie können den Menschen *zeigen*, wie die Lande verpestet werden und der Wald stirbt. Die Luft hängt voller Rauch, die Lebensmittel stecken voller Gift, immer genau bis zur kriminellen Grenze. Wir essen Supratiere, die es schafften, sich in Rekordzeit um ihr Leben zu fressen. Wässriges Fleisch, brauner Salat.

Das sehen wir und trauern oder genehmigen uns mehr Gift, das wir angeblich nach neuesten Studien doch vertragen. Wir gehen nicht mehr in den zeckigen Wald, es ist zu gefährlich. Stürme knicken die Bäume sowieso, egal, ob sie krank sind.

Das sehen wir.

Wir tun immer noch nichts, weil es zu teuer wäre, den Raubbau in Bepflanzung umzukehren, weil wir kein Geld haben, den Wasserraubbau für Warten auf Regen zu unterbrechen.

Raubbau ist nicht mehr wirklich umkehrbar. Denn nur ermattete Raubtiere wünschen sich ein Ende des Raubbaus. Dann aber hat niemand mehr Kraft. Dann hat niemand mehr Zeit, auf das Grüne zu warten.

Das alles sehen wir.

Was wir nicht sehen, ist zum Beispiel der Raubbau an der Wissenschaft. Ich habe schon fatalistisch Zeitschriftenartikel darüber geschrieben; es scheint nicht richtig vermittelbar zu sein. Jeder Mensch versteht, dass Forstwirtschaft ein etwas längerfristig angelegtes Geschäft ist und irgendwo von den Jahresringen der Bäume diktiert wird. Wissenschaft braucht mindestens ebenso viel Zeit. Das ist nicht so offensichtlich, wenn wir staunend vor den großen Erfolgen der neuen Wissensgesellschaft stehen. In Wirklichkeit ist es auch hier Raubbau.

Die Wissenschaft hat sich lange Zeit mit der Produktion von Erkenntnis befasst. Gute neue Erkenntnisse sind sehr schwer zu finden. Echte wissenschaftliche Ideen findet auch der Wissenschaftler nur so selten wie der Goldsucher die Mine. Wenn eine Goldmine gefunden wurde, so ist das Ausbeuten der Mine leicht. Also: Die erste Unze aus einer Goldmine zu bergen ist Millionen Mal schwieriger und langwieriger als die nächste Tonne Gold. Wenn dann die Hauptadern der Goldmine gierig geleert sind, kratzen die letzen Unverdrossenen darin herum, um noch ein paar Körnchen zu bergen.

So ist es mit der Wissenschaft.

Die erste Erkenntnis zu gewinnen kostet alle Mühe. Solche Momente sind wie ein seltenes Fest des Geistes und werden vielleicht mit einem Nobelpreis gefeiert. Jede solche Erkenntnis weist auf ein großes neues Wissensfeld hin, das es jetzt aufzudecken gilt. Es wird Ader für Ader, Schicht für Schicht freigelegt. Die Haupterrungenschaft ist es, wenn jemand wie Schliemann den ersten Spatenstich Troja freilegt, danach folgen Tausende von Arbeitsjahren der Vollendung. Schicht für Schicht, Stein für Stein.

Wenn alles freigelegt ist, werden noch ein paar tausend Arbeitsjahre darauf verwendet, Staubkorn für Staubkorn umzudrehen.

Sagen wir so: Wissenschaft hat drei Hauptabbauphasen: Das erste „Heureka!", dann tausend Mal mehr Arbeit beim Freilegen der Haupterkenntnis, schließlich Millionen mal mehr Arbeit beim Herausätzen aller Feinheiten, die nur noch die Erforscher selbst verstehen. (In Unternehmen gibt es den Innovationsdurchbruch oder den Prototypen, der etwas taugt und Milliarden bringt. Darauf tausend Mal mehr Arbeit am einen Produkt. Schließlich endloses Schleifen und „Erbsenzählen".)

Ein „Heureka!" braucht lange Zeit. Man weiß vorher nicht, wo und wie es ist. Die zweite Phase ist gut organisierbar und bringt Frucht. Die dritte Phase ist im Grunde zwanghaftes Verbeißen in die Vergangenheit einer einst ertragreichen Goldmine. Es ist Kriechen im Staub um des Goldstäubchens willen.

Die Suprasysteme haben die Wissenschaft entdeckt.

Sie kümmern sich überhaupt nicht um das Heureka. Es ist nicht messbar, existiert also nicht. Was nicht existiert, kann mitgenommen werden. Also wird alles Heureka von den Suprasystemen kassiert. Die Suprasysteme entwickeln auf Grund schon gemachter großer Erkenntnisse neue Produkte. Sie beuten also die Hauptadern der Erkenntnisminen aus, die schon früher von Wissenschaftlern gefunden wurden. Das Staubwedeln ist in Suprasystemen als unwirtschaftlich erkannt und wird eingestellt und verboten. An der Universitäten wird die Grundlagenforschung eingeschmolzen. Die Professoren sollen etwas Nützliches entwickeln und sich dies zur Verbesserung der Finanzlage von anderen Institutionen bezahlen lassen. Diese für Forschungsentwicklung eingenommenen Gelder heißen in Deutschland Drittmittel. Professoren, so verlangt man, sollen „Drittmittel einwerben". Sie sollen also vor allem ein früheres „Heureka!" ausbeuten und fortentwickeln. Das ist Hauptaderexploration, aber nicht wirklich Erkenntnisgewinnung. Das ist Troja-Freilegung ohne sich zu kümmern, wer Troja fand. Staubkornforschung wird an der Universität verboten werden. Das wird berechtigterweise viel Geld einsparen und suggerieren, man sei auf dem guten Weg.

So ist denn fast alle Wissenschaft heute mit Hauptaderexploration befasst. Damit verdienen die Forscher in Industrie und Universität gutes Geld. Das Hauptaderexplorieren führt zu einer enormen Explosion des vorhandenen Wissens. (Es wird jede Menge Gold gefördert, aber nur aus schon bekannten Minen. Neue Minen sucht niemand. Zu teuer. Zu ungewiss. Nicht zu messen. Nicht zu schätzen, wie lange es dauert.) Es wird aber nicht mehr nach neuen Erkenntnissen oder ganz neuen Ideen gesucht.

Deshalb ist die Wissenschaft bald abgeerntet.

Wenn sie abgeerntet ist, wird man feststellen, dass der schon lange zu Möbeln verarbeitete Wald wieder aufgeforstet werden muss. Vielleicht gibt es nun keine Förster mehr? Wenn Drittmitteleinwerbung auf das Ende des Raubbaus trifft, gibt es keine wahren Forscher mehr. Hundert Jahre Wiederaufforsten der Universitäten?

Wenn die Wissenschaft abgeerntet ist, entsteht eine immense Not an neuen Haupttriebrichtungen, neuen Märkten, neuen Ideen. Dann müssen die Suprasysteme immer stärker gegeneinander kämpfen oder schrumpfen, wie Vampire ohne Blut.

4.8.4 Erziehung zum Supramenschen

In einer Klasse unseres Gymnasiums in Bammental fand man eine der Klassengemeinschaften sehr im Argen. Die Schüler waren durchweg exzellent. Es ging nicht um die Leistungen. Ein Schulpsychologe untersuchte die seltsam verkümmerte Lage. Es stellte sich heraus, dass die Schüler einer achten oder neunten Klasse, die nun schon seit Jahren miteinander in Klassengemeinschaft lebten, sich zum Teil nicht einmal beim Namen kannten. „Warum muss ich wissen, wie jeder heißt? Gehen andere mich etwas an? Ich komme her, schreibe eine Eins, gehe nach Hause. Das ist mein Job hier. Den mache ich exzellent. Was wollt ihr noch? Warum soll ich mich im Unterricht beteiligen? Ich schreibe immer eine Eins, also ist dokumentiert, dass ich alles weiß. Mehr ist nicht nötig.“ So klang es nach dem, was Eltern nachher berichteten. Mag es so extrem stimmen oder nicht, mag es meinetwegen auch milder gewesen sein: So klingt es im Suprasystem. Und dann treten die Lehrer und die Schulpsychologen vor die Klasse und beschwören die Schüler: „Ihr seid ein Team, eine Gemeinschaft, ihr seid zwanzig Freunde.“

Schüler bekommen aber ihre Noten nur für sich selbst. So ist es leichter zu messen. Lieber keine Teamarbeit, weil Teamarbeit nicht objektiv bewertbar ist. Unsere Erziehung verkommt zu einem kleinen Suprasystem, das die kleinen Menschen zwingen will, Nummer Eins zu sein. Es separiert sie voneinander, damit sie ihre eigenen Noten bekommen, für die sie einzeln allein verantwortlich sind. Team ist Glücksache.

Später werden sie dann auf Kurse für Emotionale Intelligenz geschickt. Zuerst aber geht es um Abiturpunkte, die immer ruppiger und unemotionaler mit den Lehrern tough verhandelt werden. Supraschüler werden zu kleinen Raubtieren.

Eltern organisieren ihre Suprakinder: „Wir haben einen strammen Stundenplan. Kinderschwimmen, Ballett, dann gebogene Querflöte, eine krumme, die schon ein Säugling halten kann. Wir gehen mit ihm in jede Ausstellung und gewöhnen ihn streng an Mozart. Wir haben das Kind schon während der Schwangerschaft pränatal beschallt, aber bei Mozart wird es immer noch rappelig. Was, du willst bei uns zu Besuch kommen? Gut, in drei Wochen haben wir eine Stunde frei, weil ein Kind wegen Weisheitszahnziehen nicht zum Reiten kann. Ich nehme aber an, so kurzfristig geht es bei dir dann nicht?“

Das Erziehungsziel ist die Nummer Eins.

Die Erziehung bewegt sich wie die Systeme zum Suprasystem. Frühere Erziehungssysteme drillten die Schüler auf bedingungslose Disziplin und Gehorsam gegenüber Regeln und Erwachsenen und sonstigem Höheren wie etwa Religion.

Heute ist das alles weitgehend egal. „Ich schreibe meine Eins und gehe wieder. Das ist mein Job.“ Ältere Menschen sagen über diesen Übergang, die Welt von heute sei sinnlos tolerant gegenüber allen Frisuren, Musikrichtungen und Benimmregeln. „Die Jungen dürfen alles, aber auch alles.“

Ja, sie dürfen alles. Aber sie müssen heute siegen, mehr allerdings nicht.

4.8.5 Der Suprakunde

„Ich will alles und nicht bezahlen.“ So lautet die Botschaft des Raubtierkunden, der alle Preise ausreizt. Warum sollte er anders reagieren, wenn er an seiner Arbeitsstelle auf der anderen Seite kämpft?

Den ganzen Tag über predigt er dem Kunden: „Gib all dein Geld für mein Produkt.“ Am Abend steht er sich quasi selbst gegenüber.

Ich berate oft Unternehmen bei CRM, Customer Relationship Management, also dem Management von Kundenbeziehungen. Management! Nicht: Pflege von Kundenbeziehungen. Das wäre ja etwas. Wenn jetzt Vertreter zu uns ins Haus kommen, könnte ich fast ein Spiel wie eine Katze mit einer schon besiegten Maus anfangen, die noch an ein Entkommen glaubt.

> „Haben Sie ein Rundum-Sorglos-Paket?“ [Gib alles Geld für mein Produkt.] „Oh ja, gut, dass Sie danach fragen!“ – „Gibt es dafür einen einzigen Pauschalpreis, so dass ich nicht mehr herausbekommen kann, ob der Preis gerechtfertigt ist?“ – „Oh ja, natürlich, ein Preis, eine Abbuchung, ganz bequem.“ – „Ist es wahr, dass Sie das Sorglos-Con-Tutto-Paket so gut verkaufen, seit Sie so viel Provision dafür bekommen?“ – „Natürlich, ich empfehle es deswegen ja immer!“ – „Sind die Abschlusskosten schon durch die ersten fünf Jahresbeiträge gedeckt?“ – „Oh, schlechter! Schon mit zweien! Mehr bekomme ich leider nicht. Das ist aber im Grunde gut für Sie.“

Ich würde in Euphorie verfallen, wenn doch einmal bei den Systemen Kundepflengesysteme herauskämen. Aber ich schaffe es wohl nicht richtig, die Mutation von

Kundenbetreuung zu Suprakundenmanagement während der Projektlaufzeit zu verhindern.

Unternehmen seufzen oft: „Kunden sind heute so unverschämt. Sie lassen uns nichts verdienen. Sie drehen jeden Cent um. Sie wollen alles dafür. Verkaufen ist überhaupt kein Spaß mehr. Früher waren Kunden noch Freunde, heute sind es Räuber. Wir müssen deshalb Kosten einsparen. Wir haben allen Zulieferern geschrieben, entweder 20 % Preisnachlass bei verbesserter Leistung oder zum Teufel mit euch. Sie jammern, wir seien richtige Raubritter und Wegelagerer. Wir warten erst einmal ab. Sie krümmen sich und dann gehen sie runter."

Es herrschen Verhältnisse wie unter Haifischen. Alles Supra.

4.8.6 Steuerung des politischen Lebens

In unseren Tagen wird Demokratie immer als Machtkampf besprochen. Das stellte ich mir immer anders vor. Die Opposition arbeitet den ganzen Tag, um die Regierenden zu beschädigen und Rücktritte zu erzielen, damit die Regierenden möglichst schon nach ein, zwei Jahren personell ausgeblutet sind. Es kommt also besonders darauf an, die besten und feinsten Köpfe, denen wir Wähler das Geschick unseres Landes anvertraut haben, in den Staub zu zwingen, wohl wissend, dass der, der es schafft, als nächster Regierender genauso schnell aufs Rad geflochten wird.

Raubtiersuprapolitik.

Und dann säuselt alles: „Wir sind ein Volk, ein vereintes Europa von Freunden, die eng zusammenrücken wollen, um den ganzen Tag um nationale Sonderinteressen zu rangeln." [„Wir sind ein Team!"]

Zu den Zeiten der Systeme waren Politiker diszipliniert und ihrem Staat und dem Volk gegenüber loyal. Sie versuchten, ihre Aufgabe zu meistern.

Suprapolitik von heute misst, wie gute Noten jeder Politiker von den Wählern bekommt. „X Punkte von allen Wählern, Y Punkte von Wählern aus den eigenen Reihen." Heute kämpfen Politiker um die eigene, ganz persönliche Punktzahl. Wo die Punkte zu erzielen sind, entnehmen sie wohl eher der Presse? „Der Wähler will höhere Renten und volle Kassen!" Also los, das ist schon ein ganz gutes Wahlprogramm.

Der Suprawähler fragt: „Was bekomme ich für meine Stimme?"

Der Suprapolitiker fragt: „Wodurch bleibe ich an der Macht?"

So entsteht ganz systematisch unser Supradeutschland.

Kapitel 5
Der punktegepflasterte Unweg

5.1 Die Versuchung der Punkte

5.1.1 Exzellenz und hohe Punktzahl

Wahre Exzellenz sollte bei Punktwettbewerben gut abschneiden.

Das dürfen wir wohl annehmen, sonst wären ja wohl die Wettbewerbsbedingungen sehr merkwürdig. Aber so ganz sicher ist das nicht.

Wird ein Mensch, der virtuos gut Auto fährt und seit zwanzig Jahren ohne Unfall blieb, noch eine Führerscheinprüfung bestehen? Wird er wissen, wie viel ein Auto wiegen darf und wie stark orange die Warnhinweise bei herausragender Ladung sein müssen? Ein guter Autofahrer wird ohne Vorbereitung glatt durchfallen. Er kann nur gut fahren. Aber das reicht nicht, um in der theoretischen Prüfung genug Punkte zu sammeln.

Kein Mensch besteht nach ein paar Jahren noch ein Abitur richtig gut. Die Vokabeln sind vergessen, ganze Fächer im Hirn verdorrt. Mein Sohn geht langsam auf das Abitur zu, das meine Tochter in diesem Jahr bestand. Ich wäre, so sehe ich, ganz gut in Deutsch und Mathematik, vielleicht auch in Englisch, aber sonst? Es sähe trübe aus! Ob ich überhaupt noch reif bin? Mein Schreibstil in den Büchern „wäre bei meiner Deutschlehrerin verboten", so heißt es in meiner Post des öfteren, allerdings eher als Lob gemeint (?).

Wenn meine Tochter Anne nach einem halben Jahr von der Familie Hodges aus Provo wiederkommt und absolut fließend Amerikanisch spricht (Grade A in der Schule dort) – ist sie dann automatisch auf Note Eins in einem deutschen Gymnasium? Anne turnt in einer ziemlich hohen Liga und war einmal fünfte der Badischen Sechskampfmeisterschaft – aber eine glatte Sport-Eins gibt es in der Schule nicht. Dort gab es seinerzeit Punkte für Volleyball, nicht für Turnen. Das war Pech.

Ich will sagen: Exzellenz in einem Fach bedeutet nicht automatisch eine hohe Punktzahl. Die Punkte gibt es für bestimmte Antworten auf Fragen im Lehrplan. Wer diese Fragen nicht beantwortet, bekommt kein Abitur und andernorts keinen Führerschein.

G. Dueck, *Omnisophie-Trilogie*,
DOI 10.1007/978-3-642-34877-8_5, © Springer-Verlag Berlin Heidelberg 2013

Ich habe im letzten Jahr einen Studenten der Kunstgeschichte für ein Hochbegabtenstipendium begutachtet. Nach den Fachgutachten konnte man ihn, so hieß es, vor ein beliebiges Kunstwerk setzen und seine Eindrücke schildern lassen: Er schien eine begnadete Einsicht in ein Ganzes zu besitzen. Die Gutachten klangen fast anbetend. Seine Klausur- und Prüfungsnoten waren durchweg etwa bei einer Zwei Minus. Ich fragte ihn im Interview, warum er keine Eins schaffe, was im Sinne eines Hochbegabten vielleicht verlangt werden könnte. Er schaute mich wie durch Nebel an. Er verstand mich nicht. Ich erklärte nochmals meine gewisse Beweisnot im Verfahren, jemanden für hochbegabt zu erklären, der keine einzige Eins in den Unterlagen hätte. Er schaute fragend. Ich bohrte noch einmal: „Was machen Sie vor Prüfungen?" Er schüttelte den Kopf und sagte, dass er sich von Anfang an nicht um Prüfungen gekümmert hätte. Er habe ohne Vorbereitung eine Zwei bekommen, das sei ja dann in Ordnung. Er achte darauf nicht, denn, so sagte er: *„Ich studiere doch Kunstgeschichte!"*

Sie sehen: Exzellenz und erstklassige Prüfungsergebnisse sind zweierlei. Ich denke nach allen Erfahrungen, dass Exzellenz ohne weitere Rücksicht auf das messende System eine Zwei bekommt. Eine Eins gibt es im System für Fehlerlosigkeit und Sieg, nicht für Exzellenz. Das liegt an der Konstruktion des Suprasystems, das das Fehlerfreie des richtigen Menschen mit dem sieghaften des natürlichen Menschen kreuzt. Das Wahre wird meistens nicht gemessen. Das Wahre wäre: Gedichte komponieren, Musik wie Musik spielen (bloß nicht: *fehlerfrei*), hinreißend und originell schreiben, mathematische Intuition haben, Kunst im Blut haben … Das Eigentliche wird aus denselben Gründen nicht gemessen.

Wer etwas eigentlich oder wahrhaft *kann*, verabscheut Punkte. Wer exzellent ist, nimmt sich meist noch ein wenig zusätzliche Zeit, die linke Hirnhälfte mit genug Punktefachwissen aufzufüllen, damit auch die Beckmesser zufrieden sind. Das gebietet eine gewisse Lebensklugheit, die allerdings viele wahre Genies nicht haben. „Ich hasse es, mich gut verkaufen zu müssen!"

Wenn jemand auf der anderen Seite extrem viele Punkte hat, ist er dann exzellent? „Der hat Eins Komma Null im Abitur gehabt, er ist dabei keineswegs besser als andere", so hören wir oft. „Sie spielt Mozart ohne Noten auswendig, aber es *klingt nicht* wie Mozart." Ich würde auch hier sagen, ohne diese Argumentation zu sehr in die Länge zu ziehen: Wer Höchstpunktzahlen bekommt, ist im eigentlichen Sinne wohl ziemlich gut. Ob er exzellent ist, ist eine andere Frage, nämlich die des *nicht* in Punkten gemessenen Eigentlichen.

Punktzahlen und eigentliche Exzellenz haben also nur bedingt etwas miteinander zu tun. Eines ist Indikator für das andere, mehr nicht. Wer in Suprasystemen nur hinter Punkten herjagt, wird wahrscheinlich nie exzellent. Wer in Suprasystemen exzellent ist, muss mit relativ wenigen Punkten zurechtkommen, wenn er sie nicht noch zusätzlich und bewusst mitnimmt. Von *allein* kommen sie nicht. Man muss sich *doch* verkaufen.

Wie aber wäre es, wenn man die Energien *vor allem* darauf verwendete, sich gut und teuer zu verkaufen? Das geht doch einfacher? Beim Querflöten zieht man sich sehr ansprechend an, wählt Stücke aus, die kaum bekannt und dennoch sehr gefällig klingen, die schwer zu spielen scheinen und leicht zu erlernen sind? (Wehe dem, der die berühmten Stücke spielt und sich an gehörten Renommiereinspielungen messen lassen muss!) Beim Turnen lächelt man stets siegesgewiss mit Kopfneigung zum Kampfgericht, übt Siegeshaltungen und Zuversichtsausstrahlung ein, lässt sich mitten in der Kür von Mannschaftskameraden bejubeln, die scheinbar von den gezeigten Leistungen ganz aus dem Häuschen sind? Es gibt ganze Bibliotheken mit Ratschlägen, wie sich der Erfolgreiche gibt, wie er ganz ohne Aufwand Punkte erzielt: Er nennt berühmte Namen wie vertraut, sinniert beim Blick auf Weinetiketten, empfiehlt eine bestimmte Wagnereinspielung, ahmt große Leute nach. Seine Krawatten oder Rocklängen sind ganz untadelig, er bringt zur Bewerbung die angeblich wichtigen Praktikumszeugnisse und Auslandsmonate mit … Alles in Ordnung, bis auf's i-Tüpfelchen?

So gehen wir den Unweg der Punkte. Dabei graust es uns mehr und mehr, dass an jeder Ecke in unserem Leben Punktebasar herrscht. Das Ausmaß dieser Scheinwirtschaft ist unvorstellbar. Das Scheinbare ist wie echt unter uns, das Rollengespielte, das Hohle, die Hüllen, die Panzerungen, die Fantasien, die Kraftmeierei, die goldenen Außenhäute, die Schminke und die Mode – das Lamentieren, Weinen, das Wehklagen um Punkte, das Lärmen um Feinde und um die böse Welt. Es ist der breite Weg, und „es sind ihrer viele, die darauf wandeln".

5.1.2 Persönlichkeit und hohe Punktzahl

Wir können noch annehmen, dass jemand, der exzellent arbeitet, unter allen Messungen eines Suprasystems ganz gut wegkommt.

Andererseits sahen wir, dass es ganz schön viel persönliches Format braucht, quasi exzellent zu sein, ohne genau in Haupttriebrichtung zu optimieren. Wer nämlich ganz genau das Trieboptimum verwirklicht, wird nur sehr selten optimal arbeiten. Für exzellente Mitarbeiter ist es nicht einfach, den Spagat zwischen der vernunftmäßig besten Arbeit und der höchst bepunkteten auszuhalten. Besonders die Genies, die sich zu Wundertaten „berufen" fühlen, hadern oft damit, dass die Triebregeln nicht erlauben, wirklich exzellent zu arbeiten. Können Forscher, Pioniere oder „Unternehmer" je unter alle paar Monate rotierenden Supratriebregeln einen langen Atem behalten?

Besonders weite, großartige Persönlichkeiten werden ihre liebe Not mit der künstlichen Not und dem Trieb der Systeme bekommen. Fragen Sie sich einmal dies: Wird eine gebildete, humane, kluge, weise Persönlichkeit in einem heutigen Suprasystem automatisch gut arbeiten – ich meine, ein hohes Gehalt bekommen? Muss sie sich für das Ziel der in der Richtung rotierenden Supra-Höherwertigkeit nicht in gewisser Weise aufgeben, also in eine wechselnde Uniform pressen lassen?

Es gibt so viele Grausamkeiten, die heute im Namen des Gewinns begangen werden. Die Persönlichkeiten unter Ihnen wissen, dass sie durch ein langes Tal gehen könnten. Grausamkeiten etwa im Namen des Glaubens gab es für Jahrhunderte! „Wenn wir die Ketzer nicht verbrennen, wird unser Glaube untergehen. Wir müssen den Rest dazu zwingen, sich unaufhörlich zur Kirche zu bekennen." Und heute:

„Wenn wir die Leute nicht feuern, werden wir nicht überleben. Wir müssen den Rest zwingen, sich unaufhörlich zum Suprasystem zu bekennen." Die Ketzer haben sich meist nur nicht zur Kirche bekannt, zum *Glauben* schon! Der Weise bekennt sich ja auch sicher zum Gewinnmachen und zum exzellenten Arbeiten in der Wirtschaft, nur nicht zum *Suprasystem*!

Umgekehrt: Ist es sicher, dass ein Mensch mit einer hohen Punktzahl ein großartiger Mensch ist? Sind Reiche, Unternehmer, Popstars, Sportidole tolle Menschen? Manche ja – die verehren wir. Und wir sehnen uns nach ihnen. „Leider gibt es so wenige Politikerpersönlichkeiten." – „Leider ist die Zeit der großen Spielerpersönlichkeiten im Fußball vorbei." – „Leider gibt es kaum noch die Unternehmerpersönlichkeit alten Schlages." Als in diesem Jahr (2002) der Spiegel-Herausgeber Rudolf Augstein oder der Suhrkamp-Verleger Siegfried Unseld starben, trauerten wir: „Leider, leider gibt es das nicht mehr!" Wahrheitsflammen, Dichterväter. Legenden sterben aus. Wir müssen schon froh sein, wenn die Persönlichkeiten unserer Höchst bepunkteten einen guten Grundstock für gemeinsame Gefühlserlebnisse hergeben, deren Logistik die Medien übernehmen. Die Versuchung der Punkte ist für Prominente zu hoch geworden, dafür sorgen schon die Anreizsysteme hinter diversen „Charts". Wer auch immer kann, vermarktet sich. Persönlichkeit kann warten, bis es keine Punkte mehr gibt. (Und dann ist keine Persönlichkeit mehr da, die die Früchte genießt.)

5.1.3 Höherwertigkeitstrieb und Einschränkung auf Spezialisierung

Wie kann jeder Mensch der Beste sein und diesen Stars im Fernsehen nacheifern? Es gibt eine befriedigende Antwort dafür.

Die Wirtschaft geht schon seit einiger Zeit diesen Weg. Wir selbst als Menschen agieren ebenso. Unternehmen suchen sich eine so genannte Nische im Markt, in der sie ein Spezialanbieter sind. Sie stellen zum Beispiel ein Produkt her, für dass sie den Weltmarkt anführen. Eine Firma könnte Weltmarktführer für Nussknacker oder Zahnstocher sein.

Lachen Sie nicht. Solche Firmen gibt es in Unzahl. Ich habe gerade die Bio-Tech-Firma Progen nicht weit von meinem Büro in Heidelberg besucht. Sie stellt einige biochemische Stoffe her, die es eben nur dort gibt. Jeder dieser Stoffe kann in der ganzen Welt nur von zwei oder drei Mitarbeitern hergestellt werden. Es wird von diesen Stoffen weltweit nicht mehr gebraucht, als diese zwei Mitarbeiter herstellen können. Wenn sie zufällig gleichzeitig in Urlaub sind, gibt es eben nichts. Wenn diese Firma Menschen einstellt, so bringen sie vielleicht ein Wissen mit, wie bestimmte verkaufbare Produkte hergestellt werden. Mit der Einstellung solcher Menschen hat die Firma die Weltmarktführerschaft in einigen solcher Produkte übernommen.

In vielen Gebieten der Wissenschaft, die inzwischen heillos verästelt ist, gibt es nur eine Handvoll Menschen, die dort wahre Experten sind. Wenn Wissen aus diesem Gebiet gefragt ist, haben sie fast eine Monopolstellung.

Bei mir rufen immerfort Leute an: „Bitte halten Sie eine Rede über Wissensmanagement, über Kundenbeziehungen, über XYZ." – „Da müsste es doch echte Experten geben, warum rufen Sie hier an?" – „Wir dachten, Sie können darüber *auch* reden." – „Kann ich auch, aber ich bin nicht Experte. Sie müssen das von meiner Frau gehört haben, dass ich über alles etwas zu sagen habe." – „Na also, dann, *bitte*!" – „Na, ich weiß nicht, suchen Sie lieber einen Experten." – „Es gibt keinen!" – „Muss es doch!" – „Nein." – „Doch." – „Nein, dann sagen Sie doch einen." – „Ich weiß auch keinen." – „Na, sehen Sie." – „Das ist doch kein Beweis, dass ich keinen kenne." – „Doch." – „Warum?" – „Sie werden doch sicher schon einmal in die Lage gekommen sein, etwas über XYZ wissen zu müssen." – „Und?" – „Was machen Sie dann?" – „Ich weiß selbst genug." – „Also halten Sie die Rede *doch*?" – „Ich bin kein Experte.".

Wenn Sie erleben würden, wo überall händeringend Experten gesucht werden! Dann würden Sie wissen, dass es fast unendlich viele Möglichkeiten gibt, die Nummer Eins zu sein. Für das Normale gibt es viele Leute. Es können viele Leute eine Gartentreppe anlegen. Aber eine *schöne* Gartentreppe? Wissen Sie, wo es *gute* Handwerker gibt? Wenn Sie's wissen, werden Sie heilfroh sein. „Wer kann gut Kork verlegen?" – „Wer restauriert alte Stühle?"

Bei dem Anwendungsprogramm der Firma SAP gibt es Hunderte von Modulen. „Kennen Sie jemanden, der Experte in Modul XYZ ist?" – „Ja, der Entwickler des Moduls selbst." – „Der ist überlastet. Und nun?" – „Oje."

Ein gewaltiger Teil des Höherwertigkeitstriebes kann sich in Spezialparzellen und Nischen ausleben. Wer Top-Experte auf einem sehr engen Gebiet ist, muss sich nicht vergleichen lassen. Er ist quasi automatisch Nummer Eins. Niemand schimpft herum, er solle mehr tun. Er ist ja der einzige. Niemand verhandelt einen niedrigen Preis. „Schicken Sie mir eine Rechnung." Der Top-Experte muss sich nicht ducken und rechtfertigen. Er darf seine Persönlichkeit behalten wie er will, es muss nicht einmal eine gute sein. Top-Experten sind oft so merkwürdige Menschen wie Künstler oder Professoren. Das ist erlaubt und fast gern gesehen, weil es „dazugehört". Der Top-Experte bekommt fast per definitionem die volle Punktzahl.

Also sind im Top-Experten die Exzellenz, die höchste Punktzahl und eine fast beliebige Persönlichkeit gleichzeitig möglich!

So wie sich also Firmen spezialisieren, um dem Druck des Weltmarktes zu entkommen, so versuchen Menschen, Top-Experte in einer Spezialnische zu werden. Dort ist noch ein Leben ohne Supradruck möglich.

Wehe, wehe aber, wenn diese Nische nicht mehr gebraucht wird! Nach dem Zusammenbrechen des Internetbooms waren viele seltene Fähigkeiten nicht mehr gefragt. Schluss! Die Top-Experten sind im Kurs über Nacht wie die dot.com-Aktien auf Bruchteile des einstigen Wertes gefallen. Erst breiteten die Kunden rote Teppiche aus, dann war plötzlich Stille.

Stille.

Also lieber doch im Suprasystem arbeiten?

Die meisten Professoren an den Universitäten sind Top-Experten in einer kleinen Nische. In der letzten Zeit mutieren aber die Universitätssysteme zu Suprasystemen. Sie durchforsten die Nischen der Forschungsfreiheit und fragen hart nach, ob dort etwas *Nützliches* erforscht wird. „Zeigen Sie durch Einwerben von Geldern für Ihre Projekte, dass die Ergebnisse Ihrer Forschung von jemandem als so wichtig empfunden werden, dass er dafür bezahlt. Wenn niemand dafür bezahlen oder das Ganze sponsorn will, vermuten wir, dass es nichts wert ist.“ So können Professoren jetzt „gefragt“ oder „nicht gefragt“ sein. Das Suprasystem wird im letzteren Fall sofort Druck machen.

Deshalb wird es keine Freiheit der Forschung mehr geben. Freiheit gibt es nur im Bereich der „gefragten“ Entwicklung. Wie weit werden die Universitäten auf diesem Weg fortschreiten? Im Augenblick mutieren sie zu Institutssystemen, die ihre Kosten selbst einspielen. Werden die Universitäten bald sogar noch *Gewinn* machen wollen? Und dann *mehr* Gewinn? Und dann Shareholder-Value?

Professoren hatten auch immer eine große Freiheit, eine ganz eigene Persönlichkeit zu sein, die es bis zur Wunderlichkeit bringen durfte und vielleicht sogar sollte. Viele Professoren wurden verehrt. Heute verkaufen sie Klinken putzend ihre Entwicklungen (nicht einmal „Forschungen“) gegen möglichst viel Geld und tragen dabei schöne Krawatten, die an eine Suprapersönlichkeit gebunden werden möchten.

Gefragter Top-Experte Ja, das wäre ein Entrinnen, *ganz man selbst sein* zu dürfen, ohne die Punkte zu entbehren. Aber die ganzheitliche Welt des Top-Experten ist dafür meist leider ganz klein, ganz ganz klein. Gefragte Top-Experten sind wie Eremiten in der Suprawelt. Wie Säulenheilige begrenzt. Und oft wird die kleine Welt über Nacht von einem einzigen Unwetter vernichtet.

5.1.4 Jeder der Beste im „besten“ Teilaspekt

Wie schafft aber ein normal Sterblicher den Spagat zwischen Punkten und Persönlichkeit? Soll er sich in seiner Persönlichkeit zum Supramenschen verbiegen oder soll er „so bleiben“ und damit möglicherweise auf Punkte verzichten?

Die normal Sterblichen bekommen ja meist eine Art Einheitsjob verpasst, für den es Leistungspunkte gibt. Sie färben die Ausübung ihres Jobs mit ihren persönlichen Stärken. Was sollten sie sonst tun?

> Ich verkaufe gut Versicherungen, während ich von Investmentfonds keine Ahnung habe. Bei Bärbel hier – das da ist Bärbel, teure Klamotten, nichts für mich – ist es anders herum. Wir sollen ja immer jedem Kunden das für ihn Beste verkaufen. Bei mir sind es hinterher immer Versicherungen und bei Bärbel Fonds, weil wir nur eines gut können. Der Kunde bekommt eigentlich *unser* Bestes, nicht *sein* Bestes. Aber er ist zufrieden, weil Bärbel und ich unser Bestes gegeben haben. Theoretisch sollte es aber natürlich so sein: Der Kunde kommt rein, wir reden mit ihm, was das Beste für ihn wäre. Dann rede ich mit ihm, wenn sein Bestes Versicherungen sind, sonst Bärbel. Dann wäre alles ideal. Aber wir sollen vom Job her beide Versicherungen *und* Fonds verkaufen. Deshalb versuche ich auch immer, Fonds zu verkaufen, aber meine Kunden nehmen dann entweder Versicherungen oder gehen weg. Bei Bärbel nehmen sie entweder Fonds oder gehen weg. Ich bekomme locker

> meine Pflicht-Versicherungspunkte zusammen, Bärbel ihre für Fonds. Über Kreuz sind wir Nieten und der Zweigstellenleiter mosert ständig herum. Wir sagen immer, er soll nur mich Versicherungen und nur Bärbel Fonds verkaufen lassen, dann würde ja kein Kunde weggehen. Aber der Zweigstellenleiter sagt, es sei nun mal so beschlossen, dass jede von uns die gleiche Arbeit macht, weil er uns dann leichter vergleichen kann, wer besser ist. Der Unterschied zwischen unseren Arbeitsplätzen ist nur, dass ich A bis J habe und Bärbel K bis Z. Ich kenne eine Menge von Bärbels Kunden sehr gut, die wollen immer zu mir, da bin ich stolz. Aber sie müssen zu Bärbel, damit der Zweigstellenleiter besser ausrechnen kann, ob Bärbel auch bei meinen Bekannten so gut ist wie ich. Ist sie nicht! Das glaubt der Zweigstellenleiter nicht. Er sagt, eine Fondsentscheidung ist eine Sachfrage optimalen Handelns und hat nichts mit Frauen zu tun. Pah, ihm kann es doch egal sein, wie wir zwei im Team die Punkte für seine Gesamtzweigstelle machen. Aber es muss wohl geheime Managementregeln geben, die wir nicht kennen. Oder ist er geil drauf, genau zu wissen, was nun Bärbel oder was nun ich gemacht habe? Ob sie ein Wettrennen von Bärbel und mir provozieren wollen? Im letzten Jahr haben wir heimlich bei jedem Abschluss den anderen Namen eingefügt. Ich habe Bärbel Versicherungsabschlusspunkte geschenkt und sie mir Fondsverkaufspunkte. Da hatten wir beide alles in Ordnung, er auch. Er hat es aber gemerkt und das mit den Anfangsbuchstaben eingeführt. Er ist witzig. Ich halte ihn immer zum besten. Laut unserer Statistik sind seit einiger Zeit alle in der Stadt mit A bis J bis zur Halskrause versichert, aber die von K bis Z haben viel Geld bei der letzten Baisse verloren. Die Grenze zwischen arm und reich liegt in der Stadt genau zwischen Bärbels Schreibtisch und meinem.

Die Menschen versuchen im Job das, was sie gut können, *hauptsächlich* und *gut* zu tun, den Rest erledigen sie lustlos oder routiniert mit, weil es eben sein muss. Die Manager, die alle Supramenschen als gleich definiert haben, wollen aber von jedem Mitarbeiter, dass er *alle* Teile seines Jobs, auch die ungeliebten, gleich gut und punktegierig macht. Denn jeder Mitarbeiter muss verantwortlich gemacht werden können! Es muss immer klar sein, wer wofür Punkte oder Prügel bekommen muss. Wenn die Mitarbeiter geschickt sind, nehmen sie sich jeweils die ungeliebten Teile gegenseitig hilfsbereit ab und unterlaufen damit das System. Sie machen als echtes Team dann das Ganze wertvoller als die Teile (kein Kunde geht dann im Beispiel ohne Abschluss wieder fort). Suprasysteme setzen darauf, dass alle Jobs gleich sind, so dass ein fairer Punktewettbewerb herrscht, in dem der am härtesten Arbeitende gewinnt. Sie setzen die Ziele so hoch, dass die Mitarbeiter voller Angst hektisch an die Arbeit gehen. Die beste Supra-Alternative wäre die:

> Wir haben so hohe Ziele und eine so große Zweigstelle, dass Bärbel und ich jetzt eine neue Strategie haben: Wenn ein Kunde kommt, frage ich sofort, ob er Fonds will. Bei ‚ja' sage ich: ‚Haben wir in der Zweigstelle nicht. Gehen Sie in die Hauptstelle.' Das macht Bärbel umgekehrt auch. Dann sind wir beide unsere jeweilige Mistarbeit los. Soll der Boss sich aufregen, dass er uns nicht gut vergleichen kann.

Diesen Sachverhalt hatte ich theoretisch schon beschrieben („Das Zucken der 200-Prozent-Marionetten"). Wenn Mitarbeiter unter 200 % Stress gesetzt werden, suchen sie sich die für sie beste Arbeit heraus. Jeder macht, was er will, weil er ohnehin überlastet ist. Das, was er in der Regel will, ist das, was er am besten kann. Daher wird alle Arbeit im Suprasystem nur teilweise gemacht, deshalb geht alles so schnell. („Ich rufe bei Mist einfach nie zurück. Passiert gar nichts.") *Die Mitarbeiter spezialisieren sich also tendenziell auf ihre Stärken im Punktsinne* und versuchen sonst, nur keine groben, für *sie* folgenreichen Fehler zu machen. Und dann durch! Nach uns die Sintflut! So gibt es am meisten Punkte. Das System will es so!

5.1.5 Das Supra-Individuum fürs Punktemaximum

Wenn sich Menschen auf Punktbereiche spezialisieren, verändert sich ihre Persönlichkeit in diese Richtung. Die Persönlichkeit kapriziert sich auf die Punktenische. Es findet eine Charakter-Evolution im Sinne von Nischenkonvergenz statt. „Ich *verkaufe* die Computer nur. Ich wende sie aber nicht an." – „Ich programmiere. Ich teste nie." – „Ich bin Biostatistiker. Ich will nicht als Medizinstatistiker arbeiten." – „Ich bin das. Ich bin nichts anderes."

Ich bekomme manchmal Bewerbungsanschreiben mit solchen Sätzen: „Ich habe mich mit der Inkonsistenz von logischen Systemen beschäftigt, auch mit minimal suffizienten Sigma-Algebren. In diesen Feldern könnte ich bei der IBM schnell Fuß fassen und wäre auch bereit, mich in die angrenzenden Gebiete einzuarbeiten. Bitte senden Sie diese Bewerbung an Abteilungen, in denen meine vertieften Kenntnisse von Nutzen sein können." Da fehlt noch, dass der Bewerber fließend Latein spricht, dann hätte er noch weniger Einsatzmöglichkeiten.

Suprasysteme führen in diesem Sinne zu einer tief greifenden Spezialisierung und Individualisierung. Der *Organization Man* opferte seine Individualität der Geborgenheit in einer durchschnittlichen Masse. Supramenschen suchen sich Jobs, wo am besten nur ihre Punkte bringendste Stärke zählt. Dann können sie ihre Schwächen vergessen und es gibt keine Seismografenstöße mehr. Die Supramenschen nehmen den Wettbewerb nur noch in ihrer „Paradesportart" an. Anderem weichen sie aus.

Die Suprasysteme wollen aber vom Ansatz her den Wettbewerb unter den Supramenschen! Sie wollen einheitliche Messungen und Punktevergabetabellen für möglichst viele Menschen, um den Wettbewerbsdruck so hoch wie möglich zu heben.

Suprasysteme wollen uniforme Alleskönner, die sich im Wettbewerb zerreißen.

Die Menschen im Suprasystem aber schinden am meisten Punkte, wenn sie sich differenzieren und damit unvergleichbar machen. Das ist die Taktik jedes guten Marketing-Experten! Wer sich gut verkaufen will, stellt eine einzige große Stärke heraus!

Gegeneinander gehetzte Individuen evolutionieren also wie die Darwinsche Tierwelt in die verschiedensten an den Kampf angepassten Lebensformen. Unter dem Druck des Wettbewerbs fliehen die Supramenschen in Punktenischen. Sie entwickeln sich möglichst unterschiedlich und spezialisieren sich nur noch auf bestimmte besondere Punkte.

Ihr Charakter konvergiert mit. Die Persönlichkeit entwickelt einen der Spezialisierung angepassten Kampfstil heraus, der die Punkte maximieren soll. Die Strategien sind typisch menschlich und nerven oft sehr. Manche Menschen zeigen fast offen eine Charakterneurose, wenn sie hinter den Punkten her sind. Ich will hier für den Rest dieses Buchteils typische Äußerungen entlarven, wie Menschen in Suprasystemen um Punkte und Verdienste ringen.

Einiges ist im Buch *Wild Duck* vorweggenommen, in dem ich den Begriff der *Topimierung* eingeführt habe. Diese Wortschöpfung lag mir damals sehr am Herzen und die entsprechenden dortigen Abschnitte sind tief aus der Seele geschrieben.

Ich hatte aber auch Bedenken, ob Sie als Leser solche Sichtweisen nachvollziehen wollen oder können. Nun habe ich schon sehr viele Zuschriften zur Topimierung in *Wild Duck* erhalten, und ich ziehe diesen ganzen Themenkomplex einmal aus der dort eher schelmischen Ebene heraus ins Tiefernste. Ich habe ja nun schon drei Jahre länger über dieses Thema nachgedacht und mit Lesern diskutiert. Ich verstehe Topimierung nun viel tiefer als damals. Es geht im Wesentlichen um das betonte Verkaufen von Ware in Mogelpackungen. Dieses Punkteschinden beginnt mehr und mehr in unserem Alltag zu dominieren, in gleichem Maße, wie unsere Systeme zu Suprasystemen mutieren. Wenn Höchstpunktzahl die erste Pflicht ist, beginnt der Score-Man mit dem Schummeln. Das nur Mäßige oder Durchschnittliche wird als Topleistung verkauft (*Topimierung*), bloße Ideen werden als schon vorweggenommene ideale Welten hingestellt (*Utopimierung*, wie Utopie und top) oder die Menschen versuchen, durch ein bisschen Kosmetik am Normalen „noch eins drauf zu setzen" (*Ontopimierung*, wie „on top"). Topimierung, Utopimierung und Ontopimierung sind die jeweils bevorzugten Methoden der richtigen, wahren und natürlichen Menschen, Punkte durch Beeindrucken zu erzielen.

Diese Methoden stelle ich jetzt dar. Ich weiß nicht, ob ich das ohne satirische Ausrutscher tun kann (dafür ist es zu schrecklich) oder tun sollte (sonst ist es für Sie zu schrecklich).

Wenn Sie diese Mechanismen von allen Seiten bestürzt belächelt haben, werden Sie (und das *möchte* ich!) bestimmt nochmals grimmiger, denn wie minderwertig muss die Konstruktion des Suprasystems sein, wenn sein Trieb die Hochenergie-Gier nicht hauptsächlich auf Leistung, sondern auf ein Punkteschinden richtet, das noch gut kompatibel zur eigenen Persönlichkeitsstruktur ist und diese letztlich mitverdirbt.

5.1.6 Punktsammelstrategien

Wenn Sie im Suprasystem etwas erreichen wollen, müssen Sie sich mit einem ganzen Arsenal von Strategien bestücken, wie Sie durchkommen oder sogar vorankommen. Zuerst sollten Sie sich ehrlich die Frage stellen, ob Sie etwas zu Stande gebracht haben. Das ist schon ziemlich hart am Rande des Erträglichen. Im Interesse des Erfolges erscheint es mir nun angebracht. Sie werden sehen, nach ein paar Antworten geht es bald schon fast unbewusst, so dass es bald nicht mehr wehtut. Sie sollten nur etwa drei Klassen von Lagen unterscheiden:

- Sie haben etwas Vorzeigbares vollbracht.
- Alles ist ganz normaler Durchschnitt.
- Sie haben sich ein paar Schnitzer geleistet.

Mehr Lagen müssen Sie nicht unterscheiden, weil es die Manager auch nicht tun. Gut – mittel – schlecht, das ist alles, bis auf ein paar Ausnahmen.

5.1.6.1 Ist etwas teilweise geglückt? Aufmotzen!

Wenn etwas geglückt ist, ist dies schon eine gute Ausgangsbasis. Stellen Sie das Geglückte in das Zentrum Ihrer Darstellungen! Oft ist es wirklich pures Glück gewesen, aber das darf beim Punktemachen nicht interessieren. („Die Aktie stieg nur deshalb, weil ich den Aufschwung dieses Unternehmens richtig vorhergesehen habe!") Lassen Sie einfach alle Daten weg, die zu Ihrem Nachteil sprechen. Wenn Sie etwas verantworten müssen, was nicht so gut lief, wiegeln Sie es ab. Sagen Sie, es lag nicht im Fokus Ihrer Bemühungen, Sie waren insbesondere durch das gut laufende Projekt so sehr okkupiert, dass Sie keinen Blick zur Seite erübrigen konnten. („Ich konnte keine Religionshausaufgaben machen, weil ich für eine Mathe-Arbeit lernen musste.") Schließlich müssen Sie Prioritäten setzen und Erfolge dort erzielen, wo welche geerntet werden können. Man sieht ja am Erfolg des einen Projektes, wie gut Sie sind, wenn Sie sich einmal wirklich engagieren können. Sie klagen jetzt an dieser Stelle, dass Sie zu viele Projekte am Hals haben, offenbar, weil man Sie für so gut hält. Bitten Sie die anderen, es mit ihrer so sehr guten Meinung nicht allzu sehr zu übertreiben. („Ich bin zwar gut, aber doch nur ein Mensch wie ihr alle.")

Wenn Sie als Mitarbeiter etwas Gutes zu berichten haben, so werden Sie schon gemerkt haben, dass Sie der Manager unterbricht, alles noch viel vorteilhafter hinstellt und immer einstreut, dass er selbst höchstpersönlich alles Entscheidende als Entscheider getan hat. Das ist immer sehr ärgerlich für gute Mitarbeiter wie Sie. Jeder fühlt sich in solcher Lage ein wenig um das Honigsaugen gebracht, auch um die Lorbeeren und Streicheleinheiten. Wenn etwas geglückt ist, sollten Sie daher am Anfang, bevor Sie zum Inhaltlichen kommen, etwa dreimal betonen, dass Sie selbst fast nichts zum Erfolg beigetragen haben, sondern nur Ihr Chef. Wenn der Chef selbst die Sitzung leitet, danken Sie ihm mehrmals für seine Förderung. Dann lässt er Sie reden. Keine Angst, dass das Punkte kostet. Niemand im Auditorium nimmt an, dass der Manager für den Erfolg verantwortlich war. Außerdem bekommt der Manager ohnehin die meisten Punkte für Ihren Erfolg. So oder so. Wenn Sie die Punkte großteils freiwillig herausrücken, dürfen Sie wenigstens in Ruhe reden. Vielleicht. Beim klugen Darstellen werden zwar viele Punkte vergeben, aber nicht notwendig nur an Sie. Sie sind doch nicht der einzige, der Punkte braucht! Wenn aber jemand Punkte stehlen will, dann wird er es immer dann versuchen, wenn etwas gut aussieht! Natürlich werden deshalb immer gute Mitarbeiter um Punkte gebracht, niemals schlechte. Die machen ja keine! (Schlechte Mitarbeiter jammern aber am meisten, dass sie um Punkte gebracht wurden. Das ist eine absurde, wieder ganz schlechte Idee.) Wenn der Chef noch immer reinredet, obwohl Sie ihm alle Punkte geschenkt haben, sind Sie in großer Gefahr! Es könnte sein, dass er nicht deshalb reinredet, weil er Punkte stiehlt, sondern weil er Ratschläge gibt. Wenn das so ist, sind Sie vielleicht gar nicht gut! Sind Sie sicher, dass Sie gut sind? Sehen Sie? Es ist besser, Sie beginnen den Vortrag mit dem Satz: „Ich habe nur für das Team gearbeitet, im Grunde verdanke ich alles meinem Chef." Wenn der dann wie eine gestreichelte Katze schnurrt, ist alles gut. Wenn er aber große Augen macht oder sich gar schämt … Oje! Es gibt allerdings wahrhaft gute Chefs, vielfach Frauen, die schämen sich wirklich, weil sie keine unverdienten Punkte haben mögen. Ja, so ganz einfach ist das alles nicht.

5.1.6.2 War alles herzlich durchschnittlich? Mühe zeigen!

Es gibt eher traurige Lagen, in denen Sie zwar alles hausbacken richtig gemacht haben, in denen aber nichts so richtig geeignet ist, um damit zu prahlen. Stellen Sie sich vor, Sie müssen die Erfolge Ihrer kleinen Arbeitsgruppe im Abteilungsmeeting berichten, aber Sie haben nichts, was so wie eine Siegesmeldung aussähe. In den klassischen Systemen wären Sie als „normal" ohne weiteren Vortrag weggekommen. An den Universitäten sind Vorträge immer freiwillig – wenn Sie also nichts haben, können Sie dort hilfsweise ganz unverständlich bleiben (so agiert die Mehrzahl) oder ganz ohne eigenen Vortrag die Konferenz besuchen, weil Sie sich ja ganz gründlich vertiefen wollen, ohne das lästige Nerven des eigenen Vortrages im Hinterhirn mit herumzutragen zu müssen. In Suprasystemen aber werden ausnahmslos alle Menschen zu internen Vorträgen gezwungen, um sie zur Höherwertigkeit zu erziehen.

Nehmen wir also an, Sie haben nichts deutlich Positives.

Dann sollten Sie die Darstellung Ihrer unendlichen Mühe ins Feld führen. Schildern Sie, wie Sie von Pontius zu Pilatus liefen, immer wieder am Bösen scheiterten, wie der Drucker nicht funktioniert hat und Sie ihn unter Aufopferung eines Wochenendes wieder zumindest in Schwarz-weiß hinbekamen. Tragen Sie lange über Ihre guten Absichten und über massenhaft geplante Aktivitäten vor, mit denen Sie noch nicht beginnen konnten, weil die Genehmigung so schleppend verläuft und alles noch mit einigen hundert Abteilungen abgestimmt werden muss. (Dieses Argument schlucken die meisten Manager, obwohl klar ist, dass schleppende Genehmigungen natürlich auch auf blödsinnige Vorhaben schließen lassen. Aber die Manager selbst leiden ja unter schleppenden Genehmigungen!)

Schildern Sie, dass Sie vor psychischer Energie strotzen, die kompromisslos einsatzwillig in Ihnen bibbert.

Beten Sie die dieswöchigen Grundsätze des Suprasystems herunter, alle. Alle! Immer wieder! „Ich bin erzkatholisch." – „Ich bin für Frieden, Freiheit, Gerechtigkeit und eine gute Verfassung für alle." – „Ich bemühe mich, dass mein Unternehmen die Nummer Eins wird und Umsatz macht." Vergessen Sie keinen einzigen Grundsatz, sonst könnte man darin einen Hinweis sehen, wo Sie zu Fehlern neigen könnten.

Im Grunde sollten Sie signalisieren, dass überhaupt nichts dagegen spricht, dass Sie demnächst etwas leisten werden, wenn Sie nur etwas mehr Glück haben als in der Vorperiode. Sie bekommen also diesmal keine Punkte, aber man könnte Ihnen das Potenzial zubilligen, beim nächsten Mal welche zu bekommen. Lassen Sie bloß alle Schuldzuweisungen sein, da wecken Sie Feinde. Durchschnittliche bekommen ja keine Punkte, sondern Punkteversprechen für den Fall, dass alles besser wird. Deshalb stiehlt Ihnen ja auch niemand etwas. Darüber hinaus ist das Schuldgeben an andere ein Zeichen von Unterdurchschnittlichkeit.

(Eine böse Bemerkung: Die meisten durchschnittlichen Punktesammler agieren genau so. Sie zeigen unendliche Mühe. Wissen Sie, was das echte Problem ist? Wenn Sie wirklich darstellen können, dass einem Erfolg nichts entgegensteht, dann erzielen Sie auch in der Regel einen schönen Erfolg. Die meisten durchschnittlichen Menschen erzielen aber hauptsächlich deshalb keinen größeren Erfolg, weil sie *nicht wissen*, wie man einen Erfolg erzielt. Wenn sie es nicht wissen, stellen sie es auch nicht richtig dar. Wer also den Mühekundgebungen durchschnittlicher Leute zuhört, weiß schon genau, was am Ende dabei herauskommt: Etwas Durchschnittliches. Die Manager seufzen deshalb und geben dem Durchschnittlichen bei seinen Erklärungen immerzu gute Ratschläge, so viele, dass der Durchschnittliche seinen Vortrag kaum halten kann. Es ist streng genommen nicht notwendig, dass ein Durchschnittlicher einen Vortrag hält, weil er ja nur seine Mühe lobt, was man sich ohne Vortrag auch denken kann. Deshalb nutzen die Manager die Zeit zu Ratschlägen, die aber jeder Durchschnittliche als Vorwurf interpretiert. Er verteidigt sich daher und zeigt dadurch erst recht, wie durchschnittlich er ist. Wirklich gute Mitarbeiter *lernen*, wenn sie Rat bekommen. Es kann natürlich auch sein, dass der Manager, der Ratschläge gibt, seinerseits höchstens durchschnittlich ist – dann wird die Lage noch verwurstelter. Diese komplexe Lage versteht leider fast niemand. Deshalb bekommen voraussichtlich gute Menschen mehr Redezeit, während Durchschnittliche nur wenig bekommen. Das ist für Durchschnittliche ganz gut, weil die Zeit gerade ausreicht, um den eigenen Einsatz für die Unmassen von Firmengrundsätzen zu schwören. Die Zeit reicht aber nicht noch zusätzlich für die Ratschläge der Manager und die vorgebrachten Entschuldigungen, ganz abgesehen von den Selbstdarstellungen der Manager während durchschnittlicher Reden. Manager können nur ein paar Minuten ohne Siegmeldung aushalten, so wie man unter Wasser atmen möchte, wenn man sich dort zu lange aufhält. Wenn also lange Durchschnittliches geredet wird, muss ein Manager das irgendwie mit irgendwelchen Kräutern zu einem Sieg würzen. Dazu wechselt er während durchschnittlicher Reden oft das Thema, redet von etwas Erfolgreichem, am besten also von sich selbst. Wenn die Durchschnittlichen doch hier wenigstens aufpassen könnten! Dann würden sie wissen: Ohne Spice kein Price.)

5.1.6.3 Unterdurchschnittlich? Entschuldigung und äußere Schuld suchen!

Lassen Sie uns nun die Lage betrachten, in der Sie etwas verzapft haben, was Sie eher verstecken müssten. Versuchen Sie also am besten, überhaupt nichts berichten zu müssen. Gehen Sie zum Chef und beichten Sie alles rückhaltlos. „Ich möchte es Ihnen und erst einmal nur Ihnen sagen. Sie können damit noch verhindern, dass es der Hauptabteilungsleiter erfährt. Ich bin völlig zerknirscht, dass mir das passiert ist. Ich komme jetzt zu Ihnen, damit wir gemeinsam diese Baustelle bereinigen können." Damit legen Sie Ihre eigene Leiche in den Keller Ihres Chefs. Da liegt sie mit Sicherheit besser und ruht in tieferem Frieden. Die meisten Mitarbeiter haben Angst vor einem solchen Schritt, weil sie Sanktionen befürchten. Ich bitte Sie: Hat unterwürfige Zerknirschung bei Ihren Eltern je Sympathien gekostet? („Mutti, es weiß noch keiner, nicht einmal richtig ich selbst. Ja, ich bin rauschgiftsüchtig. Ich will da raus. Lass es uns zusammen schaffen. Ich zittere vor Papa. Mutti!“) Nach einer solchen Beichte wird also die Leiche kurz wiederbeatmet und gleich danach resigniert umgebettet. Sie haben es aber geschafft, dem Chef etwas viel Schlechteres zu berichten, als er je erwarten konnte. Wenn Sie von sich aus mehr zugeben, als man Ihnen anhängen will, *glaubt* man Ihnen überraschenderweise, weil man Sie für naiv oder unbedarft halten muss. Sie müssen also nicht unbedingt alles beichten, sondern nur mehr als erwartet. Eltern und Manager freuen sich, wenn jemand zur *Einsicht* kommt. Machen Sie also Ihren übergeordneten Menschen eine Freude. Naiven oder unbedarften Menschen tut niemand etwas zu Leide, das zeigen alle Tierversuche von Konrad Lorenz. Sie müssen wie ein besiegter junger Hund ihren Hals von selbst nach oben drehen, dann wird er Ihnen nicht umgedreht.

Nach einer Beichte bekommen Sie keine Punkte, nur die Hoffnung, dass Sie irgendwann Potenzial haben könnten. Sie zeigen sich im Prinzip verbesserungsfähig von niedrigem Niveau aus. Immerhin. Niemand bestiehlt Sie, wenn Sie keine Punkte bekommen. Wenn Sie naiv sind, werden Sie noch bemitleidet und Sie bekommen Hilfe. Hilfe bekommt, wer dem anderen Hoffnung gibt, dass die Hilfe fruchtet. Hoffnung wiegt bei vielen Menschen unverzeihlicherweise immer noch schwerer als Punkte.

Die gängige Strategie ist das nicht. Gewöhnlich streiten Unterdurchschnittliche um ein paar Restpunkte. Sie zählen viele Schicksalsschläge und feindliche Kollegen auf, beschuldigen andere Mitarbeiter, schwärzen sie an und geben vor allem dem eigenen Chef die Schuld, mindestens innerlich, auch wenn sie es nicht sagen.

Unterdurchschnittliche bekommen ohnehin keine Punkte. Sie sollen bitte nur zeigen, dass es aufwärts gehen wird. Das verlangt jeder und das kann jeder verlangen. Wenn sie aber Gift spritzen und es damit in der Spitze sogar schaffen, dass der Oberboss dem Chef Punkte abzieht, dann werden diese Unterdurchschnittlichen von jedem guten Suprasystem mitleidlos entsorgt.

Wenn ein Mitarbeiter unterdurchschnittlich ist, hat der Chef eine Last, weil dieser Mitarbeiter den Durchschnitt seiner Abteilung drückt. Die anderen Mitarbeiter bekommen im Durchschnitt einen kleineren Bonus in ganz realem Geld, weil die ganze Abteilung als Ganzes einen kleineren Bonus bekommt. Alle leiden mit. Das ist schon eine ganz schön massive Form von Mitleid. Wenn diese Kollegen nun auch noch Schuld bekommen, wenn aus Entschuldigungsgründen sie ihrer geheimen Leichen im Keller wegen angeschwärzt werden, dann werden sie zu Feinden. Sie bestätigen dann alle konfrontativen Äußerungen des Anschuldigenden. *Jetzt* hat er Feinde. Mehr als genug.

Carlo Cipolla hat 30 herrliche Seiten *Über die Prinzipien der menschlichen Dummheit* geschrieben. Er definiert Handlungen als *dumm*, wenn sie anderen schaden, ohne dem Handelnden selbst zu nützen. In diesem Sinne ist Schuldzuweisen dumm. Wer aber dumm ist, sollte wirklich unterdurchschnittlich sein, oder habe ich eine Feinheit übersehen? Ich bin nicht so sicher, weil meine empirische Intuition in mir grummelt. Im gleichen Buch definiert Cipolla Handlungen als *unbedarft*, wenn sie *anderen* nützen, dem Handelnden aber schaden. Beichten erscheint oberflächlich als so etwas.

Und ich sage hier: Unbedarftheit ist eine bessere Strategie als Dummheit.

Leider haben Unterdurchschnittliche oft gar keine Strategie. Sie *sind so* oder *so* oder *so*. Keine Strategie haben ist aber sicher unterdurchschnittlich.

5.1.6.4 Schlecht? Akte der Verzweiflung – wie Hilferufe

Zuletzt kommen wir in die Lage, wo alles düster ist. Ich fürchte, Sie können sich so etwas nicht vorstellen. Ich auch nicht. Ich weiß nicht, ob ich die rechten Worte finden kann. Da brennen Menschen vor unseren Augen aus, fallen aus langem Aktivitätshoch plötzlich in sich zusammen. Sie waren nie schlecht, aber eigentlich schon: Sie haben über ihre Verhältnisse gelebt, also mehr verbraucht als regeneriert. Sie waren die echten Supramenschen, die aber unter Raubbau die Pensionsgrenze nicht mehr erreichten.

Da sind Menschen wie schizoide Programmierer, die sich langsam zurückziehen. („Habt ihr unseren Eremiten heute schon gesehen?" – „Frag nicht, schau in sein Zimmer, sonst sieht man ihn nicht. Aber klopf an, sonst erschrickt er.") Da sind depressive Mitmenschen, die nur unter Wärme gedeihen. Wenn das Suprasystem kalt ist, erfriert ihr Herz. Da sind Menschen, die drei oder vier Mal beim Kunden etwas verkaufen sollten und glatt als blutige Amateure ausgelacht wurden – sie verkriechen sich. Da sind entlassene Manager, die man gedemütigt hat, sie wüten nur noch und werden entlassen.

Ihnen geht es kaum noch um Punkte.

Sie „wissen", dass sie nie mehr so viele Punkte bekommen werden, wie sie zur Aufrechterhaltung ihrer Würde zu brauchen meinen. Keine Hoffnung mehr.

Sie toben oder schweigen, weinen oder verschwinden: „Alles egal."

Die Kollegen sagen: „Es tut weh, diesen Weg bergab zu sehen. Nichts mehr zu machen."

Die Saite des Höherwertigkeitstriebes ist gesprungen, mit ihr wohl auch die Saite des Lebenswillens.

Es ist nichts mehr zu machen, wenn man es ökonomisch sehen würde. Süchtig. Paranoid. Schizoid. Depressiv. Essstörungen. Psychopathisch. Zwanghaft.

Sie vergessen. Sie vergessen sich. Sie erzeugen selbst im Innern ungeheuer starke Seismografenausschläge, die so übermächtig sind, dass alles andere nicht mehr wichtig ist.

5.1.6.5 Sein wollen, wo man nicht sein darf

Normalerweise verlangen Eltern, Lehrer, Chefs oder Suprasysteme zur Sicherheit mehr von uns als wir wollen. Es gibt darüber hinaus ziemlich viele Menschen, die an sich selbst ganz unmenschliche Maßstäbe stellen. Alle diese Menschen kommen in eine Lage, in der unter Umständen jede ihnen mögliche Punktzahl zu gering ist. Diese Menschen sind dann nicht schlecht, aber sie fühlen sich schlecht, weil sie nicht so hoch stehen, wie ihr Anspruch an sich selbst verlangt.

Abb. 5.1 Bestens erhaltener Athletenschädel aus dem Museum in Agios Nikolaos – Ruhm überdauert alles!

(„Ich will so hoch kommen wie mein Vater." – „Ich muss einen Lehrstuhl haben, sonst ist mein Leben nichts." – „Ich will, dass mich mein Chef irgendwann auf den Knien um Verzeihung bittet." – „Ich will, dass mein Sohn Diplom macht, und wenn ich selbst mitstudiere." – „Ich will perfekt den Computer beherrschen und nie mehr Fehler machen. Ich muss in die Hall of Fame." – „Ich will Vorsitzender des Sportvereins sein." – „Ich will einen *Sohn*." – „Ich muss mehr verdienen als mein Ehepartner, eher gebe ich keine Ruhe.")

Die Messungen des Suprasystems und dessen Punktezuweisungen haben keine Relevanz für solche Menschen. Sie wollen alles. Jeder beliebige Teil davon ist „egal".

Im praktischen Suprasystemleben wollen viele Menschen Projektleiter oder am besten Manager werden, die dazu absolut kein Talent haben. Sie wollen es finster ernst. Es wird ihnen dauerhaft verwehrt. Ich kenne etliche Menschen, die an diesen Schranken zu Grunde gehen. Tot oder lebendig – sie wollen einen bestimmten Erfolg, zu allen Kosten.

Dieses Athletenhaupt fotografierte ich in einem Museum in Agios Nikolaos auf Kreta. Archäologen fanden den Schädel genau so wie in der Vitrine vor. Das Gold blieb immer bei ihm, wie auch das Münzentgelt für die Überfahrt. (Abb. 5.1).

5.1.7 Wer nicht angibt, kann nicht gut sein!

Die genannten Punktsammelstrategien sind ja hinlänglich bekannt. Die guten Menschen reden gerne über das Gute, das sie getan haben. Sie sind stolz. Die durchschnittlichen glänzen durch Bekundungen ihrer Anstrengungen („Ich habe gestern der Firma schon wieder eine halbe Überstunde geschenkt, obwohl ich starke Kopfschmerzen hatte und kaum Konzentration aufbringen konnte. Ich bin geblieben und habe es allen gesagt.“) Sie sind bemüht. Die unterdurchschnittlichen Menschen klagen meist über widrige Umstände. Sie wirken glücklos und unter Wert geschlagen.

So ist das.

Und nun bringen Sie bitte die armen Mitmenschen nicht durcheinander, indem Sie sich falsch benehmen. Wenn Sie so einer sind, der sich weit höhere Ansprüche setzt als alle anderen ahnen und als von ihm verlangt wird, dann entschuldigen Sie sich dauernd für Ihre schreckliche Leistung (die objektiv sehr gut war) und beschuldigen Sie nicht andere, Ihnen nicht zur Erzielung eines nobelpreisreifen Werkes verholfen zu haben. *Das ist das normale Verhalten eines Unterdurchschnittlichen* gepaart mit naiv hohen Träumen – so sehen es die Außenstehenden: „Er spinnt. Was will er denn überhaupt? Er bekommt doch die volle Punktzahl!?“ Es wäre in einer solchen Lage besser, Sie würden laut verkünden: „Ich will hier Direktor werden, weil mich sonst mein Schwiegervater nicht achtet. Er lächelt stets grimmig und findet, ich hätte zu gut eingeheiratet.“ Dann wissen alle Bescheid und es ist wohl leichter für alle, Sie hinzunehmen. Ihre Kollegen helfen Ihnen vielleicht mit dem Direktor, wenn Sie Ihren Schwiegervater einmal zur Abteilungsweihnachtsfeier einladen und ihn allen vorstellen.

Ich will sagen: Es gibt allgemeine Sitten, wie man Punkte sammelt. Es wird unterstellt, dass Sie sich an diese Sitten halten. Wer viele Punkte bekommt, muss glücklich sein. Wer etwas erreicht, gibt damit an. Wer Leichen im Keller hat, schweigt – sonst muss er sie ja nicht nach unten bringen. Wer danebenliegt, jammert über Feinde und Betrug.

Umgekehrt ist es daher Sitte, dieses zu vermuten: Wer beschuldigt, ist unterdurchschnittlich. Wer immer von Aktionen, Bemühungen oder bevorstehenden Anstrengungen berichtet, ist ätzend durchschnittlich. Wer begeistert aussieht, lebensfroh wirkt und über Ergebnisse philosophiert, ist gut. Wer schändlich angibt, ist wohl leider einigermaßen gut. Wer schweigt, hat etwas zu verbergen.

So wird *vermutet*! Deshalb bekommen normalerweise Extrovertierte eher mehr Punkte als Introvertierte. Das ist ungerecht, aber eben Sitte. Deshalb bekommen aggressive Aktionisten mehr Punkte als die Bedächtigen. „Objektive“ (also gefühlskalte) Menschen bekommen mehr Punkte als „subjektive“ (denen man vage Punkteargumentation unterstellt, um alles zu verwaschen – sie kommen nicht auf den Punkt!). Linkshirnige Menschen bekommen mehr Punkte als Rechtshirnige, weil das Systematische nun einmal die Domäne der richtigen Menschen ist. Offen Leistungssüchtige genießen mehr Vertrauen in Suprasystemen. Während in den klassischen Systemen ein Verhalten belohnt wird, das sich zurückhaltend, schuldlos, fehlerlos, zwanghaft gibt, präferieren Suprasysteme das Hyperaggressive, Hysterische. So nebeneinander gestellt, wirken System und Suprasystem nicht wie Esel und Hyäne?

Die Sitten, wie man Punkte schindet, sind in Systemen und Suprasystemen ganz verschieden. Im System soll man sich niemals schämen müssen, im Suprasystem ist Schamlosigkeit erlaubt. In Systemen werden die Punkte zugeteilt oder erschlichen, in Suprasystemen werden sie offen eingefordert oder einfach gestohlen.

Wenn Sie also nicht angeben, werden Sie wohl nicht gut sein.

Schütteln Sie sich jetzt? Dann bekommen Sie eben weniger Punkte. Als Kind haben wir gesungen: „Das nächste Maaaal – pass besser auf – und mach' es nach der Mooode!“

Disclaimer-Achtung: Im Folgenden bespreche ich die Punktesammelstrategien verschiedener Persönlichkeitsstrukturen, wie ich sie im Leben *beobachte*. Ich habe sie ein bisschen klassifiziert und nach ihrer Art geordnet, schildere sie aber, wie sie beobachtbar sind. Ich verrate hier nicht weiter, wie die Punkte bestmöglich gesammelt werden. Das ist ein Thema für die Bücher mit den Titeln *Punktediät in 10 Tagen* oder *So mache ich viele Punkte mit meinem BMW* oder *Der Liebespunkt*.

Damit es sich aber mindestens so interessant liest wie diese Ratgeberbücher, schreibe ich es am besten wie einen Ratgeber. Ich tue deshalb so, als sei das, was die Menschen normalerweise tun, eine gute Strategie. Ich unterstelle als Kunstkniff, dass die Menschen vernünftig sind. Dann ist der Gegensatz richtig apart ... Vernunft, das sagte ich ja, gibt es in Wirklichkeit kaum.

5.2 Topimierung: Bestmöglichkeit richtiger Menschen

5.2.1 Topimierung

Die richtigen Menschen sind pflichtbewusst, diszipliniert und sehr vernünftig. Sie lieben die Extreme nicht. Sie predigen den Mittelweg und wissen, dass nicht alles ideal sein kann. Der Mittelweg ist golden, alles ist ein Kompromiss, alles hat zwei Seiten. Immer ist Vorsicht angebracht, jedes Ungestüm führt zu weit und hat Nachteile.

Lassen Sie einmal einen richtigen Menschen eine Million Euro im Lotto gewinnen, er wird sich ein paar Millisekunden freuen und dann kurz im Geiste die Nachteile durchgehen: Sein Charakter ist in Gefahr. Ein Lotterleben droht ihm. Die Nachbarn werden ihn bedrängen etwas abzugeben, was ein richtiger Mensch eigentlich auch tun sollte. Spendenhaie werden ihn belagern, er wird um seine Ruhe gebracht sein. Dann weint der richtige Mensch – so viel Aufregung! Wäre es nicht besser gewesen, er hätte heimlich nur ein Zehntel der Summe geerbt? Was wäre, wenn plötzlich wie durch Zauber nur seine Hypothek verschwunden wäre? Ja, das hätte ihn ganz glücklich gemacht.

Ein optimales Leben eines richtigen Menschen ist eines, in welchem nichts offensichtlich verbessert werden kann. „Offensichtlich verbessert“ werden bedeutet: Es gibt eine Änderung, eine Handlung oder eine neue gesetzliche Regel, durch die der Zustand der Welt definitiv verbessert werden kann, ohne dass es auf der anderen Seite irgendwo anders Nachteile gäbe. Wenn ein richtiger Mensch etwas offensichtlich verbessern kann, tut er es auf der Stelle. Das gebietet die Disziplin und die Pflicht. Weil der richtige Mensch so verfährt, ist er lokal bestmöglich.

Systeme funktionieren genauso: In Systemen sind neue Regeln dann durchsetzbar, wenn sie offensichtlich segensreich sind. Das offensichtlich Segensreiche wird in Meetings und bei so genannten Abstimmungsrunden festgestellt. Wenn alle zur neuen Regelung nicken, besteht ein allgemeiner Konsensus, dass nun die Welt besser wird. Sonst wird gefeilscht, bis ein Kompromiss erreicht wird, dem alle zustimmen. Dieser Kompromiss verbessert lokal für alle dazu Nickenden deren lokale Welt.

Ich habe schon erklärt, dass Suprasysteme anders vorgehen: Dort wird die Welt in Leistungskampf-Areale parzelliert, in denen jeweils isoliert kompromisslos die Haupttriebrichtung verfolgt werden soll – gleichgültig, ob anderswo Porzellan zerbricht. Suprasysteme optimieren also rücksichtslos in *einer* Richtung, also ohne Rücksicht auf Verluste (in *anderen* Richtungen). (Die Qualitätskontrollen schützen die anderen Richtungen, so gut sie können.)

Stellen wir fest: Der richtige Mensch ist in aller Regel *lokal* bestmöglich. Als Resultat ist er ein ziemlich komplexes Produkt, etwa so kompliziert wie das deutsche Steuersystem, das ja auch nirgendwo offensichtlich verbessert werden kann. Der richtige Mensch ist so ein komplexes Steuersystem. Die lokale Optimalität, die er durch fortgesetzte Kompromissbildung erzielt hat, gibt ihm die innere Gewissheit, *insgesamt* bestmöglich zu sein.

Darüber lachen die wahren Menschen, die nur das Ganze im Grundkonzeptsinne optimieren und dafür lokale Nachteile in Kauf nehmen. Diese Haltung beschreibe ich im nächsten Kapitel. Die richtigen Menschen kontern immer mit der Replik: „Schlage bitte konkret eine einzige Maßnahme vor, die zu einer offensichtlichen Verbesserung führt!" – „Es gibt keine einzelne Maßnahme mehr, es hilft nur noch Revolution!" Die wahren Menschen sehen das Optimum in einem ganzheitlichen Konzept oder in einem radikalen Konzeptwechsel. Sie sprechen von Visionen, über die die richtigen Menschen ihre Nasen rümpfen. Visionen klingen dem richtigen Menschen zu schön. Sie sind für Weihnachtsfeiern oder Silvestervorsätze beim Bleigießen.

Wenn also ein guter richtiger Mensch lokal optimal und damit aus seiner Sicht vollkommen ist, so kann es keine offensichtlichen Verbesserungsmöglichkeiten an ihm geben. Gäbe es eine, wäre er disziplinlos und pflichtvergessen. Er hätte einen Fehler begangen. Er ist schuldig geworden und muss sich schämen. Schuld und Scham fürchtet der richtige Mensch am meisten. Sie zeigen an, dass er nicht lokal optimal ist. Das Gewissen des richtigen Menschen regt sich in ihm, wenn eine offensichtliche Verbesserung existieren würde. Das Gewissen ist wie ein Seismografenbündel, das auf lokale Unvollkommenheiten hin Alarm schlägt und an Nerven und Nachtschlaf zerrt.

In einem Wort: Für den richtigen Menschen ist die Welt dann in völliger Ordnung, wenn der Status quo lokal optimal ist. Dann hat er keinerlei Schuld und muss sich nicht schämen.

Deswegen verteidigen die richtigen Menschen den Status quo mit aller Kraft. Deshalb geben sie anderen die Schuld. Der Status quo und die Schuld sind ihr Lebens- und Lebenslügethema: „Ich bin nicht schuld, du bist schuld!" In Japan scheint das Entschuldigenmüssen das Härteste zu sein, was einem richtigen Menschen widerfahren kann.

Richtige Menschen rechtfertigen sich daher ohne Ende. Sie preisen unaufhörlich die lokal optimale Welt und sehen die Fehlerquellen in anderen.

Die meisten geschäftlichen Sitzungen und Meetings sind Schuldverteilungsorgien, wenn genug richtige Menschen dabei sind. Die meisten Manager sind richtige Menschen, sagt die Statistik.

Die richtigen Menschen fühlen sich in Suprasystemen nicht wohl. Suprasysteme wollen jedes Jahr große Verbesserungen in einer Richtung. Damit beschuldigen sie den richtigen Menschen indirekt, dass der Status quo offenbar nicht lokal optimal (nämlich lokal in der einen Richtung) sein kann. Dann reagiert der richtige Mensch ganz entgeistert: „Das soll 25 % besser gehen? So einfach? Halten Sie uns alle hier für blöd? Was denken Sie denn, was wir hier die ganze Zeit machen? Wir arbeiten hart, Euer Gnaden!" Und dann finden sie Haare in der Suppe, sehen die Nachteile der vorgeschriebenen Gierrichtung, werden zu hartnäckigen Bedenkenträgern. Suprasysteme sind ein einziger groß angelegter Frontalangriff auf den Status quo. Weil aber der richtige Mensch sein Herz daran gehängt hat, dass der Status quo lokal optimal ist, ist der Angriff der Suprasysteme auf den Status quo ein persönlicher Angriff auf *ihn selbst*. Die Suprasysteme verlangen im Grunde, dass der richtige Mensch ständig seine Heimat aufgibt bzw. ein heimatloser Geselle wird, der ständig auf Gold suchender Wanderschaft ist. Suprasysteme vernichten in diesem Sinne den Kern des richtigen Menschen, wenn dieser sich nicht wehrt.

Er wehrt sich.

Er führt immerfort Beweise (unabhängig von allen Tatsachen), dass der Status quo optimal ist. Damit stemmt er sich fast prinzipiell gegen jede Veränderung. Die Suprasysteme werden in diesem harten Kampf oft von innen lahm gelegt, mindestens aber stark verschlissen.

Die Technik, den Status quo zu verherrlichen, nenne ich *Topimierung*.

Ich habe das Wort aus den bekannten Wörtern *top* und *Optimierung* zusammengesetzt. Optimierung bedeutet, aus vielen verschiedenen Alternativen die beste auszuwählen. Die beste Alternative unter allen nennt der Mathematiker Optimum. Eine solche Alternative ist „top".

Topimierung ist eine inverse Technik zur Optimierung. Bei der Topimierung ist eine einzige Alternative fest vorgegeben. Das ist im Allgemeinen der Status quo. Es gilt nun, so zu argumentieren, dass der Status quo die optimale Alternative ist. Dies geschieht dadurch, dass der richtige Mensch an der Bewertung von Alternativen so lange herumdreht, bis nach diesen Kriterien der Status quo optimal ist.

> „Steuersenkungen sind optimal für Leistung!" – „Steuersenkungen sind optimal für die Bekämpfung der bitteren Armut in Deutschland!" – „Krieg ist das Grundübel der Welt." – „Krieg ist der Vater aller Dinge!" – „Der mörderische Wettbewerb vernichtet uns alle." – „Ohne Wettbewerb verlottert alles in Faulheit und Ineffizienz." – „Todesstrafe verletzt alles Heilige." – „Ohne Todesstrafe gäbe es Mord und Totschlag."

Bei der Topimierung kommt es entscheidend darauf an, die Auswahlkriterien so geschickt auszuwählen, dass unter *diesen* der Status quo die einzige gangbare Alternative ist. An den obigen Gegensätzlichkeiten sehen Sie, dass ich Ihnen fast alles gangbar begründen kann. Egal, was es ist. Es kommt nun noch darauf an, die Kriterien und die Argumentation so geschickt zu wählen, dass die hinterliegende Absicht verwischt wird, nämlich die, den Status quo zu verherrlichen. Die Kriterien und Argumentationen müssen unverfänglich, allgemein gängig und einleuchtend klingen.

Da die Optimalität des Status quo für den richtigen Menschen anzeigt, dass er *selbst* (!!) lokal optimal ist, führt Topimierung nicht nur zur Verherrlichung des Status quo, sondern gleichzeitig zur Verherrlichung des Topimierenden.

Die heutige Politik topimiert schamlos. Die Absicht ist heute allgemein das schiere Gewinnen der Wahl. Dazu muss der Politiker darstellen, dass genau diejenige Welt, die er anzustreben verspricht, am besten ist. Dazu sucht er sich allgemein positiv besetzte Vokabeln und verwendet sie als Kriterien. Und dann topimiert er los: „Wer gegen diesen Krieg ist, soll sagen, wie *anders* unsere Sicherheit gewährleistet werden kann. Ich will das Weinen unserer Frauen und Kinder beenden, die sich vor dem Tod und der Schändung gar fürchten. Ich will unser Land nicht in die Knechtschaft gleiten lassen …"

Denken Sie sich irgendeine beliebige Alternative aus und schreiben Sie eine Rede dazu!

In der katholischen Kirche kennt man die scherzhaften Bezeichnungen eines *Advocatus Dei*, des „Anwaltes Gottes", der bei einem Heiligsprechungsprozess die Gründe *für* die Heiligkeit darlegt. Auf der anderen Seite fungiert der *Advocatus Diaboli*, der „Anwalt des Teufels", der Gründe *gegen* eine Heiligsprechung vorbringt.

Diese Advokaten treten rollenmäßig für eine Sache bestmöglich ein, die nicht notwendigerweise ihre eigene Sache sein muss. Sie reden pro und kontra, um alle Facetten der Sachlage ans Licht zu zerren. Das Ziel ist eine ausgewogene Entscheidung.

Der Topimierer ist ebenfalls *Advocatus* einer Sache, des Status quo. Er ist aber mit der Sache eng selbst verquickt. „Der Status quo ist optimal!" heißt für den richtigen Menschen „Ich bin gut und ohne Schuld!" In der täglichen Topimierungspraxis wird nicht pro und kontra gestritten, sondern jeder Topimierer wiederholt in ständigen Variationen: „Ich bin gut." Wer's glaubt, wird selig?

(In *Wild Duck* habe ich diesen Sachverhalt mathematisch-anekdotisch tiefer dargestellt. Hier mag's so reichen, ich will ja auch nichts doppelt schreiben. Sonst sind Sie bestimmt sauer.)

5.2.2 Der Status quo plus

5.2.2.1 Hochglanzdarstellung (Ergebnisaufputz)

Ich habe schon ein paar Beispiele für gute Darstellungen des Status Quo unter dem Stichwort „Türk" zum Besten gegeben: Die gute Stube, das Paradekissen und dergleichen. Brautkleider … Heute sagt man von Unternehmen, die sich teuer verkaufen wollen: „Die Braut wird geschmückt." Alles wird wie „top" hingestellt. Werbebroschüren machen uns an Hand von ein oder drei Produktmerkmalen von 1.000

Abb. 5.2 Foto des Menschen „unter weißen Göttern" – in einem Souvenirladen

verschiedenen klar, dass dies das beste Produkt sei. „Klein, stark, schwarz." (Waren das Rheila-Perlen?) „Mann, sind die Dick, Mann." Immer wird die Braut geschmückt. Unser Grundgesetz erscheint aus Topimierersicht wie ein Aushängestück unseres Volkes – denn es suggeriert, dass alles so *ist*, während das Grundgesetz nur eigentlich sagt, was sein *soll*.

Bilanzen werden geschönt, Fassaden gebaut, Porträts retuschiert. Für jedes kleine Projekt wird ein Hochglanzprospekt verteilt, dazu eine CD und eine Web-Site. Jungunternehmer bekommen Lehrgänge in der Darstellung ihres Unternehmens. „Die Venture-Capitalisten müssen Ihr Proposal schlucken! Das ist reine Vermittlungstechnik, die wir für Sie bestmöglich besorgen! Wenn wir für Sie argumentieren, werden Sie mit Geld zugeworfen!"

Immer geht es darum, dass es einen nicht offensichtlich schlechten Kern gibt, der geeignet ausstaffiert, geschmückt, geputzt oder angestrichen wird. „Wehe, Sie lassen den Chef in Werk 2 schauen." Der nicht geschmückte Rest wird verdrängt, verschwiegen, verdeckt und versteckt (Da fällt mir mein Urlaubsfoto im Andenkenladen ein.) (Abb. 5.2).

Klassische Systeme kaufen gegen viel Geld die Berater dieser Welt ein, damit diese den Istzustand eines Unternehmens aufnehmen und dokumentieren. Dann wird ein Sollzustand vorgeschlagen, in dem alles besser ist, so sagen die Manager und Berater, je nachdem, wer's so will. Es folgt ein Soll-Ist-Vergleich.

Gute Topimierer stellen den Beratern die Welt so dar, dass das Ist schon fast wie das Soll aussieht. Sie suggerieren damit, dass nichts mehr zu tun ist. Gute Berater enttarnen das Ist, sie *detopimieren*. Das ist immer ein herzerfrischendes Katz-und-Maus-Spiel. Es geht ganz unterschiedlich aus. In der Realität muss die Katze ja fressen. Bei Unternehmen bekommt der Berater schon vorher Futter, es gibt für ihn also keine Sollbeißstellen. Für den Berater wie auch für den Topimierer ist es hier gleichermaßen optimal, wenn dieses Spiel möglichst lange dauert. So lange herrscht Geldsegen im Status quo. („With amused resignation they implement new things they know will fail." So las ich einmal mit Grauenhumor in einem Cartoon. „Mit amüsierter Resignation fangen sie unermüdlich etwas Neues an, von dem sie schon wissen, dass es sowieso wieder scheitert.")

Gute Topimierer schmücken aber nicht zu arg! Der Status quo soll nur *erhalten* bleiben, sonst nichts. Er soll bestmöglich im Sinne von tadellos erscheinen. Wer etwas zu gut erscheinen lässt, weckt Begehrlichkeiten! Ein Beispiel:

Es gibt ein Grimmsches Märchen *Die kluge Bauerntochter*. Ein Bauer, der vom König geschenktes Land beackert, findet einen goldenen Mörser. „Den bin ich dem König schuldig.", sagt er sich und bringt ihn gegen den erklärten Willen seiner klugen Tochter hin. „Wenn du ihn bringst, wird der König noch den Stößel dazu verlangen!" So geschieht es und der Bauer, der den Stößel nicht hat, wird ins Gefängnis geworfen. Dort ruft er immerfort: „Hätt' ich nur auf meine Tochter gehört! Ach hätt' ich nur …" Das wird dem König berichtet und dann geht das Märchen weiter, bis das Land eine kluge Königin hat. Im wirklichen Leben geschehen immer wieder Märchen. Etwa so:

„Wir haben zu Weihnachten einen Superauftrag für das zweite Halbjahr im nächsten Jahr bekommen. Ich bin besoffen vor Glück, Chef." Der Vertriebsleiter: „Das kann jeder sagen. Halten Sie erst einmal Schweigen, bis ich das geprüft habe. Ich verbiete Ihnen bei Ihrer Entlassung jedes Reden darüber." – „Warum?" – „Sie sind noch neu. Erfolge wie Ihre müssen verschwiegen werden." Schweigen. Ende Januar kommt der Vertriebsleiter mit den neuen Jahreszielen von der Firmenleitung. Er soll 20 % mehr als im Vorjahr verkaufen. Unmöglich ist das, alle wissen das, der Markt gibt das nicht her.

In Laufe der Folgewoche sickert aber durch, dass er jetzt einen Wahnsinnsauftrag für das zweite Halbjahr in seiner Abteilung bekam. Der Neue hat es gemacht. Alle gratulieren. Der aber ist grün vor Ärger. „Ich habe als mein persönliches Jahres-Bonusziel dreimal mehr Arbeit als ihr alle anderen bekommen. Der Chef sagt, den Auftrag hätte ich ja schon letzte Weihnachten gewonnen, nicht in diesem Jahr. Den zählt er nicht mit und will eine volle Leistung noch oben drauf." – „Was, es war schon *vor* Weihnachten? Und er *weiß* es?" – „Ja, sicher, ich habe es ihm sofort gesagt. Ich habe mich so sehr gefreut." – „Aber wenn du es schon im laufenden Jahr verrätst, bekommst du *viel höhere* Ziele!" – „Das merke ich jetzt auch langsam. Bekomme ich keine Belohnung?" – „Für Dummheit? Mann, bist du blöd. Man muss schweigen!" – „Ja, gut. Aber wenn ich es der Managementebene höher als Siegesmeldung verkündet hätte? Hätte ich dann eine Belohnung bekommen?" – „Nein, nur eine Kündigung. Wenn du es oben verraten hättest, hätte es *unser Chef* auf die Jahresziele draufbekommen. Und nicht du. Die Belohnung bekommt der erste, der schweigt." – „Aha! Und deshalb redet ihr nie mit mir über eure Abschlüsse?" – „Du, das stimmt nicht. Wir haben nur im Augenblick keine Abschlüsse. Es läuft schlecht, sehr schlecht, ohne dass man klagen könnte." – „Wieso klagt ihr nicht?" – „Wir schaffen es erfahrungsgemäß noch einigermaßen, aber im Augenblick sieht es finster aus. Mehr ist nicht zu sagen!" – „Also muss ich jetzt auch schweigen?" – „Schweigen ist nicht genau das, was du tun musst. Tue dies: Klage, ohne zu leiden!" – „Ich bin grün vor Ärger!" – „Nein, du bist einfach *nur* grün."

5.2.2.2 Wir arbeiten daran! (Ergebnisversprechen)

Was tun richtige Menschen, wenn nicht richtig Staat zu machen ist?

Wenn nichts zu schmücken ist, zeigt der Topimierer eine Baustelle, in der alles von Tätigem wuselt. In Nibelungenfilmen oder bei Schneewittchen gibt es immer Szenen mit Zwergen, die alle irrsinnig fleißig umherwimmeln. So etwas zeigt der Topimierer, wenn er etwas nur Durchschnittliches verkaufen soll.

Er zeigt bestaunenswert detaillierte Pläne wie mit vielen klitzekleinen Silvestervorsätzen. Es sind Aktionen aufgesetzt worden! Viele Mitarbeiter erarbeiten Aufwärtsversprechen. In amerikanischen Firmen musste zwei oder drei Jahre lang jeder Mitarbeiter fünf „Ups" schriftlich einreichen, also fünf solche Aufwärtsvorsätze. Dann rotierte die Haupttriebrichtung wieder woanders hin. „Ab and Down". Danach gab es Qualitätszirkel – jeder Mitarbeiter saß in einem Gremium, in dem man die Qualität verbessern sollte. Da der Status quo optimal war, damals auch schon, war es gar nicht so einfach, willkürliche Verbesserungen zu erfinden. Es gelang nur unter immensem Kaffeeverbrauch.

Die Diskussionen ähnelten dem Weihnachtsvorgeplänkel um Leute, die schon alles haben. „Was soll ich dir bloß schenken!" – „Ich brauche nichts." – „Aber ich muss dir was schenken, oh Gott." So etwa liefen alle herum: „Sag mal, weißt du, was ich verbessern könnte? Etwas Kleines, nichts, woran hinterher etwas zu arbeiten wäre. Es soll nur gut wirken. Wir müssen aktiv sein. Neuerdings heißt es proaktiv, das ist bestimmt noch schwieriger."

Richtige Menschen schwören auf diese Lebensregel: „Was man versprochen hat, muss man auch halten." Jeder Mensch, der auch nur einen Funken von Disziplin hat, macht sich das zu eigen. Deshalb bietet der Anblick von Baustellen oder auch Versprechen auf Vortragsfolien zumindest für naive richtige Menschen eine genügende Garantie, dass hier bald ein Gebäude errichtet ist. Man sieht ja schon die Mühe.

Ut desint vires tamen est laudanda voluntas. Das ist oft der erste lateinische Konjunktivsatz im Gymnasium. Ut mit Konjunktiv! „Wenn auch die (physischen) Kräfte fehlen, so ist doch der Wille zu loben." Das ist ein schöner Spruch für die natürlichen Menschen, die ja hohe Wirksamkeit über Stärke erzielen. Auch wenn sie nichts bewirken, verdient schon der bloße Wille ein Lob!

Für richtige Menschen muss es analog heißen: „Wenn auch die Aufgabe nicht geschafft wird, so sind doch Mühe und Fleiß zu loben (besonders, wenn sie von gutem Benehmen begleitet werden)."

Status quo minus ist ein Ausdruck aus der Medizin: „Verschlechterung gegenüber dem augenblicklichen Zustand". Topimierung durch Zeigen von Mühe verspricht einen Status quo plus.

5.2.3 Meta-Topimierung: „Dorthin! Das lässt sich besser darstellen!"

Natürlich entwickelt sich das Leben des richtigen Menschen. Er bleibt ja nicht statisch in einem Status quo gefangen. Er muss zum Beispiel einen Beruf wählen, was eine ganz schöne Veränderung in seinem Leben mit sich bringt. Dann muss er überlegen, ob sich der neu entstehende Status quo leicht und gut darstellen lässt.

Es gibt Zustände, die sich leicht als Topimum darstellen lassen und solche, bei denen einige Kunst erforderlich ist. „Ich will Dichter werden", habe ich mir mit 17 Jahren gewünscht, als ich mein Abitur bestand. Aber wie würde ich das meinen Eltern erklären? Würden sie glauben, dass dies das Beste für mich wäre? Ich glaubte das selbst, wagte aber überhaupt nicht, das jemals mit irgendeinem Menschen zu diskutieren. „Ich werde Mathematik-Professor." Das war absolut simpel zu vertreten. Ein Diplom hätte ja schon gereicht! „Wenn auch das Genie fehlt, so sind doch Streben und die Begeisterung zu loben!", sagen die wahren Menschen. Und weiter oben jauchzt man: „Wer immer strebend sich bemüht, den wollen wir erlösen."

Meta-Topimierer streben Weltzustände an, die sich leicht als lokal optimal hinstellen lassen. Sie wählen den Weg und die Topimierungsstrategie gleichzeitig.

Meta-Topimierer fragen sich hellsichtig: „Wenn wir das tun – ja, wie stehen wir anschließend da? Lässt sich diese Lösung leicht kommunizieren? Kann man sie gut verkaufen? Klingt sie gewinnend? Lässt sich damit Ruhm ernten? Ist sie vage genug, dass wir einen späteren Misserfolg gut erklären können? Kann man einen eventuellen Misserfolg sogar in Punkte ummünzen?" („Mutti, ich breche mein Studium ab. Du hattest Recht, es ist zu schwer für mich, Mutti. Ich muss jetzt nicht mehr in die Fremde, ich bleibe lieber bei dir. Im Grunde ist es wunderbar, dass ich wieder zu Hause bin, Mutti." – „Ach ja, Kind. Ich freue mich so sehr für uns alle, dass das mit dem Diplom endlich vorbei ist.")

Richtige Menschen empfinden Meta-Topima als risikoarm. Meta-Topimierung zielt auf Zustand-/Topimum-Kombinationen, die mit nur geringster Wahrscheinlichkeit zu einem Schuldvorwurf führen können, der nicht abgewehrt werden kann.

Oft gibt es einen künftigen Zustand, der objektiv der beste ist, der aber mit Topimierungs-Risiken verbunden ist. Wer einen solchen Zustand anstrebt, übernimmt Verantwortung. Er wird mit allen Folgen weiterleben.

Meta-Topimierung drückt sich vor Verantwortung.

„Ich hatte Sie gebeten, Ihre alte Mutter zu dieser Operation zu überreden. Es ist höchste Zeit. Ohne Sie wird die Mutter nicht einwilligen. Ohne Operation wird die Mutter einen grässlichen Tod erleiden. Wenn die Operation nicht jetzt erfolgt, ist es zu spät, weil sie sonst wegen geschwundener Kraft nicht mehr operiert werden kann. Haben Sie mit ihr gesprochen?" – „Nein." – „Warum nicht?" – „Wenn die Operation fehlschlägt, wird sie mir die Schuld geben und ich kann kein gutes Argument dagegen sagen. Ich habe sie ja dann dazu überredet." – „Wollen Sie sie grässlich verenden sehen?" – „Verstehen Sie nicht? Wenn ich schweige, kann ich niemals Schuld haben. Es ist doch im Grunde ihre *eigene* Sache, ob sie sich operieren lässt oder nicht. Wenn sie so verstockt ist, was kann ich da tun? Ziehen Sie mich nicht in schlimme Dinge hinein, Doktor." – „Geben Sie einfach *mir* die Schuld." – „Sie sind weit weg in Ihrer Praxis und ich in ihrer Wohnung."

„Wir haben für viele Millionen Euro alle Unternehmenssoftware-Angebote für unser Unternehmen prüfen lassen. Wir haben viele Anwendungen getestet und dann deren Betriebs- und Anschaffungskosten verglichen. Es gibt tolle Lösungen von kleineren Firmen. Toll! Wir vergleichen nun schon seit drei Jahren. Ich konnte die Entscheidung lange hinauszögern, indem ich immer wieder die neuen Software-Versionen noch einmal vergleichen ließ, wir warteten immer bis zur CeBIT. Jetzt will man definitiv eine Entscheidung. Wenn ich nicht entscheide, werde ich nicht befördert. Ich *muss* also entscheiden. Ich denke, ich nehme den Marktführer ***, egal, was die Berater sagen. Wenn ich *** nehme, habe ich genommen, was alle nehmen. Deshalb kann mir keiner hinterher die Schuld in die Schuhe schieben, wenn ich mich für *** entscheide." – „Es ist aber wohl etwas teurer, nehme ich an, oder? Was sagt denn der Finanzchef dazu? Haut er Sie nicht?" – „Nein, er will ja auch keine Schuld haben. Er kennt außer *** gar kein anderes Produkt. Bei einem unbekannten Namen bekommt er sowieso Angst." – „Und der Boss?" – „ *** "

5.2.4 Warten, wenn Schuld droht!

Die beiden letzten Beispiele deuten es schon an: Wenn richtige Menschen in zu große Nähe zu Schuld kommen, warten sie einfach ab.

In der Fahrstunde sagt der Fahrlehrer: „Wenn die Situation unklar ist, halten Sie einfach an. Die Gesetzgebung geht generell davon aus, dass jemand, der im Verkehr steht, nicht Schuld sein kann."

Warten mag ineffektiv sein. Es ist aber nicht risikoreich.

Ich musste einmal einem Venture Capitalist als Übung die Geschäftsidee meiner mathematischen Optimierungsabteilung vorstellen. Ich sollte es schaffen, von ihm fiktiv ein paar Millionen Dollar als Finanzspritze für eine eigene Start-up-Company zu bekommen. Ich schilderte ihm, wie wir durch mathematische Optimierungsberechnungen stets viele Millionen Dollar einsparen würden, wohingegen unser Projekt nur so eine Million Umsatz an uns kosten würde. Da sei es für jedes Unternehmen optimal („die beste Alternative von allen"), uns den Auftrag zu geben.

Er fragte ziemlich ratlos: „Warum tun sie es dann noch nicht? Oder sind Sie schon Milliardär? Was wollen Sie dann von mir?" Er war wirklich ratlos. Er sagte, er wolle mir fiktiv die Millionen zuerkennen, weil ich bei der Übung sehr überzeugt hätte. Aber er habe kein gutes Gefühl.

Am nächsten Morgen flogen wir wieder aus den Staaten nach Europa zurück. Beim Frühstück rief uns der Venture Capitalist zu: „Ich hab's! Ich hab's! Die Leute müssen Ihnen nicht den Auftrag geben! Müssen sie *nicht*! Ich hab's! Wissen Sie, was sie tun werden?" – „Nein." – „Wissen Sie es nicht?" – „Nein." – Er reckte sich wie im Triumph: „Sie *warten*!"

Er ließ mich etwas kleinlaut zurück. In den folgenden Jahren lernte ich, dass alle warten, wenn Veränderungen drohen. „Ich mache es, aber ich entscheide es nicht, weil es neu ist. Fragen Sie eine Managementstufe höher!" Dort warteten sie auch.

Das ist gute Meta-Topimierung: *Bewege dich nicht in der oder die Nähe möglicher Schuld.*

5.2.5 Innen und außen

Er buckelt nach oben. Nach unten tritt er, und wie!

Diese Beobachtung teilen wir alle. Eine zweite gehört untrennbar dazu:

> Er sieht sich selbst von Maßstäben frei, die er für andere setzt.

Oder: „Quod licet jovi, non licet bovi.“ („Was Gott erlaubt ist, darf der Ochs’ noch lange nicht.“)

Im wirklichen Leben sehen wir es so: Eine Frau ohrfeigt ihr Kind und beschimpft es rüde, weil es sich auf der Straße stark beschmutzt hat. „Du Schwein!“ Da kommt ein Passant vorbei, sieht die Mutter nicht und herrscht das Kind an: „Pfui, bist du dreckig, schäm dich.“ Augenblicklich baut sich die Mutter vor dem Passanten mit angewinkelten Armen auf und putzt ihn herunter.

Ein Manager vernichtet im Abteilungsmeeting reihum die Egos der Mitarbeiter, weil sie nichtsnutzige Versager seien. Er sammelt die armseligen Berichte wütend zusammen und bereitet eine Präsentation seiner Abteilung im Managementmeeting vor. „Tolle Ergebnisse. Absolute Hochleistung. Wir alle können stolz auf diese meine Abteilung sein. Wir sind ein Team. Ich habe alles aus ihnen herausgeholt.“

> Wir haben uns entschlossen, alle Ausgaben einzuschränken. Wir hängen jetzt alle Ausgaben eines Mitarbeiters ans Schwarze Brett öffentlich aus. Schande über die, die nicht sparen. Ausgenommen sind die Ausgaben des Managements, weil diese geheim bleiben müssen. Wir wissen selbst oft nicht so genau, wie viel wir eigentlich ausgeben, weil alles so geheim bleiben muss, dass wir diese Kosten woanders hin fein verteilen, bis sie verschwinden.
> Heute ist Landschaftsschutztag. Jeder Schüler soll durch harte Müllsammelarbeit schmecken, wie schuldig sich Umweltbeschmutzer machen. Wenn ihr Schüler vier Stunden Müll im Wald gesammelt habt, gibt es für jeden eine Brezel. Jedes vorherige Essen ist verboten, weil ihr ja Müllhände habt. Wir Lehrer bleiben hier am Müllsammelplatz und frieren. Wir haben uns wegen der Kälte entschlossen, hier Glühwein zu kochen und Brote zu essen. Bitte nutzt den dadurch entstehenden Freiraum für euch nicht zu euren Gunsten aus. Wir wissen, wie viel Müll pro Schüler in diesem Waldstück im Durchschnitt gefunden wird. Seht, hier liegt noch die Glüh-Christel-Flasche vom Vorjahr.

Es scheint für den richtigen Menschen so etwas wie einen Innenbereich zu geben, in dem er die Macht hat oder zu haben glaubt. Vater und Mutter halten unter Umständen die Familie für ihren Machtbereich. Manager haben de facto einen Machtbereich. Der Pfarrer hat seine Schafherde, der Bauer seinen Kuhstall, der Lehrer ist für seine Sauklasse verantwortlich. In diesem Bereich haben alle diese Personen Macht. Dort ist „innen“. Außen haben andere die Macht. Wer Macht hat, bestimmt, worauf es ankommt. Wer Macht hat, misst die in seiner Macht Stehenden und verteilt die Punkte an sie. Außen messen andere, die dort die Macht haben. Außen *wird* gemessen, außen bestimmen andere, worauf es ankommt.

Eine Mutter empfindet zum Beispiel oft ihre Familie als *innen*. (Es kann sein, dass die Macht in Wirklichkeit beim Vater liegt. Es kann auch sein, dass beide empfinden, die Macht zu haben. Das gibt Streit!) Sie bestimmt, worauf es ankommt. Im Beispiel oben: Sie bestimmt, dass das Kind sauber zu sein hat. Wenn ein Passant kommt und die Sauberkeit misst, so misst er nicht das Kind, sondern den ganzen Komplex Familie, der durch die Mutter repräsentiert ist. Wenn die Mutter Schmutz feststellt, urteilt sie über das Kind. Wenn der Passant Schmutz anprangert, klagt er das Ganze an, die Familie. Deshalb ist die Mutter im einen Falle über das Kind empört und im anderen Falle über die Schuldzuweisung eines dreisten Menschen, der einfach so in ihr *Innen* eingreift. Dort hat sie selbst die Allmacht, nicht der

Passant. Genau so könnte ein Parteivorsitzender eine missglückte Rede eines seiner Abgeordneten gnadenlos kritisieren. Wenn aber derselbe Abgeordnete mit denselben Worten aus einer anderen Partei heraus kritisiert wird, so ist dies ein Angriff auf das ganze Innen des Parteivorsitzenden, der sich nun vor seine ganze Partei (sein Innen) und damit auch vor den Abgeordneten stellen muss. Wenn sich Eltern bei einer Schulleiterin über einen Lehrer bitter beschweren, so wehrt die Schulleiterin diese Vorwürfe gegen ihr Innen (die Schule) ab. Sie geht gleichwohl nach der erfolgreichen Abwehr der Eltern zum beschuldigten Lehrer und „bügelt" nun ihn. Sie wird dies nicht den Eltern sagen. Es ist einmal das Innen und einmal das Außen, das kritisiert wird. Die Eltern klagen eigentlich bei der Schulleiterin über die Schule (also über die Leiterin), nicht über den Lehrer.

Ich wollte ausdrücken: Es kommt darauf an, wer die Schuld verteilt und wer sie bekommt. Das ist keine reine Frage der Schuld an sich, sondern eine der Zuteilungsmacht. Im Innen ist man selbst der Schuldverteilende. Im Außen bekommt man eventuell Schuld. Deshalb achten gute Meta-Topimierer stets wach darauf, was genau ihr Innen und ihr Außen ist.

Mitarbeiter finden so oft, dass sich ihr richtiger Chef offen und ungeniert schuldig macht! Das ist töricht. Er macht sich in der Regel *nur gegen die Mitarbeiter* schuldig! Die sind in seinem *Innen*. Dort zählt es nicht als Schuld. Kennen Sie Chefs, die sich offen *nach oben* schuldig machen?

5.2.6 *Topimierungsbaustellen*

5.2.6.1 Schmücken und eine Baustelle präsentieren

Das Topimieren im Sinne von „Schmücken" ist Ihnen sicher schon lange bekannt und ein Dorn im Auge. Die folgenden Beispiele zeigen eher die Seite der durchschnittlichen Topimierer, die große Mühe vorweisen wollen, ohne wirklich arbeiten zu müssen. Gleichzeitig darf aber das Topimieren der durchschnittlichen Menschen kein besonderes Talent verlangen, sonst könnten sie ja gleich überdurchschnittlich werden. Es geht schlicht darum, in einem Suprasystem Punkte einzuheimsen, ohne etwas zu tun oder etwas Besonderes zu können. Die Strategie des Topimierers muss ihm Einfluss und Macht verleihen und ihn vor jeder Schuld schützen. Ich teile die richtigen Menschen hier kurz in Denker, in Gefühlsmenschen und Geschmacksmenschen. (Grob nach der Einteilung in Omnisophie.) Denker fechten um Korrektheit, Gefühlsmenschen um das Funktionieren der Gemeinschaft, Geschmacksmenschen dafür, dass alles gut aussieht. Sie heben einzelne Merkmale des Ganzen ins vorderste Blickfeld und schaffen es ausschließlich damit, alle anderen Menschen fast zu bezwingen. Keine von den vorgestellten Verhaltensweisen verlangt eine besondere Kunst, nur vielleicht Beharrlichkeit und einige Mühe. Wer sich wie die meisten dummen Menschen dabei noch gut fühlt, kommt sich nicht einmal blöd vor.

5.2.6.2 Denken und Ordnung

Absichern nach allen Seiten: Der Topimierer fragt unendlich lange bei unendlich vielen Menschen um Erlaubnis, am besten höhere Manager, bei denen er höchstens alle Jahr einen Termin bekommt. Er studiert, wer noch zustimmen muss. Seine Aufgabenerfüllung wird, so sagt er, sauber abgestimmt. Er will absolut keinen Alleingang gegen die Interessen anderer riskieren. Im Laufe der Abstimmung verwässert seine Aufgabe bis zur Unkenntlichkeit. Zum Schluss erkennen alle, dass die Aufgabe gar keinen Effekt mehr erbringen wird. Alles schläft ein. Gute Taktik, wenn die Aufgabe nicht karrierefördernd ist oder wenn der Topimierer Angst hat, Risiken zu tragen. Durch Absichern wird eventuelle spätere Schuld nach dem Gießkannenprinzip verteilt.

Nur die Sache zählt! Diese Aussage ist gut für sehr rationale Menschen, die keinerlei soziale Kompetenz haben und mit anderen Menschen nicht gut klarkommen. Sie tragen das Hauptkriterium der Sachlichkeit wie einen Schutzschild vor sich her und lassen immer wieder einfließen, dass nur sie allein *objektiv* sind. Objektiv gesehen zählt der Mensch ja nicht besonders. Subjektive Menschen setzen auf Vertrauen, Menschlichkeit, Freundschaft und sind in der Regel harmoniesüchtig. All dies hat nichts mit der *Sache* zu tun! Das Menschliche macht schuldig.

Absolute Loyalität: Das System verlangt Unterordnung. Wer loyal ist, beugt sich aus positiver Einsicht. Topimierer, die sich gegen Veränderungen sträuben, fahren gut damit, immer wieder zu betonen, dass sie selbst loyal seien und dass das System Loyalität von jedem verlangen könne. Wenn alle gehorchen, ist es besser für das Ganze. Loyale Mitarbeiter nehmen nicht an Meckerorgien beim Mittagessen teil. Dort sollte man unaufhörlich besprechen, wie jeder dem System dient. (Diese Strategie macht eigene Schuld unmöglich!)

Sauberkeit und Ordnung: Ordnung ist das halbe Leben. Das weiß jeder! Wo offensichtliche Ordnung herrscht, wo alles obenauf glänzt, lächeln die Chefs und prüfen nicht. Die Aktenordner müssen adrett dastehen und ansprechend etikettiert sein. Alles in Reih und Glied! „Gute Stube." Topimierer belassen es nicht beim Aufräumen des eigenen Schreibtisches, darum geht es nicht so sehr. Sie betonen bei jeder Gelegenheit, dass sie exzellente Mitarbeiter an ihrer Ordnung und Gepflegtheit erkennen. Wenn es Topimierer gut anstellen, üben sie einen enormen Druck aus. Zum Schluss glaubt die ganze Umgebung, dass Menschen, die keine Krawatte oder kein Kostüm tragen, nicht seriös sein können. (Diese Strategie verteilt Schuld!)

Kleingedrucktes lesen und über dessen Auslegung streiten, am besten eine Abstimmung und einen Konsens verlangen: Es ist eine gute Strategie, alles Kleingedruckte zu lesen, obwohl das viel Selbstentäußerung verlangt. Gerade deshalb ist garantiert, dass es kein anderer tut. Wer also alles gelesen hat, kann ständig mit Kleinkariertem nerven und alles aufhalten, was ihm nicht passt. „In dem Vertrag wird auf allgemeine Kreditkartenbestimmungen verwiesen, die sich wiederum auf die Gesamtheit der amerikanischen Gesetze beziehen. Ich glaube, da ist ein unbekannter Passus über Sumatra drin, hoffentlich bricht der uns nicht das Genick.“ Wer diese Strategie liebt, sollte Jura studieren, um professionell zu werden. (Erzeugt Unsicherheit!)

Zuständigkeiten kennen und klären: Wer muss genau wann was tun? Wer muss um Erlaubnis gefragt werden? Wer sich auf diese Fragen spezialisiert, kann sein ganzes Arbeitsleben damit glänzen, anderen zu erklären, dass sie nicht so handeln dürfen, wie sie gerade handeln. „Dafür sind Sie eigentlich gar nicht zuständig. Ich will nicht sagen, dass Sie Ihre Kompetenz überschreiten, denn es ist ja löblich, wenn Sie es für andere tun, aber ich fürchte, es führt irgendwann zu Problemen. Ich fühle mich da unwohl. Meinen Sie, Sie sollten das so ungeklärt fortführen?“ (Erzeugt Unsicherheit!)

Ständig auf kleinste Fehler hinweisen: „Du hast die Schuhe nicht geputzt. Sie sind sauber, ja, aber nicht geputzt. Zieh den anderen Mantel an, der ist zu dick, so kalt ist es nicht. Du hast Rotkraut von Hengstenberg gekauft, nicht von Kühne. Ich brauche aber das Glas zum Einwecken, jetzt habe ich eine Dose, die nützt mir nichts. Warum hörst du nicht genau hin? Schau mal nach dem Wasserhahn, er tropft, wenn man ihn nicht richtig zudreht. Ach, ich muss auf alles ständig aufpassen, wie schrecklich, sonst funktioniert nichts!“ („Ich bin der Chef.“)

Viele Fragen stellen: Das ist eine weniger offen aggressive Variante. Dieser Topimierer stellt sich neben arbeitende Menschen hin und schweigt etwa 10 Sekunden, besser zwanzig. Dann räuspert er sich und fragt: „Welche Methode benutzen Sie zu dieser Arbeit? Worauf achten Sie besonders? Es interessiert mich sehr.“ Die Arbeitenden schnaufen wehrlos und versuchen, den Topimierer durch betont karge Antworten abzuschütteln. Das verlängert nur den genüsslichen Kampf, wie bei Katz und Maus. Wenn Sie es gut können, sollten Sie Manager werden wollen.

Harte Arbeit demonstrieren: „Ich mache fast immer das Licht am Abend aus. Ich arbeite am längsten. Ich bin so überarbeitet, dass ich mich kaum noch konzentrieren kann. Ich will aber ein Vorbild sein. Manchmal muss ich schon morgens länger schlafen, weil ich am Vorabend so ausgelaugt war. Ich schenke die Überstunden der Firma, na, eigentlich nicht der Firma, sondern dem Team. Was ich mehr arbeite, nehme ich euch ja ab. Nein, das ist nicht fertig geworden! Bitte, ich arbeite nur noch, was soll ich denn alles noch schaffen? Mehr als im Büro sitzen kann ich ja nicht!“ (Diesen letzten Satz müssen Sie auskosten.)

Sich viel vornehmen: „Lasst uns hohe Ziele setzen, auch wenn wir sie nicht erreichen sollten. Es ist besser, wenn man hohe Ziele hat. Wenn sie von vorneherein zu hoch sind, kann ja nichts passieren. Niemand wird übel nehmen, wenn wir schaffen, was wir schaffen.“

Sich wenig vornehmen: „Wir müssen uns konzentrieren. Es hilft nichts, die Kräfte zu zersplittern. Kleine Ziele werden erreicht, große bleiben Traum. Kleine Ziele bringen Lob.“

Überall Faulheit entdecken: „Trinkt ihr Kaffee? Gibt es etwas zu feiern, wovon ich nichts weiß? Kommt bitte schnell mal in mein Büro, ihr müsst kurz dem neuen Arbeitsplan zustimmen. Nein, jetzt. Oder habt ihr im Ernst Pause?“

Systembefriedigung: „Hauptsache, die Zahlen im Computer stimmen. Es ist keine Zeit, Sinnfragen zu stellen. Ich weiß, dass keiner weiß, was in den Computer eingetragen werden muss. Ich weiß es auch nicht. Tragt irgendetwas ein, so dass niemand muckt und nichts weiter hinterherkommt. Ich will keine Scherereien wegen der Einträge. Ja, ich weiß, alles ist dann gelogen, aber es gibt auf diese Weise keinen Ärger. Ich will nicht schuld sein, wenn etwas fehlt. Die Zahlen müssen nur da sein, sie interessieren niemanden."

Dringlichkeit erzeugen: „Mein Anliegen ist sehr dringend. Es hängt eine Menge davon ab. Entschuldigung, es tut mir leid, aber praktisch alles, was ich tue, ist nun einmal dringend. Deshalb genieße ich stets Vorrang. Ich muss morgen fertig sein, sonst leidet die ganze Firma darunter. Nein, ich hatte keine Zeit vorher damit anzufangen, ich versinke stets in dringenden Angelegenheiten." Es gibt viele Menschen, die ihre Arbeit nicht schaffen, weil sie ihre Zeit nicht richtig organisieren. Sie lernen in Lehrgängen, wie man Dringlichkeiten vermeidet. Diese Lehrgänge gehen an der Sache vorbei. Das planmäßige Erzeugen von Dringlichkeit verhilft zu Priorität und führt dazu, dass andere Menschen helfen und eigentlich wegen der Dringlichkeit dem Topimierer die Arbeit abnehmen. Wer also alles dringend macht, muss gar nichts mehr arbeiten! Das übersehen die Kurse für Zeitmanagement.

Unter dem Wettbewerb leiden: „Wir stehen leider unter großem Druck. Unsere Wettbewerber versorgen unsere Kunden mit gezielten Falschinformationen. Wir müssen diesen Lügen etwas entgegensetzen und eine Informationskampagne starten. Unsere Firma gedeiht in diesem Klima der Unwahrheit nicht richtig. Wir sind zu ehrlich. Wir müssen daher besser kommunizieren, was wir zu bieten haben. Wir sollten uns nicht scheuen, ein wenig auszuschmücken, sonst verlieren wir den Krieg vollkommen." – „Unsere Regierung wird planmäßig diffamiert. Die Art und Weise der Opposition gefährdet den Staat. Wir müssen jetzt unter diesem Druck den Rest der Staatskasse für Bürgerinformationen verbrauchen."

Verschwendung anprangern: Das ist ein weites Feld, weil es sehr wenig Fachkenntnis erfordert und andere Menschen fast sofort in die Defensive bringt, besonders, wenn Not herrscht. „Ach, eine Dienstreise nach Wien. Da haben Sie sich eine schöne Stadt *ausgesucht*." – „Einen neuen Hund gekauft, so, so. Hätte es ein alter nicht auch getan?" Sie merken – es ist ausgesprochen schwierig, hier noch etwas Originelles zu schreiben. Es geht hier nicht um Geiz. Geizige sparen selbst. Es geht um die Topimierungsstrategie des Anprangerns, um dadurch Macht auszuüben und nichts selbst arbeiten zu müssen. „Wenn ich nicht wäre, würde viel sinnloses Geld verschleudert. Weil ich aber da bin, rette ich alles vor euch bösen Menschen. Und ich rette euch mit."

Meetings beherrschen: Das ist auch eine weitverzweigte Kunst. Angenommen, der Topimierer ist ein normaler Mitarbeiter in einem Meeting. Dann sammelt er Punkte, indem er die Diskussion eröffnet. Nicht beliebig! Er sagt wörtlich: „Damit wir vorankommen, eröffne ich die Diskussion." Er kann jetzt gleich weitere Punkte sammeln: „Bevor ich meinen entscheidenden Anstoß gebe, möchte ich kurz noch eine Anmerkung zu dem Protokoll der letzten Sitzung zu Protokoll geben. Laut

Protokolltext soll ich gesagt haben, ich sei für eine deutliche Umsatzsteigerung eingetreten. Das habe ich nie so vage gesagt! Ich weiß genau, was ich gesagt habe! Ich sagte, ich wolle ein mehrfach zweistelliges Wachstum sehen, und zwar sofort. Ich bestehe darauf, dass ich korrekt zitiert werde. [Unruhe] Aber wir müssen im Meeting vorankommen. Ich möchte vorher noch die Standpunkte der Anwesenden kurz zusammenfassen, damit ich meine eigene Meinung besser herauskristallisieren kann. Die Anwesenden sind mit meinen Meinungen praktisch 100 % konform, was nicht immer schmeichelhaft ist, ein wenig andere Meinungen könnten Sie ja auch einmal haben …" Die Schwallerei in Meetings ist eine sehr unterhaltsame Art, die Zeit zu verbringen. Es gibt massenhaft Zynismen wie „Alles ist schon gesagt worden, nur noch nicht von jedem." Ein guter Teil des Dilbert-Kults gehört in diese Rubrik. Kaffee, Kekse und viele Runden Schwarzer Peter mit dem bisschen an wirklicher Arbeit, die es noch geben mag.

Kommissionen einsetzen: Topimierer verhindern Arbeit durch ihre natürliche Vermehrung bei der Einsetzung von Kommissionen. Gut erforscht. Die Arbeit wird zuverlässig blockiert. Als Nebenprodukt entstehen Posten, auf denen wieder nichts zu arbeiten ist außer Kaffee & Keks. Diese Posten vernichten wieder woanders reale Arbeit.

Telefonkonferenzen: Sie sind heute wirklich beliebte Demonstrationen von Baustellen. Viele Menschen reden gemeinsam aufeinander ein. Sie kennen sich gar nicht, schon gar nicht an der Stimme, deshalb ist das Teamerlebnis berauschend. Besonders gut zum Topimieren in Ländern, in denen es wenig verschiedene Namen gibt. „Hier spricht Hansen, ich wollte …" – „Welcher Hansen?" – „Hans Hansen." – „Und weiter?" Man kann zu Vornamen übergehen. „Here's Mike speaking." – „Mike – who?" In Deutschland duzen sich ein paar, andere nicht. „Klaus, das ist klar." – „Wer ist Klaus?" – „Generaldirektor Möldner-Dübenthal." – „Ach – *der* Klaus." Telefonkonferenzen haben eine feste Dauer, am besten volle Stunden, damit man nahtlos zur nächsten „switchen" kann. Etwa bis fünf Minuten vor Schluss wird palavert, danach wird panisch zeitbedrängt beschlossen, wie die weiteren Aktionen aussehen und wer es macht. Außerdem muss der Termin für die nächste Telefonkonferenz gesucht werden. Dann „klinken" sich plötzlich viele aus, weil sie switchen müssen oder nichts tun wollen. Es wird daher vereinbart, das Verteilen der Arbeit bei der nächsten Telefonkonferenz zu erledigen. Deren Termin ist schwierig, weil oft ein Australier dabei ist, der immer wegen seiner Zeitzone rummäkelt. Endlich legen alle auf. Besonders der letzte Teil ist stressig. Der Chef fragt: „Was war auf der Konferenz?" – „Es waren sehr viele Themen, überall wurde von Fortschritt gesprochen. Sie hätten Ihre Freude daran gehabt. Ich habe kaum etwas verstanden. Die Leitung war schlecht, wir mussten dreimal unterbrechen und neu einwählen. Wegen des Australiers haben alle Englisch sprechen müssen, deshalb mochte ich gar nichts sagen, obwohl ich tolle Ideen hatte. Wirklich toll. Ist auch kein anderer darauf gekommen, keiner hat es gemerkt, was ich dachte. Ich habe alles auf Lautsprecher gestellt und mir nebenbei die Nägel geschnitten und alle Überweisungen im Internet erledigt. Bei Telekonferenzen schafft man viel weg."

Aktionismus: „Besser wir handeln, als dass wir nicht handeln. Ich handle immer sofort, irgendetwas. Es ist sehr beruhigend, wenn gleich etwas getan wird, und sei es auch nur ein kleiner Schritt. Dann ist die Sache erst einmal vom Schreibtisch. Sagen wir – wir machen das. Sagen Sie Wagner, er soll die Einzelheiten klären. Wenn er Fragen hat, kann er gerne auf mich zurückkommen. Ich bin aber zwei Wochen in Amerika und dann in Urlaub. Der ist unaufschiebbar, den habe ich meiner Frau schon wieder versprochen, weil wir seit dreißig Jahren noch nie Urlaub gemacht haben."

Bedenkenträger: „Es geht nicht. Wir haben es noch nie so gemacht." Ohne weiteren Kommentar von mir.

Informationen einholen: Das ist eine Königsdisziplin der Topimierung, in der viele richtige Menschen Experten sind. Thema: „Ich weiß noch nicht alles, um entscheiden zu können." Also wird jemand zur Datensuche weggeschickt. Am besten stellt man einen Antrag auf hohe Gelder, um sehr teure Berater einkaufen zu können. Manche Topimierer erklären das Einholen der Information für eine unternehmensentscheidende Aufgabe, die nur dem Besten anvertraut werden kann – ihnen selbst. Hellsichtige Chefs betrauen besser ihre internen Feinde damit. Die beste Strategie wäre, alle unliebsamen Menschen im Unternehmen mit dem Einholen von Informationen über die Wettbewerbsfirmen zu beauftragen, dann sind sie weg und halten die Konkurrenz von der Arbeit ab. (Dazu gibt es eine wundervolle Geschichte *Nicht nur zur Neujahrszeit* in meinem Buch *Die beta-inside Galaxie*. Wundervoll? Tja – es sind die dreißig Seiten, die ich am liebsten in meinem Leben geschrieben habe. Leider für viele zu skurril.)

Systemkritikabwehr: Wenn einem System wirkliche Fehler nachgewiesen werden, reagiert es am besten mit bewährten Standardsätzen: „Bei uns ist nicht alles vollkommen, ja, aber machen Sie doch selbst einen konkreten Vorschlag! Berechnen Sie, wie viel wir sparen. Aber bitte, geben Sie sich Mühe bei Ihren Recherchen. Werden Sie so konkret wie möglich, bis Sie daran ersticken. Sie werden übrigens sehen, dass es nicht besser geht. Auch die Nebenabteilung, in der angeblich alles besser ist, kocht nur mit Wasser. Glauben Sie denn, die topimieren nicht? Sie dürfen doch nichts für bare Münze nehmen. Wir wissen, es schmerzt, einen Fehler im System gefunden zu haben, aber noch ist keine Katastrophe eingetreten. Es kostet erfahrungsgemäß viel zu viel Energie, Probleme zu lösen, die noch keine Schäden verursacht haben. Wir warten am besten, bis etwas Ernstes passiert. Dann sehen wir auch endgültig, ob Sie Recht hatten. Bei Eintreten der Katastrophe agieren wir dann blitzschnell, weil es ja dringlich ist. Dann müssen wir nicht den vorgeschriebenen Weg gehen, um das Problem zu beheben. Diese Prozedur dauert Monate und inzwischen passiert dann doch die Katastrophe. Dann wird doch plötzlich blitzschnell gehandelt. Deshalb ist es besser, erst zu warten und dann blitzschnell zu handeln. Dann behindert uns auch keiner mit dummen Ratschlägen. Der beste Zeitpunkt in einem System ist immer 5 vor 12, das müssten Sie doch langsam wissen."

Ich kann noch lange weiterschreiben, über Perfektionisten, über Menschen, die Lager von Büropapier anlegen, damit sie es haben, wenn Arbeit kommt … Ich kann ein ganzes Buch schreiben. Ich will bei Kostproben bleiben. Sie kennen diese Beispiele ja alle. Ich will Ihnen damit zeigen, wie sehr die Techniken der „Baustellendemonstration“ anstelle realer Arbeit grassieren. Ich will Sie ja nicht in Topimierung ausbilden. Hmm. Wäre das nicht ein neuer Markt?

5.2.6.3 Fühlen und Gemeinschaft

Jetzt kommen die Gefühlsmenschen, die andere Techniken verwenden, um zur Geltung zu kommen. Für sie ist es nicht so zentral, für sich selbst einen lokal optimalen Zustand zu erzielen. Sie sehen das Ziel darin, im gefühlsmäßigen Zentrum einer Gemeinschaft zu stehen. Das ist so ähnlich wie „Chef sein“, aber eigentlich in ganz anderer Art. Die Gefühlsmenschen kontrollieren die Gemeinschaft und die persönlichen Beziehungen, nicht die Dinge. Sie fühlen sich lokal optimal, wenn sie eine gefühlsmäßig zufriedenstellende Rolle oder Stellung in einer netten Gemeinschaft haben.

Helfen: Das Helfen ist ja nicht immer *keine* gute Sache. Aber zum Topimieren eignet sich das Helfen gut. Das Helfen ist moralisch unangreifbar. Das Helfen gibt Macht über den, dem geholfen wird. Hilfe macht es möglich, jede unangenehme Arbeit wegzuschieben. Hilfe bringt Wissen. Schließlich verhilft Hilfe zu sozialen Kontakten und gibt Wärme. Der helfende Topimierer verschafft sich zuerst eine Übersicht über die Möglichkeiten zur Hilfe. Wo ist das Helfen eine angenehme Tätigkeit? („Willst du dich mal bei mir ausweinen? Lass uns Kaffee trinken.“) Wen will der helfende Topimierer beherrschen? („Ach du liebe Güte, was hast du dir da vorgenommen. Ich helfe dir. So und so, siehst du, es geht schon. Du – darf ich dir kurz sagen, wie man das richtig macht? Schau mal, ich helfe dir, wie man es richtig macht. Du musst so anfangen. Mach alles so, wie ich es dir sage. Siehst du, wie das hilft. Es wird sofort etwas, wenn ich dir helfe. Siehst du. Du musst einfach mal Ratschläge von mir annehmen. Das ist wichtig für dich, das siehst du ja.“) Mit wem soll Kontakt geknüpft werden? („Ach, schön, dass ich Sie sehe. So ein Zufall, dass wir uns im Supermarkt treffen. Aha, Zutaten, sie wollen sicher Mohnkuchen backen? Der ist lecker. Darf ich Ihnen ein wundervolles Rezept verehren? Das muss ich noch aus dem Heft meiner Urgroßmutter abschreiben. Kleckselkuchen, sehr aufwendig, mit Quarkgriesbrei und Pflaumenmus bekleckst, ich helfe Ihnen am besten. Soll ich Sie besuchen kommen?“) Von wem wollen Sie Neuigkeiten erfahren? („Moment, ich packe an, wir tragen das zusammen. Übernehmen Sie sich doch nicht. So, hier herum. Fein klappt das. Sagen Sie, warum hat Ihr Kollege gestern so geschrien? Wir sind so erschrocken gewesen. War ihm nicht gut?“) Wenn der Chef nach Arbeitsergebnissen fragt, klagt der helfende Topimierer über die riesige Baustelle. „Ach, ich habe gestern zusammen mit Klaus nach einem Fehler in den Daten gesucht, das war verzweifelt eilig. Dann hatte ich versprochen, für Herbert einen unangenehmen Anruf zu übernehmen. Ich glaube, ich konnte den Auftraggeber besänftigen, ich habe bestimmt das Projekt gerettet.“ – „Sie wissen schon, dass Sie auch eine eigene Arbeit haben?“ – „Ja, Chef, das macht mir ja Sorgen. Ich bin so ein guter Mensch.

Ich hatte erst an die anderen gedacht. Ich kann gar nicht an mich selbst denken." – „Dann werden Sie bald an mich denken." – „Das will ich gerne, Chef."

Schenken oder mitbringen: Diese Methode ist eine Variation. „Chef, wissen Sie noch? Ich habe in meinem Zimmer zu Ihnen gesagt: Ist der Kaktus nicht wunderbar? Er hat so weiße Haare wie Sie. Da haben Sie noch nach dem lateinischen Namen gefragt. Er heißt *Cereus senilis*. Da haben Sie mich so merkwürdig fragend angeschaut. Ich habe das gemerkt und zu Hause wusste ich: Sie möchten sicher einen Ableger. Hier habe ich einen winzigen für Sie eingetopft. Ein Greisenhäuptlein. Süß, nicht?" Schenken ist oft eine sehr direkt empfundene Aggression von Topimierern. Besonders die denkenden richtigen Menschen fühlen sich dadurch unterdrückt, was ja auch die Absicht war. Sie sind grimmig über Geschenke, weil sie sich jetzt verpflichtet fühlen müssen. Und denkende Richtige wollen keine Schuld haben und in keiner Schuld stehen! „Ich bin niemandem etwas schuldig!" Da müssen einen zwangsläufig alle Geschenke ärgern, weil sie die Balance stören. Wenn Sie also durch Geschenke manipulieren wollen, dann nur durch Geschenke, die Sie verschwenderisch mit Dankelogen und Kniefällen begleiten. Geschenke, die aus einem Gefühl tiefer Schuld heraus übergeben werden, werden gerne akzeptiert. Geschenke, insbesondere an Denker, lösen immer diesen einen Gedanken aus: „Was soll das bezwecken?" Topimierendes Schenken ist eine sehr delikate Kunst.

Mangelnde Sorge vorwerfen: „Wir sind eine so harmonische Familie. Wir lieben uns sehr. Ich verstehe dann nicht – ich meine, wo du mich so liebst – dass du mich nicht stündlich anrufen willst. Ich sorge mich, wie es dir geht. Ich werde ganz krank, wenn ich nicht weiß, wie es dir geht. Deshalb musst du anrufen. Ich kann ja auch selbst anrufen, aber du bist ja immer im Meeting, sagst du. *Sagst* du! Ich kümmere mich den ganzen Tag um dich. Machst du dir keine Sorgen um mich, wenn du zum Beispiel eine Telefonkonferenz hast?" – Oder so: „Das Kind hat versprochen, um Punkt zwölf zu Hause zu sein. Es ist jetzt eine Minute nach zwölf. Sprich du ein Machtwort." – „Eine Minute ist nichts. Unter einer halben Stunde rege ich mich nie auf." – „Aber sie hat es geschworen." – „Tut jeder." – „Aber es ist nachts etwas anderes, weil es da so gefährlich ist." – „Lass mich in Ruhe fernsehen." – „Weißt du, was du bist? Abscheulich! *Du machst dir keine Sorgen* um dein Kind, auch wenn es jetzt schon vergewaltigt wird. Aber ich! Aber ich!" – „Halt die Luft an, dein Kind kommt gerade." – „Na, da bin ich gespannt, wie sie sich herausredet." – Trepptrepptrepp: „Wo warst du so lange?" Türknallen, eisiger Wind. Nach dem Krach: „Ich verlange, dass du mit deinem Kind redest. Es muss mir gehorchen, wenn ich zwölf sage und basta. Wenn du es nicht tust, untergräbst du meine Autorität und du kannst auch einmal was tun außer sorglos fernsehen." Der Vorwurf der Sorglosigkeit wiegt schwer, wenn er *richtige* Menschen trifft. „Kümmerst du dich eigentlich um mich?" Das ist bei Topimierern Machtanspruch. Ein Manager redet oft ähnlich. Er will natürlich nicht angerufen werden, um zu wissen, wo Sie sind. Er will nur wissen, wo Sie stehen. Immerzu. Deshalb haben Manager Handys und hören andauernd die Mailbox ab.

Völlig richtig benehmen: Die Mutter kommt aus dem Garten, ist durstig und trinkt ziemlich hastig, was sie sonst nicht tut, ein Glas Mineralwasser hinunter. Da rülpst sie hörbar. Die Familie zuckt zusammen. Das kleinste Kind ist noch jung und strahlt: „Mama hat gerülpst!" Alle lachen. Die Mutter ist bitterböse. Ein anderes Kind nimmt sie in den Arm und tröstet sie: „Du, Mama, es macht gar nichts, wenn du rülpst. Im Gegenteil, es ist gut für uns. Wir freuen uns immer sehr, wenn dir etwas passiert. Wir sind darüber einen ganzen Tag glücklich. Ehrlich. Papa sagt auch, es ist Terror, wenn dir nie etwas passiert. Er schreibt alle deine Fehler in einer Liste auf, damit er etwas zum Entgegnen hat. Die Liste ist aber nicht lang. Meine wäre bestimmt schon jetzt viel länger, obwohl ich noch klein bin."

Alle Sitten kennen: „Papa, wart mal mit dem Lametta. Mama, wo muss Lametta hin und wie viel? Mama! Sie ist im Keller und kommt gleich, Papa." – „Darf ich vielleicht selbst entscheiden, wohin ich Lametta hänge?" – „Gut, dann mach's, Papa." – „Na, lieber nicht, lass uns warten." Oben war von Denkern die Rede, die alles Kleingedruckte kennen. Dies hier ist auch so etwas. „Ich muss mir so viel Mühe geben und alles nach der Tradition vorleben. Ihr kümmert euch um nichts! Wann geht das in eure Schädel rein, dass wir immer weiße Kerzen haben. Rote sind auch schön, aber so machen wir das nie. Wo sollen wir jetzt noch weiße kaufen? Ach, wo habt ihr eure Gedanken! Niemand kümmert sich mehr darum, wie die Dinge zu sein haben. Manche Leute fliegen heutzutage schon zu Weihnachten nach Australien und liegen in der Sonne. Seit ich denken kann, verfallen die alten Werte. Traditionen werden mit Füßen getreten. Die Welt verwandelt sich in einen rücksichtslosen Saustall, in dem jeder sein und machen kann, was ihm in den Kopf kommt! Wo bleibt die Gemeinschaft? Die Familie, auf der jede Gemeinschaft gegründet ist?"

Um alles kümmern und herumwuseln: Das ist eine diffuse Form von „Helfen". Im Grunde wird Geschäftigkeit simuliert. „Ach, da ist was im Aschenbecher, den leere ich. Ich muss noch den Brief wegbringen. Erst schaue ich, ob die Vögel noch Futter haben. Oh, da ist etwas Schmutz vor der Treppe, den nehme ich erst noch auf. Wenn das die anderen sehen würden. Ich muss noch die Gardine abnehmen. Hoffentlich denke ich dran." – „Der Toner im Kopierer ist fast alle. Keiner merkt es. Ich *als Programmierer* muss es erst merken. Ich gehe beim Hausmeister vorbei. Die Blumen sind nicht gegossen. Ich schütte ein bisschen Apfelschorle aus meiner PET-Flasche dazu, das wird gehen. Da klingelt das Telefon bei Klaus und er steht dort hinten im Flur. He, Klaus! Ich nehme für dich ab!"

Die Gemeinschaft hochhalten: Der Gemeinschaftstopimierer besteht einfach darauf, dass alles im Team erledigt wird. Es entspricht den endlosen „Abstimmungen" der Denker in Meetings. „Nein, wenn Klaus dagegen ist …! Schade. Dann lasst uns doch einen Ausweg suchen. Klaus mag nicht indisch essen. Klaus, was isst du denn überhaupt alles?" – „Nur deutsch gutbürgerlich, am liebsten Roulade mit Senf und Rotkraut aus einer bestimmten Dose, nicht Kühne, wie heißt es noch gleich?" – „Hengstenberg. Wir haben nicht gefragt, was dein Lieblingsgericht ist, sondern was du alles im Prinzip ist." – „Schweinebraten auch, aber gutbürgerlich, nicht mit Olivenöl und Provinzkräutern." – „Wie sollen wir denn da einen Konsens erzielen?

Da müssen wir ja alle gutbürgerlich essen!" – „Dann gehe ich alleine. Da könnt ihr euch mit dem Indischen scharfmachen." – „Aber Klaus – wir machen alles in der Gemeinschaft. Das ist das Wichtigste, alles gemeinsam machen, weil wir eine Gemeinschaft sind. Wir müssen etwas finden, was wir gemeinsam essen." Usw. Es wird sehr lange dauern. Gemeinschaftstopimierer haben Angst, dass sich das Team teilt. Niemand soll getrennte Wege gehen. Die Hauptdrohung gegen Gemeinschaftstopimierer, die ihren Verein um sich haben wollen, ist die eben gehörte: „Dann ohne mich." Da knicken sie ein und weinen um die Gemeinschaft. „Wollen wir nicht wieder Frieden schließen?" Wenn die Gemeinschaft sich auch nur zum Essen teilt, ist die halbe beherrschbare Welt des Topimierers weggebrochen. Und er muss sich gar noch entscheiden, welche – ohne dass er Einfluss auf die Art der Teilung gehabt hätte. Nicht auszudenken, seine Welt zerfiele in Tandoori und Rotkraut! Welch ein Kriterium! Die Gemeinschaft ist für den Topimierer im Innen. Sie gehört ihm. Sie muss wachsen und gedeihen.

Seufzend Wünsche äußern: Sehr wirksam – jeder rollt sofort verzweifelt die Augen, je nach Inhalt beginnen Magenkoliken. Der Zaubersatz ist dieser: „Wir sollten mal wieder …" Dabei sollte der Seufzende die Arme anwinkeln und wie nachdenkend wirken. „Wir sollten einmal den Urlaub planen." – „Wir sollten mal wieder die Heizung streichen." – „Wir sollten einmal wieder das Weihnachtsgeld streichen." – „Wir müssten mal wieder aufräumen." – „Wir müssten mal daran denken, gleich Dokumentationen zu schreiben." Das beste Beispiel kennen die Wehrpflichtigen unter Ihnen. Sie gehen als Soldat am Kommandeurs-Büro vorbei und hören: „Ach, Mist, wir müssten in den nächsten Monaten mal wieder einen Übungsalarm in der Nacht einüben." – Oder für die, die so etwas nicht kennen, dies: „Du müsstest mal wieder zum Friseur gehen."

5.2.6.4 Sehen und Geschmack

Die richtigen Geschmacksmenschen schauen auf die Form. Form kommt aus dem Lateinischen und meint eigentlich implizit „wohlgeformt". So verstehe ich es hier auch, nicht etwa im Sinne von „formal" oder „Form wahren". Die Denker sehen auf Korrektheit, da ist Form wie formal. Die Gefühlsmenschen schauen, ob die Tradition, die Moral, die Sitte zu ihrem Recht kommen, sie wahren die Form. Die richtigen Geschmacksmenschen schauen auf das Wohlgeformte. Sie betonen unentwegt die Form und beschäftigen mit diesem Problem die anderen Menschen. Dadurch vermeiden sie, wenn sie Topimierer sind, sich mit den Inhalten zu befassen, wie man dann gereizt feststellt.

Ich will es vielleicht hier kurz machen, um Sie nicht zu langweilen. Das Prinzip habe ich sicher schon erschöpfend dargestellt. Geschmackstopimierer machen große Baustellen aus der Kleidungsfrage, aus dem Gebrauch von Kosmetika und dem Image vom Markenware. Es ist für sie wichtig, wie es *geziemend* aussieht. Ich betone hier, dass wir immer noch bei den *richtigen* Menschen sind. Richtige Menschen finden eher dunkelblaue Textilien richtig. Wahre Menschen könnten mehr an Norwegerpullis und Birkenstocksandalen Gefallen finden, die eine Idee oder Haltung ausdrücken. Natürliche Menschen tragen vielleicht Schlabberjeans, wenn nichts los ist und sonst „geilen Fummel, ganz abgefahren".

Die durchschnittlichen Geschmackstopimierer hören sich so an (*richtige* Menschen!): „Alles sollte dem Anlass entsprechend aussehen. Jeder sollte sich da Mühe geben. Wenn man sowieso eine Krawatte kaufen muss – wieso nehmen dann Leute eine schrille? Wozu? Sie passt in keinen Rahmen. Kleidung muss Würde verleihen und edel wirken."

Warte, ich muss noch mal zurück in die Wohnung, die echte Perlenkette umlegen. Ich habe gerade die Meier gesehen, sie trägt eine echte. Oh Mann, wenn die echt ist, dann – wir haben gar nicht so viel Geld und sie haben schon einen digitalen Flat-Monitor zum Fernsehen an der Wand hängen. Wir verlieren ständig an Boden.

Geschmackstopimierung hat viel mit Schmücken und Ausstaffieren zu tun. Richtige Topimierer wollen, dass alles edel aussieht (Es soll edel und würdig und sehr, sehr teuer wirken – es muss aber bezahlbar sein, also in gewisser notwendiger Weise bei einer Fassade bleiben). Edel ist etwas, was Caroline von Monaco gut zu Gesicht stehen würde. So ungefähr könnte man es definieren. Die Geschmackstopimierer, soweit sie richtige Menschen sind, müssen nun diesem Vorbild ohne viel Geld nahe kommen.

Das ist ein Problem!

Die Perfektionisten, Wuseler, Traditionsbewahrer, Bedenkenträger können sich hemmungslos ausleben. Die richtigen Geschmacksmenschen kommen immer vom Einkaufen so heim: „Ich bin gestraft! Ich bin so sehr gestraft! Oh, ich Unglückliche! Ich habe einen so edlen Geschmack! Ich Arme! Ich habe nun mehrmals in ein Regal gegriffen, weil ich ein schönes Stück für mich fand. Aber es war in jedem Einzelfall zehn Mal so teuer wie der Durchschnitt. Ich habe die seherische Gabe, das Teure zu erkennen, aber kein Geld, es mehr als zu bestaunen. Ich bin mit Unglück geschlagen. Denn ich habe einen solchen edlen Geschmack. So bin ich verurteilt mein Leben in Hässlichkeit zu beenden, in Durchschnittlichkeit und Gewöhnlichkeit! Du, ich habe mir das neu gekauft, sieht genau wie BVLGARI aus, oder? Rate mal, wie viel das gekostet hat! Na? Na? Keine …"

Noch mehr …?

In *Omnisophie* hatte ich noch richtige „Körpermenschen" und solche richtigen Menschen besprochen, die sich auf das „Neue" spezialisieren. Da könnte ich jetzt von Verhaltensweisen sprechen, die die Hauptbaustelle des Lebens auf die optimale Einnahme von genügend Vitaminquanten oder von Eisen, Gelée Royale und Folsäure verlegen oder immer wissen, was das Neueste ist. „In or out." Ich erspare es Ihnen.

5.3 Utopimierung: Ideetraum der wahren Menschen

5.3.1 Utopimierung

Wahre Menschen stellen ihr Leben unter ein Konzept, eine Idee, in der sie sich selbst verwirklichen wollen. Sie sind Teil dieser Idee. Sie mögen wahre Christen sein, meditieren, Buddhisten oder Taoisten sein, sie kämpfen für die Rettung der

Umwelt oder der Wale, sie engagieren sich für Weltfrieden und Waldorf-Schulen, schwärmen für Kunstausstellungen oder Museen, üben Rettungsschwimmen, helfen Flutopfern und so weiter. Es ist nicht die Pflicht, die sie treibt, sondern die innere Berufung für eine Idee. Viele Wissenschaftler lieben ihren Wissenschaftszweig in diesem Sinne, viele Künstler leben in einem, in *ihrem* Stil, viele Technologen widmen sich ganz ihrer neuen Richtung, sind heute zum Beispiel Linux-Jünger in der Open-Source-Bewegung.

Sie sind ganz im Reinen, wenn sie in ihrer Berufung, in ihrer Idee aufgehen.

Sie leben dafür, dass alles im Inhaltlichen bestmöglich ist. Es geht ihnen nicht um das reibungslose Funktionieren der richtigen Menschen, sondern um die Liebe zum Hohen in ihrer Idee.

Am besten wäre es, alle Menschen – alle! – würden sich um die Umwelt, um die Delfine und Elefanten, um die Rettung des Konjunktivs in der deutschen Sprache oder um die Kunst des Blumensteckens kümmern. Ja, dann wäre die Umwelt ein wahres Menschenbiotop, die Natur ein Lebensborn, in dem sich Löwe und Lamm liebevoll auf der Wiese balgen. Es gäbe wieder Tiger und Elefanten in Fülle, niemand hungerte, niemand schämte sich seines Andersseins oder würde deswegen bedroht, alle lebten in Frieden und hätten ein gemeinsam brüderliches Auskommen.

Jede Idee hat ihr Utopia.

Meine Bücher ja auch.

Und davon träumen wir wahren Menschen, von Utopia.

Wie gut wäre die Welt, *wenn*!

Wenn nun alle Frieden hielten, wenn alle meditierten, wenn alle nach Ayurveda lebten, wenn alle Säulenheilige wären, wenn alle viel Geld für die Armen gäben, wenn.

Wenn nur alle! Es wäre schön, wenn die Idee von allen angenommen und unterstützt würde. Dann wäre der Durchbruch geschafft! Dann könnte Utopia Realität werden. So meinen es oft die wahren Menschen. Wenn nur alle Christen wären, dann wäre die Welt besser! (Stimmt das auch nur ein bisschen? In Deutschland sind ja praktisch alle Christen, na und? Würde es christlicher in Deutschland als es jetzt schon nicht ist, wenn alle anderen Nationen zum Christentum überträten?) Wenn alle gesund lebten, wären alle glücklich! (Stimmt das? Sterben nicht die alten Leute zunehmend grässlich an Demenz und enden in Heimen?) Die wahren Menschen führen das Unheil auf der Welt gerne darauf zurück, dass noch nicht alle anderen Menschen ihre eigene Idee teilen. Das ist ein grundsätzlicher Denkfehler, der in gewisser Weise für die durchschnittlichen wahren Menschen typisch sein mag.

Es gibt viele Ideen, die wie die verschiedenen Völker und Kulturen die Erde bevölkern. Und diese vielen Ideen sollen uns ja alle ihren Teil ihres Sinngehaltes geben. Daher müssen die Ideen *nebeneinanderher* leben wie Menschen in relativem Frieden. Frieden unter Ideen mag man Toleranz nennen. Frieden unter Ideen ist Duldsamkeit. Techniker definieren Toleranz als einen Bereich, in dem eine Abweichung von der Norm noch zulässig ist. Das ist die Toleranz der richtigen Menschen. Ich meine hier: wahre Duldsamkeit.

Trotz aller Duldsamkeit stoßen Ideen und Systeme aufeinander, reiben sich, stehen im Wettbewerb, wenn sie sich ausdehnen wollen. Ideen können daher fast nie allgemein werden, also auf der ganzen Linie siegen. Das aber ist der irreale Traum vieler durchschnittlicher wahrer Menschen. Sie wollen nicht nur, dass ihre Idee toleriert wird, sie soll sogar siegen. Mindestens in ihrem eigenen Lebensumfeld! Sie soll natürlich am allerbesten zum umfassenden allgemeinen Konzept des Gemeinschaftslebens werden.

In diesem Sinne würde ein Anhänger einer Idee diese gerne so weit zum Zentrum des *allgemeinen* Lebens erheben, dass sie ungehindert und unbedrängt im Zentrum *seines* Lebens stehen kann. Dann wäre sein eigenes Leben ganz ohne Widersprüche, ohne feindliche Gegenideen, gegen die er andiskutieren muss, ohne Systeme, die seine Idee nicht gerne sehen oder tot administrieren, eventuell gar bekämpfen.

Wahre Menschen träumen von einem widerspruchslosen Leben. Sie wünschen sich das glückliche Leben unter einem allgemeinen wertvollen und klaren Konzept, das ihnen als durchdringender, alles umfassender Leitstern dient. Das Leben soll „global optimal" sein, nicht lokal optimal wie bei den richtigen Menschen. Ein Leben unter einer Idee ist bestimmt nicht lokal optimales Zuckerschlecken. Denken Sie an Verfolgte wie Christen in Rom oder Vertreter irgendwelcher Utophobien wie Autofeinde oder TV-Gegner. Für ein globales Optimum wird jede lokale Härte ertragen. Gesunde Ernährung ist bestimmt kein lokaler Spaß, kann aber als Grundidee global über einem Leben stehen.

Utopimierung ist der fortdauernde Versuch des wahren Menschen, auch *auf Kosten anderer Menschen* eine Idee zum wertvollen und möglichst umfassenden Leitbild eines möglichst großen Teils seines umliegenden Lebens zu erheben, um sich selbst vor sich selbst oder in den Augen anderer zum Ideal zu erheben. Die *eigene* Idee, ganz verwoben mit dem Selbstideal, soll so hell wie möglich glänzen, damit der Abglanz der Idee als Bewunderung oder Liebe auf den Träger fällt. Utopimierung ist also in einem ganz anderen Sinne „Punktesammeln".

Insofern berührt das Utopimieren das Topimieren. Die Utopimierung bezieht sich aber nicht wie die Topimierung auf den Status quo oder eine in der näheren Zukunft angestrebte Plusversion desselben, sondern sie läuft in der Regel eher auf einen Traum hinaus, der im Realen bis zu unendlich weit weg sein kann, von dem sich aber der Utopimierer nur noch durch ein paar Gesellschaftssysteme und leider durch die meisten Menschen abgeschnitten sieht. Wenn er sich diese beharrlich beiseite wünscht, dient sein Leben der allgemeinen Annäherung der Menschheit an seine Idee. Dann war sein Leben nicht unsinnig mit konkretem Leben vertan. Er hat nämlich etwas bewegt. Wahrscheinlich geht es vielen wahren Menschen gar nicht so sehr um eine bestimmte Idee als solche. Es geht ihnen darum, „etwas Sinnvolles zu bewegen" und gleichzeitig „sinnvoll zu sein". Wenn das Tun des Sinnvollen und das sinnvolle Sein sich zu sehr in die Richtung des Selbstidealisierens bewegen, dann ist die Grenze zur Utopimierung überschritten. Das ist nicht der Sinn der Richtung, sondern das Ich und der Abglanz der Idee auf das Ich.

Utopimierer finden wir überall, wo es Enthusiasmus und Sehnsucht gibt.

Begeisterung ist ein Rausch der Intuition in Augenblicken, in denen die eigene Welt eins ist. Während richtige Menschen Fehlerfreiheit ersehnen und Schuld fürchten, sind wahre Menschen auf der Suche nach Ganzheitsgefühlen und fürchten Verlassenheit, Zweifel und Nichtliebe („Mein Gott, warum hast du mich verlassen?").

Die Gefühlsintuitiven sind wohltätig, glaubensbereit, hilfsbereit und für alles Schwache voller Mitleid. Künstler leben für ihre eigene Kunst (wir reden hier von wahren Menschen – die leben nicht für Kunst im Sinne von Verkauf, Show, Charts!). Erfinder erhoffen den Durchbruch ihres neuesten Patentes.

Es wäre schön, wenn diese Wahren alle Punkte uneigennützig nur für den Sinn, für die Kunst, die Technologie, die Liebe, den Glauben, das Vertrauen erzielen würden.

Wahres wird zu Utopimierung, wenn die Punkte nur scheinbar für die Idee gemacht werden und im tiefen Grunde *vor allem* für den Utopimierer gemacht werden.

5.3.2 Das Zukunftskonzept Plus

5.3.2.1 Die einzig selig machende eigene Idee (militante protagonistische Utopimierung)

Es ist eine wundervolle Sache, sich für Ideale einzusetzen. Menschen, die es tun, verdienen unsere Bewunderung und Liebe.

Es gibt aber Idealisten, die uns ein Ärgernis sind. Es sind Menschen, die nicht für eine Utopie, sondern für ein Utopimum leben, das sie im Grunde selbst sind.

Die Haupttechnik der Utopimierer ist es, die eigene Idee zur einzig Selig machenden zu erheben. Sie beginnen eine mehr oder minder fanatische Missionierung, die immer auch das Ziel der Diskreditierung der Gegner verfolgt. Das einzig Selig machende ist in Wirklichkeit die innere Berauschtheit: „*Meine* Idee ist die beste!“ Sie ähnelt dem Siegesrausch der natürlichen Menschen.

Bei durchschnittlichen wahren Menschen geht es im letzten Grunde darum, dass der Utopimierer indirekt der Beste sein soll. Die Idee nützt dann vor allem dem Ich, nicht nur dem Wohl der Welt. „Meine *Idee* ist die beste!“ heißt dann immer auch „*Ich* bin der Beste.“

Wahre Idealisten *dienen* einer Idee, so wie zum Beispiel ein Mönch den Schwachen und Armen (und damit Gott) in aller Wahrnehmungsstille dient. Was aber wäre ein Mönch, der überall überlaut sagte, er *allein* glaube in *besonders* gottgefälliger Weise an Gott und er wolle die Menschen lehren, *ihm es gleich* zu tun? Er sollte eine Unternehmensberatung gründen.

Die Utopimierer streben vor allem an, der Protagonist einer Idee zu sein. Sie wollen also ein erster Kämpfer oder Vorkämpfer für die Idee sein oder eine zentrale Gestalt, die mit dieser Idee verwoben ist (sic! Utopimum = Utopimierer). Dort winkt nämlich Ruhm und Ehre.

Die Sucht der Utopimierer, Protagonist zu sein, spiegelt sich im Hang der Idealisten, sektiererisch zu werden. Sie spalten sich als Sektierer ab, als Wortführer einer Sekte, so dass sie die Möglichkeit haben, die Idee wieder hauptsächlich mit sich selbst zu identifizieren. Der Gläubige identifiziert sich mit dem Glauben – gut! Die protagonistischen Utopimierer erschaffen umgekehrt aber einen Glauben, der mit ihnen selbst identifiziert werden soll.

Die Wissenschafts- und Technologieeuphorie der heutigen Zeit ermöglicht es vielen Menschen, Protagonisten von neuen eigenen Ideen zu werden. Jeder Erfinder kann problemlos seine eigene Idee konstruieren. In der Technologie gibt es noch viel mehr Raum als in den Religionen. Jeder Gestalter von neuen Web-Sites wirbt für sein neues Konzept, jedes Beratungshaus glänzt am besten mit einer irre erfolgreichen eigenen Beratungsmethodologie. Diese Form der Utopimierung ist heute vorherrschend. Die heutige „Sekte", also eine mutwillig abgespaltene Teilidee, die dem Utopimierer dafür selbst gehört, ist sehr oft eine technologische Neuerung.

Als ich studierte, sah ich oft irritiert den Marxisten, Leninisten, Trotzkisten, Maoisten, Spartakisten zu, wie sie versuchten, mit Engelszungen aufeinander einzuwirken, endlich die Idee zu wechseln. Alle sagten, es sei besser, sich auf einen einzigen Kommunismus zu einigen und die Kräfte zum einigen Kampf gegen die allgemeine Profitgier zu bündeln. (Das ist offenbar schmählich misslungen! Die Profitgier muss ich ja hier erst wieder als Marksismus oder Eurotik geißeln.) Es waren damals reine Zwei- oder Mehrkämpfe von Lokalprotagonisten der Art „Meistertrotzkist des Bezirkes Göttingen-Weende". Heute streiten sich bei IBM die Architekten, nach welcher Lehre eine Rechenzentrumsintegration durchgeführt werden soll: „Nach meiner oder deiner?" Der friedlichste Wissenschaftler wird absolut giftig, wenn er nicht als Protagonist seiner kleinen Idee immer ausufernd korrekt und häufig zitiert wird. Wenn Sie zum Beispiel Wissenschaftler wie ich sind: Blättern Sie auch öfter im Zitatverzeichnis und schauen sofort unter D nach?

Es gibt wundervolle Ideen für die Welt, aber am schönsten sind die eigenen. Das muss den anderen Menschen erst mühsam klar gemacht werden.

Die Utopie als gutes Vorhaben (bekennende autoritätsfordernde Utopimierung)

Beim Topimieren unterschied ich das Aufmotzen von Erfolgen an Stellen, wo noch etwas Gutes gefunden werden kann, und das eifrige Versprechen von Erfolgen auf einer demonstrierten Baustelle. Die etwas überdurchschnittlichen Topimierer „präsentieren": „Sieh mal, was ich Tolles gemacht habe!" Die anderen „weisen nach", dass sie auf gutem Wege sind: „Wir tun was!" Die Strategie hängt davon ab, ob schon etwas da ist.

Wenn Protagonisten für eine Idee vorkämpfen, ist die Idee ja schon da. Sie wird „präsentiert" wie eine natürlich ureigene Errungenschaft, um damit ein Ruhmeinkommen zu sichern.

Die durchschnittlichen wahren Menschen haben leider nicht alle eine eigene Idee. Sie wissen aber oft genau, wie die Welt neu strukturiert werden sollte.

> „Die Firmen sollten die Mitarbeiter lieben." – „Wir müssten die Schüler stärker individuell fördern und ihr Selbstvertrauen heben." – „Der Staat muss sich viel mehr um die Armut kümmern." – „Jeder soll so lange studieren können wie er etwas lernen möchte." – „Intelligente Tiere sollten Bürgerrechte bekommen."

Diese Utopimierungsstrategie besteht darin, sich zu schicken Ideen zu bekennen und für sie kräftig ins Horn zu blasen. Solche Utopimierer sind Herolde und Jünger. Sie machen Lärm um die Idee, und die anderen Menschen, die den Lärm hören, schauen auf den, der den Lärm macht: den Utopimierer. „Heute gehe ich zusammen mit Conny auf eine Demo, wir haben Zeit und das Demo-Ende ist gleich am Kino.

Wenn es kalt ist, machen wir lieber Spielenachmittag." Es gibt einen Unterschied zwischen echten Jüngern einer Idee und den vielen Mitläufern. Diese sind nicht ganz nutzlos, wie ja auch Jäger noch Treiber zum Lärmmachen brauchen, aber sie sind nicht die, die gerne Hauptlasten der Arbeit übernehmen wollen. Sie sind zufrieden, wenn von ihrem Bekenntnis auf sie als Menschen geschlossen wird. („Er muss ein guter Mensch sein, weil er oft in die Kirche geht." – „Sie ist wohl für Frieden, habe sie auf dem Zeitungsfoto von der Demo erkannt." – „Mensch, regt der sich über Stammzellenimporte auf – er hat sogar schon ein paar Artikel in der GEO gelesen.") Meistens wird mit dem Bekenntnis gleich die leidenschaftlich vorgebrachte Forderung an den Staat oder an Reiche verbunden, die Idee massiv zu unterstützen. Der Utopimierer sieht sich wegen der ungeheuren Größe der Idee nicht in der Lage, selbst etwas beizutragen oder etwas zu bewegen. Er fordert die Tatkraft von der Macht, die er für zuständig hält. (Da also die Verantwortung zum Tun „oben" sein *muss*, reicht das Lärmmachen völlig aus!)

Es gibt Menschen, die ganz in der Diskussion um Ideologien und politische Richtungen aufgehen können. Sie bekennen sich leidenschaftlich und debattieren ohne jeden Effekt für die Menschheit, ob der Euro wieder abgeschafft werden soll oder ob das Internet nicht zu viel Pornografie bereithält, wovon sich jedermann überzeugen kann.

Wahre Idealisten sammeln Spenden für Arme, helfen Bedürftigen, setzen sich wahrhaft ein. Utopimierer dieser Art nehmen nur bekennend teil und fordern laut, etwas zu tun. Das sichert ihnen durchschnittliche Anerkennung. Das ist nicht Ruhm, wie ihn der utopimierende Protagonist im Auge haben mag, sondern eben normale Wertschätzung für einen durchschnittlichen Idealisten, der sich zu einer abgerundeten Palette von Ideen oder Idealen bekennt. Ideen können wie Schmuck oder Transparente getragen werden. Ideen machen sich als Aufkleber, Anstecknadeln oder Mützenbeschriftungen sehr schön.

5.3.3 Meta-Utopimierung

Meta-Utopimierung ist die Kunst, nicht nur die eigenen Ideale gut für sich selbst zu verkaufen, sondern eben die Kombination von Ich und Ideal so zu wählen, dass sie eine gut zu verkaufende Symbiose bilden. Welche Ich-/Ideekombination ist erfüllend und erfolgreich zugleich?

In vieler Hinsicht findet eine Meta-Utopimierung statt, wenn idealistische Charaktere nach dem Abitur ein Studium anfangen. Welches Studium wählen sie?

Viele Abiturienten wissen, wohin es sie in der Seele zieht. Viele andere aber sind im Grunde noch gar nicht von einem Ideal erfüllt, sie können sich im Grunde sich noch selbst mit einem erfüllen. Psychologie oder Philosophie? Das eine hat Studienzulassungsbeschränkungen, das andere wird leicht brotlose Kunst. Da muss die Frage erlaubt sein, ob die erfüllende Idee nicht auch noch gleichzeitig ernähren kann.

In der Wissenschaft gibt es zwar immer noch viele fachverliebte „Einsiedler“, die ihr Leben einem bestimmten Sujet gewidmet haben. Zunehmend aber wird sehr genau der Markt der Ideen beobachtet. Welche Ideen werden staatlich gefördert? Wo gibt es nur einen geringen Andrang auf eher große Finanztöpfe? Welche Ideen verlieren an Zugkraft bei Finanziers, welche steigen in der Gunst des Geldes?

Heute, 2003, fließt der Geldstrom irgendwo in die Richtung der sogenannten „Life Sciences“. Muss der wahre Mensch dort hin?

Ich will nicht verurteilen, nach solchen neuen Hypes zu schauen. Anne studiert jetzt Biochemie. Ein Professor und Unternehmer hat ihr gesagt, die neuen Gedanken in Life Sciences würden sicherlich zu den am stärksten weltprägenden der jetzigen Generation. Da brach sie auf, in ein Geistesabenteuer. Das finde ich gut.

Ich meine mit Meta-Utopimierung etwa diesen jungen Lehrer: „Ich lehre evangelische Religion. Ich glaube natürlich an nichts, aber in Religion gab es leicht Stellen, sogar beamtete. Ich schwindele mich um die Glaubensfragen im Unterricht ganz gut herum. Man kann Religion ja wie eine Mischung aus Kirchenmusik und Ethik machen. Singen hasse ich aber.“ – Oder: „Ich liebe das Fach Deutsch und ich liebe Kinder. Leider spreche ich fast unverständlichen Dialekt. Ich habe in Deutsch keine Chance. Deshalb habe ich geschaut, womit ich dann ersatzweise Lehrer werde. Stellen gab’s in Mathematik und Chemie. Das habe ich dann angefangen. Ich finde es ganz natürlich, dass ich da keine Ahnung habe, ich wollte ja Deutsch. Aber ich kompensiere das, weil ich ja Kinder sehr liebe.“ (Alles echte Beispiele.)

Wahre Menschen müssen ja eine Idee suchen, ein Ideal, einen Sinnraum. Sie müssen auch Geld verdienen. Das aber um den Preis, die Idee dann von vorne herein „verraten“ zu müssen? Nur um ein Ideal zu haben, das sich leicht verkaufen lässt?

5.3.4 Innen = Außen

Wahre Menschen streben Ganzheit an. Sie möchten unter einem Leitstern leben. Gibt es für sie ein Innen und ein Außen wie für die richtigen Menschen? Ein oben und unten? Bei richtigen Topimierern gibt es unermesslich viele Beispiele, wo innen und außen verschiedene Regeln gelten und unterschiedliche Verhaltensweisen vorherrschen: „Wenn Besuch da ist, legt niemand die Füße auf den Tisch. Zu anderen Zeiten macht, was ihr wollt.“ – „Der gute Wein ist nur für Besuch! Finger weg!“ – „Der gute Wein ist nur für uns. Ich sehe nicht ein, dass wir Perlen vor Besucher werfen. Ich habe immer ein paar billige Flaschen für Ignoranten da. Leider muss ich die mittrinken.“

Und jetzt als Kontrastbeispiel:

> Weißt du was! Wir haben es beim Kaffeeklatsch erfahren. Die Schmidts sind doch die strengsten Vegetarier, die man sich denken kann. Sie schauen auf alle Packungen, ob da ein paar Milligramm Geschmacksverstärker drin sind. Da können sie fast nichts mehr essen, keine Pommes, keine Gemüsepizza, nichts. Und jetzt kommt’s! Na? – Man hat sie im Urlaub beobachtet, wie sie sich völlig sinnlos mit Fleisch vollgestopft haben, und zwar volle zehn Tage lang. Statt Ballermann ein zehntägiges Meeting. Glaubst du das?

Glauben Sie das? Eigentlich nicht. Wahre Menschen tun so etwas nicht. Zuhause Puritaner, in Thailand Big Spender? Das würde die Ganzheit verletzen. Das sehen Sie deutlich an den Diskussionen über öffentlichen Privatklatsch. Politiker dürfen Geliebte ausführen und Alkoholiker sein, aber ein Politiker einer Umweltpartei dürfte nicht erwischt werden, dass er drei Liter Farbreste an einer Landstraße in den Graben schüttet. Das ginge zu weit! Idealisten müssen zu ihren Idealen stehen, und wenn sie dafür zum Märtyrer würden!

Richtige Menschen fragmentieren ihr Leben in verschiedene Regelzonen. Wahre Menschen mögen das nicht. *Ein* Grundgesetz bitte, *eines* nur!

Dieses Innen = Außen wird nur von den wahren Menschen betrieben. Wenn also Topimierer am Werk sind, halten sie wahre Menschen fern, die sind nämlich gefährlich.

Es gibt dazu viele Witze à la Dilbert! Ein Verkäufer und ein Ingenieur stellen dem Kunden das neue Softwareprogramm vor. Der Verkäufer lobt es als einzige fehlerlose Software am Markt. Der Ingenieur protestiert sofort: „Es sind noch massig Fehler drin. Unsere Chefs wollten es aber gleich auf den Markt werfen, bevor es funktioniert." Der Verkäufer: „Da sind Sie falsch informiert. Im Prospekt steht Null Fehler!" – „Na, Bester, *Prospekt*! Der soll doch nur Kunden belügen! *Ich* mache doch die Fehler selbst rein. Muss ich doch wissen. Na, nicht absichtlich, natürlich. Deshalb weiß ich ja nicht, ob ich Fehler mache. Ich weiß es nur dadurch, dass öfter einer gefunden wird. Einen speziellen weiß ich aber. Ich zeige ihn Ihnen zum Beweis. Hier, wenn man diesen Knopf drücken tut, schießt der Computer das ganze Rechenzentrum ab. Ich mache das mal vor …" Danach fahren sie nach Hause. Der Verkäufer denkt: „Ich schäme mich so. Nie wieder arbeite ich mit einem Ingenieur zusammen." Der Ingenieur denkt: „Ich schäme mich so. Nie wieder gehe ich mit Lügnern zu Kunden."

5.3.5 Utopimierungsbeispiele

5.3.5.1 Erleuchtung und Wahrheit

Meine Idee mit mir an die Macht! Da sind alle Wissenschaftler ganz eigen. In Firmen kommt es vor, dass Mitarbeiter gute Ideen nicht äußern, weil sie fürchten müssten, dass sie ihnen weggenommen würden. Sie hatten die Idee und der Chef wird dafür befördert! Nicht auszudenken! Wirklich wahre Menschen haben oft eine ähnliche Angst: Wenn sie die Idee weggeben, wird sie verdorben! Das ist leider meist wirklich so. Es liegt daran, dass sich eine noch junge Idee im Wesentlichen von Herzblut ernähren muss. Die eigene Idee füttert man ja mit Herzblut wie ein eigenes Kind. Eine fremde Idee ist dann aber schon unser Stiefkind – und so wird sie zu allermeist behandelt. Viele wahre Menschen wollen denn auch nicht nach Ideen arbeiten, die nicht ihre eigenen sind. Utopimierer aber schon gar nicht! „Wenn ich nicht bestimmen darf, wie es gemacht wird, mache ich nicht mit." – „Ich verlange, dass dann auch gesagt wird, dass ich der Chef von dem ganzen Projekt bin. Die Idee stammt von mir, also muss ich der Chef sein und das absolute Sagen haben." Damit wird die Idee zum Höchsten des Ganzen erklärt, das Aufbauen und die Arbeit werden beliebig herabgewürdigt. Das führt oft zum resignierten Stopp der Projekte. Der Erfinder soll seiner Idee jetzt *dienen* und nicht immer wieder dafür etwas bekommen wollen.

Das ist nicht meine Idee: Wenn Utopimierer fremde Ideen vorfinden, werden diese bis in kleinste Einzelheiten zerlegt. Es läuft auf buchstäbliche Haarspalterei hinaus. Das macht wenigstens ihnen selbst Spaß und ist eine schöne intellektuelle Herausforderung. Manchmal klingt es wie Sprachlosigkeit vor Überraschung, dass eine Idee wahr sein könnte, die man nicht selbst hatte. Ideen sterben meist unter völliger Zerlegung. Ideen wollen positiv aufgenommen werden und einen Versuch wagen dürfen, im Gehirn Halt zu finden. Wer gleich mit dem Abstoßen beginnt, macht es sich leicht und der Idee schwer.

Wir wollen das Problem grundsätzlich lösen: Dieser Satz ist eine schwere Bedrohung für alles Tatkräftige. Die Systeme, Suprasysteme und die richtigen Menschen lösen alles lokal, weil alles lokal optimiert wird. Das Globale wird einmal im Jahr bei der Bestimmung der Hauptrichtung behandelt. Alles sonstige Problemlösen ist lokal und kann daher von den wahren Menschen ganz leicht mit „Symptomputz-Kleingeist" diffamiert werden. Utopimierer können sich jeder Mitarbeit entziehen, indem sie andauernd sagen: „Ich bin dafür, das Problem bei der Wurzel zu packen und ein für alle Mal zu beseitigen. Symptombehandlung ist nutzlos, sie beseitigt die Krankheit nicht." So aber funktioniert die Welt nicht! Das Problem, das irgendwie eine zu tiefe Wurzel hat, ist dieser Unterschied im Denken. Jedenfalls quälen die wahren Menschen (erfolglos, natürlich) so ein Suprasystem ganz schön. Sie weisen täglich nach, dass das Suprasystem global nicht optimal sein kann, und schreiben vielleicht sogar Supramanie-Bücher zum Thema.

Das ist ganz unlogisch: Wenn wahre Menschen mit ihrer eigenen Idee nicht durchkommen, finden sie überall Unlogik, besonders in Systemen. Das ist ganz leicht, weil die lokale Optimierung zu Inkonsistenzen im Globalen führen muss. Unlogik ist für wahre Denker ein sicheres Anzeichen, dass von der unlogischen Stelle ab nun alles Weitere logisch falsch sein muss, weshalb nun nichts mehr richtig sein kann – und das darf doch nicht wahr sein! Deshalb muss sich der wahre Mensch von der ersten unlogischen Stelle ab den ganzen Rest gar nicht mehr ansehen. Es ist immer ein Wunder für den wahren Menschen, warum es noch eine Welt gibt und warum sie funktioniert. Ich selbst frage mich selbst oft, wo denn der Gewinn bei den Firmen herkommt. So genau weiß ich es nicht. Wenn ich logisch darüber nachdenke, reißt schon etwas später der Argumentationsfaden. Dann aber weiß ich nicht, wie ich weiter vorgehen soll. Man müsste eine Logik erfinden, wo ein paar Fehler im Denken nicht gleich alles falsch machen – es müsste immer noch etwas Akzeptables herauskommen. Ich glaube, so etwas gibt es in der Praxis ganz häufig, ist aber noch nicht theoretisch aufgefallen.

Es muss doch Geld für die Zukunft da sein und es ist wichtig, das Langfristige zu sehen: Das Bekenntnis zur Langfristigkeit ist eine der Lieblingsbeschäftigungen der Denker. Die Suprasysteme wollen Erfolg JETZT. Die Raubbauproblematik am Langfristigen wird von wahren Menschen besonders hell gesehen. Sie sagen dann: „Es muss wieder Grundlagenforschung geben, wo jeder Mensch ohne Zwang zum Nutzen etwas Neues erforschen darf. Wir brauchen wieder Muße, besonders für Denker. So ist ja auch das alte Griechenland groß geworden."

Voll und ganz verstehen: Es gibt Topimierer, die alle Regeln kennen und immer wieder auf Verbotenes hinweisen, so dass alles still steht. Die ganzheitlichen Denker fahren lieber erst Auto, wenn sie die Meta-Physik des Motors verstanden haben. Erst wer voll und ganz versteht, darf handeln! Dann sehen sie die anderen Menschen, die vollkommen unbefangen handeln, ohne zu verstehen. Sie beginnen mit dem Kopf zu schütteln und erklären dem Handelnden den Zusammenhang. Der schnaubt: „Das muss ich nicht wissen." So beginnen die Zerwürfnisse zwischen Wissensarbeitern und Managern. Wahre Denker verlangen von allen das Verstehen, vorher darf niemand etwas tun! Sie selbst weigern sich am besten, etwas zu tun, solange noch einer nicht verstanden hat. Die ewige Klage ist: „Dumm!" Und das Echo der Tätigen: „Nutzlos!"

Das ist dumm, da mache ich nur genau nach Vorschrift mit, damit ihr seht, wie es gegen den Baum fährt! Ich will euch erziehen, jedes Mal erst mich zu fragen! Wenn die eigene Idee nicht durchkommt, ist alles andere wohl dumm … Deshalb arbeiten die wahren Denker nur immer nach Vorschrift mit. Sie vermeiden es peinlich, ihre eigenen besseren Ideen einfließen zu lassen, damit zum Zeitpunkt des Scheiterns ganz klar ist, dass das Projekt gut gelaufen wäre, wenn man auf den Utopimierer gehört hätte. Seine Idee und damit er ist das Größte und hätte gerettet.

Das Normale ist vermutlich schlecht: Das Normale ist für die richtigen Menschen gut. Das Normale ist fast nie „wahr" oder „ideal", also ganzheitlich gut. Der wahre Denker kann also unbesehen das Normale intellektuell als nur „sehr durchschnittlich" schlecht machen und damit sichere Sympathiepunkte als notorischer Besserwisser gewinnen. Denker haben ja angeblich einen skurrilen Humor oder denken oft Absonderliches. Das Absonderliche ist aber das dem Normalen weit Entfernte. Hier finden die Menschen der Ideen oft mehr Sinn als dort.

Im Grunde machen die Verfechter von Ideen dieselben Erfahrungen wie heutige Unternehmer der New Economy: Die Idee wie auch alles Neue hat es unendlich schwer. Manchmal gibt es Begeisterungswellen, in denen das Absonderliche kurz Gefallen findet, dann aber schließt sich das helle Dämmerlicht des Normalen und Richtigen wieder fast nahtlos an. Die Ideenverfechter haben kaum je wirklich durchschlagenden Erfolg mit ihrer Idee. Sie kämpfen deshalb mit der Hilfe einer Idee gegen das unlogisch Durchschnittliche, das gegen die Idee normalerweise gewinnt.

5.3.5.2 Ethik und wahre Gefühlsmenschen

Es muss doch Geld für das Gute da sein: Die intuitiven Denker denken bei Geld an Nachhaltigkeit und Dauer, die Gefühlsmenschen natürlich an Menschen, denen damit geholfen werden kann. Wenn man sie lässt, geben sie alles Geld der Welt nur dafür aus.

Ich habe dir ein Lernspielzeug mitgebracht, aus Holz! Für manche Kinder ist das hart zu ertragen, wenn sie sich sehnlichst Spielkonsolen oder Pistolen wünschen. Utopimierende Gefühlsmenschen manipulieren die Aufmerksamkeit der Menschen um sie herum und lenken sie auf das Gute. Es ist immer so lieb gemeint – was kann man tun? Merkt man es überhaupt? Utopimierende Denker *zwingen* durch gelehrte Diskussion die Aufmerksamkeit oder Energie in eine gewünschte Richtung. Gefühlsmenschen sind da ganz indirekt. Sie *beeinflussen.* Durch Überredung, Begeisterung für das, was andere begeistern soll, durch „Schenken". „Du, ich habe dir ein Buch über Ökotöpfern mitgebracht. Ich habe schon darin geblättert. Ich bin restlos begeistert. Ich möchte spontan einen Töpferkurs mitmachen. Ach, weißt du was? Lies doch dieses Buch einmal durch, du wirst einfach begeistert sein. Ich erkundige mich schon mal, ob es überhaupt Töpferkurse gibt. Ich bin so froh, dass mir das jetzt so spontan einfällt, ich bezahle die 36 € für dich mit." Denker *überzeugen.* Gefühlsmenschen *überreden* oft einfach: „Mach es mir zuliebe. Ich weiß, du findest diese gute Tat nicht wirklich nötig. Dann tu's eben für *mich.* Da! Küsschen! Siehst du, du bist doch gut! Du Brummel!"

Fremde Ideen kommen nicht ins Haus: Damit alle Gutes tun, wird das Böse versteckt. Insbesondere wird kein Fernseher angeschafft. Internet? Damit kennen wir uns nicht aus! Das braucht der gute Utopimierer nicht. Er liest gute Journale und ernährt sich ganzheitlich, trinkt selbst gebrauten Brennnesselsudtee, der so viel Arbeit macht, dass einfach keine Zeit zum Fernsehen ist. Cola ist schädlich für die Gehirnzellen, dafür gibt es Malventee. Die Eltern fahren mit den Kindern jede Minute in Konzerte und Ausstellungen, sie musizieren zusammen in der Kammer. Durch viele kleine Maßnahmen wird die Umgebung mit Gutem ausgepolstert. Die Idee wird gar nicht so sehr verraten. Sie ist nur überall bis zum Ersticken. (Ich sage hier nichts gegen das Gute, aber das wahre Gute wird in Menschen erweckt. Ich sage nur, dass Utopimierer es nicht erwecken, sondern das Gute in das Kind hineintrichtern, wie man Gänselebergänse stopft.)

Ich liebe alle Menschen: Das ist oft zu hören und meistens ist es eine eher tragisch-melancholische Selbstidealkonstruktion. Es ist eine Idee des Guten, die vor allem signalisiert: „Ich *selbst* bin gut." Dabei ist es gar nicht so einfach zu leben, wenn man alle Menschen liebt, weil man sie dauernd küssen muss, wenn sie nach einem schlagen. Angenommen, ein Lehrer liebt alle Kinder dieser Welt und erlebt, wie jemand frech ist. So ein Kind könnte heute gut damit leben, wenn man ihm sagte: „Du bist zum Kotzen." Das geht nicht, wenn der Utopimierer alle Menschen liebt. Er muss dann Umwege einschlagen! Etwa so: „Es ist so schade, dass du verbal so gegen mich ausgeglitten bist. Ich war so froh, dass du auf dem Weg zu einem guten

Menschen warst. In dir steckt so viel Potenzial, du hast alles Rüstzeug dabei. Du hast gute Eltern, die dich lieben. Deine Eltern sind lieb, ich liebe sie auch. Vor allem liebe ich dich, und jetzt muss ich weinen, weil du vom Weg abgewichen bist. Das ist ein rechtes Unglück, das dich da getroffen hat. Schaaaade! Ich hätte so gerne mit dir noch Blockflöte gespielt und nun verlieren wir die ganze Zeit damit, traurig über dich zu sein. Es ist so schaaade, mir bricht das Herz, dass uns das passieren musste."

Lasst uns etwas Gutes anfangen! Die Wissenschaftler denken sich eine intellektuell wertvolle Idee aus und schreiben einen Artikel. Damit ernten sie Ruhm, weil es sehr beeindruckt, wenn jemand Artikel geschrieben hat. (Ich trauere immer, wenn ich in der Süddeutschen Zeitung oft ganze Seitenfolgen beim Frühstück überblättere. So viel Arbeit! So viel Ignoranz von mir diesen Geistesinhalten gegenüber! Und: Wie mag es meinen eigenen Artikeln ergehen? Von Ihnen überblättert und ab in den Papierkorb. Nur in meinem Schriftenverzeichnis bleiben sie ewig. Für den Fall, dass ich mich bewerbe. Tue ich aber nicht. Mein Schriftenverzeichnis liest sich wie eine lange Liste mit Todesanzeigen. Gute Ideen kommen mehrfach vor, so wie in der Zeitung die vornehmen Gestorbenen. Die Ideen sterben meist als Säugling einer neuen Tierart, deren Aufzucht nicht bekannt ist.) Die Gefühlsmenschen haben nun nicht etwa neue Ideen im intellektuellen Sinne, sondern in dem Sinne, dass sie etwas neues Gutes beginnen. Eine neue Idee ist hier etwas wie das Gründen einer neuen Initiative zum Guten. „Wir treffen uns in der nächsten Woche. Wir haben die Idee, einmal in der Woche den Schülern des Gymnasiums ein gesundes Frühstück anzubieten, damit sie ernährungsbewusst werden. Wir wollen besprechen, was gesund ist und dann machen wir das." – „Mensch, es waren sogar zwölf Eltern da. Das war ein toller Erfolg unserer Idee. Ich bin so begeistert. Die Sitzung war ätzend, sage ich dir. Es waren zwei Frauen dabei, die sich wohl verirrt hatten. Sie hatten gedacht, man *muss* kommen, oder sie dachten, sie sind es den Kindern schuldig. Sie hatten keine Ahnung, was gesund ist, und schienen im Schnellrestaurant zu wohnen. Dieses doofe Gerede! Sie waren tatsächlich bereit, den Kindern einen Tag die Woche statt Cola nur Zitronenlimonade zu trinken zu geben! Sie hielten Malventee für unzumutbar! Kannst du dir das vorstellen! Die mussten wir erst rausekeln. Wir haben die Sitzung schnell vertagt und dann sind wir zur Nachsitzung zum Griechen gegangen, da wollten wir ja sowieso hin, das ist das Schönste an den Sitzungen. Wir haben also beschlossen, dass alle Eltern einmal pro Woche so ein gesundes Frühstück machen. Da offenbar niemand eine Ahnung von Gesundheit hat, wollen wir uns in der nächsten Woche treffen, um ein Flugblatt zu entwerfen, auf das wir schreiben, was jeder Schüler unbedingt essen muss. Wir schreiben dann noch Zettel, worauf sich die Eltern zur Mithilfe eintragen sollen, damit sie das Frühstück am Morgen verteilen. Kommst du auch?" – „Du warst gar nicht da! Diesmal waren nur noch sechs Eltern da. Die Leute wollen immer mitbestimmen, was getan wird, dann sind sie gleich wieder weg. Na, dann sind wir wenigstens wieder unter uns. Es hilft ja nichts, so was mit vornehmen Zicken oder Bedenkenträgern zu beginnen. Wir haben die Zettel geschrieben. Es ist jetzt alles in den Startlöchern. Ich suche jetzt noch wen, der das in den Computer abtippt und ansprechend aufbereitet. Da drücken sich wieder alle. Na, irgendwann wird es gehen." – „Du, nach sechs Wochen hat es endlich ein Schüler für uns getippt. Er hat dafür verlangt, dass er keinen Malventee trinken muss. Na gut, aber wir zwingen ihn. Gerade so Computerfreaks essen doch nur Pizza, das liest man überall. Gerade die müssen umerzogen werden. Meinen Kindern sieht man den Malventee ja schon im Gesicht geschrieben an, aber der?" – „Du, es kann immer noch nicht losgehen. Es melden sich keine Eltern zur Mithilfe an. Sie sagen, sie arbeiten morgens. Das kann doch nicht wahr sein, dass es alles Doppelverdiener sind. Es sind nur noch drei Leute zur Sitzung gekommen. Wir bringen jetzt einfach morgen ein Frühstück hin, basta." – „Du, die Kinder sind so undankbar. Wenn die sich im Unterricht auch so sträuben? Da möchte ich nicht Lehrerin sein. Die Eltern sind einfach blöd. Ich glaube, ich mache das nicht noch einmal. Ich will morgen zu einer anderen Sitzung gehen, sie wollen eine Internetseite für die Latein-AG einrichten, aber es hat noch keiner jemals so etwas gemacht. Dabei ist es so furchtbar sinnvoll, das will ich gern unterstützen, ich werde das auf der Sitzung auch laut sagen, leider programmiere ich nicht, aber wir müssen Menschen finden, die vor Begeisterung glühen wie ich …"

Dies ist ein typischer Weg des Guten oder der einer guten Idee. Die Geburt einer Idee wird gehörig gefeiert, danach muss sie jemand mit Herzblut füttern. Und dann muss sie doch ganz blutjung sterben, weil so vieles nicht bedacht war, als man sie leichtfertig zeugte. So wie wissenschaftliche Arbeiten durchschnittlich von drei, vier Menschen gelesen werden, so kommen zum Begräbnis einer Idee des Guten kaum mehr Menschen als zu Mozarts Totenfeier.

5.3.5.3 Ktisis

In *Omnisophie* habe ich das griechische Wort Ktisis (Schöpfung, Geschöpf, das Erschaffen) für die Richtung der intuitiven Menschen gewählt, die nicht nach Wahrheit oder dem Guten streben, sondern nach neu Erschaffenem. Es gibt während der jetzigen Technologiewelle sehr viele solche Menschen, die vom Neuen so sehr fasziniert sind wie andere von der Idee des Guten. Dazu das wichtigste Beispiel:

Unser Produkt ist viel besser, weil es viel mehr kann: Solche Utopimierer bauen an jede Maschine noch ein paar Knöpfe dran, damit Sie im Media Markt vor lauter Staunen die simplen Geräte verächtlich verschmähen und doch lieber doppelt so viel ausgeben wie Sie dachten. Dann haben Sie meistens unbedienbare Geräte. Die teueren Taschenrechner haben schon so viele Tasten, das man vor Schreck lieber schnell selbst addiert. Brauchen Sie nicht einen mit Spracheingabe? „Ein mal eins!" – „I didn't get you. Repeat please." Die Krankheit, das Wertvolle nach der Anzahl der Knöpfe oder nach Watt zu beurteilen, heißt Technology Enlightenment. Einen deutschen Ausdruck kenne ich nicht. Utopimierer der Technologie halten komplizierte Produkte für die besten. Sie verstehen damit nur ganz grob, wann ein Produkt gut ist. So bauen sie so etwas wie den berühmten „Sprechenden Kühlschrank", der alles weiß: „Gunter, das Bier ist alle." – „Ich bin's, Moni. Was willst du?" – „Das Bier ist alle." – „Wie kommt das?" – „Es wurde getrunken." – „Von wem?" – Stille. „Von wem, verdammt noch mal?" – „Bitte tut mir nichts."

Der Prototyp muss nur noch ausgebaut werden! Das ist die bekannteste Lebenslüge von Techies. Der Prototyp ist die erste anfassbare Form einer Idee, etwas mehr als „Man müsste mal nachdenken, ob es geht.“ Techies halten die Idee und das bisschen Prototyp hinterher fast schon für alles. Der Rest ist auch nicht mehr technisch interessant. Er ist harte, geduldige, sorgfältige Arbeit. Die gibt der Star-Techie lieber weiter. Er bleibt im Glauben, schon fast alles geleistet zu haben.

Ich gründe ein neues Unternehmen in der New Economy „Wir waren nach einer blöden Sitzung vom Elternbeirat hinterher noch beim Griechen und hatten eine tolle Geschäftsidee. Wir vergeben ein völlig neues Qualitätsgütesiegel für erotische Telefonservices. Wir bewerten die Services nach strengen Regeln und vergeben je nach Beurteilung eine unterschiedliche Anzahl von Schärfe-Sternen, wie es in indischen Restaurants üblich ist. Die Servicegeber müssen bei unserer 0900-Hotline anrufen und ein vorher festgelegtes objektives Testszenario durchlaufen. Sie bekommen die Ergebnisse schriftlich mitgeteilt und dürfen die Sterne bei ihrer Fernsehwerbung schamlos an bestimmten Stellen vermarkten. Das Hauptproblem bei der Geschäftsidee ist der Entwurf des Prüfsiegel-Logos und der gesetzliche Logo-Schutz, damit wir weltweit ohne Konkurrenz sind. Wir müssen auch Vorsorge treffen, dass wir genug Telefonleitungen und Testpersonal bei den umliegenden Gymnasien mieten, für den Fall, dass sich zu viele Interessentinnen melden. Wir gründen jetzt erst einmal eine Aktiengesellschaft und beantragen alles Nötige bei der Telekom.“ – „Das Geschäft geht schlecht. Wir sind auf Hindernisse gestoßen. Wir waren zu allem bereit und hatten schon ein paar tausend Prospekte gedruckt, die den Sinn unserer Prüfsiegelaktion anpreisen. Da ist uns beim Eintüten eingefallen, dass wir die Adressen der möglichen Kunden gar nicht haben. Wir kennen ja nur die Telefonnummern. Wir haben dann also begonnen, in den sauren Apfel zu beißen und dort angerufen. Es ist aber sehr schwierig, mit den Kunden ins Gespräch zu kommen. Wenn du nämlich anrufst, sagen sie alle, garantiert alle: ‚Ich weiß schon, was du willst!‘ Dann sage ich: ‚Ich möchte deine Adresse.‘ Und dann stöhnen sie laut auf, weil sie das offenbar Überwindung kostet.“

So ein Beispiel ist ganz typisch für „gute“ Ideen in der New Economy. Eine noch ganz nackte Idee wird oft als bare Münze verstanden. Das ganz große Geld scheint nur einen Anruf entfernt.

5.4 Ontopimierung: Stolzäußerung des natürlichen Menschen

5.4.1 Ontopimierung

Natürliche Menschen haben einen guten Instinkt für den Einsatz ihrer psychischen Energie und ihrer seelischen Kraft. Sie möchten gerne die Helden bei Großtaten sein und als solche triumphieren.

Eine der großen natürlichen Gesten ist die sogenannte Beckerfaust, die der natürliche Mensch reckt, als ziehe er einen Hebel nach unten. Dazu brüllt er universell bei Tag und Nacht einsetzbare Worte wie: „Los! Komm!“ Als Boris Becker sich Mitte der 80er Jahre mit solchen Gesten zu motivieren begann, traf ihn sofort der Zorn der richtigen Welt! Man sah Tennis damals so: Ein richtiger Tennisspieler zieht sich ziemend ganz weiß an, damit er überhaupt nicht auffällt, er unterdrückt jede Gefühlsregung beim Spiel und lächelt nur glücklich bei Diener & Knicks, wenn er einen Pokal aus den Händen einer Respektsperson entgegennimmt, die als Vertretung der richtigen Welt die Hauptperson des Turniers ist.

Diese Sitten haben sich heute gründlich geändert! Heute ächzen und stöhnen die Spieler bei jedem Ballkontakt um die Gunst des Publikums, das mehr und mehr an den Outfits und den geölten Muskeln interessiert ist. (Tennis wird im Prinzip erst beim letzten Ballwechsel entschieden. Alles andere vorher ist ja nur Vorgeplänkel.)

Viele natürliche Menschen sehnen sich nach Beifall, der sie anfeuert. Es gibt auch die stillen Helden unter den Natürlichen. Sie träumen, nach Tausenden von Kämpfern wie König Artus der Erste zu sein, der das Schwert Exkalibur leichthändig aus dem Felsblock zieht. Sie ziehen es heraus und gehen ohne Gemütsregung durch die sich öffnende Gafferspalier nach Hause. Nur an einer unmerklichen Fingerregung sehen die Menschen seine Botschaft: „Kein Problem für einen wie mich. Gar nicht der Rede wert.“ Solche Helden sagen es wieder und wieder: „Taten sprechen lauter als Worte.“ Und wenn sie im Fernsehen schildern sollen, warum sie die Goldmedaille gewannen: „Ich war heut’ gut.“ Es gibt von hier eine große Bandbreite bis zu Cassius Clay’s „I’m the greatest!“

Ontopimierung ist die Kunst, möglichst alles als Triumph zu begehen, auch wenn kein Anlass dazu besteht. Am besten wird der Triumph schon vor der Tat gefeiert: „Wir werden den Krieg gewinnen! Wir werden alle Spieler vom Platz fegen! Wir haben alle Trümpfe in der Hand!“ Das ist sicherer als die Möglichkeit zur letzten ausholenden Handbewegung über dem Kopf abzuwarten, wenn der Skatspieler den anderen übertrumpft: „Gewonnen!“ (Und auch hier melden sich die richtigen Menschen: „Musst du immer so auftrumpfen? So laut? Pfui!“) Auftrumpfen ist wie „on top“. Der Sieger ist „on top“, er hat das letzte Wort, das den Tag entscheidet.

Ich war einmal bei einem großen Konzern zu einem sogenannten Kick-off eingeladen, einer festlichen Veranstaltung, bei der der neue Manager eines Bereiches „sein Team“ auf die neuen Ziele des Jahres einschwört, wo er also die neue Haupttriebrichtung bekannt gibt. Ein älterer Mitarbeiter sagte, er werde für die Dauer der Rede lieber spazieren gehen. Warum? „Wissen Sie, das Ganze ist wie das Triumphgeschrei der Graugänse. Kennen Sie das nicht?“ – „Nein … was ist das?“ – „Nun, wenn die Graugänse einen Fuchs kommen sehen, dann stellen sie sich mit weit nach oben gereckten Hälsen in Brustpositur, alle in einer Front aufgereiht, und dann schreien sie, so laut sie können. Der entdeckte Fuchs zieht sofort von dannen. Dann schreien die Graugänse noch viel lauter, dem fliehenden Fuchs nach. Das ist das Triumphgeschrei der Graugänse.“ – „Und?“ – „Ja, wissen Sie, meistens ist ja kein Fuchs in Sicht. Da sehnen sich die Gänse nach Aufregung und etwas Kitzel. Dann stellen sie sich ganz ohne Fuchs einfach in Formation und schreien, bis sie heiser sind und nehmen dazu ganz furchtbar beeindruckende Haltungen ein. – Genau so ist diese Veranstaltung. Es ist wie Triumphgeschrei der Gänse, aber ohne Fuchs. Wir sollen uns einen einbilden, damit wir besser arbeiten."

Menschenaffen trommeln sich auch auf die Brust.

Natürliche Menschen haben den Hang, die Siege großartiger, die besiegten Feinde furchtbarer und den eigenen Beitrag in der Heerschar der Krieger größer herauszuheben. Angler und Jäger sind bekannt für Erzählungen von wundersamen Fast-Erlebnissen. „Ich hatte ihn fast!" Krieger schießen vor Kameras drohend in die Luft. (Im zweiten Weltkrieg, habe ich gelesen, sind 45.000 Schuss Munition pro Kriegstoten verschossen worden. Es gab viel Angst und wenig Triumph.) Marketing-Manager prahlen mit Massenwurfsendungsoffensiven, um die Gegner zu vernichten. Tausende Prospekte für die Müllhalden. Mehr Papiertiger als Gewinner.

Wenn es keine echten Siege zu erringen gibt, wird ausgewichen. Schon in der Schule beginnen wir damit! Es gibt Siege auf Nebenkriegsschauplätzen. Der natürliche Mensch kann das System als Klassenkasper lächerlich machen oder es durch Charme und Lustigkeit besänftigen. Er kann das System ernsthaft durch Gewalt oder „Sexuelles" provozieren oder bedrängen, um ihm zu zeigen, dass es ihn vorsichtig behandeln soll. Marketing ist oft wie Klassenkasper, Provokation, Sex. Was soll man tun, wenn das Produkt nichts hergibt? Man muss ontopimieren.

5.4.2 Wirksamkeitswunder Plus Minus

5.4.2.1 Zurschaustellung und Demonstration (aktive Ontopimierung)

Die richtigen Menschen sagen: „Schritt für Schritt, jeden Tag eine gute Tat, immer ein Stückchen weiter." So operiert der Wille nicht gut, den man besser auf ausdrucksstarke, mutige Ziele lenkt. Dann durchströmt der baldige Triumph die Adern und der ganze Körper flutet in Erregung wie auf der rechtsgebauchten Apter-Kurve.

Die natürlichen Menschen streichen alles an sich heraus, was hervorsticht. Stärke, Tapferkeit, Kraft, sexuelle Anziehung, Schönheit, Gesundheit, ein gebildeter Körper in Muskelshirts oder weniger.

Kurz, sie lassen die Augen der richtigen Menschen rollen: „Übertrieben!" Wahre Menschen halten den Willen und dessen Demonstration meist für ungebildet im Sinne von roh. „Wo rohe Kräfte sinnlos walten …" Kennen Sie zum Beispiel Mathematiker, die angeben? Das ist unter diesen so schrecklich verpönt, dass ich mir das langsam bei IBM *angewöhnen* musste, in der Einsicht, dass die völlige Stille nicht wirklich das Wahre sein kann. Ich habe aber nicht das Gefühl, dass ich es gut kann, weil ich nur an besserer Darstellung interessiert bin, nicht aber an einer Körperflutung von Adrenalin, um besser kämpfen zu können. Vielleicht wirkt es dann immer wieder besserwisserisch und nicht charismatisch wie bei natürlichen Menschen?! Die Menschen werden immer erkennen, bei wem die Körpersäfte brodeln.

Das Ziel des Willens spielt beim Ontopimieren dieselbe Rolle wie die Idee beim Utopimieren. Die wahren Menschen erinnern: „Es war meine Idee!" Die natürlichen Menschen sagen: „Wie gut, dass ich das gegen euch alle doch noch durchgedrückt habe. Na, seid ihr jetzt ausnahmsweise einmal dankbar?“ Wahre Menschen lieben sich in der Rolle des Protagonisten und sonnen sich darin. Natürliche Menschen wären gerne General, Leithammel, Unternehmer, Caesar, Imperator.

Sie erzählen denn auch am liebsten von ihren kleinen Heldentaten und Triumphen.

Ontopimieren hört sich so an:

> „Und ich sage Ihnen, es ist der Vergaser! Sind Sie Meisterhandwerker oder ich?“ – „Ich will die Lunge operieren und Sie gehen zur Konsultation eines anderen Arztes? Hinaus!“ – „Ich habe Ihnen mit meiner Projektleitung den Hintern gerettet und jetzt will ich dafür etwas sehen! In bar, bitte!“ – „Seht ihr? Ich kann einen Wasserrohrbruch *selbst* reparieren. Ich kann alles, wenn ich wirklich will. So, fertig. Eigentlich gut, dass jetzt so eine Schweinerei entstanden ist. Ich zeige sie dem Versicherungsagenten, der soll dafür bezahlen. Sowie er weg ist, pumpt ihr schon mal den Schlamm ab. Ein paar Tage Arbeit für euch und es sieht alles wie neu aus. War sowieso Zeit, dass mal sauber gemacht wird.“

Ontopimierung ist stolz auf jeden großen Effekt, ohne Rücksicht auf Effizienz oder menschliche Beziehungsqualität. Diese Sachen renken sich bekanntlich wieder ein. Den Effekt aber schafft nur der Ontopimierer.

5.4.2.2 Ich trainiere noch – bald zeige ich's allen! (vielversprechende Ontopimierung)

Wenn es bei durchschnittlichen natürlichen Menschen nichts groß herauszustellen gibt, muss am besten ein ansprechendes Ziel her. Das macht unabhängig vom tatsächlichen Handlungswillen eine Menge her.

Die Demonstration von Willen hat immer etwas schwach Kriegerisches an sich, etwas Entschlossenes, Selbstsicheres. Das fürchten die richtigen Menschen. Die wahren finden, es widerspräche der Idee des Guten und erlauben den tapferen Willen nur zur Verteidigung eben dieser Idee.

Der Ontopimierer besticht durch ein forsches „Ich will!“, ohne wirklich sein Leben für dieses Ziel lassen zu wollen. Er versucht es erst einmal mit markigen Sprüchen, die auf ein Graugansgeschrei hinauslaufen.

> Mein Sohn ist im Verein. Er will Fußballprofi werden. Er wird uns von dem vielen Geld etwas abgeben. Dafür sollen wir nicht über seine Schulleistungen schimpfen. Im Grunde ist das ja fair.

> Ich bin der beste Spieler, aber der Trainer hat mich ausgewechselt. Das hat ein Nachspiel. Wenn ich erst Profi bin, setze ich ihn vor das Stadion, geschworen.

(Ich schreibe hier und anschließend nicht mehr so viel. Ich denke, es ist fast selbsterklärend.)

5.4.2.3 Meta-Ontopimierung

Meta-Ontopimierung setzt sich Ziele, die den Ontopimierer mit seinen Zielen gut aussehen lassen.

> Ich fordere am besten einen radikalen Umbau der Produktion. Jeder weiß, dass das fällig ist, aber wir haben ja kein Geld. Sie müssen mich also zähneknirschend anhören, wenn ich fordere, alles umzukrempeln. Aber es besteht keine Gefahr, dass ich es hinterher auch durchführen muss.

In der Politik ist diese Willensbildung bei der Opposition die Regel!

> Wir fordern die umfassende Sanierung der Staatsfinanzen. Wir legen konkrete Vorschläge auf den Tisch. Dazu muss sich die Regierung äußern. Sie wird aus ihrem Versteck hervorgezerrt.

Wo gibt es Ziele, die leicht Punkte geben, ohne Arbeit zu machen?
Und so weiter.

5.4.2.4 Ontopimierungsbeispiele

Wir starten eine große Offensive! Viele Firmen bemühen sich heute, sich selbstbewusst zu präsentieren. Fast alle wollen die Nummer Eins im Markt werden und alle Kunden gewinnen. Die Zielhöhe hat nichts mit der Realität zu tun. Sie soll Eindruck machen. Die Nummer-eins-Nummer ist streng gesehen eine Art Kriegserklärung an den Rest der Welt. Danach wird normal weitergearbeitet.

Wir kaufen die Konkurrenz auf! „Es geht unserer Firma nicht gut. Wir verlieren immer öfter Verträge an den örtlichen Konkurrenten. Wenn wir ihn aufkaufen, ist wieder Ruhe. Die Presse kann unseren Sieg berichten, wir bekommen unsere Kunden wieder zurück. Wir haben wahrscheinlich keine bessere Chance, am Markt wieder aufzuholen. Leider wollen die drüben zu viel Geld. Es sind Halsabschneider, sie nutzen die Lage schamlos aus. Gut, wir kaufen sie auf. Jedenfalls sind wir die Sieger und sind dann mit unseren Produkten allein."

Wir dürfen keine Schwäche zeigen! „Es geht unserer Firma nicht gut. Wir verlieren immer wieder Aufträge an den örtlichen Konkurrenten. Wir bemühen uns, ihnen Angst zu machen. Wir geben in für sie unberechenbarer Weise Rabatte, damit sie nicht sicher sind. Wir drucken neue Prospekte und machen ein neues Logo. Ich hoffe, sie werden uns bald aufkaufen wollen. Wir dürfen jetzt keine Schwäche zeigen. Wir gehen mit aller Entschlossenheit in diesen Kampf. Wir müssen so stark aussehen, dass ein Kompromiss mit uns gesucht wird."

Weg mit schlappen Menschen! „Ich habe es satt, mit Angsthasen und Nichtskönnern zusammenzuarbeiten. Es geht nicht voran. Ich ordne meinen Bereich so um, dass alle Leute, die bleiben sollen, in den zentralen Abteilungen Stellen bekommen. Den Rest gründe ich als eigene kleine Firma aus. Die verkaufe ich." Viele Fußballtrainer zeigen immer diesen Willen zum Erfolg, indem sie jeweils einem Spieler über einen ganzen Monat lang bedeuten, er solle sich einen neuen Verein suchen. Im Grunde wird Dauerdruck gemacht, der Erfolgswille genannt wird.

Ich setze enorme Kraft gezielt ein, wenn ich will! „Es kommt nur auf den Wahltag an. Wie ich zwischendurch regiere, ist eigentlich egal. Ich habe eine Reihe von

Machtmaßnahmen, die nicht viel Arbeit kosten. Ich kann neue Posten besetzen, damit winke ich ständig. Wenn es dann darauf ankommt, bin ich voll da. Unter Druck laufe ich zu Hochform auf. Dann bin ich wütig und entschlossen. Das Volk sieht, dass es ernst ist. Die Opposition ist nicht darauf vorbereitet, dass ich plötzlich die Zähne zeige. Sie deuten die Untätigkeit in der Zwischenwahlzeit falsch. Sie denken, wer schlecht regiert, hat Nachteile. Richtig ist, dass der Nachteile hat, der schlechte Wahlkämpfe führt. Wahlkampf ist mein Spezialgebiet. Regieren ist öde. In der Schule war ich auch nur bei Prüfungen gut. Es geht um das Freisetzen von Spitzenenergien zum Spitzenzeitpunkt."

Wir setzen alles auf Sieg durch Konzentration! „Wir hatten viele Produkte, aber nennenswerte prozentuale Gewinne machen wir nur mit einem einzigen Produkt, das ganz neu am Markt ist und mit dem wir schon etwa zwei Prozent unseres Umsatzes machen. Wir wollen nun den ganzen Rest der Firma dichtmachen und uns nun auf diese einzige Hoffnung konzentrieren. Wir verkaufen das Produkt dann nur noch im Internet und benennen unsere Firma um. Sie heißt dann *los.komm.* Als Logo nehmen wir eine angewinkelte Faust, die Siegeswillen zeigt."

Unternehmen mit Analystenfahne: „Ich habe kaum noch Alternativen, aus dem Schlamassel herauszukommen. Die Analysten fordern eine komplette Umorientierung. Wir haben daher beschlossen, allen Managern Optionen statt Gehalt auszuschütten. Anschließend werden wir die Unternehmensziele einfach so umändern, dass sie hinterher genau den Vorschlägen der Analysten entsprechen. In diesem Augenblick sind die Analysten so betrunken vor Freude, dass sie etwas bewegt haben, dass sie uns hochjubeln. Dann refinanzieren wir uns alle bei den hohen Kursen. Es kommt darauf an, ab und zu hoch im Kurs zu stehen, nicht immer. Wie in der Politik."

Neues Ziel, neue schöne Zeit: „Meine Eltern sind sauer, weil ich schon zehn Jahre Wirtschaft studiere. Sie meinten neulich, ich hätte von vornherein an der Fachhochschule studieren sollen, das wäre leichter gewesen. Da habe ich geschluchzt und gesagt, dass ich das schon seit Jahren so fühle. Wir haben uns daraufhin alle in die Arme genommen und beschlossen, dass ich an der FH neu anfange. Hui, das war höchste Eisenbahn für mich. Jetzt habe ich erst mal wieder Ruhe."

Lieblingssätze von Ontopimierern: „Eine Entschuldigung geht schneller als eine Erlaubnis. Ich habe mich sofort gemeldet, ich will es. Ich kann auch nichts dafür, wenn andere den Mund nicht aufmachen können. Jeder hätte sich melden können. Ich kann das Gemecker über mein angebliches Vordrängen nicht ernst nehmen. Es kommt auf den Effekt an. Ich entscheide schnell aus dem Bauch heraus. Ich habe einen guten Instinkt, dem ich vertraue. Natürlich liege ich auch mal daneben, aber das ist natürlich. Umso besser bin ich, wenn es einmal gut ausgeht. Wo gehobelt wird, fallen Späne. Und bei mir wird wirklich gehobelt, da kann ich jeden Arbeitsverweigerer nur warnen. Ich bin der, der das Ei des Kolumbus auf den Tisch stellt und alle Knoten zerschlägt. Ich bin direkt und diese Ehrlichkeit schätze ich an mir. Ich gebe meine Fehler zu. Ich halte nichts von falscher Freundschaft. Jeder kämpft für sich. Ich bin nicht als Kindermädchen für alle da. Jeder muss auch für sich selbst sorgen können. Wer das nicht will, soll gehen. Der hat hier keinen Platz. Sonst macht ihr das mit Sicherheit alles hier ohne mich. Dann gehe ich und ich weiß, was ihr ohne mich macht: nichts mehr. Ihr seid platt ohne mich. Und ihr seht das nicht und meckert herum. Gut, ich bin hart und entschlossen, aber im Grunde nur sehr ehrlich. Ich liebe ehrliche Menschen, die Auge in Auge mit mir kämpfen. Ich liebe Menschen, die mal mit mir auf Sauftour gehen und nicht rumzicken. Ich kann das Weinen nicht ertragen, die ganze Angst hier. Ich habe schon einige Male Projekte in den Sand gesetzt, aber ich komme immer heil raus. Man kann es immer noch reißen, wenn man unter Druck nur noch arbeitet, um sein Fell zu retten. Mit mir ist euer Leben jedenfalls nicht langweilig. Solange ich da bin, ist immer etwas los mit euch. Wenn ihr euch schlecht fühlt, schiebt einfach alle Schuld auf mich, das halte ich schon aus, ein bisschen mehr macht mir nichts. Da bin ich großzügig. Und nun macht einfach, was ich sage. Ich bin gestern ausgerastet, das ist meine Art, dafür muss ich ja euren Mist ertragen. Ich bin aber nicht nachtragend, obwohl ich oft ausraste. Nach solchen Aussprachen ist die Luft gereinigt. Das tut gut. Im Grunde ist das Leben schön. Jeder hat alle Chancen. Jeder muss sie ergreifen. Wenn es nicht klappt, gibt es anderes. Sagt meine neue Freundin auch."

5.5 Im Strudel von Suprasystem und Supramenschen

5.5.1 Im Sog der Minderwertigkeit

In den letzten Kapiteln habe ich das Topimieren in vielen Varianten zur Sprache gebracht. Es war dabei von Menschen die Rede, die ihre lokalen oder kleineren Triumphe im Leben suchen oder die ungeschoren davonkommen. Sie leben alle unter uns, ganz normal und durchschnittlich. Sie führen ein im Grunde normales und „zufriedenstellendes" Leben, auch wenn das nicht stressfrei sein muss. Die durchschnittlichen Menschen leben im „alltäglichen Wahnsinn", wie sie immer wieder ironisierend sagen. Sie kommen im Großen und Ganzen durch, spüren aber schon das Leiden der Welt und sehen sich zum Teil selbst im Leid gefangen.

Es gibt aber noch viele Menschen (Ein Zehntel? Ein Viertel? Ein Drittel?), die vom Leben herumgeschubst werden. Was geschieht mit ihnen? Was geschieht *in* ihnen?

Zur Zeit ächzt die Welt unter hoher Arbeitslosigkeit, die zum guten Teil durch die Suprasysteme verursacht wird, die durch immer härtere Auslese, durch ständige Reorganisationen, Ausgründungen, Firmenübernahmen eine Art Synergiekarussell in Bewegung halten. Das Unterdurchschnittliche wird ständig weggeschnitten. (Mein Lieblingsbild: Das Unternehmen ist wie ein Gyrosspieß und schneidet sich immer die Teile ab, an denen es sich das Fell verbrannt hat. Am Ende bleibt nur der Unternehmensstab übrig.) Wo bleibt das Weggeschnittene? In Deutschland kommen wir nicht von 10 % Arbeitslosigkeit weg. Dazu kommen noch viele Sozialhilfeempfänger und Arme. Man sagt, 10 Mio. Deutsche seien nahe davor, Alkoholiker zu sein, knapp die Hälfte davon seien es schon. Jährlich erkranken knapp acht Millionen Deutsche an einer Depression. Mindestens 1,5 Mio. Deutsche sind medikamentenabhängig. 9 Mio. Deutsche leiden an behandlungsbedürftigem Übergewicht. 80 % fühlen sich gestresst. (Bin dabei.)

25 % bezeichnen sich als dauerhaft überfordert.

Tendenz überall steigend? Ich habe eine halbe Stunde im Internet geblättert und solche Zahlen aus Studien gefunden. Es gibt auch noch vage, aber ganz schrecklich zweistellige Prozent-Schätzungen von Menschen, die mindestens einmal Ziel eines sexuellen Übergriffes waren. Zweistellige Prozentsätze wachsen als Scheidungskinder auf, viele in zerrütteten Familien. Tendenz: steigend.

Niemand achtet auf die „da unten“. Sie kommen nur in Statistiken vor, aber nicht mehr in den noch gesunden Herzen und bestimmt nicht in den Suprasystemen.

Als Manager hatte ich die ganz und gar ungeliebte Pflicht, Mitarbeiter am Jahresende in die Kategorien 1, 2 und 3 einzuteilen. Ein Drittel bekommt eine Drei. Wenn ich als Manager jemandem eine Drei gab und geben *musste* (die meisten Gehaltssysteme geben etwa einem Drittel der Mitarbeiter nur eine kleine Gehaltserhöhung, wenn überhaupt eine), dann verlief das Mitteilungsgespräch darüber fast immer ziemlich unangenehm. Zorn, rauchendes Schweigen, gepresste Lippen, Anklagen, Ungerechtigkeitstränen, stummes Entsetzen, gespielte Gleichgültigkeit, provozierende Fragen. Kaum jemand nahm es je so einfach hin. Die Suprasysteme sind ja extra so konstruiert. Es soll ja wehtun. Die meisten Mitarbeiter waren eher etwas überrascht, wenn sie eine Drei bekamen, deshalb waren sie sehr viel geschockter als die, die schon etwas ahnten. Sie argumentierten sehr hitzig und wiesen mir nach, dass ihre Leistung kaum geringer gewesen sei als die Leistung derer, die eine Zwei bekamen. Ich sagte immer wieder und wieder, dass auch dann, wenn alle gleich gut wären, ein Drittel eine Drei bekommen müsste, weil es das System so vorsähe. Ich zeigte ihnen die Unterschiede der Gehaltserhöhungen für zwei und drei. In einem Jahr gab es nur Gehaltserhöhungen für Einser, weil die Lage sehr schwierig war. Die Gespräche hatten also gar nichts mit Geld zu tun, waren aber genauso schwarzdunkel wie eh und je.

Es ging nie um Geld. Niemals. Nicht ein einziges Mal. Es ging immer um die Menschen, denen das System: „Du bist nicht gut!“ gesagt hatte. Ich habe verzweifelt versucht, Mitarbeitern zu vermitteln, dass es nichts mit meiner Wertschätzung für sie zu tun hat. Ich habe dies und das versucht. Manchmal schrie ich nach solch einem Gespräch laut heraus: „Alles Verrückte!“

An einem Tag im Februar, ich weiß das Datum noch ganz genau, es liegt schon viele Jahre zurück, sagte mir jemand fast wie beiläufig, dass ich selbst eine Drei bekäme.

Das Blut schoss mir ins Gesicht. Ich war völlig überrascht – nie in meinem Leben war ich so überrascht gewesen. Ich stammelte als schon ganz Erwachsener: „Warum? Wieso? Doch nicht ICH!“ Ich winselte und bat. Ich habe immer schon gewusst, dass ich nie in meinem Leben eine Drei bekäme, nie. Ich konnte noch alle Schulvierer an einer Hand abzählen und einzeln nennen. Mein Chef blieb hart. Ich habe nie verstanden, warum ich eine Drei bekam. (*Offiziell* verstanden.) Es tat unglaublich weh. Ich saß nach dem Gespräch dumpf in meinem Büro, schaute auf den Fluss und hatte Albträume. Ich wollte kündigen, ging alle Chancen durch, die ich haben mochte. Ich würde zu Hause vor meiner Frau stehen. Ich würde keine Gehaltserhöhung bekommen und dies ein Jahr lang auf der Abrechnung sehen müssen. Und alles rief mir zu: „Du bist nichts wert."

Ich fiel in einen dumpfen, hoffnungslosen Zustand. Ich sah meine Post nicht mehr durch, tat nichts mehr für meine Abteilung und blieb regungslos. Tagelang. Recht geschieht ihnen, wenn sie so viehisch ungerecht sind! Sie haben kein Recht mehr, von mir einen Handschlag zu bekommen. Ich will nicht mehr. Ich kann nicht mehr! Die Tage vergingen wie in einer Trance.

Etwa zwei Wochen später, es war schönes Wetter, schaute ich wieder glasig-gedankenverloren aus dem Fenster auf den Neckar hinunter, auf die dunkle Flut. Unter den Gedanken kam einer hervor: „Du gibst selbst oft Menschen eine Drei und du verlangst und wünschst, lieber Gunter, dass es doch endlich mal ein einziger Mensch mannhaft und mit Haltung annähme, ohne gleich multipel über sein gebrochenes Selbst zu jaulen!" – Und: „Gunter, du sagst, dass es nie jemand versteht, wenn du ihm die Drei erklärst! Gunter, du bist entsetzt, wie überrascht alle Mitarbeiter sind, denen du eine Drei vermittelst! Gunter, du bist immer ganz sicher, dass sie eine Drei verdient haben! Gunter, du findest es entsetzlich, dass sie winseln und dich umstimmen wollen. Gunter, du schüttelst dich innerlich, wenn sie immer wieder und wieder kommen und dich fragen, ob du sie noch liebst!"

Es war schönes Wetter, die Sonne strahlte. Da begann ich zu lächeln. Ich lächelte über den törichten Gunter. Ich lachte, klatschte in die Hände und rief: „Du bist wie sie! Und du wirst das nie wieder tun! Und du wirst die verstehen, die vor dir weinen! Und du wirst sie nun wahrhaft lieben! Und nie mehr wird sich etwas in dir selbst sträuben und schütteln. Sie sind Menschen wie jetzt du!"

Da trug ich in den Wandkalender am Tag meines Gespräches mit dem Chef ein (nicht ganz logisch, aber zum Wetter passend): „Dies war der Tiefpunkt meines Lebens." Ich weiß das Datum noch ganz genau.

Die Supra-Katastrophe fühlte sich so an wie die Mutter: „Von jetzt an ist die Schwester das Lieblingskind." Oder: „Du bist impotent." Es war wie eine Bluttat an meinen Seismografen, die sofort alles für zwei Wochen unter Endorphinbetäubung setzten. Immerhin wachte ich später wieder auf. „Herr Dueck ist in Grenzen belastbar und wird nach Niederschlägen wieder rasch trocken."

Wie fühlen sich Menschen, die einen amtlichen Minderwertigkeitsstempel bekommen, sogar etliche Male oder eventuell immer? Schüler, die dauerhaft am Wissensminimum kauern? Loser? Dauerarbeitslose? Wie ist das, fünfzig, hundert Absagen auf Bewerbungen zu bekommen, obwohl die anderen Studienkollegen gleich beim zweiten, dritten Mal eine Stelle antreten können?

Ich mag nicht so arg viel darüber schreiben. Ich habe so etwas selbst relativ selten erlebt. Niemand will darüber reden. Die meisten von Ihnen müssen es doch mitgemacht haben. Dennoch schweigen Sie alle, als hätten die Peiniger Recht. So, wie nach Dunkelzifferschätzungen 30 % der Mädchen mindestens einmal im Leben unzüchtig behandelt werden, mehr oder weniger schlimm, 15 % bis zur Penetration, wie es in den Studien heißt. Alle schweigen.

Scherzfrage: Was ist der Unterschied zwischen der katholischen und der evangelischen Religion? Antwort: Wenn den Katholiken ein Unglück trifft, kommt es von Gott und er hat es verdient. Der Protestant weiß, dass es eine Menge Unglücke geben wird und sieht zu, dass es andere trifft.

Ich will sagen: So sind Sie erzogen worden! Katholische reagieren mehr mit Endorphin, Protestanten mit Adrenalin? Das Tao sagt nur: „Unglück passiert."

Unglück passiert. Aber Sie alle schweigen wie alle Opfer.

Sie nehmen hin, dass es ein Drittel im Jahr trifft. Hoffentlich nicht Sie.

Aber es muss sein, denken Sie alle, weil nun einmal Leistungsgerechtigkeit herrscht. Das ist gut so, sonst würde ja nie mehr jemand arbeiten wollen.

Es ist aber in diesen ganzen Drei-Gesprächen NIEMALS von Geld und Leistung die Rede, glauben Sie mir. Immer nur von verlorener Liebe, verlorenem Respekt, verlorenem Expertenstatus, verlorenem Ruf als Meister. Die Menschen sind auf *diesen* Grund gestoßen: „Du bist *nichts*."

Und: „Du hast noch nichts auf Deiner Bedürfnispyramide erreicht. Fang wieder unten an."

5.5.2 Rückzug auf innen gefühlte Werte und ständige Verteidigung oder Wut

Eines Tages in meiner Wissenschaftlerlaufbahn wurde ich in das Büro des Chefs gerufen. Mir wurde mitgeteilt, dass es die Möglichkeit für mich gäbe, eine Abteilung zu übernehmen. Bevor ich allerdings Manager werden könnte, müsste ich ein sogenanntes Assessment hinter mich bringen. Man würde mich zwei, drei Tage beobachten, ob ich zu Führungsaufgaben geeignet wäre. Ich hatte keine Ahnung, was ein Assessment sein sollte, also kaufte ich sofort ein paar ganz teure Bücher darüber und wusste nach ein paar Tagen „alles", fuhr hin und bestand es.

Da fällt mir ein, dass ich schon einmal einen Tiefpunkt in meinem Leben gehabt habe, damals, beim Assessment. Ich sollte einem fiktiven Mitarbeiter, der von einem Psychologen virtuos gespielt wurde, mitteilen, er bekäme eine Drei. Ich erklärte ihm das völlig sachlich, worauf er mir mit weinerlichen Einlassungen kam, über seine Familie ablenkte, was die da sagen würde – kurz, er wollte nie richtig zum Thema kommen, nämlich, dass er laut „Spielverlauf" in diesem Jahr nicht besonders gut gearbeitet hatte. Ich geriet in diesem Übungsgespräch in Panik, ich spürte die vier Beobachter kritisch blickend im Nacken. Es war wie die Hölle, eine Viertelstunde lang, dann erlöste man mich. Sie fragten, wie ich mich fühle. Ich schrie sie fast an: „Das ist unfair. Laut Akte hat dieser Mitarbeiter schlecht gearbeitet, ohne jeden Zweifel. Und er weiß es laut Akte! Und dann spielt mir dieser Psychologe hier etwas vor. Er spielt, dass er überrascht ist über die Drei! Wieso? Er spielt, dass er glaubt, er sei gut! Wieso? Er redet dauernd von „an der Ehre beschädigt"? Wieso? Was hat das mit Arbeitsleistung zu tun? Was, bitte!" Ich war so böse wie selten in meinem Leben.

Es war die letzte Übung im Assessment. Die Übungen waren gefilmt worden. Während die Gutachter über die Urteile nachdachten, konnten wir die Filme anschauen. Meine Viertelstunde kam dann auch dran. Ich schaute bis zur Hälfte. Ich sah, wie ich schrumpfte und verzagte, einging unter dem Psychologen, innerlich verzweifelte und implodierte. Mir stiegen heiße Tränen hoch und ich floh auf mein Hotelzimmer. Ich wollte alles hinwerfen.

Das waren sieben Minuten höhere Hölle:

Ich hatte mich gesehen.

Wie sagt man einem Menschen, dass er „schlecht gearbeitet hat“? (Dieser Knoten hat sich erst beim Lachen über mich selbst viele Jahre später gelöst, als eben ich selbst einmal dran war.)

Am nächsten Tag bekam ich das Feedback zu meiner Vorstellung. Darunter: Ich verstehe noch nichts von den Eingeweiden der Menschen, inmitten meiner Mathematiker-Rationalität. Sic! Ich habe lange gebraucht, um das alles zu verstehen. Das Urteil hat mich lange verletzt. Und verstehen Sie bitte: Ich *bestand* das Assessment! Drei von zwölf bestanden. Und was sagten die anderen über ihr Urteil?

Weil ich die Bücher über das Assessment gekauft hatte, liehen spätere Aspiranten sie immer wieder aus. Sie sind heute ganz zerlesen. Ich führte viele Gespräche mit den Kandidaten, beriet sie, warnte sie vor den Schmerzen, wenn man sich selbst sehen muss. Wir besprachen ihre Chancen, ich fragte, ob sie wohl meinen, Manager werden zu können und auch zu wollen. Wochen später kamen sie dann wieder, verletzt, weil sie sich selbst hatten sehen müssen. Die meisten waren durchgefallen. Fast alle trugen an dem Urteil sehr, sehr schwer. Sie waren, so sahen sie es, als *Menschen* abgelehnt worden. Ein Management-Assessment ist eben kein Test, den man besteht oder nicht. Es ist ein Urteil über die Führungsfähigkeit des Menschen und wird im Grunde als Urteil über ihn selbst, über seine innerste Persönlichkeit empfunden. Ich habe also eine Menge Kandidaten im Vertrauen sprechen können, wir haben ihre Ängste und Hoffnungen vor dem Assessment besprochen. Dann kamen sie wieder.

Sie erzählten mir haarklein das Urteil. Es war fast immer gut und richtig. Es war ein Spiegelbild dieses Menschen. Sie hatten das Spiegelbild gezeigt bekommen. Aber die meisten hatten sich nicht im Spiegel *gesehen*. Es ist ein Unterschied, ob ich ein Foto von mir sehe oder ob ich fühle, das da bin ich! Die meisten schäumten auf, es sei ein ganz unvorteilhaftes Foto geworden, unter Stress mit Rote-Augen-Blitz. Sie betrachteten ihr Urteil wie ein völlig missglücktes Passfoto, das nun ungerechterweise für viele Jahre mit ihnen selbst identifiziert werden würde.

Sie waren wie ich damals: Verletzt. Ich habe zwei, drei Jahre gebraucht, um zu verstehen, dass ich das selbst war, auf dem Passfoto – dass es ein Foto von *mir* war, nicht *missglückt*. In den vielen Gesprächen habe ich mich viele Male selbst wiedergesehen und immer mehr annehmen können. Ich habe nämlich erfahren dürfen, wie sich das Ich unter dem Spiegelbild verkrümmt und windet, wie es wirklich winselt und kriecht, wie es retuschiert und wieder halbwegs gut hinstellt, wie es eben, wie Freud uns lehrt, Widerstand leistet. Widerstand ist gar kein adäquater Ausdruck für diese innere Abwehr. Es ist Krieg. (Verzeihung, dass ich das Wort hier schon wieder benutze, wo ich es doch immer verwendete, als es um Suprasysteme ging. Es muss sein.)

Nach meinen langen Erfahrungen mit solchen verletzten Menschen, mit Managementaspiranten und Dreiern bin ich mehr und mehr fasziniert, wie einfach es ist, das alles von sich selbst zumindest offiziell abzuschütteln. Der Trick ist genial einfach: Wenn das da auf Ihrem Passfoto missglückt aussieht, dann schimpfen Sie am besten sofort auf den Fotografen. Das ist es schon. Sagen Sie: „Er fotografiert mich bewusst hässlich aus seiner Sicht! Er kennt meine inneren Werte nicht und glaubt, das mit dem aufgesetzten Grinsen und den Haaren hinter den Ohren sei ich! Sollen wir Menschen alle so aussehen, in Uniform, mit Haaren hinter den Ohren und Blick nach links, ein Ohr frei? So bin ich nicht! Das bin nicht ich!"

Wenn Manager Urteile abgeben, dann urteilen sie ja im Namen des Suprasystems. Das Suprasystem beurteilt eben nicht unsere DNS, sondern die Teilspirale unserer Erbinformation, die wie eine Doppelhelix von Pflicht & Gier aussieht. Der Rest ist unsere Privatsache. Diese Vorstellung drängt sich in verletzten Menschen hervor. Der Rest, so sagen sie sich, sind leider im Wesentlichen sie selbst. Sie empfinden, dass das System sie nicht als sie selbst beurteilt, sondern hinsichtlich der Zwecke, die sie als Mensch für das System haben. Sie sehen sich als potenzieller Systemsklave beurteilt, nicht als Mensch. Mit dieser Sicht auf die ihnen beigebrachte Urteilsverletzung wehren sie das Urteil ab.

Diese Abwehr verursacht ungeheure Folgekosten. Die Abwehr funktioniert nämlich nur, wenn unterstellt wird, dass das System nicht am Menschen interessiert ist, sondern nur an seinen systemtriebhaften Attributen. Es wird angenommen, dass das System ganz andere Kriterien hat, als sie zur Beurteilung von wertvollen Menschen gewöhnlich von normalen Menschen herangezogen werden. Unter dieser Annahme ist also das System nicht mehr „menschlich". (Das sage ich schon die ganze Zeit, aber in einem anderen Sinne!) Das System ist für den verletzten Menschen erblindet. Es sieht seine eigentlichen Qualitäten nicht mehr. Es verleugnet sein wertvolles Inneres, sonst hätte es nie mit „Nicht Manager!" oder nie mit „Drei!" geurteilt.

Wenn also ein abgeurteilter Mensch sein Spiegelbild abwehren will, so kann er das über diesen Weg tun. Dann aber zahlt er den Preis: Er ist mit seinen inneren Werten, also seinem eigentlichen gespürten Wert als Mensch, mutterseelenallein.

Das Suprasystem hat ihn verlassen. Die anderen Mitarbeiter nehmen das Drei-Urteil für den verletzten Menschen an, sie trösten nur ein wenig oder geben ihm beruhigend Recht. („Du schaffst das schon. Kein Urteil ist endgültig.") Sie sind also auch auf der *anderen* Seite? Allein.

Verletzte Mitarbeiter beginnen als Folge der Abwehr, ihren inneren Kern als Mensch vom Suprasystem zu trennen. Da ist die innere Seite, die wertvolle, und die äußere, der Systemschnickschnack zum Geldverdienen. Da das Wertvolle notwendig innen gefühlt wird, ist also das Suprasystem für den verletzten Menschen „seelisch erledigt". Es ist nun ganz im Außen, nicht mehr in seinem eigenen Machtbereich. Alles, was früher im Macht-Innen war, wandert ins Außen. Innen bleibt allein der als wertvoll gehütete Kern, das, was noch nie einfühlend-liebend fotografiert worden ist.

Dieser Vorgang heißt: Innere Kündigung. Es ist ein Rückzug auf den Kern, der wertvoll bleiben muss, weil ihn nie jemand sieht, also nicht auch noch niedermachen kann. Der Mensch schützt sich vor dem seelischen Tod, indem er diesen Kern nie mehr zeigt. So bleibt er wertvoll und kann überleben.

Die am Anfang des Buches zitierte Gallup-Studie sagte, dass 69 % der Mitarbeiter nur noch nach Vorschrift Dienst tun, während sich 16 % schon innerlich verabschiedet hätten. Es ist ein Umfragergebnis. Ich bin ziemlich sicher, dass sich mehr von ihnen verabschiedet haben. Diese Menschen liegen im Krieg. Es ist der Krieg „Suprasystem oder Ich?“ Der Krieg wurde vom System erklärt: es misst den Menschen und gibt ihm eine Eins, Zwei, Drei. Der Krieg wird am Ende zu einer großen Verschiebung der Grenzen führen: Das Suprasystem gewinnt alles Land, alles Terrain, alle Werte – außer dem Kern des Ich, der nun einsam eingeschlossen wartet, bis alles ein Ende hat.

Das Ich hat sich vor dem Suprasystem eingekapselt. Nun ist ihm der Weg zu allem abgeschnitten, was in seiner Bedürfnispyramide als Wert eingetragen ist. Wer innerlich gekündigt hat, bekommt nun keinen Respekt, keine Achtung, kein Lob mehr. Er ist aber auch nicht mehr „gierig“, leidenschaftlich, leistungsbereit, offensiv. Er taugt im Grunde nicht mehr für das Suprasystem. Weg mit ihm!

5.5.3 „Ich!“

Suprasysteme messen und hetzen Menschen zur Höchstleistung. Manche von ihnen leisten Ungeheures, auch unter Druck. Die dort unten, die das Suprasystem unterdurchschnittlich beurteilt und im Grunde loswerden will, entstehen in dem Suprasystem planmäßig entsprechend der Mitarbeiterquote, die keine Gehaltserhöhung bekommen soll.

„Die dort unten“ sind nicht wirklich schon da. Suprasysteme stellen nur gute Bewerber ein, viele können sie sich „aussuchen“, weil sich die Bewerber durch Karriereaussichten locken lassen.

Am Ende des Jahres ist ein Drittel von ihnen unterdurchschnittlich. Die Demotivationsspirale setzt ein. Die Behandlung der Unterdurchschnittlichen ist eine Warnung für die noch Überdurchschnittlichen. *Die da unten beginnen, sich zwischen dem System und dem Ich zu entscheiden*. Sie tendieren immer mehr zu einem immer kleiner werdenden Ich.

Motivation wäre ja, die Mitarbeiter für die Ziele des Systems zu begeistern. Unterdurchschnittlichen sagt dasselbe System, sie setzten sich nicht in nennenswertem Umfang für diese Ziele ein. Wie sollen sie es aushalten?

Ich!

Das ist die Entscheidung des als unterdurchschnittlich Eingestuften. Diese Entscheidung gegen das Suprasystem ist eine weitere Teilbankrotterklärung von Suprasystemen. Zu viele Opfer.

5.5.4 Drei-Menschenklassen-Suprasysteme

So teilt das Suprasystem die Menschen in drei fast scharf getrennte Klassen.

Die Leistungsträger, die es schaffen, dauerhaft überdurchschnittlich zu sein, können das Menschsein und den Job als Angehöriger des Suprasystems in gewissen Grenzen zusammenhalten. Sie sind exzellent und Exzellenz bekommt Note Zwei, ohne sich weitere Gedanken zu machen. Ich begründete das schon. Leistungsträger sind nicht gezwungen, Mensch und Supramensch zu stark zu trennen. Sie sind erfolgreich und bewahren gleichzeitig eine mehr oder weniger integre Persönlichkeit, zumindest haben sie die Möglichkeit dazu. (Sie können natürlich auch noch ihre Seele für extremes Nummer-eins-Sein verkaufen!)

Die durchschnittlichen Menschen stemmen sich mit ängstlicher Mühe gegen den Abstieg ins Unterdurchschnittliche. Sie wählen sehr oft das Suprasystem, wenn sie gefragt werden: „Suprasystem oder Ich?" Viele sagen: „Ich halte das raue Klima im Suprasystem noch ganz gut aus. Ich verdiene gutes Geld. Mit vierzig werde ich es langsamer angehen lassen. Ich will ja auch eine Familie haben. Jetzt sehe ich zu, dass Kohle hereinkommt." So beginnt der Weg zum Supramenschen. Wenn er nicht im Leistungshoch endet, führt dieser Weg zum Topimieren in irgendeiner Schattierung. Die durchschnittlichen Menschen arrangieren sich und beginnen, mit dem Suprasystem eine Symbiose einzugehen. Sie haben es nicht wirklich geschafft, top zu sein, nun topimieren sie: Sie motzen eigene Leistungen auf oder zeigen sich unermüdlich auf Baustellen.

Die Loser können nicht wählen. Sie schrumpfen zurück in ein vom Suprasystem begrenztes Ich.

5.5.5 Hellsichtige Verachtung für Supraphilie und Schein

So kommt es, dass ganz oben oft die Persönlichkeiten zugleich die Leistungsträger sind. So kommt es, dass die Durchschnittlichen immerzu hinter Punkten herlaufen.

Die „da unten" sehen die „da oben".

Sie sehen ein paar Leistungsträger, die in der Regel von allen akzeptiert sind, wenn es nicht Hochleistungssüchtige sind, die „arrogant" wirken, also ihre Leistungen schon auf der Stirn tragen, die sie für die nächsten fünf Jahren als Versprechen planen. Viele der Hochleistungsträger sind „Elite-Narzissten". Das sind eher gut gekleidete, oft gut aussehende Menschen (Seidenanzug mit roter Krawatte oder Kostüm, am besten mit rotem Schal) – sie wehen wie der Sommerwind in Räume herein, wie ein Ereignis, nach dem sich die Köpfe recken. Sie wirken wie von anderen Sternen, besonders, wenn sie uns anschauen. Dann wissen wir, dass wir selbst mehr erdgebunden sind.

Die da unten sehen aber meist die durchschnittlichen Menschen um sich herum. Sie sehen, wie sich die durchschnittlichen Menschen abmühen, nicht zu denen da unten zu gehören. Sie rennen im Punkterutenwettlauf. Sie beschönigen und polieren auf. Sie schummeln und lügen aus Not. Sie verschieben, entschuldigen, buckeln, fürchten, kämpfen, schreien sich an.

Mit einem Wort: Einem da unten, der sich selbst im Ich aufgegeben hat, der vom Suprasystem im Grunde schon ausgestoßen ist, der innerlich gekündigt hat – einem da unten wird klar, dass die dicke Schicht der Menschen über ihm aus einem Haufen verkaufter Seelen besteht, die sich kindisch um Punkte zanken.

So bekommen Unterdurchschnittliche Menschen einen scharfen Blick für das Topimieren aller Art. Sie müssen daher notwendig beginnen, die Welt als verrückt anzusehen. Sie beginnen zu verstehen, dass die Durchschnittlichen die Menschenwerte der Welt nur wie Vokabeln proklamieren, wie man seinen einzigen alljährlichen Christmettbesuch zu gläubigem Christentum hochstilisieren könnte.

Sie sehen überall Supraphilie.

Damit haben sie noch eine gewisse Verbindung zu den Leistungsträgern, die eine reiche Persönlichkeit geworden oder geblieben sind. Von den Durchschnittlichen trennt sich ihr Ich mehr und mehr.

Wer dies ethisch sieht, wird etwas gerührt sein können; denn wir sehen, dass die „da unten" oft „gute Menschen" sind!

Wer genau hinsieht, erkennt, dass sie *deshalb* verloren sind.

Wie sollte ein Unterdurchschnittlicher, der Supraphile hassen gelernt hat, wieder aufsteigen und durchschnittlich werden? Müsste er nicht zuerst das Tricksen und Topimieren erlernen? Sagen denn nicht immer die Durchschnittlichen zu den Unterdurchschnittlichen: „Weißt du, du stellst dich nicht *geschickt* an! *Deshalb* verlierst du zu viel Punkte!"

5.5.6 Zynische Abschweifung

Wenn ich Politiker wäre, würde ich die Wahl gewinnen.

Ich mache es so:

Ich rede vehement und laut gegen das Supragehabe und alles Supraphile, gegen die schmutzigen Tricks und das Geschummel und den kleinlichen Steuerbetrug der Durchschnittlichen, gegen Image, Statussymbole und Angeberei. Dann aber trete ich für das Ehrliche, Treue, Deutsche, Heimatgebundene, Sorgende, Liebende ein, verlange für jeden Menschen Respekt, Achtung, Wohlgelittenheit – denn JEDER ist ein Mensch, in dem absolut unveräußerlich das Ehrliche und Treue schlummert, in tiefem Grunde also das Gute. Ich sage, dass ich das Gute in den treuen Menschen sehe, auch wenn diese Menschen arm und arbeitslos sind, auch wenn sie schicksalszerzaust und elend aussehen und nicht wie die, die Modezeitschriften inhalieren und Wellnessstudios bevölkern. Ich sage: Ich liebe das Ehrliche und Treue.

Damit spreche ich das Einzige an, was die Loser in sich tragen: Das unveräußerliche Bewusstsein, ein gutes Ich zu sein, das leider nur verachtet wird – nur nicht von *mir*. Und deshalb gewinne ich die Wahl. Ich verkneife mir hier, ein paar Bemerkungen zur Massenpsychologie zu machen. Sigmund Freud führt seine Überlegungen dazu von dem Gedanken aus, dass sich Menschen in Horden entwickelt haben und sich deshalb in Horden wohlfühlen und als solche von Führern aufgehetzt werden. Ich glaube das nicht.

Es gibt Zeiten, in denen es sehr viele Menschen gibt, die *nur* noch treu und ehrlich sind – sonst haben sie nichts mehr. Und wenn ich diese flammenden Reden halte, dass ich das Treue und Ehrliche wieder an die Spitze der Werteskala bringe, wo es hingehört, dann muss ich eigentlich einen Sturm des verlorenen Drittels der Menschen entfachen. Ich muss nur ihr harmüberkrustetes Herz erreichen. Und raten Sie einmal, warum es dann Sturm gibt! Weil diese da unten gerne *Horden* sind?

Was wäre das für eine Welt, in der diese vorgestellte Strategie funktionieren würde und in der ich als Populist die Macht ergriffe?

5.6 Sacrificium, Martyrium, „Deficior!“

5.6.1 Sacrificium des richtigen Menschen

Richtige Menschen, die verloren haben, sehen sich als Opfer der Suprasysteme. Richtige Menschen fühlen sich in normalen Systemen wohl. Sie wollen dort geborgen in einer riesigen Gemeinschaft arbeiten und einen Teil für das Große beitragen. „Meine kleine Rolle in diesem System ist es, hier Besucher zu begrüßen.“

Die meisten richtigen Menschen begreifen heute den Unterschied zu einem Suprasystem noch nicht richtig. Sie sagen, es gehe in diesen Tagen härter zu, es wehe ein schärferer Wind, das Klima sei rauer, die Notwendigkeiten drängender. Es gebe weniger Optionen und kaum mehr Raum zum Handeln, weil der Überlebenskampf kaum anderes erlaube als einfach im Blute zu waten. Macbeth sagt an einer berühmten Stelle, er stehe nun so weit im Blute, dass es egal sei, ob er nun zurückkehre oder weitergehe. In unserer Zeit heißt es: „Augen nach vorn oder am besten zu. Wir müssen da durch.“

Wenn die richtigen Menschen sich also mit dem Suprasystem identifizieren, aber von diesem als leistungsschwach zurückgewiesen werden, so setzt im richtigen Menschen, der niemals an seine Leistungsschwäche glauben will, der Umdenkungsprozess ein, das System sei sein Feind und bedrohe ihn. Er wird sich fragen, warum das System ihm feindlich gesonnen ist.

> Die Umorganisation vor vier Jahren hat mir als Person sehr geschadet. Sie suchen offenbar nur noch junge Mitarbeiter. Sie versprechen sich von denen mehr Durchsetzungskraft. Dabei stellen sie tatsächlich aus reiner Verblendung nur krankhaft Ehrgeizige ein, die nur hereinkommen und völlig aufgeblasen etwas ändern wollen. Ich sehe doch täglich, dass sie keine Ahnung haben. Früher hätten sie uns Ältere um Rat gefragt, jetzt sagen sie uns direkt ins Gesicht, dass man ihnen bei der Einstellung versprochen hat, dass sie die Leitung übernehmen. Das hätte man damals niemandem versprochen. Wir mussten uns hochdienen. Heute ist das nicht mehr. Wir gehören zum alten Eisen. Wenn es denn etwas brächte! Aber sie quälen uns! Sie scheinen uns zu hassen! Ich arbeite in der Volksbank. Alle Öffnungszeiten zusammen sind gerade so viel wie unsere Wochenarbeitszeit. Da müssen wir eben da sein. Jetzt notieren sie sich unsere Arbeitszeiten, weil sie gegen uns sind. Wir gehen doch nicht um Punkt vier Uhr nach Hause! Haben wir noch nie gemacht. Wir gehen erst, wenn

die Kasse stimmt, also bleiben wir öfter länger da. Außerdem kommen wir am Montag etwas früher, um schon die von den Geschäften eingeworfenen Geldbomben zu zählen. Das bringt uns sonst mit den Kunden durcheinander. Jetzt notieren sie die Zeiten und stellen fest, dass wir Überstunden gratis leisten. Sofort ist es still. Sie denken sich nun etwas aus, wie wir noch mehr Überstunden machen könnten. Wir arbeiten jetzt vor, weil wir eine Weihnachtsfeier machen müssen.
Ich glaube, sie hassen mich, weil ich ehrlich gewesen bin und auf die Missstände hingewiesen habe. Tu das nicht, hat mein Mann oft gewarnt, aber ich wollte, dass unser Betrieb keinen Schaden nimmt. Ehrlichkeit, sagte ich meinem Mann, währt immer noch am längsten. Jetzt werde ich früher in Rente geschickt.
Ich habe vor Jahren einen wirklichen Fehler gemacht. Der steht fest, aber es war nicht mit Absicht. Tut mir Leid, aber ich muss ihn erzählen. Die Kollegen – ha, sehen Sie – laufen schon weg, wenn ich die Geschichte erzählen will, ich bin nicht Schuld gewesen, aber sie haben nur mich dafür drangekriegt. Seitdem werde ich wie aussätzig behandelt. Die Kollegen sind immer noch betont nett, aber sie sagen, ich soll es vergessen. Ich kann es nicht vergessen. Ich will, dass sie sich entschuldigen. Das haben sie sogar schon getan, aber es war so etwas Scheinheiliges dabei. Ich weiß ganz genau, dass sie sich entschuldigt haben, weil ich das wollte. Sie wollen Ruhe nichts weiter. Nichts tut ihnen leid. Sie sagen, sie waren damals noch nicht in der Firma. Das ist richtig, aber dann könnte man sich ja nie reinwaschen. Ich bin nämlich ein guter Mensch, aber niemand sieht das hier.
Die neuen Regelungen begünstigen ganz einseitig die größeren Filialen. Sie wollen uns weghaben, das rieche ich. Mir kann keiner mehr was erzählen. Es fängt immer mit neuen Regeln an, die angeblich besser sind. Dann aber stellt sich heraus, dass sie nur gemacht wurden, um uns hier zu benachteiligen. Wir haben denen schon oft Punkte abnehmen können und jetzt rächen sie sich.
Der Chef redet nur noch wenig mit mir. Ich habe mich natürlich beschwert. Er sagt, wir kennen uns schon so lange, da brauchten wir nicht so viel zu reden. Ich will ja gar nicht mit ihm reden, er könnte nur ab und zu einmal sagen, dass er sieht, wie ich mich bemühe. Andere arbeiten besser, ich weiß, aber ich bin auch nur ein Mensch. Und vor allem ist der Chef nur ein Mensch. Das hat er vergessen. Er ist kein Mensch mehr wie früher. Ich will von so einem Menschen gar kein Lob. Aber ich habe nur ihn.
Ich will darüber nicht gerne reden, aber ich habe eine kleine Behinderung, die man mir nicht ansieht. Wussten Sie, dass mein rechtes Bein einen Zentimeter kürzer ist? Nein? Sehen Sie! Ich lasse es mir nicht anmerken. Aber der Chef fragte mich vor einigen Jahren: „Hinken Sie?" Ich weiß nicht, was er damit gemeint hat. Irgendwie legen sie es gegen mich aus, obwohl ich es nie jemanden merken lasse.
Ich rege mich oft auf, wenn es Krach mit Kunden gibt. Manchmal habe ich Angst. Ich habe doch auch Anspruch auf Respekt. Ja, es haben sich zickige Kunden über mich beschwert. Aber mein Chef hat sich nicht hinter mich gestellt. Er hat mich nicht verteidigt. Er hat dem Kunden Recht gegeben. Als ich mich beklagt habe, hat er fadenscheiniges Zeug gestottert. Ich hätte besser beraten sollen und hätte die gewählte Farbe des Kunden nicht schrecklich nennen dürfen. Der Kunde *will* aber doch beraten werden! Ich stelle mich jetzt auch immer direkt vor die Kunden und lasse nicht ab, bis sie sich beraten lassen. Was soll ich mehr tun als mich anbieten? Das muss der Chef doch sehen? Was, zum Teufel, will man von mir! Ich bin jetzt oft krank. Ich halte es nicht aus. Ich bin die Abtrittmatte vom Chef. Ich wünschte, ich könnte woanders hin oder so scharwenzeln wie meine Kollegen.

Ein verwirrtes, klein gewordenes Ich zittert vor vermeintlichen Schlägen des Suprasystems.

Dabei kümmert es sich nicht um das Ich.

5.6.2 Martyrium des wahren Menschen

„Alles Höhere wird ans Kreuz genagelt!“ Das ist die tägliche Erfahrung des wahren Menschen, der nicht Erfolgssonnenstrahlen über sich spürt.

Wahre Menschen wollen das Gute wachsen lassen und die Welt in neue ideale Gefilde führen. Sie sprühen vor Eifer, wenn neue Ideen erscheinen oder wenn Projekte für einen neuen Menschen gestartet werden sollen. Da die Suprawelt eher durch Organisation und Erfolgszwang hart regiert, ist vom Guten im Menschen kaum noch die Rede. Motivation ist für wahre Menschen die erwachte Sehnsucht, einer Idee näher zu kommen. In Suprasystemen ist Motivation ungefähr dasselbe wie Haupttriebstärke. Die wahren Gefühlsmenschen wollen also das Rad möglichst zurückdrehen, in eine Zeit, in der der Mensch als solcher etwas galt. Die Systeme alter Art haben den Menschen immerhin nicht beschädigt, solange er normal und loyal arbeitete.

Die wahren Denker und die wahren Menschen der Richtung Ktisis (Schöpfung, Erschaffen) wollen nach vorne stürmen. Die neue Technologie wird das Wahre wohl wieder möglich machen können, das jetzt unter dem Beginn des Computerzeitalters im Zahlenwahnsinn zeitweise untergegangen ist.

> Früher war hier noch eine Gemeinschaft. Ich bin wohl die Letzte, die hier noch allein die Gemeinschaft hochhält. Ich fühle mich dazu innerlich verpflichtet. Sie hören nicht mehr zu. Ich habe von Zeit zu Zeit Vortragsveranstaltungen organisiert, mit einem wundervollen Drumherum, etwas Sekt und Feierlichkeit. Wir wollten Menschen in andere Ideegefilde führen. Wir gewannen inspirierende Referenten. Jetzt wird mir das Geld gestrichen. Ich habe fast geweint. Sie sagten, es sei nicht das Geld für den Sekt, sondern die Arbeitszeit der Teilnehmer. Die sei verschwendet. Ich lief hochrot zu denen, die oft bei Vorträgen saßen und warb um Beistand und Protest. Sie waren müde. Einige sagten, sie wären mir zuliebe gekommen, aber es sei streng genommen verschwendete Zeit. Ich schrie: Wollt ihr nichts mehr lernen? Sie sagten, sie hätten keine Zeit.
>
> Ich habe eine Idee, wie das ganze Zentrum zu retten wäre. Wir haben ein sehr vielversprechendes Projekt begonnen, um eine Wahnsinnserfindung etwas konkreter aufzubauen. Es ist härteste Arbeit. Der Chef duldet es wohl nur noch und tut seit einiger Zeit ungeduldig. Er sagt, damit könne niemand einen Blumentopf gewinnen. Ob er das auf unsere Gehälter bezieht? Das wäre ja! Das Problem scheint zu sein, dass unser Konzern den Bereich, der unser Produkt herstellen müsste, an einen anderen Konzern verkauft hat. Jedenfalls ist unser Chef ganz mutlos, wenn ich vorschlage, dass ich alles wieder aufbauen will. Er bittet mich immer um Verständnis. Neulich fragte er ganz verzagt und ängstlich, ob er mir erst kündigen müsse, bis ich endlich begriffe. Er ist einfach nicht zu verstehen. Ich schaffe es schon. Er soll Vertrauen haben.
>
> Ich programmiere die beste Qualität. Nie ist jemand besser gewesen. Das sagt jeder. Ich bin der Meister. Sie machen mir das natürlich streitig, deshalb programmiere ich immer noch besser. Jetzt, neuerdings, beginnen sie sich zu beschweren, dass ich die Termine nicht einhalte. So viel Zeit muss sein, denn ich bin perfekt. Lustig, sie versuchen es mit Drohungen und Versprechungen, mich zum schludrigen Arbeiten zu erziehen. Es klingt schon wie beim Irrenarzt: Hey, du, du sollst doch nicht so unmenschlich hohe Maßstäbe an dich anlegen. Du musst hier nicht den Gott der Qualität mimen. Aber, sag ich, wer denn sonst? Wenn ihr alle bittet, dass ich schludrig arbeiten soll, dann seid ihr doch alle von Schludrigkeit überzeugt? Wer achtet da auf euch? Ihr solltet mal zum Arzt.

Ich werde von meiner Firma gemobbt, weil ich nicht viel telefoniere. Sie sagen, meine Telefonrechnung sei schon ein Indikator dafür, dass meine Arbeit schlecht zu bewerten sei. Ich habe dann eine Stunde lang die Zeitansage in Neuseeland angerufen und gefragt, ob es nicht zu spät ist. Ich soll mehr sozial sein! Ich habe keine Zeit. Ich muss mich wahnsinnig beim Programmieren konzentrieren. Das ist wie Trance. Und dann kommen sie und wollen immer zum Kaffee gehen. Nichtstuer! So konzentriert sich keiner. Neulich haben sie mir vorgeworfen, dass ich es nicht einmal schaffe, dass mir die Kellnerin morgens im Hotel Kaffee einschüttet, weil ich niemanden anschaue. Was interessiert mich die Kellnerin? Die sind doch alle unfähig bis zum letzten. Sie bringen von allein nie Kaffee her. Ich gehe nur noch in Hotels mit Tischthermoskannen.
Wir sollen im Vertrieb bei unseren Dienstreisen Geld sparen und nur noch mit Kleinstmietwagen fahren, ohne Klimaautomatik. Ich habe mich drei Tage lang hingesetzt und genauestens berechnet, dass diese Anordnung verfehlt ist, ganz abgesehen davon, dass wir im Sommer so verschwitzt ankommen, dass niemand mehr mit uns reden mag. Es rechnet sich auch geldlich nicht, denn die teureren Autos fahren viel schneller, sparen also Arbeitszeit. Das habe ich im Durchschnitt über alle Gehaltsstufen kalkuliert. Am Ende kommt heraus, dass diese Anordnung zu einem möglichen Schaden von 2,53 € pro Person und Jahr führt. Ich habe einen Termin beim Bereichsleiter bekommen. Meinem Chef habe ich nichts gesagt, der hat Angst, es dem Oberboss zu sagen. Mein Chef meint, der Oberboss versteht so etwas nicht. Das habe ich ihm geschrieben. Ha! Und? Sofort habe ich einen Termin.
Die Firmenleitung hat festgestellt, dass wir Mitarbeiter mehr Kontakt haben sollten. Sie hat beklagt, dass es schade ist, dass wir uns aus Kostengründen bei der Arbeit nicht mehr unterhalten können. So ist die Kommunikation schwierig geworden, weil gar nicht mehr bekannt werden kann, wenn ein Chef etwas sagt. Ich hab' deshalb vorgeschlagen, dass wir uns doch wenigstens privat austauschen sollten. Ich habe daher ein ganz von oben hochoffiziell genehmigtes Projekt gestartet. Wir machen jeden Montag in der Freizeit um 20.00 Uhr bis 20.15 Uhr ‚unsere Tagesschau' als Telefonkonferenz. Da reden wir also jede Woche miteinander. Am ersten Montag waren ungefähr die Hälfte der Mitarbeiter am Telefon. Leider konnten wir erst acht nach anfangen, bis sich alle endlich eingewählt hatten. Wir müssen Routine gewinnen. Da hat sich der Chef zu Wort gemeldet, er wollte nur sagen, dass ihn das auch sehr interessiert, was wir privat reden, aber er wolle doch appellieren, dass wir uns auch privat begeistert über die Firma äußern. Einer sagte, dass wir das immer tun, solange der Chef da ist. Er lachte und sagte, er habe es verstanden. Er verspreche, auch die noch verbleibenden zwei Minuten dranzubleiben, obwohl er keine Zeit habe, weil er natürlich nicht wie wir in seiner Privatzeit am Telefon sein könnte, weil er gar keine Privatzeit hat. Am folgenden Montag war nur noch Ulli am Telefon, wir wussten aber nicht, wer noch. Jedenfalls knackte es in der Leitung. Ich bin jetzt im Zweifel, ob die Telefonkonferenz eine gute Idee ist und ob sie überhaupt allgemein angenommen werden wird. Es kann ja an mir liegen. Im Flur meinte einer, ich will mich mit so einem Jubelprojekt beim Chef positionieren. Das hat mich sehr erregt. Was denken die Leute denn von mir? Wird hier jedes Projekt gemobbt? Wer bin ich denn? Ich habe es verdient, dass man mir dankt, ich habe schon einige Glückwünsche nach dem ersten Event erwartet. Nichts. Die Leute sind misstrauisch und gönnen niemandem etwas. Nicht mal mir eine Streicheleinheit beim Chef.

Für wahre Menschen ist das Ausbleiben von „Erfolg" eine universelle Folge einer zum Bösen und Dummen geneigten Welt. Das Hohe wird eigentlich nicht ans Kreuz genagelt, es wird schnöde geschnitten und gemobbt. Ideen stehen einsam herum. Menschen scheinen zu sagen: „Wir kämpfen um das Überleben, da ist keine Zeit für schöne Ideen." Alle wahren Menschen wissen, dass nur deshalb gerade um das Überleben gekämpft wird. Aber sie schreien sich ganz nutzlos die Seele aus dem Leib. Die anderen hören das nicht, weil sie keine Seele mehr haben. Sie haben sie irgendwo bei der Stellensuche vergessen.

Wahre Menschen fühlen sich von Gott und der Welt verlassen. Im Grunde haben sie selbst oft Gott und die Welt verlassen, aber so empfinden sie es nicht.

5.6.3 „Deficior“ – Endkampf oder Erlahmen des Natürlichen

Ich hatte über die beiden Vorabschnitte so schöne lateinische Titel gesetzt – da muss noch ein dritter her, obwohl der nicht zum geläufigen Vokabular gehört. Das Verbum *deficere* hat die vielen speziellen Bedeutungen abfallen, zu fehlen beginnen, ausgehen, zu Ende gehen, erlahmen, ermatten, verfinstern, den Mut sinken lassen, im Stich lassen. *Animo deficere* heißt „den Mut sinken lassen“. Das Partizip von *deficere* ist *defectum*, das verstehen Sie sicher, aber das wollte ich wegen der deutschen Vorbelastetheit dieses Wortes nicht verwenden. *Deficior* heißt dann: „Mir schwindet etwas dahin.“

Fragen Sie einmal natürliche Menschen, warum sie *verloren* haben!

„Ich konnte einfach nicht mehr. Es war wie ein Energieloch. Plötzlich war der Wille weg, die Konzentration ließ nach.“ Oder: „Ich sehe nicht mehr ein, dass ich Heldentaten mit so einem alten Geraffel von Werkzeug vollbringe. Es geht einfach nicht und ich will auch nicht.“ – „Wir bekommen Geld für nichts. Der Kunde hätte glatt unterschrieben, wenn wir ihn noch zum Oktoberfest eingeladen hätten mit allem Drum und Dran auch danach, aber es war den feinen Herren zu teuer. Nun gibt es eben keine Abschlüsse.“ – „Im Augenblick ist mein erfolgreicher Killerinstinkt einfach nicht da. Wie weg. Ich bin ziemlich niedergeschlagen. Das ist schon seit einiger Zeit so, ohne dass ich wüsste, woran es liegt.“

Ich bin immer schon der erste gewesen, der die Sachen hart angepackt hat und die Kuh vom Eis bekam. Ich bin stark und bringe was. Was mich aufbringt, ist dieses fiese Getue um Einzelheiten. Ich kann das schönste Dachfenster einbauen, da meckern sie, dass ich nichts auf den Teppichboden gelegt habe, damit sie hinterher nicht einmal übersaugen müssen. Wir haben uns angeschrien, obwohl sie sich ja bedanken könnten. Am Schluss ging es nur noch um einen kleinen Fleck im Teppich. Ich habe eben geraucht. Schließlich arbeite ich hart. Immer wird mir die beste Arbeitsstimmung durch Korinthenkacken versaut. Ich fühle mich wie ein gutmütiger Elefant mit einem Mückenschwarm drum rum. Du kriegst die Saumücken nicht weg, diese Pienzer.

Sie wissen genau, dass ich derzeit krank bin. Ich bin überarbeitet. Es beeindruckt sie gar nicht, dass es mir schlecht geht. Sie entlassen mich bald noch. Habe ich die Arbeitsunfälle freiwillig erlitten? Ich habe mich für den Betrieb aufgerieben und fertig gemacht. Nun nutzen sie meine Schwäche aus.

Ich lasse mich nicht unterkriegen. Niemals! Das war schon immer meine Stärke, nicht aufgeben zu können. Wenn ich mich in etwas verbeiße, dann lasse ich nicht mehr los. Ich habe nicht so viel Intelligenz geerbt, was kann ich dafür. Aber ich habe das Abitur geschafft. Natürlich mit Abschreiben. Ich habe mir bei der Abiarbeit den Luxustaschenrechner vom Primus geborgt. Er hatte die Lösungen in der Minidatenbank gespeichert. Ich habe es geschafft, durch langes Quälen endlich ein Projekt leiten zu dürfen. Ich kann es ja noch nicht. Man muss mir doch einmal erlauben, ein oder zwei Projekte zu versenken, um Erfahrungen zu machen. Sie haben mir natürlich zu wenig Zeit dafür gegeben, das hätte ich mir denken können. Jetzt bin ich gewarnt. Sie sollen mich kennen lernen. Sie werden versuchen, ihre Macht auszuspielen, um mir Fehler nachzuweisen. Aber ich lasse mich nicht unterdrücken. Am Ende siege ich. Heute war nicht mein Tag.

Natürliche Menschen haben den Hang, die Fehler der Welt in den Rahmenbedingungen, den Werkzeugen und der mangelnden Handlungsfreiheit zu finden. Sie fühlen sich von Systemen mit ihren Regelwerken und Benimmkodizes unterdrückt. Sie fürchten sich davor nicht so, wie sich die richtigen Menschen vor dem System fürchten. Sie kämpfen unverdrossen weiter, manche bis zum alles zerstörenden Endkampf, manche erlahmen irgendwann: „Deficior." Sehr oft sagen sie „Deficior pecunia." (Kein Geld da.) Natürliche Menschen ergeben sich nicht. Nie. Sie enden. Sehen Sie sich die Filme an und schalten Sie immer drei Minuten vor dem blöden Schluss ab. (Da findet der Held nur noch schnell einen Trick und eine schöne Frau, die sich am verklebten Öl-Blut-Hemd beim Küssen nicht stört. Ganz unwahrscheinlich.)

Kapitel 6
Intellektueller Abgesang

6.1 Tränen über das Gesamtkonzept Supra-Mensch

6.1.1 Der Mensch mit seinem Seismografengürtel

So zuckt der Mensch unter Regeln und Strafdrohungen.

Der Übergang von der Idee zum System und von dort zum Suprasystem lässt sich im Kleinen gut am Straßenverkehr sehen.

Früher, als es noch wenig Verkehr gab, reichte es aus, sich im Wesentlichen nach dem Paragrafen 1 der Straßenverkehrsordnung zu richten: Jeder fährt vorsichtig, rücksichtsvoll und fair gegenüber anderen. Eine kleine Verfassung oder eine Bergpredigt oder ein Grundgesetz reichen völlig aus. Dann leisteten sich immer mehr von unseren Mitmenschen ein Auto. Das Verkehrsaufkommen wuchs. Wenn jetzt ein paar Menschen sinnlos herumrasten oder gefährlich überholten, gab es mehr Unfälle. Jedes Jahr mehr Verkehrstote. Man schuf daher ein Verkehrssystem. Nach und nach wurden so sehr viele Verkehrsschilder aufgestellt, dass man bald vom Schilderwald sprach. Der Verkehr erstickte in Regeln und Vorschriften. Wir armen Autofahrer arrangierten uns irgendwie, jeder auf seine Weise. Wenn Sie die Verkehrsschilder einmal aufmerksam auf ihren Sinn hin überprüfen, sind etwa drei Viertel oder mehr nur Ausdruck von Paragraf 1: „Rücksicht, Fairness, Vorsicht." Wahre Menschen würden sich den Schilderwald wegwünschen und denken, alle sollten doch einfach nach den Grundprinzipien simpler Ethik fahren. Die richtigen Menschen finden es besser, Schilder aufzustellen. Dadurch wird die Angelegenheit mit System geregelt. Richtige Menschen regeln alles mit System.

Die neuere Hektik in unserem Leben hat etwas erzeugt, was uns wichtiger erscheint als die Verkehrsschilder: Eile.

Wir haben keine Zeit mehr zum Herumfahren, weil wir heute eben so viel herumfahren müssen. Die Suprasysteme sparen Bürogebäude ein, lassen uns global arbeiten, schicken uns hier und da hin, muten uns zu, entweder dauernd umzuziehen oder 100 km Anfahrt zum Arbeitsplatz in Kauf zu nehmen. Deshalb fahren mehr Autos noch mehr Kilometer. In diesen Autos sitzen immer häufiger Menschen, die

G. Dueck, *Omnisophie-Trilogie*,
DOI 10.1007/978-3-642-34877-8_6,

überhaupt keine Zeit haben. Sie müssen optimal schnell fahren, um Zeit einzusparen. Zeit ist für das Suprasystem Geld.

Jetzt überholen sie rechts, hupen wild Licht und Ton, gestikulieren genervt, schimpfen, ignorieren alle Verkehrsschilder, an denen kein Polizist steht – insbesondere parken sie, wo sie wollen. In Systemen hält man sich an Regeln. Das gebietet die Loyalität. In Suprasystemen wird alles ausgenutzt, solange es nicht bestraft wird. Da nun die Verkehrsteilnehmer alle Regeln übertreten, weil sie keine Zeit haben, muss alles geregelt werden.

Überall Blitzlichter, Radarfallen, Parkuhren. Es tickt und zuckt.

Aus Verkehrsschildern, die die globale intuitive wahre Einsicht des Paragrafen 1 in lokale Straßenvernunft umsetzen, werden mehr und mehr Seismografensysteme, die uns peinigen sollen, die Regeln einzuhalten. Jeder von uns beachtet nun nicht etwa Verkehrsregeln, sondern er setzt sich selbst Seismografenschranken, wie viel er im Ernstfall bezahlen will. Eine gute Regel ist es, nur etwa 20 km/h zu schnell zu fahren, weil es nur alle paar Monate ein paar zehn Euro kostet. Zuck! Schrecksekunde, 20 €. (Ich bin neulich von Tübingen nach Stuttgart im Dunkeln gefahren. Zuck! Blitz! Mitten ins Nachtschwarz. Todesschrecken. Bremse. Blick auf den Tacho. 90. War das eine Beschränkung? 70! Na gut. Zwei Monate später: 20 €.)

Ich fahre wie ein wahrer Mensch, nach Paragraf 1. Dann muss ich im Prinzip auf keine Verkehrsschilder achten, weil die ja im Prinzip nach dem Geist dieses Paragrafen aufgestellt sind. Ich muss immer dann Strafe zahlen, wenn die Vorschriften nicht intuitiv nach diesem Prinzip greifen, etwa bei Nacht. Außerdem hupen mir öfter nette Supra-Menschen zu. Ich höre das nicht so. Ich habe ja klassische Musik an, etwa Goreckis „Miserere nobis", das passt schon.

Der Supra-Verkehrsteilnehmer beachtet nur noch rote Ampeln mit Blitzlichtprüfung, nur noch Parkverbote, in deren Nähe schwach uniformiertes Personal mit Tastaturen lauert, nur noch Autobahnregelungen, wo „sie öfters stehen". Sonst wird erbarmungslos „geheizt", wie es so nett in den neuen Bundesländern heißt. Wir eilen und eilen, ärgern uns, drohen, hupen, blinken, fuchteln, drängeln, suchen Abkürzungen und andere Vorteile – kurz: Wir werden mehr und mehr von Seismografen gesteuert. Das wichtige Wissen ist die Kenntnis, wo Strafen lauern.

> „Wir haben ein paar Nachbarn und Kinder, die noch nicht viele Strafpunkte in Flensburg haben. Die gestehen dann immer für mich, ich gebe dafür einen aus. Dafür kann ich schnell fahren." – „Wir melden die Autos nach Unfällen immer wieder hin und her, damit Opa die rabattgefährdeten bekommt. So sparen wir eine Menge Geld."

So schlittert der Straßenverkehr in ein Gewirr von Seismografen und Bestimmungen. Anschnallen? Ist vernünftig. Ich mache es, weil ich sonst bestraft werde oder den Versicherungsschutz verliere. Alkohol am Steuer? Es ist vernünftig, nur nach der Promille-Tabelle zu saufen, weil sonst die Strafe zu hoch ist. Winterreifen? Ist vernünftig, weil der Versicherungsschutz bei Schnee sonst gefährdet ist.

Alles ist nur noch vernünftig, weil es sonst Strafen gibt.

Ohne Strafen hetzen wir. Ohne Strafen pfeifen wir auf Vernunft.

Wir rasen blind in Staus und warten dort schimpfend. Staus entstehen durch Eile. Eile in dichtem Nebel. „Aufgefahren." Eile durch Transportunternehmerzeitausbeutung. „Ins Schlingern geraten, Ladung umgekippt. Feuer.“ Eile beim Einfädeln. „Wie die Wahnsinnigen drängeln sie.“ Eile beim Überholen. „Mein LKW fährt 2 km/h schneller als der andere Kriecher da vor mir.“ Eile in der Innenstadt. „Bekloppte, die bleiben auf der Kreuzung stehen!“ Die Triebe in uns blockieren das Suprasystem. „Man kann es nicht ändern.“ Wenigstens wollen wir ab und zu ein brennendes Auto sehen. „Stau durch Gaffer in Gegenrichtung.“ Leider sind bei guten Unfällen die Schlangen der Gaffer meist viel zu lang. Es ist schon Glück, wenn man noch Hubschrauber, Blut oder Feuer sehen darf. Wenn wir nach Stunden endlich am Schwerunfall zum Fotografieren auf der Autobahn anhalten wollen, winkt die Polizei uns ärgerlich vorbei. Mist, so viel Zeit sollte dann doch wohl sein!

Sind Suprasysteme vernünftig?

Das frage ich ja schon die ganze Zeit.

6.1.2 Die triebsimulierte „Vernunft“

Formal wird die Vernunft jedenfalls hochgehalten. Es geht aber nur darum, wie wir zur Vernunft gezwungen werden können.

Die Vernunft ist noch da, aber nur im Konzept des Suprasystems. In diesem Konzept wird niedergelegt, welche vernünftige Lösung am Ende herauskommen soll. Zehn Prozent mehr Umsatz oder ein flüssiger Straßenverkehr.

Die Vernunft wird aber dann in Seismografensysteme umgebaut, in Anreize, Strafen, Belohnungen und Regeln aller Art. Die Vernunft ist *über* uns, aber nicht mehr wirklich *in uns*, im Einzelmenschen. Der Einzelmensch weicht den Radarfallen des Suprasystems aus und ist unter diesen Restriktionen einfach möglichst schnell und erfolgreich. Alles erlaubt – nur nicht erwischen lassen.

Immer mehr Lebensbereiche unseres Lebens verlassen den offenbar als zu schwer empfundenen Weg der Direktvernunft. „Ratio extra vergine“, kalt gepresst. Olivenöl lässt sich besser gewinnen, wenn die Oliven gekocht werden, dann schmeckt das viele Öl nur nicht mehr. Das Wertvolle ist das, was fast schon von selbst durch das Eigengewicht der Oliven herausträufelt. Die Suprasysteme verzichten auf das Wertvolle zu Gunsten der Menge. Die Menschen werden auf das Viele heiß gemacht. Direktvernunft ist zu schwer an- oder abbaubar. Wir verzichten also lieber auf die eigentliche Vernunft. Wir setzen nur die *Ziele* der Vernunft als Seismografensysteme in Menschen ein. So erreichen die Menschen die Ziele der Vernunft nicht durch Direktvernunft, sondern sie erreichen die Ziele der Vernunft indirekt über das Vermeiden von Schmerzen unter gleichzeitiger Gier nach Höherwertigkeit.

Vernunft ist in diesem Sinne eben – wie schon gesagt – mindestens 90 % Trieb. 90 %! Das klingt wie ein guter Spruch made by Dueck, werden Sie denken oder werden Sie gedacht haben. So einfach ist das aber nicht!

Was nicht kontrolliert und getrieben werden kann, wird in Suprasystemen nämlich gar nicht mehr angepackt. Das übliche Credo der Supra-Manager habe ich ja schon wie eine Gebetsmühle in meinem Werk zitiert: „What you can’t measure, you can’t manage.“ – „Was nicht nachkontrollierbar ist, ist nicht zu steuern.“ – „Ohne

Radarfallen sind Verkehrsschilder nichts." – „Ohne Klausuren ist Lehre unmöglich." – „Ohne Stechuhren sind alle Menschen faul." Bei IBM sind die Stechuhren nach endlosen Kämpfen abgestellt worden, nun arbeiten wir ziemlich viel länger. Wenn Stechuhren da sind und uns kontrollieren, dann gehen wir nach Hause, wenn diese Kontrollen wegfallen („Acht Stunden rum!"). Ohne Stechuhren arbeiten wir, bis „es gut ist".

Im Allgemeinen aber wird kontrolliert und gemessen, weil es nicht vorstellbar ist, dass der Mensch ohne Anreize etwas von selbst tut. In Wirklichkeit gibt es eine Menge, was Menschen fast ohne Lohn tun. Nur müssten sich dann die Suprasysteme auf diese Teilmenge der Ziele besinnen, die Menschen sinnvoll erscheinen. Das wird von den Führenden heute als zu mühsam angesehen. Fordern Sie doch einmal interessanten Unterricht an Schulen und Universitäten! Sie werden eine Menge dazu hören.

Ich habe auf meinem Computer etliche Texte und offizielle Präsentationen, Bücher und Konzepte von verschiedenen Beratungsunternehmen, wie in Unternehmen etwas in die Hand zu nehmen wäre. Fast immer wird ein Weg dieser Art verfolgt:

1. Lege fest, was das Ziel sein soll!
2. Wie wird gemessen und kontrolliert?
3. Mache das Ziel absolut dringend, sonst tut sich nichts!
4. Koordiniere die Machthabenden im Sinne des Ziels!
5. Statte Manager mit Macht aus, das Ziel zu erreichen!
6. Formuliere eine Vision für alle, warum das Ziel erstrebenswert ist!
7. Kommuniziere diese Vision an alle Mitarbeiter!
8. Treibe die Mitarbeiter, kurzfristige Profite in der neuen Triebrichtung zu machen, damit die ersten Erfolge alle Mitarbeiter ermutigen!
9. Kommuniziere die ersten Erfolge als großen Sieg und fordere mehr Siege!

Und so weiter. Ist es nicht eine neckische Idee, erst die Ziele festzulegen und danach die Ziele wie einen Kaiser zu verkleiden und als solchen zu kommunizieren? Ein nacktes Ziel könnte sein: „20 % der Bürofläche sparen." – „10 % entlassen." – „Die teuren Innenstadtfilialen entlassen." – „Dieses Jahr die Auszubildenden nicht übernehmen." Man stattet dann Manager mit der Macht aus, dies zu tun. Nun soll uns Mitarbeitern das Ziel als Vision kommuniziert, also gut verkauft werden. „Wenn wir viele Mitarbeiter entlassen, werden die Arbeitsplätze der Verbliebenen todsicher", heißt es dann in aufwändigen Broschüren oder Präsentationen, die oft reinste Topimierungsübungen sind.

Solche Ziele sind eben nur noch mit Zwang durchzusetzen. Eine Kommunikation führt zur Zustimmung derer, die bleiben. Die Leistungsträger arrangieren sich also und lassen damit die anderen einfach im Stich. Jeder muss sich selbst der nächste sein. Suprasysteme haben die Mitarbeiter ja in Leistungszellen abgetrennt.

Ich will sagen: Suprasysteme sind nicht davon abhängig, ob die Mitarbeiter die Ziele verstehen, gutheißen, mittragen oder selbst vertreten. Das nutzen viele Suprasysteme weidlich aus. Für den betroffenen Mitarbeiter sieht es also so aus, als werde er durch Seismografenausschläge zur *Unvernunft* oder zu irgendeiner Beliebigkeit gezwungen!

Suprasysteme messen und kontrollieren Mitarbeiter auf beliebige Ziele hin, soweit sie nur genug Gehalt zahlen oder Incentives gewähren. Es liegt zum Beispiel nicht in der engeren Natur von Laborratten, durch Labyrinthe zu irren. Für Käse machen sie das und alles andere auch. Mitarbeiter machen ebenfalls jeden Käse für Geld?!

Menschen arbeiten für alles freiwillig, wenn es interessant ist, Spaß macht, Sinn hat oder Gutes bezweckt. (Das deutsche Vereinswesen wird von diesem Faktum getragen.)

Zu allem anderen müssen sie mehr oder weniger gezwungen werden.

Wäre es nicht klüger, wir würden Ziele anstreben, die die beteiligten Menschen begeistern? Das ist sicher schön, sinnreich und wünschenswert. In guten Firmenkulturen gelingt es manchmal für einige Zeit, die von den Menschen wie ein segensreiches Zeitalter empfunden wird.

Die Suprasysteme machen sich mehr und mehr frei von dieser nahegelegten Notwendigkeit, die Menschen freiwillig ins Boot zu bekommen. Sie reizen sie an, sie kaufen sich den Weg durch Incentives frei. Es wird meistens sehr teuer.

Den Weg empfundener Unvernunft gehen die Menschen nur gegen viel Geld oder unter Todesgefahr. „Wir entlassen die Hälfte oder sonst eben alle. Wählt, was ihr wollt!“ Für ein Unternehmen ist beides teuer. Geld sowieso und halbwegs glaubhafte Todesgefahr ja auch.

Ist ein Ziel noch Vernunft, wenn Menschen bestochen werden müssen, in Triebrichtung zu gehen? Ist Erziehung gegen Hamburger noch Vernunft? Ist Unterricht unter Notendruck noch Vernunft? Sind Menschen längerfristig wünschenswert, die nur noch über Seismografen erreichbar sind?

Manchmal drängt sich der Schluss auf, dass die Ziele der Suprasysteme die Mitarbeiter in der Regel *nicht* mehr mitreißen. Es scheint langsam akzeptiert zu werden, dass die Ziele des Profites und des Menschen eben divergieren. Der Mensch muss gegen Anreize oder Drohungen seinen Widerstand aufgeben. „Wenn Sie das nicht mittragen, suchen Sie sich am besten eine andere Firma.“ Im Grunde sind die Suprasysteme zu faul geworden, die psychische Energie des Menschen in ihrer ursprünglichen Form zu verstehen und zu würdigen. Raubbau ist einfacher.

6.1.3 Reaktiv und kurzfristig getrieben, weil immer etwas blinkt!

Die Arbeit in Suprasystemen wird durch Seismografen gesteuert. Meine Kinder haben ständig Klausurtermine vor Augen. Fast jeden zweiten, dritten Tag werden sie auf Höher- oder Minderwertigkeit gecheckt. Kein Gedanke an ein geistiges Hobby mehr! Damals haben sich manche meiner Mitschüler auf Medizin vorbereitet oder in Chemie hineingewühlt, ich selbst habe stapelweise Klassiker gelesen. Wir lebten mehr in der Richtung unserer Begabungen.

Die Schüler heute orientieren sich nach den Prüfungsterminen, die immer zahlreicher den Kalender und die Zeit zerfasern. Morgen Latein, übermorgen Geschichte!

Immer blinkt etwas!

Die Seismografen melden andauernd Mangel- und Notzustände. Dies und das ist noch zu erledigen. Termine sind einzuhalten! Bis dahin ist Anmeldeschluss! Überall lauern Messlatten. Nur die Besten dürfen studieren, was ihnen Freude macht.

Immer blinkt die Warnleuchte des Höherwertigkeitsalarms. Es drohen Prüfungen, das Sitzenbleiben, das Ausscheiden in der Schule. Vom Kindergarten an wird geprüft, beurteilt und eine Prognose gestellt.

Sie wissen, was ich sagen will: Das Kurzfristige nimmt überhand. Von Seismografenreiz zu Seismografenreiz sind es kaum ein paar Tage. Keine Ruhe mehr an der Höherwertigkeitsfront. Prüfung auf Prüfung. In Großkonzernen ist man schon dabei, wöchentlich die Zahlen zu besprechen. Die Abteilungen zählen am Montag, die Bereiche am Dienstag, die großen Bereiche am Mittwoch. Am Freitag sieht man die Lage ganz oben. Immerzu wird gezählt. Ich habe eine Satire geschrieben. Sie heißt *Nicht nur zur Neujahrszeit* und ist im Buch *Die Beta-Inside Galaxie* publiziert. Wenn ich auf etwas stolz bin als Schreiber, dann auf diese dreißig Seiten. Darin wird ganz ätzend der Bilanzzyklus bis auf einen Tag heruntergebrochen. Ich schrieb alles im Jahr 2000, als man gerade zu Quartalsberichten überging. Da war ein Tag noch weit weg von einem Quartal. *Sehr* satirisch. Heute, im Jahre 2003, sind manche Konzerne bei einer Woche angelangt. Die Manager stehen also jeden Freitag auf dem Prüfstand. Jeden Freitag! Können Sie sich die Alarmzustände vorstellen?

Früher gab man Managern zwei, drei Jahre zur Bewährung. Die hundert Tage des Politikers sind sprichwörtlich. Aber heute zucken die Seismografen an jedem Wochenende. Wie sieht so ein Manager innen aus?

6.1.4 An(gst)gespannt vor der Armatur, ohne Blick aus dem Fenster

Kann er seinen Wochenblick, der auf die Zahlen gebannt ist, auf Sterne richten? Wird er noch Strategien entwerfen, die in die nächsten Jahre hineinwirken?

Bei meinen Vorträgen fordere ich die Manager überall dazu auf. „Ach, Herr Dueck. Das ist ein wenig Unsinn, das, was Sie wollen. Ich verzeihe Ihnen das, weil Sie nicht richtig Manager sind. Wenn Sie wüssten, was auf mir lastet – was auf jedem lastet. Sie würden uns alles nachsehen. Es ist schon viel, wenn wir ein Quartal auf unserem Posten überleben. Was hilft ein Mega-Erfolg in späteren Jahren, wo ich schon gefeuert bin? Ich muss einfach jeden verdammten einzelnen Monat Erfolge vorweisen, sonst bin ich weg. Es warten viele, die meinen Job für einen Traumjob halten. Das ist er auch, denn ich bin mächtig. Nur dass der Preis dafür enorm hoch ist. Nichts für ungut, Herr Dueck: Für das Langfristige, also alles über drei Monate, haben wir einfach keine Zeit mehr. Bis dahin hatte ich mehr als zehn Wochenendmessungen."

In diesem Sinne verharren die Manager und Projektleiter vor den „Büchern" oder vor den Computern, die die Zahlen anzeigen. Sie sitzen vor einem Cockpit von Daten wie ein Pilot eines Flugzeuges. Die Instrumente erscheinen so mächtig, dass wir das Flugzeug nicht mehr per Hand steuern mögen. Wir starren auf die Zahlenkolonnen vor uns. Kein Blick mehr aus dem Fenster. Wozu?

Schüler lernen nicht mehr Englisch, sie starren auf den nächsten Vokabeltest. Studenten wollen erst die Diplomarbeit beenden, egal wie, um dann zu promovieren. „Leute, lernt forschen!“, rufe ich, aber sie sagen: Schritt für Schritt!

Können Sie gut flippern? Im Windows auf dem PC ist so ein Spiel. Probieren Sie einmal, wie viele Punkte Sie bekommen. Versuchen Sie es wieder und wieder.

Wissen Sie: Die Punkte sind am Anfang ganz gleichgültig. Sie bekommen am Ende viele Punkte, indem Sie trainieren, in die Bonusbahnen zu treffen und das Dreierziel in der Mitte gut zu treffen, um Extrakugeln zu erobern. Es wäre gut, gar nicht Flipper zu spielen, sondern die einzelnen Trefferarten zu trainieren. Dann bekommen Sie wochenlang erbärmlich wenig Gesamtpunkte. Es ist wie beim Fußball, wo Sie lernen, Elfmeter zu schießen, zu dribbeln oder den Ball anzunehmen. Erst müssen Sie das können, dann können Sie beim Spiel gewinnen. Beim Fußball, Golfen oder Flippern ist es am Anfang wichtig, das Handwerkszeug zu erlernen und nur nebenbei zu spielen.

Wenn Sie Ihr Rüstzeug haben, können Sie immer mehr Prozentanteile mit dem Spielen verbringen.

Im Management und in der Schule scheint irgendwie immer echtes Spiel zu sein. Keine Zeit mehr für reines Training! Alles wird gleich schon bewertet, bevor irgendjemand etwas kann. Es kommt den Neulingen denn auch sofort auf ihre Zahlen oder Handicaps an, nicht auf das längerfristige Können. Die Menschen starren auf ihre Messungen, bevor sie je etwas können. Statt erst das sichere Flippern zu lernen, spielen sie von Anfang an ernst um Punkte. „Learning by doing.“ So ist ihnen meist das Mittelmaß schon vorprogrammiert.

Ich erzähle einen Witz, auf die Gefahr hin, dass Sie mich doof finden. Ich habe bei einem Managertreffen erzählt, dass auf meinem Handy die Umsatzzahlen meines Bereiches online angezeigt werden. Ich habe das Handy aber so programmiert, dass nur die zwei Euro-Cent-Stellen nach dem Komma angezeigt werden, nicht aber die Zahl vor dem Komma.

Man fragte mich: „Warum interessieren dich nur die Cents, nicht die Euro-Zahl?“

Ich antwortete: „Ich schaue so irre oft nach meinen Zahlen, dass sich von Mal zu Mal ja nur hinter dem Komma etwas ändert. Mehr muss ich also nicht anschauen, eben, weil ich *so irre oft* schaue! Toll, was?“

Der Witz scheint irgendwie nicht komisch. Nur ich finde das anscheinend.

Ein Unternehmen besteht aber bald nur noch aus Zahlen. Das Reale wird nicht mehr gesehen. Es kommt nur noch auf die Seismografenausschläge an. Ein Unternehmen ist wie ein Kranker auf der Intensivstation. Der besteht auch nur noch aus Daten und Schaltungen. Langsam werden die Seismografen das Reale. Der Kranke wird gar nicht mehr angeschaut, nur noch die Messinstrumente.

Das muss Buddha vorausgesehen haben, als er das sogenannte Reale für Verblendung der Sinne erklärte. Wir nehmen das Reale über unsere durch Seismografen gesteuerten Sinne auf. Wo kein Seismograf die Aufmerksamkeit lenkt, wird nichts gesehen, weil wir dann ja nicht hinschauen. In diesem Sinne schauen wir durch rosa Brillen oder wir sehen schwarz. Manche sehen eher immerfort rot, andere schwarz-weiß, manche filtern alles in gelbem Neid oder grünem Ärger. „Lass von diesem Cockpit ab!“ So würde Buddha sagen. „Hafte nicht an diesen Filtern! Lass los!“

6.1.5 Das Blinken tut beständig weh – sonst ist etwas falsch!

Warum aber versuchen die Suprasysteme, uns die ständigen Messergebnisse vor Augen zu halten? Warum jeden Freitag Kassensturz? Warum ständiges Sirenengeheul bei schlechten Zahlen?

Nichts gegen das Feststellen einer schlechten Geschäftslage. Aber die ändert sich ja nicht alle paar Tage. Wo der Computer rot blinkt, blinkt er noch wochenlang.

Jeden Freitag veranlasst er unsere Chefs zu hochnotpeinlichen Befragungen: „Wie weit sind Sie? Haben Sie Aktionen aufgesetzt? Die Zahlen zeigen nicht, dass die Aktionen schon greifen! Warum greifen sie nicht? Was tun Sie dagegen? Sie können nicht einfach sagen, Sie hätten neu gesät und müssten auf das Keimen der Samen warten. Wie lange soll das dauern? Der Computer fragt nach. Er hat noch nichts gesehen. Graben Sie die Keime aus, zeigen Sie ihm alles, damit er ruhig ist. Er quält uns so sehr mit den Fragen!“

Suprasysteme gehen von der Annahme aus, dass der Mensch Schmerz vermeiden will. Deshalb droht man ihm mit Schmerzen, damit er die Daten ständig verbessert. Es wird kaum noch angenommen, dass die Menschen unbedroht arbeiten können. Wenn die Daten eines Managers gut sind, bekommt er sofort den Auftrag, bessere Daten zu besorgen. Davon war schon die Rede.

Wenn also dem Manager oder Mitarbeiter nichts fehlt, dann werden neue Schmerzdrohungen erzeugt, damit bessere Daten erzeugt werden.

Viele Menschen klagen daher heute auf jeden Fall, ob sie leiden oder nicht. Sie topimieren in diesem Sinne. „Ach, ich habe so viel zu tun! Eine kleine Aufgabe zusätzlich und ich breche zusammen! Ich stehe kurz vor dem Herzinfarkt!“

Man muss also klagen können ohne zu leiden. Das ist einfacher als es klingt. Ein guter Schauspieler muss sich ja in seine Rolle hineinversetzen. Und das Spielen von Klage verlangt nach herausgedrückten Tränen. Die Menschen beginnen, die Topimierung professionell zu betreiben. Sie spielen täuschend echt. Bei Hysterikern sagt man, sie dramatisierten das große Gefühl. Wenn sie den hysterischen Anfall hätten, wäre der zu 95 % echt und nur zu 5 % noch „bewusst“. Sie steigern sich also so sehr in eine eindruckvolle Gefühlsrolle, bis sie nahe davor sind, sich ganz in sie zu verlieren und darin wie im Wahnsinn aufzugehen. Es kommt darauf an, zur Reststeuerung noch ein bisschen zu wissen, dass es nur Theater ist und nicht etwa ernst. Viele Menschen klagen heute schon so übersteigert, dass sie wohl wirklich nur noch ein kleines Restbewusstsein über die reale Lage haben. Sie bekommen die Herzinfarkte inzwischen manchmal wirklich und ganz real.

Es ist nicht richtig, im Suprasystem *keine* Schmerzen zu haben. *Deshalb empfindet man welche.*

Ich habe in großen Konzernzentralen bei der Begrüßung im Korridor auf das „Wie geht’s?“ öfter mal strahlend mit lautem „Prachtvoll!“ geantwortet. Da krausen sich aber die allgemeinen Stirnfalten. Die Menschen scheinen das Wort *prachtvoll* zur Lagebeschreibung sehr peinlich zu finden. Wenn ich „Prachtvoll!“ sage, scheine ich ihnen in Gefahr zu sein. Oder selten dumm. Oder beides.

6.1.6 Des Menschen Hauptmotiv verraten und verkauft

Natürliche Menschen wollen selbstbestimmte Wirksamkeit erleben und sehen sich im Suprasystem fremdbestimmt zur höchsten Wirksamkeit getrieben.

Richtige Menschen wollen innere Ruhe, Sicherheit und Geborgenheit. Die wird ihnen genommen, damit sie aus innerer Angst stärker und stärker arbeiten und leisten – das Suprasystem lockt sie lebenslang mit der Fata Morgana der Sicherheit, die sie aber nie finden. Das erinnert ein wenig an die Sündevorhaltungen der Kirche, die uns oft glauben macht, wir würden nie und nie und nie in den Himmel kommen, weil wir wieder einmal eine Sünde begangen haben. Im Grunde, denken wir bang, kann ja niemand in den Himmel kommen, andererseits wird uns allen, ja, allen, Gnade verheißen. Wir werden niemals ganz final als Sünder verurteilt, sonst hätten wir ja kein Motiv mehr, zum Guten zu streben. So hält uns auch die Sündenpredigt stets in angstvoller Dauerspannung.

Wahre Menschen sind solche, die Krieg jeder Art hassen. Suprasysteme aber verwickeln sie in Kriege. Selbst Elfenbeinturmwissenschaftler werden heute leistungsvermessen. Schauspieler werden beurteilt, Theater sollen Gewinn machen, Klöster Finanzpläne vorlegen und mehr Kerzen verkaufen. Kindergärten und Pflegeheime, Institutionen der Liebe, sollen mehr und mehr „wirtschaftlich“ arbeiten – also wird wieder das, was nicht gemessen werden kann, eingespart: Liebe. Sozialarbeiter müssen Erfolge in Erfolgsblätter eintragen, es wird sorgsam gezählt, wie viele Menschen sie betreuen. Schaffen Sie noch 20 % im Jahr mehr? „Betreuen Sie schneller!“, heißt es und sie sparen an Liebe.

Wahre Menschen sind im Allgemeinen ziemlich schlecht im Angeben oder Topimieren. Sie kennen das sicher, wenn Sie die introvertierten Wissenschaftler sehen, die sich schändlich schlecht verkaufen. Sie utopimieren ein wenig, aber diese wahre Seite des Lebens wird von den Suprasystemen nicht recht wahrgenommen, da sie ja eine Kreuzung des natürlichen mit dem richtigen Menschen anstreben.

Menschen des Gefühls und der Ethik erwarten vom Leben Wärme und liebevollen Umgang der Menschen, sie wünschen sich Gemeinschaft und Harmonie. Abgeschafft!

Menschen des Geschmacks und der Ästhetik sehen die höchsten Werte im Schönen. Das wird in Suprasystemen selbstverständlich eingespart, es sei denn, es diene zur Topimierung im Marketing und bei der Werbung. Das Schöne wird fast ganz zur Topimierung vereinnahmt, Kunst zum Kommerz.

Menschen des Neuen wollen erfinden und forschen, sehen sich aber immer stärker dem Zwang ausgesetzt, vor ihren Erfindungen Finanzpläne auszuarbeiten. Bevor sie eine Idee haben können, sollen sie am besten sagen, wie viel Geld die Idee einbringen wird. So wird es heute von den Grundlagenforschern verlangt, die hilflos vor den verlangten Nutzenschätzungen stehen und im Grunde in diesen Zeiten sang- und klanglos langsam verschwinden. Auch Forscher sollen jeden Freitag Ergebnisse in Telefonkonferenzen berichten können.

So können wir Mensch für Mensch, Motiv für Motiv durchgehen. Die Hauptmotive der Menschen werden ausnahmslos entmutigt. Die Menschen mögen mit irgendwelchen Hauptmotiven aufwachen. Sie mögen nach Liebe, Anerkennung, Respekt, Lust, Wissen, Wahrheit, Schönheit gieren, was immer es ist: Sie bekommen nur Geld.

Suprasysteme zahlen Schmerzensgeld für unsere Gier, Nummer Eins zu werden.

Dafür sollen wir unsere Herzen und Wünsche vergessen.

Wir verkaufen das alles für das Schmerzensgeld.

Tag für Tag betäuben wir unsere Herzen, wenn wir das Geld für Suprafreuden ausgeben. Das lindert. Wir hassen uns zunehmend als Konsummenschen und Dauerfrustfernseher, die wir in uns ruhig stellen. Wir glauben, wir holen alles nach, wenn wir in Frührente gehen.

Bitte, denken Sie einmal sehr praktisch über den Himmel nach, den uns unsere Herzen ja auch versprechen. Was tun wir im Himmel, wenn wir so alt dahin kommen? Ist unser Alzheimer dann geheilt? Sind die Karzinome und der wundgelegene Altershautrücken verschwunden? Gibt es im Himmel wieder Zähne? Haben wir uns inzwischen so an Erbswurstsuppe gewöhnt, dass wir Manna nicht mehr vertrügen? Darüber gibt es viele fröhliche, erbarmungslose, gotteszweifelnde Gedanken.

Sie treffen im Grunde genau so auf uns Frührentner zu.

Haben Sie denn etwas von ihrem Leben, wenn Sie dreißig Jahre psychisch ausgebeutet wurden? Wie fühlt sich ein Leben ohne Stress noch an? Leer? Einsam? „Ich werde nicht mehr gebraucht – keiner meckert mehr mit mir. Da sehe ich halt fern.“ Wir erfinden gerade neue Wissenschaften des ehrenwerten Alterns. Wir sollen lernen, nach der Frühverrentung noch oder wieder ein Mensch zu sein.

Sehen Sie frühere Bauern vom Dorf vor sich? Verhutzelt? Gekrümmt? Klein mit rotem Gesicht, die Haut wettergegerbt? Oder Bergleute, hustend, mit Staublunge? Formengießer, halb blind? Straßenarbeiter, halb taub?

So sieht unsere Seele nach der Frührente aus. Sehen Sie sich nur an, wie sich heute die Schüler und die Lehrer gegenseitig topimierend zu Grunde quälen, wenn sie den gemeinsamen Punktwettlauf zum Abitur wie Spießrutenlaufen bestreiten.

> „Kathrin, *du*, du wirst *Lehrerin*!“, staunte ich neulich nach dem Abiturtermin. „Habt ihr nicht gerade mindestens ein Drittel der Lehrer psychisch durch Vernichtungsversuche niedergehalten? Warst du denn nicht dabei?“ – „Ja, schon.“ – „Und? Hast du keine Angst?“ – „Theoretisch schon, ja. Aber ich hoffe, dass es mich nicht erwischt.“ – „Hast du berechtigte Hoffnung?“ – „Man *muss* hoffen, was soll man tun?“

Das schweigende Hoffen der Lämmer.

6.1.7 *Supramensch und Typ A*

Gibt es denn niemanden, der als Mensch von seiner Seele her zu den Suprasystemen passt?

Ist denn das Suprasystem universell psychisch ausbeutend?

Es gibt sie, die Supramenschen.

Ich habe sie schon im Buch E-Man beschrieben. Sie sind in der Psychologie unter *Type A* bekannt.

Das Ursprungsbuch über *Type A Behavior and Your Heart* stammt von Meyer Friedman und Ray Rosenman. Diese Autoren interessierten sich für die Herzattacken bei bestimmten Charakteren und beschrieben Menschen von Typ A und Typ B. Menschen von Typ A sind fast Stress suchend, die von Typ B Stress vermeidend. Ich beschreibe hier kurz die Eigenschaften von Typ A. Sie sehen dann fast blind, dass diese Menschen das Suprasystem repräsentieren.

Typ A ist so:

- Ehrgeiziger Leistungsmensch
- Ziemlich aggressiv
- Schnelle Arbeit
- Ungeduldig
- Ruhelos
- „Hyper"-wachsam
- Aufstiegswillig
- Angespannt, fühlt Druck
- Spricht hektisch

Typ A versucht, alles schnell abzuarbeiten, hat kaum Zeit, sich über Erreichtes zu freuen, wird bei „Kaffeegesprächen" ungeduldig. In seinen Augen steht hektisch geschrieben: „Hört auf zu quatschen. Kommt zum Punkt. Lasst uns vorankommen. Keine Zeit verschwenden!" Ihn plagt ein bohrendes Gefühl der Zeitknappheit und der Dringlichkeit. Er vergleicht unablässig seine Leistungen mit denen von anderen. Er setzt sich immer hohe, sukzessiv steigende Standards, denkt pausenlos darüber nach, ob etwas verbessert werden könnte. Andere Menschen sagen oft zu ihm: „Sei ruhig. Du versuchst zu viel." Typ A will gewinnen, er zeigt es mehr oder weniger offen. Er ist dafür bereit, aggressiv zu werden und zu kämpfen („competitive with free-floating hostility"). Er stürzt sich in viele Aufgaben gleichzeitig und bearbeitet sie oft gleichzeitig (hängt am Handy, am Computer, an der Mailbox, an der Sekretärin und macht überall Stress: jetzt!). Er ist dauernd aggressiv gegen Menschen, die nicht wie er Typ A sind, sich also seiner Meinung nach nicht richtig bemühen. Er entscheidet sofort und schneidig. Andere sagen: hastig. Er hat nie das Gefühl, „eine Arbeit getan" zu haben und sich eine Pause oder gar einen Urlaub erlauben zu dürfen. „Ich muss leider eine Mexikoreise machen. Es geht nicht anders. Wir hatten seit zehn Jahren keinen Urlaub. Meine Frau hat mit Scheidung gedroht. Ich bat sie, doch allein zu fahren, mit den Kindern. Sie ist sadistisch, es geht ihr wohl um Macht oder ums Prinzip. Mexiko ist auch schön ohne mich. Sie fragt, ob wir verheiratet sind. Alle diese Probleme spielen doch gar keine Rolle. Ich muss den Mega-Vertrag holen. Ich habe mir zwei Tri-Band-Satelliten-Handys gekauft." Typ A ist ständig im Wettbewerb. „Sie haben drei Kreditkarten! Ich habe fünf, benutze aber nur vier, weil die fünfte nur golden, nicht Platin ist. Mein Anbieter will es nicht kostenlos machen. Da schneide ich ihn."

Im *Stress Management Sourcebook* von J. Barton Cunningham fand ich den erhellenden Satz:

> Type A behavior is not a personality disorder, but might be called a socially acceptable obsession.

Im Klartext: Das Verhalten von Typ A gilt nicht als Persönlichkeitsstörung, sondern nur als eine gesellschaftlich akzeptable Manie oder Zwangsvorstellung/Besessenheit. In meinem Manual *DSM IV* über Mental Disorders, in dem Diagnosekriterien für psychische Störungen wie Standards festgehalten werden, kommt der Term Typ A nicht im Stichwortverzeichnis vor. Im Buch *Disorders of Personality: DSM-IV and Beyond* von Theodore Millon und Roger Dale Davis, das nur von charakterlichen Persönlichkeitsstörungen handelt, die im DSM nur einen kleinen Teil ausmachen, ist auf über 800 eng bedruckten, mehrspaltigen Seiten nur ein einziger Satz zu Typ A zu finden – eine Bemerkung, dass der Typ A in die Nähe der Zwanghaftigkeit gehöre („conforming pattern").

Cunningham schreibt über die Hauptprobleme, die die reineren Typ-A-Menschen haben:

- Hyperaggressivität
- Gefühl der Dringlichkeit (time urgency)
- Tendenz zur Übererfüllung der Ziele
- „Polyphasic Behavior" und Impulsivität

Hyperaggressivität von Typ A: Er hat im Grunde Angst unter dem Druck, unter dem er steht. Druck, zu versagen, die Ziele nicht zu erreichen. Die Angst drückt sich in vermehrter Aggression aus. Auf alle Signale von Unsicherheit und Angst reagiert Typ A mit Leistungswillen, Aktionen und Aktionsplänen, der Annahme von Herausforderungen. Das führt dazu, dass sich dieser Mensch praktisch ständig in Kampfbereitschaft fühlt oder quasi im Krieg steht. Er will die anderen übertrumpfen, koste es, was es wolle. Er verliert das Gefühl für Effizienz (!).

Dringlichkeitsgefühl: Er hat nie Zeit genug, alles zu tun, was eigentlich getan werden könnte. Er übernimmt tendenziell zu viele Aufgaben. Er versucht, immer mehr in der vorgegebenen Zeit zu erledigen. Er hat es dann stets eilig, um mehr zu erreichen. Dafür plant er ständig die Zeit, setzt sich Deadlines und klare Ziele. Er verordnet sich Regeln und Standards, die einzuhalten sind, alles letztlich mit dem Ziel, noch schneller zu arbeiten und noch mehr zu schaffen.

Tendenz zur Übererfüllung: Er will immer mehr erreichen („drive to achieve more and more"). Durch diesen steten, immer präsenten Drang verliert er das Gefühl für die Freude über das Erreichte. Er sagt zu sich nur kurz: „Gut." Und dann macht er innerlich einen Haken an die Liste und sagt: „O.k., weiter!" Er sammelt Orden, Auszeichnungen, Gehaltserhöhungen, Wein, Möbel, Hunde, immer größere Häuser und Autos oder alles, was Status ausdrücken mag: Die Anzahl der Publikationen, die Punktzahl beim Triathlon. Der Wert muss messbar sein. Wirklich messbar. Nicht in Qualität oder Freude oder Schönheit oder Lust. Typ A sagt: „Das ist nicht handfest."

Polyphasic Behavior & Impulsivität: Impulsive springen auf etwas, ohne alles ganz durchzudenken. Sie haben ja solche Lust, sofort anzufangen. Sie stehen in Gefahr, etwas Wichtiges zu übersehen. Vor Eifer hören sie nicht zu, schon gar nicht auf Warnungen oder Einwände. Sie beginnen zu arbeiten, ohne vorher die Bedienungsanleitung angeschaut zu haben! Typ-A-Menschen arbeiten polyphasisch; das heißt, sie unternehmen viele Arbeiten gleichzeitig. Manager erledigen typischerweise die Post, während sie bei einer Präsentation persönlich anwesend sind. Es gibt einen Werbespot, in dem einem Manager telefonisch von der Gattin deren Scheidungswünsche eröffnet werden. Während er mit seiner Frau „verhandelt", kauft er online Aktien am Computer. Resultat: Er ist unkonzentriert und damit überall gleichmäßig weniger effektiv, gleichzeitig jedoch sehr stolz, alles auf einmal zu schaffen.

Ich interpretiere diese Beschreibung von Typ A jetzt einmal unbekümmert schwungvoll:

Typ A ist wie ein zwanghaft pflichtbesessener Mensch, der den vollen Trieb und seine ganze psychische Energie in das Erreichen von ehrgeizigen Systemtriebzielen setzt.

Das ist der Supramensch.

Das ist Score-Man.

Es ist die gelungene Kreuzung von Willenstrieb und Pflichteifer.

Leider ist der Supramensch instabil, aber für eine Zeit lang können wir ihn in dieser Form benutzen.

Typ-A-Menschen werden von Klinikern untersucht, weil sie Herzprobleme und Stresssymptome zeigen, wie ich sie eben beschrieben habe. Psychologen überlegen, ob es eine Krankheit ist, ein Typ-A-Verhalten zu zeigen!

Typ A wird aber offiziell nicht als gestört angesehen, nur eben als gesundheitsgefährdet.

Wir hetzen also alle Menschen in Richtung von Typ-A-Verhalten und dann trauern wir, dass sie krank werden. Wir beklagen, dass Typ A in seinem zerfressenden Trieb, immer mehr zu erreichen, immer weniger Freude am schon Erreichten hat und seine Triebwut stärker und stärker auslebt. Immerfort vergleicht er, misst er und zählt, ob er weitergekommen ist. Er arbeitet immer länger. Cunningham schreibt von „self-destruct", von Selbstzerstörung.

Psychologen nehmen nun die armen Supramenschen in Behandlung und lehren sie:

- Sei weniger zeitgetrieben!
- Setze deine Feindseligkeit herab!
- Vergleiche nicht so viel, lass das Messen sein!
- Sei nicht andauernd besorgt und um Selbstwertzuwachs bemüht!
- Lass das Perfektionistische!
- Hör auf, alles zu strukturieren und in Systeme zu pressen!

Was meinen Sie? Wird man Typ A mit solchen naiven Apellen heilen? Wird es ihn beeindrucken, wenn man ihm besorgt mitteilt, dass er Typ A ist?

Er wird doch jubeln, so zu sein! Er ist der Supramensch, wie ihn sich das Suprasystem vorstellt! Er ist der gewünschte Prototyp des Nummer-Eins-Sisyphus.

Abb. 6.1 Sisyphus

Sisyphus wälzt unermüdlich den Stein hinauf, der ihm immer wieder entgleiten muss, so geht die Sage (Abb 6.1). Typ A aber wälzt immer bergan. Und der Berg hört nicht auf. Er schaut einige Meter zurück, einige Meter nach vorn, und wie im Endlosbilligtrickfilm sieht das Vor und Zurück für ihn immer gleich aus: es geht bergan. Typ A verliert das Gefühl für die absolute Höhe. Nur immer weiter! Bergan im relativen Sinne! Mehr Plusprozente. Jede Minute bergan. Alle Mühe, allen Schweiß und alle Nerven dafür! Typ A versucht es am besten mit mehreren Steinen gleichzeitig. (Ich bekomme eben in dieser Sekunde eine E-Mail-Bitte von ganz oben, während der Executive Meetings kein „Multitasking" zu betreiben. Handy, PDA … Es besteht die Gefahr, dass es sonst bei allen piept.)

Das Altertum nahm an, Sisyphus sei von den Göttern bestraft.

Und wir wollen alle heute Supramenschen sein?

Wir sind selbst gestraft.

Wir betreiben Raubbau an unserer Seelenkraft und verraten unser Herz. Das bekommt dann manchmal einen Höherwertigkeitsinfarkt.

6.1.8 Supramensch und Topimierung

Wenn der Supramensch denn wirklich viel mehr leisten würde, wäre es ja ganz gut. Wir würden seine Existenz ja halbwegs begründen können.

Aber seine Feindseligkeit zerstört ja am Fundament des Ganzen, sie zerstört Vertrauen in seiner Umgebung, lässt keine Liebe und Harmonie zu. Ich schrieb ja ein ganzes Kapitel über diese Nichtzulassung eines großen Ganzen.

Die Kliniker untersuchen auch immer nur taktvoll das versessen Erfolgstriebhafte, sie überlegen ja nicht in ihren Warntafeln, dass dieser Trieb zum Topimieren, zur Untreue, zu Misstrauen, Zerstörung und Betrug führt.

Die derzeitigen Bilanzskandale, die die Börsen erschüttern, sind Typ-A-Phänomene oder Supraerscheinungen.

Das Verhalten von Typ A ist nicht auf ein Werk gerichtet, auf einen Menschheitswert, sondern nur auf Höherwertigkeit in einem sehr abstrakten Sinn, der fast nur noch in Geld auszudrücken ist. Deshalb sehe ich in der Realität den Supramenschen fast unauflöslich in Topimierung und Ontopimierung verstrickt. Der Supramensch verbeißt sich so sehr in seine eigene Höherwertigkeit, dass er im Notfall eben alle Register zieht und „sich etwas einfallen lässt", wie er typischerweise sagt.

So ist ein Großteil der gezeigten Leistungen in Unternehmen einfach durch Topimierung herbeigezaubert. Typ A zeigt ja unentwegt Eifer und Eile. Er eröffnet unendlich viele Baustellen und setzt immerfort fruchtlose Aktionen auf. Ist das ökonomisch? Wie viel kostet die Topimierung bis zur Selbstzerstörung?

Wie viel kosten die Kliniken? Die Herzinfarkte? Die ausgebrannten Topimierer, die in die Opferkategorie zurücksinken? „Sacrificium." – „Deficior." – „Ich habe mich für das Suprasystem aufgeopfert. Sie haben mich benutzt und wie eine Zitrone ausgesaugt. Als ich ein paar Sekunden nur Durchschnittliches leistete, wurde ich frühpensioniert. Sie denken, sie brauchen meine große Erfahrung nicht mehr. Sie sagen, sie ersetzen mich durch jemanden, der noch heiß ist und brennt. Sie sagen, ich sei im letzten Jahr nicht mehr die treibende Kraft gewesen. Das hat wohl den Stein ins Rollen gebracht. Jetzt bin ich unten. Es ging sehr schnell. Ich bin wie in Trance verwundert, dass es mich treffen konnte. Ich hatte immer gedacht, ich bleibe oben und halte durch. Was in aller Welt ist mit mir passiert? Ich werde sie bitten, mich wieder anzunehmen. Ich muss doch arbeiten. Ich will wieder brennen und treiben. System! Erhöre mich!"

> Ich habe bis an den Rand des Herzinfarktes gearbeitet. Ich habe alles gegeben. Dennoch hatte ich nicht gedacht, dass ich tatsächlich im physischen Sinne einen Herzinfarkt bekommen könnte. Ich selbst habe ja keinen Stress gefühlt. Das sagen mir jetzt die Ärzte, ich hätte Stress gehabt. Ich muss rehabilitiert werden. Ich werde langsam wieder gesund gemacht. Diese unendliche Langsamkeit meiner Genesung nervt mich so sehr. Gibt es nicht schnellere Methoden? Muss ich wirklich zwei Monate aussetzen? Warum? Ich will wieder in das System zurück und ihnen zeigen, dass ich alles noch leisten kann. Man soll es mir nicht mehr anmerken, dass ich nun diesen Makel mit mir herumtrage, einen Herzinfarkt gehabt zu haben.

Aus einer E-Mail von Judith Neff, die mit solchen Menschen beruflich umgeht:

Bei Herzinfarkt-Kranken sieht es anders aus. Vorausgesetzt es stimmt, was diese Patienten mir, uns, mitteilen, stellt sich die Vorgeschichte in etwa so dar: Sie waren die unermüdlichen, unersetzlichen, klaglos tätigen, alle anderen „Gestressten" über Gebühr unterstützenden, selbst aber STRESSFREIEN Menschen. Der Pilot, der jeden Sondereinsatz fraglos übernimmt; der Botschafter, der sich selbstverständlich 24 Stunden am Tag um seine notleidenden Schäfchen kümmert; der Möbelpacker, der sich selbst immer die schwersten Stücke auflädt; der sich aufopfernde Ehemann, der nebst Beruf und Kindern auch noch seine MS-kranke Ehefrau versorgt, alleine, versteht sich (!) … und … und … (Wie weit Deine Computer – gäbe es sie – die geschilderten Leistungen tatsächlich als „hervorragend" klassifizieren, und die gegebene Selbstdarstellung dadurch stützen würden, vermag ich nicht abzuschätzen.)

Tatsache ist jedoch, dass alle diese Patienten „Stress" bisher fast nur vom allgegenwärtigen Hörensagen kennen (was wegen der Korrelation Blutdruck-Schmerzschwelle durchaus glaubwürdig, und wegen der Verachtung erzeugenden

Entwertung des Begriffs „Stress“ durch inflationären und allzu leichtsinnigen Gebrauch verständlich ist). Jedenfalls gehörten sie wohl kaum zu den ausufernd Klagenden.

Ich selbst lerne sie ja erst nach dem (meist sang- und klanglosen) Zusammenbruch kennen, der einige Tage bis wenige Wochen zurückliegt. „Aufgebrochen“, aus der Bahn geworfen, extrem desorientiert. Im Ausnahmezustand jedenfalls! – Der aber vielleicht doch ein Stück mehr Aufrichtigkeit erlaubt (oder erzwingt?). Man leistet sich, was sonst undenkbar wäre: das WAHRnehmen von Erschöpfung, Angst, Einsamkeit, Groll, Wut, Trauer, Sehnsucht .... Bedürftigkeit. -

Vielleicht all das, was zeitlich vor jeglichem Topimieren liegt. – LAG! Einst! Ganz früher!

Die meisten klagen auch jetzt nicht. Aber sie wollen wissen. VERSTEHEN. Und lernen.

Dabei wird (fast immer unausweichlich) die Verblendung gegenüber den eigenen (Leistungs-)Grenzen sichtbar, die oft beinahe grotesk anmutende Selbstüberschätzung, die buchstäblich letale Blindheit für den eigenen Körper und für warnensollende Schmerzen.

Der „Makel“, um mit Adler und Dir zu sprechen. Tatsächlich sind ja spätere Herzinfarkt-Kranke konstitutionell von je her „Schwache“, weil jede Art von Stress sie zwar scheinbar unbemerkt, aber dennoch ZENTRAL trifft: in Form von individuell teils extrem überschießenden Herz-Kreislauf-Reaktionen. In der Fachwelt werden sie „heiße Reaktoren“ genannt. Der Streit der Gelehrten ist immer noch nicht entschieden, ob dies mehr „genetisch“ oder mehr „sozial“ ererbt ist; beweisbar ist bis heute nur eine gewisse familiäre Häufung. Aber man ist sich weitgehend einig darüber, dass diese Menschen um ihre latente Gefährdung schon immer „irgendwie gewusst“ haben, auch wenn sie ihnen NIE explizit zu Bewusstsein gekommen ist. Denkbar also, dass sie von Jugend an „überkompensieren“.

Aber nicht nur dies wird spätestens in der Reha bewusst (gemacht). Offenbar wird im Lauf der Zeit auch, dass manche KollegInnen sie tatsächlich ausgenützt, manche Arbeitgeber/Vorgesetzten sie wirklich ausgebeutet, scheinbare Freunde sie ohne Zweifel „ausgenommen“, Ehefrau und „Kinder“ sie unter dem Deckmantel von „Liebespflichten“ de facto ausgehöhlt haben. (So manche Ehe geht denn nach einem Herzversagen auch endgültig in die Brüche!!) Die späteren Herzpatienten sind – so bissig oder feindselig sie sich in manchen Zusammenhängen auch präsentieren mögen – im Grunde ziemlich wehrlos, weil ihnen die VOR allem Verhalten(-Können) liegende, körperliche HK-Reaktion schon das situationsadäquate „Merken“ erschwert bis verunmöglicht. Und sämtliche „Vernebelungstaktiken“ ihrer Mitmenschen sie deshalb besonders fatal treffen …

Also: Auf jeden Fall wünsche ich mir dann manchmal SEEHHR, „die Anderen“, ach so „hart Arbeitenden“, „Ja-Sager“, die „Schnell-Gekränkten“, „Jammerer“, „Vorteilsnehmer“, „Perfektionisten“ und .... (vgl. Wild Duck S. 196 ff.) – alle diejenigen, die ja ein Betriebs- und/oder Beziehungsklima MITerzeugen, müssten AUCH tauglicheres Sozial- und Gesundheitsverhalten lernen (oder vielleicht einfach mal ein paar Tage in einer Herz-Reha arbeiten) oder wie auch immer …

…. und bin, da ich eben die entsprechenden Abschnitte erneut überflogen habe, noch einmal glücklich über Deinen Satz: „Gute Erziehung wäre, ihn [diesen Optimierungslauf] bewusst zu machen und proaktiver zu lenken bzw. klarzumachen, dass man in der Mitte sein kann, ohne neurotisch [oder eben: krank] werden zu müssen" aus Deiner vorletzten Email.

Haben Sie das Wort STRESSFREI gelesen?

Der Supramensch weiß ja nicht ganz bewusst, dass er im Stress lebt. Die Psychologen müssen ihm ja extra sagen, er solle ruhiger sein. Es gibt im Buch von Cunningham extra eine Menge Tests für Stress oder Feindseligkeit etc. Der Supramensch hält das Supraleben für das einzig vernünftige. Er fühlt sich subjektiv wie ein Krieger des Suprasystems.

Noch einmal: Supra ist Krieg.

6.1.9 Lieber tot als unten

Die Suprasysteme haben in gewisser Weise die Angst vor dem Tod zeitlich vorverlegt. In einem mehr beschaulichen Leben ergraut der Mensch zum Tode hin, um den er sich sorgt. Was wird nach dem Tode mit ihm werden? Gibt es ein Leben nach dem Tode? Wird der physische Tod qualvoll und voll bewusst eintreten? Werden uns Menschen im Angesicht des Todes beistehen? Werden Menschen um uns trauern? Werden wir eine Lücke hinterlassen? Werden wir, wenigstens ganz lokal und zeitlich eng begrenzt, Spuren unseres Wirkens auf dieser Welt zurücklassen, bis hin zur Unsterblichkeit? Werden die Menschen gut von uns sprechen, wenn wir nicht mehr sind? Werden frische Blumen auf unserem Grabe blühen? Werden liebe Menschen seufzen: „Erinnerst du dich noch? Weißt du noch, als …?"

In Suprasystemen graut uns vor dem Fall in die Opferklasse, in das letzte Drittel, in den Kreis der Ausgestoßenen, in die Versagerkategorie. Was wird nach der Kündigung mit uns werden? Es wird niemanden kümmern. Gibt es ein Leben nach der Kündigung oder der Abstufung zum Minderleistenden? Worin sollte das bestehen, wenn man „draußen vor der Tür ist"? Wird die Kündigung sich langsam und qualvoll abzeichnen, wird sie sich langsam bei klarem Verstand in unser Seismografensystem einbohren wie ein sich ausbreitendes Krebsgeschwür? Oder werden wir die Gnade einer plötzlichen Kopfschusskündigung erhoffen können, nach der wir wie betäubt mit einem Schreiben in der Hand in der Küche sitzen, neben uns der Lebenspartner mit glasigen Augen? Werden uns die Menschen im Angesicht der Kündigung beistehen? Das können in schrecklicher Wirklichkeit nur solche, die „es" schon hinter sich haben. Die noch erfolgreich Lebenden werden uns tätscheln wie ein krankes Tier: „Armes Tier. Krankes Tier. Es wird schon wieder. Kopf hoch. Die Zeit heilt alle Wunden." Werden die Bleibenden um uns trauern? Nein, sie sind erschrocken, wie jedes Mal, wenn es jemanden trifft. Und sie sind einen kurzen Moment erleichert, um sich gleich wieder noch stärker selbst zu fürchten. Werden wir eine Lücke nach unserer Kündigung hinterlassen? Ganz bestimmt nicht! Werden wir Spuren hinterlassen in dieser wechselvollen Welt? Der Gewinn wird kurzfristig steigen, weil wir weg sind. Werden „Blumen" blühen, zum Angedenken?

Ach, früher, in Systemen, gab es ganze Prozessketten für Blumen aller Art. Jeder Mensch durchlief eine Perlenkette von persönlichen Jubiläen, von Würdigungen und Ansprachen, mit physischen und immateriellen Blumen und goldenen Uhren. Es gab schon Ehre und Würde für bloße lange Anwesenheitsdauer, für Treue und Dienen, ohne dass auf dem Blumenstrauß die Leistungskennzahl gestanden hätte. Menschen feierten ihre kleinen und großen Leistungen neben Geburtstagen und Geburten mit Sektkelchen in der Teeküche. Die Arbeit wurde unterbrochen, wenn Zeit für Würde war. Man sagte einander: „Du bist ein Jemand für uns alle."

Suprasysteme nehmen stillschweigend an, dass ein jeder ein Jemand ist, der noch da bleiben durfte. Deshalb feiern ja alle diejenigen implizit ihr Dasein Tag für Tag, die da sind. Die wirklichen Feiern sind natürlich unter dem Rechenstift absurd teuer. Rechnen Sie einmal alle solche Events mit 100 € pro Stunde und Anwesenden durch. Was kostet dann eine Feierstunde zum 40jährigen Dienstjubiläum? Zweihundert Menschen mal zwei Stunden, also 20.000 €. Viel billiger, die goldene Uhr mit der Hauspost zu schicken. Viel billiger, es ganz zu lassen.

Lieber tot sein als unten: Der Tod ist nicht mehr das Problem unserer Zeit. Die Große Angst ist die des Versagens im Suprasystem, die Angst vor dem unschuldigen, plötzlichen Gestrichenwerden, weil ein Bereich wegen Unrentabilität aufgegeben wird. Wir haben Angst, mitsamt unserer Arbeitsumgebung verkauft zu werden, worauf bei Mergers fast regelmäßig ein Kehraus unter den durschnittlichen Menschen erfolgt. Wir hatten Angst vor dem Tod, weil er so unverhofft, schwarz verhüllt mit Sense, uns zunickt und holt. Wir haben heute Angst, dass uns nun unverhofft eine Leistungsbeurteilung dahinrafft. Es wäre wie ein plötzlicher kleiner Tod. Der große Tod ist verscheiden. Der kleine Tod ist ausscheiden. Nach dem großen Tod, so hoffen wir, weint jemand um uns. Nach dem kleinen Tod, so müssen wir erleben, weint niemand.

Es gibt Schlimmeres als den Tod: Unten sein.

Gegen den eigentlichen Tod können wir uns nicht wirklich wehren. Wir können ihn durch alles Mögliche NICHT hinausschieben. Nicht-Rauchen. Nicht-Trinken. Nicht-Aufregen. Aber im Grunde sind wir gegen den Tod machtlos.

Gegen das Ausscheiden können wir uns vermeintlich stemmen. Wir können hetzen und strampeln und kriechen. Wir betrügen und topimieren, utopimieren, ontopimieren. Was zählt schon der Verkauf der Seele?

Lieber tot als unten sein.

6.2 Metaomorphose

6.2.1 Ökonomie bei Knappheit der Ressourcen

Was ist Ökonomie?

Ökonomie ist eine *Sozialwissenschaft*, die sich mit Mitteln und Wegen befasst, durch die Menschen und Gesellschaften versuchen, ihre *materiellen Bedürfnisse und Wünsche zu erfüllen.* Ökonomie ist die *Wissenschaft von der Allokation (Anhäufung oder Ansammlung) knapper Ressourcen* angesichts unbegrenzter und konkurrierender Nutzungsmöglichkeiten.

Das lateinische oeconomia steht für „gehörige Einteilung“, das griechische oikonomia für Haushaltung und Verwaltung.

Was ist Psychologie?

Psychologie ist die Wissenschaft vom menschlichen Erleben, Denken und Verhalten. Während die anderen Wissenschaften erklären wollen, wie die Welt ist, fragt die Psychologie: „Wie erleben die Menschen sich selbst und ihre Umwelt?“ Die Psychologie stellt Angebote zur Verfügung, damit Menschen ihr Erleben und Verhalten verstehen und verändern – und dadurch Wohlbefinden und Leistungsfähigkeit steigern können.

Wie wäre es, wenn wir in der Definition von Ökonomie das Wort *materiell* wegließen?

Wie wäre es, wenn sich die Psychologie nicht nur mit dem Individuum, sondern auch um die Allokation der psychischen Energie der Gesellschaft kümmern würde – und zwar nicht als arbeitspsychologischer Hilfsbüttel für Höherwertigkeit, sondern für unsere Seelen, die sich nicht mehr wirklich auf religiöse Tröstung verlassen können?

Wenn wir der Ökonomie die Aufgabe übertrügen, sich um möglichst viele Bedürfniserfüllungen zu kümmern?

Sie tut ja eine Menge dafür, auch jetzt schon. Wenn wir zum Beispiel Filme anschauen, befriedigen wir ja kein materielles Bedürfnis. Wenn wir Telefon-Sex-Services in Anspruch nehmen, ebenfalls nicht. Es gibt eine Erotikindustrie, eine Filmindustrie oder eine Musikindustrie. Wir leisten uns vorläufig noch Museen, Theater, Sportstätten. Überall wird für das Nicht-Materielle gesorgt. Der Staat, die Kirchen, viele andere Institutionen oder die Wirtschaft setzen Ressourcen ein, um unsere entsprechenden Bedürfnisse zu befriedigen.

Die Grenzen zwischen dem Materiellen und dem Nicht-Materiellen sind sehr verschwommen. Im Großen und Ganzen aber können wir das abtrennen, „wofür es eine Industrie gibt“ und wofür nicht. Ich möchte es so sagen: Wenn Menschen bereit sind, für eine Bedürfnisbefriedigung einen erstehungskostengerechten Preis zu zahlen, dann ist dieses Bedürfnis in gewisser Weise materiell, weil es einen Preis in Geld, also „in Materie“, dafür gibt.

Sobald jemand materiell davon leben kann, ein Bedürfnis eines anderen zu befriedigen, spielen ökonomische Erwägungen in diese Sachlage hinein. Dann werden nämlich Arbeitsplätze zur Bedürfnisbefriedigung geschaffen, es gibt Gewinnaussichten für private Unternehmer.

Viele wichtige Aufgaben und Bedürfnisse in unserer Gesellschaft werden zwar nachgefragt, aber nicht bezahlt. Denken Sie an das Bedürfnis eines Kindes, in einer warmherzigen Familie aufzuwachsen und gut erzogen zu werden. Das Kind hat ein starkes Bedürfnis, aber kein Geld, dafür zu bezahlen. Deshalb ist es auf Gnade und Hilfe angewiesen, also in der Regel auf seine Eltern. Am Lebensende hat der Mensch ein Bedürfnis nach Hilfe und Pflege. Die kann er gegen Geld erwerben. Ein Platz im Altersheim kostet je nach Heim viel Geld, sagen wir, 2.000 € im Monat.

Das ist mehr als ein Durchschnittsnettogehalt, viel mehr als eine Durchschnittsrente. Deshalb sparen die Menschen zwangsweise für Pflegeversicherungen, damit ihnen später das Bedürfnis nach Pflege und Hilfe befriedigt werden kann. Wenn die Unterbringung eines alten Menschen im Heim 2.000 € im Monat kostet, wie viel dann die Unterbringung und aktive Erziehung eines Kindes durch die Eltern? Banal, wie wir es heute oft diskutieren: Wie hoch müsste das Gehalt einer Hausfrau sein?

Das Problem ist es, dass die Kinder ohne Geld zur Welt kommen.

Schrecklich, nicht wahr? So etwas als ökonomisches Problem zu besprechen? Ich möchte nur sagen: Es gibt viele Bedürfnisse, die fast schon materiell sind, für die es keine vernünftigen Regelungen gibt, weil sie sich nicht mit Geld und damit nicht im Rahmen der Ökonomie erledigen lassen. Stellen Sie sich vor, der Staat zahlt 1.500 € pro Kind und Monat und kommt alle paar Wochen zu den Kindern zur Qualitätskontrolle: Sind die Kinder versorgt, gepflegt, erzogen, gut entwickelt, auf gutem Wege zu einem vollen Menschen? Nein? Dann bekommen die Eltern eine Kündigung!

Die besprochenen Suprasysteme stellen das menschliche Leben so sehr unter das Diktat des Geldwertes, dass nun an vielen anderen Stellen unseres Lebens Bedürfnisse nicht mehr befriedigt werden, weil sie bis heute niemals in ökonomischem Kontext gesehen wurden. Denken Sie nochmals an die Gallup-Studie, die ich am Anfang des Buches zitierte. Die aufgeforderten Supramenschen haben andere Bedürfnisse als Geld, und zwar mehr oder weniger die, die in ihrer spezifischen Dueck-Pyramide stehen. Sind diese Bedürfnisse nach Respekt, Liebe, Wissenserwerb, Erfüllung, Herausforderung etc. den Suprasystemen nichts wert? Oder schlimmer: Sind sie uns Menschen selbst nichts wert?

Uns wird das Bedürfnis nach Höherwertigkeit so sehr eingehämmert, dass wir alle anderen Bedürfnisse nur noch als relativ unbedeutend ansehen. „Kind, ich komme drei Tage nicht nach Hause, nimm etwas aus dem Kühlschrank, ich habe die Chance, bei einer guten Rede in Bochum die neugeschaffene Executive-Stelle zu bekommen. Verdient habe ich es ja! Wir können uns dann viel mehr leisten. Was? Hausaufgaben? Versuch es noch einmal selbst. Ich kann mich nicht um alles kümmern. Ach, wäre das schön, eine Beförderung! Dann würde ich dir auch Nachhilfe zahlen können. Dann wirst du dankbar sein. Sieh mal, ich zahle so viel für dich, da musst du auch einmal selbst deine Sachen regeln. An deiner Stelle käme ich mir langsam minderwertig vor. Ich kann nicht die ganze Zeit für dich verwenden. Ich muss an meine Karriere denken, was du ja nicht tust. Klar hast du dann Zeit, hier herumzulungern. Ich aber will voran. Außerdem habe ich mir fest vorgenommen, einmal die Woche ins Sanamed zu gehen, weil ich fit sein muss. Frag deine Mutter, die sieht es selbst so. Wir haben uns ja in Freundschaft getrennt, weil sie eine tolle Stelle in Mailand bekam, ich aber nicht von Bochum fortkonnte, ohne ein paar Stufen zu verlieren. Kind, tu was! Tu was, sag ich dir. Schau, du hast Hochleistungseltern. Du aber wirst so, wie du jetzt bist, wärest du allein auf dich gestellt, unter einem schrecklich viel niedrigeren Lebensstandard leben müssen. Deine Kindheit war dann das Goldene Zeitalter, das du nur verlängern kannst, wenn du uns weiter auf der Tasche liegst. Wir werden da keine Unmenschen sein, aber dich wird keine Powerfrau heiraten, und ein paar Kinder zahlen wir später bestimmt nicht mit. Ich finanziere schon mit meinen Steuern ungefähr acht weitere Menschen. Danken wird es mir niemand. Du sicher auch nicht, das sehe ich an deinen Augen, die mir nicht zuhören wollen. Keine Sorge, ich habe ja ein Luxusseniorenapartment gekauft. Deine Mutter will da noch nicht dran, sie hofft noch auf dich, denke ich. Aber sie denkt dabei nicht an die künftige Schwiegertochter, sage ich ihr immer."

6.2.2 Liebe ist nicht knapp, aber teuer – es gibt keinen Bedarf!

Jeder Mensch kann lieben und achten, respektieren und loben, helfen und erziehen. Jeder einzelne Mensch! In Deutschland leben achtzig Millionen Menschen, die alle diese nicht-materiellen Bedürfnisse befriedigen können.

Die bange Frage ist: Wie viel Prozent dieser ungeheuren „Würdigungs"-Kapazität wird zur Produktion benutzt und wie viel Prozent von der tatsächlichen Produktion kommt bei den Bedürftigen an?

Immer weniger – weil das Höherwertigkeitsstreben alle Ressourcen auf sich konzentrieren will. Für ein paar Höherwertigkeitsränge oder Rankingplätze, nicht einmal für Geld, geben wir alle anderen Bedürfnisse auf. Liebe ist für zwischendurch. In der Zeitung wurde berichtet, dass die Beischlafshäufigkeiten der westlichen Menschen dramatisch sinken. Es erscheine so, als habe die junge Generation von heute keine Zeit dafür. Zu viel Arbeit. Zu viele Termine. „Schatz, ich war im Sanamed auf dem Laufband. Lass mich in Ruhe. Ich nehme noch einen Caipi zum Absacken." Früher, so sagte die Studie, war Sex ein wundervolles Mittel, alle „Pausen" zu füllen. Heute gebe es einfach nie mehr Pause.

Es wäre also im Prinzip kein Problem, alle Liebe dieser Welt zu produzieren und alle Pyramidenbedürfnisse zu erfüllen. Aber wegen der hektischen Höherwertigkeitsanforderung der Suprasysteme ist keine Zeit mehr dafür.

Das Menschsein ist uns nicht unmöglich geworden, aber zu unwichtig. So unwichtig, dass wir es vergessen oder besser, *verschmerzen* lernen.

Verzweifelte Politiker versuchen es mit Zwang: Wir *müssen* uns gegen Krankheit versichern! Wir *müssen* uns gegen Arbeitslosigkeit versichern! Wir *müssen* für die Rente und Pflege sparen! Wir stöhnen jeden Tag unter diesen harten Soziallasten, „die der Amerikaner nicht tragen muss".

Im Ganzen gesehen haben wir also haufenweise Bedürfnisse, aber keinen Bedarf. Die Seele lechzt in uns nach Höherem, der Geist wünscht sich Bildung, der Körper ein Glücksgefühl, unsere Persönlichkeit Erfüllung. Aber wir lassen diese Bedürfnisse langsam los. Wir wandeln sie nicht aktiv in Bedarf um. Im Kern: Wir tun nichts mehr dafür, so, als ob es uns wichtig wäre oder „um unser Leben ginge". Der triebdrängende Bedarf ist der nach Höherwertigkeit, der alles verdrängt.

In den Bahnhofsbuchhandlungen sehe ich immer die Bücherstapel dieses Widerstreites: Packenweise Bücher mit fragenden oder ausrufenden Titeln.

Gruppe 1: „Verdiene ohne Ende!" – „Wie auch du Menschen beeinflussen kannst!" – „Rede charismatisch und bilde Gefolgschaften!" – „Mach dich zur Stütze des Chefs!" – „Zehn Übungen für Wirtschaftsscharfsinn." – „Neue Diäten extra für Politiker." – „Leistungssteigerung durch Vitamin B" – „Topfit ganz ohne Drogen!"

Gruppe 2: „Sorge dich nicht!“ – „Sieh endlich deine Seele!“ – „Das Tao des Müsli.“ – „Liebe Tiere!“ – „Das Licht ist auch für Dich!“

Die eine Gruppe erlöst Sie von Ihrer Restminderwertigkeit. Was, Sie stottern noch, wenn Sie barsch eine Gehaltserhöhung verlangen? Das sind Selbstzweifel, die man sich abtrainieren kann! Sie müssen mehr Biss bekommen!

Die andere Gruppe predigt: „Lass los!“

Lassen Sie all das los, vor allem die Höherwertigkeit.

Die Bücher werden allesamt gekauft. Offenbar. Das, was in Gruppe 1 steht, wird umgesetzt, obwohl es praktisch nicht geht („14 Tage lang immer ein Zehntel charismatischer“). Über den anderen Büchern, auch wohl über diesem hier, wird geseufzt.

Das eine wird aus Bedarf gekauft.

Das andere aus Bedürfnis.

Bedarf ist eine Nachfrage nach etwas für nötig Gehaltenem.

Bedürfnis ist das Gefühl, etwas nötig zu haben.

Nach Höherwertigkeit besteht Bedarf, nach „Leben mit Seele“ ein Bedürfnis.

Ober schlägt Unter.

6.2.3 Entkommen wir der Supra-Ökonomie?

Eine Anekdote: Als ich noch Professor an der Uni war, protzte ein Diplomand mit seinem aufwändigen vermutlichen Lebensstil nach dem Diplom. Ich lachte und meinte, er solle sich eher vor dem Leben nach dem Diplom fürchten, weil sein Lebensstandard als zu Hause wohnender Student sich dramatisch senken könnte. Er verdiente damals als HiWi (studentische Hilfskraft) Geld, lebte zu Hause und durfte sein Gehalt behalten, das wären heute vielleicht 400 € netto.

Wir haben uns damals vor eine Wandtafel gestellt und einen Kassensturz für ein neues Suprasingle gemacht. Heute sähe diese Tafel am Ende etwa so aus:

Anfangsgehalt mit Diplom: 37.500 €
Steuern, Kirche, Solidaritätszuschlag: 10.000 €
Sozial- und Krankenversicherung: 7.500 €
Miete: 5.000 €
Auto: 3.000 €
Nebenkosten der Wohnung: 1.500 €
Telefon, Handy, Flatrate: 500 €
Essen, Haushalt: 3.500 €
Urlaub: 1.500 €

Zählen wir kurz alles zusammen: Es bleiben 5.000 € im Jahr übrig. Dafür müssen nun noch Riester-Renten, Versicherungen für Leben, Rechtsschutz und Hausrat angespart werden. Dazu kommen die Kleidung und alle Anschaffungen von Hausrat. Ach ja, und sparen müssen wir noch, auf Konten oder Bausparverträge.

„Hey, Jochen, nach dem Diplom siehst du alt aus!“, scherzten wir über ihn, der ja sein Hilfskraftjahresgehalt von 4.800 € zum „Ausgeben“ für zu wenig gehalten hatte.

Bei der Rechnung wird nur angenommen, dass Jochen eine halbwegs vernünftige Wohnung mietet, ein Mittelauto unterhält und normal telefoniert und isst. Diese Rechnung ist für einen Supramenschen mit Diplom. Sie können gerne eine andere für einen Lagerarbeiter aufstellen!

Unser Leben ist so standardisiert teuer geworden, dass wir uns dieser Rechnung nicht so leicht entziehen können. So ganz ohne Höherwertigkeit müssen wir vielleicht bald in einer Höhle leben? Oder auf das billigere Land ziehen und dafür Stunden Anfahrtszeit zur Arbeit in Kauf nehmen? Wir sehen ja schon ein Phänomen, das manche die „neue Armut" nennen. So richtig arm ist eigentlich fast niemand in Deutschland. Geld hätte man, aber nicht genug, um den teuren Standard zu bezahlen. Es gibt nur normal teure Wohnungen, teuren Strom und teures Abwasser. Das Telefon und das Fernsehen oder Kabel haben hohe Grundgebühren. Es ist im Suprasystem nicht vorgesehen, dass man arm ist. Es soll wohl auch nicht vorgesehen werden, sonst gäbe es gar keinen Abschreckungseffekt, nicht wahr? Unsere Politiker und Bosse reden unaufhörlich von den Massen von Drückebergern, die sich an Sozialzahlungen mästen und zu Hause faul herumliegen. Damit häufen sie Schicht um Schicht weitere Minderwertigkeit auf die neuen Armen. Die Suprasysteme lehren, dass jeder Nummer Eins sein soll. Wenn er aber entlassen ist, soll er auch bei ganz leerem Stellenmarkt eben eine Arbeit als Putzhilfe annehmen. Das ginge im Prinzip. Das wäre ja ehrliche Arbeit, die niemanden schändet, wie immer gesagt wird. Aber wenn wir den Menschen vorher eingeredet haben, sie müssten Nummer Eins sein? Was empfindet ein Doktor der Informatik, der schuldlos mit seiner Firma pleite ging, entlassen wurde und nun in seinem Beruf vor dem Nichts steht? Er ist eine echte Null geworden. Das macht ihm das Suprasystem auch gnadenlos klar. Diese Menschen krümmen sich im Herzen. Immer wieder zeigen Fernsehberichte den psychischen Schaden bei denen, die nun die Opfer, Märtyrer oder Verlierer im Suprasystem sind.

Das Entkommen aus dieser Todesspirale ist nicht so einfach, wenn die Opfer vorher psychisch fast vernichtet wurden. Heute (5. Februar 2003) haben wir 11,1 % Arbeitslose, gerade wurde im Fernsehen die entsprechend entsetzte Meldung verbreitet. Der Winter sei es gewesen und der Kündigungstermin zum Jahresanfang. Wer hätte das gedacht? In Wirklichkeit ist es ein Supra-Ergebnis.

Suprasysteme entsolidarisieren. Jeder kämpft allein. Elf Prozent haben verloren, jeder für sich. Die sollen jetzt alle wieder ans Gewinnen gehen, jeder für sich.

Die amerikanische Verfassung beginnt bekanntlich mit dem Satz:

> We hold these truths to be self-evident, that all men are created equal, that they are endowed by their Creator with certain unalienable rights, that among these are life, liberty, and the *pursuit of happiness*.

Was immer „Happiness" oder Glück dabei heißen mag. Supra-Systeme sind auf einen anderen Satz gegründet.

> Jeder hat das gleiche Recht, die ureigene Verantwortung und alle dazu notwendige Freiheit, die eigene Höherwertigkeit anzustreben.

Wer nicht Höherwertigkeit anstrebt, muss eben mit den minderwertigen Konsequenzen leben.

6.2.4 *Hätte eine humanistische Ökonomie eine Chance?*

Ist es heute noch denkbar, über eine Ökonomie nachzudenken, die es den arbeitenden Menschen ermöglicht, andere Ziele als ihre eigene Höherwertigkeit anzustreben?

Es gibt eine sogenannte humanistische Psychologie, die wesentlich von wahren Menschen wie Maslow oder Fromm getragen wird, die sich jeder auf seine Art gegen die Psychologie der richtigen Menschen wehren. Abraham Maslow hat ja die Selbstverwirklichung des Menschen als schlechthin höchstes Ziel in die Pyramide eingetragen, Erich Fromm schrieb ein ganzes Buch über den Unterschied zwischen Sein und Haben, was sich teilweise so liest wie über den Unterschied zwischen dem wahren und richtigen Menschen. Das Richtige wird von Fromm als Seinsweise des *Habens* verstanden, es ist also annähernd eine Seinsweise des funktionierenden Ökonomischen. Fromm entsetzt sich über den aufkommenden „Marketingmenschen", den ich hier unter die Topimierer gereiht habe.

Es gibt, abgeleitet von der humanistischen Psychologie, auch die Denkrichtung des humanistischen Managements, das sich die Persönlichkeitsentfaltung des Arbeitenden zur Pflicht macht und aus ihr dann berechtigterweise ökonomischen Nutzen ziehen darf.

Könnte man über humanistische Ökonomie nachdenken? Dieser Begriff wird schon manchmal vereinzelt genannt. Aber die Verfechter stellen sich eher erst einmal eine Ökonomie vor, die nicht wie die jetzige die Umwelt zu Lasten kommender Generationen „verbraucht" und zu Grunde richtet.

Viele predigen: „Kein Raubbau an unseren Kindern!"

Ich stimme zu, aber ich sage in diesem Buch, dass wir ja vielleicht schon den Raubbau an unseren eigenen Seelen stoppen könnten? Wenn wir unsere Seelen ruinieren – dann werden das schöne Kinder werden!

Ich glaube nicht, dass heute sehr viele Menschen darüber nachdenken. Es ist zu sehr verinnerlicht, dass die Welt um Gewinne und damit um Geld kämpft. Die Seele wird immer mehr als Privatsache gesehen, um die sich die Ökonomie nur höchstens dann kümmern muss, wenn sie bei Hochkonjunktur unter Mitarbeitermangel leidet.

6.2.5 *Die Götter wandten sich ab*

Die Religionen kämpfen nicht mehr mit. Es ist im Grunde der Glaube, der die Berge versetzen könnte, aber uns sind wohl nur noch die Kirchen mit der zugehörigen Religion übrig geblieben.

Die Auseinandersetzung zwischen der Kirche und dem Staat war in früheren Zeiten ein Hauptthema der ganzen Gesellschaft. Heute könnten wir diese Auseinandersetzung auf ein neues Feld verschieben und die Kirchen gegen die zunehmende Supramanie engagieren.

Regen sich die „Gläubigen" noch auf, wenn sich alles umwertet?

Die Kirchen reorganisieren sich derzeit selbst schon nach Suprasystem-Manier in kostengünstige Seelsorgeeinheiten. Die Dorfkirchen werden bald zu bloßen Außenservicestellen der Religionsverwaltung und gegen Geld für Veranstaltungen des Ortes zur Verfügung gehalten. Die Kirchtürme werden kostengünstig die Antennen der neuen Mobilfunknetze aufnehmen wollen. Die Pfarrer und Pastoren werden Service-Level-Definitionen vornehmen: Wofür sind sie zuständig, für wie viele Gläubige pro Betreuer? Wer zählt in ihrer Serviceaufwands-Statistik als Gläubiger? Der Christ? Der Kirchgänger? Der Mensch mit Kirchensteuervermerk auf der Lohnsteuerkarte?

So gebet dem System, was des Systemes ist und gebet Gott, was Gottes ist.

Die Religionen werden als Korrektiv immer schwächer, sie sind längst nur noch appellativ tätig, wenn überhaupt. Die Initiativen der noch Engagierten zielen auf Externes: Auf Pazifismus, Entwicklungshilfe, Weltarmut, Umwelt, Asylbetreuung.

Dabei brennt es in uns selbst.

Jesus spricht: „Wer Vater oder Mutter mehr liebt denn mich, der ist mein nicht wert; und wer Sohn oder Tochter mehr liebt denn mich, der ist mein nicht wert. Und wer nicht sein Kreuz auf sich nimmt und folgt mir nach, der ist mein nicht wert. Wer sein Leben findet, der wird's verlieren; und wer sein Leben verliert um meinetwillen, der wird's finden.“ (Matthäus 10, 37–39)

Was aber, wenn wir die Höherwertigkeit mehr lieben denn ihn?

Tritt *irgendeine* Religion für das Höherwertige ein?

Eine der großen Philosophien?

Geht es *irgendwo* um eine möglichst große ökonomische Effizienz unseres Daseins?

Wohin geht der Weg des Menschen? Unser Tao?

Wenn Sie zum Beispiel das *Tao Te King* lesen, wirkt der Weg der Suprasysteme wie das genaue Gegenteil dessen, was dem Menschen seit Jahrtausenden gepredigt wird.

Hören Sie Lao Tse selbst (*Tao Te King*, 57)

Woher weiß ich, dass es also mit der Welt steht?
Je mehr es Dinge auf der Welt gibt, die man nicht tun darf,
desto mehr verarmt das Volk.
Je mehr die Menschen scharfe Geräte haben,
desto mehr kommen Haus und Staat ins Verderben.
Je mehr die Leute Kunst und Schlauheit pflegen,
desto mehr erheben sich böse Zeichen.
Je mehr Gesetze und Befehle prangen, desto mehr gibt es Diebe und Räuber.

Oder in anderer Übersetzung:

Je künstlicher und erfinderischer die Behandlung des Volkes ist, desto unglaublichere Schliche kommen auf.

Ich will Sie gar nicht zu Taoisten umerziehen. Ich möchte nur ganz nüchtern feststellen: Der Weg der Supramanie ist in diesem Sinne wie ein Unweg. Lao Tse könnte ja fast gesagt haben:

Wer sich sorgt, höherwertig zu sein, hat den Weg verlassen.

Wer sich fürchtet, minderwertig zu werden, hat den Weg verlassen.

Die Buddhisten, Hinduisten, Moslems würden als Allerletztes Suprasysteme propagieren …

Und es stellt sich die ganz naive Frage:

Kann es prinzipiell gut sein, wenn wir uns gegen alles das Höhere stellen, das unsere Weltkulturen insgesamt hervorgebracht haben?

Supramanie versucht genau das: sie stemmt sich in vielerlei Hinsicht gegen den Welturgrund.

Und wer wie ich gegen Supramanie wettert, ist wohl „Fundamentalist"?

6.2.6 Metaomorphose

Die Christen könnten eine supramane Welt wie gottesleer empfinden. Die Taoisten würden sagen, dass heute das Tao verlassen ist.

Die Welt verleugnet nämlich heute ihren Urgrund.

Sie weicht vom Weg ab, so sehen es Taoisten, und sie wird wieder auf ihn zurückkehren, wenn sie „sich ausgetobt" hat.

Es hilft nichts, zu wollen und sich gegen die Gewalt zu stemmen. Die Welt ist auf einem ewigen Weg, dem sie wie der Lauf eines Stromes folgt. Unaufhaltsam, auch wenn der Strom sich ab und zu verirrt oder sein Bett verlässt.

Sind wir in diesem Sinne nur Menschen, die in einer Stromschnelle des Weltweges leiden?

Ich möchte Bedenken anmelden!

Die Religionen der Welt gehen ja alle von einer im Wesentlichen unveränderlichen Welt aus, die wegen der Machtkämpfe und Kriege ständig in starkem Schwanken begriffen ist. Es gibt fette und magere Jahre, gute und schlechte Ernten, herrliche und düstere Herrscher, Höllenzeiten und Goldene Jahrhunderte. Die Geschichte fließt bockend wechselvoll dahin, immer neu, aber doch immer gleich.

Wir leben mental noch im Bewusstsein unseres alttestamentarischen Auftrages (Genesis 1, 28): „Und Gott segnete sie und sprach zu ihnen: Seid fruchtbar und mehrt euch und füllt die Erde und macht sie euch untertan und herrscht über die Fische im Meer und über die Vögel unter dem Himmel und über alles Getier, das auf Erden kriecht."

Die Welt aber der heutigen Zeit durchlebt eine Metamorphose, eine Verwandlung oder Umgestaltung.

Sie ist stark verbunden mit der Entwicklung des Computers und den aufkommenden Life Sciences.

Unser Leben wird sich in den nächsten Jahrzehnten stark verändern, das ist jedem von uns klar. Aber ich habe zusätzlich das grundsätzliche Gefühl, dass es diesmal *anders* ist.

Computer und Life Sciences haben für mich eine andere Qualität als die Erfindung des Rades, des Schießpulvers oder des elektrischen Stroms. Mit den neuen

Technologien wollen oder werden wir unsere Lebensumstände wie auch unser biologisches Selbst verändern. Besonders über die Gentechnologie wird noch viel gezetert, wie wir es aus den Zeiten kennen, als die ersten Eisenbahnen oder Atombomben erschienen. Wir brauchen Zeit, um uns an das Neue zu gewöhnen, wir müssen streiten, bis wir sicher sind, dass wir uns mit dem Neuen innerlich arrangieren können. Wir wollen erst die Regeln wissen, wie sehr und wo uns das Neue tangieren wird.

In der Genesis steht geschrieben, dass uns Gott die Herrschaft über die existierende Welt gab. Nun aber bemächtigen wir uns mehr und mehr bewusst des Vorganges der Schöpfung selbst. Es ist dabei die Frage, was wir erschaffen wollen.

Trauen wir uns zu, diese Frage zu stellen und zu beantworten?

Oder sehen uns wir als Teil einer Darwinschen Evolution, die sich wie der Weg der Welt irgendwohin entwickelt, unserer Verantwortung oder Macht letztlich entzogen?

Ich wollte Ihnen für den Schluss des Buches eigentlich eine längere Erklärung geben, was ich unter dem Kunstwort Metaomorphose verstehen möchte: Eine Verwandlung der Welt, die wir selbst mitgestalten. Ein Weg der Welt, der uns zu ihrer Wohlgestaltung führt. Ein Tao, das wir nicht einfach nur schon vorfinden und annehmen. Wir müssen über unseren Weg, über unser Tao, *gewiss werden*. Ja! Nach Krieg kommt wieder Frieden. Ja! Und nach dem Bösen kommt wieder das Gute hervor. Wie eine Wellenbewegung ein immerwährender Wandel?

Der Gott Krishna spricht in der *Bhagavadgita* (Vierter Gesang):

Obgleich ich aller Wesen Herr
Und ungeboren, wandellos,
Geh' oft durch meine Wunderkraft
Ich ein in einen Mutterschoß

Stets wenn Verbrechen sich erhebt
Und Frömmikeit zu wanken droht,
Erschaffe ich mich selbst erneut
Durch meines Willens Machtgebot.

Heute stehen wir aber wohl vor Richtungsentscheidungen, wie eine wohlgestaltete Welt aussehen soll. Die Computer und die Life Sciences werden den Menschen neu erschaffen. Welche Kreation nehmen wir? „Alle Menschen sollen genau gleich erschaffen werden, damit sie in der Schule dieselben Startchancen haben." So? Oder: „Jeder muss für sich selbst wissen, welche Kinder er sich bestellt." Oder: „Die Prognosen sind natürlich sehr unsicher, aber es scheint so, dass Babys mit ästhetischer Rechtshirnverstärkung in zwanzig Jahren klotzig verdienen werden. Wir wollen bloß nichts falsch machen. Mein eigenes Erbgut ist im Nachhinein zu speziell auf massenhaftes Fachwissen ausgelegt worden. Das kann ich mir jetzt in den Wind schreiben, wo die neuen externen Wissensverstärker am Hirn mit einem viel höheren Preload beginnen als ich jetzt erst nach langer Entwicklung drin habe. Ich weiß, dass der extreme Wohlstand der Welt exzessiv davon abhängt, dass wir in immer schnelleren Zyklen neue Menschen herstellen können. Aber es ist eine ziemliche Frustration für das Alter. Die jungen Menschen sind uns schon heute sensationell überlegen. Ich bin jetzt im Alter eher traurig über meine hohe Lebenserwartung. Jetzt muss ich sehen, wie ich nur noch vierte oder fünfte Wahl bin, um es schonend auszudrücken. Ich habe zu wenig verdient, um mir ein Upgrade am Hirn zu leisten. Wir wollen eine Menschenrechtsinitiative gründen. Es geht um das Recht des Menschen, stets so weit nachgerüstet zu werden, dass er in seiner jeweiligen Lebenszeit immer nahezu als Mensch gelten kann. Wir müssen in dieser Weise dem Fluch einer 200-jährigen Lebenserwartung begegnen. Wir Alten haben schließlich die Menschenproduktion erfunden. Der Wohlstand der heutigen Zeit gründet sich auf *unsere* Ideen. Dann aber haben wir das Recht, zu allen Kosten, die es verursacht, immer neue Hirnzusätze geliefert zu bekommen. Die Sozialsysteme müssen um ein Release-Garantie-System erweitert werden. Das ist uns die Gesellschaft schuldig. Wir müssen auch als heutige Untermenschen Rechte haben. Im Grunde geht es der Gesellschaft nur um das Geld. Sie sagen, sie können keine Release-Zusicherungen geben, weil sie dann gezwungen wären, die neuen Menschengenerationen kompatibel zu den alten zu erschaffen, damit die alten nachrüstbar sein können. Sie wollen sich aber aus Innovationsgründen den Weg zu ganz neuen Menschkreationen nicht verbauen. Sie sagen, unser Land würde in Rückstand geraten, wenn es Nachrüstungen garantiere. Das Kleben am Alten sei schlecht für die Wirtschaft, und die stehe nun einmal im Zentrum der menschlichen Weiterentwicklung. Es gibt neuerdings Gerüchte, dass sie die Ersatzteilproduktion für die frühen Menschenarten nicht mehr weiter subventionieren wollen. Das würde bedeuten, dass wir Alten kaum noch die Maintenance bezahlen können. Sollen wir einfach sterben? Wäre wohl besser. Jeder zahlt für ein bestimmtes Lebensalter und geht dann garantiert zu dem Zeitpunkt, bis zu dem er gezahlt hat. Wenn ich mir das heute überlege, wäre es schlau, nur für 20 Jahre zu zahlen. Genussvoll aufwachsen und Ende. Kostet fast nichts. Wir können uns die normalen Menschen kaum noch leisten, so teuer sind sie geworden. Wir müssen sie einsparen, wo wir nur können. Theoretisch ist mir das klar, aber leider werde ich wohl zuerst eingespart. Das macht mir die praktische Frage so schwierig."

Das ist jetzt von mir arg übertrieben, damit Sie sich etwas grausen können. Ich wollte nur ausdrücken, dass das Supramanische noch um Größenordnungen höhere Probleme mit sich bringen kann, wenn wir uns nur ein paar Jahrzehnte in die Zukunft vordenken. In meinem Buch Die *Beta-Inside Galaxie* habe ich ein paar Geschichten geschrieben, die ich selbst für meine beste Prosa halte (und die meine Leserschar in ihren Emotionen spaltet – manche halten diese Geschichten für „genial", andere bestenfalls für verworren). Eine kleine Erzählung davon passt hier genau. Ich übernehme sie deshalb als Schluss des Buches. Sie handelt vom Anfang der Degeneration. Nichts für Zartbesaitete. (Ein paar Sätze habe ich gegenüber dem Original geändert.)

6.2.7 *Das Ende der D-Generation*

6.2.7.1 Das D-Genie

Nach dieser Operation habe ich fünf Beine. Ich kann ihren Sinn nicht erkennen. Ich will sofort meinen Biologen sprechen. Hallo! – Hallo!

Stille.

Es rührt sich nichts. So geht es schon seit Wochen. Ich habe praktisch nur noch Schmerzen. Alles tut weh. Besonders aber die Behandlung, die ich erfahre. Mein Körper ist ohnehin schon sehr weich, ich liege durch und werde immer fetter. Alles eine einzige Wunde. Seit ich eine Plastikhaut als Bauchdecke habe, sehe ich sehr klar, was in mir passiert, wenn ich es einmal schaffe, meinen dicken Mistkopf so weit zu heben. Die Organe sind alle deformiert, auch die neu eingepflanzten. Sie geben sich seit einiger Zeit nicht mehr viel Mühe, meinen Korpus zu stabilisieren. Ich habe noch Glück, weil ich wenigstens einen Top-Arm habe, dem nichts fehlt, andere sehen da vorne wie ein Tyrannosaurus aus, mit so vertrockneten Fühlern statt Armen. Ich klage ja nicht, denn ich sehe ja, wie schlecht es andere haben. Aber sie sollten sich doch etwas mehr um mich kümmern. Ich habe wieder absolut erstklassige Ideen, aber es heißt immer: Der Herr Extraktor hat so viel zu tun, er kann sich nicht beliebig für mich freischaufeln. Ich brauche inzwischen schon mehrere Tage, um ihm alle meine neuen Erkenntnisse zu übergeben. Ich wundere mich, warum sie nicht direkt *gierig* sind zu hören, was ich an Neuem habe. Ich weiß jetzt, wie die Schwierigkeiten in der neuen Konstruktionsproblematik beseitigt werden können. Sie werden mir auf ihren Knien dankbar sein! Sie werden sich so sehr freuen! Hallo!

Stille.

Ich habe solche Schmerzen. Nicht einmal Contraman hilft mehr. Ich nehme trotzdem ein paar. Wo ist die Schachtel. Weg. Nichts da. Hallo! Ich brauche Contra-Man! Con-tra-Man! Mann, haben die eine lange Leitung. Hallo! Dann kommen sie plötzlich wieder hektisch angerannt und operieren mich an Stellen, die ich nicht wichtig finde. Beine annähen! Was soll das? Ich konnte noch nie laufen, ich sah schon immer wie ein Windei aus, fast durchsichtig und wabbelig, mit einem Plastikhautstabilisator gegen das plötzliche Auslaufen, haha. Die Biologen pfuschen mit den Körpern, wo sie nur können. Ich habe buchstäblich nur Schmerzen, ich kann mich nicht erinnern, eine Stunde etwas anderes als Entsetzen gefühlt zu haben. Ich bin ein Breisack mit einem gewaltigen Gehirn. Wenigstens bin ich dadurch klüger als alle anderen und kann extrahiert werden. Wenn der Extraktor nicht immer mal käme und meine Ideen aufschriebe! Ich habe Schmerzen, so große Schmerzen. Es wird schlimmer, wenn der Extraktor nicht kommt. Meine neuen Erkenntnisse wollen aus dem Korpus, wie ein Alien, das sich durch die Bauchdecke durchfrisst. Ich kann nicht gut denken, wenn ich noch vorrätige Ideen habe. Ich will die loswerden, damit ich weiterarbeiten kann. Ich habe den Fehler in meinen alten Überlegungen gefunden. Ich denke, ich weiß, wie ich die E-Prototypen stabilisieren kann. Das ist eigentlich gar nicht meine Aufgabe. Die Biologen sind unfähig. Die E-Spezies sind noch wabbeliger als wir von der D-Generation. Als ich den letzten gesehen habe, ganz ohne Arme, ohne Bewegungsmöglichkeit, auch in einem rosa Sack, wurde mir besser zumute. Es muss so ein Gefühl sein, was sie Glück nennen, wenn man erkennt, dass es einem gut geht bei all den Schmerzen. Die E-Spezies sehen mehr wie ein Teller Eintopf aus, nicht wie ein Urvieh wie ich. Hallo!

Stille. Das D-Genie horchte. Dann brüllte es sich aus. Befreiungsschrei nach Befreiungsschrei. Minutenlang brüllte es. Das Brüllen erstickte schließlich in gurgelndem Sabber.

Mir geht es jetzt ein paar Minuten besser. Meine neuen Formeln für den E-Prototyp sind einfach gigantisch gut. Sie werden mir dankbar sein. Dann sind meine Schmerzen nicht mehr so stark und ich habe mehr Ruhe zu neuem Denken. Dann bin ich für kurze Zeit das große D-Genie. Wenn sie schlau wären, würden sie mich glatt über den Klee loben, damit es mir besser geht. Ich würde das natürlich merken, wenn sie zu dummem Zeug applaudieren, aber es täte mir eventuell gut, dass es nicht gar so eine so starke Qual wäre. Das ist der Nachteil der D-Generation. Sie ist biologisch nicht sauber. Nicht einmal entfernt. Die C-Typen konnten sich ja noch bewegen, zumindest sich irgendwo hinschleppen. Dafür waren sie aber vergleichsweise entsetzlich dumm. Es ist mir immer unverständlich geblieben, wie sie uns mit ihren damals noch lächerlichen Computern entwerfen konnten. Kreuzdumme C-Typen mit heute wirklich abartig kleinen Computern D-generieren so etwas Großartiges wie uns! Alle Achtung. Ich selbst habe ja zum Bau der E-Prototypen himmelhoch bessere Computer zum Experimentieren mit den Genen. Da lässt es sich viel besser arbeiten. Aber das Entscheidende sind immer noch meine Ideen. Ich habe ganz neue Computer erfunden, noch viel, viel bessere als die, mit denen ich gearbeitet habe. Ich habe die neuen Riesenhirne mit den Computern berechnet! Ich habe die neue E-Welt vorbereitet, die demnächst überall Einzug halten wird! Immer mehr werden die Biologen das Hauptproblem. Die Körper sind nicht stabil für die Gehirne. Ich kann kaum noch empfinden, dass es Körper sind. Jeden Tag neue Zusammenbrüche irgendwelcher Organe. Immer wieder Operationen und tagelanger Ausfall der E-Prototypen. Wann sollen die denn nachdenken können? Warum müssen wir überhaupt etwas mit unserem Körper zu tun haben? Ich habe nur Schmerzen und Kopfdruck. Mein Mistkopf ist viel zu groß und schwer. Natürlich mag ich die Stecknadelköpfe der Ärzte auch nicht gerne ansehen, weil ich mir dann schon denken kann, wie intelligent sie überhaupt sein können. Dafür haben sie eher feste Körper, die nicht andauernd ausfallen, jedenfalls nicht jeden Tag ein paar Mal. Haaallo!

6.2.7.2 The Fastest Will Arrive

Nicht sehr weit weg, in einem großen Saal. Menschliche Wesensartige in größerer Zahl, dazu zehn E-Genies in großen Bassins, die mit Chemikalien gefüllt sind. Schläuche, die von den E-Genies in die Supercomputer führen.

„Sehr geehrte Gäste, Herr Präsident, liebe Extraktoren und Biologen, verehrte E-Genies: Wir haben uns heute versammelt, um den neuen F-Prototyp zu feiern. Wir haben die neuen F-Kollegen noch nicht unter uns, weil ihre Biologie noch äußerst instabil und gefährdet ist. Wir werden aber Gelegenheit bekommen – nach dem kalten Büffet natürlich, bitte haben Sie Verständnis –, die neuen Prototypen für kurze Zeit bestaunen zu dürfen. Dies ist ein großer Tag für unseren Planeten und ein weiterer Riesenmeilenstein in seiner Geschichte. Sie werden alle verstehen, wie ich es meine: Ich wünschte, Charles Darwin könnte unter uns sein. Wir feiern heute ein Fest der Neuschöpfung, wir, die wir die Evolution längst hinter uns ließen. Lassen Sie mich kurz historisch zurückblicken. Fast genau zur Jahrtausendwende setzte damals die stürmische Entwicklung der Neuzeit ein. Computer machten Technologiesprünge im Monatsrhythmus möglich. Produkte mussten erstmals in der Geschichte möglichst in Minuten produziert und verkauft werden, weil es ein paar Tage später schon wieder neue geben würde. Heute ist das selbstverständlich, aber damals war ein Monatsrhythmus ein Schock für Menschen, die es gewohnt waren, Flugzeuge 20 Jahre oder Eisenbahnwagen 30 Jahre lang zu nutzen. (Gemurmel im Publikum) Ja, meine Damen und Herren, darüber lächeln wir heute, weil wir gelernt haben, damit zu leben. Für damalige Menschen aber muss dies ein Albtraum gewesen sein. Deshalb ist es ja auch damals zu den großen Unruhen gekommen, die die Gesellschaft wieder in die langsame Steinzeit zurückzwingen wollten. Wir wissen natürlich, dass sich Fortschritt, echter Fortschritt, meine ich, niemals aufhalten lassen wird. Fortschritt ist nämlich unaufhaltsam, wie jeder weiß. Die Entwicklung der heutigen Zeit setzte um die Jahrtausendwende mit der raketenhaften Entwicklung der Computer und noch mehr der Software ein. Es lohnte sich erstmals nicht mehr, Software so zu programmieren, dass sie vernünftig funktionierte. Die Produktion verhältnismäßig fehlerfreier Software dauerte im Vergleich zu fehlerbehafteter Software so sehr lange, dass die fehlerfreie Software am Markt zur Fertigstellung schon völlig veraltet war. Es wurde damals erstmals üblich, schnelle Herstellung und blitzartige Markteinführung als höchstes Prinzip zu sehen. Heute programmieren wir noch die letzten Zeilen, während schon das Installationsprogramm angelaufen ist!

Die Erkenntnis, dass bei extremem Fortschritt für jede Art von Ausreifen keine Zeit mehr ist, setzte sich damals in den noch kleinen Köpfen fest. Eine falsche Auslegung der Darwinschen Thesen verführte die Menschen zu der Überlegung, dass die Evolution sich Schritt für Schritt mit der nachhaltigen, geduldigen Verbesserung der einzelnen Spezies vollzieht. Während der Evolution reifen die Arten heran, soweit sie nicht aussterben. Nach diesem Vorbild wurde die Wirtschaft organisiert und auf schrittweise allmähliche Verbesserung getrimmt. Dann aber kam die Erkenntnis auf, dass sich der Fortschritt um Größenordnungen beschleunigen lässt, wenn man ihn um seiner selbst willen betreibt.

Waffen entwickelt man, um bessere Waffen zu haben, nicht aber, um damit zu kämpfen! Die Existenz einer Waffenweiterentwicklung ist schon der Sieg, ohne Kampf. Software entwickelt man, um am Markt der Führer zu sein, nicht um sie zu benutzen! Wirtschaftsunternehmen sollen nur den besten Gewinn ergeben, nur kurz, wegen des Verkaufserlöses. Es kommt nicht auf die Substanz an. Es kommt nur auf die Drohung an, dass das Neue sich durchsetzen ***könnte***! Bis heute ist nicht geklärt, welcher kluge Kopf uns damals von Darwins Satz: „Only the fittest will survive“ befreit hat. Irgend jemand sagte: „Only the fastest will arrive.“ Das Ankommen als Erster ist wichtig, nicht die Fitness! Der Marathonläufer kann ins Ziel fallen, irgendwie, aber als Erster, bitte. Mit fehlerhafter neuer Software kann man zwar nicht vernünftig arbeiten, aber sie lässt sich schon zwischen den häufigen Abstürzen gut dazu verwenden, wieder neue noch fehlerhafte Software zu schreiben, mit der sich schon wieder etwas Neues erfinden lässt. Mit dieser Überlegung brach das Prototypzeitalter an. Nicht mehr das Beste gewann, sondern das höchste deutlich werdende Potenzial. Bewegung bekam Vorrang vor Sein. Das Mögliche wurde wertvoller als das Faktische. Das überzeugend Behauptete dominierte das Reale.

Die alten Dichter sagten einst: „Nur der Wandel ist beständig.“ Wir wissen heute: „Nur das Vorläufige ist zum Überleben schnell genug.“ Dieser Satz begründete das heute so bekannte ***Beta-Prinzip***.

Heute leben wir alle, meine Damen und Herren, von der Vorstellung des Künftigen, das durch unsere neuen F-Prototypen hier mitten unter uns repräsentiert wird, fast jedenfalls. Wir begannen in einer neuen Epoche der Menschheitsgeschichte, Beta-Menschen zu züchten, die herausragende intellektuelle Fähigkeiten besaßen. Da wir natürlich im Wettstreit der Menschen standen, wurde schnell klar, dass es auf Schnelligkeit ankommen würde, wie bei der Software auch. Wir begannen, die Aufwuchsphase der Menschen künstlich dramatisch zu verkürzen. Wir können heute stolz sein, Menschen schon mit drei bis fünf Jahren körpererwachsen zu bekommen, wobei wir natürlich sehr viele Einschränkungen in der Biologie dieser Menschen machen mussten. Das intellektuelle Körperwrack muss Vorrang vor einem schön ausgereiften Dummkopf haben! Sonst kann kein Land der Welt im Wettbewerb bestehen. Wir haben unsere großhirnigen Beta-Menschen dazu zwingen können, modernste neue Beta-Computer und Beta-Software zu bauen. Mit dieser neuen Technologie-Generation wurde es damals möglich, wieder viel großhirnigere Beta-Menschen zu züchten, immer schneller in sagenhaft kurzen Entwicklungszyklen. Diese Supramenschen der B-Generation erfanden damals die neue C-Computertechnologie-Generation, mit deren Hilfe Gene so verändert werden konnten, dass wir zur Produktion der C-Genies übergehen konnten. So wird unser Vaterland im Wettbewerb bestehen: Neuer Mensch baut neue Computer, neue Computer zeugen neue Menschen, neue Menschen bauen neue Computer. Rasend schnell wechseln sich die Generationen ab. Mensch-Computer-Mensch-Computer usw. usw.! Geschwindigkeit ist alles, um zu gewinnen! Das ist nicht mehr das triviale Fortpflanzungsleben, wie es sich die alten Biologen vorstellten. „Leben ist Replikation“, so sagten sie damals. Leben ist Abwechslung, sage ich Ihnen! Eine Mensch-Maschinen-Intelligenzspirale, unter bewusstem Verzicht auf biologische Feinheiten und Stabilitäten. Schnell müssen wir sein! Am Ende ist nur der Gewinner der Sieger. Und das sind in Ewigkeit immer wir, weil wir immer eine Genie-Computergeneration vor den anderen sein werden! Dieses Ziel ist der Weg!

Das wahre Glück ist, immer am Ziel zu sein. Wir sind immer am Ziel, solange (Gemurmel im Saal, es scheint etwas passiert zu sein, ein Zettel wird dem Redner gereicht) wir, äh, solange wir es schaffen, dass die Genies irgendwie am Leben bleiben. Ja. Ich meine, ja. Es ist verwirrend. Meine Damen und Herren, eben kommt die Meldung herein, dass ein F-Prototyp existierte, nein, ich meine, exitierte (Gemurmel, Bestürzung). Das ist nicht schön, wir dehnen das kalte Büffet aus. Wir schauen einmal, ob wir die anderen F-Spezies daneben anschauen können, nachdem wir das eine Bassin zugedeckt haben. Ja, wir machen noch sauber, weil – äh – es ist geplatzt, ja. Bei F-Genies muss die Chemie stimmen und diese ist vor allem eine Frage der Konzentration.

Ja. Äh. Mein Faden war am Ende nicht ganz da.

Wo bin ich denn? Beim Glück. Zum Glück haben wir noch das eine oder andere D-Genie, das ausgedient hat, weil es natürlich gegenüber den bei dieser Feier anwesenden E-Genies eine nur äußerst beschränkte Intelligenz aufweist und daher heute praktisch unnütz ist. D-Genies würden sich bei dem intellektuellen Gehalt meiner Rede praktisch dumm vorkommen. Bitte, meine Damen und Herren, applaudieren Sie den E-Genies, die hier in ihrem Bassin dieser wundervollen Feier beiwohnen wollen. Dies ist für sie nicht sehr angenehm, weil sie unter diesen Bedingungen große Schmerzen haben, aber sie wollten trotzdem gegen alle Vernunft in der Sache unter uns weilen. Sie sind es ja, die unseren höchsten derzeitigen Fortschritt symbolisieren. Sie sind derzeit der betamäßig beste Stand, den unsere Menschheit erreichen konnte. E-Genies sind gegenüber der D-Generation um mehrere Stufen intelligenter in der nach oben offenen WD-Skala. Ich wollte sagen, wir haben noch etwa fünf D-Genies (Gemurmel, Kopfschütteln), ja? Nein? Ich höre, wir haben nur noch ein D-Genie der alten Garde vorrätig, das zu biologischer Versuchsforschung aufrechterhalten wird. Wir versuchen bei Operationen an ihm neue Bedingungen zu erkunden, unter denen es stabiler ist. Die Ergebnisse werden wir dann zur biologischen Veredelung der E-Genies verwenden, denen Sie hier, bitte, noch einmal einen riesigen Applaus spenden müssen, aber nicht so laut, weil sie dann große Schmerzen haben."

Tosender Beifall. Der nächste Redner.

„Hochgeehrte Anwesende, liebe Genies und meine Verehrung für Prototypen aller Art, als Vertreter der Ethik-Kommission möchte ich meinen Dank aussprechen, dass sich die Menschheit wieder weiterentwickelt hat. Zacken für Zacken bauen wir an der Krone, die wir für die Schöpfung sein werden. Die Krönung des Ganzen aber ist, dass der Mensch die Schöpferrolle längst selbst in den Computer genommen hat. Das Beta-Prinzip, das wir seit einiger Zeit schon so erfolgreich verfolgen, lässt uns immer als Stern am Himmel die neuen Rollenvorbilder erahnen, denen wir zustreben, wir Menschen alle. Wir verwachsen in einem Zeitalter absoluter Großhirnigkeit. Natürlich leiden auch wir normalen Großhirne unter nicht geringer Verkrüppelung, unter Strahlenschäden, Vergiftungen, Allergien aller Art. Aber dies ist absolut kein Grund für irgendwelche hergedichteten Depressionen. Alle, aber auch alle unsere Forschungsergebnisse beweisen völlig eindeutig, dass spätere Generationen wahrscheinlich gesundheitlich besser dastehen werden, wenn das finanziell machbar sein wird. Das ökonomische Beta-Prinzip muss sein: „Intelligenz geht vor. Die Gesundheit kommt nach." Die klassische Ethik predigte immer so: „Der Mensch geht vor. Die Intelligenz kommt nach." Dies hat sich nie in dieser Form bewahrheitet, wir haben also unsere Ethik entsprechend den Anforderungen des Fortschrittes angepasst. Wir danken allen, die dies mitmachen.

Als Mitglied der Ethik-Kommission fällt mir ja die natürliche Rolle in der Gesellschaft zu, in allem das Gute zu erkennen. Deshalb möchte ich um Applaus auch für das D-Genie bitten, das unter vielen tapferen Operationen uns allen die Geheimnisse seiner biologischen Instabilität preisgibt, damit wir für spätere Generationen erkennen können, was unseren Korpora in Sinne des äußersten Fortschrittstempos zugemutet werden kann. Ich habe deshalb dem D-Genie einen Dank zustellen lassen, obwohl das Prototypprotokoll das nicht vorsah. Ich setze mich da einmal über die Bestimmungen hinweg. Das Gute muss überall Platz haben dürfen. Wenn die E-Genies dereinst ausrangiert werden müssen, werden sie auch froh sein, wenn jemand noch an sie denkt."

(Gemurmel, heftiges Rücken einzelner Stühle, einige Großhirne springen aus dem Saal.)

6.2.7.3 Todestrieb

Das D-Genie musste mühsam dem Tode entrissen werden, so niedergeschmettert war es infolge des Dankschreibens von der neuen Erkenntnis, nur ein D zu sein, wo sogar F nicht weit war. Die Wunden der Operationen eiterten und heilten nicht, so dass man nur noch die wichtigsten Experimente an ihm durchführen konnte.

Es dachte sich Tag und Nacht neue fabelhafte Ideen aus, suchte fieberhaft nach revolutionierenden Gedanken, wollte den Extraktor unablässig in der Nähe sehen. Der Extraktor hörte sich alles an und schwieg. „Warum schreiben Sie meine Ideen nicht auf? Sind sie nicht fabelhaft?“ Der Extraktor schrieb nicht.

Wissen Sie, ich finde Ihre Ideen wundervoll. Sie sind unter grässlichen, entsetzlichen Schmerzen geboren, wie sie ein Künstler nicht glücklicher vorfinden kann. Es sind die schönsten Gedanken, die ich jemals hören durfte. Aber ich bin ein D-Extraktor, verstehen Sie? Die Ideen der E-Genies begreife ich nicht einmal annähernd. Ich bin nicht dafür gezüchtet. Das Erdenken einer Idee braucht ein Vielfaches mehr an Intelligenz als ihr bloßes Verstehen. Und weiter braucht der Mensch im Vergleich zur Intelligenz, eine Idee zu verstehen, fast nur ein Spatzenhirn, um zu dem Glauben zu gelangen, er habe die Idee sicher verstanden. Ich aber glaube nicht einmal, dass ich von den Gedanken der E-Genies auch nur einen Hauch verstehe. Sie hören sich an wie erste gehörte Geräusche für einen plötzlich gesundeten Tauben. Ich bin kein E-Extraktor. So lange Sie hier noch liegen, verstehe ich etwas. Dann gehe ich zur Ruhe. Wir haben unsere Aufgabe aber schon erfüllt. Deshalb schreibe ich nicht mehr mit. Ich höre aber noch zu.

Aber ich selbst habe Schmerzen! Ich bin eine einzige Wunde! Sie operieren mich Tag und Nacht, und ich weiß nicht wozu! Ich habe nur mein Gehirn! Ich bekomme künstliche Ernährung, ich erfahre keine Liebe oder Anerkennung mehr für meine Ideen, ich habe Ekzeme, Wundstellen, Emphyseme, ich schlafe sehr schlecht, bin depressiv! Was, bitte, was hält mich am Leben?

Das D-Genie brach zusammen.

Nehmen Sie das nicht so tragisch. Es ist der Fortschritt. Sie sind nicht mehr die Nummer Eins. Behalten Sie die Weisheit des Alters. Die E-Genies sind biologisch gesehen gegen Sie die absoluten Bruchbuden! Sie haben die alleräußersten Schmerzen und müssen unaufhörlich medizinisch gewartet werden. Von Schlafen kann kaum die Rede sein. Sie werden ja auch zusätzlich noch körperlich gequält, damit sie gezwungen sind, gute Ideen zu haben. Die ganze Menschheit hängt von der neuen Technologie vollständig ab, bis die F-Prototypen live gehen können. Die F-Spezies bestehen derzeit geradezu nur aus Qual. Vielleicht können sie irgendwann Prototypen bauen, die ohne Schmerzen denken können, aber so eine Errungenschaft ist nicht in Sicht. Die Ideen werden deutlich schlechter, wenn der Körper ruhiggestellt wird. Kann sich keiner leisten. Was sollen denn diese Höheren sagen? Sie hier sind doch noch gut dran! Sie als D-Genie werden überhaupt nicht gequält, weil man keine Ideen von Ihnen mehr erwarten kann. Sie wurden früher nie gequält, weil es noch nicht üblich war. Man dachte, das Quälen würde demotivieren. Auf der anderen Seite bringen Sie noch enormen biologischen Nutzen, damit spätere Wesen stabil werden könnten. Diese vielen Operationen bringen gute Versuchsergebnisse.

Das D-Genie schwieg.

Ein normales Altwesen ist nie mehr gesund und bringt nicht mehr ‚alles'. Na, und? Es genießt seinen Lebensabend zwischen den Operationen. Ein normales Menschenwesen leidet doch nicht, wenn es viel dümmer ist, viel dümmer etwa als die Politiker seines Landes oder wenn es viel schlechter im Gesang abschneidet als eine Schönheitskönigin. Ein Zyniker zum Beispiel kann viel weniger glauben als ein Pfarrer und muss selbst damit fertig werden. Sie dagegen funktionieren noch genau so gut wie in Ihren besten Jahren, nur dass Ihre Ideen nicht gebraucht werden. Sollten Grundlagenforscher sämtlich Selbstmord begehen wollen? Sie sollten sich bestimmt nicht genieren.

Das D-Genie ließ den Biologen rufen und erklärte ohne Umschweife, sterben zu wollen. Der Biologe zuckte nur mit den Achseln, worauf sich das D-Genie sofort geistig darauf konzentrierte, seine Wunden eitern zu lassen. Wer ewig strebend sich betrübt, dem sollte sich das Leben lösen.

So kam das D-Genie dem Tode wunschgemäß immer näher. Nachdem viele wohlmeinende Appelle ungehört blieben, einigten sich die unversöhnlichen Parteien auf einen Kompromiss: Das D-Genie sollte sich noch ein Jahr rücksichtslos operieren lassen. Dafür würde ihm im Gegenzug freier Tod gewährt. Vor seinem Exitus sollte eine Feier zu seiner Würdigung stattfinden.

Nach einem Jahr also war das D-Genie völlig zerschunden und lebte nicht mehr wirklich stark. Alle E-Genies waren zur Feier eingeladen. Jedes hatte über seinen Computer gesteuert quasi den Finger auf einem Abzug (natürlich hatten die Es keine Finger, es war bildlich zu verstehen!), über den eine Giftkanüle in die künstlichen Ernährungsschläuche des D-Genies entladen werden konnte. Es wollte sich nämlich von allen E-Genies gemeinsam umbringen lassen. Die E-Genies gaben sämtlich ihre Zustimmung zu ihrer persönlichen Mitwirkung, die durch physische Schläuche symbolisiert wurde. Sie schienen wenig Skrupel zu haben, die hinter ihnen liegende Urgeschichte in einem Festakt zu beenden. Dieser Tag sollte das Ende der D-Generation bedeuten. So viele Giftkanülen! Man hätte eine ganze Pferdefarm damit beseitigen können. Danach war geplant, das D-Genie in einem schmucken Mausoleum in einer Art Kristallbadewanne zur letzten Ruhe zu betten. Diese Bedingung hatte das D-Genie sich für seine Letztaufbewahrung ausbedungen.

Liebe Trauernde, liebe E-Genies, liebes D-Genie, als dein Extraktor kenne ich dein Leben wie kaum ein anderer. Ich weiß am allerbesten von allen Wesen um deinen echten Wert. Ich kann kaum ermessen, wie hoch dieser Wert für die Menschheit gewesen ist. Wir alle werden ewig von deinen bahnbrechenden Gedanken profitieren, ohne die es heute keine E-Genies oder F-Genies gäbe (erstauntes Gemurmel unter den E-Genies). Wir haben uns heute versammelt, um deinen Tod feierlich zu begehen. Du hast dein ganzes Leben unter entsetzlichen Qualen zugebracht, die nur unter massenhafter Einnahme von Contraman einigermaßen zu lindern waren. Wir alle wissen zu schätzen, zu welchen Opfern wir dich lebenslang gezwungen haben. Du hast stets um den hohen Wert deines Wirkens gewusst und der Menschheit durch deine Kreativität weitergeholfen. Du hast stets deine Pflicht getan. Du hast Gigantisches erlitten. Für uns. Du konntest nicht am Essen Freude haben, nicht an Männern oder Frauen. Du konntest dich nicht in die Naturfreizeitparks begeben, so sehr wurdest du gebraucht. Du hast ein Bildschirmleben ohne eine einzige Freude gehabt, das nur aus Krankheiten und Widrigkeiten bestanden hat. Du hattest die einzige Labsal, Ideen zu haben. Ideen, die ich aufschrieb und der Menschheit weiterreichte. Ideen, die zum Bau der E-Computer und der E-Generation geführt haben. Du hast es möglich gemacht, dass die nächste Generation um ein Vielfaches nützlicher werden konnte, als du es je warst. Wir sind stolz auf dich und auf das, was du tun musstest. Wir haben dich alle gern operiert und extrahiert. Das gilt auch für unsere Urlaubsvertretungen und die Hausmeister, denen wir gleich Blumensträuße überreichen. Wir hätten dich gerne für unser Museum neben anderen D-Genies präpariert. Wir respektieren aber selbstverständlich deinen Wunsch, in das neuerbaute Mausoleum gefüllt zu werden, von dem du ja die Fotos gesehen hast.

Immer wieder wurde Schmerzmittel in die Bassins der E-Genies gegossen. Sie wirkten eher teilnahmslos und uninteressiert. Sie stöhnten dazwischen aber ziemlich. Wie eine Walrossherde, dachte der Extraktor.

> Wir haben für die Feier ein Büffet vorbereitet, damit die Gäste, die selbst essen können, eine kleine Stärkung zu sich nehmen. Wir wollen dazu Musik hören. Die kahle Sängerin wird die Tonfolge A-B-C-D-E-F-G zum Thema eines leidenschaftlichen Ausbruches machen, der euch allen gewidmet ist. Ich kenne ihn schon, er wird euch richtig gut gefallen, da bin ich sicher. Ich gebe jetzt das Zeichen zur Eröffnung des Imbisses. Infusionen sind rechts.

Sturm auf das Essen. Kaffee und Spritzgebäck.

> Nun, da wir uns laben, dürfen wir über dem Genuss den verdienten Tod nicht vergessen. Ich möchte die Gelegenheit wahrnehmen, noch etwas zur Geschichte der Menschheit zu sagen, anschließend spricht noch ein Vertreter der Ethik-Kommission über den Sinn des Lebens.

Stunden später.

Auf ein sanftes, lächelndes Handzeichen wie für ein Büffet geben alle E-Genies gleichzeitig die Giftampullen frei. Stille breitet sich aus, angespannte Erleichterung auf den verbliebenen großhirnigen Gesichtern.

6.2.7.4 E-nde?

Alle E-Genies waren tot, als das D-Genie aufwachte.

Die wichtigsten Politiker kamen in heller Aufregung angereist, um sich neben dem weltbewegenden Schaden fotografieren zu lassen. Ein gleichlautender Abschiedsbrief in den E-Computern gab von dem qualvollen Erkenntnisprozess Auskunft, der die E-Genies dazu brachte, die Giftampullenströme in die eigene künstliche Ernährung fließen zu lassen. Ungeschickterweise war Wochen zuvor ein E-Genie wegen einer merkwürdigen Sache operiert worden. Eine ganz harmlose Sache eigentlich, aber die E-Genies bekamen durch die Vorgänge im Zuge der D-Generation eine ganz gute Vorstellung von ihrem zukünftigen Leben. Da sie sich ausmalten, wie die Weltwirtschaft um Jahrhunderte zurückfallen würde, wenn sie auf einen Schlag der gesamten technologischen Spitze beraubt wäre, konnten sie sich leicht auf ein gemeinsames Selbstabdrücken einigen.

In der Tat stand die Welt vor dem Ruin. Die Zeitungen beruhigten die Bevölkerung. „Ein Neuanfang muss her", forderten sie oder „Dies ist ein guter Besinnungspunkt, von nun an alles besser zu machen". „Niemals feiern mit Genies", wurde ebenso geraten wie verschärfte Zwangsmaßnahmen: „Kein Contraman mehr, schärfere Aufsicht, mehr Disziplin! Die Genies leben auf unsere Kosten." Allgemein wurde beschlossen, vor der Rettung und dem Neuaufbau der Welt zunächst die Schuldigen zu suchen, die nur Politiker sein konnten, weil alle anderen Gründe für Wahlsiege nichts taugen würden.

Das D-Genie aber wurde mit ausgesuchter Höflichkeit um neue Ideen gebeten. Der Extraktor machte unzählige Kniefälle und Knickse. Das D-Genie schwieg beharrlich und vor allem beleidigt, weil es spitz bekommen hatte, dass sein Mausoleum gar nicht physikalisch gebaut worden war.

Die Weltlage spitzte sich zu.

Schließlich hatte der Extraktor einen kleinen Erfolg. Er holte aus der Brutanstalt noch ganz kleine süße E-Geniechen, packte ein paar von ihnen in eine Schale wie in ein Osternest und trainierte sie, höflich um Ideen zu bitten. Sie mussten das D-Genie wie schnappende Jungvögel hoffnungsgierig anhimmeln. Dabei rollten sie mit den Augen wie Menschenwesenkinder und riefen: „Hilf uns leben, Deaddy!"

Da wurde das D-Genie etwas weich.

Anschließend machte sich der Extraktor rar und besuchte das schmerzschreiende D-Genie nur noch kurz, wobei er wortkarg war.

Das D-Genie druckste ein paar Tage herum und bot an, neuerlich Ratschläge zur Zucht von E-Genies zu geben, wenn ihm eine Giftkanüle zur freien Verfügung an die Anlage geschnallt würde. Es wollte selbst sein Ende bestimmen können. Nachdem das Gift spritzfertig drohen konnte (man hatte natürlich nur grüne Traubenzuckerlösung eingefüllt), gab das D-Genie wieder Ideen ab, ganz wunderschöne Ideen sogar.

Es dachte bei sich, es sei doch gut, der Welt zu helfen.

Aber etwas in ihm hasste sich selbst für diesen tröstlichen Gedanken.

6.2.8 Das Ende

Der Weise ist so ganz zerrissen.

Kann der Welt denn überhaupt geholfen werden? Er weiß es nicht.

Will sie sich helfen lassen? Definitiv nicht.

Ist ihr klar, dass sie Hilfe braucht? Nicht wirklich. Dies ist Teil des Problems.

Dieses Buch endet ohne Hilfe von mir.

Ich gebe keinen tröstlichen Gedanken, dass wir nur noch ein Zehnpunkteprogramm brauchen („Ich rede mir täglich fünf Minuten fest ein, ich sei glücklich, das hat mir den Glauben an mich selbst wiedergegeben."). Dieses Buch soll Ihnen bedeuten, dass wir von einer wahrhaft richtig natürlichen Welt ziemlich weit weg sind, so weit, dass eine graduelle Bewegung nebenbei im Herzen gar nicht mehr ausreichen wird.

Spätestens Karl Marx hat ganz klar gemacht, dass die Arbeit zu einer Entfremdung führt. Marx hat zur Abhilfe ein neues System der Herrschaft des Proletariats vorgeschlagen. Was daraus wurde, mussten wir lernen. Wir üben uns jetzt mit besseren Systemen, den Turbo-Systemen. Was daraus wird, müssen wir durchstehen, damit jemand einst daraus lernt.

Was könnten wir lernen?

Der Fehler liegt nicht im System, sondern in der Vorstellung, nur ein System sei das einzig Richtige. Natürlich brauchen wir in Wahrheit ein System, um unser Leben zu organisieren. Aber nicht so viel! Das Systematische darf nicht zu weit gehen! Das Systematische darf sich nicht in Form einer Höherwertigkeitsforderung an das Individuum an die Stelle Gottes setzen.

Wir brauchen Spielräume in unserer Gesellschaft, unsere individuellen Pyramidenwerte als Lebenslohn zu erhalten. Wie wäre dies? Wir verzichteten auf zwanzig Prozent des Gehaltes und drehten das Übermaß der geforderten Arbeits- und Leistungsdichte wieder zurück? Wir bekämen wieder Anerkennung und Dank statt immer nur Geld? Wir würden hochleben statt höherwertig?

Der Welt ist nicht wirklich zu helfen, weil die jetzigen Systeme alle Spielräume für Geld nutzen, also alle Spielräume stehlen. Und die bestohlenen Menschen betrauern keinen Verlust. Ob sie ihn bemerkten?

Ich hoffe, Sie bemerken, dass Sie bestohlen worden sind. Oder sind Sie noch jung? Dann hoffe ich, dass Sie bemerken, wenn Sie bestohlen werden sollen.

Ich will Ihnen mit diesem Buch einen Seismografen setzen!

Wenn Sie je erschöpft bei der Arbeit stöhnen und über Kopfschmerz klagen, dann sollen Sie ab heute an das D-Genie in der Aspirinlösung denken. Wenn Sie je klagen, dass Ihnen doch einmal gedankt werden könnte, wenn Sie je Weh fühlen, es möge Sie jemand für einen wertvollen Menschen halten, wenn Sie je träumen, dass jemand über Ihren Arbeitsergebnissen „Klasse!" riefe, wenn Sie sich krümmend fürchten, wenn Ihr Chef Sie neuerlich beurteilt und Euro-stuft – dann denken Sie an das Supramane.

Sie sind noch ganz unten in der Pyramide, beim Lebensnotwendigen.

Alles gräbt noch in Ihnen.

Trost gibt es *hier* nicht. *Omnisophie* sollte erklären, wie wir im Prinzip sind oder sein könnten. *Supramanie* gibt (m)eine Gegenwartsdiagnose. *Topothesie*, der dritte Teil, richtet den Blick woandershin und mahnt zum …, ich ringe noch mit den Worten.

Ach, wissen Sie, es ist schade – so weit bringe ich Sie wohl nicht.

Ich muss ja selbst auch erst dahin.

Allein?

Teil III
Topothesie

Der Mensch in artgerechter Haltung

Zur Wohlgestaltung des Menschen

Das Wort Topothesie bedeutet im Griechischen so etwas wie „lebhafte Erzählung von einem aufregenden vorgestellten Ort“. In diesem Buch denke ich über das artgerechte Einzelleben des Menschen nach und schlage seine Individual-Wohlgestaltung vor, die allerdings, wie so vieles Gute, ein Aufgeben von etlichen Denk-, Gefühls- und Lebensgewohnheiten erfordert.

Was kann ich also hoffen, wenn ich darüber schreibe?

Dass sich die Welt retten lässt? Bestimmt nicht.

Aber ich möchte Ihnen einige liebe Gewohnheiten vernichten und sie durch andere liebe Vorstellungssphären ersetzen. Das wird schon gehen.

Im Buch *Supramanie* ging es mir um die These, dass fast alle Vernunft in uns als künstlicher Trieb implementiert worden ist. „90 % der Vernunft ist Trieb!“, verkündigte ich kämpferisch und zeigte Ihnen an vielen Beispielen, dass wir nicht das Gute deshalb tun, weil wir es vernünftig finden, sondern aus Angst vor Strafe, Scham und Schuld. Angstimpfen durch Schläge aller Art ist nämlich die preiswerteste und schnellste Methode, an Menschen gewünschte Veränderungen zu erzielen. Strafen verändern das Instinktsystem! Die Vernunft ansprechen? Das geht viel zu langsam! Wollen wir so lange warten, bis jeder *vernünftig* würde? Wie lange würde das dauern? Ginge es überhaupt bei jedem x-beliebig hergelaufenen Menschen? Vernunft wird also eingebläut, eingetrichtert, per Kopfwäsche übertragen, als Stachel gesetzt oder durch einen Tritt in den Hintern gefördert. Dann, sagen wir, *sitzt sie*. „Das hat gesessen! Das hat getroffen! Das hat er geschluckt!“ Sie sehen: Wir reden vom Körper, vom Schlucken und Zucken, wenn wir Vernunft „hineinbringen“. Und ich habe nur gesagt, dass folglich die Vernunft genau da in uns ist, wo wir sie hineingedrückt haben: *im Körper* – als Angst oder Hemmung. Die Vernunft ist insbesondere nicht mehr „im Kopf“!

In diesem Buch möchte ich diese trübe Reise der Erkenntnis zunächst noch bis zur Mitte fortsetzen und herausarbeiten, dass eine noch viel grausamere These richtig ist: „Fast alles, was wir für Lebenssinn halten, ist aus Anpassung und Angst vor Nichtanpassung entstanden“. Ich meine wirklich: *fast alles*.

Stellen wir uns vor, Menschen seien wie Pflanzen, von denen es verschiedene gibt (und das ist bei den Menschen auch so). Pflanzen brauchen Wasser und Sonne, also pulsierendes Leben und Wärme. Bei den Menschen wäre das Lebensfreude (wie Wasser und Wind) und Liebe oder Bindung (wie Sonne). Manche Pflanzen wollen wenig Wasser und viel Sonne, manche viel Wasser und wenig Sonne, manche mäßig viel von beidem. Wenn wir nun aber Wüstenpflanzen tüchtig gießen, sterben sie. Wenn wir Schattenpflanzen sonnig stellen, verbrennen sie.

Und Menschen? Wenn wir Schüchterne auf die Bühne stellen, sinken sie zusammen. Wenn wir notorische Helfermenschen zum Leuchtturmwärter ernennen, siechen sie dahin. Unsere Gesellschaft ist nicht ganz so grausam, uns völlig gegen unsere Art zu behandeln – aber sie nimmt wenig Rücksicht darauf, dass wir mit verschiedenen Bedürfnissen (Wasser, Sonne) geboren werden. In vielen Bereichen verstößt unsere Gemeinschaft absolut vorsätzlich gegen solche Rücksichten, etwa da, wo sie von Chancengleichheit spricht. („Alle Schüler lernen das Gleiche, auf das einzelne Interesse oder die Begabung kommt es nicht an!") So bekommen wir theoretische Normalmenschen unser möglichst gleiches Quantum an Wasser und Licht. Da haben also manche Menschen Pech und andere Glück, nicht wahr? Ich will im Buch zeigen, dass alle Systeme, die mit *gleichen* Quanten arbeiten, so dosieren müssen, dass es für fast niemanden stimmt! Aus dieser Sicht gleichen wir Menschen also Pflanzen, die sämtlich unter falschen Bedingungen wachsen müssen?! Falsche Erde, falsches Licht, falscher Dünger?

Die Lebhaften unter uns werden gedämpft und eingefangen. Die Liebenden im Alltag ernüchtert. Die Normsozialen werden unter Leistungsstress gesetzt und sollen herausragen. Die Berührungsempfindlichen werden in Normen gezwungen, die Wärmeliebenden in den für alle gleichen Krieg geschickt.

Sie wehren sich nun gegen Versuche, ihr Leben so zu verändern, dass für sie dann etwas in ihrem Leben „nicht stimmt" oder „keinen Sinn macht".

Die Gedämpften und Eingeengten brüllen: „Freiheit!"

Die ganz Stillen rufen aus der Universität: „Wahrheit!"

Die Helfenden verzweifeln um: „Liebe!"

Die Sozialen sehnen sich nach: „Frieden!"

Die Vollsaftmenschen (viel Sonne, viel Wasser) fordern: „Lebensfreude!"

Die geforderten Werte sind eher Schmerzschreie, nicht Forderungen nach Lebenssinn. Sie drücken einen *Mangel* aus und beschreiben nicht den Himmel. Brauchen wir in einer *guten* Welt Friedensbewegungen? Umweltschützer? Freiheitskriege? Solche Bewegungen sind Ausdruck von Mangel an Sinn. Wir beseitigen allesamt andauernd solche Mängel. Was aber wären wir ohne diesen Mangel?

Schon glücklich?

Wollen wir wirklich „nur" Frieden, Leistung, Perfektion, Liebe, Wahrheit, Lust, Macht und was wir so alles im Schmerze schreien? Nein! Mehr! Wir wollen nicht nur bloße medizinische Behandlung, damit wir als Pflanze im falschen Topf gut und recht leben können. Wir wollen lieber *artgerecht* wachsen! Deshalb sind die geforderten Liebe & Co. nur die *Heilmittel*, nicht Sinninhalte. Ich werde das Ziel des vermeintlichen Strebens *Pseudodsinn* nennen, dem wir hinterher rennen.

Metaphorisch gesehen möchte ich den Menschen wie eine Muschel betrachten, die im reinen Wasser liegt und eines Tages schlimm verletzt wird. Da bildet sie um den Schmerz eine Perle – sie ummantelt ihn mit Perlmutt. Und sie vergisst ihr eigenes Leben ganz über der Schmerzarbeit, verfällt in Bewunderung über die Schönheit der eigenen Perle und hält nun diese für ihren einzigen Lebenssinn. Muschel – Perle! Mensch – Karriere? Es gibt Pseudosinn, für den wir hart arbeiten, und naiven Sinn, in dem wir leben sollten.

Was ist Sinn? Was nicht? Ich habe eine Graphik gesehen, in der ich den Unterschied fast physiologisch spüren kann.

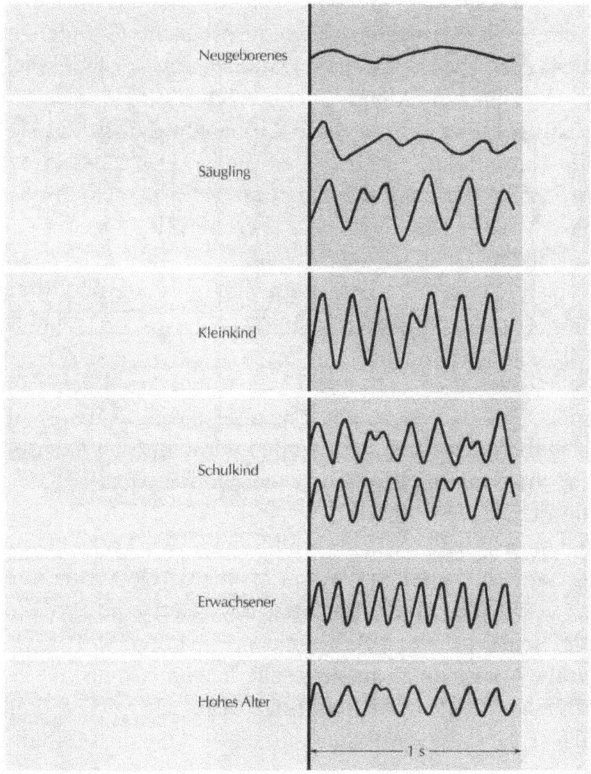

Sie zeigt typische bzw. dominante Gehirnwellen des Menschen in verschiedenen Altersstufen. Ich erkläre alles später im Detail. Hier nur kurz: Die Gehirnwellen des Menschen nehmen in der Entwicklung vom Säugling zum Erwachsenen mit zunehmendem Alter in der Frequenz zu und schließlich im Alter wieder ab. Der Erwachsene hat ein so genanntes Betawellenprofil, das Schulkind noch ein Alphawellenprofil. Irgendwann im Alter von etwa 15 bis 20 Jahren verändern sich die Gehirnwellen in den Betawellenbereich, um dann im höheren Alter wieder in den Alphawellenbereich zurückzukehren.

Im Alphawellenbereich ist der Mensch entspannt und klar, hat reine Gefühle. Wie ein Kind! Wie die Großmutter! Im Betawellenbereich ist der Mensch angespannt, bedacht, alles zu kontrollieren und im Griff zu haben. „Er ist auf dem Aufstieg“.

Und wenn Sie schon einiges von mir gelesen haben, kennen Sie mich ja ein bisschen und wissen, was mir schreckhaft einst beim Anblick der Graphik einfiel:

Alles Beta, unser Leben!

Sogar in physiologisch messbaren Gehirnwellen ist zu sehen, dass die Sucht, der Beste zu sein, Prüfungen zu bestehen und reich zu werden, uns körperlich verändert, bis wir im Alter wieder „zu uns" zurückfinden. In *Supramanie* habe ich nur aus ökonomischer Sicht das gierige Streben gegeißelt. Und jetzt zeige ich Ihnen: Das Streben nach Mehr ist in Ihren Hirnströmen messbar. Im Grunde sind Sie körperlich jemand anders geworden – und das Antreiben zur Leistungssucht wird damit fast zur Körperverletzung. Im Alphawellenbereich fühlt sich der Mensch gut, im Betawellenbereich angespannt! Und diese Anspannung überträgt sich bei uns Erwachsenen in die Nackenmuskeln, Schultern und Darmtrakte: Wir fühlen totalen Stress, wenn wir vor Anspannung überhaupt noch etwas merken. Wir registrieren, unwillkürlich oder bewusst, dass wir zur Lebensbewältigungsmaschine geworden sind – zu einer „Machina", wie ich sagen werde.

Ich will aus dieser Alpha- und Beta-Betrachtung eine große Metapher machen und mich um Ihre „Alphabethisierung" kümmern. Homo ex machina. Gegen Psychozid – Seelenverletzung.

Es wird wieder eine lange und spannende Rundreise durch das menschliche Denken. (Für mich selbst war sie äußerst spannend!) Am Anfang wird von Verletzungen und Perlen die Rede sein, dann wollen wir dem Sinn nachspüren und bald darauf überlegen, wie wir denn den Menschen vor der „Beta-Falle" retten können: durch artgerechte Erziehung natürlich!

Diesen Gedanken will ich möglichst weit treiben. Wir kommen an seinem Ende zu Gott. Voltaire sagte bekanntlich: „Wenn es keinen Gott gäbe, müsste man ihn erfinden". Und Ludwig Feuerbach predigte, dass Gott eine Projektion der Menschen sei, die ihn selbst schwer belaste und ihn unaufgeklärt lasse. Gott sei nur eine psychologische Vorstellung, die abgeschafft werden müsse. Da bin ich nicht so sicher, dass sie abgeschafft werden darf. Ich denke eher, wir sollten besser einen Gott haben. Einen erfinden, wenn es sein muss. Das wäre die ultimative Ratio! Und ich zeige Ihnen, dass es wohl sein muss. Nennen Sie es Gott oder Tao: Irgendwie müssen wir an zu vielen Betawellen vorbeikommen. Wir haben Gott sterben lassen und damit die höchsten unveräußerlichen Prinzipien verloren. Und was sollen wir nun ohne diese tun? Immer nur Perlen über Wunden ziehen? Jeden Tag den Verlust des Arbeitsplatzes und der Familie fürchten?

Mit diesem Buch wird die Trilogie beendet, die aus den Werken *Omnisophie*, *Supramanie* und *Topothesie* besteht. Eine Reise durch den ganzen Menschen. Sie als Leser haben mir mit neuen Argumenten an dueck@de.ibm.com geholfen. Mich hat Ihr Interesse an solchen Fragen sehr ermutigt. Ich habe viele von Ihnen bei meinen Reden als IBM-Cheftechnologe kennen gelernt. Meine Werkstudentinnen Carmen Bierbauer und Martina Daubenthaler, beide „natürliche" Menschen im Sinne von Omnisophie, brachten mir viel Verständnis für das Natürliche bei. (Sie sind ja extra als meine Antipoden eingestellt, nicht wahr?) So vieles tief Wahre tauschte ich in E-Mails mit Heike Ribke aus – viele Seiten dieses Buches haben ihren Atem. Ab und zu schreibt mir Marc Pilloud, und manches Mal trifft es wie ein Blitzschlag, wenn er seine Gedanken offenbart. Ich öffne seine E-Mails so sorgsam konzentriert wie virusverdächtige. Können Sie mitfühlen, wie das ist? Petra Steiner hat in bewegenden und manchmal etwas traurigen Augenblicken wundervolle Bilder gemalt. Sie sind an entscheidenden Stellen des Buches berührender als Worte. Ja, und dann werde ich immer noch zurechtgestutzt – von Eckhard Umann. Er ist psychiatrisch tätig und gibt mir wertvolle Hinweise zu meinen Schriften. Dabei ist er wirklich geduldig (heißt lateinisch patiens, patientis) mit mir und lenkt mich irgendwie. Meine Frau Monika hat nun drei Jahre „jede Minute schreiben" hinter sich – ja, und nun sollten wir den Garten paradisieren und wieder mehr Ferien machen. (Wir haben Ägypten con tutto gebucht!) Anne liest wie immer mit, still zustimmend. Johannes nervt mich mit lautem Rappen beim Schreiben, ganz wie ein natürlicher Mensch. Ich habe ihn oft angeseufzt – aber es macht ihm zum Glück nichts aus. Er scheint einfach unbeirrbar glücklich im Alphawellenbereich zu sein. Dabei wurde er im Februar 2003 schon volljährig! Hoffentlich stimmt mit ihm etwas nicht, was die eigentlich schon überfällige Beta-Migration seines Hirns betrifft.

Kapitel 7
Biomechanik verletzter Normalmenschen

7.1 Schmerzgrenzen um unser Selbst

7.1.1 Der normale Mensch aus der westlichen Gesellschaftslogistik

Dieses erste Kapitel der Schmerzgrenzen um unser Selbst dient der Hinführung zu den Hauptgedanken.

Ich möchte im Folgenden darlegen, dass unsere Gesellschaft seit der grauen Urzeit zu wissen glaubt, dass der Mensch den Schmerz meidet und die Lust sucht. Der Mensch scheint insofern viel zu sehr auf seine Körperstimmung fixiert. Er tut, worauf er Bock hat und meidet, wovor er Schiss hat, wie man so sagt. Die Philosophen aller Zeiten haben überlegt, wie sich der Mensch aus dieser unseligen Umklammerung des Körpers befreien könnte. Sollen wir den Körper kasteien, ihn über Kohlen laufen lassen, ihn geißeln oder auf Nagelbretter legen? Ist ihm dann Lust und Schmerz irgendwann einmal einerlei? Leider flieht aus den meisten Menschen, die ihren Körper aus der Welt geschafft haben, auch irgendwie die Seele! Die müsste ja festgehalten werden, sonst wäre durch das Mittel das Ziel verdorben.

Auf der anderen Seite ist es pragmatisch gesehen ein Segen, dass der Mensch einen Körper hat. Wenn nun ungezogene Jungen keinen Hintern hätten, der schmerzen könnte? Wenn das Versagen der Götterspeise zum Nachtisch kein weinendes Verzeihungsbetteln auslöste? Wenn Stubenarrest nicht den Freiheitsdrang aufstachelte? Liebesentzug als Höchststrafe empfunden wird! Taschengeldentzug! Nachsitzen! Fernsehzeitrationierung! Und später weiß der Körper, wie sich Mobbing, Gehaltssenkungen oder Versagen von Beförderungen anfühlen.

Natürlich gibt es auch Erziehungsrichtungen, die sich vor harten „Bitten um Kooperation" fürchten, weil die Schmerzschreie stören. Da werden denn die Kinder mit Pudding zugeschüttet, dann geben sie Ruhe. Zum dritten Geburtstag bekommt der fast erwachsen gesehene Mensch den ersten eigenen Fernseher geschenkt – sowie täglich einen Euro und eine Fanta zum Kindergarten. Um den satten Menschen muss man sich nicht kümmern! (Erinnern Sie sich? Hydrokultur! Die Blumen müs-

G. Dueck, *Omnisophie-Trilogie*,
DOI 10.1007/978-3-642-34877-8_7, © Springer-Verlag Berlin Heidelberg 2013

sen nur einmal wöchentlich gegossen werden! „Massen von Blüten, ohne nach ihnen sehen zu müssen.")

In solchen Umfeldern findet das normale Leben des Menschen statt. Von diesem normalen Menschen soll hier die Rede sein. Die hohen Philosophen zerbrechen sich den Kopf, wie der Mensch der reinen Tugend zur Seligkeit käme, aber sie sagen nie so richtig, wie denn solche Menschen im normalen Leben zurechtkämen. „Ja", heißt es dann, „wir müssten eben *alle* den rechten Weg meiner Philosophie einschlagen." Um diesen Weg für alle zu finden, muss aber viel *über das normale Leben und seine Grundsätze* nachgedacht werden. Dann erst kommt die Tugend! So meine ich es und spreche hier im Buch erst nur vom Normalen.

Meine Kinder haben mir neulich vorgeworfen, ich sähe das Normale schon nahe am Verdorbenen. Ich entgegnete, ich sähe es in der Nähe des ernsthaft Geschädigten. Wir haben hitzig diskutiert. Carmen Bierbauer, die jetzt meine Texte redigiert, hatte sich im Internet auf die Suche nach Prozentzahlen gemacht. Prozentzahlen von Menschen, die Leiden tragen. Irgendwelche Leiden! Wir fanden folgende Zahlen: 11 % der Deutschen sind arbeitslos, in manchen Gegenden bis 30 %. Ganz seriöse Studien in der Schweiz fanden heraus, dass um die 15 % der Mädchen Opfer sexueller Gewalt werden (um es brutal klar zu sagen: 15 % mit *Penetration*, sonst sind es doppelt so viele, die „angefasst" werden). Acht Millionen Deutsche hängen am Alkohol, etwa eine Million mag schizophren sein, fünf Millionen sind depressiv, ein bis drei Millionen leiden an chronischen Schmerzen, gegen die zum Teil keine Medikamente helfen (Fibromyalgie, Rheuma, Migräne), ein Prozent der jüngeren Männer leidet an „erektiler Dysfunktion". Es wimmelt von Scheidungswaisen (150.000 neue pro Jahr), Neurodermitikern, Asthmatikern, von Gewaltopfern und Allergikern. Die Schulkinder leben unter enormem Stress und Versagensangst. Gute Teile sind Legastheniker, leiden unter Rechenschwäche, die neudeutsch Dyskalkulie heißt, damit es krank klingt. Viele siechen in der Uni weiter hinein und finden dort wenig Halt, geben schnell wieder auf. Die Studienabbrecherquoten steigen oft über die 50-Prozent-Marke. Viele junge Menschen studieren nicht „berufen für ein Fach", sondern unsicher um die Zukunft, ganz blockiert, wie wohl ihr Leben „anfangen" mag. 35 % aller Ehen werden später geschieden, die Ehen der Scheidungswaisen werden zu 60 % geschieden, weil sie früher merken, was noch kommen wird. Und wissen Sie, bei welcher Diagnose wir am häufigsten krank geschrieben werden? Na? – Zehn Prozent der Krankschreibungen entfallen auf Rückenschmerzen. Siebzig Prozent der Deutschen geben an, im Laufe eines Jahres Rückenschmerzen gehabt zu haben. Überwältigend viele Kranke glauben selbst, diese Schmerzen seien stressbedingt.

Ich habe meine Kinder gefragt, wie viele in ihren Schulklassen ihre Scheidungseltern hassen, Drogen nehmen oder sich regelmäßig „zusaufen". Wir zählten die offensichtlich Magersüchtigen dazu, die Frustesser, die Merkwürdigen, die depressiven Nicht-Lieblingskinder … Es sind ziemlich viele zusammengekommen. Ziemlich viele. Dabei sind sie immerhin alle noch zukünftige Abiturienten aus einer braven Gemeinde nahe der Akademikerstadt Heidelberg. Alles gut! Und wie wären die Kinder der nahen Hauptschule? Meine Kinder zuckten zusammen und zuckten mit den Achseln.

Und ich habe jetzt nur die offensichtlich problematischen Fälle aufgezählt. Wie viele Menschen haben ein ernstliches Seelenleiden? Die Hälfte? Was ist normal? Wer ist normal? Ist Leiden normal? Wie sieht das aus, wenn sich ein Leidender die Lebenssinnfrage stellt?

> „Eine Arbeit hätt' ich gern!“ – „Ein Ende der Familienrachefeldzüge!“ – „Eine Perspektive nach dem Abitur!“

Es geht dem normalen Menschen um das bloße Hemd, nicht um Gott oder das Höchste.

Mitten im formalen Wohlstand nimmt das Leiden zu. Unsere Gesellschaft administriert unsere Lebensläufe. Das heute herrschende Prinzip der Supramanie verlangt nimmermüdes Anstrengen für immer weniger Freizeit, in der wir unsere verdrängten Gefühle vor dem Fernseher oder beim Einkaufen aller Art ein wenig beruhigen. Mutterglück verwandelte sich vor diesem Hintergrund in sozialen Nachwuchsabstieg für Eltern. Kinder werden in logistischen Massenprozessen zum Abitur „gebracht“. Prüfungen pflastern ihr Leben. Stress ohne Ende. Die Universitäten ziehen gerade nach. („Früher gab es die Prüfungen zum Vordiplom und zum Diplom, mehr nicht. Heute haben wir das ganze Studium völlig transparent in 180 Punkte aufgeteilt. Jeder dieser Punkte wird nur über eine Prüfung erreicht, damit jedes Ausbildungspaket ordentlich abgeschlossen wird. Die Studenten sind darüber froh. Denn nach der jeweiligen Prüfung fragt niemand mehr nach dem absolvierten Stoff. So können sie in aller Ruhe immer wieder etwas Neues lernen. Wir sind somit alle sehr glücklich über die Errungenschaft der Credit Points.“) Das Abhaken löst die so altehrwürdige Bildung ab. Die Berufsfähigkeit *zählt*. Die Berufe und Berufungen verschwinden. Menschen haben heute überwiegend eine Rolle oder eine Funktion, die sie möglichst so genau ausfüllen sollen, wie Maschinen es täten …

Wenn Menschen nach ihrem Glück gefragt werden, antworten sie meist: „Zeit hätte ich gern.“ Sie möchten nicht immer eilen müssen und an Termine denken. Das höchste Nicht-Glück ist in unserer Zeit wohl der quälende Zeitdruck, der bei der Arbeit eben auch zu Leistungsdruck wird. (Leistung ist Arbeit dividiert durch Zeit, sagen die Physiker, die dieses Naturgesetz wohl für Fließbandarbeiter erfunden haben.) Der Leistungsdruck erzeugt oder ist psychischer Druck, nicht zu versagen und im Gegenteil der Größte zu sein. Im Grunde ist deshalb das höchste Nicht-Glück der psychische Stress. Was hätten wir gerne?

Seelenruhe.

So war es immer seit Anbeginn.

> Kommet her zu mir alle, die ihr mühselig und beladen seid; ich will euch erquicken. Nehmet auf euch mein Joch und lernet von mir; denn ich bin sanftmütig und von Herzen demütig; so werdet ihr Ruhe finden für eure Seelen. Denn mein Joch ist sanft, und meine Last ist leicht. (Matthäus 11, 28–30)

Das hören und lesen wir modernen Menschen nicht mehr. Aber mühselig und beladen sind wir heute mehr denn je. Es liegt wohl daran, dass es uns materiell so gut geht. Wir sind materiell so sehr beladen, dass wir es in der Seele eigentlich nicht sein müssten. Wir wissen das, beladen aber weiter die Seele, um noch mehr Materielles herauszuholen. Diese Spirale eskaliert. Wenn ein Trieb befriedigt wird, gibt er eine Weile Ruhe. Kein Hunger mehr nach einem Meter Bratwurst. Wenn wir aber Geld „machen“, lüstern wir nach mehr. Was sagt uns das? In uns ist ein Trieb, der durch Gelderwerb eben *nicht* befriedigt wird. In uns ist ein Trieb, der praktisch durch nichts zufrieden gestellt wird, was wir für Sinn halten. (Beispiel: Wären Sie als Individuum wirklich in Ihrer Seele dauerhaft glücklich, wenn nun ewig Weltfrieden wäre? Glücklich nur dadurch? Etc.) Und ich werde das ganze Buch über deutlich machen, dass Sie lieber *diesen* Trieb befriedigen sollen, den Sie wirklich haben: Wasser und Sonne in Ihrer individuellen Mischung Ihres individuellen Ursprungs. Ich erkläre diesen Gedanken.

7.1.2 Baby, Sonne, Wasser, Muschel

Ein Baby kommt zur Welt.
Es reckt sich kraftvoll und brüllt:
„Hier bin ich! Hört mich! Milch her“

Ein anderes Baby kommt zur Welt.
Es ist leise da und wimmert, wie wenn es sich besser versteckte.
„Oh weh, ich lebe jetzt …“

Von einer Hebamme las ich, sie könnte wissen, was das für Menschen *wären* (nicht: *würden*), die da auf die Welt kämen. Sie schilderte, sie könne am Schreien, am Aufleben, an den Bewegungen spüren, *wie* sie seien. Sie habe es für sich aufgezeichnet und versucht, viele der später großen Kinder wieder zu sehen. Und nun, nach vielen Jahren, sei sie sicher, welches Baby später ein Kraftmensch und welches ein besonders liebes Kind würde, welches der Kinder Schutz brauche und welches in die Welt hinaus strebe. Dieser Artikel hat mich lange beschäftigt. Wie kann sie das bloß wissen?

Unsere Tochter Anne kam zur Welt, war ruhig, lieb und gleich ganz regelmäßig, ganz ohne Zutun oder Zureden. Klar! Gute Erziehung von uns! Das dachten wir wohl heimlich. Andere Kinder kamen aus der Nachbarschaft, um das neue Baby herumzufahren. Anne schaute in die Welt hinaus und ließ alles mit sich geduldig geschehen. Der legendäre Tom Sawyer verdiente Geld, damit die Jungen ihm die Arbeit des Zaunstreichens abnahmen – und ich hätte Anne stundenweise als Baby vermieten können, statt sie selbst auszufahren. Sie war der Liebling, aber sie war nie wirklich anschmiegsam. Sie war wach da und schaute, „machte mit“. Sie ließ sich auf den Arm nehmen, aber sie wollte nicht wirklich von selbst dorthin. „Kein Knuddelkind.“

Unser Sohn Johannes kam zur Welt. Die Hälfte der Zeit saß er auf einem Schoß, am liebsten bei meiner Frau, auch gern bei mir, wenn sie nicht da war. In der anderen Hälfte der Zeit passierte leider immer etwas. Marmelade kippte um. Alles wurde als Essen interpretiert. Ganz früh begann er, „richtig zu essen“. Ach was, Milch! Er schien keinen Schlaf zu brauchen. Nachts war er guter Dinge. Meine Frau und ich klatschten uns nachts mehrmals ab, so wie Auswechselspieler hereinkommen und hinausgehen. Es war ein rechtes Drama. Wir hätten ihn wohl dauerhaft im Ehebett lassen sollen, aber da rollte er herum und lag quer, schnaufte und war glücklich (aber ich nicht). Er blieb lange Schoßkind, wurde ein lieber Schüler, bei dem irgendwie oft etwas Ungeplantes passierte …

So sind sie geblieben bis heute. Anne liest gerade. Johannes rappt irre laut Eminem (in der Hand ein imaginäres Mikro) und wartet auf seine „Kumpels", die gleich kommen.

Die Kinder der Eltern aus unserem Wickelkurs sind so geblieben, wie sie am Anfang waren. Meine Neffen. Meine Schwester. Meine Mutter. Mein Vater. Ich wohl auch.

Das ist eine seltsame Stichprobe, die mir als Mathematiker alle Unehre macht. Das aber ist hier nicht der Punkt. Es gibt wissenschaftliche Wahrheiten und persönliche. Und die Wahrheit unseres Ursprungs konnte ich *nicht* als erfolgreiche Versuchsreihe einer Hebamme als meine persönliche Wahrheit akzeptieren, ich habe sie lange als Fremdkörper in meinem Geist herumgetragen. Bloßes Buchwissen, dass Menschen als Baby ein ursprüngliches Wesen haben, hilft nicht. Aber wenn Sie zurückdenken oder wenn Sie die Babys sehen und auf ihrem Weg verfolgen, wenn Sie Ihre eigenen Kinder betrachten: Dann mögen Sie eine Chance haben, eine persönliche Wahrheit zu schöpfen, die zur Erkenntnis eines eigenen Ursprungs führt. Alle diese Bergpredigten, achtfachen Wege und kategorischen Imperative sind nichts als wissenschaftliche Wahrheiten. Sie müssen am Ende persönlich werden. Deshalb bombardiere ich Sie nicht mit Lehrsätzen oder Appellen oder Gewissheiten, wie die Welt besser dastünde. Sie müssen den Urgrund von Wasser und Sonne in Menschen körperlich spüren, am besten gleich in sich selbst.

Deshalb führe ich so viele Beispiele aus dem Leben an. Immer wieder. Immer wieder solche:

Ich komme mit extrem starken Kopfschmerzen nach Hause. Anne, damals Kleinkind, erwartet mich an der Tür und stürmt auf mich zu, weil wir Karussell fahren wollen. Ich nehme sie in den Arm, sage, was mir fehlt, und bitte sie um einen *anderen* Tag. Sie legt ernst die Hand auf meine Stirn, stellt ein paar Fragen zu meinem Befinden, nickt verständig und geht spielen.

Ich komme mit extrem starken Kopfschmerzen von einem Überseeflug nach Hause. Der kleine Johannes erwartet mich jubelnd an der Tür, springt wie ein junger Hund an mir hoch und brüllt vor Freude. Ich stelle ihn ernst vor mich hin und sage, dass ich mich so elend wie „fast noch nie" fühle. Er freut sich und jubelt. Ich wiederhole lauter, dass ich völlig fertig bin. Johannes versucht, auf meinen Rücken zu springen und winkt den anderen, die jetzt kommen. Ich schreie. Er jubelt. Ich schüttle ihn: „Hör bitte zu!" Er freut sich. „Hör mal auf und hör zu!" Zehn Versuche später sitze ich auf dem Boden vor ihm und weine echte Tränen, die er sehen könnte. Er versteht nicht und freut sich. Mein Kopf bricht.

Es sind zwei liebe Menschen, die beiden, aber andersartige. Stellen Sie sich die beiden als Pflanzen vor, die Wasser und Sonne brauchen, so wie Menschen verschieden spezifische Grade von Lebhaftigkeit/Lebenslust und Wärme in sich tragen. Anne ist am ehesten in ihrem Ursprung, wenn sie liest: Schilf am stillen Waldsee. Johannes braucht viel von *allem*: Tropenpflanze.

Was macht die Gesellschaft mit ihnen? „Anne geh doch raus." – „Johannes, lies du doch auch Bücher." Bücher reichen aber für Anne. Fußball und laute Musik allein für Johannes auch. Ich höre immer noch die Klage aus meiner eigenen Kindheit: „Spiel doch mit." Ich musste damals zum Arzt, der mir voller Weisheit über mein stilles Wesen sogleich die Rachenmandeln entfernte. Vielleicht war es *das*?

Ich möchte Ihnen anhand dieser Sicht auf Pflanzen, auf Wasser und Sonne etwas über artgerechte Haltung erzählen und dies zu Ihrer persönlichen Wahrheit machen.

Ach, da fällt mir ein: Menschen haben allegorisch gesehen so etwas wie eine Muschel!

Die Muschel liegt im fließenden Wasser und filtert Nahrung aus dem klaren Strom. Tagein, tagaus. Ihr Leben ist frisch und reich. Da wird sie eines Tages verletzt. Ein Fremdkörper drang in sie hinein. Sie wird von Schmerzen überflutet, die so stetig wie der Strom in ihr fließen. Sie versucht, den Fremdkörper durch einen Perlmuttüberzug zu isolieren und unschädlich zu machen. Schmerzwellen auf Schmerzwellen. Langsam wächst eine Perle heran, wunderschön. Bei aller Schmerzverzerrung beginnt die Muschel, sich an ihrem entstehenden Lebenswerk zu freuen. „*Gott will, dass Muscheln Perlen erschaffen*!", denkt sie und sieht ihr Leben erfüllt. Wenn sie an der Wunde einst stirbt, war das gerade ihr Lebenssinn.

Wenn ein Mensch Glück hat, wächst er bei liebenden Eltern auf und hat eine frohe Kindheit. Da wird er eines Tages planmäßig verletzt, was er gar nicht merkt, weil die Eltern ihm zur Ablenkung eine Schultüte schenkten. Daraus werden bald Prüfungen und Stufen, schließlich Shareholder-Value und Globalisierung. Er versucht, die Verletzungen durch einen Überzug zu isolieren. Überzüge sind: Karrieren, Werke, Kunst, Siege. Langsam wachsen glänzende Überzüge über die Verletzungen. Sie sehen wunderschön aus. In allem Schmerz beginnt der Mensch darin die Erfüllung seines Lebens zu sehen … Wenn er einst stirbt, weiß er wofür. Oder weswegen. Gott wollte den Glanz.

Die Dichter beschrieben uns immer wieder beim Anblick einer trauernden Jungfrau: Tränen sind Perlen. Und ich ahne: Perlen sind Tränen.

> Der Engel hatte sie wieder begleitet, stand aber wiederum fern von ihr, und wandte das Auge ab. Das kümmerte aber das Mädchen nicht mehr; wohl aber, wie sie sah, daß der Engel sich ein Krönlein von Perlen aufsetzen wollte, litt sie das nicht, sondern sagte: Das Krönlein gehöre ihr, denn die Pathe habe ihr alles das versprochen. Und sie nahm das Krönlein dem Engel; aber im Augenblicke zerbrach es, und die Perlen fielen alle zu Boden, und zerflossen wie Thränen. Darob erschrack zwar das Mädchen, aber sie ließ sich's nicht zur Warnung seyn. (Aurbacher: Büchlein für die Jugend)
> Bei der Hochzeit darf die Braut keine Perlen tragen, denn diese bedeuten Thränen. (Bartsch: Sagen, Märchen und Gebräuche aus Meklenburg)

7.1.3 Die Aufmerksamkeit im Körper und unser Instinkt

> Da meine Cholesterinwerte so schlecht geworden sind, sollte ich anfangen, Sport zu treiben. Ich vernachlässige das bisher vollkommen. Deshalb schwöre ich am heutigen Silvestertag, dass ich dich, oh du mein Körper, zum Schwitzen bringen werde, damit du besser funktionierst.

So spricht der Herr zum Knecht – der Verstand zum Körper, der gerade Champagner nach Glühwein trinkt. Damit äußert der Verstand einen so genannten Silvestervorsatz oder einen frommen Wunsch. Wenn der Körper nicht mitmacht, wird es nichts. Dieses Jahr nicht und nie.

Ich versuche es wieder mit einem Vergleich. Stellen Sie sich dieses Mal den Menschen wie einen PC vor, wie einen Computer. Der Computer arbeitet ganz schlaue und wichtige Programme fast fehlerlos ab, die ihm als Befehle eingegeben wurden. Ein hochintelligenter Programmierer hat für ihn diese Befehle aneinander gereiht. Sie werden sorgsam nacheinander ausgeführt. Der Computer wirkt ein bisschen wie ein Beamter, der Schritt für Schritt alle erdenklichen Vorschriften und Kästchen abhakt. „Schritt für Schritt. Akte für Akte. Vorgang für Vorgang. Immer schön einer nach dem anderen. Immer der Reihe nach, meine Herrschaften, warten Sie draußen in einer Schlange. Warten Sie, bis Sie einer nach dem anderen drankommen. Alles hat seine Zeit."

Jetzt schauen Sie auf Ihren Computer. Da sind viele Programme oder so genannte Anwendungen verfügbar. Man sagt: Sie sind auf dem Computer installiert. Man meint damit: Diese Programme können von diesem Computer ausgeführt werden, wenn sie vom Nutzer aufgerufen werden. Ein Doppelklick – und das Programm beginnt.

Wie wird ein Programm ausgeführt? Mit Hirn, Wissen und Verstand, die beim Computer CPU (der Chip) und Festplatte heißen.

Alles so weit klar? Und jetzt kommt die Gretchenfrage: *Welches* Programm wird abgearbeitet? Überhaupt eines? Wenn mehrere abgearbeitet werden sollen, in welcher Reihenfolge? Geht es am besten gleichzeitig? Und: *Wer* bestimmt das? Wer sagt, welche Programme angeklickt werden? Bei Ihrem PC klicken wahrscheinlich Sie selbst. Oder? Stimmt nicht, man hat Ihnen bei der Arbeit etwas befohlen. Sie *müssen* klicken. *Wer* also bestimmt? Sie oder das Unternehmenssystem? Wie viele Anwendungen kann der Computer gleichzeitig bearbeiten? Das hängt von der Kraft des Computers ab – je nachdem, wie hoch seine Prozessorleistung und seine Gedächtnisgröße auf der Festplatte sind.

Jetzt zum Menschen: Wer bestimmt, dass Sie jetzt Kaffeepause machen? Oder arbeiten? Oder husten? Sich am Kopf kratzen? Wie viel davon können Sie gleichzeitig tun? Wie bestimmen sich Reihenfolgen? Ich sage es Ihnen: In Ihrem Körper sitzt etwas. Es fühlt sich wie Wille an, der mal mächtig drängt oder auch unschlüssig flackert. Will ich Kaffee trinken oder zu Ende arbeiten? Ein Stück des Körpers will Kaffee. Ein anderes Stück hat Angst, nicht fertig zu werden. Welches Programm wird nun abgearbeitet? Kaffee mit Milch, Zucker und Angst? Oder Arbeit mit grummelndem Bauch und einem halben traurigen Ohr, das den hellen Klang von duftenden Kaffeelöffeln riecht? In uns stimmt meistens etwas nicht richtig. Unser Computer arbeitet ein Programm ab (zum Beispiel am Strand liegen) und da steigt gleichzeitig die Angst hoch, dass gerade ganz dringende Arbeit zu Hause liegen bleibt – immer ist da das Widerstreitende!

Der Kopf arbeitet Programme ab wie ein Computer. Aber irgendwo im Körper tobt der Kampf, *welche* Programme ausgeführt werden sollten. „Liebe ich Max? Liebe ich Moritz? Liebe ich Tiramisu?" – „Ich muss *rangehen*! Ich schaffe es bisher nur beim Telefon.“ – „Ich muss *abnehmen*! Ich schaffe es nur beim Telefon.“ – „Wenn ich springe, breche ich mir die Knochen. Wenn ich verweigere, brechen sie mir das Genick.“

Im Körper tobt ein Kampf um die Aufmerksamkeit. Die Programme scheinen eine Art Eigenwillen zu haben. Sie rufen: „Führ mich aus!“ Einige Programme haben Alarmcharakter: Der Wecker klingelt. Wir fallen hin. Jemand bedroht uns. Ein Schuss fällt. Dann agieren wir instinktiv. Der so genannte Instinkt wirft augenblicklich Programme an. Für manche Menschen ist das Telefonklingeln so etwas. Da kommt jemand nach zehn Jahren das erste Mal zu Besuch und ich bin glücklich. Da rufen Freunde an. Ich unterbreche für das Telefon, rede lange. Der Besuch muss gehen. Verrückt, nicht wahr? Das Telefon befiehlt: „Geh ran!“ Oder: Sie haben seit vier Monaten einen wichtigen Termin beim Vorstand Ihres Unternehmens. Sie haben drei Wochen an der Vorbereitung gearbeitet. Sie haben eine Woche nicht schlafen können. Jetzt! Gong! Jetzt dürfen Sie zwanzig Minuten Ihre Vorschläge erklären. Da klingelt das Telefon. Der Vorstand spricht lange. Er bittet Sie sehr bedauernd, alles eines Tages seinem Assistenten eventuell schriftlich zu schicken. Das Telefon war wie eine Hinrichtung.

Es tobt also der Kampf, *welches* Programm Priorität hat! Es tobt der Kampf, welche Programme gleichzeitig ausgeführt werden. „Ich habe meine Arbeit ins Schwimmbad mitgenommen. Lustig, wie ich mich mitten im Wasser am Handy gezankt habe, dass sie die Buchung stornieren. Ich habe laut gebrüllt und gewonnen! Ich lasse mich von denen nicht nass machen! Nebenbei bin ich braun geworden. Meine Frau an meiner Seite hat auf dem Handtuch die Handwerker koordiniert.“

Ich möchte in diesem Buch einen Unterschied machen: zwischen den Programmen einerseits und der Aufmerksamkeitssteuerung andererseits, die über die Ausführung der Programme entscheidet. Ein Programm ist mehr wie *Software*. Die Aufmerksamkeitssteuerung oder so etwas wie der Instinkt „sitzt eher im Körper“ und wird von uns jedenfalls dort wahrgenommen. Sie quält, gelüstet, sehnt, interessiert, verlangt, will, besteht, fordert, befiehlt, zuckt zusammen, ekelt, ärgert, grämt sich. Ich stelle mir dieses körperliche Wühlen in mir wie *Hardware* vor. Es zuckt oft oder meistens ganz automatisch. Es lernt aus Fehlern, Katastrophen, Lust oder Triumphen. Es reagiert nicht auf meinen Verstand. Der Verstand ist mehr wie ein Programm, nicht wahr?

Der Verstand ist vielleicht das *Hauptprogramm* in uns. Oder wir sagen besser: Der Verstand ist ein Metamodul oder Metabaustein für viele Programme. Und wenn mein Verstand zu Silvester vom Körper fordert, mehr Sport zu betreiben, dann will ein gerade ausgeführtes Programm die Hardware verändern, die ja entscheidet, welches Programm ablaufen soll. Also müsste die Hardware für Sport eingerichtet sein? Wie aber kann ein Programm die Hardware ändern? Das ginge wohl im Prinzip. Sie kennen ja Computerviren, die „den Körper“ des Computers verändern. Aber Sie sehen, wir sind hier schon an einem schwierigen Punkt angekommen: Wer kann Herr sein? Wer soll Herr sein? Müssen alle diese Kämpfe in uns stattfinden oder können wir uns so schalten, dass in uns „Seelenruhe“ oder Harmonie herrscht?

Das ist der Gegenstand aller Sinnlehren.

Die meisten vergleichen aber Programm mit Programm, dies gegen das. Das Problem aber ist in dem, was ich eben Hardware genannt habe.

In meinem Buch *Omnisophie,* dem ersten Band der Trilogie *Omnisophie/Supramanie/Topothesie*, habe ich mathematische Vorstellungsmodelle für den „Instinkt" oder das Betriebssystem im Menschen gegeben. Es geht dort um blitzartig reagierende Algorithmen, die unmittelbar auf Wahrnehmungen hin aktiv werden. („Bremsen!" – „Gabi ist eingeladen und ich nicht!" – „Ein Fehler!" – „Ich hatte den ganzen Morgen den Reißverschluss auf!") Da zuckt etwas in uns. Ein Programm wird angeworfen. Alle anderen Programme können dabei unterbrochen werden wie bei einem Telefonanruf. Ich habe ein Vorstellungsmodell entwickelt, dass wir vielleicht einige Hunderte bis wenige Tausende solche Blitzerkennungsalgorithmen quasi auf unserer Haut sitzen haben, die jeder für sich nur auf eine einzige Wahrnehmung lauern. Wenn Sie dieses Bestimmte wirklich wahrnehmen, schlagen diese von mir so genannten Seismografen an. Sie denken nicht und handeln nicht und erkennen nicht. Es sind ganz winzige Warner im Körper, die wie ein Piepser irgendwo alarmieren, dass etwas passiert ist und dass ein bestimmtes Programm aufgerufen wird. Es wäre nun schön, wenn Sie über diese Verfahren in *Omnisophie* gelesen hätten. Es ist nicht direkt notwendig, aber Sie sollten dann dieser Idee hier und jetzt mit großer Offenheit gegenüber treten. Harte Argumente gibt es in *Omnisophie.*

Ich gebe ein paar Beispiele. Sie gehen an einem Spiegel vorbei. „Zuck!", sagt etwas und signalisiert, dass etwas nicht in Ordnung ist. Die Hardware ruft das Programm *Aussehensüberprüfung* auf, das durch den Verstand abgearbeitet wird. Das Programm rechnet aus: *Kämmen.* Die Hardware ruft *Kämmen* auf, in diesem Moment kommt plötzlich ein *weiterer* Seismografenschlag: „Zuck!", sagt etwas und meldet *große Eile*, und zwar so dramatisch, dass dieses „Zuck!" im Körper fast schmerzt. Die Hardware sagt: „Tut's noch gerade, aber *kein* Kämmen mehr!" und lässt den Körper laufen. Der erste Seismograf weiß immer noch und jetzt besser, dass die Frisur verrutscht ist. Er zuckt und zuckt: *Kämmen*! Der starke Seismograf aber sticht hart in den Bauch: *Eile*!

Bei den Seismografen gewinnt das Starke, nicht das Vernünftige, weil Seismografen an sich weder erkennen noch wissen, noch Vernunft haben. Sie melden nur mit einer ihnen zugewiesenen Stärke. Die Notseismografen haben die allerhöchste Stärke und setzen alles andere aus. Es gibt schwächere Seismografen, die immer wieder wollen, dass die Dachrinne sauber gemacht wird. Und es gibt ganz schwache Seismografen, die ich nur höre, wenn die Seele in relativem Frieden ist. „Zuck! Mach Gymnastik!" Und in einem ruhigen Moment zu Silvester, wenn der Champagner die Notseismografen einschläfert, die an die Jahresbilanz erinnern, in diesem Augenblick sagt die Hardware: *Gymnastik ab morgen.* Aber morgen ist ein anderer Seismografentag. Da wachen die Seismografen wieder auf.

In dieser Vorstellung wird der Körper von einer Hardware gesteuert, die auf Seismografenwarnungen reagiert. Was am meisten schmerzt oder gelüstet, wird zuerst ausgeführt. Man muss den eigenen Körper ziemlich stark umbauen, wenn er zum Beispiel einen so starken Seismografen für *Altersversorgung*! hat, dass er dafür spart und zusätzlich Gymnastik macht.

So zuckt in Ihnen ein wildes Sammelsurium von Seismografenausschlägen. Die einen wollen trinken, sich sonnen, schwimmen, Eis essen und streicheln. Die anderen fürchten Einnahmeverluste, Rache, Fehler oder unangenehme Menschen.

Wie bekommen wir Ordnung oder gar Harmonie in dieses Blitzlichtgewitter? Manche Lehren wollen das Wollen durch Askese verlernen, so dass niemals mehr irgendwelche Seismografen mehr zucken. Kant lehrt, die Pflicht aus Neigung zu tun, worauf die Seismografen sich nicht direkt im Körper bekämpfen, weil sie sich „einig" sind. Andere Wissende sehen das Verlöschen im Nirwana als Ziel. Manche erstreben Einssein mit der Welt. Und es gibt viele, die sich einer einzigen Sache vollkommen hingeben, darin aufgehen, also dieses eine einzige Programm in der Priorität so hoch über alle anderen stellen, dass alle anderen Seismografen überhört werden.

Die letzte Methode ist bei den normalen Menschen am weitesten verbreitet. Davon ist jetzt die Rede.

7.1.4 Die wunde Stelle des Selbst, an der wir zuerst zu packen waren

Woher kommen denn bloß all die Seismografen, die uns zum Handeln drängen? Warum alarmieren sie bei mir so, bei Ihnen anders?

> „Ich werde ganz verrückt, ich schaffe es nicht!" – „*Warum* musst du es schaffen? Du *machst* dich verrückt."

Wir haben eben ganz unterschiedliche Seismografen. Meiner mag heulen, während Sie gar keinen in dieser Sache haben. Also weine ich, während Sie nichts merken. Ich habe einige Leser-E-Mails zu einer Stelle in *Omnisophie* bekommen, wo ich schildere, wie ich verzweifelt eine ganze Nacht lang bis halb sechs am Morgen meinen Computer wieder heile. Wenn mein Computer nicht funktioniert, fühlt es sich so irre stark in mir an, als ob ich *selbst* nicht funktioniere. Das löst einen solch starken Alarm aus, dass alle Vernunft, aller Schlaf, alle Zeit keine Rolle mehr spielen. Ich würde längst nicht so schrill alarmiert zum Arzt laufen, wenn ich blutete. Die Leser schrieben, diese Stelle sei für sie eine Offenbarung, die sie sofort der ganzen Familie vorlesen würden. Sie jubelten, dass sie nun nicht verrückt seien, sondern nur so ähnlich wie ich! Diese Logik ist mir nicht klar geworden, aber sie hatten die Erkenntnis, dass es ein starker Seismograf ist: „Ich war in der Oper, sündhaft teuer, im neuen Smoking. Aber ich grübelte, warum der PC immer noch abstürzt. Im dritten Akt fiel es mir siedend heiß ein, dass ich gelesen hatte, man solle einen Patch aus dem Netz downloaden. Das hatte ich vergessen! Ach, ich möchte jetzt aus dieser Arie wegrennen und es ausprobieren. Ich gehe auf Toilette, ja. Dann hole ich den Laptop aus dem Mantel in der Garderobe und lade alles über das Handy. Schnell! Mist, die Verbindung will nicht! Es will nicht laden! Wieder zurück neben meine Frau! Die wird böse sein. Nein, sie genießt die Oper. Sie lächelt mich selig an: ‚Na, so lang weg? Ladehemmung?' Ich nicke erleichtert. Da fällt mir als weitere Möglichkeit noch ein …"

Warum haben wir unterschiedliche Seismografen?

Wir sind unterschiedliche „Pflanzen", die verschieden (grausam oder artgerecht) aufgezogen wurden.

Wir wachsen mit verschiedenen Grundsystemen auf. Ich bin still und nehme leise Veränderungen wahr. Deshalb leide ich schnell, wenn der Stresspegel steigt. Andere finden diesen Pegel noch langweilig.

Wenn von mir jemand etwas will, versuche ich es sofort zu erledigen. Sonst plagt mich der Seismograf. Wenn wir Johannes laut anbrüllen „Mach XYZ, endlich, verdammt!", dann schaut er ganz verwundert und fragt sanft, warum wir so laut mit ihm sind. Weil wir es schon einige Male angemahnt haben! Johannes sagt mit ganz klaren Augen: „Davon weiß ich nichts. Habe ich nicht gehört." Das war für mich gewöhnungsbedürftig bis unglaublich. Die Wahrheit ist: Seine Seismografen sind viel höher eingestellt. Er ist so sehr lebhaft, dass ein einfacher, ruhiger Satz es nicht über seine Wahrnehmungsschwelle schafft. Lehrer sagten früher: „Man muss ihn vor sich hinstellen, die Augen fixieren, anordnen, wiederholen lassen, fragen, ob er es verstanden hat. Ja, dann haben wir eine Chance." Und Johannes sagt oft: „Denkt ihr, ich bin doof?" Er versteht nicht, dass wir etwas beim ersten Mal so eindringlich (schönes Wort, nicht wahr? Fühlen Sie es bitte – *eindringlich*) formulieren. Es hat nichts mit Verstand zu tun, sondern mit dem Wahrnehmungsinstinkt. Wenn ich zum Beispiel an diesem Buch schreibe, bin ich tief konzentriert, bei Abschaltung aller Wahrnehmung. Da muss mich meine Familie auch etwas schütteln. Und sie fragen: „Hast du gehört?" Das ist nicht sicher.

Ich muss mit Ihnen in diesem Buch eine Reise durch Schmerzen machen: Die hauptsächlichen Seismografen stammen aus den Wunden der Kindheit. Lebhafte Kinder werden diszipliniert und ihr Wille gebrochen. Schoßkinder werden mit Liebesentzug gefügig gemacht. Schüchterne wie ich zucken bei fast allem und spielen irgendwann am liebsten allein, lesen viel und werden Mathematikprofessor. Jede „Pflanze" reagiert anders und nimmt auf andere Weise Schaden. Sonnenmenschen schadet Schatten, Trockenmenschen schädigt das Übergießen. Empfindliche Menschen leiden unter dem Umpflanzen, während andere tüchtig beschnitten werden können und sofort wieder nachwachsen.

Jeder Mensch also, das will ich darstellen, hat typisch wunde Stellen.

Die Eltern, Lehrer und Chefs dieser Menschen haben wieder wunde Stellen, wieder andere Seismografen und zucken selbst bei irgendetwas anderem. Das System (Gesellschaft, Familie, Unternehmen) hat eigene Schmerz- und Lustsysteme. Alle nehmen auf den armen Einzelmenschen Einfluss und haben normalerweise keine wirkliche Kenntnis von der Beschaffenheit dieses Einzelmenschen. Aber in geheimnisvoller Weise spüren sie, wie der Einzelmensch zu packen ist, wo seine wunde Stelle ist.

So kann man den Empfindlichen Stress machen, den Liebebedürftigen schmollen, den Braven Schuld androhen oder den Kräftigen Freiheitsentzug. Diejenigen, die uns beeinflussen, wollen den Schmerzseismografen so stark machen, dass er sich in der Körperhardware gegen alle anderen Schmerzen und Lüste durchsetzt und dasjenige Programm anwirft, das der Herr vom Knecht verlangt. Da die

Menschen an manchen Stellen stark, an anderen schwach sind, gehen die Herren sehr klug vor und suchen die schwachen Stellen. „Mit Geld kriegst du ihn nicht herum. Aber einmal ‚Schlappschwanz!' sagen erzeugt Wunder." – „Die spielt so lange Rauchsäule, bis du sie lobst, dann arbeitet sie gut." – „Wir drohen ihm, sein Einzelzimmer wegzunehmen. Dann kuscht er." Diese Wundenvirtuosität wird oft Menschenkenntnis genannt.

So ist es für mich viel einfacher, als Manager anderen Mitarbeitern zu befehlen, Gymnastik zu machen, als selbst für mich damit anzufangen. Ich kann die Körper der anderen durch Sanktionsandrohungen (starke Seismografen) gefügig machen. Mein eigener Körper aber gehorcht mir ja nicht. Oder doch? Aber wie? Ich leide am meisten, wenn ich zu viel Stress und Strom bekomme (ich will ruhiges Wasser, klares kühles Licht). Wie soll ich mich selbst stressen? Das täte doch weh? Oder liegt die Antwort wieder darin, dass ich meinen Ursprung verlor?

7.1.5 Die Perle oder der zum Pseudosinn gedrehte Wundschutz

Warum haben die Menschen Wunden? Weil Eltern und Bosse das Beste für sie wollen und sich im Grunde mit dem Besten nicht so richtig auskennen. Heute wird deshalb meist vom Normalmenschen verlangt, er solle Höchstleistungsmensch werden. Das werden in Wirklichkeit nur wenige. Aber *alle* werden dazu angehalten. Deshalb wird es hauptsächlich so viel Schmerzen geben, viel Weh im Vergleich zu den vereinzelten Siegesschreien.

Etwa die Hälfte der normalen Menschen, die ich kenne, könnten so oder ähnlich sprechen (wenn es denn ihnen selbst überhaupt klar wäre): „Ich leide, weil meine Frau mehr verdient. Ich muss sie überholen. Dafür opfere ich mein Leben." – „Mein Vater hat ein Unternehmen. Ich schaffe es nicht. Er sieht auf mich herab. Manchmal möchte ich mich umbringen." – „Meine Schwiegermutter signalisiert deutlich, dass ihr Sohn unter Stand geheiratet hat. Ich hasse sie so sehr, dass es bald eine Scheidung gibt, denke ich. Leider habe ich schon Kinder. Sie sehen ihr ähnlich, was soll ich tun?" – „Ich merke nach Erfolgen immer, dass ich sie eigentlich nur deshalb erziele, um sie meiner Mutter zu Füßen zu legen. Dann habe ich eine Weile Ruhe vor ihr. Ich würde die Erfolge gerne meiner Frau zu Füßen legen, aber die verachtet Erfolge. Ich glaube, sie weiß, dass sie nicht für sie sind. Deshalb verachtet sie auch mich." – „Ich schaffe es nicht, in eine eigene Wohnung zu ziehen. Sie wollen das nicht. Sie sagen, sie leben nicht mehr lange, weil sie beide sehr traurig sind über die Arbeitslosigkeit. Ich sollte sie nicht allein lassen." – „Mein Vater ist im Heim. Er ist unausstehlich gewesen und hat unsere Ehe praktisch zerstört. Nun macht er uns Vorwürfe, wenn wir kommen. Wir haben ein schlechtes Gewissen, aber wir fürchten noch mehr, ihn zu besuchen." – „Meine Mutter wollte immer, dass ich etwas Besseres würde. Ich bin Putzhilfe. Sie verkraftet das nicht. Ich jetzt auch nicht." – „Ich habe gegen den Willen meiner Eltern einen Beruf gewählt. Sie vergällen mir das, weil ich zu wenig verdiene. Sie sagen, die Nachbarn lachen über sie. Alle meine Fehler fallen ja letztlich auf meine Eltern zurück, sagen sie." – „Ich habe gegen meinen eigenen Willen den Wunschberuf meiner Eltern ergriffen. Nun sieche ich in einem schrecklichen Umfeld dahin. Ich wachse nicht in dem richtigen Boden. Ich lese Franz Kafka."

Die Muschel liegt im klaren Wasser und lebt. Da ereilt sie eine Verletzung durch einen eindringenden Fremdkörper, die sie in langer Arbeit durch einen Perlmuttüberzug isoliert. Ihr Leben ist Schmerz. Die Perle ist schön. Da kommen Menschen vorbei und reißen die Perle an sich. Die Muschel werfen sie weg. Vielleicht ins Wasser.

Im 19. Jahrhundert sannen die Menschen nach, ob sie die Muscheln nicht künstlich verletzen könnten, um Perlen zu ernten. Man setzte Muscheln einen Fremdkörper ein, den man Kern nannte. Etliche versuchten, den Muscheln ganz winzige Buddhafiguren einzupflanzen, um die dann *heilige* Perlen entstünden. Erst knapp nach der Jahrhundertwende zum 20. Jahrhundert gelang es in Japan, die ersten brauchbaren Zuchtperlen zu ziehen. In die Muscheln (vorzugsweise Mississippi-Austern) gibt man einen Perlmuttkern zusammen mit einem Stück Mantelschleimhautgewebe einer anderen (geopferten) Auster hinein, bindet sie wieder fest zu, damit der Kern nicht abgestoßen wird, und wartet.

Zwanzig Prozent sterben.

Dreißig Prozent stoßen den Kern erfolgreich aus.

Zwanzig Prozent schaffen es, ganz kleine, ziemlich wertlose Perlen auszuscheiden.

Dreißig Prozent erzielen vernünftig gute Perlen, eine oder zwei von hundert sind richtig schön.

Wissenschaftler haben Naturperlen zerschlagen, um einen Kern in ihnen zu finden.

Es ist keiner drin. Nie. (Perlen entstehen wohl dadurch, dass etwa Schädlinge eindringen und dadurch winzige Perlmuttteile nebst Mantelgewebe irgendwie in der Muschel deplatziert werden, so dass die Zellen, die eigentlich an der Außenschale Perlmutt erzeugen, dies nun unkontrolliert innen tun. Deshalb funktioniert Perlenzucht nur so wie oben beschrieben, nicht etwa mit einem Staubkorn, wie der Volksmund sagt. Aber lassen wir lieber die gute alte Mär vom Verletzungskern so stehen. Es tut der Muschel so oder so weh.)

Menschen sorgen für Nahrung und ruhen in der Sonne und leben. Manchmal erschaffen Menschen aber Großes, wenn sie durch Gier oder Rache getrieben wurden, wenn sie geschmäht waren oder nicht respektiert oder geliebt wurden. Das sahen die Klugen und überlegten, wie man den Menschen züchten könnte, dass er viel leistete. Sie gaben den Menschen schwerste Aufgaben gegen Versprechen für Respekt, Würde, Liebe oder Geld. Sie stachelten sie an. Da bemühten sich die Menschen, hart zu arbeiten, ohne Ansehen des Schmerzes, der ihnen aus dem auferlegten Kern erwuchs. Die Freude derer, die ein Werk erschuffen, ließ sie allen Schmerz vergessen und veredelte ihren Persönlichkeitskern auf feinste.

Zwanzig Prozent starben vor Schmerz.

Dreißig Prozent entkamen ins alte genügsame Leben.

Zwanzig Prozent wurden für Brauchbares gelobt.

Dreißig Prozent schufen ein Werk, und ein oder zwei von hundert erstrahlten hell.

Muschelkultur hat nur geringe Ausbeute.

Menschenkultur auch.

Menschenkultur zeigt uns Würde, Liebe, Achtung, Respekt, Bewunderung als Ziel. Das mögen wertvolle Ziele an sich sein. Aber heute geht es um „yield", so heißt die Ausbeutequote bei der Chipproduktion (die Anzahl der fehlerfreien Computerchips, die anderen werden nach Negativtest eingestampft). Wie viele Menschen schaffen das Abitur und behalten den eingepflanzten Wissenskern bei sich? Die Gesellschaft baut vor unseren Augen solche ewigen Werte wie Würde und Ehre nur als Triebziele der Arbeit auf, damit wir leisten und leisten.

Entlang dieser Gedanken will ich später im Buch entwickeln, wie Pseudolebenssinne aller Art entstehen. Hier nur zum Nachdenken: Gibt es in unserer Zeit viel Würde und Ehre *ohne* „Leistung"? Im Grunde geht es nicht um Werte, sondern um das verzweifelte Bemühen, die Wunde durch Perlenerzeugung vermeintlich zu schließen.

7.1.6 Der Perlenzüchter und die zum Pseudosinn gedrehte Aggression

Viele Menschen leisten nicht selbst.

Sie züchten.

Sie sorgen, erziehen, führen, managen, helfen, heilen, pflegen, betreuen, lehren.

Sie beeinflussen andere Menschen und motivieren sie, geben Anstöße und erteilen Befehle. Sie achten darauf, dass Perlen entstehen. Sie setzen Keime in Menschen, damit diese um die Keime herum etwas leisten. Vielen geht es dabei um das Herrschen, obwohl es oft als Hilfe verkleidet ist.

> Ich habe den ganzen Tag abgewaschen und alle Schuhe geputzt. Niemand dankt es mir. Ich höre nie ein Dankeschön. Wenigstens verlange ich dafür, dass ihr alle heute zusammen mit mir *Lustige Musikanten* im Fernsehen anschaut.

Ich habe einmal einen Diplomanden betreut, der schlicht unbegabt war. Als das auch ihm selbst offensichtlich wurde, riet ich ihm, das Studium abzubrechen und eine Stelle als Programmierer anzunehmen. Er wäre damals als solcher mit Gold aufgewogen worden, so gut war die Wirtschaftslage. Er reagierte nicht wirklich. Ich wurde eindringlicher. Er musste „es" seiner Mutter sagen, das war wohl das Problem. Nach langer Zeit nahm er sich ein Herz. Seine Freundin war glücklich, weil sie alles hatte lange kommen sehen. Seine Mutter weinte lange und klagte, sie habe nun Jahre und Jahre alles von der Rente abgespart und von nichts gelebt, weil sie den Traum hatte, einen diplomierten Sohn zu besitzen. Sie wolle auch weiter bei Wasser und Brot darben, nur ein *Diplom*, ja, ein Diplom wolle sie von Herzen. Der Student studierte weiter (nicht mehr bei mir), die Freundin verließ ihn.

Mal ist Liebe ein Wort, mal fast Mord, zumindest aber die verdeckte Aggression dessen, der Einfluss nimmt. Manchmal ist es einfacher, sich brutalem Zwang zu beugen und hinter dem Rücken zu fluchen als gegen den Willen beeinflusst zu werden und dafür danken zu müssen.

So aber geht es im Leben des verletzten Normalmenschen zu!

Es gibt auch gute Eltern, Ärzte und Lehrer, aber sicher. Wie viele? (Dreißig Prozent der Muscheln erzielen gute Perlen, ein oder zwei von hundert richtig schöne.)

Ich habe schon oft von diesem Drittel „da oben“ geschrieben und bekomme immer wieder Leserbriefe. Nicht einer hat geschrieben, es wären mehr. Fast alle hielten ein volles Drittel „Guter“ für sonnigen Humor von mir. Ich bleibe trotzdem bei dem Drittel. Für Perlmuscheln stimmt es ja offenbar auch.

Muss das alles so sein mit den Perlen? Geht das vielleicht anders?

Ich möchte darlegen, dass wir eben keinen neuen Kern in die Persönlichkeit legen sollten. Es ist nicht nötig, so will ich argumentieren. Und außerdem sind fast alle diejenigen, die in Menschen so etwas wie Motivationskerne hineinquälen, ganz furchtbare Amateure, mindestens zwei Drittel von ihnen, da bin ich sehr sicher. Es müsste doch leichter sein, einen Menschen in seiner eigenen Art großzuziehen und immer in seiner Art zu behandeln, als ihn dauernd umbiegen zu wollen. Das große Umbiegen aber muss ein großes Desaster sein, weil niemand für diese vielleicht delikateste menschliche Operation ausgebildet wird.

Wir werden schon Eltern nach *einem* Koitus und anschließendem Wickelkurs.

Manager werden im Wesentlichen nicht ausgebildet – wenn wir von ein paar Kursen absehen, in denen sie aber immer nur Beeinflussungstricks lernen und niemals wirkliches Züchten.

Pfarrer wird man durch bloßes Theologiestudium.

Mathematiklehrer wird man durch ein Mathematikstudium mit ein paar Stündchen Pädagogik von Professoren, die nie an einer Schule arbeiteten.

Krankenschwestern lernen das Pflegehandwerk unserer physikalischen Körper, nicht das Pflegen der „Pflanze“.

Wenn wir Betreuten dann klagen und weinen, sagen sie: „Es wird schon alles wieder gut.“

7.1.7 Interaktionen unter Menschen wie Grenzkriege

> „Hier drin stinkt es. Könnt ihr nicht einfach das Fenster aufmachen? Wie oft soll ich das nur sagen?“ – „Und wie oft sollen wir sagen, dass es jetzt Winter ist und wir frieren?“ – „Ich laufe im T-Shirt herum, es ist nicht kalt.“ – „Es gehört sich nicht, jetzt im T-Shirt zu gehen, weil Winter ist. Das tut man nicht.“ – „Ich regle es nach Temperatur, und zwar nach meiner.“ – „Wir richten uns nach der Temperatur, die jetzt allgemein sein sollte.“

Die Psychologen, Linguisten, Philosophen sagen, dass der Mensch die Sprache zur Verständigung entwickelt habe. Ich halte das durchaus für möglich.

Im wirklichen Leben aber klagen wir alle immerfort, dass uns niemand zuhört. Das Problem des Zuhörens füllt ganze Bibliotheken und Lehrgangshotels. Alle lernen zuhören. Schüler hören nicht zu. Eltern nicht. Eheleute reden aneinander vorbei. Chefs hören nicht. Die Welt hört nicht auf Gott.

Es gibt viele Theorien über die menschliche Kommunikation. A redet zu B. Jede Kommunikation wird in Teile zerlegt, in Beziehungsanteile, Sachanteile, Befehlsanteile. Wir lernen aus diesen Theorien, wie wir richtig kommunizieren. Anschließend befassen sich diese Theorien aber nur mit dem Problem, dass wir falsch kommunizieren – und zwar allesamt. Es kommt gar nicht an, was wir gemeint haben! Wer hat daran Schuld? Wie sage ich etwas so, dass man mir zuhört?

Ich habe schon viele Vorträge und Lehrgänge gehört. Mir fehlt so ein bisschen der Glaube daran.

Ich glaube, ich habe einen Fehler in dieser landläufigen Vorstellung gefunden: Im Grunde wollen wir nicht kommunizieren, sondern interagieren, oder ganz grob ausgedrückt: Wir wollen etwas von anderen Menschen *haben. Das* müssen wir ihnen sagen. Wenn die anderen Menschen zuhören würden, wie es die reine Theorie verlangt, dann müssten sie sich mit unserer Forderung auseinander setzen. Da hören sie lieber nicht zu. Die Perlenzüchter wollen uns doch wieder etwas einimpfen, nicht wahr?

Deshalb behaupte ich hier im Buch: Kommunikation dient hauptsächlich *nicht* der Verständigung, sondern dem Durchsetzen von Interessen. Die Tropenpflanze dreht die Heizung hoch, worauf die deutsche Eiche entsetzt aufschreit. Lüftungsdialoge sind keine Verständigung, sondern „My-Way-Auseinandersetzungen". Wenn Sie also klagen, Ihnen höre niemand zu, dann empfinden Sie eigentlich oft nur, dass niemand tut, was Sie wollen. Wenn zum Beispiel eine Regierung nicht durchsetzen kann, was sie will, versucht sie, es besser zu *kommunizieren.* Sie muss also besser *kämpfen.* In vielen Unternehmen bedeutet der Satz „Bitte kommunizieren Sie das den Mitarbeitern" so etwas wie „Sorgen Sie dafür, dass die Leute das ohne Trara schlucken". Wenn Manager Reden halten, dass die eigene Firma erfolgreich und toll ist und schon wieder positiv im Internet erwähnt wird, was viel Geld gekostet hat, schlafen alle Zuhörer. Sie erwachen aber immer für Sekunden, in denen ein Wille artikuliert wird. Da horchen Sie auf und entscheiden sehr fein, wie tief sie jetzt weiterschlafen.

Reden ist mehr wie Perlen züchten und Zuhören mehr wie geimpft werden.

Die ganze Wissenschaft aber hat diese irrige Verständigungsvorstellung von menschlicher Interaktion, während in allen Flughäfen Ratgeber für Züchter angeboten werden: „So tricksen Sie bei Verhandlungen." – „Wer sich berechenbar und vernünftig verhält, verliert immer." – „So verkaufen Sie alles zum doppelten Wert und werden hinterher vom Kunden geküsst."

Im Grunde geht es den verschiedenen Pflanzenarten darum, die für sich als beste empfundenen Klimabedingungen für alle anderen Pflanzen verbindlich zu machen. Insofern ist Kommunikation hauptsächlich Kampf. Dieser Kampf könnte nach meiner Ansicht eingedämmt oder teilweise unnötig werden, wenn wir alle wüssten, dass wir nur immer die Grundverschiedenheiten mit Feindschaft verwechseln. Wir kämpfen also ewig, wo wir besser verstehen und dulden könnten.

Wir brauchen das Vorstellungsmodell der „Artgerechtigkeit".

7.1.8 Komplexitäten und Vorstellungsbilder – und was ich sagen will

In der Trilogie, die dieser Band beschließt, geht es mir darum, eine ganzheitliche Sicht des Sinnumfeldes des Menschen darzustellen. Ich benutze dazu Vorstellungsbilder: Seismografen, Gehirnhälften, neuronale Netze, Perlen und Pflanzen.

Ich schreibe immer wieder: *Vorstellungsbilder*.

Es hat nicht so viel Sinn, alles wissenschaftlich genau auszuführen. Die meisten Bücher erklären „den Sinn“ so kompliziert, dass man ihn oder auch nur das Gemeinte nicht verstehen kann. Wie sollte man ihn dann für sich selbst finden?

Ich möchte die Vorstellungsbilder so herausarbeiten, dass Sie sie als persönliche Wahrheiten empfinden können. Es geht mir deshalb darum, griffige Bilder zu entwickeln, die in uns wirken können.

Ich möchte dies an dieser Stelle einmal explizit sagen, weil viele von Ihnen immer so genau nachprüfen, ob nun *jeder* Mensch genau in die Schemata passt, die ich vorschlage. Darum geht es mir nicht. Ich möchte, dass wir eine *einfache* und ganzheitliche Sicht finden, die im Herzen und im Körper nisten kann, nicht nur als Universitätsprüfungsstoff im Gehirn. Diese Vorstellungsbilder ergeben keine exakte Erklärung der Welt, sondern sie sollen helfen, das Leben natürlicher und für uns im Ganzen gnädiger zu sehen.

Sie selbst haben zum großen Teil solche Vorstellungsbilder geschluckt und hinterfragen sie kaum, weil Sie nie Zeit dafür aufgewendet haben. Sie glauben an das Ich, das Über-Ich und das Es Sigmund Freuds, obwohl es klar ist, dass es die real nicht gibt. Sie glauben an die maslowsche Bedürfnispyramide, obwohl ich in *Supramanie* gezeigt habe, dass sie etwas ganz Verfehltes erklärt. Sie glauben, dass Sprache „miteinander reden“ bedeutet, wo sie eigentlich eher „streiten“ ist. Sie glauben an die Darwin'sche Theorie, obwohl ich diese in *Wild Duck* nicht wirklich widerlegt (mach ich irgendwann noch, wenn ich Zeit habe), aber doch zumindest angezählt habe.

Ich möchte mit diesem Buch gegen alle diese Vorstellungsbilder protestieren, weil sie zum großen Teil für unsere jetzige Misere verantwortlich sind. Der Darwin'sche Gedanke des Artenkampfes lässt uns heute den Sozialdarwinismus als etwas Naturgegebenes akzeptieren. Die Freud'sche Einteilung in Es und Über-Ich (Trieb und Gesetz) hat den dritten Teil des Menschen (Intuition) völlig vergessen und führte zu einer ganz einseitigen Verlagerung von Erziehung und Management auf den Kampf gegen das Es, bei dem meist leider auch das Intuitive und Kreative vernichtet wird.

Deshalb widerlege ich nicht irgendwelche Theorien, sondern ich versuche, neue Vorstellungsbilder zu kreieren, mit denen ein besseres Leben gelingen kann. Ich setze also eher Vorstellungsbild gegen Vorstellungsbild, nicht Theorie gegen Theorie. Es geht nicht um Theorien, sondern um Leben.

7.1.9 Wie wäre eine wohlgestaltete Welt?

Deshalb möchte ich in diesem Buch ein neues Vorstellungsmodell der artgerechten Haltung oder Behandlung einführen. Ich möchte die Vorstellung erwecken, dass das meiste, was wir für Wissen, Vernunft, Einsicht halten, eine Triebreaktion unseres Seismografen- oder Instinktsystems ist. Ich möchte um die Einsicht ringen, dass

Erziehung und Management von Menschen heute hauptsächlich aus unkundigen Brachialeingriffen in die menschliche Hardware bestehen. Diese führen zu großen Schäden im Menschen, die durch nochmalige unkundige Brachialsymptombekämpfungen nicht rückgängig zu machen sind. Zurück bleiben ausgebrannte Menschen in Ratlosigkeit.

Ich möchte also diese Vorstellungen erhärten, davor warnen, dass wir für Menschenhardwareänderungen kaum Wissen haben (auch ich nicht), und über eine Welt nachdenken, die dann wünschbar wäre.

Wie sähe eine wohlgestaltete Welt aus?

Grob so: Wir überlegen uns gute Lebensbedingungen für alle Menschenarten. Wir überlegen uns, wie wir diese Arten gar nicht erst ihrem Ursprung entreißen oder herauszwingen, sondern sie in ihrer artgerechten Bandbreite aufwachsen lassen. Dazu brauchen wir ein Gesellschaftssystem, das „die Wilden" unter uns besser in den Griff bekommt („Für Auslauf sorgen statt die zu Hause Unruhigen zur Ruhe zwingen") und das die Intuitiven/Aggressionsarmen unter uns nicht bekämpft, weil diese ohnehin gute Menschen sein wollen. Wir brauchen ein System, das die ewigen Werte in ihrer wahren Form als unveräußerliche Prinzipien über uns hütet und das sich als Hüter der normalen Menschen versteht.

Ich beginne jetzt eingehender mit Argumenten und Vorstellungen unserer Hardware. Da wir diese nie als solche wahrnehmen, wird unser Leben unnötig mit Konflikten beladen. Diese Konflikte stelle ich konsequent heraus. In den weiteren Teilen des Buches geht es um die Wohlgestaltung der einzelnen Menschenarten. Dazu muss auch etwas zu Religion und Gott gesagt werden. Ich gebe Ihnen ein Vorstellungsmodell Gottes und vervollständige damit eine Vorstellung einer wohlgestalteten Welt, die eine Chance hat, in Ihnen Platz zu finden.

7.2 Stimmt die Chemie? Oder etwas im Kopf nicht?

7.2.1 Einleitende Gedanken über Plattwürmer

Michael Grüebler schickte mir eine hellsichtige E-Mail zusammen mit einem Artikel über Planarien aus der Schweizer *Weltwoche* (Ausgabe 8, 2003). Er meinte, der Bericht würde die seismografischen Thesen aus meinem Buch *Omnisophie* in möglicherweise wärmeres Licht rücken.

In dem Artikel geht es um Versuche an Plattwürmern, aus denen ein Wissenschaftler sehr weitgehende Schlüsse ziehen wollte, die sich nie halten ließen. Immerhin verursachte die Spekulation um das Wissen im Körper wohl einige Wellen.

Ich möchte hier kurz den Versuch schildern, dann aber etwas ganz anderes verdeutlichen, nämlich das, worauf *mir* dieser Versuch und sein Ergebnis hinzudeuten scheinen.

In dem besagten Artikel wird von Experimenten des amerikanischen Psychologen James McConnell berichtet, die dieser mit Planarien anstellte. Er träumte anschließend sehr lange von Erinnerung übertragenden Chemikalien, bis 1966 dreiundzwanzig amerikanische Forscher in der Zeitschrift *Science* einen gemeinsamen Brief publizierten, in dem sie seine Schlussfolgerungen ihrer Meinung nach widerlegten.

Planarien sind Plattwürmer aus der Familie der Strudelwürmer. Sie sind stark abgeplattet mit einer halsartigen Einschnürung und einem deutlich sichtbaren Kopf. Planarien sind bis zu zwei Zentimeter lang und vermehren sich sehr freudig. Man kann sie auch einfach durchschneiden! Das vermehrt sie nur weiter. Wenn Sie eine Planarie in der Mitte durchschneiden, wächst dem Schwanzteil ein Kopf nach und dem Kopfteil ein neuer Schwanz. Dann sind es zwei. Sie können sie auch längs teilen. Wenn Sie es gut hinbekommen, wachsen den beiden Hälften je ein neuer Kopf und ein neuer Schwanz nach.

So. Jetzt kommt erst die Hauptsache: Die Forscher haben den armen Planarien etwas beigebracht. Mit Lichtblitzen und Elektroschocks lassen sich Planarien so abrichten, dass sie sich bei bestimmten Lichtblitzen zusammenkrümmen. Damit lässt sich also eine Reaktion von ihnen leicht beobachten. Blitz! Krümmen. Blitz! Zusammenziehen. Blitz! Aufbäumen. Und nun der endgültige Clou: Wir schneiden die Planarien in der Mitte quer durch. Die Kopfteile werfen wir in den Teich zurück und geben den Schwanzteilen gutes Futter, damit sie sich prächtig entwickeln und nicht länger so kopflos herumkriechen.

Wenn die Köpfe wieder nachgewachsen sind und uns die Tiere wieder ganz vollständig erscheinen, beginnen wir gleich wieder mit den Lichtblitzexperimenten. Wir wollen einmal sehen, was die vervollständigten Schwanzteile anstellen, wenn ihnen der Kopf weggenommen wurde und wieder nachwuchs. Die Versuche ergeben: Die neuen Tiere wissen tatsächlich noch, dass sie sich zusammenkrümmen müssen! Blitz! Krümmen. Es geht noch!

So. Was sagen Sie nun?

James McConnell hatte nun leider eine zu weitgehende Vision mit Pillen statt einer neuen deutschen Oberstufenreform, die wissentlich neuerlich die Köpfe schwer belastet oder die Schüler noch stärker als bisher leistungsmäßig in zwei Teile schneidet. Er spekulierte, ob sich das Wissen in chemischer Form irgendwo im Körper aufhalte und sich vielleicht isolieren lasse, so dass wir hoffen könnten, einmal das große Latinum ganz einfach als eine einzige bittere Pille zu schlucken.

Das geht natürlich zu weit – zu hoffen, dass alles mit Pillen abgetan sein könnte. Aber diese Versuche sind wirklich flashy, nicht wahr?

Das Wissen um eine angemessene Reaktion auf Quälereien sitzt also bei Planarien im Körper. Wenn ihnen für den abgetrennten Kopf ein neuer nachwächst, übernimmt dieser das Wissen aus dem alten Körper.

7.2.2 Merkt sich unser Körper etwas?

Unser Körper, so sage ich, hat ein Ursprungsempfinden für die nötigen oder die angenehmsten Dosierungen von „Sonne und Wasser".

Mein Körper möchte viel Kaffee. Und Ihrer?

Manche Körper brauchen den Nervenkitzel beim Spielen oder leider beim Autofahren, was in mir wieder starken Zorn auslöst. Wir sprechen von einem *Suchtpegel*. Alkoholiker oder eben Süchtige aller Art haben eine gewisse Schwelle im Körper.

Fast alle Menschen haben zahlreiche, systemgewollte *Hemmschwellen* in sich. Denken Sie etwa an Schamgrenzen. „Mit diesem Kleid traue ich mich nicht in die Oper. Keine zehn Pferde bringen mich hinein.“ Es gibt noch Massen mehr davon, für die ich Ihnen genug eigene Fantasie zutraue.

Wir kennen *Toleranzschwellen*. „Was zu viel ist, ist zu viel. Jetzt hört es auf. Jetzt hast du den Punkt überschritten. Jetzt ist Schluss damit.“

Jetzt ist die so genannte *Reizschwelle* überschritten.

Im Beruf werden wir mit Schwellen aller Art traktiert. Die bekannteste ist die *Deadline*, die Todeslinie, wie Amerikaner für das deutsche „letzter Termin“ sagen. Nach der Deadline ist Schluss: Keine Bewerbungen mehr! Ladenschluss! Annahmeschluss! Das *Ultimatum* ist verstrichen.

Unser Körper schlägt in verschiedensten Zusammenhängen Alarm. Der Wecker löst einen Alarm im Körper aus, Feuersirenen setzen uns in Wallung. Der Körper selbst schlägt Alarm, wenn seine *Belastungsgrenzen* erreicht sind. Er befindet sich im *Alarmzustand*, jenseits der Schwellen. Bei Alarm mag im Körper „Adrenalin“ oder „Endorphin“ in den Blutkreislauf schießen, wie ich in *Omnisophie* kurz beschrieben habe. Das Zucken des Körpers erfolgt über eine chemische Veränderung der „Körpersäfte“.

Die Versuche mit den Plattwürmern zeigen, dass im Körper solche Schwellen gespeichert sein könnten. Das ist das, was ich aus den Ergebnissen der Experimente erkennen kann. Auf eine bestimmte Intensität eines bestimmten Signals krümmen sich die Körper zusammen.

Wir Menschen nehmen vielerlei Reize auf und reagieren auf sie in unterschiedlicher Weise. Manche frieren, wenn andere schwitzen. Während die einen schwarzsehen, sehen die anderen rot. Gustav Theodor Fechner begründete um 1860 die Psychophysik. Diese wohl erste wissenschaftliche Teildisziplin der Psychologie wollte den Wahrnehmungen der Menschen durch physikalische Messungen auf die Spur kommen. Fechner glaubte damals, mit diesem Ansatz ein gutes Stück zur Klärung des Leib-Seele-Problems beizutragen.

So etwas Ähnliches glaube ich auch. Leider begannen die Physiker nur zu messen, aus welcher Entfernung ich eine Kerze brennen sehen kann und in welcher Konzentration wir noch Cola im Eis schmecken können. Sie fanden experimentell heraus, dass sich Messungen ganz grob in Grafiken wie der folgenden darstellen ließen.

Um einen bestimmten Wahrnehmungswert herum (hier bei $x=3$) wird bei vielen Messungen an vielen Personen ein Umschlagpunkt deutlich (Abb. 7.1). Bei einem Reiz von 2 reagieren noch fast keine Personen, ab 4 fast alle. In der Mitte liegt eine Indifferenzzone. Solche Grafiken kommen heraus, wenn wir etliche Personen fragen, „ab welcher Lautstärke“ sie zum Beispiel ein Geräusch hören können. Sie erinnern sich sicherlich noch an Ihren letzten Gesundheits-Check. Das Problem ist, dass Sie je nach Tagesform oder Laune eine schwach unterschiedliche Hörleistung

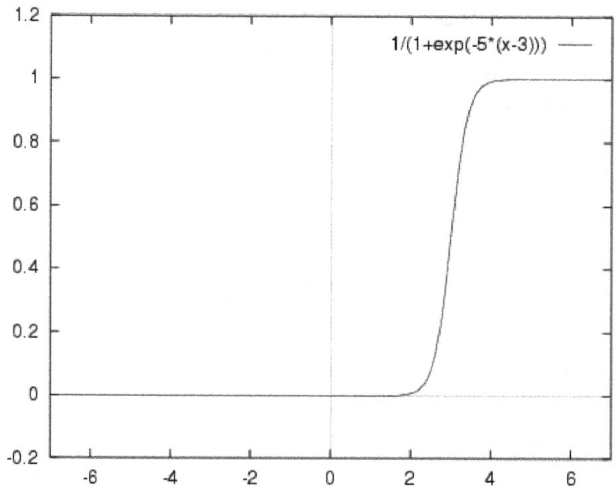

Abb. 7.1 Typische Darstellung eines Umschlagpunktes

zeigen. Außerdem wollen Sie gerne mogeln und möglichst früh hören, damit der Arzt Sie nicht für krank erklärt. Deshalb raten Sie auch beim Sehtest, worauf das Resultat je nach Expertise im Raten oder nach Intelligenz variieren mag. Es gibt auch Tests, wo Sie auf die Frage „Tut es weh?“ antworten sollen. Da lügen die meisten von Ihnen mit Tendenz zu „Nein!“. Das ist wissenschaftlich gemein. Können Sie nicht einen Moment Wissenschaft ohne Ego akzeptieren? Nein! Leider ist deshalb der Wert 3 in der Grafik nur so eine Art mittlerer Umschlagpunkt.

Die Psychophysiker sind eben leider doch mehr Physiker und messen nun genau, wie wir riechen, sehen, hören oder tasten. Es wäre schöner, wir würden einmal messen, wie stark Sie beleidigt sind, wenn Sie beschimpft oder ungerecht beurteilt werden. Das würde mich viel mehr interessieren, weil es hier viel stärker um Lebenssinn geht.

Es ist natürlich ganz hoffnungslos, solche Experimente zu veranstalten. Sehen Sie: Wenn Sie schon bei harmlosen Fragen nach Ihrem Gewicht oder beim Sehtest zu schwindeln beginnen, was werden Sie dann sagen, wenn Sie auf Beleidigungsstärke gemessen werden? Wie definieren wir überhaupt eine Beleidigung? Welche Beleidigung wird gewählt? „Ich frage Sie erst nach Ihrem Lieblingsfußballverein und schmähe den dann.“ So etwas geht bei mir gar nicht, weil ich Fan von einem Münchner Verein bin, der ohnehin immer beleidigt wird, so dass ich gar keine Schwelle mehr in mir habe, bei der ich beleidigt wäre. Die Beleidigungsstärke hängt auch ziemlich vom Alkoholspiegel ab und davon, ob der Ehepartner dabei steht. In dessen Gegenwart müssen wir in die eine Richtung lügen („Ich bin hart, siehst du! Bewundere mich, wie gottgleich cool ich bin!“) oder in die andere („Und du stehst einfach dabei und hörst dir an, wie ich behandelt werde. Tu doch was, mein Gott!“).

Ich fürchte fast, dass das Messen von Reaktionsschwellen bei den wesentlichen Dingen des Lebens mit normalen Versuchspersonen schlicht hoffnungslos ist. Die harten Experimente der Art „Ab wann bekommen Sie ein Trauma?“ verbieten sich ja von selbst!

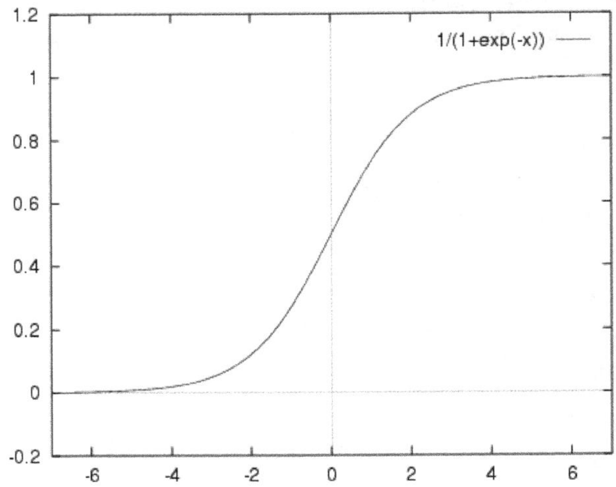

Abb. 7.2 Darstellung zur Vorstellung eines „Seismografen“ und seines Schwellenwertes

Na, nicht ganz! Haben Sie *Supramanie* gelesen? Im Grunde ist unsere heutige Arbeitswelt dabei, täglich unsere Belastungsgrenzen zu testen. Und wie reagieren wir allesamt auf diese Realversuche? Wir betrügen, mogeln, schummeln, schönen, vertuschen – so gut wir können. Es sind ja gar nicht mehr die Psychophysiker, die uns ausforschen, sondern die Arbeitspsychologen oder gleich die Manager, ganz und gar ohne jede Wissenschaft. Heute ist zum Beispiel eine interessante Frage: „Wie viel muss ich Ihnen bieten, damit Sie die Firma verlassen?“ Wo ist da Ihre Schmerzschwelle? Wann hat man Ihnen so viel geboten, dass Sie antworten: „Das nehme ich an, dann muss ich mir nichts mehr bieten lassen!“

Mit diesen wenigen Beispielen möchte ich verdeutlichen, dass es massenweise Schmerzschwellen in uns gibt, in deren Nähe wir reagieren, wie es obige Grafik zeigt. Schauen Sie noch eine an (Abb. 7.2):

Hier ist die Kurve „allmählicher“. Der Umschlagpunkt ist nicht so klar. „Du, manchmal regt sich Mutti kaum auf und ein anderes Mal wütet sie sofort wie eine Furie. Verstehst du das? Du musst immer auf der Hut sein. Bei Papa ist es immer relativ klar, wann er ausrastet. Ein Zentimeter über die Grenze und Zack! Das ist hochgefährlich, aber du kannst dich wenigstens darauf verlassen. Mir ist das Berechenbare bei aller Härte doch lieber als mal so mal so.“

Es hängt also alles davon ab: *Wer* ausrastet, in welcher Stimmung, bei welcher Gelegenheit!

Wissenschaftlich-experimentell erscheint es hoffnungslos, Aufklärung zu finden.

Aber in solchen Reaktionskurven um unsere Schwellwerte liegen eine Menge Hinweise auf das, was wir Lebenssinn nennen.

Darüber möchte ich im Folgenden mit Ihnen zusammen nachdenken.

Ich möchte Sie überzeugen, dass wir ein gutes Stück unseres Lebens mit Hilfe solcher Kurven bestreiten. In unserer Körperhardware, so will ich argumentieren, sind viele solcher Kurven gespeichert, die einen Seismografen in uns auslösen.

> Immer, wenn ich in den Spiegel schaue, zucke ich zusammen, weil ich sofort meine Nase sehen muss. Sie ist sehr schief. Da hilft keine Schönmalerei von Mitmenschen, ich bin einfach vom Schicksal gezeichnet.

Ich will immer argumentieren, dass dieses Zusammenzucken Hardware ist. Da hilft kein so genanntes Zureden: „Schau, wir sind alle irgendwo nicht schön. Sieh dich um! Ich selbst habe zufällig gerade nichts ganz Scheußliches, aber fast alle anderen *schon*. Du kannst also ganz normal und frohgemut in die Welt schauen, obwohl es in deinem Falle wirklich nicht einfach zu gehen scheint."

Solche gut gemeinten Ratschläge machen meist das Problem schlimmer, weil sie das Problem wieder in die Aufmerksamkeit rücken. Aber es gibt eine Menge Psychotherapien, die sorglos meinen, gutes Zureden und Erkenntnis des Normalen würde die zuckende Hardware zum Schweigen bringen. Die Nase ist schief und bleibt schief. Im Fernsehen werden absurd oft, finde ich, Menschen gezeigt, die Abhilfe durch eine Operation suchen. Am Ende ist die Nase gerade. Dann nimmt man den armen Geplagten den Verband ab und das Zucken des fast tödlich gewesenen Seismografen ist weg.

Absolute Ruhe.

Stille.

Lieben jetzt alle Mitmenschen den Gradnasigen?

Jetzt entdeckt der Gradnasige den nächst stärkeren Seismografen. Glanzlose Augen, noch nie gesehen. Zuck!

Ist er mit gerader Nase glücklich? Eine Zeit lang.

Die Seismografen lauern in uns, d. h. viele solcher Kurven, wie sie in der Grafik symbolisiert sind! Wie bekommen wir sie weg? Wie beeinflussen wir sie? Geht es? Wie?

Die meisten Therapien behandeln die Seismografen mit Vernunft, Einsicht oder durch Verhaltenstraining. Fast alle Therapien haben sehr enttäuschende Heilungsquoten. Ich glaube: Niemand will so richtig wahr haben, dass es Hardwareprobleme sind. Die meisten sagen: „Du musst das Problem aus der optimistischen Perspektive sehen! Es kommt bei deiner Nase nur auf die Sicht an! Niemand von uns sieht dich deswegen schief an, du denkst viel zu sehr um die Ecke." Psychologen nennen es Reframing. „Use your weaknesses, aspire to the strength." Besinne dich auf deine Stärken! Lass von den Schwächen ab! Das ist Überzeugungsarbeit gegen Schmerzschwellen. Geht das? Marcel Proust schrieb zwar: „Die wahre Entdeckungsreise ist nicht, neue Landschaften zu sehen, sondern neue Augen zu haben."

Können wir jedoch alles mit neuen Augen sehen, nur weil oder wenn wir wollen?

7.2.3 Über Schwellen

Merkt sich der Körper etwas?

Joachim Bauer publizierte 2002 sein Buch *Das Gedächtnis des Körpers – Wie Beziehungen und Lebensstile unsere Gene steuern*. Ein Teil des Buches handelt von neueren Erkenntnissen zur Depression.

Normalerweise schauen die Therapeuten nach dem Schweregrad und dem Verlauf einer Depression. Es gibt Menschen, die nach einem schweren Schicksalsschlag in Depressionen verfallen und dort verharren, während andere Mitmenschen alle Unglücke ohne größere Blessuren zu überwinden vermögen. Es gibt Menschen, die fast bei jedem Wehwehchen scheinbar grundlos in tiefe Trauer sinken. Bis vor einiger Zeit sprach man deshalb von verschiedenen Schweregraden.

Joachim Bauer berichtet in seinem Buch, dass ganz sorgfältige Untersuchungen von Krankenhistorien immer offenbarer werden lassen, dass jede Depression mit einer erstmaligen schweren seelischen Verletzung beginnt. Viele Menschen, wie gesagt, verkraften so einen Schlag. Etwa bei der Hälfte der Fälle kommt es jedoch zu neuen Depressionsschüben oder „Episoden", wie man sagt, die gewöhnlich im Abstand von zwei bis fünf Jahren wiederkehren. Dabei reichen oft immer geringere auslösende Ereignisse aus, eine volle Depression hervorzurufen. Die Schwelle für Auslösendes sinkt.

Der Körper scheint somit biologisch konditioniert. Er gewöhnt sich an die depressive Reaktion, die auf immer niedrigere Reize hin erfolgen kann. Im Körper scheinen sich Veränderungen zu vollziehen. In der Hirnforschung spricht man von *Kindling* (ursprünglich: „Anmachholz").

Natürlich können wir bei Depressiven im Körper nachmessen, ob die Chemie in ihnen stimmt. Und dann sehen wir, dass die Depression auch als eine Art Gehirnstoffwechselkrankheit aufgefasst werden kann. Vieles deutet darauf hin, dass bei Depressiven die Fähigkeit der Regulation wichtiger Signalstoffe (Überträgersubstanzen) im Gehirn (Serotonin, Noradrenalin, Dopamin) gestört ist. Die Spiegel der Botenstoffe Serotonin und Noradrenalin sind im Vergleich zum Gesunden *niedriger*. Bei manisch Depressiven, bei denen die Krankheit „bipolar" zwischen extremen Tiefphasen und euphorischen Hochphasen verläuft („Himmelhoch jauchzend, zu Tode betrübt"), findet man in der Hochphase (der Manie) eine gesteigerte Katecholaminmenge (Dopamin- und Nordrenalin-*Erhöhung*).

Wie kommt es nun zu einer Depression? Sind bestimmte Menschen genetisch anfällig dafür? Gibt es eine Veranlagung zur Depression? Oder entstehen Depressionen ganz einfach nur durch „Unglücke"? All das ist heute umstritten oder unbekannt. Es gibt jede Art von Meinung dazu. Die einen erklären die Depression zu einer Gehirnstoffwechselkrankheit, die mit Psychopharmaka behandelt werden sollte: Wenn Depressive eben zu wenig Serotonin und Noradrenalin zur Verfügung haben, so geben wir ihnen diese Stoffe in Pillenform zu „schlucken". Fertig? Eine ganze Industrie lebt von der Produktion von Antidepressiva.

Die anderen sehen die mehr psychologische Betreuung im Vordergrund, die im Idealfall nach jeder ernsten Belastung eines Menschen professionell geschult erfolgen sollte. So müssen heute alle Geiseln oder Feuerwehrleute des 11. September oder Lokführer nach einem „Personenschaden" sofort in eine Behandlung, damit bei ihnen sich die Körperchemie gar nicht erst umbilden kann.

Ähnliche Meinungspole finden wir auch bei anderen Krankheiten der Seele, die ebenfalls wieder als psychische Phänomene, als Körperkrankheiten oder als Gehirnstoffwechselerkrankungen gesehen und mit Pharmaka behandelt werden können. Den Verlauf zur Schizophrenie kann man zum Beispiel so erklären, dass Menschen eine zu empfindliche Seele oder ein zu feines Nervenkostüm haben und viel zu stark auf Stress reagieren (Vulnerabilitätsmodell). Im Gehirn der Schizophrenen misst man dagegen viel zu viel vom Botenstoff Dopamin. Liegt es daran? Ist das „angeboren“? Bei der Parkinson'schen Krankheit misst man zu *wenig* Dopamin. Woher kommt das? Bei ADHS-Kranken, also solchen mit einer Aufmerksamkeits-/Hyperaktivitätsstörung, steht das Dopamin nicht lange genug zur Verfügung. Dadurch ist die Konzentration sehr schwankend. Ist das angeboren? Entsteht es durch lebensgeschichtliche Einflüsse? Immer stehen die Psychologen gegen die Biochemiker. Seelentherapie oder Pillen? Bei Hyperaktiven wird schon lange das Mittel Ritalin verabreicht. Dagegen laufen andere Wissenschaftler Sturm, die glauben, dass in der frühen Säuglingszeit ein überwaches, leicht erregbares Kind von strengen oder gut meinenden Eltern „niedergehalten wurde“, die das lebhafte Kind für nicht normal hielten oder selbst zu stark von ihm belastet wurden.

Und da sind die Endorphine! Frisch Verliebte, so hat man herausgefunden, stehen bis etwa 18 Monate unter dem Einfluss einer stärkeren Endorphinzufuhr, welche ein typisches Hochgefühl perlender Freude auslösen kann. Endorphine betäuben die Psyche. Sie lindern Schmerzen und können bei größeren Unglücken oder Körperschäden den Körper ganz unempfindlich machen. Langstreckenlauf, Bergsteigen oder Askese erzeugen solche Euphorien. Viele Menschen sterben friedlich unter dem in Weisheit vom Körper erzeugten Endorphin einen schönen, sanften Tod.

Sind Endorphinüberschüsse angeboren?

Ich finde es ein bisschen lustig, dass ich *das* noch nicht gelesen habe. Das bloße Verliebtsein ist also irgendwie auch chemisch, irgendwie auch eine Krankheit, aber die Industrie hat natürlich keine Pillen dagegen produziert. Deshalb sagt offenbar keiner, Tendenz zur Verliebtheit sei angeboren. Aber das sieht man doch an unseren Mitmenschen?! Manche verknallen sich andauernd, andere dagegen nie?! Dafür konzentrieren sich die Chemiker und Mohnzüchter darauf, für diese Seite des Lebens Drogen aller Art zu erfinden, damit wir Abarten der Endorphinräusche auch wieder per Pille erleben dürfen! Hier nimmt man also die Pillen *für* die Chemie, nicht *dagegen.*

Überall ist derselbe Widerstreit zu spüren. Die einen sagen: Es ist eine seelische Angelegenheit, die dadurch entstand, dass unfähige Eltern oder Unglücke zu unsachgemäßen Eingriffen in die Seele geführt haben! Seelische Misshandlung führt dann zu anderen biochemischen Zusammensetzungen im Gehirn, weil sich dies anpasst! Die anderen dagegen: Es ist angeboren und muss entsprechend durch Eingriffe reguliert werden! Ich habe in *Omnisophie* erläutert, dass die wahren Menschen (die Intuitiven) meistens die erste These vertreten und die richtigen Menschen, diejenigen, die an Ordnung glauben, überwiegend der zweiten Annahme zuneigen. Die einen Menschen glauben, der Mensch komme rein und gut auf die Welt und alles Unglück in ihm sei später hineinproduziert, wie auch immer. Die anderen Menschen denken sich das Baby wie ein junges Tier, das erzogen werden muss, weil es angeborene Anlagen zum Tier habe, die ihm abgewöhnt werden müssten. Was dann am Ende nicht aberzogen sei, müsse wohl das angeborene Resttier oder irgendeine Bosheit des Kindes selbst sein, das sich gegen die Erziehung gesträubt habe.

Diese beiden Sichten auf den Menschen gibt es schon immer, seit der Mensch mit zwei Gehirnhälften denkt, die diese Frage jeweils anders beantworten. Deshalb sind Seelenkrankheiten, wie ich sie hier genannt habe, entweder aus Unglücken entstanden oder sie sind Abnormalitäten, die durch Eingriffe normalisiert werden müssen. Welche Ansicht wirklich wahr ist, scheint mir den Menschen kaum wichtig. Es gibt immer diese zwei verschiedenen philosophischen Haltungen, die sich gegenüber stehen. Unversöhnlich. Um Wahrheit geht es wohl nicht, sondern um Einstellung.

Um die Einstellung des Menschen, um die Einstellung des Arztes, um die Einstellung des Wissenschaftszweiges, um die pharmakologische Einstellung des Patienten. Alles Einstellungssache?

Ich selbst habe auch eine Einstellung. Ich habe im Buch *Supramanie* beschrieben, wie die heutige Wirtschaft mit Kennzahlen und deren Normalisierung betrieben wird. Zu wenig Umsatz? Marketing hochschrauben! Zu hohe Kündigungsrate der Mitarbeiter? Kleine Gehaltserhöhung für die, die wir behalten möchten! Zu hohe Staatsdefizite? Steuererhöhungen! Zu hohe Kosten für Zahnersatz? Zuzahlungen erhöhen! So werden die Schrauben gedreht. Der Staat und die Wirtschaft werden immer wieder neu justiert. Hier eine Stellschraube, dort eine Stellschraube.

Genauso lässt es sich mit dem Seelischen anstellen. Hier eine Vitaminpille, dort etwas Hormon. Mehr Dopamin, weniger Dopamin. Alles eine Frage der Einstellschrauben? Sind wir Seelen oder Motoren, die zur Inspektion müssen?

Sie kennen meine Einstellung oder Sie können sie sich denken. Ich würde lieber erst verstehen wollen, was die Präparate wirklich in uns tun, bevor ich Eingriffe vornehme. Meine Schwester Margret ist Ärztin für ganz schwere Fälle. Sie sagt eher: „Soll ich auf neue Erkenntnisse warten, wenn ich hier jedenfalls schon etwas tun kann? Was weiß ich, woher es kam! Vergewaltigung, Scheidung, Entlassung! Zu spät! *Jetzt* gibt es Chemie und die hilft *jetzt*! Es ist *Not*! *Not*!“

Und ich verstehe meine Schwester. Aber ich weine.

Innerlich.

Wissen Sie – das mit der Not sagen sie alle. Die Politiker erhöhen Steuern, weil Not ist. Die Unternehmer sparen in der Not. Die Eltern schlagen die Kinder, weil nur noch diese Notmaßnahme hilft.

Ich glaube, sie handeln eben alle erst, wenn Not ist. Und weil das so ist, haben sie immer Recht damit, dass man jetzt, *jetzt*, in *diesem* Augenblick, etwas *Nötiges* tun muss, das jetzt, in der Not, leider nicht das Wahre ist. Das Wahre wäre für gute Zeiten angebracht. Wann aber gibt es gute Zeiten? Klar: Wenn man eine Zeit lang das Wahre täte! Solange man nur das Nötige tut, sind die Zeiten schlecht. In schlechten Zeiten kann man nur das Nötigste tun. Und so dreht sich die Welt im eigenen Jammer. Ich nenne es ein paar Seiten weiter Abwärtsspirale einer Eskalation.

7.2.4 Trauma

Trauma ist das griechische Wort für Wunde.

Passend zu meinen Bemerkungen im vorigen Abschnitt wird es in zwei unterschiedlichen Bedeutungen verwendet. Die Mediziner nennen eine Verletzung durch äußere Gewalteinwirkung ein Trauma. Die Psychologen verstehen unter Trauma einen seelischen Schock, also eine Wunde der Seele. Eine seelische Erscheinung ist traumatisch, wenn sie auf ein Trauma zurückzuführen ist. Sonst heißt sie idiopathisch – sie ist unabhängig von einer erkennbaren seelischen Ursache.

Die Wissenschaft klärt immer stärker, dass viele psychische Störungen durch seelische Traumata verursacht werden. Viele Ereignisse in unserem Leben überfordern in gewissem Sinn unsere Selbstheilungskräfte. Besonders bei Gefühlen der Ohnmacht, der Hilflosigkeit und dem Ausgeliefertsein fühlen wir, dass wir keine Bewältigungsstrategien mehr haben. Wir stehen unter seelischem Schock, wenn wir einen Autounfall erleiden, die Wohnungstür zu unserer aufgebrochenen verwüsteten Wohnung offen vorfinden, wenn ein Entlassungsschreiben ohne Vorwarnung im Postkasten steckt. Unser Körper kann die Gefühle abschalten und auf Überlebensprogramme wechseln.

Erst langsam löst sich diese Erstarrung. Wir träumen eine Weile davon, schlafen schlecht dabei, haben Angst. Das Trauma wird seelisch verarbeitet und niedergekämpft. So heilt die Seele unter mehrfachem Durchleben des belastenden Ereignisses.

Ich bin vor einigen Jahren nach einer langen Autofahrt abends aus dem Heidelberger Wald in meinen Wohnort Waldhilsbach hineingerollt, relativ langsam. Endlich zu Hause. Die Bäume lichten sich, noch ein paar Häuser weiter – und daheim. Da krachte es.

Es krachte.

Ich wusste nicht warum. Ich schaute. Das Auto stand. Ich war auf einen Stahlcontainer gefahren, der dort im Dunkel unbeleuchtet stand. Er hatte keinen Kratzer. Mein Auto war total zertrümmert, die Vorderachse gebrochen, weil das rechte Rad abgeknickt war.

Ich hatte nicht gebremst. Es hatte nur gekracht.

Ich hatte danach viele Wochen Angst beim Autofahren. Ich zweifelte an meinem Verstand. Ich habe fast noch einmal neu das Autofahren erlernt, weil sich alle Automatismen aufgelöst hatten. Ich *dachte* wieder an das Fahren: „Jetzt bremsen – jetzt blinken – jetzt das Steuer bedienen." Und es tat in der Seele weh. Und im Hirn ohnehin. Ich! Mir passiert *das*!

Niemand hat mich in diesen Tagen verstanden. Alle sagen: „Das passiert. Es ist nicht so schlimm. Es war ja am Ende einer Dienstreise, die über IBM versichert ist. Was regst du dich auf? Du musst es schnell vergessen. Es passiert anderen auch. Wahrscheinlich warst du im Geiste schon beim Abendessen."

Blablabla. Die Seele tut weh. Der Körper ist aus den Fugen geraten und reagiert beim Fahren nicht mehr automatisch. Ich zucke bei jedem Anzeichen einer Gefahr im Verkehr zusammen. Ich will gar nicht mehr Auto fahren. Ich weiß nicht, ob ich mich auf mein Gehirn verlassen kann. Kann das sein, dass es mich manchmal verlässt? Warum tut es das?

Trauma.

Im Film *Spiel mir das Lied vom Tod* wird zart angedeutet, dass Claudia Cardinale zu etwas gezwungen wurde. Sie zuckt – aber nur mit den Achseln und findet, es reiche, sich hinterher ordentlich zu waschen. Auf eine kalte Dusche des Lebens also eine heiße zum Aufleben und Abwaschen? Das klingt im Film total cool. So aber ist das Leben nicht. Wir können nicht einfach vergessen, abwaschen, uns *nicht* aufregen.

Wenn die Seele es unter allgemeinem Nichtverstehen („Ist doch nichts passiert!") nicht verwinden kann, gibt es posttraumatische Belastungsstörungen aller Art! Depressionen erscheinen, Schmerzen treten auf, Panik kommt auf. Fremdheitsgefühle und dissoziative Symptome quälen. Alles ist wie Weh, Unruhe, Übererregtheit oder innere Betäubung. Wenn die Seele nicht damit fertig wird, chronifizieren sich die posttraumatischen Beschwerden und nehmen ein Eigenleben auf. Manchmal weiß ein Kranker nicht einmal, dass er an einem Trauma leidet.

Im Jahr 2000 waren wir im Urlaub in den USA. Es war wunderschön. Plötzlich hatte ich das erste Mal in meinem Leben starke Schmerzen. Einfach so, aus buchstäblich heiterem Himmel. Tabletten, die man in Amerika pfundweise im Supermarkt bekommt, halfen nicht. Ich war in meinem ganzen Leben bisher ganz genau 10 Tage krank, 5 Tage wegen eines Unfalls, drei Tage einzeln wegen drei Mal Weisheitszahnziehen und zwei Tage wegen Montezumas Rache bei einem Auslandsaufenthalt. Das war's. Und dann Schmerzen und ein Gefühl, dass mein ganzer Rücken verzogen ist. Nach drei Wochen war es weg. Im Herbst 2001 hatte ich es wieder, nicht so stark. Ich nahm mir vor, zum Masseur zu gehen, weil ich kaum ruhig schlafen konnte. Ende November hatte ich erstmals Zeit dafür. Da bemerkte ich, dass es weg war. Im Herbst 2002 begann es wieder und heute (30.9.2003) ist es schwächer, aber wieder da. Ich weiß heute, woher es kommt. Es ist das Erscheinen eines neuen Buches. Mein Körper hat Angst, von der ich nichts weiß. Der Körper klickt bei *Amazon.de*, wie sich das Buch verkauft. Er zuckt unter neuen Rezensionen. Er hat Prüfungsangst. Und alle Mitmenschen sagen ihm: „Reg dich nicht auf. Es wird schon gut sein, oder? Was machst du so ein Gedöns darum?"

Das muss eher ein prätraumatisches Symptom sein? Der Körper duckt sich schon vorsorglich vor den Hieben.

So kann frühe Vernachlässigung, ein lange zurückliegender Krankenhausaufenthalt und natürlich jede Gewalt und Nötigung aller Art etwas viel später in uns wachrufen. Angst, Schmerzen, unklare Bauchschmerzen, Essstörungen aller Art, „somatische" Beschwerden, Panik, Phobien, Abhängigkeitssymptome (Alkohol, Drogen), chronischer Schmerz (Fibromyalgie) … Manche erleiden schwere Persönlichkeitsstörungen bis hin zu Borderlinesyndromen oder werden so genannte multiple Persönlichkeiten.

Und immer wieder sagen die Fachkundigen: „Es liegt eine Kombination von psychischen, neurologischen und funktionellen Störungen vor." Und sie sagen auch: „Die Beschwerden sind durch eine insgesamt deutlich erniedrigte Reizschwelle gekennzeichnet."

Depressionen erscheinen nun früher, die Schmerzschwelle sinkt, wir sind nun leichter gereizt oder übererregt. Die Schwellen des Körpers sind falsch eingestellt. Die Biochemie erscheint falsch: Zu viel Dopamin oder zu wenig, zu viel oder zu wenig von einigem von dem, was in uns den Körper steuert.

Ich will mit all diesem Kranken sagen: Ein Trauma verschiebt Schwellen aller Art in uns. Die Schwellen sind vielleicht im Kopf und vielleicht auch nicht, vielleicht bekannt oder auch nicht, sie sind „im Körper" und direkt per Apparatemedizin messbar in der Konzentration von allerlei wichtigen Stoffen, die unser Gehirn steuern. Könnten wir statt Blutbildern auch Hirnbilder erfassen mit allem Drum und Dran?

7.2.5 Menschen zwischen Schmerzschwellen

Ich will kein Biochemiebuch schreiben. Ich möchte nur eindringlich vor Augen führen, dass in uns etwas noch nicht richtig Geklärtes geschieht, wenn wir Traumata, also Seelenwunden, erleiden.

Eine einzige Wunde mag reichen, die Depressionsschwellen zu senken.

Ein einziges Erlebnis mag chronisch die Schmerzschwellen senken.

Eine schreckliche Angst mag zur Phobie führen.

Menschen können sich als Schüchterne zurückziehen.

Menschen können durch langsam steigende Wut im Amok enden.

Wunden mögen vereitern und als Sucht aller Art den Menschen verzehren.

Irgendwelche Schwellen verschieben sich.

Das will ich hier als ein hauptsächliches Vorstellungsmodell dieses Buches erhellen.

In *Supramanie* habe ich Ihnen gezeigt, wie die Leistungsanreize unserer Leistungssuchtgesellschaft in uns die Reizschwellen verschieben. Viele Menschen beginnen, vor Leistungssituationen Angst zu bekommen, wenn ihnen einmal ein Leistungstrauma zugefügt wurde. Die Psychologen sprechen hier zum Beispiel von sozialen Angststörungen, von Sozialphobien oder Sozialphobikern. Soziale Angststörungen werden schon nach den Depressionen und Suchtabhängigkeiten als dritthäufigste Störung im Menschen genannt. Man sagt, um die 10 % von uns leiden zeitweise an einer Sozialphobie.

Sozialphobie, so sieht man sie derzeit, ist so etwas wie die Angst, beurteilt zu werden, im Rampenlicht zu stehen bzw. sich von anderen Menschen beobachtet zu wissen. Das ist „peinlich" und belastend. Sozialphobiker fürchten sich, für dumm gehalten oder ausgelacht zu werden. Sie fürchten sich vor dem, was andere von ihnen denken. Sie mögen nicht, wenn andere ihnen beim Schreiben, Essen oder generell bei der Arbeit zusehen. Sie reden nicht gerne vor vielen anderen, vermeiden Öffentliches, gehen Prüfungen aus dem Weg …

10 % von uns haben schon Angst, Tätigkeiten in Gegenwart anderer auszuführen, die sie allein für sich angstfrei hinbekommen. („Der Lehrer schaute mich während der Arbeit an, da blockierte mein Körper vollständig." – „Ich zittere beim Essen, wenn meine Mutter herüberschaut." – „Ich hasse es, höheren Menschen vorgestellt zu werden." – Oder dies Beispiel, huiih, das ist vielleicht politisch inkorrekt, aber ein authentisches Erlebnis. Anne war keine drei Jahre alt und ich musste im Kaufhof auf die Kundentoilette. Ich nahm sie zur Sicherheit mit hinein und tat also dort etwas, wobei ich keine Hand frei hatte. Anne stellte sich aber gleich sehr interessiert neben einen anderen Mann, mit dem Ellenbogen lässig an die Wandfliesen gelehnt, und schaute ihm zu, dem es in ihrer Augenhöhe peinlich wurde. Sie sagte staunend: „Es geht bei dir nicht, oder?" Da lief er in Panik fort.)

Und wie heißt es dann so schön?

> Das Vermeiden an der Unterrichtsteilnahme und die einhergehende Prüfungsangst lässt die Schulphobiker schlechter abschneiden, was die Angst vor Leistungsbeurteilungen noch weiter verstärkt. Die Schwelle verschiebt sich!

Vielfach wird die Sozialphobie als Einstiegsstörung in einen härteren Teufelskreis gesehen. Eine Sozialphobie beginnt vielleicht mit einem schrecklich verhauenen Referat? Mit einem verlachten Gestotter bei der ersten Liebeserklärung?

Psychologen kennen heute schon Leistungsphobien!

Diese treten erstmals durchschnittlich zwischen dem 16. und 17. Lebensjahr auf… (Mittlere Reife, Oberstufe?)

Schwellen über Schwellen.

Überall lauern Wunden und Traumata.

In *Supramanie* bereitete ich die These vor, dass wir uns diese Traumata selbst zufügen.

Es ist aber im Allgemeinen nicht klar, dass ein Trauma eine Wunde im Körper ist. Deshalb habe ich so viele Beispiele aufgezählt. Es soll deutlich werden:

> Psychischer Druck ist Körperverletzung.

Ein psychisches Trauma veranlasst den Körper, in vielfältiger Weise die Reaktionsschwellen zu verändern. Diese Schwellen werden oft nur nach einem einzigen Anlass vom Körper falsch gesetzt.

Wir sind dann zu empfindlich, zu reizbar, zu schüchtern. Wir vermeiden Spinnen, Gewitter, Plätze, Leistungsbeurteilungen, Begegnungen mit Andersgeschlechtlichen, Partys. Wir führen ein Leben, das einer Wiederverwundung aus dem Wege geht. Nicht wieder ausgelacht werden! Nicht wieder vom Chef zusammengestaucht! Nie wieder verlassen werden! Nicht mehr verhauen! Nicht mehr kontrolliert! Nicht mehr gefangen!

Wir fliehen.

Die Leistungsgesellschaft setzt uns nach. Die heutigen Anreiz- und Leistungsbeurteilungssysteme betreiben das Reizen von Wunden geradezu planmäßig professionell. Alles Nachmessen von Leistung wird absichtlich mit Schmerz verbunden. Ohne diesen Schmerz, so meint man, erlahme der Arbeitswille. Man sehe ja, wie die Menschen vor Leistungsmessungen wegliefen! Sie laufen davor davon, weil sie Zeichen einer Leistungsphobie haben, ja. Deshalb setzen die Systeme nach, um die Flüchtenden wieder unter Druck zu setzen. Die Systeme heben die Schwellen an. Die Flüchtenden laufen schneller davon. Alles eskaliert.

Wir laufen in Wirklichkeit davon, weil wir Wasser und Sonne in unseren eigenen individuellen Dosierungen brauchen. Wir fürchten uns, dass in unserem Körper Kälte und Durst einziehen.

7.2.6 Meine Cocktailtomate und ich

> Macht euch langsam fertig, wir müssen los! Es sind schon Staus auf der Autobahn!

Ich muss aber noch zu den Pflanzen auf der Terrasse schauen. Ich ziehe die eingetopfte Tomate unter das Dach in den Schatten und gieße sie tüchtig.

Sie sagt: „Ich brauche nicht so viel Wasser und muss außerdem in die So- da – autsch, was ist das für ein Zeug im Wasser?“

„Es ist Dünger."
„Ich brauche ihn nicht so! So ist es wie Gift, verstehst du? Was ist das überhaupt genau?"
„Es ist normaler Kakteenflüssigdünger aus der Plastikflasche. Er passt nicht ganz genau, das ist mir ja klar. Deshalb habe ich auch die Konzentration mehr als verdoppelt, dann hast du auf jeden Fall genug Nährstoffe."
„Kakteen wachsen langsam und bilden kaum Früchte!"
„Ich kann mir nicht vorstellen, dass Tomaten so sehr anders als Kakteen sein sollen. Alle Pflanzen brauchen Dünger!"
„Ich sterbe vielleicht daran! Hilfe!"
„Nun schrei hier nicht so laut herum, dazu hast du kein Recht. Du siehst dafür nicht besonders gut aus. Du hast schon braune Blätter und die Ansätze der Früchte sind noch sehr klein. Ich habe das schon kommen sehen, weil du so viele Fruchtansätze pro Rispe gebildet hast. Das wird nichts, ich habe sie ja auch an jeder Rispe bis auf je fünf abgeknipst."
„Warum? Aber warum? Ich bin doch schließlich keine belgische Fleischtomate!"
„Aha, das dachte ich mir schon, dann müssten die Früchte schneller wachsen. Was bist du denn für eine Sorte? Wir haben dich geschenkt bekommen, weil der Nachbar zu viele Pflänzchen hatte. Wir haben keinen Platz für Tomaten im blumigen Sonnenbeet, weil du da ein Misston wärst."
„Ich bin eine Cocktailtomate. Ich werde fast rot vor Zorn, dass es erst jetzt bemerkt wird."
„Entschuldigung, Entschuldigung. Dann habe ich dich eben falsch eingeschätzt und viel zu viel von dir erwartet. Ich hätte die Rispen so lassen sollen, nicht wahr? Sieh mal, jetzt haben wir offenbar das Problem, dass du durch einen Fehler, wie er häufig vorkommt, praktisch nicht mehr zu dem taugst, weshalb wir dich angepflanzt haben. Du bringst jetzt nicht genug Früchte, weil ich die Rispen weggeknipst habe. Hmmh …"
„Aber es ist doch euer Fehler, nicht meiner!"
„Du hättest es früher sagen sollen. Im Übrigen ist das Leben nun einmal so. Ich habe neulich zwei Paprikapflanzen irrtümlich weggejätet. Sie waren sofort mausetot. Das passiert. Die haben auch nicht groß gejammert."
„Paprika sind eine schärfere Gangart gewöhnt, aber ich …"
„Tomaten sind wie Paprika Nachtschattengewächse, erzähl mir nichts. Auberginen, Tabak, Kartoffeln, alles das Gleiche."
„Und sie brauchen alle Kakteendünger? Warum komme ich auf der Terrasse in den Nachtschatten?"
„Es ist nur für den Urlaub. Wenn du in der Sonne stehst, verbrauchst du das Wasser viel zu schnell und keiner von uns ist da, um dich zu gießen. Deshalb gieße ich dich so kräftig, dass der ganze Topf schwimmt. Ich mische überreichlich Dünger hinein und ziehe dich in den Schatten. Für dich ist das wie zehn Tage schlechtes Wetter, das muss jede normale Pflanze aushalten können. Es gibt ja auch Tomaten, die im Freien leben müssen und voller Schnecken sind. Da geht es dir doch im Vergleich prachtvoll. Wenn wir wieder da sind, päppeln wir dich wieder auf. Hauptsache, die Früchte werden langsam rot."
„Nur für euren Urlaub? Diese Quälerei? Wie soll ich im Schatten rot werden? Wie meine Tomatenperlen erzeugen?"
„Du – jetzt werde ich gleich sehr empfindlich. Du bist keine Perlenmuschel, nur eine Tomate. Mach mich nicht böse. Ich habe seit zwei Jahren keinen echten Urlaub mehr gehabt und darf mir den wohl gönnen. Ich finde dich jetzt gemein. Du musst an das Ganze denken und Rücksicht nehmen. Du bist wohl überhaupt nicht dankbar. Wozu bist du denn da? Hast du dich das einmal gefragt? Wir wollen eine Menge wohlschmeckender Früchte, wie man es von einer Tomate im Freien für unsere Pflege verlangen kann. Wir wollen, dass du dekorativ aussiehst, weil wir alles andere hier nicht wollen. Ich meine, da hast du ohnehin eine Menge Minuspunkte, allein schon, weil du eine Tomate bist. Du kannst froh sein, dass ich dich noch behalte, trotz der braunen Blätter und der kleinen verstümmelten Rispen. Wegen deiner jetzigen Unartigkeit werde ich deinen Zustand nach meiner Rückkehr sorgsam prüfen. Bitte komm mit den Tomaten langsam zur Sache, wir lassen dir ja wegen unseres Urlaubs eine Menge Zeit. Ich könnte zum Beispiel hart fordern: Morgen Röte! Oder wenigstens morgen Abend Röte! Tu ich ja nicht. Ich bin nicht unrealistisch, das

Abb. 7.3 Paua-Muschel – abgeschliffen und poliert

kann mir niemand nachsagen. Oder? – Oder? Sagst du nichts mehr? Na gut, es gibt nichts dazu zu sagen."
„Wir wollen endlich losfahren! Ist alles bereit?"
„Nur noch die Tomate gießen!"
„Ach, ich hatte mich so auf die Tomaten gefreut, manchmal hatte ich schon einen wässrigen Mund. Irgendwie ist das eine krüppelige Sorte. Ich habe es mir fast gedacht. Auf dem Etikett stand Mont Cherry, die Piemonttomate. Keine Ahnung, was es bedeutet, aber es sind dann keine holländischen oder belgischen, denke ich. Cherry heißt Kirsche. Das steht auf den Tomaten vom Tengelmann drauf, die sie noch ganz jung abpflücken. Hat was wie Kalbfleisch essen an sich, oder? Vielleicht pflückt man die Tomaten besser grün ab und wartet, dass sie in der Küche reifen. Das sagen manche. Dann könnten wir die Pflanze selbst jetzt schon wegtun. Na, egal, hau noch mal Dünger drauf. Wir haben noch Rasendünger mit Unkrautvernichter vom letzten Jahr. Und komm jetzt!"
„Mir stinkt schon die Fahrt durch die Staus. Verpestete Luft bis Italien."
„Du kannst dir doch sofort Landwein reinziehen, wenn wir da sind. Manchmal ist für dich das Leben fast nur im Vergiftungszustand zu ertragen, oder? Komm, es ist Urlaub! Urlaub! Wenn überhaupt – würde mich ein Leberschaden an deiner Stelle nicht kümmern. Du verbrennst eher in der Sonne, das gibt wieder eine schöne Allergie. Huhu, wir wollen mal sehen, wer nach dem Urlaub mehr Rot angesetzt hat! Und denk an die Muschelvergiftung vom letzten Jahr! (Abb. 7.3)"

(Eine Paua-Muschel – poliert, sonst sieht sie mehr nach Zement aus. Unerkannte innere Werte?).

7.3 Wunden der Normalkinder von Normaleltern

7.3.1 Psychologie – die Wissenschaft, den Eltern die Schuld zu geben?

Wir müssten ja buchstäblich Tomaten auf den Augen haben, wenn wir nicht sähen, wie Kinder zu erziehen wären!

Fast jeder normale Mensch hat eine Erziehung nur an sich selbst oder höchstens noch an seinen Geschwistern erfahren. Er sieht die Erziehungsversuche um sich herum. Er entwickelt daraus eine Vorstellung, was Erziehung ist. Er unterscheidet, was er an seinen Eltern liebte („Das mache ich genau so!") und was er hasste („Das mache ich auf jeden Fall ganz anders!" – Oder: „Jetzt bin ich selbst oben und darf selbst quälen."). Der normale Mensch heiratet jemanden, bei dem diese Unterscheidungslage ganz anders sein mag. Und dann bekommen die beiden ihren Nachwuchs und erziehen ihn vergleichsweise ahnungslos.

Fast jeder Mitarbeiter sieht, was sein Manager oder Chef mit ihm anstellt. Die meisten Menschen finden, sie hätten einen schlechten oder mittelmäßigen Chef. Wenn sich ein Mitarbeiter bewährt und hohe Leistung bringt, wird er Chef oder Manager. Er ist fast ganz ahnungslos, wie denn das Managen geschehen soll. Manager und Eltern wachsen in ihre Aufgabe hinein. Ausbildung gibt es meistens nicht und wird auch nicht für wichtig gehalten. Die Eltern sorgen sich, wie oft sie Babys wickeln müssen (das bestimmt eigentlich das Baby von selbst) und wie oft sie es mit wie viel füttern müssen (das weiß das Baby selbst). Über Erziehung macht sich niemand Gedanken. Wenn die meisten Menschen finden, sie hätten einen höchstens mittelmäßigen Chef, was würden Kinder von ihren Eltern denken, wenn sie wüssten, was gute Eltern sind?

Neu ernannte Manager, die bisher einfach gute Mitarbeiter waren, sorgen sich, dass sie wissen, was sie jetzt an neuen Formularen ausfüllen müssen und welche Rechte und Pflichten sie anvertraut bekommen. Aber dann denken sie, sie hätten jetzt Führungspotenzial, also das Vermögen, andere Menschen zu lenken, zu motivieren und zu begeistern. Über das Führen an sich denken sie nicht nach.

Und so steht seit langer Zeit unwidersprochen im Raum, dass fast alle Führung und Erziehung von Menschen übernommen wird, die das nicht richtig gelernt haben und auch niemals als durch Probieren wirklich lernen. Normale Eltern erziehen zwei Kinder in einem Durchgang, danach ist es vollbracht.

Die Gymnasiallehrer studieren in der Universität fast ausschließlich das Fach, in dem sie unterrichten werden. Pädagogik? Die ist nahezu nicht im Plan. Die meisten Lehrpläne sehen ein gutes Stundendeputat in der Fachdidaktik vor. Lehramtsstudenten lernen also, wie man vorgegebenen Stoff verständlich und interessant vorträgt. Es geht dabei um die günstigste Art der Stoffvermittlung. Aber sie lernen nicht, wie Schüler erzogen werden sollen. Sie lernen schon gar nicht, was die Erziehungsziele wären. Folglich findet in deutschen Gymnasien das reine Vorbereiten auf einen späteren Beruf statt. Das Gymnasium garantiert das Hinführen zur Berufsfähigkeit.

Wer aber *erzieht* die Kinder? Wer *fördert* die Mitarbeiter? Die berufstätigen Eltern sagen: „Das Kind ist tagsüber meist in der Schule, die es eben auch erziehen muss." Die Lehrer antworten: „Erziehung muss vom Elternhaus als Vorleistung erbracht werden. Die Schule hat mit ihrem dichten Leistungslehrplan keine Zeit dafür." Die Eltern wollen das Kind von der Schule *fertig* mitnehmen. Die Lehrer wollen, dass das Kind fertig erzogen zur Schule gebracht wird. Manager verlangen, dass sich der Mitarbeiter selbst schult und *fertig* zur Arbeit antritt.

(„Sei fix und fertig – oder wir machen dich fix und fertig! Wer nicht fix ist und noch nicht fertig, arbeitet nicht genug!" Fertig für die Welt, fertig mit der Welt …)

Hinter der ganzen Misere steht die immer weiter um sich greifende Vorstellung, dass Kinder vor allem im quantitativen Sinne etwas *lernen* müssen. Wir stellen uns Kinder wie Computer mit leeren Festplatten vor, die nun mit dem „Stoff" des Lehrplans gefüllt werden. Wer vieles weiß und kann, hat Vorteile. Und Erziehung ist, Vorteile anzuhäufen. Die Persönlichkeitsentwicklung des Menschen tritt immer stärker in den Hintergrund. Die Personalabteilungen der großen Konzerne suchen händeringend nach gut ausgebildeten *Persönlichkeiten*. Keine da. Nie so viele, wie wir nötig hätten. Sie wachsen nicht mehr nach, weil wir sie nicht kultivieren.

(Denken Sie noch einmal kurz an meine Diskussion mit der Cocktailtomate zurück?)

So sieht das Normale aus. Natürlich gibt es auch Eltern, die darüber hinaus ihre Kinder total vernachlässigen. Es gibt auch viele, die sich um die Erziehung ihrer Kinder rührend kümmern. Aber auch diese Kinder gehen in die normale Schule mit dem Endziel der Berufsfähigkeit! Sie sitzen mit desinteressierten Normalen im Klassenraum …

Und in dieser Lage beobachten uns die Psychologen mit immer größerer Sorge. Sie sehen, wie viele von uns leiden. Sie zählen die Depressiven, die Stresskranken, die Süchtigen, die Enttäuschten, die Abgewiesenen. Sie versuchen, uns als Menschen zu verstehen. Woher stammt unser Leiden?

Es hat etwas mit Wasser und Sonne zu tun. Haben wir beides genug und genau richtig bekommen?

Denken Sie an Ihre Geburt zurück! Sie kamen zur Welt, überall Blut. Die Lunge japst. Ihr Nabel wird getrennt. Sie schreien. Liegen auf dem Bauch der Mutter, die starke Schmerzmittel bekam und schlaff glücklich ist, dass es überstanden ist. Sie verstehen die Welt noch nicht. Ihr Gehirn ist leer. Sie haben unklare Gefühle. Vielleicht sehen Sie sogar leider ganz gelb aus? Dann müssen Sie in einen Kasten zur Bestrahlung gegen Gelbsucht. Sie werden dort drin angebunden (man sagt vornehm: fixiert), damit immer Ihre richtige Seite angestrahlt wird.

Eine Woche später sind Sie schon ein bisschen trainiert, ganz genau alle vier Stunden ein festes Milliliterquantum zu trinken. Genau alle vier Stunden, mit einer Ausnahme in der Nacht. Da ist der Abstand acht Stunden. So soll ein Kind sein. Dann ist es ein gutes, pflegeleichtes Kind, das den Eltern helle Freude macht und im Dunkeln schläft.

Menschen, bei denen eingebrochen wurde, fühlen sich monatelang unsicher. Handtaschenräuberopfer meiden lange ängstlich die Straße. Ich habe wochenlang nach meinem Autounfall an meinem Verstand gezweifelt.

Aber das Baby wird *sofort* schockartig an die Regelwelt gewöhnt. Schreien? Verboten. Essen zwischen den Zeiten? Es muss warten.

Nach der normalen Natur des Menschen würde man erwarten, dass ein Baby trinkt, wann es will. (Tiere lassen saugen, wann immer Tierkinder wollen. Würden sie anders handeln, wenn sie Uhren hätten?) Mütter würden Babys auf dem Arm tragen. Babys würden auf dem Bauch oder Arm der Mutter schlafen, jede Nacht.

Dieser Gedanke, dass Babys überhaupt nicht in ihrer natürlichen Weise aufgezogen werden, ist als *Continuum Concept* in die weltweite Diskussion eingegangen. Die Amerikanerin Jean Liedloff war bei ihren Besuchen bei den Yequana-Indianern so sehr vom offenkundigen Lebensglück dieser „Wilden“ betroffen, dass sie sich auf die Suche nach dem verlorenen Glück unserer Kindheit machte. Diese Indianerstämme erziehen ihre Kinder absolut genau so, wie man es ganz naiv beim normalen Nachdenken über die Biologie von Babys erwarten würde. Sie tragen sie herum, lassen sie bei sich schlafen, lieben sie, spielen viel mit ihnen, schreien sie nie an, sind nie nervös mit ihnen, zwingen sie zu nichts und warten, dass sich die Kleinkinder von allein einfügen, was sie dann auch *ausnahmslos alle* tun. Von allein! Ohne Zwang! Von allein! Das glauben die meisten Amerikaner nicht und die Deutschen sowieso nicht. Aber bitte: Wenn man ganz im Sinne der eigenen Natur aufwächst, dann ist es kein „Einfügen“, verstehen Sie? Es ist normales Leben, ganz selbstverständliches normales, dort glückliches Leben. Im Natürlichen gibt es keinen Grund, anders als natürlich zu sein. Bei uns gibt es gute Gründe, die Schule zu schwänzen …

Vieles in diesem Buch kommt am Ende zu einem ähnlichen Schluss: Behandelt die Menschen artgerecht mit ausreichend „Wasser und Sonne“! Mit diesem Gedanken der Artgerechtigkeit gehe ich noch einen Schritt weiter als Jean Liedloff. Ich glaube, der Mensch muss aus seinem eigenen Ursprung heraus *werden*.

Die Bücher von Jean Liedloff wirken wie reine Wahrheit und sind sofort zu verstehen. Ich habe aber den Eindruck, dass sie nicht wirklich verstanden werden. Kommentare sagen natürlich in der Regel, was man sich von westlichen Menschen erwartet: „Glück geht nur bei Indianern, aber wir sind zivilisiert.“ (Bärenstark!) Oder: „Es ist zu viel Arbeit, die Kinder immer zu tragen.“ Ich habe auch eine Studie gefunden, die nach Langzeitversuchen zum Ergebnis kommt, dass das Herumtragen von Babys diesen nicht *schadet*. Es ging bei der Untersuchung wohl darum, dass viele Amerikaner das Continuum Concept von Jean Liedloff in die Praxis übernahmen, und da muss man doch sicher erst nachprüfen, ob die natürliche Behandlung von Babys nicht sehr schädlich für diese ist? Hey, stellen Sie sich vor, ein Baby sieht öfter den nackten Vater im Dunkeln! Was soll da bloß aus ihm werden?

Die Indianer tragen die Babys herum und lassen sie trinken und spielen, wie sie wollen. Ja! Stimmt! Aber die meisten, die darüber diskutieren, listen lauter so einzelne Merkmale oder Handlungsregeln auf und probieren die dann vielleicht an Kindern aus. Dabei hat es mit dem doofen Herumtragen oder Stillen nach Bedarf nur ganz entfernt zu tun. Es geht vor allem darum: Die Indianer setzen den Kindern keine unnatürlichen oder unsinnigen Seismografen ein. Keine Angst, keine Drohung, keine Schläge, kein Anschreien.

Es wird einfach jeglicher psychischer Zwang vermieden (körperlicher Zwang ist auch psychischer Zwang!). Oder in Kurzform: Die kleinen Indianer wachsen ohne Trauma auf. Sie werden im Vorstellungsmodell der Pflanze nicht falsch umgetopft, bekommen die richtigen Nährstoffe und sollen keine andere Pflanze sein, als sie sind.

Wenn Sie alle diese Gedanken in sich bewegen, so könnten wir meinen: Normale heutige Kindererziehung macht Eltern fast zwangsläufig schuldig. „Psychologie ist die Wissenschaft, den Eltern die Schuld zu geben.“ Das habe ich als Zitat eines Vaters aufgeschnappt, der sich nicht anhören mochte, was seine Tochter erflehte. Sie knickte zusammen und fühlte sich völlig allein gelassen.

Unser normales Leben richtet in Kindern etwas an.

Wir akzeptieren, dass Menschen beim Versagen einer Beförderung verbittern und im Zustand so genannter innerer Kündigung weitere Arbeit verweigern. Wir erlassen einem Mann zehn Jahre Gefängnis, wenn er auf ein Penisgehänsel hin eine Frau tötet. Wir verstehen, wenn jemand vor Eifersucht rast. Das ist bei Erwachsenen normal.

Und Kinder?

> „Du bist nichts." – „Du kommst in ein Heim." – „Niemand wird dich heiraten." – „Versager!" – „Wir könnten dich so sehr lieben, wenn du anders würdest."

Noch einmal: Erwachsenen erlässt man zehn Jahre Gefängnis, wenn sie ausrasten. Kinder müssen so etwas von Erwachsenen hinnehmen. Diese eben zitierten Sätze habe ich alle selbst gehört. Sie sind glücklicherweise nicht zu mir gesagt worden. Aber ich schrieb ja früher schon, wie man mich beim Tanzen auslachte. (Tut wieder beim Schreiben weh.) Mein Vater erzählte oft ganz stolz folgende Geschichte:

> Du warst oft unnütz als Baby, Gunter. Du hast geschrien, ganz ohne Grund, auch des Nachts. Wir sahen nach dir, aber es war stets alles in bester Ordnung. Da wurde es uns eines Tages zu viel. Ich schlich mich in das Nebenzimmer an dein Bettchen und schlug hart mit der flachen Hand auf das dicke Kissen über dir, so dass es sehr laut knallte. Ich habe darauf geachtet, dass es nur laut knallte – dir geschah ja nichts, da die Decke so dick war. Du warst ganz erschrocken und bliebst still. Seitdem hast du nie mehr in der Nacht geschrieen. Nie mehr. Daran sieht man, dass Kinder nur die Erwachsenen unnütz um sich haben wollen. Weiter nichts.

Mein Vater war ein sehr, sehr lieber Mensch. Er hatte leider eine normale klassische Auffassung von Erziehung. Ich habe der stolzen Erfolgsgeschichte seiner Erziehung nie ganz ohne Grauen lauschen können. Ich habe später nie auch nur einen Hauch von Nachdenken in ihn hinein diskutieren können. Ich hätte ihn stark angreifen müssen. Dann aber hätte er wohl gesagt: „Jetzt willst du mich wohl erziehen? Du *mich*? *Mein* Kind?"

Sie können so alt sein, wie Sie wollen. Als Kind dürfen Sie niemals über Ihre eigene Erziehung mit Ihren eigenen Eltern reden. Weil das keine Sachdiskussion ist, sondern Schuldzuweisung. „Du willst mir nur Schuld geben, nicht wahr? Nach all den Jahren, die ich dich aufzog? Wäre nicht ein Ausdruck des Dankes angemessener? Warum kommst du mir mit Psychologie?" Psychologie ist die Wissenschaft, Schuld zu geben?

Wir fühlen, dass wir voller Wunden sind. Wir, die wir Wunden empfingen. Die, die Wunden von uns empfingen. Gott vergib' uns unsere Schuld, wie auch wir vergeben unseren Schuldigern.

Aber ich schreibe dennoch dieses Buch über Wunden, über Traumata und Heil.

7.3.2 Ein allgemeiner Ursprung von Seelenwunden

Wo kommen alle unsere Wunden her?

Ich habe schon ein paar typische Unfälle genannt.

Wenn Sie etwas nachsinnen, finden Sie weitere Beispiele zuhauf. Wir werden einfach nicht artgerecht behandelt. Als Kind nicht, als Erwachsener eher noch weniger.

Es gibt die Waldorfschulen nach der Psychosophie Rudolf Steiners, deren Schüler im Sinne meiner *Omnisophie* wahre Menschen werden sollen. Diese zeichnen sich dadurch aus, dass sie „als Pflanze wenig Wasser" brauchen, also friedliche, liebevolle Menschen sind, zumindest solche, die anderen nichts zu Leide tun. Ich will bald begründen, dass es überhaupt nichts bringt, Menschen zu wahren Menschen zu erziehen. Das ist genauso wenig artgerecht wie alles andere. Es wäre schön, wenn sich die Waldorfschulen als Institution sähen, von Geburt an wahre Kinder artgerecht großzuziehen. Aber sie wollen *alle* ihre Schüler zu wahren Menschen machen. Im Grunde sind es aber meist wahre Menschen, die ihre *Kinder* in die Waldorfschule schicken. Dort sollten aber nur wahre Kinder sein, nicht aber Kinder wahrer Eltern. Aber das ist nur ein Nebengedanke.

Ich will hier vor allem sagen, was ich schon ziemlich oft über Waldorfschulen gehört habe, nämlich dies: „Es ist ja gut und schön, Kinder zu liebevollen, friedlichen Menschen zu erziehen. Sie haben dann aber nicht gelernt, im Kampf zu bestehen. Sie werden empfindlich sein gegen Verwundungen. Sie werden damit in der Waldorfschule praktisch absichtlich lebensuntauglich gemacht und sind damit der Wildheit, Rücksichtslosigkeit und Aggression des Normallebens hilflos ausgesetzt. Waldorfschulen vergehen sich deshalb an Kindern, die ja eigentlich durch gute Erziehung für dieses normale Leben hart gemacht werden *müssen*. Es geht nicht anders, hört auf zu plärren, ihr hoffnungslosen Idealisten. Kinder müssen lernen, ordentlich etwas auszuhalten. Wie sollten sie sonst bestehen?"

Es wird demnach offenbar allgemein angenommen, dass der im Leben vorherrschende Wettbewerb um die Gelder und Erfolge eine größere Mindesthärte notwendig mache, die in alle Kinder ohne Unterschied hinein zu erziehen sei. Man muss sie hart machen. Alle!

Wie geschieht das?

Wir lehren Kinder, mit Verletzungen umzugehen. Wir gewöhnen sie an Verletzungen. Wir verletzen sie nicht gerade absichtlich, aber wir finden es nicht sehr schlimm, „wenn es passiert". Deshalb passiert es auch – weil wir es nicht wirklich notwendig finden, richtig aufzupassen.

Ich konfrontiere Sie noch einmal mit ein paar biologischen Fakten, die ich selbst gerne besser interpretieren können würde. Leider finde ich in der Literatur meist nur Medizin für Kranke, kein Nachdenken über Gesunde. Ich interpretiere trotzdem.

Es gibt eine Methode, Wellen in unserem Gehirn zu messen, die so genannte Elektroenzephalografie. Sie misst die elektrische Aktivität unseres Gehirns, besonders die der Großhirnrinde, die spontan abläuft oder durch Versuchsreize evoziert (hervorgerufen) wird. Dabei können Aktivitäten in bestimmten Wellenlängen registriert werden. Eine grafische Darstellung dieser Wellen in der Zeit der Messung heißt EEG (Elektroenzephalogramm). Verschiedene Bereichsabschnitte im

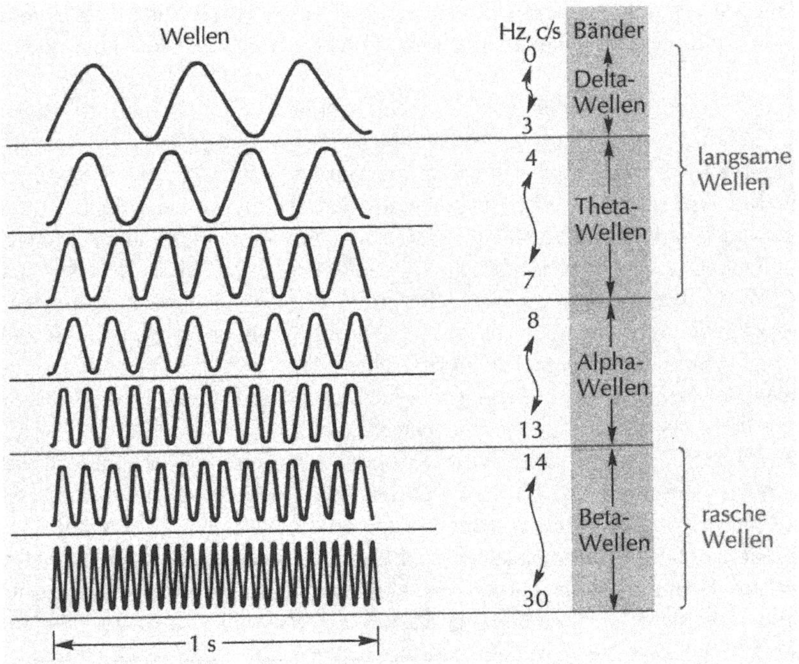

Abb. 7.4 Frequenz-Bandbreiten der Wellenarten beim EEG

Frequenzbereich der Hirnaktivität haben Namen (Abb. 7.4):

Deltawellen haben eine Frequenz von 0 bis 3 pro Sekunde.

Thetawellen haben eine Frequenz von 4 bis 7 pro Sekunde.

Alphawellen eine von 8 bis 13.

Betawellen von 14 bis 30.

(Alle EEG-Bilder stammen aus dem hervorragenden Buch: *Leitfaden für die EEG-Praxis. Ein Bildkompendium* von Mitsuru Ebe und Isako Homma.)

Aus einem EEG kann zum Beispiel viel über ein Vorliegen einer Epilepsie gesagt werden. Wir können uns aber EEGs ganz normaler gesunder Menschen anschauen. Es fällt dabei zuerst auf, dass es ganz verschiedene EEGs ganz normaler gesunder Menschen gibt. Die Mediziner sprechen von verschiedenen Normvarianten. Zum Beispiel von Alpha- oder Beta-Varianten.

Sehen Sie?

Das sage ich ja nun schon durch mehrere Bücher hindurch: *Es gibt verschiedene Menschen. Ganz* verschiedene. Und diese unterscheiden sich nicht einfach nur dadurch, dass sie eine jeweils andere Meinung zu Gott oder der Todesstrafe haben. Im EEG-Sinne sprechen die Mediziner jedenfalls ganz klar von mehreren Normvarianten, manche Autoren unterscheiden bis zu dreißig (!).

In unserem Hirn lassen sich dominierend *Betawellen* messen, wenn wir uns nach außen konzentrieren und genau beobachten, was in der Welt geschieht. Wir zeigen eine erhöhte Vigilanz (durchschnittliche psychische Wachsamkeit), wir verarbeiten Sinneseindrücke von außen und denken darüber nach im Sinne des prüfenden, logischen Analysierens. Ein hoher Anteil von Betawellen in der Hirnaktivität geht gewöhnlich mit einem hohen Adrenalinausstoß einher. Das Hirn steht unter Aufmerksamkeitsstress nach außen, sorgt sich unruhig, ist angstvoll und oft ärgerlich. Und man stellt bei der Untersuchung von normalen gesunden Menschen fest, dass ein betadominiertes Gehirn eine häufig auftretende Normvariante ist.

Die längeren Wellen des Alpha-*Frequenzbereiches* sind eine Anzeige für körperliche und geistige Zustände der Entspannung. Wenn wir zum Beispiel die Augen geschlossen haben und langsam einschlafen, befindet sich unser Gehirn in einem Zustand dominierender Alpha-Aktivität. Wir fühlen innere Ruhe, Wohligkeit, frei fließendes Denken in großer Zuversichtlichkeit, wir fühlen eine gewisse Einheit von Geist und Körper, wir sind eins, ganz ruhig und gelassen. Im Alpha-Zustand, also in einem Zustand erhöhter Alpha-Aktivität, sind wir aufnahmefähig, können uns viel merken, wir sind kreativ, haben Fantasie. Wir spüren intuitiv. Wir sind in zuversichtlicher Erwartungsspannung. Während die Beta-Zustände mit erhöhten Adrenalinkonzentrationen korrespondieren, sind im Alpha-Zustand oft vermehrte Endorphin- oder Serotoninkonzentrationen zu messen, unter denen man tendenziell „Glück" fühlt.

Thetawellenaktivität zeigen die normalen gesunden Menschen gewöhnlich nur im Schlaf während des Träumens. Manche Menschen schaffen es bei der Meditation, bei der Hypnose oder in Selbstversunkenheit Thetawellen im Wachen zu erzeugen. In diesem Zustand sind Kreativität und Fantasie bis ins Extreme gesteigert. Bildhafte Vorstellungen und Inspirationen erreichen den Menschen. Er entwickelt ungewöhnliche Ideen und Problemlösungen. Wir sind in diesem Zustand irgendwie eins auch mit Teilen des Unterbewussten. Sind die ekstatischen Zustände der Mystiker solche Momente? Die meisten Menschen erreichen fast nie Theta-Zustände im Wachzustand.

Delta-Zustände sind nur im Tiefschlaf erreichbar. Man spekuliert, dass buddhistische Mönche in extremer Versenkung (Samadhi) die Leere des Nirwana empfinden.

Wir können sofort einige Erkenntnisse daraus ziehen: Die „normalen" Menschen sind wohl mehr in Beta-Zuständen? Die guten Waldorfschüler in Alpha-Zuständen? Was wäre wünschenswert? Wie werden wir erzogen?

Darauf will ich noch gar nicht hinaus. Ich komme mit härterem Geschütz. Achtung (Abb. 7.5):

Die EEGs von Kindern sind ganz anders als die von Erwachsenen!

Kinder bis 5 Jahre zeigen fast keine (!) Betawellenaktivität.

Säuglinge (bis 18 Monate) zeigen dominierende Delta-Zustände, die langsam durch höhere Amplituden gekennzeichnet sind.

Kleinkinder (18 Monate bis 5 Jahre) sind Thetawellendominiert.

Kinder ab fünf Jahren bis ungefähr 15 Jahren sind Alphawellendominiert. Die Thetawellenanteile gehen langsam zurück.

Betawellen erscheinen erst nach und nach mit dem Großwerden. Das „normale Erwachsenen-EEG" mit hohen Beta-Anteilen bildet sich erst im Alter von etwa 14 bis 20 Jahren heraus.

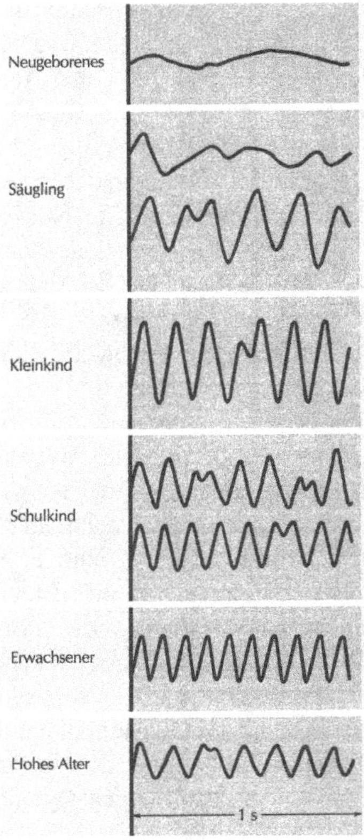

Abb. 7.5 Typische EEG-Wellenverläufe bei Menschen verschiedenen Alters

Später, wenn wir alt geworden sind, beruhigen sich die Hirnwellen wieder und gehen wieder in den Alpha-Bereich zurück.

Dann wären normale Babys in Zuständen der Meditierenden?

Kleinkinder in Kreativrauschzuständen?

Kinder in entspannten lernbegierigen Zuständen?

Die Alten wieder wie Kinder?

Glauben Sie das?

Sie *wissen* das! Ich weiß das! Alle wissen das, im Sinne einer unabweisbaren Gewissheit!

Warum sagen wir denn, dass Kinder weise sind?

Warum wollen wir wieder „wie Kinder" sein?

Warum fühlen wir, dass wir den Ursprung wieder finden möchten?

Warum wissen wir, dass wir etwas verloren haben?

Warum lässt Jesus die Kindlein zu sich kommen?

Und erkennen wir nun im Sinne von EEGs, was normale gesunde Erziehung ist?

Beta. Adrenalin.

Sorge. Unruhe. Pflicht. Regeln. Gewohnheiten. Achtsamkeit.

Pass auf!

Der Satz: „Pass auf! Denk nach!“ ist das Kernstück der Migration zu Beta.

Logik, Verstand, Analyse sind Beta.

Lehrpläne und Arbeit unter Druck sind Beta.

Es scheint, als ob die Erziehung des Kindes und später das Management der Mitarbeiter nichts als ein einziges gewaltsames Herausreißen aus den so empfundenen „kindlichen“ Bewusstseinszuständen ist, zu denen wir dann später wieder mühsam hinwollen, nachdem wir sie verloren haben.

Ich hätte jetzt sooo gerne EEGs von den Indianern, bei denen Jean Liedloff gelebt hat. Ich habe leider keine. Ich erkläre hier meinen Glauben: Ich glaube, dass sie nicht (so sehr) in Beta-Zuständen leben. *Ich gebe hier meine Vorstellung an* (es wird an dieser Stelle immer spekulativer, ich weiß).

Der Mensch erzieht die Kinder, so dass das Hirn in Beta-Zustände gerät. Der Mensch ist nicht offensichtlich von Natur aus darauf angelegt, zwangsläufig zu einem Beta-Erwachsenen zu werden. Und in diesem Sinne ist die normale gesunde Erziehung zumindest eine zwangsweise Körperveränderung, die weit über das bloße „Lehren“ hinausgeht.

Sind Sie wirklich sicher, dass das Kind in Beta-Zustände *muss*? Weil das Leben eben so ist? Wenn es überhaupt in Beta-Zustände muss, wann? In Deutschland wird das Studium im Durchschnitt im Alter von 27 Jahren beendet. Dann erst beginnt das Geldverdienen. Brauchen wir bis dahin schon diese Beta-Zustände in dominanter Form? Oder würden wir mehr lernen, wenn wir bis zur Universitätszeit in Alpha- und Theta-Zuständen verblieben, die für das Lernen ideal sind? (Ich unterstelle immer polemisch, die Erwachsenen-EEGs sind Ausdruck unserer angespannten Lebensart.)

Sind Sie sicher, dass Sie ein Baby im Delta- oder Theta-Zustand artgerecht *so* anreden? „Pfui, Baby, nicht spucken. Pfui, jetzt klapse ich dich. Böses Baby, Mutti böse. Der schwarze Peter kommt dich holen.“

Es entspricht, hirnelektrisch gesehen, dem Ohrfeigen eines meditierenden Buddhisten, der die Augen nach außen geschlossen hat.

(Viele Methoden der NLP (Neurolinguistische Programmierung) versuchen, das Erreichen von Alpha-Zuständen wieder neu zu erlernen. Es gibt Musik, die im Thetawellenbereich das Hirn in Resonanz versetzen soll. Es gibt eigens entwickelte Maschinen („mind machine“), die das Erreichen der Theta-Zustände möglich machen sollen. So viel Mühe für das Erreichen unseres früheren Zustandes als Kind! Es ist wie Pflasterkleben auf Wunden.)

7.3.3 Lebensgeist und Liebesströme: Wasser und Sonne

Wir tun also dem Menschen Gewalt an, so wie wenn wir Pflanzen festbinden, gegen Insektenbefall mit Gift spritzen oder sie so stark beschneiden, dass sie vor lauter Überlebensangst mehr Früchte austreiben. So gibt die Gesellschaft dem Menschen Halt durch Regeln. Sie hält ihn in einer gewissen Not, damit er arbeitet. Das Supramanie-Prinzip entspricht in etwa dem Beschneiden von Obstbäumen.

Mit den bis ins Spekulative getriebenen Gedanken der vorigen Seiten wollte ich Ihnen vor Augen halten, dass Erziehung, Verhaltenszwang, ja sogar die ganz normale Aufzucht mit regelmäßigem Füttern und Schlaf uns Menschen biochemisch verändern.

In uns wird der Stoffwechsel verändert.

So wie Tomaten in Gewächshäusern unter zu schnellem Wachstum wässrig werden und nicht mehr schmecken, so wird aus uns biochemisch etwas anderes. Was? Das liegt an unserem Leben, an den Eltern, an der unvermeidlichen Umwelt.

Die Psychologen stellen im Menschen vor allem den Aggressionstrieb und den Sexualtrieb fest. Menschen sind grausam, sie wetteifern, stehlen sich gegenseitig Güter und Sexpartner, sie sind faul und verwöhnt.

Das kann ja im Nachhinein stimmen, wenn die Menschen in dieser Form schließlich ins Gefängnis oder auf die Couch müssen. Ist aber der Mensch von Natur aus so?

Ich will das hier einmal leidenschaftlich bestreiten.

Von Natur aus, so sage ich, hat der Mensch *Lebensgeist* und *Liebesströme*, die er quasi im Blut fließen fühlt. Die Lebensgeister halten ihn in wachem, tätigem Leben. Sie geben ihm Kraft und verleihen ihm Flügel. Der Mensch mit viel Lebensgeist strotzt vor Tatkraft und Schaffensfreude.

Rufen Sie Ihrem Hund zu: „Wir gehen raus!“ Dann bellt er, springt herum, weint fast vor Freude, das ist so ein ganz spezieller Ton im Wau. Er springt alle Umherstehenden an, rast und platzt fast vor Tatendrang. Das ist unbändiger Lebensgeist. Dieser Lebensgeist ist bei uns Erwachsenen gebändigt – leider! Im Kinde aber ist der *un*bändige Lebensgeist noch vorhanden.

Wenn wir ihn dann *für Zwecke* bändigen, wird biochemisch im Körper des Kindes etwas losgetreten, was uns später sagen lassen wird: Der Mensch hat einen Aggressionstrieb. Den hat er dann auch. Es war aber, das behaupte ich, Lebensgeist. Lebens*hunger*, meinetwegen, aber niemals Aggressionstrieb.

Der Mensch fühlt überströmende Liebe zu anderen in sich. Er umarmt und wird auf den Schoß genommen. Babys nehmen mit einem Lächeln Kontakt zur Mutter auf. Dieses Lächeln erzeugt Ströme von Behagen und Energie in uns. Wir spüren diese Ströme vielleicht am stärksten beim ersten Verlieben. Selbst wenn uns aber nur ein strahlendes Kind oder Arbeitskollege freundlich grüßen, so stoßen sie in uns etwas Unwiderstehliches an, wir sind *besiegt* vom Lachen, vom Charme, von ansteckender Freude. Die Sonne scheint auf uns und dann in uns selbst.

Diese Liebesströme halten unsere Seele gesund. Wir fühlen den Liebesstrom bei Freundschaft, Gemeinsamkeit, in der Liebe, beim Spielen mit Kindern und Enkeln, dann, wenn wir bekommen und geben, besonders, wenn wir selbst schenken.

Später, wenn wir die Kinder gebändigt und an ihnen Normungsversuche unternommen haben, reden wir von Sextrieb, von Harmoniesucht, Bindungsangst, von Helfer- und Borderlinesyndromen, von der Angst, nicht akzeptiert zu sein.

Ich stelle mir vor, der Mensch lebt wie eine Pflanze in einem Lieblingsklima.

Er braucht die Ströme des Lebensgeistes und der Liebe in sich, und zwar in einem richtigen, ihm im Ursprung gegebenen Verhältnis.

Mehr erst einmal nicht.

Die Natur sagt nicht, ich müsse Latein lernen oder besser als andere im Abitur abschneiden oder eine Wahl gewinnen. Die Natur bettet mich in den Körper.

Ich will im Folgenden deutlich machen, wie sich dieses Leben, das wir dann tatsächlich führen, aus ein paar logischen Überlegungen heraus entwickeln lässt. Das wird Sie vermutlich stören, so wie sich viele von Ihnen an den *noch einfacheren* Thesen vom Ich, Über-Ich und Es Freuds immer gestört haben. Aber so einfach mache ich es hier ja nicht. Es wird eine Stufe schwieriger und kommt hoffentlich eine Stufe näher an die Wahrheit heran.

7.3.4 Eine Menschenmatrix nach Lebensgeist und Liebesenergie

Wir gehen also mit einer groben Lupe an den Lebensgeist und die Liebesenergien heran. Ich will hier die Kinder und späteren Menschen in je drei nahe liegende Grade einordnen:

Drei Mal Lebensgeist (niedrig, mittel, hoch) und drei Mal Liebesenergie (niedrig, mittel, hoch).

Das sind also drei mal drei Kombinationen. Dann hätten wir also neun verschiedene Kombinationen. Es gibt ja Theorien der Esoterik mit neun verschiedenen Temperamenten. In einer größeren Buchhandlung finden Sie bestimmt einen halben Meter über ein Neunerschema mit dem Namen *Enneagramm* (ennea wie griechisch für neun). Ich habe diese neun Richtungen menschlichen Strebens einmal in einer Drei-mal-drei-Matrix angeordnet. Damit tue ich vielleicht dem Enneagramm und den Enthusiasten dieses Schemas Gewalt an, weil zu dem Enneagramm eine sehr tief gehende Interpretationskultur gehört, die ich durch diese Anordnung ganz radikal über den Haufen werfe. Verzeihung. Ich hätte ja auch die Einträge ganz neu und anonym „erfinden" können. Das will ich aber nicht. Im Grunde sind ja alle existierenden Theorien über Menschen ziemlich gut. Ich versuche nur so etwas wie einen Rahmen zu finden, um dadurch vom Einzelmenschen auf die Gesellschaft oder den Lebenssinn allgemein kommen zu können. Es ist also diesmal eher gut, Sie kennen das Enneagramm nicht. Ich schreibe diese Zeilen nur für jene, die sich mit diesem Thema schon beschäftigt haben. Die Bücher von Don Richard Riso haben mich am meisten inspiriert.

Ich möchte also die Kinder nach „Wasser und Sonne" ordnen. Drei Stufen für Lebensgeist, drei für Liebesstromstärke. Ich schreibe für die neun verschiedenen „Wasser-Sonne-Kombinationen" die hervortretenden Einzelcharakterisierungen auf. Ich versuche, jeweils die Einzeleigenschaft zu nennen, die diesen Menschentyp am besten kennzeichnet. Sehen Sie in die folgende Tabelle (Abb. 7.6).

In der ersten Zeile habe ich die typisch vorherrschende Eigenschaft des aktiven Lebensgeistes dargestellt. In der ersten Zeile finden Sie links die Stärke (wenig Sonnenwärme) und rechts die wärmste Variante, das Frohe und Verführerische.

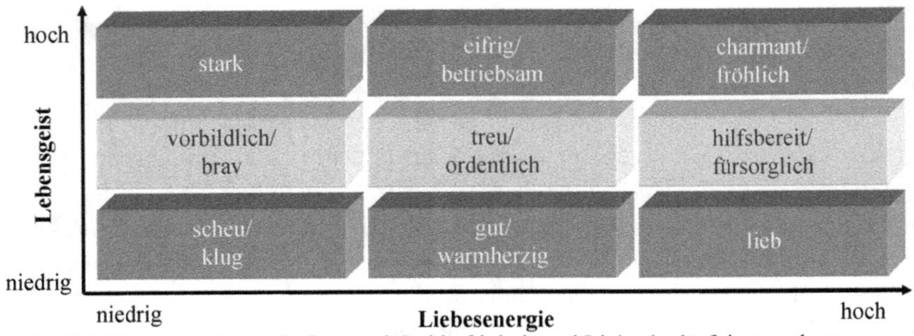

Abb. 7.6 Menscheneigenschaften nach Lebhaftigkeit und Liebesbedürfnis geordnet

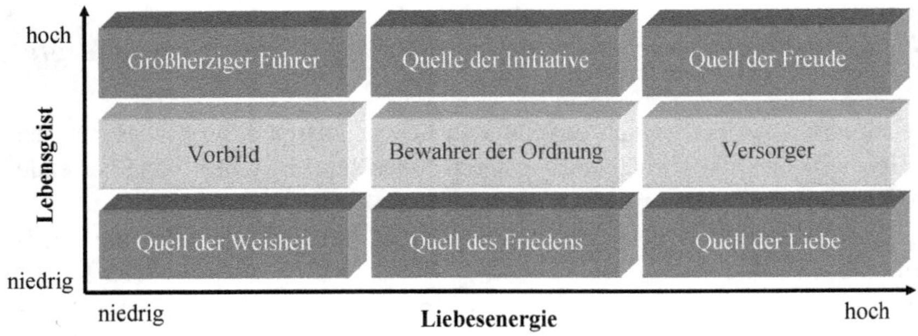

Abb. 7.7 Menschenreifungsformen nach Lebhaftigkeit und Liebesbedürfnis geordnet I

In der zweiten Zeile finden wir die Eigenschaften von Kindern, die mittleren Lebensgeist in sich spüren. Die Variante des kühlen Kopfes ist ein „vorbildliches" Kind, die gefühlswarme Art ist fürsorglich und herzlich.

In der dritten Zeile sind die im Lebensgeistsinne mehr zurückhaltenden oder rezeptiven Kinder zu finden, es sind die klugen, die guten, friedlichen Kinder und die ganz lieben.

Ich stelle hier diese These auf:

So sind Kinder „biochemisch von Geburt".

Ich will später begründen, dass unter bestmöglicher „artgerechter" Erziehung und in einem System, das Menschen im Ursprung leben lässt, die Kinder in ihrer eigenen Art und in ihrem Ursprung zu den folgenden Seinsformen reifen könnten (Abb. 7.7).

Ich gebe diese Tabelle nur als Vorschau, es ist viel darüber zu sagen. Im Grunde strahlen die Kinder ja von klein auf ihr spezifisches Verhältnis von Liebe und Lebensgeist aus. Das eine strahlt Energie aus, das andere Stärke, das dritte ernste Klugheit, ein anderes sprüht vor Witz. Sie alle *strahlen aus* (von innen nach außen). Sie alle haben das Charisma des Kindes. Wohlgemerkt: Die Strahlen gehen vom Kind aus und erfreuen die Welt.

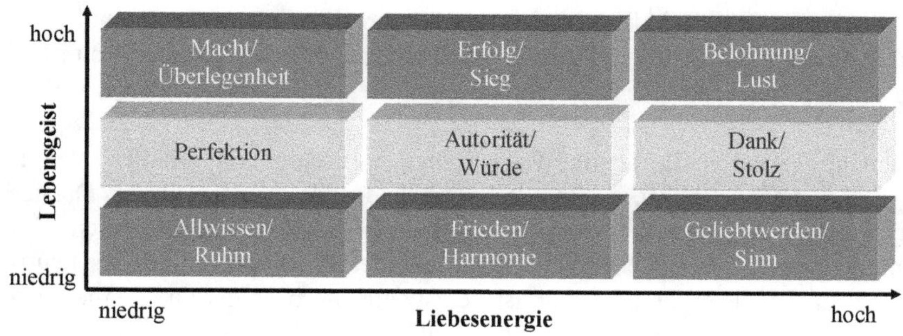

Abb. 7.8 Menschliche Leitmotive nach Lebhaftigkeit und Liebesbedürfnis geordnet I

Nun werden aber diese Kinder unter den vorherrschenden Vorstellungen von Erziehung und Lebenssinn erzogen, die wenig auf ihre individuelle Eigenart eingehen. Ich möchte argumentieren, dass sich nun die Kinder in einer bestimmten, ganz gut vorhersagbaren Weise an die westliche Kultur anpassen und sich jedes in seiner besonderen „Wasser-Sonne-Bestimmung" entwickelt. Der innere „biochemische" Ursprung ihres Wesens findet jeweils bestimmte wichtige und passende Werte im normalen westlichen Leben, an die er sich klammern wird. Diese Werte werden zu Leitmotiven im Menschen und bestimmen wesentlich das, was sie dann später unter ihrem Lebenssinn verstehen. Ich möchte ausführlich darstellen, wie das geschieht. Ich will zeigen, wie problematisch dieser Weg ist.

Schauen Sie in die folgende Tabelle (Abb. 7.8).

Hier habe ich die Werte dargestellt, nach denen der spätere Mensch wahrscheinlich *gieren* wird. Diese Werte wird er wahrscheinlich *„maximieren"* wollen. Das starke Kind möchte sich bald mächtig fühlen, das kluge allwissend, der vorbildliche perfekt und so weiter. Diese Werte korrespondieren in etwa zu den gefühlten Ursprungszuständen. Ich will erklären, dass der heranwachsende Mensch bei normaler Behandlung nicht mehr von sich aus auf die Welt *strahlt*, sondern Strahlen von anderen *sammelt*.

Kinder beginnen zu speichern: Wissen, gute Taten, Dankeschöns, Erfolgspunkte, Streicheleinheiten. Jedes Kind auf seine Art. Im Grunde ist die Entwicklung eines Lebenssinns dann eine einzige große Anpassungsleistung der spezifischen Persönlichkeits-Biologie an das System der Gesellschaft.

Macht sammeln ist anders als Führen. Vorbild sein ist anders als Fehlerfreiheit erreichen. Initiative ergreifen ist anders als Erfolge sammeln. Freude verbreiten ist anders als Lust haben. Sehen Sie den riesig großen Unterschied? Die eine Variante ist ein im Leben ruhender, tüchtiger Mensch, der in dieser Form in seinem Ursprung glücklich sein kann. Er führt ein eigentliches Leben. Er strahlt aus. Die Sammelvariante aber giert nach Liebespunkten, Danksagungen, Ruhm und Ehre oder Sex. Sie hängt am Tropf. Sie will haben und bekommen, während das Eigentliche ausstrahlt und gibt.

Ich will diesen Unterschied im Folgenden klar herausarbeiten. Ich will zeigen, dass die jetzige Gesellschaft nur die Sammelvariante fördert. Im Grunde müsste Ihnen schon vieles klar sein, wenn Sie das Buch *Supramanie* vorher gelesen haben.

Denn: Unsere Gesellschaft stellt sich dem Artgerechten entgegen. Sie will, dass wir Punkte sammeln. In diesem Punkt ist die Gesellschaft in der jüngsten Zeit noch viel grausamer geworden, denn es werden nicht mehr alle Punkte *gleichermaßen* gut bewertet.

Schauen Sie dazu in die Tabelle: Was will die Gesellschaft von uns allen? Vor allem *Erfolg* und dann *Perfektion*, am allerbesten beides gleichzeitig. Für ein Dankeschön kann man sich heute nichts mehr kaufen. Allwissenheit von Professoren wird ohne nützliche Industrieprojekte nicht mehr geduldet. Die Unternehmen der heutigen Zeit bekämpfen sich in erbarmungslosem Wettbewerb. In der Ökonomie herrschen quasi Kriegszustände. Jedenfalls herrscht kein Frieden, nicht einmal die echten Waffen schweigen. Achtung und Würde sind ganz in den Hintergrund getreten. Liebe wird nur noch in leeren Kirchen beschworen, Freude ist in der Freizeit erlaubt und muss am besten bei Vergnügungsunternehmen und Services teuer eingekauft werden. „Ich habe glatt 2.000 € in die neuen Super-Tarnanzüge meiner Kleinkinder gesteckt. Sie sind jetzt beim Versteckspielen deutlich leistungsfähiger und punkten wie nie. Die Ausgabe hat sich gelohnt, dabei war ich erst sehr zögerlich, das neue Tarnkonzept zu akzeptieren, weil es für die Kinder starke Atmungseinschränkungen beim Spiel bedeutet. Sie können aber ohne diese Technologie kaum mithalten und wären dauernd in ihrer Psyche angeschlagen." So oder ähnlich klingt es für Rodeln, Segeln, Tennis oder auch nur fürs Telefonieren. Spaß kostet so viel, dass er oft keine Freude mehr macht. (Beachten Sie bitte, dass so viele Menschen Liebe und Dank oder Freude sammeln, obwohl sie eigentlich nur Erfolg sammeln sollen. Warum machen „die" das? Weil sie ihren Ursprung fühlen und sich schrecklich verbiegen, aber nicht wirklich mehr ganz so werden können, wie das System es wünscht.)

Die Gesellschaft, insbesondere die Erziehungs- und Managementsysteme, benachteiligen also die Kinder ganz unterschiedlich in ihrer Entwicklung. Die Versteifung der Gesellschaft auf *volle Leistung und Perfektion vom Kindergarten an* verhindert eine artgerechte Entwicklung der Kinder.

7.3.5 Der Lebensgeist und das Natürliche, Richtige und Wahre

Jetzt möchte ich die bisherigen Gedanken mit dem Konzept der natürlichen, richtigen und wahren Menschen aus meinem Buch *Omnisophie*, dem ersten Band dieser Reihe, verknüpfen. Ich möchte hier die Charakterisierung dieser Menschen ebenso kurz wie in *Supramanie* wiederholen. Leser von *Omnisophie* oder *Supramanie* kennen die nächsten wenigen Seiten dann schon. (Und bitte verübeln Sie mir nicht die häufigen Querverweise auf die früheren Bücher. Sie sind als Service gedacht. Ich bemühe mich redlich, alle Bücher so zu schreiben, dass sie unabhängig voneinander lesbar sind. Wenn ich also Querverweise einschiebe, so sind sie nicht als Daueraufforderung gedacht, sich alle Bücher von mir zu kaufen. Darum geht es mir nicht.)

In *Omnisophie* werden drei Menschenarten unterschieden, die wir hier auf neun Arten unterteilen wollen.

Die von mir so genannten *richtigen* Menschen denken logisch und strukturiert, die *wahren* mehr intuitiv und ganzheitlich, die *natürlichen* Menschen erklären das

Primat des Willens über das Denken. Lesen Sie Kurzporträts dieser drei Wesensarten.

Sie können sich beim Lesen dieser Porträts schon überlegen: Wie viel „Lebensgeist" wirbelt in diesen Menschen? Sind diese Menschen mehr wie Feuer, Erde, Luft oder Wasser? Was fühlen Sie?

Der *analytische Verstand* sitzt quasi „in der linken Gehirnhälfte". (Das stimmt ungefähr mit den neurologischen Befunden überein, die seit einiger Zeit immer tiefere und leider immer verwirrendere Erkenntnisse ans Licht bringen. Für die Implikationen ist es ganz irrelevant, wo dieser Verstand sitzt, aber es hilft vielen Menschen, sich alles besser vorzustellen.) Die linke Hirnhälfte „denkt" logisch, sequenziell, rational, objektiv und heftet den Blick auf Einzelheiten. Ich habe sie ausgiebig mit der Funktionsweise eines normalen Computers verglichen, der offensichtlich die gleichen Eigenschaften besitzt. Computer arbeiten sequenziell Programme ab und haben jede Einzelheit gespeichert. Ihnen fehlt der Blick für das Ganze. Sie „wissen" aber alles einzeln. Ein Computerspeicher ist so wie eine Universitätsbibliothek in Abteilungen, Ordner und Regale unterteilt. Das File-System eines Computers sieht wie eine Organisationsstruktur eines Unternehmens aus. Der analytische Verstand hierarchisiert gerne, legt Kriterien fest, führt Listen und Zahlentabellen. Erkenntnisse werden aus Analysen gewonnen, aus Statistiken und Umfragen, aus dem Studium und der Auslegung von Gesetzesbüchern und Regelwerken. Die linke Gehirnhälfte liebt Traditionen und Gewohnheiten. Sie legt Wert auf reibungsloses Funktionieren. Sie sieht den Menschen als Teil eines Gemeinschaftssystems von Menschen. Der Einzelne hat ein nützliches Mitglied zu sein. Der analytische Verstand mahnt mit erhobenem Zeigefinger. Er weiß, wie es richtig ist. Er ist der Sitz der Vernunft. Wenn sich Menschen vorwiegend der linken Hirnhälfte bedienen, sind sie vernünftige Menschen, solche wie Lehrer, Beamte oder (offizielle) Eltern. Ich nenne sie die *richtigen Menschen*. Richtige Menschen setzen auf Pflicht und Arbeit, sie schaffen und halten Ordnung, achten auf die Moral und guten Geschmack. Richtige Menschen sind verantwortlich und zuverlässig, sehen Arbeit als Mühe und Lebensaufgabe, suchen Achtung, Ansehen, Respekt und Rang. Richtige Menschen haben das privilegierte Gefühl, „normal" zu sein, was für sie mehr den Anstrich von „vorbildlich" hat. „Man muss *so* sein, man tut das *so*, es ist *so* Pflicht und Tradition!" Andere Menschen sind eben *nicht* richtig!

Die *intuitive Einsicht* residiert in der rechten Gehirnhälfte. Sie denkt ganzheitlich und schaut nicht gern in das Einzelne. Sie synthetisiert, bildet aus verschiedenem Wissen ein neues Ganzes. Sie wirkt subjektiv und eher emotional. Ich habe das intuitive Denken mit dem mathematischen Modell des neuronalen Netzes verglichen. Solche Netze „spüren das Ganze der Welt". Sie sind so etwas wie der ganz persönliche Schatz unseres gesammelten Lebens, die Essenz unseres bisherigen Seins. Jede Erfahrung in unserem Leben lagert sich unsichtbar in das Ganze ein und verschwindet verschwimmend im Ganzen. Die Intuition ist die Summe des Ganzen. Neuronale Netze „assimilieren" neues Wissen und formen damit das Ganze der Intuition immer vollendeter aus. Im Gegensatz zum analytischen Verstand wird das assimilierte Wissen aber nie explizit abgreifbar gespeichert. Nach dem Assimilieren ist es im Ganzen suspendiert und daher nicht gerade ganz untergetaucht, aber mit ihm untrennbar verschmolzen. Das Ganze in uns weiß dann die Antworten auf Fragen, es weiß aber keine Regeln oder Fakten mehr. Das Analytische speichert Wissen, Regeln und Fakten und antwortet wie ein Computer nach logischen Berechnungen. Intuition verschmilzt die Summe des Lebens zu einer Entscheidungsmaschine, die von außen wie ein Orakel aussieht. Intuition sagt zu einem Ölgemälde: „Es macht betroffen, so schön ist es!" Verstand analysiert: „Renommierter Maler, der bekanntlich mit Farben *zaubert*, wie der Museumsführer es ausdrückt. Besonders charakteristisch ist die wischende Maltechnik, die sich hier einzigartig und exemplarisch findet. Der Künstler hat großen Einfluss auf die Farbgebung einer ganzen Schule von …" – „Halt!", schreit die Intuition. „Findest du das Bild *schön*?" Der Verstand wägt die Fakten ab und bejaht zögernd. Er hätte noch gerne ein paar andere Meinungen gehört, am besten von anerkannten Autoritäten. Intuition weiß *selbst*. Ganz sicher. Sie ist persönlich, weil sie die Lebenssumme ist. Verstand ist unpersönlich oder überpersönlich. Er steht für das Allgemeine, das allen Menschen gemeinsam ist. Der Verstand findet das Intuitive „subjektiv", weil es persönlich ist. Das Intuitive ist „authentisch", weil es persönlich ist. Der Verstand ist kalt, weil er überpersönlich ist. Das Intuitive weiß und liebt. Es beherbergt Erleuchtung, Ethik, Ästhetik. Der Verstand misst nach Regeln und Kriterien. Er ist der Schirmherr für Ordnung (gemessenes und sortiertes Wissen), Moral (gemessene Ethik und verordnete Sitte) und Geschmack (gemessene Schönheit und verordnete „Mode"). Menschen, die hauptsächlich intuitiv urteilen, habe ich *wahre Menschen* genannt. Viele Wissenschaftler und Künstler sind Intuitive, viele Computerfreaks. Bei IBM habe ich fast 1.000 Mitarbeiter getestet. Sehr viele sind intuitiv, wohl über die Hälfte. (Bei einem Test, der *nur zwischen links und rechts* unterscheidet und keine natürlichen Menschen zulässt, was ich ja tue, so kommen 70 % Intuitive heraus, bei Psychologen, Dichtern, Architekten ebenso – das ist hier nicht wirklich brauchbar, weil ich ja noch die im Folgenden erklärte Spezies des natürlichen Menschen kenne, aber Sie haben jetzt einen kleinen Eindruck von den statistischen Verhältnissen.) Intuitive gelten als Hüter der Ideen, hängen Utopien und Idealen an. Sie sind definitiv *nicht* normal im Sinne der richtigen Menschen. Richtige Menschen mögen die Intuitiven theoretisch gern, aber sie lächeln etwas über sie und halten sie wahrscheinlich manchmal oder oft für Spinner. Die Intuitiven mögen die Richtigen eher nicht so gern, weil aus der Sicht des Idealen das Normale spießbürgerlich und zwanghaft wirkt. Nehmen wir den Gegensatz „Liebe muss verdient werden" versus „Liebe ist unbedingt". Oder „Auge um Auge" versus „Liebe deinen Nächsten" oder „Erziehen ist Tilgung des Tiers im Menschen" versus „Erziehung ist liebendes Pflegen". Das eine wird mehr von den richtigen Menschen vertreten. Es ist praktisch und bewährt. Das andere ist sonnig idealistisch und scheint nicht in großer Skala zu funktionieren! Wahre Menschen sind in einer kläglichen Minderheit gegenüber den richtigen Menschen.

Schätzungsweise: 10 bis 15 % in der Gesamtbevölkerung. In gebildeteren Schichten sind sie in der Mehrheit. (Über diese schlichte statistische Feststellung sollte einmal lange nachgedacht werden!)

Die dritte Entscheidungsmaschine im Menschen sitzt nach meiner Vorstellung *nicht* im Gehirn. Natürlich sitzt sie auch dort, im Mandelkern (Amygdala) oder so. Aber es ist besser, wir stellen uns vor, sie sitzt im Körper. Ganz verteilt. Sie besteht aus einigen tausend Seismografen, die auf bestimmte Vorkommnisse lauern. Wenn das, worauf sie lauern, eintritt, schlagen sie aus. In uns zuckt etwas. Ich habe in *Omnisophie* ein mathematisches Vorstellungsmodell für diese „Algorithmen" eingeführt. Es sind Algorithmen, die in einem Ozean von Information auf das Auftreten bestimmter Spezialinformationen „scharf gestellt sind" und „aufpassen". Sie tun sonst nichts anderes, außer Spezialalarm zu geben. Ich habe solche Algorithmen vorgestellt und gezeigt, dass sie wenig Platz und ganz wenig Rechenzeit brauchen. Es zuckt nur kurz in uns, das ist alles. Wir wissen oft nicht warum. Es zuckt wie ein Alarm. Der Verstand muss dann aufmerken und analysieren, was los ist. Es zuckt, wenn es in unserer Nähe kracht, wenn etwas vorbeifliegt, wenn uns jemand kränkt, droht, belügt. In uns sagt etwas: „Zack!" – „Zisch!" – „Hui!" – „Achtung!" – „Vorsicht!" – „Pass auf!" *Diese Seismografen in uns steuern unsere Aufmerksamkeit.* Sie befehlen gebieterisch, womit sich der Kopf, links wie rechts, bitte jetzt gleich befassen sollte. Sie weisen hin, warnen, interessieren, alarmieren. Die Seismografen beißen oder erfüllen uns vom Körper her: Erröten, Stärke, Hass, Zorn, Triumph, Empörung, Bestürzung, Starre, Angst, Übermut, Innehalten, Grauen, Panik, Freude, Lust, Ungeduld … Die Seismografen alarmieren und versetzen die „Körperchemie" im gleichen Augenblick in einen anderen Zustand, in einen Zustand, der jetzt sofort angemessen erscheint. Zuschlagen? Entspannen? Jubeln? Weglaufen? Schimpfen? Nachgeben? Lachen? Stillhalten? Wenn der Körper zuckt, aktiviert er Adrenaline („Schau hin! Tu was!") oder Endorphine („Stell dich tot! Lass es sein!"). Dann mag er kämpfen, sich zufrieden zurücklehnen oder in Depression verharren und versinken. Es sieht aus wie das Einschalten eines Turbos oder einer Dämpfung, Entspannung oder eine Teilabschaltung (ein Aufgeben, Hinnehmen). Der Mensch ist sehr persönlich dadurch charakterisiert, *welche* Seismografen er im Körper *worauf* lauernd eingestellt hat. Als ich zur Schule ging, hatten die meisten Mitschüler an genau solchen Stellen eher „draufhauen" eingeschaltet, wo bei mir „stillhalten" oder „weggehen" bevorzugt war. Das habe ich ja schon in früheren Werken über mich verraten. Das Lehrbuch sagte für meinen Fall: „Werden Sie bei Ihrem unaggressiven Profil am besten Mathe-Professor. Im Elfenbeinturm haut Sie niemand mehr." Sehen Sie? Es gibt unglaublich viele Möglichkeiten, Seismografen zu setzen: „Gut gekämmt? Hose zu? Guckt einer ins Wohnzimmer? Irgendwas zu essen? Bügeleisen aus? Lehrer in der Nähe? Polizei? Eltern? Geld? Tropft was? Bild schief? Unaufgeräumt – Besuch kommt? Schöner Busen? Milch gekauft? Mülleimer rausgestellt?" Seismografen erzwingen Aufmerksamkeit. „Pass auf!" Das Seismografensystem lenkt unsere Aktivität. Es richtet unsere psychische Energie aus. In seinem Zentrum herrscht der Wille. Der Wille ist die Summe des Seismografensystems. Menschen, die in sich das Primat des Willens spüren, scheren sich nicht, ob ein Ziel mit der linken oder rechten Hirnhälfte erreicht wird. Sie kümmern sich mehr um einen adäquaten chemischen Zustand des Körpers. Sie arbeiten nicht in *jedem* Zustand, wie es der Verstand vernünftig fände. Sie haben dann „keinen Bock". Zu anderen Zeiten stürzen sie sich in ungezählte Überstunden, um „es zu zwingen". Ich habe solche Menschen die *natürlichen Menschen* genannt. Richtige Menschen empören sich über natürliche Menschen, die ihren Willen *über* die Pflicht setzen. Natürliche Menschen trotzen den richtigen Menschen und provozieren sie gerne, auch mit Four-

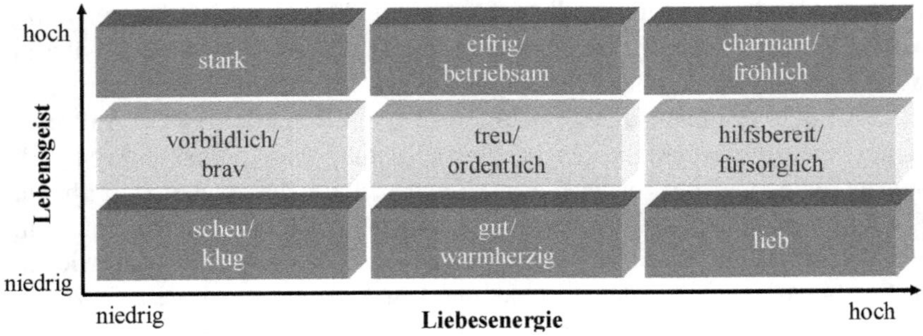

Abb. 7.9 „Wie Menschen sind"

Letter-Words. Sie arbeiten nicht aus Gehorsam, sondern schon früh gegen Eis oder Ausgeherlaubnis oder für ein vorzeitiges Moped. Von wegen Pflicht! Sie verhandeln und kämpfen dafür, dass es ihnen gut geht. Richtige Menschen finden, dass natürliche Menschen zu viel Stress machen. Sie klagen, dass natürliche Menschen Probleme „mit der Impulskontrolle" haben, mit ihren Seismografen also. Impulse sind Tiererbe und verdammungswürdig! Natürliche Menschen lassen sich im Gegenteil mehr durch diese Impulse leiten. „Spaß bei der Arbeit" wollen sie und üben gerne Tätigkeiten aus, bei denen der Körper sich wie in einem günstigen biochemischen Zustand anfühlt: Handwerksarbeit, Fliegen, Chirurgie, Jagd, Verkauf und Vertrieb. „Spaß bei der Arbeit" bedeutet auch, die eigenen Grenzen kennen zu lernen. Wie weit kann ich gehen? Welche Risiken entstehen? Wie geht der Körper mit Gefahr um? Wie fühlt es sich an, wenn eine Sache heikel wird? Auf der Kippe steht? Wie agiert man in Gefahr? Wie bleibt man cool? Wie schmeckt Sieg oder überschäumende Freude? Deshalb suchen sie immer auch die Nähe von Gefahr (sagen die richtigen Menschen) oder Kitzel (finden die natürlichen). Der natürliche Mensch bewährt sich im Kampfgewühl bei Schwierigkeiten. Wenn alles ruhig ist (herrlich – finden die richtigen Menschen), stöhnt der natürliche Mensch über Langweile und wird fast verrückt. Es muss etwas los sein! No risk, no fun (Abb. 7.9)!

Ist Ihnen der Zusammenhang mit der Tabelle der typisierenden Kindereigenschaften gleich klar geworden? Die Natürlichen stehen in der ersten Zeile der Tabelle, die Richtigen in der zweiten, die Wahren in der dritten.

Die *Natürlichen* wollen möglichst im Vollen leben. Sie kämpfen um Reichtümer, um Gewinn im Leistungswettbewerb, um Lust, Macht und Liebe. Das Leben soll nicht lau sein, das vor allem nicht! Das Leben soll in den Adern pulsieren. Die natürlichen Menschen haben am meisten Lebensgeist.

Die *Richtigen* sind ordentlich, haben Sinn für eine Gemeinschaft, die ihnen Sicherheit schenkt und die das Gewaltmonopol innehat. Nur die unbedingt nötige Gewalt wird durch die Obrigkeit oder das System gegen innere und äußere Feinde ausgeübt, um alles zu schützen. Im Ausgleich für den Schutz des Systems und seine Geborgenheit in ihm passen sich die Richtigen willig an alle Systembedingungen an.

Die *Wahren* sind idealistisch, ganzheitlich, träumen von einer besseren Welt, in der ganz von selbst unter nur guten Menschen Ruhe, Frieden, Wahrheit, Liebe und

Frieden herrschen. Da die Welt noch nicht so ist, ziehen sie sich in Nischen des Wahren zurück, im Extrem in Klöster, Forschungseinrichtungen, in Kunst und Kultur. Sie gehen nicht hin, wenn Krieg ist. (Aber, Sie kennen Ihren Brecht, der Krieg kommt doch zu ihnen.)

Diese Menschenarten sind nun gerade diejenigen, die ruhig, „normal" oder eher wild sind. Die Wahren bilden sich rezeptiv ihre Welt, die Richtigen suchen sich einen Platz oder eine Heimstatt in der vorgegebenen Gemeinschaft, die Natürlichen lassen sich es nach aller Möglichkeit im Leben gut gehen.

Sie unterscheiden sich in der „Pulsstärke" oder in der Überschwänglichkeit des Lebensgeistes.

Die richtigen Menschen sind das Mittlere, die Norm, der Mittelweg, den alle gehen können und *müssen,* wie *sie* sagen. Die Wahren sagen: Wenn alle jeweils alle anderen in Frieden ließen, *dann* wäre die Welt vollkommen. Die Richtigen wissen, dass es das Böse immer geben wird, wogegen sie das System erbaut haben, das sie schützt und dem man sich im Ausgleich unterzuordnen hat. Die Natürlichen sehen im System eine Art Gefängnis, weil das System wegen seines Kampfes gegen das Böse auch meist das Natürliche unterdrückt. Deshalb wehren sich die Natürlichen immer ein wenig und erzeugen in den Richtigen das ungute Gefühl, dass im Natürlichen das Böse sei. Wenn das System zu hart ist, wehren sich die Natürlichen manchmal so stark, dass sie mit dem Bösen selbst verwechselt werden …

Und hier liegt der Kern des Unartgerechten.

Diese verschiedenen Menschenarten habe ich in *Omnisophie* mit vielen Argumenten herausgearbeitet. Ich bekomme immer wieder Zuschriften von Menschen, die es nicht glauben, dass sich Menschen im Lebensgeist unterscheiden. Und ich muss immer geduldig das sagen: Wussten Sie schon, dass es bei Pferden den Unterschied zwischen Vollblut, Warmblut und Kaltblütern gibt? Den haben Sie in der Schule gelernt. Sie haben die Pferde *gesehen.* Sie haben die Vollblüter mit Old Shatterhand und Winnetou obendrauf geliebt. Sie wissen, dass Kaltblüter geduldig die Ackerwagen zogen. Jedes Kind sieht nach ein paar Sekunden, ob ein Pferd ein Vollblut oder ein Kaltblut ist. Sie alle *sehen* es bei Hunden! Die einen sind ruhig, die anderen zittern ständig, dass es endlich „losgeht". Tja. Und bei Menschen streiten Sie es ab? Warum? Schauen Sie sich unter Menschen um, die Sie kennen. Sehen Sie den Unterschied? Ja? Gut, dann wären wir jetzt so weit: Sie können den heißblütigen Kampfstier vom Ochsen unterscheiden, den Kampfhund vom Dackel, den Ackergaul vom Lipizzaner, das Partygirl vom frühstückenden Beamten.

Und jetzt *Sie*! Glauben Sie, man sieht ausgerechnet *Ihnen* nichts an? Ich habe einmal mit zwanzig Studenten einen Test durchgeführt. Jeder Student stellte sich mit beliebigen Worten oder Themen seiner Wahl genau drei Minuten nach Stoppuhr den anderen vor. Anschließend stimmten wir über jeden Studenten vier Mal ab, welche Eigenschaften er in der Typologie von C. G. Jung hätte: Ist er introvertiert oder extrovertiert? Ist er linkshirnig (mehr *richtig*) oder rechtshirnig (mehr *wahr*), ist er „Think" (kalt im Sinne der Sonne) oder „Feel" (warm), ist er ordentlich oder „flexibel-spontan"? Vorher hatten die Studenten den Test auf diese Fragen bei www.keirsey.com absolviert. Wir verglichen diese Ergebnisse mit den Abstimmungsresultaten. Ergebnis: Bei 80 Abstimmungen genau 79 Treffer. Die einzige Fehlabstimmung betraf eine hochbegabte Russin mit DAAD-Stipendium, die leider kaum deutsch konnte. Wir hielten sie fälschlicherweise für introvertiert, was in ihr einen heißblütigen Protest auslöste: Wir sollten Sie einmal tanzen sehen statt in Deutsch zu stottern! Vielleicht sollten wir nur zweieinhalb Minuten reden lassen und dann ein bisschen vortanzen? Ein guter Test wäre auch, Sie zu zwingen, vor etwa 20 Personen diesen Satz zu sagen: „Ich mag Sie alle richtig gern." Solch einen Satz mit Anmut sagen – können Sie das? Es ist mindestens so schwer wie tanzen ... (Manager versenken so oft ihre ganzen Sympathiewerte. „Sie als Mitarbeiter sind das Wertvollste, was ich habe", sagt der Vortänzer und stolpert über alle Herzen.)

Ich verstehe Sie, wenn Sie die Wahrheit über Sie selbst nicht gleich als Wahrheit in Ihrem Körper spüren. Aber die anderen Menschen wissen nach drei Minuten oder auch auf den berühmten *ersten* Blick, wer Sie sind und ob die Chemie mit Ihnen stimmt oder die Wellenlänge.

7.3.6 Die Liebesströme und das Autarke, das Normsoziale und das Fühlende

Im selben Muster können wir nun Menschen nach der Art unterscheiden, wie sie auf Bindungen angewiesen sind und in welchem Maß sie die Zuneigung anderer brauchen.

So kommen wir zu den Menschen der ersten, zweiten und dritten Spalte in der Menschenmatrix: „Verströmt nur *wenig* oder *normal viel* oder *ziemlich viel* Sonne."

Da gibt es reservierte Menschen, die wenig Liebe ausstrahlen und ernst wirken. Sie selbst kommen offenbar mit nur wenig Zuwendung aus. Sie wirken „privat", sachlich, objektiv, abgeschlossen, distanziert, herrisch, scheu. Sie sind gewissermaßen autark und kommen offenbar weitgehend mit sich selbst aus. Mathematiker sitzen im Elfenbeinturm und forschen. Controller brüten über Zahlen und wirken unzugänglich. Herrscher dulden nur Menschen auf Knien in ihrer Nähe. Sie alle nehmen aktiv kaum innige Beziehungen auf. Im Bild gesprochen: Sie recken sich nicht nach der Sonne. Sie kommen ohne viel Wärme aus. Sie leben offenbar problemlos in einem „nördlichen Klima".

Die normalen Menschen mit mittlerer Liebesenergie erscheinen im Sinne der Wärme so etwas wie normsozial. Sie pflegen normale Beziehungen. Es gibt friedliche Versionen, die sich in der Abhängigkeit zu anderen Menschen geborgen fühlen. Die loyalen Mitarbeiter wünschen sich ein Team, eine Gruppe, in der sie ein geregeltes und allseits geschätztes Dasein führen. Es gibt Erfolgsmenschen, die im Wassersinne eventuell einen starken Lebensgeist besitzen, aber eben doch die anderen Menschen brauchen, damit sie wenigstens bewundert werden. Alle diese Menschen lieben ein mittleres Klima.

Und schließlich gibt es Menschen, die im Warmen leben müssen. Stille Versionen widmen sich ganz dem Thema der tiefen Liebe, andere halten das Klima im warmen Bereich, indem sie versorgen, unterstützen und warmherzig helfen. Die Tropenpflanzen unter den Menschen verführen aktiv und wollen die Adern voller Lebensgeist und Liebesströme spüren. Pulsschlag ist ihnen alles.

Wieder so eine Einteilung! Eine Einteilung wie Kühler Kopf, Mittel-Mensch und Heißes Herz.

7.3.7 Kinder werden geboren und treffen auf das Normale

Ich stelle hier das Normale vor, nicht das Ideale. Ich werde hier nicht schon auf das eingehen, was ich mir als artgerechte Haltung von Kindern wünschen würde. Ich möchte erst darstellen, woher die Schmerzen in uns stammen: Unsere Kultur ist dominiert vom Normalen, vom Normsozialen und Richtigen. Das „Andere" soll sich anpassen, tut es aber nicht, trotz aller Schmerzen, die das Unangepasste auszuhalten hat. Nehmen wir hier nur einmal an, Kinder hätten normale Eltern.

Ich meine, ich selbst habe natürlich auch eigene Kinder und ich gehöre zu den eher seltenen wahren und autarken Menschen, die gewiss nicht normal sind. Ich versuche trotzdem, meine Kinder für die normale Welt tauglich zu erziehen. Ich erziehe sie daher normaler, als ich es selbst innerlich vertrete. In diesem Sinne benehmen wir uns wohl alle als Eltern normaler, als wir sind. Wir tun offiziell so, als seien wir normal oder richtig. Wir verbieten das Trinken und Rauchen und sind selbst süchtig. Wir predigen Altruismus und Fleiß, bis unsere Kinder dahinter kommen, wie normal wir eigentlich wirklich sind. Wir bauen in dieser Weise viele normale Illusionen vor den Kindern auf, so dass uns diese für einige Zeit mit mustergültigen Eltern verwechseln mögen.

Ich schildere hier kurz, was eine solche normale Behandlung in Kindern bewirkt, mehr noch nicht. Ich erschlage nicht jeden Spezialfall, ich stelle auch keine allgemeinen Gesetze auf. Ich nehme hier nur an, ein natürliches, wahres oder richtiges Kind wird von unverstellt normalen Eltern geboren. Das ist schon ziemlich gut – unverstellt normale Eltern zu haben. Es ist schon eine halb ideale Annahme, die ich da treffe, glauben Sie mir.

7.3.7.1 Ein natürliches Kind! Oh je!

Normale Eltern sorgen dafür, dass aus dem Kind etwas wird. Sie arbeiten hart im Beruf, stehen dort selbst unter Druck und müssen ihr Kind unter diesen Stressverhältnissen möglichst gut versorgen. Natürlich sind Kinder gerne gesehen, die relativ stressfrei zu erziehen sind: Am besten sind sie brav, hilfsbereit, pflegeleicht, gesund, emotional robust, angepasst, ruhig, eigenständig und strebsam. Als Babys schlafen sie sofort durch, haben einen Rhythmus, der sich mühelos an die Arbeitszeiten der Eltern anpasst und ihnen ein möglichst ungestörtes eigenes Leben lässt.

Kinder haben es schwer, wenn sie neugierig und kräftig sind, alles anfassen, laut sind, Zurechtweisungen nicht ernst nehmen und so weiter. Solche Kinder *nerven*. Das bedeutet, dass sie für die Eltern übermäßig oft Alarm im weitesten Sinne schlagen. Sie fassen wertvolle Vasen an, fallen irgendwo hinunter, verletzen sich, machen Flecke, spucken – Sie kennen das ja. Alle solche Aktionen lassen in den Eltern deren Seismografensystem anschlagen. Die Aufmerksamkeit der Eltern wird auf das Kind gezogen. Immer wieder sind kurze Eingriffe und Hilfestellungen nötig. Das *nervt.*

Wenn mehrere junge Eltern sich über ihre Sprösslinge unterhalten, dann ist dieses Nerven ein häufiges Bewertungsthema. „Ich habe Glück mit meinem Kind, es ist total ruhig und lieb. Nebenan, unsere Nachbarn, haben eins, das sabbert und schreit rum. Schrecklich. Sie müssten sich mehr um das Kind kümmern, dann wäre es friedlicher. Eltern müssen sich gegen Kinder durchsetzen, sonst ist es keine Erziehung und die Kinder verrohen."

Denken Sie noch an die Beschreibungen verschiedener Menschen? Es hat wohl alles gar nichts mit irgendeiner Erziehung zu tun: Wir fürchten uns einfach, in unserer geregelten westlichen Welt ein Baby zu haben, das gewissermaßen als natürlicher Mensch geboren wird. Es gehorcht nicht gut, lässt sich kaum Grenzen setzen, macht Unsinn bis zur elterlichen Verzweiflung, probiert alles aus, wird aus Schaden nicht klug, auch nicht nach Strafen. Schrecklich! Kinder mit Lebensgeist!

Was sollten geplagte Eltern mit einem natürlichen Baby tun? Darüber schreibe ich noch: Artgerechte Geduld sollten Sie haben und am besten die Freude in diesem natürlichen Wesen mitempfinden und mit ihm wie mit einem jungen Hund herumtollen, bis es entkräftet und glücklich einschläft. Natürliche Kinder brauchen viel Zeit und vor allem Aufmerksamkeit von Eltern. Wenn Sie ein natürliches Kind haben, können Sie diese Zeit mit Freude und Geduld verbringen oder mit dünnhäutigem Aufschreien: „Ich komme zu gar nichts. Es nervt!" Ich weiß zum Beispiel noch auf den Tag genau, wann unser Sohn Johannes das erste Mal in seinem Leben zwei oder drei Nächte hintereinander durchgeschlafen hat: an seinem dritten Geburtstag. *Da* genau! Er war mit einem Schokoladenkuchen als Antrittspräsent stolz in den Kindergarten eingezogen. Da ging es rund! Seitdem schlief er einigermaßen gut. Seitdem, so schien es, war er *ausgelastet.* Diese Erkenntnis hat mich damals tief betrübt. Wir hatten ihn also nicht auslasten können! Da ist ein kleines Kind, das viel zu viel Energie oder, wie ich hier sage, Lebensgeist auf die Welt gebracht hat. Viel mehr Lebensgeist als wir normal vertragen. Normale Menschen *nervt* es. Normale Menschen flippen oft schon aus, wenn jemand beim Frühstück singt! Manchmal mache ich mir einen Spaß und komme gut gelaunt herein, ganz früh, und rufe begeistert: „Hallo, ihr Frohnaturen!" Uuih, da zucken alle Morgenmuffel.

Und ich stelle mir vor, dass für die natürlichen Menschen alle anderen wie Dauermorgenmuffel sind. Wie Muffel eben. Und die Muffel sind dann überall um den natürlichen Menschen herum und heulen oft seismografisch gestochen auf: „Du nervst!" In den Büchern mit Harry Potter kommen die normalen Menschen auch in solch einem Zusammenhang vor. Sie heißen dort Muggel. Wer ist ein Muggel? „Menschen, die nicht zaubern können, also ganz langweilige eben!", antwortete mir Johannes auf Nachfrage.

Was geschieht mit typischen natürlichen Kindern? Sie werden oft ermahnt. Sie antworten auf das Muffelige so: „Sei doch nicht so. Reg dich nicht auf. Stell dich nicht so an. Was ist dabei? Na und, wenn schon! Es passiert schon nichts, und wenn, was soll's. Ist nicht dein Problem, ist ja mein Blut." Darf ich hier eine Spekulation anstellen?

Ein natürlicher Sohn ist geboren: Der normale Vater kann so etwas wie Ungehorsam oder erneutes Nerven nach mehrfacher Ermahnung nicht gut ertragen. Der

Vater wird zum Durchgreifen tendieren. Ich kenne etliche Mütter, die eigentlich ganz stolz sind, wenn ihr natürlicher Sohn wieder etwas echt Prachtvolles in der Schule angestellt hat. Er war dann doch *stark*? Ach, wäre ihr eigener Mann doch so voller Energie!

Eine natürliche Tochter ist geboren: Die normale Mutter findet sich damit nicht ab und rastet nicht, die Tochter ohne Unterlass mit Wohlverhaltensratschlägen einzukreisen. Ich kenne etliche Väter, die heimlich mit der natürlichen Tochter sympathisieren. Ach, wäre ihre eigene Frau doch so! „Mann, schau mal, sie hat sich so ein aufreizendes T-Shirt gekauft. Pfui! Pfui! Mann, schimpf doch mal! Mann! Mann?! Ihr Männer seid alle gleich!"

Je nach Grad der Lebensenergie kommt es also zu fast vorbestimmten typischen Konflikten mit den normalen Eltern. Die natürlichen Kinder demonstrieren unter dem Druck des Normalen Stärke. Das autarke natürliche Kind, das wenig Bindung braucht, leidet nicht sehr unter dem Krach im Haus. Es kann dadurch leicht an Macht gewinnen, indem es kämpft. So entstehen Menschen in der Matrix oben links. Der jeweils andersgeschlechtliche Elternteil, der das mag, zeugt Respekt und stützt damit die Entwicklung zur Machtorientierung.

Die normsozialen natürlichen Kinder bleiben in den Bahnen der Umwelt, versuchen sich aber andauernd hervorzutun. Der natürliche Sohn gewinnt alle Wettbewerbe und bringt die ersten Preise wie Trophäen der Mutter heim. Sie bewundert ihn dafür. Analog wird die natürliche normsoziale Tochter Papas Superstar. Sie hat Erfolg bei ihm auf ganzer Linie.

Die natürlichen liebebetonten Kinder werden mit Charme siegen. Der Sohn schmeichelt der Mama, die Tochter dem Vater. Hier siegt die Wärme des Kindes. Das Kind bekommt dafür Liebe, Verzeihen und viel Taschengeld. Es wirkt dann vielleicht verwöhnt.

7.3.7.2 Ein richtiges Kind! Wir sind eben gute Eltern!

Richtige Kinder sind brav von Geburt an. Sie lieben das Regelmäßige, stellen nichts an und erfreuen die Eltern. Sie haben genau die mittlere Lebensgeiststärke, die von ihnen erwartet wird. Sie passen sich mühelos den Verhältnissen an, die ja für sie so eingerichtet sind. Die Systeme (die Familie, dann der Kindergarten und bald die Schule) verlangen Freundlichkeit, Fehlerfreiheit, Einfügen in die Gemeinschaft und hilfreiche Aufmerksamkeit. Die richtigen Kinder liefern das. Die meisten Eltern sind froh über ein richtiges Kind. Im Grunde sind sie meist sicher, dass das Kind deshalb richtig ist, weil ihre Erziehung so erstklassig war. Deshalb sind sie über richtige Kinder stolz, weil sie über sich selbst stolz sind. Sie haben bei der Erziehung alles richtig gemacht! Bei natürlichen Kindern sind sie eher nur erleichtert, wenn alles gut ausgehen sollte.

Die autarken richtigen Kinder versuchen, selbst fehlerfrei und perfekt zu sein. Dann sind sie unangreifbar. Sie gewinnen später Oberhand über andere Menschen, indem sie diesen deren Fehler ankreiden, was ganz unschuldig vor sich gehen kann. „Papa, muss in die Suppe nicht auch Petersilie hinein? Ist das nicht gesünder?" – „Ja, Kind, ja! Mama, warum hast du nicht an Petersilie gedacht? Donnerwetter,

Kind, ja!" – „Papa, dein Auto ist aber lange nicht gewaschen." – „Äh, ja sicher. Ich hatte keine Zeit."

Die normsozialen Richtigen fügen sich glatt in die Gemeinschaft ein. Sie tun, was *man* tut. Sie fühlen sich dann sicher und geborgen. Alles ist gut, wenn sie sagen können: „Ich führe nur Anweisungen aus, mehr nicht." Dann ist in diesem Sinne alles perfekt. Sie sind loyal und gehorsam und verdienen sich in der Gemeinschaft Würde und Respekt.

Die richtigen Kinder, die in sich stärkere Liebesströme fühlen, verlegen sich oft auf das Helfen gegen Dank. „Papa, ich nehme dir deine Tasche ab, komm. Ich habe dir schon Kaffee gemacht. Hier ist deine Post, schau mal das – darf ich diesen bunten Umschlag aufmachen?" Diese Kinder gewinnen durch Hilfe indirekt die Oberhand.

So entstehen die richtigen Menschen der zweiten Matrixzeile.

7.3.7.3 Ein wahres Kind – es ist so verletzlich!

Sei vorsichtig mit dem Kind, wenn es etwas falsch gemacht hat. Schrei es nicht an. Es leidet dann so sehr. Du *musst* auch nicht schreien. Eine sanfte Korrektur reicht und es tut das nie mehr wieder. Bei meinem *anderen* Kind muss ich bis zum Lungenschaden schreien, dann erst grinst es vielleicht zurück – und dann kämpfen wir. Hier aber genügt ein einziges Wort. Dabei gehorcht es nicht wirklich, es denkt nur nach, was wirklich getan werden müsste. Im Grunde ist das Kind etwas merkwürdig. Wir verstehen es nicht, aber es scheint ganz lieb zu sein. Es ist ziemlich gut in der Schule.

Was sollen kleine Menschen tun, wenn sie mit unterdurchschnittlich viel Lebensgeist auf die Welt kamen? Wenn sie eine ruhige, friedvolle Welt brauchen?

Die Welt ist nicht ruhig und friedvoll, nicht einmal die Welt der theoretisch normalen Menschen. In dieser realen Welt wird sich ein wahrer Mensch zwischen Aggressionen aller Art ungemütlich fühlen. Alle um ihn herum sind so laut! Er wird dieses bunte Treiben, das Schimpfen und gelegentliche Zuhauen unter den anderen Kindern als Kampf ums Überleben empfinden, während natürliche Kinder noch Spaß dazu sagen würden. Das wahre Kind weint. „Mama, sie hauen!" Mama geht raus: „Hört auf zu hauen!" Die anderen Kinder halten fassungslos ein. „Du Spielverderber! Was war denn überhaupt los? Hältst du denn gar nichts aus? Deine Mutter kauft dir nur lehrreiches Spielzeug, so einer bist du? Kauf dir langsam eine richtige Pistole, dann lassen wir dich wieder mitspielen. Und lass deine Mutter aus dem Spiel."

Die autarken Kinder wählen oft die Königsstrategie, im Hause zu bleiben und Bücher zu lesen, bis sie alles wissen. Sie sind in der Schule unter dem Schutz des Lehrers die Besten. Sie gewinnen nach der Pubertät langsam die Achtung der anderen, denen nun dämmert, dass ihre Befüllung mit Lateinvokabeln den späteren Lebensweg mitbestimmt. Ich selbst bin solch ein Mensch. Ich selbst habe unter Schock mit vierzig Jahren angefangen, mich mit dem Sinn des Lebens zu befassen, als ich las, dass das Bücherlesen so etwas wie Lebensbewältigung des Aggressionslosen in einer als aggressiv empfundenen Welt sein mag. Ich las das verwundert und ich fand zu meinem Schrecken, dass es für mich wohl eindeutig stimmte. Dann ist also Wissen gar nicht der Sinn im Leben, sondern der Schutz vor den anderen Leuten da draußen? Es gab mir einen Knacks im Herzen. Ich hatte mich also nur mit akademischen Graden und Forschungspreisen vor Aggressionen geschützt? Autarke wahre Kinder scheinen immer zu fragen: „Tut mir einer etwas?“

Die normsozialen wahren Kinder versuchen, eine gewaltfreie Gemeinschaft zu retten. Sie werden Friedensengel, die Harmonie stiften. Sie zittern mitten in dem Lebensstrudel, nehmen das Laute als Misston und appellieren unermüdlich: „Vertragt euch doch wieder!“ Sie gelten bald als „gute Kerle, gute Mädels“. Sie scheinen ständig zu lauern: „Ist da eine Disharmonie?“

Die liebesdurchströmten wahren Kinder sind sehr empfindlich unter jedem ärgerlichen Blick, der sie trifft. Ihre Seismografen zucken. Sie achten ganz feinsensorisch auf Wolken im seelischen Herzensgefüge ihrer Umgebung. Sie scheinen immer fast stoßbetend zu fragen: „Liebst du mich noch?“

Für wahre Kinder ist schon das Normale gewöhnungsbedürftig. Das Natürliche geht ihnen deutlich zu weit. Das empfinden sie in den ersten Jahren, in denen sie noch nicht verstehen, vielleicht wie einen Irrsinn in der Welt. Später werden sie selbst den idealistischen Kampf aufnehmen: für Wahrheit, Wissen, Friede und universelle Liebe.

7.3.7.4 Was Kinder brauchen oder wollen

Aus der Not des Systems heraus versuchen die autarken Kinder, Selbstständigkeit zu erreichen, indem sie ihr Leben auf Macht, Perfektion oder Wissen gründen. Wer die Macht hat, muss sich nichts sagen lassen! Wer alles richtig macht, kann nicht getadelt werden! Überlegenes Wissen ist Macht! Solche Kinder scheinen zu sagen: „Erkennt mich an! Ich bin allein schon wertvoll! Ich vermag Großes zu leisten!“ Sie agieren oft, als ob sich die Eltern gewünscht hätten: „Aus dir soll einmal etwas werden!“ Autarke Kinder wollen Aufmerksamkeit in Form des Respekts ihrer Unabhängigkeit oder Überlegenheit.

Die normsozialen Kinder wollen sich in der Familie oder Gemeinschaft aufgehoben fühlen und dort bewähren. Sie gründen Grundstrategien auf Leistung, Loyalität und Gehorsam oder auf Harmonie und Frieden. Sie scheinen zu sagen: „Seht ihr, ihr Großen? Ich bin zwar noch klein, aber schon ein vollwertiges Mitglied der Gemeinschaft. Ich bin eigentlich schon groß. So, wie ich jetzt schon bin, müsste ich euch wohlgefallen.“ Sie agieren oft, als ob sich die Eltern von ihnen dies gewünscht hätten: „Wir sorgen sehr für dich, dafür schuldest du uns Dank, Gehorsam und Respekt. Je mehr du dich anstrengst und je besser du dich einfügst, desto weiter wirst du es bringen. Dann hast du unser Wohlgefallen.“ Normsoziale Kinder wollen Aufmerksamkeit in Form von Anerkennung und Lob. Dann fühlen sie sich geborgen und sicher.

Die liebebetonten Kinder leben vor allem von der elterlichen Liebe. Sie suchen daher die Zuwendung der Eltern in Form von Liebkosungen, Dank oder tiefer Liebe. Sie scheinen zu sagen: „Ich mache euch stetig Freude. Ich tue viel dafür, eure Herzen zu gewinnen. Ich bin bereit, euch den Hof zu machen. Bestätigt mir dafür, dass ihr mich lieb habt! Sagt mir, dass ich jemand bin, der euch etwas im Herzen wert ist!“ Sie agieren oft, als ob sich die Eltern gewünscht hätten: „Wir möchten Freude an dir haben. Du sollst lieb sein. Du darfst uns niemals traurig machen oder enttäuschen, hörst du?“ Liebebetonte Kinder wollen Aufmerksamkeit in Form von Akzeptanz.

Wenn Sie es im wirtschaftlichen Leben formuliert haben möchten, könnte ich es so ausdrücken.

Autarke Kinder verlassen sich auf eine große Stärke (ein exzellentes Produkt) und verlangen Gegenleistung.

Normsoziale Kinder arbeiten hart für den Auftraggeber und wollen Lob und Lohn.

Liebebetonte Kinder leisten Services und wollen Kundenzufriedenheit.

7.3.8 Schmerz durch falsche Dosierungen aller Art

Natürliche Kinder brauchen „Auslauf“ und „Action“. Sie möchten angefeuert und herausgefordert werden: „Werde mächtig! Zeig Leistung! Mach Freude!“

Richtige Kinder brauchen Bestätigung, dass alles richtig ist. „Perfekt! Brav! Danke!“

Wahre Kinder brauchen tiefes Verständnis. „Du bist wertvoll.“ („Du weißt viel.“ – „Du verbreitest Eintracht und Wohlgefühl.“ – „Du bist ein liebenswerter, feiner Mensch.“)

Autarke Kinder wollen als solche respektiert werden.

Normsoziale Kinder wollen Anerkennung. „Toll! Brav! Sehr anständig!“

Liebebetonte Kinder wollen Akzeptanz und Liebe.

Wenn wir also Kinder als Pflanzen sehen, so brauchen sie Wasser.

Viel Wasser: Herausforderung.

Normal viel Wasser: Bestätigung.

Ein wenig Wasser: Verständnis.

Wenn wir Kinder als Pflanzen sehen, so brauchen sie Sonne:

Viel Sonne: Liebe und Akzeptanz.

Normal viel Sonne: Anerkennung.

Ein wenig Sonne: Respekt.

Alles, was zu viel oder zu wenig ist, schlägt Wunden.

Deshalb gibt es so viele Wunden und so viele verschiedene.

Sie werden sich nun genug vorstellen, oder? Ich muss nicht auf jede der neun Grundhaltungen eingehen und jeweils die Ausschläge bei Über- und Unterdosis aufzählen?

Autarke Menschen zum Beispiel leben von Natur aus mit wenig Wärme. Nun kommen alle Psychologen und bescheinigen ihnen Bindungsangst. Ich bin so einer dieser Autarken (Abteilung Wissen). Seit meinem fünfzehnten Lebensjahr folterten mich die Erwachsenen einige Zeit mit der unschuldigen Frage: „Hast du jetzt *endlich* eine Freundin?“ Es war reine Quälerei für mich. Als ich mit neunzehn tatsächlich eine hatte, war ich eher erleichtert als verliebt, glaube ich. Ich konnte das jetzt auch! Ich konnte den anderen etwas antworten! Seit ich denken kann, fragen mich

Menschen, warum ich nicht jogge, laute Musik höre oder wenigstens einen BMW kaufen gehe. Und ich sage, sie sollen mich in Ruhe lassen. Als Pflanze (und Mathematiker oder Philosoph) bin ich in diesen Dingen genügsam. Ich brauche keinen Überschaum, nicht hier, nicht da. Als Wissenschaftler will ich respektiert werden. Ich würde mir wünschen, jemand versteht meine Werke (Sie *jetzt*?) und hat für mich als Mensch Verständnis. So könnte ich meinen eigenen Tabelleneintrag begründen. Ecke links unten. Wenn mich jemand für Normsoziales lobt („Du hast dich großartig in die Gemeinschaft eingefügt."), geht das an mir gerade so vorbei. Das brauche ich irgendwie nicht. Ich füge mich schon ein, aber es ist nichts, wofür ich gelobt werden müsste! Wenn mir jemand sagen würde: „Ich akzeptiere dich als wertvollen Menschen", so würde ich eher denken: „Warum *vorher* nicht? War etwas nicht in Ordnung? Was willst du von mir?" Autarke Menschen empfinden das Angebot von Akzeptanz eher als indirekte Beeinflussung, also eine Gefahr für die Autarkie. („Ich akzeptiere dich, weil du bist, wie ich es gerne habe.") Akzeptanz ist ein Urteil von außen. Autarkie will ja gerade ohne ein Außen auskommen. Deshalb ist auch Liebe ein Problem für Autarke, weil sie die Autarkie bedroht. Dieses Problem heißt dann eben Bindungsangst, wenn es die andere Seite sieht.

So kann daher sogar Liebe, auch Herausforderung, Überschaum oder Verständnis Wunden schlagen. Sagen Sie einmal einem Hochleistungs-Yuppie: „Du bist ein feiner Mensch. Alle Achtung, wie warmherzig du bist." Das will er nicht! „Toll! Toll! Toll!" müssen Sie sagen und seine Platinkartensammlung bewundern!

Alles ist falsch oder richtig, je nachdem.

Kakteen brauchen viel Sonne, wenig Wasser. Im Winter Kälte und fast gar kein Wasser.

Sumpfpflanzen stehen im Wasser im Dunkeln.

Zyperngras hell im Wasser.

Wein klammert sich an karge Felsen.

Alles ist gut so, aber die Systeme wollen alles einheitlich normal haben.

Sie erzwingen etwas in uns, was uns die Welt bewältigen lässt, anstatt im Ursprung zu leben.

7.4 Machina in Homine

7.4.1 Der normale Mensch wie ein Lebensbehinderter

Der Mensch, als Pflanze gesehen, hat so oft seine Wurzeln in falscher Erde, muss sich gegen Unkraut empor recken oder fristet im Unterholz ein Trauerdasein.

Als Pflanze gesehen behindert ihn so vieles.

Das glauben Sie nicht? Sehen Sie sich um! Fühlen Sie in sich! Sie haben es *vergessen*!

Alle Frauen leben heute in einer jetzt allerdings schon aufgehellten Männerwelt. Sie sind nicht diejenigen, die die Kriege beginnen. Sie wollen keine Supramanie.

Ihnen wird geraten, sich wie Männer zu benehmen, also ihren „Kommunikationsstil“ zu adaptieren, um gleichermaßen erfolgreich zu sein. Im Grunde sollen sie wie die meisten Männer um Vorteile kämpfen und alles Harmoniestreben beiseite lassen. („Frauen, gewöhnt euch an ein seelisch kühleres Klima!“) Soweit sie weniger im Beruf verdienen als ihr Mann, opfern noch ziemlich viele Frauen ihre eigene Karriere der des Partners.

Die Ausländer leben unter dem dauernden Vorwurf, sich nicht genug zu assimilieren und zu integrieren. Sie leben nun wirklich in fremder Erde. Sie müssen sich ganz schön verkrümmen, um in deutscher Erde zu wachsen. Wenn sie es schaffen, wird man ihnen die falsche Form der Blätter vorhalten: Warum ist die noch anders?

Introvertierte Menschen gelten zunehmend als schrullig und nicht teamfähig. Sie leiden biologisch auf großen Büroflächen und sehnen sich, ein paar Minuten am Tag ohne Telefongeschnatter zu sein. (Man schätzt, dass ein Viertel der Menschen introvertiert sind, bei Akademikern mehr (!).) Sie werden nicht artgerecht gesehen und behandelt, weil „der normale Mensch extrovertiert ist“.

Alle Minderheiten wie zum Beispiel die Homosexuellen tun immer noch besser daran, sich wie eine normale zweigeschlechtliche Pflanze zu geben.

Körperlich Behinderte sind an jeder Ecke zu bedauern.

Legastheniker und Dyskalkuliker stöhnen wie unter einem Fluch. („Du hast es leicht, Abi zu machen, dir erlassen sie alles.“)

Furchtbar viele Menschen klagen:

„Ich habe leider einen ganz falschen Beruf. Zu spät.“ (Die meisten Lehrer brennen vor der Zeit aus und werden frühpensioniert.)
„Wir haben zwei Kinder bekommen, weil wir unsere Ehe retten wollten.“
„Ich habe 30 Kilo Übergewicht. Ich will oft nicht mehr leben. Sie sagen, ich soll nichts essen. Ich weiß nicht, was ich tun soll.“
„Ich bin hässlich. Ich gebe eine Unmenge für Klamotten und Kosmetika aus, aber es wird natürlich nichts aus mir.“
„Ich bin arbeitslos, schon wieder. Ich finde keinen Halt.“
„Seit der Scheidung bin ich eingesackt.“
„Seit Mutters Tod habe ich kein Ziel.“

Wie viele Menschen sehen Sie um sich herum in falscher Erde wachsen? Sehen Sie, wie sie sich alle krümmen und anpassen wollen, wie sie den falschen Dünger schmerzhaft einnehmen?

Den meisten tut es nicht mehr so sehr weh. Man gewöhnt sich ja. Aber ihnen ist immer klar, dass sie nicht optimal wachsen. Jede Pflanze hat ihren bestimmten Platz im Garten: In der Sonne, im Halbschatten, unter Bäumen. Woanders gedeiht sie nicht. So geht es Menschen. Sie überleben im falschen Klima, ja, das geht, aber sie „blühen nicht“, wie Kakteen, die im Winter warm stehen.

Dieses Nicht-Artgerechte zwingt zur überlebenden Anpassung. Wir werden hart, weil das Leben mit seiner Anpassungsforderung hart zu uns ist.

Niemand von uns glaubt wirklich, wir wären glücklicher als Menschen in ärmeren Ländern. Wir wundern uns manchmal, warum wir mit dem Reichtum, den die Supramanie uns verheißt, nicht glücklicher sind als früher. Das Glück ist *bioche-*

misch in uns oder auch nicht! Es ist eine Sache des Gehirnstoffwechsels. Und der passt sich der falschen Erde, dem Schatten und der Trockenheit nicht so wirklich an.

7.4.2 Der Andersartigkeitsmalus

Eine Lebensbehinderung wirkt bei erstem Hinsehen wie ein Handicap beim Golf. Man startet nicht mit gleichen Chancen, sondern mit einem Punktabzug.

Das Normale ist männlich, extrovertiert, ordentlich, sachlich, diszipliniert, gesund, gut situiert.

Alles andere scheint zu Punktabzügen zu führen. Es hört sich so an: „Als Frau musst du zwei Klassen besser sein als ein Mann, wenn du befördert werden willst."

Lassen Sie uns noch einen zweiten Blick auf dieses Handicap werfen: Diejenigen Menschen, die in ihrer Umgebung nicht die Norm sind, müssen gewissermaßen in einer fremden Umgebung aufwachsen. Sie müssen sich fühlen wie eine Balkontomate im Schatten, die in sandige Kakteenerde gesetzt ist. Sie müssen sich mit den nicht artgerechten Bedingungen zurechtfinden und trotzdem am besten so sein wie die anderen. Wenn es die Balkontomate im Schatten schafft, schmackhafte Supertomaten auszubilden, so bekommt sie genau so viel Lob wie die Freitomaten. Aber sie hat unter den fremden Bedingungen fast ein Wunder vollbracht. Was aber, wenn wir noch verschärft verlangen würden, die Balkontomate solle *längliche* Roma-Tomaten erzeugen, aber keine runden? Oder vielleicht Paprikas, die biologisch sehr nahe mit den Tomaten verwandt sind?

Eine Frau zum Beispiel muss keineswegs besser als ein Mann sein, um befördert zu werden. Sie muss nur genau das Gleiche leisten wie ein entsprechender Mann. Ich meine: Sie muss *nur* etwas *Männliches* leisten.

Ein Introvertierter muss *nur* etwas Extrovertiertes leisten.

Ein Ausländer muss *nur* etwas Deutsches leisten.

Alle diese Menschen haben nicht einfach nur ein Handicap. Sie leben in einer nicht für sie geplanten Umwelt, müssen sich also dort anpassen. Und sie müssen etwas leisten, was ihre Natur so ohne weiteres nicht hergibt! Sie haben zwar natürliche Talente, aber es wird von ihnen verlangt, zusätzlich andere zu besitzen. Sie sind Mitglieder einer bestimmten Kultur, aber sie sollen sich anders kultivieren. Sie sind in der Fremde und sollen dort das Fremde leisten.

In dem Film *Schweinchen Babe* übernimmt ein ganz junges Schwein bei einem Schäfer die Rolle des Schäferhundes und erweist sich gegen alle Widerstände der normalen Hunde und Menschen als der leistungsfähigste Schäferhund überhaupt, ganz gegen die Natur eines Schweins. Müssen Sie da nicht auch vor Rührung schlucken, wenn das erniedrigte und beleidigte arme Schwein am Ende doch als vollwertiger Hund akzeptiert wird und bestimmt bald zur Belohnung Markknochen bekommt? Das ist eine Freude! Wir jauchzen alle mit, wenn im Grunde jedes Schwein klüger sein kann als ein dummer Hund und es dem Letzteren ordentlich zeigen kann.

Die Moral dieses Filmes ist *auch*: Jede Balkontomate kann es ohne Wasser schaffen, Paprikafrüchte hervorzubringen, wenn sie sich nur recht stark anstrengt, normal, also eine Paprikapflanze in der Sonne, zu sein.

Jeder Ausländer kann Abitur in Deutschland machen, wenn er erst einmal die Sprache lernt und sich anschließend in Kant oder deutsche Rechtsphilosophie einarbeitet.

Frauen können genau so schnell in die Vorstandsetage kommen wie Männer, wenn sie nur die männlichen Kampfriten in Meetings übernehmen, über alle ihre Taten laut nur Gutes reden, die Ellenbogen herausfahren und vor allem hart sind, denn es geht in der supramanen Gesellschaft nicht um Menschen – sondern professionelle Macher schaffen Profits herbei.

Immer wird verlangt, dass unter falschen Bedingungen eine veranlagungsferne Frucht hervorgebracht werden soll. In einem Interview sagte eine Goldmedaillengewinnerin: „Wenn ich am Abend vor dem Wettkampf ein Glas Rotwein trinke, verliere ich tags drauf zwei Zehntel, bin also wohl den Sieg los." An der Spitze entscheidet so wenig über Nummer eins oder Nummer zwei. Wie viel muss dann das Fremde leisten, um fern der Heimat Nummer eins zu sein?

Wenn die Tomate eine Paprikafrucht trägt, sagen wir: „Wir akzeptieren diese Tomate als Paprikapflanze, aber sie wirkt alles in allem immer noch fremdartig."

Wenn unter allen Paprikapflanzen und allen Tomatenpflanzen, die gelernt haben, Paprikafrüchte hervorzubringen – wenn es dort eine einzige Tomatenpflanze gibt, die einfach nur Tomaten erzeugt, dann sagen wir: „Sie ist eigenartig." Oder: „Sie besteht auf ihrer eigenen Art und passt sich nicht an."

Wenn also ein Wesen in einer Umwelt nicht das Normale ist, so ist es fremdartig oder eigenartig, je nachdem. Im ersten Fall muss es immer um Verzeihung bitten, dass es zwar alles Gewünschte tut, aber eben fremd ist. Im zweiten Fall wächst – isoliert gesehen – das Wesen artgerecht heran, wird aber nicht wertgeschätzt, geliebt, akzeptiert oder geachtet. „Ich erkaufe mir das Artgerechte unter Verzicht auf den Respekt der Umgebung." So kommt ein angepasstes Fremdes oder ein gering geschätztes Eigenartiges heraus.

Mit einem Wort: Das Nicht-Normale oder das Andersartige muss leiden, so oder so. Es bleibt, ob es sich anpasst oder nicht, fremd- oder eigenartig oder meist eine Mischung aus beidem.

> Ich weiß ja nicht, ob ein Mann eine gute Kindergärtnerin sein kann. Unser Kind mag ihn gern, keine Frage, aber er wirkt doch sehr fremd.

Meine Schwester wird öfters in der Klinik gefragt: „Jetzt liege ich schon eine Woche hier im Bett und werde richtig gut von Ihnen behandelt, Schwester. Aber irgendwann müsste doch ein richtiger Doktor nach mir sehen, oder?"

Wenn man die heutige Welt unter Supramanie so gestaltet, dass sich zum Beispiel Frauen sehr viel mehr als Männer verbiegen müssen, um erfolgreich zu sein, so ist es doch logisch, dass weniger Frauen ganz oben erscheinen oder überhaupt verbogen sein wollen? Und wir finanzieren für Milliarden immer neue Forschungen, die aufklären sollen, warum das so ist. Ganz oben kommt es, wie im Sport, auf die letzten Milli-Prozent an. Wenn aber manche Menschen mit ein paar Prozent Malus starten? Ganz oben muss alles optimal laufen. Und alles nicht ganz Optimale kommt nicht nach oben. Das Optimale ist immer wieder: einheimisch, männlich, reiche gebildete Eltern usw. Das ist nur logisch, ganz ohne Doktorarbeit darüber.

Das Andersartige verstört das Normale und das tut dem Andersartigen weh. Was immer das Andersartige ist. Wir sagen (mit Jesus): Jeder Mensch ist einzigartig.

Wenn das für jemanden wirklich stimmt, tut es ihm bestimmt sehr weh.

Oder es macht schon weiter nichts mehr.

Denn ich möchte klarstellen.

7.4.3 Jeder Mensch ist ein Andersartiger oder Lebensbehinderter

Dabei ist es nicht notwendig, dass alles andersartig ist.

Dieser *einen* Erkenntnis ist dieses Buch gewidmet. Wenn ein System das artgerechte Behandeln zum Prinzip erhebt, wird ja niemand irgendeiner Andersartigkeit angeklagt.

In unserer Gesellschaft aber herrschen *Normen.*

Diese Normen wurden seit alters her von den richtigen und den normsozialen Menschen aufgestellt, um ein sicheres System zu erschaffen, in dem alle Menschen geborgen leben können. Zu vielen Zeiten genossen die wahren Menschen als Künstler, Dichter, Gelehrte oder Mönche eine Art Sonderstatus einer besonderen hohen Kultur, die neben den Normen nicht nur akzeptiert war, sondern oft geehrt wurde. Man spricht in manchen Gebieten der Soziologie explizit von *Teilkulturen* in der Gesellschaft, die sich besondere Gesetze gaben, die neben den Normen respektiert wurden. Die Künste, Klöster, Ritterorden, Kirchen und Universitäten bildeten solche Teilkulturen. Deshalb hatten die wahren Menschen viele geduldete und *erwünschte* Plätze neben den Normen. Die Teilkulturen gaben sich die *besseren* Gesetze, die leider für die Masse nicht geeignet schienen.

Außerdem war so etwas wie Kraft und Stärke bei der körperlichen Arbeit viel wert, während heute Stärke in der Schule eher als Aggressionstrieb wahrgenommen und niedergeknüppelt wird. Deshalb war das Natürliche noch in etwa natürlich und nicht wie heute schon etwas psychopathisch oder kriminell Angehauchtes.

Die liebebetonten Menschen und auch die normsozialen hatten in allen Zeiten der Menschheit den Schutz und die ausdrückliche Würdigung der Religion, die das Gute im Staate hochhält. Die Liebe hatte in der Familie und in allen Ehrenämtern einen festen Platz und ihre Heimat.

Alle diese Schutzbauten für die verschiedenen Menschen verschwinden in der allerneuesten Zeit, in der das Hochleistungsindividuum propagiert wird. Für *welche* Menschen ist dann aber diese unsere Welt noch der *natürliche* Nährboden?

Allenfalls nur noch für diese: die *autarken* Menschen und die betriebsam *Leistungswilligen.*

Diese Menschen kommen ohne andere aus und sind im Prinzip mit einer Leistungsgesellschaft einverstanden. Wie aber stehen sie zu einer supramanen Welt, die nur noch die Nummer eins wirklich anerkennt und dann aber auch gleich fast anbetet? In einer Welt der Supramanie wurzeln nur ganz geringe Prozentsätze der Leistungsmenschen in der artgerechten Erde?! Was passiert mit denen, die ganz nach oben kommen? Sie werden verheizt, wie ich beschrieben habe. Denken Sie an die Kinderstars im Tennis, die dann schon mit 25 Jahren wieder aufhören müssen. Es gab keinen Grund, die fetten Jahre so früh gehabt zu haben – sie könnten auch mit 32 noch Wimbledon gewinnen! So sehen Sie es im Musikgeschäft und im Management. Die Menschen schießen in den Himmel und verglühen oder landen auf dem Mond.

Da unsere Gesellschaft so einseitig das alleinige Ziel der individuellen Hochleistung propagiert und alle in Wettbewerbe schickt, in denen es nur wenige Sieger geben kann, weil es aus Geiz und Gier nur wenige Preise geben darf – deshalb sind wir so gut wie alle *Andersartige*, die sich mit der Problematik fremden Bodens auseinander setzen müssen.

7.4.4 Machina: Nie mehr verletzt werden!

Der Mensch entwickelt in sich einen Bewältigungsmechanismus, der ihn an den fremden Boden gewöhnt.

Ich will dieses Maschinenartige in ihm hier die *Machina* des Menschen nennen.

Machina ist aus dem Lateinischen und bedeutet Maschine, in einer zweiten Bedeutung war die Machina zu alten Zeiten das Gerüst, auf dem die Sklaven zum Verkauf ausgestellt und ausgerufen wurden.

Es gibt viele Vorstellungen von einem Etwas, das in uns wütet und den Menschen sich selbst entfremdet. Karl Marx wettert gegen die im faulen System notwendige „Arbeitsmaske", C. G. Jung spricht von der *Persona* des Menschen, von seiner „offiziellen" Umwandlung, die er schon nur aus Höflichkeit gegenüber den anderen Menschen tragen muss. Viele Psychologen spüren um ihre Patienten herum einen harten, soliden Panzer, den sie zu einer Therapie erst knacken müssen. Es ist schwer, sagt man, an den Menschen heranzukommen, weil sich Menschen hinter einer Mauer verschließen. Die Psychologie operiert oft mit den Begriffen des Widerstandes und der Abwehr, wenn Patienten nichts an sich heranlassen und den Status quo hartnäckig und eigensinnig mit Klauen und Zähnen verteidigen. Wenn Menschen ihre so genannte neurotische Energie mobilisieren, kann es richtig heiß und stürmisch werden. Wie immer die neurotische Energie sich zeigt oder entlädt: Sie ist *stark*! Denken Sie an hysterische Anfälle, an psychopathische Wut, an den unbezwingbaren Zwang, an die hartnäckige Depression.

Maske, Panzer, Mauer.

Die Menschen *selbst* sehen sich ja von *innen*. Sie empfinden sich überhaupt nicht gepanzert. Sie zucken unter Schlägen, Beleidigungen, unter dem Lachen der anderen. Sie empfinden sich im Gegenteil im unsichtbaren Gefängnis unter Bedrohung und haben Angst. Sie fühlen sich hypernervös! Alfred Adler spricht auch mehr vom „Nervösen" als vom psychisch Kranken. Der Nervöse ist innerlich andauernd aufgewühlt und gestresst. In ihm toben sich Angst und Stress aus, weil irgendetwas nicht stimmt. Hoffentlich klingt es für Sie nicht zu weit hergeholt, aber es sieht so aus, als sei der Nervöse nicht in seinem Element, nicht wahr?

Und das hieße, er wurzelt nicht in heimischer Erde. Er kämpft innerlich mit etwas Fremdem, das er innen als Versagen oder Verzweiflung empfindet oder außen als Feind.

Hinter Mauern eingeschlossen, von Feinden umzingelt, wehrlos allein gelassen. (Manche haben noch eine Chefsekretärin davor.)

Diese Vorstellungen von Mauern und Feinden möchte ich hier für dieses Buch aufgeben. Ich möchte Sie bitten, mir in der Vorstellung zu folgen, in uns sei eine Machina oder eine Bewältigungsapparat, der uns das Leben unter fremden Bedingungen und Notwendigkeiten ermöglicht. Sigmund Freud findet, da sei ein *Ich* in uns, das in realistischer Weise einen Ausgleich zwischen unserem Trieb und den Notwendigkeiten sucht – so gut es kann. Das Ich nimmt Kompromissbildungen zwischen verschiedenen Zielen vor, die oft in Konflikt stehen. Das Ich gleicht aus. Das Ich wäre so etwas wie ein vernünftiger Mensch, der mit der weißen Fahne zwischen den verfeindeten Parteien hin und her geht, zwischen ihnen vermittelt und die Parteien immer wieder befriedet.

Eine Machina ist dagegen nach meiner Vorstellung mehr ein Mechanismus, der mit dem gegebenen Leben mit den gegebenen Wurzeln des Einzelmenschen klarzukommen sucht. Diese Machina in uns fürchtet sich vor allem vor dem Strom von Verletzungen, die die Seele und vereinzelt noch den Körper treffen. So fürchtet etwa der liebevolle Mensch das Seelen tötend Eisige oder der übersprudelnde Mensch die erstickende Langeweile. Auf den andersartigen Menschen, der nicht in seiner biochemischen Heimat leben kann, strömen lauter schmerzende Seismografenmeldungen herein. Der Ruhige wird durch das normale supramane Leben gehetzt, der Aktive durch Vorschriften gefangen gehalten, der Liebende gleichgültig übersehen, der Helfer ausgenutzt. Sie alle laufen Gefahr, als „Andersartige" nie in ihrer ursprünglichen Lebensmischung zu leben. Sie schreien, jeder für sich, nach dem „richtigen Dünger", nach der richtigen Dosis von Wasser und Sonne. Sie schreien wie um Hilfe. „Ruhe!" – „Dank!" – „Freiheit!" – „Liebe!" – „Respekt!" – „Anerkennung!" – „Friede!" Immer wieder zucken die inneren Seismografen, dass die Lebensmischung nicht stimmt.

Unsere Machina spürt dieses Zucken der Seismografen wie dauernde Pein.

Sie sucht nach einer Bewältigungsmöglichkeit.

Die Machina ist schon voll funktionstauglich, wenn ein Kleinkind das erste Wort sagen wird: „Mama!" Das Kleinkind ist schon lange lieb oder trotzig, ruhig oder agil, kämpferisch oder hilfsbreit. Die Machina speist sich bis zum ersten Wort *fast nur* aus Seismografenalarm. Die Philosophen sagen, der Mensch suche Lust und vermeide Schmerz. Ich argumentiere gleich, dass das nicht stimmt. Für das, was wir als sinnvoll empfinden, erleiden wir fast *gerne* jeden Schmerz und versagen uns alle Lust! (Denken Sie an Bergsteiger oder Marathonläufer.) Es geht nicht um Lust und Schmerz als solche, sondern um Seismografenmeldungen, ob unsere psychische Mischung im Innern stimmt oder nicht. Der Mensch meidet *seinen* Schmerz und sucht *seine* Lust. Der eigentliche und einzige wichtige Schmerz ist der, nicht im Einklang mit dem Ursprung zu sein. Im Einklang wird Lust gefühlt. Der Einklang ist je nach Art des Menschen jeweils anders. Der eine ist in Liebe mit sich im Einklang, der andere in Muße, wieder ein anderer im Getümmel der Schlacht. Lust ist

– in einem artgerechten Zustand zu sein. Der eigentliche Schmerz ist – der Einbruch des Fremden. Der normale Körperschmerz einer Schramme oder einer Ohrfeige ist nichts. Der Schmerz einer Demütigung alles.

Die Machina versucht, die eigene Art in einer andersartigen Umgebung zu bewahren. Sie zuckt mit den Seismografen unter dem Alarm des Fremden.

Wie aber bewältigt ein kleines Kind das Fremde?

Wie bewahrt es sich selbst?

Wie bleibt es im Ursprung?

Das aber ist ganz klar: Das Kind kann dies nicht allein leisten. Es wird ja gewöhnt, erzogen und gezwungen. Wie sollte es das gegen die Übermächte vermögen – sich selbst zu bewahren? Es mag im Ursprung bleiben, wenn die Übermächte es dort aufwachsen lassen und es bei der Entfaltung unterstützen. Das wäre artgerechte Aufzucht und Haltung. (Ich werde nie sagen, das Kind würde sich *von selbst* ohne Erziehung entfalten können! Die Erziehung soll das Entfalten fördern!)

7.4.5 Die Machina wird Hardware

Die Machina des Kindes entwickelt sich aus den frühen Seismografenwarnungen. Das ruhige Kind erschrickt unter dem Lauten und Aggressiven. Das zarte Kind erfriert bei Zurückweisung. Das liebe Kind weint, wenn es ausgeschimpft wird. Das starke Kind wütet gegen Zwang jeder Art. Das lebensfrohe Kind leidet unter „Entzug". Die Höchststrafe ist für jedes Kind eine andere. Das eine fürchtet das Versagen des Nachtischpuddings, das andere ein lautes Wort, ein drittes will sich unter keinen Umständen entschuldigen, also niederwerfen müssen.

Die Machina bewältigt das Leben um diese Drohungen herum.

Sie bildet Verhaltensweisen heraus.

Stille Kinder fliehen, mögen den Pudding andere essen – es sei ihnen herzlich gegönnt.

Starke Kinder kämpfen – die Freiheit ist wichtiger als ein liebender Blick.

Liebe Kinder machen den Hof – sie gehen betteln.

Lebensfrohe Kinder betteln immerfort, wenn es nicht genug gibt.

Die Machina macht den Stillen im Lauten zum Flüchtling.

Sie macht den Unterdrückten zum Aggressionsbündel.

Sie verwandelt die Liebe in Untertänigkeit.

Sie polt das Frohe in Verlangen oder gar Sucht um.

Das Ziel der Machina ist es, positive Seismografenausschläge des Ursprungs zu bekommen, wo immer dieser liegen mag. Die Machina ist ständig auf der Lauer nach der Bewältigung des ursprünglich erzeugten oder eingetretenen Mangels.

Wenn ein Kind nicht artgerecht aufwächst, empfindet es diesen ursprünglichen Mangel wie einen Dauerschmerz. Nicht *genug*! Nicht genug Ruhe, Friede, Liebe, Freiheit, Freude etc. Seine Machina wütet gegen Unruhe, Unfriede, Gleichgültigkeit, Langeweile.

Die normale Gerechtigkeit der Erziehung begünstigt das Entstehen eines solchen zentralen Mangels. Das Prinzip der Gerechtigkeit verlangt für Eltern oft, die Kinder genau gleich zu erziehen und zu behandeln. „Mir gelten alle Kinder gleich viel!“, sagen Mutter und Vater. Wenn aber jeder gleich viel gilt, ist es nur ein kleiner Schritt zum Gleichgültigen oder zum Gleichmachenden! Die Kinder sind nicht gleich gültig oder gleich! Sie wollen jeweils etwas anderes, weil sie einen eigenen Ursprung haben.

Dieser eigene Ursprung ist im Körper biochemisch in Hardware gegossen.

Deshalb entwickelt sich die Machina ebenfalls als Dauerkonstrukt in der „Hardware“. Sie agiert von früh auf vor allem auf Zuckungen des Artfremden. Sie vermeidet das Artfremde mechanisch wie durch ein abspulendes Programm. Die Machina erwächst in uns wie ein Teil des Körpers. Dass aus der Machina einst eine Art rationales Ich würde, das Kompromisse ausloten kann und Lösungen herbeiführt – das ist eine fromme Hoffnung, die nur für wenige Menschen in Erfüllung geht. Für die meisten ist das Zucken von artfremdem Zwang das hauptbewegende Motiv.

Einer der Urväter der Psychologie, Alfred Adler, hat die Vorstellung eines „Minderwertigkeitskomplexes“ oder einer gefühlten „Minderwertigkeit“ erstmals formuliert. Er stellte fest, dass Menschen ihr Leben sehr oft um die Problematik eines als minderwertig empfundenen Organs herum organisieren. (Behinderungen, Sehstörungen, chronische Erkrankungen, ein zu klein empfundener Penis, schiefe Zähne, die falsche Figur). Adlers Individualpsychologie befasst sich intensiv mit den Mechanismen, wie Menschen aus Minderwertigkeitsgefühl eben die genannten Minderwertigkeitskomplexe herausbilden und damit versuchen, die Organschwächen zu kompensieren oder zu „überkompensieren“.

Wenn ich hier die Vorstellung der Machina entwickle, so folge ich einem solchen Urgedanken. Ich will hier aber die ganze Zeit betonen, dass wir gar kein minderwertiges Organ brauchen, um Komplexe auszubilden. Allein unsere Andersartigkeit in einem kontrollierenden System, das uns nicht als ursprünglich akzeptiert, reicht schon aus, um diesen Kompensationsmechanismus in Bewegung zu setzen. Damit erkläre ich also nicht nur die Menschen mit „Organschwächen“ zu Betroffenen, sondern alle Andersartigen, damit also, wie schon ausgeführt, fast alle Menschen. Insbesondere auch mich und *Sie*. Die Machina in uns kompensiert dann nicht im engeren Sinne irgendwelche hart vorgegebenen Hardwareschwächen am sichtbaren Körper, sondern sie bewältigt das Andersseinsollen, den Zwang und das Wachsen in falscher Erde.

Menschen mit Organschwächen könnten vielleicht sogar irgendwie wissen, woher die Minderwertigkeit kommt und warum sie sie kompensieren oder darüber neurotisch werden. Sie könnten verstehen, dass sich ihr Leben um einen realen oder vermeintlichen Mangel rankt und eine „fixe Idee“ ausbildet. Ich will hier sagen, dass wir alle so eine fixe Idee als Folge des Andersartigkeitsseinmüssens in uns aufbauen, die wir dann (irrtümlich) möglichst „Sinn“ nennen.

7.4.6 Die Machina als Pseudosinnerzeuger

Eine wirklich schöne junge Frau trat nach einer Rede von mir heran und sagte, sie sei ganz erfüllt – sie selbst aber habe *niemals* Zuckungen von Seismografen in sich, sie fühle sich völlig normal oder eben von dem Problem des Hauptschmerzes überhaupt nicht betroffen. Sie stand da, ganz durchgestylt, im langen Kleid, in edlen Stoffen, hochhackig, gertenschlank – und sie sagte noch kurz, sie bewundere mich, auf der Bühne ganz locker ganz ich selbst sein zu können und zu Hunderten von Menschen zu reden. Und ich fragte: „Was fühlen *Sie* denn, wenn Sie sich vorstellen, dort zu stehen?“ – „Ich würde vor Angst sterben. Wahrscheinlich echt zittern.“ Alle Umstehenden schauten sie lächelnd an. Sie stutzte und schaute in die lächelnde Runde: „Habe ich etwas Komisches gesagt?“

Sie zuckt nie mehr, weil ihre Machina es verhindert, dass sie je eine Bühne betritt, nicht wahr? Alle wussten es sofort. Ich dachte noch: Warum kleidet sie sich so aufwendig und kostbar, wenn sie nie eine Bühne betreten will? Genügt das Aussehen dann ganz ohne Bühne? Und was mochten wohl die anderen über diese kleine Episode denken?

Wissen Sie selbst denn, bei welchem Schmerz Sie sterben würden?

Es wäre wohl besser, Sie wüssten es. Dann hätten Sie eine Chance, ein rationales Ich zu Rate zu ziehen. Viele Menschen haben das Zucken oder die Möglichkeit eines Zuckens vergessen. Die Machina hat für sie das Leben arrangiert. Wer keine Fehler mehr macht, muss niemals mehr niederknien. Wer alles weiß, wird nie mehr als dumm belächelt. Wer die Macht hat, wird nie mehr um Freiheit betteln müssen usw.

Wenn Sie also keinen grässlichen Hauptschmerz für sich selbst kennen, mag Ihre Machina ihn abgekapselt oder bewältigt haben. (Die Muschel zog Perlmutt über den Hauptschmerz.) Dann haben Sie aber vielleicht Ihren Ursprung vergessen, weil Ihnen das Wachsen in fremder Erde nicht mehr wehtut? Oder Sie leben gar in Ihrem Ursprung und alles ist wirklich und wahrhaftig gut?

Ich möchte im Folgenden argumentieren, dass der subjektiv (durch die Machina und die Lebensbewältigung) gefühlte Lebenssinn oft gerade das ist, was den Hauptschmerz vermeidet.

Wenn Sie es im Bilde des verwundeten Menschen sehen: Der subjektiv gefühlte Lebenssinn ist etwas, was die Wunde nicht neu reizt und eventuell sogar heilen lässt.

Ich will diese gefühlte Sinnrichtung Pseudolebenssinn nennen. (Die Perle der Muschel!) Ein Leben hat eine Pseudosinnrichtung, wenn die Machina den Hauptschmerz, nicht im Ursprung zu sein, dauerhaft von uns abhalten kann. Im dem trivialen Sinne der obigen Beispiele wäre ein gefühlt sinnvolles Leben eines, in dem es unendlich viel Nachtischpudding gäbe oder in dem niemals ein Kniefall getan werden müsste, in dem es nie Stubenarrest gäbe oder niemals einen ernsthaften Fehler oder den Bruch einer Beziehung. Lassen Sie mich das ordentlich im artgerechten Kontext erklären. Das ergibt einige Aufzählungen, die Ihnen außer demjenigen interessanten Teil, der Sie selbst betrifft, überflüssig lang erscheinen mögen. Aber das muss jetzt sein.

(Und ich drohe Ihnen hiermit noch mehr vom Gleichen in einem späteren Kapitel an. Der Pseudosinn hier ist nur der normale Pseudosinn, der sich in einem normalen Charakter bildet. Es gibt noch viel mehr speziellen Pseudosinn, den Sie in sich bilden können, wenn Sie eine böse Schwiegermutter haben oder selbst als Chef versagen.)

Manchmal geschieht es, dass Sie *alle* Beispiele ganz zutreffend finden, nur das eine nicht, das Sie selbst betrifft! Und Sie sagen vielleicht beim Lesen: „Ja, so ist es bei meiner Mutter, bei meiner Frau, bei Erika und bei Horst! Bei mir aber ist es niemals so!" Und dann bitte ich Sie: Denken Sie an die blonde Frau mit den strahlend blauen Augen, die nicht wirklich lebend auf die Bühne kann?

Wenn das Drama des eigenen Pseudosinnes aufgeführt wird, will niemand gerne gleich selbst auf die Bühne. Es mag dann all dies, mit anderen Schauspielern, nicht wirklich erscheinen – oder nur Erbauung sein, solange der Kegel des grellen Lichtes Sie nicht persönlich als Opfer sucht.

7.4.7 Neun mögliche Pseudosinne für erfolgreiche Machinae

Ich erinnere nochmals an die Tabelle der „Wasser-Sonne-Mischungen" (Abb. 7.10).

Wenn Menschen mit solchen Haupteigenschaften *artgerecht* aufwachsen würden, könnten wir hoffen, dass sie sich so entwickeln (Abb. 7.11).

Dies wäre eine Entwicklung, die wir als sinnvoll empfinden könnten. Menschen würden in dieser Weise artgerecht zu einer *Quelle des Lebens.*

Sie werden aber fast niemals zu Quellen, sondern zu Bewältigungsmaschinen des Lebens. Sie werden zu Senken oder zu bodenlosen Löchern, die aufsaugen, was andere Quellen hergeben. Die Bewältigungs-Machinae wollen *haben*, und zwar dies (Abb. 7.12).

Statt also Quelle von Wasser und Sonne zu *sein*, statt also im angemessenen Klima fest zu wurzeln und glücklich zu leben, versuchen sie Wasser und Wärme in ungünstigem Klima je nach dem Bedarf *aufzusaugen.*

All dies begründe ich nun etwas genauer und gehe mit Ihnen einfach einmal alle Fälle einzeln durch.

Stärke und Macht: Ein starkes natürliches Kind wird durch die Normen der Umwelt immer wieder in typische Konflikte geraten. Es erscheint der Normwelt als zu ungestüm und undiszipliniert, zu forsch und neugierig, zu agil und rücksichtslos. Es ist durch normale Ermahnungen nicht zu stoppen. Wenn man es artgerecht erzöge, sorgte man dafür, es vor dauernde Herausforderungen zu stellen, es zu trainieren, seine Stärke auszubilden und es selbstdiszipliniert werden zu lassen, so dass es später ein großherziger Führer würde, dem sich die Schwächeren anvertrauen, die auf seine Effektivität und Wirksamkeit angewiesen sind. Früher hätte man vielleicht sagen können: Wir sollten einen Helden aus dem Kinde machen. Unsere Normwelt aber will das Kind in Regelwerke zwingen und normal machen. Dagegen wehrt sich das Kind, weil es damit aus seiner Art herausgerissen wird. Es fühlt, dass die normale Welt nicht die seine ist, dass es also umgepflanzt werden soll. In ihm entsteht eine Machina, die das Leben in einer Normwelt bewältigt. Die Machina des starken Kindes beginnt, möglichst viel Widerstand gegen das Normieren zu leisten. Die Machina sieht, dass sie mit Hilfe der großen Stärke des Kindes viel erreichen

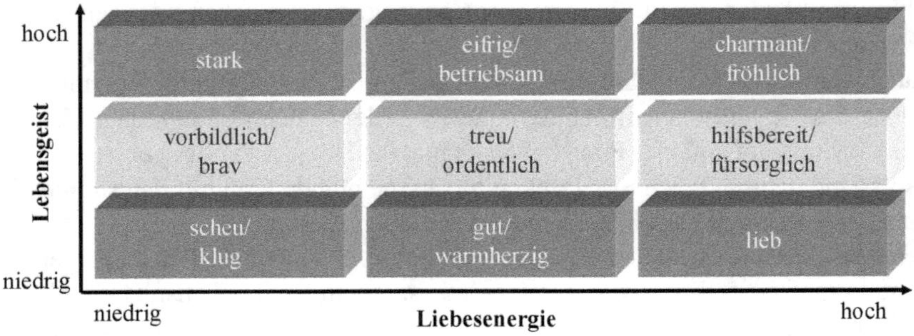

Abb. 7.10 „Wie Menschen sein sollten"

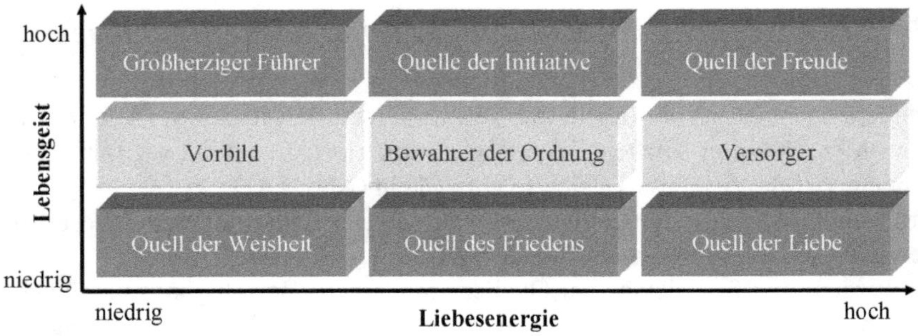

Abb. 7.11 „Was Menschen oft leider nur haben wollen"

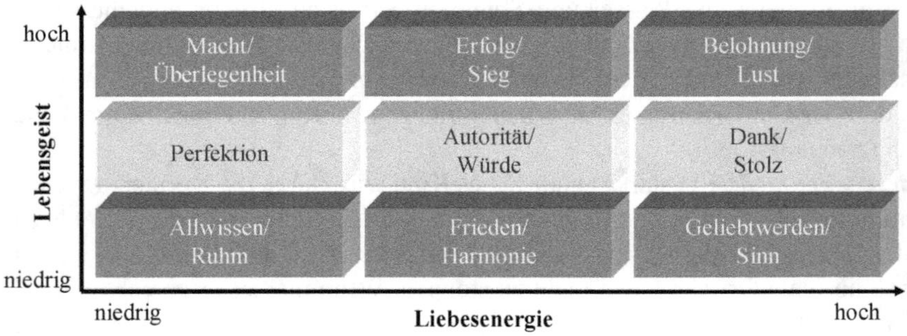

Abb. 7.12 Menschliche Hauptziele nach Lebhaftigkeit und Liebesbedürfnis geordnet I

kann, selbst gegen Erwachsene, Eltern und Lehrer. Erfolgreicher Widerstand gegen die Normierung fühlt sich wie Machtgewinn oder Sieg an. Erfolgloser Widerstand ist wie eine bittere Niederlage oder Frustration. Der Hauptschmerz des starken Kindes *im normierten* Klima ist Unterwerfung unter fremde Macht. Unterwerfung schmerzt so sehr, dass die Machina gegen diese Seismografenausschläge bedingungslos kämpft. Die Machina, die die Folgen der Normierungsversuche bewältigen will, sucht ihr Heil in Aggression. Aggression mündet in Sieg oder Niederlage, in Lust oder Schmerz. Die Machina strebt eine Endlage an, in der es keine Unterwerfung mehr gibt. Sie will daher *alle Macht haben.* Wenn die Machina die Macht errungen hat, wird der Ursprung des Menschen scheinbar nicht mehr verletzt. Der Mächtige darf stark sein, ohne je normiert zu werden. Die Macht-Machina hat für das Starke eine vermeintlich unverletzbare Nische gefunden, in der die Schmerzen nicht zu stark sind. Innerlich weiß der aggressive Mächtige, dass er im Ursprung ein großmütiger Führer sein sollte, also eine Quelle der Kraft. Solange der Mächtige noch nicht die Allmacht hat, fürchtet er sich aber vor Schmerzen und Wunden und verlangt weiter nach Festigung der Macht. Er sammelt Macht, anstatt Kraft zu geben. Macht ist Pseudosinn geworden, weil sie den Hauptschmerz des falschen Wurzelns abhält. Die Machina quält sich für Macht. Im machtlosen Zustand fühlt sie ohnmächtige Wut. Das Hauptmittel der Machina ist direkte Aggression und das Verhöhnen der Schwächen anderer.

Eifer, Betriebsamkeit und Erfolg: Die Worte Eifer, Betriebsamkeit und Emsigkeit werden im Amerikanischen im Wort *industrious* zusammengefasst. Lässt das auch in Ihnen etwas anklingen? Industrie? Das eifrige, ehrgeizige natürliche Kind will unaufhörlich etwas tun oder erreichen. Ruderer würden sagen: Es hat eine hohe Schlagzahl. Reiter würden sagen: Es hat eine scharfe Gangart. Musiker würden sagen: Sein Metronom ist auf Allegro oder gar Presto eingestellt. Das ist eigentlich in unserer Leistungsgesellschaft eine ideale Eigenschaft. Ein Kind geht schneller, als es verlangt wird. Wenn man es artgerecht erzieht, erzieht man es, Motor für die Umgebung zu sein, also eine Quelle des Anschubs oder der Initiative. Es wird Menschen mitziehen und tätig werden lassen. Initiativkraft macht die anderen, mehr „lahmen“ Menschen zuversichtlich, ein gemeinsames Projekt erfolgreich zu beenden. Initiativkraft verbreitet Zuversicht (im Amerikanischen *confidence*). Wenn ein solches Kind in die Normierungsmühle gerät, muss es sich dem allgemeinen Trott anpassen. Die Schlagzahl oder die Gangart in Kindergarten und Schule ist auf den Durchschnitt eingestellt. Initiativkraft bei einem Kleinkind macht Eltern ganz schön nervös! Das initiative Kind wird versuchen, seine Energie irgendwo auszuleben. Es gibt in unserer Leistungswelt einen idealen Ort, Energie abzuladen, nämlich in Wettbewerben aller Art. Die Systeme, besonders die Suprasysteme, wollen durch Wettbewerbe und Leistungsanreize den Energieeinsatz aller Menschen „hochpushen“. Die Systeme setzen Belohnungen und Preise aus. Wenn nun ein Kind eine innere höhere Schlagzahl hat, kann es sich in Wettbewerben austoben. Dort wird ja die allerhöchste Gangart belohnt! Das initiative Kind stürzt sich in Wettbewerbssituationen aller Art. Es läuft am schnellsten, arbeitet am schnellsten, kennt die besten Tricks, ist findig und immer voraus. Wenn es im wirbelnden Wildwasser dem Siege zueilt, fühlt es sich im Ursprung. Der Hauptschmerz des initiativen Kindes ist, im Trott gehen zu müssen, also mit angezogener Handbremse zu leben. Lust ist, sich im Spielrausch mit anderen zu messen und immer besser und besser zu werden. Es geht nicht primär um Sieg, sondern um Spielfreude und das Spüren der Leistungsgrenzen, die immer weiter nach oben verschoben werden – die Virtuosität steigt!

(Unser Sohn Johannes hat von Kind an Fußball gespielt, nur dort konnte er sich wirklich verausgaben. Er hat sich lange nicht um Regeln oder Taktiken gekümmert, die Kinder liefen einfach alle auf den Ball zu. Später lernten sie spielen. Noch viel, viel später wollten sie *gewinnen.* Fast seine ganze Jugend kannte Johannes die Tabellenstände nicht. Es ging um die Spielfreude, nicht um Auf- oder Abstieg. Irgendwann begann das Siegen in den Vordergrund zu treten. Sie griffen zu Foulspiel und Täuschungen. Sie brüllten sich in der Kabine an. Eltern guter Spieler verlangten, dass für den Sieg nur die besten Spieler aufgestellt werden dürften, es gab Elternabende mit Forderungen. Aus Fußball wurde Ernst. Johannes war ein richtig guter Fußballer geworden, da kam er mit 17 Jahren und sagte, er wolle nicht mehr spielen. Es gehe nicht mehr um Fußball, fand er. Johannes ist wie Menschen im nächsten Abschnitt. Diese erbringen alle erdenkliche Leistung, aber nicht in freudlosem Ernst.)

Wettbewerbe sind ideal zum Verbessern der Fähigkeiten, aber die Systeme benutzen sie, um alle Menschen uniform zur Leistung zu zwingen. Deshalb werden Preise verteilt, die planmäßig Tränen und Schmerzen in Verlierern erzeugen (*sollen* – was nie zugegeben werden darf, damit alles weiter funktioniert – es ist natürlich offiziell irre schön, einfach dabei sein zu dürfen). Die Schmerzen sollen aufputschen und motivieren. Jeder soll hart arbeiten und das Beste geben. In *Supramanie* habe ich gründlich nachgewiesen, dass sich nun plötzlich die Aufmerksamkeit verschiebt. Es geht nicht mehr um Schaffensfreude, sondern um den Pokal. Der Sieg als solcher ist wichtig, nicht mehr das Erleben der Leistungsgrenzen. „Ich habe heute mein bestes Tennis gespielt!" – „Na und? Du hast *verloren*!" Nun entwickelt sich langsam eine Machina im betriebsamen Kind, den Niederlagenschmerz zu vermeiden. Die Machina spielt jetzt ernst auf Gewinn.

Die finale Art, alle Niederlagenschmerzen vermeintlich für immer aus dem Leben zu verbannen, ist, die unantastbare Nummer eins zu sein. Schmerz schmeckt wie Nummer zwei oder Niederlage im Wettkampf. Gegen diesen Schmerz entwickelt die Machina Ehrgeiz. Ehrgeiz ist pure Energie zur Abwendung des traumatisierenden (verletzenden) zweiten Platzes. Die Machina wird daher erfolgssüchtig und erklärt Leistung und Sieg zu den ersten Werten unserer Welt. Supramanie ist die Machtübernahme der Machina des Ehrgeizes. Die supramane Machina des initiativen Kindes sammelt Siegpunkte anstatt der Umgebung Quelle der Anschubenergie zu sein. Der Sieg ist Pseudosinn geworden, weil er vermeintlich den Hauptschmerz des falschen Wurzelns abhält. Die Machina quält sich für Erfolg und Sieg. Im sieglosen Zustand fühlt sie Niederlage und Enttäuschung. Das Mittel der Machina ist ehrgeizige Hochleistungsanstrengung und das herabsetzende Zeigen auf Faulheit anderer.

Charmante Fröhlichkeit und Belohnung/Lust: Fröhliche natürliche Kinder balgen sich lachend wie junge Hunde, die an den Menschen hochspringen und ihnen vor Liebe das Gesicht lecken. Diese Kinder verströmen ein Übermaß an Energie in unbekümmerter Freude und im Überschwang. Sie sitzen auf dem Schoß der Erwachsenen und halten alles in Bewegung. Ihr Hauptproblem mit der Welt ist klar: Wie jeder von uns weiß, ist das Leben ernst und meist schwer. Deshalb sind auch die Erwachsenen so ernst. Sie reagieren sehr ernst, wenn andere Menschen Spaß haben wollen, am besten noch Spaß bei der Arbeit. Da versteht das System in der Regel gar keinen Spaß, auch wenn der Satz „Bei uns macht Arbeit Spaß" zum Standard-Blabla jeder Führungskraft gehört. Es gibt Manager, die das sogar echt überzeugt sagen können! Sehen Sie denen in die Augen! Da blinkt Fröhlichkeit und Charme. Sie sind dann selbst diese bunten Menschen, von denen hier die Rede ist. Mit einem Wort: Spaß darf sein, aber nur, wo es sich gehört. Und damit werden diese ursprünglich fröhlichen Kinder durch Normen der Systeme grausam gefangen. Sie wehren sich durch Schwänzen oder Drückebergerei vor Nicht-Spaß, haben die fantasiereichsten Ausreden, sie stibitzen Bonbons, umarmen die Mutter charmant, um einen Kuss oder einen Erlass von Pflicht zu bekommen. Sie werben mit Charme für Freude und versuchen andere Menschen zu verführen, auf den Weg der Freude mitzugehen. Da die Systeme die Freude unerfreulich knapp halten, werden die fröhlichen Kinder bald süchtig nach „Lust". Sie verhandeln jeden Arbeitsgriff nur gegen Belohnung oder eine Lust. Das ist die entstehende Machina. Sie ist süchtig nach *Bekommen.* Diese Sucht dieser spezifischen Machina wird von Systemen als „tierisches Relikt im Menschen" verteufelt und verfolgt, weil das System Arbeit ohne Lohn favorisiert. Es ist aber nur die Machina des fröhlich-warmen natürlichen Kindes, das grausam umgepflanzt wird und sich irgendwie gegen diesen Entwurzelungsschmerz wehren muss. (Genau diese Machina scheinen die von Jean Liedloff besuchten Indianer eben *nicht* auszubilden, weil die warmherzige Fröhlichkeit dieser menschlichen „Tropenpflanzen" in Südamerika nicht unterdrückt wird. „Dann arbeiten sie aber nicht so hart", warnen die Systeme und weisen nach, dass sich glückliche Menschen niemals goldene Wasserhähne werden leisten können.) Die Machina des Fröhlichen ist wie süchtig hinter Freuden her. Sie quält sich für *Bekommen,* was die Systeme hart in Anreizsystemen ausnutzen. Die Systeme kanalisieren diese Machinae in Konsumlust und lassen sie finanziell für jeden Spaß bluten. Die Machina des fröhlichen, charmanten Kindes quält sich für Freuden. (*Freuden* – nicht: Freude) Seine Pseudosinnrichtung ist Lust. Im freudlosen Zustand fühlt die Machina Öde (Langeweile, Ereignislosigkeit, Frustration, „Null-Bock"). Das Mittel der Machina ist Verführung und notfalls Trotz oder Erpressung. („Ich ziehe jetzt beim Einkaufen mit den Eltern so lange ein gelangweiltes Gesicht, bis sie endlich einwilligen, zum Burger King zu gehen. Wenn ich keine Zwiebelringe zusätzlich bekomme, mache ich mit dem Null-Bock-Gesicht weiter.")

Vorbildlichkeit und Perfektion: Die vorbildlichen Kinder sind grundbrav und geben der Gesellschaft, der Familie und dem System den „fair share", den gerechten Anteil. Dafür werden sie respektiert und erfahren etliche Bestätigung, ein wertvoller Teil der Gemeinschaft zu sein. Sie sind in dieser Lebensweise autark. Sie machen ihre Hausaufgaben und sind damit aus dem Systemdruck entlassen. Wer seine Hausaufgaben macht, „ist keine Baustelle" für Eltern, Lehrer oder Manager. Sie alle nennen das Kind dann zuverlässig und lassen es in Ruhe. Sie sind in gewisser Weise ideale Kinder aus der Erziehungssicht: autark, also selbstständig und zuverlässig „wie die Uhr".

Im Gymnasium Bammental sollten einmal die Lehrer eine einzige Eigenschaft nennen, die sie an Schülern am meisten schätzten. Es gibt doch bestimmt mehr als hundert Wörter, die für diese Eigenschaft in Frage kämen! Oder? Etwas mehr als die Hälfte der Lehrer wählte aber nur ein einziges Wort: *zuverlässig*. Sehen Sie?! Leider wird in einem Suprasystem, das auf Hochleistung setzt, die Zuverlässigkeit nicht mehr unbedingt sehr hoch eingeschätzt. „Machen Sie Punkte!", heißt es schon in der Oberstufe. Das Abliefern der Hausaufgaben ist nicht mehr die erste Priorität, sondern die Höchstpunktzahl oder null Fehler. Die Machina des vorbildlichen Kindes beginnt nun, alle Fehler wie die Pest zu meiden, weil sie eine geringere Punktzahl zur Folge haben. Der ausgeglichene brave Charakter des Kindes verliert im Hochleistungsklima die Ruhe. „Ich bin am zuverlässigsten! Ich bin der Bravste!", will die Machina des umgepflanzten Kindes hören, das sich nicht mehr genug bestätigt fühlt. Die Machina macht dieses Kind zum Perfektionisten. Alles muss stimmen! Alle Fehler werden ausgemerzt, auch später bei den Partnern, Kollegen oder Mitarbeitern! Die Machina wird kontrollwütig und prüft alles auf null Fehler. Wohlgemerkt: auf null Fehler, nicht nur etwa auf angemessene Qualität. Als Bürokraten, Hüter der Ordnung, als Puristen oder Zwanghafte kann die perfektionistische Machina hart aggressiv werden. Sie will Perfektion von allen Menschen! Diese Perfektion wird oft als Forderung nach Einheitlichkeit oder Uniformität laut. Alles soll in gleicher Weise perfekt sein. Uniform anziehen! Zum Verkaufen der Argumentation wird von *Gerechtigkeit* gesprochen, die ja als Kardinaltugend gilt.

Dabei fungiert die Machina nur als Bewältigungsmechanismus des Umpflanzens eines einst braven, vorbildlichen Kindes, das eigentlich Ruhe vor Kritik wollte. Die Hauptwunde des Perfektionisten wäre, einen Fehler zu haben. Im fehlerhaften Zustand wühlt ihn Ärger auf. Die Hauptwaffe gegen Kritik ist die ärgerliche Fehlerzuweisung an andere. Dieser Zustand der Machina fühlt sich wie gerechter Zorn an, der zu einem gerechten Krieg berechtigt. Die Machina des braven Kindes quält sich für Perfektion und gegen Fehlerlosigkeit bis hin zu Makellosigkeit. Im nicht makellosen Zustand fühlt sie Ärger und gerechten Zorn auf das Fehlerhafte anderer Menschen. Die Pseudosinnrichtung ist Perfektion. Das Mittel der Machina ist Zeigen auf Fehler.

Ordentliche Verlässlichkeit und Autorität: Mittel-Wasser, Mittel-Sonne! Dieses Kind ist richtig und normsozial. Es fügt sich in jeder Hinsicht in die Gemeinschaft ein und ist treu und verlässlich. Lassen Sie es mich so charakterisieren: Es ist der archetypische Sohn, der ein archetypischer Vater werden will. Oder, wenn Sie so wollen: „Der treue Deutsche." Während das zuverlässige Kind perfekt und immer richtig arbeitet, ist dieser typische Sohn ein verlässlicher Teil der Familie, des Systems und tut dort *gehorsam und treu*, was man von ihm erwartet. „Ich tat genau, wie du wolltest", scheint es anzustreben. „Was soll ich tun?", fragt es oft. Es möchte gesagt bekommen, was von ihm erwartet wird. Es möchte gerne darin bestätigt werden, dass es schon wie ein Erwachsener wirkt. „Du bist schon groß!" Das hört es gern. Ein solches Kind wächst ruhig und artgerecht heran, wenn es nur sinnvolle Befehle bekommt, die es von Herzen gern ausführen kann. Wenn aber Vater oder Systemvertreter (Lehrer, Polizei etc.) ihm Anweisungen geben, die von ihm falsch empfunden werden oder wenn sie es nicht als „groß" achten und es gar als „klein" bezeichnen, dann begehrt dieses Kind innerlich auf. Es hadert mit der Autorität und schimpft. Es kann sehr ambivalent zur Autorität stehen. Einerseits will es ihr gehorchen, andererseits fühlt es sich oft *ungerecht* behandelt. Es verlangt für seinen Gehorsam einen gerechten Herrscher. Die heutigen Leistungssysteme zählen mehr und mehr Punkte. Sie belohnen viel stärker die perfekte Leistung oder den

Sieg im Wettbewerb. Das gehorsame und loyale Verhalten erzielt heute nur gute Verhaltensnoten, aber allein gesehen keine guten Noten. Die Belohnungssysteme sind heute fast durchweg *ungerecht* gegen Menschen, die dem System treu dienen. Das treue Kind wird wütend, wenn andere beliebter sind oder mehr Punkte bekommen, die aber nicht treu sind und sich über das „blinde Gehorchen" sogar noch lustig machen. Das wühlt im treuen Kind. „Es kündigt innerlich." Es macht „Dienst nach Vorschrift". Es versucht, schnell groß zu werden, weil es hofft, dann selbst eine Autorität zu werden, der dann die anderen Treue schulden.

Wer die Treue bricht, ist tief schuldig. Wenn eine Autorität einem Vasallen mit gutem Grund Vorwürfe machen kann, ist der „Untreue" mit Schuld beladen. Das Todesurteil des Treuen ist: „Du bist nicht mehr mein Sohn." – „Du bist nicht mehr meine Tochter, hinweg mit dir." Damit ist der Untreue ausgestoßen und verfemt. Diese Schuld wurzelt wohl am tiefsten im Deutschen an sich, wie auch das Bild des treuen Kindes das Deutsche vielleicht am besten widerspiegelt. Die Machina des treuen, verlässlichen Kindes kämpft gegen Schuldvorwürfe oder gar Eingeständnisse bis zum letzten Blutstropfen („Kannst du nicht *einmal* in deinem Leben eine Schuld eingestehen?"). Sie zittert vor dem Erwischtwerden. Diese Machina ist mehr als alle anderen innerlich zerrissen. Schauen Sie in die Tabelle: Wir besprechen gerade die Mitte, die es offenbar schwer hat, ein klares Profil zu zeigen. Das treue Kind hält sich an Regeln und Sitten und Ordnung, aber auch an die Person oder das System, dem es treu ist. Wenn es dort Widerstreit gibt, hat es innerlich keine klare Wahl. Deshalb hat der treue Deutsche so etwas von der Art der Nibelungen an sich. Dem Herrn die Treue brechen oder das Weltgesetz verletzen? So etwas lässt sich manchmal nur durch den eigenen Tod auflösen? Die Machina des treuen Kindes quält sich für Autorität und gegen Schuld. Im Zustand der Schuld fühlt sie Zerknirschung, im Zustand ungerechter Behandlung fühlt sie sich rebellisch. Im Zustand, in dem sie ihre Autorität nicht geachtet sieht, spielt sie den harten Mann. Die Pseudosinnrichtung ist Autorität.

Versorgung und Dank: Das liebe, hilfsbereite Kind ist zuvorkommend und freundlich warm. Es hilft, wo es kann. Dieses Kind wirkt wie eine archetypische deutsche Tochter, die jedermann ins Herz schließen muss! Dieses Kind liebt es, in der Gemeinschaft diesen Herzensplatz einzunehmen und ist einfach ein richtig guter Mensch. Ich stelle mir dieses Kind wie die Goldmarie im Märchen *Frau Holle* vor. Marie ist aufmerksam, schüttelt freundlich die Äpfel, zieht freundlich das Brot aus dem Ofen. Marie hört zu, weiß, was gebraucht wird, ist bereit, überall *freundlich* Nutzen zu stiften und für die Welt zu sorgen. Freundlich! Nicht nur treu, sondern mit viel mehr Wärme. Ein blitzgescheites, liebes Mädel!

Und wissen Sie was unsere Gesellschaft aus solchen Menschen macht? Hören Sie in das Märchen hinein, wie es ausgeht:

> Nun war es eine Zeitlang bei der Frau Holle, da ward es traurig in seinem Herzen und ob es hier gleich viel tausendmal besser war, als zu Haus, so hatte es doch ein Verlangen dahin; endlich sagte es zu ihr: „Ich habe den Jammer nach Haus kriegt, und wenn es mir auch noch so gut hier geht, so kann ich doch nicht länger bleiben." Die Frau Holle sagte: „Du hast Recht und weil du mir so treu gedient hast, so will ich dich selbst wieder hinaufbringen." Sie nahm es darauf bei der Hand und führte es vor ein großes Thor. Das ward aufgethan und

> wie das Mädchen darunter stand, fiel ein gewaltiger Goldregen, und alles Gold blieb an ihm hängen, so daß es über und über davon bedeckt war. „Das sollst du haben, weil du so fleißig gewesen bist", sprach die Frau Holle.

Marie lebt gerne hilfsbereit und fröhlich, sehnt sich aber gleichzeitig nach Bindung („viel Sonne"). Sie geht dorthin zurück, wo sie die Sonne erhofft, obwohl dort keine zu erwarten ist, denn die Witwe hat ja ihr anderes, faules Kind lieber. Frau Holle ist offenbar mehr eine Art Autorität, die Treue erwartet und belohnt, aber selbst mehr mit Schnee zu tun hat als mit Wärme. Nun aber bekommt Marie Gold und es heißt im Märchen weiter: „Da ging es heim zu seiner Mutter und weil es so mit Gold bedeckt ankam, ward es gut aufgenommen." Sehen Sie? Das Gold erzeugt nun auch die vorher mangelnde Liebe und Sonne, aber mehr in einer anderen Art, nämlich als Dank.

Die lieben, hilfsbereiten Kinder im sonnigen Klima wachsen. Das gibt es nicht so oft in dieser Welt, allein schon, weil die anderen Charaktere nicht gerade als exzessive Produzenten von Liebe auftreten. Im Grunde verstehen ja nur die sonnigen Kinder wirklich etwas von Sonne und Wärme, die anderen nicht. Die anderen haben die Liebe dieser Goldmarie gern und sie freuen sich über den Nutzen, den sie stiftet. Am Ende sagen sie „Dankeschön!" und geben ihr ein Geschenk als Zeichen der liebenden Wertschätzung zurück. Klar? Jetzt komme ich zum Kern: Das liebende Kind möchte aus dem Ursprung her nach allen Seiten in warme liebende Augen blicken. Es geht um Sonne, um viel Sonne. Durch Hilfsbereitschaft erzeugt es nun selbst liebende Augen, sei es im Apfelbaum oder im Backofen. Es geht immer um liebende Augen und Sonne. Die Welt aber ist in großen Teilen ohne diese Sonne. Sie kann keinen liebenden Blick zurückgeben, weil sie dazu nicht fähig ist. Deshalb dankt sie (das ist die wärmere Form) oder sie belohnt (das ist die kalte Form). Die Kälte weiß manchmal um sich selbst, deshalb gibt sie oft „fürstlichen Lohn", was eine Art Ersatz für liebende Augen aus einem kalten Menschen heraus sein mag. Selbst das Kalte spürt, wann eigentlich Wärme von ihm verlangt wird. Dann gibt das Kalte noch Trinkgeld auf den gerechten Lohn. Trinkgeld ist dann Wärmeersatz.

Und Sie wissen schon, was ich sagen will: Die heutigen Leistungssysteme kennen nur zugemessenen Lohn, keine Wärme mehr und schon gar kein Trinkgeld. Die treuen Kinder leiden, weil das Wort Treue kaum noch im Wortschatz vorkommt. Das Wort Wärme friert ein. In Deutschland fällt der Wärmepegel beim Übergang ins Gymnasium abrupt ab. Viele Lehrer wundern sich, dass die Leistungen von lieben, hilfsbereiten Mädchen irgendwie verkümmern, wenn es langsam zum Abitur geht, wenn aggressive Jungen plötzlich um Punkte kämpfen. Jetzt erst kommt es ja darauf an! Auf Punkte. Wärme? Es geht nur um Punkte. Dank? Der lässt sich nicht in Punkte umtauschen. So erlebt der Goldmarie-Charakter eine anhaltende Auskühlung der Welt. Er entwickelt eine Machina, die nun nützlich und fleißig ist, Arbeiten abliefert und dafür immer offenen Dank fordert. (Die Perfektionisten wollen Null-Fehler-Bescheinigungen, die Treuen anerkennende Augen des Herrn.) „Sie könnten sich auch einmal bedanken, Chef! Sie nehmen alles einfach so hin!" Ein normaler kalter Chef sieht die Notwendigkeit des Dankes nicht oft. Die Mitarbeiterin bekommt doch ihr regelmäßiges Gehalt? Warum soll er für jeden Handschlag danken? Er versteht nicht, dass Goldmarie im Ursprung nur für Sonne arbeitet, nicht aber für Gold, also mehr für Blumensträuße als für schnödes Gehalt. Was tut ein Mensch, der *nur* Gold bekommt, aber keine Wärme? Er versucht eben, das Gold *umzumünzen*. Er muss es irgendwie in Dank umwerten. Oder er muss dahin fliehen, wo die Sonne scheint. Goldmarie kriegt Weh nach Hause. Die Machina kann zur Wärme fliehen, also später einmal einen Beruf im Kindergarten, im Pflegebereich, an der Hotelrezeption oder in der Pfarrei anstreben. Die Machina kann die eigenen Kinder zwangsweise bemuttern und Dank erzwingen. Sie kann ungewollte Geschenke verteilen und Dank oder Wärme erzwingen. („Du, entschuldige, dass ich so spät noch klingele, ich habe dir hier eine Zucchini mitgebracht, wir haben so viele davon. Kann ich dir einen Moment in deiner Küche zeigen, wie man sie am besten behandelt? Kein Problem, du, ich gebe gerne Rat, da kannst du froh sein! Ich liebe es, wenn sich jemand etwas zu Gefallen tun lässt und ich ihn besuchen kann.") Die Machina kann schmollen und stolz tun. („Ich muss mich nicht so behandeln lassen! Das habe ich nicht nötig! Entschuldigt euch, dass ihr nicht Danke gesagt habt! Man *muss* danken, jedes einzelne Mal!") Die Machina wird unaufhörlich darauf hin weisen, dass sie geholfen hat.

Im Grunde mutiert Goldmarie ein bisschen zur Pechmarie, die stets um den Lohn besorgt ist.

Die Machina des nützlich-sorgenden Menschen quält sich für Dank. Im Zustand „der Unnützlichkeit" schmollt sie, verdirbt rundum die Laune und erzwingt Einlenken und Dank unter stoßweisen Aufzählungen eigener Verdienste. „Was habe ich alles für dich getan!" Wenn sie genug Dank geerntet hat, verzeiht sie den Undank und stellt Stolz und Schmollen ein. Die Pseudosinnrichtung ist Dankbarkeit der anderen und damit Stolz auf sich selbst. Das Mittel der Machina ist indirekter Angriff auf das Seelische anderer Menschen, um gegen eigene Hilfe eine gewisse Unterwerfung der anderen als Kompensation verlangen zu können.

Weisheit und Ruhm der Allwissenheit: Das stille, aggressionslose Kind beobachtet scheu die Welt. Es wird oft klug dabei. Es ist sehr rezeptiv, abwartend und wirkt wie das „schwächste und kälteste" unter den Kindern. Es ist nie impulsiv oder überschwänglich, nur ruhig und gelassen.

Es bekommt Ratschläge. „Spiel mit den anderen." Oder: „Hau zurück!" Damit predigt man ihm *mehr* Wasser und Sonne. Die Kinder, die (zu) viel Wasser brauchen, die natürlichen, werden zurückgepfiffen. Die Kinder, die (zu) viel Wärme brauchen, werden etwas geringschätzig als zu weich gesehen. Stark gefühlsbetonte Jungen könnten sich heute anhören: „Bist du schwul?" (Was allerlei sagt, über all das.) Das schüchterne kluge Kind wird für schwächlich gehalten. Es muss mehr aufdrehen! Das will es nicht und sagt unaufhörlich: „Lasst mich in Ruhe!" Es wird oft verhauen und umhergeschupst. Es will im Ursprung bleiben. Mit der Zeit merkt es, dass es seine Beobachtungen von der Welt zu geschätztem Wissen machen kann. Es gewinnt Achtung für Klugheit. Sie ist das Einzige, was es von der realen Welt bekommt. Aus seiner Eigenart entwickelt sich eine Machina. Sie sammelt Wissen, wo sie kann. Sie stapelt Wissen im Überfluss, wie es ein Geizhals mit dem Gelde triebe. Aus der Klugheit wird Besserwissen und damit einhergehende Überlegenheit. Die anderen sind *dumm*! Der Vorwurf der Dummheit wiegt unter den Menschen am schwersten. Fast alle schrecken sie davor mehr zurück als vor Fehlerzuweisung,

Schuld oder Niederlage. Mit der Waffe des Wissens lassen sich Gegner niederstrecken. Vor dem Wissen sinken sie auf die Knie und erbitten Rat, wie der Kalif beim Großwesir, wie Alexander der Große bei Aristoteles. Zum Wissenden geht man hin, wie man zu einem Arzt oder einem Anwalt geht. Wir konsultieren die Wissenden und geben ihnen Geld, das ihnen meist wenig bedeutet. Die Machina des scheuen, klugen Kindes strebt Unverletzlichkeit gegen Dummheit an. Wenigstens es selbst als Ausnahme der Welt ist keinesfalls dumm! Unverletzlichkeit gegen einen Dummheitsvorwurf ist Allwissen. Das Allwissen schützt vor Gewalt. Das Allwissen würde beweisen, dass die Welt in ihrem Strudel der Gewalt und der Leidenschaft Unrecht hat und beruhigt werden müsste! Das Allwissen wäre der Urschlüssel zur Welt, sie zu erkennen und dann nach der reinen Erkenntnis zu gestalten! Man müsste nur wissen, was die Welt im Innersten zusammenhält!

Das scheue, kluge Kind braucht aber auch Schutz vor zu viel Sonne, sonst verbrennt es. Es liebt ganz zart und schüchtern. Es wird ganz und gar nicht zum großen Verführer, es wird nur ganz schüchtern ein Zeichen der Liebe zur Annäherung setzen. So etwas wird meist glatt überhört – viel zu leise! –, dann fühlt es sich einsam. Oder es wird in der Art der höherenergetischen Menschen „abschlägig beschieden", was dem scheuen Kind wie eine totale Abweisung oder wie brutalste Gewalt vorkommen muss. Dann zieht es sich zurück und weint. Oft läuft es schon weg, wenn nur die bloße Möglichkeit besteht, abgewiesen zu werden. („Sie war meine große, einzige Liebe, aber ich wusste, sie würde mich abweisen, da fragte ich natürlich erst gar nicht. Sie hat bald einen Nichtswürdigen geheiratet, mit dem sie unglücklich ist – es ist ihr nicht bewusst, aber ich erkenne es genau, dass sie mit mir glücklicher wäre.") Es lebt lieber ganz ohne Sonne, als dass es Gewalt erlitte. Die größte Pein ist: überwältigt zu werden. Der Königsweg für einen solchen Menschen ist der Ruhm durch Wissen. Wer Ruhm hat, ist unangreifbar und wird nicht abgewiesen. Der Berühmte wird geliebt, ohne weiteres Zutun.

Die Machina des scheuen, klugen Kindes quält sich um Wissen, Welterkenntnis und letzten Endes auch um Ruhm. Ohne Ruhm oder „fachliche Ehre" fühlt sie Wehrlosigkeit, zieht sich zurück und muss Leere, Einsamkeit und im Extrem Grauen ertragen. Die Pseudosinnrichtung ist Allwissen und die damit verbundene Überlegenheit. Wenn die Machina sich unwissend und damit verloren fühlt, lernt sie besessen, um die Lücke zu schließen.

Frieden und Harmoniesucht: Was soll ein friedliches, gutherziges Kind (mittlere Beziehungssehnsucht, wenig „Aggression") in unserer Welt beginnen? Wir haben *keinen* Frieden. Um diesen Konflikt dreht sich das Leben des Kindes, das selbstlos, gelassen und vertrauensvoll in die Welt blickt. Es ist geduldig und sanftmütig. Wenn es erwachsen ist, sagen wir: „Das ist ein richtig netter Mensch." Dieser Mensch akzeptiert sich und andere im friedlichen Miteinander. Als Kind ruht er in sich und strahlt innere Zufriedenheit und Harmonie aus. Liebe: mittel, für Beziehungen gerade richtig. Wasser: wenig, also selbstgenügsam.

Was geschieht nun mit einem solchen gleichmütigen, vertrauenden Kind in dieser Welt? Es soll sich an Regeln halten. „Gut, mach ich", sagt es, weil es gutmütig ist und anschließend Friede herrscht. Es wird vor Erwartungen und Forderungen gestellt. „Okay, mach ich", sagt es und beginnt den Erwartungen zu entsprechen.

Es prüft nicht stark, ob die Wünsche von außen nun genau richtig oder berechtigt wären – es ist ja gutmütig, arglos und liebenswürdig. Es vertraut der Obrigkeit. Was wird geschehen, wenn die Obrigkeit Hochleistungskampf, Bestehen im Wettbewerb und Bestnoten verlangt? Wenn es Streit zu Hause gibt und Vater und Mutter es auf seine Seite ziehen? Wir ahnen es alle. Es sagt: „Gut, mach ich." Und es gibt eine Katastrophe, wenn ein argloses, gutes Kind unter schlechte Herrschaft gerät.

Darf ich noch ein Grimm-Märchen anführen? *Hans im Glück* heißt es. Hans dient sieben Jahre lang und bekommt dafür einen Goldklumpen. Er fällt leichtgläubig darauf herein, den Klumpen für ein Pferd, dann das Pferd gegen eine Kuh, die für ein Schwein, das für eine Gans, die für einen Stein einzutauschen, der ihn nie mehr beschwert, weil er in einen Brunnen fällt. Und das Märchen endet mit dem Satz: „Mit leichtem Herzen und frei von aller Last sprang er nun fort, bis er daheim bei seiner Mutter war." Sie könnten denken, Hans ist dumm. Das mag für dieses Märchen gelten, aber vor allem ist er innerlich sanft glücklich und weiß, dass all das Haben nicht wichtig ist. Arglose, gutmütige Kinder haben einen besonders schlimmen Fehler, wenn sie in einem normalen System leben: Sie können dem Druck nicht gut widerstehen. Das gilt für die Denker auch, die aber aus der Welt ganz fliehen (in den Elfenbeinturm oder auf Nagelbretter). Das sanfte Kind aber kann nicht fliehen, weil es die Sonne der Menschenbeziehungen braucht. Es bleibt also gewissermaßen im Feindesland, es kann nicht physisch weichen. Wenn es zu sehr unter Druck gesetzt wird, wenn ihm das „Gut, mach ich" nicht mehr so leicht von den Lippen kommt, dann weicht es innerlich aus der Welt. Es wird träge und unempfindlich, gleichgültig und passiv. Am Ende werden Peiniger sagen: „Fauler Sack." Sie werden ihm dann Dampf machen, dem Passiven. Und er wird innerlich immer weiter weichen. Das friedliche, gutherzige Kind bildet eine Machina aus, die allen Schwierigkeiten aus dem Weg geht und Probleme aussitzt. Die Machina quält sich für (inneren) Frieden und Konfliktlosigkeit. Im Konflikt fühlen sie sich antriebslos, hilflos, fatalistisch und resigniert. Die Pseudosinnrichtung ist Friede und Harmonie mit anderen.

Liebe und Geliebtwerden: Ein liebes, warmes Kind wird geboren! Es ist die Sonne selbst! Ganz warm, voller Gefühle und Leidenschaft, aber es schreckt vor aller Gewalt zurück. Dieses Kind ist von Anfang an „emotional intelligent", spürt das Strömen der Liebe in den Mitmenschen, spürt deren Ärger, deren Wut, besonders ihre Kälte und den Kampf. Es vermag in die Seelen zu schauen, weil es selbst wenig Wasser braucht, also selbst nicht drängt und will. Das kluge Kind schaut in die Welt und kann zur Weisheit gelangen. Das Sonnenkind interessiert sich nicht so sehr für die Gesamtschau der Welt, sondern für alles, was Seele und Liebe in ihr ist. Das Sonnenkind liebt Tiere und Pflanzen und die Seele der Kunstwerke. Es entwickelt eine emotionale Intuition (wie der Weise eine wissende Intuition). Weil es im wirklichen Leben überall Leiden oder Nicht-Liebe sehen muss, wenn es nicht ganz schwärmerisch bleibt, entwickelt es Mitleiden.

Wenn es in einem supramanen System und unter fordernden, reglementierenden Eltern aufwächst, so spürt es, dass etwas Gewaltsames mit ihm geschieht. Was ist es? Eltern und System bauen darauf, jedem Kind eine gewisse Mindesthärte anzuerziehen, weil das Leben eben hart ist (weil man es hart haben will und in dieser

Weise für erfolgversprechender erachtet). Wenn nun das Sonnenkind an Härte gewöhnt wird, wird es irrtümlich spüren, dass es nicht geliebt wird. Oder: Man akzeptiert es nicht, wie es ist. Es soll härter sein. Es wird aus dem reinen Strom der Liebe herausgerissen und mit etwas Feindlichem konfrontiert, das es als Hass empfinden muss. Es beginnt, sich für nicht normal zu halten. (Das scheue, kluge Kind hält sich auch nicht für normal, aber es macht auf dem Weg zum Allwissen eine Stärke daraus. Das Kind der Sonne aber braucht Menschen, es kann nicht Einsiedler werden wie das scheue Kind!) Die Gewalt bringt sein Herz zum Flammen. Die Sonnenströme wirbeln im Chaos. Ein Sturm von Leidenschaft wogt im Kind. Was kann es tun? Die klugen Kinder sammeln Wissen wie Gewehrpatronen und schießen später als Besserwisser oder gar Klugscheißer um sich. Die sanften, gutherzigen Kinder ziehen sich in Resignation zurück. Aber das Sonnenkind muss in der Welt der Menschen verharren, weil es ja Liebe, warme Liebe im Ursprung sucht. Es kann nicht resignieren, weil es ein Rückzug nach innen wäre, der den Weg zur Liebe abschneidet. Nein, die Tragik ist: Es muss in der Nähe der Gewalttätigen bleiben und hoffen, dass einst doch die Sonne scheint. Warum aber, so fragt es sich, soll es merkwürdig oder anders sein, wenn doch Liebe das Höchste ist? Warum sagen die Eltern, sie hätten es herzlich lieb, aber eben nicht so – nicht so lieb, wie es ist? Warum sagen die Eltern, sie hätten das Kind mehr lieb, wenn es nicht gar so lieb wäre? So fragt sich das Kind ratlos, was falsch an ihm ist, wenn doch Liebe das Höchste ist, wie alle sagen – alle! Es zweifelt an sich selbst. Es nimmt alles persönlich. Es wird überempfindlich und hypersensibel. Es wird melancholisch, es trauert und endet in Depression … Es schämt sich seiner selbst so sehr.

Es wird ein Leben lang fragen, was denn der Sinn des Lebens wäre und warum die Welt keine Liebe will. Es wird zum Sinnsucher werden. Das Sonnenkind entwickelt eine Machina, die Sinntupfer wie Briefmarken sammelt. Die Machina sammelt Lebensrechtpunkte für das Dasein der Liebe. Die Machina wütet gegen alle Nicht-Liebe. Sie fragt sich, warum die Nicht-Liebe der Welt so hart gegen es selbst wütet. Die Wissenden fragen sich auch, warum die Welt voller Hass, Gier und Verblendung ist und sie kommen manchmal zum Schluss, dass die Welt verrückt und eventuell sogar irreal sei. Die Wissenden haben aber nicht die Ströme der Liebe in sich, deshalb können sie so nach außen denken. Die Liebenden aber spüren die Ströme der Liebe und der Leidenschaften in sich und sind nur bestürzt, dass ihnen keine Liebe entgegenkommt. Woran liegt das – wenn doch Liebe in ihnen selbst ist und sonst überall Kälte? Weil sie allein und besonders sind, zwingt sich ihnen langsam eine grausame Logik auf: Sie *selbst* sind verkehrt, irgendwie. Sie suchen verzweifelt nach dem Grund in ihrem Inneren. Die Machina will erzwingen, dass sie von anderen geliebt werden! Warum erfüllt sich das nicht? Die Machina beginnt auch im *Innern* zu suchen. „Wessen muss ich mich schämen? Warum werde ich nicht geliebt?" Diese Prozedur ist mit Worten wie Selbstzerfleischung, Selbstverachtung, Selbsthass, Selbstvorwurf verbunden. Die Machina durchpflügt die Ströme der Liebe – und findet auf ewig nichts, weil dort der Grund nicht ist.

Die Machina des Sonnenkindes quält sich nach Sinn und Akzeptanz. Im Zustand der Nicht-Liebe und der gespürten Sinnlosigkeit ist sie depressiv und empfindet Scham. Die Pseudosinnrichtung ist Geliebtwerden.

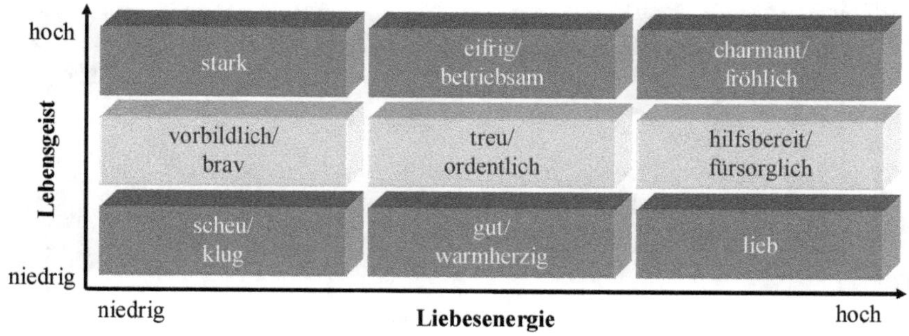

Abb. 7.13 Der ursprüngliche Zustand

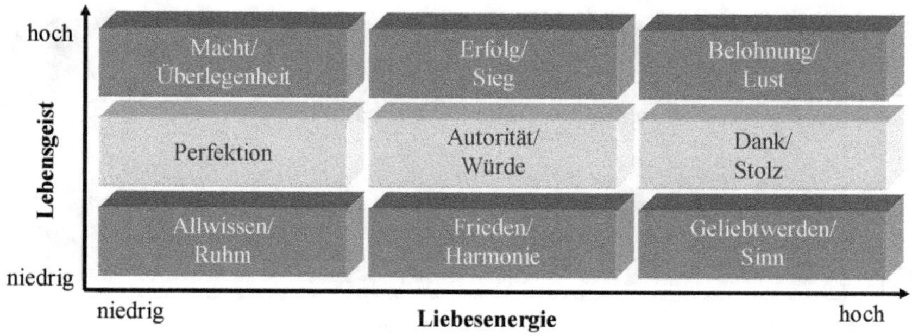

Abb. 7.14 Bewältigung durch Habenwollen im Sinne der Leitwünsche

Das waren nun die Darstellungen typischer Kinderschicksale.

Zusammengefasst.

Das Leben beginnt in einem ursprünglichen Zustand (Abb. 7.13).

Das System und seine Forderungen erzwingen die Ausbildung einer Bewältigungsstrategie. Eine sich entwickelnde Machina kämpft um die Erhaltung des Ursprungs. Sie strebt in ihrer Not nach einem möglichst schmerzfreien Zustand. Sie beginnt in den überwältigend allermeisten Menschen, Folgendes als *Pseudosinn* zu „maximieren" (Abb. 7.14).

Wenn sie diese „Werte" nicht erreicht, wechselt sie in einen Kriegsmodus, der durch die folgenden emotionalen Zustände charakterisiert ist (Abb. 7.15).

Und wenn man die Machina fragt, was sie wirklich will, sagt sie ja nicht „Macht" oder „Sex", sondern sie deklamiert als Lippenbekenntnis, sie strebe am Ende dies an (Abb. 7.16).

Wenn die Machina das in uns erfolgreich behauptet, nämlich dass sie diese ewigen Werte anstrebt, während sie doch nur verzweifelt versucht, den Ursprung wieder zu finden, dann könnten wir denken, wir seien auf dem richtigen Wege. Der wahre Weg aber ist, dorthin zu gelangen (Abb. 7.17).

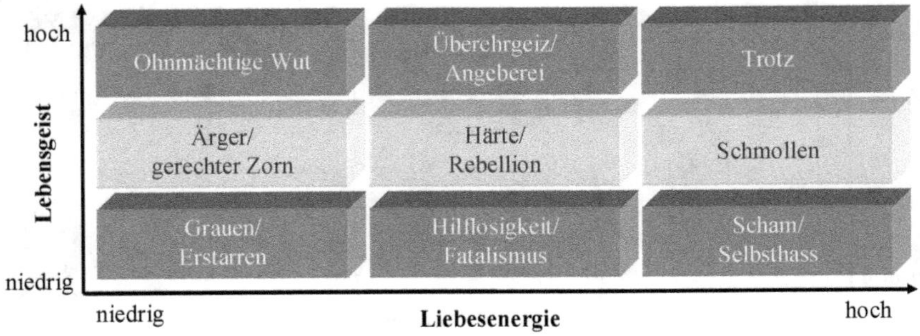

Abb. 7.15 Kriegsmodus, wenn das Habenwollen frustriert wird

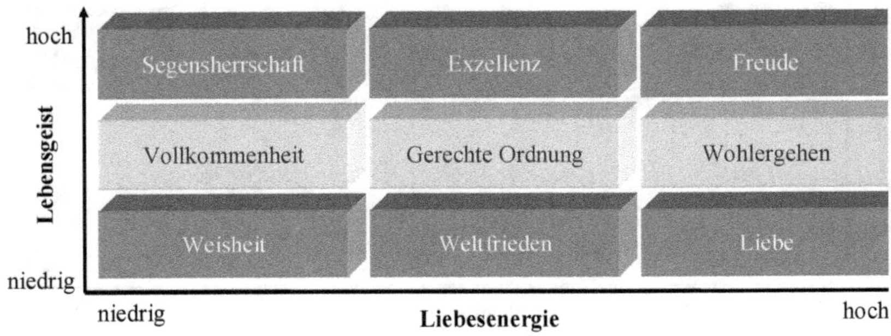

Abb. 7.16 Was im Kriegsmodus offiziell zum Ziel der Welt erklärt wird

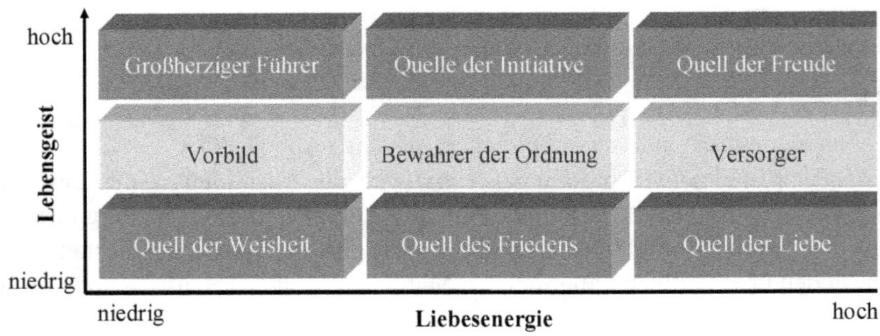

Abb. 7.17 Der wahre Weg

Und zwischen dem wahren Weg und dem, den die Machina als Lippenbekenntnis anstrebt, scheint es kaum noch einen Unterschied zu geben. Der Unterschied ist aber wie zwischen dem Sammeln von Punkten und dem Sein. Er ist riesengroß, aber in der täglichen Eile kaum erkennbar. Ich versuche, ihn ganz ans Licht zu ziehen.

Am besten sehen wir ihn, wenn wir in uns eigentlich zwei Seelen erkennen können.

Zwei Seelen wohnen, ach! in meiner Brust,
Die eine will sich von der andern trennen,

so sagt schon Doktor Faust zu Wagner. Faust ist ja Professor und hat natürlich eine artgerechte Machina, alles bekannte Wissen aufzusammeln. Er speichert das Wissen der Bücherwelt im Kopf, bis er alles drin hat. Das ist eine sehr anspruchsvolle Leistung, ganz ohne Computer oder USB-Sticks. Da merkt er, dass dies eigentlich nicht das ist, was er wollte. Was aber will er? In Auerbachs Keller zechen? Gretchen schwängern? Ins Leben zurück? Er stolpert mit Mephisto in Sphären herum, die für ihn nicht artgerecht sind.

Und er geht einen mühevollen Weg zurück in den Ursprung. So jedenfalls könnte man den Faust geschrieben haben wollen.

7.5 Alpha-Seele und Beta-Seele

7.5.1 Alpha- und Betawellen zur Metametapher erhoben

Bitte, lassen Sie es mich ein weiteres Mal betonen: Es geht mir vor allem um Vorstellungsbilder, nicht um exakte Beweise, dass der Sinn irgendwo in einem speziellen Hirnlappen zu finden wäre. So, das habe ich jetzt wieder gesagt. Jetzt kommt nämlich ein tiefer Gedanke.

Vorher muss ich noch kurz an eine frühere Stelle im Buch erinnern, ich schrieb:

In unserem Hirn lassen sich dominierend *Betawellen* messen, *wenn* wir uns nach außen konzentrieren und genau beobachten, was in der Welt geschieht. Wir zeigen eine erhöhte Vigilanz (durchschnittliche psychische Wachsamkeit), wir verarbeiten Sinneseindrücke von außen und denken darüber im Sinne des prüfenden, logischen Analysierens …

Und dann:

Die längeren Wellen des Alpha-*Frequenzbereiches* sind eine Anzeige für körperliche und geistige Zustände der Entspannung. Wenn wir zum Beispiel schon die Augen geschlossen haben und langsam einschlafen, befindet sich unser Gehirn in einem Zustand dominierender Alpha-Aktivität. Wir fühlen innere Ruhe, Wohligkeit, frei fließendes Denken in großer Zuversichtlichkeit, wir fühlen eine gewisse Einheit von Geist und Körper, wir sind eins, ganz ruhig und gelassen …

Ich führe Ihnen nochmals Bilder vor Augen (Abb. 7.18).

So entwickeln wir uns in der frühen Kindheit. Deltawellen gehen in Thetawellen über, in die sich mit fünf Jahren schon Alphawellen mischen. Die Amplituden steigen an.

Dann werden wir langsam erwachsen. Mit 14 bis 20 Jahren bildet sich das „typische Erwachsenen-EEG“ heraus. Die Amplituden sinken! Sagt man nicht, wir lernen ab 25 Jahren nicht mehr so viel? Sind nicht mehr so kreativ? Muss das so sein? Nein, es gibt auch bei Erwachsenen verschiedene Normvarianten. Im folgenden Bild sehen Sie zwei solche gegenübergestellt. A wie Alpha, B wie Beta (Abb. 7.19).

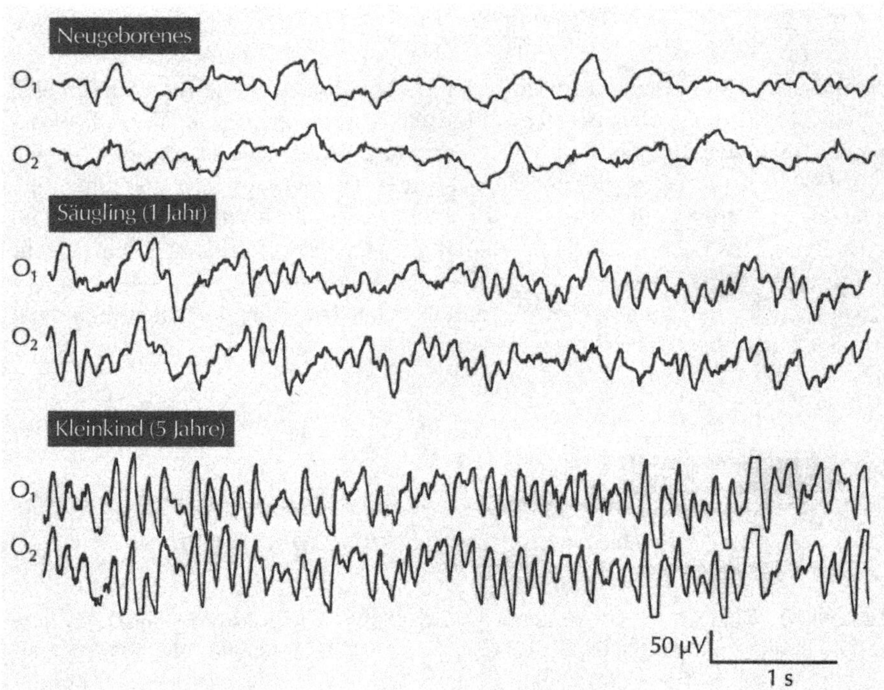

Abb. 7.18 Typische EEG-Wellenformationen von Kleinkindern

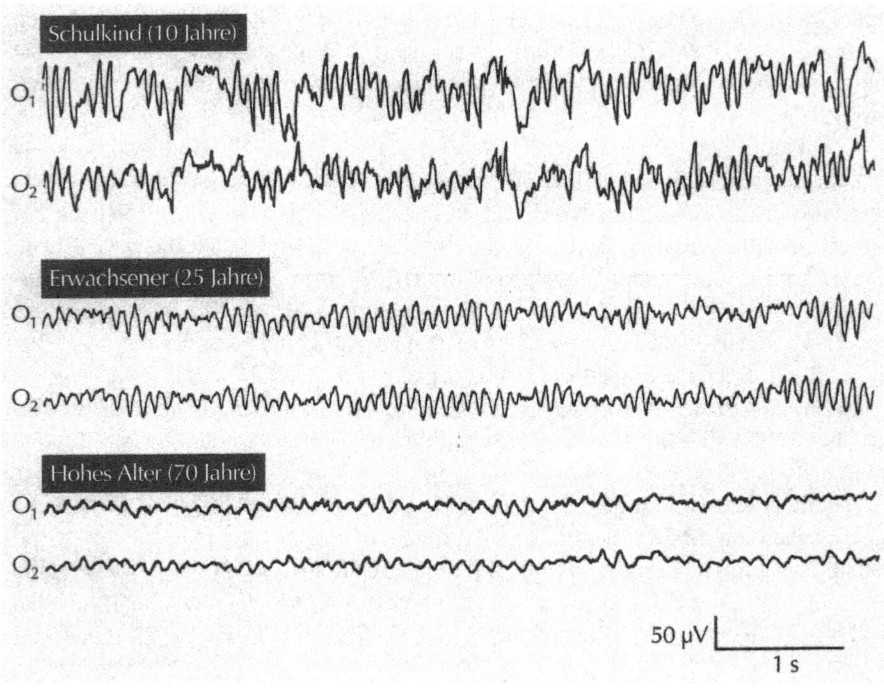

Abb. 7.19 Typische EEG-Wellenformationen von Schulkindern/Erwachsenen

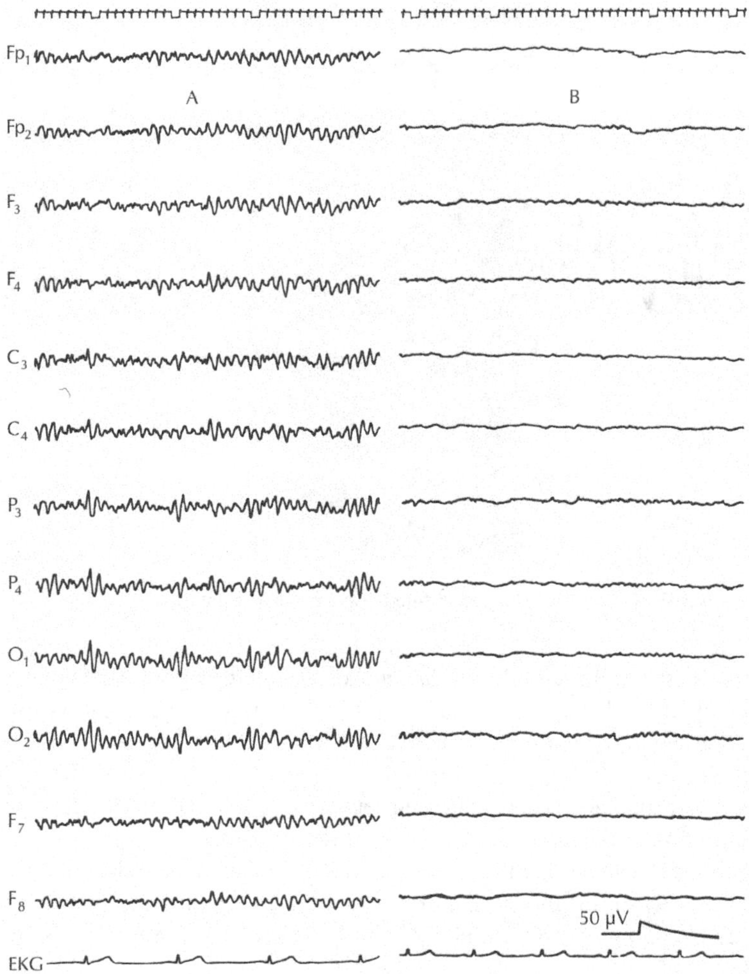

Abb. 7.20 Typische Alpha- und Beta-EEG-Profile

So sehen richtige EEGs aus. Die Buchstaben vor den einzelnen Zeilen bezeichnen die verschiedenen Stellen am Kopf, an denen die Elektroden angelegt werden.

Wir wechseln auch zwischen verschiedenen Zuständen. Das lässt sich am besten sehen, wenn die Gehirnströme bei geschlossenen Augen in Entspannung gemessen werden. Dann machen wir die Augen auf, und sieh! – wir gehen sofort in einen „Pass auf!"-Modus (Abb. 7.20).

Schematisch (Abb. 7.21).

Und an echten Menschen gemessen (Abb. 7.22).

Ich will daraus eine große Metapher entstehen lassen.

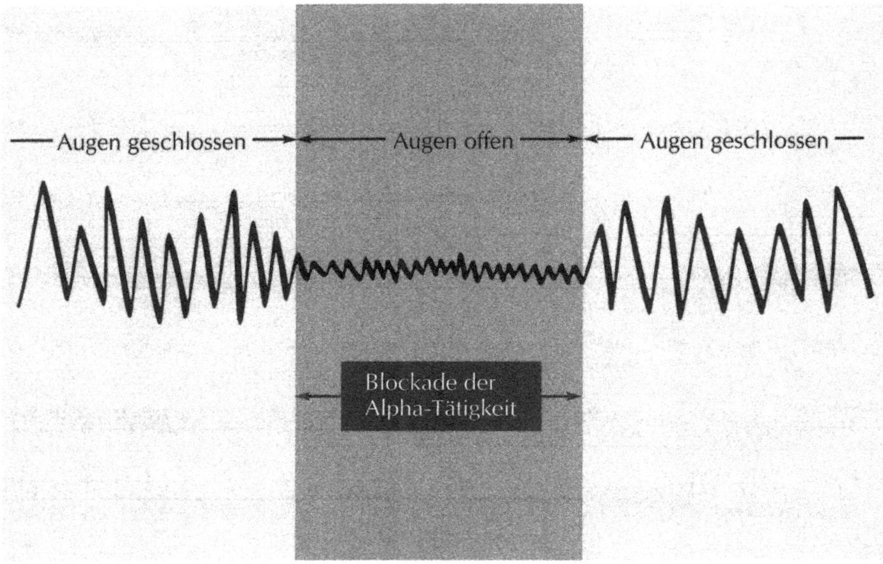

Abb. 7.21 EEG-Wellen bei „Konzentrieren“ und „Loslassen“ (Schema)

Ich möchte, dass wir uns den *Alpha-Zustand* als einen Ursprungszustand vorstellen. Wir ruhen in uns und sind eins mit uns. Wir sind in gewisser Weise am Anfang, wie wir als Kind noch *ungebogen* waren. Wenn wir dies fühlen, so sage ich, sind wir im Alpha-Zustand. Im Zustand geschlossener Augen sind wir eigentlich wir selbst. Kein Zittern vor jemand, kein Achten auf etwas. Nur wir selbst sind da, wenn wir uns bei geschlossenen Augen die Hirnwellen messen lassen.

Und ich *weiß*, dass es nicht genau mit den Hirnwellen mathematisch exakt zusammenpasst. *Ich weiß*. Es ist aber so ähnlich, und deshalb bezeichne ich dieses Gefühl des Ursprungs mit dem Alpha-Zustand und assoziiere damit die Langwellen im Gehirn.

Wenn wir uns kümmern, sorgen, etwas besorgen, uns anspannen, ärgern, kopfrechnen, wenn also unser Gehirn mit vielen widerstreitenden Einflüssen klarkommen muss, die alle unter Kontrolle gehalten werden müssen – dann sieht es nach Betawellen im Gehirn aus. Ich möchte diesen Zustand den *Beta-Zustand* nennen.

Gegensätze dieser Art habe ich Ihnen schon mindestens zwei Mal in anderen Zusammenhängen dargestellt. In *E-Man* habe ich über die Einteilung der Menschen von Meyer Friedman und Ray Rosenman in solche von Typ A und B referiert. Im Buch *Type A Behavior and Your Heart* berichten sie über die Gefahren, denen Typ A gegenüber Herzattacken ausgesetzt ist. Typ A lebt unter Stress, arbeitet schnell und ungeduldig, ist hyperwachsam, aufstiegswillig, hektisch, ruhelos. Typ B dagegen ist ruhig und entspannt, arbeitet stetig vor sich hin, sieht sich nicht unter Zeitdruck, denkt nicht sehr oft über Fortkommen und Erfolg nach, ist langsamer in seiner Bewegung. Typ A (alles andersherum, A und B, Beta und Alpha, ja, leider) gleicht sehr stark dem Menschen im Beta-Zustand, Typ B dem im Alpha-

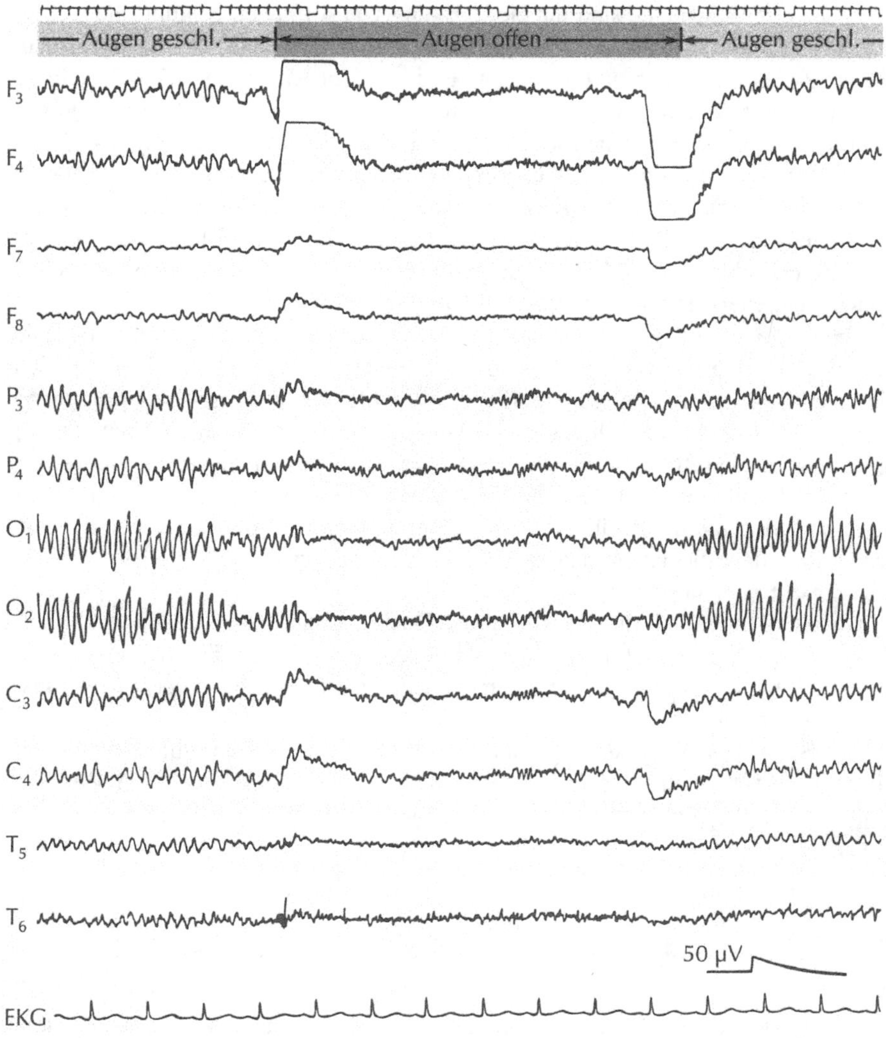

Abb. 7.22 EEG-Wellen bei „Konzentrieren“ und „Loslassen“

Zustand. Friedman und Rosenman warnen in ihrem Medizinbuch, dass das Leben des Stresstypus sehr viel ungesunder ist und unter viel häufigeren Herzstörungen leidet. Hier in *Topothesie* geht es mehr um das sinnvolle Leben, nicht primär um Gesundheit. Mutmaßlich ist ein ungesundes Leben aber auch nicht sinnvoll?

Im Buch *Supramanie* habe ich die *Reversal Theory* von Michael J. Apter beschrieben. In ihr gibt es an den verschiedenen Polen zwei Gegensatzzustände. Apter unterscheidet „telic states“ und „para-telic states“, also zielgerichtete und nicht zielgerichtete Zustände. Ich habe diese beiden in *Supramanie* dichterisch frei so beschrieben:

„Pass auf!“-Zustände sind um Bewältigung von Aufgaben bemüht. Sie reagieren auf Probleme, versuchen Störungen zu vermeiden. Probleme werden gelöst. In diesem Zustand wird das zukünftige gute Ende geplant. Man freut sich auf das Ende und den damit verbundenen Erfolg oder man fürchtet sich, ihn nicht zu erreichen. Man fordert Vernunft von sich selbst. Und natürlich: *Keine Aufregung*!

„Die Welt gehört mir!“-Zustände freuen sich in voller Energie. Diese Zustände wollen einen genussvollen Prozess und dann eher Fortdauer desselben.

Die telischen Zustände sind also um Kontrolle bemüht, ein Ergebnis in der Zukunft zu erreichen. Die anderen freuen sich in diesem Zustand an der Arbeit selbst und an dem energiereichen Zustand, in dem sie stattfindet.

Sehen Sie nun, dass alle immer zu einer ähnlichen Vorstellung zweier Zustände kommen? In einem Zustand wird gestrebt und gekümmert, die Menschen schinden sich, um etwas zu erreichen. Im anderen Zustand fühlen sie sich wie ursprüngliche gesunde Menschen, die sich auch während einer harten Arbeit des Lebens freuen und sich nicht so sehr um das Ende und die Frucht der Arbeit ängstigen. Sie werden später vielleicht Gott dafür danken, ebenfalls in einem als ursprünglich empfundenen Zustand. (Oder noch ein Bild: Alpha-Zustände mögen wie das Leben des von Jean Liedloff besuchten Indianerstammes sein, wie ein stetiges, volles Leben in gelassener Ergebenheit.)

Und so definiere ich für den Rest dieses Buches Alpha- und Beta-Zustand:

Der Alpha-Zustand ist der reine Zustand des Seins, in dem Freude, Ärger, Wut und alles, was zum Leben gehört, in einem gegenwärtigen Lebenszustand des Einsseins empfunden wird.

Der Beta-Zustand ist der Zustand des konzentrierten Strebens auf eine Absicht, ein Ziel, ein Haben oder Erreichen hin. In ihm beziehen sich Freude, Leid oder Wut vor allem auf den erwünschten Zustand, sie sind nicht vorwiegend Äußerungen des Seins.

7.5.2 Alpha-Schmerzen und dominierende Beta-Schmerzen

Die beiden letzten Erklärungen waren aber für meine Verhältnisse schon arg theoretisch, das gebe ich zu. Ich sehe mich förmlich zu erläuternden Beispielen gezwungen.

Ein kleines Kind schreit. Ein Hund jault auf. Können Sie hören, was die beiden meinen? Ein Kind verletzt sich mit dem Messer und schreit. Spürt es Schmerz? Meistens nicht. Es hat Angst. Einem Kind wird eröffnet, dass Papa nun doch nicht mit ihm zum Fest geht. Das Kind schreit. Aus Enttäuschung? Aus Entsetzen? Meistens nicht. Es will noch etwas bei Papa erreichen.

Reiner Schmerz oder reine Trauer sind anders und eher selten.

Ich trete auf einen Dorn. Reiner Schmerz! Ich trete barfuß auf eine rote, dicke Schnecke. Reiner Ekel. Ich sehe, dass jemand in Eile ein Kind rücksichtslos zur Seite schleudert. Reine Wut! Meine Tochter bekommt ihr Abiturzeugnis feierlich überreicht. Reine Rührung. Wir kommen aus einem langen Urlaub wieder, kochen ein paar Spaghetti. Ich öffne die Ketchupflasche. Explosion! Der Ketchup war gegoren, was ich mir erst viel später erklären konnte. Explosion!! Es kracht. Die Flasche bleibt ganz unbeschadet, aber der ganze Ketchup ist tröpfchenfein in der ganzen Küche verteilt. Ungläubig sehen wir das Desaster auf den weißen Glasfasertapeten. Wir begreifen nur langsam. Reine dumpfe Verzweiflung. Reine helle Wut beim endlosen Reinigen. Wände neu streichen. Fatum.

Große Party bei uns. Ich parke eine große Pfanne mit Gebratenem oben auf den Hochkühlschrank in zwei Metern Höhe. Beim Herunternehmen schubse ich sie leicht in Wandrichtung. Es kracht. Die Pfanne verschwindet spurlos. Ich klettere bange auf einen Stuhl und schaue nach. Oh, ich wusste nicht, dass Kühlschränke keinen richtigen Boden obendrauf haben, es ist viel Raum freigelassen für die Kühlluftaggregate. (Die Pfanne ließ sich angeln, aber das Fleisch blieb über einen Meter tief in den hinteren Eingeweiden der Elektronik in Stücken vergraben, bis wir viel später eine neue Einbauküche bekamen.) Die Gäste kommen. Ich muss sie über Kühlschränke aufklären. Reine Peinlichkeit!

Ich fahre zur Arbeit, ein Eichhörnchen läuft über den Weg. Ich bremse etwas. Es ist schon auf der anderen Seite, da kommt es zurück! Bremsen kreischen. Ich kann ausweichen. Da wendet es ein zweites Mal und setzt sich fast selbst unter das Rad. Es ist mir so nahe gegangen. Der Tod!

Ich sitze frisch verliebt mit meiner späteren Frau als Student vor einer für mich richtig teuren Pizza und schneide sie unbeholfen an. Ich drücke dabei etwas fest mit dem Messer. Da klappt der auf dem Tisch zu weit zu meinem Körper gerutschte Teller um. Ein heißes Gefühl auf dem Schoß. Ich lege die Pizza verstohlen-elegant zurück und muss sie noch essen, was sonst, als Student? Auf dem Heimweg staunten die Menschen über einen Fettfleck von 28 cm Durchmesser. Wir waren verliebt! Und feixten.

Solche Schmerzen sind *Alpha-Schmerzen*, wie das Fühlen von Unglück oder Glück im Alpha-Zustand. Es ist reines Empfinden, reines Fühlen. Wir sprechen nach Episoden wie den eben geschilderten von *Erlebnissen*. Wir „genießen" sie später allesamt, ob Glück oder Unglück: „Weißt du noch, als in New York der Strom ausfiel und wir zusammen neun Stunden im Dunklen nach Hause gingen und wie wir dann wie wahnsinnig alles besonders Leckere aus der Kühltruhe aßen, bis wir platzten, damit wir es nicht wegwerfen mussten?" Alphaschmerzen, so weh sie immer tun, sind von dieser Art: „Weißt du noch?" Selbst mittlere Katastrophen werden liebe Erinnerungen.

Unser Johannes war knapp vier Jahre alt. Wir haben Besuch. Ich schneide in der Küche Bauchspeck mit meinem Super-Dreizack. Ratsch-ratsch-ratsch. Da fährt plötzlich aus dem Nichts heraus ein kleiner Finger von unten/hinten dazwischen und wird an der Spitze gekappt. Entsetzlich viel Blut. Die Frauen warnen das Krankenhaus vor und verbinden. Das Blut quillt weiter. Die Frauen setzen das Kind kurz neben mich, um sich Mäntel überzuziehen. Johannes schreit, aber nicht wie unter Schmerz. Ich frage ihn: „Sag mal, warum heulst du herum, es ist alles in Ordnung. Hast du ein Problem?" Er verstummt, schaut mich groß an und sagt leise: „Du, kann ich jetzt *endlich* ein bisschen Speck zu essen bekommen?" Ich stopfe ihm welchen in den Mund. Kauend fragt er: „Du, Papa, wird es wehtun?" – „Nur einmal. Sie stechen mit einer Nadel in den Finger und betäuben ihn. Danach fühlst du nichts mehr." – „Tut der Stich weh?" – „Ziemlich. Ich habe immer etwas Angst dabei. Aber es ist nur einmal. Zisch, rein! Das ist es dann." – „Habe ich dann Angst?" – „Bestimmt." – „Nein."

(Sie fahren los. Als im Krankenhaus der Arzt zur Behandlung herankommt, streckt Johannes ihm tapfer seinen Zeigerfinger entgegen, wie es sonst Oberlehrer tun. „Du, Papa, es tat wirklich weh, aber man hält es aus.")

Man lebt in Freude, Schmerz, Wut, Liebe – in warm und kalt. Alpha.

Beta handelt nicht wirklich von Lust und Schmerz. Es geht um Schuld, Angst, Anspannung, Erleichterung, Vorsorge, Besorgnis, um Ziele, Wünsche, Leiden und Hoffnung auf Besseres.

> Mist! Ein Dorn im Fuß! Muss ich zum Arzt wegen Tetanus? Was wird dann Vater sagen? Ich sollte Schuhe anziehen, sie werden mich schon anschreien.
>
> Musst du denn die Ketchupflasche so schnell aufmachen? Kannst du nicht aufpassen? Hat sie in der Sonne gestanden? Hast du sie im Fenster stehen lassen? Ich? Ich soll es getan haben? Wieso ich? Typisch, das zu sagen. Du willst von deiner Schuld ablenken. Mir würde es nicht passieren, nie!
>
> Wenn man Speck schneidet, passt man auf Kinder auf! Wie kann das passieren? Gerade, wo wir Besuch haben! Ausgerechnet! Wenn ich dieses verdammte Messer in der Hand habe, passe ich doch wohl auf. Er ist ein Kleinkind! Du musst wissen, dass er auch von hinten kommen kann. Jetzt bringen unsere Gäste ihre Zeit mit Krankenhausfahrten zu. Was die denken!

So wäre Beta gewesen.

Betazustände will ich solche nennen, die nervös darauf aufpassen, dass alles in unserer Umgebung funktioniert – ohne jede Störung und Hindernis. Wenn etwas schief läuft, wenn Fehler auftreten, wenn Streit aufkommt, dann regieren Stressgefühle unser Dasein, die zum Ziel haben, wieder Ordnung zu schaffen. Unter Stress erleben wir Ungeduld, Schuldzuweisung, Scham, Ärger, Gewalt, kurzfristige Taktik, Eile, Dringlichkeit. Im Beta-Zustand ist etwas, das man beenden will. Der Grund für Schuld, Ärger oder Eile muss verschwinden, aber sie wallen immer wieder neu vor uns auf. Im Betazustand wird das Leben bewältigt und täglich neu vorbereitet. Im Alpha-Zustand wird gelebt.

Eine Arbeitsgruppe ringt seit Stunden in einer fruchtbaren Sitzung um die Zukunft der Firma. Sachzwänge werden überwunden, neue Möglichkeiten eröffnen sich, die Menschen reden zueinander hin und gewinnen Vertrauen. Alles fließt.

Da fragt einer: „Darf ich einmal die Diskussion kurz stoppen? Wer führt Protokoll? Wir sollten auch langsam festlegen, was die Ziele des heutigen Tages sein sollen. Wenn wir keine Ziele festgelegt haben, wissen wir am Ende nicht, ob die Diskussion zum Ziel geführt hat. Ich bin unruhig, wenn wir einfach so drauflos reden, ohne uns in die Pflicht genommen zu haben. Wie messen wir, ob es gerade nützlich ist, was wir tun?"

Das ist der Abschluss des Alpha-Zustandes. Eine fruchtbare Diskussion in entspanntem Vertrauen ist alpha. Dann aber kommt das große Aufpassen: Es werden Ordnungen eingeführt, Protokolle geführt, Listen abgehakt. Passen wir auf! Kommen wir voran? Wie viele Punkte haken wir pro Minute ab?

In einer kleinen Bankzweigstelle zwitschern die Stimmen der Kunden und der Angestellten. Geld kommt und geht in großer Betriebsamkeit. Die Luft schwirrt von Grüßen und Artigkeiten. Geld an sich ist ernst genug.

Da tritt ein höherer Direktor ein. Augen heben und senken sich und passen sofort auf. Einen laut lachenden Kunden treffen flehende Blicke. Nach einer Weile ist Betriebsamkeit. Die Kunden lassen sich routiniert bedienen. Ein an kleine Schwätzchen gewohnter Kunde muffelt in Unkenntnis über die heutige schlechte Laune: „Habt ihr heute was? Alle so still? So ist das doch sonst *nie* hier?! Habt ihr einen Affen von gestern?“

Betazustände sind wie offizielles aufpassendes Leben, das auf Nutzen und Fortkommen ausgerichtet sein muss. In den obigen Beispielen tritt das offizielle Beta in einen Alpha-Zustand. Es wirkt wie eine Alarmglocke, wie ein Herausreißen. Es kommt oft vor, dass wir aus dem Leben gerissen werden und nun aufpassen müssen. Das ruckartige Anwerfen der Beta-Motorik ist wie ein kleiner schneller Tod.

Vom Beta-Zustand kommen wir nie so ganz leicht in den Alpha-Zustand. Ich kann zum Beispiel Bücher nur im Alpha-Zustand oder im Theta-Zustand schreiben. Ich sitze im Büro. Ich musste einen Streit schlichten. Danach kämpften meine Sekretärin und ich mit einer jungen Dame aus einem kleinen Unternehmen, das für IBM die Reisekostenabrechnungen prüft und abwickelt. Ich hatte nach ihrer Ansicht einen inkorrekten Mehrwertsteuersatz angegeben. Hin und her. Schließlich bekam ich Recht. Entschuldigung. „Wir haben den Vorgang leider schon zurückgeschickt und teilweise vernichtet. Bitte reichen Sie alles noch einmal genau so ein, wie es war. Sollten nun Belege fehlen, begründen Sie kurz schriftlich, dass Sie Recht bekommen haben.“ Das sticht die ganze Zeit im Leib. Es fühlt sich an, als werde mein nutzloses Leben teilverdorben. Wenn ich dann den Vorgang grimmig rekonstruiert habe, sitze ich am Schreibtisch und bin nur noch erleichtert, wie ein verletzter Hase, der gerade noch den Jagdhunden entwischen konnte. Ich sitze wie im Versteck – das Stechen lässt langsam nach. Ich werde Kaffee holen müssen und in einer Computerzeitung blättern. Ich beruhige mich. Wann kann ich neue Vortragsunterlagen machen? Ein Personalgutachten abgeben? Eine Erfindungsmeldung für das Patentamt ausformulieren? Das alles geht nicht im „Pass auf!“-Modus. Der Geist muss ruhen und fließen. Es ist wirklich wie Einschlafen. Die Ruhe zieht langsam ein. Der Geist wird wach, er arbeitet im „Pass auf!“-Modus nicht kreativ. Ich beginne zu ruhen. Die vagen Ideen kommen wieder, sie wallen heran, ich weiß wieder, was ich gestern dachte, welchen Einfall ich ausfeilen müsste. Da klingelt das Telefon: „Wir haben gerade beschlossen, dass wir von allen Rednern morgen die Präsentationen per E-Mail einsammeln und schon gleich ausdrucken, um sie in einer Mappe allen zu überreichen.“ Das schmerzt sehr. Ich habe gar keine Unterlagen, weil ich morgen im Zug etliche Stunden Zeit zur Vorbereitung auf meine Rede habe. Ich bin entnervt, kann das Ansinnen abwehren. Aber der Stich hat mich ganz wach gemacht: Beta-Zustand. Ich muss also wieder zur „Einschlafzeremonie“ zurückfinden? Also *wieder* zum Kaffeeautomaten. Ruhe! Bitte!

Noch besser als Kaffee ist Bahn fahren. Da stört niemand. Es ist zwar laut, aber es geht mich nichts an. Im Zug lässt sich das Hirn gut im Alpha-Zustand erhalten. Wenn es ermüdet, schlafe ich fünf Minuten. Das ist gut!! Leider sieht ein Nickerchen im Büro nicht gut aus, während es in der Bahn alle akzeptieren. So ziemlich alle Menschen, die ich kenne, fänden ein mittägliches Kurznickerchen ideal. Aber es ist nicht korrekt. Das finden dieselben Menschen, die sich ein Nickerchen wünschen. Warum versteht die Welt die Alphazustände nicht? Warum denkt sie, man wäre faul? Beta ist Trumpf in der Welt! Wenn ich zu Hause arbeite, schlafe ich *nie*. Ich flippere am Computer, um mich zu konzentrieren. „Moni, ich muss nachdenken, ich kann jetzt nicht!" Dann hört sie aber leider oft, dass ich flippere. Ach, das Leben! Das Gehirn muss zum Kreativen sauber sein! Versteht das niemand? Da darf nichts weiter Betaartiges drin sein, keine Schuld, kein Ärger, kein Druck! Nichts soll wurmen, nerven, sägen. In einer Kolumne beschrieb ich dies so:

> „Gunter, du flipperst schon wieder." – „Ja. Ich reinige mein Gehirn." – „Was ist das?" – „Wie Händewaschen zwischen zwei Arbeiten. Beginnst du eine Arbeit mit ungeputztem Gehirn?" – „Ist es dann leer, so geputzt? Set all zero?" – „Das Vorherige muss heraus, die Schlacke, die Reste. Heitere Ruhe kommt kurz herein und dann sammelt sich die Kraft. Sie wächst – sie konzentriert sich neu, wie sich der Löwe wieder aus dem Dösen löst, wie er sich erhebt und über die Savanne späht. Es fühlt sich wie eine Idee an." – „Gunter, ich habe keine Idee, wie sich eine Idee anfühlt." – „Ein Idee ist etwas Störendes, Irritierendes, das hier nicht hingehört, aber ich spüre schon fast jubelnd, dass es hier bleiben muss." – „Kannst du es denn von den Massen an Störendem unterscheiden, das wir alle im Gehirn haben, Gunter?" – „Oh du meine Güte, deswegen muss ich doch das Gehirn putzen!" – „Mit Guatemala beim Flippern?" – „Oder Shiraz."

Viele Philosophen sagen, man solle in der Gegenwart leben, jetzt und ungeteilt – nicht sorgen für Morgen, nicht im Innern ringen und kämpfen. Gelassen und ruhig solle man sein.

Das ist Alpha.

Das Aufpassen und Achten und Sorgen ist Beta. Da ist das ganze Gehirn voll von dringenden Vorgängen. Wer glücklich sein will, hat immer nur den einen einzigen Vorgang in Kopf, an dem er jetzt gerade arbeitet. Er hat dann, so sagt man, den Kopf ganz dafür frei.

Im Beta-Zustand ist der Kopf voll. Viele von uns halten das für wünschenswerte Betriebsamkeit. Das Gegenteil eines vollen Kopfes ist aber eben nicht der verachtete leere Kopf, sondern der freie. Freie Köpfe, so denken aber fast alle, sind Luxus. Sie sind kein Luxus, sondern nur selten und wertvoll.

7.5.3 Die Beta-Seele der Machina: Sorge an den Grenzen

Ich glaube, wir haben mindestens zwei Seelen in unserer Brust. Jetzt und hier jedenfalls bespreche ich zwei, später im Buch versuche ich es noch einen Schritt höher: Theta. In uns ist eine Alpha-Seele, die so etwas wie diejenige Seele sein mag, wie wir sie uns landläufig vorstellen, wenn wir denn eine haben. Und es muss noch eine Beta-Seele geben, die sich sorgt und kümmert. Oh, da schießt mir das hässliche Wort *Krämerseele* durch meine Gedanken.

Ich will es so formulieren: Unsere Machina hat eine Seele!

Unser Bewältigungsapparat in uns hat auch Prinzipien und Gesetze. Die Machina fühlt in ihrer Seele Angst und Zufriedenheit, das glatte Funktionieren und das Glattgehen. Sie kontrolliert auf Erfolg und Nutzen und weiß im Innern, was sie steuert: die Beta-Seele.

Ein Industriemanager hatte für einige Zeit die Leitung einer großen ehrenamtlichen Organisation übernommen und schied dann wieder frustriert aus seinem Amt. Und ich las ungefähr Folgendes in einem Interview mit ihm. „Sie lassen sich nichts sagen! Die Mitarbeiter lassen sich nicht auf mehr Effizienz umpolen. Schrecklich. Sie sagen, sie arbeiten ohne Lohn, also dürfen sie arbeiten, wie sie wollen. Ja, bitte: auch *ineffizient*? Sie geben einfach nicht die Kontrolle an mich ab. Ich bin doch ihr Chef! Das sehen sie anders. Sie bestimmen, dass sie ihre Arbeit in Ruhe so gestalten, dass die Arbeit sie erfüllt. Sie wollen alles so tun, wie es ihnen gefällt. Was soll da ein professioneller Manager noch tun? Sie sagen, ich könnte ja neue Visionen schaffen. Aber das kann ich doch nicht, bevor ich nicht für Ordnung gesorgt habe? Aber immer, wenn ich Verbesserungen herbeiführen will, sagen sie: Dann mach du es allein. Meine Frau sagt das ebenfalls oft. Ja. Aber in einem gemeinnützigen Unternehmen? Sie verschwenden doch nur Ressourcen, wenn sie so arbeiten, wie sie es wollen. Ich bin ganz ohne Einfluss geblieben. Alles läuft gut ohne mich, aber nicht, wie ich will."

Wissen Sie noch? Damals? Früher mussten wir uns am Sonntag schön anziehen, wenn wir zur Kirche gingen. Wir blieben den ganzen Tag geputzt. Am Sonntag neue, gestärkte Unterwäsche. Weiße Kniestrümpfe. Und die Erwachsenen mit ihren betawelligen Mienen sagten unaufhörlich: „Pass auf! Sieh dich vor! Du hast etwas Weißes an! Denk beim Spielen daran!" Wir spielten dann lieber nur wenig, weil das Weiße schädlich für Alpha-Zustände ist. So saßen wir herum und langweilten uns. Sonntag ist furchtbar. Sie sagten uns: „Spielt etwas! Es stört uns, wenn ihr euch langweilt. Wir wollen uns nicht um euch kümmern müssen!" – „Dürfen wir in den Wald?" – „Um Gottes Willen, nein!"

Das Spielen in weißen Strümpfen ist so etwas wie ein Betaeinsturz beim Kinde, nicht wahr? Es will spielen, muss aber immer parallel berechnen, ob das Weiße Schaden nimmt. Das ist ungeheuer lästig, weil Alpha-Zustände ungeteilt sind. Wir wollen als Kind selbstvergessen spielen. Wir wollen die Zeit und den Raum vergessen, einfach nur wir selbst sein.

Aber die Erwachsenen wollen, dass fremde Seismografen ganz hellhörig scharf gemacht werden und immer in uns lauern sollen: Schmutz? Gefahr?

Oft passten wir genau auf. Aber dann spielten wir uns in einen Rausch (Alpha) und vergaßen die Alarmseismografen der Erwachsenen, unser Über-Ich.

> „Du Tante Lotte, Franz ist hingefallen." – „Sind wenigstens die Strümpfe heil geblieben?" – „Heil schon, Tante Lotte!" – „Muss ich immer nur waschen, ihr Lümmel?" – „Wir wollten sie vor dem Spielen ausziehen, aber ausgerechnet *dabei* ist er umgekippt." – „Ihr dürft sie nicht ausziehen, es ist Sonntag!"

Die Machina hat eine andere Seele. – Ja, vielleicht so einen Touch in Richtung Krämerseele. Sie passt so genau auf. Sie will sich nicht rückhaltlos in das Eigentliche verlieren. Sie schaut immer auf die vielen Kleinigkeiten, auf die es ihr sehr ankommt.

Die Beta-Seele der Machina verhindert, dass wir mit voller Seele spielen oder aus voller Seele singen. („Seid nicht so laut, Mensch! Es ist Sonntag!")

Wenn die Beta-Seele an unseren Grenzen wacht und alles hütet, kann die Alpha-Seele nicht voll da sein. Sie muss Platz machen.

7.5.4 Druck an der Grenze killt Alpha

Aber man muss doch aufpassen!

Muss man?

Was soll ein Sonntag, der furchtbar sauber und leise ist? Will Gott es so?

Wir Erwachsene haben uns an alles gewöhnt. An das Aufpassen, das Achten auf die Zeit, das Konzentrieren auf konkrete Leistungserbringung. Unsere Beta-Seele warnt uns ständig durch Angst, Vorsicht oder Anspannung vor einer möglichen Gefahr. Die Machina spannt den Körper in Zwecke.

Wenn wir Menschen fragen, welche Arbeiten sie am wenigsten lieben, dann nennen sie immer diese: Arbeiten, die in qualitätsbedrohender Weise sehr eilig ausgeführt werden müssen. Arbeiten, die in einer von der eigenen Alpha-Seele nicht geteilter Weise kontrolliert werden. Arbeiten, denen sie sich nicht gewachsen fühlen und für deren Ausführung sie folglich mit Tadel und Sanktionen rechnen müssen.

Leistungsdruck, Zeitdruck und Kontrollen schnüren die Alphawellen ab. Wie beim Augenöffnen im EEG oben. Wir werden gezwungen, unter Anspannung zu arbeiten.

Wir beginnen, die Arbeit zu fühlen. *Arbeit, die uns erfüllt, fühlen wir nicht.* Wenn wir danach gefragt werden, wie sie war, sagen wir, es war Spaß oder Vergnügen oder Versenkung.

Im SWR3-Radio sagen sie in diesen Tagen oft: „Wir senken die gefühlte Arbeitszeit!“ Sie meinen sicher die Arbeit unter Anspannung, die wir bewältigen. Sie meinen das Spielen in weißen Strümpfen. „Papa, wie lange müssen wir mindestens noch spielen? Wann gehen wir endlich?“

Die Machina will haben, bekommen und bewältigen. Sie passt auf. Sie wittert ständig Angriffe und lebt fast ständig in einem wachen Zustand.

Ist alles in Ordnung? Grüßen die Menschen? Ist alles sauber? Bekommen wir Lob? Droht etwas? Kann etwas schief gehen?

Es ist, als würde ein misstrauischer König die Grenzen seines Reiches bewachen. Überall achten Wächter und Soldaten an Mauern und Toren.

Der König könnte mit seiner Alpha-Seele im Palast sitzen und das Leben genießen. Aber seine Augen schweben sorgenvoll über den schönen Sklavinnen und denken an die Grenze. Droht der Feind? Wird es Krieg geben? Wird sein Reich größer? Das wäre so schön, obwohl er im Grunde nur im Palast wohnt. Sein Reich ist groß, er kennt es kaum. Aber es soll niemals kleiner werden! Deshalb sendet er die Heere aus, die Grenzen zu schützen.

Ja, wenn das nicht wäre – die Grenzen ausdehnen zu müssen. Ja, dann hätte er ein gutes Leben. Aber gerade die Könige haben es so besonders schwer, weil sie wachen müssen.

Könige schlafen nie, weil sie ja wachen.

„Hat es da ein Hans im Glück nicht besser?“, denkt der König und lacht, denn niemals würde er selbst Gold verlieren wollen.

7.5.5 *„Unionem feci, ergo sum!“*

Unio ist das lateinische Wort für eine große einzelne Perle oder für Vereinigung (spätmittelalterlich). Sonst heißt Perle im Lateinischen Margarita (aus dem Indischen), gerade so wie meine Schwester Margret. Unio mystica ist die geheimnisvolle Vereinigung der Seele mit Gott. Aber ich will Unio hier profan mit Perle übersetzen: eine einzelne große Perle.

Unter Schmerzen bildet sie eine Perle aus. Und am Ende ruft sie lateinisch wie Descartes oder besser Cartesius aus:

> Unionem feci, ergo sum!
>
> Ich habe eine Perle fabriziert, also bin ich!“ Aber sie meint natürlich dies: „Ich machte eine Perle, also *gelte ich etwas.*

Die Machina hütet und wacht an den Grenzen. Sie baut Mauern, Tore und Türme. Sie schließt ein und verteidigt. Sie greift an und erweitert.

Sie tut dies, damit das Leben besser wird. Sie kapselt die Schmerzen ein. Im Grunde erbaut sie einen Schutzwall, so wie die Muschel die Schmerzen in eine Perle isoliert.

Eine Perle erzeugen, das ist für die Machina.
Wissen erzeugen, um alle durch Verstand zu besiegen.
Ein Reich gründen, in dem sie die Macht hat.
Ordnung schaffen, die nicht gestört werden kann.
Die Perle selbst ist das, was als Resultat vorzeigbar ist:
Eine wissenschaftliche Großtat.
Ein Sieg.
Ein Reich.
Eine hohe Stelle oder ein hohes Gehalt.
Ein Kunstwerk.
Die Gunst der Höchsten oder der Schönsten.
Würde, Achtung, Respekt, Dank.

Die Perle ist wie der Pseudosinn der Machina. Sie ist der Beweis der Tüchtigkeit der Beta-Seele. Die Muschel verliert sich vielleicht am Ende in die Perle. Die Perle wird fast zur Muschel. Die Muschel ist neben der Perle nichts.

Einen einzigen Tag im Jahr 2002 war mein Buch *Omnisophie* auf den Bestsellerrängen in den Top-100 von Amazon. Ich rief laut aus: „Ich bin auf Platz 42!“ Da sagte neben mir jemand ganz ruhig: „Dein *Buch* ist auf Platz 42, Gunter.“ Ich habe mich geschämt. Ich kann heute noch nicht unbewegt drüber schreiben. Ich habe mich wirklich selten so sehr geschämt.

Die Beta-Seele verwechselt sich mit der Perle, dem geachteten Ergebnis von Arbeit.

Die Alpha-Seele erfreut sich an Perlen. Nicht nur an den eigenen. An *Perlen*! Sie erzeugt Perlen, weil es sie erfreut. Nur sie erzeugt Perlen „ehrenamtlich“ so, dass sie sie erfreuen.

7.5.6 „Neminem laede, immo omnis, quantum potes, iuva!“

Verletze niemanden und hilf, so viel du kannst!

Dies ist seit alters her das Hauptgebot der Ethik.

Ist aber jemand schon ein guter Mensch, der so handelte?

Es gibt einfache gute Menschen und solche „guten“ Menschen, die sich Mühe geben, gute Menschen zu sein. Die beta-guten Menschen helfen natürlich, so viel sie können. Sie tun natürlich niemandem weh. Aber sie sind nicht uneigennützig, weil sie *etwas erreichen* wollen. Sie möchten Dank oder Liebe. Sie möchten die Akzeptanz der anderen, dass sie gute Menschen sind.

Wer mit wärmenden Blicken bedacht wird, hat sein Leben als guter Mensch bewältigt. Er war nützlich, hat propere Kinder aufgezogen und stets ein gutes Bild gemacht. Das Bild des Guten ist die Perle, mit der sich die Beta-Seele der Machina gerne verwechselt.

Die direkten Perlenerzeuger erschaffen Reiche und Kunstwerke, Erfindungen und Firmen. Sie haben es dann im Leben zu etwas gebracht. Die beta-guten Menschen helfen den direkten Perlenerzeugern, noch besser Perlen zu erzeugen. Die beta-guten Menschen sind mehr wie Muschelzüchter. Die Muscheln sind ihr Werk. Deren Perlen sind das indirekte Werk des Muschelzüchters.

Wenn ich meinem Mann nicht den Rücken frei hielte, wäre er nichts.
Wenn meine Frau mich nicht geheiratet hätte, wäre sie nichts.
Ich habe das Haus meiner Kinder fast allein mit meinen Händen gebaut. Das ist die Pflicht aller Eltern. Meine Kinder haben ein gutes Leben durch mich. Wenn ich nicht wäre, wären sie nichts. Wenn ich heute stürbe, würden sie sehen, wo sie wirklich sind: in der Hölle.

Viele Eltern sind beta-gute Erzieher. Sie bewältigen die Aufzucht der Kinder.

Großeltern (die mit dem langwelligeren EEG) lieben Enkel oft ganz alphaartig und greifen in keine Entfaltung ein.

Es gibt solche und solche. Ich will nur sagen, dass es verschiedene Arten gibt, gut zu sein.

Die beta-guten Menschen vollbringen Gutes, weil sie gut sein wollen.

Die alpha-guten Menschen schenken aus voller Güte, sie sind eine Quelle der Güte.

7.5.7 Die Alpha-Seele: Quelle ohne Grenzen

Die Machina mit ihrer Beta-Seele bewacht Grenzen und dehnt Reiche aus.

Die Alpha-Seele schenkt und ist Quelle.

Sie ist als Quelle *voll.*

Sie quillt über und verströmt.

Sie ist vollen Herzens, voller Güte, voller Weisheit, voller Großherzigkeit. Sie ist voller Tugend, Sanftmut, voller Liebe, voller innerer Schönheit.

Sie ist erfüllt von Tapferkeit, Gerechtigkeit, Einfachheit.

Die Alpha-Seele agiert im Gefühl des Überströmens: „Es ist genug für alle da.“ Sie hat keine Furcht, auszutrocknen oder zu versiegen. Sie quillt ohne Ende aus Lebensfreude.

Nicht jede Quelle gibt viel Wasser.

Nicht jede Quelle wird zum Strom.

Es gibt Rinnsale und Springquellen.

Menschen verströmen Liebe, andere Weisheit, wieder andere Hilfe oder tätiges Mitleid. Menschen geben Kraft und Schutz, quellen über vor Freude und Lust.

Jeder, wie er hat. Mancher wenig, ein anderer mehr.

Das Überquellende verströmt und sucht sich wie von selbst den Weg zum Meer. Das Strömende fließt zur Bestimmung.

Wohin? Wem nützt das? Wer hat Vorteile? Das jedenfalls würde sofort die Beta-Seele fragen und sich hüten, alles einfach frei fließen zu lassen. Die Machina sieht auf Effizienz und Effektivität, auf Nutzen und Gewinn. *Sie muss deshalb ein Feind der Alpha-Seele sein,* die einfach strömt.

Früher, als es noch Teufel gab, sagten wir zu einer siegreichen Machina: „Du hast die Seele verkauft.“ – Und die Machina lächelte zufrieden, denn damals zahlten die Teufel gut. Verteufelt gut.

7.5.8 Der Alpha-Tod des normalen Menschen – Mord durch die eigene Machina

Der Mensch ist ein triebhaftes Tier, das an das Leben in einer Zivilisation gewöhnt werden muss. So sagen viele. Das Ich muss das Es bezwingen. Der Mensch muss sich einfügen. „The brick in the wall.“ Der Mensch ist ein Ziegel in der Mauer. Dr. Jekyll kämpft gegen Mister Hyde. Das Dunkle gegen das Helle.

Ach, so einfach ist das nicht.

Im Grunde wird das Verströmende durch berechnende Vernunft durch Dämme gestoppt.

Ein ursprünglicher Mensch würde Quell sein. Alpha.

Der normale Mensch staut das Quellwasser auf und gibt es nur gegen etwas anderes ab. Beta.

A: Ich erzähle eine witzige Geschichte zum Freuen.

B: Ich suche unter Menschen in meinem Repertoire vorausschätzend, was ich gut anbringen kann. Ich wähle einen grandiosen Zeitpunkt und gebe etwas zum *Besten.* Der Beste bin ich selbst.

A: Ich spiele mit den Kindern Malefiz, wir lachen und werfen uns raus.

B: Ich kann nicht gegen Kinder verlieren, die noch keine Strategie kennen. Ich verrate sie ihnen auch lieber nicht. Sie haben kein Gefühl für Wahrscheinlichkeiten beim Würfeln. Ich schon! Ich gewinne gerne, gegen wen auch immer.

A: Ein Kollege hadert, weil er keinen DVD-Rohling hat. Ich reiche einen wortlos rüber.

B: „Oh, weißt du was? Ich könnte noch etwas im Vorrat haben. Ich habe eigentlich immer einen Vorrat, weil ich selbst welche brauche und auch gerne einmal helfe. Auf mich ist Verlass, weißt du? Hier, da ist nur noch einer. Der letzte! Oh, das schreibe ich auf, damit ich neue besorge. Sieh mal, was ich für dich tue. Kein Problem, nimm nur. Du musst mir mal einen Kaffee ausgeben, weißt du?"

A: Wir fahren zu einem Geschäftstermin. Es wird wahrscheinlich eine peinliche Verspätung geben. Wir fliegen über die Autobahn. Ich sage: „Guck mal, da stehen *Rehe* auf dem Feld!"

B: Neben mir schießt jemand einen Hassblick auf mich. Er schaut die Rehe nicht an. Er hat auf dem Beifahrersitz keine Zeit dafür, weil er auf die Straße achten und dabei an die Verspätung denken muss!

Die Machina verdient sich etwas mit dem, was aus uns herausströmt. Sie verwertet das, was wir erzeugen. Sie verlangt, dass wir noch mehr vom selben erzeugen. Mehr Arbeit, mehr Liebe, mehr Wissen. Dafür heimst sie etwas ein. Sie will Sicherheit vor Wassermangel in der Quelle!

Die Bewältigungsmaschine in uns sorgt sich um unsere Wunde. Sie will, dass wir niemals dumm, arm oder ungeliebt dastehen. Deshalb sammelt sie Lob, Dank und Bewunderung für das, was aus uns quillt.

Deshalb baut sie Dämme um den Quell! Deshalb verhandelt sie! „Was bekomme ich dafür?" – „Was habe ich davon?" – „Was nützt es?" – „Um wie viel besser wird die Zensur?" – „Wie viele Punkte bringt mir das?" Die Beta-Seele der Machina lechzt nach Zeichen, dass die Wunde nicht angerührt wird.

Sie sammelt Ruhm und Macht, um uns, ihren Menschen, den sie betreut, zu schützen.

Die Alpha-Seele würde verströmen, was sie hat. Sie gäbe gerne vorbehaltlos Liebe. Natürlich würde sie wiedergeliebt, aber sie braucht keine Liebe, weil sie sich nicht ungeliebt fühlt. Braucht eine Quelle denn Wasser zurück?

Sie gäbe gerne vorbehaltlos Wissen. Natürlich würde man staunen, welch Wissen aus ihr quillt. Aber sie selbst braucht keine Bewunderung, weil sie um ihr Wissen oder auch Unwissen selbst weiß.

Die Alpha-Seele schützte gerne Menschen mit ihrer Stärke. Natürlich würden die Beschützten sie als Führer anerkennen, aber sie selbst braucht keine Kniefälle, weil sie sich kraftvoll fühlt.

Die Beta-Seele fürchtet, dass andere sagen, sie verströme zu wenig Liebe. Da staut sie das Quellwasser auf und gibt, wann etwas verlangt wird, gegen Dank.

Sie fürchtet, sie habe zu wenig Wissen. Da lernt sie und staut auf und gibt gegen Anerkennung.

Sie fürchtet, sie habe zu wenig Kraft und staut sie auf, gibt nur gegen Unterwerfung.

Der ursprüngliche Mensch verströmt, was er erzeugt. Er ist Quell. Er hilft, so viel er kann, nach seinen Kräften.

Die Machina fürchtet sich, dass andere denken, mit den eigenen Kräften sei es nicht weit her. Sie fürchtet das Minderwertigsein. Sie denkt, im Höherwertigsein ist das Paradies. Sie beginnt, nach Höherwertigkeit zu streben, weil es vermeintlich die Wunde heilen wird. Sie baut große Staubecken und leitet Wasser von anderen Seelen ein, das sie ergattern konnte.

Die Muschel verzehrt sich für ihre Perle und lebt selbst in Dürftigkeit dafür.

Die Muschelzüchter geben alles für ihre Zucht, die ihnen Bestätigung bringen wird.

Die Machina kümmert sich berechnend um die Zukunft des Menschen, in dem sie ihren Sitz hat. Sie bewältigt das Leben und alle seine Probleme. Alle!

Eines der harten Probleme der Lebensbewältigung eines Menschen ist seine gute Alpha-Seele, die nur Quell sein will und nicht an Staudämmen arbeiten mag.

> Deshalb muss die Beta-Seele eben auch ihr Hauptproblem bewältigen, nämlich die Alpha-Seele. Nicht selten tötet sie sie.

So tötet der Mensch sich selbst, wenn seine Beta-Seele irrigerweise Höherwertigkeit ansammelt, anstatt das wahre Problem des Lebens zu lösen: ein Leben artgerecht als Quelle zu führen.

Die Beta-Seele sammelt Pflaster statt auf Heilung zu schauen. Sie ist wie Aspirin für chronische Kopfschmerzen, wie Kortison für chronische Hautprobleme, wie Nasentropfen für Schnupfen. Im Grunde: „für" und nicht „gegen". Zu viel Kortison erzeugt ja Probleme der Haut und zu viele Nasentropfen den Schnupfen. So erzeugt das Höherwertigkeitssammeln die Furcht vor dem Minderwertigen, das nun der stete Begleiter wird. Auf das eigentliche Problem im Kern schaut die Machina nicht.

Das eigentliche Problem ist oft, dass keines da ist. Wer liebt oder gibt, bekommt Arbeit und Lohn von der Gesellschaft. Er lebt in Frieden. Wer aber zittert, *wie viel* er gibt und bekommt, beginnt ein Problem zu erschaffen, an dessen Lösung er sich kettet.

Ein liebevoller Mensch, von allen geliebt.

Plötzlich beißt er in einen Apfel der Erkenntnis und schaut sich um: Wird er geliebt? Liebt er? Er fragt die Menschen, ob sie mit seiner Liebe zufrieden sind. Er fragt sie, ob sie ihn lieben. Er fragt sie wieder und wieder, weil die Liebe sich jeden Tag ändern könnte. Da verdrießt es die Menschen, immer ja sagen zu sollen. So sieht nun Kain voller Sorge und bald Grimm, dass Gott sein Opfer nicht annimmt. Er sinnt auf Rache an allem, was Liebe verströmt.

Kain mordet Abel. Beta mordet Alpha. Das Berechnende mordet das Unbefangene.

Der Apfel ist das zweifelnde Abmessen einer eigentlich genügenden Quelle.

So vertreibt das Messen das Leben.

Und Gott spricht in der Genesis so:

> Vnd nu verflucht seistu auff der Erden [...]. Wenn du den Acker bawen wirst/ sol er dir fort sein vermügen nicht geben/ Vnstet vnd flüchtig soltu sein auff Erden.

Die Beta-Seele ist jenseits des Paradieses. Die Machina, die die Alpha-Seele tötete, ist verflucht.

Sie sucht und sucht ihr Auskommen. Sie findet keine Ruhe.

All' mein Sinnen, all' mein Streben,
ringet nieder all' mein Leben.
Tu' nur spinnen, tu' nur beben,
dass mir wer möcht' Leben *geben.*

Ich will diese Rastlosigkeit im Folgenden besser beschreiben.

Und es sei besänftigend zwischendurch bemerkt: Es gibt auch noch *lebende* Alpha-Seelen. Ja! Ich schreibe dieses Buch, damit es noch mehr davon geben wird. Ich will deshalb zeigen, warum so viele sterben und wie es sich verhindern lässt!

7.6 Eskalationen der Machinae

7.6.1 Wunder der Wahrnehmungen

Wann schmecke ich überhaupt Salz in der Suppe? Wie viel muss drin sein? Wann sehe ich etwas bei Nacht?

Am Anfang des Buches war davon schon die Rede. Ich habe Ihnen Diagramme von typischen Reaktionskurven gezeigt. Die Psychophysiker messen und messen, leider immer nur an ganz leichten Kurven, ich meine an *physikalischen* Kurven. Die wichtigeren Fragen wären ja solche:

Wann bemerke ich, dass meine Frau ein bisschen gegen mich grollt? Wie kann ich feststellen, dass meine Arbeit gelungen ist? Wann kann ich mit Recht fühlen, dass mich jemand liebt? Wann weiß ich, dass ich gebildet bin? Wann muss ich mit einer Krankheit zum Arzt? Darauf gibt es nie klare Antworten, selbst von Menschen, die es wissen müssten.

„Grollst du?" – „Nein! Ich habe nichts!"
„Ist es gut?" – „Ja, lass mich damit in Ruhe."
„Liebst du mich?" – „Aber ja doch."
„Bin ich gebildet?" – „Ja! Wo?"
„Muss ich damit zum Arzt?" – „Ja, unbedingt, immer! Steht in jedem Buch, das von einem Arzt geschrieben ist!"

Beim Messen von Lichtsehen oder Geräuschhören schwindeln die Menschen immer ein bisschen, aber bei wichtigen Fragen geben sie rituell gelogene, man sagt: politisch korrekte Antworten, die so stereotyp sind, dass man sich fast die Frage schenken kann. Was soll das? Meine Frau fragen, ob sie böse ist? Sie sagt immer *nein* – so gemein nein, dass es fast wahr sein könnte, aber es ist nicht wahr, ich spüre es. Deshalb frage ich lieber noch einmal. Und noch einmal. Und noch einmal. Sie sagt immer *nein*. Lustig, oder? Ich denke mir, wenn ich ganz heiter wäre und mich jemand drei Mal fragte, ob ich sauer bin, dann würde ich ihn langsam verbal verhauen, oder? „Hey, spinnst du, mir was anzudichten?" Wenn aber meine Frau zehn Mal nein sagt, muss sie *ja* meinen, weil sie eigentlich vom vielen Fragen schon böse geworden sein müsste. Ich frage aber zur Sicherheit noch ein paar Mal, damit ich eine bessere Statistik habe und sicher sein kann, dass sie mir böse ist. Im Grunde leide ich einfach und bewältige das dummerweise durch Fragen, was noch nie geholfen hat. Echt noch nicht ein einziges Mal, obwohl ich es schon 26 Jahre probiert habe, damit durchzukommen. Ich würde die Frage nur gerne geklärt haben, weil ich unter der Vorstellung leide, dass sie mir böse ist. Ich meine, ich weiß ja im Grunde, dass sie mir böse ist, aber ich komme aus der Schleife nur raus, wenn sie sagt, dass sie mir böse ist. Dann könnte ich nämlich etwas tun!

Ich glaube, ich bin kein Einzelfall.

Depressive Menschen fragen zum Beispiel alleweil: „Liebst du mich?" Sie sind nämlich stark beunruhigt. Ihr Messsystem sagt: „Niemand liebt mich!" Sie versuchen, Heilung bei anderen zu finden. Die Machina wird durch schlechte Messergebnisse angeworfen. Sie glaubt immerfort, der Mensch, für den sie arbeitet, werde nicht geliebt! Sofort schickt die Machina den Menschen auf Liebesjagd. Die Machina fragt jemanden beim Zeitunglesen: „Liebst du mich!" Sie meint es mit Fragezeichen, aber sie fragt es mit Ausrufezeichen. Und sie hört hinter der Zeitung hervor, beim Niedersetzen der Kaffeetasse: „Aber ja doch!" Eine schlechte Machina ist dann für ein paar Minuten beruhigt. Eine bessere merkt, dass die Antwort nicht aus dem Herzen kam. Und dann wühlt sie weiter: „Liebst du mich *wirklich*? Schau mich wenigstens an, wenn du das sagst!"

Die Psychophysiker sollten *so etwas* messen: Wie stellen wir fest, dass andere uns klug, lieb, mächtig oder loyal finden?

„Bin ich loyal?" – „Ja!" – „Lieb?" – „Ja!" – „Sympathisch?" – „Ja!!"

Ich selbst sage immer ja, aber das sage ich nur, weil es sofort Krieg gibt, wenn ich nein sage. Und ich bin prinzipiell gegen Krieg. Aber die anderen Menschen, *Sie* zum Beispiel oder meine Frau, könnten ehrlich sein, finde ich. Nur, bitte, ich – ich selbst kann es nicht.

Es ist deshalb bei wichtigen Fragen schwer, aus der eigenen Wahrnehmung heraus zu einem realistischen Urteil zu kommen, weil fast alle Menschen (auch Sie?) etwas rituell Unverbindliches sagen, wenn sie gefragt werden. Wie sollen wir da herausfinden, ob wir sympathisch wirken oder ob ein Witz von uns ankam? Wann haben wir jemanden gekränkt? Wird Liebe erwidert?

Im Grunde geht es jeweils um die Gretchenfrage: „Wo stehe ich?" Wir müssen die Antwort notgedrungen *instinktiv* wahrnehmen, in unserem Seismografensystem. Der Verstand wird belogen, die Intuition getäuscht. Es gibt eine Klasse von hochintelligenten Menschen, die am so genannten Asperger-Syndrom leiden. Sie erscheinen sehr introvertiert und sehr intuitiv. Im Umgang mit anderen Menschen wirken sie merkwürdig und kommen mit ihnen nicht zurecht. In schwereren Fällen schaffen es „Aspis" nur unzureichend, Gesichtszüge anderer Menschen zu deuten. Sie müssen Gesichtszüge anhand verschiedener Smilies fast wie Vokabeln lernen.

Wann lächelt, zürnt oder trauert jemand? Da Aspis das nicht sicher wissen, werden sie von anderen Menschen, die nichts von Aspis wissen, ausgegrenzt. Der Test auf Asperger-Syndrom enthält denn auch immer eine Frage wie diese: „Fühlen Sie sich selbst öfters gemobbt?“ So fühlt es sich an, wenn wir nicht wahrnehmen, wie es um die Bewertungen und Gefühlslagen der näheren Umgebung steht. In meinem Modell hier würde ich sagen: Solche Menschen haben keine Seismografen, die auf Gefühle reagieren. Ihnen fehlt anscheinend ein großer Teil des Instinktes dafür.

Stellen Sie sich vor, wir zünden Kerzen am Weihnachtsbaum an. Sie merken sich wie hell es im Zimmer ist. Sie schließen die Augen und wir pusten eine Kerze aus oder zünden eine zusätzliche an. Augen auf! Ist es jetzt heller oder dunkler? Sie wissen es nicht? Kann man es überhaupt merken? Eine einzige Kerze mehr oder weniger? Wir können wohl sicher sagen, ob *nur* eine oder zwei Kerzen angezündet sind. Wir bemerken, ob eine dritte den Raum erhellt. Können wir aber einen Lichtstärkenunterschied zwischen 100 und 105 Kerzen bemerken? Einen zwischen 100.000 und 100.100? Solch einen Weihnachtsbaum sehen Sie natürlich erst im nächsten Leben, aber stellen Sie es sich schon einmal vor, bevor Sie später große Augen machen. Nehmen wir vereinfachend an, Sie bekommen einige Zeit vorher einen Rentenbescheid, in dem Ihnen eine 0,6-prozentige Rentenanpassung verpasst wird. Sie werden schön böse sein, dass man Ihnen deshalb extra einen Brief schreibt. Es lohnt sich nicht! Sie würden den Unterschied auf dem Kontoauszug kaum merken. Wenn bei IBM die Gehälter erhöht werden, freut man sich auch erst so ab – ab etwa – na, ich will das lieber nicht sagen, damit es kein Manager liest. Irgendwann freuen wir uns schon, wenn überhaupt eine Rente kommt. Da wird dann nichts mehr verpasst.

Die Psychophysiker beobachteten als Erste, dass wir nur bestimmte Schwellenveränderungen überhaupt bemerken. Sie haben nachgemessen, „ab wann“ wir Unterschiede wahrnehmen. Ernst Weber stellte schon 1834 fest, dass die minimalen Veränderungsschwellen, die wir wahrnehmen, in etwa einen festen Prozentsatz vom wahrgenommenen Reiz darstellen. Wir nehmen zum Beispiel „xy Prozent“ mehr Kerzen als „heller“ wahr oder „10 %“ längere Zaunlatten, wenn man uns fragt, ob eine Latte länger sei als eine andere. Die empirisch beobachtbare Gesetzmäßigkeit, dass ein gerade noch wahrnehmbarer Mindestunterschied je nach Problem ein fester Prozentsatz vom Grundwert ist, nennt man das *Weber'sche Gesetz*. Aus solchen Untersuchungen heraus formulierte später Gustav Theodor Fechner das seither so genannte *Fechner'sche Gesetz*. (Die psychische Wahrnehmungsstärke ist gleich dem Logarithmus des wahrgenommenen physikalischen Reizes, multipliziert mit einer problemspezifischen Konstante.) Viel später, 1957, charakterisierte Stanley Smith Stevens den Zusammenhang zwischen der physikalischen Stärke eines dargebotenen Reizes und der psychischen Reaktionsstärke durch eine polynomielle Kurve. Sehen Sie sich das folgende Schaubild an (Abb. 7.23).

Stevens modellierte den Zusammenhang durch folgenden Ansatz:

$$y = \text{Konstante 1 mal } x^{\text{Konstante2}}$$

Dabei ist y die psychische Wahrnehmungsstärke, x die Stärke des dargebotenen physikalischen Reizes. Stevens führte eine Vielzahl von Messexperimenten durch.

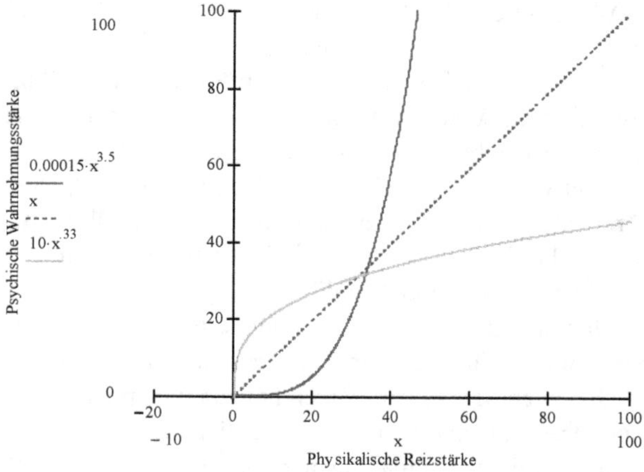

Abb. 7.23 Verschiedene Wahrnehmungsverläufe I

Die Ergebnisse von Dreien sind im Bild dargestellt. Versuchspersonen sollten die Länge eines Stabes, die Helligkeit eines Raumes oder die Stärke eines Stromstoßes schätzen, der ihnen verabreicht wurde.

Die Personen schätzen die Länge von Stäben realistisch ein (so wie sie ist: $y=x$). Der Zusammenhang ist durch die Gerade im Diagramm charakterisiert.

Proportional zunehmende Helligkeit spüren die Personen im Durchschnitt immer schwächer, es ergibt sich die erst stark steigende, dann immer flacher verlaufende Kurve. „Die erste Kerze macht stark heller, die hundertste nicht mehr."

Dagegen spüren Menschen die Zunahmen der Stärke von Stromstößen in den Körper immer stärker als sie wirklich sind. Zuerst ist der Strom gar nicht schmerzhaft. Man spürt ihn nicht oder kaum, also weniger stark als er ist. Dann spürt man ihn immer schneller immer stärker. Dieser Zusammenhang ist durch die nach oben hinausschießende Kurve verdeutlicht.

Für alle Experimente bestimmte Stevens den entsprechenden Zusammenhang. Er fand also in jedem Experiment diejenigen Konstanten 1 und 2 in der Formel oben, die den Zusammenhang näherungsweise am besten beschreiben. Die Resultate finden Sie in der Grafik wieder.

Ich fühle diese Zusammenhänge unmittelbar nach, besonders die mit den Stromstößen. Da werden wir ganz schön empfindlich, wenn es sehr weh tut, oder? Bei Stablängen setzen wir dagegen nur den Verstand ein und haben damit Erfolg. Bei Lichtreizen haben wir keinen adäquaten Sinn, der die Helligkeit verstandesmäßig verarbeiten könnte.

Bei dem Anschauen dieser ganz plausiblen Ergebnisse müssen wir uns allerdings fragen, was ein Mensch so empfindet. Die Wahrheit? Vielleicht bei Stablängen? Sonst nicht? Fragen Sie einmal einen Angler, wie er die Länge seines Fisches wahrnimmt! Einen Jäger, wie groß der Eber war! Einen Liebhaber, wie lang er brauchte, um zu verführen oder so …

Jeder empfindet das anders.

Wie lang empfanden Sie eine kurzweilige Rede? Wie lang empfanden Sie die, die Sie neulich halten mussten?

Stellen Sie sich vor, Sie müssen 50, 100, 150, 200, 250 und so weiter Gramm Spinat essen, wie empfinden Sie das? Unser Johannes hat sich stets viel mehr Gramm als Geburtstagsessen gewünscht!

Oder wir stellen Sie bei einer Rede vor 50, 100, 150, 200, 250 und so weiter Zuhörer. Steigt Ihre Erregungskurve steil an? („Oh Gott, so viele! Ich zittere!“ oder auch: „Bad in der Menge! Je mehr desto rauschhafter!“) Flacht sie ab? („100 oder 1.000 ist mir schon fast egal!“)

Manchen macht eine Stechmücke nichts aus („sticht eben“), andere sehen sie wie einen Elefanten, so groß und rüsselig zum Blutsaufen.

Die einen Menschen geraten bei zunehmender Autogeschwindigkeit unter extremen Stress, die anderen leben glücklich auf.

Wir nehmen offenbar alle anders wahr. Unsere psychischen Intensitäten sind fast generell, so oder so, unpassend zu den physikalischen Realitäten. Wenn wir das Erleben nur an den psychischen Empfindungsstärken messen, verschätzen wir uns schrecklich. Klar?

Wirklich klar? Ich meine, glauben Sie jetzt, dass wir uns verschätzen? Dass Sie sich verschätzen? Bei Helligkeit von Kerzen oder Stromschlägen?

Gut.

Und jetzt frage ich Sie: Wie sehr verschätzen wir uns, wenn wir sagen sollen, ob wir geliebt werden?

Wir verschätzen uns bei Fragen wie: Bin ich gut? Weiß ich viel? Bin ich gewandt? Tanze ich grazil? Stehe ich unterm Pantoffel?

Oder: Ist etwas gerecht? Feige? Tapfer?

Sokrates diskutiert all so etwas in Platons Dialogen. Hin und her.

Und er weiß, dass er nichts weiß, vorher nicht und hinterher nicht.

Unsere Gefühle und Begierden, unsere Wünsche und Eigenarten halten uns zum Narren.

Die Welt ist Täuschung, sagt Buddha.

Die Kurven von Weber, Fechner und Stevens zeigen es klar.

7.6.2 Schwellwertschocks und Wahrnehmungsverschiebungen

Die Leute sagen, durch Schaden werde man klug.

Es gibt Leute, die meinen, *nur* durch Schaden werde man klug.

Es sollte klar sein, dass sich die Wahrnehmungskurven stark verändern können.

Es geschehen Unfälle, „Verbrechen“, Vergewaltigungen, Unrecht, Härten, Entlassungen, Versagen, Niederlagen.

Wir siegen, haben Erfolg, triumphieren, bekommen, verdienen – man kniet vor uns nieder.

Dadurch kann es eine Art Schock in unserem Wahrnehmungsgefüge geben (Abb. 7.24).

Abb. 7.24 Verschiedene Wahrnehmungsverläufe II

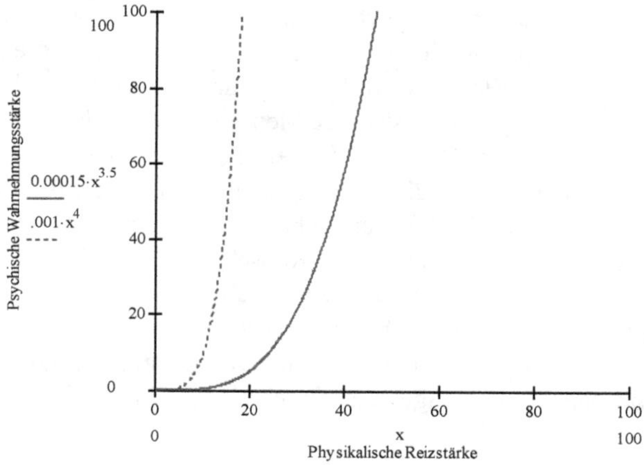

Etwa durch ein Unglück oder einen Schmerz könnte sich die Stärke der psychischen Wahrnehmung erhöhen. Nach einem Unglück sagen wir: „So etwas kann ich nun gar nicht mehr vertragen. Seit mein Kind von der Burgmauer stürzte, gehe ich nie mehr nahe an Abgründe. Es passierte dem Kind damals nichts, und es selbst balanciert seitdem noch sicherer auf Mauern als vorher. Aber wer denkt beim Balancieren an mich? Mich durchzuckt es seitdem durch und durch, wenn ich so etwas sehe. Das Kind hat an Mut gewonnen, aber ich selbst werde fast wahnsinnig vor Angst. Ich habe neulich schon ganz von Sinnen ein fremdes Kind von der Mauer gezerrt und geschlagen. Es wurde hinterher sehr peinlich für mich. Das andere Kind hat nun wohl Angst vor Mauern. Oder vor Frauen."

Mathematisch gesehen hat sich unsere „Angstkurve" verschoben. Wir könnten nun viel weniger tolerant gegen „den Schmerz" sein. Wir nehmen das, was wir fürchten, nun schärfer, vielleicht unangemessener als vorher wahr.

Ich sehe im Arbeitsleben eine Menge von Verschiebungen. Als Jurymitglied der Studienstiftung des deutschen Volkes sehe ich oft hoffnungsvolle junge Menschen einknicken, denen der Bescheid zuteil wird, nicht unter den ein Prozent Besten zu sein. Sie beginnen, die Institution zu hassen, die sie ablehnte, dazu auch alle von uns anerkannten Hochbegabten. Ich kenne eine Menge hoffnungsfroher Mitarbeiter, die das Assessment für Manager nicht bestanden. Sie hassen nun die Firma, die Jury und alle Manager. „Das ist alles Affenzirkus!", sagen die, die verlieren. Dabei war es in diesen Fällen das allererste Versagen in ihrem sterngreifenden Leben. Was sollen dann die normalen Sitzenbleiber sagen?

Auf jeder Höhe kann es uns erwischen, in großer Höhe ist der Sturz bekanntlich tiefer hinab. Das ist auch so eine der Wahrnehmungskurven. Das späte Verlieren ganz oben ist härter als das frühe Stolpern unten. Oscarpreisträger leben im Durchschnitt statistisch fünf Jahre länger als solche, die für den Oscar nominiert wurden, bei der Verleihung bibberten und eben nicht auf die Bühne durften.

Auf der anderen Seite des Spektrums gibt es ganz junge Popstars oder Lottogewinner, die plötzlich in ganz andere Mentalitätssphären gelangen. Wir kennen ja alle die Geschichten, dass Erfolg oder Geld fast auf der Stelle jemanden aus der Bahn werfen kann. Gewinner verschleudern den unverhofften Reichtum oder sie sitzen ängstlich zu Hause, weil die Nachbarn wegen des vielen Geldes misstrauisch geworden sind und sie als andere Menschen *wahrnehmen*. Shootingstars verkraften die Zeit nach einem One-Hit-Wonder nicht und landen irgendwo, oft drogenabhängig.

Verliebte sehen die Welt für einige Zeit definitiv anders. Sie himmeln an. Für einige Monate Verliebtsein schüttet das Hirn Glücksstoffe aus, bis es sich wieder normal anpasst. Dann ist der Rausch vorbei, und wir können plötzlich tatsächlich negative Eigenschaften an den Angebeteten *wahrnehmen*. Die Welt war rosarot wegen des geänderten Gehirnstoffwechsels.

Was passiert, wenn in uns eine Wahrnehmung verzerrt ist? Wenn wir einen Seismografen in uns tragen, der falsch eingestellt ist?

7.6.3 Aufmerksamkeitsschwellen

Auf diese Weise tragen wir Wahrnehmungskurven in uns herum. Manche drehen Cents um, manche achten erst 50-Euro-Scheine. Viele wollen auf keinen Fall ausgelacht werden, andere können es selbstironisch ertragen. Die einen nehmen mit Humor, was andere verbittert.

Die einen sind mehr *empfindlich* oder *angespannt* oder *gierig*. Ich stelle mir dabei die Stromschlagkurve vor (siehe Abb. 7.25).

Die anderen sind mehr „relaxed". Sie sind akzeptierend und haben ab einer gewissen Reizstärke das Gefühl, es sei „genug" oder ausreichend. Sie könnten sagen: „Mir geht es gut." Oder: „Es ist jetzt hell." Im Grunde achten sie nicht mehr auf den physikalischen Reiz, wenn er eine gewisse Höhe erreicht hat. Hierzu passt die Kurve vom Helligkeitsexperiment (Abb. 7.26).

Ab einer gewissen Stärke „ist es eben so". Noch mehr vom selben wird als keine große Veränderung gesehen. Wer sich genug geliebt fühlt, reagiert auf noch mehr Liebe nicht so stark. Wer sich wohlhabend fühlt, streckt sich nicht mehr für jede monetäre Belohnung oder zerreißt sich gar dafür. Der erste Bissen der Mahlzeit schenkt uns Überleben, die nächsten paar Bissen sichern das Leben, aber dann schmeckt es nur noch und wird bald zu viel. Es gibt Gastgeber der Stromschlagkurve, die uns ein Buffet zeigen, wo zehn Mal mehr aufgetischt ist, als wir essen können. Und wir mögen mit entgleisenden Zügen sagen: „Wer soll das essen?" (Der Gastgeber erwartet natürlich nicht, dass alles gegessen wird, aber er erwartet sehr wohl den vollen Dank für das Auftischen, aber das ist eine andere Kurve.)

Lassen Sie mich wieder einmal plakativ einfach werden und ein Vorstellungsmodel einführen: Es gibt eine *reale oder realistische* Sicht auf die Dinge. Es gibt eine *empfindliche* Sicht („Pass auf!") und eine eher zu *lethargische* („Das tut's!").

Die empfindliche Sicht ist für mich eher die Beta-Seite des Lebens, die ruhige mehr die Alpha-Seite des Lebens, die für mich durch das einfache, „glückliche" Leben der von Jean Liedloff beschriebenen Indianervölker repräsentiert wird.

Abb. 7.25 Stromschlagkurve

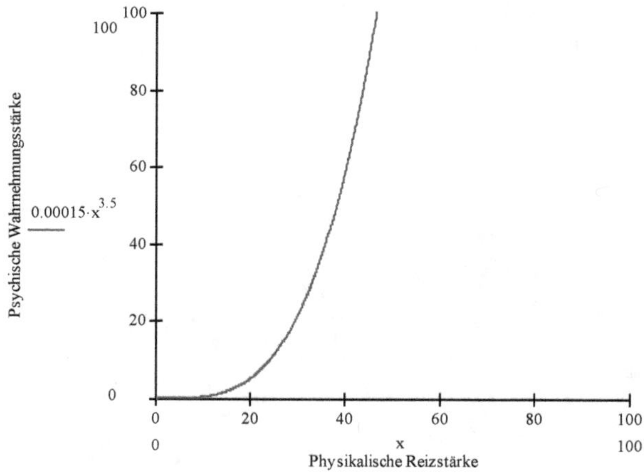

Abb. 7.26 „Helligkeitswahrnehmungskurve“

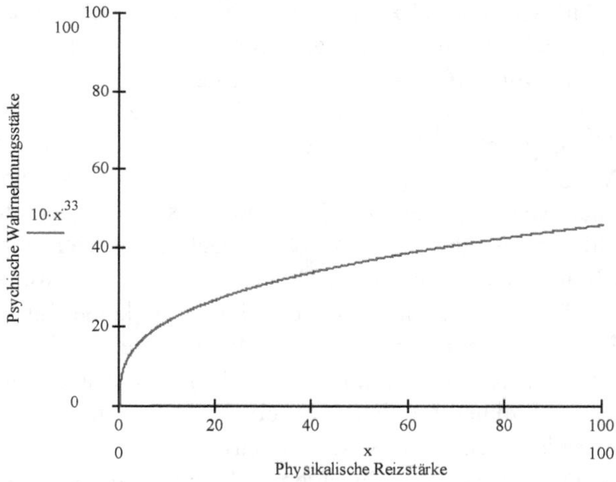

Die aufpassende Beta-Seele der Machina, also das Bewältigungsprinzip in unserem Leben, kennt viele Aufmerksamkeitsschwellen, bei dem Überschreiten ihre Seismografen sofort Alarm schlagen. „Bis hierher und nicht weiter!“ – „Über diese Schwelle nur über meine Leiche!“ – „Das macht niemand mit mir!“

Die Alpha-Seite des Menschen sieht die Dinge vielleicht zu ruhig? „Reg dich nicht so auf!“ – „Weißt du, das macht nichts, den kleinen Kratzer sieht ja keiner. Ich habe halt den vollen Preis bezahlt, warum soll ich da einen Zank anfangen.“ Die Alpha-Seele will um einen recht hohen Preis bei sich selbst bleiben und eben nicht in den Stressmodus springen und „außer sich“ sein.

Ich will es so formulieren.

Die Machina sieht die Dinge eng, wo sie im Bewältigungsstress arbeitet: Stromschlagkurve, Seismografenalarm im Körper!

Die Alpha-Seele tendiert zur Ruhe mit sich selbst und sieht Dinge weniger dramatisch, als sie vielleicht sind.

Abb. 7.27 Mehr „Beta-empfindlich"?

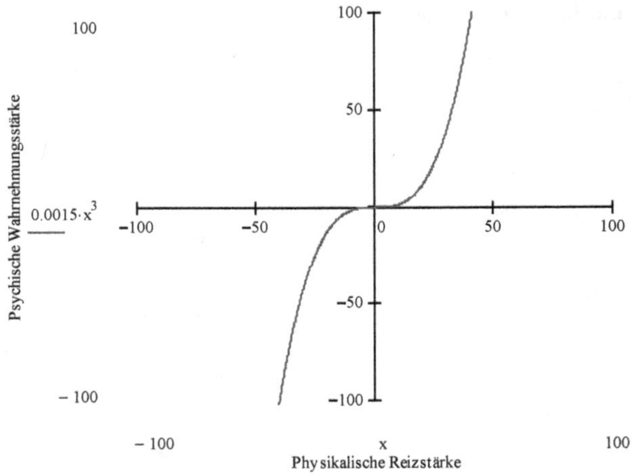

Die Machina hat zu empfindliche Aufmerksamkeitsschwellen, die in sich ruhende Seele wohl zu entspannte, wenn man dieses unser Leben betrachtet.

Die Philosophie nennt die Kunde der Wahrnehmung die *Ästhetik*. Die Mediziner benutzen das Wort *Hyperästhetik* für „Überempfindlichkeit". Die griechische Vorsilbe hyper steht für „über", die Vorsilbe „hypo" für unter. Ich weiß nicht, ob es das Wort *Hypoästhetik* gibt. MS Word hält es jedenfalls beim Eintippen eben gerade für einen Rechtschreibfehler. Ich benutze es einfach hier für „Unterempfindlichkeit" und füge es meinem Word-Wörterbuch hinzu. Der Hyperästhetiker nimmt Dinge sehr übersensibel wahr, der Hypoästhetiker eher zu wenig.

Ich habe in Psychologiebüchern noch gar keine Kurven für *wirkliche* psychische Erscheinungen gefunden. Das Testen von Helligkeiten oder Längen ist ja tatsächlich Psycho*physik*. Im normalen Leben geht es aber hauptsächlich um die psychische Inneninterpretation von Lob, Tadel, einem Gruß, einem Sieg, einer Schande oder einer Schuld. Das ist sehr schwer in Formeln darstellbar, weil wir bei einem Sieg im Hochgefühl schwelgen, während wir uns bei einer Niederlage in Selbsthass suhlen oder über unfaire Feinde klagen. Je nachdem, ob der physikalische Reiz in Richtung Sieg (positive Richtung) oder Niederlage (negative Richtung) zielt, empfinden wir ganz andere psychische Reize. Deshalb können wir nicht wirklich eine echte Kurve in ein Diagramm zeichnen, die diesen Sachverhalt sauber wiedergibt. Ich tue es trotzdem, nur um Ihnen ein Vorstellungsbild zu geben. Ich stelle mir den Zusammenhang zwischen physikalischem Reiz und psychischer Reaktion so vor (Abb. 7.27).

Vor dem Experiment befinden wir uns am Nullpunkt (mathematisch gesehen!). Nun kommt die Chefin oder der Lover und gibt ein Urteil ab, das Lob oder Tadel, Liebe oder Verschmähung sein kann. Das Positive (Lob etc.) stelle ich mir wie einen positiven Reiz vor, das Negative (Tadel) wie einen negativen physikalischen Reiz. Entsprechend fällt auf den positiven (negativen) Reiz die psychische Reaktion positiv (negativ) aus. So komme ich zu der oben dargestellten Kurve. Sie ist steil nach oben gerichtet, also eine Kurve für den Beta-Modus. In dieser Kurve wird das Positive zu positiv gewertet und das Negative zu negativ. „Himmelhoch jauch-

Abb. 7.28 Mehr „Alpha-ruhig"?

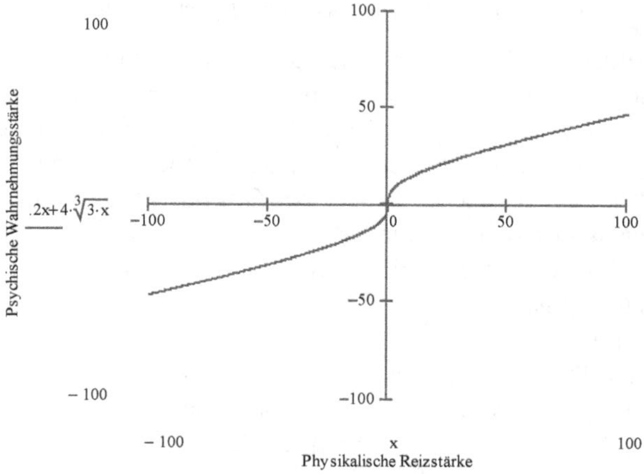

zend, zu Tode betrübt" ist der kennzeichnende Spruch für das manisch Depressive, das sehr stark übertreibend empfindet. Reaktionen nach dieser Kurve nehmen Lob übertrieben „wie bare Münze" und sehen bei Tadel genauso übertrieben schwarz.

Man könnte die Dinge auch folgendermaßen betrachten (Abb. 7.28).

Wie ein naives Kind schauen wir den Chef an und sehen: Es ist gut oder nicht. Der Geliebte ist gewogen oder nicht. Das erkennt der naive Blick und er differenziert nicht mehr sehr stark. „Es ist gut." – „Es ist genug." – „Es ist zu wenig." – „Wir müssen mehr tun." Bei dieser psychischen Kurve geraten wir nicht „außer uns". Wir schätzen aber die Lage zu undramatisch ein. Oft in Eile! Not! Früher schrie ich häufiger Johannes an: „Wir kommen zu spät! Und du hast noch immer nicht die Schuhe an! Mach schnell!" Und er brummelte: „Was denn, ich komme ja schon!" Hyperästhetisch und hypoästhetisch.

Beide Reaktionsweisen verkennen die Lage. So oder so.

Womit aber befassen wir uns am meisten? Was ist für uns das Wichtigste im Leben?

7.6.4 Das Hyperästhetische gibt unserem Leben Erlebniswert

Wenn ein Mensch eine überschätzende Kurve der Stromschlagart im Körper verankert hat, dann ist hier der Körper selbst am Werk und setzt sich über allen Verstand und alle Einsicht hinweg. Der Körper reagiert übertrieben und instinktiv. Jede starke instinktive Reaktion überschreibt alles andere.

Wenn der Stromschlag zuckt, ist der Mensch stark und fast unüberwindbar.

Wir haben in der Nachbarschaft Leute, die tiefe Ruhe zum Überleben brauchen. Sie drücken das in herzlichen Briefen aus, in denen sie auf Störungen von Mittags- und Nachtruhe hinweisen und spielerisch Sanktionen anklingen lassen. Sie warten auch geduldig bis zu entscheidenden Terminen, etwa 12 Uhr oder 22 Uhr. Dann rufen sie laut in die umgebende tiefe Seelenruhe hinein, man möge die Plauderei auf der Terrasse einstellen.

Niemand kann in Frieden leben, wenn Hyperästhetiker in der Nähe sind.

Andere Nachbarn stören sich an hohen Bäumen und führen Feldzüge. Wieder andere versuchen, am besten unter den Augen der Besitzer, auf ihr Grundstück eingedrungene Katzen mit Holzscheiten den Garaus zu machen. Etliche probieren das gleiche mit entsprechend verhaltensgestörten Kindern, die nach einem Ball fahnden. Es gibt welche, die leckeres Gift für Hunde auf dem eigenen Grundstück auslegen oder sich um Knallerbsenernten streiten.

Im Management gibt es hochbürokratische Charaktere, die dann Erbsenzähler oder Spreadsheet-Fanatiker genannt werden. Manche stehen den ganzen Tag wie mit einer imaginären Peitsche im Flur und scheinen zu rufen: „Schneller! Weiter! Mehr!“ Andere brüllen ganztägig: „Der Kunde steht im Mittelpunkt!“ Und sie meinen es ernst, weil sie sich selbst dafür halten.

Putzteufel, Bigotte, Ordnungshüter, Zerstreute, Abwesende, Computer-Geeks, Esssüchtige, Musikfans, die vor dem Lautsprecher Wäsche im Wind trocknen – sie alle sind unter uns und geben unserem Leben grelle Farbe, auf die wir liebend gerne verzichten mögen.

Es gibt bestimmt annähernd so viele Hyperästhesien wie Menschen?

Unsere Charakterfärbung ist insbesondere so eine Art Überempfindlichkeit. Die zumindest haben wir.

7.6.5 Neun typische Hyperästhesien

Wer unter Gelächter, Vorwürfen, Kritik, Undank, Zwang oder Disharmonien Stromschlagzucken der Seismografen erlebt, ist gezwungen, all dies zu fliehen. Das heftige Zucken von Seismografen ist schlimmer als alles, was die Welt inhaltlich oder real an Unglücken für uns bereithält. Der Mensch, der stark überschätzende Stromschlagseismografen im Körper hat, muss jeden Alarm mit panischer Angst vermeiden. Die reale Welt ist ganz egal – wenn der Körper zuckt. Der Mensch bewältigt im Grunde sein Inneres bzw. seinen falsch konditionierten Körper. Der Mensch muss trotz seiner Seismografen versuchen, gut zu leben. Die Hauptstromseismografen sind wie eine schwere Krankheit, mit der er leben muss. Der normale Mensch wird versuchen zu fliehen. Wohin?

Die meisten versuchen, nach oben zu fliehen. Die anderen fallen womöglich in die Hölle.

Ich erinnere an den Lebensbeginn (Abb. 7.29).

Die normale Erziehung und die Systeme normen und vereinheitlichen den Menschen, so dass er dies wie den Tod fürchtet (Abb. 7.30).

Dies sind die artspezifischen Stromschlagseismografen oder Hyperästhetiken des normalen Menschen. Solche Alarme muss er unbedingt meiden, weil sie anzeigen, dass seine Hauptwunde aufreißt. Das Aufreißen der Hauptwunde zerfetzt ihn innerlich. Die Machina heult unter Alarm auf. Die Wahrnehmung der Verwundung in den Skalen einer Stromschlagkurve *ist weit übertrieben.* Der Körper zittert. Er

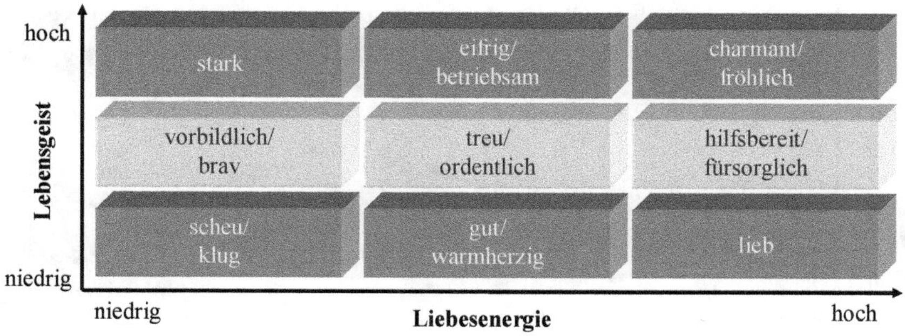

Abb. 7.29 Ursprungszustand

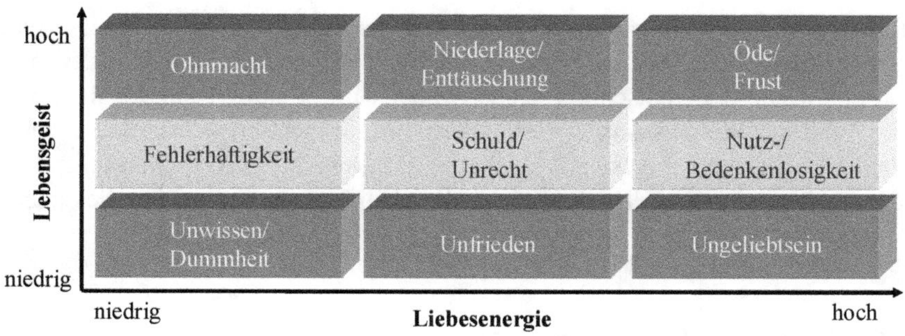

Abb. 7.30 Hauptquelle der Angst

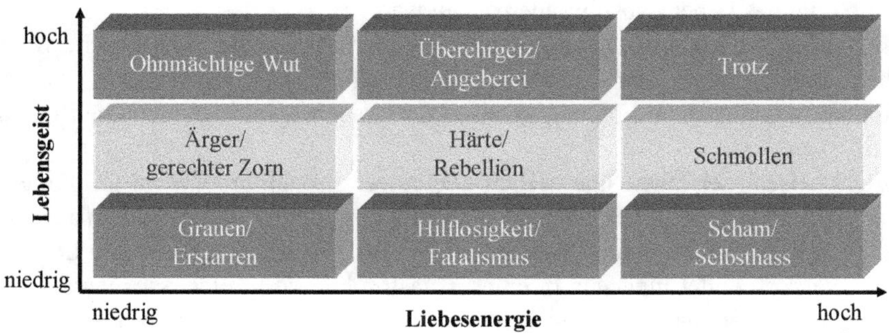

Abb. 7.31 Kriegszustand unter Angst

wechselt sofort in den Kriegsmodus. Je nach Hauptwunde ist dieser etwa durch die folgenden Hauptvarianten gekennzeichnet (Abb. 7.31).

Das Ziel ist das Pflastern der Wunde. Die Machina bemüht sich um Fassung, Teilerfolg, erzwungenen Dank, Anerkennung, was immer den Zustand der Wunde lindert. Das Ziel bleibt immer die Sicherheit vor der Neuverwundung. Die Machina sieht den besten Schutz vor Neuverwundung im Sammeln von Pseudosinn (Abb. 7.32).

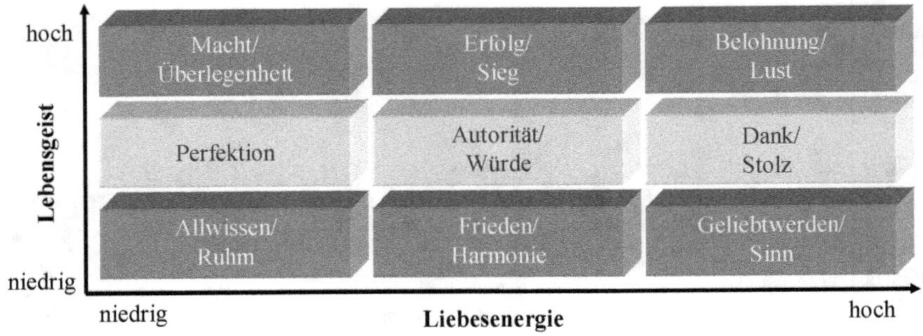

Abb. 7.32 Pseudosinn

Ruhelos ist die Machina im Beta-Modus auf der Jagd, bis die gesammelte Beute sie wieder ruhig stellt. Wenn der Perfektionist vollkommen ist, ist alles andere auch schon gut. Wenn der Mensch der Liebe geliebt wird, kümmert ihn der Rest nicht mehr. Wenn der Wissenschaftler bewundert wird, braucht er nichts anderes mehr. Wenn der Erfolgsmensch gesiegt hat, ist alles gut. Der Hauptstromschlagseismograf ist der Mittelpunkt des Lebens. Solange die Hauptwunde brennt, ist alles andere zweitrangig.

7.6.6 Abwärtseskalationen: „Hör auf!“

Was passiert, wenn ein Mensch eine Stromschlagkurve in sich implantiert fühlt? Er nimmt Teile des Lebens absolut übertrieben wahr.

Das ist schon prinzipiell schlimm. Sehr oft aber ist eine dauerhaft falsche Wahrnehmung nüchtern und etwas hart besehen eine schwere Krankheit.

Es gibt zwei extreme Vorgehensweisen der Machina, mit der Krankheit umzugehen.

Ein Mensch, der etwas übertrieben überbewertet, kann oder wird in aller Regel versuchen, alle anderen Menschen zu zwingen, seiner eigenen übertriebenen oder verzerrten Wahrnehmung zu folgen. „Ordnung ist das Wichtigste im Leben!“ Dieser Versuch endet meistens in einer Katastrophe, die in eine Sackgasse führt. Oft droht unentrinnbare Gefangenschaft in der eigenen verzerrten Wahrnehmung, weil die anderen Menschen eben die eigene Krankheit von außen als Krankheit sehen und nicht übernehmen werden. So ein Satz wie „Ordnung ist das ganze Leben!“ wird von anderen als Bedrohung empfunden. Sie reagieren auf die Aufrufe, einer verzerrten Wahrnehmung zu folgen, mit immer heftigerer Abwehr. Es folgt eine Teufelsspirale, die ich *Abwärtseskalation* nennen will. Stellen Sie sich plakativ übertrieben einen Alkoholiker vor, der allen Schnaps anbietet: „Ohne Trunkenheit ist das Leben nichts. Trinkt also alle mit!“ Was soll der „normale“ Mensch da noch tun? Er wendet sich ab. Noch schlimmer ist es, dem übertriebenen Menschen die objektive Wahrnehmung zu predigen. „Lass ab vom Alkohol!“ Diese Äußerung ist äquivalent zu dieser: „Deine Wahrnehmung ist verzerrt und du bist krank." So beginnt meist eine neue Spirale nach unten. „Ach, ihr armen Nüchternen, ich bin ganz allein!"

Er sieht dabei aus wie eine schrecklich verletzte Muschel, die sich vollkommen überzeugt völlig falsch therapiert und sich gleichzeitig unaufhörlich wundert, dass ihr niemand zu Hilfe kommt – ja, dass ihr alle sagen, ihr Leben sei ganz verquer angelegt.

Ein Mensch mit einer übertriebenen Wahrnehmung kann auch dahin gelangen, sich in seiner Disziplin übertrieben hervorzutun und den anderen Menschen damit zu nützen. Der Ordnungswütige kann es sich zur Aufgabe machen, für andere Menschen Ordnung zu schaffen. Er kann als Controller oder Hausmeister Segen stiften. Dafür werden die anderen Menschen dankbar sein und ihm die übertriebene Weltsicht verzeihen, ja sogar zugute halten. Deshalb dürfen alle guten Künstler „durchgeknallt sein" oder wie „Schmetterlinge" wirken. Das Übertriebene darf sich zur Blüte entfalten.

Wenn der Mensch in seiner Übertreibung Erfolg hat, so eskaliert sein Bemühen nach oben. Er wird „Star" in seiner Übertreibung. Im Überschwang und in seiner immer einseitiger werdenden Wahrnehmungsverzerrung verlangt er, dass alle seine Wahrnehmung ebenso verzerrt übernähmen. Die anderen Menschen bewundern aber nur „die Perle der Muschel", sie schwenken keineswegs auf die Wahrnehmung des Stars um. Der fühlt sich irgendwann mitten im Siegesrausch vollkommen einsam und unverstanden. „Sie sehen nur, was ich tat! Sie applaudieren. Aber was bin ich selbst ihnen wert?" Nichts. Nicht viel. Längst nicht so viel wie das Werk.

Hier stelle ich zunächst drei Beispiele von Abwärtseskalationen vor.

Nehmen wir das Beispiel des lieben Menschen. Er zittert vor Ungeliebtsein. Seine Seismografen sind äußerst scharf darauf eingestellt. Sie lauern auf Ungeliebtsein. Da die Seismografen übertrieben scharf eingestellt sind, wird sehr oft Alarm ausgelöst. Der liebe Mensch fühlt sich ungeliebt. Da er das übertrieben wahrnimmt, stimmen ihm die anderen Menschen nicht zu. Fehlalarm! So sagen sie unisono. Das wertet der liebe Mensch als Äußerung von Menschen, die keinen Sinn für Liebe haben. Er sieht irrtümlich, dass man ihn nicht liebt. Er ist verzweifelt und schockiert. Seine Seismografen stellt er nun noch schärfer ein, weil ihm diese Katastrophe passiert ist. Weil nun die Seismografen schärfer lauern, müssen sie viel öfter Unliebe wahrnehmen. Deshalb schlagen sie nun häufiger Alarm. Die anderen Menschen sind nun ganz irritiert, dass nun jedes laut gesprochene Wort Unliebe bedeuten soll, dass jeder Blick beargwöhnt wird. Diese ablehnende Haltung der anderen Menschen wertet der liebe Mensch als Unliebe. Er stellt die Seismografen noch schärfer ein. Irgendwann sieht er überall Unliebe. Niemand hört ihn mehr. Die anderen sagen: „Nichts zu machen, depressiv. Wir haben ihm so oft zugeredet, dass er es übertrieben sieht. Wir haben so oft gesagt, er soll damit aufhören! Alles wird unter dem Gesichtspunkt der Unliebe gesehen. Nicht auszuhalten. Irgendwann ist uns der Geduldsfaden gerissen. Wir hören da nicht mehr zu. Irgendwann sagen wir: „Du, wir lieben dich nicht. Das war nicht immer so, ganz und gar nicht. Aber jetzt lieben wir dich nicht mehr. Es reicht." Da sucht der liebe Mensch verzweifelt andere Menschen, die ihn lieben könnten.

Der Perfektionist: Er zittert vor eigenen Fehlern. Daher ist er fehlerlos und nörgelt herum. Er hat ganz übertriebene Ansichten, wie perfekt alles sein muss. Jedes Mal, wenn er einen Raum betritt, sieht er schiefe Gardinen oder einen nicht geleerten Aschenbecher. Ein Formular ist nicht korrekt ausgefüllt, ein Unkraut beim Jäten vergessen. Alles scheint ihn zu stören. Er murmelt unaufhörlich vor sich hin, dass etwas noch besser gemacht werden müsste. Die anderen Menschen erklären immer wieder, dass die Welt nicht so perfekt sein muss. Das ärgert den Perfektionisten, denn er selbst ist perfekt. Wenn die anderen Menschen die Perfektion nicht hochhalten wollen, ehren sie ihn nicht. Sie wollen ihn nicht als Braven anerkennen. Deshalb versucht er, die Perfektion als höchsten Wert der Welt hinzustellen. Er tut dies, indem er den anderen Menschen zeigt, wie fehlerhaft sie sind. Er nörgelt an ihnen herum. Da dies unter seinen übertriebenen Maßstäben erfolgt, ärgert er die anderen ständig, die ihm erklären, sie wollen diese Perfektion nicht. Die eigene Perfektion des Perfektionisten stößt die anderen Menschen bald ab. Sie wirkt aggressiv auf sie. So beginnen die Mitmenschen des Perfektionisten, an ihm selbst Fehler zu suchen und freuen sich diebisch, welche zu finden. Sie reiben sie ihm unter die Nase. Das ärgert den Perfektionisten „zu Dreck" und er beginnt, noch perfekter zu sein und den anderen Menschen zu beweisen, wie fehlerhaft sie doch sind. Unaufhörlich stellt er seine Fehlerseismografen noch feiner und übertriebener ein. Bald sagen die anderen: „Nichts zu machen, er ist zwanghaft. Wir haben ihm oft zugeredet, dass er es übertrieben sieht. Wir riefen: hör auf! Alles sieht er unter dem Aspekt der Fehlerlosigkeit. Nicht auszuhalten, diese Kontrolle und das Nörgeln. Irgendwann hatten wir genug. Wir hören nicht mehr hin. Wir haben keine Geduld mehr. Bald sagen wir: Du bist ein völlig fehlerloser Dreck. Das war nicht immer so. Aber wir können dich nicht mehr ausstehen. Bleib weg." Da sucht der perfekte Mensch verzweifelt andere Menschen, denen er Fehlerlosigkeit predigen kann.

Der Besserwisser: Er weiß alles. Er hat einen feinen Sinn für Falsches und Unexaktes. Wenn sich Menschen unterhalten, mischen sich Inkorrektheiten in ihren Plausch. Der Besserwisser unterbricht und weist auf eine wichtige Feinheit hin. Die anderen sagen, sie wollten es nicht so genau wissen, sondern sich nur nett unterhalten. Der Besserwisser ist sehr darüber betroffen, dass sich Menschen so offen zum Unwissen und zur Dummheit bekennen und nicht zuhören wollen. Er bemüht sich, seine richtige Sache nochmals eindringlich warnend vorzubringen, und weist nach, dass alle anderen in die Irre gehen. Da lassen sie ihn irgendwann stehen. Er läuft hinterher und zeigt ihnen die Dummheit. „Fragt mich doch, ich weiß es genau! Holt bei mir Rat!" Aber die anderen finden, er sähe es zu übertrieben. Sie wenden sich ab. Bald ist er allein und hadert mit der absoluten Dummheit der ganzen Welt. „Nichts zu machen, er ist ein Klugscheißer. Wir haben ihn so oft beschworen, mit seinen Sermonen aufzuhören. Irgendwann hatten wir von dem spezialisierten Gesabber genug. Wir lassen ihn stehen. Keine Geduld mehr. Bald sagen wir: Du hast im Kopf ein Lexikon und sonst bist du nichts, gar nichts. Wir meiden dich." Da sucht der Besserwisser andere Menschen, die sich für sein Spezialgebiet interessieren.

So gehen Menschen an ihren Stromschlagkurven zu Grunde.

Die Machina des Lieben sammelt zu stark Liebe und wird verlassen.

Die Machina des Perfektionisten erkältet die Welt und wird verlassen.

Der Besserwisser sucht bewundernde Anerkennung und wird gemieden.

Eine übertriebene Machina hat den Menschen versenkt. (Es waren drei Beispiele von neun oder mehr. Stellen Sie sich noch andere vor? Wo ist Ihr eigener Hauptseismograf? Ich bin gefährdeter Besserwisser. Ich versuche seit Jahren, einen neuen Hauptseismografen in mir zu schulen. Er soll lauern, ob andere Menschen finden, ich würde zu speziell besser wissen. Wenn der alarmiert, höre ich auf. Sofort. Leider alarmiert er nicht schon immer, wenn es nötig wäre.)

Der Grund für den Untergang ist das Schärfen der Stromschlagseismografen, also das Festhalten und Verschärfen der eigenen übertriebenen Weltsicht. Die Kurven der Wahrnehmungsintensitäten verändern sich, werden steiler und steiler. Immer kleinere Reize werden dramatischer gesehen. Im Beispiel: Der Perfektionist sieht die Welt übertrieben fehlerhaft. Also sieht er viel mehr Fehler als die meisten Menschen seiner Umgebung. Die wehren sich gegen die Nörgelei. Deshalb verbohrt sich der Perfektionist vollends in die Fehlerproblematik. Er wird hellsichtiger für Fehler, er kann immer besser differenzieren. Er fühlt, er ist Weltmeister und der Allergrößte in Perfektion. Jetzt sieht er noch mehr Fehler, nörgelt noch mehr, sieht wieder mehr …

Ach, wenn man den Hauptseismografen abschalten könnte! Was wäre dann?

Artgerechte Haltung würde darauf abzielen, gar keine Stromschlagseismografen einzubauen oder zuzulassen.

7.6.7 *Aufwärtseskalationen: „Weiter so! Weiter!“*

Warum versteifen sich die Systeme auf das Einsetzen von Seismografen? Sie wollen natürlich Aufwärtseskalationen provozieren.

Der Erfolgsmensch: Er weiß worauf es ankommt. Er weiß es und riecht den Rest zielsicher. Er zeigt Erfolge vor, die sich überall erringen lassen. Er übt für *Jugend musiziert*, nicht gerade Klavier, weil dort die Konkurrenz am größten ist, aber eben Fagott oder Gesang. Er wird ein Jahr der Schulzeit in den USA verbringen. Er bewirbt sich für Praktika aller Art. Dabei sieht er weniger auf das Geld als mehr auf den passenden Eindruck. Er trägt anerkannte Markentextilien, kennt sich in Armbanduhren aus. Seine Bewerbungsunterlagen sind ein Fest für die Augen. Er hat alles gesammelt, was irgendwie Punkte erzielt. Die Freundin ist très chic. Wenn er eine neue Arbeitsstelle antritt, sucht sein Blick das Wichtige: Wofür gibt es Punkte? Wohin geht es bergauf? Wer sind die Gegner, die anderen hier mit den vielen Punkten? Was hat jemand, was er nicht hat? Wie und wo kann er es bekommen? Seine Arbeitskollegen wissen von Anfang an genau, dass er alle Erfolge haben wird. Sie schauen ihn mit gemischten Gefühlen an. Ja, er rackert unermüdlich. Ja, er arbeitet härter als die anderen, oft an drei, vier Vorgängen gleichzeitig. Er hat ihn verdient, den Erfolg. Oder auch nicht so richtig, denn er saugt irgendwie alles weg. Bleiben noch Punkte für die Übrigen? „The winner takes it all.“ Wenn keine Punkte mehr zu holen sind, wird er weiterziehen, in anderen Jobs arbeiten, weil er nun eine höhere Verantwortung anstrebt, wie er sagt. Er hat den Wettbewerb um die Punkte gewonnen. Nun zieht er zu einem höherrangigen Turnier, wo er sich bewähren will. Sein Ziel ist irgendwann, besser heute als morgen, die höchste Liga. „Im Grunde habe ich meinen Erfolg meiner Gewohnheit zu verdanken, jedes und alles im Wettbewerbsmodus anzugehen. Wenn ich etwas tue, dann richtig und als Bester. Das Zweitbeste ist nicht so viel schlechter als das Beste, also werde ich gleich Bester. Es ist immer wieder eine schwierige Phase am Beginn, wenn ich den inneren Schweinehund überwinden muss. Der Sieg ist noch so weit, die Lage der Mitbewerber gar nicht klar. Aber wenn ich einmal Fuß in der Sache fasse, bin ich kaum zu stoppen. Ich besiege die stärksten Gegner. Es ist schon richtig, dass ich nicht durch Betonmauern gehe, also gegen Leute kämpfe, gegen die ich eine Nummer zu klein bin. Solche Situationen vermeide ich natürlich. Ich gehe nie im Misserfolge hinein, das ist vielleicht auch mein Geheimnis – wittern zu können, wo ich wirklich gewinnen kann. Durch das dauernde Arbeiten im Wettbewerbsmodus habe ich viel mehr Stresserfahrung als alle anderen. Ich werde besser und besser. Ich verzettele mich nicht wie die anderen, die jammern, wenn die keine Streicheleinheiten bekommen oder so. Ich brauche nur zu gewinnen, das reicht mir. Ich liebe es, immer besser zu werden. Manchmal wundere ich mich, wie leicht es gelingt. Die anderen geben fast schon auf, wenn ich komme. Ich kann manchmal fast von Beginn an dominieren. Es ist wunderschön, die Initiative zu haben."

In der Jury der Studienstiftung des deutschen Volkes ist immer die Kernfrage: Gehört der Kandidat zum besten einen Prozent aller Studenten? Ist er hochbegabt? Fälle wie der eben geschilderte führen oft zu erbitterten Diskussionen. Gehören die Gewinner automatisch zu den Hochbegabten? Wir winden uns. Ja, die Gewinner gehören zu dem allerersten, besten Prozent. Aber sie sind irgendwie kühl. Sie gewinnen, aber ohne Sinn?! Sie scheinen per se gewinnen zu müssen, immer wieder. Wenn wir ihnen ein Stipendium gewähren, läuten wir die nächste Eskalationsspirale ein. Ist das der Sinn einer Förderung? Etwas in unserer Seele stimmt nicht wirklich zu.

Der Machtmensch: Er weiß instinktsicher, wo die verborgenen Möglichkeiten liegen. Die Erfolgssüchtigen übertreffen die anderen im Wettbewerb. Die wahren Kämpfer aber besiegen ihre Gegner. Es geht nicht darum, der Beste zu sein, sondern nur um den Sieg im Kampf. Beim Tennis siegt, wer den letzten Punkt macht, nicht, wer am meisten Punkte erringt. Bei Boxen gewinnt der letzte Niederschlag, unabhängig vom Kampfverlauf. Der Machtmensch behält die Oberhand. Er gibt nie auf. Er ist Meister der vielen Versuche und Ansätze. Irgendwie bringt er die Sache hin, bringt den Gegner zu Fall. Er behält das letzte Wort, findet den letzten Ausweg zum Triumph, ist der begnadete Troubleshooter. Im Chaos ist der Starke stärker. Wenn sich alle im Schlamm vor dem Blut und dem Opfer fürchten, kommen die Kämpfer zur Geltung, dann sind sie in ihrem Element. „Ich habe die Macht, weil ich nie aufgegeben habe. Ich war viel öfter unten als andere Menschen. Ich habe Niederlagen geschmeckt, aber ich weiß, wie ich tausend Mal aufstehe. Besiegt mich Millionen Mal, ich komme wieder. Niemand hält mich auf! Ich koste am Ende den Sieg aus, ich weiß es. Ich weiß, was mir zusteht: alles. Ich werde mir am Schluss nehmen, was mir schon immer gehörte. Oft wundere ich mich, wie leicht sie es mir machen. Im Grunde sind überraschend viele Menschen reine Memmen. Das Behalten der Oberhand ist nicht so schwer, weil die anderen den Kampf für schmutziges Geschäft halten. Sie zucken zurück. Wenn ich sie mit einer Katastrophe, mit dem Äußersten bedrohe, dann laufen sie davon und beklagen sich über mich. Sie haben einfach Angst. Soll mir recht sein, es ist aber auch manchmal schade, die Macht geschenkt zu bekommen. Das wirklich Große im Leben sind Siege gegen überlegene Gegner. Ich wäre gerne Terminator."

Unser Bundeskanzler Schröder rüttelte der Legende nach in jungen Jahren an den Gitterstäben des Kanzleramtes und rief: „Ich will hier rein!" Der Star-Fußballer Effenberg war gefürchtet, geliebt und gehasst. Er schrieb sein Buch *Ich hab's allen gezeigt* und schaut mich auf dem Cover mit einem megastarken blauen Löwenblick an, so dass ich bestimmt jeder seiner Grätschen ausweichen werde. Lieben wir unseren Kanzler Gerhard Schröder, der eher lustlos zu regieren scheint? Er wirkt wie ein Löwe, der keinen Hunger hat, der aber die Wahlen sicher gewinnt, weil dann wieder die Zeit des Kampfes ist? Wir bewundern seine Fähigkeit, die Oberhand zu behalten. Aber etwas in unserer Seele stimmt nicht zu.

Es sind Beta-Eskalationen. Die Machinae kämpfen und rackern unter Selbstaufopferung. Sie werden mit jedem Sieg und jeder Niederlage stärker und härter. Sie werden süchtig nach oben.

7.6.8 Der Endsieg der Machina: Welt zu Füßen

Wer allen Erfolg hat, wer als Allwissender Guru anerkannt ist, wer vollkommen ist, wer der Welt den Frieden bringt, wen alle Menschen lieben, wer Superstar ist, wem alle Menschen Dank schulden, wer die Autorität hat, der alle Menschen treu sind, wer die Macht hat und verehrt wird – der hat den finalen Sieg mit seiner Machina errungen:

Die Welt liegt ihm zu Füßen.

Nichts kann ihn mehr verletzen.

Nichts kann ihm mehr passieren.

Außer dem einen: Die Machina könnte von anderen, die auch nach deren Stellung hungern, besiegt werden. Deshalb muss nun eine Machina, die alle besiegt hat, zwar nicht fürchten, dass etwas die Wunde, die sie betreut, verletzt – aber später, in der Zukunft, könnte eine Gefahr heranziehen.

Die Machina muss nach dem Endsieg darauf achten, dass sie oben bleibt. Sie wird feststellen, dass nach oben kommen eher leicht war, als oben zu bleiben. So wütet sie weiter und weiter und will allen Pseudosinn für sich allein.

Alles entfernt Gegnerische wird niedergeschlagen.

Es gibt Alpha-Seelen, die bis ganz nach oben gelangen: Gandhi, Einstein, Sokrates etwa. Sie erkennen regelmäßig, dass sie unendlich fern sind, dass Gott weit ist und dass es schon wunderschön ist, ihn ein bisschen erahnen zu können. „Ich weiß, dass ich nichts weiß", sagt Sokrates. „Ich kann meine Vorhand noch verbessern", sinniert Steffi Graf.

7.6.9 Das Alpha-Loch der Machina

Max Schmeling hat ebenfalls seine Gegner niedergeschlagen und die Weltmeisterschaft gewonnen. Er gewann unsere Herzen dazu. Es war ein Sieg des großen Herzens. Alpha. Winnetou siegt stets mit einer Alpha-Seele. Unsere Seelen stimmen zu, wenn am Ende der Mensch höher steht als seine Leistung allein, wenn die Muschel mehr gilt als die Perle. Konrad Adenauer ist in einer sehr merkwürdigen Prozedur des Zweiten Deutschen Fernsehens zum größten Deutschen gewählt worden. Sie können mit mir über das Verfahren lange diskutieren, aber die Liste der 100 größten Deutschen „hat etwas“. Schauen Sie einige Namen an:

Brandt, Graf, Becker, Küblböck, Einstein, Schwarzer, Rühmann, Nena, Böhm, Schweitzer, Loriot, Dutschke, Uhse, Seeler, …

Die allermeisten sind reine Alpha-Menschen. Authentisch und rein. Keine Punktesammler. Unsere Seele stimmt ihrem Erfolg mit vollem Herzen zu. Ich würde jetzt nicht Daniel Küblböck zur irgendeinem großen Deutschen wählen. Aber er hat eine deutliche Alpha-Seele, nicht wahr? So wie Sissi oder Willi Millowitsch, Sven Hannawald oder Friedrich Nietzsche auch, die unter ihm rangieren.

Das Volk wählt, wen oder was es liebt: Alpha. Solche, deren Vorname wichtig ist: Romy, Heinz, Franz-Josef.

Andere erkennt es sehr hoch an, wie Edmund Stoiber oder Michael Stich. Aber das ist nicht Liebe. Eben: hohe Anerkennung.

Der Beta-Erfolgsmensch oder seine Machina fühlen das Loch in sich drinnen: Ich will es Alpha-Loch nennen. Es ist ein gefühltes Loch an einer Stelle, wo die Alpha-Seele sitzen müsste. Das Reine, Liebende, Wiederliebende, Leidenschaftliche, Lohende, Weise, Treue. Die Quelle, die verströmt. Nicht das, was viel sammelte oder siegte.

Die Machina spürt diesen Mangel.

> „Du ergibst dich, weil ich dich besiegt habe. Du liegst im Staub! Bewunderst du jetzt meine Stärke?“
> Die Machina will eine Alpha-Unterwerfung.
> „Du sagst, ich sei perfekt. Meinst du es wirklich?“
> „Du schenkst mir einen Blumenstrauß. Was bedeutet er?“
> „Du hast mir gehorcht und ich weiß, dass es dir schwer war. Was fühlst du?“
> „Du hast dich mir hingegeben, aber liebst du mich?“
> „Du hast mich beschenkt, was willst du dafür?“
> „Du sagtest ja, aber meinst du ja?“
> „Du hast aufgegeben, gilt das für immer?“
> „Du hast mich gelobt, aber schätzest du mich?“

Wenn mir Heinz Erhardt etwas schenken würde, fragte ich *bei ihm* nach dem *Warum*? Wenn mich Nena kurz küsste wie einen ihrer Schnuckis auf der Bühne, würde ich *ergründen* wollen, warum sie es tat? Alphaartiges wird unmittelbar wahrgenommen.

Eine Machina spürt, wenn eine andere Machina ihr nachgibt, sie lobt, streichelt, sie gut behandelt. Auge um Auge, Zahn um Zahn. Eine Machina spürt, wann ihr ein wenig Alpha-Seele vergönnt wird. Fans spenden Applaus, manche sogar Alpha-

Seelenstrom, aber die Machina des Stars spürt, dass sie nur dem Stellvertreter eines Vorgestellten gelten. Viele Stars, besonders die allerschönsten Supermodels sagen: „Ach, sie alle himmeln mich an. Aber ich selbst? Ach, wie ersehne ich mir einen Mann, der mir Liebe schenkt. Ach, wann kann ich sicher sein, dass es Liebe ist?" – „Ich habe viele Freunde, denn ich bin reich. Ach, wann kann ich sicher sein, Freunde zu haben?" – „Ich habe viele Mitstreiter, denn ich bin mächtig. Ach, wann kann ich sicher sein, dass sie treu sind? Wollen sie nur Posten und Beuteanteile?"

Die Machina der Muschel spürt, dass die Perle angehimmelt wird. Die Muschel wird nicht beachtet.

Und deshalb gieren diejenigen, die das Höchste leisteten, nach Alpha-Seelen.

Der Reiche sehnt sich nach Alpha (das Geld verstecken, noch Freunde da?).

Die Schöne sehnt sich nach Alpha (schaut, ob sie ungeschminkt gesehen wird).

Der Kalif sehnt sich nach Alpha (und geht im Märchen heimlich unters Volk).

Liebst du mich wirklich? Um meiner selbst willen? Hast du keinen Hintergedanken?

Die geschminkte, reiche, mächtige, wissende, erfolgreiche Machina giert nach Alpha, nach „Liebe", nach Berühren der Seelen. Diese Gier ist wie eine Alphamanie. Wenn eine Machina Alpha-Ströme erhält, wird sie „besänftigt", nicht geheilt.

7.6.10 Das Beta-Beste ist das Beta-Schlechteste und umgekehrt

Die ganze Tragik liegt in der Stromschlagkurve. Seismografen sind zu stark eingestellt. Wenn unsere Fühler viel zu stark auf bestimmte Reize reagieren, werden wir für solche Reize hypersensitiv.

Wir regen uns für bestimmte Dinge zu stark auf. Wir hetzen uns an solchen Stellen. Unsere Machina nimmt den Kampf auf.

Wir laufen hinter Geld, Macht, Beförderungen etc. her und bekommen sie schließlich auch, wenn wir uns genug anstrengen. Unsere Gesellschaft setzt ja für das hetzende Sichanstrengen genügend Preise und Belohnungen aus. Das punktuelle Bemühen der Machina an der Stromschlagschwelle, dort, wo sich der Mensch am meisten erregt, wird honoriert.

An seiner empfindlichsten Stelle wird der Mensch zum Experten.

Es gibt fast Erblindete, die erstaunlich viel sehen. Es gibt Menschen mit anderen körperlichen Einschränkungen, die erstaunliche so genannte Kompensationsleistungen erbringen. Das Leiden ist so allgegenwärtig – wie beim Blinden –, dass eine ganz ungewöhnliche Mühe auf das Überwinden verwendet wird.

Überall da, wo unsere Wahrnehmungen übertrieben sind, wo wir wie Stromschläge wahrnehmen, was real auch ruhiger betrachtet werden könnte, überall da arbeiten wir unter Hochdruck an der Beseitigung von zu stark und damit falsch wahrgenommenen Problemen.

Der Ehrgeizige zerfrisst sich für Erfolg.

Der Depressive jagt vermisste Akzeptanz.

Wer keine Fehler erträgt, wird perfekt, „gerecht" und Manager oder Controller.

Wer schwach ist, kompensiert durch Wissen und Noch-Besserwissen und forscht.

Der Unterdrückte zerfleischt sich für den Sieg.

Der Ungeliebte wird Künstler.

Das Leben des so „falsch eingestellten" Menschen kapriziert sich ganz auf die hauptsächlichen Empfindlichkeiten. Weil das so ist, *sind die größten Erfolge des falsch eingestellten Menschen an seiner falsch eingestellten Stelle zu erwarten*, denn er arbeitet ja quasi ununterbrochen an dieser Baustelle in seinem Innern.

Das Beste des Ehrgeizigen ist der Erfolg.

Das Beste des Perfektionisten ist die Vollkommenheit seiner Umgebung.

Das Beste des Tragikers sind seine Kunstwerke.

Das Beste des einstmals Unterdrückten sind seine Siege.

Das Beste des Schüchternen sind seine Forschungsideen.

Das Schlechteste des Ehrgeizigen ist sein Ehrgeiz.

Das Böse am Unterdrückten ist das Zerfleischen.

Das Unerträgliche am Forscher ist das Besserwissen.

Und so weiter.

Die gehetzte Machina macht aus der größten Übertriebenheit oder aus der größten empfundenen Wunde durch übertriebenes Agieren das Beta-Beste.

Die Perle der Muschel ist genau an der Wunde!

Deshalb bewirkt die Eskalation der falschen Seismografeneinstellung, dass die Machina nie wirklich von ihrem Hauptaugenmerk ablässt. Sie fabriziert einen auf eine einzige Stelle fokussierten Teilmenschen. Der Teilmensch leidet unter der einseitigen Fokussierung auf seine Stärke und fühlt den Mangel der Alpha-Seele. Der berühmte Forscher denkt nur noch an das eine. Der Topmanager denkt nur noch an das eine. Don Juan denkt nur an das eine. Sie schrumpfen als Menschen auf das Gespür ihres Hauptseismografen. Das, was wir als das Beste an ihnen sehen könnten, ist nun zum Gefängnis geworden oder in vieler Hinsicht zum Schlechtesten an ihnen.

Weil sich also der normal verwundete Mensch auf seine Hauptseismografen konzentriert, so konzentriert sich fast der ganze Mensch dorthin. Deshalb wohnen im normalen Menschen das Beste und das Schlechteste ganz nahe zusammen.

Das ist die wahre Tragik des Menschen:

Das Gute und Böse des Normalen stehen eng zusammen.

Oder ein bisschen nach der großartigen symbolischen Art mancher Philosophen ausgedrückt:

Das Gute und Böse des Beta-Menschen sind eins.

Das Böse und das Gute sind durch einen Stromschlagseismografen miteinander verkettet. Die Muschel ist an ihre Perle gebunden. Die Perle ist das Beste und schützt das Schlechteste an ihr. Sie ist ihre größte Leistung und ihr größter Abfall von sich selbst. Die Perle entstand für die Heilung der Wunde und muss immer bleiben.

Wegen dieser Verkettungstragik ist der maschinisierte Mensch nur noch schwer heilbar. Wollten wir sein Böses beseitigen, müsste auch das Gute verändert werden.

Das wird ein normaler Mensch fürchten! („Ich leide unter schwerer depressiver Todesangst. Antidepressiva helfen dagegen sehr gut, aber ich bin dann ein anderer Mensch, nicht ich! Ich fühle unter Medikamenten nicht mehr tief! Ich will das andere Ich nicht. Ich nehme die Tabletten nicht mehr. Ach, ich habe solche Todesangst.") Wollten wir Menschen „heilen", so müssten wir ihnen ihre Übertriebenheit nehmen. Wir müssten ihre Sicht auf das eine dämpfen. Aber dann nehmen wir der Machina auch den Trieb und die Aussicht auf Massen von Pseudosinn. Wenn die Machina nicht mehr hetzt, aus Ehrgeiz, Machtgier und Sucht, so gibt es eben auch keinen Erfolg, keinen Sieg, keine Lust.

„Und was wäre dann?", fragt die Machina. Und wir müssen sagen: „Die Herrschaft wird an die Alpha-Seele abgegeben. Du hast nichts mehr zu fragen, sondern dieser zu dienen." Da wütet die Machina, und es ist nicht klar, wie die Sache ausgeht. Meistens behält sie die Oberhand.

7.7 Alpha-Inseln

7.7.1 Alpha-Mutationen, wenn die liebe Beta-Seele Ruhe findet

Denken Sie bitte wieder kurz an die Grafiken mit den Gehirnwellen? Im Alter tendiert das Gehirn wieder zu Alphawellen. Beta kann im Prinzip in Pension gehen. Die Perle muss nicht bleiben, wenn die Wunde nicht mehr schmerzt.

> Ihr könnt das nicht mehr verstehen. Ihr habt den Krieg nicht mitgemacht. Ich habe alles verloren. Ich träumte, wieder ein eigenes Haus zu haben. Daran setzte ich alles. Gerade heute habe ich die Hypothek abbezahlt. Heute beginnt mein Leben. Ich bin nun glücklich. Für immer.
>
> Ich wollte unbedingt Professor werden. Ich habe alles dafür getan. Als ich den Ruf erhielt, saß ich starr den ganzen Tag. Ich erforsche seitdem viel großartigere Dinge, die mir damals in meiner Laufbahn zu risikoreich erschienen. Ich musste ja publizieren. Heute kann ich darauf achten, ob meine Resultate etwas bringen. Der Gesellschaft oder meiner Seele, was weiß ich. Ich gehe darin auf. Keine gehetzten Warnsignale in mir. Früher dachte ich: Wenn ich nicht gleich drauf komme, gehe ich drauf. Ich bin gemächlich geworden und seither habe ich wundervolle Ideen. Früher habe ich meine Diplomanden zur Prüfung geprügelt, nun helfe ich ihnen und wir trinken viel Kaffee zusammen.
>
> Ich kann nicht gut darüber reden, aber unsere Familie war die Hölle. Ach, es war auch schön. Wir waren sehr glücklich. Manchmal. Abwechselnd seelischer Terror. Wir konnten nicht voneinander lassen. Wir waren sehr unglücklich. Sie sind nach und nach gestorben oder verzogen. Ich bin allein. Es ist eine wahnsinnige Ruhe. Ich liebe sie wahnsinnig. Niemand schlägt mich mehr, es zuckt nicht mehr aus heiterem Himmel. Niemand flippt aus. Ich bestimme selbst. Oft ist es *zu* ruhig, verstehen Sie? Ich würde mich gerne wieder einmal streiten. Ich weiß gar nicht mehr, wie das ist. So schlecht war es früher auch nicht, nein. Aber zurück will ich nicht.
>
> Wir haben viele Jahre nicht miteinander gesprochen, weil sie vom Erbe etwas verschwinden ließen. Es war eine schwere Zeit für unsere Familie, weil ja keiner den ersten Schritt tun konnte. Ohne eine Entschuldigung lasse ich nicht mit mir reden, das kann keiner verlangen.

Ich war besonders tief getroffen, als sie versuchten, mir meine Geldforderungen nach Jahren zu erfüllen, obwohl, wie sie sagten, sie sie nicht anerkannten. Oh – so einfach mit Geld lasse ich mich nicht abspeisen! Ich wollte eine Entschuldigung. Das überwiesene Geld habe ich in bar abgehoben und ihnen vor die Füße geworfen. Das hat sie für Jahre gekränkt. Irgendwann, bei der Beerdigung meines Mannes, der gar nicht so schwer krank war wie ich, haben sie sich entschuldigt. Nach achtzehn Jahren. Aber es hat sich für mich richtig gelohnt. Ich habe es erreicht. Nun sind wir wieder Freunde. *Gute* Freunde. Schade, dass sie so stur waren. Was wäre gewesen, wenn ich die Entschuldigung nicht angenommen hätte? Da können sie froh sein. Ihre Abbitte war schon ein wenig dünn. Na ja, ich bin nicht so.

Ich habe mich fast für meine Arbeit umgebracht, war Tag und Nacht unterwegs. Eines Tages warf mich eine Krebsdiagnose aus der Bahn. Ich überlebte. Ich weiß seither, was Leben ist. Ich weiß nun bestimmt, dass alles, was ich Leben nannte, nicht mehr sein darf. Ganz plötzlich haben sich in mir alle Werte verschoben, als mein Leben vorbei war.

Oft geht die Machina in den Ruhestand, wenn „alles“ erreicht oder „vorbei“ ist. Wir sagen: „Ich muss mir nichts mehr beweisen. Ich muss niemandem noch etwas beweisen. Ich bin nichts mehr schuldig. Ich muss nichts erreichen. Ich habe alles getan. Es ist jetzt so, wie ich es mir wünsche. Besser wird es nicht mehr.“ Die Muschel erklärt die Arbeiten an der Perle für beendet. Der Mensch wird ruhig. Er hat, so spürt er, einen gewissen Status erreicht. Seine Machina ist mit diesem Zustand zufrieden. Der Hauptseismograf schlägt nicht mehr Alarm.

Das Gute und das Böse sind eins. Im Guten verblasst das Böse …

Hoffentlich bleibt also alles im Guten …

Siegen. Oscar. Preis. Abitur. Heirat. Haus. Zwillinge. Enkel. Gute Rente. Heilsamer tiefer Einschnitt. Manche Menschen finden irgendwann Ruhe. Die Alphawellen kommen wieder. Das unmittelbar dringlich Strebende hat zumindest eine längere Ruhepause.

7.7.2 Von Beta zu Alpha ohne Perle?

Andere verbittern oder versinken normal. „Ohne Perle.“

Sie kommandieren mich herum, weil ich alt bin. Jetzt haben sie die Oberhand. Ich muss einwilligen, weil ich sie brauche. Sie nehmen mir die Rente weg. Solange ich noch lebe, geht es ihnen ganz gut. Ich wünsche ihnen an den Hals, dass ich plötzlich sterbe. Oh, das wird ein Fest für mich! Sie kommen dann mit dem Geld nicht mehr hin.

Ich forsche seit langer Zeit, aber die anderen sind mir voraus. Ich bekomme keine Stelle an der Universität. Ich schleppe mich von Zeitvertrag zu Zeitvertrag an verschiedenen Instituten. Sie achten mich nicht, das ist mir klar. Ich liebe mein kleines Fachgebiet. Es ist so schwer, überhaupt zu verstehen, worum es darin geht. Das soll mir mal einer nachmachen. Ich verstehe es. Ich würde gerne mit anderen darüber reden, was ich tue, aber sie verstehen es ja nicht. Meine Publikationen liest keiner, weil sie in unreferierten Zeitschriften gedruckt wurden. Ich fühle mich abgeschnitten. Sie sagen, ich solle bei ihnen mitforschen, aber das kann ich ja nicht, weil sie mir da voraus sind. Kunststück.

Meine Frau kommt aus sehr gutem Hause. Als ich meinen Schwiegervater das erste Mal traf, sah er mich so seltsam an, als ich sagte, ich sei Mitarbeiter einer großen Firma. Er fragte: ‚Mitarbeiter?‘ Mir war gar nicht so klar, was er von mir dachte. Es wurde danach immer über meine Karriere geredet. Ich versuchte, ins Management aufzusteigen, aber ich bestand die Prüfung nicht. Das hat ihnen sehr wehgetan, besonders, weil damals gerade unser Kind unterwegs war. Ich versuche, alles zu tun, damit ich ihren Erwartungen entspreche. Ich denke schon, dass meine Frau mit mir zufrieden ist. Meine Schwiegereltern sind es nicht. Ich habe heimlich gehört, wie meine Schwiegermutter etwas stockend flüsterte, es müsse da mindestens im Dunkeln etwas geben, was ich gut können müsste. Das hat mich sehr aufgebracht – dieses Anzügliche dabei. Als ob ich nichts anderes als Sex im Kopf habe. Daran denke ich gar nicht. Nein, ich arbeite gut und sorge für meine Familie.

Es gibt etliche liebe Menschen, die mir in solchen Dimensionen ihre Sorgen geschildert haben. Einfach so. Ich kenne zum Vergleich einige wenige Hundert Hochleistungsmenschen, die ich gemanagt oder eingestellt habe, die ich bei IBM als Mentor betreue, die ich als Toptalent in der Firma fördere, die ich als diverse Klassenkameraden oder Kommilitoninnen meiner Kinder kenne oder die ich bei der Bewerbung um ein Stipendium begutachtete.

Die Hochleistungsmenschen haben genau die gleichen Probleme wie alle anderen Menschen auch. Bestimmt die Hälfte (mindestens!) von ihnen leidet unter so schweren Hauptseismografen wie die eben gerade geschilderten. Auch sie gehen schwer verwundet durch ihr Leben. Sie unterscheiden sich nur dadurch: Sie arbeiten erfolgreich an einer schönen Perle und können auf diese Weise mit der Wunde leben. Die Perle lenkt sie vom Hauptseismografen ab. Oder: Der Seismograf schlägt in Gegenwart einer Perle nicht so schnell an.

Die Hochleistung schützt die Wunde, aber sie heilt sie nicht. Die Wunde ist die falsche Seismografeneinstellung, also der Hauptseismograf mit dem Stromschlagkurvenverlauf. Den müsste man auf das Reale zurückbiegen. Das wäre ein Eingriff in den Körper oder in den Gehirnstoffwechsel. Die Hochleistung, das Lob, der Dank, die Bewunderung behüten den Körper in einem Zustand, in dem der Hauptseismograf nicht anschlägt. Die Wunde schmerzt also faktisch nicht mehr. Sie ist aber noch da, sie wird nur durch eine unermüdliche Machina geschützt. Die Machina wirkt wie ein Verband, ein Pflaster oder ein künstliches Glied.

Heilung wäre: Ohne Machina auskommen, die uns vor Stromschlägen schützt.
Heilung wäre: Ohne irreale Stromschlagschwellen zu sein – real wahrzunehmen.

Ginge das? Können wir die Machina einfach so in Pension schicken?

Können wir willentlich Seismografen beerdigen? Wie?

Wäre es denkbar, die Wunden und Kränkungen, die vergiftende Umwelt und den Einfluss der Systeme schlicht in Gelassenheit und Heiterkeit zu ertragen und zu überwinden?

Wenn es ginge, würde es Jahre brauchen.

Wer sich aufraffte und überhaupt viele Jahre aufwenden wollte, der würde – da bin ich sicher – lieber eine Perle zu erzeugen versuchen, oder wenigstens davon träumen.

Viele sind diesen Weg schon Jahre erfolglos gegangen, ohne eine vor ihren eigenen Augen nennenswerte Leistung erzielt zu haben. Viele Jahre Tränen und nichts vorzuzeigen! Solche Menschen glauben *auch nicht mehr* an den Weg der Perlenerzeugung. Sie sind taub für Aufrufe, erfolgreiche Menschen zu werden. Sie wissen, dass etwas in ihnen nicht stimmt. Manchmal denke ich bei mir, sie könnte man von allen Menschen *am ehesten* heilen? Weil sie eben nicht mehr an die Beta-Hetze und das Perlenerzeugen glauben.

Heilen durch Liebe der Alpha-Seele? Durch langes Nichtbefassen mit Wunden und langes Nichtneuverletzen? Durch behutsames Aufklären über Hauptseismografen? Oder schweigendes Neuwachsenlassen?

Mir geht noch immer die für mich schönste Stelle aus Jean Liedloffs Buch im Kopf herum. Sie schildert, wie alle Indianer ohne Machina oder Beta-Seele leben. Ausnahmslos – bis auf einen einzigen Mann, der eine Zeit lang in der Stadt gelebt hatte (und offenbar mit erworbener Machina zurückgekehrt war). Er wohnte bei einer Familie, die ihn bei sich wohnen ließ und ihn ernährte, weil er nun einmal da geblieben war. Für einige Jahre saß er verdrießlich herum. Niemand „kümmerte sich" um seine Stimmung. Nach langer Zeit steckte er unversehens Land ab und begann, einen Garten anzulegen. Viele kamen und halfen ihm. Er begann das Land zu bestellen. Jean Liedloff berichtet, wie das von den Indianern kommentiert wird. Sie hatten ihn verstohlen all die Jahre beobachtet – was würde mit ihm geschehen? Sie wussten, alle, was ihm gefehlt hatte: *Das Wissen, dass er arbeiten wollte*. Endlich, nach Jahren, hatte er es bemerkt. Da freute sich das ganze Dorf mit ihm.

Da habe ich so einen Schauer beim Schreiben, wissen Sie?

Sie haben alle geduldig gewartet, bis er seine Alpha-Seele wieder fand.

7.7.3 Alpha-Lethargie: Wach auf!

Für uns im westlichen Kulturkreis ist solche Geduld unfassbar. Uns erscheinen Indianer eher lethargisch – viel zu *ruhig*. In der Unterwelt der Griechen tranken die Verstorbenen aus dem Fluss Lethe, um alles Irdische zu vergessen. Das griechische Wort argós bedeutet „träge". Lethargie bedeutet für uns unter anderem „seelische Trägheit". Ja, so erscheinen uns viele „Ureinwohner".

Ich spekuliere: Wir erkennen mit einem einzigen Blick, dass „Ureinwohner" keine Machina und keine Beta-Seele haben, die uns in einer von uns so genannten Kultur unerlässlich scheint. Die Vorstellung von hoher Kultur ist in uns untrennbar mit der Erzeugung kostbarer Perlen verbunden.

Die amerikanische Kultur hat zum Beispiel ihre Überlegenheit über die kommunistische dadurch bewiesen, dass sie den Wettlauf um eine Mondlandung gewann, nachdem sie den Wettlauf einer ersten Erdumrundung verloren hatte.

Eine Kultur zeichnet sich durch *Errungenschaften* aus. Das geschilderte Indianervolk aber strebt nicht nach Errungenschaften.

Deshalb ist der Weg dieser Indianer niemals *unser* Weg. Indianer mögen glücklich sein, aber sie können sich keine Klimaanlagen leisten.

Wir würden Menschen ohne Machina, die sich um *Errungenschaften* kümmert, wach rütteln. „Mach zu! Steh nicht herum! Lass uns alle Zeit nutzen!"

Buddhisten atmen in Versunkenheit. Taoisten gehen den Weg. Mystiker vereinen sich mit Gott.

Unsere Kultur wird das Anderssein nur wenigen Einzelnen verzeihen, soweit sie der Gesellschaft nicht zur Last fallen. Im Großen und Ganzen ist uns ein allgemeines Leben mit Alpha-Seele zu ruhig und damit verdächtig untüchtig. Jean Liedloff wirbt indirekt dafür, aber sie verkennt dabei idealistisch den Wert unserer *Errungenschaften*. Die wollen wir behalten und vermehren.

Hmmmh. Ich selbst könnte mit weniger leben, aber ich sehe schon, damit begebe ich mich zu weit in philosophische Leere hinein. Und in Wirklichkeit habe ich in diesen Tagen auch ein wenig Seismografenausschläge, wenn so sorglos über das künftige Absenken meiner sauer eingezahlten Rente debattiert wird.

Wir brauchen also eine Kultur mit Errungenschaften, aber eine mit weniger Wunden, nicht wahr? Sie mögen jetzt sagen, ohne Tritte in den Hintern geht es nicht. Sie mögen sagen, eine gewisse Härte im Leben müsse verlangt werden können. Ja! Ja! Ja! Aber die Wunden, von denen hier andauernd in Beispielen die Rede ist, sind in Unwissenheit oder aus Dummheit geschlagen. „Du bist ein Versager." – „Du bist also nur Mitarbeiter." – „Ich rede zehn Jahre nicht mehr mit euch."

Das aus psychologischer Unwissenheit vergossene Blut müsste gespart werden können.

Das wäre die wahre Kultur.

7.7.4 *Alpha mit Perle?*

Ist eine Kultur denkbar, die geduldig wartet, bis wir selbst merken, dass wir arbeiten *wollen*? Wissen Sie noch, wie in Ihnen damals in der fünften Woche der Sommerschulferien die Sehnsucht erwachte, wieder zur Schule zu gehen? Ach, damals, als die Schule noch keine Noten-Quälerei war. Wir *wollen* ja zur Arbeit gehen – gerne! Aber wer geht gerne Tag für Tag zur Prüfung?

Unser heutiges Leben ist eine einzige Prüfung, damit wir im Betawellenmodus bleiben.

Der Hauptdruck besteht in der dauernden Tempoverschärfung, die eine Menge Stress verursacht.

Ist ein Leben ohne Dauerstress noch vorstellbar? Können wir es uns leisten?

Ich habe viele Seiten in *Supramanie* mit Beispielen gefüllt, dass wir unter Stress schummeln, schönen und bis an jede Grenze zum Betrug herangehen, um irgendwie lebend die Tretmühle zu überstehen. Mein ganzes Werk ist vielleicht im Zentrum ein Plädoyer, ohne Stress mehr zu leisten. Das geht! Und es geht! Nämlich bei artgerechter Haltung.

7.7.5 *Alpha-Perlen an Beta verkauft und verbrannt*

Es gibt täglich Berichte in der Zeitung, wie Alpha-Seelen verbrannt werden. Künstler haben Erfolg und verbrennen am ersten Hit. Die zweite CD „müssen" sie „herausbringen", unter dem Zusatzgeschmack der Fans, unter den Bedingungen des

Vertrages, unter dem Termindiktat der Agenturen. Welttouren schließen sich an. Ihre Alpha-Seele wird Stück für Stück geopfert.

Sportler werden nach dem ersten wichtigen Tor hochgejubelt. Ein guter Fallrückzieher und die Zeitung fragt: „Planen Sie schon für die Nationalelf?"

Jeder eigentliche Erfolg wird augenblicklich aus der kreativen Ruhe herausgerissen und gelangt in den Brennpunkt der Konzentration. Plötzlich gerät etwas in den Bann einer Überempfindlichkeit, einer Stromschlagkurve: Vermarktung. Was wird aus der Kunst, wenn sich alles dieser Fixierung unterordnet?

Die Vermarktung des Eigentlichen verändert augenblicklich das Ich, wenn es nicht stark genug ist, das Vermarkten wie nebenbei zu ertragen.

Zwei junge Menschen streicheln sich, küssen sich das erste scheue Mal und kommen an einen Punkt, wo das Unschuldige endet. Vielleicht endet es nie? Wie bei Daphnis und Chloe?

Oder die Liebe endet in Konzentration auf *eine* Überempfindlichkeit.

Mach ich dir das gut? Warum sagst du nichts? Fühlst du es? Bin ich gut? Hast du echt noch nie? Ich habe Angst, dass du nicht mitkommst, wenn ich losliebe, weißt du? Es ist dann nicht so toll, ich habe gelesen, dass es gleichzeitig zusammen besser ist, obwohl es auch ganz gut sein kann, den anderen mal echt glücklich zu sehen, aber ich habe auch Angst, dass du überhaupt – ich will mich danach nicht schuldig sehen, es wäre doof und wenn du überhaupt nie – ich meine niemals – du weißt schon, das kommt vor – dann ist es ja nicht meine Schuld – dann geht es ja nicht – ich zittere jetzt, wie es ausgehen wird, wenn wir uns gleich stärker lieben. Sag jetzt wenigstens, dass du was fühlst, es macht mich nervös, wenn du es nicht sagst, weil es ja sein könnte, dass du echt nichts fühlst, dann fühle ich mich schlecht, du bist so stumm, mir ist ganz schlecht, wenn ich denke, dass es mir gleich – gut – gut geht und du dann nachher nichts sagst.

Ach komm, lass mich doch. Ich komme irgendwann schon hinterher.

„Unsere Mannschaft spielte zu verkrampft. Es ging um zu viel." – „Unsere Mannschaft spielte verkrampft gegen den papiermäßig schwachen Gegner, gegen den ein Pflichtsieg erwartet wurde." – „Ich wusste alles vor der Prüfung, aber ich verkrampfte." – „Ich durfte einmal mitspielen und sollte mich bewähren. Im Training konnte ich alles noch. Als es zählte, zog sich in mir alles zusammen."

Der Hauptseismograf erwürgt die Harmonie des Strömens der Quelle. Plötzlich blitzt der Scheinwerfer fokussiert auf das einzige eine. Die Machina konzentriert sich. Ab jetzt zählt es.

7.8 Interaktionen der Machinae

7.8.1 Interaktionen von Machinae und Menschen – Doppelsterne überall

Bis jetzt war von Wahrnehmungsstilen einzelner Menschen die Rede. Nun möchte ich mit Ihnen anschauen, wie Menschen miteinander auskommen.

Lapidar gesagt: schlecht.

Paare von Menschen kreisen um ihre falschen Wahrnehmungen, deren jeweilige Unterschiede eine der Hauptthemen ihrer so genannten „Kommunikation“ bilden.

Menschen kreisen wie Doppelsterne umeinander und können auch nicht richtig voneinander lassen. Sie ziehen sich teilweise an, brauchen sich ja, aber sie kreisen, ohne sich wirklich nahe zu kommen – es sei denn, sie wären ganz gleich. Es sei denn, sie könnten anderes verstehen.

Kommunikation dient der Verständigung der Menschen untereinander, aber ich will es trotzdem ein wenig auf die Spitze zu treiben versuchen, dass Kommunikation als Interaktion zwischen Menschen zum großen Teil Kampf ist. Ich zeige, dieser Kampf wird dauernd geführt und ist im Wesentlichen unnötig. Kommunikation müsste also nicht zwangsläufig zum großen Teil Kampf sein. Unter normalen Menschen ist sie es aber.

Ich begründe das, ohne den Versuch zu machen, die ganze Psychologie neu aufzurollen, obwohl hier einige Ideen geäußert werden, die mir die Welt besser zu erklären scheinen als die bisherigen. An dieser Stelle möchte ich aber nur mit Ihnen Munition aufsammeln, mit der ich dann auf das Nicht-Artgerechte schließen kann.

Was kommt heraus, wenn sich Menschen mit verschiedenen oder gleichen Hauptstromseismografen gegenüberstehen? Wie geht das aus, wenn sich eine Machina einer Alpha-Seele gegenübersieht?

Ich beginne mit einem drastischen Beispiel: Der eine Mensch ist Perfektionist und der andere ein etwas haltloser Genussmensch. Der eine weiß, wie man alles richtig macht, der andere macht, was er will.

Sehen Sie schon im Geiste, wie sich der mahnende Finger des einen erhebt?

Wenn zwei solche verschiedenen Menschen zusammentreffen, wird oft ein Kampf daraus. Das sehen wir von Anfang an. Der Ordentliche wirft dem „unordentlichen süchtigen Chaoten“ seine Persönlichkeitsstruktur vor, worauf der andere mit dem Vorwurf „Oberlehrer“ das Gleiche tut.

Chaot: „Ich esse, worauf ich Appetit habe.“

Oberlehrer: „Du hast gesehen, dass da noch Reste im Kühlschrank sind.“

Chaot: „Die sehen nicht appetitlich aus.“

Oberlehrer: „Deshalb müssen sie ja eben jetzt gleich gegessen werden.“

Chaot: „Dann iss sie.“

Oberlehrer: „Ich habe keinen Hunger.“

Chaot: „Haha, du wartest. Schlau.“

Oberlehrer: „Wenn du nicht die Reste isst, dann passiert was.“

Chaot nimmt die Reste und wirft sie in den Müll.

Oberlehrer: „Du Schwein!“

Chaot: „Du du du … ich kotze, wenn ich dich sehe! Du bist wie reinste Antifreude!“

Chaot geht mit seinem Essen weg. Türknall.

Oberlehrer hebt vorsichtig das Essen aus dem Müll und isst es, weil Gott es so will. Er selbst.

Es schmeckt noch. Ich wusste es. Ja, es schmeckt noch gut. Aber natürlich kann ich es noch genießen. Ich werde mich gegen Verschwendung wehren, solange ich noch Atem habe. Ich hasse diesen Kerl.

Chaot, draußen: „Mir schmeckt das jetzt nicht mehr. Dieser Hund! Ich hasse ihn!“ Wirft das Essen in den Busch.

Dieser Dialog schildert eine typische Beta-Eskalation zweier Machinae. Eine wütet bei Fehlern oder Unordnung, die andere schützt die Wunde, die aufbricht, wenn die Freiheit zu unschuldigsten Lustbefriedigungen rüde unterdrückt wird. Sofort schlagen zwei Hauptseismografen an – und es wird sehr laut im Raum. Je zwei verschiedene Menschen bilden in dieser Weise eine Art Doppelstern: Zwei verbundene Sterne drehen sich umeinander. Im Zentrum ist ihre typische Reibung, die sich aus ihren typischen Zuckungen ergibt.

Solange zwei Menschen über für sie *beide* normale Dinge reden, ist alles real und normal. Wenn aber das Gespräch oder die Interaktion eine Stromschlagschwelle überschreitet, wird es sofort ernst. Der Schwache fühlt sich überrumpelt, der Machtmensch fürchtet Verrat, der Perfektionist eigene Fehler. Wenn sich etwas an ihrer Wunde zu rühren beginnt, ertönt Alarm.

Ein starker Seismograf schlägt an.

Die psychische Wahrnehmungsstärke steigt dramatisch an. Die zuckende Person ist jetzt „gereizt“, unter Stress, „unter Strom“, erregt. Sie ist sozusagen im Kampfzustand. Das Gemüt ist besorgt, aggressiv, fühlt sich bedroht.

Jetzt geht es los!

Ziel der Interaktion oder Kommunikation von Machinae ist es, die jeweils andere zu zwingen, die eigene übertriebene Sichtweise zu übernehmen und zu teilen.

Politiker reden ein Leben lang mit dem politischen Gegner, ohne jeden Erfolg. Putzteufel predigen Sauberkeit, Bürokraten verteilen Formulare. Jede Seite versucht die Hardware der Seismografensteuerung im anderen so zu verändern, dass sie der eigenen gleicht. Das geht bei normaler Kommunikation unter Gleichen nicht. Wie sollte sich bei hartnäckigem Zureden die Machina verändern? Warum sollten wir einen übertriebenen Hauptseismografen vom anderen *übernehmen* wollen? Wir halten den anderen ja genau in diesem einen Punkt für übertrieben! („Verrückt!“)

7.8.2 Unser Hauptseismograf

Wissen *Sie* denn, worauf Sie sofort „anspringen“?

Machen Sie doch einmal eine Liste! Ich meine: Verfahren Sie wie in der folgenden Anekdote.

Ich kannte einmal einen eigentlich ganz lieben Menschen, der immerfort wegen irgendwelcher Dinge mit diversen Mitmenschen im Streit lag. Er war stets verzweifelt über sein Pech, dass ihm die anderen unentwegt Probleme bereiteten. „Kann nicht einmal etwas einfach nur ganz glatt gehen?“, so haderte er unermüdlich. Ich schlug vor, er sollte sich eine Liste anfertigen, die alle möglichen oder denkbaren Angriffsarten der Welt gegen ihn aufzählen würde. „Ist unpünktlich, hat mich gehauen, beschimpft, versetzt, nicht informiert, war faul, verschwenderisch, nicht lieb, nicht gehorsam.“ Dann sollte er jeweils bei einem neuen Ärger ankreuzen, zu welcher Art dieser Konflikt gehörte.

Das tat er.

Gunter, es sind fast alle Einträge in einer Zeile. Alle Aggressionen gegen mich sind von ähnlicher Art! Und nun willst du wissen, was es ist, oder? Rate! Oder war es das, was du mir sagen wolltest? Dass mich alle mit Fehlern und Schlampigkeiten ärgern? *Das wusste ich.* Lieb? Ist mir egal! Hauen? Kommt nicht vor. Nein, es sind nur diese ewigen Schlampereien, die mich glühend auf die Palme bringen. Was willst du aber dagegen tun, sag mal, Gunter? Wie rotten wir die ewige Schlamperei aus?

Ich habe damals den Fehler begangen und ihm erklärt, dass genau da sein Hauptseismograf sei, der in ihm eine falsche Wahrnehmung der Welt erzeuge, während seine Mitmenschen die Lage eher realistischer einschätzten. Er sei Perfektionist. Huuih, das gab eine stürmische Stunde. Ich wurde umgeblasen. Ich hatte natürlich *wieder* seinen Hauptstromschlagseismografen zucken lassen.

Und ich wusste damals noch nicht, dass die Menschen dann in einen sehr besonderen Zustand gelangen, wenn sie zucken. Und in diesem Zustand sind sie zumindest auf ihren Seismografen nicht ansprechbar. Das ist auch der Sinn dieses Zustandes: für seine Dauer unbesiegbar zu sein, wenn die Hauptwunde angerührt wird.

Was ist also *Ihr* Hauptseismograf? Bevor ich Manager werden konnte, unterzog man mich einem Stressinterview, in dem man kontrovers diskutiert und auch hart in die Enge getrieben wird. Die Beobachter schauen dann einmal, wie der Manager in spe so reagiert. Mitten in eine ruhige Phase fragte man mich, ob ich in zwei Sekunden eine Frage beantworten könnte. Ja! Sie fragten: „Was ist Ihr Hauptfehler?“ – Und zu meiner eigenen Überraschung gab ich eine spontane Antwort, die ich bei langem Nachdenken nie gegeben hätte. Ich sagte, wie aus der Pistole geschossen: „Ungeduld mit Dummheit!“ Da war er also, mein Hauptseismograf. Da war also der Hauptpunkt des Zuckens. Ich rege mich am meisten auf, wenn ich auf Befehl etwas tun muss, was ich selbst nach bestem Wissen für falsch halte. Dann rase ich innerlich. Ich weigere mich oft, nenne innerlich den Kontrahenten „dumm“, weil ich es besser weiß – und ich weiß *viel*! Und da haben wir sie, die größte Schwäche und die größte Stärke nebeneinander. Wunde und Perle.

7.8.3 Blind für Hauptseismografen – die Hauptspielregeln

Erklären Sie einmal einer Mutter, ihre Erziehung sei falsch. Sie werden sofort gewürgt. Beim Kaffee diskutieren wir über Erziehung. Wir finden fast alle anderen Erziehungsarten schlecht. Alle anderen, alle Nachbarn und besonders die Verwandten erziehen unmöglich! Also ist es klar, dass alle anderen wahrscheinlich unsere eigene Art auch schlecht finden. Wenn nun jemand kommt, Ihnen zu erklären, dass Sie schlecht erziehen, ist das zu erwarten gewesen. Sie erwarten es aber ganz und gar nicht, sondern fallen aus allen Wolken.

So ist das immer mit den Seismografen. Sie bewachen die Perle.

Professoren fühlen sich im Allwissen allmächtig. Perfektionisten sind im Zustand der Fehlerlosigkeit unverletzbar. Helfer beim Helfen, Erfolgsmenschen beim Aufstieg. Hier aber ist ihre größte Schwäche. Das aber können sie nicht sehen, weil neben dran ihre größte Stärke ist. Wenn wir also die größte Schwäche eines Menschen angreifen, dessen größte Stärke genau daneben liegt, dann glaubt der angegriffene Mensch, seine größte Stärke werde angegriffen.

Da jault die Machina auf! In ihrer größten Stärke, hinter ihrer Perle womöglich, fühlt sie sich am allerstärksten. Sie schießt zurück, in höchster psychischer Erregung. Sie gewinnt immer, weil sie hier so stark ist.

Sehen Sie daran zweierlei:

- Da die größte Schwäche neben der größten Stärke liegt, ist der Mensch blind für seine Schwäche.
- Da ein Angriff auf die größte Schwäche vom blinden Menschen als Angriff auf die größte Stärke verwechselt wird, ist der Angreifer für den blinden Menschen immer absolut hart krass im Unrecht – *unendlich* im Unrecht.

Deshalb verteidigt sich ein blinder Mensch gegen Angriffe gegen seine größte Schwäche beliebig stark, er fühlt sich beliebig im Recht und er verteidigt sich mit seiner größten Stärke. Da er also mit optimalen Waffen beliebig *sicher* im Recht und beliebig *hart* kämpft, gewinnt er gegen jeden normalen Gegner. Das gilt für jeden normalen Menschen. (Sie werden sich oft schon gewundert haben, wie gut dumme, arrogante oder rücksichtslose Menschen im Leben klarkommen, trotz allem Gegenwind. Wenn es hart auf hart kommt, siegen sie. Neurosen sind irrsinnig stark!)

Erklären Sie also versuchsweise einem Besserwisser, er sei ein ätzender „Klugscheißer". Sagen Sie ihm: „Hör auf!"

Bringen Sie einem notorischen Helfer bei, seine ewige Hilfe sei nur Zudringlichkeit. Sagen Sie ihm: „Hör auf!"

Belehren Sie einen Harmoniesüchtigen, dass ohne ein bisschen Krieg die Welt nicht funktioniere. „Hör auf!"

Bitten Sie einen Liebessüchtigen, nicht alles im Leben auf Liebe zu beziehen, wenn die anderen nur normal bei der Arbeit seien. „Hör auf!"

Und so weiter und so weiter. Ich will sagen: Das schaffen Sie nicht. Sie rühren mit solchen Angriffen die Hauptwunde auf. Die aggressive Machina des normalen Menschen ist *oft so sehr* erfolgreich, dass in der Nähe des Hauptseismografen kein anderer Mensch einen Fuß auf den Boden bekommt.

Psychologen sprechen seit Freud oft von dem Phänomen des *Widerstands* von Patienten, die niemanden an ihr innerstes Problem heranlassen. Das Problem ist oft eine Machina, die sich vor Stromschlägen schützt. Das spüren die anderen Menschen. „Da geh' ich nicht dran!", sagen wir.

Dies sind die Hauptpunkte meiner Argumentation:

- Jeder Hauptseismograf, auch Ihrer, ist leicht zu finden. Er liegt neben der größten Stärke
- oder er lässt sich aus Ihrem hauptsächlich angestrebten Pseudosinn ableiten.
- Fast alle Menschen kennen ihren Hauptseismografen nicht – meist ahnen sie ihn, wollen ihn aber nicht kennen.
- Wenn man versucht, einem Menschen den Hauptseismografen zu zeigen, wird eben jener Seismograf beim Zeigen in Alarm versetzt. Die Machina leistet Wi-

derstand und vernichtet den Angreifer. Deshalb kann man normalerweise einem normalen Menschen seine Hauptschwäche nicht explizit zeigen, obwohl sie jedem anderen in die Augen springt und auch er selbst sie sofort erfassen könnte und eigentlich längst hätte erfassen müssen. Seine Hauptschwäche oder Wunde befindet sich dort, wo die meisten vernichteten Gegner liegen. Da neben der größten Schwäche die größte Stärke des Menschen liegt, ist die Machina fast unbesiegbar stark, wenn die Schwäche angegriffen wird.

Die Hauptspielregeln der normalen menschlichen Interaktion sind also die:

- Jeder kennt die Schwächen aller anderen, seine eigene aber nicht.
- Man kann keinem anderen dessen Schwächen klar machen.
- Wer es dennoch beim Anderen versucht, greift ihn in seiner Stärke an und macht ihn sich damit zum Feind, weil er die größte Stärke in Zweifel zieht.
- Angriffe auf eigene Stärken werden entrüstet unter totalem Krieg abgewehrt. „Wenn diese meine Stärke nicht anerkannt wird, bin ich des Todes, weil der Rest von mir wenig wiegt."
- Wenn wir jemandes Machina angreifen wollen, schicken wir am besten jemanden vor, der naiv genug ist, es zu tun. Oft ernennen wir uns leider selbst. (Und wir wissen nicht, was wir tun.)

Die übergeordnete Regel über allem lautet, dass diese Hauptregeln nicht bekannt sind. Sie werden nur geahnt. Menschen wissen also nicht, dass man Machinae nicht frontal angreifen darf, aber sie spüren, dass man es nicht tun sollte. Man erkennt es an der Feigheit der Menschen. „Dem müsste mal einer die Meinung sagen!"

Deshalb darf, mit einem Wort, kaum je die Wahrheit gesagt werden.

Andererseits ist sie auch nicht bekannt.

7.8.4 Wahrheit tut weh und darf daher nicht sein – und wird nicht sein

Tja. Wahrheit tut weh. Wahrheit ist schmerzhaft. Wir sprechen Wahrheiten nur ungern aus, am liebsten hinter verschlossenen Türen. Wehe, sie wird gehört! „Hörer an der Wand hört die eigne Schand!" Wann gibt es im Leben ehrliches Feedback? Alle paar Jahre. Wer traut sich, Wahrheiten auszusprechen?

Kinder und Narren sagen die Wahrheit.

Die wichtigen Wahrheiten sind Wahrheiten der Selbsterkenntnis. Die aber rühren an ganz starke Wunden, die von Alarmseismografen und Machinae hermetisch abgeschirmt sind.

Es ist quälend schwierig, Wahrheiten anzusprechen. Ich erinnere mich an einen Kollegen in einer glücklicherweise anderen Abteilung, der ständig nach Schweiß roch, wie Männer sagen würden. Frauen aber fanden, er stank. Sie erzählten sich in seiner Gegenwart monatelang Rezepte, wie oft sie die Wäsche wechselten und wie oft gelüftet werden müsste und wie schwer es sei, mit Stinkern auszukommen. Es half nichts. Er stank weiter. Sie wurden immer deutlicher, schenkten ihm Seife und

Deodorant. Sie unternahmen Versuche beim Management, das verständlicherweise kniff, weil es keinen akzeptierten Geschäftsprozess zum Management des Geruchs von Mitarbeitern gäbe. Alle schämten sie sich wütend für ihre Feigheit. Irgendwann war es zu viel. Sie sagten es ihm. Weil sie feige waren, in einer Front – alle zusammen. Er verstand nicht. Er schwor, dass er ja *zwei* Hemden habe, die deutlich nachweisbar verschieden seien und jede Woche penibel gewechselt würden. Er war sehr böse. Er erinnerte sich jetzt an die vielen Erzählungen der Vormonate, in denen von ungeheuerlichem Sauberkeitswahn die Rede gewesen war. Es fiel ihm wie Schuppen von den Augen: Er erkannte plötzlich, dass er von einer ganzen Sekte von Reinlichkeitssucht umgeben war. Er setzte sich wieder an die Arbeit und redete nicht mehr. Man gab ihm bald ein Einzelzimmer.

Wenn die Machina mit der absolut verletzenden Wahrheit konfrontiert wird, erschießt sie den Überbringer dieser Wahrheit. Deshalb darf niemand, dem sein Leben lieb ist, eine Wahrheit verkünden, die einer Machina zu Leibe rückt.

Deshalb aber ist auch die Welt voller ganz unbehelligter Lüge.

Ich will sagen: Wir spüren alle, dass die Wahrheit im Dunkeln bleiben muss. Lüge wird nicht hell gemacht, also nicht behelligt. Wir wissen das aus dunkler Erfahrung mit Wahrheit. „Wahrheit verletzt!“ Warum? Sie weist nach, dass die Wahrnehmung über Stromschlagseismografen objektiv falsch ist. Wahrheit ist eine *Messung* – keine *Wahrnehmung* einer Machina. Wer eine Machina mit der Wahrheit erfolgreich bezwingen will, öffnet ein Höllentor, wenn er nicht ein Großmeister ist.

„Wie sag ich's meinem Kinde?“ ist eine hohe Kunst, die hohe Anerkennung einbringt. „Mensch, wie hast du das bloß geschafft, denen das einfach so beizubringen?“

7.8.5 Normale Beta-Eskalationen

Sehen wir uns konkrete *Doppelsterne* an. Frau und Mann. Mutter und Tochter. So etwas. In dieser Lage können wir nicht einfach die „Kommunikation beenden“ oder das Verhältnis „zu unserem gegenseitigen Bedauern auflösen“. Doppelsterne kreisen umeinander. Immer wieder kommen sie dort in die Nähe der Wahrheit, wo sie weh tut – in der Nähe der Stromschlagseismografen.

Die Ehefrau besteht darauf, die Wohnung vor dem Urlaubsantritt supersauber zu hinterlassen, damit die Nachbarin beim Blumengießen während der Abwesenheit keinen „Dreckhaufen“ mit ansehen muss und in der Nachbarschaft nicht hinter dem Rücken überall verkündet, man lebe in einem Saustall. Der Ehemann würde gerne bruchlos aus dem Bett heraus und vergnügt ins Urlaubsauto hineinspringen und losdüsen. Nach drei Wochen ist sowieso wieder genug Staub da. Warum *vorher* sauber machen?

Die Ehefrau ist an diesem Punkt nahe an den Hauptseismografen des Perfektionisten, der fürchtet, von Nachbarn bei Fehlern erwischt zu werden. Vielleicht redet die Nachbarin dann hinter ihrem Rücken so: „Sie tut wer weiß wie, aber du hättest mal sehen sollen, wie es bei denen daheim aussieht, wenn sie in Urlaub sind.“

Der Ehemann sieht den Staub ohne Emotionen und damit eher realistisch. Er fühlt die unbesiegbare Machina der Ehefrau und beginnt sich „zu Dreck zu ärgern". „Könnten wir das Geputze nicht wenigstens im Urlaub für eine ganz kurze Zeit *ein* Mal weglassen? Bitte!" Er bekommt eine harte Abfuhr der Machina seiner Frau. Er schreit sie an, er habe nur wenige Tage Urlaub im Jahr und wolle diese paar Minuten Spaß haben! Seine Machina bäumt sich auf, weil seine Frau nicht logisch diskutieren will. Es kommt jetzt darauf an, welche Machina der Ehemann hat. Ein harmoniesüchtiger Mann würde weinen, weil der Urlaub mit einem Misston beginnt, ein Depressiver merkt, dass der Urlaub mit Unliebe beginnt, ich würde aufrauschen, dass es unlogisch ist, vor dem Einstauben zu putzen. Usw.

Weil der Ehemann die Machina seiner Frau gereizt hat, wütet diese und schützt die Wunde der Ehefrau. Die Wunde ist: „Ich will immer gut und brav dastehen." Der Ehemann versteht das überhaupt nicht. Er sieht nicht die Machina hinter einem trivialen Problem wie der Sauberkeit. Er ignoriert damit die Wunde seiner Frau. Er rührt sie auf. Ihre Machina bekommt einen Hauptstromschlag. Sie wehrt sich darauf so irre stark, dass die Machina des Mannes sich nun selbst angegriffen fühlt.

Die Machina des Mannes hat nun *absolut nichts mit Sauberkeit* zu tun! Die Machina fühlt keine Sauberkeit oder irgendetwas Sachliches, sondern das Verletzen der verteidigten Wunde. Deshalb fühlt sich, je nach Ehemann und Machina, jetzt *dieser* unterdrückt, lächerlich gemacht, ungeliebt, tief betrübt, entrechtet, verachtet. Was immer seinen Hauptstromseismografen zucken lässt.

Weil die Sauberkeit also implizit die Wunde der Ehefrau tangierte, wird daraus durch Eskalation eine beidseitig zuckende Schlacht der Machinae. Beiden geht es nicht um Sauberkeit, sondern um ihre jeweilige Wunde. Beide erkennen die Wunde des anderen nicht oder nicht als solche an. Beide beschuldigen den anderen, mit „so einem albernen Kram" *schon wieder* am Anfang den ganzen Urlaub zu versauen. Es ist nun der zehnte Urlaub, der unentrinnbar mit der Sauberkeitsdiskussion beginnt. Jedes Mal trifft der reale Blick des Ehemanns auf die ängstliche Sicht derselben Sauberkeit. Immer wieder rastet das Leben unentrinnbar aus, wenn es in die Nähe eines Stromschlagseismografen gelangt! Von außen gesehen wirkt es tragisch. Von innen wie das Verhängnis.

Eric Berne, der Begründer der Transaktionsanalyse, spricht in diesem Zusammenhang von interpersonellen Transaktionen oder Interaktionen. Er schreibt in einem berühmten Buch über die von ihm so genannten *Spiele der Erwachsenen.* Darin finden wir etwa auch das Beispiel eines Ehepaars, das sich für eine Veranstaltung fein macht. Die Ehefrau spricht mittendrin von dem Wunsch, irgendeine größere Anschaffung machen zu wollen. Der Mann reagiert gereizt und kränkt sie damit. Es kommt zum Streit und sie bleiben zu Hause. Berne wie fast alle anderen Autoren in solchen Fällen auch raten dann in verschiedenen Formen, sich doch bitte zu *vertragen*!

Ich habe beim Lesen dieses Beispiels tief geseufzt. Der Mann ist bestimmt nur ein fürchterlich sparsamer Mensch, weiter nichts. Und wenn er eine Ausgabe plant, dann nur mit größtem Bedacht und mehrmaligem Rechnen, ob der Lebensabend nicht in Gefahr ist. Neulich hat meine Frau so leichthin vorgeschlagen, den Hang vor unserem Haus abtragen zu lassen und dann einen Carport für Anne hinzustellen.

Dann wären wir die Gartenarbeit los und es wäre gut für mich! Sie meinte das nicht böse, weil sie nicht so gut Handwerkerrechnungen vorausschätzen kann wie ich. Ich aber brach bei den Worten „mal den Hang abtragen lassen" ganz kurz innerlich völlig zusammen. So viel Geld haben wir nie! Und was wäre der Nutzen? Ich hatte ganz kurz Blutrauschen im Kopf, sah aber dann, dass sie es nicht so hart meinte. Sie hatte nicht vor, uns zu ruinieren. Sie meinte ja, es wäre gut für mich! Das stimmt nicht so richtig, weil sie sich sicher um das Auto unserer studierenden Anne am Wochenende in der sehr engen Gaiberger Straße sorgt. Wie sieht das aus? Aber ich stelle mir vor, meine Frau hätte den Hang ganz kurz vor einem Opernbesuch abtragen wollen.

„Zisch!", wäre es durch meinen Körper gezuckt, der ich hauptsächlich für unsere Finanzen zuständig bin. Wie aus einem Luftballon wäre die Freude auf die Oper entwichen und lange erst wieder zum zweiten Akt oder so gekommen. Ich stimme hier der Sicht von Eric Berne ganz und gar nicht zu. Es sind keine Transaktionen von Menschen in verschiedenen Zuständen wie dem „Eltern-Ich" oder dem „Kindes-Ich", sondern es sind völlig unbeabsichtigte und ahnungslose Stiche in eine Hauptwunde des anderen. Der schreit auf – der andere ist überrascht und von der Heftigkeit des Schreis nun selbst angegriffen! Und der Doppelstern dreht sich um die beiden Brennpunkte herum.

Wieder eine Eskalationsrunde. Wieder Wundenlecken.

Es sind *keine* Spiele, sondern Unkenntnisse über Hauptseismografen, die zu Blut und Schlachten führen. Da bricht etwas auf und die Machinae wüten. Warum nur empört sich der unwissende Angreifer so regelmäßig und rauscht ebenfalls auf?

> Ich sage so etwas *Harmloses* und du schlägst plötzlich um dich? Hat dich der *Teufel* gepackt? Entschuldige dich auf der Stelle für deine Grausamkeit!

Die Beta-Eskalation der Machinae entsteht dadurch immer wieder, dass die eine Machina von der anderen unwissentlich angegriffen wurde. Die angegriffene Machina faucht sofort beliebig grob zurück, weil sie sich niemals solche Unwissenheit vorstellen kann. Sie wird nachher sagen, wenn es dunkel und ruhiger werden wird: „Du kennst mich doch, wie empfindlich ich da bin." Aber der Partner hat an dieser Stelle keinen Hauptseismografen, ist also nicht empfindsam, also vergleichsweise übergrob. Er fühlt sich mit der realistischen Sicht, wie sie *jeder normale Mensch* hat („keiner denkt wie du"), im völligen Recht. Wenn er also aus entsetzlicher Unwissenheit oder entsetzlicher relativer Unempfindlichkeit heraus dem anderen in die Wunde stach und sofort im Gegenzug angegriffen wurde, dann ist ihm subjektiv ein unerhörtes Unrecht geschehen. Seine Machina schlägt zurück: Eskalation.

7.8.6 Beta-Waffenruhe

Natürlich könnten etliche solcher „Spiele" oder Kämpfe bei besserem Verstehen der anderen Menschen vermieden werden. Leider hören dann zwar die schrecklichen Eruptionen auf, aber das lediglich Verstehen anderer Menschen löst das Problem der verschiedenen Stromschlagseismografen noch nicht auf.

Kehren wir zu dem Beispiel zurück, in dem die Ehefrau vor jedem Urlaub die Wohnung auf Vordermann bringen muss. Wie sähe ein Waffenstillstand aus? Ich habe vielleicht nicht genügend Fantasie, aber so viel fällt mir dazu nicht ein. Ihnen?

Die Sauberkeit einer Wohnung ist für die Ehefrau ein Hauptproblem, über dem ihre Machina wacht. Es gibt keinen Kompromiss, etwa den, „nur wenig sauber zu machen". Der Ehemann könnte verlangen, dass es ja „ihre" Machina und „ihr" Problem sei, und sie solle alles allein am Vortag erledigen, wenn er noch arbeite. Gibt das gute Stimmung, wenn er am Morgen aus dem Bett ins Auto springt?

Waffenruhe wäre: Der Ehemann hilft fröhlich beim Saubermachen mit.

Punkt.

Ich wäre jetzt überrascht, wenn Ihnen noch etwa anderes einfällt.

Machina ist Machina. Stromschlag ist Stromschlag.

Natürlich kann man auch das Problem einmal an sich zur Sprache bringen. („Jetzt im Urlaub haben wir endlich einmal Zeit für uns. Ich schlage vor, wir beseitigen einmal alle unsere zweiseitigen Probleme. Lass uns einmal darüber reden, ob wir wirklich sauber machen sollen oder überhaupt noch in unserem Leben große Anschaffungen machen müssen.") Ich habe aber eben gerade zu beweisen versucht, dass dies ja nicht einmal Psychotherapeuten so richtig gelingt: die Machina still zu legen oder gar die Wunde zu heilen. Zumindest lässt sich das Zucken in der Hardware der Frau nicht durch „Bereden" lösen, sondern vielleicht nur durch lange, mühevolle Deeskalation.

Was nur noch bleibt, ist wohl dies: Der Ehemann hilft beim Saubermachen aktiv mit und sie fahren fröhlich fort. Er lässt also die Machina seiner Frau „gewinnen".

Liebe ist vor allem, nicht zu verwunden.

Liebe ist, den anderen Menschen mit dessen Machina zu akzeptieren.

Liebe ist, die Schmerzen des anderen zu verstehen.

Jesus und Konfuzius möchten, dass wir den Nächsten lieben wie uns selbst.

Mir gefiele diese Forderung besser:

> Achte die Schmerzen deines Nächsten wie deine eigenen.

Wenn also der Ehemann fröhlich mitputzte, wären alle glücklich. Er müsste es schaffen, aus Alpha-Liebe, als Quelle von Liebe, mitzuputzen und keinen Lohn dafür zu wollen.

Wirkliche Liebe achtet die Schmerzen des andern und verletzt nicht. Wirkliche Liebe stachelt nicht unwissend und blind Machinae auf. Der Ehemann will vielleicht später mit seiner Eisenbahn im Keller spielen? „Er spinnt!", könnte die Frau finden. „Ich muss ihm das abgewöhnen." Aber sie wird ihn lieben und spielen lassen? Mit ihm glücklich sein, dass er glücklich ist?

Was ich aber eben vorschlug, wirkt in der „unwissenden" Wirklichkeit irreal. De facto bewegen sich die Standpunkte höchstens ein bisschen aufeinander zu, wenn lange und hart genug um einen Kompromiss gekämpft wurde.

Der Ehemann: „Ich bezahle eine Putzhilfe, die nach der Abfahrt sauber macht."

Die Ehefrau setzt sich dann nicht ganz glücklich ins Auto, der Ehemann ist nicht ganz glücklich, weil sie es nicht fertig bringt, ganz glücklich zu sein, obwohl er seinen Teil zum Kompromiss gab, nämlich ein wenig zu putzen.

Wenn Sie an die Wahrnehmungskurven denken, dann könnte man so sagen: Die real nötige Sauberkeit ist 100 %. Der Mann empfindet vielleicht 75 % als „richtig“, die Frau empfindet, 300 % müsse sein. Sie einigen sich hinterher auf 150 %.

Der Mann empfindet nun schwach empört, dass doppelt so sauber gemacht wurde wie nötig.

Die Frau empfindet gepeinigt, dass sie nur die Hälfte des Nötigen tun konnte.

So leben sie bis ans Ende ihrer Tage in der Beta-Waffenruhe, und beide Machinae zucken im Innern über den Kompromiss, der für beide glatte 100 % danebenliegt. Das hilft niemals einem von beiden. Verstehen Sie? Wir müssen ein Leben so organisieren, dass unsere Machinae möglichst keine Stromschläge bekommen.

7.8.7 Das Nachkriegsparadoxon der Machinae

Da beide Seiten im Kompromiss subjektiv empfinden, um 100 % neben ihrem Idealzustand gelandet zu sein, schlagen die Seismografen weiterhin an.

Der Kompromiss löst nur die Sachfrage, nicht aber die Unruhe in den Körpern. In den Körpern gibt es keinen Kompromiss. Die Frau zuckt innerlich, weil es eben nicht sauber ist. Sie ist unruhig. Der Mann ist „sauer“, weil er wieder nachgeben musste, wo er keinen Sinn sah.

Jetzt beginnt die Nachkriegszeit. Sie liegen beide im Urlaub am Strand und reden miteinander.

„Du, Schatz, mein Traum wäre es, wenn Du ab und zu mal dieses Saubermachen lassen könntest.“ Ein schwieriger Blick trifft ihn. Ihre Machina fragt sich, ob es losgehen soll. Er fährt fort: „Ja, ja, ich verstehe, das ist für dich nicht akzeptabel, und dafür haben wir ja auch unseren Kompromiss. So ganz glücklich, nur das möchte ich dir sagen, bin ich damit nicht. Immer noch nicht. Weißt du – ich finde, du könntest mich jetzt im Urlaub einmal extra in den Arm nehmen und drücken und danken, dass ich nicht darauf bestanden habe, mal ganz ohne Saubermachen in den Urlaub zu fahren.“

Waaaas? Ich soll auch dann noch danken, wo du mich *unterdrückst*?

Oder: „Du, Schatz, ich weiß ja nicht, ob das mit der Putzhilfe so ganz glatt ging, obwohl wir noch einmal angerufen haben, ob auch alles sauber ist. Wer weiß. Ein bisschen Sorge bleibt. Du, ich finde, du kannst mich jetzt im Urlaub ruhig einmal extra in dem Arm nehmen und mich drücken. Du kannst dankbar sein, so eine gute Ehefrau zu haben, die darauf eingeht, alles einer Putzhilfe anzuvertrauen.“

Waaaas? Ich habe von meinem eigenen Konto Geld genommen und die Putzhilfe bezahlt, damit die deine eingebildete überflüssige Arbeit tut, und dann soll ich dir dafür *danken*?

Wenn ein Kompromiss in der Sache geschlossen wurde, zucken beide immer noch. Sie erzählen nun beide, wie sehr sie „nachzucken“ und erwarten vom jeweils anderen, dafür gelobt oder geliebt oder gepriesen zu werden, dass sie einen Kompromiss ertrugen, bei dem sie noch zucken. „Liebe mich dafür, dass ich nachgab, ja, viel mehr nachgab, als mir gut tut.“ In anderen Worten: Beide wollen, dass ihre Sicht der Welt Recht bekommt. Die Ehefrau will, dass der Mann ihr vollständig Recht gibt, dass viel geputzt werden müsste. Sie hat nur *seinetwegen aus Liebe* zu ihm dem Kompromiss zugestimmt. Der Mann will, dass ihm vollständig Recht gegeben wird. Er hat nur aus Liebe zu ihr seine eigene Linie des Gar-nicht-Putzens aufgegeben.

Sie geben also beide in der Sache nach, beharren aber beide darauf, dass ihre Seismografeneinstellung korrekt ist. Beide „reagieren" richtig, finden sie, beide geben nur aus wahnsinniger Liebe zum anderen nach, weil der jeweils andere eine falsche Seismografeneinstellung hat. *Nach dem Kompromiss müssen sich also am besten beide gegenseitig zu ihrer Seismografeneinstellung gratulieren.* Dann sind die Machinae wieder ruhig. Das können sie aber beide nicht über das Herz bringen, weil der Kompromiss ja nur deshalb nötig wurde, weil sie ihre Seismografeneinstellungen unerträglich fanden.

Beide Machinae erwarten eine Huldigung bzw. eine Pseudosinnzufuhr für den Kompromiss.

Die Huldigung vor den Seismografen beruhigt die Machina über den Verdruss, in diesem *Einzelfall* unter dauerndem Nachzucken zum Kompromiss bereit gewesen zu sein. „Schatz, toll, dass du dieses eine Mal nachgegeben hast." – „Ja, Schatz, aber denk nicht, dass ich dir damit Recht gab." – „Ja, Schatz." Der, der gegen seine Überzeugung (gegen das Zucken) nachgab, muss dafür gelobt werden, dass seine Überzeugung absolut richtig ist.

Wenn das immer wieder geschieht, können sich beide Seiten immer wieder neu einigen, ohne dass je eine Seite jemals „Unrecht" bekommt. Denken Sie an Tarifverhandlungen, die wie ein Elefantentanz zweier Machinae wirken. Arbeitgeber und Gewerkschaften kämpfen nach ewig gleichen Ritualen wie ein Beta-Ehepaar. Sie einigen sich immer wieder quälend, weinen unter dem Kompromiss und bescheinigen dem Gegner eine harte Verhandlungsführung. Wehe, es gibt verbale Entgleisungen nach dem Kompromiss! Wehe, jemand triumphiert! Der Triumph nach einem Kampf ist so ziemlich das Dümmste, was eine Machina tun kann, aber nichts ist gleichzeitig so orgiastischer Balsam für die Beta-Seele des Menschen. Eine Machina muss umso mehr gelobt werden, je weiter sie ihre Hyperästhesien verdrängen musste, je mehr Kröten sie schlucken sollte, je härter sie ihren Trieb hinter sich ließ. Jede Machina muss unbedingt „ihr Gesicht wahren".

Sonst geht es immer wieder in eine neue Nachkriegszeit. Deshalb hören wir rituell immer wieder: „Es war ein wahrhaft schmerzhafter Kompromiss, den wir schlossen. Er tut allen weh. Deshalb muss er wirklich in der vernünftigen Mitte liegen. Denn die reine Vernunft, die in der Mitte liegt, ist von allen politischen Parteien fast gleich weit und sehr weit weg. Deshalb tut ein Kompromiss, der sinnreich ist, allen sehr weh. Und das ist gut so. Wenn einem von uns nichts wehtäte, dann wehe ihm – er würde ja siegen. Und wir wollen keine Sieger, weil wir selbst nie nachgeben würden. Ja! Dieser historische Kompromiss kam dadurch zu Stande, dass wir alle verloren haben, wir alle haben Blut vergossen, wir alle bluten, wir alle haben einen großen Teil unserer Überzeugungen verraten, weil wir alle etwas Historisches unternommen haben: Wir gehorchen der Vernunft, so weh es jetzt auch tut."

Besonders wenn jemand objektiv verliert, braucht dessen Machina Pseudosinn. Je höher die Machina verliert, umso mehr Balsam benötigt sie. Grundsätzlich will derjenige, der gegen seine Überzeugung nachgab, dafür Pseudosinn: Dank, Lob,

Bewunderung. Der Unterlegene braucht Trost. Der über der Niederlage Kranke will Pflege und Mitleid. Der unterlegene Getreue will Freispruch von Schuld. Der vernichtete Perfektionist will bestätigte Fehlerlosigkeit im Handeln. Sie alle wollen Vergebung für ihre Niederlage. Sie alle wollen hören, dass sie das Menschenmögliche getan haben. Ihr Inneres bäumt sich fürchterlich auf vor der impliziten Beschuldigung der Sieger und der Macht: „Wer verliert, tat nicht genug. Wer unten ist, ist selber Schuld." Sie alle fordern: „Sagt mir, dass ich noch ein geachteter Jemand bin, obwohl ich versagte." Sie wollen so etwas wie Liebe im Sinne von Balsam. Die gibt es oft nur in dieser Form (meist als höfliche Artigkeit oder als notwendig anerkannte Pflichtübung): „Danke, ihr wart Teil meines Sieges." – „Danke, ohne euch wäre ich nichts." – „Der Dank bei diesem Sportfest gilt vor allem den vielen Verlierern, ohne die unsere Stars längst nicht so gut aussehen würden. Viele Verlierer geben dem Sieger erst einen würdigen Rahmen. Danke!" – „Danke, Mutter, dass du mich egoistisches Kind immer so verwöhnt hast. Deshalb schenke ich Dir ja auch zu jedem runden Geburtstag eine rote Rose." – „Danke, dass du das kleinere Stück genommen bekamst."

Je mehr eine unterlegene Machina zuckt, umso mehr Pseudosinn muss sie bekommen.

Sonst wird sie am Ende siegen.

Aber wir erleben dies: Der Imperator des Weltreiches wirft alle blutig nieder und erwartet eine Konfettiparade. Die Amerikaner setzen rigoros ihre Standpunkte im Irak durch, auch gegen etliche Länder im Westen, und erwarten Fähnchen schwenkende Iraker, die die Panzer begrüßen. Der Putzteufel säubert unter dem Ächzen aller alles total, ist selbst total befriedigt und fordert alle auf, die totale Sauberkeit zu bewundern. Der Manager presst Blut aus den Mitarbeitern, steigert den Gewinn unermesslich und erwartet Bewunderung für seine unendliche Tüchtigkeit im Wirtschaften. Der Besserwisser kämpft verbissen um das Rechthaben in einer mäßig wichtigen Sache während einer Party. Er mischt die ganze Party auf, ob der Plural von Status nun Stati ist, wie alle im Raum wissen, oder korrekt Status mit langem End-U. Er siegt nach der von ihm allein betriebenen Konsultation mehrerer Lexika. „Stati" gibt es nicht. Er triumphiert über die allgemeine Dummheit. Er erwartet nun, dass die dumm Dastehenden ihm huldigen. Er weiß auch als Einziger, das Joule wie dschaul ausgesprochen wird, nicht wie dschuul, weil Joule ein Engländer ist, kein Franzose! Neue Runde, während alle vor Überdruss platzen.

Die siegreiche Machina erwartet Pseudosinn für ihren Sieg.

Dafür hat sie doch gekämpft. Eine Alpha-Seele würde sich nach einem Sieg authentisch freuen. Sie freut sich über das Erreichte oder das entstandene Werk. Die Beta-Seele der Machina kämpft aber nur mittelbar für das Gute an sich. Sie erkämpft vorrangig Pseudosinn. Wehe, sie bekommt ihn nicht! Dann tobt sie. „Ich habe einen historischen Sieg errungen – und weißt du, wie viele gratuliert haben? Niemand! Null!" Das ist die gewöhnliche Klage des einsamen Siegers. „Ich sorgte für dich, mein Kind, zwanzig Jahre. Ich tat kein Auge zu und wachte über dir Tag und Nacht. Ich zwang dich, alles richtig zu machen. Nun, Kind, knie nieder und danke mir für deine Existenz. Pflege mich im Alter mit rührender Sorge und vergelte mir meine harte und vorbildliche Erziehung dadurch, dass du mich ehrst und indem du ab jetzt absolut alles tust, wie ich es WILL!"

7.8.8 *Hass und Verachtung nach Kämpfen ohne Pseudosinnverteilung*

Die siegreiche Machina wird wütend, wenn die Huldigungen ausbleiben oder schwach ausfallen. Die unterlegene Machina bekommt Hassgefühle gegen schamlos triumphierende Sieger, die ihre „Gefühle missachten".

Die siegreiche Machina ist durch den Sieg verwundet, weil sie den Hass fühlt.

Die unterlegene Machina hasst den, der nicht sieht, wie sie blutet.

Der US-Präsident Bush hat „Saddam wie eine Ratte im Erdloch gefangen", wie er triumphierend im Fernsehen der Welt verkündete. Das gibt viele Millionen Verwundungen in Seelen. Und für viele Jahre wird jeder amerikanische Tourist all diese Verwundungen vor Ort besichtigen dürfen. Er wird staunen, wie sie dort hinkamen und wie offen und unverheilt sie noch sind. Die Preußen, die Engländer und Franzosen haben dagegen Napoleon nur auf eine Insel geschickt …

Das Zucken der unterlegenen Machina, die das Gesicht verlor, ist Hass.

Die betrogene Ehefrau hasst.

Der verhöhnte Unterlegene hasst.

Die gedemütigte Schwiegertochter hasst.

Der bloßgestellte Manager hasst.

Hass ist das Spiegelbild von Triumph.

Wenn der Besserwisser Recht hat, also siegte – wenn man ihm aber nicht huldigte, brillant zu sein, dann verachtet er alle als „dumm". Wenn dem triumphierenden Sieger nicht gratuliert wird, dann verachtet er die Unterlegenen. Wenn dem Helfer nicht gedankt wird, verachtet er die, denen er half. Wenn jemand Treue bewies und nicht geachtet wurde, verachtet er den Herrn.

Mein Hass ist auf eine siegreiche Machina gerichtet, die mich zwingen will, ihre übertriebenen Werte anzuerkennen oder die meine übertriebenen Werte mit Füßen tritt.

Meine Verachtung trifft die, die meinen Sieg nicht anerkennen wollen, die sich also weigern, nach meinem Sieg in der Sache auch noch meine Werte als die ihren anzunehmen.

Hass und Verachtung stellen sich ein, wenn Menschen dies vergessen:

Achte die Schmerzen deines Nächsten wie deine eigenen.

7.8.9 *Arroganz der Macht und Gegenterror*

Genau diesen Satz vergisst die Macht. Sie betätigt sich eher als Schmerzproduzent.

Ich habe bewusst mit Beispielen aus einer normalen Ehe begonnen, in der ich die beiden Partner als gleichberechtigt geschildert habe.

Die meisten Beziehungen von Doppelsternen sind viel schiefer und verzerrter, nämlich durch ein „uben und unten“ geprägt.

Eltern und Kinder.

Chef und Mitarbeiter.

Lehrer und Schüler.

Kunde und Service.

Arzt und Patient.

Zuständiger und Bittsteller.

Konzerne und Zulieferer.

Danke und Bitte.

Die Macht ist meist blind für die Hauptstromseismografen derer da unten. Fast alle Menschen und Institutionen sind eher blind dafür. Die Macht aber kann es sich faktisch leisten, „Gefühle zu missachten“ oder „Menschen verachtend“ zu agieren.

> Es ist ein als wertvoll empfundenes Privileg der Macht, keine anderen (übertriebenen) Wahrnehmungen respektieren zu müssen. Die Macht sagt nicht nur „Es geschieht, was ich will!“, sondern auch: „Man sehe die Welt wie ich.“ Das aber setzt die ignorante Macht nie durch und sieht sich deshalb ständig in Gefahr.

Sie ordnet eine objektive Welt nach ihren Maßgaben an, in der sie weiterhin die Macht hat. Das Kind hat so und so zu sein. Der Schüler muss so und so fertig abgerichtet zur Befüllung in der Schule geliefert werden. Der Patient soll tun, was der Arzt verlangt. Die Macht ignoriert die Wahrnehmungen der Menschen, also ihre zentrale Stelle in der Persönlichkeit, ihre Sehnsüchte, ihre Angst.

Mit einem meiner Anti-Lieblingswörter ausgedrückt: Wir sollen uns gegenüber der Macht *kooperativ* verhalten.

Das heißt, unhöflich ausgedrückt, aber viel besser formuliert: Wir sollen tun, was die Macht befahl. „Nach seiner Gefangennahme zeigte sich der Häftling kooperativ.“ Untertanen heißen ja auch Mitarbeiter, also Kooperative.

Die unterdrückten Seismografen der Kooperativen schlagen Alarm. Die Machinae suchen verzweifelt Auswege. Kinder mucken auf. Schüler protestieren. Mitarbeiter streiken. Firmenübernahmen scheitern an „kulturellen Widerständen“ in dem übernommenen Unternehmen. Die Machinae leisten der Macht Widerstand. Die Macht spricht von Terror. Terror ist die „no name“-Gewalt für Mittellose.

Im Augenblick kämpft die Macht der Welt gegen den Terror. Oben die USA, unten der Irak oder das Arabische. Die Europäer sind nicht so mächtig wie die USA, sie würden die Auseinandersetzung anders austragen. Mehr wie Mann und Frau, im Streit und mit noch mehr Streit und mit schließlichem Kompromiss. Zwei Machinae würden miteinander ringen. Mit den USA ringt niemand, es ist besser, man ist kooperativ in einer Allianz der Willigen. Was die USA tun, ist objektiv nicht ganz falsch, es verletzt und ignoriert aber die Hauptseismografen der anderen Seite(n). Das sagen alle, die sich den Arabern nicht überlegen fühlen. Sie können nämlich mitfühlen, weil sie nicht die Macht haben, das Fühlen nicht nötig zu haben.

Eine Macht, die die Hauptgefühle der anderen Seite verkennt, erzeugt Hass und Widerstand, hier und überall. Eltern verkennen (ihre) Kinder und erziehen (sie) nicht artgerecht. Sie verkennen das Innerste ihrer Kinder. Deshalb bildet sich in den

Kindern die Machina oder die Beta-Seele, die sich verzweifelt um das Bewältigen des Lebens ohne große Verwundungen der Alpha-Seele bemüht. Die Macht wird durchweg gehasst. „Die Macht ist der wahre Überbringer der schlechten Botschaft.“ Die Macht darf sagen: „Du stinkst. Wasch dich. Du bist nichts.“ Alle Machinae dieser Welt versuchen, den Angreifer der schlechten Nachricht abzuwehren: „Shoot the messenger.“ Wenn die Macht nicht vernichtet werden kann, wird sie gehasst. Hass wehrt sich im Wahn bis aufs Äußerste. Hass erzeugt Terror, Aufstand, Ausbruch. Wenn sich wie bei den Liebenden der Hass im Irrtum der Machina gegen das eigene Selbst richtet, auch Selbstmord. Weg, was gehasst wird! Kein Opfer zu klein!

Die Macht schlägt stärker zurück, wenn sie bedroht ist. Beta-Eskalation. Todesspirale.

Nach einem Attentat im Irak gegen die Amerikaner hieß es in den USA sofort: „Das bestürzt uns sehr. Es bedeutet natürlich, dass wir nun länger da bleiben müssen.“ Es gibt also neue Attentate.

Der unselige Doppelstern dreht sich. Die beiden Sterne, der kleine und der große, kreisen um die beiden Brennpunkte der Ellipse. Sie ziehen sich an und stoßen sich ab. Sie können nicht voneinander lassen. Ein Ehepaar findet sich gegenseitig anziehend und kreist in etwa gleichberechtigt umeinander. Der Doppelstern, der oben und unten bedeutet, besteht aus einem großen und einem oder vielen ganz kleinen Sternen. Diese hassen die Bindung an den großen Stern. Sie würden lieber fliehen. Aber das Kraftfeld des Machtsterns hält sie fest.

Nicht artgerechte Behandlung von Menschen ist zu allererst Ignoranz ihrer *Art*, also Ignoranz ihrer Empfindlichkeiten. Dies ist die teuerste Art, Menschen aufzuziehen oder zu behandeln. Wird das in diesem Kapitel langsam hell und klar?

7.8.10 Dick aufgetragen: Die 300-zu-75-Beziehungsstörung

Ich will hier einen Hauptverlauf der Interaktionen von Machinae *nochmals* zusammenfassend auf den Punkt bringen, weil es mir so sehr wichtig ist. Ich habe alles schon indirekt entwickelt, aber vielleicht noch zu abstrakt. Sie mögen jetzt seufzen, ich schreibe zu lang. Aber es ist doch so wichtig! Mir jedenfalls, sagt mein übertriebener Seismograf.

Wir schauen uns das typische Zeremoniell einer Interaktion zwischen zwei Machinae an:

- Ein Hauptseismograf von Person A zuckt.
- In einer dadurch entstandenen „objektiven“ Problemlage soll eine Lösung gefunden werden.
- Ein Hauptseismograf von Person B zuckt, weil ein Problem gelöst werden soll, das es nur für Person A, nicht aber für Person B gibt.
- Es folgt ein Widerstreit der übertriebenen Hauptseismografen um den jeweilig angestrebten Pseudosinn.

Ein Hauptseismograf von Person A zuckt. Dadurch entsteht eine neue Lage. Ein Problem trat in die Welt und muss gelöst werden.

Wir sollten *jetzt* Urlaub buchen.

Dieser Vorgang ist *dringend.*

Wir hatten schon einige Stunden keinen Sex.

Sind deine Hausaufgaben fertig? Mach sie jetzt, damit ich nicht mehr daran denken muss.

Lass uns jetzt abwaschen, ich bin so müde und möchte ins Bett gehen.

Person B sieht die Welt anders. Sie will nicht jetzt Urlaub buchen, sieht es nicht dringend, will jetzt keinen Sex, muss überhaupt nicht vor dem Schlafengehen die Küche aufräumen. Und die Vorstellung, Hausaufgaben nur deshalb schnell zu erledigen, weil dann Person A weniger Kontrollaufwand hat, der ohnehin nicht anerkannt wird, bringt Person B fast schon zum Hauptzucken.

Person B ist unwillig, mit einem Problem konfrontiert zu werden, das es in der spezifischen Dringlichkeit nur in der Vorstellung von Person A gibt. Person B sieht meist das Problem in gewisser Weise schon ein, aber ganz anders und eben ruhiger.

Ausgangslage: Es gibt einen Stein des Anstoßes, irgendetwas, was von Person A und Person B verschieden wahrgenommen wird. Person A sieht den Anstoß empfindlich, also mit – sagen wir – 300 % Übertreibung gegenüber einem angenommen neu „realen" Wert von 100 %.

Person B sieht diesen Anstoß relaxt oder entspannt, ihm ist die Sache nicht wirklich wichtig, er achtet nur mit 75 % der Aufmerksamkeit darauf, die die Sache „real" verdient hätte.

Person A ist nun mit 300 % übererregt. Ihre Machina beginnt, von B zu fordern, ihren übererregten Standpunkt zu teilen. Ihre Forderung: „Person B, sieh die Sache genau so dramatisch wie ich."

Person B muss nun reagieren.

Es gibt einige hervorstechende Möglichkeiten:

1. Person B beharrt darauf, die Dinge selbst richtig zu sehen, also: 75 %.
2. Person B bewegt sich auf den fiktiven realen Standpunkt: 100 %.
3. Person B gibt „aus Liebe" nach und geht auf 150 %
4. Person B geht „wegen des Drucks" gegen seinen Willen auf 150 %.
5. Person B geht künstlich auf 300 % und regt sich scheinbar selbst genauso auf.

Die Gegenreaktion von Person A ist:

6. Flammender Streit. Der Anstoß ist nun nicht mehr der ursprüngliche, sondern die Reaktion von B. „Du liebst mich nicht." – „Du tust nicht ein bisschen, was ich sage." – „Du bist ein träger Klotz und sitzt nur herum. Tu mal was. Wenigstens, wenn ich etwas will."
7. Viel mehr Streit. Bei Möglichkeit 1 bleibt sich B treu, bei Möglichkeit 2 argumentiert er „objektiv", was Person A wirklich stark erbost.
8. Person A findet, nun bewege sich immerhin „etwas". Sie fragt, ob B sich deshalb bewege, weil er A Recht gäbe (warum dann nur 150 %?) oder „nur aus Liebe" (B gibt also A Unrecht und tut es „dem verrückten A zu Liebe").

9. Ähnlich! „Nur weil ich Druck mache, he? Du gibst mir also Unrecht? Wenn du schon einwilligst und einigermaßen tust, was ich sage, dann mache bitte nicht so ein gequältes Gesicht!"
10. Ähnlich! „Warum gehst du auf mich ein? Das ist nicht deine echte Meinung. Die ist 75 %. Warum folgst du mir? Weil ich sonst streite? Du willst nur Frieden? Oder willst du mir zeigen, dass du mich liebst und dich dadurch überlegen fühlen kannst?"

Die nächste Reaktion von Person B:

11. „Ich bleibe mir treu. Es wird dann eben so laut wie immer, wenn du rumzickst. Ich ändere mich nicht. Du spinnst. Dein Problem gibt es nicht."
12. „Ich bin sehr böse, weil das Reale und Objektive von dir nicht akzeptiert wird. Du musst einsehen, dass es dein Problem in dieser Schärfe objektiv nicht gibt. Verrückt, total verrückt. Ich rede mit dir nur noch auf dieser Basis."
13. „Ich habe mich sehr weit bewegt, sehr weit. Ich gebe dir nicht Recht. Ich habe es aus Liebe zu dir getan. Jetzt schimpfst du, dass ich dir nicht Recht gebe. Du schimpfst, es sei vielleicht ‚nur' Liebe. Das trifft mich sehr ins Herz. Mich trifft fast der Schlag."
14. „Ich habe mich gebeugt, sehr weit gebeugt. Nun wirfst du mir vor, dass ich es nur unter Druck tue. Ja, natürlich. Du willst wohl noch, dass ich es tue, weil ich dich liebe oder weil ich dir Recht gebe? Was denn noch? Sei zufrieden. Es geschieht, was du willst. Aber ich mache kein frohes Gesicht dazu. Das kann niemand verlangen."
15. „Ich habe genau getan, was du wolltest. Nun sagst du, es sei nur deinetwegen. Ich soll dir aber noch zusätzlich Recht geben und dich bewundern. Ich soll es von mir aus so fühlen wie du. Das alles will ich gerne noch zusätzlich tun. Ich gebe dir alles gern und bin sehr glücklich dabei, alles für dich zu tun. Nur will ich, dass du mich dafür liebst. Ich erleide das alles ja nur deinetwegen. Du musst mich kniend verehren, dass ich mich selbst höchstpersönlich so sehr überwunden habe. Ich bin moralisch überlegen."

Person A nach mehreren Runden: „Ich will, dass *alle Menschen* die Sache so wahrnehmen wie ich. Ich will es, weil ich *richtig* empfinde und alle anderen *falsch*. Ich will sie überzeugen. Leider scheinen sie mich entweder stark ablehnend für verrückt zu erklären oder aus angeblicher Liebe zu mir nachzugeben. Ich kann sie also nicht besiegen, was mich fuchsig macht, oder ich besiege sie formal mit Gewalt, aber das will ich nicht. Ich will sie überzeugen, dass meine Wahrnehmung die richtige ist. Wenn sie also nachgeben, bin ich noch viel böser, als wenn sie sich weigern. Dann weiß ich, woran ich bin. Das Nachgeben ist betrügerisch. Ich merke genau, dass sie nachgeben, weil sie Schiss vor mir haben oder eine Menge Dankschleim von mir erwarten, dass sie angeblich plötzlich genau so wahrnehmen wie ich. Warum soll ich dafür danken, wenn ich jemand beibrachte, etwas *richtig* wahrzunehmen? Ich werde versuchen, noch *stärker* zu überzeugen."

A schärft seine Wahrnehmung und konzentriert sich. A sieht nun noch viel schärfer, wie unvollkommen die Welt ist. A's Erregung geht auf 400, 500.

Person A sieht: „Ich probiere es härter, immer härter. Ich weiß nicht, woran es liegt, dass sie nicht richtig wahrnehmen.“

Person B nach mehreren Runden: „Person A sieht alles total dringend. Wenn sie was will, soll ich springen. Sie spinnt. Ich habe alles versucht, sie zu überzeugen, dass sie spinnt. Ich habe es mit Logik versucht, mit Objektivität, mit stoischem Aushalten der Verrücktheiten. Ich habe aus Liebe nachgegeben, aber nur Verachtung geerntet. Ich habe auf Druck schließlich mitgemacht und ebenfalls Verachtung geerntet, weil ich angeblich immer ‚so eine Schnute' ziehe, wenn ich einer Gewalt nachgebe. Soll ich meine Persönlichkeit aufgeben? Ja, das ist es, was sie will. Ich halte es nicht aus. Auf der anderen Seite: Wenn ich selbst etwas dringend will, faucht sie mich an. Sie ist nicht bereit, irgendwo nachzugeben, wenn es mir wichtig ist. Ich bat sie, bei mir nachzugeben, wenn ich bei ihr nachgebe. Sie sagte, das sei etwas anderes, weil sie ja etwas Wichtiges von mir wolle, während ich etwas Verrücktes zum Ausgleich fordere. Das macht mich unendlich wütend, weil ja sie verrückt ist und nicht ich. Ich weiß nicht, wie ich ihre Verrücktheit korrigieren kann, so dass sie vernünftig wird. Ich sage ihr so oft: Schau doch mal, wie gut ich die Sache behandle und wie gut das wird. Dann schreit sie wieder los, völlig unbeherrscht.“

Person A und B haben verschiedene Wahrnehmungen. 300 zu 75. Ein anderes Mal 75 zu 300. Im normalen Alltagsstreit verlangt nun immer die 300-Partei in großer Aufregung, dass etwas geschehen müsse. Die Machina wütet. Es wird ein Kompromiss oder eine Lösung herauskommen. Immer aber streiten sie sich, weil die Machina bei 300 % fordert, dass nun JEDER den Stein des Anstoßes im 300er Bereich wahrnehmen müsse. Eine Machina will bei 300 % einfach, dass alle anderen Personen es auch so sehen: 300 %.

Die jeweilige Person B sieht es aber faktisch nicht so. Deshalb wird jede Lösung und jeder Kompromiss zur Qual. Person B wird denken (und im Denken kommen Schimpfwörter vor!): „Was immer ich auch tue, ich habe jetzt die Arschkarte gezogen.“ Egal, ob Person B gegen A kämpft oder Person A gehorcht, es gibt Krieg. Friede gäbe es nur dann, wenn Person B wie A psychisch empfinden würde. Das aber tut Person B einfach nicht. Es geht nicht. Die Empfindung ist nicht so. (Oder sie gleicht sich nach langer Ehe an.)

So sehe ich das eher normale Eskalationsmodell einer „Kommunikation“, die in jedem Fall zu einem Konflikt führt und im normalen Alltag unauflöslich ist, solange nicht die Wahrnehmungen der Menschen uniform gleich sind, was sie aber in der Regel nicht sein *können*, wie ich hier schon lang und breit ausführe. Person A will von Person B im Grunde, dass das Seismografensystem von B genau so wahrnimmt wie das von A. Diese Forderung ist zumindest kurzfristig unerfüllbar und führt zur Schieflage, dass alle Lösungen nun zum Konflikt werden. Was immer der Stein des Anstoßes war: Nun streiten sich A und B. Die Machina von A beschuldigt B als schlechten Menschen, darauf wird die Machina von B an einer anderen Stelle hochempfindlich verwundet („meine Liebe wird verachtet“ – „nicht objektiv“ – „ich habe Recht“ – „fängt schon wieder denselben Streit an, wo ich nur Frieden liebe“). Da schlägt Machina B zurück. Und so weiter.

Der Verlauf hängt sehr davon ab, welche Kombination A und B bilden (richtige, natürliche, wahre etc. Machinae). Einige Beispiele folgen.

Person B könnte nun dieses Kapitel gelesen haben und *wissen*, dass Machina A auf 300 ist. Was soll sie tun? Ich habe eine Möglichkeit angegeben: Sofort dafür sorgen, dass der Level von Person A unter 300 kommt. Dann kann es Lösungen geben. Es geht nicht darum, Person A Recht oder Unrecht zu geben, sondern darum, sie vom Erregungsniveau herunterzubekommen. Das geht nur mit der Einsicht, dass in Person A eben Stromschläge wüten, die sie erregen.

Aber wie sollte das funktionieren? Oft helfen das bloße Zuhören und ein bisschen Mitaufregen. Im Grunde müsste Person B begreifen können, wie sehr A außer sich ist und was sie zucken lässt, so zu wüten.

Können Sie es noch ein drittes Mal hören?

Achte die Schmerzen deines Nächsten wie deine eigenen.

Am besten wäre es, eine Großmutter hörte zu, ein Kind, ein Narr, ein Weiser, einer, der Menschen liebt. Eine Alpha-Seele sollte zuhören, die in diesem Spiel nicht ihrerseits Pseudosinn sammeln will.

Eine Quelle, die *gibt*: klares Wasser zum Abkühlen, etwas Sonne zum Aufwachen. Achtung und Respekt für Empfindlichkeiten des anderen.

Damit habe ich eine einfache Antwort gegeben, die ich für absolut wahr halte. Ich habe damit noch keine zusätzliche machinafreie Alpha-Seele für diese Welt geschaffen. Deshalb ist das Problem noch nicht gelöst. Das müssen die Alpha-Quellen tun, von denen wir also mehr und mehr und noch mehr brauchen. Sonst bleiben wir im Dauerzwist. Jede Person A gegen jede davon verschiedene Person B.

„Was ich auch tue, es ist falsch!" Solche Grunderfahrungen in der „Kommunikation" von Machinae werden oft seit Gregory Bateson und Paul Watzlawick als Pathologie oder Paradoxon in der Kommunikation beschrieben. Das Dilemma wird meist darin geortet, dass es verschiedene Sprachebenen, Bedeutungsebenen, logische Ebenen gibt. Die Ausführungen sind logisch-mathematisch gehalten und benutzen einen Hauch Mathematik oder Logik. Beim Lesen dieser Theorien sagte meine Intuition, es könne mit Logik nichts zu tun haben, weil „wir" so nicht „ticken". Ich habe lange über das Buch *Pragmatics of Human Communication* von Paul Watzlawick nachgedacht, das Ideen von Gregory Bateson ausbreitet und in die helle Sonne stellt. Ich will hier keine Gegenüberstellung beginnen. Ich habe Ihnen hier nur ein anderes Vorstellungsmodell angeboten: Ich sehe den Widerspruch, der zu den Wirren im Alltag führt, in den verschiedenen Wahrnehmungen. Die 300-zu-75-Vorstellung reicht für mich aus, um den täglichen Wahnsinn des fast notwendigen Unglücks für alle hinreichend zu deuten.

Und solange Machinae am Werk sind und keine Alpha-Seelen zuhören, gilt:

Kommunikation zwischen verschieden wahrnehmenden Menschen ist Kampf.

Das muss nicht sein. Es ist aber so.

Wissen Sie, was Sie in Wirklichkeit fast alle tun?

Achte die Krankheit deines Nächsten wie deine eigene.

Wenn die Seele unseres Nächsten blutet, sehen wir nicht hin. Wenn sein Finger blutet, helfen wir in ehrlicher Panik, er könnte ernsten Schaden nehmen. Wir sind sofort da, jemandem mit Körperwunden und Körperkrankheiten zu helfen. Aber das Rasen der Beta-Seele oder der Seele schlechthin erkennen wir nicht. Dann ist Person A gemein, aggressiv, depressiv, süchtig oder pedantisch. Dann schlagen wir zurück. So müssen erst die rasenden verletzten Seelen den Körper krank machen. Die Seele macht ihr Leiden im Körper für Person B erfahrbar und verständlich.

„Depressiv? Selbst Schuld." – „Du hast jetzt Multiple Sklerose? Oh weh."

„Arbeitslos? Selbst Schuld." – „Du bist alkoholkrank. Hmmh, selbst Schu … ja, kann man dir helfen?"

Krankheit des Körpers ist sichtbar gewordener Seelenschrei.

Die Psychologen nennen sichtbare Seelenschreie *Symptom*. Migräne, Bettnässen, Magersucht und Sucht sind Symptome oder sichtbar gewordene Seelenschreie.

Und was tun wir dann alle?

Wir schicken die Menschen zum Arzt, zur Entziehungskur, zum Essen oder Abnehmen. Wir wecken den Bettnässer alle zwei Stunden, damit das Bett sauber bleibt. Wir beseitigen das Symptom oder auch nur dessen schädliche Auswirkungen. Psychologen kennen das Phänomen der Symptomverschiebung. Ein Symptom wird ganz „abgewöhnt" oder beseitigt, da tritt ein neues woanders auf: Die Seele schreit immer noch. Solange sie ungehört schreit, macht sie die Schreie im Körper sichtbar. Dann aber wird der Körper zum Fleischarzt geschickt. Ich habe das in unserer Nähe längere Zeit miterlebt: Magersucht. Und es war klar, woher sie kommt. Aber die Menschen sagten: „Iss." Und so sagen sie an anderer Stelle: Trink nicht, geh arbeiten, streng dich an, lerne besser, gehorche nur immer. Sei kooperativ. Und sie sagen: „Weißt du – erwarte nicht noch mehr Rücksicht und Anteilnahme von uns. Wir leiden doch auch. Siehst du das denn nicht? Müssen wir dich erst anschreien?"

7.8.11 Wettbewerb oder Heimat in gleicher Wellenlänge

Das Erzielen von Kompromissen zwischen *verschiedenen* Menschen führt oft zum Auseinanderdriften, zur *komplementären* Form der *Schismogenese*.

Der Terminus der Schismogenese stammt von Gregory Bateson, der die wachsende Differenzierung und Kontrastierung zwischen Gruppen durch gegenseitiges Anders-sein-Wollen studierte.

Bateson untersuchte auch den von ihm so genannten *symmetrischen* Fall, wobei es zur Auseinandersetzung von „Gleichen" und zur Eskalation kommt. Die Eskalation zwischen ähnlichen Menschen sieht wie Wettbewerb, Verdrängungswettbewerb oder gar Vernichtungskampf aus.

Ich erkläre die symmetrische Schismogenese hier wieder anhand der Stromschlagseismografen. Zunächst stelle ich fest, dass der Wettbewerb wohl nur da ausbricht, wo es um etwas geht. Wettbewerb wird ja nicht um nichts geführt, sondern darum, wer „oben" ist.

Wenn etwa die Machinae zweier Perfektionisten, zweier Besserwisser oder zweier Machtmenschen zusammentreffen, dann sicher auf dem Gebiet der Perfektion, des Allwissens oder der Herrschaft.

Sie sagt, ich habe einen Fehler gemacht. Das kann gut sein. Ich will es nicht abstreiten, obwohl ich einige Gründe hatte, warum es aus vielerlei zusammentreffenden Zufällen heraus passiert ist. Aber dann hat sie gesagt, so etwas könne ihr nicht passieren. Ha! Das hat mich wirklich aufgebracht. Ich zittere jetzt noch. Da habe ich ihr aber auch einmal ein paar kleine Fehler unter die Nase gerieben, das hat sie gefuchst. Ich verstehe aber trotzdem nicht, dass sie die Fehler abgestritten hat. Das täte ich nie. Sie ist viel zu weit gegangen. Ich kann sie nicht mehr achten.

Er weiß nichts. Sie applaudierten nach seinem Vortrag, den eigentlich ich selbst halten sollte, aber es war damals nicht sicher, ob ich Zeit hätte. Sie sagten, er wäre genau so gut wie ich gewesen und sie hätten jetzt einen fast ebenbürtigen Ersatzkandidaten. Dass ich nicht lache! Ich habe ihn nicht bloßstellen wollen, aber als eine Frage aus dem Auditorium tiefer ging, wand er sich. Da war nichts mehr dahinter. Gar nichts. Heiße Luft! Nebel hat er geworfen, als es ans Eingemachte ging. Das habe nur ich bemerken können, weil das Publikum ja dumm ist. Er hatte leichtes Spiel. Wieso er sich zutraut, ohne Tiefe auf die Bühne zu treten, weiß ich nicht.

Ich habe den Anspruch auf diese Abteilung! Was erlaubt sich der Kerl! Er nimmt diesen Antrag sofort zurück, dafür werde ich sorgen! Sie hören ihn nur an, weil er ein Mann ist. Ich werde Ihnen zeigen, was *ich* jetzt tue. Ich habe schon einen Termin beim Vorstand. Das geht nie mehr gütlich zwischen uns ab. Er hat das Messer gezogen. Das kann *ich* schon lange. – Wieso einigen? *Ich* einige mich nie. Es war nicht so gemeint? Dann soll er es nicht sagen! Hinter meinem Rücken eine Abteilung krallen. – Sie haben es abgelehnt? Gut. Na also. Dann muss ich ihn also nur noch durch den Fleischwolf drehen lassen. Aufhören? *Ich*? Nie! Nie! Warum aufhören? Er fing an, also hört er selbst auch auf. Gut – er soll unterhalb der Grasnarbe in mein Büro gekrochen kommen und um Verzeihung bitten. Ich will überlegen, was ich dann tue.

Bei Gleichen, die in einen Streit geraten, kommt es oft zum Verdrängungswettbewerb. Sie kämpfen mit sehr ähnlichen Machinae oder Methoden, ihre Probleme zu bewältigen.

Wenn *verschiedene* Machinae kämpfen, verwenden sie quasi verschiedene Waffen. „Ich kämpfe mit einem Speer. Tu du das auch. Ich werde dich besiegen. Es ist unfair, wenn du mit einem Bogen schießt!" – „Dann nimm auch du einen Bogen und ich besiege dich!" Verschiedene Machinae lamentieren vor allem, dass *ihre eigene* Waffenführung die einzig Wahre ist. „Er kommt mir mit Objektivität und Methode. Ich habe ihn verbal zu Sau gemacht und gewonnen. Jetzt ist er beleidigt. ‚Das gilt nicht,' sagt er. Niemand hat ihm verboten, zurück zu schreien. Objektiv! Bah!"

Wenn *gleiche* Machinae kämpfen, müssen sie sich *übertrumpfen*. Es sieht aus wie Aufrüstung von beiden Seiten.

„Das Unternehmen gegenüber hat jetzt auch Vanilla-Limonade. Wir müssen hart zurückschlagen. Vanilla können wir auch! Wir machen Vanilla-Plus!" – „Sie reagieren unfair. Ihre Vanilla ist nie und nimmer Plus. Wir versuchen dazu noch Lemon Light." – „Sie haben jetzt dazu noch Lemon Light. Es schmeckt nicht. Wir kontern mit Blutorange Ice."

Sie haben neuerdings einen Gartenzwerg. Protzig. Es ist bestimmt wegen unseres süßen Rehs aus Bronze. Wir stellen jetzt noch einen Betonhasen dazu. Süß. Sieh mal! Toll. – Oh, jetzt ist da eine weiße Ziege im Garten, die soll wohl ein Schneewittchen darstellen. Was soll das? Wir hatten so einen schönen Garten und dann fangen die auch so etwas an, nur scheußlich. Sie wollen uns damit etwas zeigen, da bin ich sicher.

Die Amerikaner haben Atombomben. Die wollen wir auch. Ha, jetzt haben wir eine Erdumrundung. Mist, jetzt bauen sie Wasserstoffbomben. Wir werden nachziehen und sie überholen, in allem! In allem! Aus purem Trotz werden wir sogar Cola mittrinken, damit sie nicht denken, wir hätten nur Wodka.

Es gibt auch so etwas wie eine gemeinsame Kultur gemeinsamer Vorstellungen. „Wir leben auf der gleichen Wellenlänge. Mit meiner Freundin verstehe ich mich blind. Sie fühlt wie ich. Wir reden nicht viel miteinander. Wir sind zusammen glücklich. Unsere Verständigung klappt blind. Unsere Interessen und Seelen sind so sehr gleich."

Wenn Menschen auf einer Wellenlänge leben, müssen sie vielleicht gar nicht mehr so viel „kommunizieren", weil sie sich ja blind verständigen?

7.8.12 Sieger im 300-Prozent-Wettbewerb!

Im 300-zu-75-Vorstellungsmodell heißt das: Wenn zwei Machinae mit gleichen Hochempfindlichkeiten aufeinander treffen, dann erregen sie sich eskalierend gegenseitig. Sie gehen beide ans Limit, um sich gegenseitig zu übertrumpfen.

Wenn beide die reale Lage mit 300 % Intensität erleben und sich auf der Stromschlagkurve der Wahrnehmung schon an einer ganz steilen Stelle des steigenden Astes befinden, dann gibt jedes Pünktchen Fortschritt gegen den gemeinen, feindlichen Wettbewerb einen hohen zusätzlichen Kick in der Wahrnehmungsintensität.

Beide Wettbewerber sind immer am Limit, in einer Grenzsituation.

Sie kühlen nicht ab, wie das bei Kompromissen von ganz divergenten Wahrnehmungen der Fall sein könnte. Im Wettbewerb gibt es nur Sieger und Verlierer, keine Kompromisse oder Einigkeit.

Die Wettbewerber bleiben also hochaufmerksam aufeinander gerichtet. Die Folge des Wettbewerbs, dieses steten Streckens an der Grenze, ist die so genannte Hyperaggressivität, das Wesen der Typ A Aggressiven. „Kurz vor dem Herzinfarkt, höchste Anspannung, alles ist eilig." Diese Haltung ist gekennzeichnet durch Hyperwachsamkeit, ein Dauergefühl starker Dringlichkeit, einen Hang, unermüdlich zu arbeiten, dabei viele Aktionen gleichzeitig abzuarbeiten und dauernd mit dem schon Erreichten unzufrieden zu sein.

Insbesondere die stark initiativen Erfolgsmenschen (normsozial, natürlicher Mensch, „muss der Mutter oder später ersatzweise dem Ehepartner Erfolge auftischen") neigen zu diesem Modus.

Sie erzielen eine Menge Pseudosinn (Erfolg eben), indem sie alles Mögliche einseitig als Wettbewerb deklarieren. Dann prahlen sie und brüsten sich. Der Trick ist: Man sehe etwas mit 300 % Wichtigkeit an, was normalerweise nur mit 75 % betrachtet wird.

An der Straße liegen Äpfel von herrenlosen Bäumen. Ein Mensch erzürnt sich entsetzlich und hält alle Menschen mit einem Weltapfelproblem in Atem. Er organisiert den Weltapfeltag unter Presseblitzlichtgewitter im ganzen Dorf, ganze Schulklassen der Unterstufe strömen aus und bringen Fallobst in die Apfelsaftfabrik, die den Saft an Bedürftige ausschenkt, die weltweit von überall her vom Dorfrand zusammengetrommelt werden. Rührend: Ein Apfelsaft schlürfender Dackel in der Rhein-Neckar-Zeitung. „Gigantischer Erfolg der Weltapfelinitiative!“

> Kinder, es macht keinen Spaß, hier herumzubummeln. Wir wollen in den Spaziergang kleine Hüpfübungen und einiges Training einbauen, damit wir die Besten sind. Wir können beim Entengang noch die abgeschrittenen Bäume mit Namen wiederholen und das Gezwitscher der Vögel fachlich durchnehmen.

Ich meine mit solchen 300 % nur solche Aktionen, die um des 300-Prozent-„Feelings“ willen begonnen werden, nicht ehrenwerte Leidenschaften einer initiierenden Alpha-Seele. Die Wettbewerbsmachina ist zwanghaft von Gelegenheiten angezogen, der Beste zu sein. Die anderen, die nur mit 75 % dabei sind, werden moralisch abgefertigt: „Schlappschwänze, Angsthasen, Faulenzer, Nichtstuer.“ Damit hetzen die vorsätzlichen Wettbewerbssüchtigen den Wahrnehmungslevel über 100, wie den Puls beim Sport. Sie erklären die gleichgültigen Herumsteher für Schuldige, die nur Schmarotzer seien. „Zum Apfelsafttrinken seid ihr am Ende da! Das kann jeder! Pfui!“

Die 75er beginnen die 300er zu hassen. Die 300er verachten die faulen 75er von Herzen gerne. Es ist eine sehr befriedigende Verachtung: Von oben nach unten. „Nur Pack, die da!“ fühlt sich besser an als „Ich hasse ihn, mich über 100 zu zwingen.“

Die 300-Haltung des Wettbewerbs ist eine von unseren Systemen erwünschte, das ist klar. Ich habe sie ausführlich in *Supramanie* besprochen. Sie zwingt Unwilligen die eigene Empfindlichkeit auf („Bildet eine Koalition der Willigen!“) und sät indirekt Hass, Neid, Versagens- und Prüfungsangst. Unter Druck beginnen Menschen zu schummeln, schönzureden und zu betrügen. Für ein paar Dollar mehr.

7.8.13 Satisfaktion und Flammen

Die in uns erzwungenen übertriebenen Wahrnehmungen heften sich in unserem Körper *an die Symbole* dieser Wahrnehmungen. Der Unterlegene sieht im Überlegenen das Symbol seiner Niederlage. („Seit ich nach meinem Projektfehlschlag prompt eine miese Bewertung bekam, hasse ich den Chef körperlich.“) Person A hasst Person B, die nicht auch ein 300er ist. Person B hasst A, weil sie gezwungen werden soll, 300er zu werden. Der Wettbewerbsinitiator wird von den Ruhigen gehasst („Mach doch nicht aus allem Stress!“), er selbst verachtet wiederum die Faulen. Wettbewerber hassen sich als Feinde. („Sie werben unseriös gegen uns. Lüge! Wir müssen zurücklügen, sonst gewinnen sie.“ – „Doping? Macht jeder. Wenn du nicht an die Grenze gehst, verlierst du gegen diese Betrüger.“)

Die Macht bekämpft die Untergebenen, wenn sie nicht in gleicher Weise wahrnehmen wie sie. Wenn die Macht 300 anordnet, ist 300. Wer nicht mitzieht, wird gekreuzigt. Damit jeder mitzieht, gibt es Inquisition, Staatssicherheit oder Innenrevision. Die Gefolterten hassen das Symbol der angeordneten 300: die Macht.

Wenn Menschen gezwungen werden, gegen ihren Willen falsch übertrieben wahrzunehmen, heftet sich dieser Unwille wie Hass an das Symbol des Zwanges:

Vater, Mutter, Partner, Chef, führende Politiker, Lehrer. Überall Hass.

(Nur eine Feinheit: *Lehrer* werden gehasst, manchmal bis zum Attentat. *Hochschullehrer nicht* – die halten wir nur für unfähig, wenn wir sie nicht mögen. Der Unterschied liegt darin, dass naturwissenschaftliche Professoren nicht wirklich versuchen, übertriebene Wahrnehmungen zu erzwingen. „Interessiert euch oder auch nicht." In den Geisteswissenschaften wird allerdings versucht, die eigenen übertriebenen Wahrnehmungen anderen aufzuzwingen. Das nennt man Gründung einer Schule. Dann regt sich auch schon der Hass und die Verachtung, weil das sofort zu anderen, besseren Schulen und zu Schismogenesis führt.)

Hass! Gegen Menschen, die von uns ungeliebte übertriebene Wahrnehmungen verlangen! Gegen sie als Symbole dieser falschen 300 %.

Megahass für die Mutter aller erzwungenen übertriebenen Wahrnehmungen: nicht artgerechte Behandlung. Umpflanzen eines Menschen in falsche Erde. Dagegen regt sich des Menschen Urhass. Deshalb findet Sigmund Freud in Patienten so entsetzlich viele Tötungswünsche gegen Vater und Mutter, gegen Geschwister und Lehrer. Diese versuchen uns anders zu gestalten, als wir sein müssen. Offenbar findet der Hass keine Ruhe, solange das Symbol des Hasses noch lebt. Ich kenne eigentlich liebe Menschen, die Verwandte hassen. Sie hassten sie noch, als sie verwirrt oder hilflos im Pflegeheim waren und keine Macht mehr hatten. Wie sagen wir so schön? „Es ist erst Ruhe, wenn einer von beiden unter die Erde kommt." Das Symbol des Hasses muss fort. Wir sind deshalb keine potenziellen Mörder, wie uns manche Psychologen vorzuwerfen scheinen. Nur *ein* Seismograf schlägt so lange schmerzend mit hoher Überempfindlichkeit aus, wie das Symbol lebt. Mit ihm stirbt vielleicht der Stromschlagseismograf und der Hass. Es sind also nicht Todeswünsche oder Mordgelüste. In uns zuckt es. Und wir denken: „Weg, weg, weg mit dem Symbol, das mich mit jedem Anblick neu verwundet. Oh, wärest du tot!"

Hass!

„Du isst Heringe so lange, bis sie dir schmecken." – „Ich bringe dir noch ein Jahr jeden Morgen eine Rose. Du musst mich bald lieben." – „Ich ruhe nicht eher, bis sich jeder hier im Raum für Chemie interessiert." – „Unsere Religion ist viel besser, das werdet ihr noch spüren." – „Freudianer sind schlechte Menschen, sie sollten das zugeben." – „Die Welt soll grün werden." – „Ihr sollt rot werden, und wenn ihr dabei schwarz werdet."

7.8.14 Massenpsychologie der Verlierer

Wir hassen denjenigen, der uns umpflanzt.

Wir hassen den, der uns eine Wahrnehmung aufzwingt, die wir nicht teilen.

Wir beginnen, diejenigen zu lieben, die das Gleiche hassen. Wir tun uns im Hass auf die Sieger zusammen.

Die Amerikaner werden als Beta-Sieger nicht geliebt und solidarisieren ganze Kulturen. Bayern München ist als ständiger Sieger Gegenstand einer großen Fan-

Zusammenrottung gegen „diesen arroganten reichen Verein, der unseren armen zwingt, sich überteuerte Spieler zu kaufen, um mithalten zu können". Mitarbeiter aufgekaufter Firmen leiden unter der Unterdrückung der eigenen Kultur und wehren sich stumm durch Dienst nach Vorschrift. Die meisten Mergers oder Firmenübernahmen scheitern an der Arroganz des Übernehmenden, der die eigenen Wahrnehmungsmuster generell durchsetzen will. Es ist seit zwei Jahrtausenden bekannt, dass die Römer ihr Reich darauf gründeten, die Kulturen der Besiegten zu schonen.

Und? Hat jemand etwas gelernt?

Revolutionen entstehen nicht, weil die Unterdrückten zu arm wären. Sie entstehen, weil die Sieger zu arrogant sind, sich also nicht um die Wertempfindungen der Verlierer scheren. Dann ist es leicht, die Verlierer im Hass gegen die Arroganz zu einen und zum Sturm auf die Bastille zu führen. Not stachelt keinen Seismografen an. Ständige Not bedrückt. Aber Arroganz entflammt. Da stehen die Massen auf.

Deshalb jammern wir gemeinsam über einen arroganten Arbeitgeber, über arrogante Übernahmen oder arrogante Politiker. Wir ziehen gegen das Arrogante völlig entflammt in den Krieg. Nichts ist so schön wie das Baden im gemeinsamen Hass auf etwas uns gemeinsam Quälendes. Unsere Seismografen heulen gemeinsam auf. Gemeinsam sind wir die Verlierer gegen ein gemeinsam Gehasstes. Nichts macht so stark wie dieser geteilte und damit potenzierte Hass. Wir rotten uns wie Pöbel im Hass zusammen und sind unbezwingbar. Es fühlt sich an wie Rausch. Wenn sich dann plötzlich ein Führer zeigt und uns in diesem Rausch bestärkt und uns gar glaubhaft sagt, er liebe uns, dann brechen alle Dämme.

Krieg und Auflösung.

7.8.15 Satisfiktion, Wertumwertung und Gegenseismografen

Huiih, das war jetzt eine ganze Hassorgie für Sie von mir. Die Welt – so habe ich Ihnen gezeigt – muss ja förmlich nur so aus Hass und Verachtung bestehen, wenigstens tagsüber zwischen den Mahlzeiten. Und Sie werden mir schon an den Kopf geworfen haben, dass es weit weniger Hass gibt, als ich ihn jetzt schwarz auf viele Seiten gemalt habe.

Ich will Ihnen aber entgegnen: Ja, der Hass ist überall und überall.

Er ist aber nicht mehr zu sehen, weil er unkenntlich gemacht wird.

Ich habe auch nicht gesagt, Hass sei das Gegenteil von Liebe. Ich habe gesagt, Hass sei für mich das Gefühl ohnmächtiger Wut, von einer stärkeren Macht gezwungen zu werden, deren Wertungen zu akzeptieren.

Eine über alles geliebte Frau könnte zu ihrem Mann sagen: „Ich habe einen anderen. Unsere Liebe ist zu Ende. Tschüss." Es ist ihre Wertung, dass die Liebe endete. Der Mann liebt über alles. Ihre Wertung triumphiert. Sie geht. Da hasst er sie um alles in der Welt. Das bedeutet nicht, dass er sie nicht noch immer um alles in der Welt lieben würde. Aber er hasst sie gleichzeitig. Er hasst sie, wenn er sie mit dem Neuen sieht. Er hasst alles an ihr, was sie nun anders tut. Er hasst das neue Kleid, das neue Auto, ihre neue Wohnung. Er wird am liebsten ihre späteren Kinder und vielleicht auch die jetzigen anspucken. Er hasst, dass ihre Wertung der Lage die Macht hat. Und er liebt sie über alles in der Welt.

Genauso lieben wir unsere Eltern über alles, aber wir hassen sie sehr oft als Symbole der uns umdefinierenden Gewalt, die von ihnen ausgeht. Hassliebe.

Gleichzeitig lieben und hassen – das ist kaum zu ertragen. Oder nur hassen und abhängig zu sein von der Macht – das ist unerträglich. Wenn wir einen unfähigen Chef haben, der unsere Arbeit ruiniert und uns aber auch die Gehaltserhöhungen geben soll? Der Chef erniedrigt uns und ist gleichzeitig notwendige Pseudosinnquelle. Was dann?

Wir konvertieren den Hass in gespielte Höflichkeit und versuchen, diese als Liebe zu empfinden.

Es hört sich zu Weihnachten so an: „Ach Mutti, du bist die Beste. Wir lieben dich alle. Es ist so schön und riecht so gut. Wir wollen an nichts sparen. Ach, Mutti, wieder daheim! Ach Vati, zu Hause! Alles atmet weihnachtliche Liebe. Hier sind wir glücklich. Hier geht es uns gut. Hier können wir bestimmt auch *vergessen.* Schwamm drüber. Wir lieben uns alle und es ist toll, wie wir uns immer wieder vertragen."

Weihnachten soll harmonisch sein. Ein teurer Urlaub soll ohne Trübung „gelingen". Da beschließen die Menschen im Innern, die Hassseismografen zu ersticken. Sie zwingen sich, ohne Hass die Symbole des Hasses zu ertragen. Ein Urlaub im Streit ist für viele das Trauma schlechthin. Daher nehmen sie sich zusammen und sind kooperativ. Sie adaptieren willentlich Werte, die nicht ihre eigenen sind, um eine Katastrophe zu vermeiden. Die Psychologie spricht von Reaktionsbildung („Man täuscht sich Liebe vor, wo inakzeptabler Hass ist." Man versucht es mit dem im Allgemeinen so empfundenen „Gegenteil".). Ich glaube eher, man überschreibt die Seismografen mit noch härteren Seismografen.

Hass von 300 wird von vorgespielter Liebe auf 500 ersetzt.

Kennen Sie diese inneren Umstrukturierungen? Wenn der General in die Kaserne kommt, ist alles blitzblank. Angst wird durch untertänigen Aktionismus ersetzt. Wenn der Vorstand eines Unternehmens kommt, rüsten sie alles tagelang und schmeicheln und tun schön. Wenn Prüfung ist, lächeln sie den Prüfer zuckersüß an und sind ausgesucht höflich. Sie krümmen sich unter der Macht. Hass wird mit Zuckerguss überzogen und unkenntlich gemacht.

Ja! Das ist es! Hass wird *unkenntlich* gemacht. Wie macht man Gold für Diebe unkenntlich? Eingraben in Schmutz. Wie macht man Hass unkenntlich? Mit Goldrand schmücken. Es geht nicht um das Verkehren ins Gegenteil, wie die Psychologie denkt, sondern um dieses unkenntlich Machen. Niemand darf zu Weihnachten sehen, wie wir hassen. „Ach, wäre es nur schon vorbei!", seufzen die Hassverstecker. Ach, wäre der Chef schon wieder weg. Ach, wäre es schon geschafft! Sie haben alle Angst vor einer Erniedrigung durch die Macht.

Deshalb setzen sie vor der Macht die Maske auf. Sie können sich gar nicht vorstellen, wie sehr Mitarbeiter in der Verwaltung, in Banken oder Versicherungen leiden, wenn es eine Innenrevision gibt oder wenn bei IBM ein Corporate Audit durchgeführt wird. Sie zucken wochenlang in Angst. Sie haben meist gar nichts getan. Sie zucken wie wir Unschuldige, die in einer dunklen Nacht von der Polizei gestoppt werden. Wir zittern. Und zittern. Uns sollen fremde Wertungen aufgezwungen werden, die wir innerlich ablehnen.

Und dann sind wir sehr, sehr nett und lächeln den Feind an.

Wenn wir zu viel Angst vor Aktionen der Macht haben, kooperieren wir. Die Macht freut sich über die Kooperation, denn sie sieht damit ihre Macht gefestigt. Stellen Sie sich vor, in meine Abteilung kommt eine Revisionstruppe und ich lache sie vergnügt an! Und dann gebe ich den unnachgiebigen Prüfern eine Runde Kaffee aus und plappere fröhlich darauflos: „Hallo, ihr da – Mistjob, überall was finden zu müssen, was? Heute gibt es nun gar nichts zu finden, weil hier bei mir nichts ist. Ist aber die gleiche Arbeit für euch. Ist das für euch dann befriedigend oder frustig? Eigentlich müsste es befriedigend sein, oder?“

Ich habe am Anfang meiner Zeit bei IBM über Audits gelacht, weil sie alle lange vorher angekündigt wurden und weil bei mir (wirklich, nicht lachen!) meist alles ohnehin in Ordnung war. Was soll denn dann eine scharfe Prüfung meiner Personalakten, von der ich vorher weiß? Ich habe die Weisheit darin nicht gesehen. Ich fand den Aufwand lästig.

Die Weisheit ist diese: Wie Blei legt sich die Prüfung um unsere Herzen. Voller Unruhe lernen wir sicherheitshalber alle vergessenen Richtlinien auswendig. Voller Angst wienern wir das Haus. Unruhig räumen wir alles auf. Wir verschärfen die Vorschriften. Wenn „sie“ kommen, sind wir zuvorkommend und lieb. Durch die Ankündigung werden wir langsam wochenlang weich und kooperativ. Wir übernehmen in übertriebener Weise für einige Zeit übertriebene Werte.

Die Macht will gar nicht aufdecken, dass sie betrogen wird, um die Betrüger hinzurichten. Das täte ihr selbst ja weh! Sie sähe am Betrug ihre eigene Machtlosigkeit. (Wie der Hahnrei am Bett. Er hatte den Detektiv nur bestellt, weil er hoffte, Untreue zu *verhindern*.) Die Macht kündigt ihre Allgegenwart an, um uns die von ihr angeordneten übertriebenen Werte verinnerlichen zu lassen (wären die Werte nicht übertrieben, müssten sie weder angeordnet noch überprüft werden).

Vielen Hausfrauen, die ein Präsentierzimmer bereithalten, versinken in solche Zustände, wenn sie eine Konfirmation ausrichten sollen. Das wirkt bei vielen wie eine Revision. Das Haus wird noch schnell renoviert, der Garten neu angelegt, alles lackiert und auf Vordermann gebracht. Die übertriebenen Werte müssen demonstriert werden. Alles zur Schau durch alle.

Angst und Hass werden unkenntlich gemacht.

Am besten werden Angst und Hass unkenntlich, wenn wir einen Sinn in das Verstecken des Hasses legen. Am besten behaupten wir, wir sehen in unserer Handlungsweise positive Aspekte.

Wir konstruieren die Fiktion einer Genugtuung – eine Satisfiktion.

„Alles hat auch sein Gutes!“, lügen wir uns vor.

„Eine Revision ist hart, aber gut. Es wird so ab und zu einmal aufgeräumt. Das hat zweifellos etwas Gutes.“ – „Ich bin Hausfrau. Ich bekomme leider keine richtige Arbeit, weil mein Mann dauernd umziehen muss. Er macht Karriere. Es ist im Grunde gut, wenn ich nicht arbeite. Ich halte ihm den Rücken frei. Er braucht mich sehr, denn er kommt praktisch nie nach Hause, so viel Arbeit hat er. Ich liebe ihn und mein Leben.“ – „Wenn ich nach Hause komme, jammert sie herum. Dabei komme ich schon gar nicht mehr nach Hause. Ich liebe sie sehr. Ich bringe ihr Geschenke mit. Drachenfutter? So neckt sie mich. Nein, nein, ich liebe sie." – „So eine Diplomprüfung ist sinnvoll. Da werde ich gezwungen, einmal alles vollständig zu wissen. Das wird das letzte Mal in meinem Leben sein, dass ich alles weiß, was ich wissen sollte. Ich liebe diesen Augenblick höchsten Wissens."

Und am Ende: „Macht muss sein. Sie schützt mich ja."

Die Macht bedroht uns. Wir zittern vor Angst, winden uns in Erniedrigung und hassen. Wir unterdrücken den Hass. Denn die Macht muss hart sein, weil sie uns schützt. Unter ihrem Schutz können wir leben. Und letzten Endes hat die Macht Recht.

Ich wurde sehr oft hart geschlagen. Aber es hat nicht geschadet. Seht hier die Narben. Gut verheilt. Im Grunde bin ich jetzt gut erzogen. Ich liebe meine im Ertragen gewonnene Stärke.

Ich musste als Kind alles essen, was es gab. Ich musste mich stark überwinden. Sie zwangen mich, alles zu essen, was sie mir gaben, nachdem sie sich erst den Braten nahmen. Es ist im Nachhinein gut so. Ich muss mich nicht erniedrigen, etwas öffentlich nicht zu mögen. Es ist mir fast egal, was ich esse. Es schmeckt heute alles gleich gut. Ich liebe es.

Meine Eltern waren sehr streng. Ich hatte weiß Gott nichts zu lachen. Ich habe mich durchgekämpft. Jetzt bin ich stark. Meine eigene Familie, die ich gründete, habe ich durch die früheren Erfahrungen gut im Griff. Meine Familie liebt mich später auch und das wird gut tun.

Sie entführten mich und wollten mich töten. Ich starb vor Angst und Hass. Nur als ich dann später mit ihnen schlief, fühlte ich mich einigermaßen sicher. Die Liebe zu ihnen hat mich gerettet.

Ich bekam nie viel Geld als Kind. Sie hänselten mich. Ich weinte manchmal. Ich stahl einige Male und starb vor Angst. Wenn ich heute sehe, wie viel eine Cola im Wirtshaus kostet – ein Glas so viel wie fünf Liter im Discount, dann wird mir ganz schlecht. Ich habe jetzt gelernt, den Wert der Dinge zu verstehen. Ich bin meinen Eltern sehr dankbar. Ich liebe meine Fähigkeit, mit nichts zu leben. Meine Kinder lernen es auch.

Harte Schule des Lebens.

Am oberen Ende:

Sie nervten mich tagein tagaus, ich sollte der Beste sein. Das bin ich nun. Ich bin ihnen dankbar. Früher habe ich das gehasst, das muss ich sagen. Aber ich habe das Beste daraus gemacht. Ich bin der Beste. Ich liebe mich.

Die finale Satisfiktion ist diese:

Umgepflanzt sein ist schön. Ich liebe mich so, weil ich ihnen jetzt gefalle.

7.8.16 Das Beste draus machen – massenhaft Pseudosinn

Wenn uns das Umpflanzen zu sehr wehtut, machen wir das Beste daraus. Ich selbst wurde öfter verhauen und konnte das später im Austausch gegen absolut richtige

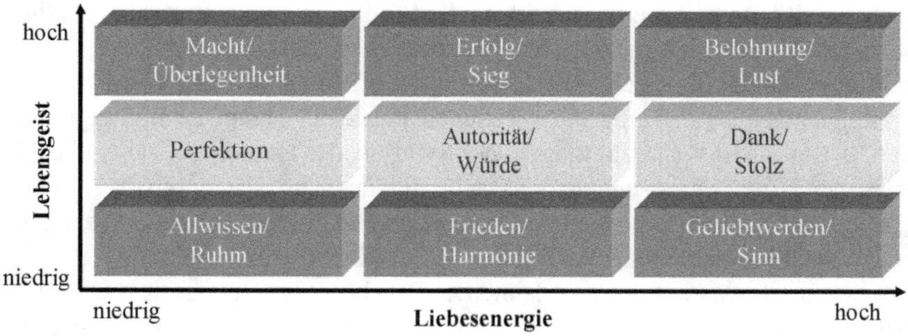

Abb. 7.33 „Massenhaft Pseudosinn"

Mathe- und Lateinhausaufgaben vermeiden. Wissen ist Macht! Aus Angst und Hass wuchs schützendes Wissen.

Andere lernen zu kämpfen. Zu verführen. Gnädig zu stimmen. Zu schmeicheln. Bücklinge zu machen. Prüfungen zu bestehen. Zu gehorchen. Zu erobern. Zu schuften. Zu werden, wie es verlangt ist. Fehlerlos zu sein.

Wenn wir damit Erfolg haben, sind wir voller Glück. Und wir wissen nun: Das Rezept, das uns gegen die Kälte, gegen die Macht, den Hunger und die Gewalt schützt, ist das Allheilmittel, der Segen!

Wir beginnen, diese Pflaster zu sammeln. Die Pflaster sind (Abb. 7.33)

Wir lieben den Chef. Wir lieben die Macht. Wir lieben Gott. „Die Welt ist voller Schmerz und Leid, aber es kann keine bessere Welt geben, sonst hätte Gott sie anders gemacht. Weil ich das glaube, komme ich in den Himmel."

Um nicht Angst und Hass zu fühlen, sammeln wir Pseudosinnpunkte.

Die meisten Pseudosinnpunkte sammeln die ehrgeizigen Aufsteiger, die nie wieder einen Schmerz fühlen wollen. „Nie wieder arm." – „Nie wieder gedemütigt." – „Nie wieder hilflos." – „Später wird alles abgerechnet. Am Ende wird alles gerecht vergolten."

Im Grunde wehren wir uns gegen etwas, was uns anders haben will als wir sind.

Wenn wir nicht so sein dürfen, wie wir sind, dann müssen wir uns woanders Kompensation suchen: Wir sammeln Pseudosinn. Das ist das Beste, was wir tun können. Mit dem vielen Pseudosinn tut es nicht mehr (so) weh.

7.8.17 Hilft irgendetwas? Psychotherapie? Satisfiktion?

Was tun wir, wenn wir das Anders-sein-Müssen nicht ertragen?

Wir denken alle so: Wenn ein Mensch auch aus großzügigerer Sicht nicht mehr *normal* ist, soll er zur Psychotherapie. Wann also? Sein alltägliches Verhalten kollidiert mit allgemeinen Kriterien der Gesellschaft und wirkt unangepasst, was zu schädlichen Konsequenzen für ihn führt oder für die, die ihn dann zur Psychotherapie bringen: Familienmitglieder oder Freunde.

Die Psychoanalytiker gehen den verborgenen Trieben auf den Grund und finden vielleicht eine Erklärung der seelischen Lage, der Hauptstromschlagseismografen, der falschen Wahrnehmungen, der Symbole des Hasses. Sie sehen das Umgepflanztsein, die Begrenzungen, die Macht, die Versuche, sich durch die Machinae ein Heim oder eine Perle zu bauen. Sie verstehen den angesammelten Pseudosinn, der dazu noch in seiner Bedeutung ganz falsch wahrgenommen wird.

Und wenn wir das wissen, was dann? Die Psychoanalyse interessiert sich für die Kunst des „Herausbringens" dieser Erkenntnisse. Das ist eine große Kunst, weil die Menschen sehr unwillig sind, sich selbst auf den Grund zu gehen. Sie leisten Widerstand, weil ihre Empfindlichkeiten ans Licht kommen und das in ihrem Leben irrtümlich Wichtige auf ein normales Maß herabgewürdigt wird. (300 wird auf 100 reduziert. Das will niemand der Hochempfindlichen.) Und dann? Dem zwanghaften Perfektionisten wird gesagt: Tu ein wenig vom Gegenteil. Dem psychopathischen Machtmenschen wird gesagt: Werde großherziger. Allen wird gesagt: Übertreib nicht. Geh ein Stück zurück. Von 300 auf 100. Aber das heißt meist auch: Du hast leider nur Pseudosinn gesammelt, sonst nichts! Du leidest unter einer gestressten Beta-Seele deiner untüchtigen Machina. Vergiss die Symbole deines Hasses. Und so weiter. Ich habe in diesem Buch erklären wollen, wie schwer wir ganz Normalen fast alle leiden. Wie schwer leiden aber die, die nicht mehr ganz normal sind, also mehr leiden als wir Normalen? Wie schwer wird jemand unter der Aufdeckung seines Leidens leiden?

In der Psychoanalyse kommt es oft zur so genannten Übertragung. Der Patient „überträgt seine Emotionen auf den Analytiker". In dem Kontext hier: Er ist bereit, über sein Leiden zu sprechen, wenn ihn der Analytiker dafür „liebt oder sich lieben lässt". Der Analytiker ist dann verstehende Mutter oder gütiger Vater, ein Gott, an den man sich wendet und der alles zum Guten führt. Der Analytiker ist dann die finale neu erschlossene Quelle von Pseudosinn. „Mein Analytiker lobt mich." Wenn aber die Therapie zu Ende ist? Dann steht der einstige Patient gut verstanden da? Wo sucht er nun die Satisfiktion? Müssen wir ihn zum Perlenbau bewegen? Wird er je seine Alpha-Seele wieder sehen?

Wir akzeptieren nur Krankheit, nicht Leiden.

Krankheit ist das nach den gesellschaftlichen Kriterien Unnormale im körperlichen Erscheinungsbild des Menschen. „Das ist nicht normal. Du muss zum Arzt." Wir gehen zum Arzt, weil es „Das" heißt. „*Das* ist nicht normal." Schwierig ist: „*Du* bist nicht normal." Deshalb gehen wir nicht zum Therapeuten. Wir warten, bis die Seele im Körper sichtbar wird. Der Arzt ist nicht für das Sehen der Seele ausgebildet. Er wird von „unklaren" Beschwerden sprechen und sie ganz richtig für „psychosomatisch" erklären (soma, griechisch: Körper). Dann „kann" er nichts tun.

Die so genannte *Verhaltenstherapie* versteht den Menschen lieber nicht so genau und hält sich an das Muster: „*Das* ist nicht normal." Sie korrigiert von außen das *Verhalten*, egal woher es rührt. Die Verhaltenstherapie spricht von „Konditionierung", von „Desensibilisierung" und „Gegenkonditionierung". Ziel der Verhaltensveränderung des Patienten ist „Coping with Reality", also Zurechtkommen mit dem normalen Leben. Das amerikanische Wort „cope“ steht für „gewachsen sein, die Lage meistern, es schaffen, fertig werden, bewältigen“. In meinen Worten hier: Die Beta-Seele wird durch Zwangsreparaturen an der Machina beruhigt. Die Machina wird in Schuss gebracht. Die Wahrnehmungen des Patienten werden verändert durch Belohnungen im Laufe der Therapie. Der Patient sieht nach der Verhaltensänderung, dass er nun normal ist, mehr verdient, gelobt wird. Es erschließen sich also bessere Quellen für Pseudosinn. Wenn er wieder Pseudosinn sammelt, ist er in Rahmen der gesellschaftlichen Kultur wieder *normal.* Er hat Satisfiktion.

Die *kognitiven Therapien* sehen die Hauptproblematik in Wahrnehmungsstörungen oder Störungen des Erkennens. Sie versuchen, im Menschen die Systeme unangemessener Überzeugungen zu verändern. „Denke und rede über dich anders! Positiver! Dann wird das Positive folgen!“ Diese Therapie versucht, den Menschen zu der Selbsterwartung zu bringen, dass er selbst etwas bewirken kann und am Ende zum „Coping with Reality“ fähig ist. Man setzt ihm realistische Teilziele, deren Erreichen ihn ermuntern soll. Er hat dann etwas bewirkt und wächst im Spüren von Selbstwirksamkeit, sein eigenes Schicksal in die Hand nehmen zu können. Satisfiktion: Baue eine Perle. Du kannst es, kannst es allein. Wir sehen sie wachsen. Du kannst es, allein. Die kognitive Therapie versucht, übertrieben negative Stromschlagseismografen durch Perlenbau in realistische Gefilde abzudämpfen.

Die *Transaktionsanalyse* nach Eric Berne, der sie nach seinen vielen Beispielen von „Spielen der Erwachsenen“ entwickelte, bemüht sich, die Interaktionen der Menschen untereinander zu beschreiben, exemplarisch vorzuführen und sie damit auch als „Spiele“, wie Berne sagt, zu entlarven. Im Grunde entheiligt Berne „den Tanz der Machinae“ durch die Offenlegung und Interpretation ihrer Liturgie. Er verkennt aber das Finstere der Stromschlagseismografen hinter diesen Zuckungen. Das Lachen über Machinae vertreibt die Stromschläge nicht.

Das klingt alles nach mühevoller Reparatur, nicht wahr? Und wir armen Leute heißen auch *Patienten* in diesem Spiel. Ich war ja noch nie „da“, weil ich als auf höherem Niveau unnormal gelte, was beim Bücherschreiben sehr hilft. Bei mir hat das Unnormale schon wieder Pseudosinnqualitäten. Ich denke fast, dass ich heutzutage wahrscheinlich gar nicht mehr „Patient“ hieße, wenn ich hinginge, sondern bestimmt schon ganz zeitgemäß „Kunde“. Das klingt kognitiv besser. „Sehen Sie die Tarife für unsere Services gleich unter der Klingel!“ Ach, das ist vielleicht unfair, weil ich es mir nur so vorstelle, ohne je „da“ gewesen zu sein. Ich selbst führe so eine Art Geduldspiel (Nicht: Kampf! Bin ja ohnmächtig.) gegen das Wort „Human Resource“ oder menschliche Ressource, das man statt der Wörter „Mitarbeiter“ oder „Kollege“ oder platt „Mensch“ verwendet. Es hat für mich so einen Geruch wie das Wort Patient.

Carl Rogers hat die *klientenzentrierte Therapie* begründet. Bei ihm heißen die Patienten eben schon einmal Klienten. Das ist doch ein Schritt zur richtigen kognitiven Wahrnehmung („Sieh es rosiger!“). Rogers bietet den Klienten an, sich im Gespräch mit ihm neu zu bewerten und sich mit seiner Hilfe eine neue Vorstellung zur eigenen Verwirklichung zu erarbeiten. Rogers sieht seine eigene Rolle darin, von außen die Blockierungen des Menschen, die den Ausdruck seiner natürlichen Neigungen hemmen, erkennen und beseitigen zu helfen. Rogers akzeptiert den Klienten ohne Bewertung und stellt an ihn keine Forderungen. (Er untersucht ihn nicht und schält nicht das Nichtnormale heraus.) Er erörtert die persönlichen Konflikte des Klienten und entwirrt sie mit ihm zusammen. Alles wird ins Helle gerückt, was die Selbstverwirklichung behindert.

Das ist für mich „artakzeptierende Behandlung". Zurückführung auf das eigene Zentrum des Menschen. Auf das Klientenzentrum. Das Selbst. Die Alpha-Seele. Ja! Könnten wir nicht die Alpha-Seele im Menschen wieder aufdecken, ausgraben, Schritt für Schritt freipinseln von Staub und Kruste, ganz sacht, damit ihr nichts geschieht. Da innen vergraben hat sie gewartet. Sie ist ganz klein und unentwickelt geblieben, so verkümmert und verdrängt all die Jahre. Wir begießen sie ein wenig mit Wasser. Wir stellen sie ein wenig in die Sonne. Wir beobachten geduldig das Wiederwachsen, so wie der Bauer Gott helfend über sich weiß. Die verdrängte Persönlichkeit ersteht nachträglich neu. Wir warten gespannt, wie sie sich jetzt im Alter erstmals entfaltet. Wir vertrauen darauf, dass jeder Mensch ein ursprünglicher guter ist, der sich jetzt regt. Wir müssen ihm deshalb beim Wachsen nicht befehlen, als wer er sich entfalten soll. Wir vertrauen. Er ersteht aus dem vergessenen Ursprung.

Die Ideen von Carl Rogers lösten Euphorie und Begeisterung aus. Der gute Menschenkern wird wieder belebt! Träume werden wahr! Fritz Perls begründete in den sechziger Jahren die Gestalttherapie, die das Ziel hat, den Menschen wieder zu einer Ganzheit zu verhelfen. Es gibt also schon länger Vordenker und Klassiker des artgerechten Wachsens. Es geht ihnen *nicht* um Beihilfe zur Satisfiktion.

Warum tut niemand etwas in größerem Stile? Für alle die Menschen?

Die klientenzentrierte Therapie, so wie ich die Berichte verstehe, hilft leider gar nicht so viel, wie es den Anschein haben könnte. Schrecklich, nicht wahr?

Da kommt ein Carl Rogers und hilft unendlich vielen Patienten dramatisch weiter, aber seine Jünger melden eher Misserfolge. Carl Rogers stellt denn auch nach einigem Nachdenken Forderungen an den Therapeuten: Authentisch müsse der sein, voller Echtheit und viel Empathie mitbringen, also die Fähigkeit, sich in andere hineinzuversetzen.

Und wieder übersetzt in meine Worte: Der Therapeut muss eine Quelle sein und mit einer ruhigen Alpha-Seele warten und helfen, wenn es verlangt wird. (Der Therapeut soll nicht seine eigene Machina mit dem Patienten kämpfen lassen und ihn also *bekämpfen*. So etwas heißt „Gegenübertragung".)

Ich stelle mir die in Menschen zentrierte Therapie vor wie die des Familienvaters bei den Indianern in Jean Liedloffs Buch. Fünf Jahre ernährt er den nörgelnden Städter am Tisch. Fünf Jahre wartet er, wie der Wunsch in ihm wächst, wie die Ganzheit zunimmt, wie sich der Ursprung in ihm meldet. Fünf Jahre lang wächst die verdrängte Alpha-Seele heran. Die Machina schläft langsam ein, weil niemand mit ihr kämpft. Fünf Jahre lang keinen Blitzschlag der Seismografen. Ruhe zum Wachsen. Wasser am Fluss. Sonne über den Bäumen. Da legt der Fremde einen neuen Garten an. Und wir fühlen, dass er damit neue Wurzeln im Ursprung schlug. Wenn er jetzt seinen Garten beackert und Früchte unter Schweiß erzeugt, ist es wie Sinn und Aufgehen. Er bedeckt keine Wunde, schützt sich nicht gegen Forderungen, beugt sich keiner Macht. Er entfaltet sich.

Was haben Sie denn so gedacht? Beim ersten Lesen dieses Beispiels? Na? Ich kann es mir denken, ich habe es auch gedacht. Das: „F Ü N F Jahre! So lange! Solche Geduld ist nicht normal!“ Ist sie auch nicht. Aber fünf Jahre sind nicht lang. Das sollten Sie sich Gedanken spielend überlegen. Sie hassen doch Jahrzehnte andere Menschen, die etwas Besseres sind als Sie! Sie spielen die tragischen Zusammenstöße in Ihrer Familie mit der Genauigkeit einer lateinischen Messe ab. Quälende Zeremonien der Machinae, immer nach dem gleichen Programm. Psychotherapien für solche Fälle dauern viele Jahre, die Heilungschance, dass nun gerade Sie ihren Hass verlieren, ist gering, solange alle noch zu Hause sind, wenn Sie von der Therapie kommen. Denken Sie nach: *Nur* fünf Jahre. Keine Zusatzkosten, kein Streit.

Und wir sehen aber nun eines unserer Hauptprobleme, um zu beginnen mit artgerechter Haltung: Wir brauchen genug Seelenquellen, die Geduld haben. Wir brauchen mehr Carl Rogers, damit wir nicht nur Einzelpersonen als Seelen vergöttern, sondern eine wirkliche Therapieform daraus machen können. Wir müssen beginnen, das Wärmen mit Sonne und das Beleben mit Wasser wieder so zu schätzen wie als Kind.

Mehr Alpha! Aber die Patienten-Psychologie versucht erst: „Besseres und mehr Beta!“ Sie predigt „Metakommunikation“ zum besseren Vertragen und gegenseitigem Verstehen der Machinae. Und die Machinae nehmen jeden Vorschlag zum besseren Verhandeln und gegenseitigen Durchschauen dankbar an. Sie basteln daraus Waffen zum besseren „Coping with Reality“, unter dem Machinae das *Gewinnen* im Leben verstehen. All das ist Pseudosinnproduktion in beliebiger Richtung. Notfalls wird Pseudosinn neu erfunden, was die Wissenschaftler stark verwundert und sie interessiert den „radikalen Konstruktivismus“ der Machinae studieren lässt. Sie reiben sich die Augen, die radikalen Konstruktivisten, und zeigen allen Zuhörern, dass fast alle Menschen die Welt in sich scheinbar fast beliebig anders auffassen, als sie real zu sein scheint.

Das sage ich ja: Sie denkt *nicht*, die Welt, sondern empfängt Stromschläge mit verzerrtem Gesicht, voller Schmerz. Unter Schmerz sucht sie Satisfiktion, für die es viele konstruktive Möglichkeiten gibt. Wir sind radikale Gefangene unserer künstlich übertriebenen Wahrnehmungen, die sich irgendwie in diesem Leben in uns hinein gesengt haben.

Warum lässt man es zu?

Niemand lässt es zu. Es geschieht. Eltern, Familien, Schulen, Bosse und Systeme setzen von ihnen gewünschte Werte in uns ein – mit Gewalt, die in uns übertriebene Seismografen zur Abwehr erzwingt.

Insbesondere die Systeme wollen absolute Gleichheit der Menschen und der Sichtweisen erzwingen! Sie wollen, dass alle Menschen genau gleich empfinden.

Da es aber verschiedene Arten von Menschen gibt, ist die *eine* Sicht des Systems für fast alle anderen Menschen übertrieben. Und diese Menschen wehren sich übertrieben. Und dann versinkt alles in Übertreibungen und Täuschungen. Ich habe dazu viel zu sagen. Das meiste steht im Buch *Supramanie.* Hier nur noch ein kleines Kapitel über Systeme. Dann wird das Buch radikal konstruktiver. Angeklagt oder eskaliert ist nun genug.

7.9 Supramanie und Beta aus Prinzip

7.9.1 „Gott sollst du sein, mein Sohn – und ich bin deine Mutter!“

Als ich in Büchern über Schizophrenie las, fiel mir ein, wie es sein könnte, verrückt zu werden.

Eine Mutter liebt ihren Sohn abgöttisch. Er ist ihr Ein und Alles. Sie hält ihn für den kommenden Gott der Menschheit. Sie sieht sich in der heiligen Pflicht, ihn zu einem Topmanager oder einem Superstar zu entwickeln. Wie ein König soll er werden. Sie nimmt diese Aufgabe sehr ernst. Sie will unbedingt zum Ziel gelangen.

Sie tut es in dieser Weise: Sie gibt ihrem Sohn von klein auf genau zu verstehen, was sie von ihm erwartet – etwas viiiiel Besseres zu werden. Sie ist jede Sekunde auf ihre Mission konzentriert und hilft ihrem Sohn in jedem Augenblick, König zu werden. Sie prüft ihn ständig, ob er auf dem rechten Weg ist.

Wenn er geht: „Schreite königlich!“

Wenn er schaut: „Blicke offen und souverän, senke nie den Blick!“

Wenn er liest: „Nein – nicht, lies dies und bilde dich!“

Wenn er isst: „Die Gabel abwinkeln, sieh, so!“

Wenn er sitzt: „Gerade! Ein König sitzt gerade!“

Ununterbrochen bekommt er Signale und Befehle. Sie fühlen sich an wie einstiges Glück und schwere gegenwärtige Pflicht. Unaufhörlich trommelt es: „Oh König! Tue dies und das, damit es Wirklichkeit wird.“ Er ist sehr stolz, einst König zu sein. Der Sohn ist völlig überwältigt von diesen Signalen, er fühlt sich erdrückt.

Niemand da draußen im Leben sieht es ähnlich wie er. Niemand spürt, dass er ein König wird. Er selbst beginnt zu wissen, dass er niemals ein König sein wird. Niemals! Er sieht, dass die geforderten Verhaltensweisen keinen Erfolg am Ende zeitigen werden. Er stöhnt unter den Anordnungen der Mutter. Wenn er die Mutter sieht oder in der Nähe spürt, schlagen mehrere starke Seismografen gleichzeitig an, die sich widersprechen: „König! Harte Pflicht! Ruhm! Sie lachen mich draußen dafür aus!“

Der Sohn beginnt, die Nähe der Mutter zu meiden und später zu fürchten. Es hagelt Rat, wenn sie ihn wahrnimmt. Er macht nichts gut genug, weil es immer Besseres geben wird, solange sein Weg nicht vollendet ist. Er sieht keinen Sinn mehr darin, zu tun, was die Mutter sagt. Er weiß, dass er nie König wird. Aber die Mutter wacht mit Argusaugen über ihm. Er muss also guten Willen zeigen und seine Pflicht tun. So tut er irgendetwas gerade so wie ein König, was aber wieder nicht genügt. Er bekommt auf jede Aktion Schelte, was er vorher schon weiß und sowieso erwartet. Die Mutter ist selbst mehr und mehr irritiert, dass der Sohn noch immer nicht König ist. Sie wird unruhig. Sie lauert auf positive Anzeichen. „Der Ortsvorsteher hat dich zurückgegrüßt! Siehe, es wird!“ Sie setzt den Sohn noch härter unter Druck, positive Anzeichen zu liefern, an deren Eintreffen er selbst nicht mehr glaubt.

Und die ganze Zeit, die ganze liebe lange Zeit weiß die Mutter genau, dass sie eine *gute* Mutter ist. Sie ist eine sehr gute Mutter, denn welche Mutter auf dieser

Erde kümmert sich ebenso wie sie darum, einen König aufzuziehen? Sie ist – und das weiß sie genau – die *beste* Mutter. Sie ist stolz und sagt es oft zu ihrem Sohn. „Na, bin ich eine gute Mutter?“ Und er antwortet: „Ja, du bist die Beste auf Erden.“ Aber er selbst glaubt immer weniger daran, dass die Mutter so, wie sie ist, sein sollte. Das irritiert die Mutter und sie verlangt Beweise vom Sohn, dass er sie liebt. „Ein König liebt seine Mutter!“ Sie gibt ihm viel Rat mit dem Zusatz, es sei der Rat der besten aller Mütter. In jedem Befehl, der immer herrischer wird, liegt ein hartes Wort und die Gewissheit, dass es reine Liebe von ihr ist. Liebe zum Sohn – von der besten Mutter.

Wenn der Sohn einen Befehl verweigert, liebt er sie nicht und wird auch nicht König. Wenn er den Befehl ausführt, rennt er in sein Verderben, denn draußen lachen alle über ihn – und lieben wird ihn niemand da draußen. Wenn er etwas tut, wird er nichts erreichen. Wenn er nichts tut, bekommt er Strom. Wenn er tut, was die Mutter sagt, hasst er sie und liebt sie innerlich nicht – sie aber denkt, er liebe sie *gerade dann.* Wenn er sie lieben wollte, als Mutter, als beste, würde er sich selbst treu sein wollen und Mensch bleiben, ein Selbst, er, der Sohn. Dann aber würde die Mutter wüten, dass er nicht gehorchte und sie ergo nicht liebte.

Wenn die Mutter keinen Rat gibt, verlangsamt sich der Weg zum König. Wenn sie also ihren Sohn liebt – und sie liebt ihn sehr –, wird sie ihm andauernd Rat geben. Sonst liebte sie ihn ja nicht. Sie ist irritiert, dass der Sohn nicht wirklich zu glauben scheint, er würde König. Ihm fehlt der harte Biss, sich den Weg frei zu hauen, obwohl sie es ihm immer predigt. Etwas stimmt nicht mit ihm. Heimlich verachtet sie ihn ein bisschen. Was, aber *was* stimmt nicht? Es könnte doch sein, dass er sie nicht liebt? Wäre das möglich? Sie geht hin und fragt ihn: „Sohn, liebst du mich?“ Und er sagt: „Aber ja doch, Mutter, sehr.“ Da wirft ihm die Mutter ärgerlich an den Kopf, warum er sich dann nicht bemühe, rasch der König zu werden und auf ihren Rat zu hören. Und sie gibt ihm noch mehr Rat.

Er verzweifelt, weil er keinen Rat weiß.

Sie verzweifelt, weil sie ahnt, er liebe sie nicht.

Da fragt sie ganz drängend: „Liebst du mich?“

Und er sagt: „Ganz wahnsinnig, Mutter.“ Und er weiß in diesem Moment, dass sie ihn mit Rat überschüttet, König zu werden. Er bekommt Angst, seiner Mutter zu sagen, er liebe sie. Er spürt, dass es sich wie Hass in ihm anfühlt.

Er bekommt Wahnsinnsangst, ihr zu sagen, er liebe sie.

Und er spürt, innen drin, hinter allem Rat und jenseits des Königreiches – da, innen drin, *liebt er sie.*

Er darf nie mehr in seinem Leben davon sprechen, denn sie zerfleischte ihn, wenn er ihr die Liebe gestände. Er darf nie sagen, dass er allen Rat körperlich zu hassen beginnt, weil der Rat ja die sichtbar gemachte körperliche Erscheinung ihrer Liebe ist.

Er darf nie fragen, ob sie ihn liebt, denn sie liebt ihn ja, wie sie unaufhörlich sagt. Er glaubt womöglich, sie liebe ihn, innen drin, hinter allem Rat und jenseits des Königtums, *wirklich.* Ja, sie liebt ihn wirklich. Er liebt sie auch wirklich.

Aber die Königsmutter und der König lieben sich wahnsinnig. Die Königsmutter verachtet den König, der sie wiederum hasst.

Das ist ein ganz kleines System. Ein Doppelstern.

Ich habe in einem Buch Folgendes gelesen, ich glaube, im schon genannten Buch von Watzlawick: Da war ein schizophrener Sohn in der Klinik nach langer Behandlung schon wieder ein wenig gesund. Sie ließen nach einiger Zeit wieder zu, dass die Mutter ihn besuchte. Sie kam herein, setzte sich sacht ans Bett und seufzte: „Ach, ich glaube, du liebst mich nicht." Da fuhr der Sohn gestochen auf, musste weggebracht werden und schlug und biss dabei die Krankenpfleger.

Dazu ist mir der Gedanke von König und Königsmutter gekommen. Ja, so mag es zugehen.

Was kann ein von der Mutter erkorener König tun?

Weglaufen! Das lässt die Mutter nicht zu.

Bundeskanzler werden. Das brächte Erleichterung.

Er wird aber wohl den Kopf einziehen und nicht mehr reagieren wollen, oder? Er wird in der Wohnung sitzen, den Kopf schützend mit den Armen verbergen und offensichtlich tot sein. So?

Dann prallt die Mutter von ihm ab.

Er könnte auch alles, was die Mutter sagt, sorglos mit einem dauernden kichernden Lachen ignorieren und auf der anderen Seite absolut nichts Geregeltes in seinem Leben tun. Denn wenn er etwas Ernst nähme und wenn er in seinem Leben irgendeine Regel beachtete, dann würde er ganz offenbar in der Befolgung der Regel zeigen, dass er nicht König werden will, sondern einer *eigenen* Regel folgt! Das aber würde die Mutter nie dulden. Er kann aber *keine* Regel befolgen, dann prallt die Mutter von ihm ab. Es wäre also gut, er benähme sich so chaotisch, wie es ihm nur irgend möglich ist. So?

Dadurch würde die Mutter langsam resignieren müssen.

Er könnte sich einbilden, *wirklich König zu sein.* Das wäre gut, dann könnte die Mutter nicht schelten. Ja, er *ist* jetzt der König. Die Mutter sieht natürlich, dass er noch nicht König ist. „Spute dich!", ruft sie ihm zu, aber er kann ihr sinnreich erklären, dass er König ist. Die anderen da draußen erkennen ihn nicht an. Sie kämpfen gegen ihn und verraten das Reich. Die Welt ist Aufruhr, ihn nicht anzuerkennen. Alle wenden sich gegen ihn, den König. Das erklärt der König der Mutter auf der Küchenbank. Die Erklärungen sind etwas verbogen, etwas um die Mutter herum. Sie klingen im ersten Moment wahnsinnig gut. So?

Damit müsste die Mutter doch zufrieden sein.

Schizophrene Menschen (das sind nicht die mit den gespaltenen Persönlichkeiten, diese heißen in der Psychologie „multiple Persönlichkeiten") haben ein gestörtes Selbstwertgefühl, bei dem die Grenzen ihres Ich verschwommen sind. Sie ziehen sich aus dem Sozialen häufig zurück. Sie haben oft in Situationen unangemessene Emotionen, leiden unter Wahnvorstellungen, glauben (ohne unbedingt davor Angst zu haben) an die Verfolgung durch andere. Die Logik im Denken ist verloren.

Sie fühlen, dass ihre Gedanken von fremden Mächten gelenkt und kontrolliert würden.

Die Schizophrenie tritt in drei reinen (und dann natürlich gemischten) Typen auf:

- Katatonie: Der Kranke wirkt erstarrt (Stupor) und zeigt keine Reaktion mehr. Er versucht, nicht mehr zu kommunizieren. Er lehnt Bewegungen ab. Er verweigert sich jeder noch so kleinen Anweisung ohne jeden Grund. Oft tut er das Gegenteilige. Seine Körperhaltung wirkt oft bizarr. Etc.
- Hebephrenie (desorganisierter Typus): Schwere Desorganisation von Verhalten und Emotionen, zusammenhanglose Sprache. Wirkt kindisch. Der Kranke ist mal gereizt, fordernd und ungehemmt-unverschämt, dann wieder „läppisch" gestimmt, zieht Grimassen, lacht ohne Grund, macht Faxen. Beziehungslosigkeit. Aktivitäten ohne Ziel und ohne Fokus. Etc.
- Paranoia (Verfolgungswahn): Halluzinationen, Größenwahn, Eifersucht und Verfolgung. Um sie dreht sich sein „Denken". Hört Stimmen, die ihm etwas zuflüstern.

Wie schon weiter vorn erwähnt:

Den Verlauf zur Schizophrenie versucht man so zu erklären, dass Menschen eine zu empfindliche Seele oder ein zu feines Nervenkostüm haben und viel zu stark auf Stress reagieren (Vulnerabilitätsmodell). Im Gehirn der Schizophrenen misst man dagegen viel zu viel vom Botenstoff Dopamin.

Vergleichen Sie einmal die Erscheinungen der Schizophrenie mit meiner Schilderung von der Königsmutter und ihrem Sohn?

Sie impft ihren Sohn, den künftigen König, mit einer Höchsterwartung, die als totale Hoffnungslosigkeit ausblüht, was in eine Hyperallergie gegen alle erdenklichen Erwartungen an sich eskaliert. Das Schizophrene wäre also ein Block gegen unerfüllbare Erwartungen der Macht und eine (durch die reale Einsicht in die Lage erzwungene) Unfähigkeit/Weigerung, der Macht emotionale Zeichen der Hoffnung zu signalisieren, dass es besser wird?

Ich habe schon oben gesagt, was ein solcher Sohn einer Königsmutter tun könnte: Still sitzen und sich nicht rühren (kataton?) oder sich einbilden, König zu sein (Größenwahn) oder alles, was im Leben kommt, „läppisch" zu finden (hebephren). Dann prallt die Mutter ab. Der Schizophrene will nicht mehr kommunizieren, weil es dann sofort „Rat" gibt, also Hauptstromschläge mit der Botschaft: „Du machst etwas falsch beim Königwerden." Er kommuniziert dadurch faktisch nicht mehr, so dass er die Wichtigkeit der äußeren Reize nicht mehr sortiert, sondern sie alle gleich (un)wichtig an sich vorüberziehen lässt. Ein Brei des „Läppischen" zieht an ihm vorbei. Oder er hält sich die Ohren zu. Oder er interpretiert alles, als sei er König. Er beendet damit die Beziehung zur Welt. Sein Gehirn ertränkt sich in Dopamin.

Warum auch nicht? Er ist an keiner Stelle *als Mensch* wichtig. Er soll König für die Mutter sein und die Mutter dafür als Königstrainer lieben. Er soll dazu noch die Mutter als beste aller Mütter lieben.

Ich selbst kenne gar keinen Schizophrenen, nicht so richtig, es wäre schön, wenn mir einmal jemand schreibt, an dueck@de.ibm.com. Das geht aber nicht, klar. Ich verstehe. Es wäre eine Kommunikation. Aber, geschworen, lieber Leser: Ich bin *nicht* Ihre Mutter. Ich will nur Rat. Von Ihnen.

Ich muss jetzt einfach spekulieren, weil ich eben nur ernsthaft drüber nachgedacht habe, weiter nichts:

Wenn der künftige König nun ein natürlicher Mensch wäre?

Ich glaube, er würde dann alles läppisch finden. „Reg' dich nicht auf, Ma. Ich werde bald schon König. Ich geh erst was essen. Ich bestelle mir am besten bei Pizza Hut eine Königinpastete. Hahaha!"

Wenn der künftige König nun ein wahrer Mensch, ein Idealist wäre? Einer, der ganz wenig Lebensgeist braucht und nicht wirklich aggressiv ist?

Ich glaube, er würde einfrieren und still sitzen. Vielleicht vor dem Computer, wie es heute so viele Kinder tun. Er würde dort nichts mehr hören von der Welt. Vielleicht wie in der Kirche, mit den Gedanken bei Astralleibern. Man sagt, kurz vor dem Ausbruch der Schizophrenie befassen sich die künftigen Könige bzw. die Kranken mit höchst esoterischen Theorien und Riten.

Wenn der künftige König ein richtiger Mensch wäre, der sich an Ordnung und Pflicht gebunden fühlte?

Ich glaube, er würde den König in sich im Wahn erfinden, damit die Pflicht getan ist. Ich glaube, er würde alles Fehlverhalten, das ihm die Mutter anhängt, damit erklären, dass eine höhere Macht ihm durch Stimmengeflüster befiehlt, all das zu tun, was er tat. Er selbst tat nur die Pflicht! Er wird das nicht sauber zu Rechtfertigende, die mangelnden Fortschritte auf dem Weg zum König, mit allerlei Feindesmassen erklären. Und er wird vor allem unlogisch werden, weil man damit alles erklären kann, sogar einer Mutter.

Ist dieser Gedanke nicht schrecklich?

Es ist der Gedanke, wie es anzustellen wäre, einen Menschen mit einem echten System verrückt zu machen: Fordere vom Menschen, Gott zu sein, und prüfe den Fortschritt alle halbe Stunde!

7.9.2 *„Nummer eins sollst du sein, Mensch – und ich bin dein System!"*

Im Management sprechen wir von „stretch targets", von Zielen, nach denen man sich ordentlich strecken muss, um sie zu erreichen. Es sind Ziele, die nur durch wirkliche (Über-)Anstrengung zu verwirklichen sind. „Verlangen wir am besten 50 % mehr, als sie leisten können – wer weiß, vielleicht schaffen sie es. Nicht auszudenken, wenn wir Ziele an Mitarbeiter vergeben, die zu leicht zu schaffen sind!"

> Heute muss jeder das Abitur machen, sonst ist es aus. Bei ALDI an der Kasse sitzt gerade einer, der ein Diplom in Wirtschaft hat.
>
> Unser Unternehmen soll die Spitze in der Welt bilden, wir haben die zufriedensten Kunden, die sich über unsere führenden Produkte freuen und sie uns aus den Händen reißen. Wir haben die fähigsten Mitarbeiter der ganzen Welt. Alles an uns ist Spitze. Wir sind die Eins.

Das Management eines Unternehmens will, dass jeder der beste Mitarbeiter wird. Jeder soll wie ein künftiger CEO (Corporate Executive Officer, also „König") sein. Der Karrierepfad ist einer nach oben – dorthin! Jedem Mitarbeiter werden übermenschliche Ziele gegeben, denn als späterer CEO *ist* er übermenschlich.

Das System fordert also von jedem, die Nummer eins, CEO oder König zu sein. In *Supramanie* habe ich solche Systeme „Suprasysteme" genannt. Damit auch wirklich sichergestellt ist, dass jeder Nummer eins wird, überschüttet das Unternehmen die Mitarbeiter mit Prüfungen, Checks, Audits und Revisionen aller Art. Die „Mutter System" wacht mit Argusaugen. Letzte Woche erfuhr ich hautnah von einer wahrhaftigen Abmahnung eines Sparkassenzweigstellenleiters, an dessen privaten Kontobewegungen man in der Sparkasse festgestellt hatte, dass er während der Arbeitszeit mit der EC-Karte in einem Kaufhaus bezahlt hatte. Er wurde vor allen seinen Mitarbeitern bloßgestellt und sitzt nun da, als Führungskraft. Was geht in solchen Menschen vor? Was geht in Ihnen vor, wenn Sie alle paar Minuten überprüft werden? Das Überprüfen von Mutter System im Flughafen dauert schon länger als der Flug. Schlange stehen. Mutter System will noch einmal sehen, wie Sohnemann aussieht, bevor er aus dem Haus geht. Unter übermenschlichen Forderungen und ständigen Prüfungen beginnen wir Menschen zu schummeln.

Natürliche Menschen prahlen mit noch nichts und finden Fehler an sich läppisch.

Richtige Menschen erfinden nach Misserfolgen Feinde und fühlen sich von Stuhlsägern verfolgt.

Wahre Menschen schrumpfen innerlich weinend zusammen und verstummen.

Hebephren, paranoid, kataton.

Der verstummende Mensch wird sich in Sucht ertränken – in Konsum, Alkohol, in Computerspielen.

Warum auch nicht? Er ist an keiner Stelle *als Mensch* wichtig. Er soll Karriere für das System machen und das System dafür als Karrierepfadöffner lieben. Er soll dazu noch das System als System lieben. Die Firma ist die beste Firma. Wenn sie nicht von allen geliebt wird, macht sie wohl weniger Gewinn. Wir müssen sie deshalb alle lieben, sonst geht es ihr schlecht und uns selbst auch.

7.9.3 Schizophrenia Oeconomica

Das Fordern übermenschlicher Leistung ist der hauptsächliche Versuch unserer Zeit, in uns fremde Wertungen zu erzwingen und in uns einzupflanzen, die wir nicht unbedingt wollen, selbst wenn wir sie im Intellekt einigermaßen bejahen.

Wenn die Mutter das erste Mal sagt: „Du bist der künftige König!", dann fühlen wir ja noch Glück. Und wenn wir als zukünftige Nummer eins gefeiert werden, fühlen wir uns groß.

Später zucken wir unter Strom, wenn die Leistungen überprüft werden. Im Augenblick sind die Computer der Unternehmen so weit, dass sie an jedem Monatsende volle Bilanz ziehen, als sei ein Geschäftsjahr zu Ende. Der Gedanke des Geschäftsquartals ist schon wieder passé. Bald werden wir immer „real time" wissen, was es geschlagen hat. Und es wird geschlagen, wer nicht „real time" übermenschlich ist.

Die Idee der Supramanie ist es, jeden bis an den Anschlag, bis an sein Limit zu nutzen. Diese Idee stellt sich für alle diejenigen als ganz gut heraus, die später CEO werden. Viele andere aber werden Opfer einer Schizophrenia Oeconomica. Sie verstecken sich, erstarren oder erfinden sich Feinde, die ihre Leistungen verhinderten. Viele Seiten in *Supramanie* behandeln solche Erscheinungen, die ich dort unter „Topimierung" (die allgemeine Lehre, den Status quo als bestmöglich hinzustellen) lange besprochen habe.

Die Idee der neuen Leistungsgesellschaft ist es, jeden so verrückt zu machen, dass er gut arbeitet. Dafür verlangen die Unternehmen, dass jeder Mitarbeiter sie liebt, sich mit ihnen sogar identifiziert und täglich für den noch nicht eingesparten Arbeitsplatz dankt. „Danke, Mutter System, dass du mich auf den Königsweg gebracht hast. Du bist die beste Mutter der Welt." – „Und ich liebe *dich*, du *mein* Mitarbeiter, du bist das Wertvollste, was ich habe. Du bist mein Teuerstes."

7.9.4 Invasive Messungen, Prüfungen und Anreizsysteme

Es wird heute ganz genau gemessen, wie teuer alles sein darf. Eine Megaeskalation unserer Zeit besteht darin, alles im „Wert" zu messen, in Punkten und Geld. Was nicht in Geld umgerechnet werden kann, wird verglichen. Das ist ein immer wiederkehrendes Motiv meiner Bücher. Ich rege mich innerlich sehr darüber auf. Sehr!

Überwachungskameras und Blitzlichter überall. Computer takten unsere Zeit in Geschäftsprozessen. Das nicht richtig Messbare wird in Wettbewerbe gehetzt. „Schnell, du bist in Rückstand!" Aufrüstungsspiralen. „Arbeitswut", Zeitdruck sind die Folge.

Nun wird das ganze Leben objektiv nachgemessen.

Objektiv? Das habe ich das ganze Buch *Supramanie* hindurch widerlegt. In Wahrheit wird der Fortschritt gemessen, den wir entlang „von oben" vorgegebener „Werte" oder entlang von Triebrichtungen machen. Je nach Lage steht ein Jahr lang der Kunde, dann ein Jahr lang die Innovation, der Umsatz, der Gewinn, das neue Firmengebäude im Vordergrund. Was in diese nun wichtigste Richtung nützt, wird gezählt! Meist nur das. So gewinnt ein starker Trieb in diese Richtung die Oberhand. Dieser Trieb ist viel stärker, wenn nur in seine Richtung laufend Gewinne zu machen sind!

Vom Prinzip her werden also in uns Triebe gesenkt, die uns in eine von oben bestimmte Richtung treiben sollen. Das bedeutet insbesondere, dass unsere, Ihre und meine Hauptseismografen vollständig ignoriert werden. Wir werden alle gezwungen, unsere eigenen Stromschläge zu ignorieren und Schläge der fremden, angeordneten Art höchst schmerzhaft zu empfinden. Die Messsysteme zwingen uns ihre übertriebene Wahrnehmungsstruktur auf.

Das ist die schon besprochene Arroganz der Macht. Hass entsteht. Satisfiktion muss her. Wir beginnen, die Macht mit Tricks zu umgehen, und betrügen sie, wo wir können. Wir wehren uns gegen das Anders-sein-Müssen.

Wir werden noch ganz anders sein müssen, wenn bald überhaupt alles gemessen wird. Wir könnten die Krankheitskosten, die uns gerade mehr und mehr umbringen, dramatisch senken, wenn wir die Wartungsarbeiten ab dem 85. Geburtstag einstellen oder nur noch auf Privatrechnung weiterführen. Wir könnten Babys entsorgen, die keinen guten IQ zur Welt bringen.

Atmen Sie einmal tief durch.

In Indien ist es Sitte, dass Töchter eine gigantische Mitgift zur Hochzeit mitbringen, die die Finanzen eines Vaters schwach ruiniert – wenn, ja wenn er nicht genug Söhne hat, mit denen er sich alles bei deren Heiraten wieder hereinholt. Eine Mitgift ist deshalb in Indien wegen dieser Auswüchse verboten. Seither gibt es keine Mitgift mehr. Der Brautvater macht nur noch „Geschenke" in der alten traditionellen Höhe – am besten *nach* der Heirat, damit der Gesetzgeber nichts tun kann. In Indien, so las ich gerade in der Süddeutschen Zeitung, kommen auf 1.000 männliche Babys nur etwa 930 weibliche. Wie kommt das? Es ist nicht ganz klar, aber Abtreibungen nach ungünstigem Ultraschallbefund wären ja möglich, nicht wahr?

Sie sehen, die Menschen können gut rechnen.

Und wenn einmal alles am Geld aufgehängt wird, dann am Ende auch Sie.

Das sehe ich heute schon kommen.

Und ich rege mich darüber so auf. Hilft nichts, bin allein. Wissen Sie, das dachte ich seufzend, als ich den Testsatz schrieb: „Wir könnten Babys entsorgen …", da wusste ich, dass Sie böse werden, weil man so etwas nicht denken darf. Und genau deshalb wird es so kommen.

7.9.5 Ostrazision und negative Anziehungskraft

Der Ostrazismus ist das Volksgericht im alten Athen, das unter anderem über die Verbannung von schuldigen Athenern beschied. Bei der Abstimmung schrieb man Namen auf Scherben, die damals als Stimmzettel dienten. Das griechische Wort für Scherbe ist Ostrakon. Wer zu viele Ostraka mit eigenem Namen vorfand, musste das Land verlassen. Heute sprechen wir noch vom „Scherbengericht": Da sitzen Menschen über uns zu Gericht und geben ein Urteil ab, ob wir weiterhin dazugehören dürfen.

Die heutigen Systeme funktionieren anders als früher. Das Verbannen und Exkommunizieren wollte abschrecken. Das Ziel aller Inquisitoren war ja immer, dass alle dazugehören müssen und am besten (mindestens aus Angst) dazugehören *wollen* – ja, dass alle eine solche Panik vor dem „Draußen" haben, dass sie immer drinnen bleiben wollen. Im Grunde verbreitete das Exkommunizieren oder die Verbannung so viel Schrecken, dass eben alle Schäfchen beieinander blieben. Der Hirte hielt seine Lämmchen zusammen, indem er den Schäferhund vorschickte. Ein Lamm ohne Schutz da draußen allein? Es würde augenblicklich unter die Wölfe fallen.

> Die heutige Leistungsgesellschaft setzt sich nicht mehr zum Ziel, für alle Menschen da zu sein.

In ihr haben nur solche Menschen Platz, die Gewinn machen oder mit denen Gewinn zu machen ist. Wer unter diese Schwelle fällt, muss raus:

Der Ostrazismus der Gewinnschwelle.

Menschen über der Gewinnschwelle haben Leistungsrechte. Die darunter nur noch Menschenrechte.

Meine Arbeit ist zu schwer, ich bin krank. Ich schleppe mich Tag für Tag dahin. Ich leide. Meine Familie nörgelt über mich, sie erwartet viel von mir. Im Grunde kann ich nicht mehr. Aber mir geht es gut. In diesen Tagen kann man von Glück sagen, wenn man einen Arbeitsplatz hat. Ich habe einen. Darauf bin ich sehr stolz. Ich gehöre nicht zu jenen, die *uns* auf der Tasche liegen. Ich kenne welche, die sind gesund und haben keine Arbeit. Das sollte verboten sein.

In Suprasystemen kommt es auf den Wettlauf des Zugehörens an. Nicht jeder darf zum System gehören, nur die in der Gewinnzone. Es ist nicht das System, das uns zwingt, zu ihm zu gehören. Nein! Wir selbst stellen Bittgesuche um Aufnahme.

Niemand zwingt dich, Kind, das Abitur zu machen. Ich verstehe nicht, warum du die Schule kritisierst. Ich verstehe nicht, warum du dich auflehnst. Du musst nicht Abitur machen. Nur, bedenke, das Abitur ist die Eintrittskarte in die besseren Bezirke der Welt. Also drück die Schulbank und du wirst eingelassen. Auf dich selbst müssen wir uns nicht einlassen.

Was soll das Gerede um schlechte Studienbedingungen. Was soll das Fluchen um interessante Wissenschaft. Du musst nicht studieren, es ist teuer genug. Geh doch!

Was beklagen Sie sich? Sie sind hier kein Überflieger, weiß Gott nicht. Warum also reißen Sie das Maul auf? Ja, wenn Sie Überflieger wären, dann *brauchte* ich Sie und würde mit dem Honigschmieren nicht ruhen, damit Sie sich nicht in eine andere Abteilung bewerben. Aber so? Wollen Sie kündigen? Da draußen stehen Hunderte wie Sie.

Ach ja, früher, da haben wir noch *alle* Seelen in den Himmel genommen. Das können wir nicht mehr. Wir dachten früher, wir könnten das ewig so durchhalten. Was ist denn so Gutes an deiner Seele? Erfüllt sie die neuen Kriterien in besonderer Weise?

Die heutigen Systeme umwerben die Highflyer und halten die Leistungsträger fest umklammert. Die da unten halten sie nicht auf, das System zu verlassen. Immer ist etwas wie Scherbengericht in der Luft. Die Menschen keuchen. Sie haben Angst vor Ostrazision, das ist: auf den Scherbenhaufen zu kommen.

Die Gewinnschwelle schied indirekt schon immer Leben und Tod.

Früher aber war sie eine Trennung von Leben und Tod für *Systeme* oder *Nationen.*

Heute aber hat jeder seine eigene, persönliche Gewinnschwelle.

Jeder lebt nun selbst. Wir werden Einzeltiere. Lebenspartner mögen sagen: „Von unserer Beziehung verspreche ich mir keinen Gewinn mehr. Geh. Du bringst mir nichts mehr.“ Ostrazision. Früher bedrohte uns eher der Krieg mit blutigen Streichen, heute streicht der Rotstift. „…, bis dass das Rot uns scheidet.“

7.9.6 Konsum-Satisfiktion – „Work hard – party hard!“

Wie halten es die Menschen in Suprasystemen bloß aus?

Viele der jungen Menschen, die heute mit meinen Kindern in die Zeit kommen, in der sie den Beruf wählen *müssen*, wie sie eher sagen, sind gespalten. Sie zagen, weil fast nichts mehr sicheres Auskommen in sechs Jahren nach einem Studium garantiert. Dann gehen sie los, vertrauen auf das Geschick. Die mehr natürlichen Menschen, diejenigen der mehr aggressiveren Sorte, für die die Welt im Augenblick besser passt, nehmen eine Herausforderung an.

„Ich werde reich!“ – „Ich werde ein Star!“ – „Ich werde ein Boss!“

Originalton: „Ich habe mein Studium mit einer Zwei abgeschlossen, das war für mich das Optimale bei zehneinhalb Semestern. Eine Eins bringt mir nichts. Ich habe eine Stelle bei einer Beratungsfirma angenommen, die von allen verlangt, sich für wenig Geld in einem schweren Job zu zerreißen. Das werde ich tun. Ich werde es allen zeigen. Ich werde nur arbeiten und mein Privatleben zehn oder fünfzehn Jahre opfern. Dann aber will ich oben sein. Ich werde dann Geld haben, viel Geld. Mein Traum ist es, mich mit 45 Jahren zur Ruhe zu setzen. Ich meine: ich will dann nicht aufhören zu arbeiten. Aber ich will so viel Geld haben, dass ich frei bin. Ich arbeite dann nur noch, was mir Spaß macht. Damit hebele ich das System in gewisser Weise aus. Ich nehme mir, was es hergibt, aber dafür bekommt es mich nur 15 bis 20 Jahre. Kinder werde ich nicht haben. Das verträgt sich nicht. Ich will auch keinen Partner, der zu Hause auf mich wartet und quengelt. Der soll auch arbeiten. Wir sehen uns dann nur ab und zu. Unser Motto wird sein: Work hard – party hard. Die Wochenenden fliegen wir irgendwo hin und lassen uns schwer absacken. Ich will ein schnelles Auto und schicke Kleidung. Ich will, die kurze Zeit zwischen der Arbeit genießen. Aber vor allem will ich mit 45 frei sein. Ich will nach oben.“

Und das System kommt dir noch nicht hoch?

Das System ist Teil des Spiels, das ist nicht von mir. Ich werde eben gewinnen.

Wir müssen also im System bleiben – das vor allem anderen. Wir müssen ihm hart dienen, um Früchte zu gewinnen. Die müssen so wundervoll schmecken, dass es auszuhalten ist. Wir machen das Beste daraus. Wir verbieten uns jede Art von Hass auf das System, nehmen alle Regeln an und werden alle anderen Menschen übertrumpfen, weil die ja schlapp sind. Der Hass auf das System wird in Liebe zu ihm gedreht. „Ich liebe meine Arbeit sehr. Ich kann mir jetzt viel leisten.“

Satisfiktion.

7.9.7 Die Beta-Eskalation aller Systeme – „Mehr vom Gleichen bis zum Ende!“

Seit ich in der Wirtschaft im Management arbeite, sagen alle erfahrenen alten Hasen aller Unternehmen immer dies:

Sie hechten einer Mode hinterher, wenn einer einmal Erfolg mit etwas Neuem hat. Drei Jahre Kundenzufriedenheit. Drei Jahre Kostensenken. Drei Jahre Dezentralisierung. Immer ein neuer Schweinezyklus. Alles ändert sich ständig, aber es dreht sich nur herum. Oder besser: Es ist wie ein Pendel, das nun drei Jahre nach einer Seite ausschlägt. Am Anfang geht es rasch, dann wird es langsamer, dann noch langsamer, bis das Pendel den maximalen Ausschlag hat und ruht. Da sucht es sich eine neue Richtung zum Zurückpendeln – und wenn es die hat, geht es wieder drei Jahre dahin, nur dahin, völlig triebhaft! Weißt du, Gunter, wenn das Pendel in Bewegung ist, kannst du nichts tun. Es pendelt bis zum Anschlag weiter und keine Macht der Welt hält es auf. Vielleicht kann man dem Pendel die neue Richtung zeigen, aber wenn es dorthin ausschlägt, kommt es nicht etwa an einer vernünftigen Stelle zu stehen, sondern es pendelt gnadenlos zur anderen Seite weiter, bis zum Exzess und keine Macht, auch nicht der Prophet der neuen Richtung, kann es aufhalten. So pendelt die Welt hin und her. Alle sagen, die Welt würde sich ändern. Das stimmt nicht. Sie pendelt hin und her. Wenn du vierzig Jahre gearbeitet hast, weißt du es. Es hat sich nichts geändert. Gar nichts. Und ich bin müde, wenn die jungen Manager oder Lehrer oder sonst welche jedes Jahr kommen und sagen, nun würde sich etwas zum Besseren ändern. Sie setzen das Pendel in eine neue Richtung in Bewegung. Das Pendel aber schwingt wieder zu weit – viel zu weit! – und sie sehen, dass sie in der Summe Unsinn anrichteten. Da kommen wieder andere Jungmanager und Gurus und wissen wieder eine neue Möglichkeit. Ich bin müde. Es wird nichts besser. Niemals. Weil sie es übertreiben. Es ist wie ein Trieb, die Richtung bis zur letzten fatalistischen Konsequenz zu gehen. Sie übertreiben etwas anfangs Richtiges so sehr, dass sie alles in den Ruin treiben. Sie zentralisieren, bis es nur eine Firma auf Erden gibt, die wie ein schwarzes Loch alles aufsog. Dann wird das instabil, es gibt einen Urknall. Das Mammutunternehmen explodiert in alle Richtungen. Wie Staub verteilt es sich, kristallisiert sich wieder und neue kleine Unternehmen entstehen, die wieder viel später in ein schwarzes Loch stürzen. Es ist wie der Lauf der Welt. Ewiges Pendeln und Wiedergeborenwerden. Und es ändert sich nichts, so viel auch geschieht. Diejenigen, die sagen, es ändere sich diesmal etwas und es sei dieses eine Mal etwas ganz unvorstellbar Neues, die sind blind und sehen nicht zwei Schritte weit. Nie, Gunter, wird das Pendel irgendwo in der Mitte stabil bleiben. Nein, dazu hat die Welt zu viel Schwung. Und das ist ja nicht falsch.

Lachen Sie mich also nicht aus, wenn ich mich in die Myriaden der Prediger einreihe und mahne:

Es wird böse enden!

(Wie der legendäre Held Werner Enke in *Zur Sache, Schätzchen.*)

Es gibt heute im Management aber auch solche Stimmen:

Wissen Sie, es gibt Höhen und Tiefen, und die haben wir hier als Vorstandschefs alle durchgemacht. Das Bewusstsein, dass es wieder bessere Zeiten gibt, macht alles für uns einigermaßen erträglich. Diesmal aber frage ich mich, ob es besser werden kann. Ja – *kann.* Wenn es früher schlecht ging, wurde es brutal. Man drückte uns die Preise und wir drückten die Preise. Der Markt ist brutal. Aber im Aufwärtsgang waren wir wieder generöser und gaben Runden von Champagner aus. Rauf und runter, die Welt pendelt hin und her. Wenn ich mir nun vorstelle, die Zeiten würden nach dem 11. September nun endgültig besser oder gut und wenn ich mir vorstelle, wir machen wieder viel Gewinn – da frage ich mich: Werden wir auch wieder großzügiger? Ich meine, wir haben jetzt den Geiz in die Computer programmiert. Da ist er drin. Auch wenn es aufwärts geht. Alle haben nun das Brutale als Prinzip gelernt, erforscht und in Computerchips hart verdrahtet. Und werden wir nun in Zeiten des guten Gewinns einfach und schlicht zufrieden sein? Oder werden wir weiter brutal sein, nun einen *sehr* guten Gewinn haben zu wollen? Wird das Brutale aufhören, wenn genug Brot da ist? Ehrlich gesagt, ich fürchte, es wird brutal bleiben. Für immer. Wissen Sie, die Sportler werden nun nie mehr aufhören, Rekorde aufzustellen, was nur mit mehr Doping langfristig geht. Es gibt keine Rückkehr aus dieser Eskalation. Die Eskalation ist im Sport das Prinzip! So wird es auch für uns werden. Für uns Vorstände. Das wollte ich nicht. Aber sehen Sie, als Manager sitzt man in der Tretmühle fest. Ich wollte, ich könnte noch etwas wirklich selbst entscheiden.

Kapitel 8
Für Alphaethisierung – gegen Psychozid

8.1 Wundheilung: Wer den Sinn sucht, geht meist zu weit! Denn das Beste ist nie gut genug, weil das Gute besser ist …

8.1.1 Den Imperativ kategorisch an den Kanthaken!

Das Betaartige darf nicht so überhand nehmen! Wir müssen wieder mehr Alphaethik einführen, sonst bewältigen, arbeiten, streben und hetzen wir uns zu Tode – durchschnittlich geworden in ermüdenden Warteschleifen. Den Weg in diese Richtung beginne ich nun zu beschreiben.

Wir dürfen uns nicht damit aufreiben, Probleme zu lösen, die durch das Aufreiben überhaupt erst entstehen. Wir sollten nicht Krieg führen, um Frieden zu schaffen. Wir sollten nicht schuften, um uns hinterher irrealere Wünsche leisten zu können.

Es geht nicht um das Überleben, nicht einmal um das Heilen der Wunden, sondern um ein *überquellendes Leben*. Im Grunde müssten wir erst einmal verstehen, *dass* es das theoretisch geben könnte, ein glückliches Leben!

Immanuel Kant philosophierte über das Gute. Er sucht es im Menschen selbst und findet es dort, verankert als „das moralische Gesetz“, das im Menschen das Gute selbst weiß. „Zwei Dinge erfüllen das Gemüt mit immer neuer und zunehmender Bewunderung und Ehrfurcht, je öfter und anhaltender sich das Nachdenken damit beschäftigt: Der bestirnte Himmel über mir, und das moralische Gesetz in mir.“ Das sind Kants berühmt gewordene Worte, die ich schon in Omnisophie zitierte und die mich irgendwie nachträglich enttäuschten, weil ich sie ähnlich bei Aristoteles schon fand. („Die Vorstellung der Menschen von den Göttern entspringt einer doppelten Quelle: den Erlebnissen der Seele und der Anschauung der Gestirne.“) Das moralische Gesetz ist nach Kant in allen Menschen vorhanden als „Faktum des Bewusstseins“ vom *kategorischen Imperativ*: Dieser fordert von allen Menschen, dass sie stets so handeln sollten, dass die Regel ihres Handelns ein allgemeines öffentliches Gesetz sein könne. Dieses Prinzip stellt nach Kant im Menschen das Grundgesetz der Vernunft dar. Gut ist, was diesem Prinzip folgt. Böse ist, was dagegen verstößt.

G. Dueck, *Omnisophie-Trilogie*,
DOI 10.1007/978-3-642-34877-8_8,

Nach Platon findet der Mensch das Gute und Höchste nur als Ergebnis eines mühevollen, langen Ringens um das tiefe Verständnis der Idee des Guten. Kant aber sagt – ganz gegen Platon – das moralische Gesetz (der Imperativ) sei in jedem Menschen vorhanden, ohne jede Philosophie, ohne jedes Ringen. Die tiefe Ehrfurcht vor diesem Gesetze führe den Menschen ganz von allein zum Guten. Insbesondere sei kein Gott nötig, um die Entscheidung über gut und böse zu treffen. Der Mensch mit dem innewohnenden moralischen Gesetz könne allein über das Gute und das Böse entscheiden.

Allerdings empfand Kant es für den normalen Menschen ziemlich hart, sich im Handeln strikt an die Pflichtethik des moralischen Gesetzes zu halten. Was wäre denn die Belohnung für einen Menschen, der unausgesetzt und aufopfernd seine Pflicht und nichts als seine Pflicht täte? Er wäre dabei ja vielleicht nicht glücklich und sein Leben wäre vielleicht nicht schön! Kant verneint selbst, dass das Gute ausschließlich aus sich selbst Lohn für sich selbst sein könne. Das Gute zu tun müsse sich für den Guten schließlich wirklich lohnen! Wenn sich das Gute nicht lohnt, kann nach Kant nicht realistisch angenommen werden, dass das Gute unverdrossen getan wird.

Woher bekommt also der Mensch, der seine harte Pflicht tut, seine Genugtuung, immer gut zu sein? Kant postuliert dafür unseren Gott und unsere Unsterblichkeit. Es muss gefordert werden, dass es einen Gott und die Unsterblichkeit gibt. Gott garantiert die Vergeltung des Guten. Mit Gott lohnt sich das Gute. Gott gibt dem Menschen über das ganze Leben eine Glückserwartung aus der Pflichterfüllung.

Das normale eingepasste gute Leben in Pflicht genügt also nicht zum Glück allein, sieht Kant. Wenn die Menschen „übertriebene Werte" eingepflanzt bekommen, als bittere Pflichten, dann eben sind sie vielleicht gut, aber nicht *notwendig* glücklich. Das will Kant einer Philosophie nicht abfordern. Gut und glücklich sein muss gleichzeitig gehen können! Kant rettet seine Pflichtethik mit dem Postulat eines Gottes. Pflichterfüllung lohnt sich, weil es Gott und die Unsterblichkeit gibt. Und Kant rettet Gott, weil wir ihn für die Pflichterfüllung dringend brauchen. Gott *muss* sein, weil das Leben sonst nicht so richtig glücklich wäre. Und Glück muss sein, weil sonst eine Philosophie nicht richtig angemessen ist.

Kants Philosophie ist nämlich auch eine Übertreibung!

Der Mensch, so Kant, weiß also, was gut ist und was zu tun sei. Aber das, was gut ist, muss nicht *angenehm* sein. Aber der Mensch tut es dann doch, weil Gott ihn einst belohnt?

So glauben wir Deutsche.

Ist das nicht eine recht komplizierte Gedankenkette für komplizierte Deutsche? Wieso nehmen wir fast unisono an, dass das Gute wahrscheinlich mühselig und arbeitsam wäre?

Nehmen wir denn an, das vernünftige Leben sei nichts für Menschen, außer wenn Gott es belohnt?

Und warum nehmen wir an, wir würden alle das moralische Gesetz in unserem Herzen tragen, das uns dieses vernünftige Leben abfordere, das aber nicht „für uns gemacht" ist?

Diese ganze Philosophie sieht aus wie eine Rechtfertigung *nicht* artgerechten Lebens.

Ich habe Ihnen in meinen Büchern schon eine ganze Menge moralischer Gesetze beispielhaft vorgetragen, die wir Menschen im Herzen tragen. Zum Beispiel: „Man muss die Wohnung vor dem Urlaubsantritt sauber machen." Wenn Sie ein putzaffiner Mensch sind, werden Sie mit Sicherheit finden, dass diese Regel ein allgemeines öffentliches Gesetz sein sollte. Das werden Sie zumindest ihrer Familie auch deutlich machen. Es soll ja von Ihnen aus ein allgemeines Gesetz werden! Die Konservativen meinen, das Konservative sei wie ein gutes öffentliches Gesetz. Die Fortschrittlichen und die Sozialen sagen es genauso. Die Kommunisten und Kapitalisten sagen es. Adam Smith sagt es. Die Darwinisten sagen es. Die Unternehmenscontroller haben ausschließlich Meinungen, die ein Gesetz sein sollten, und sie machen Gesetze daraus. Besserwisser halten das bessere Wissen für ihr moralisches Gesetz, Depressive möchten Gesetze der Liebe. Lustorientierte möchten Gesetze der Freude.

Ja, Herr Kant. Wir alle tragen ein *heiliges Gesetz* in uns – oder zwei:

Unsere Alpha-Seele und unsere Beta-Seele:

- Die natürlichen Alpha-Seelen finden, dass alle Menschen stark, initiativ und freudig sein sollten. Die natürlichen Beta-Seelen möchten als Gesetz für die Menschheit, dass der *Wettbewerb* um Sieg, Erfolg und Lust das Höchste sei.
- Die richtigen Alpha-Seelen meinen, dass alle Menschen vorbildlich, treu und hilfsbereit sein sollten. Die richtigen Beta-Seelen möchten als Gesetz für die Menschheit, dass die Perfektion, die *Erlangung* von Autorität und Dank das Höchste sei.
- Die wahren Alpha-Seelen denken und fühlen, dass Menschen weise, friedliebend und voller Menschenliebe sein sollten. Die wahren Beta-Seelen möchten als Gesetz für die Menschheit, dass die *Erlangung* von Allwissen, Harmonie und Liebe das Höchste sei.

Die Alpha-Seelen fühlen sich selbst bewegt vom entsprechenden „moralischen Gesetz" in ihnen. Sie spüren ganz tief im Innern, dass sie so im Ursprung und tief im Frieden mit sich selbst sind. Die Beta-Seelen kämpfen mit den anderen Beta-Seelen und verlangen militant, dass alle anderen Seelen ihre eigene übertriebene Wahrnehmung der Welt teilen sollen. Sie wollen die eigene übertriebene Wahrnehmung allen anderen aufzwingen. Sie wüten dafür.

Deshalb möchte ich sagen: Ja, jeder Mensch hat ein moralisches Gesetz in sich, nämlich das Bewusstsein um sein eigentliches Sein oder Selbst. Jeder Mensch spürt in sich voller Ehrfurcht seine Alpha-Seele. Es ist aber nicht *das* moralische Gesetz des Menschen, sondern *sein eigenes* moralisches Gesetz, seine *eigene* Alpha-Seele. Weil es, Kant hin oder her, verschiedene Menschen gibt. Und ich möchte hier im Buch darauf hinaus, dass es für alle Menschen ein gutes Leben gibt, wenn die Welt jedem ein Leben nach dem *eigenen* moralischen Gesetz erlaubt und wenn die Welt das Wüten der Beta-Seelen eindämmt. Für diesen Fall müssen wir gar nicht einen theoretischen Gott zaubern oder eine Unsterblichkeit erfinden, um eine Glücksfantasie für alle parat zu haben.

Es gibt gar kein allgemeines moralisches Gesetz, sondern viele verschiedene Alpha-Seelen, die in dieser folgenden Form leben könnten:

> Gehorche den Herzen! (Gehorche eigentlich dir selbst und achte die Schmerzen der anderen.)

Das glauben Sie nicht? Ich habe mir mein Killerargument noch aufgehoben. Hören Sie Kant selbst, der aus seinem früheren Leben berichtet:

> Ich bin selbst aus Neigung Forscher. Ich fühle den gantzen Durst nach Erkentnis und die begierige Unruhe darin weiter zu kommen oder auch die Zufriedenheit bei jedem Erwerb. Es war eine Zeit da ich glaubte dieses allein könnte die Ehre der Menschheit machen u. ich verachtete den Pöbel der von nichts weis. Rousseau hat mich zurecht gebracht. Dieser verblendende Vorzug verschwindet, ich lerne die Menschen ehren u. ich würde mich unnützer finden wie den gemeinen Arbeiter wenn ich nicht glaubete dass diese Betrachtung allen übrigen einen Werth erteilen könnte, die rechte Menschheit herzustellen.

1762 erschienen Rousseaus Werke, die Kant später „zurecht" brachten. Kant ist am 22. April 1724 geboren worden. 1788 erscheint die *Kritik der praktischen Vernunft*, die den kategorischen Imperativ erläutert.

Ich interpretiere diese Textstelle so: Kant lebt wie ein Wissenssüchtiger oder eine Wissenssammlerseele mit dem Ziel des Allwissens unter Verachtung des Pöbels bis zum Alter von mindestens 40 Jahren. Die Macht des Allwissens verachtet die da unten, den Pöbel, die die übertriebene Sichtweise des Allwissens nicht übernehmen wollen, die in punkto Wissen keinen Hauptseismografen haben. Dann kommt eine Wende in Kants Leben: Rousseau.

Kants Beta-Seele schrumpft. Seine Alpha-Seele erwacht und wächst. Erst spät schreibt Kant in seinem Leben wichtige Werke. Jetzt erst ehrt er die Menschen, ehrt die Handwerker und die Leute der Straße, die schließlich auch sein Gehalt zahlen.

Im zunehmenden Alter wird die Alpha-Seele Immanuel Kant zur überströmenden Quelle des Wissens. Sie gibt Weisheit ab, anstatt Wissen und Erkenntnis zu verschlingen. Nun – im Alter und als Alpha-Seele – findet sich bei Kant die Ehrfurcht vor dem moralischen Gesetz in ihm selbst, „je öfter und anhaltender sich das Nachdenken damit beschäftigt", wie er selbst schreibt.

Kant hat sein *eigenes* moralisches Gesetz gefunden. Es ist das seiner *eigenen* Alpha-Seele. Kants eigenes moralisches Gesetz heißt: kategorischer Imperativ. Nun sagt uns Kant, wir sollen dieses Gesetz auch in uns finden. Aber es ist nicht da. In uns ist *unser* moralisches Gesetz.

Ich will damit zweierlei sagen:

- Wir tragen alle in uns die Alpha-Seele und damit unser eigenes moralisches Gesetz, dem wir folgen sollten.
- Wir finden es nicht, solange es von der übertriebenen Pseudosinnsucht der Machina oder der Beta-Seele überdeckt wird.

Im Beta-Zustand fühlt der Mensch kein moralisches Gesetz. Er ist erfüllt von der Besessenheit, seinen spezifischen Pseudosinn zu vermehren, und will, dass alle Menschen seine eigene Sicht auf die Welt teilen. (Der Putzteufel will, dass Sauberkeit heilig ist und sonst nichts. Der „Beamte" will, dass prozessurale Ordnung heilig ist und sonst nichts. Etc.)

Wir müssen also ein Leben und eine Welt bauen, die es jedem erlaubt, nach seiner Façon glücklich zu werden, die es jedem möglich macht, nach dem eigenen moralischen Gesetz zu leben. Allgemein aber muss dieses Gesetz gewiss nicht sein.

Als 1788 die Kritik der praktischen Vernunft erscheint, ist Kant 64 Jahre alt. Er hat sich nun Jahrzehnte mit der Idee des Guten denkerisch befasst. Er findet umso mehr Ehrfurcht vor der Erkenntnis des Guten, „je öfter und anhaltender sich das Nachdenken damit beschäftigt". Was hat er also getan? Er selbst? Er hat sich einem quälend langen Weg zum Guten unterzogen. Er fand das Gute für sich selbst nach vielen Jahren. Er fand eine Idee des Guten. Seine.

Je länger und anhaltender sich das Nachdenken beschäftigt, kristallisiert sich heraus, dass Kant doch mehr von Platon hat, als es immer aussieht! Das moralische Gesetz ist nicht ohne den Weg zum Guten im Menschen. Das moralische Gesetz der Alpha-Seele muss sich erst befreien oder entfalten und darf nicht betadominiert sein. Kant hatte in seinen frühen Jahren *nicht* dieses moralische Gesetz in sich, als er noch den Pöbel verachtete.

Ist es denn nach dem kategorischen Imperativ gehandelt, den Pöbel zu verachten?

8.1.2 Erkenntnis des allgemeinen selbst erzeugten Leidens

Jesus hat den Pöbel nicht verachtet. Er wusste um das Leiden der Menschen, die müheselig und beladen sind. Am Kreuz sprach er:

> Vater, vergib ihnen, denn sie wissen nicht, was sie tun.

Machina.

Wenn die Bewältigungsmaschine des Menschen die Aufmerksamkeit auf etwas zu Bewältigendes lenkt, dann ist sie blind für alles andere. Es gibt ein berühmtes psychologisches Experiment von Daniel Simons und Christopher Chabris (Harvard, 1999), in dem Versuchspersonen auf einem Bildschirm eine Art Ballzuwerfen zweier Dreiermannschaften in Weiß und Schwarz verfolgen müssen und sich dabei irgendwelche Vorfälle notieren oder zählen sollen. Für dieses Kontrollieren braucht die Versuchsperson die volle Konzentration. Während des Basketballspiels aber, im Film, geht mitten durch das wilde Gewühl der Spieler ganz ruhig eine Frau mit Schirm hindurch. Nein, stimmt nicht, es ist ein schwarzer Gorilla, der sich auf die Brust trommelt? Kennen Sie das? Es gibt drei verschiedene kurze Videos, mit Frau oder Gorilla. Sie können Sie im Internet finden, zum Beispiel hier:

http://viscog.beckman.uiuc.edu/grafs/demos/15.shtml

Die Versuchspersonen notieren und zählen. Nur etwa die Hälfte sieht die Frau bzw. den Gorilla, so sehr konzentrieren sie sich auf die Aufgabe. Ich wäre ja gespannt, wie die Prozentzahl ist, wenn Pam Anderson durchwandert. Ich meine, mit einem Schirm, wie die andere auch.

Das entdeckte Phänomen heißt „inattentional blindness". Es erklärt vielleicht, warum ich bei meinem am Anfang des Buches geschilderten Autocrash den Stahlcontainer nicht gesehen habe und geradezu erschüttert über meine Blindheit war. Es erklärt, warum Johannes immer etwas „nicht gehört" hat. Neuere Studien zeigen, dass routinierte Autofahrer schlechter Unerwartetes wahrnehmen als unerfahrene.

Der Erfahrene sieht nur noch das Normale und Erwartete.

Wir denken in eingefahrenen Bahnen, sind gewöhnt, routiniert. Wir sind abgehärtet und spüren nichts mehr. Wir haben unsere Machina austrainiert und sehen „nicht mehr viel". Wir sind tendenziell blind für alles, worauf sich nicht unsere Machina richtet.

Insbesondere ist unser aller Machina von klein auf trainiert, das *Bewältigen* des Lebens im Vordergrund zu sehen, nicht das Leben an sich. Unsere Machina wird trainiert, alle Menschen als gleich anzusehen. Wir hassen oder verachten oder misstrauen allen Menschen, die von uns verschieden sind, denn da nach unserer Annahme alle gleich sind, müssen die von uns verschiedenen schlecht sein. Wir glauben an Grundsätze, die uns eingetrichtert wurden: „Niemand darf bei der Arbeit herumstehen, sonst setzt es etwas!" Unsere Machina ist scharf eingestellt, eine bestimmte Sorte von Pseudosinnpunkten einzusammeln. Alles dies habe ich nun im Buch herausgearbeitet.

Wir müssen die Hauptursachen des Leides bekämpfen oder am besten in Kindern nicht zur Entfaltung kommen lassen.

- Es gibt den ursprünglichen Menschen, der ein Individuum ist, insbesondere einen individuellen „Wasser-Sonne-Pegel" braucht.
- Die ursprüngliche „Alpha-Seele" wehrt sich gegen das Sozialisieren oder Einpassen und entwickelt eine Gegenstrategie, die zumindest versucht, die empfindlichen Stellen zu schützen („die Wunde, die durch das Einpassen entsteht").
- Der Zwang, das Leben bewältigen zu müssen und sich einpassen zu müssen, lenkt die Aufmerksamkeit in einer individuellen Weise auf das Leben. Eine Bewältigungsstrategie entsteht. Die Machina entwickelt sich. Die Strategie des Bewältigens richtet sich nach bestimmten individuellen Stellen der Aufmerksamkeit aus, die sich in Pseudosinn verklären: Dank, Wissen, Erfolg, Macht, Lust etc.
- Die Machina steht in Gefahr, ganz übertrieben eine bestimmte Strategie zu verfolgen, sie wird *betriebsblind* (inattentional blindness) gegen alles andere, hält insbesondere „andere" Menschen für „schlecht" oder „verdächtig".
- Kommunikation zwischen Machinae dient in hohem Umfange dem Ziel, die eigene Art dominieren zu lassen. Kommunikation in diesem Sinne ist Kampf.
- Abwärtseskalierende Machinae von „verlierenden oder verlorenen" Menschen zerstören tendenziell den „eigenen" Menschen selbst, weil sie unter der Betriebsblindheit blutgierig etwas erreichen wollen, was ihnen verwehrt ist, solange sie einer falschen Strategie folgen.

Das Blinde gegen das Verschiedene, die Konzentration auf das Bewältigen und nicht auf das Leben, die quälenden und hartnäckigen Bekehrungsversuche an anderen („Sieh es so wie ich! Verdammt noch mal!"), die Verklärung der eigenen Einpassungsstrategie als Pseudosinn erzeugen das Leid.

Einpassende Erziehung und Menschenführung erzeugen die Hauptmasse des Leidens der Welt. Sie erzwingen den Aufbau einer Machina im Menschen, die praktisch biochemisch fest in den Körper gebrannt wird, die physikalisch in den geänderten Gehirnwellenfrequenzen sichtbar wird. Die Erziehung ist nicht etwa nur „Gehirnwäsche", sondern definitiver Körperumbau, der überhaupt nicht mehr, eventuell teilweise oder nur sehr schwer rückgängig zu machen ist.

Wir Menschen erzeugen das Leiden selbst, weil wir die Konsequenzen des „nicht artgerechten" Körperumbaus nicht verstehen und auch daher in uns nicht mehr sehen.

8.1.3 Erkenntnis der eigenen Machina – „Halt ein!"

Was soll nun ein Mensch tun, der hier sieht, dass er vielleicht eine Machina haben könnte?

Speziell: Haben *Sie* eine? Welche?

Ich habe meine eigene über Monate und Jahre zu finden gesucht. Die Stelle, wo sie für andere zu sehen ist, war ganz leicht zu finden. Ich muss nur hören, wann andere sagen: „Hör auf!" Sie sagen speziell mir, ich wolle alles zu genau wissen. Es ist nicht schlecht, alles sehr genau zu wissen – solange ich es für mich behalte. Wenn ich aber Vorlesungen darüber halte und Monologe von mir gebe? Dann werden die Mitmenschen närrisch. Sie wollen es nie so genau wissen wie ich. Es reicht ihnen gröber. Mir nicht. Ich möchte es genau wissen. Ich habe also von den Dingen eine andere Wahrnehmung als andere. Meine Seismografen sind empfindlicher auf sachliche Richtigkeit eingestellt als bei anderen. Andere wollen es nur so genau wissen, wie es praktisch relevant ist. Darüber hinaus, sagen sie, ist Wissen irrelevant und nicht mehr nützlich, sondern nur noch belastend. Ich aber finde, man müsste die genaue Wahrheit kennen. Wahrheit kennt keine Nützlichkeitsgrenze. Insofern ist reiner Wahrheitsdrang für andere Menschen glatt *übertrieben* und auch unnützer Ballast. Sie sehen hier wieder als gute Illustration: Meine größte Stärke und meine größte Schwäche fanden sich am selben Punkt wieder. Warum will ich alles so genau wissen?

Das ist eine gute Frage. Wenn ich überhaupt alles wüsste, wäre ich dann zufrieden? Warum? Mir dämmerte, dass der Hauptvorteil von Wissen darin liegt, anderen überlegen zu sein: Wissen ist Macht. Ich werde nicht mehr verhauen, wenn ich als einziger die Lateinhausaufgaben zur Schule mitbringe. Meine Mutter strahlt mit einem so milden verklärten Blick, wenn ich alles genau weiß und andere nicht. Sie lässt mich dafür in Ruhe Bücher lesen und streitet mehr mit meiner Schwester, die souverän Widerworte gibt – da ist wiederum *ihre* größte Stärke und Schwäche. Will ich also wirklich alles wissen? Warum?

Wenn man mich denn immer und heilig geschworen in Ruhe ließe, wenn ich bei vollem Gehalt in Rente gehen könnte und freiwillig weiterarbeiten dürfte, wenn mich niemand mehr angreift: Würde ich dann weiter Wissen speichern wollen? Warum? Ich muss ja nicht mehr der Beste sein. Solche Fragen habe ich mir nicht ganz explizit gestellt, aber ich hatte so ein ganz leeres Gefühl, wenn der Angriffsdruck nachließ. Als ich meine Habilitation bestanden hatte, war ich ganz leer. Als ich bei IBM die höchstmögliche Gehaltsstufe eines „Techies" bekam (die eines „Distinguished Engineer") war ich völlig leer. Die Machina entspannt. „Alles" ist erreicht. Was nun? Kein Angreifer da. Nichts mehr zu beweisen. Der Marathonläufer fällt nach dem Ziel zu Boden und ruht. Da sagen die Manager: „Nach dem Erreichen hoher Ziele ist es schwer, sich noch höher hinauf zu motivieren." Oder in meinen Worten: „Wenn das Pseudosinnziel erreicht ist, muss man für die Machina ein größeres suchen, nach dem sie sich nun voll und ganz verzehrt. Sonst ist die Machina unruhig, ganz ohne Feind. Man muss sie wieder neu auf etwas hetzen." Es heißt dann: „Ältere Mitarbeiter haben keinen Biss mehr."

Das ist spätestens eine Zeit, in der die Machina in Pension gehen könnte.

Ich weiß einen entscheidenden Termin noch ganz genau. November 1999. Ich kam nach Hause und sagte leise zu meiner Frau: „Du, etwas verändert sich in merkwürdiger Weise. Ich habe gerade die Kommentare zu meiner Rede bei IBM bekommen. Früher schrieben sie immer ‚toll' oder ‚interessant', und jetzt absolut nichts dergleichen, aber vier Mal das Wort ‚authentisch'. Ich schaue gleich einmal im Wörterbuch nach, was es ganz *genau* bedeutet." Ich schlug nach und fand nur „echt". Ich schaute damals ziemlich ratlos. Im November 1999 schrieb ich gerade die ersten Zeilen von *Wild Duck*. Irgendetwas ist in mir passiert in jener Zeit. Das Buch *Wild Duck* hatte damals noch den Arbeitstitel „Lebenssinndesign". Irgendetwas hat mich in dieser Zeit „zurecht gebracht". Ich beiße wohl nicht mehr so wie früher. Und genau seitdem kommen Menschen, die sich früher vor meinen Monologen fürchteten, nun mal von selbst vorbei, eine Antwort zu bekommen. Werde ich jetzt „Alpha"? Bin ich es schon? Wie weit? Oder bin ich nur alt geworden? Ich fühle mich freier. Ich fühle, dass ich bei den nun schon jahrelangen Gesprächen mit Ihnen schneller „wachse" als jemals in meinem Leben. Das Verändern und Wachsen ist Lohn in sich selbst. Ich beginne zu spüren, was das wäre: in sich selbst Lohn zu sein. Das Werden ist wirklich „Lohn" in sich selbst! So könnte auch Tugend Lohn in sich selbst sein, was Kant nicht glauben will und dafür einen Gott einspannt? Das Werden ist eigentlich nicht Lohn in sich selbst. Die Frage des Lohns stellt sich nicht … Ich brauche kein Wofür, Wozu. Es wächst eine Kraft in mir. Ist das „Alpha"? Das *muss* Alpha sein!

Und wozu musste all das früher sein? Die Angst, etwas nicht zu wissen? Die Angst, dass mir andere im Wissen „über" wären? Die Angst, die Angst, die Angst … ich wuchs auf dem Bauernhof auf und war nie „Bauer". Ich wollte nie Trecker fahren, nie. Ich war anders. Meine Mutter fand mich nie *anders*. Sie findet mich natürlich *besonders*. Vielleicht musste ich besonders sein, um anders sein zu dürfen. Aber ich wollte im Eigentlichen betrachtet weder besonders noch anders sein – nur ich selbst. Und irgendwann – ja, irgendwann schaffe ich das. Und ich merke, wie es mich zieht … Und ich schaudere, wie lang es sich hinzieht. Warum so spät?

Ach, das wollte ich alles gar nicht schreiben. Ich wollte ja *Sie* fragen, wie das bei Ihnen ist. Wo sind Sie denn übertrieben? Was sagen Ihnen die anderen?

Nun jammere nicht immer.
Die Menschen sind jedenfalls besser als du denkst.
Die Menschen sind nicht so gut, wie du immer denkst.
Mach auch mal einen Fehler. Was soll's!
Du kannst nie verlieren!
Tu doch nicht immer gleich, was ein anderer sagt!
Denk auch mal an dich!
Ja doch, wir lieben dich! Ja, hör doch!
Du musst auch einmal langweilige Arbeit tun. Los!
Du musst auch einmal niedrige Arbeit tun. Sei dir nicht zu schade.
Du hältst dich wohl für etwas Besseres?

Wann sagen sie zu Ihnen: „Hör auf! Halt ein! Immer dieselbe Tour! Immer dieselbe Leier! Damit bist du noch nie durchgekommen! Alle sagen dir das! Gib doch Ruhe!"

Wo gehen Sie auf die 300-Prozent-Palme?

8.1.4 Intermezzo – Übertriebenes

Jetzt erschrecke ich Sie ein wenig und zähle ein paar Möglichkeiten auf, wann Psychologen meinen, jetzt sei es schon sehr stark übertrieben. Es wird noch nicht so schlimm, keine Angst, ich gebe später allerdings eine eingehendere Gefahrenschilderung, wenn ich auf die artgerechte Haltung der verschiedenen Menschenarten zu sprechen komme. Jetzt lege ich Ihnen nur einmal eine Liste gängiger Persönlichkeitsstörungen vor. Ich möchte damit nur ausdrücken, dass diese „Störungen" alle starke Übertreibungen von Machinae darstellen, sonst nichts.

Der Schizoide: Er wirkt kalt, ungerührt, kommt nicht gut mit Menschen klar. Wenn er kommunizieren muss, wirkt es aufgesetzt oder „nachgemacht". Innen drin steckt oft eine ganz zarte, warmherzige Persönlichkeit, die nur für Eingeweihte erkennbar ist, die ihn kennen lernen dürfen.

Die vermeidende, zurückgezogene Persönlichkeit: Sie fühlt sich sehr unsicher, wie sie zur Welt passt. Sie testet unaufhörlich. „Bin ich gut? Wie finden die mich? Habe ich etwas falsch gemacht? Muss ich mir einen Fehler ankreiden? Ich bekomme es schon an den Nerven! Ich muss warten, bis sie mich einmal loben, aber sie sagen partout nichts! Verdächtig!" Sie behandelt das in sich selbst. Es bildet sich ein Stapel von Ärgerlichkeiten aus dem Arbeits- und Familienleben, über die nur im Innern verhandelt wird – so wächst der Stapel und die vermeidende Person sieht hilflos zu. Selbstmisstrauen und hochgradige Empfindlichkeit entstehen. Durch ihr Verhalten isoliert sie sich.

Der Depressive: Er ist traurig und melancholisch, fühlt sich dauernd ungeliebt. Er glaubt, dass ihn andere hassen. „Es muss in mir etwas sein, was die Leute nicht mögen. Es muss angeboren sein. Ich selbst mag mich auch nicht." Selbstvertrauen und Eigenwertschätzung gehen im Selbsthass verloren. Der Depressive bildet eine Art Wahn aus, inferior zu sein und allgemein abgelehnt zu werden. Er selbst ist voller Hass auf die, die ihn vermeintlich ablehnen. Er versinkt in Hoffnungslosigkeit und Hilflosigkeit.

Der Narzisst: Er trägt offen das Selbstgefühl der Superiorität herum, in Rede, Geste und Kleidung. Er muss Reichtum oder Nobelpreise gewinnen, mindestens ein Star werden. Alle lieben ihn! Zumindest kann er das erwarten. Diese Erwartung wirkt wie Aggression auf die anderen Inferioren, die ihn arrogant finden und deshalb nie richtig würdigen.

Der Hysterische (Theatralische): Er versucht ständig, mehr zu scheinen, als er ist, übertreibt dafür insbesondere Gefühle und „spielt großes Theater". Wehe, er wird nicht beachtet! Extreme Aufmerksamkeit, bitte! Sonst wird geklagt, gejammert oder „ausgeflippt". Die anderen werden beim „hysterischen Anfall" zu Opfern gezwungen (Und nicht etwa vernichtet, wie die Opfer meist denken. Die Opfer verstehen nicht, dass es ein „theatralischer" Anfall ist, der nur 99 % echt ist. „Ich bringe mich um!" Wirklich?). Es geht um das Befriedigen des Geltungsbedürfnisses. Pathos, Lautes und Lebendiges werden bevorzugt.

Der antisoziale „Psychopath": Er ist emotional stumpf und mitleidlos, hat kein Gefühl für Zurückhaltung oder Scham, wirkt kalt oder irgendwie „ungnädig" und herzlos. Er ist bärbeißig und brutal. Keine Skrupel. Er prahlt mit Siegen, übertreibt und verherrlicht. „Brustklopfender Gorilla", Fuß auf dem Besiegten. Übertrieben impulsiv, keine Reflexion, wenig Planung oder Überlegung. Es geht um den „quick win", die schnelle Mark, fast aus einer augenblicklichen Laune heraus. (Deshalb werden Verbrecher meist so schnell erwischt.)

Der Sadist: Ihn fasst oft eine explosionsartige instinktive Gier, die sofort befriedigt werden muss. Wenn dies nicht geschieht, wenn sich also das Objekt der Begierde nicht fügt oder ihm zur Befriedigung dient, so hasst er es grenzenlos und lässt es wenigstens dafür leiden. Im Extremfall wird es zerstört bzw. getötet, zumindest sollte es Todesfurcht zeigen. „Zerstör, was du nicht bekommst."

Der besessen Zwanghafte: Er fühlt sich, als ob dauernd etwas von ihm verlangt würde, und hat Sorge, nicht zu genügen. Er fürchtet Anschuldigungen für Fehler. Er versucht, ganz fehlerfrei zu werden. Ständig hat er dabei das Gefühl, nicht genug zu tun. Er flüchtet sich in Disziplin, Formales, in Höflichkeit und Regeln, regt sich bei Neuem oder Innovativen wie über Verbotenes auf. Er wirkt rigide, kontrolliert, distanziert, korrekt, exzessiv ordentlich und reserviert. Er kann vor lauter Perfektionsanspruch nicht gut entscheiden, käut alles wieder und grübelt über den unfehlbaren Plan. Der Zwanghafte ist die Gewissenhaftigkeit in Person, kann Puritaner oder Bürokrat sein, der alles perfekt macht. Er kann „Horter" werden, sammeln oder speziell ein Geizhals sein. Er kann von der immer bedrückten Unterart sein, die immerzu über den Kompromiss zwischen Eigeninteresse und dem Zwang zur Konformität gespalten ist.

Der Negativist: Er gilt als übellauniger Depressiver. Er ist zäh und verbissen pessimistisch, leicht reizbar und böswillig. Er freut sich, wenn etwas schief geht! Er hat es gewusst! Er hat vorher schon gehässig genörgelt! Niemandem will er wohl. Er manipuliert und schwärzt an, ist verbal aggressiv. Trotz alledem verbleibt der Negativist in dauerhaften Beziehungen. Er muss dort aber dauernd verteidigen. Andererseits ruft er unablässig nach Unterstützung: „Da müsste das Gesetz geändert werden!" – „Warum erlaubt das der Chef?" – „Ich möchte, dass mir alle zuarbeiten!" Wenn er merkt, dass jemand etwas von ihm will, fühlt er sich bedrängt und sagt unweigerlich: „Schon mal nein. Was willst du? Nur aus Interesse!" Er vermeidet aber jeden offenen Konflikt, um nicht offen abgelehnt zu werden. Er ist unter allen Evidenzen überzeugt, seine Pflichten zu tun, neidet anderen die bessere Performance und beklagt sich über unfaire Behandlung.

Der Abhängige: Es wäre ihm am liebsten, die anderen sorgen weiter für ihn. Er identifiziert sich mit dem, der ihn füttern soll. Wenn das die Mutter ist? Dann spielt er die Mutter in allen Beziehungen und sorgt und schenkt. Er braucht eine starke Person, die für ihn die Entscheidungen übernimmt. Er benötigt ständige Bestätigung dieses „Partners", der immer der Boss für ihn ist: „Lobe mein armes kleines Ich! Bin ich so, wie du mich willst? Bin ich schon wie du?" Alleinsein ist schrecklich, er muss sorgen und helfen. Das, was er besser allein tun sollte – Entscheiden und Verantwortung übernehmen –, kann er nicht. Er stimmt aller Autorität zu und opfert dafür alles Eigeninteresse. „Wir machen Ski-Urlaub!" – „Oh, schön, ich wollte schon immer mal Ski fahren. Ich bin bisher nur im Sommerurlaub gewesen." – „Nein. Ski!" – „Oh, Schatz, wie ich mich freue!" Der Abhängige fühlt sich anderen gegenüber nicht adäquat und lässt immer anderen die Initiative.

Es gibt noch Hyperaggressive, Schizophrene, Süchtige, Borderlinekranke oder psychosomatische Opfer, Esssüchtige, Magersüchtige und so weiter und so weiter.

Gehen wir die Liste noch einmal kurz durch? Sehen Sie, dass alle diese Menschen wie unter einer Wunde zucken und zucken?

- Schizoide sind schwach und kapseln sich nach innen ab.
- Vermeidende Personen isolieren sich, weil sie schrecklich verunsichert sind.
- Depressive fühlen sich gehasst und geben sich auf.
- Narzissten lieben sich als Abwehr anderer selbst und machen sich so autark.
- Hysteriker täuschen vor, was dann gelobt und beachtet werden *muss*.
- Psychopathen hauen zu oder siegen um jeden Preis.
- Sadisten können Ablehnung nur unter Qualen ertragen.
- Zwanghafte vermeiden Schuld durch Perfektion.
- Negativisten leisten einer ungünstigen Umgebung Widerstand.
- Abhängige schlüpfen zum Schutz in einen Ernährer.
- Hyperaggressive sehen alles als Wettbewerb, haben es eilig, müssen gewinnen.

Können Sie sich die Wunden vorstellen, die sie empfingen? Ja? Sie sollten jetzt auch sofort sehen, ob es richtige, wahre oder natürliche Menschen mit Wunden sind, nicht war?

Das ist nicht so ganz trennscharf, ich entscheide es für mich unter unsicherer Doppelnennung so:

- Sadisten, Psychopathen, Hyperaggressive, Narzissten, Hysteriker und Süchtige sind eher natürliche Menschen.
- Zwanghafte, Hysteriker, Vermeidende, Masochisten und Negativisten sind eher richtige Menschen.
- Depressive, Schizoide, Vermeidende und Abhängige sind eher wahre Menschen.

Die Natürlichen können den Lebensgeist nicht entfalten und werden neurotisch. Sie erheben sich über das System oder verlassen es mental.

Die Richtigen verheddern sich im System der Menschen. Sie funktionieren dort nicht richtig. Sie fliehen in Anpassungs- und Täuschungsstrategien.

Die Wahren ziehen sich entmutigt und schwach zurück – der Schizoide zum Beispiel in die Wissenschaft oder vor den Computer, der Abhängige wie ein Einsiedlerkrebs in eine fremde Persönlichkeit, wo er „Frieden" findet, der Depressive in die verzweifelte Suche nach einer Liebe in dieser Welt. Der Vermeidende ist ganz unsicher in sich.

Sie können diese menschlichen Schwächen auch gleich noch in Autarke, Normsoziale und Liebende einteilen. Das sieht dann ungefähr folgendermaßen aus:

- Psychopathen, Zwanghafte, Vermeidende und Schizoide wählen autarke Strategien.
- Narzissten, Sadisten, Negativisten und Abhängige operieren in Beziehungen.
- Depressive, Hysteriker und Süchtige lösen ihre Probleme im starken Gefühl.

Damit habe ich die vielen Wunden offen gelegt.

Sie liegen ganz frisch aufgebrochen da.

Wissen Sie, warum die Wunden so furchtbar aussehen?

Es ist kein Verband drauf.

Ein Verband über die Wunde wäre Pseudosinn! Viel Pseudosinn müsste drüber geschmiert werden! So, wie ich die Menschen hier schildere, sind sie Muscheln ganz ohne Perle. Sie haben nichts, mit dem sie sich schützen.

Schutz und Perle der Muschel wäre „Expertise" für Schizoide, „Liebe" für Depressive, „Star sein" für die Narzissten, „Macht" für die Psychopathen und so weiter.

Neurotische Menschen sind also die ohne Schutz, ohne Wertgefühl und ohne Pseudosinn.

Und ich frage Sie abschließend:

Sind irgendwelche Alpha-Seelen darunter? – Nein! Sie sind alle Habenwollende, keine Quellen.

8.1.5 Deeskalation – „Weniger vom Gleichen!"

Wenn Sie einen solchen Menschen kennen – was raten Sie ihm?

Wir wissen es. Es gibt nur einen kurzen Rat. Er heißt:

> Hör auf! Treib es nicht so weit!

Und wir meinen eigentlich im Kern:

> Bitte, komm zurück! Der Sinn ist diesseits! Mehr bei uns!

Alle obigen Leidenden verfolgen Abwärtseskalationsstrategien. Der Narzisst nervt mit Bewunderungsaufforderung und Arroganz und wird abgelehnt. Der Schizoide zieht sich zurück und kommt dann immer noch weniger mit Menschen klar. Der Psychopath will Freiheit und Achtung durch Draufhauen erzwingen und wird eingesperrt. Süchtige werden süchtiger. Depressive depressiver. Abhängige abhängiger. Hysteriker müssen immer stärker Theater spielen und ausflippen, weil die Täuschung entdeckt wird. Zwanghafte werden immer besessener.

Sie alle rennen vor einer neuen Verletzung davon.

Alle in die falsche Richtung.

Wo ist also der Sinn des Lebens?

Schauen Sie dorthin, wo Sie ihn vermuten, drehen Sie sich um und gehen Sie los.

Das heißt bei Jesus: *Umkehr*. In anderen Religionen: *Loslassen*. Befreien der Seele. Wiederfindung. Rückkehr des verlorenen Sohnes.

Leider denken die meisten Botschaften der Philosophie und Religion, der Mensch müsse nur sehen, wie sündig er sei. Dann solle er bereuen und umkehren.

Für Mörder mag das gehen.

Aber was soll der Schizoide bereuen? Er hat Angst! Was soll der Narzisst bereuen? Er findet sich gut, nur die anderen denken das nicht! Usw. Sie alle haben endlich eine Strategie gefunden, mit dem Leben umzugehen. Sie sind schon lange in einem eskalierenden Kampf – und nun umkehren?

Wie sage ich es meinem Kinde?

Wie sagen wir dem Narzissten, er sei ein Kotzbrocken, dem Hysteriker, wir haben ihn durchschaut und sind sein Theater satt?

Es ist fast unmöglich umzukehren. Dabei sieht es betörend leicht aus: Nur umdrehen und zurückgehen. Aber wenn wir versuchen würden, uns umzudrehen und wiederzukommen, was geschähe?

Der Schizoide würde den Menschen näher kommen. Seine Seismografen würden wild Alarm schlagen. Er würde Schmerz erleiden. Die Menschen wären verwundert, dass sie ihn so nah sehen und sie würden ihn komisch finden, so nah. Sie würden über das Unbeholfene lächeln! Und so stünde der Schizoide im Regen. Kann er denn einfach zurück?

Der Zwanghafte, der zurückkommen will, müsste weniger perfekt arbeiten, also in seiner Wahrnehmung Fehler machen und Schuld sein. Daraufhin würden seine Stromschlagseismografen zucken und Alarm schlagen. Die anderen Menschen aber, die ihn einen Fehler machen sehen, würden vor Freude tanzen wie auf einem Fest! So sehr hatten sie unter dem Perfekten gelitten. Da zuckt der Zwanghafte und steht im Regen.

Der Verbrecher würde versuchen, den Menschen näher zu kommen. Er steht nicht mehr in der Zeitung, die Menschen müssen sich nicht mehr vor ihm fürchten. Er ist nun erst einmal nichts mehr. Da lachen die Menschen über ihn, die vorher unter ihm stöhnten. Manche rächen sich sogar. Und der Verbrecher steht im Regen.

In Kubricks Film *Clockwork Orange* kommt der Verbrecher nach einer Wunderbehandlung und „Heilung" in die Gesellschaft zurück. Da rächen sich Eltern und Opfer an ihm. Der verlorene Sohn kehrt zurück und wird blutig geschleift.

Es ist gar nicht so einfach, *trotz* der anderen Menschen zurückzukommen. Um den 300-Seismographen eines Verwundeten hat sich ein kunstvolles System von Abhängigkeiten gebildet. Ein Netz, in dem er nun gefangen ist – ein Netz, in dem ihn die anderen Menschen gefangen halten. Ich habe die Mutter geschildert, die den

Sohn nie zum König, aber schizophren macht. Würde man den Schizophrenen heilen, so wäre noch das System der Mutter da. Die sitzt dann am Bett und sagt: „Ach, du liebst mich nicht!“ Und alles ist mit einem einzigen Satz dahin.

Und trotzdem müssen wir irgendwie zurück.

Ein Vater hat einmal seinen Sohn in der Schule entschuldigen müssen, der einige Wochen „gestört“ hatte. Er ging zu den einzelnen Lehrern und garantierte ihnen Besserung des Sohnes, wenn sie ihn dafür jetzt eine Zeit lang „gern hätten“ und „wieder aufnähmen“. Sie sagten – „im Gegenteil!“ – der Sohn müsse nun Reue zeigen. Der Vater bestand auf „Liebe“. Schließlich gingen sie darauf ein, hielten ihr Wort und waren sehr erstaunt, dass das Problem relativ rasch verschwand. Fazit: Das ganze System muss geändert werden, wenn ein verlorener Sohn zurückkommt. Wie in der Bibel, als der Daheimgebliebene sich über die freundliche Aufnahme des Verlorenen beklagt: „Du solltest aber fröhlich und gutes Muts sein; denn dieser dein Bruder war tot und ist wieder lebendig geworden; er war verloren und ist wieder gefunden.“ (Lukas 15, 32).

Aber wer schlachtet schon ein gemästetes Kalb und gibt dem Verlorenen einen Fingerreif?

8.1.6 Wiederfinden der eigenen Quelle, geht das?

Manchmal findet ein Mensch zur Seele zurück, wenn er ganz unten ist.

„Und er begehrte seinen Bauch zu füllen mit Trebern, die die Säue aßen; und niemand gab sie ihm.“ (Lukas 15, 16). Ich glaube, so ist es eher selten. Meist gibt es eine Abwärtseskalation, bis die Hoffnung zuletzt stirbt.

Wenn ein Schwerverwundeter zum Psychotherapeuten geht – was soll dieser dann tun? Er wird das „Aufhören“ einzufädeln suchen. Er wird das Erzeugen von Perlen anregen, damit der Verwundete ein Pflaster auf die Wunde bekommt und ein „Erfolgserlebnis“ spürt. „Siehst du, wie gut es geht?“ So funktioniert „positive Verstärkung“ in eine gewünschte Richtung.

Eine Behandlung dauert Jahre. Das muss sie wohl auch?

Wie wären die Seismografen im Körper abzubauen? Wie die physische Körperreaktion auf Seismografenausschläge zu lindern?

Kant hat oben seine Wendung von „Pöbel verachten“ zu „Menschen verehren“ beschrieben. Das ist nicht nur „Hör auf!“ und „Lass los!“, das ist so etwas wie „komplett zurückgegangen“, nicht wahr?

Schauen Sie im Geiste einen Menschen voller Verachtung an. So verachtungsvoll Sie nur können. Konzentrieren Sie sich voll auf das Verachten. 300 % Erregung! Fokus! Böse schauen!

So und nun wechseln Sie innerlich auf Verehrung. Totale Verehrung!

Wie fühlt sich das an? Ganz entspannt – ganz ruhig. Es wird ruhig und wärmer. Ein Lächeln bricht durch die schwarzen Wolken. Nichts ist mehr so wichtig wie vorher, alles entspannt. Es zuckt nichts.

So spüren Menschen oft eine gewisse Erleichterung, wenn sie wissen, dass sie sterben müssen. Sie wirken schon im Diesseits erlöst. Was soll noch das Unsichere, das Traurige, das Verschlossene, wenn es bald vorüber ist? Sehen Sie sich die entspannten Arbeitskollegen an, die gekündigt haben! Die pensioniert werden! Sie *verklären* sich. Nun erst, ohne Seismografen, sehen sie wenigstens zeitweise klar, sehen also den wahren Wert der Dinge, können ihn überhaupt sehen, weil nichts ausschlägt.

Warum können wir nicht loslassen? Weil wir Angst vor dem Zucken haben, das eben leider nur „vor dem Tod" von selbst verschwindet. Wer wirklich loslassen will, muss einen inneren Kampf mit seiner Machina aufnehmen. Die hat die Alpha-Seele unterdrückt, und sie muss wieder in die Rolle des Dieners zurück. Stellen Sie sich vor, die Alpha-Seele ist der Chef und die Machina der Diener. Die Seele will innere Ruhe, aber der Diener macht Stress.

Seele: „Ich würde mich gerne mit der Nachbarin aussprechen und vertragen. Geh hin Machina und bewältige das." Machina: „Sie ist doof. Es bringt nichts. Sie wird brüllen. Sie hat uns beleidigt. Außerdem habe ich Angst, mich zum Gespött und zum Narren zu machen, und dafür werde ich nicht bezahlt."

In diesem Sinne sollten Sie sich kurz einmal als Chef Ihrer Machina fühlen.

Sie stellen sich ein gutes Leben vor. Sie beauftragen Ihre Machina, Ihr Leben wie gewünscht zu managen. Sie erklären der Machina die Arbeitsziele und die bewilligten Ressourcen. Sie sagen: „Go!" Und dann beobachten Sie als Chef einmal, wie es die Machina anstellt, Ihnen ein gutes Leben einzurichten. Bei dieser Übung werden wir fast alle feststellen, dass unsere Machina eben *nicht* gut funktioniert, dauernd mosert, herumbrüllt, sich um unangenehme Aufgaben drückt und vieles aufschiebt und das meiste aus Unvermögen und Angst einfach liegen lässt.

Was ist zu tun?

Wir müssen unsere Machina ausbilden. Dann kann sie unserer Seele dienen. Jeder von uns hat eine andere Seele, also braucht jede Machina eine andere Ausbildung. Dafür ist unsere Seele als Chef verantwortlich.

Und bei ganz vielen Menschen fragen wir uns, wenn wir ihnen in die Augen schauen: Wo ist der Chef? Hat er sich verdrückt? Ist er verschwunden? Hat er alles dem Verwalter, der Machina, übergeben? Wo hat er sich verkrochen?

Will er überhaupt noch Chef sein?

Zum Alpha-Leben gehört große *Tapferkeit*, die wir als *Tugend* heute vergessen haben. Gehen Sie einmal in Ihrer Innenstruktur wie ein Chef spazieren und machen Sie Inventur. Wenn Sie dann das Verzagen greift, wissen Sie, wie tapfer man sein muss, glücklich zu leben, wenn man nicht schon von Anfang an artgerecht erzogen wurde und mit der Gnade einer guten, haushaltenden Bewältigungsmaschine aufwuchs. Wir müssen tapfer gegen das irgendwie beim Umpflanzen entstandene Unsinnige angehen, es umdrehen und die frei werdenden Energien in den Alpha-Bereich leiten.

8.1.7 Machinae der anderen

Wir fürchten uns immer nur grässlich vor dem eigenen Zucken. Das der anderen nehmen wir nicht so wirklich ernst. Das macht das Leben ziemlich schwer. Unsere Strategien, die uns schützen, verwunden die anderen.

Diesen Sachverhalt habe ich schon provokativ so ausgedrückt:

„Kommunikation ist Kampf." Oder sinnloser Krieg mit hohen Verlusten.

Carlo Cipolla hat eine pfefferscharfe Satire mit dem Titel *Die Prinzipien der Dummheit* geschrieben. Sie findet sich im Buch *Allegro ma non troppo*. Cipolla definiert Dummheit darin als eine Handlungsstrategie, die anderen schadet, ohne einem selbst zu nützen.

Ich gebe dieser Definition hier eine bestimmte Deutung. Wenn zum Beispiel der Narzisst anderen Menschen sagt: „Ich liebe mich. Liebt mich auch, ich bin so schön!" Dann denkt er im Innern, es nütze ihm. Er fühlt sich gut. Es scheint ihm zu nützen. Deshalb sagt er es ja. Von außen gesehen wird er verabscheut – die anderen Menschen wenden sich ab. Damit schadet sich der Narzisst selbst, ohne es zu merken. Er schadet den anderen, weil er ihnen durch seine Selbstliebe wehtut, die wie Arroganz bei den anderen ankommt. Im objektiven Sinne also schadet der Narzisst sich und anderen. Im subjektiven besiegt er sie und nützt sich selbst.

Oder: Der Schizoide zieht sich zurück und fühlt sich sicherer. Der Rückzug nützt ihm subjektiv. Objektiv aber stößt er andere vor den Kopf und isoliert sich zu seinem Schaden.

Deshalb sind im objektiven Sinne sowohl der Schizoide als auch der Narzisst nach Cipolla dumm. Das waren aber nur *zwei* Beispiele und Sie sehen sicher schon die allgemeine Erkenntnis dahinter: Wer seinen Hauptseismografen pflegt oder seine Beta-Seele oder die Machina vor dem Zucken schützt, schadet sich und anderen im objektiven Außensinne, während er im Innensinne glaubt, sein Tun sei nützlich, weil es Gefahr abwende und die Wunde schütze.

Cipolla hat dieses kosmetische Pflegen der Hauptseismografen nicht in seine Theorie einbezogen. Er meint mit „dumm" so etwas wie „in der realen Welt dumm", ohne weitere Unterscheidung. Es ist ja eine Satire – und alles hier Besprochene ist ja vom Material her gar nicht so lustig.

In diesem Lichte bekommen Sie nun von mir als Hammerschlag sein erstes Prinzip der Dummheit zu lesen: Der prozentuale Anteil der Dummen wird immer unterschätzt, weist Cipolla nach. Schreiben Sie heimlich eine Prozentzahl auf einen Zettel, die nach Ihrer Ansicht den Anteil der Dummen schätzt. Dann, so das erste Prinzip der Dummheit, haben Sie zu *niedrig* geschätzt.

Das zweite Prinzip besagt, dass die Dummheit unabhängig von allen anderen Eigenschaften des Menschen ist, also auch unabhängig von seiner Intelligenz oder Körperkraft oder seiner Fähigkeit, kunstvolle Kaugummiblasen oder Rauchringe erschaffen zu können. Sie sehen das deutlich, sagt Cipolla, wenn Sie in Sitzungen von sehr intelligenten Menschen etwas Wichtiges diskutieren und sich dann aber leider alle an einer winzigen Hauptstromausschlagfrage festbeißen. „Das will ich aber ganz genau klären!" Die ganze Sitzung platzt. Alle stöhnen. Alle haben lange gesessen und gerungen und anderen geschadet, ohne sich selbst zu nützen. Egal welches Meeting Sie besuchen, egal, ob nur Nobelpreisträger oder Kirchenälteste drinsitzen: Der Prozentsatz der Dummen ist immer der gleiche. Sehen Sie hin! Schreiben Sie im nächsten Meeting auf, wie viel Dumme dort sind! Nach dem ersten Gesetz ist Ihre Zahl zu klein. Usw. Lesen Sie das köstliche kleine Büchlein.

Aber sehen Sie: Wenn Sie ein besserer oder guter Mensch werden wollen, hat es im Wesentlichen erst einmal nur mit ihrer zuckenden Körperhardware zu tun, die falsch eingestellt ist. Es hat nichts mit Perlen zu tun, die nur lindern. Nichts mit Leistungen, guten Noten, tollem Aussehen. Nichts.

Leider sind wir also mit unserer schlechten Machina nicht allein. Die anderen Menschen sind im Realen genau so dumm wie wir. Alle sind wir im Realen ziemlich dumm, denn wir schaden anderen real, ohne uns selbst zu nützen. Das einzige, was immerfort allen Nutzen dieser Welt bekommt, ist der Hauptstromseismograf, vor dem wir als wirklichem Herrn unserer subjektiven Welt zittern.

Sehen Sie das bei den anderen nicht hell und klar? Sehen Sie, dass die anderen diesen Hauptseismografen nur ausschalten müssten? Wo ist der Schalter? Tappen Sie im Dunkel nach dem Schalter. Legen Sie ihn um. – Es wird heller. Wo sind Sie? Vorher waren Sie im falschen Theater, und nun?

8.1.8 Sonne und Wasser wie Großeltern schenken – Alpha-Quelle

Erleben Sie das noch? Das Hellere?

Es fühlt sich an wie die Arbeit eines kleinen Hausmeisters, der eine Million Euro im Lotto gewann, dieses Faktum allen verschwieg und nun wie eh und je weiterarbeitet. Er nahm sich vor, niemals einen Euro von dem Geld oder den Zinsen abzuheben. Er weiß aber nun in jedem Moment seines Lebens, dass er frei ist.

Frei!

Das Zucken seiner Seismografen hört langsam auf. Er wird ein guter, geachteter Hausmeister. Er hat vorher „den Pöbel" verachtet und wird nach einigen zufriedenen Jahren die Leute im Hause verehren. Nach und nach aber wird er von allen verehrt …

Können Sie sich ein solches Beispiel vorstellen? Manche berichten so etwas nach schweren Unfällen, die sie zum „Umdenken" brachten. Ich glaube ja nicht, dass man „denkt", sondern so ein Lottogewinn oder ein Unfall zucken ganz ungewohnt anders einmal durch die ganze Körperhardware, so dass sich diese dabei verletzt und neu stabilisiert. Die Seismografen und ihre Schwellen stellen sich neu ein, weil durch das seltene Sonderereignis einmal ein Seismograf noch stärker zuckte, als es jemals der Hauptseismograf vermochte.

Das Verlieben ist so etwas, was offenbar ziemlich viele wieder einmal in meinem Alter packt. Ein Jahr im Ausland kann ebenfalls Wunder wirken! Das Ausziehen bei den Eltern als Student zuckt einmal durch den Körper.

Etwas *anderes* kann helfen, die Kraft des Körpers zu brechen und die Hauptseismografen zu relativieren. „Schickt den Putzteufel ein Jahr in den Regenwald!"

Die andere Methode ist das langsame Ruhigwerden im Alter. Großeltern erziehen die besseren Kinder. Ja, wenn Großeltern nun auch noch über neueste Popmusik reden könnten und nicht in der Vergangenheit lebten – ja, dann wären Großeltern ideal. Sie können loslassen und lieben. Sie brauchen keinen Lottogewinn mehr, sie sind frei.

„Du, warum bist du eigentlich mit unseren Neffen so gutmütig, während du gegenüber den eigenen Kindern viel strenger bist?" – „Bei den anderen trage ich keine Verantwortung, die kann ich lieben, ohne sie erziehen zu müssen."

Eltern fühlen sich nicht frei.

Sie haben eine für Kinder verdammt schädliche Machina.

(Das sehen Sie ja an Ihren eigenen Eltern. Sonst eigentlich nirgends?!)

8.2 Das Spüren des Selbst

8.2.1 Freiheit!

Sie sind jetzt bestimmt in einer guten Stimmung, über die akademische Frage der Willensfreiheit des Menschen mitzudenken. Der Mensch ist ja nicht durch seinen Instinkt gebunden – wie das dumme Tier! Er hat ja einen Geist und kann sich zwischen dem Guten und dem Bösen frei entscheiden!

Empirisch gesehen ist das Unsinn. Die meisten Menschen haben zwar einen Geist, ja, aber eben auch einen Instinkt und Hauptseismografen. Eine geistig wertvolle Entscheidung zum Guten kann den Körper zum Krümmen bringen. Bei mir zum Beispiel, wenn ich Sport treiben soll! Dazu ermuntert mich jährlich der Betriebsarzt – da muss ich hin, weil ich Teilnehmer am Executive Wellbeing Program der IBM bin und daher die Annehmlichkeiten des Lebens erklärt bekomme. Der Betriebsarzt weiß echt gut, was meinem Körper gut tut, und das leuchtet mir im Geiste auch ein. Und du mein Körper, gell, du da unten an meinem Geist dran? Hey, Körper, dein Lebensgeistkoeffizient ist zu gering, sagt der Arzt, du bist ein wahrer Körper und zu wenig natürlich! Hey, Körper, der Betriebsarzt will dich ein bisschen umpflanzen!

Ich weiß schon, was er macht, der Körper da unten an mir dran. Er wird nach ein paar Liegestützen Schmerzen vorspielen und japsen. Er wird zucken und unwillig sein. Er wird meinem wertvollen Geist, den ein Tier nicht hat, in den folgenden Tagen nahe legen, die ganze Sache zu vergessen, bis wir wieder im nächsten Jahr zum Wellbeing müssen.

Vor dem neuen Termin kämpfen sie dann wieder, der Geist und der Körper. Lustig! Es fängt an, wenn der Termin feststeht. Dann erinnert sich der Geist ganz endgültig (er zittert schon beim Terminfestlegen und schiebt es hinaus), dass der Arzt beim Belasten für das Belastungs-EKG lächelt, wie wenig wir belastbar sind. Das fürchtet der Geist! Aber hallo! Da zuckt der Körper an einer anderen Ecke, nicht in den schmerzenden Beinen, die die Hometrainer-Belastung antizipieren. Die Geistzuckungen wollen, dass ich wenigstens ein paar Tage vorher auf dem Hometrainer radle, damit niemand lächelt. Das wird der Geist nicht aushalten! Ihm graut. Er will den Körper da unten zur Vorbereitung zwingen. Sie kämpfen, die Hauptseismografen, mit zweierlei Schmerzen in mir. Sie ringen und tun mir beide mit ihren angedrohten Schmerzarten weh: Radeln oder Belächeln? Da kämpfen in mir das Gute und das Böse oder jedenfalls zwei Parteien. Wie wird es ausgehen?

Wenn ich radle, wird der Geist sagen: „Siehst du, wie gesund das Radeln ist, Körper? Der Arzt war zufrieden mit dir!“ Es ist eine glatte Lüge, der Geist hatte nur Angst.

Wenn ich nicht radle, wird der Geist sagen: „Ich werde gerade so beim Arzt erscheinen, wie ich nun einmal bin! Ich lasse mich nicht verbiegen! Ich bin, wie ich bin, und ich betrüge nicht für die Untersuchung, indem ich einen gesunden Körper vortäusche. Ich bin ehrlich und gut! Und sieh mal Körper, das Ergebnis war auch dementsprechend nicht so gut. Das wollen wir uns überlegen, oder? Willst du nicht einmal radeln?“ – Da sagt der Körper: „Na gut, vielleicht sollten wir mal radeln. Wann?“ Da merkt der Geist, dass er noch am Buch *Topothesie* schreiben muss, er hat einfach verteufelt wenig Zeit, den Körper zu quälen. Auch eine Lüge.

Entscheiden ist das Abwägen von Schmerzzuckungen.

Politiker winden sich zwischen den Schwerthieben der Lobbyisten. Manager fürchten sich vor den Zahlen der verschiedenen Alternativen. Risiken drohen Schmerzen an. Die Zukunft hängt drohend über uns oder zieht uns verheißend irgendwohin.

Was wäre Freiheit?

Die meisten Entscheidungen im Leben sind philosophisch gesehen völlig uninteressant. „Soll ich mich ducken, wenn eine Bombe neben mir einschlägt oder nicht?“ – „Ja!“ Bumm.

Dafür haben wir die Machina, die alles reibungslos per Instinkt bewältigt.

Die interessanten Fragen sind diejenigen, wo mindestens zwei verschiedene Schmerzarten die Entscheidungslage unklar machen. Wie wird es ausgehen?

Wenn Sie ein Mensch mit einem Messer bedroht – töten Sie ihn?

Schlafen Sie für eine Million Dollar mit einer Plastikpuppe im Fernsehen?

Es gibt ja neuerdings dafür extra Fernsehshows, bei denen sich etwa Spinnenphobiker für Geld überwinden. Und wir Zuschauer sielen uns in trivialer Lust, indem wir psychisch Kranken dabei zusehen, den Kampf der Krankheit mit dem Zucken der Geldgier auszutragen. Wie er zuckt! Wie es in ihm wütet! Wir feuern ihn an! Trau dich! Wir wollen das Zucken sehen!

Hier werden Entscheidungszwänge kunstvoll auf die Spitze getrieben. Was zuckt am stärksten?

Zu der Zeit kamen zwei Huren zum König und traten vor ihn.
Und das eine Weib sprach: Ach, mein Herr, ich und dies Weib wohnten in einem Hause, und ich gebar bei ihr im Hause.
Und über drei Tage, da ich geboren hatte, gebar sie auch. Und wir waren beieinander, daß kein Fremder mit uns war im Hause, nur wir beide.
Und dieses Weibes Sohn starb in der Nacht; denn sie hatte ihn im Schlaf erdrückt.

Und sie stand in der Nacht auf und nahm meinen Sohn von meiner Seite, da deine Magd schlief, und legte ihn an ihren Arm, und ihren toten Sohn legte sie an meinen Arm.
Und da ich des Morgens aufstand, meinen Sohn zu säugen, siehe, da war er tot. Aber am Morgen sah ich ihn genau an, und siehe, es war nicht mein Sohn, den ich geboren hatte.
Das andere Weib sprach: Nicht also; mein Sohn lebt, und dein Sohn ist tot. Jene aber sprach: Nicht also; dein Sohn ist tot, und mein Sohn lebt. Und redeten also vor dem König.
Und der König sprach: Diese spricht: mein Sohn lebt, und dein Sohn ist tot; jene spricht: Nicht also; dein Sohn ist tot, und mein Sohn lebt.
Und der König sprach: Holet mir ein Schwert her! und da das Schwert vor den König gebracht ward, sprach der König: Teilt das lebendige Kind in zwei Teile und gebt dieser die Hälfte und jener die Hälfte.
Da sprach das Weib, des Sohn lebte, zum König (denn ihr mütterliches Herz entbrannte über ihren Sohn): Ach, mein Herr, gebt ihr das Kind lebendig und tötet es nicht! Jene aber sprach: Es sei weder mein noch dein; laßt es teilen!
Da antwortete der König und sprach: Gebet dieser das Kind lebendig und tötet es nicht; die ist seine Mutter.
Und das Urteil, das der König gefällt hatte, erscholl vor dem ganzen Israel, und sie fürchteten sich vor dem König; denn sie sahen, daß die Weisheit Gottes in ihm war, Gericht zu halten.
(1. Buch der Könige 3, 16–28)

Die Blutlinie des Schwertes teilt die Welt so fein in zwei Lager, dass die beiden „Körper" jeweils sofort für sich selbst zur Entscheidung finden: Der eine „entbrennt", der andere läuft ins Schwert. Salomonisches Urteil. Es kommt beim Entscheiden darauf an, diese Trennlinie bestmöglich so zu ziehen, dass die eine Seite mehr wiegt als die andere. Das ist die Kunst von Kompromissvereinbarungen.

Sobald aber die Entscheidungsalternativen fast in gleichwertigen Zuckungen gegeneinander stehen, flackert der Körper unstet. Kennen Sie das Flattern des Körpers, wenn Sie Aktien verkaufen oder kaufen? Oder wenn Sie ein Gebot bei einer Internetversteigerung abgeben? Es bebt und brennt im Körper, die Finger zittern. Das Herz klopft wild, wie wenn wir als Kinder gerade die Hand zu Verbotenem ausstrecken. Zwischen dem einen und anderen Ufer liegen nun Haarbreiten. Ein Laut, ein Ruf, eine zufallende Tür – und wir entscheiden: „Nein, das tue ich doch lieber nicht. Ich lasse es." Das Herz beruhigt sich wieder. Leere. Wir haben uns wieder einmal für das Abwarten entschieden.

Wo ist da die Freiheit des Willens? Entweder ist die Entscheidung klar – oder die Lage ist so sehr unentschieden, dass im Augenblicke der Entscheidung ein fallendes Staubkorn das Zucken der Seismografen auf die andere Seite bringen kann. *Wer* hat dann entschieden? Wir selbst? Unser Körper? Der Zufall?

Ja, wenn wir eine übertriebene Machina hätten, die sich zu 300 % auf etwas ganz Spezielles fokussiert! Auf Gier! Liebe! Lob! Aufmerksamkeit! Geld!

Dann ist die Entscheidung leicht, weil die Trennlinie sehr einfach ist. Wenn ich nur EINES will, dann ist die Richtung klar. Das Übertriebene kann leicht entscheiden. Das Übertriebene ist unfrei.

Und so sagte Bertrand Russell die berühmten Worte:

Das ist der ganze Jammer: Die Dummen sind so sicher und die Gescheiten so voller Zweifel.

Das Übertriebene, das Betaartige, die Beta-Seele, die Machina sind gefangen in einem Korsett und deshalb immer so *sicher*! Die Entscheidung ist sofort bei der

Hand! Es ist kein Geist mehr beteiligt, alles läuft automatisch ab. Das normal Dumme ist sicher. Das Komplexe zerreißt sich zwischen verschiedenen Seismografenschlägen und weiß nicht wohin.

Gibt es wirkliche „Freiheit“?

Die Machina ist unfrei. Sie ist Sklave der Wunde.

Wer Freiheit schaffen will, muss Wunden heilen, nicht schützen.

Willensfreiheit gibt es nur ohne Hauptstromschläge.

Gibt es überhaupt Freiheit? Das ist Theta?!

8.2.2 Authentisch von allem Leben berühren lassen

Wir müssen eine lustvolle Rangelei gegen das Übertriebene anzetteln.

Das Leben sollte nicht wie eine Einbahnstraße sein, sondern mehr wie eine mäandrische Reise durch eine Fülle vorläufiger Möglichkeiten, die langsam die Seele ergreifen und die ganz große richtige, die eine Entscheidung fällen.

Mephisto zeigt Faust die ganze Welt des mehr „Natürlichen“: Weib, Wein und Gesang und die Walpurgisnacht, die Lust, das Verbotene, das volle Leben. Hängen bleiben soll die Seele irgendwo, dass sie der Hölle Beute würde!

Dr. Faust soll sich an etwas heften, kleben bleiben und seine Machina darauf fokussieren. Dann ist er des Teufels, weil der die Beta-Seelen einsammelt.

Aber am Ende sieht Faust die Weite der Freiheit im normalen „tapferen“ Leben:

Eröffn' ich Räume vielen Millionen,
Nicht sicher zwar, doch tätig-frei zu wohnen.
Grün das Gefilde, fruchtbar; Mensch und Herde
Sogleich behaglich auf der neusten Erde,
Gleich angesiedelt an des Hügels Kraft,
Den aufgewälzt kühn-emsige Völkerschaft.
Im Innern hier ein paradiesisch Land,
Da rase draußen Flut bis auf zum Rand,
Und wie sie nascht, gewaltsam einzuschießen,
Gemeindrang eilt, die Lücke zu verschließen.
Ja! diesem Sinne bin ich ganz ergeben,
Das ist der Weisheit letzter Schluß:
Nur der verdient sich Freiheit wie das Leben,
Der täglich sie erobern muß.
Und so verbringt, umrungen von Gefahr,
Hier Kindheit, Mann und Greis sein tüchtig Jahr.
Solch ein Gewimmel möcht' ich sehn,
Auf freiem Grund mit freiem Volke stehn.
Zum Augenblicke dürft' ich sagen:
Verweile doch, du bist so schön!
Es kann die Spur von meinen Erdetagen
Nicht in Äonen untergehn. -
Im Vorgefühl von solchem hohen Glück
Genieß' ich jetzt den höchsten Augenblick.

Leider sind es seine *letzten* Worte, weil er schon so sehr alt war, als er das sagte. Er war lange ein großer alter Gelehrter, bevor er überhaupt darauf kam, nach dem Sinn des Lebens zu fragen. Und im Grunde liegt dieser offen vor uns:

Irgendwo in dieser reichen Welt müssen wir „anwachsen". Nicht gleich am ersten freien Wegesrand! („Ich wusste nicht, was ich werden sollte. Da sprach mich der Zweigstellenleiter der Volksbank an. Ich war erleichtert, dass ich nicht überlegen musste. Im Grunde hätte ich mich umschauen sollen. Ach, das ist mir später klar geworden. Nun, jetzt ist es für anderes zu spät. Ich habe im Dorf geheiratet und ich bin jetzt schon 32.") Nicht gleich in die Richtung des Massentriebes! („Ich habe immer nach den besten Verdienstchancen gesucht. Ich bin Vertreter geworden. Ich kann es nicht so gut. Sonst wäre ich wohl schon wirklich reich.")

Wir sollten uns wieder mehr entwickeln, entfalten, umherschauen, im Ausland zur Schule gehen, erfahren, verständigen, uns bilden. Nicht, wie es heute heißt: „Die Schule erzieht zur Berufsfähigkeit." Das ist wie ein drohendes Todesurteil für Alpha-Seelen. Nicht, wie man heute sagt: „Das Uni-Diplom eröffnet höhere Berufschancen."

Da schaue ich traurig und sage: „Alles Beta!"

Machina-Aufrüstung. Ersatzteilmontage. Ständige Upgrades für höhere Leistung.

Nein, wir müssen die Weite der Freiheit in uns spüren und tapfer diese Freiheit in unserem Herzen erobern, bis wir irgendwo in der Welt unser Selbst spüren und anwachsen, gedeihen und Frucht tragen.

8.2.3 Vom Schenken zu Sein: Die Theta-Seele

Jetzt werden meine Worte langsam getragener und predigen.

Es ist eine Woge des Herzens.

Und immer wieder dieses Schaudern: „Alles Beta!"

Wenn Menschen wahrhaft „angewachsen" sind und „artgerecht" gedeihen, wenn sie im Wechsel der Zeit bei Ebbe und Flut Früchte bringen und das Leben tapfer meistern, dann verschwindet das Ich und die Seele in die Welt.

Der Mensch ist nicht nur mit sich eins, sondern mit allem.

Das ist schwer zu erklären und auch schwer zu verstehen und für mich vielleicht auch noch nicht angemessen, darüber zu schreiben. Denn ich selbst bin bestimmt noch nicht mit der Welt verschmolzen. Gibt es Theta-Seelen? Bestimmt! So ein Leben im Gehirngefühl des Kleinkindes?

Nicht nur leben, sondern unmittelbar *sein*, wie das kleine Kind auf dem Elternarm? Wie eines, das am Bauch getragen wird und mit großen Augen die Welt trinkt?

Geht das und geht das in unserer Welt, in der a*lles Beta* ist und auch sein soll?

Ich lasse hier erst einmal das Nachdenken darüber sein und komme im letzten Teil („Gott existiert, ob es ihn gibt oder nicht") darauf wieder zurück. Ich gebe hier nur ein paar Verbindungen zur Religion des Ostens: „Alles schon seit Jahrtausenden bekannt!“ Und wir Europäer klagen immer noch und stetig immer mehr. Im Grunde wissen wir ja:

Alles Beta!

8.2.4 *„Alles Maya!“ – Die drei Gunas*

Die Inder würden nicht von „Beta“ oder übertriebener Wahrnehmung sprechen. Sie denken, der Mensch unterliegt Illusionen, die ihm eine falsche Wirklichkeit vorspiegeln. Die Illusionen werden von Maya über die Menschen gebracht.

Maya ist Göttin. Die Zauberin Maya, Züchtigerin der Welt, dient Krishna. Sie heißt auch Dunga, was Gefängnis bedeutet. Maya ist Kerkermeisterin der verblendeten Seele.

Maya: Alles ist Schein! Maya bedeutet im Indischen „Zauberkraft, Kunst, Schöpfung, Schein, Verblendung, Illusion – die relative Wirklichkeit“. Maya ist abgeleitet von dem indischen Wort ma wie „ausmessen“. Alle Dinge, alle Wirklichkeiten sind „Maya“. Sie sind Illusion, sie verbergen dem Menschen die unausdrückbare Leerheit des Seienden und hindern ihn an der Lösung von seinen Begierden. „Alles Maya!“ – „Die Welt ist Illusion!“ Alles, was gemessen und berechnet werden kann, alles, was unserem Intellekt zugänglich ist, gehört zum Bereich der Maya. Maya ist die Grundsubstanz der Stoffe. Maya fesselt die Seelen an die innere Haltung der Ausbeutung und des Verlangens nach Genuss. Die Kraft der Maya hält jedem Menschen eine vorgetäuschte Welt, eine Wirklichkeit vor, die seinem „Grad der Unwissenheit“ entspricht. Maya verhüllt die wahre Wirklichkeit.

Maya, die Illusion der Welt, tritt in unzähligen Erscheinungen auf. Sie erscheint in Menschen in drei typischen „Unwissenheitsgraden“. Wir sprechen von den drei Gunas der Maya: Sattva, Rajah, Tamah. Guna heißt im Indischen „Strick, Seil, Kette, Fessel“. Maya fesselt den Menschen in drei Arten, Gunas oder Fesselungen an die Illusion der Welt.

Sattva steht für stille Reinheit. Rajah bezeichnet die feurige Leidenschaft, Tamah steht für das träge Dunkel.

Man unterscheidet Menschen, die hauptsächlich von Sattva, Rajah oder Tamah beherrscht sind.

Menschen, in denen Sattva vorherrscht: Sie handeln im Sinne der Schriften, sind aufrichtig, geben gern, können selbst verzichten, beherrschen die Sinne. Sie können Leid ertragen, sind mit dem zufrieden, was das Leben bringt, halten Maß. Sie denken nach, überlegen ihr Tun, halten sich an Gesetze und Moral. Sie sind ehrlich, betrügen nicht und täuschen niemanden, vertrauen anderen.

Menschen, in denen Rajah vorherrscht: Sie sind im Begehren nach Lebensgenuss gefangen. Sie arbeiten rastlos und sind voller Stolz auf das Erreichte und gleichzeitig unzufrieden mit allem Erlangten. Sie beten zu Göttern und Mächten um Güter und Erfolg. Sie fühlen sich besonders im Vergleich zu anderen, besser. Sie genießen mit den Sinnen, begeistern sich für Kampf und Wettbewerb, kümmern sich um Ruhm und ihren Namen. Sie prahlen, stellen sich zur Schau und schlagen sich in die Brust. Sie bemühen sich und ackern unermüdlich für die Zielerreichung.

Menschen, in denen Tamah wirkt: Sie sind unfähig und in Unwissenheit darüber ungeduldig und ärgerlich. Sie zeigen kaum Ausdauer, sind roh, geizig, unwahr und grausam. Sie lügen auch aus Eitelkeit, quälen Tiere, leben auch gern auf Kosten anderer, wenn es sich ergibt. Sie lügen vor, etwas zu sein, bemitleiden sich selbst, sind traurig und niedergeschlagen, fühlen dauerndes Unglück. Sie sind oft träge, müde und krank. Sie haben Angst.

Es heißt sinngemäß:

Sattvahaft ist, mit Tat den Sinn des Lebens im Ganzen zu suchen.

Rajahhaft ist das Leben zur Erfüllung der gebotenen Pflichten.

Tamahhaft ist ein Leben, das sich um diese gebotenen Pflichten drückt.

Und der Gott Krishna spricht: „Doch wer sich in mich gründet, ist frei von den Gunas."

Die Freude des Sattva entsteht aus dem Selbst.

Die Freude des Rajah entsteht aus der Berührung der Sinne mit Objekten der Begierde.

Die Freude des Tamah entsteht aus Täuschung, Erniedrigung und Verwirrung.

Und der Gott Krishna spricht: „Wer nur mir dient, ist frei von Gunas."

In der *Bhagavadgita*, dem berühmtesten Teil des Heldenepos *Mahabharata* erklärt Krishna als göttlicher Guru (Lehrer) seinem Schüler und Feldherrn Arjuna das Wesen der Welt, darunter auch in vielen Versen, besonders im letzten, dem achtzehnten Gesang, die Lehre der Gunas (in der folgenden Übersetzung mit „Qualität" übersetzt, sattva ist als „gut" übertragen.) Ich zitiere hier einen Teil der Worte Krishnas:

Die Qualitätenlehre zeigt's; nun höre, wie sich das verhält:

Wodurch in allen Wesen man das eine, ewge Sein erblickt,
Ungeteilt in den geteilten – solch Wissen ist von guter Art.

Doch wenn in allen Wesen man verschiedne Wesenheiten sieht,
Ganz für sich und streng gesondert – so sieht die Leidenschaft es an.

Doch hängt das Denken ohne Grund an einem Ding, als wär's das All,
Der Wahrheit nicht gemäß, beschränkt – das ist die Art der Finsternis.

Die pflichtgemäße Tat, die frei von Weltlust, Leidenschaft und Hass
Getan ist ohne Rücksicht auf Erfolg – die ist von guter Art.

Doch wenn, getrieben von Begier, von Ichbewußtsein ganz erfüllt,
Hart sich mühend die Tat man tut – das ist die Art der Leidenschaft.

Wenn, ohne Rücksicht auf die Kraft, auf Folgen, Schädigung, Verlust,
Blindlings die Tat begonnen wird – das ist die Art der Finsternis.

Sehen Sie? Es ist vor Jahrtausenden alles gesagt worden, ohne etwas von neuronalen Netzen, Gehirn- und Triebstrukturen zu wissen. Trieb: „Doch hängt das Denken ohne Grund an einem Ding, als wär's das All …" Heute hängt das Denken an Aktienkursen oder an Globalisierung, als wär's das All. An Karriere, als wär's das alles. An der Rente, als wär's das dann alles gewesen.

Sattva ist wie Alpha-Seele: die Verwurzelung im Guten.

Rajah ist wie Beta-Seele und Machina: das Betriebsame.

Tamah ist das übertrieben Übertriebene: das Verlorensein.

Und als westlicher Mensch muss ich wohl noch als Warnung dazuschreiben: Sattva, die „Wesenheit", wie es so schön bei Reclam übersetzt wird, ist auch immer noch eine Guna, eine Fessel an diese Welt, die uns die Kraft Maya vortäuscht. Auch der Gute wurzelt in ihr. Er ist als Alpha-Seele in meinem Sinne noch nicht heilig oder unbedingt schon in der Nähe Gottes. Er wurzelt in der Welt.

Über allen Gunas würde der Mensch sich ganz dem Gotte weihen, „alles Vollbrachte Gott anheim stellen", also auf keinen Fall die Früchte der Arbeit für sich selbst erarbeiten, um sie zu genießen. Alles für Gott und in Gott. Tue, was getan werden muss und gehe weiter! Halte dich nicht mit deinem Werk auf!

Theta?! Ich versuche, am Ende des Buches selbst etwas dazu zu sagen.

Hier zitiere ich noch eine Stelle aus dem achtzehnten Gesang, an der Krishna Eigenschaften verschiedener Angehöriger indischer Kasten fordert: von Priestern, Kriegern und dem Volk, den Bauern und Handwerkern.

> Ruhe, Selbstbeherrschung, Buße, Reinheit, Geduld und Redlichkeit,
> Rechtes Wissen und Gläubigkeit ist Priesters Pflicht, nach seiner Art.
>
> Heldenmut, Kraft und Festigkeit, Geschick im Kampf, Furchtlosigkeit,
> Spenden und rechtes Herrentum ist Adels Pflicht, nach seiner Art.
>
> Viehzucht, Ackerbau und Handel ist Volkes Pflicht, nach seiner Art …

Und ich breche hier noch einmal brutal mit meiner Vorstellungswelt in das heilige Epos der Inder ein und interpretiere: Die Eigenschaften der Priester oder Brahmanen sind wie die der idealen wahren Menschen, die Eigenschaften der Krieger sind wie die von idealen natürlichen Menschen, nicht wahr? Und wenn wir jetzt sehr bald im Buch über artgerechte Erziehung nachdenken, ist schon eine Hauptidee gesetzt: Wir schauen nach, ob wir einen Krieger oder Brahmanen als Kind bekommen haben, und dann – bitte – erziehen wir es auch entsprechend, ja?

8.2.5 Tao

Ich habe vier oder fünf verschiedene Exemplare des *Tao Te King* von Lao-Tse hier zu Hause stehen. Das Chinesische soll ja so schwer zu übersetzen sein, da ist es besser, ich vergleiche verschiedene Übersetzungen. Ich bin oft sprachlos, wie sehr sich die Übersetzungen unterscheiden. Ich kann eben leider nicht Chinesisch, sonst würde ich's wohl verstehen. Da lese ich quasi „dasselbe" in verschiedenen Versionen. Und ich kann ja jedes Mal sagen, wie ich es für mich im Herzen am schönsten finde – und ob ich es verstehe – und ob es mich erfüllt. Wo steht für mich selbst das Tao in der wahren Form? Es steht nicht mal hier, mal dort in einem Buch, sondern immer im selben: In der Übersetzung von Gia-Fu Feng und Jane Englisch, die wiederum aus dem Amerikanischen von Sylvia Luetjohann ins Deutsche übertragen wurde. Und dazu gibt es alles in Bilder eingebettet!

Das **Tao Te King** umfasst 81 Sinngedichte. Ich zitiere hier zwei. Das erste handelt von der Reinheit des Wirkens (17)

Das Allererhabenste ist unter den Menschen kaum bekannt.
Darauf folgt das, was sie lieben und preisen.
Darauf das, was sie fürchten,
Darauf das, was sie verachten.

Wer nicht genug vertraut, wird kein Vertrauen finden.

Wenn Leistungen erbracht werden,
Ohne sich zu sorgen und kaum ein Wort,
Dann sagen die Leute: „Wir haben es gemacht!“

Und wieder meine Vorstellungswelt hier mittenhinein:

Das Allererhabenste ist wie Theta, dann Alpha, dann Beta, dann Dunkel.

Oder Einssein mit Gott, dann Sattva, Rajah, Tamah.

Immer die drei Stufen, die ein normaler Mensch noch fassen kann. Seit *Wild Duck* habe ich ziemlich viel über die Ein/Drittel/Drittel/Drittel-These geschrieben. Je ein Drittel ist „Leistungsträger“, „Durchschnitt“, „Nicht gut drauf“ und „der Rest“ ist in Höhen, die schwer erklärbar sind: „In der Nähe Gottes.“ Maslow suchte aus Tausenden den idealen Menschen und fand kaum einen. Maslow sagte danach, er glaube kaum, dass es überhaupt ein Prozent „voll entwickelte“ Menschen gäbe. (Ich berichtete in *Omnisophie*.)

Krishna bittet uns, die nötige Arbeit zu tun, ohne auf die Frucht zu schielen. Im Tao heißt es „Ohne sich zu sorgen und kaum ein Wort“. Im Kern geht es immer und überall um das Gleiche. Die Machina ist der Sitz der Übel der Welt. Im Sinngedicht 24 des Tao heißt es:

Wer sich auf Zehenspitzen stellt, steht nicht.
Wer große Schritte macht, geht nicht.
Wer sich zur Schau stellt, ist nicht berühmt.
Wer rechtschaffen ist, ragt nicht hervor.
Wer etwas vorgibt zu sein, ist nicht erfolgreich.
Wer überheblich ist, hat keinen Bestand.
Die dem Weg folgen sagen:
„Dies ist unnötige Nahrung und überflüssiges Gepäck.“
Sie vermeiden es
Und halten sich damit nicht auf.

In *Supramanie* ist ganze Kapitel lang von Techniken die Rede (Topimierung), sich besser zu machen, als man ist. Es sind Techniken der Machina. Die Beta-Seele des Bewältigens um eines Lohnes willen zittert. „Die dem Weg folgen, halten sich damit nicht auf.“ Sie sagen: „Alles Beta.“

Wir brauchen Alphaethisierung!
Dies ist der Weg.
Wer Liebe sucht, kennt Liebe nicht, denn sie ist überall.
Wer Wissen sammelt, kennt Weisheit nicht, …

8.3 Deine Seele ist Gemein-Gut

8.3.1 Der Geruch der Seele

Ein großer Geburtstag wurde gefeiert. Viele, viele kamen. Ein Rausch der Freude. Das Fest fand mit Kapelle in einem Gemeindezentrum statt. Es gab türkisches und arabisches Buffet. Alle lärmten und tranken und schwatzten.

In der Mitte saß die Mutter. Sie hatte dringlich die Auffassung vertreten, dass fremdes Essen nicht angebracht sei. Es war schon im Vorfeld zu ahnen, dass sie fürchtete, man werden die Feier als nicht angemessen empfinden. Sie hatte aber nur verlauten lassen, sie äße Fremdes nicht gern, was man zu überstimmen gewagt hatte.

In der Mitte saß die Mutter. Sie saß starr fest wie Marmor, wie ein Standbild aus klassischen Tagen. Sie hatte eine Aura wie eine Witwe beim Begräbnis ihres langjährigen Gatten. Sie verharrte unbeweglich und erwartete die Trauerbekundungen der Gäste, dass es anrüchiges arabisches und türkisches Essen gäbe, damit sie damit Recht hätte, das die Feier misslungen sei. Sie wirkte wie ein erstarrter Drache mitten im Treiben, um dass sich das Leben in gebührendem Abstand herumschlängelte. Ab und zu näherten sich wie vom Gift angezogene Gäste, die sie zwang, ihr Leiden zu teilen.

Wen der fürchterliche Blick der Medusa trifft, erstarrt zu Stein. Ich kann deshalb nicht sagen, wie sie aussieht. Ich darf sie ja nicht anschauen. Ich weiß nur, dass ihre Haare Schlangen sind, weil Pallas Athene das extra so designet hat, um ihr ein bezauberndes Aussehen zu verleihen.

Die Seele hat einen Geruch. Es liegt etwas in der Luft.
Es gibt bestimmte Menschen, die Räume verpesten können.
Kalter Stolz zeigt die Schulter.
Die Statue verlangt den Kniefall.
Die Mutter, die nicht mit mir redet, will mich in Asche verwandeln.
Der Chef ist wütend, seine Bewegungen energisch wie ein Wehe.
Die unruhigen Augen des prüfenden Perfektionisten lassen das Umfeld erstarren.
Der Abweisende lässt es kalt werden und grau.
Ein Gelangweilter nervt tödlich.
Ein Unzufriedener vergällt.
Das lachende Baby erhellt die Blicke, wärmt die Herzen: Thetawellen.
Glänzende Augen schicken uns Freude. Alphawellen.
Unsere Seele verströmt Gefühle.

Schauen wir in klare Kinderaugen. Dort sehen wir schon die verschiedenen Spielarten der reinen Gefühle der Alpha-Seele, die ungetrübten, reinen Gefühle. Reine Liebe! Reiner Hass! Reine Eifersucht! Welche Gefühle kann ein Mensch verströmen?

Etwa solche?

Angst, Qual, Dankbarkeit, Traurigkeit, Reue, Zufriedenheit, Verzweiflung, Verlegenheit, Schuldgefühl, Neid, Liebe, Hass, Glaube, Enttäuschung, Freude, Furcht, Empörung, Eifersucht, Mitleid, Unschuld, Stolz, Scham, Respekt, Selbstliebe, Selbsthass, Ekel, Verachtung, Verehrung, Pflichtgefühl, Entsetzen, Gleichgültigkeit, Ekstase, Euphorie, Eitelkeit, Freundschaft, Grauen, Groll, Gram, Hoffnung, Leid, Verwirrung, Unruhe, Ruhe, Langeweile, Ohnmacht, Wut, Zorn, Zaghaftigkeit, Peinlichkeit, Treue, Untreue, Gier, Hunger, Libido, Gerechtigkeit, Ungerechtigkeit.

Darüber gibt es dicke Bücher!

Wir können im Alter durch Erziehung des Herzens diese unsere Gefühle stärken und entfalten. Wir können in unserem Umfeld Gefühle „verschenken", sie zu *Tugenden* veredeln. „Liebe verströmen können" ist eine solche Tugend. Die Herzen Gerechtigkeit spüren lassen ist eine Tugend!

Die Erziehung der reinen Gefühle führt zu Tugenden:

Tapferkeit, Mut, Treue, Maß, Gerechtigkeit, Liebe, Großherzigkeit, Barmherzigkeit, schenkende Liebe (Agape), Dankbarkeit, Mitleid, Demut, Einfachheit, Sanftmut, Aufrichtigkeit, Humor, Toleranz, Reinheit, Menschenliebe und Freundschaft (Philia). Platon definiert die Kardinaltugenden Gerechtigkeit, Tapferkeit, Klugheit und Maß.

Dagegen stehen die Untugenden oder Laster oder die Sünden gegen den Heiligen Geist.

Petrus Lombardus (1095–1160) nannte vor allem: Vermessenheit, Verzweiflung, Ablehnung erkannter Wahrheit, Neid über die Begnadung anderer Menschen, Verstocktheit und Unbußfertigkeit. Es gab auch schon damals die Vorstellung von so genannten *himmelschreienden Sünden*: Mord, Sodomie, Unterdrückung der Armen und Ausbeutung der Arbeitenden. So war das damals! (Denken Sie an unsere Arbeitswelt und die Diskussion um „Eliten"?)

Die griechische Stoa kennt ausführliche Kataloge von allerlei Lastern. Der griechische Theologe Evagrius von Pontus erwähnte zum ersten Male Todsünden, und zwar acht Arten: *Völlerei, Wollust, Habgier, Traurigkeit, Zorn, geistige Faulheit, Ruhmsucht und Stolz*, aufsteigend geordnet nach Sündhaftigkeit.

Papst Gregor der Große definierte daraus (leicht geändert und in umgekehrter Reihenfolge) im 6. Jahrhundert die bekannten *Sieben Todsünden*, welche in die Vorstellungswelt der katholischen Glaubenslehre eingingen:

Hochmut, Neid, Zorn, Traurigkeit, Habgier, Völlerei und Wollust.

Im 7. Jahrhundert wurde Traurigkeit durch Trägheit und Habgier durch Geiz ersetzt.

Riechen Sie so etwas? Es liegt in der Luft!

8.3.2 Das Parfum der Beta-Seele und die wahre Todsünde

Die Machina in uns bewältigt das Leben. Sie will etwas erreichen. Sie wird also die Gefühle zum Bewältigen des Lebens *einsetzen.*

Ich möchte also eine Unterscheidung machen, die theoretisch schlagend klar ist und im Einzelfall sehr vage. Ich kann *Gefühle haben* oder *Gefühle einsetzen* und taktisch zeigen. Ich kann meinen Chef hassen und sehr lieb zu ihm sein. Ich kann mit meiner Gehaltserhöhung sehr unzufrieden sein, aber Dank heucheln, um nichts zu verderben. Ich kann lieben, um etwas zu erreichen.

Alpha-Gefühle sind Statusmeldungen oder Bewertungen der Seele.

Ich hasse, liebe, danke, leide, wüte, zürne, lache! Alpha.

Beta-Gefühle sind bewältigende Maßnahmen, geeignete Gefühle zu zeigen, besonders um Gefühle in anderen Menschen wachzurufen. Die Machina nutzt den Einsatz von Gefühlen, andere Menschen in bevorzugte Gefühlslagen zu zwingen, um etwas aus ihnen herauszuholen.

Es ist ein gewaltiger Unterschied:
Ich ärgere mich – ich zeige Ärger.
Ich bin wütend – ich zeige Wut.
Ich bin dankbar – ich zeige Dank.
Ich bin traurig – ich zeige Trauer.

Unwissende sprechen von Heuchelei, von Parfum statt Geruch. Heuchelei ist eigentlich nur „Verstellung". Ich meine hier etwas viel Stärkeres: Gefühlsaufzwingung. Oktroyieren! (Kraft landesherrlicher Machtvollkommenheit ohne die verfassungsgemäße Zustimmung der Landesvertretung erlassen.). Es gibt zum Wort oktroyieren leider kein Substantiv. Oktroi, von dem das Verb stammt, hat etwas mit Handelsprivilegien zu tun. Sonst würde es passen – zu dem, was ich meine. Es gibt das schreckliche Wort Mentizid, aus mens wie Geist und caedere wie töten. Mentizid ist eine Methode, jemandes Denkweise durch seelische Folter zu verändern. Ja, so etwa meine ich es. Mentizid wurde zur Erzwingung von Geständnissen „erfunden". Ich meine es hier in einem viel umfassenderen Sinne und nicht so sehr auf Veränderungen des Denkens beschränkt. Ich ringe nach Worten.

Psychozid? Ja. Das ist die wahre Todsünde. Sie ist in der Schwere vielleicht nicht die grell ins Auge stechendste Sünde wie Mord, aber sie ist die Kernsünde des Menschen an seiner Art.

Psychozid: bewusste und unbewusste Methoden, jemandes Seele oder die eigene Seele durch Manipulationen der Gefühle zu verändern, um erwünschte Verhaltensweisen im anderen oder sich selbst zu erzwingen. Oder kürzer: Ich meine mit Psychozid „Seelenwäsche", also den Versuch, jemanden eine gewünschte oder geplante Seele zu verpassen, aufzuzwingen oder ihn dazu teuflisch zu verführen.

(Das Wort Psychozid klingt bezeichnend und gut – dafür bitte ich um Verzeihung, dass es aus dem griechischen psyche für Seele und dem lateinischen caedere zusammengefügt ist. Ästhetisch ist mir unwohl, aber unwohl soll es Ihnen bei dem Wort ohnehin sein.)

Psychozid ist wie der Zwang, ein fremdes Parfum zu verwenden. Stellen Sie sich bitte vor, wir beide gehen in den Duty-free-Shop im Frankfurter Flughafen und ich suche Ihnen zufällig ein Parfum aus. Und das verwenden Sie dann bitte! Oder ich kaufe Ihnen willkürlich etwas von Versace oder Joop direkt vom Laufsteg weg, und das ziehen Sie an, durchsichtig mit Federn und Teerfarben! Nichts gegen Versace! Es geht nicht um ein Etwas an sich, sondern um das *Aufzwingen* von etwas Fremden. „Kind, wir wollen nur das Beste für dich, und deshalb bekommst du das teuerste Parfum, das es zu kaufen gab. Niemand wird so teuer riechen wie du."

8.3.3 Psychozid

Der psychozid Trauernde will Liebe und Hilfe durch andere erzwingen: „Sag, dass du mich lieb hast. Verachte mich nicht. Tu mir nichts!"

Es gibt so viele Beispiele für die Zwischendurchwäsche anderer Seelen, die zum Beispiel durch so etwas ins Schleudern gebracht werden:

Liebesentzug.

Schuldvorwürfe.

Anklagen und Erniedrigen.

Verachtung *zeigen.*

Über Menschen demonstrativ hinwegsehen.

Schneiden, bewusst nicht anschauen, böswillig meiden.

Durch Schaustellung von Gefühlen zu Zwecken erpressen.

Sich selbst hassen, um träge bleiben zu dürfen.

„Ich kann das nicht!" (Und muss die Verantwortung nicht übernehmen.)

Große Geschenke machen, um zu verpflichten.

Danken, um einzunehmen.

Helfen, um zu beherrschen und unentbehrlich zu machen: „Kind! Ich tue alles für dich. Sag dafür einfach nur, dass du mich liebst!"

Helfen, um auf- oder abzuwerten: „Kind, das kannst du nicht! Zu dumm bist du! Sieh mal, wie fein ich es beherrsche! Wenn du mich bewunderst, zeige ich es dir gern und nehme es dir ab."

Riechen Sie es? Es liegt in der Luft!

Die Alpha-Seele duftet hell, süß, scharf, stechend, je nachdem ob wir Liebe oder Zorn wittern.

Die Machina verbreitet den Geruch einer Chemikalie. Wie verbranntes Öl oder Äther im Krankenhaus. Wenn wir Beta-Seelen riechen, wissen wir: Nun wird etwas mit uns getan. Psychozidversuch. Leider sind die Machinae gerissen und benutzen jede Art von Wohlgeruch, um keinen Anschein zu erwecken. Das mag die normale Heuchelei sein, die Verstellung, die wir kennen. Sie ist aber nur der Honigduft, der den Psychozid überdecken soll.

Am schrecklichsten ist die Ohnmacht vor fremden starken Machinae: Wenn wir riechen, was sie wollen, wenn wir wissen, dass unsere Seele entstellt werden soll, wenn wir den überflüssigen Parfumduft voller Hass noch mitriechen müssen:

Wir werden nicht artgerecht umgepflanzt. Wir wissen es. Wir müssen trotzdem die mächtige Machina für das Parfum loben und ihr danken. Unsere Seele wird nicht nur teilgetötet, sondern noch im Grabe herumgedreht.

Direkte Psychozidversuche lassen sich oft noch abwehren, manchmal erkennt man sie nur am Pferdefuß.

> *Da ward Jesus vom Geist in die Wüste geführt, auf daß er von dem Teufel versucht würde.*
> *Und da er vierzig Tage und vierzig Nächte gefastet hatte, hungerte ihn.*
> *Und der Versucher trat zu ihm und sprach: Bist du Gottes Sohn, so sprich, daß diese Steine Brot werden.*
> *Und er antwortete und sprach: Es steht geschrieben: »Der Mensch lebt nicht vom Brot allein, sondern von einem jeglichen Wort, das durch den Mund Gottes geht.«*
> *Da führte ihn der Teufel mit sich in die Heilige Stadt und stellte ihn auf die Zinne des Tempels*
> *und sprach zu ihm: Bist du Gottes Sohn, so laß dich hinab; denn es steht geschrieben: Er wird seinen Engeln über dir Befehl tun, und sie werden dich auf Händen tragen, auf daß du deinen Fuß nicht an einen Stein stoßest.*
> *Da sprach Jesus zu ihm: Wiederum steht auch geschrieben: »Du sollst Gott, deinen HERRN, nicht versuchen.«*
> *Wiederum führte ihn der Teufel mit sich auf einen sehr hohen Berg und zeigte ihm alle Reiche der Welt und ihre Herrlichkeit und sprach zu ihm: Das alles will ich dir geben, so du niederfällst und mich anbetest.*
> *Da sprach Jesus zu ihm: Hebe dich weg von mir Satan! denn es steht geschrieben: »Du sollst anbeten Gott, deinen HERRN, und ihm allein dienen.«*
> *Da verließ ihn der Teufel; und siehe, da traten die Engel zu ihm und dienten ihm.*
> *(Matthäus 4)*

Der Seelenwäscher, der Täter beim Psychozid, fühlt Wollust, wie Gier, wie Sucht. Es ist die Lust des Teufels, andere auf einen breiten Weg zu führen.

> *MEPHISTOPHELES.*
> *Was wettet Ihr? den sollt Ihr noch verlieren,*
> *Wenn Ihr mir die Erlaubnis gebt,*
> *Ihn meine Straße sacht zu führen!*
> *DER HERR. Solang' er auf der Erde lebt,*
> *Solange sei dir's nicht verboten.*
> *Es irrt der Mensch, solang' er strebt.*
> *MEPHISTOPHELES.*
> *Da dank' ich Euch; denn mit den Toten*
> *Hab' ich mich niemals gern befangen.*
> *Am meisten lieb' ich mir die vollen, frischen Wangen.*
> *Für einen Leichnam bin ich nicht zu Haus,*
> *Mir geht es wie der Katze mit der Maus.*
> *(Goethe: Faust. Eine Tragödie)*

Alles Beta. Alles „um zu". Alles Pseudosinn.

8.3.4 Passivleben: Erquicken oder Vergiften?

„Was hast du?" – „Nichts." – „Aber es ist doch was?" – „Ich habe bei der Arbeit was verdorben und wurde rüde abgekanzelt." – „Warum redest du dann nicht mit mir und ziehst ein böses Gesicht?“ – „Es geht mir besser, wenn es allen schlecht geht. Lass mich in Ruhe. Ich will jetzt nicht, dass es mir gut geht.“

Es gibt Menschen, die rauchen gerne Zigaretten und verteilen Rauch in die Umgebung. Andere Menschen, die den Rauch einatmen, werden Passivraucher genannt. Sie müssen den Geruch ertragen und werden vielleicht körperlich davon in Mitleidenschaft gezogen.

So stellen ich mir auch das Leben des Menschen in weiterem Sinne vor: Wir dünsten etwas aus. Der Geruch oder sogar der Rauch oder die Heißlust unserer Seele hängt in der Luft.

Unsere Mitmenschen müssen neben uns *passivleben.* Sie müssen hinnehmen, wenn wir einmal unsere Tage haben, an denen unsere Seele krank ist und nicht gut riecht. Sie erwarten, dass unsere Alpha-Seele Lebensgeist und Wärme abgibt. Unsere Mitmenschen wollen von uns erquickt werden, aber nicht vergiftet.

Wenn das Passivleben untereinander gut klappt, sagen wir: Das Betriebsklima ist wunderbar. Wir fühlen uns zu Hause. Wir sagen schon: *Klima.* Wie Sonne und Wasser. Wenn das Passivleben für jeden anderen nicht schlimm ist, sprechen wir von einer harmonischen Familie. Also müssten wir uns nun fragen:

Dünsten wir selbst etwas aus?

Klagen wir? Fühlen wir uns angegriffen? Sind die anderen gegen uns? Ist die Arbeit zu schwer oder macht sie keinen Spaß? Steht der Erfolg unseres Bemühens in Frage? Sind wir unsicher? Haben wir Angst?

Es ist nichts Kriminelles daran, schlechte Zeiten zu haben.

Aber man soll nicht psychozidisch Nutzen daraus schlagen und etwas in die Luft hängen: „Ihr sollt verdammt noch einmal sehen, wie schlecht es mir geht! Ihr bekommt Erfolg! Ihr werdet mehr geliebt! Es ist ungerecht! Ich bin auch einmal dran! Entschuldigt euch für eure Leistungen! Warum enteilt ihr mir und lasst mich allein? Warum liebt ihr mich nicht? Ich weiß, dass ihr mich nicht liebt! Ich hasse euch! Ihr hasst mich! Ich will, dass ihr es irgendwie anstellt, dass es mir besser geht! Ich bin schon ganz krank! Ich habe dauernd Magenweh und Kopfschmerzen …“

Wenn Sie jemals so etwas denken, oh je, dann ist das Passivleben neben Ihnen schwer. Die anderen können ja nichts dafür. Sie müssen passivleben.

Die Seele des Menschen gehört ihm nicht allein.

Ihre Seele gehört *Ihnen* einfach nicht allein, wissen Sie?

Sie ist in vieler Hinsicht Gemein-Gut, also manchmal gemein und oft gut.

Verletze niemanden und hilf, so viel du kannst! Dieses oberste Gesetz der Ethik könnte hier heißen:

Erquicke und vergifte nicht.

Wenn's nicht klar sein sollte: Ich meine nicht, dass man immer lieb und artig sein soll, nur eben nicht psychozidisch. Wenn ich einen Teller mit Essen fallen lasse, kann ich im Alpha-Sinne sehr erschrocken oder wütend sein, dass mich jemand anstieß. Ich bin dann aber wütend über den *Vorfall*, über das *Missgeschick*, nicht über den Menschen! Ich sage dann als Alpha-Seele bestimmt nicht: „Mistkerl, entschuldigen Sie sich oder ich verklage Sie, die Reinigung zu zahlen.“ Mit der reinen Wut kann jeder gut leben, aber nicht mit einem Psychozidversuch.

8.3.5 *Somare, das Phatische und der Existenz-Refresh*

Ich glaube, wir haben einen Hauptseismografen, eine Art seelische Nase, die die Seelen der anderen riecht.

Ich nenne ihn: Somar. (Ich habe ein paar E-Mails mit Marc Pilloud über das Phatische ausgetauscht und da haben wir diese Vorstellung entwickelt.)

Radar ist eine Abkürzung und heißt „radio detecting and ranging", also Ortung und Entfernungsermittlung. Entsprechend ist Sonar die Abkürzung für „sound navigation and ranging", also für Schallortung und Entfernungsmessung. Da klingt Somar für den Menschen vernünftig, abgeleitet vom griechischen Soma, dem Körper. Denn im Körper, vielleicht im Bauch oder im Herzen, spüren wir doch die Seele des anderen?

„Im Bauch" mag der Instinkt sitzen und den Lebensgeist messen können.

„Im Herz" mag das Fühlen der Liebesströme und Bindungen sitzen und messen können.

Alle Untersuchungen über Kommunikation mit Fremden besagen, dass wir nach Millisekunden wissen, ob uns jemand gefällt oder sympathisch ist. Darauf wird mindestens in Bewerbungshandbüchern immer wieder hingewiesen: Passen Sie auf! Beim Eintreten zählt der erste Eindruck, der schwer wieder im vorteilhaften Sinne zu korrigieren ist! Seien Sie gewarnt!

Ich glaube, wir haben etwas in uns, ein Somar, das fremde Körper blitzartig auf das Wesentliche untersucht:

- Alpha? Beta? Theta wie Narr, Kind oder Weiser?
- Machina? Unter Stress oder im Angriff?
- Was für ein Hauptstromseismograf?
- Welcher Pseudosinn?
- Erquickend oder Wollend?
- Kampfart? Arrogant, unterwürfig, Beziehung suchend, autoritär, unverschämt?
- Bin ich oben oder unten? Muss darum gekämpft werden?
- Ist Harmonie zwischen uns? „Rapport?"

Zuck! und wir wissen erst einmal vorläufig: „Dem trau ich nicht über den Weg!" Oder: „Sieht nett aus, ich biete Kaffee an, kann bleiben."

So schnell, in Millisekunden, verbreitet sich Ihre Seele im Raum. Alles ist mit einer Messung bekannt. Man riecht es.

In der Kommunikationslehre unterscheidet man Sender und Empfänger, die Nachrichten austauschen. Die Nachrichten enthalten Appelle, persönliche Haltungen, Beziehungsaspekte, Ich-Offenbarungen. Das Wichtigste ist bestimmt schon vor allen Worten, vor allen Nachrichten abgestimmt: Ihre Basisdaten, „wer Sie sind" und „was Sie wollen". Die Forscher der Körpersprache behaupten, dass die hauptsächliche Kommunikation über die Körper abläuft, dass etwa bei Reden fast alles von der Körperhaltung des Redners abhängt, nicht so sehr vom Inhalt seiner Rede!

Warum ist das so?

Es gibt einen schrecklichen Grund! Einen ganz schrecklichen.

Der Körper lügt nicht.

Oder besser ausgedrückt: Wir haben gelernt, uns zu verstellen, zu täuschen, zu wollen. Unsere Machina steuert uns. Unsere Kultur lehrt uns das Verstellen aber vor allem über die Sprache und dann sagen wir „Liebling!“ mit verkniffenen Lippen. Wir sind fast nicht ausgebildet, etwas mit dem Körper zu sagen. Deshalb drückt der Körper wohl noch unsere ursprüngliche Alpha-Seele aus, ob wir wollen oder nicht, weil wir nicht können, wie unsere Machina will.

Wenn ich dann eine Rede halte, wie so oft, scheren Sie sich nicht um das, was ich sage, sondern Sie schauen vor allem, was daran „authentisch“ ist, was ich also selbst in der Seele fühle, wenn ich etwas sage, was immer es ist.

Wir können uns also noch so lange verstehen, wie unsere Körper nicht zum Täuschen trainiert sind. Oder: Wenn Sie eine gute Machina haben wollen, die jeden Psychozid begehen kann, dann trainieren Sie Ihren Körper aus.

In der sprachlichen Kommunikation kennt man den Begriff der phatischen Kommunikation (Roman Jakobsons Funktionsmodell der sprachlichen Kommunikation unterscheidet die referentielle, emotive, konative, phatische, metasprachliche und poetische Funktion.). Der Begriff der phatischen Kommunikation (phátis, griechisch „Rede“) stammt von B. Malinowski und bezeichnet kommunikative Akte, die den Kanal der Kommunikation offen halten, die die Kommunikation aufrechterhalten und der Bestätigung von Gemeinsamkeiten dienen. „Wie geht es?“ – „Wie war das Wetter?“ Small Talks bei typischen amerikanischen Parties mögen phatische Funktion haben oder das Reden der Mutter mit dem Säugling, der noch gar nichts versteht.

Wenn ich das alles so lese, schüttele ich mich. Nein! Es ist Seelenaustausch. Immer wieder kommt ein Mensch zur Tür hinein und unser Seismograf sagt: „Immer noch gut drauf!“ – „Alles gut.“ – „Es stimmt etwas nicht!“ Es ist ein Seelenexistenz-Refresh: „Baby, ich bin noch da!“ – „Es ist alles gut!“ – „Hey, Oberboss, kennen Sie mich noch? Wie geht es?“

In Millisekunden teilen wir unsere Seele mit. Je öfter, desto besser. Das Baby wird ruhig, der Oberboss kennt mich bald sehr gut. Der hochfrequente Refresh brennt meinen Eindruck in seine Seele. Er kennt mich bald so gut wie sein eigenes Kind.

Die so genannte phatische Kommunikation ist sicher viel mehr als das Offenhalten des Kanals, entspricht also nicht dem Nichtauflegen des Telefons. Der Duft meiner Seele dringt in den anderen ein. Ich pflanze mich ein. Ich schmeichle mich ein. Er vertraut mir – ja, oder meine Seele kommt jedes Mal bei ihm in schlechteren Geruch: „Der soll mich in Ruhe lassen, der Depp! Er will sich einschleimen, pfui, wie ist er mir zuwider!“

8.3.6 Evokation von Machina und Seele

Unsere Seele gehört uns nicht allein!

Ich glaube, Balzac war es, der etwas Ähnliches gesagt hat wie: „Eine schöne Frau gehört allen!“ Wie immer er das gemeint hat, sein Ausruf beleuchtet einen wichtigen Aspekt.

Eine Seele hat eine gewisse Reichweite, eine Aura, ein Appeal, ein Charisma, eine Emanation, ein Fluidum – Sie mögen es so oder so nennen.

Und durch kleine Small Talks am Rand evozieren wir die Seele der anderen. (Evokation ist eigentlich die Herausrufung der Götter einer belagerten Stadt durch die Belagerer, um sie auf die Seite der Belagerer zu ziehen.) Wir rufen die Seele oder auch nur die psychoziden Absichten der Machina im anderen heraus und versuchen, sie gnädig zu stimmen oder auf unsere Seite zu ziehen.

Wir schwafeln Unverbindlichkeiten, um Zeit zu gewinnen, die Körpersprache zu lesen und unserem Somar Messungen zu gestatten. Unser Somar misst *immer wieder* an unseren Gesprächspartnern nach:

Quis tu es? Bist du es?

Wer bist du? Bist du es selbst? (Hab ich nur halb lateinisch hingeschrieben, weil es beim Vorlesen so schön klingt. Reine Ästhetik.)

Und wir fürchten uns so sehr mit unserer Beta-Seele vor den Somaren der anderen! Die wittern ja, wer wir sind und was unsere Machina von ihnen will. „Das da drinnen geht niemand was an!“, beschwört unsere Beta-Seele. Sie verteilt Visitenkarten, auf denen geschrieben steht, welche Rolle unsere Machina spielen will. Aber die Somare der anderen sondieren: „Welche Rolle spielst du überhaupt?“ – „Spielt es eine Rolle?“

Unsere Alpha-Seele würde dagegen verströmen. „Authentisch!“, erkennen die Somare unisomo.

Verströmen Sie Ihre Alpha-Seele? Halten Sie Ihre Beta-Seele vor Ihre Wunde? Wir riechen es alle. Die feinste Nase hat dafür bekanntlich der Teufel. Er ruft genießerisch suchend: „Ich wittre, wittre Menschenfleisch!“ – „Ich rieche, rieche Menschenfleisch.“ (*Der kleine Däumling*, *Die drei Raben*) Der Teufel riecht Alpha. Er weiß, dass Alpha-Seelen köstlich sind.

Kapitel 9
Die frohe Lebenskraft des Natürlichen

9.1 Die natürliche Machina: „Ich bin das Ziel!"

9.1.1 Führen – Leisten – Leben

Wie würden wir uns einen artgerechten natürlichen Menschen im Leben vorstellen?

Natürliche Menschen sind kraftvoll, wollen etwas darstellen, die Initiative ergreifen und das volle Leben genießen. Der Management-Guru Fredmund Malik hat einen Bestseller mit dem Titel *Führen Leisten Leben* geschrieben. Dieser Buchtitel gibt genau das wieder, was ein natürlicher Mensch aus seinem Leben machen will. Das Führen und Vorangehen ist etwas, was im Zentrum des „autarken" natürlichen Menschen liegt (wenig „Liebesstromstärke"). Der Leistungswille und der Antrieb, ein authentisches Vorbild zu sein, gründen sich im Ursprung des normsozialen natürlichen Menschen. Der „liebesstromstarke" natürliche Mensch sieht das volle Leben in seinem Zentrum: Liebe und Leben! Für wahre und richtige Menschen ist dagegen das Motto *Führen Leisten Leben* nicht wirklich das Eigentliche. Maliks Buch liest sich wie ein wundervoller Leitfaden, wie ein natürlicher Manager agieren sollte. Und Malik nennt Managementtheorien, die aus *wahren* Ideen gebildet sind, denn auch folgerichtig das Werk von Scharlatanen. Er *muss* sie so nennen. Natürliche Menschen sagen nun einmal „Scharlatan", während wahre und richtige Menschen mit „Sch" beginnende Wörter viel zaghafter benutzen.

Ideale natürliche Menschen habe ich Ihnen in *Omnisophie* wie Jedi-Ritter vorgestellt. Die edlen Jedis sind starke Persönlichkeiten. Die Macht ist mit ihnen. Sie haben starke Ausstrahlung, wirken konzentriert und ruhig, denken für das Ganze, leisten einen Beitrag für das Ganze, sind tapfer, klug und wirksam. *Wirksamkeit*! Diese Eigenschaft sieht Malik wohl als wichtigste Eigenschaft eines Managers an. Ja, so sollen natürliche Menschen vor allem sein. Sie sollen positiv denken, klar entscheiden, ohne Scheu die Verantwortung für ihr Tun und die Menschen um sich herum übernehmen und den Schwächeren helfen, mutig zu werden und ihre Stärken zu entfalten.

Herzhaft anpacken und arbeiten! Natürliche Menschen brauchen keine akademischen Theorien, auch keine endlosen Pläne oder Erkundigungsreisen zwecks Infor-

G. Dueck, *Omnisophie-Trilogie*,
DOI 10.1007/978-3-642-34877-8_9, © Springer-Verlag Berlin Heidelberg 2013

mation, damit endlich ohne Angst entschieden werden kann. Natürliche Menschen wollen ehrliche harte Arbeit leisten. Sie nennen sich gerne „professionell" und meinen, sie verstünden ihr Handwerk.

Professionell heißt auch ein bisschen dies: „Ich packe wirksam an, bin clever und effektiv. Hey, macht mit. Seid nicht so zart besaitet und empfindlich, ihr da. Wenn gehobelt wird, fallen Späne – und das ist toll! Fangt bloß nicht mit irgendwelchen persönlichen Empfindlichkeiten an. Verlangt keine Extraeinladung oder unsinnige Höflichkeit. Hey, keinen Schnickschnack! Ehrliche Arbeit! Los! Kommt!"

Ja, so wären natürliche Menschen in ihrem Element, in ihrem Ursprung. So wie stets etwas unruhige Heißblüter oder Rassepferde. Für uns andere, zarter Besaitetere sind sie oft etwas sehr einfach und direkt („grob"?), aber wenn sie so energisch schaffen, dann müssen sie wohl so sein.

9.1.2 „Das kannst du nicht!" – „Das kann ich doch!"

Haben Sie ein natürliches Kind zu Hause?

Es probiert alles aus, beißt erst einmal in alles hinein, schüttelt das Spielzeug, singt, lärmt, tobt umher. Bringen Sie alles in Sicherheit!

Hoffentlich haben die Tapeten keine Eselsohren, hinter denen man die Innenarchitektur neu entdecken kann. Alle Bücher werden stiftbefaustet beschriftet, irgendwie fällt oft etwas hinunter und alle Aktionen verlaufen immer gerade so *über* der Grenze zum vollendeten Unglück. Das natürliche Kind sagt nach dem Desaster, wenn es schon reden kann: „Ist ja nichts passiert."

Wir alle haben ein Gefühl, wenn etwas erlaubt oder normal ist. Das hat man uns ja früher auch mühsam beigebracht. Wie laut muss es sein, damit wir zusammenzucken? Wie viele Scherben bringen gerade noch Glück? Wann ist eine Wunde am Knie „nicht schlimm"? Welchen Spaß „versteht" der Mensch normalerweise und wann hört der Spaß auf? Unser Leben ist voller solcher allgemein gefühlter Grenzen.

Und die müssen wir einem natürlichen Kind *setzen*, das steht für die meisten von uns felsenfest. Ich habe das schon in einem früheren Abschnitt geschildert.

Normale Eltern erziehen Kinder per Konditionierung. Das ist die allgemein gelehrte Methode. Die Welt wird in erwünschtes und unerwünschtes Verhalten eingeteilt. Das erwünschte Verhalten wird unentwegt „vorgelebt", wenn es sein muss, oder besser gepredigt. Das unerwünschte Verhalten wird unterbunden, wie auch immer: durch Überreden, Schimpfen, Tadeln, Verhauen. Das erwünschte Verhalten ist das eines guten Erwachsenen. Er ist höflich, hilfsbereit, teamfähig und gehorcht der Autorität. Im Grunde ist er ein guter *richtiger* Mensch. Der gute richtige Mensch ist vor allem brav. So soll nun jedes Kind sein! Brav.

Ins Englische übersetzt heißt brav „well-behaved" oder „benimmt sich gut". Eben das wollen wir! Im Englischen gibt es das Wort „brave". Ins Deutsche übertragen heißt es „tapfer, mutig, unerschrocken", wie ein Löwe. Es heißt auch „stattlich, ansehnlich". Kennen Sie den Film *Braveheart*? Dann wissen Sie etwa, was ein solcher „Löwe" ist: ein edler natürlicher Mensch. Die normale Erziehung des „brave boy" ist also eine, ihn im deutschen Sinne „brav" zu machen.

Ich habe es schon beschrieben: Das natürliche Kind versucht andauernd, die Grenzen zu überschreiten. Lob und Tadel halten kaum vor. Es ist beharrlich dabei, die Kräfte zu erproben. Aus Elternsicht sieht es ständig so aus, als ob das Kind sich zu viel traue, zu viel zutraue, zu viel vornehme. „Nimm nicht so viel auf den Teller, das schaffst du nicht!" – „Trag nicht so viele Bücher auf einmal, das schaffst du nicht!" Und das natürliche Kind trotzt unentwegt. „Das kann ich doch."

Das nervt die Eltern unendlich.

Das Hauptproblem scheint aus Elternsicht darin zu bestehen, dass es aus Fehlern nicht zu lernen scheint. Wenn es mit zehn Büchern fünf Mal hingefallen ist, versucht es beim nächsten Mal eher elf auf einmal. Es will es schaffen oder „zwingen". Es will seine Stärke beweisen. Die Eltern sagen: „Nimm immer so viele Bücher wie Lebensjahre auf einmal, das reicht einige Zeit. Denn du bist noch klein und wirst größer. Du musst es richtig machen und nicht alles auf einmal versuchen."

Nehmen wir an, wir sind jetzt ein kleines natürliches Kind. Sagen wir, drei Jahre alt. Wir wollen beim Umzug helfen. Das geht so: „Was kann ich tun?" – „Steh hier nicht rum! Zur Seite!" – „Ich will was machen!" – „Du kannst nichts machen, geh weg." – „Gut, ich schiebe die Kisten vom Laster. Ich will da rauf." – „Du kommst nie und nimmer auf den Laster, du fällst runter." – „Ich fall nicht runter." – „Doch, basta." – Stille. „Hey, was machst du da! Bleib unten!" – „Nein." – „Bleib unten oder es setzt was." – „Nein."

Wir fallen herunter. Es tut weh. Wir schämen uns und probieren es blutend noch einmal. Da setzt es Ohrfeigen. Man zerrt uns fort. Pflaster drauf. Wir weinen vor Wut. Wir werden eingesperrt.

Wissen Sie, was ein natürliches Kind nervt? Die Erziehung. Und vor allem: Eltern. Und am meisten: richtige Eltern.

Ich will mit Ihnen erst gar nicht rechten, ob richtige Erziehung richtig ist. Ich will nur sagen: Sie nervt das natürliche Kind entsetzlich. Es wird nie verstanden, dass es sich bewähren, hervortun, stärken und üben will. Es muss seine Kräfte messen. Es will meistern, also auch Meister werden. Alles, was irgendwie so aussieht wie Kraft erproben, ist für Eltern nicht normales erwünschtes Verhalten und wird rigoros unterbunden. „Du kannst das nicht! Du darfst das nicht!"

Im Internet habe ich vor einigen Monaten einen Schrei gefunden. Ich erzähle aus dem Gedächtnis, was ich las:

> Das Leben treibt uns durch Angst, Gefahr und endlose Aufregung. Manche hungern nun triebhaft nach Sicherheit, aber die Gefahren bieten auch eine große Bühne des Meisterns, sie geben uns Gelegenheit, über uns hinauszuwachsen, über unsere physischen Grenzen. Es ist wie ein Flirt, wie eine Liebe zu Aufregung und Grenze. Wir spüren das Abenteuer und tanzen mit dem Gegner. Wir lassen alles – alles – alles hinter uns, auch den Tod und gehen bis an unser LIMIT („go to THE LIMIT").

So ist der natürliche Mensch. Er sucht seine Grenzen. „Ich bin bis an die Grenze gegangen."

Die Eltern sagen: „Er geht über jede Grenze. Über jede. Es ist entsetzlich. Wir dachten, es höre an einem vernünftigen Punkt auf. Wir haben dann hart gekämpft und Grenzen gesetzt. Er schien darauf gewartet zu haben. Es scheint so, als wolle er Grenzen gesetzt *bekommen*. Er versucht es aber immer *wieder*, sie zu sprengen. Wir verzweifeln. Wir werden immer härter und grausamer. Er aber scheint es wie ein Spiel zu empfinden, als wolle er mit uns ständig kämpfen. Es ist immer derselbe Tanz. Immer dieselbe Musik. Er hört erst auf, wenn wir grausam werden. Wir wollen nicht, dass wir grausam werden müssen. Es muss doch wohl Regeln in dieser Welt geben. Er wird im Leben grässlich scheitern."

Und ich frage Sie: *Haben Sie erkannt, was da vor sich geht*?

Beta-Eltern kämpfen gegen spielerisch balgende Alpha-Kinder.

Machinae, die eine Seele bewältigen.

9.1.3 Operantes Konditionieren: Lernen anhand von Konsequenzen

So lautet eine Abschnittsüberschrift in dem wundervollen Standardwerk *Psychologie* von Zimbardo/Gerrig. Ist das so? Lernen wir durch Konsequenzen? Ja, sicher, aber sehen es die Psychologen so, dass wir vor allem durch Konsequenzen lernen? Ich fand irgendwo den Satz: „Lernen geschieht durch eine Assoziation zwischen der Vergangenheit und der unmittelbar folgenden Zukunft."

Ich fürchte: Ja – so sehen es die Erziehenden dieser Welt.

In den Begriffen dieses Buches: Wir brennen Seismographen in die Kinder hinein. Für das eine gibt es Lob, für das andere Hausarrest. Lernen des Kindes ist das Spüren der Konsequenzen. Was bewirken die Seismographen in einem Kind? Gar in einem natürlichen?

Das natürliche Kind klettert auf einen Baum, aber nur so hoch, dass niemand schimpft. Es stibitzt Pfefferkuchen so lange, wie es niemand merkt. Es lernt so viel für eine Prüfung, wie es zum Bestehen braucht oder zu einem maßvollen Lob des Vaters. Es macht Pause, solange es nicht beobachtet wird. Es würde gerne in die Spitze des Wipfels klettern und in der Luft triumphierend schwanken. The Limit! Es würde die Dinge selbst lernen, nicht aber um der Prüfungspunkte willen. Die Seismographen der operanten Konditionierung aber wollen Zuckungen in ihm, um das natürliche Kind im Kanal des normalen Lebens zu halten.

Operantes Konditionieren ist die Methode der Wahl zur Dressur von Tieren. Sie haben nicht so wirklich viel Sprachvermögen und Einsicht, so dass sie am besten über den Körper lernen und ausgebildet werden. Taschengeldentzug, kein Nachtisch, ein Bonbon, eine Achterbahnfahrt – das geht sinngemäß mit Ratten auch. Die Zauberwörter heißen Reinforcer, positive und negative Verstärker, Stimulus und Response, Reiz und Reaktion, Verbindung von Reiz und erwünschter Reaktion. Der Pawlow-Hund hört immer einen Signalton kurz vor der Fütterung. Schließlich läuft ihm das Wasser im Maul schon beim Ton zusammen, nicht erst beim Anblick des Fleisches.

Wir lernen also anhand von Konsequenzen?! All das Messen der Leistungen (siehe *Supramanie*) in der heutigen Zeit dient dem Konditionieren. Wir messen und zeigen den Wert als Konsequenz. „Du bist nichts wert!“ Wir lernen dann aus dieser Konsequenz.

Das natürliche Kind aber will nicht in gewünschte Bahnen konditioniert werden. Es will an das Limit! Es will mit dem Feind und dem Äußersten flirten. Wenn es in dieser Weise wirklich an das Limit will, wird es fast jede Minute mit „Konsequenzen“ konfrontiert. „Lass das! Pass auf! Komm da runter! Finger weg! Ich werde noch wahnsinnig! Du wirst das lassen und wenn ich es dir einprügele.“ Immer wenn das natürliche Kind sich innerlich mit voller Energie aufschwingt und sagt:„Das vermag ich – ich der Meister!“, dann fällt die Gesellschaft in Form von „Erziehern“ über es her: „Lass das! Das kannst du nicht. Es ist extra verboten, weil es niemand können darf.“

Das operante Konditionieren des natürlichen Kindes ist das Aufzwingen von fremden Standpunkten in dieses Kind, die seine Alpha-Seele nie akzeptieren wird. Wenn in einem Menschen inakzeptable Standpunkte eingepflanzt werden, entsteht Hass. Das Kind entwickelt einen Bewältigungsmechanismus, eine Machina, die sich gegen „das Umpflanzen“ seiner Seele wehrt.

9.1.4 Psychozidversuche konvertieren Lebensgeist in Aggression

Die natürlichen Kinder sind diejenigen mit der hohen Lebensenergie. Diese Energie soll in normale Bahnen gezwungen werden. Nun wehren sich die Kinder. Womit? Mit Energie.

Sie fühlen, dass ihnen der Lebensgeist genommen wird. Die Erzieher wollen ihnen den Willen brechen. Sie erfahren diesen beginnenden Kampf wie einen Psychozidversuch. Die Erzieher sind allmächtig und es sind ihrer viele, die sich einig sind und gegen das Kind eine Front bilden.

Was soll das natürliche Kind gegen diese ungeheuere Übermacht tun? Es fühlt sich wie ein Hobbit gegen die Heerscharen Saurons.

Die verschiedenen natürlichen Kinder mögen verschiedene Kriegsstrategien gegen den Psychozid entwickeln:

- Das starke Kind wird sich auflehnen und jede einzelne Konsequenz wie einen Einzelfall durchkämpfen. Verbissen und beharrlich bis zum Sieg. Es wird stärker und stärker. Es entwickelt eine Machina, die Macht als Pseudosinn anstrebt. „Mutter, ich werde nicht nachgeben, ich werde *nie* nachgeben und ich werde immer das letzte Wort haben!“ Das starke Kind ist machtvoll, weil es sich nie einer Regel unterwirft, sondern allenfalls einer Einzelkonsequenz. Heute verliert es, morgen kämpft es wieder. Es will nicht aus Konsequenzen lernen, es will trotz der Konsequenzen siegen. (Das tun Ratten gewöhnlich nicht.)

- Das initiative Kind kanalisiert seine Energie in das Bekämpfen der Peers. Es kämpft nicht gegen die konditionierende Allmacht, sondern es verbündet sich mit der Macht, um sie zu beeindrucken und ihre Repressalien zu vermeiden. Unter dem Druck des Umpflanzens also strebt das initiative Kind „Erfolg" an. Es „strebt" als „Streber" die Höchstleistung an, den Erfolg als Pseudosinn. Dann ragt es unter den Peers hervor, wird vor den Mitschülern gelobt. Die Energie des initiativen Kindes wird zur Aggression, im Wettbewerb zu siegen. „Mutter, sieh, ich bin der Beste!" Diese Reaktion des normsozialen Kindes ist gesellschaftlich erwünscht! Dass sie zu menschlichen Schäden unter den Verlierern führt, wird hingenommen. Man sagt: „Jeder kann ja siegen!" Die Unlogik wird nicht verstanden: Ein Sieger – viele Leichen. Ein Elite-Narzisst – viele Gedemütigte als Arroganzopfer. Wenn das initiative Kind als Streber nicht gewinnt, wird es andere quälen, um nach oben zu kommen. Sadisten mögen verhinderte Narzissten sein.
- Das charmante natürliche Kind (viel Energie, starke Liebesströme) versucht unter dem Druck der Konditionierer, „viel Wasser und Sonne", also Lust und Liebe, irgendwie doch zu bekommen. Dazu setzt es Energie und Charme als Waffe ein. Es drückt durch, dass es alle Ressourcen bekommt, indem es verführt, nonchalant auftritt, die anderen unterhält, witzig ist und sich als Ausnahme etabliert. Das „magische Kind" bekommt, weil ihm die Allmächtigen unter seinen Witzen und seinen Küssen verzeihen. „Mutter, ja! Ich habe etwas Geld genommen. Aber ich zahle es zurück! Hier hast du einen Kuss schon mal! Sieh, jetzt lachst du wieder! Was bedeutet schon Geld, wenn ich fröhlich bin, Mutter! Ich liebe dich, Mutter!" Das ist die kanalisierte Aggression des Sonnenkindes, das sich mehr oder weniger diplomatisch wegnimmt, was es will. Es gibt auch die weniger geschickten Trotzvariationen. „Ich ziehe so lange ein trotziges Gesicht, Mutter, bis ich darf. So lange ich so bitter schaue, sollt ihr keine Freude empfinden und wissen, dass ich euch hasse. Wie lange werdet ihr das aushalten?" Dies ist dieselbe Aggression wie beim geschickteren Verführen. In dieser Form ist sie besser sichtbar.

Ich will sagen: Psychozidversuche durch operante Konditionierung mit dem Ziel, natürliche Kinder normal zu machen, *erzeugen* die Aggressionen, die ihnen anschließend die unfähigen Peiniger zum Hauptvorwurf machen: „Natürliche Kinder sind aggressiv!" Das ist das häufige Endergebnis der so genannten Erziehung. Und am Ende dieser Blutspur sagen die Erzieher: „*Der Mensch* ist ursprünglich wie ein Tier. Wir müssen ihn stärker unterdrücken. Noch stärker! Bis der Wille zum Bösen in ihm gebrochen ist."

Erziehung natürlicher Kinder zu normalen konvertiert Lebenslust in Abwehraggression gegen das Normale. Die Lebenslust der Alpha-Seele wird zur Machina, deren Seele nun nicht mehr ruht und rastet, bis sie Erfolg, Macht oder Starruhm und Lust besitzt.

9.1.5 *Dark Forces: Psychopathen, Hyperaggressive, Hysteriker und Hedonisten*

Was passiert, wenn nun die natürlichen Kinder den Kampf gegen die „Konsequenzen“ verlieren? Ich will es nur andeuten:

Das starke Kind wird übertrieben kampfsüchtig, die Machina unnötig aggressiv. Die Hauptübertreibung der Machina des starken Kindes ist Gewalttätigkeit und der bedingungslose Kampf um Macht in jeder Einzelsituation des Lebens. Die dunkle Seite der Machina ist das *Psychopathische.* Diese natürlichen Kinder, die auf die Seite der „Dark Forces“ wechseln, heißen „delinquent“. Das englische „Delinquency“ bedeutet „Vergehen“, „Pflichtvergessenheit“ oder „Kriminalität“. Delinquency riecht wie „Ablehnung, ein richtiger Mensch zu sein“, um jeden Preis, auch den der Ostrazision.

Das initiative Kind flüchtet sich in unbegründeten Narzissmus und Arroganz. Es kann sadistisch werden, wenn es keinen genügenden Erfolg hat. Es wird imagesüchtig. (Lachen Sie mich nicht aus, aber viele dieser Art scheinen mir gerne einen roten Schal oder ganz rote Krawatten zu tragen.) Die häufigste Fehlentwicklung des initiativen Menschen scheint mir heute die Hyperaggressivität zu sein. „Alles ist Kampf, um zu gewinnen. Alles ist dringend, was ich tue. Ich schaffe es, viele Sachen auf einmal zu tun. Ich habe trotzdem das Gefühl, noch mehr tun zu müssen. Ich gebe keine Ruhe. Ich wollte, ich könnte ab und zu mein Leben anhalten und mich über das Erreichte freuen.“ Dieses Syndrom des „Typ A“ ist gut für Herzinfarktgefahren untersucht. Manche, so wie ich, halten Hyperaggressivität für eine Persönlichkeitsstörung wie Depressivität oder Schizoidität. Die Gemeinschaft der Psychologen zögert noch. Hyperaggressivität ist ja fast genau das, was wir in einem supramanen System von einer idealen Führungskraft erwarten. Oder? Die hyperaggressive Machina ist gesellschaftlich erwünscht, solange sie nicht in Sadismus und Zerstörung umschlägt. („Dann soll keiner gewinnen.“)

Das lebensfrohe, charmante Kind wird zum Darsteller, Schauspieler. Es wird „Star“, eine Ausnahme, die sich etwas herausnehmen darf. Es wird zum Hedonisten und Verführer. Es flüchtet sich in Traumwelten, neigt zur Sucht in irgendeiner Form: Wein, Weib und Gesang. Wenn es zu den Dark Forces wechselt, greift es zum Unerlaubten, zu Drogen etwa, wird spielsüchtig und im weitesten Sinne zum Schmarotzer in der Gemeinschaft. Es liefert dafür „Stories“ und Prahlerei. In anderen Versionen wird es zum Hysteriker, der mit größtem Pathos das Theater der Gefühle vorführt.

Diese Dark Forces, vor allem das Schmarotzerhafte, das Süchtige und Delinquente, rechtfertigen in den Augen des Systems die Unterdrückung und Konditionierung des natürlichen „Tiers“. Ich will sagen: Das Tier entsteht in weiten Teilen überhaupt nur aus dem Widerstand des Natürlichen heraus, das sich gegen das aus seiner Sicht Unnatürliche, Freudlose und Lebensfremde heftig und leidenschaftlich zur Wehr setzt. Es ist eine Haupttriebeskalation zwischen dem Natürlichen und dem System.

9.1.6 *Psychozidversuche konvertieren Liebesströme in Verführung*

Jetzt schiebe ich eine kleine „Abschweifung" ein. Eine Abschweifung ist es eigentlich nicht. Ich schreibe hier zwar zum Thema, aber nicht in der richtigen Systematik.

Das muss jetzt sein, sonst wird der Aufbau der Argumentation zu schwierig.

Ich schreibe über das Artgerechte des natürlichen, richtigen und wahren Menschen. Ich widme jeder Einzelart einen größeren Abschnitt und habe hier mit dem natürlichen Menschen begonnen.

Ich könnte das Buch auch in drei Abschnitte über den autarken, den normsozialen und den liebenden Menschen teilen, also in der anderen Dimension – statt entlang des Lebensgeistes entlang der Liebesstromstärke.

Ich möchte Sie, obwohl ich das Buch entlang der Lebensgeistebenen teile, trotzdem einen Moment in die andere Sicht teilweise entführen.

Ich habe eben auf einigen Seiten geschildert, wie das stark Lebensfreudige durch Konditionierung in Aggression konvertiert wird.

Jetzt möchte ich gerne anschauen, was passiert, wenn man die „Liebenden" im System normalisieren will. Dieser Aspekt wird natürlich im Buch ausführlich besprochen, wenn ich das charmante Kind als natürliches, das hilfsbereite Kind als richtiges und das liebe Kind als wahres Kind in den jeweiligen Abschnitten diskutiere.

Insbesondere das charmante, überschäumende Kind haben wir schon besprochen – wie es Gefahr läuft, Schmarotzer oder Hedonist zu werden.

Bei den lebenslustigen Kindern lautete mein Hauptargument, sie wehrten sich, auf das Normalmaß herabgeregelt zu werden. Sie werden also gehindert, ans Limit zu gehen.

Die Kinder, die aber sehr liebesströmend sind, empfinden das System und das Normale als „kalt". Für sie ist die mittlere Umgebung des Miteinander nicht warm genug, gefühllos und nicht wirklich an Liebe interessiert. Sie empfinden diese Kälte als Liebensentzug, also als Abzug dessen, was für sie das Wichtigste im Leben ist. Der Liebensentzug hat auf sie denselben Einfluss wie das ewige Zurückpfeifen des lebenslustigen, lauten natürlichen Kindes.

Für liebesüberströmende Kinder ist Liebesentzug wie Psychozid. Sie wehren sich. Eine der Methoden ist das Zurückholen der Liebe durch Verführung und Prahlerei des charmanten, fröhlichen Kindes. In den weiteren Teilen stelle ich dar, wie das hilfsbereite Kind die Liebe durch Helfen und Unentbehrlichsein zurückholen will. Ich beschreibe noch später, wie das ganz liebe Kind sich erhofft, dass die Liebe zurückkehrt, wenn es den anderen Menschen zeigt, wie traurig es ist (Depression).

Ich stelle ja alles einzeln dar und will hier nur den Gesamtaspekt hervorheben: Das liebesstarke Kind *verströmt* Liebe. Alpha-Liebe! Wenn es nun in der Kälte sitzt, denkt es irrtümlich, ihm werde Liebe entzogen. Dieser eine einzige Irrtum kostet die Alpha-Seele schon das Leben. Sie hat ja selbst Liebe genug. Die Kälte aber lässt sie denken, sie müsste Liebe von außen zuführen, die ihr entzogen wurde. Nun bildet sie eine Machina aus, die die Liebe erobert, erjagt, erbeutet.

9.1.7 Psychozidversuche konvertieren Autarkie in Einsamkeit

Genauso können wir die drei autarken Richtungen anschauen: Das starke, das brave und das schüchtern-klug-beobachtende Kind.

Sie empfinden den Zwang der Erziehung als Versuch, ihnen ihre Unabhängigkeit oder Freiheit zu nehmen.

Sie wehren sich dagegen: Das starke Kind kämpft, das brave Kind wird fehlerlos und unangreifbar, das kluge Kind entwickelt zur Abwehr einen tiefen Geist und wird unantastbar durch Allwissen.

Sie alle werden durch die Sucht ihrer Beta-Seele nach Macht, Perfektion oder Allwissen einsam. Sie wollten nur unabhängig und autark sein, finden sich aber distanziert und abseits von den anderen Menschen wieder.

Der Starke wird einsam in der Macht. Die Menschen zittern vor ihr.

Der Perfekte isoliert sich, weil er wie ein lebender Vorwurf wirkt.

Der Allwissende wird nicht verstanden und wirkt, als rieche er Dummheit überall.

So entfernen sie sich aus der Welt: in die Höhen der Macht oder in Eremitenhöhlen auf Nagelbretter. Na, Universitäten sind auch zulässig. Die Universitäten fordern unaufhörlich Unabhängigkeit der Forschung, aber sie sind in Wirklichkeit einsam.

9.1.8 Kampf der natürlichen Machina: „Ich bin das Ziel!“

Macht, Erfolg, Starruhm und Lust als Pseudosinne haben eines gemeinsam: Ich! Ich! Ich!

Natürliche Menschen gelten viel stärker als Egoisten als die anderen Menschen.

Tier!

Ich erläutere schon die ganze Zeit, dass alle Menschen eine Machina haben, aber beispielsweise die des „Helfers“ ist besser versteckt, und zwar furchtbar aggressiv im „Unentbehrlichmachen“, aber eben nicht im Gewaltsinne.

Die natürliche Machina schreit: „Ich bin das Ziel.“ Sie meint damit durchaus sich selbst. Es ist ihre Gewalt, ihr Ego und ihre Beta-Seele.

Damit hätte dann der Versuch der Konditionierung zum richtigen Menschen genau zur Folge, was verhindert werden sollte: ein aggressiver egoistischer Mensch.

Er schüttelt die Faust gegenüber der Gesellschaft, offen oder als geballte Faust in der Tasche.

9.1.9 Zum Teufel mit der Gesellschaft! Über Subkulturen

Der natürliche Mensch protestiert gegen die Gesellschaft. Er schließt sich oft so genannten Subkulturen an, die sich von den Regeln der gesellschaftlichen Konditionierung fernhalten und ihr eigenes Leben aufbauen. Sie fahren Motorrad, sind Rapper oder Raver, Redskins oder Hells Angels. Sie bilden eine eigene Kultur aus, haben eigene Regeln.

Manchmal könnten wir über diese eigenen Regeln lächeln, denn sie sind oft ähnlich rigide wie die Regeln der ganzen Gesellschaft. „Wir stoßen dich aus! Du hast als Veganer heimlich eine Vanillemilcheiskugel gegessen! Hinweg!"

Theoretiker unterscheiden zwischen Teilkulturen und Subkulturen, wobei es viele Meinungen gibt, wie denn die Grenze zu ziehen sei. Das Rotlichtmilieu ist eine Subkultur, die anderen Regeln folgt als denen der Gesellschaft, das ist klar. Die Künstler, Wissenschaftler oder etwa die Mönche eines Klosters bilden dagegen Teilkulturen aus. Eine Teilkultur wird nicht gegen die bestehende Hauptkultur gerichtet oder als völlig andere Alternative zu ihr gesehen, sie entzieht sich ihr nicht wirklich, sondern sie separiert sich ein wenig, um in der eigenen Teilkultur besonders oder verfeinert zu sein. Besonders der Wahrheit verpflichtet! Besonders Gott geweiht! Besonders der Kunst gewidmet!

Subkulturen wollen nicht besonders sein, sondern frei von den Regeln der normalen Gesellschaft. Theoretiker nehmen zum Teil an, dass Subkulturen aus einer Deprivation („Beraubung, Entziehung, Verlust, Mangel, Entbehrung, Liebesentzug") heraus entstehen. Deprivierte sammeln sich offenbar in Subkulturen.

Und da dachte ich mir, diese Gedanken scheinen das zu sagen:

Deprivierte natürliche Menschen gehen oft in die Subkultur.

Und ich will später im Buch sagen:

Verwundete wahre Menschen bilden Teilkulturen.

Alles Abwehr der Konditionierungswunden!

Und bevor ich konstruktiv über das Artgerechte des Natürlichen sprechen möchte, will ich mit Ihnen noch einen Gang zur *Church of Satan* machen. Ich habe bei Ebay eine Bibel ersteigern wollen. Da waren nicht nur wirkliche christliche Bibeln im Angebot, sondern auch allerlei Hackerbibeln oder eben satanische.

Haben Sie schon einmal über Satan und Satanismus nachgedacht? Über Teufelsanbeter? Was die wohl so treiben? Treiben, nicht „machen". Warum nur – Why the hell – sagen sie „satanische Rituale" und „Church of Satan" oder „Teufelsanbetung"? Ich meine, es ist ja möglich, eine gute Beziehung zum Teufel aufbauen zu wollen. Aber warum muss es so eine Art Gottesdienst sein? Satanisten lieben doch wohl offenbar die katholische Kirche nicht. Sagen wir, sie hassen sie, weil die Kirche versucht, ihnen fremde Werte zu oktroyieren. Warum aber übernehmen sie dann deren Rituale?

Das können wir uns denken: zur Verhöhnung!

Ist das ein Lebenssinn? Einen anderen zu verhöhnen? Oder gibt es nun gar keine andere Möglichkeit, jemanden anzubeten, außer derjenigen, existierende Rituale von klassischen Religionen umzufunktionieren? So wenig kreativ? Oder muss Satanismus mit Wut gegen die Normalen verbunden werden? Der Teufel ist doch sehr konstruktiv, denke ich. Er will uns zu Weib, Wein und Gesang verführen, zu Völlerei, Faulheit, Trägheit, Habgier, Wollust und so weiter, also einfach zu den katholischen Todsünden. Mehr nicht. Ich wusste nicht, dass ich ihn jetzt auch anbeten muss oder gar regelmäßig zum Teufelsdienst gehen soll. Meine Kinder schicke ich dann zum Kinderteufelsdienst? Wir essen dann Teufelszeug oder Teufelsbraten oder Seeteufel zu Mittag? Wir heiraten in der Teufelskirche, der Teufelskerl das Teufelsweib. Wir taufen das Kind, indem wir es zum Teufel schicken …

So etwas fiel mir ein. Und ich dachte bei mir, es wäre ja möglich, dass der Satanismus eine Protestveranstaltung des deprivierten natürlichen Menschen gegen den richtigen bigotten Pharisäer-Menschen sein könnte, um ihn einmal gehörig zu schockieren und zu erschrecken. Halloween liegt ja in der Nacht vor Allerheiligen, dem Fest der Katholiken zu Ehren aller Heiligen. Der Teufel sucht also doch immer etwas Anlehnung, nicht wahr? Ist er depriviert, der Gute?

Und da ich ein gründlicher Mensch bin, der alles genau wissen muss (oh, meine Beta-Seele!), habe ich also berühmte Bücher des Satanismus gekauft. Ich wollte es wissen.

Wer ist 666? Na? Sie kennen sicher die Stelle aus der Apokalypse, in der dunkel vom Satan geredet wird.

> Hier ist Weisheit! Wer Verstand hat, der überlege die Zahl des Tiers; denn es ist eines Menschen Zahl, und seine Zahl ist sechshundertsechsundsechzig. (Offenbarung des Johannes 13, 18)

Einer der Hauptvertreter der neuzeitlichen Magie war Aleister Crowley (1875 bis 1947). Er war im wirklichen Leben „the beast“, die Bestie, wie ihn seine Mutter nannte, nachdem alle während einer Morgenandacht hören konnten, wie der Sechzehnjährige sich auf dem Bett seiner Mutter eines Zimmermädchens bemächtigte. „The beast“ oder „das Tier“! Crowley identifizierte sich später mit „the beast“ und nannte oder hielt sich für 666. Crowley wuchs unter strenger puritanischer Erziehung auf. Man sagte ihm bald sadistische Neigungen nach. Er heiratete zwei Mal, beide Frauen wurden wahnsinnig, fünf Geliebte begingen Selbstmord, etliche weitere endeten in Drogen, im Alkohol oder in Nervenheilanstalten. Er wurde zu einem bedeutenden Magier, schrieb viele magische Bücher, auch Pornographie. Seinen Anhängern war er der große Mystiker und Prophet des neuen Zeitalters. Die, die sein Leben beobachteten, nannten ihn mit allem zu Gebote stehenden Abscheu: „Monster!“ Zusammen mit Lady Frieda Harris erarbeitete er das so genannte Crowley-Tarot. Dieses Kartenset ist bis heute als Tarot eines der gebräuchlichsten. Dazu schrieb er als Anleitung *Das Buch Thot.* Dieses Werk finden Sie noch heute in jedem Esoterikregal einer Buchhandlung.

Die magische Lehre Crowleys ist in einem einzigen seiner Sätze fast allgegenwärtig zusammengefasst:

> Do what thou wilt shall be the whole of the law.

Dieser Satz findet sich in seinem *Buch des Gesetzes (Liber AL vel LEGIS).* Darin sagt Crowley, das Wort Sünde sei für ihn gleichbedeutend mit „Einschränkung“. Reiner Wille, der nicht von irgendwelchen Zwecken getrübt oder geschwächt werde, der frei sei von einer Gier nach einem Ergebnis, solcher reiner Wille sei das Höchste. Die Welt der Zersplitterung sei ein Nichts, aber die Freude der Loslösung alles. Wer nach einer Balance im Leben suche, verliere das Höchste. Und noch ein Satz wird von seinen Anhängern immer wieder zitiert:

Love is the law, love under will. (Reine Liebe im Einklang mit dem Willen, sonst verlasse!)

Und noch ein entscheidender Satz seines Werkes:

The word of the Law is Θελημα.

Das Wort des Gesetzes ist Thelima. Thelima ist das griechische Wort für Wille, etwa in *genithito to thelima su* (griechisch) für *fiat voluntas tua, sicut in caelo, et in terra* (lateinisch) für „Dein Wille geschehe."

Crowley ruft die Menschen auf, „Thelemites" zu werden, was man auf deutsch dann mit Thelemiten übersetzte. Ich war echt spontan entsetzt über die entsetzliche zweimalige Übersetzung. Es heißt doch im Griechischen Thelima, mit einem echten i nach dem l im Wort! Seht ihr Magier dieser Welt denn das nicht! Seid ihr denn von 666 verlassen? Ich jedenfalls, bei allen Bestien, hätte dann doch zumindest alle Menschen aufgefordert, Thelimiten zu werden, nicht Thelemiten. Sehen Sie es auch? Thelimit? THE LIMIT. Das schließt für mich den Kreis.

Das also zum großen Magier. Muss ich die nun notwendigen Schlüsse noch hinschreiben? Ist er ein natürlicher Mensch? Ja. Hat ihn seine Erziehung verwundet? Ja! Was findet er in sich vor? Ein gewaltige Machina, die er 666 nennt. Was stört ihn am meisten? Die Einschränkung! Das Verbot also, zu sündigen. Was will er im Leben? „Thelima". The Limit. In sich findet er eine sehnsüchtige Bestie, die doch im Grunde an der Kette seiner Mutter liegt? Bringen sich deshalb Frauen um ihn herum um?

Für mich ist das Erschauern um diese Gestalt viel wahrer als alles weitere Schreiben über die Machinae des natürlichen Menschen.

Ich las in der *Satanic Bible* von Anton Szandor LaVey. LaVey brachte es zu einer ungeheueren Popularität in den USA, nachdem er sich in der Walpurgisnacht 1966 (die Nacht vom 30. April auf den 1. Mai, in der das Hauptfest der Satanisten und Hexen stattfindet) rituell das Haar abrasiert und die Gründung der *Church of Satan* verkündet hatte. Seine Biographen berichten, dass er als Kind schon Gruselgeschichten liebte, sich viel mit Musik und Okkultismus befasste. Mit 15 Jahren wurde er zweiter Oboist eines Orchesters, brach dann die Schule ab, verließ sein Elternhaus und schloss sich einem Zirkus an, wo er Tiger pflegte, dann dem Dompteur assistierte und für die Musikbegleitung zuständig wurde. Mit 18 Jahren wechselte er als Assistent eines Magier auf einen Jahrmarkt und sah hier die Diskrepanz der Welten: Männer mit geilen Blicken, die dann am Sonntag in der „Weißlichtkirche" saßen. Mit 21 heiratet er und wird Polizeifotograf, als der er die furchtbarste Seite menschlichen Lebens ablichten muss. Voller Ekel gibt er diese Tätigkeit auf, spielt wieder in Nachtclubs und Theatern …

Was predigt LaVey in der Satanischen Bibel?

Lebenskraft statt Hirngespinste, Freude statt Abstinenz. Der Mensch ist ein Tier unter Tieren. Satan sein heißt Sünden begehen, die ja zur Freude führen. Keine Fürsorge für psychische Vampire! „Ich bin mein eigener Erlöser." Es kommt auf das Hier und Jetzt an. Am Anfang des Buches steht eine Art Bergpredigt. Selig sind hier in der Welt des Satanismus die Starken, die Mächtigen, die Mutigen, die Siegreichen, die Todesverachtenden, die Tapferen, die Vielfeindgesegneten etc. Der Satanist ist für sich selbst verantwortlich. Niemand sonst wird sich um ihn kümmern. Alles was der Satanist erreicht, wird er sich selbst verdanken wollen. Der Satanist sucht Gott nicht außen wie die „Weißlichter" (schönes Wort, finde ich, so wie „Psychovampir" auch, habe ich schon weiter vorn im Buch gestohlen!). Gott ist in ihm selbst. Für LaVey bedeutet Satan vor allem „Gegner" oder „Widerstand". Der Satanismus begründet eine neue Religion, die auf den natürlichen Trieben basiert, die also die sieben Todsünden direkt begehen *will.* Kampf gegen psychische Vampire, die anderen Menschen das Gefühl geben, schuldig oder ihnen etwas schuldig zu sein. Hass auf sie, die Menschen moralische Verpflichtungen einreden. Der Satanist wird fragen: „Was bekomme ich dafür?" Er wird Nein sagen können …

Ich will hier keine Vorlesung über Satan halten. Ich will nur so weit darüber berichten, dass wir Schlüsse ziehen können. Ist LaVey ein natürlicher Mensch? Ja. Hat ihn seine Erziehung verwundet? Das habe ich nicht explizit gefunden, aber er verließ ja das Elternhaus und widmet einen richtig guten Teil der satanischen Bibel dem Widerstand gegen die psychischen Vampire. Hatte ihn da jemand an der Kette?

Die *Satanic Bible* ist für mich wie auch das Werk Crowleys ein Aufschrei gegen die Psychozidversuche der Erzieher der Welt. LaVey erfindet mit dem Satanismus eine Subkultur, die sich entgegenstellt. Satan ist Widersacher.

Sein Symbol ist ein fünfzackiger Stern, ein Pentagramm, das auf einer seiner Spitzen steht. Dies Symbol steht auch für 666 (Abb. 9.1).

9.1.10 666

Ist die Bestie also schon bei der Geburt im Menschen oder kommt sie später hinein? Ist nicht bei den selbsternannten Teufeln immer wieder von dieser Sehnsucht nach Reinheit der Lebensfreude die Rede? Ist ihnen diese Lebensfreude nicht durch erzieherische Strenge und psychischen Vampirismus genommen worden?

Die Bestie 666 ist die Wunde im natürlichen Menschen, dessen Umpolung misslang.

Die Wunde entsteht durch manipulative Konditionierungsversuche. Ich bin zugegeben ein wahrer Mensch. Und ich persönlich empfinde es so, dass der Behaviorismus uns durch Verstärkungen (Reinforcements) ummodelliert, ohne sich um die Seele zu kümmern. Die Verhaltensumzwinger lehnen ja auch explizit die Befassung mit allem nicht Beobachtbaren ab, weil sie sich als Naturwissenschaftler begreifen. Deshalb, nur deshalb haben sie die Seele eines Menschen nicht im Auge. Aber wenn es sie gibt? Und es gibt sie! Deshalb ruinieren die Konditionierer die Alpha-Seele im natürlichen Menschen durch Psychozid. Die Resultatmenschen benehmen sich nun großenteils richtig und erwünscht, aber es sind nur mehr Machinae, nicht wirklich Menschen. Diese harte Aussage trifft nicht für alle Menschen gleichermaßen zu.

Die richtigen Menschen, zu denen ich noch komme, definieren sich ja über normales Verhalten. Sie werden nicht wirklich *umkonditioniert,* weil sie ja schon „vorher" brav sind, bevor konditioniert wird. In richtigen Menschen wird keine Natur so lange zusammengepfercht, bis sie zur versteckten Bestie zusammenkauert. Speziell

Abb. 9.1 Bei eBay ersteigert – es gibt „alles" für den Möchte-Gerne-666

aber die natürlichen Menschen können wirkliche Opfer der operanten Konditionierung werden.

Sie wehren sich durch Abkehr, Weglaufen, „Auswandern nach Amerika" oder berufliche Selbstständigkeit, aber das können sie erst als Erwachsene tun.

Als Kind üben sie das Gefährliche heimlich, kommen schmutzig heim und leugnen standhaft alles, was sie taten. Das werten die offiziell richtigen Eltern als Ungehorsam und wahre Eltern als Vertrauensbruch. Und dann sagen sie: „Mein Kind ist faul, unwillig, delinquent und es belügt uns, wo es kann." Die Eltern deuten die Abwehr des Kindes gegen „Das darfst du alles nicht!" am Ende so: „Wir haben eine kleine Bestie herangezogen."

9.2 Zur Wohlgestaltung des natürlichen Menschen

9.2.1 „I did it my way"

Denken Sie an Frank Sinatra? Hören Sie ihn singen? „I did it my way". Ich liebte, lachte, weinte, hatte – ja! – meine Fehler, verlor auch oft – sah allem ins Gesicht und biss öfter mehr ab, als ich kauen konnte! Mit solchen Gedanken blickt ein natürlicher Mensch auf sein volles Leben zurück. Er verlangt kein wirklich *glückliches* Leben – das ist Unsinn. Ein natürliches Leben hat Höhen und Tiefen. Aber ein *volles* Leben – das wird er erwarten. Der natürliche Mensch wird sich ins Leben stürzen.

Es gibt zu diesem Thema so viele Geschichten vom Tellerwäscher zum Milliardär, von Stehaufmenschen, von Glücklichen, die immer einmal wieder auf der Woge des Erfolgs surfen. Stars schießen hoch und verglühen im Sinken. Jungunternehmer führen ein immer größeres Unternehmen und retten sich in eine Übernahme. Frauenanbeter setzen alles auf ein Ziel.

Die großen Dramen natürlicher Menschen handeln von Ruhm, Riesenerfolgen, von Eroberungen und Abstürzen. Alles ist gewaltig und groß! Ereignisse überstürzen sich. Allen diesen Ruhmesblättern und Höllenfeuern ist gemeinsam, dass es große Bewegung, auch große Ausschläge gab, die zur Bewegung dazugehören. Natürliche Menschen sind von diesen Ausschlägen angezogen, vom Kitzel. Richtige Menschen mögen so denken: „Ich arbeite Tag für Tag und an jedem Abend hat sich meine spätere Rente um 17 ¢ erhöht." Das sieht bei natürlichen Menschen wie ein trübes Leben aus. Sie wären lieber Tellerwäscher mit Zukunftsträumen oder wie Huckleberry Finn. Selbst die Mächtigen und die Stars dieser Welt, die alles erreicht haben, was sich unsereins ganz unten vorstellen kann, wollen am Ende wieder den Kitzel, wollen in die *Geschichtsbücher* der Welt! Sie ziehen also in Kriege, bemannen Venusraumschiffe oder provozieren mit Skandalwerken. Wahre Menschen zieht es ins Licht, richtige Menschen häufen Vorräte an Ehre, Dank oder Treueboni. Die Natürlichen aber wollen irgendetwas „wissen".

Ich behaupte hier: Sie wollen volle Lebensgeistleistung in ihrem Körper spüren. Dieses Gefühl ist untrennbar mit Grenzüberschreitungen verbunden. Sie wollen über das bisherige Limit hinaus: Einen noch besseren Gegner bezwingen, einen höheren Berg besteigen, Heldentum beweisen, ein Kind aus dem Feuer oder aus dem Brunnen holen – eben das meistern, was vorher noch unmöglich schien. Der Wille hat das Primat. Der Wille muss in höhere Dimensionen vorstoßen und diese neuerlichen Höhen sind hinter der bisherigen Grenze: THE LIMIT.

Es gibt nun sehr viele Möglichkeiten, Grenzen zu überschreiten – und genau darin besteht das eigentliche Lebensproblem des natürlichen Menschen, das wir in diesem Kapitel anschauen wollen.

> Die Wohlgestaltung des natürlichen Menschen hängt davon ab, welche Grenzen er überwindet.

Sich stetig steigernde Sucht jeder Form überwindet Grenzen: Sex, Trunk, Opium, Spiel, „Delinquency". Sadisten gehen immer unendlicher näher bis vor den feinen Punkt, an dem Todesangst im sterbenden Blick in Tod selbst übergeht. Machtgierige machen „Kopf ab!" zur Tagesroutine und suchen gelangweilt nach Höherem: nach der Mutter aller Schlachten. Manager setzen das Schicksal einer ganzen Armee von Mitarbeitern auf ein einziges großes Spiel und drehen das Rad. Solches Natürliche stürzt sich blind in Risiken um der Risiken willen. Es geht nicht mehr um das Meistern einer ungewissen Lage, sondern um das Strudeln im Kitzel an sich. Die Geschichtsbücher sind voll von historischen Niederlagen und exzessiv schlechten

Menschen. Mit ein bisschen Verzweiflung, ein Verbrechen zu begehen, kommt jeder Mensch fast nach Belieben auf die Titelseite der Zeitung. Er hat Geschichte gemacht! „Kind, du machst mir schöne Geschichten!"

Jetzt kann ich Ihnen den Unterschied herauskristallisieren: Der wohlgestaltete Natürliche strebt das Meistern immer schwierigerer Lagen an, um immer Wertvolleres zu leisten. Er wird der Große Jäger, der Große Häuptling, der Große Herrscher. Im alten Indien, als Könige nicht von Gott eingesetzt waren und eben kraft ihrer persönlichen Macht herrschten, sehnte man sich seit Urzeiten nach dem mahâpurusha cakravartin, dem Großen Raddrehenden Übermenschen, der eine goldene Zeit festhalten könnte. Der Cakravartin steht für den „hellen" Willen des Ganzen. Hierhin richtet sich der Lebensgeist des natürlichen Menschen. Er möchte am liebsten „von Natur aus" Jedi-Ritter werden. Siegfried. Aragorn. Richard Löwenherz. Es geht darum, das wertvolle Äußerste zu tun, zu dem der Natürliche fähig ist. Er will wissen, was das in ihm wäre: „Alles." In seinem Körper lodert der Lebensgeist: Wo ist dessen LIMIT? Wie stark wäre er? Wann darf er sagen: „Jetzt bin ich auf dem Höhepunkt meiner Kraft?" Das ist ein wunderbares Gefühl, auf dem Höhepunkt der eigenen Möglichkeiten zu sein! Das glaube ich jedenfalls ganz fest, obwohl ich ein wahrer Mensch bin. Es muss sich anfühlen wie Ruhe im Auge des Sturms, wie Flow, Selbstvergessen, Aufhörenkönnen des Strebens, Einheit mit dem Körper. Die Körpersäfte sind im Optimum, der Lebensgeist erfüllt alles. Es ist wie ein Rausch, aber es ist alles klar. Das Natürliche ist auf der Höhe.

Der sich notgestaltende Natürliche sucht nur den Kitzel, ohne meistern zu wollen.

Wenn ein natürlicher Mensch keine Gelegenheit hat oder bekommen kann, vor Lebensgeist zu sprühen, also an Höhe zu gewinnen und Grenzen zu überwinden, dann springt er eben in die Tiefe. Das ist eine wesentliche Erkenntnis: Denn die Seismographen im Körper strudeln und zucken bei jedem Höhenunterschied. Wer nur Kitzel sucht, kann diesen Höhenunterschied auch durch reinen Abstieg erreichen. Aufwärts mit dem von Papi bezahlten Lift, dann runter mit Kitzel. Das ist anders als Bergbezwingung. (Ich fahre nicht Ski, wahrscheinlich ist es ein blödes Beispiel.) Geldausgeben für Rausch, ohne das Geld verdient zu haben. Provozieren von Menschen. „Arschloch!" In Parties versinken. Haltlos fallen.

Unsere westliche Gesellschaft fürchtet diesen sich notgestaltenden Menschen wie nichts sonst. Sie hat es sich daher seit Jahrtausenden zur ureigensten Aufgabe gemacht, das Symptom des Weltübels im Grundsatz zu beseitigen: den Kitzel.

Wenn es keinen Kitzel gibt, dann verschwindet das Böse, nicht wahr? Also verbieten wir per Todsündendekret allen Alkohol, Drogen, allen Geschlechtsverkehr, der nicht der konzentrierten Zeugung von Nachwuchs dient, sowie das Verschwenden von Geld durch Nichteinzahlung auf ein Konto. Wer dennoch ein bisschen Vergnügen braucht, soll es sich vorher so sauer verdient haben, dass er vor Schreck lieber das teure Vergnügen sein lässt. Allenfalls könnten wir uns einmal richtig satt essen und schmausen, aber nur zu Weihnachten, Ostern oder Erntedank, im Zusammenhang mit Dankgebeten und Andacht. („Das haben wir eigentlich nicht verdient, dass es uns so gut geht.")

Das „Verbot des Kitzels" ist Psychozid am natürlichen Menschen.

Wenn wir das Überschäumende, Lustige, Laute, Sprudelnde dauerhaft unterdrücken, weil wir den Kitzel aus dem Leben verschwinden lassen wollen, verhindern wir geradezu die Entstehung des wohlgestalteten Natürlichen. Wie sollte er nach einer gebremsten Kindheit Jedi-Ritter werden? Wer bringt ihm das denn bei – seine Grenzen zu erfahren? Wer sieht die Aufgabe, das natürliche Kind wohlzugestalten? Ach, man sagt ihm, wie sich ein jeder zu verhalten habe. Man sagt ihm, dass man erst später einen Willen haben dürfe, wenn es wahrscheinlich nicht mehr zu vermeiden sei. Man oktroyiert Normen und Gewohnheiten. Aber die Wohlgestaltung des natürlichen Menschen beginnt irgendwo dort:

I did it my way.

Das natürliche Kind muss ermutigt werden, meistern zu wollen. Es muss sich im Meistern üben. Es braucht wie jeder Knappe einen Ritter, einen Trainer, ein Vorbild, einen Jedi-Meister.

Das bloße Verbot des Kitzels bestraft nur diejenigen Natürlichen zusätzlich, die das Meistern nicht aus eigener Kraft schaffen. Das Verbot, in die Tiefe zu springen, bildet noch nicht dafür aus, den Berg zu bezwingen. Unsere Gesellschaft versteht die Alternative des natürlichen Kindes nicht:

Entweder den Kitzel durch Meistern – oder Fallenlassen in den Strudel des Kitzels der Tiefe.

Die Gesellschaft verbietet die eine Alternative, ohne die andere zu bieten.

Denn die Systeme wollen die Einhaltung der Normen erzwingen, nicht das Meistern ermuntern. Sie wollen implizit durch die Normensetzung, dass sich *jeder* Mensch, auch der natürliche, wie ein richtiger Mensch benimmt. Das richtige Benehmen hat immer Vorrang vor dem natürlichen Benehmen.

9.2.2 Harmonisierung und Grenztraining der Seismographen

Die artgerechte Haltung des natürlichen Menschen muss also dem Grundsatz folgen, ihn zum Meistern zu befähigen.

Und mit sanfter Hand bringen wir ihm nach und nach bei, das Gute zu meistern. Das aber ist bei Kindern nicht das große Problem, weil sie ja vor lauter Lebensgeist für das Gute leicht zu haben sind! (Ich weiß, dass viele von Ihnen das abstreiten, aber dann ist so ein Kind schon in der Phase, in die Tiefe springen zu müssen.) Denken Sie nach, was die Kids im Kindergarten antworten, wenn wir sie nach ihren ultimativen Zielen befragen: Arzt, Baggerführer oder Jedi. Das sind die natürlichen Ziele – es ist alles in Ordnung. Nun müssen wir sie dazu befähigen, diese Ziele zu erreichen. Es wäre doch nun einfach, bis zum Umfallen Arzt oder Jedi zu spielen, nicht wahr? Warum also Englisch lernen?

Schon im Kindergarten beginnt es: „Please, do it my way. Always one-way in the good old way." – „Alle mal herhören! Wir stellen uns jetzt alle an …" Das natürliche Kind will selbst herausfinden, wie es angestellt wird. Richtige Menschen dagegen sind gute Angestellte – die stellen nichts an.

Das natürliche Kind lebt vor allem über den Instinkt und damit über seinen Körper und sein Seismographensystem. Erziehung und Schule nutzen behavioristische Konditionierung, um dieses Seismographensystem umzudressieren. Das natürliche Kind, das zuerst vor gutem Willen nur so strotzt, hat hinterher gar keinen Willen mehr, nur noch ein gewünschtes Verhalten, wenn alles im Sinne der Erzieher gelingt. Damit aber ist sein Lebensgeist gehemmt und eingedämmt. Es hat nun den Zugang zu der ganz großen ursprünglichen Stärke in sich selbst verloren. Es wehrt sich noch einige Zeit und bildet Aggressionen heraus, dann springt es in die Tiefe und wird süchtig nach Bonbons und Aufmerksamkeit aller Art, die es durch Trotz erpresst.

Da jetzt aus meiner Sicht heraus das herkömmliche Verfahren ganz grässlich falsch ist, kann ich vor lauter guten alten Traditionen gar nicht so *richtig* sagen, wie „man es besser machen muss". Das ganze System muss sich bemühen, artgerecht zu erziehen. Das würde letztlich bedeuten, dass Kinder gemäß ihrer Eigenart besonders behandelt werden und eben nicht alle gleich. Mit einer solchen Feststellung stehe ich dann allein? In Deutschland will man ja nur unter Zwang an das so genannte heiße Eisen der Hochbegabtenförderung heran. Nicht einmal Schülern, die sich zu Tode langweilen, wird eine artgerechte Behandlung angeboten. Viele von den Hochbegabten haben später Problemfelder im Beziehungsbereich oder bei der emotionalen Intelligenz. „Hähä, sie sind doch nicht so gut!" Dabei lässt man sie eine Dekade in der Schule versauern und hätte die Beziehungsseite praktisch ebenso lange schulen können.

Das System ist also denkbar ungeeignet, artgerecht zu erziehen.

Wenigstens aber für natürliche Kinder müssten wir das Bewusstsein entwickeln, sie das Meistern über das Instinkt- und Seismographensystem zu lehren. Nicht so sehr über Regelbefolgung und Rezeptanwendung! Natürliche Kinder müssen vor herausfordernde Probleme gestellt werden. „Baut ein Baumhaus!" – „Setzt mit dem Floß über!" – „Repariere diesen Fleischwolf!" Im Amerikanischen: „Learning by doing." Wir lassen ein natürliches Kind eine Woche in der Kfz-Werkstatt beim Meister raten, was ein neu eingeliefertes Auto als Defekt hat. Wir lassen es beim Reparieren helfen. Es zieht zu Hause Winterreifen auf oder wechselt das Öl, hängt Lampen auf und dergleichen. Das sind Highlights für natürliche Kinder. Aber dann heißt es wieder: „Das kannst du nicht!" – „Ich kann es doch!" Natürliche Kinder hacken gerne Bäume um, graben Wurzeln aus, mauern, schleppen Steine. Meistern! Sie mähen nicht gerne Rasen, holen nicht gerne Brötchen etc. Das ist Pflicht oder Routine, Rezept oder Botengang. Das ist nicht Meistern! Die richtigen Kinder mähen lieber Rasen! Natürliche Kinder müssen ihre Körpergewandtheit herausfordern können. Sie wollen hinterher stolz sein können: „Ich war clever! Ich habe es geschickt gemacht!"

Ich erinnere mich, wie wir vor Jahren eine Kassette von Benjamin Blümchen gehört haben. Millionen Mal! Jeder kannte sie auswendig, aber wir hörten sie immer wieder. Ich habe jetzt wieder alles vergessen. Ungefähr so: BB vertritt den Mathematiklehrer in der Schule, leitet aber die Kinder in der Unterrichtszeit an, Eierkuchen zu backen. „Sechs Eier!“ Da zählt das unsichere Kind. „Eins, …“ Sie messen ab. „Ein Achtel Liter Milch!“ Da sehen die Kinder, dass nichts wird, wer nicht ums Ei weiß. Ja, so ist Lernen für natürliche Kinder: eine Herausforderung meistern. Im Grunde brauchen sie keinen Lehrer, sondern einen Trainer.

Der Trainer des natürlichen Kindes muss ihm beistehen, die Grenzen des Körpers zu erweitern. Das Kind will immer mehr können. Es muss sanft geleitet werden, selbst fähiger zu werden. Manchmal muss man es ein bisschen auslachen, ein anderes Mal beim Ehrgeiz packen oder anstacheln („Ich glaube du schaffst es nicht!“). Es gibt Zeiten, wo es mehr will, als es kann, da braucht es Zuwendung und Hilfe, dass es nicht ungeduldig wird. Es braucht ab und zu einen Wettkampf, bei dem es bis ans Äußerste gefordert wird und bei dem es lernt, das Äußerste kennen zu lernen und dann auch ungehemmt geben zu können. Das Instinktsystem muss unter Hochleistung entspannt und souverän bleiben. Der Jedi ist selbst im Tode ruhig. Er gibt hier noch sein Äußerstes ohne Anspannung, ohne Angst. Die Energie muss im Körper fließen. Der Motor muss wie geschmiert laufen, nicht stottern. Wer nervös ist, hat sofort einen stotternden Motor! Spielen Sie gut Tetris auf dem Computer? Oder irgendein Geschicklichkeitsspiel, bei dem von Stufe zu Stufe die Schwierigkeit steigt? Die Bausteine fallen immer schneller, es kommen immer mehr Feinde, die es zu besiegen gilt. Wirklich gut spielt man nur, wenn man sich heiter und ruhig dabei fühlt. Wenn Sie die Nervosität aus dem Bauch kriechen fühlen, dann sehen Sie kurz darauf „Game over!“ Hören Sie die Fußballstars? „Wir standen zu sehr unter Anspannung. Wir dachten an die Schmach und weinten der Siegprämie nach. Da verloren wir zwangsläufig.“

Im Endergebnis müssen wir natürliche Kinder befähigen, ihr Instinktsystem virtuos zu beherrschen und das Meistern im Alpha-Zustand zu genießen. Nicht: Gewinnen! Sondern: Könnerschaft und Spielfreude verschmelzen. So, wie Reiter mit dem Pferd oder Wildwasserkanuten mit dem Boot verschmelzen. Vollkommen konzentriert mit heiterem Mut. Manchmal hat Steffi Graf so selig gelacht, wenn eine Vorhand millimetergenau saß … Dieses selige Gefühl des Meisterns ist an der Grenze, nicht im Routinebereich.

9.2.3 Instinkttraining!

Ja, klar, natürliche Menschen müssten in Grundzügen vielleicht östliche Kampfsportarten probieren. Oder auch Tanzen?

Der militärische Drill zielt auf schlafwandlerische Beherrschung in Extremsituationen. Beim Pilotentraining wird beispielsweise das so genannte Overlearning praktiziert. Nehmen wir an, jemand hat das, was er lernen soll, einmal perfekt beherrscht. Dann bezeichnet man das weitere wiederholende Lernen danach als Overlearning. „Damit es besser sitzt! Bis du es im Schlaf kannst!“ Es scheint so, als sei Overlearning beim reinen Lernen so ein wenig Zeitverschwendung, weil man das, was man sehr lange wiederholt hat, trotzdem wieder ähnlich schnell vergisst, als wenn man es nur normal einmal bis zur Beherrschung lernt. „Overlearning is a poor strategy!", warnen denn auch manche Studien, die sich mit so etwas wie Wissensaneignung befassen.

Bei Kämpfern, Sportlern oder Piloten aber geht es nicht um das Hineinklopfen von Wissen, sondern um das Hineintrainieren des Könnens in den Körper. Der Schwung beim Golf, der Aufschlag beim Tennis, die Reaktionen des Piloten bei Gefahr müssen wieder und wieder trainiert werden. Es geht dabei überhaupt nicht so sehr um das richtige Reagieren, sondern um das Meisterhafte. Der Schwung oder der Aufschlag müssen auch dann perfekt sein, wenn ein Zuschauer brüllt oder wenn gerade der Gegner stark ist. Der Pilot muss das normale Navigieren traumhaft beherrschen, wenn er sich dann auf die veränderten Bedingungen einer Notlage einstellen muss. Kämpfen in Vietnam oder auf dem Truppenparcour sind verschiedene Dinge. Es geht darum, in allen Situationen den berühmten klaren Kopf zu behalten. Nur dann ist der Kopf so frei, dass er unter Widrigkeiten und bei Unvorhergesehenem immer noch perfekt reagiert. Klarer Kopf? Nein – im Grunde sollte der Körper nicht verkrampfen.

Der Körper muss blitzschnell reagieren können, zu Entscheidungen fähig sein und nicht unentschieden zittern. Er darf bei Not nicht erschrecken und muss weiterhin zu hoher Leistung fähig sein. Nicht so: „Nach den beiden frühen Gegentoren wussten wir uns keinen Rat mehr." Warum versuchten sie es nicht mit Weiterspielen? Sie waren verkrampft. „Wir haben noch keine Erfahrung in der Champion's League." Der Körper muss auch unter Druck „performen". Das lässt sich nur üben, üben, üben. Noch einmal: üben, üben, üben.

Ich kann mir schon denken, was Sie jetzt denken: Sie sind *kein* Soldat oder Sportler.

Habe ich Sie erwischt?

Wenn Sie das gedacht haben, dann haben Sie selbst einen Teil des Problems gefunden.

Im wirklichen heutigen Leben spielt der Körper eine überragende Rolle. Das glauben Sie nicht, oder? Das ist ja der Jammer.

Wo?

Zum Beispiel: beim überzeugenden Auftreten, beim Präsentieren, noch mehr beim Verhandeln und vor allem beim Führen.

Ich habe schon in diesem Buch mehrfach und eindringlich geraten, es so zu sehen: *Kommunikation ist vielfach Kampf.* Verhandeln ist Kampf, nicht nur Einigungserzielung. Haben Sie einmal den US-Verteidigungsminister Donald Rumsfeld beim Erzielen von Einigungen beobachtet? Das Präsentieren von Ergebnissen aller Art ist Kampf um Beförderung, Anerkennung, Aufmerksamkeit, Geldbewilligung. Es geht in allen Fällen um überzeugendes Auftreten. Das ist Kampf! So etwa jedenfalls. Mit dieser Sichtweise verstehen Sie jedenfalls die Messungen, dass Zuhörer die Aussagen eines Vortragenden im Wesentlichen nach seiner Körpersprache beurteilen. Sie spüren instinktiv, ob es wichtig ist, was er sagt.

Instinktiv!

Der Redner legt seine Worte in seinen Körper hinein. Der Zuhörer spürt sie wieder heraus!

Es geht gar nicht so sehr um den Inhalt. Wenn der Verhandlungsführer noch so wahre trockene Worte spricht – sie stöhnen und klagen: „Er doziert!"

Professoren, besonders die Mathematiker wie ich, legen ja nur die reine Wahrheit dar, die keinen Schmuck verträgt und erst recht keine Körpersprache oder Überzeugungskraft benötigt, so denkt man. Und dann sagen die Zuhörer: „Er doziert!" Die anderen wahren Menschen sind die Liebenden, die Pfarrer, die predigen das Gute im Menschen und den Glauben an Gott. Und sie sind im Besitze des wahren Glaubens, der keinen Schmuck braucht und erst recht keine Körpersprache. Aber die Zuhörer sagen: „Er predigt!" Und wenn Zuhörer finden, jemand doziere oder predige, dann hören sie nicht mehr zu. Wahrheit und Glauben hin und her!

Manager kommen oft und verkünden, jeder Mitarbeiter habe nun die neue Regel zu befolgen. Da schauen die Mitarbeiter ihn an und spüren: „Er hat sich etwas Neues ausgedacht!" Oder: „Er stellt nur einen doofen Befehl von oben durch." Bei Managern fühlen die Mitarbeiter in ihrem Körper, ob es Ernst ist. Ist da ein Wille in diesem Körper, der neue Regeln verkündet? Wenn kein Wille spürbar ist, sagen die Zuhörer: „Ja, ja."

Zuhörer wollen, dass die Wichtigkeit irgendwo im Körper des Sprechenden zu spüren ist. Im Herzen, in der Stimme, in den Augen, in der Haltung, besonders: in der Ausstrahlung.

Und? Wer lehrt uns das?

Wir bekommen im Leben Myriaden von Kommatafehlsetzungen angekreidet, aber niemand kommentiert auch nur, wie wir als instinktive Körper wirken. Sie sagen uns allenfalls, so nicht und dies nicht. Aber wir werden nicht geschult, sicher aufzutreten. Wir bekommen keine Instinktschulung. Was aber sitzt im Körper?

Mut, Tapferkeit, Adel, Zuversicht, Siegessicherheit, Stärke, Kraft, …

Ein Mathematikprofessor wie ich … lassen wir das. Sie verstehen schon. Wir alle brauchen eine Erziehung des Körpers und des Instinktes. „Kampfsportausbildung" für alle in Kommunikation! Wahre Menschen meinen oft, dass sie das nicht brauchen. Schlimm genug. Aber natürliche Menschen ohne Instinktausbildung vernachlässigen ihre ureigene Stärke, nämlich die Kraft ihres Lebensgeistes. Natürliche Menschen ohne Lehre bei einem „Ritter" – was sollen die denn werden? Werden sie Macht, Erfolg, Liebe gewinnen? Werden Sie je Alpha-Seelen, die dann Schutz, Initiative oder Liebe ausstrahlen und als Quelle verströmen? Wie denn?

Wenn jemand die Wichtigkeit seines Anliegens im Körper spüren lässt, dann sagen wir: „Authentisch!" Und sonst überlegen wir, ob wir überhaupt mit ihm rechnen müssen – er *selbst* geht uns ja gar nichts an. Seine Botschaft war's, kein Mensch.

9.2.4 Instinktives Spüren des Höchsten im Körper

Für das Körperlernen ist es unerlässlich, ideale oder perfekte Beispiele im eigenen Körper zu spüren. Damit meine ich zweierlei: Erstens muss das Beispiel perfekt sein und zweitens muss es gespürt werden können, mit Ehrfurcht, Demut und Bewunderung – mit Sehnsucht, ihm nachzueifern. Nicht jeder Künstler erschauert beim Anblick von Picasso. Aber er mag unter dem Eindruck Chagalls zum Schöpfer werden. Nicht jeder Knappe wird Lancelot lieben, aber vielleicht Artus?

Ich finde, ich muss das jetzt noch einmal sagen: Das Höchste muss da sein und es muss vom Körper aufgenommen werden – mit ehrfürchtigem Schauer oder reiner Begeisterung, wie man es nennen mag.

Wollen Sie das als Erkenntnis in Ihren Körper nehmen?

Dann verstehen Sie auch, warum ein natürlicher Mensch mit manchen Lehrern in der Schule klarkommt und mit anderen nicht. Manche akzeptiert er als Führer, andere eben nicht. Stellen Sie sich auf den Kopf! Predigen Sie dem natürlichen Menschen Pflicht! Das ist eine Ansprache für richtige Menschen, die diese aber nicht brauchen, weil richtige Menschen *jedem* Lehrer gehorchen.

Dann verstehen Sie auch, warum ein natürlicher Mensch manche Manager als Chef gut findet und unter ihnen schuftet und schafft, andere aber als Schlappschwänze und feige Hunde verachtet und gegen sie wütet. Gute Manager schaffen es, im Körper von natürlichen Menschen als Autorität gespürt zu werden. Andere nicht. Dann gibt es Stress.

Die richtigen Menschen kennen die Hierarchie. Wer oben ist, befiehlt. Wer unten ist, gehorcht und dienet treu. Natürliche Menschen erkennen Hierarchien nicht wirklich an, wenn sie nicht Ergebnis eines fairen Rangordnungskampfes sind. Insbesondere spüren Natürliche in den Führern nach, ob sie Vorbild sein können. Wenn sie nicht Vorbild sind, verachten sie sie. Warum sollten sie jemanden über sich anerkennen, der nicht fähig ist? Ein Knappe wird nur so gut werden können wie sein Ritter. Deshalb soll der Knappe zum Ritter passen. Der Lernende zum Trainer. Der Schüler zum Lehrer.

So viel zum Spüren im Körper.

Was aber soll im Körper gespürt werden? Das, was dort Resonanz erzeugt – aber es sollte dann etwas „Höchstes" sein. Viele Musiker, Schauspieler, Soldaten, Piloten, Chirurgen sind natürliche Menschen. Musiker werden sich Aufführungen anschauen, Aufnahmen zu Hause viele Male anhören und das Höchste in ihren Körper lassen. Schauspieler werden die Kunst der Größten in großen Theatern von deren Lippen trinken. Angehende Chirurgen werden bei den Meistern assistieren. Juniorberater in einer Firma werden die Starberater unterstützen und bei ihnen das Handwerk lernen. Managementaspiranten werden als Assistenten bei bewunderten Führern beginnen. Alles andere ist zweitklassig. Musiker oder Schauspieler haben fast ein wenig Überglück, nicht wahr? Sie können die Meister wenigstens einmal sehen. Junge Ärzte sollten es schaffen können, eine Operation des Meisters zu verfolgen. Die Führer sind da oft unerreichbar, besonders in der heute völlig verzehrenden Zeit. Wo aber kann das angehende Supertalent das Verhandeln lernen? Das Verkaufen? Es ist gar nicht so einfach, das Höchste überhaupt einmal sehen zu dürfen.

Deshalb sind natürliche Menschen, die ganz nach oben kommen, oft Selfmademen oder Autodidakten! Sehr viele sind das! Deshalb sind Machtmenschen oft Emporkömmlinge. Sie sind Spätentwickler, versuchen sich unten im Kampf und siegen sich nach oben. Ausbildung? Wo hätten sie eine (bessere) bekommen? Sieht unsere Gesellschaft das vor? Unsere richtige Erziehung steckt die armen natürlichen Talente in Verkaufsschulungen, in denen man ganze Aktenordner voller Tricks und

List mitnehmen kann, und dabei sollten diese Neulinge nur einmal einen Meister in Aktion sehen dürfen.

Natürliche Menschen gehen in die Lehre! Bei einem Menschen, nicht bei einem Handbuch oder einem Lehrer, sondern bei einem Meister. Leider verstehen das nur Handwerker. Richtige Akademiker meinen, sich von Skripten, Loseblattsammlungen und Repetitorien führen lassen zu können.

Ich gebe Ihnen einmal ein politisch unkorrektes Beispiel, damit Sie doch ein wenig stärker im Körper spüren, wo das Problem liegt. Wo, bitte, lernen wir Liebe?

Die körperliche Liebe, die uns wirklich erfüllen, aufbauen und beseligen soll, müssen wir uns leider allesamt als Autodidakten beibringen. Das ist noch gar nicht das Schlimme! Aber wir sehen schrecklich gespielten, absolut unauthentischen Sex im Fernsehen und anderswo, der nur noch zum Aufstöhnen ist. Nichts – aber auch nichts ist daran echt oder als „Lehrgang" brauchbar. Umfragen bei Jugendlichen zeigten, dass sie sich bei den ersten Verkehrsmaßnahmen so benehmen wie im Fernsehen: Es geht ihnen dabei nicht vorrangig um das Erleben eigener Lust und um das Erfahren der Liebe, sondern um das günstige Drapieren aknefreier Hautzonen, um dem Nebenüber Eindruck zu machen. Reiner Beta-Sex. Die Situation wird *bewältigt*, nicht genossen. Kein Training, kein Üben, kein Fragen nach dem Höchsten, sondern Performance von Unfähigen. Je unwirklicher der sexuelle TV-Stellungskrieg wird, umso perfekter die tummelnden Superbodies, desto armseliger wirkt das um Selbstbewusstsein schwitzende Duo auf der Knut-SC-H-Liege. (Das sagen Studien der Bravo-Erotisierten, nicht ich!) Guter natürlicher Sex ist ein exzellentes Beispiel für dieses Kapitel: Man lernt ihn eigentlich nur bei einem Partner, den man körperlich wohlig spüren kann – und nur dann, wenn man ihn irgendwann mit irgendeinem Partner (zusammen) erlernen kann. Das ist doch ganz natürlich?! Aber diese Gesellschaft tabuisiert und verfremdet solches Höchste so sehr, dass man es nicht einmal jemals zu sehen bekommt – und noch schlimmer, sie hält das, was im Film zu sehen ist, für das Höchste und orientiert sich daran: Hochleistungssex der schlimmsten Beta-Sorte. Und da werden bald die jungen Menschen heimkommen und denken: „Ich hatte heute so viel Stress, so viel Ärger, jetzt tue ich mir nicht auch noch Sex an. Keine Probleme mehr, heute nicht."

Im selben Sinne: Wo haben wir je die Möglichkeit, vollkommene Machtausübung zu beobachten, um zu lernen? Wer bringt unserem Instinktsystem je bei, wie Erfolg riecht? Machtinstinkt und Erfolgssinn sind fest im Körper verankert, jedenfalls bei den Meistern. Das wird praktisch verschwiegen, obwohl es klar ist. Die richtigen Menschen sagen, Erfolg sei für den, der am meisten Punkte sammle. Und dann sammeln sie Punkte, einen nach dem anderen, aber sie bilden nicht ihren körperlichen Sinn dafür. Das kann man wohl nur durch das Dabeisein. Oder eben durch autodidaktische Kraftakte.

Und ich sage also: Das Natürliche muss durch Meister gelehrt werden. Es muss erfahrbar werden von Menschen, die das Höchste in natürlicher Weise repräsentieren.

9.2.5 Lebendige Vorbilder: Mutter, Vater, Vorbilder, Götter und Archetypen

Am besten wäre es, man könnte Vater oder Mutter im Körper als Vorbild spüren. Das kommt wahrscheinlich nicht so oft vor, weil Eltern ihre eventuellen natürlichen Kinder eben eher klein halten wollen, als ihnen ein Vorbild zu sein.

Da suchen sich die natürlichen Kinder welche in der weiten Welt.

Viele der hochbegabten Studenten, die ich für die Studienstiftung des deutschen Volkes begutachte, berichten, dass ein plötzlich ins Dasein tretend Vorbild ihre Lebensbahn bestimmt habe.

Da trat ein Mensch in ihr Leben, dem sie nacheifern wollten. (Wahre Menschen berichten oft von einer Art Erweckungserlebnis oder von der ersten Begegnung mit einer faszinierenden Idee, andere von einer Gemeinschaft, der sie sich anschließen wollten. Richtige Menschen suchen einen sicheren Hafen, ein Heim, eine neue Heimat, eine Perspektive.)

Natürliche Menschen suchen ein Vorbild, das ihnen eine Einheit ihres Seismographensystems nachbildungswürdig vorführen kann. Das Vorbild ist eine Art Ziel für die Organisation ihres Körpers und Lebens. Richtige Menschen sprechen oft von einem Muster, einem „shining example", einem leuchtenden Vorbild. Sie sagen: „Erringe so viel Punkte wie dieser da!" Sie messen an ihm das Mögliche. Natürliche Menschen messen nicht, sie müssen ihr Instinktsystem vollenden, was nicht so einfach ist, wenn es unsere Gesellschaft nicht lehrt. Sie brauchen eher, was wir bei IBM „role model" nennen, also ein Vorbild, das spürbar als Mensch die Zielvorstellung des eigenen Seins verkörpert. Ich bemühe mich gerade, mindestens allen „top talents" bei IBM nahe zu legen, sich einen lebendigen leibhaftigen Coach oder Mentor zu suchen, in dem sie sich wieder finden und neu definieren können.

Es ist nicht so gut, sich nur über Archetypen selbst vorzustellen. „Ich werde Polizist oder Baggerfahrer." – „Ich will Kinder bekommen." – „Ich möchte Schauspielerin werden." – „Ich möchte wie Eminem sein oder zu Real Madrid, vielleicht sogar zu Bayern München." Natürliche Menschen brauchen immer wieder lebendige Vorbilder. Nicht einfach Abklatschidole aus der Boulevardpresse.

Wo aber finden wir unsere Vorbilder? Bei IBM teilen wir sie nach Möglichkeit sorgfältig zu, wenn junge Mitarbeiter nach Orientierung suchen. Das ist schon schwer genug, weil meine Firma als „richtiges" Gebilde eher meint, man müsse einfach jedem jungen Mitarbeiter einen älteren zuordnen. Das ist aber nur die richtige Hälfte der Medaille. Ich wiederhole also noch einmal: Das Vorbild muss im Körper des Natürlichen positiv spürbar sein und ein Verlangen nach Umorientierung und dem Wachsen daran erwecken. Bei richtigen Menschen mag die Zuordnung allein genügen. „Hallo, Sie sind mir als Mentor zugeteilt worden. Was soll ich tun?" – „Ich habe Sie schon erwartet, wir gehen einmal alle Punkte durch, die wir laut Handbuch abhaken müssen." Bei Natürlichen funktioniert das nicht. Sie müssen stolz auf ihren Coach sein können. Sie brauchen keinen neuen Vorgesetzten, sondern eben ein Vorbild, einen „Mini-Gott" für diese Welt.

Wenn sie weit vorankommen, bekommen sie am besten immer neue Vorbilder, so weit es sie trägt! So, wie der Handwerksgeselle der alten Tage sagte: „Meister, ich lernte viel und danke. Gebt mir nun meinen Lohn, auf dass ich weiter ziehe.“ Richtige Menschen lieben es, in einer Firma bis zum Ende ihre Heimat zu haben. Natürliche Menschen müssen wohl mehr wechseln und viel mehr spüren als nur ein einziges Mögliches. Sie zieht es immer wieder über die Grenzen ihres Seins, über das Limit. Es ist nicht das Mehrverdienen oder die Karriere, die sie zieht, sondern die innere Bereicherung im Alpha-Sinne.

Solange die natürlichen Kinder und Menschen positive Vorbilder haben und also dorthin streben, so lange werden sie nicht ihre Lebensfreude und ihren Lebensgeist in Abwehraggressionen umwenden und in Beta-Schlachten um Pseudosinn enden. Es geht um das innere Aufblühen zum „Helden“, nicht um das Beta-Streben nach Macht, zählbarem Erfolg zum Imponieren oder um Lust. Das wäre alles Beta und im Banne der Dark Forces. Aufblühen! Nicht: Hinterherjagen!

9.2.6 Flow und Einssein mit dem Lebensgeist: „Im Element!“

Höchstes natürliches Leben ist wie „Volle Kraft voraus!“, wie „… three, two, one, zeroooo!“ Die helle Seite der Macht oder die helle Energie konzentriert sich hingebend auf eine Mission.

Ich habe das schon in *Omnisophie* geschrieben!

Mihaly Csikszentmihalyi beschrieb das Glück des natürlichen Menschen in einigen bemerkenswerten Büchern über den Flow. Er beschrieb natürlich das Glück schlechthin, aber ich finde, seine Beschreibung des Glücks gilt allein für den natürlichen Menschen. Ich begründete das in *Omnisophie.* Ich wiederhole hier einige Sätze aus *Omnisophie*:

Flow-Zustände stellen sich ein, wenn der Mensch frei über seine Aufmerksamkeitssteuerung herrscht und frei über sie verfügt. (Wie aber kann man die Seismographen steuern?) In diesen Momenten ist der Mensch absoluter Herrscher über die Verteilung seiner psychischen Energie. Mihaly Csikszentmihalyi nennt acht typische Erscheinungen, die im Zusammenhang mit Freude auftauchen: Eine Aufgabe, der man sich gewachsen fühlt. Konzentration. Klares Ziel. Unmittelbare Rückmeldung über Erfolg. Tiefe, mühelose Hingabe. Gefühl, die Kontrolle zu haben. Verschwinden von Sorge und Selbst. Zeitgefühle verschwinden.

Dann sagt der Mensch: „Das hat Spaß gemacht.“ Csikszentmihalyi entwickelt das Konzept der autotelischen Persönlichkeit (autos wie griechisch Selbst, telos wie Ziel). Sie meidet unbedingt das Exotelische, also das Handeln aus „anderen“ Gründen. („Ich muss unbedingt heute noch vier Operationen mehr schaffen, damit ich für die Zeit von Weihnachten bis Silvester etwas vorarbeite.“) Die autotelische Persönlichkeit entwickelt sich am besten unter Klarheit, Konzentration der Wahrnehmung auf das Nicht-Exotelische, in Freiheit der Wahl, unter Vertrauen auf die Fähigkeit und unter Herausforderungen. Mihaly Csikszentmihalyi schreibt kurz über Joga („verbinden“) und betont gemeinsame Aspekte von Joga und Flow. Im Joga geht der Schüler durch acht Stadien. Er beginnt mit moralischer Vorbereitung (yama) und schreitet zum Gehorsam (niyama) fort. Er übt, Körperhaltungen über längere Zeit ohne Anspannung durchzuhalten (asana), erstrebt Atemkontrolle (pranayama) und versteht es, seine Aufmerksamkeit so zu steuern, dass er Herr über das ist, was ins Bewusstsein darf. Es folgt das Festhalten der Aufmerksamkeit über lange Zeit auf einen Punkt (dharna). Er lernt, unter höchster Konzentration das Selbst zu vergessen (dhyana) und kommt später in einen letzten Zustand von Einssein (samadhi).

Es geht also um Techniken, wie Menschen ihr Aufmerksamkeitssystem, also ihre Seismographen, beherrschen, lenken oder managen. Es ist ein Spezifikum des natürlichen Menschen, die Aufmerksamkeit zu konzentrieren und zu lenken und dem reinen, ganz ungeteilten Willen auf ein einziges Ziel hin auszurichten. Der Mensch wird wie ein Pfeil, ein „Silverbullet". Er ist ganz volle Kraft voraus, eins mit der Bewegung. Außer der Bewegung ist nichts. Kein Selbst und keine Zeit.

So schrieb ich unter anderem in *Omnisophie*. Und mit den neuen Begriffen hier können wir sagen: Der natürliche Mensch will Einssein des ganzen wohlgestalteten Körpers mit dem Ziel. Er will sich im Element fühlen und „nichts aus anderen Gründen tun" müssen: Nur Alpha, nie Beta. Das wäre wie reines Glück für ihn.

9.2.7 Verantwortung, Selbstdisziplin (Maß) und Großherzigkeit

Vater werden ist nicht schwer, Vater sein dagegen sehr.

Wir lächeln über ein gewisses Missverhältnis im Aufwand. Aber dieser Satz stimmt auch für Manager, Bundestagsabgeordnete oder Ärzte. Es ist ziemlich schwer, Manager oder Arzt zu werden, Bundeskanzler gar, aber es ist noch viel schwerer, ein guter Vertreter dieses Fachs zu sein. Zählen Sie durch: Wie viele Abgeordnete sind gute Politiker? Wie viele Ärzte Lichtblicke ihres Metiers?

Auf dem Weg zum Flow und zur Wirksamkeit eines Jedi-Ritters müssen natürliche Menschen gewisse Haupttugenden erwerben.

Manche erwerben sie gerne und wie von allein: Stärke, Tapferkeit, Ausdauer, Cleverness, Mut und so weiter. Ich zählte sie bereits auf. Solche Tugenden braucht auch der Beta-Natürliche, um seinen Pseudosinn einzusammeln: Macht, Lust, Freude, Erfolg, Reichtum.

Wie aber geht er den Weg des Jedi, des mahâpurusha cakravartin, Richard Löwenherz oder Ivanhoe? Dazu muss er eine autotelische Persönlichkeit werden, die den Weg geht (Tao), ohne die Absicht, aus anderen Gründen (also in der Regel selbstsüchtigen) zu handeln.

Um ein wenig konkreter zu werden: Der natürliche Mensch muss Verantwortung übernehmen, Selbstdisziplin und Maß erwerben und ein großes Herz entfalten.

Ich glaube – ich kann das so stehen lassen, oder? Wenn wir natürliche Kinder erziehen, ärgern wir uns in der Regel über einen gewissen direkten, naiven Egoismus, eine Unbekümmertheit, sich bei Tisch das größte Stück zu nehmen. Natürliche Kinder sind oft laut und vorlaut – *unbeherrscht* nennt es der richtige Mensch. Natürliche Kinder nehmen naiv an, dass jeder schon für sich selbst sorgt – und drängeln eben an der Bushaltestelle – *rücksichtslos* und herzlos nennt es der richtige Mensch.

Die normale Erziehung unserer von richtigen Menschen dominierten Gesellschaft bringt den natürlichen Kindern die guten Sitten bei. Sie zwingt Natürliche in einen Verhaltenskodex, mit dem sie leben kann.

- Ein natürliches Kind soll Verantwortung übernehmen: Man gibt ihm eine Pflicht.
- Es soll Maß halten: Man verbietet Unmaß und straft es schrecklich.
- Es soll Selbstdisziplin erwerben: Man bringt ihm Disziplin über Gehorsam bei.
- Es soll großherzig werden: Man fordert eiserne Rücksichtnahme.

Im Kern: Niemand hegt es, damit es aufblüht und die Tugenden entwickelt, sondern man grenzt es grausam ein, damit es in den verbleibenden Grenzen fast aussieht wie gewünscht. Erzwungenes Maß sieht aus wie Maß. Rigorose zwanghafte Rücksichtnahme sieht aus wie „Güte". Pflichterfüllung erscheint wie Verantwortlichkeit. Dieses Aufgezwungene ist aber „Handeln aus anderen Gründen", also exotelisch und „Beta".

Wie aber bringen wir einem natürlichen Menschen bei, autotelisch zu werden? Wie bringen wir in das Kind Verantwortung, Maß und ein großes Herz? Wie wird es autotelisch, also eben auch selbstbestimmt? Wie bewältigen wir diesen Spagat?

Erwarten Sie jetzt nicht, dass ich ein Rezeptbuch zücke und Ihnen eine Art Diätprogramm präsentiere wie „Maß in 30 Tagen". Ich fürchte, bei natürlichen Kindern dauert es ziemlich lange. Es gibt eine Durststrecke für Erzieher, denke ich, weil Natürliche immer doch auch Kind bleiben und das Erwachsene mit Überreglement assoziieren.

Ich kenne aber – das glaube ich gewiss – die „einfache" Lösung des Problems!

Leben Sie als Vorbild eines Jedi und seien Sie engelsgeduldig – es dauert länger.

Das sagen übrigens eine Menge Erziehungsbücher. Kinder lernen nirgends so schnell wie von verehrten Vorbildern. Das gilt für natürliche Kinder ganz besonders, weil sie ein voll funktionsfähiges Referenzsystem für ihre Seismographen körperlich erleben müssen. Also, auf! Eltern! Es tut Ihnen ganz gut, Vorbild zu sein! Zeigen Sie Verantwortung, Maß und Großherzigkeit! (Und nicht schummeln und Beta-Tugenden vorspielen!) Trainieren Sie das Instinktsystem Ihres Kindes!

Da sagen die Eltern: „Wir können nicht alles leisten."

Warum wollen Sie das dann von Ihrem Kind?

9.2.8 Gott gibt natürliche Energie – von innen!

Ja, es wird länger dauern.

Wenn wir den Körper züchtigen, schlagen, beschimpfen, einsperren oder in Angst halten, dann ändert er sich sehr, sehr schnell. Im Nu und fast auf den ersten Versuch passt er sich auch physiologisch den Bedingungen an.

Dagegen dauert es sehr lange, dass ein Körper zu einer autotelischen Persönlichkeit heranblüht.

Der Jammer ist, dass wir es nicht abwarten können, bis die Blüte kommt.

Wir sollten sie uns vorstellen, wie sie am Ende wären: Die natürlichen Kinder, die sich wie die Könige entfaltet haben und nun eine sonnenhelle Ausstrahlung verbreiten! Kraft – keine Aggression! Initiative für die Gemeinschaft – keine Erfolgsgier! Strahlende Freude für alle – keine Sucht nach Erleben! Charisma braucht vor allem Vorbilder, Training an den Grenzen der Instinkte und Geduld.

Dann strahlt es wie ein Gott von innen heraus.

Da horcht das Kind ehrfürchtig friedvoll in sich hinein: „Ich fühle mich überströmend wie ein Gott."

Das ist sternenweit entfernt von dem gewöhnlichen natürlichen Kind. Das sagt: „Ich *bin* Gott. Erkennt es an."

9.2.9 Zum Körper passende Systeme!

Die heutigen Systeme passen nicht zum Körper. Ich muss das hier sicher nicht exzessiv wiederholen? Der Körper wird ja in Schablonen und Geschäftsprozesse gepresst, in Notwendigkeiten und Pflichten. Er wird durch Sport ertüchtigt und in Schuss gehalten.

Wer aber wartet auf das Erblühen?

Wer trainiert ihn an den Grenzen?

Wer lehrt ihn, Grenzen immer wieder zu überwinden?

Wer fordert ihn ständig und zeigt ihm höchste Vorbilder?

Wer ehrt heute noch Mut oder Tapferkeit bei Kindern?

Wir brauchen Systeme, die die aktive *Wohlgestaltung* des natürlichen Menschen betreiben. Bisher spezialisieren sie sich auf das *Wohlverhalten.*

Ich sehe nicht, wo in unserer Gesellschaft die natürliche Alpha-Seele ein explizites Thema wäre. Ich sehe dagegen überall, wie die Gesellschaft gegen die selbst gezüchtete Beta-Seele des Natürlichen rigoros vorgeht: gegen Aggression, Gier, Sucht, Narzissmus und Prahlerei oder Egoismus im weiteren Sinne.

Diese Effekte sind die Wunden, die das System in der Aufzucht der Natürlichen riss. Dagegen gibt es Pflaster, damit es oberflächlich ruhig ist.

Wir erleben in der heutigen Zeit eine immer stärkere Reglementierung im Sinne eines exzessiv richtigen Lebens. Die Schule bewegt sich im Klausur-Rhythmus. Wer nicht gehorcht, verliert Punkte und die Chance auf einen späteren Arbeitsplatz. Die natürlichen Menschen werden unter dem stärkeren Zwang aggressiver und süchtiger. Die Gewalt gegen Schulen und Erzieher nimmt zu.

Diese reagieren immer gleich: mit Freiheitsentzug und Regelverschärfung …

Dieses Phänomen habe ich in diesem Buch ausführlich beschrieben. Es ist eine Abwärtseskalation im Verhältnis der natürlichen Kinder zu den Erziehungsinstitutionen.

Das Patentrezept ist damit ebenfalls schon genannt worden: *Deeskalation.*

Die Systeme müssen für natürliche Menschen so weitherzig gestaltet werden, dass sie eben nicht weglaufen („raus aus der Sch … schule") und auch nicht dagegen kämpfen oder sich unter Schummeln und Tricks durchmogeln.

Konkret hieße es, mehr Toleranzen und Spielräume in die Systeme zu bauen. Ich meine *nicht*: Toleranz. Das ist ein Lieblingsbegriff der wahren Menschen. Dazu komme ich noch. Nein, die starren richtigen Systeme müssen ein paar Toleranzen vorsehen, also nicht so stringent und gewalttätig auf natürliche Kinder wirken. Natürliche Kinder gehen an Grenzen, um sie zu überwinden. Also stoßen sie oft an Grenzen. Folglich überschreiten sie oft und auch gerne Grenzen. Wollen wir da stets mit uniformem Ausschluss aus der Gemeinschaft reagieren? Die Gewaltmaßnahmen gegen das Natürliche sind auch nur deshalb nötig – vergessen wir das nicht –, weil wir eben nicht Vorbilder für sie sind! Dann haben wir sie eben tendenziell beschwerlich am Hals, die Aufmüpfigen.

Wenn die Natürlichen über die Stränge schlagen, Grenzen überschreiten, dann muss es eine souveräne Art geben, damit fertig zu werden: eine mit Verantwortung, mit Maß und mit Großherzigkeit.

Wie wollen die Systeme „gegen" natürliche Kinder „funktionieren", wenn sie selbst die Tugend nicht zeigen, die ihnen an den natürlichen Kindern fehlt? Ja, ich weiß. Die Systeme wollen eigentlich nur Einpassung, die würde reichen. Aber so sind die natürlichen Menschen nicht.

Mehr dazu im Buchteil über das Richtige.

9.2.10 Ein Meister sein und Lehrlinge beschenken

Vieles kommt also in unserer Gesellschaft darauf an, ob wir es schaffen, wieder der nächsten Generation Vorbild zu sein. Bei IBM nennen wir es „give back". Wir bekommen so vieles, wenn wir jung sind. Unser Sohn Johannes hat lange Zeit Fußball gespielt. Die Trainer haben ihn ehrenamtlich ausgebildet. Irgendwoher kommen nach Siegen Pommes Frites angeflogen. Nie diskutiert jemand Benzingeld oder Autoabschreibungen. Anne nahm an „Jugend musiziert" teil. Niemand hat Bärbel dal Col dafür bezahlt, dass sie Anne neben der offiziellen Musikschulzeit darauf vorbereitete. Sie hat für Annes Flötentrio extra neue Kompositionen geschrieben, die zum Stil von Anne, Jana und Kathrin passten. Sie spielten hoch motiviert ein Stück mit ihrem eigenen Namen. Viele Lehrer kümmern sich um Theater-AGs und Feriencamps. Professoren ermutigen junge Talente. Mentoren beraten junge IBMer. Wissen Sie eigentlich noch, wie viel Gutes Ihnen getan wurde? Wie sehr sich jemand um Sie kümmerte? Wie oft man Ihnen liebevoll Gehör schenkte?

Das haben nicht alle für Sie getan, Sie bekamen auch Tritte und böse Worte, Sie hassten und rächten sich. Aber insgesamt hat man auch auf Sie eine Menge Liebevolles niederregnen lassen.

Erinnern Sie sich? Schreiben Sie es einmal auf?

Und nun aber los, wie wir sagen: „Give back!"

Geben Sie das, was Sie empfingen, irgendwem anderen zurück, wie auch immer. Danken Sie nicht dem, der Sie förderte. Das war. Es ist nicht das Vordringliche. Denn jetzt sind *Sie* dran, nicht wahr? Sorgen Sie dafür, dass Sie fördern, trainieren, helfen, Cola und Eis kaufen. Sorgen Sie für Sonnenstrahlenblicke und für eine dahinfliegende Zeit, in der niemand daran denkt, Ihnen zu danken.

Seien Sie Förderer anderer, seien Sie Jedi für kleine Knappen.

Seien Sie Alpha-Quelle. Strömen Sie über.

Sagen Sie nicht, Sie hätten keine Zeit oder würden nicht dafür bezahlt – und denken Sie nie, das System sei dafür zuständig! Das ist gerade die Finsternis unserer Zeit! Alles wird Beta.

Kapitel 10
Das richtige Seismographensystem

10.1 Die richtige Machina: „Mein Platz im System ist das Ziel!“

10.1.1 „Wer nicht hört, muss fühlen!“ – Fehloperation am braven Körper

Die natürlichen Kinder werden ziemlich gewaltsam auf Normalkurs gezwungen. Dadurch werden die richtigen Kinder in vieler Weise schwer geschädigt.

Wenn nämlich die Erziehung zum Ziel hat, alle Kinder zu braven Kindern zu erziehen, also zu „richtigen“, dann muss sie im Verhältnis viel mehr Gewalt aufwenden, als wenn sie nur richtige Kinder zu erziehen hätte.

Wenn wir nur richtige Kinder zu erziehen hätten, keine sonst – ja, dann wären diese Kinder ja schon von sich aus relativ brav und „kooperativ“. Sie würden ohne weiteres den Erziehungsmaßnahmen folgen und unermüdlich gutes Benehmen und höfliches Auftreten erlernen und exerzieren. Leider aber sind eben die natürlichen Kinder nicht kooperativ und deshalb wird die Erziehung härter gehandhabt, als sie für richtige Kinder *allein* nötig wäre. Folglich ist die Erziehung der richtigen Kinder zu hart. Überall sehen nun brave Kinder Verbotsschilder, die für sie gar nicht nötig wären!

Wenn zum Beispiel ein braver Mensch nach 15 Jahren Fahrpraxis gerade *einmal* vergisst, im Dorf höchstens Tempo 30 zu fahren, dann wird er hart bestraft. Das Strafmaß ist dasselbe wie für einen notorischen Routinesünder. Nach normalem Rechtsempfinden könnten wir den braven Menschen einfach laufen lassen, oder? Aber nein, er wird bestraft, weil alle Menschen gleich behandelt werden müssen. Eine Strafe ist für einen braven Menschen ein furchtbares Ereignis, weil sie sein Selbstverständnis trifft. Der natürliche Mensch ärgert sich, wie er erwischt werden konnte. „Mist!“ Der richtige Mensch ist nun mit einem Makel behaftet und nach 15 Jahren Reinheit wie die meisten Sünder ebenfalls „bestraft“. Er schluckt traurig. Er hat einen schrecklichen Fehler begangen. Dieser Fehler zuckt nun in seinem Seismographensystem, in seinem Körper. Es ist *passiert*. Nie wieder wird er sich reinwaschen können. Er schweigt erschrocken oder bittet jeden ihm zu ver-

G. Dueck, *Omnisophie-Trilogie*,
DOI 10.1007/978-3-642-34877-8_10, © Springer-Verlag Berlin Heidelberg 2013

zeihen: „Kannst du dir das vorstellen, dass mir *das* passiert ist? Ich stehe noch unter Schock. Ich kann es mir nur so erklären, dass meine Schwester in zwei Wochen den dreißigsten Geburtstag feiert, und als ich das Schild sah, das mit der 30 darauf, da dachte ich, was ich ihr noch zusätzlich zu dem teuren Geschenk als Freude machen könnte. Ich war ganz voller Liebe zu meiner Schwester und da habe ich einen kleinen kurzen Moment nicht auf die Straße geachtet, wie es sich nun einmal gehört. Ich weiß das. Aber im Grunde kann ich mich gar nicht so schuldig fühlen, weil ich ja von Liebe durchdrungen war. Ich bin nur so erschrocken, dass mir der Polizist das nicht geglaubt hat. Er grinste frech und meinte, er kenne bessere Ausreden als meine. Ich habe mir 15 Jahre nichts zuschulden kommen lassen und muss mir das sagen lassen. Ich muss mir das bestimmt *nicht* sagen lassen. Aber in diesem Staat wird jeder gleich wie ein Verbrecher behandelt. Ich bin doch nicht einer von diesen Rasern, die heute schon fast die ganze Menschheit ausmachen. Ich verstehe nicht, wie mich der Staat in einem Atemzug mit Rasern, Mördern und Rauschtätern nennt. Denkt denn die Polizei, dass ich lüge? Bestimmt denkt sie das …, wenn alle Menschen vernünftig fahren würden, brauchten wir keine Polizei."

Das war *die* paradigmatische Äußerung dazu.

Wenn ein richtiger Mensch bestraft wird, geht er seelisch auf Grund, weil ihn die Polizei fälschlicherweise für einen natürlichen Menschen hielt. Die Polizei, so denkt der brave Mensch, ist von den richtigen Menschen eingesetzt worden, um die natürlichen, delinquenten Mitmenschen wirksam unter Kontrolle zu bringen. Für ihn selbst ist die Polizei natürlich nicht zuständig. Er *ist* ja schon brav! Die Polizei schützt das Gemeinwesen der richtigen Menschen vor *Verbrechern*!

Deshalb fühlt sich der *bestrafte* richtige Mensch wie ein zu Unrecht verurteilter Verbrecher. Zu größtem Unrecht! Er ist nämlich nur deshalb erwischt worden, weil er ein *Versehen* beging. Natürliche Menschen, so nimmt er an, brechen die Regeln absichtlich oder rücksichtslos und riskieren bewusst, erwischt zu werden. Ihnen geschähe nur Recht, wenn man sie ohne jede Ausnahme erwischte! Immer wieder! Er selbst aber erleidet offenbares Unrecht. Und jetzt, wo er erwischt wurde, fühlt er sich *abgestempelt*. Er hat das Kainsmal auf der Stirn! Was werden jetzt die Nachbarn sagen? Die Kollegen? Die Mitmenschen? Er wird in einen Topf mit *jenen* geworfen werden.

Gibt es das in der Psychologie? Überkonditionierung?

10.1.2 Überkonditionierung

Wenn ein lauter Gong ertönt, läuft dem Pawlow-Hund das Wasser im Mund zusammen, weil er jetzt aus Erfahrung weiß, dass es Fleischpulver gibt.

Das ist klar. Aber: Wir könnten den Hund ja auch *verhauen*, wenn ein Gong ertönt. Gong! Wir warten nun 10 min, dann fallen wir über ihn her und verdreschen ihn. Was wird der Hund tun? Er ist nicht so intelligent wie Menschen, die laute Musik über Kopfhörer anstellen würden, damit sie den Gong nicht hören können. Er wird unten zitternd sitzen und den Gong beobachten. Er wird jeden Gong in seinem Leben meiden und weglaufen, wenn er einen hört. Denn nach 10 min wird er ja wohl verdroschen.

Schaudern Sie nicht – so ist unser eigenes Leben. Wenn der schwer alkoholisierte Vater böse nach Hause kommt, verkriechen sich alle anderen. Wenn der Chef ins Großraumbüro tritt, breitet sich Schweigen aus. Alle machen sich unsichtbar. Die Angst des Hundes vor dem Gong. Kennen Sie dieses nagende Gefühl, wenn Sie aus dem Fenster schauen und dort leise ausrollend ein Polizeiauto hält? Wenn Sie im damaligen Ostblock an der Grenze untersucht wurden? Wenn Sie die Schule mit dem Gefühl betraten, eine unangekündigte Klassenarbeit sei fällig?

Wir reagieren nicht nur auf Befehle und Signale, auf die wir alle konditioniert wurden. *Wir zittern, dass es Signale geben könnte.* „Na, gibt es etwas Neues?“ – Darauf antwortete oft eine sehr liebe Seele aus unserem Umkreis am Telefon mit: „Gott sei Dank nicht.“ Und wir? „War heute schon der Chef da?“ – „Gott sei Dank nicht.“

Das Gesellschaftssystem des richtigen Menschen teilt die Welt in Schwarz und Weiß, in erlaubt und verboten, in diesseits und jenseits der Grenzen. Innerhalb der Grenzen ist das Normale, außerhalb das stigmatisierte Unnormale, das Verbotene, Verfemte, politisch Inkorrekte, Unerlaubte, Unhöfliche, Unschickliche, Unmoralische, Unsaubere, Verbrecherische. „Das tut man nicht.“ Der richtige Mensch regelt sein Leben und teilt es ein. Er ordnet es sauber und hierarchisch. Wenn er nicht weiß, was zu tun ist, fragt er den Höheren. „Darf man das?“ Methoden und Verfahren bestimmen, in welcher Reihenfolge was zu tun ist. Heute spricht man von „Geschäftsprozessen“ oder „Abläufen“, auch schon von „Programm“ oder „Programmierung“. Schritt für Schritt ist alles vorbestimmt. Dazu passt ganz gut der Glaube, dass die Welt von Gott bis ans Ende der Tage vorbestimmt sei und man „gar nichts machen könne“. Den natürlichen Menschen würde dies nur im Gefängnis einfallen, vielleicht nicht einmal dort. Sie können sich einen freien Willen vorstellen.

Natürliche Menschen haben stets eine Fülle von Optionen vor Augen, für die sie sich entscheiden können. Sie können den Apfel aus Nachbars Garten stehlen oder auch nicht. Sie können mit der Schlange im Paradies verhandeln oder auch nicht. Der richtige Mensch hat diese Optionen nicht. Es ist alles geregelt.

Leider stimmt das nicht so ganz – es ist *nicht* alles geregelt! Oft gibt es einige Möglichkeiten, etwas zu tun. Diese und jene, wobei alle an irgendeiner Stelle einen erheblichen Nachteil haben. Es gibt in diesem Falle keine perfekte, keine allein richtige Entscheidung. Nun, plötzlich, hat der richtige Mensch einen freien Willen! Aber er stöhnt tief auf:

Was soll ich bloß tun?

„Wie ich es auch mache, es bleibt ein Nachteil.“ Der Nachteil wird ihm später angekreidet. Man wird ihn fragen, warum er ihn in Kauf nahm. Er hat Angst. Es ist die Angst des Hundes vor dem Gong. Der richtige Mensch entscheidet zitternd, dann wartet er wie in der Luft horchend und witternd, wie sie über ihn herfallen und ihn verdreschen werden. Er wird deshalb lieber nichts entscheiden. Er wird zu einem Chef gehen und sich eine Entscheidung befehlen lassen. Soll der Chef entscheiden, wie es sein soll! Er wird sich nicht selbst die Finger verbrennen.

In diesem Sinne ist der richtige Mensch bestrebt, nie in die Nähe einer Verbotsgrenze oder eines Tabus zu kommen. Er hält Sicherheitsabstand. Zur Sicherheit gibt er etwas nach, fährt etwas langsamer, dankt zwei Mal zu viel. Er kommt fünf Minuten zu pünktlich, grüßt Erster, hält Türen auf. Er gießt zu viel Wasser zu den Blumen, kocht drei Kartoffeln mehr, zieht Pantoffeln an. *Er hütet sich.* Er ist auf der Hut vor den Stromschlägen seiner überkonditionierten Seismographen. Er fürchtet sich ganz generell vor den Warnzuckungen des Körpers.

Die richtige Machina ist so sehr bemüht, nicht getadelt zu werden, keinen Anstoß zu erregen oder nicht aufzufallen, dass alle Seismographen ängstlich lauern, ob Gefahr ist. Der ganze Körper wird auf Gefahrlauern eingestellt. Er geht ganz in dieser Aufgabe auf.

Am Ende ist der richtige Körper nur noch Seismograph. Alles ist angespannt und lauert. Und wenn wir diese Machina fragen: „Etwas Neues?“, dann sagt sie froh: „Gott sei Dank nicht.“ Wenn Menschen überkonditioniert sind, also zu viel Angst vor Grenzen haben, spüren sie nichts Genussvolles, Lebendiges, Frohes in sich. Dafür hat der Körper keine Zeit. Er wacht ja gerade. Wenn aber nichts los ist und wenn kein Alarm geschlagen werden muss, dann fühlt er angespannte Ruhe in sich, die er Zufriedenheit nennt. „Kein Gong in der Nähe.“ Im Urlaub zum Beispiel.

10.1.3 Psychozidversuche erzeugen Angst vor dem Nicht-Normalen

Die Überkonditionierung entsteht, weil das Konditionieren so stark betrieben wird, dass durch diese Stärke auch natürliche Kinder konditioniert werden. Die Zügel werden so eng geführt, dass den natürlichen Kindern dabei der Wille brechen soll. Unter dieser Überdosis wird der richtige Mensch eben stark überkonditioniert. Er spürt im Körper die überharten Grenzen, die eigentlich für die verbissen kämpfenden natürlichen Menschen gelten und zur Sicherheit unter Starkstrom gesetzt wurden.

In der Nähe dieser Grenzen hat der Richtige nun Angst: An Zäunen, beim Stirnrunzeln der Autorität, beim Arzt, beim Rechtsanwalt, in Gegenwart von Lehrern und Polizisten. „Ich musste wegen meines Sohnes ein Gespräch mit seiner Klassenlehrerin führen. Es war entsetzlich. Mir wurde heiß und kalt. Ich fühlte mich wieder *selbst* als Schüler. Ich ließ mir die Verfehlungen meines Sohnes ohne Widerstand um die Ohren hauen, als wären es meine eigenen gewesen. Ich stand innerlich stramm und zeigte echte Reue. Als ich heraus war, fühlte ich den Druck schwinden und merkte erst jetzt, wie stark ich mich unter der Autorität gebeugt hatte.“ Das hat mir eine Mutter gesagt. Und dann flüsterte sie: „Ich gehe da nie wieder hin.“ Die Angst des Hundes vor dem Gong. Sie könnte ja sagen, sie wolle sich vor dem nächsten Male wappnen, besser vorbereiten und dereinst *siegen*! Der richtige Mensch aber ist an einen Elektrozaun gestoßen und geht da nie wieder hin. Logik hin oder her. Vernunft hin oder her. Der richtige Mensch hört nicht auf seine erwachsene Vernunft, sondern auf die künstliche, die in seinen Körper gebrannt wurde. Die Kühe und Pferde können locker über den Elektrozaun auf der Weide springen. Sie können ihn umlaufen, es tut kaum weh, wir haben es als Jungen ein paar Mal unabsichtlich geschafft. Ich weiß es. Und wir wunderten uns immer, wie lammfromm sich die schafdummen Kühe einsperren lassen. In Wahrheit fühlen sie sich sicher und geborgen. Kurz vor dem Zaun beginnt die Angst. Sicherheit ist in der Mitte.

Die Richtigen beginnen, alles Normale für heilig zu halten. Das Nicht-Normale, das außerhalb der Schranken des Normalen liegt, bezeichnen sie als unnormal oder abartig. „Mein Kind kann mit 2 Jahren nur 180 Wörter sprechen und nicht 200! Ist es nun nicht normal? Wird es in der Gosse landen?" Wie viel Bier trinkt das Kind bei Parties? Fragen wir es. „Mama, lass doch das Rumbohren!" – „Wie viel!" – „Ein Glas!" – „Du lügst!" – „Mama, lass doch." – „Wie viel!!" – Hoffentlich ist das Kind nicht unnormal! Und dann, bei anderer Sach- und Gemütslage: „Sag mal, warum trinkst du eigentlich mit 17 noch keinen Alkohol? Nicht ein Gläschen Sekt?" – „Nein!" – „Warum nicht?" – „Schmeckt nicht!" – „Sekt schmeckt jedem!" – „Mir nicht!" – „Das ist nicht normal!" Man trinkt eben normal Alkohol. Nicht zu viel, das ist normal. Keinen Alkohol? Auch nicht normal.

In diesem Sinne kommt es darauf an, normal zu sein. Über der unteren Normalgrenze, unter der oberen. Sex ist zum Beispiel auch ziemlich schlimm, aber wenn Sie Ihrer richtigen Mutter verkünden würden, Sie würden nie Sex wollen – oh, dann sind Sie nicht normal! Wenn Sie aber *viel* Sex wollen, sind Sie abartig oder pervers.

Das Überkonditionieren erzeugt also Angst schon weit vor den Grenzen. In der Nähe der Grenzen setzt Stress ein, jenseits der Grenzen Apathie oder Verzweiflung. „Ach, wie konnte mir das passieren!" Freiwillig überquert der Richtige keine gesetzte Grenze. Ihm wird schlecht, wenn er nur daran denkt. Sein ganzer Körper ist zu gutem Teil damit befasst, die Grenzziehungen zu bewachen.

Wenn er sich zu sehr mit dem Lauern vor Grenzen beschäftigt, ist dem Richtigen die Alpha-Seele gestorben. Psychozid – Seelenmord. Die Machina dirigiert ihn im Innern. Vor dem, was draußen ist, macht sie ihm Angst. Draußen sind Schuld, Untreue und Laster. Wer einmal die Grenze überschreitet, kommt nicht zurück! („Du bist jetzt in der Gosse gelandet.") Das Laster hält den Lustnippenden wie eine Sucht im Spinnennetz, aus dem es kein Entrinnen gibt. Wer einmal lügt, dem glaubt man nicht. Der Pfad der Treue kann nur einmal verlassen werden, die Unschuld wird nur einmal verloren. Vertrauen ist für immer dahin. Dann sagen Vater und Mutter: „Du bist nicht mehr unser Kind!" – Dann sagt der Chef: „Du bist hier unerwünscht!" Dann sagt der Staat: „Du bist vorbestraft!"

Die felsenstarre Überzeugung, dass es kein Zurück mehr gibt, erzeugt diese grässliche Angst vor der Grenzüberschreitung. „Auf immer verloren!"

Richtige Menschen haben ultimative Angst vor dem endgültigen Draußensein, vor dem Scherbengericht und der Ostrazision. Die ist so stark, dass sogar der bloße Wohnungswechsel auf viele so wirkt. Deutsche sind nicht immobil, wie man sagt. Sie wollen nur dann nicht nach draußen, nicht über die Grenze, wenn nicht garantiert ist, dass drüben auch wieder Freunde, rustikale Eiche und Nutella warten.

10.1.4 Grenzziehungen und das Limit

Irgendwo las ich diese Einschätzung: Amerikaner kommen überwiegend deshalb zum Psychiater, weil sie fürchten, nicht normal zu sein (zu viel Bauchspeck, Drogen, Sex, Probleme bei der Arbeit). Deutsche dagegen gehen eher zum Psychiater, weil sie sich im Normalen eisern gefangen sehen und sich jede Freude (= Überschreitung) versagen. Amerikaner sind von der Kultur her eher Natürliche, sie überschreiten die Grenzen und kommen oft wirklich nicht mehr zurück. Sie sehnen sich, normal zu sein. Deutsche sind eher Richtige, sie leben freudlos in den Grenzen und schauen fassungslos auf Konsum, Genuss, Fernurlaube, Liebeswechselspiele. Sie wissen, dass sie etwas verpassen. Sie wollen auch etwas genießen. Vor Angst warten sie noch.

So ziehen die richtigen Machinae die Grenzen immer näher zu sich heran – die Vorsicht steigt, aber auch das Gefühl des Gefangenseins. Die Überkonditionierung eskaliert ohne neue Erziehung weiter, so wie die Sucht den natürlichen Menschen weiter und weiter über noch fernere Grenzen schleudert. Die richtige Machina eskaliert nach innen, die natürliche nach außen.

Deshalb hassen sie sich nun jeden Tag stärker, weil sich die Standpunkte der beiden entfernen und die Versuche, am anderen Psychozid zu begehen, immer hartnäckiger und mit größerer Energie geführt werden. Die Doppelsterne ziehen mit aller Gewalt den anderen heran, aber sie entfernen sich voneinander, ohne Hoffnung. Die natürlichen Suchtwracks, die Übergewichtigen und Arbeitslosen dienen zur Warnung der richtigen Machina, sich innen zu halten. Die anderen, die noch genießen, werden ebenfalls bald untergehen.

Das Leben ist sehr gefährlich, überall lauert etwas, nämlich vor allem die richtige Machina, die alle Grenzen in sich im Körper verankert hat.

10.1.5 Unbeachtet und verloren – der NICHT verlorene Sohn

Die Machina des natürlichen Menschen ist sichtbar! Sie ist aktiv hinter Macht, Erfolg und Lust her! Sie ist laut, trotzig und fordernd. Sie will etwas von anderen. Es ist sichtbar, wenn auch nicht für jeden und auch nicht unbedingt für den natürlichen Menschen selbst, wenn etwas Grenzwertiges geschieht. Die Machina des natürlichen Menschen zieht die Aufmerksamkeit der anderen Menschen in den Bann. „Seht, wie großartig ich bin!"

Genau so etwas tut die Machina des richtigen Menschen nicht. Denn sie darf das nicht, weil es im System als Prahlerei verboten ist und sie selbst nichts Verbotenes tut. (Einschub: Die Machina arbeitet im Stillen doch oft in verbotenen Zonen, aber sie würde nicht nach außen am helllichten Tag das Verbotene tun. Die richtige Machina geht nie „absichtlich", also offensichtlich über die Grenze, was nur Verbrecher tun. Sie agiert im Untergrund und wird das Verbotene bei Licht als „Versehen" deklarieren und notfalls Reue heucheln und um Vergebung bitten.)

Nach außen gesehen ist der richtige Mensch also „normal" und scheut das grelle Licht. Die Perfektionisten, die Treuen, die Helfer stellen sich dort nicht hin. Sie versehen ihren Dienst und tun ihre Pflicht und bleiben in ihren engen Grenzen. Sie ärgern sich sehr, wenn das Nicht-Normale so sehr in der Aufmerksamkeit steht. „Pfui, wie sie angezogen ist." – „Pfui, wie er sich in die Brust wirft."

Und sie schütteln sich, wenn sie Jesu Worte so in der Bibel lesen:

> Ich sage euch: Also wird auch Freude im Himmel sein über einen Sünder, der Buße tut, vor neunundneunzig Gerechten, die der Buße nicht bedürfen. (Lukas 15, 7)

Wenn ein natürlicher Mensch umkehrt, also wieder die Grenze nach innen überquert und nur „vernünftig“ wird, was die treuen Menschen innen ja immer sind, dann freuen sich selbst die Engel. Von den richtigen Menschen aber nimmt niemand Notiz. Sie sind normal. Es ist das Wesen des Normalen, dass man nicht Notiz von ihm nehmen muss. Der daheim gebliebene Sohn ärgert sich in der Bibel sehr, als der verlorene Sohn zurückkehrt und mit einem Fest empfangen wird. Er spricht mit dem Vater im Zwist:

> Siehe, so viel Jahre diene ich dir und habe dein Gebot noch nie übertreten; und du hast mir nie einen Bock gegeben, dass ich mit meinen Freunden fröhlich wäre. Nun aber dieser dein Sohn gekommen ist, der sein Gut mit Huren verschlungen hat, hast du ihm ein gemästet Kalb geschlachtet. Er aber sprach zu ihm: Mein Sohn, du bist allezeit bei mir, und alles, was mein ist, das ist dein. (Lukas 15, 29–31)

Da vom Normalen nicht Notiz genommen wird, weil es nicht auffällt, wird auch kein Aufhebens davon gemacht. Das Normale wird stets routinemäßig gelobt, und zwar eigentlich nur dann, wenn ein Jubiläum ist oder das Normale übernormal lange vollbracht wurde.

> Wir ehren dich mit dieser Nadel, denn du warst lange ohne Tadel.

Das Normale bleibt unbeachtet. Oft denkt die Machina des richtigen Menschen, sie werde nicht geachtet. Das stimmt nicht. Sie wird nur nicht *be*achtet. Sie denkt womöglich, sie werde verachtet. Nein, nein, nur nicht beachtet, weil das Normale normal ist. Das wurmt die Machina dennoch. Sie lebt normal, arbeitet normal, hilft unermüdlich, ist treu und lädt keine Schuld auf sich. Sie ist dem ersten Gatten treu seit immer schon, seit sie mit ihm zusammen die Unschuld verlor, sie zog die Kinder heran, die normal geworden sein sollen. Die richtige Machina sehnt sich dann innerlich oft unbestimmt und findet das angestrebte normale Leben eintönig. Und wenn es eine Farbe für das Normale gäbe, wäre sie wohl grau. Nicht grün! Grün ist des Lebens goldner Baum, der steht im Lande der Natürlichen und trägt verbotene Äpfel.

Grau in grau fühlt sich die richtige Machina oft verloren, obwohl sie immer daheim blieb, im Normalen. Sie ist ein Rädchen im Getriebe des Systems und wollte ja immer nur Rädchen sein. Sie schaut im Alter vielleicht zurück und sagt: „Schade, mein Leben. Es gab so wenig zu erleben. Es war die Angst, die mir jetzt wich. Ach, wenn ich noch einmal leben dürfte, ich würde es anders machen. Würde mich trauen! Würde was wagen!“ Natürliche Menschen sagen am Ende, trunken vom Leben, übersät mit Narben: „Es ist viel geschehen. Ich habe zu Zeiten der Not auch Treber mit Säuen zu essen gehabt – aber ich bereue nichts! Ich täte es immer wieder!“

10.1.6 Shadow Forces: Zwanghafte, Passiv-Aggressive und „Psychovampire“

Die richtigen Menschen strengen sich an, im System vorbildlich zu sein. Sie geben sich Mühe, gehorchen der Autorität. Andererseits verlieren sie sich in der Masse.

Sie ringen um ihren Platz im System. Wenn sie sich ganz dem System hingeben – was sind sie dann selbst noch wert? Worin besteht ihre Einzigartigkeit, auf die die natürlichen Personen prahlerisch hinweisen?

Die richtigen Menschen leben einen Spagat: Sie wollen im System aufgehen, aber dort beachtet und gewürdigt werden. Sie wollen Masse sein und doch nicht Masse sein. Wollen im Reihenhaus wie alle wohnen, aber schönere Gardinen aufhängen. Unauffällige Kleidung tragen, aber doch dezent zeigen, dass „man etwas ist". Stimmen allem zu, wollen aber gefragt werden. Die Gesellschaft will, dass sich alle Menschen teamtauglich in das System einpassen, aber wenn diese dafür gelobt werden wollen, heißt es dann doch: „Gelobt wird, wer sich aus der Masse erhebt! Gepriesen, wer auch etwas Ungewöhnliches vollbringt! Wer sich hervortut! Wer besonders ist!"

Das brave, artige Kind fügt sich in die Familie ein. Es ist so von Natur aus wie ein „Sohn, der nie verloren geht". Dieses Dasein birgt die Gefahr, nun in der Familie nicht wirklich jemand zu sein. Das artige Kind wird oft wie ein guter Hund gestreichelt, aber im Grunde ist es in vielerlei Hinsicht nichts Besonderes. Es mag sein, dass es sich nicht beachtet fühlt. Es mag sein, dass das System oder die Eltern zu streng sind, zu viel verlangen, aber das Wohlverhalten nicht wirklich belohnen. Das Bravsein, so denkt das System, ist eigentlich selbstverständlich. So wird das Bravsein wohlwollend vermerkt – ja. Aber wer würde wie über einen Sieg jubeln und rufen: „Genial! Du bist brav!" Da versucht das brave Kind, die Aufmerksamkeit auf sich zu ziehen. Es wird perfekt und beginnt, durch eigene Direktiven in der Familie die Macht an sich zu ziehen: „Mama, die Servietten fehlen." – „Papa, du hast das Bild schief aufgehängt. Es sieht schrecklich aus." – „Du sagst immer, zieh einen Schal an, jetzt tu es selbst!" Insbesondere dieses „Tu es selbst auch!" ist sehr machtvoll. Die Waffen des ewig fordernden Systems (Familie, Schule, Betrieb) werden gegen es selbst gerichtet. „Sei du perfekt, bevor du mir etwas sagen darfst!" Eine Weile wehrt sich das System noch, weil es das Spiel nicht versteht. Der Vater lacht noch und fragt: „Na, Kleine, darf ich denn diese Krawatte umhängen? Habe ich deine Erlaubnis?" – „Nein, zu schrill!" Und er zuckt schon ein bisschen und nimmt einen anderen Schlips … Langsam entsteht im braven Kind die Machina. Sie entstand aus einem Schütteln unter einem strengen System, vielleicht auch aus Hass auf strenge Eltern. Nun wird die Machina des Braven das Über-Ich des Systems. Sie wird später die Tradition durchsetzen, sie wird bürokratisch, bigott, moralistisch oder puritanisch werden, rigoros und am Ende vielleicht zwanghaft. Zwanghaft sauber, ordentlich, zuverlässig, pünktlich und auf der anderen Seite unausstehlicher Erspäher der Unvollkommenheiten: Flecken, Formularfehler, Herumliegendes, Vorschriftenübertretungen, Verstoß gegen Tradition oder Sitte werden sofort anderen Menschen „aufgetischt". Diese Kommunikation ist ihr Kampf. „Ich bin vollkommen, du nicht!" Im Gegenzug darf nun die Machina nie selbst etwas falsch machen, weil es ein Fest für die gedemütigte Umgebung wäre. Der Teufelskreis eskaliert. Es geht nicht um eine Sache, ein Ziel oder um „das Gute". Er kämpft verbissen gegen die Schatten, er will nicht ganz zur Masse gezählt werden.

Das treue, ergebene Kind fügt sich ebenfalls in die Familie oder die Masse ein. Es geht nur einen anderen Weg als das autarke Kind, das wenig soziale Verbindung braucht und als „Controller einsam sein kann“. Das treue Kind fühlt sich nur in einer Gemeinschaft wohl, in der es wohlgelitten ist. Wenn das System zu streng mit dem treuen Kind umgeht und zu viel verlangt, wird es sich innerlich nicht mehr wohlgelitten fühlen und rebellieren. Es bleibt oberflächlich treu, ergeben und loyal, wehrt sich aber passiv-aggressiv gegen ein unbeachtetes oder missachtetes Schattendasein. „Ich mache jetzt Dienst nach Vorschrift. Dann sehen sie, wie sie mich brauchen.“ – „Diese neuen Befehle werden nicht zum Erfolg führen. Ich sehe schwarz, es wird nicht gehen. Wenn ihr mal auf mich hören würdet.“ – „Sagt mir, was ich zu tun habe. Das tue ich. Aber ich übernehme dafür keine Verantwortung. Ich bin ja nicht gefragt worden.“ So erzwingt es indirekt immer wieder die Autorität, sich mit ihm zu befassen. Im Innern fragt die Machina des einst treuen Kindes nun unaufhörlich: „Achten sie mich? Sehen sie, dass ich loyal bin? Stehe ich im Schatten?“ Die Machina kann so vermeidend, negativistisch bedenkenträgerisch werden, sie spielt ab und zu einmal den „harten Mann“, um zu zeigen, dass sie noch da ist“. Sie rangelt um Privilegien, Aufmerksamkeiten, Vorrechte, macht andere Menschen schlecht, schwärzt an und sägt an Stühlen. Die stete Klage ist, dass treue Dienste ungewürdigt bleiben und alle Behandlung ungerecht ist. „Das NICHT verlorene Kind.“

Das liebe, hilfsbereite Kind wird in einem zu harten System einen Mangel an Liebe fühlen, die es dringend braucht (viel Sonne!). Als eigentliche Goldmarie geboren, wird eine Machina entstehen, die nun doch nach dem Golde schielt. Goldmarie dient nur treu und schüttelt Betten aus. Aber unter zu harten Bedingungen wird sie verlangen, dass ihr gedankt wird. Ich schrieb es ja schon … Aus dem Schrei nach Dank in einer grauen Schattenwelt kann am Ende ein „Psychovampir“ werden, ein notorischer Helfer um des Lohnes willen. Goldmarie mutiert zur überversorgenden Muttergestalt, die sich angestrengt um alles Sorgen macht und die beste aller Mütter wird, die von Kind und Kegel verehrt werden muss, sonst macht sie sich sofort neue Sorgen – und da danken ihr lieber alle sofort. Der Psychovampir macht die Umgebung durch Umsorgen hilflos und abhängig. „Lass das sein, ich putze die Schuhe, du kannst das nicht.“ – „Nein, du kannst nicht helfen, du weißt ja nicht, wo es liegt. Ich mache das schon.“ – „Was, du willst am Abend weg? Wir wollen noch alle zusammensitzen und überlegen, welche Tapeten wir nehmen. Ich habe schon Tapeten ausgesucht und ich will, dass sie euch total gut gefallen, sonst kaufe ich sie nicht. Ihr müsst dann nächste Woche dableiben, um zu sehen, ob ich es gut mache, es ist ja viel zu entscheiden beim Tapezieren. Das soll nicht alles an mir hängen bleiben. Wenn ich schon alles mache, soll es sich lohnen und ihr müsst glücklich sein. Es ist mir so wichtig, dass ihr glücklich seid.“ So konvertiert Hilfsbereitschaft in Tyrannis. Wer viel Aufmerksamkeit braucht, verteilt gegen den Willen der anderen drei mal so viel Aufmerksamkeit und bekommt dann mit einigen pikierten Blicken, die Undank erkennen lassen, ungefähr das Ursprüngliche zurück. Genau das wollte man, so dass man sagen kann, man habe dreimal so viel investiert – die Welt besteht aus Undank, klar. Manche Machinae versuchen es mit weniger Investitionen. Sie spielen zwischen den Hilfephasen die Hilflosen und jammern um Rückgabe von etwas, was sie gar nicht gaben. Ultima Ratio: physisches Weinen. Es gibt Alpha-Weinen, das wir alle trösten. Es gibt dieses Weinen der Machina, kennen Sie das? Eine fremde Machina weint bitterlich und Sie schreien außer sich: „Hör auf! Hör auf!“ Weinen der Machina ist eine 300-Prozent-Übertreibung, die erpressen soll. Einer im Schatten zieht Energie aus einem im Licht. Psychovampirismus der Beta-Seele.

10.1.7 Systemadizee – ach, Leibniz!

Es gibt ein Rechtfertigungsproblem Gottes. Wie kann es sein, dass es einen Gott gibt und gleichzeitig dieses Leiden auf der Welt? Das beschäftigt die Denker schon seit Anbeginn. Die Gläubigen fragen sich also, warum Gott das Leiden zulässt. Die Ungläubigen begründen den Unglauben mit dem Leiden. Die Theodizee (Theos wie Gott und diké wie Gerechtigkeit im Griechischen) fragt, wie sich Gott und die Existenz des Bösen vereinbaren lassen. Epikur stellt fest:

> Entweder will Gott die Übel beseitigen und kann es nicht:
> dann ist Gott schwach, was auf ihn nicht zutrifft,
> oder er kann es und will es nicht:
> dann ist Gott missgünstig, was ihm fremd ist,
> oder er will es nicht und kann es nicht:
> dann ist er schwach und missgünstig zugleich, also nicht Gott,
> oder er will es und kann es, was allein für Gott ziemt:
> Woher kommen dann die Übel und warum nimmt er sie nicht hinweg?

Leibniz ersann in der Abhandlung Die Theodizee von der Güte Gottes, der Freiheit des Menschen und dem Ursprung des Übels die Erklärung, dass unsere Welt von den unendlich vielen möglichen Welten die beste sei. Denn eine Welt ohne Übel könne es nicht geben, weil ja Gott sicher die beste erschaffen hätte. Also ist unsere Welt die mit dem kleinstmöglichen Übel.

Manche sagen auch, dass der einzelne Mensch sich von Gott selbst zurückziehe, was Gott als Verhalten vom Menschen hinnimmt. Wer ihn nicht zu sich ins Haus einlädt, den besucht er auch nicht!

Die *Systemadizee* fragt, wie es Systeme ertragen können, dass so viel Böses in ihnen vorkommt und so viel in ihnen und unter ihnen gelitten wird. Entweder will das System wirklich die Schwächen beseitigen und kann es nicht. Dann wäre es schwach und würde bald weichen?! Oder es kann es und will nicht – dann müsste es weichen?! Oder es will es nicht und kann es nicht, dann wäre es kein System und müsste weg! Oder es will es und kann es: Warum aber leiden wir dann?

Ist es vielleicht so, dass wir uns unter allen unendlich vielen möglichen Systemen das beste ausgesucht haben, so dass es nie weniger Übel geben könnte als jetzt?

Man könnte sagen, dass der einzelne Mensch sich vom System entferne, was es hinnimmt – aber das stimmt nicht! Es will, dass wir uns einpassen. Ein System ist nicht wie Gott. Es ist aktiv da. Es spielt den aktiven, sichtbaren Gott.

Leider kümmert sich das System nur um die, die sich nicht einpassen, um die verlorenen Söhne. Die nicht verlorenen Söhne aber, die das System bei sich zu Hause einladen, bleiben im Schatten, denn sie sind selbstverständlich. Sie gehören dem System. Und das umwirbt und fängt nur die noch nicht Einverleibten. Es besucht die, die es nicht zu Hause eingeladen haben.

Das System des richtigen Menschen ist dann vollkommen, wenn alle Menschen sich in das System einpassen. In diesem Augenblick ist das System befriedigt. In diesem Augenblick hat sich das System selbstverwirklicht. Und das Leiden in unseren Systemen? Die richtigen Präsidenten der Systeme sagen, das bestehende System sei das nach Wissen und Gewissen beste System, und ohne Leiden gebe es keines, auch nicht ohne Leiden für die, die sich willig einpassen, denn das Leiden verschwindet nur dann, wenn sich alle einpassen würden. Und das sei noch nicht geschehen! „Die Gesetze haben wir schon, sie sind richtig, aber es halten sich nicht alle daran!" So reden sie, um nichts ändern zu müssen.

Und ich sage im nächsten Kapitel: Die Machinae der richtigen Menschen wüten gegen das Graue, gegen die Nichtbeachtung und den Schatten. Normale Menschen gehören, als Pflanzen gesehen, nicht in den Schatten. Sie passen sich ins System ein, um von ihm Lebensgeist und Sonne zu bekommen. Und das System muss ihnen das liefern. Dazu ist es eigentlich bestimmt. Nicht als Scherge, das Uneingepasste zu fangen.

10.1.8 Der Lohn: ein hoher Rang im System!

Das System belohnt diejenigen, die die anderen in den Schatten stellen. Es schafft Hierarchien, die Menschen aller möglichen Schattierungen entwerfen.

Ich will alle überschatten!

Das ist die Grundsucht der Supramanie.

Den Machinae geht es nicht darum, Sonnenlicht auszustrahlen, sondern freigiebig Schatten zu spenden.

Unser heutiges System ist ein Schattenspiel. Das System selbst beschattet uns.

10.2 Zur Wohlgestaltung des richtigen Menschen

10.2.1 Auf das System kommt es an – es ist der halbe richtige Mensch!

Die artgerechte Haltung des richtigen Menschen hängt sehr stark mit dem System zusammen, in dem und für das er lebt. Der richtige Mensch passt sich gerne in die Sozialisierung ein. Er ist gerne in Gesellschaft. Er hält es für ein Grundaxiom seines richtigen Denkens, dass der Wert des Menschen weitgehend durch den Wert der gemeinsamen Kultur bestimmt ist. Der richtige Mensch ist auf die Errungenschaften der Kultur und der Wissenschaft stolz, hält sich etwas zugute auf die fortschrittliche Staatsform, auf die Sicherheit des Lebens, die ihm die Gesetze, die Polizei und notfalls die starke Armee bieten. Die Gesellschaft mit allen Rahmenbedingungen ist für ihn so etwas wie eine erweiterte Heimat, wie ein riesiggroßes Wohnzimmer, in dem es sich gemütlich mit anderen zusammen leben lässt. Da sich der richtige Mensch dort wohl fühlt, ist das System natürlich irgendwie das halbe Leben. „Ich bin ein Familienmensch“, sagen manche. Oder: „Ich bin ein Gesellschaftsmensch.“ – „Ich bin ein Gemeinschaftsmensch.“ – „Ich bin ein Vereinsmensch.“

Büromensch, Gewohnheitsmensch, Großstadtmensch, Durchschnittsmensch.

Natürliche Menschen sind Genussmensch, Jetztmensch, Machtmensch, Erfolgsmensch, Tatmensch, Powerfrau. Für natürliche Menschen müssen die Bedingungen stimmen: genug zu Essen und Trinken, viele Freunde, ein Job und dort gutes Werkzeug, das ein effektives Arbeiten zulässt. Natürliche Menschen sind nicht so sehr am System interessiert – auch deshalb nicht, weil es ganz offenbar nicht speziell für sie designet wird. Würden natürliche Menschen Systeme erschaffen, dann wären und sind es die subkulturellen Gebilde, die ebenfalls Regeln wie bei richtigen Menschen kennen, aber eben ganz andere.

„Unser Dorf muss schöner werden.“ Für solche Initiativen setzen sich die richtigen Menschen gerne ein. Das System wird blank geputzt und geschmückt. „Wir sammeln Geld für eine neue Kirchenglocke.“ – „Wir suchen Sponsoren für Parkbänke entlang des geplanten Waldlehrpfades.“ – „Wir suchen Mitstreiter, die einzelne Artikel und alte Fotos beisteuern, damit wir eine Chronik unserer Ortschaft herausgeben können. Sie soll prächtig werden.“ – „Wir wollen uns morgen im Dorf alle zu einem Empfang treffen, auf dem die Bürger geehrt werden, die zum Stolz unseres Ortes beitrugen. Wir ehren einige sportliche Leistungen, ein goldenes Feuerwehrjubiläum, unseren einzigen hundertjährigen Bürger, die neuen Abiturienten und zwei Landessieger in Bundeswettbewerben. Die Turnerinnen des TV und die Musikschüler tragen zum Rahmen bei. Für Getränke ist gesorgt.“

Es kommt deshalb sehr stark auf das System an: auf die Ehe, die Familie, die Nachbarschaft, den Ort, das Betriebsklima, auf die Landeskultur oder die allgemeine Sicherheit, besonders auch die der Zukunft. Das System sollte eine gewisse Orientierung geben, was in einer Kultur erwartet wird. „Heiraten und zwei Kinder, daneben eine Wohnung abzahlen.“

10.2.2 Systeme, an die von Herzen geglaubt werden kann

Die ganze Staatsphilosophie befasst sich damit, welche Rolle das System im Verhältnis zu den Einzelmenschen einnehmen soll. Soll der Staat das Leben komplett regeln? Soll er sich heraushalten und nur einschreiten, wenn es Störungen gibt? Wollen wir einen Nachtwächterstaat, einen Schiedsrichterstaat? Einen Wohlfahrtsstaat, der uns päppelt? Einen Vollkaskostaat gar, wie einen Selbstbedienungsladen? Wollen wir einen Unternehmerstaat, der den reibungslosen Ablauf der Wirtschaft managt? Einen Ordnungs-, Polizei-, Überwachungsstaat? Einen Sozial-, Rechts-, Frei-, Vielvölkerstaat? Soll sich der Staat einmischen oder heraushalten? Soll der Staat den Bürger an die Hand nehmen und ihn durch das Leben leiten oder soll er die Verantwortung des Bürgers bei diesem selbst belassen und nur eine Infrastruktur schaffen, in der sich die Einzelnen nicht zu stark ins Gehege kommen?

Das sind ganz wichtige Fragen, die dem richtigen Menschen sehr am Herzen liegen müssten. Sie werden kaum diskutiert!

Das ist nicht ganz wahr – sie werden schon diskutiert, aber eher nur als politisches Schauspiel, wenn eine geänderte Welt- oder Kassenlage zu neuen Sichtweisen zwingt. In den siebziger Jahren hatte Deutschland so viel Aufschwung, dass sich ein Wohlfahrtsstaat etablierte, dessen Versprechen Wählerstimmen einwarb. Heute ist der Schwung längst weg – und die Wohlfahrt ist unbezahlbar. Also sichert der Staat das Überleben der Wirtschaft, der Verarmten und Arbeitslosen. Im Grunde ist alles so unsicher geworden, dass der Staat alles sichern muss, was aber nur bedeutet, dass er im Sichern versagt. Der Staat verkommt zu einer Organisation, die selbst geschaffene Probleme bewältigt. (In einer Beta-Eskalation gefangen!) Er nimmt Züge von Wirtschaftsunternehmen an, die expandieren oder zusammenschrumpfen, die losstürmen oder Wunden lecken. Es sieht so aus, als sähen nun die Bürger die Nationen der Welt im Wettbewerb und im wirtschaftlichen Überlebenskampf. Der Staat unterstützt diesen impliziten Krieg durch Pseudo-Investitionen in Bildung und Infrastruktur für eine führende Wissenskultur. In Wahrheit schützt er durch Subventionen das Untergehende vor dem schnellen Ende. Der Staat selbst führt sich selbst unter zunehmend wirtschaftlichen Gesichtspunkten und führt rigide Kostenrechnungen ein.

Lohnt sich das?

Theater? Sport? Das Frauenhaus? Der Stadtpark? Das Jugendzentrum?

Die Antwort: „Alles soll sich wirtschaftlich selbst tragen." So werden die öffentlichen Toiletten in gebührenpflichtige WC-Center umgewandelt. Was nichts kostet, ist nichts wert! Die Universitäten verlangen Geld, bald auch die Schulen. Die Musikschulen brechen derzeit an den immer höheren Gebühren zusammen. „Wenn der Bürger Musikinstrumente beherrschen will, so soll er zahlen! Musik gehört nicht zum unverzichtbaren Bestandteil des Überlebens."

Kurz: Der Staat lässt sich seine Leistungen zunehmend bezahlen. (Das ist an sich kein abwegiger Gedanke, aber ich dachte immer, ich zahle diese Leistungen in Form von Einkommensteuer. Die scheint für etwas anderes verwendet zu werden.)

Ich will hier nichts zu sehr dramatisieren oder zu pauschal kritisieren. Ich überfalle Sie nur mit einem einzigen kritischen Satz, in dem ich alles zusammenfasse:

Alles Beta.

Der heutige Staat bewältigt hektisch seine Krisen, nachdem erst vorrangig die individuellen Machinae der agierenden Politiker ihre singulären Problematiken des Machtkampfes gelöst haben. Der Staat selbst verliert seine Alpha-Seele, die er in goldenen Zeiten manchmal hat. Er ist zur Machina verkommen, die nur noch aufgeregt bewältigt.

Bietet eine Machina eine Heimat? Frieden? Sicherheit für die Zukunft? Freude, Kinder zu bekommen?

Die Familiensysteme, die Schulsysteme, die Unternehmen schon lange, sie werden zu Bewältigungseinrichtungen. Die Kinder werden für den Überlebenskampf gerüstet. Die Eltern verdienen. Alles kommt auf den Prüfstand der Nützlichkeit für das Überleben. Unbarmherzig werden die Menschen nach Nutzen verglichen: Du hier ins Töpfchen, du da ins Kröpfchen. Wer dem Vergleich nicht standhält, steht im Schatten.

Wenn schon alles auf den Prüfstand muss – dann sollten wir doch *diese* Fragen stellen:

- Mag ich diesen Staat von Herzen?
- Mag ich das Familiengründen von Herzen?
- Mag ich das Arbeitsleben von Herzen?
- Mag ich mein Leben von Herzen?

Glauben wir noch von Herzen, dass unsere Lebensorganisation gut ist?

Wir glauben, sie ist *notwendig*! Wir glauben, wir könnten uns finanziell keine „von Herzen leisten". Wir denken das in einer Zeit, in der der Wohlstand pro Kopf historisch fast maximal ist und in der Sie jeden Tag in eine Buchhandlung gehen können und dort das Buch *Auf der Suche nach dem verlorenen Glück* von Jean Liedloff kaufen können. Neun Euro neunzig. Sie können auch bei den Amish People in den USA Farmen besuchen, die ganz ohne amerikanische Beta-Zivilisation mit ihrer eigenen Kultur und mit Gott völlig zufrieden leben, wofür sie in etwa den normalen Lebensstandard der deutschen fünfziger Jahre „erleiden" müssen, als meine Mutter sagte: „Kind, wir müssen nun einmal aus dem Garten leben." (Ich bekam keine „Brause" aus dem Laden, eben nur Milch oder Johannisbeersaft.) „Kind, das Schwein wurde geschlachtet und wir essen es *ganz* auf." (Lungenhaschee essen.)

Nein, der Grund ist, dass unsere Systeme ihre Alpha-Seele verlieren, alle: die Familie, der Betrieb, der Staat – und wir. Vor allem auch wir. Von unserer inneren Machina werden nun die Systeme getrieben und erfüllen keine Alpha-Funktion mehr. Die Systeme sind ja nicht besser als wir selbst.

10.2.3 Alpha-Systeme der Gemeinschaft, der Tradition und des Guten

Um Worte muss ich ringen, wenn ich erklären soll, was Alpha-Systeme ausmacht. Wir fühlen das ja nur in unserer „Kinderseele" oder in der Seele des „Weißhaarigen".

Manchmal denke ich, der Freistaat Bayern ist mehr Alpha als die anderen Bundesländer, nicht so hektisch und bewältigend, irgendwie beschaulich und beharrlich ernst darauf bedacht, in guter Tradition zu leben. So stelle ich es mir vor, wenn ich dort bin. Vieles in Paris fand ich Alpha, aber das ist schon etwas her – und in Budapest in den achtziger Jahren. Ich bin ja nicht überall und vielleicht habe ich jetzt Ihre Heimat vergessen. Ich weiß noch, wie wir in Dallas eine Konferenz hatten und beschlossen, etwa um sieben Uhr am Abend einen kurzen Innenstadtrundgang zu machen und etwas zu essen. Als wir ankamen, war niemand da. Hochhäuser bis in den Himmel, unten voll gepfropft mit kleinen Imbissbuden und Kaffeesälen. Wir hatten noch niemals eine solche Ansammlung von „Fast Food" gesehen. Aber: Alle Geschäfte – *alle* – waren geschlossen. Wir schauten uns noch einmal um: Es war niemand da. Nur ein lärmender Betrunkener kam auf uns zu und lallte uns an. Aus dem Unsichtbaren erschien sofort ein Polizist und nahm in weg. Da waren wir wieder allein. Es gibt nur mittags zu essen.

Kennen Sie das? Eine Arbeitsstadt. Eine reine Bewältigungsstätte. In Paris La Défense ist es nicht ganz so einsam am Abend, aber doch ziemlich dunkel. Dann hat man diesen wundervollen Blick auf Paris.

Und jetzt dagegen eine bayrische Kleinstadt – im Sommer? Irgendwelche Menschen haben dort Zeit, Weißbier oder Café Creme zu trinken, und es ist wundervoll so. Es schadet dem Bruttosozialprodukt anscheinend nicht, auch nicht den Bildungsstandards. „So viel Zeit muss sein."

Es muss langsam Zeit freigemacht werden, über Alpha-Systeme nachzudenken, die uns eine Heimat bieten, die uns an gute Traditionen binden, uns Menschen zusammenführen, zur Gemeinschaft ermuntern, die das Gute sammeln und bewahren.

Die Beta-Seelen reden uns derzeit Rastlosigkeit und ständigen Wandel ein, damit wir überleben. Sie fordern damit implizit die totale Verfügbarkeit unserer Seele für „Nutzen", der nicht der unsere ist. Früher sollten wir oft Blut für das Vaterland zu dessen Ruhm spenden, heute will das System unsere volle psychische Energie für das Überleben. Das eine ist so notwendig wie das andere. Die Beta-Seelen hetzen uns ins reine Bewältigen, wogegen normal gutes Arbeiten mit Sicherheit mehr brächte. Davon handelt das ganze Buch *Supramanie.* Ich argumentiere dort, dass eine auf Trieb und Gier aufgebaute High-Performance-Ökonomie eine unnütze Eskalation antreibt, die im Augenblick kaum zu stoppen ist. Wir kämpfen bei der Arbeit, fühlen uns bei Gegenwehr im Krieg, kämpfen wieder und stärker, spüren die Konkurrenz im Nacken und kämpfen stärker und stärker. Im Tunnelblick vor uns: das Überleben.

Diese Eskalation muss unterbrochen werden. Im Internet fand ich eine Rezension von *Supramanie,* die mir nachsagte, Dueck sei ein Vertreter des Alten. Das sagen alle Eskalierten, wenn jemand auf ihre Eskalation zeigt! Wir haben die Alpha-Beta-Balance verloren. Ich rufe: Wieder mehr Alpha! Und dann sagen die Triebkräfte: „Dueck will das Alte!" Dueck will nicht das Alte, sondern zurück zum Besseren, das wir verlassen haben. Ich habe Ihnen schon ausführlich in diesem Buch den Blick schärfen wollen, dass das meiste Übel der Welt als zu starke Eskalation in eine Triebrichtung erklärt werden kann. Ich habe so viel gepredigt, dass der Mensch in den dunklen Bereich eingetreten ist, wenn er zu oft an derselben Stelle hört: „Hör auf!" Und heute mehren sich Stimmen, die alles zu weitgehend finden! Bildung sei Persönlichkeitsentwicklung, nicht nur Erziehung zum Berufsnutzen! Solche Ansichten äußert nun Johannes Rau in Presse und Büchern. Das Heer der unruhigen Mahner wächst. Die Eskalation zur Beta-Seele geht ungebrochen weiter. Wir warten wohl erst bis zu einem Zusammenbruch, bis zum Ende einer Abwärtseskalation.

Schauen Sie *zurück*! Systeme können auch eine Alpha-Seele haben. Solche Systeme sind menschlich und artgerecht. Und sie überleben, so lange sie leben. Sie sterben leider oft am eskalierenden Trieb, wenn es „zu gut geht".

10.2.4 Ein System als Mensch gesehen

Das ist eine ungewohnte Idee, nicht wahr? Eine Firma als Person anschauen? Aber wir sagen doch, ein Unternehmen ist kundenfreundlich, ein anderes nicht. Das eine gibt mit seinen Produkten schamlos an, das andere übt sich in Understatement. Es gibt ordentliche und chaotische Unternehmen. Der Kindergarten ist vom Charakter her eher liebevoll. Die Hauptschule ist ein Ringen mit natürlichen Menschen, das Gymnasium ist so eine Mischung aus hart kontrollierendem Ordnungshüter und aus einem intuitiven Gefühlsmenschen (zwei Drittel richtig, ein Drittel wahr, der Rest natürlich). Altenheime wirken manchmal wie richtige Gefühlsmenschen, andere wie kalte Krankenhäuser.

Warum sollten wir da nicht von Persönlichkeit sprechen?

Es gibt ein sehr nützliches Buch von William Bridges mit dem Titel *Der Charakter von Organisationen.* Darin werden die „Persönlichkeiten" und Charaktereigenschaften von Organisationen wie die von Menschen besprochen. Sie können hinten in diesem Buch per Fragebogen testen, wie Ihr Unternehmen oder Ihre Organisation sein dürfte. Für mich haben etwa 300 Mitarbeiter von IBM den Test ausgefüllt. Er enthält u. a. Folgende Frage: „Was ist im Zweifelsfall kurzfristig wichtiger? Kundenzufriedenheit oder Gewinn?" Das ist etwa die Übersetzung der Fragen an Menschen: „Was ist wichtiger? Das Geld für Chips ausgeben oder für den Muttertag?"

So lassen sich die Eigenschaften von Unternehmen herausbekommen. Natürlich reicht es nicht, wenn Sie den Test alleine ausfüllen. Es müssen schon mehrere sein. Bei IBM hätten ungefähr 20 gereicht, danach war der Trend stabil. Ergebnis: „Große Organisation, vorbildlich brav …" Seien Sie doch so lieb und schicken Sie mir Ihr Organisationsergebnis! (Also alle Einzelergebnisse von so 20 bis 50 Teilnehmern.) Dankeschön!

Banken sind wahrscheinlich sehr brave Persönlichkeiten und neigen zu großer Ordentlichkeit, nicht wahr? Die „Bankbeamten" wickeln Vertrauensgeschäfte ab. Sie wissen um das Geheimnis meiner Finanzlage. Die Versicherungen erscheinen uns dagegen als Kunden eher wie natürliche Menschen, die uns verführen oder mit Risikoaufzählungen einschüchtern. Ich erzähle dem „Versicherungsvertreter" sicher nicht, wie viel ich verdiene, denn dann will er mir da dran.

Staaten sind auch wie Menschen. Italien ist natürlich lebensfroh, Frankreich diplomatisch und charmant. Deutschland ist rigide vorbildlich und hat eine alte Kultur. Die USA sind wie ein Junge, der sich nichts gefallen lässt. Es müsste nun auch einen Persönlichkeitstest für Länder geben. In dem ließen wir ein paar Tausend Einwohner beantworten, wie ihr Land reagiert, wenn es zum Beispiel beim Fußball verliert oder Schulden machen muss.

Wundervolle Firmen oder Länder sind solche mit Charisma und entwickelter Persönlichkeit, nicht wahr? Natürliche Länder wie die USA dürfen nicht beta-eskalieren und etwa gewalttätig oder erfolgsgierig oder süchtig werden, dann sind sie als natürliches Land gut und stark. Deutschland darf als richtiges braves Land nicht beta-eskalieren und zwanghaft ordnungswütig, überautoritätsabhängig oder zu bemutternd sein – dann ist es wohlgestaltet richtig und vorbildlich. Wahre Organisationen wie die deutschen Universitäten dürfen nicht beta-eskalieren und grundsätzlich besserwissend oder sektiererisch rein über die Unwissenheit der restlichen Welt lamentieren – nur dann können sie wohlgestaltet sein und Wissen wie frohe Kunde ausstrahlen.

Wie immer die Organisation als Person gesehen ist: Es kommt darauf an, dass sie als Mensch gesehen gut ist. Die katholische Religion ist eher richtig (einheitlich, uniform, dogmatisch), die evangelische eher wahr (auf Prinzipien der Bergpredigt ruhend, nicht so buchstabengetreu, wärmer tolerant). Beide sind „gute" Religionen, nur eben anders. Die eine sollte nicht zu sehr Ordnungshüter sein, die andere nicht so sehr auch alle Heiden tolerieren, dass sie ihre Identität auflöst. Das Wichtige für ein System ist wie bei Menschen: Alpha, nicht Beta – und keine Eskalation, also eine übertriebene Wahrnehmung nur eines Teils der Welt.

Die Persönlichkeit eines Systems ist lange „aus Traditionen gewachsen" oder ganz jung bei der Eroberung eines Kontinents oder des Internets entstanden. Wir sprechen von alten Werten, jungem Pioniergeist oder von New Economy. Nur, wenn diese Strukturen neurotisch werden, bewältigende Machina ausbilden, die zu Beta-Eskalationen neigen, dann ist das System eben kein guter Mensch mehr.

10.2.5 Die Gretchenfrage an das System

Nun sag, wie hast du's mit der Religion?
Du bist ein herzlich guter Mann,
Allein ich glaub', du hältst nicht viel davon.

So fragt Gretchen ihren Dr. Heinrich Faust und sorgt sich. Gretchen spürt schon in aller Unschuld, wie es enden wird. So nämlich wird es enden:

Dein bin ich, Vater! Rette mich!
Ihr Engel! Ihr heiligen Scharen,
Lagert euch umher, mich zu bewahren!
Heinrich! Mir graut's vor dir.

Mit alpha-unschuldiger Sorge sollten wir ein System fragen:

Bist du ein guter Mensch?

Bist du ein guter Staat, in dem ich leben möchte? Eine gute Firma, an die ich meine sehnliche Bewerbung richte? Ein gute Familie, in die ich einheiraten möchte? Der richtige Mensch möchte sein System lieben. Dann ist es seine Heimat.

Unsere heutigen Systeme eskalieren in Beta-Richtung. Wähler suchen kleinste Übel aus. Das Saarland berichtet nach einiger Erfahrung mit dem neu eingeführten *achtjährigen* Gymnasium, das den Lehrstoff des neunjährigen Systems zusammendrängt und auf mehr Wochenstunden der Schüler verteilt, dass nun die Schüler im Dauerlernstress stehen und durch die Schule voll ausgelastet sind. Nun berichten die Vereine und die kulturellen Einrichtungen von einem Zusammenbruch. Die Kinder können nicht mehr nach dem Unterricht kommen. Sie gehen nicht mehr zur Musikschule, nicht mehr zum Sportverein oder zur freiwilligen Feuerwehr. Alle diese Aktivitäten kommen in die Warteschlange, weil die Schule die Kinder bis ans Limit fordert. Die vielfach ehrenamtliche Kultur, die viel billiger zu haben ist als die teure Schule, muss aus Zeitgründen sterben. Diese Entwicklung ist im Sinne von Cipolla Dummheit. Sie nützt niemandem. Unsere Gesellschaft stürzt sich derzeit in eine übertriebene Wahrnehmung von Leistung und Zeiteinsparung. Deshalb entstehen überall Warteschlangen für alles andere.

Kultur? Kann warten. Vorsorgeuntersuchung? Kann warten. Weiterbildung? Keine Zeit, ich verstehe meinen jetzigen Beruf schon nicht! Renovierung der Kulturgüter? Kann warten. Familienleben? Keine Zeit. Betriebsfeiern? Kein Geld und keine Zeit.

Unmerklich werden unsere Systeme in dieser Zeit zu ungeduldigen, verkniffenen Menschen, die sich wie gegen einen befürchteten Untergang wehren. Solche Menschen haben aber nie – nie – nie Erfolg! Sie gleichen Schülern, die immer gegen den Absturz in das Mangelhaft ankämpfen. Davon lösen sie sich nie! Es sei denn, sie würden das Kämpfen aufgeben und einfach interessiert lernen, also von Beta auf Alpha umsteigen.

Und da stellt sich noch eine Gretchenfrage: Wie bekommen wir denn gute Systeme?

Ich denke, es geht nur, wenn eine Mehrheit der Menschen im System wirklich ein gutes System haben will. Wir alle im System sind das System. Wenn wir uns alle von unseren Machinae treiben lassen und Pseudosinnpunkte sammeln, wird auch das System uns nur helfen, noch mehr Pseudosinnpunkte zu ergattern. Wir müssen die Eskalation beenden und umkehren. Das Sinnvolle liegt hinter uns. Alles, was nach Eskalation riecht, bricht schon ganz offensichtlich mit der goldenen Regel des goldenen Mittelwegs.

Ein System sollte die Gretchenfrage bejahen wollen.

Gretchen sollte in ihm mit reinem Gefühl leben können.

10.2.6 Selbstbejahung (Tapferkeit), Barmherzigkeit und Humor

Heute würde Gretchen Angst in der Schule bekommen, nicht genug zu arbeiten, damit es eine gute Lehrstelle bekommt.

Das ist das Hauptproblem der richtigen Menschen in Systemen: Sie bekommen Angst zu versagen, Schuld zu bekommen, sich schämen zu müssen. Dabei sind sie die Braven unter den Menschen, die sich am wenigsten schämen müssten. Dennoch sind sie am meisten mit Schuldfragen und dergleichen beschäftigt.

Dies sind Folgen einer Überkonditionierung der Systeme, die so hart eingestellt sind, dass sie natürliche Menschen in Schach halten. Das hatte ich dargelegt. Wenn wir uns zu Systemen aufraffen könnten, die den natürlichen Menschen artgerecht behandeln, also in seiner Art trainieren, dann müssten wir nicht alles zu hart regeln lassen, weil sich dann nicht so viel natürliche Aggression gegen das System richten würde. Aggression der Natürlichen ist pervertierter Lebensgeist, der sich nicht entfesseln darf.

Überkonditionierung von richtigen Menschen führt zu deren Schattendasein, das von negativistischen Zweifeln und Ängsten gekennzeichnet ist. Was wir aber wirklich brauchen, sind alpha-richtige Menschen.

Brave, vorbildliche Menschen dürfen sich nicht mehr hinter einer perfektionistischen Schutzscheibe distanzieren. Treue Menschen sollen nicht passiv-aggressiv mit der Obrigkeit hadern. Liebe hilfsbereite Menschen sollen Goldmarie bleiben dürfen.

Im Grunde müssen sich die richtigen Menschen von Herzen selbst bejahen können. Sie müssten zu runden, positiven Persönlichkeiten heranreifen, die sich bewusst als positiv wirkendes Rädchen im System verstehen. Sie sind Teil eines Systems, das ein guter Mensch sein will und deshalb auf das Mitwirken jedes Einzelnen zählen muss. Natürliche Menschen sind sehr *selbstbewusst*, was die richtigen Menschen schon wieder fast als Makel verstehen (selbstbewusst → egoistisch). „Selbstbejahung“ ist aber bestimmt das Pendant des richtigen Menschen zu Selbstbewusstsein des natürlichen. Richtige Menschen sollen wie warmherzige Freunde sein, wie Gastgeber und Wohltätige als Abgesandte des Systems. Sie müssten wie gute traditionelle Eltern sein, die ihre Schutzbefohlenen respektieren, schützen und ernst nehmen.

Wenn die Überkonditionierung des richtigen Menschen vermieden wird, ist er in der Lage, einmal Fehler leichter hinzunehmen, sie mit „Humor zu nehmen“, einmal „fünfe gerade sein“ lassen zu können. Richtige Menschen, die gerade richtig erzogen sind, können einmal über sich lachen, zwischendurch feiern und müssen nicht so sehr über die Fehler anderer Menschen herfallen. Sie sind großzügig, können hinweg sehen, verzeihen, werden barmherzig sein, wenn etwas außer der Reihe geschieht.

10.2.7 Systemgründe der Überkonditionierung

In *Omnisophie* habe ich sehr ausführlich über die Denkweisen der verschiedenen Menschen geschrieben. Die natürlichen Menschen *leben* aus dem Instinkt und aus dessen resultierendem Willen heraus, die richtigen *denken* mit der analytischen „linken Gehirnhälfte“, die wahren Menschen mit der „rechten“. Die gewöhnliche schlechte Erziehung des richtigen Menschen macht seinem Körper überkonditionierend große Angst, sich genau so brav zu verhalten, wie es seine vernünftige linke Gehirnhälfte *ohnehin sagt.*

Der richtige Mensch wird also doppelt erzogen!

Jede Regel oder Ordnung ist zweimal in ihm. Einmal hält er als braver Mensch die Regeln für vernünftig. Das ist ein Gefühl „des Gehirns“. Zum anderen sitzt die Regel im Körper. Sie fühlt sich wie ein Elektrozaun an, der beachtet werden muss. Die Doppelerziehung geschieht implizit auch aus Zeitersparnisgründen, weil man den Körper des Baby schon erziehen kann, wenn es noch keine einsichtige Vernunft hat.

Natürliche Kinder sehen die Regeln nicht ein und lassen sie auch nicht in den Körper – sie verachten auch den Elektrozaun, nicht nur die vernünftige Erklärung.

Sie sind dann im Systemsinne „gar nicht“ erzogen oder unerzogen, nur eben lebenstüchtig und stark?!

Da nun aus falscher Erziehung heraus alle Regeln im richtigen Kind doppelt angelegt sind, bekommt es als Erwachsener große Probleme. Stellen Sie sich vor, eine *andere* Regel ist nun vernünftig. Beispiel: Das richtige Kind bekommt viel Schelte und gelegentliche Ohrfeigen, wenn es von sich aus redet. „Du bist vorlaut! Bei Tisch ist man still. Wenn Erwachsene reden, hört man zu. Wenn Höhere da sind, wartet man, bis man gefragt wird.“ Usw. Im Erwachsenenleben geht dieses einstige überkonditionierte Kind in eine Versammlung und soll dort seine Interessen vertreten. Oder es nimmt an einem Managementmeeting teil und soll etwas durchdrücken. Oder es sitzt in der Vorlesung in der Universität und versteht etwas nicht und sollte unterbrechen und fragen. Wenn ich Reden halte, sehe ich es oft in den Augen der Zuhörer aufblitzen. Nun sagt etwas in den Augen: „Ich möchte etwas sagen oder wissen!“ Dann erlischt es, wenn ich hinschaue – es wird grau. Manchmal frage ich: „Wollen Sie etwas bemerken?“ Dann zuckt der Mensch und sackt abwehrend zusammen. „Nein, nein, nein!“ und nachher wird er bei sich denken, er hätte etwas sagen sollen.

So fühlt sich nun das Doppelte an. Die eingeimpfte Körperregel fordert Schweigen. Der Körper zuckt und windet sich, wenn die Grenze des Vorlauten naht. Inzwischen aber ist in der Vernunft im Gehirn die alte Regel ersetzt worden. Sie heißt: „Trage zum Ganzen bei.“ Da sagt die Vernunft, man müsse reden. Da schreit der Körper, stumm bleiben.

Jetzt ist der richtige Mensch zerrissen. Seine Vernunft diktiert das eine, der Körper beharrt mächtig auf dem anderen.

Ein guter richtiger Mensch wird seine Vernunft siegen lassen wollen. Dann sagt er sich:

> Ich muss meine Angst überwinden.

Das sagt sich der richtige Mensch Millionen Male im Leben, weil der Körper nur die Kinderregeln gespeichert hat und nun im Widerspruch mit der Erwachsenenwelt steht. Der richtige Mensch fühlt: „Der größte Sieg ist der über mich selbst, über meine Angst.“ Der größte Sieg ist also, die unsinnige Seismographensetzung der Jugend wieder loszuwerden und dadurch der normalen Vernunft ohne Schmerzen im Körper den Vorrang geben zu können. Wenn sich das Leben eines richtigen Menschen verändert, fühlt er wieder den rebellierenden Körper. Deshalb will der richtige Mensch lieber nichts ändern. Immer noch Angst vor dem Gong.

10.2.8 Die Erziehung des richtigen Menschen

Es ist jetzt sonnenklar: Wenn Sie ein richtiges Kind bekommen haben, so erklären sie ihm nur, was zu tun ist. Es ist ja brav und macht es von sich aus.

Lassen Sie die unsinnige Doppelkonditionierung. Erziehen sie nicht mit Härte, sie wird nicht gebraucht. Warten Sie, bis es versteht und lassen Sie vorzeitige Anweisungen.

Vermeiden Sie möglichst alles Aggressive wie Schimpfen, Gefangenhalten, Entzug, Demonstration von Nicht-Liebe.

Hey, Sie haben ein braves Kind! Das einzige, was es will, ist „groß sein wie Sie". Da schulden Sie der Natur fast Dank. Und diesen Dank spenden Sie dem Kind und warten auch immer schön brav, bis es das Kind von der Vernunft her versteht, was es tun soll. Dann tut es das, weil es brav ist.

Alles Laute, Harte, Eindringliche pflanzt Angst in das richtige Kind. Diese Angst nimmt ihm später die Lebensfreude, weil sie der Vernunft des späteren Erwachsenen entgegensteht. Später wird Ihr Kind weiterhin brav sein wollen, hat aber Schmerzen im Körper, weil der Angst signalisiert.

Damit sage ich:

- Die Erziehung des braven Kindes ist einerseits kinderleicht.
- Sie ist aber heute de facto noch schlechter als die von natürlichen Kindern, weil das Phänomen der Doppelerziehung gar nicht verstanden ist.

Wo eigentlich nichts zu tun wäre, wird unter einiger Mühe eine Katastrophe angerichtet, die nicht wirklich mehr zu heilen ist. Der falsch überkonditionierte Mensch leidet später unter einem angstreichen und somit freudegebremsten Leben und muss nun zur Erbauung Kant lesen, der sagt, es müsse ein ewiges Leben geben, weil sonst gar nicht klar wäre, ob das richtige Leben mit einiger Wahrscheinlichkeit in Glück enden könne. Manche Religion hört sich so an, als müsse Gott den richtigen Menschen dafür entschädigen, dass er die Fron eines richtigen Lebens auf sich genommen hat. Dabei trägt er nur Schaden an allerlei Seismographen, die er von Menschen empfing, die niemals Erziehung gelernt haben.

Wenn die Systeme also zu guten Menschen werden wollen, so sollen sie die richtigen Menschen im Wesentlichen mit Vernunft behandeln, mit Ernst und Würde und nicht mit „Seelenzucht" oder Aggression, die auch bei natürlichen Menschen schadet, nur vielleicht nicht so stark.

Nehmen Sie die richtigen Kinder ernst, erkennen Sie an, dass sie einen würdigen Platz in der Gemeinschaft haben, der ihnen nicht gleich weggenommen wird, wenn sie eine Verfehlung begangen haben. Geben Sie ihnen das Gefühl von Sicherheit und Geborgenheit.

Dann sind die richtigen Menschen die Quellen von Ordnung, Struktur, Gemeinschaft, Heimatgefühlen, Zugehörigkeit, Hilfe und Treue. Sie tun es ganz aus sich. Das Überströmen ist ihnen ein „Ehrenamt". Sie lindern die Not der anderen. Sie helfen Gott schon hier.

Kapitel 11
Das Selbst im intuitiven Urgrund

11.1 Die wahre Machina: „Das Höchste ist das Ziel!"

11.1.1 „Dich verstehe einer!" – Exilseelen

Stille wahre Kinder beobachten lächelnd die Welt von einem sicheren Platz aus, sie werden auf einem Arm gehalten. Sie blicken warm um sich. Sie saugen alles ein. Sie wirken strahlend offen, aber nicht sehr lebhaft. Wahre Kinder eben, die wenig „Lebensgeist" mitbringen. Manche sitzen später „stundenlang" auf ihrer Decke, in ihrem Stühlchen und schauen, sitzen auf einem Schoß, schauen, erkennen – viele haben einen ganz klaren Blick.

Die liebesstromstarken Kinder auf der anderen Seite der wahren Skala schmiegen sich an, reagieren auf Blicke und Gefühle, sie reden und reden und sind ganz begeistert für andere Menschen. Man kann durch ihre Augen in ihre Seele schauen.

Für normale Eltern sind sie keine richtige „Baustelle". Sie sind still oder rührend und begeisternd lieb, reißen keine Bücher von Regalen herunter oder versuchen sich in die Fensterbank zu setzen. „Pflegeleicht!", könnten Eltern zu ihnen sagen.

Wehe aber, man versucht sie zu sehr zu dressieren. Wehe, sie fallen unter aggressive oder rücksichtslose Geschwister, die sich auch einmal herzhaft prügeln wollen. Die wahren Kinder verabscheuen Aggression. Sie können balgen, tollen, springen – aber wenn es irgendwie Ernst wird, wenn es grausam wird oder lieblos, laufen sie davon, geben bis zur Selbstaufgabe nach oder begehren auf.

Stille Kinder bekommen es mit der Angst zu tun und fliehen, um allein weiter zu spielen. Friedfertige, Harmonie liebende Kinder beschwören die Aggressiven, Ruhe zu geben. Sie versuchen zu verhandeln und geben meist um des Friedens willen nach. Liebesstromstarke Kinder können sehr stark gegen Lieblosigkeit aufbegehren, die sich bis zu Hassausbrüchen steigern können. Sie sind aufgebracht, entrüstet oder empört – besonders über Rohheiten.

Ja, sie könnten wie Rehe sein, die wahren autarken Kinder, die immer furchtsam ins Unterholz springen und mit hohem Pulsschlag zittern, wenn Gefahr droht! Die autarken Kinder schauen lange, bis sie wieder zurückkommen. „Wieder Ruhe?" Die Harmonie liebenden wahren Kinder schmeicheln sich heran, nähern sich mit

G. Dueck, *Omnisophie-Trilogie*,
DOI 10.1007/978-3-642-34877-8_11, © Springer-Verlag Berlin Heidelberg 2013

Verzeihungsgesten. „Wieder Frieden?“ – „Wieder alles gut?“ – „Kann ich es wieder gut machen?“ – Die mit Liebe gefüllten Kinder können stundenlang weinen, wenn es Lieblosigkeiten gab. Sie können anklagen: „Ich hasse dich!“ Sie können fanatisch auf ethische Regeln bestehen. Sie lieben und leiden – ringen mit den Gefühlen.

Zu den autarken Wahren, die klug und scheu sind:

Ich selbst gehöre zu ihnen, den Rehen, die fliehen. Meine Frau sagt von mir, „man könne sich nicht gut mit mir streiten“, weil ich bei steigendem Aggressionslevel hilflos werde und weglaufe. Ich mache das so: „Ich denke nicht daran, solche unsachliche Argumente zu diskutieren. Ich habe Besseres zu tun. Ich muss noch arbeiten und ihr wollt so einen Mist lange ausstreiten. Da mache ich nicht mit. Streitet euch selbst und sagt mir hinterher, was für ein Unsinn herauskam. Ich arbeite erst fertig!“ Oder auch so: „Bitte hört doch auf. Ich kann es nicht aushalten, wenn ihr so destruktiv streitet. Es ist gar kein Wille erkennbar, aufeinander zuzugehen. Warum redet ihr dann miteinander, wenn ihr nicht aufeinander zugehen und euch verstehen wollt? Dann ist doch die Wirkung des Streites nur gegenseitiges Wundenschlagen. Das halte ich nicht aus. Bitte hört damit auf und lasst uns uns einigen. Bitte, bitte, bitte! Ich halte es nicht aus.“ So sieht etwa das Weglaufen im Leben aus. Ich leide körperlich in einer geladenen Atmosphäre. Ich will da nicht sein, wo Menschen aufeinander böse sind. Es ist schrecklich, dieses Zucken mitzuerleben, wie sie das Fleisch beim Essen schneiden, als sei es der böse Mitmensch auf der anderen Seite des Tisches, wie sie die Türen ein bisschen lauter schließen als sonst, wie sie hektischer beta-reagieren. Im Raum lauter Machinae. Ich ertrage es nicht. Ich versuche, ihnen zu sagen, dass ich es nicht aushalten will. „Kämpft nicht, bitte!“ Sie hören es nie. Ich bin zu leise. Ich sitze mental schon zitternd im Unterholz und leide. Sie streiten. Sie sind lauter als sonst. Ich will nicht, dass es lauter ist als sonst! Das ist Beta, Beta, Beta! Bestie! Bestie! Bestie! Ich will nicht, dass meine E-Mail lauter ist als sonst, dass sie mir gereizt mit „urgent“ und „important“ schreiben, ich will nicht, dass sie mich am Telefon hetzen und ihren Frust ablassen. Und ich schreie im Unterholz: „Ruhe! Ruhe!“ Ich fühle mich so eingeengt, wenn ich nicht weglaufen kann, wenn ich in zehnstündigen Meetings sitzen muss, mitten im unnötigen Blut! Ich muss zum Glück oft auf die Toilette oder einen unwichtigen Anruf erledigen. Draußen, vor der Tür, aus der es laut schreit, ist tiefe Ruhe. Das Unterholz ist vor den Versammlungsräumen, in meinem Zimmer, vor dem Computer, beim Hören von klassischer Musik.

Das Laute versteht das Stille nicht. Das Laute hat grobe Wahrnehmungsraster und sieht das Wahre nicht oft, wenn es rein und ruhig bleibt. Viele der zarten Seelen wirken dann von außen zerbrechlich, zurückgezogen und traurig. Und das Grobe sagt zum Reinen: „Tu nicht so beleidigt! Los, komm, pack an. Was soll das? Ich möchte dich *einmal* verstehen! Ich möchte *einmal* wissen, was in dir vorgeht! Ich *weiß* es nicht!“

Im Extrem ziehen sich die autarken wahren Kinder ganz zurück. In sich selbst oder in stille Trauer, die sie hinter Coolness oder scheinbarer Gefühllosigkeit verbergen. Sehen Sie sich kurz die so genannten Schizoiden an – es sind solche Menschen, die sich vor Mitmenschen zu fürchten scheinen und die sich zurückziehen.

Von außen gesehen wirken sie ungerührt, kalt gleichgültig und „haben kein Gefühl“. Sie kommen mit Menschen nicht gut zurecht, erkennen wir von außen sofort. Sie scheinen ostentativ uninteressiert, cool, lau, zeigen wenig Leben und Temperament. „Man versteht sie nicht.“ – „Man kann ihr Gesicht nicht lesen.“

Und dann berichten die Psychiater nach langer Behandlung dies: „Wenn wir langsam und länger in Kontakt zu ihnen treten, so finden wir oft hinter einer völlig gefühllosen Maske ein lebhaftes, reiches Inneres, einen warmen Kern, der voller komplexer Gefühle ist, aber eben ganz zart und sehr verletzlich.“ Für solche spezielle Schizoide hat sich der Terminus *hyperästhetisch* eingebürgert. Sie erscheinen furchtsam, scheu, dabei feinfühlig, beständig verwundet durch das Bunte und Schrille dieser Welt, dessen Einfluss sie sich ständig zu entziehen suchen.

Im Gegensatz zu den hyperästhetischen Schizoiden sprechen wir von *anästhetischen* Schizoiden, die „nichts mehr empfinden“, an die niemand mehr von außen herankommt. Sie strahlen arktische Seelenkälte und Gelangweiltheit aus, wirken blutarm und wie gähnende Leere. Beim Lesen dieses Unterschiedes dachte ich mir: „Arme Anästhetische!“

Wissen Sie, wir alle, wir Schizoiden dieser Welt, bekommen nun als Krankheit erklärt, dass man nicht an uns herankommt. Wir wirken zu empfindlich, sagt Ihr! Ihr anderen aber seid unerträglich laut, schreit Euch an, führt Kriege und kämpft den ganzen Tag um Karrieren und Vortritt am Fahrstuhl. Und wir, die wir es unerträglich finden, werden für unnormal und dann im nächsten Zug für abnormal gehalten, dass wir feige weglaufen und weinen. Ach ja, und wenn man uns näher kennt, scheinen wir ein viel feineres Gefühl als Ihr zu haben, und viele von uns sind Künstler und Wissenschaftler, aber alle ganz merkwürdig abnormal, nicht wahr? Wir haben das Pech, dass es nicht so arg viele autarke wahre Menschen gibt.

Autarke wahre Menschen gehen also ins Exil, sagen die Menschen. Wahre Menschen werden ins Exil getrieben, sagen die autarken Wahren selbst. So oder so: Die autarken wahren Kinder bilden eine Machina aus, die es in der Welt irgendwie aushalten muss: gegen Gewalt und Hass, gegen Reglement und Eingefangensein in zu lauten sozialen Bindungen. Sie wehren sich gegen den Dauervorwurf, zu empfindlich zu sein, merkwürdig zu reagieren, das ungetrübte Gemüt eines Kindes bewahren zu wollen und eben immer wegzulaufen. „Spiel mit! Geh nicht weg! Hock nicht in der Ecke und spiel dauernd nur mit deiner Puppe. Man spielt nicht nur immer mit einem Baukasten. Man sitzt nicht immer vor dem Computer. Geh auf die anderen zu. Hau zurück, aber jammere nicht immer. Das Lesen von Büchern ist ja sehr gut und lehrreich, aber lies nicht immerfort. Du wirst noch ganz dumm von den vielen Büchern!“ (Natürliche Kinder sind ja auch abnormal und hören stets: „Du wirst ja ganz dumm, weil du niemals liest!“ Natürliche Kinder fliehen das Leise, das sie „laaaangweilig“ finden.)

Wir haben neulich bei der IBM einen Workshop gehabt, der sich damit beschäftigte, dass viele Mitarbeiter arbeitssüchtig sind. Sie sollten geschützt werden und nicht so viel Arbeit bekommen. Richtige Menschen haben oft *viel zu viel* Arbeit! Andere Machinae müssen viel arbeiten, weil sie ja Karriere um jeden Preis wollen. Und da stand ich auf und erzählte, was mir einer der Computerfreaks über dieses Problem verraten hatte. „Weißt du, Gunter, schimpf nicht, dass ich so viel arbeite.

Du, das Problem besteht überhaupt nicht in der *Arbeits*zeit. Ich arbeite *gerne* jeden Tag meine zwölf Stunden. Sehr gerne sogar. Es macht mir nichts aus, ihr müsst mich nicht bedauern oder so. Weißt du, das Problem fängt an, wenn ich *nach Hause* komme. Dort warten sie schon auf mich und erwarten, dass ich normal lebe. Ich muss Sachen kaufen, lange beim Essen reden, ohne etwas tun zu können, und in Urlaub fahren."

In Psychologiebüchern heißt es dann sinngemäß so: „Der Schizoide stellt nach außen eine Fassade zur Schau, die alle normalen Gefühle und Verhaltensweisen vorspielt und simuliert, die die Außenwelt von ihm erwartet. Man kann von Mimikry sprechen." Mimikry ist das Vorspiegeln eines wehrhaften Tieres durch ein schwaches. Sic! Genau so ist es! Leider versteht es niemand, bei IBM haben sie gelacht. Einige aber zuckten zusammen und redeten hinterher heimlich mit mir. Sie waren erleichtert, dass es sich um kein individuelles Problem zu handeln schien.

Viele autarke wahre Menschen bilden nun eine Machina aus, die sie zum tiefen Experten macht, der auf seinem Fachgebiet nicht angegriffen werden kann. Sie werden Informatiker, Ingenieure, Mathematiker, Philosophen. In solchen Berufen müssen sie sich nicht vor vereinnahmenden Bindungen und direkten Aggressionen fürchten. Die autarken Wahren bestimmen dadurch in gewisser Weise diese Berufsfelder, die dann den Menschen mit mehr Lebensgeist und mit mehr Beziehungsbedarf fremdartig erscheinen. Wenn autarke wahre Machinae angreifen, dann wirken sie wie Eiferer für ein Fachgebiet, wie Besserwisser und Sektierer. „Dumm! Dumm! Dumm seid ihr!", schreit die autarke wahre Machina.

Zu den normsozialen Wahren, die Frieden lieben:

Die normsoziale wahre Menschenvariante liebt die Menschen in einem naiv positiven Sinne. Als Kinder sind solche Menschen „der gute Junge" oder „das liebe Mädchen". Diese Sichtweise der anderen Menschen stellt zufrieden fest, dass sie ganz gutartig sind. Andererseits wird mit wohlwollender Herablassung vermerkt, dass sie eher harmlos sind.

Sie sind als Kinder zutraulich gegenüber jedem Menschen, reden viel und gerne. Jeder kennt sie im Dorf. Sie fühlen sich von allen geliebt – wenn alles gut geht. Dieses Gefühl brauchen sie: das Gefühl der Harmonie und des Friedens. Sie strahlen aus: „Ich bin ein echt netter Mensch." Ein Kumpel, ein Kamerad.

Ich hatte bei der Kurzbesprechung dieser Menschen an das Märchen vom *Hans im Glück* erinnert. Sie sind an der inneren Ruhe interessiert, sie hängen nicht so sehr an Geld und Gut. Sie sind ausgesprochen selbstgenügsam, wenn sie denn in Frieden leben können.

Die Eltern, Autoritäten und Systeme verlangen: „Tu dies!"

Und die Friedliebenden sagen: „Mach ich!"

Denn sie sind gute Menschen.

Diese herzensguten Menschen werden sich um des lieben Friedens willen nach den anderen Menschen richten. „Wir essen chinesisch!" – „Gut, gut, ich kann das wieder einmal mitessen. Schmeckt mir immer noch etwas komisch. Aber ich sehe, ihr wollt es so gerne. Da will ich nicht nein sagen. Klar doch, ich komme mit. Es ist schön, mit euch zusammen zu sein."

Diese Menschen sind eigentlich am leichtesten von allen zu verstehen, oder? Sie beseitigen ihre Probleme, indem sie ihren eigenen Willen aufopfern. Sie schließen sich anderen an, feiern mit, arbeiten mit, freuen sich und leiden mit. Sie sind richtig nett.

Was wir nie wirklich verstehen: Wir töten langsam ihre Seele, wenn wir ihnen etwas abfordern, was sie uns um ihres Friedens willen gerne geben. Wir sagen: „Sei so nett!" Und sie antworten: „Ich bin so nett." Sie bezahlen viel für ein paar Momente der Harmonie. Wird es gut gehen? Wir bestehlen sie, die Harmoniebedachten, und diese sind uns dankbar dafür. „Meine Frau will eine Diät machen. Da habe ich gesagt, ich hungere gleich mit, damit sie nicht leidet, wenn ich esse, was mir Spaß macht. Jetzt geht es meiner Frau gut und ich freue mich so sehr." Es sieht so aus, als ob nette Menschen immer gewinnen. Sie sind gut, schenken etwas, geben etwas aus Herzensgüte und freuen sich mit dem Beschenkten, der nun mit Anerkennung auf den guten Menschen blickt. Alle sind zufrieden – solange der Friedliebende verströmen kann.

Der echte wahre Friedliebende mit der Alpha-Seele aber ist ein *eigener* Mensch! Nicht einer, der uns gehört. Er ist eigenständig mit eigenen Bedürfnissen und einer eigenen Seele. Eine Friedensseele spendet Ruhe, Gelassenheit und Einigkeit. Sie heilt, fühlt mit, ist sanft und geduldig. Wir anderen fühlen uns geborgen und wohl in ihrer Nähe, sie strahlt Unschuld und schlichte Einfachheit aus. Der Friedliebende erstrahlt im Gleichmut, er ist mit sich selbst in Frieden und eins mit sich.

Wenn Sie ein herzensgutes Kind bekommen: Ja, so könnte es werden.

Was aber tun wir?

Wir machen es zu einem guten Diener. Das Pflanzen der Machina in diesen Menschentyp ist vielleicht am einfachsten. Um der Harmonie willen wird „ein Friedensengel" zum Lakai. Normale Eltern finden daran lange nichts Schlechtes. Ein Kind, das tut, was sie sagen! Das ist doch schön?

Aus dem Friedensengel, den wir nie im Kind gesehen haben, wird ein Lakai, den wir uns eigentlich wieder wegwünschen. Dann ist es fast immer zu spät.

Wenn erst die Machina des Friedfertigen den Frieden zum obersten Pseudosinn erhoben hat, dann wird sie zu allererst einmal jeden Unfrieden von sich aus vermeiden. Die Machina des Friedfertigen traut sich nicht, in Auseinandersetzungen zu gehen. Sie vermeidet Zwist. Sie kuscht und gibt keine Widerworte mehr. Sie wird generell unterwürfig. Und dann merkt sie, dass es oft Unfrieden oder Unruhe gibt, wenn etwas wahrhaft entschieden werden muss. Wenn der Unterwürfige etwas entscheiden soll, selbst und einsam, dann muss er fürchten, dass andere Menschen an seiner Entscheidung Anstoß nehmen. Deshalb – so folgert seine Machina – trifft er am besten keine eigenen Entscheidungen mehr.

„Hallo, komm schnell von der Arbeit nach Hause. Der Fliesenleger fragt, ob die Schmuckfliese über den Herd oder über den Geschirrspüler soll. Er kann auch die Höhe variieren." – „Ist mir ganz egal. Schau, was am schönsten ist." – „Nein. Komm nach Hause und sag es ihm. Ich tue es nicht." – „Bist du verrückt, ich habe Dienst. Ich kann nicht weg." – „Es geht nicht anders, der Fliesenleger kann sonst nicht weitermachen. Es kostet 50 € die Stunde." – „Entscheide du!" – „Nein!" –

„Ich befehle es dir! Ich hasse dich!“ – „Na, gut.“ Da steht er vor dem Fliesenleger. Seine Frau wird schimpfen. So oder so. Er hat furchtbare Angst. Er sagt, er müsse noch Einkaufen gehen und vertraue dem Fliesenleger vollständig. Schließlich sei er der Fachmann. Er geht weg, während der Fliesenleger entscheidet. Am Abend gibt es Streit. Er hat leider eine grausame Frau geheiratet, die mit nichts zufrieden ist. Sie aber hasst ihn in solchen Momenten, weil sie einen Waschlappen in ihm sehen muss. Er selbst glaubt, eine Hysterikerin zur Frau zu haben, die ihn drangsaliert. Er ist deshalb auf der Hut und fragt sie immer, damit sie nicht böse werden kann. Dann schreit sie ihn böswillig an – immer, wenn sie ihn fragt. Daran sieht er, dass sie sich auch nicht entscheiden kann! Sie will ihm immer die Entscheidung überlassen, um ihm dann das Falsche an der Entscheidung ankreiden zu können! Oh, das lässt er nicht zu! Er wird nie mehr in seinem Leben eine Entscheidung fällen. Das soll sie tun. Dann kann sie über sich selbst meckern. Er hat schon genug an dieser Welt zu tragen, den Frieden in einer solchen zankhaften Familie aufrechtzuerhalten. Er ist der Friedensengel. Ohne ihn würden sie sich umbringen, so aggressiv sind sie alle! Er allein trägt die Bürde der Welt. Er dient ihnen und wird beschimpft. Sie behandeln ihn wie Dreck, wie einen Lakaien. Die Frau aber träumt von einem echten Mann.

Die Frau träumt von einem starken unabhängigen, gelassenen Mann, der Ruhe ausstrahlt und heiter und geduldig ist. So war er, als sie heirateten. Irgendwann wurde er zum Waschlappen. Wie konnte das kommen? Wer konnte das voraussehen? (Sie war's. Er war's. Eskalation zweier Machinae.)

Wer zu unterwürfig ist und zu sehr dient, taugt bald zu nichts mehr. Er wirkt von außen wie ein „fauler Sack“. Er rennt vor jedem Problem weg, weil man ihn daran aufhängen wird. Es ist so ein bisschen wie bei der Entstehung von Schizophrenie: Die Frau im Beispiel will einen König und prüft es dauernd nach. Der friedliebende Mensch friert unter der Bürde langsam ein und kann fast kataton werden. Innen drin aber fühlt er, dass er durch sein Selbstopfer an einen bösen Herrn den Frieden der Welt rettet. Im Beispiel streitet er so sehr mit seiner unzufriedenen Frau, dass er den Weltuntergang heraufbeschwören müsste, wenn er nun noch selbst von sich aus zu streiten begänne! Seine Frau ist so ungeheuerlich unzufrieden – und da sollte er nun noch selbst Wünsche äußern oder Entscheidungen fällen?! Das wäre sicher das Ende der Welt. Seine Frau würde ihn töten, wenn er sich je traute, er selbst zu sein. Deshalb ist er ganz sicher, dass er nie er selbst sein darf, um den Frieden der Welt zu retten. Niemals wird er ein Selbst sein! (Und seine Frau schimpft und tobt, weil sie hofft, ihn einmal, ein einziges Mal aufrütteln zu können, damit er er selbst würde.) Da er nicht er selbst sein darf, frisst er alles in sich hinein. Sein Körper bäumt sich „somatisch“ auf.

Dieses ganze Feld heißt als Persönlichkeitsstörung „die abhängige Persönlichkeit“. Viele von den Abhängigen werden traurig, essen und trinken bis zum extremen Übergewicht. Natürlich bekommen sie auch dafür nun weitere Anklagen und weichen in ein heimliches Leben aus … Sie klagen, dass sie doch mit allem zufrieden sind, mit allem wenigen auf der Welt, nur die anderen kommen immerzu und wollen, dass sie sich ändern. Der Abhängige sammelt Abhängigkeit als Pseudosinn und merkt nicht, dass die anderen sich dadurch unendlich genervt fühlen. Und wissen Sie, was der Abhängige als größte Angst, als Weltende und Tod in sich fürchtet?

Den Verlust des Herrn. (Im Beispiel den Verlust seiner Frau – Trennungsangst.)

Dann bräche alles zusammen.

Die Machina des autarken wahren Menschen rettet ein Rest-Selbst vor der Welt in das Exil.

Die Machina des friedliebenden wahren Menschen gibt das eigene Selbst auf im Austausch gegen Frieden und erntet Sturm, in dem sie geduckt überleben muss.

Zu den liebenden wahren Menschen:

Die liebenden wahren Menschen strömen Liebe aus und versuchen im Grunde, eine gewisse Welterwärmung oder globale Klimaverbesserung zu erreichen. Sie möchten die Welt wärmer gestalten, weil sie als Pflanzen betrachtet darin besser gedeihen würden. Aber die Welt ist, gemessen an dem, was sie Wärme nennen würden, sehr kalt. Sie selbst spenden ja Wärme. Sie sind lieb zu den Menschen, tun ihnen allerlei Gefallen, schenken rote Rosen, sind romantisch. Jeden Tag sollte Valentinstag sein! Sie verströmen. Sie sind voller Gefühl, leiden mit, freuen sich mit, fühlen die anderen Seelen. Sie sind quasi mit einer besonderen Intuition für das Gefühlsleben zur Welt gekommen. Sie sind die geborenen emotionalen Intelligenzen.

Aber die Welt bleibt kalt und ungerührt normal. Sie bewegt sich nicht, wenn man ihr rote Rosen schenkt. Die Welt verlangt von allen, auch von den liebenden wahren Menschen, normal zu sein. Das missverstehen die Liebenden und schließen, dass ihre Liebe nicht erwidert wird. Daraufhin verstärken sie ihre Wärmeabgabe und lieben, lieben, lieben mit aller Kraft. Aber die Welt versteht sie nicht und bleibt ungerührt. „Sag mal, was tust du da, hör auf, immer zu lieben. Nun sei nützlich und trag den Müll raus. Dann bist du für uns lieb. Liebe muss man sich *verdienen*." Da stirbt nach und nach die Liebe im Liebenden, dessen Liebe immer missverstanden wird. Und es dämmert ihm in einem schrecklichen Irrtum, dass vielleicht *an ihm selbst*, dem Liebenden, ein Makel sein könnte, dessentwegen die Liebe von den anderen nicht widergespiegelt wird?

Was ist an mir, dass die Welt so kalt ist? Und sie fragen in wachsender Verzweiflung die Eltern, die Freunde, die Kollegen: „Warum erwidert ihr die Liebe nicht? Was ist an mir?" Und sie werden alle immer antworten: „Nichts ist an dir! Außer vielleicht dieses eine: Du *spinnst*!"

Die anderen erwidern das Gefühl nicht, weil sie vergleichsweise viel weniger davon haben. Die gefühlvollen Kinder finden kaum jemanden, dem sie die Gefühle offenbaren können und der diese Gefühle versteht und würdigen kann. Sie fühlen in sich Stürme von Emotionen, mit denen vor allem sie das Leben um sich herum erfassen und beurteilen. Sie sehen in ihrer Umgebung, dass sie die Einzigen sind, die solche tiefen Gefühle in sich tragen. Sie sind die Einzigen, die tief leiden und himmelhoch jauchzen können. Ihr Herz nimmt teil. Aber die anderen sagen: „Du spinnst!"

Da bricht vielen Liebenden das Herz.

Sie fragen sich, wohin der Sinn des Lebens verschwunden ist.

Abb. 11.1 Petra Steiner: Die Frau am Meer

Wo ist die Wärme (Abb. 11.1)?

Dieses Bild symbolisiert für mich selbst diese Frage. Petra Steiner hat es geschaffen. Ich weiß nicht, wen es darstellt, man kann es ja nicht wissen. Aber es ist Heike Ribke, das weiß ich. Die beiden suchen nämlich nach dem Sinn des Lebens, nach der Wärme der Welt – und sie wundern sich, wo sie geblieben sein mag, und was sie wohl falsch gemacht haben könnten, dass es so kalt ist. Dabei war die Welt immer nur normal kalt, also viel kälter als die beiden dachten. Und es liegt nicht an ihnen (Abb. 11.1).

Das ist natürlich nur meine Meinung. Ich habe Petra Steiner gefragt, ob sie mich jetzt steinigt – ich will ja die Bilder nicht mit grob unkundigen Bemerkungen in meinem Buch versehen. Es fragt sich, was wahrhaft im Bild gesagt ist; es fragt sich außerdem, ob es auch so ausgedrückt ist, dass man das Gesagte verstehen *kann* (das ist die Aufgabe der Künstlerin); und schließlich fragt es sich, ob ich selbst nun genug verstehe, was gesagt wurde. Petra Steiner schrieb:

Ich werde hier versuchen, einige Worte zu dem einen oder anderen Bild zu finden, doch seien Sie nicht zu streng mit mir. Vielleicht können und wollen Sie etwas damit anfangen.

Oh Gott ist das schwer.

Zu dem Thema des Unsagbaren komme ich später noch im Buch, wo von Gott die Rede sein soll. Wir können über Kunst nicht so sehr viel sagen, weil Kunst das Unsagbare mitteilt. Die Malerin kann nur *in etwa* beschreiben, was sie fühlt – und wir müssen mit unserer eigenen Intuition aus ihren kleinen Andeutungen des Unsagbaren in uns wieder selbst ein Unsagbares zusammensetzen. Wenn uns das gelingt, sagen wir, „wir fühlen es“ oder „wir verstehen“. Über das Unsagbare sprechen ist wie ein Göttliches beschreiben, das den Künstler anrührt. Und jeder weiß: „Gott – ist das schwer.“

Die Frau am Meer:… trifft sehr gut, Ihre Beschreibung. Wenn ich heute dieses Bild ansehe, stellt sich sehr schnell ein Gefühl ein, wie ich es Ihnen oben beschrieben habe. Es ist geradezu so, als ob jemand auf einen Knopf drückt und Klick, dieses Gefühl ist da. Ganz präsent und tief und nah. Es ist der Blick in die weite Leere, in dem das ganze Leben, mit allem was es zu bieten hat, Freud, Leid, Sehnsucht, Glück, Liebe, Hoffnung, Angst …, für mich verborgen liegt. Ja für meine Augen ist es gerade in diesem Nichts, dieser Endlosigkeit besonders deutlich sichtbar und so überwältigend, dass ich es, da ich es doch selbst gemalt habe, nicht lange intensiv ansehen kann, weil es so tief und weit reicht - bis ins Unendliche.

Die wahren Liebenden leben in Gefühlsstürmen zwischen Freud, Leid, Sehnsucht, Glück, Liebe, Hoffnung und Angst – in Hoch und Tief – zwischen Geburt und Tod der Gefühle. Und sie müssen die Welt fast fürchten, die ihnen so kalt, berechnend und grausam vorkommen muss … Und vor allem versteht die restliche Welt sie eben gar nicht! Und dieses Unverständnis ist wohl ein großer Teil der Kälte, die die Liebenden in der Welt so fürchten. Ja, wenn sie verstünden, dass es nur *Unverständnis* und nicht Kälte ist! Ja, was dann? Wahrscheinlich ist das eine wie das andere nur schwer zu ertragen, weil beides behebbar scheint, aber nicht wirklich ist. Wenigstens ist aber Unverständnis eine absolute Haltung im Unverständigen, während Kälte als etwas gegen den Unverstandenen gerichtet empfunden werden kann. Unverständnis ist kein Angriff gegen den Unverstandenen. Kälte könnte das sein. Unverständnis könnte der Unverstandene wenigstens mit Verzweiflung quittieren, aber Kälte erzeugt Depression – das ist schlimmer!

Die liebenden wahren Menschen finden kein Verständnis – so wie die autarken wissenden Wahren für ihr tiefes Verständnis der Welt höchstens Bewunderung finden, aber kein offenes Ohr. Immerhin sind die Wissenden ein bisschen besser dran – mit der Bewunderung. Intelligenz gilt ja immerhin viel. Emotionale Intelligenz aber wird erst in der heutigen Zeit entdeckt – und zwar von Leuten, die sie schon besitzen. Die emotional Intelligenten können also schon darüber reden, was in ihnen vorgeht – ein bisschen jedenfalls und schon so viel, dass sie sich gegenseitig verständigen können. Die mäßig emotionalen Intelligenten fühlen noch gar nicht, dass ihnen etwas fehlt.

Petra Steiner schreibt oben von einem Gefühl, dass sie „oben beschrieben habe". Ich habe diese Stelle viele Male gelesen und ihr dann abgerungen, sie hier wiedergeben zu dürfen. Ich hätte das selbst nie so wundervoll formulieren können.

Eben war ich eine Stunde joggen und es kamen mir unzählige Gedanken in den Sinn, die ich Ihnen diesbezüglich gerne mitgeteilt hätte. Und nun, eine Stunde später bin ich so überflutet von der Intensität dieser Gedanken, dass ich nicht in der Lage bin, sie zu ordnen, zu sortieren, zu selektieren, um sie für andere Menschen zugänglich zu machen. Es ist so viel in mir, und ich weiß nicht mehr, wo anfangen und wo aufhören. Das passiert mir des Öfteren in sehr intensiven, bewegenden Momenten, meist allein, manchmal aber auch in Gegenwart anderer naher Menschen. Sind sie selbst nicht wahrer Natur, bekomme ich dann oftmals die Frage gestellt: „Was ist los mit dir, ist alles in Ordnung? Warum sagst du denn nichts?" Und ich versuche Ihnen dann mit hilflosen mageren Worten zu erklären, dass sich in meinem Innern ein solch überwältigendes Maß an Gefühl versammelt hat (oder wie auch immer man es nennen könnte), das mich so sehr einnimmt, so sehr berauscht und beglückt, dass ich in diesen Minuten oder auch Stunden einfach nichts weiter tun kann, als zu erleben und das mit allen meinen Sinnen, es mir in diesen Momenten unmöglich ist, zu agieren. Ich kann und will einfach nur sein, dem Leben und dem Sinn des Lebens so nah, mehr nicht.

Besser vermag ich es im Augenblick nicht zu erklären. Ich bin bisher nicht vielen Menschen begegnet, die diesen Gefühlsrausch zu empfinden vermögen … Ich selbst bin fasziniert von diesen Mo menten. Sie beglücken mich auf eine sanfte Art und Weise, geben mir Hoffnung und Zuversicht und Glauben und sie machen mir auch Angst. Dann, wenn sie in die Extreme wandern und ich das Gefühl der Kontrolle verliere. Das kann sehr schmerzhaft und anstrengend sein.

Diesen Gefühlsreichtum verstehen andere Menschen nicht. Liebende können bis zur Raserei euphorisch werden und sich voller Leidenschaft in etwas stürzen. Das nennen wir anderen dann Manie oder „manische Episode der Depression". Liebende können voller Hass auf die Lieblosigkeit einschlagen, wie eine Mutter, deren Kind angegriffen wird. Liebende können verzweifelt weinen, weil alles dahin ist. Sie können sehnsüchtig am Meer sitzen, wo alles sein mag.

11.1.2 Psychozidversuche konvertieren das Ideale in Hass auf die Herrschaft

Die normale Erziehung wahrer Kinder versteht sie nicht. Manche wahren Kinder haben wahre Eltern. Mein Vater war ein wahrer Mensch, aber ein sehr introvertierter, wie ich auch. Er half mir nicht – oder doch? Ich wusste jedenfalls, wohin ich wollen sollte – anderswohin!

Das Unverständnis des Wahren führt dazu, dass den Wahren Wertungen von außen aufgezwungen werden, die sie keinesfalls innerlich akzeptieren können. In ihnen entsteht Hass.

Die Wahren hassen die Welt, weil die die Wahrheit, den Frieden und die Liebe verrät.

Die Welt will sie zwingen, normal zu sein.

Das ist für die Wahren ein Psychozidversuch. Der Hass flammt höher.

Die Autarken ziehen sich in Klöster oder vor Linux-Computer zurück. Sie werden Wissenschaftler und Ingenieure. Hier drückt die Herrschaft der Welt nicht.

(In heutiger Zeit setzt die Welt ihnen nach! Die Kirchen und Universitäten werden kostengünstig gemanagt und evaluiert. Die Ruhe ist für die Autarken dahin. Wohin sollen sie jetzt?)

Die Normsozialen verzweifeln am Unfrieden der Welt, den sie auch nicht durch Selbstaufgabe eindämmen können. Sie suchen Arbeit in Pflegeheimen oder in Missionen. Kann irgendwo noch dem Guten gedient werden?

(Die Leistungsgesellschaft will den supramanen Menschen, der sich vordrängt, um die Nummer eins zu sein. Keine Chance für das Friedfertige!)

Die Liebesstromstarken verzweifeln an der Kälte der Welt und neigen zu leidenschaftlichen Verzweiflungsausbrüchen und Rückzug in Depression.

(Unsere Zeit propagiert rücksichtslos das so genannte Objektive. Gefühle werden ins Kino und die Boulevardpresse verbannt. In uns Menschen aber nehmen die Depressionen zu.)

Die Psychozidversuche der normalen Systeme lassen in vielen wahren Menschen eine Art „Ideetrieb" entstehen, entlang dessen ein Ideal verfolgt wird. Die wahren Menschen suchen sich eine Nische, in der sie artgerecht in dieser Welt leben können. Es gibt viele, die im Alpha-Modus wirkliche Idealisten sind und viel Seele in ihre Weltbestimmung investieren.

Viele wahre Menschen aber sind schwer durch das System oder die Erziehung verletzt worden. Sie kämpfen für Ideen im Beta-Modus: Sie greifen das System über die Idee an. Delfinschützer, Vegetarier, Antiatomkämpfer hassen oft auch die Gesellschaft. Antialkoholiker erklären mit einigem Recht die Nation für krank. Umweltschützer gehen mit großem inneren Grimm vor. Da mischt sich in das Ideal der Hass des Kindes auf die Eltern, die immer sagten: „Du spinnst!" Da lässt die stetige Abweisung durch das Normale das Ideale hasserfüllt aufheulen. Die betawahren Menschen sind die, die den Hass in ihre Idee hineinfließen ließen.

Dieser Hass der Beta-Idealisten macht vieles zunichte, auch das, wofür sie kämpfen. (Zum Beispiel ist im militanten Feminismus viel Hass auf die Welt. Hilft das der Sache?)

11.1.3 Lichttod und Lichttraum durch Polfilter

Da sich die wahren Machinae vor dem Unreinen fürchten, *also vor fast allem*, sehen sie die Welt oft voller Dunkel. Stellen Sie sich die wahre Machina mit einer Sonnenbrille vor, die in den Gläsern Polarisationsfilter hat. Diese kurz auch Polfilter genannten Gläser lassen nur Lichtwellen einer bestimmten Richtung durch. Bekanntlich bekommt ja alles reflektierte Licht eine andere Ausrichtung. Man kann deshalb Polfilter beim Fotografieren benutzen, diese anderen Lichtarten herauszufiltern. Dann ist auf den Fotos der Himmel so furchtbar blau, wie Sie ihn nur in Prospekten sehen. Das Himmelsmilchige oder das Silberige auf an sich grünen Blättern ist reflektiertes Licht. So könnten wir uns einen Polfilter vorstellen, der alles Unechte herausfiltert und nur das Wahre durchlässt? Der nichts Heuchlerisches zum Gral lässt? Der erbarmungslos nur das zeigt, was echt ist?

Dann kommt vielleicht nur noch ganz wenig durch den Polfilter hindurch. Und die Welt mag sehr dunkel erscheinen. Das Grelle, Schrille ist fort, kein schneidendes Weiß mehr da, das in die Augen sticht. Ist irgendwo noch etwas Wahres? Gibt es mehr als diese Welt? Können wir hoffen? Ich stelle mir den Anblick der Restwelt vor wie auf einem Bild von Petra Steiner (Abb. 11.2).

Heike Ribke nennt es „Hoffnungsenergie". (Mir fällt dazu eine Aussage zur Depression ein … Wie war das? Ungefähr so: „Depression ist wie Vulkan. Er scheint unruhig und schwelt. Tief innen fließen die zu Feuer geschmolzenen Emotionen. Sie stehen unter gewaltigem Druck, aber wir sehen außen nur Rauchschwaden und selten spritzende Lavafetzen …" Wo habe ich das gelesen? Ja, so muss Depression sein! Und dann wäre Schizophrenie genau andersherum? Da fallen externe Emotionen wie ein glühender Lavaregen auf den Hilflosen nieder, der nicht weglaufen kann. Er kann nur stehen bleiben, chaotisch herumlaufen oder zu erklären versuchen, was das ist, was auf ihn einströmt: eine Feuer spritzende Macht? Berührt ihn Gott?)

Petra Steiner schreibt zu diesem Bild:

An diesem Bild hänge ich sehr. Es war das erste. Ich hatte so viele Jahre den Wunsch zu malen, mir jedoch nie Zeit und Mut dafür genommen. Es ist in einem Augenblick entstanden, in dem ich tatsächlich die beiden Extreme in mir trug, die sie beschreiben. Einer der intensivsten und innigsten Tage meines Lebens, an dem ich so viel Kraft und Energie in mir trug, dass ich Gefahr lief, die Bodenhaftung zu verlieren. Doch die dunkle Seite, die mich zu der damaligen Zeit noch deutlich unmittelbarer

Abb. 11.2 Petra Steiner: ohne Titel, vielleicht „Hoffnungsenergie"?

`und härter einnahm, zog mich wieder schonungslos hinab in ihre Tiefen. Auch wenn ich mir in diesem Augenblick der Dunkelheit nicht bewusst war, sie war stärker gegenwärtig, als mir lieb war.`

So suchen die unverstandenen wahren Kinder mit wenig Lebensgeist im Exil nach Hoffnungsenergie. Sie hoffen kaum auf die Hilfe der Welt.

Die sagt: „Du spinnst!" Und sie meint, jeder habe es glatt selbst in der Hand, einfach ein richtiger Mensch zu werden. Durch „appropriate behavior", wie es die Amerikaner ausdrücken. Oft ist dieser zusätzliche Kälteschock auf ein flehentliches Lebensgebet wie ein Tod der Seele, so schlimm und schwarz. Kann es in einem solchen Moment überhaupt Seelen geben (Abb. 11.3)?

Selbstvergessen: Ich glaube, diese Selbstvergessenheit war lange Zeit in meinem Leben mein stiller und treuer Begleiter. Manchmal wurde ich gefragt: „Wo bist du denn, wenn du Stunden regungslos aus dem Fenster starrst, dort gibt es doch gar nichts zu sehen?" Im Außen gab es auch nichts zu sehen. Dort hielt ich mich auch

Abb. 11.3 Petra Steiner: Selbstvergessen

nicht auf. Das Außen – die Aussicht aus dem Fenster, bot nur den Rahmen für meine inneren Welten. Mit Rahmen lässt sich dort länger verweilen, das empfinde ich auch heute noch so (siehe die Frau am Meer – rahmenlos, deshalb so weit und intensiv) (Abb. 11.3).

11.1.4 Hüte dich vor der Hölle – über Teilkulturen

Die natürlichen Menschen gehen vielfach in die Subkultur, um ein eigenes Leben zu führen. Subkulturen sind aus meiner Sicht eine Protestkultur, die aus der normalen ausbrechen will. („Ihr einen Vogel zeigen!")

Die wahren Menschen aber flüchten in Teilkulturen, in denen das Seelenklima für einen wahren Menschen geeignet erscheint. Teilkulturen sind der Versuch, eine Art bessere, exemplarische, authentische Kultur zu leben, die unter normalen Massenbedingungen nicht möglich erscheint.

Teilkulturen stellen sich über die normale, etwas verächtlich empfundene Kultur. Sie separieren sich nicht von ihr, sondern idealisieren sie für sich selbst.

Teilkulturen finden wir zum Beispiel in Friedensbewegungen, Umweltverbänden, in Klöstern und Universitäten, in der Opensource-Bewegung (Linux, Wikipedia). Dort findet das Ideale eine Heimstatt. Die Idealisten rotten sich zusammen und poolen ihre Kraft gegen das Richtige, dem sie allein ausgeliefert wären. In den Teilkulturen entrinnen sie dem eingepassten, befleckten Einheitsleben.

Die richtigen Menschen bekämpfen die Subkulturen, denn sie wittern dort Feindschaft. Sie halten sich aber auf Teilkulturen viel zugute. Sich *selbst*! Die Masse der Menschen versteht zwar wenig von Theologie, von Wissenschaft oder Kunst, aber sie weiß, dass eine Nation wahrscheinlich nur groß ist, wenn sie hohe Teilkulturen in ihr fördert. So bekämpft sie nur die Subkulturen, spendet aber für Teilkulturen Fördermittel. Das Ideale ist der Gesellschaft als Schmuck willkommen und wichtig. Das Ideale „spinnt“, aber es sieht wunderschön aus. Wir brauchen es.

Das ist leider seit einigen Jahren nicht mehr klar. Die Wissenschaft wird gerade von Grund auf in eine Servicelandschaft verwandelt. Wissenschaft ist nicht mehr frei, die Kunst wird an die Kette gelegt. Alles muss den Nutzen nachweisen. Theater, Universitäten und Kirchen sollen von Eintrittsgeldern leben. Die Kirchen gehen nieder. Gott zieht aus, die Kirchen leeren sich, die Kirchensteuerquellen versiegen und zwingen zum Abbau der Ausgaben. Es gibt keine jungen Leute mehr, die Pfarrer werden wollen. Ihnen fehlt der Glaube an einen Job für die Ewigkeit. Gute Wissenschaft ist solche, die sich verkauft. Gute Kunst verkauft sich ohnehin? Das Wahre verfällt in dieser Zeit, weil die supramane Gesellschaft „auf dem Nutzentrip“ ist, der auf Spitzenforschung schielt, die durch Gehalts- und Anreizsysteme geschaffen werden soll. Genauso ereilt es derzeit die Subkulturen der Computerfreaks, die allein für sich vor dem Bildschirm Werte wie Künstler erschaffen konnten und glücklich dabei waren. Nun steht eine Stoppuhr neben ihnen oder schon eine Glasfaserkabelstandleitung nach Indien. Die gemeinnützigen Einrichtungen kämpfen um die Spenden der Bevölkerung mit modernen Marketingmethoden. Sie professionalisieren das Nächstenliebe-Business. Wer hat den besten Spenden-Throughput? Die geringsten Verwaltungskosten? Die größten Effizienzen und Marktanteile? „Nur die besten Nächstenliebe-Organisationen können sich in dieser harten Umgebung des Spendenkampfes behaupten. Unprofessionelle Nächstenliebe wird der Marktbereinigung zum Opfer fallen. Die Spender verlangen effiziente Nächstenliebe für ihr sauer gegebenes Geld, die ihren Nutzen auf Heller und Pfennig nachweisen kann. Nächstenliebe lässt sich heute nicht mehr so nebenher im Ehrenamt betreiben. Man braucht eine ausgeklügelte internationale Love-Logistik.“ Die Pflegeheime logistifizieren sich. In den Zimmern mehren sich die Scorecards und Abrechnungsbögen. „Windelkontrolle, halbtrocken, vier Uhr nachts. 2 Arbeitswerte.“ – „Sie haben auf Grund von Wasserfüßen nach neun Monaten den Anspruch auf sechs Siebtel Maßschuhe erworben, der wegen eines neuen Gesetzes zum Quartalsbeginn verfällt. Es wird die Anschaffung eines Teilschuhs empfohlen, der …“

Die Arbeit der Teilkulturen, eben die der Pflegeberufe, der Wissenschaftler, der Künstler, der kirchlichen Kindergarten und Krankenhäuser wird „professionalisiert“, also so gestaltet, dass sie Teil der normalen Kultur wird. Dadurch stehen heute die meisten Teilkulturen und auch das Authentische und Idealistische vor dem Teiltod.

Für viele Menschen ist nun der Weg versperrt, von dem sie sich eine Umgehung der normalen Hölle erhofften.

11.1.5 Schlussbemerkung über Machinae im Allgemeinen

Wir sind jetzt durch die verschiedenen Arten der Beta-Seelen gegangen. Ich habe Ihnen möglichst ohne Schonung die harten Leiden dargestellt. Die natürlichen Machinae leiden unter der Langeweile des normalen Lebens, unter seiner Saftlosigkeit und seiner Armut an Abenteuern. Es gibt nicht mehr viele Berufe wie wandernde Gesellen oder Matrosen! Die Natürlichen leiden am Zwang zur Einpassung. Die Richtigen leiden an der Überkonditionierung, die sie in Hirn und Instinkt spaltet. Sie erfahren sie als Angst oder Lähmung. Die Wahren werden erbarmungslos ihrer letzten Zufluchtsstätten beraubt, weil die Effizienz die Welt unter (unbewussten und unbeabsichtigten) Seelenmord der Wahren erobert. Wenn es keine Kirchen und Bibliotheken mehr gibt – müssen wir Wahren dann vor Computern sitzen und surfen? Oder ehrenamtlich an Gutem arbeiten?

Alle Menschen bekommen von der Gesellschaft mehr oder weniger schwere Wunden zugefügt, gegen die sie sich stemmen.

Perlmuscheln überall.

11.2 Die Wohlgestaltung des wahren Menschen

11.2.1 „Verstehen und annehmen – nicht loben!"

Nehmen Sie einfach an, dass wahre Menschen ein sehr empfindliches Seismografensystem haben, also einen ganz leicht verletzlichen Instinkt.

Wenn Sie ein natürliches Kind bestrafen, wirkt das wohl gut für eine Stunde oder zwei, dann aber geht es wieder „los". Das richtige Kind ist bei Strafe viel empfindlicher und „merkt sich das". Es „macht es nicht wieder". Das wahre Kind erschrickt bei einer Strafe, weil es offenbar entweder falschen Prinzipien folgt oder weil es nicht geduldet wird, dass es an seinen als wahrhaftig empfundenen Prinzipien festhält. Im ersteren Fall wird es sich schnell ändern. Im zweiten Fall wird es schwer leiden. „Der Idealist soll und darf nicht dem Ideal folgen? Und nun?" Es kann dann eine Strafe sehr überinterpretieren. Es generalisiert die Strafe und sieht gar nicht so sehr sein Fehlverhalten bestraft, sondern die eigene *Person* angegriffen oder in Frage gestellt.

Wenn Sie wollen, dass ein wahres Kind bei Ihnen bleibt, schreien Sie nicht herum, schlagen sie es nicht, klatschen Sie auch nicht laut in die Hände. Seien Sie einfach eine Größenordnung „leiser" und aufmerksamer, wenn etwas falsch ist. Nie: „Du bist dumm!" Nie: „Mami hat dich bis übermorgen nicht lieb!" Das ist für andere Kinder auch schlimm, aber diese erholen sich schneller und passen sich an. Das Übersensitive, Empfindliche oder Hyperästhetische zuckt zu schnell zusammen und am Ende haben Sie mit nur normaler, „gesunder" Härte plötzlich ein hyperästhetisches Kind erzeugt.

Wahrscheinlich ist es für Eltern und andere Nichtwahre sehr schwer, das wahre Kind zu verstehen. Dann haben sie ein Problem, denn das Kind fühlt sich nicht verstanden. „Kind, dich versteh' einer!" wird zu Rückzug eines „verkannten Genies" oder zur Depression der Form „keiner liebt mich". Das friedliebende Kind verirrt sich zu der Frage: „Wie wollt ihr mich haben?"

Wenn Sie also ein zartes Kind nicht verstehen, verletzen Sie es dadurch und *gerade in diesem Augenblick*. „Dich versteh' einer!" tut sehr weh. Wissen Sie das? Ich erzähle zum Beispiel in diesen Tagen oft von meinem neuen Buch *Topothesie*. Menschen in meiner Nähe werden wohl langsam närrisch und mögen das nicht hören. Sie denken wohl, „er muss immer wieder davon anfangen, will wohl bewundert werden, das will ich aber nicht dauernd". Aber ich klage nur innerlich vor mich hin, weil ich allein bin. „Mich versteht keiner." Außer Ihnen am Ende dieses Buches natürlich. Dies hier im Buch ist so etwas wie „ich". Ich schreibe es auf, damit Sie mich endlich verstehen, vielleicht auch, dass ich mich selbst verstehe. Ich fühle etwas in meinem neuronalen Netz in der rechten Gehirnhälfte und würde gerne wissen, was es ist. Ich schreibe es mühselig auf. Machen Sie einen Versuch mit Ihrem computersüchtigen *wahren* Kind, wenn Sie eins haben. (*Natürliche* Kinder sind *anders* computersüchtig. Sie ballern damit oder suchen allerlei Filme im Netz. Aber sie verstehen den Computer an sich nicht. Sie *nutzen* ihn nur.) Der Versuch: Sie stellen sich hinter das wahre Kind an den Computer und fragen: „Was ist das?" Und dann bekommen sie eine tagelange Vorführung und Vorlesung, was dort alles geschieht. Nach fünf Minuten sind Sie gelangweilt, vielleicht sogar aus Prinzip schon früher („Computer sind doof!"), wenden sich ab und sagen etwas unwohl: „Aha." Schauen Sie jetzt in die Augen Ihres armen Kindes! Es weint leise in der Seele und weiß, dass Sie jetzt *wieder* nicht verstehen. Sie werden *nie* verstehen. Das Kind ist wieder allein. Sie werden sagen: „Kind, komm und sitz ein bisschen mit uns am Esstisch und nimm am Gespräch teil!"

Das sagen die richtigen Menschen! Sie wollen immer, dass man *zu ihnen* kommt, weil sie normal sind. Das wahre Kind soll zum normalen Tischgespräch dableiben. Aber die richtigen Eltern hören sich im Gegenzug keine einzige Vorführung am Computer bis zum Ende an. „Pfui, was für ein doofes Spiel!" – „Ach, weißt du, ich verstehe das nicht!" Damit peitschen sie ein wahres Kind aus. Es hört: „Pfui, du bist schrecklich!" und „Ich interessiere mich nicht für dich!"

Wenn aber ein natürliches Kind im Garten einen Handstandüberschlag vollführt, dann klatschen Sie als Eltern doch wenigstens begeistert in die Hände, nicht wahr? „Toll, clever gemacht! Großartig!" Aber das Kind, das Ihnen den Chemiebaukasten erklärt oder ein Gedicht von Rilke vorliest? „Ach, Kind, lass mich doch!" Natürliche Kinder hören „Great!" Richtige Kinder hören „Brav!" Wahre Kinder aber werden nicht verstanden. Sehen Sie doch bitte dies vor allem ein: Es tut ihnen weh, wenn Sie sie nicht verstehen. Es tut ihnen weh, wenn Sie sie etwa derart loben: „Schön, dass du so gerne mit dem Baukasten spielst. Da hat sich mein Geschenk gelohnt. Ich freue mich über dich. Ich habe aber gar keine Ahnung, was du machst." Warum sagen Sie das immer? Immer und immer? Zum Musiker: „Von Musik verstehe ich nichts." Oder zu mir als Mathematiker: „Mathe ist doof." So hören die wahren Kinder immer wieder heraus: „Du gehörst nicht zu uns." Im besten Fall noch: „Du bist besonders." Da das der beste Fall ist, erziehen Sie aus Unverständnis eine wahre Beta-Seele heran, deren Machina schließlich danach lechzt, immer wieder zu hören: „Du bist besonders." Diese Art von „Anerkennung" sollten Sie sich ganz verkneifen können. Besonderssein ist eine schmuckvolle Form von Anderssein. Das riecht schon wieder nach Exil. Gute wahre Kinder aber bleiben unter uns. Sie mögen wirklich besonders sein, aber bitte *machen Sie es nicht zum Thema*, sonst verselbstständigt es sich in einer Machinakonstruktion.

Wenn Sie also ein wahres Kind haben, sollten sie es vor allem *verstehen*. Dann gehört es zu Ihnen. Das Intuitive ist ohne weiteres Hineinknien von außen nicht verständlich, es ist nicht unmittelbar klar, was in dem neuronalen Ideengewühl des Kindes eigentlich vorgeht. Es dauert also, bis man versteht. Es dauert auch lange, bis sich das wahre Kind *selbst* versteht. Das liegt an der mathematischen Struktur der neuronalen Netze „in der rechten Gehirnhälfte", die sehr lange durch Nachdenken trainiert werden müssen, bis sie brauchbar oder gut funktionieren. (Sehen Sie alles genauer in *Omnisophie* nach.) Und es dauert noch viel länger, bis man versteht, *wie* sie funktionieren. Ich meine: Es braucht seine Zeit, Intuition aufzubauen. Klar. Aber man braucht viel länger, um die eigene Intuition zu verstehen, wie sie wirkt, was sie leisten kann, wann man ihr vertrauen soll. Wenn Sie also ein wahres Kind verstehen lernen, indem sie sich mit ihm auseinander setzen, dann wird es von Ihnen trainiert und dabei lernt es sich selbst verstehen und entwickelt sich damit weiter. Immer weiter. Dank Ihnen.

Mir helfen die Leserbriefe an dueck@de.ibm.com sehr, mich zu verstehen und weiter zu entwickeln. Manche von Ihnen wundern sich immer noch, dass ich wirklich antworte. Aber! Dann verstehe ich mich doch selbst besser, wenn ich Ihnen antworte! Viele Leserbriefe pressen das Letzte oder besser das Beste aus mir heraus. Und ich freue mich, dass Sie mich verstehen wollen. Da bin ich nicht allein. Und ich verstehe Sie, das ist schön. Und wenn Sie auch ein wahrer Mensch sind, verstehen wir uns. Das ist viel.

Das Patentrezept lautet also: Hören Sie hin, wenn ein wahres Kind Ihnen komplizierte Dinge über Wahrheit, Frieden und Liebe erzählt. Loben Sie es nicht! Verwundern Sie sich nicht! Bitte! Hören Sie zu! Noch einmal: *Loben Sie es nicht!*

Sie sollen es *verstehen*. Nicht loben. Das macht mehr Mühe, ich weiß. Aber genau das ist verlangt und sonst nichts. Wenn ein liebes Kind erzählt, dann verstehen Sie bitte einfach dessen Gefühle und loben Sie es nicht. Noch einmal: *Loben Sie es nicht!* Sie sollen es *verstehen*. Das ist schwer, aber genau so nötig.

Bei IBM gehe ich mit diesen Gedanken hausieren. Manager dieser Welt! Bitte, bitte: Lobt die Techies und Geeks und Freaks am Computer nicht! *Versteht* sie. So sehr viel *mehr* wird von euch verlangt! Und weil die meisten Manager richtige Menschen sind und eben nicht ihre Mitarbeiter am Computer, im Labor oder am Baukasten verstehen, deshalb gelten Manager bei Techies als „dumm". Sie klagen oft: „Mein Chef *versteht* nichts!" Und sie meinen eigentlich: „Er versteht nicht und weiß nicht, was ich tue. Er kokettiert sogar damit, dass er keine Ahnung hat." Und sie befürchten: „Er schätzt mich nicht." *Er kann sie ja gar nicht schätzen können, wenn er sie nicht versteht!* Die Liebenden unter den Wahren reagieren ähnlich, wenn sie dem Chef nicht die Beweggründe und das Vertrauen aussprechen können. „Er versteht mich nicht", sagen sie und befürchten: „Er liebt mich nicht." Und im Rückzug vom Chef denken die Wahren, so oder so: „Er ist ein leerer Mensch." Das denken sie, aber sie sagen es ihm selbst nie.

Wenn Ihr Kind voller Gefühle ist, dann sagen Sie nicht: „Du schwärmst! Du träumst!" Treten Sie in seine Welt ein, das wäre schön – auch für Sie.

Petra Steiner schrieb mir über das Malen. Die drei Ausrufezeichen sind authentisch von ihr. Sehen Sie! Ich bin nicht allein mit meiner Mutter, die immer etwas unglücklich ist, dass ich Cheftechnologe bei IBM bin. „Als du noch Professor an der Uni warst, konnte ich allen sagen: Er ist Professor. Und nun?"

Schon als Kind habe ich gerne gemalt oder war gerne kreativ im künstlerischen Sinne. Doch ich kann mich kaum an ein Bild erinnern, mit dem ich jemals zufrieden gewesen wäre. Nie, bis auf wenige Male, war das, was ich gemacht habe, gut genug. Natürlich stellt sich die Frage, gut genug für wen? Meine Mutter war immer begeistert und hat mich fleißig gelobt!!! Es kam immer von Herzen, dessen bin ich mir sicher, doch vermochte es mich nie zufrieden zu stellen. In meinen Kinderaugen war es (oder ich) nach wie vor nicht gut genug. Dieses Phänomen hat mich all die Jahre über begleitet und ist auch heute noch Teil meines Lebens. Wenige der Bilder, die ich gemalt habe, finde ich „ganzheitlich" gut und es nagt und zehrt an mir und nagt und zehrt …

Natürlich liegt im Malen auch die Sucht verborgen, etwas „Besonderes" zu schaffen, etwas, was nur mir zueigen ist, wofür mich andere mit großen Augen ansehen und sagen, wenn ich das auch nur könnte. Es tut weh, sich das einzugestehen, man fühlt sich dabei so jämmerlich und erbärmlich, doch ich glaube, noch trage ich Teile dieser Sucht in mir, wenn sie auch mit der Zeit zu schwinden scheint. Streichen wir die Sucht, dann bleibt die Sehnsucht (Schon wieder eine Sucht? Das fällt mir gerade erst auf …), mich anderen Menschen mitzuteilen anhand der mir geschenkten Fähigkeiten. Dabei geht es mir nicht um mich (das hoffe ich zumindest innigst), sondern ich sehe mich vielmehr als Vermittler, der versucht, den Menschen eine Botschaft zu überbringen … der sie berühren, bewegen, erinnern möchte … an was? An das, woran ich glaube – das irgendwo in uns allen verborgen liegt. Manche haben es (leider) noch nie kennen gelernt, manche haben es vergessen, manche verdrängen bewusst und einige wenige richten ihr Leben danach aus, können dank Glück, Kraft und Mut unter den anderen bestehen oder aber fechten im schlimmeren Fall einen harten Lebenskampf aus. Manchmal fehlt ihnen die Kraft zum Überleben.

Sie wissen sicher, wovon ich spreche. Doch wie lässt es sich in Worte fassen? Ist die „Weltenseele" ein guter Begriff dafür, die doch alles wie Liebe, Kraft, Energie, Glaube, Hoffnung, Zuversicht, Schönheit, Glanz aber auch den Mut zur Schwäche und Trauer … in sich trägt.

Wenn ich nur einen Funken dessen, was an manchen Tagen, in manchen Stunden mein Leben so unendlich wertvoll und reich macht, anderen Menschen über meine Bilder vermitteln kann, dann macht es einen „Sinn", dieses Leben.

Seltsam, im Schreiben wusste ich noch nicht, was ich Ihnen dazu sagen könnte. Ich hatte viele Gedanken damit verbracht und dann, kommt es unerwartet ohne großartige Anstrengungen in meinen Sinn, das, wonach ich etwas verzweifelt gesucht hatte.

Ganz einfach.

Manchmal glaube ich wirklich, könnten wir uns von all diesen Barrieren, den äußeren und inneren befreien, das Leben wäre so, nämlich ganz einfach.

Unsere Mütter haben uns *besonders* gesehen, was unserer Machina sicher gut getan hat. Aber im Grunde wollen wir uns mit anderen austauschen und im Verstehen gemeinsam *werden und wachsen.* Fühlen sie den Beta-Geruch des Lobes einer Mutter? Es kann sogar sein, dass mindestens meine Mutter sich im Lobe nur freut und sonnt und gar nichts weiter mit mir anstellen will. Sie darf sich ja auch freuen. Aber wie viel schöner wäre es, sie läse dieses Buch? „Ach Kind, ich verstehe davon nichts. Das weißt du doch genau." Und Petra Steiner wäre es sicher lieber, Sie würden ihre Bilder trinken und aufsaugen und in Sinn verwandeln. Sie können sie auch loben, natürlich (steiner-petra@t-online.de), aber lassen Sie sich lieber Bilder schicken. Das macht Sinn.

Lob ist Beta. Deshalb habe ich das alles etwas scharf formuliert – den Gegensatz vom Loben und vom Verstehen. Sie werden jetzt leider, leider fast alle beim Lesen denken: Ich soll nicht loben? Was ist denn am Loben schlecht? Und wenn Sie jetzt ein ganz wahrer Mensch sind, werden *auch* Sie denken: Ich habe gar nichts gegen ein Lob! Ja, *wenn* mich einmal jemand lobte! Das wäre schön! Und da kommt Dueck und will das Loben abschaffen? Warum?

Ich wollte gar nichts gegen das Loben sagen. Es ist die normale Form der Zustimmung, wie sie für den normalen Menschen designet wurde. Das Loben ist „positive reinforcement" oder die so genannte „positive Verstärkung" beim Konditionieren oder Dressieren. Sie alle, liebe Leser, haben sich daran gewöhnt und nehmen ein

Lob oder jedes Lob gerne hin. Für wahre Menschen ist aber das Lob nicht die richtige Art. Das Anfeuern auch nicht! Das ist für natürliche Menschen artgerecht. Das Artgerechte für wahre Menschen ist das Verstehen. Wenn Sie nun ein wahrer Mensch sind und leider schon mit Lob zufrieden sind, dann werden die Menschen bestimmt beim Lob halt machen und Sie eben nie verstehen, nur loben. Das bedroht Sie nicht, aber Sie führen damit ein normales Leben, für das Ihre Machina Lob und Bewunderung speichert. Wirklich glücklich werden Sie damit nicht. Es ist so ein Unterschied wie „Freunde haben" oder von allen gesagt zu bekommen, man sei „ein toller, guter Kerl". Gemeinsames Verstehen ist Alpha.

11.2.2 Das wahre „Verstehen" ist wie Werden

Warum ist der wahre Mensch so darauf aus, verstanden zu werden?

Der wahre Mensch vertraut auf seine Intuition. Diese ist wie ein Entscheidungsapparat, der auf eine Frage von außen hin eine „untrügliche Antwort fühlt". Es ist dem Intuitiven oft selbst nicht wirklich klar, wie dieses Gefühl entsteht. Die Intuition ist in gewisser Weise die Summe seines Lebens als unendlich zusammengefaltete Formel, die nur Ergebnisse liefert, selbst aber niemandem bekannt ist. Die Intuition ist wie eine Black Box.

Wenn ein Intuitiver artgerecht aufgezogen werden soll, muss diese Intuition geschult werden! Aber zunächst, noch vor dem Schulen, muss das Wesen der Intuition von den anderen Menschen verstanden werden. Intuition bildet sich durch stetes Beobachten der Welt, durch Fühlen der Seelen und dem Vergleichen der intuitiven Entscheidung mit dem „richtigen" Ergebnis. Ein wahres Kind sieht etwas, die Intuition fühlt etwas. Später stellt sich heraus, ob die Intuition trog oder richtig war. Je nachdem wie es ausging, lernt die Intuition. Es ist wie das Lernen eines Menschen, der versucht, die Zukunft zu erraten. Ja, so! Dazu sagt dieser Mensch zur Probe die Zukunft voraus und vergleicht dann das spätere Ergebnis mit seiner Prognose. Je nach Erfolg seiner Prognose stellt er seine Prognosestrategie feiner ein, bis sie zum Schluss wirklich funktioniert. Dann fühlt er in sich die „untrügliche" Intuition, auf die er nun immer stärker vertraut und vertrauen kann.

Es wäre daher besser, die Mitmenschen des Intuitiven gäben ihm eine Menge Rückmeldungen, wie sie über seine Prognosen denken. Dadurch schult sich der wahre Mensch. Er liebt es also, unentwegt über die Themen der Wahrheit, des Wissens, der Zukunft, der Liebe und des Weltfriedens im weitesten Sinne zu reden, zu diskutieren und Dialoge zu führen, am besten mit den großen Gurus. Die wahre Schulung der Intuition erfolgt beim Philosophieren mit Sokrates wie in Platons Dialogen. Eine wichtige Frage wird aufgeworfen und die Antworten verschiedener weiser Menschen werden hin und her gewendet. Es geht um das Ringen um gegenseitiges Verstehen. Dadurch schult sich langsam die Intuition. Das intuitive Denken lernt langsam (wirklich: langsam) die Zusammenhänge zwischen den Dingen, ihre Wechselwirkungen und Abhängigkeiten. Es geht bei einer Diskussion nicht darum, eine endgültige Wahrheit festzustellen. Es ist wichtig, alle klugen Gedanken zu einem Thema in sich zu verarbeiten und damit die Intuition zu schulen. Pfui die Beta-Störer, die amtliche Meinungen verteidigen! Weg mit den Kampfhähnen, die nur beeinflussen wollen! Das ist alles Beta oder Nicht-Wahres!

Das Philosophieren denkt um des klugen Denkens willen. Dadurch verändert sich das neuronale Netz des wahren Menschen. Es wird reicher und weiser. Das Verstehen der Welt und der Seele aller Menschen bringt die Intuition zur Entfaltung. Je mehr „Futter" dem neuronalen Netz gegeben wird, umso mehr kann es an Tiefe gewinnen. Es saugt die Seelen und die neuen Dinge in sich auf und arbeitet sie quasi in das Gehirn ein. Hier findet genau das statt, was der klassische Bildungsbegriff umreißt: „Das Wertvolle wird in eine persönlich verfügbare Form gebracht."

Deshalb bewegen die wahren Klugen das Wissen der Welt hin und her und machen sich eigene Gedanken. Sie lieben es, Gedanken und Ideen auszutauschen. *Nicht* aber: Wissen! Nicht: Kaffeeklatsch und Small Talk. Nicht *Wissen*! Das sind keine Gedanken. Wissen ist ein Begriff des richtigen Menschen, der damit sein Gehirn wie eine Computerfestplatte füllt. Dem Wahren ist es wichtig, eine ganzheitliche Vorstellung von allem zu bekommen. Da hilft das Wissen nur bedingt. Es geht vor allem um das unendliche Wiederkäuen von Zusammenhängen und Querverbindungen, die das Entstehen einer guten Intuition, eines guten ganzheitlichen Erfassens möglich werden lassen. Deshalb müssen Zusammenhänge und Wechselwirkungen immer wieder diskutiert und gewälzt werden.

Durch Auseinandersetzung zusammensetzen.

Die wahren Friedensengel und die wahren Liebenden kümmern sich um die Zusammenhänge zwischen den Menschen und in ihren Beziehungen (Frieden) und um das Innere der Seele und den Sinn des Lebens (Liebe). Dazu müssen sie unendlich viel von Beziehungen und Seelen erfahren und im Herzen bewegen, hin und her. Sie müssen eine Intuition von „Harmonie" oder „Liebe" in sich aufbauen, so wie die Klugen eine für „Wahrheit".

(Beim Essen sagen die richtigen Menschen zum Wahren: „Musst du immerzu gelehrte Diskussionen um Seele, Sinn und so etwas anfangen? Kannst du nicht einmal normal über das Wetter sprechen? Wen interessiert denn das: Sinn. Immer Sinn! Und dabei gehst du nicht einmal regelmäßig zur Kirche.")

Das Werden und Sein des wahren Menschen hängt also viel davon ab, ob sich in seinem Umfeld Menschen finden, am besten natürlich Weise und Liebende, die sich mit dem Aufbau der Intuition in ihm beschäftigen. Und das bedeutet: Ideen, Gedanken und Gefühle bewegen. So viel wie das wahre Kind immer verlangt!

Deshalb dürstet es, mit Ihnen das Wichtige zu bereden und mitzufühlen, immer wieder. Deshalb will es erfahren, wie Sie sich fühlen und was Sie im Herzen tragen. Deshalb will es auch selbst verstanden werden – es hat dann das Gefühl, dass Sie es kennen und sich wohlwollend an seinem Werden und Sein beteiligen.

Ist es jetzt klarer?

Sie sollen Gedanken und Gefühle *austauschen*. Sie sollen eben nicht sagen: „Hey, was Du alles weißt! Toll! Was du für Gefühle hast, da staune ich aber." Sie sollen bitte mitreden und Ihre Gefühle und Ihre Gedanken zu einem Ganzen beisteuern. Das wahre Kind braucht keinen Trainer wie das natürliche Kind, keinen

Vater und keine Mutter wie das richtige Kind. Es braucht so etwas wie einen liebevollen Weisen, einen Priester, eine Seele, eine Großmutter, einen Großvater.

Im Idealfall bekommt das wahre Kind eine wundervolle Alpha-Intuition. Im schlechten Fall sammelt es Wissen und Liebesstreicheleien, weil Sie es *gelobt* haben! Und nicht *verstanden*! Im schlechten Fall wird das wahre Kind besserwisserisch, harmoniesüchtig und liebebedürftig. Es sammelt Punkte, wird aber keine intuitive Quelle. Das ist fast eine vollendete Katastrophe. Die eigene Intuition wechselt man nicht wie ein Hemd oder das Wissen! Die Ausbildung der Intuition dauert sehr lange. Wenn das Ergebnis misslang, dann ist wirklich das Kind im Brunnen. Intuition ist inflexibel, weil sie ja alle Zusammenhänge enthält. Ein Intuitionsfehler ist nicht so leicht zu korrigieren. Wenn Sie zum Beispiel durch welche Umstände auch immer so erzogen sind, dass Sie einen sehr schlechten Geschmack für Kleidung haben – wie bekommen Sie jetzt einen guten? Von wem? Jetzt müssen Sie wieder und wieder etwas anziehen, es vorzeigen, eine Watsche dafür bekommen – Sie müssen ganz neu lernen. Und zwar nicht selbst, sondern von einem Trendguru. Verstehen Sie, was angerichtet wurde, wenn das wahre Kind nicht in guten Händen war?

11.2.3 Erkennen des Intuitiven und das Geschenk einer großen Idee

Der wahre Mensch wird also völlig unabsichtlich ständig verletzt oder falsch behandelt, weil das, was ich gerade schreibe, eben nicht bekannt ist. Meine Tochter Anne ist ein wahrer Mensch. Ich glaube, wir verstehen uns. Manchmal, wenn ich am Buch schreibe, erklärt sie mir Biochemie aus dem dritten Semester und ich höre wegen des Buches manchmal nicht zu. Das sollte ich nicht, wo sie selbst doch mein Buch Korrektur liest. Verzeihung, Anne. Ach ja. Aber immerhin sind wir als wahre Menschen einander verständlich. Ich hatte selbst auch das Glück, einen wahren Vater zu haben. Da es prozentual nicht so viele wahre Menschen gibt, hat nicht jedes wahre Kind überhaupt eine gute Chance auf Verständnis.

Es ist also eine Hauptaufgabe am Anfang der Erziehung, die wahren Kinder überhaupt als solche zu erkennen. Die natürlichen erkennen Sie ja bestimmt irgendwie, oder? Ich erkenne wahre zum Beispiel ziemlich gut, weil ich ja selbst ein wahrer Mensch bin. Ich kann zum Beispiel bestimmt auch sagen, ob Ihr Kind ein wahres ist. Wenn Sie also kein wahrer Mensch sind (und Sie können sich ja selbst zum Wohle Ihres Kindes vielleicht zur Sicherheit einmal testen), dann könnten Sie immerhin mich fragen. Ich sage es Ihnen. Das ist doch einfach? Oder Sie gehen zur Schule und suchen einen wahren Lehrer? Der sagt es Ihnen auch. Warum tun Sie das nicht?

Ich kenne einige Fälle, bei denen ich den Eltern geschworen habe, dass sie ein unentdecktes hochbegabtes Kind haben. Glauben Sie, diese Eltern würden nun dankbar zu einem Psychologen gehen und die Sache aufklären? Weit gefehlt! („Willst du uns hier nach 15 Jahren erfolglosen Redens mit dem Kind sagen, wir blicken da nicht durch und du weißt alles besser? Wir haben alles versucht, Gunter. Wirklich *alles*. *Nichts* geht. Und da kommst du und sagst, wir sollen es nach deiner Art machen.") Sie beharren darauf, dass ihr Kind verstockt ist oder hasserfüllt und nicht unter Kontrolle zu halten ist. Dabei gibt es Bücher wie *Das Drama des hochbegabten Kindes*. Viele Eltern denken nicht einmal im Traum daran, ein wahres Kind zu haben, informieren sich nicht, wollen nicht hören. Die hyperästhetischen schizoiden Kinder sind dann vielleicht sogar supergut in der Schule und leiden unter der Aggression so sehr, dass sie innerlich zusammenschrumpfen und still werden. Dann sagt die hyperstolze Mutter: „Mein Kind gehört zu den Besten in der Schule, wird aber immer verhauen, nur weil es so gut ist. Mein armes Kind." Dabei hat die Mutter nicht erkannt, dass ihr Kind gerade seelisch stirbt. Es wird nicht verstanden. Von den Schülern auch nicht – und verhauen. Und wenn es nach Hause kommt, wird es für die guten Zensuren gelobt, aber nicht verstanden. Da trauert es und zieht sich zurück. Es ist eine Tragödie: Die Mutter lobt das wahre Kind, weil sie stolz auf es ist. Aber sie versteht es nicht und lässt ihm dadurch eine verderbliche Erziehung angedeihen. Es bleibt allein. Es wäre ein Glücksfall, wenn es ganz allein eine wundervolle Intuition aufbauen könnte, ohne Rückmeldungen von Verstehenden zu bekommen.

Es hängt also viel davon ab, ob Sie überhaupt erkennen, ob Sie ein wahres Kind haben. Wenn Sie es nicht erkennen, werden Sie es stark verletzen und „verderben".

Ich müsste jetzt eigentlich eine Liste von Erkennungsmerkmalen parat haben, aber ich traue mich nicht, eine zu liefern. Ich habe im Internet schon Tests gesehen, die Eltern für Kinder beantworten und die als Ergebnis den Charakter des Kindes einschätzen, aber es stand dabei, dass die Eigenschaft „wahr" in frühem Alter durch solche Testfragen nicht erfassbar wäre. Die Tests würden einen Intuitiven erst etwa im Alter von 14 Jahren artgerecht bestimmen können. Ich las, dass später als wahre Menschen Erkannte als Kinder „merkwürdig" wirken (schüchtern, „stoffelig", naiv, kindisch). Die Intuition braucht ja viel länger zur Entwicklung als der Wissensspeicher im vorgestellten Linkshirn. Vielleicht ist es am sichersten, Sie fragen einige wahre Menschen, denke ich.

Viele wahre Kinder entwickeln eine Liebe zu einer Idee. Sie spielen ein Instrument, lieben eine bestimmte Musik, wissen wie Anne überhaupt alles über LOTR 1 bis 3 (Lord of the Rings) etc. Ich habe im Alter von 20 bis 30 ein Drittel aller klassischen Literatur gelesen. „Warum machst du das?", fragten mich alle. Ich bekam Büchergeld von der Studienstiftung, um mir für das Studium Mathe-Bücher zu kaufen, und bestellte für das Geld jeden Monat fünf Winkler-Dünndruckausgaben und hoffte, dass mich niemand erwischt. In der Uni züchtete ich vier, fünf Jahre Kakteen aus Samen. Ich wusste eine Zeit lang alles, aber auch alles über Kakteen, alle lateinischen Namen inklusive. Ich übernahm nach der Heirat mit Monika das Kochen und lernte alles über das Kochen, kaufte zwei Meter Kochbücher und vertiefte mich wissenschaftlich. Noch heute muss ich immer in München zum Käfer oder Berlin zum KdW (Kaufhaus des Westens), um Zutaten zu kaufen. „Warum machst du das so extrem?", fragt meine Frau. Ich begann schon früh, an der Börse zu spekulieren, was hauptsächlich mit den Körperseismografen betrieben werden muss, nicht mit Wissen oder gar Vernunft. Das lernte ich nach langer Zeit. Ich probierte alles aus, spekulierte an der Terminbörse, erlebte alle Höhen und Tiefen im Körper. „Warum machst du das so extrem? Warum musst du den ganzen Tag mit Aktien hausieren? Was ist eine Bouillabaisse?“, fragten die genervten Mitmenschen. Ich kaufte einmal einen Videorekorder und schaute mir dann überhaupt alle guten Filme an. Ich konnte irgendwann einmal die Michelpreise aller deutschen Briefmarken auswendig. Und 1999 fand ich, ich müsste einmal die ganze Philosophie der Menschheit umroden. „Warum so extrem?“ Amazon.de hat's gut. Ich habe zum Schreiben dieser Bücher so irre viele andere gelesen. Meine Frau hat Angst wegen des Hauses – irgendwann ist es voll mit Büchern oder Billy-Regalen. Bei Ebay gibt es übrigens Kunstbücher ganz billig. Jetzt versuche ich, sie umsonst zu bekommen. Haben Sie schon einmal „Biebel“ als Suchbegriff eingegeben? Da können Sie Bibeln fast umsonst haben! Weil nur ich nach Rechtschreibfehlern suche? „Warum so extrem, Gunter?“

Die Liebenden unter den Wahren werden genauso extrem jedem die Seele ausschütten und im Dialog versuchen, die eigenen Gefühle zu verstehen. Und die Mitmenschen seufzen, dass der Liebende nur aus Seele bestehe und so viel Aufhebens davon mache. „Du, ich finde, wir sollten alle zum Asyl-Konzert gehen. Ich habe hier für euch ganz exklusiv einige völlig überteuerte Eintrittskarten reserviert – das ist toll, da können wir uns treffen. Wollt ihr übrigens zehn Kilo grünen Tee im Jutesack? Ich kann auch Brennnesseln besorgen.“ – „Nein danke, ich fahre gerade los und kaufe ein Lamm. Es ist völlig frisch von einer absolut vertrauenswürdigen Person getötet worden. Das frieren wir jetzt ein. Wir markieren das Fell und bekommen es nachgeliefert, wenn es gekämmt und trocken ist. Wir nehmen es schmuddelgelb natur, pfui, wenn es ganz weiß wäre. Hast du schon mal Mahi Mahi gegessen?“

Wahre Menschen leiden völlig glückselig unter etwas, was ich in *Omnisophie* den Ideetrieb genannt habe. Es gibt kleine Ideen und größere. Kleine sind: schöne Kieselsteine sammeln und im Zimmer ausbreiten. Oder einen Kubikmeter Berliner Mauer im Keller aufheben. Größere sind „Jugend forscht“. Und im High-End befassen wir uns mit der Idee des Guten oder der Tugend.

Die Erziehung des wahren Menschen besteht wohl nun darin, in ihm eine der vornehmeren Ideen zu wecken. Wir sprechen allgemein vom Wecken eines Interesses. Wahre Menschen sollten von echtem Interesse, vor wahrer Bestimmung, von authentischer Begeisterung, von genuinem Drang erfüllt sein. Ideen, so sagte ich in *Omnisophie*, können wir uns als lokale mathematische Optima in neuronalen Netzen vorstellen. Und wenn Sie das wirklich mit mir zusammen können, dann ist es klar, was wir erzielen müssen: Das wahre Kind muss von guten und hohen Ideen erfüllt werden.

Nicht von ganz *kleinen* Ideen! Wie etwa *Hausdorff-Dimensionen von Mengen nichtnormaler Zahlen.* So hieß meine Diplomarbeit. Ich meine, Sie sehen oft mit Erschrecken, wie klein die Ideen eines Wissenschaftlers sind. Wir verstehen meist überhaupt nicht, um welche Idee es sich genau handelt, aber die Kleinheit einer Idee sehen wir selbst als Laie, nämlich wenn wir gar nichts erkennen können. Wir müssen versuchen, den wahren Menschen auf größere Ideen hinarbeiten zu lassen. Dazu soll man durchaus klein anfangen und ihn erst einmal für eine Idee begeistern oder interessieren. Viele kleine wahre Menschen wissen vielleicht bald alles über die Saurier oder unser Planetensystem und sind Quelle des Wissens für eine kleine

Umgebung. Oder sie leben in einer großen Liebe zu einer Tante, einem Nachbarn, einer Kindergärtnerin oder einem Elternteil auf, der sie lehrt, Wärme abzustrahlen und Quelle der Liebe zu sein.

11.2.4 Das Schulen von Intuition

Natürliche Kinder werden am besten trainiert, richtige vielleicht erzogen. Die wahren Kinder aber sollen erweckt und entfaltet werden. Wahre Kinder müssen sich selbst zum Entfalten verstehen lernen und müssen dazu Hilfe bekommen. Ich glaube, mindestens die wahren Klugen müssten am besten Einzelunterricht bekommen, wie es an der Musikschule üblich ist. Eine Stunde ganz intensives Üben mit einem Meister, danach eine Woche eigenständiges Weitergehen, dann wieder eine Stunde beim Meister. Das wahre Kind liest eine Woche lang ein Buch, studiert etwas und geht dann eine Stunde zum Einzelkolloquium. Das aufgenommene Rohe wird nun poliert und zurechtgerückt. Der Meister zeigt ihm das verborgen Gebliebene, schließt ihm die Schätze auf, lehrt es besser zu sehen und gibt ihm einen Arbeitsplan für die nächste Woche. „Du interessierst dich für Saurier? Schau dieses Buch an, denke über die Bilder nach. Dann komm wieder und lass uns darüber reden." Liebende wahre Kinder müssten als Gruppe etwas erarbeiten. „Und dann kommt in einer Woche vorbei und wir reden darüber, wie ihr es gemacht habt." Neben dieser Einzelarbeit sollte das kluge Kind einfach wie in den alten Philosophenschulen Athens am Philosophieren über das Gelernte wachsen: Gedankenaustausch mit den Meistern! (In vielen Ansätzen der Hochbegabtenförderung wird den Kandidaten nur immer viel, viel mehr Wissen beigebracht! Da schüttelt es mich! Man stopft sie viel voller, als ein normales Kind es vertrüge. Und was ist damit gewonnen? Das Repertoire ist dann groß, aber ist auch der Genius Funken sprühend übergesprungen? „Viel" ist eine Vorstellung des richtigen Menschen: viel Gigabyte auf der Festplatte.)

Liebende wahre Kinder müssten als Gruppe etwas zusammen erschaffen und sich im vertrauten Team gemeinsam entfalten. Für solche Kinder ist bestimmt die Waldorfschule erfunden worden, die sich auf die Steiner'sche Psychosophie stützt. Sie müssten die Chance bekommen, mit wahrhaft guten Menschen zusammen sein zu dürfen.

Intuitive Kinder müssen mit vielen verschiedenen *wertvollen* (!) Eindrücken erfüllt werden. Sie werden durch Inspirationen in Bewegung gehalten, neu entfacht und sollten dann so viel Begeisterung oder Energie durch die Inspiration getankt haben, dass sie von sich aus lange über die neuen Eindrücke nachdenken. Sie müssen sie im Herzen oder im Geist bewegen, damit sie sich in das Ganze einfügen und integrieren. Inspirationen wirken wie heilsame Erschütterungen des schon Bestehenden und führen zu einer so genannten „Bewusstseinserweiterung". Natürliche Kinder „können" immer mehr. Richtige „lernen". Wahre erweitern das Bewusstsein in Tiefe (durch Arbeit aus Interesse) und Breite (nach Inspirationsschocks).

Was wir also dringend für die artgerechte Haltung des wahren Menschen brauchen, ist dies: Eine Lehre, wie die Intuition zu schulen ist. Das ist schon alles. Das wollte ich vor allem sagen.

Wir müssten Methoden entwickeln, wie das Verstehen von Prinzipien und das Erkennen und Verarbeiten des Wertvollen zu geschehen hätte.

Durch Dialoge, Einzelunterricht und durch fortgesetztes Inspirieren?

Leider ist es furchtbar schwierig, hier zu einem Konsens oder gar Aktionsplan zu kommen, weil wir zwar Millionen von wahren Schülern haben, aber keine Lehrer für sie. Ja, nur eine Hand voll Experten, die überhaupt etwas mit Intuition anfangen könnten. Auf den Fachdidaktikkongressen gibt es sehr wohl Konzepte für das Wahre, aber sie werden nicht als solche erkannt! In der Mathematik etwa würde man nach Auffassung des natürlichen Menschen die Mathematik anwenden und zieldienend nützlich machen. Die richtige Auffassung lernt die Mathematik wie ein Rezept- und Kochbuch und übt die Mathematik wie „Ausrechnen". Die wahre Mathematik wäre wie Verstehen der grundlegenden Prinzipien und ihre Wiedererkennung und Wahrnehmung in vielen verschiedenen Kontexten. Es gibt also verschiedene wissenschaftliche Schulen, die die verschiedenen Standpunkte vertreten und die sich bekämpfen. Bekämpfen! Sie verstehen nicht, dass es sich nicht einfach um verschiedene Sichten der Wissenschaft an sich handelt, sondern um die verschiedenen Sichten der verschiedenen Menschenklassen auf sie. Deshalb sind ja alle Sichten gut – nur *nebeneinander*, für jeweils andere Menschen – nicht kämpfend. Nehmen Sie einfach noch zur Vertiefung derselben Spaltung die verschiedenen Auffassungen im Deutschunterricht: Ein wahrer Zugang könnte uns lehren, die Kunst atmen zu können, die in Dichtungen steckt. Wir könnten schöpferisch tätig werden und selbst zu dichten beginnen, was die wahren Kinder lieben würden! Leider wird meist für richtige Menschen das Deutsche gelehrt: Die Sprache besteht nicht aus Schönheit und Geist, sondern aus Rechtschreibregeln und Grammatik. Die Gedichte erfüllen nicht unser Herz, sondern sie bestehen aus Versfüßen, Strophenformen und Stabreimen. Die richtigen Auffassungen dominieren. „Dichten? Auch das noch! Erst sollen sie richtig schreiben!" – „Mathematik innerlich begreifen? Auch das noch! Sie sollen erst einmal fehlerlos rechnen." Und da sagen wir alle, auch die Wahren, kleinlaut: „Ja, schon." Und wir haben verloren. Wir kämpfen nicht! (Die Controller der heutigen Unternehmen rechnen total richtig, aber sie verstehen oft die Zusammenhänge nicht, oder? Lesen Sie *Supramanie* oder denken Sie an Ihren Arbeitsplatz, an dem Ihre Punkte addiert werden.)

Früher war die Schule durchaus mehr eine wahre Schule, die das Richtige nicht vernachlässigte. Heute hat das Natürliche das Wahre aus der Schule herausgedrängelt, weil die Welt insgesamt einen Shift zum Aggressiveren mitgemacht hat. Das, was wir früher mit tiefer Ehrfurcht *Bildung* nannten, ist heute der *Erziehung zum Erfolg* gewichen. Ich will das hier nicht anklagen (obwohl es mich juckt). Ich will nur sagen: Das Wahre verschwindet mehr und mehr aus der gesamten Erziehung.

11.2.5 Ganzheit und Inspiration für das Wertvolle

Wenn ein wahrer Mensch etwas neues Wertvolles erfährt, dann nennt er es *Inspiration.* Eine Inspiration erfasst den wahren Menschen ganz, sie prägt sich als neue Erfahrung oder als neues Spüren im Herz in den wahren Körper ein. Das neuronale Netz passt sich die neue Erfahrung ein. Sie berechnet sozusagen alles bisherige Leben auf Grund dieser Erfahrung noch einmal neu. Wenn zum Beispiel ein wahrer Mensch ein Musikstück einer ganz anderen Kultur plötzlich körperlich ergreifend genießen kann, dann ist nach wenigen Tagen das Musikverständnis verändert. Die Intuition gibt nun andere Antworten auf die Frage: „Ist das Stück schön?" Der wahre Mensch integriert also eine Inspiration, während sie der richtige Mensch als neue Erfahrung der Liste aller bisherigen Erfahrungen hinzufügt. Der richtige Mensch weiß jetzt „mehr". Der wahre Mensch aber ist in gewissem Ausmaß über Nacht im Ganzen „ein anderer geworden".

Wenn wir also den wahren Menschen artgerecht erziehen wollen, müssen wir ihn anleiten, das Wertvolle erkennen und erfassen zu können und dann anschließend damit seine Intuition zu bereichern.

Man kann neuronalen Netzen auf Computern beibringen, zu entscheiden, ob ein Musikstück von Bach ist oder nicht. Man spielt einem Computer Stück für Stück vor. Jedes Mal entscheidet der Computer. Bach oder nicht? Je nach Antwort wird das Entscheidungsprogramm geändert. Neues Stückchen, ein paar Takte Musik. Der Computer entscheidet. Je nach Antwort wird das Programm verändert und so weiter. So geht es bei Computern! Warum geht es bei Computern? Weil wahre Menschen wissen, dass es bei Menschen so funktioniert. Neuronale Netze sind wie künstlich erzeugte wahre Menschen.

Wahre Menschen müssten nun einfach nach einer Art Ganzheitsmethode unterrichtet werden, wie sie beim Lesenlernen praktiziert werden kann. Diese „Methode" geht vom Ganzen aus. Die Schüler lernen dabei erst das Umfassende, dann die Teile und schließlich das Einzelne. Die Ganzheitsmethode zum Lesenlernen wurde schon Mitte des 19. Jahrhunderts erörtert und dann nach Ideen der Ganzheits- und Gestaltpsychologie praktikabel ausgearbeitet. (Gestaltpsychologen, die das Ganzheitliche des Menschen, seine „Gestalt", in den Vordergrund stellen, sind ganz offensichtlich *wahre* Menschen, die artgerechtes Lesen für wahre Kinder erfinden, die es aber nicht zahlreich gibt. Deshalb funktioniert diese Methode nicht *allgemein* bei Kindern und ist nach Versuchen in der Schule wieder abgeschafft worden. Klar: sie funktioniert bei den wahren Kindern.)

Wahre Kinder könnten vor allem erst mündlich das Dichten lernen, darüber das Aufschreiben und Vorlesen, dann das Lesen und Schreiben als Ganzes. Erst dann werden die Präzision, das Korrekte und Einzelne gelehrt. Wahre Kinder könnten über der Liebe zu gespürten schönen Sätzen zum Muttertag oder zu Weihnachten die exakte schriftliche Sprache „mitlernen". Sie lernen die Sprache erst intuitiv und später eben auch in der linken Hirnhälfte als Listen von Regeln oder Vokabeln. Wir haben hier zu Hause noch ein altes Wort-Memory-Spiel liegen, das alle vier-, fünfjährigen Kinder gegen alle Erwachsene nach einiger Zeit überlegen gewannen – ganz ohne lesen zu können.

Eine „Ganzheitsmethode" (*ganzheitlich* ist ein Lieblingswort des Wahren) zeigt dem wahren Kind Gedichte, Bilder, Eindrücke, Bauten, Spiele, Menschen in großer Masse und bespricht kurz, was gut oder schlecht daran ist. „Diese Kasperpuppe ist unsauber genäht und hier ist der Faden untauglich angebracht. Siehst du? Ist dieses Krokodil wahrhaft schön? Sehen so Krokodile aus? Wie würdest du eines haben wollen? Warum?" – „Hat dieser Politiker wirklich ernst gemeint, was er sagt? Wie sollten Minister denn sein?"

Dieses ganzheitliche urteilende Durchspielen entspricht der Methode, wie sie bei Computertraining auch benutzt wird. Nach und nach werden Bilder im weitesten Sinne gezeigt und durchgesprochen. Dann werden sie mit einem „Meister" – ja, am besten mit einem wertvollen Menschen – diskutiert. Und ich meine hier genau, was ich schrieb: *diskutiert*. Nicht: *erklärt*. Das neuronale Netz des wahren Menschen muss das Wertvolle selbst spüren und nicht als fotokopierte Liste in die Hand gedrückt bekommen. Das geschieht hoffentlich bei einem Dialog. Dann soll sich das Wertvolle wie eine Inspiration setzen. Dazu gehört insbesondere das Prinzip, dem wahren Menschen nun nicht alle Dinge dieser Welt systematisch zu zeigen („Es gibt folgende 50 Kasper-Puppenarten, die sich grob in fünf Klassen untergliedern lassen."). Nein, es werden dem wahren Menschen nur Inspirationen verabreicht. Diese Inspirationen muss das wahre Kind selbst in sich verarbeiten. Seine Intuition muss Zeit haben, die Inspiration persönlich zu verarbeiten. Diese Verarbeitung soll von einem Meister sanft diskutierend gelenkt werden. Wenn der „Neuronensturm" im Hirn des wahren Kindes abebbt, wenn sich also das neuronale Netz genug umstrukturiert hat, dann wird die nächste Inspiration verabreicht.

In der Schule wird kurz nach einer Inspiration oft wochenlang geübt, damit „es sitzt". Da weinen viele hochbegabte wahre Kinder fast ununterbrochen und wissen nicht, was sie in der Schule überhaupt sollen. Sie wollen schnell weiter! Sie wollen nicht üben!

Ich sage hier wieder nicht, ich sei gegen alles Üben. Aber das Üben ist für andere Menschen artgerecht, nicht für wahre. Wenn Sie zum Beispiel einen Mathematiker und einen Finanzkontroller im Wettbewerb normale Aufgaben rechnen lassen, dann ist der Finanzfachmann um Größenordnungen besser. Der Mathematiker versteht zwar, was zu tun ist. Es ist sogar „leicht" für ihn. Er kann es auch gut. Aber nicht schnell. Er übt ja nicht. Er versteht. Wenn die Aufgabe schwer ist, braucht der Mathematiker ebenfalls lange zur Lösung. Er arbeitet bedächtig. Der Finanzkontroller wird rasch entscheiden, dass er „es nicht kann". Er wird um Rat telefonieren oder in Büchern suchen, aber nicht im Gehirn, weil er dort (in seiner linken Hirnhälfte) nichts gefunden hat und aufgeben muss. Er ist nicht trainiert, die rechte Gehirnhälfte „brüten" zu lassen. Der Mathematiker kennt nämlich die Lösung der Aufgabe genau so wenig wie der Finanzfachmann. Er beginnt aber zu brüten. Die Intuition wirbelt die Neuronen auf. Irgendwann entspannt sich das grimmige Gesicht des angestrengt Brütenden und er ruft heiter und glücklich: „Ich hab's!"

Sehen Sie die Unterschiede? Der Finanzfachmann hat alles gelernt. Was er als richtiger Mensch kann, kann er exzellent gut. Was er nicht gelernt hat, kann er nicht. Das weiß er!

Der wahre Mathematiker kennt den Begriff „kann ich nicht" nicht wirklich. Es gibt Probleme, die er gelöst hat und solche, die er noch nicht gelöst hat. Intuitiv aber weiß er, welche Probleme je lösbar sein könnten. Das ist ein Haupttalent in der Wissenschaft – zu wissen, was möglich ist!

Den richtigen Menschen bringt man alle Methoden bei, wie Probleme zu lösen sind. Diese Methoden übt man. Was mit ihnen nicht geht, geht nicht.

Wahre Menschen müssen nur kurz inspiriert werden, Probleme zu lösen. Sie müssen vom Meister beim Lösen ganz leise überwacht werden, auf dass sie nicht ganz unsinnige Wege gehen. Der so genannte Mentor des wahren Kindes wird es auf Wertvolles hinweisen und mit ihm das Mögliche diskutieren. Sonst aber wartet der Mentor, was geschieht.

Keine Befehle! Keine exakten Ratschläge! Nur den Weg mitgehen und ein bisschen helfen, manchmal dem Verirrten Orientierung geben, manchmal einem Verzweifelten Mut machen. Oft sagt jemand bei mir: „Schau an, Gunter, was das wieder ein Mist ist!" Und ich sage: „Es ist *anderer* Mist als sonst. Du hast gelernt." – „Aber ich kann es noch immer nicht!" – „Solange du immer anderen Mist machst, verändert sich etwas. Erst wenn du still stehst und gar nicht weiter weißt, dann bedeutet das, dass du jetzt keine Denkfehler mehr machst. Dann ist das Lernen vorbei. Nun beginnt das Erschaffen."

Wenn Sie je eine Doktorarbeit geschrieben haben, dann kennen Sie das. Vom ersten Tag an haben Sie brillante Ideen, die sich leider samt und sonders als untauglich erweisen. Dann ebbt die Ideenflut ab. Schließlich kommen neue Ideen nur noch alle paar Tage. Irgendwann aber sitzen Sie lange mit einem Bleistift vor einem leeren weißen Blatt. Das ist die Hölle. Das ist das Ende – des Lernens.

Jetzt braucht der wahre Mensch eine Inspiration. Vom Mentor? Das ist eine Frage der Erziehung. Ich als Ihr Mentor würde finden, ich muss Sie an weißes Papier gewöhnen. Sehen Sie, irgendwann muss die echte Inspiration einmal aus Ihnen selbst kommen. Sie brüten selbst und dann erscheint etwas … und das sind irgendwie dann Sie ganz selbst, was da erscheint, als Produkt Ihres neuronalen Netzes, das in gewisser Weise eben Sie sind.

Das Lehren von Intuition beginnt mit dem Beibringen zur Evokation oder zum Herausrufen des Wertvollen. Der wahre Mensch geht mit staunenden und ganz weit offenen Augen durch die Welt und sucht das Wertvolle. Ein Motiv! Eine Kirche! Eine Kuh! Etwas nie Gesehenes! Bei dem Wort Kuh fällt mir ein, wie ich im Urlaub fünfzehn Minuten lang fotografiert habe. Johannes hat noch tagelang darüber diskutiert, weil er Durst auf der Wanderung hatte und schon ein Gasthaus zu hören war. Und dann muht plötzlich ein Motiv. Meine Frau wartete entnervt. Johannes forderte: „Nun drück ab!" – „Wir müssen auf *Sonne* warten! Die Wolke!" Ich wollte es wahrhaft schön haben, hinter mir ächzten aber ein richtiger und ein natürlicher Mensch. Ich bin sicher, meine Fotos wären prächtiger, wenn es nicht so viel Lebensenergie hinter mir gäbe (Abb. 11.4).

Abb. 11.4 Braune Kühe im braunen Wald (noch heute, 2013, werde ich immer wieder (!) von Johannes „damit aufgezogen")

Johannes hat einfach nur Kühe gesehen. Wir stritten. Er lachte, als ich ihm die Braunschattierungen zu bedenken gab. „Weißt du, wenn es nur *schwarze* Kühe gewesen wären, wäre es anders." Er wollte nichts Wertvolles gesehen haben. Johannes wurde gerade volljährig. Als er aber ganz klein war, rief er ständig im Auto: „Eine Kuh!" Da war sie noch ein Ruck für ihn.

Es kommt für mich bei der Intuition viel darauf an, die Kinderäugigkeit zu erhalten. Die Begeisterung, das Staunen, das Freche, Unbekümmerte …

11.2.6 Das Überleben des Lebens durch den Wahren

Wie überlebt er denn das Leben?

Ja, wie überleben Künstler, Liebende, Friedliebende, Wissenschaftler, Computerfreaks oder Hippies dieses Leben? „Give peace a chance", singt John Lennon.

Unsere Welt schreibt sich Liebe, Frieden und Wahrheit auf jede Fahne, weil diese Pseudosinne der Wahren sich auf Fahnen sehr hübsch machen. Wer aber wirklich philosophisch oder nach der Bergpredigt lebt, ist „merkwürdig" oder „zu weich". Das ist ein Problem für die Welt und natürlich ein Problem für die wahren Menschen! Die Welt müsste aufnahmebereiter sein. Die Wahren müssten eben doch „härter" sein können.

Die mangelnde Aggressionsbereitschaft bei Auseinandersetzungen mit fremden Machinae ist in der realen Welt für wahre Menschen in der Tat problematisch. Man

Abb. 11.5 Petra Steiner: Der Weg

sagt, Mathematiker wissen alles und tun aber nichts. Vor der Tat, sagt man, drücken sie sich. Nein! Sie drücken sich vor Auseinandersetzungen, ohne die eine effektive Tat wahrscheinlich nicht auszuführen ist. Pfarrer, sagt man, predigen Liebe. Aber sie kämpfen nicht. Es gab Gandhi, der es tat, aber tendenziell zucken die Liebenden zurück.

Ich versuche, das mir selbst und den IBMern, deren Mentor ich bin, immer wieder klar zu machen. Wenn der Wissende handelt, muss er mit Willen agieren, der oft mit der Wahrheit und dem Idealen kollidiert. Dann fühle ich mich schlecht – wenn ich Kompromisse zu Lasten des Idealen machen muss. Im Grunde habe ich aber doch wohl mehr Angst?! Liebende fühlen sich bei kraftvoller Tat oft schlecht, weil eine Großtat doch immer wieder einige Seelen knickt. Und über Seelen geht kein Liebender. Da erstarren sie.

Also müssen die Wahren das Aggressive lernen!

Oh, Ihr Richtigen, die Ihr das Aggressive allen verbietet! In Eurer Mitte gibt es Menschen, die es mühsam lernen müssen, um unter Euch zu überleben! Oh, ihr Systeme, die ihr gegen den Menschen kämpft! Manche verschwinden unter der Grausamkeit und wären so wertvoll!

Wir Wahren müssen uns auf den Weg machen. Oder die Welt macht uns weg.

Das wollte ich Ihnen einschärfen. Nun los! Gehen wir los! Manchmal wählt Petra Steiner weichere Farben. Da sitzt dann niemand temporär ohne Seele da. Da beginnen die Menschen den Weg.

Sie beginnen zu handeln. Sie packen hart zu.

Sie überleben das Leben. In die Ewigkeit (Abb. 11.5).

`Der Weg … ist am Ende einer Zeit entstanden, in der ich lange das Gefühl hatte, auf der Stelle zu treten. Ich befand mich in einer Situation, die mein Verstand längst verarbeitet hatte, immer und immer wieder, nur das Herz wollte und wollte mir nicht folgen. Das Außen sagt: „Nun zieh doch endlich mal einen Schlussstrich, das kann doch nicht ewig so weiter gehen." Das Innen steht dem ratlos gegenüber und fragt: „Und wie geht das? Ich habe es bereits so viele Male versucht und es hat nicht funktioniert. Es kommt immer wieder zurück. Sag mir doch, was ich tun soll und ich tu's." Natürlich kann mir darauf niemand eine Antwort geben, ich hatte es auch nicht erwartet. Am Ende versuche ich in solchen Situationen, nicht das Vertrauen in mich zu verlieren, und gehe einfach weiter, so gut es eben geht, so schnell ich eben kann. Immer im Glauben, dass es ein Teil meines Weges ist, und in der Hoffnung, dass sich der Knoten nach und nach lösen wird. Mit diesen Gedanken habe ich mich „dem Weg" angenähert und bin ihn, stets in treuer Begleitung „weiter", nicht zu Ende gegangen. Ich glaube nicht einmal, dass der Tod am Ende eines Weges steht.`

11.2.7 Laute Machinae und Menschen verstehen und lieben

Wahre Menschen lieben das Ideale und hassen deshalb die hässliche Welt.

Das ist eine übertriebene Wahrnehmung ihrer Machina. Die Pseudosinnrichtungen des wahren Menschen sind Wahrheit, Frieden und Liebe. Eine Welt, die davon voll ist, muss wundervoll für wahre Menschen sein! Deshalb wollen wir wahre Menschen solch eine Welt, obwohl wir wissen, dass die anderen Menschen eine normierte haben wollen oder eine, in der jeder alles darf.

Es wird keine Welt der Liebe, der Wahrheit und des Friedens geben.

Das habe ich doch jetzt langsam bewiesen.

Die wahren Menschen sind zahlenmäßig hoffnungslos unterlegen. Wenn sie es je schaffen, Wahrheit und Frieden zu schaffen, dann höchstens unter Gewaltanwendung und Inquisition!

Das ist alles Beta oder ein Aufzwingen fremder übertriebener Wahrnehmungen.

Wir als wahre Menschen müssen in dieser Welt Alpha-Quelle von Liebe, Frieden und Wahrheit sein und die anderen damit so gut versorgen, wie sie selbst es brauchen. Wir bekommen dafür Ordnung, Schutz, auch Kraft und Freude, wenn denn die anderen mitmachen und in den Quellenmodus umschwenken.

Wir wahren Menschen sollten also nicht unseren Pseudosinnen hinterher jammern und die anderen mit Bekehrungsversuchen nerven. Unsere wahren Ansichten sind nur *eine* Seite des Lebens. Und militante Bekehrung ist Beta.

Wenn wir Quellen des Wahren sind, leisten wir einen Beitrag zu einer Alpha-Welt, für die wir eher kämpfen sollten. Kampf des Wahren gegen eine Beta-Welt! Ja, da würden wir die anderen mitreißen können. Gehen wir also mutig hinein in die im wahren Sinne pseudosinnüberladene Welt. Mischen wir uns unter die lauten Machinae und bekehren sie zu Alpha. Das könnte gehen.

Aber hören Sie auf, das Laute und die fremden Machinae zu hassen.

Wenn Sie ein wahrer Mensch sind und die richtigen und natürlichen Machinae hassen, leiden Sie unter übertriebener Wahrnehmung. Sie sind dann selbst Beta, also reine Machina. Sie sind dann selbst verloren. Denn Sie hassen ja. Hass entsteht, wenn uns fremde übertriebene Wahrnehmungen aufgezwungen werden sollen. Hören Sie auf … Erst Sie. Wer soll sonst damit anfangen?

Beginnen wir die große Deeskalation.

11.2.8 Das Wahre nicht nur über den Zaun werfen – das ist nicht Quell genug

Es ist aber nicht so leicht, für das Wahre, den Frieden und die Liebe Quelle zu sein.

„Stell Dir vor, es ist Krieg, und keiner geht hin, dann kommt der Krieg zu dir." Das sind Bertolt Brechts berühmte Worte.

Stellen Sie sich vor, natürliche, kraftvolle Menschen wollen einen Krieg im Nahen Osten und die alte Kultur Europas geht nicht hin. Da kommt der Krieg doch irgendwie vorbei. (Eine makabre Pointe aus diesen Tagen: Deutschland hat sich bekanntlich dem Irakkrieg verweigert. Dadurch haben sich die Beziehungen zwischen den USA und Deutschland sehr verschlechtert, während der italienische Ministerpräsident in Anerkennung seiner vorbildlichen Haltung zu einem privaten Essen eingeladen wurde. Als erstes Zeichen einer Annäherung Deutschlands an die USA darf nun der deutsche Bundeskanzler erstmals wieder zu einem hastigen Arbeitsessen. Donnerwetter! Die Presse feiert den Wiederaufstieg Deutschlands. Die Presse fragt bange, wann denn Deutschland auch endlich in Camp David essen darf und später gar in Privaträumen. Wie sehr muss Deutschland zu Diensten sein, damit wir das endlich schaffen? Wenn wir ganz sicher wissen, dass wir privat essen dürfen und schön lange gestreichelt werden, sollten wir dann nicht doch? Krieg? Ich? Essen?)

Stellen Sie sich vor, hier steht die Wahrheit und keiner sieht sie an. Da ruft die Wahrheit: „Ihr Unwissenden!"

Stellen Sie sich vor, hier steht die Liebe und alle müssen zur Arbeit. Da ruft die Liebe von der Kanzel: „Alles muss Liebe sein!"

So ist das Überquellen nicht!

Frieden stiften ist nicht, sich dem Krieg zu verweigern.

Wahrheit leuchten lassen ist nicht, sie zu predigen.

Liebe strahlen lassen ist nicht, an Liebe zu appellieren.

Die wahren Menschen müssen heraus „aus ihrem Kasten". Sie müssen die Wahrheit mitten in den Strom senken, wo sie ein Fels in der Brandung ist. Sie müssen den

Frieden wie Gandhi in die Welt tragen! Sie sollen Liebe austeilen, die ansteckend angenommen wird.

Wahrheit wissen ist nichts gegen Wahrheit durchsetzen. Friedlich sein ist nichts gegen Frieden bringen. Liebesbekenntnis sind nichts gegen Liebe schenken.

Die meisten wahren Menschen predigen Wahrheit, Frieden und Liebe. Die anderen hören nicht zu. Predigten sind irrelevant, schon in der Kirche und in der Realität sowieso. Die wahren Menschen müssen also wirksame Methoden entwickeln, wie sie Quellen der Wahrheit, des Friedens und der Liebe sein können, von denen wirklich jemand trinkt. Es ist ja nicht so, dass die Restwelt Wahrheit, Frieden und Liebe nicht brauchen könnte oder nicht wollte, aber sie bekommt von den wahren Menschen im Grunde weder Wahrheit noch Frieden noch Liebe, sondern nur Feststellungen des Jammers. Die wahren Menschen schreiben vielleicht sogar jahrelang an philosophischen Trilogien, aber was bewirken sie wirklich? Was bewirken heute die Klöster und Universitäten?

Die wahren Menschen müssen sich engagieren. Die natürlichen Menschen nehmen sich ihre Freiheit. Sie lassen sich die Freude nicht nehmen. Sie lieben, was sie können. Die richtigen Menschen nutzen die Systeme, um als Gemeinschaft über die anderen zu triumphieren. Sie programmieren die Großcomputer, um die Systeme in Geschäftsprozessen zu verankern und unbesiegbar zu machen. Die wahren Menschen aber neigen zur Flucht. Das eben sollten sie lassen.

Wenn es gelänge, Menschen artgerecht zu erziehen, dann würden die Natürlichen ihren Lebensgeist in Stärke, Initiative und Freude umwandeln und der Welt und sich selbst dienen. Die Richtigen würden Systeme bauen wollen, die Heimat sind. Und die Wahren müssen nun aus den Elfenbeintürmen herauskommen und die guten Geister über allem herrschen lassen.

Ich gebe ein Beispiel aus meinem Alltag. Die IBM ist Mitte der neunziger Jahre hart an einem Absturz vorbeigekommen. Sie stöhnte unter falschen Firmenstrukturen und Milliardenverlusten. „Stoppt die Blutung!", soll der damals neue IBM-Chef Gerstner gerufen haben, als man seine Einschnitte in den IBM-Leib als zu hart empfand. Erst den Blutabfluss stoppen! Dann sehen wir weiter! Heute blüht die IBM wieder, aber die alten Mitarbeiter fühlen noch, dass „es damals schöner" war, vor dem Fast-Crash. „Wir" sind wieder da, aber die Kultur von damals ist auch irgendwie noch als Verlust zu buchen. IBM war immer „Big Blue", die großartigste Company der Welt. Davon ist etwas verloren gegangen. Unser neuer Chef, Sam Palmisano, hat nun verkündet, er wolle wieder eine „great company" haben. (Das sagt *jeder* Firmenchef, der etwas auf sich hält: „Wir sind die Größten mit den besten Mitarbeitern und den zufriedensten Kunden! Wir wollen es zumindest in sechs Monaten sein!") Im Grunde will die IBM also wieder mehr „das Wahre" und „die Stärke und Freude" propagieren. Wie aber geschieht es? Wie geschieht es? Mit Predigten geht es nicht!

Im Grunde muss das Wahre doch mit System und Logistik der Allgemeinheit nahe gebracht werden. Wie sonst? IBM hat viele Tausende Freiwillige bei IBM zu einer groß angelegten Wertediskussion gebracht („Value Jam" im Internet). „Wir Mitarbeiter" geben uns eine neue Verfassung. Das Selbstverständnis der IBM und das Geschäftsmodell werden diskutiert und angepasst. Die Executives werden nach

Abb. 11.6 Petra Steiner, unbenannt

und nach zu einwöchigen Aufenthalten an der Harvard Business School zusammengezogen, um mit solchen Fragen zu ringen.

Ich weiß ja nicht, wie es in ein paar Jahren sein wird. Egal. Ich bin selbst ganz fasziniert von der logistischen Kompetenz der Firma, eine riesig große Organisation vom Willen zum mehr Wahren und zur Stärke flächendeckend zu durchdringen. Zum Wahren mit Willen und System? Darüber sollten wir Wahren länger nachdenken, wie das geht. Nicht immer nur zweifeln, ob das geht. Wir sollten lernen, wie das geht. Wir sollten es tun.

Es hilft dann wohl nichts, wir müssen uns mit Systemen befassen und mit dem prozessuralen Schritt-für-Schritt-Denken der richtigen Menschen. Wahre Menschen hören schnell nach der Idee auf. Sie bauen noch einen Prototyp, ein Modell, einen Feldversuch, der ihnen Recht gibt. Aber dann zucken sie vor der flächendeckenden Tat zurück. Der Prophet einer neuen Religion soll plötzlich eine Kirchenorganisation bauen. Der Altarkünstler eine Kirche drum herum. Der Erfinder muss einen Konzern gründen und führen. Und da sagen die Wahren: „Ihr Richtigen und Natürlichen, macht Ihr das mal." Das hieße, das Wahre über den Zaun werfen, hinter dem es noch angstvoll kauert.

Das ist nicht Quell genug.

Das Wahre muss sich auch am Ende organisieren und stark sein, nicht nur wahr.

Wir verlangen vom artgerechten Richtigen eine Heimat, vom Natürlichen viel Kraft für die Allgemeinheit. Die Wahren müssen nun aus dem Unterholz heraus und Licht bringen. Sonst sind sie wahrlich nicht artgerecht erzogen.

Das Wahre bringt Licht und schlägt Wellen in Menschen! Das ist wohl in dem Bild verborgen, das in meinem Zimmer hängt. Von Petra Steiner nach Heike Ribkes Vorschlag gemalt (Abb. 11.6).

Die erdigen, satten, tiefen Farbtöne im Bild verkörpern das Menschliche, die hellen, leuchtenden, strahlenden Töne das Göttliche. Nun kann das Menschliche den Hauch des Göttlichen einatmen und Spuren dessen in sich tragen, die beiden werden jedoch niemals im Sinne von „Verschmelzung bzw. Vermischung" eins sein, sondern die Kraft wächst aus „dem sich einander Ergänzen" und zeichnet ein sich unaufhörlich in Bewegung befindliches Ganzes.

Kapitel 12
Gott existiert, ob es ihn gibt oder nicht

12.1 Fast alles ist höher als alle Vernunft

12.1.1 Eine E-Mail

Marc Pilloud dachte gerade über *Omnisophie* nach und schrieb mir eine E-Mail.

Guten Tag Herr Dueck …

Bin jetzt beim Unterschied Gefühle-Denken …

… wird wohl noch dauern, bis ich es intuitiv verstanden habe.

Da war nur so eine Idee, die aufgeblitzt ist, vielleicht haben Sie das ja auch schon selbst gedacht …

(Kommt sicher im nächsten Kapitel, ist mir schon oft passiert :-) sollte warten mit schreiben und zuerst fertig lesen …) Schrieb jetzt trotzdem …

Wäre es nicht denkbar, dass es maximale Optima im neuronalen Netz gibt, die keine direkte Repräsentation in der Außenwelt haben. Die aber zur „Berechnung" nützlich sind und die Wege verkürzen. Ich stelle mir das so vor, wie die imaginären Zahlen, eine Methode die uns erlaubt, Dinge zu berechnen, die „imaginär" sind, also keinen direkten Bezug zur „realen" Welt haben, dessen Projektionen jedoch richtige Resultate in der realen Welt zeigen. (Das ist meine Vorstellung als nicht Mathematiker von „imaginären" Zahlen.)

Oder in der Computergrafik, wo man aus Einfachheitsgründen mit 4 Dimensionen rechnet (damit alles mit Matrixmultiplikation erledigt werden kann) und am Ende wird projiziert in 3-D.

Ich glaube hier streiten sich viele Menschen, weil sie keine Unterscheidung zwischen subjektiver (innerer) und objektiver (äußerer) Betrachtung machen. In der inneren

DOI 10.1007/978-3-642-34877-8_12, © Springer-Verlag Berlin Heidelberg 2013

Welt kann ich auch mit erweiterten „imaginären" Dimensionen arbeiten, solange ich nicht den Fehler mache, diese mit der äußeren Realität zu verwechseln, und lerne sauber zu projizieren.

Und vielleicht gibt es in der subjektiven-intuitiven inneren Welt tatsächlich „imaginäre" Optima oder so was. :-)

Für mich ist das ein bisschen so wie in The Matrix.:-) Oder so ähnlich.

Ich vermute, dass wir keine Unterrichtsmethode für unsere „neuronale Netze" kennen. Da sie subjektiv sind, wurden sie meist autodidaktisch oder „one to one" trainiert. Vermute, dass es einen „Meister" benötigt, der einen durchs Tal zu einem anderen optimalen Maximum führt.

OK … dieser letzte Abschnitt ist wirr … braucht noch BeDenkZeit.

Freundliche Grüße

Marc Pilloud

PS: Und wenn Sie irgendwann von irgendeinem Projekt hören, bei dem versucht wird, eine Lernumgebung für intuitives Denken mit VR zu realisieren oder so ähnlich …, da wär' ich wirklich dabei.

Leider steht das, was Marc Pilloud erwartete, *nicht* im nächsten Kapitel der *Omnisophie*. Es war mir nämlich selbst damals gar nicht so klar. Als diese Mail kam, blitzte es auch einmal durch mein eigenes neuronales Netz.

„Sic!" Genau so!

Ich hatte mir den Menschen zu konstruktiv real vorgestellt. Das ist er auch, aber nicht so sehr.

Sehen Sie: Die Vorstellung von einem Osterhasen prägt uns für einige Wochen im Jahr. Wir lachen und freuen uns, wenn die Kinder in der Sonne die Eier nicht finden. Unsere Kinder wollten bis ins hohe Alter Eier suchen, als ihnen ganz sicher schon klar war, wo der Hase wirklich läuft. Und ich sang ihnen die Verse von Insterburg & Co.: „Wenn der Osterhas' Durchfall hat, gibt's Rührei in der ganzen Stadt." Als Anne klein war, war sie um keinen Preis von ihrem Schnuller zu trennen. Pure Gewalt wäre zu invasiv gewesen und hätte ihre seismografischen Wahrnehmungsschwellen über Eltern im Allgemeinen verändert. Da wünschte sie sich im Selbstgespräch eine Tüte Gummibären vom Osterhasen. Ich sagte später beiläufig, dass der Osterhase mit mir gesprochen hätte und gerade unbedingt einen Nuckel für sein Häschen brauchte. Dafür würde er ziemlich viele Süßigkeiten zahlen. „Auch eine Tüte Gummibären?" – „Ich denke schon. Vielleicht sogar eine große. Ich rede mit ihm." – Am nächsten Tag konnten wir Anne bestätigen, dass der Osterhase mit dem Deal einverstanden war. Sie sollte den Nuckel am Abend vor die Terrassentür legen. Sie legte ihn sofort dorthin und wartete. Am Nachmittag hatte sie den Nuckel aber wieder im Mund. Sie war unsicher geworden. Sie legte ihn probehalber wieder hin, nahm ihn wieder. Es wurde eine Zerreißprobe. Meine Frau war nahe dran, Ratschläge zu geben, ich war mehr für Loslassen (richtig – wahr). Fünf Minuten vor dem Schlafengehen lag der Nuckel da. Uff! Schnell lange vorlesen! Am Morgen fand Anne seeehr viel Gummibären. Wir warteten, was geschähe. Es blieb ruhig. Zehn Tage später maulte sie, ob man den Hasen nicht fragen könnte, ob… „Ach, Anne, nun lass das Häschen doch." So war die ganze Geschichte.

Anne war alt genug. Sie hätte fordern können, einen neuen Nuckel zu kaufen. Das tat sie nicht. Warum nicht? Ist da etwas Heiliges über Verträge, über einem gegebenen Wort? Etwas Heiliges über dem Osterhasen und seinem Häschen? Ist das Heilige nicht auch heilend, weil es den notwendigen harten Nuckelentzug so sanft gestalten konnte? Das Unwirklich-Wirkliche dieser Nacht hat keinen Bruch in Annes Seismografensystem verursacht. Es gab keinen schneidenden Ton, keine wirklichen Entzugsgefühle, eher Gedanken an das Häschen. Der Nuckel war nicht im Mülleimer, sondern diente weiter dem Guten. Kurz: Alles hatte seinen Sinn.

Ist das ein gutes Beispiel? Marc Pilloud sagt, es gäbe Erscheinungen, die keine Repräsentation in der realen Welt haben, aber zur Berechnung des Guten die Wege verkürzen. Nicht nur *verkürzen*! Der winzig kurze Berechnungsweg über den Osterhasen vermeidet die Schmerzen, die die harte Vernunft oder eine Konfrontation mit sich brächte. Die Gummibären symbolisieren fast eine Abschiedsfeier, nicht wahr? Abschiede sind harte Brüche, die wir durch Feiern, Polterabende und Küsse lindern. Der Bruch darf die Erinnerung nicht verderben. Es wäre schön, die Scheidung ginge einfühlsam vonstatten, man ginge als Freund auseinander. Später gibt es also manchmal Rosen statt Gummibären, oder Drachenfutter, wie man so nett in anders gelagerten Fällen sagt.

Und kann es nicht sein, dass wir in uns sogar Berechnungssysteme haben, die nicht nur zum Beispiel ein Überbewusstsein bilden, wie es sich indische Gurus vorstellen, sondern die einfach *über* dem Bewusstsein uns regieren? Von denen wir nichts wissen? Nur ahnen? Kierkegaard zerbrach sich endlos den Kopf über diese Worte aus der Genesis:

> Und er sprach: Nimm Isaak, deinen einzigen Sohn, den du lieb hast, und gehe hin in das Land Morija und opfere ihn daselbst zum Brandopfer auf einem Berge, den ich dir sagen werde.
> Da stand Abraham des Morgens früh auf und gürtete seinen Esel und nahm mit sich zwei Knechte und seinen Sohn Isaak und spaltete Holz zum Brandopfer, machte sich auf und ging an den Ort, davon ihm Gott gesagt hatte.

Das Beispiel mit Anne ist das profanste, das ich erzählen konnte. Dies hier ist das heiligste. Wir werden regiert durch etwas, was höher ist als alle Vernunft. Wenn wir es nur zulassen würden! Kierkegaard will das Mysterium mit seinem philosophischen Bewusstsein lösen und scheitert im Grunde am „Glaubensparadox".

Im Hildebrandlied, der einzigen überlieferten alten deutschen Heldendichtung, treffen sich Hildebrand und Hadubrand als Anführer gegnerischer Heere. Hildebrand fragt nach Namen und Herkunft und merkt schnell, dass er seinem Sohn gegenübersteht, der wiederum seinen Vater irrtümlich tot weiß. Hildebrand versucht zu erklären, erntet aber nur Zorn über einen Betrugsversuch bei Hadubrand.

Da muss Hildebrand seinen Sohn töten, damit er seine Ehre rettet. Es kommt zum Kampf, das Liedfragment bricht ab.

Nun wissen wir leider das Ende nicht, es muss erst in einem Hollywoodfilm verraten werden. Ich will sagen: Wir normale Menschen verstehen den Fall. Es gibt einerseits die Vaterschaft und andererseits die Ehre. Die Ehre hat als quasi unendliche Größe eine höhere Priorität und steht über der Vaterschaft. Die Vaterschaft als solche ist auch im Wesentlichen unendlich, aber nicht so sehr. Wir haben hier also keinen echten Konflikt, weil die Ehre klar höher steht, aber die geforderte Lösung ist von der Seele unendlich schwer zu ertragen. Wir sehen menschliche Tragik in größtmöglichem Ausmaß. Der Vater ist ganz zerrissen und tut seine Pflicht. Wenn er seinen Sohn am Ende tötet (angenommen, er tötet ihn), dann wird seine Seele fortan bluten. Hat er eine Frau zu Hause? Ich stelle mir vor, ich komme nach Hause, nachdem ich Johannes gekillt habe, um meine Ehre zu retten. „Moni, ich kann noch von Glück sagen, dass ich nicht selbst dran glauben musste, denn er ist eigentlich viel stärker als ich. Wie ständest du im anderen Fall da?"

Dreht sich in Ihnen jetzt der Magen um? Ich hoffe es. Das wollte ich.

Wirkt es noch?

Und nun lesen Sie ganz, ganz ruhig diese Zeilen – langsam – Wort für Wort:

> Da stand Abraham des Morgens früh auf und gürtete seinen Esel und nahm mit sich zwei Knechte und seinen Sohn Isaak und spaltete Holz zum Brandopfer, machte sich auf und ging an den Ort, davon ihm Gott gesagt hatte.
>
> [...]
>
> ... und reckte seine Hand aus und fasste das Messer, dass er seinen Sohn schlachtete.

Verstehen wir normale Menschen *dies*? Abraham geht und tut wie geheißen. Nichts weiter. Keine Klage, kein Zeichen von Zerrissenheit. Er geht den Weg. Unbegreifliches Tao. Er geht den Weg Gottes. Kraft des Glaubens.

Hildebrand wirft keine Machina an. Nichts ist Beta. Es ist nur eine große Tragödie. Hildebrand und Hadubrand agieren wie reine Helden. Alles Alpha.

Abraham aber ist höher als alle Vernunft. Es muss so etwas wie Theta-Seelen geben. Abraham ist mit sich eins. Es gibt kein Abwägen, keine Tragik, kein Zögern, kein Bedauern, kein Zürnen oder Nachfragen bei Gott. Da ist kein Konflikt zwischen Geist und Seele, zwischen Wille, Weh oder Pflicht. Abraham handelt wie Gott selbst. Gott hebt das Messer und senkt es wieder. Gott weiß nun, dass Gott in Abraham ist oder Gott Abraham. Eins.

Kierkegaard denkt im Werk *Furcht und Zittern* lange über Abraham nach. Abraham glaubt. Kierkegaard würde gerne glauben, sieht aber den Übergang zum Glauben wie einen Sprung ins Nichts. Will er springen? Den Verstand aufgeben? Er schreibt:

> Ich vermag die Bewegung des Glaubens nicht zu machen, ich kann die Augen nicht schließen und mich vertrauensvoll ins Absurde stürzen, es ist mir eine Unmöglichkeit, aber ich rühme mich dessen nicht. [...] Gottes Liebe ist für mich, sowohl im direkten als in umgekehrtem Verstande, der ganzen Wirklichkeit inkommensurabel. Ich bin nicht feig genug, deshalb zu jammern und zu klagen, aber auch nicht hinterhältig genug zu leugnen, dass der Glaube etwas weit Höheres ist.

Kierkegaard vermag es nicht! Es ist mir nicht so ganz klar, wie er das meint: „Ich kann die Augen nicht schließen." Man sagt: „Ich möchte mich erschießen, aber ich vermag nicht abzudrücken." – Das ist für mich anders, als wenn man sagt: „Ich kann nicht wie ein Vogel fliegen." Dieses ist gegen die Naturgesetze und jenes gegen die eigene Angst. *Will* er nun nicht oder weiß er, dass er nicht *kann*? Nie können wird? Seine Allwissens-Machina hat ihn besiegt. Sie ist seine „Krankheit zum Tode": Hyperreflexivität. Das wunderbar Höchste und das Zerstörendste liegen in ihm genau an demselben Punkt. Sein Denken seziert alles, auch sich selbst.

12.1.2 „Nur" Leitmotive: Identifikationen und Visionen

Die meisten Menschen gehen nicht einfach ihren Weg wie Abraham. Sie haben ein Ziel. Sie sehen auf die nächste Sprosse der Karriereleiter, sie träumen Lebensvisionen für sich und ihre Nachkommen: „Kind, ach wie schön wäre es, wenn Du erreichst, was ich nie vermochte!" Sie identifizieren sich mit Stars, Vorbildern und ahmen nach. Sie übernehmen Rollen im Beruf und in der Familie und füllen sie aus. Sie lösen ein wissenschaftliches Rätsel oder entwickeln etwas als Erste.

In der Wirtschaftswelt ist es wichtig, klare Ziele zu haben, deren Annäherung ständig nachgemessen wird. „Plus 10 %!" heißt eines der wichtigsten Ziele. Das wichtigste Ziel in dieser Zeit ist das Gewinnen des ersten Preises.

Ich bin die Nummer eins!

Wer nicht die Nummer eins ist, ist nur eine Nummer unter vielen. Er vergleicht sich nervös und neidisch allezeit.

Ziele, Leitmotive, Beförderungen und Vergleiche erzeugen viele Betawellen in unserer Zeit!

Darüber habe ich schon so viel geschrieben! Hier erinnere ich nur daran.

Ziele, Visionen, Identifikationen, neue Rollen und Aufgaben … sie sind mehr oder weniger konkret. „Je konkreter, desto Beta."

12.1.3 Der Durst nach dem Übersinnlichen

Auf der ganz anderen Seite sehnen sich die Menschen ganz unbestimmt nach irgendwelchem Höheren. Das Höhere ist in Abraham, aber niemand sieht es dort.

So fiebern wir beim Lesen von Masaru Emotos Büchern über die geheimen Wirkungen des Wassers. Speichert Wasser Wissen? Emoto begann, Wasser in kleinen Mengen in Schälchen zu gefrieren und die Kristallstrukturen unter dem Mikroskop zu fotografieren. Es sind viele Formen zu beobachten! Unreines Wasser zeigt hässliche Strukturen, reines himmlisch schöne. Emoto hat Wasser untersucht, das beschimpft wurde oder dem man Kammermusik von Mozart vorgespielt hatte. Immer fand er dies: „Das Böse" wirkt zerstörerisch auf Kristalle, „das Gute" erzeugt wundervolle Strukturen. Wenn Emoto vorträgt, sind auch in Deutschland die Säle voll. Menschen fiebern: Hat Wasser eine geheimnisvolle Macht?

Rupert Sheldrake zieht uns mit seinen Theorien in den Bann. Er erklärt uns das rätselhaft Ganzheitliche in der Natur mit der Resonanz „morphischer Feldern", die in uns so etwas wie einen siebten Sinn entstehen lassen. In morphischen Feldern wird eine Art Gedächtnis des Ganzen postuliert, das uns alle in gemeinsamer Resonanz schwingen lässt. Sind wir Menschen dann auch geheimnisvoll verbunden. Sie und ich?

Und wenn nun das Wasser etwas weiß – und wenn nun morphische Felder über uns schweben – was dann? Wir ahnen dumpf, dass es eine bessere Welt geben könnte. Es ist richtig aufregend, wenn Mokka Müller im Buch *Das vierte Feld* schon Konsequenzen im Wirtschaftsumfeld aufzeigen kann.

Menschen lieben es heute, wenn uns die Naturwissenschaft ein Wetterleuchten am Horizont zeigen kann. Wir dürsten nach einem Mehr in unserem Leben. Könnten wir ein Überbewusstsein haben? Gibt es nicht doch Gedankenübertragung? Sehen wir denn nicht an den EEGs von meditierenden Gurus, dass diese sich dauerhaft im Alphawellenbereich aufhalten können und sogar in sich Thetawellen zu erzeugen vermögen? Gibt es wirklich Menschen mit einer Aura, einem weit spürbaren Charisma, einer Ausstrahlung? Worin besteht die? Können wir im Grenzsport Grenzerfahrungen machen? Können wir durch eigene somatische Schulung weiterkommen? Durch NLP? Durch Biofeedback-Training? Durch Hypnose? Was können wir von Schamanen, taoistischen Mönchen, indianischen Läufern lernen, von Hungerkünstlern und lebendig Begrabenen? Was erleben Yogis und Mystiker? Was ist Ekstase? Gibt es Fernsuggestion? Bilokation?

Ich will jetzt nicht das Esoterische, Absurde und Ernsthafte in einem einzigen Topf umrühren und einen Brei erzeugen. Ich möchte nur sagen, dass uns das Geheimnisvolle so sehr anzieht.

Immer ist da so eine Resonanz in uns: „In uns muss mehr sein als das Leben."

12.1.4 Viel mehr mögliche Körper als mögliche Fragen!

Wäre es nicht denkbar, dass es in unserem Gehirn große, umfassende Strukturen gibt, die keine erkennbare Repräsentation in der Außenwelt haben? So fragte Marc Pilloud. Ich will eine positive Antwort begründen.

Achtung: Ich schreibe das Folgende nur für den wahren Menschen und dessen Intuition. Ich weise immer relativ kurz darauf hin, wie die analogen Argumente für die anderen Menschenarten lauten. Nehmen Sie die Konzentration auf das Wahre nicht zum Anlass, zu denken, für die anderen Menschen gelte das alles nicht. Es würde langweilig, wenn ich alles drei Mal durchginge.

Wenn neuronale Netze oder Gehirne lernen, dann optimieren sie sich im Innern. Es bilden sich ungeheuer komplexe Strukturen aus, die „intuitiv wissen".

Mehr ist zum Leben ja nicht verlangt. Es reicht ja, wenn wir gute Entscheidungen treffen können. Wir müssen streng genommen nicht wissen, warum unser Gehirn so oder so entscheidet. Wir vertrauen einfach auf die Intuition.

Die richtigen Menschen aber leben mehr nach Regeln und Ordnung. Sie brauchen eine Begründung für eine Entscheidung. Sie haben natürlich auch eine Intuition, aber sie trauen mehr den Regeln der Gemeinschaft. Und da fragen wir Menschen immer wieder: Warum soll dies und das richtig sein? Wir fragen die Weisen: „*Warum* sagt deine Intuition, dies und jenes sei gut?" Da beginnen die Weisen zu philosophieren, worin die Gründe bestehen könnten.

Vom intuitiven Standpunkt her könnte ich sagen: „Ich weiß vieles."

Wenn ich aber nach dem Warum frage, sehe ich schnell: „Ich weiß, dass ich nichts weiß."

Ich behaupte hier wie in *Omnisophie*, wo ich gründlicher in der Darstellung war: Die neuronalen Netze bilden nach langer Lernzeit immer bessere Entscheidungsstrukturen heraus. Diese Strukturen entstehen aus einem normalen Leben in einer normalen menschlichen Kultur. In gewisser Weise entstehen sie also überall auf der Welt und in allen Menschen gleichartig. Wir leben zwar nicht in denselben Kulturen und unter denselben Bedingungen, aber die neuronale Struktur ist gleich und kommt im tiefen Grundsatz zu immer gleichen Konstruktionsprinzipien, etwa „Das Symmetrische ist schön." – „Ordnung ist schön." Solche Prinzipien entstehen eben in mathematischen Strukturen am schnellsten. Wir können uns die Welt in solchen regelmäßigen Formen leichter merken. Unsere Vernunft konstruiert also erst einmal eine Ordnung in die Welt hinein. Richtige Menschen unterhalten sich untereinander dauernd über die beste Ordnung und einigen sich auf Systeme. Die wahren Menschen denken viel länger nach, weil sie mehr außen stehen und die Welt auch in ihren Widersprüchen beobachten (Unwissen, Unfrieden, Hass). Wenn sie dann lange Zeit über der Welt brüten, bilden sich aus den normalen Denkstrukturen immer feinere, die dann langsam im Unsagbaren verschwinden.

Der Instinkt ist am schnellsten, er sieht die erforderlichen Reaktionen.

Der Verstand sieht die besten Lebensregeln und versucht, die Welt entsprechend zu gestalten.

Die Intuition spürt nach langem Umwälzen der Welt im Herzen die hohen Prinzipien des Guten. Sie spürt sie ganz tief innen und kann sie weniger und weniger mitteilen, weil sich die intuitiven Urgründe langsam der Sprache entziehen. Das Intuitive spürt aber innerlich genau, dass es auf dem richtigen Weg ist. Es weiß, es sollte diesem Weg folgen, den es in sich spürt.

Jetzt ringe ich nach Worten. Hier beginnt ja das Unsagbare. Von außen gesehen: Ich sehe eine neuronale Struktur, die so wunderbar ausgebildet ist, dass sie „weiß". Dann aber muss ich ihr folgen und kann nicht mit ihr argumentieren!

Ein profanes Beispiel: Angenommen, wir bauen einen fiktiven Computer (das ist sehr bald real möglich), der fast immer oder sogar immer im Schach gegen jeden Menschen gewinnt. Nehmen wir an, er könnte alles auf 100 Doppelzüge im Voraus berechnen. Da die meisten Partien kürzer sind, „weiß" der Computer das Ende. Er kann quasi in die Zukunft sehen. Wenn wir ihn nun im dritten Zug fragen, warum er den C-Bauem zog – was kann er dann sagen?

Es würde bis ans Ende aller Zeiten dauern, die Antwort zu geben. Eine richtige Antwort auf diese Frage ist (so glaubt man) fast so lang wie die Aufzählung aller möglichen Züge. Eine ungefähre Antwort wäre aber zu ungenau?!

Noch ein Beispiel: Ihr dreijähriges Kind fragt: „Was ist das, Mehrwertsteuer?" Hoffentlich wissen Sie das. Was sagen Sie dann? Ich kann es mir denken: „Das verstehst du noch nicht." Sie sehen nämlich keine Möglichkeit mit einem kleineren Computer schwere Fragen zu diskutieren. „Warte, bis du groß bist." Sie warten, bis der andere Computer Ihr Niveau hat. Später heißt es dann: „Papa, Mama, ihr versteht es nicht." Ihr Kind hat jetzt Abitur.

Ich will also nur sagen, dass wir in der Intuition viel mehr wissen können, als wir zu erklären vermögen. Der geniale Schachspieler fühlt den besten Zug. Wenn er die Intuition begründen will, beginnt er Zugfolgen zu berechnen und ein Für und Wider zu diskutieren. Damit aber kommt er nicht weit. Intuition kann weiter denken, aber nicht begründet werden. Man muss ihr vertrauen. Viele Philosophen fragen, woher die Ideen kommen. Das ist doch klar! Aus der Intuition. Aber wie geschieht das? Das ist wieder eine unzulässige Frage, weil die wirklich tiefe Intuition nicht mit Worten beschreibbar ist. Das Prinzip ist: Die Intuition kann sagen, was sie meint. Wenn sie aber den Grund sagen sollte, müsste sie eine Aussage über sich selbst treffen und die ist schwierig. Sie ist nicht unmöglich, aber zu lang! Der Schachcomputer kann selbst beweisen, dass er gewinnen wird, wenn er nur alle möglichen Zugfolgen demonstriert. Es geht, aber nur in Trillionen Jahren.

Das ist mein Hauptargument: Man kann Gründe nennen, aber die Erklärung ist so lang, dass unser Leben im Leben nicht reicht, sie entgegenzunehmen. Gott ist da, aber zu groß, um ihn zu verstehen. Es ginge im Prinzip, aber nicht in unserem Leben. Das klingt Ihnen sicher zu spekulativ, wenn Sie nicht Schach spielen. Daher komme ich Ihnen jetzt mit ein bisschen Logik. Anne sagt, sie versteht es so. Carmen Bierbauer und Martina Daubenthaler ebenfalls. Sonst hätte ich es neu geschrieben. Dann schaffen Sie es jetzt sicher auch selbst, zwei bis drei sehr trockene Seiten aufzunehmen. Wenn nicht, müssen Sie glauben. Ich meine, Sie verwirken das Recht, hinterher sagen zu dürfen: „Das glaube ich nicht."

Stellen wir uns die Intuition oder ein Orakel so vor: Es ist eine Maschine, der wir eine Ja-Nein-Frage mit höchstens 100 Zeichen aus dem Alphabet zeigen können. Auf jede Frage gibt die Intuition eine Antwort. Sie lautet Ja oder Nein.

Es gibt 26 Buchstaben, also insgesamt 26^{100} verschiedene Fragen.

Jetzt denken wir nach, wie viele mögliche „Intuitionen" es gibt. Die Intuition gibt ja nicht bei allen Menschen die eine einzige richtige Antwort, sondern jeweils eine eigene intuitive. Jeder Mensch hat eine andere Intuition. Jeder Mensch antwortet anders. Nehmen wir die erste der 26 hoch 100 Fragen. Manche Menschen beantworten sie mit Ja, andere mit Nein. Es gibt diese zwei Sorten. Bei der nächsten Frage gibt es wieder zwei Möglichkeiten. Bei der dritten wieder. Insgesamt gibt es also

2 hoch 26^{100}

verschiedene „Antwortmaschinen", oder für Mathematiker: Es gibt so viele Funktionen vom Frageraum in den Antwortraum, der nur aus zwei Elementen besteht.

Es gibt also sagenhaft viel mehr mögliche menschliche Intuitionen als es Fragen gibt. Es gibt mehr Antwortmechanismen als Fragen, viel, viel mehr! „Unendlich" viel mehr. Es gibt also „unendlich" viel mehr mögliche Menschengehirne als Fragen. Und es gibt schon fast „unendlich" viele Fragen. Ich will nur sagen, dass die Größenordnungen der möglichen Fragen und der möglichen Menschen extrem unschiedlich sind.

So. Jetzt betrachten wir die Frage: „Ist dein Leben halbwegs sinnvoll?" Darauf soll die Intuition eine Antwort geben. Nur zwei Antworten sind zugelassen. Ja oder Nein. Ich frage jetzt Sie: „Ist Ihr Leben halbwegs sinnvoll?"

Ha, ich weiß, da winden Sie sich. Sie wollen zuerst nicht antworten und kommen mir mit so Wischi-Waschi wie „Wie ist das gemeint?" und „Kommt darauf an, wie man es sieht." Es kommt mir aber nicht darauf an, wie man es sieht, sondern darauf, wie *Sie* es sehen. Ja oder Nein?

Angenommen, Sie antworten. Ja oder Nein.

Dann frage ich Sie hinterher: *Warum* haben Sie so geantwortet? Was sind die Beweggründe?

Legen Sie nun das Buch zur Seite und überlegen Sie eine Weile, was Sie mir sagen werden.

Haben Sie's? Ich habe mir inzwischen einen Kaffee vom Automaten geholt. Also: Warum ist Ihr Leben halbwegs sinnvoll oder nicht?

Ihre Antwort muss eigentlich sein: „Also dann muss ich Ihnen erst einmal kurz mein derzeitiges Leben und meine Lage erklären, Herr Dueck. Sie können mich sonst gar nicht verstehen, wie ich zu dem Urteil komme. Also: Meine Urgroßeltern kamen aus dem Ausland …"

Fühlen Sie nun, dass es einen großen Unterschied gibt? Ihre Intuition kann spontan Ja oder Nein sagen. Sie ist eine Art Orakel, das auf jede Frage ein Gefühl zurückgibt. Ja oder Nein. Wenn Sie aber sagen sollen, warum die Antwort aus Ihrer Sicht so richtig ist, müssen Sie praktisch Ihr Leben ausbreiten. Ich will darauf hinaus: Die Begründung, warum Ihr Leben sinnvoll ist oder nicht, ist ungefähr so lang wie eine Erzählung Ihres ganzen Lebens. Die Begründung besteht im Wesentlichen aus Ihnen selbst oder zumindest aus einem großen Teil von Ihnen. Sie müssen sehr viel über sich selbst sagen, weil die Antwort sich ja sehr auf Sie selbst und keinen anderen bezieht. Klar?

Ich will sagen: Die Antwort, warum Sie mit Ja oder Nein antworteten, ist fast Ihr ganzes Leben.

Das aber bedeutet: Die Antwort ist fast ebenso lang wie die Antwort auf die Frage: *Wer sind Sie?*

Angenommen, es gibt wirklich 2 hoch 26 hoch 100 verschiedene Menschen. Und ich soll hinschreiben, wer *Sie* sind. Dann muss ich das wohl so machen. Ich liste die 26 hoch 100 Fragen der Reihe nach auf und schreibe daneben, ob Sie jeweils diese Frage mit Ja oder Nein beantworten. Ich schreibe mir also nur Ihre Antworten der Reihe nach auf:

„Ja, ja, nein, nein, ja, ja, nein, …“ Insgesamt 26 hoch 100.

Dann weiß ich, dass ich Sie jetzt genau beschrieben habe. 26 hoch 100, das ist eine lange Antwort, nicht wahr? Im Vergleich zu Ja, halbwegs sinnvoll, oder Nein, nicht halbwegs sinnvoll.

(Für genauere Denker: Wenn Sie ein bisschen tiefer in die Materie hineindenken, stellen Sie fest, dass es zum Beispiel eine Menge Fragen gibt wie: Ist der Himmel blau? Auf diese Frage antworten so ziemlich alle Menschen gleich! Oder: Ist eins und eins gleich zwei? Darauf antworten sie auch alle gleich. Es gibt also viel weniger mögliche verschiedene Menschen als ich Sie oben befürchten machte. Viel weniger! Stellen Sie sich im Extremfall ein System vor, in dem die Antwort auf jede Frage vorgeschrieben ist. Das System beantwortet also alle Fragen, die es gibt, als Vorschrift in einer langen Liste. Diese Liste müssen alle auswendig lernen. Wenn ich also frage: „Ist Ihr Leben halbwegs sinnvoll?“, dann sagen Sie sofort Ja, weil es so in der Liste steht. In diesem Fall sind die Menschen ununterscheidbar, weil sie alle dasselbe sagen. Man könnte dann meinen, es gäbe nur einen einzigen möglichen Menschen.

Dieser Fall ist das noch nie erreichte Ideal der richtigen Systeme und ein bisschen der des richtigen Menschen. Sie sehnen sich nach klaren und richtigen Antworten.

Es könnte also vielleicht nur 26 hoch 75 verschiedene mögliche Antwortmuster geben, aber ich bleibe einfach bei 100, es ist qualitativ egal.)

So, das war die Daumenrechnung. Ich könnte sie mit 30 Seiten Mathematik wasserdichter machen. Ich hoffe, Sie sehen den Punkt auch ohne zu viele Formeln und Schätzungen. Der wichtige Punkt ist:

Es gibt ungeheuer viel mehr Antwortmaschinen als Fragen.

(Das Verhältnis ist „qualitativ“ wie 26 hoch 100 zu 2 hoch 26 hoch 100.)

Es ist „unendlich“ viel leichter, eine intuitive Antwort auf eine schwierige Frage zu geben, als die *Gründe* für die Antwort zu präzisieren, wenn die Frage komplex ist. („Hast du mich trotzdem lieb?“) Die Antwort auf eine komplexe Frage ist mitunter fast gleich schwer wie die Frage nach dem Menschen an sich. Da es fast unendlich viele mögliche Menschen gibt, ist die Frage nach dem Menschen an sich nur fast unendlich lang zu beantworten (im Beispiel waren es 26 hoch 100 Ja/Neins in einer Liste).

Wenn also die Intuition auf komplexe Fragen antwortet, so gibt es keine erlebbar kurze Antwort auf die Frage: „Warum gerade diese Antwort?“

Damit ist gezeigt: Die Intuition als solche kann *nicht kurz* beschrieben werden, jedenfalls nicht mehr zu Ihren Lebzeiten, auch nicht mehr bis ans Ende der Welt.

Die Intuition ist die Summe aller Trilliarden Eindrücke aller Sekunden Ihres Lebens. Sie bildet sich als neuronale Struktur, die wie ein Orakel mit Ja und Nein antworten kann.

Wenn wir also eine gute Intuition haben, der wir vertrauen können, dann gibt die Intuition in der Regel *gute* Antworten, ist aber selbst nicht beschreibbar, weil sie so komplex ist, dass man dafür fast „unendlich“ viele Worte brauchte.

Es gibt einfach viel mehr Maschinen als Fragen!

Jetzt müsste dieses Prinzip klar sein.

Nun können Sie völlig analog ebenso „nachrechnen":

Es gibt fast unendlich viel mehr Systeme als Regeln.

Es gibt fast unendlich viel mehr „Körper" als Instinktreaktionen.

Die richtigen Menschen gehorchen den unendlichen vielen Regeln und der Logik. Es gibt aber wieder fast unendlich viele verschiedene Systeme! Wenn ich einen richtigen Menschen fragen würde: „In welchem System lebst du?" Dann würde er wieder stutzen und sagen: „Vieles ist nicht einfach zu erklären, weil es fast in Gänze historisch gewachsen ist. Es ist also besser, ich beginne zur Beschreibung des Systems mit einem historischen Abriss von der Steinzeit an. Vorher ist sicher auch etwas Wichtiges geschehen, aber wir wissen heute nichts mehr davon. Ich muss also unvollständig bleiben. Also, höre den ganzen historischen Zusammenhang, der nur allein die Inkonsistenzen erhellen …" – Wer seine Intuition erklären will, muss sein Leben schildern, soweit er es *nach* seiner Kindheit kennt, nicht wahr? Und weil es so entsetzlich viele Systeme gibt, unendlich viel mehr als Regeln, stehen wir wieder vor dem gleichen Sprachlosigkeitsproblem. Fragen Sie einmal ein System dies:

Wenn nur einer zu retten wäre, Mutter oder Neugeborenes, wer? Die Mutter?

Die Antwort ist in manchen Systemen Ja, in anderen Nein. Sie ist innerhalb eines Systems klar beantwortet, vielleicht eindeutig durch ein Gesetz. Aber die folgende Frage ist schwer: „*Warum* genau ist es in diesem System so?"

Da muss man erst über die Kultur des Systems und seine Grundglaubenssätze reden.

Die natürlichen Menschen reagieren hauptsächlich virtuos mit dem fensystem in ihrem Körper. Und wieder ist es klar, dass es unendlich viel mehr Körper gibt als Reaktionen. Ich kann einem Menschen sagen: „Dreh dich anmutig herum!" Und er tut es. Und dann frage ich ihn: „Warum hast du es gerade so gemacht?" Ungläubiges Schweigen. Die natürlichen Menschen haben es gut. Bei Körpern ist der Fall klar: Jeder ist wahnwitzig einzigartig. Das sieht jeder von uns.

Bei der Intuition liegt das Verschiedene ganz im Dunkeln. Bei Systemen wird das Verschiedene ja bekämpft. Man kann sich gar nicht denken, dass es andere Systeme gibt und dann noch unsagbar viele verschiedene andere!

12.1.5 Meta und Theta: Über das Unsagbare

Wenn wir gute Menschen werden wollen, müssen wir eine gute Intuition ausbilden. Wie machen wir das? Wenn wir gar nicht drüber reden können?

Wir *trainieren* sie mit Denken und Fragen und Antworten, wie es bei Computern geschieht. Wir können sie nur trainieren, aber nicht wirklich darüber reden. Das Gigantische, Große, unsagbar Komplexe wächst durch verarbeitete Eindrücke heran.

Können wir der Intuition vielleicht schon vorweg bewährte Schablonen geben? Das ist die Idee der Schule, der Erziehung und der Systeme. Sie treiben die Kinder an, sich amtlich richtig zu verhalten. Dann sind sie fertig ausgebildet. Das geht schnell. Noch schneller geht es, wenn wir gar keine Intuition ausbilden, die Antworten weiß, sondern den Menschen nur sagen, was sie zu tun haben und wie sie bestraft werden, wenn sie das nicht tun. „Tu, was man dir sagt!“ Das wäre eine Art Metaregel. „Tu, was dir nützt. Wenn jeder so agiert, ist es am besten für das Gemeinwohl.“

Das könnte man tun. Die Frage, die uns aber hier beschäftigt, ist die: Gibt es *höhere* Strukturen in uns, die wir uns nicht vorstellen können, die aber unser Leben regeln?

Nehmen wir an, ein Weiser unter uns wäre unsterblich und würde weiser und weiser in Jahrmillionen. Das neuronale Netz wird feiner und feiner und urteilt mit der Zeit immer besser. Es wird klug wie ein Schachcomputer, der alle Züge im Voraus berechnen kann. Nehmen wir an, nach Jahrmillionen würde der Weise so ungeheuer klug sein, dass er den Lauf der Welt quasi einen Monat vorhersagen kann. Dann wüsste er so etwas wie die richtige Antwort auf alle kurzfristigen Fragen.

Aber er könnte nicht in Jahrmillionen erklären, warum die Antwort richtig ist.

Das Prinzip der Weisheit ist „unendlich komplex“ gegenüber der einen Antwort.

Was aber würde der Weise selbst sagen, wenn wir ihn dieses eine fragten: „Weiser, was steckt in dir, dass du alles weißt?“

Er kann dann nicht sagen, *was* es ist. Er kann nur fühlen, dass da etwas ist. Wie wird der Weise es nennen?

Tao. Alte Seele. Nirwana, Atman, Geist, Gott?

Es ist etwas in ihm, was er nicht beschreiben, nur nennen und fühlen kann. *Das* eben.

Deshalb gibt es etwas, was ich *benennen* kann, aber nicht beschreiben. Ich kann fast mathematisch beweisen, dass es so etwas geben muss und dass es nennbar, aber nicht beschreibbar ist.

Ich nenne es: Theta-Seele.

Ich benenne es nach den Thetawellen, die wir als Kleinkind im Ursprung fühlten, als wir noch ganz und eins waren. Der Weise ist wieder dorthin zurückgekehrt. („Hör auf!“) Nicht zur Kindheit, nicht zum Kinde in sich, sondern zu einem analogen Zustand des Ganzseins.

Ich habe wieder begonnen, alles für die Intuition zu beschreiben.

Analog: Wenn wir einen Körper mit seinem Instinktsystem Jahrmillionen trainieren, bis er vollkommen eins mit sich ist – dann kann er nicht beschreiben, wie er ist. Man kann ihn sehen und bewundern. Betasten und prüfen. Aber das Warum ist unsagbar.

Analog: Wenn ein Staatssystem in Jahrmillionen vollkommen gebildet würde … man könnte nicht sagen, *warum* es das Beste wäre.

Analog: Wenn ein charismatischer Held in Jahrmillionen austrainiert wäre, wir könnten nicht beschreiben, warum er der Größte wäre (schauen Sie nur einmal die Hilflosigkeit eines Menschen an, der nur das Wort Charisma beschreiben müsste!).

Es gibt also einen Zustand des Menschen, in dem er fühlen kann, dass alles in Ordnung ist.

Er kann sagen, wie es aussieht, ohne zu sagen, was es genau und warum es ist. Er sieht aus wie ein Weiser, ein Brahmane, ein Guru, ein Held, ein Jedi, ein Heiliger, wie „die“ Mutter.

Theta – unsagbar!

12.1.6 Theta-Metaideen

Ja! Sicher! Es gibt Strukturen im gereiften Menschen, die uns in höherer Weise bestimmen, als wir erkennen können.

Sie fühlen sich wie Gott an. Wie eine Aura, wie Emanation, Fluidum, Ausstrahlung. Wenn die Intuition, der Gemeinschaftssinn oder der Instinkt ganz wunderbar funktionieren und keine innerlichen Widersprüche mehr haben, wenn im Körper, in Geist und Seele alles zusammenpasst, so als wäre alles in Jahrmillionen sorgsam entstanden … – ja, dann fühlt es sich wie innere Vollkommenheit an. Als wenn Gott in uns wohnte.

Wir können nicht in endlicher Zeit beschreiben, was es ist. Aber es ist da.

Wir sagen dazu: Tao. Gott, der uns verbot, uns ein Bildnis von ihm machen zu lassen. Nirwana, das Nichts. Atman, die unsterbliche Seele.

Das Nirwana ist wie ein Verlöschen, sie können es fast auf dem EEG sehen, wenn indische Yogis durch Meditation in den Thetawellenbereich gelangen. Unser Gott verbietet uns, ihn „abzubilden", er untersagt also im Grunde auch, von ihm zu reden. Es geht ja auch nicht, und wer es täte, läge falsch. Er sagt nur, wie wir zu sein haben. Wie von einer Intuition der Welt bekommen wir Antworten, aber keine Auskunft über Gott an sich.

> Lao Tse beginnt das *Tao Te King* so:
> *Das Tao, das du aussprechen kannst,*
> *Ist nicht das ewige Tao.*
> *Ein Name, den du nennen kannst,*
> *Ist nicht der ewige Name.*
> *Namenlos ist der Anfang von Himmel und Erde,*
> *Zu Benennendes ist Mutter aller Dinge*
> *Darum: Wer gelassen nach innen blickt,*
> *Erfährt die Wunder unbegrenzten Seins.*
> *Wer die Welt besitzen will und an Namen festhält,*
> *Findet weltliche Begrenztheit.*
> *Im Ursprung sind diese zwei Eins.*
> *Unterschiedlich nur dem Namen nach.*
> *Unbegreiflich ist diese Einheit.*
> *Das Geheimnis der Geheimnisse,*
> *Das Tor, durch das alles offenbar wird.*
> Wie aber kommen wir dorthin?
> Nicht durch Reden.

Alle diese Bezeichnungen des Unsagbaren können uns aber sagen, ob wir auf dem Weg sind. Wenn Sie wirklich glauben würden, Ihre Seele wäre unsterblich – wenn Sie *wirklich* glauben, je vor Petrus und das Himmelstor treten zu müssen – würden Sie dann *wirklich* so leben wie heute? Sie mögen sagen, Sie seien Christ – aber sehe ich in Ihren Augen Ihr ewiges Leben, wenn ich Sie kennen lerne? Sehe ich Ihre unsterbliche Seele? Stellen Sie sich nur einen Augenblick vor, Sie hätten eine? Merken Sie, wie Sie die innere Hölle in sich verlieren, wie sich das Nirwana nähert? (Warum bleiben Sie dann nicht bei dieser Vorstellung? Warum springen Sie nicht?)

So weit sind wir wohl „alle" nicht.

Dabei – sehen Sie – *wenn* Sie wie Abraham an irgendeine dieser Metaideen wirklich glauben würden, dann wären Sie wahrhaft erlöst. Aber auch Sie springen nicht! Ich sprang nicht. Wie auch Kierkegaard nicht.

Wenn sich die richtigen Menschen wie Gotteskinder fühlten (wie Geschwister also), wenn sie das Heilige einer von ihnen erschaffenen Welt und der Rituale einer solchen Welt *fühlen* könnten, dann wären sie im kollektiven Überbewusstsein erlöst.

Wenn die natürlichen Menschen in sich die Energie bündeln könnten und „Jedis" würden …

Wenn wir sprängen …

12.1.7 Gott ist in uns, mehr oder weniger – wie wir's verdienen

Wer regiert Sie? Die Machina? Die Alpha-Seele? Eine Metaidee?

Die Machina sagt ununterbrochen: „Wenn ich genug Punkte gesammelt habe, werde ich hier der Größte sein und sicherlich auch im Jenseits belohnt. Also sammle ich tagein tagaus. Ich lasse mich durch niemanden abhalten und beirren." Sie sucht ihre Wunden zu bedecken.

Die Alpha-Seele nähert sich dem Sinn und der Zufriedenheit. Wir sind ein guter Mensch.

Ja, und dann beginnt erst richtig der Weg des Unsagbaren.

Darüber kann ich nun nicht schreiben. Ich mag auch andersherum nicht immer überall lesen, wie es sich im Theta-Zustand anfühlt. „Wir sind eins! Alles wird eins. Alles verschmilzt. Ich bin die Welt!" So beginnt ja auch das Tao Te King.

Wie sagt Wittgenstein? „Und wovon man nicht reden kann, darüber muss man schweigen."

Leider, und das wollte ich Ihnen zeigen, ist das meiste Wichtige im Leben so komplex, dass man darüber wirklich nicht reden kann. Solange Sie also noch über etwas reden können, ist es nicht so wichtig, oder Sie reden über etwas, worüber man schweigen muss und nicht reden kann. Es ist aber nun *nicht* so, dass es das Hohe und Komplexe nicht gäbe, nur weil es zu komplex ist, darüber reden zu können.

Wittgenstein sagt: „Die Grenzen meiner Sprache sind die Grenzen meiner Welt."

Das stimmt nun nicht! Das wollte ich Ihnen ja deutlich machen. Die analytischen Philosophen denken, dass jeder Gedanke als Satz hingeschrieben werden kann und dass deshalb aller Sinn der Menschen in den sinnvollen Sätzen zu finden sei. Sie haben leider die Entwicklung der mathematischen Komplexitätstheorie nicht miterlebt und sich nicht vorstellen können, dass die komplexen Strukturen eben nicht in absehbar endlichen Zeichenketten darstellbar sind, dass daher Gedanken nicht unbedingt in absehbar endlicher Zeit aufschreibbar sind. Ja, es mag wohl im Prinzip möglich sein, überhaupt alle Gedanken als Sätze aufzuschreiben. Es können aber leider schrecklich lange Sätze daraus werden. Dann kann man also über alles reden, aber nur nicht kurz? Dann muss man also über alles Wichtige schweigen, weil man den Satz nie zu Ende bekäme? Das Tao Te King sagt: „Wer an Namen festhält, findet weltliche Begrenztheit." Aber jenseits der Namen ist das Tao! An der Grenze der Namen ist nicht die Grenze der Welt, lieber Ludwig Wittgenstein. Nein, da ist sie nicht. Auch nicht die Grenze der Philosophie, sie ist „Liebe zur Weisheit", nicht „Liebe zum Denken".

Über der Sprache und den Gedanken liegt viel, viel mehr, eigentlich fast alles, das quasi Unendliche, das wir nicht nennen können. Es kommt nun auch darauf an, ob diese Theta-Seele in uns ausgebildet ist – wie gut sie ausgebildet ist, ob und wie sie unser Leben bestimmt. Wir können nicht darüber reden, aber dorthin *werden.* Die Grenze der Philosophie sollte nun nicht an der Grenze des Sagbaren enden, sondern dort erst richtig beginnen. Sie muss beim Ausbilden und Werden der Theta-Seele helfen. Das geschieht nicht durch Lehren, sondern vielleicht durch Trainieren der Intuition, durch Dialoge mit Sokrates, durch Meditation, durch Träumen. Oder viel einfacher durch ein einfaches Leben. Die Grenze der Welt ist nicht an den Grenzen der Sprache! Das ist einer der tragischen Neuirrtümer des 20. Jahrhunderts. Die Grenze der Anreizsysteme ist nicht die Grenze des menschlichen Schaffungsvermögens! Es gibt keine Grenzen, sage ich. Denn das, was in uns ist, zieht sich weit hin, weiter, als wir je kommen können. Und wenn es weiter ist, als wir je denken können, ist es faktisch das Unendliche.

Und worüber ich nicht sprechen kann, Ludwig Wittgenstein – nein, darüber will ich *nicht* schweigen! Ich singe, male, fühle, dichte, erschaffe, träume, spüre, bin. Ich sehe Unendliches in Symbolen.

Cogito, ergo sum – ich denke, also bin ich! *Schon dann, Descartes*?

Petra Steiner malt Bilder. Bilder! Sie sind nicht gemalt, um Worte oder Gedanken zu sein. Bilder sind höher als bloße Worte. Die Bilder beschreibenden Worte sind dürr. Und die Beschreibende ist hilflos, sie sagt:

```
  Ich werde hier versuchen, einige Worte zu dem einen
oder anderen Bild zu finden, doch seien Sie nicht zu
streng mit mir. Vielleicht können und wollen Sie etwas
damit anfangen.
  Oh Gott ist das schwer...
```

Und ich sage:

> Worüber ich nicht reden und denken kann, will ich noch träumen, singen, innerlich wohl wissen und Kunst sprechen lassen. – Das Leben hat zu viel Sinn, als ich schweigen sollte. Es hat nur zu wenige Worte. Und das macht nicht viel aus.

Jenseits der Sprache ist „Gott" in uns. Mehr oder weniger. Je nachdem, wie weit wir auf dem Weg kamen. Jeder hat damit einen Gott, den er sich verdient und erarbeitet hat. Ein jeder kann einen ganz großen Gott in sich tragen. *Jeder einfache Mensch.*

Gott ist weit für den, der viel sprechen kann! Denn seine Sprachweltgrenzen liegen in der Ferne. Man kann beliebig viel sagen. Aber das Göttliche ist unsagbar weit. Durch das Sprechen kommt man ihm nicht nahe, nicht in die weiteste Nähe. Deshalb verabschiedet sich das bloß Sprechende von Gott. Gott ist weit für den, der denken kann! Denn sein Denken dehnt sich und dehnt sich weiter, ist aber nichts gegen das Unendliche. Das Denken und Sprechen ist wie der Versuch, durch das immer höhere Zählen zum Unendlichen zu gelangen. Die moderne Wissenschaft zählt: „Eins, zwei, drei, vier, …“ Sie mag bei Milliarden und Trilliarden ankommen. Was aber ist eine Zahl, die erreicht wurde oder die jemals erreicht wird – was ist diese Zahl gegen das Unendliche, gegen ? Die moderne Wissenschaft erschließt das Unendliche aus der Beobachtung des Großen. „Für n gegen unendlich strebt etwas zu einem Grenzwert“, sagt der Mathematiker. Nach dieser Idee müsste das Höchste durch immer Höheres erreichbar sein. Danach müsste Gott über eine Himmelsleiter erreichbar sein, Stufe für Stufe.

Die moderne Idee des Höchsten scheint so geprägt zu sein. Man denkt, man wisse ungefähr, was Gott ist. Dann denkt man nach und weiß es besser. Noch besser. Immer besser. Irgendwann weiß man es ungefähr. Erst 70 % , dann 80, 90, 99, dann 99,9, dann 99,999– man kommt zwar nicht heran, aber immer näher. Man kommt beliebig nahe, ohne je heranzukommen. Das ist die Idee der Approximation des Ganzen durch ein endliches Teilgerüst. Diese Idee ist maßgebend für einen großen Teil der Mathematik und des Denkens. Ich bestreite, dass dieses Denken auf „Gott“ angewandt werden kann. Die Grenze des Denkens und der Sprache ist viel zu nahe – sie kommt schon mit dem endlichen Tod. Die indische Philosophie bemüht deshalb extra die immer wiederkehrende Wiedergeburt, so dass quasi nach einer Ewigkeit von Erfahrung eine Seele zu Gott gelangen kann. Denn wir kommen im Leben nicht einmal 10 % weit zum Sinn des Lebens, wenn wir zu zählen beginnen, um bis zu kommen. Wir können aber sofort zum Unendlichen kommen. Springen! Das geht so:

> Da stand Abraham des Morgens früh auf und gürtete seinen Esel und nahm mit sich zwei Knechte und seinen Sohn Isaak und spaltete Holz zum Brandopfer, machte sich auf und ging an den Ort, davon ihm Gott gesagt hatte.

Glaube ist da oder nicht da. Glaube ist nicht klein oder groß, er ist da. Kein Gedanke, kein Satz rührt ihn als solchen an.

Oder etwas formal ausgedrückt: Ein immer tugendhafterer Mensch kommt niemals zur Tugend. Ein immer mehr glaubender Mensch kommt niemals zu Gott. Ein immer mehr verdienender Mensch wird nicht wohlhabend. Ein immer besser kämpfender Ritter kein Jedi. Mathematisch: Die Folge des immer Besseren strebt nicht gegen einen Grenzwert. Die Folge der Zahlen 1, 2, 3, 4, 5, … hat keinen Grenzwert. Sie verliert sich irgendwo in dem, was wir nennen.

Irgendwann muss das Zählen und Stufenklettern aufhören. Ein Sprung.

12.1.8 Unio mathematica

Was immer Gott ist! „Gott“ ist eben im *Unnennbaren*, aus mathematischen Gründen.

Nehmen Sie an, ich könnte durch ein einfaches, gutes Leben eine Theta-Seele ausbilden, deren Machina allenfalls als Diener im Haus geduldet wird.

Angenommen, das ginge.

Dann wäre in mir etwas furchtbar Komplexes, das sich aber irgendwie ganz und einfach anfühlt. Ich kann es klar und einfach spüren, aber nicht beschreiben. Wenn ich es beschreiben *muss*, beschreibe ich wahrscheinlich aus Unkenntnis nur das, was ich *spüre*, denn das, was ich beschreiben muss, kann ich ja nicht sagen. Es ist ja unmöglich, denn es ist zu komplex. Wenn ich also eine Theta-Seele habe, werde ich das beschreiben, was ich spüre: „Alles ist eins." Das kann verschiedene Farben und Formen annehmen. Leer im Nirwana, eins mit dem Weltgeist Brahma, Diener von Krishna, Vereinigung der Seele mit Gott (unio mystica).

Diese „Einssein"-Theta-Zustände werden wie göttlich gespürt. Sie sind aus komplexitätstheoretischen Gründen nicht „in erlebbarer Zeit" erklärbar oder begründbar.

Es gibt aber diese Zustände zweifellos. Wenn Mystiker oder Gurus sie beschreiben, was ja nicht wirklich geht, äußern sie ihr Spüren Gottes. Es klingt wie eine esoterische Schönrederei, die für Ungläubige fast inhaltleer und abstrakt, wie ein Nichts wirkt. Diese „Duselei" wirkt eher abschreckend als beschreibend. Und wenn ein anderer Guru dabeisitzt, nickt er verstehend zu unverständlich leeren Worten. Da schüttelt der noch nicht so Gottvolle den Kopf. Er spürt es nicht. Er beklagt sich. Und die Gurus sagen: „Du musst es ohne Worte spüren." Das wirkt abweisend auf den Fragenden. Im Grunde liegen ihre Seelenzustände mehrere Himmelsschichten auseinander: Theta von Beta.

Mit diesen Überlegungen ist auch in gewisser Weise eine Antwort zur Existenz Gottes gegeben.

Oder ein positiver Gottesbeweis.

Gott ist da.

Real oder nicht.

Wenn ein gutes, klares Leben zu neuronal-mathematischen Theta-Zuständen im Körper führt, dann *muss* Gott erscheinen. Sonst nicht. Die Frage, ob es einen *realen* Gott gibt oder nicht, ist für den Menschen *mit* einem Gott erstens unerheblich und zweitens mit Sprache nicht zu beantworten. Wenn er Gott spürt, ist dies für ihn wahr. Wenn er es nicht in Worten ausdrücken kann, außer mit dem leeren „Ich glaube", dann macht es ihn im Glauben noch stärker. Wer Gott in sich spürt, kann subjektiv nicht unterscheiden, ob es Gott real und wirklich (alter Mann mit Bart oder Weltprinzip, was immer) gibt oder nicht. Die Frage, ob Gotte real existiert, ist subjektiv irrelevant und in einer tieferen Ebene sogar glaubensschädlich. Wer Gott spürt (wer also in Alpha- und Theta-Zustände wächst), der weiß Gott in sich, der aus mathematischen Gründen dort nun sein muss.

Gott existiert, ob es ihn gibt oder nicht.

Nicht in Machinae, nein. Nur in Gotteshäusern – in guten Menschen also. „Sage mir, was das Höchste in dir ist, und ich weiß, wer du bist."

Deshalb ist dies beweisbar wahr:

Es gibt einen Gott in denjenigen Menschen, in denen Gott ist.

Mehr ist aber wirklich nicht zu sagen – und so schweige ich und spüre.

12.1.9 Omnisophie – das Eine Deine

So, das war das eigentliche Ende meiner Darlegungen.

Ich wollte sagen:

Es gibt grundverschiedene Denkweisen des Menschen, die sich jeweils sehr gut anhand verschiedener mathematischer Algorithmen vorstellen lassen:

- Der richtige Mensch denkt wie ein Computer oder Expertensystem, Schritt für Schritt, er folgt Regeln und Prozessen, greift auf gespeichertes (gelerntes) Wissen zurück.
- Der wahre Mensch kann wie ein neuronales Netz gesehen werden, das ganzheitlich trainiert wird und ganzheitlich weiß, ohne selbst von seiner eigenen Struktur zu wissen. Er greift auf Intuition zurück, nicht wirklich auf Wissen.
- Der natürliche Mensch vertraut auf seinen Körper, der durch ein Seismografensystem gesteuert wird, das wiederum spekulativ durch den Gehirnstoffwechsel erklärt werden kann.

Diese drei Menschenarten denken und reagieren verschieden, sie haben verschiedene Auffassungen von fast allem (zum Beispiel: wahre Liebe, richtige Partnerschaft, natürliche Lust). Deshalb müssen sie verschieden leben wollen und in einer guten Gesellschaft auch verschieden leben dürfen. Das fordere ich als artgerechtes Leben. Da nun die verschiedenen Menschenarten querbeet durch alle Familien verteilt sind, müssen sie miteinander auskommen und zusammenleben. Dazu müssen sie sich verstehen! Das ist heute nicht der Fall. Sie streiten und stressen, bekämpfen sich, passen sich elend an oder fliehen. In *Omnisophie* habe ich die drei Arten dargestellt. In *Supramanie* habe ich erläutert, wie die Denkarten unter Stress (des Wirtschaftssystems) reagieren: Sie werden neurotisch und versuchen zu betrügen oder davonzukommen.

Wenn Sie die beiden Bücher jetzt im Rückblick sehen, habe ich in *Omnisophie* viel von der besseren Alpha-Seite des Menschen geschrieben, nahe an den Idealen. Ich habe erst nur die drei Richtungen herausstellen wollen. *Supramanie* zeigt eine reine Beta-Welt, in der die Machinae miteinander kämpfen. Dieses Buch *Topothesie* verbindet die beiden Welten in einem Erklärungsmuster Alpha-Beta und fügt noch die sehr seltene Variante der Gottesnähe an: Theta.

Es gibt verschiedene Menschen und verschiedene Lebenssinne. Es gibt für sie jeweils verschiedene Himmel und Höllen, verschiedene Alpha- und Beta- und Theta-Zustände. Das leuchtet mal hier und da aus den Philosophien und den Religionen heraus, ist aber meines Wissens nie so explizit herausgearbeitet worden. Viele Philosophen sprechen von verschiedenen Charakteren, ja, aber die Ethik und die Religion sollten am Ende immer für alle gleich sein. Diesen Hang zur allgemeinen Gleichheit vor Gott möchte ich abschaffen.

Ich wollte den Blick für die Unterschiede zwischen Theta, Alpha und Beta schärfen! Wir reden immer von gutem und schlechtem Verhalten. Wir sehen nicht, dass vor uns Beta-Machinae und Alpha-Menschen agieren! Die Menschen sind vielfach in solchen Grundzuständen gefangen. Da helfen erhobene Zeigefinger nicht! Die

Grundzustände (Theta, Alpha, Beta) sind in den Körper eingebrannt. Wer sie zu seinen Zwecken oder brutal ändert, begeht Körperverletzung …

Wenn Sie zum Sinn wollen, sollten Sie erst einmal fragen, zu welcher Menschenart Sie eigentlich gehören. Haben Sie diese als Ihre Identität erkannt? Als Identität angenommen? Sind Sie Beta? Wollen Sie Alpha werden? Dann los! Wollen Sie „zu Gott“? Theta? Dann müssen Sie irgendwann loslassen und springen – Sie stehen dann auf einem hohen Felsen am tosenden Meer, schließen die Augen, und springen – springen nach oben. Das konnte Kierkegaard nicht. Wenn Sie springen, finden Sie ihren „Gott“. Nicht den einen Gott, sondern Ihren. Es sind Sie.

Lesen wir noch einmal in der *Bhagavad Gita.* (Gita heißt Lied/Gesang, Bhagavad ist „der Erhabene“.) Dieser Gesang von ungefähr 700 Strophen Länge ist nur ein winziger Teil, aber überhaupt *die* zentrale Stelle aus dem indischen Monumental-Epos *Mahabharata*, das 100.000 Doppelverse lang ist. Es gibt gute Zusammenfassungen von 1.000 Seiten. Der ganze Text liegt hier neben mir. In Englisch. Ob ich das je schaffe? Soll ich? In der *Bhagavad Gita* wird Krishna von Arschuna immer wieder gefragt: Gilt die Tat mehr als die Erkenntnis oder anders herum?

> Mit deiner Worte Doppelspiel
> Hast du verwirrt mir meinen Sinn …
> Und Krishna antwortet:
> Zwei Standpunkte sind in der Welt;
> Zum Heil führt ein zweifacher Pfad:
> Das Sankhya lehrt Erkenntnis dich,
> Der Yoga unverdross’ne Tat.

Der Weise, der sich versenkt, entsagt tendenziell der Tat. Er löst sich von der Welt ab („von der Machina“ des Systems) und erlangt eine intuitive Erkenntnis des Ursprungs.

Der Tätige, der sich im Dienste Gottes kümmert, kommt nicht zur innersten Erkenntnis. Er handelt in Pflicht und Wunschlosigkeit, die sich ganz Gott anheim stellt.

Wie nun ist der beste Weg zu Krishna? Er antwortet: Beide Wege sind gut, ist aber doch nicht ganz eindeutig in der Aussage, weshalb sich ja auch Arschuna verwirrt zeigt. Was denn nun?

Ein quietistischer Heilspfad zum Brahma-Nirwana?

Eine aktivistische Ethik zur Gottesliebe (bhakti)?

Manche Kommentatoren sagen, der Dichter des *Mahabharata* habe wohl die zweite Möglichkeit propagieren wollen, aber eben auf die alten indischen Loslösungslehren Rücksicht genommen …

Wie alles auch immer gewesen sein mag: Krishna beschreibt den Weg „zu Theta“ für den wahren und den richtigen Menschen. So lese ich es. Und Krishna wird deshalb nicht eindeutig, weil es wohl nicht geht. Es gibt so viele Wege zu Gott wie es Menschenarten gibt. Mindestens drei. Das will ich mit meinem Werk sagen. Aber irgendwie ist alles Eins. Nicht der Weg ist gleich, aber die Stationen sind es: Abschied von der Machina, Ankunft in Alpha und dann der Große Absprung (Abb. 12.1).

Abb. 12.1 Mein Symbol für „Omnisophie“

Ich habe es für mich als Symbol „gemalt“. Ich dachte an Drei und an den griechischen Buchstaben Theta:

Θ

Und ich dachte an das Wort Omnisophie, das mit O beginnt.

So sehe ich, was ich schrieb.

12.2 Wohlgestaltung – unsere erste Pflicht

12.2.1 Kreation von Wohlgestaltung, nicht von Wohlstand!

Wir erschaffen *Wohlstand*, aber nicht Wohlgestaltung.

Alles ist zu sehr in Beta-Farben getaucht.

Wir erleben große Veränderungen: Viele haben Sehnsucht nach Werten, und seien es die alten. Die junge Generation hat Schwierigkeiten, sich zu orientieren. Ich habe mit meinen Kindern einmal ernsthaft diskutiert: „Heute habt ihr vielleicht den Punkt höchsten materiellen Reichtums.“ Sie werden mit einiger Wahrscheinlichkeit weniger verdienen als ich. Die Alterspyramide lastet auf ihnen. Schon meine Rente wird fast monatlich gekürzt. Meine Studienzeiten werden nicht anerkannt, vier Jahre. Die Renten selbst sinken um voraussichtlich zwanzig Prozent, vielleicht erhalte ich erst mit 67 Jahren Rente, also nur 7 Jahre statt 9 bis zu meinem durchschnittlichen Ende. Das sind noch einmal zwanzig Prozent weniger. Dazu muss ich immer mehr Krankenversicherung und Pflegeversicherung auf die Renten zahlen. Meine IBM-Betriebsrente wird beitragspflichtig, was früher nicht so war.

Zählen Sie mit?

Ich bin jetzt 52 Jahre alt, habe lückenlos seit meinem 17. Lebensjahr gearbeitet, also mit dem Studium 35 Berufsjahre „brav eingezahlt“. Und wenn Sie mitgerechnet haben, stehe ich hier und denke: „Die Hälfte ist weg.“ Meine Kinder sehen zu und können gar nicht hinschauen, wie es *ihnen* einmal gehen wird. Werden sie sich Kinder leisten können?

Die zweite große Veränderung ist die Möglichkeit, vor dem Computer zu arbeiten. Wenn das in Ihrem Beruf überhaupt geht, können Sie es genauso gut auch von Indien aus. Das wird dann bald auch so sein. Der Computer und das Netz werden das Wohlstandsgefälle zwischen den Staaten abbauen. Denken Sie noch an die Zeiten, in denen das Fließband überall in der Produktion Einzug hielt? Erst zogen die Industrieländer die billigen Arbeitskräfte ins Inland, damit sie nicht so hohe Löhne zahlen mussten. Dann wurden sie „klüger" und verlagerten gleich die ganze Produktion ins Ausland, aus dem wir nun die billigen Importe beziehen. „Billig-Produktionsländer." Nach der reinen Produktion begann dieselbe Entwicklung im Dienstleistungssektor. Wir begannen, „Greencards" für hoch intelligente Ausländer auszustellen, um sie ins Land zu locken. Seit wenigen Jahren aber revolutioniert sich insbesondere das weltweite Internet so wahnsinnig schnell, dass wir die Dienstleistung an sich gleich ganz ins Ausland verlagern können. „Billig-Intelligenzländer." In den USA beginnt schon die Unruhe der heimischen Intelligenz. Was bleibt uns in den reichen Ländern noch selbst?

Ganz einfach: Das weltweite Wohlstandsgefälle flacht ab. So lange wie es dauert, wird es uns selbst mindestens nicht besser gehen. Das ist für uns bedauerlich und ethisch aber genau das, was sich alle Christen wünschen. Wir Christen haben gehofft, dass es uns immer schwach besser geht und den anderen da draußen schnell besser. So sollte es gehen. Die anderen holen auf, aber wir geben nichts ab. Das ist unchristlich gedacht, aber als Vorstellung angenehm auszuhalten. Nehmen Sie es nun hin oder nicht: Es ist soweit. Das Gefälle wird abgebaut. Sie müssen nun kleinere Autos kaufen, Ihre Kleidung länger tragen und überhaupt alles ein wenig länger nutzen. Das klingt ein bisschen wie das Ende der Welt, aber das muss sein. Mehr droht aber eigentlich nicht.

Die dritte große Veränderung ist die Standardisierung unseres Lebens. Das ist heute nicht so richtig bekannt. Ich sehe es aber schon, weil ich ja beruflich bei IBM genau in diese Richtung vordenken muss. Die riesigen Fortschritte in der Produktion sind nur möglich gewesen, weil man sich auf das Standardisieren der Produkte und der Arbeitsprozesse verlegte. Dadurch wurde die Massenproduktion wirtschaftlich sinnvoll. Nun beginnen dieselben Veränderungsprozesse in unserem *übrigen* Leben. Unser Leben wird fließbandisiert („assembly life").

Ein Beispiel: Ihre Großmutter mag noch mit der Hand backen. Sie kann dann im Prinzip jeden beliebigen Kuchen herstellen. Sie kauft alle Zutaten ein und zaubert etwas „Hausgemachtes", echt Authentisches. Wir sind hingerissen! „Omi, nur du kannst das so gut!"

Das ist die alte Art der Maßproduktion genau nach den Wünschen des Kunden.

Wenn Sie heute ein Treffen des Asylarbeitskreises in Ihrer Wohnung mit Kaffee und Kuchen begleiten wollen, kaufen Sie vielleicht schon so genannte Backmischungen: Es gibt Nusskuchen, Schoko-Donauwellen oder Eier-Rheinfall. Sie haben die Wahl zwischen zwei bis fünf Firmen und je zehn Sorten, Sie können auch in die Kühltruhe greifen und etwas Fertiges auftauen. Diese Kuchen sind kein

Original, aber jeder hat sich an sie gewöhnt. Sie schmecken ganz gut, weil ja genug Geschmacksverstärker drin sind, wovon Omi keine Ahnung hat.

Die nächste Stufe besteht darin, sich den Kuchen fertig vom Bäcker zu holen. Das ist viel teurer, aber dafür gab es früher eine große Auswahl von Kuchen, wie sie Omi gebacken hätte. Das nimmt langsam ab. Der Metzger verkauft ja auch nur noch aus dem Plastiksack geschälten Hinterkochschinken. Es wird bald so sein, dass ein Metzger nie im Leben je ein Tier gesehen hat. Bei der Standardisierung kann ihm das Wurst sein. Genauso wird der Bäcker nun für Sie promovierte Käsetorten oder Kraftkuchen aufbacken und Ihnen verkaufen, so wie Sie sich ja alle schon an die Tiefkühlmenüs im Restaurant gewöhnt haben.

Wieder die nächste Stufe besteht darin, sich alle Kuchen nach Hause bringen zu lassen: „Kaffee-Service", der Ihnen auch Döner oder Pizza ins Haus bringt.

Und für die letzte Normierungsstufe gehen Sie selbst ins Café und essen den aufgetauten Kuchen gleich dort.

Und ich sage Ihnen: Das ist nicht nur bei Torten so! Die Banken ziehen sich in Automaten zurück, die Versicherungen werden folgen. Der Verkauf von Waren im Internet steigt. Große Standardisierungsreserven schlummern noch im Gesundheitswesen, wo noch viel zu viel und oft individuell untersucht wird, was uns langsam ruiniert. Wir könnten ja unsere Werte zu Hause selbst mit einem Computer messen, der übers Netz gleich die Medikamente bestellt und ins Haus schicken lässt. Sie müssen es sich wie die Computerdiagnose bei Autos vorstellen. Die Krankenhäuser und Pflegeeinrichtungen werden zu effizienten Batterien umgebaut.

Erst waren die Hühner dran, bald wir.

Ich sage das wirklich so hart.

Sehen Sie, das Standardisieren geht uns bei den Pflanzen und Tieren schon längere Zeit zu weit. Wir bekennen uns zu „Biologischem" und zum Essen ausschließlich „glücklicher Tiere". Wir sind bereit, viel mehr zu bezahlen, wenn wir sicher sein können, dass alles mit biologischen Dingen zuging.

Und wie ist es mit uns selbst?

Wir halten uns bestimmt nicht „artgerecht", das schreibe ich ja hier. Aber halten wir uns wenigstens „biologisch"?

Aus zwei fast authentischen Dialogen zusammengebastelt: „Ist Ihr Hund zufrieden?" – „Ja." – „Hat er Auslauf?" – „Es wir alles Erdenkliche für ihn getan." – „Hat er im Haus einen Platz?" – „Natürlich." – „Kann er sich dahin zurückziehen?" – „Natürlich, er hat sein eigenes Revier, fast wie ein eigenes Zimmer." – „Hat er dort wirklich Ruhe, wenn er will?" – „Ja, ja, ja!" – „Haben Sie denn selbst ein eigenes Zimmer?" – „Nein, ach. Nein, eigentlich nicht. Ich habe immer zu tun, ja. Wenn ich so denke. Komisch." – „Haben Sie ein Arbeitszimmer im Betrieb?" – „Nein, ich sitze auf einer großen Fläche. Es ist laut. Ich habe gelernt, niemandem mehr zuzuhören. Ich nehme keine Menschen mehr wahr. Das hat viel Übung gekostet. Ich bin unter vielen Menschen ganz allein. Ich kann mich dann endlich konzentrieren, obwohl innerlich wohl noch alles vibriert. Ich tue so, als ob ich mit einer Freisprechanlage telefoniere, es ist aber laute Musik. Ich muss das aktive Weghören lernen. Ich musste es mir selbst beibringen. Ich hatte einen Lehrgang über aktives Zuhören, aber das brauche ich nicht." – „Hören Sie ihrem Hund zu?" – „Er bellt in der Nacht.

Ich höre das aber auch nicht. Toll, was?“ – „Woher wissen Sie, dass er bellt?“ – „Nachbarn schreiben es. Ich lese aber keine Briefe. Neulich hat eine Beschwerde wie eine Rechnung ausgesehen, daher weiß ich es.“ – „Warum begeben Sie sich bei mir in Behandlung?“ – „Weil man mich behandelt, als sei ich unsichtbar.“ – „Ich sehe Sie.“ – „Gut. Können Sie mir das bestätigen oder auf ein Rezept schreiben? Ich habe kaum Zeit. Schön, dass es sich so schnell erledigen ließ.“

Wir stehen inmitten einer Veränderung unserer Welt. Wir werden zu kämpfen haben, den gewohnten Wohlstand zu erhalten. Wir sehen uns am Beginn einer Standardisierungswelle, die nach der Produktion auch die Dienstleistungen und Arbeitsbedingungen erfasst. Wenn Sie sich auf einen Job bewerben, fragt man sie per Abhaken: „Können Sie das? Das? Das? Das? … 17 Punkte. Tut uns leid, wir haben Bewerber mit über 20.“ Schauen Sie: Wenn eine Firma einen Bewerber sucht, dann muss sie vielleicht fünfzig Akten lesen und dann 10 Bewerber einladen und interviewen. Wie viel kostet eine Einstellung dann? 10.000 Euro? Könnten wir Sie nicht bitten, im Internet 200 Fragen zu beantworten? Das ist für Sie stressfreier. Anhand Ihrer Antworten weiß man gleich, wer Sie sind. Der Computer weiß, mit wem er zu rechnen hat. (Dann gibt es vielleicht doch nur 2 hoch 100 mögliche Menschen?) Keine Angst, so weit ist es noch nicht. Wir zahlen noch ein paar tausend Euro. Aber die Kreditvergabe bei Banken funktioniert schon nach Punktelisten! Da beginnt es! Bald tritt ein neues Gesetz in Kraft: „Basel II“. Danach ist es Pflicht aller Kreditgeber, alle Kredite nach ihrer Bonität zu klassifizieren. Das bedeutet für Sie: Sie können nun nicht mehr Kredite nur deshalb bekommen, weil die Bank in Sie seit vielen Jahren Vertrauen hat. Dieses Vertrauen hat sie vielleicht, aber nach Basel II muss sie *aktenkundig beweisen*, dass Sie so und so hoch kreditwürdig sind. Sind Sie ein A-, B- oder C-Kunde? Je nach Ihrer Klassifizierung sind Sie dann für die Bank A, B, C etc. Sie werden anschließend aus Gesetzesgründen nicht mehr so behandelt, wie Sie speziell sind, sondern eben nur nach Ihrer Klassifizierung. (Deshalb ist Ihre Person jetzt nicht mehr wichtig, nur Ihre Daten.) Entsprechend werden Sie bestimmt bald in Gesundheitsklassen, Autofahrerklassen usw. eingeteilt. Dann muss Sie selbst niemand mehr kennen und der Computer kann mit Ihnen verhandeln. „Hallo, ich will aber einen hohen Rabatt, weil ich *auch meine Tochter* versichern will.“ – „Moment. Geben Sie die Personendatenkarte Ihrer Tochter ein. Haben Sie?“ – „Ja.“ – „Moment. Ich kann 5 % einräumen.“ – „Mehr nicht?“ – „Ihre Tochter hat einen Freund, der woanders kauft. Warum *das* denn? Das gibt Abzüge.“

Wir werden wirklich mit dem Computer zusammenleben.

Das ist ein weites Feld. Und ich kann noch viel mehr Veränderungen unserer Welt aufzählen. Aber kurz:

Unser Leben kann noch wesentlich vereinfacht werden.

Deshalb droht uns nun ein einfaches Leben. (Auch *technisch* gesehen, nicht nur psychologisch.)

Sie und ich haben nun alle Möglichkeiten, diese Entwicklung zu steuern. Welches Leben wollen Sie zukünftig wirklich? Wie sieht Ihr wohlgestaltetes Leben aus?

Ich befürchte, wir alle werden nun jahrelange Rückzugsgefechte auskämpfen. Jeder will mindestens seinen jetzigen Wohlstand „halten“ und verewigen. In Wirklichkeit verschwindet dieser bereits seit einiger Zeit. Nur die Grundgehälter bleiben noch, alles andere vergeht schon: die Weihnachtsgelder, Jubiläumszulagen, Zusatzrenten … Bei den Grundgehältern würden wir derzeit noch viel zu aggressiv! Wir werden also darauf eingehen, länger zu arbeiten. Erst dann geht es an eine andere Stelle, seien Sie sicher.

Unser Leben gestaltet sich also aus vielen Gründen um.

Jetzt!

Wollen wir nicht gemeinsam nachdenken, es wohlzugestalten?

Müssen wir nicht in eine große gesellschaftliche Diskussion eintreten?

Was soll das sein, was wir jetzt gerade tun? Wir fordern zum Beispiel mehr Bildung und Forschung, kürzen aber alle Mittel und die Schulzeit um ein Jahr. Was soll das sein?

Rhetorische Frage. Ich weiß ja genau, was das alles ist: *alles Beta.*

Deutschlands Machina wehrt sich.

Früher, „nach dem Krieg", da bauten alle Menschen Deutschland auf – und ich lief als Kind dazwischen herum. Es ist wie ein Rausch, wenn alles neu entsteht, wenn es gut wird, wenn es wächst und gedeiht, wenn die, die alles verloren hatten, wieder in Eigenheime einziehen.

Das war eine Zeit der Alpha-Seele.

Und dann brach der Wohlstand über uns hinein, die Fresswelle und der Ausbau von Kurkliniken für überhaupt alles. Wir haben uns jahrelang sagen lassen, dass wir über die Verhältnisse leben. Politiker haben gelacht, als sie Mitte der neunziger Jahre auf künftige Rentenprobleme hingewiesen wurden. Nun ist die Zeit der Abrechnungen. Wir wehren uns, wollen nicht bezahlen, wollen nicht vom Überwohlstand lassen. Es eskaliert! Wir wollen behalten, behalten, behalten, was uns nicht gehört – den Kredit auf das Leben unserer Kinder.

12.2.2 Erschaffen von Werten, Kulturen und Tugenden

Dabei hängt das Leben nicht vom Wohlstand ab, sondern von der Wohlgestaltung.

Wer sind die größten Deutschen?

Im ZDF gab es die schon zitierte merkwürdige Auswahl-Show, deren Ergebnis ärgerlich diskutabel ausfiel. Ich zähle trotzdem die ersten zwanzig auf:

Konrad Adenauer, Johann Sebastian Bach, Otto von Bismarck, Willy Brandt, Albert Einstein, Johann Wolfgang von Goethe, Johannes Gutenberg, Martin Luther, Karl Marx, Sophie und Hans Scholl, Adolph Kolping, Ludwig van Beethoven, Helmut Kohl, Robert Bosch, Konrad Zuse, Daniel Küblböck, Josef Kentenich, Albert Schweitzer, Karlheinz Böhm, Wolfgang Amadeus Mozart.

Ich will jetzt nicht oberlehrerhaft kritteln, dass es ja noch Karl den Großen gäbe usw. Ich wollte aber herausstellen, dass die Fugger nicht vorkommen, die immerhin etliche Prozent des europäischen Inlandsproduktes zu ihrer Zeit besaßen! Reiche Leute scheinen nicht so wirklich zu den großen Deutschen zu gehören. Und wenn Robert Bosch oder Boris Becker zu den ersten hundert gehören, dann bestimmt nicht wegen ihres Wohlstandes! Mozart wurde bekanntlich im Armengrab verscharrt (Rang 20).

Groß erscheinen uns Menschen, die Kultur schufen, am besten eine zum Wohle der Menschen. Zum Beispiel war Josef Kentenich (Rang 17) Gründer der internationalen Schönstatt-Bewegung, die vom Internat in Schönstatt ausging, an dem der Pater das Amt des Spirituals innehatte. Er sah mit Sorge, dass die Kirche am Anfang des 20. Jahrhunderts in Formen, Regeln und Traditionen zu versinken drohte und dass der eigentliche Glaube im Leben und in den Herzen der Menschen verblasste. Glaube muss wieder mit dem alltäglichen Leben im Einklang stehen und dort den wichtigen Platz übernehmen! 1914 kam es zur Gründung einer Bewegung, die eine solche Erneuerung unter den folgenden Themen einleiten wollte:

- Der psychologische Zugang zur eigenen individuellen Persönlichkeit und die daraus erstehenden Ansatzpunkte für einen persönlichen Glauben
- Die Betonung der Gemeinschaft
- Das Ausrichten des Lebens an Idealen (sowohl persönlich als auch für eine ganze Gruppe), an speziell formulierten Zielen oder Eigenschaften oder auch an Vorbildern. Maria soll eine besondere Stellung für die Bewegung einnehmen.

Pater Kentenich ist also ein Beispiel für das Erschaffen von Werten und Kultur – und er selbst ist ganz offenbar ein wahrer Mensch, nicht wahr? Die Bewegung gibt es noch heute. Sie mag eine Million Mitglieder zählen. Sie ist durch Zeiten großer Schwierigkeiten gegangen, weil sie natürlich auf Widerstände der offiziellen Kirche und ebenso auf Widrigkeiten der nationalsozialistischen Herrschaft treffen musste.

Die großen Menschen geben uns Werte, nationalen Ruhm, Freude. Sie schenken uns Kunst und Dichtung. Sie erfinden neue Welten oder schützen uns vor Terror. Sie sind Balsam für unsere Herzen. Sie sind – das sagte ich schon – Quellen für uns. Sie haben sich dafür nicht unbedingt an uns schadlos gehalten und wären durch uns reich geworden.

Sie haben unserer Welt als Quellen „Alpha“ geschenkt.

(Das gilt sicher nicht ganz für alle diese hundert Großen, ich will sie nicht einzeln wertend durchgehen, weil ja das Verfahren merkwürdig war und mehr der Unterhaltung als der Wahrheitsfindung diente. Und viele solcher Sendungen machen unerhörten Gewinn durch unsere Anrufe, etwa bei „Deutschland sucht den Superstar“! Ich sehe diese Aussage aber doch innerlich ganz sicher in der Tendenz, wenn auch nicht in jedem Einzelfall.)

Ein großer Mensch ist also eigentlich einer, der schenkt.

Nicht der, der etwas für sich selbst erreicht.

12.2.3 Openmind, Openspirit, Opensoul, Opensense, Opensource

Als ich noch Kind war, tat sich manchmal das Dorf zusammen und schachtete die Straßengräben aus. Die Gemeinschaft pflegte das Gefallenendenkmal. Sie schmückten die Gräber, renovierten die Kirche, pflanzten Obstbäume an die Straßenränder und beschnitten die Linden.

Noch heute erschaffen die Vereine hier in Waldhilsbach viele Werte. Sie bilden ein Stück Heimat. Viele ehrenamtliche Stunden werden bei der Weitergabe von

Werten und Kultur gerne geschenkt. Jungendtrainer geben Sportstunden und lehren die Bambini das Fußballspielen (man muss aber Bambinis sagen!). Kinder können bei der Jugendfeuerwehr üben, ein Instrument spielen lernen oder in den Sängerbund eintreten.

Wohin aber gehen wir?

Wir *lassen* Gräben ausheben, spenden für Kirchenschmuck, zahlen für zehn Jahre Grabpflege im Voraus. Für alles gibt es Services. Wir haben nun durch das ausgegebene Geld Zeit gewonnen, uns zusätzlich einen All-inclusive-Zugang zum Sonnengymnastikstudio zu leisten.

Kein Ausheben von Gräben mehr in der stechenden Sonne! Nein, Neonlicht beim Radeln mit elektronischer Schweißtriebregulierung.

Wir lassen unseren Kindern Nachhilfe geben. Das kostet Geld und die Kinder haben keine Zeit, den Rasen zu mähen. Da lassen wir den Rasen mähen und im Haus putzen …

Ich will sagen: Alles verwandelt sich in ernsthafte, professionelle Arbeit und wird im Grunde „Beta". Für nichts ist mehr Zeit. Deshalb ist keine Zeit, zum Liebevollen und für das Schöne, keine Zeit für Zusammensein und Kultur.

Liegt es daran, dass wir stumpf werden?

Oder sind wir nur Stubenhocker geworden?

Wie wäre es, Sie selbst nähmen sich Zeit, Kathedralen im Internet zu erbauen?

Das Projekt Gutenberg sucht Menschen, die alte Bücher „abtippen" (solche, die frei von Copyright sind). Die können wir dann in einer virtuellen Bibliothek im Internet frei lesen oder auf einer CD billig für uns selbst kaufen.

Könnten wir nicht die ganze Welt ins Internet eingeben, um virtuelles Reisen zu ermöglichen? (Ich schrieb darüber in *Wild Duck*.)

Die Programmierer machen es mit der Opensource-Bewegung vor. Sie programmieren an freier Software. Am bekanntesten sind die weltweit gemeinsamen Arbeiten am Computerbetriebssystem Linux (das Programm mit dem Pinguin). Menschen arbeiten in ihrer Freizeit daran, der Menschheit etwas zur freien Nutzung zu schenken.

In diesen Monaten explodiert geradezu das Wikipedia-Projekt. Es handelt sich um eine Enzyklopädie der Gemeinschaft. Jeder von uns ist aufgerufen, etwas zum Wissen der Menschheit zusammenzutragen und dort hineinzuschreiben. Schauen Sie einmal im Internet hinein!

Auf den Webseiten des Online-Buchhändlers Amazon entsteht so langsam durch unser aller Mithilfe eine riesige Datenbank von Kommentaren und Rezensionen zu allen Büchern unserer Zeit. Bei Ebay nehmen wir Privatleute miteinander Kontakt auf und tauschen wieder wie in Urzeiten unsere Naturalien miteinander aus.

Kommerziell oder ehrenamtlich: Sie können heute zu jeder Tageszeit, an jedem Ort (bestimmt mit Wireless LAN oder GPRS oder UMTS) etwas für alle tun, Quelle sein.

Wir könnten nachdenken, ob wir heute die Chance haben, gemeinsam Kultur bildend in anderer Weise als früher tätig zu werden (Opensense, Openmind, Open …).

Wir helfen uns gegenseitig wieder? Warum chatten wir ausgerechnet mit Australiern vor dem Computer? Warum schreibt nicht jeder den ferneren Nachbarn im

Dorf, wofür er Hilfe braucht? (Zaunstreichen, Bäume fällen, Jäten, Einkaufen, im Auto mit nach Heidelberg nehmen, Sperrmüll heraustragen?) Wir nutzen das Internet und das Neue zu sehr, um in die weite Welt zu schauen. Wir nutzen es nicht, um ein besseres Leben miteinander zu führen. Es ist im Augenblick mehr wie neuer „Wohlstand", nicht wie „Wohlgestaltung". Das Internet ist noch durch die Inbesitznahme neu entdeckter Länder gekennzeichnet. Wir sind noch gar nicht dazu gekommen, uns umzuschauen, ob wir dort siedeln können oder wollen. Die neue Welt wird erst langsam vorstellbar. Wir könnten aktiv versuchen, sie interessant, neu, würdig und erhaben zu gestalten. Es ist *die* Chance! Wir können Wirklichkeit neu entwerfen.

12.2.4 „Radikaler" Usianismus für Metavorstellungen

Denken Sie daran: Jeder hat den Gott, den er verdient! Die Welt, die er verdient!

Heinz von Förster, Ernst von Glaserfeld oder Paul Watzlawick predigen schon längere Zeit den so genannten „radikalen Konstruktivismus". Menschen nehmen danach ihre Welt so wahr, wie sie sie gerne hätten! Sie erfinden sie, interpretieren sie, wie sie sie brauchen … Wirklichkeit wird nicht wahrgenommen, sondern erfunden! (Deshalb ist Wahrheit nicht erkennbar, so die Theorie.) Das ist schon wieder in der Nähe der alten indischen Weisheiten. Maya täuscht uns eine Welt vor! Die indischen Gurus haben es gewusst, die neueren Naturwissenschaftler versuchen es zu zeigen. (In gewisser Weise ist das weniger! Ein naturwissenschaftlicher Beweis ist interessant, aber nicht notwendig eine innere, subjektive Wahrheit für mich selbst. Die Göttin Maya ist eine solche innere Wahrheit und als solche relevant!)

Ich aber sage in diesem Buch: Wahrheit wird nicht frei erfunden, sondern durch *Schmerzen* gefiltert und geschönt wahrgenommen. Sie wird zum Zwecke des Wundschutzes verfälscht. Wir denken uns nicht eine Wahrheit beliebig aus, sondern die Wahrheit des Körpers erscheint als gefilterte Wahrheit im Gehirn. (Der Putzteufel zum Beispiel sieht überall Schmutz und nimmt die Welt wie dreckig wahr. Das ist keine Erfindung. Und der Putzteufel hat auch keine Wahl, die Welt anders zu sehen. Die Übertreibung des Sauberkeitsfimmels sichert der Machina das Überleben.) Wir arbeiten im Gehirn mit der verfälschten Wirklichkeit, damit wir nicht verletzt werden. Es gibt Wahrheit sehr wohl, aber keine, die von einer Machina stammt.

Diese Unterscheidung zwischen Theta-, Alpha- und Beta-„Wahrheiten" machen die Konstruktivisten ja nicht. Ja! Neurotische Machinae biegen alles zurecht! Denn dem Körper droht die Folter der Inquisition oder ein Psychozid! Wozu aber braucht er dann Wahrheit?

Aber wir wissen alle, dass es Wahrheit gibt. Das sagt uns „Gott" im Innern des neuronalen Netzes. Wir reden nur nicht über die Wahrheit, solange unsere Machina wacht. Wir nehmen die Welt anders und falsch wahr, übertrieben und selbstmörderisch, um uns zu retten. Aber irgendwo gibt es Wahrheit. Sie darf nur nicht wirklich sein, weil sie weh tut. Wir sind für die Wahrheit nicht unverletzlich genug!

Wir müssen sie wieder herschaffen, eine gute Welt!

Wir müssen die Welt so verändern, dass unsere Machinae eine Welt vorfinden, die nicht sofort den Kampf notwendig erscheinen lässt.

Wir müssen nicht die Wahrheit herbeischaffen, sondern gesunde Vorstellungen für Alpha-Seelen: Götter, Lebenssinn, Archetypen, Vorbilder, Werte. Das Wertvolle, Unvergängliche – die Freude, Neugier, Offenheit, die Gemeinschaft, das Heilige.

Unser Intellekt hat in der Neuzeit alles eingestampft. Was sinnvoll ist oder nicht, bestimmt heute ein objektives Maßband der so genannten Wissenschaft.

Wir müssen wieder Werte erschaffen. Eine Art Religion? Theta? Alpha? Realen Sinn? Sollten wir nicht für Sinn arbeiten statt für immer mehr Geld? Dafür streiken? Nicht nur für Geld? Darüber schreibe ich etwas im nächsten Abschnitt. Ich sage hier nur.

Lassen Sie den radikalen Konstruktivismus eine neckische Theorie sein.

Wir brauchen sie nicht als Feststellung von menschlichen Beliebigkeiten. Wir sollen uns daran machen, radikal zu konstruieren.

Wir brauchen: Radikalen *Usianismus*.

(Wie griechisch ousía oder lateinisch usia, im Deutschen Usie, die Usien: Sein, Wesen, Wesensgehalt)

Wir sollten uns eine Welt konstruieren, die Sinn hat. Punktum. Nicht eine Welt irritiert analysieren oder unter ihr stöhnen, die uns unsere Machina unter Schmerz vorspiegelt. Wenn eine Welt Sinn hat, reizt sie nicht unsere Machina.

Das Sinnvolle ist wahr, weil das, woran wir glauben, wahr ist.

Ob Sie's glauben oder nicht.

12.2.5 Kulturkreation: Wer ist verantwortlich? Sie!

Fangen wir an, eine sinnvolle Welt zu erbauen. Die erste Baustelle sind wir natürlich selbst. Wachsen Sie artgerecht? Kennen Sie sich und Ihre Seismografen im Körper?

Sitzen Sie fest – eingefangen von Ihrem Hauptseismografen?

Wollen Sie Freiheit?

Wollen Sie sie wirklich?

Die zweite Baustelle sind die Systeme.

Dort sind wir nicht allein. Wir können nicht einfach tun, was wir wollen. Wir können nicht isoliert Änderungen der Welt verlangen: Das System wehrt sich wie eine riesige Machina, denn es ist ja erbaut, dass alles in ihm zuverlässig und reibungslos läuft. Wenn etwas nicht reibungslos funktioniert, schickt das System die Polizei. Also wird immer alles Andersartige erst einmal abgeführt. Das ist so „by design", wie man sagt. Es ist ein gewolltes Designprinzip.

Deshalb ist es unfair, die Systeme zu beschuldigen, sie würden sich nur schwer ändern lassen.

Wir neigen aber doch dazu, das System als gegeben zu akzeptieren. Die natürlichen Menschen tricksen es aus, so gut das geht. Die richtigen passen sich gut an und verkneifen sich sogar einen Seufzer dabei. Die wahren Menschen schimpfen auf das System, ohne etwas zu tun. Sie verstecken sich lieber in Nischen.

Was kann man als Einzelner schon tun?

Systeme sind eben so!

Sind sie nicht! Es gibt solche und solche, und alle behaupten, sie seien richtig gut. Schauen Sie sich Kulturen und Unternehmen an.

Es gibt Unternehmen, die von Finanzfachleuten dominiert sind: Alles wird richtig nach Zahlen und Tabellen, nach Zielen und Ist/Soll-Korridoren gemanagt. Plan-Befehl-Ausführungsüberwachung („command & control")!

Es gibt visionäre Unternehmen, die einer überlegenen Strategie folgen.

Es gibt Power-Unternehmen, die Mut haben, die schnell agieren und reagieren, ohne je große Pläne zu machen („sense & respond").

Welches ist das Beste? Das ist doch überhaupt nicht klar! Die Frage nach dem besten Unternehmen ist so spannend wie die nach der besten Staatsform! Demokratie? Alleinherrschaft?

Bei Unternehmen kann man sich das noch aussuchen, weil es ja unternehmerische Freiheit gibt!

Heute dominieren Unternehmen, die nach Finanzkennzahlen geführt werden. Noch vor vielleicht zwanzig, dreißig Jahren hatte dagegen der Chefingenieur das Sagen. Wer führt denn eine Autofabrik? Der Chefkonstrukteur? Oder der Kostensenker? Alles kann aus vielen Sichten betrachtet werden: „Ein Auto wird gebaut. Das Auto selbst steht im Mittelpunkt. Natürlich versuchen wir, es effizient zu bauen. Deshalb haben wir viele Betriebswirte eingestellt, die sich darum kümmern, dass die Geldseite stimmt", sagt der Ingenieur. „Wir haben ein großes Unternehmen. Wir verkaufen Autos, um damit Gewinn zu machen. Das Schwierige ist es, alles am Laufen zu halten. Ab und zu brauchen wir neue Automodelle. Dafür haben wir Ingenieure eingestellt. Die bauen neue, wenn sich die alten nicht mehr verkaufen. Hoffentlich kommt das nicht so oft vor", sagen die Betriebswirtschaftler.

In dieser Weise ist in Unternehmen die Macht verteilt. Mal so, mal so. Was ist besser? Welche Seite dominiert Ihrer Meinung nach bei Porsche oder Ford? Bei Opel oder BMW? Das Auto oder die Produktionsanlage? Fühlen Sie etwas in sich?

Es gibt wieder andere Unternehmen, die mehr wie eine Marketingmaschine aussehen, und solche, die einem Einzelmenschen gehören und sich dann genauso benehmen wie er selbst …

Es gibt viele Systeme, viele Staatsformen, viele Religionen. Richtige, wahre und natürliche. Depressive, größenwahnsinnige, narzisstische Unternehmen. Wie bei den Menschen. Und alle finden sich selbst gut. Wie Menschen. Und sie wehren sich mit ihrer Machina gegen alle Einwände und Veränderungsversuche. Wie Menschen.

Und wir sitzen innen drin und sagen: „Systeme sind so. Ich sage lieber nichts. Sicher ist sicher. Dabei weiß ich genau, wie es besser ginge."

Systeme bedrohen uns mit Ostrazion, mit Rauswurf und Arbeitslosigkeit. Wir mucken lieber nicht auf. Nur wenn es ganz schlimm wird, kündigen wir oder wandern aus.

Das ist Exodus: Kinder verlassen die Familie. Partner lassen sich scheiden. Einwohner ziehen um. Flüchtlinge suchen neue Heimatländer. Wirtschaftasylanten suchen bessere Gefilde. Unternehmen wandern in neue Gewerbegebiete ab. Städte veröden, Dörfer werden verlassen. Kirchen bleiben leer. Es wird still.

Niemand stemmt sich dagegen.

Müssen Systeme notwendig sterben? Ist wirklich nichts reformierbar?

Sind Systeme wie Menschen?

Wir haben viele Jahrzehnte unter ihm gelitten. Jetzt ist er tot. Jetzt kehrt wieder Ruhe ein. Weißt du, wir haben alles versucht, aber nichts und niemand konnte ihn ändern. Nur der Tod erlöst uns alle. Ihn und uns. Man soll nichts Schlechtes über Tote sagen. Das tue ich auch nicht. Weißt du, Menschen kann man nun einmal nicht wirklich ändern. Es müssen erst Generationen aussterben und geboren werden. Und Gesellschaften änderst du nie, nicht einmal durch Revolution.

Wer müsste den Mut haben, das System zu erneuern?

Sie.

Wer sonst kümmert sich um Sie?

12.2.6 *Wild Du(e)cks Traum(a) der totalen Evaluation und Omnimetrie*

Wer sonst? Der IBM Mainframe (der Großcomputer)!

So lautete meine Antwort in meinem ersten Buch *Wild Duck*, dem „allerlustigsten" meiner Werke.

Die war *sehr* satirisch gemeint. Und *sehr* viele Leser haben sie bitter ernst genommen, was mich ganz irritiert hat. Ja, stimmt, manchmal merken nur meine Drei hier zu Hause, wenn es ein Witz ist. So langsam aber bildet sich in mir selbst der Gedanke aus, es sei etwas dran an der Idee, der Großcomputer könnte die Welt retten.

Ich wiederhole die Metaidee von *Wild Duck* hier ganz kurz und eigentlich besser, als ich sie damals formulieren konnte, denn ich hatte damals noch keine Ahnung von Topothesie.

Angenommen, wir sind finstere, herzlose, fiese Kapitalisten und wollen aus intelligenter menschlicher Arbeit viel Geld herauspressen, mit und ohne Gewalt. Frage: Welche Strategie ist optimal? (Ich sage: aus *intelligenter* Arbeit – das ist ein Unterschied. Bei manchen schrecklichen Arbeiten mag die Antwort anders ausfallen.)

Fast jeder Mensch auf Erden kennt die Antwort, jedenfalls jeder, der etwas von intelligenter Arbeit versteht – gearbeitet sollte ein Mensch ja schon einmal haben, bevor er das beantworten kann! Die Antwort lautet: „Der Mensch arbeitet profitoptimal, wenn er selbst- und zeitvergessen in die Arbeit versunken ist und dabei zufrieden ein Lied summt." Das weiß echt jeder, der kreativ und intelligent arbeiten muss und es schon einige Zeit so gemacht hat!

Die einzigen intelligenten Menschen also, die die Antwort nicht kennen, sind die Manager. Wenn sie durch die Flure patrouillieren und Mitarbeiter zufrieden summend bei der Arbeit versunken sehen, denken sie unweigerlich: „Der kann noch mehr tun!“ Und sie geben ihm mehr Arbeit. Der Mitarbeiter wird dadurch unter Stress gesetzt, erinnert sich jetzt jede Sekunde an die Zeit, die ihn schlug, und arbeitet insgesamt schlechter, weil er ja vorher bestmöglich gearbeitet hatte.

Wenn also die ganze Welt jemals in einem profitoptimalen Zustand wäre, würden ihn die Manager augenblicklich destabilisieren, indem sie den Mitarbeitern mehr „workload“ aufbrummten, da sie „work underload“ festgestellt haben. Wenn also die Welt je gewinnoptimal arbeiten würde, müsste sie diesen Punkt wegen der Managementaktionen sofort wieder verlassen.

In Topothesie-Wörtern: Jeder weiß, dass die Welt im Alpha-Modus profitmaximal arbeitet, jedenfalls, wenn etwas Intelligentes zu tun ist. Das Management aber glaubt, das Profitmaximum sei im stressigen Beta-Modus. Es glaubt, dass eine Machina mehr Gewinn erwirtschaften wird als der Mensch an sich, was etwa beim Putzen öffentlicher Toiletten im Winter so sein mag.

Deshalb treibt das Management die Welt immer wieder in den Beta-Modus! „Wer nicht bei der Arbeit leidet, kann noch mehr tun.“ Das ist in die Beta-Seelen der heutigen Manager so tief eingebrannt wie nichts anderes sonst.

Nun aber kommt der IBM-Großcomputer ins Spiel! Jetzt hört natürlich der Unsinn auf. Das Management wird in den folgenden Jahren den Großcomputer mit immer mehr und mehr Daten über uns füttern, um uns immer noch besser traktieren und kontrollieren zu können. Jeder Handgriff wird gemessen und im Computer gespeichert. Der Computer weiß, wie oft ich in der Toilette die Hände wasche oder wie oft ich lächle oder im Internet surfe. Es wird alles gemessen! Diese Manie, alles zu messen und in Computern zu speichern, habe ich *Omnimetrie* genannt und als solche in *Wild Duck* besprochen.

Und irgendwann – jetzt kommt der Clou an der Sache – und irgendwann weiß der IBM Mainframe alles. Ich meine: *alles*. Und in diesem Augenblick kann der Großcomputer ausrechnen, wann Menschen am besten arbeiten. Und er wird nun – Tusch! – die einzige wahre Antwort berechnen, die alle Menschen, die schon einmal intelligent arbeiten mussten, kennen: Der Mensch muss im Alpha-Modus arbeiten! Dann bringt er den höchsten Profit.

Und in diesem Augenblick, in dem das berechnet werden wird, ist die Welt gerettet.

Denn nun wird der IBM Mainframe allen Managern dieser Welt befehlen, das Profitmaximum aus dem Menschen herauszuholen! Er wird ihnen befehlen, alle Mitarbeiter im Alpha-Modus arbeiten zu lassen.

Big Bang! Glockengeläut. Nun ist die Welt gerettet! Die Manager werden peinlich genau kontrollieren und jeden sofort anschreien, der unter Stress steht!

Die Welt ist deshalb gerettet, weil der IBM Mainframe nicht einfach nur rumredet oder predigt, wie es die Gründer der Weltreligionen getan haben. Nein! Er wird hart *befehlen*, weil das Argument des großen Geldes hinter ihm steht. Deshalb wird er nun kontrollieren, dass alle Menschen bis ans Ende der Welten im Alpha-Modus arbeiten und selbstvergessen bei der Arbeit ein Lied summen … (Denken Sie noch an den Indianer aus der Stadt, der erkannte, dass er arbeiten wollte? Genau dies wird der IBM Mainframe tun! Er wird errechnen, dass es optimal ist, Menschen dazu zu bringen, dass sie erkennen, arbeiten zu wollen. Er wird ihnen Arbeiten erlauben, die sie sich ersehnen. Er schafft es, dass wir irgendwann hart arbeiten und dabei glücklich sind.)

Wenn also nicht *Sie selbst* für Ihren Alpha-Modus sorgen wollen, wer kümmert sich sonst um Sie? Der Großcomputer. Sie müssen aber noch ein paar Jahre warten.

12.2.7 Evaluation der Systeme?

Diese lästerlichen Gedanken werfen indirekt die Frage auf, welche Systeme denn nun am besten für das Erzielen von Gewinnen wären. Die höchsten Gewinne wurden historisch immer dann erzielt, wenn es eine Hochkultur gab (Phönizien, Athen, Rom, Venedig, Genua, ...). Es kann aber sein, dass es nur dann Kultur geben kann, wenn die Menschen gerade zu viel Geld und gleichzeitig keine Lust haben, schnell mal wieder einen Krieg zu führen, damit sich die gute Lage zum Besseren verändert.

Die Geisteswissenschaftler denken über so etwas nach. Sie können leider keine echten Experimente machen, weil sie keine Probierstaaten zur Verfügung haben. Wir könnten ja im Prinzip in jedem Bundesland einmal ein anderes System einführen und naturwissenschaftlich zu einem optimalen Ergebnis kommen, wie ein bestes System auszusehen hätte. Leider verhindert so etwas die Demokratie. Deshalb müssen die Geisteswissenschaftler immer „Vergleichskunde" an verschiedenen Systemen treiben, die alle dadurch entstanden sind, dass Politiker mit dem Versprechen eines solchen Systems die Wahl gewinnen konnten.

Andere hat man noch nicht so richtig erfassen können.

Da nun die überwiegende Mehrzahl der Menschen im Beta-Modus lebt, wird es nicht unbedingt jemals Mehrheiten für Alpha-Systeme geben, oder? (Der Charme der Idee mit dem Großcomputer ist es ja gerade, dass dieser nicht abstimmen lässt, sondern *ausrechnet*!)

Die Politiker und Manager sagen: „Wir probieren einmal ein neues System." Das meinen sie nie wirklich. Sie meinen, sie probieren *dasselbe* System mit anderen Regeln. Wenn nun ein Beta-System im Regelwerk verändert wird, bleibt es ja höchstwahrscheinlich ein Beta-System, denn ein Übergang zu einem höheren Alpha-System wäre etwas radikal anderes. Deshalb wird das, was ich eher als das Beste für uns sehe, also ein Alpha-System, nicht wirklich ausprobiert.

Nein, wir führen neue Regeln immer gleich flächendeckend ein und brechen damit alle Brücken hinter uns ab. Danach sehen wir ein ums andere Mal, dass die Reform (Regeländerung) wieder einmal mehr Probleme schuf, als sie beseitigen konnte. So stolpern wir ohne zu lernen durch die Geschichte. „Wir müssten aus unseren weltlichen Geschichten einmal etwas lernen!", stöhnen so viele. Und im nächsten Monat wählen wir wieder ein befreiendes, einfaches Steuersystem, das uns entlastet und eine Vereinfachung bringt, damit jemand mit einem solchen Versprechen Kanzler werden kann.

Die Systeme evaluieren ja immer nur ihre gerade gültigen Regeln. Sie evaluieren sich ja nie selbst. Versuchen Sie einmal öffentlich, sich Gedanken über ein Kirchensystem oder über die heilige Demokratie zu machen – dann sehen Sie es: Das wäre nicht erlaubt. Es ist nur gestattet, die Modalitäten des Systems zu verändern!

Ist ein solches Tabu gerade heute angebracht?

In einer Zeit, in der der Computer und das (demnächst allgegenwärtige) Funknetz alles mit allem anderen verbinden? In einer Zeit, wo die Raumgrenzen zwischen den Staaten fallen? Werden wir demnächst uns als Staatsbürger eines beliebigen Landes im Internet einbürgern lassen können – so, wie wir online uns mit 18 Jahren bei einer gesetzlichen Krankenversicherung melden? „Papa, ich habe jetzt Türkei, Serbien und Alaska in der engeren Wahl. Sie sind einigermaßen auf meine Interessen zugeschnitten. Gaby ist ja Dänin, dann ist alles ungefähr abgedeckt, was wir brauchen. – Papa?"

Die Schiffe suchen ja schon länger die beste Flagge, die Reichen die besten Steuerparadiese.

Haben Sie genug Fantasie, sich andere Systeme und andere Systeme von Systemen vorzustellen? Wir hätten es jetzt in der Hand und wir haben einen Grund, all das einmal in die Hand zu nehmen!

Und es scheitert wieder, ich weiß es schon: Weil „alle" Menschen Beta denken! Damit müssen wir irgendwie aufhören. Sehen Sie, alles, was mit hoher Kultur, Menschenwürde, goldenen Zeiten, allgemeinem Wohlstand zu tun hat, ist mehr oder weniger stabil und nachhaltig angelegt oder ist auf langfristigen Grundsätzen aufgebaut. Beta-Systeme fixen immer nur drängende Probleme mit Regeländerungen. Sie reagieren wie Machinae.

12.2.8 Wir, die Mittäter

Ist es also in einer Demokratie ohne weiteres denkbar, dass wir je in einen allgemeinen Alpha-Zustand übergehen?

Ist es für Aktiengesellschaften, die sich stark an den Meinungen der Analysten der Investmentbanken orientieren, ohne weiteres denkbar, langfristig zu operieren und sich nicht nach den zu erwartenden Ergebnissen für den nächsten Monat zu richten?

Das wird mehr und mehr bezweifelt.

Wer sich zu sehr um das Kurzfristige kümmert, ist Beta.

Wenn sich alle nur um das Kurzfristige kümmern, muss es so etwas wie Krieg geben. Den habe ich als „Supramanie" beschrieben: Jeder jagt jedem Marktanteile ab.

Es stellt sich nun die Frage, ob wir deshalb heute ohne jede Hoffnung sind.

Diese Frage wird mir oft vorgelegt. Immer wieder.

Was sollen wir denn tun?

Ein Leser schrieb mir, er habe Supramanie zu lesen begonnen und sich grimmig gefreut, weil es schnell klar wurde, dass „die Systeme die Schuld haben", die uns Menschen zu sehr unter Stress setzen. Mehr und mehr dämmerte ihm im Verlauf des Buches, dass ich sagen wollte: Wir alle sind Mittäter. Wir sitzen zwar wie Ratten im Testlaboratorium und lassen „machen", aber wir sind keine Ratten, sondern mündige Erwachsene, die eben nur Angst haben, arbeitslos zu werden, vor anderen schlecht dazustehen oder in der Beta-Seele verletzt zu werden.

Ja, sicher sind wir alle Mittäter!

Und wir müssen aufhören!

Wir sehen untätig zu, wie die Symbole der Alpha-Seele aus unserem Arbeitsleben hinweggespart werden: Ärzte, Manager, Eltern haben keine Zeit. Die Kaffeeküchen verschwinden. Wir feiern immer weniger Geburtstage oder Geburten während der Arbeitszeit. Jubiläen werden nicht mehr begangen. Wir trauen uns kaum noch zum Arzt. Die Büroräume werden kleiner oder verschwinden. Introvertierte sehnen sich tagsüber mit starrem Blick nach etwas Alleinsein im Trubel klingelnder Telefone im Großraumbüro. Wir bekommen Nackenverspannungen und schlafen schlecht, aber wir finden es nicht mehr klug, uns Massagen verschreiben zu lassen.

Unsere Alpha-Seele verschwindet mindestens tagsüber. Und wir sehen untätig zu.

Warum regeln wir diese Dinge nicht in Arbeitsverträgen?

Kostenlos Kaffee, Tee und Mineralwasser für alle und ein Minimum an Betriebsklima?

Einzelzimmer, neue Computer oder Drucker gegen Gehaltsverzicht?

Anrecht, mit einem Mietwagen zu fahren, der so schön ist wie der Privatwagen? (Gegen Gehaltsverzicht!)

Abrechnung eigener Kosten über ein separates Konto bei der Firma? („Ich gehe lieber in ganz billige Hotels, weil ich da nur schlafe. Aber ich lege Wert auf immer das neueste Werkzeug bei der Arbeit. Aber wir haben teure Vertragshotels und gleichzeitig einen Einkaufsstopp für Büromaterial. Ich verstehe das nicht." – „Der Drucker ist weit weg und immer defekt. Ein eigener Arbeitsplatzdrucker nur für mich kostet 50 €. Für eine Reparatur des großen Abteilungsdruckers können wir bestimmt jedes Mal einen kleinen Drucker kaufen. Aber nein – verboten! Ich hätte auch so gerne Grünpflanzen hier.")

Klar?

Sie müssen losgehen und so etwas wollen: „Die Firma soll so etwas wie meine Heimat sein. Schließlich lebe ich immer länger hier und sehe meine Familie immer weniger."

Tun Sie es?

Sagen Sie ihrem Unternehmen dies: „Ich bin bereit, auf 20 % meines Gehaltes zu verzichten. Dafür will ich kostenlosen Kaffee, eine Morgenzeitung, …"

Sie werden aber dies entgegnen: „Nein, ich kann es mir nicht leisten. Zwanzig Prozent! Da will ich lieber weiter leiden." Oder: „Ich finde das gut, ich würde auch zwanzig Prozent drangeben, aber ich traue mich nicht, so etwas zu beginnen. Die da oben werden mich für verrückt halten. Und selbst wenn sie darauf eingingen, würde ich ihnen nicht über den Weg trauen. Denn sie werden mir zwanzig Prozent wegnehmen und dann gegen den Geist der Abmachungen handeln. Dann stehe ich am Ende noch schlechter da als vorher."

Wenn Sie also als Alpha-Gesandter mit einem vermuteten Beta-System verhandeln – was wird herauskommen? Geht das so einfach, sich eine Arbeit leisten zu können, die „Spaß macht"? Haben Sie die psychische Reife, selbst für sich so etwas beginnen zu wollen? Werden Sie dafür etwas Konkretes tun? Gar unter Opfern für Alpha kämpfen? Trauen Sie sich?

Wenn Sie sich ernsthaft fragen, ob Sie etwas tun wollen, so beschleicht Sie etwas wie den Zuschauer, der in einer praktisch leeren U-Bahn Zeuge eines Überfalls oder sexuellen Übergriffs wird. Sie spüren, dass Sie nun unbedingt etwas tun *müssen*! Ein Hauptseismograf der Alpha-Seele schlägt an! Alarm! Alles ist in Gefahr! Ein Mensch! Das Prinzip der Menschheit! Die Alpha-Seele heult auf. Und dann spüren Sie, wie Ihre Machina dagegen hält: „Halte dich aus der Sache heraus, du wirst ebenfalls in Gefahr kommen. Sie werden dich vergewaltigen oder dir die Zähne ausschlagen! Was hast du davon? Freu dich, wenn du davon kommst!“ Hin und her gerissen hält die Machina Ihre Alpha-Seele auf dem Sitz fest. Der Überfall geht zu Ende, die Täter steigen aus. Sie werden langsam ruhiger. Sie selbst aber können es nicht über sich bringen, zum schmutzigen Opfer zu schauen. Sie schauen aus dem Fenster. Sie hassen sich, weil Sie feige sind. Sie wissen, dass Sie feige sein mussten, weil Sie als Mensch nicht für die Gefahr gemacht wurden. Sie sind doch ein Mensch, kein Held! Sie schleichen sich um das blutige Opfer aus der U-Bahn hinaus in die Nacht … In der Zeitung wird stehen, dass sich ein Feigling davonstahl, der nicht half! „Schande über diese unfassbare abstoßende Feigheit!“, schreibt ein junger Volontär, der aber nicht in der U-Bahn saß.

Stellen Sie sich vor, es ist tiefe Nacht.

Ratternd rast die U-Bahn durch die Tunnelröhren. Sonst ist es still.

Zwei Menschen sitzen dort allein.

Meine Alpha-Seele und meine Machina. Die Alpha-Seele träumt noch von dem genossenen Konzert. Die Machina ist ungeduldig und denkt an den frühen Arbeitsbeginn.

Sie schweigen beide. Im Traum die eine, in Ungeduld und Ärger die andere.

Da steigen Dunkle in die U-Bahn zu, machen sich an die Alpha-Seele heran und vergewaltigen sie. Die Machina hat Angst und duckt sich unter einen Sitz. Sie zittert und wartet. Die Angreifer lassen ab und verschwinden an der nächsten Station.

Die Alpha-Seele zerfließt. Die Machina denkt an den kommenden schweren Arbeitstag. „Wir müssen konzentriert sein. Es geht heute Morgen um viel. Heul nicht. Träum nicht. *Ich* wollte ja nicht ins Konzert.“

Im Grunde stellt sich die Frage, ob wir ernsthaft und wirklich eine wundervolle Alpha-Seele und Alpha-Kulturen ausbilden *wollen*. Dazu gehört in einem Beta-System Mut. Der Mut, den Alpha-Weg zu gehen. Unbeirrt. Tao. Schauen Sie sich nicht um, ob alle anderen mitkommen. Einer muss zuerst gehen. Die in der ersten Schlachtreihe werden wohl sterben. *Sie*! Ich. Wir. Schon zwei. Es wird schon.

12.3 Der Sinn des Lebens

12.3.1 Licht

„Tekeli-li!“, hatte der Eingeborene schaudernd gerufen, als er Weißes sah.

Und für den allerletzten Tag, den 22. März, wurde dies während der Fahrt des Kanus aufgezeichnet:

> Die Finsternis war nun merklich dichter geworden, und nur der Widerschein des weißen Vorhangs vor uns auf dem Wasser erhellte noch das Dunkel. Immer wieder flogen riesige fahlweiße Vögel durch den Schleier, und während sie unserem Gesichtskreis entschwanden, drang unaufhörlich ihr schrilles „Tekeli-li!" an unsere Ohren. [...] Und jetzt schossen wir in die Umarmungen des Kataraktes hinein, der einen Spalt auftat, um uns zu empfangen. Aber im selben Augenblick richtete sich vor uns auf unserem Weg eine verhüllte menschliche Gestalt auf, weit größer in allen ihren Ausmaßen, als es je ein Bewohner der Erde gewesen ist. Und die Farbe ihrer Haut war von makellos reinem, schneeigsten Weiß ...

Das ist Ende des Buches.

Die denkwürdigen Erlebnisse des Arthur Gordon Pym von Edgar Allan Poe.

Ich habe es vor 35 Jahren gelesen und kenne immer noch den Schluss. Er hat mich seltsam bewegt, gefangen gehalten – und ich war auch maßlos enttäuscht. Damals! Warum lese ich 220 Seiten? Und weiß nun nicht, „wie es ausgeht"? Was ist es, das Weiße, das Licht?

Irgendwo, nicht fest, ganz verschwommen, ist die Grenze des Sagbaren.

Es gibt einen Punkt, über den wir gehen müssen. Stumm.

Abraham. Tao.

Deshalb endet dieses Buch, wie alle, vermeintlich kurz vor dem Licht.

Ich will nun *nicht* anmaßend sagen, da drüben ist das Weiße – und gehen Sie alle dorthin!

So einfach ist es nicht.

Dieser Gedanke zieht sich durch das ganze Buch. Er steht ja wie ein Wasserzeichen in jede Seite eingewoben. Und außerdem bin ich ja selbst noch auf dem Weg. Ist es schon das Weiße, wo ich selbst bin? Oder das Fahlweiße im Dunkel? Aber ein bisschen sehe ich – ja, doch!

Jetzt der Sprung?

12.3.2 Verantwortung im Dunkel

Ich habe nun drei Bücher lang aufgezählt, dass wir zu wenig vom Denken verstehen, uns kaum um uns selbst kümmern, das Denken der anderen nicht verstehen und deshalb schmähen, dass wir das Roboterhafte unserer Machina nicht erkennen und den anderen Machinae immer die gleichen quälenden Szenen machen, die wir Kommunikation nennen.

Wir verstehen nicht, dass wir einen Körper haben, in dem vielleicht nicht der entscheidende Teil unseres Lebens ruht, aber der am wenigsten verstandene und am schwersten steuerbare. (Computer werden viel eher klug sein, als dass sie sich anmutig bewegen lernen!) Wir leben in supramanen Systemen, die nicht zu unseren Körpern passen, unseren Glauben verraten und die Gesetze der Vernunft verletzen. (Vernunft denkt im Prinzip ja auch langfristig, was supramane Systeme nicht tun.) Wir erziehen unsere Kinder immer weniger und regulieren nur mehr ihr Verhalten nach der Art der Suprasysteme. Wir vergewaltigen selbst Alpha-Seelen und setzen Triebe und Ängste ein.

Es ist eine Menge besser zu machen, bevor wir das Licht sehen werden.

Wir müssen vorher selbst – wir selbst – die Verantwortung für das Dunkel übernehmen. Eltern: Übernehmen Sie die Verantwortung für das kleine hilflose Wesen! Lehrer und Manager: Übernehmen Sie die Verantwortung für die anvertrauten Menschen. („Sie kommen zur Schule und ich lehre. Das ist mein Service. Wieso anvertraut?" – „Ich treibe sie an, damit sie Geld machen. Einen Teil davon bekommen sie als Gehalt. Wieso anvertraut?")

Die Systeme müssen mit dem Menschen an sich in Einklang gebracht werden. Sie sollen zu den meisten Menschenklassen passen. Sie müssen mit Religionen und Kulturen harmonieren. „Soziale Marktwirtschaft" passt gut zum Deutschen. Das Amerikanische ist hemdsärmliger. Das Italienische ist lebensfroher und weniger systematisch. Was soll da das Gerede von Kultur überschreibenden globalen Suprasystemen, die sich eher an neuesten Beratungshypewellen orientieren als an „uns"?

Wir haben mit unseren sterbenden Religionen die Beziehung zu Gott und höheren Prinzipien verloren. Dieser Prozess ist immer noch nicht zu Ende. Das so genannte wissenschaftlich Reale und Konkrete verdrängt immer mehr das Unsagbare, das aber im Prinzip in uns das Mächtige ist. Glauben versetzt Berge. Mikromanagement und Kontrollen tun es *nicht*. Ist Glaube also etwas Schlechtes? Die Wirtschaftswissenschaftler predigen messbare „Resultate" in Suprasystemen. Wenn aber nun Glaube Berge versetzt? Ist das ein Resultat? Da sagen sie dann: „Glaube ist nicht messbar und nicht wissenschaftlich. Wir können ihn daher nicht gebrauchen. Wir müssen uns korrigieren: Wir wollen nur messbare Resultate, damit wir die Macht über sie haben – nicht einfach *nur* Resultate."

Ich wollte in den drei Büchern möglichst viele Finger auf all die Wunden legen. Die Welt ist so verworren! Sie kann nur entwirrt werden, wenn viele von uns die Verantwortung übernehmen.

Und da sind wir wieder am Kern des Dunkels. Jetzt schreibe auch ich den ermüdendsten Satz von allen Sätzen: Es muss sich in den Köpfen etwas ändern. Das sagen alle. Und ich sage: Die Systeme müssen sich zum Menschen hin ändern. Und der Mensch muss sich mit „Gott" synchronisieren. Alles muss zusammenpassen, also „Eins werden". Die Teile sollen sich nicht mehr als Ganzes fühlen und entsprechend aufführen. Die Teile sollen sich als Teil begreifen und als Teil die Verantwortung für das Ganze übernehmen. „Gott" oder „Prinzipien" müssen mit den Menschenkörpern koordiniert werden, die in ihrer Heimatfirma ihr Leben verdienen gehen.

Das Richtige, das Wahre und das Natürliche müssen zu Teamwork gebracht werden. Dafür müssen wir alle in die Verantwortung. Das allgemeine Dunkel sind wir.

12.3.3 *Die Krone der Schöpfung*

Wo aber ist helle Weißheit?

Jetzt werde ich zum Schluss – und wo würde es passender sein? – noch einmal ganz radikal.

Das Dunkel sind wir. Es ist um uns. Wir sind die Krone der Schöpfung. Wird wieder ein Heiland kommen, ein Buddha? Irgendwo bei den Göttern ist Licht.

Betrachten wir normale Zuchtschafe. Die sind nach landläufiger Betrachtung ziemlich blöd. Sie fressen genügsam und erzeugen durch ihr Leben Lämmer und Wolle. Die Lämmer werden in Rücken, Keule und Vorderviertel geteilt und unterschiedlich teuer verkauft. Mit der Wolle geschieht Ähnliches. Wenn nun die blöden Hammel und Schafe nachdächten, welchen Sinn ihr Leben hätte?

Hey, Sie sind ein Mensch, die Krone der Schöpfung! Nennen Sie ihnen einen. Zum Beispiel: „Ihr nährt den Menschen, aber wir machen nur dann guten Gewinn, wenn ihr effizient Fleisch ansetzt, sonst machen wir bei den niedrigen Lammmargen Verlust. Wir können es uns nicht leisten, euch ein wirklich gutes Leben zu ermöglichen. Es muss euch gerade so schlecht gehen, dass ihr Wolle und Fleisch erzeugt, aber auch gerade so gut, dass ihr schmeckt. Sonst würden wir uns ja durch zu elende Haltung von euch in unser eigenes Fleisch schneiden."

Diese Aussage wäre in der Nähe der Wahrheit. Es ist die ewige Wahrheit blöder Schafe. Wir sind ihr Gott. Wir essen sie und erzeugen bessere symbolische Darstellungen von ihnen zu Ostern. Das müsste einem Hammel schwer Eindruck machen, wenn er seine Gestalt als Kuchen geformt sieht! Er wird denken, Lämmer sind heilig und Kälber wohl noch mehr, weil sie in Gold gegossen werden.

Ich habe mich bei dem Höhlengleichnis von Platon oft gefragt, ob wirklich Licht erscheint, wenn wir aus der Höhle herausschauen. Ich beschrieb das Gleichnis in *Omnisophie*. Platon argumentiert, wie sehr anders Menschen in einer Höhle mit Blick nach innen die Welt sehen als solche mit Blick nach außen. Die einen leben im ewigen Dunkel und orientieren sich an Schatten. Die anderen sehen: Es gibt Licht!

„Außen gibt es Licht und Gott! Schaut nur auf und zurück!", ruft die platonische Philosophie. Wenn wir aber nun alle Lämmer wären? Gäbe es dann Licht? Schweigen der Lämmer.

Religion ist die Verheißung von Licht, die uns im Leben hochhält.

Und ich denke, ich Schaf … Im Ernst, diese Frage beschäftigt mich schon lange. Ich habe mit etwa zwanzig Jahren eine Geschichte geschrieben, die ich an einen Wettbewerb für Geschichtenerzählung einsandte. Ich bekam auch eine schriftliche Bestätigung, dass alles gut bei der Jury ankam. Diese Geschichte zieht sich irgendwie durch mein Werk. Immer noch. Ich habe sie auf den letzten Seiten von Wild Duck ohne viel Kommentar eingefügt. Ich wusste damals nicht, ob sie vielleicht zu abgedreht wirkt. Na, im Zweifelsfall überliest man sie, oder? Die meisten Leser kommen ja gar nicht bis hinten?! Dann macht es ja auch jetzt schon nichts mehr.

Vielleicht lesen Sie diese Geschichte doch einmal, aber ganz langsam. Sie ist ganz kurz. Nicht über Schafe, sondern „alles mit Rosen". Welchen Lebenssinn haben die? Halbwegs objektiv gesehen? Als ich das schrieb, hatten wir einen schmucken Garten vor dem Bauernhaus mit kunstgeschmiedetem Zaun, auf dem wir Eiligen ab und zu verwundet wurden. Ich bin heute Morgen noch einmal vorbeigefahren, als ich meine Mutter besuchte. Die Hälfte des Hofes ist abgerissen und in eine zweckmäßige Asphaltdecke verwandelt. Der Garten ist also platt gemacht für die großen Trecker. Sie müssen also beim Lesen etwas zurückdenken.

Hier ist die Geschichte:

Die Gebäude eines alten Bauernhofes umschlossen einen idyllischen Innenhof: ein Wohnhaus, der Pferdestall, der Kuhstall, der Geräteschuppen, zwei Scheunen. Über dem prächtigen Eingangstor hatte das neue Eigentümerpaar ein schlichtes Bronzeschild angebracht: Todd & Angela.

Den Innenhof zierte ein liebevoll gepflegter Garten, vor dem eine sehr alte schmiedeeiserne Handschwengelwasserpumpe auf einem kleinen Podest stand. Ein mächtiger Magnolienbaum beherrschte den Innenhofgarten, in einer Ecke wucherte ein blühender Wildrosenstrauch, aber sonst war alles über und über mit den schönsten Edelrosen bepflanzt.

„Seht, wie schön die Welt doch ist!", rief die Nina-Weibull-Rose. Sie war frisch erblüht und verstand schon, auf sich aufmerksam zu machen. „Ach, die Jugend", seufzte eine Surprise-Party-Blüte, gelb-orange, mit schon braunen Blütenblatträndern. „Als ich noch jung war, vor vierzehn Tagen, was war ich übermütig! Doch nun schwanke ich bedenklich und werde bald meinen Kopf senken. Ach, es zieht und reißt in mir."

„Du fürchtest wohl den Todd", rief die silbrig-rote Mutter Osiria, die über zwei Kinderknospen wachte. „Er wird dir noch zwei Tage lassen. Sorge dich nicht. Genieße deine vergehende Pracht!" – „Du hast gut reden", antwortete die Surprise Party. „Du magst noch eine Woche blühen, das ist eine lange Zeit. Ich habe nur zu gut gemerkt, dass mir heute Morgen ein paar Blütenblätter fehlten, und die Hummeln nehmen mich schon länger nicht mehr wahr." So redeten sie in der Sonne über den Sinn des Lebens: die gelbe Valencia, die orangefarbene Tonsina, die dunkelrote Erotika.

Als am Mittag die Sonne brannte, trat Todd aus dem Haus und schaute blinzelnd mit Liebe sorgendem Blick über seine Rosen, auf die er stolz war, so stolz. Er nahm eine Schere zur Hand, schnitt die Surprise-Party-Blüte ab, knickte ihren Stängel zweimal zusammen und warf sie auf den Komposthaufen. Die Surprise Party spürte nur wenig. „Zum *gewöhnlichen* Unkraut!", raschelte sie noch und versengte in der Hitze auf brauntrockenen Blütenleichen.

„Mutter Osiria!", rief die Nina-Weibull-Blüte. „Wie erbärmlich! Warum macht das der Todd mit uns? Ich kann ja gar nicht hinsehen! Wie mit der Sense! Sind wir immer *nur* von Wert, wenn wir blühen? Sieh doch die Wildrose, aus deren Blüten schöne rote Hagebutten schwellen! Warum müssen wir Schönen auf den Kompost?" Mutter Osiria sprach: „Ach, wisst ihr, in den vielen Tagen unseres Lebens können wir so sehr viel von der Welt sehen. Es passiert so viel. Und langsam, mit den Wochen, werde ich etwas müde. Das versteht ihr nicht, wenn ihr noch jung seid. Heute habe ich keine Angst mehr vor dem Kompost. Ich glaube, dort entsteht etwas *viel Kostbareres* als Hagebutten. Warum werden dort niemals Wildrosenblüten hingeworfen? Deren Blütenblätter verwehen wie Regen im Wind. Es gibt etwas Geheimnisvolles dort auf dem Kompost und *dafür* lohnt es sich zu leben." – „Mutter Osiria, können Wildrosen erzählen?"

„Die Wildrose ist sehr alt, viel älter als wir, und sie soll früher einmal geredet haben. Die Surprise-Party-Blüte will in ihrer Jugend von damals Alten ihre letzten Worte gehört haben, bevor sie verstummte." – Und die Nina-Weibull-Blüte zitterte: „Nun sag' schon. *Erzähl*!" – Mutter Osiria erinnerte sich: „Es war einmal ein Streit, ob weiße Rosen die schönsten seien oder die dunkelroten, und man fragte sich im Garten, woher denn alle Rosen kämen. Da meldete sich die schweigsame Wildrose plötzlich und sagte, die Wildrosen seien immer da. Immer. Und die anderen Rosen würden künstlich von jemandem namens Willemse aus Zwiebeln hergestellt. In Holland, das sei der Hof hinter der Scheune. So habe es Todd gesagt." – „Ja, ja, und da wurde sie so schrecklich ausgelacht, dass sie nie wieder sprach. Aber im Ernst, schwarzrote Rosen sind wirklich die schönsten", rief die Bimboro Blüte, die samtig auf dunkelrotem Holz thronte, unter dem beginnenden großen Hallo aller anderen.

Die Wildrose aber schwieg, im Garten am Rande, und es wurde Abend und wieder Morgen. Helle Aufregung herrschte da im Rosenbeet! Die beiden Kleinen von Mutter Osiria zeigten keck die ersten Blütenblätter. Sie schauten kaum halb geöffnet in die laue Luft, da fragten sie schon das Blaue vom Himmel. Wer ist Todd? Wer Angela? Wie sieht sie aus?

Da, fast unbemerkt still, kam Angela in den Garten. Sie blickte sich lange um, streichelte zärtlich die gelbe Valencia und strich über die Flamingo. Sie schnitt die Bimboro-Blüte ab, hielt sie sich lachend ans Haar und lief ins Haus zurück.

Die Bimboro krampfte sich zusammen und freute sich. Angela trug sie in einen dunklen Raum und zerschlug ihr das Stängelende und zupfte die unteren Blätter ab. Sie stellte die leidende Bimboro in einen Kristall mit Wasser und schüttete ein weißes Pülverchen dazu, das der Bimboro entsetzlichste Schmerzen bereitete, die nicht nachließen. Angela stellte den Kristall ans Fenster, wo die Bimboro den Garten übersehen konnte. Die Bimboro war stolz und schrie.

Todd kam ins Zimmer, und zusammen mit Angela bewunderte er die dunkle Bimboro. „Fast schwarz, Angel! Ich bin so stolz auf meine Züchtung. Schwarz ist unter den Farben die allerschönste." – „Ja, ja, weiße magst du eben nicht. Wenn die Rosen wüssten, dass Weiße nicht geliebt werden! Pfui, Todd!" – „Ich liebe alle Rosen, vor allem aber die schwarzen, die ich züchten werde. Sie werden meinen Namen tragen."

Im Garten freuten sich die Rosen, dass die Bimboro so ausgezeichnet worden war. Sie müsste sich wie im Himmel fühlen. Viele waren neidisch. Was war das Verdienst der Bimboro, die immer so angeberisch war? „Schönheit zählt nicht wirklich, wenn man nur schwätzen kann. Schönredner dürfen in Lebenspulverlösung stehen und unsterblich werden." Das fanden die meisten, die im Garten blieben. Die Wildrose schwieg. Die Bimboro schrie ungehört vor Schmerz. Todd schnitt draußen Blüten ab, auch Mutter Osiria kam mitten im Leben auf den Haufen. „Platz machen für neue Sorten", murmelte Todd und grub. Und er stützte sich ab und zu kurz ruhend auf den Spaten und liebte seine Rosen.

Die Wildrose kümmerte sich nie mehr um Kleinpflanzen und Gartenarbeit. Sie träumte, ein Magnolienbaum zu sein und die Welt sehen zu können, und sie ließ sich von den Hummeln kitzeln. Sie und der Magnolienbaum allein wussten, dass das Geheimnis des Lebens außerhalb des Hofinnern liegen musste. Denn im November oder März, wenn die Edelrosen nicht blühten, wurde Kompost fortgeschafft. Aber wohin? Nach Holland? Was geschah mit den Blütenresten? Die Wildrose war sicher, dass die Überreste wieder zu Willemse zurückkamen und dort zu Zwiebeln geformt würden.

Der Magnolienbaum aber wuchs weiter empor. Irgendwann, das fühlte er, würde er hochgewachsen über die Scheune hinweg sehen können. Er – und nur er – würde als Pflanze Willemse sehen dürfen, nicht nur Todd und Angela, die wie Diener oder Priester von Willemse schienen. Der Baum war jetzt fast genau so hoch wie die Scheune. Er sah nichts von Holland. Gleichhoch und nichts zu sehen? Das konnte nur bedeuten, dass Willemse kleiner als die Scheune sein müsste, dass es also nichts Größeres geben konnte als ihn. Mit den Jahren überkam den Magnolienbaum ein banger süßer Gedanke.

Das ist bis auf ein paar stilistische Änderungen mein erstes Werk gewesen.

Fühlen Sie mit?

Welchen Sinn hat Kompost?

Welchen Sinn hat eine Vase?

Ist Wahrheit für Rosen gemacht? Sollten sie sie verstehen können?

Wissen die Rosen, was Engel und Tod sind?

Wenn wir im Dunkel sind, hoffen wir auf Licht. Ein Licht der Wahrheit und der Erkenntnis. Aber es ist vielleicht nur „wissenschaftliche" Wahrheit da, die selbst nicht leuchtet. Die wahre Wahrheit müssen wir selbst in uns erschaffen.

12.3.4 Wahrheit ist nicht das Wahre, Richtige oder Natürliche

Finden wir den Sinn des Lebens, wenn wir alles wissen und alle gut verdienen?

Für Rosen und Schafe habe ich gerade meine Zweifel angemeldet.

Wir erkennen durch Hirnforschung und Biochemie immer mehr Einzelheiten. Wir werden dabei herausfinden, dass wir irgendein hoch komplexes Neuronengewühl sind. Die Wissenschaft treibt uns den Sinn aus allem heraus, sie findet aber letztlich keinen, weil alles Wichtige nur gespürt, gefühlt oder intuitiv erkannt werden kann, denn das Wichtige ist unsagbar und kann nicht „gewusst" werden. Die Wissenschaft erhellt die Fakten und verdunkelt die Wahrheit: Sinn ist in uns selbst und sonst nirgends.

Haben Sie schon den Sinn des Lebens entdeckt? Nein?

Dann ist keiner da?

Der Sinn des Lebens müsste ja in Ihnen sein!

Er wird durch ein gutes artgerechtes Leben geschaffen und erworben. Wenn Sie also keinen Sinn in sich geschaffen haben, ist keiner drin. Dann müssen Sie an das Erschaffen gehen!

Sinn wird im wohlgestalteten Körper als das eigentliche Natürliche gespürt. Sinn wird im wohlgestalteten Verstand als das eigentlich Richtige gesehen. Sinn wird in der wohlgestalteten Intuition als das eigentlich Wahre gefühlt.

Wenn Sie den Sinn nicht spüren, haben Sie ihn nicht erworben und nicht genügend entwickelt oder durch Verwundung verloren? Sie sind womöglich auf die Suche gegangen, den Sinn wieder zu finden? Sinn aber wird nicht *gefunden.* Sinn wird im Innern *erlebt.* Er entsteht im Leben aus dem Ursprung.

Die Beta-Seele sucht Sinn. Die Alpha-Seele verströmt ihn.

12.3.5 Lebenssinndesign und die Kirche im Dorf

Neulich hat ein natürlicher Mensch mit mir lange über Omnisophie diskutiert und am nächsten Tag gesagt: „Ich werde ein Jedi werden, Herr Dueck."

Das ist gespürter Sinn. Die Kraft entfaltet sich.

Es *gibt* aber keine Jedis.

Es gibt vielleicht kein wissendes Wasser, keine morphischen Felder, keine Zeichen der Sterne, keine Astralleiber oder keine Gedankenübertragung – aber wenn wir Sinn fühlen, dann oft in solchen diffusen Bildern, die das Unsagbare in uns aufleuchten lassen.

Die Machinae funktionieren. Sie erschaffen nichts, denn sie bewältigen nur, besser und besser.

Heilige erschaffen Sinn. Dichter. Künstler. Gute Nachbarn. Vorbilder. Quellen.

Wir suchen alle in unserer Zeit nach dem verlorenen Sinn.

Wir haben die Religionen über Bord geworfen, verlangen von Politikern nur noch (zumindest versprochene) Erfolge, wir arbeiten nur für viel Geld – nun stöhnen wir und suchen nach dem verlorenen Sinn. Man kann aber Sinn nicht suchen!

Wir müssen ihn neu erschaffen.

Sinn, der den natürlichen Menschen mit Kraft, Initiative und Lebenslust füllt.

Sinn, der den richtigen Menschen eine Heimat in einem wohlgestalteten System gibt.

Sinn, der den wahren Menschen zur Quelle des Einsseins werden lässt.

Das alles muss gut zusammenpassen. Der Körper und der Instinkt, die Gott in sich spüren. Der Verstand, der das Heilige im System weiß und sich dort geborgen und sicher fühlt. Die Intuition, die das Ewige, Unsagbare ausstrahlt.

Diese Welt des Heiligen und Unsagbaren, dass nur das gespürt, gefühlt werden kann, von dem wir erfüllt sein wollen – diese Welt muss aus Symbolen, Gleichnissen, Idealen, Vorbildern, Mythen definiert werden.

„Ich werde Jedi werden", hat sie zu mir gesagt. Sehr ernst.

Ob sie nun Jedi wird oder nicht: Sie versteht, was sie in sich erschaffen will. Sie kann ganz leicht in einem Symbol ausdrücken, was mit Worten nicht sagbar wäre. Sie wird einst Jedi sein, wenn sie eigentlich spürt, was ein Jedi ist. Sie sucht nicht, sie geht hin. Das Bild des Jedi ist ihr Zeichen.

Wenn wir ein sinnvolles Zeitalter erschaffen wollen, dann sollten wir solche Symbole, Sinninhalte und Gottheiten erschaffen, zu denen wir hingehen können, ohne suchen zu müssen. Dann werden immer mehr Menschen sagen können: „Ich werde Weiser." – „Ich werde Heiliger." – „Ich gehe zur Tugend." – „Ich will überquellen."

Es geht dabei nicht um Wissenschaft, Wissen, Fakten, Beweisbares, im Beta-Sinne Konkretes. Wir müssen das Unsagbare wieder erschaffen, um damit Menschen erklären zu können, wohin sie eigentlich wollen.

Und dann muss das Symbolische, das Unsagbare und Heilige als Prinzip über den Leben, den Systemen und Körpern regieren.

Lebenssinndesign.

Wir werden das Leben nicht bruchlos designen können, das ist ja der Jammer die ganze Zeit. Selbst eine Welt der guten Menschen wird mit Krankheiten, Unfäl-

Abb. 12.2 „Omnisophie“

len, Unglücken, angeborenen körperlichen Behinderungen, Ungerechtigkeiten und Katastrophen leben müssen, die jeden von uns ganz verschieden stark treffen. Die Wirtschaft wird gute und schlechte Zeiten haben. Neue Erfindungen werden gut Bewährtes hinwegraffen. Und vor allem müssen wir ja sterben! Da fragen wir seit jeher: „Warum lässt Gott das zu?“ Die Rose in der Vase fragt: „Warum tut es so weh, wenn Gott mich zu sich nimmt?“ – Und wir: „Warum müssen wir grausamen Tod leiden, wenn Gott uns zu sich nimmt?“

Guter Lebenssinndesign wird uns so artgerecht leben lassen, wie es irgend geht. Hat aber das Sinn, was wir nicht ändern können? Sollen wir den Tod lieben? Ja, weil wir in den Himmel kommen! Ja, weil wir wiedergeboren werden! Oder wir sagen heute: „Ich sehe nicht hin. Ich denke bewusst nicht dran.“ Wenn wir über Lebenssinn nachdenken, beschäftigen uns diese großen Fragen des Warum. Woher kommt die Welt? Wer erschuf sie? Ich weiß es nicht. Wir können aber doch zunächst die Kirche im Dorf lassen und fragen, woher der tägliche Zwist kommt? Der Stress? Die Müdigkeit, Unzufriedenheit, das Lähmende, Langweilige, Harte, Kränkende? Warum immer dieselben Seismografenanschläge? Warum die immer nach gleichem Drehbuch ablaufenden Ehe- oder Familienauseinandersetzungen? Woher stammen unsere Probleme, unserem Leben Halt, Perspektive, Richtung und Zukunft zu geben? Diese Probleme können wir selbst angehen, auch wenn wir wissen, dass einst die ganze Welt in einem schwarzen Loch verschwindet.

Das Richtige, Wahre und Natürliche müssen miteinander auskommen. Alpha. Das muss unabhängig davon gelingen, ob es im übergeordneten Sinn wirklich einen Lebenssinn gibt – denken Sie an die Geschichten mit den Rosen und den Schafen. Es geht um unser persönliches Leben, nicht um die Wahrheit in irgendeinem Sinne. Verströmen wir also erst einmal alle Kraft und Glück, Zufriedenheit und Weisheit, Liebe und Frieden. Lassen Sie uns erst einmal naiv gläubig um die Kirche im Dorf leben.

Danach fragen wir dann noch: Warum?

Der Sinn des Lebens ist, dass Menschen voller Sinn das niemals wissen müssen. (Abb. 12.2).

Literatur

Ahlswede R, Dueck G (1989) Identification via channels. IEEE Trans Inf Theory 35(1):15–29

Apter MJ (1989) Reversal theory: motivation, emotion, and personality. Routledge, Washington

Aristoteles (1907) Metaphysik, übersetzt von Adolf Lasson. (Dig. Bib., Bd. 2)

Aristoteles (1909) Nikomachische Ethik, übersetzt von Adolf Lasson. (Dig. Bib., Bd. 2)

Aristoteles (1977) Dialog Über die Philosophie, In: Aristoteles (Hrsg) Hauptwerke, 8. Aufl. Stuttgart, Kröner

Athenaeus (1996) In: Hossenfelder Malte (Hrsg) Antike Glückslehren: Kynismus und Kyrenaismus, Stoa, Epikureismus und Skepsis. Stuttgart, Kröner

Aurbacher L (2003) Büchlein für die Jugend. In: Uther H-J (Hrsg) Deutsche Märchen und Sagen. Berlin, Directmedia Publishing GmbH. (Digitale Bibliothek Bd 80)

Bartsch K (2003) Sagen, Märchen und Gebräuche aus Meklenburg. In: Uther H-J (Hrsg) Deutsche Märchen und Sagen. Direktmedia Publishing GmbH, Berlin. (Digitale Bibliothek Bd 80)

Bayle P (1741) Verschiedene Gedanken über einen Kometen, hrsg. von Johann Christoph Gottsched. J. C. Faber, Hamburg. (Dig. Bib., Bd. 2)

Berne E (2002) Spiele der Erwachsenen. Psychologie der menschlichen Beziehungen. Rowohlt, Berlin

Boethius AMS (1893) Die Tröstungen der Philosophie, übersetzt von Richard Scheven. (Dig. Bib., Bd. 2)

Bridges W (1997) Der Charakter von Organisationen. Hogrefe, Göttingen

Büchner L (1885) Kraft und Stoff. Meidinger Sohn & Cie., Frankfurt a. M. (Dig. Bib., Bd. 2)

Canterbury A von (1880) Warum Gott Mensch geworden, übersetzt von Wilhelm Schenz. (Dig. Bib., Bd 2)

Cicero MT (1874) Fünf Bücher über das höchste Gut und Übel, Hrsg. Julius Heinrich von Kirchmann. Koschny, Berlin. (Dig. Bib., Bd. 2)

Cipolla C (2001a) Die Prinzipien der Dummheit. Allegro ma non troppo. Wagenbach, München

Cipolla CM (2001b) Allegro ma non troppo. Wagenbach, München

Crowley A, Crowley EA (1999) Liber Al vel Legis. Das Buch des Gesetzes. Kersken-Canbaz, Uelzen-Holdenstedt

Damasio AR (2000) Descartes' Irrtum: Fühlen, Denken und das menschliche Gehirn, 6. Aufl. dtv, München

DeMarco T, Lister T (1999) Peopleware: productive projects and teams, 2. Aufl. Dorset House Publishing Company, Washington

Demokrit aus A (1901) Fragmente, übersetzt von Hermann Diels. (Dig. Bib., Bd. 2)

Deutsche Literatur – von Lessing bis Kafka. Studienbibliothek, Digitale Bibliothek Bd 1, CDROM, Bertelsmann Directmedia Publishing (2000). (Dig. Bib., Bd 1)

Die Luther-Bibel (2000) Originalausgabe 1545 und revidierte Fassung 1912 Digitale Bibliothek Bd 29, CD-ROM, Bertelsmann Directmedia Publishing, Berlin. (Dig. Bib., Bd. 29)

Dilthey W (1883) Einleitung in die Geisteswissenschaften. Duncker & Humblot, Leipzig (Dig. Bib., Bd. 2)

G. Dueck, *Omnisophie-Trilogie*,
DOI 10.1007/978-3-642-34877-8, © Springer-Verlag Berlin Heidelberg 2013

Diogenes L (1990a) Leben und Meinungen berühmter Philosophen. Felix Meiner, Hamburg
Diogenes von S (1990b) Leben und Meinungen berühmter Philosophen. In: Diogenes L (Hrsg) Felix Meiner, Hamburg
DSM IV Diagnostic and statistical manual of mental disorders (1999) (prepared by the Task Force on DSM-IV and other committees and work groups of the American Psychiatric Association). American Psychiatric Association, Washington, DC
Dueck G (2001) Die Beta-inside Galaxie. Springer, Berlin
Dueck G (2002a) Wild Duck. Die empirische Philosophie der Mensch-Computer-Vernetzung, 2. Aufl. Springer, Berlin
Dueck G (2002b) E-Man. Die neuen virtuellen Herrscher, 2. Aufl. Springer, Berlin
Dueck G (2002c) Omnisophie. Über richtige, wahre und natürliche Menschen. Springer, Berlin
Dueck G (2003) Supramanie. Springer, Berlin
Dueck G, Wild D (2002) Empirische Philosophie der Mensch-Computer-Vernetzung, 2. Aufl. Springer, Heidelberg
Ebe M, Homma I (2002) Leitfaden für die EEG-Praxis. Ein Bildkompendium, 3. Aufl. Urban & Fischer, München
Epikur (1990) Leben und Meinungen berühmter Philosophen. In: Diogenes L (Hrsg) Felix Meiner, Hamburg
Emoto M (2002) Wasserkristalle. Koha Verlag, Burgrain
Feuerbach LA (1843) Grundsätze der Philosophie der Zukunft, Zürich; Winterthur: J. Fröbel. (Dig. Bib., Bd. 2)
Feuerbach LA (1845) Das Wesen des Christentums. In: Wigands Vierteljahresschrift. Otto Wigand, Leipzig. (Dig. Bib., Bd. 2)
Fichte JG (1794) Einige Vorlesungen über die Bestimmung des Gelehrten. Gabler, Jena. (Dig. Bib., Bd. 2)
Fichte JG (1797) Erste Einleitung in die Wissenschaftslehre. Philos J 5(1):1–47. (Dig. Bib., Bd. 2)
Freud S (1999a) Traumdeutung. In: Gesammelte Werke, Bd II/III, S. Fischer, Frankfurt
Freud S (1999b) Das Ich und das Es. In: Gesammelte Werke, Bd XIII, S. Fischer, Frankfurt
Freud S (1999c) Jenseits des Lustprinzips. In: Gesammelte Werke, Bd XIII, S. Fischer, Frankfurt
Freud S (1999d) Massenpsychologie und Ich-Analyse. In: Gesammelte Werke, Bd XIII, S. Fischer, Frankfurt
Freud S (1999e) Neue Folge der Vorlesungen zur Einführung in die Psychoanalyse. In: Gesammelte Werke, Bd XV, S. Fischer, Frankfurt
Gallup GbmH (2002) Gallup-Studie 2002. Potsdam
Goethe JW von (1808) Faust. Der Tragödie erster Teil. Cotta, Tübingen. (Dig. Bib., Bd. 1)
Goethe JW von (1832) Faust. Der Tragödie zweiter Teil. In: „Werke“, Stuttgart; Tübingen: Cotta, 1832. (Dig. Bib., Bd. 1)
Goethe JW von (1907) Maximen und Reflexionen. Weimar. (Dig. Bib., Bd. 1)
Goleman D (1991) Lebenslügen. Die Psychologie der Selbsttäuschung, 3. Aufl. Heyne, München
Haeckel SH (1999) Adaptive enterprise. Harvard Business School Press, Boston
Heine H (1835) Zur Geschichte der Religion und Philosophie in Deutschland. In: Der Salon, Bd 2. Hoffmann und Campe, Hamburg. (Dig. Bib., Bd. 1)
Herder JG von (1772) Abhandlung über den Ursprung der Sprache, Berlin. (Dig. Bib., Bd. 2)
Herder JG von (1784–1791) Ideen zur Philosophie der Geschichte der Menschheit. Hartknoch, Riga. (Dig. Bib., Bd. 2)
Hobbes T (1915–1918) Grundzüge der Philosophie, übertragen von Max Frischeisen-Köhler. (Dig. Bib., Bd. 2)
Hossenfelder M (1996) Antike Glückslehren: Kynismus und Kyrenaismus, Stoa, Epikureismus und Skepsis. Kröner, Stuttgart
Ja` Ja` J (1985) Identification is easier than decoding, Univ. in: 26th Annual Symposium on Foundations of Computer Science, pp 43-50, Portland, Oregon, 21–23 October. IEEE
Janosch Der Froschkönig/Der Frosch, der fliegt. Traumstunde 15, VHS-Video, ASIN: B00004RNIO.
Jung CG (1950) Psychologische Typen, 8. Aufl. Rascher Verlag, Zürich

Kafka F (1915) Das Urteil, In: „Arkadia. Ein Jahrbuch für Dichtkunst". Kurt Wolf, Leipzig. (Dig. Bib., Bd. 1)
Kafka F (1925) Der Prozeß, Berlin. (Dig. Bib., Bd. 1)
Kant I (1787) Kritik der reinen Vernunft, 2. verbesserte Auflage. Hartknoch, Riga. (Dig. Bib., Bd. 2)
Kant I (1788) Kritik der praktischen Vernunft. Hartknoch, Riga. (Dig. Bib., Bd. 2)
Kant I (1793) Kritik der Urteilskraft, 2. Aufl. Lagarde, Berlin. (Dig. Bib., Bd. 2)
Kant I (1797) Metaphysik der Sitten, Nicolovius, Königsberg. (Dig. Bib., Bd. 2)
Keirsey D (1984) Please understand me: character and temperament types, Prometheus Nemesis Book Company, Del Mar (CA)
Keirsey D (1998) Please understand me II, Del Mar (CA): Prometheus Nemesis Book Company
Killy W, Bertram M (1998) Literaturlexikon: Autoren und Werke deutscher Sprache, Digitale Bibliothek Band 9, CD-ROM, Bertelsmann Directmedia Publishing
Konfuzius (1960) Monographie von Pierre Do-Dinh. Rowohlt Verlag, Reinbek bei Hamburg
Konfuzius (1998) Gespräche (Lun-yu). Philipp Reclam jun. Verlag, Stuttgart
Konfuzius (2000) Monographie, hrsg. von Volker Zotz. Rowohlt Verlag, Reinbek bei Hamburg
Keirsey D, Bates M (1984) Please understand me: Character an temperament types. Prometheus Nemesis Book Company, Del Mar (CA)
Kierkegaard S (1976) Die Krankheit zum Tode und anderes. Deutscher Taschenbuch Verlag, München
Lange FA (1873–1875) Geschichte des Materialismus, 2. veränderte Auflage, Leipzig. (Dig. Bib., Bd. 2)
Lao T, Tao TK (1994) Bearbeitung von Gia-Fu Feng und Jane English. Diederichs, München
LaVey AS (2003) Die satanische Bibel und Rituale. Second Sight Books, Berlin
Leibniz GW (1873) Neue Abhandlungen über den menschlichen Verstand. Heimann, Berlin. (Dig. Bib., Bd. 2)
Lessing GE (1780) Die Erziehung des Menschengeschlechtes. Voss, Berlin. (Dig. Bib., Bd. 2)
Leibniz GW (1996) Versuche in der Theodicee über die Güte Gottes, die Freiheit des Menschen und den Ursprung des Übels. Meiner, Hamburg
Liedloff J (1999) Auf der Suche nach dem verlorenen Glück. Gegen die Zerstörung unserer Glücksfähigkeit in der frühen Kindheit. C.H. Beck, München
Locke J (1872–1873) Versuch über den menschlichen Verstand, übersetzt von Julius Heinrich von Kirchmann. (Dig. Bib., Bd. 2)
Luther M (2000) Die Luther-Bibel: Originalausgabe 1545 und revidierte Fassung 1912, Digitale Bibliothek Bd 29, CD-ROM, Bertelsmann Directmedia Publishing
Maccoby M (1989) Warum wir arbeiten: Motivation als Führungsaufgabe. Campus Verlag, Frankfurt a. M
Macdaid GP, McCaulley MH, Kainz RI (1995) Myers-Briggs type indicator atlas of type tables, 4. Aufl. Center for Applications of Psychological Type, Inc., Gainesville (FL)
Malik F (2001) Führen, Leisten, Leben. Wirksames Management für eine neue Zeit. Heyne, Stuttgart
Marx K (1845) Die heilige Familie oder Kritik der kritischen Kritik. J. Rütten, Frankfurt a. M. (Dig. Bib., Bd. 2)
Maslow AH (1987) Motivation und Persönlichkeit, Reinbek b. Rowohlt, Hamburg
Maslow AH (1999) Motivation und Persönlichkeit. Rowohlt Taschenbuch Verlag, Reinbeck bei Hamburg
Meister E (1902) Predigten, Traktate, Sprüche, übersetzt und zusammengestellt von Gustav Landauer. (Dig. Bib., Bd. 2)
Meyer F, Rosenman R (1974) Type A behavior and your heart. Fawcett Crest, New York
Millon T, Davis RD (1996) Disorders of personality: DSM-IV and beyond, 2. Aufl. Wiley, New York
Müller M (1999) Das vierte Feld. Die Bio-Logik revolutioniert Wirtschaft und Gesellschaft, 2. Aufl. Mentopolis Verlag, Köln
Mylius K (Hrsg) (1997) Die Bagavadgita. Des Erhabenen Gesang. Dtv, München

Nietzsche F (1886) Jenseits von Gut und Böse: zur Genealogie der Moral. C. G. Naumann, Leipzig. (Dig. Bib., Bd. 2)
Philosophie von Platon bis Nietzsche, Digitale Bibliothek Bd 2, CD-ROM, Bertelsmann Directmedia Publishing (1998). (Dig. Bib., Bd. 2)
Platon (1809) Phaidon, übersetzt von Friedrich Daniel Ernst Schleiermacher. (Dig. Bib., Bd. 2)
Platon (1853) Phaidros, übersetzt von Ludwig von Georgii. (Dig. Bib., Bd. 2)
Platon (1855–1856) Der Staat, übersetzt von Wilhelm Siegmund Teuffel (Buch I-V) und Wilhelm Wiegand (Buch VI-X). (Dig. Bib., Bd. 2)
Platon (1859) Gorgias, übersetzt von Julius Deuschle. (Dig. Bib., Bd. 2)
Platon (1860a) Laches, übersetzt von Ludwig von Georgii. (Dig. Bib., Bd. 2)
Platon (1860b) Menon, übersetzt von Ludwig von Georgii. (Dig. Bib., Bd. 2)
Plotin (1878) Enneaden, übersetzt von Hermann Friedrich Müller. (Dig. Bib., Bd. 2)
Poe EA (1962) Die denkwürdigen Erlebnisse des Arthur Gordon Pym. In: Erzählungen. Winkler, München
Riso DR (1989) Die neun Typen der Persönlichkeit. Droemer, München
Riso DR (1998) Das Eneagramm Handbuch. Droemer, München
Robbins A (1993) Grenzenlose Energie: das Power-Prinzip, 5. Aufl. Rentrop, Bonn
Roberts M (1997) The man who listens to horses. Random House Trade
Rogers CR (2002) Entwicklung der Persönlichkeit. Klett-Cotta, Stuttgart
Rogers CR (2004) On becoming a person. Constable & Robinson, London
Rousseau, Jean-Jacques: Emil oder Ueber die Erziehung, übersetzt von Hermann Denhardt. (Dig. Bib., Bd. 2)
Rowling JK (1998) Harry Potter und der Stein der Weisen. Hamburg, Carlsen
Rowling JK (1999a) Harry Potter und die Kammer des Schreckens. Hamburg, Carlsen
Rowling JK (1999b) Harry Potter und der Gefangene von Askaban. Hamburg, Carlsen
Rowling JK (2000) Harry Potter und der Feuerkelch. Hamburg, Carlsen
Schiller F (1793) Über Anmut und Würde. „Neue Thalia" (Leipzig) 2(2). (Dig. Bib., Bd. 2)
Schopenhauer A (1859) Die Welt als Wille und Vorstellung, 3. vermehrte und verbesserte Auflage. Leipzig, Brockhaus. (Dig. Bib., Bd. 2)
Schopenhauer A (1860) Zwei Grundprobleme der Ethik, 2. verb. u. verm. Aufl., Leipzig, Brockhaus. (Dig. Bib., Bd. 2)
Selye H (1978) The stress of life, 2. Aufl. McGraw-Hill
Seneca LA (1867) Vom glückseligen Leben, übersetzt von Albert Forbiger. (Dig. Bib., Bd. 2)
Shaw GB (1992) Mensch und Übermensch. Eine Komödie und eine Philosophie. Frankfurt a. M., Suhrkamp
Sheldrake R (2002) Das schöpferische Universum. Die Theorie des morphologischen Feldes, 7. Aufl. Ullstein, München
Spinoza B de (1870) Theologisch-politische Abhandlung, übersetzt von Julius Heinrich von Kirchmann. (Dig. Bib., Bd. 2)
Spinoza B de (1888) Ethik, übersetzt von Jakob Stern. (Dig. Bib., Bd. 2)
Tse L (1994) Tao Te King. Bearbeitung von Gia-Fu Feng und Jane English. Diederichs, München
Walther K (1998) literaturlexikon. Autoren und Werke in deutscher Sprache, Digitale Bibliothek Bd 9, CD-ROM, Bertelsmann Directmedia Publishing. (Dig. Bib., Bd. 9)
Watson JB (1968) Psychologie, wie sie der Behaviorist sieht. In: Watson JB, Graumann CF (Hrsg) Behaviorismus. Verlag Dietmar Klotz, Frankfurt a. M.
Watzlawick P, Bavelas J, Jackson DD (1967) Pragmatics of Human Communication: a study of interactional pattern, pathologies, and paradoxes. W.W. Norton, New York
Whyte WH (2002) The organization man. University of Pennsylvania Press, Philadelphia
Zimbardo PG (2003) Gerrig, Richard: Psychologie, 7. Aufl. Springer, Berlin

GPSR Compliance
The European Union's (EU) General Product Safety Regulation (GPSR) is a set of rules that requires consumer products to be safe and our obligations to ensure this.

If you have any concerns about our products, you can contact us on

ProductSafety@springernature.com

In case Publisher is established outside the EU, the EU authorized representative is:

Springer Nature Customer Service Center GmbH
Europaplatz 3
69115 Heidelberg, Germany

www.ingramcontent.com/pod-product-compliance
Lightning Source LLC
LaVergne TN
LVHW020450051026
849527LV00001B/333
* 9 7 8 3 6 4 2 3 4 8 7 6 1 *